Histoire de l'opéra français

Du Consulat aux débuts de la IIIe République

Sous la direction de
HERVÉ LACOMBE

HISTOIRE DE L'OPÉRA FRANÇAIS

Du Consulat aux débuts de la IIIe République

Fayard

En couverture
Édouard Despléchin, Jules Dieterle, Léon Feuchère, Charles Séchan,
Rideau de manœuvre destiné probablement à *Stradella*
(opéra de Louis Niedermayer créé à l'Opéra en 1837)

Dessin à la plume, encres brune et noire,
aquarelle et rehauts d'or, 585 x 500 mm

© Paris, Bibliothèque musée de l'Opéra
Couverture Josseline Rivière

Cet ouvrage a été publié avec le soutien

de l'équipe d'accueil 1279
Histoire et critique des Arts de l'Université Rennes 2

et de l'Université Lumière Lyon 2

Dépôt légal : octobre 2020
ISBN : 978-2-213-70956-7
© Librairie Arthème Fayard 2020

Comité scientifique

Joël-Marie Fauquet, Isabelle Moindrot, Jean-Claude Yon

Liste des contributeurs

- Rosalba Agresta, docteur en musicologie, chargée de recherches à la BnF : 15.4.
- Olivier Bara, professeur en littérature française du XIXe siècle, université Lumière-Lyon 2 : 2.2, 2.6, 7.1, 7.2, 16.5, 18.3, 18.4, 20.1.
- Aurélie Barbuscia, docteur en histoire culturelle et musicologie, directrice des salles de spectacle de la ville de Montauban : 11.5.
- Iris Berbain, docteure en histoire de l'art, conservatrice au département des Arts du spectacle de la BnF : 13.2.
- Guillaume Bordry, agrégé de lettres modernes, docteur en littérature et civilisation françaises, inspecteur général de l'éducation, du sport et de la recherche : 16.4, 17.1.
- Karine Boulanger, historienne d'art et musicologue, ingénieur d'étude au CNRS, Centre André Chastel : 1.4, 1.5, 12.5.
- Philippe Bourdin, professeur d'histoire moderne, université Clermont-Auvergne /Institut universitaire de France : 4.1, 14.1.
- Jean-Christophe Branger, professeur de musicologie, université Lumière-Lyon 2 : 10.5, 10.6.
- Matthias Brzoska, professeur de musicologie, Folkwang Universität der Künste, Essen ; membre de la NRW Akademie der Wissenschaften und der Künste : 4.2, 6.5, 6.6.
- Matthieu Cailliez, docteur en musicologie, professeur agrégé de musique, chargé de cours au sein du département de musicologie de l'université Grenoble Alpes : 3.5, 7.5, 7.6, 15.2, 15.3,
- Jean-François Candoni, professeur de culture et civilisation du monde germanique, université Rennes 2 : 9.4, 9.5.
- Maribel Casas, docteur en histoire de l'architecture, architecte, chercheuse associée au Lhac (Laboratoire d'Histoire de l'architecture contemporaine) à l'ENSA de Nancy : 12.1, 12.2.
- Gérard Condé, musicographe : 8.4.

- Francesc Cortès, professeur de musicologie, université autonome de Barcelone : 15.4.
- Manuel Couvreur, professeur ordinaire à l'université libre de Bruxelles, membre de la Classe des arts de l'Académie royale de Belgique : 15.1.
- Joann Élart, maître de conférences en musicologie, université de Rouen Normandie : 13.6, 14.4, 19.5.
- Mark Everist, professeur de musicologie, université de Southampton : 8.2
- Joël-Marie Fauquet, directeur de recherche honoraire en musicologie et histoire sociale de la musique au CNRS (IRPMF) : 2.3, 2.4, 11.6, 17.2.
- Annegret Fauser, Cary C. Boshamer Distinguished Professor of Music, University of North Carolina, Chapel Hill : 18.5, 18.6.
- Pierre-Henry Frangne, professeur de philosophie de l'art et d'esthétique, université Rennes 2 : 20.3.
- Céline Frigau Manning, HDR en études italiennes et théâtrales, maître de conférences, université Paris 8 / Institut universitaire de France : 5.1, 5.4, 5.5, 5.6, 12.5, 13.4.
- Florence Gétreau, directrice de recherches émérite au CNRS (IReMus) : 20.4, 20.5.
- Pauline Girard, conservatrice du département des Collections théâtrales, BHVP : 10.3.
- Pierre Girod, docteur en musicologie, artiste lyrique et historien du chant, chercheur à l'EA 1279 HCA (université Rennes 2) : 2.5, 2.6, 8.6, 10.4, 13.4, 21.5. Encadrés : Nicolas-Prosper Levasseur, Jean-Baptiste Chollet, Adolphe Nourrit, Gilbert Duprez, Gustave Roger, Jean-Baptiste Faure, Victor Maurel.
- Vincent Giroud, professeur, université de Bourgogne Franche-Comté : 15.6.
- Mélanie Guérimand, docteure en musicologie, professeure agrégée, chercheuse associée à l'IHRIM (université Lumière-Lyon 2) : 13.6, 14.3.
- Martin Guerpin, maître de conférences en musicologie, université d'Évry-Val d'Essonne : 14.5.
- Diana R. Hallman, Associate Professor en musicologie, School of Music, College of Fine Arts, University of Kentucky : 6.4, 17.6.
- Sarah Hibberd, Hugh Badock Chair of Music, Head of Department, University of Bristol : 4.3, 16.3.
- Steven Huebner, James McGill Professor (musicology), Schulich School of Music, McGill University : 9.3.
- Arnold Jacobshagen, professeur d'université en musicologie, Institut für Historische Musikwissenschaft, Hochschule für Musik und Tanz Köln : 6.3.
- Julien Labia, docteur en philosophie de l'art, agrégé de philosophie en classes préparatoires : 16.6.
- Hervé Lacombe, professeur de musicologie, université Rennes 2 : 3.1, 3.2, 3.6, 6.1, 7.3, 8.1, 9.6, 12.3, 13.6, 15.1, 18.6, 19.1, 19.2, 19.3, 21.1, 21.2, 21.3, 21.4, 21.5, 21.6.

- Sylvain Ledda, professeur de littérature française, université de Rouen-Normandie : 16.2.
- François Lévy, docteur en littérature française, professeur agrégé de lettres, chercheur associé à l'IHRIM (CNRS) : 20.2.
- Ralph P. Locke, Professor Emeritus of Musicology, University of Rochester ; Senior Editor, Eastman Studies in Music (University of Rochester Press) ; Research Affiliate, University of Maryland School of Music : 17.3, 17.4, 17.5.
- Isabelle Moindrot, professeur d'études théâtrales, université Paris 8 Vincennes – Saint-Denis : 13.2, 13.3, 13.4, 13.5.
- Sylvain Nicolle, docteur en histoire, chercheur associé au CHCSC (université de Versailles Saint-Quentin-en-Yvelines) : 1.2, 1.3, 11.1, 11.2, 11.3, 11.4, 12.4.
- Léa Oberti, doctorante en musicologie à l'université Paris-Sorbonne, régisseure de scène intermittente à l'Opéra : 13.5, 13.6.
- Jann Pasler, Distinguished Professor, University of California San Diego, Principal Investigator (European Research Council) : 14.6.
- Romain Piana, maître de conférences en études théâtrales, université Sorbonne Nouvelle – Paris 3 : 19.6.
- Emmanuel Reibel, professeur de musicologie, université Lumière-Lyon 2 / IUF : 12.6, 18.1, 18.2, 21.1.
- Christine Rodriguez, maître de conférences en lettres et arts, université Jean-Jaurès de Toulouse : 16.1, 20.2.
- Stella Rollet, docteur en histoire, chercheuse associée au CHCSC (université de Versailles-Saint-Quentin-en-Yvelines) : 6.3, 9.1, 9.2, 20.6.
- Julian Rushton, professeur émérite de musicologie, University of Leeds, Yorkshire, Angleterre : 8.5.
- Corinne Schneider, docteur en musicologie, musicologue, productrice à Radio France : 5.1, 5.2, 5.3, 8.3, 12.5.
- Herbert Schneider, professeur émérite de musicologie, université de la Sarre : 3.3, 6.4, 7.4.
- Anastasiia Syreishchikova-Horn, docteure en musicologie, chercheure associée à l'IReMus et au laboratoire SAPRAT, professeure d'Éducation musicale aux collège et lycée Charles-Péguy de Bobigny : 15.5.
- Yannick Simon, professeur de musicologie, université de Rouen : 9.5, 13.6, 19.4, 19.5.
- Marie-Gabrielle Soret, docteure en musicologie, conservateure en chef au département de la Musique à la BnF : 10.1.
- Helena Kopchick Spencer, Assistant Professor of Music History, University of North Carolina Wilmington : 6.2. Encadrés : Lise Noblet, Marie Taglioni.
- Patrick Taïeb, professeur de musicologie, université Paul-Valéry Montpellier 3 : 1.6, 4.4, 4.5, 4.6, 9.2, 14.2. Encadrés : Célestine Galli-Marié, Nicolas-Jean-Blaise Martin.

- Agnès Terrier, docteure en littérature comparée, agrégée de lettres modernes, dramaturge de l'Opéra-Comique et professeuse au CnsmdP : 3.4, 13.1.
- Sabine Teulon-Lardic, docteur en musicologie, chercheure associée au CRISES (université Montpellier 3) : 13.6.
- Kimberly White, docteur en musicologie, Senior Documentation Technician at Marvin Duchow Music Library, McGill University : 2.5. Encadrés : Caroline Branchu, Lucienne Bréval, Laure Cinti-Damoreau, Cornélie Falcon, Maria Malibran, Caroline Miolan-Carvalho, Sibyl Sanderson, Rosine Stoltz, Pauline Viardot.
- Charlotta Wolff, professeure d'histoire finlandaise, université de Turku : 15.5.
- Lesley A. Wright, professeure émérite de musicologie, University of Hawai'i (at Manoa) : 8.5, 10.2.
- Jean-Claude Yon, professeur d'histoire contemporaine, université de Versailles Saint-Quentin-en-Yvelines et directeur d'études cumulant à l'EPHE : 1.1, 2.1, 2.2, 8.6, 12.5. Encadrés : Hortense Schneider, Juliette Simon-Girard.

* * *

Il m'est agréable de remercier les nombreux collaborateurs à cette entreprise, sans le talent et la générosité desquels elle n'aurait pu voir le jour.

Je ne saurais oublier Sophie Debouverie, soutien indéfectible depuis des années et éditrice hors pair, grâce à qui ce projet a pu trouver cette forme ambitieuse. Ma gratitude est grande à l'endroit d'Hélène Jannière et de l'EA Histoire et critique des arts de l'université Rennes 2, de Cécile Davy-Rigaux et de l'Institut de recherche en musicologie (Iremus) à Paris ; en soutenant ma candidature à une délégation au CNRS (UMR 8223), ils m'ont donné la possibilité de me consacrer à l'achèvement de ce volume.

Introduction

Hervé Lacombe

Carmen est mondialement connu et joué. C'est un fait. Associons-lui une poignée d'autres titres, comme *Faust* ou *Les Contes d'Hoffmann*, et l'on aura réuni l'essentiel des ouvrages français créés au XIXe siècle ayant survécu au XXe et faisant partie du corpus très restreint formant le canon international aux côtés de partitions de Mozart, Donizetti, Verdi, Wagner, Puccini et quelques autres. La faible représentation, au début du XXIe siècle, de l'art lyrique français à l'affiche des grands théâtres, doublée d'un désamour des salles françaises pour leur répertoire national, ne rend compte ni de sa prodigieuse diversité, ni de sa place dans la société et la culture françaises du XIXe siècle, ni de son rôle dans l'histoire globale de l'opéra. Les avant-gardes du XXe siècle ont rejeté un art désigné comme bourgeois et évalué à l'aune du seul critère de l'avancée du langage, tandis que certains critiques ont vu dans le goût pour le spectaculaire et l'esprit de divertissement, qui en sont deux des composantes essentielles, les signes d'une évidente perversion. Les raisons pouvant expliquer cette situation sont nombreuses ; elles ne relèvent cependant pas de notre programme qui se veut tout historique, en ce sens qu'il s'agit précisément d'accomplir un mouvement inverse de celui dessiné par la postérité. Suivant le dessein exposé en Introduction générale à cette *Histoire de l'opéra français* (cf. t. 1), notre objectif est de brosser le tableau de la vie lyrique en France au XIXe siècle dans sa diversité, de décrire ses mécanismes, de connaître ses acteurs, d'analyser son répertoire et sa réception, de suivre ses évolutions, de comprendre ses valeurs et de dégager ses thématiques, d'observer son écho dans la culture du temps et de mesurer son rayonnement.

Le rejet, ou plus simplement l'oubli, d'une grande partie du théâtre lyrique français du XIXe siècle est un phénomène propre au XXe siècle que nous aborderons donc dans le volume 3 de cette Histoire. Il en va de même du mouvement contraire : sa lente mais sûre redécouverte au tournant du XXe au XXIe siècle. Certains opéras, en marge du « répertoire *mainstream* », sont joués de temps à autre en France ou à l'étranger. Aux États-Unis, par exemple, depuis 1995

Le théâtre lyrique bénéficie dans la société française d'une vigueur symbolique considérable, comme l'attestent les écrits romanesques du temps, sa place dans la presse et son rôle central dans l'activité musicale. Il y a comme une obligation à se consacrer au théâtre lyrique quand on est compositeur, quand bien même le poids de la machine théâtrale et des relations avec les interprètes semblerait insupportable, quand bien même les conventions opératiques apparaîtraient par moments dans tout leur ridicule, quand bien même d'autres voies sembleraient correspondre davantage à sa nature profonde. Pour des raisons financières, de reconnaissance, de prestige, de formation aussi, l'opéra s'impose comme une nécessité. Dans une lettre à un ami, Félicien David avoue désirer écrire une musique religieuse qui fasse que les hommes s'aiment entre eux alors qu'il va se mettre à la composition d'un nouvel ouvrage lyrique : « En attendant je vais probablement faire un opéra en 4 actes sur les vieilles rengaines que vous savez. Il faudra faire contre [mauvaise] fortune bon cœur ; faire pousser des hurlements à des amants jaloux, rossignoler une *prima donna* indifférente, beugler une *basso cantante,* etc.[14]... »

L'activité de création que nous venons d'évoquer est concentrée à Paris, centre producteur qui nourrit les provinces, « capitale du XIXe siècle[15] » qui fascine l'Europe, « Athènes du monde moderne[16] » qui attire intellectuels, artistes et musiciens – Cherubini et Spontini, Liszt et Paganini, Rossini et Meyerbeer, Verdi et Wagner... Loin d'être limitable à une organisation administrative et à une concentration des ressources, la centralisation relève d'une forme de pensée dont le principe est énoncé dans l'*Encyclopédie des gens du monde* : « Le centre est l'expression, le fondement de l'unité ; l'unité est la condition de toute organisation. Elle donne à l'action le même principe, elle imprime l'uniformité aux applications, l'homogénéité aux résultats ; elle porte la rapidité, la simplicité, l'économie dans l'exécution, l'harmonie dans l'ensemble[17]. » Inversement, une prise en considération des qualités locales et un mouvement d'émancipation vis-à-vis de la capitale voient le jour. « Paris ce n'est pas la France[18] » s'écrie en 1833 le rédacteur du *Musée des familles*. Mais à l'opéra, les régions relèvent davantage de territoires exotiques pour le public parisien, et la création lyrique, qui demande des moyens considérables, tient encore de l'exception en dehors de la capitale. Si on peut observer, à Lyon notamment, les premiers signes d'une indépendance, l'autonomie culturelle est encore loin et le parisianisme toujours actif. Installé à Lille, Édouard Lalo se plaint en 1856 auprès de son ami le violoniste Jules Armingaud du désastre culturel de la vie provinciale et du peu d'attrait de ses concitoyens : « Quant aux arts, ce sont des drôleries qui n'ont également cours qu'à Paris ; le théâtre seul les attire quelquefois, mais lorsqu'on leur demande si tel opéra leur plaît mieux que tel autre, ils vous répondent que le ténor est trop petit et la chanteuse trop grasse[19]. » L'histoire de l'opéra français s'est longtemps cantonnée à la capitale et au grand récit des créations. Or l'idée d'opéra *français* a changé de signification au cours du XVIIIe siècle, quand se sont développés les moyens de sa diffusion (cf. t. 1, chap. 14), ses représentations en province (t. 1, chap. 16) et ses formes de « consommation » (t. 1, chap. 18). Dès lors il nous faut entendre l'adjectif « français » dans le sens de « en France » : l'histoire de ce théâtre lyrique est devenue aussi celle de son implantation et de sa diffusion sur l'ensemble du territoire national.

Quel XIXᵉ siècle ?

Pour dessiner notre périodisation s'affrontent les logiques et les rythmes d'évolution spécifiques des régimes politiques et des idées, des esthétiques littéraires et théâtrales, du langage et des styles musicaux... En outre, les générations dont l'esprit s'est formé sous l'Ancien régime ne sont pas comme des ordinateurs que l'on aurait réinitialisés massivement au passage à l'an 1800 ! Hugo a cette formule : « La queue du dix-huitième siècle traîne encore dans le dix-neuvième[20]. » Le répertoire ne se renouvelle pas d'un coup, loin de là, et il serait possible de concevoir une période musicale allant de l'arrivée de Gluck à Paris à la disparition de ses œuvres et des compositeurs qui l'ont connu et s'en sont nourris. Mais ce serait faire fi d'une conscience neuve dans l'histoire : « On a souvent remarqué que le XIXᵉ siècle a été le premier à se penser en tant que siècle, et le premier aussi à se désigner par un numéral[21]. » Ce serait faire fi de la coupure historique qui engage une restructuration de la France comme du monde des théâtres. La Révolution s'arrêtant au coup d'État du 18 Brumaire (9 novembre 1799), nous considérerons l'activité lyrique à partir de 1800. L'idéal de centralisation que nous avons déjà évoqué prend racine dans le jacobinisme. « Avec la Révolution, constate Françoise Mélonio, l'homogénéité devient un projet » ; toutes les « parties du corps national [...] se rassemblent en un centre »[22]. Le Consulat réagit contre la tendance décentralisatrice qui avait finalement prévalu. Les bases de l'administration française vont être posées. Le 21 mars 1804, le Premier Consul promulgue le Code civil des Français, texte capital notamment pour comprendre l'idéologie patriarcale qui sous-tend les livrets. Un décret de 1791 avait donné à tout citoyen l'autorisation d'élever un théâtre ; Napoléon Iᵉʳ opère un changement radical en restaurant un contrôle drastique réglementé par des textes officiels en 1806 et 1807 qui vont former la base d'un système théâtral pour plusieurs décennies, au moins jusqu'en 1864. Sur le plan musical, la création en 1795 du Conservatoire a marqué un tournant décisif dans l'enseignement[23]. Toute une série de compositeurs disparaissent au début du nouveau siècle : Dalayrac en 1809, Grétry en 1813, Méhul et Monsigny en 1817, Nicolò en 1818... Tandis que la génération née à la fin du XVIIIᵉ monte en puissance : Auber (né en 1782), Herold (1791), Halévy (1799) – Boieldieu (1775) faisant la transition. L'arrivée à Paris de la musique de Mozart et, surtout, à la fin des années 1810, de celle de Rossini ouvre de nouveaux horizons esthétiques. Les premières décennies du XIXᵉ siècle font office de plaque tournante ou de moment de tuilage de deux grandes périodes : un monde meurt tandis qu'un autre naît.

Où arrêter notre XIXᵉ siècle ? 1870 marque une vraie rupture dans la société et la culture françaises. Une histoire de la musique sous la IIIᵉ République serait assez logique. Mais, outre qu'il faudrait un quatrième volume (!), qui irait de la Seconde Guerre mondiale à nos jours, pour compléter cette histoire de l'opéra français, ce serait ignorer les forces de continuité incarnées par les institutions de l'Opéra et de l'Opéra-Comique. Il importe de pouvoir observer le délitement des genres qui ont marqué l'histoire du siècle – délitement qui a lieu précisément dans les années 1880-1890. Les débuts de la IIIᵉ République, titre du dixième volume de la *Nouvelle histoire de la France contemporaine*[24], se conclut avec l'affaire Dreyfus, qui divise la France en deux ; on pourrait ajouter l'incendie du bazar de la Charité en 1897 et celui, dix ans plus tôt, de la deuxième salle Favart comme symboles d'un monde qui disparaît[25]. En 1900, l'Exposition universelle consacre l'idée d'un siècle achevé. Sur le plan musical, relevons la disparition des grandes figures : Bizet mort prématurément en 1875 n'a pu voir son chef-d'œuvre accéder enfin à la reconnaissance dans les années 1880 ; Offenbach meurt en 1880, Delibes en 1891, Hervé et Lalo en 1892, Gounod en 1893 et Chabrier en 1894, Ambroise Thomas en 1896... Le plus grand représentant de l'art lyrique français de la fin du siècle, Massenet, leur survit jusqu'en 1912, mais ses œuvres emblématiques, *Manon, Werther* et *Thaïs*, ont toutes été créées dans ces années 1880-1890. Par ailleurs, ce temps correspond à l'achèvement du long processus d'acceptation et de reconnaissance de l'œuvre de Wagner en France. Après la reprise de *Tannhäuser* à l'Opéra en 1895, soit trente-quatre ans après sa célèbre chute, vient une série de premières, toutes en français, qui commencent par *Lohengrin* (1891) et *La Walkyrie* (1893). Le critique du *Temps*, Johannès Weber, fait ce constat dans sa chronique du 15 mai 1893 : « Le succès de *Lohengrin* a terminé la première période, qu'on pourrait appeler une période de combat. » La pénétration de l'esthétique allemande dans l'espace français instille un esprit de sérieux qui rend possibles des recherches musicales autant que dramaturgiques nouvelles et prépare un public capable d'y prêter attention, que ce soit par snobisme ou par enthousiasme véritable. Parallèlement, les partitions des wagnériens français envahissent la scène lyrique. Wagner n'est plus un vecteur de renouvellement ; il devient le canon. Durant ces mêmes années, Debussy prépare sa propre révolution musicale. En 1902, il fait entendre la plus radicale contestation de l'opéra tel qu'il s'est pensé et réalisé au cours du XIXᵉ siècle (cf. t. 3, 3.6). *Pelléas et Mélisande* manifeste, selon la formule de René Leibowitz, « la négation de toute tradition[26] ». Impensable de concevoir un livre consacré à l'opéra du XXᵉ siècle sans cette œuvre et l'événement qu'elle produit. Nous reportons donc aux premières pages du tome 3 de cette Histoire l'étude de la Belle Époque (au sens restreint de la fin des années 1890 à 1914[27]), que nous considérerons comme une plaque tournante, à la manière, *mutatis mutandis*, du Consulat et de l'Empire pour le présent volume.

Peut-on identifier la période 1800-1899 par un terme ? « Romantique » est attendu. Nous l'avons utilisé, associé à l'art et à la littérature ; nous l'éviterons pour qualifier l'opéra, réservant à notre épilogue le soin d'envisager ce que pourrait signifier l'expression « opéra romantique français ». Dans la Préface de 1824 à ses *Odes*, Hugo attirait déjà l'attention sur la labilité du mot « romantique » et invitait à se méfier de l'évolution de ses emplois. Si le terme reste utile pour évoquer un moment de l'histoire artistique et culturelle[28], des thématiques, des œuvres et des auteurs – par exemple Lamartine, Vigny, Dumas, Hugo dans le domaine littéraire français –, il perd de son efficacité pour désigner les compositeurs et la musique que l'on entend à l'Opéra et à l'Opéra-Comique, dans les théâtres d'opérette et les salons, et plus encore le siècle tout entier. Auber est-il romantique ? Et Offenbach ? Et Chabrier ? Et Saint-Saëns ? Leur musique romantique ? Leurs livrets ? La scénographie de leurs ouvrages ? Leur conception de la vocalité ? La diversité des langages artistiques qui se nouent dans un opéra complexifie la question. Par ailleurs, la focalisation de l'intérêt sur Berlioz – compositeur qui n'est en rien représentatif du théâtre lyrique de son temps –, vu *a posteriori* comme « le » grand romantique français, a trop longtemps détourné l'attention des commentateurs de ce qui fait l'essentiel de la création en France du point de vue de la vie lyrique. Il ne s'agit pas ici d'un jugement de valeur mais d'un renversement de perspective qui permet d'observer et de prendre en compte ce qui est joué, apprécié et débattu à l'époque. Il reste cependant indéniable que l'esprit de changement et d'opposition – de rupture même – qui s'est manifesté avec la « bataille romantique » dans les domaines des arts visuels, de la littérature et du théâtre a pu trouver des équivalents dans des « batailles musicales » du temps (notamment autour de Rossini), et que la prodigieuse effervescence intellectuelle et artistique des années 1820-1830, les thématiques et les forces de renouvellement de toute nature qui ont alors embrasé les arts ont été capitales pour l'histoire de l'opéra. Il y a bien en ce sens dans ces années-là un « moment romantique de l'opéra français », avec toutes les nuances qui s'imposent, autour d'œuvres aussi différentes que *La Dame blanche* de Boieldieu, *Zampa* d'Herold, les partitions françaises de Rossini et *Robert le Diable* de Meyerbeer.

Le rapport à l'Antique, indice d'un changement d'époque

Associée au classicisme, l'Antiquité est rejetée par les écrivains romantiques. Au milieu du siècle, Théophile Gautier fait un retour sur ses années de jeunesse : « Par une réaction bien concevable contre le goût pseudo-classique qui régnait alors en peinture comme en poésie, on s'était tourné vers le Moyen Âge[29]. » Qu'en est-il à l'opéra ? Si le fantasme civilisationnel d'une recréation de la tragédie antique a marqué la naissance du genre et hanté certaines de ses plus grandes réformes, il semble bien en revanche avoir disparu des esprits au XIXe siècle. L'Empire est pourtant revenu aux personnages d'exception et à un temps idéalisé où agissent rois, dieux et héros. Quelques œuvres ont même apporté une représentation plus originale de l'Antiquité. La *Médée* de Cherubini, dès 1797, a fait entendre de nouveaux accents, une démesure dans les passions ; Le Sueur a voulu s'ériger en restaurateur de l'art musical grec[30] ; en 1807, *La Vestale* de Spontini a remporté un succès considérable... Rien n'y fait. Dans les premières décennies du XIXe siècle, après ce dernier flamboiement, l'Antiquité meurt deux fois : du point de vue du répertoire (les œuvres du XVIIIe siècle vont disparaitre de la programmation de l'Opéra) ; du point de vue de la création (les auteurs de grands opéras vont lui préférer des sujets dits historiques).

Il faut cependant distinguer trois Antiquités : gréco-romaine (dite classique et que nous venons d'évoquer), égypto-biblique, rare à l'opéra[31], et celtique. Cette dernière apparaît dans un moment essentiel de l'histoire de la sensibilité, au tournant du XVIIIe au XIXe siècle. Un nouveau monde apparaît à la conscience européenne, mi-fantaisiste, mi-historique, dominé par la figure d'Ossian, barde écossais du IIIe siècle de notre ère[32] qui va nourrir la matière d'*Ossian ou les Bardes* (O, 1804) de Le Sueur et d'*Uthal* (OC, 1806) de Méhul. Comme pour fermer le siècle, *Fervaal* de Vincent d'Indy, créé à Bruxelles en 1897, puis à Paris l'année suivante, sera, après une longue éclipse, une reviviscence de cette Antiquité désormais associée au modèle wagnérien. La réception d'*Uthal* trahit la guerre des modèles qui se joue alors[33]. C'est le symptôme d'une mutation importante dans l'histoire de l'opéra français tiraillé entre deux mondes politiques articulés autour de la Révolution, deux cultures et deux sensibilités, entre un vieux genre moribond, la tragédie lyrique, et un nouveau genre qu'il reste à inventer.

Indice supplémentaire de sa perte d'aura, l'Antiquité va être accaparée par l'opérette, permettant au nouveau genre d'affirmer une veine parodique[34], ce qui apparaît, au grand dam des esprits conservateurs, comme un camouflet donné à la haute culture : « À la veille de la guerre de 1870, écrira Léon Daudet, l'Antiquité est bafouée dans son charme, sa grandeur, sa mythologie merveilleuse et ardente, par les opérettes dégradantes que l'on sait[35]. » À la fin du siècle, tout un ensemble de faisceaux convergents contribue à un réinvestissement de l'Antiquité classique ; elle fascine à nouveau et trouve, chez de nombreux littéraires, une forme inattendue dans un « néoclassicisme de fantaisie ». Précédés par *Salammbô* (1862) de Flaubert, *Thaïs* (1890) d'Anatole France et *Aphrodite, mœurs antiques* (1896) de Pierre Louÿs génèrent une vogue du roman antique[36]. Massenet succombe à son tour à cet engouement (*Ariane, Bacchus, Roma, Cléopâtre*), comme Saint-Saëns (*Phryné, Déjanire, Les Barbares, Hélène*), comme Fauré (*Prométhée, Pénélope*). La plupart de ces ouvrages renouvellent l'approche de l'Antiquité en l'abordant comme un sujet historique et non plus intemporel et en sondant son éventuel caractère exotique, sa couleur locale ou son climat décadent. Pour les artistes fin de siècle, l'Antiquité va s'ériger en alternative au wagnérisme ou, au contraire, se mêler à lui. Rien ne dit mieux ce moment de confusion que le trait d'esprit lancé par Isadora Duncan : « Mon âme était comme un champ de bataille où Apollon, Dionysos, le Christ, Nietzsche et Richard Wagner se disputaient le terrain[37]. »

Histoire, religieux chrétien et imaginaire lyrique

Déjà en 1810, Catel avec *Les Bayadères* propose des ingrédients que le grand opéra va largement exploiter : un sujet historique (mais exotique), opposant le Rajah de Bénarès à la tribu des Marattes dans l'Inde du XIVe siècle, des décors splendides, des danses liées à l'action et servies par un corps de ballet nombreux, des chœurs variés et importants. Pour Gérard Condé, cet ouvrage offre l'exemple « assez rare, dans le répertoire français, d'assimilation du style mozartien pour tempérer les ravages d'un néo-gluckisme arrogant et stérile[38] ». Avec l'arrivée de Rossini, l'éclat du *Freischütz* puis la mise en place du grand opéra d'Auber, Halévy et Meyerbeer, l'Antiquité gréco-romaine est belle et bien oubliée. On la retrouvera dans quelques partitions qui font exception – *Sapho* et *Polyeucte* de Gounod, *Herculanum* de Félicien David, *Les Troyens à Carthage* de Berlioz.

Un intérêt accru pour l'histoire est perceptible dans les arts et la littérature, autant que dans l'édification d'une science, ainsi qu'en prend acte l'organiste, pédagogue et érudit Jean-Baptiste Labat : les « tendances historiques et méthodiques » qui caractérisent le XIXe siècle, explique-t-il en 1852, ont tardé à féconder le domaine de la musique ; elles sont pourtant devenues essentielles, autant pour la connaissance du passé et la compréhension du présent que pour le progrès de l'art[39]. Le XVIIIe siècle avait manifesté un intérêt pour le passé national médiéval, étudié et commenté, reconstitué et représenté, à la fois sujet scientifique et lieu imaginaire, objet d'approches érudite ou poétique. Le théâtre lyrique (opéra comme opéra-comique) est touché à son tour par cet intérêt pour le Moyen Âge, aujourd'hui désigné par « médiévalisme[40] ». En 1835, le chroniqueur de *L'Artiste* relève la substitution du merveilleux chrétien au merveilleux mythologique, qui avait été au fondement de la tragédie lyrique (cf. t. 1, 21.1). Pour reprendre sa formule, le diable prend la place de Jupiter ! La chose est évidente dans *Robert le Diable* en 1831, exemple qui sera cependant peu suivi. Avec *La Juive*, un nouveau pas dans l'exploitation du potentiel dramatique du religieux est franchi : « Le christianisme était enfin à l'Opéra, chassant rudement le paganisme fleuri et passionné ; mais cependant, jusqu'à *La Juive*, le christianisme se dissimulait encore. On avait en musique ses croyances et ses superstitions, mais non pas en scène ses cérémonies et surtout ses ministres[41]. » Particulièrement clairvoyant, ce chroniqueur finit par lier politique, religion et opéra ; il se souvient qu'en 1828 un tableau représentant une madone dans la cabane du pêcheur de *La Muette de Portici* avait été censuré : « Il a fallu […] les trois jours de Juillet. La restauration dévote avait eu peur, dans *La Muette*, de l'image de la Vierge, et elle l'avait fait effacer.

Notes Introduction

1. Site en ligne, http://operalafayette.org/, notamment « Reflections on the First Twenty Years », consulté le 3 mars 2019.
2. Par exemple avec l'édition des œuvres de Rossini chez Bärenreiter et de Meyerbeer chez Ricordi. Paul Prévost a inauguré en 2009 une collection chez Bärenreiter, « L'opéra français », qui compte déjà *Le Toréador* d'Adam, *L'Étoile* de Chabrier, la version opéra du *Faust* de Gounod, *Samson et Dalila* de Saint-Saëns… La collection de livres-disques du Palazetto Bru Zane consacrés à l'opéra français participe de ce mouvement de redécouverte et de diffusion.
3. D. Kalifa, Ph. Régnier, M.-É. Thérenty *et al.* éd., *La Civilisation du journal […]*, Paris : Nouveau monde éd., 2011 ; Sainte-Beuve, « De la Littérature industrielle », *Revue des Deux Mondes*, t. 19, 1839, p. 675-691 ; F. W. J. Hemmings, *The theatre industry in nineteenth-century France*, Cambridge : CUP, 1993.
4. C. B. Wicks, *The Parisian Stage*, 5 vol, Alabama : University of Alabama press, 1950-1979 ; F. W. J. Hemmings, *The Theater industry* ; D. Leroy, *Histoire des arts du spectacle en France*, Paris : L'Harmattan, 2000. Pour une étude sur une période plus resserrée, voir P. Besnier, *Le Théâtre en France de 1829 à 1870*, Paris : Honoré Champion, 2017.
5. P. Berthier, *Le Théâtre en France de 1791 à 1828 […]*, Paris : Honoré Champion, 2014, 982 p. 9.
6. J.-C. Yon, *Une histoire du théâtre à Paris*, p. 7.
7. *Ibid.*, p. 8.
8. *Ibid.*, p. 351.
9. Planque, *Agenda musical*, Paris : Collinet, 1837, p. 62-75.
10. R. Martin, *La Féerie romantique sur les scènes parisiennes : 1791-1864*, Paris : H. Champion, 2007.
11. J.-C. Yon, *Une histoire du théâtre à Paris*, p. 316-318.
12. A.-M. Fugier, *La Vie élégante […]*, [1re éd. 1990], Paris, Seuil, 1993, p. 408-409.
13. O. Bara, *Le Théâtre de l'Opéra-Comique sous la Restauration*, Hildesheim : Georg Olms, 2001, p. 83.
14. F. David à F. B. Arlès-Dufour, [*ca* 1859 ?], in *Lettres & manuscrits autographes*, Paris, cat. de vente Ader Nordman (10 et 11 déc. 2018), Th. Bodin expert.
15. W. Benjamin, *Paris, capitale du XIXe siècle : le livre des passages*, trad. J. Lacoste, Paris : Le Cerf, 1997.
16. Th. Gautier, « Théâtres », *La Presse*, 8 août 1853.
17. *Encyclopédie des gens du monde* Paris : Treuttel et Würtz, 1833-1844, art. « Centralisation ».
18. « Aux lecteurs du *Musée des familles* », *Musée des familles*, 1833, p. 202.
19. É. Lalo à J. Armingaud, [sept. 1856], in É. Lalo, *Correspondance*, J.-M. Fauquet éd., Paris : Aux Amateurs de livres, 1989, p. 63
20. V. Hugo, « Préface », *Cromwell*, [1827], Paris : GF, 1968, p. 106.
21. Texte de présentation du VIIe Congrès de la SERD (19-22 janv. 2016), « Le XIXe siècle face au futur », en ligne, https://serd.hypotheses.org/le-xixe-siecle-au-futur, consulté le 1er mars 2019.

22. F. Mélonio, « Une culture, des cultures », in A. de Baecque et F. Mélonio, *Lumières et liberté. Les dix-huitième et dix-neuvième siècles* (J.-P. Rioux et J.-F. Sirinelli éd., *Histoire culturelle de la France*, t. 3), Paris : Seuil, 1998, p. 334.
23. B. Dompnier, « Les maîtrises capitulaires et l'apprentissage du métier de musicien dans la France d'Ancien Régime », in G. Bedouelle, Ch. Belin, S. de Reyff éd., *La Tradition du savoir*, Fribourg : Academic Press, 2011, p. 131-151 ; D. Hausfater, « Maîtrises », in J.-M. Fauquet, *Dict.*, p. 734 ; E. Hondré éd., *Le Conservatoire de musique de Paris : regards sur une institution et son histoire*, Paris : Association du bureau des étudiants du Conservatoire national supérieur de musique, 1995 ; A. Bongrain et Y. Gérard éd., *Le Conservatoire de Paris : des Menus-Plaisirs à la Cité de la musique, 1795-1995*, Paris : Buchet-Chastel, 1996 ; A. Bongrain et A. Poirier éd., *Le Conservatoire de Paris : deux cents ans de pédagogie, 1795-1995*, Paris : Buchet-Chastel, 1999.
24. J.-M. Mayeur, *Les Débuts de la Troisième République : 1871-1898*, Paris : Seuil, 1973.
25. B. Fuligni, *L'Incendie du Bazar de la Charité*, Paris : L'Archipel, 2019.
26. R. Leibowitz, *Histoire de l'opéra*, [1re éd., 1957], Paris : Buchet/Chastel, 1987, p. 301.
27. D. Lejeune, *La France de la Belle Époque : 1896-1914*, 5e éd., Paris : Armand Colin, 2008.
28. Ch. Leribault, J.-M. Bruson, C. Champy-Vinas éd., *Paris romantique : 1815-1848*, cat. d'exp.., Paris : Paris-Musées, 2019.
29. Th. Gautier, « Feuilleton », *La Presse*, 27 août 1850.
30. J. Mongrédien, *Jean-François Le Sueur [...]*, Berne : P. Lang, 1980, p. 387-423.
31. W. A. Mozart/Lachnith, *Les Mystères d'Isis* [*La Flûte enchantée*] (O, 1801) ; É.-N. Méhul, *Joseph* (OC, 1807) ; J.-F. Le Sueur, *La Mort d'Adam* (O, 1809) ; R. Kreutzer, *La Mort d'Abel* (O, 1810) ; G. Rossini, *Moïse* [version française de *Mosè in Egitto*] (O, 1827) ; A. Mermet, *David* (O, 1846) ; D.-F.-E. Auber, *L'Enfant prodigue* (O, 1850) ; Ch. Gounod, *La Reine de Saba* (O, 1862) ; C. Saint-Saëns, *Samson et Dalila* (Weimar, 1877 ; Rouen, 1890 ; Paris, l'Eden, 1890 ; O, 1892).
32. P. Van Tieghem, *Ossian en France*, Paris : F. Rieder, 1917 ; *Ossian et l'ossianisme dans la littérature européenne au XVIII^f siècle*, Groningen-Den Haag : J. B. Wolters, 1920.
33. E. Reibel, « Uthal et l'ossianisme », in A. Dratwicki et É. Jardin éd., *Le Fer et les fleurs : Étienne-Nicolas Méhul, 1763-1817*, Arles : Actes Sud ; [Venise] : Palazzetto Bru Zane, 2017 p. 203-225.
34. J.-C. Yon, « L'opérette antique au XIXe siècle : un genre en soi ? », in J.-Ch. Branger et V. Giroud éd., *Figures de l'Antiquité dans l'opéra* français, Saint-Étienne : PUSE, 2008, p. 121-141.
35. L. Daudet, *Le Stupide Dix-neuvième Siècle*, in *Souvenirs et polémiques*, Paris : Robert Laffont, 1992, p. 1243.
36. F. Martinez, « Faux comme l'antique ou les ambiguïtés du néoclassicisme », *Revue d'histoire littéraire de la France*, 108/1, 2008, p. 101-132.
37. I. Duncan, *Ma vie*, trad. J. Allary, [Paris] : Gallimard, 1998, p. 190.
38. G. Condé, « Présentation de l'œuvre », in Ch.-S. Catel, *Les Bayadères*, livre-CD, San Lorenzo de El Escorial : Editionces Singulares ; Venise : Palazzetto Bru Zane, 2014, p. 11.
39. J.-B. Labat, *Études philosophiques et morales sur l'histoire de la musique [...]*, 2 vol., Paris : J. Techener, 1852, p. 10-12.

40. M.-A. Le Roy-Maršálek, *La Réinvention du Moyen Âge sur les scènes lyriques parisiennes entre 1810 et 1830 [...]*, thèse de doctorat, université Rennes 2, 2016.
41. S.n., « Académie royale de musique », *L'Artiste*, 1/9, 1835, p. 58-60.
42. Y. Bruley, « Opéra et religion au XIXe siècle », in H. Fréchet éd., *Religion et culture de 1800 à 1914*, Paris : Éd. du Temps, 2001, p. 313-334 ; C. Rowden, *Republican Morality and Catholic Tradition at the Opera : Massenet's « Hérodiade » and « Thaïs »*, Weinsberg : L. Galland, 2004 ; J.-Ch. Branger et A. Ramaut éd., *Opéra et religion sous la IIIe République*, Saint-Étienne : PUSE, 2006 ; R. I. Letellier, *Religious themes in French Grand Opéra*, Anif : Mueller-Speiser, 2009.
43. F. Bercegol, *Chateaubriand. Une poétique de la tentation*, Paris : Classiques Garnier, 2009, p. 25.
44. Th. W. Adorno, *Musikalische Schriften I-III*, Francfort : Suhrkamp, 2003, p. 32 ; trad. in J.-F. Candoni, « Deux visages du romantisme politique [...] », in J.-F. Candoni, H. Lacombe, T. Picard et G. Sparacello éd., *Verdi-Wagner : images croisées (1813-2013) [...]*, Rennes : PUR, 2018, p. 43.

Prologue

Chapitre 1
Du politique à l'organisation du territoire : encadrer et structurer l'opéra

1.1 L'Opéra au fil des régimes

Jean-Claude Yon

De 1800 à 1899, du Consulat à la IIIe République, la France connaît sept régimes différents, tant il est compliqué pour les Français de « terminer » la Révolution dont l'ombre portée plane sur tout le siècle[1]. Empires, monarchies et républiques se succèdent donc et, dans tous les domaines de la vie culturelle[2], les créateurs doivent s'adapter aux différents changements provoqués par ce contexte politique mouvementé. Une histoire de l'opéra français au XIXe siècle, de ce fait, ne peut ignorer ces considérations politiques, même si les liens entre le monde politique et celui de l'opéra sont complexes et ne peuvent en aucun cas être réduits à un simple phénomène de sujétion. De surcroît, l'art lyrique est pensé par les pouvoirs publics comme faisant partie d'un ensemble plus large, celui des spectacles, sur lequel l'État imprime sa marque via la censure (cf. 1.5), les contraintes administratives et, pour les théâtres officiels, les cahiers des charges (cf. 1.4). Au sein des scènes nationales, l'Opéra de Paris a une place particulière : par son statut de premier théâtre du pays, il est incontestablement une institution proche du pouvoir, ce dernier pouvant être tenté de l'utiliser à des fins de propagande. Cette proximité est perceptible dans sa dénomination même qui change seize fois de 1800 à 1899[3]. Déroulons donc le fil de ces sept régimes et voyons comment l'opéra a pu évoluer dans un cadre impérial, monarchiste ou républicain.

Le Consulat et l'Empire : un despotisme culturel ?

En 1804, l'Empire succède au Consulat mais c'est dès l'arrivée au pouvoir de Napoléon Bonaparte, à la fin de 1799, que le monde culturel est mis au pas (cf. 4.1). Napoléon se méfie de la « dramatocratie[4] » et il entend contrôler étroitement la parole théâtrale – contrôle auquel les œuvres lyriques n'échappent pas. *L'Antichambre ou les Valets entre eux* de Dupaty et Dalayrac est ainsi interdit à l'Opéra-Comique après une seule représentation en février 1802 car le pouvoir goûte peu une intrigue où des valets se déguisent en seigneurs. Sous le Consulat puis sous l'Empire, c'en est bien fini du grand mouvement de liberté inauguré par la loi du 13-19 janvier 1791 qui, dans le domaine lyrique, avait notamment permis, à travers la rivalité entre les théâtres Favart et Feydeau (réunis en 1801), une extraordinaire efflorescence de l'opéra-comique (cf. t. 1, chap. 13). Désireux de faire de la scène française un élément de prestige, Napoléon favorise par tous les moyens les scènes officielles. C'est dans cette perspective qu'il rétablit en 1806-1807 le système du privilège, ce qui a pour effet de confiner les genres lyriques dans trois salles : l'Opéra, l'Opéra-Comique et le Théâtre de l'Impératrice (installé dans la salle de l'Odéon et dédié en alternance à la comédie et à l'*opera buffa*). Cette décision, motivée par une vision très conservatrice des spectacles, mal préparée en outre (d'où la nécessité de prendre trois décrets !), va peser durant les deux premiers tiers du XIXe siècle sur la vie théâtrale et musicale – les contraintes qu'impose le système, obsolète dès son adoption, conduisant cependant les auteurs, les compositeurs et les directeurs de salles à un surcroît de créativité.

L'attachement de Napoléon aux théâtres officiels le conduit à s'intéresser de très près à leur fonctionnement, tout particulièrement ceux de la Comédie-Française et de l'Opéra. Ce dernier établissement passe en 1802 de la tutelle du ministère de l'Intérieur à celle des préfets du palais et prend en juin 1804 le titre d'Académie impériale de musique, ce qui le place dans la continuité de l'Ancien Régime[5]. Voyant en lui un théâtre qui, selon ses propres termes, « flatte la vanité nationale », Napoléon augmente très nettement sa subvention (jusqu'à 810 000 F en 1812), en réorganise l'administration et le dote de privilèges (monopole des ballets et des bals masqués, redevance sur les théâtres secondaires et les spectacles de curiosités octroyée par le décret du 13 août 1811). Il surveille de près les ouvrages créés à l'Opéra, ne sollicitant que des créateurs (Kreutzer, Berton, etc.) qui sont des fidèles du régime. Avant d'être soumis au jury de l'Opéra, les ouvrages font l'objet d'un contrôle politique de la part du préfet du palais. La censure impériale intervient à son tour pour faire prévaloir les intérêts du gouvernement, lesquels comprennent le respect des genres théâtraux : « Défendez qu'il ne soit rien chanté à l'Opéra qui ne soit digne de ce spectacle », écrit le 21 novembre 1806 Napoléon au ministre de l'Intérieur. La mythologie antique et les civilisations exotiques fournissent des sujets permettant d'exalter l'empereur, ainsi que les valeurs militaires. Napoléon peut en apprécier lui-même l'effet car il se rend régulièrement à l'Opéra (ainsi qu'à la Comédie-Française), tant pour se faire une idée de l'état de l'opinion publique que pour se mettre en scène face à ses sujets qu'il domine depuis une loge d'avant-scène. Ces représentations obéissent à un cérémonial très précis. C'est encore les choix personnels de Napoléon qui expliquent la présence d'un théâtre d'opéra italien dans le Paris de cette époque[6]. L'emprise directe de Napoléon est moins forte sur l'Opéra-Comique, sans doute considéré comme un théâtre de moindre importance doté d'un répertoire visant surtout au divertissement. Au bout du compte, le Consulat et l'Empire sont à coup sûr, de tous les régimes du XIXe siècle, ceux où la personnalité du chef de l'État a le plus affecté les genres lyriques, sans pour autant les modifier durablement.

La Restauration : l'impossible retour en arrière

La conception « monarchique » qu'avait Napoléon de la vie théâtrale ne pouvait que plaire à la monarchie restaurée. Aussi n'y a-t-il pas, en cette matière, de rupture entre les deux régimes. La Restauration reprend à son compte les décrets de 1806 et 1807, jugés en 1820 par le directeur général du ministère de la Maison du Roi « fort sages et des meilleurs à maintenir[7] ». Comme sous Napoléon, la politique théâtrale de l'État vise avant tout à avantager les théâtres officiels, une position rendue intenable par le dynamisme des autres scènes qui n'entendent pas subir le poids de hiérarchies héritées du passé. Surtout, ce qui était possible avec un souverain autoritaire devient beaucoup plus compliqué sous le règne de deux rois en butte à de fortes oppositions et, par ailleurs, peu attirés par les spectacles. Certes, les théâtres officiels (et parmi eux l'Opéra, l'Opéra-Comique et le Théâtre royal italien) continuent d'être sollicités pour célébrer les temps forts de l'actualité politique : de même qu'ils avaient organisé des spectacles gratis et donné des pièces de circonstance pour le sacre de Napoléon, son mariage ou encore la naissance du roi de Rome, la naissance du duc de Bordeaux, le sacre de Charles X ou bien le retour des troupes après la campagne d'Espagne en 1823 donnent lieu à de pareilles manifestations. Auber et Herold composent à la fin de 1823 pour magnifier le duc d'Angoulême *Vendôme en Espagne*, un drame lyrique en un acte joué sept fois à l'Opéra. Mais l'exemple des pièces créées pour le sacre de Charles X à Reims au printemps 1825 illustre bien le caractère factice et l'absence de profit politique qui caractérise désormais de telles entreprises[8]. À l'Opéra, *Pharamond*, composé par trois librettistes et trois musiciens, livre un message idéologique douteux (« Pharamond, personnage fabuleux, chef barbare et idolâtre d'une horde encore plus grossière que lui, placé en parallèle avec un petit-fils de Louis XIV ! », tempête le *Journal des débats* du 12 juin 1825) ; au Théâtre Italien, *Il Viaggio a Reims* de Rossini – satire déguisée des pièces de circonstance – n'est joué que quatre fois, le compositeur étant bien décidé à réutiliser sa musique.

Maîtrisant mal la gestion des théâtres, gêné par l'activisme brouillon du surintendant des Beaux-Arts Sosthène de La Rochefoucauld, le régime est handicapé par le partage des responsabilités entre la Maison du roi, le ministère de l'Intérieur et la préfecture de police, ce qui crée des rivalités dont les gens de théâtre profitent habilement. À partir de 1820, l'inscription des subventions théâtrales au budget de l'État introduit un nouvel acteur : le Parlement (cf. 1.3). Les théâtres officiels sont difficiles à réformer et l'argent manque. Un rapport officiel pointe en 1825 ces « anciens employés, encroûtés dans des idées et des routines surannées qui, la plupart mus par des intérêts personnels ou bien par d'autres influences aussi peu honorables, se sont habitués à ne voir dans l'Académie royale de musique qu'une grande machine, aux frais du gouvernement, mise en mouvement depuis longtemps et devant éternellement tourner sur le même pivot tant bien que mal[9] ». C'est pourtant ce même théâtre qui parvient à accueillir Rossini (cf. 6.3) et qui monte en 1828 *La Muette de Portici*, le premier « grand opéra » (cf. 6.1). L'Opéra-Comique[10], pour sa part, voit son mode de gestion profondément modifié et subit la concurrence du Théâtre des Nouveautés (1827-1832). Le régime n'est pas parvenu en effet à maintenir l'intégrité du système du privilège, ce qu'illustre avec éclat à la fin de 1820 l'ouverture du Théâtre du Gymnase (où Adolphe Adam fait ses premières armes en composant de façon illégale de la musique nouvelle pour des vaudevilles). Encore plus dangereuse pour l'Opéra et l'Opéra-Comique est la concurrence de l'Odéon qui, de 1824 à 1828, obtient le droit de jouer certains types d'ouvrages lyriques (cf. 5.1). Weber y triomphe avec *Robin des bois*, l'adaptation du *Freischütz*, et Meyerbeer y fait ses premiers pas parisiens avec sa *Marguerite d'Anjou*. Plus que jamais, à la fin des années 1820, l'opéra est à l'étroit dans le cadre que les pouvoirs publics lui ont assigné.

La monarchie de Juillet et la IIe République : deux libérations

En juillet 1830 et en février 1848, le peuple insurgé renverse le pouvoir en place. Ces deux révolutions ont bien évidemment des effets sur la vie théâtrale et sur tous les genres dramatiques et lyriques. Le principal apport de la révolution de 1830 est la disparition *de facto* de la censure dramatique et du système du privilège. Jusqu'à la reprise en main que constituent les lois de septembre 1835, l'incapacité du nouveau pouvoir à faire respecter les anciens cadres permet aux théâtres et aux créateurs d'explorer de nouvelles voies. Si l'Opéra-Comique est handicapé par des questions de salles seulement résolues par l'inauguration de la seconde salle Favart en 1840, l'Opéra connaît alors une profonde mutation en étant confié en 1831 à un directeur-entrepreneur, Louis Véron. Bien que l'État garde divers moyens de contrôle sur l'établissement, ce changement de mode d'administration est lourd de significations et peut apparaître comme le symbole de la conversion du monde théâtral, et spécifiquement de l'opéra, à l'économie capitaliste[11]. Amené à se transformer selon les mots de Véron en un « Versailles de la bourgeoisie », l'Académie royale de musique devient alors le temple du grand opéra. On a cherché à prêter à ce genre une portée politique[12] mais cette interprétation ne résiste pas à un examen objectif des sources archivistiques[13] et à la bonne compréhension des mécanismes de création d'un ouvrage lyrique. Mieux vaut analyser le grand opéra comme le produit d'un art bourgeois (si tant est que cette expression ait un sens) ou, encore mieux, comme l'exaltation de l'accumulation[14], bien en phase avec une époque dominée par le « Enrichissez-vous ! » de Guizot.

Même après le tour de vis de 1835, le système du privilège n'est plus en mesure de contenir la demande théâtrale et les ambitions de créateurs parmi lesquels les musiciens se destinant à la scène souffrent particulièrement d'un manque de débouchés. Aussi n'est-il pas étonnant que les compositeurs mêlent leurs signatures à celles des auteurs sur la pétition de juillet 1837 qui, faisant suite à une campagne menée par les écrivains romantiques, débouche sur l'inauguration en novembre 1838 du Théâtre de la Renaissance, une scène mi-dramatique mi-lyrique. L'échec de cette tentative, qui survient dès 1841, rend encore plus nécessaire la création d'un nouveau théâtre lyrique à Paris – idée à laquelle le pouvoir orléaniste n'est pas hostile, même si la logique institutionnelle le pousse à défendre les intérêts des théâtres officiels. Une autorisation est finalement obtenue par Adolphe Adam qui ouvre en novembre 1847 l'Opéra-National, boulevard du Temple, dans l'ancienne salle du Cirque-Olympique. Théophile Gautier commente : « Ce n'est certes pas trop, dans une ville comme Paris, de trois fenêtres où le génie musical puisse se mettre au balcon[15]. » Mais la révolution de février 1848 a raison de l'Opéra-National qui doit fermer dès le 29 mars. Comme pour tous les théâtres, à Paris et en province, le changement de régime est catastrophique. Certes, l'instauration de la République signifie, comme en 1830, la fin (au moins provisoire) de la censure et du système du privilège. Mais l'actualité politique est tellement dense que les spectateurs-citoyens désertent les salles. Seul un secours exceptionnel voté en juillet 1848 (il sera de nouveau demandé en 1849 mais refusé par l'Assemblée) permet d'éviter une faillite générale. Dans ce nouveau contexte, l'Opéra doit faire oublier ses liens avec le régime déchu et se rebaptise dès février 1848 « Théâtre de la Nation ». Les républicains au pouvoir ont bien compris la puissance de l'institution, ce qu'illustre un « projet d'une nouvelle organisation de l'Opéra » hélas non daté : « L'Opéra est encore, on doit le dire, une des gloires parisiennes. C'est le théâtre des plus grandes magnificences de l'art. La République, à son avènement, ne peut répudier le superbe héritage de luxe, d'élégance et de poésie qui lui a été légué. Elle doit, au contraire, le conserver et l'embellir autant qu'il sera en son pouvoir. [...] Dans l'intérêt de l'art, dans l'intérêt moral, social et politique, il est d'une haute importance que le gouvernement de la République ait l'Opéra dans sa main. Ce sera le seul moyen de donner l'impulsion, d'imprimer à l'art et aux idées les tendances nécessaires. C'est une belle tribune que la propagande républicaine doit se réserver pour elle seule. C'est de là, par le triple pouvoir de la poésie, du luxe et de la musique, par le triple attrait qui attire, séduit et enchaîne l'âme, les yeux et les oreilles, c'est de là qu'elle doit agir sur la population et lancer, dans un mouvement donné, le fluide électrique qui la pénétrera tout entière[16]. »

C'est dans cet état d'esprit que la construction d'une « salle d'été » aux Champs-Élysées est envisagée pour l'Opéra au printemps 1848, afin d'initier le peuple au répertoire lyrique. Le projet est vite abandonné. Comme sous la monarchie de Juillet, l'adoption d'un cadre législatif plus libéral pour les théâtres demeure à l'état de projet. Dès septembre 1850, le Théâtre de la Nation prend le nom d'« Académie nationale de musique », l'adjectif étant remplacé par « impériale » quand l'Empire est rétabli. Malgré tout, la République conservatrice n'est pas dans une logique de pure répression : elle permet la réouverture en septembre 1851 de l'Opéra-National, qui prend en avril 1852 le nom de Théâtre-Lyrique (cf. 8.3). Le théâtre est toujours installé sur le boulevard du Temple, cette fois-ci dans l'ancienne salle du Théâtre-Historique. Cette localisation lui confère une mission de démocratisation de l'art lyrique. Le critique Fiorentino, à l'occasion de la réouverture, vient observer le public populaire un dimanche soir : « Le parterre et le paradis, le peuple en un mot, a donné pendant cette longue représentation les marques du goût le plus sûr et de l'instinct le plus admirable. Pas une nuance, pas un trait ne lui a échappé » (*Le Constitutionnel*, 30 sept. 1851). Depuis 1848, le suffrage universel masculin est la pierre angulaire de la vie politique française : tout spectateur est aussi un électeur et le régime qui se met en place suite au coup d'État du 2 décembre 1851 en est bien conscient.

Le Second Empire : l'ère des bouleversements

La concentration de tous les pouvoirs entre les mains de Napoléon III, comme jadis entre celles de Napoléon Bonaparte, est tout d'abord synonyme de répression et de perte des libertés[17]. Mais le parallèle ne saurait être poussé trop loin tant les époques sont différentes et tant divergent les caractères des deux souverains. Contrairement à son oncle, Napoléon III ne s'intéresse pas à l'opéra et son goût éclectique lui permet toutes les audaces, y compris de faire monter *Tannhäuser* à l'Opéra en 1861 pour complaire aux époux Metternich et se rapprocher de l'Autriche (cf. 9.4). En apparence, les débuts de l'Empire correspondent à un retour en force du système du privilège. Mais le régime croit-il vraiment aux vertus de ce système ? Il n'y adhère que par conformisme et, en tolérant en 1854 l'ouverture des Folies-Concertantes (qui deviennent rapidement les Folies-Nouvelles) puis l'année suivante celle des Bouffes-Parisiens, il permet l'apparition d'une nouvelle forme de théâtre lyrique, l'opérette (cf. 8.6). De même, la subvention attribuée en 1863 au Théâtre-Lyrique – qui récompense à juste titre son dynamisme – est un coup porté aux théâtres officiels. Aussi le décret du 6 janvier 1864 qui, en instaurant la liberté industrielle des théâtres, met fin au système du privilège, est-il l'aboutissement logique de la politique audacieuse menée par Camille Doucet à la tête du Bureau des théâtres de 1853 à 1870. Certes plus opportuniste que guidée par des conceptions bien arrêtées, cette politique n'en fait pas moins du Second Empire une période de bouleversements pour le monde des spectacles. Les effets du décret de 1864 sont importants pour le théâtre lyrique, la liberté des théâtres permettant à un certain nombre de théâtres de vaudeville de se convertir, plus ou moins durablement, au nouveau genre à la mode, l'opérette. De même, en permettant aux cafés-concerts de produire des artistes en costumes et évoluant dans des décors, Doucet, en mars 1867, fait de ces établissements des lieux de création lyrique, ces salles accueillant dès lors opérettes, revues et autres petites formes, souvent de faible qualité.

Cet esprit d'ouverture contraste avec l'attachement du Second Empire à une Académie impériale de musique conçue comme un instrument de prestige. Rattaché à la Maison de l'Empereur en 1854 pour être sauvé de la faillite, l'Opéra retrouve en 1866 le système de la régie intéressée. Ce « minotaure institutionnel[18] », qui cultive le genre en partie dépassé qu'est le grand opéra (*L'Africaine*, ouvrage doublement posthume y est créé en 1865), sert à la mise en scène du pouvoir impérial, célébré par exemple par les cantates exécutées pour la Saint-Napoléon, le 15 août (cf. 8.1). Le souverain y organise de fastueuses représentations de gala[19]. (La IIIe République reprendra ce cérémonial, par exemple en l'honneur du tsar Nicolas II en octobre 1896.) Surtout, après l'attentat d'Orsini en janvier 1858, le régime se décide à remplacer la salle Le Peletier, salle provisoire ouverte en 1821 suite à un autre attentat, l'assassinat du duc de Berry à sa sortie de l'Opéra. Le gigantisme et la splendeur du bâtiment construit par Charles Garnier[20], et inauguré seulement en janvier 1875 (cf. 12.1), témoignent de la place de premier plan accordée à l'Opéra par un régime dont la légitimité reposait en partie sur une politique du faste[21].

Anton Wallerstein, *La Loge impériale (à l'Opéra)*, polka op. 112, Paris : Chabal, s. d, 1re de couv. (lithographie de Bertauts). On distingue au premier plan Napoléon III, Victoria, Eugénie et le prince Albert dans une loge.

La IIIe République : dans la continuité de l'Empire

En matière de spectacles, la IIIe République est largement tributaire des mesures prises par le régime précédent. Tout en partageant avec le Second Empire la critique de l'opérette et des cafés-concerts, elle a également en commun avec lui l'incapacité à en endiguer le spectaculaire développement. Grâce au décret de 1864, on chante beaucoup à la fin du siècle, tant à Paris qu'en province. Par ailleurs, si le Théâtre-Italien disparaît en 1878 (cf. 9.1), les élites retrouvent dans le Palais Garnier un cadre propice à leurs sociabilités. L'incendie de l'Opéra-Comique, le 25 mai 1887, est révélateur de la place ambiguë tenue par l'opéra au sein de la République[22]. Certes, l'Opéra-Comique est bel et bien doté d'une nouvelle salle mais cette troisième salle Favart n'ouvre ses portes qu'à la fin de 1898 : la décision de reconstruire a été prise tardivement et, par mesure d'économie, on a renoncé à doter l'établissement d'une façade sur le boulevard[23]. Dans le nouveau cadre républicain, et pour lutter contre les formes commerciales de spectacle musical régulièrement condamnées par les autorités, émerge peu à peu une idée déjà présente de façon latente sous le Second Empire : la nécessité de la démocratisation culturelle (cf. t. 3, 1.5). En matière de spectacles, cette idée s'incarne dans la volonté de créer un « théâtre du peuple ». À Paris, ce projet est lié à l'apparition d'un nouvel acteur, la Ville de Paris qui, depuis les travaux d'Haussmann, est désormais propriétaire de trois salles (cf. 12.1). La volonté de ressusciter le Théâtre-Lyrique (dont la salle a été incendiée en 1871) complique l'affaire qui aboutit néanmoins à quelques tentatives : Opéra-National-Lyrique en 1876-1878, Théâtre-Lyrique municipal de la Gaîté sous la direction des frères Isola de 1908 à 1913.

Alors que certaines salles de province s'affirment comme des lieux de création lyrique, le débat sur la démocratisation intègre également la question de la décentralisation[24] (cf. t. 3, 1.4). Mais c'est bien à l'Opéra de Paris, perçu comme le temple de l'élitisme, que la démocratisation prend sa signification la plus aiguë. Faute de pouvoir créer un « Opéra populaire », l'État y impose dans les années 1890 des représentations à tarifs réduits, ainsi qu'un certain nombre de représentations gratuites. Si les résultats demeurent modestes, ils n'en modifient pas moins la sociologie du public de l'Opéra, des spectateurs, certes bourgeois, venant perturber l'« entre-soi » des tout-puissants abonnés[25]. Les spectateurs populaires, quant à eux, se signalent par leur respect des artistes, ce que remarquera un journaliste en 1909 : « Ces soirs de représentations gratuites, la salle appartient aux braves gens venus là en confiance pour entendre quelque chose de bien, qui écoutent avec attention » (*Comoedia*, 23 août 1909). Ces propos seront confirmés deux ans plus tard par l'exclamation enthousiaste du régisseur Paul Stuart : « Quel bon public que le peuple souverain[26] ! » Dans la France républicaine de la Belle Époque, l'écart est toujours perceptible entre les formes d'art lyrique destinées à l'élite et celles qui, dans une société entrée désormais dans la culture de masse, s'adressent au plus grand nombre. Il est vrai qu'un répertoire comme celui de l'Opéra-Comique a la capacité de toucher une large partie du spectre social, à une époque où la scène dramatique et lyrique fournit encore des références et une culture communes à bon nombre de Français (cf. 21.6).

1.2 Liberté, privilège et centralisation

Sylvain Nicolle

« Pour un compositeur, il n'y a guère qu'une route à suivre pour se faire un nom : c'est le théâtre. Le théâtre est un lieu dans lequel on trouve chaque jour l'occasion et le moyen de parler au public : c'est une exposition quotidienne et permanente ouverte au musicien[1]. » Dans ce passage célèbre de ses *Mémoires*, Gounod rappelle en 1877 une analogie déjà classique : le théâtre est au compositeur ce que le musée est au peintre. Pourtant, il est encore plus difficile d'être joué au premier qu'exposé au second, alors que le théâtre peut être considéré comme une véritable industrie au XIXe siècle, produisant 32 000 pièces à Paris entre 1800 et 1900 (cf. 11.1). Comment rendre compte d'un tel paradoxe apparent ? On y répondra ici partiellement en analysant d'abord le cadre juridique de cette intense activité théâtrale et les débats qui l'animent, avant de s'interroger sur la place écrasante de la capitale dans la vie théâtrale en France.

L'industrie théâtrale : encadrer ou libéraliser (1791-1864) ?

La Révolution française permet de saisir les principaux linéaments de la législation qui bouleverse le cadre dans lequel la vie théâtrale s'inscrivait à la fin du XVIIIe siècle. Rappelons qu'il existait au début de l'année 1789 dix théâtres à Paris dont le statut relevait de deux catégories. D'une part, trois théâtres officiels – l'Opéra, le Théâtre-Français ou Comédie-Française, et l'Opéra-Comique qui a fusionné avec le Théâtre-Italien en 1762 – sont « privilégiés » au sens littéral parce qu'un ensemble de règlements confère à ces théâtres un droit exclusif sur les représentations propres à leur genre et leur permet de revendiquer l'exercice d'un véritable monopole, protégé en outre par l'octroi d'une subvention régulière (cf. 11.2). D'autre part, sept autres théâtres sont parvenus tant bien que mal à s'assurer une existence permanente : quatre fondés sur le boulevard du Temple et trois dans le quartier du Palais-Royal. Pour arriver à un tel résultat, les entrepreneurs ont souvent bénéficié d'un haut patronage que l'on retrouve parfois dans le nom du théâtre – Théâtre des Grands Danseurs du Roi, Théâtre de Beaujolais, Théâtre de Monsieur – et durent payer une redevance à l'Opéra (cf. 11.4). Pour autant, à la veille de la Révolution, les critiques contre ce régime du privilège qui bridait l'ouverture de nouveaux théâtres exigeaient sans doute moins sa destruction que son extension[2]. L'Assemblée Constituante choisit la première voie, fidèle à sa logique idéologique de la table rase. En réponse à une pétition demandant l'abolition du privilège des Comédiens-Français, déposée le 24 août 1790 par une députation de 17 auteurs dramatiques menés par La Harpe, le rapport du comité de Constitution présenté le 13 janvier 1791 par Le Chapelier conclut à un projet de décret en sept articles[3]. L'article 1er stipule : « Tout citoyen pourra élever un théâtre public, et y faire représenter des pièces de tous les genres, en faisant, préalablement à l'établissement de son théâtre, sa déclaration à la municipalité des lieux. » Adopté le même jour après une courte discussion, le texte est converti en loi sanctionnée par le roi le 19 janvier, ouvrant la voie à une multiplication rapide des salles : on peut dénombrer sous le Directoire l'existence d'une dizaine de nouveaux théâtres[4], 52 en retenant les « entreprises décorées de ce nom[5] ». La radicalisation de la vie politique biaise toutefois les conditions d'exercice de la liberté industrielle du théâtre et rend son application arbitraire dès l'été 1793[6], suscitant en retour un vif questionnement sur sa pertinence. De ce point de vue, les débats parlementaires de 1797-1798 posent de façon cardinale les principaux enjeux afférents à la liberté théâtrale[7]. Est-il possible d'un point de vue juridique de réduire le nombre de théâtres ? Est-ce souhaitable et, le cas échéant, quels critères retenir ? Doit-on prévoir leur emplacement, délimiter leur répertoire ? Initié par une proposition de Marie-Joseph Chénier, le rapport parlementaire présenté au Conseil des Cinq-Cents par Pierre-Jean Audoin le 13 février 1798 permet de mesurer le chemin parcouru depuis 1791 : au début de la Révolution, « *on ne songeait qu'à démonarchiser les théâtres.* [...] Il fallait alors, tranchons le mot, désorganiser et détruire. Aujourd'hui il faut conserver ; et pour conserver, la liberté ne doit pas être l'absolue indépendance ». Le Conseil des Anciens ayant finalement rejeté le projet de réforme, la loi du 13-19 janvier 1791 reste en vigueur jusqu'à ce que la tentation d'un contrôle étroit l'emporte sous Napoléon et se manifeste par un « coup d'État de Brumaire théâtral » en 1806-1807.

Trois textes normatifs fondent en effet ce qu'il est convenu d'appeler « le système du privilège », dont la prise en compte minutieuse a joué un rôle essentiel dans l'essor du renouveau historiographique sur le théâtre du XIXe siècle[8]. Ses fondations, âprement discutées au sein de la sphère administrative[9] et s'inspirant de l'héritage louisquatorzien, reposent sur quatre piliers : limitation, réduction, spécialisation et censure (cf. 1.5)[10]. *Limitation* : le décret du 8 juin 1806 subordonne l'ouverture d'un théâtre dans la capitale à l'autorisation spéciale de l'Empereur sur rapport du ministre de l'Intérieur (art. 1er). *Réduction* : le décret du 25 juillet 1807 stipule que « le maximum du nombre des théâtres de notre bonne ville de Paris est fixé à huit » (art. 4), classés en deux catégories selon une hiérarchie du goût. Les quatre « grands théâtres[11] » (Théâtre-Français, Opéra, Opéra-Comique, Théâtre de l'Impératrice) sont conçus comme des théâtres-modèles : c'est à ce titre qu'ils sont subventionnés, afin de lutter contre la concurrence exercée par les quatre « théâtres secondaires » (Gaîté, Ambigu-Comique, Variétés, Vaudeville). Tous les autres théâtres existants, non autorisés par le décret, doivent fermer avant le 15 août (art. 5) – date symbolique puisque c'est la première célébration de la Saint-Napoléon ! –, sans qu'aucune indemnisation soit prévue. *Spécialisation* : chaque théâtre se voit assigner un genre dont il ne doit pas se départir (cf. 3.1). Ces différents textes règlent aussi le cas de la province selon la même logique autoritaire. Le décret du 8 juin 1806 limite le nombre de théâtres à deux dans les « grandes villes de l'Empire » et un seul dans les autres (art. 7). Un système d'arrondissement théâtral est prévu pour les troupes ambulantes (art. 8), décliné ensuite dans l'arrêté ministériel du 25 avril 1807 (art. 8 à 16). Il faut néanmoins attendre le Règlement du 30 août 1814 sous la Première Restauration, légèrement modifié par celui du 15 mai 1815 lors des Cent-Jours pour que la réorganisation des théâtres de province soit encore davantage précisée[12].

La mise à l'épreuve du système du privilège se caractérise par une difficulté certaine à le faire appliquer rigoureusement. En effet, le pouvoir doit tenir compte des ajustements rendus inévitables par une demande théâtrale qui déborde toujours l'offre existante, et ne cesse, au fil des régimes politiques, d'effilocher la tunique trop serrée du privilège à coup d'entailles successives[13]. La Restauration autorise ainsi la réouverture dès 1814 du Théâtre de la Porte-Saint-Martin (dont l'Opéra peut craindre la concurrence de ballets) et la création de nouveaux théâtres : le Gymnase-Dramatique en 1820 – Scribe y invente la comédie-vaudeville moderne[14] – et le théâtre des Nouveautés en 1827 – l'Opéra-Comique se plaint amèrement de cette concurrence. La pression de la demande s'accroît considérablement après la révolution de 1830, à tel point que le comte d'Argout, ministre du Commerce et des Travaux publics, déclenche l'hilarité des députés en déclarant à la Chambre le 1er mars 1832 : « À l'heure qu'il est, j'ai cent trois demandes pour établir cent trois théâtres à Paris[15]. » La monarchie de Juillet voit l'offre s'élargir[16] avec l'inauguration des théâtres des Folies-Dramatiques et du Palais-Royal en 1831, du Panthéon en 1832 (fermé en 1845), de la Porte-Saint-Antoine en 1835 (fermé en 1842), de la Renaissance en 1838 (fermé en 1841). L'année 1847 est marquée par l'ouverture sur le boulevard du Temple de deux théâtres particulièrement importants, le Théâtre-Historique (fermé en 1850) et l'Opéra-National. Ce dernier fait rapidement faillite en mars 1848 mais renaît à la fin de la IIe République et s'impose sous le nom de Théâtre-Lyrique comme la troisième grande scène lyrique de la capitale, subventionnée par le Second Empire à partir de 1863 (cf. 8.3). Sous ce régime, la création du théâtre des Folies-Concertantes (1854) – bientôt renommé Folies-Nouvelles – et celui des Bouffes-Parisiens (1855), qui constituent tous deux le berceau de l'opérette (cf. 8.6), ainsi que les opérations d'urbanisme liées à la démolition des théâtres du boulevard du Temple, achèvent de démontrer l'obsolescence du système du privilège[17].

De la Restauration au Second Empire, de nombreux projets visant à le réformer furent pourtant élaborés[18]. La volonté de revenir à une application littérale des décrets de 1806-1807 se manifeste sans succès sous la Restauration par plusieurs projets législatifs élaborés au sein de la Maison du Roi, qui cherche à protéger jalousement les intérêts des théâtres royaux face aux théâtres secondaires relevant du ministère de l'Intérieur. La monarchie de Juillet adopte sans surprise la voie du juste-milieu en matière théâtrale. La loi du 9 septembre 1835 rappelle le principe de l'autorisation préalable à Paris et dans les départements, et rétablit de façon formelle la censure préventive dont le statut juridique était contesté depuis 1830. Son article 23 prévoit de compléter ces dispositions par un « règlement d'administration publique, qui sera converti en loi dans la session de 1837 ». Dès l'année suivante, Alexandre Vivien, député et éminent juriste spécialiste des questions théâtrales, alerte la Chambre sur l'urgence d'élaborer ce règlement en critiquant durement la législation existante : « Le système adopté par le gouvernement est le plus mauvais qui pût être suivi ; c'est un état intermédiaire entre la liberté et le privilège. On a concédé assez de liberté pour que chacun pût se ruiner, et pas assez pour arriver au nivellement qu'une concurrence absolue finit toujours par produire[19]. » Trois pétitions adressées à la Chambre des députés demandent la liberté industrielle des théâtres entre 1838 et 1843, tandis qu'à l'inverse, le député et librettiste Antoine-Gabriel Jars défend à la tribune en 1842 son rêve « réactionnaire » de revenir strictement aux décrets de 1806-1807. Le régime ne parvient pas à trancher la question et maintient le *statu quo* puisque le projet de loi élaboré en 1837 – non discuté –, et celui de 1843 – voté à la Chambre des pairs après un long débat mais jamais transmis à la Chambre des députés – se perdent finalement dans les limbes administratifs. En compensation, la commission spéciale des théâtres royaux fondée par l'ordonnance royale du 31 août 1835 accède en 1843 au rang de conseil supérieur des théâtres[20] même si elle examinait déjà les demandes de nouveaux privilèges, en particulier celui d'un troisième théâtre lyrique[21]. La IIe République reprend de façon substantielle la réflexion théorique, aussi bien sur les théâtres de la capitale que sur ceux des départements, et produit à l'appui de nombreux documents dont une partie est rendue publique[22]. Toutefois, le travail des deux commissions théâtrales nommées successivement par le gouvernement en 1848, puis la synthèse élaborée par Édouard Charton en mars 1850 à propos de l'enquête réalisée par le Conseil d'État à la fin de l'année précédente[23] restent encore lettre morte. « Laissez aller l'industrie théâtrale comme toute autre industrie ; il y faudra venir tôt ou tard[24] » : il faut attendre presque quinze ans avant que le pronostic avancé par le critique Jules Janin lors de son audition au Conseil d'État ne se réalise.

Le « décret relatif à la liberté de l'industrie théâtrale » du 6 janvier 1864[25] met finalement un terme définitif au système du privilège. Annoncé de façon sibylline au Sénat par Amédée Thierry dès le 28 février 1863, avant d'être offi-

Edmond Morin, « La liberté des théâtres ! », *Le Monde illustré*, 6 fév. 1864, p. 88.

cialisé par Napoléon III le 5 novembre suivant lors de son discours d'ouverture de la session du Corps législatif, le projet de décret avait pourtant suscité de « nombreuses objections » devant le Conseil d'État[26]. Sa rédaction est donc le fruit d'un indispensable compromis. Deux mesures renouent directement avec l'esprit de la loi de 1791 : la liberté de construction et d'exploitation d'un théâtre sous réserve d'une déclaration préalable (art. 1er), et la liberté de représenter tous les genres (art. 4). D'autres dispositions peuvent en revanche apparaître comme de prudents contrepoids destinés à éviter le caractère jugé trop « anarchique » de l'expérience libérale inaugurée en 1791. La possibilité de maintenir les subventions pour les théâtres de Paris ou des départements est immédiatement mentionnée (art 1er, 2e alinéa) avant d'être confirmée à deux reprises dans un sens très incitatif au cours des mois suivants[27], alors que les libéraux plaidant pour la séparation de l'État et des Beaux-Arts considèrent que les subventions faussent précisément la concurrence (cf. 11.2). Le maintien de la censure préventive (art. 3) montre par ailleurs que la liberté *des* théâtres n'implique pas nécessairement la liberté *du* théâtre : le répertoire, affranchi des contraintes du genre, demeure étroitement surveillé parce que le pouvoir lui prête toujours une potentielle portée subversive. Enfin, le décret prévoyait que « les spectacles de curiosités, de marionnettes, les cafés dits cafés chantants, cafés-concerts et autres établissements du même genre restent soumis aux règlements présentement en vigueur » (art. 6), mesure destinée à limiter la concurrence qu'ils exerçaient déjà sur le marché du spectacle face aux théâtres. Au final, le décret de 1864 relève d'une décision pragmatique sur le fond mais paradoxale sur la forme : à l'image du traité de libre-échange conclu avec l'Angleterre quatre ans plus tôt, sa logique libérale doit être imposée de façon autoritaire par le souverain.

Pour autant le débat est loin d'être clos. La nouvelle donne théâtrale qui régit aussi bien la capitale que les départements est inséparable de l'interrogation sur le poids écrasant de Paris dans la vie culturelle française et contribue à nourrir la réflexion sur les formes possibles de décentralisation. Évoquant un opéra-comique inédit en deux actes devant être représenté au théâtre de Caen, un collaborateur de *L'Orchestre* écrit le 18 février 1864 : « Comme on le voit, la décentralisation artistique s'opère de toutes parts ; le décret sur la liberté des théâtres lui donnera une impulsion encore plus grande. » Vain espoir ?

La géographie théâtrale : « Paris, c'est la France » !

Tout au long du XIXe siècle, la suprématie culturelle sans partage dont jouit la capitale au moins à l'échelle du territoire français est régulièrement exaltée dans des proclamations tonitruantes afin de justifier les différents « sacrifices » financiers auxquels l'État consent en faveur des grands théâtres situés à Paris. Lorsque la participation de la ville de Paris aux dépenses de l'Opéra est exigée par certains députés en 1841 sous forme de subvention, voire de financement à sa reconstruction projetée[28], c'est leur collègue de la Seine Antoine-Jean Galis qui rejette cette proposition au nom de l'État centralisateur : « Dans cette cité où sont centralisés tous les intérêts du pays, Paris est pour ainsi dire la France » (*MU*, 11 mai 1841, p. 1275). Sous la IIe République, Félix Pyat s'illustre dans le même registre lors de la défense du projet de loi visant à accorder un secours exceptionnel de 680 000 F aux théâtres de Paris – subventionnés ou non – pour éviter leur faillite. Succédant à la tribune au rapporteur qui n'est autre que Victor Hugo, l'auteur fameux du *Chiffonnier de Paris* affirme le 17 juillet 1848 que fermer les théâtres de la capitale « serait découronner la France de son diadème spirituel » et donc « déchoir en civilisation », avant de conclure son raisonnement par l'absurde en lançant la formule : « Paris sans théâtre ne serait plus qu'un immense Carpentras »[29]. L'aphorisme fait mouche et passe à la postérité, Carpentras figurant déjà avec d'autres villes (Pézenas, Quimper-Corentin ou Landerneau, en attendant Molinchart) comme l'un des archétypes de l'esprit provincial étroit dont se gaussent les Parisiens[30] (cf. 12.3). Le rapporteur du budget des Beaux-Arts Henry Maret cite la formule à la Chambre le 4 décembre 1888 pour défendre l'Opéra sous le feu des critiques, et proclame peu après : « Paris c'est la France. » On pourra enfin mesurer la façon dont les provinciaux se réapproprient à leur tour l'apologie de la centralisation en imaginant la voix chantante d'Ulysse Pastre, député méridional du Gard, exprimer sa fascination envers la capitale alors que l'Exposition universelle de 1900 bat son plein : « Pour les étrangers comme pour les provinciaux, Paris, c'est la capitale où règne le cosmopolitisme de l'intelligence, de l'esprit et de l'art. C'est pour les uns l'attrait de la grande ville inconnue, c'est pour les autres l'attirance pour des plaisirs momentanément disparus mais jamais oubliés. Pour tous le charme primordial, l'attrait principal, ce qu'on ne voit qu'à Paris, ce sont ses théâtres » (*JO*, 4 juil. 1900, p. 1769).

Toutefois, cet hommage presque rituel rendu à la capitale ne saurait occulter totalement sa remise en cause par d'autres voix, plus soucieuses de faire avancer une décentralisation théâtrale dont la chronologie au XIXe siècle est encore un chantier de recherche. Qu'en est-il dans la presse parisienne spécialisée ? Dès 1829, François-Joseph Fétis publie dans sa *Revue musicale* un projet destiné à créer tous les ans en province dix-huit ouvrages lyriques en trois actes, chacune des six grandes villes que sont Lyon, Marseille, Bordeaux, Rouen, Toulouse et Lille devant monter trois œuvres inédites. La dépense annuelle serait de 3 500 F par ouvrage, soit 63 000 F au total et offrirait ainsi un débouché aux lauréats du prix de Rome (*RM*, t. 4, 1829, p. 133). L'expression de « décentralisation musicale » semble employée de façon inédite dans *Le Ménestrel* du 12 octobre 1834. Elle constitue alors le titre d'un article qui réclame la fondation d'une succursale du Conservatoire dans chaque département, avant de désigner généralement dans les années suivantes la création d'œuvres lyriques sur les scènes départementales. Ces signalements, aussi brefs sur le contenu que rares par leur périodicité, forment peu à peu de « petits bulletins de la décentralisation » (*Mén.*, 24 fév. 1861) qui deviennent plus fréquents à partir du

Second Empire. On peut même espérer lire le compte rendu d'une création en province, notamment au Théâtre des Arts de Rouen, mais l'article ne sera alors que l'écho fidèle de la presse locale[31]. Les comptes rendus inédits dans la presse parisienne ne prennent véritablement leur essor qu'au début du XXe siècle, en particulier avec une rubrique dédiée dans le journal *Comoedia* fondé en 1907, qui relaie précisément la campagne menée par le Groupe de l'Art (cf. 1.3) en faveur de la décentralisation théâtrale au Parlement. De ce côté, le constat que fait Claude-Marie Raudot le 15 avril 1850 à l'Assemblée législative résume l'état d'esprit général pendant le premier XIXe siècle : « L'État doit-il faire des subventions à l'Opéra ou au Théâtre-Français de Bordeaux, de Marseille, de Lyon, de Toulouse, de Rouen ? Non. Personne n'a jamais proposé de faire payer les théâtres des petites villes [*sic*] par le budget de l'État, par l'argent de tous les contribuables[32]. » L'affirmation, factuellement exacte, est d'autant plus révélatrice que le représentant légitimiste de l'Yonne est par ailleurs un fervent partisan de la décentralisation administrative dont il défendra la cause comme publiciste sous le Second Empire et représentant à l'Assemblée nationale dès 1871[33]. Six ans plus tard, Louis Véron, ancien directeur de l'Opéra (1831-1835) devenu député de la Seine au Corps législatif (1852-1863), indique au contraire un changement de cap à propos des théâtres des départements : « L'idée d'une subvention pour ceux des villes les plus importantes s'est fait jour. Mais il faudra bien du temps pour que l'on puisse arriver à formuler quelque chose de précis à cet égard[34]. » La participation directe de l'État aux subventions des théâtres des départements, sur une base paritaire – les villes intéressées devront prendre en charge une somme égale à la moitié de la subvention de l'État –, est avancée pour la première fois par Antoine-Louis Malliot, professeur et compositeur de musique à Rouen, dans une pétition adressée au Sénat en 1865. Elle est reprise sous une forme amendée en 1869 par le député bonapartiste de la Sarthe, Alfred Haentjens, sans que la commission du budget ne la retienne après son audition[35]. À la fin du Second Empire, le thème de la décentralisation théâtrale a donc incontestablement émergé mais il demeure encore en net retrait comparé aux avancées décisives que connaissait dans le même temps la décentralisation artistique, nettement perceptible à travers « une politique d'envois sans égale » d'œuvres d'art dans les musées de province[36]. En matière théâtrale, la question de la décentralisation, étroitement liée à celle de la démocratisation, ne s'invite donc au cœur des débats que sous la IIIe République.

La lenteur du processus que prédisait de façon pertinente Véron en 1856 s'explique moins par le problème du financement que par l'ambivalence de l'idée même de décentralisation théâtrale, alors fondée sur une double impasse théorique. La première repose précisément sur la force du modèle centralisateur qui agit comme un aimant : son attraction irrésistible conduit à imaginer pour les projets décentralisateurs des solutions inconséquentes puisqu'elles-mêmes très centralisatrices. Commentant longtemps après le projet de Fétis publié en 1829, Malliot souligne à juste titre qu'il était « bien plus une centralisation étendue à la province qu'une décentralisation véritable[37] ». Le constat peut aussi s'appliquer à la pétition de certains musiciens de Paris présentée au ministre de l'Intérieur un mois après la Révolution de 1830[38], et à celles adressées au Sénat par Théodore Moras en 1856 et Gustave Grandin en 1867[39]. La deuxième impasse est fondée sur l'illusion historique qui assimile la situation artistique des grandes villes françaises à celles des capitales des principautés et États italiens et allemands[40]. Ce postulat, formulé très tôt – on le trouve dès 1829 dans une pétition adressée à la Chambre des députés par un élève du Conservatoire – confond deux modèles politiques très différents : celui d'une France précocement centralisée où l'État a précédé la Nation, et celui de l'Italie ou de l'Allemagne où la Nation a au contraire précédé l'État, y rendant en quelque sorte l'idée de décentralisation endogène. L'obsession des compositeurs français du XIXe siècle à être reconnus dans la capitale plutôt que sur les scènes départementales ne tient-elle pas en partie dans l'intériorisation de cet héritage historique différencié ? Beaucoup d'entre eux préfèrent avoir raison avec Villon, justement cité par Henri Auriol à la tribune en 1911[41] : « Il n'est bon bec que de Paris » !

1.3 La question de l'Opéra au Parlement
Sylvain Nicolle

Les sources : comment faire une histoire de l'opéra au Parlement ?

L'inscription des subventions théâtrales au budget de l'État en 1820 entraîne un transfert de souveraineté qui place désormais le Parlement au cœur de leurs enjeux selon une logique institutionnelle à trois degrés : Commission du budget ou des finances, rapport qui en émane, débat en séance[1]. Les procès-verbaux manuscrits de la Commission du budget ou des finances, respectivement conservés aux Archives nationales et au Sénat, constituent le socle trop souvent négligé des débats parlementaires. Malgré ses limites méthodologiques importantes – le style formulaire, les effets d'ellipse, et l'anonymat des commissaires qui prennent la parole jusqu'en 1870 – cette source demeure précieuse parce qu'elle permet de révéler des informations jugées sensibles qui ne filtrent pas en aval du processus parlementaire[2]. L'Opéra est particulièrement concerné : la critique de la décision ministérielle autorisant une fermeture exceptionnelle de quatre mois en 1851, l'état d'avancement des travaux du nouvel Opéra en 1873, la pression que met Gambetta sur le directeur Halanzier pour tenter d'obtenir que le public puisse visiter le monument tous les jours pendant l'Exposition universelle de 1878, ou encore la proposition de Steenackers d'abaisser le prix des petites places en 1888 ne laissent aucune trace dans le rapport de la commission du budget. Il en va de même au Sénat. Alors qu'Édouard Lockroy affirme en 1880 dans son pré-rapport sur le budget des Beaux-Arts à propos de l'Opéra que « l'affaire n'est pas bonne et ne peut le devenir », la commission des finances, après un débat interne suivi d'un vote, décide de retrancher la phrase du rapport final.

De façon générale, ce dernier est le résultat d'un travail de synthèse du rapporteur qui doit opérer une compilation de nombreuses sources, que l'on peut schématiquement classer en trois catégories[3]. Les sources ministérielles constituent en quelque sorte la voix officielle des théâtres subventionnés. Il s'agit le plus souvent de notes de synthèse rédigées par le Bureau des théâtres, complétées par les auditions des ministres ou hauts-fonctionnaires devant les commissions – on peut dénombrer avec certitude au moins trois auditions dès la monarchie de Juillet, neuf sous le Second Empire et vingt-trois sous la IIIe République. La communication de ces informations est un enjeu sensible puisque son caractère plus ou moins ouvert renvoie directement au degré de parlementarisme que le régime est prêt à accepter. Les débats noués autour de la connaissance des cahiers des charges en sont le meilleur exemple : ceux-ci sont finalement publiés de façon inédite – mais encore aléatoire – par le rapporteur du budget des Beaux-Arts au *Journal officiel* à partir de 1879. L'enquête menée auprès des gens de théâtre forme le deuxième grand ensemble documentaire. Les directeurs sont en première ligne : consultés officieusement par le rapporteur dès la monarchie de Juillet, ils sont officiellement auditionnés par la Commission du budget à partir de 1871, sans que ces auditions aient encore un caractère systématique. Elles semblent liées au renouvellement des cahiers des charges mais peuvent avoir lieu à l'initiative des directeurs eux-mêmes. Ainsi Ritt et Gailhard demandent à donner des explications verbales à la Commission des finances du Sénat le 8 décembre 1888 afin d'obtenir le rétablissement intégral de la subvention de l'Opéra qui venait d'être amputée de 50 000 F par un vote-sanction des députés quatre jours plus tôt. Toutes ces explications données à l'oral sont complétées par l'envoi de documents administratifs et comptables tirés des archives des théâtres subventionnés. La IIIe République est la période au cours de laquelle ces renseignements directoriaux s'étoffent considérablement dans les rapports. La situation financière (recettes et dépenses, parfois détaillées pour chaque poste), le répertoire, l'état de la troupe en sont les principaux passages obligés, suscitant parfois des critiques sur le manque de distanciation du rapporteur qui se contenterait de répercuter le « son de cloche » des directeurs. Le constat ne manque pas de pertinence mais minore les autres sources issues du monde théâtral : les auteurs et compositeurs (individuellement ou collectivement à travers la SACD), les artistes (certains chanteurs et musiciens de l'orchestre) et les employés des théâtres subventionnés. Enfin, le rapporteur réunit de multiples renseignements qu'il va glaner dans des sources éclatées (autres sources administratives, presse, livres, brochures…) pour compléter sa documentation. Au final, les rapports assurent parfois un « effet de sauvegarde » pour l'historien à l'égard de sources primaires non conservées par ailleurs et sont donc une source féconde pour l'histoire de l'opéra.

Qu'ils soient lus ou non, ces rapports constituent pour les parlementaires la base des débats qui ont lieu en séance plénière. Leur fréquence ne se dément pas : à partir de 1828, le chapitre des subventions théâtrales (cf. 11.2) est discuté tous les ans, même si la longueur des débats varie au fil des années. Cette fréquence s'explique en partie par les interventions répétées des adversaires de la subvention dont le rapporteur du budget des Beaux-Arts Antonin Proust propose une typologie : « Les premiers qui les trouvent abusives et en demandent la suppression complète, d'autres qui les trouvent excessives, et en demandent la réduction, et enfin les troisièmes [qui] voudraient donner aux subventions des théâtres un caractère exclusivement municipal[4]. » Certains veulent encore modifier la répartition interne des subventions, ce qui permet d'envisager une histoire du goût renouvelée sous l'angle parlementaire. Ce n'est là qu'un exemple original des nombreuses pistes de recherche ouvertes par ces débats, bien des thèmes abordés dans ce volume venant s'y réfracter plus ou moins souvent. Enfin, il faut souligner la quasi-exception française en ce domaine. Hormis l'exemple grec à partir du règne d'Othon[5], les subventions théâtrales ne sont pas débattues au Parlement, soit parce qu'elles relèvent directement de la liste civile du souverain (voir l'espace germanique), soit parce qu'elles sont municipales (cas italien après l'unification), soit parce qu'elles sont inexistantes comme en Angleterre. Ce dernier exemple[6] rappelle toutefois qu'en votant le *Theatre Regulation Act* en 1843 (projet de loi sur la liberté industrielle des théâtres), le Parlement peut se saisir de la question théâtrale à travers d'autres biais que les subventions.

L'origine de ces débats plus ponctuels relève aussi bien de l'initiative gouvernementale que parlementaire[7]. Dans la première catégorie figurent les projets de loi. Ils portent sur la censure (1831, 1835, 1850, 1851, 1874), la question du règlement d'administration publique sur les théâtres (1843), le secours exceptionnel de 680 000 F alloués aux théâtres de Paris pour leur éviter la faillite (1848) et la (re)construction des théâtres subventionnés, en particulier le nouvel Opéra (1861 ; 1873-1874) et l'Opéra-Comique (1887-1898). Dans la seconde catégorie, les initiatives parlementaires peuvent être classées en trois groupes. Les propositions de loi : sur le droit des pauvres (1851, 1878, 1895), la censure (1891, qui débouche sur une grande enquête parlementaire), les agences théâtrales (1910), l'emploi des mineurs (1911, 1912), la décentralisation musicale (1912). Aucune d'entre elles n'aboutit finalement au vote d'une loi ! Les questions orales : Ulysse Pastre interroge le ministre des Beaux-Arts sur la vente des billets de théâtre le 3 juillet 1900, pendant l'Exposition universelle. Les interpellations, qui à la différence des questions peuvent mettre en jeu la responsabilité ministérielle : celles de Lucien Millevoye, Paul Meunier et Léonce Levraud les 14 et 15 février 1906 portent sur la gestion des théâtres subventionnés. On ajoutera pour clore ce rapide panorama le projet de résolution collectif présenté le 28 janvier 1901 par le député Julien Goujon sous les applaudissements de la Chambre afin de faire pour Verdi au lendemain de sa mort ce que l'Italie avait fait pour Hugo : « La France déplore la perte du grand compositeur Verdi et s'associe au deuil de la nation italienne⁸. » Pour protéiforme qu'elle paraisse déjà à ce stade, la question théâtrale au Parlement ne saurait toutefois s'appréhender en restant seulement dans la salle des séances ou les bureaux des commissions.

Le lobbying *: quels sont les moyens d'influence exercés au Parlement ?*

Trois moyens d'influence s'inscrivent ouvertement dans l'espace public : les pétitions, les brochures et la presse. La voie pétitionnaire relève d'une forme d'« appel au pouvoir » essentiel dans le cadre du processus parlementaire⁹. En matière théâtrale, plus de 140 pétitions sont adressées au Parlement de 1790 à 1909¹⁰. Elles touchent à tous les sujets : la législation théâtrale (84), le répertoire (35), le statut des artistes (13), la reconstruction de l'Opéra et de l'Opéra-Comique (9), et le Conservatoire (3). Elles émanent pour plus de la moitié de gens de théâtre à titre individuel ou collectif (la SACD par exemple). Leur portée réelle est toutefois limitée sauf exceptions notables comme la pétition des auteurs dramatiques qui débouche sur la loi du 13-19 janvier 1791 proclamant la liberté théâtrale (cf. 1.2). D'autres pétitions sont parfois déposées directement auprès de la Commission du budget : celle d'Anténor Joly lui permet d'être auditionné le 16 avril 1840 afin d'obtenir une subvention qui serait prise en partie sur celle de l'Opéra au profit du théâtre de la Renaissance qu'il dirige, mais l'échec de cette tentative désespérée l'amène à la faillite trois semaines plus tard. Les parlementaires sont aussi sollicités par l'envoi de brochures, certaines s'apparentant à de véritables pétitions bien qu'elles n'en aient pas le statut parlementaire¹¹. Elles sont l'œuvre de quatre catégories d'auteurs, à commencer par les directeurs de théâtre. S'ils font bloc pour contester le droit des pauvres (cf. 11.4), les directeurs redeviennent « tous ennemis les uns des autres¹² » lorsqu'il s'agit de défendre leur propre subvention à grand renfort de chiffres qui irriguent en retour le débat parlementaire. Les directeurs de l'Opéra-Comique (en 1832 et 1836), du Théâtre-Italien (en 1832, 1836 et 1843) et de l'Odéon (en 1843, 1847 et 1849) envoient ainsi une brochure justificative pour convaincre les députés quelques jours avant le débat sur les subventions, tentative couronnée le plus souvent de succès. Les institutions corporatistes représentant l'intérêt des auteurs et compositeurs recourent également à la même stratégie. La SACEM envoie par exemple à chaque député un mémoire daté du 26 juin 1874 sur « l'état actuel de la musique en France » dont le comte d'Osmoy fait l'éloge à la tribune¹³. La SACD procède de même lorsqu'elle demande aux sénateurs 200 000 F pour tenter de reconstituer le Théâtre-Lyrique en 1878 à moins d'un mois de l'ouverture de l'Exposition universelle¹⁴. Le personnel des théâtres, dont l'action collective est favorisée par les progrès du syndicalisme, se fait encore entendre de cette façon : une brochure regroupant l'Union théâtrale, l'Union des artistes des cafés-concerts et la Chambre musicale des Artistes musiciens, réclame aux sénateurs en 1901 le bénéfice de la juridiction des prud'hommes, obtenue seulement en 1907. Enfin, des particuliers impriment leurs doléances théâtrales destinées aux parlementaires, soit à titre collectif comme les propriétaires de la salle Ventadour qui veulent y attirer l'Opéra-Comique après l'incendie de la salle Favart en 1838, soit à titre individuel afin de discuter les subventions. L'auteur peut être exceptionnellement un député, à l'image de Jean David qui proteste contre le rejet en commission de son amendement visant à supprimer la subvention de l'Opéra et publie une brochure justificative sur le sujet[15]. La presse constitue enfin le troisième grand moyen public d'influence sur les débats[16]. Les journaux peuvent d'abord commenter pétitions et brochures théâtrales, contribuant à leur conférer un certain écho ; ils peuvent ensuite discuter de façon polémique la publication du rapport de la commission du budget, ce qui conduit son rapporteur à justifier ses choix par la même voie ou à la tribune ; ils peuvent enfin servir de ballon d'essai à des propositions de réformes[17]. Quant aux revues, elles ouvrent parfois leurs colonnes pour servir de caisse de résonance aux débats, ce dont profite à deux reprises le comte de Kératry – en tant que pair de France et vice-président de la commission des théâtres royaux – pour justifier les subventions sous la monarchie de Juillet[18].

Deux autres moyens d'influence s'exercent en revanche de façon informelle. La pratique des recommandations parlementaires s'apparente pour l'historien à un iceberg : si la partie émergée est visible à travers quelques traces écrites dispersées dans les archives, elle ne doit pas faire oublier la partie immergée bien plus massive constituée par les innombrables tractations orales qui restent par définition insondables. Ces limites posées, on peut classer les « recommandés » en trois catégories principales. Les directeurs en exercice peuvent rechercher des appuis parlementaires pour garantir les conditions de leur reconduction (Du Locle à l'Opéra-Comique en 1872) ou au contraire postuler à la direction d'un autre théâtre (Cerbeer et Poirson à l'Opéra en 1833)[19], tandis que les aspirants-directeurs s'efforcent d'étayer leur candidature qui s'appuie aussi sur d'autres soutiens plus puissants – ministériels ou princiers – comme l'atteste le cas documenté du Théâtre-Lyrique[20]. Les traces de recommandations parlementaires envers les auteurs et compositeurs semblent moins nombreuses. Entre février et mars 1798, Boisset, député au Conseil des Anciens, écrit trois lettres au ministre de l'Intérieur et au directeur Merlin de Douai parce que des œuvres acceptées par le jury de l'Opéra, en particulier celles écrites par Guillard et/ou composées par Kalkbrenner, ne sont jamais représentées[21]. De son côté, le député de la Somme Félix de Beaumont soutient les droits de la veuve de Le Sueur qui intente en 1842 un procès à Léon Pillet afin d'obliger le directeur de l'Opéra à jouer *Alexandre à Babylone* dans les six mois, au nom des engagements contractés par la liste civile sous la Restauration[22]. Enfin les recommandations multiples des artistes du chant et de la danse sont à l'origine de ce qu'Albert Carré, nommé directeur de l'Opéra-Comique en 1898, appelle « la grande plaie des théâtres subventionnés : les "pistonnages" injustifiés[23] ». Cette excellente formule condense de façon rétrospective un argument des adversaires de la régie directe, système de gestion dont le retour est envisagé en 1879 :

« Voyez-vous d'ici le joli gâchis de l'Opéra, régi par les députés, où le ténor serait "gauche républicaine", la cantatrice "centre gauche", les danseuses "de la droite", etc.[24] ? » Le second moyen d'influence informelle relève d'une forme de corruption : il consiste pour les directeurs à distribuer des billets de faveur aux adversaires de la subvention afin d'acheter leur silence ou leur mansuétude lorsque vient le temps du débat parlementaire, en particulier lorsque le vote s'annonce indécis[25]. Au début du XXe siècle, la pratique perdure et bénéficie plus particulièrement aux parlementaires du Groupe de l'Art, un lobby théâtral fondé en 1908 qui entend notamment contrôler la gestion des théâtres subventionnés par l'exercice d'un droit de regard sur leur fonctionnement[26].

Les parlementaires : quelle musique de chambre font-ils entendre ?

« La Chambre a, comme le théâtre, ses premiers sujets, ses doublures, ses utilités et ses comparses[27]. » L'analogie formulée par Pierre Bernard est mise en abîme lorsqu'elle s'applique aux orateurs qui interviennent sur la question théâtrale en général, et sur l'art lyrique en particulier. Les « premiers sujets » se font particulièrement remarquer dans les séances des 15 et 16 avril 1850 lorsque l'Assemblée législative discute le rétablissement de la subvention de 70 000 F allouée au Théâtre-Italien. Face à Raudot qui combat l'amendement, Berryer et Lamartine rivalisent d'éloquence pour arracher avec succès un vote favorable des représentants[28]. La séance du 20 mars 1872 est également mémorable à plus d'un titre[29]. Par le lieu : elle se déroule à l'Opéra royal de Versailles, improbable écrin parlementaire qui accueille l'Assemblée nationale depuis exactement un an. Par les circonstances : la défaite de 1870 demeure une vive blessure patriotique et s'invite au cœur du débat sur les subventions théâtrales, dont le maintien est associé à celui de la suprématie de la France en matière culturelle. Par les orateurs : le ministre des Beaux-Arts Jules Simon se lance dans un vibrant plaidoyer où tous les arguments en faveur de la subvention défilent avec panache, tandis que la « doublure » qui lui succède, le rapporteur Ernest Beulé, recourt à une longue hypotypose pour faire l'éloge du grand opéra au cours d'un discours lyrique qui confère à son auteur le statut de grand orateur parlementaire aux yeux de ses contemporains. Lamartine et Berryer, Simon et Beulé : l'écho de ces deux duos entonnés à la tribune à une génération d'intervalle résonne longtemps puisque les grands discours de 1850 et 1872 s'inscrivent explicitement dans la mémoire parlementaire des débats sur le théâtre[30]. Cette anthologie exemplaire contraste avec celle formée par une galerie d'originaux. Certains sont des monarchistes tenants de « l'ordre moral », à l'image du vicomte de Lorgeril qui, en 1874, critique violemment l'achèvement du nouvel Opéra dans deux discours-fleuves[31]. Il attaque ainsi *La Danse*, présentant le chef-d'œuvre de Carpeaux comme un « odieux produit de la sculpture perfectionnée dans ses raffinements jusqu'à la pétrification de l'obscène ». Le représentant d'Ille-et-Vilaine récidive deux mois plus tard en affirmant que le monument a « l'apparence d'une officine de démoralisation », et renforce plus loin sa démonstration par un pastiche mythologique qui fait rire aux éclats l'Assemblée. Un tel postulat moralisateur est partagé par tous ceux qui passent pour des parlementaires « béotiens » en matière artistique, alors que la culture politique de certains d'entre eux devrait les apparenter au contraire aux « Athéniens de la Chambre »[32]. C'est le cas, sous la IIIe République, de Camille Cousset et Casimir Michou, deux originaux dont la notoriété involontaire doit beaucoup à leurs discours contre les subventions théâtrales[33]. Le premier, avocat, est député radical de la Creuse (1885-1893), tandis que le second, médecin de campagne et député opportuniste de l'Aube (1881-1898), s'apparente autant à un « paysan du Danube » qu'à un « huron parlementaire », capable de défier l'imagination du plus fécond des vaudevillistes. Avec eux, l'Opéra devient entre 1888 et 1891 la lice privilégiée d'un tournoi d'éloquence dont les ballerines font systématiquement les frais. Tandis que Michou évoque sur un registre dramatique la situation des cultivateurs, des artisans et des mineurs pour se demander gravement si « les sueurs qu'ils jettent ainsi sur le sol pour féconder leur travail ne sont pas plus méritoires que les sueurs des dames du corps du ballet » (séance du 18 juin 1889), Cousset s'en prend aux danseurs, « ces hommes qui viennent étaler leurs grâces callipyges sur la scène » et ne servent qu'« à soutenir les danseuses », avant de suggérer que l'administration de l'Opéra ne les remplace par « des conducteurs d'omnibus, à qui elle donnerait 3 ou 4 F par soirée, avec un maillot » (séance du 12 nov. 1891). Si la gloire de « Cousset-le-Diable[34] » est aussi immédiate qu'éphémère, celle de son alter ego Michou n'a en revanche rien d'une étoile filante !

Les danseurs de l'Opéra organisant un meeting de protestation, à l'arrivée de M. Cousset devant la Chambre.

En prévision d'une grève prochaine, les conducteurs d'omnibus s'exercent pour pouvoir, suivant l'avis de M. Cousset, entrer comme danseurs à l'Opéra.

Pif [Henri Maigrot], « Croquis », *Le Charivari*, 22 nov. 1891 ; Paf [Jules Renard dit Draner], « Croquis », *Le Charivari*, 29 nov. 1891.

Est-ce à dire que l'incompétence avérée de certains peut être extrapolée à la majorité des parlementaires ? Bien des contemporains le laissent entendre et persiflent à l'occasion les débats en séance : « Nos députés saisissent très diversement la question des théâtres : c'est-à-dire que quelques-uns l'entendent fort peu, un grand nombre excessivement mal et la grande majorité n'y comprend rien du tout[35]. » Quatre critères principaux peuvent être retenus pour évaluer le degré de compétence de ceux qui prennent la parole en séance. L'expérience du parlementaire comme spectateur de théâtre[36], qu'elle soit occasionnelle ou régulière, intériorisée ou au contraire explicitée à la tribune, sous-tend très souvent le discours et peut servir de caution à l'argumentation. Elle n'a pourtant d'autre valeur que celle d'un argument d'autorité et ne garantit en rien la compréhension de cette grande ruche qu'est un théâtre subventionné. « L'éloquence du chiffre[37] » vise précisément à suppléer tout ce que l'expérience tirée de la sortie au théâtre peut avoir de très insuffisante. Le 17 juillet 1848, Félix Pyat formule à merveille cette tendance de fond qui affecte tout le XIXe siècle selon une logique de mathématisation du savoir : « Pardon de ces chiffres, mais on ne peut plus avoir raison sans cela. Le chiffre a remplacé le canon sur la dernière raison[38]. » Le théâtre se prête bien aux arguments comptables qui nourrissent les débats sur l'économie du spectacle (cf. 11.1), la reconstruction des théâtres subventionnés (le nouvel Opéra est l'objet d'une véritable bataille de chiffres sur son coût) ou encore le répertoire (querelle sans cesse recommencée des Anciens et des Modernes sur la proportion des œuvres canoniques et des créations ; polémique nationaliste latente ou ouverte sur la part respective des œuvres françaises et étrangères). De ce point de vue, que d'exercices d'arithmétique élémentaire à la tribune, où l'idéologie de certains parlementaires déguisés en experts-comptables a tôt fait de prendre le pas sur la rigueur de la démonstration ! Léon Bérard, sous-secrétaire d'État aux Beaux-Arts, en tire la leçon avec beaucoup de finesse en 1912 : « Je n'invoquerai plus de statistiques : la statistique est une science moins rigoureuse et plus opportuniste qu'on ne pourrait croire (*On rit*), qui prête un appui pareillement secourable aux thèses les plus diverses[39]. » Le recours au droit est encore indispensable pour maîtriser la législation théâtrale, dont certains parlementaires sont de véritables spécialistes[40] : Alexandre Vivien et Edmond Blanc, coauteurs d'un *Traité sur la législation des théâtres* publié en 1830, sont membres de commissions de réforme mises en place au début de la monarchie de Juillet et interviennent à la tribune en apportant leur regard de juriste ; Julien Goujon, coauteur avec son collègue avocat Henri Dubosc de *L'Engagement théâtral*, ouvrage de jurisprudence publié en 1889 et réédité en 1910, se montre aussi très actif comme parlementaire de la Seine-Inférieure à la Chambre (1891-1906) puis au Sénat (1909-1912), sans que son statut ne le mette à l'abri de critiques ministérielles qui interrogent précisément sa compétence. Goujon est aussi le librettiste de trois œuvres lyriques créées au Théâtre des Arts de Rouen entre 1888 et 1895, ce qui laisse entrevoir un quatrième critère : l'expérience artistique non plus en tant que spectateur mais comme praticien du théâtre. Une cinquantaine de parlementaires est dans ce cas de figure, dont l'écrasante majorité sont des auteurs dramatiques[41]. Parmi ceux qui interviennent en séance, on compte aussi quelques librettistes (Étienne et Jars sous la monarchie de Juillet, Goujon et Couÿba sous la IIIe République), un compositeur[42] (Lucien Dautresmes en 1876) et un ancien directeur de l'Opéra – Louis Véron, qui se fait le porte-parole des compositeurs en déposant un amendement visant à obtenir une subvention de 100 000 F pour le Théâtre-Lyrique qu'il défend sans succès au Corps législatif le 5 juin 1856.

On ne saurait refermer cette page de « musique de chambre » sans souligner la difficulté à démêler les convictions sincères énoncées par les parlementaires sur le théâtre de la tactique politicienne dont il fait très souvent l'objet. En 1907, Aristide Briand en tire la leçon politique au Sénat lorsqu'il présente les théâtres subventionnés comme « un des plus beaux joyaux de la couronne du ministre des Beaux-Arts, mais non le moins dangereux », avant d'appeler explicitement à « ne pas trop faire intervenir les assemblées parlementaires » dans leur fonctionnement[43]. Programme qui anticipe sur la IVe République mais qui s'inscrivait en faux contre la logique suivie tout au long du XIXe siècle.

1.4 LE CAHIER DES CHARGES
Karine Boulanger

Le cahier des charges est un document aride et complexe que l'on peut être tenté de survoler mais il constitue une source essentielle pour l'étude d'un théâtre puisqu'il conditionne les conditions de son exploitation[1]. Il permettait d'encadrer la nomination, les conditions d'exercice du directeur et le fonctionnement du théâtre mais il ne trouva sa forme canonique qu'à la fin des années 1840. En 1831, en effet, la brièveté du cahier de Louis Véron pour l'Opéra et la rédaction de deux suppléments témoigne d'une forme d'impréparation et de l'appréhension de l'État à se dessaisir de son théâtre le plus important. On possède des séries quasi complètes des cahiers des charges de l'Opéra, du Théâtre-Italien et du Théâtre-Lyrique, mais plus lacunaires pour l'Opéra-Comique[2]. Par ailleurs, beaucoup de théâtres étaient liés par contrat avec la SACD pour défendre les intérêts des auteurs face aux directeurs. Ce contrat reproduisait souvent les dispositions du cahier des charges, mais il pouvait se montrer plus permissif ou plus strict au contraire, jusqu'à être en contradiction avec le cahier élaboré par l'État[3]. Il faut donc parfois tempérer l'étude des cahiers par l'analyse des archives, révélatrices de négociations entre l'État, la SACD et les directeurs.

MINISTÈRE DE L'INTÉRIEUR

5ᵉ Division.
2ᵉ Bureau.

Enregistré le 18

N°

Théâtre Historique érigé en 3ème théâtre lyrique.

M. Seveste propose le titre d'Opéra populaire, qui ne paraît pas devoir être accepté.

(Proposition)
~~qui conservera le titre d'Opéra national~~

† sous le titre d'opéra national

† cinq années, à partir du 1ᵉʳ mai 1851

Ministère de l'Intérieur.

Paris, le   185

Vu l'arrêté du 1ᵉʳ mai courant, par lequel le S. Seveste aîné est autorisé à diriger le 3ᵉ théâtre lyrique dans la salle du Théâtre historique et portant que la durée et les conditions de cette exploitation seront déterminées par un arrêté qui sera ultérieurement pris;

Vu l'avis de la Commission des théâtres en date du 1ᵉʳ avril 1851;

Arrête :

Article premier.

L'arrêté du 14 mars 1846, qui règle l'exploitation du Théâtre Historique est rapporté.

Art. 2.

Le Sʳ Seveste aîné est autorisé à exploiter un troisième théâtre lyrique dans la salle du Théâtre Historique. Cette concession aura une durée de † mai années, à partir du 1ᵉʳ ~~janvier~~ 1851, sauf les dispositions contraires qui pourraient être contenues † à intervenir dans la nouvelle loi sur l'organisation

---

Projet de cahier des charges d'Edmond Seveste pour le Théâtre-Lyrique (1851) illustrant les discussions sur le nom de ce qui deviendra le Théâtre-Lyrique et fixant la durée du directorat (F-Pan, F²¹ 1120).

Un instrument de contrôle financier et juridique des théâtres

Les lois de 1806 et 1807 qui régirent la vie théâtrale jusqu'en 1864 distinguaient les théâtres principaux des scènes secondaires (cf. 1.2, 4.1). Parmi les premiers (Opéra, Comédie-Française, Odéon, Opéra-Comique et Théâtre-Italien) certains étaient administrés directement par l'État qui nommait le personnel dirigeant[4]. Il organisait aussi des commissions de lecture pour les œuvres nouvelles. Cependant, ces scènes érigées en exemple, renflouées par la liste civile, représentaient une lourde charge financière : l'État chercha assez rapidement à se désengager pour réaliser de substantielles économies en en confiant plusieurs à des directeurs-entrepreneurs qui apportèrent une partie des fonds, supportèrent l'effort de gestion et les pertes[5]. Le premier théâtre à subir cette transformation fut l'Odéon entre 1824 et 1828, puis le Théâtre-Italien en 1827, l'Opéra-Comique (auparavant géré par des sociétaires) en 1828 et enfin l'Opéra en 1831[6]. La délégation de gestion donnait rarement satisfaction : la plupart des directeurs s'y ruinèrent et, de son côté, l'État critiquait souvent les choix artistiques tout en restant sourd à la logique commerciale. Si le directeur se montrait habile et dégageait des bénéfices, on lui retirait une partie de sa subvention. C'est ce qui arriva à Véron à l'Opéra et on imagina appliquer la même mesure au Théâtre-Italien au faîte de sa gloire. Toutefois, le déficit chronique de l'Opéra participa à la décision de son retour à la régie directe en 1854[7].

En choisissant un directeur-entrepreneur, l'État lui octroyait un privilège d'exploitation sur une durée variable, conditionné par des droits et des devoirs qui faisaient l'objet du cahier des charges. Le privilège était réputé personnel et incessible. En réalité, l'Opéra-Comique fut un modèle d'irrégularité où les directeurs cédaient leur privilège à de nouveaux arrivés, plus ambitieux et disposant de fonds plus importants[8]. Cette situation fut critiquée dans la presse et par les professionnels du théâtre, notamment quand Nestor Roqueplan en prit la direction en 1857, mais perdura grâce à l'accord tacite de l'État. Elle eut pour conséquence la prorogation de plusieurs cahiers des charges de ce théâtre[9]. Ce type de transaction se produisit aussi au Théâtre-Italien, plus instable encore que l'Opéra-Comique : en 1855, César Ragani transmit son privilège à Toribio Calzado pour éviter la faillite[10]. Beaucoup de directeurs privilégiés choisirent un associé pour réunir les sommes nécessaires au cautionnement et au fonds de roulement. Dans les années 1830-1840 par exemple, Alexandre Aguado présida aux destinées de l'Opéra et du Théâtre-Italien en soutenant Édouard Robert, Véron et Henri Duponchel. Son retrait du Théâtre-Italien en 1840 précipita le départ de Louis Viardot. Il arriva une mésaventure similaire à Giorgio Ronconi, révoqué en 1850[11]. Ces associations étaient acceptées mais pas la commandite, car les commanditaires pouvaient déstabiliser un directeur, ce qui arriva à Alexandre Basset à l'Opéra-Comique en 1848 : on prohiba jusque vers 1870 ce type de financement[12].

Le cahier des charges est indissociable du système du privilège, de la délégation de gestion et aussi de l'octroi d'une subvention indispensable aux grands théâtres puisqu'elle permettait le luxe des productions et l'ambition des programmations. Après la loi de 1864 qui libéralisa l'exploitation des lieux de spectacle, elle servit à distinguer les théâtres principaux, dits subventionnés, une solution qui avait été proposée dès 1849. La subvention était soumise au vote du budget chaque année et pouvait fluctuer, ce qui mettait les théâtres en difficulté[13]. L'État pouvait accorder d'autres avantages : une salle gratuite pour l'Opéra, l'Opéra-Comique jusqu'en 1829, le Théâtre-Italien entre 1825 et 1841, totalité ou partie du matériel d'exécution (décors, costumes, musique). Le cas échéant, on laissait à la direction le produit des locations de boutiques ou de logements. Dans ces conditions, l'État exigeait des pièces comptables et exerçait un contrôle quotidien puis un examen complet des fonds de l'entreprise. Son but était de vérifier les comptes, de s'assurer de l'acquittement des taxes, de prévenir une faillite pouvant entraîner la fermeture de la salle et de veiller à ce que les artistes soient payés (leurs émoluments étaient souvent inscrits au cahier). On ajoutait encore des clauses administratives quand on accordait une subvention[14]. Plusieurs employés de l'État étaient placés au théâtre, notamment des inspecteurs chargés de veiller à la bonne tenue du matériel et de la salle. Le soutien financier de l'État et les avantages en nature instaurèrent une grande inégalité car le loyer des salles privées (la deuxième salle Favart, la salle Ventadour) ou municipales (Théâtre-Lyrique place du Châtelet) était pris sur la subvention. La nécessité pour le Théâtre-Italien de s'installer à Ventadour après l'incendie de Favart participa à son déclin, rendu inéluctable par la suppression de sa subvention[15].

Le prix des places était fixé sur la durée du directorat et on notait le nombre de représentations dues chaque année. Il existait aussi des servitudes comme les représentations gratuites moyennant une indemnité très inférieure au coût du spectacle, la mise à disposition de la salle pour des bals ou des concerts, des places ou des loges gratuites. Ce dernier point, couplé aux billets de faveur, constituait un gros manque à gagner pour les directeurs. Tout ceci s'accroissait si la scène devenait subventionnée[16]. Dès

Bridet, « Les nouveaux directeurs de l'Opéra », *La Nouvelle Lune*, 1er déc. 1884. Pedro Gailhard, qui vient d'être agréé comme directeur (cf. 10.1) soutient le poids du cahier des charges de l'Opéra.

1870, dans un effort pour démocratiser l'art lyrique, on essaya de donner des représentations à prix réduits au Théâtre-Lyrique[17]. On imposa cette pratique à l'Opéra-Comique puis à l'Opéra dans les années 1880.

Un carcan pour la création artistique

En soumettant l'exploitation d'un théâtre à un cahier des charges, l'État contrôlait les conditions de son exploitation, mais la place des scènes principales dans la vie artistique le conduisit aussi à utiliser cet instrument pour tenter de maintenir leur statut exemplaire. Toutefois, cela ne fut pas estimé suffisant à l'Opéra où la mise en place d'une Commission spéciale dès la première délégation de gestion en 1831 trahit la crainte de l'État de perdre le contrôle du fleuron de ses théâtres. Cette surveillance très stricte appartint aux années 1830-1850 et perdura sous le Second Empire. Son rôle fut élargi dès 1835 à la surveillance de tous les théâtres royaux[18]. Les rapporteurs de 1854 considérèrent qu'elle avait cependant échoué à maintenir le niveau artistique de l'Opéra et c'est aussi pour le restaurer qu'on plaida pour le retour à la régie directe. Le ministre Achille Fould transforma alors la Commission spéciale en Commission supérieure permanente de l'Opéra où elle fut maintenue jusqu'en 1864[19]. Ce type d'organe ne fut ensuite plus évoqué qu'en guise d'épouvantail, pour maintenir dans le rang des directeurs peu soucieux des clauses de leur cahier des charges.

Depuis les lois de 1806 et 1807, les théâtres principaux bénéficiaient d'une protection : chaque scène se définissait en fonction d'un genre et d'un répertoire. Les cahiers des charges le rappelaient et fixaient ce que les théâtres avaient le droit ou pas, et le devoir de jouer[20]. Avant 1864, les nouveaux théâtres et ceux dont les attributions évoluaient voyaient leur répertoire et leur genre délimités en fonction des autres scènes : entre 1824 et 1828, l'Odéon eut le droit de jouer des pièces musicales qui pouvaient être des opéras-comiques disparus du répertoire ou des œuvres étrangères traduites en français pour ne pas nuire à l'Opéra-Comique ni au Théâtre-Italien[21]. Jusqu'en 1868, le Théâtre-Lyrique, qui n'était assujetti à aucun genre, pouvait présenter des œuvres étrangères en traduction ainsi que des pièces du domaine public : on préservait ainsi pour un temps les trois principales scènes lyriques[22]. Dans les années 1850, les Folies-Nouvelles puis les Bouffes-Parisiens, dévolus à l'opérette, étaient contraints par le nombre de personnages qui pouvaient paraître dans les pièces qu'ils représentaient[23]. Dans la première moitié du XIXe siècle, les cahiers montrent une adaptation à la vie musicale et aux aspirations du public. Dès 1810, le Théâtre-Italien reçut le droit de jouer l'*opera seria*, en plus du *buffa*[24]. À l'Opéra, on entérina dès 1831 la naissance du grand opéra[25]. Cependant, il n'y eut pas d'ajustements : alors que le grand opéra était moribond à la fin des années 1860 et que les formes et les genres des pièces présentées sur la scène évoluaient, les cahiers des charges de l'Opéra demeurèrent figés jusqu'à la fin du siècle (cf. 8.1, 10.1, 21.4). Ce n'est qu'en 1891 qu'on abandonna les anciennes définitions[26]. Certains théâtres virent leurs genres infléchis pour augmenter leur fréquentation : on permit au Théâtre-Italien de jouer à la fin de sa saison dans une autre langue que l'italien (mais jamais en français) ainsi que des pièces de théâtre. Il s'agissait d'un héritage du premier privilège d'Émile Laurent qui avait tenté cette formule[27]. Les cahiers de l'Opéra-Comique, qui répétaient la formulation exacte du genre imposée sous l'Empire, tentèrent de contraindre sa production : après la présentation de *Roméo et Juliette* (TL, 1867) de Gounod en 1873, on interdit à Adolphe de Leuven de monter des ouvrages entièrement lyriques (cf. 21.5). Cela ne freina pourtant pas l'évolution du répertoire du théâtre, désirée par nombre de directeurs, de compositeurs, de députés et même par la SACD auprès de qui Léon Carvalho plaida sa cause avec succès en 1881. Ce que le cahier des charges interdisait, la SACD l'autorisa[28]. La précision, par écrit, des effectifs d'artistes et parfois de l'emploi des chanteurs participait à l'encadrement du genre[29]. On régulait l'engagement des artistes des théâtres concurrents, mais sans s'abstenir de favoriser une scène plutôt qu'une autre. L'enfermement dans un genre cristallisa les luttes entre les théâtres qui s'ingénièrent à le contourner. Dès 1849, certains professionnels réclamaient une dérégulation pour en finir avec un système trop restrictif et contraire aux intérêts des jeunes auteurs[30].

Le cahier des charges encadrait la politique artistique des théâtres en exigeant aussi un rythme de création. On comptait généralement en actes, parfois en heures[31]. Il fallait que les théâtres conservent un répertoire varié et qu'ils l'enrichissent. L'exigence de nouveautés se révélait parfois irréaliste. À l'Opéra, dans les années 1830, on tenta d'imposer une création tous les deux ou trois mois. Le Théâtre-Italien, qui ne jouait que sept mois par an, tournait au rythme immuable de deux nouveaux ouvrages par saison. Les œuvres anciennes reprises après des décennies n'étaient jamais considérées comme nouvelles. Pourtant, dès les années 1840 les cahiers trahissent la volonté patrimoniale des autorités qui imposèrent de remettre à l'honneur les grandes œuvres du passé. En 1879, on alla jusqu'à ériger l'Opéra en « musée de la musique[32] ».

Afin d'assurer la diversité du répertoire, on encadrait le nombre d'ouvrages d'un même créateur que chaque théâtre pouvait présenter. Si un directeur dirigeait deux théâtres, comme ce fut le cas pour Émile Perrin directeur de l'Opéra-Comique et du Théâtre-Lyrique en 1854-1855, on veillait à ce qu'aucun compositeur n'ait la prépondérance sur les deux scènes[33]. Il était interdit aux employés d'un théâtre d'y faire jouer leurs œuvres, une interdiction susceptible d'être levée par dérogation, par exemple pour Halévy à l'Opéra[34]. Ces clauses ne suffisaient pas à assurer un débouché aux compositeurs. À partir des années 1840, des musiciens et des directeurs de théâtre demandèrent des mesures pour aider les jeunes compositeurs à se faire représenter sur les scènes principales. L'Opéra-Comique était déjà tenu de créer des opéras en un acte composés par des Prix de Rome[35]. On se battit d'abord pour la naissance d'une troisième scène lyrique française : Adolphe Adam ouvrit l'Opéra-National en 1847, devenu plus tard le Théâtre-Lyrique auquel on tenta d'imposer dès 1851 un tour de faveur pour les compositeurs n'ayant jamais eu d'ouvrage monté sur une scène parisienne et pour les Prix de Rome (cf. 8.3). Lorsque ce théâtre reçut une subvention, en 1863, elle fut assortie de l'injonction de leur ouvrir la scène[36]. On étendit cette mesure à l'Opéra à partir de 1871 mais avec peu de succès : les œuvres ne rencontraient pas la faveur des spectateurs, les auteurs étaient souvent en retard et les directeurs rechignaient à faire des frais pour des pièces qui ne marchaient pas. Dans la seconde moitié du siècle, on imposa à l'Opéra-Comique de monter le prix Cressent, avec un résultat lui aussi mitigé[37]. La question de la nationalité des librettistes et des compositeurs, qui sous-tendait en partie les querelles autour des genres et la crispation sur les débouchés des Prix de Rome, fit l'objet d'une clause particulière du cahier du Théâtre-Lyrique à partir de 1870. Elle fut reprise ensuite à l'Opéra et à l'Opéra-Comique sous la IIIe République[38]. Même lorsque la nationalité des auteurs n'était pas encore un enjeu, les grandes scènes lyriques devaient jouer en français. Le Théâtre-Italien représentait la seule exception. La question des traductions des ouvrages étrangers, source de profit pour les succès éprouvés, généra des tensions : on accorda brièvement ce droit à l'Odéon (cf. 5.1) et on toléra cette pratique à l'Opéra, sous certaines conditions. Le Théâtre-Italien défendait là son existence : des querelles éclatèrent avec l'Opéra pour *Otello* (Naples, 1816) de Rossini en 1844, *Luisa Miller* (Naples, 1849) de Verdi en 1853, avec le Théâtre-Lyrique autour de *Così fan tutte* (Vienne, 1790) et de *Rigoletto* (Venise, 1851), avec le Théâtre de la Renaissance pour *Lucie de Lammermoor* (TR, 1839)[39]. La SACD, toute à son rôle de protection des auteurs et des compositeurs, tenta en 1854 de s'opposer à l'État qui avait accordé ce droit au Théâtre-Lyrique puisqu'elle estimait qu'il devait être consacré aux compositeurs français et à la création[40].

Instrument élaboré pour pallier le désengagement de l'État dans la gestion des théâtres, le cahier des charges permettait le contrôle de la comptabilité, une contrepartie naturelle pour un établissement soumis à des taxes ou subventionné. Il encadrait aussi la politique artistique du directeur, sans pour autant le mettre à la botte du pouvoir. Voir dans les théâtres lyriques subventionnés les instruments d'une propagande d'État est aussi erroné que d'imaginer un directeur libre de régenter son théâtre comme bon lui semblait[41]. Ce document était conçu pour être respecté : les contrôles étaient fréquents et les amendes prévues très dissuasives. L'administration se montrait tatillonne dans le décompte des œuvres nouvelles : c'est souvent dans ce domaine que les directeurs qui négocièrent habilement tirèrent leur épingle du jeu. En revanche, la contrainte du genre pouvait être contournée car, dans la seconde moitié du XIXe siècle, on s'accordait à trouver les anciennes définitions obsolètes. Ce type de document permet non seulement de comprendre la gestion d'un théâtre mais aussi son évolution sur le long terme ; à ce titre, on peut lire dans les cahiers du Théâtre-Italien et du Théâtre-Lyrique la fortune et le déclin d'une scène que l'État abandonna progressivement et la transformation d'une autre en théâtre de premier plan subventionné.

1.5 Censure et police des théâtres
Karine Boulanger

Au XIXe siècle, les différents pouvoirs en place ont particulièrement conscience des dangers du théâtre : outre le sujet des pièces, la force émotionnelle générée par la représentation, touchant une foule entière, se distingue de la lecture qui demeure un acte individuel, réalisé dans la sphère privée et qui s'adresse à une population cultivée. On insista sur le rôle éducatif du théâtre, estimant qu'on ne pouvait montrer n'importe quelle situation ni aborder tous les thèmes devant un public impressionnable, mal informé et peu éduqué. La censure servit donc, pour les régimes qui se succédèrent au cours du XIXe siècle, au maintien de l'ordre social, moral et politique[1]. Le phénomène a été bien étudié et souvent à travers des exemples dramatiques célèbres[2] mais, à part une étude sur l'Opéra-Comique[3], on ne dispose pas de synthèse sur la censure lyrique en France et en Europe, où elle s'exerçait dans la plupart des États, souvent sévèrement, en particulier en Italie[4].

Histoire et modalités de la censure

Abolie à la Révolution, la censure fut rétablie quand le théâtre menaça de se transformer en arène politique. Son organisation moderne – un système préventif où le contrôle intervenait en amont de la représentation – remonte à Napoléon. Si des troubles survenaient lors du spectacle, on se réservait le droit d'interdire un ouvrage, ce qui constituait la censure répressive. La représentation elle-même était surveillée par la police des théâtres, chargée d'intervenir en cas d'agitation et de renseigner le pouvoir sur l'état d'esprit des spectateurs, qui pouvaient en effet saisir l'opportunité du spectacle pour faire savoir leur mécontentement[5]. Conscient d'être face à des textes expurgés, le spectateur, surtout sous la Restauration, avait l'habitude de traquer les moindres allusions à l'actualité et à la politique, ce dont témoignent les critiques publiées dans la presse. Pour Victor Hugo, il s'agissait d'un effet pervers de la censure, ce que confirma le directeur de l'Odéon lorsqu'il avança que les modifications exigées au chœur de *Charles VI* (O, 1846) d'Halévy en assurèrent la popularité et sa récupération par les mécontents du régime de Louis-Philippe[6].

Sous l'Empire, en vertu de l'arrêté du 25 avril 1807, la censure théâtrale dépendait du bureau de la presse et de deux ministères : l'Intérieur qui examinait les pièces et celui de la Police qui délivrait l'approbation définitive. Ce service compta, selon les périodes, quatre ou cinq censeurs et un ou deux inspecteurs et fut rattaché à différents ministères sans que cela affecte ce personnel qui demeura stable. À l'Opéra, le comité d'examen des livrets formé en 1798 exerçait un premier contrôle. En 1803, on instaura une sélection préalable dont les critères de choix étaient surtout politiques[7]. Des comités de lecture continuèrent à être nommés dans les théâtres au cours du XIXe siècle. On soumettait le livret au plus tard deux semaines avant la première. Les censeurs examinaient les pièces, échangeaient leurs avis puis rédigeaient ensemble un rapport. À partir de 1822, chaque censeur se trouva chargé d'une pièce, avec le risque d'un jugement arbitraire. Le ministre tranchait en suivant généralement l'avis de la commission. Ce système était conçu pour un monde théâtral centralisé : la province ne pouvait monter que les pièces parisiennes portant le visa de la censure. Pour les créations locales, on envoyait le livret à la capitale pour examen et le préfet pouvait autoriser ou refuser une représentation[8]. On ajouta plus tard à cette organisation une inspection chargée d'évaluer si le texte amendé était bien celui présenté au public et de juger le jeu des acteurs et la mise en scène, même quand le texte paraissait inoffensif[9]. Les directeurs couraient le risque de perdre leur privilège d'exploitation théâtrale ou d'être contraints à faire relâche si le jeu des acteurs était jugé subversif. Les scènes lyriques étaient relativement policées, mais la méfiance était fondée : le jeu des chanteurs choqua les spectateurs de *Sapho* (O, 1851) de Gounod, alors que les répliques avaient été expurgées[10]. Sous la IIIe République, on instaura d'abord une répétition de censure, puis on se contenta de convoquer les inspecteurs à la générale. Si ces derniers exigeaient d'autres modifications, on commandait alors une nouvelle répétition[11].

La censure connut peu d'interruptions (seulement lors des crises de 1830, 1848 et 1870). Il s'agit toujours d'une abolition de la censure de l'écrit : le théâtre bénéficiait, par ricochet, de la liberté accordée aux autres modes d'expression. En août 1830, Guizot essaya de réinstaller la censure préventive mais, faute de loi, on dut s'en tenir à la censure répressive. Pendant cinq ans, cette situation créa un véritable appel d'air pour les auteurs et les spectateurs qui se ruèrent dans les théâtres pour y voir ce qui était interdit auparavant. La loi du 9 septembre 1835 rétablit officiellement la censure, de nouveau abolie par le décret du 6 mars 1848. Le 30 juillet 1850, la loi réinstaura la censure préventive et la loi sur la liberté des théâtres de 1864 n'y changea rien. La censure disparut encore en 1870 pour être réintroduite dès mars 1871, confirmée par le décret du 30 septembre 1874[12]. Elle devait s'exercer selon les mêmes modalités qu'au Second Empire, mais en se montrant plus tolérante sur certaines questions[13]. Globalement, les auteurs dramatiques s'accommodèrent de la censure et ne la remirent pas vraiment en question avant le milieu du siècle. L'enquête sur les théâtres de 1849 révèle un relatif accord des professionnels à ce sujet ; les divergences portaient surtout sur son mode d'exercice, répressif ou préventif[14]. Son rejet se manifesta à partir des années 1860, lorsqu'elle se fit de plus en plus dure et abusive. Sa suppression fut souvent demandée dans les années 1880, d'autant qu'elle ne s'appliquait plus à la presse depuis 1881. Une commission se prononça sur son abolition en 1891, mais la censure fut d'abord victime de l'insuffisance de ses moyens face à la production théâtrale de l'époque. En 1906, on supprima les crédits de la commission et la censure disparut[15].

Tout au long du siècle, la censure avait « oublié » la musique. Le contrôle du répertoire des théâtres s'était exercé sur les livrets et non sur les partitions. On méconnaissait l'effet de l'œuvre considérée comme un tout, avec les mots parés de leur chant et de leur accompagnement orchestral, qui pouvait renforcer et infléchir leur portée. On jugeait en général que le chant affaiblissait ce que la déclamation parlée, au contraire, mettait en relief. Cette opinion, partagée par un censeur de *La Muette de Portici* (O, 1828), fut cependant contestée par son collègue, qui craignait la puissance expressive de la musique. Plus tard, alerté par le texte des députés flamands dans *Don Carlos* (O, 1867), un censeur imagina le relief que certains mots pourraient prendre, exploités par le compositeur[16].

Censeur et auteur : un dialogue d'honnêtes hommes ?

Lorsque la censure préventive s'exerça, les efforts de conciliation des censeurs permirent souvent d'éviter un refus catégorique[17]. Le gouvernement n'avait pas intérêt à paraître répressif et tentait parfois de se donner le beau rôle. À cet égard, le communiqué du *Moniteur universel* du 14 février 1854 confirmant la création de *L'Étoile du Nord* (OC, 1854) de Meyerbeer qui avait pour sujet Pierre le Grand, à la veille de la guerre de Crimée, servait le régime en témoignant de sa tolérance envers les arts[18]. De leur côté, les auteurs voulaient être joués et les théâtres ne pouvaient se permettre d'annuler une œuvre qui était déjà en montage. Même lorsque la censure préventive fut abolie, entre 1830 et 1835, on engagea les auteurs à présenter leur pièce à l'avance, pour avis, afin d'éviter une interdiction et un déficit pour le théâtre[19]. On négociait pour aboutir à des remaniements acceptables. En cas d'impasse, si l'auteur ou le directeur de théâtre disposait d'appuis haut placés, il pouvait solliciter le ministre. *La Dame aux camélias* (Vaud., 1852) illustre les dysfonctionnements de la censure et les passe-droits dont bénéficiaient les grands auteurs. Finalement autorisée en France, la pièce de Dumas fils subit la censure ailleurs : Verdi dut accepter que l'action de *La Traviata* (Venise, 1853) se déroule au début du XVIIIe siècle. Elle arriva au Théâtre-Italien dans ce déguisement[20].

Les auteurs savaient ce qui risquait de bloquer une pièce : des questions de mœurs, ou bien ce qui pouvait être perçu comme une attaque du gouvernement ou des institutions. Les dramaturges pratiquèrent donc l'autocensure, mais il ne s'agissait pas nécessairement d'une ruse politique[21]. Pour *La Muette de Portici*, Scribe choisit un sujet historique à la mode, mettant en scène une révolte propice aux effets de mise en scène. Il atténua le potentiel politique et révolutionnaire du thème en en faisant le cadre d'une vengeance personnelle : le livret fut accepté[22]. Préparant *Le Prophète* (O, 1849), il calma Meyerbeer inquiet d'encourir les foudres de la censure et de compromettre de futures

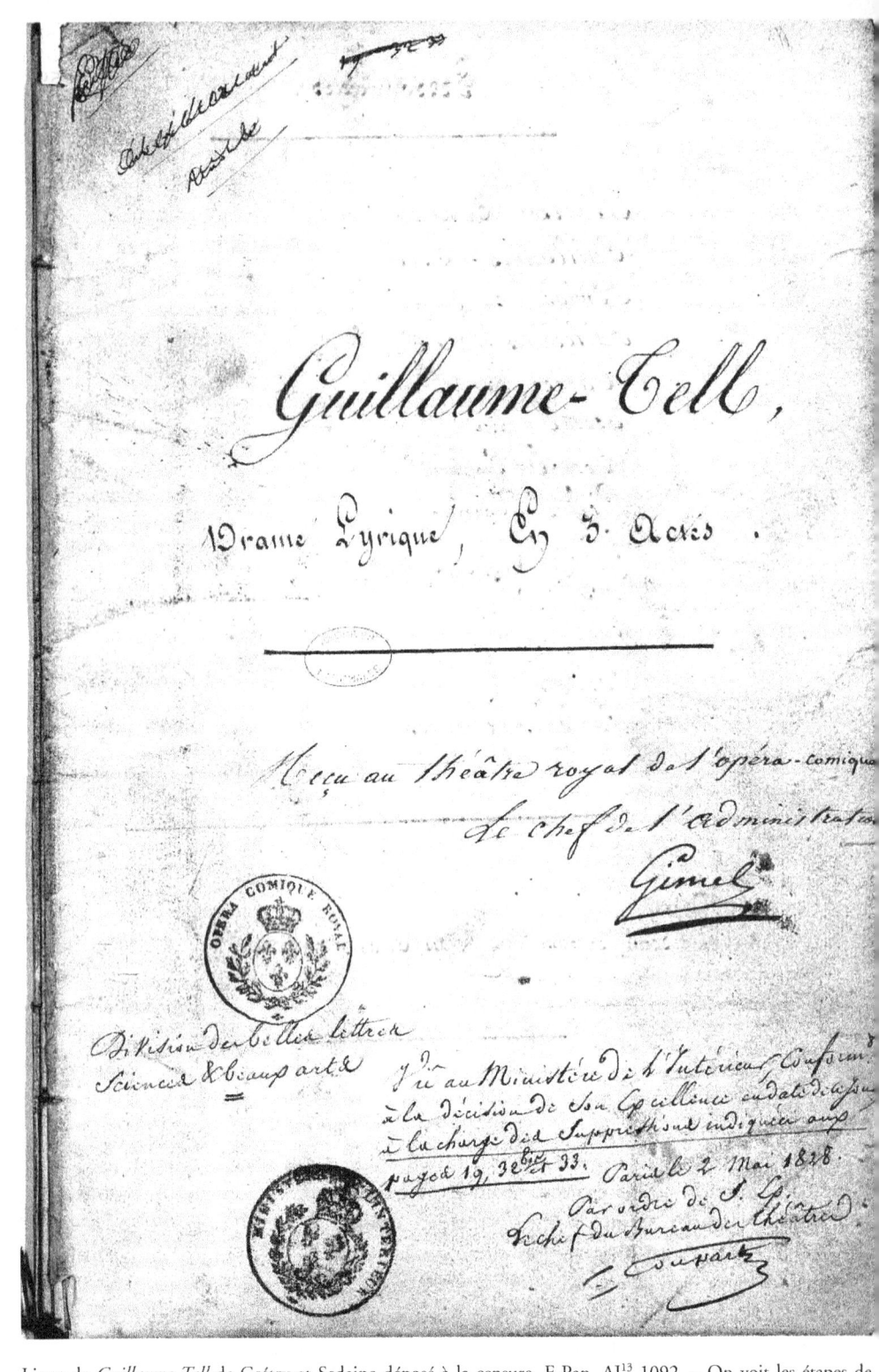

Livret de *Guillaume Tell* de Grétry et Sedaine déposé à la censure, F-Pan, AJ[13] 1092. – On voit les étapes de censure : cachet de l'Opéra-Comique (institution demandeuse) ; cachet du ministère de l'Intérieur ; approbation signée du chef du « bureau du théâtre » au ministère, datée du 2 mai 1828 ; mention des éléments à couper (« pages 19, 32 bis et 33 ») ; reçu de l'Opéra-Comique. – Dans son rapport (F-Pan, F[21] 968/1), le censeur montrait furieux que l'Opéra-Comique sollicitât de reprendre cette œuvre : « on lui reproche, avec raison, monotonie d'un répertoire encombré de vieilles pièces ; et il répond à ce reproche par la résurrection d'u vieillerie ridicule et politiquement inopportune ! »

représentations en Allemagne où le thème des Anabaptistes serait sensible, en expliquant que le châtiment de la révolte, comme dans *La Muette de Portici*, garantirait la réception du livret[23]. Pour éviter toute incompréhension, les auteurs rédigèrent parfois des explications. En 1865, Ernest Legouvé plaida la cause de ses *Deux reines de France* (Ventadour, 1872) dont Gounod avait écrit la musique de scène[24]. Toutefois, il ne faut pas confondre l'autocensure avec les remaniements résultant de nécessités dramatiques ou techniques telles que le changement de paroles maladroites ou les coupures d'un spectacle trop long. Nous réfutons ainsi la plupart des interprétations d'Odile Krakovitch concernant le rôle de Léon Carvalho au Théâtre-Lyrique, et celle de Hochleitner au sujet de *Parsifal* à Paris en 1914[25].

L'abandon de la rédaction des rapports de censure en 1867 et l'arrêt de sa mission didactique envers les auteurs entraîna un nouveau rapport de force. Contre l'avis des censeurs, le ministre Fould décida de proscrire les discussions[26]. La censure prouvait déjà son inutilité et les théâtres tentaient de passer en force. Les ministres désavouaient parfois les censeurs ; les auteurs et directeurs de théâtre utilisaient le *veto* de la censure à des fins publicitaires. Les auteurs faisaient jouer leurs appuis ou utilisaient des précédents : *Don Carlos* passa sans tenir compte des modifications demandées, sans doute parce qu'on pouvait démontrer qu'on avait autorisé pire, avec *Pierre de Médicis* (O, 1860) du prince Poniatowski[27].

Que censurer et comment ?

Les censeurs n'ont jamais reçu de directives. Les seuls principes qui furent édictés remontent à la loi du 30 décembre 1852[28]. Ils déploraient cette situation et avouaient décider en leur âme et conscience selon différents critères, parmi lesquels le statut du théâtre et son public. On accordait en effet une plus grande liberté aux salles subventionnées, ouvertes à un public fortuné et instruit. L'Opéra-Comique passait pour un théâtre de divertissement mais son audience, plutôt familiale, incitait les censeurs à veiller à la morale[29]. Le Théâtre-Italien restait à part car il jouait des ouvrages dans une langue étrangère que la plupart des spectateurs ne maîtrisaient pas, et les œuvres, souvent créées en Italie, étaient passées par les fourches caudines d'une censure plus sévère que la censure française. On exerçait au contraire une surveillance renforcée des théâtres secondaires. Le Théâtre-Lyrique, quant à lui, se situait dans un entre-deux, implanté près des théâtres populaires et pratiquant des prix inférieurs aux grandes scènes musicales. Les lieux de l'opérette comme les Bouffes-Parisiens faisaient l'objet d'une attention particulière car leurs pièces étaient parfois lestes. Le répertoire des cafés-concerts fut soumis à un accord quotidien, puis hebdomadaire[30].

La censure s'exerça essentiellement dans trois domaines : la politique, la religion et la morale. Cependant, ce qui était toléré ou défendu variait en fonction de l'évolution des mœurs, des idées, des régimes politiques, du renouvellement des ministères et de la situation internationale. On vit ainsi les censeurs de l'Empire, qui avaient traqué les allusions aux Bourbons, expurger sous la Restauration tout ce qui touchait à la Révolution ou à l'Empire[31]. Les succès de cette période connurent des décennies de purgatoire : *Guillaume Tell* de Grétry, dont le seul tort était d'avoir été créé en 1791 (salle Favart), ne reparut à l'Opéra-Comique qu'en 1827[32]. La censure pour raisons politiques a fait couler beaucoup d'encre, au point d'engager des auteurs à voir dans les principaux théâtres des instruments du pouvoir[33]. Or, passé l'Empire et le début de la Restauration où l'on produisit encore des pièces de circonstance et où on se livra à une épuration du répertoire, les grands théâtres dépendant de l'État (par le biais de la subvention ou de la régie directe) et soumis comme les autres établissements à la censure n'ont pas été les outils de propagande qu'on s'est parfois plu à décrire[34]. La censure suivit les changements de régime et fluctua au gré de l'actualité intérieure et diplomatique. Après son rétablissement en 1835, on ajourna les reprises d'œuvres qui pouvaient paraître provocatrices, comme *La Muette de Portici* ou *Gustave III* (O, 1833). L'objet de la censure pouvait évoluer : *Marion Delorme* (TPSM, 1831) fut d'abord épinglé pour des raisons politiques puis pour des raisons morales[35]. On remaniait des œuvres anciennes au gré des changements de régime, comme *Tarare* (O, 1787) de Salieri, inscrit au répertoire de l'Opéra jusque sous la Restauration, ou *Le Triomphe de Trajan* (O, 1807) de Le Sueur, composé à la gloire de Napoléon[36]. Les censeurs connaissaient parfaitement le contexte international et identifiaient vite ce qui risquait d'amener une interdiction : ils prévenaient alors les auteurs. Sous l'Empire, on délocalisa l'action des pièces censées se dérouler en Russie ou en Espagne. *Fernand Cortez* (O, 1809) de Spontini quitta l'affiche lorsqu'on s'aperçut que le public montrait de la sympathie envers les Espagnols[37]. En 1810, après l'élection de Bernadotte au trône de Suède, ce pays devint un sujet sensible : on jugea inopportun de remonter *Gustave* (CF, 1733) d'Alexis Piron et on suggéra aux auteurs de *Marguerite de Waldemar* (OC, 1812) de situer leur œuvre en Norvège[38]. *Le Siège de Corinthe* (O, 1826) fut examiné six fois avant d'être autorisé car, en transformant l'intrigue de *Maometto II* (Naples, 1820), Rossini et son librettiste touchèrent de près au soulèvement des Grecs contre les Turcs, une actualité très suivie par le gouvernement et l'opinion publique. Au même moment et pour des raisons similaires, on décala la création du *Dernier jour de Missolonghi* (Odéon, 1828)[39]. En 1843 enfin, dans un contexte de rapprochement entre la France et la Grande-Bretagne, on modifia des répliques de *Charles VI*, dont le titre, évoquant un roi fou, ne plaisait déjà pas au souverain[40].

Au-delà de la politique extérieure, les censeurs veillaient au respect de l'ordre établi, des figures du pouvoir. Mettre un roi de France sur scène n'était pas chose anodine, même quand il s'agissait de Philippe Auguste, comme le découvrit Dalayrac avec la reprise de *Sargines* (OC, 1788) en 1808. Le prince était un sujet sensible, fût-il réputé pour ses aventures galantes tel François Ier : Berton dut revoir *Françoise de Foix* (OC, 1809) et on refusa d'abord *La Belle Ferronnière* (OC, 1822)[41]. Ce principe valut au *Roi s'amuse* (CF, 1832) une longue interdiction et la modification du contexte historique de l'œuvre originale par Piave et Verdi dans *Rigoletto* (Venise, 1851), puisque la censure vénitienne ne se montrait pas conciliante. L'opéra fut ensuite monté sans difficultés à Paris au Théâtre-Italien[42] alors que la pièce était toujours interdite : l'italien créait une distance, l'action était située en Italie, avec un duc de Mantoue en lieu et place de François Ier, et le chant paraissait moins dangereux que la parole. Dans *Les Huguenots*, Scribe et Meyerbeer supprimèrent le personnage de Catherine de Médicis à laquelle on attribuait la Saint-Barthélemy, mais les préfets prirent parfois la décision d'interdire l'œuvre dans des villes abritant une forte communauté protestante[43]. Pour éviter toute ambiguïté, on imposa à Offenbach et à ses librettistes de remanier le titre de leur *Grande-Duchesse* en lui accolant le nom inventé de Gérolstein (TV, 1867). L'intrigue de *Barkouf* (OC, 1860), en revanche, mena à une interdiction car on refusait de cautionner le ridicule d'un souverain, même sous couvert de la loufoquerie lointaine[44]. On se montrait plus sévère dès qu'il était question de conspiration ou de révolte. *Masaniello* (OC, 1827) de Carafa, axé sur le thème de la révolte populaire contre un prince, fit six allers-retours devant la censure avant d'être autorisé et perdit au passage sa portée dramatique. En revanche, le *Guillaume Tell* (O, 1829) de Rossini passa victorieusement l'épreuve[45]. Certains mots comme « liberté », « tyran », « privilèges », étaient de véritables repoussoirs. Émile Augier avait modifié les répliques de *Sapho* incitant à renverser Pittacus, mais « liberté » à la place de « tyran » indisposait toujours les censeurs. On autorisa la représentation, à titre d'essai, avec ces changements[46].

Le respect de la religion fit partie des préoccupations constantes des autorités mais on consentit des libertés particulières, notamment à l'Opéra. En 1808, les censeurs eux-mêmes défendirent *La Mort d'Adam* (O, 1809) de Le Sueur dont le thème ne pouvait que déplaire à Napoléon qui ne souhaitait pas de sujets bibliques sur la scène de l'Opéra[47]. Cette tolérance ne s'exerçait qu'après contrôle de la mise en scène lors des répétitions : le livret de *La Juive* (O, 1835) fut validé après examen du traitement des processions et du dessin des habits ecclésiastiques[48] : il fallait que les costumes ecclésiastiques fussent suffisamment « antiques » pour ne pas confondre le clergé médiéval figuré sur scène et le clergé contemporain ! On eut cependant un cas d'interdiction puis de remaniement drastique : *Les Visitandines* (OC, 1792) de Devienne fut interdit après 1814 avant de resurgir en 1825 sous le titre du *Pensionnat de jeunes demoiselles*. En 1864, on refusa la reprise de l'ouvrage sous son titre primitif, jugé inconvenant[49]. Les réticences à faire paraître sur scène des membres du clergé et des signes religieux se durcirent et aboutirent à une interdiction formelle en 1844. Elle se borna aux décors et aux costumes dans *Jérusalem* (O, 1847) de Verdi et *Les Martyrs* (O, 1840) de Donizetti mais entraîna la modification d'un personnage dans *Dom Sébastien* (O, 1843)[50]. Le personnage de Frollo suscita l'émoi, d'abord dans l'opéra de Louise Bertin *Esméralda* (O, 1836) – le titre *Notre-Dame de Paris* fut refusé au motif qu'il porterait préjudice à l'Église métropolitaine –, puis dans la pièce de Paul Foucher en 1850 prévue pour l'Ambigu. On exigea d'Hugo, librettiste d'*Esméralda*, qu'il élimine le mot « prêtre »[51]. Sous le Second Empire, pour éviter des manifestations d'antisémitisme, on interdit aussi de présenter des Juifs[52]. La mythologie d'opérette n'échappait pas à la surveillance : face aux sous-entendus anticléricaux de *La Belle Hélène* (TV, 1864), la censure exigea qu'on revoie le rôle du grand augure de Jupiter[53].

La morale faisait partie des motifs classiques de refus et c'est dans ce domaine que les auteurs s'autocensurèrent le plus. On estimait d'ailleurs que le public se montrait plus sévère que les censeurs et c'est généralement cette censure que les professionnels du théâtre s'accordaient à défendre[54]. Là encore, dans une certaine mesure, on se montra plus souple avec les grands théâtres. *La Favorite* (O, 1840), qui présentait le double handicap de toucher à la religion et aux mœurs, conduisit le censeur – malgré un dénouement moral –, à interdire la pièce qu'il jugeait immorale dans son ensemble. Elle fut finalement autorisée[55]. Les censeurs ajustaient leur jugement à la réputation et au répertoire habituel des théâtres. Mais bien que l'opérette fût acceptée comme étant plus leste que d'autres genres, ils tentèrent d'atténuer le libertinage de *La Vie parisienne* (TPR, 1866)[56]. Sous le Second Empire, la personnalité des différents ministres influa sur la sévérité de la censure et on se montra aussi attentif aux questions sociales. Si la répression pour motifs religieux tendit à disparaître sous la IIIe République, pour Léon Bourgeois trois cas nécessitaient encore une censure : si la pièce engendrait des complications diplomatiques, si elle incitait au crime ou au délit et si elle exposait des particuliers au préjudice. En réalité, les censeurs ne s'y limitèrent pas[57].

La pression exercée par la censure a-t-elle réellement entravé la création ? Des moyens de contournement existaient, le message pouvait passer pourvu que l'auteur se montrât habile. L'insuffisance des outils de contrôle pouvait permettre des modifications par rapport au texte approuvé. Dans l'art lyrique, la censure n'a pas été aussi sévère qu'ailleurs parce que les scènes musicales parisiennes étaient des établissements de premier ordre, qu'on estimait leur public moins enclin à manifester et à chercher l'allusion politique et qu'on jugeait la musique comme un voile amoindrissant le sens. La plupart des demandes d'ajustement furent motivées par des considérations diplomatiques ou par la volonté de modérer un discours manipulant les notions délicates de liberté ou d'indépendance. Curieusement, alors que la censure officielle semblait moribonde au début du XXe siècle, c'est la pression d'une faction du public emmenée par un sénateur conservateur qui provoqua l'un des derniers cas de censure à l'Opéra pour l'*Astarté* (O, 1901) de Xavier Leroux[58].

1.6 RÉPERTOIRE, TROUPES ET EMPLOIS EN PROVINCE :
UN SYSTÈME NATIONAL

Patrick Taïeb

En 1848, Victor Hugo déclarait à la tribune de l'Assemblée constituante que « les théâtres de Paris font vivre directement dix mille familles, trente ou quarante métiers divers, occupant chacun des centaines d'ouvriers, et versent annuellement dans la circulation une somme qui, d'après des chiffres incontestables, ne peut guère être évaluée à moins de 20 ou 30 millions ». Plaidant à son tour pour l'octroi d'une subvention aux théâtres parisiens, Félix Pyat résumait l'argumentaire par cette formule : « Il s'agit [...] de semer 680 000 F, pour récolter des millions »[1]. Si l'on étendait le raisonnement des deux orateurs à l'ensemble du territoire national, les données seraient sans doute plus considérables encore et fourniraient l'échelle de la contribution du monde théâtral à l'activité économique et industrielle du pays. La multiplication des théâtres, qui concerne déjà 70 villes en 1800 et plus de 120 en 1860, aboutit à un système global dans lequel Paris et province, d'une part, mais aussi théâtre et théâtre lyrique, d'autre part, sont liés par l'activité artistique et régis par une seule législation qui distribue les rôles (cf. 1.2). Il est difficile d'écrire une histoire de l'opéra (au moins à partir de 1830) sans envisager non seulement l'organisation des spectacles sur tout le territoire, mais encore tout un univers productif directement relié à la création parisienne et structuré par deux notions : le répertoire et la troupe.

Les trois âges du répertoire national au XIXᵉ siècle

Les théâtres des départements comme les théâtres parisiens vivent sous le régime du répertoire : leur programmation repose sur un stock d'ouvrages plus ou moins anciens que des productions nouvelles viennent enrichir chaque année. Le répertoire national considéré dans son ensemble obéit à un fonctionnement centralisé. Paris crée, les villes des départements reprennent. Cette loi d'airain admet quelques exceptions que le Rouennais Louis Malliot, fervent partisan d'une décentralisation, se plaît à recenser en 1863[2]. Mais le chiffre qu'il établit de 44 créations disséminées dans une vingtaine de villes entre 1816 et 1863 est très modeste au regard des 198 ouvrages créés à Paris dans 13 salles pour la seule année 1825. Il exprime plutôt la rigidité du système qu'une contradiction avec la règle car, de surcroît, les cas de circulation d'une œuvre créée en province sont extrêmement rares. À l'inverse, les répertoires en provenance des théâtres principaux et secondaires de Paris sont diffusés massivement et à très grande échelle dans l'espace d'une à deux saisons suivant la création parisienne. Dès 1807, l'article 9 du « Règlement pour les théâtres » (cf. 1.2), qui s'applique aux quelques villes des départements où il y a deux théâtres, instaure une règle qui fait quasiment obligation aux « premiers » théâtres de jouer rapidement et couramment les nouveautés parisiennes. Il précise en effet que le « second Théâtre [...] ne pourra jouer les pièces des trois grands Théâtres [parisiens], que [...] si le premier Théâtre n'a point joué telle ou telle pièce depuis plus d'un an, à compter du jour de sa première représentation à Paris, sur un des grands Théâtres ». Ce texte originel régissant pour longtemps l'organisation théâtrale de tout le territoire impose ainsi une mission de diffusion des répertoires parisiens par les « premiers » théâtres, sous peine d'être concurrencés par un « second ». Le répertoire national vit donc au rythme de la vie lyrique parisienne, y compris pour les opéras étrangers qui, en très grande majorité, n'apparaissent en province qu'à la suite d'une traduction donnée à Paris – à moins qu'une troupe étrangère soit invitée à donner des ouvrages en langue originale, généralement l'italien, ou qu'un théâtre prenne l'initiative de créer une œuvre étrangère. En 1862, par exemple, Rouen produit la première version française de *The Bohemian Girl* (Londres, 1843) de Balfe sous le titre de *La Bohémienne*, plusieurs années avant sa création parisienne (TL, 1869). En fixant la création dans la capitale, le système assigne aux théâtres de départements la fonction de reproduire les œuvres. Cela explique que prolifèrent, à partir de la fin des années 1810, tout un ensemble de moyens conçus pour permettre cette reproductibilité (cf. 13.5, 13.6), tout un secteur d'activité qui fonde le législateur dans son approche macroéconomique du spectacle : l'édition de livrets, de partitions, de parties séparées, de réductions pour piano, de rôles, de livrets de mises en scène, mais aussi l'iconographie des artistes et des costumes, le transport, la poste, l'hôtellerie, et même les écoles de musique, futures succursales du Conservatoire qui pourvoient les départements en artistes débutants.

L'histoire du répertoire au XIXe siècle se décline aisément en trois périodes. Entre 1770 et 1830, la programmation d'une troupe sédentaire dans une grande ville de province est alimentée par deux institutions parisiennes : la Comédie-Française et l'Opéra-Comique. Le répertoire de l'Opéra est rare, voire totalement ignoré, et les quelques cas de circulation d'une œuvre créée à l'Opéra sont des comédies lyriques de Grétry (*La Caravane du Caire*) ou les quelques opéras bouffons de Jean-Baptiste Lemoine (*Les Prétendus, Les Pommiers et le moulin*). Pour ce qui concerne l'art lyrique, le développement des théâtres à la fin du XVIIIe siècle a consacré le genre opéra-comique, au point que dans les années 1820 celui-ci est de plus en plus souvent qualifié de « genre national » (cf. 21.6). Certes, l'on produit parfois dans les grands théâtres (Rouen, Bordeaux, Lille, Nantes, Lyon ou Marseille) des opéras provenant de l'Opéra, mais dans des circonstances exceptionnelles, comme ce fut le cas en 1785 lors de la tournée de Mme Saint Huberty à Rouen (*Didon* et *Atys* de Piccinni, *Iphigénie en Tauride* de Gluck, *Arianne dans l'île de Naxos* d'Edelmann) ou de Mme Rousselois à Lille (*Didon* de Piccinni), car aucune troupe de province ne comporte dans ses rangs des chanteurs permanents en doublure de ceux de l'Opéra de Paris.

La dissémination du grand opéra de Meyerbeer ou d'Halévy dans plus d'une centaine de villes à partir des années 1830 est une mutation majeure. Ce deuxième âge du répertoire national s'accompagne d'une augmentation des ouvrages italiens en traduction (Rossini, Bellini et Donizetti) tandis que le répertoire dramatique (parlé) est enrichi par le vaudeville, le drame et le mélodrame – les deux derniers n'étant pas toujours distingués. Une très faible place est accordée aux opéras « allemands » (Mozart, Weber, Flotow) et toujours en traduction. Simultanément, les œuvres d'Auber, Halévy, Herold ou Adam renouvellent le stock des opéras-comiques avec un format qui entraîne des frais de production plus élevés. Ce répertoire impose un élargissement structurel des troupes et la généralisation progressive d'une subvention municipale de plus en plus importante, faisant de la vie théâtrale un enjeu de la gestion et de la politique locales.

La programmation évolue et l'organisation de l'année théâtrale avec elle (cf. 14.2). Le Théâtre de Montpellier représente 67 ouvrages différents au cours de 180 soirées en 1858-1859 : 11 sont des grands opéras ou traductions et 29 sont des opéras-comiques créés en majorité après 1820 ; le théâtre parlé comporte exclusivement des comédies et vaudevilles (24) et des drames (3). Ce qui constitue un nombre d'œuvres nettement moins élevé que dans les années 1770-1800 (cf. t. 1, 16.5). Dans les villes où deux théâtres sont autorisés, une répartition s'instaure, variant d'une ville à l'autre suivant deux critères : la séparation des troupes chantantes ou dramatiques et la répartition entre genres en provenance des théâtres parisiens, principaux ou secondaires. Les départements jouent un rôle double de diffusion et de sélection qui pourrait servir de critère à des évaluations comparatives. Dans cette perspective, il apparaît qu'une histoire statistique de l'opéra en France au XIXe siècle qui aurait pour ambition de cerner le socle culturel commun de la nation pourrait ignorer sans risque d'erreur les chefs-d'œuvre de Rameau, de Gluck, de Berlioz et une partie de ceux de Gounod, pour retenir surtout ceux d'Auber, Meyerbeer, Halévy, Verdi, Rossini ou Donizetti.

Un troisième âge commence à la fin des années 1850, lorsque les opéras de Gounod, les traductions de Verdi puis de Wagner, les opéras-comiques d'Ambroise Thomas et l'opérette (Hervé, Offenbach) circulent sur le territoire national. La diversité du répertoire devient telle que la fin des années 1850 inaugure une période riche en mutations et en propositions de réforme du système, dont découle le règlement du 6 janvier 1864 sur la « libéralisation des spectacles » (cf. 1.2). Pour les directeurs, l'annonce de la libéralisation, de préférence à toute autre solution d'organisation encadrée par l'autorité publique, est envisagée comme une ouverture vers tous les possibles, depuis la banqueroute générale jusqu'à l'âge d'or financier de l'entreprise de spectacle. Elle inaugure un processus de diversification des gestions municipales et de fracture entre théâtre et opéra. Par exemple, le répertoire du Théâtre de Montpellier pour l'année théâtrale 1863-1864 comporte 98 titres, dont 11 grands opéras, 19 opéras-comiques et opérettes, 42 comédies et vaudevilles et 17 drames, ce qui accorde une faible place au théâtre lyrique au regard des usages de cette ville. Cette année-là, les débuts des chanteurs (cf. 14.2) ont eu des conséquences financières catastrophiques entraînant la suspension totale de la troupe lyrique pendant une semaine. Ni la venue d'un artiste du Théâtre du Vaudeville, ni les concerts ou les bals ne permettent de sauver le directeur de la banqueroute. Si bien que plusieurs candidats à sa succession, inquiétés par les conséquences de la libéralisation devant s'appliquer dès l'automne suivant, proposent une candidature alternative : si la ville suspendait sa subvention ou la partageait entre plusieurs théâtres, le répertoire exclurait le grand opéra et l'opéra-comique, et la troupe constituée ne jouerait que le drame, la comédie, le vaudeville et l'opérette ; à l'inverse, si la municipalité maintenait, voire augmentait la subvention, l'ensemble du répertoire serait conservé. La fin du théâtre municipal comme agora concernant tous les publics et produisant la palette complète des divertissements spectaculaires, ainsi que tous les genres dramatiques, a commencé.

Troupe et emplois

Dans une bonne centaine de villes de France et des colonies, une troupe d'acteurs et de chanteurs, mais aussi un orchestre et des choristes, parfois même quelques seconds rôles et une poignée de permanents, donnent trois à cinq fois par semaine des œuvres du répertoire et, dans une proportion bien moindre, des premières représentations. L'organisation de l'année théâtrale est rythmée par le renouvellement du directeur et de la troupe proprement dite – de 25 à une quarantaine de comédiens, chanteurs et danseurs pour un théâtre mixte ; de 15 à 20 pour une troupe lyrique –, qui s'opère presque tous les ans, tandis que le reste du personnel est généralement reconduit d'année en année. On peut estimer que le renouvellement des troupes concerne entre 6 000 et 8 000 artistes – acteurs, chanteurs, danseurs (cf. 14.2) – qui constituent ensemble un des métiers évoqués par Hugo. Il y a là toute une profession classée selon la notion d'« emploi » dont l'évolution suit les trois âges du répertoire. C'est sous la plume de l'historien et musicien de théâtre Arthur Pougin que l'on peut lire la définition la plus fine de cette notion (cf. 2.6). Sa connaissance du théâtre est celle d'un enfant de la balle et d'un ouvrier au sein de la machine de production (il a été successivement chef d'orchestre au Théâtre Beaumarchais, violoniste de l'orchestre Musard et second violon au théâtre des Folies-Nouvelles), ce qui lui permet d'ébaucher implicitement l'histoire d'un *système de production* apparu comme par nécessité : « *Il a donc bien fallu*, pour établir, avec autant de précision qu'il est possible de le faire en pareille matière, la part de chacun, former des séries de rôles analogues et constituer ce qu'on appelle des emplois. » Pougin complète : « Il y a, dans la formation des emplois, une part à peu près fixe, qui est basée sur des généralités, et une part un peu mobile, qui, en ce qui concerne la province, prend sa source dans le renom que s'est acquis à Paris tel ou tel acteur, et qui fait que l'on désigne toute une série de rôles du nom de cet acteur, parce que c'est lui qui les a créés [...]. Mais il faut remarquer qu'il ne se produit guère à Paris un comédien remarquable sans qu'aussitôt son nom serve à caractériser, en province, les rôles dans lesquels son talent s'est affirmé [...]. Seulement, à mesure qu'un de ces artistes disparaît, son nom disparaît aussi de la nomenclature des rôles, pour faire place à un autre qui surgit »[3]. Sous sa plume, l'emploi dramatique apparaît comme un moyen de gestion des artistes au sein de la troupe. Sa nécessité s'exprime dans le bourgeonnement d'un lexique professionnel décrivant les aptitudes de ceux qui se destinent à tenir en province les rôles créés dans les théâtres de la capitale.

Outre la centralisation de la création, une deuxième caractéristique du système découle de la spécialisation des principaux théâtres parisiens suivant un principe de monopole garantissant à chacun l'exclusivité d'un genre et la propriété de son répertoire (cf. 3.1). Ce dernier se constitue par sédimentation : la Comédie-Française (1680) joue les classiques du théâtre parlé ; l'Académie royale de musique (1673), les ouvrages entièrement chantés ; l'Opéra-Comique (1762), les ouvrages mêlant le parler et le chanter ; etc. Les emplois découlent des formes d'organisation de ces institutions : en société pour la Comédie-Française ; en régie par les Menus plaisirs du roi pour l'Opéra ; en société jusque dans les années 1820 pour l'Opéra-Comique ; etc. Ils sont définis comme une série de rôles attribués à un membre de la troupe participant à *l'exécution du répertoire* et *créant des rôles nouveaux* qui viennent s'agréger à l'emploi occupé. Si bien qu'au tournant du XVIIIe au XIXe siècle, déjà, l'emploi répond à deux nécessités, différentes à Paris et en province. La première est de garantir le renouvellement de la troupe parisienne en considérant une série de rôles tenus par un artiste comme une place à perpétuer dans le but d'assurer l'exécution du répertoire sur le temps long – un temps qui excède la durée de la carrière ou de la vie des artistes : celui de la postérité des œuvres et de leurs auteurs. La seconde nécessité est de confier à des artistes l'exécution de ce même répertoire dans 70 (au cours des années 1820) à plus de 120 (1860) villes de France et des colonies, en se rapportant, autant qu'il est possible, aux caractéristiques des artistes parisiens[4]. Avec la fondation du Conservatoire (1795), qui recourt lui aussi aux notions de genre et d'emploi, ce système jouit d'un outil d'une portée considérable, formant des artistes (musiciens, danseurs et acteurs) dans le but, expressément, de pourvoir les théâtres.

Les emplois lyriques

Pougin prend en compte le théâtre *et* le théâtre lyrique, c'est à dire tous les genres dramatiques, y compris le vaudeville. Ses définitions d'un emploi lyrique ne se limitent pas à la tessiture et l'on observe par ailleurs que les emplois mixtes établissent des liens de genre à genre qui reposent sur des caractéristiques physiques, sur l'âge, le jeu et la physionomie, plutôt que sur la voix. Un Trial ou un Laruette (emploi comique dans l'opéra-comique), peut jouer les rôles analogues dans la comédie et une forte chanteuse (grand opéra) ceux de tragédienne ou d'héroïne de drame et de mélodrame. Mais Pougin fait observer en 1885 qu'« il faut bien convenir qu'aujourd'hui, moins ambitieux que ceux d'autrefois, moins exigeant envers eux-mêmes, les chanteurs dramatiques se contentent volontiers des qualités purement vocales qu'ils peuvent acquérir, et se soucient médiocrement du suffrage qu'ils pourraient obtenir du public en ce qui concerne la puissante pathétique et la supériorité du jeu scénique[5] ». Une troupe lyrique au début du XIXe siècle est composée dans la majorité des villes pour jouer l'opéra-comique (pas l'opéra) et le théâtre. À Avignon, où « une vingtaine d'artistes ne joue que des opéras[-comiques] » la troupe est composée en 1808-1809 de dix chanteurs et huit chanteuses. Comme elle donne aussi le théâtre parlé, tous ses membres sont mixtes ou, en d'autres termes, occupent deux emplois. La « 1re Basse taille » est aussi « Père noble », la « 2e Haute-contre » joue les « Jeunes premiers », la « Dugazon/Phillis/Saint-Aubin » est une « Jeune première », et ainsi de suite[6].

Chaque emploi est défini par des critères reliés aux personnages (reine, premier amoureux, Colin, valets, rôles à manteau, etc.), aux titulaires parisiens (en vogue ou restés célèbres) ou aux genres (vaudeville, comédie, opéra-comique). La terminologie recourt à ces trois référents en évoluant tout au long du siècle, ce qui la rend foisonnante. Les emplois de Dugazon, de Trial et de Laruette se perpétuent jusqu'en 1900, au-delà de la disparition complète des rôles créés par ces trois figures des années 1760-1800. Ils restent attachés, pour la première, à une physionomie d'actrice chantante, plus comédienne que chanteuse, et à des personnages comiques pour les deux derniers. Avec l'entrée du grand opéra à la fin des années 1820, arrivent des emplois tels que fort ténor et forte chanteuse, distincts des ténors légers et chanteuses légères. Désormais les troupes comptent non seulement des emplois mixtes (parlés et chantés) mais aussi, en nombre croissant, des emplois spécialisés dans le chanter *ou bien* dans le parler. Tous les artistes sont susceptibles de jouer dans le vaudeville. L'exemple de Nantes en 1829 est représentatif du cas le plus courant, celui d'une ville possédant un seul théâtre. La troupe est composée de deux ensembles distincts : 21 artistes pour le théâtre et 22 pour le lyrique. Quatre femmes et trois hommes jouent dans les deux troupes. Un certain Palianti joue au théâtre les « rôles de convention en tout genre » et, à l'opéra, la « troisième basse-taille » ; madame Dantremont ceux de « seconde amoureuse » et ceux de « jeune Dugazon ». Rapportée aux sources parisiennes du répertoire, la mixité s'accroît parce que les chanteurs et chanteuses jouent désormais le grand opéra en sus de l'opéra-comique. Un certain Rodel joue les « premiers ténors » dans l'opéra comme dans l'opéra-comique, c'est-à-dire qu'il tient deux emplois distincts à Paris et relevant de deux genres et institutions différentes. Heurtaux joue des Gavaudan et des Philippe, c'est-à-dire des rôles d'opéra-comique, mais aussi des hautes-contre de grand opéra et des rôles dans le vaudeville : trois genres, trois emplois différents.

À partir de la fin des années 1850, l'articulation des emplois parisiens dans une troupe provinciale adopte des solutions variables tenant compte de la multiplication des traductions d'opéras italiens, notamment de Verdi, et de l'opérette. La variété du répertoire et, en conséquence, celle des caractéristiques propres aux créateurs des rôles, inspire ici et là des innovations. Au début des années 1860, un courant se dessine dans plusieurs théâtres en faveur d'une différenciation de la « forte chanteuse en tous genres » en mezzo-soprano et contralto, que l'on appelait plus souvent « Stoltz » ou « Falcon » pour renvoyer aux créatrices parisiennes des premiers rôles : Rosine Stoltz et Cornélie Falcon. Les voix d'hommes (baryton et basse) appellent également une différenciation, par exemple en « basse de grand opéra » et « basse chantante d'opéra-comique ».

Débats et utopie managériale

L'organisation théâtrale a déchaîné les passions et stimulé l'imagination d'une large population d'investisseurs, d'hommes de lettres ou d'amateurs de spectacle, qui débattent et proposent des réformes, de préférence dans les périodes d'ébullition politique (1830, 1848, 1870) et autour du règlement de 1864. Dès les années 1840, le débat sur la libéralisation et la fin des privilèges est engagé avec un argument économique et politique principal : pourquoi l'État (et non Paris) subventionne-t-il les théâtres parisiens tandis que les théâtres des départements ne jouissent que du soutien de la municipalité ? Qu'est-ce que la décentralisation : une libéralisation totale de l'entreprise théâtrale ou, à l'inverse, une intervention de l'État sur l'ensemble du territoire qui ne serait plus seulement une mission d'organisation et de contrôle, mais aussi une répartition de la contribution nationale soutenant un secteur d'activité déclaré d'utilité publique ? Sous la IIIe République, la décentralisation recouvre d'autres considérations, telle que la création en province qui alimente le débat parlementaire[7] (cf. 1.2).

À l'écart de la Chambre, des projets sont adressés aux gouvernants. Rédarez Saint-Rémy, un Languedocien amateur de spectacle et helléniste distingué, s'adresse au ministre pour suggérer d'ériger les théâtres au rang d'« utilité nationale » qui ferait « l'objet d'un chapitre au cahier des charges des chemins de fer, pour ce qui regarde les divers transports »[8]. Grisé par le progrès technique (télégraphe et chemin de fer) qui fait de 33 communes du sud de la France une agglomération de 900 000 habitants équivalente à une « agglomération comme à Paris », il propose une organisation de l'espace Toulouse-Perpignan-Orange-Toulon autour de trois troupes principales (Toulouse, Montpellier et Marseille), ainsi qu'un système d'échange : « L'Hérault dessert le Gard pour le grand opéra. Le Gard donne à l'Hérault la haute comédie, le drame. La Haute-Garonne dessert l'Aude, Les Pyrénées-Orientales. Les Bouches-du-Rhône desservent Vaucluse et […] Var. Toulouse, pour son ballet, dessert Aude, Pyrénées-Orientales, Hérault. Marseille, pour son ballet, dessert Gard, Var et Vaucluse. L'opéra-comique, le vaudeville, partout, etc. Point de rivalités de villes, les troupes appartiennent à la région[9]. » Assortie d'une hausse des subventions dans les trois villes principales, l'estimation de Saint-Rémy est présentée au ministre comme une solution transformant un système déficitaire en une organisation générale dégageant des marges d'investissement et capable de maintenir une offre complète de spectacle. Cette solution ne pouvait être envisagée qu'à partir d'une conception standardisée de la troupe et des emplois.

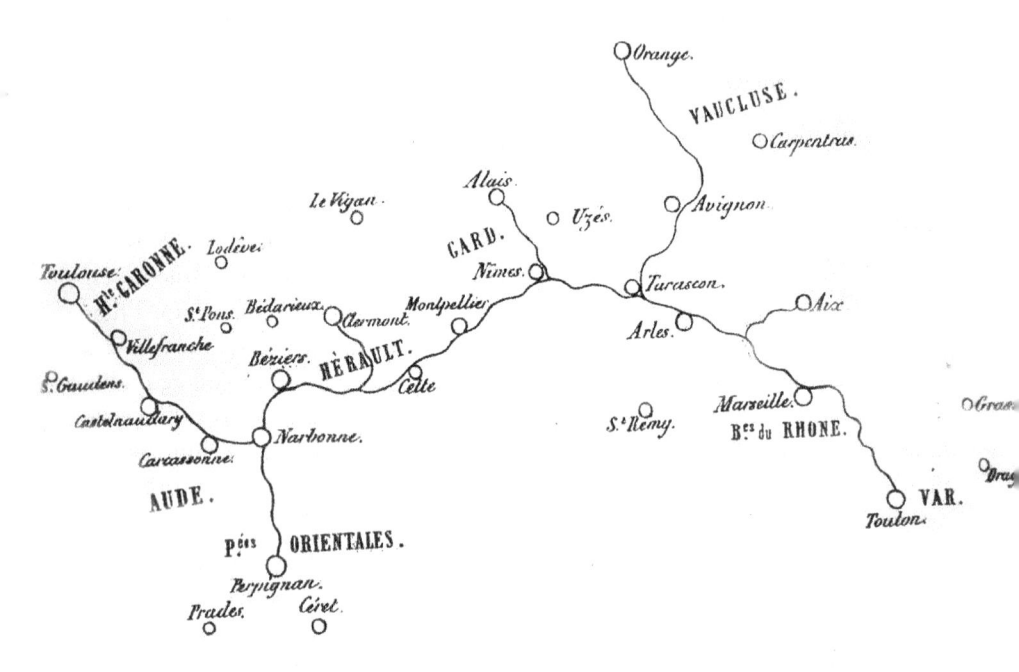

Carte du réseau ferré et des théâtres des villes du Sud, in Rédarez Saint-Rémy, *Mémoire à son excellence le Ministre d'État. Théâtres*, Toulouse : J. Dupin, 1861, p. [44].

Notes de 1.1

1. D. Delpech et S. Rollet, *La France dans l'Europe du XIXᵉ siècle*, Paris : Armand Colin, 2017.
2. J.-C. Yon, *Histoire culturelle de la France au XIXᵉ siècle*, Paris : Armand Colin, 2010.
3. N. Wild, *Dict.*, p. 306.
4. J.-C. Yon, « Théâtromanie, dramatocratie, société du spectacle. Une analyse alternative de l'histoire des spectacles », *Dix-huitième siècle*, 49, 2017, p. 351-363.
5. D. Chaillou, *Napoléon et l'Opéra. La politique sur scène (1810-1815)*, Paris : Fayard, 2004. Nous empruntons à cet ouvrage les développements qui suivent.
6. A. Fabiano, *Histoire de l'opéra italien en France (1752-1815) [...]*, Paris : CNRS Éd., 2006.
7. Le comte de Pradel au préfet de police, 10 avr. 1820, F-Pan, F²¹ 1137.
8. J.-C. Yon, « La mise en scène du pouvoir sur les scènes parisiennes lors du sacre de Charles X », in J.-C. Caron et J.-Ph. Luis éd., *Rien appris, rien oublié ? Les Restaurations dans l'Europe postnapoléonienne (1814-1830)*, Rennes : PUR, 2015, p. 341-351.
9. Cité in S. Nicolle, *Les Théâtres parisiens et le pouvoir sous la Restauration ; quelle politique théâtrale ? (1814-1830)*, mémoire de master 2, université de Versailles Saint-Quentin-en-Yvelines, 2010, p. 297.
10. O. Bara, *Le Théâtre de l'Opéra-Comique sous la Restauration [...]*, Hildesheim : G. Olms, 2001.
11. S. Loncle, *Théâtre et libéralisme (Paris, 1830-1848)*, Paris : Classiques Garnier, 2018.
12. J. Fulcher, *Le Grand Opéra en France : un art politique, 1820-1870*, Paris : Belin, 1988.
13. A.-S. Cras, *L'Exploitation de l'Opéra de Paris sous la monarchie de Juillet*, thèse de l'École des chartes, 1996.
14. H. Lacombe, « Le grand opéra : une esthétique du progrès matériel », in J.-Y. Mollier, Ph. Régnier, A. Vaillant éd., *La Production de l'immatériel : théories, représentations et pratiques de la culture au XIXᵉ siècle*, Saint-Étienne : PUSE, 2008, p. 431-440.
15. Th. Gautier, *Critique théâtrale*, P. Berthier éd., t. 7, Paris : Honoré Champion, 2016, p. 223.
16. Cité in J.-C. Yon, « *Le Prophète*, un opéra dans la tourmente politique », in M. Brzoska, A. Jacob et N. K. Strohmann, *Giacomo Meyerbeer, Le Prophète, Edition-Konzeption-Rezeption*, Hildesheim : G. Olms, 2009, p. 155.
17. J.-C. Yon, *Une histoire du théâtre à Paris*, p. 93-115 (la 1ʳᵉ partie de cet ouvrage est consacrée aux rapports entre l'État et les théâtres).
18. H. Lacombe, « L'Opéra sous le Second Empire », in J.-C. Yon éd., *Les Spectacles sous le Second Empire*, Paris : Armand Colin, 2010, p. 159-172. On trouvera dans ce volume de nombreux éclairages sur les genres lyriques dans les années 1850 et 1860.
19. E. Fissier, « L'empereur en représentation : décor et chorégraphie des soirées impériales au théâtre », 2017, https://histoirebnf.hypotheses.org/29.
20. F. Loyer, « Garnier-Bastille. D'un opéra l'autre », in J.-C. Yon éd., *Les Spectacles sous le Second Empire*, p. 409-434.
21. *Spectaculaire Second Empire*, cat. d'exp., Paris : Musée d'Orsay / Skira, 2016.
22. J. Pasler, *La République, la musique et le citoyen, 1871-1914*, Paris : Gallimard, 2015.
23. S. Nicolle, A. Terrier et J.-C. Yon éd., *D'une Salle Favart à l'autre : l'Opéra-Comique de 1887 à 1900*, à paraître.

24. S. Nicolle, *La Tribune et la Scène*, vol. 1 en particulier chap. 2.
25. F. Patureau, *Le Palais Garnier dans la société parisienne (1875-1914)*, Liège : Mardaga, 1991.
26. Cité in K. Boulanger, *L'Opéra de Paris sous la direction d'André Messager et de Leimistin Broussan (1908-1914) [...]*, thèse de doctorat, EPHE, 2013, p. 225.

Notes de 1.2

1. Ch. Gounod, *Mémoires d'un artiste*, Arles : Actes Sud / Palazetto Bru Zane, 2018, p. 132.
2. M. de Rougemont, *La Vie théâtrale en France au XVIIIe siècle*, Paris : Honoré Champion, 1988, p. 259.
3. *AP1*, t. 22, p. 210-216.
4. M. Sajous D'Oria, *Bleu et or. La scène et la salle en France au temps des Lumières (1748-1807)*, Paris : CNRS Éd., 2007, p. 241-244 ; G. Radicchio et M. Sajous D'Oria, *Les Théâtres de Paris pendant la Révolution*, cat. d'exp., Fasano (Italie) : Elemond periodici, 1990.
5. *Rapport de M. le Conseiller Charton sur le projet de loi concernant les théâtres*, Paris : Imprimerie nationale, mars 1850, p. 6-7.
6. *AP1*, t. 70, p. 134-135 ; t. 73, p. 363-364.
7. S. Nicolle, *La Tribune et la Scène*, vol. 1, p. 42-47.
8. N. Wild, *Musique et théâtres parisiens face au pouvoir (1807-1864) avec inventaire et historique des salles*, 3 vol., thèse de doctorat, université Paris-IV, 1987 ; J.-C. Yon, « Les théâtres parisiens à l'ère du privilège », in J.-Y. Mollier, Ph. Régnier et A. Vaillant éd., *La Production de l'immatériel. Théories, représentations et pratiques de la culture au XIXe siècle*, p. 61-73.
9. J.-C. Yon, *Une histoire du théâtre à Paris*, p. 48-51.
10. Textes complets dans A. Lacan et C. Paulmier, *Traité de la législation et de la jurisprudence des théâtres*, t. 2, Paris : Durand, 1853, p. 430-440.
11. Ils sont placés par le décret du 1er novembre suivant sous l'autorité d'un surintendant des spectacles.
12. Aperçu d'ensemble à partir de l'exemple du Massif central dans C. Triolaire, *Le Théâtre en province pendant le Consulat et l'Empire*, Clermont-Ferrand : PUBP, 2012.
13. On ne retiendra ici que les théâtres intéressant l'opéra. Chronologie détaillée dans N. Wild, *Dict.*
14. J.-C. Yon, *Eugène Scribe [...]*, Saint-Genouph : Librairie Nizet, 2000, p. 57-68.
15. *AP2*, t. 75, p. 690.
16. S. Loncle, *Théâtre et libéralisme (Paris, 1830-1848)*, Paris : Classiques Garnier, 2017, p. 116-169, 199-215, 248-288.
17. J.-C. Yon, « Les théâtres parisiens à l'ère du privilège », p. 70-71.
18. S. Nicolle, *La Tribune et la Scène*, vol. 1, p. 52-64.
19. *AP2*, t. 104, p. 377-378 (séance du 27 mai 1836). Sur Vivien, voir S. Loncle, *Théâtre et libéralisme...*, p. 312-318.
20. A.-S. Cras, *L'Exploitation de l'Opéra sous la monarchie de Juillet*, p. 107.
21. Rapports de novembre 1842 et du 11 déc. 1844, F-Pan, F^{21} 1119.
22. *Enquête et documents officiels sur les théâtres. Conseil d'État, section de législation, commission chargée de préparer la loi sur les théâtres*, Paris : Imprimerie nationale, 1849.

23. Voir note 5 et G. Malandain, « Quel théâtre pour la République ? Victor Hugo et ses pairs devant le Conseil d'État en 1849 », *Sociétés et Représentations*, fév. 2001, p. 205-227.
24. *Enquête et documents officiels sur les théâtres…*, p. 70 (séance du 24 sept. 1849).
25. Le décret et le rapport à l'Empereur qui le précède sont reproduits dans H. Hostein, *La Liberté des théâtres*, Paris : Librairie des auteurs, 1867, p. 9-11.
26. S. Nicolle, *La Tribune et la Scène*, vol. 1, p. 64-66.
27. F-Pan, F^{21} 957 (note de la surintendance des théâtres adressée à la commission du budget le 7 mars) et H. Hostein, *La Liberté des théâtres*, p. 13 (circulaire ministérielle du maréchal Vaillant adressée aux préfets en mai).
28. A.-S. Cras, *L'Exploitation de l'Opéra sous la monarchie de Juillet*, p. 186-192.
29. S. Nicolle, *La Tribune et la Scène*, vol. 2, Annexe n° 20, p. 78-82.
30. A. Corbin, « Paris – Province », in P. Nora éd., *Les Lieux de mémoire*, t. 2, Paris : Gallimard, 2008, p. 2851.
31. Voir par exemple *Mén.*, 11 mai 1862, qui reproduit le compte rendu d'A. Méraux (*Journal de Rouen*, 24 avr. 1862) de la première à Rouen de *La Bohémienne* de M. W. Balfe (23 avr.).
32. *MU*, 16 avr. 1850, p. 1226. L'auteur défend la suppression des subventions du budget de l'État.
33. J.-P. Rocher, « Un opposant légitimiste libéral, Raudot », in L. Hamon éd., *Les Républicains sous le Second Empire*, Paris : Fondation de la Maison des sciences de l'homme, 1993, p. 163-184.
34. *MU*, 6 juin 1856 (séance du 5 juin).
35. S. Nicolle, *La Tribune et la Scène*, vol. 1, p. 135-137.
36. A. Bertinet, *Les Musées de Napoléon III. Une institution pour les arts (1849-1872)*, Paris : Mare & Martin, 2015, p. 393-452. Voir aussi les débats sur la décentralisation administrative avec le programme de Nancy (1865).
37. A.-L. Malliot, *La Musique au théâtre*, Paris : Amyot, 1863, p. 346.
38. *Ibid.*, p. 266-269.
39. S. Nicolle, *La Tribune et la Scène*, vol. 1, p. 133-135.
40. *Ibid.*, p. 702.
41. *JO*, 30 mars 1911, p. 1566 (séance du 29 mars).

Notes de 1.3

1. Voir base de données (1820-1914) in S. Nicolle, *La Tribune et la Scène*, vol. 2, Annexe n° 1, p. 1-11. Analyse épistémologique vol. 1, p. 13-15.
2. *Ibid.*, vol. 1, p. 257-264.
3. *Ibid.*, vol. 1, p. 264-277.
4. *JO*, 17 déc. 1884, p. 2827-2828.
5. K. Georgakaki, « Politique théâtrale ou politique sociale ? C'est là la question. Les subventions sous le règne d'Othon », in R. Carvais et C. Glineur éd., *L'État en scènes*, Paris, Lextenso, 2018, p. 373-384.
6. M. Pécastaing-Boissière, « Le poids grandissant de Londres dans la vie théâtrale à l'époque victorienne », in J. Carré éd., *Londres 1700-1900. Naissance d'une capitale culturelle*, Paris : PUPS, 2010, p. 233-254.
7. Voir les références précises dans les chapitres correspondants in S. Nicolle, *La Tribune et la Scène*. Ne seront pas retenus ici les débats spécifiques à l'art dramatique.

8. *JO*, 29 janv. 1901, p. 208 (séance du 28 janv.).
9. B. Agnès, *L'Appel au pouvoir. Les pétitions aux Parlements en France et au Royaume-Uni (1814-1848)*, Rennes : PUR, 2018.
10. S. Nicolle, *La Tribune et la Scène*, vol. 2, Annexe n° 2, p. 12-21. Analyse transversale vol. 1, p. 278-282.
11. S. Nicolle, *La Tribune et la Scène*, vol. 1, p. 282-287.
12. Formule employée par Thiers dans le débat du 27 mai 1836.
13. *JO*, 28 juil. 1874, p. 5309. Mémoire publié in *Mén.*, 26 juil. 1874, p. 268-270.
14. S. Nicolle, *La Tribune et la Scène*, vol. 1, p. 653-657.
15. J. David, *La Subvention de l'Opéra*, Auch : Imprimerie typographique de Charles Lecocq, 1879. Le député radical du Gers intervient la même année sur le sujet à la tribune le 29 juillet.
16. S. Nicolle, *La Tribune et la Scène*, vol. 1, p. 287-292.
17. Voir les feuilletons de F. Soulié dans *La Presse* (16 et 30 janv. 1837).
18. A.-H. de Kératry, « Des Encouragements aux Beaux-Arts et des subventions théâtrales », *Revue de Paris*, t. 42, 1837, p. 93-106 ; « Les Théâtres royaux. De la protection que leur doit l'État », *Revue de Paris*, t. 15, 1840, p. 37-51.
19. S. Nicolle, *La Tribune et la Scène*, vol. 1, p. 327-329.
20. *Ibid.*, vol. 1, p. 645-646 et p. 654.
21. Ph. Bourdin, *Aux origines du théâtre patriotique*, Paris : CNRS Éditions, 2017, p. 361.
22. S. Nicolle, *La Tribune et la Scène*, vol. 1, p. 686-687.
23. A. Carré, *Souvenirs de théâtre*, Paris : Plon, 1950, p. 214.
24. E. Noël et E. Stoullig, *Les Annales du théâtre et de la musique*, Paris : Charpentier, 1879, p. 43.
25. S. Nicolle, *La Tribune et la Scène*, vol. 1, p. 400-401.
26. *Ibid.*, vol. 1, p. 364-368. Sur la question des lobbies théâtraux, cf. t. 3.
27. P. Bernard, *Physiologie du député*, Paris : Raymond-Bocquet, 1841, p. 23.
28. S. Nicolle, *La Tribune et la Scène*, vol. 2, Annexe n° 21, p. 83-91.
29. *Ibid.*, vol. 1, p. 110-111, p. 116-117, p. 557-558.
30. *Ibid.*, vol. 1, p. 293-296.
31. *Ibid.*, vol. 1, p. 514-517.
32. *Fig.*, 20 juin 1889.
33. S. Nicolle, *La Tribune et la Scène*, vol. 1, p. 341-345.
34. A. Millaud, « Cousset-le-Diable » (parodie de Meyerbeer), *Fig.*, 14 nov. 1891.
35. *Le Courrier des théâtres*, 4 juin 1838.
36. S. Nicolle, *La Tribune et la Scène*, vol. 1, p. 312-314.
37. *Ibid.*, vol. 1, p. 314-318.
38. La formule pastiche la devise *Ultima ratio regum* que Louis XIV avait fait inscrire sur les canons de son armée.
39. *JO*, 4 déc. 1912, p. 2929.
40. S. Nicolle, *La Tribune et la Scène*, vol. 1, p. 318-320.
41. Base de données dans S. Nicolle, *La Tribune et la Scène*, vol. 2, Annexe n° 33, p. 125-132. Analyse transversale vol. 1, p. 348-364.
42. On pourrait presque ajouter un fils de compositeur célèbre : le sénateur Ferdinand Herold, qui intervient en 1878 sur la question du Théâtre-Lyrique comme rapporteur de la commission des théâtres saisie par le ministre.
43. Séance du 26 déc. 1907.

Notes de 1.4

1. M. Everist, « The Music of Power : Parisian Opera and the Politics of Genre, 1806-1864 », *JAMS*, 67/3, 2014, p. 685-794 ; F. Patureau, *Le Palais Garnier dans la société parisienne, 1875-1914*, Liège : Mardaga, 1991 ; K. Boulanger, « L'Opéra de Paris sous la première moitié de la IIIe République », in S. Serre et V. Giroud éd., *La Législation de l'Opéra de Paris*, Paris : Publications de l'École des chartes, 2019, p. 275-338.
2. OPÉRA : F-Pan, AJ^{13} 180, Véron (1831 et supplément), Duponchel (1835), projet pour Pillet, Duponchel et Roqueplan (vers 1847), Duponchel et Roqueplan (1847) ; AJ^{13} 187, Véron (1831, avec suppléments 1831 et 1833, copies), Duponchel (1835), Duponchel et Roqueplan (1847) ; AJ^{13} 443, Perrin (1866) ; AJ^{13} 1187, Halanzier (modifié, 1874), Vaucorbeil (1879), Ritt (1884), Bertrand et Colonne (1891) ; F-Po, Arch. Op. PA1, Halanzier (1871), Ritt (1884), Bertrand et Gailhard (1893). – OPÉRA-COMIQUE : F^{21} 2817, Crosnier (1843) ; AJ^{13} 1135, Perrin (1851), de Leuven (1874) ; AJ^{13} 1153, de Leuven (1874) ; AJ^{13} 1187, Paravey (1887) ; F-Pnas Carré (1898). – THÉÂTRE-ITALIEN : AJ^{13} 1160, Calzado (1855) ; AJ^{13} 1161, Laurent (1828), projet (vers 1830) ; F^{21} 1113, Robert (1834), Dormoy (1840 et 1841), projet pour Viardot (vers 1839) ; F^{21} 1114, Ronconi (1849), Corti (1852) et Ragoni (1853) ; F^{21} 1115, Calzado (1855 et 1862), Bagier (1866) et Strakosch (1873). – THÉÂTRE-LYRIQUE : F^{21} 1120, Seveste (1851 et projet), Seveste (1852), Perrin (1854), Pellegrin (1855) ; F^{21} 1121 Seveste (1851 copie), Carvalho (1856 et projet, 1862), Pasdeloup (projet, 1868), Martinet (projet, 1870) ; F^{21} 1122, Martinet (1870), Bagier (1874). – Voir aussi L. Véron, *Mémoires d'un bourgeois de Paris*, t. 3, Paris : Librairie nouvelle, 1857, p. 107-112, 116-122, 125-129. Pour l'histoire des directions des théâtres lyriques, N. Wild, *Dict.*
3. A. Soubies, *Le Théâtre-Italien de 1801 à 1913*, Paris : Fischbacher, 1913, p. III ; A. Soubies et Ch. Malherbe, *Histoire de l'Opéra-Comique, la seconde salle Favart, 1860-1887*, Paris : Minkoff, 1893, p. 153 ; F-Psc, procès-verbaux de la commission, 1er mai 1885, p. 157-158 ; T. J. Walsh, *Second Empire Opera : the Théâtre-Lyrique, Paris, 1851-1870*, Londres : J. Calder-Riverrun Press, 1981, p. 53 ; « Théâtre-Lyrique », *RGMP*, 3 sept. 1854, p. 288.
4. E. Blanc et Vivien, *Traité de la législation des théâtres* [...], Paris : Brissot-Thivars, 1830, p. 369-374 ; A. Lacan et C. Paulmier, *Traité de la législation et de la jurisprudence des théâtres*, t. 2, Paris : A. Durand, 1853, p. 368-370.
5. A. Lacan et C. Paulmier, *Traité de la législation*, t. 2, p. 382 ; L. Véron, *Mémoires*, p. 100-101 ; « Rapport de la commission chargée d'examiner la situation de l'Opéra », *MU*, 2 juil. 1854.
6. M. Everist, *Music Drama at the Paris Odéon, 1824-1828*, Berkeley : UCP, 2002, p. 36, 45-65 ; O. Bara, *Le Théâtre de l'Opéra-Comique sous la Restauration [...]*, p. 31 ; A. Lacan et C. Paulmier, *Traité de la législation*, p. 380.
7. L. Véron, *Mémoires*, p. 122. Voir l'opinion de J. Janin dans *Conseil d'État, section de législation, commission chargée de préparer la loi sur les théâtres. Enquête et documents officiels sur les théâtres*, Paris : Imprimerie nationale, 1849, p. 74. Voir aussi A. Soubies, *Le Théâtre-Italien*, p. 77 ; C. Sajaloli, *Le Théâtre-Italien et la société parisienne, 1838-1879*, thèse de doctorat, Paris I, 1988, p. 16. « Rapport de la commission ».
8. E. Genest, *L'Opéra-Comique connu et méconnu [...]*, Paris : Fischbacher, 1925, p. 163, 168-171, 183-184, 188, 193-195.

9. A. Soubies et C. Malherbe, *Histoire de l'Opéra-Comique*, p. 298 ; *Enquête et documents officiels sur les théâtres*, p. 98-99.
10. C. Sajaloli, *Le Théâtre-Italien*, p. 383-384.
11. M. Everist, « The Music of Power », p. 685-794 ; C. Sajaloli, *Le Théâtre-Italien*, p. 62-64, 280, 299-301 ; L. Véron, *Mémoires*, p. 140 ; R. Vernazza, « "L'une des gloires de la capitale" : il Théâtre-Italien di Parigi, 1838-1848 », *Quaderni della fondazione Donizetti*, 43, *Don Pasquale un romano a Parigi*, 2015, p. 25-44.
12. A. Soubies et Ch. Malherbe, *Histoire de l'Opéra-Comique, 1840-1860*, p. 174-177 ; Cahiers de Perrin (O, 1866, art. 3), Calzado (TI, 1855, art. 3) et Seveste (TL, 1851, art. 8).
13. *Enquête et documents officiels sur les théâtres*, p. 78, 171-172 ; S. Nicolle, *La Tribune et la scène*, vol. 1, p. 413.
14. Voir cahier de Calzado (TI, 1855) ; C. Sajaloli, *Le Théâtre-Italien*, p. 292 ; Cahier de Paseloup (TL, 1868).
15. T. J. Walsh, *Second Empire Opera*, p. 238 ; C. Sajaloli, *Le Théâtre-Italien*, p. 36-127, 332.
16. L. Véron, *Mémoires*, p. 101.
17. Voir cahier de Martinet (TL, 1870, art. 9).
18. A. Lacan et C. Paulmier, *Traité de la législation*, t. 2, p. 380, 382. M. Everist, « The Music of Power », p. 685-794. J. F. Fulcher, *Le Grand Opéra en France : un art politique, 1820-1870*, [1re éd. 1987], trad. J.-P. Bardos, Paris, 1988, p. 54-58. Cahier de Ronconi (TI, 1849, art. 13). C. Sajaloli, *Le Théâtre-Italien*, p. 278-279.
19. « Rapport de la commission » ; S. Huebner, *Les Opéras de Charles Gounod*, [1990], trad. A. et M.-S. Pâris, Arles : Actes Sud, 1994, p. 23 ; M. Everist, « The Music of Power », p. 685-794.
20. D. Chaillou, *Napoléon et l'opéra [...]*, p. 23-28 ; E. Blanc et Vivien, *Traité de la législation*, p. 362-374 ; H. Lacombe, « L'opéra-comique au XIXe siècle : un genre défini par la législation », in L. Frassà éd., *The Opéra-Comique in the Eighteenth and Nineteenth Centuries*, Turnhout : Brepols, 2011, p. 191-203.
21. Odéon, traité de Bernard (1823), F-Pan, O^3 1790 ; M. Everist, *Music Drama*, p. 47.
22. K. Ellis, « Systems Failure in Operatic Paris. The Acid Test of the Théâtre-Lyrique », in A. Fauser et M. Everist éd., *Music, Theater and Cultural Transfer, Paris, 1830-1914*, Chicago : UCP, 2009, p. 49-71 ; A. di Profio, « Le Théâtre-Lyrique. Le périmètre des salles d'opéra à Paris sous le Second Empire », in S. Chaouche, D. Herlin et S. Serre éd., *L'Opéra de Paris, la Comédie-Française et l'Opéra-Comique, approches comparées (1669-2010)*, Paris : École des chartes, 2012, p. 91-103.
23. J.-C. Yon, « La création du théâtre des Bouffes-Parisiens 1855-1862 ou la difficile naissance de l'opérette », *Revue d'histoire moderne et contemporaine*, 39/4, 1992, p. 575-600.
24. J. Mongrédien, « Le Théâtre-Italien de Paris sous le Consulat et l'Empire », *Napoleonica, La revue*, 2010/1, 7, p. 79-87.
25. M. Everist, « Grand Opéra-Petit Opéra : Parisian Opera and Ballet from the Restoration to the Second Empire », *19th Century Music*, vol. 33-3, 2010, p. 195-231 ; D. Colas, « Le petit opéra à l'Académie au XIXe siècle. Quelques considérations d'ordre terminologique », in S. Chaouche, D. Herlin et S. Serre éd., *L'Opéra de Paris, la Comédie-Française...*, p. 160-173.
26. Voir cahier de Bertrand et Colonne (O, 1891, art. 9).

27. A. Soubies, *Le Théâtre-Italien*, p. 39 ; R. Vernazza, « "L'une des gloires de la capitale" », p. 25-44.
28. Cahier de Leuven (OC, 1874, art. 6) ; L. A. Wright, « The Directors of the Opéra-Comique (1870-1900) : Responsibility and Opportunity », in L. Frassà éd., *The Opéra-Comique...*, p. 353-377 ; « Carvalho and the Opéra-Comique : l'art de se hâter lentement », in A. Fauser et M. Everist éd., *Music, Theater and Cultural Transfer*, p. 99-126 ; F-Psc, procès-verbaux de la commission, 28 oct. 1881, p. 60-63.
29. L. A. Wright, « The Directors of the Opéra-Comique », p. 353-377 ; Cahiers de Laurent (TI, 1828, art. 3) et Robert (TI, 1834, art. 3).
30. *Enquête et documents officiels sur les théâtres*, p. 87, 98-99.
31. Cahiers de Duponchel (O, 1835, art. 25), Duponchel et Roqueplan (O, 1847, art. 26).
32. Cahiers de Duponchel et Roqueplan (O, 1847, art. 29), Vaucorbeil (O, 1879, art. 1er) ; cahier de Paravey (OC, 1887, art. 7).
33. Cahier de Perrin (TL, 1854, art. 6).
34. D. R. Hallmann, « Fromental Halévy within the Paris Opera. Composition and Control », in A. Fauser et M. Everist éd., *Music, Theater and Cultural Transfer*, p. 34-35.
35. *Enquête et documents officiels sur les théâtres*, p. 100.
36. Cahiers de Seveste (TL, 1851, art. 5) et Perrin (TL, 1854, art. 4) ; K. Ellis, « Systems Failure », p. 49-71 ; « Semaine théâtrale », *Mén.*, 5 juil. 1863.
37. Cahier d'Halanzier (O, 1871, art. 10) ; D. Grayson, « Finding a Stage for French Opera », in A. Fauser et M. Everist éd., *Music, Theater and Cultural Transfer*, p. 127-154.
38. Cahiers de Martinet (TL, 1870, art. 6), Bertrand et Colonne (O, 1891, art. 11), Carré (OC, 1898, art. 7).
39. C. Sajaloli, *Le Théâtre-Italien*, p. 197 ; M. Everist, « The Music of Power », p. 685-794 ; « Theatres of Litigation : Stage Music at the Théâtre de la Renaissance, 1838-1840 », *COJ*, vol. 16-2, 2004, p. 133-161.
40. « Théâtre-Lyrique ».
41. J. F. Fulcher, *Le Grand Opéra en France* ; pour une analyse plus équilibrée, voir M. Everist, « The Music of Power », p. 685-794.

Notes de 1.5

1. O. Krakovitch, « La censure des spectacles sous le Second Empire », in P. Ory éd., *La Censure en France à l'ère démocratique (1848...)*, Paris : Éditions Complexe, 1997, p. 53-76 ; C. Anfray, « Lecteur d'État. Une esthétique holistique de la réception », *Poétique*, 163, 2010/3, p. 349-359 ; R. J. Goldstein, « France », in R. J. Goldstein éd., *The Frightful Stage. Political Censorship of the Theater in Nineteenth Century Europe*, New York-Oxford : Berghahn Books, 2009, p. 73-77.
2. Notamment par O. Krakovitch, *Hugo censuré. La liberté au théâtre au XIXe siècle*, Paris : Calmann-Lévy, 1985 ; « Silence consenti, silence imposé ? L'évolution de la législation et de l'exercice de la censure théâtrale au XIXe siècle », *1848 révolutions et mutations au XIXe siècle*, 10, 1994, p. 37-50 ; « La censure des spectacles », p. 53-76 ; *Censure des répertoires des grands théâtres parisiens (1835-1906). Inventaire (F^{18} 669-F^{18} 1016, F^{21} 966-F^{21} 995)*, Paris : Centre historique des Archives nationales, 2003 ;

« La censure dramatique : de l'ordre impérial à l'indifférence », in J.-C. Yon éd., *Les Spectacles sous le Second Empire*, Paris : Armand Colin, 2010, p. 41-50. Voir aussi R. J. Goldstein, « France », p. 70-129 ; S. Nicolle, *La Tribune et la Scène*, vol. 1, p. 167-253 ; N. Carruthers, « Theatrical Censorship in Paris from 1850 to 1905 », *New Zealand Journal of French Studies*, 3/1, 1982, p. 21-41.
3. O. Krakovitch, « L'Opéra-Comique et la censure », in H. Schneider et N. Wild éd., *Die Opéra-Comique und ihr Einfluss auf das europäische Musiktheater im 19. Jahrhundert*, Hildesheim : G. Olms, 1997, p. 211-234.
4. J.-C. Yon, « La censure dramatique au XIXe siècle : le règne d'Anastasie », in *Maria Stuarda, Avant-scène opéra*, 225, mars-avr. 2005, p. 84-85.
5. D. Chaillou, *Napoléon et l'opéra [...]*, p. 36, 183-185. A. Pougin, *Dictionnaire historique et pittoresque du théâtre et des arts qui s'y rattachent*, Paris : Firmin-Didot, 1885, p. 608-609.
6. V. Hallays-Dabot, *Histoire de la censure théâtrale en France*, Paris : E. Dentu, 1862, p. 247 ; *Conseil d'État, section de législation, commission chargée de préparer la loi sur les théâtres [...]*, Paris : Imprimerie nationale, 1849, p. 140, 163.
7. D. Chaillou, *Napoléon et l'opéra*, p. 107-109, 183-185 ; « À la gloire de l'empereur : l'Opéra de Paris sous Napoléon Ier », *Napoleonica, la revue*, 2010/1, 7, p. 88-105.
8. D. Chaillou, *Napoléon et l'opéra*, p. 184 ; *Enquête et documents officiels sur les théâtres*, p. 79 ; V. Hallays-Dabot, *Histoire de la censure*, p. 261-262.
9. O. Krakovitch, *Censure des répertoires*, p. 18. *Enquête et documents officiels sur les théâtres*, p. 164.
10. S. Huebner, *Les Opéras de Charles Gounod*, p. 46.
11. V. Hallays-Dabot, *Histoire de la censure*, p. 263 ; A. Cahuet, *La Liberté du théâtre en France et à l'étranger [...]*, Paris : Dujarric et Cie, 1902, p. 295.
12. R. J. Goldstein, « France », p. 91-92 ; V. Hallays-Dabot, *Histoire de la censure*, p. 290-291.
13. A. Cahuet, *La Liberté du théâtre*, p. 304 ; S. Nicolle, *La Tribune et la Scène*, vol. 1, p. 230-253.
14. *Enquête et documents officiels sur les théâtres*.
15. S. Nicolle, *La Tribune et la Scène*, vol. 1, p. 181-184, 201-203.
16. J.-C. Yon, « La censure dramatique au XIXe siècle » (voir n. 4), p. 84-85 ; D. Rieger, « *La Muette de Portici* von Auber/Scribe. Eine Revolutionsoper mit antirevolutionärem Libretto », *Romanistische Zeitschrift für Literaturgeschichte/Cahiers d'histoire des littératures romanes*, 1986, p. 349-359 ; U. Günther, « La genèse de *Don Carlos*, opéra en cinq actes de Giuseppe Verdi [...] », *Rdm*, t. 60, 1/2, 1974, p. 151-152.
17. J.-C. Yon, « La censure dramatique en France au XIXe siècle : fonctionnement et stratégies d'auteurs », *Cahiers de l'Association internationale des études françaises*, 62, 2010, p. 361-376 ; V. Hallays-Dabot, *Histoire de la censure*, p. 312 ; *Enquête et documents officiels sur les théâtres*, p. 180-181.
18. V. Hallays-Dabot, *La Censure dramatique et le théâtre. Histoire des vingt dernières années (1850-1870)*, Paris : E. Dentu, 1871, p. 48.
19. R. J. Goldstein, « France », p. 92.
20. A. Dumas fils, « À propos de *La Dame aux camélias* », in *Théâtre complet*, vol. 1, Paris : Michel Lévy frères, 1868, p. 5-16 ; J. Budden, *The Operas of Verdi, 2, from Il Trovatore to La Forza del destino*, New York : OUP, 1979, p. 121-122.
21. D. Chaillou, *Napoléon et l'opéra*, p. 230.

22. O. Krakovitch, « L'Opéra-Comique et la censure », p. 211-234 ; J. Best, *La Subversion silencieuse : censure, autocensure et lutte pour la liberté d'expression*, Montréal : Balzac, 2001, p. 39-58 ; D. Rieger, « La Muette de Portici », p. 349-359.
23. J.-C. Yon, « La genèse du *Prophète*. Meyerbeer et Scribe au travail », in *Le Prophète*, Avant-scène opéra, 298, mai-juin 2017, p. 62-65.
24. E. Legouvé, *Les Deux Reines de France*, Paris : Michel Lévy frères, 1865, p. 1-9 ; S. Huebner, *Les opéras de Charles Gounod*, p. 89-90 ; V. Hallays-Dabot, *La Censure dramatique*, p. 98-99.
25. O. Krakovitch, « Censure et autocensure des livrets : le Théâtre-Lyrique et son directeur, Carvalho », in G. Zaragoza éd., *Le Livret d'opéra*, Ivry-sur-Seine : Phénix, 2002, p. 309-328 ; F. Hochleitner, « La censure à l'Opéra de Paris aux débuts de la IIIe République (1875-1914) », in P. Ory éd., *La Censure en France à l'ère démocratique (1848...)*, Paris : Éditions Complexe, 1997, p. 235-249.
26. O. Krakovitch, *Censure des répertoires*, p. 10-11 ; V. Hallays-Dabot, *La Censure dramatique*, p. 6.
27. U. Günther, « La genèse de *Don Carlos* », p. 152.
28. O. Krakovitch, *Censure des répertoires*, p. 9-10.
29. V. Hallays-Dabot, *Histoire de la censure*, p. X-XII ; *Enquête et documents officiels sur les théâtres*, p. 180-182 ; R. J. Goldstein, « France », p. 77-78.
30. J.-C. Yon, « La censure dramatique au XIXe siècle », p. 84-85.
31. D. Chaillou, *Napoléon et l'opéra*, p. 194 ; R. J. Goldstein, « France », p. 89.
32. O. Krakovitch, « L'Opéra-Comique et la censure », p. 211-234.
33. J. F. Fulcher, *Le Grand Opéra en France : un art politique, 1820-1870*.
34. J.-C. Yon, « La censure dramatique au XIXe siècle » (voir n. 4), p. 84-85.
35. V. Hallays-Dabot, *Histoire de la censure*, p. 313 ; C. Anfray, « Hugo et la censure : Brufaut, censeur intime », 5 fév. 2010, en ligne, groupugo. div. jussieu.fr/groupugo/11-02-05anfray.html, consulté le 10 janv. 2019.
36. D. Chaillou, *Napoléon et l'opéra*, p. 222 ; V. Hallays-Dabot, *Histoire de la censure*, p. 235-236.
37. D. Chaillou, *Napoléon et l'opéra*, p. 190, 211, 231-235.
38. *Ibid.*, p. 196-197 ; O. Krakovitch, « L'Opéra-Comique et la censure », p. 211-234 ; V. Hallays-Dabot, *Histoire de la censure*, p. 227.
39. A. Gerhard, « La "liberté" inadmissible à l'Opéra », in *Le Siège de Corinthe (Maometto II)*, Avant-scène opéra, 81, nov. 1985, p. 69-71 ; M. Everist, *Music Drama*, p. 116-119.
40. R. Jordan, *Fromental Halévy [...]*, New York : Limelight, 1996, p. 115-116, 119.
41. O. Krakovitch, « L'Opéra-Comique et la censure », p. 211-234 ; V. Hallays-Dabot, *Histoire de la censure*, p. 223.
42. R. J. Goldstein, « France », p. 80.
43. V. Hallays-Dabot, *Histoire de la censure*, p. 313-314 ; J. Brooks et M. Everist, « Giacomo Meyerbeer's *Les Huguenots* : Staging the History of the French Renaissance », in Y. Portebois et N. Terpstra éd., *The Renaissance in the Nineteenth Century-Le XIXe siècle renaissant*, Toronto : Center for Reformation and Renaissance Studies, 2003, p. 121-140.
44. J.-C. Yon, *Jacques Offenbach*, Paris : Gallimard, 2000, p. 239-240, 344.
45. O. Krakovitch, « L'Opéra-Comique et la censure », p. 211-234 ; R. J. Goldstein, « France », p. 81 ; J. Best, *La Subversion silencieuse*, p. 39-58.

46. S. Huebner, *Les Opéras de Charles Gounod*, p. 47-48.
47. D. Chaillou, « À la gloire de l'empereur », p. 88-105.
48. D. Hallman, *Opera Liberalism and Antisemitism in Nineteenth Century France [...]*, Cambridge : CUP, 2002, p. 140-143.
49. O. Krakovitch, « L'Opéra-Comique et la censure », p. 211-234.
50. O. Krakovitch, *Hugo censuré*, p. 167 ; M. A. Smart, « Mourning the duc d'Orléans : Donizetti's *Dom Sébastien* and the Political Meanings of Grand Opera », in R. Parker et M. A. Smart éd., *Reading Critics Reading. Opera and Ballet Criticism in France from the Revolution to 1848*, Oxford : OUP, 2001, p. 188-212.
51. O. Krakovitch, *Hugo censuré*, p. 164 ; J. Best, *La Subversion silencieuse*, p. 118-123 ; A. Laster, « Notices sur *La Esméralda* », in V. Hugo, *Œuvres complètes*, théâtre 1, J. Seebacher éd., Paris : Robert Laffont, 1984, p. 1459-1461.
52. O. Krakovitch, *Censure des répertoires*, p. 38. V. Hallays-Dabot, *La Censure dramatique*, p. 92.
53. J.-C. Yon, *Jacques Offenbach*, p. 304.
54. *Enquête et documents officiels sur les théâtres* ; A. Pougin, *Dictionnaire*, p. 150-154.
55. O. Krakovitch, *Hugo censuré*, p. 165.
56. J.-C. Yon, *Jacques Offenbach*, p. 344.
57. O. Krakovitch, *Censure des répertoires*, p. 31-51 ; A. Cahuet, *La Liberté du théâtre*, p. 304.
58. F. Hochleitner, « La censure à l'Opéra de Paris », p. 235-249 ; F. Patureau, *Le Palais Garnier dans la société parisienne, 1875-1914*, Liège : Mardaga, 1991, p. 64.

Notes de 1.6

1. Cité in S. Nicolle, *La Tribune et la scène*, vol. 1, p. 108 (V. Hugo) et vol. 2, annexe n° 20, p. 78-82 (F. Pyat).
2. A.-L. Malliot, *La Musique au théâtre*, Paris : Amyot, 1863.
3. A. Pougin, « Emplois (Les) au théâtre », in *Dict.* C'est nous qui soulignons.
4. P. Taïeb et B. Frouin, « Jean-Baptiste Léon Dupin, critique et agent dramatique », in O. Bara et M.-E. Thérenty éd., *Presse et opéra aux XVIIIe et XIXe siècles, Nouveaux protocoles de la critique à Paris et en province, Médias 19*, en ligne, http://www.medias19.org/index.php?id=24131, consulté le 23 déc. 2018.
5. A. Pougin, « Chanteur dramatique », in *Dict.*, p. 158.
6. « Tableau de la troupe de J. Martin », année 1808-1809, AM d'Avignon, 2R12, cité in É. Jardin, « La notion d'emploi dans l'opéra-comique », colloque de l'Opéra-Comique, fév. 2013.
7. S. Nicolle, *La Tribune et la scène*, vol. 1, p. 694-696 ; C. Rowden, « Decentralisation and Regeneration at the Théâtre des Arts, Rouen, 1889-1891 », *Rdm*, 94/1, 2008, p. 139-180.
8. R. Saint-Rémy, *Mémoire à son excellence le Ministre d'État. Théâtres*, Toulouse : J. Dupin, 1861, p. 17.
9. *Ibid.*, p. 9.

Nicolas-Jean-Blaise Martin (1768-1837)

Acteur-chanteur de l'Opéra-Comique, il est à l'origine de la tessiture de « baryton Martin » qui sert encore à qualifier les rôles de Pelléas (Debussy, 1902) ou de Ramiro (Ravel, *L'Heure espagnole*, 1911). Entré comme ténor au Théâtre de Monsieur dès 1789, Martin chante d'abord dans les versions françaises d'opéras *buffa* de Paisiello, puis développe le bas de sa tessiture pour le personnage de Frontin des *Visitandines* (Devienne, 1782), ce qui l'installe dans les rôles de valet ou de second. Il est engagé par l'Opéra-Comique en 1794 où il reste jusqu'à sa retraite définitive en 1833. Il y crée quantité de rôles dans les ouvrages de Solié, Dalayrac, Méhul, Nicolò ou Boieldieu, au point que son nom reste attaché à un emploi perpétué au sein de l'institution et dans les départements. Celui-ci est caractérisé par la tessiture et par les qualités d'acteur comique de Martin. Témoin direct de ses succès, Castil-Blaze a laissé une description de sa voix (*Histoire de l'opéra-comique*), assortie de réserves quant à l'exploitation qui en a été faite : « Une voix colossale, comme la voix de Martin, un diapason de trois octaves enfermées entre quatre *ré*, serait un trésor précieux pour les virtuoses si l'on devait chanter avec trois voix. Fort heureusement il n'en faut qu'une ; il importe même peu que cette voix soit courte. Lablache, Barroilhet chantent fort bien avec douze notes. » Martin était bien un ténor (« puisque les rôles de Gulistan, de Rodolphe, du *Chaperon rouge*, écrits sous sa dictée, ne sauraient être à la portée d'une autre espèce de voix ») mais avec « une septième au grave » – autant de notes « inutiles » et « parasites » selon Castil-Blaze, dont les compositeurs « voulaient cependant profiter ».

Maison à vendre (Dalayrac, 1800) installe Elleviou et Martin comme la source intarissable de duos vocaux (ténor/baryton) et comme une paire prisée par le public. Leur complémentarité assigne à Martin la position de second placé dans l'ombre d'un premier : ami du prétendant dans *Ma tante Aurore* (Boieldieu, 1803), l'un des deux capitaines de Hussard dans *Les Maris garçons* (Berton, 1805), ou compositeur dans *Le Poète et le musicien* (Dalayrac, 1809). En l'absence d'Elleviou, il assume le premier rôle, comme celui de Gulistan (Dalayrac, 1805) dont la romance « Le point du jour » a rencontré un succès immense. Lorsqu'il était chargé du premier rôle, précise Castil-Blaze, « soyez certain qu'il en faisait écrire les chants pour sa voix de ténor ; c'était là qu'il devait rencontrer ses moyens de plaire, de séduire, les plus incisifs et d'une plus grande puissance. »

Patrick Taïeb

Jean-Blaise-Nicolas Martin dans le rôle de Gulistan, lithographie de Delpech, ca 1805.

Chapitre 2
Du directeur au chanteur : les principaux acteurs de l'opéra

2.1 Au cœur du monde lyrique, les directeurs
Jean-Claude Yon

Le renouvellement de l'histoire des spectacles du XIXᵉ siècle à l'œuvre depuis une trentaine d'années a permis de mettre en lumière une catégorie d'individus jusque-là peu étudiés par les chercheurs, à savoir les directeurs de théâtre[1]. Personnage-clé de l'entreprise théâtrale, le directeur ne saurait disparaître derrière les artistes qu'il emploie ni derrière les auteurs et compositeurs dont il monte les ouvrages. Certains des directeurs les plus importants sont ainsi des figures de tout premier plan de l'histoire du théâtre et de l'opéra. Si la direction d'un théâtre lyrique n'est pas fondamentalement différente de celle d'un théâtre dramatique (au reste, les directeurs passent des uns aux autres), l'activité lyrique suppose des contraintes supplémentaires qui compliquent encore la tâche. On s'attachera ici à présenter les diverses missions du directeur et, plus brièvement, à esquisser une typologie, avant de s'arrêter sur trois figures marquantes.

Des compétences multiples

Les missions d'un directeur sont très variées. Dans un mémoire adressé au ministère en 1830, Saint-Romain, directeur de la Porte-Saint-Martin depuis 1814, en donne une description : « Le métier (car c'en est un pénible) de directeur de théâtre n'est pas celui du premier venu ; il exige des connaissances locales et positives, et une longue expérience ; une activité et une assiduité continuelles : un directeur doit tout voir et tout faire par lui-même ; sur son théâtre, il doit se croire au milieu de la forêt de Bondy, surveiller tous les chefs de parties qui ont la manutention du matériel et du contentieux ; faire observer les règlements, réduire son budget et ne dormir que d'un œil. La diplomatie des coulisses est également chose assez difficile ; poli, juste envers les sujets qui remplissent scrupuleusement leur devoir, un directeur doit avoir une volonté irascible, et s'armer d'une verge de fer contre les comédiens récalcitrants. L'espèce des directeurs qui réunissent les talents et les qualités requises est très rare. [...] La direction d'un théâtre est affaire de commerce qui diffère en tous points de toute autre usine, manufacture et entreprise industrielle ; c'est à un pareil établissement qu'on peut justement appliquer cet axiome populaire : "Tant vaut l'homme, tant vaut la chose[2]." »

S'il faut attendre l'ordonnance du 13 octobre 1945 pour qu'un cadre légal précise les obligations du directeur d'entreprise de spectacle, une partie de ses missions apparaît dans ce texte qui insiste sur l'indispensable autorité dont il doit faire preuve au sein de son établissement. Le directeur est en effet avant tout un chef d'entreprise qui gère des effectifs importants. L'effectif moyen d'un théâtre parisien au début de la IIIe République est d'environ 200 personnes (figurants compris) ; à la veille de la Première Guerre mondiale, l'Opéra de Paris emploie 1 100 personnes (dont 400 se produisent sur scène ou dans la fosse)[3]. Ce personnel appartient à une grande variété de métiers que le directeur doit arriver à faire travailler ensemble et de façon disciplinée. Meneur d'hommes (et de femmes), le directeur a la tâche de constituer ses équipes, au premier rang desquelles sa troupe d'artistes. En province, il doit trouver des interprètes qui jouent à la fois l'opéra-comique (puis l'opérette) et le vaudeville (cf. 1.6). À Paris, il doit faire face aux effets du *star-system* (cf. 11.3) qui, à partir du Second Empire, permet aux vedettes de réclamer des appointements de plus en plus élevés et toutes sortes d'avantages. Une troupe lyrique est particulièrement coûteuse. Entre 1903 et 1912, le personnel de chant coûte à la direction de l'Opéra en moyenne 910 000 F par an alors que la subvention annuelle n'est que de 800 000 F ! Bien constituer sa troupe et gérer au mieux les inévitables rivalités entre ceux et celles qui la composent est un talent rare que possèdent seuls les meilleurs directeurs. Gérer le personnel administratif et technique n'est guère plus simple, en particulier à la fin du XIXe siècle quand le syndicalisme se développe dans les théâtres et que les premières grèves apparaissent. Danseurs, choristes, machinistes et musiciens d'orchestre s'organisent pour faire valoir leurs droits face aux directeurs. Une autre prérogative essentielle est bien sûr la programmation artistique, c'est-à-dire, pour un directeur de théâtre lyrique, le choix des compositeurs et des librettistes qui vont être représentés sur son théâtre. Équilibrer les créations et les reprises, avoir des relations correctes avec la Société des auteurs et compositeurs dramatiques, s'attirer les talents prometteurs sans négliger les créateurs déjà reconnus, deviner ce qui va plaire aux spectateurs, surprendre son public sans le désorienter, le rassurer sans l'ennuyer : toutes ces missions ne peuvent être remplies correctement qu'en s'appuyant sur une solide expérience et en pratiquant un subtil mélange d'opportunisme et de convictions.

Bien gérer ses équipes et sa programmation est d'autant plus compliqué que le directeur doit mobiliser des capitaux de plus en plus importants au fil du siècle. Si la forme la plus courante est la société en commandite par actions dont le directeur est le gérant, bien d'autres cas de figure existent (cf. 11.1). Tributaire de ses bailleurs de fonds, le directeur est d'autant plus obligé de trouver en permanence de l'argent que l'activité théâtrale est, par nature, très aléatoire et à la merci de toutes sortes d'aléas. « Un même directeur peut passer de l'extrême prospérité à l'endettement, voire à la faillite en quelques mois[4] », remarque Christophe Charle. L'absolue nécessité de réunir beaucoup d'argent ne ferme pas la carrière directoriale à ceux qui n'ont pas de fortune personnelle mais elle rend leur carrière plus longue car ils ne peuvent y entrer que sur des scènes de second ordre, les théâtres importants ne leur ouvrant leurs portes que dans un second temps. En intéressant des actionnaires à son entreprise, le directeur manifeste des dons pour les relations publiques qui sont essentiels à sa réussite. Il est par essence un homme public, l'incarnation du théâtre qu'il dirige. Bénéficiant du prestige qui s'attache au XIXe siècle à tout ce qui a trait, de près ou de loin, au théâtre, il doit, s'il est un peu habile, attirer l'attention : « C'est une belle position aujourd'hui, tout le monde l'ambitionne, les capitalistes affluent autour de l'heureux possesseur d'un privilège. Un directeur est un petit ministre, il commande à une foule d'employés, on lui fait la cour, les auteurs les plus célèbres recherchent ses sourires, ses amis lui demandent des loges ; il peut faire le bonheur d'une foule de gens. Une direction de théâtre n'est plus, comme autrefois, une vulgaire spéculation ; c'est un sacerdoce. On contribue au progrès de l'art et à l'amélioration des mœurs ; on obtient la croix d'honneur, en attendant qu'on crée à l'Académie des sciences morales et politiques une nouvelle section exclusivement réservée à messieurs les directeurs de spectacle[5]. » Ainsi s'exprime l'épouse de M. Prudhomme dans une scène des *Mémoires de Monsieur Joseph Prudhomme* d'Henri Monnier censée se passer vers 1855. Homme de réseaux, le directeur doit avoir – en plus de ses relations artistiques – des amis dans le monde des affaires et dans celui des journaux. Ce dernier point est essentiel : un bon directeur est celui qui entretient l'intérêt des médias pour son théâtre, distille les informations sur sa troupe et sur ses créations à venir, multiplie les indiscrétions et suscite au besoin les polémiques car il a compris que tout est préférable au silence (cf. 18.1). Les écrits d'Offenbach illustrent parfaitement le savoir-faire médiatique d'un directeur[6]. À la tête des Bouffes-Parisiens comme à celle de la Gaîté, le musicien fait bénéficier les théâtres qu'il dirige de sa fine connaissance de la presse et de ses mécanismes.

Toujours à la recherche d'appuis, le directeur doit savoir ménager les pouvoirs publics dont il dépend sous le système du privilège (de 1806-1807 à 1864) – dépendance encore plus forte pour les scènes officielles, même après 1864. À Paris, le directeur de l'Opéra est une personnalité officielle d'importance, tout comme le directeur du Conservatoire ou celui du musée du Louvre. Tous ceux qui gèrent des scènes parisiennes sont peu ou prou amenés à fréquenter les ministères, la préfecture de police, voire les Tuileries ou l'Élysée quand il s'agit de s'adresser au sommet de l'État pour obtenir un arbitrage favorable (par exemple lorsqu'un ouvrage est arrêté par la censure). En province, un directeur n'est pas moins obligé de s'attirer les bonnes grâces des autorités. S'il dirige une troupe sédentaire, il est une figure culturelle locale qui a pour interlocuteur le maire et le préfet. À la tête d'une troupe itinérante, il s'appuie souvent sur les maires – désireux d'attirer les troupes dans leurs villes à la meilleure période, en l'occurrence souvent celle des foires – pour ne pas respecter les itinéraires tracés par les préfets et les sous-préfets en lien avec le ministère de l'Intérieur et qui obéissent plus à un désir d'« irrigation culturelle » qu'au souci d'assurer les meilleures recettes. Partageant avec toute la profession l'opprobre latent qui pèse encore sur le monde des spectacles (et qui certes diminue au fil du siècle), le directeur a besoin d'avoir de bonnes relations avec les pouvoirs publics pour pouvoir exercer son activité sans encombre. En cas d'événements exceptionnels (naissance impériale ou royale, victoire militaire), il sait faire de sa scène un relais pour le régime et, tant par la lecture d'un bulletin officiel que par la représentation d'un à-propos, diffuser les messages officiels qui lui sont transmis. Si un directeur peut à l'occasion se montrer frondeur à travers son répertoire, les contraintes administratives et économiques qui pèsent sur lui sont si lourdes qu'elles lui interdisent de faire preuve d'une réelle indépendance politique.

À ces compétences déjà nombreuses s'en ajoute une supplémentaire, fondamentale : assumer la responsabilité artistique de ce qui est présenté au public. Alors que la jurisprudence considère que « tout ce qui concerne l'exécution de son ouvrage » est le « droit le plus intime »[7] de l'auteur, celui-ci, dans les faits, partage le travail de mise en scène avec le directeur du théâtre où son ouvrage est créé. Par le choix de sa troupe et de sa programmation, d'ailleurs, le directeur a déjà donné une orientation artistique marquée à son établissement. Une fois qu'il a accepté de monter une pièce (dont il a souvent suscité l'écriture), le directeur en assume la réalisation scénique. C'est lui qui, en accord avec le musicien et le librettiste, détermine la distribution et commande les décors et les costumes. C'est lui qui, toujours en accord avec les auteurs, s'implique dans le travail de répétitions et, au besoin, impose ses choix esthétiques. En l'absence du « metteur en scène » qui n'apparaît qu'à la toute fin du siècle, la mise en scène d'un ouvrage est un travail collectif où auteurs, directeurs et parfois interprètes interviennent plus ou moins fortement, chaque création constituant un cas particulier (cf. chap. 13). Dans son ouvrage pionnier publié en 1884, Becq de Fouquières reconnaît cette compétence artistique aux directeurs : « Ainsi donc, la direction d'un théâtre exige deux conditions de celui qui assume la responsabilité d'une pareille entreprise. La première est qu'il soit en état de porter un jugement sur la valeur intrinsèque des œuvres dramatiques ; la seconde, qu'il ait la sagesse de faire dépendre les frais de mise en scène du jugement qu'il a porté[8]. » Les répétitions sont donc le moment où le directeur doit faire la preuve de son entente de la scène et, par rapport aux auteurs, savoir trouver une juste place. Dans le cas d'un ouvrage lyrique, la tâche est particulièrement difficile car l'œuvre nécessite une préparation longue et complexe, comme l'explique le compositeur Alfred Bruneau : « Les études d'un ouvrage lyrique ne ressemblent en rien à celle d'un drame ou d'une comédie ordinaire. Elles sont beaucoup plus longues, plus compliquées et plus divisées. Les chanteurs apprennent d'abord individuellement la musique et les paroles de leur rôle avec le pianiste chargé de les guider et de les stimuler. On ne les réunit, on ne fait ce que l'on appelle des "ensembles" que quand ils sont en état d'interpréter de mémoire leur partie. Pendant ces difficiles et lents tâtonnements, les chœurs travaillent dans un foyer spécial. Puis on "met en scène" ; on règle, sur le "plateau" même, la place que chaque personnage doit occuper, les gestes qui conviennent le mieux à son humeur et à ses actions. De son côté l'orchestre, soit par familles séparées de cordes, de bois et de cuivres, soit au complet, dose et équilibre les sonorités instrumentales. Mais ce n'est pas encore fini. Avant d'affronter l'épreuve décisive des "générales", on rassemble ces différents groupes en une répétition, dite "à l'italienne", où tout le monde est assis, uniquement attentif aux indications rythmiques des batteurs de mesure. J'ajoute que s'il y a un ballet, les danseurs et les danseuses exécutent seuls leur besogne préparatoire[9]. »

Ce travail de préparation prend des proportions encore plus développées quand il s'agit d'un grand opéra créé à l'Opéra. Aussi, pour diriger cet établissement, faut-il un directeur particulièrement expérimenté. Il serait en effet peu judicieux de mettre tous les théâtres lyriques sur le même plan tant les conditions d'exercice des responsabilités directoriales varient selon le théâtre dirigé. Les hiérarchiser revient à proposer une typologie des directeurs qui sont à leur tête.

Esquisse de typologie

Comme on vient de le dire, le poste de directeur de l'Opéra est à part du fait des proportions de l'établissement, de l'importance des sommes qui y sont en jeu et du prestige qui s'attache au premier théâtre du pays. De 1800 à 1899, presque une trentaine de personnes ont rempli cette fonction avec une grande variété de statuts (directeur, directeur-entrepreneur, administrateur, commissaire royal) en association avec d'autres responsables (régisseur général, administrateur du matériel, inspecteur général de la musique, inspecteur du matériel, chef de la scène), l'histoire administrative de l'Opéra étant particulièrement compliquée[10]. Le directeur de l'Opéra, du fait du renom de son théâtre et de ses liens étroits avec le pouvoir, est *de facto* l'un des représentants de la politique culturelle de chaque régime, même s'il n'est en rien un simple exécutant. Le poste ne s'obtient que grâce à de solides appuis et, une fois en place, il faut faire preuve d'un sens politique affirmé pour ne pas succomber aux pressions de toutes sortes (ministérielles, parlementaires, mondaines) et parvenir à remplir les obligations d'un cahier des charges très contraignant (cf. 1.4). Si l'Opéra est un instrument qui permet les expériences artistiques les plus extraordinaires, celui qui est à sa tête doit en outre s'habituer à être en permanence sous le feu des critiques. Au XIXe siècle, tout Français cultivé a une idée sur la façon dont l'Opéra doit être dirigé ! Le poste de directeur de l'Opéra-Comique est un peu moins exposé. Nicole Wild recense 21 titulaires de 1824 à 1900[11]. Tous ont en commun de n'avoir pas de fortune personnelle… même si beaucoup doivent affronter, une fois en place, des conditions financières difficiles. Se concentrant sur les directions brillantes de Perrin, Carvalho et Carré, Nicole Wild attribue leur réussite à trois facteurs principaux : une troupe excellente, un bon équilibre entre répertoire ancien et moderne, un talent particulier pour la mise en scène. Elle insiste sur « l'atout irremplaçable » que constitue l'expérience, tout en remarquant : « Encore faut-il avoir brillé dans une première direction… Devenir un directeur expérimenté n'est donné qu'à quelques élus là où, pour tant d'autres, la première expérience est aussi la dernière. Mais c'est bel et bien la seule façon de "durer" dans le métier[12]. » La petite dizaine d'individus qui dans les années 1850 et 1860 ont dirigé le Théâtre-Lyrique, subventionné à partir de 1863, ont des profils similaires (on retrouve du reste parmi eux Perrin et Carvalho). Autre scène officielle, le Théâtre-Italien offre une plus grande variété de directeurs (une trentaine de 1801 à 1878) du fait de ses différents rattachements administratifs et des particularités de son répertoire. On retiendra seulement ici la figure haute en couleur et assez douteuse de Torribio Calzado, impresario espagnol en poste de 1855 à 1863 et démis de ses fonctions pour escroquerie !

À côté de ces directeurs de théâtres lyriques officiels, il faut considérer les entrepreneurs qui, à partir du décret de 1864, ont ouvert, plus ou moins largement, leurs théâtres au répertoire lyrique, en l'occurrence l'opérette. On ne saurait oublier que c'est en devenant directeurs des établissements qu'ils ont fondés qu'Hervé et Offenbach ont pu faire émerger ce nouveau genre (cf. 8.6). Leur trajectoire fait écho à celle d'Adolphe Adam, codirecteur en 1847 de l'Opéra-National, expérience qui le ruina. Si Hervé n'a été directeur que quelques mois, Offenbach s'est révélé un directeur très inventif à la tête des Bouffes-Parisiens puis de la Gaîté. Après 1864, et jusqu'au XXe siècle, l'opérette est présente sur bon nombre de théâtres secondaires de la capitale (cf. 10.3), et des directeurs comme Hippolyte Hostein, Louis Cantin, Hippolyte Cogniard, Jules Brasseur participent à l'histoire du théâtre lyrique. Directeur des Variétés de 1892 à 1914, Fernand Samuel incarne à lui seul l'opérette Belle Époque, tant par ses reprises (Offenbach, Johann Strauss) que par ses créations (Varney, Terrasse). Eugène Bertrand, quant à lui, reste plus de vingt ans à la tête des Variétés avant de diriger l'Opéra de 1892 à sa mort. Les théâtres de province pratiquent également le mélange des genres[13]. Leurs directeurs jouent donc un rôle dans la vie lyrique, a fortiori sous la IIIe République quand les opéras des grandes villes de province commencent à devenir des lieux de création. À Paris comme en province, les cafés-concerts sont également des lieux de créations lyriques, sous l'égide de leurs directeurs[14]. Il est vrai que la distance est grande entre le directeur de l'Opéra de Paris et, par exemple, le directeur de l'Eden-Concert à Clermont-Ferrand !

Trois grands directeurs

On ne saurait terminer cette évocation des directeurs de théâtres lyriques sans citer trois personnalités qui, en occupant plusieurs sièges directoriaux, ont profondément marqué l'histoire de l'opéra au XIXe siècle (il faudrait aussi pouvoir s'arrêter sur Albert Carré mais sa carrière appartient autant au XXe siècle qu'au XIXe – cf. t. 3, 3.1). Louis-Désiré Véron (1798-1867) est sans doute le directeur de l'Opéra qui a le plus frappé les esprits en son temps. Inaugurant en 1831 le système de la régie intéressée, il a marqué l'histoire de son théâtre en y faisant jouer le grand opéra et le ballet romantique (cf. 6.1). Son retrait dès 1835 lui a permis non seulement de ne pas faire faillite mais encore – fait extraordinaire pour un directeur de théâtre – de s'enrichir durablement. Son parcours original (médecin qui a fait fortune grâce à une pâte pectorale, créateur de la *Revue de Paris*, journaliste influent à la tête du *Constitutionnel*, député), son goût pour la gastronomie (il serait l'inventeur du tournedos Rossini), son physique ingrat qui est une aubaine pour les caricaturistes : tout concourt à faire de lui une figure de premier plan de la vie parisienne. Dans les années 1850, il raconte son passage à l'Opéra dans les cinq volumes des *Mémoires d'un bourgeois de Paris*, dévoilant les coulisses du métier de directeur : « Un directeur d'Opéra doit être l'homme d'affaires intelligent, prodigue, ardent et passionné de toutes les œuvres qu'il est appelé à faire représenter. […] Voulez-vous savoir pourquoi je n'ai pas perdu d'argent à l'Opéra ? C'est surtout parce que je n'y suis pas resté longtemps, c'est parce que j'ai prudemment quitté la place au moment où la subvention diminuait. Il en est des recettes de l'Opéra comme des récoltes de nos vignobles et de nos champs : une mauvaise année succède toujours à une bonne, une année de perte à une année de bénéfices. […] Le directeur de l'Opéra est sûr de voir arriver dans les mauvais jours l'heure fatale des déficits[15]. » Devinant avec finesse les besoins de son

Boullemier, « Monsieur V. Rond », in *Collection d'arabesques*, n° 49, Paris : chez Aubert, 1835. Reproduit in *Revue d'histoire de la pharmacie*, 38/128, 1950, planche VII.

public, conscient du luxe et de la pompe nécessaires à l'Opéra et s'appuyant sur ce point sur le talent de Duponchel, son chef de la scène et futur successeur, Véron réalise le rêve de tout directeur : transformer l'institution qui lui a été confiée au point qu'elle devienne un modèle partout copié.

Bien différente mais tout aussi prestigieuse est la carrière d'Émile Perrin (1814-1885). D'abord peintre et critique d'art, il doit aux bouleversements politiques sa nomination à l'Opéra-Comique en mai 1848. Excellent administrateur, il se révèle d'emblée un grand directeur, même si, par son dédain envers Hervé et Offenbach, il est indirectement à l'origine de l'apparition de l'opérette. « Que cet homme en bois soit maudit, lui et son faux-col[16] », peste Hervé dans un texte écrit en 1881. Sa soif de pouvoir est illustrée par le cumul des directions de l'Opéra-Comique et du Théâtre-Lyrique en 1854-1855. Ayant quitté la salle Favart en 1857, il y est rappelé en 1862 et passe la même année à la direction de l'Opéra où il monte *L'Africaine, Don Carlos, Hamlet* (cf. 8.1). Au début de 1870, il cherche en vain à réunir dans sa main la direction de l'Opéra, de l'Opéra-Comique et du Théâtre-Lyrique. Il reste à son poste après la chute de l'Empire mais passe dès juillet 1871 à la Comédie-Française dont il est l'administrateur jusqu'à sa mort. Remarquable metteur en scène, Perrin est le directeur idéal pour ses tutelles : bon gestionnaire, menant fermement ses équipes et se tenant à des choix artistiques bien tranchés. Mais les inconvénients de cette attitude rigide se lisent en filigrane dans cet éloge ambigu d'Arthur Pougin, au moment de son décès : « C'était assurément, en son genre, un homme d'un immense talent, dont il fallait accepter les défauts en profitant de ses rares qualités[17]. »

Bien plus chaleureuse est la figure de Léon Carvalho (1825-1897). D'abord chanteur, il dirige le Théâtre-Lyrique de 1856 à 1860 et de 1862 à 1868 (cf. 8.3) ; sa deuxième direction s'achève sur une faillite car il a dédoublé sa troupe pour donner des représentations à la salle Ventadour. « Personnage romanesque, il est sans conteste, par son originalité et sa longévité, l'une des figures les plus marquantes du milieu lyrique parisien[18]. » Mari de Caroline Miolan, la célèbre soprano (cf. encadré), Carvalho illustre la propension des directeurs à entretenir des relations intimes – officielles ou secrètes – avec telle ou telle artiste de leur troupe. Grâce à son action décisive à la tête du Théâtre-Lyrique et à ses deux directions à l'Opéra-Comique (1876-1887 et 1891-1897) (cf. 10.2), il joue un rôle majeur dans l'évolution des genres lyriques – son activité dans ces deux théâtres étant entrecoupée par un passage au Théâtre khédivial du Caire, au Vaudeville et à l'Opéra (comme directeur de la scène). En 1887, Carvalho est confronté à la pire épreuve que peut subir un directeur : l'incendie de son théâtre. Rendu personnellement responsable de la catastrophe, il est condamné puis acquitté en appel et retrouve son fauteuil directorial un peu moins de quatre ans après l'incendie[19]. À cette occasion, Heugel salue un « directeur auquel nous devons à peu près toutes les œuvres qui ont laissé une trace lumineuse dans l'histoire musicale de notre temps[20] ». Carvalho, comme

Véron et Perrin à des degrés divers, a su être ce que Christophe Charle appelle un « homme double » et qui constitue l'idéal du directeur : un artiste hors-pair et un habile administrateur.

2.2 Les librettistes entre ombre et lumière
Olivier Bara et Jean-Claude Yon

« Ah ! Quel métier !... En voilà un que je ne continuerai pas ! Bon Dieu ! Dépendre d'une foule de gêneurs ! du compositeur ! du directeur ! du régisseur, des acteurs, du public, des journalistes, des musiciens, du souffleur !... Ah ! Quel métier[1] ! » Ainsi s'exprime Dufouillis, auteur avec le musicien Cabocini de l'opéra-bouffe fictif *Le Violon enchanté* mis en scène dans une pièce de Théodore Cogniard et Clairville, *La Liberté des théâtres*, « salmigondis mêlé de chant » créé aux Variétés le 10 août 1864, un mois après l'entrée en vigueur du décret sur la liberté des théâtres. Être librettiste, dans le monde des spectacles au XIXe siècle, n'est certes pas aisé. La fonction, du reste, n'est qu'une sous-catégorie du métier d'auteur dramatique. Cependant, s'il est condamné à céder le pas au compositeur et si la raillerie des vers de ses « poèmes » est un lieu commun de la critique musicale, le librettiste n'en est pas moins un personnage fondamental du monde lyrique, partageant à égalité avec le compositeur les droits d'auteur produits par leur collaboration (cf. 11.4). Dans un pays où un ouvrage lyrique doit avoir de solides qualités dramatiques pour séduire le public, son savoir-faire est très recherché par les musiciens et par les directeurs. On verra ici comment l'on devient librettiste avant d'observer ce dernier au travail et de terminer par une galerie des principaux librettistes du siècle[2].

Comment on devient librettiste (O. Bara)

Au milieu du XIXe siècle, Edmond Texier, dans son *Tableau de Paris*, évoque le « littérateur *pour tout faire* », « homme de lettres qui n'a pas de spécialité bien déterminée, et qui est tour à tour dramaturge, historien, vaudevilliste, romancier, critique et faiseur de rébus[3] ». Le librettiste appartient-il à cette catégorie « amphibie » de polygraphe ou parvient-il à faire reconnaître son métier à défaut de son art ? Devient-on librettiste par vocation, en cultivant un talent particulier, ou par besoin économique ? Comment assume-t-on le statut d'auteur dramatique nécessairement associé à un compositeur, condamné à ne jamais signer seul son œuvre ? Il est difficile d'établir un parcours-type du librettiste français au XIXe siècle : de l'activité parallèle à la carrière exclusive, de l'absence de formation scolaire au bagage universitaire, les voies d'accès à la fonction de librettiste sont variées.

« Fonction » et non profession ? Beaucoup de librettistes ont un métier régulier et écrivent leurs livrets en dehors de leurs heures de travail officiel : Jean-Nicolas Bouilly, auteur des *Deux Journées* (Feydeau, 1800) de Cherubini ou, avec Scribe, des *Deux Nuits* (OC, 1829) de Boieldieu, est avocat au parlement de Paris et ne se consacre entièrement au théâtre qu'à l'âge de trente-six ans[4]. Eugène de Planard, qui se fait connaître avec *L'Échelle de soie* (OC, 1808) écrit pour Pierre Gaveaux, était secrétaire de la section de législation du Conseil d'État[5]. Mélesville (Duveyrier de son vrai nom), fécond collaborateur de Scribe, est d'abord magistrat et aborde le théâtre à l'âge de vingt-neuf ans[6]. Dans la seconde moitié du XIXe siècle, Ludovic Halévy poursuit une carrière de fonctionnaire, comme chef de bureau au ministère des Colonies, démissionne à trente et un ans pour se consacrer entièrement au théâtre. Sa vocation est née au contact de son milieu familial : fils de Léon Halévy, poète et auteur dramatique, il est le neveu du compositeur Fromental Halévy[7].

Plusieurs librettistes suivent un parcours où le hasard joue un rôle non négligeable. Ils ne bénéficient pas nécessairement de l'apport d'études supérieures ni même secondaires les prédisposant à la maîtrise de la composition théâtrale, de la prose ou du vers. Dès l'âge de treize ans, Étienne de Jouy quitte le collège pour intégrer un régiment en Guyane. Au terme de sa carrière militaire, en 1797, il entre dans l'administration en tant que chef de bureau dans une préfecture[8]. C'est avec ce statut qu'il connaît ses premiers succès au théâtre, dans la comédie de mœurs, la tragédie mais aussi l'opéra-comique – *Milton* (OC, 1804) de Spontini, *Les Aubergistes de qualité* (OC, 1812) de Catel – ou la tragédie lyrique : *La Vestale* (O, 1807) et *Fernand Cortez* (O, 1809) de Spontini. Le parcours suivi par Emmanuel Dupaty est similaire ; il est connu grâce au discours d'Alfred de Musset qui lui succéda à l'Académie française en 1852 : « Le goût des lettres ne fut pas la première vocation du jeune Emmanuel. Élevé dans un port jusqu'à l'âge de onze ans, doué d'un esprit libre et hardi, n'ayant jamais été ni au collège ni dans aucune école publique, il amorça dès son enfance un penchant décidé pour l'état de marin[9]. » Musset évoque néanmoins la présence auprès de lui d'un précepteur, « M. Desaunets, ancien professeur au collège de Montaigu », ainsi que de nouvelles études, lorsque Dupaty est matelot, pour devenir « aspirant de 3e classe » puis ingénieur hydrographe. C'est la ruine de sa famille à la suite de la révolte de Saint-Domingue où elle avait des possessions qui aurait modifié la trajectoire professionnelle de Dupaty vers des compositions dramatiques, comme *Les Voitures versées* (OC, 1820) pour Boieldieu, que Musset juge avec une réserve respectueuse : « Il est bien vrai que le travail, le nom du style y manquent parfois, ou sont peut-être perdus pour nous[10]. »

Quelques librettistes ont pour tout bagage scolaire des études secondaires. Michel Carré suit des études au collège Charlemagne[11]. Il fait ses débuts d'écrivain en 1841, à vingt-deux ans, « par un volume de poésies romantiques, *Les Folles Rimes* (in-12). Il se tourn[e] ensuite vers le théâtre, où il arriva difficilement à se produire[12] ». Il travaille d'abord seul avant d'atteindre le succès par son association avec Jules Barbier. Henri Meilhac est élève au collège Louis-le-Grand avant d'entrer comme employé dans la librairie d'un oncle, puis – après un échec au concours d'entrée de Polytechnique – de devenir dessinateur sous le pseudonyme de Thalin au *Journal pour rire* de 1852 à 1855, année de ses débuts de dramaturge[13].

La formation par des études supérieures, en particulier dans le domaine juridique, constitue un cas plus fréquent. Dans *Les Français peints par eux-mêmes*, Hippolyte Auger, faisant la physiologie de « l'auteur dramatique », esquisse la situation typique du jeune homme formé en droit quittant « l'étude de son avoué, où il occupe la troisième place, pour prendre le numéro 3978 dans l'association des auteurs dramatiques[14] ». Voué à occuper la toute première place dans cette association, Eugène Scribe passe neuf ou dix ans au Collège des Sciences et des Arts, ancien collège Sainte-Barbe, d'avril 1800 à août 1809 ou 1810, de neuf à dix-huit ou dix-neuf ans. Il y suit un programme scolaire qui privilégie la philosophie, les disciplines artistiques, le grec et le latin. Il reçoit un prix en Histoire et en version latine, en dépit de problèmes de discipline – cet élève a « la tête légère » écrit sur un bulletin le directeur Victor de Lanneau en 1805[15]. Scribe passe avec succès ses examens de latin. En 1809, il décroche un prix de logique « grâce à une thèse soutenue devant Laromiguière[16] ». En 1811, il s'inscrit à la Faculté de droit et devient clerc d'avoué – dans la même étude que Balzac, qui lui succédera. Il devient bachelier en droit en 1812. Jean-Claude Yon souligne la « solide culture[17] » acquise par Scribe à Sainte-Barbe, et précise qu'il fut condisciple de futurs dramaturges qui seront ses collaborateurs : Antoine-François Varner, Jean-François Bayard ou Germain Delavigne, sa carrière théâtrale prolongeant les réseaux constitués à l'époque de sa formation. C'est par l'oncle des frères Delavigne que Scribe est entré dans la carrière théâtrale : cet oncle l'a recommandé auprès de son ami Barré, directeur du Vaudeville, où Scribe crée sa pièce *Les Dervis* le 2 septembre 1811[18].

À l'autre bout du siècle, en 1899, l'évocation de la carrière de vaudevilliste et librettiste d'Henri Meilhac par son successeur à l'Académie française, Henri Lavedan, offre une tout autre représentation du librettiste et vaudevilliste : sa formation passerait par la simple aspiration de l'air du boulevard, l'absorption de ses mots et de ses images, avant leur restitution sur les scènes comiques : « Vous vous rappelez enfin l'avoir vu passer dans son coupé, par ces rues et ces boulevards qui étaient le théâtre même, le terrain de manœuvres et le champ de bataille de son talent. » Meilhac promenait « sur les hommes et les choses de l'heure, au sage petit trot du cheval académique, son éternel coup d'œil inquiet, furtif et captivé »[19]. Il n'existe donc pas d'école du librettiste et si beaucoup ont atteint l'immortalité par leurs livrets d'opéra, rares sont ceux qui se sont consacrés exclusivement à cette forme dramatique. La meilleure formation du librettiste demeure la fréquentation assidue des théâtres et le développement d'un imaginaire de la scène doublé d'un sens aigu de la dramaturgie lyrique.

Le librettiste au travail (J.-C. Yon)

Le premier travail d'un librettiste est de trouver un sujet suffisamment attrayant pour séduire un directeur et un compositeur. À vrai dire, tous les cas de figure sont envisageables : le sujet peut avoir été fourni par le directeur lui-même ou par le compositeur, le librettiste peut être sollicité pour retravailler un livret inabouti, etc. Il n'en reste pas moins que la capacité à trouver des bons sujets est une qualité primordiale pour un librettiste, lequel doit savoir s'adapter au lieu où il va être joué[20] et, s'il la connaît, à la personnalité du musicien avec lequel il va travailler. Approché par l'Opéra de Berlin en 1832 pour collaborer avec Mendelssohn, Scribe s'enquiert du « genre de talent » du compositeur car il n'écrirait pas « pour Meyerbeer ou Rossini le même poème que pour Auber ou Boieldieu[21] ». Une fois le sujet trouvé s'engage un jeu subtil entre le directeur, le librettiste et le compositeur – trois personnages dont les calendriers et les priorités ne coïncident que rarement (cf. 3.2). Le directeur est l'élément moteur du processus car c'est souvent lui qui confie le livret – qui, à ce stade, peut n'être qu'un plan plus ou moins détaillé – à un musicien. Des conventions (appelées au XIXe siècle « traités ») sont signées entre les parties, notamment pour fixer des dates de remise du livret, parfois acte par acte, et de la partition. Dans ces documents – qui sont une source essentielle pour reconstituer la genèse des œuvres –, chacun cherche à préserver ses droits. Fromental Halévy écrit ainsi à Saint-Georges, son librettiste, en juin 1854 : « Tu m'as demandé lorsque tu m'as lu le *Laurier d'or*, un certificat constatant que tu avais fini d'écrire un ouvrage dans les limites du traité que nous avons signé avec M. Perrin. Ce certificat, je te l'ai envoyé[22]. » Comme pour le théâtre dramatique, la complexité de ces tractations, qui mettent en jeu beaucoup d'intérêts divers, est une des raisons d'être de la collaboration car celle-ci permet un partage des tâches. « Vous avez votre grand nom et votre talent, j'ai mes jambes ; avec cela, nous ferons merveille[23] », écrit Henry Boisseaux à Scribe à la fin des années 1850. Nombreux sont les librettistes qui travaillent à deux, voire trois, chacun étant spécialisé dans une tâche précise : lectures diverses, élaboration du canevas, écriture des parties versifiées, négociations avec la direction et les équipes du théâtre où l'œuvre est montée, participation aux répétitions, etc. Un ouvrage lyrique étant très complexe à monter, l'ensemble du processus peut s'étaler sur une très longue période, des années parfois.

Si tout librettiste apporte dans son travail ce qu'il a appris en pratiquant d'autres genres, il doit être bien conscient de ce qui distingue un livret d'un autre type de pièces (cf. 3.2, 3.6). En effet, écrire pour la scène lyrique impose des contraintes et produire un bon livret d'opéra n'a rien d'aisé. Louis Véron le constate, à propos du grand opéra : « On a longtemps pensé que rien n'était plus facile à composer qu'un poème d'opéra ; grande erreur littéraire. Un opéra en cinq actes ne peut vivre qu'avec une action très dramatique, mettant en jeu les grandes passions du genre humain et de puissants intérêts historiques ; cette action doit cependant pouvoir être comprise par les yeux comme l'action d'un ballet ; il faut que les chœurs y jouent un rôle passionné, et soient pour ainsi dire un des personnages intéressants de la pièce. Chaque acte doit offrir des contrastes de décoration, de costumes et surtout de situations habilement préparées[24]. » Chaque genre lyrique a ainsi ses propres codes que le librettiste doit respecter (le code pouvant du reste être précisément sa propre mise à distance, comme dans l'opérette bouffe…) mais tout livret a comme obligation d'offrir au compositeur des situations fortes, de sorte que c'est par l'écriture musicale que l'action et les personnages prennent tout leur sens.

Dès lors que librettiste et musicien se sont accordés sur la dramaturgie globale de leur ouvrage, commence un minutieux travail sur chaque passage de l'œuvre. Fréquent est le recours à des monstres, ce terme désignant « une coupe rythmique que le compositeur, désireux d'employer un motif en portefeuille, donne comme modèle à son poète pour que celui-ci lui écrive des vers sur la mesure qui doit cadrer avec ce motif[25] ». Un tel procédé conduit bien souvent à des incorrections de grammaire ou de prosodie que la presse, de plus ou moins bonne foi, reproche volontiers aux librettistes. Ceux-ci, au reste, sont habitués à ces critiques. Dans la seconde moitié du XIXᵉ siècle, le recours (très exceptionnel) à la prose renouvelle la poétique du genre (cf. 3.4). L'incessant travail d'ajustement se poursuit lors des répétitions, durant lesquelles librettiste et compositeur ont tout intérêt à faire front commun face aux interventions, voire aux exigences, des artistes et du directeur. En outre, lors des répétitions, le librettiste apporte sa « science des planches » parfois supérieure à celle du compositeur. Il met également au service de leur ouvrage commun ses réseaux et peut, au besoin, prendre la plume pour répondre dans la presse à d'éventuelles attaques, aux côtés du musicien.

Au panthéon des librettistes (O. Bara et J.-C. Yon)

Très nombreux sont les auteurs dramatiques qui, au XIXᵉ siècle, écrivent des livrets et bien d'autres noms que ceux évoqués ci-dessous auraient pu être cités. Cependant, un nom s'impose sans équivoque : celui d'Eugène Scribe qui, à bien des égards, domine l'art du livret au XIXᵉ siècle. Nul mieux qu'Eduard Hanslick n'a décrit cette suprématie : « Scribe n'était pas musicien ; il ne jouait d'aucun instrument et n'a certainement jamais reçu une leçon de chant. Malgré cela, on doit voir en lui un grand créateur musical. Il a, en effet, possédé le premier, et pour ainsi dire de façon unique, le génie des situations dramatiques qui ouvrent de nouvelles voies à la musique tout en recevant de celle-ci toute leur valeur[26]. » Librettiste d'une trentaine d'opéras, Scribe est le créateur du grand opéra (cf. chap. 6) et ses collaborations avec Meyerbeer, Halévy, Rossini, Verdi, Donizetti ont profondément marqué la scène lyrique[27]. Durant la préparation des *Vêpres siciliennes*, Verdi lui écrit en août 1852, pour justifier ses nombreuses exigences : « Vos poèmes antécédents m'ont tellement exalté, enivré qu'il me faut à moi aussi un poème qui me donne la fièvre[28]. » La place occupée par Scribe dans le genre de l'opéra-comique n'est pas moins importante[29]. L'écrivain a travaillé avec une quarantaine de musiciens au gré de la petite centaine de livrets d'opéras-comiques qu'il a signés. Il s'est fait jouer à l'Opéra-Comique, au Théâtre-Lyrique et même aux Bouffes-Parisiens. Sa collaboration avec Auber est exceptionnelle tant par sa durée (1823-1864) que par sa réussite et son succès (cf. 7.4). Pour Nerval, « rien n'imite davantage l'effet, non encore réalisé en France, de la comédie romanesque, comme Shakespeare et Calderon l'avaient comprise, qu'un opéra-comique de Scribe *fini* par Auber[30] ».

Eugène de Planard manifeste une semblable maîtrise de la structure dramatique et de l'articulation entre texte et chant propre à l'opéra-comique, genre auquel il demeure attaché quand Scribe maîtrise une large palette de formes et de registres. Le couple que Planard constitue avec le compositeur Herold pour *Marie* (OC, 1826) ou *Le Pré aux clercs* (OC, 1832) a pu ponctuellement faire de l'ombre au duo Scribe-Auber. Mais Planard est moins habile que Scribe dans l'assimilation des modèles extérieurs et leur adaptation aux lois du genre ; il manifeste aussi moins de gaîté et d'ironie : le sentimentalisme de ses œuvres constitue sa marque personnelle. Il sait toutefois capter dans ses livrets les évolutions esthétiques du romantisme. Sa *Bergère châtelaine* (OC, 1820), conçue pour Auber, explore la vogue « troubadour[31] ». Il puise pour le compositeur Carafa dans le roman historique du vicomte d'Arlincourt (*Le Solitaire*, OC, 1822), de Walter Scott (*La Prison d'Édimbourg*, OC, 1833) ou de Mérimée (*Le Pré aux clercs*, d'après *Chronique du règne de Charles IX*).

Benjamin Roubaud, « [Scribe] », lithographie, in *Panthéon Charivarique*, Paris : Beauger & Cie, Société du journal Le Charivari, [entre 1860 et 1880]. La lithographie est accompagnée d'une légende en vers : « Bien souvent la critique injuste et mensongère,/ Ô Scribe, ne paraît faire aucun cas de toi,/ Et va jusqu'à traiter ta muse d'écolière !/ Ce reproche peut-il te causer quelque émoi ?/ Non car on sait la chose est claire/ Que de tous les auteurs c'est toi le plus adroit. »

Pour son livret de *L'Éclair* (OC, 1835), musique d'Halévy, Planard travaille avec un autre rival de Scribe, l'un des meilleurs collaborateurs de ce dernier : Jules-Henri Vernoy de Saint-Georges[32]. Ce dernier s'illustre d'abord dans l'opéra-comique « de circonstance », sous la Restauration : *Le Bourgeois de Reims* (OC, 1825), musique de François-Joseph Fétis, est joué lors des cérémonies du sacre de Charles X, tandis que *Le Roi et le batelier* (OC, 1827), musique de Rifaut et Halévy, est créé pour la fête du roi. En 1829-1830, Saint-Georges est associé à Paul-Auguste Ducis pour diriger l'Opéra-Comique de la salle Ventadour. Sa carrière de librettiste prend son essor sous la monarchie de Juillet. Il écrit alors pour les meilleurs représentants de l'école lyrique française (Auber, Adam, surtout Halévy). Certains des grands succès de l'Opéra et de l'Opéra-Comique sous la monarchie de Juillet et au début du Second Empire sont issus des plumes associées de Scribe et de Saint-Georges : *L'Ambassadrice* (OC, 1836) et *Les Diamants de la couronne* (OC, 1841) d'Auber, *La Reine d'un jour* (OC, 1839) d'Adam, *Le Juif errant* (O, 1852) d'Halévy. Les livrets de Saint-Georges sont représentatifs de l'esthétique éclectique du premier XIXe siècle français : assimilation de sources littéraires historiques (Walter Scott pour *La Jolie Fille de Perth* de Bizet, TL, 1867) ou légendaires (le mythe de Mélusine dans *La Magicienne* d'Halévy, O, 1858), goût de la couleur locale (*La Reine de Chypre*, O 1841 ; *Le Val d'Andorre*, OC, 1848). Ses plus grands succès appartiennent toutefois à la veine comique : *La Fille du régiment* (OC, 1840), cosigné avec Jean-François Bayard pour Donizetti, articule habilement les demi-teintes sentimentales, l'élan cocardier et le second degré parodique[33]. Avec *Giselle* (O, 1841), livret co-signé avec Théophile Gautier d'après une légende recueillie par Heinrich Heine dans *De l'Allemagne*, Saint-Georges contribue avec Adam à inventer le ballet romantique. Signe de la reconnaissance à laquelle atteint parfois un librettiste : Saint-Georges a été élu à six reprises président de la Société des auteurs dramatiques et nommé officier de la Légion d'honneur en 1845. Cela ne vaut pas bien sûr un siège à l'Académie française, consécration que seuls Dupaty, Scribe, Ludovic Halévy et Meilhac obtiennent.

Au couple Scribe-Saint-Georges succède sous le Second Empire le duo Barbier et Carré. Jules Barbier commence sa collaboration avec Michel Carré au théâtre, avec notamment *Les Contes d'Hoffmann* donné dans sa version dramatique à l'Odéon en 1851. Leurs noms restent associés à ceux des compositeurs Gounod, Massé, Thomas – et Meyerbeer pour le seul *Pardon de Ploërmel* (OC, 1859). Tous deux brillent surtout par leur art d'adapter les chefs-d'œuvre de la littérature aux exigences du spectacle de demi-caractère attendu par les spectateurs de l'Opéra-Comique ou du Théâtre-Lyrique. Barbier et Carré se font ainsi les vulgarisateurs – d'aucuns disent les fossoyeurs – de Goethe et Shakespeare auprès d'un large public, de *Faust* (TL, 1859) ou *Roméo et Juliette* (TL, 1867) de Gounod à *Mignon* (OC, 1866) ou *Hamlet* (O, 1868) de Thomas. Après la mort de son acolyte, Barbier signe seul la version lyrique de leur *Contes d'Hoffmann* (OC, 1881) adaptés pour Offenbach.

Atypique est la carrière de librettiste d'Henri Meilhac et de Ludovic Halévy[34]. Librettistes de *Carmen* en 1875, ils ont associé leur nom à ce qui est devenu l'opéra français du XIXe siècle le plus connu et le plus joué. Mais leur carrière de librettistes est somme toute assez réduite : une vingtaine de livrets pour Offenbach, Lecocq, Hervé, et quelques ballets et cantates. Leur association dramatique, nouée en 1860, a brillé tout autant dans la comédie (*Froufrou, Tricoche et Cacolet, La Cigale*, etc.). Cependant, en étant liés – séparément (*Orphée aux Enfers, Mamz'elle Nitouche*) ou conjointement (*La Belle Hélène, Les Brigands, Le Petit Duc*) – aux plus grands succès d'Offenbach, de Lecocq et d'Hervé, ils ont joué un rôle décisif dans la naissance de l'opérette puis dans son évolution. Ils ont apporté au nouveau genre une qualité littéraire bien analysée par Jules Lemaître, à propos des livrets écrits pour Offenbach : « Ce sont des contes exquis, où tantôt l'ironie fine et tantôt la bouffonnerie débridée s'accompagnent de poésie sensuelle[35]. »

Moins brillant mais tout aussi efficace est le couple dramatique formé par Henri Chivot et Alfred Duru. D'abord vaudevillistes (Duru a notamment signé *Doit-on le dire ?* avec Labiche en 1872), les deux auteurs ont mis leur verve comique et leur métier dramatique au service de l'opérette dès les années 1860, travaillant – ensemble ou séparément – pour Hervé (*Les Chevaliers de la table ronde*), Lecocq (*Fleur-de-thé, Les Cent Vierges*), Offenbach (*L'Île de Tulipatan, La Fille du tambour-major*), Audran (*La Mascotte*), Planquette (*Surcouf*). Leur signature étant devenue en quelque sorte une marque, Chivot et Duru illustrent le côté artisanal du métier de librettiste, parfois simple fournisseur d'un matériau dramatique de qualité et parfois véritable créateur à l'égal du compositeur.

L'intérêt de certains librettistes pour la qualité littéraire de leurs sources signale l'ambition de concevoir le texte, fût-il chanté, comme une langue élevée au degré de raffinement du style. Ainsi se distingue Louis Gallet dont la fréquentation des grandes œuvres passées ou contemporaines est remarquable, de Corneille (*Le Cid* pour Massenet, O, 1885), Vigny (*Cinq-Mars* pour Gounod, O, 1877), Musset (*Djamileh*, d'après *Namouna*, pour Bizet, OC, 1872) à Anatole France (*Thaïs* pour Massenet, O, 1894). Les drames lyriques qu'il écrit pour Alfred Bruneau naissent d'une collaboration avec Zola, qu'elle soit indirecte (*Le Rêve*, OC, 1891) ou directe (*L'Attaque du moulin*, OC, 1893). En cette fin de siècle, Louis Gallet « ouvrit la voie à une ère nouvelle de l'opéra, où des écrivains voulurent prendre le pas sur les *faiseurs de livrets* et faire œuvre de littérature en écrivant pour la scène lyrique[36] ».

Les compositeurs-librettistes, de Berlioz à Debussy (cf. 3.4), constituent une exception dans l'univers lyrique français du XIXe siècle : le spectacle d'opéra est avant tout une entreprise complexe requérant la coopération entre des talents divers que l'idéal d'unité organique de l'œuvre porté par le romantisme n'ébranle guère (cf. 3.2). Moins rares mais néanmoins exceptionnels sont les écrivains reconnus qui condescendent à se faire librettistes : Victor Hugo s'y essaye mais afin d'adapter son propre roman *Notre-Dame de Paris* pour la compositrice Louise Bertin (*La Esmeralda*, O, 1836)[37] ; George Sand nourrit cette chimère auprès de Meyerbeer ou de Pauline Viardot mais prend soin de la laisser à l'état de songe. De même, Alexandre Dumas renonce en 1832 à collaborer avec Scribe pour un projet d'opéra pour Meyerbeer, par égard pour leur « amour propre respectif ». Dumas père signe avec Adolphe de Leuven

Le Roman d'Elvire (OC, 1860), musique d'Ambroise Thomas, deux ans après *La Bacchante* (OC, 1858) pour Eugène Gautier. Avec Gérard de Nerval, il avait composé le livret de *Piquillo* (OC, 1837) d'Hippolyte Monpou. Avec Édouard Alboise de Pujol, Nerval signe *Les Monténégrins* (OC, 1849), musique d'Armand Limnander (dont la critique remarque la qualité littéraire, inhabituelle à l'Opéra-Comique[38]). Victorien Sardou, entravé par les exigences du déploiement musical, peine à transposer dans ses livrets la densité de son écriture théâtrale : de *Bataille d'amour* (OC, 1863) à *La Fille de Tabarin* (OC, 1901), aucun de ses cinq opéras-comiques ne connaît la fortune de ses drames adaptés pour la scène lyrique par des librettistes « de métier », *Fedora* ou *Tosca*[39]. Le jeune Jules Verne collabore avec Michel Carré pour *Le Colin-maillard* (TL, 1853), *Les Compagnons de la marjolaine* (TL, 1855), *L'Auberge des Ardennes* (TL, 1860). Plus tard, c'est sans son accord qu'Offenbach lui emprunte le thème du *Voyage dans la Lune* (TG, 1875) avant certes de l'associer au *Docteur Ox* (TV, 1877). Aucun de ces *opéras d'écrivains* du XIXe siècle ne s'est durablement imposé au répertoire. Cela prouve *a contrario* que le métier de librettiste a gagné en spécificité et en autonomie au XIXe siècle, à défaut d'accéder toujours à une complète reconnaissance.

2.3 LA FORMATION DU COMPOSITEUR

Joël-Marie Fauquet

Transmettre : l'art et la manière

D'où le professeur de composition musicale tient-il sa formation de pédagogue et comment l'exerce-t-il ? Y a-t-il échange entre le maître et l'élève ? Les questions de pédagogie sont à l'ordre du jour au début du XIXe siècle. L'art d'enseigner doit s'adapter à la ligne tracée par la Révolution en matière d'éducation. Joseph Jacotot, par exemple, applique une méthode heuristique qui concerne aussi bien l'enseignement de la musique que celui du dessin et de la peinture. Cette méthode dite universelle qui relance la pratique de l'enseignement mutuel, est à l'opposé de celle qui place le maître savant en position de domination par rapport à l'élève ignorant[1]. Le mutuellisme pédagogique tend à modifier le rapport dépendant qui existe entre le savoir et l'ignorance[2]. Il se répand en France avant 1850. Au Conservatoire, Fromental Halévy le met en pratique quand, absorbé par la préparation du concours du prix de Rome, il confie sa classe de solfège au jeune Adolphe Adam qui constate : « C'est là que j'ai appris à lire la musique en l'enseignant aux autres[3]. » Devenu professeur de composition à son tour, Halévy recourra à la même méthode. Se consacrant à l'écriture de ses opéras, il laissera à ses élèves les plus avancés le soin d'enseigner ceux qui le sont moins. « Tout à son travail, il négligeait beaucoup sa classe, ne s'y rendant que lorsqu'il en trouvait le temps. Les élèves y venaient quand même, et c'était l'enseignement mutuel, beaucoup moins indulgent que celui du maître, dont le plus grand défaut était une bonté exagérée[4]. »

Suivant l'exemple de son maître Antoine Reicha, Daniel Jelensperger recommande aux professeurs de modifier leur manière d'enseigner « selon leurs vues, et surtout selon les dispositions particulières des élèves[5] ». César Franck, en tant qu'élève de Reicha, suivra ce conseil à la lettre pour ceux qu'en privé il formera à la composition, Henri Duparc, Albert Cahen ou Charles Bordes qu'il exemptera de l'étude de la fugue. Par ailleurs, dans le rapport maître-élève, l'initiation musicale est réversible. Parfois, c'est l'élève qui guide le professeur. Par exemple, quand Berlioz convainc Le Sueur de venir écouter avec lui la *Cinquième symphonie* de Beethoven jouée par la Société des concerts[6] ; ou bien quand Duparc fait connaître à Franck la partition de *La Walkyrie* de Wagner[7].

La lettre et l'esprit

Vingt-six compositeurs ont été titulaires des classes de composition musicale du Conservatoire avant 1900. Tous, sauf trois, ont été reçus à l'Académie des beaux-arts. Plus de la moitié sont nés ou ont connu le succès au XVIIIe siècle et restent influents jusqu'au Second Empire. En matière de contrepoint et de fugue, l'axe théorique est tracé principalement par Cherubini et Reicha, en passant par François Bazin et Théodore Dubois. Il se prolonge dans le XXe siècle[8]. Le *Traité de la fugue* d'André Gedalge[9] (1901) marque une évolution en distinguant la « fugue d'école » de la fugue comme composition musicale libre. Plus tardivement, Charles Kœchlin introduit de la souplesse dans l'application des règles du contrepoint sans rien sacrifier de leur valeur formatrice[10]. Ajoutons qu'en matière de formation, la voie s'élargit avec l'essor nouveau donné à l'improvisation à l'orgue. En dehors de l'écrit, César Franck, en poste au Conservatoire de 1872 à sa mort, enseigne le maniement improvisé de formes comme la fugue et la forme-sonate.

L'importance grandissante de la valeur symbolique du prix de Rome dans la carrière d'un compositeur favorise l'expansion d'un certain formalisme et l'usage de ces « trucs de la patte[11] » avec lesquels l'élève conforme son travail aux exigences codifiées de la cantate de concours. Comme la loi, le corpus pédagogique utilisé tout au long du siècle pour le contrepoint et la fugue peut être interprété selon la lettre, c'est-à-dire le texte exact qui formule la règle ; ou selon l'esprit, c'est-à-dire l'intention et le but recherchés par celui qui applique la règle. Ainsi, la méthode d'inculcation pratiquée par l'enseignant peut présenter une plus ou moins grande marge de liberté, notamment en ce qui concerne les licences d'écriture permises avec restriction par Cherubini, admises par Reicha à condition qu'elles soient justifiées.

Des données constantes nous manquent concernant l'habitus du professeur de composition. La « physiologie » du personnage est donc difficile à définir, quand bien même des professeurs comme Berton, Auber ou Thomas ont été en poste fort longtemps, menant une double carrière de compositeur et de professeur. L'acquis culturel, l'orientation esthétique, la renommée du compositeur déterminent peu ou prou l'adéquation du maître à la fonction pédagogique. Aux dires de Berlioz, Reicha lui apprend « en peu de temps et en peu de mots » le contrepoint qu'il professe « avec une clarté remarquable ». « En général, [Reicha] ne négligeait point, comme la plupart des maîtres, de donner à ses élèves, autant que possible, la raison des règles dont il leur recommandait l'observance » même si, « dans ses compositions, il obéissait encore à la routine, tout en la méprisant »[12]. Au contraire de Reicha, Le Sueur, l'autre maître de Berlioz, préconise une relation distanciée à la fugue et une réactualisation, d'ordre plus ou moins imaginaire, de la musique de l'Antiquité. Pour Le Sueur, le risque couru par la musique dramatique de tout sacrifier à la déclamation sera écarté par l'influence bénéfique de l'école italienne. Celle-ci « répandra sa mélodie, son charme irrésistible, son attrait tout-puissant sur le nerf et l'énergie des musiques allemandes, et sur la majesté solennelle des morceaux d'ensemble français. Soyons dramatiques, mais soyons dramatiques *avec de la bonne musique...* Sans doute il faut être dramatique et théâtral, mais il faut l'être *avec toute la mélodie d'une excellente école* ; sans doute l'élève en composition dramatique doit apprendre à imiter la nature, mais avec la nature de son art [...]¹³. »

Méhul dont l'enseignement est « lucide, concis, positif, la lumière même[14] » selon son élève Auguste-Louis Blondeau, partage certaines des idées de Le Sueur. Peut-être influencé par la politique impériale en matière de musique, il estime que, grâce au séjour que les lauréats du concours de composition musicale feront à Rome, « la mélodie italienne adoucira les formes un peu sévères de la mélodie française. On pourrait dire que la première est à la seconde ce que la manière de Raphaël est à celle de Michel-Ange. Au reste, c'est moins au génie musical, qu'à l'influence des langues, des mœurs, des climats des deux nations, qu'il faut attribuer cette différence[15] ». Cherubini en tant que pédagogue obéit à des conceptions plus abstraites. L'intransigeance qu'il montre envers ses élèves comme envers lui-même ne lui vaut pas moins la reconnaissance de disciples comme Auber ou Halévy qui lui succèdent comme professeurs de composition. « Il est nécessaire que l'élève soit contraint de suivre des préceptes sévères, afin que par la suite, composant dans un style libre, il sache comment et pourquoi son génie, s'il en a, l'aura obligé à s'affranchir souvent de la rigueur des premières règles ». La copie des ouvrages des maîtres est pour Cherubini, qui la pratique assidûment, un apport essentiel à la pratique compositionnelle. « Par ses observations fréquemment répétées, l'élève, en s'habituant à exercer l'oreille par la vue, se formera progressivement le style, le sentiment et le goût »[16]. Quant à Boieldieu, il tend vers une simplicité extrême de l'écriture. En effet, selon Gounod, l'auteur de *La Dame blanche* allait jusqu'à demander à l'élève : « Fais-moi un morceau sur une portée[17]. »

À vrai dire, « la relation entre le "style sévère" et le "style libre", entre "l'écriture rigoureuse" et la "composition idéale", est délicate à établir[18] ». Idéale, la composition l'est parce qu'elle embrasse toutes les formes musicales existantes, bien qu'en réalité celle de la composition dramatique domine. Idéale, elle l'est aussi parce qu'elle constitue le stade suprême de la pureté stylistique que l'élève doit atteindre dans la mise en œuvre. Toutefois, l'apprentissage du « bien écrire » est si exigeant qu'il laisse souvent informulées les instructions qui seraient utiles à l'élève quand il aborde la composition proprement dite. Reicha le constate et y remédie dans son *Art du compositeur dramatique* (1833) : « Afin que les élèves pussent parvenir à réaliser, avec le temps, les différentes propositions renfermées dans ce traité, il était indispensable de leur révéler des *secrets de pratique* que certains maîtres ne se soucient pas toujours de divulguer[19]... » Et d'ajouter : « Il est à regretter, sans doute, que des compositeurs lyriques, d'un talent supérieur, tels MM. Méhul, Catel, Cherubini, Le Sueur, Berton, Boieldieu, n'aient pas publié des ouvrages, ou, au moins, des notes didactiques suffisamment étendues sur la musique dramatique : leurs lumières, leurs observations, cette longue expérience de l'art qu'ils ont enrichi autant qu'honoré, leur fournissaient des matériaux précieux pour une école du genre de celle-ci[20]. » Pour Reicha, cette carence relève d'une « anti-philosophie des arts » dont il se déclare l'ennemi. La rétention discursive qu'il constate chez ses confrères suggère que ceux-ci, plus ou moins consciemment, respectent la tradition selon laquelle le phénomène de la création étant d'essence divine, ce qui s'y rapporte est informulable. Pour rompre ce mutisme, Reicha, dans l'ouvrage cité, étend son propos technique à des matières qui, après lui, n'auront pas de place dans les traités de composition, à savoir la prosodie, le choix d'un livret en vers ou en prose, le rapport du compositeur avec le poète, etc.

La maîtrise de l'écriture musicale est dépendante du *logos* puisqu'elle ne s'acquiert qu'avec les « instructions verbales » d'un maître, écrit Reicha. Lorsqu'on vit « éloigné des capitales où fleurissent les arts », il est nécessaire de remplacer l'enseignement oral par « un corps de doctrine raisonnée sur la matière dont il s'agit »[21]. Ce corps de doctrine prend le plus souvent la forme d'une correspondance, telle celle que Cherubini échange avec un amateur, Joseph-Barnabé Faurie-Devienne, directeur des douanes à Besançon, afin d'aider celui-ci à construire un opéra sur un sujet écossais, *Colgard et Sullatin* (ca 1811)[22]. L'opéra en question semblant perdu, l'intérêt de ces lettres est de nous éclairer sur la conception que Cherubini se fait d'une œuvre dramatique et qu'il n'aurait peut-être pas formulée dans un autre contexte. Les leçons écrites prodiguées par correspondance restituent nécessairement en partie le discours explicatif du maître qui appelle les réponses de l'élève. Ce *logos* transposé, outre qu'il nous renseigne sur l'assiduité de l'élève et sur le crédit que le professeur accorde à ses dons, montre dans quelle mesure le maître est fidèle à l'enseignement qu'il a lui-même reçu ou comment il s'en écarte. Avec le cours de composition musicale qu'il rédige pour René Franchomme en 1855-1858[23], « Gounod perpétue à sa façon l'enseignement de Reicha[24] ». Il invoque la logique et l'agrément de l'oreille comme des critères premiers, et ce en étroite relation avec le dispositif technique. Comme son maître, il explique de façon raisonnée les principes d'écriture, les dispositions harmoniques et les justifie au nom de l'art, allant jusqu'à esquisser une véritable philosophie de la composition musicale. En élève d'Ingres, il fonde son raisonnement sur une analogie avec la peinture et, dans cet ordre d'idées, ne néglige pas de donner à son élève des notions d'instrumentation. Un autre exemple de « corps de doctrine » est celui constitué par Bizet. Devenu le professeur de composition d'Edmond Galabert[25], Bizet, s'il recommande à son élève la fréquentation assidue des partitions des opéras de Mozart, « pour autant [...] ne considère pas le travail rigoureux et souvent austère du contrepoint d'école comme une donnée secondaire. Selon lui, il est nécessaire à l'épuration de l'écriture qui seule permet d'accéder à un stade supérieur dans la création[26] ».

Gradus...

Les ouvrages consacrés au contrepoint et à la fugue dont dispose l'étudiant – *Traité* de Fétis (1825), *Cours* de Cherubini (1835), etc. – prolongent, en passant de la tonalité ancienne à la tonalité moderne, le *Gradus ad Parnassum* de Johann Joseph Fux (1725), traduit en français par Pierre Denis vers 1773[27]. La progression de l'exposé des règles répond à la symbolique de la « montée au Parnasse » qui mène à la récompense, gage de distinction. Elle décrit une trajectoire symbolique qui restera longtemps celle des études de « haute composition ». La « hauteur » de l'objectif est déjà dans la visée des *Principes élémentaires de la musique* arrêtés par les membres fondateurs du Conservatoire en 1799[28]. Ceux-ci considèrent la voix comme l'élément fondamental de la musique et de son apprentissage, à telle enseigne qu'une « Instruction préliminaire pour le développement et la conservation de la voix » précède le recueil des solfèges qui forme la seconde partie de l'ouvrage[29]. Le niveau d'inculcation est élevé puisque l'ensemble des pièces de une à quatre voix avec accompagnement fait appel à des styles musicaux et des procédés d'écriture différents. Parmi ces morceaux dont la difficulté est graduée, l'élève doit déchiffrer avec les qualités d'un chanteur, des exercices en forme de fugues et de canons. Le recueil des solfèges s'ouvre sur une suite de 57 variations pour voix sur une basse chiffrée écrites par Cherubini avec la technique du contrepoint simple. Le texte musical de ces solfèges ne comprend aucun commentaire. Démonstratif par sa diversité, il se suffit à lui-même. Ce corpus qui fait passer directement la théorie dans la pratique reflète l'italianité de la plupart de ses auteurs. Cette tendance sera confirmée par la publication des *Principes de composition des écoles d'Italie*, à l'initiative d'Alexandre Choron, en 1808, soit l'année même où Méhul écrit : « Espérons que, malgré notre langue, nos mœurs et nos climats, nous pourrons parvenir à dérober aux Italiens la magie de leur chant, en conservant les convenances dramatiques qu'exige un peuple dont le goût théâtral est formé par les chefs-d'œuvre de Corneille, de Racine, de Voltaire et de l'unique Molière[30]. »

Par rapport aux traités qui sont publiés avant 1840, ceux de Reicha ont une originalité et une portée intellectuelle qui tiennent à une approche réfléchie, voire expérimentale, des règles autant qu'à la valeur créative que le théoricien leur donne telles qu'il les expose. Il considère que ces règles sont soumises à la relativité de l'évolution historique de l'art musical. Cette idée est reprise par Jelensperger, le répétiteur de Reicha au Conservatoire. Ainsi, à propos de la notion de pureté d'écriture : « Il résulte de l'examen des ouvrages des différentes époques de la musique que la manière d'envisager cette pureté a toujours changé ; que non seulement elle est différente dans chaque époque, mais dans chaque auteur, ce qui fait présumer qu'elle n'est soumise qu'à la manière particulière de sentir, et par conséquent qu'elle changera toujours[31]. » Cette notion de relativité historique qui influe sur la fixité des règles fait partie d'une réforme de l'étude du contrepoint telle que l'envisage Pierre Maleden, lui aussi élève de Reicha. Son essai *Du contrepoint et de son enseignement. considérés en eux-mêmes et dans leurs rapports aux études de composition* (1844) marque, par rapport aux méthodes du Conservatoire, une orientation différente que suivra l'École Niedermeyer (fondée en 1853). Pour Gustave Lefèvre, son directeur, l'avancée du compositeur suit l'évolution de la tonalité vers un élargissement de ses fonctions par le biais de la modalité.

Alors que Reicha, dans l'*Art du compositeur dramatique*, formule en 1833 les principes génériques d'un art lyrique moderne, soixante-cinq ans plus tard, le *Traité de composition musicale* d'Émile Durand (1899), bardé d'exemples musicaux tirés d'opéras antérieurs à 1860 pour la plupart, est tourné vers le passé. En cette fin de siècle, on peut dire que l'opéra n'est plus à faire, il est fait. Et si sa musique exerce une hégémonie sur la partie vocale du traité c'est que, écrit Durand, « elle nous fournit, à peu près, *tous les types* dont nous avons besoin, non seulement pour la composition *d'œuvres similaires* destinées au *théâtre*, mais encore pour celle des *romances. mélodies, duos, trios, chœurs,* etc, que l'on destine au *concert* et au *salon*[32] ». Pour Durand, ce sont les formes en usage qui valident les règles, ce qui lui permet d'écrire que « la *composition musicale* ne pourrait se soumettre, rigoureusement, aux lois absolues d'une *science exacte*, la musique étant un art *plein de fantaisie*, qui ne peut se passer d'une *certaine liberté* et ne saurait, dès lors, se plier aux exigences de *règles trop étroites*[33] ». Toute chose qui justifie la relative tolérance dont il a fait preuve à l'égard de Debussy son élève, au moment où, vis-à-vis des siens, Massenet, professeur de composition au Conservatoire de 1878 à 1896, a agi de même. Le rôle du maître est de développer chez l'élève une résistance à la règle qui soit créative, rôle que l'élève est prédestiné à remplir à son tour en lieu et place. En 1901, les obstacles à vaincre sont, pour Théodore Dubois, le découragement de l'élève « autant à cause de la sécheresse pédagogique des règles que parce que les exemples sont fréquemment en contradiction avec le texte[34] ». En dépit de la remarque, le traité de Dubois, largement utilisé, prouve comment l'enseignement de la composition, tel qu'il est officialisé par le Conservatoire et l'Institut, a formalisé dans la seconde moitié du siècle, les acquis de la première moitié, en décalage avec l'évolution du langage musical soumis à la tension dissolvante qui s'exerce sur la tonalité, et à l'amplification des formes.

Aussi strict, gradué et complet qu'il se veuille être, le dispositif démonstratif établi pour l'enseignement du contrepoint, de l'imitation et de la fugue, en visant l'objectif absolu et fictif de la « composition idéale », laisse pendantes des questions qui, elles, sont tributaires de l'évolution de l'esthétique, du goût, des moyens sonores, questions que l'apprenti compositeur ne peut éluder. L'une d'elles concerne la mélodie opposée à l'harmonie en tant que critère catégoriel. La mélodie, considérée comme l'émanation sensible de l'art, est l'apanage de la « musique sensualiste » tandis que l'harmonie, abstrait produit de la science, est le propre de la « musique scientifique » ou « philosophique ». En ce qui concerne la mélodie, Reicha fait, une fois encore, figure de pionnier. Il démontre dans son *Traité de mélodie, abstraction faite de ses rapports avec l'harmonie* (1814) que l'une et l'autre sont « deux colonnes de même grandeur » sur lesquelles repose « le grand édifice de la Musique »[35].

L'enseignement de la composition, au cours du siècle, se fait plus complet, ne serait-ce que parce qu'il aborde une matière aussi essentielle que l'instrumentation, au moment où la notion de timbre se dégage de celle de son. La couleur de chaque instrument devient la marque individuelle de sa capacité expressive. Le compositeur dramatique doit rechercher l'expressivité vocale et instrumentale en fonction des propriétés du timbre. Le théoricien qui s'impose au siècle entier comme l'expert en la matière, Berlioz, est catégorique : aucun des deux maîtres de composition qui l'ont formé, Le Sueur et Reicha, ne lui ont rien appris. C'est pour une grande part en autodidacte et principalement à l'Opéra qu'il a acquis son expérience : « J'y apportais la partition de l'ouvrage annoncé, et je la lisais pendant l'exécution. Ce fut ainsi que je commençais à me familiariser avec l'emploi de l'orchestre, et à connaître l'accent et le timbre, sinon l'étendue et le mécanisme de la plupart des instruments. Cette comparaison attentive de l'effet produit et du moyen employé à le produire, me fit même apercevoir le lien caché qui unit l'expression musicale à l'art spécial de l'instrumentation, mais personne ne m'avait mis sur la voie[36]. » La fréquentation des virtuoses, des facteurs d'instruments – Adolphe Sax entre autres –, les visites des expositions industrielles et universelles feront le reste. Sous son impulsion, les choses évoluent assez rapidement si l'on en croit Saint-Saëns, inscrit au cours d'Halévy : « Mon travail à la classe consistait à produire des essais de musique vocale et instrumentale, des essais d'orchestration[37]. » À ce propos, le titre du *Grand traité d'instrumentation et d'orchestration modernes* (1844) de Berlioz renvoie à des conceptions distinctes faisant de la seconde un art et de la première une science. Il semble que si Halévy montre un intérêt particulier pour l'orchestration – ce que confirment ses opéras – d'autres professeurs restent attachés, même après 1870, à la conception classique de l'instrumentation selon le principe qui veut qu'en musique la ligne l'emporte sur le timbre, tout comme, en peinture, le dessin prime la couleur[38]. La notion d'instrumentation l'emporte dans le cours de composition d'Ernest Guiraud[39]. En revanche, c'est de l'orchestration que Massenet traite en même temps que des autres éléments compositionnels requis par l'élaboration de la cantate[40]. L'enseignement prodigué par Massenet de 1878 à 1896 laisse de côté la musique instrumentale. Il n'en apporte pas moins des clartés générales « à ceux que [l]es questions de langue passionnaient et que leurs études d'harmonie et de contrepoint avaient plutôt déroutés en contredisant souvent et leur instinct et leur connaissance des classiques. Avec lui, l'arbitraire, la convention, la mode qui règne, hélas ! aussi à l'école, s'évanouissent. [...] Il avait même l'élégance d'éviter autant que possible les termes scolastiques [...] ; il aurait plutôt, je crois, emprunté son vocabulaire aux arts plastiques. Sensible d'ailleurs, comme tout poète, aux analogies, il s'exprimait souvent par comparaison. [...] C'était avec des larmes de joie qu'il admirait l'œuvre d'un maître, ou qu'il embrassait le jeune auteur de quelques mesures émues, où il percevait le *don*. » D'Ollone ajoute : « Notre maître ne tenait pas du tout – bien au contraire ! – à ce qu'on imite sa manière », lui qui « comprenait fort intelligemment les natures si diverses de ses élèves »[41].

2.4 LE MÉTIER DE COMPOSITEUR

Joël-Marie Fauquet

Devenir artiste

« Si l'on m'avait demandé quel but je poursuivais lorsque j'entrai au Conservatoire en avril 1866, rapporte Henri Maréchal, j'aurais répondu : apprendre tout ce qu'on peut apprendre pour écrire ensuite des opéras[1]. » Au XIXe siècle, le musicien qui accomplit un cursus complet d'études musicales est a priori destiné à œuvrer pour le théâtre lyrique. La formation progressive qu'il reçoit – harmonie, contrepoint, fugue – l'amène à écrire, comme exercices de composition, des morceaux le plus souvent destinés à la voix. Cette formation que nous venons de décrire (cf. 2.3) repose sur un corpus de règles qui varient peu et donnent lieu, au long du siècle, sous le titre global de théorie de la musique, à la publication d'un grand nombre de traités, de cours, de méthodes qui tendent au même but[2]. Or la question de la formation du compositeur dépasse le stade d'une assimilation correcte des codes d'écriture. En effet, la mise en pratique stricte des principes dont la « composition idéale » est la finalité, n'a de sens que si l'élève puise en eux les moyens de s'en libérer. Pour ce faire, il doit s'interroger sur ce qui l'autorise à se reconnaître artiste, ce que Méhul, professeur de composition au Conservatoire de 1800 à 1817, exprime en ces termes : « D'abord nous sommes imitateurs, et nous suivons servilement les traces du maître qui a dirigé nos premiers pas. Mais bientôt le sentiment de nos forces nous avertit qu'il est temps d'exprimer nos propres idées. [...] Aidés par l'observation de la nature, modèle inaltérable des arts, nous nous recréons pour ainsi dire nous-même, en prenant une physionomie qui nous appartient.[3] » La prise de conscience de cette recréation de soi en artiste est aussi celle d'une singularité dont la réalité est inséparable de l'autonomisation du champ de la création artistique qui caractérise la période postrévolutionnaire. En effet, le régime vocationnel qui fonde le statut de l'artiste moderne succède au régime professionnel de l'ère classique[4]. « En régime vocationnel, les artistes se doivent de n'être plus héritiers de leurs pères, mais fils de leurs propres œuvres. En passant de la profession à la vocation, on passe de la tradition à l'innovation et de la standardisation à la singularisation[5]. »

Le prétendant à la carrière de compositeur dramatique doit se soumettre à un système d'enseignement peu évolutif qui le force à trouver la liberté dans la contrainte. Or, au XIXe siècle, ce système est mis à l'épreuve par un concept nouveau qui s'impose de plus en plus à l'artiste : l'originalité. Non seulement ce concept détermine le jugement de valeur émis sur une œuvre, mais il conditionne la carrière de celle-ci, dans la mesure où il est protégé de façon explicite par le droit d'auteur (cf. 11.4). Pour tous les compositeurs, quels que soient leur niveau d'instruction et leur orientation esthétique, les modes de créativité et d'insertion socio-artistique sont les mêmes : rapport de dépendance au modèle, pouvoir de coaptation nécessaire à l'unité organique d'un ouvrage, capacité d'assimilation et de dépassement des influences reçues, mais aussi appartenance à un réseau, stratégie de placement des œuvres, perception des attentes du public, positionnement vis-à-vis des autres arts, etc.

Le compositeur dramatique reçoit une formation qui est conditionnée par la centralisation parisienne des institutions. Cependant, plusieurs d'entre eux, et de premier plan – Emmanuel Chabrier, Édouard Lalo ou Ernest Reyer – ont appris leur métier en dehors de la voie contrôlée par le Conservatoire et l'Institut. Ils doivent une part de leur réussite à la surcompensation qui, chez eux, pallie le sentiment d'illégitimité qu'ils peuvent éprouver envers leurs pairs formés dans le giron officiel. En ce qui concerne Chabrier par exemple, l'effort compensatoire s'exerce sur la revalorisation musicale des genres réputés mineurs, l'opéra-bouffe (*L'Étoile*, BP, 1877), l'opérette (*Une éducation manquée*, Cercle de la presse, 1879), l'opéra-comique (*Le Roi malgré lui*, OC, 1887) qui porte à son plus haut niveau le désir d'une réussite dans le grand genre, c'est-à-dire l'opéra – *Gwendoline* (La Monnaie, 1886). Par ailleurs, les pensionnaires de l'Institut de France qui sacrifient le moins à l'académisme qu'ils jugent stérile sont ceux dont l'individualité créatrice est assez forte pour les en garantir. Ainsi, ils peuvent concilier leur imaginaire personnel avec « l'utopie pédagogique[6] » qui les a formés. Berlioz et Debussy, entre autres, bien que vitupérant contre la « caserne académique », ont produit à Rome des œuvres qu'ils ont comptées au nombre de celles conçues par la suite en toute liberté. Debussy surtout qui, jusqu'à la fin de sa vie, a eu le souci de parfaire les siennes, allant jusqu'à réviser en 1909 la scène lyrique *L'Enfant prodigue* qui lui avait valu le Grand prix en 1884. Reste que la plupart des jeunes compositeurs primés les plus accommodants à l'égard de l'« école » ont mal supporté les conditions de vie « idéales » que l'État leur a offertes à Rome. Le malaise qu'ils ont ressenti, accentué par un relatif isolement, nous semble avoir pour cause essentielle le refus opposé par le système académique institutionnalisé à la transformation du statut de l'artiste. Il convient aussi de ne pas minimiser l'impact psychologique négatif de l'arrivée de jeunes Français habitués à la vie parisienne dans une Rome qui tient plus de la petite ville de campagne, isolée dans son passé prestigieux, que de la grande capitale culturelle moderne. Le lauréat du prix de Rome est non seulement abandonné à lui-même – il n'a plus de cadre scolaire et de concours pour s'orienter – mais se trouve de surcroît éloigné de sa famille, de ses amis, des théâtres, des salons et des réseaux de tout type utiles à sa carrière. Pour Bizet, les années romaines furent autre chose encore : l'expérimentation de la liberté, l'éloignement bénéfique du mentor Gounod et l'apprentissage délicat d'une auto-évaluation de son travail.

L'utopie du prix de Rome

Bien que le nombre des écoles de musique et des cours privés s'accroisse au cours du siècle tant à Paris qu'en province, le Conservatoire reste l'établissement de référence pour l'étude de la composition et ce, d'autant plus qu'il prépare au concours du Grand prix de Rome[7]. L'objectif de la récompense est dépendant d'un système pédagogique basé sur l'imitation et le dépassement du modèle, suivant un principe déjà en vigueur dans les académies de l'Ancien Régime. L'obtention du prix, si elle est consécratoire pour le musicien, n'est pourtant qu'une étape dans sa formation académique qui comprend trois phases : la phase d'apprentissage de l'écriture ; la phase probative du savoir acquis – le concours lui-même – et la phase d'application productive durant laquelle le lauréat doit faire preuve d'inventivité pour démontrer que « l'art de la composition consiste à créer une œuvre quelconque, en soumettant les inspirations du génie à des règles reçues[8] ». Les « envois » que, chaque année, il est tenu de faire à l'Institut, justifient de sa capacité à prendre son essor dans ce sens, et à devenir à son tour un formateur expérimenté.

L'épreuve préliminaire du concours est une fugue sur un sujet imposé. Un chœur orchestré sur un poème sans action constitue le concours d'essai. Le candidat qui le réussit est admis au concours définitif. Mis en loge pendant trois semaines environ, il compose une scène lyrique ou cantate de une à trois voix, avec orchestre sur un livret agréé par un aréopage d'académiciens.

L'ordre de succession de ces épreuves est, en raccourci, celui du programme formatif gradué que, pendant plusieurs années, l'élève doit suivre pour parvenir au but. Le cours de composition de Cherubini tel que l'a recueilli Aimé Leborne[9] retrace de manière exemplaire les étapes du parcours et indique à quel rythme se déroule l'entraînement à l'écriture. Leborne commence en 1813 l'étude du contrepoint et de la fugue qu'il achève au début de 1815. L'année suivante, il écrit des romances puis quatre cantates, et quatre encore en 1817. En octobre, ce sont trois « cantates à grand orchestre », puis trois autres en 1818, l'une d'elles, *Hero*, chantée le 25 juin par les élèves de l'École royale. Neuf des textes de ces quatorze cantates ont servi pour les concours ouverts entre 1804 et 1817[10]. Ce recyclage permet à l'apprenti de se mesurer, dans un esprit d'émulation, aux candidats qui l'ont précédé. Avant même qu'il ait achevé cette préparation soutenue, Leborne, en mars 1818, compose des fragments d'un opéra-comique intitulé *L'Incertitude embarrassante*, paroles de Dumaniant. L'année suivante, il met en musique les deux premiers actes de *Pandore*, livret de Voltaire, déjà utilisé au siècle précédent par Jean-Benjamin de Laborde pour une tragédie lyrique (1752). Bien que tous les travaux préparatoires des lauréats ne nous soient pas parvenus si complets, il apparaît que la majorité des élèves des classes de composition ont suivi la même méthode. Ainsi César Franck, élève de Leborne et de Berton, a écrit six cantates sur des textes utilisés antérieurement, et un opéra d'essai, *Stradella*, non orchestré[11], en vue du concours de 1842 auquel il a dû renoncer. On peut donc en déduire qu'il existe, dans la voie de l'étude, une production d'opéras que son statut d'exercice soustrait à la divulgation.

Le formalisme et les contraintes du concours comptent au nombre de ces « voiles » que Baudelaire voit s'interposer entre les « voyageurs solitaires » que sont les artistes et « la complexe vérité »[12] de la création à laquelle ils sont confrontés. L'« utopie pédagogique », évoquée plus haut, est l'un de ces « voiles ». En ce qui concerne le Grand prix de Rome, objectif de la « composition idéale », c'est bien d'utopie qu'il s'agit. En effet « la naïveté, voulue ou inconsciente, avec laquelle les utopistes traitent le problème de la réalisation de l'idéal, a pour résultat de donner à la plupart des utopies un caractère "académique". L'académisme, en art est, comme on sait, caractérisé par ceci qu'il prétend non seulement donner des règles générales, des *principes* pour atteindre la réussite esthétique, mais qu'il prétend donner des *modèles* à imiter ». Ainsi, il « condamne ses adeptes à des exercices préliminaires et scolaires indéfinis »[13]. D'autres éléments authentifient l'institution du Grand Prix de Rome comme utopie à part entière, tel le concept de réunion des arts appliqué par Bonaparte quand, en refondant l'Institut de France le 3 pluviôse an XI (23 janvier 1803)[14], il a ajouté une section musique à la classe des beaux-arts, la musique étant, soit dit en passant, le seul art présent dans *Utopia* de Thomas More[15]. Le principe unitaire et corrélatif de la réunion des arts sous une même tutelle officielle justifie – n'en déplaise à Berlioz – que les peintres soient appelés à juger les travaux des musiciens. D'autant que, jusqu'au tournant du XIXe au XXe siècle, les textes théoriques répètent que le musicien est un peintre[16], la mélodie étant pour lui le dessin, et l'harmonie, la couleur. Émile Durand écrit encore dans son *Traité* (1899) : « On compare souvent aussi la musique à la peinture, parce que, comme cette dernière, elle comprend le *dessin* (mélodie) et la *couleur* (harmonie)[17]. » Sont également d'essence utopique, le caractère anhistorique et abstrait du « style d'école » tel qu'il est pratiqué ; le caractère initiatique du voyage de Paris à Rome qui symbolise la « montée au Parnasse » – la Villa Médicis ; l'appartenance de l'académiste à une élite communautaire et autosuffisante, libérée des contingences matérielles ; le modèle compositionnel fictif auquel le jury des académiciens fait référence pour juger les travaux qui leur sont adressés par les lauréats ; l'existence alternative auxquels ceux-ci, mis en retrait de la vie artistique réelle, sont contraints pendant plusieurs années non sans inconvénients, etc.

Entendre en lisant

Le compositeur dramatique n'a jamais réalisé qu'une partie de sa formation quand il atteint le plus haut degré de qualification dans son art. Méhul le constate à propos des lauréats du prix de Rome de composition musicale : « Lorsqu'ils quittent les bancs de l'École pour concourir au grand prix, ils croient tout savoir, parce qu'ils savent tout ce qu'on peut apprendre ; mais leur style, plein de recherches et souvent surchargé, prouve qu'ils sont dans l'erreur[18]. » Se corriger, améliorer son savoir-faire cependant ne suffit pas. Pour Henri-Montan Berton, professeur de composition au Conservatoire de 1818 à 1844, le compositeur dramatique, peintre des passions, des mœurs et des caractères, « doit avoir étudié plus que la musique. Les beautés de l'histoire sacrée et profane, celle de la haute poésie, les chefs-d'œuvre des arts en tout genre, les écrits des moralistes et des philosophes ne peuvent lui être étrangers ; car en servant à agrandir ses conceptions, à rectifier son jugement, sans attiédir son génie, elles lui fournissent tour à tour les moyens d'atteindre à ce beau idéal, qui ne peut exister que dans une noble et savante simplicité, et dans la scrupuleuse observance des lois qu'impose l'amour sacré de la vérité[19] ». Autrement dit, le compositeur d'opéra doit posséder aussi ce que la théorie ne lui apprend pas, le moyen d'accorder le potentiel inventif avec les ressources de l'imaginaire et d'assimiler des influences à son profit. Celles de Rossini (cf. 5.6) puis de Wagner (cf. 9.6) sont si dominantes qu'à la fin de sa vie, Ambroise Thomas, directeur du Conservatoire où il a enseigné la composition de 1856 à 1871, confie à Charles Malherbe : « Vous ne pouvez vous faire une idée du prestige qu'il [Rossini] exerçait sur la jeunesse et de l'engagement dont il était l'objet parmi nous, élèves du Conservatoire. On se passionnait, non seulement pour la finesse de ses broderies vocales, mais aussi pour l'ampleur de ses "finales" et l'éclat de son orchestre. Comme aujourd'hui on aspire à faire du Wagner, tous alors nous aspirions à faire du Rossini[20]. » En outre, au XIXe siècle, le compositeur dramatique doit s'adapter à un régime de spectacularité nouveau. Reicha, professeur de composition au Conservatoire de 1818 à 1836, paraît en être déjà conscient quand il substitue les termes de « musique scénique[21] » à ceux de musique dramatique. En effet, les « structures techno-esthétiques » propres au grand opéra[22] font que la musique tient « un rôle de composante scénique » au moyen de « l'orchestre-spectacle[23] » selon une progression décisive et continue.

Pour celui ou celle qui se consacre à la composition lyrique, la valeur formatrice de la critique musicale n'est pas douteuse quand ceux qui la pratiquent sont compositeurs et se fixent pour mission d'éduquer le lecteur (cf. 18.1, 18.2). Cette tendance didactique s'amplifie jusqu'au XXe siècle. Elle donne lieu à un type d'analyse visant à reconstruire l'œuvre dans une forme de métalangage qui fait de l'amateur, comme le lecteur à l'égard du roman, un co-auteur. À cet égard, Berlioz vient en première ligne, sans préjudice de ceux qui le suivent, d'Ortigue, Saint-Saëns ou Reyer[24]. La critique de Berlioz est enseignante. L'étude approfondie des ouvrages de Gluck (*Orphée*, *Alceste*, *Armide*) à laquelle il se livre, apprend au lecteur à écouter et au musicien à entendre. Par ailleurs son oreille est prompte à discerner ce que peuvent avoir d'original les ouvrages nouveaux qui façonnent la physionomie de l'art lyrique en France avant 1870. Les commentaires qu'il laisse de maints opéras parmi lesquels *Guillaume Tell* ou *Robert le Diable*, familiarisent le lecteur avec le geste compositionnel de l'auteur. En outre, peu de critiques savent comme lui faire avec précision le « portrait vocal » d'un chanteur, aspect technique compris. Ce point est important puisque, au cours de sa formation, un compositeur doit non seulement apprendre à écrire correctement pour la voix, mais savoir s'adapter à la personnalité vocale de tel ou tel interprète. La pratique d'une écriture sur mesure ne cesse pas avec l'opéra italien belcantiste, comme on le croit trop souvent. Le choix de l'interprète est constitutif de l'opéra (cf. 3.6). Par conséquent, la formation du compositeur dramatique, soumis à des occurrences compositionnelles renouvelées, n'est jamais achevée. Pas davantage d'ailleurs que celle du spectateur, dont les yeux écoutent (cf. 12.3). Lui aussi doit être formé. Fétis en est tellement persuadé que, tout en se montrant un pédagogue exigeant, il rompt avec l'élitisme de la « haute composition » en publiant *La Musique mise à la portée de tout le monde* (1830). La réplique de ce vade-mecum sera, à la fin du siècle, *La Musique et les musiciens* d'Albert Lavignac (1895) où sont exposés également, de manière abrégée, les principes de l'harmonie et du contrepoint à l'usage de l'amateur.

Au cours du siècle, le recours croissant à l'analyse, qui se manifeste jusque dans la presse musicale, n'est pas seulement déterminé par la complexité croissante des œuvres. La notion d'originalité, devenue essentielle dans l'évaluation critique d'une œuvre d'art, fait que l'explication des productions de la littérature et de la peinture, liée à une curiosité pour la technicité des productions de l'art en général, est considérée comme nécessaire à la compréhension de l'œuvre et indispensable à l'éducation du goût. Ainsi par exemple, *Le Don Juan de Mozart* de Gounod (1890) montre combien la façon de lire un opéra, si elle est raisonnée et créative, achève de justifier la réputation que l'ouvrage a acquise d'être un modèle du genre. Ce type d'approche analytique culmine avec *Le Voyage artistique à Bayreuth* de Lavignac (1897). L'accumulation de 280 exemples musicaux tirés des opéras de Wagner confirme que la structure thématique a fini par prévaloir contre tout autre critère dans la perception structurelle de l'œuvre. Cette méthode d'analyse, d'ordre signalétique, favorisée par le *leitmotiv* wagnérien, sera couramment appliquée à l'opéra français au cours du XXe siècle dans les ouvrages de vulgarisation. Un éditeur comme Paul Mellottée estime que les « chefs-d'œuvre de l'opéra » méritent d'être « expliqués » au même titre que les chefs-d'œuvre littéraires. D'où l'initiative qu'il prendra en 1922 de publier des études monographiques (analyse thématique, genèse et histoire de l'œuvre) sur *Faust*, *Samson et Dalila*, *Louise*, *Manon*, *Carmen*, etc., certaines rédigées par des compositeurs – *Pelléas et Mélisande* signé par Maurice Emmanuel – ayant une réelle valeur formatrice.

Entrer dans la carrière...

L'auteur d'un opéra est soumis au fonctionnement d'un système qui, même réglé par l'appareil législatif et contractuel, subit l'incidence de circonstances politiques, financières ou physiques. La carrière du compositeur dramatique dépend en grande partie de deux personnages clés : le directeur de théâtre et le librettiste (cf. 2.1, 2.2). Leur « pouvoir considérable tient à l'organisation particulière au milieu lyrique parisien[25] ». L'entrée d'une œuvre au répertoire de l'Académie de musique est la suprême consécration pour un compositeur, mais il y a peu d'élus car la scène nationale accueille les ouvrages nouveaux de façon mesurée. Le théâtre lyrique étant le lieu de l'événementiel, le critère de la nouveauté vaut presque autant pour les débuts d'une voix dans un ouvrage connu que pour la création d'un opéra ou d'un ballet, ce dont témoigne la critique musicale. L'Opéra jouit d'un tel prestige que ce qui touche à son activité devient facilement une affaire d'État. En fonction de quoi, pour qu'une œuvre soit reçue, le compositeur doit disposer d'appuis efficaces. Il les trouve dans la sphère politique ou dans sa famille artistique, auprès d'une gloire vocale du moment, par exemple. Ainsi, « c'est Pauline Viardot, tout auréolée de son triomphe dans *Le Prophète* de Meyerbeer [...] qui ouvrit à Gounod les portes de l'Opéra de Paris[26] » avec *Sapho* (O., 1851) dont le rôle titre est écrit pour elle.

L'accès à la scène lyrique est encore plus difficile pour le compositeur qui n'a pas suivi la voie officielle ou qui manifeste jusque dans son œuvre une opposition au régime. À cet égard, le cas de Lalo est typique. En 1866, le musicien entreprend d'écrire un opéra, *Fiesque*, d'après *Die Verschwörung des Fiesco zu Genua* (1784) de Schiller. Le sujet, qui met en scène le renversement d'un tyran, est accordé à la résistance que les républicains opposent au Second Empire. Le concours d'opéras ouvert par le gouvernement impérial pour les trois théâtres lyriques subventionnés – Opéra, Opéra-Comique, Théâtre-Lyrique – le 1er août 1867 est une aubaine pour Lalo. Il présente *Fiesque*, soutenu par un réseau dont le leader n'est autre que le librettiste de l'ouvrage, Charles Beauquier. *Fiesque* n'obtient pas le premier prix (l'œuvre ne sera créée qu'au XXIe siècle[27]). Une polémique éclate dans la presse qui met en cause l'impartialité du jury. On pourrait penser que, la République proclamée, Lalo trouve un accès plus aisé à la scène. Il n'en est rien. *Le Roi d'Ys* (OC, 1888), mis en chantier en 1875, ne sera inscrit à l'affiche de l'Opéra-Comique que treize ans plus tard. Le réseau qui s'est constitué, avec les relais des salons, pour aider Lalo à parvenir à ce résultat réunit pourtant des représentants notables de la peinture – Alfred Roll –, de la littérature – Juliette Adam –, de la musique – Gounod –, de la presse – Johannès Weber, critique musical au *Temps* –, de l'édition – Georges Hartmann –, du milieu politique – Auguste Scheurer-Kestner, vice-président du Sénat et son épouse à qui la partition est dédiée.

De même que le compositeur, le chanteur ou la chanteuse doit bénéficier de diverses médiations pour accéder à la scène. Parmi d'autres, « les débuts de Marie Delna illustrent de manière éclatante la manière dont fonctionnent les réseaux et comment cette chaîne des salons peut contribuer à promouvoir avec efficacité un jeune talent[28] ». Delna, issue de la classe ouvrière, est employée dans une auberge où elle a coutume de chanter en travaillant. Elle est remarquée par un convive, le peintre Eugène Baudouin. Conduite par lui dans le salon d'Aline Ménard-Dorian, la jeune fille y chante pour la première fois. Formée par Rosine Laborde, elle se produit dans d'autres salons dont celui d'Alphonse Daudet où Jules Massenet l'entend. Enthousiaste, il lui confie le rôle de Charlotte pour la création parisienne de *Werther* (OC, 1893).

Les salons ont une fonction d'autant plus importante dans l'art lyrique au XIXe siècle qu'ils établissent le lien entre l'espace privé et l'espace public. Ils n'occupent pas tous dans l'activité des réseaux une fonction stratégique directe. Cependant la musique étant l'ornement de la sociabilité mondaine, le salon, tel celui de l'avocat Pierre-Antoine Berryer, contribue à ce qu'un musicien – Rossini sous la Restauration ou Meyerbeer sous la monarchie de Juillet – acquière rapidement la célébrité, et que se développe un courant esthétique comme le wagnérisme dans la seconde moitié du siècle. Les salons qui se mêlent d'opéra peuvent trouver à le cultiver un moyen d'affirmer l'appartenance politique du groupe social qui les crée. Ainsi, l'action promotionnelle menée par ceux du faubourg Saint-Germain est un moyen pour l'aristocratie légitimiste de s'imposer par rapport au pouvoir en place qui la néglige, qu'il s'agisse de la monarchie de Juillet ou du Second Empire. Ces salons se distinguent de ceux du quartier de la Chaussée d'Antin ouverts par la bourgeoisie d'affaires. Quelques-uns d'entre eux, le salon de la comtesse Merlin, de Mme Orfila ou de Mme Trélat, sont des antichambres de l'Opéra. Non content d'offrir un tremplin à des débutants, ces salonnières, elles-mêmes cantatrices amateures, au-delà des mondanités, savent conseiller les jeunes chanteurs. Des salons musicaux sont tenus également par des professionnels de la musique, compositeurs (Rossini), chanteurs (Jean-Baptiste Faure) ou éditeurs (Hartmann, entre autres).

Le réseau artistique fonctionne dans un sens différent selon son point d'origine. Il se déploie à partir du projet de l'œuvre pour convaincre les instances lyriques de le concrétiser, ou bien il est créé par le désir que le pouvoir éprouve d'intervenir à un stade ou à un autre de la création lyrique. Ainsi le gouvernant – Napoléon Ier par exemple (cf. 4.1) – est parfois le premier amateur. S'il ne l'est pas, son ambition d'être le protecteur des arts le conduit à exercer une volonté directrice sur la création elle-même ou à laisser à un proche la tâche de réaliser ses vœux en matière de protection et de mécénat. De ce point de vue, le rôle tenu par la princesse Mathilde, nièce de Napoléon III, est exemplaire : elle a raison des Comédiens-Français afin que le Théâtre-Lyrique représente *Le Médecin malgré lui* (1858) de Gounod[29] et elle encourage le ténor Gilbert Duprez à se faire compositeur. Il lui dédie son opéra *Jeanne d'Arc* (Théâtre-Parisien, 1865).

Au cours du siècle, une figure va prendre de l'importance dans les réseaux qui innervent le milieu lyrique parisien, celle de l'agent artistique. Il sert les intérêts d'un compositeur, tel Louis Gouin à l'égard de Meyerbeer, ou promeut la carrière d'un chanteur ou d'une chanteuse, tel Bernard Ullman celle d'Adelina Patti.

D'obstacles en opportunités, on le constate, la réalité de l'ouvrage lyrique est loin de se limiter à la matérialité d'une partition. Elle est faite de divers éléments qui tiennent à l'usage, aux pratiques qu'elle induit, au goût qu'elle forme, aux idées qu'elle agite et qui s'incorporent à son histoire.

2.5 LA CARRIÈRE DE CHANTEUR
Pierre Girod et Kimberly White

Comment devient-on chanteur ? Le ténor Gilbert Duprez ne dut sa première éducation musicale, celle qui le conduisit jusqu'au Conservatoire, qu'au hasard par lequel son voisin de palier rue Saint-Denis se trouvait être violoniste à l'Opéra[1]. Le salon des parents du soprano Anna de La Grange voyait défiler les plus grands musiciens du temps, si bien qu'à peine l'enfant tint-elle debout qu'elle étudiait déjà le piano ; confiée aux soins du célèbre pédagogue Marco Bordogni à l'âge de 14 ans, elle fit alors les beaux soirs de l'hôtel de Castellane puis débuta publiquement un an plus tard dans une création, sans même être passée par le Conservatoire[2]. Lorsqu'elle se résolut à faire du chant son métier, elle alla se perfectionner à Milan… c'est ainsi qu'elle devint directrice du théâtre italien de New-York[3] ! Jean-Baptiste Faure lui-même note que beaucoup des meilleurs chanteurs de son temps étaient plutôt des enfants de la balle[4]. Les dynasties furent en effet fréquentes en ce siècle : songeons à Manuel Garcia et à ses trois enfants, Maria, Pauline, et Manuel fils, dont deux ont été des interprètes de premier plan et deux sont devenus des professeurs de chant renommés. Au XIXe siècle, l'apprentissage des rudiments ne pouvait plus se faire dans les maîtrises, qui n'avaient pas survécu à la Révolution. L'existence des familles de musiciens assurait en partie la transmission des traditions vocales et gestuelles du répertoire de génération en génération mais, pour chaque individu, faire du chant son métier passait par différentes étapes, de la recherche d'un premier professeur aux adieux à la scène.

Profil des aspirants et formation initiale

Cultivateur à Chapponneau, Louis Gueymard devint 1er ténor de l'Opéra… mais ce fut plutôt une exception. Les chanteurs lyriques étaient habituellement issus de la petite bourgeoisie ou d'un milieu d'artistes-musiciens. Le métier exige non seulement une formation musicale approfondie, mais aussi des connaissances littéraires et historiques ainsi que la maîtrise de langues étrangères, une éducation que les familles les plus modestes ne pouvaient que difficilement fournir. Les chanteurs lyriques étaient rarement issus de la haute bourgeoisie ou de l'aristocratie, pour des raisons de convenances sociales. Ainsi, Mario de Candia, ténor italien issu de la noblesse, renonça à son nom de famille pour ses débuts à l'Opéra en 1838 et accepta de ne jamais se produire sur la scène publique en Italie[5]. Cependant, la musique était considérée par la société du XIXe siècle comme un atout indispensable pour les jeunes filles de la bourgeoisie ; aussi, les femmes issues de ce milieu recevaient en général une excellente éducation musicale, dont certaines surent tirer profit en cas de revers de fortune. Delphine Ugalde étudia d'abord le piano et le chant avec sa mère, Anne-Sophie Porro, fille du guitariste Pierre-Jean Porro et également musicienne, qui voyait leur formation musicale comme une protection contre un avenir incertain : « Nous piochions donc ferme la musique à la campagne comme à Paris », écrit Ugalde, « car notre mère ne perdait pas de vue que nous pouvions un jour devenir de vrais artistes, et avoir à nous servir de nos talents »[6]. En pareille extrémité, le métier peut aussi s'apprendre sur les planches : c'est ce que fit la poétesse Marceline Desbordes-Valmore, et cela la mena jusqu'à la scène de l'Opéra-Comique[7]. Dans la plupart des cas, on s'adressait tout de même à des professeurs et l'on tentait sa chance au Conservatoire, à Paris ou, pour les provinciaux, dans une de ses succursales, à Lille, Toulouse, Metz, Marseille, Dijon ou Nantes, avant de rejoindre la capitale.

Deux tiers des aspirants échouaient au concours d'entrée. Limite d'âge, manque de protection, faiblesse en déchiffrage, trac, les raisons en peuvent être assez variées. Certains refusés firent tout de même de belles carrières, à l'instar du fameux Trial Jean-François Berthellier[8], et l'on pouvait apprendre le métier ailleurs. Paris comptait ainsi plusieurs écoles de chant privées tenues par des chanteurs-pédagogues, comme l'École lyrique de Théodore-François Moreau-Sainti, ouverte en 1843, ou l'École spéciale de chant de Duprez père puis fils, ouverte en 1853, où se forma Adèle Isaac[9], la créatrice des principaux rôles féminins des *Contes d'Hoffmann* d'Offenbach. Il y avait plus de cent professeurs de chant et de musique vocale à Paris en 1830-1831 ; cependant, les leçons (en groupes non mixtes) étaient coûteuses et donc abordables uniquement pour les familles les plus aisées[10]. Amenée à Paris par ses parents pour poursuivre sa formation vocale, Hortenzy de Paun vit ses ressources rapidement épuisées par des leçons avec Bordogni, qui coûtaient au moins 45 F par mois[11]. Bordogni enseignait en même temps au Conservatoire, où le temps de cours de vocalisation par élève était très insuffisant pour former la voix des commençants : à peine vingt heures par an[12] complétées, si l'on avait de la chance, par des séances avec un répétiteur choisi parmi les grands élèves de la classe[13]. Il fallait donc recourir aux leçons privées. Si le professeur était bon, on pouvait conclure un traité avec lui, et lui céder un pourcentage des futurs cachets[14] ; s'il était mauvais, on se tournait vers d'autres pédagogues en dehors de la structure[15]. D'autres raisons faisaient du Conservatoire la voie royale vers une carrière de soliste. L'institution fut fondée pour prendre le relais de l'École royale de chant et de déclamation (1784-1795), qui formait des interprètes pour l'Opéra. Une fois admis sur concours, les élèves y suivaient des cours de solfège, de chant, de déclamation lyrique, de morceaux d'ensemble et d'étude des rôles. Le pensionnat pour les hommes acceptait une dizaine de jeunes chanteurs, qui recevaient en sus des cours d'italien, d'histoire, de géographie et de danse ; le pensionnat pour les femmes, ouvert en 1823, fut rapidement remplacé par des bourses d'élèves externes. Pour celles et ceux qui arrivaient de province, la classe de lecture à haute voix, qui visait à corriger la prononciation des étudiants, les débarrassait notamment de leur accent régional. Si leur formation préalable manquait de solidité, les choristes des théâtres parisiens pouvaient bénéficier de cours dans la classe d'Édouard Batiste au Conservatoire[16] et combler une partie de leurs lacunes musicales. Leur expérience de la scène et l'observation assidue des grands artistes avec qui ils la partageaient complétaient les rudiments qui devaient les rendre autonomes. Ainsi, le ténor Alexandre Grognet commença sa carrière dans les chœurs de l'Opéra-Comique puis de l'Opéra[17] ; lorsqu'il débuta à Brest dans le rôle éponyme de *Robert le Diable* de Meyerbeer, on put « s'apercevoir qu'il apportait une excellente méthode et de précieuses traditions[18] ».

Se faire connaître et réussir ses débuts

La remise des prix du Conservatoire de Paris devint un évènement très médiatisé, couvert en détail par la presse générale et musicale. Évalué par des jurys prestigieux composés de chefs d'orchestre, compositeurs et professeurs de musique, le concours permettait aux concurrents de se faire connaître auprès du public et du monde musical. Un prix au concours pouvait procurer des opportunités d'engagement dans les théâtres lyriques de la capitale : le 1er Prix donnait notamment droit à un début à l'Opéra-Comique. Même durant leur période de formation, des exercices des élèves[19] offraient aux chanteurs une occasion de se produire sur scène et, surtout, de se faire connaître auprès du public. Emma Albani[20] fit ses premiers essais en public dans le cadre des exercices de l'école Duprez. On peut aussi songer aux prestations dans les cérémonies religieuses[21] ou aux représentations d'opéra de salon (cf. 10.4), qui permirent par exemple de repérer Marie Battu[22]. Pour les personnes venant de l'étranger ou des départements, il était important de bénéficier de recommandations et de protections : l'éditeur de musique Léopold Heugel aurait présenté Christine Nilsson, alors inconnue, à Ambroise Thomas qui ne trouvait pas son Ophélie[23] ; Jean-Jacques Masset fit écouter une de ses élèves à Halévy, Meyerbeer et Habeneck pour évaluation de son potentiel[24] ; Louis-Alphonse Holtzem relança sa carrière par le truchement d'un agent dramatique qui le poussa à auditionner à l'Opéra-Comique[25]. On pouvait aussi se faire connaître par le biais d'événements publics, comme Marie Recio qui organisa des concerts privés à son domicile puis salle Herz[26]. Le parcours de cette cantatrice nous indique également que pour débuter à l'Opéra, à défaut de détenir un 1er Prix de déclamation lyrique, il était possible de compter sur l'appui d'un admirateur haut-placé – Berlioz, dans son cas.

Une fois prêt et repéré, l'artiste doit faire ses preuves sur scène, en interprétant successivement trois rôles emblématiques de son emploi (cf. 2.6), avec le concours de la troupe du théâtre qu'il souhaite intégrer. Les débuts de Cornélie Falcon à l'Opéra en 1832 réunissaient tous les ingrédients d'un succès garanti. Couronnée par deux 1ers Prix du Conservatoire en 1831, la jeune Falcon (âgée de 18 ans) fut rapidement engagée par le directeur, Louis Véron. Elle reçut à cette occasion des conseils de son ancien professeur et futur collègue, le ténor Adolphe Nourrit, sur le rôle d'Alice de *Robert le Diable* de Meyerbeer, et ses débuts furent appuyés par la rentrée des premiers sujets, Nicolas-Prosper Levasseur et Laure Cinti-Damoreau. Afin de piquer la curiosité du public, Véron glissa des annonces dans la presse, plus de six semaines avant le premier début de Falcon, annonçant l'arrivée d'une nouvelle étoile à l'Opéra. Un tel soutien de l'administration était plutôt l'exception : il était de la responsabilité du chanteur de chercher l'appui du public et de la presse. Selon Véron, les débutants payaient la claque (cf. 12.4) à hauteur de leur aspiration au succès[27]. Catinka Heinefetter, qui ne bénéficiait pas de son appui, rassembla ainsi sa propre claque pour ses débuts en 1841[28]. Des rivalités avec la première chanteuse, Rosine Stoltz, étaient probablement la cause de ce manque de soutien de la part de l'administration de l'Opéra. De plus, les visites de politesse aux journalistes étaient de rigueur. Bon camarade, Hermann-Léon accompagna la débutante Ugalde lors de ces visites pour solliciter la bienveillance de certains critiques influents[29]. Ce rituel s'avérait aussi pénible pour les chanteurs que pour les critiques : Berlioz déplora le fait que sa plume fût achetée « pour toutes les plaies honteuses de l'art musical[30] ». En partageant la scène avec elles, Duprez protégea la rentrée de Nathan-Treillet en 1841, lança la carrière de Miolan-Carvalho en 1848 ainsi que celle de sa propre fille, Caroline Duprez, en 1851, alors qu'il ne chantait pratiquement plus.

Durer dans la troupe

L'organisation administrative d'un théâtre avait une influence profonde sur la carrière des chanteurs – à commencer par sa durée. Chaque théâtre déterminait des règlements pour l'engagement des artistes, la négociation des contrats, la hiérarchie au sein de la troupe et les opportunités d'avancement, ainsi que tout ce qui touchait à la vie quotidienne d'un chanteur (le choix de répertoire, la distribution des rôles, le rythme des répétitions, etc.). Pendant la Restauration, les artistes de l'Opéra et de l'Opéra-Comique jouissaient de contrats longs, de cinq à quinze ans et plus, selon la place occupée par le chanteur dans la hiérarchie. Avec la dissolution de la société de l'Opéra-Comique en 1828 et les changements administratifs à l'Opéra en 1831, ces contrats furent abandonnés au profit d'engagements plus courts, allant d'un an à cinq ans. De plus, sous le régime de la régie, le nombre de postes devint de plus en plus variable (surnombre, débuts multiples, etc.)[31]. Les premiers sujets arrivaient pourtant à négocier des contrats intéressants, avec des salaires élevés, un répertoire bien défini, des congés pour partir en tournée à l'étranger ou en province. Les salaires pour les chanteurs lyriques augmentèrent au long du siècle, pour atteindre 100 000 F par an pour certaines étoiles de la troupe à l'Opéra : vers 1879, par exemple, le baryton Victor Maurel gagnait 90 000 F et le soprano Gabrielle Krauss 100 000 F par an[32] (cf. 11.3). Les artistes de second plan ne jouissaient pas de ces avantages et risquaient de voir leur contrat résilié après un an par le directeur. Leur traitement atteignait tout juste un tiers de celui des premiers sujets, et les chanteurs en bas de l'échelle recevaient un salaire à peine plus élevé que celui des choristes[33]. Les contrats plus courts favorisaient la mobilité d'une scène à l'autre. Certains chanteurs arrivaient à rallonger leur carrière, ou même à la relancer, en exploitant d'autres marchés. Anna Widemann commença sa carrière dans le chœur de l'Opéra pour la création des *Huguenots* en 1836 ; l'année suivante, elle fit ses débuts et décrocha un contrat de cinq ans. Mezzo-soprano de second plan, elle ne tint que des rôles secondaires. N'entrevoyant plus de possibilité de promotion au sein de la troupe, elle partit en province où elle se vit confier des rôles principaux. Elle fut engagée comme « première forte chanteuse contralto » au Théâtre de la Monnaie en 1850-1851 et y joua le rôle de Fidès du *Prophète* de Meyerbeer. Après une tournée aux États-Unis en 1852, elle revint en France pour terminer sa carrière en chantant principalement dans les concerts[34]. Une stratégie de plus en plus valable au fil du siècle consistait à aller roder ses rôles en province, puis à revenir tout auréolé de sa réputation à la capitale pour y décrocher directement un gros contrat.

« Foyer des artistes de l'Opéra [...] sous l'ancienne direction », *L'Illustration*, 11 sept. 1847, p. 21. Assis (de gauche à droite) : Ferdinand Prévost, Mme Rossi-Caccia, Mme Stoltz (de profil), Mlle Nau, Barroilhet, Bettini ; Debout : Mlle Pretti, Hennelle, Mlle de Roissy, Koenig, Brémont (avec un chapeau), Mlle d'Halbert, Mlle Dameron, Duprez (seul au centre), Paulin, Gardoni, Bessin, Mlle Moisson, Serda (en armure), Anconi, Dufresne, Portheault.

La carrière la plus brillante se révélait par la création de rôles, ce qui contribuait parfois à faire évoluer un emploi. Jean-Baptiste Chollet fut engagé en 1825 pour remplacer Jean-Blaise Martin afin d'assurer la continuité des rôles que ce dernier avait créés à l'Opéra-Comique (cf. encadrés). Vers 1830, Chollet développa son propre emploi avec des créations qui mettaient en valeur ses talents et sa voix aiguë – un emploi qui garantit sa place dans le répertoire du théâtre jusqu'en 1847[35]. Grisar lui dédie en 1839 le chant-piano conducteur des *Travestissements* sur la première de couverture[36], un peu comme on le faisait habituellement pour un morceau séparé ou une romance de salon en indiquant « chantée par... ». Ces mentions publicitaires ou honorifiques étaient une des marques de la notoriété des interprètes. Le système des emplois en place à l'Opéra-Comique ainsi que dans les théâtres lyriques en province (cf. 1.6, 2.6) permit aux chanteuses de mener des carrières de longue durée, car elles pouvaient changer d'emploi selon leur âge et l'état de leur voix. Marie-Virginie Casimir commença sa carrière à l'Opéra-Comique dans les années 1820 dans les emplois de première chanteuse et première Dugazon ; vingt ans plus tard, elle bascula vers l'emploi des duègnes. Dans les années 1860, elle participa aux reprises de l'ancien répertoire à l'Opéra-Comique, dont *Les Méprises par ressemblance* de Grétry et *Les Voitures versées* de Boieldieu. De nombreux artistes de l'Opéra-Comique firent de longues carrières malgré des répétitions presque quotidiennes ainsi qu'une moyenne de 18 représentations par mois dans la première moitié du XIXe siècle[37]. Les premiers sujets d'opéra, en revanche, voyaient souvent leur carrière écourtée à cause de la fatigue vocale entraînée par les exigences du genre. Après ses débuts fulgurants, Falcon perdit sa voix en moins de six ans et abandonna l'Opéra. Afin de conserver leur voix le plus longtemps possible, les premiers sujets limitaient généralement à deux par semaine les représentations de grand opéra. Le contrat de Julie Dorus-Gras à l'Opéra lui assurait 9 représentations par mois, payées en feux[38], mais elle chanta rarement autant : pendant la saison théâtrale 1844-1845, elle ne donna que 64 représentations[39].

La réalité la plus courante en province était un engagement pour la saison, dans le meilleur cas – c'est-à-dire si la direction ne faisait pas faillite avant le terme du contrat. Pour Gustave-François Vitras, dit Sujol, sorti prématurément du Conservatoire à 26 ans pour accepter un engagement à Toulouse[40] et renonçant du même coup à débuter à l'Opéra-Comique, l'année 1853 marqua un bref retour à Paris avec *Le Barbier de Séville* et *Le Colin-Maillard* au Théâtre-Lyrique. On le retrouva ensuite en troupe à Liège, Nantes, Bordeaux, Marseille, Anvers, Amiens, Nîmes, Lyon, le Havre, au Déjazet et au Beaumarchais à Paris, à Liège à nouveau en 1874, puis à Rouen[41]. Que ce soit pour ce type de carrière éclatée géographiquement ou dans le cas de tournées d'artistes des troupes parisiennes, il était primordial de faire annoncer dans la presse nationale les succès remportés en province[42] et à l'étranger pour favoriser de futurs engagements et préparer sa « rentrée » sur les théâtres de la capitale.

Malgré la place centrale des cantatrices dans les opéras, la présence des femmes sur la scène publique entrait difficilement dans les mœurs bourgeoises de l'époque[43](cf. 21.3). Des pamphlets contre les actrices et les chanteuses circulèrent, telle la *Lettre à d'Alembert* (1758) de Rousseau, notamment sous la forme de nouvelles publiées dans la presse musicale[44]. Le mariage était, pour une cantatrice, un moyen de se protéger ; cependant, il pouvait aussi mettre un terme à sa carrière. Le choix de se marier à l'intérieur du milieu des musiciens et des artistes restait la meilleure option pour celles souhaitant poursuivre leur carrière. Laure Cinti épousa ainsi Charles Damoreau, ténor de second ordre, en 1827 (cf. encadré) ; la cantatrice poursuivit une carrière brillante sur les trois scènes principales à Paris, tandis que Damoreau resta dans l'ombre de sa femme ; ils se séparèrent en 1834. Léon Carvalho abandonna sa carrière de chanteur suite à son mariage avec la soprano Caroline Félix-Miolan (Miolan-Carvalho) pour prendre la direction du Théâtre-Lyrique en 1856, un poste qui lui permit de soutenir la carrière de sa femme[45] (cf. encadré). Des aspirations de mobilité sociale, réalisées par un mariage aristocratique, mettaient le plus souvent fin à une carrière artistique. Sophie Cruvelli, mezzo-soprano qui chantait l'emploi des Falcon à l'Opéra en 1855, prit sa retraite suite à son mariage avec le baron Vigier. Nilsson réussit à poursuivre sa carrière internationale après son mariage avec un banquier, Auguste Rouzaud ; cependant, elle dut limiter ses prestations à Paris et éviter les rôles travestis[46].

Le crépuscule et l'aube nouvelle

En 1839, Édouard Monnais s'interrogeait : « Dites-moi ce que c'est qu'un larynx, qui ne peut plus servir à rien ? Qu'est-ce qu'un chanteur, qui ne peut plus chanter[47] ? » Les *Souvenirs d'un chanteur* de Duprez[48], publiés une quarantaine d'années plus tard, tentèrent de répondre à sa question, en dévoilant les rôles variés des chanteurs hors de scène, comme parent, collègue, compositeur, professeur, directeur d'école de chant et mécène, parmi d'autres.

Il était prévu qu'au terme d'un contrat ou d'un certain nombre d'années de service, le théâtre mette à disposition sa salle pour une représentation au bénéfice de l'artiste qui s'en allait, ses collègues lui prêtant gracieusement leur concours pour une soirée généralement composée d'extraits d'ouvrages très divers. La recette, amputée des frais, servait alors de pension de retraite. En théorie, les employés de l'Opéra pouvaient continuer à toucher la moitié de leur salaire au bout de 20 à 25 ans de service, mais ces conditions étant rarement réunies et les directions toujours changeantes, même un artiste de premier plan comme Louis Nourrit peina à faire valoir ses droits[49]. Les sociétés d'artistes organisaient également des événements pour porter secours aux gloires passées sombrant dans le dénuement, mais la fragilité de ces systèmes d'entraide rendait préférable l'épargne.

La reconversion offrait encore une autre issue. À la suite d'un dernier succès dans *Le Droit du seigneur* de Léon Vasseur aux Fantaisies-Parisiennes en 1878, Sujol quitta subitement la carrière du chant. Ayant toujours conservé une petite voix bien adaptée à l'ancien répertoire, il s'effaça tout naturellement lorsqu'on ne chercha plus de ténor léger à l'ancienne, et termina sa carrière comme « financier » à l'Odéon[50]. Son fils, ténor également, devint professeur au Conservatoire[51]. L'enseignement permettait aux chanteurs de transmettre leur expérience à la génération suivante. Cinti-Damoreau, la première femme engagée comme professeur de chant au Conservatoire de Paris (de 1833 à 1856), publia deux méthodes[52] et forma plusieurs chanteuses qui firent ensuite carrière sur scène, telles Dolorès Nau, Louise Lavoye et Marie de Cussy (Mme Potier). Cette dernière, après une dizaine d'années sur la scène de l'Opéra-Comique, quitta le théâtre en 1847 pour rejoindre son ancienne professeure au Conservatoire comme professeur-adjoint. Mlle Nau, quant à elle, succéda à son professeur à l'Opéra. Engagée sur cette scène en 1836, elle partagea avec Dorus-Gras l'emploi de Cinti-Damoreau jusqu'aux années 1850 puis se consacra à soutenir la carrière de sa fille Pauline, qui fit ses débuts au côté d'Adelina Patti à Londres en 1867.

2.6 Emplois et tessitures

Olivier Bara et Pierre Girod

Comment se faire une idée, sans support enregistré, des voix aujourd'hui disparues et, plus globalement, de l'art concret du chanteur d'opéra devant jouer un rôle ? Deux notions doivent être examinées qui définissent le profil des chanteurs à la fois comme personnage et comme voix : les emplois et les tessitures.

Chant et fonction dramatique : les emplois (O. Bara)

La dramaturgie lyrique au XIXe siècle ne saurait être envisagée sans la prise en compte du système des emplois. Doit être observée l'influence réciproque de la troupe des chanteurs, organisée selon une grille d'emplois, sur le répertoire et du répertoire sur la troupe. Bien des évolutions de l'opéra et de l'opéra-comique peuvent se comprendre à partir de la dialectique où s'opposent forces individuelles (créations singulières ou interprètes singuliers) et logiques collectives (configurations récurrentes de la troupe selon les mêmes emplois). Par quels liens les chanteurs attachés à une institution en une période donnée orientent-ils en amont la naissance des œuvres ? La constitution d'une troupe, avec ses emplois consacrés pour la plupart depuis le second XVIIIe siècle, exerce un puissant déterminisme sur l'écriture du livret et de la partition ; elle constitue même, à première vue, une force de conservation, s'opposant à toute innovation esthétique radicale et assurant la reprise aisée des œuvres par les troupes de province ou de l'étranger (cf. 1.6). Comment les librettistes et les compositeurs usent-ils de ce matériau vocal et de ces caractères dramatiques tout faits, lesquels présupposent un schéma actantiel presque immuable et des fonctions théâtrales reconductibles d'œuvre en œuvre ? Comment se produit l'échange, sans doute fécond, entre les types interprétatifs préexistants chez les chanteurs de la troupe et les suggestions artistiques des auteurs ? Une œuvre singulière ne propose-t-elle pas un déplacement des emplois, favorisant la naissance d'une nouvelle configuration dramatico-vocale et de nouveaux codes interprétatifs ? Il convient toutefois de prendre en compte, durant le siècle, l'affirmation individualiste de la vedette et la naissance du *star system* (cf. 11.3).

L'emploi désigne une « classe de rôles affectée à chaque acteur ou actrice, par les dispositions de son engagement[1] ». Nouvellement arrivé dans une troupe, pour une saison lyrique, le chanteur doit contractuellement remplir un emploi donné, selon un degré d'appropriation variable. En fonction de son talent ou de son ancienneté, il sera « chef d'emploi », aura un emploi « en chef et sans partage » ou « en chef et en partage », sera doublure ou remplaçant. L'emploi se définit par la combinaison souple de plusieurs critères, vocaux, physiques et dramatiques : « On appelle *emploi* toute une catégorie de rôles se rattachant à un genre spécial, et exigeant, au point de vue de la voix, du physique, du jeu scénique, certaines aptitudes, certaines facultés qui sont le propre de tel individu et qui le rendent particulièrement apte à remplir cet emploi[2]. » Arthur Pougin, auteur de cette définition, a le mérite de préciser l'un des fondements du régime des emplois, au-delà de l'économie interne des troupes théâtrales : la diffusion en province des œuvres créées à Paris et le nécessaire repérage, par la mention des emplois correspondants en regard des listes de personnages, des qualités interprétatives requises. Un mélange de fixité et de ductilité caractérise le régime des emplois, pris dans une double contrainte : d'un côté, la conservation et la diffusion de modèles dramatiques et vocaux établis par un interprète, généralement dans la capitale, de l'autre, l'ajustement et le renouvellement des troupes, du répertoire et des modèles interprétatifs, liés en partie à la créativité propre aux artistes d'exception.

Les emplois sont souvent désignés par antonomase : par le nom propre d'un interprète illustre devenu un nom commun. On distingue alors les Elleviou des Martin, les Laruette des Trial, les Dugazon des Falcon. Ainsi se présente la troupe de l'Opéra-Comique pour l'année 1830 :

> M. Ponchard (Louis-Antoine-Eléonore) : première haute-contre, Elleviou
> M. Lemonnier (Louis-Augustin) : première haute-contre, Elleviou, rôles de personnages amoureux
> M. Moreau-Sainti (Théodore-François) : premier ténor, Elleviou, Ponchard
> M. Thianni (Louis-Charles) : les ténors et les Colins
> M. Huet (Louis-Auguste) : les oncles, les pères et les Philippe
> M. Chollet (Jean-Baptiste-Marie) : les Martin et les autres
> M. Tilly (Nicolas-Auguste-Didier) : les Martin et les premiers comiques
> M. Féréol (Louis Second) : les Trial, Lesage, Moreau, Laruette
> Mme Lemonnier : mère Dugazon, mères Noblet
> Mme Rigault : les amoureuses et premières chanteuses
> Mme Pradher : premières amoureuses sans roulades, Gavaudan, paysannes et travestis
> Mme Casimir (Marie-Virginie) : première chanteuse, première Dugazon, les rôles de première chanteuse de Mme Boulanger.
> Mme Colon mère : les duègnes[3].

La même année est créé *Fra Diavolo*, appelé à devenir l'un des piliers du répertoire. Comme il est habituel de faire, la page de distribution du chant-piano éditée par Troupenas spécifie pour chaque personnage le créateur qui, ainsi, marque de façon indélébile le rôle : Fra Diavolo est créé par Chollet, Lord Kokbourg par Féréol, Pamela par Mme Boulanger (qui va céder sa place), etc. Tout emploi apparaît bien comme une notion complexe, située au croisement du personnage et de la personne du comédien. Il résulte de l'articulation de critères hétérogènes et complémentaires à la fois :

- la qualité sociale des personnages-types (paysannes)
- la fonction dramatique dans le schéma actantiel : rôle de sujet ou d'objet, d'opposant ou d'adjuvant (amoureux, amoureuse, père, oncle, duègne)

- la particularité du costume (travesti, à corset, à tablier)
- la particularité physique ou l'âge du rôle (amoureux *versus* pères ; amoureuses *versus* duègnes)
- le type de personnages, identifié par son nom générique (les Colins, amoureux d'opéra-comique)
- le nom de l'interprète ayant fixé tel emploi et sédimentant autour de ce nom des traits précédents (les Trial, les Laruette, les Martin, les Elleviou, les Ponchard, les Dugazon)
- l'âge de cet interprète de référence (première Dugazon, forte Dugazon, mère Dugazon)
- les caractéristiques vocales et tessitures (haute-contre, ténor, chanteuse à roulades, sans roulades)
- le rang dans la troupe (en chef, premier ténor, premier comique, en partage, en double).

L'appartenance à un emploi dépend des déplacements et des rencontres sur un axe syntagmatique : un artiste d'opéra-comique apte à remplir la fonction d'amoureux, portant avantageusement le costume militaire, excellent chanteur dans une tessiture aiguë pourra être « premier Elleviou » ou « Ponchard ». Un ténor à la voix faible ou nasillarde, sans charme physique, figurant volontiers les paysans naïfs et apte à faire rire fera un excellent « Trial ».

Permanences et émergences (O. Bara)

Plusieurs emplois issus du XVIIIe perdurent pendant le siècle suivant et témoignent de la permanence de configurations dramatiques et vocales au sein des répertoires comme des créations. L'emploi de Dugazon est forgé sur le nom de Louise Dugazon qui fit ses débuts, encore adolescente, dans *Lucile* (CI, 1769) de Grétry et ses adieux en 1804. Créatrice d'une soixantaine de rôles, elle impose les personnages de soubrettes, de paysannes et les rôles dits « à corset », fondés sur l'étroitesse de la taille. Sa création la plus célèbre est *Nina ou la Folle par amour* (Favart, 1786) de Dalayrac où son talent dramatique apparaît supérieur à sa technique vocale. L'emploi de Dugazon désigne alors un second soprano sans roulades ou une mezzo-soprano légère, apte à remplir les emplois travestis comme Siebel dans *Faust* (TL, 1859) de Gounod. La Dugazon est soit une soprano dramatiquement secondaire mais possédant de la présence scénique, soit une soprano sans aigus et sans grande souplesse vocale : Marie Julie Boulanger, créatrice de Jenny dans *La Dame blanche* (OC, 1825) de Boieldieu ; Célestine Galli-Marié, créatrice de *Mignon* (TL, 1866) de Thomas et de *Carmen* (OC, 1875) de Bizet. Le Trial est l'un de ces emplois qui, d'une part, confèrent au genre de l'opéra-comique sa continuité formelle et esthétique à travers les générations, et, d'autre part, l'ancrent dans une tradition *comique* ancienne. L'emploi est intimement lié aux caractéristiques interprétatives, physiques ou vocales d'Antoine Trial, créateur du rôle comique d'Ali dans *Zémire et Azor* (Fontainebleau, 1771) de Grétry. Le Trial se définit ainsi : « ténor à voix un peu étriquée et au timbre nasal, spécialiste en son temps de rôles comiques ou de personnages populaires (Bertrand dans *Le Déserteur* de Monsigny, 1769, ou Ali dans *Zémire et Azor* de Grétry, 1771), le terme désigne depuis un chanteur présentant ces caractéristiques vocales, ainsi que les rôles correspondants : dans *Les Contes d'Hoffmann* d'Offenbach (1881), les rôles de serviteurs, en particulier Cochenille à l'acte I, ou Franz [...] ; dans *Werther* de Massenet (1892), le personnage de Schmidt ; dans *L'Heure espagnole* de Ravel (1911), celui de l'horloger Torquemada[4]... » Le Trial joue les serviteurs paresseux et les paysans simplets, remplit souvent la fonction d'adjuvant des personnages principaux ; il porte la livrée ou l'habit de la campagne, ne possède aucunement le charme du premier ténor amoureux ; la faiblesse de sa voix, sa technique élémentaire, son extension limitée le cantonnent dans les ensembles ou, pour les *soli*, dans les formes simples des couplets d'écriture syllabique. Il doit posséder dans son bagage dramatique et dans son langage pantomimique ou vocal l'expression bouffonne de la peur afin d'assurer les scènes topiques attachées à son emploi. S'explique ainsi la permanence de l'expression de la peur dans une série d'opéras-comiques jouant avec le fantastique dans le premier XIXe siècle, de *Camille ou le Souterrain* (Favart, 1791) de Dalayrac au *Pardon de Ploërmel* (OC, 1859) de Meyerbeer, en passant par *Zampa* (OC, 1831) d'Herold ou *Cagliostro* (OC, 1844) d'Adam.

L'un des emplois les plus célèbres et les plus durables est le Martin, ou baryton Martin, né avec le XIXe siècle (cf. encadré). Jean-Blaise Martin en est le créateur à travers des œuvres de Dalayrac (Dermont dans *Maison à vendre*, Favart, 1800), ou de Nicolò avec le rôle-titre de *Joconde* (OC, 1814). Si le « Martin » se distingue au début dans les rôles dramatiques de valets rusés, il impose surtout une configuration vocale fondée sur la légèreté de la voix de baryton que l'on retrouvera jusque dans *Pelléas et Mélisande* (OC, 1902) de Debussy. À l'origine, le Martin est inséparable de l'Elleviou, emploi créé par Jean Elleviou (cf. t. 1, encadré). Ce ténor nourrit le répertoire de l'opéra-comique à partir de Thermidor de figures de jeunes fous et de séduisants étourdis. L'acte de naissance de son emploi est *Le Prisonnier* (Favart, 1798) de Della Maria. Le personnage de Blinval y est un jeune et fringant officier emprisonné à la suite de ses frasques, trompant ses gardiens grâce à un passage secret : il peut se glisser dans la maison voisine, se faire passer pour un autre officier venu épouser la mère de ce logis et séduire en même temps la jeune maîtresse des lieux. Triomphe symbolique sur le régime carcéral de sinistre mémoire pour les contemporains de 1798, désinvolture moqueuse du beau séducteur, amoureux sans apprêts et volontiers négligé : Elleviou trouve là son personnage et son type. Les traits définitionnels d'un emploi sont souvent d'abord physiques et dramatiques, surtout à l'Opéra-Comique : ils mobilisent l'apparence, la figure, la tenue en scène et le tempérament. Les caractéristiques vocales sont prises en compte dans un second temps. Aussi l'Elleviou désigne-t-il d'abord, dans la première moitié du XIXe siècle, les rôles de petits maîtres et de jeunes militaires. Le grand opéra engendre aussi des configurations dramatico-vocales neuves au cours du siècle. L'emploi de Falcon désigne ainsi les rôles créés par Cornélie Falcon pour l'Opéra pendant sa brève carrière (cf. encadré). Soprano, la brune Cornélie conférait un relief tragique aux rôles d'héroïnes vouées au sacrifice dans le grand opéra. Son emploi naît aussi de l'opposition vocale et dramatique avec les rôles de la soprano plus légère, créés à l'Opéra par la blonde Julie Dorus-Gras : Rachel contre Eudoxie dans *La Juive* (O, 1835) d'Halévy, Valentine contre Marguerite dans *Les Huguenots* (O, 1836) de Meyerbeer. Au-delà des rôles écrits pour la voix, le corps et la gestuelle de la Falcon, son emploi désigne des rôles de grands sopranos dramatiques comme celui d'Élisabeth de Valois dans *Don Carlos* (O, 1867) de Verdi. Toutefois, l'emploi créé par un interprète illustre qui lui lègue son nom demeure l'apanage de l'Opéra-Comique, théâtre de troupe et de répertoire jouant tous les jours, contrairement à l'Opéra et au Théâtre-Italien. Ce sont plutôt des catégories vocales nouvelles qu'engendrent les évolutions dramaturgiques et esthétiques de l'Opéra, portées par les transformations du goût du public. La catégorie du « fort ténor » doit ainsi beaucoup à la révolution opérée par Gilbert Duprez, qui contribua à écarter le titulaire des rôles de premier ténor avant lui, Adolphe Nourrit (cf. encadrés). Avec le « fort ténor » ou ténor dramatique naît, dans ce siècle des révolutions qu'est le XIXe, une nouvelle incarnation lyrique du héros, de son énergie et de sa bravoure.

Circulations et libérations (O. Bara)

Les livrets de mise en scène, publiés à partir de la fin de la Restauration, adressent aux directeurs de province de multiples conseils de distribution et de réalisation technique (cf. 13.5, 13.6). Les premières recommandations touchent aux emplois ordonnant la distribution des rôles. La référence aux emplois traditionnels permet de suggérer efficacement le type de voix, de physionomie, de registre expressif convenable pour tel personnage. Ainsi du livret de mise en scène du *Voyage en Chine* (OC, 1865) de François Bazin, qui répartit les rôles entre des emplois bien répertoriés : premier ténor léger (Henri de Kernoisan), jeune Trial (Alidor de Rosenville), second ténor (Maurice Fréval), basse comique (Bonneteau), jeune mère Dugazon (Mme Pompery), première chanteuse légère (Marie), Dugazon (Berthe)[5]. Sur la page de distribution du livret de mise en scène de *La Muette de Portici*, sont indiquées les trois données fondamentales pour les interprètes : le personnage, son créateur parisien et l'emploi auquel il est rattaché. Le cas particulier de Fenella, jouée par une danseuse, fait l'objet d'une note.

Si l'ouvrage rompt avec ces classifications ordinaires, président à la composition d'une bonne troupe de province, le livret de mise en scène guide les directeurs afin d'éviter erreurs de distributions et contre-emplois. Pour *Le Pardon de Ploërmel* (OC, 1859) de Meyerbeer, il est souligné que le rôle d'Hoel, créé par Jean-Baptiste Faure, n'est pas un emploi d'opéra-comique. Il doit donc revenir à un baryton de grand opéra. De même, Corentin « n'appartient pas à l'emploi dit *les Trial*. Il doit être distribué à l'artiste qui, d'habitude, joue les rôles de *Georges* de *L'Éclair* ; *Daniel* du *Chalet* ; *Raimbaut* de *Robert le Diable*, etc., etc[6]. ». Le système des emplois n'est donc pas figé et la configuration dramaturgique des œuvres peut évoluer au gré de croisements, ici entre emplois d'opéra-comique et de grand opéra. Plusieurs interprètes circulent entre les institutions lyriques parisiennes et contribuent à une telle déterritorialisation des emplois : par exemple Laure Cinti-Damoreau, Gustave Roger, Marie Miolan-Carvalho (cf. encadrés).

Crise des emplois (O. Bara)

Résulte du système des emplois une évidente récurrence des situations dramatiques, des ressorts comiques, des configurations vocales ou des formes d'air. La création relève alors de la combinatoire : il s'agit pour les auteurs d'associer selon des configurations théâtrales et musicales nouvelles des éléments préexistants afin d'offrir au public le double plaisir de la surprise et de la reconnaissance. Chaque œuvre nouvelle peut s'ingénier à déplacer les contours d'un emploi, à briser les habitudes sclérosantes d'un acteur-chanteur. C'est ainsi que Louis Second dit Féréol put créer, en rupture avec son emploi comique de Trial, le rôle dramatique de Grégorio dans *Ludovic* (OC, 1834) d'Halévy. Chaque œuvre naît d'une tension entre systématisation et inventivité : les emplois affectent la création et sont affectés à leur tour par cette création, déplaçant les contours dramatiques et musicaux des rôles. Le système n'est pas entièrement figé : il vit, évolue au gré des créations et des nouveaux interprètes, sans empêcher ces derniers d'imposer de nouveaux modèles théâtraux et vocaux.

La logique institutionnelle, économique mais aussi politique du siècle mène toutefois à un effacement progressif des emplois, surtout dans les créations parisiennes de plus en plus assurées par des vedettes internationales que caractérise l'idiosyncrasie dramatique et vocale : « Le système des emplois, hérité de l'Ancien Régime, correspond à une conception conservatrice de la société, relève Jean-Claude Yon. Il a donc connu un véritable assouplissement au cours des décennies, parallèlement à la démocratisation de la société française. De même, il faut noter qu'il s'applique avec plus de flexibilité à Paris qu'en province. Il est toutefois frappant de mesurer combien – certes en s'atténuant peu à peu – le système des emplois est parvenu à se maintenir. À la fin du XIXe siècle, il existe des contrats d'engagement qui ne comportent aucune indication d'emploi – ce qui aurait été inconcevable auparavant. Mais la plupart des contrats indiquent encore l'emploi affecté à l'artiste qui le signe[7]. » Au début des années 1890, la partition de *Werther* témoigne de l'effacement de la frontière entre opéra et opéra-comique (Werther est ainsi qualifié de 1er ténor d'opéra ou d'opéra-comique), mais aussi de la permanence de certains emplois (Sophie est désignée comme

1ʳᵉ soprano d'opéra-comique ou 1ʳᵉ Dugazon). Le tableau de la troupe du Grand Théâtre de Toulon en 1878-1879, pour le grand opéra, l'opéra-comique et les ouvrages en traduction, laisse apparaître une nomenclature où les désignations par la tessiture vocale, qui nous sont désormais familières, coexistent avec la mention du rang dans la troupe et quelques noms d'emplois, résiduels : fort ténor / ténor léger / 2ᵉ ténor / baryton en tous genres / 1ʳᵉ basse en tous genres / Trial / Laruette / 2ᵉ basse / 3ᵉ ténor / 3ᵉ basse / forte chanteuse en tous genres / chanteuse légère / 1ʳᵉ dugazon / 2ᵉ dugazon / mère dugazon[8].

PERSONNAGES

	VIENNE	PARIS
	(Opéra Impérial)	(Opéra-Comique)
WERTHER, 23 ans *(1ᵉʳ ténor d'Opéra ou d'Opéra-Comique)*. MM.	VAN DYCK	MM. IBOS
ALBERT, 25 ans *(1ᵉʳ baryton d'Opéra ou d'Opéra-Comique)*.	NEIDL	BOUVET
LE BAILLI, 50 ans *(Baryton ou 2ᵉ basse)*	MAYERHOFER	THIERRY
SCHMIDT, ami du Bailli *(2ᵉ ténor)*	SCHLITTENHELM	BARNOLT
JOHANN, — *(Baryton ou 2ᵉ basse)*.	FÉLIX	ARTUS
BRUHLMANN, jeune homme *(Coryphée)*	STOLL	ELOI
CHARLOTTE, fille du Bailli, 20 ans *(Mezzo-soprano ou 1ʳᵉ chanteuse d'Opéra ou d'Opéra-Comique)*. . . . . Mᵐᵉˢ	RENARD	Mᵐᵉˢ DELNA
SOPHIE, sa sœur, 15 ans *(1ʳᵉ soprano d'Opéra-Comique ou 1ʳᵉ dugazon)*	FORSTER	LAISNÉ
KATHCHEN, jeune fille *(Coryphée)*.	CARLONA	DOMINGUE

LES ENFANTS (six), FRITZ, MAX, HANS, KARL, GRETEL, CLARA *(soprani, voix d'enfants)*.

UN PETIT PAYSAN, UN DOMESTIQUE, personnages muets.

FIGURATION : habitants du bourg de Wetzlar, invités, ménétriers.

(Au dernier tableau, dans la coulisse, CHORISTES FEMMES, avec les *voix d'enfants*.)

J. Massenet, *Werther*, cht-p., Paris : Heugel, 1892, page de distribution (détail).

Tessitures vocales et méthodes de chant au XIXᵉ siècle (P. Girod)

Nous disposons de livrets, de partitions et d'une riche documentation iconographique, mais toutes ces traces des spectacles anciens sont muettes. Nous lisons des comptes rendus d'auditeurs, mais leur goût n'est pas le nôtre, leurs références sont perdues pour nous et la proximité du vocabulaire utilisé pour décrire les timbres vocaux nous abuse. Pour nous représenter comment sonnaient les voix avant l'invention de l'enregistrement phonographique, il semble judicieux d'étudier la grande quantité de conseils et d'exercices imprimés par les meilleurs pédagogues et/ou artistes du XIXᵉ siècle.

Qu'est-ce qui distingue un soprano d'hier d'un soprano d'aujourd'hui ? Commençons par identifier les différentes voix à travers un critère simple, l'étendue des notes qu'elle peuvent émettre (voir encadrés sur les tessitures vocales, p. 131 et 134).

Les tessitures vocales féminines dans les méthodes de chant

C'est une gageure d'utiliser les traités de technique vocale isolément du répertoire pour retracer les grandes évolutions dans l'usage lyrique de la voix au XIXe siècle. Cependant, les idéaux esthétiques varient au cours des ans et trouvent indiscutablement quelques échos dans les exercices imprimés, supports à l'enseignement oral. Les jeunes cantatrices furent d'abord confrontées au modèle des *prime donne* du Théâtre-Italien sous la Restauration, dont le chant se déploie dans une étendue relativement courte (typiquement 2 octaves d'*ut* à *ut* pour les sopranos et plus restreinte pour les autres catégories) mais avec vélocité et précision – la puissance étant alors un attribut secondaire. Comme en témoignent les points d'orgues laissés par Laure Cinti-Damoreau, le premier professeur femme à se voir confier une classe au Conservatoire, le *nec plus ultra* était de pouvoir balayer cette étendue du grave à l'aigu puis de l'aigu au grave en un trait chromatique virtuose. Au cœur du siècle, on continue à pratiquer le mécanisme lourd assez haut, selon l'héritage des castrats, mais, au-delà du *fa*, cela est peu à peu réservé à des usages expressifs. Ni les accents de vaillance que Rosine Stoltz prête à ses nombreuses créations, ni les contre-notes dont Jenny Lind émaille le répertoire courant ne viennent perturber cette routine avant longtemps : à peine signale-t-on que Mlle Démeri atteignait le contre-*fa* en 1819, et plus tard Henriette Sontag le contre-*mi* bémol. L'aigu n'apparaîtra ouvertement comme une priorité qu'à l'aube du siècle suivant, avec Lili Lehmann.

Le principal indice de l'évolution en cours réside dans l'intérêt croissant porté au mezzo-soprano, promu du statut de soprano empâté à celui de soprano ayant de la pâte. Pour Marié, père de la créatrice de Carmen et de nombreux rôles à pantalon à l'Opéra-Comique, le mezzo est limité à l'aigu, ne descend pas forcément au-dessous du *si* et passe au même endroit que le soprano (tandis que le contralto monte encore en poitrine jusqu'au *la* bémol). Le point de mire sous-jacent correspond probablement à une phonation privilégiant dorénavant la couleur du haut-médium pour allonger ce registre vers le grave ; une chanteuse fin-de-siècle mixerait donc et resterait en mécanisme léger au moins pour les mouvements conjoints traversant le grand passage, tel que le suggère Rosine Laborde lorsqu'elle fait graver les exercices traditionnels « à l'envers », en commençant chaque fois par l'aigu. Cette révolution s'achève cinquante ans plus tard, avec Rita Gorr.

SOURCES

M. Garcia fils, *École de Garcia*, Paris : Troupenas, 1840. – L. Lablache, *Méthode complète de chant*, Paris : Canaux, 1840. – Marié, *Formation de la voix*, Paris : Heugel, 1873. – É. Rey, *Méthode de chant pour voix de soprano*, Paris : L'auteur, 1876. – R. Laborde, *Méthode de chant*, Paris : Lemoine, 1899. – L. Lehmann, *Mon art du chant* [1e éd. all. 1902], Paris : Rouart Lerolle, 1911.

Prenons les vocalises « standards », recopiées de méthode en méthode depuis le XVIIIe siècle et bien souvent transposées sur tous les degrés de la gamme, et observons les notes extrêmes proposées à chaque tessiture (basse, ténor, etc.) dans le travail. Afin de ne pas surinterpréter les données, notons d'abord que les exercices se déploient en marches mélodiques dans un intervalle de 12e, généralement noté par convention de *do* à *sol*, qui paraît définir une étendue commune à toutes les voix. Mais dans leurs instructions liminaires, les enseignants recommandent typiquement la transposition à la quarte inférieure pour les voix graves, et parfois des tonalités intermédiaires pour les voix moyennes ; l'un précise les mesures à chanter ou non pour chaque tessiture[9] ; l'autre distingue les notes de passage à l'intérieur d'un mélisme selon la typologie de l'élève (ténor grave, le ténor ordinaire, le ténor *sfogato*, etc.)[10]. Privés de données sur l'étendue des voix par l'usage effectif que les pédagogues font des vocalises, nous ne pouvons conclure à une quelconque évolution historique en les analysant. Nous devons donc nous tourner vers la partie des méthodes consacrée au développement primaire des compétences phonatoires. À ce stade, la typologie est différenciable par les sons à partir desquels les professeurs recommandent de travailler sons filés et sons portés afin de construire la voix… mais des divergences apparaissent : la note typique[11] de Besançon von Oyen ne correspond pas à la note médiane[12] de Marié ni au *do* médium[13] choisi par Rosine Laborde. Au fil du siècle, les spécificités de chaque méthode reflètent ainsi le vécu de l'auteur et une esthétique lyrique caractéristique de l'époque de sa carrière ; il serait cependant abusif de vouloir tirer de nuances aussi minimes les indices d'une évolution dans la conception des tessitures une fois l'organe épanoui.

Voyons alors les classifications proposées à l'attention des professeurs, lesquelles indiquent les bornes de chaque registre. Qu'ils évoquent l'étendue de voix rares et nommées (Mme Boulard atteint le contre-*la*) ou présentent des moyennes par catégories vocales (la plupart des contraltos possèdent *mi*, *fa* et *sol* aigus en fausset), les auteurs témoignent plutôt des limites physiologiques qu'ils ont constatées que de choix pédagogiques assumés. Certains privilégient un système des registres commun à toutes les voix avec un passage unique au milieu de la tessiture, malgré la variété des réalités anatomiques et fonctionnelles ; d'autres voudraient partir de critères objectifs, par exemple une classification selon la longueur et l'épaisseur des cordes vocales[14]… mais on sait qu'en pratique un acteur-chanteur pouvait fort bien être amené par son tempérament et son allure générale à embrasser des rôles dont le diapason n'était pas exactement conforme à sa nature de voix, quitte à opérer des changements dans les partitions. Si l'on ajoute à tout cela le manque de cohérence à peu près total des termes utilisés pour décrire les registres (fausset, tête, etc.) d'un ouvrage à l'autre, il ne reste plus qu'à admettre que la finalité de l'éducation vocale est d'individualiser totalement la définition de la tessiture pour chaque gosier (c'est bien le rôle reconnu au professeur) puis d'adapter les choix techniques pour chaque phrase de musique (c'est évidemment l'art du chant) avant de constater l'impossibilité de donner un sens à une mise en série et une compilation des tableaux de classification vocale[15], ou même à leur comparaison[16]. Une poignée d'ouvrages exceptionnels nous permettent heureusement de dépasser ces écueils. Gilbert Duprez, compositeur dans l'âme, indique comme dans un traité d'orchestration les types de chant auquel telle voix sera apte en fonction des forces et faiblesses habituellement remarquées à l'intérieur de sa tessiture, car « on ne définit pas toujours une voix par son étendue, on la définit mieux par son timbre[17] ». Jean-Baptiste Faure rassemble en listes les noms de ses collègues chanteurs auxquels il reconnaît des similitudes, « tout en possédant les qualités les plus diverses et les moyens vocaux les plus opposés[18] » ; puisqu'il s'agit de les distribuer dans les mêmes rôles, chaque groupe correspond selon lui à un emploi. Voilà une piste à suivre !

Il nous reste à exploiter la dernière partie des méthodes, constituée par les « leçons », pièces composées spécialement pour illustrer un élément musical (saut de sixte, syncope) sous toutes ses présentations possibles dans le répertoire[19]. Cette deuxième sorte d'exercices ne sert donc pas à l'enseignement de la phonation[20] ni à l'entretien ultérieur des facultés motrices et connections nerveuses[21] mais à l'apprentissage du style. Seulement, ces usages si clairs musicalement ne sont pas situés sémantiquement, et l'on ne sait pas à quel endroit de la tessiture ils vont servir... Quelques professeurs ont rédigé des interprétations idéales d'airs célèbres, et l'on comprend alors une tessiture dans son usage expressif. Étienne Rey indique par exemple l'emploi exceptionnel du *si* double bémol de poitrine dans la scène de Lady Macbeth[22]. Stéphen de La Madelaine ausculte quant à lui chaque paramètre de la déclamation lyrique dans sa fameuse leçon sur l'air d'Agathe du *Freischütz* : « Les voix de contralto et de mezzo-soprano arrivent difficilement à couvrir celles des notes de poitrine qui sont les plus élevées, [...] d'ailleurs ces sons-là perdent de leur solidité en s'assombrissant ; mais ils ont dans leur émission ouverte un caractère de mélancolie et d'alanguissement qui convient éminemment à l'expression de la tristesse et de la douleur. Moins le *fa* dont nous parlons sera couvert, mieux il servira la situation. Appuyez avec abandon sur la note, de manière à obtenir un léger tremblement, vous arriverez ainsi jusqu'aux dernières limites de l'angoisse et du sentiment dramatique[23]. »

À la consultation de ces ultimes points de rencontre entre répertoire et pédagogie, il appert qu'on ne peut obtenir de renseignement pertinent qu'en croisant une partition (mots et notes), un livret (intentions), une perception (celle du chanteur par le spectateur) et une méthode (principes d'interprétation vocale). Nous rejoignons ainsi le projet d'une histoire de la vocalité comme expérience – si l'on entend par expérience la corrélation, dans une culture (esthétique lyrique du temps), entre domaines de savoir (les techniques vocales et de jeu), types de normativité (l'emploi, le genre) et formes de subjectivité (l'artiste en scène face au public).

Les tessitures vocales masculines dans les méthodes de chant

En parfaite cohérence avec les préceptes de la première *Méthode de chant du Conservatoire*, Pierre Garat, qui enseigna dans cette institution sous l'Empire, puis Jean-Blaise Martin et Jean-Baptiste Chollet, étoiles de l'Opéra-Comique sous la monarchie de Juillet, faisaient entendre leurs deux mécanismes vocaux, en changeant après *fa* ou *sol*. Illustrant tous deux la voix blanche avant la mode de la voix sombrée, Chollet sautait par mouvement disjoint tandis que Louis Ponchard passait insensiblement d'un registre à l'autre. Martin meurt en 1837, quelques mois avant les débuts de Gilbert Duprez à l'Opéra ; dès la génération suivante, la voix de tête n'apparaît plus que très localement, pour des points d'orgue et des sections d'agilité. Alors que le mécanisme léger est encore recommandé pour certains aigus en douceur ou pour des effets de jodle et de travestissement dans les morceaux de caractère bouffon tout au long du Second Empire, le falsettiste exclusif n'a plus droit de cité en France : « La voix de haute-contre, écrit Panofka, se trouve encore en Angleterre [...]. Ces voix possèdent presque la même étendue que le contralto [...] et ont quelque chose de féminin. » Si les professeurs de chant sont tenus de contrôler les notes sur lesquels l'élève opérera le grand passage à l'intérieur d'un mélisme, on n'en assiste pas moins durant la seconde moitié du siècle à la fusion progressive des différents emplois de ténors vers un unique ténor lyrique, et à la relégation systématique du mécanisme léger. Ce dernier phénomène intervient pour les barytons et dans les genres nobles d'abord, puis pour les voix de plus en plus élevées et même dans les emplois comiques, jusqu'à permettre un changement de paradigme.

Le principe du registre unique, qui auparavant ne concernait que les basses et certains contraltos, est généralisé par Léon Melchissédec pour décrire la mutation à l'œuvre au début de la IIIe République. Plutôt que d'obtenir un passage fluide entre des registres aux couleurs différenciées, il s'agit dorénavant d'homogénéiser le timbre sur tout l'ambitus, sur les modèles du ténor Pierre-François Villaret et du baryton Gabriel Soulacroix. Il n'y a plus qu'un pas à faire pour embrasser au tournant du siècle la théorie du timbre expressif – à ne pas confondre avec les couleurs d'un Victor Maurel ou de ses contemporains.

SOURCES

B. Mengozzi et P. Garat, *Méthode de chant du Conservatoire*, Paris : Imprimerie du Cons. de musique, [1804]. – I. Milhès, *Guide du chanteur*, Paris : Boieldieu, 1854. – H. Panofka, *L'Art de chanter*, Paris : Brandus, 1854. – Marié, *Formation de la voix*, Paris : Heugel, 1873. – A. Laget, *Chollet*, Toulouse : Chauvin, 1880. – J.-B. Faure, *La Voix et le chant*, Paris : Heugel, 1886. – L. Melchissédec, *Pour chanter : ce qu'il faut savoir*, Paris : Nilsson, 1913. – L. Fugère et R. Duhamel, *Nouvelle méthode pratique de chant français par l'articulation*, Paris : Enoch, 1929.

Notes de 2.1

1. P. Goetschel et J.-C. Yon éd., *Directeurs de théâtre, XIXe-XXe siècles [...]*, Paris : Publications de la Sorbonne, 2008 ; Ch. Charle, *Théâtres en capitales [...]*, Paris : Albin Michel, 2008, p. 54-101 ; J.-C. Yon, *Une histoire du théâtre à Paris*, p. 174-179.
2. Cité in J.-C. Yon, *Une histoire du théâtre à Paris*, p.174.
3. K. Boulanger, *L'Opéra de Paris sous la direction d'André Messager et de Leimistin Broussan (1908-1914) [...]*, thèse de doctorat, EPHE, 2013, vol. 1, p. 282.
4. Ch. Charle, *Théâtres en capitales*, p. 68.
5. H. Monnier, *Mémoires de Monsieur Joseph Prudhomme*, cité in P. Goetstchel et J.-C. Yon, « Introduction », in *Directeurs de théâtre*, p. 7.
6. *M. Offenbach nous écrit. Lettres au « Figaro » et autres propos*, J.-C. Yon éd., Paris : Actes Sud/Palazzetto Bru Zane, 2019.
7. *Traité de la législation des théâtres* de Vivien et Blanc (1830), cité in B. Boisson, A. Folco et A. Martinez, *La Mise en scène théâtrale de 1800 à nos jours*, Paris : PUF, 2010, p. 39.
8. L. Becq de Fouquières, *L'Art de la mise en scène [...]*, Paris : G. Charpentier, 1884, p. 24.
9. A. Bruneau, *À l'ombre d'un grand cœur*, cité in H. Lacombe, *Les Voies de l'opéra français au XIXe siècle*, Paris : Fayard, 1997, p. 53-54.
10. N. Wild, *Dict.*, p. 309-313.
11. N. Wild, « Esquisse de typologie des directeurs du Théâtre de l'Opéra-Comique au XIXe siècle », in P. Goetschel et J.-C. Yon éd., *Directeurs de théâtre*, p. 61-70.
12. *Ibid.*, p. 70.
13. Ch. Carrère-Saucède, « La direction de troupe de province au XIXe siècle, une fonction polymorphe », in P. Goetschel et J.-C. Yon éd., *Directeurs de théâtre*, p. 31-44.
14. R. Piana et J.-C. Yon éd., *Les Mille et Une Nuits de la Scala (1874-2018)*, actes de colloque à paraître, notamment la contribution de Ph. Blay sur l'opérette à la Scala.
15. L. Véron, *Mémoires d'un bourgeois de Paris*, t. 2, Paris : Librairie nouvelle, 1857, p. 230-231.
16. Cité in *Hervé par lui-même [...]*, P. Blanchet éd., Paris : Actes Sud / Palazzetto Bru Zane, 2015, p. 157.
17. A. P[ougin], « M. Émile Perrin », *Mén.*, oct. 1885,
18. H. Lacombe, *Les Voies de l'opéra français*, Paris : Fayard, 1997, p. 25.
19. J.-C. Yon, S. Nicolle et A. Terrier éd., *D'une Salle Favart à l'autre : l'Opéra-Comique de 1887 à 1900*, à paraître.
20. H. Moreno [pseud. de H. Heugel], « Semaine théâtrale », *Mén.*, 8 mars 1891.

Notes de 2.2

1. Th. Cogniard et Clairville, *La Liberté des théâtres*, Paris : E. Dentu, 1864, p. 60.
2. On trouvera d'utiles réflexions sur l'art du livret dans J.-Ch. Branger et A. Ramaut éd., *Le Livret d'opéra au temps de Massenet*, Saint-Étienne : PUSE, 2002. Voir aussi les travaux d'A. Gier, en particulier *Das Libretto : Theorie und Geschichte einer musikoliterarischen Gattung*, Darmstadt : Wissenschaftliche Buchgesellschaft, 1998.
3. E. Texier, *Tableau de Paris*, vol. 1, Paris : Paulin et Le Chevalier, 1852-1853, p. 125.
4. *Dictionnaire encyclopédique*, Paris : Firmin Didot, t. 3, 1841, p. 181.

5. P. Larousse, *Grand Dictionnaire universel du XIXe siècle*, Paris : Administration du Grand Dictionnaire, 1866-1876, t. 18, p. 1126.
6. G. Vapereau, *Dictionnaire universel des littératures*, Paris : Hachette, 1876, p. 687.
7. Biographie en ligne, www.academie-francaise.fr, consulté le 23 mars 2019.
8. P. Larousse, *Grand Dictionnaire universel du XIXe siècle*, t. 13, p. 1058.
9. A. de Musset, Discours de réception à l'Académie française, 27 mai 1852, en ligne, www.academie-francaise.fr, consulté le 23 mars 2019.
10. *Ibid.*
11. G. Vapereau, *Dictionnaire universel des contemporains*, Paris : Hachette, 1865, p. 342.
12. *Ibid.*
13. H. Lavedan, Discours de réception à l'Académie française, 28 déc. 1899, en ligne, www.academie-francaise.fr, consulté le 23 mars 2019.
14. H. Auger, « L'auteur dramatique », in *Les Français peints par eux-mêmes*, Paris : Curmer, 1840-1842, t. 2, p. 990.
15. E. Thouvenot, « Scribe, un camarade barbiste », in O. Bara et J.-C. Yon éd., *Eugène Scribe. Un maître de la scène théâtrale et lyrique au XIXe siècle*, Rennes : PUR, 2016, p. 319-331.
16. J.-C. Yon, *Eugène Scribe, la fortune et la liberté*, Saint-Genouph : Librairie Nizet, 2000, p. 28.
17. *Ibid.*, p. 31.
18. *Ibid.*, p. 44.
19. H. Lavedan, Discours de réception à l'Académie française.
20. Voir, par exemple, « Structures du livret, variations et reprises », in O. Bara, *Le Théâtre de l'Opéra-Comique sous la Restauration [...]*, Hildesheim : G. Olms, 2001, p. 329-372.
21. J.-C. Yon, *Eugène Scribe*, p. 214.
22. F. Halévy, *Lettres*, M. Galland éd., Heilbronn : Musik-Edition Lucie Galland, 1999, p. 212.
23. Cité in J.-C. Yon, *Eugène Scribe*, p. 288.
24. L. Véron, *Mémoires d'un bourgeois de Paris*, t. 3, p. 230, 231.
25. A. Pougin, *Dict.*, p. 529.
26. J.-C. Yon, *Eugène Scribe*, p. 201.
27. A. Jacobshagen, « Eugène Scribe, créateur du grand opéra romantique », in O. Bara et J.-C. Yon éd., *Eugène Scribe...*, p. 87-102.
28. Cité in J.-C. Yon, *Eugène Scribe*, p. 215.
29. O. Bara, *Le Théâtre de l'Opéra-Comique...*, passim.
30. Article de 1844 repris dans G. de Nerval, *La Bohème galante*, Paris : Michel Lévy, 1855, p. 275-276.
31. O. Bara, « L'opéra-comique de la Restauration et sa recréation italienne [...] », in M. Pospisil éd., *Le Rayonnement de l'opéra-comique en Europe au XIXe siècle*, Prague : KLB, 2003, p. 285-298.
32. F. Claudon, « Un collaborateur de F. Halévy : Henri de Saint-Georges », in F. Claudon, G. de Van et K. Leich-Galland éd., *Actes du Colloque Fromental Halévy*, Weinsberg : Musik-Edition Lucie Galland, 2003, p. 19-25.
33. F. Claudon, « Le rayonnement de l'opéra-comique. Opéra-comique et *buffo* italien : *La Fille du régiment* (Donizetti) », in F. Claudon éd., *Dictionnaire de l'opéra-comique français*, Bern : Peter Lang, 1995, p. 61-70.

34. J.-C. Yon, « Le Théâtre de Meilhac et Halévy : satire et indulgence », in H. Loyrette éd., *La Famille Halévy, entre le Théâtre et l'Histoire*, Paris : Fayard/RMN, 1996, p. 162-177.
35. Article sur le théâtre de Meilhac, repris in J. Lemaître, *Impressions de théâtre* : Paris, Société française d'imprimerie et de librairie, 10 vol., 1888-1898, 10e série, p. 184.
36. H. Lacombe, « Autour de Louis Gallet. Profil d'une carrière de librettiste », in J.-Ch. Branger et A. Ramaut éd., *Le Livret d'opéra…*, p. 80.
37. F. Tillard, « *La Esmeralda* de Louise Bertin », *L'Avant-scène opéra*, n° 208, « Hugo à l'Opéra », mai-juin 2002, p. 20-27.
38. M. Brix et J.-C. Yon, *Nerval et l'opéra-comique. Le dossier des « Monténégrins »*, Presses universitaires de Namur, 2009, p. 29.
39. O. Bara, « Victorien Sardou et l'opéra-comique » in I. Moindrot éd., *Victorien Sardou, le théâtre et les arts*, Rennes : PUR, 2010, p. 167-182.

Notes de 2.3

1. J. Jacotot, *Musique, dessin et peinture*, [1re éd. 1824], 4e éd., Paris : À la Librairie spéciale de l'Enseignement universel, 1839.
2. J. Rancière, *Le Maître ignorant*, Paris : Fayard, 1987.
3. A. Adam, *Souvenirs d'un musicien*, Paris : M. Lévy frères, 1857, p. XIII.
4. C. Saint-Saëns, *École buissonnière. Notes et souvenirs*, Paris : Pierre Lafitte, 1913, p. 42.
5. D. Jelensperger, *L'Harmonie au commencement du 19e siècle*, Paris : Zetter et Cie, 1830, p. 7.
6. H. Berlioz, *Mémoires*, P. Bloom éd., Paris : Vrin, 2019, p. 239.
7. J.-M. Fauquet, *César Franck*, Paris : Fayard, 1999, p. 396.
8. A. Gedalge, *Traité de Contre-point et de fugue formé de règles puisées dans les traités de Cherubini-Bazin-notes de Th. Dubois*, ms., F-Pn, MS-14960.
9. A. Gedalge, *Traité de la fugue. 1re partie. De la fugue d'école*, Paris : Enoch, 1901. Seul est paru ce volume.
10. Ch. Kœchlin, *Précis des règles du contrepoint*, Paris : Heugel, 1926.
11. *Ibid.*
12. H. Berlioz, *Mémoires*, p. 194-195.
13. A. Pougin, *Méhul : sa vie, son génie, son caractère*, Paris : Fischbacher, 1889, p. 368.
14. A.-L. Blondeau, *Histoire de la musique moderne*, Paris : Tantenstein et Cordel, 1847, t. 2, p. 216-217.
15. É. Méhul, « Institut de France, Classe des beaux-arts, rapport fait, dans la séance publique du 1er octobre 1808, par M. Méhul, sur les travaux d'émulation des compositeurs musiciens, pensionnaires de l'École impériale de Rome », *Gazette nationale ou Le Moniteur universel*, vol. 41, 1808, p. 1100.
16. Cité in D. Denne-Baron, *Cherubini, sa vie, ses travaux, leur influence sur l'art*, Paris : Au Ménestrel, 1862, p. 55-56.
17. Ch. Gounod, *Cours de composition musicale rédigé pour René Franchomme*, F-Pn, Rés. Vma ms. 1234, fol. 371.
18. H. Lacombe, *Georges Bizet*, Paris : Fayard, 2000, p. 113.
19. A. Reicha, *Art du Compositeur dramatique*, Paris : chez A. Farrenc, p. II. C'est Reicha qui souligne.

20. *Ibid.*, p. III.
21. *Ibid.*, p. II.
22. L. Cherubini à J.-B. Faurie-Devienne, F-Pn, LA-Cherubini Luigi.
23. Ch. Gounod, *Cours de composition musicale rédigé pour René Franchomme*, ms., 1855-1858, F-Pn, Rés. Vma Ms. 1234 (1-13), cahier 1, p. 3.
24. G. Condé, *Charles Gounod*, Paris : Fayard, 2009, p. 90.
25. *Georges Bizet. Études de composition*, M. Vitu éd., Sprimont : Mardaga, 2005.
26. H. Lacombe, *Bizet*, p. 336.
27. J. J. Fux, *Gradus ad Parnassum : traité de composition musicale*, facsimilé de la trad. de P. Denis (*ca* 1773), M. Rollin éd., Paris : CNRS éd., 1997.
28. *Principes élémentaires de musique Arrêtés par les Membres du Conservatoire pour servir à l'étude dans cet établissement suivis des solfèges par M. M. Agus, Catel, Chérubini, Gossec, Langlé, Le Sueur, Méhul, et Rigel, 1re partie*, Paris : Imprimerie du Conservatoire, [1799].
29. *Solfèges pour servir à l'étude dans le Conservatoire de musique par les Citoyens Agus, Catel, Chérubini, Gossec, Langlé, Le Sueur, Martini, Méhul et Rey, 2de partie*, Paris : Imprimerie du Conservatoire, [1802].
30. É.-N. Méhul, « Institut de France […] », *MU*, 5 oct. 1808, p. 1100.
31. D. Jelensperger, *L'Harmonie au commencement du 19e siècle et Méthode pour l'étudier*, Paris : Zetter, 1830, p. 5.
32. É. Durand, « Préface », *Traité de composition musicale*, Paris : Alphonse Leduc, 1899, p. [III].
33. É. Durand, Introduction, lettre E, *ibid.*, p. [V].
34. Th. Dubois, « Introduction », *Traité de contrepoint et de fugue*, Paris : Heugel, 1901.
35. A. Reicha, « Préface », *Traité de mélodie […]*, Paris : l'Auteur, 1814, p. 1.
36. H. Berlioz, *Mémoires*, p. 194.
37. Cité in H. Lacombe, *Bizet*, Paris : Fayard, 2000, p. 114.
38. J. Lichtenstein, *La Couleur éloquente. Rhétorique et peinture à l'âge classique*, Paris : Flammarion, 2013.
39. E. Guiraud, *Traité pratique d'instrumentation*, Paris : Durand et Schœnewerk, 1890.
40. M. d'Ollone, « L'enseignement de Massenet », *Mén.*, 5 mars 1920, p. 97.
41. M. d'Ollone, « L'enseignement de Massenet », *Mén.*, 27 fév. 1920, p. 89.

Notes de 2.4

1. H. Maréchal, *Rome. Souvenirs d'un musicien*, Paris : Hachette, 1904, p. 2
2. J.-P. Bartoli et N. Meeùs, « Harmonie et tonalité en France (évolution) », liste des ouvrages théoriques, in J.-M. Fauquet, *Dict.*, p. 564-574.
3. É.-N. Méhul, « Institut de France […] », *MU*, 5 oct. 1808, p. 1100.
4. N. Heinich, *L'élite artiste […]*, Paris : Gallimard, 2018, p. 17, 56.
5. N. Heinich, « Régime vocationnel et féminités de l'art », in R. Conte éd., *Qu'est-ce que l'art domestique ?* Paris : Publications de la Sorbonne, 2006, p. 46.
6. Ch. Baudelaire, « Exposition universelle de 1855 », *Œuvres complètes*, M. Ruff éd., Paris : Le Seuil, 1960, p. 361.
7. J. Lu et A. Dratwicki éd., *Le Concours du prix de Rome de musique (1803-1968)*, Lyon : Symétrie, 2011.

8. H. Berton, « Composition (musique) », in M. Courtin éd., *Encyclopédie moderne*, t. 8, Paris : Mongie, 1826, p. 74.
9. A. Leborne, *Cours de composition [...]*, F-Pn, MS-7664 (1-7).
10. J. Deramond, « La cantate du prix de Rome, côté livret... (1803-1871) », *Romantisme*, 153, 2011/3, p. 73-84.
11. J.-M. Fauquet, *César Franck*, p. 96-100.
12. Ch. Baudelaire, « Exposition universelle de 1855 », p. 361.
13. R. Ruyer, *L'Utopie et les utopies*, Brionne : Gérard Monfort, 1988, p. 66.
14. « Intérieur. Actes du gouvernement, 3 pluviôse an 11 (23 janv. 1803) », *MU*, 4 pluviôse an 11 (24 janv. 1803), [p. 1 et 2].
15. J.-M. Fauquet, *Musique en Utopie. Les voies de l'euphonie sociale de Thomas More à Hector Berlioz*, Paris : Sorbonne Université Presses, 2019.
16. A. Marmontel, *Éléments d'esthétique musicale et considérations sur le beau dans les arts*, Paris : Au Ménestrel, Heugel, 1884, p. 293 et *passim*.
17. É. Durand, *Traité de composition musicale*, Paris : Alphonse Leduc, 1899, p. 11.
18. É.-N. Méhul, « Institut de France... », p. 1100.
19. H.-M. Berton, « Compositeur », *in* E.-M. Courtin éd., *Encyclopédie moderne [...]*, t. 8, Paris : Mongie aîné, 1826, p. 72-73.
20. Ch. Malherbe, *Auber*, Paris : Henri Laurens, [1911], p. 26.
21. A. Reicha, *Art du Compositeur Dramatique [...]*, p. 111.
22. D. Leroy, « Socio-économie du grand opéra parisien », in I. Moindrot éd., *Le spectaculaire dans les arts de la scène du romantisme à la Belle-Époque*, Paris : CNRS Éd., 2006, p. 33.
23. H. Lacombe, « La musique comme puissance de mise en scène dans le grand opéra », in *ibid.*, p. 166-173.
24. J. d'Ortigue, *Écrits sur la musique (1827-1846)*, S. L'Écuyer éd., Paris : Sfm, 2003 ; C. Saint-Saëns, *Écrits sur la musique et les musiciens, 1870-1921*, M.-G. Soret éd., Paris : Vrin, 2012 ; E. Reyer, *Quarante ans de musique (1857-1899)*, Paris : Calmann-Lévy, 1910.
25. H. Lacombe, *Les Voies de l'opéra français au XIXe siècle*, p. 213.
26. G. Condé, *Charles Gounod*, p. 292.
27. Création en version de concert au Festival de Radio-France et de Montpellier, 27 juil. 2006 ; création scénique au Nationaltheater de Mannheim, 16 juin 2007. Voir É. Lalo, *Fiesque*, éd. H. Macdonald (musique), V. Giroud et P. Prévost (livret), Kassel : Bärenreiter, 2012.
28. M. Chimènes, *Mécènes et musiciens [...]*, Paris : Fayard, 2004, p. 649.
29. G. Condé, *Charles Gounod*, p. 98.

Notes de 2.5

1. G. Duprez, *Souvenirs d'un chanteur*, Paris : Calmann Lévy, 1880, p. 3-4.
2. H.-É. Chevalier, *Biographie de Mme Anna de La Grange*, Montréal : Sénécal, 1856, p. 16-33.
3. « Nouvelles diverses », *Mén.*, 15 sept. 1867, p. 335.
4. J.-B. Faure, *La Voix et le chant*, Paris : Heugel, 1886, p. 5.
5. E. Forbes, *Mario and Grisi : A biography*, Londres : Victor Gollancz, 1985, p. 17-18.

6. D. Ugalde, *Mémoires*, carnet n° 1, p. 25, ms., Paris, Le Musée-Mutuelle nationale des artistes (MNA).
7. F. Ambrière, *Le Siècle des Valmore*, Paris : Seuil, 1987, p. 70-129.
8. F. Xau, « Berthelier », *Le Gil Blas*, 1er oct. 1888.
9. P. Girod, « L'École Duprez (1849-1894) », en ligne, http://dezede.org/dossiers/id/248/, consulté le 3 mai 2018 ; D. Ghesquière, *La Troupe d'Offenbach*, Lyon : Symétrie, 2018, p. 171-2.
10. A. de Place, « L'enseignement privé », in F. Lesure éd., *La Musique à Paris en 1830-1831*, Paris : Bibliothèque nationale, 1983, p. 228-34.
11. H. de Paun à Duponchel, s.d., F-Pan, AJ^{13} 193.
12. F.-J. Fétis, *Méthode des méthodes de chant*, Mayence : Schott, 1870, p. 5.
13. J. Stockhausen à sa mère, Paris, 27 nov. 1848, in G. Honegger, *Itinéraire d'un chanteur*, Lyon : Symétrie, 2011, p. 89.
14. A. Laget, *Mémoire contre Mme Caroline Barbot*, Toulouse : Chauvin, 1884, p. 5, 12.
15. L.-A. Holtzem, *Une vie d'artiste*, Lyon : chez l'auteur, 1885, p. 50-51.
16. É. Batiste à C. Doucet, président de la commission de réorganisation du Conservatoire, 2 août 1870, F-Pan, F^{21} 1284.
17. M. Labourie, *Tour de France d'un ténor 1830-1850*, Paris : Christian, 1999, p. 13-19, 31-56.
18. *L'Armoricain*, 26 mai 1840, cité in M. Labourie, *Tour de France d'un ténor*, p. 63.
19. P. Girod, « Exercices publics du Conservatoire », en ligne, http://dezede.org/dossiers/id/291/, consulté le 11 janv. 2019.
20. E. Albani, *Forty Years of Song*, Toronto : Copp Clark, 1911, p. 30.
21. F. Gribenski, *L'Église comme lieu de concert*, thèse de doctorat, EHESS, 2015, p. 187.
22. « Nouvelles diverses », *Mén.*, 18 déc. 1859, p. 23.
23. L. Tréfeu, « Bloc-notes parisien », *Le Gaulois*, 13 nov. 1883.
24. J.-J. Masset à G. Duprez, 10 oct. 1838, F-Pn, LA-Masset Jean Jacques-3.
25. L.-A. Holtzem, *Une vie d'artiste*, p. 243.
26. P. Beyls, *Marie Recio, seconde épouse de Berlioz*, Grenoble : l'auteur, 2015, p. 24-33.
27. L. Véron, *L'Opéra de Paris* [1re éd. 1857], Paris : Éditions Michel de Maule, 1987, p. 202.
28. C. Heinefetter à L. Pillet, 8 fév. 1841, F-Pan, AJ^{13} 194.
29. D. Ugalde, *Mémoires*, carnet n° 2, p. 33.
30. H. Berlioz à son père, 11 mai 1839, in *Correspondance générale*, P. Citron éd., vol. 1, Paris : Flammarion, 2001, p. 552-554.
31. O. Pfender, *Carrières de chanteurs à l'Académie Royale de Musique (1816-1842)*, mémoire de Master 2, université Paris 1, 2014.
32. F-Po, Opéra, Archives, XIXe siècle, 433.
33. *Détail du personnel, [...] 1830*, F-Po, Opéra, Archives, XIXe siècle, 836.
34. K. White, *The cantatrice and the profession of singing at the Paris Opéra and Opéra-Comique, 1830-1848*, PhD, McGill University, 2013, p. 122-23.
35. O. Bara, « The Company at the Heart of the Operatic Institution : Chollet and the Changing Nature of Comic Opera Role-Types During the July Monarchy », in A. Fauser et M. Everist éd., *Music, Theater, and Cultural Transfer. Paris, 1830-1914*, Chicago : UCP, 2009, p. 11-28.
36. A. Grisar, *Les Travestissemens*, Paris : Bernard Latte, [s.d.].

37. O. Bara, *Le Théâtre de l'Opéra-Comique sous la Restauration [...]*, Zürich : G. Olms, 2001, p. 52 ; O. Bara, « The Company at the Heart », p. 16-17.
38. Engagement de J. Dorus-Gras, signé le 12 nov. 1843, F-Pan, AJ^{13} 193.
39. *Académie royale de Musique. Relevé des feux [...] pendant l'année théâtrale 1844-1845*, F-Pan, AJ^{13} 229.
40. *État nominatif des mutations survenues parmi les élèves pendant le 3e trimestre 1851*, F-Pan, F^{21} 1290.
41. C. Pierre, *Cons.*, p. 855.
42. Par exemple P. Girod, « Poultier dans les départements », en ligne, http://dezede.org/dossiers/tournees-poultier/, consulté le 11 déc. 2018.
43. S. Rutherford, *The Prima Donna and Opera, 1815-1930*, Cambridge : CUP, 2006 ; K. White, *Female Singers on the French Stage, 1830-1848*, Cambridge : CUP, 2018.
44. K. Ellis, « The Uses of Fiction : Contes and nouvelles in the *Revue et Gazette musicale de Paris*, 1834-1844 », *Rdm*, 90/2, 2004, p. 253-81.
45. S. Parr, « Caroline Carvalho and Nineteenth-Century Coloratura », *COJ*, 23/1-2, 2011, p. 83-117.
46. C. Rowden, « Deferent Daisies : Caroline Miolan Carvalho, Christine Nilsson and Marguerite, 1869 », *COJ*, 30/2-3, 2018, p. 237-258.
47. E. Monnais, « Le foyer. Comment finissent les artistes », *RGMP*, 15 août 1839.
48. G. Duprez, *Souvenirs d'un chanteur*, 1880.
49. G. Thuillier, *Les Pensions de retraite des artistes de l'Opéra (1713-1914)*, Paris : Comité d'histoire de la sécurité sociale, 1999 ; O. Bara, *Le Théâtre de l'Opéra-Comique*, p. 44-64.
50. H. Lyonnet, *Dictionnaire des comédiens français*, Genève : Revue universelle internationale illustrée, 1912, vol. 2, p. 649-650.
51. H. Heugel, « Soirées et concerts », *Mén.*, 17 juin 1906, p. 188.
52. L. Cinti-Damoreau, *Méthode de chant composée pour ses classes du Conservatoire*, Paris : Heugel, 1849 ; *Développement progressif de la voix. Nouvelle méthode de chant, à l'usage des jeunes personnes*, Paris : Heugel, 1855.

Notes de 2.6

1. F. A. Harel, Ph. M. Alhoy, A. Jal, *Dictionnaire théâtral [...]*, Paris : Barba, 1824, p. 137.
2. A. Pougin, *Dict.*, p. 326.
3. O. Bara, *Le Théâtre de l'Opéra-Comique [...]*, p. 54.
4. P. Saby, *Vocabulaire de l'Opéra*, Paris : Minerve, 1999, p. 223.
5. *Le Voyage en Chine*, mise en scène d'E. Mocker, collection de mises en scène [...] par L. Palianti, Paris : [A. Belin], [1866].
6. *Le Pardon de Ploërmel*, mise en scène d'E. Mocker, collection de mises en scène [...] par L. Palianti, [Paris] : 1859, p. 1.
7. J.-C. Yon, *Une histoire du théâtre à Paris*, p. 201.
8. *Grand Théâtre de Toulon, Tableau de la troupe pour l'année 1878-79*, Toulon : typographe Michel Massone, 1878.
9. H. Panofka, *L'Art de chanter*, Paris : Brandus, 1854, p. 9-14 ; L. Marie, *Guide pratique du chant*, Paris : Colombier, 1854, p. 1 *sq.*
10. I. Milhès, *Guide du chanteur*, Paris : Boiledieu, 1854, p. 12.

11. N.-R. Besançon van Oyen, *Nouvelle méthode préparatoire de chant*, Paris : Cendrier, 1851, p. 6, 25-26.
12. Marié, « Bases de la tessiture (ou noyau vocal) », *Formation de la voix*, Paris : Heugel, 1873, p. 4.
13. R. Laborde, *Méthode de chant*, Paris : Lemoine, 1899, p. 1.
14. É. Rey, *Méthode de chant pour voix de soprano*, Paris : L'auteur, 1876, p. 4.
15. F.-J. Fétis, *Méthode des méthodes de chant*, Mayence : Schott, 1870, p. 15 *sq*.
16. T. Lemaire et H. Lavoix, *Le Chant, ses principes et son histoire*, Paris : Heugel, 1881, p. 48-58.
17. G. Duprez, « De la voix », *L'Art du chant*, Paris : Heugel, 1846, p. 2-3. Descriptions analogues chez E. Delle Sedie, *L'Art lyrique*, Paris : Escudier, 1874, p. 229-233 et M. Garcia fils, *École de Garcia*, 1re partie, Paris : Troupenas, 1840, p. 4-7.
18. J.-B. Faure, *La Voix et le chant*, Paris : Heugel, 1886, p. 34.
19. I. Consul, *Études spéciales pour la vocalisation*, Paris : L'Auteur, 1835.
20. J. Laurens, *Problèmes du chant français*, Rodez : Subervie, 1977, p. 30.
21. A. Guillot de Sainbris, *Vadé mecum du chanteur ou recueil d'exercices journaliers*, Paris : l'auteur, 1840, p. 1 ; E. Crosti, « Avant la bataille (exercices pour se mettre en voix) », *Le Gradus du chanteur*, Paris : Girod, 1896, p. 215.
22. É. Rey, *Méthode de chant*, p. 124.
23. S. de La Madelaine, *Chant / Études pratiques de style vocal*, vol. 1, Paris : Albanel, 1868, p. 110.

Caroline Branchu
(Alexandrine-Caroline, née Chevalier de Lavit, 1780-1850)

Caroline Branchu, soprano dramatique qui, pendant vingt-cinq ans a brillé sur la scène de l'Opéra, s'est vue gratifiée d'une renommée qui a résisté à l'épreuve du temps. Elle impressionna son public avec ses rôles célèbres – Julia, Alceste, Armide – si bien que longtemps après son retrait de la scène, elle fut évoquée avec enthousiasme lorsqu'on reprit ces rôles à l'opéra. Sa carrière a chevauché la période de l'opéra gluckiste du XVIIIe siècle et le début du grand opéra du XIXe siècle. Admise au Conservatoire de Paris à l'âge de seize ans, elle étudia avec Pierre Garat et sortit trois ans plus tard avec deux premiers prix, l'un en chant (1798) et l'autre en déclamation lyrique (1799). L'année 1799 marqua ses débuts au Théâtre Feydeau, une scène peu adaptée à ses qualités vocales et dramatiques. Sur les conseils de Henri-Montan Berton et de Jean-François Le Sueur, Mlle Chevalier (nom qui l'a d'abord rendue célèbre) rompit son engagement avec le Théâtre Feydeau. Elle entreprit alors une collaboration avec l'Opéra en 1801. Ce fut dans le rôle-titre de la *Didon* de Piccinni que Branchu fit ses débuts sur la première scène lyrique à Paris où elle eut un succès immédiat. On louangea l'assurance, la passion et la sincérité de sa voix puissante et sonore. Plusieurs créations suivirent sur lesquelles elle laissa une marque indélébile ; Julia de *La Vestale* (1807), Amazily de *Fernand Cortez* (1809) et Statira de l'*Olympie* (1819) de Spontini. Ces trois œuvres restèrent au répertoire de l'Opéra jusque dans les années 1830. La personnalité de Branchu réussit également à marquer les interprétations des rôles principaux du répertoire gluckiste, tels Alceste, Armide et Iphigénie (d'*Iphigénie en Tauride*). Le jeune Berlioz en bénéficiera grandement. Il qualifia Branchu de « sublime interprète » de Gluck. Le rappel de la voix de Branchu et de son art théâtral influença profondément la vision qu'avait Berlioz des opéras de Gluck. Ses reprises d'*Orphée* au Théâtre-Lyrique (1859) et d'*Alceste* à l'Opéra (1861), avec la grande cantatrice Pauline Viardot en sont la preuve. Selon une lettre de Berlioz (1824), la réforme du diapason à l'Opéra aurait été une importante raison pour Branchu de se retirer de la scène bien qu'elle fût toujours en pleine possession de ses moyens vocaux et dramatiques. Avec le rôle de Statira, Branchu fit ses adieux au public de l'Opéra le 27 février 1826.

Kimberly White

Alexandre-Marie Colin, *Mme Branchu, rôle de Didon* (de *Didon* de Piccinni), lithographie, Paris : Noël aîné, 1824 (détail).

Chapitre 3
Du livret à la partition : composer un opéra

3.1 LES GENRES LYRIQUES : UN PRÉALABLE À LA CRÉATION
Hervé Lacombe

Genres, institutions et pouvoir

Les dénominations qui apparaissent sur les livrets, les partitions et dans les écrits du XIXe siècle pour qualifier un opéra relèvent de deux idées opposées mais complémentaires : lier l'œuvre nouvelle à un corpus déjà constitué, mettre en avant sa singularité. Par ailleurs, les fréquentes divergences entre les livrets et les partitions quant à la désignation du genre d'un ouvrage tendent à prouver que gens de lettres et musiciens suivent des logiques distinctes. La notion de genre alimente au XIXe siècle nombre de débats et de critiques. L'étude lexicographique des appellations génériques en France fait apparaître l'imbroglio des termes, les systèmes de classification et les sous-entendus des commentateurs[1]. Divers paramètres peuvent être sollicités pour établir la relation d'une œuvre à un genre : son rapport à une institution, son lien à un corpus représentatif, la thématique du livret, l'agencement du drame, l'usage du parler et du chanter, le style musical, etc. Plutôt que d'entrer dans des réflexions théoriques, nous nous concentrerons sur le genre en ce qu'il est, en France, consubstantiellement lié aux institutions lyriques[2]. À l'inverse d'une « idée romantique » de la création libre et solitaire, la composition d'un opéra en France au XIXe siècle passe par une multitude de structures préétablies ou de conditionnements dont on peut résumer certains à travers la notion de genre telle qu'elle est utilisée à l'intérieur d'une organisation et d'un contrôle des théâtres par les pouvoirs politique et législatif (cf. chap. 1). Le système lyrique français n'a rien de commun avec le théâtre lyrique italien où prévaut la circulation des œuvres et des musiciens. L'institution lyrique parisienne n'est pas un simple cadre légal ou administratif, elle est liée à une salle, à sa situation dans la capitale, à ses moyens et à son répertoire. Elle tend à se confondre avec le genre qu'elle défend : on parle du

Grand Opéra où se joue le grand opéra et de l'Opéra-Comique où se donne l'opéra-comique.

À l'occasion du transfert de *Faust* à l'Opéra (cf. 8.1), Gustave Bertrand engage une réflexion sur la programmation et la mainmise des institutions sur les répertoires. Il relève qu'à Covent Garden on voit « entremêlés les répertoires du grand opéra français ou allemand, de l'opéra-comique et de l'opéra italien » (*Le Nord*, 8 mars 1869). Puis il en vient à la situation parisienne : « Puisque nous avons à Paris pour ces divers répertoires divers théâtres particuliers, il vaut mieux les laisser ainsi divisés : il y a peut-être plus de chances de les amener chacun à plus de perfection. Mais ce qui est absurde, c'est de supposer que la ligne de démarcation entre eux est profonde comme un abîme ou infranchissable comme la muraille de Chine. Ce qui est mortel pour l'art, c'est de forger des esthétiques draconiennes pour forcer toutes les œuvres à se mouler sur le même patron et chaque œuvre à garder d'un bout à l'autre, et dans tous ses éléments, une certaine égalité convenue de ton et d'allure. » Dès lors, Bertrand rejette l'objection courante selon laquelle *Faust* étant « surtout un opéra poétique, il fallait le laisser au Théâtre-Lyrique ».

Le genre est grille de lecture autant que matrice esthétique. Il façonne un fort horizon d'attente auprès du public et conditionne la création. Il est aussi un lieu de rencontre et d'échange de diverses formes de pouvoirs[3]. Le système générique français repose sur un principe double de différentiation des répertoires et de droit sur les répertoires. Un genre ne se définit pas isolément mais par rapport aux autres genres et aux diverses institutions théâtrales. La notion même de pouvoir (habituellement attachée au politique et au législatif, et opposée à l'individu créateur) peut être ici renversée. Le pouvoir créateur, comme choix des moyens de création, ne s'exerce pas dans un seul sens. Le politique en matière d'opéra ne fait pas que délimiter et interdire, il est aussi incitation, particulièrement dans les cahiers des charges mais aussi par diverses formes d'interventions. Il peut choisir et corriger, par le biais entre autres de la censure ou du jury littéraire à l'Opéra (cf. 6.1). Différemment certes que le librettiste et le compositeur, il participe de l'entité collective qui façonne tout ouvrage lyrique (cf. 3.2). Le genre peut se comprendre comme espace de pouvoir et de créativité, de luttes et de négociations, comme trame par laquelle passe la formalisation de l'objet d'art, enfin comme transfert ou échange : le pouvoir politique transfère par le biais des artistes son prestige dans le domaine des arts, tout en cherchant parfois à imposer une image, tandis que les artistes reçoivent en échange une reconnaissance sociale exceptionnelle. Certains compositeurs suivent le sens indiqué par le politique, le genre et la tradition, tandis que d'autres biaisent, résistent ou s'opposent. Les genres fonctionnent comme des instances créatrices, produisent des champs de possibles à l'intérieur desquels se positionnent et agissent les auteurs.

La délimitation des genres

Les décrets napoléoniens fixent le cap pour plus d'un demi-siècle (cf. 1.2). Le *Règlement pour les théâtres* du 25 avril 1807 instaure une hiérarchie des théâtres et reconnaît deux genres lyriques français : l'opéra, entièrement chanté, et l'opéra-comique, faisant alterner parler et chanter. Lié à une politique de prestige (cf. 4.1, 6.1), l'Opéra (ou Grand Opéra, ou Académie de musique – royale, impériale ou nationale selon les régimes) « est spécialement consacré au chant et à la danse : son répertoire est composé de tous les ouvrages, tant opéras que ballets, qui ont paru depuis son établissement [...]. 1° Il peut seul représenter les pièces qui sont entièrement en musique et les ballets du genre noble et gracieux [...]. 2° Il pourra aussi donner (mais non exclusivement à tout autre théâtre) des ballets représentant des scènes champêtres ou des actions ordinaires de la vie[4] ». Cette définition très sommaire (« pièces entièrement en musique »), qui est un contenant sans contenu, prendra de nouvelles couleurs avec la mise en place du grand opéra dans les années 1820-1830 et le rejet de l'ancien répertoire (cf. 6.1) ; elle s'enrichira dans les cahiers des charges des directeurs (cf. 1.4). Le gouvernement est guidé en outre par un souci financier (garantir la conservation et l'amélioration de la propriété de l'État : bâtiment et matériel) et un souci artistique et symbolique (conserver l'éclat de la première scène française). Selon le règlement de 1807, l'Opéra-Comique « est spécialement destiné à la représentation de toute espèce de comédies ou drames mêlés de couplets, d'ariettes et de morceaux d'ensemble. Son répertoire est composé de toutes les pièces jouées sur le théâtre de l'Opéra-Comique, avant et après sa réunion à la Comédie-Italienne [1762], pourvu que le dialogue de ces pièces soit coupé par du chant ». Si l'ancien système des privilèges réactualisé sous le Premier Empire s'effondre sous le Second avec la proclamation de la liberté des théâtres en 1864[5] (cf. 1.2), la pensée associant genre et institution perdure au moins jusque dans les années 1870 du fait du contrôle exercé par l'État sur l'Opéra et l'Opéra-Comique, des moyens qui leur sont donnés et du poids de la tradition et du répertoire. Pour tout compositeur ou librettiste, l'œuvre qu'il décide d'écrire est prédéfinie par un ensemble de données liées au théâtre auquel il pense : la réglementation, le répertoire qui par sa répétition consolide l'image du genre, les moyens scéniques, les effectifs (troupe du chant, chœur, orchestre, danse), les emplois (cf. 1.6, 2.6), les schémas dramatiques et les formes musicales qui se sont reconduits d'une œuvre à une autre. L'auteur est parfois lié par un contrat en amont de l'écriture dont les éléments peuvent être négociés. En 1852, le traité que Verdi passe avec l'Opéra de Paris pour la composition d'un nouvel ouvrage est en ce sens éloquent : « M. Roqueplan [...] le mettra en scène avec toute la pompe que l'action exigera et que les antécédents du grand opéra rendent indispensable. M. Roqueplan ne fera pas représenter d'autre grand opéra nouveau pendant le cours de cet hiver [...]. M. Roqueplan ne fera répéter concurremment avec l'ouvrage de M. Verdi qu'un ballet nouveau s'il y a lieu ou des ouvrages à reprendre. [...] M. Verdi choisira dans la troupe de l'opéra les artistes qui lui conviendront pour interpréter son ouvrage[6]. » L'appellation « grand opéra », qui s'est imposée dans la musicologie, ne doit pas occulter le fait que l'Académie de musique représente aussi des ballets et des opéras de plus petite taille appelés « petits opéras[7] ». Ces derniers relèvent plus d'un ensemble d'œuvres disparates répondant à divers besoins (remplir une soirée dont une partie est occupée par un ballet, offrir un galop d'essai à un compositeur, etc.) que d'un genre. Excepté de rares ouvrages, comme *Le Comte Ory* (1828) de Rossini ou *Le Philtre* (1831) d'Auber, ces partitions de dimensions réduites ne parviennent guère à s'inscrire au répertoire.

Au cours du siècle, plusieurs théâtres secondaires cherchent à développer leur partie musicale : normalement limités à des vaudevilles (c'est-à-dire à des mélodies empruntées, dites « airs connus ») ou à des musiques de scène, ils tentent d'intégrer à leurs représentations des numéros musicaux chantés originaux. Plus rarement, certains intègrent à leur répertoire des traductions d'opéras étrangers[8]. La Renaissance, le Vaudeville, l'Odéon, les Nouveautés, par exemple, ont apporté un peu de souplesse dans le système. Mais il ne faut pas pour autant surévaluer ces lieux alternatifs qui, comme l'Odéon, ne s'ouvrent véritablement au théâtre lyrique que quelques années à peine. Les théâtres peuvent se multiplier, certains tenter d'empiéter sur le genre et le répertoire de l'Opéra ou de l'Opéra-Comique, notamment en puisant dans les œuvres tombées dans le domaine public, le système lyrique parvient à se maintenir. La compétition des théâtres est continuellement régulée par l'administration et parfois réglée par des procès et des faillites. L'Opéra-Comique a dû batailler ferme au XVIIIe siècle pour avoir droit de représentation théâtrale et droit de chanter (cf. t. 1, 10.1). Institutionnalisé, c'est lui qui cherche à protéger son privilège. En 1823, les sociétaires de l'Opéra-Comique s'adressent directement au ministre de la Maison du roi : « L'empiètement des théâtres secondaires sur le genre de l'Opéra-Comique lui a été mortellement nuisible. [...] le Vaudeville, les Variétés, le Gymnase, la Porte-Saint-Martin, la Gaîté, l'Ambigu, au mépris de tous règlements, ont intercalé, depuis nombre d'années, dans les pièces de leur répertoire des airs, duos, trios, morceaux d'ensemble, et représentent journellement de petites pièces qu'ils intitulent vaudevilles, et pour lesquelles on fait de la musique, et même des partitions presque complètes, ce qui les rend bien réellement des opéras-comiques, genre exclusivement réservé, et par privilège, à la Société actuelle[9]. » Les mêmes sociétaires s'indignent de voir l'Académie royale de musique puiser dans les sujets développés sur la scène de l'Opéra-Comique ! Inversement, les genres lyriques se nourrissent continûment des autres genres théâtraux comme des courants littéraires ; l'opéra-comique tout particulièrement, dont les scènes dialoguées relèvent du théâtre parlé[10].

DU LIVRET À LA PARTITION : COMPOSER UN OPÉRA   149

Tandis que le grand opéra introduit une rupture esthétique avec l'ancien monde lyrique (cf. 6.1), l'opéra-comique perpétue un genre que la période révolutionnaire n'a fait qu'ébranler. Son histoire à partir de la seconde moitié du XVIIIe siècle est un va-et-vient entre léger et sérieux, petite forme en un acte avec peu de musique et grande forme en deux ou trois actes avec des numéros nombreux et de plus en plus complexes. L'entrée de Meyerbeer à l'Opéra-Comique en 1854[11] conforte ce que nous appellerons le « grand opéra-comique » (cf. 8.2), préparé par des œuvres comme *Le Songe d'une nuit d'été* de Thomas, *Giralda* d'Adam et *La Dame de pique* d'Halévy (toutes créées en 1850). Du temps de la coexistence des deux troupes Favart et Feydeau (cf. t. 1, 13.3, 13.5), une manière intermédiaire existait, entre l'opéra et l'opéra-comique. Fréquemment, au XIXe siècle, on se plaint de la confusion due à la place trop importante accordée à un unique moyen formel, parler/chanter, pour distinguer les deux genres. Si la convenance de l'esprit sérieux, voire tragique, avec l'opéra-comique, dont le nom renvoie au monde de la comédie, est constamment débattu[12], le genre connaît cependant une période de stabilisation durant le règne de Scribe et Auber[13] (cf. 7.4). Perpétuateur d'un genre moyen ou du juste milieu, cet opéra-comique répond à une esthétique de la conversation et à un esprit de légèreté[14] (cf. 16.6).

La prégnance du modèle générique associé à chaque théâtre est si forte dans les mentalités du temps qu'il est difficile pour des auteurs de penser une œuvre en dehors de ce cadre. C'est ce qu'a tenté à ses risques et périls Berlioz, probablement l'esprit le plus indépendant du monde musical parisien. Il nous permettra de revisiter, par son envers, cette problématique des genres lyriques français.

Berlioz et les genres

Berlioz a tout d'abord pensé sa carrière selon l'objectif naturel à nombre de compositeurs français : être joué à l'Opéra (cf. 8.5). Cependant, son goût et son imagination, la découverte et l'enthousiasme pour des univers sonores, poétiques et théâtraux atypiques ou hors des modes vont le conduire à créer un langage musical et dramatique en discordance avec les conventions du théâtre lyrique français[15]. Il arrive à Paris au moment où la tragédie gluckiste et certains grands interprètes vivent leurs derniers instants (cf. 6.1) et où la fièvre rossinienne emporte le Théâtre-Italien et influence le théâtre lyrique français. Il oppose alors les frivolités nouvelles aux divinités anciennes et se dissocie du goût dominant. Pour lui, la vérité des passions et de l'action ne peut être discutée. Or, l'opéra français assujettit le style au lieu d'exécution et à son privilège. Berlioz est parfaitement conscient de la répartition entre l'Opéra et l'Opéra-Comique, des éthos et des styles propres aux genres, et donc des limitations que ceux-ci induisent, mais, précisément, il les rejette comme élément *a priori* de la composition. En ce sens, il suit la pensée hugolienne qui refuse une norme imposant un modèle fixe et des lois artistiques du permis et de l'interdit. Par ailleurs, sa culture musicale lui apporte des références débordant largement l'espace sensible de ses collègues et du public. Enfin, la révélation de l'art et du destin de Beethoven inscrit définitivement en lui l'idée que le génie établit ses propres règles en dehors des modèles académiques, mais aussi que les forces expressives instrumentales peuvent atteindre, tout comme les forces vocales et théâtrales, au grandiose, au tragique et au sublime. Dès lors, Berlioz croise les grandes catégories du symphonique et du dramatique, conçoit un « drame instrumental » et, à l'intérieur de chacune de ces catégories, décloisonne les genres ou les ignore[16]. Son image (sa réputation) à Paris est celle d'un artiste inclassable subvertissant les règles, alors que presse et public aiment au contraire à identifier un créateur à un genre défini. Les échecs de ses projets à l'Odéon, à l'Opéra et à l'Opéra-Comique ne font qu'accentuer sa critique du système lyrique français. Il rompt avec le milieu des théâtres quand il en vient à être son propre librettiste. S'il semble parfois penser ses œuvres selon les genres en vigueur, rapidement elles leur échappent, par le sujet, le style, l'esthétique, et heurtent souvent les attentes du public. « Symphonie dramatique » (*Roméo et Juliette*), « Opéra de concert » puis « légende dramatique » (*La Damnation de Faust*), « mélologue » puis « monodrame lyrique » (*Lélio*) : l'appellation générique paradoxale ou inusitée est un symptôme de la pensée de Berlioz. Il cherche à créer des formes capables de transmettre ses visions sonores et poétiques, plutôt que de couler celles-ci dans le moule de genres établis. Au théâtre pragmatique d'un Scribe, Berlioz oppose un théâtre idéal. Il admet lui-même dans ses *Mémoires* (chap. 48) que le livret de *Benvenuto Cellini* « ne contient pas les éléments nécessaires à ce qu'on nomme un drame *bien fait* ».

Sa réflexion sur les genres se manifeste dans deux domaines : celui de la critique, celui de la création. Comme chroniqueur, il rend compte de plus d'une trentaine d'années de production lyrique. S'il est moins critique vis-à-vis du grand opéra que de l'opéra-comique, il en perçoit pourtant le danger, qui tient à la conception privilégiant les yeux au dépend des oreilles et peut conduire à l'étouffement de la musique par le luxe de la mise en scène. La nature et la pensée de Berlioz acceptent difficilement la fin catastrophique, mais l'amplification des sentiments, l'exacerbation des passions, l'amour comme cataclysme, le goût pour le pittoresque et la couleur locale, les situations et les personnages grotesques et sublimes, le souffle d'une tragédie moderne que le nouveau genre produit trouvent en lui un écho plus que favorable. Avec les ouvrages de Meyerbeer, le grand opéra s'inscrit en tête des conquêtes de l'art moderne, particulièrement grâce à l'invention d'une orchestration proprement inouïe et au rôle essentiel qu'elle joue dans l'expression des sentiments, la peinture des atmosphères, le rendu du drame et la création d'émotions violentes. La diversification du style et des moyens musicaux, répondant au double principe d'accumulation et d'éclectisme (cf. 6.1), fait des *Huguenots* une vivante

« encyclopédie musicale[17] ». Cependant, les sources littéraires de Berlioz sont souvent à rebours des courants dominants. Tandis que le grand opéra historique abandonne le monde antique, Berlioz le glorifie avec *Les Troyens*.

Le monument berliozien inspiré de *L'Énéide* est un échec (rappelons que le compositeur n'en présenta en 1863, sur la scène du Théâtre-lyrique, que la seconde partie, *Les Troyens à Carthage*, précédée d'un Prologue résumant la première partie, *La Prise de Troie*). Il échappe aux cadres génériques français, marie romantisme et modèle antique, mêle univers shakespearien et mythologie virgilienne, et se réfère à Gluck, auteur oublié sur les scènes une bonne partie du XIXe siècle. L'idée générale qui préside à la composition des *Troyens* reste la grandeur antique, d'une ampleur et d'une noblesse insurpassables pour Berlioz[18]. Habité depuis son enfance par cet imaginaire, il n'en demeure pas moins conscient de sa désuétude et de sa nécessaire réactualisation[19].

L'ironie de Berlioz s'exerce sans faillir sur les livrets d'opéras-comiques, aux formes convenues, faits de formules inlassablement reprises, répondant à des schémas dramatiques convenus, abusant de l'intrigue à imbroglio, usant de personnages stéréotypés et d'emplois anachroniques (Martin, Elleviou, Laruette...). À l'image de Sainte-Beuve, qui dénonce l'ère de la « littérature industrielle », Berlioz décrit l'opéra-comique comme un genre sans invention, répondant à un horizon d'attente étroit d'un public dont il ne cesse de blâmer la médiocrité et le désir de conformité (cf. 12.3), et le réduit à un moule de fabrique dont sortent des « produits d'un sot industrialisme musical » (*JD*, 22 avr. 1851). Il dénonce dans les années 1830 la surproduction de l'Opéra-Comique et fait un bilan dans un article, « De l'Opéra-Comique » (*RGMP*, 18 sept. 1836)[20]. Le genre est « en arrière de l'état actuel de l'art » et, de par sa large diffusion en province, contribue à abêtir musicalement les Français. C'est un « genre bâtard » hésitant entre vaudeville et opéra. Berlioz ne rejette pas l'usage de dialogues parlés, il condamne l'institution qui oblige à les utiliser et qui lie ce procédé à un unique caractère (comédie et divertissement), alors que les exemples de Mozart, Beethoven ou Weber montrent que le parler a sa place dans des œuvres plus sérieuses. Berlioz décrit l'évolution du genre, le style des maîtres anciens, qu'il sait apprécier (notamment chez Grétry) et dont il relève dans de nombreux feuilletons la délicatesse. Ailleurs, il détaille la pauvreté rythmique, harmonique et instrumentale du nouveau modèle (Boieldieu), se moque des mélodies d'opéra-comique (de simples chansons), ou de l'incapacité d'Herold à synthétiser les styles nationaux dans le creuset de l'opéra-comique (*Zampa*). Il ne rejette pas forcément les situations et les impressions moyennes, il condamne l'absence d'élévation et la réduction au médiocre, ou à l'agréable, de toute expression dans le cadre de l'opéra-comique. Il sait, par exemple, reconnaître le talent d'Auber et d'Halévy, l'originalité de Gomis et de Monpou, le ton bouffe d'Adam (*Le Toréador*). *Béatrice et Bénédict*, à la fin de sa vie, est un opéra-comique, parce que le genre convient à son projet, qu'il définit lui-même comme « gai et souriant » et « bien joli »[21]. C'est dans l'exploration de la confidence féminine, du sentiment amoureux et de l'instant poétisé qu'il écrit les plus belles pages de la partition. Il se détourne ainsi du « grand opéra-comique » des années 1850 pour se rapprocher de l'esthétique gounodienne caractéristique d'une nouvelle tendance dont il a suivi l'éclosion depuis *Sapho*. Sa critique de *Faust* met en avant des qualités que l'on retrouve dans son œuvre : douceur du coloris, accent intime, demi-teinte, effet de « clair de lune musical », « élans de cœur » d'une jeune fille.

Les années 1850 et 1860 :
un élargissement et une brèche dans le système lyrique

L'ouverture de l'Opéra-National en 1847 ouvre une première brèche dans le système lyrique parisien. Un arrêté en date du 12 janvier lui permet de représenter des ouvrages nouveaux mêlés de musique : c'est un second Opéra-Comique (le répertoire de ce dernier en moins) ! La révolution de 1848 interrompt l'entreprise, mais lui succède en 1851 le Théâtre-Lyrique (cf. 8.3), autorisé à créer des ouvrages en un ou plusieurs actes, en vers ou en prose, mêlés de musique nouvelle, « avec tous les développements que comporte le genre lyrique[22] » et avec la possibilité d'y ajouter des divertissements chorégraphiques. Il a dès son ouverture la possibilité de produire des œuvres entièrement chantées (c'est, potentiellement, un nouveau Grand Opéra). Berlioz, nous l'avons dit, va pouvoir y faire représenter en 1863 une partie de ses *Troyens* et Bizet, la même année, *Les Pêcheurs de perles* (cf. 8.5), une œuvre sans véritable modèle, qui va ébranler la critique[23]. Le Théâtre-Lyrique permet l'affranchissement vis-à-vis des genres institutionnalisés et ouvre ses portes à une nouvelle sensibilité qui va modifier en profondeur l'expression lyrique nationale. On a parfois désigné par « opéra de demi-caractère », « opéra lyrique » ou « opéra poétique »[24], cette *tendance* (plutôt que ce genre) dont Gounod est le représentant, avec les créations de *Faust* (1859), *Mireille* (1864), *Roméo et Juliette* (1867), précédées de *Sapho* à l'Opéra en 1851 (cf. 8.1, 8.4). Le renouveau sensible, qui se construit notamment autour du thème amoureux (cf. 16.1), touche l'Opéra et le Théâtre-Lyrique et atteint l'Opéra-Comique où il produit en 1862 le délicieux *Lalla-Roukh* de Félicien David et, en 1866, *Mignon* d'Ambroise Thomas, avec Galli-Marié, l'un des plus grands succès du siècle[25]. Marie Escudier peut craindre alors que l'on reproche à *Mignon* « d'être trop bien écrite, pour ne pas dire d'être trop classique » (*FM*, 25 nov. 1866). Aujourd'hui regardé comme de la musique facile et mièvre en bien des endroits, *Mignon*, inspiré du *Wilhelm Meister* de Goethe, combine l'esthétique de la romance à un modèle germanique et semble détourner l'opéra-comique de l'esprit de légèreté. Ce sont plus les représentations que l'on se fait de l'art allemand, notamment médié par le peintre Ary Scheffer, qui transparaissent dans l'œuvre française, que son langage et ses idées. Pour Soubies et Malherbe, le sujet de *Mignon* est traité « comme celui de *Faust*, à la manière française, c'est-à-dire avec un mélange de grâce aimable et de logique un peu bourgeoise[26] ». L'ouvrage de Thomas présente une vision édulcorée d'une confrontation Nord-Sud, personnifiée dans le couple Mignon (introspective et rêveuse) et Philine (extravertie et rieuse). *Faust* et *Mignon* tendent à aplanir les antagonismes pensée allemande / pensée française, profondeur / superficialité. Répondant à une enquête menée à l'occasion de la millième de *Mignon*, Jules Barbier, un des librettistes, résume en ces termes la transformation de la fin de l'ouvrage où, conformément au roman, le personnage principal devait mourir : « C'est alors que, comme des gens pratiques que nous étions, nous nous dîmes : « Mais pour respecter cette disparition de Mignon, à peine indiquée dans le roman de Goethe, nous nous privions à plaisir de sept à huit cents représentations ! Il vaudrait beaucoup mieux les marier comme de braves bourgeois et laisser la place ouverte à leur nombreuse postérité ! » (*Fig.*, 13 mai 1894.)

Il faut encore citer les Folies-Nouvelles et les Bouffes-Parisiens comme nouveaux lieux où la palette des genres lyriques s'enrichit, avec l'invention de l'opérette, dans les années 1850, par Hervé et Offenbach (cf. 8.6). Ce dernier, qui ne parvient pas à se faire jouer sur les scènes officielles, cherche à diriger un théâtre – il a tenté sa chance en 1854 en demandant au ministre d'État Achille Fould de lui confier la direction du Théâtre-Lyrique[27]. Il cherchera toute sa vie à réussir sur la scène de l'Opéra-Comique pour acquérir une meilleure place dans la hiérarchie des genres. Le système lyrique français s'élargit dans les années 1850-1860 ; il est fortement ébranlé par la loi de 1864 avant de se dissoudre dans le wagnérisme (cf. 9.6) et les nouvelles esthétiques de la fin du siècle (chap. 10) et dans la liberté d'action accordée à l'Opéra-Comique (cf. 21.5).

3.2 L'écriture lyrique

Hervé Lacombe

L'écriture d'un opéra remet en question les idées reçues concernant l'autonomie de l'artiste ou l'idéal d'une création accomplie dans une tour d'ivoire. En outre, du fait de sa forme complexe, qui vise une réunion des arts, l'opéra ne peut être réduit à une partition ou à un livret. L'« écriture lyrique » combine plusieurs écritures spécifiques (littéraire, musicale et chorégraphique) qui interfèrent entre elles. Elles s'incarnent sur scène avec l'orchestre, les artistes du chant et de la danse, les figurants et les choristes, les décors et les costumes, en une ultime étape où s'entremêlent création et production – étape qui relève d'une écriture scénique, ce que confirme l'invention du livret de mise en scène (cf. 13.5). Si chaque composante a sa logique, son langage et ses moyens expressifs, l'opéra advient lors de la représentation, dans la coordination, juxtaposante ou fusionnante, de l'ensemble. Les lignes qui suivent veulent, à travers quelques exemples, évoquer les manières de faire, rappeler les étapes et les conditionnements de l'écriture d'un opéra, dont on a pu avoir une première idée en évoquant le métier des librettistes (cf. 2.2).

Une élaboration collective et évolutive

Le compositeur et ses collaborateurs agissent à l'intérieur de cadres relativement contraignants, dont le premier, nous l'avons indiqué plus haut (cf. 3.1), tient aux institutions lyriques. Le développement de l'analyse génétique – en littérature d'abord puis, plus récemment, dans la musicologie[1] – a permis d'insister sur la dimension temporelle de l'œuvre en tant que texte, un texte non pas donné mais élaboré, fabriqué, travaillé, inscrit dans un processus plus ou moins long et plus ou moins complexe. Envisagé à l'état naissant, ce texte est inscrit dans un devenir censé le conduire à une forme stabilisée. Aborder ce moment de fixation comme forme définitive et, éventuellement, parfaite de l'œuvre est inadapté à la réalité de la vie lyrique avant la mise en place de l'idéologie wagnérienne et de la sacralisation des partitions – emblématiquement, les symphonies de Beethoven. Le texte d'un opéra est pour grande part dépendant des conditions de son exécution, ici et maintenant, chaque fois différentes. L'œuvre est intimement liée à sa production temporelle, aux conditions matérielles, humaines et circonstancielles de son écriture comme de sa réalisation scénique. Sans atteindre l'incroyable malléabilité des ouvrages de Rossini (associée à une poétique belcantiste qui accorde une part importante d'improvisation aux interprètes[2]), les opéras français relèvent pour partie d'une esthétique qui vise l'événement que constitue l'exécution à partir de moyens spécifiques, plutôt que l'exécution d'un texte figé et inviolable. Les travaux sur l'auteur du *Barbier* et l'interprétation de ses opéras ont fait évoluer les mentalités actuelles en ce domaine[3]. L'édition critique d'opéras français du XIXe siècle permet de se rendre compte de l'instabilité des œuvres, objets de multiples variantes et existant souvent sous diverses versions[4]. Il n'est que d'évoquer les multiples versions de *Mireille*, réalisées du vivant de Gounod, son *Faust*, créé sous la forme d'un opéra-comique et finalement connu sous sa forme opéra, ou encore la double carrière de *Carmen*, joué en France avec dialogues tout au long du XIXe siècle, tandis qu'à l'étranger on le découvre et l'apprécie le plus souvent avec des récitatifs. En 1857 (le 22 mars), il est tout naturel au chroniqueur du *Ménestrel* d'annoncer que le Théâtre-Italien de Londres « donnera la prochaine saison le *Fra Diavolo* d'Auber, avec des récitatifs expressément écrits par l'illustre compositeur, une nouvelle romance pour Mario et un nouveau final ».

Toutes les personnes intervenant dans la mise en forme d'un opéra s'inscrivent dans un jeu de pouvoir (cf. 3.1). Composer se fait dans une interaction et une négociation entre compositeurs, librettistes, chorégraphes, directeurs, éditeurs, interprètes, décorateurs, metteurs en scène, etc., et toute autre personne pouvant intervenir à un moment ou à un autre. Ainsi, le fameux chef de claque de l'Opéra, Auguste (cf. 12.4), qui s'est acquis, sur le tas, une vraie connaissance du théâtre et du public, a pu contribuer au spectacle lui-même. « Un jour, rapporte Pierre-Marie Lajet, à une répétition des *Huguenots*, dont la reprise eut lieu pour la Cruvelli, celle-ci ayant exécuté un point d'orgue qui ne figurait pas dans la partition, Meyerbeer pria la cantatrice de vouloir bien supprimer ce trait. Auguste, qui était là, s'écria aussitôt : – Vous avez tort, monsieur Meyerbeer. – Vous croyez ? fit le maestro. – Oui, monsieur. – Mademoiselle Cruvelli, reprit doucement Meyerbeer, veuillez, je vous prie, maintenir le point d'orgue que vous venez d'exécuter[5]. » Vraie ou fausse, l'anecdote souligne la diversité des rapports de pouvoir dans la création. Chacun, selon son métier, son jugement, son impression, sa renommée, relance, demande, impose, intervient à différents stades de l'écriture et de la mise en place du spectacle. « Pour monter *Robert [le Diable]* et *Les Huguenots*, fait remarquer Gustave Bertrand, ils étaient trois : Meyerbeer d'abord ; puis Habeneck, un chef d'orchestre de génie [...] ; puis Nourrit, un artiste créateur qui animait tout autour de lui, et jouait la pièce ensemble avec son rôle[6]. »

« MM Massenet, Gailhard et Catulle Mendès », *Les Annales politiques et littéraires*, 4 nov. 1906, p. 11. Photographie prise durant les répétitions d'*Ariane* à l'Opéra symbolisant le noyau de l'équipe créatrice : le compositeur, le directeur et le librettiste.

Le compositeur passe du travail solitaire au travail d'équipe et réciproquement. Il fait entendre un numéro, présente au directeur de théâtre un acte, prend rendez-vous avec son ténor ou sa *prima donna* pour lui faire découvrir ou travailler son rôle, s'engage dans les répétitions... Chaque fois, ce sont des occasions pour ajuter un élément, corriger un trait, revoir la tessiture, reprendre plus en profondeur la partition, réviser une scène. Souvent, l'impression du directeur vaut tout argument et il faut couper ou remplacer un air, parfois tout un tableau. Berlioz en a fait la triste expérience lors de la création des *Troyens* au Théâtre-Lyrique : « Je ne saurais dire ce que Carvalho, tout en protestant qu'il ne voulait que se conformer à mes intentions et exécuter mes volontés, m'a fait subir de tourments pour obtenir les coupures qu'il croyait nécessaires[7]. » Carvalho a fait trembler le Tout-Paris des compositeurs avec ses idées arrêtées. Au tournant du XIXe au XXe siècle, Albert Carré demande la suppression du prologue de *Cendrillon*, intervient auprès du librettiste de *Grisélidis* pour qu'il revoie sa copie et auprès de Massenet, personnalité pourtant très installée, pour qu'il refasse la seconde partie de sa partition[8].

Bien avant ce délicat moment des répétitions, le compositeur a besoin « de grain à moudre » ; il est tributaire du livret. Même un musicien reconnu se voit souvent contraint de courtiser et de relancer ses collaborateurs, souvent pris par divers projets. On s'en convaincra en lisant Boieldieu s'adressant à un librettiste : « M'avez-vous arrangé les morceaux de musique de notre *Emma* ? Avez-vous approuvé mes observations et celles qui m'ont été faites ? Me faites-vous un acte que je puisse mettre en musique tout de suite et qui puisse être joué dans deux mois ? Je n'entends point parler de vous et je crains que le [Théâtre du] Gymnase vous fasse oublier [le Théâtre] Feydeau. J'en serais d'autant plus fâché que je n'ai rien à faire de bon et que je ne compte que sur vous et Scribe. – [Le chanteur] Martin me tourmente pour lui faire quelque chose pour cet hiver. Je lui ai dit qu'il me seconde près de vous deux en vous tourmentant un peu. Vous en a-t-il parlé[9] ? » Le même Boieldieu, auréolé du succès de *La Dame blanche*, s'adresse en 1826 à Scribe, presque suppliant : « Donnez-moi donc *Le Muet* ou l'opéra en trois actes ! […] ne me laissez pas me démonter. Je n'ai que trois ou quatre ans à travailler. Je voudrais encore quelques succès avec vous. […] Allons cher Scribe mettez-vous à l'ouvrage et ne me laissez pas me refroidir[10] ! » Le travail à deux librettistes permet de réunir des compétences complémentaires et peut-être d'aller plus vite (cf. 2.2) ; dans certains cas, l'un prend l'ascendant sur l'autre et l'empêche de suivre son idée. *Françoise de Rimini* (O, 1882) ne connaît pas le succès attendu... Grande déception pour Barbier, qui reproche aussitôt à feu son collaborateur, Michel Carré, la longueur de la pièce : « Si l'un de nous a sacrifié jamais l'action au pittoresque, ce n'est pas moi, c'est lui[11]. »

La plupart du temps un va-et-vient s'instaure entre compositeur et librettiste, chacun retravaillant la partie de l'autre autant que la sienne. La correspondance échangée entre Auber et Scribe est en ce sens un véritable traité « d'écriture lyrique » où l'on voit le littéraire penser la musique et le musicien le drame[12]. Les échanges entre musiciens et librettistes, parfois conflictuels, offrent aussi une véritable dynamique créatrice et une double inscription du théâtre dans la musique et de la musique dans le théâtre, ce dont bien des compositeurs-poètes auraient eu besoin pour donner plus de vigueur dramatique à leurs œuvres. Le musicien imagine parfois une situation et une couleur musicale que le librettiste doit ensuite organiser littérairement : « Cher ami, écrit Gounod à Jules Barbier à propos de *Mireille*, il faut que pour notre entrée de *Marche religieuse* au dernier tableau, tu me fasses deux strophes dont j'ai trouvé le motif aux Saintes-Maries dans l'office des saintes et dont voici le texte latin qui renferme une ravissante légende. [Gounod donne ce texte et sa traduction.] Je voudrais que pour chacune de ces strophes, tu me fisses six vers, auxquels j'ajouterais comme refrain les deux vers suivants que j'ai déjà mis en musique, pour me donner le ton du morceau : "Aimons tendrement (bis)/ Un si bon maître qui nous aime tant !" – Je crois que tu seras content de la couleur que j'ai donnée à cela[13]. » Les articles qui suivent (3.3 et 3.4) détaillent ce travail et son évolution jusqu'à la fin du siècle.

La danse ajoute un conditionnement supplémentaire à la partition, qui doit correspondre aux caractères et aux régularités attendus des chorégraphes et des danseurs. Elle touche donc la partition en tant que structure obligée pour le ballet, mais aussi peut être convoquée dans son esprit et ses formules rythmiques afin de créer un style musical « dansant » (cf. 3.5), en dehors de tout divertissement chorégraphié. « On sait, nous apprend Johannès Weber, que la longueur du divertissement dansé et le caractère des pas dépendent avant tout du maître de ballet. Cela me rappelle que Meyerbeer, quand il composa la musique du divertissement du *Prophète*, avait soumis un morceau au maître de ballet, lorsque l'idée lui vint de couper seize mesures avant de donner le morceau à la copie. "Le maître de ballet, me dit-il, ne trouve jamais que ce soit trop long, au contraire ; mais je vais lui voler ces seize mesures !" Et il riait comme un enfant qui a fait un bon petit tour » (*Le Temps*, 6 nov. 1883).

Le collectif créateur doit être élargi à la salle. Parmi les spectateurs, la critique journalistique peut jouer un rôle de guide pour le public à venir, de juge dans le champ de la vie culturelle et artistique, de témoin pour l'histoire et aussi de conseiller auprès des artistes et du directeur. Les deux parties du public (les anonymes, pour faire simple, et la presse) pèsent d'un poids non négligeable sur les choix artistiques et parfois sur la reconfiguration de l'œuvre. L'histoire de l'opéra regorge d'anecdotes concernant des révisions d'ouvrages réalisées durant la première série de leurs représentations et pour répondre aux réactions du public. Après quelques représentations, *Jean de Nivelle* (OC, 1880) de Delibes est l'objet de remaniements qui diminuent les dialogues parlés et la part de comédie de l'ouvrage. Ces coupures semblent répondre aux interrogations de différents journalistes portant sur la place et le type de comique dans l'œuvre. Trois ans plus tard, l'écriture de *Lakmé*

(OC, 1883) par les mêmes auteurs semble prendre en compte certaines remarques de ces journalistes sur l'obscurité et la complexité du livret de *Jean de Nivelle*. Nouvel ouvrage, nouvelles réactions et nouvelles suggestions : en 1883, la critique, qui réclame la coupure du trio de l'acte III de *Lakmé*, est sans doute à l'origine de la suppression de cet ensemble dès la 3ᵉ représentation[14]. À l'occasion de représentations de *Henry VIII* de Saint-Saëns avec des coupures et l'adjonction de nouvelles mesures, Johannès Weber fait un bilan des modifications apportées habituellement lors de la représentation de quelques grands ouvrages du répertoire : « À la première représentation d'*Henry VIII* déjà, le pas de Highlanders était supprimé dans le trop long ballet. À la quatrième ou à la cinquième représentation, on a supprimé le premier tableau du troisième acte, d'autant plus qu'il fallait absolument abréger la durée du spectacle. Dans *Les Huguenots*, on supprime non seulement la cavatine de Valentine au quatrième acte, mais aussi tout le premier tableau du cinquième acte, comprenant deux pas de ballet et un air de ténor avec chœur. J'ai encore entendu chanter cet air par Roger ; mais, par suite du retard général dans l'heure des dîners et conséquemment dans l'ouverture des théâtres, il a fallu gagner du temps pour ne pas finir trop tard. Au commencement du troisième acte de *La Juive*, on supprime depuis fort longtemps tout un tableau formé de récitatifs et de trois morceaux de chant, à savoir : un grand air et un boléro d'Eudoxie et un duo entre cette princesse et Rachel. Au troisième acte de *Guillaume Tell*, on supprime un long duo de Mathilde et d'Arnold ; parfois, on supprime aussi le quatuor : "C'est là cet archer redoutable !" On sait que Duprez avait rendu obligatoire à l'Opéra la suppression de tout le quatrième acte, à l'exception de l'air de ténor par lequel on terminait et l'on termine souvent encore aujourd'hui la représentation » (*Le Temps*, 6 nov. 1883).

Le rôle des interprètes

L'interprète n'est pas un neutre dont le rôle se limiterait à réaliser le texte musico-littéraire décidé par le librettiste et le compositeur, un jeu scénique donné par la tradition ou imaginé par le directeur du théâtre ou la personne chargée de la mise à la scène. Une action véritablement créative lui échoit, qui s'exerce en amont et en aval de l'écriture du livret et de la partition. On peut schématiquement distinguer quatre niveaux (aux limites très poreuses) dans son rôle au moment de la représentation : 1. l'exécution (exacte réalisation technique de ce qui est demandé par la partition et le livret) ; 2. l'interprétation à proprement parler (la part sensible et stylistique dans l'exécution – comme bien phraser, faire ressortir certains mots) ; 3. la créativité (l'ajout d'ornements, de silences, de points d'orgue, etc., sur le plan musical, et, plus exceptionnellement, de mots, sur le plan littéraire) ; 4. le jeu (gestuelle, mimique, positionnement dans l'espace scénique, etc.). En amont de l'écriture, l'interprète intervient selon son degré de renommée et ses qualités propres. Il est fréquent qu'un compositeur conçoive le rôle principal en pensant à un chanteur. Les qualités vocales spécifiques, l'énergie dramatique d'un interprète, les rôles qu'il a incarnés orientent le profil du personnage qui se trouvera dès lors plus ou moins taillé sur mesure. La troupe et les emplois structurent puissamment le champ des possibles. Chaque rôle de Martin, indique Larousse, « était chargé d'un rondeau ou d'un récit interminable destinés à mettre en relief, soit le débit du chanteur, soit l'étendue prodigieuse de sa voix[15] ». Laure Cinti-Damoreau passe par le Théâtre-Italien, puis de la troupe de l'Opéra (1826-1835) à celle de l'Opéra-Comique (1836-1843) où elle triomphe et apporte « l'éclat de sa technique de chant italienne ; forgée dans l'interprétation des opéras rossiniens[16] ». En écrivant pour elle, Auber renouvelle sa pensée musicale, son écriture et sa dramaturgie, ainsi que le notifie l'un de ses premiers biographes : « En ne voulant faire qu'un vêtement à une cantatrice française au goût italien, M. Auber sut se créer un style qui restera définitivement le sien. Pour donner tout son relief, tout son éclat à cette vocalisation si savante et si suave, à cette voix si élégante [...], il faut renoncer à écrire de grands finales, mettre une sourdine aux duos et aux trios, multiplier les thèmes peu développés autour desquels vont s'ébattre, comme autant d'oiseaux jaseurs, les points d'orgue capricieux de la virtuose[17]. » Pierre Girod conclut de cette situation : « Une petite voix et une résistance bien inférieure à l'habitude pour des premiers rôles imposent au compositeur une orchestration discrète et des numéros courts, des duos peu vaillants, surtout en fin de carrière[18]. »

Dans le système lyrique français (cf. 1.6), les catégories vocales et les emplois fonctionnent comme une matrice créatrice : ils dessinent une bonne partie du profil des personnages pour tout nouvel ouvrage destiné à être donné par la troupe de l'Opéra ou celle de l'Opéra-Comique. Même quand le dispositif liant institution, troupe, répertoire, production et création devient plus lâche, l'écriture lyrique est encore souvent modelée sur des exemples tirés du répertoire et de ses interprétations marquantes – exemples permettant de préciser caractère, tessiture et vocalité. Les compositeurs pensent leur nouvel ouvrage à partir de personnages-références ; à moins que ce ne soient les interprètes qui précisent leur palette expressive et musicale en renvoyant à des rôles qu'ils ont déjà chantés ou qui leur semblent représenter ce qu'ils peuvent réaliser sur scène. Gustave Charpentier présente à un ami journaliste sa conception du rôle-titre de *Louise* (OC, 1900) en renvoyant à un ensemble de personnages définissant la vocalité de l'interprète idéale : « Je n'ai qu'un désir auquel je sacrifierai mes meilleures amitiés : une interprétation *exacte* ! Ce qu'il me faut, c'est une Marguerite, une Juliette – plus dramatique que celles de Gounod pour le dernier acte – mais identique pour les autres. C'est Eva (des *Maîtres chanteurs*) et Yseult, tout à la fois[19]. » On voit comment, à la fin du siècle, le modèle wagnérien est venu compléter le système vocal français plus qu'il ne l'a évincé. Le cas d'Adolphe Nourrit est particulièrement célèbre. Fromental Halévy en témoigne : « Scribe, Auber, Rossini, Meyerbeer, s'en rapportaient souvent à sa jeune expérience, à la connaissance qu'il avait de lui-même, parce qu'on savait bien qu'en ajoutant à la valeur de son rôle on ajoutait aussi aux chances du succès[20]. » Halévy parle d'expérience puisque le fameux ténor écrivit lui-même les paroles de son air dans *La Juive* afin de pouvoir ajuster les voyelles au chant et déployer au mieux les prestiges de sa voix[21]. Quand Pauline Viardot accepte de soutenir la carrière de son jeune protégé Charles Gounod et de porter sur scène un personnage fait à sa mesure, elle ne se contente pas d'encourager puis de chanter, elle participe activement à la conception de l'ouvrage. Le librettiste Émile Augier la rejoint à Courtavenel, où elle se repose à l'écart de la capitale, pour travailler sur *Sapho* avec le compositeur et « arranger différentes paroles qui n'allaient pas encore[22] ». D'autres changements plus importants sont décidés après un filage de l'œuvre entre eux et les suggestions de la cantatrice sont parfois très précises : « Il faut maintenant un repoussoir à la musique satinée et rêveuse de l'ode de Sapho. Outre cela, je demande à tous deux, au poète et au musicien, de faire une pétarade de quatre vers, d'un rythme tranchant et animé pour séparer la fin de l'ode du "Merci Vénus", et qui serait chantée par quatre prêtres qui couronneraient Sapho. Cette petite cérémonie peut être belle à faire, termine bien la séance, repose Sapho, repose surtout le public. » Massenet, dont le soin porté à l'écriture de l'œuvre (musicale, vocale, scénographique) est exceptionnel, manifeste une attention toute particulière au rapport entre le créateur d'un rôle, la catégorie vocale et ce que l'on peut appeler « l'orthographe musicale » de sa partie. Meyerbeer achève l'écriture du rôle de Fidès pour la voix exceptionnelle de Pauline Viardot, Bizet corrige sa Carmen pour Galli-Marié, Massenet bénéficie des aigus de Sybil Sanderson pour camper Esclarmonde et Thaïs… Voix et techniques sont un potentiel pour le compositeur. L'air à vocalises, détaché de l'esthétique belcantiste, est de plus en plus critiqué mais demeure un des ingrédients importants d'un opéra à succès une bonne partie du siècle. La célèbre polonaise de Philine « Je suis Titania la blonde » dans *Mignon* est ainsi composée pour faire briller le soprano Marie Cabel. Près de vingt ans plus tard, le public peut se délecter de l'air de bravoure de Manon « Je marche sur tous les chemins », « concession évidente à la virtuosité de la chanteuse » s'empresse de conclure Henri Heugel (*Mén.*, 27 janv. 1884). Toutefois, librettistes et musiciens s'entendent généralement afin de justifier par une situation, ou la qualité particulière d'un personnage, l'emploi des vocalises. Dans ce cas précis, elles traduisent la vivacité, la gaieté et le rire de l'héroïne ; ailleurs elles serviront à exprimer la folie (Ophélie dans *Hamlet*), la mécanisation déshumanisante (Olympia des *Contes d'Hoffmann*), la rivalité avec un instrument (Coraline dans *Le Toréador*), ou l'enchantement exotique (Lakmé).

À l'opposé de Nourrit, considéré comme un élément positif du processus créateur, se situent les interprètes mal inspirés et envahissants, ce dont témoigne Jules Barbier au moment de la création de *Françoise de Rimini* : « C'est aux prétentions de Mr Lassalle qu'on sacrifierait [...] la marche logique du 3ᵉ acte. À mon sens on a tort. On croit gagner beaucoup à avoir de pareils interprètes et l'on s'aperçoit trop tard quels préjudices énormes portent à un ouvrage ces personnalités encombrantes[23]. » Comme l'indique un chroniqueur, il fallait pour achever *Mireille* (TL, 1864) que la cantatrice, Caroline Miolan-Carvalho, et Gounod en arrivent « à des concessions réciproques » (*Mén.*, 7 fév. 1864) !

Outre qu'il reste à faire l'histoire de ce rôle des chanteurs dans l'écriture lyrique, il doit être complété par la prise en compte de l'ajustement permanent de la partition durant sa diffusion afin qu'elle s'adapte aux possibilités des nouveaux interprètes et réponde à leurs demandes. Ambroise Thomas accepte par exemple de revoir sa copie pour satisfaire une cantatrice : « Madame, je vous envoie les modifications que vous m'avez demandées pour l'Air d'Ophélie n° 6. La coupure que je vous propose est très simple, elle n'exige aucun raccord à l'orchestre qui n'aura qu'à compter trois mesures de silence à la soudure même. Pendant ce silence de l'orchestre, la voix continue ses traits qui conduisent aux dernières mesures de l'air[24]... » Peut-être s'agit-il d'une adaptation pour une exécution en concert, mais ce pourrait être tout autant pour une représentation. À l'occasion de la prise de rôle de Raoul des *Huguenots* par Duprez, Berlioz consacre un remarquable article à la particularité des voix de ténor dont les registres varient d'un interprète à l'autre. Il conclut : « Qu'y a-t-il donc d'étonnant à ce que M. Meyerbeer ait approprié aux exigences du talent de son nouvel interprète certaines parties d'un rôle écrit pour mettre en évidence celui de Nourrit ? rien assurément. Aussi le grand maître n'a-t-il pas eu à se repentir de sa complaisance ; car le succès de Duprez a été complet » (*JD*, 17 mai 1837).

En aval de l'écriture de l'œuvre, une foultitude de détails (tel déplacement nouveau sur scène, telle césure non écrite dans la déclamation, tel aigu devenant *forte* alors qu'il est écrit *piano*...) composent un texte second, non écrit, correspondant à celui de la représentation propre à un interprète et inscrit dans les mémoires, suivi d'une représentation à l'autre. Ainsi, lors d'une reprise des *Huguenots* en 1874, on lit sous la plume d'Heugel que « pour les débuts de Mlle Belval dans le rôle de la Reine, Mme Carvalho a bien voulu lui en indiquer la tradition et lui transmettre les traits et points d'orgue dont elle enrichissait l'écrin de la Marguerite de Meyerbeer, Reine de Navarre » (*Mén.*, 3 mai 1874). La transmission est le nerf de la guerre ! Certains s'en font une spécialité, tel Louis Soumis, « accompagnateur et chef de chant à l'Opéra-Comique depuis vingt-deux ans », qui ouvre chez lui, 10, rue Gérando, « un cours de chant et de leçons spéciales sur le répertoire de l'Opéra et de l'Opéra-Comique avec les traditions, points d'orgue, etc. » L'argument publicitaire qu'il fait paraître est clair : « Les fonctions que M. Soumis occupe brillamment depuis si longtemps à la salle Favart le mettent à même d'apprendre à ses élèves, mieux que personne, les rôles anciens et modernes qu'ils ont à étudier » (*Mén.*, 5 octobre 1879). Ces traditions finissent parfois même par être publiées[25]. *Le Bouffe et le tailleur*

(OC, 1836) de Pierre Gaveaux est ainsi marqué de façon indélébile par son interprète féminine au point que le pianiste Charles Neustedt en propose une version instrumentale « avec les variantes et vocalises de Mme Cinti-Damoreau » (Paris : Heugel, [1866]). L'édition d'*Alceste* de Gluck chez Escudier fait valoir qu'il s'agit de la « seule édition conforme à la représentation de Mme Viardot ». Puis, circulant d'un théâtre à un autre, d'un pays à un autre, ou d'une reprise à une autre, l'opéra s'inscrit dans une situation paradoxale : la première représentation parisienne est censée faire modèle alors même qu'elle s'érige souvent en idéal inimitable, pour des raisons de moyens financiers et techniques, à cause des artistes de la création trop exceptionnels pour être suivis par tous. Quand *Faust* passe à l'Opéra en 1869, Mlle Nilsson tente d'introduire des contre-*ut* en lieu et place des *la* de la partition. Découvrant l'élan vers l'aigu de son interprète, Gounod l'aurait priée de se modérer[26]. Dans la même production, le rôle de Méphistophélès est confié à l'éminent baryton Jean-Baptiste Faure. Cette fois ce sont des manques vocaux qui obligent à rectifier la mélodie vocale, trop basse pour lui : « Malheureusement ces changements font assez mauvais effet pour ceux qui connaissent *Faust* et, dans le premier tableau surtout, ils semblent gêner M. Faure[27]. » À l'occasion d'une reprise de *Lakmé* à Genève, Delibes reçoit une lettre du chef d'orchestre du théâtre, qui lui « soumet une liste de transpositions ». Delibes les trouve « déplorables, pour le rôle de Lakmé » : « Celle qui baisse l'air des clochettes d'un ton est très admissible. C'est celle de Mme Patti. Mais les autres, notamment celle de la phrase d'entrée "Blanche Dourga" me déplaisent beaucoup »[28]. Tandis que notre approche du théâtre lyrique s'élabore au croisement des trois concepts d'auteur, d'œuvre et d'authenticité (en conflit d'ailleurs avec l'idée de lecture ou d'interprétation proposée par le metteur en scène), celle dominante au XIXe siècle repose sur les contingences du théâtre et l'idée d'adaptation (au goût, aux possibilités artistiques et techniques, etc.). Bon gré mal gré, les auteurs doivent faire avec. Plus peut-être que tout autre genre, l'opéra pose la question de l'identité de l'œuvre et de sa permanence. Le principe qu'un auteur ait une idée arrêtée de son œuvre n'a rien d'évident. « J'ai [...] passé par tant d'interprétations différentes de cet ouvrage, écrit Gounod, que je ne me sens plus aujourd'hui aucune exigence personnelle quant à son interprétation et que l'exécution de *Faust* me paraîtra toujours vraie dès qu'elle sera bonne[29]. »

Dans les années 1820 et 1830, Castil-Blaze et Berlioz campent deux positions extrêmes ; la majorité des cas se situent entre ces deux personnalités et leurs deux conceptions. Saint-Saëns s'indigne comme Berlioz de tous ces usages. « À mesure [que les opéras] voguent à pleines voiles sur l'océan du succès, écrit-il, les chanteurs, les instrumentistes, les chefs d'orchestre, les chefs de chant, les metteurs en scène s'attachent à leurs flancs, si bien que leur allure en est d'abord embarrassée, puis entravée » (*Le Voltaire*, 29 sept. 1879). Il dénonce le cas fréquent des coupures, véritables mutilations selon lui, qui rêve d'une loi les interdisant. Il cite un quatuor pour voix d'hommes de 14 mesures au début du

Final de l'acte II des *Huguenots*, supprimé un jour à cause d'une indisposition d'un artiste, disparu pour toujours. Il donne l'exemple du chanteur substituant au texte musical une interprétation toute personnelle et cite Gilbert Duprez demandant dans *Les Huguenots* de placer un crescendo conduisant à un *fortissimo* sur une phrase de Raoul (« Laisse-moi partir ») construite en trois paliers ascendants, alors que le compositeur réclame un *piano* pour finir et ainsi faire ressentir les hésitations du personnage. Répétée, la « falsification » devient texte et le public l'attend et la reconnaît comme faisant partie de l'œuvre ! Il en va de même pour le célèbre « Et j'étais une chose à toi » de Don José (*Carmen*, acte II, Duo), que la plupart des ténors brament à pleins poumons pour exhiber leur aigu de puissance tandis que Bizet, désireux de faire entendre la fragilité du personnage, réclame en toutes lettres sur la partition un *pianissimo*. Il faut enfin ajouter le passage d'une œuvre étrangère au répertoire d'une institution française, qui tient du transfert culturel et durant une bonne partie du siècle relève de la « traduction esthétique ». La langue, le goût, les usages, la forme... tout est sujet à aménagement et réécriture.

3.3 LA FABRIQUE DU LIVRET

Herbert Schneider

Approche théorique

Au XIXe siècle en France, public et professionnels estiment que les livrets français sont supérieurs à ceux des autres nations. En 1838, Adrien de La Fage avance que « c'est à la supériorité de son théâtre national que la France doit la supériorité de son drame lyrique. La fréquentation du théâtre français, le plus parfait de tous, a rendu tellement général le sentiment des convenances dramatiques, que le spectateur français ne pourrait supporter un ouvrage où elles ne seraient observées, quel que fût d'ailleurs le mérite des accessoires[1] ». Gérard de Nerval constate que si l'amour propre des compositeurs leur fait penser « qu'un poème froid sera suffisamment "réchauffé des sons de la musique" », « le public français détruit toujours ces conjectures : il lui faut avant tout sa comédie, son action, son drame souvent vulgaire, mais apportant un certain contingent d'amusement ou de surprise »[2]. La Fage, qui exige des traits spécifiques à la poésie à mettre en musique (symétrie, emplacement des césures dans les différentes coupes, etc.), parle de « cette impéritie musicale trop commune aux poètes français[3] ».

Dans son *Essai sur l'opéra français*, écrit autour de 1820 et publié en 1826, Étienne de Jouy, partisan du classicisme, exprime déjà des idées qui se réaliseront dans le grand opéra. Un ouvrage lyrique est le résultat d'un travail collectif réunissant quatre auteurs : le librettiste, le compositeur, le chorégraphe et le décorateur[4]. Parmi eux, le librettiste est « incontestablement le premier et le plus important [...] ; l'invention lui appartient ; il trace le dessein général de l'ouvrage dont l'action doit être d'une "extrême simplicité" (p. 244) ; "il laboure, il sème, il féconde le champ que ses collaborateurs sont chargés d'orner et d'embellir" (p. 233). Si Jouy accepte la grande variété des sujets, il précise toutefois que l'opéra doit conserver "cette sorte de dignité qui dédaigne de prendre ses modèles dans la nature triviale, et d'exciter le rire par des tableaux burlesques" (p. 232). L'intérêt de l'opéra résulte "de l'énergie des sentiments, de la violence des passions, et de l'illusion" (p. 242). L'œuvre doit s'adresser moins à la raison et à l'esprit qu'au cœur et à l'imagination. Se libérer des règles conventionnelles de la poétique est pour lui une nécessité.

En 1825, Lahalle distingue clairement entre les effets de la poésie et ceux de la musique : « La poésie agit sur les sens par l'intermédiaire de l'intelligence et de l'imagination, tandis que la musique agit sur l'imagination et l'intelligence par l'intermédiaire des sens. La dernière commotion de l'une atteint enfin les sens ; la commotion de l'autre ébranle et met en jeu l'imagination[5]. » Les drames destinés à être mis en musique « ne doivent être que des sommaires que le spectateur achève de développer à l'aide de la musique et de la représentation théâtrale[6] ». S'adressant à un public général, Emmanuel Viollet-le-Duc précise en 1830 les différences entre la tragédie et l'opéra : « Les conditions de la tragédie lyrique sont à peu près conformes à celles de la tragédie déclamée ; elle n'en diffère que par le choix et l'ordonnance des sujets qui doivent marcher plus rapidement au dénouement. L'auteur du poème lyrique doit spécialement s'attacher à amener des situations, à peindre des sentiments propres à être exprimés par la musique. [...] Le spectacle, les machines, la pantomime, la danse, en sont une partie obligée[7]. » Hippolyte Auger confirme cette règle en 1839 et place l'opéra au sommet de la hiérarchie des genres dramatiques : « Il serait à souhaiter que le poème répondît à tous les agréments dont l'opéra est composé, ce serait de tous les spectacles qu'a imaginés, et qu'imaginera jamais l'esprit humain, non seulement le plus magnifique, mais encore le plus beau et le plus capable de nous plaire : aussi l'on peut assurer que l'opéra est une réunion des beaux-arts, de la poésie, de la musique, de la danse, de l'optique et des mécaniques ; en un mot, c'est le grand œuvre par excellence, comme son nom le désigne, et le triomphe de l'esprit humain[8]. »

La question de la qualité du livret

Le nombre d'œuvres créées par des librettistes passe l'imagination : Scribe avec 94 opéras-comiques et 30 opéras est suivi par Adolphe de Leuven (72 – dont 15 en collaboration avec Saint-Georges, 10 avec Brunswick), Jules Barbier (57 – dont 14 tout seul, 37 en collaboration avec Michel Carré, 11 avec d'autres auteurs), Eugène de Planard 52, Louis Gallet (65 – dont 19 en collaboration), Ludovic Halévy (37 – 17 en collaboration avec Henri Meilhac, 9 avec

Crémieux) et Mélesville (27 opéras-comiques, dont 13 avec Scribe, 8 opéras, dont 3 avec Scribe). Mais, à l'opposé du XVIIIe siècle, les éditions en recueils des ouvrages d'un auteur sont plus rares au XIXe, peut-être parce que le livret est désormais moins considéré en tant qu'objet littéraire. L'opéra-comique, tout particulièrement, s'inscrit dans une forme de production intensive. La profusion de créations est réprouvée par Gautier[9], et par Berlioz en 1838 : « Les pièces nouvelles s'y succèdent avec une effrayante rapidité. [...] Cette multitude de nouveautés, continuellement jetées les unes sur les autres à l'avide et puérile curiosité d'un public frivole autant que blasé, d'un public qui ne s'intéresse à rien, n'est-elle pas en effet effrayante pour l'avenir du théâtre » (*RGMP*, 7 oct. 1838). Concernant la production en grande hâte à l'Opéra-National en 1852, Berlioz répète ce diagnostic et en voit les causes dans « les lieux communs, le style lâche, les réminiscences dont abondent [ces] œuvres ainsi écrites au courant de la plume » (*JD*, 13 janv. 1852). Entre 1800 et 1890, la majorité des opéras-comiques sont en un acte (386), suivie de ceux en trois actes (252) et en deux actes (94)[10]. *La Neige* de Scribe (OC, 1823) est le premier opéra-comique en quatre actes. C'est après 1873, lorsque l'Opéra-Comique commence à donner des ouvrages entièrement chantés (cf. 10.2), que des œuvres en quatre ou cinq actes deviennent plus fréquentes.

Le livret doit présenter des structures pour la mise en musique et pour la réalisation scénique. Sa qualité principale n'est pas littéraire ou poétique mais réside dans sa disposition pour la musique. Un des lieux communs de la critique de Berlioz est ainsi l'exigence de « situations propres à donner au style musical de l'imprévu et de la variété » (*JD*, 7 janv. 1849). Pour Théophile Gautier, le niveau littéraire du livret doit correspondre à la musique : « Nous plaignons de tout notre cœur les musiciens obligés de broder de la musique sur de semblables paroles [celles du *Drapier* de Scribe (O, 1840)] ; on ne peut rien tracer de délicat et de fin sur un canevas si grossier. [...] Nous insistons beaucoup sur le livret, car nous ne croyons pas que l'on puisse faire de belle musique sur un ramas de mots sans aucun sens et sans aucune harmonie[11]. » Pour lui, le livret de *Charles VI* (O, 1843) des frères Delavigne est réussi du fait de son langage soigné. En 1852, Reyer parlera de l'antagonisme entre « parolier » et « poète » et de l'aversion des poètes à travailler avec les musiciens, en raison du préjugé en vigueur parmi les compositeurs, « qu'il n'est possible de faire de la bonne musique que sur de méchants vers »[12] !

Scribe, autant loué que critiqué, est le librettiste dominant entre 1820 et 1850 (cf. 2.2). « C'est un auteur plein d'esprit, relève Nerval, de verve et de grâce, et de plus, c'est un homme poli. Ses titres dramatiques sont incontestables ; il a fait des vaudevilles ravissants, des opéras-comiques parfaits, selon les lois du genre, de grands opéras qui, à force d'habileté et de sentiment juste des proportions ont acquis presque un mérite littéraire[13]. » En même temps Nerval désigne une distance claire entre le genre du livret et la vraie littérature : « Il faut souhaiter au contraire que le règne de M. Scribe dure longtemps, mais seulement sur les scènes où il ne vient pas faire concurrence à la littérature véritable. Cette imagination gracieuse toujours, riche et puissante parfois, mais qui manque de style, c'est-à-dire de forme et de contour, s'accommode à merveille du secours de la musique, qui vient finir à point ce qu'elle n'a qu'ébauché[14]. » Les diatribes de Gautier, qui reproche à Scribe le manque de poésie, de lyrisme, de style, de philosophie, de vérité, de naturel et de qualité littéraire dans ses textes dramatiques, reproches liés au public bourgeois considéré comme vulgaire[15] (versification « sans rythme, sans rime, sans césure, sans nombre, en un mot, la versification la plus anti-musicale qu'on puisse imaginer[16] »), de Nerval et plus tard d'Arthur Pougin sont parmi les plus dure. En 1843, le directeur de l'Opéra, Nestor Roqueplan, nomme Scribe « le Titan du théâtre moderne » et souligne son talent particulier : « Scribe ne met jamais un effet de théâtre en circulation avant qu'il n'ait suffisamment vieilli dans sa cave et que le moment précis ne soit arrivé de le délivrer à la consommation[17]. » Les compositeurs apprécient les qualités spécifiques de Scribe. Adam constate qu'il « comprend les exigences des musiciens comme les musiciens eux-mêmes, et [...] coupe les morceaux avec un tel bonheur, que nous les jugeons tout faits lorsqu'il nous en lit les paroles[18] ». Scribe maîtrise toutes les catégories dramatiques, l'héroïque, le tragique, le comique, l'ironique et le sarcastique.

Typologie des thèmes

Les sujets des livrets d'opéra ne sont que très rarement originaux (cf. 20.2). L'opéra a toujours abondamment puisé dans le réservoir des chefs-d'œuvre de la littérature et dans le théâtre populaire : à l'origine de ses sujets se trouvent des romans, faisant suite à la vague européenne de Richardson ou de Walter Scott, des contes, des pièces de théâtre – tragédie, comédie ou vaudeville. Il s'agit d'adaptations où l'intrigue est comprimée, puisque le nombre de vers à chanter est limité et que l'action doit présenter des contrastes et être représentable par la musique. À l'Opéra, *Le Siège de Corinthe* (O, 1826) d'Alexandre Soumet et Luigi Balocchi annonce un tournant : il s'agit d'un sujet historique qui présente déjà nombre de caractéristiques du grand opéra, genre qui va se constituer pleinement avec *La Muette de Portici* (O 1828) de Scribe (cf. 6.1). Là, deux nouveautés sont redevables au mélodrame : la première est la compréhension visuelle des conflits (Fenella communique par des gestes et la mimique la préhistoire de l'action) ; la seconde est la catastrophe de l'éruption du Vésuve pendant laquelle Fenella se jette dans la lave (avec sa fin tragique et la mort d'une personne du peuple, l'œuvre est en rupture avec l'esthétique classique). Remarquons que la concision des paroles et l'usage de la forme strophique seront moins marqués dans les grands opéras suivants de Scribe.

Les sujets historiques sont plus rares sur la scène de l'Opéra-Comique. Gautier critique avec ironie la permanence des sylphes, sujet à la mode, sur plusieurs scènes de Paris : « C'est toujours la même chose : un mauvais génie qui dispose des pétards, de l'esprit-de-vin et des trappes ; une fée bienfaisante à qui reviennent de droit les nuages de carton, les soleils de fer-blanc, les guirlandes de fleurs en papier et les feux de Bengale de l'apothéose. Rien n'est plus simple[19]. » La thématique des brigands est fréquente dans les opéras-comiques de Scribe, *Fra Diavolo* (OC, 1830), *La Sirène* (OC, 1844), *Marco Spada* (OC, 1852), *Les Mystères d'Udolphe* (OC, 1852). Les aubergistes, mis à la mode par Scribe dans *Fra Diavolo*, *Le Serment* (O, 1832), *Le Lac des fées* (O, 1839) et *Les Treize* (OC, 1839), se retrouvent aussi dans *Le Panier fleuri* (OC, 1839) de Leuven et Brunswick. Des musiciens sont au centre de *La Symphonie* (OC, 1839) de Saint-Georges et de *L'Élève de Presbourg* (OC, 1840) de Vial et Théodore Muret. Dans *La Symphonie*, Haydn devenu fou recouvre la raison en entendant un de ses morceaux, un peu comme Georges Brown dans *La Dame blanche* (OC, 1825) retrouve la mémoire en entendant un air de son enfance (cf. 7.3). L'opéra-comique joue particulièrement de ce type de dramaturgie qui fait d'un air, comme le dit Berlioz, le « pivot musical à l'action » (*JD*, 29 nov. 1846). Il en allait déjà ainsi dans *Richard Cœur de Lion* (OC, 1784) de Grétry. On retrouve cette idée dans *La Sérénade* (OC, 1818), *Xacarilla* (OC, 1839), *Le Roi d'Yvetot* (OC, 1842), *La Part du diable* (OC, 1843) et *Gibby la cornemuse* (OC, 1846). Globalement, l'opéra-comique offre une grande variété de sujets, ainsi que l'évoque Viollet-le-Duc : « L'opéra-comique admet avec plus de latitude encore les différentes modifications qu'éprouve la comédie, depuis la comédie sérieuse jusqu'à la farce. Comme le grand opéra il repousse les développements, il ne touche que par l'intérêt des situations qui offrent à la musique une interprétation facile, ou par la peinture des passions[20]. »

Le sujet religieux, dans un sens strict, est rare. On le rencontre sous forme d'opéra biblique dans *Le Roi David* (O, 1846) d'Alexandre Soumet et Maefile, d'après la tragédie *Saul* de Soumet, et *L'Enfant prodigue* (O, 1850) de Scribe (cf. 16.4). La critique sociale ne paraît pas souvent sur les scènes : le sujet de « l'exploitation du beau sexe » dans *Les Treize* (OC, 1839) de Scribe est désapprouvé par Berlioz et jugé « intolérable » par Clément et Larousse[21]. Dans *La Part du diable*, Scribe ridiculise les sommités de l'ordre social. Après les œuvres telles que *Les Bayadères* (O, 1810) de Jouy et *Le Calife de Bagdad* (OC, 1800) de Claude Godard d'Aucourt de Saint-Just, les sujets exotiques sont légion (cf. 17.3). À l'Opéra, Gautier et Berlioz rejettent des sujets traitant de la vie quotidienne bourgeoise et la présence de personnages prosaïques : « Tous ces boutiquiers, drapiers ou épiciers, […] déplaisent sur notre première scène lyrique ; et l'obligation où le compositeur se trouve de les faire toujours chanter, donne à beaucoup de mots qui, dans la prose parlée auraient paru gais et piquants, une pompe grotesque » (*JD*, 9 janv. 1840). Pour Gautier, qui a une conception idéale du théâtre lyrique, l'Opéra est « le seul refuge de la poésie et de la fantaisie ; – c'est l'unique endroit où le vers soit encore reçu, le dernier asile des dieux, des sylphides, des nymphes, des princes et princesses tragiques ; la grossière réalité n'y est pas admise[22]. » Le rire néanmoins trouve sa place aussi à l'Opéra, mais seulement dans des œuvres en deux actes précédant un ballet qui termine la soirée. On lit ainsi à propos du *Philtre* de Scribe : « C'est une composition légère, agréable, qui a le mérite assez rare de faire rire à l'Opéra » (*RM*, 25 juin 1831).

La réussite d'un ouvrage dépendant en grande partie des chanteurs, le choix d'un sujet est souvent lié à leur disponibilité. C'est pour cette raison qu'en esquissant des livrets, Scribe, en accord avec les compositeurs, note le nom des interprètes. *Yvonne* (OC, 1859), pour la préparation duquel il écrit de nombreux plans et donne plusieurs listes de chanteurs[23], est un cas parmi d'autres. Les interprètes peuvent exercer une influence à tous les niveaux de l'écriture. Adolphe Nourrit a joué un rôle capital dans *La Juive*, notamment en écrivant les paroles de l'air d'Éléazar, « Rachel quand du seigneur ». À l'initiative de la créatrice, Célestine Galli-Marié, l'air à 6/8 composé pour le début du premier acte de *Carmen* (écrit sur des paroles de Bizet !) a été remplacé par la Habanera. Les vedettes du temps peuvent même servir de modèles à des personnages. À l'occasion de la création de *Jenny Bell* (OC, 1855) de Scribe et Auber, Berlioz lève le voile sur quelques noms : « On dit que Jenny Bell est Jenny Lind, comme on assura dans le temps que l'Ambassadrice [de *L'Ambassadrice* (OC, 1836)] était Mme Sontag, que le signor Astucio, du *Concert à la cour* [OC, 1824], était Paër » (*JD*, 8 juin 1855).

Les étapes de l'écriture

La genèse d'un livret débute par le plan dans lequel sont fixés *grosso modo* le cours de l'action, son nœud et son dénouement, les lieux, les personnages, la division en actes et scènes, la distribution et souvent aussi l'indication des numéros de musique. À l'Opéra, le plan est discuté par le comité de lecture qui peut l'accepter (et passer une commande à un musicien) ou le refuser. Après le plan, puis la rédaction du livret, une copie est soumise à la censure (cf. 1.5), qui peut demander des modifications. Entre-temps, la mise en musique a commencé. *In fine*, il peut exister trois ou même quatre états du livret, comme par exemple dans le cas de *La Muette de Portici* où l'on dénombre l'autographe (ou sa copie), la copie pour la censure, l'édition du livret séparé et la version du livret tel qu'il apparaît dans la partition imprimée.

Dans ses premiers plans, Scribe note souvent des couplets destinés à des chants strophiques. Dans la liste des numéros placée à la fin du plan de *Haydée* (OC, 1847) figurent onze morceaux de musique (dont cinq demeureront dans la partition imprimée) ; dans la première version avec les dialogues, il écrit les paroles pour vingt-trois chants et ensembles, dont trois disparaîtront dans le livret et la partition imprimés. Fréquemment, il demande des musiques de scène, dont il décrit le caractère, indique même les instruments ou propose des réminiscences. Dans un plan de *L'Enfant prodigue*, il va jusqu'à prescrire une pantomime accompagnant l'ouverture, rideau levé. Pour les formes closes, il faut des vers soignés, lyriques, accordés au genre (air, ballade, nocturne, tyrolienne, barcarolle, romance, légende, sérénade, mélodie, madrigal, etc.), bien adaptés à l'émotion des personnages, ou à la situation psychologique ou dramatique et qu'on souhaite faciles à retenir pour être chantés spontanément par le public.

Lors des répétitions il n'est pas rare que des changements soient apportés au livret (cf. 3.2). Le compositeur peut aussi exiger des changements substantiels. Adam rapporte le cas de *La Dame blanche*[24]. Ce serait par l'insistance de Boieldieu que cet acte a abouti à la célèbre réussite que nous avons évoquée plus haut.

Lors du travail de mise en forme, les conflits entre librettiste et compositeur sont presque inévitables. Un exemple fameux est celui de Scribe et de Meyerbeer pendant la création des *Huguenots*. Alors qu'ils ne peuvent s'accorder sur le caractère à donner au personnage de Marcel, le compositeur fait un voyage en Italie où il travaille la question avec Giacomo Rossi. Le texte italien écrit ensemble est ensuite traduit par Émile Deschamps en français et introduit dans le livret.

Les formes solistes

Le succès d'un opéra dépend en grande partie d'une double réussite des airs : il faut qu'ils soient bien chantés et que les paroles et la mélodie soient faciles à retenir (cela est valable particulièrement pour les chants strophiques). Contrairement à l'air da capo, qui présente une unité de sensation, la forme nouvelle de l'air au XIXe siècle – dominée par le modèle rossinien et tardivement désignée par l'expression *solita forma*[25] – est caractérisée par le développement ou changement de l'état émotionnel du personnage au courant de quatre parties principales (récitatif, cavatine, *tempo di mezzo*, cabalette) ou trois (sans *tempo di mezzo*). Le *tempo di mezzo* a pour fonction d'introduire la motivation de ce changement d'état émotionnel. Castil-Blaze distingue entre « grands airs » et « petits airs » et donne l'exemple du grand air de Frontin à l'acte II de *Ma tante Aurore* (OC, 1803) de Boieldieu, avec récitatif, cavatine et cabalette[26]. On constate ainsi à quel point forme musicale et structure littéraire sont imbriquées : dans le récitatif (« Nous suivions à cheval la lisière d'un bois »), le librettiste Charles de Longchamps fait raconter par Frontin la libération d'une belle des mains de bandits ; dans la cavatine (« Par nos soins nous la ranimons »), il évoque les soins donnés à la blessée et l'éveil du sentiment amoureux ; dans la cabalette (« Un regard tendre »), il peint l'enthousiasme d'un amour partagé.

La plupart du temps, les librettistes livrent des vers correspondant à la *solita forma*, avec la spécificité d'un 2e couplet supplémentaire pour la cabalette. En règle générale, les compositeurs français créent des cavatines et des cabalettes répondant à une mini-forme ABA, en évitant pourtant une application trop schématique, ce que l'on constate par exemple dans le n° 3 Air de Mlle de Wedel (« Des succès de Linsberg ») à l'acte I de *La Neige* (OC, 1823) d'Auber.

Le livret de Scribe et Saint-Georges comprend quatre vers pour le récitatif, trois strophes pour la cavatine, dont la troisième est identique à la première (dessinant donc une mini forme ABA), deux vers pour le *tempo di mezzo* et deux strophes pour la cabalette. La solution choisie par Auber consiste à mettre en musique uniquement les deux premières strophes de la cavatine en forme continue (AB) et de créer une cabalette tripartite (ABC) en ajoutant une deuxième mise en musique de la seconde strophe.

Dans les grands opéras, les « grands airs » suivent majoritairement une *solita forma* variée à la française. L'air de Marguerite des *Huguenots*, « Ô beau pays de la Touraine », est un cas typique composé sans récitatif, avec cavatine, *tempo di mezzo* et cabalette (couplets avec refrain). Cet air présente des écarts avec la *solita forma* en faisant exécuter le second couplet de la cabalette par le chœur et en introduisant un récitatif avant de reprendre le second couplet (au lieu du premier) par Marguerite.

La richesse des formes strophiques (romance, nocturne, tyrolienne, barcarolle, légende, sérénade, polonaise, couplet, chanson, tyrolienne, boléro, plainte, etc.) dans l'opéra-comique et dans le grand opéra n'a pas d'équivalent dans l'opéra italien. Verdi commence à introduire des formes *lied* dans le *dramma per musica* seulement à partir de ses expériences françaises. Dans le livret imprimé du *Prophète* de Scribe, qui a emporté l'enthousiasme de Berlioz, on compte quatre formes strophiques, chacune de deux couplets, que Meyerbeer met en musique avec une grande liberté : Romance à deux voix (I, 5) ; Couplets (III, 3) avec chœur reprenant le 8ᵉ vers, cinq vers ajoutés pour le soliste et le chœur, et une nouvelle musique pour le 2ᵉ couplet ; Complainte (IV, 2) composée de deux couplets de coupe différente, plus un vers ajouté après le 4ᵉ vers du 1ᵉʳ couplet et introduction du chœur à la fin ; Couplets bachiques (V, 7), à nouveau de coupe différente, avec ajout du chœur (« Vive le prophète ») en fin du 1ᵉʳ couplet et interruption du 2ᵉ couplet par le chœur (« La mort au faux prophète »).

Changement d'orientation au milieu du siècle

Tandis que les moyens et les effets du grand opéra s'épuisent, Jules Barbier et Michel Carré introduisent à partir des années 1850 des changements importants. Ils ont « apporté à la poésie lyrique, écrit en 1907 Henri Maréchal, l'avantage d'un bienfaisant retour à la tenue littéraire des ancêtres. [...] L'œuvre de Barbier et Carré, en rompant avec ces pauvretés [des livrets précédents], fut encore de toute personnelle conception. [...] dans leurs adaptations, aussi bien de Shakespeare que de Goethe, [ils] surent magnifier "la femme"[27] ». Dans le même temps, Barbier et Carré introduisent un réalisme nouveau, qui va conduire aux livrets de *Carmen* (OC, 1875), de *Salammbô* (Bruxelles, 1890) de Camille Du Locle, et à ceux de Louis Gallet et Émile Zola.

L'évolution spécifique aux auteurs français se fait en dehors du cosmopolitisme de Meyerbeer et en prenant des distances avec le wagnérisme. Le grand tableau du grand opéra perd sa raison d'être puisque l'alternance entre la représentation d'états émotionnels intimes et des actions dramatiques de masses est remplacée par une action intérieure qui fait unité avec l'action extérieure.

Après 1850, les sujets légendaires et celtes deviennent plus importants. *Le Juif errant* (O, 1852) de Scribe et Saint-Georges, pour Halévy, est basé sur la légende mystérieuse du juif Ahasvérus, dans laquelle ont été combinés des éléments métaphysiques et historiques et les conflits entre l'Occident et l'Orient. En 1852, l'Opéra-Comique donne *La Croix de Marie* de Lockroy et d'Ennery (musique de Maillart), qui a pour sujet une légende bretonne. Dans *La Magicienne* (O, 1858), pour Halévy, Saint-Georges a disposé très librement d'une légende poitevine du XIVe siècle restée très populaire. Par le maître de l'enfer Stello, qui paraît sous la forme d'un pèlerin, le fantastique entre en jeu (cf. 17.1). À l'acte V domine le mythe chrétien : Mélusine (qui a reçu son pouvoir magique de Stello) est sauvée par la prière. Le sujet est parfaitement adapté au Second Empire qui, sous l'influence d'Eugénie de Montijo, consolide le rôle de l'Église. On peut citer dans la période suivante : *Le Roi de Lahore* (O, 1877) de Gallet pour Massenet ; *Sigurd* (O, 1885) de Camille Du Locle et Alfred Blau pour Reyer ; *Le Roi d'Ys* (O, 1888) d'Édouard Blau pour Lalo ; ou encore *Le Roi Arthus* (Bruxelles, 1903) de Chausson.

Concernant les formes fixes, les librettistes renouent avec la tradition en créant des monologues, des airs, sans se servir de la *solita forma*, et un grand choix de formes strophiques. Après la guerre de 1871, le refus de l'ancien opéra-comique est de plus en plus marqué, chez le public comme chez les créateurs (cf. 21.5). On cherche des œuvres de plus haute aspiration. Bien que n'étant pas immédiatement reconnue à sa valeur, *Carmen* personnifie ce tournant. Avec une vigueur inouïe et pas surpassée, librettistes et compositeurs réussissent à opposer et mêler des composantes tragiques et brutales, et des composantes divertissantes.

Au moment du wagnérisme triomphant, Dukas – qui distingue le libretto du poème – souligne le rôle de l'orchestre et extrapole la notion de poésie, désormais intimement nouée à la musique : « Le principal est que le poème soit conçu musicalement, de sorte que la symphonie en paraisse comme la transcription sonore la plus naturelle et la plus nécessaire. [...] Dans le cas spécial où nous l'entendons, le mot poème désigne l'ensemble de la conception musicale et dramatique que met en œuvre la scène lyrique[28]. » Pour lui, « la question du poème bon ou mauvais est une question de vie ou de mort pour le musicien ». Il explique : « Ce qui fait la sauvegarde de certains opéras, c'est que leurs livrets, quoique platement versifiés, sont pour la plupart tirés de drames ou de poèmes de haute valeur. C'est en se reportant directement aux sources où a puisé le librettiste que le musicien peut faire œuvre de créateur. Il ne se sert alors des vers du livret que comme de *paroles*, c'est-à-dire qu'il ne les emploie, pour ainsi dire, que comme articulations verbales nécessaires à l'élocution du chant et sans tenir compte de leur sens propre. C'est ce qui explique l'existence de chefs-d'œuvre lyriques écrits sur des poèmes détestables. Le sujet devient alors le *véritable collaborateur* du musicien, qui peut, s'il est poète, faire passer dans son œuvre toute la poésie dont le sujet est susceptible[29]. »

3.4 LES TRANSFORMATIONS DU LIVRET À LA FIN DU SIÈCLE
Agnès Terrier

Le 13 septembre 1894 meurt Emmanuel Chabrier, laissant inachevé son opéra *Briséïs* commencé en 1888. Pendant des mois, Chabrier a supplié son librettiste Catulle Mendès de se hâter. Prisonnier de cette collaboration prestigieuse, il n'a pas su prendre le dessus. La même année 1894 marque pourtant un tournant dans l'écriture du livret en France. Elle a commencé le 16 mars avec la création à l'Opéra de *Thaïs* de Massenet, dont le livret a inspiré à son auteur Louis Gallet un essai qui révèle combien la collaboration entre musiciens et librettistes est devenue difficile. En effet, Alfred Bruneau vient de se voir commander par l'Opéra un ouvrage qui ne sera plus l'adaptation d'un roman de Zola par Gallet, mais une création originale du romancier lui-même. 1894 a continué avec l'annonce d'une production à l'Opéra, *La Montagne noire* (créée l'année suivante), signée de la seule Augusta Holmès. Dans le milieu musical, on sait que Debussy est en train d'écrire son premier opéra d'après le drame de Maeterlinck, *Pelléas et Mélisande*, et qu'il a renoncé pour cela à une collaboration avec Mendès. Enfin, deux jours après la mort de Chabrier paraît dans *La Revue de Paris* un essai signé d'Albéric Magnard, « La Synthèse des arts », où le compositeur tente de définir le livret idéal. En cette année charnière, la question du livret occupe donc les esprits et les plumes.

La poésie d'opéra en crise

La critique musicale n'épargne pas les livrets lorsqu'il s'agit d'expliquer les faiblesses d'un spectacle, l'échec d'une partition. La scène lyrique s'est renouvelée en puisant dans la littérature des sujets neufs, des personnages complexes, des émotions modernes. Les grands succès sont inspirés de Goethe, Shakespeare, Hoffmann, Mérimée... En cette fin de siècle, la remise en question du livret ne vise donc pas les sujets mais bien leur traitement poétique : leur langage. Dès 1874, Gounod déplore : « Le vers est une espèce de *Dada* qui, une fois parti, emmène le musicien, lequel se laisse conduire nonchalamment et finit par s'endormir, ou au moins s'assoupir dans une négligence musicale déplorable[1]. » Vingt ans plus tard, Gallet, qui reste selon Bruneau le « grand librettiste du moment[2] », constate dans les colonnes du *Ménestrel* (11 mars 1894) : « Très peu de compositeurs ont un sens littéraire assez complet, assez délicat, pour garder le respect absolu du texte poétique. C'est à leur parti pris de ne pas épouser la forme littéraire, mais de la repétrir pour la juxtaposer exactement aux contours de la musique, que l'on doit, dans les livrets d'opéra, tant de mauvais vers, tant de monstrueuses adaptations. » Ce qu'il résume d'une formule : « Poème lyrique : ouvrage en vers que l'on confie à un musicien pour qu'il en fasse de la prose. » Certains auteurs anticipent-ils la liberté avec laquelle le compositeur traitera leurs vers ? Mendès, styliste raffiné et chef de file du *Parnasse contemporain*, avouera à propos de *La Carmélite*, écrit pour Reynaldo Hahn : « Les vers de mon livret sont des vers faits pour la musique. [...] Je ne dis pas que j'aurais voulu les faire meilleurs, mais je n'ai point voulu les faire parfaits. Tout vers où l'auteur a mis tout ce qu'il voulait mettre comme idée, comme couleur, comme rythme, est [...] définitif. La musique n'y ajouterait rien[3]. » Attaché aux livrets en vers, Saint-Saëns se désole : « Les musiciens [...] ont tout fait pour exciter l'animosité des poètes, [...] ils ont traité la poésie en pays conquis, brisant les rythmes, détruisant le vers par d'inutiles répétitions, des additions ou des suppressions choquantes, détruisant jusqu'à la rime elle-même[4]. »

Poésie et musique

La poésie et la musique se retrouvent au concert et dans les salons : la mélodie fait florès, qui s'attache à traduire l'esprit du poème en respectant sa prosodie et son économie. Qu'importe si Victor Hugo, plébiscité par les mélodistes, a dit : « Rien ne m'agace comme l'acharnement de mettre de beaux vers en musique[5]. » Au contraire, Paul Verlaine, non moins prisé, réclame dans son *Art poétique* (1882) « de la musique avant toute chose ». S'il encourage ainsi les poètes à veiller aux qualités musicales de la langue, il invite indirectement les compositeurs à venir à la poésie pure. Car Verlaine défend la rime : « Notre langue peu accentuée ne saurait admettre le vers blanc [...]. Rimez ou assonez, pas de vers français sans cela[6]. » Collaborateur de Chabrier pour quelques opérettes vers 1864, il s'avère incapable de produire un livret pour Gabriel Fauré en 1890. La composition et l'écoute alternées de mélodies et de partitions lyriques rend certains compositeurs plus circonspects ou plus intransigeants à l'égard des textes à mettre en musique. Un certain désamour pour les usages lyriques menace à la fin du siècle, ainsi qu'en témoigne d'Indy : « La littérature musicale de l'opéra [apparaissait] à nos musiciens – et avec raison – comme un galimatias ridicule dont un véritable artiste [aurait rougi] de se servir[7]. » Wagner a formulé des exigences d'osmose entre paroles et musique et prédit que « l'absorption de la musique la plus riche dans une poésie dramatique plus riche encore [...] deviendra l'art dramatique tout-puissant[8] ». Cette convergence des arts, il l'a menée jusqu'à la matérialité scénique au festival de Bayreuth, en 1876. Depuis la « théorie des correspondances » formulée par Baudelaire jusqu'aux expériences de synesthésie que vont tenter Paul Fort et Lugné-Poe sur leurs scènes d'avant-garde, la fin de siècle invite les poètes à penser en musiciens, les musiciens à penser en poètes. Mais le renouveau de la poésie d'opéra s'affranchira de la métrique. Comme en écho à Hugo, Debussy dira en 1911 : « Les beaux vers, il vaut mieux ne pas y toucher. Et puis en musique, dites-moi, à quoi ça sert, les vers ? À quoi ? On a plus souvent mis de la belle musique sur de mauvaises poésies que de mauvaise musique sur de vrais vers[9]. »

Né de la musique, le vers libre

Aux Concerts Lamoureux, chez Stéphane Mallarmé et chez Ernest Chausson, des amitiés se nouent autour de l'écoute de Wagner. Le wagnérisme, initié par Baudelaire en 1860, poursuivi par Mendès, gendre de Théophile Gautier, devient militantisme chez les poètes du symbolisme naissant (cf. 20.3). Deux ans après la mort de Wagner, en 1885, Édouard Dujardin fonde *La Revue wagnérienne*. Dans ce mensuel consacré à l'actualité wagnérienne, les poètes, s'inspirant moins des livrets de Wagner que de sa musique, expérimentent le vers libre : « À la forme "musique libre" de Wagner devait correspondre une forme "poésie libre" ; autrement dit puisque la phrase musicale avait conquis la liberté de son rythme, il fallait conquérir pour le vers une liberté analogue[10]. » « Fragment musical dessiné sur le modèle de son idée émotive, et non plus déterminé par la loi fixe du nombre[11] », le vers libre fait l'économie du décompte métrique et de la rime. Il fait d'autant plus facilement irruption dans l'écriture du livret qu'il ne lui est en réalité pas étranger. « Repétri » par Massenet, le texte de *Manon*, écrit en 1883 par Meilhac et Gille, présente à l'édition une variété métrique et une liberté phonique qui confinent au vers libre. Pour *Thaïs*, Massenet a demandé un livret en prose. Gallet s'y refuse et écrit des vers libres « méliques, inspirés de l'antique », comme l'est le sujet emprunté à Anatole France. Veillant en poète à produire une prosodie impeccable (juste répartition des accents, éviction de l'hiatus), Gallet espère renouveler la poésie d'opéra et préserver la place du poète. Il fait de ce travail le point de départ d'une réflexion qu'il publie dans *Le Ménestrel* le 11 mars 1894 (« À propos de *Thaïs*, poésie mélique ») puis en préface à l'édition du livret chez Calmann-Lévy.

La prise de pouvoir du compositeur

En 1882, Chabrier, « grand musicien fourvoyé par des poètes[12] », déplorait à propos de *Gwendoline*, en chantier avec Mendès : « Je n'aurais jamais pu faire quelque chose de bon qu'à la condition de trouver la besogne toute mâchée. La mâcher moi-même, je n'ai pas une mâchoire à ça, tant pis pour moi[13]. » Car il est un remède : l'écriture du livret par le compositeur, comme Wagner et Berlioz. En 1893, c'est l'évidence même pour Zola qui a vu, après *Le Rêve*, *L'Attaque du moulin* à son tour transformé en livret : « Ma conviction est qu'aujourd'hui, avec le drame lyrique, le musicien doit écrire lui-même son poème. [...] Deux pères pour cet enfant qui ne doit avoir qu'un seul cœur et qu'une seule tête me gênent absolument[14]. » Le drame lyrique, opposé à l'opéra comme à l'opéra-comique, tous deux à numéros, est un champ expérimental. D'Indy évoquera l'engouement qui saisit sa génération dans la décennie 1890 : « Les compositeurs français de cette époque, délaissant l'arsenal usé du vieil opéra, [...] édifièrent et écrivirent eux-mêmes leurs poèmes, et ce fut peut-être la seule ressemblance palpable qu'ils eurent avec celui [Wagner] que le vulgaire désignait comme leur modèle[15]. » Il produit ainsi *Fervaal* (La Monnaie, 1897) puis *L'Étranger* (La Monnaie, 1903), comme Magnard écrivant *Yolande* (La Monnaie, 1892) puis *Guercœur* (achevé en 1901 ; O, 1931), et Holmès concevant intégralement *La Montagne noire* (O, 1895). Chausson bâtit seul son *Roi Arthus* (La Monnaie, 1895) ; Henri Duparc écrit puis détruit *Roussalka* (1895) ; Gustave Charpentier réalise *Louise* (OC, 1900) et plus tard *Julien ou la Vie du poète* (OC, 1913). Les gestations sont souvent longues (huit ans pour *Le Roi Arthus*), semées de doutes et conduites sans perspective première de production. « Le principal n'est-il pas d'abord de faire ce qu'on sent de son mieux, sans s'occuper d'une réalisation plus ou moins problématique[16] ? » demande Chausson. L'écriture du livret séduira dans la génération suivante des artistes comme Raoul Laparra (*La Habanera* en 1908, *La Jota* en 1911, *Le Joueur de viole* en 1925). Certains se sentiront alors autorisés à y recourir par défaut : Saint-Saëns après la mort de Gallet (*Hélène* en 1904, *Déjanire* en 1911), Bruneau après la mort de Zola (*L'Enfant-roi* en 1905, *Naïs Micoulin* en 1907). Elle ne réussira guère à Debussy qui, après deux échecs de collaboration avec Gabriel Mourey puis Victor Segalen, s'enferrera dans l'adaptation de *La Chute de la maison Usher* d'après Poe.

Quelles paroles pour la musique ?

Augusta Holmès répond à une interview de *L'Événement* (6 juil. 1894) : « Le poème est de vous ? – D'un bout à l'autre. Pour que l'inspiration soit libre, j'estime que le compositeur doit concevoir aussi les paroles. – Et comment procédez-vous ? – Je compose la musique le jour, et mes poèmes pendant la nuit. » Filleule d'Alfred de Vigny et compagne de Mendès, Holmès écrit son livret en vers, comme Duparc. D'Indy et Charpentier, qui ont sollicité des poètes amis (respectivement le parnassien Robert de Bonnières et le symboliste Saint-Pol Roux) dans la mise en vers d'un premier état de leur livret, s'émancipent pour s'approprier l'esprit puis la lettre du texte. D'Indy rédige son dialogue en vers libres et assonancés imités de Wagner, ce qui fera douter Debussy : « Les poèmes de Wagner, c'est comme sa musique, ce n'est pas un exemple à suivre. Ses livrets ne valent pas mieux que d'autres. C'est pour lui qu'ils valent mieux[17]. » Chausson mélange vers réguliers, vers libres et prose rythmée. Charpentier choisit la prose en rapport avec son sujet « prosaïque », un tableau de la vie ouvrière dans le Montmartre quasi contemporain. Magnard, à qui les vers réguliers n'ont pas réussi dans *Yolande*, définit en 1894 l'écriture lyrique idéale : « Le chant ralentissant beaucoup la diction, il nous faut donc, en gros : des mots courts, des phrases brèves, libres d'incidentes et de relatives ; des rythmes très variés, à moins d'un effet spécial de monotonie ; selon le besoin des assonances et des rimes, non nécessairement rigoureuses mais sensibles, c'est-à-dire rapprochées [...] une semblable forme ne serait ni de la prose ni de la poésie, mais un je ne sais quoi réunissant les avantages musicaux de la prose et de la poésie[18]. »

La tentation de la prose

Debussy et Bruneau ont ceci en commun qu'ils abandonnent – au même moment – leurs librettistes respectifs pour la prose. Prose qui passionnait Gounod lorsqu'il travaillait sur *Georges Dandin* : « Je ne vois pas, en somme, qu'il y ait, pour la musique un préjudice réel, un inconvénient grave à se passer de la versification. Quant aux avantages [...], je les trouve immenses et illimités. En effet, la variété indéfinie des périodes en prose ouvre devant le musicien un horizon tout neuf qui le délivre de la monotonie et de l'uniformité. [...] Outre [les] avantages incontestables quant à la vérité de la diction, la musique associée à la prose doit fatalement amener le compositeur à des formes [...] plus concertantes, plus symphoniques qui donnent aux accompagnements de l'orchestre un intérêt plus soutenu[19]... »

Après la réussite du *Rêve* puis de *L'Attaque du moulin*, Zola a annoncé vouloir aborder l'écriture de livrets en « prose rythmée, une tentative qui reste à faire[20] ». Pour Bruneau, c'est une aubaine : Zola lui procure la « liberté de la phrase, liberté de l'inspiration, liberté d'art, liberté de formes, liberté complète, magnifique et définitive » (*Fig.*, 28 juil. 1897). Créé le 19 février 1897, leur *Messidor* marque l'entrée de la prose chantée à l'Opéra. À l'Opéra-Comique, ce sera *Louise* de Charpentier en 1900. Entre-temps, d'Indy publie le livret de *Fervaal* sous forme de prose pour en revendiquer la modernité, ce qui n'échappe pas aux critiques[21]. La prose est l'une des raisons qui conduira Debussy, déjà auteur des *Proses lyriques* (1892), à s'emparer du drame de Maeterlinck après sa création scénique de 1893, abandonnant l'adaptation du *Cid*, *Rodrigue et Chimène*, que lui fournissait Mendès : « Avec la prose rythmée, on est plus à son aise, on peut mieux se retourner dans tous les sens[22]. » Il a aussi trouvé, loin de la « forme optique de la pensée[23] » qu'est le vers, un verbe « disant les choses à demi, me [permettant] de greffer mon rêve sur le sien[24] ». Signe ultime de la légitimité de la prose lyrique, l'Académie française lancera en 1913 un concours d'écriture de livrets, ouvert à la prose comme aux vers[25]. « Des rencontres musicales telles que [...] *Pelléas et Mélisande* [...], relève Jean-Aubry en 1916, ne sont pas nées de la rencontre momentanée d'un musicien et d'un poète, mais d'une intimité profonde et continue entre la musique et les lettres[26]. » C'est vrai pour l'époque, mais « l'opéra littéraire[27] », composé sur un texte dramatique qui n'a pas été conçu comme un livret, reste exceptionnel. Aucune recette n'émerge en cette fin de siècle : chacun a plutôt tenté de se forger un langage personnel à l'intersection de la parole poétique et de la musique. Et le compositeur le plus prolifique continue à travailler avec plusieurs librettistes, dont il sait toujours tirer le meilleur : c'est Massenet. En 1899, Dukas reçoit avec plaisir des mains de Maeterlinck le *livret* d'*Ariane et Barbe-bleue*, « trois actes destinés avant tout à la musique[28] ». Le XXe siècle sera décidément celui des aventures singulières.

3.5 LE MODÈLE DANSÉ

Matthieu Cailliez

Perméabilité des genres

Héritage français des XVIIe et XVIIIe siècles, la danse est restée essentielle dans le répertoire lyrique français du XIXe siècle, que ce soit dans les genres de l'opéra, de l'opéra-comique ou de l'opérette. Au XIXe siècle, le ballet-pantomime partageait la même audience que l'opéra, une réalité que les modes de représentation actuels de ces deux genres et les sujets de recherche souvent cloisonnés des musicologues et des historiens de la danse ont tendance à faire perdre de vue[1]. Il était alors d'usage à l'Opéra de représenter le même soir un ballet-pantomime suivi d'un opéra, et d'inclure des épisodes de ballet à l'intérieur même de cet opéra. L'article 8 du cahier des charges de Véron (28 février 1831) indique que seuls les genres attribués jusqu'à ce jour à ce théâtre, à savoir le grand ou le petit opéra avec ou sans ballet, et le ballet-pantomime, pourront être exploités sur la scène de l'Opéra. L'article 9 stipule que le directeur sera tenu de monter durant chaque année d'exploitation au moins un grand opéra et un grand ballet en trois ou cinq actes, ainsi que deux petits opéras et deux petits ballets en un ou deux actes[2]. L'obligation du divertissement dansé dans tout grand opéra (cf. 6.2) forçait les compositeurs étrangers à remanier leurs ouvrages lors des productions parisiennes, à l'instar de Rossini, Verdi ou Wagner. Berlioz orchestra la pièce pour piano l'*Invitation à la valse* de Weber et l'ajouta en tant que ballet à l'acte II du *Freischütz* pour les représentations données à l'Opéra en 1841. Gounod remania lui-même ses opéras *Faust* et *Roméo et Juliette* créés au Théâtre-Lyrique afin d'y introduire de la musique de ballet et de permettre leurs transferts sur la scène de l'Opéra, respectivement en 1869 et en 1888. Les études consacrées aux grands opéras de Meyerbeer depuis quelques décennies dans le monde germanique ont permis de réhabiliter le ballet au sein d'un répertoire très populaire en Europe au XIXe siècle et largement tombé dans l'oubli au siècle suivant[3]. Ces études ont mis en évidence l'influence considérable exercée par le ballet des nonnes de *Robert le Diable* (1831) et ont par ailleurs stimulé les recherches sur les œuvres des collègues français de Meyerbeer. Thomas Betzwieser a ainsi étudié le rôle charnière joué par les œuvres d'Auber, en particulier par l'opéra *Le Dieu et la Bayadère* (1830), dans l'évolution de la place dévolue à l'art chorégraphique au sein de l'Opéra, via la création d'un genre intermédiaire entre l'opéra et le ballet[4]. De son côté, Peter Kaiser s'est intéressé aux musiques de ballet dans les opéras d'Halévy. Il a mis en lumière les influences réciproques entre Halévy et Meyerbeer, ainsi que la richesse d'invention et l'originalité du compositeur français dans les musiques de ballet[5]. Marian Smith a consacré un long chapitre analytique à trois œuvres hybrides créées à l'Opéra autour de 1830[6] : *La Muette de Portici* (1828) d'Auber, dans lequel le rôle principal est joué par une danseuse, *Le Dieu et la Bayadère* (1830) d'Auber, dans lequel les deux rôles-titres sont interprétés respectivement par un chanteur et une danseuse, et *La Tentation* (1832), « ballet-opéra » d'Halévy dans lequel les rôles principaux sont attribués de manière équilibrée à des chanteurs et à des danseurs. Les personnages silencieux du ballet et les personnages chantants de l'opéra se succédaient ainsi non seulement sur la même scène le même soir dans des ouvrages indépendants, mais pouvaient aussi se faire face au sein d'une même œuvre, au-delà des habituels épisodes de ballet intercalés dans les intrigues d'opéra. Marian Smith et Manuela Jahrmärker se sont intéressées à la perméabilité entre l'opéra-comique et le ballet pantomime[7]. Elles observent qu'il était courant à Paris, entre la fin du XVIIIe siècle et le milieu du XIXe siècle, de transformer les opéras-comiques et les vaudevilles à la mode en ballets-pantomimes – procédé qui permettait aux chorégraphes de faire l'économie de nombreuses explications gestuelles ou mimiques, étant donné que l'intrigue était déjà connue du public. Manuela Jahrmärker a ainsi relevé une liste de seize opéras-comiques, créés ou représentés pour la première fois à Paris entre 1771 et 1839, qui ont été convertis en ballets-pantomimes, créés à leur tour à l'Opéra ou sur d'autres scènes parisiennes entre 1806 et 1845. Citons, entre autres, *Paul et Virginie* (Favart, 1791) de Kreutzer, transformé par Pierre Gardel et Kreutzer (Saint-Cloud puis Opéra, 1806) ; *Joconde* (OC, 1814) de Nicolò, transformé par Aumer et Herold (O, 1827) ; *La Neige* (OC, 1823) d'Auber, transformé par Jean Coralli et Alexandre Piccini (TPSM, 1827), etc. Dix des dix-huit ballets-pantomimes créés à l'Opéra entre 1820 et 1831 sont basés sur d'anciens opéras-comiques ou vaudevilles, ce qui démontre la grande porosité entre ces genres, aussi bien sur le plan dramaturgique que sur le plan musical. Cependant, le ballet n'occupe pas une place importante à l'Opéra-Comique et sa présence y semble épisodique[8]. De manière plus surprenante, Manuela Jahrmärker a pu identifier quatre ballets-pantomimes convertis en ouvrages lyriques au milieu du XIXe siècle[9]. Cette perméabilité entre les deux genres est largement facilitée par le fait que plusieurs compositeurs français, à l'instar d'Herold, Auber, Halévy ou Adam, écrivent à la fois de la musique de ballet et de l'opéra, ainsi que par l'intense et incessante activité de Scribe, auteur de 425 pièces de théâtre, dont 249 vaudevilles, 94 livrets d'opéras-comiques, 32 comédies, 30 livrets d'opéras, 10 drames, 8 arguments de ballets et 2 pantomimes[10]. Le dramaturge a marqué pendant trente ans l'histoire du ballet – la création de *La Somnambule* en 1827 à l'Opéra (argument de Scribe, musique d'Herold), établissant une nouvelle forme de collaboration entre le librettiste et le chorégraphe[11].

Dans la production d'Herold, Arthur Pougin distingue cinq ballets créés à l'Opéra et un ballet-tableau créé au Palais des Tuileries[12]. Il souligne à plusieurs reprises la qualité du répertoire de ballet du compositeur qui ne repose plus sur l'arrangement d'airs connus, comme c'était l'usage dans ce genre au début du XIXe siècle, mais sur la création d'une musique originale, ce qui deviendra peu à peu la norme : « Il faut dire qu'Herold, avec son esprit novateur, transforma bientôt la nature de la musique du ballet. Jusqu'à lui on n'accordait à cette musique, au point de vue de l'art, aucune espèce d'importance[13]. » Dans un débat qui l'oppose à Castil-Blaze en 1843, Adam défend la valeur de la musique orchestique et note aussi l'abondance de jolies idées dans les airs de ballets d'Herold[14], – idée qu'il développe par ailleurs : « Il faut encore ajouter à la liste des ouvrages d'Herold *L'Auberge d'Auray*, en société avec M. Carafa, le finale du troisième acte de *La Marquise de Brinvilliers*, et la musique d'*Astolphe et Joconde*, de *La Somnambule*, de *Lydie* et de *La Belle au Bois dormant*, ballets. Dans ce genre de musique, Herold n'avait pas de rival. Tous ceux qui feront de la musique de danse chercheront à la faire aussi bien que lui, aucun ne pourra la faire mieux[15]. » Adam lui-même est sans doute le meilleur représentant de la perméabilité des genres du ballet et de l'opéra-comique. Ses 72 ouvrages lyriques, créés le plus souvent à l'Opéra-Comique, et ses 13 ballets, créés le plus souvent à l'Opéra, occupent l'essentiel de son répertoire[16]. Son ballet *Giselle* (O, 1841) incarne le triomphe du ballet romantique. Il écrit à ce sujet au publiciste berlinois Samuel Heinrich Spiker en juin 1841 : « À la fin du mois, on va donner mon ballet de *Giselle*, que l'on répète activement et dont j'ai beaucoup soigné la musique : je suis très content de certaines parties et j'espère que le public tiendra compte des efforts que j'ai faits pour élever la musique de danse à un rang plus élevé que celui qu'on lui assigne généralement[17]. » Après la création, le 28 juin, il confie au même interlocuteur que « le succès musical en est si grand qu'on a entièrement gravé la partition de piano, ce qui ne s'était jamais produit pour un ballet[18] ». L'historienne du théâtre et de la danse Gunhild Oberzaucher-Schüller a établi un tableau de la production de ballets par les compositeurs d'opéras-comiques entre 1827 et 1889. Elle parvient à un total de 44 ouvrages, dont 5 ballets écrits en collaboration par deux ou trois compositeurs. Sans surprise, Adam domine très largement cette liste avec 14 ballets, suivi à bonne distance par Herold et Labarre (5), Ambroise

Thomas, Benoist et Flotow (4), Delibes (3), Carafa et Gabrielli (2), Gyrowetz, Gide, Marliani, Reber, Reyer, Offenbach, Burgmüller et Deldevez (1)[19]. Il suffit de comparer cette liste avec le « Tableau des ballets représentés à l'Opéra au XIXe siècle » établi par Sylvie Jacq-Mioche pour se rendre compte qu'elle peut aisément être allongée avec des compositeurs tels que Méhul, Cherubini, Berton, Gaveaux, Kreutzer, Catel, Montfort, Auber, Guiraud, Messager, etc.[20]. Si le ballet en tant que tel est facultatif dans le genre de l'opéra-comique, il est présent dans de nombreux ouvrages créés à l'Opéra-Comique, comme *Zampa* (1831) d'Herold, *Mignon* (1866) de Thomas, *Lakmé* (1883) de Delibes et *Manon* (1884) de Massenet. Emportée par « l'ivresse dansante[21] », l'opérette fait un emploi intensif de la danse, exemplairement dans *Orphée aux Enfers* (1858) d'Offenbach[22].

Les historiens de la danse observent une diminution quantitative, voire qualitative, de la production de ballets-pantomimes à l'Opéra entre 1870 et 1914, c'est-à-dire entre la fin de l'âge d'or du ballet romantique et le triomphe des Ballets russes, au profit de scènes secondaires comme les Folies Bergère, l'Eden-Théâtre et le Théâtre des Arts. Pourtant, la danse et le ballet occupent encore une place de premier plan dans la production lyrique de la fin du siècle[23], en particulier au sein des ouvrages de Massenet, qu'ils soient destinés à l'Opéra, à l'Opéra-Comique ou à d'autres théâtres[24].

Les numéros dansés et la danse comme substrat de la musique

De nombreux numéros sont effectivement dansés et portent le nom d'une danse au sein des ouvrages créés à l'Opéra ou à l'Opéra-Comique. Un grand nombre de ces danses, telles que la barcarolle[25], le boléro, la polonaise, la sicilienne ou la séguédille, ont pour but de donner une couleur locale à l'œuvre représentée. D'autres sont plus directement liées à l'action par un bal, ce qui est le cas notamment au premier acte du *Domino noir* d'Auber. Le tableau de la page suivante donne un aperçu de la présence de numéros faisant explicitement référence à la danse dans les partitions d'opéras-comiques.

Ces danses, principalement destinées au chant à l'Opéra-Comique, comme au Théâtre-Lyrique – il suffit de penser à la valse avec chœur « Ainsi que la brise légère » dans *Faust* (TL, 1859) de Gounod –, répondent aux danses de caractère purement chorégraphiées des ballets-pantomimes, comme la Cracovienne dans *La Jolie Fille de Gand* (1842) d'Adam, ou le pas des voiles, la danse circassienne et la mazurka dans *La Source* (1866) de Delibes[26]. Carmen, définie et agissant comme un corps qui danse, marque un accomplissement de l'inscription de la danse dans l'opéra-comique[27]. Par ailleurs, la présence de la danse dans des numéros apparemment non dansés (comme la Chanson bohème au début de l'acte II) est symptomatique du fait que la danse excède les seules pages désignées par un air de danse.

Œuvres	Numéros portant un nom de danse
Boieldieu, *Les Voitures versées* (1808)	Polonaise
Herold, *Les Rosières* (1817)	Ronde, Marche
Herold, *La Clochette* (1817)	Marche, Air de danse
Herold, *Le Muletier* (1823)	Boléro rondo, Boléro
Auber, *Le Maçon* (1825)	Ronde
Auber, *Fra Diavolo* (1830)	Barcarolle
Herold, *Zampa* (1831)	Barcarolle
Herold, *Le Pré aux clercs* (1832)	Ronde
Auber, *Actéon* (1836)	Barcarolle
Auber, *Le Domino noir* (1837)	Contredanse, Marche militaire, Ronde aragonaise
Adam, *Le Brasseur de Preston* (1838)	Ronde
Auber, *Les Diamants de la couronne* (1841)	Boléro, Sarabande
Auber, *La Part du diable* (1843)	Marche
Adam, *Cagliostro* (1844)	Polonaise
Auber, *Haydée* (1847)	Sicilienne, Barcarolle
Halévy, *La Fée aux roses* (1849)	Marche
Grisar, *Les Porcherons* (1850)	Ronde
Grisar, *Bonsoir, Monsieur Pantalon !* (1851)	Barcarolle
Grisar, *Le Carillonneur de Bruges* (1852)	Boléro
Adam, *Si j'étais roi* (1852)	Air de danse
Adam, *Le Sourd* (1853)	Ronde du pont d'Avignon
Meyerbeer, *L'Étoile du Nord* (1854)	Ronde bohémienne, Barcarolle, Valse, Marche sacrée, Pas redoublé
Meyerbeer, *Le Pardon de Ploërmel* (1859)	Villanelle
Félicien David, *Lalla-Roukh* (1862)	Air de danse, Chœur dansé, Ronde de nuit, Barcarolle, Marche
Ambroise Thomas, *Mignon* (1866)	Styrienne, Polonaise, Forlane
Offenbach, *Robinson Crusoé* (1867)	Ronde, Marche, Chœur dansé, Valse chantée
Bizet, *Carmen* (1875)	Habanera, Séguédille, Marche
Offenbach, *Les Contes d'Hoffmann* (1881)	Barcarolle
Chabrier, *Le Roi malgré lui* (1887)	Chœur dansé, Duo-barcarolle

Un certain nombre de compositeurs et critiques français du XIXe siècle, dont Berlioz, Théophile Gautier, Castil-Blaze, Henri Blanchard, Gustave Bertrand, les frères Marie et Léon Escudier, ont observé la multiplication des rythmes de danse dans les opéras et opéras-comiques, et relevé la proximité de ce répertoire avec celui de la contredanse et du quadrille, ce dont témoignent entre autres les multiples arrangements de compositeurs et chefs d'orchestre spécialisés dans la musique de bal (cf. 19.1). Leurs confrères allemands, notamment Albert Lortzing, Eduard Hanslick, Richard Wagner, Heinrich

Heine et Otto Lange, ont souligné de même la nature chorégraphique de la musique d'Auber, compositeur emblématique de l'opéra-comique, et plusieurs d'entre eux ont réprouvé de manière catégorique toute utilisation du cancan dans ce genre ou dans celui de l'opérette[28]. Stephanie Schroedter a montré qu'un mode d'écoute basé spécifiquement sur le corps et la kinesthésie était très largement diffusé à Paris, alors que la « dansomanie » touchait presque toutes les couches de l'activité culturelle, et que ce mode d'écoute comprenait la musique principalement comme mouvement, bien que ce mouvement audible n'eût pas eu besoin d'être visible[29]. En dehors des ballets ou des numéros portant le nom de danses, le modèle dansé occupe aussi une place souterraine dans les partitions (surtout d'opéras-comiques) comme substrat de la musique, en particulier à travers la récurrence de carrures régulières et de motifs rythmiques de danse. S'appuyant sur son analyse de trois opéras-comiques d'Auber, *Fra Diavolo*, *Le Domino noir* et *Haydée*, Manuela Jahrmärker affirme que le rythme joue un rôle essentiel dans la dramaturgie de l'opéra-comique[30]. Elle développe la notion de « rythme à caractère de danse » comprise dans le sens de l'entraînement du mouvement, de l'élan rythmique et de la forte concision des motifs rythmiques. Ce n'est pas tant l'originalité, mais plutôt la simplicité, l'accentuation régulière des temps forts de la mesure et le retour d'un motif rythmique prégnant à l'intérieur de périodes le plus souvent de huit mesures qui caractérisent et distinguent les rythmes à caractère de danse[31]. Une lecture analytique et systématique des partitions de quatre opéras-comiques créés dans les années 1830, *Fra Diavolo* et *Le Domino noir* d'Auber, *Zampa* d'Herold et *Le Chalet* d'Adam, permet de relever que la proportion du nombre de mesures basées sur des rythmes de danse ou à caractère de danse y est écrasante et qu'elle dépasse 90 % du nombre total de mesures dans chacune de ces partitions. Ces rythmes sont ainsi omniprésents dans la totalité des numéros de *Fra Diavolo*, y compris dans les airs et les duos. Les trois autres partitions ne présentent chacune qu'un seul numéro dénué de tels rythmes, à savoir le cantique d'Horace « À ces accords religieux » avec chœur et accompagnement d'orgue dans *Le Domino noir*, la ballade de Camille « D'une haute naissance » dans *Zampa* et la romance de Daniel « Adieu, vous que j'ai tant chérie » dans *Le Chalet*. Au contraire, les mesures dénuées d'une accentuation rythmique forte et les mesures de récitatif sont peu nombreuses dans ces quatre ouvrages[32].

Inspiré de la comédie-ballet *Le Bourgeois gentilhomme* de Molière et créé en 1800 à l'Opéra de Paris, le ballet-pantomime *La Dansomanie* de Méhul et Pierre Gardel met en scène un bourgeois de province frappé de folie pour la danse. Il symbolise à merveille la société parisienne du XIXe siècle et son théâtre lyrique avant que le wagnérisme ne gagne les compositeurs et ne dissipe « l'esprit de légèreté » (cf. 16.6), qui a tout particulièrement soufflé sur le répertoire de l'Opéra-Comique à l'époque d'Auber. Après avoir vu Lakmé (OC, 1883), Johannès Weber fait ce constat : « L'opéra-comique en est resté au système d'Auber et d'Adolphe Adam ; on y met seulement moins d'airs de danse qu'autrefois, afin de ne pas trop le faire ressembler à l'opérette » (*Le Temps*, 24 avr. 1883).

3.6 L'ATELIER DE COMPOSITION
Hervé Lacombe

Si, plus que tout autre genre, l'opéra est le fruit d'une entreprise collective, le moment de la composition musicale à proprement parler renvoie le musicien à la solitude de sa table de travail et à ses manies. Par ailleurs, composer revient pour bonne part à manipuler des codes et à dominer un artisanat. Tout le savoir-faire du compositeur d'opéra cependant ne trouve son sens que dans la représentation et selon une dramaturgie[1]. La dramaturgie lyrique consiste en l'agencement des différentes composantes de la représentation et en la prise en compte par le livret d'éléments musicaux ; elle correspond aussi à la manière dont le compositeur, par tous les moyens dont il dispose, exprime, traduit, représente le drame.

Les marottes du compositeur

Chaque compositeur a ses habitudes, son environnement propice à la composition, ses heures privilégiées d'écriture. Dans ses souvenirs, Adolphe Adam décrit plusieurs de ses collègues au travail. Vrais ou enjolivés, ses propos rendent bien compte des divers aspects du métier. « Monsigny travaillait péniblement, écrit-il. Non seulement il n'était pas assez savant musicien pour ne pas éprouver de grandes difficultés à coordonner ses idées et à les distribuer entre les différentes parties vocales et instrumentales mais, doué d'une extrême sensibilité, il lui fallait s'identifier, en quelque sorte, avec ses personnages et se placer lui-même dans leur situation, pour arriver à s'exalter, à échauffer son génie et à en faire jaillir les vives inspirations. Plusieurs fois, lorsqu'il travaillait au *Déserteur*, on fut obligé de lui en retirer le manuscrit, à cause de la surexcitation nerveuse qu'il éprouvait[2]. » L'idée de l'inspiration supérieure et de l'exaltation du créateur vont s'effacer au profit de la réflexion et du métier. La complexification de l'écriture orchestrale et l'évolution du langage vont rendre de plus en plus difficile cette approche tâtonnante et artisanale. Adam fait valoir en passant un point capital du compositeur dramatique : l'identification au personnage et la projection dans la situation. Le *Petit Courrier des dames* du 23 juin 1848 offre à ses lectrices une page fameuse sur la manière de Boieldieu : « Dès qu'il avait ses paroles il faisait et écrivait son morceau, puis il le faisait entendre à sa famille, à ses élèves, à ses amis, à ses connaissances, aux visiteurs, à ses fournisseurs, à tous ceux enfin qu'il pouvait amener à son piano. S'il surprenait sur la figure d'un seul le moindre signe de désapprobation : "Je savais bien, disait-il, que les autres n'étaient que des flatteurs ; décidément ce morceau ne vaut rien." Et, sur-le-champ, son ouvrage était mis au rebut, pour être recommencé. Cela se renouvelait plus d'une fois, et l'on était sûr que, lorsque Boieldieu terminait une partition, son panier avait englouti la valeur de dix autres opéras.» Pour achever *La Dame blanche*, Mme Boieldieu se serait engagée à retirer à son mari chaque morceau une fois achevé ! Auber constitue un réservoir de motifs en notant dans un album les petites idées musicales chantantes qui lui viennent à l'esprit et parmi lesquelles il puisera au moment de composer[3]. L'auteur de *Lakmé* a besoin d'être entouré, si l'on en croit le *Figaro* (13 avr. 1883) : « À minuit, parfois, il arrive chez Philippe Gille sous le prétexte de lui demander un vers qui manque, il s'installe et en voilà jusqu'à trois heures du matin. Delibes ne travaille vraiment que la nuit, sa mélodie montant plus vive dans le grand silence des choses ensommeillées.» Pour Fromental Halévy, la composition est une nécessité pour déjouer une nature mélancolique. « Tu sais, écrit-il à son ami et librettiste Saint-Georges, que j'ai besoin, pour moi, pour le repos de mon esprit, de travailler, autrement, je rêve creux et broie du noir[4].» Pour être plus efficace, il se fait construire un piano-bureau, qui lui permet d'écrire et de jouer immédiatement, sans avoir à bouger – meuble dont héritera son gendre post-mortem, Georges Bizet. Ce dernier imagine la réalité scénique du numéro qu'il écrit ; il voit, avant d'entendre, les personnages agir et se déplacer dans l'espace ; il sent leurs émotions et leur humanité. Comme nombre de ses confrères, il se documente sur la couleur locale de son sujet. Saint-Saëns inscrit la vérité d'expression dans une sorte d'« impression historique » : il cherche à s'inspirer d'un lieu, d'un temps et de sa culture, comme lorsqu'il se rend à Florence pour s'imprégner du contexte de sa *Proserpine* (OC, 1887), qui se déroule au XVIe siècle en Italie. Là, il imagine les décors et se nourrit des tableaux de Véronèse[5]. Gounod avait fait de même pour composer *Mireille* (cf. 8.4). Massenet aime avoir sur son bureau un objet précis symbolisant son opéra. Il lui importe, par ce moyen particulier, d'entrer en contact avec son sujet. Au moment de composer *Werther*, son éditeur, Hartmann, se charge de le plonger dans l'époque[6]. Comme Verdi recherche une « *tinta* » spécifique au drame qu'il met en musique, Massenet cherche à créer une couleur propre à chaque ouvrage. Les souvenirs du compositeur donnent accès à une autre particularité de sa méthode : il apprend le livret par cœur pour y penser sans cesse, dans la rue, dans le monde, à dîner, au théâtre, etc.[7]. Par ailleurs, une forme de porosité entre l'existence ordinaire et la composition apparaît de façon frappante quand on tourne les pages de ses manuscrits remplis de petites notes personnelles qui en font une sorte de journal, manie que reprendra Reynaldo Hahn en composant *L'Île du rêve*[8].

À la fin du siècle, les musiciens n'échappent pas à la mode pour les interviews et la description de leur intérieur privé devient un exercice de style, d'autant qu'à la différence de l'atelier des peintres l'œuvre ne s'y voit pas ; elle s'y devine comme un mystère. Delibes est croqué sur le vif par un journaliste de *L'Écho de Paris* (30 mars 1885) dans un petit cabinet tendu de rouge où se trouve un piano droit, assis devant une grande table en bois blanc et recouvrant de grandes feuilles de papier à musique « de notes enchevêtrées – pareilles, vues d'un peu loin, à des caractères sémitiques ». En 1887, un autre journaliste décrit une « pièce longue entourée de casiers remplis de musique. C'est là que Saint-Saëns écrit ses partitions assis sur un escabeau, ayant devant lui une grande planche sur laquelle est posé son papier à musique qu'il noircit avec rapidité, sa pensée étant rarement indécise[9] ». L'autonomie de l'artiste se lit dans la singularité de son « chez soi » et sa personnalité dans l'originalité de sa pose. Comme pour l'homme de lettres, la presse fait office de « relais de scénographies auctoriales[10] ». En 1893, *Les Annales politiques et littéraires* offrent une vue de Gounod dans un bureau-bibliothèque. Il est assis à sa table, plume à la main, regard tourné vers l'infini de la méditation et de l'inspiration, un piano derrière lui, quelques tableaux aux murs, son buste dans un coin... C'est l'homme pensant, l'artiste savant dans son intérieur bourgeois qui est ici exhibé. Un Faust apaisé, en somme.

« Charles Gounod à sa table de travail », photographie, *Les Annales politiques et littéraires*, 29 oct. 1893 (détail).

L'artisanat de la composition

Les sources pour reconstituer l'atelier créateur au sens plus spécifique de la composition varient de nature et en quantité d'un auteur à un autre. Ce sont des agendas, des mémoires ou des journaux, comme ceux de Berlioz, Gounod ou Meyerbeer ; les correspondances (nombreuses restant encore inédites), qui font état de points particuliers ou développent avec précision tout un pan du travail sur le livret et sur sa mise en musique ; les témoignages de proches, de journalistes ou de collègues ; les mille détails que la presse rapporte en amont, pendant et en aval de la représentation ; les manuscrits littéraires et musicaux, les esquisses, brouillons, plans, mises au propre, copies ; les exemplaires des livrets soumis à la censure, scrupuleusement conservés aux Archives nationales ; tous les documents qui accompagnent la mise en forme du spectacle et l'édition de l'œuvre (livret, partitions, mise en scène). L'étude de ces sources et l'analyse des œuvres doivent aussi être associées à une compréhension fine de la conception, des modèles et des notions qui guident l'écriture. La recherche menée par Patrick Taïeb sur *L'Ouverture d'opéra en France de Monsigny à Méhul*[11] montre comment l'approche sérielle et comparatiste des œuvres associée à une lecture des discours esthétiques, théoriques et critiques permet d'entrer dans une dramaturgie lyrique et une pensée musicale à la fois stéréotypées et personnelles. Comment écrit-on une ouverture ? à partir de quel matériau ? selon quels objectifs fonctionnel, expressif et dramatique ? L'ouverture pose frontalement la question du rôle de la musique instrumentale à l'opéra, de son lien à l'action, de la citation, de la poétique instrumentale, de l'expression des passions, des pages descriptives, des schémas formels, de la manipulation expressive du langage et de la construction mélodique. La composition est pour partie un artisanat (avec ses ficelles, ses conventions, ses traditions et ses conditionnements) et un acte éminemment historique, en ce sens qu'elle dépend de l'état de la musique à chaque époque et dans un pays donné, de l'évolution des formes et du langage musicaux, du goût régnant, de la culture personnelle et environnante de chaque compositeur, de ses conceptions esthétiques et, bien sûr, de sa formation (cf. 2.3), de même que de son inscription dans un métier, un milieu professionnel et selon la courbe d'une carrière (cf. 2.4).

Reprenons. Le choix du genre et la destination de l'œuvre pour une institution particulière créent un premier conditionnement (cf. 3.1). L'imaginaire, la culture et une poétique (modalité du faire) de l'opéra balisent son champ des possibles. Le choix du sujet, la construction de l'intrigue, l'écriture du livret et sa mise en musique sont pour bonne part conditionnés par le système des emplois (cf. 2.6) et les formes musicales usuelles (cf. 3.1). Les emplois définis, le compositeur imagine plus précisément le profil de chaque personnage, au croisement des tessitures, du timbre, de la technique et du jeu des interprètes. Composer un opéra c'est, d'un certain point de vue, travailler des voix mises en situation et caractériser des personnages par des voix. Le « personnage lyrique » (cf. t. 1, Introd. générale) se définit comme personnage de théâtre possédant un outil supplémentaire pour interpréter un rôle : la voix chantée, devenue son centre expressif mais aussi le centre du spectacle. L'écriture vocale consiste encore à mettre en musique une langue ou, plutôt, à solliciter tout un art de prosodier et de déclamer appris dans les cours de composition et en écoutant ou jouant les œuvres des maîtres et des contemporains. Les études manquent en ce domaine pour le répertoire français du XIXe siècle[12]. La vérité dans l'expression, qui passe par une déclamation très soignée, chère à Grétry est quelque peu oubliée avec Auber. Gounod retrouve, dans le troisième quart du siècle, un art du phrasé vocal et de la prosodie tout en finesse (cf. 8.4). Massenet continue cette exploration de l'écriture vocale moulée sur les fluctuations de la langue[13] dont Debussy saura faire son miel (Bizet, lui, comme la plupart de ses confrères, reste relativement conventionnel dans sa manière d'aborder ces questions). Aux antipodes de cette évolution, qui va être amplifiée avec la généralisation de l'arioso et l'influence de Wagner, se situe la manière d'Offenbach[14], dont le démantèlement de la langue fait horreur à Saint-Saëns.

Jusqu'à la fin du siècle, le théâtre lyrique français est dominé par le modèle de l'opéra à numéros dont les compositeurs auront du mal à se défaire pour entrer dans la nouvelle formule du drame lyrique (cf. 9.6). Presse et public sont longs à accepter l'abolition pure et simple des morceaux bien délimités. Johannès Weber, pourtant à l'écoute des théories wagnériennes, ne craint pas d'écrire à la fin du siècle : « Les formes dites conventionnelles ne sont répréhensibles que lorsqu'elles s'accordent mal avec la marche d'une action scénique ; dans le cas contraire, pourquoi les éviter ? Je dirais plus : pourquoi ne pas les rechercher ? » (*Le Temps*, 23 janv. 1893). La composition par pièces autonomes, souvent à partir de schémas formels stéréotypés issus de la tradition française ou marqués par le modèle italien de la *solita forma* (cf. 3.3), permet une efficacité de production et une grande souplesse dans la transformation, l'ajout ou le retrait d'un morceau. Le compositeur comme le librettiste peuvent avoir recours à leurs « papiers » dans lesquels sommeillent des projets avortés, des vers ou des airs écartés d'un ouvrage. Les paroles de la chanson de Nadir « De mon amie fleur endormie » dans *Les Pêcheurs de perles* (TL, 1863) de Bizet est tirée d'une première version d'un air de *Lalla-Roukh* (1862) de Félicien David auquel participa Michel Carré, librettiste commun au deux ouvrages. Inversement, un passage coupé du livret original des *Pêcheurs* est réemployé par Carré pour le *Roméo et Juliette* de Gounod[15]. L'opéra à numéros a aussi pour autre qualité d'être lisible pour le spectateur dont l'horizon d'attente a été formé par la somme des ouvrages écrits sur ce modèle, reprenant des situations et des types musicaux connus. Berlioz se heurte à cette attente de lisibilité et au désir de numéros chantants aux formes attendues : « Toutes les données reçues pour la composition d'un opéra sont rejetées par M. Berlioz, condamne non sans exagération Louis Roger après avoir entendu *Les Troyens*. Ouverture, trios, quatuors, ritournelles, couplets, cadences, points d'orgue, il n'admet rien de tout cela. Son récitatif interminable et fatiguant ne vous laisse pas une seule minute de répit. Où le libretto indique un air, vous trouverez une mélodie funèbre » (*La Réforme musicale*, 15 nov. 1863). C'est l'abolition d'une délimitation claire des styles narratifs et expressifs et la généralisation d'une écriture vocale libre mêlée au chant de l'orchestre qui déconcerte l'auditeur. Car l'usage d'un arioso et de sections en déclamation souple et irrégulière n'est pas neuf.

Si la chronologie de la composition des différents numéros tend à suivre le déroulement du drame, l'ouverture, en revanche, est écrite au dernier moment. Le temps de la composition de l'opéra à proprement parler est celui de l'écriture des lignes vocales et des éléments harmoniques. La disqualification du timbre est encore très installée dans la pensée musicale commune. Delacroix, mélomane averti, oppose Chopin à Berlioz : « Mon cher petit Chopin s'élevait beaucoup contre l'école qui attache à la sonorité particulière des instruments une partie importante de l'effet de la musique. On ne peut nier que certains hommes, Berlioz entre autres, soit ainsi, et je crois que Chopin, qui le détestait, en détestait d'autant plus la musique qui n'est quelque chose qu'à l'aide des trombones opposés aux flûtes et aux hautbois, ou concordant ensemble. [...] Il faut blâmer la sonorité mise à la place de l'idée, et encore faut-il avouer qu'il y a dans certaines sonorités, indépendamment de l'expression pour l'âme, un plaisir pour les sens[16]. » La réalisation de la partition d'orchestre est considérée comme une étape secondaire, la coloration du dessin principal – tâche qui relève presque chez certains de la corvée. « J'ai la manie d'instrumenter à bâtons rompus, avoue Halévy. Je fais ce qui me séduit le plus ou qui m'ennuie le moins d'abord et je complète ensuite[17]. » On est aux antipodes de la pensée orchestrale de Berlioz. Mais c'est ce même Halévy qui cherche de nouveaux instruments pour créer des effets inouïs dans ses grands opéras (cf. 6.4). Le genre culmine de ce point de vue avec Meyerbeer, maintes fois cité et admiré par Berlioz. Massenet compose une première esquisse sous forme de piano-chant ; la mise au net est envoyée à la gravure et sert aux études des chanteurs ; parallèlement, le compositeur réalise l'orchestration. Pour ses premiers ouvrages (jusqu'au *Cid*), il la note directement au propre ; à partir de *Werther*, ou peut-être d'*Esclarmonde*, il rédige un brouillon avant la mise au net[18]. Comme Bizet et la plupart des compositeurs, il n'écrit que sur le recto des feuilles de musique, procédé pratique pour passer rapidement d'une page à une autre en ayant tout devant soi, et pour éventuellement introduire des changements, ajouter ou couper des mesures au recto sans avoir à recopier le verso. Pour avancer rapidement, grâce aux conceptions formelles qui réclament des retours, le compositeur identifie des mesures par une lettre (ou un chiffre) et reprend ses lettres (ou ses chiffres) quand les mesures auxquelles elles correspondent sont répétées plus loin (ce dont témoigne le manuscrit autographe de *Carmen*[19]). Parfois, il précède le librettiste et compose sur « monstre » (cf. 2.2) : il écrit la musique d'un air, correspondant à une situation donnée, sans avoir de texte ; il invente donc des vers, souvent incohérents mais structurés régulièrement et avec des accents bien placés. Cette suite de vers (le monstre) est envoyé au collaborateur qui va s'en servir de trame pour écrire les paroles que chantera le personnage concerné.

Motifs récurrents

Dans la recherche d'une meilleure connexion entre musique et drame, le motif récurrent a joué un rôle essentiel. Le leitmotiv wagnérien a tellement frappé les esprits qu'on en a oublié les origines et les formes très variées qui l'ont précédé, tout particulièrement dans le répertoire français. Il est important avant tout de séparer le principe premier, la récurrence (retour d'un élément au cours d'une œuvre), de ses multiples adaptations au drame et à la musique. On peut trouver une infinité d'emplois des motifs récurrents, que la critique désigne parfois au XIXe siècle par les expressions « phrase caractéristique », « phrase typique », « motif de réminiscence »... Le simple motif de rappel renvoie à une situation passée. Quand Marguerite emprisonnée revoit son amant à la fin du *Faust* de Gounod, son chant retrouve les inflexions mélodiques de la scène du jardin. Puis elle évoque leur première rencontre (« Voici la rue / Où votre main osa presque effleurer mes doigts »). L'orchestre reprend alors la valse qui accompagnait cette scène à l'acte II. Un élément peut réapparaître pour structurer le discours musical ou pour créer une atmosphère. Le motif conducteur véritable, tout en étant symbole, génère quasi continûment le tissu musical en s'associant au développement symphonique devenant un vecteur essentiel du drame lyrique[20]. Le motif de rappel est un jeu avec le temps et avec la mémoire, la mise en scène du processus du souvenir, une exploitation du plaisir propre à la réécoute et le moyen de faire entendre les pensées, ainsi que le relève Berlioz en découvrant *Guido et Ginevra* (O, 1838) d'Halévy : « Lorsque le thème délicieux de la romance de Guido se fait entendre : au frémissement qui circule alors dans toute la salle, à l'émotion que ce simple motif fait naître dans tous les cœurs, on voit que les spectateurs ont compris que Guido va venir, et que le souvenir de celle qu'il a perdue est toujours présent à sa pensée » (*RGMP*, 1er avr. 1838).

Cette pratique compositionnelle est la conséquence d'une recherche d'unité dans des constructions de vastes proportions et de l'exploration d'un nouveau procédé expressif et dramaturgique. Depuis la fin du XVIIIe siècle, les compositeurs cherchent à créer des relations entre les différents mouvements ou parties d'une œuvre. Ils exploitent les possibilités d'organisation et d'unification tonale (comme Mozart dans *Don Juan*) mais pensent aussi à utiliser des éléments thématiques pour resserrer la trame de leurs constructions symphoniques. Haydn, très goûté en France, et Beethoven (admiré par Berlioz et peu à peu apprécié par un public de connaisseurs) ont tracé la voie. Citons le célèbre motif rythmique de la *5e Symphonie* de Beethoven, qui rejaillit dans divers mouvements, ou les résurgences motiviques de la *9e Symphonie*. De son côté, Méhul, dans le Finale de sa *4e Symphonie* (1810), reprend un motif de l'Adagio. À l'opéra, la volonté d'élargir les scènes d'un seul tenant va de pair avec le souci de créer un lien entre les formes musicales autonomes. Rossini, dans le numéro 7 de *Moïse* (O, 1827), use d'un motif purement instrumental comme élément de cohésion musicale d'une pièce de vastes dimensions incluant chœurs et solistes. Au cours du siècle, les numéros traditionnels sont peu à peu abandonnés au profit de larges scènes et c'est finalement à l'échelle d'un acte entier puis de l'opéra que le compositeur pensera la forme. Le phénomène se développe dans la musique à programme. Berlioz matérialise son idée fixe (l'image de la femme aimée) par une mélodie qui traverse sa *Symphonie fantastique* ; Liszt explore ces possibilités dans le cadre de poèmes symphoniques d'un seul tenant, mais aussi dans sa *Faust-symphonie*. Parfois réduite à néant pour projeter immédiatement le spectateur dans l'action, l'ouverture peut être aussi une page prémonitoire qui, en dégageant les thèmes essentiels liés au drame, donne une couleur particulière et parfois une interprétation ou un raccourci de l'œuvre, comme dans la grandiose ouverture du *Roi d'Ys* accompagnée d'un authentique programme. On ne peut plus parler de motifs de rappel mais plutôt de motifs de pressentiment. De son côté, le mélodrame littéraire met en place un code dramaturgique liant quelques scènes-types à des musiques que l'écrivain demande à divers endroits de sa pièce (cf. 16.5). Efficace dans la caractérisation des personnages, cette pratique ne l'est pas moins au niveau de l'action dont elle souligne les temps forts. L'auteur de mélodrames est habitué à compléter les indications dramatiques par un jeu muet et une phrase musicale annonçant et accompagnant l'entrée en scène de personnages. Le théâtre lyrique hérite de ces expériences, d'autant que bon nombre de librettistes participent aux divers genres dramatiques. Bien souvent, ce sont eux qui indiquent au musicien des résurgences musicales qui vont jalonner la partition (cf. 3.3).

Dans sa *Poétique de la musique* (1785), Lacépède a suggéré au compositeur de rappeler dans les moments creux d'un opéra les morceaux les plus touchants déjà entendus – attitude inverse de celle du compositeur écrivant une ouverture pot-pourri dans laquelle sont reliés quelques-uns des meilleurs passages de son opéra. Dès 1784, Grétry concevait la romance « Une fièvre brûlante » de *Richard Cœur de Lion* comme « le pivot sur lequel tournait toute la pièce » et renouvelait son intérêt en modifiant ses diverses présentations[21]. Méhul et Cherubini, au tournant du XVIIIe au XIXe siècle, usent de motifs récurrents. Dans *Ariodant* (Favart, 1799), Méhul caractérise le sentiment de haine et de vengeance en un motif complexe dont les composantes sont variées au cours du drame[22]. On en trouve aussi chez Weber et Bellini. Meyerbeer ouvre de nouvelles perspectives (cf. 6.5). Dans *Les Huguenots* (1836), il combine ce phénomène à l'idée de citation, forgeant un motif à partir d'un authentique choral luthérien qui répand sa couleur particulière sur l'ensemble du drame. Le même opéra introduit le principe d'un motif de timbre. La plupart des interventions de Marcel y sont caractérisées par un accompagnement de violoncelles. Au milieu du siècle, les motifs évoluent peu et sont rarement combinés entre eux.

Gounod, Thomas, Reyer, Adam, Bizet aménagent selon leur style le principe du motif récurrent, qui finit par devenir (surtout dans le dernier quart du siècle) un automatisme. Avec *Samson et Dalila*, Saint-Saëns réussit à préserver une architecture classique, parfois modelée sur des œuvres du XVIIIe siècle, tout en développant des motifs (une vingtaine parcourent la partition). Massenet tente, quant à lui – notamment dans *Werther* –, une synthèse entre la tradition franco-italienne de la mélodie vocale et l'héritage wagnérien du drame lyrique fondé sur le traitement de motifs et l'élaboration d'un mouvement musical et dramatique continu[23] (cf. 10.6). Avec *Esclarmonde* il écrit sa partition la plus franchement wagnérienne. En général, le compositeur cherche à maintenir une couleur par des motifs de situation ou des motifs d'atmosphère propres à un acte, tout en confiant à d'autres éléments thématiques le soin d'exprimer durant tout le drame les sentiments ou la personnalité des protagonistes.

L'écriture scénique des compositeurs

Au début du XXe siècle, Xavier Leroux recense les critères d'une musique qu'il qualifie de « scénique » : « établir l'ambiance, l'atmosphère dans laquelle se meut une action, tracer le caractère des héros, brosser les larges fresques qui situent l'intrigue historiquement et psychologiquement[24] ». Ces données pourraient tout autant être convoquées pour évoquer un poème symphonique. Il s'agit plutôt de qualités propres à une musique expressive et descriptive, déterminée par le rendu sonore des éléments du drame : pittoresque, couleurs locale et temporelle, caractérisation des personnages, création d'ambiances particulières. Ce que nous appelons « écriture scénique » prend en charge, ou du moins en considération, les données concrètes de la représentation, notamment le mouvement et le jeu des interprètes. L'espace devient ainsi le cinquième paramètre de la musique. Il se compose d'une scène et de coulisses, de décors et d'une machinerie, de personnages et d'une masse chorale qui vont entrer et sortir, d'un orchestre en fosse, éventuellement d'un petit orchestre en coulisse ou encore d'un orchestre sur scène. La musique en coulisse permet de délimiter deux actions distinctes en deux lieux différents mais dans un même moment (comme au début du *Domino noir*, qui se situe dans un salon d'où l'on entend les échos d'un bal masqué), ou de suggérer le rapprochement ou l'éloignement d'un personnage, effet de *zoom sonore* (comme Don José chantant « Dragon d'Alcala » en arrivant à la taverne de Lillas Pastia). La partition se compose de lignes mélodiques associées à des mouvements, de morceaux minutés pour remplir le temps d'un déplacement, de séquences instrumentales répondant aux nécessités de la machinerie, d'une chorégraphie, etc. En 1868, alors qu'il se lance dans la composition de *La Coupe du roi de Thulé*, Bizet donne le même livret comme exercice à son élève Edmond Galabert. Il commente le drame : « Paddock est au fond du théâtre, appuyé ; il regarde, il écoute, il méprise ! Finissez bien le chœur, puis une ritournelle en majeur assez développée pour que Paddock ait le temps de descendre lentement toute la scène de l'Opéra. Dans cette ritournelle il faut esquisser la figure de Paddock[25]. »

La musique sonne dans, avec et par cet espace. Elle l'écrit autant qu'elle en est la conséquence. L'exemple de Nicolò, au début de notre période, permettra d'en montrer le haut degré de précision. Dans l'histoire du théâtre lyrique, l'opéra-comique français des XVIIIe et XIXe siècles a été un creuset d'expériences particulièrement riches en ce domaine. Le compositeur écrivant pour le théâtre agit comme si la réalité spatiale de la mise en scène modelait des éléments formels. L'importance que Nicolò accorde à l'espace scénique est accréditée par la particularité de nombre de ses partitions d'orchestre faisant apparaître clairement par des schémas imprimés sur les pages de musique la position des protagonistes lors des ensembles. Dans *Joconde* (OC, 1814), on trouve à l'acte II des précisions particulièrement détaillées au moment de la danse, dans le n° 10. Le quatuor nocturne n° 12 du même opéra-comique fait jaillir de par sa situation et la répartition scénique des protagonistes un joli effet imitatif qui fonctionne comme si le dispositif spatial se trouvait « absorbé » par la partition et se transmuait en écriture musicale. Amplifié par les masses chorales, le procédé produit l'effet saisissant de la scène 15 de l'acte II, quand tout le monde accourt de toute part pour cerner Robert et Joconde. Un même motif rythmique jaillit de divers endroits, projeté simultanément dans l'espace sonore et scénique par le mouvement des chœurs venant des coulisses. Quand l'intrigue rompt avec l'espace unifié habituel de la représentation et divise la scène en plusieurs lieux indépendants, l'action peut alors se démultiplier et les événements se superposer, provoquant un effet de réalité et se réalisant à travers un contrepoint scénique.

Nicolò, *Joconde*, part. d'orch., Paris : E. Troupenas, s.d., n° 10 Morceau d'ensemble, p. 168 (détail).

L'Intrigue aux fenêtres (OC, 1805) est l'exemple le plus fameux d'un tel dispositif. L'édition de la partition d'orchestre s'ouvre par une superbe page de titre reproduisant le décor sans lequel il est impossible de comprendre la pièce, puis par une page entièrement réservée à l'explication de ce décor. Le

DU LIVRET À LA PARTITION : COMPOSER UN OPÉRA 193

dispositif ainsi établi permet de composer un effet d'ensemble au n° 4 : un tumulte résultant de la simultanéité de plusieurs micro-scènes. Des commissionnaires crient au feu et font réagir voisins et voisines, qui paraissent tour à tour aux balcons, mansardes et portes de la maison. En jouant des fenêtres ouvertes et en utilisant instruments et chant comme des signaux, Nicolò et ses librettistes composent une scène de dialogue musical. Dans ce type de dramaturgie, l'intrigue, fondée sur les potentialités de subdivision de l'espace, justifie les ensembles musicaux – le dispositif scénique fonctionne comme processus de vraisemblance.

Dessin du décor de *L'Intrigue aux fenêtres* de Nicolò reproduit sur la couverture de la partition (Paris : Magasin de musique..., s.d.). Le théâtre représente une rue avec en son centre la maison de Renardin, composée de deux étages avec mansardes. La pièce principale est un salon, qui donne sur le balcon. L'œil de bœuf tout en haut correspond à la chambre du portier, la fenêtre A à l'appartement de Renardin, la fenêtre B à la chambre de Mlle de la Girondière, la fenêtre C à celle de Clémence (où se trouve une harpe). À droite de la maison se situe un hôtel garni, à gauche, une maison.

Avec *Jeannot et Colin* (OC, 1814), Nicolò propose une composition plus ambitieuse. Le Final de l'acte II est une forme polychorale complexe coordonnée par les déplacements scéniques de trois groupes, Bergers, Basques et Troubadours, provenant tour à tour des coulisses pour se retrouver au même endroit. Le déplacement scénique est traduit par un effet de zoom sonore, tandis que les images pittoresques des groupes costumés sont transposées dans la partition par une caractérisation musicale. Chaque chœur intervient avec une musique typique. Le Quadrille A des Bergers, à 2/4 et à quatre parties, est coloré par une orchestration répartie en mélodie (violon1, piccolo et hautbois), formule d'accompagnement (violon 2, basons 1 et 2), pédale (basses et cor). La musique basque B, à 6/8, est présentée par un bloc sonore constitué du piccolo et de la flûte, des clarinettes 1 et 2, des cors 1 et 2 et des trompettes 1 et 2, soutenus par les bassons. Le chœur à deux parties se greffe sur cette musique, accompagnée de légers accords aux cordes. Le quadrille des Troubadours C, à 6/8, est caractérisé par une instrumentation confiant la mélodie à une flûte et à une clarinette, l'accompagnement à une harpe jouant des arpèges et aux cordes pizzicatos. La scène est amplifiée par la coordination des trois ensembles en présence, selon le déroulement suivant en cinq épisodes : A / B / A+B / C / A+B+C. On retrouvera des constructions similaires dans le grand opéra, dominée par l'idée du spectaculaire et où la musique peut être abordée comme puissance de mise en scène[26], particulièrement chez Meyerbeer : par exemple dans *Les Huguenots*, acte III, quand Huguenots, femmes catholiques et clercs de la Basoche s'opposent et se mêlent (cf. 6.6).

À l'opposé de ces formes calquées sur le mouvement scénique ou de celles qui suivent l'évolution des sentiments, la partition présente des moments de suspension dramatique. L'air doit-il nécessairement exprimer les émotions du personnage ? Certains morceaux s'opposent par nature à cette conception, particulièrement dans l'opéra-comique, dont les formes proviennent en partie du théâtre en vaudevilles, obéissant à la logique de la chanson : couplets et refrain, formes strophiques déroulent un texte évolutif mais reprenant inexorablement la même musique. Cette forme archaïque diminue au cours du siècle, mais perdure dans des situations qui la justifient, c'est-à-dire où il faut passer à une chanson comme on le ferait dans la réalité (sérénade, chanson, complainte, etc.). Il ne s'agit pas seulement de « chanter pour chanter » comme le dit Grétry (ainsi qu'on le ferait dans la vie réelle), mais aussi de suivre une forme spécifique, celle de la chanson. Dans son étude d'esthétique *La Musique et le drame* parue à la fin du XIXe siècle, Charles Beauquier donne l'exemple de l'air de Camille à l'acte I du *Zampa* (OC, 1831) d'Herold[27]. Au 1er couplet, qui exprime le doute et l'inquiétude, succède un 2e couplet, où domine l'assurance et le contentement. Deux possibilités s'offrent alors aux exécutants : considérer le numéro musical comme un tout faisant moment lyrique sans évolution interne, ou bien inscrire dans la musique par leur jeu et leur interprétation la qualité expressive propre à chaque couplet.

Les ensembles et les finals relèvent de ces moments impensables sur une scène de théâtre ordinaire. Dans *La Reine de Chypre* (O, 1841), les trois duos réunissant Catarina et Gérard présentent les trois situations-matrices par lesquelles un ensemble est motivé (convergence, divergence, isolement) : à l'acte I, ils partagent un même sentiment ; à l'acte II, la situation les oppose ; à l'acte V, l'honneur les sépare et leur face-à-face stupéfait tend à figer leurs pensées, présentées comme des apartés. Pour le Final de l'acte II des *Diamants de la couronne* (OC, 1841), Scribe assemble quatre personnages : Don Sébastien, qui exprime la terreur et la tristesse de voir sa bien-aimée, Diana, épouser un autre homme (Don Henrique) ; Campo Mayor, satisfait et orgueilleux, qui, lui, espère voir Diana, sa fille, se marier à Don Henrique ; Diana, qui s'abandonne à la confiance et à l'amour (Don Henrique a promis de refuser le mariage) ; Don Henrique enfin, qui pense à Catarina, cachée à deux pas dans un cabinet. Le quatuor marque non pas l'expression des divergences des points de vue et la diversité des sentiments, mais la réunion des personnages dans un même moment de l'action. Vers de sept syllabes et rimes en « onne » et « ent » pour chacun, créent les *conditions textuelles* d'une rencontre des voix, le tout se trouvant justifié par une sorte de stupéfaction dramatique. Le rôle de l'ensemble n'est pas ici mimétique ou imitatif. Sa fonction est ailleurs et opère sur deux niveaux : 1° il produit une focalisation dramatique, en concentrant l'attention du spectateur sur un instant où les protagonistes se trouvent réunis par un nœud de l'action ; 2° il crée un espace lyrico-temporelle de pur présence, en dilatant le temps et en laissant se déployer le lyrisme (comme libération de l'énergie dramatique contenue dans cet instant même). L'ensemble fait tableau : il interrompt le défilement des événements pour créer un arrêt sur image et offrir au public une durée d'observation grâce à quoi il peut goûter la situation en tant que telle. À bien des égards, lyrisme et drame se transmuent l'un en l'autre. Le public est en suspens : face à cette situation, que va-t-il se passer ?

Une trop grande attention aux conventions du théâtre parlé aurait au XVIIIe siècle retardé les Français dans l'art de ces combinaisons. Au début du XIXe siècle, l'organiste, compositeur et théoricien Jérôme-Joseph de Momigny en fait le constat et donne un conseil : « Poètes, apprenez donc l'art de ramener vos personnages à la fin d'un acte pour y former un grand tableau final, si vous voulez obtenir de ces effets merveilleux et étonnants produits par la musique, qui est la seule langue qu'on puisse parler sans confusion, tous ensemble, et tel nombre que l'on soit rassemblé, même lorsque les personnages sont affectés de sentiments divers ou mus par des passions opposées[28]. »

Notes de 3.1

1. H. Lacombe, « Définitions des genres lyriques dans les dictionnaires français du XIXe siècle », in P. Prévost éd., *Le Théâtre lyrique en France au XIXe siècle*, Metz : Éditions Serpenoise, 1995, p. 297-334.
2. N. Wild, *Dict.*, p. 5-12 ; H. Lacombe, *Les Voies de l'opéra français au XIXe siècle*, Paris : Fayard, 1997, p. 247-253 ; H. Lacombe, « L'opéra-comique au XIXe siècle : un genre défini par sa législation », in L. Frassà éd., *The Opéra-comique in the Eighteenth and Nineteenth Centuries*, Turnhout : Brepols Publishers, 2011, p. 191-203.
3. H. Lacombe, « Réflexion sur la notion de genre lyrique français au début du XIXe siècle. De la différenciation des genres », *Rdm*, 84/2, 1998, p. 247-262. Voir aussi M. Everist (qui reprend notre réflexion sur le pouvoir menée dans cet article), « The Music of Power : Parisian Opera and the Politics of Genre, 1806-1864 », *JAMS*, 67/3, 2014, p. 685-734.
4. A. Vivien et E. Blanc, *Traité de législation des théâtres*, Paris : Brissot-Thivars, 1830, p. 363.
5. K. Ellis, « Unintended consequences : Theatre deregulation and opera in France, 1864-1878 », *COJ*, 22/3, 2012.
6. Contrat signé par G. Verdi et N. Roqueplan, Paris, 28 fév. 1852, in *Lettres et manuscrits autographes*, Paris, vente aux enchères ALDE, 13 déc. 2017, Th. Bodin expert, p. 64.
7. M. Everist, « *Grand Opéra – Petit Opéra* : Parisian Opera and Ballet from the Restoration to the Second Empire », *19th-Century Music*, 33/3, 2010, p. 195-231 ; D. Colas, « Le petit opéra à l'Académie au XIXe siècle : quelques considérations d'ordre terminologique », in S. Chaouche, D. Herlin, S. Serre éd., *L'Opéra de Paris, la Comédie-Française et l'Opéra-Comique [...]*, Paris : École des Chartes, 2012, p. 160-173.
8. Voir par exemple M. Everist, « The Music of Power », p. 702-712.
9. « Déclaration des sociétaires de l'Opéra-Comique au ministre de la Maison du roi, 5 août 1823 », in *Théâtre royal de l'Opéra-Comique*, dossier imprimé, P-an, AJ[13] 1053. Autre exemple in H. Lacombe, « L'opéra-comique au XIXe siècle », p. 196-197.
10. O. Bara, « D'un corpus hybride : l'opéra-comique, au carrefour des genres dramatiques et lyriques », *Lieux littéraires / La Revue*, 2003, p. 229-240.
11. O. Bara, « L'Étoile du Nord de Meyerbeer, ou l'opéra-comique en ses extrêmes », in A. Jacobshagen et M. Pospisil éd., *Meyerbeer und die Opéra-Comique*, Laaber : Laaber, 2004, p. 231-247 ; « L'opéra-comique *à grand spectacle* sous le Second Empire : une mise en cause de genre ? », in I. Moindrot éd., *Le Spectaculaire dans les arts de la scène du romantisme à la Belle Époque*, Paris : CNRS Éd., 2006, p. 70-77.
12. Par exemple Castil-Blaze, *De l'opéra en France*, Paris : Janet et Cotelle, 1820, p. 43-44.
13. Voir ce qu'en dit F. Sarcey, « Notes de la semaine », *Les Annales politiques et littéraires*, 6 fév. 1887, p. 82.
14. H. Lacombe, *Les Voies de l'opéra français...*, chap. 9 ; O. Bara, *Le Théâtre de l'Opéra-Comique sous la restauration : enquête autour d'un genre moyen*, Hildesheim : G. Olms, 2001.

15. J. A. Langford, *The operas of Hector Berlioz : their relationship to the French operatic tradition of the early nineteenth century*, PhD., Ann Arbor (Mich.) : UMI dissertation services, 1978.
16. Pour une vue d'ensemble, voir J. Rushton éd., *The Cambridge Berlioz encyclopedia*, Cambridge : CUP, 2018.
17. H. Berlioz, 21 fév.1836, in *Correspondance générale*, t. 2, P. Citron éd., Paris : Flammarion, 1975, n°464.
18. H. Berlioz à A. Samuel, [Paris, 26 fév. 1858], in *Correspondance [...]*, t. 5, 1855-1859, P. Citron éd., Paris : Flammarion, 1989, p. 546.
19. H. Berlioz à A. Morel, 27 ou 28 oct. 1857, in *Correspondance générale*, t. 5, p. 500.
20. D. Charlton, « Opéra Comique : Identity and Manipulation », in R. Parker and M. A. Smart éd., *Reading critics reading : opera and ballet criticism in France from the Revolution to 1848*, Oxford : OUP, 2001, p. 13-45.
21. H. Lacombe, « *Béatrice et Bénédict* : un cadre classique pour l'imaginaire berliozien », in J.-M. Fauquet, C. Massip et C. Reynaud éd., *Berlioz. Textes et contextes*, Paris : Sfm, 2011, p. 251-262.
22. Arrêté du 9 mai 1851, cité in N. Wild, *Dict.*, p. 230.
23. H. Lacombe, *Les Voies de l'opéra français*.
24. M. J. Achter, *Félicien David, Ambroise Thomas and French opera lyrique : 1850-1870*, PhD., Ann Arbor, Univ. of Michigan, 1972 ; H. Lacombe, *Les Voies de l'opéra français*, p. 255-257.
25. H. Lacombe, *Les Voies de l'opéra français*, chap. 9 ; E. Rogeboz-Malfroy, *Ambroise Thomas ou La tentation du lyrique*, Besançon : Cêtre, 1994 ; H. Lacombe et M.-H. Coudroy-Saghaï, « *Faust* et *Mignon* face à la presse [...] », in Ph. Blay et R. Legrand éd., *Sillages musicologiques [...]*, Paris : Cnsmdp, 1997, p. 101-109.
26. A. Soubies et Ch. Malherbe, *Histoire de l'Opéra-Comique [...]*, vol. 2, Paris : Flammarion, 1893, p. 88.
27. N. Wild, *Dict.*, p. 59-62 (BP), 155 (Folies-Nouvelles), 229 (TL) ; voir aussi M. Everist, « Jacques Offenbach : The Music of the Past and the Image of the Present », in A. Fauser and M. Everist éd., *Music, Theater and Cultural Transfer : Paris, 1830-1914*, Chicago : UCP, 2009, p. 72-98.

Notes de 3.2

1. Voir par exemple, *Rdm*, 98/1, 2012 (numéro consacré à la musicologie des processus créateurs) ; N. Donin, « La musique, objet génétique non identifié ? », *Littérature*, 178, 2015/2, p. 105-116 ; W. Kinderman, *The Creative Process in Music from Mozart to Kurtág*, Urbana (Illinois) : University of Illinois Press, 2017.
2. R. Celletti, *Histoire du bel canto*, trad. H. Pasquier et R. Mancini, Paris : Fayard, 1987.
3. Ph. Gossett, *Divas and Scholars : Performing Italian Opera*, Chicago : UCP, 2006 ; D. Colas, *Les Annotations de chanteurs dans les matériels d'exécution des opéras de Rossini à Paris (1820-1860)*, thèse de doctorat, université de Tours, 1997.
4. Voir la collection « L'opéra français » (en cours) dirigée depuis 2009 par P. Prévost (Kassel : Bärenreiter), comptant notamment les publications du *Toréador* d'A. Adam, de *Samson et Dalila* de Saint-Saëns, de la « version opéra » du *Faust* de Gounod et de sa version « opéra-comique » (à paraître) ; voir aussi les éditions monumentales

de Rossini (Fondation de Pesaro, http://www.fondazionerossini.com/editoria/), de Meyerbeer (Ricordi, https://www.ricordi.com/de-DE/Composers/M/Meyerbeer-Giacomo.aspx), etc.

5. A. Laget, *Le Chant et les chanteurs*, Paris : Heugel, 1874, p. 333.
6. G. Bertrand, *Les Nationalités musicales étudiées dans le drame lyrique*, Paris : Didier, 1872, p. 201.
7. H. Berlioz, *Mémoires*, P. Citron éd., Paris : Flammarion, 1991, p. 570-571.
8. J.-Ch. Branger et A. Terrier, « Introduction », in J.-Ch. Branger et A. Terrier éd., *Massenet et l'Opéra-Comique*, Saint-Étienne : PUSE, 2015, p. 16-17.
9. F.-A. Boieldieu à M. Lavigne, s.d., in *Lettres autographes et manuscrits. 27 février 2014*, cat. de vente Daguerre, Hôtel Drouot, Th. Bodin expert. F.-A. Boieldieu et L. Cherubini, *Emma, ou la Prisonnière* (Théâtre Montansier, 1799), livret de Jouy, Saint-Just et Longchamps.
10. F.-A. Boieldieu à E. Scribe, [1826], in *ibid.*
11. J. Barbier à J.-L. Heugel, 24 avr. 1882, *Archives et souvenirs de la famille Heugel*, Paris, cat. de vente Ader Nordmann, 26 mai 2011.
12. D.-F.-E. Auber et E. Scribe, *Correspondance*, H. Schneider éd., Liège : Mardaga, 1998.
13. Ch. Gounod à J. Barbier, s.d., F-Pn, NLA 24, I (39).
14. B. de l'Épine, « Le comique en débat dans l'opéra-comique des années 1880 : l'exemplarité de *Jean de Nivelle* et de *Lakmé* », in Ch. Loriot éd., *Rire et sourire dans l'opéra-comique en France aux XVIIIe et XIXe siècles*, Lyon : Symétrie, 2015, p. 295-302.
15. P. Larousse, *Grand dictionnaire universel*, t. 3, art. « C'est la princesse de Navarre ».
16. O. Bara, *Le Théâtre de l'Opéra-Comique sous la Restauration*, Hildesheim : G. Olms, 2001 p. 52.
17. B. Jouvin, *Auber*, Paris : Heugel, 1864, p. 63.
18. P. Girod, *Les Mutations du ténor romantique [...]*, thèse de doctorat, université Rennes 2, 2015, p. 195-196.
19. G. Charpentier à J. Huret, s.l., jeudi s.d., in *Lettres & manuscrits autographes*, Paris, cat. Ader Nordman, 22 et 23 juin 2016, Th. Bodin expert.
20. F. Halévy, *Derniers souvenirs et portraits*, Paris : Lévy, 1863, p. 150.
21. *Ibid.*, p. 166-167.
22. P. Viardot à I. Tourgueniev, Courtavenel, 10-15 sept. [1850], *Lettres et manuscrits autographes*, Paris, cat. de vente Ader, 18 juin 2015.
23. J. Barbier à J.-L. Heugel, 24 avr. 1882, *Archives et souvenirs de la famille Heugel*, cat. de vente Ader Nordmann, 26 mai 2011.
24. A. Thomas à Mme ?, 2 déc. 1874, in *Autographes et manuscrits*, cat. de vente Tajan (Hôtel Drouot, 4 oct. 2005), A. Nicolas expert.
25. P. Girod, *Les Mutations du ténor romantique*, p. 177 sq.
26. Voir « Actualités », *FM*, 28 févr. 1869, p. 66-67.
27. G. Pérodeaud, « Chronique des théâtres. Opéra. *Faust* », *Le Yacht*, 14 mars 1869.
28. L. Delibes à ?, lundi matin 18 ??, in *Lettres & manuscrits autographes*, Paris, cat. de vente Ader Nordmann, 29-30 nov. 2016.
29. Ch. Gounod à J. Barbier, 9 fév. 1869, F-Pn, NLA 24 (097).

Notes de 3.3

1. A. Choron et A. de La Fage, *Manuel complet de musique vocale et instrumentale [...]*, Paris : Librairie encyclopédique de Roret, 1836-1838, 3ᵉ partie, t. 2, p. 71.
2. G. de Nerval, *Œuvres complètes*, J. Guillaume et C. Pichois éd., Paris : Gallimard, 1989, vol. 1, p. 985 (feuilleton de 1845).
3. J.-A. de La Fage, *Manuel complet...*, 2ᵉ partie, t. 2, Livre 7ᵉ, Union de la musique avec la parole, p. 152.
4. É. de Jouy, *Essai sur l'opéra français*, in *Œuvres complètes*, t. 22, *Mélanges*, Paris : Didot, 1823 [recte 1826], p. 231.
5. P. Lahalle, *Essai sur la Musique*, Paris : Rousselon, 1825, p. 83-84.
6. *Ibid.*, p. 88-89.
7. E. L. N. Viollet-le-Duc, *Précis de dramatique ou de l'art de composer et exécuter les pièces de théâtre*, Paris : Bureau de l'Encyclopédie portative, 1830, p. 155-156.
8. H. Auger, *Physiologie du théâtre*, Paris : Firmin Didot frères, 1839, vol. 1, p. 341-342.
9. Th. Gautier, *Histoire de l'art dramatique en France depuis vingt-cinq ans*, facs., Genève : Slatkine reprints, 1968, 2ᵉ série, p. 142-143.
10. D. Charlton et N. Wild, *Répertoire*.
11. Th. Gautier, *Histoire de l'art dramatique*, p. 15-16.
12. Art. de E. Reyer, in *L'Athenæum français*, 29 août 1852, p. 139.
13. G. de Nerval, *Œuvres complètes*, vol. 2, p. 1222-1223 [1850].
14. *Ibid.*, vol. 1, p. 785 [1844].
15. Th. Gautier, *Histoire de l'art dramatique*, 2ᵉ série, p. 234-237.
16. *Ibid.*, p. 46.
17. N. Roqueplan à Th. Gautier, 25 sept. 1843, in Th. Gautier, *Correspondance générale*, C. Lacoste-Veysseyre éd., Genève : Droz, 1985, vol. 2, p. 74.
18. A. Adam, *Derniers souvenirs d'un musicien*, Paris : M. Lévy frères, 1859, p. 286.
19. Th. Gautier, *Histoire de l'art dramatique...*, 1ʳᵉ série, p. 256.
20. E. L. N. Viollet-le-Duc, *Précis de dramatique*, p. 158.
21. F. Clément et P. Larousse, *Dictionnaire lyrique [...]* et H. Berlioz, *JD*, 18 avr. 1839.
22. Th. Gautier, *Histoire de l'art dramatique*, 2ᵉ série, p. 14.
23. M. Jahrmärker, *Die Libretto- und Opernwerkstatt Eugène Scribe*, Würzburg : Königshausen & Neumann, 2015, vol. 4, p. 1782, 1794.
24. A. Adam, *Derniers souvenirs d'un musicien*, p. 287.
25. H. S. Powers, « "La Solita Forma" and "The Uses of Convention" », *Acta Musicologica*, 59/1, janv.-avr. 1987, p. 65-90.
26. Castil-Blaze, *De L'opéra en France*, Paris : Auteur, 1826, vol. 2, p. 52 et 58.
27. H. Maréchal, *Paris. Souvenirs d'un musicien*, Paris : Hachette, 1907, p. 198-200.
28. P. Dukas, « Poèmes et libretti », in *Les Écrits de Paul Dukas*, Paris : Éditions françaises et internationales, 1948, p. 284.
29. P. Dukas, « Samson et Dalila », in *Les Écrits de Paul Dukas*, 1948, p. 69.

Notes de 3.4

1. Ch. Gounod, préface à *George Dandin*, in G. Weldon, *Autobiographie de Ch. Gounod et articles [...]*, London : Mrs Weldon, [1875].
2. A. Bruneau, *À l'ombre d'un grand cœur*, Genève : Slatkine, 1980, p. 18.

3. C. Mendès, entretien avec S. Basset, « Avant-premières. Ce qu'ont voulu les auteurs de *La Carmélite* », *Fig.*, 13 déc. 1902.
4. C. Saint-Saëns, *Harmonie et mélodie*, Paris : Calmann-Lévy, 1885, p. 260.
5. V. Hugo, *Le Tas de pierres*, in *Œuvres romanesques, dramatiques et poétiques*, t. 29, Genève : Cercle du bibliophile, 1969, p. 384.
6. P. Verlaine, *Art poétique, Jadis et naguère*, Paris : Léon Vanier, 1884.
7. V. d'Indy, *Richard Wagner*, Paris : Delagrave, 1930, p. 42.
8. R. Wagner, *L'Œuvre d'art de l'avenir* [1849], in *Œuvres en prose*, trad. J.-G. Prod'homme et F. Holl, vol. 3, Paris : Delagrave, 1907, p. 176.
9. C. Debussy en réponse à l'enquête « Sous la musique, que faut-il mettre ? », *Musica*, fév. et mars 1911 ; repris in *Monsieur Croche et autres écrits*, Paris : Gallimard, 1987, p. 207.
10. É. Dujardin, *Les Premiers Poètes du vers libre*, Paris : Mercure de France, 1922, p. 63.
11. R. de Gourmont, *Esthétique de la langue française*, Paris : Mercure de France, 1955, p. 152.
12. P. Lalo, *De Rameau à Ravel, portraits et souvenirs*, Paris : Albin Michel, 1947, p. 121.
13. E. Chabrier à G. Costallat, [29 juil. 1882], in *Correspondance*, Paris : Klincksieck, 1995, p. 152.
14. É. Zola cité in A. Bruneau, *À l'ombre d'un grand cœur*, p. 63.
15. V. d'Indy, *Richard Wagner*, p. 65.
16. E. Chausson à P. Poujaud, 1886, in *Écrits inédits*, Paris : Édition du Rocher, 1999, p. 191.
17. C. Debussy, enquête de *Musica*.
18. A. Magnard, « La Synthèse des arts », *La Revue de Paris*, 15 sept. 1894.
19. Ch. Gounod, préface à *George Dandin*. Voir G. Condé, *Gounod*, Paris : Fayard, 2009, p. 467-470.
20. É. Zola, entretien paru dans *L'Écho de Paris*, 7 juin 1891.
21. L. de Fourcaud, « Musique », *Le Gaulois*, 13 mars 1897.
22. C. Debussy, *Monsieur Croche*, p. 207.
23. V. Hugo, préface de *Cromwell*.
24. C. Debussy, propos rapportés par M. Emmanuel, « Entretiens inédits d'E. Guiraud et de C. Debussy », *Inédits sur Debussy*, Paris : Charpentier, 1942, p. 25-33.
25. *Le Gaulois*, 19 juil. 1913.
26. G. Jean-Aubry, *La Musique française aujourd'hui*, Paris : Perrin, 1916, p. 253.
27. C. Dahlhaus, *Vom Musikdrama zur Literaturoper*, Munich : Katzbichler, 1983.
28. M. Maeterlinck à F. von Oppeln-Bronikowski, 22 avr. 1899, in J. Warmoes, « Lettres de Maeterlinck à son traducteur allemand », *Annales de la fondation Maurice Maeterlinck*, t. 7, 1961.

Notes de 3.5

1. M. Smith, *Ballet and Opera in the Age* of « *Giselle* », Princeton/Oxford : Princeton University Press, 2000, p. XIII-XVII.
2. D. Colas, « Le petit opéra à l'Académie… », p. 161-162.
3. G. Oberzaucher-Schüller et H. Moeller éd., *Meyerbeer und der Tanz, Meyerbeer-Studien*, 2, 1998 ; Th. Betzwieser, A. Mungen, A. Münzmay et S. Schrödter éd., *Tanz im Musiktheater*, Würzburg : Königshausen und Neumann, 2009 ; S. Schroed-

ter, *Paris qui danse. Bewegungs- und Klangräume einer Großstadt der Moderne*, Wurzbourg : Königshausen & Neumann, 2016 ; R. Brotbeck, L. Moeckli, A. Schaffer et S. Schroedter éd., *Bild und Bewegung im Musiktheater. Interdisziplinären Studien im Umfeld der Grand Opéra*, Schliengen : Edition Argus, 2018.
4. Th. Betzwieser, « Tanz und Pantomime in den Opern Aubers », in *Meyerbeer und der Tanz*, p. 107-134.
5. P. Kaiser, « Ballettmusiken in Opern von Fromental Halévy », in *Meyerbeer und der Tanz*, p. 135-148.
6. M. Smith, *Ballet and Opera…*, p. 124-166.
7. M. Jahrmärker, *Comprendre par les yeux. Zu Werkkonzeption und Werkrezeption in der Epoche der Grand opéra*, Laaber : Laaber-Verlag, 2006, p. 167-171 ; M. Smith, *Ballet and Opera…*, p. 72-93 ; S. Schroedter, *Paris qui danse…*, p. 497-521.
8. O. Bara, *Le Théâtre de l'Opéra-Comique sous la Restauration […]*, Hildesheim : G. Olms, 2001, p. 46-47.
9. M. Jahrmärker, *Comprendre par les yeux…*, p. 171.
10. J.-C. Yon, *Eugène Scribe […]*, Saint-Genouph : Nizet, 2000, p. 337-353.
11. M. Jahrmärker éd., *Die Ballettpantomimen von Eugène Scribe. Texte, Skizzen und Entwürfe*, Feldkirchen bei München : Ricordi ; Paderborn : University Press, 1999.
12. A. Pougin, *Herold : biographie critique*, Paris : Henri Laurens, 1906, p. 121-122.
13. *Ibid.*, p. 77.
14. A. Adam, « Toujours la Pie voleuse au Conservatoire », *FM*, 18 juin 1843, p. 198-199.
15. A. Adam, *Souvenirs d'un musicien*, Paris : Michel Lévy frères, 1857, p. 34-35.
16. F.-Y. Bril, « Œuvres d'Adolphe Adam », in J.-M. Fauquet éd., *Dict.*, p. 12-15 ; W. E. Studwell, *Adolphe Adam and Léo Delibes. A Guide to Research*, New York/ Londres : Garland Publishing, 1987, p. 101.
17. A. Adam à S. H. Spiker, 12 juin 1841, in « Lettres sur la musique française : 1836-1850 », *La Revue de Paris*, 1er sept. 1903, p. 164.
18. A. Adam à S. H. Spiker, 15 oct. 1841, in *ibid.*, p. 165.
19. G. Oberzaucher-Schüller, « Aus dem Kapitel der Wechselwirkung zwischen Opéra comique und Ballett : Vom Erfolg der tänzerischen Gestalt », in M. Pospíšil, A. Jacobshagen, F. Claudon, M. Ottlová éd., *Le Rayonnement de l'opéra-comique en Europe au XIXe siècle*, Prague : KLP, 2003, p. 380-382.
20. S. Jacq-Mioche, « Tableau des ballets représentés à l'Opéra au XIXe siècle », in J.-M. Fauquet éd., *Dict.*, p. 90-93.
21. « *Ein Ausblick : Die Opéra bouffe im Tanzrausch* ». S. Schroedter, *Paris qui danse…*, p. 522-532.
22. D. Harris, « Opera, ballet », in S. J. Cohen éd., *International Encyclopedia of Dance*, Oxford : OUP, 2004, vol. 5, p. 37.
23. H. Laplace-Claverie, *Écrire pour la danse. Les livrets de ballet de Théophile Gautier à Jean Cocteau (1870-1914)*, Paris : Honoré Champion, 2001 ; J.-Ch. Branger éd., *Musique et chorégraphie en France de Léo Delibes à Florent Schmitt*, Saint-Étienne : PUSE, 2010.
24. V. Giroud, « La danse dans les opéras de Massenet : typologie et fonction », in J.-Ch. Branger éd., *Musique et chorégraphie…*, p. 90.
25. H. Schneider, « Die Barkarole und Venedig », in M. T. Muraro éd., *L'opera tra Venezia e Parigi*, Florence : L. S. Olschki, 1988, p. 11-56.

26. S. Schroedter, « Listening in Motion and Listening to Motion. The Concept of Kinaesthetic Listening Exemplified by Dance Compositions of the Meyerbeers Era », in R. Brotbeck éd., *Bild und Bewegung im Musiktheater...*, p. 19.
27. H. Lacombe et Ch. Rodriguez, *La Habanera de Carmen. Naissance d'un tube*, Paris : Fayard, 2014, p. 78-80 sq.
28. M. Cailliez, *La Diffusion du comique en Europe à travers les productions d'*opere buffe*, d'opéras-comiques et de* komische Opern *(France-Allemagne-Italie, 1800-1850)*, thèse de doctorat, universités de Paris-Sorbonne, Bonn et Florence, 2014, p. 443-472, en ligne, http://hss.ulb.uni-bonn.de/2016/4527/4527.htm.
29. S. Schroedter, « Listening in Motion... », p. 13-42.
30. M. Jahrmärker, « Was war an der opéra comique so französisch ? Rhythmus als Element der Werkdramaturgie – ein Versuch », in M. Biget-Mainfroy, R. Schmusch éd., *« L'esprit français » und die Musik Europas – Entstehung, Einfluss und Grenzen einer ästhetischen Doktrin*, Hildesheim : G. Olms, 2007, p. 497-522.
31. *Ibid.*, p. 499.
32. M. Cailliez, *La Diffusion du comique...*, p. 463-467.

Notes de 3.6

1. Sur cette notion, voir C. Dahlhaus, « Dramaturgie de l'opéra italien », *Histoire de l'opéra italien*, trad. sous la dir. de J.-P. Pisetta, t. 2.6, Liège : Mardaga, 1992, p. 93-183 ; D. Colas, « Musial Dramaturgy », in H. M. Greenwald éd., *The Oxford handbook of opera*, New York : OUP, 2014, p. 177-205.
2. A. Adam, *Derniers souvenirs d'un musicien*, Paris : M. Lévy frères, 1859, p. 127.
3. B. Jouvin, *Auber*, Paris : Heugel, 1864, p. 70-71.
4. F. Halévy à H. de Saint-Georges, 8 déc. [1849], in *Lettres*, M. Galland éd., Heilbronn : Musik-Edition Lucie Galland, 1999, p. 74.
5. M.-G. Soret, « De la genèse à la réception », in Saint-Saëns, *Proserpine*, livre-CD, Venise : Palazetto Bru Zane ; San Lorenzo : Editiones Singulares, 2017, p. 12.
6. J. Massenet, *Mes souvenirs (1848-1912)*, Paris : L. Lafitte, 1912, p. 166.
7. *Ibid.*, p. 152.
8. H. Lacombe et Ph. Blay, « À l'ombre de Massenet, Proust et Loti : le manuscrit autographe de *L'Île du rêve* de Reynaldo Hahn », *Rdm*, 79/1, 1993, p. 83-107.
9. A. Dayrolles, « Portraits contemporains », *Les Annales politiques et littéraires*, 20 mars 1887, p. 181.
10. M.-C. Régnier, « Le spectacle de l'homme de lettres au quotidien : de l'intérieur bourgeois à l'intérieur artiste (1840-1903) », *Romantisme*, 168, 2015/2, p. 71.
11. P. Taïeb, *L'Ouverture d'opéra en France de Monsigny à Méhul*, Paris : Sfm, 2007.
12. M. Gribenski, *Le Chant de la prose dans l'opéra (France, Italie, Allemagne) 1659-1902 : éléments de poétique, d'esthétique et d'histoire du goût*, thèse de doctorat, Paris 4, 2008 ; V. Anger, « Prosodie », in J.-M. Fauquet, *Dict.*
13. G. R. Marschall, *Massenet et la fixation de la forme mélodique française*, thèse de doctorat, université Paris-Sorbonne, 1979.
14. M. Favrot, *Poétique comparée du vers et de la phrase mélodique dans « La Vie parisienne » d'Offenbach*, thèse de doctorat, université Paris 4, 2004.
15. H. Lacombe, *Les Voies de l'opéra français au XIXe siècle*, Paris : Fayard, 1997, p. 114.
16. E. Delacroix, *Journal (1822-1863)*, A. Joubin éd., Paris : Plon, 1996, p. 779-780.

17. F. Halévy au directeur de l'Opéra, [été 1841], in *Lettres*, Marthe Galland éd., Heilbronn : Musik-Edition Lucie Galland, 1999, p. 32.
18. G. Condé, [Introduction], in J. Massenet, *Mes souvenirs*, G. Condé éd., Paris : Éd. Plume : [Calmann-Lévy], 1992, p. 11. Voir aussi tous les commentaires des numéros de *L'Avant-scène opéra* consacrés aux œuvres de Massenet.
19. G. Bizet, *Carmen*, ms aut., F-Pn, Ms-436. Par exemple, acte I, n° 2, f° 17^r-18^v, 20^r-22^r, en ligne, https://gallica.bnf.fr/ark :/12148/btv1b74001325/f1.item.
20. C. Dahlhaus, *Les Drames musicaux de Richard Wagner*, Liège : Mardaga, 1994.
21. D. Charlton, *Grétry and the growth of opéra-comique*, Cambridge : CUP, 1986.
22. M. D. Grace, « Méhul's *Ariodant* and the Early Leitmotiv », in M. D. Grace éd., *A Festschrift for Albert Seay*, Colorado Springs : Colorado College, 1982, p. 173-194.
23. G. Condé, « Introduction », in *Esclarmonde. L'Avant-scène opéra*, 148, sept.-oct. 1992, p. 36-37 ; *Werther. L'Avant-scène opéra*. 61, mars 1984, p. 34-35 ; J.-Ch. Branger, « *Werther* de Jules Massenet : un "drame lyrique" français ou germanique ? Sources et analyse des motifs récurrents », *Rdm*, 87/2, 2001, p. 419-483.
24. X. Leroux, « Préface », in J. Massenet, *Mes souvenirs*, Paris : Lafitte, 1912, p. 8.
25. G. Bizet à É. Galabert, juil. 1868, in *Lettres à un ami : 1865-1872*, Paris : Calmann-Lévy, 1909, p. 141.
26. H. Lacombe, « La musique comme puissance de mise en scène », in I. Moindrot éd., *Le Spectaculaire dans les arts de la scène du Romantisme à la Belle-Époque*, Paris : CNRS Éd., 2006, p. 166-173.
27. Ch. Beauquier, *La Musique et le drame, étude d'esthétique*, [1re éd. 1877], 2/Paris : Fischbacher, 1884.
28. J.-J. de Momigny, « Opéra (grand) », in *Encyclopédie méthodique. Musique*, Paris : Panckoucke, 1791, Paris : Mme veuve Agasse, 1818.

Nicolas-Prosper Levasseur (1791-1871)

Fils de laboureur, Levasseur fut repéré par le préfet de la Somme et entra au Conservatoire en 1807. Ses études de vocalisation se prolongèrent avec Richer à cause de difficultés d'intonations, et il ne fut admis dans la classe de chant de Garat qu'en 1811. En octobre 1813, il débuta à l'Opéra dans des ouvrages de Grétry, Sacchini et Catel mais déçut par son jeu. Il trouva de meilleurs engagements à l'étranger, dans des concerts et au Théâtre-Italien, où la pratique de la scène et le répertoire bouffe formèrent l'acteur. Le musicographe Gustave Bertrand remarqua par exemple les « effets de comédie et de chant » trouvés par Levasseur dans *Il Barbiere di Siviglia* de Rossini. Simple « remplacement » en partage avec Bonel au moment de son départ de l'Opéra en 1819, il y rentra comme premier sujet en 1828 pour interpréter cette fois les ouvrages sérieux de Rossini. Après sa création de Bertram dans *Robert le Diable* (1831) de Meyerbeer, il éclipsa Dérivis dans l'emploi de première basse et cessa son service parallèle au Théâtre-Italien. Henri Lavoix indique que Levasseur « descendait facilement au *mi* bémol et faisait entendre le *fa* dièse » aigu ; ces deux notes sont respectivement exploitées par Meyerbeer dans le point d'orgue polyphonique du trio sans accompagnement et dans la valse infernale. Levasseur confia à son collègue Auguste Laget que, si c'était à refaire, il n'accepterait pas « un rôle aussi écrasant » et s'étonna « de n'y avoir pas laissé [s]a peau » car, s'il avait obtenu du compositeur d'écourter sensiblement son dernier air, il lui était extrêmement éprouvant de devoir patienter tout le quatrième acte sans se refroidir. Adam remarqua le timbre « cuivré » que Levasseur prêtait à ce personnage. Halévy salua sa « voix mordante et acérée », pour laquelle il écrivit bientôt le rôle du Cardinal de Brogni dans *La Juive* (1835). Comme Brogni, qui ne cesse de parcourir les deux octaves d'un *mi* bémol à l'autre dans le sextuor, Marcel des *Huguenots* (1836) s'inscrit dans le répertoire des basses profondes, avec un *ut* grave parfois interpolé à la fin du choral. Levasseur ne créa plus ensuite que des rôles de second plan mais se produisit régulièrement aux concerts à la cour, multiplia les tournées en Allemagne et enseigna au Conservatoire jusqu'en 1869. Obin lui succéda à l'Opéra et au Conservatoire, où il l'avait remplacé gratuitement pendant ses longues absences presque chaque année depuis 1852.

Pierre Girod

Alexandre Lacauchie, *Levasseur [dans le costume de Bertram]*, lithographie, Paris : Marchant, [*ca* 1820], F-Pn, Est. Levasseur N. P. 003.

Première partie

Créations et répertoire

Chapitre 4
Une période charnière : le Consulat et l'Empire

4.1 L'Opéra, le Théâtre-Italien et la réorganisation politique des théâtres

Philippe Bourdin

Troubles politiques, mises en cause de l'ordre public et contestation culturelle ont inspiré au Corps législatif de l'an VI, qui se veut, après le coup d'État du 18 Fructidor éliminant l'opposition royaliste, le rempart de la République, un vaste débat sur le modèle éducatif idéal. Il est maintenant proposé à une entité globalement désignée par le mot « peuple » – un peuple non plus souverain mais à civiliser[1] – et relève d'une utopie éclairée, élitiste et volontiers académique. L'utilité de l'art en général, et du théâtre en particulier, est objet d'interrogation. En charge de cette question au sein du Comité d'instruction publique, Marie-Joseph Chénier, héraut du théâtre patriotique en 1789, présente le 26 brumaire an VI (16 novembre 1797) au Conseil des Cinq-Cents une motion d'ordre sur les théâtres[2]. Remettant en cause la loi du 13 janvier 1791 sur leur liberté, elle pose l'éternel problème de la surveillance des salles et propose une éventuelle « récompense » à ceux qui auraient « bien servi la cause de la liberté », mais aussi de réguler le nombre des théâtres, soulignant « l'inconvénient d'une multiplicité indéfinie qui anéantit à la fois l'art dramatique, la véritable concurrence, les mœurs sociales, et la surveillance légitime du gouvernement »[3] – idées qu'il réaffirmera à la fin de l'Empire dans son *Tableau historique de l'état et des progrès de la littérature française depuis 1789*. Quelles que soient les préventions des amoureux de la raison, le théâtre demeure aux yeux des législateurs le lieu par excellence pour solliciter les imaginations et les sens – qui, à l'aube du romantisme, ne sont plus négligés par les éducateurs –, pour substituer à une morale religieuse une éthique laïque promue elle aussi par la voix et par le geste.

L'opéra italien à Paris

Bonaparte, qui a admiré la tradition vocale italienne durant ses campagnes dans la péninsule, est en bien des points l'héritier de ces débats et de ces projets. La concentration des salles parisiennes commence dès le Consulat, parfois justifiée par leurs déboires financiers. Ainsi pour les deux troupes concurrentes exploitant le genre de l'opéra-comique, l'une salle Favart, l'autre salle Feydeau, qui s'associent le 26 juillet 1801 pour former le théâtre national de l'Opéra-Comique, au grand soulagement de leurs créanciers et du Paris artiste et lettré. Les deux institutions vivotaient depuis des mois. Salle Favart, on ne jouait plus que des petites pièces en un acte qui passaient rarement la rampe plus de trois soirs de suite, suscitant au mieux l'indifférence du public, et le plus souvent ses sifflements ; l'*Irato* de Méhul avait fait exception en février 1801 ; les principaux artistes (Elleviou, Martin, Mme Saint-Aubin) préféraient désormais des tournées provinciales plus rémunératrices. Feydeau mourait de son abandon du genre italien, et Mme Scio, l'une de ses vedettes, avait préféré rejoindre la troupe de Favart peu avant qu'il ne mît la clef sous la porte, le 12 avril. L'une et l'autre salles observaient le succès de l'Opera Buffa fondé par la Montansier quelques mois plus tôt rue de la Victoire[4]. Les administrateurs de Favart avaient lutté en vain, en ouvrant leur programmation à *L'Impromptu de campagne* de Nicolò, puis à deux intermèdes italiens (*Il Calzolaro*, *Il Maestro di musica*), confiés au chanteur allemand Ellmenreich, qui surprirent plus qu'il ne convainquirent ; l'activité s'était arrêtée le 20 juillet.

Bonaparte voulait créer un « conservatoire musical en action » d'essence italienne pour les jeunes chanteurs et compositeurs, en sus du Conservatoire national. Chaptal, son ministre de l'Intérieur, avait financé le voyage en Italie du danseur du Théâtre des Arts Filippo Taglioni qui, à Milan et à Venise, avait acheté des partitions et engagé des chanteurs. Ils étaient dix fin février 1801, lorsque Chaptal avait confié leur sort à la Montansier, qui pouvait compter sur le chef d'orchestre Bartolomeo Bruni, ancien du Théâtre de Monsieur, et bientôt sur des chanteurs réputés comme Luigi Raffanelli et Teresa Strinasacchi[5]. L'Opera Buffa profita de la fusion de ses concurrents malheureux : sur ordre du Premier Consul, il occupa la salle Favart de 1802 à 1804. Le public, cosmopolite et essentiellement masculin, et la critique furent cependant peu enthousiastes devant un répertoire mal connu (di Capua, Portogallo) et des artistes, hormis le couple précédemment cité, n'égalant pas l'ancienne troupe du Théâtre de Monsieur. Celle-ci nourrissait toutes les nostalgies de spectateurs sensibles à la puissance vocale plus qu'à la virtuosité des ornements, à la cohérence physique de l'interprète avec son personnage, à la légèreté du jeu. Les opéras de Paisiello, dont certains avaient été remarqués au Théâtre de Monsieur, et de Cimarosa, très aimés de Bonaparte, dominaient le répertoire. Novateur et en vogue partout en Italie, le genre populaire de la farce fut proposé sans lendemain. Dès 1802, la direction du théâtre recruta pour améliorer une troupe dont les rapports au Premier Consul estimaient qu'elle était pour moitié insuffisante.

Bonaparte ne cesse d'aider l'Opera Buffa, de subvention en subvention (50 000 livres en 1802). Jean-Marie Arrighi est le commissaire du gouvernement choisi pour contrôler l'activité de la salle, les engagements, les départs et la valeur des interprètes, et hebdomadairement le répertoire et le budget. Il peste volontiers contre le recrutement de Mlle Rolandeau, de l'ancienne troupe du Feydeau, sur l'incompétence d'entrepreneurs ignorant l'italien, roulés dans la farine par les intermédiaires auxquels ils recourent, sur l'échec de la mission pédagogique de cette scène. La Montansier et son fondé de pouvoir Neuville sont renvoyés en 1803, la troupe licenciée devant l'ampleur du déficit – seul demeure le premier bouffon Martinelli. Désormais sous la tutelle du préfet du Palais Cramayel, la salle rouvre en mai 1803 : un bail de trente ans a été signé avec l'entrepreneur italien Teobaldo Roatis, avec la caution financière de Jacob Coën. Roatis ramène des ténors appréciés : Aliprandi et Nozzari ; les autres emplois paraissent fragiles, parfois laissés à des débutants auxquels s'ouvriront ultérieurement de belles carrières en Italie (Nicola De Grecis, Teresa Belloc), ce qui oblige à renouer avec des artistes plus expérimentés, telle Teresa Strinasacchi. La programmation s'ouvre à Paër et Spontini. La mort de Coën contraint cependant Roatis à la faillite en novembre 1803, laissant pour six mois la place à une société d'artistes issus de la troupe (Aliprandi, Cruciati, Martinelli), avant que Louis-Benoît Picard, bon connaisseur du théâtre musical italien, ne soit sollicité pour organiser la fusion de l'Opera Buffa avec le Théâtre Louvois : il fonde ainsi en 1804 le Théâtre de l'Impératrice, qui s'installe à l'Odéon quatre ans plus tard. Picard a alors abandonné les rênes de l'entreprise à Duval et Gobert[6].

Malgré la très grande réputation de Strinasacchi auprès du public parisien, une programmation désordonnée, sans beaucoup de nouveautés, et une troupe en fin de contrat ne permettent pas une fréquentation assidue. Le succès arrive à partir de 1805, avec *Il Mercato di Malmantile* de Cimarosa, tout en mouvements et en situations dramatiques variées, *La Locandiera scaltra* de Farinelli, ou *I Virtuosi ambulanti* de Fioravanti, tandis que décline le goût pour Pergolèse. Sous la direction musicale de Spontini depuis 1810, puis de Paër à partir de 1812, les Italiens s'enrichissent des chefs-d'œuvre de Mozart (cf. 5.2) – *Le Nozze di Figaro* en 1807, *Così fan tutte* en 1809 et *Don Giovanni* en 1811 – et attirent une pléiade de vedettes internationales (Garcia et son épouse, Crivelli, Tacchinardi, Porto, Barilli et sa femme, Mmes Festa et Neri). Les spectateurs suivent, se passionnent et se partagent pour les *prime donne* et leurs querelles pour l'obtention des premiers rôles.

L'*opera seria* trouve, lui, plus difficilement droit de cité : en 1805 avec *La Ginevra di Scozia* de Giuseppe Mosca, puis à partir de 1811 avec *Pirro* de Paisiello, donné devant une salle comble, au grand dam de l'Opéra auquel des chœurs sont empruntés. Paër installe alors l'*operia seria* dans les programmes annuels, dans lesquels les reprises abondent. Il l'avait jusqu'alors surtout donné à la Cour. Leur offrant des émoluments exorbitants, Napoléon avait en effet choisi Paisiello pour diriger la chapelle des Tuileries en 1802 et Paër en 1807 pour sa musique particulière. Le second fait venir de célèbres chanteurs de la péninsule, dont le castrat Crescentini et les cantatrices Giuseppina Grassini, ancienne maîtresse de l'empereur, et Marianna Sessi, qui interprétera plusieurs rôles créés par des castrats – dans le *Pimmalione* de Sografi ou *Romeo e Giulietta*. Les souverains apprécient particulièrement cette œuvre de Zingarelli, et surtout l'aria *Ombra adorata, aspetta* par Crescentini[7].

Des salles d'opéra réorganisées, réglementées et contrôlées

Alors que le bruit court depuis 1802 d'une fermeture autoritaire de plusieurs salles parisiennes – « un holocauste au dieu du goût », selon le critique Geoffroy (*JD*, 5 oct. 1802) –, le *Règlement pour les théâtres* de 1806 (cf. 1.2) introduit une hiérarchie des lieux, distinguant pour Paris quatre « grands théâtres » (Opéra, Théâtre-Français, Opéra-Comique et Théâtre de l'Impératrice) et cinq « secondaires » dont le répertoire est strictement défini (le Vaudeville pour les pièces du même nom et les parodies ; les Variétés pour les grivoiseries et le genre poissard ; le Théâtre de la Porte-Saint-Martin pour le mélodrame ; la Gaîté pour les pantomimes, les arlequinades et les farces sans ballets ni musique ; les Variétés-Étrangères pour les œuvres traduites) ; les autres lieux sont comptabilisés comme « annexes ou doubles des théâtres secondaires ». La sévérité s'accroît en 1807, les salles parisiennes étant limitées à sept pour faciliter le travail des censeurs : les Variétés-Étrangères et le Théâtre de la Porte-Saint-Martin, malgré son succès populaire ou à cause de lui, puisqu'il concurrence l'Opéra, sont éliminés ; l'Ambigu-Comique remplace le second ; le Théâtre de l'Impératrice doit se limiter aux opéras bouffons, les *opere serie*, selon les vœux de Napoléon, étant réservés à un théâtre de Cour offert aux Tuileries ou à Saint-Cloud. Passant de vingt à huit salles, Paris concentre aussi un nombre de chômeurs importants parmi les auteurs, les artistes, les machinistes, que l'on peut trouver en quête de contrats au café Touchard.

Depuis 1794, l'Opéra occupe une salle située rue de Richelieu (cf. cahier d'ill). Il y restera jusqu'en 1820. Il est depuis l'an V sous le contrôle du ministère de l'Intérieur, mais son administration est surtout marquée par des malversations – les pensions des artistes servant à solder le déficit de l'institution –, ce qui pousse Bonaparte à une réforme totale, qu'il confie à des proches, Roederer puis le préfet du Palais, non sans garder lui-même un œil sur le répertoire qui lui est hebdomadairement présenté[8]. Devenu empereur, il ira jusqu'à nommer aux différents postes d'administrateur puis, à partir de 1807, accordera au comte de Rémusat, surintendant des Spectacles, le contrôle des grandes scènes subventionnées, notamment celle qui est devenue trois ans auparavant, renouant pour partie avec l'appellation d'Ancien Régime, l'Académie impériale de Musique. Servant le prestige de Napoléon, elle aura droit à des subventions conséquentes et en constante augmentation (jusqu'à représenter la moitié des recettes) pour stabiliser ses finances et assurer la rémunération des personnels (477 employés en 1805). Les premiers danseurs, Vestris et Gardel, finissent par gagner autant que le directeur, Louis-Benoît Picard, mauvais comédien mais habile gestionnaire, sur la servilité duquel le régime peut compter puisqu'il l'a déjà éprouvée à la tête du Théâtre de l'Impératrice. Le 17 août 1811, un nouveau décret, rétablissant des privilèges caducs depuis la Révolution, permet à l'Opéra de toucher un vingtième des recettes de tous les spectacles et bals de la capitale – à l'exception de ceux produits par les autres scènes subventionnées...

Les premières lyriques à l'Académie de musique sous l'Empire

1804 *Ossian ou les bardes*, 5a (P. Dercy, etc./ J.-F. Le Sueur)
1805 *Don Juan*, 3a, (L. Da Ponte, arr. de J. Thuring et D. Baillot / Mozart, arr. de C. Kalkbrenner)
1806 *Nephtali ou les Ammonites*, 3a (É. Aignan / F. Blangini)
       Castor et Pollux, 5a (ancien livret de Rameau arrangé par Chédeville / P. von Winter)
1807 *Le Triomphe de Trajan*, 3a (É.-A. Esménard / J.-F. Le Sueur)
       La Vestale, 3a (É de Jouy / G. Spontini)
1808 *Aristippe*, 2a (F. Giraud et M.-Th. Leclerc / R. Kreutzer)
1809 *La Mort d'Adam et son apothéose*, 3a (N.-F. Guillard / J.-F. Le Sueur)
       Fernand Cortez, 3a (É.-A. Esménard et É. de Jouy / G. Spontini)
1810 *Hippomène et Atalante*, 1a (L.-G. Lehoc / A.-L. Piccini)
       Abel, 3a (F.-B. Hoffmann / R. Kreutzer)
       Les Bayadères, 3a (É. de Jouy / Ch.-S. Catel)
1811 *Sophocle*, 3a (É. Morel / V. Fiocchi)
       Les Amazones ou la Fondation de Thèbes, 3a (É. de Jouy / É.-N. Méhul)
1812 *Œnone*, 2a (A.-F. Le Bailly / Ch. Kalkbrenner)
       Jérusalem délivrée, 5a (P.-M.-F. Baour-Lormian / L. L. de Persuis)
1813 *Le Laboureur chinois*, 1a (É. Morel / arr. de divers comp.)
       Les Abencérages ou l'Étendard de Grenade, 3a (É. Jouy / L. Cherubini)
       Médée et Jason, 3a (J. B. G. M. de Milcent / B. de Fontenelle)
1814 *L'Oriflamme*, 1a (divers compositeurs)
       Alcibiade solitaire, 2a (J.-G.-A. Cuvelier / A. Piccinni)

Napoléon veille à ne pas réunir l'Académie impériale et l'opéra italien. Rémusat, en son nom, contrôle pareillement ce dernier, auquel 120 000 F annuels de subventions sont versées pour l'*opera buffa*, 100 000 pour l'*opera seria*, 8 000 pour la loge impériale. Les directeurs sont nommés selon la volonté du pouvoir politique, dotés de cachets très élevés, mais révocables (Spontini, en 1812, pour concussion) ; à partir de 1813, pour limiter son pouvoir personnel, Paër est flanqué d'un « comité pour l'administration du Théâtre-Italien ». Les artistes doivent se produire à la Cour autant que de besoin, moyennant une compensation financière pour le Théâtre de l'Impératrice ; ce dernier doit produire douze nouvelles œuvres par an.

Anastasie à l'Académie impériale

Tout nouveau livret d'opéra français doit être présenté au jury de lecture de l'Opéra, qui, de 1804 à 1814, acceptera la création de 46 pièces nouvelles, tous genres confondus. À l'examen préalable, sous la responsabilité du préfet du Palais, succède la décision du jury, le plus souvent sans appel, dont l'autorisation ne signifie pas représentation immédiate (il faut alors compter avec le directeur de l'Opéra et les protections de la Cour) ; le jury peut cependant être contourné par simple décision impériale. Entre 1804 et 1820, plus de 70 % des partitions et des livrets présentés aux commissions successives (formées par des hommes de lettres, des musiciens extérieurs à l'Académie nommés par le Palais, et une partie des « premiers artistes » de celle-ci) sont ainsi refusés, les autres étant renvoyés à correction ou plus rarement acceptés. Sont particulièrement touchées les œuvres faisant d'une manière ou d'une autre référence au passé monarchique de la France, sauf si elles mettent en avant la figure de Charlemagne. La qualité artistique n'est pas forcément mesurée à la dévotion politique, toutefois jamais complètement ignorée par les examinateurs. Pour les jurés littéraires puis musicaux, l'art de sélectionner répond à une logique propre au spectacle lyrique et à un souci de nouveauté des thèmes et de leur transcription poétique. Une fois les décisions des multiples intervenants rendues, la pièce doit encore être soumise à la censure préventive du ministère de la Police (cf. 1.5), qui se montre peu empressée de porter tort à des œuvres à l'évidence déjà suffisamment corsetées pour s'avérer conformes à la propagande gouvernementale – les pressions exercées par les ministères concernés et Napoléon lui-même sont si vigoureuses que la diminution des coupures et des interdictions en est la traduction légitime et logique[9].

Pour l'ensemble des institutions concernées, la censure impériale frappe tout ce qui rappelle la figure d'Henri IV. Elle suit avec constance les fluctuations diplomatiques. Issus pour la plupart, tel Lacretelle, des cercles de sociabilité littéraire d'Ancien Régime, persuadés d'une dégénérescence de la langue et du goût, les censeurs sont impitoyables avec les incorrections de langage, les incohérences de l'action, l'irrespect des genres, le persiflage religieux (jusqu'à éviter l'emploi des cloches et de l'habit sacerdotal), les œuvres de glorification du régime qui n'atteignent pas la hauteur esthétique de leurs prétentions politiques. En 1813 pourtant, avec les défaites impériales, les censeurs lâchent la bride, laissant passer plusieurs pièces dont les allusions déplaisent au régime – en particulier *L'Intrigante*, comédie de Charles-Guillaume Étienne créée au Théâtre-Français, présentant la cour impériale sous un jour peu flatteur.

Il ne faut cependant pas exagérer l'emprise d'Anastasie. Recensant toutes les pièces jouées sur les scènes parisiennes entre 1800 et 1815, Odile Krakovitch estime que seulement 7 % des 3 000 créations furent sévèrement censurées, avec, contradictoirement, des périodes d'étiage des coupures et des interdictions dans le temps où le gouvernement est le plus autoritaire[10]. Mais il faut alors compter avec l'autocensure ou la veulerie courtisane. À la fois censeur des théâtres et auteur de livrets d'opéra, Joseph-Alphonse Esménard en est l'incarnation, enrichissant sur mesure la geste impériale. Si l'Empereur, habité par le modèle de Louis XIV, fait de l'Académie impériale une arme politique, il préfère pour lui-même (si l'on en juge par les avant-premières jouées à la Cour) l'Opéra-Comique et le Théâtre-Italien, invités des dizaines de fois chacun tandis que l'Opéra ne l'est qu'à trois reprises entre 1810 et 1815. Mais les sorties parisiennes de Napoléon valorisent en premier lieu l'Opéra, en second la Comédie-Française, ce à des fins évidentes de représentation politique. Ses venues sont soigneusement médiatisées, annoncées par voie de presse, plus rarement d'affiche, ou jouant sur l'effet de surprise. Ses entrées, le plus souvent en plein spectacle, sont accompagnées musicalement. Le programme est élaboré par ses soins, au profit d'ouvrages du répertoire (Gluck et Rousseau) ou de récents succès, qui favorisent la rencontre avec le public. Les rôles sont distribués pour ces circonstances aux meilleurs interprètes ou aux favoris. La confusion entre la salle et la scène est volontairement extrême : lorsque, dans *Le Triomphe de Trajan*, auquel Napoléon assiste le 31 juillet 1810, le héros défile en vainqueur vers le Capitole, ses pas sont rythmés par la *Marche du sacre à Notre-Dame* composée par Le Sueur ; des scènes sont parfois spécialement ajoutées au spectacle pour vanter le couple impérial (ainsi dans l'*Alceste* de Gluck le 8 décembre 1810). Dans un exemple comme dans l'autre, on retrouve le même auteur à l'initiative du livret ou de l'ajout : Esménard...

Politiques du répertoire

Peut-on parler pour l'ensemble de la création théâtrale d'un répertoire qui marque autant les visées propagandistes qu'un goût réel de l'Empereur et de son entourage ? Il faut à l'évidence nuancer selon les scènes considérées. À l'Opéra sont privilégiées les partitions de Kreutzer et Persuis – l'un et l'autre également musiciens au sein de la chapelle personnelle de l'Empereur –, celles de Berton et Méhul, dont on sait la participation à l'écriture des hymnes révolutionnaires. À un degré bien moindre, on entend les Italiens : Cherubini, Fiocchi, Spontini. Ils figurent tous une nouvelle génération par rapport à Gossec, Grétry, Dalayrac, Monsigny, que leur âge avancé n'a toujours pas détourné des scènes parisiennes (ni, jusqu'en 1808, des jurys de l'Opéra). En 1807, *La Vestale* de Spontini, qui associe dépouillement de l'action et lyrisme mélodique, est un triomphe et signe un renouveau esthétique (cf. 4.2). Tirant presque exclusivement leur inspiration de la mythologie et de l'histoire de l'Antiquité, les librettistes, Jouy, Morel de Chedeville, Baour-Lormian (le seul à jamais avoir donné quelques preuves de républicanisme), mettent en scène des dieux, des rois ou des héros, stimulant ainsi cette filiation antique chère à l'empereur. En un temps de conquêtes où l'on croit en la revivescence des anciennes cités, Catel cultive l'orientalisme avec *Sémiramis* (1802) et *Les Bayadères* (1810) ; Le Sueur préfère les civilisations celte et scandinave avec *Ossian* (1804) et *La Mort d'Adam* (1809).

L'éloge politique se lit dans l'allusion ; ainsi Alexandre le Grand est régulièrement sollicité. À partir de la figure du conquérant est tissé l'éloge académique des vertus guerrières. Si l'on loue la magnanimité, la proximité du prince vis-à-vis de ses sujets, sa divinisation arrive avec *La Fête de Mars* en 1809. L'exceptionnalité de certains événements nationaux guide également les plumes, à la demande expresse du gouvernement et sans passage par le comité de lecture : Napoléon souffle à Gardel, en 1806, le thème du *Retour d'Ulysse* (créé en 1807) ; *Le Triomphe de Trajan*, en 1807, fête le vainqueur d'Iéna ; *Le Triomphe du Mois de Mars ou le Berceau d'Achille* célèbre le 27 mars 1811 « l'accouchement de l'impératrice » ; *L'Oriflamme*, en janvier 1814, appelle aux armes contre les Sarrasins et veut stimuler un sursaut patriotique alors que les alliés s'approchent de Paris. Année après année, les créations révèlent de subtils messages politiques : *Persée et Andromède* (1810), ballet-pantomime créé à l'occasion du mariage impérial, renvoie à l'invincibilité de l'Empereur, protégé des dieux ; *Le Laboureur chinois* (1813) fait allusion à la crise agricole qui vient de secouer le pays, etc. Si l'on s'en tient aux sujets des ballets, portés par Vestris ou Mmes Clotilde et Gardel, ils soulignent sans surprise les leçons des livrets. Le changement par rapport à la période révolutionnaire vient de l'introduction du ballet « historique »[11]. L'ensemble du répertoire fait la part belle aux créations, soit la moitié des opéras ; pour le reste, 30 % datent de l'Ancien Régime, 12 % de la Révolution, 7 % du Consulat.

La représentation du peuple dans ses actes collectifs, ou de tout élément populaire relevant d'une sociabilité, d'une volubilité et d'un activisme militant dignes des boulevards ou de la rue, suscite un débat qui solde surtout l'héritage révolutionnaire, marquant durablement manuels et anthologies de la littérature française. Élaborant un Parnasse idéal des arts et lettres, les anti-Lumières, hostiles aux philosophes et à la Révolution, ont de fait réinventé à l'occasion du tournant des XVIIIe et XIXe siècles une querelle des anciens, conservateurs de l'ordre et de l'esthétique monarchique du Grand Siècle, et des modernes, louangeurs des créations de la décennie écoulée[12]. Ces derniers sont jugés responsables d'une perversion du goût : « L'amour des nouveautés, la fausse indépendance / Ont hâté le moment de notre décadence », proclame Joseph Despaze, qui prétend écrire « après dix années de subversion »[13]. Dans le domaine de l'art lyrique, le goût des anti-Lumières se construit chez Pinière sur des regrets, celui de Sacchini au « charme inexprimable » et de Grétry, qui « flattait nos sens émus, sans les blesser jamais »[14]. Ce goût est nostalgique de la querelle des Bouffons, accepte la double influence italienne et allemande (l'apport de « chants audacieux et de savants accords »), mais déplore les bruits des cors et des timbales que les orchestres étalent – toutes adaptations, largement induites par la multiplication des manifestations musicales en plein

UNE PÉRIODE CHARNIÈRE : LE CONSULAT ET L'EMPIRE 215

Planche de costumes pour *Le Retour d'Ulysse* par Jean-Simon Berthélémy, dessin à l'encre brune, F-Po, D216-2(5).

air, que Framery, au nom du Comité d'Instruction publique, synthétisait en 1795 pour ses collègues compositeurs dans l'*Avis aux poètes lyriques*[15]. Las des harmonies disgracieuses, Despaze fait preuve d'un rejet plus net. De son point de vue, la voix qui s'élève des scènes patriotiques « imite, asservie aux bravos de la foule, ou l'animal qui jappe, ou l'oiseau qui roucoule », en tout cas des « sons convulsifs ». Si besoin est d'appuyer la sentence, l'auteur diagnostique la fièvre des interprètes : visages grossièrement enlaidis, yeux roulant en tourbillon dans leurs orbites, effets sur-joués leur donnent des allures de « diables hurlants » chantant des opéras « de pathos et de bruit », écrits sans souci de donner sens à la musique et aux mots. En bref, l'antithèse du naturel (« un air simple, un ton vrai »), dont la recherche nourrissait pour partie le débat esthétique des dernières années de l'Ancien Régime. C'est là une remise en cause totale des choix révolutionnaires, marqués par une reconnaissance de l'autorité collective du public. Cela n'empêche nullement la vulgarisation et les pastiches des œuvres à succès de l'Opéra, parce que chaque entrepreneur du boulevard a le souci de la rentabilité : *Les Bayadères* de Catel, qui enchante le public de l'Opéra en 1810 (l'œuvre sera choisie pour l'inauguration de la nouvelle salle, rue Le Peletier, le 16 août 1821), devient *Les Baladines* aux Variétés et *La Manufacture d'indiennes ou le Triomphe du schall et des queues de chat* au Vaudeville (la réussite est seulement avérée pour la première contrefaçon[16]), occasions d'introduire quelques grivoiseries et d'alléger notoirement le costume des danseuses...

4.2 Les derniers feux de la tragédie lyrique
Matthias Brzoska

Marquée par des innovations dramaturgiques et une nouvelle sensibilité, la production lyrique de l'Empire constitue une transition entre la tragédie lyrique et le grand opéra des années 1820-1830. L'essor de l'opéra est partiellement dû au grand intérêt de Bonaparte pour ce genre[1]. Si les goûts du futur empereur le portent vers le répertoire italien, constatons que le premier ouvrage à bénéficier de son intervention est composé par un Français.

Ossian *de Le Sueur : la mythologie celtique à l'Opéra*

Dès 1795, *Ossian ou les Bardes* est demandé par l'Opéra à Jean-François Le Sueur et à Palat Dercy, le librettiste avec qui il a déjà collaboré pour *La Caverne* (OC, 1801) et *Télémaque* (Feydeau, 1796). Mais l'Opéra, finalement, ne peut monter l'ouvrage, que les auteurs proposent alors à l'Opéra-Comique. La faillite de ce théâtre, qui tentait d'échapper à son genre habituel en présentant de grands spectacles, fait capoter le projet. L'ouvrage repasse à l'Opéra et traverse une interminable série d'intrigues. Le Premier Consul intervient en faveur du compositeur, ordonnant l'exécution d'extraits lors d'un concert à l'Opéra le 14 avril 1802. Ce n'est, cependant, pas encore une victoire définitive : en 1803, le jury de l'Opéra demande une révision complète de l'œuvre et son extension pour la faire passer de la version existante en trois actes à une tragédie en cinq actes. Palat Dercy étant décédé en 1803, Le Sueur remplit cette tâche avec le librettiste Jean-Marie Deschamps. Les faits qui suivent font du compositeur un musicien officiel : en février 1804, Bonaparte le nomme directeur de la chapelle des Tuileries ; l'Empire est proclamé en mai ; *Ossian* est créé le 10 juillet. Le succès est triomphal et Napoléon assiste à la seconde représentation avec son épouse Joséphine. À l'entracte, il demande que le compositeur le rejoigne dans la loge impériale d'où il assistera à la suite de la représentation. Démonstration de la « politique culturelle » du nouvel empereur, *Ossian* va rester l'opéra emblématique de l'Empire jusqu'à la création de *La Vestale* en 1807.

Le livret s'inspire très librement de l'épopée de Macpherson traduite en français par Le Tourneur en 1777. Une tribu écossaise et une tribu scandinave se disputent l'héroïne, Rosmala, dont l'amant, le barde Ossian, est finalement incarcéré et condamné à mort. L'intrigue repose sur le conflit entre deux religions : les Scandinaves demandent aux Écossais de se convertir à leur dieu Odin, mais ceux-ci restent fidèles à leur foi. La résolution du conflit, par l'intervention d'un ami du barde parvenu à rassembler ses troupes au dernier moment, reste assez proche du modèle de « l'opéra à sauvetage » de l'époque révolutionnaire (voir t. 1, 13.5). L'œuvre annonce le grand opéra pour six raisons au moins :

1° Le Sueur caractérise le contraste des deux tribus par la couleur orchestrale : les bardes écossais sont souvent accompagnés par des harpes (6 premières et 6 secondes) tandis que les Scandinaves sont caractérisés par une instrumentation à la turque : leur marche (V, 3) par exemple est accompagnée par les triangles, timbales, tambours de Basque et cordes. Cette recherche d'une « couleur locale » sera typique du grand opéra.

2° Ossian est un héros chancelant et passif, comme bien des héros romantiques[2]. Incarcéré, il aurait la possibilité de s'enfuir et de mener le combat contre l'ennemi, puisque son ami Hydalla lui propose d'échanger leurs vêtements et de prendre sa place en prison. Mais il refuse pour ne pas mettre en danger la vie de son ami.

3° Cette scène construite autour d'une décision à prendre préfigure les nombreuses « scènes à faire » des livrets de Scribe, qui suivent le modèle de la « pièce bien faite »[3].

4° Après cette scène, l'opéra montre un immense tableau onirique durant lequel Ossian endormi voit son apothéose et son élévation dans les cieux des bardes, parmi ses aïeux. Ce tableau préfigure toute une série de rêves et de visions de l'opéra romantique, de Berlioz (ancien élève de Le Sueur) à Wagner.

Il compte parmi les réalisations dramatiques les plus complexes de l'époque et atteint la limite de ce qui était techniquement réalisable. Napoléon en est tellement impressionné que, en 1811, il demande à Ingres de lui peindre la scène sur le plafond de sa chambre à coucher au palais du Quirinal. Cette peinture a été altérée plus tard, mais une esquisse du peintre datant de 1813 préserve la composition originale, reflet de la scénographie de l'opéra. C'est ce type d'effet spectaculaire, qui deviendra essentiel au grand opéra, que Le Sueur reprend pour conclure en apothéose *La Mort d'Adam* (O, 1809), tragédie lyrique en 3 actes. Dans un grand déploiement de machines, l'âme d'Adam accède au paradis où elle est accueillie par les esprits célestes.

5° La musique est soigneusement adaptée aux situations et en exprime l'atmosphère particulière. Les trois premières parties de la scène du rêve (qui en comporte cinq et concentre les innovations) en témoigne exemplairement.

Dans la première, « Le Songe d'Ossian », on voit apparaître, derrière Ossian endormi sur sa harpe, un palais aérien et des héros, bardes et jeunes filles, qui tous chantent aux sons des harpes. Dans le lointain on devine le Palais du Tonnerre formé de colonnes nébuleuses et de murailles transparentes à travers lesquelles on voit courir des feux aériens. Les vierges et jeunes filles forment des « marches fantastiques ».

La deuxième partie, « Air fantastique » (appelé « symphonie fantastique » ! dans une didascalie) est un divertissement durant lequel les filles dansent autour d'Ossian et lui jettent des couronnes de fleurs. « Le palais aérien doit sembler retentir des chants des aïeux d'Ossian[4]. » Le Sueur écrit une harmonie étrange, qu'il croit modale et ancienne, avec par moments la suppression des sensibles.

La troisième partie expose un « tableau aérien » : on voit, dans le côté opposé où se situe le palais du Tonnerre, un tombeau entouré de filles en pleurs. Dans le lointain, sur un chemin aérien qui mène aux « plus hautes régions du Ciel », des ombres des héros et des filles se montrent le tombeau situé au centre. La musique de cette partie, par moments pour chœur *a capella*, exprime une couleur religieuse de deuil.

6° Le Sueur use de renvois musicaux à travers la partition, procédé qui sera fréquent dans le grand opéra. Dans la quatrième partie de la scène du rêve, qui est son sommet, les jeunes filles et les héros descendent vers Ossian. Ils lui expliquent que ce qu'il voit est son propre tombeau et que la fille accoudée sur ce monument n'est autre que sa bien-aimée Rosmala, qui lui chante son amour éternel. La musique de ce court air commence par le rappel du motif de « l'air romantique » de Hydalla au début de l'acte (« Vois Rosmala les yeux en pleurs ») ; puis continue par un passage du duo d'amour de l'acte II entre Rosmala et Ossian.

7° La même scène onirique se conclut par une danse fantastique : « les sept groupes de vierges de la danse, placés depuis le lieu où Ossian est endormi jusqu'au plus haut du tableau aérien, doivent l'un après l'autre marquer un mouvement saltatique, simultanément avec chacun des sept traits ascendants du chant et de l'orchestre ; comme pour imiter le mouvement des corps célestes ». Le Sueur écrit une marche mélodique ascendante de sept mesures, chacune instrumentée de manière différente[5]. Les chœurs sont groupés en trois rangées de bardes censés accompagner la danse avec leurs harpes. Par cette structuration, la musique crée un puissant figuralisme et illustre l'idée de l'apothéose d'Ossian. Or, mettre en musique des idées sera l'objectif principal du grand opéra.

La Vestale *de Spontini : le classicisme de l'Empire*

Bien qu'*Ossian* montre de nombreux traits innovants, son sujet – contemporain du préromantisme d'*Oberman* (1804) de Senancour – est trop fantastique et trop lié au répertoire de l'opéra-comique pour qu'il puisse s'établir comme modèle du répertoire sérieux du XIXe siècle. Ce rôle va bientôt être joué par les opéras de Spontini composés pourtant à partir du genre de la tragédie lyrique, avec des sujets souvent basés sur un épisode tiré de l'histoire. Spontini avait débuté sa carrière dans son pays d'origine, l'Italie. Arrivé en France en 1803, il écrivit des opéras-comiques, se rapprocha du pouvoir politique et composa enfin pour l'Opéra en cherchant à assimiler le style national traditionnel et des éléments de l'esthétique révolutionnaire. Pour écrire *La Vestale* (O, 1807), il s'associe à Victor-Joseph Étienne de Jouy, le librettiste le plus important de l'époque avant que Scribe ne s'impose. Le sujet classique de cet opéra, qui a déjà été mis en musique à plusieurs reprises, repose sur une intrigue très simple : la jeune prêtresse Julia tombe amoureuse du général Licinius. Rompant avec son vœu de chasteté, elle est condamnée à mort. L'action est très précisément située à Rome en 269 et Jouy cite sa source dans la préface du livret[6] : les *Monumenti veteri inediti* de Johann Winckelmann. L'esthétique de l'opéra s'est libérée du merveilleux de l'ancienne tragédie lyrique et suit déjà la catégorie de la vérité historique, principe important du futur grand opéra. Le *lieto fine*, d'usage dans le genre et conservé ici, apparaît en contradiction avec le principe de la vérité de l'action. Jouy constate dans sa préface : « La vérité historique exigeait que la Vestale coupable subît la mort à laquelle sa faute l'avait exposée. » Puis il continue en s'interrogeant sur la convenance d'une telle scène : « mais cette affreuse catastrophe, qui pourrait, à la faveur d'un récit, trouver place dans une tragédie régulière, était-elle de nature à pouvoir être consommée sous les yeux du spectateur ? Je ne le crois pas[7]. » Il s'excuse alors d'avoir dû céder aux « concessions » que le genre demande : « Le parti que j'ai pris de sauver la victime par un miracle, et de l'unir à celui qu'elle aimait, peut devenir l'objet d'une autre critique. On m'objectera que ce dénouement est contraire aux notions les plus connues, et aux lois inflexibles auxquelles les Vestales sont soumises. Je ne croirais pas avoir suffisamment justifié la liberté que j'ai prise en m'autorisant de toutes celles du genre même auquel cet ouvrage appartient, et de toutes les concessions qui lui ont été faites. » Ce conflit entre deux principes restera sans solution dans tous les opéras de Spontini.

La partition renforce le principe du grand tableau : toute l'action se passe dans seulement trois décors, qui sont dominés par des scènes de masse : le Forum Romanum, l'intérieur du temple de Vesta et le Champ d'exécration. Seule la courte scène des noces demande, à la fin de l'ouvrage, un quatrième tableau : le Cirque de Flore. Ces grandes scènes donnent souvent lieu à des effets sonores dans l'espace théâtral. Au premier acte, par exemple, le n° 5, air de Julia (« Licinius, je vais donc revoir ») est combiné avec la marche triomphale jouée « en dehors du théâtre très éloigné ». Spontini précise sur la partition : « Tous les instruments à vent sur le théâtre[8] ». Cette marche s'enchaîne directement au n° 6 Final, joué par les instruments à l'orchestre pour accompagner le chœur. Une telle disposition dépasse la structuration de la partition en numéros indépendants et tend vers une intégration musicale du tableau. Les contemporains ont souvent vanté la cohérence du second acte, qui intègre l'action dans le schéma suivant :

Acte II

N° 7 Introduction (Chœur)
N° 8 et 9 Airs de Julia (décision d'ouvrir le temple à Licinius)
N° 10 Air de Licinius (amour pour Julia)
N° 11 Duo d'amour (la flamme sacrée s'éteint)
N° 12 Trio (entrée de Cinna, décision de fuite de Licinius et Cinna, Chœur derrière la scène, fuite, entrée du Chœur, interrogatoire et aveux de Julia)
N° 13 Final (condamnation de Julia à mort).

Les auteurs ont créé une mise en musique continuelle qui dépasse les limites des numéros traditionnels. Les moyens musicaux et la tension de l'action s'accroissent mutuellement ; il en résulte une énergie dramatique inconnue auparavant. L'intégration des effets sonores dans tout l'espace théâtral – tel que chœurs derrière la scène et placement d'une partie de l'orchestre derrière ou sur la scène – ont influencé les compositeurs du grand opéra et même Verdi et Wagner. La mise en scène en est particulièrement compliquée et appelle à être réglée plus précisément. *La Vestale* est le premier opéra dont nous connaissons un livret de mise en scène[9] (cf. 13.5). L'œuvre se retrouve à l'affiche de tous les grands théâtres du continent ; Spontini devient le compositeur le plus célèbre de l'Europe. Dans la foulée de ce succès extraordinaire, Napoléon lui commande *Fernando Cortez*, un opéra sur la conquête du Mexique par les Espagnols qui doit servir de pièce de propagande pour sa campagne contre l'Espagne.

Fernando Cortez : l'échec d'une propagande

Pour prouver la vérité historique de la présence de l'amante mexicaine de Cortez, nommée Amazily, Jouy s'appuie, dans la préface de son livret[10], sur l'*Histoire de la conquête du Mexique* d'Antonio de Solis. Bien que les moyens scéniques soient plus spectaculaires que jamais (cf. 4.3), la première version de 1809 n'obtient pas de succès. Le grand final, où les troupes de Cortez arrivent à la dernière minute pour sauver Amazily, menacée de torture et de mort par des prêtres mexicains sanguinaires, paraît trop attaché au modèle de la pièce à sauvetage, démodée depuis le Consulat. Les auteurs établissent une seconde version, créée en 1817, après la chute de l'empereur donc, c'est-à-dire dans des circonstances politiques complètement différentes. L'ordre de certains épisodes de l'action est modifié ; le finale « à sauvetage » est supprimé et remplacé par une nouvelle scène, qui introduit le personnage du roi mexicain Montezuma (absent de la première version), qui conclut la paix avec Cortez et les Espagnols. Cette seconde version connaît un succès durable et vaut à Spontini sa nomination comme directeur général de la musique (*Generalmusikdirektor*) à Berlin. Anselm Gerhard et Jacques Joly ont analysé les circonstances politiques de cette version conçue dans l'esprit de la Restauration[11]. Cette même version est loin de toute vérité historique, étant donné que Cortez n'a jamais conclu de paix avec Montezuma mais, au contraire, a détruit son régime et brûlé sa capitale. Une fois de plus, il s'agit d'un *lieto fine* implanté contre toute vraisemblance, mais respectueux des convenances de l'ancienne tragédie lyrique. Il semble que Spontini lui-même ne soit pas convaincu par ce drame : lors de la seconde production berlinoise de l'opéra, en 1824 sous sa direction, il réintroduit l'action à sauvetage. En 1832, lors de la troisième mise en scène berlinoise, il ajoute une scène religieuse à la fin de l'ouvrage : Cortez prend sa victoire comme signe de la supériorité de la foi chrétienne ; Espagnols et Mexicains s'agenouillent devant une croix scintillante. Toutes ces versions hésitant entre différentes solutions de final montrent bien la position intermédiaire des opéras de Spontini situés entre tragédie lyrique et grand opéra.

Olimpie *et le conflit entre bienséance et vérité historique*

De tous les opéras français de Spontini, la première version d'*Olimpie* (1819) est de loin la plus intéressante, car c'est la première et la seule fois que Spontini met en musique un final tragique. Il s'associe à Joseph-Marie Dieulafoy et à Charles Briffaut, deux hommes de lettres plus respectueux de leur modèle littéraire (une tragédie de Voltaire) que des convenances du genre lyrique – d'où le sous-titre inhabituel du livret : « tragédie lyrique en trois actes, imitée de Voltaire[12] ». L'intrigue s'achève avec un double suicide : tombées entre les mains de Cassandre (assassin d'Alexandre le Grand), Statira (veuve d'Alexandre) et sa fille Olimpie se tuent l'une après l'autre. Cette double fin tragique est si inhabituelle que la courte apothéose des héroïnes ne suffit pas à en atténuer la violence. Assez vite, on pense à cacher au moins un des deux suicides[13]. Le rapprochement des deux morts est le résultat de la contraction de la tragédie en cinq actes en un opéra en trois actes. Chez Voltaire, Statira se poignarde à la fin de l'acte IV et, de surcroît, comme dans une tragédie classique régulière, en respectant le principe de la bienséance : sa mort est évoquée dans un récit et non représentée sur scène. Un acte plus tard, Olimpie se jette dans les flammes du bûcher qu'elle a érigé pour le corps de sa mère. La solution de Dieulafoy et Briffaut, consistant à visualiser les deux suicides, respecte le principe de la vérité historique et tend à cette esthétique du choc qui sera propre au grand opéra. Rien ne prouve mieux la position intermédiaire de l'œuvre entre la tragédie lyrique et le grand opéra que ce renoncement au final tragique. Le recours à l'ancienne recette (en sauvant la victime par un miracle[14]) et l'idée de déculpabiliser Cassandre sont annoncés après la septième et dernière représentation de la première version : « Tout l'odieux de ce personnage disparaît, assure-t-on, dans le nouveau plan. Ce n'est plus lui, c'est Antigone qui a donné la mort au conquérant de l'Asie. Cassandre, encore enfant à cette époque, n'a été que l'instrument volontaire de ce grand crime, en présentant la coupe au roi dans ce banquet fatal. Antigone lui-même confessant son forfait, il devient permis à Statira de pardonner, et à Olimpie d'unir sa main à celle d'un amant digne d'elle. Voilà donc la scène lyrique débarrassée de ce double suicide, si étrange pour des spectateurs accoutumés aux dénouements heureux » (*Gazette de France*, 14 fév. 1820). Cette version est réalisée pour Berlin, en allemand, par Ernst Theodor Amadeus Hoffmann, après que Spontini a accepté le poste de directeur général de la musique. Notons que c'est probablement lui qui a conçu ce recours au miracle[15]. La nouvelle version est traduite en français et donnée le 28 février 1826 à Paris, sans obtenir le succès escompté. Ce nouvel échec trahit une fois de plus la position intermédiaire des opéras de Spontini, entre tragédie lyrique et futur grand opéra ; elle tient aussi au contexte politique[16]. Six mois plus tard, le 9 octobre 1826, c'est au tour de Rossini d'essayer un final tragique à l'Opéra, avec *Le Siège de Corinthe*, adaptation française de *Mahommeto II* (Naples, 1820)[17]. Bien que cette adaptation, faite par le dramaturge réformateur Alexandre Soumet, rencontre le succès, Rossini va retourner, avec Jouy, au modèle du *lieto fine* dans l'adaptation de son *Mosè in Egitto* (Naples, 1818) en *Moïse et Pharaon* (O, 1827). Il faudra attendre Auber, Halévy et Meyerbeer pour que le final tragique s'établisse.

4.3 DE LA SCÈNE AU PUBLIC : SPECTACLE ET ACTUALITÉ POLITIQUE
Sarah Hibberd

Opéra, pouvoir et valeurs

Si les caractéristiques idéologiques de la Révolution française – l'égalité devant la loi, l'abolition des privilèges de l'aristocratie – étaient au cœur du régime napoléonien et bénéficiaient du soutien populaire, ce régime trouvait son origine dans des modèles monarchiques autoritaires. Ce mélange de liberté apparente et de contrôle étatique fut exporté à travers le vieux continent par le Code Napoléon. C'est dans ce contexte que l'opéra se développa, du point de vue de l'infrastructure institutionnelle, de l'évolution esthétique et de l'accueil réservé par le public. L'Opéra de Paris jouit d'une position dominante dans la hiérarchie théâtrale, bénéficiant de subventions très généreuses et devenant en 1802 un instrument de politique étatique sous l'autorité directe de Napoléon (cf. 4.1). Cependant, la multiplication des genres lors de la décennie précédente (notamment le nouveau mélodrame à grand spectacle) et l'émergence d'une forme d'opéra-comique plus immersive au Théâtre Feydeau qui promouvait un certain enthousiasme pour la Révolution avaient suscité de nouvelles attentes. Les tragédies lyriques traditionnelles ne semblaient plus être assez excitantes et pertinentes, de telle sorte que des efforts furent réalisés pour rendre les œuvres plus spectaculaires et plus attrayantes pour le public.

Plusieurs compositeurs s'étaient fait un nom durant la Révolution. Cherubini s'était construit une réputation à Feydeau (cf. t. 1, 13.4), où une mise en scène innovante (via des décors peints ainsi que le recours à des machines et à un éclairage particulier pour créer des effets spéciaux) et un orchestre de qualité permirent à ses collaborateurs et lui-même de transporter le public dans des scènes saisissantes qui faisaient écho au vécu dans les rues du Paris révolutionnaire. Il reçut des commandes officielles, en dépit de sa relation compliquée avec l'Empereur. Méhul s'était aussi fait un nom dans les années 1790 – d'abord en composant des chansons et des chœurs patriotiques, puis en tant que membre fondateur de l'Institut de France et inspecteur du Conservatoire, enfin comme le compositeur le plus important de l'opéra-comique (cf. t. 1, 13.5). Il dédia

L'Irato ou l'Emporté (OC, 1801), ouvrage en un acte, à Napoléon, qui semble lui avoir porté une certaine affection, lui passant des commandes officielles et lui attribuant la Légion d'honneur. Le Sueur jouit du même type de notoriété que Méhul pendant la période révolutionnaire et fut nommé maître de chapelle de Napoléon en 1804. Il dirigea les musiciens durant la cérémonie du couronnement la même année et rencontra un certain succès à l'Opéra. Spontini bénéficia du mécénat personnel de l'impératrice Joséphine, et ses opéras spectaculaires augurèrent d'une certaine manière les grands opéras de la monarchie de Juillet, comme on vient de le constater (cf. 4.2). Ferdinando Paër, un autre Italien qui bénéficia également des faveurs de l'Empereur, prit la direction de l'Opéra-Comique en 1810.

Le spectacle audiovisuel immersif à Feydeau et les théâtres populaires des années 1790 avaient paru rendre une partie de l'excitation et des émotions exacerbées nées d'une expérience commune de la Révolution. Sous le Consulat et l'Empire, le régime fut prompt à employer la même esthétique à l'Opéra pour établir et faire respecter la légitimité de l'Empereur ainsi que pour inspirer confiance dans le pouvoir en place. Le répertoire de cette période révèle deux approches distinctes. L'importance du mythe, de l'exemple historique et de la religion permettait d'ancrer le régime dans des systèmes de valeurs mieux établis et plus anciens. En outre, les nombreuses batailles mises en scène aidaient à comprendre la réalité des enjeux dans les conflits d'alors avec les nations étrangères alliées. Inversement, l'emploi régulier de lieux exotiques offrait la possibilité de s'évader de la réalité du quotidien. Des thèmes analogues étaient récurrents dans le théâtre de cette époque, comme dans les arts et la littérature ; et les célébrations de la Saint-Napoléon cherchèrent à encourager l'adhésion populaire au régime par la mise en scène de batailles et la tenue de commémorations afin de susciter des réactions similaires. Il semblerait cependant que le public n'adhérât pas unanimement à cette propagande si manifeste, en particulier dans les dernières années du règne de Napoléon ; il réagit de différentes manières au langage plurivoque de l'opéra (cf. 18.3, 18.4).

La religion

Durant l'Empire, les opéras s'inspirèrent régulièrement des récits bibliques. Comme Robespierre l'avait sous-entendu avec sa fête de l'Être suprême en 1793, et comme Napoléon le reconnut véritablement lorsqu'il signa le Concordat avec le pape en 1801, la nation avait besoin d'être rassurée sur le plan émotionnel et spirituel en s'appuyant sur un système de croyances. *Génie du christianisme*, une défense de la foi catholique écrite par Chateaubriand lors de son exil en Angleterre dans les années 1790 et publiée en 1802, était une preuve supplémentaire du retour en grâce de la religion (cf. Introd.). Joué à l'Opéra le 24 décembre 1800, *La Création* (*Die Schöpfung*) de Haydn joua un rôle essentiel[1]. L'œuvre fut largement admirée bien qu'une grande partie du public trouvât l'interprétation morne et la mise en scène faible. En une décennie, elle fit l'objet de suites (et de réécritures) sous la forme de deux tragédies lyriques : *La Mort d'Adam et son apothéose* (O, 1809) de Le Sueur et *La Mort d'Abel* (O, 1810) de Kreutzer. Interprétées comme des points focaux de l'expérience du sublime, elles permirent l'émergence de deux scènes-type : l'élévation du héros à un statut divin dans les scènes d'apothéose et la destruction de la vie lors des scènes d'horreur. Annelies Andries a avancé de manière convaincante que la première offrait une représentation puissante de Napoléon se présentant comme le Messie[2]. Dans *La Mort d'Adam*, le dernier chœur et les interventions célestes de l'orchestre accompagnent la montée au ciel d'Adam sur un nuage, dans une pose évoquant l'ascension du Christ. Si Abel connaît également l'ascension au ciel, c'est le meurtre atroce de son frère Caïn qu'il commet qui provoqua une réaction enthousiaste du public, du fait de la représentation directe de la violence physique. Ces deux opéras offraient ainsi au public deux manières possibles de faire l'expérience du sublime : l'élévation divine (grâce à l'harmonie céleste, insufflée par les chœurs, l'orchestre et la représentation scénique à grande échelle) et la transmission d'émotions violentes ancrées dans des expériences du monde réel (via un jeu d'acteur communicatif, des récitatifs et des effets scéniques et musicaux spectaculaires).

En 1807, deux autres opéras inspirés de récits bibliques rencontrèrent un succès plus marqué. *Joseph* (OC) de Méhul relève de la fascination pour l'Égypte qui apparut à la suite de la campagne napoléonienne de 1798-99 et, surtout, contrebalançait l'anticléricalisme caractéristique de la période révolutionnaire. Le livret austère souligne ainsi la droiture morale de Joseph et l'attitude dévote des Israélites. La partition est d'une sévérité appropriée. Il n'y a pas de rôles féminins et la musique s'appuie sur des styles anciens. Pour le chœur de la prière « Dieu d'Israël », des voix presque a cappella chantent un air qui ressemble à un hymne ; la dernière partie de la scène finale de l'acte II adopte un style fugué et emploie un *tuba curva* – trompette incurvée inventée dans les années 1790 d'après les modèles antiques. En 1810, cet opéra reçut le prix de la meilleure œuvre de la décennie de l'Opéra-Comique[3]. À la même époque, *La Vestale* (O, 1807) de Spontini devint l'opéra qui rencontra le plus grand succès sous l'Empire. Chacun des trois actes s'appuie sur des solos intimes qui mènent à des tableaux monumentaux ; à la fin de l'opéra, lorsque Julia renonce à son devoir, un éclair lumineux – le signe de la grâce divine – ravive la flamme. Le succès populaire de la tragédie s'explique peut-être par des références moins appuyées que d'ordinaire à la politique de la France moderne.

La poésie ossianique se révéla être une autre source de réconfort spirituel. De manière peut-être plus significative, elle offrait des fragments d'un passé légendaire qui glorifia de fait le régime de l'époque par une mise en scène splendide. Le tableau du songe à l'acte IV d'*Ossian ou les Bardes* (O, 1804) de Le Sueur, déjà commenté (cf. 4.2), éblouit le public par sa mise en scène et ses effets extraordinaires associés à la masse d'une centaine de personnes occupant la scène. Deux ans plus tard, *Uthal* (OC) de Méhul adapta un autre récit tiré de la légende d'Ossian : Malvina est déchirée entre son père, le roi Larmor, et son mari, Uthal, qui a destitué son beau-père. Uthal est vaincu par ce dernier (qui a reçu l'aide des guerriers de Fingal) et banni, mais les deux hommes finissent par se réconcilier. L'orchestration crée une atmosphère particulière en supprimant les violons pour ne conserver que les altos, « dont le timbre, écrit Berlioz, est en effet terne et mélancolique » (*JD*, 15 oct. 1837). Les cors, les bassons et les harpes donnent corps à l'univers sonore des bardes, qui chantent un hymne au sommeil, « Ô de Selma la gloire et l'espérance ». L'opéra se déroule en une série de tableaux et l'atmosphère musicale évoque les brumes de l'épopée d'Ossian[4]. Les deux œuvres présentaient un monde imaginaire ancien comme trame de fond des exploits militaires de la France de l'époque, et proposaient un symbolisme religieux dans le but de redonner confiance à la nation et lui montrer quelle voie morale emprunter.

La guerre

Les nombreux succès militaires de la première décennie du nouveau siècle furent célébrés sur scène. À la suite de la victoire remportée à Friedland et de la signature des traités de Tilsit, le retour de Napoléon à Paris fut commémoré à l'Opéra en 1807 dans *Le Triomphe de Trajan* de Louis-Luc Loiseau de Persuis. Le parallèle entre la victoire de Napoléon et celle de l'empereur romain qui défit les Daces fut mis en lumière, tout comme leur clémence tant louée. Sur la grande scène de l'Opéra, l'arrivée triomphale de Trajan à Rome fut représentée de manière extravagante, par la présence d'une foule nombreuse. Les critiques firent part de leur incapacité à rendre compte de l'effet éblouissant qu'elle produisit ; des gravures de la scène publiées par la suite accentuèrent davantage encore la limite floue ente la scène jouée et l'arrivée véritable de Napoléon à Paris[5].

Le régime allait cependant bientôt s'effondrer. La campagne militaire menée dans la péninsule ibérique entre 1808 et 1814 fut marquée par quelques-unes des plus sanglantes batailles ayant jamais eu lieu en milieu urbain ; elle est aujourd'hui considérée par les historiens comme un tournant décisif dans le règne de Napoléon[6]. Ce dernier souhaitait sauver l'Espagne d'un régime faible, comme il l'avait fait en France dix ans auparavant, mais l'opinion publique lui fut hostile et beaucoup pensèrent qu'il avait déclenché cette guerre contre cet ancien allié de la France davantage pour sa gloire personnelle que pour le bien de la nation. *Fernand Cortez* (O, 1809) de Spontini fut commandé pour soutenir la campagne militaire de Napoléon. Le but était d'établir une parenté avec Cortez et ses soldats lors de leur conquête du Mexique menée au nom de la couronne espagnole pour « libérer » le peuple du joug tyrannique des prêtres aztèques. L'œuvre semble cependant avoir été interprétée dans certains milieux comme une célébration de la bravoure de la nation occupée et une condamnation de la brutalité des envahisseurs. En 1809, il était en effet devenu difficile d'ignorer par quels moyens impitoyables Cortez avait obtenu la victoire au Mexique alors même que l'attitude tout aussi brutale de Napoléon en Espagne était largement condamnée. Si cet opéra bénéficiait de l'esthétique spectaculaire de la décennie précédente, l'idéologie sous-jacente de l'expérience commune avait laissé place à un récit plus franc de la puissance impériale. Des sommes colossales furent dépensées pour monter cet opéra. La structure de l'œuvre repose sur des chœurs de soldats espagnols et de Mexicains qui se répondent. Des effets instrumentaux et choraux ambitieux furent mis en œuvre dans les coulisses, agrandissant l'espace théâtral ; dix-sept chevaux apparurent sur scène ; et des instruments militaires et « mexicains » se greffèrent à l'orchestre. Une attention extrême fut portée au réalisme visuel dont l'incendie de la flotte espagnole. Dans le ballet de fin du premier acte, une série d'exercices militaires et de mouvements de danse guerrière faisait implicitement allusion aux campagnes militaires victorieuses de Napoléon, et le mélange de fanfaronnade militaire et de divertissement évoquait la fête de la Saint-Napoléon. Peu d'observateurs semblent cependant avoir succombé sans recul critique à ce récit de propagande, et tous furent frappés par cette mitraille sensorielle qui a probablement facilité une identification plus instinctive aux vaincus liée aux horreurs de la guerre. Cette sensation était en partie provoquée par l'orchestre et la place importante occupée par les cuivres et les percussions – ce que David Charlton a décrit comme un « rouleau compresseur napoléonien », « grondant d'une force unique et repoussante »[7]. Cette sensation était également rendue en partie grâce aux chœurs : le caractère dramatique de l'œuvre n'émane ainsi pas tant des dilemmes auxquels font face les différents protagonistes que des déclarations collectives sans fin des Mexicains et des Espagnols, qui amplifient et extériorisent le conflit et sa résolution. En outre, le genre musical de la marche s'immisce dans toute la partition, insufflant une énergie inépuisable à l'ensemble. En résumé, la grandeur scénique et sonore débordante, la violence, le bruit, les forces contradictoires et le mouvement constant produisirent une forte excitation sensorielle. Les critiques avouèrent ainsi avoir ressenti de l'épuisement ! Bien qu'au niveau le plus élémentaire, l'opéra pouvait être un outil de propagande, la représentation si frappante du pouvoir sur scène prenait des sens différents dans des contextes politiques différents, et il était difficile de prédire la nature de son impact. Bien que *Cortez* fût achevé en 1808, le climat politique avait évolué lorsqu'il fut joué pour la première fois à la fin de 1809 ; les représentations de Napoléon en chef clément et bienveillant étaient devenues plus fréquentes, afin de lutter contre les réactions hostiles à la campagne militaire d'Espagne. Cet opéra était donc en décalage avec l'opinion publique et la politique du gouvernement.

En 1814, *L'Oriflamme*, opéra en un acte, fut commandé dans la hâte par l'Opéra, afin de remonter le moral de la nation confrontée à une invasion étrangère. Méhul, Kreutzer, Paër et Berton s'associèrent pour l'écrire. L'œuvre compare Napoléon à Charles Martel, qui repoussa une invasion arabe en

France à Poitiers en 1732 ; elle avait ainsi pour objectif d'unir la nation contre la menace des forces étrangères alliées. Le patriotisme décomplexé de l'hymne guerrier de Kreutzer, « Suivons une juste fureur », et le chœur final de Berton, « Jurons d'être vaillants », reçurent semble-t-il une ovation et des acclamations enthousiastes. Castil-Blaze remarqua ainsi : « Succès victorieux, éclatant, foudroyant[8] ! »

Les Abencérages ou l'Étendard de Grenade (O, 1813) de Cherubini réussit à trouver un meilleur équilibre entre la prise en compte des préoccupations politiques et l'évocation d'un lieu exotique. Bien que l'action se déroule dans le sud de l'Espagne, l'opéra se concentre sur la rivalité entre tribus mauresques dans le contexte des tensions opposant les chrétiens et les musulmans au XVe siècle. Des chœurs se répondant occupent encore une fois une place importante dans l'œuvre : dans l'acte I, la joie des Abencérages offre un contraste marqué avec le désir sinistre de vengeance des Zegries vaincus. La partition fait la part belle à la musique dansante, avec notamment des chansons d'inspiration espagnole lors de la célébration des noces, et des variations de la chanson populaire « Les Folies d'Espagne ». L'œuvre met en scène une histoire d'amour dans un contexte historique, en proposant davantage de contrastes et de mélodies que dans *Cortez*, et un univers sonore à la tonalité guerrière moins agressive.

Les Bayadères (O, 1810), opéra grandiose aux accents orientaux de Catel, s'émancipa davantage encore de l'actualité politique : même si le conflit opposant les Bayadères (Hindous) aux Mahrattas (Musulmans) dans la ville sacrée de Bénarès est le cœur de l'histoire, ce sont les décors et costumes somptueux ainsi que les nombreux numéros de danse qui offrirent au public la plus grande distraction. C'était le cas pour les nombreux opéras composés sous Napoléon et qui n'avaient guère trait aux machinations politiques étatiques, privilégiant plutôt la magnificence et la splendeur visuelles, souvent inspirées par les lieux exotiques[9]. De tels opéras témoignaient non seulement d'une fascination durable pour les décors peints, les costumes et les effets spéciaux qui avaient toujours fait partie de l'essence de l'opéra français, mais également de la valeur de plus en plus importante attribuée aux tableaux saisissants usant de tous moyens et qui étourdissaient les sens.

À la fin du XVIIIe siècle, la mise en scène innovante avait joué un rôle central dans l'esthétique de l'opéra-comique et du genre nouveau qu'était le mélodrame à grand spectacle. Dans les premières décennies du nouveau siècle, l'opéra tira parti plus généralement de cet héritage, tandis que les scénographes, les artistes et les machinistes évoluaient au sein des différentes institutions. Le spectacle visuel comme forme d'excitation sensorielle participait à la théâtralisation d'histoires portant sur l'actualité politique ; associé à un spectacle musical et à de grands orchestres et chœurs d'une égale splendeur, il accentuait les enjeux émotionnels du récit, produisant un effet souvent remarquable sur le public et sur son appréhension des événements du monde réel.

(Traduction Mélanie Cournil)

4.4 L'ADMINISTRATION ET LA TROUPE DE L'OPÉRA-COMIQUE
Patrick Taïeb

Le 29 fructidor an IX (16 septembre 1801), le Théâtre National de l'Opéra-Comique ouvre ses portes au public. Concomitant de la renaissance de l'Opéra (1797-1798) et de la réunion des deux troupes rivales de la Comédie-Française (1799), cet événement complète une réorganisation qui rétablit les trois anciens théâtres privilégiés dans leurs prérogatives et anticipe les termes du *Règlement pour les théâtres* de 1807 : « Ce théâtre est spécialement destiné à la représentation de toute espèce de comédies ou drames mêlés de couplets, d'ariettes et de morceaux d'ensemble. / Son répertoire est composé de toutes les pièces jouées sur le théâtre de l'Opéra-Comique, avant et après sa réunion à la Comédie italienne [1762], pourvu que le dialogue de ces pièces soit coupé par du chant. » Voulue par le gouvernement, cette renaissance entraîne la fermeture du principal concurrent, le Théâtre Feydeau, et les deux troupes sont sommées de fusionner[1]. Les sociétaires réunis peuvent se féliciter de bénéficier ainsi des

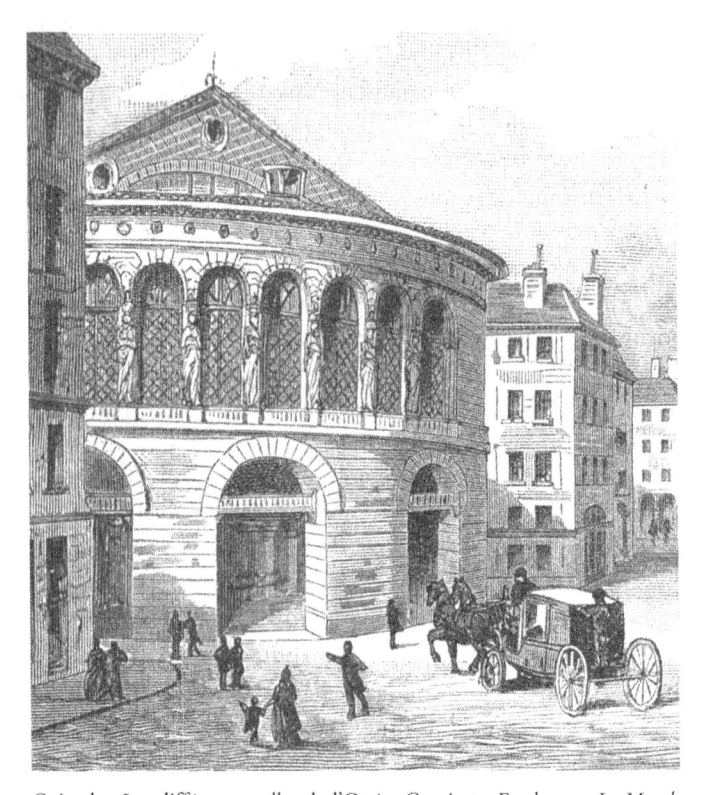

Guiaud, « Les différentes salles de l'Opéra-Comique. Feydeau », *Le Monde illustré*, 28 avr. 1883, p. 268 (détail). – L'Opéra-Comique réside dans cette salle entre 1801 et juillet 1804, puis de septembre 1805 à avril 1829. Située au 19, rue Feydeau, la salle inaugurée en 1791 sera démolie en 1830.

prérogatives que leur assure le titre de « troisième spectacle national et seul d'opéra-comique[2] » et de jouir ensemble du droit exclusif d'exploiter le genre opéra-comique et tout le répertoire. Cette inauguration est un événement de la vie parisienne. Le programme de la soirée du 16 septembre 1801 convie une foule importante (recette exceptionnelle de 6 256,40 F) autour d'une programmation qui symbolise la réunion des deux théâtres et la fin de dix ans de concurrence jugée désastreuse par le gouvernement comme par les acteurs. La première pièce est *Stratonice*, une œuvre de Méhul créée en 1792 et appartenant au répertoire de Favart ; la seconde, *Les Deux Journées* de Cherubini, créée en 1800 par le Théâtre Feydeau. De cette manière, ce sont à la fois les deux personnalités musicales les plus en vue sous la Révolution et les deux troupes anciennement privilégiées qui inaugurent une réunion répétant l'acte de 1762 qui avait mis fin à la rivalité entre l'Opéra-Comique de la Foire et la Comédie-Italienne (cf. t. 1, 10.2). Dans les mois et années qui suivent, la réunion ressemble davantage à une absorption d'une partie du répertoire et à l'annexion de la salle de Feydeau par une société majoritairement issue de Favart qui récupère les magasins de décors, costumes et partitions des deux théâtres. De 1801 jusqu'en juillet 1829, la nouvelle troupe occupe la salle Feydeau, excepté pendant un an (1804-1805), où elle se réfugie salle Favart et au Théâtre olympique, le temps d'une réfection. Construite pour accueillir le Théâtre de Monsieur (elle a été inaugurée en 1791)[3], la salle Feydeau est considérée comme l'une des plus belles de Paris : « Avec sa riche décoration pompéienne, son portique extérieur qui permettait aux voitures de déposer les spectateurs les jours de pluie sans qu'ils fussent mouillés, le Théâtre Feydeau devint vite l'un des lieux les plus à la mode de ce quartier de la rive droite déjà si riche en théâtres, promenades, jardins et attractions de tous ordres, et sillonné par l'une des artères les plus vivantes de Paris, la rue de la Loi (ci-devant rue de Richelieu)[4]. » Une période d'équilibre et de prospérité s'ouvre en 1801, inscrite dans la continuité du fonctionnement de l'institution depuis l'Ancien Régime et des contours d'un genre mêlant le parler et le chanter.

En société

Jusqu'en 1824, la troupe fonctionne « en société » perpétuant ainsi une forme d'organisation traditionnelle dans laquelle une vingtaine d'hommes et de femmes sont intéressés au bénéfice de l'entreprise par le biais de leurs émoluments, lesquels consistent en un pourcentage de la recette mensuelle. En 1801, les sociétaires sont messieurs Camerani, Chénard, Dozainville, Elleviou, Gavaudan, Gaveaux, Jausserand, Juliet, Lesage, Martin, Moreau, M. Saint-Aubin, Solié, Batiste (13) et mesdames Crétu, Desbrosses, Gavaudan, Gontier, Haubert-Lesage, Pingenet l'aînée, Saint-Aubin, Scio, Moreau, Desbardes (11). Leur part respective est variable (une part entière, un quart, un septième, etc.) et entraîne un niveau de rémunération qui diffère de 1 à 4. Au début, plusieurs artistes réguliers préfèrent une rémunération « aux appointements », c'est-à-dire un salaire mensuel fixe qui les met à l'abri des crises financières dont les théâtres ont pâti pendant la Révolution. Cependant, la situation devient rapidement assez prospère pour que les principaux acteurs soient tous sociétaires au point que Martin et Elleviou, les deux étoiles masculines du Directoire, d'abord réfractaires, et aussi quelque peu divergents par leur image publique d'anciens muscadins, intègrent la société – dont plusieurs membres, comme Gavaudan, passent plutôt pour être bonapartistes. La société est gérée par un comité variant de neuf à sept commissaires qui ne sont pas tous présents à toutes les délibérations mais qui assurent la gestion du théâtre dans ses multiples aspects de façon quotidienne. Le comité est composé exclusivement de sociétaires masculins et fonctionne sous le contrôle d'un représentant du pouvoir (préfet du Palais, puis surintendant des théâtres). Il prend des décisions sur tous les sujets : programmation, engagements, distribution, entretien, règlement intérieur, versement des pensions, etc. Il nomme les « décadiers » en charge de tenir le journal de bord, la caisse et le registre du droit d'auteur.

Parmi les décisions difficiles que le comité eut à prendre, on remarque la limitation du nombre des sociétaires potentiels en provenance des deux théâtres dès 1801 et le 29 pluviôse an 11 (26 janvier 1803), et celle concernant les effectifs du dispositif musical : le chœur est réduit à douze hommes et dix-huit femmes, l'orchestre à quarante musiciens et la danse est supprimée. L'accueil de jeunes artistes est une préoccupation constante des sociétaires qui connaissent par expérience l'attractivité qu'ils exercent sur le public. En 1802, ils engagent une haute-contre pour les rôles d'amoureux, un certain Duquesnoy à qui ils accordent des appointements de 3 000 F, assortis d'une avance de 400 F pour un « début immédiat », ce qui le situe d'emblée parmi les artistes les mieux payés de la société (le maximum est de 4 000 F). Il semble que grâce à l'amélioration des finances les délibérations sur les salaires s'assouplissent dès 1803. Le comité accède, par exemple, à la demande d'Aglaé Gavaudan de fixer ses appointements à 1 500 F en reconnaissance des services qu'elle rend dans les rôles dont elle fournit la liste et comme doublure de Mlle Pingenet cadette. En 1810, dans un emploi secondaire, le comité engage Desperamont pour deux années, à raison de 4 000 F avec une augmentation la seconde s'il donne satisfaction. Le nouveau venu est double de Martin, après M. Batiste. Cela signifie qu'il joue « tous les valets, même d'autres emplois » ; il doit en outre accepter quelques rôles d'amoureux, comme ceux de Saint-Réal dans *La Mélomanie*, Florival dans *L'Amant jaloux* ou l'abbé dans *Félix ou l'Enfant trouvé*.

Le comité accorde ou refuse des entrées de faveur aux auteurs ou aux acteurs. Ce poste de dépense est l'objet de débats incessants car la location des loges et les billets d'entrée constituent ensemble la recette principale de la société. Dans le calcul des sommes versées aux acteurs, il entre parfois des frais concernant les costumes, transports, etc. Cependant, le comité peut procéder lui-même à l'achat des costumes. Le 22 février 1811, « le comité arrête de faire l'acquisition de l'habit turc, que le camarade Huet a proposé à la Comédie qui servira à M. Martin dans la pièce de *Gulnare* qui doit se représenter à la cour, vu qu'à cet habit, le camarade Huet ajoute une épée et ceinturon utile dans différentes pièces [236 F][5] ».

Deux assemblées par décadi, les 5 et 9 de chaque mois révolutionnaire, servent aux « lectures et autres affaires » et au « répertoire » en présence de tous les sociétaires. Ce sont elles qui décident de recevoir les ouvrages soumis à la lecture ou, comme c'est le cas pour le livret de *Ma tante Aurore* (1803) de Boieldieu, d'écrire à l'auteur pour réclamer des changements. Dans ce dernier cas, elle arrête le 16 brumaire an X (7 novembre 1801) « que l'on écrira à Monsieur Longchamp, que l'assemblée, après avoir entendu la lecture de la pièce de *La Tante Aurore*, a rejeté à l'unanimité des voix le 3e acte ; et qu'elle invite l'auteur à la réduire en 2 actes, à moins qu'il ne préfère d'en faire un 3e nouveau[6] ». Les listes de sociétaires et de membres du comité traduisent une continuité parfaite depuis les années révolutionnaires jusqu'à la chute du régime impérial, et au-delà. Sept des neuf membres siègent de 1801 à 1814 (Camerani, Chénard, Gavaudan, Gaveaux, Juliet, Lesage, Solié) et les deux autres, Elleviou et Martin, à partir de leur entrée en société en 1803. Trois d'entre eux sont sociétaires depuis le début des années 1790 (Chénard, Gavaudan, Solié). Pour la plupart, ils proviennent tous de l'ancien théâtre Favart avant la réunion ; Gaveaux seul fait exception. Cette stabilité s'observe également dans la permanence du personnel artistique : Joseph Lefebvre, frère de la chanteuse Dugazon, est chef d'orchestre principal de 1790 à 1821 et Prévost chef de chœur de 1801 à 1815. Plus occasionnellement ou au titre de second, on remarque les chefs Mathieu Blasius et Frédéric Kreubé, et les maîtres de ballet Lebeau et Eugène Hus.

La troupe

La troupe est composée d'artistes dont les qualités vocales et scéniques sont équivalentes entre elles car l'opéra-comique est un spectacle de théâtre dans lequel la part du parler est aussi considérable qu'au siècle précédent. Le répertoire de l'Empire se distingue cependant par une qualité vocale qui subit l'influence du quatrième théâtre, fondé en 1801, celui du Théâtre de l'Impératrice, qui assure pour la première fois en France la présence constante d'une troupe de chanteurs italiens pendant soixante-dix ans. Acteur-chanteur, tel est le titre qui convient le mieux aux artistes d'opéra-comique. Cependant, il passe sous silence des disparités entre les talents ainsi que des clivages qui se sont exprimés dans le commentaire critique, inspiré parfois par des partis pris d'esthétique vocale. Au lendemain de la création du *Concert interrompu* (1802), Mme Duret-Saint-Aubin, fille de Jeanne-Charlotte, est louée pour ses qualités de chanteuse dans des termes qui flattent sa technique et pointent une méthode que l'on prête à son maître italien, Angelo Tarchi, tandis que l'on reproche à d'autres leur « voix de boudoir » pour dénoncer leur faible volume ou les limites de leur tessiture et de leur agilité : « Sa voix est étendue, juste, pure et flexible ; la nature et l'art se sont réunis pour en faire un instrument parfait. Sa méthode est admirable. Aucune difficulté n'est au-dessus de ses moyens ; son organe se prête à tous les tons, à l'expression de tous les sentiments » (*Affiches, annonces et avis divers*, 7 prairial an XII). Batiste est l'objet du même type d'éloge par les critiques favorables à l'école italienne parce qu'il est réputé tenir sa formation du chanteur Mengozzi qui était membre de la troupe de bouffons du Théâtre de Monsieur (devenu Théâtre Feydeau) avant 1792. Cette distinction figure en bonne place dans le *Dictionnaire des musiciens* d'Alexandre Choron (1810-1811), défenseur de la méthode italienne et fondateur d'une école de chant concurrente du Conservatoire. À l'inverse, d'autres plumes se plaisent à mentionner le passage de l'un ou l'autre des débutants par le Conservatoire, ou à détailler plutôt des qualités d'acteur. L'itinéraire de Rosette Gavaudan donne consistance à cette part complémentaire dans le talent de la chanteuse : elle quitte l'Opéra-Comique en 1807, après avoir rempli très honorablement des seconds rôles. Elle entre à la Comédie-Française en 1810 où elle tient l'emploi de duègne dans la comédie et de confidente dans la tragédie, puis débute à nouveau à l'Opéra-Comique en 1812 pour y tenir l'emploi de duègne laissé vacant par la retraite de Mme Gonthier-Allaire.

À partir de septembre 1801, le théâtre lève le rideau en moyenne 350 soirs par an ; il programme 4 à 6 actes par soirée (2 ou 3 pièces) et participe à des représentations à la cour. Sur les 291 pièces qui ont été représentées entre 1801 et 1814, une centaine l'est chaque année, une quarantaine chaque mois. Un même acteur pouvait jouer dans deux pièces différentes au cours d'une seule soirée. Le rythme de la programmation dans laquelle alternent œuvres anciennes et récentes, reprises et créations, et la multiplicité des tâches (par exemple, Solié compose, joue, chante et est membre du comité) obligent à doubler les emplois en distinguant « chef d'emploi » et « second ». En 1803, constatant que Paulin doit quitter son poste de contrôleur pour jouer, le comité prend la décision de le doubler dans chacun de ses rôles. Saint-Aubin tient lieu de doublure principale, mais cinq artistes se répartissent l'emploi de l'acteur-chanteur.

En témoin direct, Castil-Blaze précise que les représentations étaient assurées généralement par les sociétaires, parfois par des acteurs-chanteurs aux appointements sous contrats, parce que la qualité d'exécution représentait une attractivité très forte auprès des auteurs : « Les meilleurs virtuoses se groupaient avec plaisir dans ces petites pièces [en un acte]. [Les librettistes] Marsollier, A. Duval, Saint-Just se gardaient bien de porter au Vaudeville, aux Variétés des actes qui, parés des charmes d'une musique spirituelle, mélodieuse et bien écrite, devaient être exécutés à Favart, à Feydeau par Elleviou, Martin, Gavaudan, Jausserand, Solié, Chenard, Philippe, Juillet, Dozainville, Moreau, Lesage, Mmes Dugazon, Saint-Aubin, Scio, Crétu, Jenny Bouvier, Carline, Phillis, Armand, Gonthier, Desbrosses. Nul ne manquait à l'appel ; si la pièce ne réclamait que trois, quatre ou cinq personnages, tous les rôles étaient remplis par des chefs d'emploi. Elleviou, Chenard, Mme Saint-Aubin figuraient dans *L'Opéra-Comique*, pièce à trois acteurs ; Elleviou, Martin, Chenard, Gavaudan, Mlle Jenny Bouvier, dans *Gulnare*[7]. » La composition de la troupe traduit elle aussi une remarquable continuité. À mesure que les trois grandes figures féminines prennent leur retraite (Mme Dugazon, née Louise-Rosalie Lefebvre, en 1804 et Mme Saint-Aubin, née Jeanne-Charlotte Schrœder, en 1808) ou disparaissent (Mme Scio en 1807), elles sont remplacées par de nouvelles venues ou par d'anciennes actrices secondaires qui passent au premier plan. Mme Crétu (Anne-Marie Simonet) débute à l'Opéra-Comique en 1788 et se fait remarquer par le rôle d'Émilie, confidente de Lucile, dans *Les Rigueurs du cloître* (1789) de Berton, qui transpose à la scène l'argument de *La Religieuse* de Diderot. Tenue aux rôles secondaires jusqu'à la fin du Directoire, elle devient l'interprète favorite des opéras-comiques de Berton. Quant à Marie Desbrosses, elle débute dans les années 1770 et reste attachée à l'Opéra-Comique au-delà de 1814. Elle devient chef d'emploi des duègnes, lors de la retraite de madame Gonthier en 1812.

L'emploi de jeune première est le plus instable. La limite d'âge implicite laisse peu de place à une sociétaire permanente pendant toute la période. Il fait l'objet de débuts réguliers pendant tout l'Empire. Après le départ pour la Russie de Mlle Phillis, dont le nom resta longtemps comme dénomination de l'emploi de jeune première en dépit de son passage éclair sur cette scène, la troupe organise des débuts presque tous les ans pour des jeunes actrices-chanteuses dont les noms soulignent le caractère héréditaire de la vocation : Mlles Solié (1802), Cécile Duret-Saint-Aubin (1804), Paul-Michu (1807), Clairval (1805), Gontier-Gavaudan (1812), Esther (1806), Duval (1808), ou Alexandrine Saint-Aubin (1808). Cette dernière obtient un véritable triomphe dans le rôle-titre de *Cendrillon* de Nicolò à sa création en 1811. Parmi les débuts remarquables, on note aussi ceux de Mme Bellemont et de Marie-Julie Halligner, dite Boulanger. Cette dernière, élève du Conservatoire, débute triomphalement en 1811 dans *L'Ami de la maison* et *Le Concert interrompu*. Elle tient les rôles de soubrette dans *Les Événements imprévus* et *Les Rendez-vous bourgeois*, puis crée plusieurs rôles dans les opéras-comiques d'Auber, Adam et Herold sous la Restauration.

La disparition de Michu, jeune premier des années révolutionnaires, après une expérience malheureuse dans la Direction du Théâtre des Arts de Rouen (1802), laisse vacante la place de jeune premier. Elleviou (surtout), Gavaudan et, occasionnellement, le ténor Jausserand, suppléent aisément. Elleviou était déjà installé dans les rôles principaux masculins. Dans une veine fertile en ouvrages légers, il fait avec Martin la paire du maître entreprenant et du valet plus ou moins niais, ou des copains de régiment aux caractères contrastés (libertin *versus* sentimental) pour les rôles en uniforme, qui sont légion pendant l'Empire. Jean-Baptiste Sauveur Gavaudan brille dans des rôles de composition plus soutenus, comme celui de Murville, héros du *Délire* (1799) de Berton, où il crée un air-scène de folie qui est à la fois un tour de force stylistique inscrit dans la lignée du monologue de Blaise (Grétry, *Lucile*, 1768) ou de Western (Philidor, *Tom Jones*, 1765) et une scène de théâtre de très haut vol qui lui valut le surnom de « Talma de l'opéra-comique » dans les comptes rendus de presse. Simon Chénard, voix de basse, est le plus ancien des sociétaires. Requis par la cour pour débuter à l'Académie royale de musique en 1782, il entre à l'Opéra-Comique en 1783 où il tient un emploi de double dans des rôles secondaires. Sous l'Empire, il joue les barbons et il est apprécié pour sa longue expérience de la scène. Ses talents de violoncelliste, qu'il aurait reçus du virtuose français Jean-Louis Duport, sont mis à contribution dans plusieurs ouvrages tels que *Le Concert interrompu* de Berton et *L'Intrigue aux fenêtres* de Nicolò. Jean-Pierre Solié, chanteur et compositeur d'origine nîmoise, est un pilier de l'institution depuis le début de la Révolution jusqu'à la fin de l'Empire. Il chante ténor en 1790, dans l'emploi du fameux Clairval, l'interprète favori de Grétry, puis baryton dès 1792. Déjà dans *Stratonice* (1792) de Méhul, il tient le rôle du médecin conseillant les amoureux et le père, et il reste attaché toute sa vie à l'emploi d'hommes mûrs. Son fils, Émile Solié, est l'auteur de l'*Histoire du Théâtre royal de l'Opéra-Comique* (1847). Le départ de Fleuriot et Philippe, dès le début du siècle, laisse la place à plusieurs seconds rôles. Dans la catégorie des très bons comiques de caractère, Antoine Juliet est un pilier de la troupe. Débutant dans une salle secondaire, le Théâtre français comique et lyrique, au début de la Révolution, puis passé au Théâtre Feydeau, il joue Mikeli dans *Les Deux Journées* puis crée une quantité de rôles dans les ouvrages de Berton (le prieur dans *Ninon chez Madame de Sévigné*), Nicolò (Dugravier dans *Les Rendez-vous bourgeois*) et Boieldieu (Pedrigo dans *Jean de Paris*). Il partage cet emploi avec Lesage qui fait éclater de rire le public avec le rôle du crétin, Loquinet, dans *L'Intrigue aux fenêtres*.

Plusieurs de ces artistes étaient aussi des instrumentistes de bon niveau. Outre Chénard, violoncelliste, Martin était violoniste, Elleviou corniste et beaucoup de femmes, comme Mmes Saint-Aubin et Gavaudan, jouaient de la harpe ou du pianoforte. On leur doit des rôles joignant à la perfection du jeu la prouesse de l'accompagnement sur scène dans des numéros de romance ou de mélomanie. Inauguré par un opéra-comique de Champein (1782), le mot s'impose dans la langue française au rythme des querelles musicales qui surgissent aux temps de Gluck, du Conservatoire puis du rossinisme, pour désigner péjorativement la passion pour la musique. La scène comique s'est emparée de ce fait social qui prend assez généralement la forme d'un vieux barbon désirant marier sa fille à un musicien, ou d'un maître de maison qui impose la pratique de la musique à son entourage (cet argument est déjà exploité en 1768 dans *L'Île sonnante* de Collé et Monsigny). Ce stéréotype de la comédie mêlée d'ariettes remporte un succès considérable avec *Le Concert interrompu* (1802) de Berton où Martin, Chénard et Mlle Pingenet aînée jouent un triple concerto aux accents beethovéniens.

4.5 Composantes et tendances du répertoire de l'Opéra-Comique

Patrick Taïeb

Le corpus des œuvres jouées et la réorganisation des soirées

Au début du XIXe siècle, le « troisième spectacle national » est l'épicentre d'une activité qui se déploie sur un territoire national en expansion. Concentrée autour d'une salle et de sa troupe, elle confronte chaque semaine la création contemporaine à un héritage de classiques remontant sans rupture aux années 1760[1]. Cette position double, de vestibule de la renommée et de mise en tension avec l'héritage, explique deux caractéristiques exorbitantes de la programmation entre le 16 septembre 1801 et le 6 avril 1814. Premièrement, dans un répertoire de 310 œuvres jouées durant cette période, les 159 créations représentent la moitié (avec plus d'une dizaine de créations par an). Deuxièmement, onze compositeurs totalisent à eux seuls 7 133 représentations, presque les trois quarts des 10 000 recensées dans cette même période ; soient, dans l'ordre d'importance, Dalayrac, Grétry, Nicolò, Méhul, Berton, Boieldieu, Gaveaux, Solié, Monsigny, Champein et Cherubini. Le dernier quart se répartit entre 43 noms. La même observation s'applique assez bien aux librettistes parmi lesquels on remarque la position de classiques acquise par Marmontel, Sedaine, des auteurs vivants et reconnus (Marsollier, Bouilly, Hoffmann) et des auteurs nouveaux rencontrant le succès (Étienne, Dupaty) ou, comme la majorité des compositeurs, faisant une expérience sans lendemain.

La liste des vingt opéras les plus représentés entre 1801 et 1814 peut donner une idée du mélange qui s'opère entre œuvres nouvelles et œuvres anciennes[2].

Le Calife de Bagdad (Boieldieu, 1800)	196
Les Deux Journées (Cherubini, 1800)	195
Aline, reine de Golconde (Berton, 1803)	192
Une folie (Méhul, 1802)	192
Les Visitandines (Devienne, 1792)	188
Richard Cœur de Lion (Grétry, 1784)	177
Maison à vendre (Dalayrac, 1800)	176
Gulistan (Dalayrac, 1805)	158
Ma tante Aurore (Boieldieu, 1803)	140
Félix ou l'Enfant trouvé (Monsigny, 1777)	139
L'Opéra-Comique (Della-Maria, 1798)	132
Cendrillon (Nicolò, 1810)	128
Zémire et Azor (Grétry, 1771)	127
La Jeune Prude (Dalayrac, 1804)	125
Le Prisonnier (Della-Maria, 1798)	121
Adolphe et Clara (Dalayrac, 1799)	109
Monsieur Des Chalumeaux (Gaveaux, 1806)	106
Le Secret (Solié, 1796)	103
Ambroise (Dalayrac, 1793)	102
Les Deux Petits Savoyards (Dalayrac, 1789)	102

En outre, on observe une réorganisation de la composition des soirées. Depuis 1791, le Théâtre Feydeau avait expérimenté l'usage des œuvres uniques chaque fois qu'il mettait à flot un ouvrage rivalisant par sa longueur, son dispositif spectaculaire et son orchestre hypertrophié, avec le grand genre représenté à l'Opéra : entre 1791 et 1800, *Lodoïska* et *Médée* de Cherubini, *Paul et Virginie* et *Télémaque* de Le Sueur, *Roméo et Juliette* de Steibelt occupaient souvent toute une soirée[3]. (Remarquons que de son côté, le Théâtre Favart expérimentait ce type de soirée avec *Euphrosine* de Méhul en 1790, *Roméo et Juliette* de Dalayrac en 1792, et les fresques révolutionnaires à grand spectacle comme *Cécile et Julien ou le Siège de Lille* de Trial fils en 1792.) À l'inverse, l'Opéra-Comique après 1800 crée, sur un total de 159 titres, 94 pièces en un acte, 43 en trois actes et 22 en deux actes. La moitié des 50 ouvrages les plus souvent représentés – créations et répertoire confondus – sont dans un format réduit qui convient aux soirées, toujours réparties entre deux ouvrages (parfois même trois), y compris les jours de création ou de début d'artiste. La troupe pratique occasionnellement l'entracte musical en plaçant entre les deux pièces une exécution de *La Chasse du Jeune Henri* devenu un morceau favori des concerts (70 exécutions durant la période étudiée)[4]. La purge des ouvrages grandiloquents en provenance du Théâtre Feydeau est automatique et sa conséquence la plus considérable est que la totalité de l'œuvre de Cherubini, excepté *Les Deux Journées* (Feydeau, 1800), tombe aux oubliettes de la vie musicale parisienne. La tentative de reprise en 1802 d'*Eliza* (Feydeau, 1794) ne dépassera pas la troisième représentation ! La présence en deuxième position parmi les ouvrages les plus représentés des *Deux Journées* – opéra à sauvetage dont le sujet évoque encore fortement la Révolution – ne laisse pas de surprendre.

L'action située en 1647 tourne autour de l'aide que le Savoyard Mikeli, père d'Antonio, apporte dans leur fuite de Paris à Armand, l'un des présidents du Parlement, et à Constance, son épouse, proscrits par Mazarin. L'intrigue comporte tous les attributs du mélodrame : scènes de péril et de reconnaissance, interpellation par la troupe, autant de situations qui, dans les années 1790, évoquaient pour les spectateurs les drames bien réels de la guerre civile. Les indications de mise en scène et l'équilibre entre scènes parlées et numéros musicaux marquent cependant une rupture. Tandis que le tableau de la déchéance physique et morale renforcée par une musique pathétique servait sous la Révolution à inspirer la terreur et la compassion, celui d'une fière dignité conservée dans la proscription et d'une gaîté simple au milieu du péril dominent en permanence. À la fin de l'acte II, à l'instant où Armand s'extrait furtivement d'un tonneau pour échapper aux soldats, une didascalie décrit le dispositif scénique en précisant que les roues du chariot doivent être immobilisées et que l'acteur doit se retourner à l'intérieur « afin d'en sortir en présentant la tête et de pouvoir en s'évadant, se dessiner avec noblesse[5] ». L'évasion s'inscrit dans la lignée du *Prisonnier* où le thème de la captivité tourne le dos aux scènes mélodramatiques apparues avec des œuvres telles que *Raoul sire de Créqui* (Favart, 1789) ou *Camille* (Favart, 1791) de Dalayrac et vise à camper un héroïsme populaire dont la morale transcendante est énoncée dès le lever de rideau par la chanson du Savoyard, Antonio : « Un bienfait n'est jamais perdu ».

Le retour du comique

Si l'on accorde une valeur aux statistiques comme indicateur des sensibilités, il faut reconnaître que la liste que nous avons donnée des vingt opéras les plus représentés révèle une nette tendance en faveur de la comédie sur le drame. Né en 1769, Della Maria produit sept opéras-comiques en 22 mois, puis meurt à l'âge de 31 ans en 1800. Pour Duval, son collaborateur principal, et pour Dupaty, le passage éclair de ce compositeur marseillais a suffi pour installer dans le répertoire deux succès qui ont changé le cours de l'histoire du genre : *Le Prisonnier* (Favart, 1798) et *L'Opéra-Comique* (Favart, 1798) totalisant respectivement 121 et 132 représentations jusqu'à la fin de l'Empire. Engagé en 1798 autour de la création triomphale du *Prisonnier*, le « thermidor de l'opéra-comique[6] » marque une rupture dans l'évolution du genre et dans la programmation de l'institution. Retour à la simplicité, à la grâce, à la sensibilité ? Ou bien préfiguration de l'esprit d'Auber, voire de l'opérette du Second Empire ? Les historiens du XIXe siècle ont usé de toutes sortes de comparaisons pour qualifier une orientation vers un comique franc, parfois même excentrique, et une légèreté musicale qui pouvait apparaître comme la réaction à la grandiloquence héroïque de certains opéras-comiques de la Révolution[7].

En même temps qu'un rejet d'une partie du répertoire révolutionnaire considéré comme étant hors du périmètre du genre, on peut observer, dans les créations, un rééquilibrage du poids respectif de la musique et du théâtre. Tandis que les institutions héritées de l'Ancien Régime renouent avec leurs prérogatives d'antan, l'homme de lettres retrouve son autorité critique[8]. Il promeut désormais l'autorité des classiques de la comédie, la pureté du style dans les dialogues et l'ingéniosité de l'intrigue au détriment d'une forme d'éloquence spectaculaire qui reposait sur la puissance des effets de la musique et qui se trouve relégué dans le mélodrame naissant comme un procédé vulgaire. Le ton de la nouvelle ère accorde au contraire la plus haute valeur esthétique à un théâtre régulier et à une expressivité musicale mesurée : « Veut-on jouir à la fois d'une charmante comédie et d'un délicieux opéra ? Il faut aller voir *Le Calife de Bagdad*, représenté hier pour la première fois sur ce théâtre. Le plan de cette pièce est conçu avec esprit, le style en est généralement correct ; tout y est motivé, suivi, même naturel, et surtout il y règne une originalité de situations et de caractères infiniment rare aujourd'hui à la scène. Il faut joindre à cela une gaîté continuelle qu'inspire l'action par elle-même, le dialogue par sa vivacité et les détails par leur finesse » (*Courrier des spectacles*, 29 fructidor an VIII [16 sept. 1800]).

De la comédie au pastiche

L'événement le plus représentatif de l'engouement général pour le comique est le succès considérable rencontré par *Une folie*. Méhul aurait cherché avec cette seconde incursion à prouver à Bonaparte la supériorité de l'école française sur l'italienne et à répliquer aux reproches qu'il lui avait adressés d'écrire une musique ennuyeuse[9]. Même si la satire ouverte de l'*opera buffa* qui faisait le sel de *L'Irato* a disparu, la gaieté de l'intrigue et le recours à des *topoï* dramatiques musicaux tirent la comédie vers le pastiche. Elleviou est à sa place dans le rôle de Florival, un capitaine de hussards qui, selon ses propres termes, « ne laissa jamais échapper l'occasion de secourir les belles infortunées » mais qui, « las de toutes ces intrigues où le cœur n'est jamais pour rien », entreprend de libérer Armantine des prétentions du peintre Cerberti, pour qui elle pose et qui la tient enfermée dans une maison grillagée proche du vieux Louvre. Martin est à sa place également dans le rôle d'un valet contraint de se travestir en Picard niais, sorte de Figaro qui endosserait momentanément les habits et le caractère de L'Éveillé du *Barbier de Séville*. L'argument se déroule dans un tempo vif et à travers une anthologie de situations éculées et remises au goût du jour : métaphore militaire de la conquête de la jeune fille recluse par son tuteur apparentée à la prise d'une place forte ; parisienne délurée chantant à l'encan un appel au secours tout en s'accompagnant sur son pianoforte, puis adressant un billet de sa fenêtre au bout d'une corde de draps noués ; travestissement et quiproquos. Le comique de langage, aussi, est particulièrement riche : parlure picarde, allemand de pacotille, franc-parler militaire, jeux de mots et clins d'œil au spectateur. Plusieurs numéros sont applaudis dès le premier soir. Outre l'ouverture, qui annonce une comédie extrêmement vive, ce sont successivement le duo d'introduction dans lequel Florival et Carlin se présentent comme deux compères en faction au lever du jour (« Carlin ! Carlin ! ») et l'air attendu d'Elleviou débutant par un récitatif puis combinant la grâce vocale de la romance (Adagio « Sans te connaître objet charmant ») avec la gaieté enlevée du rondeau (« On ne saurait trop embellir »). Les autres morceaux de choix sont le final du premier acte, un chant picard pour Martin dont l'orchestration surligne l'accent régional de façon tonitruante (« Si jamais je prinds [*sic*] femme / Iou piou piou comme on attrap'ça »), et le trio dans lequel Armantine fait tourner en bourrique le vieux peintre tandis que Carlin, qui l'assiste dans la préparation de ses couleurs, « broie du noir » (« Non, je ne puis en conscience »). Méhul et son librettiste Jean-Nicolas Bouilly s'inscrivent en cela dans le goût pour le mot d'esprit qui faisait le sel des opéras-comiques de Grétry avant la Révolution. La pièce est conçue pour aboutir implacablement à une situation de dupe, désopilante, dans laquelle Cerberti prie ses deux modèles, Armantine et Florival déguisé, de se déclarer mutuellement leur flamme en prenant les poses appropriées. Bouilly parvient à une synthèse entre la vivacité du livret d'*opera buffa* et un dialogue spirituel qui annonce le vaudeville, tout en amenant des ensembles visant à faire éclater de rire.

Castigat ridendo mores

En contrepoids à l'omniprésence de l'uniforme de hussard, l'examen systématique des personnages campés dans plus de 150 livrets produirait une fresque sociologique de la France particulièrement riche. La localisation géographique de l'action ou de l'origine du personnage circule de la forêt de Bondy (Nicolò, *Les Rendez-vous bourgeois*) à Brive la Gaillarde (Gaveaux, *Monsieur Deschalumeaux*) et franchit parfois les frontières espagnoles, italiennes ou germaniques. Son état social passe en revue une anthologie de professions, de l'aristocrate de l'Ancien Régime au bourgeois dans toute sa diversité (commerçant, huissier, artisan), jusqu'à l'improbable Satiné, « manufacturier de papiers peints », dans *L'Intrigue aux fenêtres* de Nicolò. La précision des types sociaux devenus énigmatiques pour nous aboutissait à un compromis entre stylisation et réalisme visant à titiller les préjugés en vogue, comme dans *Maison à vendre* de Dalayrac, l'un des plus francs succès de la décennie. Le musicien Dermont, amoureux de Lise, et son ami Versac, qu'un oncle, riche négociant bordelais, laisse sans ressources parce qu'il abandonne sa carrière pour être poète, sont à la recherche de la jeune fille partie en villégiature chez une tante, Madame Dorval, dont ils ont perdu l'adresse. Cette dernière a mis sa maison en vente afin de doter Lise. Versac intervient dans la négociation et, sans se faire reconnaître, il enlève l'affaire au voisin, un « vieux juif » nommé Ferville, et empoche une belle plus-value qu'il offre aux amoureux comme cadeau de mariage. L'absence de sujet moral ou politique est comblée par le tableau des mœurs du Directoire, comme le remarque Geoffroy, qui considère que la drôlerie de la pièce repose sur deux caractéristiques : « la vraisemblance et les mœurs du jour. Acheter une maison sans avoir un écu dans sa poche. La revendre à l'instant… » (*JD*, 15 déc. 1804). Dozainville a été remarqué pour son jeu dans le rôle du « vieux juif » à travers lequel il est fait allusion tant aux libertés accordées par la Révolution aux juifs du Bordelais et du comtat Venaissin qu'aux préjugés antisémites de Madame Dorval, bourgeoise de Bordeaux incarnée par Mme Dugazon.

Exotisme et féerie

Les Mille et Une Nuits a été une source d'inspiration constante du théâtre lyrique au XVIIIe siècle. Le retour d'un exotisme tourné vers l'Orient qui se manifeste avec *Gulnare ou l'Esclave persane* de Dalayrac en 1797 et *Le Calife de Bagdad* de Boieldieu en 1800 procède d'un retour à la lumière et réactive l'intérêt des auteurs sous l'Empire. Il tourne la page de l'engouement révolutionnaire pour un exotisme du Nord associé désormais à des troubles politiques et à des sujets mélodramatiques. Boieldieu (*Béniovski*, 1800), Champein (*Menzikoff et*

Fédor, 1808) et Dalayrac (*Léhéman ou la tour de Neustadt*, 1801) l'ont risqué sans remporter de succès aussi francs que les intrigues de sérail versant dans la turquerie ou le conte féerique.

Étienne tire des *Mille et Une Nuits* le livret de *Gulistan ou le Hulla de Samarcande* en 1805. Le sujet repose sur une prescription du prophète indiquant qu'il est possible pour un époux de reprendre une femme qu'il a répudiée à la condition que celle-ci ait, elle aussi, une autre relation dans l'intervalle. D'une manière générale, quand on compare la partition de Dalayrac à celles d'autres opéras-comiques exotiques, la couleur locale est très peu exploitée. Le recours aux percussions caractéristiques (cymbales et triangle) couplées avec la petite flûte, les timbales et trompettes, est limité à l'ouverture et aux premiers et derniers finals. La partition enchaîne plutôt les archétypes éprouvés des opéras-comiques légers. Le duo nocturne du mariage temporaire (Gulistan et Dilara-Zulmé) a pour tempo un Allegro agitato qui fait crépiter les mots « mon cœur bat vivement, il palpite, je le sens, il s'élance, il s'agite » pour l'expression d'un désir irrépressible dont le prototype a été conçu par Della-Maria dans *Le Prisonnier* en 1798. Le succès de cet opéra à grand spectacle et dromadaires – rappelant ceux de *La Caravane du Caire* de Grétry montrés à l'Opéra en 1783 – est immédiat : joué en deuxième partie, comme le clou de la soirée, il totalise 46 représentations en douze mois, ses recettes s'échelonnent de 4 350 à 1 200 F, et il atteint la 176e en 1814. En 1807, *Gulistan* est représenté devant le prince Esterhazy à Eisenstadt lors de la visite de Beethoven venu présenter sa *Messe en ut* op. 86[10].

Le conte est une autre source abondamment exploitée depuis les origines du genre. Plutôt que La Fontaine ou que le conte moral de Marmontel – qui avait nourri la vogue sensible des années 1760 –, les auteurs se tournent vers les frères Grimm ou Charles Perrault, soit au travers du remploi de livrets anciens, soit en proposant de nouvelles écritures. La confrontation des œuvres du passé et des créations est une source inépuisable de jouissance érudite, preuve que l'opéra-comique accède au statut qu'il va conserver pendant tout le XIXe siècle de spectacle de bon goût attirant le public de notables peuplant les loges louées à l'année dans les théâtres des provinces : « Le bon exemple donné par l'opéra de *Cendrillon* a été précédé par les utiles leçons que renferme l'opéra *Zémire et Azor*. Dans cette dernière pièce, la sensibilité et la douceur font oublier la difformité. Dans celle qu'on vient de jouer ce sont les vertus modestes et courageuses qui l'emportent sur la beauté fière et sur les talents *orgueilleux*. Ainsi, longtemps après que *La Belle et la Bête* ont, sous la plume de Mme Leprince de Beaumont et de Marmontel, ouvert un petit cours de morale, on le voit se renouveler sous la plume féconde de l'auteur du *Petit Soulier vert* » (*Courrier de l'Europe et des spectacles*, 24 fév. 1810). Plusieurs auteurs tentent la comparaison en risquant des versions nouvelles d'ouvrages connus, comme Solié qui fait un triomphe en 1809 avec *Le Diable à quatre* sur un livret de Sedaine remontant à 1756. Mais c'est Berton qui réussit un coup de maître en 1803 en reprenant un conte du chevalier de Bouflers dont Monsigny et Sedaine avaient fait un grand ballet héroïque en trois actes en 1766, *Aline, reine de Golconde*, qui atteint sa 192ᵉ représentation en avril 1814.

4.6 Les maîtres de l'opéra-comique

Patrick Taïeb

Un classique : Grétry

En 1798 Grétry se retire à l'ermitage de Montmorency, dans l'ancienne demeure de Rousseau. Il vient de composer *Elisca*, son dernier opéra-comique qui tombe rapidement et dont on donnera 11 représentations en 1812 et 4 exécutions de l'ouverture à l'occasion des soirées d'hommage célébrant sa disparition en 1813, à l'âge de 72 ans. Castil-Blaze a laissé de lui le portrait d'un homme quelque peu misanthrope, devenu indifférent à la musique de ses confrères et se tenant à l'écart des mondanités de l'Empire. La perte successive de ses trois filles et les événements de la Révolution avaient provoqué son éloignement dès 1794 et limité son implication dans la vie parisienne à des fonctions honorifiques ou d'expertise. Au début du siècle, il jouit cependant d'une estime publique plus considérable que les musiciens plus jeunes qui inaugurent le Conservatoire en 1795 : à une époque où tout le théâtre lyrique de Lully à Rameau a disparu des salles depuis vingt ans et où le répertoire historique de la musique française n'a pas plus de trente ans, il fait figure de classique au même titre que Gluck ou Gossec.

Lorsque la deuxième édition de ses *Mémoires ou essais sur la musique* paraît en 1797 assorti de la mention « Membre de l'Institut national de France, Inspecteur du Conservatoire de Musique, de l'Académie des Philharmoniques de Bologne, de la Société d'émulation de Liège », elle est augmentée de deux volumes supplémentaires à l'édition de 1789. Ensemble, ces trois volumes imprimés « par la République » constituent une somme considérable de remarques autobiographiques, d'auto-analyses de ses partitions, de connaissances éclectiques abordant toutes sortes de questions de sociétés plus ou moins liées au théâtre. Après avoir été l'ami de Diderot, de Grimm et de D'Alembert, un admirateur fervent de Rousseau, mais aussi le musicien favori de Marie-Antoinette, Grétry se veut commentateur de la vie musicale et observateur réfléchi de la Révolution. À travers ses considérations esthétiques, il apparaît comme un homme du XVIIIᵉ siècle attaché au précepte de l'imitation et à un style dramatico-musical consistant en une hybridation subtile de la mélodie de Pergolèse et de la déclamation française ; une hybridation qui aurait tiré toutes les conséquences de la découverte des bouffons et de la lecture de la *Lettre sur la musique française* ou de l'*Essai sur l'origine des langues*[1]. Ses confidences mondaines et ses références littéraires le rattachent aux moralistes du Grand Siècle autant qu'aux Encyclopédistes, de La Bruyère à Rousseau donc, mais la liberté de ton qui se manifeste dans les deux volumes tardifs laissent voir en lui la part d'optimisme de l'intellectuel qui assiste à la naissance d'un monde nouveau, du progressiste confiant dans l'avenir et même grisé par l'utopie. Tandis que le deuxième volume présente un essai systématique sur les caractères et leur traduction musicale, comme s'il ambitionnait de bâtir une esthétique de la composition dramatique inspirée par La Bruyère, le troisième aborde des visions politico-musicales tous azimuts. Grétry déclare la « nécessité » de la scène comique en écho à la querelle sur le théâtre qui s'interrogeait au milieu du siècle sur la vertu civique de l'art dramatique ; il préconise l'aménagement d'une fosse pour cacher l'orchestre avec un voile de gaze, bien avant Wagner ; et, tirant toutes les conséquences de la Constitution civile du clergé et du dépérissement de la confession, il expose une prémonition de la psychanalyse en recommandant la constitution d'un corps de « médecin de l'âme », qui n'auraient pas grand chose à faire d'autre que d'écouter leur patient et qui seraient payés par le gouvernement...

Grétry est le deuxième compositeur le plus joué sous l'Empire. 19 de ses opéras-comiques totalisent 1172 représentations qui se partagent la vedette dans des proportions très inégales et en vertu de programmations aux logiques fort différentes. *Zémire et Azor* (1771), représenté avec constance chaque année, est un pilier de la programmation servant à l'intégration des débutants et au rodage des doublures. *La Fausse Magie* (1775) et, à un moindre degré, *L'Amant jaloux* (1778), *Les Événements imprévus* (1779) ou *L'Épreuve villageoise* (1784) jouissent du même statut. En revanche, *Richard Cœur de Lion* (1784) obtient un véritable triomphe à partir de sa reprise en 1806. Interdit pendant quinze ans à cause du dévouement au monarque qu'il exalte, il change entièrement de signification à travers l'incarnation de l'écuyer Blondel par Elleviou. Ce dernier est acclamé après le fameux air « Ô Richard, Ô mon roi » chanté devant le château de Durrenstein où Richard avait été emprisonné lors de son retour de croisade et où l'armée de Napoléon s'était montrée victorieuse en novembre 1805. La presse indique que le public connaissait tous les airs : « C'était un ancien ami que l'on croyait perdu et que l'on se hâtait de venir féliciter sur son heureux retour », lit-on dans les *Affiches, annonces et avis divers* (22 mars 1806). Au nombre des reprises couronnées de succès, il convient de mentionner celles de *L'Ami de la maison* (1772) en 1804, de *Lucile* (1768) en 1804, et du *Tableau parlant* (1769) en 1811 qui totalise 62 représentations en l'espace de deux saisons et maintient la recette journalière dans une fourchette de 4 000 à 2000 F. Au sein de cette programmation de l'œuvre de Grétry, un chef-d'œuvre fait totalement défaut : *Guillaume Tell* (1792), sa dernière collaboration avec Sedaine et l'une des plus belles expressions de la résistance patriotique à l'oppression impériale.

Le franc comique caractérise *La Fausse Magie* et *Le Tableau parlant*. Représentés chacun 99 fois, ils arrivent en 22e et 23e positions du répertoire. Sous l'Empire, l'auditoire pouvait assister à la représentation du *Tableau parlant* en tirant profit du commentaire que Grétry en donne lui-même dans ses *Mémoires* : « Je m'appliquai surtout, dans cet ouvrage, à ennoblir, autant que faire se pouvait sans blesser la vérité, le genre de la parade. » Sous-titré « comédie-parade » lors de sa création en 1769, il offre au public de l'Empire une représentation stylisée d'un genre prisé par le théâtre de société, mettant en scène un barbon ridiculisé par sa pupille avec l'aide de deux personnages de la comédie italienne, Pierrot et Colombine. Grétry y avait adroitement mêlé des airs dans un style italien que des rivaux avaient dénoncé comme des plagiats d'intermezzo et d'airs métastasiens, avec des numéros où il expérimentait le comique déclamatoire par lequel il fondait le chant français d'opéra-comique. La reprise de 1811, avec Elleviou dans le rôle de Pierrot et Marie-Julienne Halligner dite Mme Boulanger (grand-mère de Nadia et Lili Boulanger!), alors débutante, dans celui de Colombine, pouvait passer pour un acte commémoratif (82 représentations en trois ans) et pour une entrée au musée de la sensibilité du XVIIIe siècle.

Joly, *Grétry aux Champs-Élysées*, dessin gravé par J. Duplessis-Bretaux, in Paul Lacroix, *Directoire, Consulat et Empire : mœurs et usages, lettres, sciences et arts. France, 1796-1816*, Paris : Firmin-Didot, 1884, p. 492 (détail). – Grétry, lyre en main, est comme un nouvel Orphée. Plutôt que de ramer, Caron écoute !

Dalayrac au sommet de sa carrière

Si, comme Grétry, l'activité de créateur de Dalayrac s'est ancrée dans l'Ancien régime, en revanche, à l'inverse de son illustre prédécesseur, elle continue à croître au-delà de la période révolutionnaire. Ce n'est pas tout à fait un classique, au sens où il n'appartient pas au passé. Plutôt que la reconnaissance honorifique ou l'autorité artistique, c'est le succès qui définit le mieux sa renommée au début du XIXe siècle, et l'on peut préciser sans risque d'exagération qu'il s'agit d'un succès populaire pour en résumer la nature et l'étendue. Déjà auteur d'une grosse quarantaine d'ouvrages en 1801, il devient le compositeur le plus représenté devant Grétry : 1612 représentations sur le total de 10 000, ce qui constitue plus de 1/6e de l'activité de l'institution. Le nombre de ses ouvrages programmés dans cet intervalle s'élève à 35 que l'on peut répartir en trois grands ensembles : ceux de l'Ancien Régime, ceux de la Révolution et les créations. Parmi les œuvres anciennes, deux servent à remplir avec régularité une programmation qui les relègue peu à peu dans l'oubli (*La Dot* et *Nina*). D'autres font au contraire l'objet de reprises portées par des distributions de premier plan : *Sargines* et *Raoul sire de Créqui* rencontrent de francs succès en 1806 et 1808, c'est-à-dire peu de temps après la reprise de *Richard Cœur de Lion* qui réhabilite les thèmes proscrits pendant la Révolution d'une histoire nationale remontant aux temps de la chevalerie et de la fidélité au roi. Parmi les œuvres de l'époque révolutionnaire ce sont respectivement *Adolphe et Clara* (1799), *Les Deux Petits Savoyards* (1789), *Ambroise ou voilà ma journée* (1793) et *Gulnare ou l'esclave persane* (1797) qui tiennent le haut du pavé et qui, à l'exception de la tendance pathétique et sonore que l'on trouve dans *Camille ou le Souterrain* (1791), rassemblent des sensibilités dominantes chez Dalayrac : une comédie de mœurs traitant avec drôlerie le thème du divorce, un portrait sensible du peuple montagnard, le trait de bienfaisance d'un chaudronnier venant au secours d'une veuve tombée dans le dénuement et une intrigue de sérail à grands spectacles.

Les ouvrages de Dalayrac à l'affiche de l'Opéra-Comique
entre 1801 et 1814

	Œuvres datant de l'Ancien Régime	Œuvres créées entre 1790-1799	Œuvres créées entre 1800-1814
Nombre d'ouvrages	8	14	13
Nombre de représentations	293	649	670

Les premières œuvres les plus jouées sont cependant trois créations : *Maison à vendre* (1800), *Gulistan ou le Hulla de Samarcande* (1805) et *La Jeune Prude ou les Femmes entre elles* (1804). Cette observation fait de Dalayrac un artiste en phase avec son temps à une époque où le goût évolue rapidement. Elle s'accentue encore lorsque l'on associe à ces trois titres celui d'*Adolphe et Clara ou les Deux Prisonniers* que son succès place en quatrième position avec 109 représentations. Si pour ce dernier il s'agit d'un livret de Marsollier des Vivetières, son partenaire depuis l'Ancien Régime et le librettiste de 13 ouvrages sur les 35 à l'affiche entre 1801 et 1814, les trois autres sont des premières collaborations avec Duval, Étienne et Dupaty. Trois auteurs prolixes de pièces de théâtre qui ont agi et écrit en faveur du retour à la légèreté dans l'opéra-comique et dont les deux premiers deviennent académiciens en 1810 et 1812.

Dalayrac considérait que *Maison à vendre*, excellente comédie de Duval, pouvait se passer de musique. De fait, elle a été représentée en société sans son ouverture ni aucun de ses numéros chantés. Ces derniers consistent en deux airs, deux duos, un trio, un quatuor et un chœur final qui ont tous été édités séparément à l'intention d'un public qui aime à jouer ses airs favoris en privé. Parmi les numéros immédiatement remarqués par la critique, on relève le duo des deux hommes, le duo « Chère Lise, dis-moi je t'aime » (Dermont et Lise) qui comporte une section à trois temps dont la simplicité mélodique traduit avec charme l'échange de serments amoureux, ainsi que le trio « Hélas, ce n'est pas sans raison » qui développe un instant de stupeur collective en ménageant l'individualité des caractères (Lise, Versac et Dermont). En son temps, la qualité la plus vantée de cette partition était la « modération et la pureté de l'accompagnement [qui] font bien valoir le chant » (*Courrier des spectacles*, 2 brumaire an IX).

L'écriture mélodique de Dalayrac, comme celle de Grétry – qui le revendique quasiment comme son élève –, est façonnée par l'accent déclamatoire. Elle caractérise le militaire, le paysan, le noble, le timide, la veuve, l'artiste, le valet, la bavarde, l'adolescente, l'ouvrier, le savant, une nationalité, une époque... Elle est cependant plus déterminée par la régularité de la période et par les formes de la chanson ou de l'air italien, ce qui lui vaut d'être vanté davantage pour sa facilité ou son habileté que pour son génie. En l'espace de trente ans, Dalayrac a exercé ce naturel mélodique à peindre tour à tour l'amour maternel (*Les Deux Petits Savoyards*, *Asgill*, *Marianne*), l'amour conjugal (*Camille*, *Adolphe et Clara*), le tolérantisme et la bienfaisance (*La Pauvre Femme*, *Cange*), l'amour paternel ou filial (*Alexis*, *Une matinée de Catinat*, *Les Deux Petits Savoyards*), et à traiter de sujets aussi divers que le droit de succession (*Une heure de mariage*), le divorce (*Adolphe et Clara*), l'indépendance américaine (*Arnill*), l'escroquerie par le mariage (*Picaros et Diégo*) ou les pots de vin et la bourse (*Maison à vendre*), mais aussi les rivalités et le pouvoir, la nostalgie des temps chevaleresques, la réclusion conventuelle, le changement de régime...

À travers son œuvre, le public de l'Empire a partagé avec les sociétaires de l'Opéra-Comique un univers riche de plus de 300 personnages incarnés par une troupe pour laquelle il écrivait sur mesure. Mesdames Saint-Aubin, Dugazon ou Gonthier lui doivent de 10 à 25 rôles chacune ; messieurs Elleviou, Gavaudan, Martin, Michu, Solié ou Trial de 10 à 30. En 1800, près de 70 villes de France disposaient d'une salle érigée au cours des cinquante années précédentes, et une troupe stationnaire dont le répertoire provenait de l'opéra-comique. Sa place éminente, à parité avec le répertoire de la Comédie Française, se lit dans la dénomination des emplois (cf. 1.6). Dans chaque troupe, une Dugazon, une Saint-Aubin ou une Gonthier, un Trial, un Michu, un Elleviou ou un Clairval, tous interprètes des personnages campés par Dalayrac, sont nécessaires à la diffusion des ouvrages créés à Paris par ces acteurs-chanteurs célèbres en leur temps. Dalayrac et Grétry sont les principaux responsables de ce processus de construction d'une culture partagée par toutes les classes de la société et du qualificatif de « genre éminemment national » appliqué à l'opéra-comique autour des années 1820 (cf. 21.6).

La jeune génération : Méhul et Berton

Au début des années 1800, Grétry (né en 1741) et Dalayrac (né en 1753) font figure d'aînés. Pour les compositeurs entrés dans la carrière au début de la Révolution, la réorganisation de l'Opéra-Comique en 1801 représente un changement radical d'orientation esthétique. Cherubini (né en 1760) cesse de composer pour ce genre après le triomphe des *Deux Journées* au Théâtre Feydeau. Méhul (né en 1763) et Berton (né en 1767), tous deux professeurs au Conservatoire, respectivement de composition et d'harmonie, s'adaptent à la troupe et au nouveau format de l'orchestre.

Dans la « Note » qui sert de préface à *L'Irato* (1801), Méhul prend position en des termes révélateurs sur les controverses mondaines de son temps en justifiant le style léger de son ouvrage sans renier ses incursions dans le drame : « Le genre de la Musique est toujours subordonné par le dessein qu'il faut colorier. Si la musique de l'*Irato* ne ressemble pas à celle que j'ai faite jusqu'à présent c'est que *L'Irato* ne ressemble à aucun des ouvrages que j'ai traités. » Le poids de l'institution combiné à un public qui entre à l'Opéra-Comique avec des attentes renouvelées joue cependant contre ses créations sérieuses qui jouissent au mieux d'un succès d'estime en ne dépassant pas la 50e et en quittant l'affiche après la première série de représentations. *Ariodant* (1799) n'est donné que 13 fois, *Johanna* (1802) 8, *Héléna* (1803) 45 et *Uthal* (1806) 16, tandis que réussissent ses ouvrages comiques : *L'Irato* est joué 74 fois et *Une folie*, 192. Il faut enfin compter les reprises de deux ouvrages plus anciens du même compositeur : *Euphrosine*, datant de 1790, est représentée 50 fois sous le Consultat et l'Empire et *Stratonice*, créé en 1792, 100 fois. Même *Joseph en Égypte*, qui reçut le prix décennal instauré par l'Empereur en 1810 et qui suscitera l'admiration de Wagner, connut un sort mitigé. L'exemple de Méhul vaut pour ses confrères, toujours malheureux lorsque des sonorités et des sujets dramatiques d'une création rappellent la décennie révolutionnaire : le caractère de l'opéra-comique, comme nous l'avons constaté (cf. 4.5), est désormais contenu dans celui de la comédie. Un critique le rappelle au lendemain de la création d'*Uthal* : « Je disais hier qu'il fallait éviter le pathétique comme *la peste de l'Opéra-Comique*, et voilà aujourd'hui l'Opéra-Comique empesté d'une tragédie ou d'un grand opéra tragique » (*Journal de l'Empire*, 21 mai 1806).

Pour Berton, qui vient en quatrième position des compositeurs les plus joués (708 représentations pour 15 titres), le changement de cap est complet à partir de la création d'*Aline reine de Golconde* en 1803 qui trace une limite dans sa production au-delà de laquelle les accents pathétiques déployés dans *Les Rigueurs du cloître* (Favart, 1790), puis dans *Montano et Stéphanie* (Favart, 1799) et *Le Délire* (Favart, 1799), sont relégués au profit d'une musique appropriée aux comédies salonardes et qui se distingue peu du compromis franco-italien de ses confrères Nicolò et Boieldieu, mêlant les grâces de la romance à la vivacité des finals.

La production de Berton pour l'Opéra-Comique

1799	*Montano et Stéphanie* (3a)	93 représentations
1799	*Le Délire* (1a)	63
1802	*Le Concert interrompu* (1a)	69
1803	*Aline, reine de Golconde* (3a)	192
1806	*Les Maris garçons* (1a)	70
1808	*Ninon chez Madame de Sévigné* (1a)	57
1809	*Françoise de Foix* (3a)	56

La qualité des livrets qu'il met en musique stimule son sens aigu de la composition dramatique. Après la fresque pathétique inspirée par *La Religieuse* de Diderot, après l'expression néo-classique de la jalousie puisée dans le *Roland furieux* et après la stupéfiante peinture de la psychose maniaco-dépressive[2], on s'étonne de découvrir des scènes désopilantes dans *Le Concert interrompu* ou *Les Maris garçons*, où il met à profit les qualités d'instrumentistes des acteurs et contribue à la popularité du couple Martin-Elleviou en uniforme de hussard. Connu pour ses propos antirossinistes sous la Restauration et par les critiques de Berlioz à son endroit lors de son premier échec au Prix de Rome, Berton a été un admirateur des maîtres italiens de la fin du XVIIIe siècle (Sacchini, Paisiello, Cimarosa) ainsi que de Mozart dont le *Così fan tutte* est créé en 1809 au Théâtre de l'Impératrice que Berton dirige entre 1807 et 1810.

Nicolò et Boieldieu

Della Maria disparu prématurément (cf. 4.5), la place est libre pour un jeune musicien qui présenterait aux yeux du public les mêmes arguments d'attractivité. Nicolas Isouard, connu plutôt sous le pseudonyme de Nicolò, est un Maltais élevé à Paris jusqu'au début de la Révolution puis ramené dans la capitale par le général Vaubois à la fin de l'occupation de l'île. Mais pour le public qui lit la presse en découvrant ses premières productions en 1802, il vient d'Italie où il a reçu des conseils de plusieurs maîtres (Sala et Gulielmi). Après quelques coups d'essai consistant en des reprises d'œuvres maltaises (*Le Tonnelier* et *L'Impromptu de campagne* en 1801 tous deux), en une œuvre de circonstance en 1802 (*La Cantate de la Paix*) et une création malheureuse (*La Statue ou la Femme avare*) la même année, Nicolò perce avec *Michel-Ange*. Les 26 ouvrages représentés entre 1801 et 1814 – deux par an – totalisent 872 représentations, ce qui place leur auteur au 3e rang des compositeurs les plus joués, bien que 16 d'entre eux ne dépassent pas la 30e représentation.

Huit titres se dégagent de cet ensemble par l'ampleur de leur succès ou leur durée de vie au répertoire (*Joconde*), tandis que la production de Nicolò s'écroule en même temps que l'Empire :

1802	*Michel-Ange* (1a, Delrieu)	76 repr.
1803	*Les Confidences* (2a, Hoffmann)	55
	Le Médecin turc (1a, Villiers)	79
1805	*L'Intrigue aux fenêtres* (1a, Bouilly)	90
1807	*Les Rendez-vous bourgeois* (1a, Hoffmann)	86
1811	*Cendrillon* (3a, Étienne)	128
1812	*Lully et Quinault* (1a, Gaugiran-Nanteuil)	49
1814	*Joconde* (3a, Étienne)	12

Nicolò apparaît rétrospectivement comme l'auxiliaire précieux d'une poignée d'hommes de lettres habiles à pourvoir le comité de lecture en comédies légères dont l'argument tient parfois dans un mot d'esprit, destinées à offrir un divertissement aux Parisiens cultivés et aux officiers en permission. Dans *Les Confidences*, c'est le double sens du *pianissimo* ; dans *L'Intrigue aux fenêtres*, c'est l'installation d'un quatrième mur face au spectateur ; dans *Les Rendez-vous bourgeois* c'est le dicton du trio « Mais en amour comme à la guerre / Un peu de ruse est nécessaire », qui redonne des couleurs au traditionnel quiproquo et à l'imbécilité bourgeoise poussés jusqu'à l'excentricité... Si la critique de l'Empire a parfois décrié les « facilités » des livrets et la grossièreté des caractères, on peut y voir les prémices d'un comique qui fait éclater de rire et d'un style vocal parlé en chantant qui feront les beaux jours de l'opérette.

Avec 9 ouvrages représentés et 579 représentations, Boieldieu, né en 1775, arrive en sixième position, juste après Méhul. Professeur de piano au Conservatoire au début du siècle et mélodiste de génie, son poids statistique aurait été bien plus considérable s'il n'avait pas quitté Paris pour Saint-Pétersbourg entre 1804 et 1811 à la suite de son mariage malheureux avec la danseuse Clothilde Malfleurai (Mlle Clothilde). Excepté *Zoraïme et Zulnare* créé en 1798 (75 représentations), aucune création antérieure à la réunion des théâtres Feydeau et Favart ne vient influer sur la statistique, excepté l'extraordinaire succès du *Calife de Bagdad* (196) créé en 1800 et qui devient pour plus d'un siècle un pilier du répertoire. La partition combine trois facteurs de succès : la couleur locale (triangle, cymbale et grosse caisse et petite flûte), un naturel mélodique qui séduit immédiatement et sans explication, et une écriture des ensembles d'une transparence et d'une vivacité à couper le souffle. Le rôle de Késie, et en particulier l'air « De tous les pays pour vous plaire », a servi à tester des générations de débutantes. En 1803, *Ma tante Aurore* (140) remporte le même succès immédiat suivi d'une postérité plus brève. Puis plus aucune création jusqu'en 1811-1813 où quatre ouvrages installent Boieldieu dans le milieu parisien qui le nomme à l'Institut de France en 1817 et professeur de composition au Conservatoire en 1820 : *Rien de trop* (17), *Le Nouveau Seigneur du village* (40), *Jean de Paris* (59) et *La Jeune Femme colère* (45).

Notes de 4.1

1. B. Baczko, *Comment sortir de la Terreur. Thermidor et la Révolution*, Paris : Gallimard, 1989, p. 295 sq.
2. M. Sajous d'Oria, « Les tréteaux de la corruption », in Ph. Bourdin et G. Loubinoux, *La Scène bâtarde entre Lumières et romantisme*, Clermont-Ferrand : Presses universitaires Blaise-Pascal, 2004.
3. M.-J. Chénier, *Corps législatif. Conseil des Cinq-Cents. Motion d'ordre par Chénier sur les théâtres. Séance du 26 brumaire an VI* (16 nov. 1797), Paris : Impr. nationale, an VI, p. 2.
4. A. Pougin, *L'Opéra-Comique pendant la Révolution, de 1788 à 1801*, Paris : Albert Savine, 1891, p. 262-288.
5. A. Fabiano, *Histoire de l'opéra italien en France (1752-1815) [...]*, Paris : CNRS Éd., 2006, p. 150 sq.
6. *Ibid.*
7. J. Mongrédien, *La Musique en France des Lumières au romantisme (1789-1830)*, Paris : Flammarion, 1986, p. 115-126 ; *Le Théâtre-Italien de Paris 1801-1831 : Chronologie et documents*, Lyon : Symétrie, 2008.
8. D. Chaillou, *Napoléon et l'Opéra [...]*, Paris : Fayard, 2004 ; « L'opéra de Paris sous le Consulat et l'Empire », in Ph. Bourdin et G. Loubinoux éd., *Les Arts de la scène et la Révolution française*, Clermont-Ferrand : PUBP, 2004, p. 117-128.
9. O. Krakovitch, « La censure sous le Premier Empire, 1800-1815 », *Revue de l'Institut Napoléon*, 157-158, t. 1-2, 1992 ; J. Rigotard, *La Vie théâtrale sous le Consulat et l'Empire*, thèse de doctorat, université Paris VII, 2000.
10. O. Krakovitch, *Les Pièces de théâtre soumises à la censure (1800-1830), inventaire des manuscrits des pièces (F^{18} 581 à 668) et des procès-verbaux des censeurs (F^{21} 966 à 995)*, Paris : Archives nationales, 1982.
11. F. Dartois, « Les spectacles dansés pendant la Révolution et l'Empire », in *Les Arts de la scène et la Révolution française*, p. 439-483.
12. Ph. Bourdin, « Entre deux siècles, l'impossible bilan : la Révolution au crible de la satire littéraire », *Bulletin des Amis du Vieux Calais*, hors-série (actes du IVe colloque européen de Calais, *Terminée, la Révolution...*), mars 2002, p. 25-42.
13. J. Despaze, *Les Quatre satires ou la Fin du dix-huitième siècle*, Paris : impr. de Moller, an VIII-1799.
14. C. A. B. Pinière, *Le Siècle*, Paris : Desenne, Laran, Vente, an VIII.
15. J.-L. Jam, « Le clairon de l'avenir », in J.-R. Julien et J.-C. Klein, *Orphée phrygien. Les musiques de la Révolution*, Paris : Du May, 1989, p. 19-28.
16. D. Chaillou, *Napoléon et l'Opéra*, p. 321.

Notes de 4.2

1. M. Noiray, « Le nouveau visage de la musique française », in J.-C. Bonnet éd., *L'Empire des muses. Napoléon, les arts et les lettres*, Paris : Belin, 2004, p. 199-227, 419-421 ; J. Mongrédien, *Jean-François Le Sueur [...]*, Berne : P. Lang, 1980, p. 519-659 ; D. Chaillou, *Napoléon et l'Opéra*.
2. A. Gerhard, « L'Eroe titubante e il finale aperto. Un dilemma insolubile nel *Guillaume Tell* di Rossini », *Rivista italiana di musicologia*, 19, 1984, p. 113-130.

3. K. Pendle, *Eugène Scribe and French Grand Opera of the Nineteenth Century*, PhD, Ann Arbor : UMI, 1978. Voir aussi chap. 6.6.
4. Toutes les citations des didascalies suivent la partition parue à Paris chez Imbault en 1804.
5. Cordes basses / alto 2, basson 2, hpe 2 / alto 1, basson 1, hpe 1 / vl 2, clar. 2, hpe 2 /vl 2, clar. 1, hpe 1 /vl 1, htb 2, hpe 2 / vl 1, fl., htb 1, hpe 1.
6. *La Vestale*, tragédie lyrique en trois actes, Paris : Roullet, s.d., F-Pn, ThB 1427.
7. *Ibid.*, p. VII. Citation suivante, *ibid.*, p. VIII.
8. Toutes les didascalies d'après la partition, Paris : Erard, 1817.
9. H. R. Cohen et M.-O. Gigou, *Cent ans de mise en scène lyrique en France*, New York : Pendragon, 1986, p. 271.
10. *Fernand Cortez ou la Conquète du Mexique*, Paris : Roullet, 1810, F-Pn, ThB 2205 B, p. 5.
11. A. Gerhard, *Fernand Cortez und Le Siège de Corinthe. Spontini und die Anfänge der « Grand opéra »*, in *Atti del terzo Congresso Internazionale di studi spontiniani*, Maiolati Spontini : Jesi, 1985, p. 93-111 ; J. Joly, *Gli elementi spettacolari nel Fernand Cortez del 1809*, in *ibid.*, p. 69-91
12. *Olimpie*, Paris : Roullet, F-Pn, ThB 457, p. de titre. Ce livret est proche de la création, car il mentionne, comme interprète d'Olimpie, Augustine Albert, qui a quitté le rôle assez vite.
13. *Gazette de France*, 24 déc. 1819.
14. M. Brzoska, « "Sauver la victime par un miracle". Die Finaldramaturgie in Spontinis Tragédies lyriques und die Kategorie der "vérité historique" », in D. Altenburg *et alii* éd., *Spontini und die Oper im Zeitalter Napoleons*, Sinzig : Studio 2015, p. 45-58.
15. F. Schnapp, *E.T.A. Hoffmanns Textbearbeitung der Oper « Olimpia » von Spontini*, in *Jahrbuch des Wiener Goethe-Vereins*, 66, 1962, p. 136-137.
16. O. Bara, « *Olympie* de Spontini, entre tragédie lyrique et grand opéra », in F. Jacob éd., *Voltaire à l'opéra*, Paris : Classiques Garnier, 2011, p. 111-134.
17. M. Brzoska, « Le dénouement heureux – Finalkonzeptionen der französischen Oper von Spontinis *Olimpie* bis zu Rossinis *Guillaume Tell* », in Müller und A. Gier éd., *Rossini und das Libretto*, Leipzig : Leipziger Universitätsverlag, 2010, p. 9-19.

Notes de 4.3

1. M. Noiray, « *Die Schöpfung* à Paris en 1800 : "von Steibelt castrirt" ? », in D. Colas, F. Gétreau, M. Haine éd., *Musique, esthétique et société au XIXe siècle [...]*, Wavre : Mardaga, 2007, p. 137–60.
2. A. Andries, « Redemptive Spectacle : The Apotheosis of a Nation in *Adam* and *Abel* », in *Modernizing Spectacle : The Opéra in Napoleon's Paris (1799-1815)*, PhD, Yale University, 2018, p. 232-294.
3. J. Mongrédien, « Ossian, ou les bardes », in *Grove Music Online*, consulté le 21 déc. 2018 ; A. Andries, « Uniting Past and Present : *Ossian* as a French National Opera », in *Modernizing Spectacle*, p. 115-68.
4. M. E. C. Bartlet, « Uthal », in *Grove Music Online*, consulté le 21 déc. 2018.
5. A. Andries, « In Search of "opéra Classique" : *Le triomphe de Trajan* versus *La vestale* », in *Modernizing Spectacle*, p. 43–114.
6. D. Bell, *The First Total War : Napoleon's Europe and the Birth of Warfare as We Know It*, Boston : Mariner, 2007.

7. D. Charlton, « The Nineteenth Century : France », in R. Parker éd., *The Oxford Illustrated History of Opera*, Oxford : OUP, 1994, p. 122-68, 140.
8. Castil-Blaze, *L'Académie impériale de musique*, Paris : Castil-Blaze, 1855, vol. 2, p. 139.
9. D. Chaillou, *Napoléon et l'Opéra*.

Notes de 4.4

1. A. Pougin, *L'Opéra-Comique pendant la Révolution*, Paris : Albert Savine, 1891, p. 263-286.
2. Expression des sociétaires, in *Registres*, F-Po, Th OC 125.
3. N. Wild, *Dict.*, p. 143-146.
4. J. Mongrédien, *La Musique en France...*, p. 136.
5. Délibérations du Comité, *affaires administratives*, F-Po, Th OC 128.
6. Délibérations du comité, *Registres*, F-Po, Th OC 125.
7. Castil-Blaze, *Histoire de l'opéra-comique*, Lyon : Symétrie, 2012, p. 200.

Notes de 4.5

1. R. Legrand et P. Taïeb, « L'opéra-comique sous le Consulat et l'Empire », in P. Prévost éd., *Le Théâtre lyrique en France au XIXe siècle*, Metz : Éditions Serpenoise, 1995, p. 1-61.
2. Statistiques établis d'après les registres journaliers de l'Opéra-Comique.
3. Voir chronologie, in M. E. MacClellan, *Battling over the lyric muse : expressions of Revolution and Counterrevolution at the Theatre Feydeau, 1789-1801*, Ph. D., University of North Carolina at Chapel Hill, 1994, p. 390-735.
4. P. Taïeb, « *La Chasse du Jeune Henri* (Méhul, 1797). Une analyse historique », *Rdm*, 83/2, 1997, p. 205-246.
5. J.-N. Bouilly, *Les Deux Journées*, Paris : André, s. d., p. 40.
6. Castil-Blaze, *Histoire de l'opéra-comique*, Lyon : Symétrie, 2012, p. 201. P. Taïeb, « *Le Prisonnier ou la Ressemblance* d'Alexandre Duval et Dominique Della-Maria (1798), un thermidor pour l'opéra-comique », in Ch. Loriot éd., *Rire et sourire dans l'opéra-comique en France aux XVIIIe et XIXe siècles*, Lyon : Symétrie, 2015, p. 227-249.
7. M. Noiray, « Le nouveau visage de la musique française », in J.-C. Bonnet éd., *L'Empire des Muses. Napoléon, les arts et les lettres*, Paris : Belin, 2004, p. 199-227.
8. P. Taïeb, « Romance et mélomanie. Scènes d'opéra-comique sous la Révolution et l'Empire », in H. Schneider et N. Wild, *Die Opéra Comique und ihr Einfluss auf das europäische Musiktheater im 19. Jahrhundert*, Hildesheim : G. Olms, 1997, p. 93-119.
9. Castil-Blaze, *Histoire de l'Opéra-Comique*, p. 219.
10. M. Vignal, *Joseph Haydn*, Paris : Fayard, 1988, p. 701.

Notes de 4.6

1. J. Mongrédien, « Les *Mémoires ou essais sur la musique* : un compositeur à l'écoute de lui-même », in Ph. Vendrix, *Grétry et l'Europe de l'opéra-comique*, Liège : Mardaga, 1992, p. 15-27.
2. P. Taïeb, « De la composition du *Délire* (1799) au pamphlet anti-dilettantes (1821). Une étude des conceptions esthétiques de H.-M. Berton », *Rdm*, 78, 1992, p. 67-107.

Jean-Baptiste Chollet (1798-1892)

Fils d'un coryphée de l'Opéra, Chollet y fit ses armes au sein du pupitre des 2e ténors (d'avril 1818 à avril 1821) et se vit même confier les grandes utilités en partage ; puis il aborda en province des rôles créés par Martin, comme Rodolphe dans *Le Petit Chaperon rouge* (OC, 1818) pour ses débuts au Havre en 1823. Privé de graves par la nature de sa voix, il prit l'habitude d'octavier les notes problématiques. Les phrases typiquement belcantistes lui résistaient aussi : les partitions conçues pour lui sont plutôt écrites en style syllabique, avec de grands intervalles mettant en valeur son mécanisme léger claironnant. Du fringant Henri dans *Marie* (OC, 1826) au rôle-titre du *Postillon de Longjumeau* (OC, 1836), beaucoup de ses premières créations restèrent emblématiques de l'emploi de 1er ténor d'opéra-comique jusqu'à la fin du siècle. Il parut encore dans 16 créations à l'Opéra-Comique de 1837 à 1847 mais sans leur conférer une telle postérité, peut-être parce que son jeu ne répondait plus aux attentes nouvelles en termes d'incarnation. À en croire son collègue Gustave Roger, Chollet n'éprouvait pas les émotions qu'il avait à transmettre. Appelé à diriger le théâtre royal français de La Haye en 1849, le chanteur reprit le chemin des planches pour deux reprises d'ouvrages d'Adam et la création de son *Roi des Halles* (TL, 1852), dans lequel il fit encore entendre le contre-*ré*. Son public retrouvait avec émotion « ce goût de convention, ce sarcasme dans le débit, cette adroite vocalisation, ces appogiatures bouffes, et quasi dérisoires » (*Mén.*, 7 nov. 1852) ; mais ces ficelles du métier, on en voyait la corde. Plutôt que de continuer à camoufler ses faiblesses, Chollet se retira à Nemours et ne fit plus parler de lui qu'au passé, à travers les inévitables souvenirs et comparaisons que l'actualité théâtrale inspira. Il transmit la tradition de ses grands rôles à son gendre Montaubry. Ayant joué avec succès d'anciens rôles du baryton Martin, tel Jeannot de *Jeannot et Colin* (OC, 1814) repris en mai 1842, leurs noms furent usités conjointement pour désigner un type de personnage. Ainsi, Gevaert indique dans le chant-piano du *Château-Trompette* (OC, 1850) que le rôle de Champagne, créé par Sainte-Foy, « doit être confié en province à l'artiste qui tient l'emploi de Baryton Chollet » ; écrite pour un ténor grave, la partition semble prévoir qu'on puisse partout escamoter le *sol*.

Pierre Girod

Alexandre Lacauchie, « Jean-Baptiste Chollet dans *Le Postillon de Longjumeau* d'Adam », lithographie, Paris : Marchant, 1836, F-Pn, Est. Chollet 004.

Chapitre 5
Les mutations étrangères du goût français

5.1 TRADUIRE ET ADAPTER :
L'OPÉRA ÉTRANGER EN LANGUE FRANÇAISE
Corinne Schneider et Céline Frigau Manning

Au cours de la première moitié du XIXe siècle, la langue française est obligatoire sur toutes les scènes lyriques parisiennes, sauf au Théâtre-Italien (cf. 5.4). Il importe donc de distinguer deux cas de traduction : celle destinée à accompagner une représentation donnée *en italien* au Théâtre-Italien ; celle correspondant à une nouvelle version d'un ouvrage étranger donné *en français*.

Publication et traduction des livrets du Théâtre-italien
(C. Frigau Manning)

Dans les grandes institutions lyriques européennes, le triomphe de l'opéra italien dynamise la traduction et la publication des livrets des œuvres chantées dans la langue originale. Si ces traductions à lire attirent moins l'attention des chercheurs que les traductions à chanter, elles attestent pourtant, en France, une activité pérenne qui repose surtout sur le dynamisme du Théâtre-Italien. Tout au long de son existence, cette prestigieuse institution lyrique dévolue au répertoire italien soutient la publication dans un format bilingue des livrets des œuvres qu'elle produit[1]. Ces livrets sont vendus au théâtre, chez l'éditeur ou en librairie. Ils s'inscrivent dans une pratique déjà observée à Paris lors des représentations d'opéras italiens données au Théâtre de Monsieur (1789-1792). Leur format économique et leur prix oscillant entre 1,50 et 2 F[2] paraissent les vouer à une fonction utilitaire : accompagner le spectateur non italophone au théâtre pour qu'il puisse suivre la pièce, voire l'y préparer en amont. Derrière cet objectif se posent des problèmes spécifiques liés au contexte de production du livret.

Pour le spectateur de l'époque et les tenants d'un Opéra italien en France, disposer de traductions est essentiel. Il ne s'agit pas seulement de répondre aux besoins linguistiques d'un public en majorité non italophone, car celui-ci veut afficher sa distinction non pas tant par sa maîtrise de l'italien que par une connaissance élémentaire érigée au rang de marqueur socio-culturel, visant d'abord à nourrir les échanges mondains. La publication du livret italien s'inscrit dans ce cadre, et sa traduction, que le comte napolitain Alessandro D'Azzia souhaite littérale, ne vise pas à être fidèle à l'égard d'un texte-source reconnu pour ses qualités ; au contraire, c'est bien parce que les livrets italiens se caractérisent, d'après le topos de l'époque, par « l'invraisemblance de l'intrigue » et « la trivialité du style », qu'il faut les traduire de près pour ne pas distraire de la musique l'attention d'« une nation délicate et connaisseuse dans l'art dramatique »[3]. La traduction, réalisée en prose à de rares exceptions près – *Ernani/Il Proscritto* (Venise, 1844) de Verdi, donné en 1846 –, est souvent dégagée d'un lexique jugé trop précieux et d'inversions syntaxiques répondant en italien aux besoins de la rime. Elle permet au public d'alimenter le débat vif, amplement traité par les historiens de l'opéra, opposant un modèle dramaturgique français à un contre-modèle italien qui serait voué à la seule jouissance de l'ouïe. Loin d'engendrer un désintérêt à l'égard du livret italien, cette polémique – souvent ravivée lors de la création d'un opéra italien inspiré d'une source française – engage les spectateurs à se doter d'outils d'analyse au rang desquels figurent aussi les résumés d'intrigues fournis par la presse, ainsi que les brefs « Arguments » vendus au théâtre, présentant l'action scène par scène ainsi que la liste des personnages. Ces deux instruments complémentaires pallient les délais de publication du livret bilingue, rarement prêt pour la première. Si celui-ci ne prépare pas son lecteur au spectacle, lui permet-il de mieux suivre la représentation ? Un effort de mise en page est fourni pour cela, la disposition typographique rendant visible la découpe des numéros musicaux. Mais comme l'illustrateur Émile Planat le souligne avec humour en 1855, « Suivez le texte italien de l'œil droit, la traduction de l'œil gauche, et regardez la scène de l'œil qui vous reste ».

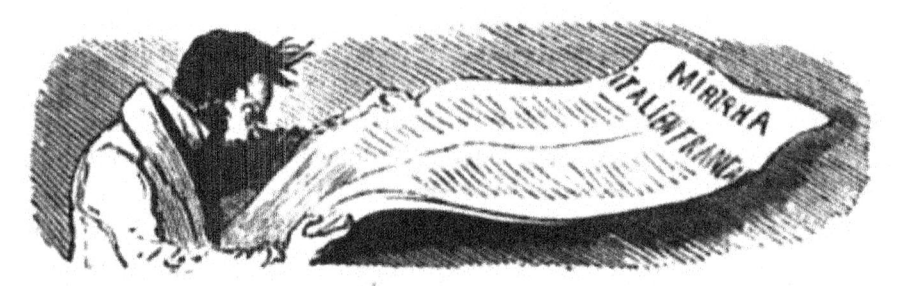

Le Livret. — Suivez le texte italien de l'œil droit, la traduction de l'œil gauche, et regardez la scène de l'œil qui vous reste.

É. Planat, dit Marcelin, « Revue des théâtres », *L'Illustration*, 11 août 1855, p. 108.

Cependant, il serait réducteur d'affirmer que l'édition bilingue remplit la fonction du sur-titrage moderne. D'une part, le livret atteste les manipulations parfois importantes opérées sur les œuvres, surtout quand elles n'ont pas été conçues pour le Théâtre-Italien : les récitatifs en font plus spécifiquement les frais, mais les livrets portent également la trace des pièces alternatives insérées dans les œuvres, et qui peuvent être le fait des compositeurs eux-mêmes. Le livret reste souvent aujourd'hui encore, quand les partitions sont perdues, seul témoin de ces modifications. D'autre part, la mission officielle du librettiste attaché au théâtre est établie en ce sens. En vertu d'un arrêté de 1818, sa première fonction n'est pas d'écrire des livrets mais de pratiquer dans ceux existants les coupures, additions ou changements requis par la direction ; il est aussi tenu d'assister aux répétitions et de donner aux chanteurs des indications de jeu. Une plus grande marge de manœuvre lui est à ce moment-là consentie en matière d'édition, puisqu'il peut « faire imprimer à ses frais et vendre à son profit tous les poèmes des ouvrages au fur et à mesure des représentations[4] », un droit qui ne vaut certes pas tout au long de la période.

La traduction et la publication du livret italien en France au XIXe siècle tiennent donc largement à la présence et au soutien actif du Théâtre-Italien, et soulèvent un ensemble de questions cruciales, étroitement liées au contexte de production et de réception, touchant à la manipulation textuelle et musicale des œuvres, au rôle du librettiste du théâtre ou encore aux pratiques des spectateurs.

Le répertoire étranger à Paris (C. Schneider)

Pour pouvoir présenter des opéras étrangers sur la scène française en dehors du Théâtre-Italien, il a été nécessaire de traduire leurs livrets et d'adapter les nouveaux vers à la musique préexistante – opération qui nécessite plusieurs compétences et repose le plus souvent sur la réunion de deux ou trois personnes (traducteur, librettiste, musicien). En effet, de 1807 à 1864, le spectacle lyrique parisien est soumis à une législation qui contrôle les répertoires des trois principales scènes lyriques (cf. 1.2). La place des œuvres étrangères présentées en traduction à l'Opéra et à l'Opéra-Comique est extrêmement limitée par leur cahier des charges (cf. 1.4). Le tableau de la page suivante récapitule l'ensemble de ce répertoire à l'Opéra pour la première moitié du XIXe siècle (nous précisons les noms des traducteurs des livrets / les arrangeurs de la partition).

W. A. Mozart, *Les Mystères d'Isis* (20 août 1801), 4a (E. Morel de Chédeville/L. W. Lachnitz). [*Die Zauberflöte* (Vienne, 30 sept 1791), livret all. en 2a d'E. Schikaneder]

W. A. Mozart, *Don Juan* (17 sept. 1805), 3a (H.-J. Thüring de Ryss et D. Baillot/ Ch. Kalkbrenner). [*Don Giovanni* (Prague, 29 oct. 1787), livret ital. en 2a de L. da Ponte]

G. Rossini, *Moïse et Pharaon* [...] (26 mars 1827), 4a (G. L. Balocchi et V.-J. E. de Jouy/G. Rossini). [*Mosè in Egitto* (Naples, 5 mars 1818), livret ital. en 3a d'A. L. Tottola]

C. M. von Weber, *Euriante* (6 avr. 1831), livret en 3a de Castil-Blaze, arrang. Castil-Blaze. [*Euryanthe* (Vienne, 25 oct. 1823), livret all. en 3a de H. von Chézy]
W. A. Mozart, *Don Juan* (10 mars 1834), 5a (E. Deschamps et H. B. de Bury (fils de Castil-Blaze)/Castil-Blaze)
C. M. von Weber, *Le Freischütz* (7 juin 1841), 3a (E. Pacini et H. Berlioz/H. Berlioz). [*Der Freischütz* (Berlin, 18 juin 1821), livret all. en 3a de J. F. Kind]
G. Rossini, *Othello* (2 sept. 1844), 3a (A. Royer et G. Vaëz / G. Rossini). [*Otello* (Naples, 4 déc. 1816), livret ital. en 3a de F. Maria Berio di Salsa]
G. Donizetti, *Lucie de Lammermoor* (20 fév. 1846 ; reprise de la version du Théâtre de la Renaissance, 1839), 3a (A. Royer et G. Vaëz/G. Donizetti). [*Lucia di Lammermoor* (Naples, 26 sept. 1835), livret ital. en 3a de S. Cammarano]
G. Verdi, *Jérusalem* (26 nov. 1847), 4a (A. Royer et G. Vaëz/G. Verdi). [*Lombardi alla prima crociata (I Lombardi)* (Milan, 26 déc. 1843), livret ital. en 4a de T. Solera]

Les ouvrages de Mozart sont les premiers à intégrer l'affiche de l'Opéra dans des adaptations présentant de nombreuses transformations des livrets comme de la musique, l'exemple le plus connu restant celui des *Mystères d'Isis*. C'est également le cas d'*Euryanthe* et du *Freischütz*, représentés après la mort de Weber. Dans le cas des productions sur cette scène des ouvrages de Rossini, Donizetti et Verdi, les modifications apportées à l'occasion de l'établissement des versions françaises sont réalisées en accord avec les trois compositeurs vivants – ça ne sera pas toujours le cas par la suite (cf. 6.3, 9.3).

L'exécution d'ouvrages étrangers à l'Opéra-Comique reste exceptionnelle (la production la plus significative étant la reprise de *Robin des bois* en 1835 dans l'attente de la production du *Cheval de bronze* retardée par une indisposition d'Auber) :

G. Paisiello, *Le Marquis Tulipano ou le Mariage inattendu* (13 oct. 1806 ; reprise de la version du Théâtre de Monsieur, 1789), 2a (J.-A. Gourbillon). [*Il Marchese Tulipano ossia Il Matrimonio Inaspettato* (Saint-Pétersbourg, 1er nov. 1779), livret ital. en 2a de P. Chiari]
J. Weigl, *La Vallée suisse* (31 oct. 1812 ; repris à l'Odéon en 1827 sous le titre *Emmeline ou la Famille suisse*), 3a (Ch.-A.-B. Sewrin et R. Alissan de Chazet). [*Der Schweizer Familie* (Vienne, 14 mars 1809), livret all. en 3a d'I. F. Castelli]
C. M. von Weber, *Robin des bois* (15 janv. 1835 ; reprise de la version de l'Odéon, 1824), 3a (Th. Sauvage/Castil-Blaze)

Deux théâtres secondaires reçoivent également pendant quelques années l'autorisation de produire des spectacles lyriques avec la latitude de représenter des opéras étrangers traduits, afin de ne pas avoir à empiéter sur les répertoires français des scènes principales. De 1823 à 1828, le Théâtre de l'Odéon[5] présente ainsi plus d'une quinzaine d'ouvrages italiens et allemands dont les versions françaises sont établies par diverses mains, notamment celles de Thomas Sauvage, et dont les arrangements musicaux sont le plus souvent réglés par le chef d'orchestre Pierre Crémont :

G. Rossini, *Le Barbier de Séville ou la Précaution inutile* (6 mai 1824), 4a (Castil-Blaze), arrang. Castil-Blaze. [*Il Barbiere di Siviglia* (Rome, 20 fév. 1816), livret ital. en 2a de C. Sterbini]
G. Rossini, *La Pie voleuse* (2 août 1824), 3a (Castil-Blaze), arrang. Castil-Blaze. [*La Gazza Ladra* (Milan, 31 mai 1817), livret ital. en 2a de G. Gherardini]
P. von Winter, *Le Sacrifice interrompu* (21 oct. 1824), 3a (J.-H. de Saur et L. de Saint-Geniez), musique arrangée par A.-G. Vogt et P. Crémont. [*Das unterbrochene Opferfest* (Milan, 31 mai 1817), livret all. en 2a de F. X. Huber]
C. M. von Weber, *Robin des bois* (7 déc. 1824), 3a (Castil-Blaze et Th. Sauvage), arrang. Castil-Blaze. [*Der Freischütz* (Berlin, 18 juin 1821), livret all. en 3a de J. F. Kind]
G. Rossini, *Othello ou le More de Venise* (25 juil. 1825), 3a (Castil-Blaze), arrang. Castil-Blaze. [*Otello* (Naples, 4 déc. 1816), livret ital. en 3a de F. M. Berio di Salsa]
D. Cimarosa, *La Comédie à la campagne* (création le 16 août 1825), 2a (F.-A. Duvert), arrang. P. Crémont. [*L'impresario in angustie* (Naples, 7 fév. 1786), livret ital. en un acte de G. M. Diodati]
G. Rossini, *La Dame du lac* (31 oct. 1825), 4a (J.-B. Violet d'Épagny, E.-F.-A.-M. Miel, Th. Sauvage et A. Rousseau), arrang. J.-F. A. Lemierre de Corvey. [*La donna del lago* (Naples, 24 sept. 1819), livret ital. en 2a d'A. L. Tottola]
C. M. von Weber, *Preciosa* (17 nov. 1824), 3a (Th. Sauvage), arrang. P. Crémont. [*Preciosa* (Berlin, 14 mars 1821), musique de scène (ouverture et onze numéros) pour la pièce allemande de P. A. Wolff]
A. Gyrowetz, *Le Jeune Aveugle* (2 mars 1826), 3a (A. Chalas et M. Defresne [E.-F. Garay de Monglave]), arrang. T.-R. Poisson. [*Der Augenarzt* (Vienne, 11 oct. 1811), livret all. en 2a de J. E. Veith]
G. Meyerbeer, *Marguerite d'Anjou* (11 mars 1826), 3a (Th. Sauvage), arrang. P. Crémont. [*Margherita d'Anjou* (Milan, 14 nov. 1820), livret ital. en 2a de F. Romani]
W. A. Mozart, *Les Noces de Figaro* (22 juil. 1826), 4a (Castil-Blaze), arrang. Castil-Blaze. [*Le Nozze di Figaro* (Vienne, 1er mai 1786), livret ital. en 4a de L. da Ponte]
J. Weigl, *Emmeline ou la Famille suisse* (2 fév. 1827 ; reprise de la version de l'Opéra-Comique, sous le titre de *La Vallée suisse*, 1812), 3a (Ch.-A.-Bassompierre Sewrin et R. Alissan de Chazet), arrang. P. Crémont. [*Die Schweizer Familie* (Vienne, 14 mars 1809), livret all. en 3a d'I. F. Castelli]
C. Kreutzer, *La Folle de Glaris* (21 avr. 1827), 2a (Th. Sauvage), arrang. H. Payer. [*Adele von Budoy* (Vienne, 15 fév. 1823), livret all. en un acte de P. A. Wolff]
M. Carafa, *Les Deux Figaro ou le Sujet de comédie* (22 août 1827), 3a (V. Tirpenne), arrang. A. Leborne. [*I due Figaro, ossia Il soggetto di una commedia* (Milan, 6 juin 1820), livret ital. en 2a de F. Romani]
G. Rossini, *Tancrède* (7 sept. 1827), 3a (É. d'Anglemont et J.-P.-F. Lesguillon), arrang. Lemierre de Corvey. [*Tancredi* (Venise, 6 fév. 1813), livret ital. en 2a de G. Rossi]
W. A. Mozart, *Don Juan* (24 déc. 1827), 4a (Castil-Blaze), arrang. Castil-Blaze. [*Don Giovanni* (Prague, 29 oct. 1787), livret ital. en 2a de L. da Ponte]

L'association avec Castil-Blaze est des plus intéressantes pour l'entrepreneur de cet établissement car le compositeur provençal a constitué et édité depuis plusieurs années déjà un répertoire d'opéras italiens, arrangés ou parodiés en langue française, qui ont remporté un vif succès en province[6]. Castil-Blaze aurait été invité en 1821 par le marquis de Lauriston, alors ministre de la Maison du Roi ayant notamment dans ses attributions les musées et les théâtres royaux, à faire représenter ses opéras traduits à Paris[7]. Après quelques essais au Gymnase, c'est à l'Odéon qu'il présente au public de la capitale le répertoire rossinien et mozartien.

En plus des drames, des comédies et des vaudevilles inscrits à son cahier des charges, le Théâtre de la Renaissance (salle Ventadour)[8] est également autorisé à donner de 1838 à 1840 des « opéras de genre », une catégorie qui permet au directeur Anténor Joly de présenter des opéras traduits. Si *Lucie de Lammermoor* est joué en français en août 1839 (livret en 2 actes d'Alphonse Royer et Gustave Vaëz, musique arrangée par Donizetti), deux autres projets ne verront jamais le jour à cause de la fermeture de l'établissement : *La Défense d'amour* de Wagner et *Une aventure de Scaramouche* de Luigi Ricci[9].

L'objectif de la traduction et l'apport de Castil-Blaze (C. Schneider)

Si la traduction est pratiquée sur les scènes de la première moitié du siècle, elle ne fait l'objet d'aucune réflexion spécifique de la part de la critique musicale et littéraire ou des traducteurs eux-mêmes : les opéras italiens et allemands sont traduits dans le souci premier de « mettre à la portée » du public français un répertoire chanté dans une langue qui pouvait lui être non immédiatement compréhensible, tout en s'intégrant au paradigme de l'opéra *français* auquel seul échappe le Théâtre-Italien. S'en tenant à la fonction première de « rendre accessible », la critique de l'époque offre à l'opéra traduit une réception globalement sous-développée sur le plan de sa théorisation. La terminologie relative à cette pratique reste d'ailleurs des plus flottantes : on parle indistinctement de « parodie », d'« imitation », d'« arrangement », de « paraphrase », de « traduction », voire même de « reproduction », de « transposition » ou de « transplantation ». La traduction des livrets d'opéras, envisagée comme un savoir-faire, reste d'abord une pratique. Le *traduire* ne sera en fait réellement pensé qu'à partir de la deuxième moitié du siècle, notamment avec les questions soulevées par la traduction du drame lyrique wagnérien (cf. 9.5). Dans ce contexte, Castil-Blaze fait indéniablement figure d'exception. Parallèlement à son activité journalistique pionnière, qui ouvre à partir de décembre 1820 dans le *Journal des débats* la voie à une critique musicale vraiment spécialisée (cf. 18.3), et en même temps que ses travaux d'adaptation d'opéras italiens et allemands, il est l'auteur de plusieurs ouvrages dans lesquels il aborde un certain nombre de points à la fois pratiques et théoriques relatifs à l'opéra traduit[10].

Parmi les librettistes-adaptateurs de cette période, Castil-Blaze est le seul à avoir mené une réflexion sur la question de la traduction, avec une volonté de clarification des pratiques liées à la transposition d'un opéra dans une autre langue, en effectuant une distinction très nette entre traduction et parodie : « *Traduire* un opéra, c'est faire passer d'une langue dans une autre le drame sur lequel on a composé la musique [...]. *Parodier*, c'est ajuster au chant de nouvelles paroles dont le sens n'a souvent pas le moindre rapport avec celles qu'il avait d'abord ; il suffit que le parodiste se conforme au caractère des morceaux de musique, et s'applique surtout à calquer son dessin sur celui du musicien, pour qu'il y ait une parfaite concordance dans les images. [...] Il faut pour cela, connaître assez le mécanisme de la phrase musicale, pour l'analyser à l'instant et choisir le mètre lyrique, les césures et les cadences qui lui conviennent[11]. » Castil-Blaze insiste également sur la formation musicale du traducteur : « La science musicale est d'une nécessité absolue » pour qui veut entreprendre la traduction d'un opéra, « le plus beau talent littéraire sera toujours insuffisant »[12] à celui qui n'a aucune compétence. À la différence de la plupart des autres librettistes qui signent les versions françaises des opéras étrangers, Castil-Blaze est musicien : il étudie tout d'abord l'art musical auprès de son père Henri Sébastien Blaze, notaire à Cavaillon, organiste, musicien amateur éclairé, familier des cercles musicaux parisiens ; installé à Paris à partir de 1799 afin de poursuivre des études de droit, il perfectionne alors ses connaissances en solfège, en harmonie et en composition en suivant notamment les cours de Perne et Catel au Conservatoire. Castil-Blaze paraphrase le sens des vers originaux en ayant recours à la parodie telle qu'il la définit lui-même. La recherche d'une traduction qui tendrait à la littéralité du texte original est totalement exclue de sa conception : « Une version littérale serait bien souvent ridicule. Le texte présente des manières de parler particulières à une langue, des idées basses ou surannées ; il faut alors avoir recours à la parodie, et composer, dans le sens de la musique, de nouvelles paroles qui ne blessent pas les convenances[13]. » Ses translations aboutissent ainsi à la construction de nouveaux vers dont la coupe, le rythme, les rimes et la prosodie sont toujours soignés. Il recommande d'ailleurs de « traduire en bons vers tant qu'il est possible [...] ; on ne doit pas écrire un opéra comme on fait la gazette[14] ». Le vers français reste au centre de ses préoccupations et la versification autant que la prosodie nouvelles doivent être impeccablement réalisées, quitte à bousculer et à modifier le texte musical original afin qu'il puisse concorder avec elles ; le monnayage rythmique, destiné à caser le nombre nouveau de syllabes voulues par le vers français, constitue l'un de ses procédés les plus employés. Les adaptations de Castil-Blaze révèlent cette soumission des mélodies étrangères à l'idiome du vers français[15].

L'esthétique des « belles infidèles » (C. Schneider)

Par ailleurs, les librettistes opèrent le plus souvent une refonte partielle ou totale du livret original : changement du lieu et de l'époque de l'intrigue entraînant de nouveaux noms de personnages, modification de l'architecture générale, réorganisation des enchaînements entre les différentes scènes, suppression ou échange de certains morceaux musicaux, coupes dans les dialogues parlés ou les récitatifs... Perpétuant l'idée d'une suprématie du modèle français Castil-Blaze entend conférer aux compositions étrangères qu'il adapte « tout le mérite littéraire de nos bons opéras[16] » : toute adaptation d'un opéra étranger pour la scène française se doit « d'améliorer » l'original. Un traducteur peut donc se montrer « plus favorable au musicien que le poète créateur[17] ». Jusque dans ses écrits les plus tardifs, la réflexion critique et théorique de Castil-Blaze se trouve ainsi toujours fortement empreinte de l'esthétique des « belles infidèles », qui lui impose le respect du « bon goût » avant celui de l'original[18]. L'idéal de fidélité étant un leurre, l'œuvre se doit d'aller à la rencontre du public et non le contraire ! Il s'agit également d'un acte de « médiation » : l'écart esthétique entre France et Allemagne est tel que pour éviter un rejet de l'art de cette dernière par les Français et les amener à l'apprécier, il est nécessaire d'opérer une sorte d'acclimatation culturelle.

Controverses et débats (C. Schneider)

Toute traduction passe donc inévitablement par ce que la critique de l'époque nomme une « naturalisation ». Tout en traitant l'auteur de *Robin des bois* de « musicien-vétérinaire » et en dénonçant haut et fort les mutilations opérées dans le livret et la partition du *Freischütz*, Berlioz[19] se trouve finalement dans une situation équivalente lorsqu'il réalise avec Émilien Pacini pour l'Opéra en 1841 sa propre version de l'œuvre en métamorphosant le *Singspiel* allemand en un grand opéra français (introduction d'un ballet, suppression des dialogues parlés nécessitant l'ajout de récitatifs). Vers le milieu du siècle, ces pratiques commencent toutefois à être malmenées et contredites par une fraction de la critique musicale et littéraire parisienne ; c'est dans ce milieu que naît le débat sur l'opéra traduit et non au sein du cercle des librettistes et des directeurs des scènes lyriques. À force d'attaques et d'arguments, la critique fut incitatrice et influença peu à peu l'activité et les pratiques des adaptateurs autant que les orientations des directeurs.

Au début des années 1840, Édouard Monnais est le premier à livrer un procès sans appel contre l'opéra traduit[20]. Le seul attrait qu'il reconnaisse à cette pratique est sa capacité à « populariser les chefs-d'œuvre », en insistant bien sur le fait qu'elle « ne saurait jamais être qu'une besogne d'industriel, et non une œuvre d'artiste ». Détaillant en les jugeant inadmissibles les transformations habituelles que les adaptateurs font subir aux œuvres étrangères, il conclut que l'opéra ne se traduit pas : « Traduire c'est travestir. [...] La musique composée suivant le génie d'une langue ne s'adapte pas à une autre[21]. » Quelques années plus tard, un autre critique écrit suite à la création de *Jérusalem* de Verdi : « Nous pensons toujours que s'il est une besogne non seulement ingrate, mais impossible au point de vue de l'art, c'est d'écrire un bon *libretto* français sur une musique déjà composée » (*RGMP*, 28 nov. 1847). Même Maurice Bourges, pourtant auteur d'un grand nombre de traductions lyriques très appréciées à l'époque, soutient l'idée qu'il est toujours préférable d'entendre un opéra dans sa langue originale[22]. Edmond Viel tiendra le même discours après les premières représentations du *Trouvère* à l'Opéra : « *Traduttore traditore*, dit un vieux proverbe, et franchement le proverbe a assez raison » (*Mén.*, 18 janv. 1857).

Les débats autour de la traduction rejoignent indirectement l'attitude naissante qui consiste à considérer les productions des artistes créateurs comme autant de chefs-d'œuvre intouchables. Par les polémiques qu'il a engendrées auprès de la critique française sur la question de la fidélité, l'opéra traduit est un objet d'étude intéressant pour comprendre la manière dont les notions d'auteur, de chef-d'œuvre et d'authenticité se sont construites et délimitées au XIXe siècle[23].

5.2 LE RÉPERTOIRE GERMANIQUE
DANS LES PREMIÈRES DÉCENNIES DU SIÈCLE

Corinne Schneider

Au début du XIXe siècle, l'introduction d'ouvrages lyriques allemands s'opère sur les scènes parisiennes selon deux modalités : avec l'installation de troupes allemandes dans la capitale et par le biais d'adaptations en langue française. Ce sont surtout les succès viennois qui circulent jusqu'à Paris, les opéras de Mozart étant les premiers à retenir l'attention des Français avant d'être évincés au milieu des années 1820 par *Le Freischütz* de Weber reconnu par la critique parisienne comme le premier opéra romantique de l'école allemande. Sur la vingtaine d'ouvrages allemands représentés dans la capitale pendant la première moitié du siècle (cf. 5.1), seulement deux ont intégré le répertoire des grandes scènes parisiennes et obtenu un intérêt durable auprès du public : *Die Zauberflöte* à l'Opéra (*Les Mystères d'Isis*) et *Der Freischütz* au Théâtre de l'Odéon (*Robin des bois*), puis à l'Opéra. D'abord tournés vers l'Italie, les Français ignorent presque tout du répertoire et de l'art lyrique allemands[1]. C'est en partie en suivant l'enthousiasme réservé par Londres au répertoire germanique que Paris découvre peu à peu les opéras en même temps que les interprètes les plus populaires d'outre-Rhin. Les Parisiens ont néanmoins fait preuve de curiosité et ont su s'enthousiasmer, voire s'enflammer, pour des ouvrages qui offraient une alternative à l'esthétique italienne.

La synthèse mozartienne

C'est moins de deux ans après la mort de Mozart que l'un de ses opéras est représenté pour la première fois à Paris : *Les Noces de Figaro* (*Le nozze di Figaro*, Vienne, 1786) dont le livret de Lorenzo da Ponte adapté à la langue française par Notaris pour les vers chantés est augmenté de la quasi-totalité du texte parlé de la pièce originale de Beaumarchais à la place des récitatifs chantés (O, 1793). Le mélange de texte parlé et chanté sur la scène de l'Opéra est mal reçu et la longueur du spectacle augmenté à cinq actes porte préjudice à la réception de la musique de Mozart dans laquelle on opère bien vite d'abondantes coupures tandis que la pièce de Beaumarchais est épargnée. Dans la presse, Mozart (orthographié Mozzare ou encore Mozard) est d'abord présenté comme un virtuose du clavier et un compositeur de symphonies. De ce premier contact avec l'un de ses opéras, la critique relève avant tout la qualité des ensembles vocaux et des finals (surtout celui de l'acte II)[2].

Le premier ouvrage qui apporta une gloire *post mortem* à Mozart dans le domaine lyrique à Paris fut *Die Zauberflöte*, dans l'adaptation française en quatre actes réalisée par Étienne Morel de Chédeville : *Les Mystères d'Isis* (O, 1801). La scène est transposée en Égypte, près de Memphis : les décors laissent apparaître les pyramides, le Nil, une rangée de sphinx et le temple d'Isis, gardé par le grand prêtre Zarastro ; Tamino devient Ismenor, prince égyptien tandis que l'oiseleur Papageno est transformé en pâtre Bochoris. La musique est elle aussi arrangée, par Ludwig Wenzel Lachnitz, et plusieurs pages instrumentales d'autres compositeurs (notamment de Joseph Haydn et Ignace Pleyel) sont interpolées dans le spectacle qui fait la part belle aux ballets. Si le livret est fortement critiqué et la pièce jugée extravagante, le spectacle remporte l'enthousiasme général et le public applaudit la musique de Mozart. Les critiques se montrent d'abord surpris par la cohabitation de styles musicaux différents au sein de la partition, depuis les chansons strophiques et légères d'un Papageno/Bochoris jusqu'aux grands airs sérieux à vocalises de la Reine de la Nuit/Myrrhène, un mélange des genres sur la scène de l'Opéra qui soulève même une polémique. Pour atténuer ces différences de registres, Notaris avait affublé les airs légers et comiques de paroles sérieuses, provoquant de fâcheux contresens dramaturgiques. L'Ouverture ainsi que l'écriture orchestrale en général sont très appréciées, autant que l'écriture vocale des airs et des morceaux d'ensemble. Tous s'accordent sur l'idée que la partition de Mozart combine le savoir-faire des musiciens allemands en matière d'orchestre et les qualités des musiciens italiens pour les parties vocales.

À la suite du succès public remporté par *Les Mystères d'Isis*, Paris accueille pendant l'hiver 1801 une troupe lyrique allemande destinée à représenter des opéras de Mozart ainsi que des *Singspiele* viennois contemporains (cf. 5.3). Afin de ne pas rivaliser avec les représentations de l'Opéra, *Die Zauberflöte* est supplanté par *Die Entführung aus dem Serail*.

Le deuxième ouvrage de Mozart à accéder au répertoire de l'Opéra est *Don Giovanni*, dans une adaptation française en trois actes de Henri-Joseph Thüring de Ryss et Denis Baillot, musique arrangée par Christian Kalkbrenner. L'œuvre est bien accueillie et alterne à l'affiche avec *Les Mystères d'Isis* jusqu'en 1806. Avec cet opéra, le public relève pour la première fois la grandeur de Mozart dans le genre sérieux ; on lit dans la presse que sa musique, qualifiée de profonde et de complexe, nécessite plusieurs écoutes pour être pleinement appréciée. Pour Geoffroy, « il y a trop de musique dans *Don Juan* » ; « les auditeurs se trouvent pour ainsi dire *écrasés* sous le poids de l'harmonie » ; « il faut surtout accuser une énorme masse d'accompagnement qui écrase le chant » (*Journal de l'Empire*, 19-20 sept. 1805). Il restait aux Parisiens à découvrir les opéras italiens de Mozart dans leur langue originale. C'est à l'initiative de Berton, alors directeur du Théâtre-Italien, que *Le Nozze di Figaro* accède au répertoire de cette scène le 23 décembre 1807. Le public et la critique sont enthousiastes : l'ouvrage est élevé au rang de la plus belle partition d'*opera buffa* de Mozart. *Le nozze* reste à l'affiche avant que ne soient également introduits au répertoire *Così fan tutte* (1er fév. 1809), *Don Giovanni* (12 oct. 1811) puis *La Clemenza di Tito* (20 mai 1816). C'est bien au Théâtre-Italien que les opéras de Mozart trouvent définitivement leur public à Paris : si les lignes de chant et le traitement vocal de ses partitions sont assimilés à l'école italienne, sa musique est jugée plus dramatique. Ce style soutenu et parfois qualifié de « grave » (notamment quand il s'agit de commenter la scène du Commandeur dans *Don Giovanni*) est attribué à son écriture orchestrale qui peut également être apprécié à l'écoute de ses symphonies exécutées à cette époque lors des exercices des élèves du Conservatoire.

À la fin des années 1820, alors que les Parisiens sont désormais entrés en contact avec les ouvrages lyriques contemporains de Weber et de Beethoven, la musique de Mozart cesse d'être à la mode. Lorsqu'ils découvrent *Die Zauberflöte* pour la première fois en langue allemande par la troupe de Röckel le 21 mai 1829, l'intrigue leur paraît trop naïve et enfantine tandis que l'écriture vocale des airs de la Reine de la nuit renvoie à une époque trop lointaine : « Ce sont les deux airs les plus diaboliques du monde ; l'introduction est belle à la vérité, mais la coda est du genre de bravoure à la mode il y a quarante ans, c'est-à-dire le plus détestable et le plus ridicule que nous connaissons » (*RM*, mai 1829). Comparativement aux représentations du *Freischütz* et de *Fidelio*, celles de *Die Zauberflöte* sont un échec. D'ailleurs l'année suivante, l'ouvrage est troqué contre *Die Entführung aus dem Serail* (15 juin 1830) qui n'obtient pas plus de suffrages. Seul *Don Giovanni* (chanté en allemand) se maintient au répertoire de la troupe de Röckel (printemps 1831) aux côtés des ouvrages de Weber et Beethoven. Les deux *Singspiele* allemands de Mozart sont à cette époque très nettement en décalage avec la nouvelle sensibilité qui se cristallise autour du *Freischütz* et de *Fidelio*.

Weber, le père de l'opéra fantastique

Après avoir rapidement conquis les villes allemandes, *Le Freischütz* de Weber est très vite adapté sur les scènes étrangères et devient l'un des opéras les plus populaires de la première moitié du siècle en Europe. À Paris, Habeneck s'intéresse à cette œuvre dès 1823 ; alors directeur de l'Opéra, il contacte l'éditeur allemand installé à Paris Maurice Schlesinger afin d'inviter le compositeur à diriger son ouvrage et à en composer un nouveau spécifiquement pour la première scène lyrique française. Weber reçoit l'invitation avec intérêt : il s'essaie même à la prosodie française dans une romance (*Elle était simple et gentillette*) avant de recevoir en 1824 le livret de *La Colère d'Achille*, signé Marc-Antoine Désaugiers. Le compositeur allemand répond finalement par la négative au projet français alors même qu'il est sollicité en août 1824 par Charles Kemble, l'administrateur de Covent Garden, pour une création à Londres. En attendant la première représentation d'*Oberon* (12 avr. 1826) le public londonien accueille avec enthousiasme dès l'été 1824 *Le Freischütz* en langue anglaise. Le retentissement de ce succès est immédiat en France et sur cette lancée, Castil-Blaze et Thomas Sauvage proposent une adaptation française à l'Odéon (7 déc. 1824)[3]. Sous le titre de *Robin des bois ou les Trois Balles*, l'opéra de Weber est représenté 327 fois sur cette scène de 1824 à 1826, avant de connaître un engouement identique en province. Dans cette version qui allait réapparaître en 1835 à l'Opéra-Comique puis encore en 1855 au Théâtre-Lyrique, ainsi que dans celle réalisée par Hector Berlioz et Émilien Pacini pour l'Opéra (7 juin 1841), *Le Freischütz* est l'opéra allemand le plus joué à Paris et reste le seul à se maintenir à l'affiche des scènes parisiennes tout au long du XIXe siècle. Avant l'établissement des opéras de Wagner à la fin du siècle, l'ouvrage de Weber symbolise même pour les Français l'art lyrique germanique dans sa totalité, endossant en outre à partir des années 1830 la paternité d'un nouveau registre qualifié de « fantastique » (cf. 17.1). Sous la forme de *Robin des Bois*, la partition du *Freischütz* est brandie au milieu des années 1820 comme un nouveau modèle esthétique qu'on oppose à l'école italienne, notamment dans les colonnes du *Corsaire*, organe de la diffusion de la musique allemande à Paris. En plus d'être le premier interprète de la musique du *Freischütz* à Paris, Castil-Blaze est également le premier critique à décrire et analyser la partition de Weber. Il annonce dans les pages du *Journal des débats* une musique « vigoureuse et pleine d'originalité » (1er déc. 1824), décrit quelques effets (comme le motif associé à Samiel), indique les morceaux les plus nouveaux dans leur écriture ou dans leur facture, comme l'ouverture, composée des principaux motifs de l'opéra, véritable « petit drame en musique » (28 déc. 1824), et parle de la « teinte gothique » de l'harmonie de Weber qu'il analyse comme toute nouvelle. Trente ans plus tard, Castil-Blaze se positionne en initiateur : « Je voulais changer la face de notre opéra, faire succéder l'art à la routine, et les productions du génie aux pauvretés dont on abreuvait et saturait le public[4]. »

Robin des bois, II, sc. dernière, lithographie, *Album théâtral*, n° 7, Paris : Osterwald l'ainé, [1827], F-Po, Estampes scènes Freischütz (2).

La partition est évaluée par la critique parisienne à partir de l'observation de quatre paramètres musicaux : le chant, l'harmonie, l'orchestration et la facture (structure) des différents numéros. Le traitement vocal surprend ; il est immédiatement opposé à la mélodie italienne : « En général, la musique laisse à désirer plus de chant, un plus grand nombre de ces phrases heureuses qui se gravent dans la mémoire et qui abondent dans les partitions italiennes, mais elle est souvent d'une originalité piquante et toujours habilement instrumentée » (*Le Courrier français*, 9 déc. 1824). Le critique ajoute que ce n'est pas l'élément mélodique qui fait la richesse de la partition de Weber, mais son harmonie. La structure des numéros musicaux est remarquée comme inhabituelle, et plus particulièrement la construction des airs. Certains critiques, comme celui du *Globe* (25 déc. 1824) indiquent que la partition de Weber pourrait même servir de modèle aux compositeurs français, en opposition à l'école italienne.

Tandis que le public afflue aux représentations de *Robin des bois*, les musiciens, artistes et hommes de lettres, de Berlioz à Adolphe Adam en passant par Hugo, adhèrent à ce style qu'ils qualifient de « nouveau » et qui fait figure de « véritable apparition » (Berlioz). La nature du sujet de l'opéra de Weber surprend les Parisiens : pour beaucoup, il est trop naïf pour être pris au sérieux ; pour certains, l'origine même du sujet n'est pas acceptable, les « traditions et croyances populaires » n'étant pas suffisantes à l'établissement d'un sujet d'opéra. À quelle catégorie esthétique se rattache alors cet « étrange » ouvrage ? Pour le critique du *Globe*, il s'agit du « merveilleux ». Toutefois, le merveilleux allemand n'est pas le merveilleux français. Parce qu'il délaisse la mythologie et la féerie au profit du légendaire médiéval, *Le Freischütz* est qualifié de « romantique ».

L'assimilation du *Freischütz* au registre du « fantastique » est plus tardive. Elle date des années 1830 et des représentations de la troupe lyrique de Röckel qui révèle aux Parisiens également en langue allemande *Oberon* (1830) puis *Euryanthe* (1831)[5]. Le sous-titre original de « romantique » donné par Weber au *Freischütz* est alors définitivement adopté par la presse. C'est à l'occasion de ces représentations que le qualificatif de « fantastique » apparaît lorsqu'il s'agit notamment de qualifier la fantasmagorie de la Gorge aux Loups. Le terme cohabite généralement avec d'autres (« magique », « féerique » et « merveilleux »), mais les critiques l'emploient également pour qualifier de « bizarre », « originale » ou « nouvelle » l'inspiration musicale de Weber et afin de décrire la qualité de son style « irrégulier ». À la même époque, plusieurs revues révèlent en traduction française les textes de E. T. A. Hoffmann et une première livraison de ses œuvres complètes traduites par Loève-Veimars paraît sous le titre de *Contes fantastiques* (nov. 1829), tandis que Nodier publie son texte « Du fantastique en littérature » (1830) et que Berlioz crée sa *Symphonie fantastique* (5 déc. 1830). Déclencheur en même temps que catalyseur, *Le Freischütz* devient donc un « opéra fantastique » à l'époque même où apparaît dans les milieux artistique et littéraire parisiens une théorie du registre fantastique.

La lente acclimatation de Fidelio

Après avoir conquis les scènes allemandes, *Fidelio* commence à circuler au nord de l'Europe depuis Riga (1818) jusqu'à Saint-Pétersbourg (1819) en passant par Amsterdam (1824). Castil-Blaze est le premier à vouloir acclimater l'ouvrage en France du vivant du compositeur : après le succès remporté à l'Odéon par *Robin des bois*, il prépare à l'automne 1825 pour la même scène une version française de l'unique opéra de Beethoven[6]. Le fait que l'ouvrage n'ait finalement jamais été représenté à l'Odéon peut s'expliquer par l'origine française du livret allemand, *Léonore, ou l'Amour conjugal*, la pièce de Jean-Nicolas Bouilly qui a été créée au Théâtre Feydeau le 19 février 1798 et que l'Odéon ne peut exploiter du vivant de l'auteur. De cette première tentative ne subsiste que l'édition par Castil-Blaze de la grande partition d'orchestre avec ses propres vers sous le titre de « *Léonore*, grand opéra en trois actes et un épilogue, version française de *Fidelio*, musique de Ludwig van Beethoven » (1825), ainsi qu'une autre édition en français et en italien, publiée par Aristide Farrenc sous le titre de « *Fidelio*, drame lyrique en trois actes, vers chantés de N. et Merville, traduction italienne par M. L. F. » (1826)[7]. La longévité de Bouilly, qui s'éteint à l'âge de 79 ans en 1842, contribue à retarder l'acclimatation de *Fidelio* en français, la première adaptation établie par Jules Barbier et Michel Carré n'apparaissant à l'affiche d'un théâtre parisien que bien des années après son décès (TL, 1860).

C'est donc dans sa langue originale que *Fidelio* est entendu pour la première fois à Paris le 30 mai 1829 (quinze ans après sa création à Vienne) à l'occasion de l'installation au Théâtre-Italien de la troupe de Röckel, qui avait lui-même chanté le rôle de Florestan à la création de la deuxième version de l'ouvrage (Vienne, 1806). Les Parisiens, qui commencent à apprécier les symphonies de Beethoven depuis 1828 grâce à l'initiative de Habeneck à la tête de la Société des concerts du Conservatoire, découvrent avec *Fidelio* un nouvel aspect de la production du compositeur. Son écriture lyrique et ses tournures vocales surprennent même les plus connaisseurs. Les premières appréciations de *Fidelio* soulèvent des questions relatives au traitement vocal et à la phraséologie musicale liée à la langue allemande. À l'écriture en mélodie accompagnée qui caractérise la manière italienne, la critique oppose la façon allemande où la ligne vocale se trouve comprise dans une conception plus harmonique, polyphonique, voire contrapuntique. Au premier contact avec l'ouvrage de Beethoven, le public est quant à lui surtout impressionné par la maîtrise vocale et l'implication scénique des masses chorales (notamment dans le Chœur des prisonniers), par l'aspect monumental du final de l'opéra, ainsi que par l'interprétation du ténor autrichien Anton Haitzinger dans le rôle de Florestan.

Fidelio est à nouveau à l'affiche de la troupe de Röckel aux printemps 1830 et 1831 avec Wilhelmine Schröder-Devrient qui avait incarné Leonore aux côtés de Haitzinger à Vienne en 1822 sous l'œil attentif et satisfait de Beethoven. La présence de la cantatrice allemande propulse l'ouvrage : de trois représentations données en 1829, *Fidelio* passe à onze en 1831, détrônant cette année-là *Le Freischütz* qui était jusqu'alors l'opéra allemand le plus apprécié du public parisien. L'interprétation très théâtrale de la Schröder-Devrient et sa technique vocale si particulière qui allie la puissance au service de l'expression dramatique est portée aux nues : ses interventions au sein du quatuor du deuxième acte marquent les esprits au point de servir de référence pour l'interprétation du rôle durant plusieurs décennies. À la suite des représentations du printemps 1831, elle est engagée dans la troupe du Théâtre-Italien pour la saison 1831-1832 et on évoque même l'éventualité d'une traduction italienne de *Fidelio* afin de pouvoir continuer à l'entendre briller dans le rôle de Leonore.

Le final de l'ouvrage reste le morceau le plus apprécié par le public autant que par la critique. Au cours de la saison 1830-1831, Habeneck décide même de l'introduire aux programmes de la Société des concerts du Conservatoire. Il est chanté dans une version française une première fois au deuxième concert (fév. 1831), puis une deuxième fois au sixième concert (avr. 1831), quelques semaines avant le retour de la troupe allemande. Mais l'effet produit au Conservatoire n'égale pas celui des représentations allemandes. Dans son évaluation de *Fidelio*, Fétis (*RM*, 21 mai 1831) souligne, après les représentations allemandes de 1831, la puissance dramatique de la musique de Beethoven, tout en lui reprochant de ne pas être assez « scénique ». Il note que si la passion des personnages est magnifiquement exprimée dans chaque morceau par le compositeur, ses développements musicaux sont trop longs, la partition regorgeant de pages admirables au concert, mais qui manquent d'effet théâtral. Fétis souligne en revanche le bon fonctionnement dramaturgique du dénouement, depuis la scène du cachot (avec la progression mélodrame, duo, trio puis quatuor) jusqu'au final.

Il faut attendre un peu plus d'une décennie pour que *Fidelio* figure à nouveau à l'affiche d'un théâtre parisien, à l'occasion du bref séjour salle Ventadour de la troupe allemande du théâtre de Mayence dirigée par August Schumann au printemps 1842 (unique représentation le 23 mai 1842). Trois années plus tard, alors que Bouilly est décédé, Habeneck s'empare de l'ouvrage qu'il donne en version concert et en langue française le 22 juin 1845 avec les élèves du Conservatoire. Cette séance est vécue comme un événement par tout le milieu musical et artistique parisien. Alors que les symphonies de Beethoven sont à cette époque bien connues et appréciées du public de la salle de la rue Bergère, la critique rechigne encore à l'idée de lui accorder le statut de compositeur d'opéra. Sous le Second Empire, *Fidelio* sera finalement mieux accepté en langue italienne qu'en langue française, dans la version établie par Saverio Manfredo Maggioni. Et pour les représentations données au Théâtre-Italien en 1852 puis en 1869, on fera appel à deux cantatrices allemandes (Johanna Sophie Charlotte Crüwell, dite Sophie Cruvelli et Gabrielle Krauss), comme pour réanimer le souvenir des prodigieuses prestations de Wilhelmine Schröder-Devrient.

5.3 La présence de troupes allemandes à Paris

Corinne Schneider

Les artistes allemands à Paris

Au cours de la première moitié du siècle, la vie musicale parisienne attire un grand nombre d'interprètes germanophones (allemands, autrichiens ou tchèques) dont les succès se font surtout remarquer dans les domaines du piano et de la musique instrumentale. De passage dans la capitale pour rejoindre ensuite Londres ou Bruxelles, quelques cantatrices allemandes se produisent dans les salons, mais très peu sont engagées dans les troupes des différentes scènes lyriques parisiennes. Si les portes du Théâtre-Italien leur sont parfois ouvertes pour chanter le répertoire ultramontain, celles de l'Opéra-Comique restent résolument fermées à des artistes auxquelles on reproche généralement une mauvaise prononciation de la langue française. Les cantatrices allemandes les plus remarquées à Paris furent Henriette Sontag, présente dans la capitale dès 1826, Sabine Heinefetter, engagée au Théâtre-Italien en 1829, et sa jeune sœur Catinka Heinefetter, élève du ténor Antoine Ponchard, qui fit ses débuts à l'Opéra dans le rôle de Rachel (*La Juive*) en janvier 1841, enfin, la grande Wilhelmine Schröder-Devrient, engagée dans la troupe du Théâtre-Italien pour la saison 1831-1832.

Installés pour un temps dans la capitale ou uniquement de passage, les compositeurs de langue allemande auteurs de la musique d'ouvrages lyriques destinés aux scènes parisiennes se sont pliés à l'exigence d'écrire à partir de livrets en langue française. Fort du succès remporté partout en Europe par son opéra *Das unterbrochene Opferfest* (Vienne, 1796), Peter von Winter est le premier d'entre eux à composer pour l'Opéra : son *Tamerlan* (1802) attire l'attention du public et obtient le soutien de la communauté allemande de la capitale. Avant d'être nommé à Vienne *Kapellmeister* de l'Opéra de la Cour, Conradin Kreutzer réside quelques années à Paris (1827-1829). Le Théâtre de l'Odéon reprend l'un de ses ouvrages, *Adèle von Budoy* (Vienne, 1823), dans une adaptation en langue française de Thomas Sauvage, sous le nouveau titre de *La Folle de Glaris* (1827). Pour le même théâtre, Kreutzer compose quelques partitions dont *L'Eau de jouvence* (1827), opéra-comique en un acte. Quant à Flotow, il arrive à Paris à l'adolescence vers 1828 pour parfaire sa formation musicale auprès de Johann Peter Pixis (piano) et d'Antoine Reicha (composition). Totalement rallié à l'école française, c'est à Paris, où il évolue dans les milieux aristocratiques, qu'il compose ses premiers ouvrages lyriques, avant de remporter ses plus beaux succès en Allemagne et en Autriche. Si sa carrière se déroule ensuite essentiellement en Allemagne, Flotow reste toujours en contact avec Paris qui réserve d'ailleurs sous le Second Empire un excellent accueil à *Martha* dans une adaptation française de Saint-Georges (totalisant 163 représentations au Théâtre-Lyrique de 1865 à 1869). Le compositeur allemand qui réussit le plus complètement sur la scène parisienne est bien sûr Meyerbeer (cf. 6.5, 6.6). En dépit de l'aide qu'il a bien voulu apporter à Wagner, ce dernier échoue lors de son premier séjour à Paris de 1839 à 1842, alors même qu'il entendait s'y installer (cf. 9.4). Sa seule réussite est la vente à Henri Duponchel, alors directeur de l'Opéra, du synopsis d'un livret qui est mis en musique par un autre que lui, le compositeur français Pierre-Louis Dietsch : *Le Vaisseau fantôme, ou le Maudit des mers* (O, 1842). Ce n'est pas à Paris mais à Dresde que Wagner crée finalement son propre opéra sur le même sujet en 1843, *Der fliegende Holländer*.

C'est grâce à l'installation temporaire de troupes lyriques allemandes dans la capitale que le public et le milieu musical parisiens allaient pouvoir entrer en contact avec l'école de chant et le répertoire germaniques – ce dont la province ne bénéficia guère (relevons cependant que deux troupes allemandes se produisirent, mais sans succès, au Grand Théâtre de Lyon dans les années 1840 : la troupe de Schmidt en 1841 et la troupe de Kehl en 1846[1]).

La troupe de Haselmayer (novembre-décembre 1801)[2]

Fort du succès que sa troupe venait de remporter à Strasbourg en 1801 dans le répertoire mozartien, Haselmayer décida de tenter sa chance à Paris où la musique du compositeur de *Don Juan* venait de faire son entrée au répertoire de l'Opéra (cf. 5.2). L'entrepreneur de Stuttgart fit la proposition de louer pour six mois la salle Favart mais fut retoqué pour raisons financières. Les artistes allemands furent néanmoins autorisés à s'installer dans la salle du Théâtre de la Cité-Variétés, sur l'île de la Cité. La salle est repeinte, réaménagée et même baptisée pour l'occasion « Théâtre Mozart », tandis qu'on parle également dans la presse d'un « Opéra-Comique allemand ». Du théâtre lyrique en langue allemande, le public parisien n'a encore aucune idée. Haselmayer modifie la distribution strasbourgeoise en engageant des artistes de plus grande renommée. Les plus célèbres sont Johann Baptist Ellmenreich, sollicité sur toutes les scènes allemandes pour incarner Papageno ou Osmin, et Aloysia Weber, connue sous son nom d'épouse de Joseph Lange. Tous Parisiens, les musiciens de l'orchestre engagés pour l'occasion sont placés sous la direction de Matthieu-Frédéric Blasius qui a notamment occupé les fonctions de premier violon et de chef d'orchestre de l'orchestre de l'Opéra-Comique (1790-1801). Né de parents allemands dans la ville frontalière de Lauterbourg, Blasius peut communiquer avec les chanteurs dans leur langue. Alors que Haselmayer a annoncé la représentation de plusieurs opéras de Mozart, il n'en propose finalement qu'un – le reste du répertoire comprenant plusieurs *Singspiele* plus récents inscrits au répertoire des théâtres lyriques viennois :

W. A. Mozart, *Die Entführung aus dem Serail* (1782) : 16, 18 et 19 nov.
K. D. von Dittersdorf, *Das rote Käppchen* (1788) : 21 et 22 nov.
W. Müller, *Das Neusonntagskind* (1793) : 25 et 26 nov.
F. X. Süssmayr, *Der Spiegel von Arkadien* (1794) : 29 nov. et 2 déc.
J. Haibel, *Der Tyroler Wastel* (1796) : 30 nov.

La première représentation attire une foule nombreuse composée du milieu musical le plus prestigieux de Paris, de diplomates et d'hommes de lettres, mais aussi de la population germanique installée dans la capitale. Les recensions de la presse concernant cette ouverture sont plutôt mauvaises. Le *Journal des débats*, *La Clef du cabinet des souverains* et *La Décade philosophique* se montrent même virulents et s'opposent à la présence d'un théâtre chanté en langue allemande à Paris. La musique de Mozart est à peine évoquée ; seuls les chanteurs sont évalués : Aloysia Lange a la voix fatiguée et est trop âgée pour incarner le rôle de ConstanceEllmenreich dans le rôle d'Osmin est trop caricatural dans son jeu et le ténor Walter ne convainc pas en Belmonte ; seule Mlle Lüders remporte tous les suffrages dans son interprétation de Blonde. *Le Moniteur* reste l'unique organe de presse à se positionner en faveur de l'initiative de Haselmayer. L'entreprise périclita pour diverses raisons. À l'occasion de ces représentations, beaucoup entendirent pour la première fois la langue allemande chantée et ces sonorités nouvelles semblent bien avoir déconcerté les mélomanes. Il faudra attendre plus d'un quart de siècle avant qu'une troupe allemande ne tente à nouveau l'aventure parisienne.

La troupe de Röckel (mai-juillet 1829, 1830 et 1831)[3]

À l'époque même où Harriet Smithson et William Charles Macready sont applaudis par le milieu artistique parisien pour leur interprétation en langue anglaise du théâtre de Shakespeare, une troupe lyrique allemande venue d'Aix-la-Chapelle et dirigée par Joseph August Röckel provoque l'adhésion de la jeunesse romantique en pleine effervescence et parvient à exciter l'enthousiasme des Parisiens pendant trois saisons consécutives. Les chanteurs allemands sont installés au Théâtre-Italien sur l'invitation d'Émile Laurent, alors directeur du temple de Rossini. Le public parisien découvre trois des opéras les plus fameux de l'école allemande du temps (*Fidelio*, *Oberon* et *Faust*) défendus par deux des plus grandes voix allemandes du XIXe siècle, celles du ténor autrichien Anton Haitzinger et de la soprano dramatique Wilhelmine Schröder-Devrient qui font à cette occasion leurs débuts parisiens. Lors de son premier séjour, la troupe d'Aix-la-Chapelle donne une dizaine de représentations en moins d'un mois :

C. M. von Weber, *Der Freischütz* (Berlin, 1821) : 14 mai (7 représentations)
W. A. Mozart, *Die Zauberflöte* (Vienne, 1791) : 21 mai (2 représentations)
L. van Beethoven, *Fidelio* (Vienne, 1814) : 30 mai (4 représentations)

Composé de musiciens français, l'orchestre du Théâtre-Italien est dirigé par son chef habituel, Jean-Jacques Grasset. Les critiques musicaux sont unanimes : les instrumentistes se montrent faibles au déchiffrage des partitions des ouvrages allemands qu'ils découvrent. Le chef d'orchestre n'a vraisemblablement été d'aucune aide. Il est forcé de confier la baguette dès la troisième représentation à Wilhelm Telle, pianiste, compositeur et chef d'orchestre du théâtre d'Aix-la-Chapelle. Pour que l'honneur soit sauf, le chef français continue à diriger les ouvertures ! À cette période de l'année où Paris commence habituellement à se vider, ces représentations bénéficient d'un public nombreux et enthousiaste qui compte toute l'*intelligentsia* musicale du moment en même temps que la plus brillante société de la capitale. Fétis notera que « tout ce que Paris renfermait d'Allemands dans les diverses conditions sociales, depuis le banquier jusqu'à l'ouvrier tailleur ou mécanicien, applaudissait à une innovation qui flattait leur sentiment national » (*RGMP*, 23 fév. 1851). L'opéra le plus apprécié reste *Le Freischütz*, qui ouvre et ferme la saison allemande. Dès avant les premières représentations de la troupe d'Aix-la-Chapelle, celle-ci est considérée comme de second ordre par les *dilettanti* parce qu'attachée à une scène qualifiée de « provinciale ». Mais Röckel avait paré à cette condamnation en engageant, aux côtés de Mme Fischer (soprano), le ténor Anton Haitzinger, attaché à l'opéra de Karlsruhe depuis 1826. Haitzinger remporte un succès phénoménal et est comparé à Rubini, le « roi des ténors ». Après l'avoir entendu chanter pour la première fois, Castil-Blaze donne une description détaillée de son talent :

« Haitzinger est un jeune homme de belle stature, qui joue la comédie aussi bien qu'un acteur lyrique est tenu de la jouer. Forte, sonore, étendue, mordante sans cesser d'être agréable et flatteuse, sa voix de ténor est la plus belle que nous ayons entendue depuis le départ de Rubini. Haitzinger prend l'*ut* de poitrine et s'élève sans effort au *mi* qui le suit à l'aigu ; elle sonne également jusqu'au *mi* de la double octave grave, et donne encore quelques notes en bas, que la manière dont il les emploie rend suffisante. Bien que Haitzinger ait un corps de voix plus volumineux que Rubini, je ne le comparerai point à ce virtuose sous le rapport de l'art. L'un chante en italien, l'autre en allemand : ce sont deux genres comme deux carrières absolument différentes. Haitzinger n'a point acquis toute l'agilité que demande le chant italien ; il s'est appliqué à présenter la mélodie avec charme, vigueur et simplicité » (*JD*, 25 mai 1829). Les choristes allemands remportent également un vif succès et le public redemande la plupart de leurs morceaux. On ne trouve dans les comptes rendus de la presse relatifs aux représentations de 1829 aucune de ces remarques péjoratives liées à la langue allemande et à sa prononciation, ces railleries qui avaient accueilli la troupe de Haselmayer en 1801. À l'issue de la première saison, le succès remporté par la troupe de Röckel est suffisant pour recommencer l'aventure l'année suivante.

Au cours de leur nouvelle résidence augmentée à deux mois et demi (15 avril-29 juin 1830), les Allemands donnent 34 représentations de 10 opéras différents, les mardi, jeudi et samedi de chaque semaine :

C. M. von Weber, *Der Freischütz* (Berlin, 1821) : 6 avril (9 représentations)
L. Spohr, *Faust* (Prague, 1816) : 20 avril (3 représentations)
P. von Winter, *Das unterbrochene Opferfest* (Vienne, 1796) : 27 avr. (1 représentation)
J. P. Pixis, *Bibiana oder die Kapelle* (Aachen, 1829) : 1er mai (2 représentations)
L. van Beethoven, *Fidelio* (Vienne, 1814) : 8 mai (6 représentations)
C. M. von Weber, *Oberon* (Londres, 1825) : 25 mai (7 représentations)
J. Weigl, *Die Schweizerfamilie* (Vienne, 1809) : 3 juin (2 représentations)
C. Kreutzer, *Cordelia* (Vienne, 1823) : 18 juin (1 représentation)
W. A. Mozart, *Die Entführung aus dem Serail* (Vienne, 1782) : 15 juin (2 représentations)
F. Ries, *Die Räuberbraut* (Frankfurt am Main, 1828) : 22 juin (1 représentation)

Röckel et Laurent ont vu trop grand : très diversifié, le répertoire de la deuxième saison n'a pu matériellement bénéficier de toute l'attention nécessaire à l'établissement des mises en scène et des décors. Les Parisiens sont déçus quant à cet aspect du spectacle qui ne peut relever le manque d'intérêt musical suscité par les *Singspiele* viennois jugés « démodés ». La direction de l'orchestre est à nouveau confiée à Wilhelm Telle, cette fois secondé par son compatriote Gerke. Comme l'année précédente, l'investissement de l'orchestre est jugé trop faible pour l'exécution et l'interprétation de ce répertoire. Les Parisiens retrouvent avec bonheur Haitzinger, mais la présence pour la première fois à Paris de Wilhelmine Schröder-Devrient demeure l'événement de cette deuxième saison.

Elle fait ses débuts le 6 mai dans le rôle d'Agathe lors de la cinquième représentation du *Freischütz*. Elle interprète par la suite notamment Leonore (*Fidelio*) le 8 mai et Rezia (*Oberon*) le 25 mai. Sa voix puissante, capable de coloris très variés, même si dépourvue d'agilité, initia l'appellation de « soprano dramatique » qui commençait à naître en partie pour décrire la particularité de son talent et de son style qui fascinèrent tant Wagner. Comme l'année précédente, les choristes allemands remportent l'unanimité des suffrages et sont montrés en exemple aux choristes français... À l'ouverture de la nouvelle saison, les chœurs allemands sont intégrés à la troupe du Théâtre-Italien, non sans heurts cependant[4], et pour une courte durée puisqu'ils sont finalement remerciés en juillet 1831 (le personnel choral du Théâtre-Italien étant entièrement renouvelé et placé sous la direction d'Herold à la rentrée de la saison 1831-1832).

Le programme de la troisième saison allemande (7 mai-2 juil. 1831) est moins diversifié que celui de 1830 et renoue avec la stratégie de la première saison, offrir au public français des ouvrages qu'il connaît déjà :

C. M. von Weber, *Der Freischütz* (Berlin, 1821) : 3 mai (3 représentations)
W. A. Mozart, *Don Giovanni* (Prague, 1787) : 26 mai (6 représentations)
C. M. von Weber, *Euryanthe* (Vienne, 1823) : 14 [ou 15 ?] juin (5 représentations)
L. van Beethoven, *Fidelio* (Vienne, 1814) : 18 juin (11 représentations)
W. A. Mozart, *Die Entführung aus dem Serail* (Vienne, 1782) (1 représentation)
C. M. von Weber, *Oberon* (Londres, 1825) (2 représentations)

Sous la nouvelle direction d'Émile Robert, le Théâtre-Italien renaissait, en grande partie grâce au renouvellement de l'orchestre et à la nomination à sa tête de Narcisse Girard. La compétence et le zèle de celui qui avait brillé dans la direction des concerts de l'Hôtel de ville avant de tenir la place de chef principal du Théâtre-Italien, incitèrent Robert et Röckel à le maintenir à la direction de son orchestre pendant le séjour des chanteurs allemands. Dès les premières représentations du *Freischütz* et de *Fidelio*, tous notent l'amélioration de la partie orchestrale de l'exécution.

Défendu par Haitzinger et Schröder-Devrient que les Parisiens retrouvent avec bonheur, *Le Freischütz* continue d'attirer la foule. *Oberon* réussit moins, en revanche, qu'en 1830. Le véritable succès de l'entreprise est la reprise de *Fidelio* avec Haitzinger et Schröder-Devrient. *Euryanthe* remporte également un très beau succès, peu après l'échec de son adaptation française par Castil-Blaze pour l'Opéra (quatre représentations en avril 1831)[5]. Le succès d'*Euryanthe* à la salle Favart repose indéniablement sur l'interprétation magistrale du rôle-titre par Schröder-Devrient, laquelle venait également de conquérir le public dans le rôle de Donna Anna au cours des représentations en langue allemande de *Don Giovanni* (première le 26 mai 1831) – qui avait été entendu, mais en italien, salle Favart, au courant de l'hiver. Comme l'année précédente les rumeurs vont bon train concernant son éventuelle intégration à la troupe de l'Opéra. Elle finit par entrer dans la troupe du Théâtre-Italien pour la saison 1831-1832. Tous s'enthousiasment de l'émulation procurée par la présence à Paris de trois *prime donne* exceptionnelles, la Pasta, la Malibran et la Schröder-Devrient, même si certains craignent que la cantatrice allemande n'ait pas une technique suffisamment adaptée à la vocalisation italienne. Ses débuts le 1er novembre 1831 dans le rôle de Donna Anna, qu'elle chante désormais en langue italienne, sont prometteurs, mais son talent est bientôt éclipsé par celui de la Malibran. Au mois de mai 1832, une épidémie de choléra s'abat sur la capitale ; Schröder-Devrient rejoint Haitzinger à Londres.

Ces trois saisons d'opéras allemands donnent naissance à un véritable engouement pour le répertoire lyrique germanique. Le critique du *Globe* (17 juin 1831) témoigne de ce souffle nouveau : « Le mouvement de réaction contre Rossini commence par Beethoven et Weber. Les *dilettanti* se partagent en deux camps, le *mouvement* et la *résistance* ; la *Revue de Paris* place déjà l'auteur du *Barbier de Séville* et de *Sémiramide* dans la *résistance*. Cette lutte signale pour la musique, comme pour tous les autres arts, le besoin d'un progrès, d'une inspiration nouvelle. » Alors que les critiques des années 1829 et 1830 focalisaient leurs remarques sur la distinction des écoles de chant italienne et allemande, ceux de 1831 s'intéressent davantage aux partitions et à la facture des opéras : le débat prend désormais une tournure esthétique. Cet article résume la teneur des arguments avancés : « Plaire à l'oreille par de douces et naturelles mélodies, ne choisir dans l'harmonie et dans les combinaisons de l'instrumentation que ce qui peut concourir au même but, cacher l'invention et la nouveauté sous des formules d'un effet sûr et connu, sacrifier constamment à l'habileté des chanteurs ce qui ferait obstacle à leur succès, et surtout *amuser* l'auditoire, voilà ce que se propose un compositeur italien quel qu'il soit, et ce qu'il réalise plus ou moins heureusement, en raison du talent dont la nature l'a doué. Ce n'est pas ainsi que compose le musicien allemand. Presque toujours une idée métaphysique domine son ouvrage, en marque le but, et souvent cette idée est prise de si loin, qu'elle échappe à l'intelligence de ceux qui sont appelés à juger de l'ouvrage. Tous les moyens y concourent, et l'effet vulgaire y est souvent sacrifié » (*Le Temps*, 13 mai 1831). C'est dans ce contexte que Meyerbeer va présenter quelques mois plus tard une troisième voie, en langue française, avec la création de *Robert le Diable*.

Le naufrage de l'opéra allemand au Théâtre-Nautique (juin-déc. 1834) et de la troupe de Schumann (avril-mai 1842) salle Ventadour[6]

Suite au succès remporté par la troupe de Röckel qui continue d'ailleurs d'exporter le répertoire allemand à Londres pendant les années suivantes, on voit poindre l'idée d'établir à Paris, parallèlement aux activités du Théâtre-Italien, un Théâtre-Allemand. Un an après avoir obtenu l'autorisation d'ouvrir un

Théâtre-Nautique dans la salle Ventadour (arrêté du 12 août 1833), François-Xavier de Saint-Esteben élargit le privilège qui lui est accordé de représenter des « pantomimes nautiques, mêlées de danse » ; un nouveau cahier des charges (arrêté du 30 juin 1834) l'autorise désormais à représenter à partir du 1ᵉʳ octobre 1834 des opéras de langue allemande, à la condition expresse que ce répertoire ne soit pas traduit en français et qu'aucun opéra de langue française ne soit représenté sur cette scène[7]. La nouvelle du retour possible d'une troupe allemande commence à se répandre et Maurice Schlesinger, le fils de l'éditeur berlinois, propagateur du répertoire germanique en France depuis son installation à Paris au début des années 1820, ne manque pas de relayer l'information dans les pages de sa nouvelle *Gazette musicale*. Mais l'entreprise échoue. Quelques initiatives voient le jour sous la monarchie de Juillet en faveur de l'installation de troupes allemandes à Paris. Haitzinger tenta ainsi sa chance en 1837, mais le ministre refuse[8].

Au printemps 1842, l'entrepreneur allemand August Schumann s'installe salle Ventadour, qui abrite depuis octobre 1841 le Théâtre-Italien alors placé sous la direction de Charles Dormoy. Directeur du théâtre de Mayence, Schumann vient de présenter sa troupe au théâtre de Drury Lane à Londres au cours des deux saisons précédentes. Si trois artistes de qualité sont présents à l'affiche et remportent l'approbation du public parisien – Mme Walker et Mme Schumann, épouse du directeur, ainsi que le baryton Carl Joseph Pöck – le reste de la troupe ne se compose que d'artistes de second rang. Leur répertoire réunit cinq titres :

C. M. von Weber, *Der Freischütz* (Berlin, 1821) : 23 avr.
L. Spohr, *Jessonda* (Kassel, 1823) : 28 avr.
C. Kreutzer, *Das Nachtlager von Granada* (Vienne, 1834) : 3 mai
C. M. von Weber, *Preciosa* (Berlin, 1821) : 3 mai
L. van Beethoven, *Fidelio* (Vienne, 1814) : 23 mai

La troupe allemande attira un auditoire brillant à la première représentation, mais n'obtint pas le succès populaire attendu aux suivantes. Alors qu'elle devait poursuivre son activité au moins jusqu'à la fin du mois de juin, la troupe ne put achever les représentations prévues pour le mois de mai, après moins d'une dizaine de soirées (23 avr.-23 mai 1842).

Les autorités françaises n'ont à aucun moment de la première moitié du siècle envisagé de réserver au répertoire germanique une place établie sur les scènes lyriques parisiennes subventionnées par l'État et les Allemands n'ont jamais obtenu la faveur institutionnelle réservée aux Italiens (cf. 5.4). Si les autorités françaises ne se sont jamais déclarées directement inhospitalières à l'installation de troupes allemandes nées de l'initiative privée de quelques entrepreneurs et directeurs zélés, il apparaît clairement qu'elles n'ont absolument rien engagé pour favoriser ou développer leur accueil à Paris. L'absence d'impulsion politique a de toute évidence mis un frein à l'installation des troupes allemandes dans une capitale où l'art lyrique était si fortement encadré par l'État, tandis que le répertoire allemand continuait de se développer *crescendo* de l'autre côté de la Manche, où la reine et le prince Albert honoraient de leur présence les représentations à Covent Garden de la troupe allemande dirigée par Joseph Staudigl à la même époque.

5.4 LE THÉÂTRE-ITALIEN (1815-1848)

Céline Frigau Manning

En 1837, l'historien Eugène Rosseeuw Saint-Hilaire évoque « la prodigieuse consommation que l'on fait maintenant de chanteurs italiens, sur tous les points du globe », et rend ainsi compte d'un séjour à Lisbonne : « Il y avait réellement pour nous autres voyageurs [...] quelque chose qui ressemblait à un rêve, à nous trouver assis dans cette salle élégante, au son de cette délicieuse musique italienne, qu'on entend maintenant résonner d'un bout du globe à l'autre, depuis Vienne jusqu'à Rio de Janeiro[1] ». C'est bien aux années 1830 que remonte l'expansion mondiale de l'opéra italien, dans le sillage des premières représentations hors d'Europe du XVIIIe siècle, avant la diffusion massive qui s'engage après 1850[2]. Cependant l'empire qu'exerce l'opéra italien à l'échelle internationale tient avant tout à un vaste phénomène de circulation : répertoire et chanteurs à la carrière itinérante ne cessent de voyager, et leurs tournées n'engagent pas tant, au niveau local, l'implantation d'un genre lyrique qui serait défini par des institutions stables et des valeurs d'italianité que des formes d'adaptation et d'hybridation variées, ainsi qu'une redéfinition des modes de sociabilité culturelle[3]. En France, l'établissement d'un théâtre italien, doté d'une troupe de chanteurs présentés comme modèles pour leurs homologues français, s'insère d'emblée dans la construction d'un projet politique.

Un système international des Théâtres-Italiens ?

Des réalités très diverses se profilent derrière l'appellation de « théâtre italien » et la volonté, de la part des capitales et des villes de premier rang, de se doter d'un opéra italien, gage de leur puissance et de leur rayonnement. Ainsi, *Le Guide musical* du 27 mars 1856 dresse au milieu du siècle cette « liste des villes situées hors de la péninsule italienne où se trouve un théâtre italien : Alexandrie, Athènes, Bahia, Barcelone, Bucarest, Céfalonie, Constantinople, Corfou, Girone, Gibraltar, Yassi, Lisbonne, Londres, Madrid, Mahon, Malaga, Malte, Mexico, Montevideo, New York, Nouvelle-Orléans, Paris, Pétersbourg, Rio-Janeiro, San-Iago, Tunis, Varsovie et Vienne ». Mais si d'autres villes encore pourraient s'y ajouter – telles Berlin, Dublin ou Lima[4] –, les modalités des systèmes productifs ne sont ni homogènes ni aisés à reconstituer. Certes, le pilier en est généralement une troupe de chanteurs hiérarchisée, souvent généreusement rétribuée, composée dans un souci d'équilibre vocal et d'efficacité, comme c'est le cas en Italie dès l'origine[5]. Toutefois des différences importantes distinguent ces théâtres italiens les uns des autres, à commencer par la question des subventions publiques, prégnante en France tout au long du siècle, ou par la langue du répertoire. Ainsi, certains théâtres dits italiens se consacrent au répertoire italien, chanté dans la langue originale, tandis que d'autres y mêlent des œuvres françaises ou allemandes traduites en italien. « Géographiquement, l'empire de la musique italienne n'a fait que s'étendre de nos jours ; elle a multiplié ses stations, elle en a mis partout, de Moscou à Lisbonne, de Dublin à Constantinople, puis elle a conquis tout le nouveau monde », constate la *Revue moderne* en 1866, et « c'est sous forme italienne que *Guillaume Tell, Le Freischütz, Les Huguenots, La Juive, La Muette* sont connus en bien des pays »[6].

L'omniprésence mondiale de l'opéra italien ne permet donc pas de conclure à l'existence d'un système productif homogène et international des Théâtres-Italiens. Comme l'écrit Alessandro Di Profio, l'établissement d'un théâtre italien représente une entreprise lourde, souvent à risque, qui doit pour perdurer s'insérer dans un projet politique structuré[7].

Administration et politique parisiennes

L'appellation « Théâtre royal italien » naît en décembre 1814, quand Louis XVIII concède à la chanteuse Angelica Catalani le privilège d'administrer un Opéra italien. Auparavant, les troupes italiennes se sont produites à l'Académie royale de musique (1752-1754, 1778-1780), à Versailles (1787-1788) ou au Théâtre de Monsieur (1789-1792), tandis que la Comédie-Italienne (1760-1762), l'*Opera Buffa* (1801-1804) puis le Théâtre de l'Impératrice (1804-1815) (cf. 4.1) ont donné au public l'opportunité d'entendre des chanteurs venus de la péninsule dans des lieux plus spécifiquement voués à la représentation d'opéras italiens[8]. Cependant la capitale française a manifesté jusque-là une opposition unique en Europe, soutenue par une conception esthétique de l'opéra issue de la tragédie lyrique[9]. National, subventionné par l'État et pourtant étranger, le Théâtre-Italien doit compter au fil de ses administrations successives avec ces résistances qui perdurent.

Spécialisé dans la production de pièces italiennes chantées dans la langue originale[10], il est le seul théâtre étranger de la période qui soit placé sous la tutelle de l'État, en vertu du décret du 1er novembre 1807 (cf. 4.1). L'État se réserve d'en nommer les directeurs, auxquels il confie un privilège d'exploitation et de gouvernance pluriannuelle, sur la base d'un cahier des charges les soumettant à une exigence d'excellence. Toutefois ce statut ne prémunit pas le Théâtre-Italien d'une instabilité manifeste dans les lieux successifs qu'il occupe, à l'instar de nombre d'autres théâtres parisiens[11], ainsi que dans les modes de gouvernance qui s'y pratiquent. Installé à l'Odéon en 1814, le Théâtre-Italien se déplace salle Favart (sur l'actuelle place Boieldieu) (1815-1818) avant de fermer quelques mois ses portes suite au déficit de l'administration Catalani. C'est rattaché à l'Académie royale de musique qu'il rouvre ensuite salle Louvois (1819-1825), avant de retourner salle Favart (1825-1838). À la fin de l'administration commune avec l'Académie en 1827, l'administration du Théâtre-Italien est confiée à un directeur-entrepreneur, Émile Laurent, qui décide de joindre au Théâtre-Italien un Théâtre-Anglais, puis Allemand lors de cycles de représentations extraordinaires (1827-1830). En 1830, Laurent laisse place à deux hommes de théâtre, Édouard Robert et Carlo Severini. C'est l'âge d'or du théâtre[12], le règne des vedettes que tous deux réunissent patiemment, conseillés par Rossini qui joue auprès d'eux un rôle officieux de directeur artistique. Ainsi le théâtre connaît-il dans les années 1830 une période prospère sous cette direction conjointe qui bénéficie du soutien financier du banquier et mécène Alejandro María Aguado.

« Théâtre Favart. Élévation » [salle Favart 1], gravure d'Orgiazzi, in Alexis Donnet, *Architectonographie des théâtres de Paris*, Paris : Didot, 1821, vol. 2, planche 3 (détail). – La salle est occupée par l'Opera-Buffa (1802-1804), l'Opéra-Comique (1804-1805) ; le Théâtre-Italien (1815-1818 ; 1825-1838), et fugitivement par les artistes de l'Odéon (2 avr. 1818-31 mars 1819) et par l'Opéra (19 avr. 1820-11 mai 1821). Elle disparaît dans un incendie la nuit du 14 au 15 janvier 1838.

Mais en 1838, un incendie ravage la salle Favart et coûte la vie à Robert. Il prélude à cinq ans de précarité lors desquels les directeurs, lieux et projets de restructuration administrative et économique s'enchaînent[13]. Sous l'égide successive de Louis Viardot, Charles Dormoy, Joseph Jannin puis Auguste Eugène Vatel, le Théâtre-Italien s'installe salle Ventadour pendant quelques mois (1838), avant de retourner à l'Odéon pour trois saisons (1838-1841). Il est ensuite de retour salle Ventadour (1841-1878) jusqu'à la fermeture consécutive à la faillite de l'éditeur-administrateur Léon Escudier. Entre-temps, malgré la gouvernance efficace de Vatel, la révolution de 1848 a déterminé une nouvelle période de difficultés que plusieurs directeurs – le dramaturge Henri Dupin, le chanteur Giorgio Ronconi, l'un des piliers de la troupe, le directeur du His Majesty's Theatre de Londres Benjamin Lumley, l'imprésario Alessandro Corti puis Cesare Ragani, mari de la chanteuse Giuseppina Grassini – ne parviendront pas à endiguer ; la stabilité financière, à défaut d'une gestion artistique efficace, ne reviendra qu'en 1855 avec l'imprésario Toribio Calzado. Hommes de théâtre, de lettres ou d'affaires se succèdent donc à la tête du Théâtre-Italien. Leurs expériences de gouvernance contredit une vision manichéenne qui opposerait aux artistes les industriels du spectacle (vision que dénonce Christophe Charle quand il insiste sur l'importance de la figure du directeur de théâtre[14]), ne serait-ce que par l'importance cruciale accordée, tout au long de la période, à la troupe.

La salle Ventadour, in Augustus Charles Pugin, *Paris and its environs*, London : Jennings and Champlin, 1831. – Inaugurée en 1829, la salle est d'abord occupée par l'Opéra-Comique. Elle accueille le Théâtre-Italien quelques mois en 1838 puis d'octobre 1841 à juin 1878. Elle est achetée en 1879 pour devenir une banque. L'immeuble est toujours visible à Paris sur la place desservie par les rues Dalayrac, Méhul, Marsollier et Monsigny.

La troupe

L'engagement des chanteurs et leur rémunération, qui constitue la part la plus importante du budget du théâtre tout au long de la période, sont au cœur des préoccupations de l'administration. À titre d'exemple, la troupe se voit consacrer dans les années 1820 entre 44 et 50 % du total des dépenses[15]. Régulièrement, la subvention accordée au Théâtre-Italien est justifiée par l'idée que ce dernier constitue « une haute école de chant »[16] : d'après un héritage ancien remontant aux premières apparitions des Bouffons en France, les chanteurs italiens représentent un « objet d'émulation utile »[17] pour leurs homologues français. « Un théâtre italien sera longtemps aussi nécessaire pour former le goût de nos chanteurs, que peut l'être le Conservatoire pour former d'habiles instrumentistes », lit-on le 7 octobre 1838 dans *La France musicale* (journal dirigé par les frères Escudier, défenseurs du répertoire italien) : « Avouons-le franchement, on ne chante encore qu'au Théâtre-Italien. C'est là qu'il faut aller chercher les modèles de la belle exécution ». Les détracteurs mêmes des Italiens n'ont souvent d'autre choix que de leur reprocher une technique irréprochable, en invoquant des métaphores mécaniques, ou en reconnaissant leur perfection vocale pour mieux attaquer leur jeu.

L'approche esthétique de l'opéra italien en France justifie donc cette politique d'administration axée sur la troupe. Théâtre de répertoire, l'institution entend tirer son prestige de la réunion, à chaque saison, de chanteurs d'excellence capables de gagner les faveurs d'un public réputé exigeant et de répondre à un objectif de perfectionnement de l'art vocal français. Dans cette optique, il ne s'agit pas de découvrir de nouveaux talents, mais de produire des chanteurs confirmés. La direction peut écrire directement aux artistes pressentis pour intégrer la troupe[18], ou organiser des auditions pour entendre des chanteurs formés au Conservatoire – telle Laure Cinti-Damoreau –, ou des candidats qui se présentent de leur propre initiative quand ils ne sont pas recommandés par un membre ou un proche de l'administration[19]. Mais pour recruter les vedettes de l'opéra italien, celle-ci se fie surtout aux agents qu'elle engage, qu'ils soient musiciens comme Ferdinand Herold, chanteurs comme Giovanni Battista Benelli, voire futur directeur comme Édouard Robert, qui parcourt l'Italie en 1829, ne confiant qu'à lui-même la mission de former la nouvelle troupe[20]. Il ne s'agit pas tant d'acquérir tel artiste pour ses qualités individuelles que pour les possibilités qu'il offre, afin d'assurer la cohérence d'une troupe qui doit composer avec les exigences du répertoire, des rôles et des emplois. Ainsi, lorsqu'en 1818 le directeur musical Jean-Jacques Grasset est envoyé dans la péninsule, il a trois mois pour recruter « deux premières chanteuses pour 33 000 francs pour les deux, deux premiers ténors pour 27 000 francs, deux bouffes parlants pour 22 000 francs, un deuxième ténor, et deux sujets secondaires (ultima parte), 15 000 pour les trois, un bouffe chantant, 15 000 francs »[21]. Outre ces seuils financiers, l'arrêté de nomination fixe à l'agent des critères de sélection précis : « Il lui est recommandé d'accorder une préférence particulière 1° à la jeunesse et au physique, 2° à l'élégance dans l'exécution, 3° à la pureté et à la justesse de la voix ; enfin à l'imagination brillante et, en quelque sorte, à la verve improvisatrice du chanteur[22]. » La direction elle-même dépend d'obligations fondées sur les tessitures vocales de la troupe. Ainsi, l'arrêté du 7 octobre 1827 impose l'organigramme suivant au nouveau directeur Émile Laurent :

Art. 4 Il s'oblige à tenir toujours au complet le nombre des chanteurs italiens ci-après spécifié, tant pour le genre de l'opéra *seria*, que pour celui de l'opéra *buffa*. Savoir : Deux *soprani* de premier ordre du genre de Mmes Mombelli, Cinti, Sontag, etc. Un idem pour supplément.
Deux *tenori*, également de premier ordre, tels que Bordogni, Rubini, Donzelli, David, etc.
Deux *bassi cantanti*, tels que Galli, Zuchelli, Lablache, Ambrogi, etc.
Un *buffo comico*, tels que Graziani […].
Un *basso serio*, tels que Levasseur, Porto, etc.
Un *secondo basso*, tel que Profeti, etc.
Un *secondo tenore*, […] qui puisse remplacer les premiers au besoin.
Deux *seconda Donna*, telles que Rossi et Amigo.
Un *ultima parte*, tel qu'Auletta.
Un *contralto* de premier ordre, tels que Pisaroni, Pasta[23].

Il n'y a certes pas que des Italiens qui chantent aux Italiens. Tout au long de la période, le théâtre engage des artistes de nationalités diverses, qui souvent italianisent leurs noms, procédé régulièrement dénoncé par la presse : « Pour se conformer aux usages du pays, Mlle Villaume a changé la dernière voyelle de son nom, afin de rimer convenablement en *i*, et c'est sous celui de Villaumi qu'elle est annoncée par l'affiche » (*Courrier des théâtres*, 12 janv. 1841). Quand il s'agit d'artistes de premier plan – tels Manuel García, Joséphine Mainvielle-Fodor, Henriette Méric-Lalande, Nicolas-Prosper Levasseur, Maria Malibran, Henriette Sontag, Carolina Ungher, Nicola Ivanoff, Pauline Viardot ou encore Henriette Nissen – peu importe qu'ils ne soient pas italiens de naissance ; leurs origines et leurs expériences mêlées en font des personnalités internationales. Ce qui compte avant tout, ce n'est pas tant qu'ils soient italiens, mais qu'ils représentent une mythique école italienne.

Certains chanteurs lient leurs destins à celui du théâtre, telles Giulia Grisi, entrée en 1832 aux Italiens, où elle se produit encore en 1857, ou Maria Rosaria Amigo, qui y chante à un niveau plus modeste de 1824 à 1850. Pour d'autres, le Théâtre-Italien vient couronner une carrière menée ailleurs ; c'est le cas de Claudio Bonoldi, célèbre interprète de Cimarosa et de Rossini en Italie et en Espagne, qui débute aux Italiens en 1823 à l'âge de quarante ans. Cependant un début ou un passage à ce théâtre, même sans succès, ouvre les portes des théâtres de la péninsule : ainsi, après une apparition peu convaincante, Eugénie Bouffardin est remerciée, reçoit des indemnités et de l'aide pour trouver un contrat en Italie[24]. Mais au-delà des compétences vocales, c'est sur le répertoire que se jouent l'emploi, le type de rôle que le chanteur peut interpréter ainsi que sa réputation. Qu'il reste longtemps aux Italiens ou n'y soit que de passage, il lui faut se constituer et optimiser un capital vocal, scénique et plus largement symbolique, sur scène et hors les murs, au fil des opinions, des textes et des images qui composent son image médiatique.

Si le XIXe siècle voit se multiplier la circulation de compagnies et l'établissement de théâtres d'opéra italien à travers le monde, ceux-ci correspondent à des réalités hétérogènes qui ne permettent pas de conclure à l'existence d'un système de production cohérent des Théâtres-Italiens à l'échelle internationale, ni même à la diffusion d'un modèle d'administration qui émanerait de l'institution parisienne. Derrière le projet politique qui préside à l'établissement et à la longévité du seul théâtre étranger stable, national et subventionné de France, derrière une appellation qui perdure depuis sa fondation en 1815 jusqu'à la fermeture en 1878 (cf. 9.1), se révèle du reste une instabilité sensible dans les modes de gouvernance que le Théâtre-Italien expérimente ou dans ses déplacements successifs de salle en salle. Le socle de son identité reste en définitive l'importance cruciale accordée à une troupe qui représente la part la plus conséquente du budget du théâtre : appelés à plaire à un public exigeant, les chanteurs qui la composent doivent aussi nourrir une émulation perçue comme formatrice pour les chanteurs français.

5.5 Le répertoire du Théâtre-Italien

Céline Frigau Manning

À la veille de l'insurrection de février 1848, le critique Léon Escudier s'en prend au répertoire « usé, fripé et ruiné » des Italiens (*FM*, 23 janv. 1848). Il ne défend pas seulement par là le projet d'un second Théâtre-Italien qui ferait la part belle aux œuvres de Verdi. Il touche aux fondements mêmes du programme politique qui a donné lieu à l'établissement d'un théâtre italien subventionné en France : offrir aux spectateurs et aux chanteurs français des « modèles de la belle exécution » (*FM*, 7 oct. 1838), d'après une conception esthétique française de l'opéra italien fondée sur la vocalité, et faire de ce théâtre « une haute école de chant[1] » susceptible par l'émulation de perfectionner l'art national. Plus que le répertoire en soi, c'est donc l'interprétation de celui-ci qui importe. Et si le cahier des charges de l'institution prévoit la production de deux œuvres nouvelles par saison, il n'impose pas que celles-ci soient des premières absolues : il peut s'agir d'opéras importés de la péninsule, parfois accompagnés de leurs compositeurs qui viennent les adapter au public parisien. Dans cette optique, le Théâtre-Italien ne vise pas tant à soutenir la création par la commande d'œuvres nouvelles qu'à proposer une programmation fondée sur un répertoire stable, attaché à des pièces maîtresses de l'opéra italien, occasionnellement renouvelé par des partitions encore inédites en France. Ainsi, près de quarante *maestri* sont représentés aux Italiens de 1815 à 1848, parmi lesquels aucun ne peut rivaliser avec Rossini, en nombre de représentations et d'œuvres représentées[2]. Le public des Italiens ne connaît de Mozart ou de Cimarosa qu'une poignée d'opéras, et s'il découvre, à partir des années 1830, ceux de Bellini et de Donizetti, les plus appréciés d'entre eux atteignent la centaine de représentations quand *Il Barbiere di Siviglia* en comptabilise près de 320 en 1848.

L'art de la reprise : une étude de la programmation

Le répertoire du Théâtre-Italien relève donc d'un système productif distinct de celui en vigueur dans les théâtres lyriques de la péninsule. En effet, les plus importants d'entre eux, tels le San Carlo de Naples, La Fenice de Venise et le Teatro alla Scala de Milan, ne tirent pas leur prestige que de leurs têtes d'affiche, mais de commandes régulières d'œuvres nouvelles. De ce point de vue le fonctionnement du Théâtre-Italien ne se rapproche pas tant de celui des salles italiennes de second rang, moins bien loties financièrement, qu'il ne répond à une stratégie de programmation où les premières absolues ne représentent qu'une part très limitée. La décennie 1820 n'en comptabilise que quatre : *Il Fazzoletto* (1820) de Manuel García, *Il Viaggio a Reims* de Rossini (1825), puis *La Casa del bosco* (1828) de Louis Niedermeyer et, la même année, *Clari* (1828) de Fromental Halévy. Si les commandes ne sont donc pas réservées aux *maestri* italiens, la décennie suivante est surtout marquée par la création de *I Puritani* (1835) de Bellini. L'opéra dépasse en quatorze ans les 130 représentations, tandis que les autres créations composées pour les Italiens dans les années 1830 n'atteignent pas les dix soirées : *Fausto* (1831) de Louise Bertin, *Il Bravo* (1834) de Marco Aurelio Marliani, *Ernani* (1834) de Vincenzo Gabussi, *Marino Faliero* (1835) de Donizetti, *I Briganti* (1836) de Saverio Mercadante, *Ildegonda* (1837) de Marliani et *Malek-Adel* (1837) de Michele Costa. Il faut ensuite attendre 1843 pour que le Théâtre-Italien programme deux premières absolues : *Don Pasquale* (1843) de Donizetti, qui atteint presque les 50 représentations en six ans, et *Il Fantasma* (1843) de Giuseppe Persiani, qui ne réussit pas à percer.

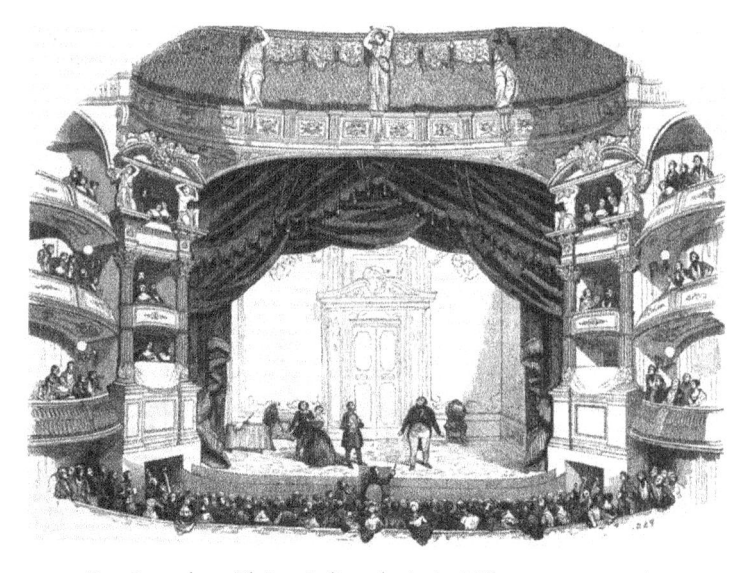

Don Pasquale au Théâtre-Italien, dessin in *L'Illustration*, avr. 1843.

Aux côtés de Rossini, seuls parviennent à se maintenir Mozart et Cimarosa – *Don Giovanni* et *Il Matrimonio segreto* comptabilisant sur toute la période près de 150 représentations –, puis Bellini et Donizetti. Plus de la moitié des autres compositeurs ne figurent dans la programmation des Italiens qu'avec une ou deux œuvres, y compris lorsqu'il s'agit de figures renommées en France, tels le chanteur García, ou Halévy et Meyerbeer qui brillent pour leurs opéras français. Même Ferdinando Paër, pourtant longtemps actif au sein de l'administration des Italiens, pâtit du triomphe de Rossini, de même que les compositeurs de la génération précédente – tels Valentino Fioravanti, Pietro Generali ou Nicolò Antonio Zingarelli – ou ceux de sa génération : Simon Mayr, Francesco Morlacchi, Giovanni Pacini et Nicola Vaccai sont ainsi sous-représentés au Théâtre-Italien par rapport à la popularité dont ils continuent de bénéficier dans la péninsule. Mozart connaît pour sa part un sort particulier. Si *Così fan tutte* (1re au TI, 1809) et *La Clemenza di Tito* (1re au TI, 1816) restent les parents pauvres de sa production aux Italiens, *Don Giovanni* (1re au TI, 1811) et *Le Nozze di Figaro* (1re au TI, 1807), qui y sont créés lors de la même décennie, recueillent une audience pérenne. La réputation de jeune prodige dont jouit Mozart en France joue en leur faveur : associé à la précocité du génie, le compositeur mort depuis plusieurs décennies est un symbole de modernité et fait figure d'anti-classiciste, au détriment de maîtres italiens comme Paisiello. Une nouvelle querelle des anciens et des modernes est alors mise en scène ; s'y posent les mêmes interrogations qu'aux rossinistes par la suite, l'écoute aux Italiens s'appréhendant sur le mode d'un plaisir mystique, de la pureté d'un culte dont tout le problème est de savoir s'il est mono ou polythéiste. Peut-on trouver un « double plaisir à jouir de deux beaux talents, [...] ne vouloir en admirer qu'un quand on en peut admirer deux », se demandait la *Gazette de France* le 28 décembre 1808 ? C'est à cet équilibre que parvient le Théâtre-Italien, quand, selon la formule du *Courrier des spectacles* (6 mai 1821), « Mozart et Rossini sont les seuls talismans qui puissent attirer le public ». Les comparaisons foisonnent, et se cristallisent sur les deux Figaro. Si Rossini se trouve désormais associé à la jeunesse et à la vitalité, le défi que les opéras mozartiens posent à la distribution s'articule aux contraintes du régime vedettarial des Italiens : « malheureusement il n'y a pas dans le répertoire du théâtre italien un ouvrage plus difficile à monter [que *Don Giovanni*] », lit-on dans *Le Semainier* du 19 mai 1826 ; « tous les rôles sont importants et il faudrait qu'ils fussent joués par des premiers sujets, ce qui est impossible ». La résolution peut en être éclatante comme lors de la reprise de 1828, qui porte à l'affiche, pour le plus grand plaisir du public, les deux chanteuses rivales du moment, Maria Malibran dans le rôle de Zerlina et Henriette Sontag en Donna Elvira.

Les œuvres de Rossini à Paris

La troupe des Italiens joue de fait un rôle crucial dans la diffusion et la consolidation du répertoire rossinien[3]. Plusieurs générations de chanteurs s'y consacrent. Le public du théâtre découvre la musique du Cygne de Pesaro en 1816 à l'occasion de concerts, puis l'année suivante lors de la création parisienne de *L'Italiana in Algeri* (Venise, 1813) avec Manuel García et Rosa Morandi dans les rôles principaux[4]. La seconde représentation d'*Il Barbiere di Siviglia* en 1819 marque un tournant, quand Joséphine Fodor-Mainvielle y remplace triomphalement Giuseppina Ronzi de Begnis dans le rôle de Rosina[5]. Dès avant l'installation du compositeur à Paris, l'institution porte à l'affiche plusieurs de ses opéras, dont trois qu'elle retire après seulement quelques représentations – *Torvaldo e Dorliska* (Rome, 1815) en 1820 (repris en 1827 pour les débuts de la Malibran), *La Pietra del paragone* (Milan, 1812) en 1821, *Elisabetta, regina d'Inghilterra* (Naples, 1815) en 1822. Respectivement créés aux Italiens en 1819 et 1820, *L'inganno felice* (Venise, 1812) et *Il Turco in Italia* (Milan, 1814) ont bien plus de succès, comptabilisant environ une cinquantaine de représentations tout au long de la période.

Avec l'essor du rossinisme et la fièvre des *dilettanti*, galvanisée par la présence du compositeur à Paris, le Théâtre-Italien fonde sa programmation sur son répertoire. Huit opéras comptent en centaines le nombre de représentations. Derrière *Il Barbiere di Siviglia*, *La gazza ladra* (Milan, 1817) et *Otello* (Naples, 1816), créés à Paris en 1821, dépassent les 200 représentations en 1848. Viennent ensuite *La Cenerentola* (Rome, 1816), *Semiramide* (Venise, 1823), *Tancredi* (Venise, 1813) et *La donna del lago* (Naples, 1819) ; *L'Italiana in Algeri* frôle pour sa part la centaine de soirées. Seuls quatre opéras d'autres compositeurs dépassent la centaine de représentations : *Don Giovanni*, *Il Matrimonio segreto* de Cimarosa, *I Puritani* et *Norma* (Milan, 1831) de Bellini. Même lorsqu'il s'agit de Rossini, le public et la direction du Théâtre-Italien se montrent conservateurs, puisque seuls dix-huit de ses opéras – pas même la moitié de ses compositions – y sont joués. Cela comprend, outre les opéras déjà cités, *Mosè in Egitto* (Naples, 1818) en 1822 et, avec un succès moindre, *Ricciardo e Zoraide* (Naples, 1818) en 1824 et *Zelmira* (Naples, 1822) en 1826. Tous ces ouvrages sont généralement l'objet de coupes, ajouts et substitutions[6].

Passé le temps des grandes premières rossiniennes, peu de créations sont proposées. La programmation s'appuie sur la reprise des opéras qui assurent succès et rentrées d'argent, l'attention se concentre sur les artistes plus encore que sur les œuvres, et l'attribution successive d'un même rôle à des chanteurs différents nourrit les débats pendant des mois voire des années. Ainsi, l'interprétation que propose Giuditta Pasta du personnage de Desdemona marque tant le public des Italiens que toute chanteuse appelée par la suite à reprendre le rôle, telles Santina Ferlotti ou Henriette Sontag, doit se confronter à son souvenir. Seules Maria Malibran puis Giulia Grisi parviennent à relever le défi. La première propose une prestation qui donne un nouveau souffle à la comparaison, notamment par l'opposition, reprise par le critique Henri Blaze de Bury, entre une Malibran « poétique, ardente, passionnée à l'excès » et une Pasta capable de « fix[er] à jamais le côté classique » du rôle ; entre la « panthère » d'une part, et « le marbre » de l'autre[7]. Quant à Giulia Grisi, qui interprète le rôle une soixantaine de fois en l'espace de quinze ans, de 1833 à 1847, elle paraît puiser au caractère originel du personnage : « Mlle Grisi est bien la Desdémone de Shakespeare ; c'est bien cette douce et tendre Vénitienne, fascinée par l'amour du More, et qui l'aime encore en tombant sous ses coups » (*Courrier des théâtres*, 11 janv. 1835). Ce n'est pas cependant une *prima donna* toute rossinienne. Pas plus que Giuditta Pasta ne se limite au répertoire de Rossini, créant les rôles d'Anna Bolena, Norma et Beatrice dans les œuvres éponymes de Donizetti et de Bellini, Giulia Grisi passe à la postérité comme créatrice de plusieurs rôles de ces compositeurs, Adalgisa dans *Norma*, Elvira dans *I Puritani*, Elena dans *Marino Faliero* et Norina dans *Don Pasquale*. Le répertoire rossinien n'est donc pas seul à soutenir le règne du vedettariat, qui, dans les années 1830, tourne à plein régime sur la scène des Italiens.

Bellini et Donizetti

Avide de chanteurs d'exception et de comparaisons, le public du Théâtre-Italien n'en déplore pas moins la monotonie du répertoire. Ainsi, Théophile Gautier se montre en 1837 soulagé par la création parisienne de *Lucia di Lammermoor* (Naples, 1835) de Donizetti, qui avoisinera en 1848 la centaine de représentations : « Il était temps ! Si résignés et patients que soient les habitués des Bouffes, ils commençaient à être bien fatigués de l'audition des mêmes chefs-d'œuvre, chantés par les mêmes acteurs » ; ceux-ci, ajoute-t-il, « s'endormaient en scène, excédés de dire toujours les mêmes phrases »[8]. Bien que toujours scandée par les reprises rossiniennes, la décennie 1830 ouvre en effet une période nouvelle, lors de laquelle le public parisien va découvrir le répertoire de Bellini et de Donizetti. Il s'agit d'un âge d'or pour le Théâtre-Italien. Soutenue financièrement par le banquier Alejandro María Aguado, capable de réunir avec l'aide de Rossini les plus importants chanteurs de l'époque, la direction conjointe d'Édouard Robert et Carlo Severini commande plusieurs œuvres : à côté de *Marino Faliero* de Donizetti et *I Briganti* de Mercadante, *I Puritani* de Bellini, porté par le légendaire quatuor que forment Giulia Grisi, Giovanni Battista Rubini, Antonio Tamburini et Luigi Lablache, devient l'un des opéras les plus appréciés du public. Si la formule du quatuor gagnant est reprise avec succès pour *Don Pasquale*, avec Mario au lieu de Rubini, le Théâtre-Italien produit régulièrement, jusqu'aux années 1840, les premières françaises d'opéras de Bellini et de Donizetti. Du premier, il découvre d'abord en 1831, quelques mois après sa création absolue en Italie, *La Sonnambula* (Milan, 1831) avec la Pasta dans le rôle-titre. L'opéra fait fureur : s'il n'atteint pas la centaine de représentations comme *I Puritani* et *Norma*, tous deux créés à Paris en 1835, il est avec eux l'un des trois opéras belliniens préférés du Théâtre-Italien, repris chaque année jusqu'en 1848. *Il Pirata* (Milan, 1827) connaît en 1832 un succès moindre mais fait également l'objet de reprises régulières. Les autres œuvres belliniennes portées sur la scène des Italiens n'approchent ou ne dépassent que de peu la dizaine de représentations : *La Straniera* (Milan, 1829), produit en 1832, *I Capuleti e i Montecchi* (Venise, 1830) en 1833 et *Beatrice di Tenda* (Venise, 1833) en 1841, six ans après la mort du compositeur sicilien, survenue en région parisienne en 1835. Moins goûté du public parisien, *I Capuleti* n'en fait pas moins l'objet de représentations en actes séparés, couplés à l'acte III de *Giulietta e Romeo* (Milan, 1796) de Zingarelli ou de l'opéra du même nom de Vaccai (Barcelone, 1827), ou lors de soirées spéciales, bénéfices ou débuts[9]. Quant à Donizetti, il entre au répertoire du Théâtre-Italien en 1831 avec *Anna Bolena* (Milan, 1830), qui atteindra la cinquantaine de représentations dans les années 1840, suivi en 1832 de *L'Ajo nell'imbarrazzo* (Rome, 1824) et en 1833 de *Gianni da Calais* (Naples, 1828), tous deux retirés de la scène après deux soirées. Passées la première absolue de *Marino Faliero* et les quelques représentations qui s'ensuivent en 1835, le compositeur bergamasque fait l'objet d'une véritable décennie donizettienne au Théâtre-Italien : depuis la première parisienne de *Lucia di Lammermoor* fin 1837 jusqu'en 1848, il en occupe environ un quart de la programmation[10]. Non seulement neuf autres opéras donizettiens sont créés à cette période, mais à partir de 1837, pour chacune des premières parisiennes, le *maestro* préside lui-même aux répétitions et procède le cas échéant à des modifications. En 1839, *L'Elisir d'amore* (Milan, 1832) recueille les faveurs du public presque autant que *Don Pasquale*. Si *Lucrezia Borgia* (Milan, 1833) – renommé *La Rinegata* suite à la plainte de Victor Hugo – obtient un succès discret après sa première en 1840, les autres œuvres ne tiennent pas plus d'une dizaine de soirées à l'affiche : *La Parisina* (Florence, 1833), *Roberto Devereux* (Naples, 1837), *Linda di Chamounix* (Vienne, 1842), *Belisario* (Venise, 1836), *Maria di Rohan* (Vienne, 1843) et *Gemma di Vergy* (Milan, 1834). Tous créés aux Italiens entre 1838 et 1845, parfois à peu de distance de leurs premières absolues, ces opéras n'en attestent pas moins l'intérêt des spectateurs pour le répertoire donizettien.

Ainsi, l'institution apparaît dans la première moitié du XIXe siècle comme le royaume de Rossini, dont un nombre d'œuvres limité domine la programmation et confirme le statut de théâtre de répertoire. Cependant, Bellini et Donizetti parviennent à s'affirmer brillamment à partir des années 1830. Les créations parisiennes de leurs opéras sont portées, saison après saison, par la réunion de chanteurs d'exception, dont un certain nombre – tels Grisi, Lablache, Pasta ou Rubini – ont pris part aux premières absolues. L'entrée de Verdi au répertoire des Italiens ne s'effectue pas de manière aussi harmonieuse (cf. 9.2). Par l'écart qu'elles induisent avec les compétences des interprètes favoris du public parisien, et l'idée que ce dernier se fait de l'opéra italien, la production et la réception des œuvres verdiennes – *Nabucco* (Milan, 1842) créé aux Italiens en 1845, *I Due Foscari* (Rome, 1844) et *Ernani* (Venise, 1844) l'année suivante, puis *Luisa Miller* (Naples, 1849) en 1852, une partie d'*Attila* (Venise, 1846) en 1853, et *Il Trovatore* (Rome, 1853) en 1854 – engageront une rupture vis-à-vis du répertoire de l'institution[11].

5.6 LE ROSSINISME ET LA FIÈVRE DES *DILETTANTI*
Céline Frigau Manning

C'est autour de 1813 que la fièvre rossinienne gagne la péninsule italienne, avec l'enthousiasme suscité par *Tancredi* (Venise, 1813) puis par *L'Italiana in Algeri* (Venise, 1813). Cet engouement conquiert vite l'Europe ; il est d'une telle ampleur que Rossini est régulièrement comparé à un conquérant, à grand renfort de références épiques, herculéennes ou napoléoniennes[1]. En France, le public découvre sa musique au Théâtre-Italien, d'abord lors de concerts donnés en 1816, puis en février 1817 à la faveur de la première parisienne de *L'Italiana in Algeri* avec Manuel García et Rosa Morandi dans les rôles principaux[2]. Mais c'est la seconde représentation aux Italiens d'*Il Barbiere di Siviglia* (Rome, 1816), avec Joséphine Fodor-Mainvielle en Rosina, qui lance en 1819 le rossinisme français[3]. L'institution devient dès lors le royaume du *maestro* de Pesaro, et l'une des places maîtresses de la vie culturelle du temps. Si Donizetti et Bellini s'affirment dans les années 1830, la programmation du théâtre est dominée jusqu'à la fin des années 1840 par dix-huit des opéras de Rossini, soit moins de la moitié de sa production[4]. Le compositeur crée pour le Théâtre-Italien *Il Viaggio a Reims* (1825) à l'occasion du couronnement de Charles X, puis pour l'Académie royale de musique (cf. 6.3) *Le Siège de Corinthe* (1826) et *Moïse et Pharaon* (1827), remaniements de *Maometto II* (Naples, 1820) et *Mosè in Egitto* (Naples, 1818), avant de reprendre des pages du *Viaggio* pour *Le Comte Ory* (1828). L'opéra original qu'il compose pour cette même scène, *Guillaume Tell* (1829), est aussi le dernier de sa carrière, et le seul entièrement écrit en français[5]. Ailleurs dans la capitale, au détour de représentations au Théâtre Feydeau ou au Vaudeville, résonne la musique de Rossini, tandis que des arrangements de ses œuvres sont également joués au Théâtre de l'Odéon : cinq de ses opéras sont ainsi présentés en traduction française de 1824 à 1828, *Le Barbier de Séville*, *La Pie voleuse*, *Othello*, *La Dame du lac* et *Tancrède*, auxquels s'ajoute le pastiche *Ivanhoé* (1826), assemblé par Antonio Pacini et Rossini lui-même[6].

Cependant la période ne se caractérise pas seulement par la présence de Rossini à Paris, par son activité officielle auprès de la gouvernance des Italiens dans les années 1820, plus officieuse comme consultant dans les années 1830[7], ou par la stabilité de son répertoire. Ce qui marque particulièrement le monde culturel français, dans un contexte européen dominé par le phénomène Rossini, c'est la fièvre opposant dès 1820 les rossinistes aux antirossinistes[8]. Le débat se répand sous la Restauration à coups d'articles de presse, d'opuscules et de publications diverses, où la controverse est volontiers mise en scène comme un nouvel affrontement des Anciens et des Modernes, sur fond de querelle des Bouffons ou du conflit des gluckistes et des piccinistes de l'Ancien Régime. Ses enjeux vont pourtant bien au-delà : non seulement ils débordent la seule question lyrique, mais ils soulignent l'émergence d'une figure nouvelle de spectateur, celle du *dilettante*.

E. Delacroix, « Théâtre-Italien », gravure offerte aux abonnés du *Miroir des spectacles, des lettres, des mœurs et des arts*, avec le numéro du 13 août 1821. Rossini soutient trois de ses interprètes : à gauche le ténor Manuel García, créateur du rôle d'Otello, au centre la Pasta (Desdemona), à droite Pellegrini (Figaro). Les poches de Rossini débordent de partitions, signe de sa prolixité. Le journal publie ce commentaire railleur : « Rossini soutenant à lui seul tout l'Opéra Italien !. Quel blasphème ! À quoi la témérité du lithographe ne va-t-elle pas nous exposer ? Les foudres du conservatoire sont-elles donc épuisées ? La haine des professeurs de clavecin est-elle éteinte, et M. Berton, qui rédige un article aussi facilement que Rossini compose un opéra, laissera-t-il impunie cette nouvelle agression des détracteurs de l'ancien régime musical ? »

Le dilettante, *figure nouvelle de spectateur*

Le rossinisme français s'embrase à l'occasion du séjour de trois semaines qu'effectue le compositeur à l'automne 1823 à Paris, où il s'installera d'août 1824 à octobre 1836. Accueilli triomphalement dans les salons et aux Italiens, où ses apparitions suscitent l'ovation du public, il est de toutes les conversations et fait l'objet de nombreuses publications. Stendhal, révélé comme l'un de ses plus fervents admirateurs dans ses articles pour *Le Miroir* et le *Journal de Paris*, publie avec à-propos en 1823 sa *Vie de Rossini*, qui connaît un grand succès. L'écrivain y brosse d'une plume vive et personnelle le portrait d'un artiste capable d'affranchir le public des formes anciennes et de dépasser les Paisiello ou Cimarosa. Stendhal n'hésite pas à verser dans l'italianisme et l'anecdote, composant un texte relevant de la chronique du Théâtre-Italien plus encore que de la biographie. Il y prend le parti d'une approche sensible de la musique et de l'art, incarnée par la tradition italienne, contre une conception intellectuelle fondée sur le jugement. Il trace ainsi les contours d'un spectateur idéal, qu'il cristallise ensuite dans ses *Notes d'un dilettante*.

En plein rossinisme, le terme se charge donc d'un sens bien plus fort que dans la langue originale. En italien, *dilettante* signifie « amateur » dans les deux sens du terme : celui qui apprécie et celui qui pratique une discipline de façon non professionnelle. Dans la bouche des Français du premier XIXᵉ siècle, il s'est inscrit dans le langage courant grâce à un contexte d'italophilie touchant l'art en général et le goût du voyage, tout en se référant, dès le tout début du siècle, aux spectateurs français qui prisent la musique italienne[9]. Dans les années 1820, l'adjectif substantivé ne s'affirme pas que sous la plume de Stendhal ou du chroniqueur de *L'Aristarque* qui signe « le Dilettante » : il en vient à désigner plus précisément les passionnés d'opéra italien, en particulier rossinien, aux caractéristiques et attitudes de spectateur bien reconnaissables.

Au Théâtre-Italien, le terme paraît de fait transcender les différences sociales pour embrasser les spectateurs les plus enthousiastes. Les *dilettanti* se retrouvent au théâtre mais aussi dans les salons, tel celui du chanteur et pédagogue Manuel García, rue de Richelieu[10] ; la causerie et la pratique amateur prolongent l'écoute du *dilettante*, et certaines partitions interpellent directement le *dilettante*, illustrant le nouveau marché qui s'ouvre aux éditeurs musicaux, comme le quadrille de Crispiniano Bosisio publié chez Richault en 1848, *Dilettante parisien*. Mais l'élite que ces spectateurs entendent former se caractérise par son exigence, dialoguant avec les directeurs du théâtre par le biais de lettres ou de publications[11]. Un abonné reproche ainsi en 1830 à la direction des Italiens, « au nom de plusieurs locataires de loges », de n'avoir pas encore avoir fait paraître Maria Malibran : « Depuis la rentrée de Mme Malibran, nous ne l'avons entendue qu'une seule fois dans *Sémiramis* et à la seconde représentation [...] Nous n'avons eu encore ni *Otello*, ni le *Barbier*[12]. » En effet, l'une des caractéristiques déclarées de ce public tient à son goût de réécouter[13]. Les *dilettanti* ne viennent pas aux Italiens pour découvrir des opéras nouveaux, mais pour retrouver un répertoire et des artistes dont ils comparent volontiers les prestations. À l'occasion du retour d'Henriette Sontag sur la scène du théâtre en janvier 1828, le feuilletonniste, compositeur et musicographe Castil-Blaze annonce que « tout ce qu'elle chantera est connu, peu importe : on se plaît à entendre les mêmes choses d'une autre manière » (*JD*, 11 janv. 1828). L'écoute des *dilettanti* est si attentive qu'elle en devient proverbiale. Dans *La Comédie humaine*, Balzac évoque des Parisiens qui « ne vont aux Italiens que pour les chanteurs, ou [...] pour remarquer des différences dans l'exécution[14] » ; un employé qui boit les explications de son chef « comme un *dilettante* écoute un air aux Italiens[15] » ; ou encore des voyageurs admirant un paysage de campagne « avec les différences que le changement de perspective lui fait subir, [...] semblables à ces *dilettanti* auxquels une musique donne d'autant plus de jouissances qu'ils en connaissent mieux les détails[16] ». Si la musique est devenue « romantique » quand l'auditeur s'est fait voyageur et s'est mis à l'écouter comme on contemple un paysage[17], la comparaison balzacienne renforce ce paradigme visuel tout en le renversant. De même le romancier, habitué du Théâtre-Italien, va-t-il jusqu'à inverser la perspective : il ne se contente pas de comparer les *dilettanti* à de scrupuleux pratiquants, ce sont les plus pieux des pratiquants mêmes, ceux qui s'attardent à l'église une fois la messe dite, qu'il qualifie de « *dilettanti* de la dévotion[18] ». Avec toute leur fièvre et leur revendication de jouissance esthétique, les *dilettanti* ne se présentent donc pas comme de simples hédonistes musicaux. Le rossinisme prend pour eux des allures de religion ; une religion de l'émotion musicale avec ses rites, ses croyances, ses traditions, reposant sur une représentation du monde et de l'homme conçu comme être de sensibilité, rassemblant ses fidèles lors des premières, débuts, bénéfices, adieux, concerts, qui rythment la vie de son sanctuaire – le Théâtre-Italien – pour honorer les *dive* et *divi* médiateurs de leurs expériences esthétiques. Ce qui paraît les souder en une communauté, ce sont les larmes qu'ils versent d'émotion, et plus largement la communication qui les lie aux chanteurs et qui s'inscrit dans une économie lyrique du vedettariat. Ce mode de relation affectif et énergétique entre la scène et la salle se veut plus fort encore que dans d'autres lieux. Les images qui se dégagent du public de *dilettanti* des Italiens tendent à le présenter comme « plus » ceci, « plus » cela par rapport à d'autres. C'est donc par l'excès que les *dilettanti* se trouvent définis, par eux-mêmes ou par leurs détracteurs.

Anti-rossinisme et anti-dilettanti

Non seulement le comportement des *dilettanti* fait le sel des caricaturistes, qui croquent à l'envi des visages déformés par la concentration ou des ovations déchaînées[19], mais il est au cœur de la polémique opposant rossinistes et antirossinistes. De fait, la critique de la figure du *dilettante* contribue activement, dès les années 1820, aux levées de boucliers que Rossini suscite en France. Berlioz qualifie le *dilettante* de « fanatique » dans ses toutes premières publications en (*Le Corsaire*, 12 août 1823, 11 janv. 1824). Pour lui, le terme désigne les amateurs d'opéra italien selon deux sens, comme passionnés et ignorants à la fois : ce sont ceux qui jugent sans approfondir, ceux qui défendent Rossini sans réflexion contre les défenseurs de la musique française. Le *dilettante* apparaît à Berlioz comme l'adepte d'une religion sensuelle, fondée sur le culte de l'effet, et à laquelle il se voue aveuglément tel un illuminé. C'est dans le même esprit que le critique érudit Joseph d'Ortigue publie en 1829 son pamphlet *De la Guerre des dilettanti, ou de la révolution opérée par M. Rossini dans l'opéra français ; et des rapports qui existent entre la musique la littérature et les arts*. Il appréhende la frange la plus passionnée du public des Italiens comme un ensemble homogène, en ce qu'ils forment à ses yeux un « peuple *dilettante*, [...] musiqué, parfumé et de bon ton, qui est à peu près à la musique ce que les doctrinaires sont à la politique[20] ». Car ce qui est en cause à travers le type du *dilettante*, c'est une nouvelle sociabilité musicale fondée sur une approche mondaine de l'art vouée au plaisir. Or d'Ortigue entend surtout proposer un bilan critique de l'influence musicale de Rossini d'un point de vue moral et spirituel.

En effet, au-delà du type du *dilettante* dont Stendhal incarne le modèle idéal et donc une cible commune, l'anti-rossinisme se déploie selon des positionnements et des enjeux variés[21]. Au moment où triomphent sur la scène des Italiens *Il Barbiere di Siviglia*, *Otello* et bientôt *La gazza ladra*, c'est le périodique *L'Abeille* qui rallie les opposants à Rossini et accueille en 1821 un pamphlet intitulé *De la musique mécanique et de la musique philosophique*[22]. Dans cette diatribe rééditée en 1826, le compositeur Berton, membre de l'Institut et professeur au Conservatoire, prend la défense d'un art musical français qu'il présente comme fort de sa tradition de la tragédie lyrique et d'une génération de compositeurs tels Catel, Le Sueur, Méhul. Pour Berton, ces derniers doivent être préservés de toute contamination devant une déferlante rossinienne perçue comme une invasion. Or Rossini s'est imposé en France sous le signe du romantisme musical, auréolé de ses succès à l'étranger et d'une renommée d'Italien « germanisé » ; aussi Berton en compare-t-il la musique à une architecture gothique appréhendée comme impure et menaçant le bon goût français[23]. Le journaliste ultraroyaliste Jean-Toussaint Merle, auteur d'une *Lettre à un compositeur français sur l'état actuel de l'opéra* publiée en 1827, s'inscrit dans un même combat nationaliste, plus exacerbé encore. Ainsi Rossini nourrit le débat esthétique sous la Restauration ; mais si le parallèle entre rossinisme musical et romantisme littéraire devient l'un des lieux communs de la critique du temps, les enjeux de la controverse sont aussi d'ordre social, idéologique et identitaire.

Le débat se poursuit par la suite de manière moins véhémente, tandis que la musique de Rossini ne cesse d'enthousiasmer le public parisien et couvre un tiers des représentations du Théâtre-Italien dans les années 1830-1840. Certes, c'est en des termes satiriques que le critique Léon Escudier évoque dans *La France musicale*, à la veille de l'insurrection de février 1848, l'attachement des *dilettanti* au répertoire et aux chanteurs rossiniens : « Le public des bouffes a des oreilles toutes particulières [...] ; pendant vingt-cinq ans encore il arrivera tranquillement à sa place, traîné dans ses vieux équipages, par ses vieux chevaux, et il s'enthousiasmera devant une vieille roulade exécutée par une vieille cantatrice » (23 janv. 1848). Mais si cette revue montre une telle hostilité après avoir tant soutenu l'opéra italien, c'est que ses fondateurs – les frères Escudier – sont désormais les éditeurs et défenseurs de Verdi. Celui-ci ne suscitera pas en France la même déferlante que le compositeur de Pesaro. Si la musique de Rossini et plus largement le rossinisme français ont tant marqué la vie parisienne, ce n'est pas qu'à la faveur de mélodies efficaces ou de *dilettanti* enflammés. C'est que cette musique, perçue comme « un symbole audible de la modernité romantique[24] », s'inscrit plus largement dans la vie culturelle et politique du temps, et encourage l'émergence d'une forme nouvelle de réception et de sociabilité théâtrale.

Notes de 5.1

1. Collection quasi complète de ces livrets, parus chez Mestayer, Hocquet, Mme Masson, Coniam, Roullet, Pihan Delaforest ou Lange Lévy, in F-Po. Voir C. Frigau Manning, *Chanteurs en scène. L'œil du spectateur au Théâtre-Italien (1815-1848)*, Paris : Honoré Champion, 2014, p. 727-740 ; R. Vernazza, *Verdi e il Théâtre Italien di Parigi (1845-1856)*, thèse de doctorat, université de Tours-université de Milan, 2018, p. 175-185.
2. J. L. Johnson, *The Théâtre Italien and Opera and Theatrical Life in the Restoration. Paris : 1818-1827*, PhD., University of Chicago, 1988, p. 291.
3. A. D'Azzia, *Sur le rétablissement d'un théâtre bouffon italien à Paris*, Paris : Huet-Charon, 1801, p. 9, 31-32.
4. Arrêté du 14 nov. 1818, F-Pan, AJ^{13} 109.
5. P. Porel et G. Monval, *L'Odéon [...] (1818-1853)*, Paris : A. Lemerre, 1882, vol. 2 ; M. Everist, *Music Drama at the Paris Odéon, 1824-1828*, Berkeley : UCP, 2002.
6. S. Féron, « Castil-Blaze, traducteur et promoteur du théâtre lyrique étranger en France (1817-1857) », in M. Bouchardon et A. Ferry éd., *Rendre accessible le théâtre étranger (XIXe-XXIe siècles)*, Villeneuve-d'Ascq : Presses universitaires du Septentrion, 2017, p. 177-192.
7. J.-G. Prod'homme, « *Robin des Bois* et le *Freyschütz* à Paris (1824-1926) », *Mén.*, 22 oct. 1926, p. 438.
8. M. Everist, « Theatres of Litigation : Stage Music at the Théâtre de la Renaissance, 1838-1840 », *COJ*, 16/2, juil. 2004, p. 133-161.
9. *La Défense d'amour*, livret de Th. M. Dumersan, à partir de *Das Liebesverbot* (Magdebourg, 1836) ; *Une aventure de Scaramouche*, livret de Ph.-A.-A. Pittaud de Forges, arrangement musical de F. von Flotow, à partir de *Un'avventura di Scaramuccia* (Milan, 1834). Voir M. Everist, « Donizetti and Wagner : *opéra de genre* at the Théâtre de la Renaissance », in *Giacomo Meyerbeer and Music Drama in Nineteenth-Century Paris*, Aldershot : Ashgate, 2005, p. 309-341.
10. Castil-Blaze, *De l'opéra en France*, Paris : Janet et Cotelle, 1820, vol. 2, chap. XIII, « Des traductions, parodies et centons », p. 145-191 ; *Dictionnaire de musique moderne*, 2 vol., Paris : Au magasin de musique de la lyre moderne, 1821 ; *L'Art des vers lyriques*, Paris : Adolphe Delahays, 1858, chap. 3, « Des traductions d'opéras ».
11. Castil-Blaze, *De l'opéra en France*..., p. 145-146.
12. *Ibid.*, p. 160-162.
13. *Ibid.*, p. 17.
14. *Ibid.*, p. 179.
15. G. Loubinoux, « Castil-Blaze : un Don Quichotte de la bâtardise chez les romantiques », in Ph. Bourdin et G. Loubinoux éd., *La Scène bâtarde : entre Lumières et romantisme*, Clermont-Ferrand : PUBP, 2004, p. 77-89.
16. Castil-Blaze, *De l'opéra en France*..., p. 158.
17. *Ibid.*, p. 181.
18. G. Loubinoux, « Castil-Blaze, héritier des querelles du XVIIIe siècle et artisan de la diffusion du répertoire italien en France au XIXe siècle », *Revue Musicorum*, 3, 2004.
19. S. Féron, « Berlioz *versus* Castil-Blaze : retour sur une querelle », in *Bulletin de l'Association Nationale Hector Berlioz*, 51, janv. 2017 p. 6-40.

20. P. Smith [pseud. d'E. Monnais], « De la traduction des opéras », *RGMP*, 30 juil. 1843, p. 263-265.
21. *Ibid.*, p. 265.
22. M. Bourges, « *Louise Miller* », *RGMP*, 6 fév. 1853, p. 41.
23. C. Schneider, « La critique parisienne et la question de l'opéra traduit (1820-1870) », *Lieux littéraires / La Revue*, université Paul-Valéry, Montpellier III, juin 2004, p 31-46.

Notes de 5.2

1. É. Fétis, « Revue d'un demi-siècle : l'opéra allemand à Paris », *RGMP*, 23 fév. 1851, p. 57-58.
2. B. Cannone, *La Réception des opéras de Mozart dans la presse parisienne (1793-1829)*, Paris : Klincksieck, 1991.
3. C. Schneider, « La fortune du *Freischütz* de Weber à Paris en 1824 : aux origines de l'invention française du fantastique à l'opéra », in A. Dratwicki et A. Terrier éd., *Le Surnaturel sur la scène lyrique [...]*, Lyon : Symétrie, 2012, p. 165-196 ; M. Everist, « Castil-Blaze et la réception de Weber (1824-1857) », in A. Dratwicki et A. Terrier éd., *Art lyrique et transferts culturels*, Les colloques de l'Opéra Comique, en ligne sur http://www.bruzanemediabase.com
4. Castil-Blaze, *L'Académie Impériale de musique [...]*, 2 vol., Paris, 1855.
5. M. Everist, « Translating Weber's *Euryanthe* [...] », *Rdm*, p. 67-104.
6. M. Everist, *Music Drama at the Paris Odéon, 1824-1828*, UCP, 2002, p. 271-277.
7. J. Mongrédien, « À propos des premières éditions françaises de *Fidelio* », in J.-M. Fauquet éd., *Musique, signes, images [...]*, Genève : Minkoff, 1988, p. 207-216.

Notes de 5.3

1. A. Sallès, *L'Opéra italien et allemand à Lyon au XIXe siècle, 1805-1882*, Paris : E. Fromont, 1906.
2. J. Mongrédien, *La Musique en France des Lumières au Romantisme (1789-1830)*, Paris : Flammarion, 1986, p. 317-325 ; B. Cannone, *La Réception des opéras de Mozart*, p. 73-80.
3. F. Lesure éd., *La Musique à Paris en 1830-1831*, Paris : Bibliothèque nationale, 1983, p. 61-64 ; J. Mongrédien, « Les débuts parisiens de Wilhelmine Schröder-Devrient (1830-1831) », in A. Beer, K. Pfan, W. Ruf éd., *Festschrift Christoph-Hellmut Mahling zum 65. Geburtstag*, t. 2, Tützing : Schneider, 1997, p. 935-946 ; C. Schneider, « L'émergence de *dilettanti* germanophiles à Paris au contact de la troupe lyrique allemande de Joseph August Röckel (1829-1831) », in C. Giraud-Labalte et P. Barbier éd., *Les Années du Romantisme. Musique et culture entre Paris et l'Anjou (1823-1839)*, Rennes : PUR, 2012, p. 109-132.
4. J. Mongrédien, *Le Théâtre-Italien de Paris (1801-1831) : chronologie et documents*, vol. 8, Lyon : Symétrie, 2008, p. 423.
5. M. Everist, « Translating Weber's *Euryanthe* ».
6. O. Fouque, *Histoire du Théâtre Ventadour (1829-1879)*, Paris : Fischbacher, 1881, p. 93-94.
7. F-Pan, F[21] 1091 ; F-Po, registre Op. Com. 274 et Dossier Arch. Th. Nautique ; O. Fouque, *Histoire du Théâtre Ventadour*, p. 59-60.

8. J. Benedict à M. Cavé, chef de la division des Beaux-Arts du Ministère de l'Intérieur, 18 mai 1837 et réponse de Cavé à J. Benedict, 10 juin 1837, F-Pan, F[21] 1036.

Notes de 5.4

1. E. Rosseeuw Saint-Hilaire, « Voyages. Lisbonne », *Revue de Paris*, 19 juil. 1837.
2. B. Walton, « Italian Operatic Fantasies in Latin America », *Journal of Modern Italian Studies*, 17/4, 2012, p. 460-471.
3. Si les théâtres italiens européens, en particulier ceux de Londres, Paris ou Vienne, ont fait l'objet de nombreux travaux, les salles et compagnies diffusant l'opéra italien hors d'Europe au XIXe siècle constituent un terrain d'enquête en pleine expansion. Voir notamment, pour l'Amérique du Nord, B. A. McConachie, « New York Operagoing, 1825-50 : Creating an Elite Social Ritual », *American Music*, 6, 1988, p. 181-189 ; K. K. Preston, *Opera on the Road. Traveling Opera Troupes in the United States, 1825-60*, Urbana-Chicago : University of Illinois Press, 1993 ; K. Ahlquist, *Democracy at the Opera : Music, Theater, and Culture in New York City, 1815-60*, Urbana-Chicago : University of Illinois Press, 1997. Pour l'Amérique du Sud, J. Rosselli, « The Opera Business and the Italian Immigrant Community in Latin America 1820-1930 : The Example of Buenos Aires », *Past & Present*, 127, 1990, p. 155-182, et « Latin America and Italian Opera : A Process of Interaction 1810-1930 », *Revista de musicologia*, 16/1, 1993, p. 139-145 ; N. Vogeley, « Italian Opera in Early National Mexico », *Modern Language Quarterly*, 57/2, 1996, p. 279-288 ; B. Walton, « Rossini in Sudamerica », *Bollettino del Centro Rossiniano di Studi*, 51, 2011, p. 111-136 ; A. E. Cetrangolo, *Ópera, barcos y banderas : el melodrama y la migración en Argentina, 1880-1920*, Madrid : Biblioteca Nueva, 2015. Pour l'Inde, E. Rocha, *Imperial Opera : the Nexus Between Opera and Imperialism in Victorian Calcutta and Melbourne, 1833-1901*, PhD., University of Western Australia, 2012 ; B. Walton, "L'italiana in Calcutta", in S. Aspden éd., *Operatic Geographies. The Place of Opera and the Opera House*, Chicago : UCP, 2018, p. 119-132.
4. P. Scudo, « Théâtre-Italien », *L'Année musicale*, Paris, Hachette, 1861, p. 58 sq.
5. J. Rosselli, *Singers of Italian Opera : the History of a Profession*, Cambridge : CUP, 1992.
6. « Les Théâtres lyriques de Paris. Le Théâtre-Italien », *Revue moderne*, 37, 1866, p. 300.
7. A. Di Profio, « Introduction », in D. Colas et A. Di Profio éd., *D'une scène à l'autre, l'opéra italien en Europe*, vol. 1 : *Les Pérégrinations d'un genre*, Wavre : Mardaga, 2009, p. 5-11.
8. A. Fabiano, *Histoire de l'opéra italien en France, 1752-1815 [...]*, Paris : CNRS Éd., 2006 ; A. Di Profio, *La Révolution des Bouffons. L'opéra italien au Théâtre de Monsieur 1789-1792*, Paris : CNRS Éd., 2003.
9. R. Di Benedetto, « Poétiques et polémiques », trad. C. Pirlet, in L. Bianconi et Giorgio Pestelli éd., *Histoire de l'opéra italien*, vol. 6, *Théories et techniques, images et fantasmes* [1988], Liège : Mardaga, 1995, p. 5-91 ; G. de Van, « Teatralità francese e senso scenico italiano nell'opera dell'Ottocento », in P. Petrobelli et F. Della Seta éd., *La realizzazione scenica dello spettacolo verdiano*, Parma : Istituto nazionale di studi verdiani, 1996, p. 167-186.
10. C. Sajaloli, *Le Théâtre Italien et la société parisienne 1838-1879*, thèse de doctorat, université de Paris I (Panthéon-Sorbonne), 1987 ; J. L. Johnson, *The Théâtre Italien*

and Opera and Theatrical Life in Restoration Paris, 1818-1827, PhD., University of Chicago, 1988 ; J. Mongrédien, *Le Théâtre-Italien de Paris 1801-1831*. ; C. Frigau Manning, *Chanteurs en scène. L'œil du spectateur au Théâtre-Italien (1815-1848)*, Paris : Honoré Champion, 2014.
11. N. Wild, *Dict.*
12. A. Soubies, « La direction Robert », in *Le Théâtre-Italien de 1801 à 1913*, Paris : Fischbacher, 1913, p. 41-108.
13. R. Vernazza, « "L'une des gloires de la capitale" : il Théâtre Italien di Parigi, 1838-1848 », in L. Aragona et F. Fornoni éd., *Don Pasquale. Un romano a Parigi*, Quaderni della Fondazione Donizetti, 43, 2015, p. 25-44.
14. Ch. Charle, *Théâtres en capitales. Naissance de la société du spectacle à Paris, Berlin, Londres et Vienne. 1860-1914*, Paris : Albin Michel, 2008, p. 55, plus largement p. 54-101.
15. Pour une analyse systématique portant sur les années de l'administration commune avec l'Académie (1819-1827), voir J. L. Johnson, *The Théâtre Italien*, table 11 : « Salaires des chanteurs, 1819-1827 », p. 299-301.
16. G. Le Pic, « De la subvention du Théâtre-Italien », *Gazette musicale de Paris*, 18 juin 1843. Voir aussi Castil-Blaze, « De la nécessité d'accorder une subvention au Théâtre-Italien », *FM*, 11 juin 1843.
17. *Année littéraire*, I, lettre XV, p. 336, cité in A. Fabiano, *Histoire de l'opéra italien*, p. 41.
18. *Théâtre royal Italien. Correspondance* […], [5 juin 1818-31 déc. 1823], F-Po, AD 34, p. 1-3.
19. Vicomte de La Rochefoucauld à F.-A. Habeneck, 13 oct. 1824, 4 déc.1824, 27 déc. 1824 (F-Pan, AJ^{13} 114), 22 et 23 fév. 1825 (F-Pan, AJ^{13} 115) ; voir également les rapports d'examens (F-Pan, AJ^{13} 114, 119).
20. C. Frigau Manning, *Chanteurs en scène*, p. 222-239.
21. Arrêté de nomination de M. Grasset, 9 juin 1818, F-Pan, AJ^{13} 131/V.
22. *Ibid.*
23. Arrêté du 7 oct. 1827, F-Pan, AJ^{13} 109.
24. Vicomte de La Rochefoucauld, 23 avr. 1825, F-Pan AJ^{13} 115, pièce 512.

Notes de 5.5

1. G. Le Pic, « De la subvention du Théâtre-Italien », *RGMP*, 18 juin 1843.
2. Pour une chronologie des spectacles sur la période 1801-1831, voir J. Mongrédien, *Le Théâtre-Italien de Paris* ; sur la période 1815-1848, voir C. Frigau Manning, *Chanteurs en scène*, p. 569-628 ; sur la période 1845-1856, voir R. Vernazza, *Verdi e il Théâtre Italien di Parigi (1845-1856)*, thèse de doctorat, université de Tours-université de Milan, 2018, p. 300-313.
3. J. L. Johnson, « Rossini e le sue opere al Théâtre Italien a Parigi », in M. Bucarelli éd., *Rossini 1792-1992. Mostra storico-documentaria*, Perugia : Electa, 1992, p. 221-244.
4. J. Mongrédien, *Le Théâtre-Italien de Paris*, vol. 1, p. 52.
5. J. Mongrédien, *La Musique en France…*, p. 130.
6. P. Gossett, *The Operas of Rossini : Problems of Textual Criticism in Nineteenth-Century Opera*, PhD., University of Princeton, 1970 ; ainsi que les introductions aux

volumes de chaque opéra dans l'édition complète des œuvres de Rossini (Pesaro : Fondazione G. Rossini).
7. H. Blaze de Bury, « Lettre à Rossini » [1844], repris in *Musiciens contemporains*, Paris : Michel Lévy frères, 1856, p. 253.
8. Th. Gautier, *Histoire de l'art dramatique en France [...]*, 6 vol., Leipzig : Hetzel, 1858-1859, vol. 1, p. 78-79.
9. C. Frigau Manning, *Chanteurs en scène*, p. 580, 596, 619-620.
10. Sur la saison donizettienne du Théâtre-Italien, et pour une bibliographie plus complète de l'activité du compositeur à Paris, voir R. Vernazza, « "L'une des gloires de la capitale" : il Théâtre Italien di Parigi, 1838-1848 », L. Aragona et F. Fornoni éd., *Don Pasquale. Un romano a Parigi, Quaderni della Fondazione Donizetti*, n° 43, 2015, p. 25-44 ; S. Rollet, *Donizetti et la France, histoire d'une relation ambiguë (1831-1897)*, thèse de doctorat, université de Versailles-St-Quentin en Yvelines, 2012.
11. R. Vernazza, *Verdi e il Théâtre Italien di Parigi (1845-1856)*, et plus largement, sur le répertoire du Théâtre-Italien après 1848, S. Rollet, « Le Théâtre-Italien et son répertoire sous le Second Empire », in J.-C. Yon éd., *Les Spectacles sous le Second Empire*, Paris : Armand Colin, 2010, p. 202-212.

Notes de 5.6

1. E. Senici, *Music in the Present Tense : Rossini's Italian Operas in Their Time*, Chicago : UCP, 2019 ; C. Steffan éd., *Rossiniana. Antologia della critica nella prima metà dell'Ottocento*, Pordenone : Edizioni Studio Tesi, 1995.
2. J. Mongrédien, *Le Théâtre-Italien de Paris*, vol. 1, p. 52.
3. J. Mongrédien, *La Musique en France...*, p. 130.
4. Chronologie des spectacles, in C. Frigau Manning, *Chanteurs en scène. L'œil du spectateur au Théâtre-Italien (1815-1848)*, Paris : Honoré Champion, 2014, p. 569-628.
5. Sur Rossini et la France, voir J.-M. Bruson, *Rossini à Paris*, cat. d'exp., Paris : Société des Amis de Carnavalet, 1992 ; J. L. Johnson, « Rossini e le sue opere al Théâtre Italien a Parigi », et M. E. C. Bartlet, « Rossini e l'Académie Royale de Musique », in M. Bucarelli éd., *Rossini 1792-1992 : Mostra storica-documentaria*, Perugia : Electa, 1992, p. 221-244 et p. 245-266 ; B. Walton, « Rossini and France », in E. Senici éd., *The Cambridge Companion to Rossini*, Cambridge : CUP, p. 25-36 ; voir aussi G. Rossini, *Lettere e documenti*, B. Cagli et S. Ragni éd., 4 vol., Pesaro : Fondazione G. Rossini, 1992-2004 ; G. Rossini, *Lettere e documenti*, S. Ragni éd., vol. 4, t. V, Pesaro : Fondazione G. Rossini, 2016.
6. M. Everist, *Music Drama at the Paris Odéon, 1824-1828*, Berkeley : UCP, 2002, p. 181 et suiv., p. 227 ; F. Nicolodi, « Un *pastiche* di Rossini : *Ivanhoé* e il medioevo reinventato », in *49a Settimana Musicale Senese : 23-29 luglio 1992*, Siena : Fondazione Accademia Musicale Chigiana, 1992, p. 135-157.
7. J. L. Johnson, « Rossini, artistic director of the Théâtre Italien, 1830-1836 », in P. Fabbri éd., *Gioachino Rossini 1792-1992. Il testo e la scena*, Pesaro : Fondazione Rossini, 1994, p. 599-622.
8. Sur la réception parisienne des œuvres de Rossini, voir notamment F. Nicolodi, « Rossini a Parigi e la critica musicale », in D. Spini éd., *Studi e fantasie [...]*, Florence : Passigli, 1996, p. 193-219 ; P. Fabbri, « Rossini in Paris vor Rossinis Ankunft : Einige Bemerkungen zur Debatte über Rossinis Musik von 1821-1823 »,

in B.-R. Kern et Reto Müller éd., *Rossini in Paris : Tagungsband*, Leipzig : Leipziger Universitätsverlag, 2002, p. 201-251 ; sur la réception ailleurs en Europe, voir D. Gallo, *Gioachino Rossini : A Guide to Research*, New York : Routledge, 2002.
9. J. Mongrédien, *Le Théâtre-Italien*, vol. 1, p. 26.
10. J. L. Johnson, *The Théâtre Italien*, p. 50-51.
11. *Observations désintéressées sur l'administration du Théâtre royal Italien adressées à M. Viotti, Directeur de ce Théâtre, par un dilettante*, Paris : [s. n.], 1821 ; F. Paër, *M. Paër, ex-directeur du théâtre de l'Opéra italien, à MM. les « dilettanti »*, [Paris] : V. ve Ballard, [1827].
12. Delanneau à Robert, [Paris], 3 oct. 1830, F-Po, LAS Th. It. 2, C. 108 bis.
13. A. Di Profio, *La Révolution des Bouffons [...]*, Paris : CNRS Éd., 2003, p. 122-126.
14. H. de Balzac, *Petites misères de la vie conjugale*, in *La Comédie humaine. Œuvres complètes de M. de Balzac. XVIII*, Paris : Furne, 1855, p. 47.
15. H. de Balzac, *Les Employés ou la Femme supérieure*, in *La Comédie humaine. Œuvres complètes de M. de Balzac. XI*, Paris : Furne, 1844, p. 201.
16. H. de Balzac, *Les Chouans, ou la Bretagne en 1799*, in *La Comédie humaine. Œuvres complètes de M. de Balzac. IV*, Paris : Furne, 1845, p. 8.
17. E. Reibel, *Comment la musique est devenue « romantique ». De Rousseau à Berlioz*, Paris : Fayard, 2013.
18. H. de Balzac, *Modeste Mignon*, in *La Comédie humaine. Œuvres complètes de M. de Balzac. IV*, Paris : Furne, 1845, p. 217.
19. J. H. Johnson, *Listening in Paris. A Cultural History*, Berkeley : UCP, 1995.
20. J. d'Ortigue, *De la Guerre des dilettanti* [1829], in *Le Balcon de l'Opéra* [1833], F. Lesure éd., Genève-Paris : Minkoff, 2002, p. 149.
21. O. Bara, « Les voix dissonantes de l'anti-rossinisme français sous la Restauration », *Chroniques italiennes*, 77/78, p. 107-125.
22. H. M. Berton, *De la musique mécanique et de la musique philosophique* [1821], Paris : Alexis Eymery, 1826.
23. E. Reibel, *Comment la musique est devenue « romantique »*, p. 211-219.
24. B. Walton, *Rossini in Restoration Paris [...]*, Cambridge : CUP, 2007.

Laure Cinti-Damoreau
(née Laure Cinthie Montalant, 1801-1863)

Une voix de soprano limpide et brillante, une technique impeccable et une excellente habileté d'improvisation et de fioriture ont fait de Laure Cinti-Damoreau une figure marquante sur le plan de l'esthétique vocale. En effet, on l'a vue tracer son chemin sur les trois principales scènes lyriques de Paris pendant la première moitié du XIXe siècle. Pianiste et harpiste d'abord, formée au Conservatoire de Paris mais refusée dans la classe de chant de cet établissement, Cinti-Damoreau étudia le chant avec Charles-Henri Plantade. Elle fit ses débuts le 8 janvier 1816 au Théâtre-Italien, sous son nom italianisé de Mlle Cinti, dans *Una cosa rara* de Martin y Soler. Les années 1820 l'ont vue briller dans les opéras italiens de Mozart, de Cimarosa, de Mercadante et de Rossini. En 1825, l'administration de l'Opéra fait appel à elle pour interpréter les adaptations françaises des opéras de Rossini (*Le Siège de Corinthe*, *Moïse et Pharaon* et *Le Comte Ory*), ainsi que son grand opéra français, *Guillaume Tell* (1829). Elle créa des rôles exigeants sur le plan de la virtuosité vocale, tels Elvire de *La Muette de Portici* (1828), Térézine du *Philtre* (1831) d'Auber ou Isabelle de *Robert le Diable* (1831) de Meyerbeer. Le rôle de Marguerite de Valois des *Huguenots* (1836), initialement destiné à Cinti-Damoreau par le compositeur, fut créé par sa collègue, Julie Dorus-Gras. L'année précédente, Cinti-Damoreau quitta l'Opéra pour l'Opéra-Comique. À partir de 1836, elle créa des rôles importants dans tous les opéras-comiques d'Auber, et ce jusqu'à sa retraite de la scène parisienne en 1841. Les rôles d'Henriette de *L'Ambassadrice* (1836) ou d'Angèle du *Domino noir* (1837) exigèrent de la chanteuse beaucoup d'agilité vocale, agilité alimentée par des points d'orgue écrits par le compositeur ou improvisés par elle. Elle fut en grande partie responsable de la migration de la virtuosité vocale à l'opéra-comique. Lui succéderont des interprètes telles qu'Anna Thillon et son élève Louise Lavoye. L'enseignement lui permit aussi de transmettre sa méthode et son expérience professionnelle. Cinti-Damoreau fut la première femme engagée comme professeure de chant au Conservatoire de Paris en 1833, poste qu'elle occupera jusqu'en 1856. Également compositrice de chansons, on trouve parmi ses publications un nombre important de romances qu'elle interpréta elle-même dans les salons parisiens, ainsi que deux méthodes de chant publiées en 1849 et 1855.

Kimberly White

Pierre-Roch Vigneron, *Laure Cinthie Montalant, dite Cinti-Damoreau*, lithographie, Paris : Gihaut Frères, 1829 (détail). F-Pn, Est. Damoreau L. F4 001.

Chapitre 6
Splendeurs du grand opéra

6.1 Un spectacle total :
naissance et caractéristiques du grand opéra
Hervé Lacombe

Après le moment napoléonien, particulièrement autoritaire, l'Opéra est en déshérence et l'objet d'attaques répétées, tandis que le Théâtre-Italien jouit d'une vogue sans précédent avec l'arrivée de Rossini (cf. 5.4, 5.6) et que les théâtres secondaires suscitent l'intérêt et satisfont les aspirations d'un large public par le choix de leurs sujets, leur traitement spectaculaire et l'inventivité de leurs techniques. Dans une lettre du 11 janvier 1816 adressée au comte de Vaublanc (éphémère ministre de l'Intérieur), le comte de Pradel (directeur de la Maison du roi de 1815 à 1820) constate la décadence du chant et de la déclamation à l'Opéra, son abandon par le public et, inversement, la prospérité des théâtres secondaires – il évoque l'abondance de la foule qui se presse aux Variétés ou à l'Ambigu-Comique[1]. Le grand opéra va prendre forme à la fin de la Restauration (1815-1830) et s'implanter dans le paysage lyrique sous la monarchie de Juillet (1830-1848). Il naît dans ou, pour mieux dire, de ce contexte et de la réunion contingente d'auteurs et de décideurs que les circonstances vont amener à travailler de concert. La crise que traverse l'Opéra est multiple : crise financière et administrative (due à l'instabilité de l'administration, aux abus divers de privilégiés et à une mauvaise gestion), crise institutionnelle et symbolique (liée à la fonction et à l'image de ce théâtre, Académie *royale* de musique), crise esthétique et musicale (aggravée par l'absence de grandes figures capables de revivifier la création). Comment faire pour sortir de cette situation et pour que l'Opéra retrouve un éclat digne de son rang ? La réponse se fera sur deux plans, organisationnel et artistique.

Réorganisation institutionnelle et refondation du répertoire

L'histoire de l'institution, de son contrôle, de son administration et de sa gestion est désormais bien connue[2] ; nous n'en donnerons que quelques éléments essentiels. L'Opéra est placé sous l'autorité de la Maison du roi entre 1814 et 1831 (les Cent-Jours exceptés) ; il est dirigé par un directeur-entrepreneur entre 1831 et 1854. Entre 1819 et 1827, pour raisons d'économies, le Théâtre-Italien est placé sous la même administration, ce qui va faciliter le transfert d'œuvres de Rossini d'un théâtre à l'autre. Après la Révolution de juillet 1830 et l'arrivée du roi-bourgeois sur le trône de France, le régime administratif de l'Opéra est modifié. Le ministre de l'Intérieur nomme par arrêté (26 août 1830) une « commission chargée d'examiner l'état actuel des théâtres de Paris, tant sous le rapport de la législation que sous celui de l'administration littéraire et financière ». La mise en place d'une nouvelle commission (arrêté du ministre de l'Intérieur, 30 janv. 1831) pour examiner les recettes et dépenses de l'Académie royale de musique témoigne de la préoccupation financière du gouvernement. Une ordonnance royale de 1831 précise que l'institution n'est plus rattachée à la Maison du roi mais fait partie, avec les autres théâtres dits royaux, des attributions du ministre secrétaire d'État à l'Intérieur. La nouvelle gestion par un directeur-entrepreneur privé (dite régie intéressée, conforme au libéralisme ambiant) est une forme de concession de service public. La Rochefoucauld, directeur du département des Beaux-Arts à partir d'août 1824, pensait déjà à ce système en 1827. En échange d'une subvention, le directeur est soumis au respect d'un cahier des charges, négocié avec le ministre de tutelle (cf. 1.4). L'Opéra devient entreprise commerciale avec un directeur (nommé par le ministre) gérant pour son compte personnel (cf. 11.1, 11.2). Il s'agit d'éviter les erreurs budgétaires et administratives du régime de la Restauration tout en conservant à l'Opéra son éclat. L'entrepreneur agit au nom et pour le compte du gouvernement. Les bases du nouveau système d'exploitation sont posées entre juillet 1830 et février 1831. La révolution de 1830 vient à point. L'image que le nouveau régime veut donner de lui-même s'accommoderait mal d'un Opéra subventionné par la liste civile et protégé par le roi.

Après l'administration de Raphaël de Frédot Duplantys (à partir de 1824) et d'Émile Lubbert (à partir de 1827), Louis Véron passe à la tête de l'Opéra (du 28 février 1831 au 31 août 1835). Docteur mais aussi fondateur de la *Revue de Paris* en 1829, capable d'apporter une importante caution grâce au banquier Aguado, il devient le premier directeur-entrepreneur de l'institution, personnifiant l'influence de la classe bourgeoise. Lui succéderont Edmond Duponchel (1er sept. 1835) puis, après une phase de transition entre 1839 et 1842, Léon Pillet (1er juin 1842-1847), avant que Nestor Roqueplan ne prenne peu à peu le contrôle de l'institution. Il faut souligner la forte connexion entre la plupart des directeurs et le métier de la scène. Après avoir été inspecteur du matériel de la scène (1829-1831), Duponchel devient « directeur de la scène » (1831-1835) et sera encore « directeur du matériel, des accessoires et de la mise en scène » (1839-1842). Touche-à-tout, polyvalent, ancien architecte, passionné d'orfèvrerie, auteur à ses heures, il se fait remarquer en 1828 pour ses recherches concernant les costumes de *La Muette de Portici*, puis joue un rôle éminent en réglant le ballet des nonnes de *Robert le Diable* et le dernier acte de *Gustave III* et en montant *La Juive* et d'autres ouvrages.

« Stradivarius monumental » selon des contemporains, la salle Le Peletier, occupée par l'Académie de musique de 1821 à 1873 (année de son incendie dans la nuit du 28 au 29 octobre), offre une acoustique exceptionnelle[3]. Véron réaménage les loges tout en soignant la décoration intérieure et l'éclairage, cherchant à offrir un luxe et des plaisirs plus abordables.

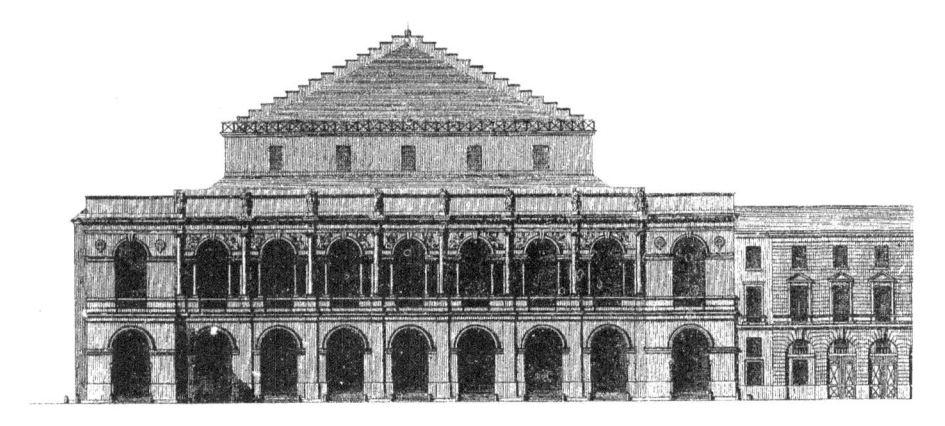

Salle de l'Opéra, rue Le Peletier (élévation), gravure d'Orgiazzi, in Alexis Donnet, *Architectonographie des théâtres de Paris*, Paris : Didot, 1821, vol. 2, planche 19 (détail).

Début 1831 est nommée une Commission de surveillance de l'Opéra et du Conservatoire composée de personnalités politiques dont le duc de Choiseul. Véron ne commençant son exploitation qu'à partir du 1er juin, c'est cette Commission qui administre l'Opéra jusqu'à cette date. Après, elle jouera un rôle plus limité de conseil auprès du ministre. Elle contrôle le suivi du cahier des charges et écrit un rapport sur chaque nouvelle pièce, puis un rapport annuel. Les relations entre Véron et la Commission sont parfois très tendues. En 1835 (ordonnance royale du 31 août), la Commission spéciale des théâtres royaux, présidée par le duc de Choiseul, la remplace. Un commissaire royal devant surveiller le cahier des charges est nommé par le ministre de l'Intérieur le 20 août 1835. Dès le 28 septembre 1831 avait été nommé un contrôleur du matériel, Louis Gentil, qui restera à ce poste jusqu'en 1848 et laissera un précieux journal[4]. Parallèlement, il va jouer le rôle d'agent d'information auprès du chef de la division des Beaux-Arts.

Premières lyriques à l'Académie de musique
sous la seconde Restauration et la monarchie de Juillet

Règne de Charles X (17 sept. 1824-2 août 1830)

1825	2 mars	*La Belle au bois dormant*, 3a (E. Planard/M. Carafa)
	10 juin	*Pharamond*, 3a (F. Ancelot, A. Guiraud, A. Soumet/ F.-A. Boieldieu, H.-M. Berton, R. Kreutzer)
	17 oct.	*Don Sanche ou le Château d'amour*, 1a (E. Théaulon et Rancé/F. Liszt)
1826	9 oct.	*Le Siège de Corinthe*, 3a (A. Soumet et G. L. Balocchi/ Rossini)
1827	26 mars	*Moïse*, 5a (G. L. Balocchi et É. de Jouy/G. Rossini)
	29 juin	*Macbeth*, 3a (C. J. Rouget de Lisle et A. Hix/ H.-A.-B. Chélard)
1828	29 fév.	*La Muette de Portici*, 5a (E. Scribe et G. Delavigne/ D.-F.-E. Auber)
	20 août	*Le Comte Ory*, 3a (E. Scribe et Ch.-G. Delestre-Poirson/G. Rossini)
1829	3 août	*Guillaume Tell*, 4 a (H. Bis et É. de Jouy/G. Rossini)
1830	15 mars	*François Ier à Chambord*, 2a (A.-P. Moline de Saint-Yon et Fougeroux/P. de Ginestet)

Règne de Louis-Philippe (9 août 1830-24 fév. 1848)

	13 oct.	*Le Dieu et la Bayadère*, 2a (E. Scribe/D.-F.-E. Auber)
1831	6 avr.	*Euryanthe*, 3a (trad. de Castil-Blaze/C. M. von Weber)
	20 juin	*Le Philtre*, 2a (E. Scribe/D.-F.-E. Auber)
	21 nov.	*Robert le Diable*, 5a (E. Scribe/G. Meyerbeer)
1832	20 juin	*La Tentation*, 5a, ballet-opéra (H.-A. Cavé, E. Duponchel/F. Halévy et C. Gide)
	1er oct.	*Le Serment ou les Faux-monnayeurs*, 3a (E. Scribe/ D.-F.-E. Auber)
1833	27 fév.	*Gustave III*, 5a (E. Scribe/D.-F.-E. Auber)
	22 juil.	*Ali Baba ou les Quarante voleurs*, 4a (E. Scribe, Mélesville/L. Cherubini)
1835	23 fév.	*La Juive* 5a (E. Scribe/F. Halévy)
1836	29 fév.	*Les Huguenots*, 5a (E. Scribe, G. Meyerbeer)
	14 nov.	*La Esmeralda*, 4a (V. Hugo/L. Bertin)
1837	3 mars	*Stradella*, 5a (É. Deschamps, E. Pacini/L. Niedermeyer)
1838	5 mars	*Guido et Ginevra*, 5a (E. Scribe/F. Halévy)
	10 sept.	*Benvenuto Cellini*, 2a (L. de Wailly, A. Barbier/ H. Berlioz)
1839	1er avr.	*Le Lac des fées*, 5a, (E. Scribe, Mélesville/D.-F.-E. Auber)
	11 sept.	*La Vendetta*, 3a (L. Pillet, A. Vaunois/H. de Ruolz)

	28 oct.	*La Xacarilla*, 1a (E. Scribe/M. Marliani)
1840	6 janv.	*Le Drapier*, 3a (E. Scribe/F. Halévy)
	10 avr.	*Les Martyrs*, 4a (E. Scribe/G. Donizetti)
	2 déc.	*La Favorite*, 4a (A. Royer et G. Vaez/G. Donizetti)
1841	19 avr.	*Le Comte de Carmagnola*, 2a (E. Scribe/A. Thomas)
	7 juin	*Le Freischütz*, 3a (trad. E. Pacini/C. M. von Weber, récitatifs de H. Berlioz)
	22 déc.	*La Reine de Chypre*, 5a (H. de Saint-Georges/F. Halévy)
1842	22 juin	*Le Guerillero*, 2a (Th. Anne/A. Thomas)
	9 nov.	*Le Vaisseau fantôme*, 2a (P. Foucher/L. Dietsch)
1843	15 mars	*Charles VI*, 5a (C. et G. Delavigne/F. Halévy)
	13 nov.	*Dom Sébastien, roi du Portugal*, 5a (E. Scribe/G. Donizetti)
1844	29 mars	*Le Lazzarone*, 2a (H. de Saint-Georges/F. Halévy)
	2 sept.	*Othello*, 3a (trad. A. Royer, G. Vaëz/G. Rossini)
	7 oct.	*Richard en Palestine*, 3a (P. Foucher/A. Adam)
	6 déc.	*Marie Stuart*, 5a (Th. Anne/L. Niedermeyer)
1846	20 fév.	*Lucie de Lammermoor*, 4a (trad. A. Royer, G. Vaëz/G. Donizetti)
	3 juin	*David*, 3a (E. Scribe, F. Mallefille/A. Mermet)
	30 déc.	*Robert Bruce*, 3a (A. Royer, G. Vaëz/G. Rossini arr. par L. Niedermeyer)
1847	31 mai	*La Bouquetière*, 1a (H. Lucas/A. Adam)
	26 nov.	*Jérusalem*, 4a (A. Royer, G. Vaëz/G. Verdi)

L'administration de la monarchie de Juillet rompt avec les pratiques précédentes qui tendaient à faire de l'Opéra un salon mondain envahi par des personnes entrant gratuitement[5]. Les entrées de droit sont donc limitées. Les cahiers des charges détaillent la composition minimale de l'orchestre, du chœur et du corps de ballet dont la masse doit correspondre aux exigences de grandiose de l'institution. Véron doit avoir au moins 66 choristes, un chef et 79 musiciens. Entre 1831 et 1848 le nombre réel de danseurs solistes varie entre 24 et 30 ; le corps de ballet compte entre 75 et 113 personnes ; l'effectif orchestral entre 81 et 87 personnes, auxquelles il faut ajouter des renforts possibles et le personnel des musiques de scène propre à chaque ouvrage ; les chœurs entre 58 et 83 personnes. Les élèves de chant du Conservatoire peuvent étoffer les chœurs, comme dans *Robert le Diable*.

Le tableau ci-dessus réunissant les premières à l'Opéra sous la seconde Restauration et la monarchie de Juillet donne un aperçu de l'évolution des sujets, de l'arrivée de nouveaux auteurs (musiciens et librettistes), de l'alternance entre petits et grands ouvrages et de l'intégration de quelques traductions d'œuvres étrangères. Dans le même temps, on assiste à la liquidation de l'ancien répertoire[6] (Piccinni, Sacchini, Salieri, etc.), tandis que les œuvres plus récentes, encore trop marquées par le modèle de la tragédie lyrique, s'essoufflent rapidement, comme la *Virginie* de Berton qui ne tient l'affiche que de 1823 à 1827. Vingt ans plus tard, alors que l'on tentera de reprendre le chef-d'œuvre de Sacchini, *Le Ménestrel* fera paraître cet entrefilet (16 juil. 1843) : « *Œdipe à Colone* [1786] a déjà subi un temps d'arrêt, et *La Reine de Chypre*, *La Muette*, et avant-hier vendredi, *La Favorite*, [c'est-à-dire trois grands opéras, respectivement d'Halévy, Auber et Donizetti] ont calmé le zèle des sacchinistes et réveillé nos admirateurs de la nouvelle école qui, tout en se prosternant devant les beautés d'Œdipe, se laissaient souvent surprendre par le sommeil. Toutes les vérités sont bonnes à constater. » L'Antiquité et la tragédie lyrique sont vénérables mais, désormais, elles font dormir ! Gluck, programmé durant la période révolutionnaire, n'a plus été joué au début du siècle. Il réapparut sur scène le 17 février 1811 avec *Iphigénie en Aulide*, suivi des reprises d'*Orphée*, *Alceste*, *Armide* et *Iphigénie en Tauride*[7] qui ne parvinrent à retrouver leur splendeur passée. Ce dernier soubresaut a permis au moins au jeune Berlioz d'assister à plusieurs représentations d'ouvrages auxquels il vouera une admiration sans faille. Quand les Concerts du Conservatoire donnent le 10 avril 1836 des fragments d'*Iphigénie en Tauride*, l'essentiel du public, si l'on en croit le musicien-critique, en ignore déjà tout (*RGMP*, 24 avr. 1836). Gluck disparaît tout à fait de l'Opéra pour un quart de siècle, entre 1837, dernière d'*Alceste*, et 1861, reprise du même ouvrage.

Le grand opéra ou comment se réinventer

Entre 1815 et 1825, la presse ne cesse de relever l'usure du répertoire et la perte des grands chanteurs capables de l'interpréter ; elle s'interroge aussi sur le modèle lyrique dont les créateurs devraient s'inspirer[8]. Si pour certains il faut encore et toujours tirer des grandes œuvres – notamment de Gluck – un enseignement pour le présent, une autre idée émerge, qui oppose la vivacité du nouveau modèle incarné par Rossini à la désuétude des partitions anciennes ou des nouvelles qui ne font que suivre leur exemple (Berton et sa *Virginie* de 1823, déjà évoquée, symbolise cette arrière-garde). Castil-Blaze, critique au *Journal des débats* à partir de décembre 1820, va se faire le porte-drapeau des « modernes », qui ne craignent pas d'abattre les anciennes idoles ou, tout au moins, d'en relever l'inactualité. La situation est exactement la même du côté du grand genre dramatique et l'on cherche où puiser la force d'un renouvellement. C'est ainsi que Stendhal publie en 1823 son *Racine et Shakespeare* : « Ce qu'il faut imiter de ce grand homme, c'est la manière d'étudier le monde au milieu duquel nous vivons, et l'art de donner à nos contemporains précisément le genre de tragédie dont ils ont besoin, mais qu'ils n'ont pas l'audace de réclamer, terrifiés qu'ils sont par la réputation du grand Racine[9]. » En 1827, Jean-Toussaint Merle produit un rapport sur l'état de l'Opéra et préconise de changer les sujets (« ces éternelles familles de Grecs et de Troyens, dont les plaisirs et les malheurs occupent notre scène depuis plus de cent ans, sont cause que l'Opéra, avec une dépense toute royale, passe en Europe pour le spectacle le plus ennuyeux du monde[10] »), d'utiliser des décors plus frappants et de rénover la « mise en scène » (« l'Opéra est bien loin des théâtres du boulevard dans l'art de préparer les effets, de grouper les masses, de placer les acteurs en scène et de les faire entrer et sortir[11] »). « La Gaîté avec Gué, l'Ambigu-Comique avec Daguerre, le Théâtre de la Porte Saint-Martin, le Cirque Olympique, commente Nicole Wild, rivalisèrent d'imagination pour inventer de nouveaux trucs, modifier l'éclairage et truffer leurs mélodrames et leurs grands spectacles d'inondations, d'orages, d'incendie, de tremblements de terre, d'éruptions de volcans[12]. » Les créateurs du grand opéra s'inspirent donc des théâtres du boulevard et répondent à une demande officielle (mettant en avant la dimension scénique) consignée dans le cahier des charges de Véron, qui a l'obligation de donner « les ouvrages nouveaux [...] avec des décorations nouvelles et des costumes nouveaux[13] ».

En 1821, un diplomate de l'ambassade de France à Rome recevait un courrier daté du 17 janvier : « notre Grand Opéra est menacé d'une éclipse totale ; il n'y a que Rossini qui puisse lui rendre de l'éclat et de la chaleur[14] ». Il est prié de prendre contact au plus tôt avec le maître italien. Il faut quelques années encore pour que tout se mette en place. Le résultat pour l'Opéra est bien connu : deux adaptations d'œuvres anciennes (*Le Siège de Corinthe* en 1826 et *Moïse* en 1827), la refonte du récent *Viaggio a Reims* (*Le Comte Ory* en 1828) et une création totale (*Guillaume Tell* en 1829) (cf. 6.3). On relève l'enjeu de l'entreprise dans un procès-verbal de censure du 13 mars 1827 concernant *Moïse*. Le censeur indique que des morceaux nouveaux ont été ajoutés à la partition d'origine et qu'un effort a été fait pour créer un plus beau spectacle. Il mentionne l'emprunt du passage de la mer Rouge à un ancien mélodrame de la Gaîté et compte sur ce spectacle dans la lutte contre les théâtres secondaires[15]. Ces derniers viennent d'ailleurs de s'élargir avec l'ouverture en 1820 du Gymnase-Dramatique et en 1827 des Nouveautés qui, tous deux, empiètent volontiers sur le théâtre lyrique[16]. Rossini a été élevé au rang de compositeur du roi et le département des Beaux-Arts peut avancer que le succès des deux ouvrages qu'il vient de faire représenter à l'Opéra « confirme [...] toutes les espérances et justifie suffisamment l'honorable distinction dont il a été l'objet. Cette révolution réelle qui vient de s'opérer sera due en grande partie à cet habile compositeur[17] ». Au moment même où Boieldieu s'en inspire pour rénover l'opéra-comique (cf. 7.3), Rossini devient le sauveur de l'Opéra. Tandis que ses adaptations françaises catalysent tout un ensemble d'idées et offrent un premier modèle pour l'avenir (cf. 6.3), Auber et Scribe travaillent à un ouvrage dont le livret avait été soumis au jury littéraire de l'Opéra en octobre 1825[18]. *La Muette de Portici* est créé le 29 février 1828 (cf. 6.4). Le grand opéra naît bien d'une action concertée et d'une stratégie artistique. Un rapport d'inspection des Beaux-Arts du dernier trimestre 1829 témoigne de la satisfaction des autorités : « Le succès soutenu des ouvrages de Rossini, ceux de nos chanteurs et cantatrices, formés sur de bons modèles, l'affluence toujours croissante du public, prouvent évidemment que la révolution musicale résolue par M. de La Rochefoucauld et exécutée par le grand maître [Rossini], aidé par M. Lubbert [administrateur de l'Opéra], était opportune, urgente [...]. La magnificence du spectacle vient se joindre au charme de la musique ; les décorations, les costumes par leurs exactitudes nous transportent vraiment dans le lieu de la scène. » Pour renforcer la scénographie, Lubbert avait fait venir comme régisseur de la scène Jacques Solomé (1er sept. 1827-1er juin 1831), qui avait occupé ce poste au début de la décennie à la Porte-Saint-Martin et au Panorama-Dramatique, puis à la Comédie-Française – après son passage à l'Opéra, il allait continuer sa carrière à l'Opéra-Comique (1831-1834). C'est encore Lubbert qui demanda la création d'un comité de mise en scène (approuvé le 5 avril 1827) que Véron allait modifier[19].

Quant à Meyerbeer, c'est pour lui aussi dans ces années 1820 que tout se joue. Après une brillante carrière italienne, il est venu achever sa trajectoire de créateur en France où Paris, malgré les problèmes spécifiques de l'Opéra, représente un espace exceptionnel pour la création. Il l'explique en 1823 dans une lettre adressée au chanteur Nicolas-Prosper Levasseur, qui va participer aux créations de *Guillaume Tell* et de *La Juive*, mais aussi de *Robert le Diable*, des *Huguenots* et du *Prophète* : « Où trouver ailleurs qu'à Paris les moyens immenses qu'offre l'opéra français à un artiste qui désire écrire de la musique véritablement dramatique. Ici nous manquons absolument de bons poèmes d'opéra, et le public ne goûte qu'un seul genre de musique. À Paris il y a d'excellents poèmes, et je sais que votre public accueille indistinctement tous les genres de musique, s'ils sont traités avec génie. Il y a donc un champ bien plus vaste pour le compositeur qu'en Italie[20]. » S'il n'a pas encore écrit pour l'Opéra, c'est qu'il craint ses difficultés et ses lenteurs devenues légendaires ! Les livrets de *Margherita d'Anjou* (Milan, 1820 ; Odéon, 1826) et d'*Il Crociato in Egitto* (Venise, 1824 ; TI, 1825) sont tirés de mélodrames français. Les premières esquisses du livret de *Robert le Diable* remontent à 1825-1826 ; c'est alors un opéra-comique en trois actes qui, après bien des vicissitudes, va devenir un grand opéra en cinq actes[21]. Les tractations avec Lubbert ont lieu à la fin de 1829. Meyerbeer lui remet sa partition le 26 mai 1830. Le calendrier des répétitions est arrêté mais la Révolution de Juillet bouleverse quelque peu ces plans. L'œuvre évolue encore, notamment sous l'impulsion de Duponchel qui, en janvier 1831, imagine une mise en scène plus originale. On s'est trop souvent focalisé sur la direction de Véron pour qu'il ne faille pas insister sur ces années 1820 : le futur directeur de l'Opéra va bénéficier de et faire fructifier une « révolution » en cours, si ce n'est déjà accomplie. C'est bien lui cependant qui, arrivant à la tête de l'Opéra en 1831, fait tout pour voir l'œuvre de Meyerbeer enfin représentée. Durant sa brève direction, il va créer 9 ballets et 6 opéras[22].

Un spectacle total

Préparé par la « révolution rossinienne » des années 1820, bénéficiant du « moment romantique » (cf. Introd.), d'un art de la mise en scène en plein essor (cf. chap. 13), de la présence de compositeurs parvenus à maturité – Auber, Meyerbeer, Halévy (cf. 6.4-6.6) –, de chorégraphes inventifs (cf. 6.2), de premiers sujets exceptionnels (cf. encadrés) et d'un dramaturge dominant (Scribe)[23], le grand opéra offre un *spectacle total*. Nous préférerons cette dernière notion à celle d'œuvre d'art total (*Gesamtkunstwerk*), concept esthétique provenant du romantisme allemand prônant une utilisation simultanée de divers médiums et disciplines artistiques, qui va s'accomplir dans le drame lyrique wagnérien (dont la tragédie antique est le modèle perdu), et cela, résume Timothée Picard, « sur le triple plan de la totalité théorique des arts, de la totalité concrète de l'œuvre d'art dont la conjonction formelle Tétralogie-Bayreuth reste la manifestation, et de la totalité métaphysique, amenée à exprimer l'essence du monde sans médiation[24] ». Avec le grand opéra domine l'idée de spectacle. Il ne s'agit pas tant, du moins pour les décideurs des années 20-30, de créer une œuvre que d'offrir au public quelque chose de grandiose et magnifique capable de l'attirer et de lui plaire, comme l'ont exprimé Lubbert et un censeur cités plus haut. La notion de spectacle est à prendre dans ses deux sens usuels : ce qu'on présente au public lors d'une soirée ; ce qui, s'offrant au regard, capte l'attention et provoque des réactions (comme l'on dit du spectacle de la nature ou du spectacle d'une scène de rue). Le spectaculaire qui parle aux yeux et frappe l'imagination et les sens est ici un surcroît de spectacle, une surenchère de décors et de costumes, une matérialité débordante, une composition voulue de l'impact visuel et sonore d'une scène saisissante qui souvent vient couronner et clore le drame. La totalité wagnérienne repose sur les principes d'unité, de cohérence et de fusion ; celle du grand opéra sur les principes de diversité, de contrastes et de coordination – ce qui n'empêche pas d'en faire un drame d'idées (cf. 6.6). Wagner rejette la totalité diversifiée du grand opéra composée de multiples parties pour créer, avec le drame lyrique, une totalité fusionnante (notamment de la poésie et de la musique) dépendant de la synthèse des arts (cf. 20.3). Le développement continu réalisé par l'engrenage des leitmotive s'oppose au sectionnement de numéros autonomes du grand opéra et à son esthétique éclectique qui repose sur ce qu'Isabelle Moindrot désigne comme « une hétérogénéité fondamentale[25] ». L'idée de totalité concerne dans le grand opéra la soirée, les possibilités offertes par l'institution, les techniques et les formes expressives concourant à la représentation. Le spectacle additionne, juxtapose ou articule cette diversité des moyens techniques, artistiques et humains réunis et coordonnés par la grande machine de l'Opéra.

Une soirée à l'Opéra se compose souvent d'un ballet en deux actes et d'un ouvrage lyrique en trois actes. Le grand opéra permet d'occuper la soirée par une seule œuvre aux dimensions imposantes intégrant musique et ballet. Ses auteurs se sont vraisemblablement souvenus des rares œuvres en cinq actes données dans les premières décennies du XIXe siècle – *Armide* (1777) de Gluck, *Castor et Pollux* (1791) de Pierre Candeille, *Ossian* (1804) de Le Sueur, *La Jérusalem délivrée* (1812) de Louis Luc de Persuis – qui intègrent une dimension chorégraphique importante. Les divertissements de *La Jérusalem délivrée*, par exemple, sont réglés par Pierre Gardel, maître de ballet de l'Opéra de 1787 à 1820[26]. Gardel a conçu une partie du ballet de *La Vestale* (O, 1807) ; il composera encore la chorégraphie du *Siège de Corinthe* en 1826. Le grand opéra réinvente donc l'idée de spectacle total en 5 actes mis en forme avec le grand genre royal de la tragédie en musique (cf. t. 1, chap. 5 et 6) tout en s'inspirant de la tragédie lyrique rénovée de Gluck, de ses contemporains (cf. t. 1, chap 11 et 12) et de ses suiveurs (cf. 4.2). Il s'impose immédiatement et nourrit le répertoire plusieurs décennies durant avant de devenir, dans la seconde moitié du siècle, un genre de plus en plus difficile à faire vivre (cf. 8.1), puis une formule dépassée (cf. 21.4).

Composantes du grand opéra

« La direction des idées a changé depuis quelques années » note la *Revue musicale* en 1829. « L'Opéra a senti ce besoin ; aussi a-t-il abandonné la vieille mythologie pour puiser dans le domaine de l'histoire. *Le Siège de Corinthe*, *Moïse* ont commencé cette révolution, et *La Muette de Portici* l'a achevée. » Aux côtés de l'Histoire comme discipline en plein essor (cf. 16.3), du roman historique marqué par la personnalité de Walter Scott, et du drame romantique représenté par Hugo (*Cromwell* date de 1827, *Hernani* de 1830), le grand opéra fait entendre le souffle nouveau qui emporte les esprits. Il veut dire le lieu et le temps, l'ici et le maintenant. Il développe la couleur locale et la couleur temporelle, amplifiant une tendance sensible dès les dernières décennies du XVIIIe siècle – la tragédie lyrique avait depuis les années 1770 abandonné les enchantements et le monde merveilleux au profit du pittoresque et de l'exotisme (cf. t. 1, 12.1). Avec le grand opéra, l'illusion de la reconstitution historique et d'une saisie de la totalité sociale apporte une nouvelle forme d'enchantement grâce aux décorateurs et aux costumiers. En 1845, Philarète Chasles admire dans l'œuvre de Scribe et Halévy « la résurrection complète du Moyen Âge avec ses costumes, ses blasons, ses armures rayonnantes, ses populations variées et tumultueuses, et toute cette poésie du costume et du symbole, que l'Opéra seul pouvait faire renaître[27] ! » Le premier tableau de *La Juive* (cf. cahier d'ill.), représentant le carrefour de Constance, résume cet art de la couleur locale et de la coordination des éléments du spectacle. Il expose les forces en présence (maison du Juif Éléazar, église gothique, place publique) et fait entendre la toute-puissance de la religion catholique (orgue puis chœur chantant un Te Deum). Nous l'indiquions en introduction, ce goût pour l'histoire s'associe à un goût pour la thématique religieuse. Hugo proclame dans sa fameuse préface de *Cromwell* : « Le christianisme amène la poésie à la vérité. Comme lui, la muse moderne verra les choses d'un coup d'œil plus haut et plus large[28]. » Les souvenirs du grand drame de la Révolution et de ses catastrophes, le retour de la religion, la « sensibilité catholique », et parfois son merveilleux, forment un arrière-plan sur lequel le grand opéra se déploie.

L'appellation « grand opéra » n'apparaît guère sur les partitions ou les livrets. On la trouve dans des textes administratifs et dans la presse avec un sens variable. Elle a été retenue par l'historiographie pour désigner le nouveau grand genre lyrique façonné pour et par l'Opéra dans les années 1820-1830, construit en 4 ou 5 actes entièrement versifiés et chantés, intégrant de grands divertissements dansés[29]. Il repose habituellement (mais certaines composantes peuvent variées) sur un sujet historique tiré du Moyen Âge ou de la Renaissance (et non puisé dans l'antiquité ou l'histoire classique), le mélange de couches sociales, des individus pris dans des enjeux passionnels et politiques contradictoires, des situations extrêmes et mélodramatiques, des tableaux fastueux (comme la Marche de *La Juive*) et des scènes religieuses ou pseudo-religieuses (prières, conjurations, célébrations...)[30]. Il recourt à une large palette d'affects, y compris le sentiment religieux, à une fin tragique, à de forts contrastes, à la composition de vastes scènes et ensembles, à la prolifération des individus et des moyens musicaux (ensemble des figurants, du corps de ballet et des choristes, orchestre multiplié dans la fosse, sur scène et en coulisse, voix solistes balayant tous les registres...). Tous les moyens du spectacle servent à saisir le spectateur et à multiplier ses impressions ; leur coordination permet aussi de produire des effets et des chocs culminant dans une catastrophe finale (incendie, éruption, massacre...). Les livrets privilégient les sujets organisés autour de deux groupes antagonistes (pêcheurs napolitains contre Espagnols, Suisses contre Autrichiens, protestants contre catholiques, etc.), suivant en cela le roman scottien, où se décline un affrontement entre races, clans, religions ou classes. Le drame individuel se greffant sur ces drames collectifs se lit comme une traduction de la dialectique de l'individu et de la masse, dans l'éclairage brutal des batailles ou des « grandes journées ». Préparé par certaines œuvres de Cherubini – *Médée* (Feydeau, 1797) et *Les Abencérages* (O, 1813) – et Spontini (cf. 4.2), ainsi que par l'expérience immersive des opéras postrévolutionnaires (cf. 4.3), le nouveau genre offre à la collectivité d'éprouver la conscience de son histoire ou, plus exactement, de son historicité.

Malgré toutes les critiques dont il a été l'objet, Scribe est un auteur capital du théâtre français du XIXe siècle. Habile dans presque tous les genres, maître du grand opéra, il vise non pas l'expression poétique ou des sentiments mais l'efficacité dramatique. « Il n'y a pas de plus belle tragédie lyrique que *Le Prophète* et *Les Huguenots*, peut écrire le grand critique théâtral Francisque Sarcey. Musique à part, et, si vous le voulez même, poésie à part, c'est une série de situations supérieurement combinées pour la musique[31]. » Il faut surprendre l'amateur d'opéra, l'étonner, le tenir en haleine, lui faire perdre le fil qui mènerait trop directement à la conclusion du drame. Scribe s'ingénie donc à ralentir l'action principale que des rebondissements relancent, à multiplier les événements secondaires, à indiquer de fausses pistes jusqu'à ce qu'éclate le dénouement. Gilles de Van a montré comment sa dramaturgie repose sur une intrigue à imbroglio, un dévoilement progressif du sujet et de l'action, et une conception par tableaux[32].

« *Les Huguenots* (acte V) (académie royale de musique) », Charles Alexandre Debacq dessinateur du modèle, estampe extraite d'un numéro de *L'Artiste*, s.d., F-Po, Estampes scènes Huguenots (7). – Raoul, Valentine et Marcel face aux catholiques lors de la nuit de la Saint-Barthélemy.

Luxe, progrès et capital

Le succès et l'image du grand opéra ne sont pas réductibles à une volonté politique, administrative ou artistique, ils naissent aussi de la rencontre de certaines œuvres marquantes avec un public, un moment de l'histoire du goût et de la sensibilité, d'un accord, parfois inopiné, des sujets traités avec l'actualité (cf. 16.3). Une quasi-obsession de la vérité dans la reconstitution des décors et costumes, la recherche de réalisme, la diversité et les contrastes des scènes comme des moyens musicaux donnent l'illusion d'une maîtrise du réel et des possibles tout en présentant l'image d'une industrie productrice de richesses. « Rien n'égale le luxe qui a pris le dessus au grand Opéra, devenu le paradis des gens à l'oreille dure[33] », critique Heine. Dans ses *Mémoires*, Véron conte par le détail sa carrière et les idées qui l'ont amené à choisir le poste de directeur de l'institution lyrique, révélatrices, mêmes si elles sont enjolivées. Il prend acte du triomphe de la bourgeoisie avec la révolution de Juillet et pense l'Opéra comme le Versailles de cette classe victorieuse[34]. Adorno développera l'idée que l'opéra du XIXe siècle a produit une symbolique du pouvoir et de son essor matériel : la bourgeoisie y exhibe son privilège culturel[35]. On ajoutera qu'elle y exhibe ses richesses. Par ailleurs, Anselm Gerhard a insisté sur l'avènement de l'artiste comme capitaliste[36]. Mais on peut aussi considérer le luxe comme catégorie esthétique. La musique elle-même est touchée par le phénomène selon le double sens d'abondance (la partition est pléthorique) et d'éclat (elle obéit à une conception visuelle, acquérant une sorte de plastique et de picturalité saisissantes). De nombreux commentateurs contemporains ont souligné ce dernier aspect que Véron définit par la formule « comprendre par les yeux » (cf. 6.5), redevable à la théorie diderotienne qui en appelle à une mise « en action sous mes yeux[37] ». La logique de l'intrigue passe au second plan derrière la conception visuelle : « Le cinquième acte [des *Huguenots*] se compose d'une suite de tableaux qui demandent à être vus plutôt qu'analysés[38] », constate Théophile Gautier. Associé au décor pour l'éclat du spectacle, le divertissement dansé participe de l'expression visuelle (cf. 6.2), comme en témoigne la scène des nonnes de *Robert le Diable*, chorégraphiée par Philippe Taglioni.

Le luxe est institutionnalisé. Article 4 du cahier des charges de Véron : « L'entrepreneur sera tenu de maintenir l'Opéra dans l'état de pompe et de luxe convenable à ce théâtre national » ; arrêté de 1835 : le directeur-entrepreneur est tenu de « diriger l'Académie royale de musique comme il convient à ce premier théâtre, de le maintenir dans l'état de luxe qui le distingue des autres, sous le rapport de la richesse des décorations et des costumes, et sous le rapport du nombre et des talents des artistes »[39]. L'Opéra fonctionne tel un condensateur, qui concentre les richesses et les énergies de son temps, et révèle dans quelques œuvres exceptionnelles, comme l'a indiqué Gerhard, les mutations liées à l'avènement de la grande ville moderne[40]. Le nouveau genre offre un kaléidoscope d'images, d'idées, de sons et de sensations. Une nouvelle vision du monde et une nouvelle manière d'être-au-monde.

Les notions de progrès et de capital, considérées comme pensée, action et production, sont particulièrement opérantes pour aborder l'esthétique du genre[41]. « De notre temps, écrit Larousse, si l'on excepte des esprits chagrins ou aveugles, absolument ignorants de l'histoire ou qui rêvent d'impossibles retours vers un passé définitivement enterré, la croyance universelle est que le progrès est la loi même de la marche du genre humain[42]. » L'opéra n'y échappe pas. « L'*opéra* est l'œuvre musicale par excellence, résume Larousse, et il exige, pour son exécution parfaite, le concours de tout ce qu'il y a de plus exquis dans toutes les autres branches des beaux-arts [...]. Un *opéra* offre donc en quelque sorte la dernière expression du génie humain à l'époque où il est représenté[43]. » L'histoire est considérée comme un capital dans lequel on puise (elle permet de bâtir) ; comme une énergie que l'on capte (elle anime – ce qu'exprime symboliquement la scène des nonnes de *Robert le Diable*[44]). Larousse tente de cerner le nouvel objectif du genre, qui est l'accumulation de tous les genres : « Ce n'est que lentement et pour obéir aux exigences modernes que l'opéra est devenu cette vaste machine compliquée, pleine d'illusions, de contrastes et de fantasmagorie, ce grand poème musical tenant de l'épopée et du drame, renfermant tous les genres, musique d'église et musique de ballet, morceaux de concert, romances et barcarolles, s'essayant à exprimer, dans ce qu'elles ont de plus violent et de plus heurté, non seulement les passions individuelles, mais les passions et la vie des peuples, comme dans *La Muette de Portici*, *Les Huguenots* et *Le Prophète*[45]. » *Le Constitutionnel* du 11 mars 1835 voit dans *La Juive* « un véritable bazar dramatique ». « L'éclectisme est notre goût[46] », s'écrie Musset pour qualifier ce pêle-mêle des siècles caractéristique du décor intérieur dans les années 1830. L'éclectisme stylistique est à la fois un signe de richesse et un signe de domination du passé. Dans les Beaux-Arts, on a désigné par là la tendance fondée sur l'exploitation et la conciliation de styles. En France, Victor Cousin développe au XIXe siècle une philosophie dite éclectique, fondée sur une méthode visant à retenir les thèses jugées les plus intéressantes de divers systèmes pour en former un ensemble nouveau. Le Palais Garnier (conçu sous Napoléon III mais inauguré seulement en 1875) constitue un exemple frappant de l'éclectisme en architecture. L'art de Meyerbeer plus que tout autre procède de cette tendance.

Le 16 mars 1836, Louis Desnoyers résume dans *Le National* la diversité des moyens musicaux mis en œuvre dans *Les Huguenots* : « Le mérite de Meyerbeer est d'avoir réuni dans un petit espace ce qui était disséminé çà et là dans les partitions de tous les grands maîtres. » Dans le même ordre d'idée, on lit dans la *Revue étrangère de la littérature, des sciences et des arts* (mars 1836, p. 714) : « Avec la variété, plus de mélodies purement allemandes, italiennes ou françaises, mais un mélange du caractère de toutes celles qu'on peut imaginer ; plus d'harmonie d'une époque, mais suivant les circonstances, les harmonies de tous les temps […] ; plus de système d'instrumentation, mais toutes les instrumentations possibles et même les plus insolites. » Le style devient encyclopédique. Expression d'un positivisme visant la totalité des savoirs, le grand opéra trahit la croyance en l'idée d'un progrès cumulatif.

6.2 LE DIVERTISSEMENT DANSÉ

Helena Kopchick Spencer

Une partie essentielle de la splendeur d'un grand opéra tient à la compagnie de danseurs professionnels, d'élèves et de surnuméraires qui exécutent au cours de ses quatre ou cinq actes tour à tour du ballet classique, des danses de caractère, des pantomimes et d'autres chorégraphies. La danse et le mouvement imprègnent le monde du grand opéra sous diverses formes, des spectaculaires divertissements de ballet aux chœurs dansés, en passant par de magnifiques processions. En plus de grandes figures de danseuses comme Lise Noblet, Marie Taglioni, Fanny Elssler, Amalia Ferraris, Emma Livry, Rosita Mauri etc., l'Opéra bénéficie de la présence en son sein de chorégraphes qui contribuent largement à la richesse du spectacle, notamment Jean-Louis Aumer, Filippo Taglioni, Joseph Mazilier, Lucien Petipa, Henri Justamant et Louis Mérante (plusieurs d'entre eux étant aussi premier danseur).

Les danseurs comme personnages et les trois formes de numéros musico-chorégraphiques

Dès les tragédies en musique lulliste, l'opéra français a incorporé la danse dans sa texture narrative (cf. t.1, 6.1, 6.4). En 1700, les épisodes dansés étaient explicitement étiquetés « divertissements », terme déjà utilisé pour désigner de somptueux spectacles à la Cour[1]. Le terme « divertissement » pourrait suggérer que ces épisodes dansés n'étaient rien de plus que des moments agréables insérés superficiellement dans une œuvre pour suspendre la tension dramatique et divertir le public. En réalité, ils s'articulaient au drame et pouvaient révéler les qualités ou l'état émotionnel d'un personnage, amplifier l'ironie ou le conflit d'une situation, aborder indirectement certains thèmes controversés et même reproduire des rituels sociaux de la cour[2]. Cette tradition d'intégration de la danse dans la trame d'une œuvre lyrique s'est poursuivie tout au long du XIXe siècle à l'Opéra, où elle a conditionné la collaboration des librettistes, des compositeurs et des chorégraphes.

Les créateurs du grand opéra ont recherché avant tout une vérité théâtrale qui puisse transporter le spectateur dans des temps et des lieux lointains. Cette préoccupation touche non seulement les costumes et les décors (historiquement et géographiquement exacts), mais aussi la danse et divers mouvements scéniques. À cette fin, les danseurs peuvent représenter des aristocrates lors d'un bal, des courtisanes lors d'une fête galante, des paysans lors d'un mariage, des êtres fantasmatiques lors d'un rêve ou d'une rencontre surnaturelle. On rencontre aussi divers personnages exotiques – bohémiens, odalisques du Moyen-Orient, esclaves nord-africains, etc. –, dont les danses insouciantes et ouvertement sensuelles renforcent les stéréotypes raciaux et sexuels, contribuant à faire des « peuplades primitives », tout à la fois irrésistiblement séduisantes et potentiellement dangereuses, un objet de spectacle fascinant. Dans *La Muette de Portici* (1828) d'Auber, les librettistes Germain Delavigne et Eugène Scribe présentent non seulement certains de ces personnages dansants traditionnels – les suivants de la princesse espagnole Elvire qui interprètent une guaracha et un boléro, des pêcheurs et des villageois napolitains, qui exécutent une tarentelle –, mais aussi une héroïne muette, Fenella, qui ne communique que par des gestes expressifs. Créé par la première danseuse de l'Opéra, Lise Noblet (cf. encadré), ce rôle n'exige pas une danse véritable, mais puise plutôt dans le vocabulaire de la pantomime, qui constitue un élément essentiel de la formation et de l'expérience des danseurs. Les habitués de l'Opéra ont déjà pu voir Noblet utiliser ce langage gestuel silencieux dans son rôle précédent, Édile, du ballet-pantomime *Astolphe et Joconde ou les Coureurs d'aventures* (1827) d'Herold, chorégraphié par Aumer. Dans les saisons qui suivent *La Muette de Portici*, les librettistes incluent dans leurs grands opéras des rôles majeurs pour les solistes du ballet : les deux bayadères Zoloé et Fatmé (cf. cahier d'ill.) dans *Le Dieu et la Bayadère*

(1830) d'Auber, l'abbesse démoniaque Héléna dans *Robert le Diable* (1831) de Meyerbeer, un Ermite, une jeune femme en pèlerinage (Marie), une « fille de l'Enfer » (Miranda) et de nombreux autres personnages dans le ballet-opéra *La Tentation* (1832) de Fromental Halévy et Casimir Gide. Même quand cette mode disparaîtra, Scribe inscrira encore de temps à autre dans ses livrets d'opéra des rôles dansants pour mettre en valeur des ballerines célèbres : Adeline Plunkett dans l'almée Lia de *L'Enfant prodigue* (1850) d'Auber, Amalia Ferraris dans Délia pour la version opéra-ballet du *Cheval de bronze* (1857) d'Auber. Ces rôles de pantomime et de danse sont généralement justifiés par un handicap (le mutisme), des origines étrangères, une altérité surnaturelle ou une identité de danseur. D'autres petits rôles de pantomime, généralement interprétés par des danseurs plus âgés et des solistes à la retraite, correspondent à des personnages dont le silence peut être interprété comme convenant à la dignité de leur statut (le prince de Grenade et le roi de Sicile dans *Robert le Diable*) ou, inversement, comme l'expression de leur position subalterne (la comtesse d'Aremberg, toute dévouée à Élisabeth dans *Don Carlos* de Verdi). Les décors et les intrigues du grand opéra accueillent aussi volontiers une foule de personnages non dansants, interprétés par des surnuméraires adultes et de jeunes élèves de l'école de ballet de l'Opéra : moines, pèlerins, soldats, porte-drapeaux, pages, enfants de la cour ou de la campagne et, pour des lieux plus exotiques, gardiens de harem, eunuques et esclaves.

Godefroy Durand, « Théâtre de l'Opéra. *Le Cheval de bronze*, 3ᵉ acte, ballet ; décoration de MM. Cambon et Thierry », dessin gravé, in *L'Illustration*, 3 oct. 1857, p. 221 (détail).

Parce que la danse et le mouvement sont censés s'intégrer à l'action dramatique et parce que la compagnie de ballet de l'Opéra comprend des interprètes de tous âges et de tous niveaux, les numéros musicaux faisant appel à des danseurs prennent plusieurs formes : divertissement, chœur dansé, procession. Le plus complexe de ces numéros est le divertissement, souvent désigné simplement par la mention « ballet » dans le livret et la partition. Il met en vedette les sujets les plus importants de la compagnie, dans des solos ou de petits ensembles, encadrés par de grands ensembles en mouvement ou des groupes immobiles réalisés par le corps de ballet. La chorégraphie d'un spectacle d'opéra n'est pas figée : elle évolue pour tenir compte des capacités techniques et expressives d'un soliste ; un interprète renommé, qui a été invité, ajoute un numéro pour mettre en valeur les particularités de son talent ; des sections sont révisées ou coupées si elles ne sont pas bien reçues par le public ; un nouveau maître de ballet actualise la chorégraphie à l'occasion d'une nouvelle production... Bien qu'il s'agisse souvent d'une séquence en plusieurs mouvements séparés – celui de l'acte III du *Prophète* de Meyerbeer réunit quatre Airs de ballet : A. Valse, B. Pas de la Rédowa, C. Quadrilles des patineurs, D. Galop (cf. cahier d'ill.) –, le divertissement peut aussi être un air de ballet unique en un seul mouvement, mais avec des sections musicales contrastées qui permettent des styles chorégraphiques variés. Les danseurs de l'Opéra sont formés à trois styles de mouvements : la danse classique ou académique (style « noble » utilisant un vocabulaire formel de pas composés développé à la cour et dans les danses théâtrales des siècles précédents), la danse de caractère ou ethnique (basée sur des danses populaires nationales et régionales, réelles ou imaginaires) et la pantomime. Les divertissements emploient n'importe lequel de ces styles ; les plus élaborés font usage des trois. La Nuit de Walpurgis et le Festin des Courtisanes à l'acte V du *Faust* de Gounod, dans sa version pour l'Opéra de 1869 chorégraphiée par Henri Justamant, comprend une scène pantomime d'ouverture pour des sorcières, un pas de dix classique pour des courtisanes devant valser, un pas de Nubiennes caractérisé par le balancé des hanches sur place « comme les almées »[3], etc. Les divertissements sont presque toujours diégétiques, c'est-à-dire qu'ils sont considérés comme de la danse réelle par les personnages sur scène[4]. Le divertissement exécuté par des êtres surnaturels fait exception à cette règle générale ; dans ce cas, la présence d'êtres dansants à l'allure spectrale indique l'entrée dans un royaume cauchemardesque ou dans un autre monde. La grande majorité des divertissements, cependant, correspondent à des situations plus ou moins réalistes : des personnages de classe inférieure se mettent spontanément à danser ; ou, plus fréquemment, il faut accompagner une manifestation organisée pour célébrer un personnage important, à l'imitation des divertissements de Cour sous l'ancien régime. Ces divertissements peuvent être narratifs (La Tour enchantée de *La Juive* d'Halévy en 1835), allégoriques (Les Quatre Saisons dans *Les Vêpres siciliennes* de Verdi en 1855), ou « abstraits » (La Pavane, La Mascarade et La Bourrée dans *Charles VI* d'Halévy en 1843). La variété, tant chorégraphique que musicale, est le principe directeur du divertissement. Tout comme les chorégraphes puisent dans un vocabulaire diversifié, les compositeurs utilisent une riche palette de styles : la musique pour pantomime (qui imite des gestes, des émotions et des actions scéniques en plus de fournir des bruits diégétiques et même de suggérer un dialogue verbal par des rythmes et des profils mélodiques rappelant la voix chantée[5]) ; la musique pour des pas classiques (des mélodies agréables avec des motifs rythmiques répétitifs organisés en phrases régulières, des textures d'accompagnement légères et des progressions harmoniques convenues) ; la musique caractéristique (qui englobe les styles exotiques de la danse de caractère et les *topoi* associés à des personnages surnaturels comme les sorcières et les fées). Le ballet d'opéra partage ce langage musical avec le ballet pantomime. C'est ainsi que les éléments descriptifs utilisés par Meyerbeer – l'apparition de feux follets signifiée par le style féerique, la bacchanale diabolique en style *alla turca* et l'imitation du rire dans le Ballet des nonnes de *Robert le Diable* (cf. cahier d'ill.) – réapparaissent à l'acte II de *Giselle* (O, 1841), ballet d'Adolphe Adam. Les divertissements dansés conduisent souvent les compositeurs à écrire des pages particulièrement colorées et évocatrices. Certaines d'entre elles passent au concert, comme la suite de danses espagnoles tirées du *Cid* (O, 1885) de Massenet.

Les grandes œuvres lyriques montées à l'Opéra nécessitent au moins un divertissement de ballet (certaines en comptent plusieurs). Malgré l'amère affirmation de Wagner, dans son récit de la désastreuse création de la version française de *Tannhäuser* (O, 1861), selon lequel le placement d'un divertissement à l'acte II est une condition *sine qua non* de tout grand opéra[6], le ballet peut apparaître dans tout acte à partir du moment où il y est justifié. Pour ne citer qu'un exemple, *La Reine de Chypre*, œuvre admirée par Wagner, comporte deux divertissements : à l'acte I (un pas de trois classique célèbre le mariage à venir de Catarina Cornaro et Gérard de Coucy) et à l'acte IV (des danses nationales accueillent Catarina à Chypre pour son mariage arrangé avec le roi). Contrairement au divertissement, le chœur dansé exige que le chant et la danse soient exécutés simultanément par deux groupes distincts, le chœur et le corps de ballet. La coordination efficace de ces deux groupes s'avère délicate pour les chorégraphes, si l'on en croit le compositeur et théoricien Antoine Reicha[7]. Malgré les difficultés de mise en scène, le chœur dansé est utilisé pour créer des effets, notamment pour donner des poses ludiques, passives et gracieuses à des femmes lors de scènes paisibles situées dans la nature et teintées d'érotisme – par exemple à l'acte II des *Huguenots* (1836) de Meyerbeer, lorsque les dames de la cour de la reine Marguerite se baignent dans le Cher, ou à l'acte I de *La Favorite* (1840) de Donizetti, quand des filles espagnoles reçoivent Fernand sur l'île de Léon. Le chœur dansé est aussi couramment utilisé pour incarner l'énergie sexuelle latente dans des scènes stéréotypées, comme les fêtes de mariage ou les groupes de femmes exotiques célébrant les plaisirs sensuels – citons la danse de Zoloé et de ses compagnes lors du chœur « Gaîté, plaisir, richesse » dans *Le Dieu et la Bayadère* (acte I), ou les danseurs et les choristes entourant les joueurs d'un casino dans *La Reine de Chypre* (acte III). Ce type de combinaison peut prendre un ton menaçant, comme lorsque les Autrichiens forcent les femmes tyroliennes à danser à l'acte III de *Guillaume Tell* (1829) de Rossini, ou quand Hélène, captive désemparée, est raillée par les odalisques du harem de l'Émir à l'acte III de *Jérusalem* (1847) de Verdi. Troisième type de numéro chorégraphié, la procession se fait en marchant et non en dansant. Néanmoins, elle nécessite un mouvement scénique coordonné et emploie des membres du ballet. La musique peut être purement instrumentale ou inclure un chœur. Mais contrairement au chœur dansé (dans lequel les chanteurs restent généralement statiques en arrière-plan, alors que les danseurs jouent au centre de la scène), les choristes participent au mouvement scénique. On trouve des processions à l'occasion de mariages, de funérailles et autres rituels religieux ; lors de festivités aristocratiques, comme les parties de chasse et l'entrée des invités à un bal ; dans des cérémonies publiques, comme les couronnements, les exécutions et les célébrations civiles. Les processions du grand opéra reflètent « l'espace d'expérience[8] » des spectateurs, qui sont habitués à assister à des marches militaires, des cortèges funéraires et des défilés festifs dans la vie réelle ; elles peuvent ainsi entrer en écho avec des événements contemporains[9].

Effets dramatiques de la danse et du mouvement

Les différents numéros dansés d'un grand opéra ne sont pas seulement un prétexte à spectacle, bien que beaucoup d'entre eux soient visuellement époustouflants. Quelques divertissements sont inextricablement liés à l'intrigue : les tentations des moniales dans *Robert le Diable* servent de procès spirituel du héros ; le bal costumé extravagant dans le dernier acte de *Gustave III* (O, 1833) d'Auber permet l'assassinat du roi par des hommes masqués. Certains divertissements narratifs fonctionnent comme des mises en abyme : la scène représentant le triomphe d'Esther sur la reine Vashti dans *Marie Stuart* (O, 1844) de Louis Niedermeyer est une représentation distancée des ambitions de Marie, qui souhaite usurper le pouvoir de la reine Elisabeth[10] ; la pantomime « La Muerte de Gonzaga » dans *Hamlet* (O, 1868) d'Ambroise Thomas évoque, comme dans le drame original de Shakespeare, des détails du meurtre du père de Hamlet qui troublent le public sur scène, notamment le roi Claude, coupable, et la reine Gertrude, complice. Même la danse et les mouvements qui ne reflètent pas directement l'intrigue peuvent mettre en valeur des éléments du drame. Bon nombre de ces pièces chorégraphiques s'associent à d'autres éléments de la mise en scène pour établir un « effet de vérité » concernant le temps et le lieu du drame en amplifiant l'effet de couleur locale (notion capitale de la nouvelle esthétique promue par les écrivains romantiques). Le moyen le plus courant de parvenir à cet effet réside dans l'utilisation de divertissements caractéristiques, dont l'authenticité peut être amplifiée par l'identité nationale ou ethnique des danseurs eux-mêmes, comme lorsque la ballerine catalane Rosita Mauri interprète des danses espagnoles dans *Le Cid*. Les processions, elles aussi, permettent de situer un opéra dans un temps et un lieu précis. Par exemple, la splendide Marche des Rois à l'acte III du *Lac des fées* (O, 1839) d'Auber, située dans la Cologne médiévale, renvoie à la vénération traditionnelle des Mages dans cette ville. Divertissements et processions désignent parfois privilège et pouvoir, puisqu'ils sont fréquemment utilisés pour présenter, honorer ou divertir les personnages de la haute société. Les divertissements mettant en avant une série de danses de diverses régions, pays ou continents sont souvent une façon de symboliser les divers territoires de la domination d'un souverain, et de commémorer les conquêtes coloniales, comme dans l'acte II d'*Aida* (O, 1880) de Verdi, dans lequel des esclaves libyennes, asiatiques, égyptiennes et éthiopiennes sont les « trophées » pris aux Éthiopiens[11]. Ce type de divertissement est particulièrement courant dans les scènes de sérail, car l'imagination occidentale a tendance à interpréter le harem comme la « collection » privée de femmes captives provenant du monde entier et appartenant à un souverain musulman. La danse et le mouvement contribuent aussi à créer une atmosphère liée à un lieu et à ses habitants, comme au début de l'acte III de *La Reine de Chypre*. « La sensualité, commente Wagner, le désir effréné de jouir qui forment le caractère distinctif de tout ce tableau, atteignent leur point culminant dans le chœur dansé. [...] le délire de l'orgie ne saurait être rendu avec des couleurs plus enivrantes[12]. » Un critique voit dans la scène de baignade à l'acte II des *Huguenots* non seulement le moyen de caractériser Marguerite de Valois et sa cour frivole, mais aussi de créer un fort contraste dramatique : « Les Armides de ce délicieux séjour ne pensent non plus qu'à s'amuser. Elles chantent, elles rient, elles dansent, folâtrent, courent les unes après les autres, forment mille groupes, s'occupent de leur toilette de bain. [...] L'ensemble de ces gracieux divertissements est, du reste, bien capable d'augmenter les sinistres appréhensions du public, relativement à la grande catastrophe qui se couve à Paris[13]. » Lorsque éclate le massacre de la Saint-Barthélemy dans le dernier acte des *Huguenots*, son annonce vient perturber le déroulement d'un bal de nobles célébrant le mariage de Marguerite avec Henri de Navarre. À l'acte II de *Guido et Ginevra* (O, 1838) d'Halévy, le mariage de Ginevra est soudainement interrompu lorsque la mariée succombe aux vapeurs de son voile empoisonné ; à l'acte IV d'*Hamlet*, la scène de folie d'Ophélie et son suicide sont précédés par une Fête du Printemps dansée par des paysans, des chasseurs et des ménétriers. Cette recherche de tension dramatique peut aussi être générée par un contraste saisissant entre le caractère du numéro dansé et l'humeur d'un personnage. Lorsque Fenella reste triste et pensive lors du divertissement du marché à l'acte III de *La Muette de Portici*, sa déception est rendue encore plus poignante par sa confrontation à la joie des habitants napolitains. Un moment comme celui-là produit l'effet narratif d'une « focalisation » ou d'un changement de perspective pour le public, qui passe d'une attitude d'observateur à une identification empathique avec le personnage[14].

Lucien Petipa et Carlotta Grisi dans un pas de deux de *La Favorite* (divertissement de l'acte II), lithographie, in W.H. Montgomery, *The « Favourite » Quadrilles from Donizetti's opera of that name*, arr. pour piano, Boston : Wm.H. Oakes, [*ca* 1845], page de titre illustrée.

La danse et les danseurs dans l'industrie du grand opéra

Pour inscrire la danse et les danseurs dans leurs œuvres, les créateurs du grand opéra se sont inspirés non seulement de la tradition du divertissement de Lully/Quinault, de l'histoire du ballet et de la pantomime à l'Opéra, mais aussi des tendances contemporaines des salles de bal et des théâtres du boulevard. La scène de bal de Gustave III ressemble aux bals publics de l'Opéra instaurés à partir des années 1830. Inversement, de nombreux bourgeois parisiens consomment la musique du grand opéra par des arrangements en quadrille[15] (cf. 19.1), et les danses de caractère, si appréciées dans les divertissements, deviennent familières dans les salles de bal populaires, circulant ainsi des danseurs professionnels aux amateurs[16]. La codification du grand opéra dans les années 1820 et 1830 doit beaucoup à l'apport de Scribe (cf. 2.2, 6.1), qui a affiné son art de la « pièce bien faite » en écrivant des comédies-vaudevilles et des opéras-comiques pour un public bourgeois. Suivi par d'autres grands librettistes, Scribe a apporté sa conscience aiguë de la sensibilité bourgeoise aux livrets qu'il a conçu pour l'Opéra. Dans *La Muette de Portici*, Fenella, accompagnée par la musique fortement évocatrice d'Auber (cf. 6.4), est redevable aux salles du boulevard, où les mélodrames mettent souvent en scène des personnages muets[17]. De même, les épisodes dansés du grand opéra ont une dette envers les divertissements des théâtres du boulevard et divers genres de spectacle. Le chœur dansé des baigneurs des *Huguenots* compte parmi ses antécédents non seulement le « ballet dans un ballet » de l'acte I de *Manon Lescaut* (O, 1830), ballet-pantomime composé par Halévy dans lequel deux danseuses (jouant des danseuses de l'Opéra !) « dansent une gigue et vont se livrer aux plaisirs du bain[18] », mais aussi la pantomime *Suzanne et les vieillards ou l'Innocence reconnue* (TPSM, 1817), le tableau-pantomime nautique *Les Ondines* (Théâtre Nautique, 1834) et les nombreux tableaux de baigneurs et baigneuses des vaudeville des années 1820 et 1830.

La synthèse dans le grand opéra des genres théâtraux de l'élite et des couches populaires se situe à un moment critique où, après la révolution de juillet 1830, la gouvernance de l'Opéra se transforme en une entreprise franchisée soutenue par l'État, placée sous la direction de Louis Véron (cf. 6.1). Le ballet est un élément essentiel du modèle artistique et commercial de Véron, non seulement parce qu'en utilisant des solistes célèbres, il pense attirer le public, mais aussi parce que la présentation qu'il permet du corps féminin joue avec les fantasmes des clients masculins hétérosexuels. Véron a notoirement « rehaussé l'ourlet des danseuses dans le corps de ballet (alors même qu'il abaissait leurs salaires)[19] » et encouragé les membres du Jockey Club au voyeurisme. Il a aussi obtenu la faveur des politiciens et des journalistes influents en les admettant au foyer de la danse (studio où les danseuses s'échauffent avant leur prestation), aux côtés des abonnés du Jockey Club (cf. 12.3). La plupart des danseuses de l'Opéra vivant dans une pauvreté d'ouvrière et demeurant dans l'incapacité de subvenir à leurs besoins, trouvent dans ce système de parrainage et de « prostitution légère » un moyen de survie[20]. Même après le départ de Véron en 1835, plusieurs de ces pratiques persistent. L'utilisation des coulisses de l'Opéra comme marché sexuel est évoquée non seulement dans l'iconographie des années 1830 et 1840, mais aussi dans des œuvres de la fin du siècle, comme *Le Foyer de la danse à l'Opéra de la rue Le Peletier* (1872) de Degas, ou divers tableaux et illustrations de Jean-Louis Forain, un protégé de Degas.

(Traduction Hervé Lacombe)

6.3 ROSSINI ET DONIZETTI COMPOSITEURS FRANÇAIS
Arnold Jacobshagen et Stella Rollet

Rossini et l'opéra français (A. Jacobshagen)

Lorsque Rossini arriva pour la première fois à Paris le 9 novembre 1823 après des années de préparatifs et de négociations, il suivait l'exemple de nombreux compositeurs italiens venus tenter leur chance dans la métropole française pour couronner leur carrière lyrique. Cependant, aucun de ses prédécesseurs n'avait vécu un accueil comparable (cf. 5.6, 11.5). Dès le 16 novembre, un grand banquet en son honneur rassembla toutes les personnalités parisiennes de la politique, de la littérature, de l'art et de la musique. L'intérêt du public pour cet événement fut tel qu'Eugène Scribe en écrivit une pièce : *Rossini à Paris, ou le Grand Dîner*, dont la première eut lieu le 29 novembre au Gymnase-Dramatique ! En février 1824, Rossini signa un contrat avec l'Académie royale de musique qui jette les bases de ce que l'on allait appeler le « grand opéra » : « Il [Rossini] s'engage à composer un grand Opéra français en trois, quatre ou cinq actes qui devra remplir, seul, toute la durée du spectacle[1] » (art. 1). Cette définition contenait deux innovations essentielles par rapport à la pratique antérieure : l'augmentation du nombre d'actes (un maximum de trois actes était habituel à l'époque) et l'occupation d'une soirée théâtrale par un unique spectacle (ce qui imposait d'intégrer le ballet à l'intérieur de l'intrigue). Parallèlement, Rossini prit en charge la composition d'un opéra italien *semiseria* ou *buffa* et l'adaptation d'un autre de ses opéras pour les chanteurs du Théâtre-Italien. Pour ces services, il reçut une rémunération de 40 000 F, plus les droits d'auteur et une représentation à bénéfice en sa faveur[2]. À partir du 1er décembre 1824, il prit également la direction musicale du Théâtre-Italien, recevant 20 000 F supplémentaires. Si Rossini remplit ses obligations pour l'opéra italien dans le délai initialement fixé, la composition de son premier opéra français était encore à venir.

Il Viaggio a Reims (TI, 1825). Écrit à l'occasion du couronnement du roi de France Charles X à Reims, cet ouvrage s'inspire du roman de madame de Staël, *Corinne, ou l'Italie* (1807)[3]. Non seulement Rossini revient au style de ses œuvres antérieures mais il renoue aussi avec l'histoire de l'*opera buffa* qu'il avait pourtant abandonné depuis longtemps. Le sous-titre *L'Albergo del Giglio d'Oro* fait référence à un hôtel de la station thermale de Plombières, où une clientèle internationale se repose lors de son voyage pour se rendre à Reims assister au couronnement : une Italienne, deux Français, un Polonais, une Autrichienne, un Anglais, un Espagnol, un Russe, un Allemand, ainsi que d'autres voyageurs se retrouvent de manière inattendue dans cette ville des Vosges. Ce qui est frappant, c'est l'absence d'une véritable intrigue linéaire qui puisse être comparée à celles du *Barbier de Séville* ou de *La Cenerentola*. Par ailleurs, le titre de l'ouvrage est trompeur : ce n'est pas le voyage vers Reims qui est montré, mais seulement son interruption, les voyageurs étant coincés dans leur hôtel de luxe. Bien que l'œuvre ne comporte que neuf numéros musicaux, il s'agit peut-être de l'acte le plus long de l'histoire de l'opéra : avec une durée de près de trois heures, il surpasse même le premier acte du *Crépuscule des dieux* ou l'acte III des *Maîtres chanteurs* de Wagner. Les numéros de la partition sont d'une ampleur inhabituelle, et sur les 18 rôles solistes, on trouve dix parties principales. Le *Gran pezzo concertato a 14 voci* (n° 7) réunit les voix des dix protagonistes et de quatre autres parties pour former un ensemble littéralement inouï. Les causes de cette opulence sont faciles à identifier. Du fait de l'occasion royale, Rossini disposait d'une superbe distribution de chanteurs : Giuditta Pasta (Corinna), Laure Cinti-Damoreau (Contessa di Folleville), Maria Ester Mombelli (Madama Cortese), Adelaide Schiasetti (Marchesa Melibea), Domenico Donzelli (Cavaliere Belfiore), Giulio Marco Bordogni (Conte di Libenskof), Carlo Zucchelli (Lord Sydney), Felice Pellegrini (Don Profondo), Francesco Graziani (Barone di Trombonok) et Nicolas-Prosper Levasseur (Don Alvaro). L'exigence de donner à ces vedettes des morceaux pour faire valoir leur virtuosité dans seulement neuf numéros musicaux fut résolue d'une manière singulière. La scène finale festive, divisée en onze sections, donne à tous les protagonistes la possibilité de se produire seuls avec leurs chants « nationaux » respectifs. Si habituellement Rossini puisait dans des compositions plus anciennes pour réaliser de telles commandes, pour *Il Viaggio a Reims* il écrivit une partition totalement originale et prit environ deux mois pour l'achever – un temps exceptionnellement long pour lui, si l'on considère qu'il avait mis à peine plus de deux semaines pour composer *Il Barbiere di Siviglia* en 1816 ou *La Cenerentola* en 1817. C'était son premier opéra écrit pour Paris, où il voulait réussir à tout prix, d'autant plus que ses adversaires n'attendaient que son échec. En outre, dès le début, Rossini prévit de réutiliser cette nouvelle musique dans un opéra ultérieur plus adapté au répertoire.

Le Siège de Corinthe (O, 1826). Rossini eut besoin de plus de temps que prévu pour se familiariser avec la tradition lyrique française. La collaboration avec Victor-Joseph Étienne de Jouy sur le livret *Le Vieux de la montagne* (1825) n'aboutit à rien. C'est pourquoi le compositeur décida d'adapter deux opéras italiens composés pour Naples : *Maometto II* (1820) fut transformé en la tragédie lyrique *Le Siège de Corinthe* et l'*azione tragico-sacra Mosè in Egitto* (1818) devint *Moïse et Pharaon ou le Passage de la mer Rouge*. Dans les deux cas, l'ajout d'un acte correspond à l'insertion de grandes scènes de ballet, caractéristiques du grand opéra français en cours de constitution. Le livret du *Siège de Corinthe* naquit d'une collaboration entre Luigi Balocchi et Alexandre Soumet. Alors que Soumet écrivit les nouvelles parties de l'œuvre, Balocchi traduisit les anciennes paroles italiennes et adapta leur version française à la musique. Le titre français est une reprise du titre d'un poème épique de Lord Byron (1816). L'opéra profita en même temps de l'actualité politique des guerres de libération grecques (Rossini avait déjà dirigé un concert de charité pour les patriotes grecs à Paris le 3 avril 1826). Le changement de titre nécessita le déplacement de l'intrigue de Negroponte à Corinthe et de 1470 à 1458. Déjà dans sa version originale, *Maometto II* est l'une des œuvres les plus ambitieuses et complexes de Rossini. Les énormes défis musicaux de cette partition vont de pair avec une intrigue très simple, à la fois politique et émotionnelle, qui en fait l'une des premières grandes tragédies historiques de l'opéra du XIXe siècle. Pamyra, déchirée entre le devoir patriotique et la passion amoureuse (l'un incarné par le commandant de l'armée vénitienne, Cléomène, l'autre par son adversaire turc, Mahomet), se poignarde finalement sur scène, alors que tout s'effondre et que Corinthe disparaît dans les flammes. Au cours de l'adaptation, Rossini élimina de nombreux passages de coloratutre au profit d'une déclamation plus serrée et d'une conception mélodique simplifiée. Il écrivit de nouveaux récitatifs, raffina l'instrumentation et augmenta la participation du chœur. Pour le spectacle, il pouvait s'appuyer sur une distribution vocale extraordinaire. Outre les plus célèbres chanteurs de l'Opéra comme Adolphe Nourrit (Néoclès) et Ferdinand Prévost (Omar), il disposait de deux artistes majeurs du Théâtre-Italien, Cinti-Damoreau (Pamyra) et Henri-Étienne Dérivis (Mahomet II). L'ouverture du *Siège de Corinthe* est l'une des plus connues du compositeur, très souvent programmée dans les salles de concert au XIXe siècle. Comme l'a prouvé son biographe Giuseppe Radiciotti, Rossini emprunta la Marche funèbre grecque du drame sacré *Atalia* de Mayr – œuvre dont il avait dirigé la première à Naples en 1822, juste avant son départ définitif de la capitale du Royaume des Deux-Siciles[4]. Le thème principal de l'ouverture, en revanche, est une autocitation tirée de l'ouverture de *Bianca e Falliero* (Milan, 1819). La création du *Siège de Corinthe*, le 9 octobre 1826, fut considérée comme une révolution dans plusieurs sens. Musicalement, elle reposait sur la synthèse des deux cultures lyriques nationales. Une semblable italianisation de l'opéra français s'était déjà produite une cinquantaine d'années auparavant à Paris, avec Gluck, Piccinni et Sacchini. Et de même qu'à la fin des années 1770 la programmation avait changé à l'Académie royale de musique, un renouvellement fondamental du répertoire se déclencha à la fin des années 1820 (cf. 6.1). Face à l'ancienne tradition de la tragédie lyrique, trois aspects novateurs doivent être soulignés : la dramatisation d'un matériau de l'histoire récente, la fin tragique et l'émancipation du chœur en tant que personnage collectif du drame. La mise en scène élaborée avec des décors exotiques contribua de manière significative à l'impact de l'œuvre, et la scène finale avec Corinthe en flammes impressionna fortement le public.

Moïse et Pharaon ou le Passage de la mer Rouge (O, 1827). En octobre 1826, Rossini démissionna de son poste du Théâtre-Italien pour se consacrer davantage à ses fonctions à l'Opéra. En tant que « premier compositeur du roi et inspecteur général du chant », un titre honorifique qui lui fut décerné en octobre 1826, il s'attaquait à l'acclimatation du *belcanto* italien dans l'opéra français. Balocchi et Jouy transformèrent les trois actes de l'original italien en une version en quatre actes avec de nouveaux récitatifs et de nouveaux numéros musicaux, que Rossini écrivit en peu de temps. Il retravailla l'instrumentation, qui fut enrichie et colorée[5]. Suivant la tradition de l'opéra français, il ajouta une musique de ballet à l'acte III, dont la substance est empruntée à son opéra napolitain *Armida* (1817), d'où sont également tirées l'ouverture et une grande partie de l'introduction de l'acte I. Mis à part les récitatifs, seuls trois numéros sont complètement nouveaux : la scène et le quatuor « Dieu de la paix » (I, 3), la scène et l'air d'Anaï « Quelle affreuse destinée » (IV, 2) et le chœur final « Chantons, bénissons le Seigneur ». La création à l'Opéra de Paris le 26 mars 1827 eut un succès retentissant avec, dans les rôles principaux, Cinti-Damoreau (Anaï), Louise-Zulmé Dabadie (Sinaïde), Nourrit (Amenophis), Levasseur (Moïse) et Henry-Bernard Dabadie (Pharaon).

Le Comte Ory (O, 1828). Le troisième opéra français de Rossini ne fut pas non plus une œuvre entièrement neuve : la musique du *Comte Ory* s'appuie en grande partie sur celle du *Viaggio a Reims*. Dès 1826, Rossini avait envisagé de recycler la musique de cet opéra pour écrire *La figlia dell'aria*, livret de Balocchi, mais l'idée fut abandonnée. Au début de 1828, Rossini reprit le projet, mais cette fois avec le soutien littéraire de Scribe, qui venait de faire ses débuts sur la scène de l'Opéra avec *La Muette de Portici* en février 1828 (cf. 6.4). Scribe s'inspira d'une comédie-vaudeville en un acte qu'il avait écrite douze ans auparavant en collaboration avec Charles-Gaspard Delestre-Poirson : *Le Comte Ory, anecdote du XIe siècle* (Vaud., 1816). Deux esquisses préparatoires du livret de la main de Scribe donnent une idée de la complexité de la tâche consistant à fusionner les deux œuvres, notamment en ce qui concerne la distribution des numéros musicaux[6]. Finalement, la comédie-vaudeville fournit l'action pour l'acte II de l'opéra, tandis que le premier acte fut entièrement neuf afin d'intégrer la plus grande partie de la musique préexistante[7]. L'action se déroule pendant la sixième croisade menée par Louis IX entre 1248 et 1250. Le cadre historique, cependant, ne forme que l'arrière-plan d'une intrigue comique fictive. Le personnage-titre profite de l'absence de ses concurrents masculins en temps de guerre pour s'occuper des femmes et des filles laissées seules. Scribe et Rossini traduisent cette intrigue en une structure dramaturgique de douze numéros musicaux, dont la mise en forme est tout à fait comparable à celle d'un *opera buffa*. Cette proximité avec le genre italien n'est pas surprenante puisque la moitié des numéros proviennent du *Viaggio a Reims*. En dehors de tous les récitatifs, les pages entièrement nouvelles se limitent pour l'acte I à un duo (n° 3) et pour l'acte II à l'introduction (n° 6), deux chœurs (n°s 8 et 10), le trio (n° 11) et le final (n° 12). La création le 20 août 1828 avec Cinti-Damoreau (Comtesse Adèle), Constance Jawureck (Isolier), Nourrit (Comte Ory) et Levasseur (gouverneur), fut acclamée. L'ouvrage comptabilisa près de cinq cents représentations parisiennes au cours du XIXe siècle (la dernière à l'Opéra eut lieu en 1884). À la différence des autres œuvres de Rossini représentées à l'Académie royale de musique, *Le Comte Ory* est un « petit opéra ». La distinction technique entre « grand » et « petit » opéra correspond à un changement du système de la programmation vers la fin de la Restauration[8]. Cependant, cette distinction reste purement formelle : comme l'a fait remarquer Damien Colas, « la détermination de l'activité autorisée par le cahier des charges n'aboutissait pas nécessairement à un genre unique, mais pouvait résulter de plusieurs genres, ou bien d'un genre déclinable en plusieurs variétés[9] ». Le statut de « petit opéra » en deux actes exigea que les représentations du *Comte Ory* (sans ballet intégré) à Paris se terminassent régulièrement par un ballet supplémentaire. Pour sa création, il fut suivi du ballet *L'Épreuve villageoise* (O, 1815) de Louis-Luc Loiseau de Persuis ; plus tard, les représentations furent complétées par d'autres ballets[10].

Guillaume Tell (O, 1829). Après *Le Comte Ory*, Rossini envisagea de travailler à nouveau avec Scribe. Mais il s'adressa finalement à Jouy, le co-auteur de *Moïse et Pharaon*. Jouy lui proposa le livret de *Guillaume Tell*, qu'il avait écrit quelques années auparavant[11]. Assisté par Hippolyte Louis Florent Bis, ce texte fut révisé durant l'été 1828[12]. La pièce originale de Schiller, créée à Weimar en 1804, traite de thèmes pour lesquels Rossini témoignait d'un intérêt particulier, y compris les idéaux politiques et culturels d'un peuple en quête d'indépendance et de paix, et la psychologie des relations paternelles. Un opéra sur le même sujet, le *Guillaume Tell* de Grétry sur un livret de Sedaine, avait été créé an 1791 à l'Opéra-Comique. D'une durée de plus de quatre heures, *Guillaume Tell* est l'œuvre la plus monumentale et la plus complexe que Rossini ait jamais composée. Le peuple suisse étant le véritable protagoniste du drame, le poids des chœurs y est impressionnant. Nombre d'entre eux sont intégrés directement à l'action ; ils contribuent à la couleur locale suisse et certains sont associés à la danse. Parmi les numéros de solistes, il faut surtout citer l'air de « sortie » de Matilde au début de l'acte II (« Sombre forêt ») et l'air d'Arnold au début de l'acte IV (« Asile héréditaire »). Arnold incarne le « héros vacillant », caractéristique du rôle de premier ténor dans le grand opéra, incapable de choisir entre différentes alternatives[13]. Célébrant la libération de la Suisse de la tyrannie habsbourgeoise, l'opéra se termine par une formidable apothéose dans laquelle l'esthétique du sublime triomphe. La nature, la religion et surtout la liberté sont célébrées par une augmentation systématique des moyens musicaux utilisés. L'ouverture est tout aussi grandiose que le final. Elle comprend quatre mouvements de caractères différents et ressemble dans sa forme plus à une symphonie qu'à un prélude d'opéra. L'utilisation d'une mélodie traditionnelle suisse (le fameux « ranz des vaches ») dans le troisième mouvement de l'ouverture donne à Rossini l'occasion d'écrire l'un de ses plus beaux solos de cor anglais. Véritable motif de rappel (cf. 3.6), la mélodie subit une série de changements au cours de l'opéra, auquel elle apporte une couleur locale pastorale. La disposition des mouvements de l'ouverture et la succession narrative d'une tempête et d'une scène de campagne suggèrent une influence de la sixième symphonie de Beethoven, jouée à Paris pendant la composition de l'opéra[14]. Le style symphonique et monumental marque l'ensemble de l'ouvrage, dont l'instrumentation riche et colorée est certainement l'un des plus grands atouts. La création, initialement prévue pour juillet, eut lieu le 3 août 1829, après plusieurs retards. Les rôles principaux furent interprétés par Cinti-Damoreau (Mathilde), Henry-Bernard Dabadie (Guillaume Tell), Nourrit (Arnold Melchthal), Levasseur (Walter), Charles Bonel (Melchthal) et Alexandre Prévost (Gesler). En raison de sa longueur excessive, Rossini raccourcit la partition à trois actes en 1831 et composa un nouveau final. L'ouvrage fit partie du répertoire de l'Opéra jusqu'en 1932, totalisant plus de 900 représentations, mais très souvent tronquées du vivant même de Rossini, au grand dam de Berlioz.

On a beaucoup écrit sur les raisons qui ont pu conduire Rossini à cesser de composer des opéras après *Guillaume Tell*. Bien qu'il y ait eu des plans pour de nouveaux opéras, dont un basé sur le *Faust* de Goethe, aucun ne fut réalisé. Scribe proposa deux sujets que Rossini rejeta. Ce ne fut que bien des années plus tard que Scribe devait concrétiser ces projets mais avec d'autres compositeurs : *Gustave III* allait être mis en musique par Auber en 1833 et plus tard par Verdi sous le titre *Un ballo in maschera* (Rome, 1859) ; *La Juive* par Halévy en 1835. Suite à la découverte du « rapport médical bolognais » de 1842, la santé mentale et physique de Rossini est souvent évoquée comme motif de la démission créatrice du maestro à 37 ans[15]. Des rumeurs sur la fin de sa carrière circulaient depuis de nombreuses années. Stendhal fut probablement le premier à affirmer, dès 1819, que Rossini voulait « cesser de travailler à trente ans[16] ». Bernd Rüdiger Kern et plus récemment Reto Müller ont insisté sur le fait que les complications contractuelles furent très probablement la cause principale de la fin prématurée de sa carrière[17]. Après la chute de Charles X en 1830, sa rente viagère ne fut pas reconnue par le nouveau gouvernement. Cela donna lieu à des années de litiges juridiques, qui ne furent réglés qu'en 1836, en faveur de Rossini. Dans son contrat avec le gouvernement signé en 1829, « Rossini accepta une clause d'exclusivité comme prix de sa rente viagère, ce qui l'obligea pendant le litige à ne rien faire en matière de composition pour ne pas rompre lui-même le contrat ; inversement, le gouvernement ou l'entrepreneur d'opéra ne pouvait exiger une composition sans reconnaître cette rente[18] ». Ainsi, les sources disponibles suggèrent que le retrait de Rossini de la scène lyrique n'a pas été décidé en 1830, mais seulement vers 1836, l'année durant laquelle il quitta Paris. Six ans plus tard, en 1842, le triomphe de la première parisienne du *Stabat mater* fit naître de nouveaux espoirs d'un retour et d'une reprise de sa production. Lorsque effectivement il revint à Paris en 1843, ce ne fut que pour subir un traitement médical approfondi. Sa présence dans la capitale déclencha immédiatement des productions de ses œuvres. En 1844, un *Othello* français fut donné à l'Opéra dans lequel des morceaux d'autres opéras du compositeur furent intégrés, y compris le célèbre *« Pensa alla patria »* de *L'Italiana in Algeri* et des extraits de *La donna del lago*. L'insertion supplémentaire d'un air tiré d'*Ines de Castro* (Naples,

1835) de Giuseppe Persiani, inconnu à Paris à cette époque, est documentée dans la partition manuscrite[19]. Cette production d'*Othello* et l'adaptation des morceaux de musique eurent lieu sans la participation de Rossini, qui n'assista jamais à une représentation de la version française de son opéra. *Othello* compta 29 représentations à l'Opéra entre 1844 et 1850 et fut repris en 1858 et 1861.

En 1846, l'Opéra entreprit un projet encore plus ambitieux afin de pouvoir afficher la première d'un opéra « nouveau » de Rossini. Louis Niedermeyer fut chargé d'arranger un pastiche à partir d'œuvres de Rossini. Cette production devait remplacer une version française de *La donna del lago*, rendue impossible en raison de l'absence d'un ténor adéquat pour le rôle très exigeant de Malcolm. On choisit un sujet écossais (le héros national et roi d'Écosse du début du XIVe siècle Robert Bruce) et puisa notamment dans la partition de *La donna del lago* (dont l'action se déroule en Écosse). À la différence de ce qui s'était passé avec *Othello*, l'Académie royale de musique chercha à impliquer Rossini directement dans ce projet[20]. En été 1846, Niedermeyer et le librettiste Gustave Vaëz s'installèrent à Bologne pendant environ un mois afin de préparer *Robert Bruce* et d'obtenir des conseils de Rossini qui, en fait, ne montra aucun intérêt pour le projet et ne participa pas à la révision de sa musique. La première représentation parisienne, le 23 décembre 1846, connut un succès mitigé. *Robert Bruce* fut joué 31 fois à l'Opéra entre 1846 et 1848. Enfin, une version française de *Semiramide* (Venise, 1823), à laquelle participa Carafa, fut donnée à l'Opéra en 1860 et disparut après une trentaine de représentations.

Donizetti à l'Opéra (S. Rollet)

La carrière parisienne de Donizetti débute en septembre 1831 au Théâtre-Italien dont *Anna Bolena* (Milan, 1830) ouvre la nouvelle saison (cf. 5.5). Cette même scène voit, quatre ans plus tard, sa première création française, *Marino Faliero*. Sans délaisser ce théâtre, Donizetti conquiert à partir de 1839 les autres grandes scènes lyriques de la capitale : le Théâtre de la Renaissance d'abord (*Lucie de Lammermoor*, 1839), puis l'Opéra-Comique (*La Fille du régiment*, 1840) et enfin l'Opéra (*Les Martyrs* et *La Favorite*, tous deux en 1840), une « véritable guerre d'invasion » aux dires de Berlioz (*JD*, 16 fév. 1840). À partir de ce moment, la carrière du Bergamasque se poursuit parallèlement sur les trois plus prestigieux théâtres lyriques parisiens.

Les pourparlers avec l'Opéra commencent véritablement quand la censure napolitaine refuse *Poliuto* en 1838. Le directeur de l'époque, Henri Duponchel, n'a guère d'estime pour le compositeur. Les négociations, menées par l'entremise de l'agent parisien de Donizetti, Michele Accursi, mais aussi du ténor Gilbert Duprez, sont donc délicates. Duponchel, cependant, a besoin du musicien pour faire face à la « disette de compositeurs capables[21] » à laquelle il est confronté et pour suppléer en particulier les retards de Meyerbeer. Plusieurs des contrats signés par Donizetti avec l'Opéra stipulent d'ailleurs qu'en cas de livraison par Meyerbeer de son *Prophète* (O, 1849), la partition de son collègue devrait lui céder le pas. Le premier engagement de Donizetti porte sur deux partitions, *Les Martyrs* et *Le Duc d'Albe*, la représentation de ce dernier, sans cesse repoussée, étant finalement abandonnée, avant que le livret ne serve de base aux *Vêpres siciliennes* (O, 1855) de Verdi. En lieu et place de cet ouvrage, le nouveau directeur Léon Pillet opte pour *La Favorite*, œuvre adaptée de *L'Ange de Nisida*, composé pour la Renaissance mais dont la représentation avait été annulée suite à la faillite du théâtre. Si *Les Martyrs* échoue (il ne dépasse pas la 18ᵉ représentation en 1840 et n'est repris qu'une seule fois, en 1843, à la demande expresse de Donizetti), le « transfert » de *L'Ange* s'avère une excellente opération pour l'Opéra comme pour Donizetti qui, ayant été admis à la SACD en 1839, peut percevoir des droits d'auteur sur ses créations françaises. À l'Opéra, *La Favorite* devient un des piliers du répertoire (661 représentations entre 1840 et 1897). Il connaît également un succès marqué en province (931 représentations rien qu'entre janvier 1846 et septembre 1848) et rapporte ainsi à son auteur une somme considérable (près de 16 000 F à l'Opéra de 1840 à 1848 et de 6 500 F en province entre 1846 et 1848). En France, il prend même le pas sur *Lucia di Lammermoor*. Pourtant représenté sur plusieurs scènes, en italien au Théâtre-Italien, en français au Théâtre de la Renaissance puis à l'Opéra, qui l'ajoute à son répertoire en 1846, ce dernier ouvrage ne totalise que 544 représentations parisiennes de sa création (TI, 1837) à 1897. De la même façon, en province, il n'occupe que le 2ᵉ rang entre 1846 et 1848 avec 755 représentations. Ainsi, *La Favorite* a, en France, le statut de « chef-d'œuvre de Donizetti » pendant tout le XIXᵉ siècle, quand il revient généralement à *Lucia di Lammermoor* dans le reste de l'Europe. *La Favorite* est également attaché à la cantatrice Rosine Stoltz, que la presse qualifie alors, non sans raison, de « Favorite de M. Léon Pillet » (*Les Coulisses*, 11 août 1841). Ses liens avec le directeur permettent au contralto d'obtenir un premier rôle qui, selon la tradition, aurait dû revenir au soprano ! Donizetti doit donc non seulement réécrire partiellement sa partition de *L'Ange de Nisida* – en y ajoutant des passages du *Duc d'Albe* –, lui adjoindre un acte supplémentaire (qui, contrairement à ce que l'on croit souvent, n'est pas le 4ᵉ mais le 1ᵉʳ) mais aussi transposer une ligne vocale écrite pour le soprano Anna Thillon.

Le succès de *La Favorite* vaut au compositeur une nouvelle commande, *Dom Sébastien de Portugal* (O, 1843), et une nouvelle collaboration avec le librettiste attitré de l'Opéra, Eugène Scribe. L'association entre les deux hommes apparaît presque comme une évidence à la critique qui souligne leur facilité commune et désigne Donizetti comme le Scribe de la musique. Les deux auteurs sont confrontés cependant à de nombreuses embûches qui viennent tant de l'orchestre – qui refuse la clarinette-basse d'Adolphe Sax que Donizetti veut employer – que de la direction et de Rosine Stoltz, qui interfèrent régulièrement dans l'écriture de l'ouvrage, afin de faire briller la cantatrice. « J'étais bien sûr, écrit Scribe à son collaborateur, en laissant hier Léon Pillet avec vous que vous seriez encore assailli et tourmenté et pour un mot !! Mais ce mot est pour madame Stoltz. Vraiment, […] c'est à se briser la tête. […] À peine ai-je le dos tourné qu'on semble prendre à plaisir de tout déranger et de recommencer notre fatigue à vous et à moi[22]. »

Cette partition, très attendue, se taille un beau succès à sa création. Cependant, victime d'une campagne de dénigrement orchestrée, selon Donizetti, par l'éditeur Maurice Schlesinger et d'un sujet jugé trop sombre, elle n'est reprise que pour deux représentations en 1849 (l'enterrement aux flambeaux de l'acte III étant remplacé par un couronnement en plein jour). Par la suite, l'Opéra accorde encore sa confiance au compositeur mais choisit une œuvre éprouvée, *Lucie de Lammermoor*, traduite en français, représentée régulièrement, d'abord seule puis comme lever de rideau, entre 1846 et 1864, avant de quitter le répertoire courant. Le chanteur Paul Barroilhet lui commande également, pour une représentation à son bénéfice, une scène pour baryton et chœurs, *Christophe Colomb ou la Découverte de l'Amérique*, qui n'est donnée qu'une fois, le 8 février 1846. Le dernier engagement de Donizetti à l'Opéra concerne *Jeanne la Folle* qui, comme *La Favorite*, doit se substituer au *Duc d'Albe*. La partition, qui devait être livrée pour la saison 1845-1846, ne sera jamais achevée par Donizetti dont la santé se dégrade rapidement. Souffrant d'une syphilis cérébro-spinale, il est d'abord interné à la maison de santé d'Ivry de février 1846 à septembre 1847 avant d'être ramené à Bergame, sa ville natale, où il meurt le 8 avril 1848. *Jeanne la Folle* est finalement créé en 1848, mais sur une musique de Clapisson.

6.4 Auber et Halévy

Herbert Schneider et Diana R. Hallman

Les œuvres d'Auber pour l'Opéra (H. Schneider)

Figure incontournable du théâtre lyrique de son temps, Auber a composé pour l'Opéra quatre grands ouvrages en 5 actes, deux en 2 actes, trois en 1 acte (dont un en collaboration avec trois autres compositeurs) et deux ballets en 3 actes (arrangements du *Cheval de bronze* et de *Marco Spada*). S'il a trouvé dans l'opéra-comique le territoire le mieux adapté à son style (cf. 7.4), il a peiné parfois à atteindre à la grandeur et à l'ampleur d'un style tragique, d'où la critique sévère de Théophile Gautier : « M. Auber nous semble plus propre à écrire de la musique de ballet que de la musique d'opéra ; il ne sait pas conduire un adagio jusqu'à la fin sans revenir à son sautillement habituel. Les notes lui démangent ; il n'est pas à son aise dans les mouvements qui doivent être menés avec lenteur. En un mot, il a de la manière et point de style, de l'esprit et point de passion, du talent et point de génie[1]. » Cependant, son rôle comme créateur du grand opéra ainsi que la richesse de ses recherches dramaturgiques ne peuvent être minimisés. Créée en 1828, *La Muette de Portici* est une étape fondamentale dans l'histoire du théâtre lyrique du XIXᵉ siècle. Wagner l'a bien compris qui, dans un article de 1840, la considère comme l'une de ces œuvres dont on ne trouve qu'un exemple dans chaque nation : « Cette énergie violente, cette mer d'émotions et de passions, présentes dans des mélodies originales, ce mélange de grâce et de violence, de charme et d'héroïsme – tout cela n'est-ce pas l'incarnation véritable de la nation française[2] ? » En 1827 Scribe et Auber ont reçu la première commande de l'Opéra pour composer un opéra historique. Ils ont choisi comme sujet la révolte de 1647 menée par le pêcheur Masaniello contre la politique des impôts des occupants espagnols – sujet déjà traité par Reinhard Keiser en 1706 et par Michele Carafa en 1827. Contrairement à *Guillaume Tell* (1829) de Rossini, *La Muette de Portici* a des rapports étroits avec le théâtre populaire. L'ouvrage ne présente pas une vision idéalisée d'une révolution, mais plutôt une approche prosaïque, voire repoussante et « vulgaire », si l'on songe à Pietro et à sa troupe. Si le chœur reflète par moments le peuple (« Au marché qui vient de s'ouvrir »), il figure aussi une couche sociale violente et destructrice (« De le frapper j'aurai la gloire »). Avec l'introduction du personnage muet de Fenella, dont on trouve des modèles dans le théâtre du boulevard[3], Scribe et Auber ont créé un lien entre opéra et ballet-pantomime. Fenella joue un rôle important à la fin de l'acte I et dans les ensembles des scènes 6 à 8 de l'acte IV, lorsqu'elle protège Alphonse et Elvire dans le chalet de Masaniello, conjure son frère de les sauver et Pietro de ne pas tuer Masaniello. Même dans les moments où Auber n'a pas composé de musique spécifique pour elle, sa pantomime joue un rôle dramatique aux côtés du texte et de la musique. Dès le début de l'opéra, lorsqu'elle raconte par sa gestuelle les incidents précédant le début de l'action, Fenella représente la nouvelle esthétique consistant en une compréhension par les yeux[4] (cf. 6.5).

D. F. E. Auber, *La Muette de Portici*, part. d'orch., Paris : E. Troupenas, [s.d.], n°4, p. 168, fragment de la pantomime de Fenella. – Une didascalie décrit ce que la danseuse doit évoquer. Les mouvements chromatiques de l'orchestre et la nuance *ppp* ajoutent l'expression musicale de la situation à sa pantomime, tandis qu'une réplique chantée par un personnage (« en prison ») précise le sens.

« Exprimant avec ses gestes ce que sa langue ne peut articuler[5] », Fenella renvoie à la situation de la foule jusqu'alors silencieuse et désireuse de se faire entendre. En outre, son drame privé – la séduction par Alphonse – est l'expression intime du conflit qui oppose le peuple aux élites dominantes. *La Muette de Portici* inaugure la dramaturgie du grand opéra, qui tend à subordonner toutes les dimensions de l'œuvre à la dimension visuelle et à l'impact spectaculaire, associe à un sujet historique une action privée enchâssée dans une action publique, fait alterner des scènes de masses avec des scènes intimes et confie au chœur un rôle plus actif. Présent dans 14 des 18 numéros de la partition, « le peuple des choristes est mis en mouvement et devient personnage principal[6] ». Cette nouvelle esthétique a bénéficié de la création d'un comité de mise en scène (autorisé le 5 avril 1827 et entré en fonction avec *La Muette de Portici*) ayant pour mission de donner une « opinion sur les plans et dessins, des décorations, costumes, machines, auxquels donnent lieu la mise en scène[7] ». Il fallut moderniser les décors et les costumes, coordonner les différentes contributions au spectacle, arriver à une forme de vérité historique ou d'authenticité de la couleur locale par la représentation de Naples, le choix de costumes associés à des milieux différents, et, enfin, réaliser l'éruption du Vésuve.

Adrien Marie, « La reprise de *La Muette de Portici* à l'Opéra. – Scène dernière du 5e acte », *Le Monde illustré*, 27 sept. 1879, p. 201.

La réussite de l'ensemble tient à la combinaison du spectaculaire et du pittoresque, de l'émotionnel et des moments d'effroi. Ainsi Fenella se suicide en se précipitant dans l'abîme pendant l'éruption du Vésuve. Cette scène, admirée par le public, a été produite avec des machines imitées de celles d'Alessandro Sanquirico pour *L'Ultimo giorno di Pompei* de Giovanni Pacini (Naples, 1825) que le grand décorateur Ciceri a étudiées à Naples. La fin tragique, avec la mort de Masaniello et le suicide de Fenella, est nouvelle dans l'opéra du temps (cf. 4.2) et marque un tournant décisif dans la dramaturgie lyrique autant que la division de l'action en cinq actes. Outre la qualité des décors de Ciceri et des costumes d'Hippolyte Lecomte, la réussite de *La Muette* doit au talent de ses interprètes (voir les encadrés) : la soprano Laure Cinti-Damoreau (Elvire), le ténor Adolphe Nourrit (Masaniello), la ballerine Lise Noblet (Fenella). La couleur locale est introduite musicalement par la Guaracha et le Boléro de l'acte I, par la Tarentelle de l'acte III ainsi que par les trois barcarolles des pêcheurs napolitains – la première (n° 7) est purement pittoresque, la deuxième (n° 9) sert à achever les préparatifs de la révolte, la troisième (n° 17), chantée par Pietro, laisse deviner la catastrophe. Dans le dernier final (n° 18), Auber exprime le délire de Masaniello, causé par son empoisonnement, en inversant les motifs de sa première barcarolle. Sa maîtrise se manifeste dans la transition entre la cavatine « Spectacle affreux » (IV, 1) et le sommeil de Fenella, et dans le final de l'acte III, où le roulement du tambour lie un chœur de revanche à la prière. L'orchestration, toujours très soignée chez Auber, est émaillée de subtils détails : l'utilisation des vents dans le quatuor n° 13, la clarinette lorsque Fenella provoque la compassion d'Elvire à l'acte I, ou la ligne descendante du basson lorsqu'elle signale à Masaniello son amour pour son séducteur. Notons que le célèbre duo entre Masaniello et Pietro (avec citation de la *Marseillaise*) et le duo entre Alphonse et Elvire sont les seuls ensembles de *La Muette*. Les numéros solistes des personnages aristocratiques sont redevables au modèle rossinien, les protagonistes issus du peuple sont plutôt caractérisés par des formes populaires, et l'écriture des chœurs reste relativement traditionnelle comparée à celle de *Guillaume Tell* – avec cependant une grande diversité dans les combinaisons vocales.

La question de l'intention des auteurs, favorables ou pas à la révolution, a été très discutée. Au début de l'acte V, le chœur chante un vers (« D'un juste châtiment qui peut nous préserver ») par lequel semble être déclaré l'illégitimité de la révolution. La plupart des commentateurs n'ont pas tenu compte (ils n'avaient pas connaissance du livret initial) du fait que la censure a insisté pour que fût introduit le chœur final (« Grâce pour notre crime !/Grand Dieu ! protège-nous !/Et que cette victime/Suffise à ton courroux ! »), qui renverse le sens de la révolte du peuple. La force révolutionnaire de *La Muette de Portici* a néanmoins traversé une partie du siècle et est restée active pendant les crises de 1848 et de 1870. « En France même, indique Théophile Gautier, les sept premières reprises de l'œuvre (4 août-6 septembre 1828) avaient omis le cinquième acte, celui de la défaite des révoltés napolitains vaincus par la répression espagnole, afin d'accentuer le caractère révolutionnaire du livret[8]. » L'introduction à l'acte I d'une danse andalouse « *El jaleo de Jerez* » contribua au grand succès de la reprise parisienne de 1837, avec les débuts de Duprez (Masaniello) et de Fanny Elssler (Fenella). Jusqu'à la guerre de 1870-1871, *La Muette de Portici* eut un statut de symbole national. En dehors de France, Eduard Hanslick, feuilletoniste pourtant sévère, le considérait comme le grand opéra le plus novateur du siècle, *Guillaume Tell* mis à part[9]. Lors de la représentation du 25 août 1830 au Théâtre de la Monnaie, l'enthousiasme patriotique de la salle gagna la population bruxelloise et déclencha la Révolution belge.

Le succès du rôle muet de Fenella inspira *Le Dieu et la Bayadère* (1830). C'est Meyerbeer qui engagea Scribe à écrire le livret de cet opéra en deux actes, créé au moment où la ballade de Goethe sur le même sujet paraissait dans une traduction de Nerval[10]. Le sujet – le dieu Brama, déchu, ne retrouvera sa splendeur que lorsqu'il aura découvert l'amour véritable – a joué dans la réception de l'œuvre, qui devint très vite populaire. Tandis que Fenella s'exprimait avec les yeux et les bras parce qu'elle était muette, Zoloé (la Taglioni) ne dit rien parce qu'elle est étrangère ; elle comprend la langue du pays sans savoir la parler. Présente de la troisième scène jusqu'à la fin, elle participe activement au dialogue par ses pantomimes et est caractérisée par le timbre de la clarinette. Située à la limite du ballet (on compte 6 danses et pantomimes et 2 chœurs dansés), la partition chorégraphiée par Filippo Taglioni eut une grande importance pour le développement du ballet pantomime romantique[11].

Le livret de *Gustave III ou le Bal masqué* (1833) était destiné à Rossini, à qui Scribe avait lu le scenario. Après avoir demandé des changements, le compositeur italien refusa finalement de le mettre en musique. « M. Auber, se souvient Véron, accepta le poème de *Gustave*, mais l'ouvrage lui paraissait peut-être trop dramatique pour être musical[12]. » En effet, *Gustave III* est un exemple du romantisme noir, avec l'acte II se déroulant chez une devineresse et l'acte III dans un « site affreux et sauvage[13] » (le gibet de Stockholm). Monarque éclairé, ce roi de Suède fut réellement assassiné lors d'un bal par une conspiration de la noblesse opposée à ses réformes et à une nouvelle constitution. Dans l'opéra, Gustave, artiste et intellectuel vénéré par son peuple et par les courtisans, est victime d'une conspiration. Ancien ami du roi, Ankastrœm se met à la tête de la conspiration pour se venger de Gustave tombé amoureux de sa femme. (Scribe a pris la peine de donner diverses sources historiques dans le livret.) Les ensembles ont la priorité sur les airs (deux pour Gustave, un plus une cavatine pour Amélie) et sur les couplets (deux d'Oscar, un d'Arvedson et un du roi, qui chante aussi une ronde). La technique du *parlante* intervient dans le n° 15 Trio, dans le n° 16 Quintette, dans lequel Auber a introduit quatre phrases du fameux galop, point culminant du bal de l'acte V, et dans l'Allegro de l'air n° 17 « Sainte amitié ». Le duo d'Amélie et de Gustave, intégré dans la progression du dernier final, possède une véritable dramaturgie tonale qui suit le développement des émotions et des certitudes des deux protagonistes. La danse joue un rôle central dans l'acte I (elle fait partie de la répétition d'un ballet) et à partir de l'acte III, pour culminer avec le gigantesque bal masqué de l'acte V. Dans l'air de Gustave « Sainte amitié » au début du dernier acte, la musique de danse est confiée à un orchestre dans la coulisse. L'idée du bal réunissant les émotions opposées des différents personnages est l'une des constructions musico-dramatiques les plus originales d'Auber. Il combine la festivité officielle, le plaisir pur de la danse, exprimé entre autres par le page, les pressentiments d'Amélie concernant le meurtre du roi, et le sentiment de triomphe des conspirateurs. Le bal masqué se déroulant « dans la salle de l'opéra magnifiquement éclairée » créait une mise en abyme ingénieuse avec les magnificences d'un bal de carnaval parisien. Des spectateurs se mêlèrent à la troupe déjà pléthorique des danseurs lors du galop final qui obtint un succès de vogue. Le grand nombre des didascalies (346 en tout, réparties par acte en 49, 82, 72, 62 et 81, sans compter les apartés) prouve que la mise en scène et l'expression des émotions par le jeu, les gestes et la mimique des acteurs prenaient désormais une place importante dans le spectacle. Le luxe des costumes et des décorations provoqua l'admiration : *Gustave III* représenta le triomphe de l'historicisme scénique. Le grand succès d'*Un ballo in maschera* de Verdi, imité du livret de Scribe, conduisit Auber à faire une autocritique de sa musique, contredisant les jugements de contemporains comme Castil-Blaze, qui voyait dans *Gustave III* le chef-d'œuvre du compositeur français[14].

Opéra en 5 actes, *Le Lac des fées* (1839) s'inspire du conte populaire *Le Voile volé* (« Der geraubte Schleier ») de Johann Karl August Musäus. D'après *Le Ménestrel* (7 avr. 1839), Scribe aurait pris modèle sur *La Fille de l'air* des frères Cogniard, représenté au boulevard du Temple. C'est l'histoire de la jeune fée Zéïla, qui devient une simple mortelle par suite de la malice de l'étudiant, Albert, qui lui a dérobé son voile. Elle rentre en possession du voile et retourne dans sa patrie céleste. Finalement, par amour pour Albert, elle revient sur terre. La féerie est enrichie par des pages de couleur locale : les montagnes du Harz trouvent un équivalent pittoresque dans une chasse (n° 7) ; pour le second tableau de l'acte III représentant le vieux Cologne et la fête des rois, Scribe se réfère à des peintres du XVIe siècle (Dürer, Cranach, etc.). Le mélange de coutumes allemandes et françaises ne semble pas avoir dérangé le public, qui a pu apprécier un divertissement enchaînant six danses très développées : Ronde, Marche, Valse, Pas de Bacchus et Érigone, Styrienne, Bacchanale. L'invention se manifeste à plusieurs niveaux de l'écriture : les finales I et V sont exceptionnels car ils s'achèvent chacun par un air de Zéïla ; Scribe adapte l'opposition hugolienne entre grotesque et sublime quand il réunit dans une même page (n° 6 Romance) la fée et l'aubergiste Marguerite (personnage terre à terre) ; les deux duos de Zéïla avec Albert renouvellent la forme (le n° 8 comprend deux couplets chantés presque sans interventions du personnage féminin, tandis que le n° 10 est démesuré – il fait 463 mesures – et débute par un canon) ; suivant le principe des effets ou des surprises sonores important dans le grand opéra, Auber introduit un mélophone, dont la sonorité ressemble à l'harmonium. Le nombre de didascalies concernant le jeu, la pantomime, l'action et les gestes arrive au niveau de *Gustave III* et prouve l'importance de la rhétorique du corps[15]. Elles se répartissent comme suit : 36 acte I, dont 10 dans la scène 4 ; 70 acte II ; 97 acte III (très détaillées dans la scène 3) ; 96 acte IV (notamment dans l'air d'Albert n° 15) ; 14, acte V. Soit 313 (dans *La Muette de Portici*, il y en a 128, dont 59 pour Fenella). Quand Zéïla par exemple chante « J'admire son courage... » (n° 4A, finale I), ce sont ses regards qui permettent de deviner son amour pour Albert. La disposition en tableaux, le grand nombre des didascalies et l'accompagnement des actions par des pantomimes ont facilité la transformation de l'œuvre en ballet-pantomime – en 1840 à Londres, en 1842 à Vienne et à Saint-Pétersbourg, en 1843 à Rome[16]. L'opéra fut une grande réussite à Berlin, où il atteint 161 représentations entre 1840 et 1885. Cinq danses du *Lac des fées* ont alimenté le bal de cour de l'acte III de *Zerline ou la Corbeille d'oranges* (1851), opéra en 3 actes, dont l'existence est due à la visite de la chanteuse italienne Marietta Alboni à Paris. Ses airs, d'un ambitus exceptionnel (la_2 à si_4) – plus encore que celui de Maria Nau (ut_3 à $ré_5$) –, ont rendu la reprise de l'ouvrage difficile après son départ de la capitale.

Charles Beaumont Wicks dénombre six pièces portant le titre *L'Enfant prodigue* entre 1803 et 1812[17]. Il faut encore mentionner une comédie d'Alexandre Duval en 1823 et un drame d'Hippolyte Auger (Vaud., 1840) dix ans avant l'opéra d'Auber (1850). Le livret de Scribe était prévu pour Meyerbeer, qui l'abandonna après la critique qu'en fit Saint-Georges. Le drame se déroule entre Azaël, son père et Jephtèle, qu'Azaël quitte pour chercher le bonheur dans une grande ville. Après son échec, Azaël rentre chez son père, qui lui pardonne. L'action offre des situations musicales très variées avec, comme clou du spectacle, l'orgie de la fête donnée en l'honneur de la déesse Isis. Auber a composé une musique scénique, à l'harmonie variée, sans avoir recours à des éléments exotiques. Avec Scribe, il a su renouveler chaque final : le second est une prière chorale, le troisième est très dramatique, le quatrième représente le songe d'Azaël avec la vision émouvante de Jephtèle et de son père pleurant, le dernier se réduit à un simple chœur. *L'Enfant prodigue* est l'œuvre la plus sous-estimée d'Auber.

Deux œuvres plus légères doivent compléter ce tour d'horizon. « Vrai bijou comique[18] », *Le Philtre* (1831), pièce en deux actes, a été écrit pour Nourrit et Damoreau[19]. Comme pour nombre d'ouvrages d'Auber, les numéros à succès se sont retrouvés dans *La Clef du caveau* de Pierre Capelle[20]. Mais c'est *L'Elisir d'amore* (Milan, 1832) de Donizetti, composé sur le même livret, qui passa à la postérité. Par son sujet et ses personnages principaux (un aubergiste et un brigand chef de faux-monnayeurs), *Le Serment ou les Faux-monnayeurs* (1832), opéra en trois actes, est très proche de l'opéra-comique. Avec ses fioritures et *glissandi*, le grand air « Dès l'enfance les mêmes chaînes » est devenu une pièce virtuose des concours du Conservatoire.

Les grands opéras d'Halévy : musique, dramaturgie et réception (D. R. Hallman)

Dans le corpus de plus de trente œuvres scéniques de Fromental Halévy, les six grands opéras en cinq actes qu'il a achevés (tous créés à l'Opéra) tiennent une place centrale dans l'histoire du genre, en particulier son chef-d'œuvre,

La Juive, qui l'a catapulté sous le feu des projecteurs après sa création en 1835. Halévy a collaboré avec Scribe et créé un drame historique portant sur le conflit judéo-chrétien (cf. 17.6). L'œuvre consolide l'esthétique du grand opéra fondée sur des sujets politiquement évocateurs, des histoires d'amour tragiques liées à des oppositions sociales, des structures scéniques complexes usant de masses chorales et un spectacle visuel somptueux. Le deuxième grand opéra d'Halévy, *Guido et Ginevra* (1838), inspiré de Shakespeare, et son dernier ouvrage achevé, l'opéra mythique et fantastique *La Magicienne* (1858), révèlent une approche plus variée que celle proposée dans les descriptions standard du genre[21]. Ses opéras du début des années 1840, *La Reine de Chypre* (1841) et *Charles VI* (1843), exploitent des sujets historiques, mais avec un ton plus patriotique, des liens particuliers avec les événements politiques contemporains et la commémoration de la monarchie de Juillet. *Le Juif errant* (1852) mêle des éléments historiques et métaphysiques dans une réinterprétation de la légende chrétienne du personnage principal balançant entre les mondes opposés de l'Orient et de l'Occident. Opéra biblique, *Noé*, inachevé à la mort du compositeur en 1862 (puis complété par Bizet), est unique en son genre (cf. 17.6).

Aux côtés de Meyerbeer et Auber, Halévy a joué un rôle majeur dans le développement des techniques modernes, intermédiales et musico-dramatiques du grand opéra, en collaboration avec ses librettistes (Scribe, Saint-Georges, Casimir et Germain Delavigne), les metteurs en scène et les concepteurs des décors et des costumes. Depuis sa formation au Conservatoire, où il fut le protégé de Cherubini, Halévy a bénéficié d'une riche expérience musicale : prix de Rome en 1819, professeur au Conservatoire, musicien de théâtre – répétiteur au Théâtre-Italien entre 1826 et 1830, assistant chef de chant à l'Opéra en 1829 puis, après le décès d'Herold en 1833, chef de chant principal jusqu'en 1840[22] –, il a acquis une compréhension approfondie des traditions lyriques françaises, a travaillé en étroite collaboration avec des chanteurs, des instrumentistes et des compositeurs, tout en observant les effets de la « révolution rossinienne » des années 1820 (cf. 6.1, 6.3). À partir de *La Juive*, il crée, comme ses contemporains mais d'une façon toute personnelle, des drames en musique mêlant conventions lyriques et théâtrales françaises, éléments rossiniens et techniques orchestrales franco-germaniques. Il juxtapose l'introspection individuelle et la démonstration de force des masses, se montre habile et inventif dans l'orchestration, use de l'harmonie et des timbres instrumentaux comme des moyens d'expression de la psychologie des personnages, construit des finals rythmés et chargés en tension. Louant et dénigrant tout à la fois l'aptitude du compositeur à concevoir un spectacle saisissant, Blaze de Bury écrit que « le mérite de M. Halévy, toute son originalité, c'est de s'être livré corps et âme à la mise en scène, à la magnificence dramatique, à la pompe, qu'il comprend, disons-le, mieux que personne au monde » (*Revue des Deux Mondes*, 1er janv. 1842).

La musique d'Halévy répond aux exigences des livrets et en renforce même les composantes, notamment en suivant « la rhétorique du décor », telle que la définit Hervé Lacombe[23]. Le mouvement du drame, le jeu avec les espaces scéniques ouverts et fermés, les passages du collectif à l'individuel, se retrouvent dans les scènes publiques, pleines de chœurs, de processions et de divertissements, souvent dans des finals et dans les scènes intimes communément centrées sur des arias, duos ou trios. Les numéros avec chœurs en plusieurs sections occupent une place importante dans les actes « publics ». Ils incorporent des éléments propres aux ensembles et aux solos, des interventions chorales déclamatoires, qui mettent en valeur un groupe social en tant que personnage, et parfois se structurent avec la reprise d'une section chorale (comme le Te Deum qui encadre l'acte I de *La Juive*, ou le « Guerre aux tyrans », récurrent dans *Charles VI*). Les chœurs interviennent lors de célébrations triomphales, dans une scène bachique ou militaire, pour une conspiration ou une prière. Leur écriture va de la texture homophonique à quatre à cinq voix au service d'une expression unifiée à des traitements contrapuntiques combinant deux, voire trois groupes, comme dans l'introduction de *Guido et Ginevra* où le chœur de paysans et le chœur des condottieri s'opposent à Fortebraccio. Les dilemmes dramatiques prennent forme 1° à l'occasion d'un conflit entre amour et raisons sociales ou politiques (*La Juive* et *La Reine de Chypre*), 2° par le biais d'un triangle amoureux (Rachel et Eudoxie se disputent l'amour de Samuel/Léopold dans *La Juive* ; Gérard et Lusignan sont tous deux fiancés à Caterina dans *La Reine de Chypre*) ; 3° lors de malédictions, de menaces de mort et de conflits entre le bien et le mal. Les émotions contrastées apparaissent diachroniquement ou synchroniquement, d'une scène à l'autre ou au sein d'une même scène. Les coups de théâtre, qui impliquent souvent des tableaux avec « arrêt sur image », comme dans les finals des actes I et III de *La Juive*[24], produisent des réactions à la fois des individus et des groupes, et intensifient les conflits. À l'exception de la fin heureuse de *Guido et Ginevra*, les grands opéras d'Halévy comportent des dénouements violents, notamment l'exécution de Rachel dans *La Juive*, ou la fin du roi, tragique et triomphante, au milieu de cris de guerre dans *Charles VI* et *La Reine de Chypre*.

L'exploration d'éléments métaphysiques et surnaturels dans *Guido et Ginevra*, *Le Juif errant* et *La Magicienne* en particulier, a amené Halévy à créer une musique qui embrasse les domaines spatial, visuel et temporel. La scène, à l'acte III de *Guido et Ginevra*, est divisée en deux : au dessus, la nef de la cathédrale de Florence remplie de lumière ; au dessous, les caveaux froids et sombres où le corps de Ginevra a été déposé. Afin de suivre la division binaire du drame entre la vie et la mort, la lumière et l'obscurité et, métaphoriquement, entre le paradis et l'enfer, Halévy joue sur l'opposition entre son et silence, sur les contrastes entre voix basses et aiguës et entre les instruments, associant la harpe au monde céleste et l'ophicléide et les trombones à la mort. Dans la première scène, un chœur d'hommes, placé dans l'église sur une plate-forme supérieure du décor, annonce le motif funéraire récurrent, au son obsédant et intermittent d'un ophicléide : « Le marbre des tombeaux recouvre Ginevra[25]. » Un chœur de femmes, « Vierge immortelle, Priez pour elle », lui répond, placé dans les coulisses, simulant ainsi des voix célestes. Scène 3, deux moines soulèvent une pierre pour accéder au tombeau de Ginevra, puis descendent dans la crypte sombre, suivis de Téobaldo ; tous trois disparaissent pour accéder à d'autres tombes, tandis que Guido, qui vient d'entrer dans l'église, voit la pierre déplacée et descend à son tour dans le tombeau où il prie, agenouillé devant le corps de sa bien-aimée (« Quand renaîtra la pâle aurore »), avant de vouloir lever son voile. Après le départ des différents protagonistes, le silence de la tombe est évoqué, non pas par l'absence de son à l'étage inférieur, comme dans la scène 1, mais par des moments de silence prolongés au moment du réveil de Ginevra. Au fur et à mesure qu'elle reprend ses esprits, elle décrit la tombe et l'horreur de sa situation. Elle parle du froid de la crypte et de ses ténèbres, évoque une « lumière sombre et pâle », puis attire à nouveau l'attention sur son monde silencieux, qui s'oppose au chant lointain qu'elle a entendu dans ses rêves. La scène devient alors extrêmement mouvementée et contrastée, rendant par le chant le désespoir, l'agitation et l'effroi de l'héroïne, avant qu'elle ne tombe inanimée. L'orchestre suggère le silence qui enveloppe ce tableau, avec un long diminuendo, les cordes *pizzicato* et un léger roulement des timbales.

« *Guido et Ginevra*, III, sc. 3 », dessin de Marckl, lith., in E. Scribe, *Œuvres* complètes, n[lle] éd., t. 2, Paris : Furne, 1841, p. 100.

Halévy s'inspire des modèles français, notamment des formes ternaires et strophiques dans des airs ou des sections d'air, ainsi que des formes rossiniennes. Au sein des airs et des ensembles, il crée des contrastes de tonalité, de texture, de tempo, de mètre, de rythme, d'harmonie et d'orchestration, et joue sur des phrasés symétriques ou asymétriques. Son inventivité dans l'emploi du récitatif, de l'air et du *parlante*, et la souplesse avec laquelle il passe de l'un à l'autre, conduisent certains critiques à se plaindre du fait que ses airs ressemblent trop à des récitatifs, ou qu'il ne sait pas écrire de belles mélodies. Même si l'on trouve des mélodies simples et chantantes dans ses partitions, comme la sérénade de Léopold ou le boléro d'Eudoxie, Halévy use beaucoup d'un style déclamatoire que Wagner qualifie avec admiration de « mélodie dramatique » (*RGMP*, 24 avr. 1842). Il réserve cette écriture, sans fioritures, à ses « héroïnes morales », telles que Rachel dans *La Juive* et Odette dans *Charles VI*, les distinguant ainsi stylistiquement des rôles à coloratures des personnages aristocratiques que sont Eudoxie et Isabelle de Bavière[26]. Dans l'acte III de *Guido et Ginevra*, comme il a été suggéré ci-dessus, Halévy crée pour Ginevra un style lyrique direct et réaliste, composé de larges lignes vocales non ornementées et de cris de désespoir.

Dans ses opéras plus tardifs, Halévy crée un langage harmonique plus coloré et original. Il utilise des relations de tierces ou des décalages d'une seconde majeure ou mineure, souvent pour accroître la tension, des accords de septièmes diminuées pour signaler des moments de confusion ou de trouble, ainsi que des accords augmentés, des dissonances inattendues et des chromatismes. Dans *La Reine de Chypre*, il associe tonalités et drame, liant *do* mineur au pouvoir sinistre du Conseil vénitien et utilisant *si* majeur comme élément de rupture. Dans le « Duo des cartes » de *Charles VI*, qui réunit le roi mentalement instable et Odette, Halévy procède par enharmonie et chromatisme[27], rendant ainsi le mouvement des batailles historiques que leur jeu de cartes met en scène. Dans *Le Juif errant*, il associe la seconde *mi-fa* dièse au destin tragique d'une errance sans fin d'Ashvérus.

D'autres signifiants musicaux sont utilisés, y compris ceux représentant l'identité sociale, religieuse ou ethnique. Dans l'introduction de *La Juive*, l'orgue et le Te Deum chanté par le chœur en coulisse (« dans l'église ») suffisent à évoquer la pratique catholique, sans que Halévy ait besoin de pasticher une musique médiévale. Les principaux symboles musicaux de l'identité juive se trouvent dans des moments dramatiques plus intimes : de façon évidente dans les prières responsoriales de l'acte II (cf. 17.6) et dans l'air d'Éléazar à l'acte IV, « Rachel, quand du Seigneur », introduit par des cors anglais plaintifs dont la mélodie est colorée par une seconde augmentée orientalisante. Halévy n'approfondit pas l'exotisme musical de *La Juive* dans son dernier ouvrage, *Le Juif errant*. « L'exotisme dans *Le Juif errant*, relève Béatrice Prioron-Pinelli, se trouve dans les éléments extérieurs à l'intrigue : la danse (des Almées à l'acte II), les costumes, les couleurs, et le choix des pays étrangers, des paysages de rêve et du fantastique[28]. » On trouve aussi des types plus courants de couleur locale : les effets pastoraux dans le chœur des villageois qui ouvre *Guido et Ginevra*, ou le chœur des gondoliers qui définit le paysage sonore vénitien dans l'acte II de *La Reine de Chypre*. Les chansons strophiques présentes dans *Charles VI*, notamment une villanelle et un virelai, peuvent, comme l'indique Sarah Hibberd, contribuer à créer une « couleur historique[29] ».

Après *La Juive*, Halévy commence à expérimenter l'utilisation d'idées musicales récurrentes (cf. 3.6) : à l'acte III de *Guido et Ginevra*, lorsque Guido descend dans la tombe de Ginevra, l'orchestre rappelle sa romance de l'acte I ; dans l'acte V de *La Reine de Chypre*, le roi mourant chante les premiers mots et la mélodie de son duo avec Gérard à l'acte III, « Triste exilé », en pensant à

F. Halévy, *La Reine de* Chypre, cht-p., réd. de R. Wagner, Paris : Schlesinger, 1842, p. 31.

son compatriote en exil ; à l'acte IV de *Charles VI*, avant les hallucinations du roi, on entend sa romance de l'acte II. Dans cette dernière œuvre, le chant patriotique « Guerre aux tyrans » de l'acte I revient à la fin de l'acte V, alors qu'Odette et les soldats français accueillent leur nouveau roi dans la basilique de Saint-Denis. Le motif le plus élaboré d'Halévy est peut-être le « motif du Conseil » dans *La Reine de Chypre*, lié au Conseil des Dix et à son représentant, Mocenigo. Pour exprimer leur autorité menaçante, Halévy introduit un ostinato, qu'il présente tout d'abord en *do* mineur, à la clarinette puis aux cors, lors du duo Mocénigo-Andrea de l'acte I. Sans être omniprésent comme le « motif de la malédiction » dans *Rigoletto* de Verdi dix ans plus tard, ce motif du Conseil revient à l'acte II (n° 8), avant qu'Andrea exprime que « Venise a ordonné » la rupture des vœux de Caterina vis-à-vis de Gérard, et encore une fois quand Andrea informe Caterina que le Conseil tuerait Gérard si elle ne suivait pas leur ordre. On l'entend, acte V, dans le récitatif poignant de Catarina, peu avant ses interrogations sur la maladie inconnue de Lusignan, confirmant ainsi musicalement la culpabilité du Conseil. Halévy modifie subtilement ce motif pour souligner le contrôle du sort des trois personnages principaux par le Conseil.

L'écriture orchestrale d'Halévy a joué un rôle essentiel dans sa dramaturgie et il a été largement admiré pour sa science en ce domaine. Les pages instrumentales par lesquelles débutent ses opéras vont de l'introduction aux ouvertures en plusieurs sections, souvent écrites en dernier. Mais c'est surtout dans le traitement du drame qui suit que Halévy déploie toute son invention orchestrale. Il exploite les compétences de l'orchestre de l'Opéra, écrit efficacement pour des instruments à vent traditionnels comme pour les instruments plus récents, crée des effets nuancés dans les cordes et joue avec les couleurs des bois. Bien qu'il utilise les instruments à vent de manière classique – support harmonique et rythmique, appels de cor, fanfares, lignes de basse mouvantes, expression d'autorité, éléments de construction de puissants climax –, il sait aussi créer des mélanges instrumentaux et introduit des instruments nouveaux ou rarement utilisés. Avec *La Juive*, il est le premier à utiliser le cor à pistons. On le trouve dans 7 de ses 22 numéros, de manière innovante dans la malédiction de Brogni à l'acte III ou mêlé en un unison aux cordes dans la marche de l'acte V[30]. Comme Meyerbeer dans *Robert le Diable*, il emploie l'orgue (au début de *La Juive*). Dans *Guido et Ginevra*, il introduit le trombone soprano à valves ainsi que le mélophone, instrument à anches libres breveté par Pierre Charles Leclerc le 7 janvier 1837, un an avant la première de l'opéra. Lors de la procession spectaculaire à l'acte IV de *La Reine de Chypre*, au moins douze grandes trompettes, qui avaient été utilisées lors de la célébration du retour des cendres de Napoléon en 1840, sont placées sur scène, renforçant l'effet sonore. Dans la marche triomphale qui conclut l'acte III du *Juif errant*, Halévy écrit pour une « grosse artillerie » de saxhorns, de cornets à pistons, de trompettes à cylindres, de trombones, complétée par un ophicléide et placée sur le théâtre[31]. Pour représenter les sons inquiétants du Jugement dernier de l'acte V, ces mêmes instruments jouent des fanfares sur le théâtre en alternance avec un quatuor de saxophones (soprano, ténor, basse). Halévy a peut-être entendu parler de la tentative d'utilisation du saxophone alto par Meyerbeer dans *Le Prophète*, mais son intérêt pour les instruments d'Adolphe Sax est probablement dû à ses propres relations avec le facteur, qui dirige la fanfare de l'Opéra à partir de 1847. En contraste avec les puissantes sonorités des cérémonies publiques et de certains finals, Halévy crée des moments d'émotion délicats, comme dans les lignes poignantes de clarinette ouvrant le duo de Rachel et Eudoxie à l'acte IV de *La Juive*. Son écriture pour cordes, fine et nuancée, est particulièrement remarquable dans *La Reine de Chypre*, dont certains passages réclament l'emploi de la sourdine, une division des violons en quatre parties, des effets de pizzicato et de trémolo, des lignes chromatiques, et en demandant fréquemment de jouer *con delicatezza* ou *smorzando*. Dans le récitatif dramatique et son arioso, Halévy fait un emploi subtil de l'orchestre comme agent dramatique. Les changements inattendus d'une note ou d'une harmonie révèlent souvent un changement dans les pensées intérieures du personnage, et des silences intensifient les moments d'introspection ou de révélation.

Après le brillant succès de *La Juive* en 1835, la critique a souvent comparé les ouvrages suivants d'Halévy à ce coup de maître. En 1838, Blaze de Bury considère *Guido et Ginevra* comme un test décisif pour le compositeur, le moyen « de justifier le rang où la détresse de l'école française lui a permis de s'élever » (*Revue des Deux Mondes*, 19 mars 1838). Alors que Blaze dénigre l'œuvre, Berlioz salue la « grande et belle partition [...] déjà classée parmi les chefs-d'œuvre de l'école moderne » (*RGMP*, 11 mars 1838). De nombreux journalistes parisiens encensent le livret, la musique et la mise en scène de *La Reine de Chypre*, la qualifiant de « sœur » de *La Juive* ; certains avancent même qu'elle surpasse les opéras précédents du compositeur. Wagner, qui a arrangé la partition de l'opéra pour l'éditeur Maurice Schlesinger au début de sa carrière parisienne, reconnaît sa richesse, y distingue une rupture avec le passé et loue la mélodie dramatique d'Halévy et nombre de numéros de la partition. Selon lui, la barcarolle de l'acte II est « une des conceptions les plus originales qui soient jamais sorties de la plume d'Halévy » (*RGMP*, 24 avr. 1842). Il s'en explique : « L'introduction musicale avec le *pizzicato* incessant et monotone des violoncelles, et les accords pleins de rêverie des instruments à vent, forme, avec le chœur des gondoliers, un ensemble qui nous enivre d'un charme irrésistible. » Berlioz, qui admire l'orchestration raffinée d'Halévy, la pompe musicale de l'acte IV, le cantabile « Triste exilé » de Gérard et Lusignan au charme pénétrant, ainsi que la sublime beauté du quatuor de l'acte V, prédit que le succès de *La Reine* « égalera au moins celui de *La Juive* » (*JD*, 26 déc. 1841). Dans les critiques de *La Magicienne*, les avis vont du dénigrement, en particulier du livret de Saint-Georges, aux éloges, en particulier pour la musique de l'acte V. Encore une fois, plusieurs auteurs utilisent leur compte rendu pour évaluer le statut d'Halévy (parfois par rapport à Meyerbeer) et même pour évoquer la viabilité du genre. Georges de Fresny, après avoir écrit que les puissants effets choraux et orchestraux de la partition rappelaient les plus belles pages de Meyerbeer, affirme qu'Halévy « représente et personnifie [...], au point de vue le plus sérieux, l'art musical français à notre époque » (*Le Monde dramatique*, 25 mars 1858).

(Traduction Hervé Lacombe)

6.5 DRAMATURGIE DU GRAND OPÉRA MEYERBEERIEN
Matthias Brzoska

Trois règles de construction : finir tragiquement,
comprendre par les yeux et suivre les étapes d'une « pièce bien faite »

Dans la première version de son *Olimpie* en 1819, Spontini a introduit, pour la première fois, un final tragique pour mieux correspondre à la catégorie de la « vérité historique » (cf. 4.2). Cette tentative est restée sans suite jusqu'à ce que Rossini place en 1826 dans le *Siège de Corinthe* un tableau final imprégné d'une esthétique « du choc[1] », représentant la ville de Corinthe embrasée. Ce n'est cependant qu'avec *La Muette de Portici* d'Auber en 1828 qu'un final tragique, souvent même catastrophique, devient la règle. Ce changement est sans doute lié, comme l'a analysé Anselm Gerhard, à l'apparition d'un nouveau public bourgeois, dont les habitudes de perception sont beaucoup plus imprégnées par les spectacles des théâtres populaires que par les règles de la bienséance cultivée par l'ancien public aristocratique[2]. Si *Robert le Diable* se résout par un *lieto fine* traditionnel, il faut se rappeler que le sujet était initialement prévu pour l'Opéra-Comique[3].

La Muette de Portici donne l'exemple d'un autre principe du grand opéra formulé par Louis Véron : « Un opéra en cinq actes ne peut vivre qu'avec une action très dramatique, mettant en jeu les grandes passions du cœur humain et de puissants intérêts historiques ; cette action doit cependant pouvoir être comprise par les yeux comme l'action d'un ballet[4]. » Dans *La Muette*, l'action des solistes représentée sur scène est constamment précipitée par la révolte des pêcheurs napolitains, qui se déroule pour l'essentiel hors-scène. Comme il a été vu précédemment (cf. 6.4), cette partie invisible de l'action est rapportée par des récits, dont la quasi-totalité sont confiés à Fenella, sœur muette de Masaniello. C'est elle, par exemple, qui explique à Elvire à l'acte I et à Masaniello à l'acte II qu'elle a été séduite et enlevée par Alphonse, faisant ainsi comprendre tous les antécédents de l'intrigue par le seul moyen de sa pantomime. Le grand opéra repose aussi sur l'aptitude accrue de la musique à peindre, émouvoir, évoquer, et même montrer ce que l'on ne voit pas. Le premier tableau de l'acte III de *Robert le Diable* « représente les rochers de Sainte-Irène, paysage sombre et montagneux. Sur le devant, à droite, les ruines d'un temple antique, et des caveaux dont on voit l'entrée ; de l'autre côté, une croix en bois[5] ». Parvenue sur ce site, Alice entend les démons situés dans la caverne (le son du chœur est déformé par des mégaphones), puis s'approche pour voir d'où vient ce bruit. Scribe inscrit une didascalie explicite : « Elle s'avance en tremblant vers l'ouverture à droite, y jette les yeux ; l'orchestre doit peindre ce qu'elle voit ; elle pousse un cri, s'attache à la croix de bois qui est près de la caverne, l'embrasse et s'évanouit. »

La plupart des livrets de grands opéras suivent le modèle d'organisation de la « pièce bien faite » propre à Scribe[6], qui l'a établi dans *La Dame blanche* (OC, 1825). Mieux que dans *La Muette*, qui reste à cause de son personnage muet une exception, on retrouve les cinq principes de la « pièce bien faite » dans *Robert le Diable* (1831), premier livret que Scribe a écrit pour Meyerbeer :

1° Une « pièce bien faite » projette le spectateur directement dans l'action, dont les antécédents seront rapportés plus tardivement, fréquemment par le moyen d'une ballade narrative. C'est exactement le cas à l'acte I de *Robert*, ou Raimbaud explique dans une ballade l'origine de l'intrigue, à savoir la légende bretonne touchant Robert le Diable. Dans *Les Huguenots*, Raoul évoque son amour pour une inconnue et la scène de leur rencontre dans une Romance. Wagner suivra ces exemples en prévoyant, dans le livret du *Vaisseau fantôme*, la ballade de Senta qui narre la légende du vaisseau fantôme.

2° L'action est fondée sur un *qui pro quo* central que seul le spectateur connaît. Dans *Robert le Diable*, Robert connaît Bertram en tant que compagnon d'armes ; il ignore qu'il est son père diabolique. Dans *Les Huguenots*, Raoul reconnaît la femme inconnue dont il est tombé amoureux dans la jeune femme qui entre chez Nevers et qu'il prend pour une maîtresse de ce dernier ; il ne sait pas que Valentine s'est seulement adressée à Nevers pour annuler ses fiançailles. Dans *Le Prophète*, Berthe ne sait pas que son amant Jean est le prophète qu'elle hait.

3° Chaque acte offre un épisode dramatique complet dont le dénouement comporte l'exposition de l'épisode suivant. Ainsi, à l'acte I, Robert perd ses armes au jeu, ce qui l'empêche de participer au tournoi pour conquérir son amante. À l'acte II, cette dernière lui donne d'autres armes, mais, cette fois-ci, il est égaré dans la forêt par le fantôme d'un rival : il ne peut se présenter au tournoi. Cela le contraint, à l'acte III, à aller cueillir un rameau magique à minuit dans le cloître des nonnes damnées pour bénéficier d'un pouvoir diabolique. À l'acte IV, Robert s'approche de la princesse au moyen du rameau magique qui lui permet d'endormir et d'immobiliser tous les personnages, mais par amour pour la princesse, il cède à ses supplications et rompt le rameau.

4° Le spectateur doit être informé sur l'identité du *qui pro quo* au centre de l'action bien avant que les personnages sur scène puissent le deviner. Alice, lors de sa première rencontre avec Bertram (acte I, n°2), reconnaît dans ses traits l'image de l'ange déchu qu'elle avait vu sur un tableau dans sa Normandie natale. Robert arrive à la rassurer, mais l'orchestre confirme au spectateur l'identité diabolique de Bertram par des citations du motif de la Ballade. À l'acte III, l'identification est confirmée : le spectateur voit Bertram confronté aux démons qui lui imposent un ultimatum : à minuit, il doit avoir conquis l'âme de son fils. Dans *Le Prophète*, le spectateur connaît l'identité du Prophète dès le début mais Fidès ne l'apprend qu'au cours de la scène du couronnement à l'acte IV ; Berthe devra attendre l'acte V.

5° L'action s'achève avec une « scène à faire » durant laquelle le héros dévoile l'identité de son adversaire et parvient à résoudre le conflit central. Dans *Robert*, ce moment arrive lors du célèbre Trio qui montre le héros balloté entre Bertram, qu'il a reconnu comme son père diabolique, et Alice, messagère de sa sainte mère. Robert est incapable de prendre une décision. C'est ici que le pur écoulement du temps se fait sentir comme seule force dramatique. Anselm Gerhart, en empruntant le mot à une critique de Charles Asselineau datant de 1854, qualifie ce principe de « dramaturgie du suspense » : la tension extrême de la scène résulte du fait que l'écoulement du temps représenté reste la seule force dramatique, alors que les événements paraissent « suspendus » par l'équilibre des forces en lutte[7]. Dans *Les Huguenots*, Raoul comprend lors du final de l'acte III (n° 21) que Valentine est allée chez Nevers pour annuler ses fiançailles ; c'est au cours du célèbre duo (n°24) de l'acte IV qu'il apprend que Valentine l'aime. Au cours du trio (n° 28) de l'acte V du *Prophète*, Berthe découvre l'identité de son amant, ce qui motive son suicide. Dans *L'Africaine*, Sélika se suicide après qu'elle a compris que Vasco aime Inès.

Construire un drame avec une trame de motifs musicaux

L'exemple précédent sur la citation du motif de la Ballade dans *Robert le Diable* montre comment la dramaturgie combine les situations théâtrales au procédé des récurrences motiviques (cf. 3.6) donnant ainsi une véritable expression musicale au souvenir et à certaines idées. Dans le même ouvrage, l'orchestration de la couleur démoniaque – essentiellement représentée par les cors, les bassons et les timbales en des mélanges sombres – est utilisée en tant que couleur sonore (*Leitklang*) tout au long de l'opéra, de même que certains motifs – dont celui de la Ballade de Raimbaud qui identifie Bertram avec le diable – servent de motifs de rappel.

Le choral de Luther « *Ein feste Burg ist unser Gott* » apparaît, tout au long des *Huguenots*, comme emblème musical des protestants. Marcel, le guerrier farouche du protestantisme, l'entonne déjà au premier acte chez Nevers (n° 3). À l'acte III, il sert de signal de guerre pour alarmer les soldats protestants (n° 19), et à l'acte V, il est accéléré, puis brisé en fragments au moment de la catastrophe finale (cf. 6.6).

Pour caractériser la couleur de l'époque de la Réforme Meyerbeer composa le choral « *Ad nos, ad salutarem undam* », qui apparaît, tout au long du *Prophète*, comme le choral de Luther scande *Les Huguenots*. Mais l'organisation motivique est beaucoup plus dense et sophistiquée dans la nouvelle partition. Meyerbeer use d'un motif pastoral contrasté, énoncé dans le n° 8 (cf. 6.6), qui réapparaît à diverses reprises. Il est par exemple énoncé à l'orchestre par les violoncelles et les bassons dans la scène du camp des Anabaptistes (acte III, n° 16) quand Jean imagine renoncer à son pouvoir et revoir sa mère. Meyerbeer prévoyait, à un certain moment de la genèse, de lier ce motif pastoral au dernier trio (n° 28) par l'instrumentation (en reprenant la couleur du saxophone qui avait accompagné le monologue du suicide de Berthe). Il instaurait ainsi, au moment du suicide, une correspondance entre le motif pastoral, qui symbolise le rêve d'une existence retirée et heureuse et l'échec de ce rêve. Cette idée originale disparue car tout le monologue du suicide fut écarté dans la version raccourcie qu'on donna à Paris[8]. Le motif principal de ce trio n° 28 (« Loin de la ville ») dérive d'un renversement du motif de l'air pastoral n° 8. Il symbolise l'utopie d'une retraite idyllique au moment où Berthe, Jean et Fidès se rencontrent – pour la seule et première fois – dans des circonstances heureuses. Cette mélodie apparaîtra, une dernière fois, dans l'introduction des Couplets bacchiques (n° 29 B), joué aux trompettes.

Dans le songe du *Prophète* (n° 7), Meyerbeer utilise, pour la première fois, des motifs dont la fonction est d'annoncer ce qui va advenir (ils seront en effet repris lors de la scène du couronnement à l'acte IV), – procédé que plus tard Wagner désignera comme « *Ahnung* » (pressentiment). Dominée par l'intrigue des protagonistes et répondant donc à une autre dramaturgie, *L'Africaine* ne développe pas de tissu motivique. On n'y trouve que deux récurrences de l'air d'Inès, « Adieu mon doux rivage » (acte I).

Innovations techniques et vérité historique

Nombre d'innovations techniques et organologiques, de même que le luxe des costumes et des décorations, participent de l'esthétique spectaculaire du grand opéra (cf. 6.1 et chap. 13). Les auteurs travaillent donc à en justifier l'utilisation dans le sujet, le déroulement et la mise en forme visuelle du drame. Relevons que de nouvelles technologies inventées à l'usage du grand opéra vont se révéler importantes pour le développement industriel. C'est ainsi qu'en 1822, la première fabrique de gaz du continent est construite pour que le nouveau théâtre, rue Le Peletier, puisse rivaliser avec Covent Garden. Il en découle une véritable révolution de l'éclairage de la scène théâtrale[9]. En 1828, lors de la création de *La Muette de Portici*, un diorama permet de créer des effets quasi cinématographiques pour représenter l'éruption du Vésuve lors de la scène finale. En 1831, le tableau des nonnes de *Robert le Diable* est baigné dans une lumière bleuâtre, jamais vue auparavant ; et par le moyen de projections, le spectateur voit des spectres de nonnes damnées passer à travers des murs. En 1849, le premier projecteur électrique est construit pour réaliser le lever du soleil du *Prophète* ; la création dans le même ouvrage d'un ballet sur patins à roulettes fait sensation. En 1864, *L'Africaine* fait usage, pour la première fois, d'une scène tournante dans le tableau du navire. Ces innovations techniques sont complétées, dans la musique, par des innovations organologiques. Pour la scène finale de *Robert*, un orgue est construit derrière la scène pour rendre plus réaliste le tableau de l'église. Dans *Les Huguenots*, Meyerbeer utilise la clarinette basse comme instrument caractéristique. Dans *Le Prophète*, il exige un large ensemble de saxhorns. Il était prévu, comme on l'a vu, d'utiliser le saxophone, qui venait d'être inventé, mais la scène durant laquelle l'instrument imaginé par Adolphe Sax devait retentir fut éliminée ; on l'entend en revanche dans *L'Africaine*.

Le Prophète, tableau du lever du soleil au final de l'acte III, xylographie, *Illustrierte Zeitung*, Leipzig, 20 avr. 1850.

La vérité historique n'est pas uniquement le fait des librettistes, qui doivent veiller à ne pas être en contradiction avec des faits connus ; elle relève aussi des décors, des costumes, et même de la danse (cf. 6.2), qui tous doivent participer à la création d'une couleur locale propre à l'époque et aux lieux choisis pour l'intrigue. C'est ainsi que nombre de créations s'accompagnent d'études historiques, parfois excessives. Pour la mise en scène des *Huguenots*, afin de réaliser des chaussures dans le style de la Renaissance, on étudie des questions de cordonnerie, bien que ce type de détail ne soit guère visible au-delà des premiers rangs. Les compositeurs contribuent également à la création d'une couleur locale en s'appuyant sur des styles caractéristiques et des genres propres aux époques représentées. Meyerbeer introduit un choral de Luther pour identifier musicalement l'époque de la Réforme dans les *Huguenots*, et en compose un de toutes pièces pour *Le Prophète*. Les commentateurs qui, notamment dans la seconde moitié du siècle, reprochent au grand opéra sa splendeur et son faste, oublient qu'il s'agit alors de répondre à une volonté politique : le spectacle de la première scène lyrique de l'Europe se doit d'être aussi spectaculaire que possible (cf. 6.1) ; à bien des égards, l'Opéra de Paris est le Hollywood du XIXe siècle.

Effet et idée

Wagner se trompe lorsqu'il dénonce, dans son essai *Oper und Drama* de 1851, la dramaturgie spectaculaire du grand opéra comme une suite d'« effets sans causes » (*Wirkung ohne Ursache*). L'effet, très minutieusement élaboré par les auteurs, est en fait un moyen, inscrit dans la dramaturgie et servant un propos. Il est tout d'abord élaboré dans le livret, qui organise l'intrigue pour la rendre logique, parfois surprenante, parfois aussi attendue, voire inévitable (exemplairement, le massacre de la Saint-Barthélemy à la fin des *Huguenots*). Les effets spectaculaires du grand opéra se fondent sur une dramaturgie des passions et une intensification des émotions, mais aussi, très souvent, sur une réflexion philosophique ou religieuse : mettre en musique et en scène des idées peut être considéré comme l'un des objectifs principaux du genre. Son action ne doit pas seulement exploiter quelque épisode puisé dans l'histoire, mais aussi présenter un certain point de vue portant sur l'événement historique. Véron parle des « puissants intérêts historiques » qui doivent être « mis en jeu »[10]. Le plus souvent, ce point de vue est négatif : la révolution de *La Muette* dégénère en tuerie ; *La Juive* se termine par une condamnation à une mort cruelle ; *Les Huguenots* débouchent sur un massacre ; dans *Le Prophète*, amis et ennemis trouvent une mort atroce dans une explosion ; dans *L'Africaine*, comme dans *Les Troyens* de Berlioz, l'intrigue s'achève par le suicide de l'héroïne. Cette condamnation des excès (qui permet dans le même temps de les exposer, d'en utiliser la puissance dramatique et d'en jouir sur le plan esthétique) correspond à une certaine pensée du « juste milieu » appréciée par une bourgeoise qui a sans doute plus à perdre qu'à gagner d'une révolution, et dont Scribe partage sans doute le point de vue. Dans le cas de Meyerbeer, issu d'une ancienne et riche famille de Juifs de cour prussiens, ce point de vue est peut-être aussi renforcé par la crainte de pogromes. Seul Jouy crée, pour le *Guillaume Tell* de Rossini, une révolution avec une fin heureuse.

Ces exigences concernant le fondement des effets (portés par des idées et la recherche d'émotions amplifiées) se doublent d'une exigence quant au renforcement mutuel des moyens expressifs. Depuis les années 1820 et surtout dans les cercles socio-réformateurs des « prophétistes[11] », tels que les saint-simoniens ou le mouvement néo-catholique, on rêvait d'un « art de l'avenir » qui embrasserait tous les arts et réunirait tous leurs effets dans un seul chef-d'œuvre – une sorte de « *Gesamtkunstwerk* » avant la lettre[12]. Il exprimerait le cours de l'histoire dont surgirait la nouvelle société à venir et rendrait une image fidèle de la constitution métaphysique de l'homme moderne. En 1825, dans son *Nouveau Christianisme*, Saint-Simon développa un nouveau culte auquel devaient participer tous les beaux-arts : « Pour produire [...] l'action la plus forte et la plus utile, il faut combiner tous les moyens, toutes les ressources que les beaux-arts peuvent offrir[13]. » Cette idée est développée et précisée par les membres du mouvement saint-simonien qui exercent, autour des années 1830, une influence non négligeable dans des milieux artistiques. Au centre de la pensée saint-simonienne apparaît la conception nouvelle d'un art « d'avant-garde ». Cette conception a été formulée dans le dialogue collectif *L'Artiste, le Savant et l'Industriel* (1825) rédigé essentiellement par Léon Halévy, frère de Fromental Halévy, le compositeur de grand opéra le plus important aux côtés de Meyerbeer. Ce dialogue trace l'esquisse d'une société futuriste, dont les industriels, les savants et les artistes sont les seuls protagonistes : « C'est nous, artistes, qui vous servirons d'avant-garde ; la puissance des arts est en effet la plus immédiate et la plus rapide[14]. » Par ailleurs, Joseph d'Ortigue, critique musical du quotidien néo-catholique *L'Avenir* et porte-parole musical de son fondateur Félicité de Lamennais, attendait une pareille fusion des arts d'une réforme de l'opéra, qu'il voit annoncée par *Guillaume Tell* de Rossini. Au niveau de la composition musicale, il espère notamment une réunion de l'art vocal italien et de l'art instrumental germanique : « Autant que je puis lire dans les destinées futures de l'art, c'est de la réunion et, pour ainsi dire, de la fusion du système vocal créé par Rossini et du système instrumental tel que Beethoven l'a conçu, que doit se former un grand système lyrique-dramatique. *Guillaume Tell* est la pierre d'attente » (*Revue de Paris*, 5 juin 1831). Or, *Robert le Diable* répond à cette conception d'un « art de l'avenir » sur trois points essentiels : 1° il offre une dramaturgie et une mise en scène réunissant les effets de tous les beaux-arts afin de créer une totalité foudroyante de l'impression musico-dramatique inconnue auparavant ; 2° il expose un sujet, compris comme image emblématique de l'homme moderne ; 3° la partition de Meyerbeer réunit à la vocalité virtuose héritée de l'Italie (et explorée déjà dans ses propres ouvrages italiens), un travail compositionnel d'enchaînement motivique, d'harmonie et d'orchestration redevable au modèle germanique. Seule manque à cette œuvre l'expression d'une philosophie de l'histoire – aspect que Meyerbeer et Scribe vont explorer dans leurs opéras suivants. À la création de *Robert le Diable*, d'Ortigue proclame Meyerbeer Messie de l'art moderne : « Enfin, pressé de rentrer dans son *moi* et d'y prendre une forme arrêtée, sentant bien, du reste, que ces deux écoles, auxquelles il s'était tour à tour sacrifié, céderaient tôt ou tard au mouvement irrésistible qui se manifestait en dehors d'elles, il emporte avec lui tout ce qui doit survivre à cette double dissolution, il entre hardiment dans la voie de développement qui lui est ouverte, et vient se placer du premier pas au point d'intersection où le chant italien et l'instrumentation allemande doivent se rencontrer. Ainsi se réalise l'alliance que l'auteur de cet article ose maintenant se flatter d'avoir annoncée, celle du genre vocal créé par Rossini et du genre instrumental développé par Beethoven et appliqué par Weber à la musique dramatique[15]. »

6.6 Un théâtre d'idées : la tétralogie de Meyerbeer
Matthias Brzoska

Les quatre grands opéras de Meyerbeer suivent un discours d'idées : *Robert le Diable* montre l'homme moderne déchiré entre damnation et rédemption ; *Les Huguenots* déploie sur scène une nouvelle conception de l'histoire, dont le cours est porté par le mouvement social et dont le sujet est la collectivité et non plus l'individu ; *Le Prophète* représente l'individu face à ce tourbillon collectif qui engendre les événements historiques ; *L'Africaine* traite le même sujet, mais élargi à la colonisation (cf. 17.5). La position des auteurs relève d'un conservatisme « juste milieu » et – plus spécifiquement pour Meyerbeer – de préoccupations religieuses personnelles. Ses opéras historiques ne sont pas seulement des opéras à sujet historique, mais aussi et d'abord des opéras dont le sujet est le processus historique lui-même.

Robert le Diable *(O, 1831)*

La conception du rôle principal dérive du modèle du « héros chancelant » (*l'eroe titubante*) tel qu'il apparaît, à l'époque, sur la scène italienne et française, par exemple dans le rôle d'Armando d'*Il Crociato in Egitto*, d'Anaïs dans *Mosè in Egitto*, ou d'Arnaud dans *Guillaume Tell*[1]. Mais ce modèle se trouve radicalisé de manière à en faire un type nouveau sur la scène lyrique : Robert n'est pas simplement prisonnier, comme c'est le cas chez les prédécesseurs de Meyerbeer, d'un conflit extérieur tragique – entre honneur et amour, ou amour et patrie, ou simplement entre deux amours – ; il porte le germe de ce conflit à l'intérieur de son être. Issu de la liaison d'un diable (pôle négatif de sa personnalité) et d'une mère sainte (pôle positif), il possède une âme si puissamment divisée entre le Bien et le Mal, si également attirée par ces deux pôles antithétiques, qu'il devient incapable de prendre une décision. Le dépassement de ce drame intérieur ne relève pas d'une décision mais, tout au contraire, tient à la non-décision du héros. Ce qui serait, dans la dramaturgie scribéenne de la « pièce bien faite » une « scène à faire » avec le héros triomphant – au moment culminant de l'action dans le trio de l'acte V – est en fait une négation de l'action héroïque : Robert reste immobile entre les représentants des deux pouvoirs métaphysiques, Alice et Bertram. La résolution du conflit se fait par le simple écoulement du temps qui avait été accordé à Bertram pour achever son œuvre de séduction infernale.

La conception des représentants des deux pouvoirs entre lesquels Robert se voit déchiré est tout aussi inhabituelle que la conception du personnage principal : Alice, qui dérive du type de la paysanne naïve, n'est guère plus qu'une messagère, ou une représentante, du pouvoir céleste. Elle est chargée de transmettre au héros le testament de sa mère défunte. Bertram, figure typique du méchant, semble disposer de tous les moyens pour exécuter son projet. Il témoigne cependant d'un trait particulier, dont on peut trouver des modèles dans la littérature romantique, mais qui est inhabituel et même choquant pour ce type de personnage à l'opéra : il tend à détruire Robert non pas parce que les pouvoirs infernaux le lui demandent, mais parce qu'il préfère l'emmener aux Enfers plutôt que de le sauver et de souffrir une séparation éternelle avec le seul être qu'il ait aimé. De cette constellation résulte une ambivalence dans la représentation du Mal qui semblait, pour les contemporains, caractériser l'homme moderne. Henri Heine voyait dans Robert l'expression « du chancellement moral de ces temps-là[2] » et Balzac, dans l'analyse musicale de *Robert le Diable* qui forme la clef de voûte de son étude philosophique *Gambara*, abordait *Robert* comme une vision moderne de l'être humain balloté entre l'être et le néant. Mieux encore que ces témoignages littéraires, le peintre Gabriel Lépaulle sut illustrer le caractère tourmenté de Robert dans une toile célèbre, *Robert le Diable (acte V, scène 3)*, représentant le trio de l'acte V. Robert, les yeux grands ouverts, face à une épreuve surhumaine, est placé entre Alice, dont la main droite désigne les cieux, et Bertram, dont la main droite montre le bas de la scène, c'est-à-dire les Enfers (cf. 20.5). Dans la version conservée au Musée de la Musique, « tenant Robert à bras le corps pour l'entraîner de force, Bertram lance un regard haineux à Alice[3] » (cf. cahier d'ill.). À la vision dualiste et métaphysique de l'être humain, l'intrigue superpose une dimension psychologique, en représentant le Bien et le Mal par le couple parental Mère/Père. Ce psychologisme « parental » semble bien appartenir à Meyerbeer seul : non seulement il conçut le rôle paternel de Bertram et, au cours de la genèse de *Robert le Diable*, renforça sa signification dramatique, mais il allait par la suite procéder de même, avec les personnages de Marcel dans *Les Huguenots* et de Fidès dans *Le Prophète*.

La scène de la résurrection des nonnes représente ce que la technique scénique la plus développée de l'époque pouvait produire (cf. cahier d'ill.). L'opéra tourne ici en une série d'images animées assimilable à une esthétique filmique avant l'heure. Sans aucun recours au mot chanté, la séduction finale de Robert est présentée uniquement par les moyens de la pantomime et de la danse, mais aussi par la mise en scène qui crée l'illusion : effet des feux follets au début de la scène, transformation des nonnes damnées en spectres traversant les murs, aspect bleuâtre de l'éclairage... Meyerbeer a su trouver une musique caractérisant les aspects fantasmagorique, lascif et transgressif de ce tableau. Berlioz a désigné, dans la *Gazette musicale de Paris* du 12 juillet 1835, la « Procession des nonnes », et notamment l'usage des bassons resserrés dans le registre médium, comme étant « la plus prodigieuse inspiration de la musique dramatique moderne ». L'intégration du ballet et de la pantomime, qui font de l'épisode central de l'action un spectacle pour les yeux et les oreilles, réalise une forme de *Gesamtkunstwerk*.

Les Huguenots *(O, 1836)*

Ballanche, dans sa *Palingénésie sociale*, avait inauguré un système philosophique qui expliquait le progrès de l'humanité par la succession de chutes, expiations et régénérations des collectivités sociales[4]. Cette conception fut reprise et popularisée par différentes écoles. Dans cette perspective imprégnée de néo-catholicisme, c'est évidemment l'époque des guerres de religion qui servait comme exemple paradigmatique du cours palingénésique de l'histoire. L'opéra, abordant depuis *La Juive* les événements de cette époque, ne faisait que suivre la mode des cercles intellectuels intéressés par l'histoire ; mais il en résultait un problème dramaturgique propre au genre lyrique. Ce dernier vit d'un conflit exprimé par des solistes qui forme le centre de l'intrigue. Or, la modernité de ces nouvelles conceptions philosophiques de l'histoire consistait justement dans la négation de l'importance de l'individu : on expliquait le cours de l'histoire par le mouvement social. Pour monter un opéra à la hauteur des conceptions que le XIXe siècle développait, il fallait donc trouver une nouvelle forme lyrique capable de raconter l'histoire des collectivités, d'exprimer cette dynamique autonome des mouvements sociaux et de renoncer au rôle prépondérant d'une intrigue menée par les solistes. C'est essentiellement par deux approches que Meyerbeer sut réaliser cette conception : 1° par l'établissement de grands tableaux, qui dressent des panoramas épiques de l'époque et en expriment la couleur (mais qui renoncent à laisser libre cours à l'exposition musicale d'une intrigue quelconque) ; 2° par la mise en place d'une dramaturgie fondée sur l'écoulement du temps et le sens du « suspense » (cf. 6.5) – une dramaturgie particulièrement apte à faire sentir la dynamique autonome des événements historiques créée par l'antagonisme des collectivités. Au niveau de la composition, les outils de cette dramaturgie sont le montage et le collage. Le compositeur agit comme un cinéaste qui éclaire certains détails du tableau ou qui, au contraire, en donne une vision globale, avec toutes les graduations possibles de « fondus enchaînés ».

Si les deux premiers tableaux des *Huguenots* présentent des scènes propres aux couches élevées de la société (noblesse châtelaine et cour royale), le 3ᵉ tableau, situé au Pré aux Clercs sur les bords de la Seine, envisage la totalité de la société. C'est au cours de ce tableau que sont littéralement confrontés les collectivités opposées : d'un côté une taverne d'étudiants catholiques, de l'autre un cabaret fréquenté par des soldats huguenots, au milieu une chapelle. Par le moyen de collages successifs et de montages simultanés, Meyerbeer met en musique les différents plans de la scène, auxquels sont rattachés les différents groupes : soldats huguenots, litanies de femmes catholiques, peuple catholique (cf. 3.6). La tension entre les groupes monte, mais des Bohémiens, arrivant par hasard, détournent l'attention du peuple par leurs rondes et leurs danses et évitent le combat. Ce tableau n'appartient plus tout à fait au drame : il s'agit d'un large panorama épique, qui met en scène le mouvement social sans avoir recours à une intrigue quelconque. Il fait sentir la tension sous-jacente de la constellation scénique. Il en résulte la dynamisation du temps qui s'écoule : en suivant chaque minute des interactions entre les groupes et la tension croissante, il devient évident pour le spectateur que l'heure de la catastrophe approche. Au final de l'acte, les comploteurs catholiques font appel aux étudiants de la taverne. La tension est prête à tourner en combat collectif quand, une fois de plus, la catastrophe est ajournée, cette fois-ci par le cortège de la Reine rentrant de Touraine. Il faut attendre l'avant-dernier tableau pour que Meyerbeer réalise une forme musico-dramatique conduisant inexorablement à la catastrophe si longtemps différée : animée par la précipitation des événements historiques, ce tableau débouche sur le massacre de la Saint-Barthélemy. La mélodie du choral de Luther, qui structure tout le tableau, a été entendue dès le début de l'opéra – elle avait pour fonction de créer une « couleur d'époque ». Comme dans le prélude, qui annonçait la catastrophe finale, elle devient le vecteur du drame : intercalée à plusieurs reprises dans la forme musicale, elle est chaque fois accélérée jusqu'à ce que, à la fin du processus, elle se brise[5]. L'espace théâtral est organisé sur trois plans. Sur le devant de scène agissent les trois protagonistes (Raoul, Valentine et Marcel) ; à l'arrière se déroule le massacre des Huguenots ; l'espace central sera le lieu de la confrontation finale entre les protagonistes et leurs meurtriers. Tout d'abord, les deux amants demandent à Marcel de les unir par une bénédiction solennelle qui servira de mariage. On entend alors le choral de Luther chanté à l'intérieur de l'église. Accompagné par un solo de clarinette basse – instrument récemment développé par Sax et utilisé pour la première fois dans cet ouvrage –, Marcel procède à la cérémonie. On entend à nouveau le choral, mais, cette fois, il est brusquement interrompu par une horde de meurtriers qui pénètre dans l'église et tue les femmes et les enfants qui étaient venus s'y réfugier. Confrontées au chœur féroce et brutal des meurtriers, les victimes chantent une fois de plus le choral, déjà remarquablement accéléré. Il est alors brutalement interrompu par des décharges d'arquebuses. Un moment de silence indique aux protagonistes placés sur le premier plan, témoins du massacre, que les derniers des protestants ont été abattus et qu'ils vont eux-mêmes périr. Dans ce moment d'extrême tension, ils sont pris par une vision céleste (c'est Marcel qui est tout d'abord transporté par « une sainte joie »). Au moment où leur chant est gagné, lui aussi, par la mélodie du choral, le spectateur aperçoit les meurtriers qui s'efforcent d'ouvrir la grille qui les sépare des trois protagonistes. La grille enfoncée l'ultime confrontation a lieu avec, cette fois, le contact physique visible entre meurtriers et victimes. Marcel et ses deux amis reprennent la mélodie du choral, dont le motif initial est répété par séquences harmoniques et finalement diminué (sa vitesse est multipliée par deux). C'est à ce moment du massacre final que la mélodie du choral se brise en fragments. Le chœur des meurtriers reprend également un fragment du choral : initialement établi comme emblème musical de l'époque, il symbolise désormais, par son accélération et par sa destruction, le cours des évènements historiques qui mène au carnage.

Du Prophète *(O. 1849) à* L'Africaine *(O. 1865)*

Meyerbeer savait que la dramaturgie épique des *Huguenots* avait atteint les limites de ce qui était convenable pour l'opéra de l'époque, notamment dans la définition lyrique des personnages : l'œuvre ne prévoyait aucun air pour l'héroïne, Valentine ! Après la création, il écrivit à sa femme qu'il voulait « poser, par une troisième œuvre, son système dramatique sur des piliers indestructibles[6] ». Des différents sujets et projets qui furent considérés, deux finalement s'avérèrent réalisables : *Le Prophète* et *L'Africaine* (intitulé aussi *Vasco da Gama*) dont les genèses sont inextricablement entremêlées.

Après de longues années d'infructueuses négociations, un accord concernant la distribution des rôles du *Prophète* fut enfin trouvé lorsque arrivèrent à la tête de l'Opéra en 1847 Nestor Roqueplan et Edmond Duponchel. Meyerbeer avait conçu le rôle de Fidès pour Pauline Viardot et créé, ainsi, le « rôle du siècle » pour une voix de contralto. Il simplifia la partie de ténor pour Gustave Roger, qui était plutôt un ténor de demi-caractère qu'un ténor dramatique (voir encadré). Cela l'amena à une modification complète de la conception du livret[7]. Pendant les répétitions, la partition s'avéra être beaucoup trop longue et Meyerbeer fut contraint de procéder à des « contractions » au risque de déformer parfois ses idées. C'est dans cette version raccourcie que l'œuvre fut finalement créée le 16 avril 1849.

Les parallèles entre *Le Prophète* et la future *Africaine* sont évidents : dans les deux œuvres, les événements historiques sont montrés du point de vue d'un individu. Au centre de l'action se trouvent deux figures charismatiques : Jean de Leiden, chef des anabaptistes révoltés, et Vasco de Gama, fondateur des colonies portugaises en Inde. Comme dans *Robert*, ces protagonistes sont inspirés par des pouvoirs métaphysiques, ce que le spectateur comprend dans des scènes de rêve qui dévoilent leurs missions. Dans les deux opéras, un effet spectaculaire marque le tournant de l'action (les conséquences du péché de Jean et l'échec prématuré de la mission colonisatrice de Vasco) : dans *Le Prophète* (acte III, 3ᵉ tableau, fin du n° 20 Hymne triomphal) c'est l'effet éblouissant du premier projecteur électrique utilisé sur scène, intervenant au moment du lever du soleil ; dans *L'Africaine*, il s'agit de la première utilisation d'une scène tournante permettant, dans ce cas, de visualiser le changement de cap néfaste du bateau des Portugais. Les péripéties des deux drames sont également comparables : elles reposent sur un mensonge lié à un lien familial – Selika sauve Vasco en prétendant être son épouse ; Jean nie que Fidès soit sa mère et la traite de folle.

Le Prophète combine l'interrogation métaphysique sur l'homme de *Robert le Diable* et la conception de l'histoire des *Huguenots*. Une instrumentation sombre dominée par les bassons revêt le choral « *Ad nos, ad salutarem undam* » d'une couleur religieuse et quasi sépulcrale. Souvent Meyerbeer donne une teinte grotesque aux trois anabaptistes pour les caractériser comme imposteurs et escrocs. Par exemple, quand Oberthal reconnaît dans Jonas son ancien sommelier qui lui avait volé du vin, la mélodie du choral est accompagnée par les bassons et les trombones (acte I, n° 4A). De même, quand ils décident de trahir Jean et de fuir avec leur butin, leur phrase « Du ciel la volonté soit faite » est introduite par un solo de basson (acte V, n° 25). Le compositeur oppose cette couleur à un ton pastoral et léger. L'opéra commence ainsi par le dialogue de deux clarinettes censé représenter deux pasteurs qui se répondent. Ce ton idyllique correspond à l'autre aspiration intime de Jean. Après son songe (acte II, n° 7), par lequel il dévoile sa vocation à régner, il rejette l'invitation que lui font les Anabaptistes à se joindre à leur mouvement, et entonne un air pastoral qui exprime son aspiration à une vie calme et retirée passée auprès de sa bien-aimée (acte II, n° 8 Pastorale). Comme auparavant Robert, Jean est déchiré entre deux forces antithétiques : sa mission de prophète et le désir d'une existence de petit bourgeois. La dramaturgie du « suspense » ne résulte pas, comme dans les œuvres antérieures, du pur écoulement du temps, mais de l'extrême instabilité de la situation dramatique : Berthe risque de découvrir l'identité de son amant avec le Prophète qu'elle hait. Il est finalement démasqué par un personnage secondaire. La fin tragique de l'œuvre reprend la dramaturgie du choc des *Huguenots*. Par horreur de sa découverte, Berthe se poignarde, tandis que Jean décide de faire exploser son palais lors de la fête de son couronnement pour punir les traîtres et adversaires. Le centre musical de cette catastrophe se situe dans les Couplets bachiques de Jean (n° 29B). La motivation métaphysique de sa chute est symbolisée par la citation du motif pastoral du trio dans l'introduction de ce numéro. La fin de Jean est imposée par ce pouvoir métaphysique. La dernière strophe du livret identifie l'explosion du palais comme purgation : « Viens, divine flamme, vers Dieu qui nous réclame, viens porter notre âme au ciel. » On peut y voir un modèle de la fin du *Crépuscule des dieux*[8].

Le final de *L'Africaine* ne contient pas une telle signification religieuse. La mort par amour de Sélika reste une tragédie privée qui n'a aucune conséquence pour la mission de Vasco de Gama. Cette motivation de l'action, cantonnée à la sphère privée, appartient déjà au drame lyrique de la seconde moitié du XIXe siècle, dont la conception dramatique est à nouveau fondée sur l'action des protagonistes et non plus sur les mouvements sociaux. Le désordre de la partition et sa structure particulière sont dus à sa genèse et au fait que la mort subite de Meyerbeer empêcha qu'il en surveillât la première production. Scribe lui avait livré un opéra en trois actes avec une simple histoire d'amour, plus proche de *Lakmé* ou de *Madama Butterfly* que de ses grands opéras précédents : une princesse africaine aime désespérément un marin portugais nommé Fernand et se suicide quand elle comprend que celui-ci aime et aimera toujours la fille du gouverneur, Estelle. Meyerbeer était certes fasciné par l'idée de symboliser l'histoire du colonialisme par une femme de couleur et un explorateur blanc. Mais comme tout intérêt historique manquait à ce sujet, il mit de côté ce qu'il allait toujours dénommer « *la vecchia Africana* ». Ce n'est qu'après l'achèvement du *Prophète* qu'il demanda à Scribe de « reconstruire sur des bases toutes nouvelles la pièce, sur un fonds historique et noble[9] ». La princesse africaine devint une princesse indienne et le marin Fernand le capitaine portugais Vasco de Gama. Après la mort de Meyerbeer, Fétis fut chargé de terminer l'ouvrage à partir de l'autographe et des esquisses. Il ne connaissait pas l'histoire de l'œuvre et conserva le titre *L'Africaine* – désormais erroné.

Scribe ajouta les deux premiers actes qui se déroulent à Lisbonne et qui donnent effectivement « un fond historique ». Mais à partir de l'acte III, l'action reste plus ou moins proche de l'intrigue de l'ancienne *Africaine*. Néanmoins, Meyerbeer essaya d'intégrer le sujet de sa dernière œuvre dans le discours philosophique de ses œuvres précédentes. La version que Fétis arrangea, notamment dans le final de l'acte V, ne rend malheureusement pas les idées de Meyerbeer. Vasco est un conquérant européen poussé uniquement par sa mission : il exploite son esclave Sélica, dont il use des connaissances pour trouver une nouvelle voie maritime. Il embrasse son esclave, à l'acte II, après qu'elle lui a dévoilé la route secrète, pour aussitôt la donner en cadeau à sa bien-aimée Inès. À la fin de l'œuvre, il s'en va et laisse Sélica mourir. Meyerbeer n'était pas satisfait de cette fin, mais sa mort subite l'empêcha d'ajouter une dernière scène qui aurait réuni les protagonistes. Il désirait composer une très grande scène de mort pour l'héroïne qui aurait dépassé les dimensions des scènes solistes habituelles. Cette scène aurait conclu l'ouvrage par une vision de Sélica s'imaginant dans les bras de son amant, tous deux enlevés vers Brahma dans le « séjour de l'éternel amour[10] ». On aurait pu interpréter cette fin comme l'expression d'une utopie d'une union heureuse future symbolisant l'union des colonisateurs et des peuples colonisés, située au-delà de l'histoire meurtrière de l'humanité. Cette idée aurait très bien conclu le discours musico-dramatique de l'œuvre meyerbeerien. Mais l'opéra ne fut jamais donné dans cette version. Là encore, Fétis altéra gravement le projet en coupant brutalement dans cette scène et en y introduisant un fragment du duo de l'acte III entre Sélica et Nélusco que Meyerbeer n'aurait certainement jamais intégré dans cette partie du drame. La nouvelle édition critique tentera de rétablir une version plus proche des intentions du compositeur.

Il n'est pas exagéré d'aborder les quatre grands opéras de Meyerbeer comme une Tétralogie – selon l'appellation antique désignant un groupe de quatre pièces d'un même auteur. Si la Tétralogie de Wagner (unique élève de Meyerbeer) est unifiée par une même histoire se déroulant sur quatre ouvrages, la « tétralogie libre » de Meyerbeer regroupe quatre pièces dont les sujets sont indépendants les uns des autres mais présentent des analogies du point de vue des idées et projettent sur scène la vision du monde du compositeur.

Notes de 6.1

1. H. Lacombe, « The Machine and the State », in D. Charlton, *The Cambridge Companion to Grand Opera*, Cambridge : CUP, 2003, p. 21-42.
2. N. Wild, *Dict.*, p. 311-312, 430-431 ; Y. Ozanam, *Recherches sur l'Académie royale de musique sous la seconde Restauration (1815-1830)*, thèse de l'École des chartes, 1981 ; A.-S. Cras, *L'Exploitation de l'Opéra sous la monarchie de Juillet*, thèse de l'École des chartes, 1996 ; John D. Drysdale, *Louis Véron and the finances of the Académie Royale de Musique*, Frankfurt am Main : P. Lang, 2003 ; M. Everist, « The Music of Power : Parisian Opera and the Politics of Genre, 1806-1864 », *JAMS*, 67/3, 2014, p. 685-734.
3. E. Cherbuy, *L'Opéra de la rue Le Peletier (1821-1873)*, thèse de l'École des chartes, 2013.
4. [L. Gentil], *Les Cancans de l'Opéra [...]*, J.-L. Tamvaco éd., 2 vol., Paris : CNRS Éd., 2000.
5. Sur les billets de faveur, voir S. Nicolle, *La Tribune et la Scène*, vol. 1, p. 394-397.
6. W. Weber, « The Opéra and Opéra-Comique in the nineteenth century tracing the age of repertoire », in S. Chaouche, D. Herlin et S. Serre éd., *L'Opéra de Paris, la Comédie-Française et l'Opéra-Comique [...]*, Paris : École des chartes, 2012, p. 145-158.
7. O. Bara, « Gluck fantôme. Les reprises à l'Opéra sous la Restauration : petite revue de presse », in A. Ramaut et P. Saby éd., *D'un Orphée l'autre, 1762-1859 : métamorphoses d'un mythe*, Saint-Étienne : PUSE, 2014, p. 111-125 ; H. Lacombe, « "Le Michel-Ange de la musique" : l'image de Gluck dans les écrits français du XIXe siècle », in Th. Betzwieser, M. Calella et K. Pietschmann éd., *Christoph Willibald Gluck : Bilder Mythen Diskurse*, Wien : Hollitzer Verlag, 2018, p. 145.
8. O. Bara, « Gluck fantôme ».
9. Stendhal, *Racine et Shakespeare*, Paris : Bossange, 1823, p. 43.
10. J.-T. Perle, *De l'Opéra*, Paris : Baudouin frères, 1827, p. 12.
11. *Ibid.*, p. 33.
12. N. Wild, « Mise en scènes de catastrophes », in I. Moindrot éd., *Le Spectaculaire dans les arts de la scène [...]*, CNRS Éd., 2006, p. 102.
13. Cahier des charges du 28 fév. 1831, cité in L. Véron, *Mémoires d'un bourgeois de Paris*, Paris : Librairie Nouvelle, 1856-1857, t. 3, p. 108.
14. Cité in J. Mongrédien, *La Musique en France des Lumières au Romantisme (1789-1830)*, Paris : Flammarion, 1986, p. 84.
15. F-Pan, F[21] 969 (procès verbaux de censure) ; F[18] 669 (exemplaires du livret).
16. N. Wild, *Dict.*, p. 181-184 (Gymnase-Dramatique), 283-285 (Nouveautés).
17. Département des Beaux-Arts à A.-P. de Doudeuville, Paris, 11 avr. 1827, in G. Rossini, *Lettere e documenti, volume 3, 17 ottobre 1826-31 dicembre 1830*, B. Cagli et S. Ragni éd., Pesaro : Fondazione Rossini, 2000, p. 217.
18. H. Schneider et N. Wild, *La Muette de Portici*, Tübingen : Staufenburg, 1993, p. 195 sq.
19. N. Wild, « La question de la mise en scène à l'époque du grand opéra », in M. Noiray et S. Serre éd., *Le Répertoire de l'Opéra de Paris (1671-2009)*, Paris : École des chartes, 2010, p. 313-320.
20. G. Meyerbeer à N.-P. Levasseur, 5 juil. 1823, F-Pn, LA Meyerbeer, 267.

21. M. Everist, « The Name of the Rose : Meyerbeer's opéra comique, *Robert le Diable* », *Rdm*, 80/2, 1994, p. 211-250 ; W. Kühnhold et P. Kaiser, « Préface », in G. Meyerbeer, *Robert le diable*, part. d'orch., W. Kühnhold et P. Kaiser éd., München : Ricordi, 2010, p. XIX-XXX.
22. V. Giroud, « Le répertoire du docteur Véron (1831-1835) », in M. Noiray et S. Serre éd., *Le Répertoire de l'Opéra de Paris*, p. 151-161.
23. K. Pendle, *Eugène Scribe and French opera of the nineteenth century*, PhD., Urbana, University of Illinois, 1970 ; J.-C. Yon, *Eugène Scribe : la fortune et la liberté*, Saint-Genouph : Nizet, 2000 ; O. Bara et J.-C. Yon éd., *Eugène Scribe : un maître de la scène théâtrale et lyrique au XIXe siècle*, Rennes : PUR, 2016. Plus spécifiquement : A. Jacobshagen, « Eugène Scribe, créateur du grand opéra romantique », in O. Bara et J.-C. Yon éd., *Eugène Scribe...*, p. 89-102.
24. T. Picard, *L'Art total : grandeur et misère d'une utopie (autour de Wagner)*, Rennes : PUR, 2006, p. 12.
25. I. Moindrot, « Introduction », in *Le Spectaculaire*, p. 10.
26. F. Dartois-Lapeyre, « Gardel (le cadet), Pierre-Gabriel », in S. Bouissou, P. Denécheau et F. Marchal-Ninosque éd., *Dictionnaire de l'Opéra de Paris sous l'Ancien Régime, 1669-1791*, t.2 (D-G), Paris : Classiques Garnier, 2019, p. 782-788.
27. Ph. Chasles, « Notice sur *La Juive* », in J.-B. Giraldon éd., *Les beautés de l'Opéra [...]*, Paris : Soulié, 1845, p. 24.
28. V. Hugo, « Préface », *Cromwell*, Paris : Garnier-Flammarion, 1968, p. 69.
29. A. Gerhard, *The Urbanization of opera. Music theater in Paris in the Nineteenth Century*, trad. M. Whittall, Chicago : UCP, 1998 ; D. Charlton éd., *The Cambridge Companion to Grand Opera*, Cambridge : CUP, 2003 ; S. Hibberd, *French grand opera and the historical imagination*, Cambridge : CUP, 2009.
30. R. I. Letellier, *Religious themes in French Grand Opéra*, Anif : Mueller-Speiser, 2009.
31. F. Sarcey, « Notes de la semaine », *Les Annales politiques et littéraires*, 6 fév. 1887, p. 82.
32. G. de Van, « Le Grand opéra entre tragédie lyrique et drame romantique », *Il Saggiatore musicale*, 3/1, 1996, p. 325-360.
33. H. Heine, *De la France*, Paris : Gallimard, 1994, p. 363-364.
34. L. Véron, *Mémoires d'un bourgeois de Paris*, P. Josserand éd., Paris : Guy Le Prat, 1945, t. 2, p. 49.
35. Th. W. Adorno, « Opéra », [1re éd.,1962], trad. *Contrechamps*, 4, avr. 1985, p. 6-17.
36. A. Gerhard, « Artists as capitalists », *The Urbanization of opera*, p. 36-40.
37. D. Diderot, *Entretiens sur « Le Fils Naturel »*, in *Œuvres Esthétiques*, P. Vernière éd., n^{lle} éd., Paris : Classiques Garnier, 1994, p. 157. Voir P. Frantz, *L'esthétique du tableau dans le théâtre du XVIIIe siècle*, Paris : PUF, 1998, p. 83.
38. Th. Gautier, « Notice sur *les Huguenots* », in J.-B. Giraldon éd., *Les Beautés de l'Opéra*, p. 25.
39. N. Wild, *Dict.*, p. 313-314.
40. A. Gerhard, *The Urbanization of opera*...
41. H. Lacombe, « Le grand opéra : une esthétique du progrès matériel », in J.-Y. Mollier, Ph. Régnier, A. Vaillant éd., *La Production de l'immatériel : théories, représentations et pratiques de la culture au XIXe siècle*, Saint-Étienne : PUSE, 2008, p. 431-440.
42. P. Larousse éd., *Grand Dictionnaire universel du XIXe siècle*, Paris, 1866-1876, art. « Progrès ».

43. *Ibid.*, art. « Opéra ».
44. H. Lacombe, *The Keys to Frenc Opera in the Nineteenth Century*, trad. E. Schneider, Berkeley : UCP, 2001, p. 257-259, 262-263.
45. P. Larousse éd., *Grand Dictionnaire universel...*, art. « Opéra ».
46. A. de Musset, *La Confession d'un enfant du siècle*, Paris : Félix Bonnaire, 1836, p. 74.

Notes de 6.2

1. J. R. Anthony et M. E. C. Bartlet, « Divertissement (Fr.) », *Grove Music Online*, 2001, www.oxfordmusiconline.com, consulté le 1er fév. 2019.
2. R. Harris-Warrick, *Dance and Drama in French Baroque Opera*, New York : CUP, 2016.
3. H. Justamant, *Divertissements de Faust*, D-KNth, Ms. 70-454.
4. M. E. Smith, « Dance and Dancers », in D. Charlton éd., *The Cambridge Companion to Grand Opera*, New York : CUP, 2003, p. 99-101.
5. M. E. Smith, *Ballet and Opera in the Age of « Giselle »*, Princeton, NJ : Princeton University Press, 2000, p. 8-14.
6. R. Wagner, « Cultural Decadence of the Nineteenth Century », in W.A. Ellis éd., *Prose Works*, vol. 3, London : Kegan Paul, 1907, p. 351-352.
7. A. Reicha, *Art du Compositeur dramatique*, Paris : A. Farrenc, 1833, p. 91, cité in Th. Betzwieser, « Musical Setting and Scenic Movement : Chorus and *Chœur Dansé* in Eighteenth-Century Parisian Opéra », *COJ*, 12/1, 2000, p. 7, n. 30.
8. R. Koselleck, « "Space of Experience" and "Horizon of Expectation" : Two Historical Categories », in *Futures Past : On the Semantics of Historical Time*, trans. K. Tribe, Cambridge, Mass. : MIT Press, 1985, p. 267-288, quoted in A. Gerhard, *The Urbanization of Opera : Music Theater in Paris in the Nineteenth Century*, trans. M. Whittall, Chicago : UCP, 1998, p. 7.
9. M. E. Smith, « Processions in French Grand Opéra », in R. Brotbeck, L. Moeckli, A. Schaffer, S. Schroedter éd., *Bild und Bewegung im Musiktheater : Interdisziplinäre Studien im Umfeld der Grand Opéra*, Schliengen : Edition Argus, 2018, p. 43-50 ; M. A. Smart, « Mourning the Duc d'Orléans : Donizetti's *Dom Sébastien* and the Political Meanings of Grand Opéra », in R. Parker et M. A. Smart éd., *Reading Critics Reading : Opera and Ballet Criticism in France from the Revolution to 1848*, New York : Oxford University Press, 2001, p. 188-212.
10. M. E. Smith, « Dance and Dancers », p. 100.
11. K.A. Jürgensen, *The Verdi Ballets*, Parma : Istituto Nazionale di Studi Verdiani, 1995, p. 125.
12. R. Wagner, « Halévy et *La Reine de Chypre* », 4e art., *RGMP*, 1er mai 1842, p. 187.
13. L. D[esnoyers], « Théâtres de l'Opéra, » *Le National*, 3 mars 1836.
14. L. Zoppelli, « "Stage Music" in Early Nineteenth-Century Italian Opera », *COJ*, 2/1, 1990, p. 33-34.
15. M. Clark, « Finding Merit in the Masked Ball from *Gustave, ou le bal masqué* » et « The Quadrille and the Undoing of Opera », in *Understanding French Grand Opera Through Dance*, PhD., University of Pennsylvania, 2006, p. 119-221.
16. M. E. Smith, « Dance and Dancers », p. 104.
17. S. Hibberd, « *La Muette* and Her Context », in D. Charlton éd., *The Cambridge Companion to Grand Opera*, New York : CUP, p. 154-163.

18. E. Scribe, *Manon Lescaut*, Paris : Bezou, 1830, p. 12.
19. M. E. Smith, *Ballet and Opera in the Age of « Giselle »*, p. 68
20. M. Kahane éd., *Le Foyer de la Danse*, Paris : Réunion des musées nationaux, 1988, p. 8, 13 ; L. Robin-Challan, « Social Conditions of Ballet Dancers at the Paris Opéra in the Nineteenth Century », *Choreography and Dance*, 2/1, 1992, p. 17-28.

Notes de 6.3

1. S. Ragni et B. Cagli éd., *Gioachino Rossini. Lettres et documents*, vol. 2 (1822-1826), Pesaro : Fondazione Rossini, 1996, p. 240.
2. *Ibid.*, p. 240-242.
3. B. Walton, « Quelque peu théâtral : Le couronnement opératique de Charles X », *19th-Century Music*, 26, 2002/3, p. 14.
4. G. Radiciotti, *Gioacchino Rossini : Vita documentata, opere ed influenza su l'arte*, vol. 2, Tivoli : Arte grafiche Majella di Aldo Chicca, 1928, p. 68.
5. M. Conati, « Between Past and Future : The Dramatic World of Rossini in *Mosè in Egitto* and *Moïse et Pharaon* », *19th-Century Music*, 4/1, 1980, p. 32-48.
6. D. Colas, « Préface », in G. Rossini, *Le Comte Ory. Opéra en deux actes*, D. Colas éd., Kassel : Bärenreiter, 2014, vol. 1, p. XLVIII.
7. D. Colas, « Préface », p. XIV.
8. M. Everist, « *Grand Opéra-Petit Opéra :* Opéra et Ballet de Paris de la Restauration au Second Empire », *19th-Century Music*, 33/3, 2010, p. 227.
9. D. Colas, « Le petit opéra à l'Académie au XIXe siècle. Quelques considérations d'ordre terminologique », in S. Chaouche, D. Herlin et S. Serre éd., *L'Opéra de Paris, la Comédie-Française et l'Opéra-Comique : approches comparées (1669–2010)*, Paris : École nationale des chartes, 2012, p. 161.
10. D. Colas, « Préface », p. XIV, note 3.
11. A. Gerhard, « *Sortire dalle vie commune*. Wie Rossini einem Akademiker den *Guillaume Tell* verdarb », in A. Gier éd., *Oper als Text. Romanistische Beiträge zur Libretto-Forschung*, Heidelberg : Winter, 1986, p. 185-219.
12. M. E. C. Bartlet, « Prefazione », in G. Rossini, *Guillaume Tell. Opéra en quatre actes*, M. E. C. Bartlet éd., Pesaro : Fondazione Rossini, 1992, vol. 1, p. XXII.
13. A. Gerhard, « L'eroe titubante e il finale aperto : un dilemma insolubile nel *Guillaume Tell* di Rossini », *Rivista italiana di musicologia*, 19, 1984, p. 113-30.
14. M. Everist, « Beethoven et Rossini : opéra et concert à la fin de la Restauration », in O. Bara et A. Ramaut éd., *Le Romantisme musical français et ses généalogies européennes*, Saint-Étienne : PUSE, 2012, p. 126-137.
15. B. Riboli, « Profilo medico-psicologico di Gioacchino Rossini », *La rassegna musicale*, 24, 1954/3, p. 292-303 ; A. Jacobshagen, *Gioachino Rossini und seine Zeit*, Laaber : Laaber 2015, p. 92-105.
16. Stendhal au baron de Mareste, Paris, 2 nov. 1819, in Stendhal, *Correspondance*, H. Martineau éd., vol. 5, Paris : Le Divan, 1934, p. 283.
17. B.-R. Kern, « Gioachino Rossinis Verträge mit der Krone Frankreichs », *Neue Zeitschrift für Musik*, 153/3, 1992, p. 13-18 ; R. Müller, « (Neue) Hintergründe zu Rossinis Rückzug von der Opernbühne », *Die Tonkunst* IV, 2018, p. 339-347.
18. R. Müller, « (Neue) Hintergründe… », p. 346.

19. M. Everist, « "Il n'y a qu'un Paris au monde, et j'y reviendrai planter mon drapeau !" Rossini's second grand opéra », *Music & Letters*, 90/4, 2009, p. 645.
20. M. Everist, « Partners in Rhyme : Alphonse Royer, Gustave Vaëz, and Foreign Opera in Paris during the July Monarchy », in R. Montemarra Marvin et H. Poriss éd., *Fashions and Legacies in Nineteenth-Century Italian Opera*, Cambridge : CUP, 2009, p. 30-52.
21. J.-L. Tamvaco, *Les Cancans de l'Opéra [...]*, Paris : CNRS Éd., 2000, vol. 1, p. 400.
22. E. Scribe à G. Donizetti, 26 oct. 1843, Museo Donizettiano, I-BGm, IV 2° B 1843-4.

Notes de 6.4

1. Th. Gautier, *Critique théâtrale*, t. 1, p. 161-162.
2. R. Wagner, *Über deutsche Musik*, autographe de 12 pages du Wagner-Museum Bayreuth.
3. J. Mongrédien (« Versions sur un thème : Masaniello », *Jahrbuch für Opernforschung*, 1985, p. 90-121) compte quatre versions du sujet de la muette avant celle de Scribe.
4. M. Jahrmärker, *Comprendre par les yeux. Zur Werkkonzeption und Werkrezeption in der Epoche der Grand opéra*, Laaber : Laaber-Verlag, 2006.
5. Castil-Blaze, *L'Académie impériale de musique*, Paris : Castil-Blaze, 1855, vol. 2, p. 220.
6. Castil-Blaze, *L'Académie impériale de musique*, p. 207.
7. H. Schneider et N. Wild, *La Muette de Portici*, Tübingen : Staufenburg, 1993, p. 208.
8. Th. Gautier, *Critique théâtrale*, t.1 (1835-1838), P. Berthier et F. Brunet éd., Paris : Champion, 2007, p. 128, n. 7.
9. E. Hanslick, *Musikalisches Skizzenbuch (Der « Modernen Oper » IV. Teil.)*, Berlin : Allgemeiner Verein für Deutsche Literatur, 1888, p. 127.
10. *Mercure de France au XIXe siècle*, 10 avr. 1830.
11. Th. Betzwieser, « Tanz und Pantomime in den Opern Aubers », in G. Oberzaucher-Schüller et H. Moeller éd., *Meyerbeer und der Tanz*, Feldkirchen, Paderborn : University press, Ricordi, 1998, p. 107-134 ; M. A. Smart : *Mimomania : Music and Gesture in Nineteenth Century Opera*, Berkeley, UCP, 2004.
12. L. Véron, *Mémoires d'un bourgeois de Paris*, Paris : Librairie nouvelle, 1856, vol. 3, p. 175.
13. N. Wild, *Décors et costumes du XIXe siècle à l'Opéra de Paris*, Paris : Bibliothèque nationale, 1987, p. 136.
14. D.-F.-E. Auber et E. Scribe, *Correspondance*, H. Schneider éd., Sprimont : Mardaga, 1998, p. 113 ; Castil-Blaze, *L'Académie impériale de musique*, p. 238.
15. M. Jahrmärker, *Comprendre par les yeux*, p. 194.
16. *Ibid.*, p. 188-197.
17. Ch. B. Wicks, *The Parisian Stage : Part I (1800-1815)*, Alabama : University of Alabama press, 1950, n° 893-898.
18. A. Thurner, *Les Transformations de l'opéra-comique*, Paris : Castel, 1865, p. 264.
19. L. Véron, *Mémoires d'un bourgeois de Paris*, t. 3, Paris : Gonet, 1854, p. 154.
20. « Je suis sergent », « Dès qu'à sa bouche il porte », « La reine Yseult » et « Je suis riche » (n°s 2143, 2152, 3345, 2249).

21. S. Hibberd, *French Grand Opera and the Historical Imagination*, Cambridge : CUP, 2009, p. 2-3.
22. N. Wild, *Dict.*, p. 205, 318.
23. H. Lacombe, *Les Voies de l'opéra français au XIX⁵ siècle*, Paris : Fayard, 1997, p. 95.
24. K. S. Pendle and S. Wilkins, « Paradise Found : The Salle Le Peletier and French Grand Opera », in M. A. Radice éd., *Opera in Context : Essays on Historical Staging from the Late Renaissance to the Time of Puccini*, Portland, OR : Amadeus Press, 1998, p. 196-97.
25. F. Halévy, *Guido et Ginevra*, cht-p., reprint, Heilbronn : Musik-Edition Lucie Galland, 1994.
26. M. A. Smart, « Roles, Reputations, Shadows : Singers at the Opéra, 1828-1849 », in D. Charlton éd., *The Cambridge Companion to Grand Opera*, Cambridge, CUP, 2003, p. 110-113.
27. S. Hibberd, *French Grand Opera*, p. 149.
28. B. Prioron-Pinelli, *Le Juif errant [...] : un grand opéra français au début du Second Empire*, Weinsberg : Musik-Edition Lucie Galland, 2005, p. 434.
29. S. Hibberd, *French Grand Opera*, p. 129.
30. W. E. Runyan, *Orchestration in Five French Grand Operas*, Ph. D, Eastman School of Music, 1983, p. 270-273.
31. Selon Prioron-Pinelli (*Le Juif errant*, p. 208, 213-214), Halévy a demandé, avant la première, les nouveaux sax-tubas d'Adolphe Sax, non mentionnés dans la partition.

Notes de 6.5

1. M. Brzoska, « Le dénouement heureux – Finalkonzeptionen der französischen Oper von Spontinis *Olimpie* bis zu Rossinis *Guillaume Tell* », in R. Müller et A. Gier éd., *Rossini und das Libretto*, Leipzig : Leipzig Universitätsverlag 2010, p. 9-19.
2. A. Gerhard, *Die Verstädterung der Oper [...]*, Stuttgart : J.B. Metzler, 1992.
3. M. Everist, « The Name of the rose : Meyerbeer's opéra-comique *Robert-le-Diable* », *Rdm*, 80/2, 1994, p. 211-250.
4. L. Véron, *Mémoires d'un bourgeois de Paris*, t. 3, p. 252.
5. E. Scribe et G. Delavigne, *Robert le Diable*, livret, Paris : Bezou, 1831, p. 23.
6. K. Pendle, *Eugène Scribe and French Grand Opera of niniteenth century*, Ann Arbor : UMI 1979.
7. A. Gerhart, « Giacomo Meyerbeer et le thriller avant la lettre [...] », in P. Prévost, éd., *Le Théâtre lyrique en France au XIX⁵ siècle*, Metz : Éditions Serpenoise, 1995, p. 107-118.
8. Annexe, in G. Meyerbeer, *Le Prophète*, M. Brzoska éd. (avec A. Jacob et F. Guilloux), 4 vol., München : Ricordi, 2011.
9. G. C. Izenour, *Theater Technology*, New York : McGraw-Hill, 1988, p. 34 sq.
10. L. Véron, *Mémoires d'un bourgeois de Paris*, t. 3, p. 252.
11. P. Bénichou, *Le Temps des prophètes. Doctrines de l'âge romantique*, Paris : Gallimard 1977.
12. M. Brzoska, *Die Idee des Gesamtkunstwerks in der Musiknovellistik der Julimonarchie*, Laaber : Laaber-Verlag, 1995.
13. *Œuvres de Saint-Simon et d'Enfantin*, Paris : Dentu 1865-1878 ; reprint, Aalen : O. Zeller, 1963-1964, t. 23, p. 160.

14. *L'Artiste, le savant et l'industriel [...]*, in *Œuvres de Saint-Simon et d'Enfantin*, t. 39, p. 210.
15. J. d'Ortigue, *Le Balcon de l'Opéra*, Paris : Renduel 1833, p. 122-123.

Notes de 6.6

1. A. Gerhard, *Die Verstädterung der Oper. Paris und das Musiktheater des 19. Jahrhunderts*, Stuttgart : Metzler 1992, p. 93 sq.
2. H. Heine, *Über die französische Bühne. Vertraute Briefe an August Lewald* [1837], in *Über die französische Bühne une andere Schriften zum Theater*, Ch. Trilse éd., Berlin : Henschel, 1971, p. 107.
3. C. Lebouleux, « Robert le diable, un héros emblématique », *Histoire par l'image*, en ligne, http://www.histoire-image.org/fr/etudes/robert-diable-heros-emblematique, consulté le 20 fév. 2019.
4. M. Brzoska, *Die Idee des Gesamtkunstwerks in der Musiknovellistik der Julimonarchie*, Laaber : Laaber-Verlag, 1995 p. 154.
5. M. Brzoska, « Historisches Bewußtsein und musikalische Zeitgestaltung », in *Archiv für Musikwissenschaft*, 45, 1988, p. 50-66.
6. G. Meyerbeer à sa femme, 20 mai 1836, in *Briefwechsel und Tagebücher*, H. Becker éd., t. 2, Berlin : W. de Gruyter, 1970, p. 527
7. G. Meyerbeer et E. Scribe, *Le Prophète. Livret*, F. Guilloux éd., München : Ricordi, 2007.
8. M. Brzoska, « Ohne "Le Prophète" kein "Ring" ? », in *Europa war sein Bayreuth. Symposium zu Leben und Werk von Giacomo Meyerbeer*, Berlin : Deutsche Oper, 2015, p. 97-112.
9. G. Meyerbeer, *Briefwechsel und Tagebücher*, t. 5, S. Henze-Döhring éd., Berlin : de Gruyter 1999, p. 431.
10. S. Döhring, *Oper und Musikdrama im 19. Jahrhundert*, Laaber : Laaber-Verlag, 1997, p. 222.

Lise Noblet (1801-1852)

Surnommée Lise, Marie-Élisabeth Noblet entre au Ballet de l'Opéra de Paris en 1816 et fait ses débuts de soliste en 1819 dans un pas de deux avec François-Ferdinand Decombe, dit Albert, dans une reprise de *La Caravane du Caire* de Grétry et comme jeune gracieuse dans la dernière création de Spontini, *Olimpie* (O, 1819). Avec le départ à la retraite de la ballerine étoile de l'Opéra, Émilie Bigottini en 1824, Noblet est promue au rang de première danseuse, poste qu'elle occupe jusqu'à sa retraite en 1841. Saluée pour ses poses gracieuses et son mime expressif dans des ballets comme *Mars et Vénus* (1826), elle apporte le même talent d'actrice dans le grand opéra, notamment dans la création de Fenella de *La Muette de Portici* (1828) d'Auber. Elle crée deux autres œuvres hybrides à l'Opéra : l'odalisque Validé dans *La Tentation* (1832) et la séduisante bayadère Fatmé, clin d'œil à la Zoloé de Marie Taglioni dans *Le Dieu et la Bayadère* (1830). Lors de la création du ballet *La Sylphide* (1832), Noblet interprète Effie, la fiancée repoussée de James, et se positionne comme l'homologue « terre à terre » de Marie Taglioni, interprète du rôle-titre. Noblet danse une grande variété de rôles dans les divertissements de grands opéras, – Turc noble dans *Le Siège de Corinthe* (1826), disciple d'Osiris dans *Moïse* (1827), épouse paysanne dans *Robert le Diable* (1831), ou Folie allégorique dans le bal de *Gustave III* (1833), etc. Elle se produit souvent aux côtés de sa sœur Félicité Noblet (Mme Alexis Dupont), notamment dans *François Ier à Chambord*, *Robert le Diable*, *Gustave III*, *Ali-Baba*, *Don Juan*, *La Juive*, *Le Lac des fées* et *La Favorite*. Dans la reprise de *La Muette de Portici* en 1837, dans laquelle le rôle de Fenella est passé à Fanny Elssler, les sœurs Noblet éblouissent le public avec la danse espagnole *El Jaleo de Jerès* ajoutée au divertissement de l'acte I. Bien qu'Elssler elle-même ait acquis une certaine notoriété pour son interprétation fougueuse et sensuelle de la cachucha espagnole dans le ballet-pantomime *Le Diable boiteux* en 1836, Théophile Gautier affirme que Lise et Félicité Noblet la surpassent : « C'était prodigieux, exorbitant, incroyable : c'était charmant. Figurez-vous des frétillements de hanches, des cambrures de reins, des bras et des jambes jetés en l'air, des mouvements de la plus provocante volupté, une ardeur enragée, un entrain diabolique, une danse à réveiller les morts. […] Les deux sœurs ont été applaudies comme jamais personne ne l'a été » (*La Presse*, 2 oct. 1837).

Helena K. Spencer (traduction H. Lacombe)

Achille Devéria, *Mlle Noblet* [dans *La Muette de Portici*], lithographie de Lemercier, Paris : Aumont, [1828 ?], (détail).

Marie Taglioni (1804-1884)

Ballerine romantique dont l'apesanteur apparente a inspiré l'imagination poétique et fait d'elle l'une des célébrités du XIXe siècle, Marie Taglioni a développé sa technique « aérienne » sous la formation rigoureuse de son père, Filippo Taglioni, maître italien de ballet. Lorsque Filippo tente pour la première fois d'obtenir un engagement pour sa fille à l'Opéra de Paris en 1824, il échoue ; trois ans plus tard, elle est autorisée à donner ses premières représentations. Son travail sur pointes, s'il n'est pas sans précédent sur la scène parisienne, est salué comme un nouveau style pour sa légèreté et son apparente aisance. Elle obtient un premier contrat de trois ans. Au cours de ces premières années à l'Opéra, elle est acclamée pour son personnage dansant dans le pas de trois tyrolien de *Guillaume Tell* (1829) et son tour gracieux de Nymphe dans un divertissement chorégraphié par Auguste Vestris pour l'opéra *François Ier à Chambord* (1830). Après le succès de Lise Noblet dans Fenella de *La Muette de Portici*, Auber et Scribe créent un autre personnage silencieux – Zoloé, dans *Le Dieu et la Bayadère* – destiné à Taglioni, star montante de la danse. Bien qu'elle n'ait pas les capacités dramatiques de Noblet, Taglioni excelle dans les parties dansées du rôle chorégraphiées par son père pour souligner ses qualités « éthérées », par opposition à Noblet, plus sensuelle. L'arrivée en 1831 de Louis Véron à la tête de l'Opéra consolide sa place d'étoile de la danse : Véron lui offre un contrat de six ans au salaire annuel astronomique de 30 000 F et engage Filippo Taglioni pour chorégraphier des ballets et des divertissements mettant en valeur ses talents. Elle crée le rôle de l'abbesse fantomatique Héléna dans *Robert le Diable* ; mais ce personnage voluptueux et démoniaque est contraire à sa personnalité scénique et à son propre tempérament. Elle abandonne donc le rôle après seulement six représentations. L'année suivante, elle brille dans le ballet-pantomime *La Sylphide*, qui marie parfaitement son style au caractère d'une fée écossaise de la forêt. À la fin de son contrat avec l'Opéra en 1837, elle part pour Saint-Pétersbourg, tourne en Europe, puis achève sa carrière à Londres en 1847. Elle revient à l'Opéra à la fin des années 1850 pour chorégraphier deux ballets mettant en vedette sa protégée, Emma Livry. Taglioni devient inspectrice de la danse et professeur de la classe de perfectionnement à l'Opéra. Elle instaure des réformes telles qu'un système d'examen par un jury pour les promotions dans le corps de ballet.

Helena K. Spencer (traduction H. Lacombe)

Alfred-Edouard Chalon, « *La Sylphide* : Souvenir d'Adieu de Marie Taglioni », n° 4, lithographie de James Henry Lynch, impr. par M&N Hanhart, London : J. Mitchell ; Paris : Goupil et Vibert, 1845.

Chapitre 7
L'Opéra-Comique de la Restauration à la IIe République

7.1 L'INSTITUTION

Olivier Bara

Les salles

L'Opéra-Comique sous la Restauration se confond avec un lieu : le Théâtre Feydeau où l'institution s'est établie en 1801 lors de la réunion des deux troupes d'opéra-comique de Paris (cf. 4.4) ; elle y demeure jusqu'au 12 avril 1829. Sous l'Empire et la Restauration, le nom de « Feydeau » désigne l'Opéra-Comique. Située 19, rue Feydeau, dans le quartier compris entre le boulevard des Italiens, la Bourse et le Louvre, la salle comporte de 1720 à 1937 places selon les sources[1] – contre 1937 places à l'Opéra, 1282 au Théâtre-Italien, 1522 au Théâtre-Français[2]. Le Théâtre Feydeau est restauré en 1817 par le peintre-décorateur Pierre-Luc-Charles Ciceri : peintures, ornements, dorures, velours et papiers des loges sont rénovés. Un nouveau rideau d'avant-scène est exécuté en 1823 par Julien-Michel Gué, autre peintre, élève de David, associé à l'Opéra-Comique. Cette même année est essayé l'éclairage au gaz, un an après l'Opéra ; l'expérience est éphémère, les acteurs se disant incommodés par les émanations. Les quinquets remplacent les becs de gaz[3]. Mais la salle Feydeau est vite jugée obsolète (et même dangereuse) : « On dirait, lit-on dans *Le Globe* du 12 juillet 1827, que depuis que la salle tombe en lambeaux, depuis qu'une couche impénétrable de fumée s'est étendue sur les peintures, depuis que les banquettes se sont converties en un dégoûtant fumier, on craindrait, en donnant au répertoire un peu de variété et de fraîcheur, de produire une disparate trop choquante. » Dès 1825, des architectes attirent l'attention sur le défaut de sécurité de la salle, qui sera démolie en 1830. En 1826, on commence la construction d'un nouveau théâtre, Ventadour, rue Neuve-Ventadour, où l'Opéra-Comique s'installe en 1829. La salle apparaît bientôt trop petite (1106 places), mal agencée avec ses cinq rangs de loges qui « nécessitent une grande élévation » : « il faut avoir de bons yeux et de bonnes oreilles pour jouir du spectacle à cette hauteur »[4]. L'institution n'occupe le Théâtre Ventadour que du 20 avril 1829 au 22 mars 1832 avant de déménager dans la Salle de la Bourse, ou Théâtre des Nouveautés, place de la Bourse, jusqu'au 30 avril 1840. Le loyer y est du reste moins élevé. Une nouvelle salle est rapidement mise en construction pour l'Opéra-Comique (cf. 12.1) : le Théâtre Favart (deuxième du nom) destiné à remplacer la première salle Favart, qui abritait le Théâtre-Italien et avait brûlé en 1838. L'Opéra-Comique du « Théâtre Favart II » est inauguré le 16 mai 1840 avec *Le Pré aux clercs* d'Herold (1832). Il contient 2000 places[5] : « Après le premier éblouissement causé par l'ensemble, relève Gérard de Nerval, on remarque d'abord le plafond mythologique peint par M. Gosse, dans le style de Boucher et de Van Loo ; des groupes de déesses et de nymphes célèbrent la gloire des compositeurs illustres ; les noms de Grétry, de Gluck, de Paisiello et de Boieldieu, chefs d'école du genre, brillent en lettres d'or. [...] Le parterre et l'orchestre répandent enfin leurs nappes de velours rouge jusqu'à l'orchestre des musiciens, moins large et plus profond qu'on n'a l'habitude de le tracer » (*La Presse*, 11 mai 1840). L'institution Opéra-Comique s'identifie désormais au « Théâtre Favart », deuxième puis, en 1898 (après un incendie et une nouvelle reconstruction), troisième du nom (cf. 12.1).

Georges François Guiaud, « Deuxième salle Favart », dessin gravé, *Le Monde illustré*, 28 avr. 1883, p. 268 (détail). – L'Opéra-Comique s'installe en 1840 dans cette salle construite sur l'emplacement de l'ancienne salle Favart, place des Italiens, qui deviendra en 1852 place Boieldieu. Il y demeure du 16 mai 1840 au 25 mai 1887, date d'un nouvel incendie.

Les directions

Depuis 1802, la direction du théâtre est assurée par un comité administratif constitué d'artistes de la troupe placés sous la surveillance d'un préfet du Palais (sous l'Empire) puis d'un gentilhomme de la Chambre du roi (le duc d'Aumont) au début de la Restauration. Le 23 juillet 1815, le nouveau comité comprend neuf chanteurs de la troupe soumis à l'autorité du duc d'Aumont représenté par le baron de La Ferté[6]. En septembre 1817, la distribution des responsabilités au sein du comité est la suivante :

« M. Chenard, doyen, vice-président : signature, archives et papiers, lecture des opérations du mois.
M. Martin : partie musicale et chantante.
M. Lesage : décorations et machines, entretien du théâtre, chœurs (en ce qui concerne l'action théâtrale), danses, comparses, pompiers, réparations locatives.
M. Huet : magasin des costumes, mobilier théâtral, mobilier et entretien de la salle, mobilier général, accessoires du théâtre.
M. Paul : comptabilité et contentieux, contrôle général de la salle, imprimerie, bureaux d'administration et de contrôle, éclairage et chauffage[7]. »

Des dissensions traversent le comité, supprimé en 1822 au profit d'une brève reprise en main de l'administration par l'ensemble des artistes-sociétaires. Ces derniers sont placés, du 25 septembre 1823 au 1er avril 1824, sous l'autorité d'« une commission royale formée du baron de La Ferté, du commissaire d'Issy, des trois ex-sociétaires Vieillard-Duverger, Garot et d'Est, sous l'autorité du duc d'Aumont[8] ». Les sociétaires, écartés de la direction, ne gèrent plus que la répartition des parts et des revenus. Ils se voient imposer un directeur à partir du 30 mai 1824 lorsque l'auteur de mélodrames René-Charles Guilbert de Pixerécourt prend les rênes de l'institution : « Les pauvres sociétaires de ce théâtre, ne sachant plus que faire et que devenir, ont enfin subi le joug d'une direction. […] Une grande tâche était imposée au nouveau directeur […]. Les coteries, les intrigues, les cabales de la médiocrité, les intérêts personnels […], voilà les écueils contre lesquels sa sagesse et son expérience pourraient échouer[9]. » Pixerécourt engendre en effet, par son autorité, de nombreux conflits avec les chanteurs, fâchés de devoir payer des amendes en cas de retard, de se voir reprocher leurs insuffisances artistiques ou d'être mis à la retraite. Contraint de démissionner le 31 août 1827 par la révolte des sociétaires, Pixerécourt a néanmoins à son actif de grands succès (*Le Maçon* d'Auber, 1825 ; *Marie* d'Herold, 1826) et surtout la création triomphale de *La Dame blanche* de Boieldieu (1825), d'un effet bénéfique sur les finances du théâtre. Succèdent à Pixerécourt, jusqu'en 1834, sept directeurs, dont Éric Bernard (ancien directeur de l'Odéon, de septembre 1827 à mars 1828), Paul-Auguste Ducis (du 1er septembre 1828 au 13 juin 1830), ou encore Alexandre Singier (ancien directeur du Théâtre de Lyon) et Émile Lubbert (directeur de l'Opéra). La valse des directeurs témoigne de la difficulté à s'imposer face aux artistes, désireux d'affirmer leurs prérogatives dans le choix du répertoire comme dans l'administration du théâtre. La société des artistes a pourtant été dissoute le 12 août 1828, ces derniers renonçant à leurs privilèges. La fin de la Restauration et le début de la monarchie de Juillet sont une période de difficultés financières pour l'Opéra-Comique : ayant obtenu l'exploitation de l'Opéra-Comique, le directeur Ducis fait faillite en 1830 ; les directeurs-gérants qui lui succèdent connaissent le même échec.

Le 23 juin 1832, après deux fermetures successives, une société en commandite est constituée, réunissant plusieurs artistes, et est autorisée à exploiter le genre de l'opéra-comique. Une période de stabilité est assurée par la direction de François-Louis Crosnier (ancien directeur du Théâtre des Nouveautés et de la Porte Saint-Martin), qui inaugure l'ère des grands directeurs de l'Opéra-Comique. En fonction de mai 1834 à mai 1845, Crosnier fait connaître à l'institution un petit âge d'or grâce à la création d'œuvres emblématiques du genre, du *Postillon de Lonjumeau* (Adolphe Adam, 1836) à *La Fille du régiment* (Donizetti, 1840), en passant par *Le Domino noir* (Auber, 1837). Succèdent à Crosnier Alexandre Basset (mai 1845-mai 1848) et surtout Émile Perrin (mai 1848-novembre 1857), un des directeurs qui « se distinguent par leur parcours exceptionnel[10] » puisqu'il dirigera aussi le Théâtre-Lyrique, l'Opéra et la Comédie-Française.

Le personnel artistique

La période de la Restauration voit l'Opéra-Comique accorder un soin nouveau à la mise en scène des ouvrages pour la décoration desquels des peintres comme Ciceri ou Gué sont mobilisés. En 1819, l'emploi de régisseur à l'Opéra-Comique doit revenir, selon le duc d'Aumont, à un comédien « très au fait du répertoire, capable de monter des ouvrages, d'en régler les entrées et les sorties, d'y faire les chœurs, d'en faire exécuter les marches, les évolutions [...] sa place doit être regardée comme celle du premier domestique du théâtre[11] ». Depuis le 1er mai 1816, le régisseur-général est Vieillard-Duverger, chargé en 1823 « de la partie scénique, de la direction des magasins, des costumes et des décorations[12] » ; lui a succédé, de 1823 à 1832, Frédéric Lemétheyer. En 1831, on recrute le régisseur de l'Opéra, Louis-Jacques Solomé, qui s'est rendu célèbre par sa mise en scène de *La Muette de Portici* d'Auber (O, 1828). Après 1836, Louis Palianti devient sous-régisseur. Cette ancienne seconde basse-taille de l'Opéra-Comique publie une collection de livrets de mise en scène comptant plus de 200 titres, parmi lesquels figurent 120 opéras-comiques[13] (cf. 13.4). Les premiers livrets imprimés et publiés remontent aux années 1829-1830 ; ils concernent les grands succès de la fin de la Restauration : *La Fiancée* d'Auber (1829), *Les Deux Nuits* de Boieldieu (1829) et *Fra Diavolo* d'Auber (1830). Le grand nombre de livrets scéniques d'opéra-comique s'explique par la productivité de l'institution, plus grande qu'à l'Opéra : l'Opéra-Comique, qui joue tous les jours de la semaine, contrairement aux deux autres théâtres lyriques de la capitale, peut créer une dizaine d'ouvrages chaque année. Surtout, l'Opéra-Comique diffuse massivement ses œuvres en dehors de son théâtre, en province et à l'étranger[14] (cf. 13.6).

Sur le plan musical, des réformes de l'orchestre ont été accomplies au fil de la Restauration. En 1820, le comité d'administration se plaignait de l'inertie de nombreux musiciens âgés tandis que le manque d'ensemble de l'orchestre et sa faiblesse artistique étaient couramment dénoncés par la presse. Le chef Joseph Lefèvre, en activité depuis 1790, est mis à la retraite. Le violoniste et compositeur Frédéric Kreubé, second chef de 1809 à 1816, devient le chef d'orchestre principal de 1818 à 1828. Les musiciens, renouvelés sous la direction de Kreubé et issus du Conservatoire, voient leur nombre croître jusqu'à la fin de la Restauration, selon l'*Almanach des spectacles*[15].

Sous la monarchie de Juillet et la II{}^e République, les premiers chefs d'orchestre de l'Opéra-Comique sont, succédant à Crémont, Henri Valentino (1{}^er octobre 1832-1{}^er avril 1836), Narcisse Girard (1836-1847), Théodore Labarre (1847-fin avril 1849), Théophile Tilmant (mai 1849-30 novembre 1868)[16].

	1822	1828
1{}^ers violons	6	9
2{}^e violons	9	11
Altos	4	5
Basses	7	8
Contrebasses	5	8
Hautbois	3	4
Clarinettes	3	3
Flûtes	4	3
Cors	4	6
Bassons	3	3
Trompettes	3	3
Timbales	1	1
Harpe	1	1
Triangle		1
Cymbales		1
Grosse caisse		1
Trombones		3

La qualité de l'orchestre demeure un sujet de polémique pour la critique. Le 1{}^er juin 1834, Berlioz publie dans *Le Rénovateur* ce dialogue fictif avec le directeur de l'Opéra-Comique : « M. Crosnier, il faut des violons. – Monsieur, nous en avons sept de chaque côté. – M. Crosnier, il faut des violons. – Il me semble que quatorze sont bien. – M. Crosnier, il faut des violons. – Mais que diable, monsieur, ils sont rares ! [...] – M. Crosnier, il faut des violons, il faut des violons, il faut des violons, il faut des violons, des altos, des basses et des contrebasses. » Le nombre de choristes, sous la direction du copiste Formageat de 1801 à 1832, passe de 30 en 1814 à 39 en 1825. En 1827, le chœur comprend 14 basses-tailles (basses), 8 tailles (barytons), 10 hautes-contre (ténors), 22 dessus (voix féminines)[17]. Avec Georg Jacob Strunz comme chef (entre 1836 et 1845), le chœur comprend jusqu'à 47 chanteurs en 1844. Ferdinand Herold (à partir de 1816), Louis-Victor-Étienne Riffaut (de 1824 à 1829), Louis-Antoine Ponchard (à partir de 1824), Henri Potier (de 1836 à 1849), Eugène Vauthrot (de 1842 à 1856) et Albert Colombelle dit Garaudé (de 1843 à 1854) sont accompagnateurs, chefs de chant ou maîtres de chant.

La troupe de chanteurs, sous la Restauration, est dominée par le ténor Louis-Antoine Ponchard, créateur des rôles de premier amoureux dans *Le Petit Chaperon rouge* de Boieldieu (1818), *La Neige* (1823), *Le Concert à la Cour* (1824) ou *Le Maçon* d'Auber (1825) et *La Dame blanche* de Boieldieu. À ses côtés, le ténor Louis Augustin Lemonnier participe à la création des *Deux Nuits* de Boieldieu (1829) et du *Pré aux clercs* d'Herold (1832) ; le ténor Louis Auguste Huet crée quant à lui *Le Solitaire* de Michele Carafa (1822) ou *Leicester* d'Auber (1823). Le ténor comique Louis Second, dit Féréol, est de presque toutes les distributions, du *Solitaire* à *Masaniello* de Carafa (OC, 1827). Le célèbre Jean-Blaise Martin achève sa carrière en 1823 mais réapparaît en 1826 et 1834. De même, Jean-Baptiste Gavaudan revient sur scène en 1824 pour jouer ses vieux succès comme *Le Délire* d'Henri-Montan Berton (1799). Du côté des voix féminines, Eugénie Rigaut, en une brève carrière, crée les rôles de première amoureuse à roulades dans *Le Solitaire*, *La Dame blanche* ou *Marie*, intégrant la vocalité rossinienne à l'opéra-comique. Les vedettes féminines sont Félicité More-Pradher, dans les rôles de paysannes ou d'héroïnes pathétiques, puis Mme Casimir, issue du Conservatoire, qui s'imposera dans *Zampa* d'Herold (1831) ou *Le Cheval de bronze* d'Auber (1835).

Sous la monarchie de Juillet, la « star » de l'Opéra-Comique est Jean-Baptiste Chollet (cf. encadré), créateur du rôle-titre du *Postillon de Lonjumeau* d'Adam (1836). Chollet est accompagné sur scène par sa compagne Zoé Prévost, élève de Ponchard au Conservatoire, créatrice du rôle de Madeleine dans *Le Postillon de Lonjumeau*. Marie-Julie Boulanger, passée elle aussi par le Conservatoire, achève sa longue carrière à l'Opéra-Comique, entamée en 1811 par des rôles de caractère comme ceux de Pamela dans *Fra Diavolo* d'Auber (1830) ou de la marquise de Berkenfield dans *La Fille du régiment* de Donizetti (1840). Le ténor Gustave Roger, avant de mener une carrière internationale, débute à l'Opéra-Comique en 1838. Il crée en 1846 dans cette même salle (louée par le compositeur), *La Damnation de Faust* de Berlioz en version de concert. Laure Cinti-Damoreau quitte le Théâtre-Italien puis l'Opéra pour l'Opéra-Comique entre 1837 et 1843 ; elle est la première Angèle dans *Le Domino noir* d'Auber (1837).

L'Opéra-Comique ne possède plus de ballet depuis 1802 et engage ponctuellement des élèves de l'Opéra placés sous l'autorité d'un maître de ballet. L'une des principales innovations, sous la IIe République, est la constitution d'un corps de ballet : « Le 20 août 1849, Émile Perrin passe un contrat avec Émile Lerouge, maître de ballet, et Camille, agent dramatique, pour constituer un corps de ballet de douze jeunes élèves et composer les divertissements[18]. »

Un environnement concurrentiel

Les difficultés financières traversées par l'Opéra-Comique sous la Restauration sont en partie liées à un environnement institutionnel concurrentiel : alors que le Théâtre-Italien attire à lui les *dilettanti* qui fuient le Théâtre Feydeau, des privilèges sont accordés pour l'ouverture de nouvelles salles (le Gymnase-Dramatique, en 1820), tandis que les vaudevilles ressemblent parfois à des opéras-comiques. Les sociétaires de l'Opéra-Comique se sentent alors cernés de toutes parts et écrivent au ministre (cf. 3.6) : le Théâtre des Nouveautés, ouvert en 1827, obtient le droit de représenter des « comédies en 1, 2 ou 3 actes, mêlées de couplets sur des airs du domaine public[19] » ; il est vite accusé par l'Opéra-Comique d'emprunter des airs de son répertoire.

Sous la monarchie de Juillet, resurgit une question lancinante : faut-il créer une nouvelle institution lyrique parisienne, destinée à donner leurs chances aux jeunes compositeurs ? Un arrêté du 26 juin 1832 appelle, sans grand effet, l'Opéra-Comique à accorder un tour de faveur aux « premiers prix de composition musicale au Conservatoire [...] à l'expiration de leur temps de pensionnat, pour la représentation d'un ouvrage de leur composition[20] ». En 1847 est ouvert le nouvel « Opéra National », installé au Cirque-Olympique, dirigé par le compositeur Adolphe Adam. Concurrent direct de l'Opéra-Comique, ce théâtre voit son existence interrompue par la révolution de 1848. Il réapparaîtra en 1852 sous le nom de Théâtre-Lyrique (cf. 8.3).

7.2 L'ÉVOLUTION DU RÉPERTOIRE

Olivier Bara

L'Opéra-Comique joue tous les jours, toute l'année, sauf pendant la semaine sainte. L'institution est contrainte d'alimenter une affiche qui comprend deux ou trois ouvrages : une « petite pièce » en un acte et un opéra en trois actes, ou trois opéras en un acte, voire deux opéras en trois actes. L'Opéra-Comique doit donc pouvoir mobiliser un répertoire large, régulièrement enrichi. La structuration de la troupe en emplois (cf. 2.6) permet de répondre à de telles exigences : chaque chanteur possède « ses » rôles et peut vite assimiler les créations nouvelles, adaptées à sa configuration vocale et dramatique. Est-ce là un facteur de conservatisme pour le répertoire ? Une autre contrainte réside dans les conditions d'admission d'une œuvre nouvelle. Sous la Restauration, la critique, relayant les plaintes des librettistes ou des compositeurs, déplore la lenteur du cheminement qui mène un ouvrage de sa réception à l'affiche : « Si je ne me trompe, constate Fétis en 1827, la France est le seul pays où une pièce n'est quelquefois représentée que douze, quinze ou vingt ans après qu'elle a été composée et reçue. Partout un libretto d'opéra est mis en musique dès qu'il est écrit, et joué aussitôt que le musicien a terminé son travail. Cette méthode est fort bonne, car le goût du public est variable ; c'est dans ce sens qu'on peut dire que ce qui est bon un jour cesse de l'être dix ans après » (*RM*, sept. 1827). Cela tient au système alors en vigueur qui oppose les tours de droit aux tours de faveur. Le comité d'administration classe par ordre chronologique les pièces reçues à représentation mais peut, pour un tour sur trois, accorder sa faveur à un ouvrage susceptible de succès, sans respecter le classement. L'entrée dans l'ère des directeurs, supplantant le comité des sociétaires, confère davantage de liberté d'initiative dans la commande d'un ouvrage. Enfin, le répertoire de l'Opéra-Comique se construit dans une dialectique permanente : il s'agit de s'inscrire dans une tradition dramatique, musicale, esthétique ancienne, rappelée par les œuvres du répertoire demeurées à l'affiche, et de souscrire à une modernité culturelle qu'engendrent autant les évolutions sociales que les circulations internationales d'ouvrages théâtraux, musicaux et littéraires. Tout doit s'inscrire dans les limites du genre opéra-comique défini par la législation des théâtres depuis le décret impérial du 25 avril 1807 (cf. 1.2, 3.1). Si l'on se souvient que la période a vu naître des œuvres comme *La Dame blanche* (1825) de Boieldieu et *Fra Diavolo* (1830) d'Auber, *Le Postillon de Lonjumeau* (1836) d'Adam et *La Fille du régiment* (1840) de Donizetti, force est de reconnaître que l'Opéra-Comique a su relever le défi du renouvellement dans la continuité.

Continuité et renouveau

L'opéra-comique de la Restauration reste pour partie fidèle à l'époque impériale qui avait vu le genre revenir à la fine gaieté que l'ère révolutionnaire lui avait fait perdre (cf. 4.5, 4.6). Méhul disparaît au début de la période, après avoir encore créé *La Journée aux aventures* (1816), joué près de cent fois sous la Restauration. Son grandiose et pathétique *Valentine de Milan*, complété par Louis Joseph Daussoigne, est mis en scène de façon posthume (1822). Méhul demeure présent à l'affiche par la reprise régulière de deux pièces légères, *L'Irato* (1801) et *Une folie* (1802), et par ses drames lyriques mélodramatiques comme *Euphrosine* (Favart, 1790) ou bibliques comme *Joseph* (1807). Nicolas Isouard dit Nicolò demeure aussi l'un des compositeurs les plus joués sous la Restauration, même si ses œuvres légères appartiennent au Consulat et à l'Empire : *Jeannot et Colin* (1814), *Joconde* (1814), *Le Billet de loterie* (1811), *Les Rendez-vous bourgeois* (1807). De même, Dalayrac nourrit l'affiche du Théâtre Feydeau avec une création posthume (*Le Pavillon des fleurs*, 1822), mais surtout avec ses succès de la période 1800, mêlant les veines pathétique et joyeuse : *Adolphe et Clara* (Favart, 1799), *Maison à vendre* (Favart, 1800) ou *Picaros et Diégo* (1802). Autre survivant des époques antérieures, Henri-Montan Berton figure parmi les gloires de l'Opéra-Comique par ses reprises (*Aline, reine de Golconde*, 1803) ou ses toutes dernières œuvres, dont les comiques *Deux Mousquetaires* (1824), le seul franc succès du crépuscule de sa carrière.

Issu lui aussi de la période consulaire et impériale, Boieldieu s'impose comme le compositeur le plus joué à l'Opéra-Comique sous la Restauration, avec plus de 2000 représentations de ses œuvres[1]. Il est rentré à Paris en 1811 après son séjour russe (cf. 15.5) d'où il a ramené notamment *Les Voitures versées*, célèbre pour les variations sur « Au clair de la lune » (Saint-Pétersbourg, 1808 ; OC, 1820). Ses ouvrages antérieurs continuent d'attirer le public, du *Calife de Bagdad* (Favart, 1800) à *Ma tante Aurore* (1803). Mais ce sont ses créations récentes qui l'imposent. *Le Nouveau Seigneur de village* (1813), écrit sur mesure pour Jean-Blaise Martin, est joué 369 fois sous la Restauration[2]. Composé aussi dans les dernières années de l'Empire, *Jean de Paris* (1812) égale presque ce succès en satisfaisant le goût « troubadour » retrouvé sous la Restauration. À propos de cet ouvrage, Weber distingue la qualité particulière des opéras-comiques français : « Ces opéras sont les frères musicaux des comédies françaises et, comme elles, nous offrent ce que cette nation a de plus aimable. La bonne humeur, les traits piquants et bien tournés amenés par quelque plaisante situation [...] Contrastant avec le sentiment plus profondément passionné propre à l'âme allemande et à l'âme italienne, ces opéras apparaissent, surtout du point de vue musical, comme les représentants de l'intelligence et de l'esprit[3]. » Entre 1815 et 1829, les créations de Boieldieu s'adaptent au goût dominant, de la religiosité propre à la féerie (*Le Petit Chaperon rouge*, 1818) à la vogue du roman historique (*La Dame blanche*, 1825). Dans son dernier ouvrage intégralement composé pour l'Opéra-Comique, *Les Deux Nuits* (1829), le valet Victor (créé par Jean-Baptiste Chollet, successeur de Jean-Blaise Martin) entonne un air à la gloire de tous les valets du répertoire : l'ouvrage se fait adieu à la tradition comique si longtemps nourrie par Boieldieu. Le compositeur participera, en 1831, à la création collective de *La Marquise de Brinvilliers*.

Les opéras de la période Restauration de Boieldieu se caractérisent par les exigences de leur mise en scène, au moment où l'Opéra-Comique cherche à attirer un public aimanté par la puissance de fascination qu'exerce le mélodrame. La reprise de *Beniowski ou les Exilés du Kamschatka* (Favart, 1800) bénéficie en 1824 d'une nouvelle décoration de Julien-Michel Gué. *Le Petit Chaperon rouge* satisfait aussi la quête de nouvelles émotions visuelles et sonores : située au XIe siècle, l'intrigue se déroule dans des décors de sombres forêts, de ponts jetés sur des torrents, de chambres gothiques, où une héroïne remporte les épreuves imposées à sa vertu grâce à un chaperon magique qui la protège de la bague enchantée du seigneur Rodolphe. Une scène de songe, à l'acte II, avec chœur aérien, changement de décoration à vue, pantomime et danse, vol de « Plaisirs » depuis les cintres, constitue le clou du spectacle[4]. La veine de l'opéra-comique-féerie continue ainsi à être exploitée avec succès : en 1817, *La Clochette ou le Diable page* d'Herold se fondait déjà sur un livret d'Emmanuel Théaulon de Lambert, d'après *Aladin*, un des *Contes des mille et une nuits*. Sous la IIe République, *La Fée aux roses* d'Halévy (1849) tissera encore le fil magique qui relie *Zémire et Azor* de Grétry (Fontainebleau, 1771) à *Esclarmonde* de Massenet (OC, 1889).

Herold fait partie des nouveaux compositeurs d'opéra-comique, sous la Restauration, porteurs d'un enrichissement du genre (cf. 7.5). Il commence sa carrière au Théâtre Feydeau en collaborant, avec Boieldieu, à l'ouvrage créé pour le mariage du duc de Berry, *Charles de France ou Amour et Gloire* (1816). Ses succès personnels, outre *La Clochette*, comprennent *Les Rosières* (1817), *Le Muletier*, livret de Paul de Kock d'après La Fontaine et Boccace (1823), *Marie* (1826), préludes à ses deux chefs-d'œuvre, *Zampa* (1831) et *Le Pré aux clercs* (1832). Auber, bientôt chef de file de la nouvelle génération (cf. 7.4), entame sa fructueuse collaboration avec le librettiste Eugène Scribe dans *Leicester* (1823), opéra d'inspiration scottienne et rossinienne, avant *La Neige* (1823), *Le Concert à la cour* (1824), *Léocadie* (1824) et surtout *Le Maçon* (1825), qui reprend la dramaturgie du drame « à sauvetage » (cf. t.1, 13.5). C'est *Fra Diavolo* (1830) qui impose définitivement la signature des deux artistes et confère à l'opéra-comique le ton léger et spirituel, l'allure gracieuse et dansante qui deviennent sa marque sous la monarchie de Juillet. Michele Carafa, satellite de Rossini, connaît quant à lui l'essentiel de ses succès sous la Restauration, avec *Le Solitaire* (1822), *Masaniello* (1827), *Le Valet de chambre* (1823). Deux compositeurs, en revanche, entament une carrière vouée à s'épanouir après 1830 : Adolphe Adam, avec *Pierre et Catherine* (1829), Halévy, avec *L'Artisan* (1827) et *Le Dilettante d'Avignon* (1829).

Frissons romantiques

L'opéra-comique ne demeure pas étranger au nouvel imaginaire ni à la sensibilité propres à la génération romantique. Par ses sources littéraires comme par son esthétique musicale ou scénique, le genre répond aux besoins intellectuels et émotionnels du public, nourri par les romans historiques de Walter Scott ou du vicomte d'Arlincourt[5]. Ce dernier fournit, par son roman *Le Solitaire* (1821) – l'un des plus lus en Europe sous la Restauration –, le sujet de l'œuvre éponyme de Carafa, sur un livet d'Eugène de Planard. Jeune fille persécutée par un infâme seigneur, jeune homme accusé à tort d'un meurtre, mystérieux protecteur et dénouement providentialiste sur fond de montagnes helvétiques : seul un couple comique de paysans apporte une note de gaieté dans le sombre mélodrame. L'exploration des contrées romantiques se poursuit avec *Marie* d'Herold où la grande scène de l'héroïne suicidaire, au bord d'un lac suisse balayé par la tempête (final II), enchaînant récitatif, *cantabile* et cabalette, élève l'opéra-comique à un degré d'intensité dramatique inattendu : « on sent que Rossini et Weber sont déjà passés et que Bellini approche[6]... »

Boieldieu, avec Scribe, explore lui aussi ces espaces poétiques et dramatiques du romantisme littéraire ou pictural. Il situe ses *Deux Nuits* en Irlande et sa *Dame blanche* en Écosse. Cet ouvrage, inspiré par deux romans de Walter Scott, *Guy Mannering* et *Le Monastère*, se fonde sur le témoignage d'un émigré, rencontré par Boieldieu à Saint-Pétersbourg, « auquel le château paternel avait été rendu par les anciens métayers qui s'étaient réunis et cotisés pour le racheter[7] ». Le thème séduit les imaginaires en ce temps de restauration monarchique mais l'ouvrage parvient aisément à dépasser le moment circonstanciel pour devenir l'un des piliers de tout le répertoire français (cf. 7.3). Rompant avec le merveilleux de l'opéra-féerie, Boieldieu invente un fantastique « aimable » dans lequel le trouble de la raison, perturbée par quelques événements en apparence irrationnels, n'empêche nullement l'ironie et le second degré de régner. Il en va de même dans *Fra Diavolo* de Scribe et Auber où la peur suscitée par le bandit napolitain, détrousseur de touristes anglais, est traitée sur un mode distancié. *Zampa ou la Fiancée de marbre* d'Herold joue à son tour sur cet équilibre en 1831. C'est cette fois un corsaire qui fait trembler les jeunes filles avant de défier la statue d'une amante morte de douleur, à qui il passe la bague au doigt. Dans cette version « opéra-comique » de *Don Giovanni*, le spectacle de la punition infernale du héros trouve un contrepoint comique dans le couple bouffon de Dandolo et Ritta. Hors du registre fantastique, certains ouvrages d'Halévy font aussi passer un frisson passager dans le public, que ce soit *L'Éclair* (1835) ou *Le Val d'Andorre* (1848), dans lequel la figure du déserteur condamné à mort, exploitée au siècle précédent par Monsigny, est reprise.

Ces opéras-comiques « romantiques » se rapprochent parfois du grand opéra historique en cinq actes, dont Scribe fonde le genre en 1828 avec *La Muette de Portici*. Quelques semaines avant, Carafa créait son *Masaniello* (1827), exploitant le même sujet de la révolte napolitaine de 1647 et s'achevant déjà sur l'éruption du Vésuve – avec des moyens techniques vite jugés insuffisants par comparaison avec ceux déployés sur la première scène lyrique. *Le Pré aux clercs* témoigne également de la relation ambiguë nouée avec l'Opéra : *Les Huguenots* (O, 1836) de Meyerbeer puise à la même source littéraire (*Chronique du règne de Charles IX* de Mérimée), mais le librettiste d'Herold, Planard, décale l'intrigue de dix ans pour éviter d'affronter le massacre de la Saint-Barthélemy : l'opéra-comique est-il encore romantique lorsqu'il procède d'un tel évitement de l'histoire ? Auparavant, *Zampa* inquiétait Meyerbeer dont *Robert le Diable* (O, 1831), alors en préparation, est thématiquement proche[8] (et dont le livret était initialement conçu pour l'Opéra-Comique[9]).

Fantaisies poétiques

Les Diamants de la couronne (1841), repris ou adapté dans toute l'Europe, illustre parfaitement la formule « Scribe-Auber » (cf. 7.4). Une intrigue de pure fantaisie jouant avec les imaginaires sociaux du moment (une reine du Portugal qui renfloue le Trésor public en frayant avec de faux monnayeurs), une musique pétillante dominée par les rythmes de danse (cf. 3.5), un ailleurs poétique dessiné par l'onomastique, les décors et les costumes : « À la bonne heure, voilà au moins une action impossible qui n'a besoin ni d'époque ni de lieu et qui pourrait se passer à Golconde ou en Bohême tout aussi bien qu'au Portugal », écrit Théophile Gautier dans *La Presse* du 19 mars 1841. L'exotisme (cf. chap. 17) nourrit un grand nombre d'opéras-comiques de la monarchie de Juillet, suscitant à l'intérieur des œuvres ou entre elles des échos poétiques :

« Librettistes et décorateurs construisent un espace exotique de plus en plus précis, formé par la conjonction de divers paramètres (décor, drame, vocabulaire, écriture poétique). Ainsi, quand la musique intervient, elle est immédiatement reliée à l'imaginaire exotique[10] ». Pour l'opéra-comique biblique *L'Enfant prodigue* d'Auber (1850), renouant avec le *Joseph* de Méhul, les décorations s'inspirent de la peinture orientaliste contemporaine. *Le Cheval de bronze* (1835) d'Auber puise librement dans le « conte de la corbeille » ajouté en 1743 aux *Contes des mille et une nuits* dans la traduction d'Antoine Galland. Les décorations de Pierre Luc Charles Ciceri, René Philastre et Charles Cambon font miroiter une Chine imaginaire ; en dépit de la fantaisie qui règne sur la scène et dans l'orchestre, « les éléments visuels et acoustiques dits chinois présentés par *Le Cheval de bronze* font travailler l'imagination des artistes et du public de l'époque[11] ». D'autres espaces mi-réels, mi-imaginaires sont explorés : à côté de la Chine ou du Portugal (*Le Guitarrero* d'Halévy, 1841), l'Italie ancienne ou contemporaine est visitée, de Venise à Palerme *via* Naples, dans *Zanetta* (1840), *La Sirène* d'Auber (1844) ou *Haydée* (1847). Quelques opéras-comiques accompagnent la colonisation entreprise par la France, mais aussi la campagne anti-esclavagiste menée alors par Victor Schœlcher : *Le Planteur* (1839) de Monpou, *Le Code noir* (1842) de Clapisson[12], *L'Esclave du Camoens* (1843) de Flotow. Les évasions imaginaires coexistent avec le divertissement des esprits comme dans *Le Brasseur de Preston* (1838) d'Adam : le livret d'Adolphe de Leuven et Léon Brunswick joue sur le ressort comique de la gémellité, reliant un modeste et timide brasseur anglais à son jumeau, lieutenant d'infanterie, condamné à mort pour désertion : « on est obligé de convenir que le style général de cette musique est admirablement adapté au goût de la plupart des habitués de l'Opéra-Comique ; il est facile, coulant, dansant, coquet, peu original, peu distingué, semé de petites phrases, de petits traits, de petits effets que le bourgeois aime à répéter en sortant », se moque Berlioz (*RGMP*, 4 nov. 1838). Dans la même veine, *Le Postillon de Lonjumeau* (1836) d'Adam, écrit pour le couple (à la scène et à la ville) Jean-Baptiste Chollet-Zoé Prévost, joue sur l'opéra dans l'opéra puisque son héros est un postillon devenu chanteur lyrique ; à la mise en abyme de l'opéra répond le thème du mariage *au carré* : Chapelou, menacé de bigamie, s'aperçoit qu'il va épouser une seconde fois sa femme. Une semblable gaieté domine dans *La Fille du régiment* (1840) de Donizetti sur un livret de Jules-Henri Vernoy de Saint-Georges, avec une inflexion thématique et musicale militaire et cocardière. Dans les deux cas, la poésie lyrique s'immisce à travers des airs mélancoliques ou sentimentaux où s'explorent brièvement des espaces intérieurs. L'opéra-comique ne demeure jamais longtemps étranger à une poétique du trouble.

L'opéra-comique en son miroir

La monarchie de Juillet voit l'Opéra-Comique, sous la direction de François-Louis Crosnier, explorer son répertoire ancien. *Jeannot et Colin* (1814) de Nicolò, d'après le conte de Voltaire, est repris en 1842 et fait entendre une « partition aussi fraîche que si elle eût été écrite hier » selon Berlioz (*JD*, 31 mai 1842). *Le Déserteur* (1769) de Monsigny revient à l'affiche en 1843, avec une partition arrangée par Adam, comme *Gulistan ou le Hulla de Samarcande* (1805) de Dalayrac redécouvert en 1844. À propos de ce dernier ouvrage, Berlioz se montre satisfait du soin apporté au spectacle mais déplore la manie de réviser la partition afin qu'elle s'adapte au goût du jour : « La mise en scène et les costumes de *Gulistan* sont d'un luxe inaccoutumé à l'Opéra-Comique. C'est ainsi qu'il faut reprendre les anciens ouvrages ; seulement je crois plus fermement que jamais à l'inutilité (on voit que je reste dans le vocabulaire calme) des replâtrages instrumentaux » (*JD*, 25 août 1844). Cette vague de reprises comprend encore *Une folie* (1802) de Méhul ou *Wallace ou le Ménestrel écossais* de Catel (1817). Le regard tourné vers le passé et vers lui-même, l'opéra-comique n'oublie pas de préparer l'avenir : Ambroise Thomas remporte ses premiers succès avec *La Double Échelle* (1837), *Le Perruquier de la Régence* (1838) ou *Le Caïd* (1849).

7.3 L'ÉVÉNEMENT *DAME BLANCHE*

Hervé Lacombe

Un emblème de l'opéra-comique

La création de *La Dame blanche* le 10 décembre 1825 est un moment capital dans l'histoire de l'Opéra-Comique. C'est un succès considérable ; mieux qu'un succès, un triomphe. Le compositeur est forcé par ses amis à aller saluer sur scène ; plus tard dans la soirée, l'orchestre se rend sous son balcon pour lui donner la sérénade. Rossini, qui habite le même immeuble, se montre charmant et lui ouvre ses portes. Pourtant, les opposants au maître italien vont tenter d'instrumentaliser la partition française (cf. 5.6). Cette querelle sera assez rapidement dépassée, mais elle a pour mérite de nous rappeler une dimension capitale du théâtre lyrique au XIXe siècle : l'inscription des débats esthétiques dans une conception souvent stéréotypée de l'Europe musicale. « Grâces au ciel, s'écrie le critique du *Constitutionnel* du 12 décembre, nous avons entendu de la musique française. » Et *Le Corsaire* de renchérir le jour suivant en parlant d'un « succès tout patriotique ». C'est pour beaucoup un sursaut nationaliste, une fierté retrouvée. *La Dame blanche* se révèle être, tout d'abord dans le contexte de sa création, puis par ses qualités intrinsèques, son inscription durable au répertoire et dans la culture nationale (cf. 21.6), l'emblème de l'opéra-comique (c'est-à-dire consacré par la tradition comme représentatif du genre) et d'une forme d'expression jugée essentiellement nationale, « le chef-d'œuvre prototype de l'opéra-comique français[1] ».

Le 8 février suivant la création, l'ouvrage est donné au théâtre de la cour ; à cette occasion, Boieldieu est présenté au roi qui va lui offrir un service à dessert en vermeil, tandis que la duchesse de Berry, à qui la partition est dédiée, va le nommer premier compositeur de sa chambre. Il reçoit de l'Opéra-Comique une boîte d'or contenant le titre d'une pension de 1 200 F. En province comme à l'étranger le succès est immédiat (cf. 13.6). En France, la nouvelle musique de Boieldieu va être chantée dans les concerts et les salons, et ses motifs vont servir de thème à des arrangements. Signe de cette entrée dans l'espace de la culture commune, les Parisiens donnent à un omnibus le nom de Dame blanche, que des magasins de nouveautés utilisent aussi pour leur enseigne ; l'œuvre est parodiée à plusieurs reprises, notamment par Honoré Rémy, qui écrit *La Dame noire ou le Tambour et la grisette*. Offenbach y fera allusion à plusieurs reprises dans ses œuvres[2]. Par décret du 13 avril 1852, la place des Italiens, sur laquelle est bâti l'Opéra-Comique, devient « place Boieldieu ». La littérature se fait la chambre d'écho de ce succès. Balzac s'y réfère dans *Le Cabinet des antiques* pour dépeindre Diane de Maufrigneuse, dans *Adieu* pour faire un trait d'esprit, dans *Gambara* pour caractériser un air. *La Rabouilleuse* renvoie au succès phénoménal de l'œuvre mené par le ténor Ponchard. George Sand s'amuse, dans divers écrits, à des variations sur le personnage-titre médié par Walter Scott, le tableau de Roqueplan gravé par Garnier (*La Dame blanche*) et l'opéra-comique[3]. En 1865, dans *Les Excentricités du langage*, Lorédan Larchey signale que « Hospitalité écossaise », qui désigne une hospitalité gratuite, est usité depuis les représentations de *La Dame blanche*. En 1867, dans le *Dictionnaire de la langue verte*, Alfred Delvau précise que cette expression est utilisée « dans l'argot des gens de lettres, qui ont conservé bon souvenir des montagnards de *La Dame blanche* » !

Retournons en 1825. L'œuvre bénéficie d'un de ses rares moments où tout semble converger : le climat politique de la Restauration, qui donne une résonance particulière à cette histoire de revenant, de château et de reconnaissance – le sort des Stuarts renvoyant, qui plus est, à celui des Bourbons (cf. 18.3) ; la montée en puissance du rossinisme, qui offre de nouvelles formules pour vivifier la musique française (ce que Boieldieu va réaliser) et qui dans le même temps demande un contrepoids du côté des compositeurs français (ce que Boieldieu va représenter) ; la révélation de *Robin des bois* en 1824, fameuse adaptation du *Freischütz* par Castil-Blaze (cf. 5.2) – il faut ajouter que le *Don Juan* de Mozart, peu à peu apprécié et compris, participe lui aussi de la constitution d'un modèle allemand de l'imaginaire français ; la maturité du compositeur, né en 1775 ; le succès et le savoir-faire du librettiste. Dans ses *Souvenirs*, Armand de Pontmartin évoque sa découverte de l'œuvre en 1828 : « Tout concourut

[…] au succès de cette ravissante *Dame blanche*. Les romans de Walter Scott étaient alors dans toute leur vogue. […] Scribe, à ses débuts, se révélait librettiste admirablement ajusté à l'esprit et au goût du moment. Dans les récits du romancier écossais comme dans le poème de l'auteur français, on sentait circuler un léger souffle jacobite et royaliste qui ne froissait personne et que les amis, encore nombreux, de la Restauration, encore intacte, aspiraient avec délices. C'était du romantisme chevaleresque et tempéré, tel qu'il le fallait à cette génération transitoire de 1825, qui allait passer de Chateaubriand à Victor Hugo, de Charles X à Louis-Philippe, et qui, tout en regrettant la gloire militaire, profitait des bienfaits de la paix pour imaginer, penser, rêver et se souvenir[4]... »

L'œuvre réalise un équilibrage de toutes ses composantes ; elle accomplit cet esprit de pondération des extrêmes, caractéristique de l'esthétique du juste milieu qui domine à l'opéra-comique, avant même la politisation de l'expression sous la monarchie de Juillet. Georges Brown affirme d'ailleurs que « le sage doit toujours prendre un juste milieu... » (III, 5). La partition, écrit un critique, offre « toutes les grâces et toute la fraîcheur de la jeunesse, et toute la raison, toute la vigueur de la maturité ; toute l'originalité d'une imagination ardente, et toute la correction du savoir » (*L'Opinion*, 12 déc. 1825). On voit le jeu des antithèses : jeunesse et maturité, originalité et correction, imagination ardente et savoir. Goût, élégance, sens des nuances, délicatesse d'expression, art de faire parler l'orchestre et la voix avec à-propos : l'idéal de la *mediocritas*, dont relève l'esthétique de *La Dame blanche*, n'a pas alors un sens péjoratif. Pour le chroniqueur de *L'Opinion*, il en va d'une sorte de dialectique, permettant un dépassement des opposés dans une synthèse faisant moyenne – comme l'a montré Olivier Bara[5]. En revanche, pour le jeune Berlioz, qui se heurte par nature aux conventions et échoue à plusieurs reprises au Prix de Rome, il y a là la manifestation d'un esprit borné, petit, restrictif. Peu après son nouvel échec au prix de Rome avec sa cantate *Cléopâtre*, composée avec passion et violence, sans retenue ni calcul académique, il rencontre Boieldieu, membre du jury : « Comment pourrais-je approuver de telles choses, moi qui aime par-dessus tout la musique qui me berce ?... » Pour convaincre son jeune confrère, il aurait ajouté : « On peut toujours être gracieux. » Berlioz conclut dans le chapitre 25 de ses mémoires : « Boieldieu, dans cette conversation naïve, ne fit pourtant que résumer les idées françaises de cette époque sur l'art musical. Oui, c'est bien cela, le gros public, à Paris, voulait de la musique qui berçât, même dans les situations les plus terribles, de la musique un peu dramatique, mais pas trop, claire, incolore, pure d'harmonies extraordinaires, de rythmes insolites, de formes nouvelles, d'effets inattendus ; de la musique n'exigeant de ses interprètes et de ses auditeurs ni grand talent ni grande attention. C'était un art aimable et galant, en pantalon collant, en bottes à revers, jamais emporté ni rêveur, mais joyeux et troubadour et chevalier français... de Paris. » *La Dame blanche* a pourtant trouvé des défenseurs parmi nombre de compositeurs de haut rang. Weber se montre admiratif, Wagner goûte la teinte de ce qu'il appelle le « romantisme symbolique » de l'œuvre et reconnaît sa francité, Liszt apprécie l'unité entre le texte et la musique, et la touche de couleur locale ; il mesure la qualité particulière de grâce, de raison et de « sentimentalité espiègle », faisant de la partition une grande œuvre d'un petit genre[6]. *La Dame blanche* fait en effet partie de ces œuvres qui réalisent, ou accomplissent, une forme d'art (petit ou grand, peu importe) et qui, en cela, caractérisent une tendance esthétique et répondent à une sensibilité particulière. Cette juste expression, qui va correspondre durablement aux attentes du public de l'Opéra-Comique, explique, en partie du moins, son succès exceptionnel. En 1862, la millième est fêtée en grande pompe (cf. 21.5). C'est, pour *La Dame blanche*, un nouveau souffle. Voilà de quoi agacer Berlioz. Il lance une semonce dont il a le secret qu'il conclut ainsi : « on n'a pas le droit de dire au directeur du théâtre de *La Dame blanche* : "Pourquoi jouez-vous toujours *La Dame blanche* ?" car celui-ci ne manquerait pas de répondre : "Je joue toujours *La Dame blanche*, parce qu'il y a un public qui paie toujours pour voir *La Dame blanche*" » (*JD*, 14 mai 1863).

Du livret à la musique

Déjà connu comme auteur dramatique, Scribe s'impose comme le maître du livret d'opéra (cf. 2.2). Il réinvente l'opéra-comique (entre 1813 et 1870, il écrit 94 pièces pour l'Opéra-Comique, soit 237 actes), et crée le grand opéra (cf. chap. 6). Il domine durablement la production lyrique par son inventivité dans les situations et les intrigues à imbroglio (« dont les fils se croisent, se dénouent et remmêlent sans cesse, jusqu'à ce que le dénouement logique et spirituellement amené remette chacun à sa vraie place[7] ») par son art de la construction dramatique et le modèle de la « pièce bien faite » (cf. 6.5), par son habileté exceptionnelle à produire un matériau versifié adapté à la composition et enfin par sa compréhension des exigences de la forme musicale. Il faut aussi souligner son aptitude à répondre aux suggestions de ses collaborateurs et à créer un lien entre son sujet et l'actualité. Le mariage du comte de Rossi, ambassadeur de Prusse, avec Henriette Sontag, artiste du Théâtre-Italien, lui inspirera la donnée de *L'Ambassadrice* (OC, 1836) ; quand les tables tournantes, le magnétisme et le somnambulisme seront à la mode, il imaginera *Haydée* (OC, 1847), dont le principal personnage, Loredan, se lève, marche, agit et parle en dormant[8]. *La Dame blanche* vogue sur la mode en faveur de Walter Scott, qui inspire les arts, la littérature, l'histoire et le théâtre lyrique (*La donna del lago* de Rossini est créé à Naples dès 1819), nourrit les cabinets de lecture et atteint un sommet en France dans les années 1822-1827[9]. Un chroniqueur de 1825 insiste sur « la puissance attractive du titre » qui, à son seul énoncé, parce qu'il bénéficie du prestige de Scott, projette en Écosse, dans un château, avant qu'il ait assisté au spectacle, le spectateur déjà séduit par une « teinte mystérieuse ». « L'attente à cet égard n'est pas trompée » ajoute le commentateur (*MU*, 12 déc. 1825). Scribe s'inspire de *Guy Mannering* et du *Monastère* (et probablement d'une anecdote rapportée par Boieldieu[10]) ; il campe l'action en Écosse au milieu du XVIIIe siècle, dans un monde immuable renvoyant au Moyen Âge, avec des décors caractérisés : ferme écossaise située dans un site pittoresque à l'acte I, salon gothique à l'acte II, riche appartement gothique surmonté d'une galerie à l'acte III. Les personnages sont bien croqués : Dickson, fermier peureux et superstitieux (typiquement, un Trial[11]) ; Jenny son épouse, espiègle et sentimentale ; Gaveston, ambitieux, retors, cupide ; Georges, officier galant et hardi (l'un des prototypes du militaire[12], figure reprise abondamment à l'opéra-comique et dans l'opérette, jusqu'au Gérald de *Lakmé*) ; dame Marguerite, bonne femme patiente ; Anna, pupille de Gaveston, gracieuse pour ne pas dire évanescente dans son rôle de fantôme, et cependant courageuse, portée par la vertu ; Marc Irton, le juge de paix. Deux amoureux, Anna et Georges, que tout sépare et qui finalement seront réunis, un méchant, une pure jeune fille, un sauveur de bon aloi, la restauration d'une identité perdue et la vérité triomphante... Un journaliste peut conclure, au lendemain de la création, que la pièce « a su réunir avec beaucoup d'adresse les formes mélodramatiques à des situations musicales et à des détails piquants » (*MU*, 11 déc. 1825). L'intrigue repose sur la combinaison de la peur et de la gaieté, du mystère et du prosaïsme, et parvient à créer un suspens. L'enracinement dans le passé se manifeste de diverses manières, notamment par l'inscription de la ballade narrative (n° 3) en pleine exposition de l'action, procédé qui sera repris dans *Robert le Diable* et dans *Le Vaisseau fantôme* (cf. 6.5). Le schéma de l'intrigue obéit à quatre thèmes : la question du patrimoine immobilier, l'ordre perturbé (notamment par la trahison), la menace d'un nouvel ordre fondé sur l'argent (Gaveston risque d'acheter le château aux enchères), la restauration de l'ordre ancien[13]. Les rôles sont distribués selon une loi d'équilibre entre personnages bas et élevés dans l'échelle sociale, et selon une opposition et une complémentarité des types, des positions politiques, des tessitures et des emplois[14].

La partition se fonde sur une expression simple associée à la tradition de l'opéra-comique, des formes strophiques, des couplets (n° 1, n° 3, n° 6) et un air martial typique du genre (acte I, « Ah ! quel plaisir d'être soldat ! »). Cependant, l'orchestre s'est étoffé et les exigences vocales nécessitent de vrais chanteurs capables de vocaliser. Boieldieu reconnaît sa dette dans une lettre à Édouard Boilly : « Si jamais musique française a été favorable à des chanteurs c'est celle-là je crois. Je ne veux pas dire pour cela qu'elle soit meilleure que telle ou telle autre, dieu m'en garde, mais elle peut faire briller des chanteurs... Les morceaux d'ensemble, les finals des 1er et 2e actes, les deux trios et airs qui s'y trouvent sont du genre voulu aujourd'hui sans être une imitation de Rossini, et c'est cela qui m'a valu tant de suffrages[15]. » On peut relever, à la suite de Damien Colas, nombre de traits italiens[16] : outre l'ouverture, écrite par deux élèves de Boieldieu, Théodore Labarre et Adolphe Adam, qui utilise un crescendo à la Rossini (de peu d'envergure cependant), c'est surtout dans la vocalité et la conception formelle qu'il faut chercher l'essentiel de l'influence rossinienne. L'ornementation gagne la plupart des parties vocales, au point que l'auditeur peut se croire parfois dans une œuvre du maître italien. Le duo n° 4 Georges-Jenny à l'acte I est un exemple parfaitement réussi d'une osmose entre styles italien et français. Sur une situation galante (un jeune militaire courtise une fermière) et avec une allusion au personnage du peureux (Dickson), typique de l'opéra-comique, Boieldieu compose un numéro où alternent couplets et refrain. La forme musicale traduit le caractère ludique de la rencontre et le jeu des deux personnages, qui ne cessent de se rapprocher pour mieux s'esquiver. Les premières phrases esquissent le pas galant du menuet, puis Jenny impose un chant syllabique proche du *dramma giocoso* napolitain ; enfin, les deux voix adoptent un style commun à l'ornementation fleurie[17]. L'influence italienne relève des schémas formels (coupe bipartite *cantabile-cabaletta* de l'air de Georges n° 8 et de l'air d'Anna n° 11) et des formules d'écriture (*concertati* des n°s 5, 7 et 10).

Boieldieu parvient par des moyens simples à créer une teinte adaptée au drame. Il choisit un motif répétitif pour figurer le rouet de Dame Marguerite (n° 6) ; il use du cor au timbre forestier et « romantique » (par exemple dans le n° 8), crée un timbre-personnage en associant la harpe (utilisé par Le Sueur pour *Ossian* en 1804) à la mystérieuse dame. Fidèle à l'esthétique littéraire du temps qui valorise le pittoresque et préconise la recherche d'une couleur locale – que Reicha va bientôt théoriser pour la musique dans son *Art du compositeur dramatique* (1833) –, il confie un yodle stylisé au chant des montagnards (n° 1), s'inspire de la danse populaire pour caractériser l'ambiance villageoise (Ouverture et n° 1), emprunte au répertoire populaire d'outre-Manche le célèbre *Robin Adair* pour le chant des chevaliers d'Avenel. Dix ans plus tôt, Nicolò avait utilisé le motif d'une célèbre montagnarde auvergnate, chantée et dansée par les acteurs et entremêlée des cris du pays, pour composer le duo de *Jeannot et Colin* (OC, 1814)[18].

Fantastique transitoire et mémoire affective

Si le fantastique est ordinairement considéré comme déchirure, sortie du réel, ouverture sur l'inconnu et sur l'infini (selon l'expression d'E. T. A. Hoffmann), il est dans *La Dame blanche* l'épreuve par laquelle le héros recouvre son identité et affirme la maîtrise de soi[19]. La musique de Boieldieu convient idéalement au « fantastique galant[20] » qui tempère les émotions selon l'esthétique d'équanimité de l'opéra-comique. Les éléments fantastiques, combinés aux décors et aux thèmes que le roman gothique et le roman historique ont largement exploités, instaurent tout d'abord un trouble. Mais l'inquiétude, les interventions du personnage du peureux sont là pour situer le héros, non pour l'ébranler. Georges Brown ne craint pas plus les pseudo-forces de l'au-delà que la prison. Sans savoir que l'inconnue qu'il va rencontrer est une sorte d'ange gardien, il fait face. Le drame conservateur de la Restauration fait valoir les vertus de courage et de fidélité. Le risque de perte des valeurs donne l'occasion de réaffirmer ces mêmes valeurs – religion, famille, structure sociale hiérarchisée (avec ses groupes et ses types, villageois et paysans, militaire et homme de loi), respect et attachement à la terre des ancêtres, hérédité, héritage et sens de l'honneur. *In fine*, on comprend que les valeurs du cœur rejoignent les valeurs sociales. Pour bien marquer par la musique l'idée d'un monde stabilisé, la partition s'ouvre par un chœur

Octave Tassaert, « *La Dame blanche* (acte III, scène dernière) », lith. de Langlumé, in *Album théâtral* n° 8, [Paris] : [s.n.], [1827], F-Po, Estampes scènes Dame blanche (1), (détail).

représentant la concorde sociale du petit village, « Sonnez, cors et musettes ! », qui encadre la scène d'exposition de l'acte I ; elle se ferme par le retour (n° 14) du chœur des Avenel entendu dans le n° 12.

Il s'agit bien d'une entrée de l'opéra-comique dans un monde nouveau, différent du merveilleux et de la féerie, que l'on rencontre par exemple dans la *Cendrillon* (OC, 1810) de Nicolò, *Le Petit Chaperon rouge* (OC, 1818) de Boieldieu ou *Le Cheval de bronze* (OC, 1835) d'Auber. Mais ce fantastique n'est encore que transitoire, bien éloigné de celui de Weber. « Distinguons les genres, insiste un critique de 1825 : dans le mélodrame, les farfadets descendent réellement de leur empire aérien, les diables sortent des Enfers, les fées sont des fées, et les opérations de tous ces êtres fantastiques sont de véritables prodiges. Sur une scène plus relevée, à moins que le sortilège ne soit franchement avoué [...] ; les miracles, annoncés d'abord pour tels, se bornent à des apparences, et la magie à des illusions dont le mystère ne tarde point à s'éclaircir. Au premier abord, tout paraît surnaturel, au dénouement tout s'explique ; le spectateur s'étonne d'avoir été dupe du poète ; c'est ainsi que le spirituel auteur du *Château de Montenero* [François Benoît Hoffman, librettiste de Dalayrac] nous remplit de fausses terreurs [...] et c'est aussi à cette innocente déception que *La Dame blanche* doit le succès éclatant qui vient de couronner ses effrayantes apparitions » (*JD*, 12 déc. 1825). Le roman noir vise toujours à éclaircir les voies obscures traversées par les personnages. Comme l'écrit Gwenhaël Ponnau, « les "radcliffades" appartiennent encore au monde stable de la raison universelle momentanément menacée et finalement restaurée dans ses droits et dans ses lois[21] ». *La Dame blanche* offre ce cheminement du désordre à l'ordre, du surnaturel au rationnel. « Dans cet ouvrage, écrit Liszt, tout est enchaîné et ciselé avec grâce, les ornements sont utilisés dans une proportion raisonnable et la mélodie se distingue par une sorte de sentimentalité espiègle[22]. » Grâce, proportion raisonnable, sentimentalité espiègle, délimitent un territoire esthétique où le fantastique ne peut s'exprimer que sous la forme d'une savoureuse frayeur et d'un trouble modéré. Le faux fantastique de l'œuvre « entretient un climat d'incertitude jusqu'à la fin de l'histoire[23] » ; il n'est pas une remise en question mais une étape vers la vérité et la justice. Ce faux fantastique typique de l'opéra-comique[24] se révèle être la forme médiatrice par laquelle les personnages vont cheminer vers la résolution des conflits. Plus profondément, le drame est, pour le héros, qui ignore son propre nom, ses origines et ses droits, l'expérience d'une réappropriation de soi par son passé revivifié auquel s'associe Anne (notamment avec l'air n° 11, « Enfin, je vous revois, séjour de mon enfance »). Georges reconquiert sa pleine identité, mnémonique, familiale et légale. Le passé, d'abord inquiétant et mystérieux, se révèle fondateur, réconciliateur et identificatoire. Le plus grand trouble qu'éprouve Georges, l'événement majeur qui va lui permettre de retrouver sa totalité existentielle (même si l'expression paraît excessive pour parler d'un personnage d'opéra-comique) – totalité qui ne peut advenir que dans la reconnexion au passé (en ce sens c'est un héros de la Restauration) –, cet événement majeur intervient au dernier acte (n° 12). Ce n'est en rien un équivalent sonore de la scène de reconnaissance du mélodrame[25] qui, pressentie et attendue, s'accomplit toujours par d'autres personnages que la personne reconnue. L'intrigue de *La Dame blanche* est animée par des reconnaissances en chaîne et un dévoilement progressif de la vérité : Anna reconnaît en Georges le soldat qu'elle a sauvé jadis, puis Georges reconnaît Anna, sa bienfaitrice, enfin, Marguerite, nourrice de Georges, clôt cette courbe *in extremis* : « Regardez-moi bien !/ Oui, oui, j'élevai votre enfance ! » Entre-temps, Anna a surpris une discussion entre Mac-Irton et Gaveston (II, 7) où l'élément manquant de la reconnaissance (un objet, ou un papier faisant preuve) est apparu : une lettre et des titres authentiques révélant la véritable identité de Georges, héritier disparu des comtes d'Avenel. Le n° 12 se situe sur un autre plan ; Scribe et Boieldieu superposent à cette trajectoire convenue de la reconnaissance le processus plus subtil de la mémoire. La raison du héros est inquiétée d'abord par une impression visuelle puis par une impression sonore – scène correspondant à l'un des passages musicalement les plus originaux, qui tranche nettement avec le reste de la partition du point de vue de l'expression lyrique. Voici le début de la scène :

Georges
(regardant autour de lui)

Dieu ! qu'est-ce que je vois ?

[...]
Ces lambris magnifiques,
Ces chevaliers... ces armures gothiques,
Ah ! je n'y suis plus...
Mais déjà... j'en suis sûr... déjà je les ai vus !
[...]
D'où peut naître cette folie ?
D'où vient donc ce que je ressens ?
Dame blanche, est-ce ta magie,
Qui vient encor troubler mes sens ?

L'émergence inattendue des images enfouies, enfin réactivées par une impression particulière, ouvre à l'inquiétante étrangeté : ce qui est inconnu et qui pourtant s'impose à nous comme s'il était connu ; ou, plus exactement, ce qui est connu mais s'impose à nous comme inconnu. Peu après, Georges fait une nouvelle expérience révélatrice : il entend le chant de la tribu d'Avenel entonné par le chœur. En une remarquable construction musico-dramatique où est mis en scène et en musique le travail de mémoire, Georges retrouve les bribes puis la totalité de la mélodie. Georges croit rêver, découvrant le même « charme profond, magique, dont nous grise / Dans le présent, le passé restauré ! », que Baudelaire évoquera dans *Le Parfum*. Toutes proportions gardées, il en va dans ce numéro comme à la fin d'*À la recherche du temps perdu* où les signes et les expériences de la mémoire involontaire se multiplient. La véritable action fantastique est là, dans le passé ressuscité de façon totalement inattendue, imprévisible, et qui commence par ébranler l'être avant d'en devenir le ciment.

7.4 Auber et le devenir du genre « opéra-comique »

Herbert Schneider

Autour de 1820, deux personnalités étrangères jouent un rôle essentiel dans l'évolution du genre : Rossini, qui dès 1819 commence à avoir du succès (cf. 5.5, 5.6), et Weber avec *Robin des bois* (1824) – arrangement par Castil-Blaze du *Freischütz* (cf. 5.2). Tout en suivant ces évolutions, Boieldieu, Herold et Auber savent conserver leur spécificité française : « C'est là le caractère particulier de notre style, écrit Auguste Thurner en 1865, il s'abreuve de tous les autres, se renouvelle et reste toujours lui-même[1]. » Par ailleurs, avec le modèle de la « pièce bien faite » (cf. 6.5), Scribe introduit un changement fondamental, qui consiste *grosso modo* en une nouvelle écriture dramatique liée à l'unité de comédie dans chaque acte et au transfert d'une partie de l'action dans les ensembles et surtout, suivant le modèle de Rossini, dans les finals. Dans son compte rendu de *La Sirène*, Nerval identifiera le genre de l'opéra-comique au couple Scribe-Auber. « M. Scribe a créé un genre d'opéra-comique qui n'est qu'à lui, M. Auber sait appliquer à cette sorte de littérature une musique *idoine* également sûre de plaire à tous » (*L'Artiste*, 1844, p. 207). Pourtant, les jugements sur les deux auteurs sont variables et parfois injustes pour l'un ou pour l'autre. Ainsi Thurner va mettre en avant le rôle du compositeur : « Les amoureux de comptoir, les coquettes d'arrière-boutique de l'un, se transforment sous la plume de l'autre en couples adorables et en Célimènes ravissantes. Au milieu du dédale de l'intrigue, le compositeur jette une pluie de diamants mélodiques ; les grandes lignes, les vastes contours, sont pour lui choses inutiles ; il prouve qu'on peut être *grand* dans le *petit*. Son collaborateur essaye de faire du *joli*, mais lui le transfigure et en fait de l'*exquis*. [...] L'un, *scribe* infatigable, a plus d'adresse que de génie, tandis que l'autre est l'inspiration toujours neuve, piquante, spirituelle, ce n'est pas la passion, mais c'est l'esprit, l'esprit éternellement jeune[2]. » De son premier ouvrage joué salle Feydeau en 1813, *Le Séjour militaire*, au dernier créé salle Favart en 1869, *Rêve d'amour*, Auber s'est imposé comme l'un des grands représentants de l'opéra-comique du XIXe siècle, par la longévité de sa carrière, la diversité de sa production et son succès, que ce soit à Paris, en province et à l'étranger.

Approche esthétique

Au cours du XIXe siècle, l'opéra-comique est l'objet de deux prises de position antinomiques : les uns n'accordent à la musique qu'une place de décor, les autres lui reconnaissent une fonction dramatique et expressive importante. L'influent Julien-Louis Geoffroy, critique dramatique conservateur au *Journal des débats* sous l'Empire, représente la première position. Pour lui, dans *Joseph* (1807), Méhul a « rompu l'équilibre en donnant à la musique une prépondérance trop marquée, en parlant aux sens plus qu'à l'esprit. [...] De bonnes pièces, bien jouées, ce doit être là l'essentiel pour ce théâtre. La musique n'est qu'un ornement, un accessoire agréable » (*JD*, 9 mai 1804). Comme le rappellera, beaucoup plus tard, Paul Dukas, la distinction entre grand opéra et opéra-comique est alors fondamentale pour le public[3]. La place du comique à l'opéra-*comique* est souvent objet de discussion (cf. 16.6). Elle ne cesse d'être réévaluée à l'aune de l'évolution des genres. Ainsi, en 1877, un quart de siècle après l'invention de l'opérette, Charles Beauquier situe l'opéra-comique « à égale distance de l'opéra sérieux et de l'opéra bouffe (ou opérette) ». Puis il fait cette remarque : « Comme une certaine tristesse et la plus vive gaieté peuvent se trouver réunies dans ces sortes de pièces, il s'ensuit que c'est le genre qui offre peut-être le plus de ressources à la musique »[4]. Le caractère général du genre est stable pendant la période allant de Boieldieu à Thomas, ce que note Beauquier : « On a dit souvent que l'opéra-comique est notre genre "national". Nous y souscrivons volontiers si l'on entend par là ce genre moyen, tempéré, où la finesse et l'élégance se font plutôt remarquer que la profondeur et la force, et qui est tantôt le comique avec une pointe de sentimentalité, tantôt le tragique égayé d'un sourire. Ce juste milieu artistique, qui caractérise nos meilleurs opéras-comiques français, nous semble en effet s'adapter assez exactement à la nature de notre tempérament musical[5]. » Pour Thurner, « l'opéra-comique n'est ni un genre mixte, ni un genre bâtard ; il répond à un sentiment vrai de la nature : c'est la comédie lyrique riante, espiègle parfois attendrie et traversée par les orages de la passion. La véritable bouffonnerie, la pantalonnade n'ont jamais caractérisé l'esprit français[6]. » L'opéra-comique s'est cependant approprié des sujets sérieux. Le mélange de la comédie au drame se voit dans des œuvres telles que *Zampa* (1831) d'Herold. Pourtant, malgré des éléments tragiques, l'ouvrage finit bien. Ces œuvres sont, pour Paul Dukas, des pièces de « demi-caractère », « drames véritables, malgré leur heureux dénouement »[7]. Au XVIIIe siècle, on se servait de l'expression « drame lyrique » pour signaler une distance avec l'opéra-comique plus léger. À cette époque, l'opéra-comique reposait sur un idéal de vérité et de naturel. Le genre dégénéra quand il ne visa plus qu'à être un divertissement banal, suivant des modes et ne se préoccupant plus que d'attirer le public. La fin tragique, théoriquement bannie de l'opéra-comique du XIXe siècle, fait une apparition en 1856, avec *Manon Lescaut* d'Auber, qui s'achève par la mort de l'héroïne – comme plus tard *Carmen* (cf. 21.5). En outre, par des « procédés symphoniques[8] », les compositeurs vont introduire dans le genre une sphère d'expression dramatique préparant et complétant les moments lyriques ou passionnés. « Le mouvement général de l'action s'est sensiblement ralenti[9] » par suite de l'importance plus grande accordée à la musique.

Voulant résumer la production du XIXe siècle, Dukas écrit que « l'opéra-comique est gai avec Auber et Adam, sentimental et poétique avec Félicien David et ses imitateurs, mélodramatique avec Herold et Halévy, bourgeois et larmoyant avec Victor Massé et Ambroise Thomas, mais constamment il tend à élargir le petit cadre de la comédie intime et à devenir cette sorte d'opéra avec parlé dont *Carmen* et *Mignon* sont des types si caractéristiques[10] ». Cette typologie est réductrice car elle ne tient pas assez compte de la variété des sujets traités par les compositeurs et leurs librettistes. Malgré l'évolution du genre vers l'opéra entièrement chanté, Dukas défend cette forme où le parler alterne avec les morceaux de chant : « L'idéal de l'opéra-comique est de comprendre la pièce grâce au parlé et la musique grâce à la pièce[11]. » Berlioz se montre au contraire très critique, dénonçant l'utilisation systématique du parler dans le genre, quel que soit le sujet traité (cf. 3.1), et la qualité des partitions, qu'il juge être souvent de second plan. Très diffusé en province, l'opéra-comique lui apparaît donc un frein à l'éducation musicale des Français. Plus spécifiquement, l'attitude du compositeur des *Troyens* vis-à-vis d'Auber est délicate à analyser, car il use souvent du second degré pour dénoncer ce qu'il considère être une restriction du style. Dans son compte rendu du *Domino noir* (1837), par exemple, il semble admirer la musique d'Auber et reprend les épithètes répétées maintes fois dans la littérature pour caractériser son art : « ce style est léger, brillant, gai, souvent plein de saillies piquantes et de coquettes intentions » (*RGMP*, 10 déc. 1837). Mais c'est pour mieux en souligner les limites : « Quelques personnes d'un goût sévère lui reprochent, il est vrai, ses formes un peu étroites, ses mélodies courtes, sa tendance vaudevillique. Peut-être ces défauts seraient-ils moins remarqués si l'on voulait se placer au point de vue du musicien qui cherche, avant tout, le style le plus propre à agir sur le public actuel de l'Opéra-Comique, et à ne pas sortir du cercle musical dans lequel les usages et les moyens d'exécution de ce théâtre ont enfermé l'art » (*JD*, 10 déc. 1837).

Jusqu'en 1825 et, surtout, à partir de 1850 environ (cf. 8.2), la technique du mélodrame (déclamation parlée et musique instrumentale mêlées, très présente encore dans *Carmen* de Bizet ou *Manon* de Massenet) a complété les modes du parler et du récitatif propre à la partie explicative de l'action. Le jeu sur le parler, le chanter et la musique ainsi que leur justification dans le drame est une constante de l'histoire de l'opéra-comique. Dans *Le Cheval de bronze* (1835), comme pour s'amuser de cette question, Scribe et Auber imaginent une situation originale : plusieurs personnages s'étant envolés sur un mystérieux cheval de bronze ne peuvent répondre aux questions qu'on leur pose au risque d'une catastrophe.

Les opéras-comiques d'Auber

Dans ses premières réussites – *La Neige* (1823) et *Le Concert à la cour* (1824) –, qui déjà vont traverser les frontières, Auber s'approprie nombre d'éléments du style de Rossini. Avec *Le Maçon* (1825), il parvient à façonner son propre style parisien et français, alors que l'on commence à critiquer l'italianisme de Rossini. Dès ses débuts, Auber a pris ses distances avec le romantisme pathétique et privilégié un style plutôt « classique », marqué par Haydn et Grétry. On a pu écrire que « l'art du XVIIIe siècle se prolonge avec Auber[12] » et qu'il est « un maître de la symétrie et de l'architecture[13] ». Nerval loue son style et sa forme « clairs, concis et spirituels[14] ». Auber se distingue par la richesse de ses techniques dramatico-musicales. La réminiscence thématique, explorée dès la fin du XVIIIe siècle, fait partie de ces techniques (cf. 3.6). Ainsi, la ronde de Roger dans *Le Maçon* (« Du courage, les amis sont toujours là ») revient au cours des actes. Cet air marque les esprits et va servir de modèle pour d'autres compositeurs. Dans *Fra Diavolo*, Auber élargit le principe des récurrences, créant un réseau de motifs. Autres caractéristiques frappantes de son style, ses ensembles et ses finals, qui abondent en contrastes d'expressions, fonctionnent particulièrement bien sur scène et le développement considérable du genre au cours de sa carrière ne l'empêche pas de conserver une unité de style. Enfin, son écriture vocale surpasse, par sa diversité, tout ce qui se fait en son temps. Considérant toute la production lyrique d'Auber, Auguste Thurner distingue une seconde manière à partir de *La Muette de Portici* : « Il y a ce que l'on appelle sa seconde manière, où son esprit paraissait se complaire dans quelques grandes lignes ; un peu dans le sentiment et la passion. De cette époque on lui doit *La Muette, Le Philtre, La Fiancée, Fra Diavolo, Gustave, Le Cheval de bronze* ; [...] L'*individualisme* de M. Auber où tout alliage s'efface, c'est dans tous ces diamants : *Actéon, le Domino noir, Zanetta, les Diamants de la Couronne, Le Duc d'Olonne, La Part du Diable, L'Ambassadrice, La Barcarolle, Haydée*, où l'auteur agrandit les développements, comme ensuite dans *Manon Lescaut* et *Marco Spada*. [...] Par la sobriété, la clarté, la pureté, il tient de la manière d'Haydn et de Rossini ; rien de trop, pas de formules tourmentées, d'effets visant à l'originalité et n'atteignant que le baroque, mais un style limpide, pailleté d'or, net dans ses contours, varié comme un kaléidoscope peut-être, mais intelligible toujours. Si les feux de cette musique n'échauffent pas, ils jettent des scintillements si vifs, si multiples, qu'il y aurait injustice de ne pas admirer cette forme particulière du génie. L'œuvre d'Auber est donc bien français, dans l'acceptation commune de ce mot[15]. »

Nerval admet le répertoire de l'opéra-comique en tant que genre du « juste milieu » destiné à un certain public, mais sans lui accorder le statut de « littérature véritable ». Il peut cependant louer la pièce d'intrigue *Zanetta ou Jouer avec le feu* (1840) d'Auber, avec son « incendie d'un cœur, et même de trois cœurs[16] », ses jardins enchantés aux environs de Palerme, l'intérêt politique fort sérieux qui préoccupe le baron de Warendorff, médecin et diplomate au service secret de l'empereur, et la jardinière Zanetta : « Ainsi que ses ainées, Zanetta est élégante et facile ; comme elles, elle semble avoir été créée avec des gazes, des paillettes, des parfums et des fleurs[17]. » La musique d'Auber surprend par

Haydée, acte II, décor de Ciceri représentant le pont d'un navire, illustration de presse, 1847.

une harmonie parfois inattendue, par des chromatismes et des accords altérés, mais pour Nerval « le style et la forme sont clairs, concis et spirituels ; l'instrumentation est vive, légère et fine. Le roulement de timbales voilées qui accompagne le troisième couplet de la ballade chantée par Zanetta, au second acte, est d'un bon sentiment dramatique[18] ». *Haydée* (1847) compte parmi les plus grands succès d'Auber. « Il faut convenir, écrit Henri Blanchard, que ce dernier ouvrage de l'illustre compositeur est remarquable et digne de ses précédentes partitions par l'entrain, la vivacité de la mélodie et les nombreuses finesses d'harmonie qui distinguent son style instrumental » (*RGMP*, 2 janv. 1848). Achevant l'acte I, la scène de somnambulisme de l'amiral Loredan (observée et commentée par Malipieri, qui découvre ainsi le secret de son supérieur) est le morceau capital de l'ouvrage. Avec ses alternances de joie et de douleur, d'espérance et de remords, elle inspira au public, selon Edmond Viel, « une sorte d'effroi et de malaise par les modulations hardies qu'elle renferme » (*Mén.*, 2 janv. 1848). La barcarolle, « Ah que la nuit est belle », qu'y entonne à plusieurs reprises Loredan, avec notamment un effet d'intensification en passant de *la* à *do* majeur, est reprise par Malipieri dans le duo (acte II, n° 9) qui l'oppose à Loredan. Malipieri signifie ainsi à son ennemi qu'il connaît son secret.

Les opéras-comiques de la dernière période d'Auber seront éclipsés par le développement de l'opéra-comique (notamment sous l'effet de l'entrée de Meyerbeer salle Favart) et par l'opérette (cf. 8.2, 8.6). Auber n'aura pas une grande influence sur la génération suivante : « L'expression particulière représentée par M. Auber, indique Thurner, s'est moins éparpillée ; la grâce suprême du maître a conquis moins d'adeptes que le genre pittoresque proprement dit[19]. » Thurner trace cette généalogie : Albert Grisar « est bien un peu cousin de l'inspiration à laquelle nous devons *Actéon*, *La Sirène*, *Les Diamants de la Couronne*, *Haydée* etc. Quant à M. Clapisson et Adolphe Adam, nous les classerions volontiers parmi de faciles et remarquables improvisateurs dérivant l'un de M. Auber, par *La Perruche* et *La Promise*, l'autre, mais de loin, de Boieldieu, par *Le Chalet*[20] ».

Auber et la production française de son temps

Pour mettre en lumière la spécificité de l'opéra-comique comparé à l'opéra italien ou allemand, une vue sur les normes de composition est utile. Notre corpus représentatif réunit 54 partitions : 5 d'Herold (entre 1817 et 1832), 29 d'Auber (entre 1820 et 1869), 12 d'Adam (entre 1834 et 1855) et 8 d'Halévy (entre 1829 et 1855). 44 de ces ouvrages sont en 3 actes, sept en 1, deux en 2, et un en 4. Leur analyse permet de prendre conscience de la richesse des ensembles, chœurs et airs. La composition d'une introduction à l'acte I ou, très rarement, dans un autre acte, existe dans 27 opéras-comiques, dont 13 d'Auber. *La Neige* (1823) et *La Fiancée du roi de Garbe* (1864) par exemple ne disposent pas d'introduction ; *Manon Lescaut* (1856) comme *Le Domino noir*

(1837) et *Jenny Bell* (1855) ont une exposition en dialogue parlé. L'introduction de *Léocadie* (1824) avec chœur et soli est en trois parties, Allegro moderato, Andantino con moto et Tempo primo, correspondant à trois moments dramatiques : annonce joyeuse du mariage ; la mariée Léocadie regrette sa mélancolie ; reprise variée de l'annonce. Lorédan et le chœur des hommes saluent la fête et trinquent à la défaite des musulmans au début du premier acte de *Haydée*. L'introduction de *Fra Diavolo* (1830) est, elle, très dramatique : après le chœur des carabiniers (ils boivent à la récompense qu'ils attendent après avoir fait prisonnier le bandit), Milord et Paméla arrivent angoissés et scandalisés parce que Fra Diavolo les a dévalisés ; toute l'assemblée est dans une extrême agitation. Dans onze introductions, des numéros solos sont intégrés. Ainsi on trouve dans celle du premier acte de *La Fiancée* (1829) la ballade d'Henriette et les couplets de Charlotte, ou dans *Le Premier jour de bonheur* (1868) une mélodie et un madrigal.

Parmi les ensembles, les duos (146) sont de loin les plus fréquents, suivis des trios (66), des quatuors (38), des quintettes (12) et des septuors (2). On compte 42 morceaux d'ensemble et 99 chœurs isolés (il y a peu d'opéras-comiques sans contribution de chœurs), c'est-à-dire non intégrés dans des numéros en solo, les scènes ou les finals. Citons dans *Marco Spada* (1852) le chœur et canzonetta au début de l'acte II, ou dans *La Circassienne* (1861) le n° 9 avec chœur « Parures nouvelles », les couplets « Beautés gracieuses », l'air « Que chez les princes » et le morceau pour cinq solistes et chœur « Que chez les rois de l'accident ».

Parmi les chants solistes, les airs (139) et cavatines (29) dominent. On ne compte que trois mélodrames, mais 87 airs en couplets – la particularité d'Auber est d'en placer dans des finals. Dans *La Sirène* (1844), il intègre au final I des couplets de Scopetto « Ô Dieu des flibustiers » et un quatuor avec trois textes différents ; au final II la cavatine de Zerlina « Ah ! je n'ose pas » ; et au final III une longue vocalise de Zerlina. Dans *Marco Spada* le final II comprend une cavatine et un trio, le final III une « romance dramatique » et une invocation. Parmi des airs, il faut mettre à part la déclaration d'amour en quatre langues d'Auber (*Marco Spada*, acte II). Enfin, on peut dénombrer 29 airs de genres différents : les plus fréquents sont les romances (39), les rondes (11), les ballades (7), les chansons et les barcarolles (6), les mélodies (5), les rondos (4, consistant en un chant à couplets avec refrain) ; on compte deux exemples pour chaque type suivant : boléro, invocation, nocturne, prière, sérénade, stance, variations ; et un seul pour les types suivants : aragonaise, bacchanale, bourbonnaise, canzonetta, cantique, chanson, chant de mort, hymne, invocation, nocturne, prière, romanesca, strophes, villanelle, vocalise, un exemplaire de chaque. Les opéras-comiques les plus riches en « airs de genre » sont ceux d'Auber avec 21 types différents, dont 16 qui n'existent que chez lui dans le corpus des 54 opéras-comiques examinés. Ils occupent une fonction importante, du fait de leur longueur et de leur valeur dramatique.

Si de nombreux compositeurs et commentateurs se sont moqués d'Auber ou ont minimisé son importance, il est pourtant indéniable qu'il a su diversifier sa palette et se montrer, avec Scribe tout particulièrement, très inventif à l'intérieur du cadre de l'opéra-comique. Reynaldo Hahn constata avec réticence : « J'ai beau goûter peu Auber, sa tournure d'esprit, sa manière et tout ce qui constitue sa personnalité, il m'est impossible de ne pas lui trouver un peu de génie[21]. »

Par son succès considérable et en tant que maître d'une expression musicale spécifiquement nationale, il constitue l'un des maillons incontournables de l'histoire de l'opéra du XIXe siècle. « M. Auber, n'hésite pas à écrire Ernest Reyer, restera comme la plus brillante personnification du génie musical français, nul n'ayant possédé à un plus haut degré l'esprit et la grâce, ces deux qualités éminemment françaises[22]. »

7.5 HEROLD

Matthieu Cailliez

Élève de François-Joseph Fétis en théorie musicale, de son parrain Louis Adam en piano, de Rodolphe Kreutzer en violon, de Charles-Simon Catel en harmonie et d'Étienne-Nicolas Méhul en composition, Ferdinand Herold est l'auteur d'un opéra italien (1815) créé à Naples au début de sa carrière[1], d'une vingtaine d'opéras-comiques, composés entre 1816 et 1833, et de six ballets, outre deux symphonies, quatre concertos pour piano et orchestre, trois quatuors à cordes, quelques dizaines de pièces pour piano seul, etc. Le genre de l'opéra-comique occupe ainsi, et de loin, la première place dans sa production musicale qui s'inscrit principalement sous la Restauration, même si ses deux plus grands succès à l'Opéra-Comique, *Zampa* (1831) et *Le Pré aux clercs* (1832), datent des premières années de la monarchie de Juillet. Comptant au total plus de 2300 représentations sur la scène parisienne, la plupart avant 1900, et traduit chacun en une dizaine de langues européennes, ces deux ouvrages

L. Dupré, *Louis-Joseph-Ferdinand Herold*, lithographie (détail), [*ca* 1834], F-Pn, Est. Herold L. 002.

connaîtront une diffusion internationale au XIXe siècle² : « La gloire d'Herold, relève Benoît Jouvin en 1868, ce fut d'avoir, avec son *Zampa*, ouvert dans un vieux préjugé la plus large des brèches, si large même, qu'avec sa musique, la France a fini par y faire passer ses chansons, et que Milan, Florence, Londres, Vienne, Berlin et Saint-Pétersbourg s'alimentent de chefs-d'œuvre en puisant dans l'école française³. »

La tradition française

Quatre opéras-comiques d'Herold ont été écrits en collaboration avec d'autres compositeurs du « genre éminemment français », à savoir *Charles de France* (1816) avec Boieldieu, *Vendôme en Espagne* (1823) avec Auber, *L'Auberge d'Auray* (1830) avec Carafa et *La Marquise de Brinvilliers* (1831) avec Auber, Batton, Berton, Blangini, Boieldieu, Carafa, Cherubini et Paër⁴. Laissée inachevée à sa mort, la partition de son opéra-comique *Ludovic* (1833) a été complétée par Halévy. Contrairement à Auber, Herold a rencontré de nombreuses difficultés pour se procurer de bons livrets et a relativement peu collaboré avec Eugène Scribe⁵. Seules quatre œuvres d'Herold sont basées sur des livrets de Scribe : les ballets *La Somnambule* (1827) et *La Belle au bois dormant* (1829), et les opéras-comiques *La Marquise de Brinvilliers* (1831) et *La Médecine sans médecin* (1832). Ignorés de la plupart des biographes d'Herold des XIXe et XXe siècles, deux projets d'opéras-comiques avec Scribe, intitulés *Le Portefaix* et *Le Clerc de la Basoche*, sont restés inachevés en raison d'une mésentente avec le librettiste et de la mort prématurée du compositeur en 1833, et n'ont été que récemment découverts⁶. Il est donc probable que la collaboration entre Herold et Scribe se serait intensifiée sous la monarchie de Juillet si le compositeur avait vécu plus longtemps.

Héritées de la « comédie mêlée d'ariettes » du XVIIIe siècle et caractéristiques du genre de l'opéra-comique sous la Restauration, les formes strophiques abondent dans les ouvrages d'Herold comme dans ceux de ses contemporains⁷ (cf. 7.4). Citons l'emploi de couplets dans *La Clochette* (n° 5), *Les Troqueurs* (n{os} 1 et 5), *Le Muletier* (n{os} 5 et 7) et *Marie* (n{os} 2 et 10) ou d'une ronde dans *Les Rosières* (n° 4) et *Le Pré aux clercs* (n° 10). Les ouvertures des opéras-comiques d'Herold se distinguent par l'éclat orchestral et la vivacité d'exécution, l'imagination formelle, le procédé de la citation et de l'autocitation, et l'influence de Grétry, Dalayrac, Méhul, Berton, Le Sueur et Cherubini⁸. L'utilisation de motifs de réminiscence dans les ouvrages d'Herold s'inscrit pleinement dans la tradition française (cf. 3.6). Peu courante dans la musique orchestique de cette époque, l'excellence musicale des ballets d'Herold est largement soulignée par Arthur Pougin et Adolphe Adam, lui-même un maître reconnu en la matière⁹. Comme Adam et Auber, Herold a multiplié l'usage de danses et de rythmes de danses dans ses opéras-comiques (cf. 3.5), notamment dans *Zampa*, ce que relève avec condescendance Berlioz, par ailleurs très sévère à l'égard d'un compositeur de « musique parisienne » qu'il accuse d'un manque d'originalité et de cosmopolitisme musical, à la croisée des écoles allemande, italienne et française symbolisées par Weber, Rossini et Méhul[10]. On relève en effet de nombreux numéros renvoyant à une danse dans les opéras-comiques d'Herold, parfois dans le but de donner une couleur locale en lien avec l'intrigue : ronde, marche, air de danse, boléro, boléro rondo, barcarolle, etc. À titre d'exemple, la partition de Zampa ne présente qu'un seul numéro entier au sein duquel les rythmes de danses ne jouent aucun rôle, à savoir la romance de Camille « D'une haute naissance » (n° 2), auquel s'ajoutent les deuxièmes sections de deux autres numéros (n°s 1 et 13). À l'instar des opéras-comiques Fra Diavolo (1830) et Le Domino noir (1837) d'Auber, et Le Chalet (1834) d'Adam, Zampa est ainsi caractérisé par l'omniprésence de rythmes de danses, traduction musicale de deux qualités régulièrement associées à ce genre au XIXe siècle : l'« esprit » et la « gaieté »[11] (cf. 16.6).

Rédigé à Vienne en 1815, le court écrit d'Herold intitulé Cahier rempli de sottises plus ou moins grandes, rassemblées en forme de principes par moi[12] réunit un ensemble d'idées, de règles et de principes prescriptifs sur la composition lyrique, sans équivalent dans sa correspondance et ses autres écrits. À l'orée de sa carrière parisienne, Herold souhaite mettre en musique des livrets qui privilégient le comique de situation au comique de caractère, apporter une grande attention au rythme, à la déclamation, au choix des motifs et à la tessiture des chanteurs, être original sans négliger les modèles de Grétry, Gluck, Piccinni, Mozart et Salieri, favoriser les passages chantés a cappella, les modulations dans des tonalités éloignées entre le récitatif et l'air qui suit ou entre les différentes sections d'un même air, l'usage du canon et de la fugue quand la situation s'y prête, etc. Très tôt, le compositeur a désiré s'exprimer dans le genre sérieux de l'opéra, mais ce projet n'aboutit jamais.

L'influence italienne

Herold effectue deux longs séjours en Italie dont il rend largement compte dans ses écrits[13]. Le premier, entre 1812 et 1815, est un voyage de formation dans les principales villes italiennes suite à l'obtention du prix de Rome. Le second, entrepris en 1821, a pour finalité le recrutement d'une prima donna soprano et d'un buffo cantante pour le compte du Théâtre-Italien, dont il est l'accompagnateur entre le 1er décembre 1818 et le 26 octobre 1826, ainsi que le chef des chœurs entre le 1er février 1820 et le 1er mars 1822, puis à partir du mois de septembre 1831[14]. Herold est par conséquent en contact permanent avec l'art lyrique italien au moment précis où les opéras de Rossini triomphent dans ce théâtre et sur les scènes européennes (cf. 5.6). L'influence de l'opéra italien est manifeste dans sa musique instrumentale : il écrit onze fantaisies pour piano sur des thèmes d'opéras le plus souvent de Rossini, tels que Zelmira, Moïse, La donna del lago et Le Comte Ory (op. 21, 23, 24, 28, 38), mais aussi d'autres compositeurs, dont Weber avec Der Freischütz (op. 32). Parmi ses nombreux rondos pour piano, originaux ou basés sur des thèmes d'opéras, figure l'*Andante et rondo* op. 29 tiré de *Semiramide* de Rossini. L'influence du goût italien, notable dans les opéras-comiques *L'Irato ou l'Emporté* (1801) de Méhul, *Le Crescendo* (1810) de Cherubini et *Le Maître de chapelle* (1821) de Paër, transparaît aussi dans certains opéras-comiques en un acte d'Herold, tels que *Le Muletier* (1823), *L'Auberge d'Auray* (1830) et *La Médecine sans médecin* (1832)[15]. Tandis qu'Auber retient des opéras rossiniens la prégnance du rythme et l'éclat de l'orchestration, Herold assimile la propension du compositeur italien à élargir la structure formelle des airs et des ensembles, jusqu'à atteindre des proportions inédites dans le genre de l'opéra-comique, tout en privilégiant des modulations inattendues entre les différentes sections d'un même numéro. Deux airs extraits de *Zampa* sont caractéristiques à cet égard, à savoir l'air de Camille « À ce bonheur suprême » (n° 1) et l'air de Zampa « Toi, dont la grâce séduisante » (n° 7)[16]. L'air « Jours de mon enfance » d'Isabelle (n° 6) dans *Le Pré aux clercs* est l'occasion pour Herold d'expérimenter également l'organisation bipartite traditionnelle des airs rossiniens avec une première section lente, le *cantabile*, et une deuxième section rapide, la cabalette. Il suit ici l'exemple de son confrère Auber dans les airs « Ô jour plein de charmes ! » de Fritz (n° 2) et « Quel sourire enchanteur ! » (n° 4) de Saldorf dans *La Fiancée* (1829). Auber reprendra ce procédé dans les airs « Le singulier récit qu'ici je viens d'entendre » de Carlo (n° 2) dans *La Part du diable* (1843) et « Unis par la naissance » de Rafaëla (n° 7) dans *Haydée* (1847). La virtuosité vocale rossinienne exerce une influence indéniable sur les opéras-comiques d'Herold à travers l'écriture de traits virtuoses et de cadences avec points d'orgue, notamment dans *La Clochette* (n°s 3, 14), *Le Muletier* (n°s 1, 2, 3, 6), *Marie* (n°s 1, 4, 6), *Zampa* (n°s 1, 5, 8, 10) et *Le Pré aux clercs* (n°s 2, 3, 7, 9, 11). Herold emploie fréquemment le débit syllabique rapide, basé le plus souvent sur des notes répétées comme dans les *opere buffe* italiennes. On en trouve ainsi de multiples exemples dans *Zampa* (n°s 3, 4, 8) et *Le Pré aux clercs* (n°s 4, 5, 7, 10, 12). De nombreux traits rapides à l'orchestre, le plus souvent aux violons, sont de même basés sur des notes répétées. Cette technique, souvent exploitée par Rossini, apparaît entre autres dans *Le Muletier* (n° 10), *Zampa* (n°s 5, 8, 10) et *Le Pré aux clercs* (n° 12). De même, l'alternance de répliques brèves et régulières enchaînées du tac au tac dans un tempo vif, sous forme de questions-réponses à la mesure, est une technique dont use abondamment Rossini et qu'Herold reprend à son compte dans *La Clochette* (n° 12), *Zampa* (n° 8) et *Le Pré aux clercs* (n°s 1, 7)[17]. L'assimilation du modèle vocal rossinien reste cependant mesurée et non dénuée d'originalité. « Finalement, écrit Olivier Bara, Herold accomplit une réforme appelée de ses vœux par Fétis en 1827 : non pas l'imitation pure et simple du langage virtuose hérité de l'*opera seria* et introduit par Rossini dans le genre *buffo*, mais l'adaptation aux modalités expressives du chant français d'une ornementation tempérée, justifiée dramatiquement et psychologiquement, n'empiétant que modérément sur la nécessaire articulation des mots[18]. »

L'opéra-comique est-il encore comique ?

Compositeur de *La Fille du régiment* (OC, 1840), Donizetti considère à plusieurs reprises dans sa correspondance le genre français comme un équivalent de l'*opera semiseria*[19], c'est-à-dire d'un genre moyen, à mi-chemin entre le comique de l'*opera buffa* et le tragique de l'*opera seria*. Cette opinion est largement partagée par ses compatriotes. La diffusion et la réception de *Zampa* en Italie sont celles d'un *opera semiseria*, non d'un *opera buffa*, ce qu'attestent les éditions en traduction italienne de la partition et du livret, ainsi que les comptes rendus de la presse musicale transalpine[20]. Les similarités de cet opéra-comique avec *Don Giovanni* sont nombreuses. Le personnage de Zampa est une sorte de Don Juan corsaire. L'intervention fantastique de la statue d'Alice à la fin de l'ouvrage d'Herold répond à celle de la statue du commandeur dans l'opéra de Mozart et la mort de Zampa répond à celle de Don Giovanni. Symbole romantique de la révolution, l'éruption de l'Etna fait écho dans *Zampa* à celle du Vésuve dans la scène finale de *La Muette de Portici* (O, 1828) d'Auber. « Drame lyrique » créé en 1829, soit deux ans avant *Zampa*, *L'Illusion* d'Herold se termine par le suicide de l'héroïne Laurence, une première au Théâtre de l'Opéra-Comique qui présente d'évidentes similitudes avec le suicide de l'héroïne Fenella à la toute fin du grand opéra *La Muette de Portici* créé l'année précédente à l'Opéra de Paris. La mort de Laurence fait aussi écho à celle du personnage éponyme de l'opéra-comique *Masaniello* (1827) de Carafa, un ouvrage sous-titré « drame historique », basé sur la même intrigue que celui d'Auber. *Le Pré aux clercs* est le troisième opéra-comique d'Herold dont le livret comprend la mort violente d'un personnage en fin d'ouvrage. Le duel entre les nobles Comminge et le baron de Mergy n'est pas montré aux spectateurs qui découvrent le cadavre de Comminge recouvert d'un manteau au moment où il est emporté par deux archers sur une barque. L'intrigue du *Pré aux clercs* partage de nombreux éléments avec celle des *Huguenots* (O, 1836) de Meyerbeer. Tandis que les opéras-comiques de son filleul Adolphe Adam annoncent le développement de l'opérette après 1850, ceux d'Herold indiquent au contraire une évolution du genre vers des sujets de plus en plus sérieux[21] (cf. 21.5).

7.6 Adam et Halévy

Matthieu Cailliez

Adolphe Adam

Fils de Jean-Louis Adam, professeur de piano au Conservatoire de Paris pendant près d'un demi-siècle, élève de Boieldieu et filleul d'Herold, Adolphe Adam fut un compositeur particulièrement fécond. Il est l'auteur de 72 ouvrages lyriques, dont 26 créés au Théâtre de l'Opéra-Comique, 15 au Théâtre des Nouveautés, 8 au Gymnase-Dramatique, 7 au Théâtre-Lyrique et au Théâtre du Vaudeville, 3 à l'Opéra de Paris, 2 à l'Opéra-National et à Covent Garden, et 1 aux Bouffes-Parisiens et à l'Opéra de Berlin, outre 13 ballets créés à Paris, Londres et Saint-Pétersbourg[1]. Son ballet romantique *Giselle* (1841) obtint un triomphe immédiat et lui assura une notoriété universelle, durable jusqu'aujourd'hui, tandis que ses opéras-comiques bénéficièrent d'une popularité à l'échelle européenne au XIXe siècle, avant de disparaître peu à peu du répertoire des théâtres lyriques au siècle suivant, à l'instar des ouvrages de Boieldieu, Herold et Auber. *Le Chalet* (1834) et *Le Postillon de Lonjumeau* (1836) comptent au total plus de 1850 représentations à l'Opéra-Comique, la plupart avant 1900 ; ils connurent une large diffusion outre-Rhin, vivement encouragée par le compositeur, et furent traduits chacun dans une dizaine de langues européennes[2].

Contrairement à ses confrères mentionnés ci-dessus, qui se sont peu exprimés dans la presse, Adam peut être à juste titre considéré comme le porte-parole de l'« école française » de l'opéra-comique avec 350 articles signés de son nom, publiés dans une quinzaine de journaux et périodiques parisiens entre 1833 et 1856[3]. Attentif au succès populaire et financier de ses ouvrages, il y défend une esthétique musicale radicalement opposée à celle plus élitiste et avant-gardiste de Berlioz[4]. Publiés en 1857 et 1859, les deux recueils posthumes qui réunissent une trentaine de ses articles, soit un dixième seulement de sa production de critique musical, font l'apologie de compositeurs d'opéras-comiques tels que Monsigny, Gossec, Dalayrac, Cherubini, Méhul, Berton, Boieldieu et Herold, outre plusieurs articles consacrés à Lully, Rameau, Rousseau et Gluck[5], tandis que sa riche correspondance avec le publiciste berlinois Samuel Heinrich Spiker témoigne de son grand respect pour Auber qu'il plaçait sans hésiter à la tête de l'école française[6]. Dans le même esprit, Adam réalisa entre 1841 et 1849 l'arrangement, la réorchestration et la réadaptation au goût du jour de huit opéras-comiques de Monsigny, Grétry, Dalayrac, Berton et Nicolò[7]. L'affection d'Adam pour la musique et le théâtre du XVIIIe siècle est par ailleurs manifeste dans le livret et la partition de son opéra-comique *Le Toréador* (1849) à travers une vingtaine de références, de citations, d'emprunts et d'allusions directes ou indirectes à ce répertoire[8]. Caractéristiques du genre de l'opéra-comique au XVIIIe siècle et dans la première moitié du XIXe siècle, les formes strophiques sont récurrentes dans les ouvrages d'Adam comme dans ceux de ses confrères[9]. Traditionnelle à l'Opéra-Comique depuis la création de *Richard Cœur de Lion* (1784) de Grétry, l'utilisation de motifs de réminiscence est un procédé fréquemment adopté par Adam dans ses ouvrages (cf. 3.6). À l'instar d'Herold et Auber, Adam multiplia l'usage de danses et de rythmes de danses dans ses opéras-comiques (cf. 3.5), aidé en cela par son aisance dans le domaine de la musique orchestrique et l'excellence musicale de ses ballets, inhabituelle sous la monarchie de Juillet. De nombreux numéros de ses opéras-comiques renvoient expressément à une danse : ronde, polonaise, air de danse, etc.

Les troubles liés à la révolution de février 1848 provoquèrent la faillite et la fermeture de l'Opéra-National (1847-1848), tentative avortée d'Adam d'établir un troisième théâtre lyrique français à Paris destiné à un public populaire, et entraînèrent la ruine financière du compositeur[10]. La douzaine d'ouvrages d'Adam créés au début des années 1850 au Théâtre-Lyrique et à l'Opéra-Comique annoncent le développement du genre de l'opérette dans la deuxième moitié du siècle[11] (cf. 8.6). Son dernier ouvrage, *Les Pantins de Violette* (1856), est une « opérette bouffe » dont la création aux Bouffes-Parisiens, dirigé par Offenbach, suivit la publication en 1855 et 1856 dans le quotidien *L'Assemblée nationale* d'une dizaine de critiques musicales d'Adam assurant la promotion du compositeur allemand et de son nouveau théâtre.

Les opéras-comiques d'Adam furent profondément influencés par les opéras italiens de Rossini[12]. Adam rapporta à plusieurs reprises dans ses lettres et ses écrits l'admiration de son maître, Boieldieu, pour Rossini et resta lui-même toute sa vie un ardent admirateur du compositeur italien[13]. La virtuosité vocale rossinienne transparaît dans de nombreux ouvrages d'Adam à travers l'écriture de traits virtuoses et de cadences avec point d'orgue[14]. Le rôle de Don Belflor dans l'« opéra bouffon » *Le Toréador* (1849) constitue l'une des imitations françaises les plus réussies de l'emploi de *basso buffo*, à une époque où les compositeurs d'opéras-comiques attribuaient d'ordinaire le principal rôle comique à un ténor ou à un baryton correspondant aux emplois usuels de Colin, Trial ou Martin. Inhérent au genre de l'*opera buffa*, le débit syllabique rapide basé le plus souvent sur des notes répétées est d'un emploi fréquent dans les partitions d'Adam[15]. On y retrouve aussi quelques traits rapides à l'orchestre, généralement aux violons, basés sur des notes répétées, par exemple dans *Le Chalet* (n° 7), *Le Fidèle Berger* (n°s 2, 4, 7, 12) et *Le Toréador* (n° 5). La répétition de mots ou d'onomatopées est un procédé très utilisé par Adam. Les « *sì* » ou « *no* » si souvent répétés dans les *opere buffe* de Rossini se transforment en « oui » ou « non » dans ses opéras-comiques[16]. L'emploi d'onomatopées connaît deux illustrations remarquables dans *Le Toréador*. La répétition d'un mot italien, une référence explicite à l'*opera buffa*, est associée par Adam à une onomatopée instrumentale dans l'air de Tracolin (n° 9) : « Piano, piano, piano, piano, pianissimo, piano, piano, piano, piano, piano. (*Il imite la flûte*) Brrr ! Brrr ! » Dans le numéro suivant, Don Belflor imite de même la contrebasse en chantant près de deux cents fois au total l'onomatopée « pon » pour accompagner à trois reprises les vocalises de Coraline (n° 10). D'autres onomatopées humoristiques sont utilisées dans *Le Brasseur de Preston* (n° 8), *Giralda* (n°s 7, 12), *Le Farfadet* (n° 6) et *Le Sourd* (n° 1). Adam reprend à l'occasion l'organisation bipartite traditionnelle des airs rossiniens avec une première section lente, le *cantabile*, et une deuxième section rapide, la cabalette, ce dont témoignent en particulier l'air « Arrêtons-nous ici ! » de Max (n° 4) dans *Le Chalet* et l'air « Avec son petit air de ne toucher à rien » de Coraline (n° 8) dans *Le Toréador*. Courante dans les ouvrages de Rossini, l'alternance de répliques brèves et régulières enchaînées du tac au tac à la mesure ou à la demi-mesure entre deux ou trois personnages dans un tempo vif est également une technique avec laquelle se familiarise Adam, notamment dans *Le Postillon de Lonjumeau* (n° 12), *Le Toréador* (n°s 2, 5, 10) et *Giralda* (n°s 2, 4). Le compositeur français n'a pas qualifié par hasard *Le Toréador* d'« opéra bouffon ». Outre la répétition d'onomatopées instrumentales et de mots italiens, l'échange de répliques brèves et symétriques, la virtuosité vocale de l'unique rôle féminin et l'emploi d'une basse bouffe évoqués ci-dessus, cet ouvrage propose une situation semblable à celle de la célèbre leçon de chant d'*Il Barbiere di Siviglia* (1816) de Rossini, les rôles de Bartolo, Rosina et du comte Almaviva étant remplacés dans l'opéra-comique par ceux du toréador à la retraite Don Belflor, de son épouse Coraline et de son rival Tracolin (n° 5).

Fromental Halévy

Oncle de Ludovic Halévy qui écrivit 29 livrets mis en musique par Offenbach, Fromental Halévy est le compositeur de 33 ouvrages lyriques représentés, dont 17 ouvrages créés à l'Opéra-Comique et 10 à l'Opéra, à savoir 8 opéras, 1 ballet et 1 ballet-opéra, auxquels il faut ajouter 6 ouvrages créés au Théâtre-Lyrique (2), au Théâtre-Italien, à l'Opéra-National, au Her Majesty's Theatre de Londres et à Karlsruhe[17]. Tandis qu'Adam se consacra principalement aux genres de l'opéra-comique et du ballet, Halévy se dédia plutôt aux genres de l'opéra-comique et du grand opéra, et collabora activement avec deux des principaux librettistes français du XIXe siècle, Saint-Georges et Scribe, qui écrivirent pour lui 23 livrets[18]. Après 6 opéras-comiques en 1 acte créés entre 1827 et 1833, le développement de sa carrière de compositeur lyrique fut encouragé indirectement par la mort d'Herold dont il compléta l'opéra-comique *Ludovic* (1833), ouvrage qui obtint un succès remarqué[19]. Si Halévy doit encore aujourd'hui l'essentiel de sa renommée au grand opéra *La Juive* (1835), traduit en pas moins de vingt langues étrangères, ses opéras-comiques connurent un succès honorable en France et à l'étranger, en particulier dans le monde germanique, sans atteindre cependant la notoriété et le nombre de représentations des ouvrages de Boieldieu, Herold, Adam et Auber. On compte ainsi des traductions en six langues étrangères pour *L'Éclair* (1835) et *Le Val d'Andorre* (1848), et en cinq langues pour *Les Mousquetaires de la Reine* (1846)[20].

Élève de Cherubini au Conservatoire de Paris, Halévy remporta en 1819 le premier prix de Rome en composition musicale, avant de séjourner en Italie où il composa des *canzonette* en dialecte napolitain et le final d'un grand opéra italien. L'influence de ce pays sur sa carrière et sa production lyrique sont indéniables[21]. Halévy composa deux opéras italiens, *Clari* (TI, 1828) et *La Tempesta* (Londres, 1850), un opéra-comique, *Le Dilettante d'Avignon* (OC, 1829), basé sur la parodie de livrets italiens, et fut, comme Herold, pianiste accompagnateur du Théâtre-Italien entre le 27 octobre 1826 et 1830, puis de l'Opéra entre le 1er janvier 1829 et 1833, théâtre dont il fut également troisième chef de chant et chef des chœurs[22]. La virtuosité vocale rossinienne exerça une influence prépondérante dans ses opéras-comiques, à travers l'écriture de traits virtuoses et de cadences avec points d'orgue[23]. Plus importante que dans les ouvrages de Boieldieu, Herold ou Adam, cette grande virtuosité vocale nécessite des interprètes de premier plan, difficiles à réunir, et pourrait être l'une des raisons qui entravèrent la diffusion des opéras-comiques d'Halévy.

Son art de l'instrumentation et de l'harmonisation lui assura de nombreuses critiques favorables, dont certaines signées de Théophile Gautier, Berlioz, Fétis et Adolphe Adam, même s'il lui fut souvent reproché une musique trop savante et manquant d'inspiration mélodique, ainsi que des ouvrages aux trop larges dimensions[24]. Wagner apprécia en particulier la nature dramatique du talent d'Halévy, davantage appropriée au pathétique de la haute tragédie lyrique, c'est-à-dire du grand opéra, qu'au genre de l'opéra-comique, lequel aurait été au contraire la véritable patrie d'Auber et des autres compositeurs français[25]. Halévy resta cependant fidèle à la tradition du « genre éminemment national » sous certains aspects, notamment via l'insertion de couplets dans plusieurs ouvrages[26], ou bien dans ses discours et écrits consacrés à l'art lyrique français où sont traités des compositeurs tels que Lully, Rameau, Gluck, Berton, Onslow et Adam[27].

Notes de 7.1

1. Voir, pour tout ce qui concerne les salles, N. Wild, *Dict.*
2. *Almanach des spectacles*, Paris : Barba, 1828.
3. N. Wild, « La mise en scène à l'Opéra-Comique sous la Restauration », *in* H. Schneider et N. Wild éd., *Die Opéra-Comique und ihr Einfluss auf das europäische Musiktheater im 19. Jahrhundert*, Hildesheim : G. Olms, 1997, p. 183-210.
4. *Almanach des spectacles*, Paris : Barba, 1830, cité in R. Legrand et N. Wild, *Regards sur l'opéra-comique. Trois siècles de vie théâtrale*, Paris : CNRS éd., 2002, p. 119.
5. *Ibid.*, p. 140.
6. Voir O. Bara, *Le Théâtre de l'Opéra-Comique sous la Restauration [...]*, Hildesheim : G. Olms, 2001, p. 26.
7. F-Po, Registres de l'Opéra-Comique, délibérations du comité, n° 129.
8. N. Wild, *Dict.*, p. 333.
9. *Almanach des spectacles*, Paris : Janet, 1825, cité in O. Bara, *Le Théâtre de l'Opéra-Comique sous la Restauration*, p. 28.
10. J.-C. Yon, *Une histoire du théâtre à Paris*, p. 177.
11. Lettre, 20 avr. 1819, F-Po, Registres de l'Opéra-Comique, registre de correspondance, n° 136.
12. O. Bara, *Le Théâtre de l'Opéra-Comique sous la Restauration*, p. 33.
13. Voir H. C. Wolff, « Die Regiebücher des Louis Palianti für die Pariser Oper, 1830-1870 », *Maske und Kothurn, Internationale Beiträge zur Theaterwissenschaft*, 26, 1980, p. 74-84.
14. Voir H. R. Cohen et M.-O. Gigou, *Cent ans de mise en scène lyrique en France [...]*, New York : Pendragon Press, 1986.
15. *Almanach des spectacles*, Paris : Barba, 1822 et 1828.
16. N. Wild, *Dict.*, p. 337.
17. *Almanach des spectacles*, Paris : Barba, 1828, cité in O. Bara, *Le Théâtre de l'Opéra-Comique sous la Restauration*, p. 45.
18. N. Wild, *Dict.*, p. 340.
19. *Ibid.*, p. 285.
20. Cité in R. Legrand et N. Wild, *Regards sur l'opéra-comique*, p. 238.

Notes de 7.2

1. O. Bara, *Le Théâtre de l'Opéra-Comique sous la Restauration*, p. 142.
2. *Ibid.*
3. C. M. von Weber, *La Vie d'un musicien*, cité in R. Legrand et N. Wild, *Regards sur l'opéra-comique*, Paris : CNRS Éd., 2002, p. 109.
4. O. Bara, « Le conte en scène, de *Cendrillon* au *Petit Chaperon rouge* : une métamorphose merveilleuse de l'opéra-comique entre Empire et Restauration ? », *Féeries*, 12, 2015, p. 115-130.
5. M.-A. Le Roy-Maršálek, *La Réinvention du Moyen Âge sur les scènes lyriques parisiennes entre 1810 et 1830 [...]*, thèse, université Rennes 2, 2016, en ligne, https://tel.archives-ouvertes.fr/tel-01429152/document.
6. J. Mongrédien, *La Musique en France des Lumières au Romantisme, 1789-1830*, Paris : Flammarion, 1986, p. 104.

7. D. Colas, « Commentaire musical », in *La Dame blanche*, *L'Avant-scène opéra*, 176, mars-avril 1997, p. 8.
8. R. Legrand et N. Wild, *Regards sur l'opéra-comique*, p. 238.
9. M. Everist, « The Name of the Rose : Meyerbeer's opéra-comique *Robert le Diable* », *Rdm*, 80/2, 1994, p. 211-250.
10. H. Lacombe, *Les Voies de l'opéra français au XIXe siècle*, Paris : Fayard, 1997, p. 203.
11. Shih-Lung Lo, *La Chine sur la scène française au XIXe siècle*, Rennes : PUR, 2015, p. 60.
12. E. Scribe, *Le Code noir*, O. Bara éd., Paris : L'Harmattan, 2018.

Notes de 7.3

1. A. Laget, *Le Chant et les chanteurs*, Paris : Heugel, 1874, p. 246.
2. J.-C. Yon, « La Dame, Scribe et l'Opéra-Comique [...] », in *La Dame blanche*, *L'Avant-Scène opéra*, 176, 1997, p. 72.
3. P. Auraix-Jonchière, « Rhapsodie sandienne sur *La Dame blanche* : du légendaire à la magie personnelle », in S. Bernard-Griffiths et C. Bricault éd., *Magie et magies dans la littérature et les arts du XIXe siècle français*, Clermont-Ferrand : PUBP, 2012, p. 171-188.
4. A. de Pontmartin, *Souvenirs d'un vieux critique*, Paris : Calmann-Lévy, 1re série, 1881, p. 21-22.
5. O. Bara, *Le Théâtre de l'Opéra-Comique sous la Restauration*.
6. F. Liszt, « *La Dame blanche* de Boieldieu », in *La Dame blanche*, *L'Avant-scène opéra*, p. 88-89.
7. F. Sarcey, « Scribe », [art. du 3 déc. 1883], in *Quarante ans de théâtre*, vol. 4, Paris : Bibliothèque des Annales politiques et littéraires, 1901, p. 120-121.
8. A. Laget, « Physiologie du public », *Le Chant et les chanteurs*, p. 91.
9. J. Mitchell, *The Walter Scott Operas, An Analysis of Operas Based on the Works of Sir W. Scott*, Alabama, the University of Alabama press, 1977 ; J. Mitchell, *More Scott operas : further analyses of operas based on the works of Sir Walter Scott*, Lanham : University press of America, 1996 ; Murray Pittock éd., *The Reception of Sir Walter Scott in Europe*, London : Continuum, 2006 ; J. S. Dailey, *Sir Arthur Sullivan's grand opera « Ivanhoe » and its musical precursors : adaptations of Sir Walter Scott's novel for the stage, 1819-1891*, Lewiston (N.Y.) : the E. Mellen press, 2008 ; F. Parent-Lardeur, *Lire à Paris au temps de Balzac. Les cabinets de lecture à Paris 1815-1830*, [1re éd. 1981], 2e éd. augm., Paris : Éditions de l'EHESS, 1999, p. 226-227.
10. G. Favre, *Boieldieu [...]*, Paris : Droz, 1954, p. 116.
11. O. Bara, « Fantastique ou comique ? La peur en spectacle ou la tradition du Trial à l'Opéra-Comique », in A. Dratwicki et A. Terrier éd., *Le Surnaturel sur la scène lyrique [...]*, Lyon : Symétrie, 2012 p. 263-274.
12. O. Renaudeau, *J'aime les militaires !*, cat. d'exp., Moulins : Centre national du costume de scène ; Paris : Somogy, Musée de l'armée, 2007.
13. O. Bara, *Le Théâtre de l'Opéra-Comique*, p. 231-232.
14. *Ibid.*, p. 354.
15. F.-A. Boieldieu à É. Boilly, Paris 9 janv. 1826, in *Lettres autographes et manuscrits. 27 février 2014*, cat. de vente Daguerre, Hôtel Drouot, Th. Bodin expert.
16. D. Colas, « Commentaire musical », in *La Dame Blanche*, *L'Avant-scène opéra*.
17. *Ibid.*, p. 24.
18. J. Tiersot, *Histoire de la Chanson populaire en France*, Paris : E. Plon, 1889, p. 529.

19. H. Lacombe, « Des usages régulateurs du fantastique dans l'opéra français », in H. Lacombe et T. Picard éd., *Opéra et fantastique*, Rennes : PUR, 2011, p. 197-206 ; « Éléments de réflexion sur le recours au fantastique dans le répertoire français », in A. Dratwicki et A. Terrier éd., *Le Surnaturel sur la scène lyrique*, p. 119-128.
20. J.-M. Bailbé, « *La Dame blanche* ou le fantastique galant », *Études normandes*, 1984/2, p. 15.
21. G. Ponnau, *La Folie dans la littérature fantastique*, n^{lle} éd., Paris : PUF, 1997, p. 33.
22. F. Liszt, « *La Dame blanche* de Boieldieu », p. 88-89.
23. J-M. Bailbé, « *La Dame blanche* ou le fantastique galant », p. 13.
24. O. Bara, « Le fantastique à l'Opéra-Comique au XIXe siècle : une exception révélatrice ? », in H. Lacombe et T. Picard éd., *Opéra et fantastique*, PUR, p. 155-168, 2011.
25. Théorie de A. Gerhard (*The Urbanization of opera [...]*, Chicago : UCP, 1998, p. 273).

Notes de 7.4

1. A. Thurner, *Les Transformations de l'opéra-comique*, Paris : Castel, 1865, p. 257.
2. *Ibid.*, p. 268.
3. *Les Écrits de Paul Dukas sur la musique*, Paris : Société des éditions françaises et internationales, 1948, p. 423.
4. Ch. Beauquier, *La Musique et le drame*, Paris : Sandoz et Fischbacher, 1877, p. 212.
5. *Ibid.*, p. 213-214.
6. A. Thurner, *Les Transformations de l'opéra-comique*, p. 263-264.
7. *Les Écrits de Paul Dukas*, p. 424.
8. *Ibid.*, p. 427.
9. *Ibid.*, p. 427.
10. *Ibid.*, p. 426.
11. *Ibid.*, p. 426.
12. J. Chantavoine et J. Gaudefroy-Demombynes, *Le Romantisme dans la musique européenne*, Paris : Alban Michel 1955, p. 131.
13. *Ibid.*, p. 132.
14. G. de Nerval, *Œuvres complètes*, J. Guillaume et C. Pichois éd., vol. 1, Paris : Gallimard, p. 250.
15. A. Thurner, *Les Transformations de l'opéra-comique*, p. 270-272.
16. G. de Nerval, *Œuvres complètes*, vol. 1, p. 546.
17. *Ibid.*, p. 550.
18. *Ibid.*, p. 550-551.
19. A. Thurner, *Les Transformations de l'opéra-comique*, p. 267-268.
20. *Ibid.*, p. 267-268.
21. R. Hahn, *Notes (Journal d'un musicien)*, Paris : les Petits-fils de Plon et Nourrit, 1933, p. 289.
22. E. Reyer, *Notes de musique*, 2e éd., Paris : Charpentier, 1875, p. 394.

Notes de 7.5

1. G. Montemagno, « "Je suis encore tout étourdi…" Sur les traces du premier séjour napolitain d'Herold », in A. Dratwicki éd., *Herold en Italie*, Lyon : Symétrie, 2009, p. 89-133.

2. A. Loewenberg, *Annals of Opera 1597-1940*, Genève : Societas Bibliographica, 1955, vol. 1, p. 732-733, 746-747.
3. B. Jouvin, *Herold : sa vie et ses œuvres*, Paris : Heugel, 1868, p. 195.
4. A. Pougin, *Herold : biographie critique*, Paris : Henri Laurens, 1906, p. 39-44, 69-70, 83, 100, 121-122 ; F.-Y. Bril, *Ferdinand Herold (1791-1833)*, Weinsberg : Musik-Edition Lucie Galland, 2012, p. 110-112, 160-162, 198-199, 229.
5. Th. Betzwieser, « Hérold, (Louis Joseph) Ferdinand », in L. Finscher éd., *Die Musik in Geschichte und Gegenwart*, 2ᵉ éd., Kassel : Bärenreiter, 2002, Personenteil 8, p. 1404-1411.
6. A. Jacobshagen, « "Ich fürchte fast, das heisst cabaliren". *Le Portefaix* von Meyerbeer, Herold und Gomis », in A. Jacobshagen et M. Pospíšil éd., *Meyerbeer und die Opéra comique*, Laaber : Laaber-Verlag, 2008, p. 166-185 ; F.-Y. Bril, *Ferdinand Herold...*, p. 199-203.
7. O. Bara, *Le Théâtre de l'Opéra-Comique sous la Restauration*, p. 439-456.
8. P. Taïeb, « Les ouvertures d'Herold ou l'impatience du siècle », in A. Dratwicki éd., *Herold en Italie...*, p. 153-165.
9. A. Pougin, *Herold...*, p. 76-79 ; A. Adam, « Herold », in *Souvenirs d'un musicien*, Paris : Michel Lévy Frères, 1857, p. 34-35.
10. Voir les articles de Berlioz : *JD*, 27 sept. 1835 ; *Le Rénovateur*, 6 sept.1835.
11. M. Cailliez, *La Diffusion du comique en Europe à travers les productions d'opere buffe, d'opéras-comiques et de komische Opern (France – Allemagne – Italie, 1800-1850)*, thèse de doctorat, universités de Paris-Sorbonne, Bonn et Florence, 2014, p. 443-472, en ligne, http://hss.ulb.uni-bonn.de/2016/4527/4527.htm.
12. F. Herold, *Lettres d'Italie suivies du journal et autres écrits (1804-1833)*, H. Audéon éd., Weinsberg : Musik-Edition Lucie Galland, 2008, p. 283-286.
13. F. Herold, *Lettres d'Italie...* ; A. Dratwicki éd., *Hérold en Italie* ; F.-Y. Bril, *Ferdinand Herold* ; M. Cailliez, « Herold, Ferdinand (1791-1833) : présentation synthétique des écrits », in E. Reibel, M. Duchesneau et V. Dufour éd., *Dictionnaire des écrits de compositeurs (Dicteco)*, 2018, en ligne : https://dicteco.huma-num.fr/notice/24558, consulté le 8 avr. 2019.
14. N. Wild, *Dict.*, p. 204-205.
15. C. Casini, « Herold, Ferdinand-Louis-Joseph », in A. Basso éd., *Dizionario universale della musica e dei musicisti*, Turin : UTET, 1986, vol. 3, p. 566-567.
16. F. Della Seta, *Italia e Francia nell'Ottocento*, Turin : E.D.T, 1993, p. 102-103.
17. M. Cailliez, *La Diffusion du comique...*, p. 485-503.
18. O. Bara, « La vocalité italienne dans les opéras-comiques d'Herold, ou d'un "usage raisonnable" des ornements », in A. Dratwicki éd., *Herold en Italie...*, p. 152.
19. G. Zavadini, *Donizetti [...]*, Bergame : Istituto italiano d'arti grafiche, 1948, p. 590-591, 817.
20. *L'Eco*, 4 sept. 1835, p. 423 ; *Gazzetta musicale di Milano*, 29 juin 1845, p. 91.
21. J. Offenbach, « Concours musical et littéraire du Théâtre de la Gaîté », *Mén.*, 6 sept. 1874, p. 318 ; M. Cailliez, *La Diffusion du comique...*, p. 472-485.

Notes de 7.6

1. F.-Y. Bril, « Œuvres d'Adolphe Adam », in J.-M. Fauquet, *Dict.*, p. 12-15 ; W. E. Studwell, *Adolphe Adam and Léo Delibes. A Guide to Research*, New York/Londres : Garland Publishing, 1987, p. 6 ; H. Schneider, « Adam, Adolphe(-Charles) », in

1. L. Finscher éd., *Die Musik in Geschichte und Gegenwart*, 2ᵉ éd., Kassel : Bärenreiter, 1999, Personenteil 1, p. 115-125 ; H. Macdonald, « Adam, Adolphe (Charles) », in S. Sadie éd., *The New Grove Dictionary of Music and Musicians*, Londres : Macmillan Publishers Limited, 2001, vol. 1, p. 130-133.
2. A. Soubies, *Soixante-neuf ans à l'Opéra-Comique en deux pages*, Paris : Fischbacher, 1894, pages dépliables ; A. Loewenberg, *Annals of Opera 1597-1940*, Genève : Societas Bibliographica, 1955, vol. 1, p. 761-762, 782-783 ; A. Pougin, *Adolphe Adam [...]*, Paris : G. Charpentier, 1877 ; S. Teulon-Lardic, « Adolphe Adam entrepreneur : allers et retours Paris-Berlin autour des *Hamadryaden* (1840) », in A. Dratwicki et A. Terrier éd., *Art lyrique et transferts culturels 1800-1850*, colloque de l'Opéra-Comique, avr. 2011, en ligne, http://www.bruzanemediabase.com, consulté le 6 mars 2019 ; M. Cailliez, *La Diffusion du comique en Europe*, p. 683-690, en ligne, http://hss.ulb.uni-bonn.de/2016/4527/4527.htm.
3. M. Cailliez, « Adolphe Adam, porte-parole de "l'école française" de l'opéra-comique. Inventaire et étude synthétique de ses critiques musicales (1833-1856) », in M. Everist éd., *Music Criticism Network Studies*, n° 1 : *Perspectives on the French Musical Press in the Long Nineteenth Century*, Lucques : Centro Studi Opera Omnia Luigi Boccherini, 2018.
4. R. Campos, « Hector Berlioz et Adolphe Adam : deux manières de réussir », in *Musique et société*, Paris : Cité de la musique, 2004, p. 83-97 ; M. Cailliez, « Le musicien raté dans les critiques musicales d'Adolphe Adam et Hector Berlioz », in E. Lascoux, S. Lelièvre et M.-H. Rybicki éd., *Actes des trois journées d'étude « Le musicien raté »*, Château-Gontier : Éditions Aedam Musicae, à paraître.
5. A. Adam, *Souvenirs d'un musicien [...]*, Paris : Michel Lévy Frères, 1857 ; A. Adam, *Derniers souvenirs d'un musicien*, Paris : Michel Lévy Frères, 1859.
6. A. Adam, « Lettres sur la musique française : 1836-1850 », *La Revue de Paris*, août-oct. 1903.
7. S. Teulon-Lardic, « Du lieu à la programmation : une remémoration concertée de l'ancien opéra-comique sur les scènes parisiennes (1840-1887) », in A. Terrier et A. Dratwicki éd., *L'Invention des genres lyriques français et leur redécouverte au 19ᵉ siècle*, Lyon : Symétrie-Palazzetto Bru Zane, 2010, p. 347-385.
8. S. Etcharry, « Intertextualité et dramaturgie dans *Le Toréador* (1849) d'Adolphe Adam (1803-1856) », in J.-Ch. Branger et V. Giroud éd., *Présence du XVIIIᵉ siècle dans l'opéra français du XIXᵉ siècle d'Adam à Massenet*, Saint-Étienne : PUSE, 2011, p. 159-200.
9. *Une bonne fortune* (n° 3), *Le Chalet* (nᵒˢ 3, 6), *Le Fidèle Berger* (nᵒˢ 8, 9), *Le Brasseur de Preston* (nᵒˢ 2, 11), *Cagliostro* (nᵒˢ 1, 6), *Le Toréador* (nᵒˢ 1, 4), *Le Farfadet* (nᵒˢ 1, 3), *La Poupée de Nuremberg* (nᵒˢ 1, 5), *Si j'étais roi* (nᵒˢ 1, 4), *Le Sourd* (nᵒˢ 3, 4, 7 bis), *Le Bijou perdu* (nᵒˢ 1, 2, 3, 7, 8, 9, 12), *Le Muletier de Tolède* (nᵒˢ 2, 12, 13), *À Clichy* (n° 2), *Le Houzard de Berchini* (nᵒˢ 3, 12), *Falstaff* (nᵒˢ 4, 6), etc.
10. S. Teulon-Lardic, « Adolphe Adam et l'Opéra-National (1847-1848). Une éphémère scène lyrique à Paris (1/2) », *Revue musicale de Suisse Romande*, 72/1, mars 2019, p. 24-56.
11. C. Casini, « Adam, Adolphe-Charles », in A. Basso éd., *Dizionario universale della musica e dei musicisti*, Turin : UTET, 1985, vol. 1, p. 14-15.
12. M. Cailliez, *La Diffusion du comique en Europe*, p. 485-503.
13. A. Adam, *Souvenirs d'un musicien*, p. 9-10 ; A. Adam, « Revue musicale », *L'Assemblée nationale*, 12 fév. 1850, p. 1.
14. Notamment dans *Une bonne fortune* (n° 1), *Le Chalet* (nᵒˢ 6, 8 et 10), *Le Postillon de Lonjumeau* (nᵒˢ 4, 5, 6, 8, 11, 13), *Le Fidèle Berger* (nᵒˢ 1, 2, 7, 11), *Le Brasseur de*

Preston (n°s 2, 4, 9, 12), *Cagliostro* (n°s 3, 10, 12), *Le Toréador* (n°s 1, 2, 3, 5, 6, 8, 10), *Giralda* (n°s 1, 3, 4, 5, 7, 8, 10, 10 bis, 11, 14, 15), *La Poupée de Nuremberg* (n°s 2, 3, 4), *Le Farfadet* (n° 4), *Si j'étais roi* (n°s 3, 4, 8, 10, 11), *Le Houzard de Berchini* (n°s 1, 7, 8, 12), *Falstaff* (n°s 2, 3, 5, 6, 8), etc.

15. Entre autres dans *Le Chalet* (n°s 5, 6, 8, 10), *Le Postillon de Lonjumeau* (n°s 1, 4, 6), *Le Fidèle Berger* (n°s 1, 5, 10, 12), *Le Brasseur de Preston* (n°s 5, 8), *Cagliostro* (n°s 1, 3), *Le Toréador* (n°s 1, 2, 3, 4, 6, 9, 10), *Giralda* (n°s 2, 4, 5, 7, 12) et *Falstaff* (n° 1)
16. Notamment dans *Le Postillon de Lonjumeau* (n°s 4, 13), *Le Fidèle Berger* (n° 3), *Le Toréador* (n°s 3, 6, 8), *Giralda* (n° 2), *Le Sourd* (n° 3) et *Le Houzard de Berchini* (n°s 1, 9).
17. K. Leich-Galland, « Halévy, Jacques-*Fromental*-Élie », in J.-M. Fauquet, *Dict.*, p. 556-558.
18. J.-C. Yon, « Halévy et Scribe : une collaboration singulière », in F. Claudon, G. de Van et K. Leich-Galland éd., *Actes du colloque Fromental Halévy*, Paris, Weinsberg : Musik-Edition Lucie Galland, 2005, p. 10-18 ; F. Claudon, « Un collaborateur de F. Halévy : Henri de Saint-Georges », in *ibid.*, p. 19-25 ; H. Lacombe, « Sur *Le Guitarrero* de Scribe et Halévy. Réflexions sur la dramaturgie lyrique française », in *ibid.*, p. 72-92 ; F. Halévy, *Lettres*, M. Galland éd., Weinsberg : Musik-Edition Lucie Galland, 2005.
19. O. Bara, « Les débuts de Fromental Halévy à l'Opéra-Comique : *Les Deux Pavillons*, *L'Artisan*, *Le Roi et le batelier* (1819-1827) », in F. Claudon, G. de Van et K. Leich-Galland éd., *Actes du colloque Fromental Halévy*, p. 51-71 ; M. Everist, « Fromental Halévy : de l'opéra-comique au grand opéra », in *ibid.*, p. 93-116.
20. A. Loewenberg, *Annals of Opera*, vol. 1, p. 766-768, 774-775, 853, 869-870.
21. C. Casini, « Halévy, Jacques François Fromental Élie », in A. Basso éd., *Dizionario universale della musica e dei musicisti*, vol. 3, p. 425-426 ; H. Macdonald, « Halévy, (Jacques-François-)Fromental(-Elie) », in S. Sadie éd., *The New Grove...*, vol. 10, p. 688-691 ; D. R. Hallman, « Halévy, (Jacques-François-)Fromental(-Elie) », in L. Finscher éd., *Die Musik in Geschichte und Gegenwart*, Personenteil 8, p. 427-434.
22. N. Wild, *Dict.*, p. 205, 318, 320.
23. Voir entre autres *Le Dilettante d'Avignon* (n°s 2, 3, 4, 5, 7), *L'Éclair* (n°s 1, 2, 3, 5, 7, 8, 10), *Le Guitarrero* (n°s 1, 2, 3, 4, 5, 6, 7, 8, 9, 10), *Les Mousquetaires de la reine* (n°s 1, 2, 3, 4, 5, 6, 8, 9, 10), *Le Val d'Andorre* (n°s 1, 2, 3, 9, 11, 12, 18), *La Fée aux roses* (n°s 1, 2, 3, 4, 5, 6, 7, 8, 9, 10, 13, 14, 15, 16), *La Dame de pique* (n°s 5, 7, 8, 10, 11, 12, 17, 18), *Le Nabab* (n°s 1, 2, 3, 4, 6, 7, 8, 9, 10, 11, 12, 14), etc.
24. M.-H. Coudroy-Saghai, « L'œuvre lyrique d'Halévy au regard de la presse parisienne de l'époque », in F. Claudon, G. de Van et K. Leich-Galland éd., *Actes du colloque Fromental Halévy*, p. 236-243.
25. R. Wagner, « Halévy et *La Reine de Chypre* », *RGMP*, 27 fév. et 13 mars 1842, p. 75-78, 100-102.
26. *Les Mousquetaires de la reine* (n°s 4, 11, 12), *Le Val d'Andorre* (n°s 14, 16), *La Fée aux roses* (n° 13), *La Dame de pique* (n°s 10, 11) et *Le Nabab* (n°s 5, 6, 14).
27. F. Halévy, *Souvenirs et portraits*, Paris : Michel Lévy Frères, 1861 ; F. Halévy, *Derniers souvenirs et portraits*, Paris : Michel Lévy Frères, 1863 ; A. Pougin, *F. Halévy écrivain*, Paris : A. Claudin, 1865.

Adolphe Nourrit (1802-1839)

Nourrit fit toute sa carrière à l'Opéra, où il succéda à son père dans l'emploi de 1er ténor. Engagé en janvier 1822 en partage avec Lafeuillade, immédiatement après ses débuts dans *Iphigénie en Tauride* de Gluck, il créa les adaptations françaises des ouvrages de Rossini et son ultime opéra, *Guillaume Tell* (1829), ainsi que la plupart des autres œuvres marquantes de la période. Des personnages comme Raoul des *Huguenots* (1836) fondent la figure du ténor romantique. Après l'échec de *Stradella* (1837) et l'arrivée de Duprez, qui risquait de l'éclipser, Nourrit abandonna sa classe au Conservatoire et partit en tournée. Sa santé mentale se dégrada et il se suicida à Naples, où il avait espéré renouer avec le succès. O. Bara qualifie son chant et sa voix en termes d'« accentuation éloquente » et de « patine angélique ». Le critique d'art Th. Silvestre rapporte que son « registre vocal, quoique étendu et d'une parfaite égalité, allait, mixte, guttural et clair, du *mi* naturel au *ré*, ce qui lui permettait d'attaquer [l]es passages de force brusquement, violemment, mais sans puissance et sans plénitude ». Limité au grave, Nourrit changeait les phrases écrites trop bas pour lui dans les récits de *La Vestale* mais, très réactif, il pouvait les débiter rapidement. Halévy rapporte dans ses *Derniers souvenirs* que Nourrit savait au besoin, par une transition ménagée avec beaucoup d'adresse, enchaîner les sons adoucis de la voix de poitrine aux sons plus fins encore de sa gracieuse et sonore voix de tête. Le ténor Marié confirme que son aîné chantait en mécanisme léger avec une grande douceur, la phrase « Ô Mathilde ! idole de mon âme » dans *Guillaume Tell*, mais dénonce une phonation vicieuse. Quoique formé par Garcia père, le fort ténor Nourrit n'avait pas la vocalisation aisée du *tenorino* et Rossini dut simplifier ses rôles : dans l'air d'entrée du *Comte Ory*, des arpèges brisés furent ainsi substitués aux *volate*. Comme Scribe, Auber et Meyerbeer, Halévy s'en rapportait fréquemment à l'expérience de Nourrit durant les répétitions. Le chanteur alla jusqu'à écrire les paroles de son grand air dans *La Juive* (O, 1835), afin que les voyelles soient confortables et sonores dans sa voix ! Il défendit souvent la musique de Schubert, se faisant notamment une spécialité du *Roi des aulnes* ; cette romance dramatique servit de modèle pour la scène fantastique *Don Juan aux Enfers* de Loïsa Puget et *Le Poète mourant* de Meyerbeer, écrites pour lui.

Pierre Girod

P.-R. Vigneron, *Adolphe Nourrit feuilletant la partition du* Comte Ory *de Rossini*, lithographie, Paris : Gihaut frères, [*ca.*1828].

Chapitre 8
Tradition et renouveau sous le Second Empire

8.1 L'Académie de musique sous la IIe République et le Second Empire

Hervé Lacombe

Avec les disparitions successives de Scribe (1861), d'Halévy (1862), de Meyerbeer (1864), de Rossini (1868) et d'Auber (1871), le grand opéra perd ses créateurs. Le Second Empire est une plaque tournante dans l'histoire du genre, qui tout à la fois continue à alimenter le répertoire, perdure à travers de nouvelles créations et entre dans une phase de mutation ou de déclin.

Organisation administrative et équipe artistique

Élu président de la République française, Louis-Napoléon Bonaparte commence son mandat le 20 décembre 1848. Le coup d'État du 2 décembre 1851 ouvre la voie à la restauration de l'empire, qui est proclamé le 2 décembre 1852. Comme toujours, les appellations de l'Opéra suivent l'évolution des régimes politiques : après avoir été Académie royale de musique durant la monarchie de Juillet, il devient Théâtre de la Nation sous la nouvelle république, entre le 26 février 1848 et le 1er septembre 1850, puis Académie nationale de Musique, du 2 septembre 1850 au 1er décembre 1852, enfin Académie impériale puis Théâtre impérial de l'Opéra sous le Second Empire. Après l'écroulement du régime en 1870, il rouvrira comme simple Théâtre de l'Opéra le 4 septembre avant d'être baptisé Théâtre national de l'Opéra sous la IIIe République. Durant ces années, il occupe la seule salle Le Peletier (10, rue Le Peletier), d'une jauge faisant entre 1800 et 1900 places, qui disparaîtra dans un incendie dans la nuit du 29 au 30 octobre 1873[1]. Le projet d'une nouvelle salle avait pris corps après l'attentat d'Orsini survenu le 14 janvier 1858 devant l'Opéra. Sa construction fut déclarée d'utilité publique en 1860. Charles Garnier remporta le concours pour sa construction en juin 1861 et allait réaliser l'un des théâtres lyriques les plus fameux au monde (cf. 12.1). Pour répondre au vœu de Napoléon III, qui réside aux Tuileries, le bâtiment est implanté sur une place reliée au Palais et à la Comédie-Française par une large avenue qui s'inscrit dans le vaste plan de transformation et de modernisation de la ville pensé par Haussmann, préfet de la Seine de 1853 à 1870. Mais cette apothéose du style du Second Empire échappe à Napoléon III, puisque l'inauguration de la nouvelle salle ne se fera qu'en 1875 (cf. 10.1).

Les premières lyriques à l'Opéra entre 1849 et 1870

1849	*Le Prophète* (16 avr.)	5a, E. Scribe / G. Meyerbeer
	Le Fanal (24 déc.)	2 a, Saint-Georges / A. Adam
1850	*L'Enfant prodigue* (6 déc.)	5 a, E. Scribe / D.-F.-E. Auber
1851	*Le Démon de la nuit* (17 mars)	2 a, Bayard et E. Arago / J. Rosenhain
	Sapho (16 avr.)	3 a, E. Augier / Ch. Gounod
	Zerline (16 mai)	3 a, E. Scribe / D.-F.-E. Auber
1852	*Le Juif errant* (23 avr.)	5 a, E. Scribe et Saint-Georges / F. Halévy
1853	*Louise Miller* (2 févr.)	4 a, B. Alaffre (E. Pacini) / G. Verdi
	La Fronde (2 mai)	5 a, J. Lacroix et A. Maquet / L. Niedermeyer
	Le Maître chanteur (17 oct.)	2 a, H. Trianon / A. Limnander
	Bettly (27 déc.)	2 a, H. Lucas / G. Donizetti, récitatifs d'A. Adam
1854	*La Nonne sanglante* (18 octobre)	5 a, E. Scribe et G. Delavigne / Ch. Gounod
1855	*Les Vêpres siciliennes* (13 juin)	5 a, E. Scribe et Ch. Duveyrier / G. Verdi
	Sainte Claire (27 sept.)	3 a, Mme Birch-Pfeiffer (trad. de G. Oppelt) / SAR Ernst II
	Pantagruel (24 déc.)	2 a, H. Trianon / Th. Labarre
1856	*La Rose de Florence* (10 nov.)	2 a, Saint-Georges / E. Biletta
1857	*Le Trouvère* (12 janv.)	4 a, E. Pacini / G. Verdi
	François Villon (20 avr.)	1 a, E. Got / E. Membrée
	Le Cheval de bronze (21 sept.)	4 a, E. Scribe / D.-F.-E. Auber (1re version, O-C, 1835)
1858	*La Magicienne* (17 mars)	5 a, Saint-Georges / F. Halévy
1859	*Herculanum* (4 mars)	4 a, J. Méry et T. Hadot / F. David
	Roméo et Juliette (7 sept.)	4 a, Ch. Nuitter / Bellini et Vaccaj
1860	*Pierre de Médicis* (9 mars)	4 a, Saint-Georges et E. Pacini / J. Poniatowski
	Sémiramis (9 juil.)	4 a, trad. de J. Méry / G. Rossini (Carafa pour les récitatifs et les ballets)

1861	Tannhäuser (13 mars)	3 a, trad. Ch. Nuitter / R. Wagner
	La Voix humaine (30 déc.)	2 a, Mélesville / G. Alary
1862	La Reine de Saba (27 févr.)	4 a, J. Barbier et M. Carré/ Ch. Gounod
1863	La Mule de Pedro (6 mars)	2 a, Dumanoir / V. Massé
1864	Le Docteur Magnus (9 mars)	1 a, E. Cormon et M. Carré / E. Boulanger
	Roland à Roncevaux (3 oct.)	4 a, livret et musique de A. Mermet
1865	L'Africaine (28 avr.)	5 a, E. Scribe / G. Meyerbeer
1867	Don Carlos (11 mars)	5 a, J. Méry et C. Du Locle / G. Verdi
	La Fiancée de Corinthe (21 octobre)	1 a, C. Du Locle / J. Duprato
1868	Hamlet (9 mars)	5 a, M. Carré et J. Barbier / A. Thomas
1869	Faust (3 mars)	5 a, J. Barbier et M. Carré, Ch. Gounod (1re version, TL, 1859)

Depuis 1831, l'Opéra était confié à un directeur-entrepreneur chargé de l'exploiter à ses risques et périls (cf. 6.1). Le 21 novembre 1849, Nestor Roqueplan prend seul la direction de l'institution. Le 30 juin 1854 sa faillite est déclarée. Il laisse un déficit de 900 000 F[2]. C'est un désastre financier, artistique et symbolique, ainsi qu'en prend acte une note administrative : « L'Opéra déchu de son ancienne splendeur n'est aujourd'hui qu'un théâtre ordinaire, réduit aux combinaisons d'une affaire entièrement industrielle et dans l'impossibilité de justifier de son titre de théâtre impérial ainsi que de la subvention de 620 000 francs qu'il tire de la munificence de l'Empereur[3]. » L'Opéra rentre dans les attributions du ministre de la Maison de l'Empereur. François Crosnier en devient l'administrateur. Alphonse Royer lui succède le 1er juillet 1856, puis Émile Perrin, à partir du 20 décembre 1862. La gestion directe par l'État correspond à la phase autoritaire de l'empire, le retour à une concession à un entrepreneur privé répond à l'idée d'un empire libéral : en 1866, l'Opéra cesse d'être placé sous l'autorité de la Maison de l'Empereur. Soutenu par une subvention de 800 000 F et une dotation de la liste civile de 100 000 F, Perrin devient directeur-entrepreneur le 1er mai 1866 (il démissionnera le 6 septembre 1870, réintégrera un temps ses fonctions avant que l'Opéra ne passe sous l'autorité de la Commune de Paris). Le cahier des charges de Perrin en 1866 confirme l'orientation traditionnelle de l'institution lyrique : « Il ne pourra être exploité sur la scène de l'Opéra que les genres attribués à ce jour à ce théâtre, savoir : 1° le grand opéra [compris ici comme ouvrage entièrement chanté], avec récitatif en un, deux, trois, quatre ou cinq actes, avec ou sans ballet. 2° le ballet-pantomime en un, deux, trois, quatre ou cinq actes[4]. » Le politique exerce un contrôle très pesant, notamment avec la commission supérieure présidée par le ministre d'État Achille Fould à partir de juin 1854 et réunissant quelques-unes des personnalités les plus puissantes du moment[5] (cf. 1.4). Mais à y bien regarder, le goût conservateur des uns n'empêche pas les expériences et l'infiltration de l'Opéra par de nouvelles esthétiques.

Les forces musicales sont menées par Narcisse Girard (1er chef de 1846 à 1860), puis Louis Dietsch (1860-1863) et Georges Hainl (1863-1873). Nommé directeur de la fanfare en 1847, Adolphe Sax va rester à ce poste jusqu'en 1892. Louis Dietsch, seul chef des chœurs de 1850 à 1860, est remplacé à ce poste par Victor Massé (1860-1878). Coralli, premier maître de ballet de 1837 à 1850, cède sa place à Arthur Saint-Léon (1850-1853), suivi de Mazilier (1853-1859) et Lucien Petipa (1860-1869, déjà 2e maître depuis 1854). François-Hippolyte Leroy (1849-1859) et le librettiste Eugène Cormon (1859-1872) sont les deux principaux directeurs de la scène. Chefs de chant et accompagnateurs, régisseurs et machinistes complètent cette équipe artistique qui comptent encore de remarquables décorateurs (Auguste Rubé, Hugue Martin, Édouard Thierry, Joseph Nolau, Jean-Baptiste Lavastre, Philippe Chaperon) et dessinateurs de costume (Paul Lormier et Alfred Albert)[6].

Les œuvres à l'affiche et la mutation du genre

Le tableau ci-dessus réunit toutes les premières à l'Opéra durant la prise en main du pouvoir par Louis-Napoléon Bonaparte, président puis empereur. Il convient de distinguer quatre cas : celui des reprises (non répertoriées dans ce tableau), celui des créations, celui des traductions et celui singulier de *Faust* (transfuge du Théâtre-Lyrique). Le fonds de roulement de l'Opéra réunit les grands titres du grand opéra : on donne régulièrement *Guillaume Tell, La Muette de Portici* (dans les années 1860 seulement, après un temps de purgatoire), *Robert le Diable, La Juive, Les Huguenots* et *La Favorite*.

L'Opéra montre durant ces années un intérêt certain pour les partitions étrangères – nous mettons à part les œuvres de Verdi pensées comme opéras français et même *Tannhäuser* (voir ci-dessous). L'idée n'est pas neuve : en 1844 l'Opéra a donné *Othello* de Rossini, en 1846 *Lucie de Lammermoor* de Donizetti et *Robert Bruce* d'après Rossini, en 1847 *Jérusalem* d'après *I Lombardi* de Verdi. Après avoir cessé de programmer ce types d'ouvrages, il continue : en 1853 *Louise Miller* de Verdi et *Betty* de Donizetti, en 1857 *Le Trouvère*, en 1859 *Roméo et Juliette* de Bellini et Vaccai, en 1860 *Sémiramis* de Rossini. La tentative d'exploiter le « filon italien » pour obtenir du succès ou pour donner l'illusion de faire du neuf à moindres frais est peu convaincante : si *Le Trouvère* atteint sa 100e en 1863, *Louise Miller* tombe après 8 représentations et les esthétiques de Donizetti, Bellini et Rossini relèvent déjà d'un autre temps : *Betty* disparaît après 5 représentations, *Roméo* après 11 et *Semiramis* après 35[7]. Ces traductions à l'Opéra, toujours tenu de ne donner que des œuvres en français, ont été souvent le résultat de tractations conflictuelles avec le Théâtre-Italien, qui a vu d'un mauvais œil l'empiètement sur son répertoire[8]. Il ne faudrait pas conclure hâtivement de ces essais de traduction une baisse de l'activité créatrice. L'Opéra, une fois de plus en crise, vit une mue avec les œuvres de Gounod, David, Thomas et Verdi francisé. Émile Perrin défend par ailleurs l'idée d'un retour à de grandes œuvres anciennes. *Alceste* de Gluck est donné entre 1861 et 1867 et *Don Juan* de Mozart entre 1866 et 1870.

Comme auparavant, les créations comptent aussi des ouvrages de petites dimensions, qui sont des galops d'essais ou des mises en attente (cf. 3.1). Adolphe Adam et Victor Massé, parmi de plus obscurs, parviennent à être représentés par ce biais sur la grande scène lyrique. Meyerbeer reste la figure dominant le grand genre (cf. 6.5, 6.6) avec *Le Prophète*, puis *L'Africaine*, que Fétis a dû préparer pour la création posthume. Auber donne deux grandes œuvres sans lendemain, *L'Enfant prodigue* et l'étonnant opéra-ballet *Le Cheval de bronze* (cf. 6.4). Halévy s'épuise avec *Le Juif errant* et *La Magicienne*. Parmi la vingtaine d'ouvrages créés, *La Magicienne* tient à l'affiche 45 représentations puis disparaît ; *Herculanum* 74, puis, après son moment de gloire[9], disparaît à son tour. Seuls *Le Prophète*, préparé bien avant l'avènement du Second Empire, et *L'Africaine*, puis *Hamlet* et *Faust* dans sa nouvelle version s'installent durablement au répertoire.

Précédent *Le Dernier jour de Pompéi* (TL, 1869) de Victorin Joncières, *Herculanum* semble indiquer un retour à l'Antiquité. Mais cette dernière est saisie

H. Linton, « Grand-Opéra. – Herculanum au moment de sa destruction », gravure, in *Le Monde illustré*, 19 mars 1859, p. 185. L'illustrateur intensifie l'effet visuel en superposant à une scène de l'acte IV (Lilia pardonne à Hélios) des signes de la destruction à venir de la ville (on voit sur le côté gauche des amas de pierres sculptées et sur le côté droit une colonne du temple prête à s'effondrer).

dans un moment de bascule civilisationnelle qui conduit à son effondrement, la catastrophe naturelle devenant le signe spectaculaire de la disparition de l'ancien monde, présenté comme perverti et vieilli, envahi par le Mal personnifié par Satan. Ce climat est celui-là même qu'a saisi Thomas Couture dans sa célèbre toile, *Les Romains de la décadence*, exposée au Salon de 1847[10]. Herculanum et Pompéi sont les Sodome et Gomorrhe de l'Occident. Cette Antiquité ranimée sous l'effet du goût historico-archéologique du XIXᵉ siècle n'a pas de couleur sonore spécifique. Elle est dans les décors, non pas dans la partition, si ce n'est l'espace de quelques danses, durant lesquelles exotisme et temps immémorial se confondent. Quand en 1851 Gounod fait chanter Sapho, se sont ses accents musicaux personnels, son sens poétique et les effusions intimes de sa lyre, particulièrement dans le dernier acte, qui émeuvent et bouleversent Reyer ou Bizet. Berlioz est peut-être le seul à s'enthousiasmer du sujet antique.

Les compositeurs suivent les conventions du grand opéra. Ils aspirent à la reconnaissance qu'il apporte : le capital symbolique de l'Opéra et du genre qui lui est associé demeure considérable, pour le pouvoir, le public, les créateurs français et étrangers. Wagner et Verdi viennent tenter leur chance avec, on le sait, plus ou moins de succès et même un scandale en prime dans le cas du musicien allemand (cf. 9.4, 9.5). Gounod puis Bizet n'y échappent pas davantage (Bizet a durant cette période dans ses cartons un *Ivan IV* pour l'Opéra ; il mourra en 1875 en laissant inachevé un *Don Rodrigue*[11]). L'écart entre la forme ancienne du genre d'une part, l'évolution du langage musical, les nouvelles esthétiques dramatiques et le changement de société d'autre part, ne fera qu'augmenter au cours des dernières décennies du siècle. Selon cette optique, l'Opéra peut être un danger s'il dévie de leur propre voie les talents nouveaux, mieux faits pour d'autres formes d'expression. Le problème du grand opéra sous le Second Empire tient à sa lourdeur esthético-institutionnelle, à son organisation (le nombre faramineux de répétitions et l'habitude de retravailler l'œuvre sur scène tendent à être contre-productifs, comme le suggère Steven Huebner[12]), et plus encore à son inactualité grandissante. Gilles de Van a fait remarquer qu'après 1848 débute une involution, qui marque l'Europe entière et se traduit dans nombre d'opéras par un repli sur l'intimisme des intrigues[13], ce que représentent précisément *Faust* et *Hamlet*, deux réussites.

Quatre nouveaux noms émergent : Gounod et Thomas pour les musiciens, Michel Carré et Jules Barbier pour les librettistes. Ces derniers, auteurs notamment de *Faust* (TL, 1859), *Mignon* (OC, 1866), *Roméo et Juliette* (TL, 1867), *Hamlet* (O, 1868), proposent une nouvelle dramaturgie et déplacent le centre de l'esthétique lyrique du côté d'une action plus simple (prête à faire passer le spectaculaire au second plan), d'une expression plus nuancée, tournée vers l'intériorité, et d'une exploration du sentiment amoureux (cf. 16.1). Cette nouvelle poétique, qui se déploie d'abord à l'Opéra-Comique et au Théâtre-Lyrique, s'inspire de Shakespeare et de Goethe[14] (cf. 3.1).

Gounod à l'Opéra

L'emprunt à un répertoire extérieur au corpus des œuvres créées à l'Opéra est, au XIXe siècle, impensable sans que soient pratiquées des modifications de divers ordres, dont la traduction quand il s'agit d'un ouvrage en langue étrangère (*Don Juan, Le Trouvère, Tannhäuser* sont représentés en français). L'arrivée de *Faust* à l'Opéra dix ans après sa création au Théâtre-Lyrique témoigne de la difficulté de l'Académie de musique à intégrer des ouvrages échappant à sa production propre. En 1869, la presse insiste sur le succès international et national de l'ouvrage et attend avec impatience de pouvoir observer cette acclimatation à l'Opéra. « On se demanda, relève Amédée Achard, si le cadre n'était pas trop vaste et si, dans ce large vaisseau où s'allume le bûcher de *La Juive*, où craque et sombre le navire de *L'Africaine*, où passe dans la neige le formidable fantôme d'*Hamlet*, les plaintes de Marguerite et les railleries de Méphistophélès n'allaient pas se perdre et disparaître » (*MU*, 8 mars 1869). Les dialogues parlés originaux qui reliaient les numéros musicaux ont été remplacés par des récitatifs dès la reprise de 1862 et lors des exécutions en province et à l'étranger, avant donc le passage à l'Opéra[15]. Révisée pour pouvoir s'adapter aux conditions d'exécution du grand opéra, l'œuvre de Gounod conserve des formes, une temporalité et une souplesse dramatique en partie héritées de l'opéra-comique, une expression plus intimiste centrée sur le personnage féminin. C'est pour bonne part cette relative légèreté de facture (eu égard aux « grosses machines » de Meyerbeer), la poétisation de l'écriture et le renouvellement de l'intrigue (différente de la forme à imbroglio qui avait dominé) qui expliquent son succès.

Dans la liste des créations ci-dessus, on peut relever deux autres titres de Gounod (*La Nonne sanglante* en 1854 et *La Reine de Saba* en 1862), précédés de sa *Sapho* en 1851[16]. Or ce n'est pas là qu'il est parvenu à être tout à fait lui-même et à gagner le succès (cf. 8.4). On peut même avancer qu'il a eu la chance de pouvoir s'exprimer dans d'autres cadres. Le cas de *Sapho* (tombé après la 9e, repris en 1858 pour 10 représentations, puis remanié en 1884) est ambigu. Soutenu par Pauline Viardot, qui crée le rôle-titre, Gounod est parvenu à faire jouer un ouvrage en trois actes, intermédiaire entre grand opéra et opéra poétique tel qu'il se développe au Théâtre-Lyrique (cf. 8.3). On y découvre déjà toute sa palette dans ce qu'elle peut produire de meilleur. La pièce offre un sujet et une dramaturgie d'un nouveau type, comme l'a bien relevé Berlioz qui, malgré de fortes réserves sur certaines parties, avoue son enthousiasme pour l'acte III, véritable chef-d'œuvre (*JD*, 22 avril 1851). Si le public boude la pièce, les jeunes musiciens français qui vont percer sous le Second Empire perçoivent le message. Reyer se souvient : « Ah ! que nous fûmes heureux de saluer alors ce jeune maître qui nous apportait avec la fraîcheur, l'élégance et la poésie de ses inspirations une harmonie si riche, des formules si neuves et si hardies » (*JD*, 6 avril 1884). Saint-Saëns reconnaît que *Sapho* « marque une date dans l'histoire de l'opéra français[17] ». La simplicité et la vérité d'accent (à l'opposé des musiques à effets), la profondeur d'expression, un art subtil de l'orchestration sont les moyens de créer une « poésie d'opéra[18] ». À partir de l'imprécation de Phaon (« O Sapho ! sois trois fois maudite ! »), commence, selon Berlioz (*JD*, 21 avr. 1851), des pages admirables : « Chacun des instruments dit ce qu'il doit dire, et tout ce qu'il doit dire et rien que ce qu'il doit dire. [...] C'est un cœur qui se brise et dont on compte les derniers battements, c'est l'amour indigné qui exhale sa suprême plainte, c'est le râle de la mer attendant sa proie, ce sont tous les bruits mystérieux des plages désertes, toutes les harmonies cruelles d'une nature souriante, insensible aux douleurs de l'être humain. »

Un souffle métaphysique : Hamlet *et* Don Carlos

Pour répondre à la première composante du grand opéra, imposant le grandiose sous toutes ses formes, *Hamlet* est découpé en cinq actes et fait appel à un effectif important, comprenant outre les membres de l'orchestre, 92 choristes, 48 danseurs et des figurants (21 dans le grand final). L'action permet de dérouler de vastes tableaux accordant aux décors et costumes un rôle essentiel dans la création de la couleur locale, dans l'organisation du drame et dans l'esthétique de l'effet et du contraste. Le grand opéra ne peut se passer de ballet. L'acte IV met en scène un divertissement, *La Fête du printemps*, réglé par Petipa, où paysans et paysannes venus du village voisin se livrent à des ébats rustiques. Il lui faut aussi de splendides cérémonies. Barbier et Carré empruntent à la tragédie de Shakespeare un événement qui y est simplement évoqué, pour en faire une scène à spectacle : le mariage de Claudius et de Gertrude. Dans ce cadre obligé, librettistes et compositeur coulent un drame aux antipodes des sujets privilégiés à l'Opéra (cf. 6.1) : pas de groupes antagonistes, pas de nation en danger ou de lutte religieuse, pas d'obstacles extérieurs à vaincre mais, au contraire, un drame de l'intériorité, centré sur les affres existentielles d'un unique héros, plus que chancelant. L'emprunt littéraire fonctionne comme la réactualisation d'un mythe qui, selon chaque époque, trouve une interprétation spécifique. *Faust*, avant de trouver sa forme goethéenne, fut une légende populaire. Gounod, Barbier et Carré en donnent une version proprement parisienne, bourgeoise et catholique[19]. Thomas et ses deux librettistes interprètent pour le monde parisien du Second Empire le mythe de Hamlet en se fondant sur Shakespeare et probablement sur des traductions, des arrangements ou de vieilles légendes dont celle qui, à l'inverse du drame anglais, conserve en vie le héros.

Pour donner corps à la dimension métaphysique, les auteurs ont recours au fantastique (cf. 17.1) et aux thèmes de la nuit et de la mort, mais sans tomber dans la noirceur et le grand guignol de *La Nonne sanglante* ou accorder trop de place au surnaturel, comme dans *La Magicienne* et *Le Juif errant* (cf. 6.4). Le drame est la manifestation extérieure d'un univers intérieur. La scène de l'Esplanade, à l'acte I, en est un des meilleurs moments. Hamlet est symbolisé par un thème énoncé dès son entrée sur scène à l'acte I, puis repris plusieurs fois au cours de l'ouvrage, en entier ou partiellement, dans une orchestration toujours différente. Barbier et Carré augmentent la place accordée à Ophélie dans le drame, qui débute par le duo amoureux pour évoluer vers la séparation des deux amants et une sorte de renoncement au lyrisme. Thomas caractérise le sentiment amoureux par un thème, « Doute de la lumière », énoncé d'abord par Hamlet à l'acte I, repris dans l'Entr'acte de l'acte II, puis peu après au cor anglais, lorsque Hamlet paraît, silencieux, aux yeux d'Ophélie. Dans le Final de l'acte IV, on l'entend, joué au cor et chanté par Ophélie au moment de disparaître. L'opéra met en scène le croisement de deux destins, celui d'une femme incarnant l'amour, celui d'un homme confronté au devoir. Il repose sur la dialectique du sens et du non-sens, de la vie et de la mort ; il oppose la voix du père vengeur et digne à celle de la mère meurtrière, dévorée par son acte. Cette opposition se retrouve au sein du couple déchiré par le drame : dans le chant pur de l'air de folie d'Ophélie, où les vocalises détruisent les mots, et dans les méditations de Hamlet qui (différemment des interventions du spectre paternel) mettent en valeur les mots. Hamlet est un contre-Œdipe : il renie, c'est-à-dire tue symboliquement, sa mère et épouse la voix de son père. Après l'illusion du plaisir possible, après l'expérience des craintes et des espoirs, des rêves et des cauchemars, le héros parvient à se représenter l'état réel du monde et les visages authentiques des personnes. La vie adulte est une désillusion. Hamlet conclut : « Mon âme est dans la tombe, hélas !! Et je suis roi ! »

Il faut aussi compter à l'actif de l'Académie impériale de musique la place qu'elle accorde à Verdi (cf. 9.2 et 9.3). *Les Vêpres siciliennes* est un ouvrage français et *Don Carlos* est pensé en français avec la machinerie dramaturgique et scénographique du grand opéra. Ouvrage d'un compositeur italien combinant la langue et un genre français, un sujet espagnol et une source d'inspiration allemande, *Don Carlos* est une œuvre de synthèse. Drame politique mêlé à un drame amoureux sur fond de drame religieux, il ouvre, comme *Hamlet* et *Faust*, sur une dimension métaphysique, tout en manipulant les codes, les thèmes et les scènes-types du genre : décors et personnages historiques, fastes de la représentation et divertissement chorégraphique, fanatisme religieux (ici représenté par l'Inquisition), moment d'effroi et d'intensification du spectacle avec l'autodafé, défilé spectaculaire, exacerbation des conflits avec la guerre et la situation de la Flandre, thématique croisée de l'asservissement et de la liberté, opposition du trône et de l'autel (incarnée lors de la confrontation saisissante des deux voix de basse du roi et du Grand Inquisiteur), etc. Situé sur la place de Valladolid, devant l'imposante cathédrale, le tableau de l'autodafé est inspiré des formidables constructions de Meyerbeer où foule et individus s'opposent et se combinent. Verdi fait sien le jeu permanent des contrastes et l'accumulation des effets à l'intérieur d'une vaste forme : chant d'allégresse et lugubre psalmodie, défilé pompeux et supplications, tempête polyphonique des différents protagonistes et chant céleste. La structure dramatique et l'opposition des idéologies politiques qui s'y manifestent ne doivent pas masquer le centre de l'œuvre, qui est une interrogation sur le pouvoir – et ses diverses formes spirituelles et temporelles – associé à la figure, réelle ou symbolique, du père (essentielle aussi chez Ambroise Thomas). Sommet de l'opéra français du XIXe siècle, *Don Carlos*, sous sa forme originale, ne trouvera jamais tout à fait la reconnaissance qu'il mérite.

Opéras d'hommes d'État et cantates officielles

Dans la série des premières données à l'Opéra sous le Second Empire, il faut mettre à part deux ouvrages dus à des hommes de pouvoir. – Les exemples précédents sont rares ; on peut citer le comte Alphonse de Feltre, auteur du *Fils du prince* (OC, 1834), et Napoléon Joseph Ney, prince de la Moskowa, auteur du *Cent-suisse* (OC, 1840). – Le premier manifeste l'exacerbation de la dimension diplomatique attribuée alors à l'Opéra : *Sainte Claire*, créé à Cobourg en 1854, puis donné à l'Opéra en 1855 en présence de l'Empereur, est l'œuvre de SAR Ernst II duc de Saxe-Cobourg-Gotha. Il n'ira pas au-delà de 9 représentations. Le second, *Pierre de Médicis*, créé en 1860, est l'œuvre du prince Joseph Poniatowski, ancien ministre plénipotentiaire de Toscane à Paris, naturalisé Français et nommé sénateur en 1854. L'œuvre totalise 47 représentations. Une indisposition de la chanteuse empêche qu'elle soit représentée officiellement, comme il a été prévu, pour le spectacle gratis donné à l'occasion de la fête de l'empereur le 15 août. Si on en a voulu à Poniatowski d'être un homme d'État, il ne peut être réduit à cette qualité. Son arrivée sur la grande scène parisienne s'inscrit dans une véritable carrière de musicien. Il a étudié le chant, s'est produit sur des scènes italiennes et a composé des opéras, tout d'abord pour l'Italie, avec succès. Citons *Giovanni da Procida* (Lucques, 1839), *Don Desiderio* (Pise, 1840), *Bonifazio de' Geremei* (Rome, 1843), etc. En France, il commence par reprendre *Don Desiderio* au Théâtre-Italien en 1858, présente ses idées dans un opuscule[20], crée *Pierre de Médicis*, puis donne *Au travers du mur* (TL, 1861), petit acte qui après cinq représentations passe à l'Opéra-Comique, et *L'Aventurier* (TL, 1865), grand opéra-comique en 4 actes qui ne réussit guère (dix représentations). Après la chute de l'Empire, il accompagnera Napoléon III dans son exil à Londres[21]. Enfin, *Tannhäuser*, dont l'arrivée à Paris relève de considérations diplomatiques (cf. 9.4, 9.5), doit être associé à ce groupe « d'œuvres politiques ».

Signe de la place accordée à l'Opéra dans « l'économie politique » du régime, un prix de 20 000 F fondé par l'Empereur pour récompenser « l'œuvre ou la découverte la plus propre à honorer le pays » est décerné le 3 juillet 1867 par l'Institut à *Herculanum*. Est-ce pour autant la marque d'une mainmise du pouvoir sur la création ? Si le politique, par divers biais, agit, choisit, participe de la programmation, voire tente de contrôler le contenu de l'œuvre, ce contenu reste l'apanage des auteurs et son interprétation celui du public (cf. 18.3). Si un genre a pu jouer le rôle de message politique quasi direct et produire une sorte de réification idéologique de l'esthétique, c'est celui de la cantate et non de l'opéra. Outre la production lyrique, à laquelle il faudrait ajouter celle des ballets, il reste en effet, pour achever ce bref état des lieux, à évoquer une fonction que le Second Empire attribue à l'Opéra, comme aux théâtres plus généralement, celle d'une chambre d'écho des grandes dates du règne et d'un espace de représentation directe (non distancé par une intrigue historique ou mythologique) des figures centrales du pouvoir. Dès 1848, le Théâtre de la Nation est utilisé pour des chants patriotiques. On entend *Le Réveil de Paris* le 1er mars, puis *Le Chant des Girondins*, à l'écriture duquel participent Alexandre Dumas et Auguste Maquet. Après les changements politiques que nous connaissons, on retrouve, plus systématiquement construit, ce nouvel outil de glorification et de propagande qu'est la cantate[22]. On va célébrer le mariage de l'empereur, la naissance puis le baptême du prince impérial et les conquêtes de l'Empire : la courbe des thèmes traités par ces cantates dessine la trajectoire du régime, de *La France sauvée* (cantate de 1852) et glorifiée à la France menacée par l'ennemi extérieur (*Le Rhin allemand*, puis *À la frontière !*). Fête établie par Napoléon III, le 15 août est tout à la fois le jour de naissance de Napoléon Bonaparte et le jour de l'Assomption de la Vierge. En 1869, la fête du 15 août correspond au centième anniversaire de la naissance de Napoléon Ier. Pour célébrer cette date mémorable, des représentations gratuites sont données dans onze théâtres de Paris, précédées de cantates[23]. Par ailleurs, le pouvoir use de l'Opéra pour des représentations à bénéfice. Par exemple, lundi 15 août 1859, *Robert le Diable* est donné en représentation gratuite. Le programme est complété par la cantate de circonstance, *Le Retour de l'armée*. Le lendemain, le mardi 16 août, l'Empereur et l'Impératrice honorent de leur présence la représentation extraordinaire (acte II de *Guillaume Tell* et deux ballets : acte I de *Sacountala*, acte I de *Jovita*), payante cette fois, donnée au profit des blessés de l'armée d'Italie. Par le biais des cantates, parfois des hymnes, le régime s'auréole du prestige de la musique et des arts mais aussi en fait un outil au service de la fête et du culte impériaux. Dans le même mouvement, il place sous sa tutelle et en position d'admirateurs les auteurs reconnus ou en phase de reconnaissance. Massé, Deldevez, Auber, Delibes, Gounod parmi d'autres composent de la musique pour ces manifestations.

8.2 L'Opéra-Comique sous le Second Empire

Mark Everist

Sous le Second Empire, l'Opéra-Comique reste tout à la fois un théâtre de création (134 entre 1848 et 1870) et un théâtre de répertoire reprenant des œuvres anciennes. Il connaît alors l'une des plus grandes périodes de stabilité de son histoire : hormis quelques jours passés salle Ventadour l'été 1853, il demeure dans la deuxième salle Favart – où il est installé depuis mai 1840 – jusqu'à sa destruction par un incendie en 1887[1]. L'institution est renforcée grâce aux contributions d'un réseau d'individus qui perpétuent les traditions de la monarchie de Juillet.

Quatre acteurs essentiels : le directeur, le chef de chant, le régisseur et le librettiste

La période est dominée par les directions d'Émile Perrin et d'Adolphe de Leuven. Perrin est à la tête de l'Opéra-Comique de 1848 à 1857 et brièvement en 1862, avant de prendre la direction de l'Opéra jusqu'en 1870, puis de la Comédie-Française, de 1871 à sa mort en 1885. Directeur ambitieux, il est aussi artiste, critique d'art et journaliste musical. Leuven succède à Perrin en 1862 et reste dans l'institution jusqu'en 1874. C'est un librettiste chevronné, qui a collaboré au *Postillon de Lonjumeau* (1836) et au *Brasseur de Preston* (1838) d'Adolphe Adam, ainsi qu'aux œuvres d'Albert Grisar, Louis Clapisson et Ambroise Thomas. Il est, après Scribe, le librettiste le plus prolifique de l'Opéra-Comique de l'époque. En dehors de ces deux personnalités, Nestor Roqueplan assure la direction de 1857 à 1860 après avoir dirigé le Théâtre des Variétés de 1842 à 1847 et l'Opéra de 1847 à 1854. Alfred Beaumont dirige la maison de 1860 à 1862[2].

À ces directeurs, il importe d'ajouter certains membres du personnel de l'Opéra-Comique dont le rôle est capital : les accompagnateurs et les chefs du chant, chargés notamment de la préparation des partitions chant-piano des œuvres créées par l'institution. Eugène Vauthrot est accompagnateur de 1842 à 1856 et responsable de neuf éditions. Auguste Bazile lui succède et devient chef du chant. Il arrange pas moins de 17 partitions. Louis Soumis, autre accompagnateur, réalise 11 arrangements. Il n'y a cependant aucune corrélation entre l'institution, le chef du chant/accompagnateur et l'éditeur. C'est entre éditeur et compositeur que se nouent les relations. Si Adam, Meyerbeer et Halévy publient principalement chez Brandus, Alphonse Gautier principalement chez Meisonnier et Gevaert exclusivement chez Grus, les opéras-comiques d'Auber, Massé et Thomas paraissent chez divers éditeurs.

Pour la mise en scène, la situation est plus confuse. Louis Palianti est nommé sous-régisseur en 1836 et régisseur en 1849. Mais en 1848, Ernest Mocker est nommé chef régisseur puis, à partir de 1861, directeur de la scène. Il est de loin le plus prolifique, en assurant 18 mises en scène sur les 21 dont on connaît l'auteur. On peut supposer qu'il est en charge de la plupart des scénographies durant son passage à l'Opéra-Comique. Il est aussi l'un des ténors vedettes de l'institution et participe à 14 créations sous le Second Empire, jouant les rôles-titres de *Gille ravisseur* (1848) d'Albert Grisar et *Il Pascarello* (1848) d'Henri

Potier, Cliffort dans *Le Nabab* (1853) d'Halévy, Danilowitz dans *L'Étoile du Nord* (1854) de Meyerbeer, Boisrobert dans *Valentine d'Aubigny* (1856) d'Halévy et le duc de Richelieu dans *Le Château Trompette* (1860) de Gevaert. Dans certaines productions – *Les Porcherons* (1850) de Grisar, *Raymond* (1851) de Thomas, *Galathée* (1852) de Massé et bien d'autres –, il a non seulement créé un rôle de ténor, mais il a aussi supervisé la mise en scène.

Palianti est à l'origine d'une série bien connue de publications de livrets de mise en scène (cf. 13.5, 13.6). Il a ainsi publié les 18 productions attribuées à Mocker et un grand nombre de productions restées anonymes (mais probablement réalisées elles aussi par Mocker). Comme Mocker, Palianti apparaît sur scène, mais d'une manière beaucoup plus modeste. On le voit fréquemment dans des rôles non parlants ou d'utilité (ce qui implique quelques interventions chantées) lors de créations comme *Le Diable au moulin* (1859) de Gevaert, dans lequel il interprète le personnage de Picard et doit chanter une simple ligne dans le final de l'acte unique de l'œuvre. Dans un cas, *La tonelli* (1853) de Thomas, la mise en scène est due à Charles-François Duvernoy, chanteur qui participe à 14 premières entre 1848 et 1864. La plupart de ses rôles sont, comme ceux de Palianti, très secondaires ou non parlés ; mais plus tard dans sa carrière à l'Opéra-Comique, il jouera les Laruette et les Trial et, en vieillissant, des seconds rôles de basse[3].

À l'exception de Leuven et de Thomas Sauvage (qui tente de gérer l'Odéon en 1827-1828), les librettistes d'opéras-comiques durant le Second Empire sont exclusivement des hommes de lettres. Parmi plus de 50 auteurs, ceux qui ont le plus contribué au répertoire sont Scribe, Leuven, Saint-Georges, Sauvage, Jules Barbier et Michel Carré. Carré, Barbier et Leuven travaillent exclusivement en collaboration avec d'autres artistes et les uns avec les autres. Saint-Georges écrit seul ou en collaboration. Scribe et Sauvage travaillent essentiellement seuls ou, du moins, sont les seuls auteurs auxquels les livrets sont attribués. Aucun ne travaille exclusivement pour l'Opéra-Comique. Ils témoignent en général, au contraire, d'une grande aisance pour circuler dans les différents théâtres et les différents genres : grand opéra, opéra-comique, opérette, comédie-vaudeville, etc.

Musiciens et chanteurs

Lorsque Adolphe Deloffre devient premier chef d'orchestre en 1868, il occupe dans le même temps un poste similaire au Théâtre-Lyrique (1852-1868). Par ailleurs, il a été directeur musical du Her Majesty's Theatre à Londres pendant une décennie sous la direction de Balfe. Son prédécesseur à l'Opéra-Comique, Théophile Tilmant, enchevêtre lui aussi les fonctions : membre du quatuor à cordes de son frère dans les années 1830, il a commencé sa carrière comme violoniste de théâtre à l'Opéra-Comique, puis a passé quinze ans dans l'orchestre de l'Opéra. Au Théâtre-Italien, il est quelques années durant musicien d'orchestre, puis devient 2e chef et, en 1838, 1er chef, poste qu'il occupe jusqu'en 1849, avant de passer à l'Opéra-Comique où il reste jusqu'en 1868[4]. Membre fondateur de la Société des concerts du Conservatoire, il en devient chef d'orchestre en 1860.

Les compositeurs les plus prolifiques sont Massé et Thomas, avec neuf œuvres chacun, dont leurs partitions les plus connues : *La Chanteuse voilée* (1850), *Galathée* (1852) et *Le Fils du brigadier* (1867) pour Massé ; *Le Caïd* (1849), *Le Roman d'Elvire* (1860) et surtout *Mignon* (1866) pour Thomas. Ce dernier, au succès considérable (cf. 3.1, 21.5), est basé sur un livret de Barbier et Carré, d'après *Wilhelm Meisters Lehrjahre* de Goethe, que Meyerbeer, Gounod et Ernest Reyer ont rejeté ! Grisar et Auber ont chacun écrit sept œuvres pour l'Opéra-Comique, dont *Les Porcherons* (1850) et *Le Voyage autour de ma chambre* (1859) pour le premier, *Marco Spada* (1852), *Manon Lescaut* (1856) et *Rêve d'amour* (1869) pour le second (cf. 7.4). Grisar cesse de composer pour l'Opéra-Comique en 1859, tandis qu'Auber écrit des opéras-comiques jusqu'à la fin du Second Empire. Halévy partage ses efforts entre ses cinq œuvres pour l'Opéra-Comique et autant pour d'autres maisons (cf. 7.6). À sa mort en 1862, ses *Mousquetaires de la reine* (1846) sont toujours joués à l'Opéra-Comique, alors que les cinq œuvres qu'Adam compose pour ce théâtre disparaissent rapidement (cf. 7.6). Plusieurs compositeurs de l'Opéra-Comique occupent des postes au Conservatoire (Auber, Clapisson, Halévy, Henri Reber et Thomas) ou dans d'autres maisons d'opéra (Gautier et Massé sont tous deux chefs des chœurs, l'un au Théâtre-Italien, l'autre à l'Opéra). Adam est, lui, journaliste ; il se lance en outre dans l'aventure ruineuse de l'Opéra national qu'il dirige le temps de son existence éphémère en 1847-1848 (cf. 8.3).

Les trajectoires des artistes du chant vont de ceux qui ne restent qu'un an ou deux dans l'institution avant d'aller faire carrière ailleurs dans la « francosphère lyrique », à ceux qui passent tout le Second Empire salle Favart. Ainsi Alphonsine Dupuy, Toulousaine, lauréate de prix de chant, d'opéra-comique et d'opéra au Conservatoire entre 1855 et 1856, fait ses débuts à l'Opéra-Comique en 1857. Elle incarne l'une des deux chevrières dans la création du *Pardon de Ploërmel* (1859) de Meyerbeer, puis part travailler à Nantes, Strasbourg et Toulouse. Elle revient à l'Opéra-Comique pendant trois ans (1866-1868), avant d'aller faire carrière à la Nouvelle-Orléans. Tandis qu'Antoinette Revilly, qui quitte Lyon, sa ville natale, pour le Conservatoire, fait ses débuts à l'Opéra-Comique en 1840 et y reste trente-cinq ans. Sous le Second Empire, elle crée pas moins de 19 rôles secondaires aux côtés de Marie Cabel, Delphine Ugalde (pilier de l'institution sous le Second Empire), Caroline Duprez et d'autres. Parmi les chanteurs attitrés de l'Opéra-Comique, à la tête desquels se trouve Charles Couderc (qui a fait ses débuts en 1834), il faut citer les deux ténors Charles-Louis Pubereaux, dit Sainte-Foy, et Charles Ponchard, tous deux actifs durant tout le Second Empire, ou encore Mocker et Jean-Baptiste Montaubry.

On observe une continuité très nette dans les types de voix développés à l'Opéra-Comique dans le troisième quart du XIXe siècle. Les emplois sont ceux hérités des périodes précédentes (cf. 2.6) : les types patronymiques comme Trial, Dugazon (mère et jeune), Laruette, Philippe, Martin, Chollet, ainsi que ceux plus simplement descriptifs, comme ténor léger, duègne, fort premier ténor, etc. Ce qui n'empêche pas le système des emplois de continuer à évoluer. Par exemple, trois des principaux ténors sont identifiés à des rôles appelés « Moreau-Sainti », vedette de l'Opéra-Comique pendant la monarchie de Juillet (Sainte-Foy a été son élève). Mocker est décrit selon cette catégorie pour le rôle de Richelieu dans *Le Château Trompette* (1860) de Gevaert, tout comme Delaunay-Riquier dans *Le Sourd* (1853) d'Adam pour le rôle du Chevalier d'Orbe, ou encore Couderc pour le rôle du Vicomte dans *Le Joaillier de Saint-James* (1862) de Grisar. Une nouvelle vedette en chassant une autre, Couderc produit son propre emploi. Ainsi, le rôle de Pompéry dans *Le Voyage en Chine* (1865) de François Bazin et le rôle-titre de *Maître Pathelin* (1856) du même compositeur sont tous deux désignés comme « Couderc », tandis que le rôle du vicomte d'Anglars dans *Les Trois Nicolas* (1858) de Clapisson est décrit comme un « Ténor-Couderc » (ces trois rôles ayant été créé par Couderc lui-même). Quand Adélaïde-Joséphine Bibre (chantant sous son nom marital de Vadé) crée le rôle de la marquise dans *Ma tante dort* (TL, 1860) d'Henri Caspers, sa voix est décrite comme « Revilly » et fait référence à l'artiste du même nom qui, à l'époque, chante à l'Opéra-Comique et y reste pendant une décennie.

Les créations

Les œuvres-clés de l'Opéra-Comique du Second Empire sont *Les Noces de Jeannette* (1853) de Massé, *Lalla-Roukh* (1862) de Félicien David, portée par le vaste mouvement en faveur des sujets exotiques (cf. chap. 17), *L'Étoile du Nord* (1854) et *Le Pardon de Ploërmel* (1859) de Meyerbeer, enfin *Mignon* (1866) d'Ambroise Thomas (cf. 1.6) – la partition sans doute la moins oubliée du vaste corpus de cette époque. Parmi les 134 créations à l'Opéra-Comique entre 1848 et 1870, les œuvres en trois actes ou en un acte sont les plus fréquentes. Celles en deux actes sont assez rares. Ces structures peuvent être compliquées par la multiplication des tableaux : les actes II et III de *Mignon*, par exemple, sont divisés en deux tableaux. Les œuvres du Second Empire poursuivent la tradition de l'alternance de dialogues parlés et de numéros musicaux ; l'abandon de cette caractéristique ne commencera qu'à partir de la IIIe République (cf. 10.2). Comme pour d'autres genres, et avec l'opéra-comique d'époques antérieures, les pages musicales se composent d'airs, de couplets (les chansons strophiques constituent le pilier de l'opéra-comique depuis sa création), de duos, trios, finals et introductions (ne comportant souvent qu'un chœur placé directement après l'ouverture). L'hypertrophie des deux opéras-comiques de Meyerbeer conduit certains à penser que le genre lui-même est menacé[5]. L'examen de l'ensemble du répertoire montre que tel n'est pas le cas.

J. Cohen, *José Maria*, cht-p., Paris : Gambogi, 1866, n° 7bis Mélodrame, p. 122 (fragment).

La musique de scène et le mélodrame sont particulièrement importants dans l'opéra-comique. Le mélodrame associe un dialogue parlé et une musique orchestrale, ce qui laisse une certaine latitude dans la coordination exacte des mots et de la musique. *José Maria* (1866) de Jules Cohen comprend deux sections (7bis et 10bis) spécifiquement identifiées comme « mélodrame », dont la première montre comment le texte est déclamé sur la musique. Le mélodrame mène directement aux couplets de Nisa, « Un secret, un secret ! ». Meyerbeer explore cette technique dans *Le Pardon de Ploërmel* entre le « Pater noster » et la romance de Hoël à l'acte II, quand Corentin et Hoël dialoguent par dessus l'orchestre mais cette fois en suivant des rythmes strictement notés sur une ligne. L'opéra-comique offre une gradation allant du parler au chanter, en passant par le mélodrame mais aussi le récitatif accompagné, que l'on trouve, comme c'était déjà le cas dans les périodes précédentes, à la fois comme préface à des airs élaborés et comme élément fondamental du discours dramatique dans les finals et les introductions.

La question de la danse à l'Opéra-Comique

En principe, les compositeurs ne conçoivent pas de pages chorégraphiques pour l'opéra-comique, bien qu'une forme non spécifiée de danse apparaisse dans les œuvres, souvent exécutée par le chœur. Le n° 3 Morceau d'ensemble et ronde du *Brasseur de Preston* (1838) d'Adam se termine avec chaque homme prenant le bras d'une femme puis dansant et criant « Vive Robinson ! Vive Effie[6] ». Cette danse informelle à la fin d'un numéro explique les postludes apparemment trop longs et révèle ainsi une tradition conservée dans les livrets de mise en scène[7]. Une telle tradition se poursuit jusqu'au Second Empire, par exemple dans *Le Diable au moulin* (1859) de Gevaert où, à la fin du dernier numéro, « les dames et messieurs du chœur, quatre par quatre, dansent joyeusement en rond[8] ». Aucun danseur professionnel n'est impliqué dans la fin de cet opéra-comique en un acte. Dans *Le Joaillier de Saint-James* (TR, 1838 ; OC, 1862) de Grisar, en revanche, pendant le n° 8 Couplets et chœur, « douze danseurs écossais marchent deux par deux sur la scène dès qu'ils commencent leurs danses devant la scène[9] ». Dans ce cas, les danseurs ne chantent pas et font partie de ce que l'on pourrait considérer comme un corps de ballet[10].

Dès le tout début du XIXe siècle, l'Opéra-Comique avait occasionnellement fait appel aux élèves du ballet de l'Opéra[11], mais leur utilisation semble avoir été éclipsée par celle moins formelle (et moins documentée) des chœurs dansés. Ce système, cependant, est renouvelé avec beaucoup plus de vigueur par Perrin en 1849 et se poursuit pendant tout le Second Empire au point que l'Opéra-Comique reçoit les services d'un maître de ballet et de douze élèves danseurs. C'est pour ces artistes que plusieurs compositeurs écrivent des numéros de danse spécifiques :

Morceaux de danse dans l'opéra-comique (1849-1867)

Titre	Compositeur	Actes	Date	Morceaux de danse
Bataille d'amour	Vaucorbeil	3	1863	entracte
Le Fils du brigadier	Massé	3	1867	1
La Pagode	Fauconier	2	1859	1
Le Caïd	Thomas	2	1849	1
Le Carnaval de Venise	Thomas	3	1857	1
Le Joaillier de Saint-James	Grisar	3	1862	1
Le Saphir	David	3	1865	1
Zilda	Flotow	2	1865	1
La Fiancée du roi de Garbe	Auber	3	1865	1
Lalla-Roukh	David	2	1862	1
Les Recruteurs	Lefébure-Wély	3	1861	1
L'Étoile du Nord	Meyerbeer	3	1854	entracte
Mignon	Thomas	3	1866	1
Robinson Crusoë	Offenbach	3	1867	2
Quentin Durward	Gevaert	3	1858	4

Aucun compositeur n'a écrit de musique de danse pour un opéra-comique en un seul acte, et rien ici – à l'exception peut-être de la musique du n° 14c Valse chantée, à l'acte II de *Robinson Crusoé* d'Offenbach ou du n° 6 Finale, à l'acte I de *Quentin Durward* de Gevaert – n'approche l'ampleur des divertissements de l'Opéra, ou même du Théâtre-Lyrique. L'omission la plus frappante du tableau 1 est l'un des airs les plus connus de tout le répertoire d'opéra-comique de l'époque : la danse de Dinorah avec son ombre à l'acte II (n° 11 Scène et air) du *Pardon de Ploërmel* de Meyerbeer, qui se présente sous la forme d'une valse. Dinorah, chantée et dansée lors de la première par Cabel, utilise dans l'aria un certain nombre d'astuces discursives qui montrent comment le chant, la parole et le mouvement peuvent être mis en œuvre de manière aussi sophistiquée dans l'opéra-comique que dans tout autre genre :

Ombre légère
Qui suis mes pas,
Ne t'en va pas !
[…]
Courons ensemble !
J'ai peur, je tremble
Quand tu t'en vas loin de moi !
[…]
(elle danse avec l'ombre)

Dans les deux premières pages du numéro[12], on peut voir une alternance rapide entre le dialogue parlé et la musique, et le passage tout aussi rapide de la parole parlée à la parole vocalisée au mot « Bonjour ». La valse est précédée de trois mesures de récitatif, comme il sied à un grand air, et l'air lui-même contient des instructions explicites sur la façon dont Dinorah doit alterner chant et danse, toutes les deux mesures. Vers la fin du numéro, Dinorah « ventriloquise » son ombre : elle s'engage dans un dialogue chanté avec elle et se montre apparemment surprise par le résultat.

Vers un « grand opéra-comique »

La composition de plus en plus fréquente de grands ensembles, les diverses formes de musique de scène et de danse conduisent à la création d'opéras-comiques trahissant autant d'ambition que les petits opéras qui accompagnent les ballets à l'Opéra, ou même que les grands opéras. La réception de *Quentin Durward* de Gevaert est tout à fait révélatrice de ce mouvement vers un « grand opéra-comique » (cf. 3.1). Alberic Second constate que Gevaert a pris le livret et en a fait « une œuvre puissante […] qui a les proportions d'un grand opéra » (*L'Entr'acte*, 27 mars 1858). Léon Leroy admire « le récitatif [qui] est traité avec une ampleur et une majesté dignes de l'Opéra » (*L'Europe artiste*,

4 avr. 1858). Et Gustave Héquet suggère que Gevaert a « voulu avant tout prouver sa capacité de grand opéra, son aptitude pour le style plus large et les effets vigoureux. Sur ce dernier point, il a complètement réussi » (*L'Illustration*, 3 avr. 1858). De tels points de vue ont été largement repris, mais pas toujours positivement. Dans *La Patrie* du 30 mars 1858, Franck-Marie critique cette tendance : « L'action n'avance pas, ou n'avance pas assez vite. Un grand nombre de récitatifs qui remplacent le dialogue le ralentissent encore davantage. Les acteurs parlent peu et chantent beaucoup ; ils chantent trop. Ce n'est donc plus un opéra-comique mais un véritable opéra. » L'équilibre entre le dialogue parlé et la musique composée – en particulier le récitatif accompagné – est en effet un problème majeur dans *Quentin Durward*, mais il est important de reconnaître que l'élargissement de l'opéra-comique ne s'est pas fait au détriment du dialogue parlé. Il est bien davantage le résultat des innovations musicales dont il vient d'être question.

Cet élargissement de l'opéra-comique laisse une place sur le marché artistique pour des œuvres de bien moins grandes dimensions. C'est la carte que joue Offenbach, qui justifie sa place dans l'architecture législative des théâtres sous le Second Empire en rappelant cet état de fait[13] (cf. 8.6).

L'ancien répertoire

Le sentiment de la croissance des dimensions de l'opéra-comique est toutefois atténué par la présence continue et l'enthousiasme pour les œuvres des générations précédentes[14]. Au début de la période, les œuvres créées pendant la monarchie de Juillet continuent leur carrière : *Haydée* (1847) d'Auber poursuit avec succès une série de représentations durant tout le Second Empire avec une courte pause en 1851-1852 ; *La Fille du régiment* (1840) de Donizetti, après un départ mouvementé, commence en 1848 une série presque ininterrompue de représentations qui se poursuit pendant toute la période ; les deux classiques d'Auber, *L'Ambassadrice* (1836) et *Le Domino noir* (1837), ne quittent pas le répertoire du Second Empire. *Fra Diavolo* (1830) du même compositeur connaît un renouveau important en 1858. Herold voit les reprises du *Pré aux clercs* (1832), de *Zampa* (1831) et *Marie* (1826) respectivement en 1854, 1856 et 1865.

Le choix d'un répertoire plus ancien pour un renouveau sous le Second Empire est plus frappant. *Le Maçon* (1825) d'Auber s'était reposé du milieu des années 1830 au milieu des années 1840, sans cesser cependant d'être présenté au public. *La Dame blanche* (1825) de Boieldieu connaît un parcours ininterrompu depuis sa création et continue à être représenté sous le Second Empire. *Les Rendez-vous bourgeois* (1807) de Nicolò est peut-être la présence la plus remarquable de l'époque : sa course triomphale a été interrompue dans la décennie qui suit 1837 mais l'œuvre revient en 1848 ; elle reste à l'affiche non seulement durant tout le Second Empire mais se maintient plus ou moins jusqu'à la fin du siècle.

À l'instar du Théâtre-Lyrique et de l'Opéra, l'Opéra-Comique renoue avec des œuvres de l'ancien régime : *Le Déserteur* (OC/CI, 1769) de Monsigny et *L'Épreuve villageoise* (Versailles, 1784) de Grétry ont tous deux été repris avec succès en 1853 ; *Rose et Colas* (OC/CI, 1764) de Monsigny et *Les Deux Chasseurs et la laitière* (OC/CI, 1763) de Duni en 1862 et 1865 respectivement. Le plus frappant est sans doute l'apparition en 1862 de *La Serva padrona* (Naples, 1733) de Pergolèse dans sa traduction française de 1754. Son succès n'ira cependant guère au-delà de la guerre franco-prussienne.

8.3 Le Théâtre-Lyrique

Corinne Schneider

Le Théâtre-Lyrique est un « laboratoire de la musique », un « champ où se mesurent les adeptes de toutes les écoles » autant qu'un « champ d'expériences ouvert aux chercheurs »[1]. Pour Albert de Lasalle, premier historien de cette institution, c'est la variété du répertoire, la diversité des styles, autant que la place accordée à la création qui caractérisent au mieux l'établissement qui est sous le Second Empire la troisième scène lyrique parisienne[2], après celles de l'Opéra et de l'Opéra-Comique. De 1851 à 1870, pendant dix-neuf saisons, l'affiche présente en effet les nouveaux ouvrages de compositeurs français connus ou reconnus (Berlioz, Halévy...), les créations de compositeurs appelés à devenir des piliers du répertoire (comme Gounod) ou débutants sur la scène lyrique (Bizet, Déjazet, Hignard, Joncières, Reyer...), le répertoire ancien de l'Opéra-Comique (Boieldieu, Dalayrac, Grétry, Nicolò...) et les opéras nouveaux ou anciens des écoles italienne (Bellini, Donizetti, Rossini et Verdi) et allemande (Beethoven, Mozart, Wagner et Weber).

Aux origines d'une troisième scène lyrique parisienne

Le décret napoléonien du 29 juillet 1807 avait réduit à deux le nombre des théâtres lyriques à Paris (l'Opéra et l'Opéra-Comique). Face à une demande toujours croissante de spectacles lyriques dans la capitale et afin de pallier l'impossibilité d'ouverture d'une troisième salle, des privilèges spéciaux sont accordés sous la Restauration et la monarchie de Juillet : on chante ainsi dès les années 1820 à l'Odéon (1824-1829), aux Nouveautés de la place de la Bourse (1827-1831) ou plus tard à la Renaissance-Ventadour (1838-1840). L'équilibre financier de ces entreprises éphémères restant fragile, les compositeurs et les auteurs dramatiques livrèrent pendant plusieurs décennies un combat acharné auprès de l'État pour obtenir l'ouverture à Paris d'une troisième scène lyrique. Au cours des années 1840, leurs démarches se font plus pressantes. Un mémoire notamment signé par Adam, Berlioz, Thomas et Halévy est présenté au ministre de l'Intérieur en 1842 demandant pour le Théâtre du Gymnase le droit de donner des opéras et d'ériger cette scène au rang d'un troisième théâtre lyrique permettant d'offrir des débouchés aux jeunes auteurs. La requête n'aboutit pas. En 1844, une nouvelle pétition émanant des lauréats du prix de Rome est adressée à l'État : ils réclament l'établissement d'une nouvelle scène lyrique leur permettant de débuter et de mettre ainsi leurs ouvrages à l'épreuve du public avant de frapper à la porte de l'Opéra-Comique. Nouvel échec. Les autorités finissent par se mobiliser en 1846 : « Malgré sa fière allure, le Ministère devait succomber sous la pression du nombre. Il se trouvait serré de près par la foule toujours grossissante des prix de Rome, des lauréats du Conservatoire, des musiciens sans livret, des librettistes en quête d'un musicien, des chanteurs en retrait d'emploi, des jeunes de tous les âges, des impatients qui piaffent à la porte des théâtres, des inédits enfin, que l'appétit de la célébrité taquine et rend taquins. Accorder une nouvelle scène à ces âmes en peine, c'était leur ouvrir la porte du purgatoire qui donne directement sur le paradis[3]. »

Le ministre Duchâtel confie à Adolphe Adam la salle du Cirque Olympique (boulevard du Temple), en y instituant par un arrêté daté du 20 août 1846 une nouvelle scène lyrique, en considération du fait « qu'il y a lieu d'ouvrir aux productions des jeunes compositeurs de musique une issue nouvelle et de créer à cet effet un troisième théâtre lyrique d'un ordre secondaire où puissent s'essayer à leur début, et dans des conditions moins coûteuses, les artistes qui plus tard seraient appelés à se produire sur des scènes supérieures[4] ». Le privilège autorise la nouvelle scène lyrique tant attendue à créer des ouvrages avec tous les développements que comporte le genre de l'opéra-comique. Dirigé par Adolphe Adam et Achille Mirecour, l'Opéra-National ouvre ses portes le 15 novembre 1847 avec les débuts d'Aimé Maillart, lauréat du grand prix de Rome (1841), et sa *Gastibelza*, un opéra-comique en trois actes. La troisième scène lyrique parisienne confirme son dévolu aux jeunes artistes : l'orchestre et la troupe chantante laissent place aux anciens élèves du Conservatoire de Paris ; le premier chef d'orchestre, Georges Bousquet, est lauréat du prix de Rome (1838) ; le second, Eugène Gautier, a obtenu un deuxième prix (1842). Si les directeurs réussissent à faire représenter huit pièces entre novembre 1847 et mars 1848, l'entreprise ne survit pas aux événements de février 1848 et ferme ses portes après seulement cinq mois d'exercice.

Sous la IIe République et dès le début du Second Empire, les discussions reprennent entre les musiciens, les hommes de lettres et les pouvoirs publics : de nombreuses demandes d'exploitation sont adressées au ministre avant qu'un nouveau privilège ne soit octroyé à Edmond Seveste (arrêté du 1er mai 1851). Après trois années d'interruption, l'Opéra-National renaît le 27 septembre 1851 dans la salle du Théâtre-Historique (boulevard du Temple), avec la création de *Mosquita la sorcière*, opéra-comique en trois actes de Xavier Boisselot, un « jeune compositeur » de quarante ans titulaire du prix de Rome (1836). Jusqu'à son expropriation pour travaux d'urbanisme, la troisième scène lyrique parisienne nommée Théâtre-Lyrique à partir du 12 avril 1852 occupe donc l'ancien fief d'Alexandre Dumas avant d'aménager à l'automne 1862 dans une salle construite à son effet par Gabriel Davioud sur la place du Châtelet, à deux pas de l'Hôtel-de-Ville (cf. 12.1). Érigée en lieu privilégié de la création, comme une sorte d'arène, cette nouvelle institution porte l'espoir d'une activité lyrique dynamisée par l'apport d'une jeune génération pour qui l'accès aux autres scènes est devenu pratiquement impossible : « C'est pour être la succursale des deux grandes académies de musique que le Théâtre-Lyrique a été autorisé, l'échelon par où l'on arrive jusqu'à elles, qu'il a été permis et fondé[5] ». De 1851 à 1870, sept directeurs se succèdent à la tête du Théâtre-Lyrique :

Edmond Seveste (1er mai 1851-mars 1852)
Jules Seveste (8 avr. 1852-30 juin 1854)
Émile Perrin (26 juil. 1854-26 sept. 1855)
Pierre Pellegrin (26 sept. 1855-14 fév. 1856)
Léon Carvalho (15 fév. 1856-27 mars 1860)
Charles Réty (1er avr. 1860-4 oct. 1862)
Léon Carvalho (7 oct. 1862-4 mai 1868)
Jules Pasdeloup (22 août 1868-31 janv. 1870).

L'originalité du cahier des charges

Le cahier des charges soumis par le Ministère au directeur de la troisième scène lyrique imposait donc de répondre à plusieurs exigences envers les commençants. Toutefois, une scène entièrement dédiée à la création ne pouvait survivre financièrement parlant, d'autant plus qu'elle ne possédait pas encore de répertoire propre et qu'elle ne recevait aucune subvention de la part de l'État. Aussi, une clause toute spécifique, inédite et judicieuse, est imaginée pour permettre à l'établissement de trouver un équilibre financier viable :

« Le répertoire se composera d'ouvrages nouveaux en un ou plusieurs actes en vers ou en prose, mêlés de musique nouvelle, avec chœurs, airs, duos, trios, morceaux d'ensemble et en général tous les développements que comporte le genre lyrique. Le directeur aura la faculté d'y ajouter des divertissements chorégraphiques.

« Il pourra faire représenter des traductions d'ouvrages lyriques étrangers, à la condition, toutefois, que le nombre des ouvrages n'excède pas deux par an.

« Il pourra représenter les ouvrages des auteurs vivants, appartenant aux répertoires des autres théâtres lyriques, dix années seulement après leur première représentation sur ces théâtres. Il en sera de même des ouvrages des auteurs morts et non encore tombés dans le domaine public.

« Il pourra représenter les ouvrages tombés dans le domaine public, de manière, toutefois, que le nombre d'actes résultant de ces divers emprunts faits aux théâtres français et étrangers, soient dans la proportion d'un tiers avec le nombre des ouvrages nouveaux[6]. »

Sur un compte établi en nombre d'actes par période de deux années, le répertoire du Théâtre-Lyrique devait donc se constituer pour deux tiers de créations et pour un tiers de reprises étrangères ou françaises, issues du répertoire des autres théâtres, de compositeurs morts ou vivants, tombés ou non dans le domaine public. La clause relative au répertoire reste sensiblement la même de 1851 à 1870, même si chaque nouvelle direction devait entraîner un remaniement du cahier des charges, celui-ci devenant de plus en plus détaillé et exigeant quant à la tenue de la troupe, surtout à partir de 1863, date à laquelle l'institution reçoit une subvention de l'État d'un montant de 100 000 F (qui était allouée jusqu'à cette date au Théâtre-Italien), une somme immédiatement reversée par le Théâtre-Lyrique à la Ville de Paris pour la location de la salle[7]. La seule modification de fond concernant le répertoire apparaît en 1862, lors de la deuxième direction de Léon Carvalho : elle vise à soutenir davantage les lauréats du concours de l'Institut[8]. Ainsi, la caractéristique du cahier des charges de la troisième scène lyrique parisienne consistait-elle à soutenir la création et en particulier les commençants tout en laissant aux directeurs la latitude de s'appuyer pour un tiers du répertoire sur la reprise de succès français, italiens ou allemands.

La constitution d'un nouveau répertoire

De 1851 à 1870, le Théâtre-Lyrique a fait représenter 176 ouvrages (404 actes), dont 117 créations (242 actes) et 59 reprises (162 actes) d'opéras français appartenant au répertoire d'autres théâtres ou d'opéras étrangers en traduction.

Créations françaises	242 actes	59,9 %
Répertoire français ancien	75 actes	18,6 %
Répertoire italien traduit	46 actes	11,4 %
Répertoire allemand traduit	37 actes	9,2 %
Répertoire anglais traduit	4 actes	1 %

Soit, en nombre d'opéras, 66,5 % de créations contre 33,5 % de reprises ; et en nombre d'actes, 60 % de créations contre 40 % de reprises. Si l'on considère le nombre d'opéras représentés sur l'intégralité de la période, les exigences du cahier des charges de l'établissement sont exemplairement respectées : deux tiers de créations pour un tiers de reprises. Mais lorsqu'on effectue un décompte en nombre d'actes – qui est le moyen de comptabilité de l'époque – la place donnée aux reprises dépasse les 33 % autorisés pour atteindre les 40 %. On peut donc en déduire que les opéras repris du répertoire français ou étranger sont des ouvrages de grandes proportions (ouvrages principaux d'une soirée) et que les ouvrages nouvellement créés sont majoritairement des levers de rideau ou de petits opéras-comiques en un acte (ouvrages secondaires d'une soirée).

La clause du cahier des charges concernant le répertoire est différemment interprétée selon les directeurs. Les frères Seveste réussissent à produire un bon pourcentage d'ouvrages nouveaux qui obtiennent de beaux succès publics : *La Perle du Brésil* de Félicien David (144 représentations de 1851 à 1864), *La Poupée de Nuremberg* (98 représentations de 1852 à 1870), *Si j'étais roi* (176 représentations de 1852 à 1863) et *Le Bijou perdu* (132 représentations de 1853 à 1862) d'Adolphe Adam ou encore *Flore et Zéphire* d'Eugène Gautier (126 représentations de 1852 à 1855). En total accord avec le cahier des charges, ils puisent dans le fonds ancien de l'Opéra-Comique reprenant des ouvrages de Nicolò ou de Dalayrac qui continuent d'attirer le public. *Le Maître de chapelle* (OC, 1821) de Paër totalise même 182 représentations de 1851 à 1870. Sous la direction d'Émile Perrin, de simple scène de boulevard, peu mondaine, l'institution devient un des principaux théâtres de la vie parisienne, notamment grâce au renouvellement du personnel chantant. Également directeur de l'Opéra-Comique à la même époque, Perrin recrute notamment Léon Achard, Pauline Deligne-Lauters et Marie Cabel ; la valeur de ces artistes hisse la qualité des spectacles du Théâtre-Lyrique que l'on commence alors à comparer à ceux de l'Opéra-Comique. Perrin réalise une excellente direction en créant notamment *Jaguarita l'Indienne* d'Halévy (124 représentations de 1855 à 1862), mais sa gestion de l'Opéra-Comique s'est affaiblie et il se retire du Théâtre-Lyrique. Pierre Pellegrin reprend difficilement la barre en 1855. Ce dernier fait faillite malgré l'apport d'une des plus belles voix du temps, celle de Caroline Miolan-Carvalho.

Sous la direction de l'époux de la cantatrice, Léon Carvalho, le répertoire du Théâtre-Lyrique s'enrichit d'œuvres nouvelles qui furent les plus grands succès de l'institution : *La Fanchonnette* de Clapisson (192 représentations de 1856 à 1868), *Les Dragons de Villars* de Maillart (156 représentations de 1856 à 1863), *La Reine Topaze* de Massé (170 représentations de 1856 à 1866), *Le Médecin malgré lui* de Gounod (142 représentations de 1858 à 1870), et surtout *Faust* de Gounod (306 représentations de 1859 à 1868), l'œuvre la plus jouée sur cette scène et le point culminant de la première direction de Carvalho. Ce dernier excelle également dans le choix des reprises du vieux répertoire. En 1856, il propose *Richard Cœur de Lion* (Favart, 1784) de Grétry qui totalise 302 représentations sans jamais quitter l'affiche du théâtre de 1856 à 1868. En 1859, il fait même une incursion dans le répertoire de l'Opéra en reprenant *Orphée et Eurydice* (O, 1774) de Gluck avec Pauline Viardot dans le rôle-titre (138 représentations de 1859 à 1863). Enfin, Carvalho est le premier à exploiter pleinement la clause du cahier des charges permettant la traduction d'opéras étrangers. Il propose ainsi au public du faubourg du Temple, *Oberon*, *Euryanthe*, *Preciosa* et *Abu Hassan* de Weber en plus des *Noces de Figaro* et de *L'Enlèvement au sérail* de Mozart. Cette programmation se fait au détriment des débutants qui ne sont qu'au nombre de quatre sous sa direction. Sans subvention, l'équilibre financier reste toujours difficile à obtenir et, découragé de ne pas recevoir d'aide de la part de l'État, Carvalho démissionne le 1er avril 1860.

Charles Réty qui occupait depuis quatre années le poste de secrétaire général du Théâtre-Lyrique prend la succession de Carvalho et inverse la barre en s'appuyant davantage sur la reprise de succès anciens du répertoire français (*Le Val d'Andorre* d'Halévy et *Joseph* de Méhul), en réduisant les traductions d'opéras étrangers et en produisant un très grand nombre d'inédits. En deux saisons, il donne 22 ouvrages nouveaux (35 actes) dont 15 avaient pour auteurs des compositeurs non admis jusqu'alors sur cette scène, dont 9 débutants. *La Chatte merveilleuse* de Grisar (72 représentations en 1862 et 1863) et *La Statue* de Reyer (59 représentations de 1861 à 1863) sont les deux succès d'une direction qui visait d'abord à encourager les commençants et qui s'effondra financièrement.

Lorsque le Théâtre-Lyrique rouvre ses portes en octobre 1862 sur la place du Châtelet, c'est Carvalho qui prend à nouveau la tête de l'établissement. Au cours de cette seconde direction, il déroge à plusieurs reprises au cahier des charges imposé par le ministère : il néglige les jeunes gens, augmente le nombre de traductions d'opéras étrangers et s'investit dans le domaine de l'opéra à grandes ressources (*Les Troyens* de Berlioz, *Les Pêcheurs de perles* de Bizet, *Mireille* et *Roméo et Juliette* de Gounod). « Laissant l'Opéra-Comique à ce qu'il est, relève Paul Bernard dès 1862, le nouveau théâtre du Châtelet peut créer un genre mixte, se rapprochant du grand opéra, s'étendant jusqu'à la grande musique et dans tous les cas restant plus souvent dans les sphères dramatiques que dans le genre bouffe » (*Mén.*, 2 nov. 1862, p. 388). Le théâtre prospère alors en partie grâce aux traductions d'opéras de Verdi et de Mozart (*Rigoletto, Traviata, La Flûte enchantée* et *Don Juan*). Cette période est sans conteste la plus flamboyante de l'histoire de l'institution : la troupe (chanteurs et instrumentistes) est plus importante, les frais de décors et de costumes augmentent, et les recettes journalières montrent que les spectacles du Théâtre-Lyrique sont alors aussi fréquentés que ceux de l'Opéra-Comique, voire plus pour certains ouvrages. Le répertoire de la troisième scène lyrique rivalise même avec celui de l'Opéra lorsque Carvalho choisit de faire représenter en 1866 des œuvres telles que *Don Juan* de Mozart ou une nouvelle traduction du *Freischütz* de Weber. Financièrement, l'affaire est un véritable gouffre. Lorsque Pasdeloup prend la direction de l'établissement en 1868, il suit les orientations initiées par Carvalho en proposant notamment, en 1869, une traduction de *Rienzi* de Wagner[9] tout en souhaitant mettre les plus jeunes en avant : une association qui causa sa perte.

Une scène pour les débutants

Sur les 242 actes créés au Théâtre-Lyrique, 55 sont confiés à des compositeurs n'ayant encore jamais eu aucune œuvre représentée sur scène. Les ouvrages des débutants représentent donc 22,7 % des créations françaises, soit 13,6 % du total des productions de l'institution. À y regarder de près, ce pourcentage est supérieur à celui des reprises allemandes (9,2 %) ou italiennes (11,4 %). Mais la représentation des débutants est inégalement répartie sur toute la période d'activité du théâtre, et l'attention qu'on leur porte d'une direction à l'autre varie considérablement. Toutefois, aucune autre scène de ce rang, et en premier lieu l'Opéra-Comique, ne peut se flatter d'avoir un meilleur pourcentage pour la même période. Aux yeux de tous, elle fait figure de « véritable école d'application en ce qui concerne la musique dramatique[10] », de « scène initiatrice, où toutes les audaces du talent sont permises ; [...] c'est le laboratoire des jeunes renommées[11] ».

Si le Théâtre-Lyrique a donc rempli sa mission concernant la création et le soutien aux jeunes compositeurs, la clause relative au tour de faveur réservé aux lauréats du prix de Rome est plus difficilement respectée, même après la subvention de 1863. Peu nombreux sont en effet les vainqueurs du concours de composition à avoir finalement débuté sur la scène du troisième théâtre lyrique parisien : six en vingt ans. Les directeurs successifs du Théâtre-Lyrique n'ont jamais considéré le prix de Rome comme étant une condition nécessaire pour débuter dans le domaine de l'opéra. Les jeunes compositeurs créés au Théâtre-Lyrique présentent des profils variés. Plusieurs d'entre eux ont suivi une solide formation au Conservatoire dans les classes de piano, d'accompagnement, d'harmonie, de fugue et de composition avant d'être recommandés auprès de la direction du Théâtre-Lyrique par leurs professeurs qui se portent garants de leur savoir-faire. N'étant pas lauréats du concours de l'Institut, ils n'ont pas séjourné à Rome et se trouvent être finalement en contact direct avec le milieu musical parisien. Weckerlin, Lajarte, Caspers, Semet, Douay, Diaz de la Pena, Savary, Salomon ou Devin-Duvivier ont suivi ce trajet. D'autres débutants ont également reçu une bonne formation en province ou à l'étranger avant d'être recommandés à Paris ; c'est le cas de Leblicq et Gevaert (Belgique), Frédéric Barbier (Bourges), Dautresme (Rouen) ou Hartog (Hollande). On compte ensuite les jeunes compositeurs dont la musique (mélodies, romances, pièces légères pour le piano...) avait déjà pu être entendue des Parisiens dans les concerts ou les salons (Déjazet, Henrion, Pascal, Montuoro...). Certains débuts reposent enfin sur les seules affinités personnelles des directeurs. On peut par exemple citer l'amitié qui lie Théophile Semet et Carvalho ou l'engagement esthétique qui rapproche ce dernier de Victorin Joncières. La difficile intégration des lauréats du prix de Rome sur la troisième scène lyrique parisienne témoigne ainsi du caractère obsolète d'un concours reposant sur un genre (la cantate) qui n'était plus en mesure de préparer les jeunes compositeurs à la création scénique contemporaine.

Le répertoire étranger traduit

Destiné à l'expression créatrice des jeunes artistes français, le Théâtre-Lyrique obtient en fait la plus grande partie de son succès et de sa réputation en présentant au public parisien des opéras étrangers traduits : « C'est là, écrit Sylvain Saint-Étienne, que les plus grands chefs-d'œuvre de l'Allemagne ont fait éclater leurs accords puissants et grandioses et initié à ces compositions magistrales un public qui, lui aussi, ne demandait pas mieux que de boire à cette source féconde d'harmonie » (*L'Union*, 16 nov. 1857). Les ouvrages traduits, qui comptent sur toute la période 13 opéras italiens (46 actes) et 13 opéras allemands (37 actes), sont légèrement plus nombreux que les reprises françaises (75 actes). Les opéras italiens sont plus représentés (941 représentations) que les opéras allemands (897), *Rigoletto* de Verdi étant l'ouvrage étranger le plus fréquenté (243 représentations de 1863 à 1870). Viennent ensuite dans l'ordre décroissant *Le Freischütz* de Weber, *Les Noces de Figaro* et *La Flûte enchantée* de Mozart, *Martha* de Flotow, *Le Barbier de Séville* de Rossini, *La Traviata* de Verdi et *Oberon* de Weber.

La traduction d'opéras étrangers faisait alors l'objet d'une réglementation rigoureuse dans le cahier des charges des deux autres scènes lyriques. Si aucun opéra étranger n'est traduit à l'Opéra-Comique durant cette période, ceux de Rossini, Bellini, Donizetti et Verdi représentés à l'Opéra, comme *Le Trouvère* (1857, reprises en 1863 et 1870) et *Lucie de Lamermoor* (1844, reprises en 1848, 1850, 1853 et 1864) firent l'objet de vives polémiques entre la première scène lyrique et le Théâtre-Italien, plus faiblement subventionné, qui entendait conserver la spécificité de son répertoire. Avec cette clause accordant aux traductions l'espace d'un tiers de son répertoire, la troisième scène lyrique occupait donc une position tout à fait privilégiée dans le panorama des scènes lyriques parisiennes du Second Empire. Dans une lettre du 30 mars 1870 destinée à convaincre le ministre des Beaux-Arts de la nécessité de soutenir le Théâtre-Lyrique alors en péril, Carvalho revenait à nouveau sur la question des traductions ; essentielles à la survie financière du théâtre, elles présentaient également d'autres avantages : « Quant aux chefs-d'œuvre de Mozart et de Weber, je tiens qu'ils n'ont pas eu seulement pour résultat d'initier les masses populaires à ces beautés musicales qui les passionnent aujourd'hui. Ils ont exercé une influence salutaire sur nos maîtres français et protégé surtout les jeunes compositeurs contre les entraînements d'un genre d'autant plus dangereux que les occasions ne manquent pas de s'y produire et que le succès y est plus facile à trouver. Les opéras de Verdi, de Bellini, de Flotow, réservés jusqu'alors aux plaisirs de quelques privilégiés, n'ont pas été entendus sans intérêt par la population parisienne à qui ils étaient pour ainsi dire révélés. Ces ouvrages, tout en servant utilement le théâtre, ont été pour leur bonne part à préparer cette remarquable génération d'artistes qui tient aujourd'hui un rang distingué sur les principales scènes lyriques de l'Europe[12] ». Au-delà de l'initiation du public, c'est toute la jeune génération d'artistes que voulait toucher Carvalho par ses initiatives et ses orientations esthétiques ; son « école pour les débutants » devait également passer par une « école du répertoire étranger ». Une orientation que la critique ne manqua pas d'amplifier : « Le Théâtre-Lyrique, constate Delphin Balleyguier, est devenu ce véritable musée où les compositeurs ont la faculté d'aller étudier les modèles et où le public doit nécessairement faire son éducation et prendre des leçons de goût » (*La Semaine musicale*, 10 janv. 1867).

Une réussite du Second Empire

À une époque où l'art lyrique fonctionnait encore à Paris dans l'adéquation des genres, des institutions et des publics (cf. 3.1), où chaque théâtre possédait un monopole sur son répertoire derrière lequel il se retranchait légalement, le Théâtre-Lyrique constituait par la variété de son répertoire une ouverture exceptionnelle, qui plus est, accomplie dans un formidable élan de démocratisation. La réussite de la programmation établie par Léon Carvalho à l'affiche de cette institution offrait ainsi le meilleur argument à tous ceux qui défendaient le grand projet de la « liberté des théâtres » (loi du 6 janvier 1864). Le public et les milieux artistiques professionnels répondirent positivement aux initiatives du directeur zélé qui participèrent indéniablement au « cosmopolitisme » parisien ambiant, en accord avec une volonté politique affichée d'ouverture et d'accueil, la France du Second Empire érigeant également l'éclectisme au rang d'une véritable catégorie esthétique.

Le Théâtre-Lyrique ferma ses portes durant le siège de Paris et le bâtiment de Davioud fut incendié pendant la Commune (24 mai 1871). De nombreux documents d'archives ainsi que les matériels d'orchestre et de chant furent heureusement sauvés. Après 1871, les nouveaux directeurs de l'Opéra-Comique s'approprièrent plusieurs des succès du Théâtre-Lyrique. Dans le dernier tiers du XIXe siècle, plusieurs directeurs utilisèrent l'appellation « Théâtre-Lyrique » dans diverses salles sans parvenir à se stabiliser[13].

8.4 L'ESTHÉTIQUE GOUNODIENNE

Gérard Condé

Parvenu au sommet de sa carrière, Gounod n'éprouva nul besoin de réaffirmer sa légitimité en se différenciant régulièrement de lui-même et des autres, convaincu qu'il était que l'originalité de l'artiste est « le rayon distinct qui rattache l'individu au centre commun des esprits[1] ». À l'opposé, donc, de l'excentricité déviante, par définition. Et, en effet, Gounod se distingue davantage qu'il ne s'oppose. Plus exigeant qu'Auber, Adam ou Thomas quant à la qualité mélodique, maître d'une harmonie suggestive d'un raffinement incomparable, sans s'aventurer aussi loin que Berlioz dont il partage le goût pour l'instrumentation expressive (« Je n'orchestre pas avec des formules [...] je tente de faire parler les instruments[2] »), c'est dans le tour très personnel de son langage que réside son pouvoir de séduction.

Gounod et l'opéra

Fasciné à treize ans par l'*Otello* de Rossini, rêvant d'en écrire un, confirmé dans sa vocation par la révélation de *Don Giovanni*, Gounod entretenait une relation tourmentée avec la composition dramatique qu'il jugeait d'un ordre inférieur à celui de la musique religieuse et symphonique[3]. Il lui reconnaissait le mérite de maintenir l'artiste en contact avec le public et de lui éviter de se couper de la communauté humaine en poursuivant des chimères. Mais la maigreur des orchestres de fosse, la routine érigée en tradition, l'éducation artistique insuffisante de la plupart des chanteurs le confortaient dans sa réserve à s'y investir complètement : « Mon ténor est indiciblement brute ; mais en revanche le baryton est une oie, et la Marion une grue. La Princesse a une jolie voix et chante vraiment avec talent : mais elle aurait besoin que quelqu'un mît du bois dans son poêle ; si tant est qu'elle ait un poêle[4] ! » Suivant de près l'avancement de *Sapho* (O, 1851), Ivan Tourgueniev avait cerné d'emblée la haute stature artistique de Gounod et son talon d'Achille : « Sa musique est comme un temple : elle n'est pas ouverte à tout venant. [...] il idéalise tout ce qu'il touche[5]. » Pour Gounod « l'Art est un sacerdoce [...] j'ajoute, précise Bizet âgé de 20 ans, qu'il est le seul homme qui adore vraiment son art parmi nos musiciens modernes[6] ». Aussi le théâtre lui semble-t-il inapproprié à certains ouvrages : « La seule chose qu'on peut regretter en entendant *La Flûte enchantée*, écrit Gounod en 1851, c'est que le lieu d'exécution soit un théâtre, la loi du théâtre étant la passion et par conséquent un développement d'accent et de proportion scénique que les idées purement contemplatives ne peuvent amener ni permettre[7]. » De même en 1852 : « L'air de Florestan [dans *Fidelio*] est déchirant de tendresse et de douleur : je connais peu de choses au théâtre (qui n'est pas trop son lieu [à Beethoven]) qui m'aient fait cette impression : c'est immense de sentiment : ce n'est pas de la vertu, cela ; c'est de l'amour : cette musique en est remplie : il en découle jusque sur l'orchestre à chaque instant, tellement que cela ressemble trop à la symphonie[8]. » En composant *Polyeucte* (O, 1878), Gounod devait pressentir que pareil sujet, tel qu'il souhaitait le traiter, n'avait pas sa place au théâtre. S'il s'y trouvait du moins des pages d'inspiration chrétienne aussi éloquentes que celles qui assurent la pérennité de la *Messe de sainte Cécile* (1855) l'ouvrage ne serait pas en marge du répertoire. Plus sûrement, Gounod avait perdu l'ardeur prosélyte qui l'animait lors de son séjour à la Villa Médicis où, retrouvant la foi de son enfance, rêvant de « la propagation de la foi catholique par l'art et les artistes[9] » il délaissait deux projets lyriques, l'un naturaliste (*La Vendetta*) l'autre féerique (*Mélusine*), en faveur d'une *Symphonie de la Passion* (inachevée), d'un *Requiem* et d'une *Hymne sacrée*. À son retour à Paris, en 1843, la composition liturgique, liée à ses fonctions de maître de chapelle de l'église des Missions étrangères, l'absorba ; puis il se crut appelé à la prêtrise. La révolution de 1848 l'en détourna et Pauline Viardot le ramena à sa vocation première en obtenant la commande de *Sapho*. Alternant rigueur gluckiste, vocalité italienne et pastiche mozartien, la partition séduit par sa singularité ; et, par sa recherche d'un ton plus poétique que dramatique, le dénouement touche au sublime (cf. 8.1). L'origine des Stances (« Ô ma lyre immortelle ») est le *Lamento* (« Ma belle amie est morte ») composé à Rome en 1840. Une seconde mélodie (*Le Soir*, poème de Lamartine, 1840) a fourni sa matière rêveuse à l'air « Héro dans sa tour solitaire ». En revanche, une autre suggestion de Pauline Viardot (faire chanter au Pâtre une romance écrite sur des vers de Béranger) heurta la clairvoyance de Gounod : « Avant tout il faut qu'une chose soit à sa place et *Les Champs* me déplaisent à entendre là [...] C'est trop composition pour un berger qui ne doit pas être aussi savant. Heureuse ignorance ! Ils ne sont pas *compositeurs*, eux ! Je mettrai là quelque chose de tout à fait *homme des champs* si je le puis ; dussé-je me réserver des notes que j'ai prises en Italie sur les airs de la campagne de Rome ou de Naples[10]. » Pour finir, les couplets du Pâtre ne devront leur authenticité qu'à l'imagination féconde de Gounod. Conçu pour la musique, comme tous les livrets de Scribe, celui de *La Nonne sanglante* (O, 1854) laissait moins de marge au compositeur. Les initiatives qu'il prit unilatéralement pour éclairer ce drame gothique par des mélodies (trop ?) avenantes et une orchestration inventive ne parvinrent à en faire un succès et ruinèrent l'espoir d'un autre projet avec scribe pour l'Opéra.

Au Théâtre-Lyrique

Un bien pour un mal, Gounod découvrit des librettistes de sa trempe : Jules Barbier et Michel Carré, spécialisés dans l'adaptation lyrique d'ouvrages populaires de la littérature européenne, poètes et hommes de théâtre à la plume alerte (cf. 2.2). Grâce à eux, il put apporter au théâtre une fraîcheur salutaire et une incomparable justesse d'accent. Ils s'étaient rencontrés en juillet 1855 en vue d'un ouvrage léger, mais il fut vite question d'un *Faust*... refusé par l'Opéra (dont le directeur proposa *Iwan le terrible* auquel Gounod travailla en vain), accepté par Léon Carvalho, qui menait au Théâtre-Lyrique une politique de création (cf. 8.3). L'annonce d'un autre *Faust* ajournant le projet, Gounod proposa *Le Médecin malgré lui* (TL, 1858). La partition, d'une rare unité d'inspiration, cultive le style rétrospectif qui fleurissait sur les ruines du romantisme. *Faust* (TL, 1859 ; O, 1869) occupe une place centrale dans l'œuvre comme dans la vie de Gounod ; il y retrouva les éléments de *Don Giovanni* qui ébranlèrent sa fibre créatrice : le naturel et le surnaturel (fantastique et mystique), le détachement ironique et la diversité des relations amoureuses. Le duo « Ô nuit d'amour, ciel radieux » reprend une *Pensée pour piano* (*À la lune*, 1840), la scène de l'Eglise emprunte au *Requiem* de Vienne (1843), le *Chœur des soldats* vient d'*Iwan le Terrible*... L'ensemble, souverainement composite, doit aux coupures et ajouts de Carvalho une dynamique qui a assuré son succès. Destiné à des voix d'opéras mais alternant, à l'instar du drame de Goethe, pages vocales et dialogues parlés (bientôt remplacés par des récitatifs) *Faust* allait devenir le prototype d'un faux genre, l'opéra de demi-caractère (cf. 3.1), dont on a concédé la paternité à Gounod. S'il est vrai que les dénouements de ses ouvrages ne répandent ni l'effroi ni la désolation, ce serait en méconnaître la valeur que de les réduire à un adoucissement frileux alors qu'il s'agit (sous la forme d'une invocation dont l'évidence mélodique facilite l'identification du spectateur aux personnages) d'une catharsis : « Ô ma lyre immortelle » (*Sapho*), « Dans ton sein, Clémence ineffable » (*La Nonne sanglante*), « Anges purs » (*Faust*), « Son âme a pris son vol vers Dieu » (*Mireille*), « Tubal Kaïn t'appelle dans la vie éternelle » (*La Reine de Saba*), « Seigneur, pardonnez-nous » (*Roméo et Juliette*), « Seigneur, soutiens notre âme chancelante » (*Cinq-Mars*), « Gloire au Seigneur » (*Polyeucte*), « Les trois Espagnols sortent en bénissant le Seigneur » (*Le Tribut de Zamora*). On n'en cherchera pas le modèle ailleurs que dans le finale de la *9ᵉ Symphonie* (Vienne, 1824) de Beethoven.

Revenant à l'antique, par le biais de La Fontaine, avec *Philémon et Baucis* (TL, 1860), Gounod pastiche et renouvelle le ton de l'opéra-comique classique, de même pour *La Colombe* (Bade, 1860), qui ne manque pas de saveur. *La Reine de Saba* (O, 1862) s'est imposée, à la mémoire sinon à la scène, par la qualité de ses airs, mais la complexité d'un sujet où la rivalité des pouvoirs d'origine divine du Roi et de l'Artiste se heurte à la force brutale de l'envie illégitime, a alourdi les récitatifs qui auraient dû porter l'ouvrage.

À la source du Vrai

Si *Mireille* (TL, 1864) souffre de ses remaniements autant que d'un livret fragile, la partition rompt avec les clichés des paysanneries d'opéra-comique. L'ouvrage ne sera jamais ce qu'il promettait d'être, mais Gounod a pu prendre en le composant la mesure des vertus et des limites du naturalisme. C'est moins, toutefois, par souci d'authenticité que pour répondre à l'invitation de Mistral que Gounod fit halte en Provence sur le chemin de l'Italie où il comptait composer *Mireille*. Le poète lui fit visiter les lieux avec une conviction si communicative qu'il s'installa à Saint-Rémy, dans les décors authentiques de son opéra. Il offre ainsi le premier exemple connu d'un compositeur cherchant l'inspiration là où ses héros avaient aimé et souffert, guettant ce qu'ils entendaient – cigales, galoubet, tambourins – observant ce qu'ils avaient pu regarder : le Val d'Enfer, la Chapelle des Saintes Maries « du haut de laquelle Mireille expirante plonge ses derniers regards sur cette admirable mer dont l'horizon lui semble le chemin du ciel[11] ». Mistral lui chanta le *Cantique de Saint Gent* introduit au dernier acte et, décrivant son père, lui communiqua le ton d'une douceur sûre de son autorité sur lequel le patriarche pouvait dire : « Le chef de famille autrefois était le maître » ; d'impressionnantes octaves creuses traduiront l'« austérité terrible » de la plaine de la Crau... En revanche, faute d'avoir pu entendre une musette provençale, Gounod arrangera ses anciennes notations d'Italie et, récusant les farandoles publiées (« de mauvaises figures de contredanses de chez nous, plus ou moins défigurées ! »), il imagina « une danse antique et presque une danse frénétique dont le rythme ardent, soutenu par une vibration opiniâtre du tambourin arrive à vous griser »[12]. La Provence de *Mireille* est plus poétique et évocatrice qu'authentique. Outre l'origine italienne de la Musette, l'air de Mireille (« Mon cœur ne peut changer ») avait été composé pour *Iwan le Terrible* (1858) sur des paroles sans rapport (« Pourquoi revenez-vous, souvenirs des montagnes ? » ; même provenance pour le chant du pâtre dont l'origine est une pièce pour piano de 1844 ; l'air d'Ourrias s'inspire d'un aphorisme à 4 mains, *Jean Bonnin* (1859)... Mais, s'agissant de substitutions ou d'ajouts tardifs, ce sont des détails face à l'énigme : pourquoi Gounod, conscient des ressources et des limites de la voix de Mme Carvalho, a-t-il écrit la scène de La Crau qui, telle qu'elle est placée, passe à ce point les bornes raisonnables ? « Il faudra bien qu'elle le chante[13] ! » aurait-il répondu à Saint-Saëns qui s'en inquiétait. Était-ce la réponse du compositeur à qui la cantatrice avait demandé effrontément « Du brillant ! » ? A-t-il voulu la faire entrer dans la peau du personnage, défaillant sous le poids du soleil ? Au préjudice irrémédiable de l'ouvrage la scène fut coupée. Elle n'était pas de celles dont Gounod régala les habitants de Saint-Rémy avant de les quitter. Il conclut avec *Mon habit* : « Toutes les fois qu'arrivait le refrain "Mon vieil habit, ne nous séparons pas" nous avions des larmes dans les yeux[14]. » L'émotion, garante de légitimité artistique par le lien qu'elle tisse entre les êtres ? Gounod en avait reçu la preuve au sortir de *Sapho* : « Je rencontrai, dans les couloirs de l'Opéra, Berlioz tout en larmes. Je lui sautai au cou, en lui disant : "Oh ! mon cher Berlioz, venez montrer ces yeux-là à ma mère[15]". »

On peut croire Gounod quand il affirme : « Berlioz a été l'une des plus profondes émotions de ma jeunesse[16] », rappelant l'impression si profonde que lui laissa la phrase du Père Laurence (« Jurez tous, par l'auguste symbole ») qu'il la joua de mémoire à l'auteur étonné. Cette large mélodie doit beaucoup moins aux formules du grand opéra qu'elle n'annonce maintes pages de Gounod d'inspiration sacrée. Est-ce pour prévenir l'inévitable comparaison avec la symphonie que *Roméo et Juliette* (TL, 1867 ; O, 1888) exclut la réconciliation des familles ? Paradoxalement, ce double suicide dans une solitude très romantique étonne de la part de Gounod, d'autant qu'après avoir contourné, dans *Faust*, les points de comparaisons avec son aîné, il semble plutôt stimulé par la perspective de se mesurer loyalement à lui ainsi qu'il s'en ouvrait à sa femme : « Quant au Scherzo de la Reine Mab, je n'ai pas besoin de te dire le côté symphonique auquel il a fallu m'attacher, tu le devines ; l'occasion était trop belle pour la laisser échapper[17]. » Le livret, assez littéralement inspiré de Shakespeare, ne se borne pas à opérer un choix d'une douzaine de scènes, à en condenser le contenu et à les relier entre elles, mais aussi à développer la scène du bal et ajouter quelques épisodes : le mariage de Juliette, la chanson du Page... Tandis que *Mireille* tentait un retour à la véracité de l'opéra-comique (« Ah, c'Vincent »), *Roméo et Juliette* procède du grand opéra tant par ses enjeux (les héros pris en tenaille entre une attirance irrésistible et les antagonismes arbitraires de leurs familles) que par l'articulation des cinq actes (avec le Final de l'acte III qui relance l'action) et l'absence de dialogues parlés. Toutefois Gounod ne les avait pas prévus au départ : « À mon avis, le récit *partout* n'est pas un bénéfice pour *Roméo* : en ce que cela allonge la durée de l'exécution ; en cela que cela n'ajoute pas de *mouvement*. Je veux pouvoir juger par moi-même quels sont les passages qui gagneraient à être transformés en récits [...] Ne fatiguons pas l'attention *musicale* du public par des *sons* de remplissage et des bavardages ; ménageons-lui plutôt des repos et des temps d'arrêt, excepté quand le pathétique de l'accent doit y gagner[18]. »

Gounod a repris dans *Roméo* au moins une page antérieure : le madrigal « Ange adorable » a d'abord été un cantique « À la Madone » dont le ton s'accorde à la préciosité des propos. Rien de tel pour la musique du mariage qui, comme à chaque occasion de trouver des accents religieux pour la scène, l'inspiration manque de conviction. On s'étonnera moins que la Scène du breuvage renouvelle l'erreur de proportions de celle de la Crau si l'on suit la logique du compositeur : « Je m'attache uniquement aux raisons de convenances musicales de faire telle chose plutôt que telle autre[19]. » Par son ironie provocatrice, la chanson du Page (« Que fais-tu blanche tourterelle ») est proche de la *Sérénade* de Méphisto (« Vous qui faites l'endormie ») avec le même effet ; la cavatine de Roméo (« Ah ! lève-toi soleil ») rappelle celle de Faust (« Salut, demeure chaste et pure »), mais la dynamique des métaphores poétiques de Barbier favorise un lyrisme plus intense. Enfin, les quatre duos ont assuré le succès de l'ouvrage après avoir mené au bord du suicide Gounod retiré à Saint-Raphaël : « Je les vois bien tous deux, je les entends ; mais les ai-je bien vus, bien entendus, ces deux amants ? S'il pouvait me le dire même et me faire signe que oui ! Je le lis, ce duo, je le relis, je l'écoute avec toute mon attention ; je tâche de le trouver mauvais ; j'ai une frayeur de le trouver beau et de me tromper ! Et pourtant il m'a brûlé ! Il me brûle ! Il est d'une naissance sincère enfin, j'y crois. Voix, orchestre, tout y joue son rôle[20]. »

Un art de la nuance et du ton juste

Avant de devenir avec *Faust* un pilier du répertoire, *Roméo et Juliette* sera le seul succès lyrique immédiat et durable de Gounod. Encore est-il permis de se demander si ce sont ses ouvrages ou leurs spectres qui ont fait sa gloire car, selon Saint-Saëns : « sa musique perdait la moitié de son charme quand elle passait dans d'autres mains. Pourquoi ? Parce que mille nuances de sentiment qu'il savait mettre dans une exécution d'apparence très simple *faisaient partie de l'idée*, et que l'idée, sans elles, n'apparaissait plus que lointaine et comme à demi effacée. [...] il savait donner à certains détails en apparence insignifiants une portée inattendue, et l'on ne s'étonnait plus de la sobriété des moyens en présence du résultat acquis [...]. Il me fit voir, un jour, de quelle façon il désirait qu'on exécutât l'ouverture de *Mireille* ; cela ne ressemblait en rien à ce que l'on connaît[21]. « Je chante ma musique aussi bien que quelques autres, disait Gounod, mieux même que beaucoup d'autres [...] si la nature m'eût donné une voix suffisante pour affronter les fatigues de la scène et en soutenir le poids, rien, ni père ni mère, ne m'aurait empêché d'interpréter les rôles principaux de mes ouvrages, et de me faire ainsi, devant mes juges, l'avocat naturel d'une cause qui est souvent si compromise par la façon dont nos mandataires la plaident[22]. » Si Gounod pouvait chanter « mieux que d'autres » ce qu'il composait c'est que, sauf les passages saillants qui exigent couleur, puissance et soutien, son écriture vocale est fondée sur la justesse de l'accent plus familier aux « diseurs » de chansons à textes qu'aux chanteurs lyriques. « La voix pour la voix est le moyen sûr et infaillible de tomber dans la *monotonie*, la vérité seule ayant le privilège de l'infinie et inépuisable variété[23] », pouvait-il écrire dans son livre consacré au *Don Juan de Mozart*. Surprise d'une injonction de Gounod à l'adresse des chanteurs (« surtout pas d'expression[24] ! »), Marie-Anne de Bovet comprit qu'il les priait de ne pas défraîchir leur interprétation en y plaquant des ports de voix, vibratos, rubatos et sanglots convenus avec les mimiques appropriées.

L'examen du bref échange entre Faust et Marguerite lors de leur rencontre à l'acte II (dont nous donnons les premières mesures ci-dessous) suffira pour saisir ce qu'il gagne à être chanté strictement. « Ne permettrez-vous pas ? » : à l'image de sa périphrase (qui évite « Me permettrez-vous ? »), Faust tourne autour de la tonique (*sol*), suspension interrogative (quarte ascendante) : « vous/pas » passant de la sensible (*fa* dièse) à cette sensible intermédiaire qu'est la médiante (*si*). « Ma belle demoiselle » : la tonique qui sera la note la plus haute, donc la plus tendue de la phrase, est réservée à « belle » dont l'étirement (noire pointée) appuie le compliment. « Qu'on vous offre le bras » : Faust a senti/vu qu'il avait été trop hardi, il insiste tout en faisant un pas en arrière puisqu'il revient à la neutralité du début de sa mélodie. « Pour faire le chemin » : alors, par un contraste d'autant mieux ménagé, sa voix (son visage) s'éclaire, il se lance à

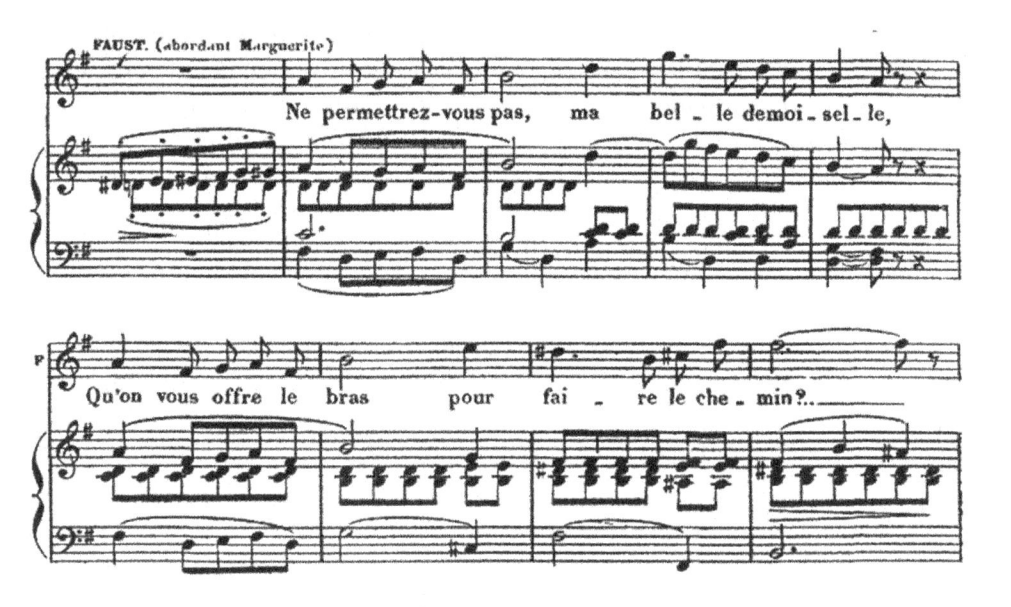

Ch. Gounod, *Faust*, cht-p., Paris : Choudens, [1869], p. 77 (détail).

l'assaut par le basculement imprévisible d'un emprunt, « romantique », à *si* majeur sur « faire », symétrique de « belle » suggérant le caractère métaphorique de la proposition. Marguerite répond par un retour au ton initial (*sol* majeur), ce qui est une façon nette de mettre Faust à distance tout en acquiesçant poliment à l'invite d'un personnage d'une condition supérieure. La réponse est symétrique – deux alexandrins, en empathie (le coup de foudre ?) – mais toute différente de caractère. Tandis que la ligne vocale de Faust ne comportait qu'une césure (stratégique) pour lancer son invitation (« … demoiselle/qu'on vous… »), la réponse de Marguerite, troublée et intimidée, est d'abord fragmentée : « Non, monsieur – je ne suis demoiselle ni belle – demoiselle – ni belle » ; puis, après un silence qui fait écho à celui de Faust entre les deux vers, le refus jaillit : « et je n'ai pas besoin qu'on me donne la main », en croches égales, ce qui indiquerait une certaine précipitation, comme il arrive quand la réserve laisse place à un flot de paroles. Mais la mention *ritenuto* suggère au contraire que le refus de Marguerite, en alanguissant le ton, n'est plus aussi ferme que le « Non, monsieur ! » initial. C'est qu'entre-temps Gounod a pris l'initiative de faire répéter, comme si elle rêvait soudain « demoiselle… ni belle » Elle se parle à elle-même. Car si la réitération était une façon de mettre les points sur les « i » Gounod n'aurait pas introduit des altérations frôlant le mode mineur moins marqué que l'emprunt de Faust. À noter, enfin, qu'en contrepoint de la réponse de Marguerite, les violons font entendre, pour la troisième fois, le premier membre de la mélodie de Faust, comme le regard séducteur auquel la jeune fille s'efforce de s'opposer…

Le nombre de détails relevés en seize mesures évoque les ressources de l'observation photographique dont on commençait à tirer profit. Dans ces années-là, les adversaires de la photographie ne lui accordaient que cette capacité tandis que la peinture, transcendant la réalité, pouvait seule assurer sa pérennité. Reproduire la Nature ou la réinventer ? Le débat toucha bientôt la littérature puis l'opéra. Conscient que le Vrai, tout relatif qu'il soit à l'opéra, n'y perd pas ses droits, Gounod aborda la question dans ses *Mémoires* à propos de *La Nonne sanglante* retirée prématurément mais dont la carrière était de toutes façons condamnée faute de vraisemblance : « Le *Vrai* [...] consiste dans un équilibre particulier du *Réel* et de l'*Idéal*. Par le *Réel* seul on est englouti dans le torrent de ce qui change et passe ; par l'*Idéal* seul, on se perd dans une sorte de rêverie vague et insaisissable : mais lorsque les deux éléments s'unissent dans cette harmonieuse proportion qui est le signe et le secret de la beauté parfaite, leur union produit ce qu'on appelle un chef-d'œuvre. On peut définir le chef-d'œuvre "une incarnation de l'idéal dans le réel"[25]. »

8.5 Berlioz et Bizet : deux auteurs pour la postérité
Julian Rushton et Lesley A. Wright

Si des auteurs joués et appréciés en leur temps comme Clapisson et Grisar, ou même Meyerbeer, Auber et Adam, ont disparu au cours du XXe siècle des théâtres et des mémoires, en revanche, Berlioz et Bizet, dont la carrière sous le Second Empire relève davantage d'un échec que d'un succès, ont vu *post mortem* leur talent reconnu, certaines de leurs œuvres réévaluées et leurs noms passer à la postérité. L'attention que nous accordons à ces deux créateurs ne relève pas de leur situation historique, mais de leur place dans l'histoire de l'opéra français dans son ensemble, intégrant la réception, la fortune et le jugement esthétique d'une œuvre bien au-delà de sa seule création.

Un sublime échec : Berlioz et la scène française (J. Rushton)

Les œuvres de jeunesse. L'ambition d'Hector Berlioz, formée dès son enfance, l'a conduit vers la scène lyrique. Pendant sa jeunesse en province, il n'a connu que quelques airs d'opéra-comique, a appris l'harmonie par ses propres transcriptions pour voix et guitare et s'est passionné pour la vie de Gluck racontée dans la *Biographie universelle* parue chez Michaud. Arrivé à Paris en 1821 pour devenir étudiant en médecine, sa vie a basculé, ainsi qu'il l'explique dans ses *Mémoires* : « Un soir, j'allai à l'Opéra. On y jouait *Les Danaïdes*, de Salieri. La pompe, l'éclat du spectacle, la masse harmonieuse de l'orchestre et des chœurs, le talent pathétique de Mme Branchu, sa voix extraordinaire [...] me mirent dans un état de trouble et d'exaltation que je n'essayerai pas de décrire[1]. » Ses goûts musicaux se développèrent à partir des œuvres de Gluck, de ses contemporains et de Spontini, tandis qu'il manifesta une aversion immédiate pour l'opéra italien, se trouvant à contre-courant de la rossinimanie (cf. 5.6). En 1823, âgé de 19 ans, il commença sa carrière de critique par ces mots : « Qui pourrait nier que tous les opéras de Rossini pris ensemble ne sauraient supporter la comparaison avec une ligne de récitatifs de Gluck, trois mesures de chant de Mozart ou de Spontini et le moindre chœur de Le Sueur ! Du moins c'est mon avis, et je ne suis pas fanatique de la musique française » (*Le Corsaire*, 12 août 1823). Romantique dans l'âme, il admire l'opéra classique, ou néoclassique (cf. Introd.), – préférence qui va contribuer à la conception de son chef-d'œuvre lyrique, *Les Troyens*.

Devenu élève de Jean-François Le Sueur au Conservatoire, il s'essaie aux grandes formes – une *Messe solennelle*, un oratorio (perdu) et trois ouvrages lyriques : *Estelle et Némorin* (1823, perdu), basé sur un roman de Florian ; *Richard en Palestine* (1826, probablement pas commencé), d'après Walter Scott ; *Les Francs-juges* (achevé mais dont il ne reste que des fragments). Ce dernier témoigne de l'assimilation du *Freischütz* de Weber (cf. 5.2), constituant le premier d'une série de coups de foudre qui vont illuminer l'horizon artistique de Berlioz (les autres étant Shakespeare, Beethoven et le *Faust* de Goethe). La version primitive des *Francs-juges*, sous forme d'opéra-comique, était destinée à l'Odéon, mais les espérances de Berlioz se sont révélées vaines[2]. En 1829, il pensa remanier sa partition en y ajoutant des récitatifs, mais l'Opéra refusa le livret. Il faut dire que le poète Humbert Ferrand, ami de Berlioz, était inconnu et son livret plutôt verbeux. Les fragments qui nous sont parvenus sont néanmoins emprunts de théâtralité. L'ouverture fut publiée comme Œuvre 3 et la Marche des Gardes devint la Marche au Supplice de la *Symphonie fantastique*. Quelques éléments musicaux passèrent dans l'Oraison funèbre de la *Symphonie funèbre et triomphale*. L'intermède que Berlioz tira des *Francs-juges* (*Le Cri de guerre de Brisgaw*, 1833-1834) laissa l'Opéra indifférent. Un autre essai dans cette forme, *Érigone*, « Intermède antique » (*ca* 1838), resta inachevé.

Benvenuto Cellini. Entre Halévy (1819) et Thomas (1832), Berlioz fut le seul lauréat du Prix de Rome (1830) dont un ouvrage fut représenté à l'Opéra. En effet, bien que conçu pour l'Opéra-Comique, avec dialogues parlés, *Benvenuto Cellini* a été accepté par la grande institution. À part l'ajout obligatoire de récitatifs, Berlioz n'a fait qu'une concession au goût du temps : il remplaça une Romance écrite pour le rôle de Teresa (assez originale et remaniée pour violon sous le titre de *Rêverie et caprice*) par une cavatine (Larghetto) suivie d'un Allegro plein de jolies roulades. Excepté l'ouverture et l'air d'Ascanio chanté par Rosine Stoltz, l'œuvre ne fut qu'une « chute éclatante », selon les propres mots de Berlioz, comptabilisant seulement trois représentations en 1838 et une quatrième en 1839, après une interruption causée par Gilbert Duprez, qui céda le rôle de Cellini à Alexis Dupont. Berlioz s'est plaint de l'indifférence des musiciens, qui attendaient un échec, et des *tempi* léthargiques adoptés par Habeneck. Le caractère de l'ouvrage, sorte d'opéra *semi-seria* d'une très forte originalité dramaturgique et musicale, a joué en sa défaveur. Le livret, commencé par Alfred de Vigny, écrit pour l'essentiel par Auguste Barbier et Léon de Wailly, ne se conforme pas aux attentes d'un public accoutumé aux grandeurs historiques de Rossini, Meyerbeer et Halévy. Quelques expressions et des éléments comiques ont pu sembler inapproprié : relevons la petite farce du cabaretier, un solo d'ophicléide satirique et l'admirable duo d'amour se transformant en trio (le rival de Cellini écoutant et répétant les détails d'une assignation). Malgré les éléments relevant de la comédie, le meurtre de l'ami du rival par Cellini pendant le grand tableau du Carnaval romain fait basculer l'intrigue dans le tragique. Enfin, autre élément inattendu, le triomphe de Cellini, parvenu à façonner la statue de Persée, devient un péan aux arts en guise de conclusion de l'opéra. *Benvenuto* reste aujourd'hui une partition difficile. En 1838, l'élément symphonique était proprement extraordinaire : le Carnaval, le grand sextuor avec le développement du thème pontifical de l'ouverture, la musique orchestrale accompagnant la création de la statue, ont offert des arguments à ceux qui ne voyaient en Berlioz qu'une sorte de compositeur allemand, et à ceux qui le considéraient (cela est toujours valable aujourd'hui) inapte au théâtre[3]. Pourtant, l'œuvre constitue l'un des sommets de son imagination fébrile : « Je ne puis m'empêcher, écrivit Berlioz lui-même en relisant sa partition, d'y rencontrer une variété d'idées, une verve impétueuse, et un éclat de coloris musical que je ne retrouverai peut-être jamais[4]. » Exilé des théâtres parisiens, *Benvenuto* a trouvé un sauveur en Liszt, à Weimar. Après plusieurs remaniements du dernier acte, l'opéra a rencontré son public en Allemagne, surtout après la reprise dirigée par Hans von Bülow (Hanovre, 1879). Avec la renaissance de l'intérêt pour Berlioz, la version avec dialogues parlés a été restaurée et enregistrée sous la direction de Colin Davis à Londres (Royal Opera House, 1972). La parution de la *New Berlioz Edition*[5], toutes variantes comprises, offre désormais aux chefs et aux metteurs en scène de quoi construire leur propre « route » dans cette partition.

De La Nonne sanglante à La Damnation de Faust. Berlioz gardait toujours l'ambition de passer d'une carrière au concert à une carrière au théâtre. En 1838, il essaya en vain de devenir directeur du Théâtre-Italien. En 1841, l'Opéra lui commanda les récitatifs pour *Le Freischütz* et l'instrumentation de l'*Invitation à la valse* pour un ballet[6]. En 1841-1842, il travailla sur un livret de Scribe, *La Nonne sanglante*, que l'Opéra avait accepté. D'après ses dires, il aurait écrit deux actes. Si le deuxième n'a laissé aucune trace, si l'ouverture manque, le premier acte, en revanche, est complet[7]. Après un long silence, l'Opéra fit à Berlioz, en 1847, une demande impossible à tenir : entrer en répétition « immédiatement » (le livret était alors inachevé). Berlioz allait se consoler après la création de la version de Gounod (O, 1854), notant dans ses *Mémoires* que le livret « a paru si platement monotone, que je dois m'estimer heureux de ne l'avoir pas conservé[8] ».

La froide réception de *La Damnation de Faust* fut autrement plus triste pour lui. Cet ouvrage, qu'il appela tout d'abord « opéra de concert » avant de choisir le sous-titre moins ambigu de « légende dramatique », eut sa première exécution le 6 décembre 1846 sous la forme d'un concert à l'Opéra-Comique, en dehors de la saison du théâtre. Les critiques furent plutôt positives, mais les recettes misérables ne couvrirent pas les frais engagés par Berlioz, qui se trouva ruiné : « Rien dans ma carrière d'artiste ne m'a plus profondément blessé que cette indifférence inattendue[9]. » En 1847, Berlioz accepta un poste de directeur de musique à Londres. Là, il dirigea deux opéras de Donizetti, *The Maid of Honour* de Balfe et *Figaro* de Mozart, tandis qu'il correspondait avec Scribe sur une nouvelle version de *La Damnation*, devenue un vrai opéra sous le titre de *Méphistophélès*. Johann Baptist Pischek devait chanter le démon et, pour lui, Berlioz proposa d'ajouter un grand air en deux parties à sa partition. La banqueroute de l'impresario Louis-Antoine Jullien mit fin au projet pour lequel Berlioz envisageait de mettre en musique d'autres scènes du *Faust* de Goethe[10]. Il dirigea *La Damnation* (ou les deux premières parties) plusieurs fois, toujours comme « opéra de concert ». Comprenant des airs, chœurs (la plupart pour hommes), ensembles vocaux et morceaux instrumentaux, l'ouvrage prend une forme superficiellement théâtrale. Il reste problématique à quelques endroits pour la mise en scène, qui demande des changements très rapides : dans la 2e partie, le cabinet de Faust, la cave de Leipzig et les bords de l'Elbe ; dans la 4e partie, deux scènes (Romance de Marguerite, Faust seul invoquant la nature) liées par un seul *sol* dièse isolé des altos, puis la course à l'abîme, l'enfer et le ciel. La 3e partie contient deux scènes qui doivent être comprises par le spectateur comme se déroulant dans un même moment (la chambre de Marguerite ; la rue où Méphistophélès chante sa sérénade). Si la plupart des exécutions se font au concert, la réception de *La Damnation* comprend aussi la version opératique de Raoul Gunsbourg (MC, 1893), suivie de plusieurs autres, plus ou moins fidèles à la partition et plus ou moins satisfaisantes comme expériences théâtrales.

Après son *Te Deum* (1849), Berlioz pensait renoncer à la composition, mais en 1850, il commença la musique qui mena, en 1854, à une « Trilogie sacrée », *L'Enfance du Christ*. Cet ouvrage comprend un air (Hérode), des duos (Marie, Joseph), plusieurs chœurs, une marche et une danse – éléments constitutifs d'un opéra, mais encadrés par un récitant (un évangéliste chanté par un ténor), qui fait de cet ouvrage un oratorio, alors même que la partition comprend des indications scéniques. Pendant ces années, occupé à Paris par sa Société philharmonique, et souvent en déplacement à Londres ou en Allemagne, Berlioz se détourna de ses idées de grand opéra. Mais la réussite de *Benvenuto* à Weimar et l'encouragement de la princesse Carolyne Sayn-Wittgenstein, amie intime de Liszt, finirent par le convaincre d'écrire *Les Troyens*, sujet qui l'occupait probablement depuis sa jeunesse, lorsqu'il lisait Virgile avec son père et pleurait le triste sort de Didon.

Les Troyens. Déjà, avec *La Damnation*, Berlioz avait trouvé suffisamment de confiance en lui pour écrire la poésie destinée à sa propre musique (il avait perdu contact avec son poète Almire Gandonnière pendant son deuxième voyage en Allemagne en 1845-1846). Se trouvant sans paroles pour continuer à composer, il avait écrit les vers exquis de l'Invocation à la nature. Puis, comme Wagner, il devint son propre librettiste et écrivit les textes de *L'Enfance*, des *Troyens* et de *Béatrice et Bénédict*. Sauf quelques modifications effectuées plus tard, la partition fut composée entre août 1856 et avril 1858. La forme en cinq actes et en grands tableaux, le sort des nations et des personnages héroïques, la mort des femmes : tout semble proposer un « oui » à la question : est-ce que *Les Troyens* est un grand opéra ? Mais un « non » est aussi possible. Un grand opéra, même avec un élément surnaturel (*Robert le Diable*), préfère l'histoire du monde chrétien aux mythes du monde ancien, perçus comme appartenant à la tragédie lyrique de l'époque de Gluck (cf. 3.1).

Après des tergiversations, l'Opéra décida de monter *Tannhäuser* en 1861. Sa chute fut de mauvais augure pour un autre opéra associé à l'école « moderne », vue comme excentrique et, malgré la nationalité de Berlioz, allemande. L'Opéra était le seul théâtre disposant des moyens nécessaires pour représenter la grande marche de l'acte I et la chute de Troie. La fin de l'acte II, avec la mort de Cassandre et le passage de Troie à Carthage, allait offrir aux théâtres un prétexte pour diviser l'opéra en deux parties. Finalement, la seconde partie, actes III à V, fut seule représentée en 1863 sur la scène du Théâtre-Lyrique, sous le titre *Les Troyens à Carthage*. Ces deux actes sont globalement moins difficiles que ceux de la première partie, la vision de Rome à la dernière scène et la Chasse royale et orage précédant l'acte IV exceptés. Avec ses nymphes et satyres, ses fanfares derrière la scène, ses ruisseaux subitement en crue, cette Chasse posait de nombreux problèmes. Elle disparut presque immédiatement des représentations.

Berlioz avait la chance d'avoir une superbe Didon, Anne Charton-Demeur, qui en 1862 avait déjà créé le rôle principal de *Béatrice et Bénédict*. Il avait réussi à résister aux souhaits de Pauline Viardot et de Rosine Stoltz d'interpréter ce personnage (il ne pouvait

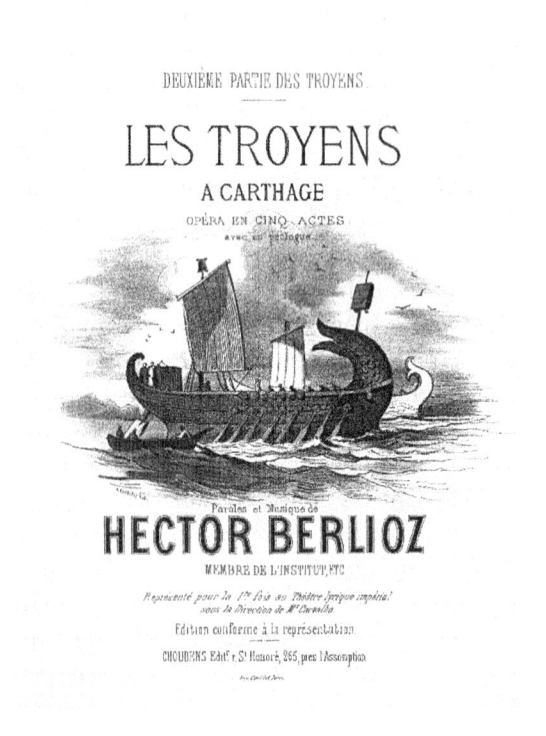

H. Berlioz, *Les Troyens à Carthage*, Paris : Choudens, [1863], 1re de couverture ill.

que constater « du temps l'irréparable outrage[11] » !). Les autres chanteurs furent à la hauteur, mais la mise en scène « fut tout autre que celle que j'avais indiquée, commenta Berlioz, elle fut même absurde en certains endroits et ridicule dans d'autres[12] ». Malgré le martyre du créateur – voir son opéra coupé en deux puis de plus en plus raccourci par le directeur Léon Carvalho –, Berlioz retira quelques bienfaits de cette aventure. Avec 22 représentations, il gagna assez d'argent pour abandonner son métier de feuilletoniste. Par ailleurs, il obtint le respect des connaisseurs, Meyerbeer compris. Quelques critiques surent dépasser le jugement à l'emporte-pièce de nombre de chroniqueurs, qui voyaient dans la partition l'œuvre d'un symphoniste plutôt que celle d'un auteur dramatique[13]. Berlioz n'imite pas l'ambition tétralogique et symphonique de Wagner. S'il use de motifs musicaux représentant des personnages ou des idées, son modèle provient plutôt de Méhul et de Weber[14] (cf. 3.6).

Les Troyens comprend de grands tableaux comparables à ceux d'autres grands opéras, divisés en airs, ensembles, chœurs, et numéros dansés. Durant environ quatre heures et quelques minutes, l'ouvrage complet n'est pas plus long que les grands opéras de Meyerbeer. Mais il ne compte aucun de ces passages vocalisés, que Berlioz a souvent critiqués, même dans le *Don Giovanni* de Mozart[15], et qui constituaient des éléments importants pour séduire le public du XIXe siècle. La grandeur de la conception et la sévérité gluckiste de quelques scènes constituent une expérience lyrique d'une autre nature que celle des opéras de ses contemporains italiens ou français. Si Berlioz n'ambitionne pas la représentation d'un sujet historique (comme dans les *Huguenots*) mais vise plutôt à la création d'une dimension épique, il a néanmoins introduit deux chants nationaux d'une grandeur appropriée au Second Empire, le chœur « Gloire à Didon » (acte III) et la Marche troyenne. Dans un épilogue heureusement supprimé, Berlioz proposait une parade de héros romains et l'apparition de Virgile.

Berlioz n'a jamais entendu les deux premiers actes devenus *La Prise de Troie*, sauf un extrait chanté par Viardot. Après sa mort, ces actes furent donnés en concert, par Pasdeloup et Colonne (1879). La première représentation de l'œuvre intégrale fut dirigée par Felix Mottl à Karlsruhe, divisés en deux, les 6 et 7 décembre 1890. Les représentations en cinq actes sans aucune coupure sont restées rares ; même l'Opéra de Paris n'offrit à partir de 1921 qu'une version condensée[16]. La partition a longtemps été discutée. En Angleterre, la version du Royal Opera dirigée par Rafael Kubelik (1957) a inspiré une génération d'enthousiastes et de savants. Les nouvelles représentations au théâtre et les enregistrements de Davis, John Eliot Gardiner et John Nelson ont fait évoluer l'opinion courante qui reconnaît enfin *Les Troyens* comme une tragédie lyrique sans pareille au XIXe siècle.

Béatrice et Bénédict. Berlioz manifesta l'ambition quasi wagnérienne de contrôler chaque aspect du drame : « Je ne pourrais donner l'essor à ma pensée dans ce genre de composition, qu'en me supposant maître absolu d'un grand théâtre, comme je suis maître de mon orchestre[17]. » C'est à propos des *Troyens* que Berlioz a exprimé ce désir de devenir « maître absolu ». Avec *Béatrice et Bénédict*, il exerça enfin un contrôle comparable à celui de Wagner à Bayreuth. Cet opéra-comique, non moins surprenant comme fin de carrière que le *Falstaff* de Verdi, réalise un projet longuement mûri, de faire chanter la comédie de Shakespeare *Much Ado about Nothing* (*Beaucoup de Bruit pour rien*). C'est le seul ouvrage significatif de Berlioz dont la première n'eut pas lieu à Paris. Commandé par Édouard Bénazet à Bade (cf. 15.1), cet ouvrage est « gai, mordant et par instants poétique[18] » (cf. 3.1). Berlioz a évacué les composantes plus graves de la pièce, conservant Héro, jeune femme naïvement heureuse de se marier, opposée à la mordante Béatrice, et introduisant un élément comique, le maître de chapelle Somarone avec son « épithalame grotesque » et sa chanson à boire. Lors de la création en 1862, les critiques parisiens « louèrent chaudement la musique »[19]. L'ouvrage fut repris en 1863 à Bade avec deux morceaux nouveaux à l'acte II. La scène héroïque de Béatrice, avec l'air « Je m'en souviens », durant lequel elle admet avec une certaine honte son amour pour Bénédict, fait entendre un Berlioz presque féministe – conception éloignée de celle de Shakespeare.

Berlioz a vécu plus d'échecs que de réussites. L'histoire du « grand romantique français » (cf. Introd., 21.1) est celle d'une désillusion. La postérité a recomposé son destin en percevant enfin la grandeur sublime et la fantaisie créatrice d'une production hors normes et hors genres (cf. 3.1). C'est seulement après sa mort que *La Damnation* est devenue aussi populaire que la *Symphonie fantastique* et ses ouvertures. Hors de l'Allemagne, *Benvenuto* a longtemps langui ; *Béatrice* a dû attendre la « renaissance Berlioz » et *Les Troyens* est encore rarement vu ou entendu dans son intégralité. À partir des centenaires de sa naissance (1903) et de sa mort (1969), son « imaginaire dramatique », qui touche toute sa production, a enfin acquis droit de cité au théâtre, comme autrefois au concert.

Entre conventions et innovations : Bizet avant 1870 (L. A. Wright)

Lorsque Georges Bizet, âgé de moins de dix-neuf ans, remporte le Prix de Rome en 1857, les Bouffes-Parisiens viennent de mettre en scène son deuxième opéra, *Le Docteur Miracle*. Il va vite se rendre compte que « certaines fibres dramatiques[20] » sont au cœur de sa nature musicale. Avant 1870, il comptera à son actif six ouvrages lyriques achevés, le grand opéra *Noé* de son maître Fromental Halévy, qu'il a complété, plus cinq œuvres qui subsistent aujourd'hui sous forme de fragments[21]. Ses lettres et la presse font référence à d'autres projets encore. Au cours de ces années, le style de Bizet devient de plus en plus ferme et personnel. Il maîtrise le rythme dramatique et parvient à assimiler jusqu'à les faire siennes les qualités et les techniques d'autres compositeurs, en particulier Gounod, mais aussi Félicien David, Halévy, Meyerbeer, Rossini, Donizetti et Verdi.

Les circonstances de l'écriture de son premier ouvrage, *La Maison du docteur* (*ca* 1854-1855), sont inconnues[22]. Gounod lui a peut-être suggéré l'idée de cet opéra de salon (cf. 10.4). Les annotations sur le manuscrit pour chant et piano suggèrent qu'il pourrait avoir été interprété en privé par ses camarades et peut-être ses professeurs au Conservatoire. Le livret en un acte raconte l'histoire d'un père (basse) qui veut que sa fille (soprano) épouse un homme âgé riche (baryton), même si elle aime déjà un jeune étranger (ténor). Sur ces clichés comiques, Bizet écrit des couplets appropriés, un trio efficace, un air, un bref duo amoureux, un duo comique pour les rivaux masculins et un final.

Le Docteur Miracle a remporté le premier prix ex-aequo avec une autre partition écrite sur le même livret par Charles Lecocq au concours organisé par Offenbach pour lancer son théâtre des Bouffes-Parisiens. Il est composé de six numéros principaux (plusieurs d'entre eux assez étendus). L'œuvre en un acte montre un progrès considérable dans le rythme comique, la maîtrise de l'écriture vocale et des textures, et la capacité à façonner, à partir d'un livret bien construit, des idées musicales appropriées aux situations et aux personnages. Le point culminant est le Quatuor de l'omelette, qui parodie le grand opéra et inclut une polyphonie absurdement et irrésistiblement développée.

Installé à Rome, Bizet compose en 1858-1859 un *opera buffa* italien en deux actes, *Don Procopio* (MC, 1906). Bien que manquant de récitatifs et d'ouverture, la partition de douze numéros dépasse l'heure. De plus en plus autocritique et de moins en moins confiant en sa facilité naturelle, Bizet a réfléchi à sa place dans le monde musical et à son aisance dans la musique bouffe. En mars 1859, il exulte : « J'ai enfin découvert ce *sésame* tant cherché. J'ai dans mon opéra une douzaine de motifs, mais des vrais, rythmés et faciles à retenir, et pourtant je n'ai fait aucune concession à mon goût[23]. » En créant une couleur italienne personnelle, basée principalement sur Rossini et Donizetti, et en assi-

G. Bizet, *Les Pêcheurs de perles*, cht-p., Paris : Choudens, [1863], 1ʳᵉ page de couv. ill.

milant les formes, les techniques vocales, les types mélodiques, les formules d'accompagnement et les textures de la tradition italienne, il cherche aussi à se libérer de l'influence de Gounod[24].

Léon Carvalho, directeur du Théâtre-Lyrique, commande en avril 1863 un ouvrage important à Bizet revenu à Paris. Le jeune compositeur devient le premier à bénéficier de la nouvelle obligation faite à ce théâtre (liée à une subvention gouvernementale) de présenter au moins une œuvre en trois actes par année écrite par un lauréat du Prix de Rome. D'abord situé au Mexique, le décor des *Pêcheurs de perles* (créé le 30 septembre 1863) passe à l'île de Ceylan, peut-être dans l'espoir de profiter de la popularité de *Lalla-Roukh* de Félicien David (OC, 1862). L'intrigue est façonnée à partir de plusieurs modèles dont *La Vestale* (O, 1807)[25].

Après la première, certains critiques attaqueront le livret, trouvant l'intrigue obscure et dénonçant l'usage de clichés ; d'autres reconnaîtront son intérêt dans la distribution des solos et des ensembles, et la présentation de situations dramatiques fortes. Pour écrire et orchestrer sa partition dès le mois d'août, Bizet emprunte à des œuvres inédites et probablement à son dernier envoi de Rome, *La Guzla de l'émir* (1862), aujourd'hui disparu. Pendant les répétitions, le dialogue parlé est remplacé par le récitatif et de nombreux aménagements sont pratiqués[26]. Conscient de sa chance, Bizet remplit les quinze numéros de sa partition d'idées, d'énergie et de couleurs. La presse a l'habitude de rechercher les influences musicales dans le travail de tout débutant[27] ; c'est donc ce qu'elle fait pour cette partition ; mais cette fois-ci, elle dénonce aussi la liberté dont Bizet fait preuve vis-à-vis des genres conventionnels ; elle lui reproche encore son ambition et trouve sa partition trop difficile et trop bruyante. Ce débutant audacieux cherche à s'approprier l'intensité du grand opéra et tente les « plus grands effets dramatiques », selon Johannès Weber (*Le Temps*, 6 oct. 1863). Les numéros plus lyriques ou exotiques sont mieux appréciés. Insatisfait, ou pressé par le directeur, touché par les réactions du public et de la presse, Bizet va pratiquer des coupures[28]. Finalement, il regardera la disparition des *Pêcheurs* de l'affiche comme « une chute honorable[29] » et reconnaîtra être satisfait de cinq numéros[30]. Trois sont des airs contemplatifs (un dans chaque acte). Le plus mémorable est la romance de Nadir (acte I), colorée par le cor anglais et comportant une ligne vocale p et pp qui flotte langoureusement au-dessus d'un accompagnement de barcarolle[31]. La Cavatine de Léïla, acte II, est un solo de soprano élégant, coloré par un cor solo. En ouverture de l'acte III, l'air de Zurga dépeint de façon émouvante le tumulte intérieur du baryton qui fait écho à l'orage finissant. Parmi ses ensembles, Bizet n'approuve que la première partie du duo de l'acte I durant lequel Nadir et Zurga se souviennent du moment où ils ont vu pour la première fois une femme belle comme une déesse (Léïla). Bizet cite encore au début de l'acte II le chœur chanté « L'ombre descend des cieux », dont le style exotique (quintes à vide et motif rythmique ostinato renforcé par un tambour de basque avec interjections de piccolos) a été popularisé par Félicien David. Ne sont pas mentionnées les idées récurrentes (notamment le « motif de la déesse »), le récitatif remarquable menant au duo Nadir/Zurga, ou la musique d'entrée de Léïla, également présente dans le prélude. Il aurait aussi pu se féliciter des mélodies larges et de la puissance dramatique du duo Léïla/Nadir de l'acte II ou du coloris de la chanson hors scène de Nadir, avec ses ornements mélodiques exotiques et son mètre original alternant 9/8 et 12/8. Même si Bizet a échoué à séduire le public et la plupart des critiques de 1863, il a été pris au sérieux. *Les Pêcheurs* témoigne de sa capacité à organiser des formes lyriques variées et des affects diversifiés et contrastés, à rythmer efficacement une œuvre aux larges proportions, riche en mélodies, à utiliser magistralement les couleurs orchestrales et à créer une fusion personnelle des influences de Gounod, David, Halévy et Meyerbeer.

Entre 1864 et 1865, Bizet travaille à un ouvrage en cinq actes, *Ivan IV* (créé à Bordeaux en 1951 dans une version d'Henri Busser), sur un livret que Gounod avait abandonné en juin 1863. Commandée par Carvalho après *Les Pêcheurs*[32], la partition de Bizet fait appel à de grands effectifs et repose sur des ensembles multipartites étendus et des numéros solos d'envergure. Carvalho a dû se rendre compte que la diminution des ressources du Théâtre-Lyrique ne pouvait répondre aux exigences d'une telle partition. Il repousse à plusieurs reprises les répétitions jusqu'à ce que le compositeur furieux propose *Ivan IV* à l'Opéra où il est refusé (décembre 1865). La dramaturgie repose sur le modèle du grand opéra. Bizet mise sur le spectacle avec de vastes formes, des effets de masse, un rythme et des accents puissants plutôt que sur les interactions intimes. Un lyrisme fluide, une orchestration magistrale et de nombreux détails saillants donnent un cachet personnel à cette œuvre malgré son inscription dans une tradition établie. Les deux derniers numéros de l'acte V n'ont jamais été complètement terminés, pas plus qu'il n'y a d'ouverture ou de ballet. En outre, *Ivan IV* n'a pas été porté sur le théâtre, moment essentiel qui aurait pu amener Bizet à corriger certains défauts, comme la faiblesse des fins d'acte[33], qui pourtant commencent bien. Le premier débute par un beau chœur de femmes et un duo pour deux sopranos (proche du style de Meyerbeer, ce duo sera transcrit pour les bois et recyclé dans le prélude de *La Jolie Fille de Perth*). L'acte IV, le plus fort, et l'acte V, le plus faible, commencent bien aussi : dans le premier, le jeune Bulgare chante une barcarolle avec accompagnement choral, et dans le second, une marche charmante soutient la conversation de deux sentinelles. Cette vignette militaire savamment orchestrée, reprise par la suite pour « Trompette et tambour » dans *Jeux d'enfants*, ressemble à un morceau d'opéra-comique. Dans une autre pièce mélodieuse et accessible située à l'acte II, un jeune Bulgare divertit la cour de Russie avec un air (« Ouvre ton cœur » – boléro emprunté à l'ode-symphonie *Vasco de Gama* datant de 1860). À l'acte IV, l'air nostalgique du ténor, soutenu par le cor, semble un avant-goût de la prière de Micaela dans *Carmen*, marquée par l'influence de Gounod. L'examen de cette œuvre peu connue révèle également de nombreux passages réussis, des sections frappantes de grands ensembles et des motifs saisissants (comme la mélodie glissante du conspirateur Yorloff qui ressemble étrangement à celle de Sparafucile dans *Rigoletto*).

Au grand dam de Bizet, *Ivan IV* n'a jamais été joué de son vivant, mais en 1866, Carvalho lui a offert un livret en quatre actes, *La Jolie Fille de Perth* (TL, 1867), inspiré de Walter Scott. Lors de sa création, le style léger et accessible de l'œuvre (proche de celui d'un opéra-comique) est salué comme plus mélodieux que *Les Pêcheurs de perles* et moins surchargé d'effets orchestraux massifs. Bien que satisfait de l'accueil réservé par la critique à *La Jolie Fille*, Bizet va regretter ses concessions, notamment la polonaise de Catherine avec des roulades, le quatuor italien et la « forme usée de certaines choses[34] ». Cependant, on peut constater qu'il a assimilé les styles et les idées de Gounod (les duos lyriques pour Catherine et Smith dans les actes I et IV – ce dernier anticipant le caractère et l'écriture vocale du duo Micaëla-Don José dans *Carmen* – et le Chœur de la Saint-Valentin, cousin du Chœur des magnanarelles de *Mireille*) ; de Verdi (la tension dramatique du trio de l'acte I, avec Smith martelant les temps forts sur son enclume pendant que le Duc met Catherine au pied du mur, et le quatuor qui suit, inspiré de *Rigoletto*) ; et d'Auber dans *Le Domino noir*, ou peut-être Mozart dans *Don Giovanni* (un menuet gracieux est joué en coulisse, acte III, et sous-tend la cour que fait le duc à la fausse Catherine – Mab). Les vingt-cinq numéros, souvent assez brefs, présentent une richesse mélodique inépuisable et une orchestration ingénieuse. Cette fois-ci, Bizet se montre satisfait d'une demi-douzaine de numéros : le duo d'amour de Smith et Catherine à l'acte I (surtout l'idée principale) ; à l'acte II, la marche de la patrouille de nuit, la Danse bohémienne avec un accelerando irrésistible (qui préfigure une scène équivalente dans *Carmen*) et l'air de basse de Ralph, éméché, pleurant sur son amour non partagé ; le duo de séduction de Mab et du duc à l'acte III ; et à l'acte IV, le duo Smith-Ralph avec chœur, et le Chœur de la Saint-Valentin[35]. Il ne dit rien de son prélude, du motif de séduction du Duc, de la sérénade de Smith (empruntée à *Don Procopio*), ni d'un final concis (qui vient couronner l'inspiration soutenue de l'acte II), qui réunit le motif de séduction du Duc, l'air d'ivresse de Ralph et la sérénade de Smith. À la fin de l'opéra, la troisième et dernière utilisation de la sérénade a pour effet le retour à la raison de Catherine après une scène brève et virtuose – une des concessions de Bizet – qui retarde l'action alors qu'elle devrait s'accélérer vers la chute finale.

Bizet n'a pas trente ans quand *La Jolie Fille de Perth* est créé. Il a mûri et bénéficie désormais d'une véritable expérience du théâtre. Il s'attend à juste titre à un succès et pourtant ce nouvel ouvrage ne va pas aller au-delà de dix-huit représentations et va échouer à Bruxelles en 1868. « Il y laissa la fleur de sa gaieté première, témoigne Pierre Berton, la belle confiance de son jeune temps, et dès lors, je vis se marquer sur son front un pli soucieux qui ne devait plus s'effacer[36]. » Parmi les œuvres lyriques de la première période de la carrière de Bizet, seul *Les Pêcheurs de perles* occupe une place au répertoire actuel. Ses autres partitions regorgent pourtant d'idées, d'ensembles dramatiques, de chœurs évocateurs, de mélodies séduisantes et personnelles. Elles témoignent d'une science du rythme scénique dans nombre de numéros et une maîtrise exceptionnelle de la couleur orchestrale. Peut-être s'y montre-t-il encore trop attaché aux conventions pour que la postérité leur accorde une reconnaissance durable. Il devient en tous les cas aux yeux de la presse comme de ses collègues l'un des chefs de file de ce que l'on désigne alors comme la jeune école (cf. 10.2).

(Traduction Hervé Lacombe)

8.6 Un nouveau genre : l'opérette
Jean-Claude Yon et Pierre Girod

En 1886, ayant à rendre compte d'une reprise de *La Belle Hélène* aux Variétés, Jules Lemaître présentait l'opérette comme le « seul genre dramatique relativement nouveau qu'ait produit la seconde moitié du siècle (la première ayant inventé le drame romantique)[1] ». Sous la plume d'un aussi bon connaisseur de la chose théâtrale, une telle consécration n'est pas à dédaigner. Elle permet en tout cas de mesurer combien l'apparition d'un nouveau genre dramatique et lyrique dans les années 1850 fut un événement considérable pour le monde des spectacles. Rétrospectivement, cette naissance semble le fruit de « cette époque néfaste et charmante où l'on prenait la vie si gaiement et avec une philosophie si dégagée[2] », si bien que l'opérette paraît intimement liée au régime de Napoléon III, au point d'en constituer en quelque sorte la « bande-son[3] ». Ce lien est en fait artificiel et l'on verra que, pour bien appréhender cette première période de l'histoire de l'opérette, il convient de franchir le cap du 4 septembre 1870 et de faire des incursions dans les années 1870.

Les premiers pas[4] (J.-C. Yon)

Il est toujours délicat d'expliquer une création – que ce soit celle d'un genre ou celle d'une œuvre. En l'occurrence, l'apparition de l'opérette dans le Paris des premières années de l'Empire, alors que le coup d'État du 2 décembre 1851 a été suivi par la mise en place d'un régime autoritaire, a pour explication première le parcours de deux musiciens attirés par la scène mais qui peinent à se faire jouer, Florimond Ronger dit Hervé et Jacques Offenbach. Face à ce nouveau continent qu'est l'opérette, Offenbach est « l'Amerigo Vespucci d'un genre dont Hervé avait été le Christophe Colomb[5] ». C'est en effet Hervé qui, le premier, obtient en février 1854 – alors que l'Empire entend appliquer avec fermeté le système du privilège – le droit d'ouvrir le Théâtre des Folies-

Concertantes, boulevard du Temple, dans une salle de spectacles-concerts (un type d'établissement apparu avec le développement des cafés-concerts). N'ayant droit qu'à des chansonnettes à deux exécutants et à des pantomimes, Hervé parvient néanmoins à séduire le public en montant des bouffonneries dont il est le compositeur, l'auteur et l'interprète et grâce auxquelles il gagne le surnom de « compositeur toqué » (titre d'une de ses pièces). En octobre 1854, la salle, embellie, devient le Théâtre des Folies-Nouvelles dont le répertoire continue d'exploiter une veine parodique et burlesque (*La Fine Fleur de l'Andalousie*, *Un drame en 1779*) devant un public de demi-mondaines attirées par les sucres d'orge à l'absinthe, la spécialité du lieu.

Hervé, *La Fine Fleur de l'Andalousie*, Paris : Killian, 1re page de couv. ill. (détail)

Le succès d'Hervé donne l'idée à Offenbach, alors chef d'orchestre de la Comédie-Française, de se faire attribuer un privilège similaire. Offenbach, comme Hervé, a frappé en vain aux portes de l'Opéra-Comique et du Théâtre-Lyrique. Comme son confrère, il veut créer un théâtre avant tout pour faire jouer sa musique. Cependant, plus malin que lui, il vise d'emblée un public élégant, ce qu'atteste le nom choisi pour son établissement – les Bouffes-Parisiens – qui induit un parallèle avec le Théâtre impérial italien fréquenté par l'élite mondaine. En outre, Offenbach profite de l'Exposition universelle de 1855 en ouvrant son théâtre au Carré Marigny, sur les Champs-Élysées, face au palais de l'Industrie où se tient l'Exposition. Dès le premier soir, le 5 juillet 1855, le succès est très grand, *Les Deux Aveugles*, une bouffonnerie, et *Une nuit blanche*, un délicat opéra-comique, se partageant l'affiche. L'hiver venant, les Bouffes-Parisiens migrent vers une salle plus centrale, au passage Choiseul, et l'année 1855 se termine par leur réouverture avec *Ba-Ta-Clan*, ébouriffante « chinoiserie musicale ».

La rivalité entre les Folies-Nouvelles et les Bouffes-Parisiens ne dure guère car la salle du boulevard du Temple est très affectée par l'emprisonnement d'Hervé à l'automne 1856 suite à une affaire de mœurs (elle devient le Théâtre Déjazet en 1859). Surtout, les Bouffes-Parisiens bénéficient des talents d'Offenbach, tout à la fois compositeur inspiré et habile directeur. Nouant un partenariat avec *Le Figaro* que Villemessant a fondé en 1854[6], le « petit Mozart des Champs-Élysées » (dixit Rossini) parvient à imposer son genre et son théâtre en organisant en 1856 un concours d'opérettes dont Bizet et Lecocq sont les vainqueurs ex-aequo et en montant Mozart (*L'Impresario*), Rossini (*Bruschino*) et le dernier ouvrage d'Adolphe Adam (*Les Pantins de Violette*). En août 1857, il peut écrire à Villemessant, non sans fierté, « que d'un rien j'ai fait quelque chose, et qu'entre mes mains, le *boui-boui*, comme on disait alors, pourrait bien être devenu un théâtre lyrique[7] ». Surtout, Offenbach, comme Hervé avant lui, s'ingénie à élargir son privilège. Une étape fondamentale est franchie en octobre 1858 avec *Orphée aux Enfers*, « opéra bouffon en deux actes et quatre tableaux » dont le succès, d'abord incertain, se transforme bientôt en triomphe et lance véritablement le nouveau genre.

G. Doré, « Les Bouffes parisiens. – Réouverture le 14 septembre », *Le Monde illustré*, 14 sept. 1861, p. 589.

Histoire d'un mot (J.-C. Yon)

Le genre pratiqué par Hervé et par Offenbach existe avant d'avoir un nom. Mais c'est bien le terme « opérette » qui va lui donner une identité. Si le mot n'apparaît sur l'affiche des Bouffes-Parisiens qu'en février 1856 (*Un postillon en gage*) et en mars sur celle des Folies-Nouvelles (*Madame Mascarille*), la presse l'utilise fréquemment depuis l'ouverture des deux théâtres. Au reste, le mot existait déjà, pour désigner des « avortons dramatiques » ou des « petits opéras sans importance »[8]. Dans les années 1850, il a pris une connotation plus positive en servant à qualifier les « opéras de salon » alors très appréciés (cf. 10.4). C'est sans doute cette utilisation par la bonne société qui conduit Offenbach à s'emparer du mot pour le concours qu'il organise en 1856. Certes, le texte accompagnant le concours assimile l'opérette au genre « primitif et vrai » de l'opéra-comique, ce qui n'aide guère à la définition du nouveau genre[9]. Par la suite, le musicien réserve le terme « opérette » aux pièces en un acte, sans connotation particulière puisqu'il écrit aussi bien des « opérettes-bouffes » (*Vent-du-Soir*, *Mesdames de la Halle*) qu'une « opérette fantastique » (*Les Trois Baisers du diable*). Pour ses ouvrages en plusieurs actes, il préfère – tout comme Hervé – l'appellation plus valorisante d'« opéra-bouffe »[10]. Si le mot opérette est d'abord assez neutre (Adam n'hésite pas à faire des *Pantins de Violette* une opérette-bouffe), il ne tarde pas à être dévalorisé par les multiples attaques subies par le nouveau genre, ce dont rend bien compte la façon dont les dictionnaires successifs le définissent à partir de 1855[11]. Malgré tout, le mot s'impose pour désigner le répertoire d'Offenbach, d'Hervé et de leurs rivaux et successeurs.

La vogue de l'opérette (J.-C. Yon)

Si l'opérette rencontre si rapidement les faveurs du public, c'est qu'elle profite d'une double conjoncture : d'une part, l'opéra-comique cherche à se rapprocher du grand opéra (ce que symbolise en 1854 la création de *L'Étoile du Nord* de Meyerbeer à la salle Favart, cf. 8.2) et, de l'autre, le vaudeville tend à perdre ses couplets chantés (peu appréciés par Labiche qui domine alors le genre). Il y a donc place pour des ouvrages légers où alternent le parler et le chanter, dans un esprit qui peut être soit bouffe soit sentimental. À la suite d'Hervé et d'Offenbach, d'autres compositeurs s'essaient au genre. Les Folies-Nouvelles et les Bouffes-Parisiens, du reste, n'ont été autorisés que parce qu'ils sont censés, dans l'esprit des pouvoirs publics, permettre à de jeunes compositeurs de faire leurs débuts à la scène. Jules Costé, Émile Jonas, Jules Duprato, Léon Gastinel, Gustave Héquet, Jules Alary comptent parmi les premiers compositeurs d'opérette, au sein desquels se détache Léo Delibes qui débute aux Folies-Nouvelles (*Deux sous de charbon*) et donne plusieurs pièces aux Bouffes-Parisiens (*Deux Vieilles Gardes*, *Le Bœuf Apis*)[12]. Dans un premier temps, Hervé étant cantonné aux cafés-concerts après sa sortie de prison, les destinées de l'opérette se confondent avec la carrière d'Offenbach et, du fait du système du privilège, avec la programmation des Bouffes-Parisiens où le musicien peine à renouveler le succès d'*Orphée aux Enfers*. La campagne de presse très violente qui accompagne ses débuts à l'Opéra-Comique, à la fin de 1860 avec *Barkouf*, illustre la mauvaise réputation qui s'attache dès cette époque à l'opérette. Berlioz évoquant « le genre des théâtres qu'on ne peut nommer » ajoute : « je n'en parle que par ouï-dire, car je ne le connais pas, je ne le connaîtrai jamais » (*JD*, 3 janv. 1861).

Le décret sur la liberté des théâtres du 6 janvier 1864 vient bouleverser la donne (cf. 1.2). En autorisant tous les théâtres à jouer tous les genres, il permet à l'opérette de largement se déployer – elle qui a déjà conquis les scènes de province et de l'étranger (en particulier à Vienne où Offenbach mène une carrière parallèle). Ainsi que l'écrit Hippolyte Hostein, « cette liberté a surtout profité à la musique. Son invasion croissante dans le théâtre contemporain est un caractère essentiel qu'il faut noter[13] ». Dès l'été 1863, Hervé avait sollicité de l'administration la création d'un « spectacle d'opérettes », se présentant comme le créateur de ce « genre éminemment français [...], genre gai, bouffe ou gracieux, et spirituel souvent[14] ». « Attendre la liberté des théâtres » avait noté en marge du courrier Camille Doucet. Grâce au décret de 1864, en effet, Hervé peut faire jouer son opérette-bouffe *Le Joueur de flûte* en avril 1864 au Théâtre des Variétés. Cependant, une fois de plus, Hervé ne fait que préparer le terrain à Offenbach : en décembre de la même année, la création aux Variétés de *La Belle Hélène* inaugure pour le compositeur d'*Orphée* et pour l'opérette une période triomphale. Les créations se suivent dans la salle du boulevard Montmartre (*Barbe-Bleue*, 1866 ; *La Grande-Duchesse de Gérolstein*, 1867 ; *La Périchole*, 1868 ; *Les Brigands*, 1869) et Offenbach implante l'opérette dans d'autres salles : Palais-Royal (*La Vie parisienne*, 1866), Menus-Plaisirs (*Geneviève de Brabant*, 1867). Hervé, lui, triomphe aux Folies-Dramatiques (*L'Œil crevé*, 1867 ; *Chilpéric*, 1868 ; *Le Petit Faust*, 1869 ; *Les Turcs*, 1869). À la rivalité des compositeurs correspond celle des interprètes, Hortense Schneider et Blanche d'Antigny.

Aux conversions de certains théâtres s'ajoute la création de salles qui cherchent à renouer avec l'opérette en un acte des débuts : Théâtre Saint-Germain (1864), Folies Saint-Antoine (1865), Fantaisies-Parisiennes (1865), Délassements-Comiques (1866), Nouveautés (1866), Athénée (1866), Théâtre Rossini (1867). À partir de mars 1867, les cafés-concerts, autorisés à présenter des spectacles avec décors et costumes, montent également des opérettes. Derrière Offenbach et Hervé, différents compositeurs se saisissent de ces nouvelles opportunités : Charles Lecocq avec *Fleur de thé* (Athénée, 1868), Émile Jonas avec *Le Canard à trois becs* (FD, 1869), Léo Delibes avec *La Cour du roi Pétaud* (TV, 1869). La guerre de 1870 ne marque une rupture qu'en apparence (cf. 10.3). Si l'opérette, accusée d'avoir contribué à la décadence du pays, est rendue responsable de la défaite, le genre – dont on annonce la mort pour ainsi dire depuis ses débuts – plaît toujours à un large public. Certes, il doit se transformer et s'assagir, mais tant les opéras-bouffes-féeries d'Offenbach à la Gaîté que les ouvrages lorgnant vers l'opéra-comique de Lecocq (*La Fille de Madame Angot* en 1873, *Le Petit Duc* en 1877) garantissent sa pérennité, alors qu'apparaissent de nouveaux compositeurs : Emmanuel Chabrier (*L'Étoile*, 1877), Robert Planquette (*Les Cloches de Corneville*, 1877), Louis Varney (*Les Mousquetaires au couvent*, 1880).

Un genre protéiforme (J.-C. Yon)

Dès son apparition, l'opérette se caractérise par sa plasticité, ce qui rend quasiment impossible d'en donner une définition. Deux tendances sont cependant repérables, l'une qui tire le genre vers l'extravagance, le burlesque et qui correspond plutôt à Hervé, l'autre qui se rapproche de l'opéra-comique et dont Lecocq se fera le représentant dans les années 1870. Le genre emprunte à coup sûr à l'opéra-comique vers lequel les compositeurs d'opérette lorgnent, une entrée à la salle Favart étant la consécration suprême. Mais il doit beaucoup au vaudeville (Labiche, du reste, a écrit des livrets d'opérette), à la féerie (par exemple pour le jeu constant sur le nom des personnages) et à la revue de fin d'année (en recourant à l'allusion, même si cela est moins fréquent qu'on l'a dit). Si Hervé a été très souvent son propre librettiste – ce qui a pu arriver à Offenbach –, l'opérette mobilise des dramaturges de valeur, dotés d'un solide métier : Nuitter, Tréfeu, Gille, Chivot et Duru, Crémieux, Moinaux, Noriac, Clairville, etc. – Meilhac et Halévy étant nettement au-dessus du lot. Du reste, les journaux, quand il s'agit de rendre compte d'une création, s'adressent parfois à leur critique dramatique, parfois à leur critique musical et parfois aux deux. Encore plus que l'opéra-comique, l'opérette appartient à parts égales au théâtre dramatique et au théâtre lyrique.

Si la place accordée à la parodie apparaît moins importante dès lors qu'on examine le répertoire en détail, la propension à tout parodier n'en est pas moins une caractéristique forte, très commentée par les contemporains. Parodique, irrévérencieuse, l'opérette, peu goûtée des censeurs qui remanient beaucoup les livrets sans mesurer le pouvoir de la musique, traite par la « blague » tous les sujets qu'elle aborde et son comique peut sembler pathologique, voire satanique. Jules Claretie écrit en mai 1868 : « J'ai dit que l'opérette avait nom parodie. Dans *La Belle Hélène*, c'était l'antiquité grecque qu'on envoyait aux Porcherons ; dans *Geneviève de Brabant*, c'est la chevalerie tout entière qu'on enfermait à Bicêtre ; dans *Le Pont des Soupirs*, c'est la Venise romantique à qui l'on fait danser une danse de Saint-Guy[15]. » Huit ans plus tard, Zola se place plutôt sur le terrain de la morale : « L'opérette est une ennemie publique qu'il faut étrangler derrière le trou du souffleur, comme une bête malfaisante. Elle est, à cette heure, la formule la plus populaire de la sottise française. [...] Et quels étranges succès, faits d'on ne sait quoi, qui s'allument et qui brûlent comme des traînées de poudre ! On peut le définir : la rencontre de la médiocrité facile d'un auteur avec la médiocrité complaisante d'un public. Les mots qui entrent dans toutes les intelligences, les airs qui s'ajustent à toutes les voix, tels sont les éléments dont se composent les engouements populaires[16]. » De telles condamnations empêchent de prendre conscience de la modernité de l'opérette, du moins de ses chefs-d'œuvre. Influencé par l'écriture de presse, le genre pratique volontiers la « pièce mal faite », en récusant l'héritage de Scribe, ce qui conduit Jules Lemaître à y voir (non sans témérité !) « à bien des égards [...] le précurseur du Théâtre-Libre[17] ». Le jeu avec les conventions théâtrales est permanent. Par ailleurs, là où bien des moralistes ne voient que grivoiserie ou licence, on peut déceler une mise en valeur de la femme et de son pouvoir sur les hommes très audacieuse pour l'époque. La critique du pouvoir, en outre, donne aux meilleures opérettes une force politique exceptionnelle, *La Grande-Duchesse de Gérolstein* étant ainsi sans doute la pièce la plus antimilitariste de tout le répertoire du XIXe siècle, tous genres confondus (ce qui explique son interdiction au début des années 1870).

La diffusion de l'opérette dans les départements entre 1860 et 1869 (P. Girod)

Afin d'établir la rapidité et l'ampleur de l'implantation de l'opérette dans le paysage musical français, il importe d'en étudier la diffusion dans les départements. *Le Midi artiste* nous a servi de source principale. Entre 1859 et 1870, il est l'hebdomadaire professionnel des agents dramatiques et publie les tableaux de troupe d'une centaine de villes métropolitaines et étrangères entretenant un théâtre français[18]. On observe au début des années 1860 une progression du nombre des villes accueillant une troupe dédiée au genre ou l'intégrant à la liste des genres abordés par la troupe lyrique. Un dépouillement aussi exhaustif que les collections de la BnF le permettent (398 tableaux publiés) indique que 25 % des troupes francophones jouent l'opérette en 1860 (saison d'été et saison 1860-1861) et 48 % en 1866. Cette proportion passe de 17,5 % à 40 % si l'on se restreint aux troupes lyriques (c'est-à-dire exécutant au moins des opéras-comiques sinon du grand opéra), et de 34 % à 58 % pour les autres. Les directeurs produisent ou non des opérettes selon la ville, la salle et la saison dont ils ont la responsabilité ; le cas échéant, ils embauchent pour la durée de la campagne théâtrale entre 5 et 11 artistes (effectifs constatés à Tulle et à Aix en 1862). Notons que la mention « opéra-bouffe » n'apparaît que très rarement ; de plus, quoique des scènes bouffes se retrouvent fréquemment dans les programmations, seul le Théâtre Royal de Gand choisit de le préciser en 1860. Cette même année, l'administration lilloise du Pré-Catelan tient à distinguer les opérettes des « petits opéras-comiques », ce qui tient probablement à la nécessité, pour jouer ce dernier type d'ouvrages, de faire appel à une basse et à une chanteuse légère – comme le fait alors la troupe bruxelloise des Galeries Saint-Hubert, et plus tard celle d'Ostende en 1866.

Sans même indiquer le genre comme faisant partie du cahier des charges, un directeur peut engager une poignée de chanteurs spécialisés, comme les époux Dalis, respectivement chargés des « rôles de genre, opérettes des premiers rôles de comédie » et « première soubrette, travestis, opérette » durant la saison d'été 1860 toulousaine puis des « Moreau-Sainti, ténor comique d'opérettes » et « des 2es chanteuses, 1re Dugazon d'opérette » à la rentrée suivante. Le bilan de la saison 1860-1861 du Capitole indique qu'on y a joué 14 opérettes au cours de 65 représentations ; parmi celles-ci, 5 pièces du répertoire des Bouffes Parisiens avaient déjà été montées sur ce théâtre, dont *Les Pantins de Violette* d'Adam, et l'on dénombre 6 nouveautés d'Offenbach contre une seulement pour Grisar, Poise et Léonce Cohen[19]. Une accélération notable se produit à l'occasion des tournées estivales. En mai 1858, soit quelques mois avant le succès déterminant d'*Orphée aux Enfers*, la troupe des Bouffes-Parisiens vint jouer 23 petits actes de son répertoire au Grand-Théâtre de Marseille[20]. De même, une poignée d'ouvrages en un acte alimentait régulièrement la programmation du Théâtre des Arts à Rouen lorsque la troupe parisienne vint diversifier les titres en mai 1866, concluant la série de représentations par un unique ouvrage en deux actes : *Orphée aux Enfers*[21]. Les mêmes artistes reviendront présenter *La Grande-Duchesse de Gérolstein* (TV, 1867) dans la foulée de sa création puis *Geneviève de Brabant* dans sa nouvelle version en mai 1868.

Caractéristiques musicales de l'opéra-bouffe 1867-1879 (P. Girod)

En 1865-1866, la troupe de Genève, qui était remarquablement stable depuis quatre saisons, accueille subitement pléthore de Trials, car la salle s'oriente vers l'opéra-bouffe (à commencer par *La Belle Hélène* d'Offenbach). Elle s'ouvre à l'opérette en 1874, avant de revenir vers l'opéra à partir de 1879[22]. Quoique n'étant pas représentative d'une tendance majoritaire, cette chronologie correspond fortuitement à l'histoire du genre. Hervé, comme l'avait fait Offenbach quelques années avant lui, produit ses premiers grands trois actes vers 1866-1867, dont les caractéristiques sont assez lisibles à travers la première révision de la *Geneviève de Brabant* d'Offenbach, opéra-comique *alla* Auber de 1859 mis à la mode du jour fin 1867. La ronde de Mathieu Laensberg (à propos d'un philtre) devient le rondo du pâté ; on ajoute une tyrolienne. L'analyse approfondie de la forme de toute une série d'opéras-bouffes ne permet pas, cependant, de faire émerger de constantes immuables et de définir une structure canonique, que ce soit dans l'enchaînement des numéros, la taille respective des finales ou le déroulement des grandes scènes continûment musicalisées. À observer les multiples remaniements des paroles et le nombre des nouveaux numéros composés lors des grandes reprises (par exemple celle de *Geneviève de Brabant* au Théâtre de la Gaîté[23] en 1875 ou celle du *Petit Faust* au Théâtre de la Porte Saint-Martin[24] en 1882), il semble que les œuvres ne doivent jamais se figer. Pourtant, il existe des contraintes communes à tous ces spectacles et quelques tendances fortes se dégagent nettement au sein du corpus, aussi les unes et les autres méritent-elles de rentrer dans la définition du genre.

D'abord, on y emploie beaucoup de ténors : Hervé se retrouve ainsi en 1860 à la tête d'une section de la troupe d'été à Orléans composée de quatre artistes dont trois ténors et une Dugazon – l'emploi féminin le plus courant dans l'opérette. À New York l'année précédente, une troupe se consacrant exclusivement à l'opérette employait trois hommes dont au moins deux ténors, et deux Dugazons. La spécialisation de ce personnel chantant est assez marquée, si bien que rares sont ceux qui peuvent tenir des rôles dans l'opéra-comique, en dehors des parties subalternes. De même que seuls les 1ers sujets masculins et féminins sont de véritables chanteurs d'opéras dans les troupes de province (le reste des artistes assumant à la fois des emplois dans l'opéra-comique et le vaudeville, voire la comédie et le drame), de même les troupes d'opérettes ne comportent qu'un ou deux sujets capables de se produire dans l'opéra-comique. D'ailleurs, présenter des ouvrages bouffes et de grand opéra sur le même théâtre n'est pas toujours évident : « Il faut un local spécial, explique Amédée Méreaux dans le *Journal de Rouen* du 2 février 1867, des artistes spéciaux et un public spécial. Si vous déplacez les œuvres toutes spéciales de ce genre, dit bouffe, ou plutôt bouffon, et excentrique de sa nature, si vous lui ôtez ses interprètes, vous la privez de ses effets. [...] Si la fin de la représentation [de *La Vie parisienne*] a provoqué des marques significatives d'improbation, cela tient surtout à ce que la pièce n'était pas dans son cadre sur le Théâtre-des-Arts. » Dans la plupart des grandes villes, comme à Paris, l'opéra-bouffe est joué sur une scène secondaire ; par conséquent, on ne dispose que d'une petite fosse et d'un orchestre de second rang. En chemin vers Montpellier, Hervé s'arrête à Toulouse pour deux représentations durant la saison d'été 1861 aux Variétés, mais « un orchestre de vaudeville insuffisant a mal servi les intentions de l'artiste parisien, qui n'a pu réaliser les effets dramatiques qu'il obtient habituellement » (*Le Midi artiste*, 4 août 1861). À Marseille, au théâtre du Gymnase, on prévoyait justement l'année précédente un « orchestre renforcé au mois de septembre pour les opérettes » (*Le Midi artiste*, 24 juin 1860). Hervé a également été mal secondé par une actrice locale, alors que le répertoire bouffe implique des qualités de jeu qui ne peuvent pas être compensées par les dispositions vocales et musicales, comme c'était parfois le cas dans les répertoires fondés sur la beauté du chant et portés par de véritables motifs lyriques – par opposition avec la simple musique de danse ordinairement associée aux opérettes d'Offenbach, dont l'élégance mélodique et la gaieté communicative ne rachètent pas toujours l'indigence ni l'inexpressivité de l'écriture vocale. Ainsi, écrit Léon Hilaire (*Le Midi artiste*, 7 juil. 1861, à propos de *Dragonette*), « Dalis est constamment le comédien remarquable et intelligent qui possède le secret de jouer les rôles les plus opposés avec un brio étourdissant. Métamorphosé en cantinière, cet artiste fait supporter par sa verve incroyable la médiocre partition d'Offenbach ». Le contre-emploi et le travestissement sont choses communes dans l'opérette, alors qu'à cette époque plus d'une jeune première rencontrait le succès dans l'opéra-comique grâce à une plastique avantageuse doublée d'une voix facile.

Il est normal pour une cantatrice de maîtriser la technique de la tyrolienne, ce type de morceaux étant répandu dans les salons tout au long du XIXe siècle par des compositeurs aussi prolixes en ce domaine que Malibran ou Weckerlin. Ce sont donc les aptitudes scéniques qui feront essentiellement la différence chez les femmes, tandis que certaines partitions requièrent des chanteurs hommes doués d'un fausset assez exceptionnel. Léonce, le Caissier des *Brigands* (TV, 1869), montait au contre-*fa*, et la même année, à la fin d'une tyrolienne à contre-*ré*, le ténor Marcel fit entendre le contre-*si* bémol dans *Les Turcs* (FD, 1869). Un traité contemporain de ces deux créations stipule qu'« on ne chante pas sérieusement dans un pareil registre[25] ». Les gémissements du Caissier sont l'expression proprement vocale de sa perdition aux mains des courtisanes ; la tessiture suraiguë du sultan Bajazet est clairement destinée à faire rire, toute la pièce reposant sur une transposition de la hiérarchie sexuelle du sérail sur les voix (l'intensité du désir féminin correspond à la volubilité de langue, la castration des eunuques correspond au mutisme, l'impuissance du sultan au peu de virilité de ses éclats de voix). Dix ans plus tôt, dans la version primitive de *Geneviève de Brabant* (BP, 1859), Bonnet chantait les couplets de l'enfant entièrement en voix de tête. Lesfauris affirme déjà dans son traité de 1854 que « la voix de fausset [est] la charge, la caricature de la voix humaine[26] », ce qui signale bien le changement de perspective dans la seconde moitié du siècle par rapport aux usages belcantistes antérieurs, mutation esthétique[27] synchrone avec le développement de l'opérette. À partir de 1879, des pièces comme *La Marquise des rues* d'Hervé ouvrent la voie de l'opérette-revue (dite aussi comédie musicale, vaudeville musical ou encore vaudeville-opérette[28], par opposition à l'opérette classique[29]), composée presque exclusivement d'un chapelet de brefs couplets n'exploitant que des tessitures assez courtes et centrales.

Notes de 8.1

1. N. Wild, *Dict.*, p. 220, 304.
2. V. Deschamp, *Histoire de l'administration de l'Opéra de Paris (Second Empire-IIIe République)*, thèse de doctorat, université Paris 4, 1987, p. 6-7, p. 18 sq.
3. « Note relative à l'exploitation et à la régénération de l'Opéra », F-Pan, AJ^{13} 1185 (II), cit. in *ibid.*, p. 27.
4. Cahier des charges d'E. Perrin, F-Pan, F^{21} 4655, cit. in *ibid.*, p. 137.
5. F. Barbier, « Fould », in J. Tulard éd., *Dictionnaire du Second Empire*, Paris : Fayard, 1995 ; M. Everist, « The Music of Power : Parisian Opera and the Politics of Genre, 1806-1864 », *JAMS*, 67/3, 2014, p. 697, 706-708.
6. N. Wild, *Dict.*, p. 316-325.
7. A. Soubies, *Soixante-sept ans à l'Opéra en une page... (1826-1893)*, Paris, Fischbacher, 1893.
8. M. Everist, « The Music of Power : Parisian Opera and the Politics of Genre, 1806-1864 », *JAMS*, 67/3, 2014, p. 317-320.
9. F. David, *Herculanum*, livre-CD, Venise : Palazzetto Bru Zane, 2015.
10. J.-P. Callu, « Les Romains de la Décadence : regards du XIXe siècle français (1809-1874) », *Comptes rendus des séances de l'Académie des Inscriptions et Belles-Lettres*, 141/4, 1997, p. 1143-1156.
11. H. Lacombe, *Georges Bizet*, Paris : Fayard, 2000, p. 329-334 (*Ivan IV*), 624-630 (*Don Rodrigue*).
12. S. Huebner, *Les Opéras de Charles Gounod*, trad. A. et M.-S. Pâris, Arles : Actes Sud, 1994, p. 227.
13. G. de Van, « Le Grand opéra entre tragédie lyrique et drame romantique », *Il Saggiatore musicale*, 3/1, 1996, p. 355.
14. H. Lacombe et M.-H. Coudroy-Saghaï, « *Faust* et *Mignon* face à la presse : deux sujets allemands pour un nouveau genre lyrique français », in Ph. Blay et R. Legrand éd., *Sillages musicologiques [...]*, Paris : CnsmdP, 1997, p. 101-109.
15. G. Condé, *Charles Gounod*, Paris : Fayard, 2009, p. 369 ; P. Prévost, « Introduction », in *Faust*, P. Prévost éd., Kassel : Bärenreiter, 2016, p. IX-XXVI.
16. S. Huebner, *Les Opéras de Charles Gounod*, p. 203-211 (*Sapho*), 212-214 (*La Nonne*), 215-227 (*La Reine*) ; G. Condé, *Charles Gounod*, Paris : Fayard, 2009, p. 292-303 (*Sapho*), 304-319 (*La Nonne*), 391-398 (*La Reine*).
17. C. Saint-Saëns, *Regards sur mes contemporains*, Y. Gérard éd., Arles : Bernard Coutaz, p. 111-152. Voir aussi C. Bellaigue, *Gounod*, Paris : F. Alcan, 1910, p. 207.
18. H. Lacombe, *Les Voies de l'opéra français au XIXe siècle*, Paris : Fayard, 1997, chap. 6.
19. P. Prévost, « De l'église des Missions étrangères à la cathédrale de *Faust* [...] », in P. Prévost éd., *Le Théâtre lyrique en France au XIXe siècle*, Metz : Éditions Serpenoise, 1995, p. 137-161.
20. J. Poniatowski, *Les Progrès de la musique dramatique*, Paris : aux bureaux du *Réveil*, 1859.
21. I. Poniatowska, « Poniatowski, Josef », in *Grove Music Online*, consulté le 1er juil. 2019 ; L. Escudier, « Mort du prince Poniatowski », *AM*, 10 juil. 1873, p. 217-219 ; « Nouvelles diverses », *RGMP*, 6 juil. 1873, p. 215.
22. H. Lacombe, « L'Opéra sous le Second Empire », in J.-C. Yon éd., *Les Spectacles sous le second Empire*, Paris : Armand Colin, 2010, p. 169-172.
23. « Nouvelles des théâtres », *RGMP*, 22 août 1869, p. 277.

Notes de 8.2

1. A. Soubies et Ch. Malherbe, *Histoire de l'Opéra-Comique : la seconde salle Favart, 1840-1887*, 2 vol., Paris : Flammarion, 1892-1893 ; D. Charlton et N. Wild, *Répertoire*. Le répertoire de l'Opéra-Comique et ses artistes vocaux sont documentés dans M. Everist, « Music in the Second Empire Théâtre », *France : Musiques, cultures, 1789-1918*, en ligne, http://www.fmc.ac.uk/mitset/, consulté le 1er janvier 2020.
2. N. Wild, *Dict.*, p. 334
3. C. Pierre, *Cons.*, p. 684-872 ; « Chanteurs de l'Opéra-Comique », in *Encylopédie de l'art lyrique français*, en ligne, https ://www.artlyriquefr.fr/dicos/Opera-Comique%20Cantatrices.html, consulté le 29 nov. 2018.
4. N. Wild, *Dict.*, p. 337.
5. O. Bara, « L'opéra-comique *à grand spectacle* sous le Second Empire : une mise en cause du genre ? », in I. Moindrot éd., *Le Spectaculaire dans les arts de la scène du romantisme à la Belle Époque*, Paris : CNRS Éd., 2006, p. 70-77.
6. A. Adam, *Le Brasseur de Preston*, livret de mise en scène, Paris : Palianti, 1838, p. 4.
7. H. R. Cohen, *Cent ans de mise en scène lyrique en France (env. 1830-1930) [...]*, New York : Pendragon Press, 1986.
8. F.-A. Gevaert, *Le Diable au moulin*, livret de mise en scène, Paris : Palianti, 1859, p. 11.
9. A. Grisar, *Le Joaillier de Saint-James*, livret de mise en scène, Paris : Palianti, 1862, p. 5.
10. M. Everist, « *Choriste, danseur, comparse* : Dance and Movement in *opéra comique* during the July Monarchy and Second Empire », communication au colloque « Opera as Spectacle », Londres, Institute of Musical Research, June 2012.
11. N. Wild, *Dict.*, p. 340.
12. G. Meyerbeer, *Le Pardon de Ploërmel*, cht-p., Paris : Brandus, 1859, n° 11 Scène et air, p. 135-148.
13. M. Everist, « Jacques Offenbach : The Music of the Past and the Image of the Present », in *Music, Theater and Cultural Transfer: Paris 1830-1840*, Chicago : UCP, 2009, p. 72-98.
14. A. Soubies, *Soixante-neuf ans à l'Opéra-Comique en deux pages de la première de « La Dame blanche » à la millième de « Mignon » (1825-1894)*, Paris : Fischbacher, 1894 ; M. Everist and S. Gutsche-Miller, « List of Paris Music Drama Performances », *France : Musiques, Cultures, 1789-1918*, en ligne, http ://www.fmc.ac.uk/collections/bibliographical-resources-and-work-in-progress/, consulté le 29 nov. 2018.

Notes de 8.3

1. A. de Lasalle, *Mémorial du Théâtre-Lyrique [...]*, Paris, Librairie Moderne J. Lecuir et Cie, 1877, p. 103.
2. A. Soubiès, *Histoire du Théâtre-Lyrique (1851-1870)*, Paris, Fischbacher, 1899 ; Th. J. Walsh, *Second Empire Opera. The Théâtre-Lyrique, Paris 1851-1870*, London, J. Calder, 1981 ; N. Wild, *Dict.*, p. 237-244 ; C. Schneider, « Débuter au Théâtre-Lyrique (1851-1870) : un tour de faveur pour les lauréats du prix de Rome », in J. Lu et A. Dratwicki éd., *Le Concours du prix de Rome de musique (1803-1968)*, Lyon : Symétrie & Palazzetto Bru Zane, 2011, p. 641-677 ; « Du

boulevard du Temple à la place du Châtelet, le Théâtre-Lyrique comme "laboratoire de la musique" », in J.-C. Yon éd., *Les Spectacles sous le Second-Empire*, Paris : Armand Colin, 2010, p. 213-225 ; « Présence du répertoire allemand au Théâtre-Lyrique sous le Second Empire (1851-1870) », in H. Schneider éd., *Studien zu den deutsch-französischen Musikbeziehungen im 18. und 19. Jahrhundert*, Hildesheim : G. Olms V, 2002, p. 392-408 ; K. Ellis, « Systems failure in Operatic Paris [...] », in M. Everist et A. Fauser éd., *Music Theater and Cultural Transfer*, p. 49-71.
3. A. de Lasalle, *Mémorial du Théâtre-Lyrique*, Paris : Librairie Moderne J. Lecuir et Cie, 1877, p. 3.
4. Arrêté du 20 août 1846, F-Pan, F^{21} 1121.
5. J. Seveste, « Note à son Excellence le Ministre d'État sur la situation présente et sur l'avenir du Théâtre-Lyrique », 7 juin 1854, p. 2, F-Pan, F^{21} 1120.
6. Cahier des charges du Théâtre-Lyrique, arrêté du 9 mai 1851, art. 4, F-Pan, F^{21} 1120.
7. Arrêté du ministre d'État sur la subvention du Théâtre-Lyrique, 5 juin 1863, F-Pan, F^{21} 1121 ; G. Monval, *Les Théâtres subventionnés*, Paris : Berger-Levrault et Cie, 1879, p. 16.
8. Cahier des charges du Théâtre-Lyrique, arrêté du 10 nov. 1862, art. 7, F-Pan, F^{21} 1121.
9. M. Everist, « Wagner in Paris : The Case of *Rienzi* (1869) », *19th-Century Music*, 41, 2017, p. 3-30.
10. A. Pougin, *Question du Théâtre-Lyrique, mémoire présenté à Monsieur le Ministre de l'Instruction publique et des Beaux-Arts par la Société des compositeurs de musique*, Paris : Siège de la société (Maison Pleyel-Wolff), 1879, p. 29.
11. X. Aubryet, « Grandeur et décadence musicales : les théâtres lyriques à Paris », *La Chronique musicale*, 1er août 1873, p. 98-99.
12. L. Carvalho au ministre des Beaux-Arts, 30 mars 1870, F-Pan, F^{21} 1120.
13. N. Wild, *Dict.*, p. 229-238.

Notes de 8.4

1. Ch. Gounod, *La Nature et l'Art* [1885], in *Mémoires d'un artiste*, Paris : Calmann-Lévy, 1896.
2. Ch. Gounod à G. Weldon, 18 sept.1871, in G. Weldon, *Mon orphelinat et Gounod en Angleterre*, 3e partie, *Lettres et documents*, Londres : G. Weldon, 1875.
3. Ch. Gounod, *Mémoires d'un artiste*.
4. Ch. Gounod à A. Gounod, Milan 1er janv. 1878, ex fonds J.-P. Gounod, copie conservée au Cnsmdp.
5. I. Tourgueniev à P. Viardot, 16-19 mai 1850, in *Nouvelle correspondance inédite*, A. Zviguilsky éd., t.1, Paris : Librairie des Cinq continents, 1971. p. 40-42.
6. G. Bizet à H. Gruyer, 31 déc. 1858, in *Lettres de Georges Bizet, impressions de Rome (1857-1860)*, Paris : Calmann-Lévy, 1908.
7. Ch. Gounod à V. Gounod, Londres, 15 juil. 1851, Cnsmdp.
8. Ch. Gounod à P. Viardot, 1er fév. 1852, US-Cth [2/4, Lettre 4.
9. Statuts de la Confrérie de Saint Jean l'Évangéliste, Paris-Rome, 1839.
10. Ch. Gounod à P. Viardot, 29 juin 1850. F-Pn, NLA-23 (28).
11. Ch. Gounod à A. Gounod, 20 mars 1863, Cnsmdp.

12. Ch. Gounod à A. Gounod, 11 avr. 1863, Cnsmdp.
13. C. Saint-Saëns, « Charles Gounod », *Revue de Paris*, 15 juin 1897.
14. J. Charles-Roux, *Le Jubilé de Frédéric Mistral*, Paris : Bibliothèque régionaliste Bloud et Cie, 1913
15. Ch. Gounod, *Mémoires d'un artiste*.
16. Ch. Gounod, « Préface aux Lettres inédites d'H. Berlioz », *La Nouvelle Revue*, 4, mai-juin 1880, p. 801.
17. Ch. Gounod à A. Gounod, 9 avr. 1864, Cnsmdp.
18. Ch. Gounod à A. Gounod, 28 sept. 1866, F-Po, Gounod, l. a. s. 38.
19. *Ibid.*
20. Ch. Gounod à A. Gounod, 2 mai 1865, Cnsmdp.
21. C. Saint-Saëns, « Charles Gounod ».
22. Ch. Gounod à A. Gounod, [10 ?] août 1871, Cnsmdp.
23. Ch. Gounod, *Le Don Juan de Mozart*, Paris : Ollendorff, 1890.
24. M.-A. de Bovet, *Charles Gounod, His Life and his Works*, London : Sampson Low, 1891.
25. Ch. Gounod, *Mémoires d'un artiste*.

Notes de 8.5

1. H. Berlioz, *Mémoires*, P. Citron éd., Paris : Flammarion, 1991, p. 57-58.
2. M. Everist, *Music Drama at the Paris Odéon 1824-1828*, Berkeley : UCP, 2002, p. 213-218 ; H. Berlioz, *Incomplete Operas*, New Berlioz Edition (NBE), vol. 4, Kassel : Bärenreiter, 2002.
3. P. Bloom, *Hector Berlioz ; « Benvenuto Cellini », Dossier de presse parisienne (1838)*, Bietigheim : Musik-Edition Lucie Galland, 1995.
4. H. Berlioz, *Mémoires*, p. 289.
5. H. Berlioz, *Benvenuto Cellini*, NBE, vol. 1, Kassel : Bärenreiter, 1994-1996.
6. H. Berlioz, *Arrangements of Works by Other Composers*, NBE, vol. 22b.
7. H. Berlioz, *Incomplete Operas*, NBE Vol. 4 ; H. Macdonald, « A New Source for Berlioz's *Les Troyens* », in B. L. Kelly et K. Murphy éd., *Berlioz and Debussy : Sources, Contexts and Legacies*, Aldershot : Ashgate, 2007, p. 54-65.
8. H. Berlioz, *Mémoires*, p. 527.
9. *Ibid.*, p. 492.
10. H. Berlioz, *Correspondance générale*, vol. 3, Paris : Flammarion, 1978, p. 473-475, 484-485.
11. H. Berlioz, *Correspondance générale*, vol. 6, Paris : Flammarion, 1995, p. 485.
12. H. Berlioz, *Mémoires*, p. 570.
13. F. Heidlberger, *Hector Berlioz. Les Troyens à Carthage. Dossier de presse parisienne (1863)*, Bietigheim : Musik-Edition Lucie Galland, 1995, p. 58.
14. *Les Troyens*, NBE 2c, p. 943. Sur les motifs et tonalités des *Troyens* voir J. Rushton, « The Overture to *Les Troyens* », *Music Analysis*, 4, 1985, p. 119-144.
15. H. Berlioz, *Mémoires*, p. 110.
16. L. Goldberg, « Select list of performances », in I. Kemp, *Hector Berlioz. Les Troyens*, Cambridge : CUP, 1988, p. 216-227.
17. H. Berlioz, *Mémoires*, p. 548.
18. H. Berlioz, *Correspondance générale*, vol. 6, p. 178.

19. H. Berlioz, *Mémoires*, Postface.
20. G. Bizet à Hector [Gruyer], 31 déc. 1858, in *Lettres de Georges Bizet : Impressions de Rome (1857-1860), La Commune (1871)*, L. Ganderax éd., Paris : Calmann-Lévy, [1907], p. 118.
21. H. Macdonald, *The Bizet Catalogue*, en ligne, http://digital.wustl.edu/bizet, consulté le 2 janv. 2019.
22. L'œuvre a été orchestrée et jouée à Austin en 1989. W. E. Girard, *A Performing Version of Georges Bizet's "La Maison du Docteur"*, DMA diss., Univ. of Texas, Austin, 1989.
23. G. Bizet à sa mère, 19 mars 1859, in *Lettres de Georges Bizet*, p. 145.
24. *Lettres de Georges Bizet*, p. 136 ; H. Lacombe, « *Don Procopio* de Georges Bizet : un opéra italien par un compositeur français », in H. Lacombe éd., *L'Opéra en France et en Italie (1791-1925)*, Paris : Sfm, 2000, p. 61-85.
25. H. Lacombe, *Les Voies de l'opéra français*, p. 112-114.
26. *Ibid.*, p. 28-29, 318 ; L. A. Wright, « *Les Pêcheurs de perles* : Before the première », *Studies in Music*, 20, 1986, p. 27-45.
27. H. Lacombe, *Georges Bizet : « Les Pêcheurs de perles »*, Dossier de presse parisienne (1863), Heilbronn : Lucie-Galland, 1996, p. 28.
28. H. Lacombe, *Les Voies de l'opéra français*, p. 319.
29. H. Imbert, *Portraits et études : Lettres à Georges Bizet*, Paris : Fischbacher, 1894, p. 162.
30. G. Bizet, *Lettres à un ami (1865-1872)*, E. Galabert éd., Paris : Calmann-Lévy, [1909], p. 42-43.
31. H. Lacombe, *Les Voies de l'opéra français*, p. 179-183.
32. H. Macdonald, « Bizet's Aspirations to the Opéra », in M. Noiray et S. Serre éd., *Le Répertoire de l'Opéra de Paris (1671-2009) : Analyse et interprétation*, n[lle] éd. en ligne, http://books.openedition.org/enc/424, p. 85-90, consulté le 15 nov. 2018.
33. L. A. Wright, « Bizet's *Ivan* : Formed but not Finished », in P. Csobádi *et al.* éd., *Das Fragment im (Musik-) Theater : Zufall und/oder Notwendigkeit ?*, Anif/Salzburg : Mueller-Speiser, 2005, p. 407-422.
34. G. Bizet à E. Reyer, cit. in H. Lacombe, *Georges Bizet*, p. 402.
35. G. Bizet, *Lettres à un ami*, p. 24-25.
36. P. Berton, « Georges Bizet », *Souvenirs de la vie de théâtre*, Paris : P. Lafitte, 1913, p. 229-230.

Notes de 8.6

1. Article repris in J. Lemaître, *Impressions de théâtre*, 6e série, Paris : H. Lecène et H. Oudin, 1892, p. 217.
2. *Ibid.*, 4e série, Paris : H. Lecène et H. Oudin, 1890, p. 276 (critique d'une reprise de *Barbe-Bleue* en 1888).
3. S. Kracauer, *Jacques Offenbach ou le Secret du Second Empire*, Paris : Grasset, 1937. Mise en contexte in J.-C. Yon, *Jacques Offenbach*, Paris : Gallimard, 2000 (livre auquel nous renvoyons pour approfondir les thèmes traités dans ce texte).
4. F. Bruyas, *Histoire de l'opérette en France, 1855-1965*, Lyon : Emmanuel Vitte, 1974.
5. L.-H. Lecomte, *Histoire des théâtres de Paris*, 10 vol., Paris : H. Daragon, 1905-1908 ; fac-similé, Genève : Slatkine, 1973.

6. M. Offenbach nous écrit. Lettres au « Figaro » et autres propos, J.-C. Yon éd., Paris : Actes Sud/Palazzetto Bru Zane, 2019.
7. Ibid., p. 77.
8. Définitions de Castil-Blaze et Fétis citées in H. Lacombe, « Définitions des genres lyriques dans les dictionnaires français du XIXe siècle », in P. Prévost éd., Le Théâtre lyrique en France au XIXe siècle, Metz : Éditions Serpenoise, 1995, p. 328-331.
9. M. Offenbach nous écrit, p. 42-65.
10. J.-C. Yon, « Offenbach l'inclassable : la question des genres », in Ph. Bourdin et G. Loubinoux éd., La Scène bâtarde entre Lumières et romantisme, Clermont-Ferrand : PUBP, 2004, p. 203-215.
11. Par exemple, « La descente de la Courtille en partition » (Dictionnaire musico-humoristique de 1870), cité in H. Lacombe, « Définitions des genres lyriques [...] », p. 329.
12. P. Girard, Léo Delibes [...], Paris : Vrin, 2018.
13. H. Hostein, La Liberté des théâtres, Paris : Librairie des auteurs, 1867, p. 73.
14. Hervé au comte Bacciochi, 14 sept. 1863, F-Pan, F^{21} 1040.
15. Article repris in J. Claretie, La Vie moderne au théâtre [...], 1e série, Paris : Barba, 1869, p. 359.
16. Article de mai 1876, repris in E. Zola, Le Naturalisme au théâtre [1re éd. 1881], in Œuvres complètes, t. 11, Paris : Cercle du livre précieux, 1968, p. 503-505.
17. Article sur le théâtre de Meilhac, repris in J. Lemaître, Impressions de théâtre, 10e série, p. 184.
18. P. Taïeb et B. Frouin, « Jean-Baptiste Léon Dupin, critique et agent dramatique », Médias 19, O. Bara et M.-È. Thérenty éd., Presse et opéra aux XVIIIe et XIXe siècles, 2018, en ligne, http://www.medias19.org/index.php?id=24009], consulté le 2 mars 2019.
19. Le Midi artiste, 9 juin 1861.
20. Le Monde dramatique, 17 juin 1858, p. 3.
21. Y. Simon éd., « Offenbach au Théâtre des Arts de Rouen (1858-1914) », en ligne, dezede.org/dossiers/id/286/, consulté le 24 fév. 2019.
22. Tableaux de la troupe, CH-Gmu, GT 1.2. F 628.
23. Partition supplémentaire, cht-p., Paris : Heugel, 1875, 76 p.
24. Modifications de texte et morceaux supplémentaires manuscrits insérés dans le cht-p., F-Po, FH 590.
25. Ch. Delprat, « Des différents timbres dans les voix d'hommes et de leur emploi », L'Art du chant et l'école actuelle, Paris : Librairie internationale, 1870, p. 138.
26. J. Lesfauris, Unité de la voix chantée, Paris : Remquet, 1854, p. 16.
27. P. Girod, Les Mutations du ténor romantique, thèse de doctorat, université Rennes 2, 2015, p. 243-254, en ligne, http://chantfrancais.free.fr/THESEonline.pdf, consulté le 23 déc. 2015.
28. J. Brindejont-Offenbach, « L'opérette », in L. Rohozinski, Cinquante ans de musique française 1874-1925, Paris : Librairie de France, 1928, p. 199.
29. Ch. Mirambeau, actes du colloque Henri Rabaud et son temps, mai 2013, en ligne, http://www.bruzanemediabase.com, consulté le 5 oct. 2018.

Gilbert Duprez (1806-1896)

Formé au Conservatoire puis à l'école de Choron dans l'enfance, Duprez commença sa carrière à l'Odéon, aux côtés de son épouse. Lors de son début à l'Opéra-Comique en 1828 dans *La Dame blanche*, Fétis salua sa musicalité merveilleuse. Le chanteur avait déjà créé des ouvrages de Kreutzer, Rifaut, etc., mais il ne développa un style personnel qu'en abordant un emploi opératique sous la plume de Donizetti, en Italie. Sa façon très étonnante et emphatique de dire le récitatif fut remarquée par son collègue Alexis Dupont dès les répétitions en vue de son début à l'Opéra en 1837 dans *Guillaume Tell*, et c'est encore ce point que souligna Emma Albani, son élève vers 1868. Isidore Milhès blâme des élargissements qui freinent l'élan spontané des scènes et rapporte cette particularité à la manière de déclamer du tragédien Lafon, professeur de Stéphen de La Madelaine. Ce dernier loue en effet les interprétations de Duprez au-dessus de toutes les autres, et particulièrement au-dessus de celles de son prédécesseur Nourrit, insistant sur la conception moins heurtée des phrasés de Duprez. Deux esthétiques du romantisme s'affrontaient ! Parce qu'il s'économisait moins (d'où le mythe de l'*ut* de poitrine), Duprez correspondait mieux aux aspirations de son siècle. C'est donc sa voie qui fut suivie – voire exagérée. Entre 1837 et 1849 à l'Opéra, il reprit avec bonheur les rôles de Nourrit et recréa en français son succès italien de *Lucia di Lammermoor*. Il dut également à Donizetti le seul ouvrage à s'inscrire durablement au répertoire parmi ceux qu'il créa à Paris, *La Favorite* (1840). *Jérusalem* (1847) ne se maintint qu'en morceaux séparés. La voix du ténor s'élargit ensuite et ne lui permit plus de tenir un emploi existant à cette époque, d'autant qu'il abhorrait Wagner. D'après les airs qu'il composa et chanta dans *Le Jugement dernier* (Cirque d'hiver, 1868), on peut supposer qu'il eût convaincu en Spakos dans *Cléopâtre* (MC, 1914). Retiré de la scène, Duprez participa à la vie artistique parisienne dont il restait un personnage éminent. Il construisit un théâtre pour l'école qu'il avait ouverte à son domicile parisien en 1849, déçu des conditions d'enseignement au Conservatoire. Au même moment, il prit des quartiers de campagne à Valmondois, dont il fut maire de 1853 à 1870. Exilé à Bruxelles pendant la Commune, il y ouvrit un autre cours mais passa ensuite progressivement la main à son fils Léon lors de son retour en France.

Pierre Girod

Carolus Duran, « Au Maître G. Duprez », dessin, Bruxelles, 12 sept. 1871 (lithographie d'Alfred Lemoine), F-Pn, Est. Duprez G. 013.

Chapitre 9
Entre Italie et Allemagne :
la France au temps de Verdi et Wagner

9.1 LE DEVENIR DU THÉÂTRE-ITALIEN (1848-1878)

Stella Rollet

Avant 1848 (cf. 5.4), le Théâtre-Italien, pourtant privé de subvention depuis 1841, est une entreprise florissante. Sa recette annuelle progresse régulièrement depuis 1827 et le répertoire courant s'est étoffé, avec Bellini et Donizetti d'abord (1830), Verdi ensuite (1845). 1848 marque une rupture, car les débuts de la IIe République ne sont pas favorables à un théâtre de luxe tel que le Théâtre-Italien. Certes, les circonstances politiques ne l'ont obligé à fermer que quelques jours en février, mais les conditions se sont suffisamment dégradées pour que Auguste-Eugène Vatel (directeur de 1843 à 1848) renonce à son privilège. Henri Dupin, son successeur, ne résiste quant à lui que quelques mois (avr.-nov. 1848) avant de démissionner. Si les atouts du Théâtre-Italien et l'inventivité de ses directeurs successifs peuvent encore lui offrir des perspectives d'avenir, les contraintes qui s'accumulent nuisent à son activité.

Diriger le Théâtre-Italien après 1848

La direction du théâtre est à la fois contrainte et instable. La contrainte financière n'est pas nouvelle[1]. Cependant, après 1848, elle s'aggrave considérablement : 11 saisons seulement sur 28 sont bénéficiaires et l'excédent dégagé alors est faible. Ainsi, la direction de Prosper Bagier (1863-1870) compte 3 saisons bénéficiaires sur 7 pour un bilan global déficitaire de plus de 722 000 F[2]. La baisse des recettes est concomitante à une augmentation significative des dépenses. Jusqu'en 1848, les abonnements assurent avant l'ouverture le remboursement des frais engagés mais la direction Dupin enregistre moins de 30 000 F d'abonnements contre 611 000 F l'année précédente[3]. Si cette ressource n'est plus garantie c'est que le public n'est plus certain d'entendre aux Italiens les plus belles voix du moment. Lorsque le directeur est en mesure, comme César

Ragani (1853-1855), de composer une troupe d'élite, les amateurs affluent mais lorsqu'il échoue, comme Benjamin Lumley (1850-1852), le public boude la salle Ventadour (que le Théâtre-Italien occupe entre 1841 et 1878). Or, pendant que les recettes se réduisent, les frais d'exploitation augmentent. La troupe, en particulier les artistes du chant, représente le poste de dépense le plus important (la moitié des frais généraux). La hausse des salaires des artistes de renom atteint après 1848 des sommets[4]. Ainsi, la notoriété d'Adelina Patti lui permet, en 1863, d'obtenir 1 500 F par représentation (cf. 11.3). En 1866, son tarif atteint 3 000 F, soit un coût de 100 000 F pour 35 représentations. À ces dépenses exorbitantes, il faut évidemment ajouter le droit des pauvres (11 % de la recette) ainsi que les frais occasionnés par les travaux ou la création d'œuvres inédites (décors, costumes). À partir du 1er octobre 1866, suite à une entente avec la SACD, le Théâtre-Italien doit, comme ses concurrents, verser des droits d'auteur, alors que, bénéficiant d'un statut d'exterritorialité et appliquant la législation italienne, il en était jusque-là dispensé.

La seconde contrainte subie, à des degrés variables, par les différents directeurs a trait aux relations avec les propriétaires de la salle Ventadour (cf. 5.4, ill.). Elle appartient en effet à une société d'actionnaires, ce qui implique le versement d'un loyer et l'obtention d'un bail, deux éléments qui deviennent des moyens de pression efficaces. En effet, un candidat, même privilégié, ne peut exercer son mandat qu'à la condition de disposer de la salle. Certains directeurs cherchent bien à obtenir l'autorisation d'exploiter le Théâtre-Italien dans une salle libre de toute servitude mais sans y parvenir. L'exploitation à Ventadour devient même une clause du cahier des charges. Charles Saint-Salvi, le représentant des actionnaires, est tantôt l'allié tantôt l'ennemi du directeur selon que les intérêts de la société qu'il administre rejoignent ou s'opposent à ceux du théâtre. En 1853, il n'hésite pas à présenter son propre candidat, César Ragani. À l'inverse, il n'a aucun scrupule à entraver l'activité d'un directeur qui n'a pas son soutien, comme Giorgio Ronconi (1849-1850), ou qui l'a perdu, comme Torribio Calzado (1855-1863)[5]. Les relations entre le directeur et les propriétaires peuvent donc aisément devenir conflictuelles[6].

La dernière contrainte, et non des moindres, est le contrôle de plus en plus étroit que l'État exerce sur le Théâtre-Italien sans pour autant lui accorder une réelle protection. L'allongement du cahier des charges – de 19 articles en 1838 à 58 en 1866 – témoigne de cette surveillance accrue, qui s'étend bien au-delà des limites anciennes (qualité artistique, réglementation de la concurrence). Le cahier des charges d'octobre 1850 (direction de Benjamin Lumley) et les suivants imposent de nouvelles obligations, dont dépend le versement de la subvention. Le directeur doit désormais soumettre régulièrement au ministère des documents d'ordre artistique ou financier (état mensuel de la composition des spectacles, état de la recette brute de chaque représentation…). Le ministre peut également, à tout moment, examiner les finances du théâtre (1852). Le cahier des charges accroît également le pouvoir d'ingérence du Commissaire du gouvernement. Le directeur lui-même subit une forme de tutelle personnelle : il ne peut plus déléguer ses fonctions ou quitter Paris sans l'autorisation du ministre (1852) et devra même, en cas de mariage, justifier de son régime matrimonial (1862) ! Une autre clause, vague mais essentielle, permet de lui retirer son privilège s'il a « cessé de mériter la confiance de l'administration » (1855). Pourtant, la subvention obtenue en échange est faible au regard des besoins du théâtre : 60 000 F en 1850-1851 puis 100 000 F de 1852 à 1863. Après trois ans d'interruption, Bagier, qui avait d'abord accepté de s'en passer, obtient son rétablissement de 1866 à 1868, en compensation de la loi sur la liberté des théâtres (1864) qui met son activité en péril. Cette subvention de 100 000 F est encore accordée entre 1872 et 1874 puis disparaît définitivement. Le Théâtre-Italien est, en effet, un lieu de prestige dont Paris ne peut se priver, surtout à une époque où toutes les grandes capitales du monde ont leur propre Théâtre-Italien. Néanmoins il constitue, parmi les théâtres d'État, un cas particulier puisqu'il exploite un genre non national. Ainsi, lorsque le ministre doit trancher entre lui et l'Opéra, c'est en faveur du second qu'il se prononce, tant en matière de répertoire que d'interprètes. En décembre 1852, par exemple, il autorise l'Opéra à donner une traduction de *Luisa Miller* de Verdi quand le Théâtre-Italien s'apprête à créer l'ouvrage. De même, il lui « emprunte » des artistes au profit de l'Opéra (Angelina Bosio en 1854, Emilio Naudin en 1864), alors même que le Théâtre-Italien a déjà bien du mal à constituer et conserver une troupe de qualité.

La situation des directeurs est encore compliquée par l'instabilité politique de la période : changement de ministère de tutelle au gré des changements de régime – l'Intérieur en 1848, la Maison de l'Empereur en 1853, l'Instruction publique en 1870 – et valse de ministres tour à tour favorables ou hostiles au théâtre ou à son directeur. L'ensemble de ces circonstances contribue à l'instabilité à la tête du Théâtre-Italien. Entre 1848 et 1878, ce ne sont pas moins de onze directions qui se succèdent et se soldent par sept démissions et quatre mises en faillite (dont celle d'un démissionnaire). Pourtant, ce poste reste prestigieux et le ministère a presque toujours des candidats en attente lorsqu'un directeur s'en va : jusqu'à onze en 1863 et encore quatre en 1873.

Stratégies directoriales

Les directeurs doivent redoubler d'inventivité pour faire vivre leur entreprise. La première de leurs préoccupations consiste à cultiver les atouts de leur théâtre : sa troupe et sa fonction de salon mondain. Sur ce premier point, le Théâtre-Italien peine à rester à la hauteur de sa réputation compte tenu des nouvelles conditions de recrutement. Non seulement les salaires des premiers sujets impliquent de se montrer économe pour composer le reste de la troupe, mais la concurrence est devenue mondiale entre les théâtres et il est difficile de s'attacher durablement une troupe homogène. Face à ce handicap, certains directeurs échouent, faute de moyens (Lumley), d'autres parviennent à recruter, au moins pour une saison, une troupe brillante (Ragani). Mais la meilleure stratégie reste celle de Calzado qui ne laisse passer aucune opportunité. En 1858, alors que le grand ténor Tamberlick est de passage à Paris, il prolonge sa saison et l'engage pour quelques représentations. En 1863, il recrute Adelina Patti et augmente le prix des places les soirs où elle chante. Enfin, il s'assure une troupe satisfaisante et renouvelée en multipliant les débuts pour ne recruter finalement que les artistes qui ont triomphé de cette première épreuve. Entre 1848 et 1878, les Parisiens découvrent ainsi non seulement la Patti, mais aussi Sophie Cruvelli, Tamberlick, Fraschini ou Mlle Krauss. Ils retrouvent les anciennes gloires du Théâtre-Italien, notamment Mario et une Giulia Grisi déclinante. Ils entendent l'Alboni, Adélaïde Borghi-Mamo, Mlle Heilbron, Zucchini, Naudin, Delle Sedie et beaucoup d'autres. Ces étoiles n'étant généralement que de passage, le public ne vient plus que ponctuellement, en fonction de la distribution et les directeurs ont bien du mal à éviter au Théâtre-Italien la perte de son statut de salon mondain, rendez-vous des élites parisiennes. Seuls les riches étrangers continuent de le fréquenter avec assiduité. C'est d'ailleurs parce que l'État est soucieux de les retenir à Paris qu'il empêche à plusieurs reprises le Théâtre-Italien de sombrer. Conscient de l'enjeu, Bagier, entre autres, tente de renforcer le caractère élitiste de son théâtre en faisant disparaître le parterre, au profit des fauteuils d'orchestre, plus chers (1863). En créant, dans le même temps, un « paradis » pour y reléguer les habitués du parterre, il va trop loin et ceux-ci protestent en boudant ces places.

Faire rentrer de l'argent dans les caisses du théâtre – et pour cela attirer ou renouveler le public – est la préoccupation majeure de tous les directeurs. Outre les moyens déjà évoqués – qualité de la troupe, politique de prix – ils ont recours à d'autres stratégies. Certaines sont très classiques, comme l'organisation d'une campagne publicitaire : le directeur de journal et de théâtre Anténor Joly l'orchestre, par exemple, pour Ronconi puis Lumley. Ce dernier s'entend également avec l'éditeur Michel Lévy pour vendre des journaux dans le théâtre. Amédée Verger, éphémère directeur entre mars et décembre 1872, va jusqu'à créer son propre journal promotionnel, *Les Italiens*, qui ne paraîtra que deux mois. La variété et la qualité du répertoire sont également primordiales. Or, de plus en plus, le succès repose presque exclusivement sur Verdi. Il n'a aucun concurrent sérieux dans la nouvelle génération et prend le dessus sur la génération précédente, en particulier Rossini à partir de 1855-1856. Pourtant, tous ses ouvrages ne font pas recette. Alors que *Il Trovatore* en 1854, *Rigoletto* en 1857, *Un ballo in maschera* en 1861 et plus tard *Aïda* en 1876 sont d'immenses succès, les résultats de *La Traviata* (1856) ou de *I Lombardi* (1863) sont décevants. Hors du répertoire italien, d'autres partitions s'imposent, surtout *Martha* de Flotow à partir de 1858. La programmation repose aussi sur des ouvrages de Bellini, Donizetti et Rossini, ceux inscrits au répertoire depuis longtemps (*Il Barbiere di Siviglia*, *Lucia di Lammermoor*, *Norma*...) mais aussi

PREMIÈRE ANNÉE — N° 1   1872   MARDI 5 NOVEMBRE 1872

LES ITALIENS

RÉDACTION
ET
ADMINISTRATION
BUREAUX :
28, rue de Grammont
PARIS

LE NUMÉRO : 15 CENTIMES

ÉCHO DES THÉATRES ET DES SALONS

Paraissant le Mardi

Directeur : Paul de Saint-Geniès

ABONNEMENTS

PARIS........ Un an. 15 fr.
DÉPARTEMENTS — 18 fr.
ÉTRANGER..... — 25 fr.

ANNONCES : la ligne. 1 fr. 50
RÉCLAMES : — 3 fr. »

LA CRITIQUE AUX ENFERS

C'était samedi soir, jour des Morts, au Théâtre-Italien.
On jouait Ballo in Maschera, et le second acte était commencé.
A peine installé, je fis la reconnaissance de mes voisins.
Un monsieur, que je pris pour un magistrat, était à ma droite; à gauche se tenait une dame, au regard fixe, au visage impassible.

      ***

Quelle était cette dame?
Vainement je consultai mes souvenirs; je ne l'avais jamais vue.
Son visage était d'une beauté extrême ; mais sa poitrine était sans souffle, comme celle d'une statue.
Et cependant la salle offrait à la vue une animation particulière ; car Ugolini venait d'être rappelé, après un long murmure de satisfaction.

Durant le troisième acte, Ugolini et madame Pasqua me firent oublier l'inconnue... Mais, quand je revins de cette sorte d'engourdissement moral plein de bien-être que procure la belle musique, je retrouvai ma voisine aussi immobile que précédemment.
Son regard, cependant, avait changé d'objectif et s'était fixé sur une loge d'avant-scène, au devant de laquelle, parée comme une reine, était madame Ratazzi, ayant en face d'elle la blonde princesse Colonna...

Rester plus longtemps indifférent ne m'était pas possible.
Je profitai de l'entr'acte pour aller aux informations.
Impossible de rien savoir: personne ne connaissait la dame de l'orchestre.
Découragé, j'allais regagner ma place, en faisant un détour pour éviter le comte G***, le Jettator, quand j'aperçus un jeune homme brun qu'on rencontre partout, qui connaît tout le monde et que personne ne connaît.

— Quelle est cette dame? lui dis-je, en désignant ma voisine.
— Une dame de mon pays, — me répondit-il avec un petit rire métallique.
Ce rire fit retourner la dame, qui reconnut le jeune homme. Aussitôt elle se leva et vint à nous.
— Est-ce l'heure? demanda-t-elle...
— Oui, c'est l'heure.
— Partons, alors...
— Voulez-vous venir avec nous? me dit X***.
— Où allez-vous?
— Vous le verrez bien.

      ***

Nous suivîmes les couloirs jusqu'à la sortie du théâtre.
La dame glissait, à côté de nous, semblable à une légère vapeur qu'un coup de vent déplace.
A la porte était un coupé, attelé d'un superbe cheval noir.
Le jeune homme fit signe à sa compagne d'y monter.
Nous montâmes après elle et, la voiture partit comme un tourbillon. En même temps, je perdis l'usage de mes sens.
— Où suis-je? murmurai-je en portant la main à mes yeux éblouis.
— Chez moi, aux enfers, — répondit le jeune homme brun.
— Vous êtes donc le diable?
— Lui-même, et j'ai saisi l'occasion qui me permettait de vous présenter aux plus belles de mes pensionnaires.

Me prenant alors par la main, le diable me conduisit dans une galerie splendidement décorée où, comme autant de petits nuages multicolores, se pressaient les ombres d'une foule de jeunes femmes.
Il y en avait de toutes les conditions ; mais la plupart avaient été comédiennes, en sorte que je ne fus pas étonné d'entendre beaucoup parler, autour de moi, des théâtres en général et particulièrement de ceux de Paris.
— Imaginez-vous, me dit le diable, que cette semaine, à l'occasion de la fête des Morts, j'ai dû laisser aller, autant qu'elles ont voulu, ces dames dans votre monde. Les théâtres, cela va sans dire, n'ont pas perdu aux vacances données par moi; vous avez pu vous en convaincre aux Italiens, ce soir. Aussi la revue dramatique de cette semaine court déjà mes salons, et pour peu que vous ayez à prendre des notes...

      ***

Je ne me fis pas prier, et, tirant un petit carnet que j'avais dans la poche, je me mis en mesure d'écrire.
Le diable alors fit signe à quelques âmes qui passaient près de nous. Elles se rapprochèrent.
— Mesdames, leur dit mon hôte, je vous présente un de mes amis, qui est journaliste et qui s'est rapporté aujourd'hui à votre impartialité pour faire sa revue des théâtres. Veuillez lui faire connaître votre opinion sur les spectacles de la semaine.

      ***

UNE AME ROSE. — J'ai entendu l'Albani aux Italiens, et je l'ai trouvée charmante. Elle n'est pas absolument acclimatée encore ; sa voix n'a pas acquis toute l'ampleur qu'elle aura ; mais, dès aujourd'hui, il est permis de voir en elle une des grandes actrices de l'avenir.
Quant à Capoul, je lui prédis un succès fou cet hiver. On a d'abord voulu le discuter, on a prétendu qu'il ne chantait pas dans la tradition italienne. Tout cela n'est rien : le public ordinaire est enchanté de l'avoir; je se moque pas mal de la tradition, pourvu qu'on le charme.

UNE AME VERTE. — Pour moi, l'Opéra est mon Faure. J'ai suivi toutes les représentations de la semaine. J'ai beaucoup applaudi madame Thibaut, dans Robert le Diable. Don Juan et la Favorite ont été très suivis ; les ballets sont toujours charmants. On compte que, pour cet hiver, la direction fera de nouveaux engagements.

UNE AME BENGALE. — A l'Opéra-Comique, moi, j'ai entendu Zampa, le Pré-aux-Clercs, l'Ombre et le Docteur Mirouet ; j'ai été ravie d'applaudir mesdames Galli-Marié, Abeille et Priola. On a engagé le ténor Bac.

FEUILLETON

LE BOULEVARD DES ITALIENS

Cherchez un coin dans ce vaste Paris, m'a dit le directeur de ce journal mondain, qui ait à l'heure où les feuilles tombent, et que ce coin soit triste ou gai, réaliste ou poétique, sombre ou joyeux, parlez-en sans crainte à nos lecteurs. Rien de ce qui raconte ce merveilleux et sympathique Paris, ce Paris aimé pour ses malheurs et respecté malgré ses folies, rien de ce qui le fait connaître plus profondément n'est indifférent à notre public.
Et j'allais, poursuivant ce filon nouveau dans cette mine inépuisable que tant de romanciers, d'articliers, de fantaisistes, d'essayistes, d'analystes, de penseurs, de rêveurs, d'observateurs ont patiemment fouillé sans que jamais le travail manquât à la foule, sans que jamais la plume, qui était une pioche entre leurs mains, parvînt à tout mettre à nu......
Soudain le boulevard des Italiens m'apparut, au sortir de la rue de Grammont, éclatant et boueux, flamboyant des mille clartés des magasins, squalide de cette fange particulière que distillent des milliers de pieds piétinant, empli de promeneurs paisibles et de passants affairés, sillonné de voitures de maîtres, de fiacres hideux, de lourds omnibus. Eh quel coin de Paris, quel coin de l'immense univers jamais vaudra cet espace de 500 mètres incessamment décrit et toujours à décrire tant sa mobile et changeante physionomie échappe au peintre, à l'écrivain, et même au photographe habile à saisir l'immédiate réalité du moment?
Cinq cents mètres et tout est là. Il y a là de quoi payer la rançon d'une ville au temps où les rançons étaient abordables, de quoi corrompre un conquérant barbare au temps où les conquérants n'étaient pas plus corrompus que les vaincus. Un Apicius crèverait d'indigestion sans sortir de cet étroit domaine, un Annibal y remplirait cent fois de bijoux le boisseau dans lequel il mesurait après Cannes les anneaux des chevaliers romains, un Caton ne compterait pas dix pas sur ce bitume sans y mourir d'indignation. Là, la petite bourse agiote, Clevermann escamote, dix établissements célèbres tricottent d'une si merveilleuse façon que le monde entier sait leur nom. A certains jours de l'année, si vous preniez comme dans un gigantesque coup de filet la foule compacte d'éléments multiples qui s'empresse entre la rue de Richelieu et la rue Louis-le-Grand, entre la rue Drouot et la rue de la Chaussée-d'Antin, vous auriez tous les spécimens de types, de professions, d'élégances et de laideurs, de ridicules et d'originalités qui constituent une grande capitale. Pêle-mêle et sur le vif de leur dernière attitude vous trouveriez le riche, le pauvre et le bohème, le boursier, l'homme du jour, le paresseux, l'homme de lettres qui, au café Cardinal, jette un coup-d'œil sur les journaux du soir, l'officier qui, au café de Holder, explique qu'il avait tout prévu, le trafiste qui songe à se paris, l'amateur qui dodeline la tête en pensant à l'Hobbema de l'Exposition, la pauvresse qui mendie, la mondaine gourmande qui s'est empiffrée chez Jullien, le curieux qui regarde à la vitrine de la Librairie Nouvelle le titre de publications qu'il n'achètera jamais.
Ce coup de filet serait un coup de théâtre; mais serait-il comparable comme impression à l'effet que produirait évoquée, tout à coup par une baguette ma-

des ouvrages inédits ou oubliés. D'autres initiatives sont plus audacieuses. Pour augmenter le nombre de représentations, les directeurs négocient un 7e mois d'exploitation (Calzado) ou l'autorisation de donner des représentations le dimanche. Cette dernière idée est commune à plusieurs directeurs mais utilisée différemment par chacun. Corti n'y voit qu'un moyen de jouer plus souvent d'autant que l'Opéra a obtenu la même autorisation. Calzado fait en sorte d'attirer les foules en programmant ce jour-là les créations, les reprises importantes et les débuts. En 1866-1867, Bagier propose un spectacle mixte (opéra et concert). En 1869, il inaugure même des représentations-concerts, qui se révèlent être un échec. Le ballet, autre nouveauté qu'il cherche à imposer, n'est pas non plus du goût du public.

La fin du Théâtre-Italien ?

Les difficultés s'aggravent de façon significative à partir de 1864. Déjà, avant cette date, le Théâtre-Italien souffre de la comparaison avec ses concurrents. Outre ses rivaux traditionnels, l'Opéra et l'Opéra-Comique, il est également en compétition avec les Bouffes-Parisiens, installés en décembre 1855 à deux pas de la salle Ventadour et dont le nom peut prêter à confusion, et avec le Théâtre-Lyrique, qui a ouvert ses portes en 1851. Ceux-ci bénéficient du dynamisme de la musique française dans cette seconde moitié de XIXe siècle, quand lui pâtit d'une carence de bons compositeurs ultramontains. Dans ce contexte, le décret du 6 janvier 1864 sur la liberté des théâtres vient encore le fragiliser en le privant d'un avantage essentiel : la protection de son répertoire. Les ouvrages qui le composent ne sont pas, à de très rares exceptions près, des commandes. Ils appartiennent donc au domaine public et les autres scènes peuvent désormais se les approprier alors que la réciproque n'est pas vraie avant 1869, date à laquelle Bagier, après de nombreuses réclamations, obtient le droit de réciprocité. La même année, il soumet au ministre un projet audacieux pour sauver son théâtre : constituer deux troupes (opéra français et opéra italien) et créer, au sein de l'institution, un conservatoire de chant, véritable vivier pour sa troupe future. Cette combinaison reste sans lendemain du fait du déclenchement de la guerre franco-prussienne de 1870.

Pendant ce conflit, les théâtres parisiens cessent leur activité et Bagier transforme son théâtre en ambulance avant de finalement démissionner. Cette guerre porte un coup fatal au Théâtre-Italien, dont les dernières années sont chaotiques et ne comptent qu'une seule direction stable, celle de Léon Escudier (avril 1876-juin 1878). Les autres durent entre 4 mois (2e direction Bagier, oct. 1874-janv. 1875) et 10 mois (direction Verger, mars-déc. 1872). Cette dernière est la plus désastreuse. Non seulement Amédée Verger ne propose aucune création et ne dispose que d'une troupe médiocre, mais il se montre également indélicat dans ses procédés, n'hésitant pas à s'approprier la recette d'une représentation donnée au bénéfice des orphelins d'Alsace-Lorraine. La bien mieux réussi que Wagner à Paris : jusqu'à la première de *Lohengrin*, le 16 septembre 1891, l'Opéra est tout verdien et les trois représentations de *Tannhäuser* sont quasi anecdotiques rapportées aux sept créations et premières d'opéras de Verdi et aux 249 représentations (sur 7552) depuis l'entrée au répertoire de *Jérusalem*, le 26 novembre 1847[3] ». L'arrivée de *Lohengrin* en 1891 marquera un changement de cap assez radical (cf. 9.5).

La première collaboration de Verdi, *Les Vêpres siciliennes*, est envisagée dès 1850 mais ne se concrétise qu'en 1855. Auparavant, Verdi donne, avec *Jérusalem* (1847), une version profondément remaniée de *I Lombardi*. Quand est créée la version française de *Luisa Miller* en 1853, il attend encore que Scribe lui fournisse un livret digne de sa confrontation assumée avec le modèle meyerbeerien : « Je désirerais, j'ai besoin, d'un sujet grandiose, passionné, original, d'une mise en scène imposante, éblouissante[4]. » Depuis la signature du contrat, il a déjà refusé plusieurs sujets et le temps presse. Scribe propose finalement *Les Vêpres siciliennes*, version révisée du *Duc d'Albe*. *Les Vêpres* est créé, avec du retard (juin 1855 au lieu de décembre 1854), et profite de la concomitance imprévue avec l'Exposition universelle[5]. Ce séjour parisien est aussi, pour Verdi, l'occasion de préparer les représentations du *Trouvère* (1857). Dix années s'écoulent ensuite sans nouvelle mise à la scène, si l'on excepte la calamiteuse reprise des *Vêpres* en juillet 1863. Approché de nouveau au printemps 1865, Verdi accepte rapidement *Don Carlos*, un « drame magnifique ». Après un long travail entravé par les circonstances politiques (guerre austro-prussienne) et professionnelles (décès d'un des librettistes, Joseph Méry) et après de longs mois de répétitions, l'ouvrage est finalement créé en mars 1867, un peu avant l'ouverture de l'Exposition universelle. Après l'échec de *Don Carlos*, Verdi ne compose plus pour l'Opéra. Il n'y fait jouer que les traductions d'*Aïda* (1880) et d'*Othello* (1894).

À Paris, le compositeur est également présent au Théâtre-Lyrique (qui ferme en 1870) et plus modestement à l'Opéra-Comique. Le premier propose avec succès des versions françaises dérivées du répertoire du Théâtre-Italien : *Rigoletto* en 1863 (243 représentations jusqu'à la fermeture du théâtre), *Violetta [La Traviata]* en 1864 (102), *Un bal masqué* en 1869 (65)[6]. Le seul ouvrage qui présente une réelle nouveauté est *Macbeth*, mais il échoue lamentablement en 1865 avec seulement 14 représentations. Verdi avait pourtant profité de cette traduction pour remanier l'ouvrage en profondeur (cf. 9.3). Le 1er août 1878, *Aïda* est donné en version française dans le nouveau et éphémère Théâtre-Lyrique, salle Ventadour (cf. 9.1). Le premier opéra de Verdi joué à l'Opéra-Comique est *La Traviata*, en 1886. Si ce théâtre apparaît lui aussi dans la carrière parisienne du maestro, il le doit certainement à ses directeurs. C'est parce que son ami Camille Du Locle dirige l'institution que Verdi lui confie en 1874 sa *Messa da Requiem*. C'est parce que Léon Carvalho a su gagner sa confiance lorsqu'il était directeur du Théâtre-Lyrique qu'il assure en 1894 la création de *Falstaff* en français.

« *La Traviata*, un vieux succès qui toujours re-verdi-t : chronique théâtrale », estampe de Stop, 1886, F-Po, Estompes scènes Traviata (1). Cette estampe, tout en évoquant le succès de *La Traviata* en France, montre les costumes Louis XIV imposés lors de la création de l'œuvre à la Fenice en 1853. C'est seulement à Milan en 1906 qu'ils sont abandonnés au profit des costumes contemporains voulus par Verdi.

À de rares exceptions près, les relations de Verdi avec les théâtres parisiens sont plutôt orageuses, ce qui peut nuire à la programmation de ses œuvres. Il est impossible de relater ici l'ensemble des incidents qui émaillent sa carrière. À l'Opéra – le cas le plus connu – le principal a lieu en 1863, à l'occasion de la reprise des *Vêpres siciliennes*. L'insubordination de l'orchestre pousse le compositeur à quitter Paris sans attendre la première[7]. Dans ce même théâtre, le compositeur se plaint aussi du temps perdu en répétitions pour « décider si Faure ou la Sasse, etc., doivent lever le doigt ou toute la main[8] » : 163 répétitions pour *Les Vêpres*, 270 pour *Don Carlos*... De tels exemples rappellent l'impatience dont Verdi peut faire preuve. Le conflit qui l'oppose à Calzado, directeur du Théâtre-Italien entre 1855 et 1863, révèle, quant à lui, de réelles préoccupations artistiques et financières[9]. Le *maestro* se plaint que, sur cette scène, les meilleures partitions sont « ruinées, lacérées, massacrées[10] ». Dans *La France musicale* et *L'Art musical*, Escudier dénonce des exécutions médiocres – mises en scène approximatives, chanteurs insuffisants – et des œuvres tronquées, conseillant même à ses lecteurs d'aller entendre *Rigoletto* à... Londres pour le voir « grandement interprété et mis en scène avec toute la pompe qu'il exige » (*FM*, 25 janv. 1855, p. 28). Agacé par ces défaillances artistiques, Verdi souhaite exercer un certain contrôle sur la représentation de ses œuvres. Fervent défenseur du droit d'auteur, il est également choqué de constater qu'il ne peut retirer aucun bénéfice de ses succès. Dans cette optique, il avait obtenu du prédécesseur de Calzado, César Ragani, le versement d'une redevance de 200 F par soirée et un droit de regard sur le choix des interprètes pour les représentations du *Trovatore*. Mais Calzado rompt cet accord qu'il s'était pourtant engagé à respecter. Verdi intente donc un procès qui interrompt provisoirement les représentations, jusqu'à sa défaite en appel en octobre 1856 : ses œuvres ayant été créées en Italie relèvent en France du domaine public et Calzado peut en disposer à son gré[11], en tout cas jusqu'à l'entrée en vigueur de la convention liant le Théâtre-Italien à la SACD (1er oct. 1866). Dans un tel contexte, on comprend la reconnaissance de Verdi envers Carvalho qui fait preuve d'une rare délicatesse en le dédommageant financièrement quand rien ne l'y oblige.

Nombreux sont en France les artistes et les critiques qui éprouvent d'abord pour Verdi un certain mépris. Il transparaît par exemple dans le mot de Delacroix évoquant, au sortir de la première de *Jérusalem*, « Verdi, ou Merdi[12] » ! En accordant la priorité à l'effet dramatique plutôt qu'à la mélodie, Verdi déstabilise le public parisien[13]. De *Nabucco* à *Luisa Miller*, la critique reste virulente et l'accueil des œuvres mitigé. Même si elle est rapidement éclipsée par la trilogie, cette dernière partition constitue un pas décisif en faveur de Verdi. Cependant, le premier vrai triomphe est la création d'*Il Trovatore* aux Italiens. L'œuvre s'inscrit durablement au répertoire parmi les grands succès, au même titre que *Rigoletto* trois ans plus tard. Ces deux œuvres sont, avec *Les Vêpres siciliennes* (150 représentations à la création quand l'Opéra n'en prévoyait que 40), celles de la consécration. Traduites, elles passent du Théâtre-Italien à l'Opéra ou au Théâtre-Lyrique. *La Traviata* suit à terme le même parcours mais il lui faut plus de temps pour s'imposer.

Dans la seconde moitié des années 1850, les critiques hostiles à Verdi, François-Joseph Fétis ou Paul Scudo par exemple, sont de plus en plus marginalisés et doivent finalement se rallier. Le succès du *maestro*, qui règne simultanément sur trois scènes lyriques parisiennes, suscite aussi des jalousies tenaces, en particulier celle de Berlioz, déplorant de voir le Théâtre-Lyrique devenir une succursale du Théâtre-Italien[14]. En dépit des succès remportés au Théâtre-Lyrique, les années 1860, celles de la montée en puissance de Wagner, sont globalement décevantes pour Verdi. *Un ballo in maschera* est desservi par une mise en scène désastreuse. *I Lombardi*, venu trop tard, laisse le public froid. Mais les principales déconvenues sont *Macbeth* et *Don Carlos* pourtant préparés avec soin. Le premier suscite l'incompréhension ; le second est accueilli sans chaleur. La présence des touristes, due à l'Exposition universelle, permet d'atteindre 43 représentations, après quoi l'Opéra ne reprendra *Don Carlos* qu'en 1963 ! Certes, l'anticléricalisme, perceptible dans le duo entre Philippe II et l'Inquisiteur et désapprouvé publiquement par l'impératrice Eugénie nuit à l'ouvrage, mais c'est surtout l'évolution stylistique de Verdi qui déroute un public venu entendre un autre *Trouvère*. Elle lui vaut aussi les premières accusations de wagnérisme (cf. 9.6). Les années 1870, en revanche, sont celles d'un véritable triomphe avec le *Requiem* puis surtout *Aida*, qui remporte un succès « net et décisif » aux yeux de Verdi lui-même. Lorsque l'Opéra, en 1880, donne la version française, Emanuele Muzio n'hésite pas à évoquer une « apothéose ». Malgré cet enthousiasme, aucune autre création importante n'a lieu à Paris avant 1894. *Othello* et *Falstaff*, composés à 7 ans d'intervalle, arrivent alors simultanément en France et sont jugés à l'aune des critères wagnériens désormais dominants[15]. Verdi connaît une longue éclipse – aucune création à l'Opéra entre 1894 et 1922 – époque à laquelle, probablement sous l'influence du mouvement germanique de « Renaissance verdienne », il est ramené vers la lumière, « une inversion de courant irrésistible mais encore très lente jusque vers les années 1960[16] ».

Verdi en province (P. Taïeb)

La diffusion des œuvres de Verdi sur le territoire national commence sous le Second Empire. Elle suit généralement le circuit habituel à partir d'une création à Paris où son accueil peut être déterminant. Trois situations sont à distinguer. La première concerne la diffusion d'une création de l'Opéra (*Jérusalem*, *Louise Miller*, *Les Vêpres siciliennes*, *Le Trouvère*, *Don Carlos*, *Aïda*). La deuxième, celle d'une traduction française créée au Théâtre-Lyrique (*Rigoletto*, *La Traviata*, *Macbeth*, *Un bal masqué*). Dans ce dernier cas, les traductions de Pacini, pour *Le Trouvère*, et d'Édouard Duprez, pour *Rigoletto* et *La Traviata* (*Violetta*), ont été créées en province avant Paris. Enfin, la troisième touche l'exécution des œuvres en italien qui est toujours le fait d'une troupe provenant du Théâtre-Italien de la capitale ou bien de l'étranger (les troupes sédentaires de province ne chantent pas en langue étrangère).

Dès le début des années 1850, plusieurs villes reprennent *Jérusalem*. La diffusion concerne les théâtres ayant la capacité de monter un grand opéra. Si ces derniers sont déjà nombreux au milieu du siècle, le répertoire de l'Opéra y fait l'objet d'un choix très sélectif. Marseille (1849), Bordeaux (1851), Rouen (1851) et Strasbourg (1851) pour commencer, puis de plus en plus de villes programment régulièrement l'ouvrage, qui se maintient ici ou là jusque dans les années 1880. *Les Vêpres siciliennes* est loin de susciter le même engouement que la trilogie romantique grâce à laquelle Verdi conquiert le territoire pour plus d'un siècle, jusqu'aux temps où les versions originales s'imposeront partout de préférence aux traductions. *Le Trouvère* remporte un triomphe national équivalent à celui des grandes productions de Meyerbeer et Halévy, tant par le nombre des villes où il est représenté que par sa fréquence dans la programmation. Avant la première parisienne de 1857, la traduction de Pacini est entendue à Marseille (1856). Puis on la trouve à Montpellier (cinq mois après Paris), Toulouse (1858), Bordeaux (1859), Strasbourg (1859), Rouen (1859) et ainsi de suite, dans des villes de dimensions très différentes telles que Lyon, Béziers, Nîmes ou Nantes. En 1866, au moins 217 représentations sont recensées par la SACD dans 61 villes ; en 1876, 123 dans 47 villes ; en 1886, 111 dans 65 villes[17]. Donné à Toulouse (1860), Lyon (1860), Bordeaux (1861) et Rouen (1861) avant Paris (1863), *Rigoletto* est de plus en plus joué jusqu'à atteindre dans les années 1880 le niveau de diffusion du *Trouvère*. *Violetta* commence une trajectoire identique au début des années 1860 et suit une progression encore plus rapide après la création parisienne de 1864, pour devenir l'opéra de Verdi le plus représenté en France dans les années 1880 – tandis que se maintient le succès de *La Dame aux Camélias* de Dumas fils dans les mêmes villes. En 1886, les versions françaises de la trilogie totalisent 364 représentations disséminées dans plus d'une centaine de villes, du Nord au Midi, ainsi que dans les colonies – à Alger, Sidi-bel-Abès, Saint-Pierre (Martinique) ou Saïgon. Un chiffre qui traduit la solidité de la position de Verdi avant l'arrivée des œuvres de Wagner sur les théâtres des départements.

Les opéras suivants créés à Paris en version française connaissent une diffusion plus limitée (*Macbeth*, *Don Carlos*, *Falstaff* et *Othello*), excepté *Un bal masqué* qui a un peu de succès en province et, surtout, *Aïda*, plus largement diffusé après la première (en français) de 1878. Envisagée sous l'angle plus discret mais finalement beaucoup plus large de la diffusion des extraits (cf. 19.1), la popularité de Verdi se mesure aussi à l'extraordinaire dissémination au sein des ensembles régimentaires et des orphéons sous la IIIe République (en particulier l'ouverture des *Vêpres*).

Plusieurs considérations permettent de cerner la nature du succès de Verdi en province. En premier lieu, la trilogie romantique profite de la généralisation du grand opéra auquel elle est assimilée. Ensuite, si le discours de la critique reprend les catégories parisiennes relativement au caractère italien ou aux excès sonores de Verdi, elle souligne aussi les affinités congénitales de ces trois opéras avec le drame. Au point, parfois, que Verdi se voit intégré à l'école française en raison de ses qualités dramatiques. Enfin, l'œuvre de Verdi a profité du talent de ses traducteurs qui ont assuré une longue popularité à ses airs grâce à des vers aussi efficaces que « Comme la plume au vent » (Le Duc : « *La donna e mobile* »), « La flamme brille... Au loin la foule accourt » (Azucena : « *Stride la vampa* »), ou « Quel est donc ce trouble charmant » (Violetta : « *Ah, fors'è lui che l'anima* »).

9.3 LA PRODUCTION FRANÇAISE DE VERDI
Steven Huebner

Verdi et Paris : attractions, réticences

Cherubini, Spontini, Paër, Rossini, Bellini, Donizetti : au cours de la première moitié du XIXe siècle, nombreux sont les compositeurs qui affrontent les scènes parisiennes après avoir connu le succès dans la péninsule transalpine. C'est souvent le Théâtre-Italien qui les accueille en premier, mais la volonté d'écrire un opéra français ne tarde pas à se manifester. Le prestige international des institutions françaises, une politique de droits d'auteur attrayante, une culture théâtrale valorisant la cohérence des livrets, ainsi que la disponibilité de chanteurs de haut calibre sont quelques facteurs expliquant cette migration. Considéré comme l'étoile montante de la musique italienne, Verdi est en pourparlers avec l'Opéra dès 1845. Des considérations d'ordre pratique le motivent soudainement. Il déclare ainsi à son librettiste Francesco Piave : « Il me faut un professeur de français ; je ne souhaite pas me casser les couilles avec la grammaire ni avec la théorie, je veux seulement lire, traduire et parler ; alors, recommande-moi un professeur qui parle et prononce bien[1]. »

Verdi aura rapidement l'occasion de faire valoir ses connaissances de la langue française, lors de sa première visite à Paris en mai 1847. L'éditeur Léon Escudier lui sert de guide à cette occasion et restera profondément impliqué dans ses affaires à Paris au cours des décennies à venir. La soprano Giuseppina Strepponi, amante du compositeur depuis 1843 et future épouse, y est installée comme professeure de chant. Sans doute sa présence explique-t-elle en partie le prolongement jusqu'en mars 1848 de ce premier séjour, ainsi que le retour de Verdi en mai de la même année pour y rester jusqu'à Noël. Il sera le témoin oculaire de tous les événements majeurs de la révolution de 1848. Plusieurs visites se succéderont rapidement : entre 1847 et 1855, Verdi passera davantage de temps à Paris qu'en Italie. Il effectuera dans la capitale française au cours de sa vie une trentaine de visites liées à ses activités professionnelles, mais également à la francophilie de son épouse.

Les premières négociations avec l'Opéra aboutissent à un contrat signé le 6 août 1847 stipulant la livraison d'un opéra en automne. La rapidité d'exécution est cruciale. Nestor Roqueplan et Charles Duponchel souhaitent inaugurer leurs débuts en tant que directeurs de l'Opéra avec une œuvre de Verdi avant la fin de l'année, indice de la réputation établie du compositeur. Vingt ans auparavant, Rossini avait proposé l'adaptation de l'un de ses propres opéras italiens pour ses débuts à l'Opéra (cf. 6.3). Occupé par d'autres projets et considérant le délai trop serré, Verdi emprunte le même chemin, mais en se faisant rétribuer comme s'il s'agissait d'un nouvel opéra. Suivant les conseils d'Eugène Scribe, il choisit Alphonse Royer et Gustave Vaëz, les auteurs du livret de *La Favorite* (O, 1840) de Donizetti, afin de remanier *I Lombardi alla prima crociata* (Milan, 1843) qui devient *Jérusalem* (O, 1847)[2]. Bien que, parmi les onze opéras déjà à son actif, *I Lombardi* soit celui qu'il considère être le plus proche de l'esthétique du grand opéra français, l'intrigue est entièrement remaniée (les Lombards deviennent des Français !) : l'ordre des morceaux est modifié et plusieurs numéros sont ajoutés. *Jérusalem* connaît un succès mitigé lors de sa création le 26 novembre 1847.

Les directeurs de l'Opéra n'hésitent pas à solliciter Verdi immédiatement pour un nouvel ouvrage sur un livret français[3]. En 1850, on lui propose *Don Carlos* (O, 1867) basé sur une pièce de Friedrich Schiller, mais ce projet reste lettre morte à l'époque. Un contrat est signé avec l'Opéra le 28 février 1852, qui stipule que Verdi est tenu de mettre en musique un livret de Scribe lui-même, qui reste toutefois à rédiger. Roqueplan s'engage à présenter la nouvelle œuvre « avec toute la pompe que l'action exigera et que les antécédents du Grand Opéra rendent indispensable[4] ». Scribe décide de recycler un ancien projet intitulé *Le Duc d'Albe* proposé initialement à Fromental Halévy, puis à Donizetti. Après révision, celui-ci deviendra *Les Vêpres siciliennes* (O, 1855) et, paradoxalement eu égard à la clause du contrat mentionnée plus haut, il comportera des exigences scéniques plus contraignantes que d'autres grands opéras de l'époque. Les dimensions du projet demeurent toutefois considérables, car Verdi est habitué à composer des opéras italiens relativement courts, d'une durée de deux heures et demie ou moins. « Une œuvre pour l'Opéra est assez de travail pour tuer un taureau[5] » déclare-t-il. Le compositeur fait référence non seulement à la quantité de musique requise afin de combler cinq actes, mais également à la période de répétitions s'échelonnant sur plusieurs mois, alors qu'en Italie, il est habitué à mettre sur pied un nouvel opéra en quelques semaines. La préparation des *Vêpres siciliennes* est jalonnée de quelques difficultés, dont la disparition temporaire en novembre 1854 de Sophie Cruvelli, qui interprétait le rôle d'Hélène. Scribe n'est pas présent aux répétitions afin d'effectuer les ajustements nécessaires. De manière plus préoccupante, Verdi estime que sa musique n'est pas réellement bien comprise, expliquant à la direction de l'Opéra au début de 1855 : « Il me semble (ou je me trompe étrangement) que nous ne sommes pas à l'unisson dans la manière de sentir, et d'interpréter la musique, et sans un parfait accord il n'y a pas de *succès possible*[6]. » La situation ne s'améliore guère. Verdi, semble-t-il, aurait préféré résilier son contrat, mais *Les Vêpres siciliennes* est finalement créé le 13 juin 1855 lors de l'Exposition universelle. L'œuvre reçoit un accueil favorable de la presse et du public.

Malgré les difficultés éprouvées lors des répétitions des *Vêpres siciliennes*, les succès de Verdi à Paris ne cessent de croître (cf. 9.2). Cependant, comme il a été vu plus haut, l'horizon s'assombrit lorsque le riche Espagnol Toribio Calzado prend la direction du Théâtre-Italien en juillet 1855. Verdi prend sa revanche en approuvant une traduction française pour l'Opéra, faisant ainsi concurrence au *Trovatore* donné au Théâtre-Italien. Destinée à remplir la soirée entière, l'adaptation nécessite l'ajout d'un ballet (acte III)[7]. Les autres remaniements effectués dans *Le Trouvère* (O, 1857) sont principalement des modifications apportées aux figures d'accompagnement et à l'orchestration. Il faut encore ajouter la suppression de la *cabaletta* « *Tu vedrai che amore in terra* » et le rallongement de la fin de l'opéra avec un rappel de la musique du *Miserere*. Ce retour à l'Opéra après l'expérience plutôt décevante des *Vêpres* sera typique du compositeur. Plus d'une fois dans sa carrière, il alternera entre l'admiration pour les ressources énormes disponibles à « la grande boutique » et la frustration éprouvée face aux difficultés qu'il y rencontre[8]. L'engouement pour les œuvres de Verdi en langue française venant concurrencer le Théâtre-Italien va se manifester également au Théâtre-Lyrique avec *Rigoletto* (1863) et *Violetta* (*La Traviata*) (1864). Mais c'est la production de *Macbeth* (TL, 1865) qui est la plus remarquable, car Verdi y apporte des modifications substantielles, y compris une réécriture de la *cabaletta* du duo Lady Macbeth-Macbeth à l'acte I, l'ajout de l'air « Que sur la terre / Descendent l'ombre et le mystère » (« *La luce langue* ») à l'acte II, et des changements dans la scène du banquet et dans celle des apparitions. Cette fois-ci, contrairement au *Trouvère*, Verdi travaille d'abord à partir d'un texte italien, avant que l'opéra soit traduit. La partition parisienne de *Macbeth*, dans sa traduction italienne, deviendra la version de référence de l'œuvre, tandis que la version française du *Trouvère* restera une curiosité.

Peu après la création de cette version de *Macbeth*, le directeur de l'Opéra, Émile Perrin, revient à la charge à l'été 1865 et commande au compositeur un nouvel ouvrage. La réaction de Verdi est catégorique : « Vous rigolez ? Écrire pour l'Opéra !!! Pensez-vous que je serai sans danger d'avoir les yeux arrachés de la tête après ce qui s'est passé il y a deux ans aux répétitions des *Vêpres*[9] ? » Le maestro évoque ici l'insubordination des membres de l'orchestre lors des répétitions d'une reprise des *Vêpres siciliennes* à l'Opéra deux ans auparavant. Pourtant, *Don Carlos* (quatrième ouvrage lyrique de Verdi basée sur une œuvre de Schiller) va stimuler son imagination. La période de composition s'étend sur presque toute l'année 1866 et, suivant la pratique habituelle de l'Opéra, les chanteurs débutent l'apprentissage de leurs rôles avant même que l'œuvre ne soit entièrement orchestrée[10]. Autre *modus operandi* typique de la maison : Verdi compose trop de musique et des passages substantiels sont retranchés lors des répétitions. Le résultat cumulatif de ces coupures, auxquelles s'ajoutent différentes versions en langue italienne qui succéderont à la version française, fait en sorte que la genèse de la partition est l'une des plus complexes qui soit du répertoire. Verdi lui-même ne s'est jamais prononcé en faveur d'une version particulière.

Après *Don Carlos*, le travail compositionnel d'envergure de Verdi pour la scène parisienne se limite à quelques modifications en vue de la première représentation d'*Othello* à l'Opéra, beaucoup plus tard, en 1894[11]. L'œuvre de Verdi doit combler une soirée entière et l'ajout d'un ballet demeure de rigueur. Verdi en compose un de six minutes (celui du *Trouvère* durait 25 minutes !) au début de la scène des Ambassadeurs (acte III) : une musique orientalisante qui semble hors de propos. Il s'agit d'une concession, non d'une solution définitive, et Verdi restera ambivalent concernant son inclusion. L'autre révision a pour but de mettre davantage en évidence le dialogue entre Othello et Iago lors du *concertato* subséquent, et aussi de l'abréger, autant de variantes sporadiquement adoptées de nos jours. Ce sont les derniers travaux du maître dans le domaine du théâtre.

L'impact du grand opéra français sur le jeune Verdi

Dans un important article publié peu avant le tournant du XXIe siècle, Fabrizio Della Seta critique la tendance jusqu'alors prédominante d'étudier l'opéra italien du XIXe siècle, surtout pré-1860, comme une culture *sui generis* au parcours stylistique et dramaturgique relativement autonome[12]. Une approche plus nuancée permettrait de faire ressortir les éléments transnationaux sans pour autant adopter un discours unificateur menant à la suppression des particularités locales. Le grand opéra français s'est exporté avec succès en Italie (cf. 15.2) : *La Muette de Portici* (O, 1828) déjà en 1831, *Guillaume Tell* (O, 1829) en 1831, *Robert le Diable* (O, 1831) en 1840, *Les Huguenots* (O, 1836) en 1841 et *La Juive* (O, 1835) en 1844[13]. Adaptées au contexte local, souvent avec une transposition de l'intrigue afin d'éviter les problèmes de censure, ces œuvres représentent le *nec plus ultra* de la modernité musicale pour beaucoup de critiques italiens.

Il s'avère donc essentiel de reconnaître que Verdi fut inspiré dans sa jeunesse non seulement par la tradition italienne, mais également par sa connaissance du répertoire français. Les travaux récents de Gloria Staffieri confirment que cette influence a été sous-estimée dans l'historiographie verdienne[14]. Son impact se fait sentir de façon la plus remarquable dans quatre opéras de jeunesse : *Nabucco* (Milan, 1842), *I Lombardi*, *Giovanna d'Arco* (Milan, 1845), et *Attila* (Venise, 1846). La filiation est souvent complexe. L'une des sources littéraires majeure du livret de *Nabucco* est le drame *Nabucodonosor* d'Auguste Anicet-Bourgeois et Francis Cornu créé au Théâtre de l'Ambigu-Comique en 1836 ; toutefois, ce drame lui-même semble emprunter des éléments à *La Juive*, créé l'année auparavant à l'Opéra, notamment la juxtaposition du fanatisme et de l'intolérance religieuse à l'affection paternelle. La scène finale des opéras d'Halévy et de Verdi est précédée d'une marche funèbre qui accompagne les persécutés à la mort. D'autres éléments qui rapprochent *Nabucco* du grand opéra français sont le traitement des chœurs en tant que personnage collectif, la division en quatre actes (rare à l'époque en Italie) et l'ajout d'un titre descriptif à chaque acte, ce qui suggère une conception dramatique à la manière de tableaux. Comme *Robert le Diable*, *Giovanna d'Arco* est inspiré d'un sujet historique qui incorpore un élément fantastique ; les chœurs d'anges et de démons qui se font concurrence pour l'âme de la vierge rappellent ce précédent de Meyerbeer. Typique du grand opéra, le drame personnel d'*Attila* se déroule sur fond épique de la chute de l'empire romain. L'influence du grand opéra est également présente dans les autres ouvrages de Verdi des années 1840. Selon Staffieri, l'intérêt manifesté par Verdi pour les thèmes récurrents à l'échelle d'une partition entière, notamment *I due Foscari* (Rome, 1844) ou *Macbeth*, est issu de l'opéra meyerbeerien. Le chœur des conjurés d'*Ernani* (« *Si rideste il Leon di Castiglia* ») dénote une certaine ressemblance avec le chœur des conjurés « Pour cette cause sainte » des *Huguenots*. Bref, la présence de Verdi sur la scène de l'Opéra, d'abord avec *Jérusalem*, puis avec *Les Vêpres siciliennes* et *Don Carlos*, se laisse présager par l'emploi d'éléments issus du grand opéra français dans ses œuvres italiennes de jeunesse.

Les grands opéras de Verdi

La transformation de *I Lombardi* en *Jérusalem* fournit un exemple typique des exigences plus littéraires des livrets français en comparaison des pratiques du jeune Verdi : la trame narrative extrêmement complexe de l'original italien se voit largement simplifiée dans la version française. L'amour entre la soprano (Hélène) et le ténor (Gaston) est plus nettement défini comme élément conducteur du récit dès le début de *Jérusalem*, tandis qu'il apparaît comme un élément inattendu venant considérablement compliquer la situation au second acte de son prédécesseur italien. Verdi s'inscrit dans la tradition du grand opéra en explorant divers effets orchestraux dans un morceau décrivant le lever du soleil au premier acte de *Jérusalem* – tableau instrumental figurant déjà dans *Attila*. Le court duo des amants au début de l'œuvre est accompagné par un solo de cor, trait stylistique rappelant la viole d'amour de la romance de Raoul à l'acte I des *Huguenots* et le solo de clarinette basse lors de la scène du mariage à l'acte V de ce même opéra. Les processions sont un élément très répandu dans le grand opéra, et deux se succèdent rapidement vers la fin de *Jérusalem* : la première (dernière à être composée) qui conduit Gaston devant le Légat afin de recevoir sa sentence (il est faussement accusé d'avoir tenté d'assassiner le père d'Hélène) ; la seconde (transposée de *I Lombardi*) qui anticipe l'assaut sur Jérusalem. Avant d'être exécuté, Gaston doit faire face au déshonneur, une scène de rituel typique du genre. Au moment où chaque élément de sa cuirasse est déclassé et détruit par le héraut et le bourreau, la tonalité est haussée d'un demi-ton. À chaque nouveau plan tonal, Gaston répond par un accord de septième diminuée : « Tu mens ! tu mens ! » Le chœur est divisé en trois groupes, chacun réagissant de façon différente à l'événement : les femmes du peuple conseillant la pitié, les chevaliers assumant une voix menaçante et les moines solennels chantant en latin – forme polychorale typique de Meyerbeer.

Les considérations politiques présentes lors de la première croisade ne se manifestent pas de manière constante dans *Jérusalem*. Même le titre semble peu approprié : l'action ne se déroule jamais dans la ville sainte et la conquête de celle-ci s'effectue en coulisses, lors du dernier acte. Les enjeux politiques sont souvent considérés comme un élément clé du grand opéra français : pensons notamment aux *Huguenots*, à *La Reine de Chypre* (O, 1841) ou au *Prophète* (O, 1849). Mais dans d'autres œuvres, la politique est tout au plus utilisée comme toile de fond. C'est le cas des *Vêpres siciliennes* et de *Jérusalem*[15]. L'événement culminant de l'intrigue des *Vêpres siciliennes*, le massacre de l'envahisseur français par le peuple sicilien au XIIIe siècle, n'a, historiquement, jamais eu lieu. Selon la légende, les cloches sonnant la célébration des vêpres servirent de signal pour l'insurrection ; Scribe transforma les cloches légendaires en cloches de mariage doublement fictives pour Hélène et Henri. Comme dans *Les Huguenots*, un tableau festif est suivi à la fin de l'opéra d'une atrocité – à la différence toutefois que le massacre de la Saint-Barthélemy a réellement eu lieu. Plutôt que de confronter deux idéologies différentes, la trame narrative des *Vêpres siciliennes* se concentre en majeure partie autour de la découverte par le jeune Sicilien Henri que son père, le gouverneur français Montfort, est en fait l'oppresseur de son peuple. Ce genre de révélation est une ancienne technique fréquemment employée dans les mélodrames de boulevard. Ce lien de parenté complique la participation d'Henri à l'insurrection contre les Français menée par Jean de Procida ainsi que sa relation avec la patriote Hélène. Ce thème domine plusieurs numéros : le duo entre le père et le fils acte III au cours duquel les origines de ce dernier lui sont révélées, le final de ce même acte, où Henri déjoue l'assassinat de son père, et le final de l'acte IV au cours duquel Montfort exige qu'Henri reconnaisse publiquement sa paternité, scène rappelant celle de Jean face à sa mère dans *Le Prophète*. Dans l'opéra de Meyerbeer toutefois, cette scène fait partie d'une réflexion plus large à propos d'une question politique, la démagogie, tandis que dans les *Vêpres* elle semble être exploitée uniquement pour sa tension dramatique et afin de réaliser un effet scénique saisissant où le dialogue entre les personnages se déroule sur fond de moines chantant en latin. Dans son fameux air « Au sein de la puissance » de l'acte III (proche de la mélodie « Pour cette cause sainte » de Meyerbeer)[16], Montfort s'exprime musicalement en juxtaposant des passages vigoureux en rythmes pointés symbolisant son pouvoir avec des changements brusques de figuration et des marches harmoniques inusitées afin de souligner sa fragilité intérieure face à son fils.

Don Carlos est tout autre, dans la mesure où l'idéologie côtoie habilement le drame humain. Les personnages qui représentent les deux pôles idéologiques – le grand inquisiteur et Rodrigue – ne se confrontent jamais dans un duo : or, leur influence se reflète sur deux autres personnages, le roi Philippe et l'Infant Don Carlos. Ces idéologies contrastantes s'entremêlent au drame qui se déroule entre le père et le fils, notamment en ce qui concerne leur amour mutuel pour la reine Élisabeth. L'inquisiteur soutient le pouvoir d'un roi qui à la fin de l'opéra sera contraint de livrer son propre fils à l'inquisition. Rodrigue sera quant à lui témoin des confidences de Don Carlos concernant son amour illicite et le persuadera d'adopter la cause de la libération de la Flandre, allant ainsi à l'encontre de la politique de son père. Précédemment, les finals des actes intérieurs du grand opéra français mettaient en scène un drame interpersonnel en présence de masses chorales imposantes. Ces finals constituaient fréquemment les temps fort du genre : la formule est nulle part ailleurs mieux réussie qu'à la fin de l'acte III de *Don Carlos*. Face aux hérétiques, au peuple, au clergé et aux députés de Flandre, Don Carlos tire l'épée contre son père – geste non seulement politique, mais aussi hautement œdipien, particulièrement si l'on considère que la reine est également présente. Rodrigue désamorce la situation en désarmant l'Infant. Puisque Verdi n'a pas accordé de duo au père et au fils dans la version qui verra les feux de la rampe en 1867, leur conflit émerge ici avec une puissance dramatique extraordinaire, d'autant plus forte qu'elle est concentrée dans le temps et que des faits de nature très intime sont exposés publiquement. Cette scène ajoute un élément surnaturel au réalisme historique : tandis que les condamnés sont conduits au bûcher, une voix provenant du ciel leur assure la félicité. Le mélange d'histoire et de surnaturel apparaît encore plus prononcé à la fin de l'œuvre alors que Don Carlos semble être sous la protection du spectre de Charles Quint (cf. 8.1). Déjà pendant l'acte II, lors de son séjour au monastère de Yuste, l'Infant croit entendre la voix de l'empereur dans le discours d'un moine. Des sonorités similaires aux cuivres relient ces deux moments. Le mélange d'enjeux idéologiques et d'éléments surnaturels peut être difficile à justifier, mais il témoigne d'une volonté de sortir des sentiers battus. En effet, l'expérience française apportera beaucoup à Verdi au niveau de son langage musical et des pratiques conventionnelles de l'opéra italien. Suivant la pratique française, il écrira davantage d'airs de forme strophique et de forme ternaire, et modifiera son style mélodique afin d'adopter les accents moins prévisibles des vers français. Avec *Les Vêpres siciliennes* et surtout *Don Carlos*, ses mélodies deviennent plus riches en contenu motivique, plus souples rythmiquement et plus susceptibles d'éviter des répétitions. Verdi appliquera les leçons apprises à Paris à ses œuvres italiennes tardives.

[Georges Lafosse], « Première représentation de *Don Carlos* de Verdi. [...] Scène du 5ᵉ acte. – Monastère de Saint Juste, apparition de Charles-Quint », *Le Monde illustré*, 16 mars 1867, p. 169.

9.4 Wagner et le monde lyrique français

Jean-François Candoni

Admiration et critique

Richard Wagner avait une remarquable connaissance du répertoire de l'opéra français du XIXᵉ siècle, due à la fois à son expérience de chef d'orchestre et à sa fréquentation régulière des théâtres, que ce soit en France ou en Allemagne. Curieusement, il conserva tout au long de sa vie un certain attachement à l'opéra-comique, genre « élégant et populaire, léger et précis, gracieux et osé, frais et plaisant[1] », et appréciait notamment *Fra Diavolo* d'Auber et *La Dame blanche* de Boieldieu. Il n'est toutefois pas exclu que son jugement soit teinté d'arrière-pensées stratégiques : il s'agit en l'occurrence de cantonner les réussites de l'opéra français dans une veine légère et spirituelle afin de mieux éreinter le genre plus ambitieux du grand opéra historique. Wagner explique en effet, lors d'une conversation autour d'Auber : « Voilà ce qui est propre aux Français : une élégante résignation, exprimée dans une forme gracieuse, face à la misère d'une existence sur laquelle ils glissent avec un sourire mélancolique. Dans le pathos tragique, ils sont exécrables[2]. » Il s'exprime d'ailleurs de manière très négative sur les opéras de Berlioz, compositeur avec lequel il entretient des relations personnelles conflictuelles : la structure de ses opéras est jugée bancale, son discours musical trop éclaté, comparable à un kaléidoscope, et son orchestre semblable à une gigantesque mécanique[3]. Quant à Bizet et à Gounod, il ne leur accorde que quelques brèves remarques ou allusions affichant un insondable mépris, *Faust* étant notamment qualifié de « sous-produit répugnant, d'une vulgarité douceâtre et d'une afféterie putassière[4] ».

Toutefois, l'attention de Wagner se focalise essentiellement sur le grand opéra, auquel il consacre de longues pages, que ce soit à travers des essais portant sur Auber (*Souvenirs sur Auber*, 1871), Halévy (*Halévy et l'opéra français* ; « *La Reine de Chypre* » *d'Halévy*, 1842) et Meyerbeer (*À propos des « Huguenots » de Meyerbeer*, 1842), ou bien dans ses écrits théoriques, en particulier *Opéra et Drame*. Cet intérêt pour le grand opéra relève en premier lieu d'une quête de modèles susceptibles d'être transposés dans un monde germanique qui, c'est du moins ce que déplore Wagner dans son tout premier essai (*L'Opéra allemand*, 1835), ne possède pas véritablement d'opéra. Il s'agit pour le compositeur de *Lohengrin* de réaliser ce qu'aucun de ses prédécesseurs n'a su mener à bien : composer un grand opéra en langue allemande – c'est-à-dire, selon la terminologie de l'époque, un opéra entièrement mis en musique. Alors que le *Singspiel*, qui est jusqu'alors le modèle de théâtre musical le plus répandu en Allemagne, est perçu comme un genre subalterne faisant alterner sans transition le sublime des numéros musicaux et le trivial des scènes dialoguées, on voit se multiplier – notamment dans la presse musicale – les appels à l'invention d'un grand opéra en langue allemande. Avec l'éclat de ses mises en scène, l'ampleur et la profondeur de ses sujets historiques, le grand opéra français constitue un modèle dont l'Allemagne aimerait offrir un équivalent qui lui permettrait, en termes de rayonnement, de rivaliser avec la France dans le domaine du spectacle musical. Peuple de poètes et de philosophes plus enclin à la spéculation intellectuelle qu'à l'action – c'est du moins ainsi que, de Friedrich Schiller et Friedrich Hölderlin jusqu'à Richard Wagner, beaucoup d'entre eux se perçoivent – les Allemands voudraient maintenant entrer de plain-pied dans l'Histoire pour faire jeu égal avec les autres grandes nations européennes. Inventer un grand opéra historique en langue allemande constituerait en ce sens un symbole fort, et c'est ce dont rêve le jeune Richard Wagner lorsqu'il se lance dans la carrière de compositeur.

Après diverses tentatives avortées – notamment *La Noble Fiancée* (1836), une ébauche de livret clairement démarquée de *La Muette de Portici* (O, 1828) et soumise, sans succès, à l'appréciation d'Eugène Scribe –, Wagner se lance dès 1837 dans *Rienzi, le dernier des tribuns* (Dresde, 1842). En choisissant un sujet historique mettant en scène l'ascension et la chute d'un héros charismatique devenu tyran, en accordant au chœur un rôle actif et déterminant et en insistant sur la dimension visuelle et spectaculaire (avec notamment une grande pantomime au deuxième acte), Wagner espère surpasser les réussites de Scribe et Meyerbeer. À ce stade de sa carrière, le compositeur saxon voit encore dans le grand opéra français un modèle. Il ne tarit pas d'éloges sur Halévy et ne cache pas non plus son admiration pour Meyerbeer, alors élevé au rang d'artiste universel : « Ce [qu'il] a écrit relève de l'histoire universelle, de l'histoire des cœurs et des sentiments ; il a détruit les barrières des préjugés nationaux, il a réduit à néant les frontières étouffantes des idiomes linguistiques et a réalisé des hauts faits musicaux[5]. » Il serait vain de chercher une influence de l'écriture musicale de Meyerbeer dans l'œuvre de Wagner. En revanche, on peut relever de nombreuses similitudes dramaturgiques entre le grand opéra français et le théâtre musical wagnérien, y compris dans les œuvres de la maturité du compositeur : goût prononcé pour les tableaux scéniques (*Le Vaisseau fantôme, Tannhäuser, Les Maîtres chanteurs, Parsifal*), rôle actif du chœur (*Rienzi, Lohengrin*), pompe des scènes de foule et des grands défilés (*Rienzi, Tannhäuser, Lohengrin, Les Maîtres chanteurs*), scènes de serment (*Rienzi, Le Crépuscule des dieux*), proximité de certaines thématiques (le motif de l'homme providentiel et de son rapport à la foule, commun à *Rienzi*, au *Prophète* et à *Lohengrin*).

On se demande souvent comment le jugement enthousiaste de Wagner sur Meyerbeer et sur le grand opéra français en général a pu ensuite devenir si négatif, jusqu'à en faire des repoussoirs absolus. Plusieurs explications peuvent être avancées : à la volonté d'imposer sa propre conception du drame musical, d'affirmer son originalité et d'ébranler la domination du modèle français dans le paysage musical européen, s'ajoutent des motivations plus personnelles. À la fois envieux du succès phénoménal de l'auteur des *Huguenots* et hanté par un antijudaïsme qui deviendra quasiment pathologique au cours des trois dernières décennies de son existence, Wagner accuse Meyerbeer de soudoyer la presse et de comploter contre lui. On sait pourtant aujourd'hui que le compositeur berlinois l'a réellement soutenu et que Wagner lui doit en grande partie l'obtention de sa place de Kapellmeister à Dresde en février 1843.

C'est dans la première partie d'*Opéra et Drame*, son ambitieux essai consacré à la réforme de l'opéra, que Wagner expose sa critique systématique de l'esthétique du grand opéra français, et plus particulièrement des œuvres issues de la collaboration entre Scribe et Meyerbeer. Il y voit le produit de la mécanisation de l'art et le triomphe de l'extériorité creuse, résultat d'une recherche constante de l'effet gratuit (le fameux « effet sans cause[6] »), et condamne l'exploitation à des fins commerciales de sujets historiques jugés impropres au drame musical. C'est d'ailleurs en premier lieu à la dramaturgie de Scribe qu'il s'en prend. Le grand opéra, tout comme son équivalent littéraire, le roman, serait en effet le produit artistique caractéristique de l'État moderne. Au fonctionnement mécanique, impitoyable et inflexible d'un État incapable de prendre en compte les aspirations humaines, correspond selon Wagner un grand opéra historique qui appréhende l'homme de manière purement formelle et le réduit à un simple costume, au lieu de chercher à exprimer le « purement humain » (*das Reinmenschliche*). Parce qu'ils sont construits à partir de données sociales, politiques et historiques multiples, les livrets imaginés par Scribe saisissent selon Wagner l'homme de façon purement extérieure et mécanique, faisant du grand opéra l'expression involontaire de l'aliénation de l'homme moderne. Ces défauts sont accentués par une musique qui se veut caractéristique mais qui, obsédée par la recherche de l'effet gratuit et du bizarre, serait au fond incapable d'exprimer des sentiments humains authentiques. L'argumentation rejoint ici celle du *Judaïsme dans la musique* (1851), ce pamphlet impardonnable dans lequel Wagner prétend que les musiciens juifs seraient inaptes à exprimer des émotions sincères. En outre, Meyerbeer est accusé, au fil d'une argumentation contestable, sinon totalement aberrante, de composer de la musique absolue, c'est-à-dire une musique purement formelle ignorant délibérément les situations dramatiques et humaines qu'elle est censée exprimer. Dans les essais de la maturité de Wagner (notamment *L'Art allemand et la Politique allemande*, 1868), la critique de l'opéra français s'élargit à une diatribe générale contre la civilisation française, à laquelle le compositeur oppose la culture allemande : la première, totalement artificielle et soumise aux caprices de la mode, serait l'émanation d'une aristocratie coupée de son peuple, tandis que la seconde aurait à cœur de donner la parole au peuple et à la nature humaine.

Wagner à Paris

La confrontation de Wagner avec l'opéra français n'est pas uniquement théorique ou musicale : elle est étroitement liée au parcours personnel et intellectuel du compositeur. Très tôt, ce dernier se passionne pour la France, sa musique et son histoire. À 16 ans, il s'enthousiasme pour *La Muette de Portici* d'Auber, dont le rôle-titre confié à une danseuse est interprété par sa sœur Rosalie. L'œuvre l'accompagnera d'ailleurs tout au long de sa vie, et c'est elle qu'il choisit de mettre au programme de l'opéra de Königsberg pour célébrer son mariage avec Minna Planner en 1836. Viennent ensuite la découverte de *Robert le Diable* de Meyerbeer (à Würzburg en 1833), de *Fernand Cortez* de Spontini (à Berlin en 1836) et de *Joseph en Égypte* de Méhul (à Riga en 1838). Entre-temps, il s'est pris de passion pour la révolution de Juillet, qui constitue un tournant décisif dans sa perception du monde. Progressivement, le jeune compositeur se sent irrésistiblement attiré par le prestige et le rayonnement de Paris, dont Heine disait en 1833 qu'elle était la « capitale du monde civilisé[7] » : confronté aux effets négatifs du polycentrisme sur la vie culturelle et les théâtres allemands (provincialisme, manque d'envergure artistique et de moyens financiers), Wagner comprend rapidement qu'il ne pourra réaliser ses ambitions et accéder à la célébrité qu'en partant à la conquête de la métropole française. À l'été 1839, poursuivi par ses créanciers après avoir perdu son poste de Kapellmeister à Riga, il embarque sur un vieux rafiot, la *Thétis*, afin de rejoindre Paris en passant par Londres, dans des conditions rocambolesques.

Las, ses espoirs vont être cruellement déçus. Son premier séjour parisien (1839-1842) donne certes lieu à quelques expériences déterminantes, mais il est surtout marqué par une succession de déconvenues. L'un des meilleurs souvenirs qu'il garde de la vie musicale parisienne est la redécouverte de la *Neuvième*

Symphonie de Beethoven lors d'une exécution magistrale par l'orchestre de la Société des concerts du Conservatoire sous la direction de François Habeneck en novembre 1839. Mais, malgré la lettre de recommandation fournie par Meyerbeer, les portes de l'Opéra, alors dirigé par Duponchel, restent fermées. Il faut dire que Wagner n'a encore que peu d'œuvres dans ses cartons. *Rienzi* ne sera achevé qu'en novembre 1840 et il espère dans un premier temps se faire connaître en donnant *La Défense d'aimer* (Magdebourg, 1836), mais le Théâtre de la Renaissance, qui a accepté de se lancer dans l'aventure, fait faillite. Condamné à exécuter des besognes purement alimentaires, le jeune homme connaît des années de privations et d'échecs. Il rédige quelques articles et nouvelles pour la *Revue et Gazette musicale de Paris*, publiée par Maurice Schlesinger, lequel lui confie en outre une série de tâches ingrates vécues comme une humiliation : il s'agit de réaliser des transcriptions pour piano, pour deux violons et pour cornet à piston, d'extraits d'une œuvre qu'il exècre par-dessus tout, *La Favorite* de Donizetti. C'est certainement à cette époque où, exploité par Schlesinger et convaincu (à tort) d'avoir été berné par Meyerbeer, qui lui avait promis son soutien, que naît son ressentiment antijuif. Pressé par une situation financière catastrophique, il doit ensuite se résoudre à vendre à Paul Foucher, beau-frère de Victor Hugo, les droits de son scénario du *Vaisseau fantôme* pour la modeste somme de 500 F. En collaboration avec Henri Levoil, Foucher rédige en s'appuyant (entre autres) sur le scénario de Wagner, un livret intitulé *Le Vaisseau fantôme ou le Maudit des mers* qui sera mis en musique par Louis Dietsch et créé à l'Opéra le 19 novembre 1842. Wagner a entre-temps achevé son propre *Vaisseau fantôme* en novembre 1841, mais il ne trouve pas preneur à Paris. Il répond alors à une invitation de l'Opéra de Dresde et part s'installer dans la capitale saxonne en avril 1842. De cette première tentative de conquête de Paris résultera une relation d'amour-haine avec la France et avec l'opéra français ; elle prendra dans les dernières années de sa vie une détestable tournure chauvine et anti-française.

Après plusieurs autres séjours parisiens de plus ou moins brève durée, Wagner, qui s'est réfugié en Suisse après l'échec du soulèvement de 1849 à Dresde, va une nouvelle fois tenter de conquérir la capitale française, suscitant cette fois « une de ces solennelles crises de l'art[8] » évoquées par Baudelaire.

Le « Tannhäuser » français

Les trois représentations de *Tannhäuser* à l'Académie impériale de musique les 13, 18 et 25 mars 1861 sont restées dans la mémoire collective comme l'un des scandales les plus retentissants, mais aussi les plus riches de conséquences, de l'histoire de l'Opéra de Paris. Wagner était alors loin d'être un inconnu. Les représentations de l'Opéra de Paris ont été précédées et préparées par une série de trois concerts au Théâtre-Italien (salle Ventadour) le 25 janvier, le 1er et le 8 février 1860. Le programme, dirigé par le compositeur en personne, comprenait des extraits du *Vaisseau fantôme*, de *Tannhäuser* et de *Lohengrin*, ainsi que le prélude de *Tristan et Isolde*. Si le compositeur affirme, dans *Ma vie*, que le public s'enthousiasma pour plusieurs des extraits proposés, on sait que la presse fut extrêmement réticente. À la suite de ces concerts, Wagner échafaude le projet de faire venir une troupe allemande à Paris pour y donner l'un de ses opéras (de préférence *Tristan et Isolde*), lorsqu'il reçoit la proposition d'Alphonse Royer, directeur de l'Opéra de Paris, de représenter *Tannhäuser* (Dresde, 1845) à l'Académie impériale de Musique. La commande fait suite à un ordre de Napoléon III, qui accède ainsi à une demande de la princesse Pauline von Metternich, épouse de l'ambassadeur d'Autriche, petite-fille du fameux Klemens von Metternich et fervente admiratrice du compositeur. Ce dernier surmonte ses réticences initiales et se résout à faire traduire le livret en français, condition indispensable à toute exécution sur la scène du grand opéra. C'est toutefois l'incontournable ballet, réclamé par la tradition de l'Opéra de Paris, qui constitue la pomme de discorde. Refusant de se plier à la demande de Royer de composer un ballet pour l'acte II, Wagner préfère introduire une séquence dansée au premier acte, dans la scène du Venusberg qu'il recompose entièrement pour l'occasion. Il peut ainsi proposer au public français une scène réellement novatrice, qui rompt aussi bien avec le style musical du reste de l'œuvre qu'avec la musique de ballet à laquelle étaient habitués les danseurs de l'Opéra. Notons toutefois que, contrairement à ce qu'on lit souvent, la version parisienne reprend intégralement l'ouverture de la version de Dresde, qui se clôt sur le thème des pèlerins ; c'est seulement à Vienne en 1871 que le compositeur reliera directement la section centrale de l'ouverture à la scène du Venusberg.

Affiche pour la première de *Tannhäuser* à l'Opéra. Photothèque Hachette.

La première de *Tannhäuser* s'annonce mal : non seulement Wagner sait que la presse parisienne lui est défavorable, mais il doit lutter contre le manque de motivation de certains chanteurs (notamment Albert Niemann, interprète du rôle-titre) et surtout contre l'incompétence du chef, Louis Dietsch, dont il propose en vain de prendre la place (confronté au même problème, Verdi obtiendra le renvoi de Dietsch lors des répétitions des *Vêpres siciliennes* en 1863). Les représentations, dont le compositeur relate le déroulement dans son *Compte rendu de la représentation de « Tannhäuser » à Paris*, tournent au fiasco. Wagner retire son œuvre à l'issue de la troisième soirée, malgré l'exhortation de ses amis à persévérer et les coupures qu'il a lui-même effectuées[9]. Si les trois représentations furent entrecoupées de sifflets, de cris, d'insultes et d'altercations entre les spectateurs, c'est sans doute la deuxième qui scella le destin de *Tannhäuser*, avec la présence dans la salle des membres du très aristocratique et puissant Jockey-Club. La plupart d'entre eux, qui entretenaient des maîtresses parmi les danseuses du corps de ballet, n'arrivaient habituellement à l'Opéra qu'à l'issue du dîner, c'est-à-dire après le premier acte, afin de voir évoluer sur scène leurs charmantes protégées. Ce sont eux qui, mécontents de ne pouvoir admirer « les talents et les beautés de leur emplette[10] », prirent la tête de la cabale contre Wagner, transformant les représentations en véritables batailles et ruinant définitivement les espoirs de ce dernier de voir son opéra s'imposer à Paris, mais lui conférant une aura toute particulière d'artiste maudit (cf. 9.5).

Conquérir par les idées

L'incroyable notoriété qu'a connue le compositeur de *Tannhäuser* dans la France des dernières décennies du XIXe siècle ne s'explique pas uniquement par le caractère de nouveauté de ses drames musicaux, mais également par la résonance médiatique de ses écrits. Wagner a inlassablement cherché à faire connaître, par le biais d'essais théoriques et d'articles de presse, ses idées et prises de positions sur l'opéra. Il s'agit là d'un élément essentiel de sa singulière stratégie de conquête du public, laquelle misait davantage, pour faire parler de lui, sur la nouveauté et la radicalité parfois choquante des idées exprimées que sur la reconnaissance de son talent par la critique ou par ses pairs.

La constitution d'un espace médiatique autour de Wagner remonte à son premier séjour parisien (1839-1842), avec la publication en français d'une série de sept essais et trois nouvelles littéraires dans la *Revue et Gazette musicale de Paris*, alors dirigée par l'éditeur d'origine allemande Maurice Schlesinger. Ces textes, traduits de l'allemand par Henri Joseph Maria Duesberg, ne correspondent pas vraiment à l'image revendicatrice et arrogante que Wagner a pu donner de lui ultérieurement : il n'y a rien là qui puisse choquer le lectorat, et il n'est pas encore question de réforme de l'opéra, ni de musique de l'avenir. Wagner plaide à cette époque pour la création d'un opéra allemand dépassant les limites de l'art national (*De la musique allemande*, 1840), il défend l'idée, inspirée d'E.T.A. Hoffmann, d'une métaphysique de la musique instrumentale (*Une visite à Beethoven*, 1840), réfléchit sur les rapports entre l'artiste et le marché de l'art (*Un musicien étranger à Paris*, 1841) et tente d'expliquer ce qui fait le succès de Weber en Allemagne (*Le Freischütz. À l'attention du public parisien*, 1841).

Le lectorat francophone a ensuite pu prendre connaissance des idées de Wagner sur la réforme de l'opéra, élaborées à partir de 1849, en deux étapes : elles ont dans un premier temps été diffusées à travers le prisme de commentaires critiques, souvent très négatifs, avant d'être dans un second temps rendues accessibles à la discussion par le biais de traductions, d'abord partielles, puis systématiques. À l'inverse des écrits de Berlioz, qui suscitèrent d'emblée un fort intérêt outre-Rhin et firent immédiatement l'objet de plusieurs traductions, ceux de Wagner ne prennent possession de l'espace médiatique français que de manière très progressive, et sont en outre accompagnés de nombreux préjugés et malentendus. Les essais rédigés entre 1849 et 1851 lors de l'exil en Suisse, communément appelés « écrits de Zurich », ont en effet suscité dans la presse allemande d'innombrables commentaires et soulevé d'interminables polémiques, ce qui a sans doute accru les préventions des Français à leur égard. C'est à l'été 1852 que paraît dans la presse française le premier commentaire circonstancié sur les « écrits de Zurich », alors qu'aucun opéra de Wagner n'a encore été joué sur le sol français. Il s'agit d'une série de sept articles publiés par François-Joseph Fétis dans la *Revue et Gazette musicale de Paris*[11]. Il y est essentiellement question d'*Une communication à mes amis* (1851) et, accessoirement, de la première partie d'*Opéra et Drame* (1851). Ces articles sont émaillés de nombreuses citations (en partie données en allemand dans les notes de bas de page) prouvant que l'auteur a bien eu un accès direct aux écrits de Wagner. Il ne s'agit néanmoins pas d'un compte rendu objectif, mais de l'éreintage systématique d'essais qualifiés de « fatras de déclarations oiseuses[12] ». Les reproches formulés par Fétis, qui sont d'ordre idéologique autant qu'esthétique, s'articulent autour des points suivants : Wagner refuserait l'existence d'un beau absolu et chercherait à réduire la beauté de l'œuvre d'art à des contingences historiques ; ce refus de tout idéalisme le conduirait à défendre une conception réaliste de l'art (dont l'absence de mélodie serait le corrélat), qui serait elle-même le produit d'idées révolutionnaires pernicieuses. Le compositeur est mis par Fétis sur le même plan que l'anarchiste Pierre-Joseph Proudhon, le philosophe matérialiste Ludwig Feuerbach et l'intellectuel nihiliste Max Stirner. Le refus de la musique absolue serait par ailleurs étroitement lié à la remise en cause des valeurs du christianisme. De par le prestige de leur auteur, les articles de Fétis sont à l'origine d'une vision très critique de la théorie et de l'art de Wagner qui caractérise sa réception dans la France du milieu du XIXe siècle ; ils ont à l'évidence créé un contexte médiatique défavorable au compositeur allemand et ont sans doute joué un rôle indirect, mais réel, dans la chute de *Tannhäuser* en 1861. Cette image négative de la pensée de Wagner n'a pu être corrigée par la publication, en 1854, d'une longue recension d'*Opéra et Drame* due au chef d'orchestre belge Jules Guilliaume, qui fut l'un des tout premiers partisans francophones de Wagner. Paru dans la *Revue trimestrielle*[13] de Bruxelles, ce compte rendu propose certes une synthèse plus neutre et objective, mais il figure dans un périodique à vocation généraliste dont le rayonnement n'est absolument pas comparable à celui de la *Revue et Gazette musicale de Paris*.

L'idée, développée par Fétis, selon laquelle les drames musicaux de Wagner ne seraient au fond que la mise en pratique d'un système théorique en soi contestable et fourniraient la preuve de l'aberration de ce système, sous-tend nombre de critiques parues à la suite des concerts de la salle Ventadour en 1860 et de la création de *Tannhäuser* en 1861. C'est le cas, notamment, des recensions rédigées par Paul Scudo pour la *Revue des Deux Mondes*[14] et par Paul Smith pour la *Revue et Gazette musicale de Paris*[15]. Il est d'ailleurs fort probable que ces deux critiques avaient pris connaissance d'*Opéra et Drame* et d'*Une communication à mes amis* (évoqués de manière très allusive) uniquement à travers les articles de Fétis et qu'ils avaient seulement eu accès à la *Lettre sur la musique*, récemment publiée.

Rédigée expressément à l'attention du public français, cette *Lettre sur la musique* de Wagner paraît en décembre 1860 (mais elle est datée de 1861), en préface à la traduction en prose de « Quatre Poèmes d'opéras » (*Le Vaisseau fantôme, Tannæuser, Lohengrin, Tristan et Iseult*). C'est son premier texte important sur la réforme de l'opéra diffusé intégralement dans l'espace francophone. La traduction, due à Paul Challemel-Lacour, n'est pas exempte d'approximations et d'erreurs caractérisées – les propos méprisants envers la musique italienne qui ont scandalisé Paul Scudo[16] résultent par exemple d'un grave contresens de la part du traducteur (« *welche Melodie* » [« cette mélodie »] traduit par : « mélodie italienne »). Il n'en reste pas moins que cette *Lettre sur la musique* offre une synthèse assez complète des idées de Wagner à un moment charnière de son parcours intellectuel, celui où ses conceptions révolutionnaires matérialistes subissent une inflexion majeure sous l'effet de la lecture de la philosophie idéaliste de Schopenhauer. Le compositeur expose notamment sa théorie du mythe et explique la notion de « mélodie infinie » (qui sera d'ailleurs à l'origine de nombreux malentendus) ; il réfute en revanche le terme de « musique de l'avenir », qui faisait l'objet d'incessantes railleries dans la presse germanophone (et en particulier viennoise) depuis le début des années 1850. Longuement citée par Baudelaire dans *Richard Wagner et « Tannhäuser »* (1861), la *Lettre sur la musique* a joué un rôle important dans la naissance du wagnérisme français.

Après la chute de *Tannhäuser*, il faut attendre plusieurs années pour que d'autres essais importants de Wagner soient rendus accessibles aux lecteurs français, mais c'est le plus souvent dans des traductions partielles, publiées sans logique apparente. Jules Guilliaume traduit, dans la foulée de leur parution dans un périodique munichois, les premiers chapitres d'*Art allemand et Politique allemande* (1867/1868) – renommés pour l'occasion *Art et Politique* – pour la revue bruxelloise *Le Guide musical* (déc. 1867-fév. 1868). D'importants « fragments caractéristiques [des] tendances et opinions[17] » exprimées par Wagner dans *Opéra et Drame* et *Sur la direction d'orchestre* (1869) sont publiés par Guy de Charnacé en 1873, sans l'aval du compositeur, dans la deuxième partie du recueil *Musique et Musiciens*. L'odieux pamphlet sur *Le Judaïsme dans la musique*, publié en septembre 1850 dans la *Neue Zeitschrift für Musik*, a quant à lui été presque immédiatement traduit, en octobre de la même année, pour la revue belge *Le Diapason*. Le texte de 1850 est repris en 1869, alors que Wagner vient d'en publier une seconde version et que *Rienzi* est à l'affiche du Théâtre-Lyrique, par *Le Guide musical* de Bruxelles (8 avr. 1869), puis par la revue parisienne *La France musicale* (18 avr. 1869).

Entre-temps, les wagnériens français continuent inlassablement de propager les théories du maître de Bayreuth, qui font toujours plus d'adeptes. Édouard Schuré, l'une des principales figures du wagnérisme français, publie une analyse détaillée des drames musicaux dans *Richard Wagner, son œuvre et son idée*[18] (1875) qui fait régulièrement appel, que ce soit de façon explicite ou implicite, aux textes théoriques du compositeur. Une décennie plus tard, Édouard Dujardin propose dans la *Revue wagnérienne* (cf. 20.3) un aperçu rapide de l'ensemble des essais théoriques de Wagner, dont un grand nombre n'a toujours pas été traduit. Il tente une approche systématique de la pensée du compositeur en posant comme hypothèse que ses textes théoriques tentent de répondre successivement à trois questions : « Quelle doit être l'œuvre d'art idéale ? », « Quelles doivent être les conditions idéales de sa représentation ? », « À quel public se doit-elle adresser ? »[19]. Si les idées de Wagner sont désormais largement diffusées et commentées, il faut toutefois attendre le début du XXe siècle pour qu'une petite équipe, réunie autour de Jacques-Gabriel Prod'homme, rende accessible au public non germanophone une quasi-intégrale des écrits en prose de Wagner, offrant ainsi aux commentateurs une base de travail sérieuse et relativement fiable (malgré de nombreuses erreurs de traduction)[20].

9.5 LA DÉCOUVERTE ET LA REPRÉSENTATION
DES OPÉRAS DE WAGNER PAR LES FRANÇAIS
Jean-François Candoni et Yannick Simon

Le voyage en Allemagne (J.-F. Candoni)

C'est *De l'Allemagne* de madame de Staël (1813) qui éveille le goût des Français pour le patrimoine littéraire et artistique du monde germanique. Peu à peu, le voyage en Allemagne va s'imposer comme une étape importante dans la carrière des artistes français, sans toutefois détrôner l'Italie dans leur imaginaire. De Gérard de Nerval, qui fut l'un des tout premiers à rendre compte de la création de *Lohengrin* à Weimar en 1850 (on sait maintenant qu'il a en fait manqué de peu la représentation), à Théophile Gautier, qui rend compte d'une représentation de *Tannhäuser* à Wiesbaden en 1857 (*MU*, 29 sept. 1857), en passant par Victor Hugo (*Le Rhin*, 1842) et Alexandre Dumas (*Excursions sur les bords du Rhin*, 1841), l'Allemagne devient non seulement une destination de voyage, mais également un sujet d'inspiration. Les musiciens ne sont pas en reste et se rendent bientôt dans tous les grands centres musicaux de la Confédération germanique, que ce soit Leipzig, Berlin, Weimar ou Vienne. Berlioz va chercher en Allemagne la reconnaissance que lui refuse son pays natal. Outre sa passion pour Goethe et pour Beethoven, c'est la perspective de faire jouer et aimer ses propres œuvres qui l'amène à effectuer quelque 24 voyages outre-Rhin entre 1842 et 1867. Il se rend plusieurs fois à Leipzig, à l'invitation de Felix Mendelssohn, ainsi qu'à Weimar, la ville de Goethe, que son ami Liszt ambitionne de transformer en capitale musicale internationale. Mais c'est peut-être avec Baden-Baden, alors appelée Bade, qu'il noue les liens les plus étroits (cf. 15.1). D'autres villes d'eaux allemandes attirent également les compositeurs français : Bad Ems, notamment, est régulièrement fréquentée par Offenbach qui, entre 1862 et 1867, y donne en avant-première huit de ses opéras-bouffes[1]. Il faut également mentionner, parmi les compositeurs français qui ont souvent fait le voyage en Allemagne, Gounod. À la sortie de la villa Médicis à Rome en 1843, ce dernier entreprend un voyage qui le conduit à Vienne, où il achève et fait jouer un *Requiem*[2]. Bien que l'Allemagne ne suscite pas en lui le même enthousiasme que l'Italie, il y retournera régulièrement, notamment en 1861, où il est appelé à Darmstadt pour diriger la première allemande de son *Faust*.

Avec le succès croissant de Wagner au cours du dernier quart du XIXe siècle, on assiste à un déplacement géographique des centres d'intérêt : c'est désormais la Bavière, et en particulier Bayreuth, qui devient la destination la plus prisée. Les wagnériens français les plus insatiables assortissent en outre leur pèlerinage musical d'un séjour dans la capitale bavaroise, Munich, souvent, comme le constate Édouard Dujardin, pour y retrouver les artistes déjà entendus à Bayreuth : « Munich est la ville connue du wagnérisme ; c'est là qu'on va de France pour entendre du Wagner[3] ». Plusieurs créations y ont lieu : *Tristan* (1865), *Les Maîtres chanteurs* (1868), *L'Or du Rhin* (1869) et *La Walkyrie* (1870). (Ajoutons que Bruxelles a joué le rôle d'une étape intermédiaire entre France et Allemagne [cf. 15.1].) Entre 1876 et 1896, le festival de Bayreuth compte parmi ses hôtes nombre de personnalités françaises : Chabrier, Chausson, Colonne, Cortot, Debussy, Delibes, d'Indy, Dukas, Duparc, Charles Garnier, Lamoureux, Magnard, Massenet, Messager, Rabaud, Romain Rolland, Ropartz, Ida Rubinstein... Certains, comme Saint-Saëns, publient à leur retour un compte rendu détaillé des représentations auxquelles ils ont assisté. D'autres, comme Albert Lavignac, vont plus loin. Professeur au Conservatoire de Paris, ce dernier publie en 1897 un ouvrage qui sera maintes fois réédité : *Le Voyage artistique* à *Bayreuth*[4]. Conçu comme un guide touristique, qui explique au visiteur tout ce qu'il faut savoir sur Bayreuth et ses rituels, sur la ville et ses environs, il propose également une analyse littéraire et musicale détaillée des opéras du maître, accompagnée d'un guide des *Leitmotive* qui a largement contribué à diffuser une image simplificatrice et aujourd'hui obsolète du système musical de Wagner. Si c'est l'ouvrage de Lavignac qui s'est imposé comme référence, il a toutefois été précédé par d'autres publications du même type. On retiendra le *Pèlerinage à Bayreuth* (1892) d'Émile de Saint-Auban, qui mêle habilement dévotion et humour distancié, ainsi que le guide rédigé par l'imprimeur alsacien Gustave Fischbach, *De Strasbourg à Bayreuth* (1882), écrit dans la foulée de la création de *Parsifal*, qui s'attarde longuement sur les curiosités et musées de Stuttgart et de Nuremberg. L'Allemagne y apparaît cette fois moins comme un ensemble de paysages romantiques que comme un réservoir d'innovations industrielles. L'auteur se montre ainsi fasciné par la nouveauté architecturale et technologique que représente le théâtre des festivals.

Quatre idées reçues (Y. Simon)

S'il est avéré que l'entrée des opéras de Wagner au répertoire des théâtres lyriques français est plus tardive que dans le reste du monde occidental, il convient de se prémunir contre quatre idées reçues pour mesurer l'ampleur réelle de ce retard. La première veut que l'évaluation du phénomène s'appuie sur le seul calendrier des mises à la scène à l'Opéra de Paris. Or Wagner emprunte d'autres scènes, tant dans la capitale qu'en province. C'est à Strasbourg, en 1855, que l'un de ses opéras est monté pour la première fois en France – il s'agit de *Tannhäuser* en version allemande. La deuxième est celle du caractère exemplaire de l'Opéra de Paris pour les autres théâtres français. Les producteurs de spectacles wagnériens prennent appui sur leur connaissance directe des représentations allemandes, en particulier celles de Bayreuth à partir de 1876, qui font naturellement autorité, ou francophones – on pense en particulier à celles du théâtre de la Monnaie à Bruxelles. La troisième idée reçue est celle de la méconnaissance des œuvres. En réalité, si ces dernières ne sont pas portées à la scène, elles sont données par fragments, vocaux et orchestraux, dans toute la France dès le lendemain des trois représentations de *Tannhäuser* à l'Opéra de Paris en 1861. À partir de ce moment, Wagner est probablement, avec Verdi (Rossini est désormais d'un autre temps), le compositeur vivant étranger le plus connu en France et sa notoriété ne fait que s'accentuer après son décès en 1883. La publication progressive de ses partitions accentue ce phénomène. Enfin, la quatrième est relative à la nature et à l'intensité du rapport de la France à Wagne : la tentation d'une séparation entre « pro » et « anti » rend imparfaitement compte de l'ambivalence française, et la recherche d'une concomitance avec des fractures politiques ne fait qu'accentuer cette vision approximative. La distinction entre wagnériens et antiwagnériens repose sur des considérations politiques, esthétiques et corporatives qu'il n'est pas toujours évident de réduire à des individus représentatifs. Et s'il existe bien un anti-wagnérisme radical, il est avant tout le fait d'une minorité bruyante à laquelle s'oppose une majorité silencieuse qui se presse dans les concerts pour entendre et réentendre des fragments des opéras[5].

La légende du compositeur maudit (Y. Simon)

Le mot attribué à Gounod quelque temps après la première de *Tannhäuser* le 13 mars 1861 dit toute l'ambivalence de l'événement : « Que Dieu me donne une pareille chute[6]. » Il importe de revenir sur ce moment capital, évoqué précédemment essentiellement du point de vue de Wagner (cf. 9.4), pour préciser sa réception et son cadre politique. Pour le compositeur allemand, c'est à la fois un échec, puisqu'il est privé de la reconnaissance institutionnelle à laquelle il aspire depuis son premier voyage en France, mais aussi l'assurance d'occuper une position centrale dans le débat esthétique. De fait, cette représentation « officialise » le débat entre partisans et opposants de Wagner. Désirant conquérir Paris en adoptant les conventions du grand opéra, Wagner avait effectué six séjours en France entre 1839 et 1858. Infructueux sur le plan de l'accès aux scènes parisiennes, les passages réguliers dans la capitale permettent néanmoins au compositeur de s'y constituer un réseau d'amis et d'y accroître progressivement sa notoriété. La création de *Lohengrin* à Weimar en 1850 est une étape essentielle dans ce processus de réception bicéphale des œuvres et des idées de Wagner en France. D'un côté, elle donne lieu à un compte rendu élogieux de Nerval et à une longue présentation de l'opéra par Liszt, à laquelle est associée une présentation de *Tannhäuser*, de l'autre, elle engendre l'étude à charge de son « nouveau système » par le musicographe et compositeur François-Joseph Fétis[7]. Le septième voyage de Wagner à Paris entre 1859 et 1861 est une autre étape importante de l'histoire de ses rapports avec la France. Outre de nouveaux ralliements, une lettre admirative de Baudelaire, datée du 17 février, et une brochure élogieuse de Champfleury, parue chez Bourdilliat en 1860, les concerts au Théâtre-Italien au début 1860 contribuent à favoriser l'accès de Wagner à l'Opéra. La mise à la scène et la chute de *Tannhäuser* résultent de considérations esthétiques, artistiques, corporatives, politiques et diplomatiques qu'il est bien difficile de démêler avec exactitude[8]. Même si on hésite à déterminer précisément le chemin emprunté par Wagner et ses alliés pour attirer son attention, c'est bien Napoléon III qui donne l'ordre de monter l'opéra, moins par goût artistique que sur la base de considérations diplomatiques. Du reste, le décret impérial fournit aux adversaires du régime un terrain de contestation dont n'avait guère besoin le compositeur qui avait multiplié les maladresses. En présence de l'empereur et de l'impératrice, les membres du Jockey Club font donner les sifflets, avec l'aide de nombreux journalistes, dont *Tannhäuser* n'est vraisemblablement pas la seule cible[9]. A posteriori, l'événement sera élevé au rang d'élément déclencheur d'un ostracisme amené à se prolonger pendant trois décennies.

Cette vision de l'artiste maudit entre néanmoins en contradiction avec l'appétence des Français pour les extraits des opéras de Wagner interprétés par les sociétés de concerts au cours des années 1860 (cf. 19.4, 19.5) et fait peu de cas des représentations de *Rienzi* (Dresde, 1842) au Théâtre-Lyrique en 1869 et 1870. À Paris, le prosélytisme wagnérien est d'abord l'œuvre de Jules Pasdeloup, fondateur des Concerts populaires. De 1861 à 1870, il donne à entendre 48 extraits d'opéra répartis sur 41 concerts. En moyenne, le nom de Wagner apparaît sur le programme d'un concert sur six. Il s'agit plus souvent de fragments symphoniques que de chœurs ou d'airs, issus de *Tannhäuser* et *Lohengrin* en très grande majorité. L'intérêt pour Wagner se répand sur l'ensemble du territoire français. Ainsi, la Société des concerts de Toulouse fondée en 1860 donne une douzaine d'extraits sur une période identique à celle de Pasdeloup auquel elle emprunte son répertoire wagnérien. Devenu directeur du Théâtre-Lyrique en 1869 sans abandonner ses concerts populaires, Pasdeloup n'a de cesse de porter à la scène un opéra de Wagner. Le choix du compositeur se porte sur *Rienzi*, œuvre de jeunesse très influencée par le modèle du grand opéra français. Le nombre des représentations, trente-sept en 1869 et une au début de 1870, témoigne du succès de l'entreprise. En réalité, il s'en est fallu de peu pour qu'elle ne marque la fin de la querelle wagnérienne en France – une fin que des considérations extra-artistiques font retarder l'arrivée[10].

Dans le climat d'hostilité à l'Allemagne née de la capitulation de Napoléon III à Sedan en 1870, Wagner devient un bouc émissaire idéal. La critique du « musicien de l'avenir », qui reposait jusqu'à présent essentiellement sur des critères artistiques, prend dès lors une coloration très politique et passionnelle. En octobre 1872, Pasdeloup doit renoncer à diriger l'ouverture de *Rienzi* sous la pression des musiciens de l'orchestre et doit attendre encore une année avant de réintroduire Wagner dans les programmes des Concerts populaires. Signe que le retour en grâce de Wagner est tout autant attendu que chaotique, une mésaventure similaire intervient à Lyon en 1875. Plus encore que la découverte de l'*Ode à l'armée allemande devant Paris* (1871) et celle de la *Kaisermarsch* (1871) en l'honneur de Guillaume Ier, la révélation de l'existence d'*Une capitulation* (1870) scelle le sort de Wagner en France pour longtemps. « Comédie à la manière antique » humiliant les élites politiques et artistiques françaises, *Une capitulation* est diffusé en France en 1876. L'antiwagnérisme se confond désormais avec un nationalisme revanchard. Avant même sa formulation en 1881, la sentence de Saint-Saëns selon laquelle « si l'Art n'a pas de patrie, les artistes en ont une » est déjà pleinement à l'œuvre. Ancien admirateur de Wagner, Saint-Saëns se refuse désormais à distinguer l'homme et l'œuvre. Une position largement contestée qui n'empêche pas le wagnérisme de prospérer en France même si, à Paris, il faut attendre 1887 pour qu'il prenne la forme d'une représentation d'opéra, celle de *Lohengrin* à l'Éden-Théâtre.

L'irrésistible ascension contrariée (Y. Simon)

La décennie qui précède cet événement est riche en tentatives avortées, en signes prémonitoires et en réalisations confirmant tout autant le goût des Français pour Wagner que la capacité de mobilisation de ses détracteurs. Parmi les productions, la plus importante est la mise à la scène de *Lohengrin* à Nice le 21 mars 1881. Donnée dans sa version italienne au cours d'une manifestation de charité organisée par la cantatrice Sophie Cruvelli, cette unique représentation est néanmoins symptomatique de l'intérêt des Français pour cet ouvrage déjà ancien. De fait, c'est uniquement sur lui que se portent les velléités des directeurs de théâtre, tant à Paris, au Théâtre-Italien en 1878 ou à l'Opéra-Comique en 1886, que dans les régions, notamment à Lyon et à Rouen en 1883, l'année du décès du compositeur. À Paris, c'est autour des Concerts Lamoureux que se réunissent les wagnériens. Les œuvres du compositeur allemand occupent presque un tiers des éléments de programmes de cette société fondée en 1881 par Charles Lamoureux. De longs extraits sont parfois donnés à entendre : le premier acte de *Lohengrin* dans la traduction de Charles Nuitter en 1882, le premier acte de *Tristan et Isolde* dans la traduction de Victor Wilder en 1884 et le deuxième en 1885, le premier acte de *La Walkyrie* en 1886 (traduction de Wilder). Les wagnériens parisiens se rendent à Bayreuth de plus en plus nombreux, lisent la *Revue wagnérienne*, active entre 1885 et 1888, et fréquentent le « Petit Bayreuth », cette société informelle qui se réunit pour interpréter des fragments d'opéras. En province, le wagnérisme n'est pas moins prégnant comme le montrent les programmes de l'Association artistique d'Angers qui n'ont rien à envier à ceux des Concerts Lamoureux[11].

La vitalité du wagnérisme français en dehors des scènes lyriques, qui précède la production de *Lohengrin* en 1887, ne doit pas faire oublier combien le contexte politique, diplomatique et militaire pèse sur sa diffusion et place la France dans une situation singulière. À cette date, le théâtre de la Monnaie de Bruxelles a déjà porté à la scène quatre opéras – *Lohengrin*, *Le Vaisseau fantôme*, *La Walkyrie* et *Les Maîtres chanteurs*. En dehors de l'espace francophone et de l'Allemagne, Vienne et Prague connaissent tout Wagner à l'exception de *Parsifal* (Bayreuth, 1882), tandis que New York n'ignore que ce dernier et *Le Crépuscule des dieux* (Bayreuth, 1876). À l'évidence, la France, en général, et Paris en particulier font preuve d'un grand retard.

L'initiative de Lamoureux de donner dix représentations de *Lohengrin* dans un théâtre parisien, l'Éden-Théâtre, en mai 1887 aurait dû mettre un terme à l'ostracisme dont Wagner était victime sur les scènes françaises depuis 1861. Il n'en sera rien. Les troubles qui accompagnent la première représentation auront raison des suivantes, annulées par le chef d'orchestre. Les manifestations hostiles à l'extérieur du théâtre contrastent avec l'engouement suscité par cet événement, l'approbation du public présent dans la salle, les moyens mis en œuvre et la qualité de la représentation. Donnée dans la traduction de Nuitter corrigée par Saint-Saëns, dépourvue de coupures, elle est voulue par Lamoureux en conformité avec les indications du compositeur et reçoit l'agrément de son épouse, Cosima, et de son exécuteur testamentaire, Adolf von Gross. Cet accord vaut tout autant pour les décors et les costumes, caractérisés par la recherche de l'authenticité, et la mise en scène, qui privilégie le mouvement, en particulier celui des chœurs. L'interprétation s'appuie sur une distribution de premier choix que dominent le ténor Ernest Van Dyck, familier du répertoire wagnérien, et la soprano Fidès Devriès.

La première représentation de *Lohengrin* au Théâtre des Arts de Rouen le 7 février 1891 marque l'entrée définitive des œuvres de Wagner dans le répertoire des principales scènes nationales. En l'espace de quatre mois, l'ouvrage est représenté à 104 reprises dans sept villes françaises : Rouen, Angers, Nantes, Lyon, Bordeaux, Toulouse et Bayonne[12]. Tardif, brutal mais néanmoins prévisible, ce retournement repose sur la conjonction de plusieurs facteurs favorables : l'apaisement des relations franco-allemandes, la fuite du général Georges Boulanger à Bruxelles, l'éloignement de la capitale, le besoin de renouvellement des répertoires, les retombées financières attendues de ces événements qui attirent un large public. Ces mises à la scène s'appuient sur un réseau wagnérien francophone bien plus vaste que le cercle parisien. Il comprend des militants locaux qui apportent leur contribution à la production du spectacle en participant aux répétitions : c'est le cas de Louis de Romain à Angers, Étienne Destranges à Nantes et Noël Desjoyeaux à Rouen. Il inclut aussi des interprètes et notamment ceux qui se sont familiarisés avec le répertoire wagnérien au théâtre de la Monnaie de Bruxelles, à l'image du chef d'orchestre belge Philippe Flon qui dirige les représentations rouennaises et bayonnaises. D'une manière générale, le modèle bruxellois, tant pour les traductions, les coupures, les mises en scène, les décors et l'interprétation, joue un rôle important dans la propagation du répertoire wagnérien en France. Les productions nécessitent des efforts supérieurs à ceux généralement consentis à l'occasion d'une création : augmentation des effectifs de l'orchestre et des chœurs, nouveaux décors et costumes et, plus rarement, recrutement d'interprètes extérieurs à la troupe. Événements culturels, politiques et touristiques, les représentations de *Lohengrin* en province drainent un nouveau public et font l'objet d'une large couverture tout autant par la presse locale que par les journaux nationaux. L'absence de manifestations hostiles est un autre point commun à toutes ces représentations. Leur réussite et le climat dans lequel elles se sont déroulées conduisent l'Opéra de Paris à imiter les scènes régionales. Ce sera chose faite quelques semaines plus tard, le 16 septembre 1891.

Le retour de Wagner sur la scène de l'Opéra trente ans après les trois représentations de *Tannhäuser* ne fait presque plus polémique. L'institution renoue enfin avec le fil de l'histoire du wagnérisme dont elle s'était tenue à l'écart. Elle le fait en reprenant, pour une très large part, les ingrédients de la production de 1887 à l'Éden-Théâtre. En accord avec Mme Wagner et Gross, l'orchestre est à nouveau confié à Lamoureux bien qu'il ne soit pas le chef d'orchestre attitré de l'Opéra. Comme en 1887, il se refuse à faire des coupures dans la partition. Les décorateurs et le dessinateur des costumes sont aussi les mêmes. Le rôle titre est encore confié à Van Dyck. Le reste de la distribution inclut des interprètes ayant appris leur rôle à Bruxelles ou ayant participé à des productions wagnériennes dans cette ville. Les moyens mis en œuvre sont considérables et le succès au rendez-vous. *Lohengrin* est donné 63 fois au cours de la saison 1891-1892 en générant des recettes supérieures à la moyenne. Plus qu'elle ne confirme l'acceptation de Wagner par la France, celle-ci étant acquise depuis longtemps, l'entrée de *Lohengrin* au répertoire de l'Opéra est, pour le moins, une démonstration de la rentabilité des œuvres du compositeur allemand et de leur fort potentiel de renouvellement du répertoire lyrique. La dernière décennie du siècle réaffirme le bien-fondé de cette orientation. Au grand dam de Saint-Saëns, la France est définitivement « piquée de la tarentule wagnérienne » (*La France*, 24 déc. 1885, p. 1-2). Les registres de la SACD mentionnent une quinzaine de productions de *Lohengrin* rien que pour l'année 1892.

La décennie wagnérienne (Y. Simon)

Entre 1891 et la fin du siècle, les créations et représentations wagnériennes se multiplient et permettent ainsi à la France de combler une part de son retard dans l'espace francophone. La province continue à être fortement représentée dans ce mouvement puisque *La Walkyrie* (traduction de Wilder) est le seul des cinq opéras de Wagner concernés à être donné en création française dans la capitale entre 1891 et 1900. Les quatre autres le sont à Lille, Lyon, Aix-les-Bains et Rouen – ce sera aussi le cas pour *L'Or du Rhin*, dans la traduction d'Alfred Ernst, à Nice en 1902 et pour l'intégralité de *L'Anneau du Nibelung* à Lyon en 1904. Tout en étant tributaires de conditions de représentation moins favorables, les créations en province contribuent à imposer le répertoire wagnérien en France.

Si l'Opéra ne se départit pas d'une certaine frilosité en matière de création, il a abondamment recours au répertoire wagnérien dans sa programmation : entre la première de *Lohengrin* et la fin du siècle, 23,8 % de ses représentations, soit presque une sur cinq, sont consacrées à l'une des œuvres du compositeur allemand inscrites à son répertoire : *Lohengrin* (traduction de Nuitter), *La Walkyrie* (Wilder), *Tannhäuser* (Nuitter) et *Les Maîtres chanteurs de Nuremberg* (Ernst) – en tout 450 représentations. C'est quatre fois plus que Verdi sur la même période.

Les créations francophones des opéras de Wagner au XIXe siècle

	1re en France (hors Paris)	1re à Paris (hors Opéra)	1re à l'Opéra de Paris	1re francophone
Tannhäuser (Dresde, 1845)	Lyon, 4 avr. 1892 *Nuitter*		13 mars 1861 *Nuitter*	
Rienzi (Dresde, 1842)		TL, 6 avr. 1869 *Guilliaume/Nuitter*		
Lohengrin (Weimar, 1850)	Rouen, 7 fév. 1891 *Nuitter*	Éden-Théâtre, 3 mai 1887 *Nuitter*	16 sept. 1891 *Nuitter*	La Monnaie, 22 mars 1870 *Nuitter*
Le Vaisseau fantôme (Dresde, 1843)	Lille, 28 janv. 1893 *Nuitter*	OC, 17 mai 1897 *Nuitter*	27 déc. 1937 *Nuitter*	La Monnaie, 6 janv. 1872 *Nuitter*
La Walkyrie (Munich, 1870)	Lyon, 4 janv. 1894 *Wilder*		12 mai 1893 *Wilder*	La Monnaie, 9 mars 1887 *Wilder*
Les Maîtres chanteurs (Munich, 1868)	Lyon, 30 déc. 1896 *Ernst*		10 nov. 1897 *Ernst*	La Monnaie, 7 mars 1885 *Wilder*
Tristan et Isolde (Munich, 1865)	Aix-les-Bains, 10 sept. 1897 *Wilder*	Nouveau Théâtre, 28 oct. 1899 *Ernst/Brück/Fourcaud*	14 déc. 1904 *Ernst/Brück/Fourcaud*	MC, 21 mars 1893 *Wilder*
Siegfried (Bayreuth, 1876)	Rouen, 17 fév. 1900 *Ernst*		3 janv. 1902 *Ernst*	La Monnaie, 12 janv. 1891 *Wilder*

En province, la prédominance wagnérienne se fait moins sentir, le mélange des genres (opéra, opéra-comique, opérette) et la faiblesse des subventions municipales obligeant les directeurs de théâtre à privilégier les ouvrages les plus rentables. Ainsi, au Théâtre des Arts de Rouen, entre 1891 et 1900, les œuvres de Wagner n'occupent que 3,6 % de l'ensemble du répertoire (74 représentations). Un chiffre en réalité non négligeable à l'échelle d'une institution régionale.

LA WALKYRIE
Drame lyrique de Richard Wagner, *représenté à l'Opéra, le 12 mai 1893*
Composition de Lucien Métivet

L. Métivet, *La Walkyrie* à l'Opéra, le 12 mai 1893, *Les Annales politiques et littéraires*, 21 mai 1893.

La question de la traduction (J.-F. Candoni)

S'il apparaît clairement que la diffusion de ses opéras en France s'est faite par le biais de traductions, on sait que Wagner était extrêmement réticent face à cette pratique de transposition dans une autre langue – non seulement parce que son discours musical est étroitement dépendant de la prosodie allemande, mais également parce qu'il estimait que le vers français était inapproprié au chant. Établir une traduction chantable d'un opéra de Wagner pose en tout état de cause de nombreuses et insurmontables difficultés techniques, liées à l'irrégularité du vers wagnérien et au rôle central joué par les allitérations – avec notamment le fameux *Stabreim* (la versification allitérative), qui donne au livret du *Ring* une couleur volontairement archaïsante.

Dans les faits, Wagner s'est montré beaucoup plus pragmatique que ne le laisseraient supposer ses positions de principe. Dans le cadre de sa stratégie de conquête du public parisien, il a lui-même réalisé, avec l'aide de son professeur de français de Riga, un certain monsieur Henriot, la traduction de *Rienzi*. Le livret français, élaboré dès 1839, parallèlement au travail de composition, est malheureusement totalement inutilisable tant il est écrit dans une langue approximative[13]. Il en va tout autrement de la traduction de *Tannhäuser*, réalisée à la demande de la direction de l'Opéra de Paris pour les fameuses représentations de 1861. Conscient de son insuffisante maîtrise du français, Wagner s'attache d'abord les services du chanteur allemand Richard Lindau et du fonctionnaire des douanes Edmond Roche. Mais leur traduction est refusée par la direction de l'Opéra : « Les paroles étaient souvent faibles, souvent elles ne s'accommodaient pas du rythme musical. On objectait enfin que les récitatifs étaient en vers blancs[14]. » Le compositeur se tourne ensuite vers l'avocat et auteur de vaudevilles Charles Nuitter (pseudonyme de Charles Truinet), qui n'était pas germaniste et dont le travail a consisté pour l'essentiel à versifier le brouillon fourni par Wagner. Le résultat est cette fois-ci très satisfaisant, malgré un indéniable appauvrissement sémantique par rapport au texte original, dû à la fois aux contraintes de la versification et à la volonté de Wagner de limiter au strict nécessaire les modifications rythmiques et mélodiques. Fait unique dans la production théâtrale de Wagner, une partie de la scène du Venusberg au premier acte a été directement composée sur des vers français, ceux rédigés par Nuitter à partir des indications du compositeur : il existe donc bel et bien un *Tannhäuser* spécifiquement français, distinct non seulement de la version de Dresde (1845), mais aussi de celle de Vienne (1871), généralement présentée de manière erronée comme la « version de Paris » mais qui s'appuie en fait, pour la scène du Venusberg, sur une retraduction et adaptation – réalisée par Wagner lui-même en 1867 – de la version française.

Si le *Tannhäuser* parisien représente un cas particulier dans la mesure où la traduction est associée à une réécriture partielle de la partition, tous les autres opéras de Wagner ont fait l'objet de traductions en français dans le but de répondre aux pratiques théâtrales et aux attentes du public du XIXe siècle. Nuitter a poursuivi le travail effectué pour *Tannhäuser*, mais cette fois sans l'aide du compositeur. Ses traductions en vers rimés de *Lohengrin* (1858), du *Vaisseau fantôme* (1864) et de *Rienzi* (1869) ont joué un rôle décisif dans la diffusion de ces opéras dans l'espace francophone, que ce soit dans le cadre d'exécutions scéniques ou de concerts, ou par le biais de partitions chant-piano. En ce qui concerne les œuvres de la maturité wagnérienne, ce sont en revanche les traductions de Victor Wilder et d'Alfred Ernst qui ont fait figure de référence. Elles correspondent à deux stratégies de traduction radicalement différentes. Wilder réalise notamment, au milieu des années 1880, une version française du *Ring*, intitulée *L'Anneau du Nibeloung* [sic], qui cherche à populariser les opéras de Wagner en les transposant dans une langue familière du public français : « la métrique wagnérienne », commente Édouard Dujardin, « est abandonnée pour l'usuelle versification des poèmes dramatiques français [...] ; c'est une francisation de ces œuvres formidablement différentes, une simplification d'elles qui les popularisera, et, éminemment, une vulgarisation »[15]. À la même époque, Ernst cherche à l'opposé à restituer l'effet d'étrangeté produit par la langue archaïsante de Wagner afin de serrer au plus près le texte allemand et sa syntaxe en renonçant à la versification française. Ses traductions de la Tétralogie, de *Tristan et Isolde* ou de *Parsifal* évitent ainsi, autant que faire se peut, de dissocier le sens des mots et les accents de la phrase musicale au risque de produire une langue alambiquée.

9.6 L'ÉMERGENCE DU WAGNÉRISME DANS L'OPÉRA FRANÇAIS
Hervé Lacombe

La réception de Wagner en France et son influence sur les compositeurs français de la seconde moitié du XIXe siècle sont particulièrement délicats à analyser tant se mêlent les questions touchant le théoricien et le critique, le poète et le musicien, l'artiste et le penseur, tant les débats autour de sa personne ou de sa production sont passionnés et virulents. Saint-Saëns, qui voudrait raison garder, fait les frais de cette situation. Il défend l'œuvre du maître de Bayreuth mais prend soin de distinguer les principes wagnériens, dont il retient nombre d'idées, du wagnérisme en tant qu'idolâtrie ou suivisme, qu'il condamne en 1886 dans son recueil *Harmonie et mélodie*. Cette position est trop subtile, et il est finalement critiqué par les deux côtés adverses : « Je suis renié tantôt par les wagnériens, qui méprisent le style mélodique et l'art du chant, tantôt par les réactionnaires, qui s'y cramponnent au contraire et considèrent la déclamation et la symphonie comme accessoires » (*Mén.*, 17 avr. 1887). Tout au long du XIXe siècle, musiciens et critiques manipulent les lieux communs des écoles nationales (cf. 18.2, 21.2). Toute musique, surtout après la défaite de 1870, est inscrite dans un cadre politique où la question de la nationalité est épidermique[1]. Le déclenchement de la Première Guerre mondiale ne fera qu'attiser et brouiller davantage encore ces questions, au moment même où le wagnérisme aura triomphé (cf. t. 3, 2.2, 3.4). Le wagnérisme peut être abordé comme système artistique développé par Wagner, comme mouvement d'adhésion (chez un créateur, un critique ou un public) à la pensée, à l'œuvre ou à l'imaginaire associés à Wagner[2], enfin comme source d'inspiration ou motivation (par exemple pour les écrivains symbolistes). En outre, la connaissance, la compréhension et l'interprétation des œuvres, des principes et du lexique wagnériens se renouvellent au cours des décennies. Il importe donc de reconstituer la culture wagnérienne propre à chaque génération, et même à chaque personne, afin d'éviter les contresens. Pour accabler une œuvre ou un auteur on va, un temps, se servir du vocabulaire du maître de Bayreuth, quand bien même l'une et l'autre n'auraient rien de wagnérien. Ainsi, en 1860, le trop excentrique *Barkouf* d'Offenbach est associé aux « discordants apôtres de la musique de l'avenir » (*AM*, 27 déc. 1860), tandis qu'en 1870, le *Dictionnaire musico-humoristique* fait de « cacophonie » un synonyme de « musique de l'avenir ». Les compositeurs français, formés selon une conception musicale et dans une culture très différentes de celles des Allemands, ont eux-mêmes tout d'abord de grandes difficultés à comprendre la musique et les propos de Wagner. Tout à la fois représentatif du trouble causé par la découverte de Wagner et parangon du modèle académique français (il est le parfait élève du Conservatoire, bardé de diplômes et Prix de Rome), Bizet nous servira de premier guide.

De l'indignation à l'admiration : Bizet et ses amis à l'écoute de Wagner

Bizet éprouve tout d'abord un mouvement de rejet viscéral. Il écrit à sa mère, le 2 mars 1860, aimer « cent fois mieux Verdi ou [Adolphe] Adam » ! L'élève modèle voit son univers musical remis en question : « J'ai lu deux partitions de Wagner, il n'y a rien. Les choses dont Berlioz parle avec le plus d'éloges sont l'œuvre d'un homme qui, n'ayant aucune inspiration mélodique, ni invention harmonique, a fait de l'excentricité. Chose extraordinaire chez ce novateur, aucune originalité, aucune personnalité[3]. » Quand il écrit ces mots, le jeune Français est isolé à Rome ; à son retour à Paris, fin septembre 1860, il lit les partitions accessibles et les commentaires de tout ordre. Puis la découverte d'un ouvrage sur scène est une révélation : « Nous avions mal lu *Tannhäuser*, mon cher, écrit-il à Ernest Guiraud en juillet 1861 ; il y a des choses splendides, tout uniment. L'ouverture, le septuor, la marche, la prière d'Élisabeth, le chœur des pèlerins sont des chefs-d'œuvre de 1er ordre. » Bizet, Saint-Saëns, Guiraud et d'autres discutent des théories de Wagner, de sa musique, que parfois ils jouent ensemble, et de sa réception. La « question Wagner » se situe sur un plan plus large, qui concerne les « modernes ». Le 7 avril 1863, Gounod écrit à Bizet : « Les bons ouvrages tuent les mauvais. Dans vingt ans d'ici, Wagner, Berlioz, Schumann, compteront bien des victimes. N'en voyons nous pas déjà, et de très illustres, à moitié tombées sous les derniers coups de Beethoven ? » D'un point de vue strictement musical, Wagner manipule certains éléments que l'on trouve chez d'autres compositeurs, parfois bien avant lui, mais il les amplifie, les généralise et les théorise. De ce fait, il finit par faire oublier ses devanciers ou ses contemporains. Nombre de compositeurs français s'inspirent épisodiquement ou assimilent plus profondément les thématiques littéraires, les procédés musico-dramatiques et le langage musical de Wagner dont ils ont connaissance (et dont la nature, rappelons-le, évolue considérablement de *Rienzi* à *Parsifal*) : l'écriture vocale (fondée sur un arioso proche de la langue ou d'une déclamation continue) et l'inscription du chant dans une écriture symphonique qui le comprend au lieu de simplement l'accompagner ; la création d'une forme en perpétuel devenir, calquée sur le mouvement du drame et non plus inscrite dans des schémas stéréotypés ; l'orchestration fusionnant les timbres ; la richesse harmonique ; la fluidité des modulations ; l'emploi des dissonances ; le chromatisme et l'élargissement de la tonalité... Si l'usage de motifs récurrents est bien antérieur à Wagner (cf. 3.6), en revanche, la prolifération et la systématisation du procédé relève du modèle wagnérien, dans lequel il devient, à partir de *L'Or du Rhin*, constitutif de la forme musicale.

Fidèle aux conceptions dans lesquelles il a été formé, Bizet ne songe pas à écrire un drame lyrique. Quand Verdi compose *Don Carlos* (O, 1867), il connaît à peine l'univers wagnérien[4] ; ses innovations relèvent d'une réflexion sur le grand opéra français et de recherches dramaturgiques qui préoccupent aussi d'autres compositeurs européens. Sur le plan de la vocalité, la partition fluidifie la langue lyrique ; sur le plan de la forme, elle tend à s'affranchir des formules conventionnelles pour créer un mouvement dramatique plus continu. Ces préoccupations, poussées jusqu'à leurs extrêmes conséquences par Wagner, sont dans l'air du temps. Dans le contexte des années 1860, l'œuvre de Verdi est regardée par la presse française tour à tour comme le fruit d'une francisation ou le fait d'une germanisation de son style. Un compositeur aussi doué que Bizet ne fait pas mieux que les journalistes quand, la nuit de la création de *Don Carlos*, il écrit à Paul Lacombe : « Verdi n'est plus italien. Il veut faire du Wagner... [...] Cela n'a ni queue ni tête... Il n'a plus ses défauts... mais aussi plus une seule de ses qualités... Il veut faire du style et ne fait que de la prétention... » Lui-même se plaindra par la suite de la « rengaine Wagner » des critiques découvrant ses nouvelles compositions jugées trop audacieuses, trop chromatiques ou trop bruyantes ! Les avis et la trajectoire de chaque musicien s'inscrivent sur cette toile de fond compliquée par les écrits haineux de Wagner.

La découverte de Wagner ne suit pas forcément la chronologie de ses créations. Bizet entend la générale de *Rienzi* au Théâtre-Lyrique en 1869. Il s'adresse aussitôt à son élève, Edmond Galabert (4 avril) : « Pièce mal faite. Un seul rôle : celui de Rienzi, remarquablement tenu par Monjauze. Un tapage dont rien ne peut donner une idée ; un mélange de motifs italiens ; bizarre et mauvais style ; musique de décadence plutôt que de l'avenir. – Des morceaux détestables ! des morceaux admirables ! au total, une œuvre étonnante, *vivant* prodigieusement : une grandeur, un souffle olympiens ! du génie, sans mesure, sans ordre, mais du génie ! » Peu après, au début des années 1870, il remercie Massenet, qui lui a fait parvenir l'Ouverture des *Maîtres chanteurs*, que Pasdeloup a donnée aux Concerts populaires en 1869. En mai 1871, il écrit à sa belle-mère (veuve de son maître Fromental Halévy) sur le sujet Wagner. Désormais, il ne fait pour lui aucun doute que « l'esprit allemand du XIXe siècle est incarné en cet homme ». Il avoue que « le charme de cette musique est indicible, inexprimable. C'est la volupté, la tendresse, l'amour !... » Au même moment, ou presque, il aménage l'accord de *Tristan*

LE TÉTRALOGUE WAGNER
La France est un peuple de singes
(RICHARD WAGNER)
Nous avons **maintenant** *un art allemand*
(RICHARD WAGNER)

« Le tétralogue Wagner », *L'Éclipse*, 3 sept. 1876. Légende : « N'en déplaise au plus bouffon des tétralogues, le peuple de singes a *maintenant* l'art du Cri-cri qui peut aisément lutter avec son *art allemand*. Il a, d'autre part, une boisson qu'on appelle Cidre et qui sera tôt allemande si M. Wagner continue à se faire décerner toutes les pommes du continent. » Photothèque Hachette.

au début du n° 6 Lamento de *Djamileh* (OC, 1872), lieu d'expression de la douleur de l'héroïne qui dans les premiers vers évoque l'éventualité de sa mort prochaine, une mort d'amour. Ce n'est pas une imitation servile mais, quoi qu'en disent les critiques horrifiées par le langage de la partition, un emprunt inscrit dans la forme traditionnelle de l'opéra-comique. On peut reconnaître le génie de l'auteur de *Tristan*, parfois même défendre ses idées, et composer sans renier son passé et son éducation musicale. Bizet avait été troublé en réduisant en 1867 la partition du *Timbre d'argent* de Saint-Saëns : « C'est charmant ! écrivait-il à Ernest Guiraud, du vrai opéra-comique un peu saupoudré de Verdi. [...] De Wagner, de Berlioz, rien ! rien ! rien ! – Ce Saint-Saëns se f... iche de nous avec ses opinions. » Dans la lettre à sa belle-mère, on constate qu'il a mûri toutes ces questions et veut dissocier l'œuvre de l'homme. Il la met donc en garde contre l'intoxication de la critique française, encore majoritairement défavorable à Wagner : « Jugez bien *vous-même*, en oubliant tout ce que vous avez entendu dire, en oubliant les sots et méchants articles et le plus méchant livre publié par Wagner, et vous verrez. » Né en 1838, Bizet meurt prématurément en 1875. Il a vécu la découverte de Wagner mais, à la différence de tous les collègues de sa génération, il n'a rien vu du règne de ses idées qui s'instaure dans les décennies suivantes.

Le wagnérisme : une question de générations

Le wagnérisme a pu monter en puissance parce que des artistes ont accepté de défendre les œuvres du musicien allemand[5], parce que des personnes ont choisi de les donner, fragmentairement ou intégralement, en concert ou lors de représentations scéniques (cf. 9.5), parce que dans le même temps se diffusaient les livrets, les partitions et les écrits de Wagner, se multipliaient des publications de toute sorte (études biographiques, essais esthétiques, analyses musicales...)[6] et proliféraient dans la presse[7] des comptes rendus, des avis, des débats, des allusions, faisant de Wagner un leitmotiv de la vie musicale et, plus globalement, de la littérature, de l'art et de la culture française[8], jusqu'à devenir pour certains l'alpha et l'oméga, ainsi qu'en témoigne la *Revue wagnérienne* publiée de 1885 à 1888 (cf. 20.3). Professeur de composition au Conservatoire à partir de 1881, Delibes (né en 1836) fait cet aveu, probablement à la fin de la décennie 1880 : « Le Wagnérisme nous envahit, nous submerge. Dans ma classe de composition, au Conservatoire, mes élèves y pensent sans cesse, en parlent entre eux, m'en parlent à moi-même. Que devons-nous faire, nous musiciens d'une autre génération ? Rester indifférents, insensibles à ce mouvement universel, ou bien évoluer avec notre temps, modifier nos idées, nos manières, notre art enfin[9] ? » Ce propos témoigne d'une conscience ébranlée dans ses principes. Le modèle du drame musical remet en question celui de l'opéra à numéros, qui va perdurer essentiellement dans les petites formes (opéra-comique traditionnel et opérette). Delibes admire Wagner, dont il est allé entendre des œuvres en Allemagne, mais refuse de devenir un suiveur. « Les musiciens français, explique-t-il en 1885, doivent conserver leur tempérament propre[10]. » Le recours à l'identité nationale relève ici plus d'un mouvement de protection que d'une conviction esthétique. « En face d'une œuvre aussi vaste, aurait-il avoué après avoir entendu *Parsifal* à Bayreuth en 1882, [...] on cherche un tout petit coin où l'on puisse être chez soi[11]. » Lalo, né en 1823, se montre plus explicite encore. Suite à la création du *Roi d'Ys* (OC, 1888), il écrit à Adolphe Jullien et lui explique avoir choisi la forme de l'opéra après avoir tenté sans succès de composer un drame lyrique : « Seul, jusqu'à présent, le colosse Wagner, l'inventeur du vrai drame lyrique, a été de taille à porter un pareil fardeau ; tous ceux qui ambitionnaient de marcher sur ses traces, en Allemagne ou ailleurs, ont échoué [...] Il faudra dépasser Wagner pour lutter sur son terrain avec avantage, et ce lutteur ne s'est pas encore révélé. – Quant à moi, je me suis rendu compte, à temps, de mon impuissance et j'ai écrit un simple opéra [...] ; cette forme, élastique, permet encore d'écrire de la *musique* sans pasticher les devanciers[12]. » C'était déjà l'attitude de Gounod (né en 1818, faisant donc à peu près partie de la même génération que Lalo), lorsqu'il écrivait *Le Tribut de Zamora* (O, 1881), ouvrage qui suivit si scrupuleusement la formule de l'opéra à numéros – Air, Cavatine, Romances, Duo, Trio, Ensemble, Ballet... – qu'il put paraître une provocation jetée à la tête de la jeune école[13]. Victorin Joncières (né en 1839) demeura, lui, tiraillé entre idées nouvelles et métier conventionnel. En témoigne, très tôt, son élégant *Dimitri*[14], achevé dès 1871, créé en 1876 à la Gaîté (devenu l'éphémère Théâtre lyrique national sous la direction d'Albert Vizentini). Critique à *La Liberté* de 1871 à 1900, il défend le compositeur d'outre-Rhin tandis qu'à sa table de composition il se nourrit, parmi d'autres, de Verdi et Meyerbeer, demeure attaché à la vocalité et à l'opéra à numéros français, et pense son écriture à partir du système lyrique national. La partition chant-piano éditée chez Grus comporte cette note : « Le rôle de Martha doit être distribué à l'artiste chantant le rôle de Fidès du *Prophète* ou de Léonore de *La Favorite*. Le rôle de Marina peut être confié à la chanteuse légère. Il convient à l'artiste chantant Marguerite de *Faust*, ou Ophélie d'*Hamlet*. » La dramaturgie reste assujettie au tableau, aux scènes-types et à la multiplication des événements. Joncières ne peut développer et produire un flux continu ; il compose par petites formes régulières, bien liées les unes aux autres, emploie toujours la musique dansée (II, 5) et coule son écriture vocale dans les carrures et les formules attendues – voir, par exemple, les retrouvailles de Vasili et Marina (I, 4). Ce qui est encore possible dans les années 1870 ne l'est plus à la fin du siècle quand est créé *Lancelot* (O, 1900), son dernier opéra. Sur un sujet qui pourrait être wagnérien, Louis Gallet et Édouard Blau écrivent un livret sans grand intérêt et Joncières compose un ouvrage sous-titré « drame lyrique » mais en rien wagnérien. Adolphe Jullien en fait l'occasion d'un bilan, qui vaut pour nombre de compositeurs : « M. Joncières n'a pas suivi le mouvement musical qui s'est opéré en vingt-quatre ans » (*JD*, 18 fév. 1900). Dans les années 1870, les oreilles et les yeux n'étaient pas familiers des drames musicaux. Il y avait dans *Dimitri*, relève le critique, « des scènes d'une grandeur et d'une vigueur de déclamation très louables, avec, çà et là, quelques bouffées d'air wagnérien qui secouaient les auditeurs, – tout le monde en était là, du reste, à Paris ». Or, en 1900, Wagner est dans toutes les oreilles. Joncières n'a pas compris ce changement de période. Pire, il a fait un pas en arrière, croyant peut-être flatter le public : *Lancelot* conserve le souvenir du grand opéra français (Jullien cite Meyerbeer, Halévy, Membrée et Mermet). Peu après le décès de Wagner, Joncières avait pris prétexte de sa notice nécrologique pour revenir sur son propre wagnérisme. Il pointe dans la Tétralogie et *Parsifal* une dérive métaphysique du maître allemand, inintelligible aux Français ; il constate l'effet de stupeur produit par le mouvement ininterrompu du flux musical, l'entrelacs des parties superposées, les dissonances « effroyables » ; puis il en vient à son propre jugement : « Cet aveu surprendra peut-être ceux qui nous considèrent comme un des plus farouches adeptes de Wagner. Oui, nous avons été des premiers à proclamer le génie de Wagner, et cela à une époque où l'auteur de *Lohengrin* était presque universellement méconnu. Nous avons gardé nos admirations des premiers jours pour les beautés que doit consacrer l'avenir ; mais nous ne saurions accepter les dernières œuvres de Bayreuth comme point culminant de la musique dramatique » (*La Liberté*, 19 fév. 1883). Même difficulté pour Saint-Saëns à être en accord avec le goût du moment. En 1887, *Le Ménestrel* perçoit dans *Proserpine* (OC, 1887) un compromis entre l'ancien et le nouveau ne parvenant à répandre sur la partition qu'une « sorte de malaria[15] » !

C'est le vénérable Ernest Reyer, né en 1823, qui trouve, après bien des luttes, la voie du succès en ne réalisant pourtant qu'un wagnérisme de surface. Achevé au début des années 1870, rejeté par l'Opéra, *Sigurd* est créé à Bruxelles en 1884 et donné à Paris le 12 juin 1885. L'œuvre plaît et atteint sa centième en 1891. Elle sera jouée à Garnier jusqu'en 1935. Camille Du Locle et Alfred Blau puisent pour le livret aux mêmes sources que Wagner pour sa Tétralogie, mais la partition relève plus de Berlioz, Gluck et Weber que du maître de Bayreuth. Germanophile, esprit ouvert, Reyer joue un rôle de découvreur comme feuilletoniste au *Journal des débats*, poste qu'il occupe de décembre 1868 (il succède à Joseph d'Ortigue décédé en novembre) jusqu'en 1899. Ami et défenseur de Berlioz, il a su repérer les talents de Gounod, Bizet, Massenet, et défendre Wagner sans jamais s'enrôler parmi ses disciples[16]. L'instrumentation souvent bruyante de *Sigurd*, son écriture harmonique et tonale pas toujours inventive, ses nombreux *da capo* desservent une partition dont nombre de scènes demeurent pourtant séduisantes. « Wagner du pauvre » selon ses détracteurs, Reyer use abondamment de « motifs caractéristiques » (Henri de Curzon en a dressé la liste[17]) sans produire une texture fluide continument tressée par leur engrenage et leur développement. Il conserve le divertissement dansé (insignifiant) et des éléments formels traditionnels. Jonciéres constate que l'auteur n'a « nullement rompu avec les traditions, *qui doivent être toujours respectées* » (*La Liberté*, 15 juin 1885). Reyer reste un éclectique ; il continue à apprécier l'opéra traditionnel, notamment l'œuvre de Meyerbeer. Avec *Salammbô* (La Monnaie, 1890 ; Rouen, 1890 ; O, 1892), il tente de s'approcher davantage d'un mouvement continu, mais toujours sans leitmotive véritables, et rejette airs et duos tout en conservant une mélodie souvent plastique et une déclamation redevable à Gluck. L'opéra trouve grâce auprès du public. Il atteint sa 100ᵉ à Garnier en 1900 et y sera joué jusqu'en 1943.

A. Marie, « Entrée triomphale de Sigurd (acte III) », in *Le Monde illustré*, 11 juil. 1885, p. 24-25.

Massenet a été lui aussi fasciné par Wagner, mais son engouement n'a jamais été exclusif (cf. 10.5). Il fait allusion au maître allemand en citant dans ses propres œuvres certains de ses motifs et assimile ses procédés selon les besoins de chaque ouvrage. En effet, une nouvelle composition est pour lui un projet lyrique original demandant une dramaturgie (liée à la forme et aux thèmes du livret) et des moyens musicaux spécifiques dont il trouve des exemples dans les traditions française, allemande ou italienne. *Esclarmonde* (OC, 1889) est sa partition la plus wagnérienne, mais *Werther* témoigne aussi de la mise en place d'un réseau thématique serré redevable au système des leitmotive[18]. À la fin du siècle, l'engouement inouï pour Wagner semble apporter un peu d'amertume dans le cœur du wagnérien des premiers temps. Une dizaine d'années après les propos de Delibes cités plus haut, conscient des questions de générations et de modes, Massenet (né en 1842) s'adresse à ses étudiants au Conservatoire après la reprise de *Tannhäuser* à l'Opéra en 1895, 34 ans donc après la chute de 1861 : « Pour vous, mes enfants, c'est un mauvais moment à passer – du moins pour ceux de 30 à 40 ans – car maintenant, pendant dix, vingt années, le public sera à cet homme. » Son inquiétude vient de l'exclusivisme des wagnériens : « Autrefois la scène était prise par Meyerbeer, Auber, Herold, mais pas le public. Aujourd'hui le théâtre et le public appartiennent à Wagner. Le public ne fera pas attention à d'autres tentatives de valeur, à des œuvres pleines de talent, et même de tempérament. » Puis il dénonce le snobisme et le suivisme : « Et dire que c'est ce même public qui a sifflé naguère, le même, qui veut avoir maintenant le monopole de l'admiration wagnérienne ! [...] autrefois, chez Pasdeloup, nous étions un groupe de jeunes, enthousiastes de cette musique, et [...] le public nous enfonçait des cannes dans la tête pour nous empêcher d'applaudir ! Et c'est ce même public qui, à présent, veut être seul à admirer ces œuvres [...] Et il y a aussi ceux qui vivent de cette mode, les critiques qui se sont fait une spécialité de cette musique et qui se croient du génie, prétendant prendre pour eux tout le génie de Wagner. D'autre chose, ils ne veulent pas en entendre parler [sic], et ils vous traitent du haut de leur grandeur[19] ! »

Point d'aigreur chez Chabrier (né en 1841), mais une véritable passion pour Wagner qui pourtant n'empêche pas l'éclosion d'une couleur éminemment personnelle dans son somptueux *Gwendoline*, créé à La Monnaie (1886), bien avant sa première parisienne (O, 1893)[20]. Le drame, fort simple, repose sur certains ingrédients du grand opéra (opposition de deux groupes antagonistes, les Danois et les Saxons ; importance des chœurs ; final spectaculaire avec massacre et incendie, etc.) mais surtout plonge dans un univers proche des mythologies wagnériennes. Reyer en a donné une remarquable analyse (*JD*, 18 avr. 1886), dans laquelle il revient sur la nature du wagnérisme. Ici le langage harmonique, le mouvement par scène et le sujet sont marqués par le souvenir des partitions de Wagner, mais l'en éloignent des idées musicales personnelles, le refus des longs récits, certains éléments formels (particulièrement les répétitions, un découpage clair, la composition d'un grand ensemble hérité du modèle italien) et la rémanence de la tradition française (Auguste Boisard et Adolphe Jullien discernent ainsi une forte influence de Gounod[21]). Au tournant du XIXe au XXe siècle, d'Indy (né en 1851), Chausson (né en 1855), Bruneau (né en 1857) et Magnard (né en 1865) donnent au wagnérisme musical français toute son ampleur (cf. t. 3, 3.4). *Le Chant de la cloche* (Concerts Lamoureux, 1886), *Le Rêve* (OC, 1891), *Yolande* (La Monnaie, 1892), *L'Attaque du moulin* (OC, 1893), *Messidor* (O, 1897), *Fervaal* (La Monnaie, 1897), *L'Ouragan* (OC, 1901), *L'Étranger* (La Monnaie, 1903), *Le Roi Arthus* (La Monnaie, 1903), etc., instaurent une nouvelle ère où le drame lyrique devient la norme tant pour les compositeurs naturalistes que pour les symbolistes. Zola peut faire ce constat dans un article publié le 22 novembre 1893 en première page du *Journal* : « La formule wagnérienne, si logique, si pleine, si totale, s'est imposée d'une façon souveraine, à ce point qu'en dehors d'elle, de longtemps, on peut croire que rien ne se créera d'excellent et de nouveau. Le sol est conquis, il ne pousse plus que des œuvres filles du maître. » Le XXe siècle commence en France par la consécration du wagnérisme et son immédiat retournement avec le *Pelléas et Mélisande* (OC, 1902) de Debussy, chantre de l'émancipation : « Il fallait donc chercher *après* Wagner et non pas *d'après* Wagner[22] » (cf. t. 3, 3.6).

Notes de 9.1

1. J. Mongrédien, *Le Théâtre-Italien de Paris 1801-1831*, Lyon : Symétrie, 2008, t. 1, p. 51, 58.
2. C. Sajaloli, *Le Théâtre-Italien et la société parisienne (1838-1879)*, thèse de 3e cycle, université Paris I, 1988.
3. *Ibid.*, p. 268.
4. C. Menciassi-Authier, « La profession de chanteuse d'opéra dans le premier XIXe siècle », *Annales historiques de la Révolution française*, n° 379, 2015, p. 197.
5. S. Rollet, « Le Théâtre-Italien et son répertoire sous le Second Empire », in J.C. Yon éd., *Les Spectacles sous le Second Empire*, Paris : A. Colin, 2010, p. 207.
6. C. Sajaloli, *Le Théâtre-Italien et la société parisienne*, p. 474.
7. D. Leroy, *Histoire des Arts du spectacle en France*, Paris : L'Harmattan, 1990, p. 111.

Notes de 9.2

1. E. Reibel, « Verdi et Wagner à travers la presse parisienne (1861-1881) », in J.-F. Candoni, H. Lacombe, T. Picard et G. Sparacello éd., *Verdi/Wagner : images croisées 1813-2013 [...]*, Rennes : PUR, 2018, p. 192.
2. Pour les dates précises de création, voir J.-M. Fauquet éd., *Dict.*, p. 1264.
3. M. Auclair, « Verdi, Wagner et l'Opéra de Paris », in J.-F. Candoni, H. Lacombe, T. Picard et G. Sparacello éd., *Verdi/Wagner*, p. 182.
4. G. Verdi à E. Scribe, 26 juil. 1852, in B. Dermoncourt éd., *Tout Verdi*, Paris : Robert Laffont, 2013, p. 742.
5. P. Besnier, « "Signe des temps !" : les spectacles pendant les Expositions universelles », in J.-C. Yon éd, *Les Spectacles sous le Second Empire*, p. 255.
6. T. J. Walsh, *Second Empire opera : the Théâtre-Lyrique, Paris, 1851-1870*, London : J. Calder ; New York : Riverrun press, 1981.
7. A. Devriès-Lesure, « Les rapports orageux de Verdi avec la Grande Boutique », in *Verdi et la Grande Boutique*, cat. d'exp., [Paris] : BnF, Opéra national de Paris, L. Vuitton, 1995, p. 18.
8. Traduit d'après U. Günther, « La Genèse de *Don Carlos* [...] », *Rdm*, 60/1-2, 1974, p. 109.
9. A. Devriès-Lesure, « Les démêlés de Verdi avec le Théâtre-Italien [...] », in H. Lacombe éd., *L'Opéra en France et en Italie (1791-1925) [...]*, Paris : Sfm, 2000, p. 235-261.
10. G. Verdi à L. Escudier, 20 oct. 1858, cit. in *ibid.*, p. 238.
11. *Annuaire de la Société des auteurs et compositeurs dramatiques*, Paris : Commission des auteurs et compositeurs dramatiques, 1872, p. 248-260.
12. E. Delacroix à G. Sand, 20 nov. 1847, cit. in G. de Van, *Verdi, un théâtre en musique*, Paris : Fayard, 1992, p. 14.
13. H. Gartioux, *La Réception de Verdi en France [...]*, Weinsberg : Musik-Edition Lucie Galland, 2001.
14. H. Berlioz, *Correspondance générale*, vol. 7, Paris : Flammarion, 2001, p. 152, lettre du 10 nov. 1864.
15. C. Leblanc, « "De la choucroute dans le macaroni ?", Wagner et Verdi vus par la presse française, 1887-1914 », in J.-F. Candoni, H. Lacombe, T. Picard et G. Sparacello éd., *Verdi/Wagner*, p. 211.

16. G. de Van, *Verdi, un théâtre en musique*, p. 15.
17. Les données consignées par les agences d'inspection de la SACD sont incomplètes et doivent être considérées comme des résultats a minima (les registres sont conservés dans la bibliothèque de la SACD). Les statistiques concernant *Rigoletto* et *Violetta* sont difficiles à manier en raison des conflits entre les auteurs (Dumas et Hugo) et le traducteur Édouard Duprez.

Notes de 9.3

1. Cité in F. Abbiati, *Giuseppe Verdi*, Milan : Ricordi, 1959, vol. 1, p. 591-592 (trad. de l'auteur).
2. D. R. B. Kimbell, « Verdi's First Rifacimento : *I Lombardi* et *Jérusalem* », *Music and Letters*, 60, 1979, p. 1-36 ; A. Quattrocchi, « Da Milano a Parigi : *Jérusalem* la Prima Revisione di Verdi », *Studi verdiani*, 10, 1994-5, p. 13-60.
3. H. Gartioux, *Giuseppe Verdi, Les Vêpres siciliennes : dossier de presse parisienne* (1855), Heilbronn : Musik-Edition Lucie Galland, 1995, p. 4-9.
4. G. Cesari et A. Luzio, *I Copialettere di Giuseppe Verdi*, Milan : tip. Stucchi Ceretti, 1913, p. 139-140.
5. G. Verdi à De Sanctis, 9 sept. 1854, in A. Luzio, *Carteggi verdiani*, Roma : Reale Accademia d'Italia, 1935, vol. 1, p. 26.
6. G. Verdi à F. Crosnier, 3 janv. 1855, in G. Cesari et A. Luzio, *I Copialettere...*, p. 159.
7. D. Lawton, « *Le Trouvère* : Verdi's Revision of *Il Trovatore* for Paris », *Studi verdiani*, 3, 1985, p. 79-119.
8. A. Devriès-Lesure, « Les Rapports orageux de Verdi avec la grande boutique », p. 9-23.
9. G. Verdi à L. Escudier, 9 juin 1865, cit. in *ibid.*, p. 19.
10. U. Günther, « La Genèse de *Don Carlos* [...] », *Rdm*, 58, 1972, p. 16-64 ; 60, 1974, p. 87-158.
11. J. Hepokoski, *Giuseppe Verdi : Otello*, Cambridge : CUP, 1987, p. 81-89.
12. F. Della Seta, « Some Difficulties in the Historiography of Italian Opera », *COJ*, 10, 1998, p. 3-13.
13. F. Nicolodi, « Les grands opéras de Meyerbeer en Italie (1840-1890) » in H. Lacombe éd., *L'Opéra en France et en Italie...*, p. 87-115.
14. G. Staffieri, *Musicare la storia : il giovane Verdi e il* grand opéra, Parma : Istituto nazionale di studi verdiani, 2017.
15. S. Henze-Döhring, « *Les Vêpres siciliennes* », in A. Gerhard et U. Schweikert, *Verdi Handbuch*, 2ᵉ éd., Stuttgart : Metzler, 2013, p. 465-468.
16. J. Budden, « Verdi and Meyerbeer in relation to *Les Vêpres siciliennes* », *Studi verdiani*, 1, 1982, p. 11-20.

Notes de 9.4

1. R. Wagner, *Halévy und die französische Oper* [1842], in *Sämtliche Schriften und Dichtungen*, Leipzig : Breitkopf & Härtel/C. F. W. Siegel (R. Linnemann), 1912, t. 12, p. 132.
2. C. Wagner, *Die Tagebücher*, Munich : Piper, 1976-1977, t. 1, p. 868 (15 janv. 1875).

3. R. Wagner, *Oper und Drama* [1851], in *Sämtliche Schriften und Dichtungen*, t. 3, p. 283, 286.
4. R. Wagner, *Deutsche Kunst und deutsche Politik* [1868], in *Sämtliche Schriften und Dichtungen*, t. 8, p. 90.
5. R. Wagner, *Über Meyerbeer's* Hugenotten [1842], in *Sämtliche Schriften und Dichtungen*, t. 12, p. 26.
6. R. Wagner, *Oper und Drama*, in *Sämtliche Schriften und Dichtungen*, t. 3, p. 201.
7. H. Heine, *Französische Zustände* [1833], in *Werke* III, Eberhard Galley éd., Francfort-sur-le-Main : Insel, 1994, p. 103.
8. Ch. Baudelaire, *Richard Wagner et Tannhäuser à Paris*, Paris : E. Dentu, 1861, p. 8.
9. R. Wagner, *Bericht über die Aufführung des* Tannhäuser *in Paris* [1861], in *Sämtliche Schriften und Dichtungen*, t. 7, p. 138 *sq*. Voir les travaux pionniers de G. Servières, *Tannhaeuser à l'Opéra en 1861*, Paris : Librairie Fischbacher, 1895.
10. Ch. Baudelaire, *Richard Wagner et « Tannhäuser » à Paris*, p. 62.
11. F.-J. Fétis, « Richard Wagner. Sa vie. – Son système de rénovation de l'opéra. – Ses œuvres comme poète et comme musicien. – Son parti en Allemagne. – Appréciation de la valeur de ses idées », *RGMP*, 6 juin-8 août 1852.
12. *Ibid*, p. 7.
13. J. Guilliaume, « Richard Wagner. Opéra et Drame », *Revue trimestrielle*, 1854/2, p. 187-226.
14. P. Scudo, « Les Écrits et la musique de M. Wagner », *Revue des Deux Mondes*, 2e période, 26, 1er mars 1860, p. 227-238 ; « Le *Tannhäuser* de M. Richard Wagner », *ibid.*, 32, 1er avr. 1861, p. 759-770.
15. P. Smith, « Tannhaeuser », *RGMP*, 17 mars 1861, p. 81-83.
16. P. Scudo, « Le *Tannhäuser* de M. Richard Wagner », p. 763.
17. G. de Charnacé, *Musique et Musiciens*, fragments critiques de M. Richard Wagner, traduits et annotés, Paris : Librairie musicale Pottier de Lalaine, 1873, vol. 2, p. 4.
18. É. Schuré, *Le Drame musical*, t. 2, *Richard Wagner, son œuvre et son idée*, Paris : Sandoz et Fischbacher, 1875.
19. É. Dujardin, « Les Œuvres théoriques de Richard Wagner », *Revue wagnérienne*, 1885, p. 63.
20. R. Wagner, *Œuvres en prose*, 13 vol., trad. J.-G. Prod'homme, F. Caillé, F. Holl, L. van Vassenhove, Paris : Delagrave, 1907-1925.

Notes de 9.5

1. J.-C. Yon, *M. Offenbach nous écrit*, Arles : Actes Sud/Palazzettto Bru Zane, 2019, p. 133.
2. Ch. Gounod, *Mémoires d'un artiste*, Arles : Actes Sud/Palazzettto Bru Zane, 2018, p. 113.
3. É. Dujardin, « Chronique de Bayreuth, Dresde et Munich », *Revue wagnérienne*, sept. 1886, p. 248.
4. M. Schwartz, « Die "pèlerinage à Bayreuth" als Brennpunkt des europäischen Kulturtransfers. Französische Komponisten auf dem Weg nicht nur zu Richard Wagner », in Ch. Meyer éd., *Le Musicien et ses voyages. Pratiques, réseaux et représentations*, Berlin : BerlinerWissenschafts-Verlag 2003, p. 427-452.

5. G. Servières, *Richard Wagner jugé en France*, Paris : À la librairie illustrée, 1898 ; J.-G. Prod'homme, *Richard Wagner et la France*, Paris : Sénart, 1921 ; A. Satgé, *La Diffusion de l'esthétique wagnérienne dans les revues françaises (1850-1914)*, thèse de doctorat de 3ᵉ cycle, université de Rouen, 1982 ; M. Kahane et N. Wild éd., *Wagner et la France*, Paris : Herscher, 1983 ; G. D. Turbow, « Art and Politics : Wagnerism in France », in D. C. Large et W. Weber éd., *Wagnerism in European Culture and Politics*, Ithaca-Londres : Cornell University Press, 1984, p. 134-166 ; S. Le Hir, *Wagner et la France (1830-1861) [...]*, thèse de doctorat, université de Tours, 2016.
6. R. Wagner, *Ma vie*, [1ʳᵉ éd. 1963], trad. N. Valentin, A. Schenk et D. Astor, Paris : Perrin, 2012, p. 703.
7. G. de Nerval, « Les fêtes de Weimar », *La Presse*, 9, 18, 19 sept. 1850 ; F. Liszt, « *Lohengrin* » et « *Tannhaüser* » *[sic] de Richard Wagner*, Leipzig : F. A. Brockhaus, 1851 ; F.-J. Fétis, « Notes sur un nouveau système de musique dramatique : l'opéra de Richard Wagner », *Bulletin de l'Académie royale des Sciences, Lettres et Beaux-arts de Belgique*, 19/1, 4 mars 1852, p. 489-493 ; F.-J. Fétis, « Richard Wagner », *RGMP*, 6, 13, 20, 27 juin, 11, 25 juil., 8 août 1852.
8. S. Le Hir, *Wagner et la France*, p. 899-959.
9. A. Fauser, « Cette musique sans tradition. Wagner's *Tannhäuser* and its French Critics », in A. Fauser et M. Everist éd., *Music, Theater and Cultural Transfer : Paris, 1830-1914*, Chicago : UCP, 2009, p. 228-255.
10. M. Everist, « Wagner and Paris : The Case of *Rienzi* (1869) », *19ᵗʰ Century Music*, 41/1, Summer 2017, p. 3-30.
11. Y. Simon, *L'Association artistique d'Angers, 1877-1893 [...]*, Paris : Sfm, 2006.
12. Y. Simon, *Lohengrin : un tour de France, 1887-1891*, Rennes : PUR, 2015 ; Y. Simon, « Le tour de France par Lohengrin (1891) », en ligne (nov. 2013), dezede.org/dossiers/id/25/, consulté le 3 avr. 2018.
13. R. Strohm, *Dokumente und Texte zu « Rienzi, der Letzte der Tribunen »*, in R. Wagner, *Sämtliche Werke*, C. Dahlhaus éd., vol. 23, Mayence : Schott, 1976.
14. É. Ollivier, *L'Empire libéral*, Paris : Garnier Frères, 1900, p. 600.
15. É. Dujardin, « *L'Or du Rhin* », *Revue wagnérienne*, oct. 1885, p. 257-268.

Notes de 9.6

1. Voir, par exemple, B. L. Kelly éd., *French music, culture, and national identity, 1870-1939*, Rochester (N.Y.) : URP, 2008.
2. A. Fauser et M. Schwartz éd., *Von Wagner zum Wagnerisme, Musik, Literatur, Kunst, Politik*, Leipzig : Leipziger Universität Verlag, 1999 ; M. Schwartz, *Wagner-Rezeption und französische Oper des Fin de siècle : Untersuchungen zu Vincent D'Indys Fervaal*, Sinzig : Studio Verl. Schewe, 1999 ; S. Huebner, *French opera at the fin de siècle [...]*, Oxford : OUP, 2004 ; A. Fauser, « "Wagnerism" : Responses to Wagner in Music and the Arts », in Th. S. Grey éd., *The Cambridge companion to Wagner*, New York (N.Y.) : CUP, 2008 ; M.-H. Benoit-Otis, *Ernest Chausson, Le Roi Arthus et l'opéra wagnérien en France*, Frankfurt am Main : P. Lang, 2012.
3. Toutes les lettres de ou à G. Bizet sont tirées de G. Bizet, *Correspondance*, Th. Bodin et H. Lacombe éd., à paraître.

4. Ph. Gossett, « La question du wagnérisme dans les dernières œuvres de Verdi », in J.-F. Candoni, H. Lacombe, T. Picard et G. Sparacello éd., *Verdi-Wagner*, p. 73-84.
5. H. de Curzon, *L'Œuvre de Richard Wagner à Paris et ses interprètes (1850-1914)*, Paris : M. Senart, [1920].
6. P. Bouteldja et J. Barioz, *Bibliographie wagnérienne française 1850-2007*, Paris : l'Harmattan, 2008.
7. M. P. Mrozowicki, *Richard Wagner et sa réception en France*, t. 1 *Le Musicien de l'avenir (1813-1883)*, Gdansk : Presses Universitaires, 2013 ; t. 2 *Du ressentiment à l'enthousiasme (1883-1893)*, Lyon : Éditions Symétrie, 2016.
8. Voir, dans la forêt des publications wagnériennes, deux exemples : L. Guichard, *La Musique et les lettres en France au temps du wagnérisme*, Paris : PUF, 1963 ; C. Leblanc, *Wagnérisme et création en France, 1883-1889*, Paris : H. Champion, 2005. Voir aussi, pour une contextualisation plus large, T. Picard, *Wagner, une question européenne : contribution à une étude du wagnérisme, 1860-2004*, Rennes : PUR, 2006 ; T. Picard éd., *Dictionnaire encyclopédique Wagner*, Arles : Actes Sud ; [Paris] : Cité de la musique, 2010.
9. Propos rapporté in P. Lalo, *De Rameau à Ravel*, Paris : Albin Michel, 1948, p. 106-107.
10. Interview (*Télégraphe*, 3 juin 1885), citée in P. Girard, *Léo Delibes [...]*, Paris : Vrin, 2018, p. 248.
11. Cité in H. M. [pseud. de H. Heugel], « *Lakmé* à Bruxelles », *Mén.*, 5 déc. 1886, p. 4.
12. É. Lalo à A. Jullien, 19 mai 1888, in *Correspondance*, J.-M. Fauquet éd., Paris : Aux Amateurs de livres, 1989, p. 289.
13. G. Condé, « L'ultime opéra de Gounod », in Ch. Gounod, *Le Tribut de Zamora*, livre-CD, Venise : Palazzetto Bru Zane, 2018, p. 11-18.
14. V. Joncières, *Dimitri*, livre-CD, San Lorenzo de El Escorial / Venize : Palazzetto Bru Zane, 2014.
15. H. Moreno [pseud. de H. Heugel], « Semaine théâtrale », *Mén.*, 20 mars 1887, p. 123.
16. H. Schneider, « Die Kompositionsgeschichtliche Stellung der *Salammbô* (1890) von Ernest Reyer », in Klaus Ley éd., *Flauberts Salammbô in Musik, Malerei, Literatur und Film [...]*, Tübingen : Gunter Narr Verlag, 1998, p. 51-89.
17. H. de Curzon, *La Légende de Sigurd dans l'Edda [...]*, Paris : Fischbacher, 1890, p. 239-249. Voir aussi M.-P. Grillet, *Ernest Reyer, l'homme et son œuvre*, thèse de doctorat, université Paris IV, 1994, p. 440-447.
18. A. Fauser, « Esclarmonde, un opéra wagnérien ? », in *Esclarmonde-Grisélidis*, *L'Avant-scène opéra*, 148, 1992 ; S. Huebner, *French Opera at the fin de siècle [...]*, New York : OUP, 1999, p. 95-101 ; J.-Ch. Branger, « *Werther* de Jules Massenet : un "drame lyrique" français ou germanique ? [...] », *Rdm*, 87/2 (2001), p. 419-483 ; J.-Ch. Branger, « Massenet et ses modèles : Concilier Verdi et Wagner », in J.-F. Candoni, H. Lacombe, T. Picard et G. Sparacello éd., *Verdi-Wagner*, p. 325-337.
19. Ch. Koechlin, « Souvenirs de la classe Massenet », *Mén.*, 22 mars 1935, p. 97.
20. S. Huebner, *French opera at the fin de siècle*, p. 269-285.
21. A. Boisard, « Chronique musicale », *Le Monde illustré*, 30 déc. 1893 ; A. Jullien, « Revue musicale », *JD*, 6 janv. 1894.
22. C. Debussy, *Monsieur Croche et autres écrits*, F. Lesure éd., Paris : Gallimard, 1987, p. 63.

Maria Malibran (née Garcia, 1808-1836)

Un lyrisme exceptionnel, un tempérament passionné, un engagement dramatique extrême et une mort prématurée en plein sommet de carrière ont fait de Maria Malibran l'archétype de la cantatrice romantique. Fille aînée du ténor Manuel Garcia et de la chanteuse María Joaquina Sitchès, elle fut une véritable enfant de la balle : elle suivit ses parents pendant leurs séjours dans plusieurs villes et interpréta des rôles d'enfant dès l'âge de cinq ans. À Naples, elle commença ses études musicales avec Herold en piano, Panseron en solfège et son père lui enseigna le chant. Elle fit ses débuts à Londres à l'âge de dix-sept ans dans le rôle de Rosina d'*Il Barbiere di Siviglia* de Rossini, et dans celui de Felicia dans la première londonienne d'*Il Crociato in Egitto* de Meyerbeer. Elle poursuivit sa carrière à New York pendant deux ans en interprétant les rôles principaux dans les opéras de Rossini et de Mozart : *Tancredi, Otello, Il turco in Italia, La Cenerentola* et *Don Giovanni*. Grâce à des exercices assidus, sa voix de mezzo-soprano se développa pour atteindre trois octaves, mais son médium perdit de son homogénéité. Elle était à son meilleur dans le répertoire de contralto et de soprano, ainsi que dans la tragédie et la comédie. À son retour à Paris, elle mit tous ses efforts pour l'obtention d'un contrat au Théâtre-Italien, où elle fut engagée en 1828. Ses débuts dans *Semiramide* de Rossini coïncidèrent avec le départ de la cantatrice Henriette Sontag. Cependant, Giuditta Pasta, la prima donna du théâtre, célèbre pour l'interprétation de certains rôles, tels que Roméo d'*Otello* de Rossini, Amina de *La Sonnambula* de Bellini et le rôle-titre de *Norma* de Bellini, faisait toujours partie de la troupe. Malibran voulut donc se distinguer de cette dernière en interprétant ces rôles de façon tout à fait différente. Ce furent surtout son engagement dramatique et sa capacité à s'identifier complètement à son personnage qui la démarquèrent de sa collègue. Sur la scène du Théâtre-Italien jusqu'en 1832, Malibran interpréta les rôles mozartiens (Zerlina et la Comtesse), les opéras rossiniens, et créa le rôle-titre de *Clari* d'Halévy (1828). Puis sa carrière se déroula principalement en Italie, où elle triompha dans les opéras de Bellini (*Norma, La Sonnambula, I Capuleti e i Montecchi*). Sa mort tragique, suite à une chute de cheval, en fit une figure de légende. Elle devint une inspiration pour toute la génération romantique. Musset écrivit ainsi ses fameuses stances « À la Malibran ».

Kimberly White

Mme Malibran, rôle de Desdemona (dans *Otello* de Rossini), gravé par Charles Turner, d'après Decaisme, Paris : Rittner et Goupil, s.d. (détail).

Chapitre 10
État des lieux à la fin du siècle

10.1 L'Opéra (1870-1899)

Marie-Gabrielle Soret

Au tournant du XIXe au XXe siècle, composer un ouvrage lyrique reste la principale voie de réussite pour un compositeur et Paris la ville privilégiée où le musicien peut recevoir une véritable consécration. Bien que l'Opéra demeure la scène la plus difficile à atteindre, quelques-uns, à force d'obstination, parviennent à s'y faire jouer. Saint-Saëns aura ainsi attendu 22 ans que *Samson et Dalila* soit donné au Palais Garnier ! C'est à la IIIe République qu'est revenu le soin d'inaugurer ce nouveau « Palais », le 5 janvier 1875 (cf. 8.1, 12.1). Destiné aux plaisirs et aux fastes de la cour impériale, l'Opéra de Paris était peut-être anachronique après le changement de régime politique, mais il allait rapidement être investi du rôle que jouait la cour au temps de l'Empire et devenir le cœur de la vie mondaine et artistique de la nouvelle République.

Perspective du nouvel Opéra. Photothèque Hachette.

Lieu de représentation et de sociabilité, l'institution est un point de mire, et les événements qui jalonnent son fonctionnement quotidien, ainsi que les grandes manifestations fastueuses qui y sont organisées, nourrissent en abondance les colonnes des journaux. Chaque nouvelle nomination de directeur prend le tour d'un événement politique.

Les directions

Le directeur est nommé, par arrêté du ministre des Beaux-Arts, pour une période déterminée. Le candidat doit posséder une confortable fortune personnelle et un puissant réseau d'influence, car si l'Opéra reçoit chaque année une subvention publique de 800 000 F (c'est-à-dire plus de la moitié de la somme distribuée à l'ensemble des théâtres subventionnés), le directeur-entrepreneur est en réalité un homme d'affaires privé. Il est investi d'une charge officielle importante mais gère l'institution à ses risques et périls, doit en assurer la bonne marche administrative et financière, et être garant de la qualité artistique (cf. chap. 11). Le ministre et le directeur établissent et signent conjointement un cahier des charges codifiant très strictement les droits et devoirs du nouveau titulaire envers l'État. Le directeur reçoit un salaire auquel s'ajoutent des frais de voiture et une indemnité de logement. Il assume seul des charges multiples liées à l'organisation matérielle du théâtre (bâtiment, matériel d'exploitation, gestion financière), au domaine artistique (choix de ouvrages, créations, mises en scène...) et à la gestion du personnel technique et artistique de l'Opéra.

Le cahier des charges signé à l'ouverture du Palais Garnier modifie peu les conditions déjà en vigueur sous le Second Empire. L'Opéra doit être une scène d'exception, montant avec éclat des ouvrages lyriques et chorégraphiques dignes de faire partie du patrimoine artistique national, avec un luxe et une qualité qui le distinguent des autres salles françaises et étrangères, et dans le même temps assumer un statut de « musée de la musique[1] ». Pour la période allant de 1875 à 1900, cinq cahiers des charges sont signés (1879, 1884, 1891, 1893, 1900) (cf. 1.4). Si les cadres restent sensiblement les mêmes, on relève cependant une évolution concernant l'augmentation des appointements du directeur, le renforcement de la protection sociale du personnel et des artistes, et une ouverture de plus en plus marquée aux œuvres nouvelles, en privilégiant les auteurs français. On note aussi un assouplissement des genres représentés strictement définis en 1879 et 1884, du grand opéra au ballet-pantomime (cf. 21.4). En 1891 apparaît la possibilité de monter « toutes les sortes de drames lyriques ou de ballets, [...] exception faite des genres réservés à l'Opéra-Comique », et à partir de 1893, l'ouverture à « toutes les sortes de drames lyriques ou de ballets »[2], sans restriction. L'introduction d'œuvres étrangères est laissée à la libre appréciation du directeur. À partir de 1891, des spectacles à prix réduits sont organisés à l'intention d'un public plus populaire – cette dernière clause obligatoire ayant fait l'objet de nombreux débats à la chambre des députés et dans la presse. En 1892, on introduit une quatrième soirée d'abonnement afin d'offrir à un public nouveau une possibilité d'entrer dans ce cercle très fermé.

Directeur de l'Opéra en 1862 puis administrateur-entrepreneur à partir de 1866, Émile Perrin remet sa démission le 30 septembre 1870 à la chute de l'Empire. Il continue néanmoins de gérer l'établissement jusqu'au 9 mai 1871, date de sa révocation par la Commune, qui le remplace par le comédien Eugène Garnier. Le nouveau nommé tente sans succès de réquisitionner musiciens et chanteurs pour redonner *La Muette de Portici*, puis un grand concert pot-pourri avec quelques artistes de l'Opéra ; mais l'entrée des troupes versaillaises dans Paris le 21 mai 1871, la veille du spectacle prévu, met fin à son éphémère directorat. Hyacinthe-Olivier Halanzier-Dufresnoy est nommé par décret, le 1er novembre 1871, pour un mandat de huit ans[3]. Dans la nuit du 29 au 30 octobre 1873 la salle Le Peletier (siège de l'Opéra depuis 1821) est détruite par un incendie qui ravage 15 décors et 5200 costumes entreposés sur place. En attendant l'achèvement du nouveau bâtiment de Garnier, les représentations sont données pendant une année dans la salle Ventadour qu'occupe le Théâtre-Italien[4]. Le sort du Palais Garnier était resté incertain après le départ de Napoléon III. Le chantier était loin d'être terminé et pendant le siège de 1870, les lieux avaient servi de magasins à vivres ; puis ils avaient été utilisés comme avant-poste des troupes régulières lors de la Commune. Conçu comme un hommage à l'Empereur – les initiales du couple impérial dans des médaillons de marbre rose et vert subsistent encore sur la façade – le nouveau gouvernement républicain vota cependant des subventions pour l'achèvement du bâtiment. Le tribut de guerre à la Prusse pesait lourd dans le budget de l'État et retarda les travaux. Après l'incendie de la salle Le Peletier, Charles Garnier s'engagea à livrer le bâtiment au début de 1875, ce qui constituait un véritable défi. La presse livra une chronique très suivie de l'avancée du chantier, sujet de fierté pour le nouveau gouvernement qui le fit visiter à ses hôtes de marque.

C'est à Halanzier que revient le privilège d'inaugurer le Palais Garnier, le 5 janvier 1875, et d'y recevoir le maréchal Mac-Mahon, président de la République, et tout le gotha européen. Halanzier hérite d'une troupe d'une quarantaine d'artistes. Si une soixantaine d'ouvrages sont au répertoire, tout est à reconstruire car de nombreux décors ont disparu dans l'incendie de la salle Le Peletier, et ceux qui subsistent ne s'adaptent pas aux proportions gigantesques du Palais Garnier. En 1875, l'Opéra fonctionne avec les représentations de neuf ouvrages, les plus appréciés du public, dont les recettes assurent de confortables bénéfices : *La Juive*, *La Favorite*, *Guillaume Tell*, *Les Huguenots*, *Hamlet*, *Faust*, *Don Juan* et les ballets *La Source* et *Coppélia*. Le cahier des charges imposant de réaliser des décors neufs (ce qui est très onéreux) pour chaque création ou reprise, le directeur préfère limiter les risques et assurer ses recettes, plutôt que de représenter des nouveautés dont le succès n'est pas assuré. Si les qualités de gestionnaire d'Halanzier sont unanimement reconnues en revanche, en matière musicale, « le *flair* qu'il aurait pu avoir, à défaut de goût, lui faisait défaut[5] ». Après le fiasco de la *Jeanne d'Arc* d'Auguste Mermet, Halanzier a la main plus heureuse avec *Le Roi de Lahore* de Massenet, créé dans une mise en scène somptueuse avec des vedettes du chant de premier plan. En revanche, *Polyeucte* de Gounod, *La Reine Berthe* de Joncières, tout comme *L'Esclave* d'Edmond Membrée ne remportent qu'un succès très limité. Halanzier donne aussi les reprises d'*Erostrate* de Reyer et de *L'Africaine* de Meyerbeer. Malgré les frais considérables induits par l'adaptation de l'ancien répertoire à la nouvelle salle, le directorat d'Halanzier fait entrer l'Opéra dans une ère de prospérité qui restera inégalée. Outre de l'engouement pour le bâtiment, le directeur bénéficie aussi, en 1878, de l'afflux du public français et étranger venu à Paris pour visiter l'Exposition universelle – un public qu'il sait capter en organisant des représentations exceptionnelles. Il a aussi l'idée de donner des bals à bénéfice, qui vont lui assurer de confortables recettes, et des galas, durant lesquels sont interprétés des fragments variés d'œuvres appréciées du public, chantés par les vedettes de la troupe ou joués par des solistes renommés. Malgré des résultats spectaculaires, son mandat n'est pas renouvelé et s'achève le 14 juillet 1879. Il est accusé de s'être honteusement enrichi aux dépens de l'État, accusation dont il se défendra[6].

Les premières lyriques à l'Opéra entre 1871 et 1899

1871	*Érostrate* (16 oct.)	2a, J. Méry et É. Pacini / E. Reyer [Bade, 1862]
1873	*La Coupe du roi de Thulé* (10 janv.)	3a, L. Gallet et É. Blau / E. Diaz
1874	*L'Esclave* (17 juil.)	5a, E. Foussier et E. Got / É. Membrée
1876	*Jeanne d'Arc* (5 avr.)	4a, A. Mermet
1877	*Le Roi de Lahore* (27 avr.)	5a, L. Gallet / J. Massenet
1878	*Polyeucte* (7 oct.)	5a, J. Barbier et M. Carré / Ch. Gounod
1880	*Aïda* (22 mars)	4a, trad. C. Du Locle et Ch. Nuitter / G. Verdi [Le Caire]
1881	*Le Tribut de Zamora* (1er avr.)	4a A. D'Ennery et J. Brésil / Ch. Gounod
1882	*Françoise de Rimini* (14 avr.)	4a, J. Barbier et M. Carré / A. Thomas
1883	*Henry VIII* (5 mars)	4a, L. Détroyat et A. Silvestre / C. Saint-Saëns
1885	*Tabarin* (12 janv.)	2a, P. Ferrier / E. Pessard
	Rigoletto (27 fév.)	4a, trad. É. Duprez / G. Verdi [Venise, 1851]
	Sigurd (12 juin)	4a C. Du Locle et É. Blau / E. Reyer
	Le Cid (30 nov.)	4a, A. d'Ennery et L. Gallet / J. Massenet

1886	*Patrie* (20 déc.)	5a, V. Sardou et L. Gallet / É. Paladhile
1888	*La Dame de Monsoreau* (30 janv.)	4a, A. Maquet / G. Salvayre
	Roméo et Juliette (28 nov.)	4a, J. Barbier et M. Carré / Ch. Gounod [TL, 1867]
1890	*Ascanio* (21 mars)	5a, L. Gallet / C. Saint-Saëns
	Zaïre (28 mai)	2a, É. Blau / P. Véronge de la Nux
1891	*Le Mage* (16 mars)	5a, J. Richepin / J. Massenet
	Lohengrin (16 sept.)	3a, trad. Ch. Nuitter / R. Wagner [Weimar, 1850]
	Thamara (28 déc.)	2a, L. Gallet / L.-A. Bourgault-Ducoudray
1892	*Salammbô* (16 mai)	5a, C. Du Locle / E. Reyer [Bruxelles, 1890]
	Samson et Dalila (23 nov.)	3a, F. Lemaire / C. Saint-Saëns [Weimar, 1877]
	Stratonice (9 déc.)	1a, L. Gallet / A. Fournier
	L'Or du Rhin (6 mai)	trad. V. Wilder / R. Wagner [Munich, 1869]
	La Walkyrie (12 mai)	trad. V. Wilder / R. Wagner [Munich, 1870]
	Déidamie (15 sept.)	2a, É. Noël / H. Maréchal
	Gwendoline (27 déc.)	2a, C. Mendès / E. Chabrier [Bruxelles, 1886]
1894	*Thaïs* (16 mars)	3a, L. Gallet / J. Massenet
	Djelma (23 mai)	3a, Ch. Lomon / Ch. Lefebvre
	Othello (12 oct.)	4a, trad. A. Boito et C. Du Locle / G. Verdi [Milan, 1887]
1895	*La Montagne noire* (8 fév.)	4a, A. Holmès
	Frédégonde (18 déc.)	5a, L. Gallet / E. Guiraud, achevé par C. Saint-Saëns et P. Dukas
1896	*Hellé* (24 avr.)	4a, C. Du Locle et Ch. Nuitter / A. Duvernoy
1897	*Messidor* (19 fév.)	4a, É. Zola / A. Bruneau
	Les Maîtres chanteurs de Nüremberg (10 nov.)	3a, trad. A. Ernst / R. Wagner [Munich, 1868]
1898	*La Cloche du Rhin* (8 juin)	3a, G. Montorgueil et P.-B. Gheusi / M. Samuel Rousseau
	La Burgonde (23 déc.)	4a, É. Bergerat et C. Sainte-Croix / P. Vidal
1899	*Briséis* (8 mai)	3a inachevés, C. Mendès et E. Mikhaël / E. Chabrier [acte I] [Berlin, 1899]
	Joseph (26 mai)	3a, A. Duval / Méhul, récitatifs (A. Sylvestre / L.-A. Bourgault-Ducoudray) [OC, 1807]
	La Prise de Troie (15 nov.)	3a, H. Berlioz

Après un gestionnaire, c'est à un musicien que va échoir la direction de l'Opéra. Un nouveau cahier des charges est signé entre Auguste-Emmanuel Vaucorbeil et Jules Ferry le 14 février 1879. « Ce phénomène invraisemblable que tant d'hommes n'ont pas vu, même en rêve, cette chimère irréalisable, le théâtre de musique par excellence placé sous la direction d'un musicien, il m'est donné non seulement de le voir, mais de le célébrer en prose ! » C'est en ces termes que Saint-Saëns salue l'arrivée de Vaucorbeil dans *Le Voltaire* du 18 juillet 1879. Il faut dire que les attentes des artistes à son endroit sont nombreuses. Mais le manque d'autorité et les piètres qualités de gestionnaire du nouveau directeur vont pourtant vite décevoir. Il ne bénéficie plus des mêmes conditions que son prédécesseur : le Palais Garnier suscite moins la curiosité, les grandes reprises du répertoire ont déjà été remontées et les frais d'entretien et de dépenses courantes du bâtiment s'avèrent démesurés ; de plus, les cachets exigés par les chanteurs ne cessent d'augmenter, creusant des déficits très importants. Vaucorbeil décède brutalement, en cours de mandat, le 2 novembre 1884. La presse ne manque pas de relever que la difficile gestion de l'Opéra et les déboires accumulés ont bien certainement hâté sa fin. Elle met en cause « les exigences des artistes du chant, l'égoïste indifférence du public » et la soumission du directeur à « un cahier des charges léonin, absurde et contradictoire, dont les clauses sont exécutoires sous peine de déchéance, et inexécutables sous peine de ruine »[7]. Cette direction courte est pourtant marquée par quelques événements d'importance, à commencer par la première tant attendue d'*Aïda*, le 22 mars 1880, sous la direction de Verdi lui-même (cf. 9.2). L'œuvre obtient un succès indéniable et atteint sa 100e dès 1884. Vaucorbeil remonte également *Sapho* de Gounod et *Le Comte Ory* de Rossini. Une volonté d'ouverture du répertoire aux compositeurs français contemporains se dessine avec plusieurs créations : *Le Tribut de Zamora* de Gounod, *Françoise de Rimini* d'Ambroise Thomas, *Henry VIII* de Saint-Saëns. En matière de gestion de personnel, Vaucorbeil s'est penché sur l'amélioration des conditions de travail et la création d'une caisse de retraite ; il a tenté de remettre de la discipline dans le fonctionnement des chœurs et de l'orchestre en préconisant un système d'astreinte aux répétitions et de sanctions pour les absences injustifiées. Des innovations techniques sont aussi à mettre à son crédit : les premières tentatives d'installation du théâtrophone en 1881 et l'éclairage de la salle à la lumière électrique en 1884.

Le 25 novembre 1884, le ministre Armand Fallières agrée une nouvelle direction, formée cette fois d'un administrateur et d'un artiste. Eugène Ritt, homme d'affaires avisé et fortuné, qui s'est déjà fait remarquer pour ses qualités de gestionnaire lors d'un précédent mandat à l'Opéra-Comique, est associé à Pierre (dit Pedro) Gailhard, baryton-basse d'origine toulousaine dont la brillante carrière a débuté à l'Opéra-Comique en 1867 et qui peut compter sur les soutiens influents du réseau des Gascons de Paris. « Très brun, très brusque, très actif, très exubérant[8] », Pedro Gailhard reste en poste bien plus longtemps que ses prédécesseurs et associés (jusqu'en 1907, avec une seule année d'interruption) et marque fortement la destinée du Palais Garnier. Les nouveaux directeurs vont réaliser de considérables économies grâce au réaménagement du cahier des charges qui les autorise à réutiliser les anciens décors. En contrepartie, ils s'engagent à donner dans l'année douze représentations populaires à tarif réduit. Parmi les premières créations significatives figurent *Le Cid* de Massenet, *Patrie* de Paladilhe, *La Dame de Montsoreau* de Salvayre, *Ascanio* de Saint-Saëns, *Le Mage* de Massenet. Des ouvrages remarquables tels *Sigurd* de Reyer et *Roméo et Juliette* de Gounod, avaient déjà fait leur chemin sur d'autres scènes que celle du Palais Garnier. C'est à la ténacité des directeurs que l'on doit la première représentation de *Lohengrin* au Palais Garnier en 1891 (cf. 9.5). Le mandat des deux directeurs prend fin le 31 décembre 1891.

Rompu à la direction de théâtres et doté d'une solide fortune personnelle, Eugène Bertrand est choisi pour leur succéder. Il est aussi nommé sur son programme de « démocratisation » de l'Opéra, qui propose une ouverture plus large à d'autres catégories de public par le biais d'offres de places à prix réduits et de concerts organisés en journée. C'est une revendication récurrente, portée par la voix des députés à la Chambre pour justifier le montant élevé de la subvention allouée à la première scène parisienne. En 1892 sont présentés *Salammbô* de Reyer (l'œuvre a été créée à La Monnaie en 1890) et *Samson et Dalila* de Saint-Saëns qui restera le chef-d'œuvre du compositeur, éclipsant ses autres ouvrages. Créé à Weimar en 1877 mais refusé par les précédents directeurs mal disposés envers un ouvrage « dont le sujet biblique effarouchait les amateurs d'opéra avant qu'ils en connaissent une note[9] », envers un librettiste inconnu, un premier rôle dévolu à un contralto et une déclamation continue, *Samson et Dalila* a connu le succès sur d'autres scènes, en province et à l'étranger, avant de faire son entrée à l'Opéra[10]. La gestion d'Eugène Bertrand s'avère cependant désastreuse et le ministère rappelle Pedro Gailhard à ses côtés pour « sauver l'Opéra ».

La Walkyrie est donné en version française dès le début du nouveau mandat, suivie d'autres productions des ouvrages de Wagner que Gailhard a à cœur de présenter (cf. 9.5). Mais le 6 janvier 1894, l'entrepôt de l'Opéra situé rue Richer dans le 9e arrondissement est la proie d'un violent incendie qui détruit la totalité des décors des œuvres au répertoire. Seuls subsistent ceux des spectacles en cours de représentation au Palais Garnier : *Faust*, *Les Huguenots*, *Gwendoline* de Chabrier, *Thaïs* de Massenet alors en préparation, deux ballets ainsi que les décors d'ouvrages sortis du répertoire entreposés dans un autre magasin : *La Muette de Portici*, *Le Roi de Lahore* et *Le Tribut de Zamora*. La presse s'indigne de l'irresponsabilité de l'administration et de l'absence de mesure de sécurité préventive alors que la vétusté des magasins et les piètres conditions de conservation et de transport avaient déjà été dénoncées. Les décors devant être reconstruits aux frais des directeurs, ceux-ci vont privilégier ceux des ouvrages rentables et faire ainsi disparaître certains titres du répertoire ; c'est le cas par exemple d'*Ascanio* de Saint-Saëns (qui devra attendre sa reprise en 1921), mais aussi de *La Juive* ou de *Robert le Diable* qui semblent moins en faveur. Le mandat de Bertrand et Gailhard est marqué par quelques créations d'importance : *Thaïs* de Massenet le 16 mars 1894, *Othello* de Verdi, dont la création française est honorée de la présence du compositeur, le 10 octobre 1894, mais aussi par quelques tentatives audacieuses, telles la création de *La Montagne noire* d'Augusta Holmès, de *Frédégonde* de Guiraud, achevé par Saint-Saëns et Dukas, ou de *Messidor* d'Alfred Bruneau, œuvre qui bénéficie d'un livret en prose écrit par Zola lui-même et consolide le naturalisme lyrique et son nouage au wagnérisme (cf. 9.6). Des concerts, destinés à faire connaître les œuvres de jeunes compositeurs et à exhumer celles de maîtres anciens, sont organisés, mais malgré la haute qualité de la programmation et les efforts consentis par les directeurs, ils restent fortement déficitaires.

C'est le directorat de Pedro Gailhard seul, de 1899 à 1907, qui clôt ce quart de siècle. La gestion financière de l'institution est toujours en équilibre très précaire, mais Gailhard sait maintenir au mieux une situation acceptable pour l'État et ses propres intérêts. Cette période est aussi marquée par la vitalité du ballet, incarné par des auteurs comme Delibes, Lalo ou Messager et des maîtres de ballets, tels Louis Mérante auquel succède Joseph Hansen en 1888, qui dirigent une troupe composée de près d'une centaine de danseurs. Les ouvrages lyriques sont encore conçus avec un ballet afin de mettre en valeur les danseurs et d'offrir aux spectateurs un divertissement dans le cours d'une action dramatique parfois tendue. C'est aussi le temps des grandes étoiles du chant que l'institution tente de s'attacher pour rehausser le prestige de ses représentations, souvent à des tarifs exorbitants qui font l'objet de bien des critiques. Gabrielle Krauss gagne 12 500 F or par mois en 1878, alors qu'un musicien ne touche que 300 F or par mois pour 234 services par an[11].

Le public, le répertoire et les créations

La satisfaction du public est un critère déterminant que les compositeurs doivent intégrer à l'élaboration d'une œuvre nouvelle s'ils veulent avoir une chance de la voir produite, acceptée, et passée au répertoire. La correspondance des musiciens et des librettistes fourmille de détails de tractations avec les directeurs visant une production qui puisse concilier efficacité et ambition artistique. Le succès d'une œuvre dépend aussi de l'attitude de la claque (cf. 12.4) mais davantage encore de la presse, tout particulièrement en cette fin de siècle où l'inflation des journaux et des chiffres de tirage donnent une grande visibilité aux chroniques des spectacles où l'Opéra de Paris figure en place de choix. L'Opéra est une entreprise vulnérable qui fonctionne à flux tendu. Le moindre événement se répercute immédiatement sur les recettes. Si certains facteurs sont favorables, telles les expositions universelles qui attirent en masse le public à Paris, d'autres en revanche contribuent à alourdir le déficit chronique de l'institution – citons par exemple l'insuccès d'œuvres nouvelles, les conséquences des épidémies de choléra en 1884 et de grippe en 1890, l'incendie du magasin de décors en 1894, l'incendie du bazar de la Charité en 1897 et la période de deuil qui s'ensuivit.

L'édification du Palais Garnier a semblé ouvrir une nouvelle ère. Les attentes du monde musical sont grandes, et Saint-Saëns qui s'en fait l'écho redoute que la nouvelle salle ne soit qu'un « temple élevé à l'Architecture, à la Sculpture, à la Peinture et à la Décoration ». Infatigable défenseur de la création, il ajoute : « On ne voit pas qu'à ce nouveau théâtre il ne faut pas seulement de nouveaux décors et une nouvelle mise en scène, mais avant tout des ouvrages nouveaux[12]. » Le grand opéra perdure à l'Académie nationale de musique jusqu'à la fin du siècle, servi par un cahier des charges privilégiant le répertoire et par l'idée que ce genre est indissociable de la première scène lyrique. Le public lui reste fidèle, comme en témoigne le succès non démenti des ouvrages de Meyerbeer. *Henry VIII* de Saint-Saëns, *Le Cid* de Massenet, ou *Patrie* de Paladilhe seront parmi les derniers représentants du genre (cf. 21.4). L'opéra historique est toujours en vedette et fournit le prétexte à de fastueuses mises en scène (*Henry VIII*, *Aïda*, *Ascanio*). La conception des décors et la composition des costumes sont confiées à des peintres et dessinateurs, tels Auguste Rubé, Eugène Lacoste, Jean-Baptiste Lavastre, Philippe Chaperon, Charles Bianchini, qui s'entourent de spécialistes et d'historiens. Le nombre de figurants, de choristes, la richesse des costumes et des décors participent de ces spectacles où rien n'est négligé pour servir le goût de l'exotisme et l'exactitude des reconstitutions. Le public reste très attaché au moule traditionnel de l'ouvrage lyrique découpé en numéros, et le mouvement qui tend vers la déclamation continue, en gommant la distinction entre airs et récitatifs, est souvent mal perçu, malgré l'influence de plus en plus perceptible du wagnérisme (cf. 9.6). C'est la critique majeure que l'on fera à *Henry VIII* dont la partition est reçue comme une symphonie continue à l'orchestre, qui fatigue l'oreille de l'auditeur par trop de modulations et ne permet pas aux chanteurs de briller par des airs sur mesure. Un ouvrage lyrique est fait avant tout pour divertir, pour émouvoir et pour mettre en valeur les vedettes du chant et du ballet ; le rôle de l'orchestre, quoi qu'on en dise, est le plus souvent relégué au second plan. Les ouvrages de Gounod ou de Massenet favorisent l'introduction sur scène d'un registre où percent davantage d'intimité et de réalisme ; ils contribuent ainsi à faire progressivement évoluer la déclamation et le genre lui-même. Bien que devant être avant tout un musée, un conservatoire des œuvres élevées au rang de patrimoine national, l'Académie nationale de musique est aussi un lieu de création ; tout l'art des directeurs est de savoir concilier ces deux pôles de tensions contradictoires : jouer toujours les mêmes œuvres avec un succès assuré auprès du public, ou bien proposer des nouveautés en prenant le risque de ne rencontrer ni l'adhésion de la critique ni celle du public et donc de voir les recettes s'effondrer. Les anciens succès perdurent cependant jusqu'à la fin du siècle et le genre de l'opéra illustré au Palais Garnier ne traduit ni l'audace ni la nouveauté. La lente introduction des œuvres de Wagner vient sensiblement modifier le goût et les perceptions du public et contribuer à ouvrir d'autres perspectives aux compositeurs. La Monnaie de Bruxelles fait preuve de plus d'audace dans ses choix artistiques et assume bien des créations refusées à Paris (cf. 15.1). Et c'est à l'Opéra-Comique que sont créées les œuvres les plus marquantes de la période, comme *Carmen* et *Manon*, ou plus tard *Louise* et *Pelléas*.

10.2 L'Opéra-Comique et la jeune école (1870-1897)
Lesley A. Wright

Les sources du changement

À la fin du XIXe siècle, l'Opéra-Comique commence à présenter des œuvres entièrement chantées avec des intrigues plus graves (drames lyriques), des harmonies plus complexes et un orchestre plus actif : le « moule de l'opéra-comique en usage depuis plus d'un siècle éclate[1] » (cf. 21.5). Dès le Second Empire, une forme de « grand opéra-comique » a bouleversé les dimensions des œuvres et contribué à donner un corps musical plus important au genre (cf. 8.2). Néanmoins, de nouveaux ouvrages relativement légers voient encore le jour à l'Opéra-Comique et « certains de ses personnages dits secondaires offrent aux personnages principaux, tournés vers le drame, la contrepartie de la joie, de la candeur ou de la légèreté, telles Micaëla dans *Carmen* ou Sophie dans *Werther*[2] ». Avant 1870, les œuvres traduites étaient rarement autorisées à l'Opéra-Comique ; après 1870, leur présence accrue contribua à conditionner l'horizon d'attente du public et à modifier la perception de l'opéra-comique. L'ancien répertoire du Théâtre-Lyrique devient la source de plusieurs de ces transferts d'ouvrages étrangers : *Les Noces de Figaro* (TL, 1858 ; OC, 1872), *La Flûte enchantée* (TL, 1865 ; OC, 1879) et *Don Juan* (TL, 1866 ; OC, 1896) de Mozart ; *Le Barbier de Séville* (TL, 1851 ; OC, 1884) de Rossini ; *La Traviata* (*Violetta*, TL, 1864 ; OC, 1886) de Verdi. À la fin du siècle, d'autres traductions compléteront cette liste : *Cavalleria rusticana* (OC, 1892) de Mascagni, *Falstaff* (OC, 1894) de Verdi, *Don Pasquale* (TI 1843 ; TL, 1864 ; OC, 1896) de Donizetti et *Le Vaisseau fantôme* (OC, 1897) de Wagner.

Dans cette évolution du genre « éminemment national » (cf. 21.6) et du répertoire de l'institution, les compositeurs et librettistes, les directeurs de l'Opéra-Comique, l'État à travers les subventions et le cahier des charges, la puissante Société des Auteurs et Compositeurs Dramatiques (SACD) à travers le contrôle du répertoire, la presse et le public sont également des acteurs importants. L'élargissement stylistique et dramatique s'accélère avec l'arrivée de la « jeune école », un groupe important et talentueux de compositeurs français nés vers 1835-1850 et désigné ainsi par la presse. Après 1870, l'Opéra-Comique s'approprie également le répertoire de l'ancien Théâtre-Lyrique, dont *Roméo et Juliette* (TL, 1867 ; OC, 1873) et *Mireille* (TL, 1864 ; OC, 1874) de Gounod, mais aussi *Bonsoir Voisin* (TL, 1853 ; OC, 1872) de Poise, *Maître Wolfram* (TL, 1854 ; OC, 1873) de Reyer, *Les Troyens* de Berlioz (TL, 1863 ; OC, 1890), *Les Pêcheurs de perles* de Bizet (TL, 1863 ; OC, 1893) et autres. Interprété avec l'autorisation spéciale du ministre des Beaux-Arts, *Roméo et Juliette* est la première œuvre sans dialogues parlés jouée à l'Opéra-Comique (cf. 21.5). Dès décembre 1872, la Commission de la SACD discutait d'une proposition visant à autoriser le récitatif à l'Opéra-Comique ; bien qu'ardemment soutenue par Victorin Joncières, elle fut rejetée car le changement était « non seulement une modification, mais une transformation complète du genre particulier de l'Opéra-Comique[3] ». L'idée d'une musique continue refait surface en juin 1881 lorsque Léon Carvalho, directeur de l'Opéra-Comique, en discute avec l'administration des Beaux-Arts[4]. Plus tard dans l'année, alors qu'il soulève à nouveau la question auprès de la Commission de la SACD, il souligne que « plusieurs compositeurs se refusent à écrire pour le théâtre de l'Opéra-Comique en raison de la restriction[5] ». Le 3 mars 1882, la SACD permet enfin à l'Opéra-Comique d'évoluer. Vers 1885, à la consternation de certains, le théâtre joue, pour l'essentiel, le rôle qu'avait tenu le Théâtre-Lyrique sous le Second Empire.

Bien que les drames lyriques soient désormais autorisés, le répertoire antérieur continue à faire de l'argent. Avec leurs thèmes axés sur la famille, leurs textures dominées par la mélodie et leurs fins heureuses, les œuvres de Boieldieu, Herold, Adam, Auber, Thomas et autres sont particulièrement adaptées aux familles bourgeoises fréquentant les matinées. De plus, des auteurs continuent à écrire des opéras-comiques dans la veine traditionnelle, comme l'étudiant d'Adam, Ferdinand Poise : *Bonsoir voisin !* (TL, 1853 ; OC, 1872), *Les Trois Souhaits* (1873), *La Surprise de l'amour* (1877), *L'Amour médecin* (1880), *Joli Gilles* (1884)[6]. Malgré de nouvelles partitions comme celles-là, « l'âge de l'ensemble du répertoire continua de s'élever, passant de 30 ans en 1863 à 35 ans en 1880 et à 37 ans en 1893[7] ».

Au cours des trois dernières décennies du XIXe siècle, les directeurs sont obligés de présenter dix nouveaux actes par année, sans compter les traductions ; et jusqu'au milieu des années 1880, trois d'entre eux doivent être des actes uniques, destinés à offrir aux jeunes compositeurs français l'occasion de faire leurs débuts. Cependant, à mesure que ces compositeurs se tournent vers des œuvres intégralement chantées, l'envie d'écrire un seul acte diminue ainsi que le nombre d'actes uniques réclamés par les cahiers des charges. Bien qu'ils aient le pouvoir de façonner le répertoire et de le faire évoluer, les directeurs jouent souvent leur rôle d'administrateur et de gardien de la culture française. De 1870 à 1897, s'enchaînent à la tête de l'Opéra-Comique : Adolphe de Leuven et Camille Du Locle (1870-1874) ; Du Locle seul (1874-1876) ; Émile Perrin comme intérimaire (mars-août 1876) ; Carvalho (1re période, 1876-1887) ; Jules Barbier, intérimaire après l'incendie de la salle (1887) ; Louis Paravey

(1888-1891) ; Carvalho (2ᵉ période, 1891-1897)[8]. Pour respecter leurs cahiers des charges et leurs contrats avec la SACD, pour maintenir leur solvabilité en attirant le public, ils doivent identifier les compositeurs dans lesquels investir. Entre 1870 et 1897 ces directeurs sélectionnent des membres de la jeune école pour une vingtaine de premières. Dans un article justement consacré à cette idée de « jeune école » (*Mén.*, 16 juin 1878), Arthur Pougin cite Bizet, Delibes, Guiraud, Joncières, Massenet, Paladilhe, Saint-Saëns et Gaston Salvayre. S'il avait eu le don de la prévoyance, il aurait dû nommer Chabrier au lieu de Salvayre, dont l'*Egmont* (1886) ne réalise que 13 représentations. Bien que *Le Roi malgré lui* (1887) de Chabrier n'obtient pas plus de représentations qu'*Egmont* à ses débuts, il demeure l'une des œuvres comiques les plus remarquables de la décennie. Eugène Diaz, Benjamin Godard, Charles Lenepveu, Henri Maréchal et d'autres font également partie des compositeurs de cette génération joués à l'Opéra-Comique. Mais c'est Bizet, Delibes et Massenet qui écrivent certains des succès les plus durables de ces décennies, avec deux membres de la génération précédente, Offenbach et Lalo.

La direction de Camille Du Locle

En 1869, dès que Du Locle commence son association avec Leuven, il contacte les figures marquantes de la jeune école, car il cherche à remplacer le répertoire aimé de son partenaire et d'une grande partie du public de l'Opéra-Comique par « des œuvres châtiées et savantes », et à « renouveler les formules de l'opéra-comique français »[9]. Bizet est prêt à l'aider, ravi d'essayer de changer le genre de l'Opéra-Comique. Du Locle est un jeune librettiste et poète talentueux qui a assisté son oncle par alliance Émile Perrin à l'Opéra dans les années 1860 ; mais son partenaire (Leuven), plus âgé de trente ans et librettiste prolifique qui a écrit *Le Postillon de Lonjumeau* (OC, 1836) d'Adam, a une sensibilité d'une autre époque. Leurs goûts sont notoirement incompatibles. Ludovic Halévy avancera que le directeur âgé a démissionné en 1874 parce qu'il était horrifié à l'idée de voir *Carmen* sur sa scène ! Du Locle a raison : au début des années 1870, il est temps d'ouvrir les portes de l'Opéra-Comique à une génération plus jeune – Auber est mort en 1871, et Gounod et Thomas sont inactifs. Mais sur dix œuvres nouvelles de Bizet, Delibes, Guiraud, Massenet, Paladilhe, Saint-Saëns, Lenepveu et Maréchal créées entre 1872 et 1876, seulement quatre vont atteindre 40 représentations ou plus (*Le roi l'a dit*, *Carmen*, *Piccolino* et *Les Amoureux de Catherine*). Du Locle choisit les bonnes personnes, mais la plupart d'entre elles vont écrire leurs opéras les plus importants plus tard dans leur carrière. Sa « campagne » débute en 1872 avec des ouvrages en un acte de Paladilhe (*Le Passant*), Bizet (*Djamileh*) et Saint-Saëns (*La Princesse jaune*). Ni la rêverie nostalgique de Paladilhe, ni le pentatonisme et les sonorités colorées de Saint-Saëns, ni l'intensité émotionnelle et le chromatisme de Bizet n'obtiennent l'approbation du public[10]. Joncières fait dans *La Liberté*

(27 mai 1872) l'éloge de la partition de Bizet « sans concession d'aucune sorte, ne s'adressant qu'aux véritables connaisseurs ». Plus tard dans l'année, *Don César de Bazan* de Massenet, œuvre mélodieuse avec des touches espagnoles séduisantes, ne parvient pas non plus à attirer le public. En revanche, *Le roi l'a dit* de Delibes (1873)[11] est salué pour ses qualités françaises de grâce, de clarté et de charme, ainsi que pour sa conformité au genre, comme le relève Benoît Jouvin dans *La Presse* (27 mai 1873) : « Bien loin de s'être proposé d'agrandir le genre de l'opéra-comique et d'afficher l'ambition de le dépayser en l'élevant jusqu'à l'opéra, M. Léo Delibes a écrit sa partition avec l'intention très accusée de rester au théâtre où l'appelait son collaborateur [le librettiste Edmond Gondinet]. » *Le Florentin* (1874) de Charles Lenepveu, gagnant du concours que le gouvernement a lancé en 1867, s'ajoute à la liste croissante des échecs.

Alors que *Carmen* s'apprête à entrer en répétitions en septembre 1874, il devient de plus en plus urgent de stabiliser les finances de l'institution. La partition exigeante de Bizet nécessite des répétitions prolongées et un plus grand nombre de choristes féminines. Du Locle s'efforce de créer une belle production. Lors de la première, le 3 mars 1875, les chants de Carmen (dans des numéros comme la Habanera ou le Trio des cartes) et la brillante orchestration sont appréciés. Les critiques félicitent également Bizet de s'être éloigné des harmonies « wagnériennes » de *Djamileh*[12]. Mais ce soir-là, le public se « refroidit » au fur et à mesure que l'ouvrage évolue des scènes légères de l'acte I à un drame de plus en plus intense et à l'émotion tragique du duo final. Une partie des critiques fustigent un livret « scabreux ». Sans l'effet de distanciation de l'élégante narration de Mérimée, *Carmen* sur scène (interprétée par la grande comédienne chantante Célestine Galli-Marié[13]) devient menaçante : sa sensualité mature qui séduit et ruine un jeune soldat aurait éventuellement pu passer dans un théâtre de boulevard, mais pas à l'Opéra-Comique en 1875. Malgré une couverture médiatique généralement tiède, l'œuvre comptabilise 33 représentations avant la mort de Bizet, le 3 juin, et continue à être jouée jusqu'en 1876, mais sans parvenir à remplir la salle. La création suivante, *L'Amour africain* de Paladilhe, n'a que six représentations en mai 1875. En mars 1876, le mauvais état de santé de Du Locle le conduit à faire appel à son oncle. Au cours des trois mois suivants, Perrin supervise deux nouvelles œuvres, qui se révèlent proches des normes du genre : en avril, *Piccolino* de Guiraud, qui lui vaut d'être salué comme un Auber moderne ; en mai, *Les Amoureux de Catherine*, charmante pièce en un acte de Maréchal, qui trouve lui aussi la faveur du public et reste au répertoire de la maison une quinzaine d'années. Début juin, cependant, l'Opéra-Comique ferme abruptement pour l'été. Sa situation désastreuse est imputée à la hâte de Du Locle de modifier le répertoire[14].

La première direction Carvalho

Lorsque Carvalho prend la direction de l'Opéra-Comique en août 1876, il ne trouve que des murs vides : « Plus de répertoire. Aucun ouvrage reçu. Pas de troupe, pas d'orchestre, pas de chœurs. Les partitions, même celle de *La Dame blanche*, manquaient[15]. » Autoritaire, imaginatif, exaspérant et charmant, il bénéficie d'une expérience importante, notamment à la tête du Théâtre-Lyrique (cf. 8.3). Par ailleurs, metteur en scène brillant, mais notoirement interventionniste, il estime que les jeunes compositeurs doivent s'adapter aux traditions de l'Opéra-Comique et à son genre « qui exige, avant tout, la clarté, la netteté, la limpidité de forme » (*Le Matin*, 7 mars 1891). Pour commencer la reconstruction de l'institution en 1876-1877, Carvalho programme des pièces du répertoire et se tourne vers Gounod. Après une disparition de dix ans des théâtres, une nouvelle œuvre de ce maître reconnu serait vendable comme événement. Bien que *Cinq-Mars*, « drame lyrique » créé en avril 1877, soit jugé inapproprié à l'institution par certains critiques, il obtient d'importantes recettes, surtout lorsque Gounod le dirige lui-même. Après 57 représentations au cours des neuf mois suivants, il disparaît de l'affiche. Comme les coffres de la maison se reconstituent, Carvalho peut se tourner vers la jeune école. En décembre 1878, il présente *Suzanne* de Paladilhe, « véritable opéra-comique, écrit Jonciéres (*La Liberté*, 6 jan. 1879), ne s'écartant jamais des règles du genre, effleurant légèrement les sentiments pathétiques ». L'œuvre totalise une trentaine de représentations. Même si, en mars 1880, les critiques sont perplexes devant la juxtaposition du comique et du sérieux dans *Jean de Nivelle*[16] – certains se montrent consternés par le choix de Delibes de s'éloigner de la grâce du *Roi l'a dit* –, l'ouvrage atteint 102 représentations. La partition disparaît après cette brillante série, mais Carvalho peut proclamer qu'une œuvre vient d'atteindre sans interruption sa 100e représentation à l'Opéra-Comique pour la première fois depuis *Mignon* en 1867. Le succès de *Jean de Nivelle* ne se répète pas en province, ni à l'étranger, et l'on va prétendre que cet exploit a été « fabriqué par la réclame de [l'éditeur] Heugel, et la centième certainement atteinte en vertu d'une clause secrète de contrat passé entre les auteurs, l'éditeur et le directeur de l'Opéra-Comique[17] ».

La transformation progressive du répertoire se poursuit dans les années 1880. Avant l'arrivée de trois œuvres marquantes de la jeune école en 1883 et 1884, l'Opéra-Comique vit son « moment Offenbach », avec la création posthume, le 10 février 1881, des *Contes d'Hoffmann*. Carvalho impose deux jeunes étoiles montantes (Jean-Alexandre Talazac et Adèle Isaac) et exige d'Offenbach, alors qu'il ne lui reste que quelques mois à vivre, qu'il transpose le rôle principal du baryton au ténor, revoie les quatre rôles féminins et fasse d'autres révisions et coupures. Après la mort du compositeur en octobre 1880, son fils invite Guiraud à achever l'orchestration. Peu avant la première, Carvalho consulte son ami Joncières, et décide d'amputer l'acte vénitien, malgré les vives protestations du librettiste Jules Barbier et du ténor Talazac[18]. Le résultat est un opéra réduit à trois actes, très différent du projet initial du compositeur, d'un genre mixte, fantaisiste et mélodieux, mais aussi fantastique et inquiétant. Certains de ses airs (Chanson de la poupée ; « Elle a fui, la tourterelle ») contribuent à sa popularité. Il devient rapidement la deuxième œuvre à atteindre 100 représentations sous la direction de Carvalho, le 15 décembre 1881.

Avril 1883 est un mois record, avec la première de *Lakmé* et, exactement une semaine plus tard, la reprise très attendue de *Carmen*. L'œuvre de Delibes, sur la rencontre malheureuse d'un héros européen et d'une héroïne non occidentale, est la première à traiter de la colonisation telle qu'elle se pose aux Européens en 1880[19] (cf. 17.5). Si le camp wagnérien juge son exotisme banal, d'autres trouvent dans ses belles mélodies et ses sages harmonies une forme de résistance à l'invasion wagnérienne (cf. 9.6). Le public est séduit par le charme de numéros comme le duo Lakmé / Mallika et l'Air des clochettes. Malgré de fortes recettes, des problèmes de distribution interrompent le déroulement des représentations avant que *Lakmé* ne soit retiré du calendrier en mai 1886, après sa 99e représentation.

Bien qu'il ait éprouvé un dégoût personnel pour l'œuvre, Carvalho met finalement en scène *Carmen*. Comme le public, il est conscient de son entrée au répertoire des opéras du monde entier[20]. Se souvenant de la première, il choisit pour le rôle-titre, une Carmen édulcorée et adoucit la mise en scène. Se faisant, il s'incline aussi devant la pression de la veuve de Bizet et de sa famille, qui voulaient qu'il mette l'accent sur les valeurs musicales plutôt que dramatiques. Pour une fois, Carvalho fait une erreur de calcul : les critiques rejettent la représentation pâle et mal répétée. La partition est saluée comme réaliste et humaine, non pas « scientifique » ou chargée de traits wagnériens, mais essentiellement française et mélodieuse. Le public afflue en masse au théâtre et Carvalho s'empresse de refaire une véritable reprise en octobre avec Galli-Marié dans le rôle-titre[21] ; elle y reste jusqu'à la fin de l'année et *Carmen* atteint sa 100e représentation (22 déc. 1883). *Manon* est créé en janvier 1884, peu de temps après le retour triomphal de Galli-Marié. Massenet a trouvé ici un sujet parfait pour son aptitude à la représentation des émotions et l'a combiné avec une structure musico-dramatique modernisée qui offre une alternative au modèle wagnérien[22] (cf. 10.6).

De 1882 à 1886, aucune autre nouvelle œuvre des maîtres de la jeune école n'atteint les 20 représentations. En mars 1887, la partition sophistiquée de *Proserpine* ne réussit pas mieux. Le drame lyrique en quatre actes de Saint-Saëns n'a que dix représentations. Étienne Destranges compare son destin à celui de *Carmen* et attribue son échec à un « théâtre où de misérables productions, comme *Mignon* et *Les Dragons de Villars*, sont encore en honneur[23] ». Saint-Saëns, lui, condamne la programmation excessive de *La Traviata* par Carvalho, qui souhaite obtenir les droits de représentation d'*Otello*[24]. Autre œuvre de qualité à échouer sur la scène de l'Opéra-Comique en 1887, *Le Roi malgré lui* déconcerte les contemporains de Chabrier le 18 mai, avec ses vifs contrastes de caractères et ses harmonies avancées qui vont impressionner Ravel, parmi d'autres[25].

De l'incendie de la salle Favart à la seconde direction Carvalho

Une semaine plus tard, le 25 mai 1887, un incendie meurtrier, survenu lors d'une représentation de *Mignon*, détruit la deuxième salle Favart et l'essentiel du matériel et des décors pour *Proserpine* et *Le Roi malgré lui*. Carvalho se retire en octobre et Barbier devient administrateur provisoire. Déclaré coupable en décembre 1887, Carvalho est innocenté en mars 1888, mais le gouvernement a déjà nommé un nouveau directeur le 1er janvier 1888. La SACD a déjoué la candidature de Barbier, notant qu'en tant que librettiste, il aurait été impliqué dans la programmation de ses propres œuvres[26]... Confrontés à l'hypothèse d'un déficit important et au transfert pour une durée indéterminée de l'Opéra-Comique dans des locaux provisoires, les candidats sont peu nombreux. Louis Paravey est choisi bien qu'il ait relativement peu d'expérience et un soutien financier limité. Son mandat de directeur commence avec bonheur en mai 1888 par la création du *Roi d'Ys* de Lalo, imposé comme condition de sa nomination[27]... Cette partition éclectique, basée sur une légende bretonne et la thématique de la rédemption, mêlant des airs folkloriques et des numéros

Tinayre et Gérardin, « L'incendie de l'Opéra-Comique », dessin « d'après les croquis de Charles Morel, témoin oculaire », *Le Monde illustré*, supplément au n° du 28 mai 1887, p. 360-361.

aux formes claires, est reçu à la fois comme un opéra national et un antidote à Wagner[28]. Le 24 mai 1889, il en est déjà à sa 100ᵉ représentation. Ce même mois, à l'occasion de l'Exposition universelle, Paravey met en scène une somptueuse production d'*Esclarmonde* de Massenet qui atteint sa 100ᵉ le 6 février 1890. Ces deux succès, ainsi que *La Basoche* (1890) d'André Messager, accueilli comme un retour à l'opéra-comique plus traditionnel, portent un certain temps la direction de Paravey, mais des problèmes administratifs majeurs vont apparaître. De nouvelles œuvres coûteuses échouent : *Dante* de Godard en 1890 (11 représentations) et *Benvenuto* de Diaz en 1890 (10). L'opéra en cinq actes de Joncières, *Dimitri* (TNL, 1876), ne fait guère mieux en 1890 (19). En février 1891, un commissaire du gouvernement examine la situation. Paravey démissionne, ruiné.

Au soulagement général, Carvalho reprend la direction de l'Opéra-Comique en mars 1891. Il programme *Lakmé* pour une reprise que Delibes a négociée avec Paravey. *Lakmé* a toujours permis de vendre des billets. Le 6 mai 1891, Carvalho peut annoncer une 100ᵉ. Il entame également son second mandat en commandant une nouvelle œuvre à un membre de la « nouvelle école » : Alfred Bruneau (de vingt ans plus jeune que Bizet). Opéra naturaliste, *Le Rêve* « rompt avec les traditions de l'opéra-comique et préfigure la révolution à venir de *Pelléas*[29] ». Il n'atteint qu'une vingtaine de représentations après sa création en juin 1891 ; la presse constate que ce drame lyrique « porte atteinte au genre "éminemment national" pour la plus grande joie des uns et au désespoir des autres[30] ». Pour renflouer les caisses, Carvalho revient à un chef-d'œuvre de la jeune école et reprend *Manon*, qui fête sa 100ᵉ en novembre 1891. Au début de 1893, il se tourne de nouveau vers Massenet, qui ramène *Werther* à Paris après sa création triomphale à Vienne (1892). Plus tard dans l'année, le dernier opéra de Delibes, *Kassya* (conçu au milieu des années 1880, puis complété par Massenet après la mort de Delibes) ne parvient pas à s'imposer. Dans une décennie où les nouvelles œuvres à l'Opéra-Comique sont des drames lyriques, les récitatifs de Massenet ne parviennent à dissimuler la facture d'opéra-comique de cet ouvrage. En mai 1893, la *Phryné* de Saint-Saëns, légère, charmante et ironique, enchante le public et continue à le faire pendant 59 représentations. En novembre, Carvalho met en scène le deuxième opéra de Bruneau qu'il a commandé, *L'Attaque du moulin*. Sous la pression du ministre de l'Instruction publique et des Beaux-Arts, son décor et ses costumes sont transportés de 1870 à la Révolution française afin de dépolitiser l'œuvre[31]. Moins aventureux sur le plan harmonique que *Le Rêve*, ce drame lyrique reçoit une quarantaine de représentations entre 1893 et 1894. Il contribue à installer sur scène une esthétique naturaliste qui va s'épanouir à l'Opéra-Comique au début du XXᵉ siècle (cf. t. 3, 3.5).

Si Carvalho s'appuie encore sur un répertoire éprouvé pour assurer la rentabilité de son théâtre, il ne se repose pas sur ses lauriers, car, en plus de nouvelles œuvres françaises, il continue à introduire des opéras italiens et allemands, et même à utiliser le répertoire du Théâtre-Lyrique. Par exemple, en juin 1892, probablement motivé par une subvention de 40 000 F de la Société des Grandes Auditions, il met en scène *Les Troyens à Carthage* (TL, 1863)[32] de Berlioz, qu'il avait présenté en version fortement réduite à sa création. Il donne aussi en 1893 *Les Pêcheurs de perles* (TL, 1863), qu'il a commandé trois décennies auparavant à Bizet. En 1895, seul parmi les anciens représentants de la « jeune école », l'infatigable Massenet donne encore de nouvelles œuvres à l'Opéra-Comique : *La Navarraise* (Londres 1894 ; OC, 1895), *Le Portrait de Manon* (1894) et *Sapho* (1897). Bizet, Delibes, Guiraud et Chabrier sont morts, tout comme Godard, dont *La Vivandière* (La Monnaie, 1893 ; OC, 1895) triomphe avec 80 représentations (Paul Vidal a achevé l'orchestration). Joncières, Paladilhe, Saint-Saëns, Salvayre, Diaz, Lenepveu et Maréchal se tournent vers d'autres genres ou théâtres. Jusqu'à sa mort en décembre 1897, Carvalho continue à monter dix nouveaux actes par an, tout en programmant régulièrement des œuvres au succès certain, comme *Mignon, Mireille, Carmen, Lakmé, Manon* et *Le Barbier de Séville*. Comme l'un de ses contemporains le fait remarquer : « On pouvait plus mal choisir, mais le public se lasse des meilleures choses quand on les lui sert trop souvent[33]. » L'Opéra-Comique est encore rentable, mais le temps d'une nouvelle vision est arrivé.

(Traduction H. Lacombe)

10.3 LA PROLIFÉRATION DU GENRE LÉGER

Pauline Girard

L'opérette de la IIIe République est présentée par les historiens comme une fille assagie de celle du Second Empire : la nouvelle génération de musiciens ne reprend pas les excentricités parodiques d'Offenbach ou d'Hervé, laissant plus de place au sentiment, au faste des décors et des costumes, et pratiquant un humour plus grivois que corrosif. C'est le succès de *La Fille de Madame Angot* (FD, 1873) de Lecocq qui marque le début de la nouvelle ère[1]. La disparition d'Offenbach en 1880 laisse le champ libre à toute une pléiade de nouveaux compositeurs. Cette évolution est considérée par certains comme un abêtissement : en 1911, le critique Pierre Lalo, après avoir fait l'apologie d'Offenbach et d'Hervé, juge vulgaire et sans intérêt artistique la plus grande partie de la production de la fin du siècle, n'exceptant de son anathème qu'Emmanuel Chabrier, André Messager et Claude Terrasse, et dans une moindre mesure Charles Lecocq[2]. Quelle réalité se cache derrière cette vision condescendante ? L'opérette de cette époque ne doit pas être abordée du seul point de vue de sa valeur artistique, certes variable. Elle doit être envisagée aussi comme un genre théâtral et musical digne d'intérêt du seul fait de sa popularité en ces dernières années du siècle.

Deux mots de définition s'imposent pour bien saisir ce que l'on doit comprendre dans le genre opérette en cette fin de XIXe siècle : l'opérette est une œuvre lyrique qui ne se prend pas au sérieux et cherche avant tout à divertir son public sans le fatiguer. Elle se définit mieux par les lieux où elle est représentée que par les sous-titres des livrets ou des partitions : deux de ses plus grands succès, *La Mascotte* (BP, 1880) d'Edmond Audran et *Rip* (TG, 1884) de Robert Planquette, qui portent le sous-titre d'opéra-comique, sont passés à la postérité comme des opérettes. On a donc considéré ici que relèvent du genre léger non seulement les opérettes, vaudevilles-opérettes, opéras-bouffes dûment affichés, mais aussi les opéras-comiques donnés dans des salles de spectacle dévolues au genre gai.

Les lieux

La loi de libéralisation de l'industrie théâtrale de 1864 avait bouleversé l'économie du secteur en permettant à quiconque d'ouvrir un théâtre, ouverture soumise auparavant à un privilège du gouvernement (cf. 1.2). Le genre lyrique était jusqu'alors réservé à Paris aux trois théâtres lyriques subventionnés, Opéra, Opéra-Comique et Théâtre-Lyrique, et aux petits théâtres comme celui des Bouffes-Parisiens, qui se battaient pied à pied pour obtenir l'autorisation de jouer des opérettes de plus en plus développées. En province, l'organisation théâtrale était de même soumise au régime du privilège. Après 1864, de nombreux théâtres se créent ou se convertissent à l'opérette, alors très en vogue. Entre 1880 et 1900, selon les années, cinq à treize théâtres de la capitale ont créé une opérette[3].

Plan de la salle des Folies-Dramatiques publié en 1897 dans l'*Annuaire Didot-Bottin*.

C'est aux Bouffes-Parisiens, passage Choiseul, que l'opérette a connu ses premiers succès sous le Second Empire (cf. 8.6). Depuis lors, le théâtre est resté relativement fidèle au genre. La direction de Louis Cantin de 1879 à 1885 est suivie d'une période d'instabilité, mais la pérennité des chefs d'orchestre, Marius Baggers et Oscar de Lagoanère (ce dernier étant un temps directeur) assurent une forme de continuité de 1880 à 1903. Quelques-uns des succès de la fin du siècle sont créés dans ce théâtre, comme *Les Mousquetaires au couvent* (1880) de Louis Varney, *La Mascotte* (1880) d'Audran, ou *Véronique* (1898) de Messager. Les Folies-Dramatiques, 40, rue de Bondy, vouées également à l'opérette et à l'opéra-bouffe, que Cantin avait quittées en 1880 pour les Bouffes-Parisiens après y avoir monté avec un immense succès *Les Cloches de Corneville* de Planquette en 1877, sont dirigées de 1884 à 1890 par l'acteur Jules Brasseur (avec Henri Micheau), puis de 1891 à 1894 par le chef d'orchestre Albert Vizentini, et comptent parmi leurs réussites *Les 28 jours de Clairette* (1892) de Victor Roger. Le Théâtre des Variétés, 7, boulevard Montmartre, dont les pièces d'Offenbach avaient fait le succès dans les années 1860, continue à cultiver son auteur fétiche, en multipliant les reprises à partir de la deuxième moitié des années 1880, et devient le théâtre de prédilection d'Hervé, puis de Varney. Il connaît une belle prospérité sous la direction d'Eugène Bertrand jusqu'en 1891, puis sous celle de Fernand Samuel. Les Bouffes-Parisiens, les Folies-Dramatiques et les Variétés sont les trois solides bastions de l'opérette fin de siècle. À leurs côtés, il faut citer deux théâtres ouverts dans les premières années de la IIIe République et consacrés dès leurs débuts au répertoire léger : le Théâtre des Nouveautés ouvert en 1878 au 28, boulevard des Italiens par Jules Brasseur et dirigé par lui jusqu'en 1890, et le Théâtre de la Renaissance, un peu plus intime, créé en 1873 par Victor Koning au 20, boulevard Saint-Martin, qui abandonne le genre lyrique en 1893. La salle des Menus-Plaisirs, 14, boulevard de Strasbourg, est plus ancienne, mais fait à partir de 1883 une part non négligeable à l'opérette. Enfin le Théâtre de la Gaîté, square des Arts-et-Métiers, à la vaste salle de 1800 places, met en scène des œuvres plus spectaculaires, en rapport avec ses possibilités techniques : on y retrouve au premier rang les œuvres à costumes et à décors d'Audran et de Planquette.

Ce tour d'horizon parisien est loin d'être exhaustif, car nombre de salles, comme le Théâtre Cluny boulevard Saint-Germain ou les Fantaisies-Parisiennes boulevard Beaumarchais, se consacrent temporairement à l'opérette, tandis que d'autres lieux n'ont qu'une existence éphémère. En 1898, tandis que les Menus-Plaisirs et les Nouveautés ont abandonné le genre, s'ouvrent deux nouvelles salles de dimensions modestes, le Théâtre des Capucines, 39, boulevard des Capucines, et celui des Mathurins, 36, rue des Mathurins, qui donnent entre autres des opérettes en un acte, remontant d'une certaine façon aux sources du genre : c'est précisément au Théâtre des Mathurins que le jeune Claude Terrasse, considéré comme le véritable continuateur d'Offenbach, fait jouer sa première opérette en 1900, *La Petite Femme de Loth*.

Les opérettes ne se jouent pas seulement dans les théâtres, mais aussi dans les cafés-concerts. En 1885, Paris en compte plus de 360[4]. Ces salles ont acquis de fait en 1867 le droit de donner des représentations dramatiques tout comme les théâtres[5], et proposent très souvent dans leur programme de soirée des opérettes, la plupart du temps en un acte. En principe, l'entrée au café-concert n'est pas payante, il faut simplement consommer, mais la pratique varie selon les établissements. On peut en tout cas y boire, y fumer, et il n'est pas nécessaire de s'habiller. Cette absence de protocole séduit les classes populaires, mais pas seulement : les publics sont hétérogènes au sein d'un même lieu, tout en variant cependant selon les salles. Car tous les cafés-concerts ne se valent pas. Une subtile hiérarchie, qui évolue au fil du temps, est périodiquement entérinée par la SACD. Au sommet, les Folies Bergère et l'Olympia, fréquentés à la fin du siècle par un public de plus en plus huppé[6], pratiquent des prix comparables à ceux d'un théâtre. Si en 1880 quatre cafés-concerts seulement ont produit une opérette, leur nombre s'élève à treize en 1897, parmi lesquels on trouve l'Olympia et la Scala, mais aussi le Bataclan et le Trianon, qui ont tous deux monté cette année-là des opéras-comiques en 2 actes.

Enfin, la province n'est pas en reste : elle est aussi un lieu de création. En 1880, cinq villes (Châlons, Contrexéville, Deauville, Le Havre et Lyon) offrent de nouvelles œuvres légères à leurs spectateurs. En 1899, ce sont douze théâtres, casinos de stations thermales ou balnéaires (cf. 14.5), ou cafés-concerts de province, qui voient la création d'une opérette. Car les cafés-concerts prolifèrent également dans les villes de province, grandes ou petites, et de nombreuses œuvres sont écrites pour ces nouveaux lieux de spectacle. C'est en province qu'ont eu lieu le tiers des créations d'opérettes des vingt dernières années du siècle[7].

Les hommes

Plus que pour un opéra, la qualité d'une opérette dépend de son livret, étant donné la place qu'y tient le dialogue. Les librettistes des opérettes sont pour la plupart aussi auteurs de comédies ou de vaudevilles et ne sont pas spécialistes, sauf exception, du genre lyrique. Quelques noms ont marqué le répertoire par leur prolixité. Maurice Ordonneau a écrit ou collaboré aux livrets de 23 opérettes entre 1875 et 1900, travaillant principalement avec Audran, mais donnant au moins un livret à chacun des principaux compositeurs du genre : Planquette, Roger, Gaston Serpette, Varney, Léon Vasseur, mais aussi Raoul Pugno, Frédéric Toulmouche ou Louis Ganne. Paul Burani, qui a débuté comme chansonnier et journaliste satirique, a participé à quelque 25 livrets d'opérettes, pour Vasseur et Planquette principalement. Il faut encore citer Antony Mars, co-auteur d'une quinzaine d'opérettes entre 1890 et 1900, notamment des *28 jours de Clairette* de Roger avec qui il a beaucoup travaillé, ou Maxime Boucheron, courriériste au *Figaro*, qui après avoir débuté avec des compositeurs peu connus comme André Méris, obtient une reconnaissance avec le succès retentissant de *Miss Hélyett* (BP, 1891) d'Audran.

Des couples de librettistes se forment et marquent de leur empreinte les dernières années du siècle comme Meilhac et Halévy sous le Second Empire : Henri Chivot et Alfred Duru, qui ont commencé à écrire des vaudevilles et des livrets d'opérette dans les années 1860 pour Hervé, Lecocq et Offenbach, poursuivent leur carrière après la guerre jusqu'à la mort de Duru en 1889. On leur doit notamment *La Mascotte* d'Audran (BP, 1880) et *Surcouf* de Planquette (FD, 1887). Mais le tandem le plus marquant est celui que forment Eugène Leterrier et Albert Vanloo : ces deux-là ont écrit quelques-uns des meilleurs livrets de la période, se spécialisant peu à peu dans l'opérette à partir du milieu des années 1870 et collaborant avec Chabrier et Messager mais aussi avec Vasseur ou Francis Chassaigne. Après la mort de Leterrier en 1884, Vanloo fait équipe avec Chivot et William Busnach, puis avec Georges Duval avec qui il produit notamment les livrets des *P'tites Michu* (BP, 1897) et de *Véronique* de Messager.

La liste des principaux compositeurs d'opérette de la fin du siècle est vite établie : Audran, Paul Lacôme, Lecocq, Messager, Planquette, Roger, Serpette, Varney, Vasseur, etc... Hervé qui obtient dans cette deuxième partie de sa carrière l'un de ses plus grands succès avec *Mam'zelle Nitouche* (1883). La plupart d'entre eux, sauf Varney qui est un enfant de la balle, sont passés par le Conservatoire ou l'École Niedermeyer. Une fois lancés dans l'opérette, ils ne cherchent pas forcément à en sortir. Pour certains comme Messager, le passage de l'opérette à des ouvrages plus sérieux se fait d'ailleurs aisément : le déficit de légitimité qui s'attachait au genre sous le Second Empire n'existe plus après 1870, et il est admis qu'un compositeur passe de l'Opéra-Comique aux Bouffes-Parisiens et vice versa. Malgré tout, la majorité de ces compositeurs se spécialisent dans le genre, tout en faisant des incursions dans le ballet ou la pantomime. Si les frontières entre cafés-concerts et théâtres ne sont pas étanches, la plupart des compositeurs de cafés-concerts, souvent chefs d'orchestre de ces établissements, ne se produisent pas au théâtre et demeurent des spécialistes de la chanson (dont

Partition réunissant les airs chantés par Anna Judic dans *Mam'zelle Nitouche* (Paris : Heugel, 1883).

ils écrivent parfois aussi les paroles) et de l'opérette en un acte. Auguste de Villebichot, Alfred Patusset ou Victor Herpin, relèvent de cette catégorie.

Impossible enfin de passer sous silence quelques grands interprètes qui, aussi bien que les compositeurs ou librettistes, ont façonné le genre. Jeanne Granier, actrice de prédilection de Lecocq, chante jusqu'en 1890, avant de se tourner vers la comédie. Anna Judic, vedette du Théâtre des Variétés dans les années 1880, a débuté au café-concert où elle cultive un art du sous-entendu qui la rendra célèbre. Son nom reste attaché à sa création du personnage de Mam'zelle Nitouche. On doit encore citer Mily-Meyer, Juliette Simon-Girard et à la fin du siècle Mariette Sully, la créatrice de Véronique. Du côté des hommes, les Brasseur (Jules, le père, et surtout Albert, le fils) règnent sur les Nouveautés, tandis que Jean Périer, baryton Martin à l'impeccable diction, aiguise son talent d'acteur dans l'opérette entre 1894 et 1900 avant de créer le rôle de Pelléas à l'Opéra-Comique.

Les déclinaisons du genre

L'extraordinaire vitalité de l'opérette est due en grande partie à la loi de 1864, dont les conséquences se font sentir plus encore en province que dans la capitale. À Paris en effet, les genres sérieux, donnés dans des théâtres subventionnés, ne craignent guère la concurrence. En province, la situation est différente : depuis 1864, la subvention est laissée à la discrétion des municipalités. Une entreprise théâtrale, a fortiori de théâtre lyrique, n'est pas facile à rentabiliser et bien des salles se tournent vers l'opérette, plus rémunératrice et moins coûteuse que le grand opéra[8]. Par ailleurs, les œuvres jouées sur la scène de l'Opéra-Comique tendent depuis le Second Empire à devenir de moins en moins « comiques » (cf. 8.2, 10.2, 20.5). Quelques ouvrages légers reviennent au répertoire à la fin du siècle, mais celui-ci évolue de plus en plus vers le drame lyrique. L'opérette répond donc à un besoin du public, prenant la place laissée vacante par la disparition concomitante du vaudeville à couplets et de l'opéra-comique ancienne manière dans les années 1850[9]. Enfin, l'opérette constitue un débouché précieux pour les jeunes compositeurs, privés du Théâtre-Lyrique dont la vocation première était de leur offrir un terrain d'essai.

La frontière est mouvante entre opérette, vaudeville et opéra-comique. Messager baptise opéra-comique *Véronique* et opérette *Les P'tites Michu* (cf. cahier d'ill.), même si la différence n'est pas grande entre les deux œuvres, créées toutes deux aux Bouffes-Parisiens. L'opérette de la IIIe République constitue souvent un avatar de l'ancien vaudeville : et cela d'autant que plusieurs opérettes à succès sont inspirées de pièces de la première moitié du XIXe siècle, comme *Les Mousquetaires au couvent*. Au fil des années, le genre s'infléchit d'ailleurs de plus en plus vers le vaudeville : c'est Hervé avec *Niniche* (TVR, 1878) qui a lancé cette nouvelle forme lyrique. Ces vaudevilles-opérettes comprennent des couplets qui deviennent souvent populaires sortis de leur contexte, peu d'ensembles, rarement un mélodrame. L'équilibre se fait nettement en faveur du texte et la pièce a besoin de comédiens plus que de chanteurs. Tous les compositeurs cependant ne cèdent pas aux sirènes du vaudeville, Messager notamment continue à bâtir ses œuvres comme de véritables opéras.

La musique des opérettes jouées dans les théâtres cultive les rythmes dansants, la grâce mélodique, l'humour plus que le rire, la retenue dans l'expression des sentiments. Certes quelques airs sont clairement composés pour faire rire, comme le duo du Soldat de plomb de *Mam'zelle Nitouche*. Mais le cas n'est pas si fréquent, le comique naissant plutôt de contrastes, de décalages plus ou moins soulignés. Le bouffe et la parodie se rencontrent plus fréquemment dans les opérettes de café-concert, qui sont pour la plupart des ouvrages en un acte, avec très peu de personnages. Celles-ci ne constituent souvent qu'un élément du programme d'une soirée composite où la chanson tient une grande place. Ces opérettes aux titres évocateurs donnent dans un comique d'une finesse relative, mais souvent plus grivois ou scatologique que subversif. La parodie reste très prisée au café-concert, même si une partie du public ne connaît pas nécessairement l'œuvre parodiée : parmi les innombrables titres accrocheurs de ce répertoire, on peut citer *Ramollot et Juliette* (Cigale, 1892), opérette en 1 acte d'Eugène Feautrier, ou encore *Tahïs, opéra-parodie comique à grand tralala* (Bataclan, 1894) de Patusset. Il faut cependant se garder de généraliser : *Madame le Diable* (TR, 1882) de Serpette, opérette en 4 actes dont la partition est émaillée de citations musicales dans des contextes décalés (extraits de *Robert le Diable*, de *Rigoletto* et de *La Favorite*), relève ainsi plutôt du genre bouffe tandis que *Les Chevau-légers* (Eldorado, 1881) de Planquette se rapproche de l'opéra-comique. Certains passages de *Joséphine vendue par ses sœurs* (BP, 1886) de Roger ne dépareraient pas une scène de café-concert, comme le quatuor « Où y a d' l'hygiène y a pas d' plaisir ».

Le développement d'un répertoire lyrique au café-concert suscite des réactions contrastées. Les directeurs de théâtre se plaignent de la concurrence : il est vrai que pour le même prix, les spectateurs jouissent au café-concert de meilleures places qu'au théâtre. Les auteurs et les interprètes voient au contraire dans les cafés-concerts de nouveaux débouchés : chanteurs, librettistes, compositeurs ne dédaignent pas de se produire en ces lieux, et pas seulement à l'aube de leur carrière. Un compositeur qui a fait ses débuts au café-concert peut choisir d'y revenir à la fin des années 1890 car il est devenu aussi légitime de s'y produire qu'au théâtre. Lacôme, qui a mené toute sa carrière au théâtre, donne une opérette en un acte à l'Eldorado en 1895 : *Le Bain de Monsieur*. À la fin du siècle, cette concurrence des cafés-concerts entraîne une relative désaffection du public pour les opérettes données dans les théâtres. Dans les années 1890, il se crée plus d'opérettes dans les cafés-concerts que dans les théâtres parisiens. Le nombre annuel de créations d'opérettes, après avoir atteint le pic de 70 en 1897, commence d'ailleurs à diminuer à partir de 1898, alors qu'il était en augmentation quasi constante depuis 1880[10]. L'opérette subit en effet également la concurrence du ballet et de la pantomime, très présents sur certaines scènes de café-concert comme les Folies Bergère, et qui attirent de plus en plus les artistes et les spectateurs : Edmond Diet, Edmond Missa, Varney et Roger, qui ont tous composé des opérettes, figurent également parmi les plus importants compositeurs de ballets de music-halls entre 1895 et 1898[11]. La production des vingt dernières années du siècle reste néanmoins pléthorique, avec une moyenne de près de 40 créations par an, dont 14 sur les scènes théâtrales parisiennes.

Quelques thèmes récurrents se dégagent de ce répertoire. L'opérette, surtout dans les années 1880, affectionne le scénario historique, et en particulier le XVIIIe siècle, cédant à la vogue qui remet alors l'Ancien Régime à l'honneur : Lacôme nous replonge dans le siècle des Lumières avec *Madame Boniface* (BP, 1883) tandis que *Le Talisman* de Planquette (TG, 1893) nous transporte dans le parc du château de Versailles sous Louis XV. Cet Ancien Régime idéalisé séduit par son raffinement, son libertinage élégant bien loin des excès du romantisme ou du naturalisme, et correspond à l'affirmation d'un certain esprit « français ». La mise en scène de l'Histoire implique un déploiement de costumes et de décors qui à eux seuls justifient le succès de certaines œuvres « à spectacle », comme *Le Carnet du diable* (TV, 1895) de Serpette. Si l'opérette s'est assagie, la grivoiserie n'en a pas disparu, loin de là. Les livrets se plaisent aux situations scabreuses, aux sous-entendus égrillards. Le thème de la nuit de noces revient à plusieurs reprises chez Lecocq – *Le Jour et la nuit* (TN, 1881), *Le Cœur et la Main* (TN, 1882) – ou Audran – *Gillette de Narbonne* (BP, 1882). Le déshabillage ou le travestissement mettant en évidence les formes des corps féminins contribuent à cette atmosphère de grivoiserie diffuse, comme dans *Le Droit d'aînesse* de Chassaigne (TN, 1883) (cf. 18.6). Le soldat enfin devient un personnage quasi incontournable de l'opérette d'après 1870. Le déploiement des uniformes constitue certes un atout dans ces pièces ou l'agrément du spectacle est privilégié, a fortiori quand cet uniforme est porté en travesti par des femmes. Cette omniprésence de l'élément militaire sur la scène des opérettes témoigne également de la visibilité et du prestige des hommes en uniforme dans la société républicaine d'avant 1914. On le trouve dans d'innombrables pièces comme *Les P'tites Michu*, *Rivoli* (FD, 1896) d'André Wormser, ou *Mam'zelle Nitouche* d'Hervé, où tout un acte se déroule dans une caserne.

L'opérette des vingt dernières années du XIXe siècle présente donc un très large éventail de lieux de spectacles, à Paris ou en province. Assagie certes, elle se rapproche tantôt de l'opéra-bouffe, tantôt de l'opéra-comique, et tantôt du vaudeville. Destinée à émouvoir, à faire rêver autant qu'à faire rire, elle constitue pour un large public qui cherche avant tout à se divertir la seule expérience de spectacle lyrique, et laisse aux compositeurs les plus doués et les plus exigeants, comme Messager, la possibilité de déployer leur talent raffiné dans un genre qui a gagné sa légitimité.

10.4 Un demi-siècle d'opéra de salon

Pierre Girod

Notre propos vise à décrire un ensemble d'œuvres lyriques presque inconnu et à le situer dans un contexte esthétique, une économie culturelle et une hiérarchie des spectacles. Nos investigations sont majoritairement circonscrites à Paris, centre névralgique d'une France de plus en plus bourgeoise et industrialisée au fil de la seconde moitié du XIXe siècle, mais valent pour une aire géographique plus large par le fait des villégiatures tout au long de l'année et par analogie avec la diffusion des autres genres lyriques au sein des élites en province et à l'étranger. Le critère de départ pour constituer un corpus d'opéras de salon[1] est la dénomination générique choisie par les auteurs et permettant de distinguer des œuvres produites selon certains canons à destination d'un public particulier. Ce critère permet déjà d'envisager des limites temporelles au genre. L'étude des occurrences de la chaîne de caractères « opéra de salon » dans *Le Ménestrel* laisse clairement apparaitre une vogue pour ce genre dans les années 1850 et, parallèlement, la prolifération d'un discours accompagnant cet essor. Nous avons choisi d'écarter les cas de catégorisations *a posteriori*, que l'on peut regarder comme la préhistoire du genre – tel *Guy Mannering* (1825) de Louise Bertin et quelques ouvrages étrangers[2]. Jeremy Commons a édité plusieurs pièces du musicographe et compositeur Jean-Baptiste Weckerlin ; il affirme dans la préface de l'une d'entre elles que l'« opérette de salon », ou « bluette », ou « saynète », apparaît juste avant le milieu du XIXe siècle pour connaître un apogée autour de 1880, année suivant la première représentation d'*Une éducation manquée* de Chabrier qui s'était tenue dans un cadre privé à Paris, au Cercle de la presse, le 1er mai 1879[3]. L'affirmation de Commons ne contredit aucunement notre relevé dans *Le Ménestrel*, puisqu'une grande partie des œuvres qu'il considère s'intitulent alors « opérette » et non « opéra de salon ». Pour comprendre cette instabilité terminologique, il faut envisager au moins deux aspects : la forme et l'usage. Notre période commence par les premières œuvres qui se revendiquent effectivement d'un genre nouveau et se prolonge jusqu'en 1904, avec une œuvre exhumée et enregistrée à plusieurs reprises au cours de la première décennie du XXIe siècle, *Cendrillon*, dernier des cinq opéras de salon de Pauline Viardot[4]. Dans les premières décennies du XXe siècle, le genre semble tomber en désuétude, même si l'on dénombre encore quelques avatars – *Le Marquis de Carabas* (1906) de Robert Casadesus, par exemple.

En quête d'un genre privé

Pour situer l'apparition de l'opéra de salon, il est nécessaire de rappeler les pratiques domestiques musicales et théâtrales ayant cours jusque dans les années 1840 (cf. 19.3). L'opéra et l'opéra-comique ne sont pas absents des cercles mondains, où l'on entend assez couramment des morceaux extraits d'ouvrages lyriques alternant avec des romances, et mêlant chanteurs professionnels et dilettantes, comme le vicomte de Beaumont-Vassy se souvient l'avoir observé dans le salon parisien de Cristina Trivulzio, princesse de Belgiojoso, sous la monarchie de Juillet : « Les artistes musiciens venaient aussi en grand nombre [...]. Le prince avait lui-même une voix superbe et chantait en artiste. Souvent, il lui est arrivé d'exécuter un duo avec Giulia Grisi ou Persiani, tout aussi bien qu'aurait pu le faire un chanteur *di primo cartello*[5]. » Il arrive aussi que l'on donne des actes, voire des ouvrages entiers, entre personnes de la haute société, comme les représentations de la famille Bellissen vers 1836 à Royaumont – manifestations jugées « rares » par les protagonistes eux-mêmes[6]. La circulation des musiques et des pratiques entre la ville et la cour existe depuis le siècle précédent ; au XIXe siècle, on peut évoquer les concerts à la cour de Louis-Philippe, programmés par Auber, qui conduisent les troupes des différents théâtres parisiens à transporter leur répertoire dans les demeures royales le temps d'une soirée[7]. Les frontières entre les formes de divertissement sont poreuses et le va-et-vient entre espace privé et espace public ne facilite pas la délimitation générique. À titre d'exemple, le 9 avril 1864, un article du *Monde illustré* relève que le mardi 29 mars plusieurs fêtes se disputaient les faveurs des chroniqueurs parisiens : un bal de bienfaisance au Grand-Hôtel, une récep-

Godefroy Durand, « Représentation d'un opéra-comique [...] chez Mme Henry Blinder [rue du Colysée], le mardi 29 mars [1864] », in *Le Monde illustré*, 9 avr. 1864, p. 237.

tion chez Rossini, une soirée chez le docteur Ségalas comprenant une comédie d'Eugène Verconsin, non précisée, et un opéra-comique de Ferdinand Poise, *Bonsoir, voisin* (TL, 1853) ; enfin, une soirée chez Mme Henry Blinder, rue du Colysée, permettant d'assister à la représentation d'une comédie en un acte d'Eugène Labiche et Alphonse Jolly, *Le Baron de Fourchevif* (1859), et d'un opéra-comique d'Albert Grisar, *La Lettre de cachet*. Un superbe dessin accompagne l'article signé O. de J. Il est précisé que l'« on a joué rue du Colysée, sur un vrai théâtre, avec rampe, orchestre, coulisses et décors [...] Les interprètes ont fait sensation ; ils sont tous gens du monde et jouent comme de vrais artistes ».

Les réactions lors de l'apparition du genre « opéra de salon » sont assez tranchées : pour ses détracteurs, c'est avant tout un nouvel avatar du théâtre de société[8]. Des aristarques comme Benoît Jouvin, critique au *Figaro*, contestent la possibilité pour ce qui n'est qu'un impromptu d'atteindre au statut d'œuvre présentable au public : « Le Parisien s'est tocqué d'une nouvelle fantaisie : l'Opéra de salon. Qu'est-ce encore que cette fanfreluche de la mode ? une sorte de demi-monde de la musique, quelque chose qui ne veut pas se commettre avec la romance et que le théâtre rejette avec dédain. Madame Sabatier, qui est pourtant du vrai monde, celui des artistes qui reçoivent le public et que le public accueille, a fait, l'autre soir, les honneurs de son concert annuel à deux hôtes compromettants, le proverbe lyrique *À deux pas du bonheur !* et l'opérette de *La Volière* » (*Fig.*, 6 mai 1855). Émilie Gaveaux-Sabatier, dite « la fauvette des salons », est l'égérie du genre depuis ses origines et pendant plus de dix ans[9].

L'attribution récente de l'invention du genre à Pauline Thys est largement usurpée[10]. Les contemporains citent souvent Gustave Nadaud[11]. Dès 1847, *Le Retour du mari* de Charles Le Corbeiller est mentionné dans la presse comme « opéra de salon ». L'œuvre est adoubée par S.A.R. la princesse de Joinville, qui en accepte la dédicace[12]. Dans le prologue du *Coin du feu*, représenté à Paris le 4 janvier 1851, Étienne Tréfeu, auteur du texte, revendique l'invention du genre. Il fait le constat du déclin de la romance au profit des airs d'opéra qui envahissent les salons. Pour lui, cette situation est problématique car le grand genre s'y trouve à l'étroit, privé de costumes et de gestuelle. C'est cette tension qu'il entend résoudre avec l'opéra de salon : « Nous avons composé de légers badinages, / De petits opéras où les détails sont tout, / Chantés d'un bout à l'autre, à peu de personnages, / À costumes de ville et sans décors surtout[13]. » La musique de Charles Poisot pour *Le Coin du feu* contient des récitatifs (et non des dialogues parlés), ce qui apparaît comme une exception à l'échelle du corpus et dans la forme qui s'affirme dans les années suivantes. En revanche, une ouverture et des ensembles figurent assez fréquemment dans les opéras de salon, par opposition aux pièces en vaudeville qui ne sont généralement qu'une articulation de chansons dans une intrigue. En ce sens, les morceaux d'opéra de salon s'éloignent des racines de la romance, et même de la « mélodie en action », puisqu'ils ne se résument pas à la mise en musique de moments épistolaires d'un roman ou de situations d'un conte[14] mais relèvent bien d'une composition lyrique véritable. C'est seulement un ton d'intimité et de modestie qui s'exprime dans le choix de limiter l'effectif instrumental au seul piano.

L'édition musicale de ces petits opéras se présente assez naturellement dans les formats pour les réductions de partitions d'orchestre en chant-piano. Le traitement des dialogues parlés offre deux options, selon qu'ils soient proposés en supplément à la fin du volume ou bien dans la continuité de l'intrigue, entre les numéros musicaux. Le premier opéra de salon édité semble être *Le Docteur Vieuxtemps* de Gustave Nadaud, chez Heugel, en 1854, avec comme sous-titre : « opéra comique de salon en un acte ». Le texte parlé est intercalé entre les numéros. Ce serait à l'occasion d'une représentation de cet ouvrage chez la princesse Mathilde, laquelle avait invité l'Empereur, que Nadaud obtint que fût levé l'interdit qui pesait sur sa chanson *Pandore*[15]. Ce premier exemple est suivi en 1855 par *La Volière*, du même Nadaud, écrite sur le même modèle, publiée par le même éditeur et dédicacée à la même princesse Mathilde. La partition inclut une annonce pour le premier opéra de salon dès la page de titre. Ce détail nous paraît significatif en ce qu'il indique le début d'une série cohérente. La plus grande collection éditoriale d'opéras de salon est la Bibliothèque du *Magasin des Demoiselles*, journal illustré publié par A. Hennuyer. Le périodique existe depuis 1844, et l'on compte une à deux livraisons lyriques par an, des premières parutions jusqu'en 1897[16]. Cette série fixe la forme de publication en « partition piano et chant, avec pièce complète et une gravure représentant la principale scène de l'ouvrage ». Quoi qu'ils ne soient plus intercalés sous la même reliure, le livret et la partition sont bien vendus ensemble. Il s'agit de pouvoir représenter soi-même l'œuvre et non de la lire avant ou après l'avoir vue sur un théâtre, comme dans le cas des livrets habituels d'opéra et d'opéra-comique. La gravure s'apparente à l'élément décoratif et suggestif qu'elle était sur le frontispice des romances depuis la fin de la monarchie de Juillet et contient une dimension plus scénique, telle qu'elle allait se développer pour l'illustration des réductions d'opéra au début du XXe siècle[17]. Dans les catalogues de cette série (figurant au dos de chaque livraison) comme dans les nombreuses éditions des pièces de Nadeau, la terminologie la plus fréquemment adoptée est « opérette »[18] (cf. 8.6). Il faut très certainement comprendre ce terme dans son acception ancienne de « petit opéra sans importance sous le rapport de l'art »[19] car les œuvres n'ont pas grand-chose à voir avec les productions bouffes d'Hervé et d'Offenbach, si ce n'est pour un effet de théâtre dans le théâtre[20]. Le ton et le style musical y sont beaucoup plus proches de l'opéra-comique, ce qui justifie la dénomination « opéra-comique en un acte », la plus courante sur la page de titre des chant-piano et des livrets.

Parfois, la presse réagit pour dénigrer ceux qui s'adonnent à un genre inférieur, ou pour requalifier d'autorité quelques œuvres jugées dignes d'accéder au rang supérieur. Par exemple, la création de *La Colombe* de Gounod en 1860 dans une ville d'eau dérange les habitudes d'une personnalité du monde musical déjà très en vue : « Gounod, écrit Émile Perrin, attend et se consume en médiocres travaux : l'auteur de *Faust* [qui vient d'être créé en 1859] en est réduit à écrire des opéras de salon pour le théâtre de Bade[21]. » Pourtant, dès 1858, la démesure s'empare de l'opéra de salon dans cette station thermale envahie par les Français (cf. 15.1), avec *Le Nid de cigogne* d'Adolphe Vogel, créé par des artistes du Théâtre-Italien et de l'Opéra-Comique, répété en présence de Giacomo Meyerbeer, joué plusieurs fois avec orchestre et toile de fond dans les salons de la Conversation[22]. Le genre « opéra de salon » est distingué précisément dans la réclame des spectacles où il semble se substituer à l'opéra-comique[23]. Lorsque enfin *La Colombe* résonne au sein de l'institution à laquelle elle revient de droit, l'origine bâtarde de l'ouvrage est relevée : « Le public s'est montré bon prince en applaudissant de toutes ses forces à ce petit opéra de salon, composé pour le théâtre de Bade[24]. » À l'inverse, des créations ayant bien lieu à l'Opéra-Comique peuvent être regardées comme illégitimes, ou au moins transférables sur les scènes domestiques. Ainsi, le musicographe Albert de La Salle voit « un opéra de salon perdu sur une trop grande scène[25] » à la première représentation d'*En prison* (TL, 1869) d'Ernest Guiraud. Il utilise la même dénomination pour qualifier *Maître Palma* de Philippe Gille, créé le 17 juin 1860.

Dans son évolution rapide, le nouveau genre tend à prendre des dimensions plus importantes ; au même moment, la forme de l'opéra-comique en un acte semble se réduire et se rapprocher du lever de rideau. Un article de Barateau affirme, à peine quatre ans après les essais de Tréfeu, que la frontière entre le genre privé et les actes représentés sur les scènes habituelles n'est plus si nette : « Décidément, *les proverbes lyriques* et *les opéras de salon* sont à la mode. Nos théâtres même suivent le torrent, et se complaisent à représenter de simples pièces, en un acte, à deux, trois ou quatre personnages, au plus, sans le moindre petit chœur. Pour ne citer que les deux derniers opéras joués sur la scène de Favart, *Le Chien du jardinier* et *Miss Fauvette* sont, assurément, deux opéras de salon, faciles à monter, et dont s'empareront les théâtres qui, désormais, se trouveront dans tous les châteaux et tous les hôtels » (*Mén.*, 25 fév. 1855). Les châteaux évoqués dans cet article peuvent être les résidences impériales (Compiègne lors des « séries » automnales à partir de 1856, ou Pierrefonds) car les genres les plus légers avaient droit de séjour à la Cour. Dans ces quelques lieux prestigieux, des salles étaient aménagées pour l'occasion ou construites « en dur » (l'accès en restant privé), et les conditions de représentation étaient assez confortables en comparaison des moyens rudimentaires mis en œuvre ailleurs pour les représentations privées.

Conséquence la plus remarquable de la montée en puissance artistique et symbolique de l'opéra de salon, le genre prend progressivement la valeur d'une pièce d'essai pour les auteurs et pour les interprètes. À force d'être commentées, les créations d'opéra de salon deviennent une occasion de faire parler de soi avant de débuter au théâtre, un peu comme lors des exercices publics et concours de fin d'année au Conservatoire[26] – on peut aussi songer aux prestations sur les théâtres d'application comme celui de Montmartre, utilisé par l'école lyrique fondée par Moreau-Sainti[27]. Le genre est d'ailleurs affiché en tant que spécialité assumée pour certains lauréats[28], et l'on semble pouvoir envisager à cette époque une véritable carrière à Paris[29]. Plusieurs auteurs voudraient voir dans leurs succès des recommandations pour l'Opéra. Un critique, Barateau, faisait partie des « quelques privilégiés » qui assistaient à la répétition générale d'un proverbe du compositeur mondain Félix Godefroid – il s'agit très certainement de *À deux pas du bonheur*, créé en 1853, ouvrage représenté officiellement chez le duc de Morny puis transporté salle Herz. D'après ce critique, « à quelques développements de plus », ce proverbe « augmenterait heureusement le répertoire de M. [Émile] Perrin. – Avis à l'habile directeur [de l'Opéra-Comique] qui n'a, du reste, pas attendu ce succès de salon pour confier un poème à Félix Godefroid »[30].

Le cas n'est pas isolé : en 1858, Jacques-Léopold Heugel profite d'une séance privée chez Mme Orfila pour faire parler dans son journal d'un de ses protégés, Paul Bernard, dont il est l'éditeur exclusif depuis près de dix ans[31]. Bernard, qui avait obtenu au Conservatoire un 2^d accessit de contrepoint et fugue en 1845 mais aucune récompense au concours du Prix de Rome, pouvait difficilement prétendre à des ambitions lyriques. Sa nécrologie dans *Le Ménestrel* (2 mars 1879) laisse entendre qu'en dehors de quelques transcriptions pour piano et de la fameuse romance *Ça fait peur aux oiseaux*, ce compositeur ne rencontra jamais de succès décisif. Lancée en 1873 à grand renfort de faits-Paris et encore enregistrée par Edmond Clément et José Delaquerrière (1924) avant de tomber dans le répertoire de chanteurs de variété, cette romance sur un poème de Galoppe d'Onquaire est en fait extraite de leur opérette, *Bredouille*, donnée en 1858 chez la princesse Aspasie Vogoridès. Les deux hommes collaborèrent encore pour *L'Accord parfait*, opéra-comique en un acte représenté sur le théâtre Pigeory à Paris (1863), et pour *Loin du bruit*, pastorale en un acte créée chez Rossini (1859).

En général, les premiers auteurs d'opéras de salon – Nadaud en particulier – appartiennent exclusivement au monde des salons et n'en sortent jamais, pas plus que leurs œuvres. Pour Tréfeu, ce genre « familier » n'est pas destiné à connaître le succès « en dehors de sa sphère »[32], et son premier collaborateur, Charles Poisot, élève d'Adolphe Adam, entendait composer pour le salon en parallèle d'une carrière officielle sur les théâtres[33].

Caractéristiques formelles

La proximité de facture entre des œuvres destinées à des représentations publiques ou privées entraîne très vite une confusion terminologique, flagrante lorsque l'on compulse les pages de titre des manuscrits et des éditions. La confusion existe déjà pour les observateurs contemporains de la création des pièces.

En 1863, une annonce insérée dans *Le Ménestrel* du 22 novembre donne une définition formelle par défaut qui articule des dénominations déjà relevées : « M. Hocmelle, organiste de la chapelle du Sénat et de Saint-Philippe-du-Roule, vient de faire paraître son opéra de salon ayant pour titre : *Un service d'ami*. Cet ouvrage est gravé avec le dialogue parlé ; comme musique il a l'importance d'un opéra-comique en un acte moins les chœurs. La mise en scène étant à peu près nulle, cet opéra est très-facile à monter. » Le rédacteur fait très justement remarquer la différence d'envergure qui existe entre un opéra de salon et un opéra-comique à trois personnages comme *Le Chalet* (OC, 1834) d'Adam. La suppression des chœurs et des ballets est une caractéristique « par la négative » essentielle de l'opéra de salon. « J'avais fait exécuter, par des amateurs, plusieurs opéras et opéras-comiques tant anciens que modernes, rapporte Poisot ; mais la difficulté des chœurs, les complications de la mise en scène, rendaient toute illusion impossible[34]. » On pense aux deux versions de *Philémon et Baucis* de Gounod, la première (non représentée) restreinte aux personnages principaux, la seconde (TL, 1860) incluant des tableaux[35]. Cependant, la véritable identité générique semble tenir à une considération des plus pratiques : l'impossibilité de créer un décor au-delà de quelques accessoires puisque le salon est par essence voué à d'autres usages et sa transformation pour accueillir une représentation lyrique véritablement éphémère. Des exemples de théâtres domestiques « en dur », dont à Paris l'hôtel de Béhague présente probablement le cas le plus extrême, sont rares. En revanche, les tréteaux semblent avoir été utilisés[36]. Pour la décoration, on exploite la configuration réelle du salon, agrémenté seulement de quelques accessoires. L'exemple parangon de transfert du salon vers la scène est *À la porte*, comédie en un acte d'Eugène Verconsin, jouée à Vichy le 11 mai 1865, musicalisée par Aristide Hignard pour le salon dès 1861, finalement représentée sur le Théâtre du Vaudeville le 5 janvier 1875. Un seul décor est nécessaire : « Le théâtre représente une rue déserte. Au fond, une porte cochère avec un bouton de sonnette apparent. À gauche, en avant, une encoignure formée par l'inégalité des maisons. Il est une heure du matin, un bec de gaz éclaire la scène. Une malle est près de la porte cochère. Dans un salon, ce décor peut être remplacé par une porte à deux battants, au fond, représentant la porte cochère, et deux portes latérales ouvertes pour continuer la rue à droite et à gauche, le tout expliqué par une affiche[37]. » Remarquons tout d'abord que ce n'est pas là le vocabulaire théâtral : on devrait dire cour, jardin, lointain, proche, avant-scène… Sans faire remonter l'idée du dispositif de l'affiche à la tradition des écriteaux au théâtre de la foire, nous nous rappellerons que le procédé avait été utilisé par les inventeurs de l'opérette dans les années 1850 afin de pallier la limitation du nombre de personnages parlants et peut-être aussi l'impossibilité financière de construire des décors féeriques. Dans ce cadre, le prologue peut retrouver sa fonction encomiastique et servir ostensiblement des desseins de séduction sociale[38]. Ce genre doit beaucoup à une poignée d'auteurs, de compositeurs et d'interprètes, dont les noms reviennent si souvent qu'ils sont presque synonymes de l'opéra de salon.

Diffusion

Au plus fort de la vogue, les représentations d'opéra de salon relèvent d'un véritable commerce qui génère une activité pour de nombreux corps de métiers. Ainsi les organisateurs peuvent faire appel à des spécialistes pour tous les détails matériels de leur événement domestique : « Avez-vous besoin, pour une soirée seulement, d'une décoration quelconque ? – écrivez un mot à M. Adolphe Belloir ; et, en sa qualité *d'entrepreneur général des fêtes administratives et particulières*, il vous improvisera une forêt, une chaumière, un riche salon, même un somptueux palais. – Faut-il y ajouter des costumes ? voici M. Moreau avec son universel bazar emprunté à tous les pays[39]. » Le marché existant, il se trouve des fournisseurs capables de monter une scène à domicile ; mais l'esprit de la chose voudrait plutôt que l'on se déguise de vieilles fripes, comme les enfants, car cela fait partie du jeu de faire avec trois bouts de ficelle, ainsi qu'en témoigne George Sand : « Avec des paravents, des vieux rideaux, des feuillages d'arbres verts, des loques repêchées dans les greniers, du papier d'or et d'argent, nous arrivons à faire des décors, des costumes, des coulisses, et tout cela portatif, installé dans le salon où il fait chaud et mis en place en 10 minutes[40]. »

En 1856, Jules Lovy prend acte de l'envahissement de la sphère privée par l'opéra de salon : « Depuis deux ans, l'*opérette* envahit les maisons, grimpe à tous les étages, s'empare des salons, des boudoirs, des alcôves, fait tourner la tête aux maris, agite les femmes, fascine les jeunes filles, révolutionne les ménages » (*Le Journal amusant*, 22 mars 1856). Le nouveau genre doit représenter pour les marchands de musique un commerce assez profitable. Pour les jeunes compositeurs de retour de Rome, il est un moyen pour subvenir à ses besoins : « Je passerai par Bade, écrit Bizet à sa mère, avant de retourner à Paris, et je me chargerai d'arranger une petite affaire avec Benazet [le directeur du Théâtre de Bade] pour un opéra de salon. Quand cela ne rapporterait que 3000 ou 4 000 francs, ce serait toujours bon à prendre[41]. » En 1857, Mme Gaveaux-Sabatier [née Bénazet] et M. Jules Lefort, se distinguèrent si bien dans *Suzanne*, opéra de salon de M. Salvator, qu'aussitôt Édouard Bénazet traita avec l'auteur et les interprètes pour un nouvel opéra de salon destiné à défrayer la saison en 1858[42].

Une autre des marques de la consécration du genre, c'est son inclusion dans les pratiques de concert, en remplacement des romances et extraits d'opéra ou morceaux instrumentaux[43]. Ce phénomène soulève d'ailleurs des questions d'ordre économique, car les dépenses liées à l'achat d'un matériel complet, lequel n'est pas disponible à la location, dépasse très largement celui d'une romance. Il est également plus difficile à copier. Il est assez délicat de dénombrer les représentations des opéras de salon car nous ne disposons pratiquement que des comptes rendus dans la presse pour savoir qu'une œuvre a été donnée chez un particulier. L'offre éditoriale nous informe que les consommateurs les plus réguliers d'opéra de salon seraient les pensionnats. L'annonce-affiche conçue par l'éditeur Lemoine vers 1927 reprend des titres déjà évoqués en divisant son catalogue entre maisons de jeunes filles et de garçons[44]. Mélangeant des œuvres créées sur des théâtres ou publiées avant d'avoir jamais été jouées, de dimensions assez variables, ce document indique les critères suivant lesquels l'acheteur potentiel pensait le genre : compositeur, nombre de personnages et surtout distribution mixte ou non. La filiation avec la romance revendiquée par Étienne Tréfeu est particulièrement claire dans la manière de rassembler des pièces diverses en collection à destination de ces publics moralement censurés : « C'est, indique Galoppe d'Onquaire, ce qui a fait la vogue de ces petites scènes composées pour être jouées dans un monde qui n'aime pas à rougir de ses sourires, et qui consent à s'amuser, pourvu que la mère puisse faire partager sa gaieté à ses filles[45]. »

Interprétation

La circulation des œuvres dans des lieux divers avec des contraintes variables rend assez floues les conventions théâtrales sur lesquelles elles reposent. De même qu'une romance peut être interprétée occasionnellement au concert, les opéras de salon se donnent parfois en dehors de leur cadre original. Témoin *La Bourse ou la vie* de Galoppe d'Onquaire et Charles Manry, créé à Paris début mars 1856 chez le Dr P. Bouland, aux Néothermes, puis redonné la même année lors d'un concert de charité sur le théâtre d'Orléans le samedi 5 avril suivant, avec chaque fois la même distribution : Mme Gaveaux-Sabatier et M. Jules Lefort[46].

Les traités restent silencieux sur l'art du chant propre à ce genre, mais on se doute que la convenance prime ici sur la puissance : douée d'une « voix d'opérette » insuffisante pour tenir un rôle salle Favart, Mlle Duval « respire un parfum de distinction et de modestie »[47]. En caractérisant ceux qui firent les belles heures de l'opéra de salon, nous entendons considérer le genre comme réel aboutissement artistique et sous l'angle de la manière de chanter qu'il valorise. Les emplois incluent des rôles chantants et non-chantants, comme l'illustre bien l'aventure du théâtre des Fanfans, installé dans le jardin de l'hôtel de Mme G*** à Neuilly en 1857, puis rue d'Assas à Paris, et bientôt salle Herz et aux Folies-Dramatiques avec *Les Oreilles de Midas* (*ca* 1857) de Jules Boucher – à ne pas confondre avec l'opérette de Frédéric Barbier (1866). La troupe commence par jouer la pantomime et en arrive à l'opéra de salon tout naturellement, à la faveur des dispositions musicales de ses membres. Adophe Mòny décrit ainsi Eugène Fauvre, surnommé le Cabot à cause de son amour des planches, élève de Saint-Germain et tapissier de son état : « Jouant tout, pourvu qu'il eût un rôle, n'importe lequel et n'importe où. […] Combien précieux comme machiniste, poseur de rideaux et tentures, lampiste, etc. – Et avec ça ténor léger, chantant bien le comique et, au besoin, le sentiment[48]. » Membre du Caveau, comédien de la Comédie-Française, Saint-Germain pouvait quant à lui « chanter avec cet enrouement chronique, ce timbre de soufflet percé qui était si cocasse et faisait pouffer au premier mot... ». Si tel journaliste regarde le succès de l'opéra de salon comme la réussite d'artistes spécialistes des salons, tel autre peut tout au contraire dénoncer les faiblesses d'interprètes jugés de second plan : « Le ténor est poussif, le baryton est fêlé, le trial zézaye, la *prima don[n]a* pousse des hoquets » (*Le Journal amusant*, 22 mars 1856). Une grande hétérogénéité caractérise les distributions, mêlant professionnels en activité, chanteurs d'opéra à la retraite et amateurs. On constate qu'un chanteur sans voix peut très bien faire carrière, qu'un amateur peut avoir un « instrument » extraordinaire, qu'un ancien professionnel peut avoir perdu tous ses moyens, alors qu'un ancien élève peut avoir mûri l'enseignement de sa jeunesse sans pratiquer le métier. La situation se complique encore par le fait qu'un même acteur peut avoir successivement plusieurs vies[49]. Bref, on ne peut strictement rien conclure du chemin de vie aux aptitudes vocales d'un comédien de salon. Force est de nous en tenir aux acteurs récurrents en remarquant que des compositeurs rompus à l'écriture vocale composent pour eux et que les partitions sont donc des sources assez fiables pour estimer leurs capacités techniques[50].

Cendrillon de P. Viardot en répétition dans un salon, photographie anonyme reproduite in P. Viardot, *Cendrillon*, cht-p., Paris : Miran, [*ca* 1904], entre p. 76 et 77, détail.

Comme pour toute création, il importe de préparer la représentation – cela se faisant dans des conditions parfois acrobatiques. Pauline Viardot décline une invitation pour se consacrer à la mise en place de sa *Cendrillon* en 1904 : « Hélas, je ne suis pas libre demain – j'ai répétition de ma bête d'opérette et mon absence serait un désastre car je cumule toutes les fonctions du théâtre de 3 h à 10 h du soir, dîner compris[51]. » La priorité est de ne pas souffrir de délais, lesquels risqueraient de briser l'élan d'enthousiasme et surtout l'impression de facilité. La légèreté prétendue des opérations prime sur la qualité profonde de l'interprétation, même si la conception du spectacle est aux mains de spécialistes aguerris. L'amateurisme de façade cache souvent un mélange de savoir-faire social, musical et théâtral qui doivent, à parts égales, assurer la réussite de l'événement mondain. « Car enfin il s'agit d'un opéra de salon, et certes, ce n'est pas une petite affaire qu'un opéra de salon[52] ! »

10.5 Jules Massenet : le maître de la IIIe République
Jean-Christophe Branger

De la mort de Bizet en 1875 jusqu'à la création de *Pelléas et Mélisande* en 1902, Massenet exerce une domination sans partage sur la création lyrique en France. Ses œuvres sont jouées dans tous les théâtres de France et d'Europe au point de faire de l'ombre à ses collègues, tel Chabrier qui, peu avant la première de *Gwendoline* à Paris en 1893, s'exclame devant un journaliste : « Que voulez-vous, tout est pris par Massenet, l'Opéra, l'Opéra-Comique, il n'y a que lui[1]. » La réalité est cependant plus complexe. Passé à la postérité essentiellement avec ses opéras, Massenet laisse l'image d'un compositeur auquel la fortune aurait constamment souri alors que bon nombre de ses ouvrages se sont imposés difficilement. En outre, contrairement à une idée reçue, la diversité des sujets ou des genres n'est pas dictée par un opportunisme effréné, mais le fruit d'une réflexion. Confronté à la révolution wagnérienne (cf. 9.6), Massenet apporte une solution à l'impasse dans laquelle se trouve l'opéra français.

Un parcours académique

Né le 12 mai 1842 à Saint-Étienne, Massenet entre au Conservatoire en 1853 où il obtient un premier prix de piano en 1859 avant d'intégrer la classe de composition d'Ambroise Thomas dont il subit une influence déterminante. Parallèlement, le jeune homme assure son indépendance matérielle en occupant un poste de timbalier dans différentes institutions, comme le Théâtre-Italien et le Théâtre-Lyrique, où il participe à la création du *Faust* (1859) de Gounod. Il y assimile un vaste répertoire et fréquente des chanteurs d'exception. Le jeune pianiste accompagne les élèves du ténor Gustave Roger qui lui fait rencontrer

Wagner en 1860 puis en 1861, l'année de la création chahutée de *Tannhäuser* à Paris (cf. 9.5). S'il est impressionné par le compositeur allemand, il n'hésite pas à publier la même année sa *Grande Fantaisie de concert sur le Pardon de Ploërmel de G. Meyerbeer*, paraphrase pour piano située sous le signe d'une dramaturgie bien différente de celle du futur maître de Bayreuth. Après un Premier Prix de Rome (1863), qui le conduit à séjourner deux ans à la Villa Médicis, Massenet fait ses débuts sur la scène parisienne avec *La Grand'tante* (1867) puis *Don César de Bazan* (1872), deux opéras-comiques accueillis sans éclat. Son oratorio *Marie-Magdeleine* créé à l'Odéon en 1873 attire en revanche l'attention. Bizet mesure alors combien son camarade constitue un dangereux rival : « Notre école n'avait encore rien produit de semblable ! Tu me donnes la fièvre, brigand ! [...] Diable ! tu deviens singulièrement inquiétant[2] !... » Deux ans après la mort de Bizet, la création du *Roi de Lahore* (O, 1877) le propulse en effet à la tête de la jeune école française (cf. 10.2). Dès l'année suivante, Massenet devient professeur de composition au Conservatoire, avant d'être élu à l'Institut.

Après la création triomphale d'*Hérodiade* (La Monnaie, 1881), qui impose l'image aussi juste que réductrice d'un musicien adepte des portraits féminins et des sujets où s'affrontent amour et sacré, les théâtres s'arrachent ses œuvres, que ce soit l'Opéra-Comique (*Manon* en 1884, *Esclarmonde* en 1889) ou l'Opéra (*Le Cid* en 1885, *Le Mage* en 1891). *Werther* le consacre ensuite comme le plus grand compositeur d'opéras français de son temps. Le drame lyrique remporte en effet un immense succès à Vienne en février 1892, mais ne suscite pas l'enthousiasme l'année suivante lors de sa première à l'Opéra-Comique. De même, *Thaïs* (1894) s'impose difficilement au Palais Garnier alors que *La Navarraise* (1894) est accueillie sans réserve à Covent Garden en juin suivant. L'étoile de Mas-

Page de titre de *La Musique populaire* consacrée à *Hérodiade*.

senet est alors à son zénith. Acclamé sur de nombreuses scènes, promu commandeur de la Légion d'honneur en 1895, le compositeur est reconnu, mais jalousé, car certains de ses ouvrages, comme *Manon*, ont fini par s'imposer au répertoire des théâtres du monde entier. Cependant, si sa musique est adulée du public, beaucoup lui reprochent son incapacité à se renouveler, son éclectisme ou son incessante et prodigieuse fécondité. Ces réactions sont d'autant plus vives que la personnalité du compositeur ne laisse pas indifférente. Superstitieux, à la fois pudique et mondain, Massenet fascine au point d'inspirer les écrivains, comme Maupassant[3], Feydeau ou Proust qui prend comme modèle le Clair de Lune de *Werther* pour décrire la première occurrence de la phrase de Vinteuil[4]. De nouvelles générations contestent alors sa suprématie. Bruneau et Zola portent sur la scène lyrique les théories naturalistes, tandis que les véristes italiens, traduits à l'Opéra-Comique, déstabilisent les musiciens français, et que la création retentissante de *Pelléas et Mélisande* en 1902 hisse Debussy à la tête de l'école symboliste.

À partir du début des années 1890, Massenet entre dans une période de doutes qui le conduit à s'éloigner du théâtre lyrique pour composer des œuvres instrumentales, comme un *Concerto pour piano* (1903). Suite au décès d'Ambroise Thomas en 1896, il refuse de prendre la tête du Conservatoire et démissionne de son poste de professeur de composition. Il éprouve des difficultés à achever la composition de *Cendrillon* et de *Grisélidis* qu'il avait commencée en 1894 avant de les abandonner momentanément pour *Sapho* (OC, 1897). Mais la première de cet ouvrage, comme celle de *Cendrillon* (OC, 1899), ne soulève guère l'enthousiasme de la presse, malgré l'accueil favorable du public. Dès lors, les succès et les échecs vont le plus souvent alterner. Massenet reprend *Grisélidis* (OC, 1901) qui, malgré de multiples remaniements, est reçue froidement. En revanche, il retrouve le goût du théâtre lorsqu'il compose *Le Jongleur de Notre-Dame* dont la création remarquée à Monaco en 1902 inaugure une collaboration féconde avec la cité monégasque. Suivront *Chérubin* (1905), *Thérèse* (1907) et *Roma* (1912), deux ans après *Don Quichotte* (1910). Cette «comédie héroïque» constitue le dernier succès d'un compositeur qui, l'année précédente, avait subi au palais Garnier son plus important revers avec *Bacchus*, second volet d'un diptyque dont le premier, *Ariane*, avait été créé dans cette même salle en 1906. Déjà affaibli par la maladie, Massenet trouve encore l'énergie de composer coup sur coup trois opéras qui seront créés après sa mort : *Panurge* (TG, 1911), *Cléopâtre* (MC, 1914) et *Amadis* (MC, 1922) (cf. t. 3, 3.3). Il rédige aussi *Mes souvenirs*, considérés parfois à tort comme apocryphes, puis s'éteint peu après, le 13 août 1912. Selon ses dernières volontés, il est inhumé à Égreville dans la plus stricte intimité, ayant refusé par avance les obsèques nationales que sa notoriété exigeait. Sur sa tombe, il aurait souhaité faire graver l'inscription suivante : «Dans cette solitude, je me repose du théâtre[5].»

Entre Italie et Allemagne : la voie française du juste milieu

Dix ans après sa nomination au Conservatoire, Massenet fait l'apologie de l'institution tout en exprimant une conviction artistique : « Le Conservatoire de musique de Paris [est] une école où l'élite du monde musical français garde en vie les grandes traditions françaises, sans pourtant se fermer les oreilles à ce qui se fait dans les pays étrangers. L'art musical français n'est pas enfermé dans les étroites traditions d'une école particulière. Il n'est pas régi par des coteries ni rapetissé par la vanité nationale. Son premier but est de cultiver la clarté et la précision, ses deux principales qualités[6]. » Cette déclaration fait écho à sa propre musique qui reste éminemment française, notamment dans son rapport à la langue dont il respecte avec bonheur les inflexions pour se forger un style vocal personnel, nommée rapidement la « phrase Massenet », que Reynaldo Hahn a bien définie : « Massenet a donné à *l'expression mélodique* de l'amour, une nervosité, une langueur et une grâce étrange qu'elle n'avait jamais eue avant lui[7]. » Son orchestration privilégie la clarté des timbres, contrairement à la musique germanique qui en favorise plutôt les combinaisons. Mais ses opéras attestent aussi une perméabilité aux compositeurs étrangers, puisqu'on y décèle aussi bien l'influence de Wagner que de Verdi ou des jeunes compositeurs véristes. Ce trait essentiel de sa musique est dicté par des convictions profondes qu'il exprime dans un entretien, peu avant la création de *Manon* qui marque un tournant dans sa production : « Les maîtres italiens ont un souci trop exclusif de la phrase ; ils sacrifient trop aux voix, sans se préoccuper suffisamment de ce qu'on appelle les *dessous* et ce que j'appelle, moi, l'*atmosphère* dramatique. Il en résulte que leurs personnages vivent uniquement de leur vie propre, vie un peu factice, et pas assez de celle qu'on emprunte à l'air ambiant. Chez le maître allemand [Wagner], c'est tout le contraire. À mon sens, il est plus voisin de la vérité ; mais, ni ici ni là n'est la vérité absolue. L'idéal serait dans la fusion harmonique des deux systèmes, dans leur juste pondération. Et c'est là l'idéal que je recherche[8]. » Cet idéal s'observe avant tout dans la présence de formes closes (airs, duos), avec des lignes vocales héritées d'une tradition franco-italienne[9], reliées par des épisodes plus déclamés, et soutenues par un orchestre expressif et signifiant redevable à la tradition française. Les motifs de rappel, peu développés et peu nombreux, subissent un traitement diversifié et se divisent en plusieurs catégories[10] (cf. 3.6). Cette recherche d'une « fusion harmonique » relève de la doctrine philosophique – l'éclectisme – de Victor Cousin, selon laquelle la France, par sa position géographique, serait une terre de synthèses. Très vite dénaturées et vivement critiquées, les idées de Cousin affectent pourtant la pensée de nombreux essayistes et la conception de nombreux opéras depuis Meyerbeer jusqu'à Saint-Saëns ou Massenet[11], dont l'éclectisme diffère d'un ouvrage à l'autre, la conception musicale découlant du livret. Ainsi, le sujet légendaire d'*Esclarmonde* le conduit à adopter majoritairement un style wagnérien tandis que le langage du XVIIIᵉ siècle prédomine dans *Manon*. Mais l'acte IV de cet opéra-comique s'achève aussi par un *concertato* d'inspiration italienne, la situation étant similaire à celle de *La Traviata* où Germont père, comme le Comte des Grieux, fait une irruption brutale dans une salle de jeu pour tancer son fils.

Massenet se plaît aussi à citer des extraits précis issus ou non de l'art lyrique. Ainsi, il reproduit le motif des Adieux de la sonate éponyme de Beethoven qui préfigure, dès le Prélude puis au dernier acte, la fin tragique de l'héroïne. De même, le célèbre air d'Ossian, chanté par Werther à l'acte III, cite textuellement des mesures de *La Juive* d'Halévy au cours desquelles Éléazar a le pressentiment du martyre sur lequel s'achève cet opéra («Je vois s'ouvrir la tombe»), ce qui annonce la fin tragique de Werther[12]. *Sapho* enchaîne sur un mode humoristique de multiples citations, l'invective adressée à l'hôtelier, «C'est toi qu'avec furie et frénésie / Nous embrochons» (acte III), étant soutenue par le thème des Furies de l'*Orphée* de Gluck[13]... Ce jeu intertextuel relève autant d'un clin d'œil que d'un hommage appuyé à des œuvres désormais inscrites dans l'histoire de la musique. Dans la continuité de la pensée de Cousin, Massenet emprunte des éléments stylistiques ou des extraits d'œuvres marquantes de l'histoire, car il inscrit son geste créateur dans une tradition qu'il respecte et apprécie. À cet égard, ses deux principaux modèles sont Gluck et Méhul. «Il y a, explique-t-il, plus d'une affinité entre le génie de ces deux illustres musiciens, et Méhul devait accomplir dans la forme de l'opéra-comique la même révolution que celle qu'avait accomplie Gluck dans l'opéra.» Puis il évoque une époque déterminante à ses yeux : «J'aime à me rapporter à ces temps héroïques de la musique où l'opéra moderne [...] sortait de ses langes, servi par une pléiade d'artistes qu'on appelait Cherubini, Le Sueur, Spontini, Grétry, Berton ; et je dis moderne avec intention, car ce sont eux qui ont ouvert les voies que nous suivons encore»[14]. Mais il n'en admire pas moins Wagner et Verdi qu'il considère comme les deux plus grandes personnalités de l'art lyrique de son temps et dont il subit l'influence à des degrés divers suivant les œuvres et les époques[15]. À la fin de sa vie, Massenet s'inquiète de la place prépondérante du compositeur allemand et s'interroge sur la personnalité pouvant «sauver les droits et l'influence de la Méditerranée[16]» après la mort de Verdi : s'il ne rejette pas l'esthétique germanique, son idéal reste tourné vers le Sud et *a fortiori* guidé par un souci d'équilibre qu'il juge désormais altéré. Son discours n'est donc pas dénué d'une pensée politique en phase avec les idées de la IIIᵉ République qui valorise le patrimoine d'une nation fragilisée depuis la défaite de 1870. En suivant des modèles que l'Histoire a validés, Massenet magnifie d'abord des chefs-d'œuvre de la culture française, qu'ils soient littéraires (*Manon, Le Cid, Panurge*) ou musicaux, en s'inspirant de deux genres éminemment français, l'opéra-comique et le grand opéra. Ses ouvrages d'inspiration exotique, tels *Le Roi de Lahore* ou *Le Mage*, font écho aux conquêtes coloniales[17], tandis que le rôle prééminent de l'amour dans la foi, qui traverse une grande partie de ses opéras et bouscule les dogmes religieux, s'inspire de Renan ou de Michelet[18] et témoigne, non pas d'un rejet des religions, mais plutôt d'une « recomposition du sacré[19] » à laquelle aspirent ses contemporains, tels les saint-simoniens en leur temps.

Un rayonnement en France et en Europe

L'influence de Massenet sur la musique de son temps est considérable. Elle s'exerce d'abord via l'enseignement que le compositeur prodigue au Conservatoire. Fin pédagogue, il engage ses élèves à s'inspirer des œuvres du passé, dont il diversifie les exemples, et se montre soucieux de la qualité prosodique des lignes vocales, Gustave Charpentier ou Reynaldo Hahn[20] restant ses débiteurs les plus immédiats dans ce domaine. Hahn précise : « Mais jamais, jamais Massenet n'a imposé ses idées, ses préférences, ni surtout sa manière à aucun de ses élèves ; bien au contraire, il s'identifiait à chacun d'eux, et l'un des traits les plus remarquables de son enseignement consistait dans l'assimilation dont il faisait preuve quand il corrigeait leurs travaux [...]. Il parlait de tout, de littérature, d'histoire et de peinture ; tout lui était bon pour illustrer ce qu'il voulait nous faire comprendre, et son éloquence égalait sa sensibilité. Je n'oublierai jamais les heures passées avec lui au Musée du Louvre[21]... » Si certains critiquent sa musique, tous sont en effet unanimes à souligner la bienveillance dont il témoigne à l'égard de personnalités aussi diverses qu'Alfred Bruneau, Ernest Chausson, Charles Kœchlin, Xavier Leroux, Gabriel Pierné ou Florent Schmitt. Son influence s'observe aussi dans la musique du jeune Debussy[22] qui se souviendra plus tard de la « Danse silencieuse des gouttes de rosée » de *Cendrillon* (acte III) pour écrire « The snow is dancing » de *Children's corner*. Elle dépasse également les frontières, puisque Tchaïkovski, qui élabore son théâtre lyrique à l'aune de l'éclectisme des compositeurs français[23], écrit un cycle de mélodies après avoir découvert *Marie-Magdeleine*[24]. L'admiration que suscite Massenet gagne aussi l'Italie où, en 1878, *Le Roi de Lahore*, exécuté dans plusieurs salles de la péninsule, impressionne la jeune génération italienne : Mascagni, Leoncavallo ou Cilea n'ont de cesse de louer le génie mélodique et théâtral d'un auteur en lequel ils trouveront leur véritable mentor[25]. De même, lors de la création de *La Bohème* à Paris en 1898, Puccini exprime sa joie d'avoir reçu un mot de félicitations de celui qu'il « admire et estime plus que tous les autres compositeurs d'opéras vivants[26] ».

10.6 Perpétuation et transformation des genres lyriques chez Massenet

Jean-Christophe Branger

De ses premières œuvres à sa mort en 1912, Massenet investit aussi bien la salle Favart que le Palais Garnier, sa muse étant suffisamment souple pour épouser les contraintes inhérentes à ces deux salles où sont majoritairement créés ses opéras. Cette capacité prodigieuse d'adaptation, qui n'altère jamais sa personnalité, reste cependant le fruit d'un long cheminement au cours duquel le compositeur apprend son métier. Prenant appui sur un modèle a priori sclérosant pour tout jeune compositeur de cette époque, Massenet présente un itinéraire singulier à ses élèves : « Wagner dans ses premiers ouvrages apprend le métier des autres. Il le sait, dans *Lohengrin*. Dans *Tristan et Yseult* il apprend le sien : maladresses, et trouvailles de génie. Ce métier qui lui est propre, il le sait à partir des *Maîtres Chanteurs*. Ce qui prouve qu'il faut, pour aller loin, *commencer par prendre le chemin que les autres ont déjà tracé*[1]. » L'exemple n'est bien entendu pas choisi au hasard. Massenet effectue toute sa carrière à l'ombre du maître de Bayreuth qui plane sur la création lyrique jusqu'au début du XXe siècle (cf. 9.6). Mais il s'en affranchit en suivant un parcours à la fois similaire et différent pour se forger sa propre personnalité et explorer à son tour des contrées inconnues où il renouvelle deux genres, l'opéra-comique et le grand opéra.

Suivre la tradition de l'opéra-comique et s'approprier le grand opéra

La partition en un acte de *La Grand'Tante* (OC, 1867) s'appuie sur un livret dont l'action se passe en Bretagne. Le comte de Kerdrel hérite d'un vieil oncle qui laisse veuve une jeune femme. Il tombe amoureux de cette grand'tante qu'il finit par épouser après de multiples péripéties. Massenet hérite d'un livret bâti sur des situations ou figures types d'opéra-comique, comme celles de *La Dame blanche*, qui le conduisent « à respecter l'esprit du genre[2] ». Conçue sous l'influence d'Adam et Auber, la partition enchaîne six numéros aux contours mélodiques saillants et suscite l'intérêt, malgré ses subtilités orchestrales ou harmoniques qui, aux yeux de certains, trahissent une prédilection pour une écriture pouvant faire allégeance au style germanique. Aussi reste-t-elle dans l'ombre de la *Première suite d'orchestre* qui, créée peu avant, reçoit un accueil bien plus favorable. Massenet ne réussit pas davantage avec *Don César de Bazan* (OC, 1872), opéra-comique plus ambitieux en trois actes, ce qui conforte l'idée selon laquelle Massenet serait un compositeur symphonique. L'œuvre, qui met en scène les aventures rocambolesques d'un « bandit-gentilhomme, amoureux et vaillant[3] », se moule pourtant parfaitement dans le genre de l'opéra-comique en enchaînant des numéros types qui alternent avec des dialogues parlés. La musique regorge de procédés éculés, parfois dans la lignée de *L'Étoile du Nord* de Meyerbeer. Comme celle de *La Grand'tante*, la partition disparaît dans l'incendie de l'Opéra-Comique en 1887. Massenet la réécrit dès l'année suivante tout en remaniant certains passages, mais en vain, car *Don César* tombe dans l'oubli, excepté une Sevillana, pièce vocale virtuose composée en 1890 sur une poésie de Jules Ruelle et fondée sur un entr'acte de l'opéra. En revanche, son opérette de salon, *L'Adorable Belboul*, récemment retrouvée, atteste sa capacité à investir un autre genre[4]. Le livret, dont l'action se passe à Samarcande, met en scène le stratagème d'un père souhaitant marier sa fille aînée dont le voile masque la laideur. La musique, quant à elle, est plutôt conçue dans l'esprit des opérettes de Delibes. Nulle trace de couleurs exotiques prononcées dans la partition, découpée en huit numéros, dont l'effet comique consiste surtout dans le texte et dans l'association iconoclaste d'un trombone et d'une clarinette au piano qui accompagne cinq solistes. Créé confidentiellement avec succès dans un salon puis au Cercle de l'union artistique, le 18 avril 1874, *L'Adorable Belboul* forme un versant comique au *Roi de Lahore*, ouvrage d'inspiration exotique sur lequel Massenet travaille à la même époque.

De 1873 à 1877, Massenet compose *Le Roi de Lahore*, dont la création en 1877 remporte un immense succès. Inspiré d'une légende indienne, le livret relate les amours impossibles de la prêtresse Sita et du roi Alim. L'orchestration étincelante, d'où émergent les sonorités rares des saxophones, et des harmonies chatoyantes valorisent une partition qui, toujours découpée en numéros autonomes, s'inscrit dans la lignée d'*Hamlet* d'Ambroise Thomas et répond encore aux codes du grand opéra par sa découpe en 5 actes, ses grands ensembles, son faste scénique et la place réservée à la danse. Mais *Le Roi de Lahore* témoigne aussi d'une personnalité en train de s'affirmer, Massenet revendiquant n'appartenir à aucune école : « J'ai été wagnérien, beaucoup trop peut-être, aujourd'hui j'admire le beau chez Wagner comme chez les autres musiciens », confie-t-il, peu après la création, à un critique, auquel il ne cache point l'impression que lui ont faite « les belles, les grandes pages de l'*Aida* de Verdi » (*Fig.*, 4 mai 1877). Massenet franchit une nouvelle étape avec *Hérodiade* dont il entreprend la composition peu après dans la perspective d'une création à Milan. Mais, après de multiples remaniements, l'opéra échoit à Bruxelles où il triomphe, le 19 décembre 1881. Inspiré du conte de Flaubert, le livret s'inscrit dans la lignée exotique et générique du *Roi de Lahore*. Mais la partition, conçue en 3 puis 4 actes, est désormais découpée en scènes où les formes closes s'insèrent dans des épisodes déclamés plus libres de conception. Elle porte aussi les traces d'une influence prépondérante des procédés italiens bien que Massenet ait affirmé que le rôle-titre était « un genre d'*Ortrude* sauvage[5] ».

Manon : une œuvre charnière

Pourquoi Massenet choisit-il un genre désuet pour composer *Manon*, opéra-comique en 5 actes, peu après la création d'*Hérodiade* ? En adaptant le roman de l'abbé Prévost, il rend hommage à un chef-d'œuvre de la littérature française et retourne aux sources d'un genre ayant influencé aussi bien Beethoven que Weber et connu une large diffusion en Europe. À la fin du XIXe siècle, l'opéra-comique témoigne d'un temps où la France savait tenir son rang dans le monde[6] (cf. chap. 15). Le compositeur souhaite néanmoins apporter une réponse au théâtre wagnérien tout en en préservant les acquis. Il décide de ne plus rompre la continuité musicale en détournant une des contraintes de l'opéra-comique qui sera d'ailleurs supprimée en 1883 (cf. 10.2). Soutenue par une légère trame musicale, la déclamation parlée, désormais réduite, devient un élément fondamental de la dramaturgie vocale au même titre que le chant. Chez Massenet, cette technique, appelée parfois « mélodrame », se réfère non seulement à l'opéra-comique du XVIIIe siècle, mais aussi à un genre théâtral éponyme très diffusé et qui l'a volontiers utilisé. Aussi la présence prépondérante de la déclamation parlée exprime-t-elle une volonté du compositeur d'inscrire son ouvrage dans une histoire diversifiée de la culture française. L'utilisation du mélodrame lui permet dès lors de se démarquer de Verdi et de Wagner qui ne lui ont réservé qu'une place extrêmement secondaire dans leurs œuvres. Avec *Manon*, Massenet propose aussi une nouvelle forme hybride fondée sur la « fusion harmonique » des écoles (cf. 10.5). Son opéra-comique, créé salle Favart, le 19 janvier 1884, suscite une importante polémique. Massenet est accusé de wagnérisme par certains tandis que d'autres le jugent trop fidèle aux principes structurels et vocaux de l'opéra français ou italien. Ce respect d'une tradition s'observe dans les scènes de pastiche de la musique du XVIIIe siècle dans lesquelles Massenet excelle. Les juxtapositions de styles *a priori* opposés et souvent décriés créent cependant des effets de contraste servant admirablement bien la dramaturgie. Le vernis poudré des menuets et autres pastiches symbolise un monde frivole et désuet, auquel Manon n'est pas étrangère dans certaines situations. Mais il isole aussi Des Grieux et sa maîtresse de leur environnement : les duos reliant Manon et Des Grieux ou certains de leurs monologues s'accompagnent toujours d'un langage musical fin de siècle qui, plus élaboré et novateur, souligne la sincérité de la passion que les deux jeunes gens éprouvent l'un pour l'autre. *Manon* reste donc le fruit d'une réflexion d'un compositeur souhaitant renouveler les genres lyriques tout en inscrivant son geste créateur dans une lignée de l'opéra français – l'opéra-comique – que son ouvrage semble clore définitivement. *Manon* dégage le parfum nostalgique d'une époque révolue tout en ouvrant des perspectives, le compositeur déclinant cette forme hybride dans ses œuvres suivantes en fonction des sujets.

Adrien Marie, « Les salons de jeu de l'hôtel de Transylvanie (acte IV). Entrée de Manon (Mlle Heilbron) et de Desgrieux (M. Talazac) », *Le Monde illustré*, 2 fév. 1884, p. 68.

Splendeurs et décadence du grand opéra : du Cid au Mage

Après de multiples tâtonnements, Massenet se lance en 1883 dans la composition du *Cid*, opéra en 4 actes qui, créé avec succès le 30 novembre 1885, s'installe rapidement au répertoire. Cet engouement s'explique d'abord par le sujet qui exalte un chef-d'œuvre de la littérature française bien qu'il s'inspire autant de Corneille que de Guilhem de Castro auquel les librettistes ont emprunté, à la demande du musicien, la scène du serment et celle de la vision. *Le Cid* témoigne aussi d'un attrait renouvelé pour l'Espagne, notamment dans le ballet, tout en valorisant la culture française. La partition répond encore aux codes du grand opéra (cf. 21.4), malgré une volonté de mieux intégrer, comme dans *Hérodiade*, les airs solistes conçus vocalement dans le style des tragédies lyriques.

Esclarmonde marque une nouvelle étape dans la transformation du grand opéra et témoigne d'un décloisonnement des genres puisque cet « opéra romanesque » en 4 actes est créé à l'Opéra-Comique au cours de l'Exposition universelle, le 15 mai 1889. Conçu pour la soprano Sibyl Sanderson, *Esclarmonde* atteste aussi le rôle des chanteurs[7] alors que l'ouvrage reste celui où Massenet aurait subi le plus l'influence de Wagner[8]. La place du compositeur germanique s'observe déjà dans le choix du sujet. Inspiré d'un roman de chevalerie français du XIIe siècle (*Parthenopoeus de Blois*), le livret met en scène une jeune princesse dotée de pouvoirs surnaturels, Esclarmonde, qui brave les interdictions de son père pour assouvir sa passion pour le chevalier Roland. La page de titre illustrée de la partition insiste sur le merveilleux médiéval de l'œuvre (cf. cahier d'ill.). Quant à la musique, elle est marquée par un important réseau de motifs de rappel, des audaces harmoniques et une orchestration particulièrement cuivrée et chatoyante, l'imposant effectif orchestral requis tranchant par ailleurs avec les habitudes de l'Opéra-Comique. Mais, pour certains, le livret reste tributaire d'une esthétique du grand opéra et l'écriture vocale démodée. Si de nombreux épisodes vocaux sont déclamés ou proches de l'arioso, les vocalises conçues pour Sanderson relèvent d'une virtuosité belcantiste contraire à l'esthétique wagnérienne. *Esclarmonde*, qui témoigne d'un éclectisme conduisant le compositeur à juxtaposer des styles a priori inconciliables, ne serait donc qu'une « parodie efféminée[9] » du théâtre wagnérien. Dans un entretien accordé en 1909, Massenet émet d'ailleurs des réserves sur un opéra qu'il semble désormais renier en raison de son wagnérisme prononcé : « Je me suis quelquefois dit que cette partition n'était pas entièrement de moi. Ça et là on trouve des leitmotive, des façons de faire qui ne me sont pas habituelles[10]. »

Aussi, Massenet équilibre-t-il mieux les influences verdiennes et wagnériennes dans son ouvrage suivant, *Le Mage* (O, 1891), tout en perpétuant l'esthétique du grand opéra. Le livret lui permet aussi de renouer avec l'exotisme et les passions d'*Hérodiade*. Mais, à une action située désormais à l'époque de la naissance du zoroastrisme dans la Bactriane, « 2500 ans environ avant l'ère chrétienne », se mêle une intrigue amoureuse où, comme dans *Aida*, deux femmes, dont l'une est l'esclave de l'autre, s'opposent pour gagner les faveurs de Zarastra. Bâti sur un livret en 5 actes intensément dramatiques, l'opéra comporte un traditionnel ballet et de vastes ensembles soutenus par un orchestre largement enrichi en cuivres et en percussions. Cependant, *Le Mage* quitte subitement l'affiche quelques mois après sa création pour sombrer injustement dans l'oubli, les codes du grand opéra apparaissant désormais désuets face au théâtre wagnérien qui s'impose progressivement au répertoire (cf. 9.5). C'est d'ailleurs à l'aune de cette esthétique que l'opéra suivant de Massenet, *Werther*, sera constamment jugé.

Transformer l'opéra-comique : du « drame lyrique » au « conte de fées »

De 1885 à 1895, Massenet écrit quatre ouvrages qui renouvellent l'opéra-comique dans des directions parfois diamétralement opposées, tout en préservant l'ossature ou l'esthétique du genre. S'il s'est exprimé dans tous les genres, ses réussites majeures découlent de l'opéra-comique dont le cadre plus intime convient mieux à son tempérament.

Après y avoir songé en 1879, Massenet ne se lance dans la composition de *Werther*, « drame lyrique » en 4 actes inspiré de Goethe, qu'en 1885. Des conflits lors de la rédaction du livret, mais aussi la conception singulière de l'ouvrage expliquent la genèse longue et difficile d'une œuvre à laquelle Massenet tient particulièrement. Pressenti pour l'Opéra-Comique, *Werther* ne satisfait pas Carvalho qui juge le sujet incompatible avec les attentes de son public. L'ouvrage est créé au Théâtre impérial de Vienne, le 16 février 1892. La part déterminante du ténor wagnérien Van Dyck dans l'accueil enthousiaste du public n'est sans doute pas étrangère à l'image wagnérienne de *Werther* d'autant que son intitulé générique pourrait laisser entendre que le compositeur français prête allégeance au géant d'outre-Rhin. Si le langage musical renforce parfois cette impression (écriture harmonique ou orchestrale, motifs de rappel, épisode symphonique), *Werther* est bien un opéra-comique sans dialogues où des épisodes dramatiques alternent avec des scènes de comédie. Sa qualification générique renvoie plutôt à une acception propre à l'opéra-comique de la fin du XVIIIe, et plus particulièrement à Barnabé Farmian de Rozoi, librettiste de Grétry qui, dans sa *Dissertation sur le drame lyrique* (1775), définit un genre intermédiaire reposant sur le mélange de situations dramatiques et légères. Le traitement simplifié des motifs de rappel s'inscrit par ailleurs plutôt dans une tradition française (cf. 3.6). Conçu dans la lignée de *Manon*, *Werther* rend plus précisément hommage à Méhul dont Massenet se fait l'apologue peu avant la création parisienne de son drame lyrique en 1893[11]. *Werther* constitue enfin un jalon d'une étape qui mène à *Pelléas et Mélisande* en raison du caractère intime des situations et de son écriture vocale qui emprunte souvent le ton de la conversation chantée. Dès 1886, le compositeur explique son projet dans la presse : « Ce sera un drame lyrique très simple, sans chœur, sans mise en scène, à deux personnages. Des comparses seulement, avec eux. Assez court d'ailleurs ce drame : quatre tableaux. Et je le caresse particulièrement parce que j'ai réalisé en lui ce qui a toujours été mon rêve en musique : la vérité » (*Le Voltaire*, 23 mai 1886). Peu après, un critique, Fernand Bourgeat, précise sa pensée : « Pour se rapprocher le plus possible de la vérité, les personnages chanteront les uns après les autres, ou, si l'on peut dire ainsi, parleront et se répondront en musique, ainsi que l'on parle et l'on se répond dans une conversation de la vie réelle. Comme genre, *Werther* sera une sorte d'opéra-comique *sui generis*. [...] La partition ne contiendra aucun "numéro" et sera une sorte de symphonie en plusieurs tableaux » (*Gil Blas*, 19 juil. 1886). L'opéra de Massenet a donc peu de liens avec le théâtre wagnérien. Tout au plus peut-on l'assimiler à une sorte de « *Tristan* français » par son sujet qui présente, le plus souvent en huis clos, deux êtres minés par un amour impossible. Mais, comme l'a souligné finement Michele Girardi, en déplaçant la mort de Werther au jour de Noël, les auteurs font de leur personnage un *alter Christus* profondément humain, en phase avec les idées prérévolutionnaires d'un Rousseau qui, comme Massenet l'explique à Van Dyck, « répandait des idées de liberté et d'amour de la nature [...] en harmonie avec *les élans* de Werther[12] !... » Son opéra véhicule ainsi des idées clairement associées à la Révolution française, et sans doute aussi à la franc-maçonnerie, puisque 1789 constitue la seule année de la décennie où Noël tombe un vendredi. Massenet situe donc *Werther* non seulement dans le sillage des aspirations de Goethe, dont l'affiliation à la franc-maçonnerie est connue, mais aussi dans celles de la IIIe République qui s'érigea sur les valeurs de 1789, véhiculées par des hommes politiques francs-maçons pour la plupart.

Le Portrait de Manon (OC, 1894) célèbre aussi le XVIIIe siècle, mais cet opéra-comique en un acte renoue avec l'esthétique poudrée de *Manon* dont il constitue une petite suite aussi bien sur un plan littéraire que musical. Comme Massenet l'a écrit, dans cet ouvrage « reparaissent plusieurs phrases de *Manon*. Le sujet me l'indiquait, puisqu'il s'agissait de Des Grieux, à quarante ans, et d'un souvenir très poétique de Manon, morte depuis longtemps[13] ». L'argument, qui ne doit rien à Prévost, repose sur une donnée très simple : Des Grieux conserve en secret un portrait de la femme qu'il a aimée. Il s'occupe de son neveu, Jean, qui tombe amoureux d'Aurore, recueillie par Tiberge à la mort de son père qui n'est autre que Lescaut. Mais, troublé par la ressemblance entre les deux femmes, Des Grieux refuse le mariage des deux jeunes gens lorsqu'un stratagème de Tiberge, fondé sur une apparition presque surnaturelle d'Aurore, vêtue des habits que portait Manon à l'acte I, brise ses résistances. Malgré ses qualités, le *Portrait* n'offre musicalement aucune avancée par rapport à *Manon* dont il décuple le parfum nostalgique en portant un regard aussi bien sur un genre que sur un ouvrage devenu un pilier de Favart. En revanche, le livret amplifie la portée morale de *Manon* et d'une grande partie des opéras de Massenet où s'affrontent le désir et la foi : l'amour est un don sacré qu'on ne peut rejeter.

Composé pour Sanderson, *Thaïs* porte un titre générique souvent accolé à des œuvres entièrement chantées mais proches de l'opéra-comique par leur style ou leur ton. Créée au Palais Garnier, le 16 mars 1894, cette « comédie lyrique » est bâtie sur un livret de Louis Gallet qui, inspiré du roman éponyme d'Anatole France, oppose un moine, Athanaël, à une courtisane d'Alexandrie, Thaïs, dont il tombe éperdument amoureux alors qu'elle agonise dans un couvent après qu'il l'a convertie. Entremêlant expression de la foi et pulsions érotiques, l'ouvrage met en scène une femme fatale, dont la mort rédemptrice ne masque pas la critique ironique d'une religion destructrice des passions. Or, si le roman rencontre un grand succès, l'opéra est longtemps délaissé. Initialement conçu pour le cadre intime de l'Opéra-Comique, *Thaïs* ne comporte que trois actes, avec des interventions chorales limitées et des épisodes chorégraphiques – relativement brefs et disséminés – relevant de la pantomime. La partition, une des plus originales de Massenet, déconcerte par son écriture vocale, à la fois lyrique et déclamée, et ses multiples épisodes symphoniques qui, accompagnés ou non d'une chorégraphie, sollicitent l'imaginaire du spectateur ou soulignent l'évolution psychologique des personnages, comme la célèbre « Méditation » illustrant la conversion de la jeune femme. Malgré de multiples retouches et l'adjonction d'un nouveau tableau en 1898, *Thaïs* s'impose difficilement. L'œuvre deviendra pourtant un des piliers du Palais Garnier jusqu'à la Seconde Guerre mondiale (100e en 1910, 600e en 1944).

À la même époque, Massenet engage l'opéra-comique dans une voie vériste après sa rencontre avec la soprano Emma Calvé qui, en 1892, triomphe salle Favart dans le rôle de Santuzza de *Cavalleria rusticana*. Dès l'année suivante, il lui compose *La Navarraise*, « épisode lyrique » en deux actes d'Henri Cain d'après une nouvelle de Jules Claretie, créé à Londres (Covent Garden), le 20 juin 1894, et donnée en 1895 à l'Opéra-Comique. Le succès de Calvé incite Massenet à lui écrire, toujours avec Cain, *Sapho* (OC, 1897), « pièce lyrique » en cinq actes d'après le roman éponyme de Daudet. Malgré leur sujet puisé dans la vie contemporaine, les deux opéras divergent sur plusieurs points. La coupe ramassée du livret de *La Navarraise* rappelle celle de *Cavalleria* tandis que le sujet, situé pendant la seconde guerre carliste, prolonge l'hispanisme de *Carmen*, devenue une référence du vérisme : Anita tue un général afin d'obtenir une récompense lui permettant d'épouser Araquil, fils d'un riche paysan. Mais mortellement blessé et doutant de son honnêteté, le jeune homme la maudit et succombe tandis qu'Anita sombre dans la folie. En revanche, *Sapho*, dont l'intrigue se déploie sur 5 actes, constitue une version modernisée de *Manon* ou de *La Traviata*. L'action, située dans les milieux bohèmes parisiens, met en scène le destin brisé de Fanny qui, mère d'un enfant illégitime et autrefois modèle, s'éprend d'un jeune Provençal auquel elle renonce sous la pression des conventions sociales. Si l'expression musicale se partage, dans les deux cas, entre l'accompagnement et une écriture vocale éminemment lyrique et diversifiée, le langage diffère d'une partition à l'autre. L'écriture orchestrale et harmonique de *La Navarraise* porte « une empreinte wagnérienne[14] », malgré ses effets réalistes de mitraille, une utilisation discrète des motifs récurrents et son refus des développements. La partition de *Sapho*, quant à elle, oppose, comme dans *Manon*, des épisodes lyriques, où se concentre l'émotion, à un important réseau de motifs populaires, inventés ou empruntés, telle la Chanson provençale de Magali. L'œuvre offre davantage d'épisodes apparentés à des airs que *La Navarraise*, où le ton de la conversation est privilégié dans un souci de concision dramatique.

Avec *Cendrillon*, « conte de fées » en 4 actes, composé en 1895 sur un livret de Cain d'après Perrault, Massenet introduit la féerie et le merveilleux dans l'opéra-comique, que la mise en scène d'Albert Carré, fondée sur des effets spéciaux et une utilisation nouvelle de l'électricité, magnifie lors de la création, le 24 mai 1899, dans la nouvelle salle Favart inaugurée depuis peu. Un tableau (« L'arbre des fées »), absent du conte, se passe chez la Fée, devenue le *deus ex machina* d'une histoire dotée d'une valeur éducative. L'action retrace le parcours initiatique d'une jeune femme, bénie des fées, passant de l'enfance à l'âge adulte sous les coups de l'amour. Musicalement, Massenet renoue avec une esthétique du pastiche pour opposer le monde superficiel de la cour, marqué par une musique d'opéra bouffe ou teintée d'archaïsmes, à celui des fées dont l'écriture chromatique et raffinée préfigure celle de Debussy. Trois tessitures féminines, dont celle du Prince dévolue à un Falcon, annoncent, quant à elles, l'esthétique et les entrelacements vocaux du *Chevalier à la rose*.

À l'extrême fin du XIXe siècle, Massenet a donc profondément renouvelé le genre de l'opéra-comique et, dans une moindre mesure, celui du grand opéra. Mais, traversé par le doute, il affirme dans les colonnes du *Figaro* du 23 mai 1899, la veille donc de la création de *Cendrillon* : « Ma résolution est arrêtée. Vous allez écouter mon dernier ouvrage. Je cesse d'écrire pour le théâtre. » Cependant, le compositeur poursuivra peu après son exploration des deux genres qu'il éclairera de ses derniers feux (cf. t. 3, 3.3).

Notes de 10.1

1. F. Patureau, *Le Palais Garnier dans la Société parisienne, 1875-1914*, Liège : Mardaga, 1991, p. 151.
2. *Ibid.*, p. 71.
3. K. Ellis, « Olivier Halanzier and the Operatic Museum in late Nineteenth-Century France », *Music & Letters* 96/3, 2015, p. 390-417.
4. N. Wild, *Dict.*, p. 218-220, 304.
5. C. Saint-Saëns, « Musique », *Le Voltaire*, 18 juil. 1879.
6. O. Halanzier-Dufrénoy, *Exposé de ma gestion à l'Opéra, 1871-1875*. Paris : A. Chaix, 1875.
7. A. Vitu, « M. Vaucorbeil », *Fig.*, 3 nov. 1884.
8. E., « Notes d'un parisien », *Fig.*, 15 mars 1898.
9. J. Tiersot, *Un demi-siècle de musique française*, Paris : F. Alcan, 1918, p. 89.
10. M.-G. Soret, « *Samson et Dalila* ou comment ébranler les colonnes du temple », in J.-Ch. Branger et A. Ramaut, *Opéra et religion sous la IIIe République*, Saint-Étienne : PUSE, 2006, p. 103-122.
11. S. Wolff, *L'Opéra au Palais Garnier, 1875-1962 [...]*, Paris, L'Entracte, 1962, p. 10.
12. C. Saint-Saëns, « Musique », *La Renaissance littéraire et artistique*, 22 mars 1874, p. 121-122.

Notes de 10.2

1. R. Legrand et N. Wild, *Regards sur l'opéra-comique [...]*, Paris : CNRS Éd., 2002, p. 149.
2. J.-M. Fauquet, « opéra-comique », in *Dict.*
3. Commission de la SACD, Procès-verbal de la séance du 17 déc. 1872, F-Psc.
4. J.-Ch. Branger, *Manon de Jules Massenet [...]*, Metz : Éditions Serpenoise, 1999, p 27-29.
5. Commission de la SACD, Procès-verbal de la séance du 28 oct. 1881, F-Psc.
6. S. Teulon-Lardic, *Ferdinand Poise (1828-1892) [...]*, thèse de doctorat, université Paris 4, 2002.
7. W. Weber, « The Opéra and Opéra-Comique in the nineteenth century tracing the age of repertoire », in S. Chaouche, D. Herlin, S. Serre éd., *L'Opéra de Paris, la Comédie-Française et l'Opéra-Comique (1669-2010)*, en ligne (sept. 2018), http://books.openedition.org/enc/900, consulté le 10 jan. 2019.
8. N. Wild, *Dict.*, p. 334.
9. J. Prével, « Le Théâtre de l'Opéra-Comique » *Fig.*, 17 jan. 1875.
10. H. Lacombe, *Bizet*, Paris : Fayard, 2000, p. 536-586 ; D. Charlton, « Opera as Poetry : *Djamileh* and the Ironies of Orientalism, in R. Cowgill, D. Cooper et C. Brown éd., *Art and Ideology in European Opera [...]*, Woodbridge, UK : Boydell and Brewer, 2010, p. 303-326.
11. P. Girard, *Léo Delibes [...]*, Paris : Vrin, 2018, p. 140-149.
12. L. A. Wright, *Georges Bizet : Carmen. Dossier de presse parisienne (1875)*, Heilbronn : Musik-Edition Lucie Galland, 2001.

13. H. Lacombe et Ch. Rodriguez, *La Habanera de* Carmen *: Naissance d'un tube*, Paris : Fayard, 2014 ; K. Henson, *Opera Acts : Singers and Performance in the Late Nineteenth Century*, Cambridge : CUP, 2015, p. 48-67.
14. É. Noel et E. Stoullig, *Les Annales du théâtre et de la musique 1876*, Paris : Charpentier, 1877, p. 212-213.
15. Commission de la SACD, Rapport de H. Becque, Procès-verbal de la séance du 14 déc. 1877, p. 134, F-Psc.
16. B. de l'Épine, « Le comique en débat dans l'opéra-comique des années 1880 : l'exemplarité de *Jean de Nivelle* et de *Lakmé* », in Ch. Loriot éd., *Rire et sourire dans l'opéra-comique en France aux XVIIIe et XIXe siècles*, Lyon : Symétrie, 2015, p. 295-302.
17. P. Girard, *Léo Delibes*, p. 190-191.
18. J.-C. Yon, *Offenbach*, Paris, Gallimard, 2000, p. 621-622 ; J.-Ch. Keck, « Genèse et légendes », in *Les Contes d'Hoffmann*, *L'Avant-scène opéra*, 25, 2e éd., 1993, p. 9-14 ; V. Giroud et M. Kaye, *The Real Tales of Hoffmann. Origin, History and Restoration of an operatic masterpiece*, Lanham : Rowman & Littlefield, 2017.
19. P. Girard, *Léo Delibes*, p. 209 et J. Parakilas, « The Soldier and the Exotic : Operatic Variations on a Theme of Racial Encounter. Part I », *Opera Quarterly*, 10/2, 1993, p. 33-56.
20. *Carmen abroad – The when and where of Carmen performances, 1875-1945*, en ligne, www.carmenabroad.org/, consulté le 10 jan. 2019.
21. L. Wright, « Une critique revisitée : l'accueil de *Carmen* à Paris en 1883 », in D. Colas, F. Gétreau et M. Haine éd., *Musique, esthétique et société au XIXe siècle [...]*, Wavre : Mardaga, 2007, p. 187-197.
22. S. Huebner, *French Opera at the Fin-de-Siècle [...]*, Oxford : OUP, 1999, p. 45-72.
23. É. Destranges, *Une partition méconnue : « Proserpine » de Camille Saint-Saëns, Étude analytique*, Paris : Fischbacher, 1895, p. 8, 39.
24. S. Huebner, *French Opera at the Fin de Siècle*, p. 5.
25. *Ibid.*, p. 286-300.
26. J. Prével, « Le Courrier des théâtres », *Fig.*, 26 déc. 1887 ; E. Noël et Ed. Stoullig, *Les Annales du théâtre et de la musique 1887*, Paris : Charpentier, 1888, p. 144-146.
27. A. Boschot, « Centenaire de Édouard Lalo », *L'Écho de Paris*, 25 jan. 1923.
28. J.-M. Fauquet, « Le folkore breton dans *le Roi d'Ys*, un antidote contre Wagner ? », *Le Roi d'Ys*, *L'Avant-Scène Opéra*, 65, 1984, p. 16-21.
29. J.-Ch. Branger, « *Le Rêve* d'Alfred Bruneau », en ligne, http://dezede.org/dossiers/id/84/, consulté le 15 jan. 2019.
30. J.-Ch. Branger, « Alfred Bruneau et l'opéra-comique : Rejet, altération et transformation du genre "éminemment national" », en ligne, www.bruzanemediabase.com, consulté le 18 janv. 2019.
31. J.-S. Macke, « *L'Attaque du moulin* : genèse d'un opéra d'Alfred Bruneau [...] », *Genesis*, 40, 2015, en ligne, http://journals.openedition.org/genesis/1480, consulté le 10 jan. 2019.
32. L. A. Wright, « Berlioz in the Fin-de-Siècle Press », in P. Bloom éd., *Berlioz : Past, Present, Future*, Rochester, NY : URP, 2003, p. 160-162.
33. J. Raphanel, *Histoire au jour le jour de l'Opéra-Comique*, Paris : Bibliothèque de La Vie Théâtrale, 1898, p. 123.

Notes de 10.3

1. F. Bruyas, *Histoire de l'opérette en France*, Lyon : E. Vitte, 1974 ; B. Duteurtre, *L'Opérette en France*, Paris : Le Seuil, 1997, rééd. Paris : Fayard, 2009 ; J. Rouchouse, *L'Opérette*, Paris : PUF, 1999.
2. P. Lalo, « La Musique », *Le Temps*, 27 juin 1911.
3. *Annuaires de la Société des auteurs et compositeurs dramatiques*, Paris : Commission des auteurs et compositeurs dramatiques, 1880-1900.
4. C. Condemi, *Les Cafés-concerts : histoire d'un divertissement (1849-1914)*, Paris : Quai Voltaire, 1992, p. 60.
5. C. Savev, « Le café-concert : un théâtre parallèle », in J.-C. Yon éd., *Les Spectacles sous le Second Empire*, Paris : A. Colin, 2010, p. 369.
6. S. Gutsche-Miller, *Parisian Music-Hall Ballet, 1871-1913*, Rochester : URP, 2015.
7. *Annuaires de la Société des auteurs et compositeurs dramatiques*, 1880-1900.
8. K. Ellis, « Unintended consequences : Theatre deregulation and opera in France, 1864–1878 », *COJ*, 22/3, 2012, p. 327-352.
9. F. Sarcey, « Chronique théâtrale », *Le Temps*, 8 août 1881.
10. *Annuaires de la Société des auteurs et compositeurs dramatiques*, 1880-1900.
11. S. Gutsche-Miller, *Parisian Music-Hall Ballet, 1871-1913*.

Notes de 10.4

1. https://dezede.org/dossiers/opera-de-salon/
2. H. de Curzon, « Au jour le jour », *JD*, 15 nov. 1936 ; F. Clément et P. Larousse, *Dict.*, p. 162, 668 et 683.
3. J. Commons, « Préface », in J.-B. Weckerlin, *La Laitière de Trianon*, Wellington : Sirius Press, 1994, P. I.
4. R. M. Harris, *The music salon of Pauline Viardot : featuring her salon opera « Cendrillon »*, PhD., université de Louisiane, 2005.
5. É. F. de La Bonnière, vicomte de Beaumont-Vassy, *Les Salons de Paris et la société parisienne sous Louis-Philippe Ier*, Paris : Sartorius, 1866, p. 130.
6. N. Le Gonidec, « Le théâtre de Royaumont », in J.-C. Yon et N. Le Gonidec éd, *Tréteaux et paravents*, Paris : Creaphis, 2012, p. 143.
7. Th. Vernet, « Les concerts dans les résidences royales sous la monarchie de Juillet », en ligne, http://dezede.org/dossiers/id/34/, consulté le 22 déc. 2015.
8. Voir notamment M.-E. Plagnol-Diéval, *Le Théâtre de société : un autre théâtre ?*, Paris : Champion, 2003.
9. « Soirées et concerts », *Mén.*, 16 févr. 1862, p. 95.
10. O. Krakovitch, « Les femmes dramaturges et les théâtres de société », in J.-C. Yon et N. Le Gonidec éd., *Tréteaux et paravents*, *op. cit.*, p. 193.
11. J. Lovy, « Les salons parisiens », *Le Journal amusant*, 22 mars 1856, p. 2.
12. « France », *JD*, 26 nov. 1847.
13. E. Tréfeu, « Prologue », in Ch. Poisot, *Le Coin du feu*, cht-p., Paris : Challiot, 1851.
14. C. Verwaerde, « Du Roman pastoral au roman noir : mise en musique et exécution des romances françaises (1780-1820) », in journée d'étude (AIEM) : « Analyse, interprétations, esthétique de la musique des XVIIIe et XIXe siècles », 12 mai 2012, Paris, université Paris-Sorbonne.

15. E. Vaillant, *Gustave Nadaud et la chanson française*, Paris : Messein, 1911, p. 113-114.
16. A. Devriès et F. Lesure, *Dict.*, vol. 2, *De 1820 à 1914*, Genève : Minkoff, 1988, p. 216 ; S. Teulon-Lardic, « L'opéra de salon ou un salon à l'opéra : les contributions de Ferdinand Poise au *Magasin des demoiselles* (1865-1880) », in O. Bara et M.-È. Thérenty éd., *Le Journal comme support éditorial, Médias 19*, en ligne, http://www.medias19.org/index.php?id=24101, consulté le 22 déc. 2018.
17. Ch. Loriot et P. Girod, « Arrêts sur image : les lithographies des piano-chant, une source pour connaître le jeu et la mise en scène », in E. Jardin, *L'Interprétation lyrique…*, colloque de l'Opéra-Comique (2011), en ligne, http://www.bruzanemediabase.com/, consulté le 13 déc. 2015.
18. Annonce publicitaire : liste des opéras de salon (dits « opérettes »), in F. Barbier, *Le Miroir*, cht-p., Paris : Magasin des demoiselles, 1864.
19. F.-J. Fétis, *La Musique mise à la portée de tout le monde*, Paris : Paulin, 1834, p. 363.
20. *M. Choufleuri restera chez lui le…* (BP, 1861) d'Offenbach.
21. É. Perrin, compte rendu cité in G. Bourdin, « À propos de l'Opéra », *Fig.*, 19 août 1860.
22. F. Schwab, « Chronique musicale », *L'Illustration de Bade*, 25 sept. 1858, p. 133-135.
23. « Saison de 1858 », *L'Illustration de Bade*, 5 mai 1858, p. 5.
24. A. Baralle, « Chronique de la semaine », *Le Foyer*, 14 juin 1866, p. 1.
25. A. de La Salle, *Mémorial du Théâtre-Lyrique*, Paris : Lecuir, 1877, p. 85.
26. P. Girod, *Les Mutations du ténor romantique*, thèse, université Rennes 2, 2015, p. 147-149, 283-284, http://chantfrancais.free.fr/THESEonline.pdf, consulté le 23 déc. 2015.
27. « Nouvelles diverses », *Mén.*, 13 août 1843.
28. C. Pierre, *Cons.*, 1900, p. 828.
29. « Nouvelles diverses », *Mén.*, 22 déc. 1861, p. 31. Contextualisé par A. Klein, *O'Kelly : An Irish Musical Family in Nineteenth-Century France*, Norderstedt : BoD, 2014, p. 103.
30. *Mén.*, 25 fév. 1855.
31. J.-L. Heugel, « Salons de Mme Orfila », *Mén.*, 7 mars 1858, p. 2.
32. É. Tréfeu, « Prologue », in Ch. Poisot, *Le Coin du feu*, cht-p., Paris : Challiot, 1851.
33. Ch. Poisot, lettre à *L'Univers musical*, in Rabasse, « Nouvelles », *Le Nouvelliste*, 19 avr. 1857, p. 3.
34. *Id.*
35. G. Condé, *Charles Gounod*, Paris : Fayard, 2009, p. 372.
36. J. Faure, « L'architecture du théâtre de société au XIXe siècle […] », in J.-C. Yon et N. Le Gonidec éd., *Tréteaux et paravents*.
37. E. Verconsin, *À la porte*, Paris : Dentu & Tresse, 1882, p. 2.
38. Voir, par exemple, J.-L. Heugel, « Salons de Mme Orfila », *Mén.*, 7 mars 1858, p. 1.
39. É. Barateau, « Opéras de salon », *Mén.*, 25 févr. 1855, p. 1.
40. G. Sand à P.-J. Hetzel, [Nohant, 30 déc. 1846], cité in O. Bara, « Le théâtre de Nohant de George Sand », in J.-C. Yon et N. Le Gonidec éd., *Tréteaux et paravents*, p. 169.
41. G. Bizet à sa mère, Rome, 22 janv. 1859, in *Lettres… Impressions de Rome […]*, Paris : Calmann-Levy, 1907, p. 124.
42. « Nouvelles diverses », *Mén.*, 18 oct. 1857, p. 3-4.

43. Voir, par exemple, L. Gatayes, « Causerie musicale – Les opéras de salon », *Le Mousquetaire*, 6 mai 1855, p. 281. Il s'agit d'un compte rendu des *Revenants bretons* de J.-B. Weckerlin.
44. F-Pn, catalogues d'éditeurs/ Lemoine.
45. Galoppe d'Onquaire, « Avant-propos », *Le Spectacle au coin du feu*, p. 3-4.
46. « Nouvelles diverses », *Mén.*, 16 mars 1856, p. 2 ; 20 avr. 1856, p. 4.
47. *Journal des théâtres*, 9 août 1845.
48. Ad. Môny, « Avant-propos », *Entre deux paravents / Théâtre de société*, Paris : Plon, 1902, p. XI. Cit. suiv., *ibid.*, p. X.
49. Voir l'exemple de Ch. Lourdel, in J. Prévot, « Courrier des théâtres », *Fig.*, 9 mai 1883.
50. P. Girod, *Les Mutations du ténor romantique*, op. cit., p. 297-304, 362-365, 381-383.
51. P. Viardot à H. Imbert, 15 fév. 1904, F-Pn, L.A., P. Viardot, n° 40.
52. G. d'Onquaire, *L'Accord parfait*, sc. 2, in *Le Spectacle au coin du feu*, Paris : Lévy, 1863, p. 97.

Notes de 10.5

1. Cité in R. Delage, « Massenet et Chabrier », in G. Condé éd., *Massenet en son temps*, Saint-Étienne : Association du festival Massenet / L'Esplanade Saint-Étienne Opéra, 1999, p. 44.
2. Cité in J. Massenet, *Mes souvenirs et autres écrits*, J.-Ch. Branger éd., Paris : Vrin, 2017, p. 134.
3. J.-Ch. Branger, « Maupassant et la musique : de Massenet à Massival », *Les Cahiers naturalistes*, 52/80, 2006, p. 101-129.
4. J.-Ch. Branger, « Les intermittences massenetiennes », in J.-Ch. Branger, Ph. Blay et L. Fraisse éd., *Marcel Proust et Reynaldo Hahn : une création à quatre mains*, Paris : Classiques Garnier, 2018, p. 106-107.
5. A. Massenet, *Jules Massenet en toutes lettres*, Paris : Éditions de Fallois, 2001, p. 241.
6. J. Massenet, *Mes souvenirs…*, p. 218.
7. Cité in J.-Ch. Branger, « Massenet post-mortem : le jugement des compositeurs », in J.-Ch. Branger et V. Giroud éd., *Massenet aujourd'hui : héritage et postérité*, Saint-Étienne : PUSE, 2014, p. 104.
8. Cité in J.-Ch. Branger, *Manon de Jules Massenet*, p. 446.
9. S. Huebner, « Configurations musico-dramatiques dans les grands opéras de Jules Massenet […] », in H. Lacombe éd., *L'Opéra en France et en Italie (1791-1925) […]*, Paris, Sfm, 2000, p. 118-139.
10. G. Condé, « Commentaire musical et littéraire », *Werther, L'Avant-Scène Opéra*, 61, 1984 ; n^{lle} éd. 1994, p. 11.
11. H. Lacombe, *Les Voies de l'opéra français au XIXe siècle*, Paris : Fayard, 1999, p. 278-284.
12. M. Girardi, « *Werther* de Massenet ou la palingénésie d'un héros bourgeois : mort et résurrection à Noël d'un suicidé », in J.-Ch. Branger et A. Ramaut éd., *Opéra et religion sous la IIIe République*, Saint-Étienne : PUSE, 2006, p. 286-304.
13. A. Jacobshagen, « Cilea, Massenet e il "verismo provenzale" di Alphonse Daudet », in G. Pitarresi éd., *Francesco Cilea e il suo tempo*, Palmi-Reggio Calabria : Edizioni del Conservatorio di musica F. Cilea, 2002, p. 40 sq.

14. Cité in J. Massenet, *Mes souvenirs...*, p. 271.
15. J.-Ch. Branger, « Massenet et ses modèles : concilier Verdi et Wagner », in J.-F. Candoni, H. Lacombe, T. Picard et G. Sparacello éd., *Verdi / Wagner, images croisées : 1813-2013 [...]*, Rennes : PUR, 2018, p. 325-337.
16. Cité in J. Massenet, *Mes souvenirs...*, p. 213.
17. J. Pasler, *La République, la musique et le citoyen 1871-1914*, Paris : Gallimard, 2015, p. 365.
18. C. Rowden, *Republican Morality and Catholic Tradition in the Opera : Massenet's « Hérodiade » and « Thaïs »*, Weinberg : Musik-Edition Lucie Galland, 2004.
19. E. Fureix et F. Jarrige, *La Modernité désenchantée : relire l'histoire du XIXe siècle français*, Paris : Éditions la Découverte, 2015, p. 119.
20. J.-Ch. Branger, « Charpentier, élève de Massenet : sous l'influence et le regard du prophète », in M. Niccolai et J.-Ch. Branger éd., *Gustave Charpentier et son temps*, Saint-Étienne : PUSE, 2013, p. 33-70 ; Ph. Blay, « Du père au pair : Reynaldo Hahn et Jules Massenet », in *Massenet aujourd'hui...*, p. 339-369.
21. Cité in « Massenet par ses élèves », *Mes souvenirs*, Paris : Lafitte, 1912, p. 295-296.
22. S. Huebner, « Entre Massenet et Wagner : les enjeux de l'influence », in *Massenet aujourd'hui...*, p. 287-318.
23. P. Tchaikovski à Mme von Meck, 5 fév. 1883, in A. Lischke, *Tchaikovski au miroir de ses écrits*, Paris : Fayard, 1996, p. 305.
24. P. Tchaikovski à son frère Modest, 19 juil. 1880, in A. Lischke, *Piotr Ilyitch Tchaikovski*, Paris : Fayard, 1993, p. 162.
25. M. Girardi, « Massenet à Puccini : "Heureux de votre grand triomphe". Un maître français pour un génie italien », in *Massenet aujourd'hui...*, p. 319 sq.
26. Cité in J.-Ch. Branger, « "Caro ed illustre Maestro" : un lot de lettres adressées à Jules Massenet, conservé à la BHVP », *Fontes Artis Musicae*, 65/3, juil.-sept. 2018, p. 139.

Notes de 10.6

1. Ch. Kœchlin, « Souvenirs de la classe Massenet (1894-1895) », *Mén.*, 97/10, 8 mars 1935, p. 81.
2. E. Reibel, « *La Grand'tante* au miroir de la presse », in J.-Ch. Branger et A. Terrier éd., *Massenet et l'Opéra-Comique*, Saint-Étienne : PUSE, 2014, p. 37.
3. Georges, « Les premières », *Le Gaulois*, 2 déc. 1872.
4. J. Massenet, *L'Adorable Belboul*, J.-Ch. Branger et N. Moron éd., Lyon : Symétrie, 2018.
5. J. Massenet à G. Ricordi, Paris, 30 juil. 1880, I-Mr, l.a.s. 82.
6. J.-Ch. Branger, *Manon de Jules Massenet*.
7. K. Henson, *Opera Acts : Singers and Performance in the Late Nineteenth Century*, Cambridge : CUP, 2015, p. 88-121.
8. Voir, entre autres, A. Fauser, « *Esclarmonde*, un opéra wagnérien ? », *Esclarmonde-Grisélidis*, *L'Avant-scène opéra*, 148, 1992, p. 68-73 ; S. Huebner, *French Opera at the Fin de Siècle*, Oxford : Oxford University Press, 2004, p. 87-101 ; J.-Ch. Branger, « Massenet et ses modèles : concilier Verdi et Wagner », in J.-F. Candoni, H. Lacombe, T. Picard et G. Sparacello éd., *Verdi/Wagner*, p. 325-337.

9. G. Servières, *La Musique française moderne*, 1897, cité in M.-H. Benoit-Otis, *Ernest Chausson, Le Roi Arthus et l'opéra wagnérien en France*, Frankfurt : Peter Lang, 2012, p. 179.
10. J. Massenet, *Mes souvenirs et autres écrits*, J.-Ch. Branger éd., Paris : Vrin, 2017, p. 249.
11. J.-Ch. Branger, « *Werther* de Jules Massenet : un "drame lyrique" français ou germanique ? Sources et analyse des motifs récurrents », *Rdm*, 2001/2, p. 431.
12. Cité in *Ernest Van Dyck et Jules Massenet [...]*, J.-Ch. Branger et M. Haine éd., Paris : Vrin, 2014, p. 90.
13. J. Massenet, *Mes souvenirs...*, p. 216.
14. G. Condé, « Commentaire musical », *Sapho-La Navarraise*, *L'Avant-scène opéra*, 217, 2003, p. 63.

Cornélie Falcon (1814-1897)

Malgré des problèmes vocaux ayant écourté sa carrière, Cornélie Falcon fut une chanteuse des plus renommées de son époque. Son nom « Falcon » sera rapidement emprunté pour désigner une voix de soprano dramatique, offrant un grand registre et un aigu brillant. Cette voix caractéristique fut associée aux rôles créés par la cantatrice, ainsi qu'à des rôles lui ayant été destinés mais qu'elle n'interpréta jamais (Sélika de *L'Africaine* de Meyerbeer), ou même des rôles s'inspirant de son type de voix (le Prince charmant de *Cendrillon* de Massenet). Elle fit ses études au Conservatoire de Paris avec Felice Pellegrini, Marco Bordogni et Adolphe Nourrit. En 1831, elle décrocha deux premiers prix, l'un en chant et le second en déclamation lyrique. Louis Véron, alors directeur de l'Opéra, engagea la soprano pour compléter sa troupe émérite. Les débuts de Falcon dans le rôle d'Alice de *Robert le Diable* furent fulgurants, la jeune chanteuse étant entourée par des premiers sujets remarquables (Adolphe Nourrit et Nicolas-Prosper Levasseur). Appréciée surtout pour la véracité de son jeu dans les rôles dramatiques, elle reçut des critiques sur sa tendance à forcer sa voix. Sur une courte période, elle créa et interpréta plusieurs rôles qui lui valurent un vif succès : Amélie de *Gustave III* d'Auber en 1833, Morgiane de l'*Ali Baba* de Cherubini en 1833, Donna Anna de *Don Juan* de Mozart et Julia de *La Vestale* de Spontini en 1834. Néanmoins, ce furent par ses créations de Rachel de *La Juive* (1835) d'Halévy et de Valentine des *Huguenots* (1836) de Meyerbeer que Falcon se révéla comme cantatrice et tragédienne exceptionnelle : noble dans ses attitudes, naturelle dans ses gestes, une voix incisive et puissante, une déclamation impeccable. Au milieu de la seconde représentation de *Stradella* de Niedermeyer en 1837, Falcon perdit subitement sa voix. Plusieurs mois passés dans le sud de l'Italie ne lui redonnèrent point sa puissance d'auparavant. À l'exception de quelques représentations en 1837 et 1838, elle ne chanta plus sur la scène de l'Opéra. Son incapacité à remonter sur les planches fut dévoilée au grand jour lors de son concert à bénéfice en 1840. Malgré de belles notes aiguës et graves, sa voix était voilée et le médium fatigué et inégal. Falcon s'est alors retirée presque entièrement de la vie musicale publique à Paris. Cependant, elle ne fut point oubliée, son souvenir étant souvent évoqué par ses contemporains à l'occasion des reprises de ses rôles.

Kimberly White

Cornélie Falcon dans « La Juive », gravé par H. Robinson d'après Charpentier, Paris : Soulié, 1835 (détail).

Deuxième partie

Production et diffusion

Chapitre 11
Gestion et économie du spectacle

11.1 LA GESTION DES THÉÂTRES LYRIQUES

Sylvain Nicolle

« L'industrie théâtrale en France au XIXe siècle » : le titre de la synthèse de Frederick William John Hemmings publiée en 1993[1] met bien l'accent sur le poids de l'économie du spectacle à laquelle l'historiographie française s'est également intéressée dans une perspective chronologique élargie[2] ou au contraire plus resserrée[3]. Quatre éléments principaux contribuent à la définition de cette « industrie théâtrale » dans la France du XIXe siècle : elle représente un secteur d'activité qui fait appel à de nombreux métiers et fait vivre directement plusieurs milliers de personnes dès le premier tiers du XIXe siècle ; elle produit environ 32 000 pièces (tous genres confondus) sur les scènes parisiennes entre 1800 et 1900 – soit en moyenne une pièce créée par jour – selon une logique proche de la standardisation, en particulier pour les courts vaudevilles souvent qualifiés de « cadres à couplets » dans la première moitié du siècle ; cette offre pléthorique rencontre une demande venant de spectateurs assimilables à des « consommateurs » d'œuvres théâtrales qui alimentent un marché international où la France exerce une forme de suprématie culturelle[4] ; enfin, l'industrie théâtrale nécessite un investissement de capitaux qui prend une importance croissante au fil du siècle. Ce cadre posé, la gestion des théâtres lyriques sera analysée à travers la fabrique de leur budget, les différents statuts juridiques des entreprises théâtrales et les tentatives de réduire les coûts par des modalités variées de mutualisation.

Le budget d'un théâtre lyrique : une exploitation vulnérable

Par-delà les disparités propres au budget de chaque théâtre lyrique, les dépenses peuvent être schématiquement divisées en deux grandes catégories. Les dépenses du personnel se répartissent généralement en une douzaine de postes :

personnel de l'administration, du chant, de la danse, des chœurs, du corps de ballet, de l'orchestre, de l'inspection générale (salle et théâtre), des costumes, des décorations, de la figuration, auxquels peuvent s'ajouter des agents auxiliaires à la journée (musiciens externes, comparses, accessoiristes, machinistes, tailleurs et couturiers). La part de ces dépenses du personnel représentent toujours bien plus de la moitié des dépenses totales : 72 % à l'Opéra en 1855 et 64,9 % en 1905, de 57,2 % à 63,5 % pour le Théâtre-Lyrique entre 1862 et 1867, 86,7 % à l'Opéra-Comique en 1905[5]. Elles s'expliquent à la fois par le grand nombre de personnes employées – 1370 à l'Opéra et 602 à l'Opéra-Comique en 1905 – mais surtout par le poids sans cesse croissant des dépenses du personnel du chant – un tiers des dépenses totales de l'Opéra dès 1855, autant au Théâtre-Lyrique entre 1862 et 1867, 40 % à l'Opéra-Comique en 1905 –, phénomène lié à l'essor inexorable du *star system* qui implique une « course au cachet » ruineuse pour les exploitations lyriques (cf. 11.3). Les dépenses réunies sous la rubrique « matériel », parfois dédoublée en « matériel » et « entretien », concernent des postes très disparates. Parmi les moins onéreux figurent les frais administratifs liés à la production artistique (affiches, billets, lutherie, copie de musique), au contentieux (frais de justice) et aux conditions de sécurité (gardes et pompiers). Le statut de commerçant que possède le directeur en vertu de l'article 632 du Code du commerce[6] implique de nombreux autres frais liés à l'exploitation du théâtre. Le loyer peut par exemple varier du simple au triple pour les théâtres non subventionnés sous le Second Empire : 55 000 F (Palais-Royal), 87 000 F (Variétés), environ 130 000 F (Châtelet), 146 000 F (Gaîté)[7]. Celui des théâtres subventionnés dépend du statut de la salle : l'État peut être propriétaire et ainsi « offrir » le loyer au directeur comme une forme complémentaire de subvention (cas de l'Opéra), ce que refuse de faire la Ville de Paris (cas du Théâtre-Lyrique à partir de 1862 et de l'Opéra-Comique dans la même salle entre 1887 et 1898). La salle peut encore appartenir à une société d'actionnaires (cas du Théâtre-Italien à la salle Ventadour entre 1841 et 1878) ou bien être cédée à un adjudicataire qui la construit à ses frais contre une concession à long terme lorsque l'État ne veut pas lui-même financer la construction (cas de l'Opéra-Comique dans la deuxième salle Favart : 120 000 F de loyer). Au loyer s'ajoutent encore les frais d'assurance (le risque d'incendie est très élevé), de chauffage, d'éclairage et d'entretien de la salle, ainsi que les contributions directes. Par ailleurs, une fiscalité spécifique pèse sur les théâtres : la redevance dite du vingtième de l'Opéra concerne les seuls théâtres secondaires entre 1811 et 1831, tandis que le paiement du droit des pauvres et des droits d'auteur les concerne tous (cf. 11.4). Enfin, les frais de mise en scène suivent la même tendance que les dépenses du personnel artistique[8] : à la course au cachet répond une course au spectaculaire qui ne peut satisfaire l'horizon d'attente des spectateurs qu'au prix d'un envol des coûts d'une représentation.

Pour affronter ces dépenses très lourdes, les directeurs peuvent compter sur plusieurs types de recettes. Quel que soit le statut du théâtre, les spectateurs constituent l'apport le plus important : recettes dites à la porte (billets achetés le jour même aux bureaux du théâtre), billets en location (retenus à l'avance) ou abonnements (essentiels à l'Opéra ou au Théâtre-Italien : ils ont toujours été à ce dernier théâtre l'élément principal de sa recette jusqu'à la saison 1866-1867[9]). Selon l'administration générale de l'Assistance publique à Paris, les directeurs profitent de la liberté théâtrale accordée par le décret de 1864 pour augmenter en quelques années le prix des places prises au bureau de 20 %, et celles prises en location de 25 à 30 %[10]. En outre, les années d'exposition universelle à Paris (1855, 1867, 1878, 1889, 1900) sont une manne très attendue par les directeurs puisque ceux-ci sont assurés de percevoir de confortables recettes grâce à l'afflux de provinciaux et d'étrangers pour lesquels les théâtres constituent une attraction essentielle. Les subventions allouées par l'État aux grandes scènes lyriques n'arrivent que loin derrière : dans la seconde moitié du siècle, leur part dans les recettes brutes des théâtres oscille entre un tiers et la moitié à l'Opéra, un quart à un tiers à l'Opéra-Comique, et moins d'un tiers au Théâtre-Lyrique[11]. Enfin, l'organisation de bals dans les salles de théâtre est soumise à autorisation ministérielle et peut fournir le cas échéant un appoint, longtemps appréciable par exemple à l'Opéra[12].

De tout ce qui précède, on déduira que monter une œuvre lyrique constitue toujours un « pari économique[13] » présentant de forts risques d'échec compte tenu de la difficulté à équilibrer recettes et dépenses[14]. La vulnérabilité financière d'une exploitation théâtrale est d'abord liée à des causes internes comme l'augmentation tendancielle des dépenses, qui touche certes tous les théâtres mais d'abord les théâtres lyriques. Thiers rappelle ce déséquilibre structurel en 1836 afin de justifier l'augmentation de la subvention de l'Opéra-Comique : « Tout le monde sait que la différence des dépenses d'un théâtre dramatique et d'un théâtre lyrique est très grande ; qu'elle est, non pas de la moitié, mais des quatre cinquièmes[15]. » Si la disproportion est très exagérée pour les besoins de la démonstration, l'idée générale demeure pertinente sur le fond et se vérifie particulièrement pour l'Opéra dont le total des dépenses en 1855 (2 165 096, 13 F[16]) dépassait déjà celui de la Comédie-Française... en 1905 ! (2 139 842, 65 F)[17]. Les difficultés financières liées à la vie théâtrale elle-même sont encore dues à la concurrence, plus forte à Paris qu'à Londres, Berlin ou Vienne[18] : d'une part, le système du privilège ne parvient pas à la réguler et d'autre part, l'essor des cafés-concerts dès la fin du Second Empire[19] n'est pas entravé par les dispositions restrictives contenues dans le décret du 6 janvier 1864 qui avait accordé la liberté théâtrale (cf. 1.2). Si l'on ajoute à partir de cette époque le renouvellement bien moins fréquent de l'affiche au profit de séries de longues représentations afin de rentabiliser des productions toujours plus coûteuses, il apparaît vital que la création d'une œuvre réussisse sous peine de provoquer l'endettement, voire la faillite à brève échéance[20]. Il faut enfin tenir compte de nombreux facteurs conjoncturels qui fragilisent les recettes : « Le moindre aléa extérieur peut perturber également la fréquentation : un ralentissement des affaires, une crise boursière, une guerre, une crise politique ou sociale, une épidémie, des conditions météorologiques désastreuses[21]. » Au final, les directeurs tentent de renforcer leur assise financière en s'efforçant de trouver des capitaux toujours plus importants, investis dans des exploitations théâtrales aux statuts juridiques bien différents.

Typologie des modes de gestion : les différents statuts juridiques

Les théâtres subventionnés par l'Etat répondent à quatre cas de figure principaux[22]. Le cas le moins courant est celui des artistes associés en société : si ce choix gouverne le fonctionnement de la Comédie-Française, il n'est durablement en usage à l'Opéra-Comique que de 1801 à 1823. La régie directe est plus fréquente : l'État accorde une subvention et nomme un directeur qui s'apparente à un fonctionnaire afin d'exercer toutes les responsabilités – financières, administratives, artistiques – afférentes à un entrepreneur de spectacles. Au XIXe siècle, l'Opéra est ainsi rattaché directement à la liste civile de 1804 à 1831, puis à nouveau de 1854 à 1866. Ce mode de gestion est ensuite abandonné, malgré plusieurs tentatives de retour en 1879 et 1890[23] qui ne se concrétiseront qu'avec la fondation de la RTLN en 1936 (cf. t. 3). Dans l'intervalle, la mise en entreprise ou régie intéressée s'était imposée et étendue aux autres théâtres. L'État nomme un directeur-entrepreneur qui exploite le théâtre à ses risques et périls en échange d'une subvention et s'engage à respecter un cahier des charges (cf. 1.4). Ce modèle entrepreneurial implique que le directeur, véritable « joueur soumis aux caprices du hasard[24] », verse un important cautionnement à la caisse des dépôts et consignations comme garantie financière de l'exécution de ses engagements. Il doit donc passer un second traité devant notaire avec des bailleurs de fonds : ce sont ceux que Dupin nomme les « loups-cerviers » sous la monarchie de Juillet[25], qualifiés le plus souvent de « financiers » sous la IIIe République[26]. Pour autant, la possibilité de constituer une société en commandite n'est reconnue qu'en 1839 à l'Opéra[27] et interdite en 1866 au même titre que les sociétés anonymes ou par actions[28]. Si la IIIe République maintient l'interdit pour ces deux derniers types de montage financier, elle entérine en revanche la possibilité d'exploiter l'Opéra « par voie de société en commandite simple » à partir de 1879, disposition étendue ensuite au profit de l'Opéra-Comique et de l'Odéon, et inscrite dans leurs cahiers des charges respectifs. Enfin, une variante de la régie intéressée est expérimentée à la suite de l'inauguration du nouvel Opéra le 5 janvier 1875. Deux ans plus tard, les bénéfices de l'entreprise sont partagés à part égale entre l'État et le directeur-entrepreneur (Olivier Halanzier), à hauteur de 466 000 F chacun. Toutefois, la baisse postérieure des recettes comme le caractère juridique de ce dispositif, jugé par le rapporteur Antonin Proust « anormal et incorrect », conduit à l'abandonner définitivement dès 1879 même si certains comme Clemenceau demandent sa remise en vigueur jusqu'au début du XXe siècle[29].

Les critiques pleuvent quel que soit le mode de gestion choisi, aporie que résume à merveille le rapporteur Louis Buyat en 1907 : « La direction d'un théâtre subventionné est chose difficile. Il faut être à la fois fonctionnaire et commerçant, plaire au ministre qui nomme et au public qui paie. C'est beaucoup. D'aucuns disent : c'est trop[30]. »

La remarque pourrait s'appliquer aux directeurs des théâtres non-subventionnés pendant le système du privilège, avant que le décret de 1864 ne leur accorde la liberté d'exploitation. Les capitaux sont investis dans quatre types de structures juridiques. Les sociétés en commandite simple (SCS) ou par actions (SCA) sont le modèle le plus fréquent avant 1864. Les commanditaires fournissent les fonds en échange d'un taux d'intérêt (souvent autour de 5 %) perçu sur leur(s) part(s) et surveillent la gestion du commandité choisi comme directeur, mais sans intervenir dans l'administration du théâtre. On signalera ici simplement trois exemples de SCA qui intéressent l'art lyrique : à la Renaissance, Anténor Joly et Cie (capital de 450 000 F divisé en 90 actions de 5 000 F[31]) ; à l'Opéra-National, T. Mirecour et Cie (capital de 2 000 000 F divisé en 2 000 actions de 1 000 F[32]) ; aux Bouffes-Parisiens, Offenbach et Cie (capital de 150 000 F divisé en 30 actions de 5 000 F[33]). Les sociétés en nom collectif (SNC), « avec un actionnariat de deux (pour la plupart) à quatre membres », sont en revanche majoritaires sur la centaine d'entreprises théâtrales qui sont créées de 1864 à 1877, tandis qu'à l'inverse le recours à la société anonyme sur la même période n'intervient qu'à deux reprises alors que « sa vertu est de limiter le risque au seul apport en capital »[34]. Par-delà leur statut différent, la fragilité de nombreuses sociétés s'explique alors par trois facteurs structurels – faible capitalisation initiale, impatience à récupérer la mise de fonds, survalorisation du fonds social en dotations immatérielles au détriment du numéraire – et se solde logiquement par un grand nombre de faillites[35]. Celles-ci scandent la vie théâtrale au XIXe siècle à un rythme quasi exponentiel : 36 entre 1831 et 1849, 164 entre 1876 et 1896 (en y incluant les cirques et les concerts)[36]. C'est pourquoi la réussite financière de certains directeurs fascine à ce point les contemporains, à l'image de Louis Cantin : il est caricaturé par Gill en 1879 qui le représente assis sur des sacs d'or dans la série *Les Hommes d'Aujourd'hui* alors qu'il vient de prendre

André Gill, « Cantin », *Les Hommes d'aujourd'hui*, n° 54, 1879.

la direction des Bouffes-Parisiens et reste encore pour un an associé à Victor Blandin à la tête des Folies-Dramatiques.

La réussite de « Cantin le magnifique[37] » n'a pas d'équivalent en province où les faillites frappent fréquemment les directeurs des troupes brevetées malgré le cautionnement obligatoire imposé en 1842[38]. À défaut d'un véritable panorama, quelques pistes de recherche seront ici rappelées[39]. Premièrement, le système du privilège fait débat parmi les différents acteurs de la vie théâtrale mais son maintien en province peut être perçu comme un moindre mal face aux inquiétudes sur l'avenir que fait naître la perspective libérale[40]. L'État incite donc les municipalités à maintenir après le décret de 1864 les subventions qu'elles accordaient auparavant aux directeurs privilégiés ou brevetés (cf. 1.2)[41]. En second lieu, la question des « débuts » – le public se prononce à l'ouverture de la saison théâtrale sur le mérite des artistes de la troupe que le directeur lui présente – apparaît particulièrement épineuse en province. Elle recouvre de nombreux enjeux dont la dimension financière est importante puisque en concourant à l'instabilité de la troupe par la manifestation turbulente de ses caprices, le public peut compromettre d'emblée la gestion du directeur. Enfin, les modalités juridiques de celle-ci sont très variables. Les acteurs se constituent souvent en société pour continuer l'exploitation du directeur breveté qui a fait faillite[42]. La régie intéressée est fréquente dans les grandes villes, la municipalité jouant le rôle de l'État dans l'élaboration et le contrôle du cahier des charges signé avec le directeur. La régie directe, rare au XIXᵉ siècle, est pourtant envisagée comme une solution originale par l'administration à la veille du décret de 1864 : « Il faut voir ensuite s'il n'y a pas lieu d'abandonner certains théâtres à l'exploitation directe des municipalités ; ce serait satisfaire au principe de la décentralisation[43]. » Ce choix ne s'impose qu'au début du XXᵉ siècle, alors qu'à la même époque quelques directeurs sont propriétaires de nombreuses salles[44].

Réduire les coûts : fusionner les théâtres lyriques ?

Réunir la gestion des théâtres lyriques subventionnés sous une même direction afin de réaliser des économies d'échelle fut une tentation récurrente au XIXᵉ siècle. Il peut d'abord s'agir d'associer l'Opéra et le Théâtre-Italien. L'administration des deux théâtres est réunie sous l'autorité de la Maison du Roi entre 1819 et 1827, avant que les difficultés financières ne l'amènent à arrêter l'expérience en nommant Émile Laurent directeur-entrepreneur du Théâtre-Italien[45]. À partir de 1831, le système de la régie intéressée à l'Opéra suscite rapidement plusieurs projets de réunion dont le banquier espagnol Alexandre Aguado apparaît comme le pivot[46]. Ayant investi à la fois dans le Théâtre-Italien et dans l'Opéra, il tente de constituer une sorte de trust entre plusieurs grands théâtres lyriques à l'échelle de l'Europe, le King's Theatre de Londres revenant à plusieurs reprises dans la combinaison, notamment en 1832 et 1834. Dans ces circonstances, l'incendie de la salle Favart en 1838 attise « la question italico-française[47] ». Si la fusion entre opéra français et opéra italien est envisagée au sein d'un même théâtre qui pourrait être le nouvel Opéra dont la construction est déjà débattue à la même époque[48], le projet le plus proche d'aboutir est celui du retour à la gestion administrative et financière commune de l'Opéra et du Théâtre-Italien, mais cette fois-ci sous l'égide de Duponchel, directeur-entrepreneur de l'Opéra. Déjà amorcée avant l'incendie de la salle Favart par l'arrêté du 7 novembre 1836, cette combinaison reçoit l'approbation de la commission des théâtres royaux, avant que Duchâtel n'oppose son veto ministériel parce qu'elle « aurait de graves inconvénients sous le rapport de l'art[49] ».

Bien que la même objection puisse être faite à la réunion de l'Opéra et de l'Opéra-Comique, cet autre projet apparaît comme un serpent de mer au XIXe siècle[50]. Alors que l'Opéra-Comique connaît une situation financière désastreuse au début de la monarchie de Juillet, sa réunion à l'Opéra est présentée à la Chambre en 1832 comme un « moyen d'économie » par le ministre d'Argout, puis très proche d'aboutir en 1834, avant d'échouer devant le revirement de la SACD qui a apparemment changé d'avis à l'instigation de Scribe et Auber. La fermeture définitive du Théâtre-Lyrique en 1878 puis l'incendie de la deuxième salle Favart en 1887 relancent en vain le débat au Parlement.

Entre-temps, la combinaison encore plus ambitieuse visant à réunir l'Opéra, l'Opéra-Comique, et le Théâtre-Lyrique au sein d'une administration commune « régentée » par le directeur de l'Opéra Émile Perrin avait été repoussée par la SACD au début de l'année 1870 sans que le ministre des Beaux-Arts Maurice Richard insiste[51]. Le compositeur et député radical de Seine-Inférieure Lucien Dautresmes défend le même regroupement devant la commission du budget en 1876 mais cette fois dans le cadre d'un retour à la régie directe, une commission de trente membres composés de sénateurs, députés, administrateurs et « hommes adonnés au culte des arts » devant administrer les fonds réunis des trois subventions[52]. Projet qui ne vient pas à son heure mais qui s'inscrit dans la logique inspirant la fondation de la RTLN soixante ans plus tard (cf. t. 3).

11.2 Les subventions

Sylvain Nicolle

Institutionnaliser : le régime juridique des subventions

Proposant en 1879 un survol historique des théâtres subventionnés en France (à Paris et en province), Georges Monval écrivait : « L'origine des subventions remonte au-delà même de l'organisation régulière de notre théâtre, si l'on entend par subvention non pas seulement un secours officiellement accordé et régulièrement distribué, mais tout subside affecté à l'entretien et à la conservation d'une entreprise théâtrale[1]. » Et l'archiviste de la Comédie-Française de poursuivre :

« les "allocations de deniers" en faveur des comédiens datent de leur apparition en France ». Si cette définition très extensive a le mérite de rappeler que l'idée de subventionner le théâtre en France plonge ses racines fort loin dans le passé, elle a peut-être pour inconvénient de minorer l'innovation que constitue le principe d'une allocation officielle et stable accordée par le souverain à partir du règne de Louis XIV, envisagée comme le corollaire du régime du privilège théâtral (cf. 1.2). En ce sens, l'acte inaugural repose sur le brevet du 24 août 1682 qui octroie une pension de 12 000 livres à la Comédie-Française, deux ans après sa fondation sous l'égide royale : pensionner une troupe de comédiens relevait déjà d'une pratique éprouvée, mais accorder de façon pérenne une protection financière à un théâtre jouissant d'un véritable monopole sur les représentations propres à son genre était alors une mesure inédite. Pour autant, cette institutionnalisation de la subvention dès l'Ancien Régime ne relève pas d'une histoire linéaire. D'une part, ses modalités administratives furent variables pour l'Opéra au XVIIIe siècle, sa gestion étant confiée à la Ville de Paris entre 1749 et 1780 avant de revenir à la Maison du Roi[2]. D'autre part, la Révolution française apparaît comme une période de fortes turbulences qui rendit aléatoire le financement des théâtres subventionnés quand bien même le répertoire, en particulier celui de l'Opéra, était considéré comme un vecteur de propagande particulièrement propice à former l'esprit public[3]. Le système des subventions retrouve ensuite une certaine stabilité sous le règne de Napoléon et profite aux quatre grands théâtres (cf. 1.2) qui reçoivent au total 1 200 000 F à partir de 1805. Stabilité mais aussi opacité : la somme représente un quart du produit total de la ferme des jeux affecté aux fonds secrets du ministère de la Police générale pour surveiller l'opinion[4].

Le changement majeur qui affecte le XIXe siècle intervient ensuite en deux temps sous la Restauration[5]. Alors que la Maison du roi arrêtait directement le budget des grands théâtres depuis 1814 sur la liste civile, le fondement juridique des subventions devient municipal entre 1818 et 1820. En effet, l'ordonnance royale du 5 août 1818, officieuse puisque non insérée au *Bulletin des Lois*, concédait à la Ville de Paris le privilège de l'exploitation des jeux en échange de la prise en charge de différentes dépenses annexées à ladite ordonnance pour un montant total de 5 160 000 F (porté à 5 500 000 F à partir du 1er janvier 1819), dont 1 660 000 F pour les subventions théâtrales. La loi du 19 juillet 1820, qui officialise cet arrangement en lui conférant plus de transparence, marque l'inflexion essentielle : en stipulant que la Ville de Paris versera chaque année les 5 500 000 F directement au Trésor, l'article 8 inscrit officiellement les dépenses correspondantes au budget de l'État. Ainsi, les subventions théâtrales figurent pour la première fois au budget des dépenses de 1821 au sein du chapitre 15 du ministère de l'Intérieur, et sont désormais soumises chaque année aux aléas des débats parlementaires (cf. 1.3, 2.1).

Ce transfert de souveraineté au profit du Parlement soulève deux types d'enjeux juridiques sur les subventions. Dans l'immédiat, leur administration demeure confuse puisque c'est la Maison du Roi qui s'en charge *de facto* alors que le ministre de l'Intérieur en porte la responsabilité *de jure*. Cette « irrégularité », dénoncée à la Chambre des députés[6], ne survit pas à la chute de la Restauration et disparaît avec la réunion administrative de tous les théâtres sous l'égide d'un ministère unique dès le début de la monarchie de Juillet. Les débats parlementaires font alors émerger un autre enjeu juridique sur la possibilité de supprimer les subventions. Est-elle de droit et inconditionnelle ? Afin de rendre impossible cette hypothèse, les partisans des subventions s'appuient sur deux arguments. Le premier met en exergue le fondement municipal des subventions depuis le montage financier de 1818-1820, mais il s'effondre avec la suppression de la ferme des jeux, effective au 1er janvier 1838[7]. Le second argument avancé à la même époque a en revanche une portée bien plus lointaine et provoque des débats houleux puisqu'il met en jeu le degré de parlementarisme des différents régimes politiques et remet en cause la séparation des pouvoirs[8]. Le vote annuel des subventions reposerait tacitement sur un « engagement moral » du Parlement envers l'administration dès lors que les députés, par la voie de la Commission du budget, auraient accepté au préalable le cahier des charges signé entre le directeur-entrepreneur placé à la tête d'un théâtre subventionné qu'il exploite à ses risques et périls, et le ministre qui l'a nommé. André-Marie Dupin récuse catégoriquement un tel argument à la tribune le 10 mai 1841 : « Nous accordons les fonds au Gouvernement, nous ne traitons pas avec les entrepreneurs. » Il est ainsi le premier parlementaire à distinguer juridiquement les subventions théâtrales – des encouragements votés dans le cadre du budget – et le traité passé avec un directeur – une convention administrative totalement hors de la juridiction du Parlement. Reprise en 1845 par le président de la Chambre des députés Paul-Jean Sauzet, cette conception qui laisserait chaque année toute latitude aux parlementaires pour voter ou refuser les subventions ne parvient pas à s'imposer. Toujours possible théoriquement, leur suppression apparaît impraticable dans les faits : elle entraînerait, selon une disposition reconduite dans tous les cahiers des charges, la résiliation du traité et la nécessité de procéder à une liquidation à laquelle l'État ne pourrait se

Cham, « Croquis. M. Halanzier ne regrettant pas la place », in *Le Charivari*, 6 avr. 1879.

soustraire sous peine d'encourir des poursuites judiciaires potentiellement aussi onéreuses – voire plus – que le montant de la subvention supprimée. Cette dernière menace a sans doute contribué à reconduire prudemment le vote annuel des subventions, dont on peut désormais proposer un panorama chiffré.

Comptabiliser : un panorama séculaire des subventions

En 1894, Amédée Boutarel étoffe la tentative de synthèse à laquelle Georges Monval s'était livré quinze ans plus tôt. Il établit dans la dernière partie de sa contribution au *Dictionnaire des finances* dirigé par Léon Say un « relevé décennal des dépenses effectuées par l'État pour subventions, subsides et frais de toute nature autres que ceux dont les bâtiments ont été l'objet » qui constitue une source remarquable pour l'historien du théâtre. Nous la reproduisons dans le tableau qui suit avec deux modifications : l'ordre des colonnes pour reclasser les théâtres lyriques de façon homogène et la fusion dans la colonne Opéra des sommes comprenant la subvention et la caisse des pensions[9].

	Opéra	Opéra-Comique	Théâtre-Italien	Théâtre-Lyrique	Comédie-Française	Odéon	Divers	To
1778 à 1799	4 785 526 (95.0 %)				250 000 (5.0 %)			5 03
1800 à 1809	6 956 256 (80.0 %)	499 666 (5.7 %)	513 333 (5.9 %)		728 000 (8.4 %)			8 69
1810 à 1819	7 910 089 (67.7 %)	1 230 000 (10.5 %)	1 130 600 (9.7 %)		1 200 000 (10.3 %)	217 800 (1.9 %)		11 68
1820 à 1829	9 500 000 (63.7 %)	1 503 536 (10.1 %)	1 030 600 (6.9 %)		1 512 161 (10.1 %)	926 350 (6.2 %)	442 536 (3.0 %)	14 91
1830 à 1839	8 383 718 (57.8 %)	1 847 645 (12.7 %)	719 649 (5.0 %)		1 961 054 (13.5 %)	432 744 (3.0 %)	1 157 861 (8.0 %)	14 50
1840 à 1849	8 198 887 (52.2 %)	2 409 016 (15.3 %)	54 000 (0.3 %)		2 254 033 (14.4 %)	523 346 (3.3 %)	2 263 592 (14.4 %)	15 70
1850 à 1859	9 184 982 (52.2 %)	2 402 366 (13.6 %)	920 000 (5.2 %)		2 580 000 (14.7 %)	1 025 000 (5.8 %)	1 497 028 (8.5 %)	17 60
1860 à 1869	8 200 000 (48.5 %)	2 400 000 (14.2 %)	650 000 (3.8 %)	680 000 (4.0 %)	2 400 000 (14.2 %)	999 999 (5.9 %)	1 570 847 (9.3 %)	16 90
1870 à 1879	8 666 889 (53.1 %)	1 957 384 (12.0 %)	292 599 (1.8 %)	569 999 (3.5 %)	2 400 000 (14.7 %)	609 999 (3.7 %)	1 810 811 (11.1 %)	16 30
1880 à 1889	8 319 987 (45.8 %)	3 866 102 (21.3 %)			2 400 000 (13.2 %)	1 157 255 (6.4 %)	2 431 499 (13.4 %)	18 17
1890 à 1894	4 178 997 (48.3 %)	1 900 000 (22.0 %)			1 200 000 (13.9 %)	500 000 (5.8 %)	872 999 (10.1 %)	8 65
Total	84 285 331 (56.9 %)	20 015 715 (13.5 %)	5 310 781 (3.6 %)	1 249 999 (0.8 %)	18 885 248 (12.7 %)	6 392 493 (4.3 %)	12 047 173 (8.1 %)	148 18

L'art lyrique se distingue par son poids écrasant dans la répartition des différentes sommes allouées aux théâtres : sur l'ensemble de la période considérée, il représente les trois quarts du total. L'Opéra à lui seul en absorbe plus de la moitié, ce qui explique qu'il concentre souvent les attaques contre les subventions théâtrales. En effet, le débat sur la légitimité de celles-ci est récurrent, que son écho résonne directement à l'intérieur de l'enceinte parlementaire ou soit prolongé et retranscrit dans les journaux, les revues et les brochures.

Argumenter : la légitimité des subventions en débat

Trois types d'arguments fondent la matrice du débat sur la légitimité des subventions théâtrales[10]. L'argument artistique repose toujours sur l'idée d'une hiérarchie du goût que l'État entend maintenir par-delà le choix qu'il fait du cadre juridique pour réglementer l'industrie théâtrale (cf. 1.2). Face à la menace lancinante de la « décadence théâtrale », véritable scie dont on entend souvent le refrain qui devient particulièrement strident avec la montée en puissance du café-concert et de l'opérette à partir du Second Empire, l'enjeu des subventions est souvent dramatisé par leurs partisans au point de mettre en question la survie même de l'art. Dans cette optique, les subventions sont pensées comme un remède qui s'inscrit dans deux directions opposées. La première est tournée vers le passé : il s'agit de transmettre un héritage constitué d'œuvres canoniques, ce qui fait dire à Hippolyte Hostein devant le Conseil d'État en 1849 que la subvention est « l'arche sainte qui a conservé nos chefs-d'œuvre »[11]. La seconde regarde vers l'avenir : il s'agit alors d'enrichir le répertoire en encourageant la création d'œuvres qui ne feront peut-être pas immédiatement recette, mais que le temps consacrera à son tour comme canoniques. Une telle finalité, à la fois conservatrice et novatrice, est balayée par les adversaires des subventions. D'une part, ils dénoncent le caractère inutile ou contre-productif de celles-ci, qui ne profiteraient pas à l'art mais encourageraient au contraire l'avidité des artistes comme l'indolence des directeurs, endormis sur « l'oreiller des subventions[12] ». D'autre part, ils défendent une forme de « darwinisme culturel » qui s'oppose au choix jugé infantilisant d'éduquer le goût des spectateurs : ceux-ci ne sont-ils pas assez grands pour sélectionner eux-mêmes les œuvres les plus aptes à leur plaire, sans s'embarrasser de considération théorique sur leur intérêt artistique intrinsèque ?

Un tel discours peut s'appuyer sur le libéralisme économique. Subventionner certains théâtres au nom du « bon goût », n'est-ce pas fausser le principe de la libre concurrence, plus encore après le décret du 6 janvier 1864 qui a proclamé la liberté industrielle des théâtres ? Des économistes libéraux comme Frédéric Bastiat, son disciple Gustave de Molinari, Gustave Du Puynode ou encore Edmond Villey, cités dans les débats parlementaires, plaident ainsi pour la suppression des subventions dans le cadre d'une réflexion théorique sur la séparation de l'État et des Beaux-Arts[13]. Les partisans des subventions peuvent répondre sur le terrain économique qu'il s'agit d'un très mauvais calcul puisque le soutien de l'État aux théâtres relève d'une « dépense productive[14] » pour deux raisons. Lamartine énonce la première sous forme de paradigme à l'Assemblée législative le 16 avril 1850 en rappelant que les subventions font vivre directement de nombreuses familles à Paris mais aussi par ricochet artistique en province : « La question économique, en matière de théâtres, se résume à un seul mot : c'est du travail. » Berryer qui s'exprimait la veille en tant que rapporteur du budget, avançait la seconde raison : celle d'un fructueux retour sur investissement qu'il qualifie de « spéculation ». Les effets induits par les subventions sur le mouvement industriel général avaient ainsi été évalués dès la monarchie de Juillet à une somme variant de 18 à 30 millions de F ; quant à leur place dans la balance commerciale, elle est jugée fondamentale par Jules Simon au lendemain de la défaite de 1870 puisque les industries du luxe profitent de la suprématie du théâtre français à l'étranger pour exporter un savoir-faire reconnu – une sorte de label prestigieux *made in France* – et s'ouvrir ainsi de précieux débouchés internationaux. En 1906, le sénateur « hugolien » Gustave Rivet pouvait donc condenser en un aphorisme les deux arguments artistiques et économiques motivant les subventions : « Le théâtre moralise les masses, en même temps qu'il enrichit la cité[15]. »

Le théâtre pacifie également la cité à l'intérieur et la fait rayonner à l'extérieur : telle apparaît la dimension politique du débat sur la légitimité des subventions, sans laquelle on ne comprendrait pas son caractère souvent passionnel. La pacification sociale s'inscrit au cœur des débats sous la monarchie de Juillet et la Seconde République à propos des théâtres du boulevard du Temple : faut-il aller jusqu'à les subventionner ? Si ces théâtres sont très souvent dénoncés par les parlementaires – conservateurs et libéraux confondus – comme « l'école du vice et du crime » dans des discours relevant d'une véritable « pédagogie de l'effroi[16] », ils sont aussi considérés parfois comme « le meilleur auxiliaire de la police[17] » en tant que dérivatifs aux passions du peuple, et agiraient comme « un calmant efficace et souverain[18] », en particulier dans les périodes agitées. Dans cette perspective, le député ministériel et auteur dramatique Pierre Liadières, s'inspirant peut-être d'un article anonyme publié dans *La Presse* le 30 juin 1837, propose l'année suivante d'économiser 300 000 F sur les théâtres lyriques afin de subvertir la logique habituelle qui préside aux subventions : « Emparons-nous des petits théâtres, des théâtres du peuple (*murmures*), emparons-en par la subvention. Peut-être aurait-il fallu commencer par là[19]. » Pour saugrenue et polémique qu'elle paraisse, la suggestion est reprise par le rapporteur de la Commission du budget en 1843, avant d'être déclinée pour le seul Cirque-Olympique par trois députés : l'orléaniste Charles d'Aragon en 1847, le bonapartiste Jacques Abbatucci et le républicain modéré Gustave Sautayra en 1850[20]. Le second versant des subventions envisagé sous l'angle politique regarde au-delà des frontières. De ce point de vue, le théâtre n'est pas seulement un article d'exportation, il est aussi un facteur du rayonnement culturel qui constitue une part essentielle du *soft power* que la France entend exercer au XIXe siècle et réactive au passage le mythe médiéval de la *translatio studii*, c'est-à-dire le transfert du flambeau de la civilisation d'Athènes à Rome, puis de Rome à Paris[21]. C'est ainsi que les partisans des subventions assument leur statut d'« Athéniens » face à des « Béotiens » que l'on trouve aussi bien du côté de la droite monarchiste que des républicains radicaux, et qui n'ont de cesse de dénoncer une forme d'« injustice distributive » dans le choix de subventionner les théâtres de Paris au détriment d'autres priorités budgétaires[22].

Réformer : distribuer autrement les subventions ?

La réponse politique aux critiques qui pleuvent sur les subventions théâtrales passe d'abord par la volonté de trouver une meilleure péréquation territoriale. La question de la municipalisation des subventions théâtrales qui impliquerait leur prise en charge partielle ou totale par la Ville de Paris apparaît ainsi comme un véritable serpent de mer[23]. La suppression de la ferme des jeux, effective au 1er janvier 1838, est l'occasion pour la Commission du budget d'affirmer publiquement le 15 mai suivant et de façon inédite la nécessité pour la Ville de Paris de participer aux subventions. La question devient particulièrement aiguë au sein de la Commission du budget pendant la décennie 1860, au point qu'une Commission consultative de quinze membres (dont sept parlementaires), nommée par l'arrêté ministériel du 19 mai 1869 à la veille d'élections législatives houleuses, est chargée d'étudier la possibilité d'une municipalisation partielle des subventions en lien avec une réforme du droit des pauvres (cf. 11.4). Après un an de réflexion approfondie, le rapport substantiel du conseiller d'État Manceaux conclut sur les difficultés d'un tel montage financier, à la fois sur un plan juridique – seul « un consentement libre et spontané de la municipalité parisienne » pourrait légalement aboutir à un partage des subventions avec l'État – et sur un plan administratif – l'État et la Ville de Paris risqueraient d'être en « conflit perpétuel » au regard de l'impossible délimitation de leur rôle respectif dans la surveillance des théâtres subventionnés[24]. Les différentes tentatives envisagées sous la IIIe République viendront toutes se briser sur ce même récif, ce qui explique en retour la vigueur du thème de la « décentralisation théâtrale » et celui de la « démocratisation théâtrale » (cf. t. 3, 1.5) envisagés comme d'autres moyens de péréquation destinés à compenser l'échec de la municipalisation.

En attendant, distribuer autrement les subventions peut impliquer une modification de leur répartition entre chaque théâtre. La question se pose avec une acuité particulière sous la monarchie de Juillet, ce qui est lié à la présentation budgétaire plus précise des dépenses de l'État : à partir de 1833, le montant des subventions allouées à chaque théâtre par le ministère de tutelle (Commerce et Travaux publics puis Intérieur à partir de 1834) est indiqué[25] et il arrive même à deux reprises que l'ensemble du chapitre ne soit adopté par les députés qu'après un vote spécifique sur chaque subvention[26]. Les propositions arithmétiques fusent à cette époque et peuvent se regrouper en trois catégories[27] : rééquilibrage au profit de l'art dramatique (Théâtre-Français et Odéon), entre l'art dramatique et l'art lyrique (Théâtre-Français et Opéra-Comique en sont les deux bénéficiaires), et interne à l'art lyrique. Dans ce dernier cas de figure, l'Opéra-Comique est souvent présenté comme très désavantagé face à la double concurrence de l'Opéra et du Théâtre-Italien, alors que son répertoire représente à lui seul en 1835 un quart des droits d'auteur payés à Paris et plus de la moitié en province[28]. Cet argument est efficace puisque les députés votent dès l'année suivante une augmentation de sa subvention pour la porter de 180 000 à 240 000 F, avant que cette logique ne se retourne sous le Second Empire. En effet, au vu de l'évolution de son répertoire, l'Opéra-Comique passe désormais pour un théâtre trop privilégié au regard du Théâtre-Lyrique qui obtient en 1863 une subvention maintes fois réclamée depuis son établissement[29]. La somme de 100 000 F est prise sur la subvention du Théâtre-Italien (ce dernier la retrouve en 1867), alors que le ministre Vaillant avait hésité à faire un partage à part égale entre le Théâtre-Lyrique et le théâtre du Châtelet[30]. Jusqu'à la fin du Second Empire, certains parlementaires voudraient même augmenter davantage la subvention du Théâtre-Lyrique au détriment de celle de l'Opéra-Comique mais leurs efforts échouent finalement.

Enfin, modifier le statut administratif des subventions est une troisième solution envisagée pour répondre à ceux qui les critiquent moins sur le fond que sur la surveillance de leur utilisation. Les subventions fixes, systématiquement allouées aux directeurs par le commissaire du gouvernement après contrôle mensuel de six pièces justificatives, deviendraient alors de façon partielle ou intégrale des primes conditionnelles, versées au prorata du nombre d'actes montés chaque année tel que le stipule le cahier des charges[31]. Cette idée, étudiée en détail par le Bureau des théâtres en mai 1870, constitue à la fois une réponse directe aux nombreuses critiques lancées par l'opposition républicaine au Corps législatif sur la gestion des théâtres subventionnés, et participe des réformes foisonnantes initiées par le nouveau ministère des Lettres, Sciences et Beaux-Arts créé le 2 janvier 1870 et confié à un proche d'Émile Ollivier en la personne de Maurice Richard[32]. Si la chute du régime ne permet pas de savoir quelle suite exacte aurait été donnée à ce projet, la IIIe République le reprend explicitement dès l'été 1871 et l'expérimente même à l'Odéon de 1872 à 1880 sous la direction de Félix Duquesnel, avant de l'abandonner[33]. L'idée fait néanmoins son chemin : elle est discutée avec des variantes par des praticiens du théâtre[34], et reprise dans les décennies suivantes par des parlementaires venus de tout horizon politique qui obtiennent en 1900 l'inscription d'un crédit inédit destiné à encourager la décentralisation théâtrale. L'administration des Beaux-Arts choisit alors de distribuer une partie de ce crédit selon un système de primes mobiles.

11.3 Rétribution des artistes et naissance du star system
Sylvain Nicolle

« À aucune époque on n'a vu, comme cela se voit aujourd'hui, le succès d'un ouvrage dépendre à peu près uniquement de l'éclat d'un nom placé en évidence sur une affiche ; à aucune époque, non plus, nul n'a vu le public le plus intelligent de l'univers demander à la note phénoménale d'un gosier exceptionnel les seules émotions de toute une soirée. Après avoir marché à grand pas vers la décadence de l'art nous y sommes arrivés. Nos directeurs de théâtres lyriques sont placés maintenant devant cette triste alternative de contracter avec certains artistes des engagements onéreux ou de voir le vide se former peu à peu autour de leurs salles désertes. [...] Le ténor dont la voix atteint au sommet de l'échelle, la cantatrice en renom, le baryton que la faveur du public élève à la hauteur de ses appointements, ne semblent-ils pas, à leur entrée en scène, regarder les spectateurs avec une assurance, avec une satisfaction qui peuvent se traduire ainsi : la pièce, c'est moi » (E. Reyer, « Chroniques musicales », *La Gazette du Nord*, 9 juin 1860).

Personnalisation à outrance du succès sur un mode « *nec pluribus impar* », rétribution exceptionnelle des artistes lyriques les plus renommés, impasse financière et artistique qui en résulte : tout ce que le compositeur Ernest Reyer déplore en 1860 comme tant de ses contemporains résume les principales caractéristiques du « star system » ou « système de l'idole » lié à l'émergence du grand opéra dès la fin de la Restauration[1]. Le bref panorama qui suit a pour but de rappeler trois jalons possibles de la réflexion sur ce phénomène : l'accroissement exponentiel des disparités entre les rétributions des artistes, les vecteurs médiatiques qui fabriquent les « étoiles du chant[2] » et les tentatives de réformes qui sont le corollaire de sa critique.

Rétribuer les artistes : l'art du grand écart

La « rétribution » ou la « rémunération » – termes préférables à celui de salaire dans la mesure où la nature salariale des appointements artistiques n'a été reconnue qu'en 1909[3] – fait l'objet d'une négociation plus ou moins âpre lorsque le contrat d'engagement est élaboré[4]. Le personnel du chant, dont le poids budgétaire ne cesse d'augmenter au fil du siècle (cf. 11.1), est payé selon deux grands types de modalités complémentaires. La part fixe de la rétribution est constituée par des appointements généralement calculés sur un an et payés chaque mois en fonction de catégories artistiques qui différencient les premiers sujets et les artistes secondaires, les premiers sujets étant eux-mêmes initialement divisés en « chef d'emploi », « remplacements » et « double ». Cette dernière distinction s'assouplit toutefois à partir de 1831, ce qui a pour conséquence immédiate d'attacher les appointements à la personne et non plus à l'emploi occupé⁵. À la part fixe s'ajoute toute une gamme de rétributions mobiles dont les principaux artistes, tout théâtre confondu, sont les grands bénéficiaires. Ce sont tout d'abord les gratifications et les « feux » – des primes par représentation – qui sont versés par le directeur selon un montant négocié à l'avance. Conçue initialement comme un supplément de traitement, cette part mobile de la rétribution dépasse largement la part fixe des premiers sujets à l'Opéra dès la Restauration parce qu'elle permet de contourner le plafonnement des appointements ou *salary cap* fixé à 10 000 F jusqu'en 1830. Le ténor Adolphe Nourrit et la soprano Laure Cinti-Damoreau reçoivent ainsi au total respectivement 31 700 F et 44 200 F en 1829⁶. À la même époque, la direction du Théâtre-Italien s'inscrit déjà dans la logique du cachet qui consiste à rétribuer l'étoile pour une série de représentations : âgée de 21 ans, Maria Malibran perçoit 1 000 F à chacune de ses 50 représentations, soit 50 000 F pendant les six mois de la saison 1829-1830, alors que les autres artistes éminents de la troupe, rétribués par des appointements fixes, ne dépassent pas 18 000 F⁷. L'Opéra s'aligne dès le début du Second Empire sur cette pratique puisqu'en 1855 la cantatrice allemande Sophie Cruvelli reçoit 100 000 F « uniquement en cachets⁸ ». Enfin, la part mobile de la rétribution peut être prévue mais indéterminée dans son montant selon deux cas de figure. Les congés, dont la durée légale varie généralement de un à quatre mois (avec ou sans retenue sur les appointements), sont l'occasion de fructueuses tournées en province et à l'étranger tandis que la concession d'une représentation à bénéfice autorise l'artiste à percevoir le produit de la recette nette à son seul profit. La négociation serrée de tels avantages permet non seulement aux grands artistes d'affirmer leur primauté sur le reste de la troupe, mais encore de mettre en œuvre une subtile stratégie de distinction entre eux au regard du public, ce qui rend moins évidente la comparaison de leur rétribution exacte (il faudrait encore tenir compte des concerts privés où les artistes sont payés au cachet).

L'état actuel de la recherche permet de dégager prudemment quelques grandes tendances qu'il faudra affiner à l'avenir en recoupant le plus possible des archives particulièrement éclatées et hétérogènes dans leur contenu. La concurrence internationale entre les théâtres lyriques et la pénurie de grandes voix qui s'usent rapidement à cause des exigences techniques du grand opéra contribuent beaucoup à augmenter les rémunérations des premiers artistes du chant selon une courbe exponentielle qui part du règne de Charles X et s'accélère vraiment à partir du milieu des années 1830 pour culminer dans la seconde moitié du XIXe siècle. Une telle inflation provoque l'accroissement du fossé interne ou *salary gap* avec les autres membres de la troupe dans des proportions sans précédent, et lèse sous cet angle davantage les femmes que les hommes sur les deux premières scènes lyriques que la monarchie de Juillet subventionne⁹. (Il faudrait encore vérifier systématiquement cette dernière approche genrée sur la durée.) L'écart est encore plus impressionnant avec les choristes dont les appointements fixes sont compris entre 600 F et 1 200 F par an à la même époque[10], et ne dépassent pas 2 700 F dans la grille tarifaire introduite dans les nouveaux cahiers des charges de l'Opéra (1907) et de l'Opéra-Comique (1911)[11]. Le cas des étoiles de la danse de l'Opéra suit une trajectoire différente des premiers artistes du chant pour deux raisons. D'une part, ce statut privilégié perd nettement son caractère masculin après 1831, date qui marque pour les danseurs « la fin d'un règne[12] ». D'autre part, la rémunération des danseuses étoiles s'élève certes au début de la monarchie de Juillet mais semble plafonner à un demi-siècle d'intervalle autour de 30 000 F. Cette somme est perçue successivement par Marie Taglioni en 1831[13], Emma Livry en 1863[14], Léontine Beaugrand et Rosita Mauri en 1879, tandis que Rita Sangalli parvient la même année à augmenter sa rémunération de 24 000 F à 35 000 F[15]. La tentation est donc grande là encore de faire jouer la concurrence internationale, à l'image de Fanny Elssler dont le départ mouvementé de l'Opéra en 1840 pour les États-Unis est persiflé plus tard par Charles de Boigne : « La patrie des dollars a tant de charmes pour les danseuses[16] ! » L'exil doré de l'étoile et les commentaires qui l'accompagnent ne sont pourtant qu'une composante d'un processus plus général, celui de la fabrication médiatique de la célébrité[17] qui repose ici sur trois principaux vecteurs saturant l'espace public : un label sémantique, un prix-étalon du talent, une image protéiforme.

La fabrique de la star : les vecteurs médiatiques de la célébrité

La célébrité des artistes du chant passe d'abord par une construction sémantique visant à dire l'exception. Les *dilettanti* du Théâtre-Italien importent dès la fin de la Restauration un nouveau lexique issu de la patrie du *bel canto* : le terme de cantatrice se substitue à celui de chanteuse, celui de *prima donna* sert de pendant à celui de *primo uomo assoluto* associé aux grands castrats des XVIIe et XVIIIe siècles, consacrant en quelque sorte le passage au mythe de la *diva* dont le nom est désormais précédé d'un article selon la coutume italienne[18]. À la même époque se répand en Angleterre l'usage du terme *star* afin de désigner un acteur ou un chanteur de grande renommée. L'anglicisme peut être attesté en France dès 1844 lorsque le célèbre juriste Vivien traduit un passage de la commission d'enquête parlementaire menée par la Chambre des communes en 1832. Un comédien anglais y déclarait à propos des nombreux théâtres ouverts en Angleterre : « Ils se procurent un acteur d'élite qu'ils appellent leur étoile (star), et le reste de la troupe est misérable[19]. » Le terme « étoile » se généralise ensuite dans la presse comme en témoigne la chronique déjà citée d'Ernest Reyer en 1860 : « Chaque jour, à Paris, une demi-douzaine d'écrivains spéciaux s'attellent au char de ces héros et de ces héroïnes. Ce sont eux qui ont inventé, en renchérissant sur une formule de l'admiration italienne, la qualification d'étoile pour la chanteuse que leur enthousiasme élève jusqu'au firmament de l'art. On dira bientôt une constellation d'artistes lyriques comme on disait jadis une corporation de ménétriers et de musiciens. » On retiendra que le processus de starification est nettement féminisé d'un point de vue sémantique : cantatrice et diva n'ont pas d'équivalent masculin (*divo* ne s'impose pas), tandis que le genre de l'anglicisme (un star) se retourne : il devient féminin (une star), et sa traduction littérale – une étoile – pour désigner indifféremment un homme ou une femme consacre la prééminence symbolique de la « star féminine » à partir du Second Empire[20].

Cette prééminence est certainement moins évidente du point de vue de sa rémunération qui alimente tous les fantasmes. La publicité bruyante faite autour du montant des sommes gagnées par la *star* est consubstantielle à son statut, phénomène que l'impresario Alessandro Lanari résumait d'un aphorisme : « Le prix est le vrai thermomètre[21]. » À l'image du cours de la Bourse, la presse relaie ses variations sur un ton souvent moralisateur[22] ou dans une optique qui peut être rétrospective à partir du Second Empire[23], afin d'en donner un écho toujours édifiant et souvent exagéré. La surévaluation coutumière de la rémunération des étoiles du Théâtre-Italien est d'ailleurs analysée par le préfet de police Gisquet dans une note confidentielle adressée au ministre de l'Intérieur Adolphe Thiers en mai 1836 comme le révélateur d'une économie factice de la reconnaissance : « Il est d'usage reçu parmi les artistes, pour se donner du relief par l'argent, de toujours augmenter de beaucoup les appointements qu'ils sont censés recevoir, ce qui n'empêche pas qu'ils ne reçoivent que ce dont ils sont convenus avec le directeur. Ainsi, par exemple, Lablache, ne reçoit réellement que 45 000 F et cependant c'est un bruit public qu'il reçoit 80 000 F. Il en est de même pour les autres artistes[24]. » (Le récapitulatif des dépenses joint à cette note est organisé en deux colonnes : « dépense réelle » et « dépense fictive » !) Le théâtre peut lui-même devenir le lieu d'une mise en scène « arithmétique » de la rémunération de l'étoile, en particulier dans les revues de fin d'année. En atteste l'exemple précoce de *Je m'en moque comme de l'an quarante*, revue créée le 31 décembre 1839 au théâtre des Variétés dans laquelle Théaulon et Dartois font malicieusement allusion à la somme de 100 000 F réellement touchée cette année-là par le ténor Gilbert Duprez qui venait de s'illustrer dans *Le Lac des fées*[25]. À ces divers moyens de publicité officieuse du « prix du talent », qui exploitent très souvent l'artifice du dévoilement sensationnel, s'oppose sous la IIIe République la tentative d'une publicité officielle sur un registre plus austère, celui des documents parlementaires. Cette volonté de transparence, conçue par certains rapporteurs du budget des Beaux-Arts comme une contrepartie de la subvention accordée par l'État (cf. 11.2), est toutefois loin de faire consensus et ne se concrétise que rarement. Elle est en effet critiquée à la fois pour son illégitimité (les appointements élevés sont justifiés), son caractère jugé vain (les chiffres avancés sont-ils vérifiés ?), et son risque de dérive inconséquente à l'égard des sociétaires du Théâtre-Français : ceux-ci ne pourraient-ils pas y puiser un argument en or massif pour revendiquer des congés plus longs afin de combler une partie du grand fossé qui les sépare de la rémunération des artistes lyriques[26] ?

GESTION ET ÉCONOMIE DU SPECTACLE 613

Le rapport à l'argent que le public entretient avec la star est indissociable de son image au sens propre, ce qui rapproche ici les étoiles dramatiques et lyriques. La culture visuelle du *star system* théâtral passe d'abord par l'affiche sur laquelle le nom de l'étoile est inscrit *en vedette*, c'est à dire en haut et en gros caractères[27], de manière à ce qu'il frappe le spectateur : l'œuvre n'est plus alors que l'écrin destiné à faire briller l'étoile. Cette pratique générale engendre des querelles de préséances homériques puisqu'elle touche à l'épiderme de la star – devenue par glissement métonymique une vedette au sens figuré – et conduit par exemple l'Opéra à l'interdire en 1854 et 1880[28]. Ces tentatives, survenues après un changement de direction, s'avèrent finalement aussi éphémères que vaines puisqu'elles se heurtent toujours à la même aporie que la fuite de la Cruvelli entre le 9 octobre et le 20 novembre 1854 avait bien mis en évidence : comment conserver la star en supprimant la vedette ? La seconde moitié du XIXᵉ siècle multiplie par ailleurs l'iconographie de la star. Ce processus peut reposer sur l'extension donnée à des supports déjà traditionnels que sont le portrait, la lithographie[29] et le dessin de presse. Le supplément illustré en couleur du *Petit Journal* (tirage supérieur à un million d'exemplaires) représente par exemple à sa une les étoiles du chant associées à un rôle dans un opéra : Lucienne Bréval dans *Salammbô* (13 août 1892), Sybil Sanderson et Jean-François Delmas dans *Thaïs* (26 mars 1894), Marie Delna dans *La Vivandière* (21 avr. 1895) et *Le Prophète* (29 mai 1898), Emma Calvé dans *Sapho*

Paul Hadol, « Nouveau Panthéon du Charivari. Adelina Patti », *Le Charivari*, 14 mai 1866. Italienne, née de parents chanteurs, la Patti (1843-1919) débuta enfant une carrière internationale exceptionnelle qui la conduisit en Amérique, aux Antilles, en Europe, en Russie… Soprano léger à la vocalisation époustouflante, elle électrisa les publics, notamment à Londres au Covent Garden et à Paris, au Théâtre-Italien et à l'Opéra. Sa fortune était légendaire.

(12 déc. 1897). Mais de nouveaux médias jouent également un rôle essentiel : la photographie, qui ouvre la voie à un « nouvel âge de la célébrité[30] », et les produits dérivés, qui banalisent à la fois l'image de la star dans une logique commerciale tout en manifestant son statut iconique (cf. 20.6). Quant à la caricature, elle est le plus souvent un indice de la notoriété acquise par l'étoile mais peut aussi traduire une forme de distanciation critique à son égard (ainsi les cachets d'Adelina Patti sont férocement caricaturés par Paul Hadol dans *Le Charivari* du 14 mai 1866 ou André Gill dans *Le Voltaire illustré* du 22 février 1880) et reflète finalement toute l'ambivalence des réactions face au *star system*.

La « guerre aux étoiles[31] » :
critiques du star system *et tentatives de réformes*

Le répertoire des critiques adressées au *star system*, essentiellement dans la presse et au Parlement, se fonde sur une triple rengaine. Financièrement, la logique de surenchère des rémunérations accordées aux étoiles condamnerait tôt ou tard le *star system* à sa perte. À cet égard, l'exemple de l'engagement d'Adelina Patti aux côtés du ténor Jean de Reské pour créer *Roméo et Juliette* à l'Opéra en 1888 est éloquent : coup d'éclat artistique, mais bouillon financier, les directeurs Ritt et Gailhard reconnaissant devant la commission des finances du Sénat qu'ils perdent 900 F à chaque représentation (déduction faite de la subvention) alors que le seul cachet de l'illustre cantatrice atteint 5 000 F par soirée[32]. Le risque accru de déficit se retrouve en province où les directeurs sont également lancés dans une course aux « gros appointements » qui explique en partie de nombreuses faillites et alimente en retour le thème de la décadence théâtrale. Sur le plan artistique, la logique du *star system* pervertit celle de la troupe dans la mesure où elle met en évidence selon ses détracteurs l'hétérogénéité entre l'étoile et les autres artistes, réduits pendant la représentation au rang de simples figurants qui donnent la réplique. Enfin, la mondialisation du marché de l'art lyrique cristallise à la fin du XIXe siècle l'expression d'une critique nationaliste qui joue sur deux registres complémentaires[33]. D'un côté, une forme d'antiaméricanisme dont Gustave Bertrand donne le ton dès 1863 – « nous devenons trop américains en fait de spectacle » (*Mén.*, 9 août 1863) –, déplorant le travail des imprésarios qui débauchent les artistes français « à coup de banknotes[34] » en leur ouvrant les portes du Nouveau Monde[35]. De l'autre, la dénonciation du trop grand nombre d'artistes étrangers – toujours désignés sous le vocable générique d'« artistes exotiques » – et de leur rétribution trop élevée qui réactive au besoin l'italianophobie déjà très présente sous la Restauration pour contrer l'engouement des *dilettanti*. Cette rengaine nationaliste trouve un écho en 1910-1911 dans l'organisation d'une campagne de lobbying parlementaire destinée à défendre un débouché prioritaire pour les élèves du Conservatoire à l'Opéra et à l'Opéra-Comique.

Face aux effets pervers induits par le *star system*, les propositions et tentatives de réformes ne manquent pas. Elles passent d'abord par la capacité à repérer les futures étoiles, d'où les débats récurrents sur le recrutement et la formation au Conservatoire afin d'en faire la pépinière des artistes des théâtres subventionnés[36]. Elles se manifestent ensuite par la volonté des directeurs d'abaisser indirectement la rétribution des stars en amortissant le coût de leur engagement : la garantie d'une pension pour les artistes de l'Opéra, la gestion mutualisée de grands théâtres lyriques (cf. 11.1) ou l'association d'impresarios à leur tête[37] sont autant de pistes explorées. Elles se traduisent enfin par une série de mesures expérimentées de façon inédite à l'Opéra dans le nouveau cahier des charges de 1913, visant à enrayer le constat lapidaire formulé à l'occasion de l'engagement de la star australienne Nellie Melba en 1889 : « Quelle tour de Babel cet Opéra[38] ! » Toutefois, en stipulant que « les artistes étrangers ne peuvent être engagés qu'en représentation », l'article 36 entérinait la fin d'une époque en rendant définitivement anachronique le vœu émis dix ans plus tôt par le sénateur Élisée Déandréis : « Un artiste de talent et de mérite n'honore point nos scènes lyriques nationales en s'y produisant ; il vient, au contraire, y faire consacrer sa propre réputation. L'Opéra et l'Opéra-Comique ne devraient, en principe, pas plus admettre d'artistes en représentation qu'ils n'acceptent de troupes de passage[39]. »

11.4 Une fiscalité théâtrale spécifique (redevances, impôt et droits d'auteur)

Sylvain Nicolle

La « suzeraineté de l'Opéra[1] » : la redevance perçue sur les spectacles vassaux

Le régime du privilège théâtral avant 1789 confiait le monopole de l'exploitation du genre lyrique à l'Opéra que ce dernier avait fini par monnayer en l'interprétant de façon très extensive. Ainsi, la Comédie-Italienne, les spectacles forains et le Concert spirituel devaient tous s'acquitter selon des modalités variables d'une redevance envers le seigneur Opéra en échange de la concession d'un fief particulier : le droit d'exister ! L'Opéra en tirait presque un tiers de ses recettes hors-spectacle dans la seconde moitié du XVIIIe siècle[2]. L'Assemblée législative porte un coup décisif à cette redevance : elle survit quelque temps après la nuit du 4 août 1789 mais cesse d'être perçue au plus tard avec la loi du 13-19 janvier 1791 qui accorde la liberté théâtrale, sans que les archives ne permettent apparemment d'être plus précis[3]. La mise en place du système du privilège en 1806-1807 (cf. 1.2) ne s'accompagne pas immédiatement d'un retour à l'ancien régime fiscal en faveur de l'Opéra mais les discussions engagées sur une telle opportunité aboutissent quelques années plus tard[4]. Le décret du 13 août 1811 précise bien que la redevance est « rétablie » à compter du 1er septembre suivant (art. 1). Son montant est prélevé sur les recettes brutes – déduction faite du droit des pauvres – tandis que son taux varie : il est fixé au vingtième (5 %) pour les théâtres secondaires (d'où le surnom de « vingtième de l'Opéra » parfois donné à cette redevance) et au cinquième (20 %) pour tous les autres spectacles (art. 3), tels que spectacles de curiosité, bals, concerts, etc. Dès 1812, la redevance dépasse 117 000 F et fournit ensuite en moyenne environ 10 % des recettes totales de l'Opéra[5]. La tentation est donc grande d'augmenter le taux de la redevance. Le projet, envisagé dès la fin du Premier Empire[6], s'infléchit dans un sens radical au début de chaque Restauration : le baron de la Ferté prépare deux ordonnances (août 1814 et décembre 1815) visant *in fine* à « épurer » les spectacles de la capitale par la mise en place d'un taux confiscatoire qui amènerait la faillite de certains théâtres et donc la réduction de leur nombre[7]. Les désaccords internes au sein de la Maison du Roi font traîner le projet avant que l'intervention du ministre de l'Intérieur Lainé ne l'enterre en 1817 : légitimant les plaintes des directeurs des théâtres secondaires, il se fait leur avocat et agite de façon à peine voilée la menace d'un procès.

Ce dernier finit par éclater en 1828[8] et trouve son épilogue en 1831. La plupart des directeurs des théâtres secondaires refusent de payer la redevance et adressent au ministre de l'Intérieur Martignac (à la tête du gouvernement depuis le 5 janvier 1828) une *Consultation* datée du 16 janvier et signée par douze avocats. Le procès se déroule d'abord devant le tribunal de première instance, à huis-clos (14 mars) puis en audience publique (9 et 16 avril), avant d'être porté en appel devant la Cour royale de Paris (9, 16 et 18 août). (La question est discutée dans l'intervalle à la Chambre des députés le 15 juillet 1828.) Pour simplifier, deux grands enjeux sont débattus : le décret du 13 août 1811 est-il constitutionnel ? La redevance est-elle une convention privée ou un impôt ? Trancher cette dernière question revient à débattre du statut de l'Opéra lui-même : la première hypothèse implique qu'il appartienne à la liste civile, et *in fine* à la personne privée du roi, tandis que la seconde repose sur l'affirmation que l'Opéra est une institution nationale dépendant de l'État. Assimiler la redevance à un impôt perçu illégalement – puisque non consenti par les Chambres en vertu de l'article 48 de la Charte de 1814 – était toutefois périlleux dans la mesure où l'idée d'étendre la redevance au bénéfice des autres théâtres royaux pour augmenter leurs recettes avait été explicitement formulée en 1826 par le rapporteur du budget De Berbis[9]. Par deux fois, en première instance et en appel, les théâtres secondaires sont finalement condamnés : victoire de l'Opéra, mais victoire à la Pyrrhus. En effet, la Révolution de 1830 est l'occasion d'une nouvelle fronde contre la redevance qui aboutit à sa suppression par l'ordonnance royale du 24 août 1831[10].

Si l'Opéra perdait ainsi dès la monarchie de Juillet une source d'appoint appréciable, il n'en allait pas de même pour les théâtres en province[11]. En effet, le Règlement du 15 mai 1815 autorisait les directeurs à la tête d'une troupe stationnaire ou ambulante à percevoir un cinquième des recettes brutes sur les spectacles de curiosité, déduction faite du droit des pauvres (art. 21). Cette redevance, confirmée dans l'ordonnance royale du 8 décembre 1824 sur les théâtres de province (art. 11), est également contestée devant les tribunaux. La jurisprudence apparaît très contradictoire, avant que le décret du 6 janvier 1864 ne tranche dans le vif : la redevance est supprimée tandis que le droit des pauvres est maintenu pour les théâtres (art. 2) et les autres établissements (art. 6, 2e alinéa).

« Un impôt sur le plaisir au profit de l'indigence[12] *» :*
le droit des pauvres

L'impôt établi en faveur des pauvres sur les théâtres et spectacles publics remonte à l'Ancien Régime et puise ses origines dans des motivations à la fois religieuses et philanthropiques[13]. Il n'est véritablement institutionnalisé que sous le règne de Louis XIV lorsque l'ordonnance du 25 février 1699 prévoit de financer l'Hôpital général (fondé en 1656) par une taxe d'un « sixième en sus de ce qui se reçoit aux entrées des opéras et comédies ». Son taux comme ses modalités de prélèvement furent variables au XVIIIe siècle, avant que l'Assemblée Constituante ne le supprime de façon conditionnelle au début de la Révolution : la loi du 6 août 1789 prévoyait qu'en attendant le vote des moyens de subvenir aux besoins des pauvres, on continuerait à percevoir l'impôt. Il est officiellement rétabli par la loi du 7 frimaire an V (27 novembre 1796) à hauteur de 10 % en plus du prix du billet d'entrée dans tous les spectacles mais seulement pour une durée de six mois. Prorogé d'année en année, le droit des pauvres est définitivement établi par le décret impérial du 9 décembre 1809, avant d'être officiellement incorporé tous les ans au budget à partir de la loi de finances du 25 mars 1817[14]. La quotité est fixée au onzième de la recette brute pour les théâtres, les concerts quotidiens et certains spectacles de curiosités, et au quart pour les autres spectacles (bals publics, cirques, feux d'artifice…)[15]. La perception est mise en régie intéressée (nommée « régie des indigents ») à partir de 1806 pour le compte du Conseil général des hospices civils de Paris (créé en 1801), avant que l'administration de l'Assistance publique qui lui succède en 1849 ne s'en charge directement à partir du 1er janvier 1856[16]. Légalement établi, le droit des pauvres n'en fut pas moins vivement contesté dans ses modalités à partir de la fin de la Restauration[17].

« Cet antagonisme apparent entre la banquette du théâtre et le lit de l'hôpital[18] » se fonde sur une interprétation contradictoire de la législation. La controverse porte d'abord sur l'assiette de l'impôt. Elle repose explicitement sur le spectateur puisque les différents textes établissant le droit des pauvres stipulent tous qu'il est prélevé « en sus » du prix de chaque billet, c'est-à-dire en plus. Pourtant, les directeurs ont tendance à considérer qu'il pèse directement sur leur exploitation parce que les deux caisses spécifiques mises en place sous le Directoire pour séparer les recettes du théâtre proprement dites et le produit du droit des pauvres ont été rapidement réunies en une seule pour des raisons pratiques. La légalité du droit des pauvres est ensuite attaquée après le décret du 6 janvier 1864 sur la liberté des théâtres. Alors qu'une commission a été nommée en 1869 pour examiner de concert une réforme du droit des pauvres et la possibilité que la Ville de Paris prenne en charge les subventions théâtrales (cf. 11.2), les directeurs rappellent que la fin du système du privilège les a replacés « sous l'empire du droit commun », et considèrent donc que « la réserve insérée dans le décret pour le maintien du droit des pauvres est simplement transitoire[19] ». L'argument ne porte pas – il n'est pas fondé puisque le décret de 1809 ne fait que reprendre les mesures prises sous le Directoire lorsque la liberté théâtrale était toujours en vigueur – et le droit des pauvres peut continuer à fournir une part appréciable des recettes totales des hôpitaux parisiens, part qui varie entre 3 et 7 % de 1810 à 1900[20].

Impôt permanent, impôt polémique : journaux, brochures, pétitions, propositions de loi forment autant de moyens de faire entendre des projets alternatifs[21]. La voie la plus radicale mais finalement très rare consiste à demander la suppression du droit des pauvres, généralement en l'associant à la suppression des subventions théâtrales. Deux députés siégeant à l'extrême gauche font cette proposition à une génération d'intervalle : Demarçay en 1837, puis Eugène Pelletan à deux reprises, en 1867 et 1869. La voie plus modérée et bien plus fréquente vise à réformer l'impôt : « Supprimer, non ; diminuer, oui. Est-il défendu de ne donner, même aux pauvres, que la somme juste qu'on peut leur donner ? L'Évangile prescrit l'*aumône*, non le *dépouillement*[22]. » Diminuer la quotité est une première possibilité qu'accepte l'administration des Hôpitaux de Paris dans des circonstances exceptionnelles, entre 1830 et 1832 et en 1848. Il s'agit donc d'un simple dégrèvement temporaire que le lobbying parlementaire effectué par les directeurs échoue ici complètement à pérenniser, notamment au début de la monarchie de Juillet. Percevoir le droit des pauvres sur la recette nette ou les bénéfices à la place de la recette brute est la seconde possibilité. Elle est envisagée dès 1845 par l'administration elle-même dans le rapport de deux inspecteurs des bureaux de bienfaisance, et défendue au Parlement dans des propositions de loi (1851, 1878, 1895) ou des pétitions (1866). Devant leur incapacité à obtenir une réforme, les directeurs bouleversent leur stratégie et décident en 1909 d'augmenter le prix des places en prélevant le droit des pauvres « en sus » du prix du billet, c'est-à-dire en se fondant sur le mode de perception qu'ils combattaient depuis un siècle ! Le projet remontait à février 1900 en prévision de l'Exposition universelle mais les directeurs avaient préféré y renoncer par crainte de heurter l'opinion publique. Il est inspiré par les avocats Gustave Cahen et Charles Mathiot qui rédigent en 1908 un *Mémoire sur la question du droit des pauvres* présenté au conseil judiciaire de l'association des directeurs de théâtre.

« Ils ont fait leur 89 »[23] : l'affirmation des droits d'auteur

La notion de droits d'auteur constitue au XIXe siècle le corollaire de la propriété intellectuelle consacrée en France dans la législation à partir de la Révolution française[24]. La loi du 13-19 janvier 1791 stipule ainsi deux dispositions théoriques majeures. D'une part, le consentement des auteurs est nécessaire à la représentation de leurs ouvrages sous peine de confiscation à leur profit du produit des représentations non autorisées (Art. 3). D'autre part, les héritiers restent propriétaires des ouvrages de l'auteur pendant les cinq années qui suivent sa mort (Art. 5) ; passé ce délai, les ouvrages sont « une propriété publique », et peuvent « être représentés sur tous les théâtres indistinctement » (Art. 2). L'application de cette loi, confirmée par celle du 19 juillet suivant, est rendue difficile par la contestation de directeurs et/ou de comédiens de province, ce qui suscite des pétitions et contre-pétitions pendant deux ans. Si le décret du 30 août 1792 marque un certain recul[25], celui-ci n'est que temporaire puisque sous la Convention la loi du 19 juillet 1793 fait passer le droit de propriété littéraire pour les héritiers de l'auteur de cinq à dix ans[26]. Sous l'Empire, le décret du 5 février 1810 sur l'imprimerie et la librairie prolonge à vingt ans la propriété littéraire pour les héritiers des auteurs d'ouvrages imprimés ou gravés, mais la maintient à dix ans lorsqu'il s'agit d'auteurs dramatiques. La volonté d'harmoniser la législation au profit de ces derniers est à l'origine de plusieurs pétitions sous la Restauration (1819, 1821, 1828) et la monarchie de Juillet (1838, 1844)[27]. Cette stratégie pétitionnaire aboutit avec succès lorsque les députés votent la loi du 3 août 1844, l'année où les héritiers de Boieldieu devaient perdre à compter du 8 octobre le bénéfice des droits d'auteur sur les œuvres de l'illustre compositeur[28]. La propriété littéraire est ensuite étendue de vingt à trente ans par la loi du 8 avril 1854, puis portée à cinquante ans dans la loi du 14 juillet 1866. Les progrès sont plus tardifs à l'échelle internationale : les droits de l'auteur français à l'étranger et ceux de l'auteur étranger en France sont réglés à la fois par des accords bilatéraux entre pays et par la Convention de Berne signée en 1886 par dix pays, texte fondamental d'un point de vue théorique mais dont l'application était limitée[29].

Ce mouvement d'extension de la propriété littéraire s'accompagne de la mise en place progressive d'un système efficace de perception des droits d'auteur qui est l'un des buts essentiels de la SACD[30]. Celle-ci, fondée le 7 mars 1829 à l'initiative de Scribe[31], se dote en 1837 du statut de société civile qui constitue une étape essentielle dans l'affirmation de son monopole et lui permet d'imposer ses conditions dans les traités qu'elle passe avec les directeurs au nom de tous ses membres[32]. Quelle que soit sa place au sein du champ théâtral, l'auteur représenté peut désormais exiger dans les théâtres de Paris une rémunération proportionnelle aux recettes brutes selon un taux fixé à l'avance, déduction faite d'une somme de 1 % destinée à la fois au financement de la SACD (les charges sociales, la caisse de secours, celle des pensions et le fonds commun des bénéfices partageables) et aux frais de perception des deux Agents généraux qui sont ses mandataires officiels[33]. La perception d'un droit proportionnel par les auteurs constitue une petite révolution eu égard aux pratiques précédentes. En effet, le décret du 8 juin 1806 qui pose la première pierre du système du privilège stipulait encore que « les auteurs et les entrepreneurs seront libres de déterminer entre eux, par des conventions mutuelles, les rétributions dues aux premiers par somme fixe ou autrement » (Art. 10). Pour de nombreux auteurs, la rétribution forfaitaire ou par droit fixe était désavantageuse. Les plus renommés parvenaient à élargir ce mode de rétribution en ajoutant d'autres conditions dans les traités particuliers conclus avec un théâtre : Scribe négocie ainsi des primes versées à l'avance, l'obtention d'une rente viagère, ou encore la jouissance d'une loge[34]. De son côté, Rossini touche à partir de 1824 la somme de 40 000 F par an pour composer un grand opéra français et un opéra italien et « arranger » un ouvrage de sa composition pour le Théâtre-Italien, en plus de son droit fixe par représentation[35] (cf. 6.3). Ce dernier mode de calcul reste le plus longtemps en usage à l'Opéra, de 1713 à 1871[36]. Son montant dépend du type d'œuvres ou de leur durée, et se fonde sur une logique dégressive qui commence à s'effacer à partir de 1856, comme le montre le tableau ci-dessous[37] :

Type d'œuvres	Nombre de représentations	Date du règlement de l'Opéra (somme totale en francs par soirée)		
		16 janv. 1816*	16 août 1856**	10 déc. 1860
Opéra (3 à 5a)	1 à 40	500	500	500
	> 40	200	300	
Opéra (1 à 2a)	1 à 40	340	340	340
	> 40	100		
Ballet	1 à 40	340	250 ou 150 selon la durée	250 ou 150 selon la durée
	> 40	100		

* Le partage a lieu par moitié (compositeur et librettiste) quel que soit le type d'œuvre. Les droits sont réduits au deux-tiers lorsque l'œuvre représentée est un opéra de 3 à 5 actes qui ne remplit pas toute la soirée ou un ballet d'un seul acte.

** Le partage a lieu par moitié (compositeur et librettiste) pour un opéra, et par tiers (compositeur, librettiste et chorégraphe) pour un ballet.

À partir du 1er novembre 1871, le droit fixe est abandonné à l'Opéra au profit du droit proportionnel qui varie entre 6 et 6,5 % de la recette selon le montant de la subvention accordée par l'État[38], avant de s'élever progressivement pour atteindre 7,5 % en septembre 1887 et 8 % en décembre 1888[39]. Dans les autres théâtres de Paris, le droit proportionnel s'est imposé plus tôt au cours de la première moitié du XIXe siècle (sauf à la Comédie-Française où il est fixé à 15 % en 1859). Sous la IIIe République, il est de 12 % à l'Opéra-Comique[40], à l'Odéon, au Gymnase, au Vaudeville, au Palais-Royal, aux Variétés, aux Bouffes-Parisiens, aux Folies-Dramatiques, aux Nouveautés, et de 10 % dans les autres théâtres de la capitale. À partir de 1892, la SACD passe également un traité avec la Société du théâtrophone, ce qui permet aux auteurs de recevoir un droit proportionnel de 3 à 4 % sur les recettes brutes des auditions téléphoniques dans la mesure où elles sont considérées comme une extension à part entière de la représentation théâtrale[41]. La généralisation du droit proportionnel ne s'étend en revanche que partiellement aux théâtres des départements puisque le droit fixe par pièce ou par soirée s'y maintient selon les villes[42]. Enfin, les droits d'auteur impliquent encore deux formes de rémunération qui ne sont pas directement pécuniaires. Les entrées dans la salle sont accordées aux auteurs pour une durée déterminée mais la disposition se révèle assez souple dans les faits[43]. Les « billets d'auteur » sont délivrés par le directeur du théâtre selon un quota fixé à l'avance dans le traité. Destinés initialement à un usage personnel, ils deviennent dès la Restauration une source complémentaire de revenus en étant revendus à des marchands de billets qui les mettent en circulation sur un véritable marché parallèle dont une partie alimente la claque[44].

Au final, la « révolution des auteurs » leur a permis d'accéder à un statut bien plus rémunérateur mais cet acquis bénéfique provoque en retour des tensions au sein du monde théâtral. D'une part, le fonctionnement de la SACD l'apparente de plus en plus à « un club réservé aux auteurs les plus puissants[45] », ceux-ci ayant tendance à monopoliser l'affiche et donc les gains. D'autre part, la perception des droits d'auteur entraîne une « judiciarisation » accrue des conflits autour de la *propriété littéraire* et de la *contrefaçon*[46]. Les principaux désaccords portent sur le livret (accusation de plagiat concernant par exemple les opéras adaptés au Théâtre-Italien à partir de traductions de pièces de théâtre), sur la composition musicale (problème des arrangements, délimitation des compétences entre la SACD et la SACEM fondée en 1851) et sur l'achat des partitions (cf. 11.6).

11.5 LA QUESTION DU MARCHÉ EUROPÉEN DE L'ART LYRIQUE : AUTOUR DU CAS ROSSINI

Aurélie Barbuscia

Héritière d'une longue tradition migratoire remontant à la deuxième moitié du XVIIIe siècle, la mobilité de Rossini répond également aux exigences du marché de l'opéra de son temps. Au moment où sa carrière s'échafaude, un nouvel ordre européen est en voie de construction. Sa trajectoire constitue ainsi un observatoire privilégié de l'Europe musicale en formation, qui laisse émerger des capitales, des puissances, des alliances, mais aussi des rivalités et des mises en concurrence[1]. Tant que sa carrière reste confinée à la péninsule, sa mobilité tient de l'itinérance, soumise au mécanisme administratif des théâtres italiens et à l'autorité exercée par la figure de l'impresario. À partir du moment où sa carrière se déploie à l'échelle internationale, elle répond à deux logiques à la fois concurrentes et complémentaires : d'une part l'émergence d'un marché artistique européen, d'autre part l'espace de confinement protecteur, celui de l'État, de ses « politiques culturelles », de ses entreprises de captation. La vogue durable de Rossini tient essentiellement à un changement dans la programmation, moins dominée par la création et davantage organisée autour du « répertoire », principe qui consiste à reprendre des œuvres ayant préalablement obtenu du succès. L'implantation dans les théâtres de ce principe ainsi que l'organisation toujours plus structurée et compétitive de la vie musicale jouent un rôle crucial au sein de l'activité entrepreneuriale de l'opéra.

L'acquisition d'un pouvoir de marché

À partir de 1815, la carrière de Rossini s'étend sur toute la botte italienne dont les contours viennent d'être redessinés par le congrès de Vienne. Rossini fait d'abord carrière à Naples, la capitale du royaume des Deux Siciles restituée aux Bourbons. Il y occupe la fonction de directeur artistique tout en s'engageant à composer deux opéras par an pour les scènes royales. Confortablement installé à Naples jusqu'en 1822, le compositeur ne renonce pas pour autant à sa liberté de circulation et ne cesse de voyager pour consolider son succès auprès des publics milanais et vénitien et conquérir la capitale des États de l'Église. Après six années de service au théâtre San Carlo, Rossini sort de la péninsule pour rejoindre Vienne, la capitale de l'Empire d'Autriche qui, depuis 1815 et sous l'impulsion de Metternich, semble s'être idéalement placée au centre de l'Europe. Le tempo frénétique ayant caractérisé la carrière péninsulaire du compositeur se voit freiné à mesure que les distances s'allongent au profit d'une carrière internationale, paradoxalement caractérisée par un rythme créatif plus raisonnable.

Lors de sa période napolitaine, nombreuses sont les propositions que les scènes étrangères adressent au Maestro, qui semble en tirer profit pour accroître son pouvoir de négociation, et poursuit aussi un objectif précis. Une lettre adressée à sa famille laisse entendre que sa première tournée internationale n'est qu'une stratégie mise en œuvre pour accomplir un dessein plus ambitieux dont on ignore la teneur : « Rassurez-vous au sujet de mes chimériques voyages car ce ne sont que des apparences indispensables pour réaliser mon merveilleux objectif[2]. » À l'instar d'autres artistes étrangers, Rossini n'ambitionnerait-il pas de mettre son talent à l'épreuve de Paris ? Alors qu'il revendique la reconduction de sa pension viagère, le compositeur pose un regard rétrospectif sur sa trajectoire ayant nécessité des choix et, par là même, des renoncements : « Ce n'est pas l'intérêt qui me guide et vous ne pouvez pas en douter : des conditions beaucoup plus avantageuses m'ont été offertes à plusieurs reprises pour l'Angleterre, l'Allemagne, la Russie et l'Italie ; je les ai refusées [...] rien ne m'empêcherait d'aller goûter au doux repos dans ma patrie, si je n'étais pas animé du plus ardent désir d'offrir un témoignage de ma vive reconnaissance à sa Majesté le Roi de France qui n'a pas cessé de m'honorer de son auguste bienveillance en consacrant mes travaux au grand Théâtre que ce Prince magnanime protège[3]. »

La fin du règne de l'impresario

Lorsqu'en 1822 Rossini décide de se détacher de l'organisation théâtrale napolitaine au profit d'alléchants contrats, nous assistons aux prémisses d'une crise profonde qui va ébranler le statut de l'impresario au point d'entraîner son extinction définitive. Cette démarche significative adoptée par Rossini marque la fin du couple compositeur/ impresario. Son impresario privilégié, Domenico Barbaja, est pleinement conscient de l'attrait irrésistible que les scènes européennes exercent désormais sur son protégé. Ce n'est pas tant l'éloignement physique ou géographique du compositeur que Barbaja redoute, que l'idée qu'il puisse gérer seul l'évolution de sa carrière, voire la confier aux mains d'autres impresarios. L'artiste commence ainsi à se vendre au plus offrant alors même que l'enchérisseur le plus redoutable se trouve en dehors de la péninsule.

L'impresario joue un rôle moteur au sein d'une économie ambiguë, celle de l'entreprise théâtrale pour laquelle l'idée de profit ne renvoie pas à une valeur économique mais symbolique. Il prend appui sur une société hautement hiérarchisée dont l'art subventionné et privilégié – l'opéra – est soumis d'un côté au contrôle des autorités locales, de l'autre à l'horizon d'attente du public comme condition *sine qua non* du remplissage de la salle. À cela viennent s'ajouter les exigences de l'artiste dont le cachet et la mobilité internationale augmentent à mesure que sa renommée se consolide. Le succès de la programmation qu'il met en place est intimement lié à sa valeur distinctive et/ou au prestige dont elle est la source. Une part essentielle de son activité consiste à transformer le capital économique en capital symbolique au profit du pouvoir en place (légitimité) comme de sa propre personne (capital social). Aussi l'impresario est-il constamment tiraillé entre deux formes de pouvoir : politique et économique.

À la lumière de ce premier constat, l'impresario a de fortes chances de s'endetter. Le journaliste Eugène de Mirecourt rappelle en 1855 combien l'investissement financier de l'impresario – dès lors que son activité se déploie au sein du mécanisme administratif des théâtres italiens – se révèle infructueuse. Il brosse le portrait de l'impresario italien et le compare à son homologue français : « Au-delà des Alpes, l'individu chargé de la direction d'une salle de spectacle se nomme un impresario. Ce n'est point, comme en France, un industriel qui tend au public l'hameçon de la curiosité, dans l'espérance d'y voir mordre la fortune ; c'est toujours un grand seigneur qui éprouve le besoin de se ruiner. L'impresario ne s'occupe absolument que des beaux yeux de la prima donna. Ses affaires sont confiées à un intendant. Ce dernier loue la salle, engage les artistes, achète quatre-vingts francs le poème à quelque abbé crotté de l'endroit, donne soixante-dix sequins au compositeur, s'il est illustre ; trente, s'il n'a qu'une célébrité contestable ; rien, s'il est inconnu, et met le reste des bénéfices dans sa poche. À la fin de la saison, l'impresario se trouve en face des frais accumulés. Il perd trois ou quatre cent mille livres, y compris les cadeaux à la prima donna, et celle-ci lui tire gracieusement sa révérence pour aller chercher dans une autre ville un pigeon mieux garni de plumes[4]. »

Ce n'est qu'en 1830 que le terme italien « *impresario* » apparaît en France. Cela s'explique par la naissance tardive d'un nouveau statut au sein du paysage théâtral français, longtemps marqué par le système du privilège : celui du directeur d'entreprise théâtrale. Ce dernier s'avère intégralement responsable de l'établissement qu'il dirige : il en prend les risques financiers et en recueille les bénéfices. L'impresario italien se présente, au contraire, comme un homme désintéressé par l'aspect purement financier de son activité. Si les profits économiques semblent ici dénigrés, les profits symboliques sont en contrepartie recherchés. De manière paradoxale, l'impresario italien tire profit de sa ruine.

Il y a presque autant d'organisations théâtrales qu'il existe de théâtres dans la péninsule. Pour autant, le système hiérarchique au sein duquel l'impresario se meut revêt souvent le même aspect d'un théâtre à l'autre. Les principaux financeurs des théâtres – aristocrates ou riches bourgeois – passent contrat avec un impresario chargé de gérer l'établissement et d'y organiser les saisons d'opéra, de choisir les œuvres et de recruter le personnel. L'impresario Alessandro Lanari dresse un sombre tableau du marché lyrique italien et des conditions de travail de l'impresario entre 1825 et 1830 : « Si l'entreprise théâtrale a toujours été une spéculation peu fructueuse, elle est aujourd'hui devenue désastreuse. [...] Le luxe qui s'est infiltré dans tous les secteurs sans épargner le monde du spectacle a atteint son paroxysme. Les rares artistes dotés d'un talent distinctif... et la concurrence de villes riches telles que Londres, Paris et Vienne qui dérobent à l'Italie le peu de génies qu'elle possède [...] sont les causes qui empêchent les impresarios de satisfaire le désir des amateurs du théâtre ennemi[5]. »

Dans ses doléances, Lanari fait état de la pénurie d'artistes compétents mis au service des scènes italiennes ; l'expansion d'un marché international de l'opéra hautement concurrentiel en est selon lui la cause principale. Si jusqu'alors les théâtres de la péninsule ainsi que leurs impresarios respectifs pouvaient rivaliser dignement entre eux, l'entrée en compétition des capitales européennes a fait voler en éclat le circuit fermé du marché lyrique italien. Dès lors, le vaste marché international livré au libre jeu des règles de l'économie libérale porte un coup fatal à la figure de l'impresario italien.

Face à un tel fléau, certains impresarios – Barbaja en tête – se montrent capables de rebondir. La carrière de ce dernier s'inscrit au cœur de la société préindustrielle du premier XIXe siècle et tend à se mouvoir sur le marché de l'opéra, ainsi que sur tous les produits économiques susceptibles de graviter autour de cette forme de divertissement. À mi-chemin entre l'homme d'affaires et le commerçant, Barbaja a l'art de repérer les artistes prometteurs et d'entretenir avec eux un rapport privilégié, exclusif et personnel. Aussi ce dernier n'est-il pas étranger au succès de Rossini, Donizetti et Bellini avec lesquels il a su établir un rapport de confiance et de fidélité réciproque. Le lien que Barbaja tisse avec l'artiste est tellement étroit qu'il se rapproche de la figure plus tardive de l'agent[6].

Lorsque Barbaja opte pour une carrière à l'étranger, se traduisant par une prise de fonction à Vienne, l'impresario se dissocie d'une image datée de son métier pour adopter un profil plus moderne dont la mobilité est devenue le caractère principal. Embrasser une carrière à l'échelle européenne représente une question de survie et la condition *sine qua non* du profit : « Il met fin à l'ère de l'entreprenariat artisanal et vieux jeu tandis que commence celle de l'entrepreneur théâtral moderne au rayonnement européen et de vaste ambition. Ce dernier sait pertinemment que la qualité d'un investissement en matière de spectacle est proportionnelle à sa rentabilité et à tous les aspects pratiques de sa mise en œuvre[7]. » Un épisode met en relief la progressive dégradation du lien que Rossini et Barbaja ont pu tisser au cours de leurs six années de collaboration. L'opéra *Zelmira* (Naples, 1822) commandé par Barbaja au nom de l'entreprise théâtrale napolitaine, puis présenté sur la scène viennoise à l'occasion de sa prise de fonction, fait l'objet de longues discordes entre le compositeur, l'impresario et certains éditeurs viennois. Un mois après la première napolitaine, Rossini propose de monter l'ouvrage sur les scènes londoniennes : « Je ferai débuter mon épouse dans l'opéra *Zelmira* que j'ai récemment fait représenter à Naples, que je suis en train de donner à Vienne et dont je suis propriétaire[8]. »

Bien que cela puisse sembler paradoxal, le fait qu'un compositeur se dise propriétaire de *son* opéra dans le cadre du système lyrique italien est, jusqu'en 1830, considéré comme un abus de pouvoir (pour la France, voir 11.4). L'entreprise théâtrale commande et paie une œuvre à un compositeur. Une fois achevée, l'œuvre appartient à l'entreprise, qui a le loisir de revendre ou de louer la partition à d'autres théâtres, voire à des éditeurs. Chaque théâtre possède généralement son propre copiste chargé de la préparation, de la reproduction et de la distribution du matériel. Le copiste fournit ainsi la partition intégrale, les traits d'orchestre ou encore les réductions pour d'autres instruments comme pour chant-piano de l'ouvrage. Il obtient en échange le montant de la location ou de la vente, ainsi que l'exploitation commerciale de l'œuvre. Cette exploitation commerciale est néanmoins soumise au bon vouloir des entreprises théâtrales qui restreignent plus ou moins la marge de manœuvre du copiste. Le compositeur ne peut donc tirer profit de ses œuvres qu'au moment même où il les livre pour la première fois à une entreprise théâtrale. En niant tout pouvoir du compositeur sur sa partition, les théâtres italiens l'excluent des opérations commerciales gravitant autour de ses productions et le privent de toute autorité sur leur diffusion. En se disant « propriétaire » d'une œuvre et « disponible », alors qu'il est encore sous contrat avec l'entreprise théâtrale napolitaine, Rossini s'affranchit précocement des dernières formalités qui le rattachent à Naples, à l'impresario et au système lyrique italien dans son ensemble. La mobilité contribue certainement à lui faire prendre conscience de droits bafoués par le système italien et le dote d'un esprit réformateur jusqu'alors inexistant. Le couple compositeur-impresario cède progressivement la place au couple compositeur-éditeur. C'est par le biais des locations de partitions du répertoire que les éditeurs s'introduisent peu à peu dans la gestion du marché des œuvres lyriques. La disparition de l'impresario se justifie également par une baisse considérable de créations, l'industrie opératique se contentant bientôt d'une poignée d'ouvrages devenus le répertoire canonique.

De l'État protecteur à l'aristocratie de la fortune

On peut affirmer que Paris représente la patrie d'adoption de Rossini qui a délibérément choisi d'y vivre et d'y travailler. Outre les gains considérables qu'il pense y réaliser, cet attrait pour Paris se justifie par la recherche d'une position officielle au sein d'institutions bien structurées (la Maison du roi et les théâtres royaux parisiens). Le climat protecteur que lui offre la Restauration ne peut que le conforter dans son idée. Car, derrière son entrée triomphale à Paris se trouve un grand désir, celui d'un État restauré, en mal de grandeur et de légitimité, qui entend mettre en spectacle le succès de sa « politique théâtrale[9] », source de prestige à l'échelle européenne et coup de force symbolique autant que médiatique à l'échelle nationale. Le fait musical éclaire cependant deux des principales limites de la Restauration : l'incomplète occultation d'une mémoire de la déflagration révolutionnaire et l'impossible retour à l'Ancien Régime. Outre les chansons de Béranger encore sifflotées dans les rues, les ombres de Grétry, Gossec et Spontini – pour ne citer qu'eux – continuent de hanter les scènes parisiennes, tantôt exaltant les ardeurs révolutionnaires, tantôt rappelant les conquêtes napoléoniennes.

L'État organise la vie théâtrale et musicale parisienne au moyen d'un système de privilèges hérité de l'Ancien Régime (cf. 1.2). Les salles de spectacle autorisées par le gouvernement se voient tour à tour rangées en deux catégories – grandes ou secondaires –, le répertoire qui leur est imposé pouvant appartenir au « grand genre » comme au « genre mineur ». Cette organisation définit une série d'oppositions – grand/petit, premier ordre/second ordre, royal/non royal, théâtre/spectacle, subvention royale/redevance, monopole/concurrence – qui structurent le paysage culturel avec, d'un côté, les bénéficiaires du mécénat royal et, de l'autre, les entreprises théâtrales inscrites dans une logique de marché. Entre les deux, le fossé se creuse dans la mesure où les premiers – à la fois « grands » et « royaux » – perçoivent des subventions d'État auxquelles s'ajoutent les redevances versées par les seconds – « petits » et « non royaux » (voir 11.4). À la différence des grandes scènes royales, les scènes secondaires n'ont d'autre privilège que celui d'être autorisées à ouvrir leurs portes au public. Ce fonctionnement n'est évidemment pas sans créer de tensions entre les différentes institutions – tensions qui redoublent d'intensité dès qu'un nouveau théâtre fait son entrée dans le système (cf. 3.1).

Rossini représente à lui seul dès 1824 une large part de l'activité lyrique parisienne (cf. 5.5, 5.6), ce qui ne manque pas de nourrir les frustrations et les contestations de la part de compositeurs français – Henri-Montan Berton en tête – condamnés à rester dans l'ombre. De 1824 à 1829, le Maestro réside de manière ininterrompue en France où il s'engage à composer des opéras français pour l'Académie royale, ainsi que des opéras italiens (créations et reprises) pour le Théâtre-Italien de Paris. Dès son arrivée dans la capitale, le vicomte Sosthène de La Rochefoucauld, directeur des Beaux-Arts, lui a confié la direction de ce Théâtre-Italien, bastion des *dilettanti*. La création de *Guillaume Tell* en 1829 à l'Opéra marquera tout à la fois son accomplissement comme compositeur français et son retrait définitif de la scène lyrique (cf. 6.3). Fragilisé par de longues années de surmenage, le compositeur n'a plus l'énergie nécessaire pour renouveler son langage musical et faire face au nouveau modèle promu par les romantiques au rang desquels figure Meyerbeer. Après la Révolution de 1830, Rossini, ne retrouvant plus la sécurité et le confort d'antan, doit se battre pour récupérer ses droits auprès du gouvernement français. Le déclin des Bourbons, qui ont largement participé au rayonnement de sa carrière, le condamne pour ainsi dire au silence. Ne composant plus, il offre sa collaboration aux directeurs du Théâtre-Italien de Paris afin d'en renouveler la programmation à travers le recrutement de jeunes compositeurs italiens, parmi lesquels figurent Mercadante, Donizetti et Bellini.

Quelques années suffisent pour que l'échiquier sur lequel le jeu se déroule change de visage. Entre 1831 et 1837, la loge royale de l'Opéra, dans laquelle trônait jadis Louis XVIII, est occupée par Alexandre Marie Aguado, l'un des plus grands banquiers espagnols du moment[10]. Cela en dit long sur les changements qu'ont subis l'organisation des théâtres, la société et la vie politique. Entre les mains de ce nouveau riche repose désormais le destin de l'Opéra. La fortune et la bourgeoisie, dont Louis Véron est le représentant emblématique à la tête de l'Opéra, triomphent. C'est par l'intermédiaire de Rossini, son protégé, qu'Aguado se retrouve mêlé au destin de l'Opéra et du Théâtre-Italien[11] où l'on est passé, dans les deux cas, d'une gestion en régie, entièrement orchestrée par l'État, à une « gestion intéressée » confiée à une entreprise privée percevant une subvention (cf. 6.1, 11.1). Présentant des traits communs avec l'impresario Barbaja, Aguado jette en 1834 les bases d'un projet ambitieux visant à réunir et placer sous une même direction les deux grandes scènes parisiennes et le King's Theatre de Londres ou, pour le moins, à favoriser leur collaboration. Bien que ce projet soit resté sans lendemain, le carré Paris/Londres/Naples/Vienne trace une nouvelle carte de l'Europe musicale.

11.6 L'ÉDITION DES ŒUVRES : UN SAVOIR-FAIRE ET UN MARCHÉ
Joël-Marie Fauquet

Au XIXe siècle le compositeur d'opéras, tout comme l'écrivain, dépend plus étroitement que jamais de l'éditeur. Ce personnage n'est pas nouveau. En revanche, est nouveau le rôle professionnel qu'il tient dans l'exploitation de l'œuvre, voire dans la genèse de celle-ci, dont il fait commerce. Non content de publier un ouvrage lyrique, de le promouvoir, de le diffuser sous plusieurs formes (partition d'orchestre, réduction chant-piano, morceaux détachés, transcriptions), il est amené à régler les modalités de la représentation scénique en respectant les dispositions légales en matière de droits d'auteur répartis entre le compositeur et le librettiste (cf. 11.4). Les considérations économiques priment dans la mesure où le premier mise sur une œuvre du second en escomptant un succès, synonyme de rentabilité. L'activité productrice de l'édition se développe dans le contexte d'un libéralisme économique en expansion et, s'agissant du théâtre lyrique, d'une évolution du goût marquée par deux tendances : la reviviscence de l'opéra ancien et la circulation de la production lyrique contemporaine entre la France et l'étranger.

Lire, c'est écouter

Invoquer l'accroissement de la pratique amateur, la suprématie du théâtre lyrique, l'expansion rapide du piano, assimilateur de toutes les musiques, comme des traits marquants du XIXe siècle musical, revient à rapporter ces phénomènes à une même action cognitive, la lecture. L'apprentissage rationalisé de celle-ci, qu'elle soit littéraire ou musicale – le solfège – est la grande cause de l'instruction publique soutenue par la Révolution et les régimes qui lui succèdent. Alphabétiser les masses et populariser la pratique musicale vont de pair. En 1847, Adalbert de Rambures publie à Paris (Typographie Jeunet) un *Mémoire sur l'enseignement populaire et simultané de la lecture par la musique et réciproquement*. Le langage parlé cède de son pouvoir au langage musical par le biais d'une notion commune, l'expression, ce qui entraîne la multiplication des indications relatives à celle-ci dans le texte musical. En ce qui concerne l'opéra, cet aspect n'est pas sans rapport avec l'écriture du livret ou poème qui, elle-même, évolue. De ce point de vue, la partition est, à l'instar du livre, objet matériel et œuvre intellectuelle. Le marché de l'édition musicale est donc partie intégrante du marché de la lecture. D'autant plus que la lecture musicale possède le même statut que la lecture littéraire, celui « d'une pratique créatrice, inventive, productrice » qui donne « aux textes des significations plurielles et mobiles »[1]. En outre, qui acquiert une partition d'opéra acquiert aussi un ouvrage littéraire puisque le poème d'opéra est le plus souvent la « relecture » d'un roman, d'un récit historique ou légendaire, l'adaptation d'une pièce de théâtre. Sa mise au point est fréquemment concomitante à celle de la partition, l'intervention de la censure dans le texte étant à même de modifier les plans du compositeur[2].

La publication séparée du dialogue parlé d'un opéra-comique ou d'une opérette est justifiée par le fait que, très souvent, les réductions chant-piano ne reproduisent que les paroles chantées. La question de savoir si le livret d'opéra est ou non une œuvre littéraire[3], semble ne pas se poser à un éditeur comme Michel Lévy qui intègre dans son catalogue de pièces de théâtre les livrets d'opéras. Ceux écrits par Eugène Scribe sont incorporés dans l'édition de ses œuvres complètes[4]. Il arrive que le texte chanté ne concorde pas exactement avec le livret imprimé. C'est le cas de celui des *Huguenots*, publié par Maurice Schlesinger en 1836. Comme lui, d'autres éditeurs de musique (Choudens, Heugel) publient à la fois la partition et le livret d'un opéra dont ils sont propriétaires. Dans quelques cas (*Gwendoline* d'Emmanuel Chabrier) le poème figure en tête de la partition chant-piano. Cette redondance tend à montrer à quel point le livret, en tant que support de narration, oriente l'écoute musicale, ce que confirme la critique musicale – celle de Berlioz en particulier – qui réserve au livret les deux tiers du compte rendu consacré à un ouvrage nouveau.

Pour rester dans la ligne que nous avons choisie en assimilant le marché de l'édition musicale à celui de la lecture, on aura garde d'oublier que la dimension sémantique d'un opéra est de première importance[5]. D'une part, la langue originale du livret tel que la musique permet qu'on l'entende ; de l'autre, la traduction que l'exportation de cet ouvrage rend nécessaire, eu égard aux habitudes vernaculaires de l'écoute. La traduction du livret d'opéra compte d'autant plus qu'elle révèle la portée interculturelle de l'art lyrique (cf. 5.1). Traduire est une opération toujours significante. François-Joseph Fétis est le premier à le souligner. En 1827, à propos de la publication par Troupenas des versions françaises du *Siège de Corinthe* (refonte en français de *Maometto II*) et de *Moïse*, il fait remarquer « aux amateurs qui ont déjà les partitions de *Maometto* et de *Mose* [...] que c'est une des études les plus intéressantes qu'on puisse faire que de comparer les idées d'un artiste tel que Rossini, dans des circonstances différentes, et de voir quelles ont été les modifications de sa pensée en transportant ses ouvrages sur la scène française » (*RM*, 1827, p. 291). Le travail d'adaptation linguistique pratiqué sous le contrôle des auteurs eux-mêmes aboutit en effet à donner à plusieurs ouvrages une seconde version originale en français. Ce sont, entre autres, sans changement de titres, *Lucie de Lammermoor* de Donizetti, « paroles de Mrs Alphonse Royer et Gustave Vaez » (Bernard Latte, 1842) ; *Le Trouvère* de Verdi, traduction par Émilien Pacini (Escudier, 1857) ; *Tannhäuser*, traduction par Charles Nuitter, avec « les additions et modifications introduites par R. Wagner pour l'Opéra de Paris » (Flaxland, 1861) (cf. 9.5).

Le format et la musique à bon marché

Si le mot partition désigne l'assemblage synoptique de toutes les parties d'une composition musicale, ce mot convient aussi au résultat de l'action qui consiste à partager ce qui constitue un ensemble organisé. Ainsi, selon les conditions de la pratique interprétative, un ouvrage lyrique est proposé sous plusieurs formes, mais également dans plusieurs formats.

Le type de format adopté est celui dit « à la française » (dans le sens de la hauteur) distinct du format dit « à l'italienne » (dans le sens de la largeur). En ce qui concerne les dimensions, le format qui s'impose est l'in-quarto (petit ou grand, selon le format de base de la feuille de papier pliée en quatre), utilisé surtout pour la réduction chant-piano.

Un format comme l'in-quarto peut varier dans ses dimensions et devenir ainsi la marque distinctive d'une maison d'édition, le « format Lemoine » par exemple (F. Halévy, *L'Éclair*, OC, 1835, éd. 1868). La taille du format n'est pas la seule marque distinctive d'un éditeur. Le procédé de gravure utilisé ainsi que la technique d'impression en sont d'autres. Alors que Louis Adolphe Baudon est l'un des graveurs les plus sollicités, Durand crée son propre atelier de gravure et utilise des poinçons exclusifs. Plusieurs éditeurs, pour abaisser les coûts, possèdent leur imprimerie, comme Frédéric Benoît en 1856, ou Lemoine (Gounod, *Polyeucte*, 1878). Les autres confient leurs travaux à l'« imprimerie E. Dupré » ou, plus tard, à l'innovante imprimerie Chaix (Massenet, *Amadis*, Heugel, 1911, rééd. 1919).

L'hyperbole dont abuse le romantisme pour titrer un ouvrage – « grand » opéra, « grande » sonate, etc. – semble influer, avant 1850, sur le format de la partition d'un opéra dont le succès immédiat semble faire la valeur et assurer la diffusion (cf. 19.1). Le format in-folio/in-4 de l'édition des *Huguenots* de Meyerbeer (1836) répond à ce critère. Schlesinger utilise le grand papier, qu'il s'agisse de la partition d'orchestre ou grande partition, de la réduction chant-piano ou des trente-deux morceaux séparés. Massenet verra aussi certains de ses opéras imprimés sur grand papier (*La Navarraise*, Heugel, 1894). Reliée ou non par l'éditeur, la partition imprimée, comme le livre, peut faire l'objet d'un tirage de luxe sur papier Japon et sur papier Hollande (*Pelléas et Mélisande*). Cependant, le souci de l'attractivité commerciale incite les éditeurs à chercher des débouchés plus économiques.

C'est ainsi qu'en 1845, « les formats in-8 ont pris en musique une grande importance, et grâce à cette ingénieuse idée, l'amateur peut se procurer à bon marché nos anciens chefs-d'œuvre[6] ». Constatation révélatrice de la réussite d'une innovation majeure en matière de commerce de musique au XIXe siècle : celle de la « musique à bon marché[7] ». Maurice Schlesinger est l'un des premiers à appliquer ce mode de vente « à 1 franc la livraison de 20 pages ». En 1834, il crée une « Société pour la publication de la musique classique et moderne à bon marché », en associant à l'entreprise graveurs, imprimeurs, étamiers[8]. L'un des buts du rabais est de rendre la musique gravée « meilleur marché que la copie à la main[9] », argument de vente avancé par l'éditeur Blanchet qui commercialise 600 morceaux de chant italien à 7 centimes et demi la page[10]. D'autres éditeurs suivent. L'initiative est critiquée par leur concurrent Heugel qui voit dans la musique à bon marché « un des plus déplorables fléaux de l'art moderne » (*Mén.*, 7 juin 1840). Malgré tout, la diffusion à prix modique de la musique, l'opéra compris, se poursuit (Benoît, Bibliothèque musicale nouvelle à bon marché), ce qui a pour effet d'engager davantage les éditeurs à diversifier les produits et à proposer des réductions d'opéras de plusieurs sortes. Alphonse Leduc, par exemple, crée en 1868 une « Édition-bijou » piano-chant d'« opéras célèbres » de Gluck à Donizetti au format in-12. Deux autres types de publications contribuent à la popularité de l'ouvrage lyrique : d'une part, la partition pour chant seul au format de poche, formule nommée par Choudens « chant et paroles » (Gounod, *Faust*, 1880), et par Lemoine « paroles et musique sans accompagnement » (Halévy, *La Reine de Chypre*, 1880) ; de l'autre, la transcription intégrale pour piano seul ou à quatre mains (Debussy, *Pelléas et Mélisande*, piano seul par Léon Roques, Durand, 1907).

Éditeurs de livres et de musique ont un objectif lucratif commun : élargir le lectorat. Alors que les cabinets de lecture se multiplient pour la littérature, la lecture de la musique par abonnement, déjà en usage au siècle précédent, connaît un nouveau développement. Lemoine est l'un des premiers qui met en place, dans son établissement, un service d'abonnement musical. Il offre aux clients, grâce à une redevance annuelle, la possibilité de consulter et d'emprunter « toutes les partitions, tant anciennes que nouvelles, qui paraissent sur différents théâtres, ainsi que de la musique vocale et instrumentale, formule qui sera reprise et exploitée par la quasi-totalité des éditeurs au XIXe siècle[11] ». Vers 1840, Launer commence la publication d'une série d'« opéras complets dialogués » à bon marché au format in-8°, avec paroles françaises ou italiennes, dont la vente est associée à une location de pianos. La formule devient pour Heugel, en 1844, « Grand abonnement de lecture musicale à 50 F par an, donnant droit, gratis, à 100 F de musique, prix marqué en toute propriété ». La modicité du prix de vente est toujours un argument d'actualité au tournant du siècle. En 1901, Jules Tallandier ouvre le catalogue de sa « librairie illustrée » à des « Éditions musicales économiques » qui proposent un choix de réductions pour chant-piano d'opéras empruntées à différents fonds d'éditeurs (Choudens, Gallet, Grus, Lemoine, etc.).

L'édition, une visualisation de l'opéra

L'usage exécutif de la lecture d'une partition ne signifie pas que le système scriptural qui l'autorise soit immuable. Certains éléments, comme la notation de la ligne vocale d'un rôle, se modifient au cours du siècle. Cependant l'évolution la plus notable est le développement du paratexte dans la partition imprimée : préface (Magnard, *Bérénice*, cht-p., l'Auteur, 1909), liste des personnages avec leur caractérisation (Chabrier, *Gwendoline*, 2e version en 3 actes, cht-p., Enoch, 1889), tableau des thèmes conducteurs (Samuel Rousseau, *La Cloche du Rhin*, cht-p., Choudens, 1898), nomenclature instrumentale, consignes pour le chef d'orchestre (Gabriel Dupont, *La Glu*, part. d'orch., Heugel, 1910), catalogue des morceaux, etc. En outre, les didascalies se développent, resserrant le lien entre la donnée littéraire et sa traduction musicale (Massenet, *Ariane*, cht-p., Heugel, 1906). Cette tendance résulte d'une poétisation du livret suivant l'exemple wagnérien[12].

Au stade de sa « mise en livre », sous l'influence du livre illustré, l'édition d'un ouvrage lyrique est l'objet d'une esthétisation par l'image. En effet, après 1850, l'appareil iconique de la partition imprimée se développe. Outre une couverture historiée, le volume comprend éventuellement un portrait du compositeur, un frontispice signé par un illustrateur de renom qui fixe le climax de l'opéra (Georges Clairin, *Samson et Dalila* de Saint-Saëns, Durand, 1876) ou dégage le sens transcendant de l'action (Carlos Schwabe, *Fervaal* de d'Indy, Durand, 1895). Cette visualisation de l'opéra trouve son prolongement dans la figuration synthétique de la partition qu'est l'affiche (cf. 20.6). Parade graphique, elle donne à la création d'un opéra sa dimension événementielle. Elle souligne la spectacularité de l'œuvre (Gustave Fraipont, *La Damnation de Faust* de Berlioz, 1893), son caractère sentimental (Georges Rochegrosse, *Louise* de Charpentier, 1900), ou tragique (Louis Leray, *Carmen*, 1875), ou souriant (Maurice Lenoir, *Chérubin* de Massenet, 1905). On notera que l'illustrateur effectue souvent un « arrêt sur geste » révélateur de l'importance prise par la rhétorique de celui-ci dans le jeu de l'acteur-chanteur.

Et le manuscrit ?

L'essor de l'édition musicale ne diminue pas la valeur référentielle du manuscrit. Par ailleurs, « la propriété d'un manuscrit autographe est parfois un gage de la propriété de l'œuvre[13] ». Progressivement, le désir d'une restitution exacte des œuvres du passé d'après leurs sources s'accentue (cf. 21.1). Quelques opéras-comiques de Grétry, mis au goût du jour par Adolphe Adam dans les années 1840, sont parmi les premiers concernés. Le « Répertoire Choudens » propose plusieurs titres du musicien liégeois – entre autres *Richard Cœur de Lion*, ca 1895 – dans une « édition conforme au manuscrit de l'auteur ». Quand ce n'est pas au manuscrit autographe, c'est à la source jugée la plus proche – l'édition originale – qu'on a recours. Vers 1860, Heugel lance une nouvelle édition des opéras de Boieldieu, « soigneusement revue et transcrite d'après les partitions originales d'orchestre » par le fils du compositeur. Selon l'éditeur, la mention des indications d'orchestre dans la partie de piano est une innovation. Cette disposition se généralisera pour les partitions d'opéras-comiques et d'opérettes. Elle permet au chef d'orchestre de diriger l'œuvre sur la partition chant-piano. En tête de chaque morceau figure la nomenclature instrumentale requise (Offenbach, *Les Brigands*, Colombier, 1870 ; Lecocq, *La Fille de Madame Angot*, Brandus, 1873, etc.).

Autre argument en faveur de l'authenticité, la garantie que la partition imprimée d'un opéra est conforme à une nouvelle réalisation scénique, approuvée par le public. La finalité théâtrale contribue à ce que, sur la base du texte imprimé, l'œuvre continue à « se faire » (cf. 3.2). Deux exemples : la nouvelle édition des *Huguenots* mise en vente en 1888 par Philippe Maquet, qui se veut « définitive et complète, soigneusement revue et corrigée, conforme à la partition d'orchestre, et contenant les variantes adoptées à l'Opéra de Paris » ; la nouvelle *Dame blanche*, un pilier du répertoire, que publie Choudens vers 1901, « reconstituée d'après la partition d'orchestre et les représentations de l'Opéra-Comique » par Paul Puget.

L'évolution des moyens de reproduction – la lithographie qui succède à la typographie, la gravure sur métal – est décisive dans l'amélioration de la qualité éditoriale. L'autographie et la photogravure accroissent la valeur d'usage du manuscrit. Symbole de la volonté auctoriale, il est admis comme un document iconographique au même titre que le portrait du compositeur[14]. Par ailleurs, la copie manuscrite reste en vigueur pour établir le matériel d'orchestre et le conducteur (partition abrégée destinée au chef d'orchestre où sont indiquées les entrées d'instruments), en premier lieu à l'Opéra de Paris, où l'ouvrage nouveau accepté pour la « mise de scène » passe par l'atelier de copie.

Publier l'opéra du passé : un acte patrimonial

Si le passé est lu à travers l'opéra historique, l'édition permet de lire l'opéra du passé. Tôt en effet, elle place les opéras nouveaux à côté de ceux de la fin du XVIIIe siècle qu'elle considère comme classiques, c'est-à-dire classés en tant que modèles du genre. En 1825, Eugène Troupenas concrétise cette notion en associant l'ancien (Gluck, Piccinni, Sacchini) et le nouveau (principalement Rossini) dans le « Répertoire des opéras français ». L'idée est reprise en 1840 par Veuve Launer qui innove en faisant paraître cent opéras et opéras-comiques de Grétry à Halévy. Gluck fait partie de la liste. Entre tous, il est le parangon du style dramatique. Son champion le plus zélé est Berlioz (cf. 18.1). Dans sa critique musicale, celui-ci déplore l'abandon progressif qui frappe les opéras de son idole. En 1859, il amorce un mouvement de restauration en « recomposant » *Orphée* avec et pour Pauline Viardot[15]. Le chant-piano est publié par Escudier l'année même. Cette reconstruction, qui fait de Berlioz le coauteur de cet opéra dans la version pour contralto chantée jusqu'à nos jours sous le seul nom de Gluck, prélude à une entreprise plus vaste que l'auteur des *Troyens* appelle de ses vœux. Fanny Pelletan les comble lorsque, secondée par Saint-Saëns et par Berthold Damcke, elle procure à ses frais, à partir de 1873, chez Simon Richault, une édition des opéras français de Gluck établie d'après les sources. Au lendemain de la défaite de 1870, le nationalisme renforce le concept de patrimoine. La France entend rattraper le retard qu'elle a acquis par rapport à l'Allemagne en matière d'édition musicale, alors même que la majorité des éditeurs parisiens sont d'origine allemande et que leurs collègues d'outre-Rhin ont ouvert des succursales ou traité avec des dépositaires à Paris. Dans ce contexte, Théodore Michaëlis, en janvier 1878, amorce la publication des Chefs-d'œuvre classiques de l'opéra français pour chant-piano. Cette fois, l'éditeur remonte à Lully dont *Thésée* (1675) inaugure la collection. Plusieurs compositeurs – Franck pour *Le Bûcheron* (OC, 1763), *Tom Jones* (OC, 1765) et *Ernelinde* (O, 1767) de Philidor, d'Indy pour *Les Bayadères* (O, 1810) de Catel collaborent en tant que transcripteurs à ce qui est qualifié de « monument national ». Sept volumes sont consacrés aux ouvrages de Rameau. Leurs imperfections font qu'en 1894, Albéric Magnard, pour qui Rameau, précurseur de Gluck et de Berlioz, « fit autant de bruit au XVIIIe siècle qu'au nôtre Wagner[16] », réclame une édition complète de ses œuvres. Saint-Saëns en est l'initiateur. Il signe les cinq premiers volumes. Cette « monumentale Rameau » publiée par Durand, commencée en 1895, compromise par la Première Guerre mondiale, s'interrompra en 1924. La participation à son élaboration des musiciens les plus représentatifs de la période, Debussy, Dukas, Hahn, d'Indy, montre combien, au cours du XIXe siècle, en matière d'art lyrique, la corrélation entre le classique et le moderne s'accomplit au moment où l'on s'efforce de définir au juste de quoi est faite la musique française.

La partition à l'œuvre...

Trois termes, édition, tirage et cotage, sont liés à la partition imprimée par l'éditeur. Celle-ci est l'objet d'une ou de plusieurs éditions, chacune pouvant apporter un élément nouveau à la présentation graphique ou au texte musical d'un opéra. Une même édition peut comprendre plusieurs tirages, enregistrés sous le même cotage, le cotage étant le numéro matricule imprimé au bas des pages de la partition. En revanche, les éditions successives de la même œuvre reçoivent parfois un cotage différent. En ce qui concerne *Faust* de Gounod par exemple, le cotage de la première édition de la réduction chant-piano (Choudens, 1859) est A.C. 664, celui de la 5e édition, A.C. 17543 (*ca* 1935). L'attribution du numéro de cotage suit un ordre chronologique. Inscrit par l'éditeur dans un registre spécial dit registre de cotage, il permet la datation de la partition[17]. L'éditeur qui hérite d'un fonds ou acquiert celui d'un confrère, effectue souvent un nouveau tirage d'une œuvre avec les planches qui lui échoient, sans substituer son cotage personnel au cotage d'origine. Ainsi *Béatrice et Bénédict* de Berlioz (Bade, 1862) est réimprimé par Maquet, à l'occasion de sa création à Paris par la Société des grandes auditions musicales de France (Odéon, 1890), avec les planches et le cotage (B. & Cie 12.857) de Brandus & Dufour, premier éditeur de l'ouvrage en 1863.

L'aspect définitif que l'imprimé donne à un opéra est donc relatif. Des modifications sont rendues nécessaires quand celui-ci change de catégorie générique. Partant, *Carmen* (OC, 1875), conçu par Bizet comme opéra-comique avec dialogue parlé et mélodrames, devient opéra avec des récitatifs écrits par Ernest Guiraud, tandis que le rôle éponyme conçu pour mezzo-soprano comporte des ossias qui l'adaptent à la voix de soprano. À partir de 1877, les éditions de l'œuvre, publiées par Choudens, se conforment à ces mutations.

La réduction chant-piano n'est pas un amoindrissement de l'ouvrage lyrique car celui-ci, sans elle, ne pourrait être adapté à diverses conditions d'écoute (audition probative auprès d'un directeur de théâtre, répétitions des chanteurs, représentations privées, etc.). La réduction peut être effectuée par l'auteur lui-même (Bizet, *Carmen* ; Saint-Saëns, *Samson et Dalila*), par un autre compositeur (Wagner, *La Reine de Chypre* d'Halévy, 1842 ; Delibes, *Faust* de Gounod, 1859) ou par des musiciens dont c'est la spécialité : Eugène Vauthrot (*Don Carlos* de Verdi, Escudier, 1867 ; *Hamlet* de Thomas, Heugel, 1868), Hector Salomon (*La Jolie Fille de Perth* de Bizet, Choudens, 1867) ; *Salammbô* de Reyer, 1890) ; Léon Roques (œuvres d'Offenbach, de Debussy, entre autres) ; Louis Narici (*Les Troyens*, 2ᵉ éd., Choudens, 1899), etc.

La première étape de l'impression d'un opéra n'est souvent qu'une pré-édition à tirage limité de la réduction chant-piano, mise à la disposition des chanteurs pour l'étude d'un rôle. Cette pré-édition reproduit l'opéra dans son état le plus complet (Halévy, *La Juive*, Schlesinger, 1835) avant qu'il soit abrégé et plus ou moins remanié au cours des répétitions. À l'Opéra, peu d'ouvrages échappent à ce travail de révision imposé souvent par des impératifs techniques (changements de décors, etc.) qui, parfois au dernier moment, exigent du compositeur des aménagements (pour *Pelléas et Mélisande*, les interludes pour les actes I, II et IV). L'éditeur tient compte de ces modifications afin d'établir l'édition conforme à la représentation qui sera commercialisée. Pour autant, le stade imprimé d'un opéra n'est pas intangible. Mû par un souci de perfection, le compositeur continue quelquefois à retoucher son ouvrage, tel Debussy qui notera des variantes dans un exemplaire imprimé de la partition d'orchestre de *Pelléas*[18].

La stratégie commerciale des grands éditeurs

Au XIXᵉ siècle, l'édition musicale devient, avec l'instrument de musique, une industrie culturelle dominante, notamment grâce à l'opéra. Dans le contexte de forte concurrence, l'éditeur doit disposer d'un réseau de diffusion et d'échanges pour développer son activité commerciale vers les théâtres et les institutions d'enseignement et de concerts. Heugel et Cie se qualifient « fournisseurs du Conservatoire ». En outre, les éditeurs reçoivent du ministère de l'Instruction publique des commandes de partitions en vue des distributions de prix. Les réductions chant-piano figurent en bonne place dans les listes. Car la récompense du savoir impose des modèles. Les lauréats du Conservatoire reçoivent des partitions d'orchestre d'opéras, César Franck, par exemple, celles d'*Alceste*, des *Noces de Figaro*, de *Don Juan* pour son premier prix de piano (1838) et le chant-piano de *Guillaume Tell* pour son second prix d'orgue (1841). Une preuve parmi d'autres de la prééminence du théâtre lyrique dans la formation d'un instrumentiste, amené tôt ou tard à broder tel ou tel air d'opéra pour fournir au répertoire pléthorique et si prisé de l'arrangement.

Un seul ouvrage lyrique – *Robert le Diable* de Meyerbeer pour Schlesinger, *Faust* de Gounod pour Choudens, *Mignon* de Thomas pour Heugel – peut constituer la principale ressource financière d'une maison d'édition. L'essor spectaculaire de la presse (cf. 18.1) et le développement de la réclame incitent les éditeurs à disposer de journaux musicaux pour présenter leur production et rendre compte de son usage privé ou public. Heugel crée *Le Ménestrel* (1833) ; Schlesinger, la *Revue et Gazette musicale de Paris* (1835), reprise de la *Revue musicale* de Fétis (1827) et continuée par Brandus à partir de 1846 ; les frères Escudier, *La France musicale* (1837) ; Benoît, *L'Univers musical* (1855) ; Leduc rachète à Escudier *L'Art musical* (1883), etc. En matière lyrique, ces journaux marquent les tendances esthétiques que les éditeurs doivent autant à l'opportunité de leurs acquisitions qu'à leur goût personnel. Ainsi le catalogue de Brandus, « le premier fonds musical de France, par l'importance des ouvrages qu'il possède[19] » à la suite de l'achat du fonds Troupenas en 1851, s'enrichit de « toutes les œuvres lyriques du répertoire italien dédaignées, voire combattues, par Schlesinger (opéras de Rossini, Bellini, Donizetti, etc.), équilibrant ainsi un fonds exclusivement axé sur la musique allemande[20] ».

Les éditeurs sont les auxiliaires des compositeurs. Schlesinger, qui soutient les musiciens de son pays d'origine, en particulier Meyerbeer et Wagner, se fait impresario. Les Escudier, de leur côté, acquièrent en 1845 la propriété des œuvres de Verdi pour la France. Ils se spécialisent dans l'opéra italien, de telle sorte que Léon Escudier prend en 1875 la direction du Théâtre-Italien pour créer à Paris *Aïda* (1876). On doit à Félix Mackar de faire connaître en France les œuvres de Tchaïkovski dont il acquiert les droits en 1878 ; Heugel, dévoué à Massenet, rivalise avec Choudens, propriétaire des œuvres de Gounod et de Bizet, pour défendre l'art lyrique français. Dans ce contexte, Georges Hartmann, l'éditeur le plus marquant de la fin du siècle, est pleinement acteur de la musique en tant que « producteur-impresario » et librettiste (Massenet, *Werther*, 1892). Il fonde en 1873, avec Édouard Colonne, le Concert national afin de faire entendre les œuvres qu'il possède à son catalogue. En outre, l'arrière de son magasin, 20, rue Daunou, est un lieu de rencontre pour les compositeurs qu'il promeut (Massenet, Messager, Lalo, Reyer, Saint-Saëns, Franck, etc.).

Ce trop bref aperçu ne doit pas laisser croire que la diffusion de la production éditoriale en matière d'opéra est confinée à l'intérieur des frontières. Jusqu'au milieu du siècle, la France est le premier exportateur de musique. Bien que ce débouché décline ensuite[21], la représentativité des éditeurs se renforce. De telle sorte que les éditeurs allemands et italiens font de leurs confrères français leurs représentants : Durand Schœnewerk (1869) diffuse Peters ; Durdilly, Ricordi ; Costallat, Breitkopf & Härtel ; Hartmann, Schott, etc.

En résumé, l'opéra apparaît comme un élément fondamental du capitalisme esthétique. Le commerce dont il est l'objet, comme d'ailleurs celui de l'ensemble de la musique, relève d'une industrialisation du goût considéré comme moteur économique de la consommation[22]. Indéniablement, cette orientation naît au XIXe siècle et, dans le champ musical, l'opéra en est l'élément le plus déterminant. La question du droit d'auteur y est associée (cf. 11.4). Elle aboutit à la fondation de la SACEM en 1851 qui répartit les droits revenant à chacune des parties. Le cas de *Mignon* est typique. En 1866, Thomas cède son œuvre à Heugel en propriété exclusive pour 6 000 F auxquels s'ajoutent des primes de 3 000 F après les 50e, 75e et 100e représentations. L'éditeur s'engage à publier réduction chant-piano, partition et parties d'orchestre, mais se réserve le droit de vendre des arrangements. « Par contre, les pourcentages provenant des recettes des théâtres lyriques [ne sont] distribués qu'aux auteurs (compositeurs et librettistes)[23]. » La convention de Berne sur le copyright, qui est signée en 1886 par de nombreux pays, devient exécutoire en 1891. Elle internationalise l'application unifiée du droit d'auteur en lien avec celle du droit moral.

Enfin, d'un autre point de vue, l'ensemble de l'édition musicale montre que l'opéra subit la conséquence d'un changement de régime d'historicité[24]. En effet, cessant de n'être que contemporaine, la musique doit prendre en charge un passé – en l'occurrence l'opéra des XVIIe et XVIIIe siècles – dont dépend son présent.

Notes de 11.1

1. F. W. J. Hemmings, *The Theatre industry in nineteeth century France*, Cambridge : CUP, 1993.
2. D. Leroy, *Histoire des arts du spectacle en France*, Paris : L'Harmattan, 1990 ; I. Barbéris et M. Poirson, *L'Économie du spectacle vivant*, Paris : PUF, 2016.
3. S. Loncle, *Théâtre et libéralisme (Paris, 1830-1848)*, Paris : Classiques Garnier, 2017.
4. J.-C. Yon éd., *Le Théâtre français à l'étranger au XIXe siècle. Histoire d'une suprématie culturelle*, Paris : Nouveau Monde éditions, 2008.
5. Pour l'O en 1855 : F-Pan : A^{J13} 550 ; en 1905 : *JOse-doc*, Annexe n°461 (26 déc. 1906), p. 145 ; pour le TL : F-Pan : F^{21} 957 ; pour l'OC : *JOse-doc*, Annexe n°461 (26 déc. 1906), p. 146.
6. J. Astruc, *Le Droit privé du théâtre [...]*, Paris : P. V. Stock, 1897, p. 4-15.
7. F-Pan, F^{21} 955. Le document date très probablement de 1868.
8. D. Leroy, « Socio-économie du grand opéra parisien », in I. Moindrot éd, *Le Spectaculaire dans les arts de la scène*, Paris : CNRS Éd., 2006, p. 33-46.
9. S. Rollet, « Le Théâtre-Italien et son répertoire sous le Second Empire », in J.-C. Yon éd, *Les Spectacles sous le Second Empire*, Paris : Armand Colin, 2010, p. 208.
10. A. Husson, *Note sur le droit des pauvres [...]*, Paris : Paul Dupont, 1870, p. 13.
11. Évaluation calculée hors année d'exposition universelle à partir de l'*Annuaire de la Société des auteurs et compositeurs dramatiques* publié à partir de 1872. Cette source propose un tableau récapitulatif des recettes brutes et droits d'auteur par théâtre et pour chaque exercice annuel sur une période de mars à février.
12. S. Jacq-Mioche et N. Wild, « Bals de l'Opéra », in J.-M. Fauquet, *Dict.*, p. 88.
13. J.-C. Yon, « Monter une pièce de théâtre au XIXe siècle, un pari économique », in J. Marseille et P. Eveno éd., *Histoire des industries culturelles en France, XIXe-XXe siècles*, Paris : ADHE, 2002, p. 421-429.
14. Exemple de monographie détaillée dans F. Patureau, *Le Palais-Garnier dans la société parisienne, 1875-1914*, Liège : Mardaga, 1991, p. 99-113.
15. *AP2*, t. 104, p. 383. Séance du 27 mai 1836.
16. F-Pan, A^{J13} 550.
17. *JOse-doc*, Annexe n°461 (26 déc. 1906), p. 148. Le chiffre atteint alors 3 987 396,55 F à l'Opéra (p. 146).
18. Ch. Charle, *Théâtres en capitales. Naissance de la société du spectacle à Paris, Berlin, Londres et Vienne*, Paris : Albin Michel, 2012, p. 63.
19. M. Pénet, « Le café-concert, un nouveau divertissement populaire » et C. Savev, « Le café-concert : un théâtre parallèle », in J.-C. Yon éd., *Les Spectacles sous le Second Empire*, p. 349-365, 366-377.
20. Ch. Charle, *Théâtres en capitales...*, p. 68, 205-210.
21. *Ibid.*, p. 68.
22. Voir deux thèses de droit du début du XXe siècle qui ouvrent des perspectives d'histoire comparée : P. Sorin, *Du rôle de l'État en matière d'art scénique*, Paris : Arthur Rousseau, 1902 ; P. Bossuet, *Histoire des théâtres nationaux*, Paris : E. Jorel, 1909. Détail des directions dans N. Wild, *Dict.*
23. S. Nicolle, *La Tribune et la Scène*, vol. 1, p. 375-377.
24. A.-S. Cras, *L'Exploitation de l'Opéra sous la monarchie de Juillet*, thèse de l'école des Chartes, 1996, p. 85.

25. *Ibid.*, p. 140-154.
26. F. Patureau, *Le Palais-Garnier...*, p. 90-94.
27. A.-S. Cras, *L'Exploitation de l'Opéra...*, p. 149-152.
28. Cahier des charges de l'Opéra du 16 mai 1866, article 3, F-Pan, F^{21} 4655.
29. S. Nicolle, *La Tribune et la Scène*, vol. 1, p. 381-383.
30. *JOcd-doc*, Annexe n° 1238 (11 juil. 1907), p. 1632.
31. *La Gazette des Tribunaux*, 19 oct. 1838 (acte notarié enregistré le 6 oct.).
32. *La Gazette des Tribunaux*, 14 mars 1847 (acte notarié enregistré le 12 mars).
33. J.-C. Yon, *Jacques Offenbach*, Paris : Gallimard, 2010, p. 156-157 (acte notarié enregistré le 7 nov. 1855).
34. M. Veron, « Les investisseurs sous le charme du théâtre privé (1864-1914) », *Revue d'Histoire du Théâtre*, 276, oct.-déc. 2017, p. 27.
35. M. Veron, « Les investisseurs sous le charme du théâtre privé (1864-1914) », p. 28-30.
36. D. Leroy, *Histoire des arts du spectacle en France*, p. 270-271.
37. H. Moreno [pseud. de H. Heugel], « Semaine théâtrale », *Mén.*, 2 janv. 1881, p. 36.
38. C. Carrère-Saucède, « Entre misère et exubérance, les spectacles dans les bourgs de la province française au XIXe siècle. Législation, salle, troupes, variétés, amateurs », *Revue d'Histoire du Théâtre*, 2006/3, p. 244.
39. C. Carrère-Saucède, « Recensement des salles de spectacle et Bibliographie du théâtre en province au XIXe siècle », en ligne, http://ceredi.labos.univ-rouen.fr/public/?bibliographie-de-la-vie-theatrale.html.
40. Voir les réponses des préfets aux circulaires ministérielles des 15 juil. et 20 sept. 1848, in *Enquête et documents officiels sur les théâtres. Conseil d'État, section de législation, commission chargée de préparer la loi sur les théâtres*, Paris : Imprimerie nationale, 1849, p. 187-198 ; R. Féret, « Le décret du 6 janvier 1864 : la liberté des théâtres ou l'affirmation d'une politique culturelle municipale », in J.-C. Yon éd., *Les Spectacles sous le Second Empire*, p. 51-60 ; S. Nicolle, *La Tribune et la Scène*, vol. 1, p. 68-69.
41. Exemples chiffrés dans G. Monval, *Les Théâtres subventionnés*, Paris : Berger-Levrault et Cie, 1879, p. 17-21 et D. Leroy, *Histoire des arts du spectacle en France*, p. 103-105.
42. C. Carrère-Saucède, « Entre misère et exubérance... », p. 249.
43. Note adressée au Surintendant général des théâtres (1863), F-Pan : F^{21} 955.
44. D. Leroy, *Histoire des arts du spectacle en France*, p. 106, 286-287.
45. A. Soubies, *Le Théâtre-Italien de 1801 à 1913*, Paris : Librairie Fischbacher, 1913, p. 14-39.
46. A.-S. Cras, *L'Exploitation de l'Opéra...*, p. 143-149.
47. L. Gentil [contrôleur du matériel de l'Opéra], *Les Cancans de l'Opéra*, J.-L. Tamvaco éd., Paris : CNRS Éd., 2000, p. 435-439.
48. A.-S. Cras, *L'Exploitation de l'Opéra...*, p. 186-192.
49. Avis cité par A.-S. Cras, *L'Exploitation de l'Opéra...*, p. 147.
50. S. Nicolle, *La Tribune et la Scène*, vol. 1, p. 562-564.
51. G. Bertrand, « Semaine théâtrale », *Mén.*, 23 janv. 1870, p. 59.
52. S. Nicolle, *La Tribune et la Scène*, vol. 2, Annexe n°43, p. 154.

Notes de 11.2

1. G. Monval, *Les Théâtres subventionnés*, Paris : Berger-Levrault et Cie, 1879, p. 4.
2. F. Monnier, *L'Opéra de Paris de Louis XIV au début du XXe siècle : le régime juridique et financier*, thèse de doctorat, université Panthéon-Assas, 2012, p. 190-206 ; S. Serre, *L'Opéra de Paris, 1749-1790. Politique culturelle au temps des Lumières*, Paris : CNRS Éd., 2011, p. 19-76 ; N. Wild, *Dictionnaire des théâtres parisiens, 1807-1914*, Lyon : Symétrie, 2012, p. 306-309.
3. F. Monnier, *L'Opéra de Paris de Louis XIV au début du XXe siècle...*, p. 206-210.
4. E. de Waresquiel, *Fouché* [...], Paris : Tallandier/Fayard, 2014, p. 409-410.
5. S. Nicolle, *La Tribune et la Scène*, vol. 1, p. 95-96.
6. Séance du 15 juillet 1828 et du 18 juin 1829. S. Nicolle, *La Tribune et la Scène*, vol. 1, p. 97-99.
7. S. Nicolle, *La Tribune et la Scène*, vol. 1, p. 125-128.
8. *Ibid.*, vol. 1, p. 403-413.
9. A. Boutarel, « Théâtres et concerts subventionnés », in L. Say éd., *Dictionnaire des finances*, Paris : Berger-Levrault et Cie, 1894, p. 1388.
10. S. Nicolle, *La Tribune et la Scène*, vol. 1, p. 107-121 et p. 337-345.
11. Audition du 21 septembre 1849, in *Enquête et documents officiels sur les théâtres. Conseil d'État, section de législation, commission chargée de préparer la loi sur les théâtres*, Paris : Imprimerie nationale, 1849, p. 6.
12. Expression employée par le représentant monarchiste de l'Yonne Claude-Marie Raudot à la tribune de l'Assemblée législative le 15 avril 1850.
13. Textes reproduits in S. Nicolle, *La Tribune et la Scène*, vol. 2, Annexe n° 27, p. 103-108.
14. Expression employée par le ministre de l'Instruction publique et des Beaux-Arts Jules Simon le 20 mars 1872 à la tribune de l'Assemblée nationale.
15. *JOse-doc*, Annexe n°461 (26 décembre 1906), p. 148. Rapport sur le budget des Beaux-Arts de 1907.
16. S. Nicolle, *La Tribune et la Scène*, vol. 1, p. 565-569.
17. Expression de François Mauguin à la Chambre des députés le 1er mars 1832.
18. Expression de Victor Hugo à l'Assemblée constituante le 17 juillet 1848.
19. *AP2*, t. 120, p. 483. Séance du 29 mai 1838.
20. S. Nicolle, *La Tribune et la Scène*, vol. 1, p. 577-579.
21. *Ibid.*, vol. 1, p. 111-117.
22. *Ibid.*, vol. 1, p. 341-345, 463-475.
23. *Ibid.*, vol. 1, p. 124-132.
24. *Rapport adressé à M. le Ministre des Lettres, Sciences et Beaux-Arts par la Commission instituée à l'effet : 1° d'étudier les questions qui se rattachent à la perception de l'impôt établi dans les théâtres et autres spectacles, en faveur des indigents ; 2° d'examiner si une part des subventions allouées aux théâtres impériaux pourrait être supportée par la Ville de Paris*, Paris : Paul Dupont, 1870, p. 39-40.
25. *Enquête et documents officiels sur les théâtres*, p. 201-206.
26. Séance du 29 juin 1837 (Budget 1838) et du 29 mai 1838 (Budget 1839).
27. S. Nicolle, *La Tribune et la Scène*, vol. 1, p. 548-555.
28. Calcul d'après un relevé précis effectué par le directeur Crosnier auprès de la SACD et imprimé dans une brochure distribuée à tous les députés (F-Pan, C 778) une semaine avant le grand débat à la Chambre des 26-27 mai 1836.

29. S. Nicolle, *La Tribune et la Scène*, vol. 1, p. 647-652.
30. Note administrative adressée au surintendant des théâtres en 1863 (F-Pan, F^{21} 955).
31. S. Nicolle, *La Tribune et la Scène*, vol. 1, p. 426-428.
32. E. Anceau, *L'Empire libéral*, t. 1, Paris : Éditions SPM, 2017, p. 600-601.
33. La subvention de 60 000 F était entièrement versée sous forme de primes : 40 000 F pour l'ancien répertoire et 20 000 F pour les œuvres nouvelles.
34. Léon Escudier, *L'Art musical*, 12 août 1876 ; Georges Monval, *Les Théâtres subventionnés*, 1879, p. 22.

Notes de 11.3

1. D. Leroy, « Socio-économie du grand opéra parisien », in I. Moindrot éd., *Le Spectaculaire dans les arts de la scène*, p. 33-46.
2. G. de Charnacé, *Les Étoiles du chant*, 3 vol. [Adelina Patti, Christine Nilsson et Gabrielle Krauss], Paris : H. Plon, 1868-1869.
3. M.-A. Rauch, *De la Cigale à la fourmi. Histoire du mouvement syndical des artistes interprètes français (1840-1960)*, Paris : Éditions de l'Amandier, 2006.
4. Sur l'Opéra, où la durée théorique du contrat des artistes du chant semble se maintenir à trois ans au XIXe siècle, voir A.-S. Cras, *L'Exploitation de l'Opéra sous la monarchie de Juillet*, p. 212 ; F. Monnier, *L'Opéra de Paris de Louis XIV au début du XXe siècle*, p. 492-513 ; F. Patureau, *Le Palais-Garnier dans la société parisienne, 1875-1914*, Liège : Mardaga, 1991, p. 122-130.
5. A.-S. Cras, *L'Exploitation de l'Opéra…*, p. 216-221.
6. Voir le détail des sommes dans K. White, *The Cantatrice and the profession of singing at the Paris Opéra and Opéra-Comique, 1830-1848*, PhD, McGill University, Montréal, 2012, p. 131-132.
7. P. Barbier, *La Malibran* […], Paris : Pygmalion, 2005, p. 123.
8. D. Leroy, *Socio-économie du grand opéra parisien…*, p. 39.
9. K. White, *The Cantatrice and the profession of singing…*, p. 131-135.
10. *Ibid.*, p. 137.
11. S. Nicolle, *La Tribune et la Scène*, vol. 1, p. 782-783.
12. H. Marquié, *Histoire et esthétique de la danse de ballet au XIXe siècle […]*, mémoire de HDR, université de Nice Sophia Antipolis, 2014, p. 187-215.
13. V. Olivesi, « Le vedettariat dans le ballet romantique : l'exemple de Marie Taglioni à l'Opéra (1827-1838) », in F. Filippi, S. Harvey et S. Marchand éd., *Le Sacre de l'acteur. Émergence du vedettariat théâtral de Molière à Sarah Bernhardt*, Paris : Armand Colin, 2017, p. 204.
14. F-Pan, F^{21} 1075. Le même document mentionne que Louis Mérante émarge à 12 000 F, tout comme Lucien Petipa (mais ce dernier est également maître de ballet).
15. Elle a renouvelé son engagement le 1er septembre 1879. F-Po : 19/699. Personnel. Engagements des artistes de la danse. Listes et appointements, 1878-1883.
16. Ch. de Boigne, *Petits mémoires de l'opéra*, Paris : Librairie nouvelle, 1857, p. 210.
17. A. Lilti, *Figures publiques. L'invention de la célébrité (1750-1850)*, Paris : Fayard, 2014.
18. P. Barbier, *La Vie quotidienne à l'opéra au temps de Balzac et Rossini*, Paris : Hachette littératures, 2003, p. 159-162.

19. A.-F. Vivien, « Les théâtres, leur situation actuelle en Angleterre et en France », *Revue des Deux Mondes*, 30 avr. 1844, repris in *Études administratives*, Paris : Guillaumin, 1845, p. 427. La référence à un article postérieur de la *Revue des Deux Mondes* (sept. 1849), citée par J.-M. Nectoux et toujours reprise, ne constitue donc pas la date inaugurale (voir J.-M. Nectoux, *Stars et monstres sacrés*, cat. d'exp., Paris : RMN, 1986, p. 5).
20. C. Authier, « La naissance de la star féminine sous le Second Empire » in J.-C. Yon éd, *Les Spectacles sous le Second Empire*, p. 270-281.
21. C. Mencassi-Authier, « La Profession de chanteuse d'opéra dans la première moitié du XIXe siècle. Le cas de Giuditta Pasta », *Annales historiques de la Révolution française*, 379, janv.-mars 2015, p. 188.
22. Th. Gautier, « Feuilleton », *La Presse*, 30 avr. 1838.
23. Ch. de Boigne, « Petits mémoires de l'Opéra », *Mén.*, 22 fév. 1857 (à propos de la direction de Véron, 1831-1835) ; H. Moréno [pseud. de H. Heugel], « Semaine théâtrale », *Mén.*, 28 août 1881.
24. S. Nicolle, *La Tribune et la Scène*, vol. 2, Annexe n° 40, p. 146. Sur la crédibilité problématique de la note, *ibid.*, vol. 1, p. 429-430.
25. S. Nicolle, *La Tribune et la Scène*, vol. 1, p. 735.
26. *Ibid.*, p. 732-734.
27. J.-M. Nectoux, *Stars et monstres sacrés*, p. 5.
28. *Fig.*, 24 sept., 1er oct., 15 oct. 1854 ; *Mén.*, 24 sept., 15 oct. 1854 ; *Fig.*, 15 oct. 1880 ; *Mén.*, 17 oct. 1880.
29. Pour la danse, voir V. Olivesi, « Étoiles romantiques », in M. Auclair et Ch. Ghristi éd., *Le Ballet de l'opéra*, Paris : Albin Michel, 2013, p. 126-130.
30. A. Lilti, *Figures publiques…*, p. 348-360.
31. F. Dillaye, « Feuillets dramatiques CIII. Guerre aux étoiles », *L'Orchestre*, 18 sept. 1878.
32. S. Nicolle, *La Tribune et la Scène*, vol. 1, p. 740-741.
33. Sur ce qui suit, voir S. Nicolle, *La Tribune et la Scène*, vol. 1, p. 741-744.
34. Expression du député Louis Buyat en 1908, reprise par Julien Simyan en 1911.
35. L. Corbière, *Du concert au showbusiness. Le rôle des impresarios dans le développement international du commerce musical, 1850-1930*, thèse de doctorat, université de Lille 3, 2018 ; éléments de comparaison avec l'art dramatique dans O. Bara, « Vedettes de la scène en tournée : première mondialisation culturelle au XIXe siècle », *Romantisme*, 163, janv.-mars 2014, p. 41-52.
36. S. Nicolle, *La Tribune et la Scène*, vol. 1, p. 716-728.
37. Voir l'exemple de Strakosch et Merelli au Théâtre-Italien entre octobre 1873 et juin 1874 : « Deux millionnaires pour directeurs ! » (*Mén.*, 5 oct. 1873).
38. E. Noël et E. Stoullig, *Les Annales du théâtre et de la musique*, Paris : Charpentier, 1890, p. 4. Les auteurs soulignent qu'à la fin de l'année elle « devenait l'étoile favorite des Parisiens » (p. 14).
39. *JOse-doc*, Annexe n° 86 (12 mars 1903), p. 161.

Notes de 11.4

1. A. Pougin, « Suzeraineté de l'Opéra », *Dict.*, p. 692-698.
2. S. Serre, *L'Opéra de Paris*, p. 93-94.

3. O. Morand, « Vie et mort d'une redevance : le droit de l'Opéra (1811-1831) », *Rdm*, 93/1, 2007, p. 103.
4. *Ibid.*, p. 103-104.
5. *Ibid.*, tableau (Annexe 2), p. 120.
6. *Ibid.*, p. 110-111.
7. S. Nicolle, *Les Théâtres parisiens et le pouvoir sous la Restauration : quelle politique théâtrale ?*, mémoire de master 2, université de Versailles-Saint-Quentin-en-Yvelines, 2010, p. 59-64.
8. Analyse détaillée dans S. Nicolle, *Les Théâtres parisiens et le pouvoir...*, p. 64-74.
9. *AP2*, t. 47, p. 557. Séance du 1er mai 1826.
10. Sur les circonstances, voir O. Morand, « Vie et mort d'une redevance... », p. 116-117.
11. A. Lacan et C. Paulmier, *Traité de la législation et de la jurisprudence des théâtres*, t. 1, Paris : Durand, 1853, p. 187-197.
12. Exorde du discours d'André-Marie Dupin à l'Assemblée législative le 12 mars 1851 (*MU*, 13 mars, p. 723).
13. R. de Guillin, *Le Droit des pauvres sur les spectacles à Paris*, Paris : Arthur Rousseau, 1900, p. 4-26.
14. R. de Guillin, *Le Droit des pauvres...*, p. 27-38.
15. La quotité est définie à des dates variables selon les catégories de spectacles. René de Guillin, *Le Droit des pauvres...*, p. 113-121.
16. Voir la chronologie détaillée dans J. Renaud et S. Riquier éd., *Le Spectacle à l'impôt : inventaire des archives du Droit des pauvres à Paris, début XIXe siècle-1947*, Paris : Assistance publique – Hôpitaux de Paris, 1997, p. 11-17.
17. S. Nicolle, *Les Théâtres parisiens et le pouvoir sous la Restauration...*, p. 343-348.
18. H. Hostein, *Réforme théâtrale suivie de l'esquisse d'un projet de loi sur les théâtres*, Paris : Alp. Desesserts, 1848, p. 37.
19. *Observations sur le droit des pauvres à Son Excellence le Ministre des Beaux-Arts*, Paris : Morris, 1870, p. 1.
20. Voir le tableau détaillé dans J. Renaud et S. Riquier éd., *Le Spectacle à l'impôt...*, p. 3.
21. Parcours chronologique et références dans S. Nicolle, *La Tribune et la Scène*, vol. 1, p. 84-91.
22. H. Hostein, *Réforme théâtrale...*, p. 38. Souligné par l'auteur.
23. Sainte-Beuve au Sénat le 20 juin 1865, à propos des auteurs dans son rapport sur la pétition de trois directeurs de théâtre protestant contre les abus liés à la perception des droits d'auteur. S. Nicolle, *La Tribune et la Scène*, vol. 2, Annexe n° 52, p. 189-190.
24. J. Boncompain, *La Révolution des auteurs, 1773-1815. Naissance de la propriété intellectuelle*, Paris : Fayard, 2002.
25. *AP1*, t. 49, p. 107-108.
26. *AP1*, t. 73, p. 293-294. Toutefois, le décret du 30 août 1792 n'est rapporté que par la loi du 1er septembre 1793, votée la veille de l'arrestation des Comédiens-Français (*AP1*, t. 73, p. 314-317).
27. S. Nicolle, *La Tribune et la Scène*, vol. 2, Annexe n° 2, p. 13-16.
28. *Ibid.*, vol. 2, Annexe n° 51, p. 184-188.
29. J. Astruc, *Le Droit privé du théâtre...*, p. 28-36 et p. 59-66 ; J.-C. Yon, « L'évolution de la législation internationale du droit d'auteur au XIXe siècle : le cas du répertoire français à l'étranger », in J.-C. Yon éd., *Le Théâtre français à l'étranger au XIXe siècle*, p. 19-33.

30. J. Bayet, *La Société des auteurs et compositeurs dramatiques*, Paris : Arthur Rousseau, 1908. Voir aussi J. Boncompain, *De Scribe à Hugo. La condition de l'auteur (1815-1870)* et *De Dumas à Marcel Pagnol. Les auteurs aux temps modernes (1871-1996)*, Paris : Honoré Champion, 2013.
31. J.-C. Yon, *Eugène Scribe* [...], Saint-Genouph : Librairie Nizet, 2000, p. 122-125.
32. Sur l'évolution de ces traités, voir J. Astruc, *Le Droit privé du théâtre...*, p. 55-56.
33. Article 10 des statuts de la SACD refondée par l'acte notarié du 21 février 1879. Texte complet dans l'*Annuaire de la SACD* publié en 1880. Sur l'intérêt de cette source, voir 11.1, note 11 et ci-dessous note 46.
34. Détail des traités passés avec le Gymnase, l'Opéra-Comique et l'Opéra dans J.-C. Yon, *Eugène Scribe*, p. 113-119.
35. F. Monnier, *L'Opéra de Paris de Louis XIV au début du XXe siècle*, p. 384.
36. *Ibid.*, p. 406-412.
37. Réalisé à partir des sources citées dans F. Monnier, *L'Opéra de Paris*.
38. F. Monnier, *L'Opéra de Paris...*, p. 412.
39. *JOcd-doc*, Annexe n° 3021 (15 oct. 1888), p. 174. Le rapporteur Henry Maret signale que la double surélévation des droits d'auteur entraînera au final des dépenses supplémentaires d'environ 30 000 F.
40. Il était de $1/9^e$ pour les œuvres de 3 à 5 actes et de $1/12^e$ pour celles de 1 ou 2 actes d'après l'*Annuaire dramatique* de 1810 (voir A. Pougin, « Droits d'auteur », *Dict.*, p. 313). En 1867, le taux était de 14,5 % pour une œuvre en 3 actes jouée seule et 8,5 % si elle partageait l'affiche, 6,5 % pour une œuvre en 2 actes et 6 % pour celle en 1 seul acte (voir le Rapport présenté à l'Assemblée générale de la Société des compositeurs de musique le 26 janvier 1867 publié dans *Mén.*, 3 fév. 1867, p. 76).
41. J. Astruc, *Le Droit privé du théâtre*, p. 116, note 2.
42. Ch. Le Senne, « Droits d'auteur », *Code du théâtre*, Paris : Tresse, 1878, p. 175.
43. J. Astruc, *Le Droit privé du théâtre...*, p. 124-126.
44. S. Nicolle, *La Tribune et la Scène*, vol. 1, p. 397-403.
45. J.-C. Yon, *Une histoire du théâtre à Paris*, p. 191.
46. Voir à cette double entrée l'abondante jurisprudence récapitulée dans la table de l'*Annuaire de la SACD* (exercices 1869-1872) publié en 1872. Nombreux exemples tirés de la *Gazette des tribunaux* à compléter avec les volumes postérieurs de l'*Annuaire de la SACD*.

Notes de 11.5

1. Ch. Charle, *Théâtres en capitales. Naissance de la société du spectacle à Paris, Berlin et Londres*, Paris : Albin Michel, 2008 ; Ch. Charle et D. Roche éd, *Capitales culturelles. Capitales symboliques. Paris et les expériences européennes XVIIIe-XXe siècles*, Paris : Publications de la Sorbonne, 2002 ; Ch. Charle éd., *Le Temps des capitales culturelles XVIIIe-XXe siècles*, Seyssel : Champ Vallon, 2009.
2. G. Rossini, *Lettere e documenti*, vol. 3 (1826-1830), B. Cagli et S. Ragni éd., Pesaro : Fondazione Rossini, 2000, p. 310. Nous traduisons tous les textes en langues étrangères que nous citons.
3. G. Rossini au vicomte de La Rochefoucauld, 10 avr. 1829, in *Document sur l'affaire relative à Sr Rossini*, F-Pan, O^3 1684.

4. E. de Mirecourt, *Rossini*, Paris : Gustave Havard, 1855, p. 26-27. Sur l'impresario voir J. Rosselli, *L'Impresario d'opera, arte e affari nel teatro musicale italiano dell'Ottocento*, Torino, EDT/Musica, 1985 ; M. Traversier, « L'impresario d'opera nel decenio francese tra libertà economica e tutela politica : il caso di Domenico Barbaja », in A.M. Rao éd., *Cultura e lavoro intellettuale : istituzioni, saperi e professioni nel Decennio francese*, Napoli : Giannini, 2009.
5. Cit. in M. De Angelis, *Le cifre del melodramma*, Firenze : Giunta Regionale Toscana/La Nuova Italia, 1982, t. 2, p. 267-268.
6. W. Weber, « From the Self-Managing Musician to the Independent Concert Agent », in W. Weber éd., *The Musician as entrepreneur 1700-1914*, Bloomington : Indiana University Press, 2004, p. 105-129.
7. A. Basso éd., *Musica in scena*, vol. 2 *Gli Italiani all'estero. L'opera in Italia e in Francia*, Turin : UTET, 1996, p. 288.
8. À un destinataire inconnu (vraisemblablement l'impresario Benelli) 22 mars 1822, in G. Rossini, *Lettere e documenti*, vol. 2 (1822-1826), B. Cagli et S. Ragni éd., Pesaro : Fondazione Rossini, 1996, p. 2.
9. J.-C. Yon, « La Politique théâtrale de la Restauration », in J.-Y. Mollier, M. Reid et J.-C. Yon éd., *Repenser la Restauration*, Paris : Nouveau monde éditions, 2005.
10. J-P. Luis, *L'Ivresse de la fortune. A.M. Aguado, un génie des affaires*, Paris : Éditions Payot & Rivages, 2009.
11. N. Wild, *Dict.*, p. 199, 312.

Notes de 11.6

1. R. Chartier, « Du livre au lire », in R. Chartier éd., *Les Pratiques de la lecture*, Paris : Promodis, 1985, p. 63.
2. Voir l'exemple de *La Muette de Portici* d'Auber (O, 1828). H. Schneider, N. Wild, « *La Muette de Portici* » : *Kritische Ausgabe des Librettos und Dokumentation der ersten Inszenierung*, Tubingen : Stauffenburg Verlag, 1993.
3. F. Decroisette éd., *Le Livret d'opéra, œuvre littéraire ?*, Saint-Denis : Presses universitaires de Vincennes, 2011.
4. E. Scribe, *Œuvres complètes*, 75 vol., Paris, E. Dentu, 1874-1885.
5. H. Lacombe, « L'expression poétique et musicale », *Les Voies de l'opéra français au XIXe siècle*, Paris : Fayard, 1997, p. 145-151.
6. « Nouvelles diverses », *Mén.*, 26 janv. 1845.
7. A. Devriès-Lesure, « La musique à "bon marché" en France, dans les années 1830 », in *Music in Paris in the eighteenthirties*, New York : Pendragon, vol. 4, 1987, p. 229-248.
8. A. Devriès et F. Lesure, *Dict.*, 2, p. 385.
9. [Encart publicitaire des Éditions Blanchet], *FM*, 27 nov. 1842, p. 410.
10. A. Devriès et F. Lesure, *Dict.*, 2, p. 59.
11. *Ibid.*, 2, p. 274.
12. A. Ramaut et J.-Ch. Branger éd., *Le Livret d'opéra au temps de Massenet*, Saint-Étienne : PUSE, 2002.
13. L. Guillo, *Aspects légaux de l'édition musicale (1550-1900)*, 2001, hal-01134005.
14. G. Kinski, *Album musical*, Paris : Delagrave, 1930.

15. H. Berlioz, *Gluck, Orphée et Eurydice*, New Edition of the Complete Works, vol. 22a, J.-M. Fauquet éd., Cassel : Bärenreiter, 2005.
16. A. Magnard, « Pour Rameau », *Fig.*, 29 mars 1894.
17. En se reportant à A. Devriès et F. Lesure, *Dict.*
18. Bibliothèque François Lang, abbaye de Royaumont.
19. *Le Monde musical*, 10 mai 1889, cité par A. Devriès-Lesure, « Un siècle d'implantation allemande en France dans l'édition musicale (1760-1860) », in H.-H. Bödeker, M. Werner et P. Veit éd., *Le Concert et son public [...]*, Paris : Éditions de la Maison des sciences de l'homme, 2002, p. 35.
20. A. Devriès-Lesure, « La musique à "bon marché"... », p. 35.
21. A. Devriès-Lesure « Commerce de l'édition musicale française au XIXe siècle, les chiffres du déclin », *Rdm*, 80/2, 1993, p. 253-286.
22. Selon le concept développé par O. Assouly, *Le Capitalisme esthétique. Essai sur l'industrialisation du goût*, Paris : Cerf, 2008.
23. A. Devriès-Lesure, « Autour de *Mignon* : un éditeur de musique, Jacques-Léopold Heugel », in A. Dratwicki et A. Terrier éd., *L'Art officiel dans la France musicale au XIXe siècle*, Venise : Bru Zane Media base, 2010, p. 5-6.
24. M. Pouradier, « La modernité et le classique, deux réponses à la nouvelle exigence de la musique à partir du XVIIIe siècle : durer », *Comparatismes*, n° 1, fév. 2010, p. 27-39.

Rosine Stoltz (née Victoire Noël, 1815-1903)

Pleine de controverses et reçue avec des sentiments partagés, la carrière de Rosine Stoltz contribua néanmoins à développer des rôles principaux de mezzo-soprano dans l'opéra français. Née à Paris d'une famille ouvrière, elle fut acceptée à l'Institution royale de musique classique d'Alexandre Choron en 1826. Après avoir quitté cette école en 1830 pour tenter sa chance sur scène, elle chanta d'abord comme choriste au Théâtre de la Monnaie en 1831 puis accepta des petits rôles aux théâtres à Spa, à Anvers, à Amsterdam et à Lille. Engagée de nouveau au Théâtre de la Monnaie en 1835, Stoltz aborda des rôles principaux, tels Alice de *Robert le Diable* et Rachel de *La Juive*. Elle attira l'attention du ténor Adolphe Nourrit lors de sa série de représentations à Bruxelles ; ce dernier l'encouragea à auditionner à l'Opéra. À ses débuts, Stoltz trouva d'abord sa place comme remplaçante de la célèbre Cornélie Falcon. À cause de l'altération subite de sa voix, cette dernière abandonna la troupe en 1838 ; Stoltz pouvait enfin prendre le rôle de chanteuse principale. Sa plus belle création fut Léonor dans *La Favorite* (1840) de Donizetti. À la suite de ce succès elle obtint les rôles de Catarina de *La Reine de Chypre* (1841), d'Odette de *Charles VI* (1843) d'Halévy, de Zaïda de *Dom Sébastien* de Donizetti (1843), de *Marie Stuart* de Niedermeyer (1844) et d'Estrella de *L'Étoile de Séville* de Balfe (1845). Sa voix de mezzo-soprano était d'une grande ampleur, d'un beau grave et d'un aigu clair mais perçant. Les critiques célébraient son instinct dramatique inné et sa pantomime expressive, mais signalaient des défauts de technique et de méthode. Henri Blanchard, un des seuls critiques à défendre la cantatrice, affirma cependant que Stoltz fut une grande tragédienne lyrique et la compara à Falcon, Rachel et Marie Dorval. Sa relation avec Léon Pillet, directeur de l'Opéra à partir de 1840, lui assura de tenir des rôles principaux. Son influence lui fut reprochée par plusieurs artistes de la troupe et par la critique parisienne. Son échec dans le rôle de Marie de *Robert Bruce* (pastiche de Rossini) en 1846 l'amena à se confronter à des manifestations publiques qui la conduisirent à prendre sa retraite en 1847. Après des tournées en province et à l'étranger, notamment au Brésil, Stoltz retourna chanter à l'Opéra pour la saison 1854-1855 dans ses anciens rôles ainsi que dans Fidès du *Prophète* de Meyerbeer. Elle se retira définitivement de la scène vers 1860.

Kimberly White

Atelier Nadar, *Rosine Stoltz, cantatrice*, photographie (détail).

onyme, France, *Académie royale de musique, salle Le Peletier le jour de l'inauguration*, 1821, huile sur bois,
x 95 cm, Paris, F-Po, Musée 178. © BnF

Vue du théâtre de l'Opéra et de la Bibliothèque du Roi, estampe coloriée, dessinée par Henri Courvoisier-Voisi (1757-1830), gravée par Auguste Blanchard I (1766 ?-1832 ?), Paris : chez Basset Rue St Jacques, [1807], eau-forte coloriée, 32,5 x 46 cm, F-Po, Salles estampes, Paris, Opéra, Théâtre des arts 1. © B
– L'Opéra occupe de 1794 à 1820 ce théâtre construit par Victor Louis, désigné comme Théâtre des Arts ou salle Montansier, situé à l'angle de la rue de la Loi (rebaptisée rue de Richelieu après 1806 et de la rue de Louvois, sur l'emplacement actuel du square Louvois. Après l'assassinat du duc de Ber à la sortie de l'Opéra le 13 février 1820, la salle est fermée puis démolie.

« Vue du théâtre à Rennes », *La France de nos jours*, lithographie en couleurs, 31,5 x 44,9 cm, Paris : F. Sinnett, [ca 1864-1866], F-Po, Fonds d'Estampes, Portefeuille France. © BnF

Victor Navlet (1819-1886), *Escalier de l'Opéra de Paris,* 1881, huile sur toile, 131 x 196 cm, Paris, musée d'Orsay, RF 1986-86. © RMN-Grand Palais (musée d'Orsay) / Martine Beck-Coppola

Eva Gonzales (1849-1883), *Une loge aux Italiens,* ca 1874, huile sur toile, 98 x 130 cm, Paris, musée d'Orsay, RF2643. © RMN-Grand Palais (musée d'Orsay) / Hervé Lewandowski

Pierre-Luc-Charles Ciceri (1782-1868), esquisse de décor pour *Aladin ou la lampe merveilleuse* de Nico
acte I ou II, aquarelle et crayon, 1822, F-Po, ESQ Ciceri-1. © BnF

Eugène Ciceri (1813-1890), Philippe Benoist (1813-1905) et Jules Gaildrau (1816-1898), *La Juive*
(1er acte), lithographie en couleurs, 39,5 x 51 cm, Paris : Bulla Frères ; New York : Emile Seitz, [1858
F-Po, Estampes Scènes Juive (6). © BnF

an-Louis Chéret (1820-1882), [*Guillaume Tell* de Rossini, acte IV, tableau 2, vue des montagnes et du
 ; maquettes de décor en volume], 1875 : en haut : vue très rapprochée face en contre-plongée avec
lairage type bec de gaz ; en bas : vue très rapprochée face en contre-plongée, F-Po, Maq 18. © BnF

Eugène Ciceri (1813-1890), Philippe Benoist (1813-1905) et Adolphe Jean Baptiste Bayot (1810-1871)
Robert le diable (3ᵉ acte), Ballet des nonnes, lithographie en couleurs, 24 x 48 cm, Paris : Bulla, [1831],
F-Po, Estampes Scènes Robert le diable (29). © BnF

François-Gabriel Lepaulle (1804-1886), *Scène de « Robert le Diable »*, 1835, huile sur toile, 24 x 32 cm,
Paris, Musée de la musique. – Trio de la scène 3 de l'acte V réunissant de gauche à droite Nicolas-Prosper
Levasseur (Bertram), Adolphe Nourrit (Robert) et Cornélie Falcon (Alice). E.995.6.23.

Edgar Degas (1834–1917), *Ballet de « Robert le Diable »*, 1876, huile sur toile, 76,6 x 81,2 cm, Londres, Victoria & Albert Museum. CAI.19. © Victoria and Albert Museum, Londres, Dist. RMN-Grand Palais / Image Victoria and Albert Museum

Gauche : Louis Maleuvre (1785-18..), « Costume de Mlle Noblet, rôle de Fatmé, dans *Le Dieu et la Bayadère*, opéra, Académie royale de musique », estampe en couleurs, 29 x 21 cm, Paris : Hautecœur Martinet, 1830, F-Po, C 261 (7-698). © BnF

Milieu : Alexandre Lacauchie (17..?-18..), « Melle. Plumkett [sic], dans *Le Prophète*, Théâtre de la Nation », lithographie en couleurs, 20 x 13,5 cm, Paris : Martinet, [1849]. © BnF

Droite : Louis Maleuvre (1785-18..), « Costume de Mlle Taglioni, rôle de Zoloé, dans *Le Dieu et la Bayadère*, opéra, Académie royale de musique », estampe en couleurs, 29 x 21 cm, Paris : Hautecœur Martinet, 1830, F-Po, C 261 (7-695). © BnF

Eugène Lami (1800-1890), « Guitare [sic] » et « Le sauvage », maquettes de costumes pour *Gustave III ou le bal masqué* d'Auber, crayon et aquarelle, 1832-1834, F-Po, D216-10 (36). © BnF

Draner (1833-1926), « Le roi Carotte (Vicini) », maquette de costume du *Roi carotte* d'Offenbach, aquarelle en couleurs, 31 x 24 cm, 1872, F-Pnas, Dia-O Ico Thé 78 (7 © BnF

Paul Lormier (1813-1895), « Coiffure de guerre des rois d'Égypte », maquette de costume de *L'Enfant prodigue* d'Auber, crayon, plume, aquarelle et gouache, 1850, F-Po, D 216-16 (119-139). © BnF

Gauche : Henri Decaisne (1799-1852), *Maria Malibran-Garcia (1808-1836), dans le rôle de Desdémone, Acte III de l'Othello de Rossini*, 1830, huile sur toile, 138 x 105 cm, Paris, musée Carnavalet. P. 2010.

Droite : Ary Scheffer (1795-1858), *Pauline Viardot (1821-1910),* 1840, huile sur toile, 60x100 cm, Paris, Musée de la vie romantique. Inv. 2010.8.

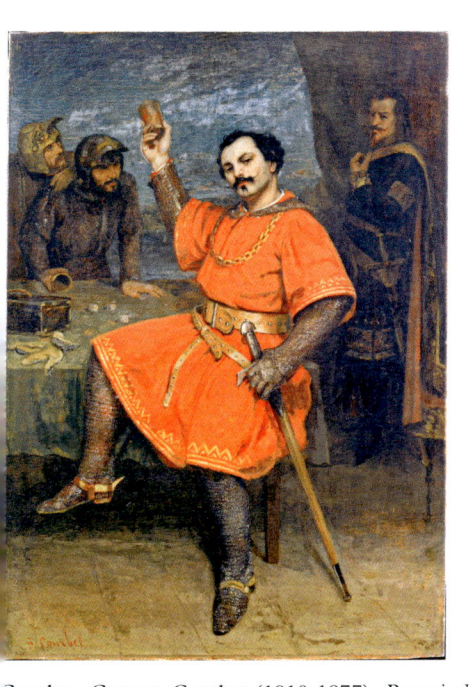

Gauche : Gustave Courbet (1819-1877), *Portrait de Louis Gueymard dans le rôle-titre de « Robert le diable » de Giacomo Meyerbeer,* 1857, huile sur toile, 148.6 x 106,7 cm, New York, The Metropolitan Museum. Acc. Nr : 19,84. © The Metropolitan Museum of Art, Dist. RMN-Grand Palais / image of the MMA

Droite : Edouard Manet (1832-1883), *Jean-Baptiste Faure (1830-1914) dans « Hamlet » d'Ambroise Thomas,* 1877, huile sur toile, 196 x 129 cm, Hambourg, Kunsthalle. Inv. 1565. © BPK, Berlin, Dist. RMN-Grand Palais / Elke Walford

François Gérard (1770-1837), *Ossian qui évoque les fantômes au son de la harpe*, 1801-18 huile sur toile, 180,5 x 198,5 cm, Rueil-Malmaison, Musée national des châteaux de Malmaison Bois-Préau. Inv. 67.3.1. © RMN-Grand Palais/ Daniel Arnaudet

Gauche : Alexandre-Évariste Fragonnard (1780-1850), *Don Juan et la statue du Commandeur, ca* 1830, huile sur toile, 38,5 x 32 cm, Strasbourg, musée des Beaux-Arts. © AKG-images

Droite : Camille Roqueplan (1803-1855), *Valentine et Raoul dans l'acte IV des « Huguenots » de Giacomo Meyerbeer,* 1834, huile sur toile, 275 x 193 cm, Bordeaux, musée des Beaux-Arts. Inv. Bx E 458. © RMN-Grand Palais / A. Danvers

Paul Delaroche (1797-1856), *L'Assassinat du duc de Guise,* 1834, huile sur toile, 57 x 98 cm, Chantilly, Musée Condé. Inv. PE 450. © AKG-images

Henri Fantin-Latour (1836-1904), *L'Or du Rhin, Scène première,* 1888, huile sur toile, 116,5 x 79 cm, Hambourg, Hamburger Kunsthalle, HK. 5274. © BPK, Berlin, Dist. RMN-Grand Palais / Elke Walfo

...ge de titre illustrée par Eugène Grasset pour la partition d'*Esclarmonde* de Jules Massenet.

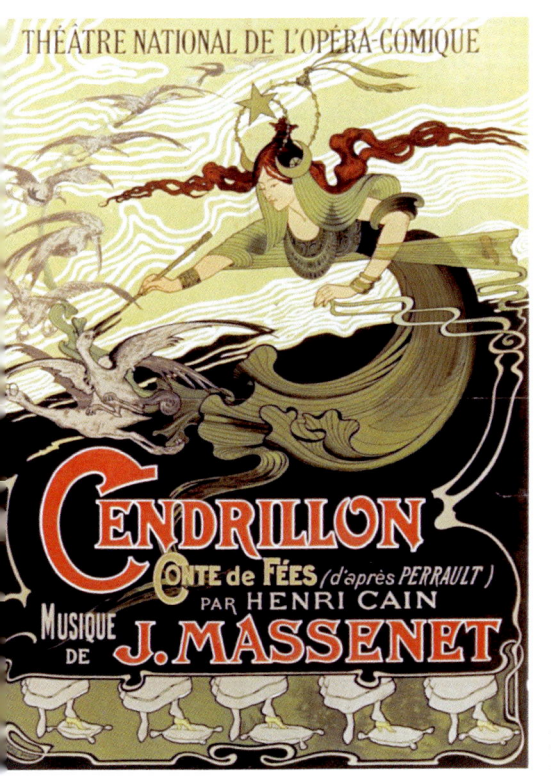

Georges Bertrand (1849-1929), affiche pour *Cendrillon* de Massenet, gravure et imprimerie Devambez, 1900.

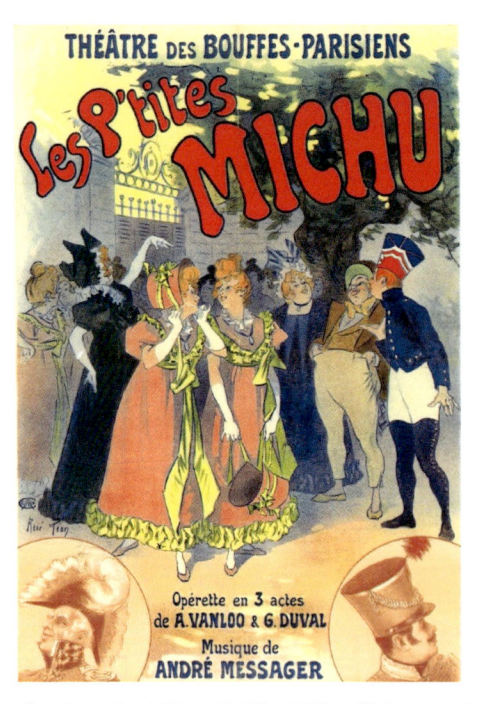

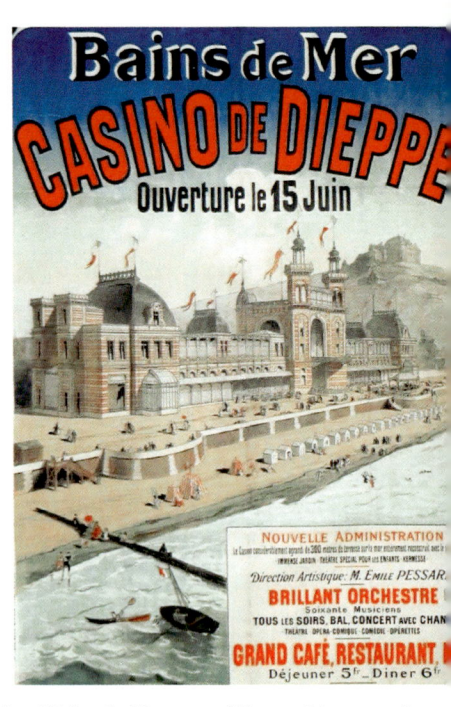

Gauche : René Péan (1875-1955), affiche pour *Les P'tites Michu* de Messager, lithographie en couleurs 124 x 88 cm, Paris : Choudens, 1897, F-Po, Affiches illustrées 123. © BnF

Droite : Jules Chéret (1836-1932), affiche publicitaire pour l'ouverture du casino mauresque de Dieppe lithographie en couleurs, 120 x 86 cm, Paris : Chaix, 1886, F-Pn, Estampes et photographies, ENT DN 1 (Chéret, Jules /99). © BnF

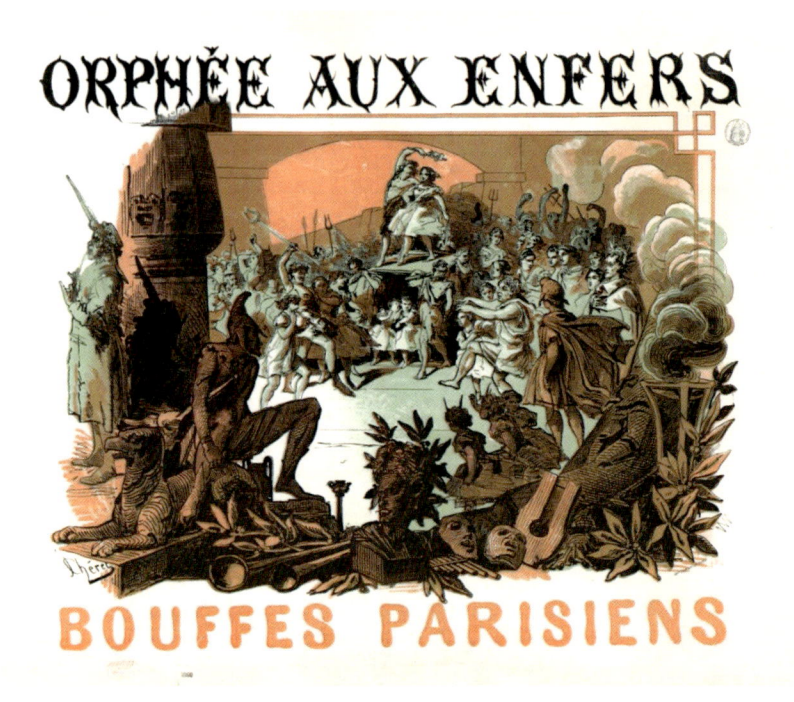

Jules Chéret (1836-1932), affiche pour *Orphée aux Enfers* d'Offenbach, lithographie en couleurs, 75 x 96 cm, réalisée en 1858 mais seulement diffusée en 1866, F-Po, Affiches illustrées 83. © BnF

Émile Beaussier (1874-1939), affiche pour les représentations des *Maîtres chanteurs de Nuremberg* à Lyon en décembre 1896, lithographie en couleurs, 206,5 x 100,5 cm, Lyon : imprimerie Delaroche, Bibliothèque municipale de Lyon.

Trois scènes des *Huguenots* de Meyerbeer, Chromo Liebig, 1890, F-Po, F-Pnas, 4-Ico Thé 2846. © BnF

Chapitre 12

Salles et publics

12.1 LES THÉÂTRES PARISIENS

Maribel Casas

La géographie théâtrale parisienne

S'il est assez facile d'identifier l'emplacement des différentes salles de spectacle parisiennes en fonctionnement au XIXe siècle, dresser un inventaire des théâtres construits durant cette même période est une tâche moins aisée[1]. En effet, les différentes troupes qui animent la vie théâtrale de la capitale font l'objet de fusions administratives et déménagent fréquemment, investissant des locaux qui sont soumis à des transformations ou des rénovations. La date d'inauguration que l'on retrouve généralement dans la presse correspond à la première représentation après travaux qui officialise le nouveau nom de l'établissement qu'occupe désormais une troupe. Il s'agit plus rarement de l'inauguration d'une construction neuve. Les fermetures imposées par le décret de 1807 (cf. 1.2) ont pour effet de promouvoir l'apparition d'un certain nombre de théâtres dans la banlieue proche de Paris qui viennent élargir l'offre théâtrale de la capitale dont ils feront officiellement partie après l'annexion des communes limitrophes en 1860. De nombreuses troupes ambulantes posent également leurs tréteaux sur les places de marché ou dans les guinguettes qui fleurissent en dehors du mur d'octroi[2]. Afin de venir à bout de la circulation irrégulière de ces troupes, le préfet de la Seine attribue en 1817 à Pierre-Jacques Seveste, un ancien danseur et ex-pensionnaire du Vaudeville, le privilège des spectacles de la banlieue. Il lance aussitôt la construction de plusieurs petits théâtres à Sèvres (1817), Montparnasse (1817), Montmartre (1819), Belleville (1825) et Saint-Cloud (1827). En dehors de ces théâtres, Seveste est en droit d'en exploiter deux autres qui ne sont pas construits à son initiative mais qui se trouvent inscrits dans le périmètre dont il possède le privilège : celui des Batignolles (1838) et celui de Grenelle (1828). La géographie théâtrale parisienne ne cesse ainsi d'évoluer et s'organise autour de deux faits majeurs : le premier est « l'existence entre 1759 et 1862 d'un boulevard théâtral, le boulevard du Temple, resté dans les mémoires sous le nom de boulevard du Crime[3] », en allusion aux mélodrames qui y étaient représentés. Le second est l'extraordinaire développement que connaît le Palais-Royal, qui devient le centre de la vie parisienne. Le plan de Paris publié par Alexis Donnet en 1821[4] permet d'observer clairement le phénomène : la plupart des théâtres se situent sur la rive droite de la Seine se concentrant autour de ces deux pôles théâtraux, l'Odéon et le Théâtre du Luxembourg étant parmi les rares théâtres implantés sur la rive gauche. Cette distribution spatiale des théâtres sera considérablement affectée par les travaux haussmanniens et en particulier par la destruction du boulevard du Temple[5], qui fait disparaître près d'un quart des théâtres en activité. On compte parmi les théâtres démolis le Théâtre-Lyrique, le Cirque impérial, les Folies-Dramatiques, la Gaîté, les Funambules, les Délassements-Comiques et le Théâtre du Petit Lazari. Seul subsiste le Théâtre Déjazet et un spectacle de curiosités connu sous le nom de Théâtre de Monsieur Robin[6].

L'architecture théâtrale parisienne (1807-1861)

Lorsqu'on étudie le corpus des théâtres qui cohabitent dans le territoire parisien avant 1864, trois catégories semblent se dégager : les théâtres principaux et secondaires, autorisés par l'État, les théâtres autorisés par la préfecture de police et les théâtres informels, qui ne sont en fonctionnement que par la tolérance de l'administration. Alors que les petits théâtres protestent contre les privilèges dont bénéficient les théâtres officiels, ces derniers se plaignent de la concurrence que leur font les petits théâtres.

La classification entre grands théâtres et théâtres secondaires établie sous Napoléon Ier (cf. 1.2, 4.1) réaffirme une hiérarchie qui existait déjà parmi les salles parisiennes entre théâtres subventionnés et non subventionnés, dont l'architecture est en partie tributaire. Alors qu'avant la Révolution cette distinction ne semble pas avoir un grand poids sur la fréquentation des salles[7], elle aura au XIXe siècle une influence considérable sur la répartition des différentes catégories de public dans les théâtres et, par conséquent, dans la ville. La dynamique qui existe autour du théâtre à Paris rend néanmoins cette réglementation difficile à appliquer. Dans les faits, le nombre de salles en fonctionnement ne cessera d'augmenter jusqu'en 1864 lorsque les restrictions napoléoniennes seront levées. Comme le note François-Joseph Grille, peu de temps après la mise en place des décrets napoléoniens, le Théâtre de la Porte-Saint-Martin reçoit l'autorisation de rouvrir et dès 1811 le Cirque olympique est élevé au rang de théâtre secondaire. Avec l'ordonnance de 1815, qui sépare l'Opéra-Italien de l'Odéon, le nombre de théâtres « dûment autorisés » dans la capitale est porté à 11, alors que le décret de 1807 n'en autorisait concrètement que huit. Un article publié dans la *Revue générale de l'architecture et des travaux publics* en

1852 confirme ce chiffre et recense 14 salles en fonctionnement en 1830, 25 en 1848 et 23 en 1851[8].

Pendant la période 1820-1840, plusieurs théâtres importants sont construits[9] : le Gymnase-Dramatique, d'Auguste Rougevin et Louis Régnier de Guerchy, est inauguré en 1820 ; la salle Ventadour est construite de 1823 à 1829 par Jean-Jacques Huvé avec, de nouveau, la participation de Louis Régnier de Guerchy (cette salle va abriter l'Opéra-Comique à plusieurs reprises, notamment entre 1829 et 1832, et surtout le Théâtre-Italien, quelques mois en 1838, puis de 1841 à 1878[10]) ; la deuxième salle Favart (dédiée à l'Opéra-Comique) reconstruite par l'architecte Louis Charpentier en 1840. Malgré les restrictions imposées par les décrets napoléoniens, la préfecture de police autorise la construction de plusieurs autres théâtres dans la même période dont celle du Théâtre du Panthéon (1831-1832), du Théâtre de la Porte-Saint-Antoine (1835) et du Théâtre Saint-Marcel (1838), situé au milieu du faubourg du même nom. Comme ceux de la banlieue, ces théâtres « visent un large spectre social, à l'image de leur quartier d'implantation[11] », dont les habitants n'ont pas les moyens de fréquenter la plupart des salles parisiennes. Sous le Second Empire, la scène lyrique parisienne s'enrichit par la création de deux nouveaux théâtres : le Théâtre-Lyrique, qui s'installe en 1851 dans la salle du Théâtre-Historique créé par Alexandre Dumas en 1847 boulevard du Temple[12] (cf. 8.3) ; et le Théâtre des Bouffes-Parisiens, créé en 1851 (cf. 8.6), qui hérite en 1855 de la salle construite à titre provisoire par Lacaze sur les Champs-Élysées presque dix ans plus tôt. Offenbach fait restaurer cette petite salle par l'architecte Jacques Ignace Hittorf avant d'obtenir l'autorisation de donner des représentations pendant les mois d'hiver dans la salle qu'occupait le Théâtre Comte au passage Choiseul.

La dimension des terrains alloués à la construction d'un théâtre et les contraintes liées à la réglementation comptent parmi les critères qui marquent un écart entre les réalisations parisiennes et celles de la province. À Paris, les constructeurs doivent jongler avec l'étroitesse des parcelles ce qui conduit à des configurations pour le moins hybrides, comme au Théâtre de la Porte-Saint-Martin, où le foyer est disposé dans un bâtiment annexe.

De la deuxième à la troisième salle Favart

Parmi les grands théâtres autorisés par l'État, se trouve l'Opéra-Comique, installé depuis 1841 dans la deuxième salle Favart (cf. 7.1, ill.). Suite à l'incendie qui ravagea la première salle en 1838 (cf. 5.4, ill.), Louis Charpentier fut sollicité pour reconstruire le bâtiment. Un de ses premiers projets considérait de projeter sur la façade principale l'arrondi de la salle créant un péristyle en hémicycle (sous lequel s'organisait la descente à couvert) et de l'implanter sur le boulevard. Les contraintes de temps et les impératifs économiques le font renoncer à cette idée, « la nouvelle salle s'installera donc dans les limites de l'ancienne, bâtie par Heurtier cinquante ans plus tôt, et restera adossée à un immeuble de rapport[13] », et ce malgré les prescriptions réglementaires de l'ordonnance du 9 juin 1829 qui exigeait un isolement de trois mètres autour de toute nouvelle salle de spectacle. Cette salle est néanmoins considérée par la préfecture de police comme une des plus sûres de Paris, tenant compte de ses caractéristiques : elle est isolée sur trois de ses côtés, séparée des maisons mitoyennes par un mur épais, sa charpente est en fer, un mur sépare la salle de la scène, un rideau de fer est installé et « il n'y a pas de communication de la salle au théâtre au-dessus du gril[14] ». Afin de pallier l'orientation peu favorable du théâtre, qui tourne le dos au boulevard, et de limiter la congestion occasionnée par les voitures sur la place des italiens, Charpentier aménage une galerie avec salons d'attente le long de la rue Marivaux pour accueillir les spectateurs qui arrivent depuis le boulevard. La façade principale est avancée de trois mètres, donnant plus d'ampleur au vestibule et au foyer, situé au premier étage. Cette salle, plus spacieuse que la précédente, peut accueillir une jauge de 1 500 spectateurs. Elle disparaît sous les flammes dans la nuit du 25 au 26 mai 1887. Cet incendie particulièrement meurtrier est largement relayé par la presse qui ne manque pas de diffuser des images effrayantes de cet incident (cf. 10.2, ill.). En effet, alors qu'un appareil réglementaire visant à

Saunier, « Le nouveau théâtre de l'Opéra-Comique », *Le Monde illustré*, 26 nov. 1898, p. 421.

prévoir et maîtriser les incendies dans les théâtres commence à se mettre en place dès la fin du XVIIIe siècle, les incendies restent courants et constituent une menace constante, même après l'apparition de l'éclairage électrique. Après de nombreux aléas et l'organisation d'un concours[15], la construction de la troisième salle Favart est confiée à l'architecte Louis Bertier. L'architecture de ce théâtre, inauguré le 7 décembre 1898, est représentative de l'académisme qui domine dans le milieu théâtral de la fin du siècle. Son plan comme sa décoration font l'objet de débats et se trouvent très largement commentés par la presse[16].

Les salles de l'Opéra de Paris

Depuis sa création, l'Académie royale de musique s'est positionnée comme l'institution lyrique la plus prestigieuse de la capitale. Particulièrement choyée sous le Consulat et l'Empire par Napoléon Ier (cf. 4.1), l'Opéra est cependant contraint de déménager à plusieurs reprises suite à l'incendie qui, en 1781, réduit en cendres le bâtiment qui l'abrite au Palais royal[17]. Il occupera non moins de six salles avant que ne soit construit le Palais Garnier : le Théâtre de la Porte-Saint-Martin, construit dans l'urgence après l'incendie, qu'il quitte en 1794 pour s'installer au Théâtre des Arts, construit par Victor Louis pour Marguerite Montansier en 1793, jusqu'à ce que celui-ci soit détruit par ordre de Louis XVIII après l'assassinat du duc de Berry en 1820 (cf. cahier d'ill.). Il passe ensuite (entre avril 1820 et mai 1821) à la salle Favart (cf. 5.4 ill.), construite en 1783 par Jean-François Heurtier pour la troupe qui résulte de la fusion de la Comédie-Italienne et de l'Opéra-Comique, puis très brièvement en 1821 au théâtre Louvois, avant d'intégrer la salle Le Peletier (cf. 6.1 ill.) qui, malgré son caractère provisoire, l'hébergea pendant plus de cinquante ans (d'août 1821 à octobre 1873). La construction de ce théâtre sur les terrains de l'hôtel de Choiseul – où sont remployés les matériaux provenant de la destruction du Théâtre des Arts – ne manque pas de faire polémique. Donnet est parmi ceux, nombreux, à contester la décision : « Les vrais amateurs devaient s'attendre qu'enfin, puisqu'on changeait encore une fois son asile, ce serait pour lui en donner un définitif. Ils ont été trompés dans leur attente, et le premier théâtre de la capitale, le premier théâtre de l'Europe n'a encore qu'une bâtisse provisoire où il restera sans doute longtemps ; car, à l'exception d'une situation convenable, d'un ensemble de plan, et d'un caractère de solidité qu'on ne peut trouver dans un édifice de bois et de plâtre, le nouveau théâtre réunit toutes les dépendances qu'on peut désirer[18]. »

Outre le caractère prémonitoire de ce texte, sa critique met en exergue les caractéristiques désormais indispensables à un édifice théâtral : ce doit être un bâtiment isolé, aussi bien pour des raisons esthétiques que fonctionnelles, bien composé et d'une grande solidité. Alors que les grandes villes de province que sont Marseille, Bordeaux et Nantes se sont dotées, depuis la fin du XVIIIe siècle, de salles de spectacle majestueuses aménagées face à de vastes places – comme l'est également le Théâtre de l'Odéon à Paris – la façade principale de l'Opéra donne sur une rue étroite. Afin de pallier l'exiguïté de la rue Le Peletier, l'architecte François Debret met en place un dispositif ingénieux qui offre aux spectateurs un lieu vers lequel converger à l'arrivée comme à la sortie du théâtre, tout en inscrivant la volumétrie du bâtiment dans l'alignement de la rue. Il crée une sorte de cour ouverte en mettant en retrait la partie centrale de la façade principale et en prolongeant sur un niveau le volume des passages latéraux, qui accueillent sur leurs toitures des terrasses accessibles depuis le foyer, probablement destinées aux fumeurs. Le plan est d'une configuration asymétrique

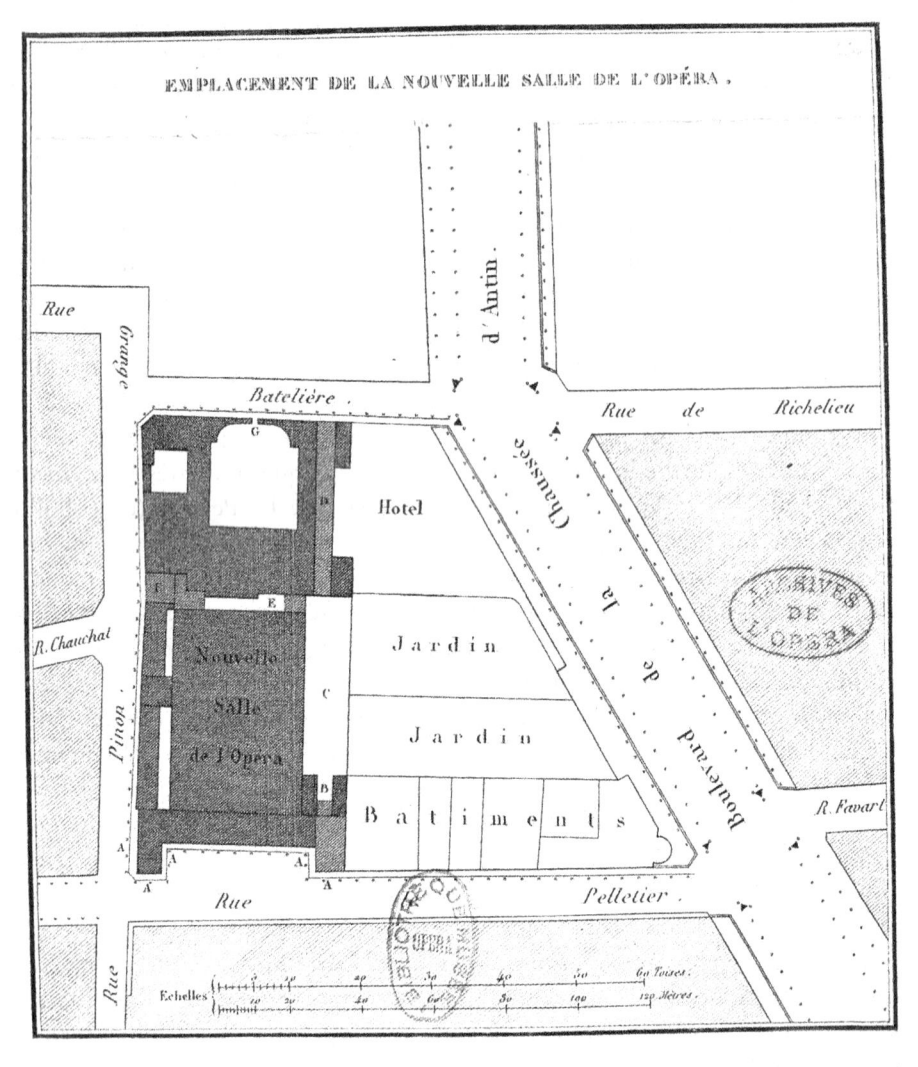

M. de J., « Emplacement de la nouvelle salle de l'Opéra [Le Peletier] », *Annales de l'industrie nationale et étrangère*, t. 3, Paris : Bachelier, 1821, Planche 30.

et met en évidence la difficulté que représente l'aménagement de l'hôtel de Choiseul pour servir de dépendances à l'Opéra. Les différents espaces destinés à l'administration et aux acteurs se retrouvent imbriqués dans le bâtiment situé à l'arrière de la scène, dont il n'est séparé que par un passage. On y retrouve le corps de garde, l'atelier du tapissier et même un bureau pour l'architecte !

Malgré une apparence extérieure et une distribution différentes, la réutilisation des matériaux de la salle démolie introduit de nombreuses analogies entre les deux salles (Montansier et Le Peletier) : les proportions entre le vestibule, la salle et la scène sont similaires, la distribution des places est la même et les imposantes colonnes corinthiennes sur trois niveaux qui supportent les loges sont disposées de façon à créer des loges d'angle et une double colonne de loges d'avant-scène. Dans les deux cas, les loges situées dans la première travée ont la particularité de ne pas être orientées vers la scène, ni même de se faire face, mais d'être tournées vers la salle, ce qui montre à quel point le spectacle « social » prime encore sur celui qui se déroule sur scène. Les occupants de ces loges sont autant exposés aux regards des autres spectateurs que le sont les acteurs sur scène. Aucun de ces deux théâtres ne dispose d'un rang de baignoires – comme il était courant de les trouver dans les théâtres à l'époque. Il y a, à leur place, des loges ouvertes aux cloisons abaissées qui sont à l'opposé du caractère privatif des baignoires. Alors qu'à l'époque la manière de disposer l'orchestre est sujette à discussion et fait l'objet de multiples expérimentations qui visent dans la plupart des cas à dissimuler sa présence aux yeux des spectateurs, Debret fait le choix de lui donner une importance centrale en le faisant entrer profondément dans le parterre. L'Opéra de la rue Le Peletier hérite ainsi de l'influence de son prédécesseur de la rue de Richelieu sans introduire de grandes ruptures par rapport à l'architecture théâtrale de la fin du XVIIIe siècle. Il disparaît sous les flammes en 1873 et c'est le Théâtre Ventadour (cf. 5.4, ill.) qui offrira en 1874 son dernier domicile transitoire à l'Opéra pendant que s'achèvent les travaux du Palais Garnier, qui sera inauguré le 5 janvier 1875 (cf. 10.1, ill.).

Les nombreux déplacements auxquels est contraint l'Opéra, le caractère provisoire de la salle de la rue Le Peletier, ainsi que les fréquents incendies dont sont victimes les théâtres à cette époque, relancent périodiquement le débat autour de la construction d'une salle plus vaste et monumentale, d'un caractère urbain plus affirmé, afin que l'édifice théâtral puisse mieux correspondre au rôle qu'on attribue désormais à l'art lyrique dans la ville, mais aussi aux nouveaux critères de confort et de sécurité. La construction de l'Opéra de Paris entre 1861 et 1875 constitue ainsi l'aboutissement d'une longue période de réflexions et de débats, et s'inscrit plus largement dans la production monumentale du Second Empire[19]. Son architecture ainsi que le dispositif urbain qui se développe autour – quartier et avenue – ont fait l'objet d'études poussées[20] dont nous ne saurions faire ici la synthèse. Notons cependant, comme l'a démontré Henri Bresler, à quel point le projet de Charles Garnier s'inscrit dans le système

Beaux-arts[21] avec une composition qui place en son cœur le grand escalier (cf. cahier d'ill.). François Loyer a, de son côté, souligné la complexité du dispositif urbain qui se structure autour de l'Opéra : en partant des guichets du Louvre, on trouve d'abord une place-carrefour au statut incertain, reliée par l'avenue de l'Opéra à une seconde place « scandée par la fuite latérale de deux voies obliques, comme les coulisses d'un théâtre, dégageant au centre l'énorme masse sculpturale de l'édifice ». L'axialité de l'avenue de l'Opéra – qui est une des rares avenues parisiennes à ne pas être plantées afin de préserver la vue vers le monument – met en perspective la façade principale de l'édifice à la manière d'un décor de théâtre. La silhouette qui se découpe dans le ciel change au fur et à mesure que l'on approche du bâtiment : c'est d'abord le volume de la cage de scène qui ressort, puis celui de la coupole qui recouvre la salle et enfin celui, plus bas, qui englobe le vestibule – surmonté du foyer – et le grand escalier. S'il compte aujourd'hui parmi les monuments les plus prestigieux de Paris, le bâtiment construit par Garnier est, à l'époque, loin de faire l'unanimité. À tel point, que la monographie du *Nouvel Opéra*, publiée par Garnier entre 1878 et 1881, prend le ton d'un plaidoyer où il reprend les critiques adressées à son projet et justifie chacun de ces choix. Le contexte qui précède la réalisation de l'Opéra de Paris offre des clés de lecture pour comprendre cet accueil mitigé. Le théâtre étant parmi les bâtiments civils les plus complexes dans sa dimension technique, il suscite sous l'influence de l'industrialisation de nombreuses réflexions sur la mécanisation, la standardisation et la production en série des différentes parties qui le composent.

Les systèmes techniques qui assurent l'éclairage, le chauffage, la ventilation et, plus généralement, la salubrité des salles, font l'objet de diverses inventions tout comme les décors et l'espace scénique que l'on cherche à mécaniser et à automatiser. L'édifice théâtral est alors envisagé comme un assemblage de pièces détachées, à tel point que c'est l'ensemble de son architecture que l'on s'imagine fabriquer en série. Pensé par certains comme un bâtiment mécanique, démontable et transportable, le théâtre de l'ère industrielle renvoie une image dont le Palais Garnier est très éloigné, et pour ceux, nombreux, qui rêvaient de voir l'Opéra s'ériger en digne représentant de son temps, avec une architecture de fer et de verre, il constitue sans aucun doute une grande déception. Pourtant, l'architecte intègre à son projet toutes les innovations techniques de son époque[22], mais celles-ci sont dissimulées par la massivité de son architecture. La construction métallique, omniprésente dans la structure de l'édifice, n'est employée qu'à des fins purement utilitaires et totalement occultée aux yeux du public. La cage de scène est « à la pointe des procédés en usage au XIXe siècle[23] » et bénéficie de proportions monumentales : elle compte 52 mètres de large pour 60 de haut. Sa profondeur de 26 mètres n'a, au contraire, rien d'exceptionnel. Garnier considérait en effet qu'une profondeur trop importante pourrait nuire à l'illusion créée par les décors. Il prévoit néanmoins à l'arrière de la scène un couloir de 6 mètres de large pouvant assurer le raccord entre le foyer de la danse et la scène, pour donner à celle-ci une plus grande profondeur si cela venait à être nécessaire[24]. La structure des dessous et des cintres est confectionnée en fer, ce qui lui permet plus de légèreté et des portées plus importantes.

En deçà des considérations d'ordre esthétique et technique, le Palais Garnier est également très éloigné de l'image de l'Opéra populaire et démocratique qu'entendait promouvoir Étienne-Louis Boullée avec son projet au Carrousel de 1781 et, plus tard, Hector Horeau avec son projet de rhabillage de l'Opéra de Paris. Comme l'a fait remarquer Frédérique Patureau, alors que le nouvel Opéra occupe le double de la surface de l'ancienne salle rue Le Peletier, il contient presque le même nombre de spectateurs[25]. En outre, le dispositif mis en place par Garnier prend soin de préserver la distinction des classes sociales au sein du bâtiment : les accès sont séparés selon que les spectateurs arrivent à pied ou en voiture, les circulations différenciées de façon que les diverses catégories de public se voient sans ne jamais se croiser, et convergent vers le grand escalier, qui offre au public le plus notable une tribune de choix pour *se montrer*. Toute ces considérations s'accordent bien avec l'image qui a depuis toujours été attribuée à Garnier : celle d'un architecte au service de l'Empire. La création de l'Opéra de Paris répond en effet à une volonté d'immortaliser le nom de son commanditaire[26], non seulement en intégrant des signes du pouvoir napoléonien à l'ornementation mais aussi par la création de dispositifs destinés à l'usage exclusif de l'Empereur.

Tandis que l'opéra de Bayreuth, inauguré seulement un an après celui de Paris, renouvelle complètement le modèle germanique du théâtre, et que des architectes comme Horeau tentent de réformer profondément la conception du théâtre pour l'adapter à son époque, Garnier fait le choix de s'ancrer dans la tradition. Tant et si bien qu'il désigne Victor Louis comme son maître à penser et le Grand-Théâtre de Bordeaux, inauguré presque un siècle auparavant, comme le modèle qui l'a inspiré. Si l'architecture du Grand-Théâtre de Bordeaux constitue sans doute une référence déterminante pour Garnier, il ne faut pas négliger l'influence des réflexions théoriques qui précèdent à la réalisation de l'Opéra de Paris. En particulier celle développée par Hippolyte Meynadier avec le projet d'opéra qu'il publie dans la *Revue générale de l'architecture et des travaux publics* en 1844. Si son projet n'est pas vraiment comparable à celui désigné gagnant du concours en 1861, Meynadier énonce un certain nombre de principes qui seront mis en œuvre par la suite à l'Opéra de Paris.

Malgré les nombreuses critiques qui lui sont adressées, Garnier réussit à créer un monument représentatif du faste et du luxe qui caractérise la vie sociale et culturelle parisienne, sorte de cathédrale mondaine du Second Empire[27]. Le bâtiment de 11 000 m^2 est véritablement spectaculaire, comme le sont la salle, l'ensemble des espaces dévolus au public, l'éclectisme des éléments décoratifs, où s'entremêlent la diversité des matériaux, la prolifération des peintures et la variété des sculptures. C'est cette image que de nombreux architectes vont tenter de reproduire à travers le monde en s'inspirant de l'architecture du Palais Garnier et qui en font le plus haut représentant de l'architecture théâtrale française, en France comme à l'étranger. Un élément en particulier semble néanmoins condenser à lui seul ce que représente le bâtiment tout entier : le grand escalier. Au grand regret de Garnier, cette partie du bâtiment fait l'objet d'une attention toute particulière aussi bien de la part du public que de peintres et architectes[28]. Les architectes viennois Ferdinand Fellner et Hermann Helmer iront même jusqu'à le reproduire à différentes échelles dans certains de leurs projets[29].

Les théâtres parisiens de la fin du siècle

Pour compenser l'offre théâtrale disparue avec le boulevard du crime, trois nouveaux lieux de spectacle sont inaugurés en 1862 : le Théâtre du Châtelet, le Théâtre de la ville (plus tard Sarah-Bernhardt) et le Théâtre de la Gaîté, qui dépendent tous les trois de la ville. Le Théâtre de la ville abrite le Théâtre-Lyrique de 1862 à 1870 et devient ainsi un haut lieu du renouveau lyrique sous le Second Empire, accueillant notamment les créations de Bizet, Berlioz et Gounod (cf. 8.3). Incendié le 25 mai 1871, il est reconstruit par Davioud en 1874. Après avoir abrité différentes institutions, dont l'Opéra-Comique de 1887 à 1898, il deviendra le Théâtre Sarah-Bernhardt en 1899[30]. Pour Haussmann, les deux nouveaux théâtres de la place du Châtelet devaient être « des monuments dignes de la France » qu'il fallait « construire solidement » et « décorer richement » tout en leur donnant « des accès larges et faciles »[31]. Alors que l'Opéra de Paris est encore en pleine construction, César Daly, le directeur de la *Revue générale de l'architecture et des travaux publiques*, s'interroge sur les raisons qui ont conduit à ce que l'architecture théâtrale française n'ait fait l'objet d'aucune évolution considérable. « Ce manque d'innovation s'oppose aux grandes transformations [qu'il] observe dans la mise en scène, les mœurs du public, l'écriture dramatique et l'évolution des programmes, qui vont vers la polyvalence des salles de spectacle[32]. » De ce point de vue, seuls les théâtres construits par Davioud sur la place du Châtelet lui semblent proposer quelque chose de nouveau, notamment, par ce qu'ils se rapprochent de l'image du théâtre populaire. L'idée d'un théâtre populaire traverse tout le XIXe siècle et sera déterminante dans la manière de concevoir l'architecture théâtrale française au cours du siècle suivant[33]. La période autour de 1870 foisonne de projets qui ont comme préoccupation commune celle de créer un théâtre démocratique qui puisse accueillir le plus grand nombre. Dès lors qu'on parle de théâtre populaire, la question du grand nombre est essentielle, même si celle-ci ne renvoie pas toujours à une ambition philanthropique mais plutôt à une recherche de rentabilité. Les grands projets de théâtre populaire de la fin du XIXe siècle se heurtent cependant à la difficulté de faire évoluer les mœurs pour pouvoir créer la mixité sociale tant souhaitée. La salle des fêtes du Trocadéro (1875), bien qu'elle ne porte pas le nom de « théâtre », est le premier projet de théâtre populaire à voir le jour et constitue un des seuls exemples de la fin du siècle, les théâtres de la place du Châtelet, avec leur décoration somptueuse et leur machinerie sophistiquée s'adressant plutôt à un public aisé, contrairement à ce qu'aurait pu affirmer César Daly. Le remodelage urbain qui a lieu sous le Second Empire et qui induit de profonds changements dans la géographie théâtrale parisienne n'affecte pas pour autant « le centralisme et la prépondérance de la rive droite[34] » : en 1900, 41 des 43 théâtres que compte Paris s'y trouvent implantés.

En 1864, les théâtres parisiens retrouvent la liberté qu'ils avaient brièvement connu sous la Révolution grâce au décret du 6 janvier 1864 relatif à la liberté de l'industrie théâtrale qui donne la faculté à tout individu de faire construire et d'exploiter un théâtre. Ce décret semble s'inscrire dans les efforts de l'administration pour contrebalancer les pertes occasionnées par les travaux haussmanniens. Mais il restera loin d'engendrer une profusion de théâtres équivalente à celle qui avait eu lieu sous la Révolution.

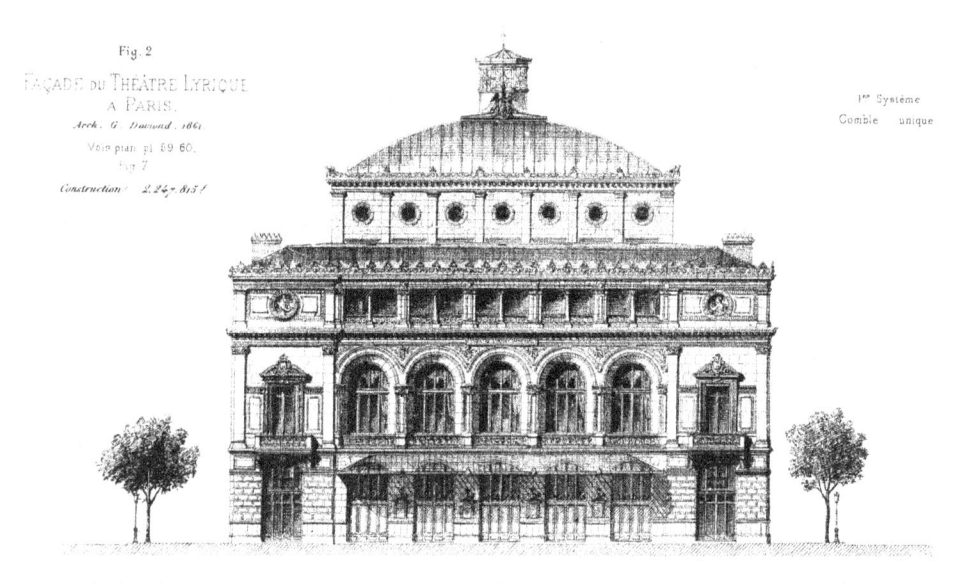

« Façade du Théâtre-Lyrique », in A. Gosset, *Traité de la construction des théâtres [...]*, Paris : Baudry, 1886.

Dans les dernières décennies du siècle, alors que l'on réclame toujours un renouvellement de l'architecture théâtrale française, trois nouveaux théâtres aux façades richement décorées voient le jour : la Gaîté-Lyrique (1861-1862), aux abords du square des Arts et métiers, le Vaudeville (1867-1869), à l'angle de la rue de la Chaussée d'Antin et du boulevard des Capucines, et l'Eden-Théâtre (1889), rue Boudreau. Il faudra attendre la construction du Théâtre de Champs-Elysées de 1911 à 1913 pour voir apparaître dans Paris un théâtre en rupture avec l'académisme qui caractérise la fin du siècle.

12.2 Les théâtres en province

Maribel Casas

Au XIXᵉ siècle, le théâtre figure parmi les divertissements les plus populaires. Il occupe une place importante dans le paysage culturel, notamment « par ce qu'on y trouve, fréquemment mêlés, la bourgeoisie et les gens du peuple, ceux qui ne savent parfois pas lire mais savent écouter[1] ». Comme l'a justement fait remarquer Jean-Claude Yon, « le théâtre est souvent assimilé à un livre que le peuple ouvre tous les soirs et où il fait son éducation[2] ». Dans son *Traité de la construction des théâtres* de 1847, Albert Cavos constate que cet engouement pour les spectacles est de plus en plus répandu en Europe et que « partout on construit des édifices consacrés à ce genre de plaisir » ; il affirme avec conviction que « bientôt il n'y aura point de ville, si petite qu'elle soit, qui n'ait au moins un théâtre »[3]. À en croire l'article qui accompagne la publication des plans du Théâtre de Moulins, dans le *Moniteur des architectes*, la province française s'inscrit pleinement dans la dynamique européenne évoquée par Cavos : « Personne n'ignore combien le goût et le besoin de la musique s'est répandu en France pendant les vingt dernières années qui viennent de s'écouler, ni combien ce goût d'un art que l'on croyait presque indifférent à nos populations de province a fait élever de théâtres. » Le chroniqueur peut conclure : « Il est peu de localités qui, aujourd'hui, ne possèdent leur salle de spectacle, et le fameux *panem et circenses* (du pain et des spectacles) de la décadence romaine semble enfin passé dans nos mœurs[4]. » Le théâtre, élément structurant de la vie culturelle et sociale parisienne, rencontre ainsi un vif succès en province où il joue un rôle en accord avec la taille et le caractère de la ville dans laquelle il est implanté. Alors que sous l'Ancien régime la construction d'un théâtre dépend majoritairement de la volonté des pouvoirs monarchiques, elle devient dès la fin du XVIIIᵉ siècle une affaire collective liée souvent à l'initiative d'une personne privée, soutenue par l'administration locale (voire par l'État) mais aussi, et surtout, par les habitants de la ville, bourgeois ou notables. Cela contribue à ce que ces édifices fassent l'objet d'un sentiment d'appropriation qui conduit parfois à une réception mitigée lorsqu'ils ne répondent pas aux attentes du public.

La géographie théâtrale de la France au XIXᵉ siècle

Si de nombreuses villes de province se sont dotées d'un théâtre pendant la deuxième moitié du XVIIIᵉ siècle[5], la dynamique engagée durant cette période ne s'arrête pas après la Révolution, malgré un contexte économique et socio-politique difficile. En effet, une centaine de théâtres sont inaugurés en province entre 1806 et 1864[6], dont seize sont aménagés dans des constructions existantes. La Révolution ayant mis à disposition un grand nombre de bâtiments religieux, une partie des nouvelles salles sont installées dans d'anciens lieux de culte, comme elles l'étaient auparavant dans des jeux de paume. Cette pratique, mal perçue sous la Restauration, se poursuit tout au long du siècle et n'est pas spécifique aux édifices religieux : le théâtre de Blois est installé dans l'ancien bâtiment de l'Hôtel-Dieu en 1806, celui de Saint-Brieuc dans l'Hôtel de Ville en 1809, celui de Joigny dans une halle au blé en 1832, celui de Belfort dans une annexe de l'Hôtel de Ville en 1876.

La tranche chronologique 1806-1864 correspond à la mise en place de deux textes réglementaires (cf. 1.2) : d'une part, les décrets napoléoniens de 1806 et 1807 qui n'autorisent plus qu'un seul théâtre en fonctionnement dans les villes de province (deux dans les plus grandes d'entre elles) ; d'autre part, l'ordonnance du 1er juillet 1864 qui fait la synthèse de l'ensemble de la réglementation relative aux théâtres et met fin au système du privilège. Les théâtres retrouvent ainsi la liberté qu'ils avaient brièvement connue pendant la Révolution grâce à la loi des 13-19 janvier 1791 autorisant à tout citoyen d'élever un théâtre. Mais l'ordonnance de 1864 est loin d'engendrer une prolifération de théâtres équivalente à celle qui se produit à la fin du XVIIIe siècle et n'aura pas d'effet immédiat sur la province : seule une demi-douzaine de chantiers sont lancés dans la décennie qui suit sa mise en application, et l'on peut dénombrer l'inauguration d'une quarantaine de salles de spectacle entre 1864 et 1914. Il faut noter qu'au milieu du XIXe siècle il s'est constitué en France un réseau théâtral qui couvre presque l'ensemble du territoire : à la fin du Second Empire, la plupart des villes de province sont équipées d'un lieu de spectacle. Les motivations pour construire de nouveaux théâtres s'inscrivent alors principalement dans quatre cas de figure : « le désir de remplacer une salle ancienne, la nécessité de pallier une destruction par le feu, plus rarement, la nécessité de remédier à un manque et dans tous les cas l'obligation de répondre à l'attente de la population[7] ».

Lorsqu'une salle est détruite par le feu, il arrive qu'elle ne soit pas remplacée par une autre totalement différente mais reconstruite à l'identique. C'est le cas à Nantes, dont le théâtre est incendié en 1796 et reconstruit entre 1811 et 1813 ; à Rennes, où une grande partie du théâtre est consumée par les flammes en 1856, puis reconstruit en 1858 (cf. cahier d'ill.) ; à Lyon où le Théâtre des Variétés (plus tard Théâtre des Célestins) qui brûle en 1871 est reconstruit à partir de 1873. Ces reconstructions montrent comment des édifices qui essuient un certain nombre de critiques lors de leur inauguration arrivent à gagner une place privilégiée dans la vie culturelle et sociale de leur ville, et ce à tel point que les spectateurs non seulement refusent de renoncer à disposer d'une salle de spectacle, mais encore se prononcent publiquement pour que l'aspect de la salle qu'ils ont pris l'habitude de fréquenter soit conservé.

Les villes d'une certaine importance sont les plus à même de s'engager dans la construction d'une salle de spectacle non seulement en raison des moyens financiers dont elles disposent mais aussi de la demande, souvent pressante, qui existe en termes de divertissements. Tel est le cas des villes de Strasbourg (1804-1821), d'Angers (1821-1825), de Lyon (1827-1831), de Nice (1825-1827), de Rennes (1831-1836), de Toulouse (1817-1818 et ?-1837), de Caen (?-1838) et d'Avignon (1818-1825 et 1846-1847). Cependant, une partie importante des salles édifiées dans la première moitié du XIXe siècle se situe dans des communes de taille modeste. Parmi elles, la ville d'Agen, qui compte autour de 10 000 habitants en 1809 ; d'Aix-les-Bains, dont la population dépasse à peine les 4000 habitants en 1856 ; d'Épernay, qui n'atteint pas les 5 000 habitants en 1810 ; de Dole, dont la population est d'un peu plus de 10 000 habitants en 1840 ; de Wassy, qui compte moins de 3 000 habitants en 1844 et d'Étampes dont la population dépasse à peine les 8 000 habitants en 1851.

L'architecture et la disposition urbaine des théâtres édifiés en province au cours du XIXe siècle est en grande partie tributaire du rôle qui est attribué au théâtre dans la ville : pour les plus grandes villes et anciennes capitales de province, le théâtre est un symbole de développement culturel et de richesse de la cité ; pour les petites, un moyen d'accéder au statut de ville à part entière ; pour les villes de garnison, il constitue avant tout un outil de maintien de l'ordre.

Alors que les textes théoriques s'attachent à établir une distinction entre théâtre et opéra – qui se résume essentiellement par une différence de taille, transposant ainsi à l'architecture la supériorité de genre accordée à l'art lyrique –, il est rare dans les faits de trouver en province des salles spécialisées. La réglementation nationale qui impose que n'y soient représentées que des pièces d'abord jouées sur les planches parisiennes entretient la prédominance de la capitale en matière d'art théâtral, les représentations provinciales étant le plus souvent des adaptations réduisant la taille des œuvres. Les salles de province sont donc pensées pour accueillir de « petits spectacles » et servent à la fois pour « la comédie et l'opéra, la danse comme les concerts, du moment que les dispositifs scéniques comportent des cintres, une machinerie et sont complétés par les services indispensables au fonctionnement (loges d'artistes, magasins de décors et d'accessoires)[8] ».

La dimension urbaine du théâtre

Avec la Renaissance urbaine du théâtre[9] qui s'opère en France dès le milieu du XVIIIe siècle l'édifice théâtral acquiert une nouvelle place dans la ville. Il apparaît désormais comme un bâtiment isolé – pour des raisons aussi bien esthétiques que fonctionnelles – et compose avec l'espace public qui l'entoure, dont il devient indissociable. Au XIXe siècle, le théâtre est ainsi considéré dans sa dimension urbaine, ce qui influence significativement le choix de son emplacement et la manière dont il est implanté dans le tissu urbain existant. Si l'implantation du théâtre face à une place devient courante à partir des années 1730 et qu'elle est plébiscitée par les textes théoriques, d'autres dispositifs urbains en relation au théâtre vont faire leur apparition au cours du XIXe siècle.

Le cas du théâtre de Strasbourg est particulièrement représentatif de la relation intrinsèque qui s'établit entre le théâtre et l'espace public qui l'entoure. Après l'incendie qui ravage en 1800 le Spectacle national – une salle aménagée dans un grenier à avoine au début du XVIIIe siècle –, la municipalité s'engage dans la recherche d'un nouvel emplacement pour la reconstruction du théâtre[10]. En effet, cet incident avait mis en évidence la proximité du théâtre avec la fonderie et la forerie à canons, dont jusque-là personne ne s'était inquiété, mais qui au lendemain de l'incendie paraissait particulièrement dangereuse. La salle du Spectacle national était située dans la continuité d'un axe marchand qui traverse la ville d'est en ouest – où se trouvent successivement le marché aux grains et aux chevaux, le marché aux guenilles et le marché aux vins – longé par le canal des Tanneurs. En 1740, une partie du marché aux chevaux est aménagée en promenade. Malgré tous les inconvénients que pouvait présenter l'emplacement de l'ancienne salle, c'est à ce même endroit que sera construit le nouveau théâtre, la promenade du Broglio (plus tard du Broglie) étant devenue entre-temps un des plus hauts lieux de sociabilité des Strasbourgeois. Progressivement, le canal des tanneurs, dont la puanteur était réputée, sera recouvert d'abord à hauteur de la salle de spectacle, puis le long de la promenade du Broglie[11]. La place face au théâtre prend alors le nom de place de la Comédie.

« Vue du Théâtre de Strasbourg », Th. Mainberger d'après le dessin d'E. Petiti, 1833, F-Po, Fonds d'Estampes, Portefeuille France.

Le dispositif qui associe promenade et théâtre existait déjà à Paris, où un pôle théâtral s'était constitué autour du Palais-Royal et dont le jardin avait été ouvert à la promenade après sa restauration à la fin du XVIIIe siècle[12]. En province, on retrouve également des théâtres situés face à des promenades à Moulins (1841-1844) et à Béziers (1842-1844). L'édifice théâtral offre alors une toile de fond à la perspective de la promenade que l'on pourrait comparer aux décors disposés sur la scène du théâtre. On peut ainsi considérer qu'il s'agit d'une mise en scène de l'activité théâtrale dans la ville, une partie du rituel auquel s'adonnent les spectateurs, qui consiste à *se montrer*, est alors prolongée dans l'espace public. Inversement, les espaces de circulation (en particulier le foyer) à l'intérieur du théâtre sont conçus comme de véritables promenoirs. Cette association entre théâtre et promenade urbaine prend tout son sens si l'on tient compte des nombreuses analogies qui existent entre les deux : l'un comme l'autre comptent parmi les divertissements les plus prisés par la société urbaine au XIXe siècle[13] ; il s'agit dans les deux cas de lieux publics – même s'ils ne sont accessibles que sous certaines conditions et à des heures bien précises ; la promenade comme la sortie au spectacle sont des activités très policées et soumises à une série de codes implicitement établis qui influencent le comportement des promeneurs. Envisager un projet de théâtre en rapport à un promenoir urbain, quelle que soit sa forme, revient ainsi à faire dialoguer deux lieux analogues à l'échelle architecturale et urbaine. La présence de ces deux dispositifs dans la ville revêt également un rôle symbolique puisqu'elle constitue « un paramètre important dans l'évaluation de sa qualité de vie[14] ». Ils participent tous deux à l'embellissement de la ville et constituent un de ses principaux attraits.

Le rapport du théâtre à l'espace public a également une influence importante sur les dispositions architecturales. On peut le voir notamment au théâtre de Poitiers (1817-1820) où une galerie est disposée le long de sa façade latérale pour offrir une façade convenable à la Place royale, même si cela introduit une importante dysmétrie au niveau du plan. Au théâtre de Limoges (1836-1840), l'accès et le vestibule sont disposés perpendiculairement à l'axe longitudinal de la salle afin que la façade principale du théâtre soit face à la Place royale, même si celle-ci ne s'inscrit pas dans la continuité des volumes de la salle et de la scène. À Moulins (1841-1847), dont le théâtre compte parmi les exemples remarquables de cette période, la descente à couvert s'organise sur une des façades latérales du théâtre, face à une vaste place. Les spectateurs qui arrivent en voiture ont ainsi leur propre accès. Une fois descendus de voiture, ils traversent le vestibule encadrés par deux séries de colonnes jusqu'à l'escalier des premières loges, perpendiculairement à l'accès de la façade principale, de façon à ce que les autres spectateurs puissent apprécier le défilé. Il s'établit ainsi un dialogue étroit entre l'espace public et l'architecture du théâtre, qui ne se limite pas seulement à son caractère monumental.

L'architecture des salles de spectacle en province

Le modèle du théâtre « à la française », qui prend forme à la fin du XVIIIe siècle et qui tente de se différencier de la salle « à l'italienne » par ses rangs de loges ouvertes et échelonnées, est une permanence dont les dispositions les plus élémentaires sont sans cesse remises en cause au cours du XIXe siècle, sans qu'il y ait de véritable rupture. On constate plutôt une grande diversité de variantes autour d'un même dispositif. La configuration la plus courante se compose de trois parties qui se succèdent le long de l'axe longitudinal de la salle : une qui contient le hall d'accueil, généralement surmontée du foyer, une deuxième qui abrite la salle et une troisième où se trouve la cage de scène, flanquée des espaces destinés aux acteurs et aux autres services. Les proportions et dimensions de ces trois volumes varient sensiblement d'un projet à l'autre. Au début du siècle, ils sont généralement couverts par une seule et même toiture offrant une volumétrie plutôt régulière et compacte. Progressivement, le premier volume va se différencier en étant plus bas, et ce n'est que lorsque la réglementation impose que salle et scène soient séparées par un haut mur pour des raisons de sécurité qu'il va s'opérer une distinction volumétrique entre les deux. Lorsque le programme va se développer et se complexifier, les services destinés aux acteurs

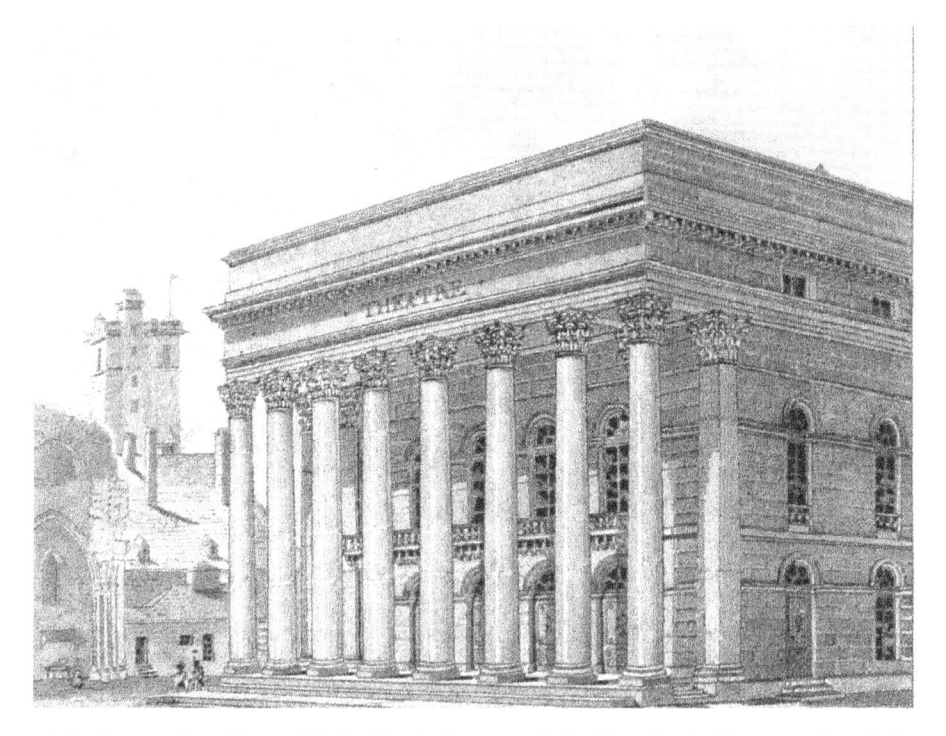

« Salle de spectacle à Dijon » (détail), lith. de Ducarme, 1827, F-Po, Fonds d'Estampes, Portefeuille France.

et à la mise en scène vont apparaître comme une quatrième partie. Font figure d'exception par leur volumétrie particulière, qui projette en façade l'arrondi de la salle, l'Opéra de Rennes (1831-1836) et le théâtre d'Haguenau (1842-1846).

L'ornementation reste assez sobre, elle se réduit à l'utilisation des ordres et à quelques attributs sculptés qui renvoient à la fonction même du bâtiment (masques, lyres, instruments de musique), ce qui donne à la plupart des réalisations un caractère assez austère. Suivant l'exemple des grandes réalisations des années 1780, certains théâtres, comme celui de Dijon, vont faire appel à l'image du temple. D'une façon plus large, l'usage du péristyle devient récurrent et presque indissociable du langage de l'architecture théâtrale.

Le dispositif hérité du XVIIIe siècle fait l'objet de nombreuses adaptations et variantes. Au théâtre de Béziers (1842-1844), la volumétrie du bâtiment s'échelonne pour accueillir des boutiques sur les façades latérales du théâtre donnant au bâtiment une silhouette toute particulière. Le théâtre de Dole dispose également d'une volumétrie originale et complexe. Se distingue de l'extérieur le volume du portique et du vestibule, flanqué de chaque côté par deux volumes plus bas qui accueillent différents services. Le volume des escaliers assure la jonction entre la salle et l'espace scénique avec ses dépendances.

« Théâtre de Dole », *Album dolois*, 11 juin 1843.

L'architecture des théâtres édifiés au cours du XIXe siècle est également tributaire du rôle attribué à l'activité théâtrale dans la ville, le bâtiment étant conçu soit comme un *monument* qui participe de l'embellissement de la cité, soit comme un *équipement* répondant à un besoin programmatique, au même titre qu'un hôtel de ville, un palais de justice, une école ou une halle. De ce fait, certaines communes envisagent d'installer deux ou plusieurs programmes d'architecture civile au sein d'une même construction, donnant lieu à de nouvelles typologies qui associent notamment hôtel de ville et théâtre, comme à Saint-Omer (1834-1841) et à Bayonne (1837-1842), ou encore halle et théâtre, comme à Salins-les-Bains (1830-1851), à Joigny (1832-1833) et à Saint-Dizier (1865).

À Bayonne, le bâtiment est prévu pour accueillir l'Hôtel de Ville, l'Hôtel des douanes et le Théâtre. À Saint-Omer, le programme initial ne comprenait qu'un théâtre et une mairie (la taille du bâtiment étant plus modeste qu'à Bayonne), auxquels se sont ajoutés au fil du temps une galerie d'exposition, une centrale de police et des commerces. Dans les deux cas, le bâtiment est situé face à une vaste place et isolé sur toutes ses façades, ce qui renforce sa présence dans le tissu urbain et lui confère une certaine monumentalité. En outre, les quatre façades sont presque identiques (seul la statuaire permet de distinguer l'accès à la salle de spectacle à Bayonne ; à Saint-Omer, ce sont des escaliers qui indiquent l'entrée), ce qui offre une lecture du bâtiment qui n'est plus exclusivement frontale ou axiale, et donne aux quatre façades une importance équivalente. Les deux salles de spectacle se trouvent insérées au milieu d'un volume à base carrée, flanquées de chaque côté par les autres fonctions qu'héberge le bâtiment, dont elles sont néanmoins séparées par d'épais murs pour des raisons de sécurité. À Saint-Omer, seule dépasse du volume la toiture de la salle, tandis qu'à Bayonne c'est tout le volume du théâtre qui en émerge. À l'intérieur, le programme et la distribution des deux bâtiments répondent à une organisation plutôt courante pour un théâtre à l'époque, avec quelques différences notoires. Le plan de la salle s'inscrit dans un cercle et on retrouve un orchestre, un parterre assis, un balcon suspendu, des rangs de loges ouvertes et des loges d'avant-scène. Le bâtiment qui abrite le théâtre de Bayonne a la particularité d'offrir sur tout son pourtour un péristyle qui permet aux spectateurs de circuler à couvert, l'accès au parterre se fait par deux escaliers qui suivent la courbe de la salle. La salle ne comporte aucune baignoire et un seul rang de loges ouvertes, les deux étages suivants étant occupés par des galeries et un amphithéâtre, ce qui montre qu'il s'agit d'un théâtre plutôt voué à accueillir un public populaire. Au théâtre de Saint-Omer, le bâtiment est traversé au rez-de-chaussée par une circulation carrossable qui assure la descente à couvert, la salle se trouvant un étage plus haut. L'emplacement et les proportions des loges d'acteurs varient dans les deux cas : à l'arrière de la scène à Bayonne, elles occupent une faible surface ; de chaque côté de la scène à Saint-Omer, on leur octroie une surface plus importante que celle de la scène. Cette cohabitation programmatique semble avoir connu une certaine réussite puisque ces deux exemples font partie des rares théâtres de la première moitié du XIXe siècle qui nous soient parvenus. À Saint-Omer le théâtre restera cependant fermé pendant plus de 45 ans jusqu'en 2016, lorsque le bâtiment, qui abrite encore l'Hôtel de Ville en 2007, est rénové pour que le théâtre occupe l'intégralité de la construction.

Pour les plus petites villes de province, l'édification d'un théâtre revêt une importance particulière : il constitue un moyen d'accéder au statut de ville à part entière, le théâtre étant non seulement un monument qui concourt à son embellissement mais aussi une façon d'attirer le tourisme et d'engendrer des dynamiques urbaines à l'échelle locale. L'annonce de l'inauguration du théâtre d'Étampes montre à quel point le théâtre joue un rôle prépondérant : « Étampes n'est plus une ville inconnue ! Les nuages qui recouvraient son horizon sont dissipés ; le monde artistique sait enfin qu'il y a, à douze lieues de la capitale, une ville qui s'appelle Étampes, et cette ville possède un théâtre » (*L'Abeille d'Étampes*, 16 mai 1852). Connaissant des périodes d'exceptionnelle prospérité, certaines petites villes de province, comme Dole et Étampes, organisent des concours pour la construction de leur théâtre. Le concours pour le théâtre de Dole connaîtra par ailleurs une participation exceptionnelle : plus de trente candidatures arrivent en provenance de la région mais aussi de Paris et de différentes villes de l'Est. Cette démarche, qui n'est à l'époque pas encore érigée en tant que norme en ce qui concerne les bâtiments civils, permet de pallier l'absence d'architectes formés dans les différentes régions[15] et d'attirer de jeunes talents. À Étampes, c'est le jeune Gabriel Davioud qui sortira vainqueur de la compétition, le théâtre d'Étampes est sa première commande en tant qu'architecte. Il réalise un bâtiment d'une échelle modeste, à l'allure quelque peu austère, implanté dans la ville suivant les codes désormais propres à l'architecture théâtrale de l'époque : il est isolé sur ses quatre côtés et fait face à une place. Que des petites villes s'engagent dans l'organisation d'un concours pour l'édification de leur théâtre témoigne de l'intérêt accordé au projet mais aussi à sa qualité architecturale. Ainsi, quel que soit le rôle qui est attribué au théâtre dans la ville, l'édifice théâtral occupe une place importante dans le paysage urbain des villes de province.

12.3 Physionomie du public

Hervé Lacombe

Public et spectateurs

Nous avons associé l'étude des publics à celle des théâtres où les œuvres sont produites, afin d'insister, d'une part sur le fait que la salle est configurée pour et par un public, qui participe de l'identité de l'institution, d'autre part sur la nécessité de rompre avec une approche qui considère trop souvent encore salle et scène comme deux mondes indépendants. En effet, au XIXe siècle tout particulièrement, l'une et l'autre interfèrent continûment. L'idée de spectacle demande d'ailleurs à être précisée par la notion d'événement (le public participe de la production de l'événement unique que constitue l'effectivité d'un spectacle, tel jour, dans tel lieu, par tels artistes) et élargie à la notion de soirée (qui est parfois une matinée !), dont l'œuvre – clou et raison d'être, mais aussi prétexte – est un moment et non la totalité. La formule est bien connue : le spectacle est aussi dans la salle. Le rituel social qui se joue et se reconduit d'une soirée à l'autre tient pour bonne part aux espaces et à leur décoration au milieu desquels le public va « jouer son rôle ». L'hypertrophie fastueuse du grand escalier du Palais Garnier (cf. cahier d'ill.) et le luxe de son foyer public vont devenir les symboles du public-spectacle. En outre, dans le temps itératif de la vie des œuvres, qui sont données plusieurs fois d'affilée et parfois reprises, la réaction du public et l'évolution du goût peuvent avoir un effet sur leur façonnement (cf. 3.6). On réaménage un moment du spectacle, on revoit, supprime même un numéro s'il s'avère qu'il crée ce que l'on appelle « un froid ». Une partie de la chaîne de production peut alors être touchée : le directeur accepte de débourser plus que prévu pour étoffer les chœurs, le librettiste reprend l'écriture d'une scène, le compositeur aménage des enchaînements, coupe ou ajoute de nouvelles pages à sa partition, le copiste reprend sa copie, le chanteur supprime une phrase ou apprend un nouveau trait, le mouvement sur scène est révisé, un décor est abandonné, de nouvelles répétitions sont nécessaires...

A. Deroy et G. Janet [dessin], « Le grand foyer [du Palais Garnier] », *Le Monde illustré*, 9 janv. 1875, p. 33 (détail).

L'assemblée des personnes réunies pour assister à une représentation lyrique n'a rien d'homogène. L'approche que l'on peut en avoir oscille entre la prise en compte du spectateur singulier (Berlioz, ou Gautier, ou Stendhal, ou tout individu – pour peu que l'on dispose de sources le concernant) et celle de l'entité collective désignée comme « le public », lui-même pouvant se spécifier : public d'un soir, public des habitués, public du poulailler, public de première... En outre, le spectateur se rend rarement seul au théâtre : conjoints, amis, familles, élèves du Conservatoire, forment des groupes ou micro-collectifs dans le public. Tout un chacun oscille entre ces trois états : partie du tout, membre d'un groupe ou être isolé. Par ailleurs, ainsi que le font remarquer Fabien Cavaillé et Claire Lechevalier, « le spectateur n'est pas seulement un décrypteur des signes de la scène, décryptage qu'il effectue à partir des attentes et des habitudes de son époque et de son milieu ; il est aussi un corps qui écoute, un individu qui est en relation avec d'autres avant, pendant et après la séance, un être qui a une vie en dehors du théâtre[1] ».

Bien qu'une personnalité éminente du monde du spectacle comme Francisque Sarcey ait pu proclamer que « l'essence du théâtre, c'est le public[2] », ce dernier est longtemps demeuré le parent pauvre des études touchant les arts du spectacle, même après le travail pionnier de Maurice Descotes[3]. Il est enfin devenu, avec le spectateur, un sujet sur lequel enquêter autant qu'une notion à partir de laquelle développer une réflexion sur l'écoute, le « devenir public », le spectacle, ses enjeux politiques, sociaux et communicationnels, etc.[4]. Face à la diversité des expériences et des sensibilités, des profils et des cultures individuelles, l'historien cherche à repérer des comportements partagés, des pratiques et des conditionnements, à dégager des généralités et à repérer des changements, à user de comparaisons pour étudier le prix des places, comprendre la structure sociale de la salle, etc. Sans chercher d'unicité théorique, qui écrase la réalité, nous voudrions esquisser à travers les articles qui suivent (12.3-12.6) des profils, des tendances et des attitudes, mais surtout, et plus modestement, dessiner les cadres, les données et les faits réguliers par lesquels prend sens l'idée d'un public – celui du Théâtre-Italien par exemple –, et repérer les étapes qui scandent le parcours du spectateur. Ainsi peut se dégager une physionomie, au sens d'un ensemble de traits caractéristiques, des publics.

Itinéraire et goût du spectateur

Avant même d'assister à une représentation, le spectateur doit obtenir une place. En dehors des jours de gratuité, trois formes d'accès sont possibles : par droit[5], par invitation (les auteurs par exemple disposent d'un nombre de places par représentation), par achat. L'abonné forme la base du public ; à la différence des pratiques actuelles, il ne sait pas ce qu'il verra et entendra au moment où il s'abonne : la programmation se fait au fur et à mesure de la saison (cf. 13.1). En revanche, le spectateur qui achète son billet à l'unité, en subissant parfois un trafic[6], le fait pour un spectacle particulier. Pour tous, deux modes de communication permettent de savoir ce qui va être joué : l'affichage[7] et, peu à peu, la presse. Le jour de la représentation, le spectateur organise sa soirée. Étudier la « sortie au spectacle », font remarquer Pascale Goetschel et Jean-Claude Yon, peut consister à « ausculter ce qui se passe dans et autour du théâtre, défini à la fois comme lieu, moment et expérience sociale singulière[8] ». Le jour de la représentation, le public s'inscrit dans une trajectoire allant de l'arrivée à la sortie du théâtre, en passant par diverses étapes qui varient selon les usages, le rang social et les espaces traversés – rue, hall d'entrée, vestibule, couloir, escalier, vestiaire, toilettes, foyer, loge, parterre, etc. Et encore faudrait-il ajouter à ce périple, en amont la situation du théâtre dans la ville et la circulation dans son quartier[9], en aval les lieux où la soirée se prolonge ! Modes de locomotion, tenues vestimentaires, formes de sociabilités, utilisation d'un langage choisi, attitudes du visage, poses et manifestations corporelles composent un savoir-être à l'intérieur de chaque théâtre, selon la classe, le sexe et l'âge, et dans une sphère immatérielle où s'entremêlent les questions de plaisir et d'esthétique, de goût et d'élégance, de mondanité et de distinction. Cette culture du spectateur n'a rien d'inné ; elle « correspond, rappelle Christian Ruby, à des conventions incorporées, des comportements appris[10] ». Du fait de son resserrement en un espace très contraint, de la force d'entraînement de la collectivité et de son humeur inflammable – chaque spectateur réagit comme être émotionnel mais aussi comme être politique –, le public est surveillé, ou encadré, par la censure et la police des théâtres, qui veillent à la morale et à l'ordre (cf. 1.5).

Pour certains, le passage dans une salle n'est qu'une étape d'un itinéraire plus complexe. Ainsi du fashionable, décrit par Eugène Ronteix en 1829 : « Huit heures arrivent, en été, l'on se partage entre le spectacle et la promenade du soir, en hiver, on va aux Bouffes, au Gymnase, à l'Opéra, à Feydeau, jusqu'à ce que l'heure d'aller briller dans une soirée ou dans un bal, vous appelle à une troisième, quelquefois même à une quatrième toilette[11]. » La trajectoire du public définie par des espaces et des comportements suit une temporalité marquée par l'heure du spectacle et des moments distribués autour et durant la représentation et les entractes. Combien de temps faut-il arriver avant le début ? Faut-il d'ailleurs arriver pour l'ouverture ou, comme les membres du Jockey Club à l'Opéra, ne faire son entrée qu'après avoir dîné ? Dans une série de dessins réunissant seize « Types emblématiques des théâtres de Paris », Cham prend soin de distinguer l'attitude propre à l'habitué de l'Opéra, usant de jumelles, de celle de l'habitué du Théâtre-Italien, tendant l'oreille. Tandis que le premier regarde, le second écoute – deux gestes résumant deux esthétiques (cf. 12.6).

L'Opéra. Les Bouffes.

Cham, « Types emblématiques des théâtres de Paris », *L'Illustration*, 29 mai 1847, p. 205 (détail).

L'œuvre lyrique par ses produits dérivés vit, partiellement du moins, ailleurs qu'au théâtre (cf. 19.1-3). La mélodie entendue sur scène peut rapidement devenir un air connu, répété au concert, dans les salons ou les kiosques à musique ; le spectateur ne l'entend plus comme s'il n'existait que pour et par la représentation. À la fin du siècle, le théâtrophone et l'enregistrement vont encore modifier la présentation du « produit opéra » et les modalités de sa consommation.

Composition de la salle

La dimension économique est déterminante pour la configuration des différentes strates du public dans une même salle et d'une salle à l'autre. Un guide de la capitale de 1838 dresse ainsi un tableau comparatif du nombre et du prix des places, et de la jauge des différents théâtres de Paris. Le classement n'est pas alphabétique mais hiérarchique, du plus important au plus modeste. Les théâtres subventionnés sont placés en haut de la pyramide des spectacles et l'Opéra à son sommet. Tandis que l'on joue en règle générale tous les jours, l'Opéra et le Théâtre-Italien ne donnent que trois représentations par semaine : lundi, mercredi et vendredi pour le premier, mardi, jeudi et samedi pour le second. La topographie sociale de la salle suit la répartition économique des places et un protocole. Sous l'ancien régime, les personnes au parterre de l'Opéra se tenaient debout ; il fallut attendre 1794 pour que des sièges y fussent installés et 1831 pour qu'ils fussent numérotés[12]. Dans la sociologie de l'opéra, la femme occupe une place à part. Disposer d'une loge avec salon permet de recevoir, à l'imitation d'un salon privé. En 1896 les femmes ont enfin droit de siéger à l'orchestre[13]. En terme d'élégance féminine, c'est le Théâtre-Italien qui tient, un temps, le haut du pavé. « On va peut-être nous dire : c'est toujours aux Italiens que vous nous conduisez pour aller apprendre la mode, c'est qu'en effet, c'est là l'élégance, la richesse, les diamants et les fleurs », peut-on lire dans la *Gazette des salons* en 1835 (p. 359). La sortie au théâtre, « centrale dans le divertissement bourgeois, insiste Manuel Charpy, apparaît comme un des lieux de la présentation, de l'élection et de la diffusion des modes[14] ».

L'Opéra, spécifiquement, offre un paysage contrasté de la situation des femmes : malgré de fortes résistances quant à leur présence sur une scène (cf. 2.5), les artistes féminines brillent par leur chant, semblent lors de la représentation libérées des contraintes sociales ordinaires et acquièrent, pour certaines, le statut de divas (cf. 11.3) ; mais au foyer de la danse, c'est d'une courtisanerie proche de la prostitution qu'il s'agit (cf. 6.2) ; tandis que dans la salle, les élégantes attirent l'attention et reçoivent dans leur loge. D'une manière générale, les femmes trouvent dans l'espace des loisirs mondains, des salons (cf. 19.3) et des théâtres un monde où elles peuvent jouer un rôle que la société ne leur accorde guère ailleurs.

DERNIER ENTR'ACTE. — L'HEURE DE LA BOURSE
Les affaires se traitent en peu de mots : *Oui, — non, — yes, — zut*.

D « Les coulisses de l'Opéra », *La Vie parisienne*, 24 janv. 1863, p. 34 (détail).

Les provinciaux

Il y a le provincial en province et le provincial à Paris. Le journaliste Pierre Durand décrit ce dernier, qui doit faire face au trafic des billets et qui, malgré tous ses efforts, trahit par mille détails sa provenance. « C'est au théâtre surtout, écrit-il avec un parisianisme sans fard, que l'on reconnaît aisément le provincial, à sa pose, à sa manière d'écouter, à son cure-dent qu'il a gardé, à l'abandon avec lequel ses impressions se trahissent[15]. » Le provincial ignore les usages et veut être arrivé à sa place à l'heure réglementaire. Dans une de ses chroniques, Arnold Mortier s'amuse à lui donner quelques conseils s'il veut acquérir un peu de la contenance du vrai Parisien : se rendre aux premières, arriver une bonne heure en retard, partir avant la fin, lorgner les femmes aux balcons ou dans les loges, applaudir à peine, etc.[16]. L'été, quand les Parisiens sont partis, un autre public fait son apparition. « Les quelques salles encore ouvertes présentent un aspect désolant : des baignoires vides, des avant-scènes vides, des loges où les gommeuses des beaux soirs sont remplacées par des provinciales sans élégance, des fauteuils peu garnis, des foyers sans flâneurs[17]. » Il faudrait encore ajouter à ce panorama le public des étrangers, curiosités et souvent objets de moquerie pour les habitués mais aussi, parfois, spectateurs d'exception, comme Heinrich Heine, bénéficiant d'un regard distancé et comparatiste[18].

Pour l'observateur parisien, le vrai public, le bon public, le public sachant se comporter et apprécier est forcément celui de Paris. Tout un discours sur les publics de province construit, par la négative, cette image du public de la capitale. Le journaliste et vaudevilliste Eugène Guinot y fait allusion en constatant, dans une chronique de 1857, l'évolution du recrutement des interprètes. Le rôle joué naguère par les directeurs de province, qui traitaient directement avec les artistes lors d'un « marché dramatique » dans la quinzaine de Pâques, est désormais tenu par les agents dramatiques. L'agent adapte son budget à la configuration d'une troupe de province, qui doit jouer tous les genres mais, selon les lieux, privilégie l'un plutôt que l'autre. Il « connaît le goût du public dans chaque ville ; il sait que Rouen se passionne pour le drame ; que Bordeaux se plaît aux finesses de la comédie ; que Toulouse a une prédilection marquée pour le vaudeville ; que Lille exige un bon opéra ; que Marseille tient particulièrement aux cantatrices ; que Strasbourg veut avant tout un bon orchestre à son théâtre, et paie volontiers une contrebasse plus cher qu'un ténor » (*Le Pays*, 19 avr. 1857). Il faut donc prendre gare de ne pas confondre les provinciaux dans un même ensemble et les inscrire dans une évolution des pratiques[19].

Le public est une réalité sociale à forte plasticité, selon les genres, les théâtres et le prix des places, mais aussi une entité imaginaire qui peuple les romans et la presse. On aime à essentialiser chaque public et à lui donner une identité locale, comme l'on aborde les musiques selon des identités nationales (cf. 18.2). En 1874, l'ancien artiste de l'Opéra-Comique et professeur de chant Auguste

Laget dresse la liste des caractères propres aux publics de La Nouvelle-Orléans, « le plus hétérogène », de La Haye, « le plus aristocratique », de Bruxelles, « le plus dilettante », de Naples, « le plus enthousiaste », de la Scala à Milan, « le plus académique », de Turin, « le plus démocratique », de Rome, « le plus turbulent ». Il en vient aux publics de la France, celui de Paris tout d'abord, « le plus connaisseur, partant le plus indulgent », puis ceux de Marseille, « enthousiaste, mais difficile à contenter », de Bordeaux, « le plus poli, le plus gentleman », de Toulouse, « le plus intelligent, [...] seul, en province, qui préfère la qualité à la quantité », de Rouen, « le plus récalcitrant », de Lille, « le plus rationnel », de Nantes, « le moins démonstratif », etc. Chez tous ces provinciaux, un point commun cependant : « malgré la création d'un grand nombre de sociétés chorales, malgré le récent décret du ministre de l'Instruction publique, qui rend obligatoire l'étude de *la vocale* [sic] dans les écoles primaires, malgré tout, déplore Laget, les Français auront fort à faire, sinon pour vibrer comme des Allemands, du moins pour sentir la musique comme les Italiens »[20].

Le Tout-Paris et les premières

Dans tout théâtre intervient un moment remarquable qui voit le public changer de physionomie : la première. Dans les salles les plus prestigieuses, elle attire le Tout-Paris, que Dumas fils résume en 1867 à deux ou trois cents individus (*La Vie parisienne*, 9 mars 1867), mais dont la définition et les contours varient au cours du siècle. Dans sa « Revue de Paris », Raymond Brucker définit tente ans plus tôt ce monde élégant comme un ensemble de « quatre ou cinq cents individus, dandys, gens de lettres, merveilleuses, bas-bleus et célébrités de tout genre, qui se met sous les armes à toutes les solennités : c'est ce bataillon que l'on appelle *tout Paris*. Aux premières représentations, aux soirées brillantes de l'Opéra, aux courses du Champ-de-Mars, aux réceptions de l'Académie, figure toujours ce public d'apparat » (*Le Siècle*, 2 sept. 1837). Répondant aux critiques qui en sont souvent faites, Charles Garnier défend, en 1884, « le Tout Paris des premières » (une variante du Tout-Paris mondain[21]) : il « se compose d'abord de presque tous les représentants de la presse parisienne, représentants politiques ou littéraires, de directeurs, d'acteurs et d'actrices de divers théâtres, d'artistes, d'écrivains, de députés, de sénateurs, voire même de ministres passés, présents ou futurs ; puis de personnes plus ou moins attachées par leurs fonctions ou leurs relations au monde du théâtre ; puis enfin [...] d'un certain nombre de personnages [...] qui regardent la pruderie par le gros bout de la lorgnette. À tous ces spectateurs, il faut ajouter les amis de l'auteur ou du directeur ; mais ceux-ci changent suivant le théâtre et ne font pas partie de cette espèce d'association mouvante qui constitue le fond du public des premières représentations, et qui se transporte presque intacte d'une salle à une autre de l'Opéra aux Bouffes-Parisiens, du Théâtre Français au Théâtre Cluny[22] ». Les journalistes en effet occupent une place considérable. En 1888, le service de presse de l'Opéra compte 263 places[23] ! Dans ses célèbres *Soirées parisiennes*, Arnold Mortier ne manque pas d'en décrire les figures importantes[24]. Il donne aussi la liste des directeurs, des artistes, du monde élégant, des interprètes et du demi-monde qui forment le public des premières dans les années 1870.

Lors d'une première, le foyer s'anime tout particulièrement. « Dans chaque entracte, témoigne Pougin, viennent s'y réunir les spectateurs ordinaires de ces sortes de solennités [...]. Des discussions parfois ardentes s'établissent alors sur les mérites ou les défauts de l'œuvre nouvelle[25]. » La première fait l'objet de comptes rendus spécialisés mais trouve aussi un écho dans les chroniques mondaines de la fin du siècle, notamment dans *Le Gaulois* et *Le Figaro*, où l'on détaille la composition brillante de la salle, enregistre les réactions du public, décrit décors et costumes, ou encore rapporte quelques anecdotes et mots entendus lors des entractes. La presse ne rend plus compte simplement de l'œuvre et de son interprétation ; un nouveau bataillon de journalistes suit les à-côtés du spectacle, bataillon formé d'échotiers, qui observent l'activité et se délectent des potins des théâtres, et de soiristes, spécialisés dans les premières.

Comportement et éducation du public

La conclusion d'un morceau, les débuts d'un artiste (cf. 14.2), la proclamation des noms des auteurs en fin de spectacle sont autant de moments où le public exprime directement son émotion et son jugement (demande de bis, hostilité, rappel, acclamation, autant de manifestations sonores pouvant aller du sifflet aux applaudissements[26]). Après la création de *Pepito* (TV, 1853) d'Offenbach, on peut lire sous la plume de Jules Lovy : « Leclère est venu proclamer le nom des auteurs en portant la main sur son cœur comme on fait au Grand-Opéra. Et le public a crié *tous ! tous !* comme à l'Opéra-Comique. Les bouquets seuls ont manqué. Ce sera pour la prochaine fois » (*Mén.*, 30 oct. 1853). Il s'établit ainsi un lien direct entre les artistes et le public, qui lui-même se subdivise selon le rang social et les goûts des spectateurs, parfois animés par des avis opposés. La claque a pour fonction d'orchestrer les enthousiasmes sur commande (cf. 12.4). La réaction à une claque trop marquée est souvent relevée dans la presse. Les comportements du public répondent à des usages propres à chaque théâtre et à des habitus qui se construisent dans le temps. Christophe Charle insiste par exemple sur le fait que le jeu des acteurs comme les réactions du public se sont policés dans certains genres particulièrement après 1850[27].

La notion d'horizon d'attente[28], largement utilisée dans les études littéraires, permet d'attirer l'attention 1° sur le fait que le récepteur (le public) joue un rôle actif au moment du spectacle et même en amont (il faut écrire pour lui plaire ou répondre à ce qu'il s'attend à voir) ; 2° sur la tension (très relative) dans laquelle se trouve le spectateur d'un nouvel ouvrage, entre la reconnaissance (du genre, des types vocaux, des interprètes, etc.) et la découverte (de l'œuvre en tant que singulière et de son interprétation en tant que spécifique à l'événement). Berlioz défend une conception absolument atypique en France, du moins durant son vivant, qui voudrait placer le créateur au-dessus des contingences et des limitations sociales, culturelles et génériques afin de le laisser s'exprimer librement. Sa cible est tout autant les compositeurs et les librettistes, qu'il juge trop convenus et trop peu audacieux, que le public, dont il ne cesse de déplorer le manque de culture musicale et d'exigence. La question de l'éducation du public est donc centrale. Trois données nouvelles contribuent à un changement de sa culture musicale : 1° le développement des concerts, d'abord au Conservatoire (très fermé cependant), puis surtout avec Pasdeloup (« le grand "éducateur" musical de notre pays, aussi bien du public que des compositeurs[29] », reconnaît Adolphe Jullien à la fin du siècle), Colonne et Lamoureux, mais encore avec la Société nationale de musique et d'autres organismes de musique de chambre[30] ; 2° l'essor de la presse spécialisée, des chroniques musicales dans les grands journaux et des écrits sur la musique (cf. 18.1, 21.2) ; 3° le wagnérisme, qui apporte un esprit de sérieux, une nouvelle écoute et une nouvelle attitude[31]. En 1878, le compositeur, musicographe et critique Oscar Comettant constate ce mouvement et observe « une phase de transition » : concerts symphoniques, concerts de musique de chambre et goût pour la musique allemande modifient les attentes « de la bourgeoisie qui se divertissait si fort à Favart » des imbroglios de Scribe et des partitions charmantes d'Auber (*Le Siècle*, 27 mai 1878). Si « le grand public » n'est pas encore animé par un amour de l'art lyrique suffisamment élevé pour lui faire accepter au théâtre la concentration qu'il apprend au concert, il ne se satisfait plus, constate Comettant, de ce qui jadis lui plaisait.

12.4 LA CLAQUE : UN PUBLIC PARTICULIER

Sylvain Nicolle

« La suppression de la claque me semble d'une absolue nécessité ; quand il n'y aura plus de claque, le public osera applaudir, il applaudira, et les artistes de talent ne perdront rien au change. Qu'est-ce donc que ce défi porté dans maintes occasions par une poignée d'enthousiastes salariés à la froideur et quelquefois même au mécontentement de toute une réunion de spectateurs ? Si l'orchestre n'est pas entièrement à la dévotion des claqueurs, s'il n'attend pas, pour continuer la pensée musicale interrompue par les bruyantes manifestations de ces messieurs, que le silence ne soit rétabli dans leurs rangs, le compositeur n'a-t-il pas, lui aussi, à souffrir plus d'une fois de ces ovations sur l'opportunité desquelles on s'est bien gardé de le consulter ? [...] Le jour où les directeurs de nos théâtres lyriques seront bien décidés à ne pas tenir compte des doléances et réclamations de leurs pensionnaires, la claque aura cessé d'exister. Le Théâtre-Italien se passe bien de claqueurs ; pourquoi les autres théâtres ne s'en passeraient-ils pas également ? » (E. Reyer, « Chroniques musicales », *La Gazette du Nord*, 9 juin 1860.) Le jugement formulé en 1860 par le compositeur Ernest Reyer est sans appel : les claqueurs, dont la nécessité serait le fruit du seul amour-propre des artistes, feraient figure de fossoyeurs du véritable jugement esthétique porté par le public sur l'œuvre représentée[1] au désespoir du compositeur lui-même, navré qu'un succès frelaté obtenu par un tel artifice ne soit finalement que le dévoiement de sa pensée créatrice. Ce constat désillusionné, aussi fréquent soit-il, ne fait pourtant pas l'unanimité pour les contemporains du XIXe siècle quant à ses raisons – la faute aux seuls artistes – et à sa conclusion – il faut supprimer la claque. En se concentrant sur les théâtres lyriques subventionnés, on rappellera ici comment la claque est un rouage à part entière de l'industrie théâtrale, avant d'esquisser une physiologie du claqueur dans la salle pour enfin s'interroger sur les propositions et tentatives de réforme de cette institution essentiellement parisienne, bien que présente aussi en province[2].

Un rouage de « l'industrie théâtrale »

Si la volonté de faire triompher ou échouer une pièce en organisant à l'avance une cabale est déjà devenue une réalité indissociable du parterre au XVIIIe siècle[3], la claque ne s'institutionnalise véritablement qu'au début du XIXe siècle avec l'extension considérable donnée au trafic de billets qui forme un véritable commerce parallèle structuré sur le modèle du réseau[4]. Le chef de claque qui en constitue le cœur cherche à obtenir du directeur de théâtre un certain nombre de billets gratuits dont il revend une partie à son profit, en échange du versement d'une redevance et de la prise en charge du recrutement de spectateurs qui réagiront aux endroits convenus à l'avance. Cet accord peut prendre la forme d'un traité écrit ou relever d'un simple engagement oral puisque les tribunaux ne reconnaissent pas la validité des contrats de claque à partir de 1838[5], avant que la jurisprudence ne se retourne en 1900[6]. Aux billets accordés directement par l'administration théâtrale s'ajoutent encore les billets donnés par les auteurs et les artistes : le chef de claque reçoit (ou rançonne) ainsi « des trois mains[7] ».

L'habileté en ce domaine du coiffeur normand Leblond lui a permis de devenir une figure incontournable des théâtres parisiens dès le Ier Empire. Arrêté comme « chef de cabale » en 1809, il donne sur son réseau des détails consignés dans un précieux rapport de la préfecture de police[8]. Cette source nomme les nombreux auteurs, compositeurs et artistes qui ont eu recours à ses services et précise que pour les deux premières catégories, « la taxe ordinaire » était de trente à quarante billets pour chacune des trois premières représentations de leurs pièces, et vingt billets pour les suivantes. Le même rapport affirme que Leblond « recevait en outre des bijoux, de l'argent, et même des pensions ». De la part des auteurs et compositeurs : Bouilly et Nicolò lui ont par exemple versé chacun un louis pour soutenir *Cimarosa* (OC, 1808). De la part des artistes : Martin comme Elleviou – ce dernier estimait « la claque aussi nécessaire au milieu du parterre que le lustre au milieu de la salle » – lui faisaient l'un et l'autre une rente d'un louis par mois, tandis que les applaudissements étaient tarifés pour d'autres artistes à chaque fois qu'il se produisaient comme le ténor Nourrit (sept livres et quatre sous). Remis rapidement en liberté, Leblond poursuit sa carrière sous la Restauration – il est toujours signalé comme l'un des deux chefs de claque de l'Opéra-Comique en 1824[9] –, incarnant le premier véritable modèle d'« entrepreneur de succès dramatique » au sens littéral du terme.

À l'autre extrémité du siècle, un rapport d'Adrien Bernheim décrit précisément en 1896 l'organisation de la claque dans les théâtres subventionnés alors que celle de la Comédie-Française venait d'être fonctionnarisée[10]. Le tableau qui suit résume ses principales dispositions dénoncées comme autant d'infractions aux cahiers des charges :

	Nombre et coût des places attribuées pour chaque représentation ordinaire	Coût annuel pour le théâtre	Redevance versée par le chef de claque
Opéra	45 parterres à 9 F (405 F)	76 140 F (188 repr.)	Aucune[11]
Opéra-Comique	32 fauteuils de 2e galerie à 5 F (160 F) 34 stalles d'amphithéâtre à 1 F 50 (51 F) 2 fauteuils de balcon à 10 F (20 F) Total : 68 places (231 F)	79 926 F (346 repr.)	12 000 F (700 F par mois et une avance de 20 000 F pour 4 ans)
Odéon	10 fauteuils d'orchestre à 8 F 15 seconds balcons à 2 F 52 parterres (soit la moitié du parterre) à 3 F Total : 77 places (266 F)	83 524 F (314 repr.)	15 000 F

Le rapport précise que sur les 45 places cédées à l'Opéra au marchand de billets (le chef de claque qui « cumule » l'Opéra et l'Odéon), « il y a tout au plus vingt claqueurs », tandis qu'à l'Opéra-Comique, « la concession de 68 places allouées à la claque était trop large ». Les bénéfices sont donc considérables pour le chef de claque (les parterres de l'Opéra sont revendus entre 10 et 20 F suivant la saison et l'attrait de l'affiche, et jusqu'à 200 F pour chacune des dix places dont la revente est autorisée les soirs de premières). Victime de la claque à l'extérieur par la spéculation qu'elle entraîne sur le prix du billet, le spectateur payant sa place en est-il encore otage à l'intérieur ? La claque intervient en effet aussi bien pour « soigner l'entrée » des artistes qui l'ont payée que pour « soutenir » ou « enlever » l'œuvre représentée.

« *Un condamné aux bravos forcés à perpétuité*[12] »

Selon une typologie souvent reprise, il convient d'abord de distinguer trois catégories de claqueurs recrutés par le chef de claque. Les « intimes » bénéficient de la gratuité complète et forment le groupe des sans-culottes au sein du public qui ne paie pas : ils appartiennent en effet à ce que Jules Noriac appelle « l'aristocratie du comptoir » (*Le Monde illustré*, 16 avr. 1864), l'élite du monde de l'échoppe et de la boutique. À l'inverse les « solitaires », claqueurs dont l'élégance les apparente au « Dorsay du genre » (toujours selon Noriac), paient théoriquement la totalité de leur place mais en retirent néanmoins l'avantage appréciable de ne pas faire la queue. Quant aux « lavables », ils ne paient qu'une partie de leur place (entre un quart et la moitié) : ce sont plutôt des petits employés ou des étudiants, à l'image du jeune Albert Carré qui fait ses premières armes comme claqueur à l'Opéra en 1873 alors qu'il est élève au Conservatoire[13]. D'un point de vue genré, les femmes ne sont pas admises au sein de la claque des théâtres subventionnés – contrairement aux théâtres secondaires où elles sont recherchées en tant que pleureuses dans les mélodrames – à une exception remarquable près. Si les deux chefs de claque de l'Opéra-Comique sous la Restauration s'appellent Leblond et Frédéric, le second n'est autre qu'une femme… travestie en homme[14] !

L'organisation interne de la claque est toujours comparée à celle d'une armée[15]. Le chef de claque est assimilé à un chef d'état-major qui réunit d'abord ses troupes à son quartier général (le café Favart pour l'Opéra et le café Rossini pour l'Opéra-Comique sous le Second Empire) afin de leur donner les consignes qu'il a lui-même établies en concertation avec le directeur. Il fait ensuite investir la salle à l'avance pour « quadriller » le parterre et confie à ses lieutenants le soin d'entraîner l'escouade qui leur est attribuée. La transmission des ordres repose sur une sémiologie dont l'interprétation par les claqueurs se traduit par leur mise en mouvement immédiate. Cette chorégraphie de la claque est plus ou moins subtile selon le théâtre et la personnalité du chef de claque. À l'Opéra, deux d'entre eux sont restés particulièrement célèbres : Auguste, au physique herculéen, règne de la fin de la Restauration jusqu'à sa mort en 1844 ; David, « un petit monsieur brun, court, assez bien mis, et qui n'a pas trop l'air de ce qu'il est[16] », lui succède. C'est sous ses ordres que sert Albert Carré : ce dernier se décrit lors de la première du ballet « Le Forgeron » de *Gretna Green* (28 avr. 1873) comme ayant « un œil et une oreille vers la scène, et les deux autres accaparés par M. David qui d'un bruit d'ailes ou de baiser (c'était le signal convenu) déchaînait le fracas des applaudissements et leur arrêt brutal[17] ». La même année, un journaliste déplore une « singulière habitude » de la claque de l'Opéra : « Lorsqu'un premier sujet a une note difficile à lancer, les chevaliers du lustre [formule qui désigne les claqueurs placés sous le lustre] se mettent à applaudir au moment précis, de sorte qu'il est impossible de distinguer l'effet obtenu. Cela facilite singulièrement les choses, mais cela ne prouve pas une grande confiance en eux-mêmes de la part des artistes. Quant au plaisir des dilettanti, charmés par la difficulté vaincue, où est-il dans ce bruit de battoirs ? » (*L'Opinion nationale*, 6 fév. 1873.) La claque de l'Opéra-Comique se distingue de celle de l'Opéra par l'emploi supplémentaire des rieurs. Si le chef de claque Albert a laissé selon Jules Noriac « le souvenir de son rire qui éclatait comme la capsule d'un fusil à percussion » (*Le Monde illustré*, 5 déc. 1874), M. Frédéric (la femme chef de claque travestie en homme) déplorait sur le mode nostalgique une véritable déperdition du discernement dans la science de claquer : « Ce sont des battoirs qu'on a aujourd'hui plutôt que des hommes ; un bateau de blanchisseuses en ferait autant. Du temps de M. Planard, ça ne se passait pas ainsi : on apprenait à sourire, à rire du bout des dents, puis à rire aux éclats. La claque, comme le chant, a perdu le talent des nuances[18]. » Ce constat amer n'est-il pas dû aussi à la transformation du genre de l'opéra-comique ? Quant au Théâtre-Italien, sa claque n'est pas institutionnalisée : « Là, le service se fait en gants blancs, et de façon la plus convenable. L'administration ne paie pas les claqueurs, mais l'artiste est libre de leur distribuer diverses places ; et la chose est toujours faite si adroitement qu'on ne sait pas s'il y a bravos sincères, ou bravos provoqués par des gens amis ou soudoyés[19]. » Dès lors, faut-il réformer ailleurs la claque sur le même modèle ou même envisager de la supprimer ?

[Atelier Nadar], « David, chef de claques (opéra) », photographie, [*ca* 1900, d'après prises de vue réalisées entre 1855 et 1890], F-Pn, Estampes, NA-235 (2)-FT 4.

« La fabrique de l'enthousiasme » contestée

La claque peut être contestée par le droit de siffler revendiqué par les spectateurs[20] mais les violents troubles à l'ordre public qui en résultent incitent les autorités à vouloir la supprimer au début du XIXe siècle en emprisonnant ses chefs. Bien que cette politique soit tentée sans succès par la préfecture de police dès 1809[21], l'idée est pourtant reprise sous la Restauration par la Maison du Roi avec autant d'éclat rhétorique que d'inefficacité dans ses effets : « Il faudrait je crois rendre le métier de claqueur aussi périlleux que celui de brigand, les théâtres seraient alors aussi tranquilles que l'est aujourd'hui la société, et de même que l'échafaud est la sauvegarde du citoyen paisible, Bicêtre serait le palladium des spectateurs payants[22]. » L'impuissance à réprimer la claque explique partiellement l'énoncé de projets utopiques visant à l'automatiser[23] : Hoffmann puis Gautier s'engagent dans cette voie que poursuit Villiers de l'Isle Adam à la fin du XIXe siècle avec « la Machine à gloire » imaginée par le personnage de l'ingénieur Bottom.

C'est précisément à cette même époque que l'administration des Beaux-Arts parvient à transformer la claque des théâtres subventionnés[24]. Désormais, les directeurs appointent officiellement un employé du théâtre comme chef de claque (500 F par mois à l'Opéra), à charge pour lui de recruter 30 claqueurs qui ne recevront plus de billets mais entreront dans la salle avant l'ouverture des portes. Cette « fonctionnarisation » de la claque, entrée en vigueur à l'Opéra le 1er mars 1896 pour une représentation d'*Aïda*, semble avoir été bien accueillie dans l'immédiat. Alors que le soir même, le directeur Pedro Gailhard « affirme à plusieurs artistes et nombre d'abonnés que la claque était supprimée », les premiers « ont répondu que c'était une habitude à prendre », tandis que les seconds « ont fait observer que, s'ils n'applaudissaient pas davantage, c'est la claque seule qui les en empêchait »[25]. La réforme administrative relevait en fait d'un régime transitoire de la claque menant à son extinction progressive dans les théâtres lyriques subventionnés au début du XXe siècle.

12.5 LES PUBLICS DE LA CAPITALE

Karine Boulanger, Céline Frigau Manning,
Corinne Schneider, Jean-Claude Yon

À l'Opéra (K. Boulanger)

Comme dans tous les théâtres, le public de l'Opéra se divise en deux catégories : ceux qui paient leur place et les invités. Sous l'Empire et la Restauration, la proportion de spectateurs invités était énorme et comportait beaucoup de membres de la cour. Les pratiques changèrent lorsque l'État délégua la gestion de l'Opéra à un directeur-entrepreneur à partir de 1831 ; néanmoins les cahiers des charges imposaient de réserver des places ou des loges aux représentants de l'État. On continua à accorder des entrées de faveur aux artistes, aux auteurs, aux journalistes, à certaines personnalités mais la liste, révisable tous les ans, devait être approuvée par le ministre de tutelle. Ces entrées de droit et de faveur, dans les théâtres parisiens comme en province, représentaient un important manque à gagner pour les exploitants : une salle pleine ne signifiait pas une recette abondante[1]. Parmi les spectateurs payants, on distinguait d'abord les abonnés. Ils louaient les places les plus chères à l'année pour un, deux ou trois jours par semaine. Selon leur abonnement, ils obtenaient le privilège d'aller en coulisse et au foyer de la danse. La sous-location des loges, interdite par le règlement, était courante. Le poids financier de cette catégorie de spectateurs était considérable et la baisse des abonnements à partir de la fin du XIXᵉ siècle préluda à de graves difficultés financières[2]. Contrairement à l'opinion répandue, ce public choyé n'était pas tout-puissant : son intervention dans la programmation était peu fréquente. En revanche, ses désirs en matière de distribution étaient écoutés car il n'était pas rare qu'un abonné suive de près la carrière d'une artiste[3]. Les autres spectateurs réservaient leur place à l'avance au bureau de location mais ils pouvaient aussi acheter à moindre coût leur billet le soir même[4]. La circulation des billets gratuits et la relative pénurie des places engendraient un important marché noir : les revendeurs n'hésitaient pas à installer leur commerce dans les cafés alentour, où dans des agences[5].

Parmi les spectateurs, on connaît surtout les abonnés qui apparaissent dans les documents d'archive. Ils avaient en commun leur aisance financière et comptaient des aristocrates, de grands financiers (surtout à partir du Second Empire), des grands bourgeois. Louis Véron, qui dirigea l'Opéra au début des années 1830, se vanta d'avoir fait entrer massivement la bourgeoisie à l'Opéra[6], mais il faut relativiser son assertion car les archives montrent que le public resta assez mêlé et que l'aristocratie conserva ses habitudes. On trouvait aussi des étrangers, surtout lors des Expositions universelles, et des provinciaux qui assistaient aux représentations d'été, boudées des Parisiens. Le prix des places cependant constituait une barrière à la mixité sociale[7]. Afin de démocratiser l'art lyrique, l'État imposa des représentations à tarif réduit d'abord au Théâtre-Lyrique, puis à l'Opéra-Comique et à l'Opéra. Cette initiative n'eut pas l'effet escompté puisque le samedi, jour choisi pour ces spectacles, accueillait surtout des spectateurs réguliers qui profitaient des tarifs avantageux. On imposait aussi des représentations gratuites, en particulier le 14 juillet à partir de la IIIᵉ République. Ce sont ces représentations qui étaient véritablement « populaires »[8].

L'attitude du public de l'Opéra était conditionnée par les mondanités. On arrivait souvent en retard (cf. 12.3) ; quelques amoureux de la danse et des danseuses n'assistaient qu'au ballet. Les lumières de la salle restaient allumées pour favoriser la sociabilité et elles ne furent baissées (et non éteintes) qu'au début du XXᵉ siècle. Les spectateurs des loges se saluaient, échangeaient, se rendaient visite. On examinait les tenues des femmes, les nouvelles figures. Le parterre, à l'Opéra comme à l'Opéra-Comique, était réservé aux hommes[9]. Le vendredi était le jour *fashionable* et le samedi, drainant un public moins fortuné, était évité par la bonne société. Les témoignages concordent sur la relative froideur du public qui laissait volontiers à la claque le soin d'applaudir (cf. 12.4). On manifestait rarement sa désapprobation : les cris ou les sifflets étaient réservés aux salles de province[10]. Ce public distrait, snob, montra au cours des décennies une attention accrue au spectacle et aux œuvres, protestant parfois contre les spectateurs les plus bruyants, invectivant en cas de coupure. La différence cependant était considérable avec le public des représentations gratuites qui se distinguait par son écoute et son enthousiasme[11].

Au Théâtre-Italien (C. Frigau Manning)

Évoquer au singulier le public d'un théâtre, c'est risquer de nier la pluralité de ses spectateurs et les sous-ensembles qui le composent. Cependant le Théâtre-Italien présente des coordonnées sociologiques et symboliques permettant de circonscrire un public qui passe aux yeux des contemporains pour une communauté ou, d'après Joseph d'Ortigue, pour un « peuple *dilettante*[12] ». À cette homogénéité relative s'oppose l'hétérogénéité du public de l'Opéra. D'après Marie d'Agoult, la noblesse des faubourgs Saint-Germain et Saint-Honoré fréquente les deux salles, mais la vieille aristocratie acquise aux Bourbons et à l'Église ne va qu'aux Italiens[13]. Un article paru dans *Le Globe* le 4 octobre 1830 esquisse le profil de ce public : sous la Restauration, les royalistes, amateurs d'opéra italien et figures mondaines, composent « un monde *de bon goût* » et d'habitués. « Les mêmes spectateurs s'y [voient] chaque soir et ces spectateurs [sont] à la fois les soutiens du trône, de l'autel et des fioritures rossiniennes ». La presse a beau constater une évolution sociale avec les Trois Glorieuses, celle-ci doit être nuancée car le public des Italiens ne paraît guère subir, avant 1848, les soubresauts des événements politiques[14]. Si l'Opéra et le Théâtre-Italien pratiquent les tarifs les plus élevés de la capitale, la hausse aux Italiens est constante tout au long de la période[15]. Le public se révèle d'autant plus exclusif que les ventes de places séparées sont rares. La fréquentation repose aux deux tiers sur la location des loges, louées en partie ou dans leur intégralité, où cette communauté d'élite, à la fois fermée et cosmopolite, accueille ses invités et reproduit la hiérarchie de ses maisons. Il est également possible, comme le font Balzac ou Stendhal, d'acheter ses « entrées personnelles » pour accéder aux loges de ses hôtes. Ce public d'habitués se complète des spectateurs bénéficiant de la gratuité par le biais de billets de faveur (journalistes agréés), d'usage (proches des artistes, élèves de l'École royale de chant, lauréats du Prix de Rome), de droit (membres de l'armée, de la police ou des administrations publiques), ou d'échange (artistes et membres de l'administration de théâtres où les artistes et administrateurs des Italiens ont aussi leurs entrées). Or ce qui soude ce public, c'est aussi son attachement à un répertoire et à des artistes vedettes, ainsi qu'une qualité d'écoute notoire, plus fine encore au parterre et dans les balcons, où se concentrent les *dilettanti*, que dans les loges. Si généralement « la nouveauté d'une pièce peut seule attirer la foule », aux Italiens, remarque d'Ortigue, « l'exécution seule maintiendra pendant dix ou vingt ans un opéra »[16]. Ce public se présente donc comme un auditoire d'élite, sociale et culturelle, dont l'identité se forge dans les discours que les contemporains élaborent à son propos, et qu'il importe d'appréhender pour le situer dans le paysage artistique du temps.

À l'Opéra-Comique (K. Boulanger)

Le mode de location de l'Opéra-Comique était similaire à celui de l'Opéra mais le rythme quotidien des représentations contribua sans doute à en faire un lieu moins exclusif et plus ouvert que ses concurrents immédiats, l'Opéra et le Théâtre-Italien. Le déroulement de la soirée se démarquait toutefois par l'usage de présenter un petit opéra en un acte en guise de lever de rideau. L'assiduité du public à ce prélude était assez restreinte et on préférait arriver pour l'œuvre principale[17]. La littérature, les préjugés de certains critiques et les souvenirs des contemporains ont longtemps accrédité la légende d'un théâtre essentiellement bourgeois. En réalité, l'étude sur les publics des théâtres lyriques parisiens menée par Steven Huebner d'après les archives révèle que les abonnés de l'Opéra-Comique ne se distinguaient pas beaucoup de ceux de l'Opéra ou du Théâtre-Italien. On y trouvait des familles fortunées, des aristocrates qui s'installaient volontiers dans les loges, sans toutefois se mêler aux autres spectateurs. Comme à l'Opéra, la bourgeoisie s'y rendait, mais plutôt en famille, ce qui explique qu'on veilla peut-être avec plus d'attention qu'ailleurs à la bienséance du répertoire, au moins à partir du milieu du XIXe siècle[18]. L'Opéra-Comique était ouvert à un éventail plus large de spectateurs que l'Opéra ou le Théâtre-Italien par son répertoire, jugé moins ennuyeux et moins élitiste, ses habitudes plus simples (la tenue de soirée n'était obligatoire que pour quelques soirées) et surtout par ses prix. En effet, les sièges les moins chers étaient aussi les moins onéreux de tous les théâtres lyriques parisiens[19]. Toutefois, cela parut insuffisant aux yeux des autorités qui exigèrent, en contrepartie d'une fermeture l'été dans les dernières décennies du siècle, l'instauration d'une soirée hebdomadaire à tarif réduit[20]. Comme à l'Opéra, cette mesure n'entraîna pas un renouvellement du public, d'autant que Léon Carvalho et Albert Carré s'appliquèrent au contraire à partir des années 1880 à redonner à l'Opéra-Comique le cachet d'une scène courue et patronnée par la haute société et qui finit par se poser en rivale de l'Opéra[21].

Au Théâtre-Lyrique (C. Schneider)

Géographiquement éloignée de l'Opéra et de l'Opéra-Comique, la troisième scène lyrique parisienne occupe à partir de 1851 l'ancien fief d'Alexandre Dumas, la salle du Théâtre-Historique (ou Théâtre Montpensier, 1 700 places) située sur le boulevard du Temple. Lieu de promenade et de divertissements, la partie Est du boulevard concentre de nombreux cafés, théâtres et salles de spectacles. Parmi cet ensemble d'établissements où le public peut assister à des mélodrames, à des pantomimes autant qu'à des séances d'acrobaties offertes par des saltimbanques, le Théâtre-Lyrique est le seul à se consacrer à l'opéra. Les autorités ont souhaité l'implantation de la troisième scène lyrique parisienne dans un quartier aussi populaire et festif pour permettre au plus grand nombre d'y accéder autant que pour éviter la concurrence avec les deux autres scènes lyriques. Le prix des places n'excédait pas 6 F (avant-scènes du rez-de-chaussée et du balcon du 1er étage) et on pouvait assister aux représentations pour 1,50 F (parterre) et même 75 c. (amphithéâtre du 3e étage)[22]. Les prix variaient de 75 c. à 2 F pour 950 places ; plus de la moitié des places étaient par conséquent accessible à la population la plus modeste, permettant ainsi aux « blouses bleues » de la classe ouvrière d'accéder à ce type de spectacle. De simple scène de boulevard, peu mondaine, le Théâtre-Lyrique devint à partir de la direction de Perrin (cf. 8.3) un des principaux lieux de la vie parisienne et l'on commençait à comparer les opéras qui y étaient représentés à ceux de l'Opéra-Comique.

Le Théâtre-Lyrique est exproprié et aménage à l'automne 1862 dans une salle plus vaste (1800 places). Il occupe une place de choix dans le renouvellement de l'urbanisation des scènes de spectacles opéré à Paris sous le Second Empire, un réaménagement qui vise notamment à privilégier le centre de la capitale, à proximité de l'Hôtel de ville. Plus bourgeois, le bâtiment offre des salons de conversation avec divans, une galerie de promenade de 25 mètres de profondeur sur 6 mètres de largeur éclairée par cinq fenêtres avec balcon donnant sur la place. Le rez-de-chaussée est occupé par de petites boutiques, laissant la place au commerce. L'inauguration a lieu sous la direction de Léon Carvalho le 30 octobre 1862 : « Le Théâtre-Lyrique affichait désormais ce luxe vaniteux dans lequel se complaisait la société d'alors, et plus particulièrement les nouveaux enrichis de Paris haussmannisé[23]. » Ce changement de lieu a pour conséquence un changement de public ; le public modeste laissant place à un public plus aisé. La comparaison entre les prix des places pratiqués au boulevard du Temple et ceux instaurés à la place du Châtelet peut être un indicateur de cette transformation. On observe une augmentation de 2 F, élevant ainsi le prix des places les plus coûteuses à 8 F (avant-scènes du rez-de-chaussée et du 1er étage), les places les plus abordables étant à 2,50 F (parterre) et à 1 F (amphithéâtre)[24]. Ce déménagement au centre de la capitale amena également une transformation certaine du répertoire proposé par la troisième scène lyrique à un nouveau public qu'il fallait conquérir.

Aux Bouffes-Parisiens (J.-C. Yon)

Quand il crée le Théâtre des Bouffes-Parisiens en 1855, Jacques Offenbach a d'emblée la volonté de s'adresser à un public élégant, que ce soit dans sa salle d'été au Carré Marigny aux Champs-Élysées ou dans sa salle d'hiver au passage Choiseul. Le nom même du nouvel établissement est, par la comparaison qu'il induit avec le Théâtre-Italien, un gage donné à l'élite parisienne. Comme l'attestent les articles publiés dans *Le Figaro*, devenu le « journal officiel des Bouffes-Parisiens[25] » selon les termes de Villemessant lui-même, le nouveau théâtre se veut une sorte de club pour gens du monde. Cet « entre-soi » est facilité par la disposition des lieux : « D'abord, la salle est très petite, et quelle que soit la position du fauteuil qu'on y occupe, on peut presque causer à voix basse ou échanger une poignée de main avec un ami situé à l'autre extrémité de l'édifice. Puis on s'est fait là des habitudes de sans façon, qui auront force de tradition quand le temps aura passé dessus. Il est convenu qu'on vient aux Bouffes pour rire, et c'est là un parti pris bien arrêté, car nous avons vu les lazzis les plus démodés, les saugrenuités de langage les plus extravagantes, y passer pour des traits d'esprit. [...] Il y a dans cette petite salle, dorée comme une boîte à bonbons, je ne sais quelle atmosphère de gaieté dont vous ne pouvez vous défendre de subir l'influence[26]. » Les notabilités présentes lors des premières représentations prouvent qu'Offenbach est parvenu à ses fins. Du reste, la politique tarifaire du théâtre est significative : les prix au bureau vont de 1 à 5 F quand ceux pratiqués aux Folies-Nouvelles s'échelonnent entre 75 c. et 3,50 F (par comparaison, en 1857 on paie de 1 à 7 F à l'Opéra-Comique et de 75 c. à 6 F au Théâtre-Lyrique[27]).

Offenbach quitte en janvier 1862 la direction du théâtre qu'il a fondé et, dès lors, les Bouffes-Parisiens ont du mal à garder ce statut, d'autant plus que l'excentricité de plus en plus associée à l'opérette n'est pas facilement conciliable avec le bon ton. Déjà, en octobre 1856, un critique réclamait aux auteurs se faisant jouer aux Bouffes « un peu de cette élégance dont la salle offre le modèle : le public des Bouffes-Parisiens, il ne faut pas l'oublier, a quelque chose d'aristocratique » (*Mén.*, 19 oct. 1856). Devenu le « Palais-Royal de l'Opéra-Comique », l'établissement est de plus en plus doté d'un « public habitué aux lazzis les plus désordonnés de la parade » (*Le Monde illustré*, 23 juin 1866) et le succès grandissant de l'opérette, jouée sur diverses scènes après le décret de 1864, a pour conséquence de faire de la salle du passage Choiseul un théâtre de divertissement parmi les autres, incapable de retenir les élites qui le fréquentaient à ses débuts.

12.6 Écouter un spectacle lyrique au XIXe siècle
Emmanuel Reibel

Si les descriptions du public (cf. 12.3, 12.5) abondent dans les articles de journaux, mémoires et romans – sa caractérisation sociologique, ses préférences esthétiques –, plus rares sont les témoignages spécifiant la nature de son *écoute*, ici entendue comme une pratique active, liée non seulement à des dispositions individuelles ou à des habitus sociaux, mais à une façon d'investir l'espace matériel des théâtres par une série de positionnements, d'actions, de postures, de gestes ou de mots. Or dans des salles largement éclairées, au service du théâtre social autant que du spectacle musical, quel était le niveau de concentration des auditeurs ? Comment écoutait-on concrètement les opéras ? Quels éléments retenaient l'attention, et comment se comportait-on ? La première difficulté, pour répondre à ces questions, tient au fait qu'il faut partir en quête d'indices ténus[1] disséminés à travers des sources variées. La seconde tient à ce que l'écoute se décline toujours au pluriel, et qu'il serait possible de distinguer de façon typologique différents niveaux ou différentes modalités d'écoute.

Le public très *fashion* du Théâtre-Italien, par exemple, n'adopte pas les mêmes attitudes ni les mêmes usages que celui de l'Opéra ; et au sein même du Théâtre-Italien, l'écoute peut varier selon la topographie de la salle, car les *dilettanti* – aussi concentrés que démonstratifs – se trouvent surtout au parterre et dans les balcons, non dans les loges. L'écoute pourrait donc être scindée en de multiples sous-ensembles dépendant de déterminations culturelles et sociales : à l'Opéra le public moins chic du parterre (qui n'est certes plus debout comme au XVIIIe siècle) et celui des étages supérieurs ne se comportent pas de la même façon que celui des loges. Mais d'autres éléments entrent en compte, car l'écoute peut aussi varier en fonction de la saison (la défection des abonnés pendant l'été vide les loges et les toilettes brillantes tendent à être remplacées par les « costumes bariolés[2] »), en fonction du type de représentation (les soirées à bénéfice suscitent un engouement augmentant la qualité de l'attention, comparativement aux séances habituelles[3]), ou encore en fonction des moments du spectacle (l'écoute des récitatifs est généralement moins attentive que celle des airs). On ne peut pas non plus négliger les paramètres individuels et subjectifs qui impliquent potentiellement des postures très différentes. L'iconographie abondante représentant les loges de l'Opéra, dans les journaux du XIXe siècle, dessine toute une gamme de comportements parfois jugés de façon goguenarde, depuis le spectateur religieusement recueilli jusqu'au bavard et au distrait, en passant par le rêveur, l'extatique, l'assoupi ou le curieux, muni d'une jumelle de spectacle afin d'observer les toilettes des jolies femmes. Les professionnels de la musique, quant à eux, se caractérisent par d'autres attitudes encore : on songe au cas extrême représenté par Berlioz, sous la Restauration, écoutant les opéras de Gluck partition en main et s'offusquant bruyamment, avec quelques-uns de ses camarades, du fait que l'on se permette de corriger le Maître[4] ! Berlioz appelle « critique en action » cette écoute scrutatrice et bruyante.

Il serait donc possible de diffracter le sujet en de multiples ramifications. Mais sans chercher à uniformiser de façon excessive ces différents régimes d'écoute, on tentera malgré tout de faire ressortir, par-delà les individualités et les typologies, les contours d'une écoute *collective*, dont on montrera qu'elle est alors conditionnée par le rituel social, qu'elle repose sur une interaction variable entre la vue et l'ouïe, et qu'elle tend à évoluer progressivement au cours du siècle.

Une écoute conditionnée par le rituel social

Quels que soient les théâtres, au XIXe siècle l'écoute y est distraite par les aléas de la vie mondaine. Différentes réalités externes au champ artistique expliquent que cette écoute y soit, comme on va le voir, tout à la fois partielle, discontinue, itérative, perturbée par une claque omniprésente, mais aussi paradoxalement très active. Tout d'abord, l'écoute est souvent partielle car une partie non négligeable du public a l'habitude d'arriver en retard, et parfois de partir avant la fin. Cette pratique est favorisée par le fait qu'au début du siècle, l'Académie royale de musique propose souvent deux à trois ouvrages par soirée : on ne suit pas forcément l'intégralité du programme. L'écoute étant simultanément itérative (il est fréquent que l'on retourne voir plusieurs fois le même spectacle), il n'est pas considéré comme gênant de manquer une partie d'un opéra. Dans son journal, Rudolf Apponyi note par exemple qu'il a vu à l'Académie royale seulement deux actes de *Robert le Diable* (O, 1831) le 31 décembre 1832[5]. Pour une partie du public, l'Opéra est un lieu de passage, à l'instar des salons aristocratiques : on programme souvent pour une même soirée à la fois un dîner, un spectacle, un concert ou une visite mondaine. La baronne Frossard raconte ainsi comment le comte Claude Philibert de Rambuteau « dînait en ville presque tous les jours, allait ensuite à l'Opéra ou aux Italiens, puis dans cinq ou six maisons, dont son cocher avait la liste tous les soirs exactement remplie[6] ». Cette pratique se prolonge à travers tout le siècle. « Habituellement à l'Opéra le spectacle commence à l'heure dite ; c'est le public qui est toujours en retard[7] » constate Arnold Mortier en 1880 : pour le gala du 15 juillet, personne ou presque n'arrive à l'heure, et la première demi-heure du spectacle est marquée par une distraction générale de l'auditoire. Les abonnés ne viennent parfois que pour écouter une scène fameuse : afin de leur faciliter la vie, on publie d'ailleurs à la fin du siècle un *Carnet des abonnés* répertoriant, pour les vingt et un ouvrages les plus joués, les heures habituelles des entractes permettant de calculer au mieux son horaire d'arrivée[8].

Le temps réellement consacré au spectacle, ensuite, se caractérise par une écoute discontinue, parce que le niveau général de concentration est assez relatif. Sous l'Empire et la Restauration, la raison tient partiellement au fait qu'une partie du public vient à l'Opéra par devoir plus que par passion : comme le note en 1825 Louis Gabriel Montigny, certes avec ironie, « la haute société tient encore un peu à ce spectacle si pompeux ; mais c'est bien plutôt par étiquette que par goût : il y a des dames qui vont à l'Opéra à peu près comme leurs aïeules allaient au sermon, pour s'y faire voir[9] ». Même lorsque l'Opéra reprend de ses couleurs, après 1830, l'architecture et l'éclairage de la salle favorisent encore et toujours la dissipation de l'écoute : les théâtres d'opéra restent des lieux propices aux rencontres et aux conversations. En dehors des petits salons prolongeant les loges et favorisant les discussions, on ne cesse, pendant le spectacle, d'épier les retardataires, d'observer les toilettes, ou encore de commenter les performances des chanteurs. Même au Théâtre-Italien où le silence règne pendant l'ouverture et les principales *arie*, les spectateurs parlent doucement entre eux durant le récitatif et ils peuvent passer d'une loge à l'autre[10]. Le journal du comte Rudolf Apponyi éclaire de façon savoureuse cette écoute dissipée, qui n'est pas le propre des théâtres parisiens, puisque lui-même la pratique également à l'étranger, par exemple au Théâtre-Italien de Londres en 1828 : « Du reste, je n'ai pas pris bien garde à ce qui se passait sur la scène ; j'ai trouvé tant de personnes de ma connaissance, que je n'ai fait que jaser tout le temps » (t. 1, p. 137). La distraction de son écoute l'amène parfois à déprécier certaines partitions, comme *Le Philtre* (O, 1831) d'Auber : « Le nouvel opéra ne m'a pas plu ; au reste, j'ai tant causé avec ces dames, que les beautés peuvent m'avoir échappé » (t. 2, p. 20). Elle est en tout cas représentative d'une relation assez désinvolte au genre lyrique, qui pointe encore lorsque ce même comte dit continuer à se rendre à l'Opéra malgré son aversion pour les diableries qui y prospèrent : « Ce n'est donc pas pour voir ce tas de bêtises qu'on nous fait avaler en les dorant d'un luxe inouï de décoration [qu'on se rend à l'Opéra] ; mais c'est pour causer plus intimement avec telle ou telle dame, pour lui donner le bras, pour l'accompagner chez Tortoni » (t. 2, p. 235). À l'Opéra-Comique, ce type de bavardage suscite néanmoins l'irritation de certains spectateurs : « On donnait [le 24 décembre 1832] *Le Pré aux clercs*, opéra d'Herold, musique légère avec quantité de charmants motifs autant que j'ai pu en juger, car on babillait et on riait dans notre loge au point de faire murmurer le parterre » (t. 2, p. 302). Ce témoignage est très révélateur des tensions caractérisant l'auditoire de cette institution, qui offre un spectacle déchiré « entre un public mondain en autoreprésentation, faisant des loges de l'Opéra-Comique un salon où l'on se croise, se toise et échange, et un public, situé au parterre [...], désireux d'entendre et de voir[11] ».

Si les spectateurs les plus concentrés se trouvent donc eux aussi distraits par l'animation de la salle, leur écoute est simultanément perturbée et orientée par la claque (cf. 12.4). Jusqu'à sa réforme en 1896, les claqueurs sont rémunérés par le personnel artistique pour conditionner les réactions du public et, en quelque sorte, façonner son écoute. Lors de soirées spéciales comme les premières, le chef de la claque peut ainsi recevoir jusqu'à 300 billets pour son armée de claqueurs : une partie importante de l'auditoire est donc payée moins pour suivre le spectacle que pour manifester un enthousiasme bruyant à certains moments de la représentation, stratégiquement prévus par le compositeur ou les interprètes. Si les réactions de la claque peuvent modifier le point de vue des spectateurs – lequel a de surcroît été souvent déjà préparé en amont par la presse –, il serait pourtant erroné d'en conclure que leur écoute en devient purement passive. En effet, non seulement le public peut se rebeller contre la claque[12], mais de nombreux témoignages montrent qu'en dépit des éléments mentionnés jusqu'ici, l'écoute du public possède une dimension efficiente sur le spectacle. Au début du siècle, le degré d'enthousiasme de l'auditoire permet à la direction de divulguer le nom des auteurs lors d'une première (succès d'estime) voire de faire venir les auteurs sur la scène (triomphe public). L'écoute immédiate agit sur la performance elle-même puisque, comme le notent souvent les chroniqueurs, certains morceaux sont régulièrement bissés ou trissés à travers l'ensemble du siècle : c'est le cas de la bénédiction des poignards des *Huguenots* (O, 1836), du grand air d'Ophélie à l'acte IV d'*Hamlet* (O, 1868), ou encore du grand quatuor d'*Henry VIII* (O, 1883). L'écoute et les réactions qui s'ensuivent (sifflets, applaudissements polis, ovations) possèdent enfin une dimension efficiente à la fois sur les interprètes (en cas de succès ils sont plusieurs fois rappelés, mais il arrive qu'on les éconduise ou que l'on fasse renvoyer un débutant) et surtout sur les œuvres elles-mêmes : de façon générale, un directeur d'opéra est toujours à l'écoute de son public, comme le montrent, tout au long du siècle, les nombreuses modifications ou coupures opérées en fonction des réactions à chaud des spectateurs lors d'une première. Si le rituel social que représente la soirée à l'opéra implique donc une inévitable fragmentation de l'écoute, parfois perdue au cœur d'une multitude de comportements et d'activités périphériques, celle-ci n'en est pas moins déterminante sur l'accueil et sur le devenir des œuvres représentées. Mais quelle est la part prise par la musique elle-même dans l'attention portée au spectacle ?

L'œil et l'oreille

Il est difficile de le dire tant l'œil et l'oreille ne cessent d'interagir dans l'écoute d'un opéra : le public est à la fois auditeur et spectateur. Dans les discours, on voit néanmoins se structurer nettement la géographie parisienne autour de deux pôles : le Théâtre-Italien, qui serait un théâtre pour l'oreille, tandis que l'Opéra sacrifierait pour sa part la musique à tous les éléments visuels. Dès 1825, Montigny témoigne : « Aux Italiens, le silence est de rigueur ; la perte d'une note est sentie à la ronde, c'est une calamité publique. À l'Académie Royale de Musique, on semble dire : "Autant de gagné", et l'on ne se tait que pendant la danse[13]. » Est-ce parce que le Théâtre-Italien est alors perçu comme le rendez-vous des oreilles les plus délicates de la capitale ? Parce que l'incompréhension du texte, par les Parisiens, fait se focaliser leur attention sur la musique ? Ou parce que l'opéra italien suscite sous la Restauration une mélomanie furieuse (cf. 5.6) ? Alors même que les artistes du Théâtre-Italien sont aussi loués pour leurs talents d'acteurs, dès le début du siècle les discours insistent sur le fait que cette écoute mélocentrée distinguerait cette institution parisienne de tous les autres théâtres d'Europe, et de ceux d'Italie en particulier. Le *Journal des débats* s'en enorgueillit d'ailleurs : « Comment les Bouffons italiens n'ont-ils pas senti la différence de leur pays, où les loges sont des salons de compagnie et le parterre un lieu de rendez-vous et de promenade, d'avec la France, où l'on vient au théâtre sérieusement et de bonne foi pour entendre et pour écouter en silence, pour jouir d'un spectacle et non pour converser, pour manger et boire ? En Italie, on reçoit du monde, on tient cercle dans sa loge et, quand on est averti qu'on va exécuter un morceau de musique qui en vaut la peine, on se porte sur le devant de la loge à peu près comme à Paris, quand on est chez soi, on se met quelquefois à la fenêtre pour entendre la vielle des Savoyards et les petits concerts des rues » (*JD*, 8 avr. 1804).

Le public du Théâtre-Italien est donc considéré comme un microcosme à part, à la fois à l'échelle européenne et à l'échelle parisienne, un peu comme l'est celui de la Société des concerts du Conservatoire à partir de 1828. Parmi ce public qui fait de l'enceinte du théâtre un sanctuaire musical, les *dilettanti* sont souvent caricaturés pour leur jusqu'au-boutisme. Concentration, mimiques ou contorsions du visage, exclamations sonores, ovations frénétiques : leur comportement d'auditeurs fait le bonheur des caricaturistes, et ils sont précisément moqués quant à leur façon particulière d'écouter[14]. Il n'empêche, par-delà les débats opposant opéra italien et opéra français et par-delà les caractérisations sociales de ce groupe de mélophiles, les chroniqueurs du temps s'accordent à reconnaître dans ce public un auditoire d'élite : comme le public de l'éphémère Théâtre-Allemand, « le public du Théâtre-Italien, note Castil-Blaze, apporte en entrant au spectacle les dispositions les plus favorables pour le musicien. Il sait écouter, et c'est en musique surtout qu'il ne faut pas juger sans entendre » (*JD*, 19 mai 1831).

À l'Académie royale, au contraire, la qualité de l'écoute musicale semble être affaiblie par le fait que la vue tend à l'emporter sur l'ouïe. La première raison tient à ce que la tradition chorégraphique de ce théâtre a construit une relation différente au spectacle lyrique. « On a beau aimer le chant et le drame musical, explique Jules Janin, le grand intérêt, c'est la danse, c'est le corps de ballet, non pas les danseurs, que l'on regarde à peine [...] mais les danseuses, la troupe aérienne et voltigeante, cette chose sans nom, qui joue un si grand rôle dans les romans de tous les pays[15]. » Voir – et si possible voir de près – est naturellement l'obsession de tous les habitués du foyer de la danse. La comtesse de Rémusat se plaignait déjà qu'on n'allait plus « entendre » que les jambes de Jean-Louis Duport ou de Pierre Gardel, et qu'on écoutait mieux les entrechats que les vocalises[16] ! Avec l'avènement de la monarchie de Juillet, l'Opéra devient le « Versailles de la bourgeoisie[17] » et sa mutation sociologique explique que le spectacle scénique supplante peu à peu celui des loges. Cette évolution renforce le paramètre visuel du spectacle et corrobore les mutations esthétiques puisque l'avènement du genre du grand opéra, caractérisé par ses grands tableaux fastueux, augmente simultanément le pouvoir d'attraction visuelle des spectacles (cf. 6.1, 6,5). Selon ses détracteurs, au rang desquels figure Berlioz, l'écoute musicale y serait sacrifiée aux artifices visuels ; pourtant, les mutations amorcées par l'Opéra sous la monarchie de Juillet portent en germe, on va le voir, les ferments d'une métamorphose de l'écoute.

Gustave Janet, « Représentation du *Prophète* (4ᵉ acte) [à l'Opéra, salle Le Peletier] », *Le Monde illustré*, 20 fév. 1858, p. 120-121. Photothèque Hachette

Les évolutions de l'écoute au cours du siècle

Même s'il faut nous prémunir de tout récit téléologique, il est frappant de voir combien un certain nombre de commentateurs notent le perfectionnement progressif de l'écoute musicale. Cette réalité est en partie liée à des facteurs externes à l'opéra, parmi lesquels on peut évoquer le développement du goût pour la musique, tout au long du siècle, l'essor du journalisme musical, le succès de l'édition, la floraison des transcriptions d'après les grands succès lyriques. L'écoute bénéficie également des progrès de l'attention portée à la musique instrumentale. Léon Escudier se félicite par exemple que le public des concerts reste désormais assis et attentif : « Il y a longtemps que nous possédons en France des artistes du premier ordre ; il nous manquait un auditoire. Nous l'avons, ou à peu près » (*FM*, 14 janv. 1838). Mais on insistera surtout sur deux grands facteurs ayant contribué à une mutation de l'écoute des spectateurs d'opéras.

Le premier est d'ordre sociologique. L'évolution du public, amorcée dès la monarchie de Juillet, ouvre le spectacle lyrique à de nouvelles couches de la bourgeoisie. Même si cette dernière constitue une nouvelle élite aimant imiter les pratiques aristocratiques, elle est mue par des valeurs différentes : issues de la bourgeoisie industrielle, les nouvelles couches sociales accédant à l'Opéra ou à l'Opéra-Comique constituent un public amateur certes aisé mais économe, achetant avec le prix du billet non seulement l'accès à l'un des lieux les plus prisés de la capitale, mais aussi le droit d'écouter un spectacle en tant que tel. Sensible à la valeur travail que représente une production lyrique, cette frange du public adopte un comportement plus naturellement silencieux[18]. L'assistance devient plus mêlée encore à la fin du siècle, lorsque est créé en 1892 un quatrième jour d'abonnement, le samedi[19], et si la représentation d'opéra reste à la fin du siècle une cérémonie sociale hautement ritualisée, l'attention s'est indubitablement recentrée sur le spectacle : les conditions sociales d'une écoute concentrée sont progressivement réunies.

Le second facteur expliquant les mutations de l'écoute est d'ordre esthétique. L'avènement du genre du grand opéra a contribué à resserrer l'attention du public sur la représentation en elle-même. Dès la création de *Robert le Diable*, la presse décrit l'effet extraordinaire produit par l'œuvre sur le public, qui interrompt par de multiples applaudissements le spectacle, mais qui devient aussi plus silencieux et plus attentif à la fois[20]. Avec ses défilés grandioses, ses impressionnantes cérémonies religieuses ou politiques, ses stupéfiants changements à vue, ses grands finales fastueux, sa richesse de moyens à des fins mélodramatiques, le grand opéra livre des spectacles tellement captivants qu'il devient difficile de vivre la représentation en parlant à son voisin ou en se déplaçant dans la salle. La continuité dramatique des œuvres de Meyerbeer ou Halévy espace la possibilité d'applaudir, mais aussi de réagir ou de commenter, rendant par là même l'écoute moins discontinue.

Fortement marqué par la dramaturgie française, Wagner n'a fait que pousser à son terme cette logique de continuité dramatique, en concevant ses œuvres d'une seule coulée. Aussi, lorsque la wagnérophilie progresse dans les dernières décennies du siècle, l'écoute des opéras est-elle marquée par la concentration et la disponibilité d'esprit que requièrent nécessairement ses drames musicaux[21]. Ce phénomène est accentué par l'extinction des lumières de la salle pendant les représentations, sur le modèle de l'évolution lancée à Bayreuth. L'expérience est tentée en 1887 lors de la représentation de *La Walkyrie* au Théâtre de la Monnaie et les chroniqueurs parisiens se trouvent partagés entre curiosité, fascination et dépit : « Comme le déplore *L'Art et la mode* le 18 mars, si l'on ne peut plus voir la salle ni les tenues des spectatrices, à quoi bon être élégant[22] ? » La relation au spectacle s'en trouve, à l'évidence, radicalement métamorphosée. La mutation de l'écoute se confirme dans la dernière décennie du siècle, durant laquelle les drames de Wagner sont peu à peu montés au Palais Garnier : dès l'introduction de *La Walkyrie*, l'auditoire « n'a plus cessé de tout respecter, même le silence », fait remarquer *Le Gaulois* (13 mai 1893). Comme le commente Cécile Leblanc, « le public, qui venait se distraire, va enfin accepter de se concentrer, d'être captif, passif et dominé[23] ». Cette attitude tend alors à s'étendre à d'autres répertoires, si l'on en croit *Le Petit Journal* du 13 octobre 1894 qui recommande à ses lecteurs d'aller à *Otello* comme à *La Walkyrie*, « avec l'idée bien arrêtée qu'on va écouter tout autre chose que le répertoire ou les ouvrages qui s'en réclament ».

Ainsi, en dépit de la persistance des codes de la sociabilité mondaine, qui auront encore la vie dure au début du XXe siècle, les mutations sociologiques et esthétiques auront contribué à faire évoluer l'attitude du public ; et en plongeant bon gré mal gré les spectateurs dans une relation immersive à l'œuvre, la durée des actes wagnériens et leur continuité dramatique intrinsèque auront achevé de modeler *in fine* l'écoute moderne. On ajoutera qu'à la toute fin du siècle, la révolution industrielle contribue à accélérer cette mutation : avec l'invention du théâtrophone, l'art lyrique peut aussi désormais s'écouter, grâce au téléphone, à distance et à l'aveugle (cf. 12.3, 21.6).

Notes de 12.1

1. N. Wild, *Dict.*
2. M. Girot, « L'urbanité des faubourgs : premiers jalons pour une histoire des "théâtres de la banlieue" parisienne (1817-1932) », *Recherches contemporaines*, 2, 1994, p. 113-130.
3. J.-C. Yon, « Le théâtre dans la ville au XIXe siècle. Quelques pistes de réflexion sur le cas parisien », in F. Fix éd., *Théâtre et ville*, Dijon : Éd. universitaires de Dijon, à paraître.
4. A. Donnet, *Architectonographie des théâtres de Paris* [...], Paris : P. Didot l'aîné, 1821.
5. C. Naugrette-Christophe, « La fin des promenades : les bouleversements de la carte des théâtres dans le Paris du Second Empire », in *Les théâtres dans la ville* [...], Paris : CNRS Éd., 1987.
6. J.-C. Yon, *Les Spectacles sous le Second Empire*, Paris : Armand Colin, 2010.
7. J.-C. Yon, *Une histoire du théâtre à Paris*, p. 15.
8. *Revue générale de l'architecture et des travaux publics*, 7, 1852, col. 125.
9. C. Naugrette-Christophe, « L'implantation au XIXe siècle », in *Paris et ses théâtres : architecture et décor*, Paris : Action artistique de la Ville de Paris, 1998, p. 31-37.
10. N. Wild, *Dict.*, p. 424.
11. Ch. Charle, *Théâtres en capitales. Naissance de la société du spectacle à Paris, Berlin et Londres*, Paris : Albin Michel, 2008, p. 253.
12. A. Soubies, *Histoire du Théâtre-Lyrique, 1851-1870*, Paris : Librairie Fischbacher, 1899.
13. M. Le Cœur, « Les salles lyriques de Charpentier », in *Paris et ses théâtres*, p. 98.
14. *Plans des divers théâtres de la capitale au point de vue de l'organisation des secours contre l'incendie*, Archives de la préfecture de police, DA278, 1841.
15. M. Le Cœur, « L'Opéra-Comique et sa reconstruction », in *Paris et ses théâtres*, p. 103-110.
16. Voir, par exemple, H. Fiérens-Gevaert, « Le nouvel Opéra-Comique », *La Revue de l'art ancien et moderne*, 10 oct. 1898, p. 289- 344 ; 10 déc. 1898, p. 481-522.
17. A. Michaud, « La salle de Pierre-Louis Moreau pour Paris (1763-1781) », in R. Carvais et C. Glineur éd., *L'État en scènes. Théâtres, opéras, salles de spectacle du XVIe au XIXe siècle [...]*, Amiens : CEPRISCA, 2018, p. 111-129.
18. A. Donnet, *Architectonographie des théâtres*, p. 277.
19. H. Bresler, « L'apothéose d'un projet Beaux-arts », in F. Loyer, *Autour de l'Opéra. Naissance de la ville moderne*, Paris : Délégation à l'action artistique de la Ville de Paris, 1995, p. 131-151.
20. F. Loyer éd., *Autour de l'Opéra...* ; Ch. Mead, *Charles Garnier's Paris opera : architectural empathy and the renaissance of French classicism*, Cambridge (Mass.) : MIT press, 1991 ; M. Steinhauser, *Die Architektur der Pariser Oper [...]*, München : Prestel-Verlag, 1969.
21. H. Bresler, « L'apothéose d'un projet Beaux-arts ».
22. F. Loyer, *Autour de l'Opéra : naissance de la ville moderne*.
23. F. Loyer, « Postface. Garnier-Bastille. D'un Opéra à l'autre », in J.-C. Yon, *Les Spectacles sous le Second Empire*, 2010.
24. Ch. Nuitter, *Le Nouvel Opéra*, Paris : Librairie Hachette, 1875.

25. F. Patureau, *Le Palais Garnier dans la société parisienne 1875-1914*, Liège : Mardaga, 1991, p. 297.
26. M. Casas, « La réception d'un grand monument parisien : l'Opéra face à la critique », in *Les Controverses du monument, fabricA*, hors-série, juil. 2018, p. 101-112.
27. M. Steinhauser, *Le Palais Garnier, cathédrale mondaine du Second Empire*, Paris : Éd. de la Caisse nationale des monuments historiques, 1974.
28. M. Casas, « L'escalier de l'Opéra de Paris : un modèle d'exportation », in J.-C. Yon éd., *Les Mondes du spectacle au XIXe siècle*, à paraître.
29. H.-Ch. Hoffmann, *Die Theaterbauten von Fellner und Helmer*, Münich : Prestel-Verlag, 1966.
30. N. Wild, *Dict.*, p 234.
31. *Mémoires du baron Haussmann*, t. 3, p. 540, cité in J.-C. Yon éd., *Les Spectacles sous le Second Empire*, p. 65.
32. S. Dubouilh, *Une architecture pour le théâtre populaire 1870-1970*, Paris : As, DL, 2012.
33. *Ibid.*
34. C. Naugrette-Christophe, « L'implantation au XIXe siècle », p. 36.

Notes de 12.2

1. F. Demier, *La France au XIXe siècle 1814-1914*, Paris : Seuil, 2000, p. 151.
2. J.-C. Yon, « Le cadre administratif des théâtres autour de 1830 », *Fabula/Les colloques, Victor Hugo, Hernani, Ruy Blas*, en ligne, https://www.fabula.org/colloques/document1121.php, consulté le 2 juil. 2013.
3. A. Cavos, *Traité de la construction des théâtres*, Paris : L. Mathias, 1847, p. IX.
4. « Théâtre de Moulins par M. Durand, architecte », *Le Moniteur des architectes*, 15 mai 1853, col. 71.
5. P. Frantz, M. Sajous d'Oria et G. Radicchio, *Le Siècle des théâtres : salles et scènes en France, 1748-1807*, Paris : Paris bibliothèques, 1999.
6. M. Casas, *L'Architecture théâtrale en France de la Révolution au Second empire : théories, innovation, réglementation, réalisations*, 2 vol., thèse de doctorat, université de Paris-Saclay, 2017.
7. M.-F. Cussinet, *L'Architecture théâtrale en province (1870-1914)*, thèse de doctorat, université Blaise Pascal (Clermont-Ferrand), 1995, vol. 1, p. 71.
8. M.-F. Cussinet, *L'Architecture théâtrale en province*, vol. 1, p. 25.
9. D. Rabreau, *Apollon dans la ville. Essai sur le théâtre et l'urbanisme à l'époque des Lumières*, Paris : Éd. du Patrimoine, 2008.
10. Ch. A. Jacob, *L'Opéra de Strasbourg, une architecture au service de la vie sociale et artistique à Strasbourg (XIXe-XXe siècles)*, thèse de doctorat, université de Strasbourg, 2012.
11. M. Casas, « Ville et spectacle : les théâtres de province de la Révolution au Second Empire », in *fabricA, travaux d'histoire culturelle et sociale de l'architecture et de ses territoires*, n° 7, 2013, p. 61-81.
12. M. Sajous d'Oria, *Bleu et or : la scène et la salle en France au temps des Lumières, 1748-1807*, Paris : CNRS Éd., 2007, p. 14.
13. R. Beck, « La promenade urbaine au XIXe siècle », *Annales de Bretagne et des Pays de l'ouest*, 116/2, 2009, p. 165-190.

14. *Ibid.*
15. Ch. Callais, *La Fonction d'architecte départemental dans la première moitié du XIXe siècle. Le cas de Pierre-Théophile Segrétain (1798-1864) dans les Deux-Sèvres*, Talence : École d'architecture et de paysage de Bordeaux, 1994-1996.

Notes de 12.3

1. F. Cavaillé et C. Lechevalier éd., « Introduction », in *Récits de spectateurs : raconter le spectacle, modéliser l'expérience, XVIIe-XXe siècle*, Rennes : PUR, 2017, p. 9.
2. F. Sarcey, « Le public des premières », [art. du 14 avr. 1884], in *Quarante ans de théâtre*, vol. 1, Paris : Bibliothèque des Annales, 1900, p. 210.
3. M. Descotes, *Le Public de théâtre et son histoire*, Paris : PUF, 1964.
4. Voir, par exemple, J.-P. Esquenazi, *Sociologie des publics*, n^{lle} éd., Paris : La Découverte, 2009 ; la présentation et la bibliographie sur le spectateur, in P. Pavis, « Le point de vue du spectateur », *The IATC webjournal/Revue web de l'AICT*, 7, déc. 2012, en ligne, http://www.critical-stages.org/7/le-point-de-vue-du-spectateur/, consulté le 8 avr. 2019.
5. Voir, pour l'Opéra, F. Patureau, *Le Palais Garnier...*, p. 302-304.
6. S. Nicolle, « Le trafic de billets de théâtre à Paris sous la Restauration : l'impossible contrôle (1814-1830) », in P. Goetschel et J.-C. Yon éd., *Au théâtre ! la sortie au spectacle, XIXe-XXIe siècles*, Paris : Publications de la Sorbonne, 2014, p. 25-44.
7. A. Terrier, *Le Billet d'opéra [...]*, Paris : Opéra national de Paris, Flammarion, 2000, p. 22 sq.
8. P. Goetschel et J.-C. Yon éd., « Introduction », in *Au théâtre !*, p. 8
9. M. Traversier et Ch. Loir, « Pour une perspective diachroniques des enjeux urbanistiques et policiers de la circulation autour des théâtres [...] », in *Histoire urbaine*, 38/3, déc. 2013, p. 5-18.
10. Ch. Ruby, *Devenir spectateur ?*, Toulouse : Éditions de l'Attribut, 2017, p. 13.
11. E. Ronteix, *Manuel du fashionable, ou Guide de l'élégant*, Paris : Audot, 1829, p. 41.
12. A. Terrier, *Le Billet d'opéra [...]*, p. 14.
13. D. Patureau, *Le Palais Garnier...*, p. 302.
14. M. Charpy, « Le spectacle de la marchandise. Sorties au théâtre et phénomènes de mode [...] », in P. Goetschel et J.-C. Yon éd., *Au théâtre !*, p. 83.
15. P. Durand, *Physiologie du provincial à Paris*, Paris : Aubert, [ca 1841], p. 85.
16. A. Mortier, *Les Soirées parisiennes [de 1874] par un monsieur de l'orchestre*, Paris : Dentu, 1875, p. 415-418.
17. *Ibid.*, p. 247.
18. D. Diaz, « Les étrangers au théâtre sous la monarchie de Juillet [...] », in P. Goetschel et J.-C. Yon éd., *Au théâtre !*, p. 174-186.
19. A. Corbin, « L'agitation dans les théâtres de province sous la Restauration », in *Le Temps, le désir et l'horreur, essais sur le XIXe siècle*, Paris : Aubier, 1991 ; S.-A. Leterrier éd., *Le Public de province au XIXe siècle*, publications numériques du CERÉdI, Actes de colloques et journées d'étude, n° 2, 2009, http://ceredi.labos.univ-rouen.fr/public/?le-public-de-province-au-xixe.html, consulté le 8 avr. 2019.
20. A. Laget, *Le Chant et les chanteurs*, Paris : Heugel, 1874, p. 324-325.

21. A.-M. Fugier, *La Vie élégante ou la Formation du Tout-Paris, 1815-1848*, Paris : Perrin, 2011 ; *Les Salons de la IIIe République : art, littérature, politique*, Paris : Perrin, 2009.
22. Ch. Garnier, « Préface : Le Tout-Paris des premières », in É. Noël et E. Stoullig, *Les Annales du théâtre et de la musique*, 9e année (1883), Paris : Charpentier, 1884, p. III-IV.
23. F. Patureau, *Le Palais Garnier...*, p. 304.
24. A. Mortier, *Les Soirées parisiennes [...]*, p. XIV-XXI. Voir la réponse de F. Sarcey, « Le public des premières », [art. du 14 avr. 1884], p. 212-213.
25. A. Pougin, *Dict.*, p. 392.
26. A. Heulhard, *Bravos et sifflets*, Paris : A. Dupret, 1886 ; J. Bonzon, *Le Sifflet au concert, plaidoirie prononcée devant le tribunal de simple police de Paris, le 8 juin 1904*, Vannes : impr. de Lafolye frères, 1904.
27. Ch. Charle, *Théâtres en capitales*, p. 265-270.
28. H. R. Jauss, *Pour une esthétique de la réception*, Paris : Gallimard, 1990 ; *Petite apologie de l'expérience esthétique*, Paris : Allia, 2007.
29. A. Jullien, *Musique. Mélanges d'histoire et de critique musicale et dramatique*, Paris : Librairie de l'Art, 1896, p. 308-332.
30. J.-M. Fauquet, *Les Sociétés de musique de chambre à Paris de la Restauration à 1870*, Paris : Aux amateurs de livres, 1986.
31. Voir par exemple C. Leblanc, « De la choucroute dans le macaroni ? Wagner et Verdi vus par la presse française, 1887-1914 », in J.-F. Candoni, H. Lacombe, T. Picard et G. Sparacello éd., *Verdi/Wagner, images croisées : 1813-2013 [...]*, Rennes : PUR, 2018, p. 209-210.

Notes de 12.4

1. Y. Robert, « La claque et la représentation politique au XIXe siècle », *Romantisme*, 276, 2007/2, p. 121-133.
2. Voir l'exemple du théâtre des Arts à Rouen, in G. Dubosc, « La Claque et les claqueurs », *Journal de Rouen*, 17 oct. 1897. L'article est dans sa partie parisienne un plagiat complet de Doublemain, « Propos de théâtre IV. La claque », *Revue d'art dramatique*, t. 25, 15 mars 1892, p. 360-367.
3. M. Poirson, « Le spectacle est dans la salle. Siffler n'est pas jouer », *Dix-huitième siècle*, 37, juin 2017, p. 311-328.
4. S. Nicolle, « Le trafic de billets de théâtre à Paris sous la Restauration : l'impossible contrôle (1814-1830) » in P. Goetschel et J.-C. Yon éd., *Au théâtre !*, p. 25-44.
5. J. Astruc, *Le Droit privé du théâtre [...]*, Paris : Stock, 1897, p. 280-283.
6. Arrêt de la cour d'appel de Paris du 5 avril 1900, in *La Gazette des tribunaux*, 19 avr. 1900.
7. A. Bouchard, « Claque, claqueurs », in *La Langue théâtrale [...]*, Paris : Arnaud et Labat, 1878, p. 60-61.
8. « Théâtres : cabaleurs, n° 1. Travail général sur les chefs de cabale 1809, 1811, 1812 ». Une copie de l'original détruit pendant la Commune est reproduite dans L. Allard, *La Comédie de mœurs en France au XIXe siècle (1795-1830)*, t. 1, Paris : Hachette, 1923, p. 485-490.

9. [M. Alhoy, A. Jal et F.-A. Harel], « Claqueur », in *Dictionnaire théâtral ou deux cent trente-trois vérités [...]*, Paris : Barba, 1824, p. 73-74.
10. « Rapport du commissaire du gouvernement [près les théâtres subventionnés] sur le commerce des billets de claque à l'Opéra, à l'Opéra-Comique et à l'Odéon », 24 fév. 1896, F-Pan, F^{21} 5199.
11. Bernheim précise que « les rapports de l'inspection des finances attestent que pendant cinq années Ritt et Gailhard furent toutefois autorisés à toucher suivant un traité "concession et service" une redevance de 36 000 francs ».
12. P. Véron, « Courrier de Paris », *Le Monde illustré*, 24 sept. 1898.
13. A. Carré, *Souvenirs de théâtre*, Paris : Plon, 1950, p. 42-45.
14. [M. Alhoy, A. Jal et F.-A. Harel], « Claqueur » (note 9).
15. Pour ce qui suit, voir L. Véron, *Mémoires d'un bourgeois de Paris*, t. 3, Paris : Librairie nouvelle, 1857, p. 234-241 ; Ch. de Boigne, *Petits mémoires de l'Opéra*, Paris : Librairie nouvelle, 1857, p. 84-91 ; G. D'Heilly, *Le Scandale au théâtre*, Paris : Jules Taride, 1861, p. 43-50.
16. G. D'Heilly, *Le Scandale au théâtre*, p. 45.
17. A. Carré, *Souvenirs de théâtre*, p. 44.
18. L. Despès, « L'Opéra » in *Le Monde illustré*, 16 avr. 1864.
19. G. D'Heilly, *Le Scandale au théâtre*, p. 46-47.
20. J.-C. Yon, « Du droit de siffler au théâtre en France au XIXe siècle », in M. Bernard, P. Bourdin et J.-C. Caron éd., *La Voix et le Geste, une approche culturelle de la violence socio-politique*, Clermont-Ferrand : PUPB, 2005, p. 321-337.
21. « Théâtres : cabaleurs, n° 1 » (note 8).
22. « Note sur les claqueurs » [1825 ?], F-Pan, O^3 1620. Voir notre présentation, in « L'universel cabotinage », *Le Magasin du XIXe siècle*, 9, à paraître (nov. 2019).
23. F. Gaillard, « Sic itur ad astra », *Le Magasin du XIXe siècle*, 7, 2017, p. 112-117.
24. Voir « Rapport du commissaire du gouvernement » (note 10).
25. Rapport d'A. Bernheim au directeur des Beaux-Arts, 2 mars 1896, F-Pan, F^{21} 5199.

Notes de 12.5

1. S. Huebner, « Opera Audiences in Paris 1830-1870 », *Music and Letters*, 70/2, mai 1989, p. 206-225 ; D. Chaillou, *Napoléon et l'opéra [...]*, Paris : Fayard, 2004, p. 34-35 ; F. W. J. Hemmings, *The Theatre Industry in Nineteenth Century France*, Cambridge : CUP, 1993, p. 22, 25-26 ; F. Patureau, *Le Palais Garnier...*, p. 302-303 ; A. Gerhard, *The Urbanization of Opera. Music Theater in Paris in the Nineteenth Century*, trad. de l'all. M. Whittall, Chicago : UCP, 1998, p. 25-33.
2. S. Huebner, « Opera Audiences », p. 206-225 ; K. Boulanger, *L'Opéra de Paris sous la direction d'André Messager et de Leimistin Broussan, 1908-1914*, thèse de doctorat, Paris, EPHE, 2013, vol. 1, p. 210-211 ; P. Barbier, *À l'Opéra au temps de Balzac et Rossini (Paris 1820-1850)*, Paris : Hachette, 1987, p. 65, 68 ; F. Patureau, *Le Palais Garnier*, p. 307-312, 358, 360-362.
3. K. Boulanger, *L'Opéra de Paris*, vol. 1, p. 215-218. Nous ne suivons pas l'opinion de S. Huebner (*French Opera at the Fin de Siècle [...]*, Oxford : OUP, 1999, p. 7-10).
4. A. Pougin, *Dict.*, p. 1-2, 120-121.

5. L. Véron, *Mémoires d'un bourgeois de Paris*, vol. 3, p. 241-247 ; F. W. J. Hemmings, *The Theatre Industry*, p. 17-19.
6. *Ibid.*, p. 104-105, 115.
7. S. Huebner, « Opera Audiences », p. 206-225 ; F. Patureau, *Le Palais Garnier...*, p. 313-356 ; G. R. Marschall, « L'opéra et son public de 1848 à 1852 », *Revue internationale de musique française*, 1/3, nov. 1980, p. 376-385 ; J. H. Johnson, *Listening in Paris. A Cultural History*, Berkeley : UCP, 1995, p. 182-196.
8. O, cahier des charges de 1893, art. 16, F-Po, Arch. Op. PA1 ; F. Patureau, *Le Palais Garnier...*, p. 400-404.
9. F. W. J. Hemmings, *The Theatre Industry*, p. 34-45 ; R. Leppert, « The Social Discipline of Listening », in H. E. Bödeker, P. Veit et M. Werner éd., *Le Concert et son public [...]*, Paris : Éditions de la Maison des sciences de l'Homme, 2008, p. 459-485 ; K. Boulanger, *L'Opéra de Paris...*, vol. 1, p. 220-224 ; A. Pougin, *Dict.*, p. 1-2.
10. J.-C. Yon, « Du droit de siffler au théâtre en France au XIXe siècle », in Ph. Bourdin, M. Bernard et J.-C. Caron éd., *La Voix et le geste*, p. 321-337.
11. E. Bernard, « L'évolution du public d'opéra de 1860 à 1880 », in *Regards sur l'opéra, du Ballet comique de la reine à l'Opéra de Pékin*, Paris : PUF, 1976, p. 33-46 ; K. Boulanger, *L'Opéra de Paris*, vol. 1, p. 224-225.
12. J. d'Ortigue, *De la guerre des dilettanti*, Paris : Ladvocat, 1829, in *Le Balcon de l'Opéra*, F. Lesure éd., Genève-Paris : Minkoff, 2002, p. 149.
13. D. Stern [M. C. S. de Flavigny, comtesse d'Agoult], *Mes souvenirs, 1806-1833*, 3e éd., Paris : Calmann Lévy, 1880, p. 257.
14. J. Mongrédien, *Le Théâtre-Italien*, vol. 1, p. 44-46, 58.
15. C. Frigau Manning, *Chanteurs en scène. L'œil du spectateur au Théâtre-Italien (1815-1848)*, Paris : Champion, 2014, p. 258-270.
16. J. d'Ortigue, *Le Balcon de l'Opéra*, p. 149.
17. O. Bara, « Une soirée à l'Opéra-Comique au XIXe et au début du XXe siècle : un rituel bourgeois ? », in A. Dratwicki et A. Terrier éd., *L'Art officiel dans la France musicale au XIXe siècle*, actes de colloque, en ligne http://www.bruzanemediabase.com, consulté le 3 fév. 2019.
18. J. d'Ortigue, *Le Balcon de l'Opéra*, p. 137-138 ; H. Berlioz, « De la partition de Zampa », *JD*, 27 sept. 1835 ; O. Bara, *Le Théâtre de l'Opéra-Comique sous la restauration [...]*, Hildesheim : G. Olms, 2001, p. 196-197, 199-204 ; O. Bara, « Une soirée à l'Opéra-Comique » ; S. Huebner, « Opera Audiences », p. 206-225.
19. S. Huebner, « Opera Audiences », p. 206-225 ; O. Bara, *Le Théâtre de l'Opéra-Comique*, p. 189-195.
20. *Chambre des députés, impressions : projets de lois, propositions, rapports etc.*, t. 39, Paris : A. Quantin et Cie, 1880, n° 2700-2769, p. 108 ; OC, cahier des charges, 1887, art. 68., F-Pan, AJ[13] 1187.
21. O. Bara, « Une soirée à l'Opéra-Comique ».
22. Désignation des places du Théâtre-Lyrique, F-Pan, AJ[13] 1134.
23. A. de Lasalle, *Mémorial du Théâtre-Lyrique*, Paris : Librairie Moderne, 1877, p. 63.
24. [Tarif du prix des places du Théâtre-Lyrique en 1862], Cabinet du Préfet, F-Pan, F[21] 1121.
25. *M. Offenbach nous écrit. Lettres au Figaro et autres propos*, J.-C. Yon éd., Paris : Actes Sud Palazzetto Bru Zane, 2019, p. 239.

26. A. de Lasalle, *Histoire des Bouffes-Parisiens*, Paris : A. Bourdilliat et Cie, 1860, p. 115.
27. *Guide dans les théâtres de Paris*, 1re et 2e parties, Paris : A Chaudet architecte, 1857.

Notes de 12.6

1. R. Campos, « Traces d'écoute : sur quelques tentatives historiennes de saisie du corps de la musique », in *Qui écoute ? 2, Circuit. Musiques contemporaines*, 14/1, 2003, p. 7-17.
2. F. Patureau, *Le Palais Garnier…*, p. 374.
3. Voir le témoignage de la comtesse de Bassanville à propos de la dernière représentation à bénéfice de Mlle Falcon, in *Les Salons d'autrefois. Souvenirs intimes*, Paris : P. Brunet, 1862, vol. 4, p. 207.
4. H. Berlioz, *Mémoires*, [1re éd. 1870], Paris : Flammarion, 1991, ch. XV, « Mes soirées à l'Opéra. Mon prosélytisme. Scandales. […] », p. 94 sq.
5. *Journal du comte Rodolphe Apponyi […] (1826-1850)*, Paris : Plon, 1913-1926, t. 2, 1er janv. 1833, p. 309.
6. *Souvenirs de la Baronne Frossard (1813-1884)*, Paris : H. Gautier, s. d., p. 18.
7. A. Mortier, *Les Soirées parisiennes […]*, Paris : E. Dentu, 11 vol., 1876-1885, année 1880, p. 135.
8. A. La Fare, *Opéra et Comédie-Française. Carnet des abonnés. Saison 1892-1893*, Paris : A. La Fare, [s.d.] ; F. Patureau, *Le Palais Garnier dans la société parisienne*, p. 374.
9. L. G. Montigny, *Le Provincial à Paris […]*, Paris : Ladvocat, 1825, vol. 2, p. 264.
10. J. H. Johnson, *Listening in Paris, a cultural history*, Berkeley : UCP, 1995, p. 191.
11. O. Bara, « Une soirée à l'Opéra-Comique… », p. 9.
12. A. de Montgarde, « Fantasio », *AM*, 25 janv. 1872, p. 27.
13. L. Montigny, *Le Provincial à Paris*, p. 46.
14. F.-J. Fétis, *RM*, 1829, p. 520-521 ; J. d'Ortigue, *De la guerre des dilettanti*, ; J. H. Johnson, *Listening in Paris : a cultural history*.
15. J. Janin, *Un hiver à Paris*, Paris : L. Curmer, 1843, p. 161-162.
16. P. Barbier, *À l'Opéra au temps de Rossini et de Balzac […]*, Paris : Hachette, 1987.
17. L. Véron, *Mémoires d'un bourgeois de Paris*, 6 vol., Paris : Gabriel de Gonet, 1853-1855, vol. 3, p. 171.
18. Voir les travaux de Tia De Nora.
19. F. Patureau, *Le Palais Garnier…*, p. 417.
20. « Revue dramatique », *L'Artiste*, 1re série, t. 2, 1831, p. 184.
21. M. Kaltenecker, *L'Oreille divisée […]*, Paris : MF, 2011, p. 293 sq.
22. C. Leblanc, « "De la choucroute dans le macaroni ?" Wagner et Verdi vus par la presse française, 1887-1914 », in J.-F. Candoni, H. Lacombe, T. Picard et G. Sparacello éd., *Verdi/Wagner : images croisées 1813-2013 […]*, Rennes : PUR, 2018, p. 208.
23. *Ibid*, p. 210.

Gustave Roger (1815-1879)

Figure centrale du XIXe siècle lyrique s'il en est, Roger fut « le trait-d'union entre l'ancien et le nouveau système » – selon le chanteur Laget, qui le compare à la fois à Rubini pour le *canto spianato* et à Duprez pour le chant dramatique. Adam le décrit en 1846 dans sa correspondance privée comme un fort joli garçon excellent comédien, « le meilleur ténor français ». Recruté à l'Opéra-Comique à l'âge de 22 ans, il n'avait passé que dix-huit mois au Conservatoire. Trente ans, plus tard, c'est en tant que professeur qu'il y revint, après l'échec de sa conversion au théâtre parlé dans *Cadio* (TPSM, 1868) de George Sand. Fils de notaire, Roger bénéficia d'une excellente éducation musicale et linguistique. Il interpréta Balfe, Schubert et d'autres en langue originale et n'hésita pas à chanter certains rôles en allemand lors de tournées à l'étranger. Il réalisa même une nouvelle traduction des *Saisons* de Haydn pour la Société des concerts du Conservatoire et ébaucha celle de *Tannhäuser* (O, 1861) à la demande de Wagner. Roger était capable de produire des phrases entières en mécanisme léger, comme dans *L'Aïeule* (OC, 1842) de Boieldieu fils. Son gosier avait aussi des dispositions pour la vaillance : jaugeant ses successeurs dans la troupe, le musicographe Jules Lovy finit (*Mén.*, 6 juin 1858) par nommer ce nouvel emploi « ténor de force d'opéra-comique ». Dès 1843, Roger se produisit sur la scène de l'Opéra lors de représentations à bénéfice, mais ce n'est qu'en créant le rôle-titre du *Prophète* (O, 1849) de Meyerbeer qu'il y débuta réellement. *La Colombe* (Bade, 1860) de Gounod porte son palmarès à 29 créations en 23 saisons. Parallèlement à ses succès sur scène, Roger prit part aux concerts à la cour de Louis-Philippe, interprétant par exemple l'air de la *Création* et des mélodies de Félicien David – il faut dire qu'Heugel, éditeur-distributeur du *Désert*, lui versait des sommes généreuses pour faire valoir son fonds. Il promut aussi le genre de la scène lyrique de salon avec le compositeur Edmond Membrée. Fidèle de Gilbert Duprez, Roger participait aux séances musicales que son aîné organisait et y tint notamment le rôle éponyme de *Jéliotte ou Un passe-temps de duchesse*. Lui-même recevait volontiers le Tout-Paris artistique en grande pompe et fit à l'occasion une romance, une chanson à boire ou un chant patriotique, tel *France !* au moment de la Commune.

Pierre Girod

Adolphe Menut, « Gustave-Hippolyte Roger, rôle du Guittarero [d'Halévy] », estampe, [Paris] : Le Ménestrel, s.d.

Chapitre 13

Le spectacle lyrique

13.1 DES RÉPÉTITIONS AUX REPRÉSENTATIONS

Agnès Terrier

Le régime de la troupe, le mode de programmation des théâtres, les conditions matérielles du spectacle et la malléabilité des œuvres déterminent l'organisation, ou plutôt le pragmatisme des répétitions d'un titre lyrique au XIXe siècle. Dans son remarquable *Dictionnaire historique et pittoresque du théâtre et des arts qui s'y rattachent* (*Dict.*) paru en 1885, Arthur Pougin ne manque pas de détailler toutes les étapes de la mise en forme d'une œuvre. Il sera notre guide.

Programmation à flux tendu et entretien du répertoire

Il est aujourd'hui entendu que fixer une première représentation publique entraîne, en amont de la date choisie, l'établissement d'un calendrier de répétitions. Or le XIXe siècle théâtral ne connaît pas le « rétro-planning », au contraire : « Lorsqu'une pièce en répétition est assez sue pour qu'on puisse fixer le jour où elle sera offerte au public, on dit [...] "elle passera" tel jour » (*Dict.*, p. 591). Et ce jour est alors imminent. Le système repose sur l'emploi de forces artistiques permanentes. Celles et ceux qui ne jouent pas le soir répètent, en journée et pendant les relâches, une reprise rapide à monter ou une création absorbante. Dans tout théâtre pourvu d'un personnel suffisant cohabitent ainsi les représentations de plusieurs titres, en alternance, avec les préparations diversement avancées de partitions nouvelles.

Le directeur propose au public une programmation qui s'adapte au succès de tel titre tout en anticipant la gestation de tel autre. « Dans [...] les théâtres lyriques [...], qui changent chaque jour leur affiche, on appelle "établir le répertoire de la semaine" fixer jour par jour et d'une façon précise la composition de tous les spectacles de la semaine qui va commencer » (*Dict.*, p. 647). Chaque année, ce système permet à l'Opéra d'afficher 20 à 30 titres du répertoire (26 en 1852) et 2 à 5 créations (2 en 1852) ; à l'Opéra-Comique d'afficher autant d'ouvrages du répertoire (23 en 1852) pour une dizaine de créations (9 en 1852).

Création et répertoire ne sont pas soumis au même régime de préparation. Contractuellement, les membres d'une troupe maîtrisent chacun plusieurs dizaines de rôles : « Muni des [tableaux de] répertoires de tous ses artistes, le directeur n'a qu'à les consulter pour voir quels ouvrages peuvent être par lui montés rapidement, car, lorsque tous les rôles principaux sont sus et ne nécessitent point de travail de mémoire, il suffit d'un petit nombre de répétitions pour mettre sur pied une pièce même très importante » (*Dict.*, p. 647). Ces répétitions sont généralement des raccords : « Quand une pièce qui n'a pas cessé de faire partie du répertoire d'un théâtre n'a pas cependant été jouée depuis quelque temps, et qu'on est obligé de la remettre rapidement à la scène, il arrive souvent qu'on en fait non une répétition complète, mais un simple raccord, c'est-à-dire une répétition des seules parties les plus importantes de l'ouvrage, ou de celles qui pourraient donner lieu à quelque hésitation ou à quelque erreur. Quand un artiste nouveau vient à reprendre dans une pièce un rôle qui était joué précédemment par un autre, on fait aussi un raccord, appliqué seulement aux scènes auxquelles participe l'artiste en question » (*Dict.*, p. 636). Les agents de ces reprises sont le régisseur général qui établit les plannings, le régisseur de scène qui fait répéter le spectacle à partir de la mise en scène écrite, et le chef de chant qui enseigne les rôles. Il convient enfin de mentionner le souffleur qui, en épaulant les artistes imparfaitement préparés, épargne des répétitions au collectif.

Autour d'une nouvelle œuvre : préparation de la partition et répétitions

À la réception d'un nouvel ouvrage, le directeur établit une pré-distribution. Mais avant la mise à l'étude de la partition s'écoule une période parfois longue, selon le nombre de créations déjà prévues. Ce laps de temps permet au chef de chant (parfois au compositeur) de réaliser la réduction de la partition pour le piano, au compositeur d'achever l'orchestration, aux architectes et aux peintres de concevoir puis de lancer la fabrication des décors. Dès que le directeur estime venu le temps de la mise à l'étude de l'œuvre, une lecture rassemble interprètes et auteurs. Elle est accompagnée au piano par le chef de chant, ou par le compositeur lui-même. Ce dernier transmet ses intentions et chacun y gagne une intelligence globale de la pièce. Puis commencent les leçons, séances d'apprentissage de la partition au piano, qui offrent aux interprètes un précieux tête-à-tête avec le compositeur, à un moment où leur rôle peut encore être infléchi. Ces leçons individuelles sont suivies de leçons d'ensemble. Du côté de la danse, accompagnée par un violoniste de l'orchestre en guise de répétiteur, le maître de ballet fait travailler les solistes, puis met au point les pas d'ensemble. Pendant ces échanges, chacun est force de proposition. Le terme « répétition » désigne à la fois les séances consacrées à la conception de la chorégraphie, et celles qui serviront à la mémoriser. Le chœur suit des leçons pupitre par pupitre, avant de se rassembler, tandis que l'orchestre, une fois l'orchestration prête et le matériel réalisé, travaille en grand ensemble.

Édifié dans un tissu urbain dense, le bâtiment théâtre demeure longtemps trop exigu pour proposer des espaces de répétitions présentant les mêmes caractéristiques que la salle de spectacle. Les leçons se déroulent chez le compositeur, chez les interprètes, voire dans le bureau du directeur. Le foyer des artistes, avec son piano, accueille les leçons d'ensemble. Le foyer du public, second espace le plus vaste après le plateau, est investi en journée : le ballet de l'Opéra-Comique y répète pendant tout le milieu du siècle, contribuant à la dégradation rapide du lieu. À la fin du siècle, l'édification de nouveaux théâtres s'accompagnera d'une réflexion sur les espaces de travail. Pour l'Opéra, Charles Garnier bénéficie d'un large périmètre dans un quartier redessiné : foyers, studios et salles de répétition sont nombreux. Reconstruit par Louis Bernier sur un terrain aux dimensions inchangées depuis l'Ancien Régime, l'Opéra-Comique de 1898 (3e salle Favart) gagne tout de même, au dernier étage du bâtiment, une salle présentant les mêmes proportions et la même pente que le plateau. Une fois les rôles sus et la mise en scène établie, les répétitions « descendent en scène », c'est-à-dire sur le plateau. Les artistes quittent la lumière naturelle pour une pénombre qu'éclairent des lampes à huile, puis à la fin du siècle quelques becs de gaz. Ils travaillent au milieu des décors des productions à l'affiche, remontés aux cintres ou repoussés en coulisses. Entrées, sorties, tableaux vivants sont réglés en costumes de ville, sur les indications du directeur et des auteurs, assistés du chef de chant, du régisseur, du souffleur. Ceux-ci se présentent, comme le veut l'usage, en habits et chapeaux haut-de-forme. Ils occupent une estrade (le « guignol ») édifiée au-dessus de la fosse d'orchestre et destinée à supporter le piano, tout en leur offrant du recul et un point de vue central.

Le régisseur veille à ce que le jeu des solistes se cantonne au centre de l'avant-scène : les raisons sont acoustiques (meilleur contact avec l'orchestre, paroles plus audibles pour le public, proximité du souffleur) et visuelles (proportionnalité des corps avec des décors créant l'illusion d'une perspective, proximité de la lumière émanant de la salle et de la rampe). Il reporte tout minutieusement sur des feuilles insérées dans la partition. Sur l'unique plateau du théâtre, le régisseur général a coordonné les activités : « Lorsque les interprètes proprement dits de la pièce ont occupé le théâtre une partie de la journée, celui-ci appartient ensuite aux choristes, aux figurants, aux comparses, qu'on fait répéter séparément [...]. S'il y a un ballet, les danseurs ont été les premiers à s'emparer de la scène et, dès huit heures du matin, l'ont occupée sans encombre durant deux ou trois heures [...]. Pour la nuit, après le spectacle on fait des répétitions spéciales, [...] uniquement consacrées à la pose rapide des décors, à leur éclairage » (*Dict.*, p. 649). L'apprentissage vocal s'accompagne de la mise au point de la gestuelle, des entrées et sorties. Ce sont les prémisses de la mise en scène. Cet aspect du travail des interprètes est encadré par le régisseur de scène, le directeur du théâtre, un librettiste ou le compositeur (cf. 13.3).

L'orchestre[1] et son chef

Les séances de travail se déroulent sous la responsabilité du chef en titre et en présence du compositeur, une cohabitation qui s'avère parfois tendue, comme entre Habeneck et Berlioz préparant *Benvenuto Cellini* en 1838, ou entre Dietsch et Wagner préparant *Tannhäuser* en 1861. Ce n'est que dans la décennie suivante que Verdi puis Gounod feront admettre à l'Opéra qu'un compositeur puisse diriger des répétitions. Car de 1824 à 1846, François-Antoine Habeneck[2] a su imposer une autorité absolue à ses anciens collègues de l'orchestre – il a été, comme ses prédécesseurs, violoniste puis premier violon, mais aussi directeur de l'institution de 1821 à 1824. Avec lui, le batteur de mesure se mue en chef d'orchestre, terme adopté en 1800. Fragilisée pendant la Révolution, cette autorité fait encore figure d'exception en Europe, d'autant qu'elle s'étend, au-delà des musiciens puis des artistes chanteurs et danseurs, à toute la régie du spectacle.

En France, le chef se positionne en effet, depuis Lully à l'Opéra jusqu'à Messager à l'Opéra-Comique, au milieu des interprètes[3], c'est-à-dire juste derrière l'habitacle du souffleur, dans une fosse d'orchestre située quasiment au niveau du parterre – ainsi baignée de la généreuse lumière de la salle, puisqu'on n'éteint pas les lustres pendant les représentations. S'il tourne le dos aux musiciens – au grand dam de Berlioz pour qui « l'expression de son visage entre pour beaucoup dans l'influence qu'il exerce[4] » – le chef est en revanche en contact avec l'ensemble du collectif scénique. Cette disposition sert le spec-

Scott et Lix, « La salle vue de la scène [au Palais Garnier] », *Le Monde illustré*, 9 janv. 1875, p. 20 (détail). Photothèque Hachette

taculaire, marque de fabrique l'opéra français, qui ne cesse de se développer tout au long du XIXᵉ siècle. Elle perdure à l'Opéra-Comique jusqu'en 1898 et à l'Opéra jusqu'en 1907. L'électricité et le téléphone donneront alors les moyens à André Messager et à Henri Busser, directeurs musicaux respectifs des deux institutions, de reculer le pupitre du chef et de réorienter les musiciens vers la salle, le son de l'orchestre et l'image de la battue pouvant désormais parvenir jusque dans les coulisses.

Le contact est autant sonore que visuel : la battue s'exerce en effet au moyen d'un bâton de buis ou d'un archet de violon, que le chef peut au besoin frapper sur le bord de la scène, ponctuellement pour l'attaque d'un chœur, avec régularité sur les premiers temps d'un grand ensemble, et ce jusque dans les années 1830. Les protestations des musiciens, parfois sous la forme de pétitions comme celle présentée à la direction de l'Opéra en 1817, ne valent rien lorsqu'un compositeur comme Spontini défend l'efficacité du bâton. Impossible par ailleurs, comme l'essaie brièvement le surintendant Sosthène de La Rochefoucauld en 1828 à l'Opéra, de supprimer la fonction de chef en faveur d'une direction à l'italienne, assurée par le premier violon. Dès 1855, dans *Le Chef d'orchestre. Théorie de son art*, Berlioz préconise l'emploi d'« un petit bâton léger, d'un demi-mètre de longueur, et plutôt blanc[5] » – la baguette, bien visible mais trop fragile pour être frappée. À l'Opéra, la battue restera assurée à l'archet jusqu'aux années 1870 par les chefs issus des pupitres des cordes, comme le violoncelliste Georges Hainl, en souvenir du légendaire Rodolphe Kreutzer, chef de 1815 à 1824.

S'il tourne le dos aux musiciens pendant les représentations, Habeneck assied son autorité pendant les répétitions, et il la théâtralise lors des concerts symphoniques qu'il dirige à leur tête (pendant les Concerts spirituels, à la Société des concerts du Conservatoire), en battant ostensiblement la mesure d'après la seule partie de premier violon (sur laquelle les entrées des pupitres sont indiquées en rouge) : une façon de souligner l'excellence du travail accompli pendant les répétitions. Wagner témoigne d'une exécution exemplaire de la *9ᵉ Symphonie* de Beethoven en 1839, répétée pendant plusieurs mois. L'année précédente il a fallu six mois de répétitions pour monter *Benvenuto Cellini* à l'Opéra !

Après Habeneck, le même niveau d'exigence perdure à l'Opéra, mais la complication croissante des partitions rend de plus en plus pesantes les répétitions plénières. En effet, en interaction avec les compositeurs du grand opéra, l'orchestre ne cesse d'étoffer ses effectifs : une vingtaine de musiciens supplémentaires en fosse du début à la fin du siècle, une formation de musique de scène fréquemment mise à contribution sur la scène. Il enrichit aussi son instrumentarium. Les percussions quittent le personnel de la scène pour intégrer l'orchestre en 1827. Avec l'entrée dans certaines partitions, entre 1819 et 1868, de l'ophicléide, du cornet à pistons, de la clarinette basse, du cor anglais, du saxophone, la palette des vents est remarquable. Les instruments chromatiques sont apparus au côté des instruments naturels, sans les chasser. Sax multiplie les tessitures de ses instruments. Dans tous les pupitres, les factures se modernisent et se concurrencent.

À l'Opéra, l'orchestre comptait 65 musiciens en 1791. Ce chiffre passe à 75 en 1800, puis fluctue entre 70 et 80 jusqu'à l'incendie de la salle Le Peletier, sachant que les postes peuvent tarder à être pourvus, que les congés grèvent toujours environ 10 % de l'effectif, et que des surnuméraires sont couramment engagés en fonction de la partition programmée. Si l'unique timbalier ne peut être relayé que par un surnuméraire, les 4 harpistes et les 4 percussionnistes ne sont pas sollicités tous les soirs, et certains instruments, comme le cor anglais, la clarinette basse ou alto, la petite flûte et le contrebasson sont joués en doublure. À l'inauguration du Palais Garnier en 1875, l'orchestre de l'Opéra compte 82 titulaires. Il s'élève à 95 artistes en 1888, 109 en 1903, pour 5 chefs titulaires (2 en 1800, 3 en 1862). À l'Opéra-Comique, l'orchestre compte 40 musiciens au début du siècle, puis s'étoffe : 53 en 1813, 58 en 1835, 68 en 1844 ; le nombre des choristes fluctue : 30 en 1802, 38 en 1813, 30 à nouveau en 1814, puis 39 en 1825 et 47 en 1844. Le Théâtre-Lyrique dispose d'effectifs importants : le nombre minimum des instrumentistes est fixé à 50 en 1854 ; ils sont 60 en 1856, 70 en 1869 ; les choristes passent de 30 à 70 dans le même temps[6].

Pour l'orchestre mobilisé dans son entier, certaines partitions nouvelles engagent un surcroît de travail sans rémunération supplémentaire. Grâce au Conservatoire où ils enseignent souvent, bien des musiciens de l'Opéra se font remplacer par leurs élèves rodés au déchiffrage. La pratique irrite les chefs et les compositeurs, même si les parties d'orchestre se couvrent d'annotations qui assurent la transmission des informations. Les répétitions partielles ne sont instaurées à l'Opéra qu'en 1865, pour la préparation de *L'Africaine* de Meyerbeer. « On convoque d'abord simplement un quatuor [...], quelquefois mais très rarement, on convoque ensuite les instruments à vent, [...] puis tout l'orchestre est appelé et fait une ou deux répétitions, toujours sans les chanteurs, afin que chaque musicien se familiarise avec sa partie et que les fautes de la copie puissent être découvertes et corrigées » (*Dict.*, p. 650).

Huit ans plus tard, en 1873, Ambroise Thomas alors directeur ouvre au Conservatoire la première classe de direction d'orchestre et la confie à Deldevez[7], premier chef à l'Opéra. Cette mesure contribue à professionnaliser le métier de chef d'orchestre, désormais accessible à des musiciens ni forcément violonistes, ni forcément issus d'un pupitre de l'orchestre.

Le temps long de la création

Le calendrier des leçons et des répétitions[8] est actualisé chaque jour et l'artiste reçoit, dans sa loge ou chez lui, le billet de service du lendemain. Si le travail de l'après-midi s'arrête pour laisser place au spectacle du soir, celui qui se déroule un jour de relâche a une durée variable, que les règlements tarderont à encadrer. « Pour presser davantage la mise au théâtre de [*Charles VI* d'Halévy], on répète non seulement les jours où l'Opéra n'a pas de représentation, mais souvent deux fois dans la même journée » (*La Mélodie*, 18 fév. 1843).

Si une difficulté survient, le directeur bouleverse l'ordre prévu des premières. On lit ainsi, dans *L'Œuvre d'art* du 5 juin 1895, que « les directeurs de l'Opéra ne joueront *Orphée* que l'année prochaine ». Puis le chroniqueur en donne les raisons : « MM. Bertrand et Gailhard, voulant donner au chef-d'œuvre de Gluck tout le développement chorégraphique que l'œuvre comporte, se voient forcés de la reculer de quelque temps, parce que le corps de ballet de l'Opéra sera occupé dès le mois de septembre prochain par les répétitions du ballet [*L'Étoile*] de MM. Aderer et de Roddaz, musique de M. Wormser. » Vient alors la question du trou à combler dans le calendrier des représentations : « Pour remplacer *Orphée*, on va mettre immédiatement en répétition *Frédégonde*, l'ouvrage commencé par Guiraud et terminé par M. Camille Saint-Saëns. [...] Les décorateurs se mettront tout de suite à la besogne, et M. Saint-Saëns va diriger les études de l'ouvrage qui passera vers le mois de novembre, car on sait qu'à cette époque l'auteur de *Samson et Dalila* quitte Paris pour aller passer l'hiver au pays du soleil. » *Frédégonde* sera finalement créé le 18 décembre 1895. *Orphée* est, lui, abandonné au profit de l'Opéra-Comique qui, dès juin 1895, annonçait son intention de représenter cet ouvrage (voir *Mén.*, 16 juin 1895). L'œuvre fait son entrée au répertoire de cette institution le 6 mars 1896.

Quatre à six mois, voire davantage, sont nécessaires pour monter un opéra : il en faut dix en 1854-1855 pour *Les Vêpres siciliennes*. Lorsque douze mois de préparatifs se soldent par onze représentations (chiffre calamiteux pour l'époque), comme pour *La Nonne sanglante* de Gounod en 1854, l'Opéra est perdant, même si les décors sont recyclés. À Wagner répétant *Tannhäuser*, l'Opéra refuse en 1861 la fabrication d'instruments supplémentaires afin ne pas reculer la première. En 1882-1883, les répétitions de *Lakmé* à l'Opéra-Comique s'étendent sur six mois en raison d'engagements pris par Delibes comme par ses interprètes auprès d'autres théâtres.

Des générales à la première

Lorsque tout est prêt, on convoque l'orchestre, les habilleuses et les accessoiristes, on installe les châssis et les toiles du décor, on allume enfin le lustre et la rampe. Les répétitions générales, qui rassemblent toutes les forces du spectacle, s'étendent sur plusieurs jours : il en faut neuf en 1861 pour *Tannhäuser*. Alors paraissent les représentants de la censure, ainsi que le chef de claque, venu appréhender le spectacle afin de préparer son bataillon de claqueurs (cf. 12.4). L'une de ces générales prend le nom de « couturière » puisqu'il faut réaliser à son issue les dernières retouches sur les costumes. Les préparatifs de tout nouvel ouvrage se déroulent normalement à huis clos. Depuis 1786, les journalistes sont conviés à l'ultime générale à l'Opéra : « Ce n'est pas trop pour le critique d'entendre deux fois une partition pour en pouvoir parler avec une certaine assurance. » Il manque à la soirée les réactions du public, quoique « il existe à Paris un public spécial d'artistes, de gens de lettres, d'amateurs, qui se montre très friand de ces sortes de demi-solennités, si bien qu'à ces avant-premières la salle se trouve souvent aussi pleine que le jour de la grande bataille » (*Dict.*, p. 765). Cette générale, qui est parfois le premier filage véritable, sert de test : « À la suite de la répétition générale d'*Egmont*, lit-on dans *La Liberté* du 6 décembre 1886, des modifications ont été jugées nécessaires. Certains morceaux ont été coupés, d'autres vont y être ajoutés. M. Salvayre est en train, paraît-il, de composer une chanson et un ballet espagnols. C'est un véritable tour de force d'improviser, pour ainsi dire à la veille de la première représentation, la musique de deux morceaux de cette importance. » Dans la nuit du mercredi 1er décembre 1886, Salvayre aurait produit 144 nouvelles pages de musique (*Mén.*, 5 déc.) ! Le travail du copiste chargé d'en tirer les éléments pour les parties séparées nécessite de repousser de quelques jours la création à l'Opéra-Comique, qui a lieu finalement le lundi 6 décembre. Il faut donc parfois reculer la première. En définitive, celle-ci permet souvent d'établir la durée du spectacle, que les rappels peuvent rallonger. Les soirées s'avèrent parfois longues. À propos de *Manon* (OC, 1884) de Massenet, le *Gil Blas* du 21 janvier 1884 fait ce constat : « Après le premier acte – il est déjà neuf heures et demie – [...] on remarque la forêt de décors qui encombre le trottoir de la rue Favart, et on se dit avec inquiétude que, si l'on doit voir tout cela, il sera difficile de rentrer chez soi avant une heure et demie du matin... On approuve les artistes de n'avoir pas voulu bisser. » Aux répétitions ont dès lors succédé les raccords : « On fait presque toujours, le lendemain d'une première représentation, un raccord de la pièce nouvellement offerte au public, pour pratiquer les coupures reconnues nécessaires ou modifier certains jeux de scène qui ont été reconnus imparfaits » (*Dict.*, p. 636). Entre représentations et raccords, le spectacle mettra plusieurs jours à trouver sa routine.

13.2 Mettre en scène : une pratique collective
Isabelle Moindrot (avec Iris Berbain)

Si l'activité qui consiste à régler une représentation théâtrale remonte à la nuit des temps, c'est pendant la Révolution française et dans les premières années du XIXe siècle, entre le moment de la libéralisation du théâtre et celui de sa réglementation par les décrets napoléoniens (cf. 1.2), qu'apparaît et se banalise la notion de « mise en scène[1] ». Sous l'étroit contrôle d'un pouvoir attentif aux interprétations politiques des spectacles, les auteurs tendent à consigner le maximum d'éléments scéniques dans leurs textes, tout en se pliant à la codification des différents genres théâtraux imposée par les nouveaux décrets. Si l'on se réfère à la définition que propose Pierre Larousse au début de la III⁰ République, la mise en scène constitue « l'ensemble des préparatifs à l'aide desquels une pièce arrive à se produire devant le public », c'est-à-dire « la distribution des rôles, le choix des costumes et des décors, la préparation des accessoires et tous les détails relatifs à la bonne exécution de la pièce », mais aussi « l'art par lequel un auteur dramatique sait d'avance approprier son œuvre aux exigences de la représentation »².

Loin d'être un ajout *a posteriori* ou une spécificité du grand opéra auquel elle est souvent rattachée, la mise en scène investit la lettre du texte (livret et partition) (cf. 3.2), induisant des dramaturgies musicales virtuellement spectaculaires selon une échelle graduée correspondant au cahier des charges de chaque institution et à leurs moyens propres. Ces dramaturgies s'expriment dans un langage scénique commun, partagé par une communauté mobile et hétérogène, dont les pratiques sont en interaction réciproque. Une large palette de sources permet d'en rendre compte aujourd'hui : le texte et la partition, l'iconographie (esquisses, maquettes, gravures, photographies), les manuscrits des souffleurs et les livrets de mise en scène, les inventaires du matériel et les factures des fournisseurs, les témoignages des contemporains, dans leur très grande diversité. Celle-ci révèle combien, avant même que n'apparaissent les débats sur la mise en scène comme œuvre d'art, porteuse d'une interprétation, d'un style, voire d'une vision du monde, l'écriture d'un opéra et la préparation du spectacle structurent la vie lyrique.

Collaborer et diriger

En premier lieu, la mise en scène façonne l'organisation des théâtres. Porter à la scène un opéra conduit en effet à mettre en œuvre un grand nombre de personnes et de métiers (auteurs, compositeurs, peintres, chorégraphes, régisseurs, machinistes, couturières…), dont il convient de coordonner les activités dans le temps et l'espace afin de produire les éléments matériels (décors, déplacements, bruits, lumières…), dont la présence et les effets, diversement perçus et interprétés par les spectateurs, créeront des espaces imaginaires et susciteront des émotions. Depuis la fin du XVIII⁰ siècle plusieurs réformes sont engagées pour coordonner la dimension spectaculaire des productions. Sont ainsi créés à l'Opéra en 1798 un poste de « maître de la scène », appelé à travailler en concertation avec le maître des chœurs, le maître de ballet et les principaux chanteurs, et un « jury de l'art » responsable du choix des œuvres nouvelles et du suivi de leur mise en scène³. Ce jury comprend statutairement un administrateur, deux hommes de lettres, deux compositeurs, deux chefs (l'un d'orchestre et l'autre du chant), et deux artistes du théâtre ; y siégeront en outre à titre consultatif le maître de ballet, le chef machiniste, le chef décorateur, le maître de la scène. Cette approche pluridisciplinaire est réactivée sous la Restauration avec l'instauration de « comités de mise en scène » dans les théâtres subventionnés. Un comité est formé en avril 1827 pour l'Opéra, chargé de se prononcer « sur les perfectionnements à apporter dans tous les genres à la représentation théâtrale » et d'« examiner la production des peintres de décor et des dessinateurs de costumes, tant sous le rapport de l'art que sous celui de la vérité locale et de l'exactitude historique »[4]. Dix personnes y siégeront, dont les compositeurs Rossini et Auber, les peintres François Gérard et Pierre Ciceri, le décorateur Henri Duponchel et le régisseur de l'Opéra, Jacques-Louis Solomé. À l'occasion de cette réforme, un poste de régisseur est créé, venant renforcer la fonction de « directeur de la scène » pour la mise en œuvre scénique, l'organisation des répétitions et la surveillance du personnel[5]. S'il participe parfois à la mise en scène, le régisseur assume d'autres missions : il rédige les affiches du jour et les billets de service, maintient le silence en coulisses, fait appliquer les amendes. À l'Opéra-Comique, où les missions du régisseur seront distinctes de celles de l'« Inspecteur du détail théâtral » dès 1819, le métier de régie acquiert plus rapidement ses contours artistiques[6]. La présence de Pixerécourt à la direction de l'Opéra-Comique d'avril 1824 à août 1827 ne pouvait manquer de sensibiliser cette institution aux pratiques scéniques innovantes que ce grand auteur de mélodrames avait lui-même expérimentées sur le boulevard. Au Théâtre-Italien, le directeur de la scène garde la main sur ces différentes fonctions. Enfin l'histoire de la mise en scène lyrique au XIXe siècle est indissociable de la collaboration, plus ou moins étroite selon les époques et les genres, avec les maîtres de ballet. Leur rôle ne se limitait pas à régler les divertissements, mais pouvait s'étendre aux évolutions de groupe et à la figuration. Compte tenu de la place de la danse dans cette institution, l'Opéra disposait d'un avantage sur les autres théâtres lyriques (cf. 6.2). Ont ainsi contribué à l'histoire de la mise en scène des chorégraphes comme Pierre Gardel, Jean-Pierre Aumer, Philippe Taglioni, Auguste Mabille, Joseph Mazilier, Lucien Petipa, Louis Mérante ou Joseph Hansen.

La première moitié du XIXe siècle implante ainsi l'idée que la « mise en scène » est le produit d'une certaine organisation interne, où la parole circule entre les corps de métier, mais

H. Lecomte, maquette de costume de « Jeune égyptienne (Danse, 1er sujet) », in [*Moïse : Quatorze maquettes de costumes*], avec mention manuscrite « approuvé au conseil le 6 fév. 1827 », aquarelle, F-Po, D216-8 (31).

où la décision est centralisée et fondée sur un étroit système de surveillance. En province, la fonction de régisseur est déterminante pour assurer la cohésion des spectacles[7]. Dans les grandes maisons, au contraire, l'image du directeur comme promoteur d'univers dramatiques, voire comme metteur en scène, se construit au fil du siècle, certains d'entre eux (notamment Émile Perrin, Léon Carvalho ou Albert Carré) ayant mis en scène des opéras, parfois avec génie. Satirique ou sérieuse, la presse se plaît à consolider cette image ambivalente de la mise en scène comme prolongement du bureau de la direction – instruments de communication modernes à l'appui[8] –, tout en signalant à la reconnaissance du public le nom de régisseurs comme Solomé, Albert Vizentini ou Alexandre Lapissida. Au fil des années, le travail de régie, d'abord perçu comme technique, va gagner progressivement en autonomie, avant de se confondre avec celui de metteur en scène au siècle suivant.

Les répétitions

Les répétitions des rôles ont lieu généralement le matin, celles des chœurs et du ballet le soir dans des salles distinctes, les répétitions de décor se déroulant le reste du temps – y compris le dimanche parfois, selon un planning appelé « répertoire », placardé le lundi dans les foyers des artistes. Salle Le Peletier, les premières répétitions de mise en scène ont lieu dans le « foyer de jour », grand salon haut de plafond dont le sol est en pente, servant aussi pour les répétitions d'ensemble et les études de ballet[9]. Pour les premiers rôles, le travail du jeu ne fait pas toujours l'objet de répétitions. Le ténor Roger a raconté comment a été mise au point la grande scène du *Prophète* entre Fidès et Jean : « Il n'y a pas eu d'étude, de convention préalable ; nous sommes arrivés un beau jour en face l'un de l'autre, et, de la première mesure à la dernière, tous les détails de cette scène immense ont été improvisés et sont demeurés justes et arrêtés[10]. » En effet, l'interprétation scénique s'appuie sur les « détails » des situations dramatiques (émotions, gestes, déplacements), consignés dans la partition et le texte. Dès lors, le librettiste peut aider les chanteurs à entrer dans les subtilités de leurs rôles, réécrire certains passages, mais ses missions ne vont guère au-delà, même lorsqu'il est tenu, par contrat, d'assister aux répétitions. Au Théâtre-Italien, le contrat passé en 1818 avec le poète Giuseppe Luigi Balocchi lui ordonne de « surveiller le règlement des actions et d'indiquer toutes les intentions scéniques et dramatiques[11] », mais dans les faits, il doit surtout adapter les livrets italiens aux conditions de représentation parisienne. Pour consigner les modifications sur le texte au cours des répétitions, qui d'ailleurs « ne sont pas irrévocables[12] », un souffleur est nécessaire. Tenu d'assister à toutes les répétitions, ce dernier doit pouvoir remplacer le sous-régisseur dans ses fonctions et se trouve donc à l'interface entre les auteurs, les régies et les interprètes. L'efflorescence de livrets de mise en scène à l'Opéra-Comique à partir de 1827 résulte probablement de l'obligation faite au souffleur de présenter, au lendemain de chaque représentation, des brochures avec toutes les indications de coupes, d'addition sur le texte, mais aussi de mouvement et de position[13].

Pour ce qui est de la participation des compositeurs aux répétitions scéniques, elle est variable et suffisamment rare pour être signalée. Si Rossini s'en désintéresse royalement[14], Meyerbeer y est assidu[15]. N'a-t-on pas dit de lui : « Il avait l'œil à tout, il pensait à tout, il surveillait tout : poème, musique, mise en scène, décorations, costumes, *chant* et *danse*[16] » ? Mieux encore, il adapte sa partition aux possibilités scéniques. Ainsi, lors d'une répétition du premier acte des *Huguenots* (O, 1836), dans une séquence où les seigneurs jouent à la balle, il désirait « que le ballon fût reçu juste au point marqué dans la mesure ». Ayant reconnu « l'impossibilité de cette exigence de mise en scène[17] », il n'hésita pas à couper une partie du chœur. Donizetti aimait diriger les chanteurs au point de dessiner leurs costumes, et de présider à la mise en scène, comme pour *Roberto Devereux* au Théâtre-Italien en 1838[18]. Offenbach s'implique d'une manière plus physique. Le jour des répétitions, non seulement « [i]l monte au cabinet du directeur, discute certains détails matériels de mise en scène, examine les croquis des costumes, les maquettes des décors et demande des changements », mais « descend sur la scène » et prend le commandement des opérations : « Il court, il se démène, poussant des *hurras* à la tête des choristes, dansant, battant la mesure avec sa canne et marquant le rythme avec ses deux pieds [...]»[19]. Dans un tout autre style, dans le mouvement d'une époque où l'auctorialité se partage de moins en moins, Massenet se présente aux répétitions de *Manon* (OC, 1884) avec une partition entièrement gravée, imprimée et reliée, interdisant de ce fait toute modification – ce qui ne l'empêche pas d'assister d'une manière presque continue aux répétitions et de souhaiter les diriger[20].

Peintres et ateliers (Iris Berbain)

Les librettistes de l'époque offrent aux décorateurs des possibilités d'exprimer leur art. « Au-delà des investissements financiers, il suffit pour les directeurs de théâtre de s'adresser au bon faiseur de décors et de costumes pour avoir le *nihil obstat* de l'auteur[21]. » Une fois le choix de l'œuvre arrêté et le décorateur sollicité, de nouveaux compromis se profilent qui ne lui permettent pas de laisser libre cours à son inspiration. Le chef machiniste du théâtre doit, avant tous travaux, par mesure d'économie vérifier quels décors et matériaux déjà existant peuvent être réemployés, qu'il s'agisse du matériel de construction (bois des châssis, toile) comme d'un décor entier. Est alors seulement décidé quels actes de l'opéra à représenter feront l'objet de décors nouveaux. La gestion du stock de décors est une question cruciale pour les opéras, aussi bien à Paris qu'en province où les théâtres disposent fréquemment d'un stock de décors de répertoire réemployés à chaque fois que nécessaire.

L'atelier de l'opéra assure la fabrication et la peinture de l'ensemble des décors, fonctionnant courant jusque dans les années 1820. Après la fermeture, en 1822, de l'atelier de l'Opéra de Paris, constitué d'une dizaine de peintres encadré par un inspecteur, ce sont des ateliers privés qui voient le jour. Ayant à leur tête de grands noms de la décoration, ils fonctionnent sur le modèle d'entreprises de l'artisanat, où bien souvent le gendre succède au beau-père[22]. Parmi les principaux ateliers à travailler pour les théâtres parisiens au XIXe siècle, celui dont la production domine le siècle est celui de Pierre-Luc-Charles Ciceri, lui-même gendre du peintre Jean-Baptiste Isabey et qui cédera son atelier à ses deux gendres. Dans la première moitié du siècle, les deux autres sont ceux de Séchan, Feuchère et Cie, fondés par Charles Séchan, Léon Feuchère, Édouard Desplechin et Jules Diéterle et de l'association entre Humanité Philastre et Charles Cambon. À la génération suivante, Joseph Nolau, gendre de Ciceri, devient décorateur en chef à l'Opéra-Comique, tandis que son beau-frère, Auguste Rubé, peint avec Philippe Chaperon le nouveau rideau de l'Opéra de Paris en 1875, et que Desplechin fonde sa propre société avec Jean-Antoine Lavastre. À la fin du siècle, les mêmes associations sont toujours à l'ordre du jour mais les noms sont ceux de Marcel Jambon, Delphin Amable ou Eugène-Louis Carpezat[23].

Le décorateur réalise d'abord des esquisses de décors, soumises à la direction, qui donnent ensuite lieu à la réalisation d'une maquette en volume, cette dernière devant être, à l'Opéra de Paris, transmise aux archives (cf. cahier d'ill., *Guillaume Tell*). C'est à partir de ces éléments qu'entrent en scène les autres membres de l'atelier de décor qui établissent tout d'abord les dessins techniques destinés au découpage de la toile et des châssis. Les toiles d'Armentières, les plus employées, sont ensuite carroyées et une première esquisse à taille réelle y est retracée au fusain. Vient la peinture proprement dite des toiles, à la colle de peau mêlée de pigments en poudre. Les peintres emploient de grandes brosses fixées au bout de manches à balais. Les toiles sont peintes selon les périodes à la verticale ou à l'horizontale, chaque technique exigeant un équipement différent pour l'atelier. La méthode de peinture du décor à plat est plus simple pour les décorateurs mais elle demande une surface au sol très importante et allonge la durée de fabrication des décors dont il faut pouvoir étaler tous les châssis.

Le temps de réalisation d'un décor est donc variable, selon qu'il soit entièrement neuf ou à repeindre. Il semble qu'une moyenne puisse être établie à deux ou trois mois de travail avant la mise en place sur scène[24]. Pour raccourcir ces délais, l'Opéra fait appel à plusieurs ateliers simultanément pour la réalisation des décors d'un même ouvrage, chaque atelier étant chargé d'un ou plusieurs actes, et ce, en fonction de leur disponibilité comme de leurs spécialités. Certains décorateurs sont en effet jugés plus doués pour la réalisation de décors de paysages que de décors d'architectures ou plus brillants pour donner à voir des chaumières pittoresques que des palais grandioses. C'est également sur ces catégories de décors que repose la rémunération. Outre des prix fixés par métrage de toile peinte, une part variable dépend de la catégorie dont relève le décor (« ciels, vapeurs, nuages », « architecture majestueuse et magnifique »)[25].

La concurrence entre ateliers est également un moyen de payer les décors au plus juste. C'est dans ce contexte particulier, devant composer sans cesse entre gestion de l'originalité, de la qualité, du temps et du coût que se créent les plus prestigieux décors des opéras de l'époque. Le cloître de *Robert le Diable* (O, 1831) issu de l'atelier Ciceri, la salle de bal de *Gustave III* (O, 1833) signée Cambon, sont des emblèmes de ce succès. À l'Opéra-Comique, sous l'Empire et la Restauration, les peintres attitrés sont Mathis et Desroches, puis Julien-Michel Gué[26]. Puis les décorateurs de l'Opéra étant régulièrement sollicités ailleurs, ce sont les mêmes noms que l'on trouvera à l'Opéra-Comique et au Théâtre-Lyrique. La facture italienne présente en revanche des spécificités technique qui distingue le Théâtre-Italien.

Les costumes

Le costume, l'un des domaines les plus manifestes de la créativité scénique du XIXe siècle, fait l'objet d'une réforme comparable, grâce à des artistes comme Jean-Simon Berthélémy, Hippolyte Lecomte, Paul Lormier, Eugène Lacoste, Alfred Albert, Charles Bianchini, qui occuperont (sous des dénominations variées) les fonctions de dessinateurs en chef à l'Opéra. D'autres artistes ont travaillé occasionnellement pour cette institution, tels les décorateurs Henri Duponchel et Eugène Lami, le peintre d'histoire Paul Delaroche, le portraitiste Louis Boulanger, le sculpteur Emmanuel Frémiet ou le caricaturiste Alfred Grévin, qui sera, avec Draner, l'un des dessinateurs attitrés d'Offenbach.

Dans les théâtres où la notion d'emploi reste structurante (notamment en province, cf. 1.6), les chanteurs peuvent avoir la liberté (ou l'obligation) de se fournir eux-mêmes en costumes. Mais à l'Opéra et à l'Opéra-Comique, c'est bien l'auteur et le théâtre qui déterminent l'apparence vestimentaire des personnages. Les projets du dessinateur en chef sont soumis à la direction, discutés en comité, et les dessins une fois approuvés doivent être exécutés avec fidélité dans les ateliers. À l'Opéra, les dessins originaux sont déposés aux archives, grâce à quoi une collection ininterrompue a pu être conservée[27].

C'est dans ce contexte qu'évolue l'une des personnalités les plus controversées de l'opéra romantique, Henri Duponchel. Cet architecte-décorateur, collaborateur de Ciceri sur le boulevard, est recruté à l'Opéra en 1827 comme Inspecteur de l'habillement. Sensible aux étoffes, matériaux, accessoires, n'hésitant pas à faire venir des tissus d'Italie pour *La Muette de Portici* (O, 1828), et même d'Inde pour le ballet *La Chatte métamorphosée en femme* (O, 1837), il innove en s'intéressant au costume comme matière plastique en mouvement, disposant les masses chorales en fonction des couleurs pour créer l'impression de l'ombre et de la lumière. Souvent brocardé comme « l'Alexandre du costume et de la mise en scène », il règle les productions romantiques, considérées comme le point de départ de la longue série de défilés et de processions dans l'opéra français du XIXᵉ siècle (*La Muette de Portici*, *Guillaume Tell*, *Robert le Diable*, *Gustave III*, *La Juive*, *Les Huguenots*). Moins riche en grand spectacle, le Théâtre-Italien se met un peu plus tardivement au diapason de cette conception picturale et plastique du costume[28].

Accessoires, effets et éclairages

Les magasins d'accessoires regorgent de trésors – torches et flambeaux, bannières et tapis de tables, petit mobilier, barques, etc. Presque tous les menus objets sont en cartonnage : les rochers et les blocs de lave, la vaisselle et les victuailles (ce n'est qu'à la fin du siècle que les ailes de poulet seront taillées dans de la brioche[29]), les instruments de musique factices, les petits animaux, les mannequins, très utiles dans les dénouements de *La Muette* et de *La Juive* (O, 1835). Quand ils ne sont pas déjà présents dans le « bric-à-brac » du théâtre, comme les patins à roulettes du *Prophète* ou la caissette à bijoux de *Faust*, les accessoires sont commandés à des fournisseurs extérieurs.

Tout au long du siècle, l'opéra incorpore à ses productions des effets pyrotechniques propres aux spectacles populaires et s'inspire de leurs expérimentations sur les miroirs, les grandes surfaces peintes (panoramas, dioramas), les projections de lanterne magique, les trappes et autres machines à illusion.

Mais les échanges sont aussi très réguliers entre l'opéra, la science et l'industrie pour l'exploitation de procédés ou de matériaux nouveaux[30]. Les innovations les plus importantes concernent l'éclairage. L'installation du gaz en 1822 dans

Cham, « Actualités. La politique allant voir le ballet du *Prophète* pour tâcher elle aussi de marcher sur des roulettes », lith. Walter Fʳᵉˢ, 1869, détail, F-Po, Estampes scènes Prophète (7).

la salle toute nouvelle de la rue Le Peletier exploite à des fins théâtrales des recherches menées initialement pour l'éclairage urbain, dans le gazomètre de la rue Richer (à l'emplacement du futur magasin de l'Opéra). Ce nouveau mode d'éclairage, inauguré pour *Aladin ou la lampe merveilleuse* (O, 1822) (cf. cahier d'ill.), sera étendu aux différents espaces du théâtre pour atteindre les cintres en 1831 dans *Robert le Diable* et son fabuleux décor de nuit. Facile à moduler grâce à un jeu d'orgue installé près du trou du souffleur et alimentant une rampe aux soixante becs de gaz et des lampes placées en plusieurs endroits de la scène, il permet des effets inédits d'intensité et de couleur, qui exaltent l'œuvre des peintres décorateurs jusque dans les années 1880.

Car l'électricité, qui fait son entrée officielle au théâtre en 1849 avec le spectaculaire lever de soleil du *Prophète* de Meyerbeer (cf. 6.5), ne sera installée à des fins scéniques régulières que beaucoup plus tard[31] : en 1886 à l'Opéra de Paris et en 1898 à l'Opéra-Comique, où la *Cendrillon* (OC, 1898) de Massenet, mise en scène par Albert Carré, sera chargée d'en célébrer la féerie. Portée par l'idéologie du progrès (cf. 6.1), la mise en scène est dynamisée par des besoins spectaculaires croissants.

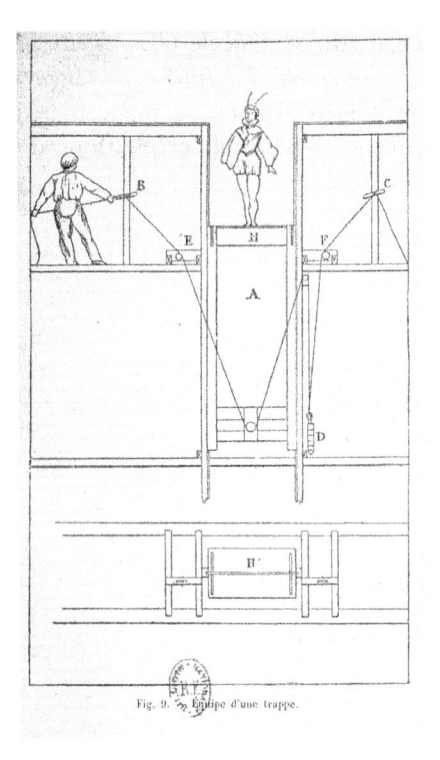

« Équipe d'une trappe », in M. J. Moynet, *L'Envers du théâtre. Machines et décorations*, Paris : Hachette, Bibliothèque des Merveilles, 1873, p. 57.

« Jeu d'orgue pour l'éclairage [au gaz] », in Ch. Nuitter, *Le Nouvel Opéra*, Paris : Hachette, 1875, p. 219.

13.3 L'ACTIVITÉ SUR LE PLATEAU ET EN COULISSE

Isabelle Moindrot

En l'an IX de la République (1801), le citoyen Boullet, machiniste en chef de l'Opéra (alors appelé Théâtre des Arts), publie un *Essai sur l'art de construire les théâtres, leurs machines et leurs mouvemens*. Ce titre n'est pas sans rappeler la prestigieuse filiation des traités de scénographie baroque, publiés alors que les savoirs techniques sortaient de l'obscurité de l'artisanat, conférant aux ingénieurs un statut nouveau d'intellectuels. Prenant le relais à une époque où les sciences, les techniques et les arts sont appelés à consolider l'ordre social issu de la Révolution, l'*Essai* de Boullet se présente comme un manuel sobre, précis et utile. Il décrit non seulement la scène et ses « machines », mais les espaces du théâtre (scène, salle, espaces de circulation, lieux de travail), dont il montre qu'ils doivent être conçus ensemble et correctement reliés entre eux. De même, l'histoire de la mise en scène de l'opéra français au XIXe siècle ne peut s'écrire sans en interconnecter les dimensions artistiques, techniques et sociales ni sans

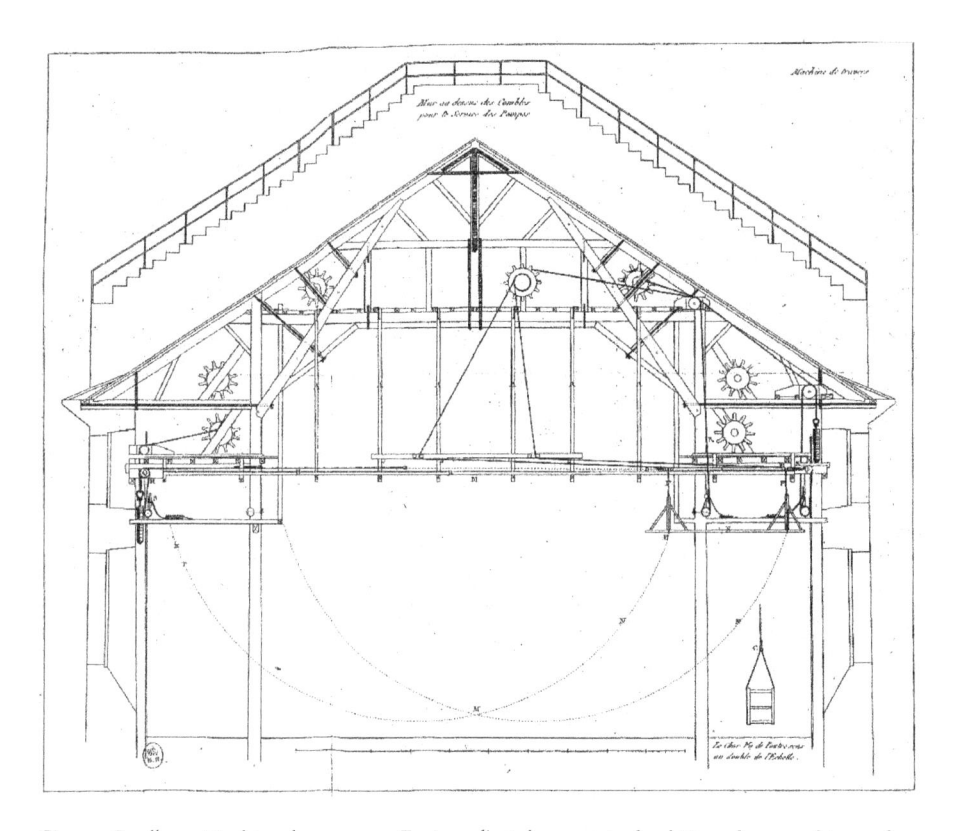

Citoyen Boullet, « Machine de travers », *Essai sur l'art de construire les théâtres, leurs machines et leurs mouvemens*, Paris : Ballard, an IX [1801], pl. XII.

prendre en considération l'extraordinaire activité déployée par tout un ensemble de corps de métiers, de personnes souvent invisibles et d'individus anonymes.

Sur scène et en coulisses

Rappelons en ouverture quelle est la disposition d'une scène théâtrale durant le XIXe siècle[1]. La scène, en pente pour accroître l'illusion de la profondeur, est délimitée par des rues pourvues de trappes et de trappillons servant à faire disparaître les décors ou les acteurs. Dans les cintres se rangent les parties supérieures des décors (ciels, frises, plafonds), manœuvrées au moyen de treuils et de tambours. Dans les dessous, les décors montés sur des châssis de formats variables appelés « fermes » attendent d'être hissés le moment venu.

Le tout s'organise en plans de la face au lointain, selon une structure appelée « plantation », et sur des niveaux en nombre égal pour les cintres et les dessous (l'Opéra Garnier présentera une architecture impressionnante avec cinq dessus et cinq dessous). Juste au-dessous de l'avant-scène se situe le trou du souffleur, longtemps chargé de donner les tops de départ et d'intensité (jour plein, demi-jour, nuit plein, demi-nuit, jour et nuit progressifs ou précipités) aux garçons d'éclairage réalisant la manœuvre depuis les dessous. Sur les côtés, des coulisses donnent accès aux autres espaces du théâtre. C'est là que se placent les artistes avant d'entrer en scène et que se tiennent le régisseur et les gens de service.

Monter un décor est une opération complexe, qui requiert de solides compétences en menuiserie et en mécanique. Personnage très important dans le théâtre, le chef machiniste doit « procéder à la construction de tous les châssis de décor, de tous les praticables, de tous les bâtis, [...] régler la plantation, exécuter les trucs et en régler le jeu, établir le mouvement des trappes et des trappillons, équiper toute la décoration, exécuter les manœuvres, commander à un nombreux personnel [...] »[2]. Il a sous ses ordres une large brigade d'aide-machinistes, de menuisiers et de charpentiers, répartis en équipes opérant sur la scène, dans les dessous ou dans les cintres. La manœuvre se fait à main d'homme et requiert vigueur et promptitude. Ces machinistes sont au nombre de soixante, puis de soixante-dix à la salle Le Peletier, et ils seront quatre-vingts à l'Opéra Garnier, non compris les aides supplémentaires qui sont fréquemment requis. Car les décors sont composés de multiples pièces à ajuster. Le décor d'*Ossian ou les Bardes* (O, 1804) requiert ainsi 203 châssis[3]. Quand ils ne sont pas stockés dans les magasins extérieurs[4], les décors et l'outillage du répertoire courant sont gardés dans des remises à décor ou conservés dans la cage de scène, donnant aux cintres l'apparence d'un navire chargé de toiles et de mâts, et aux dessous celle d'une épaisse et profonde forêt, où évoluent les « mineurs de l'Opéra[5] ». En cas de manœuvre complexe, des charpentiers supplémentaires sont embauchés. En 1865, pour *L'Africaine* (O, 1865), l'acte du vaisseau exigeait l'appoint de quarante charpentiers, pour le changement d'orientation du praticable.

Les décors devenant de plus en plus sophistiqués, les changements à vue qui scandaient les spectacles lyriques depuis l'époque baroque disparaissent au profit d'entractes qui allongent les représentations. Lors de la création de *La Muette de Portici* (O, 1828), on descend pour la première fois un « rideau de manœuvre » entre les actes IV et V, parvenant à masquer le changement de décor sans provoquer d'interruption. À mesure que les entractes se multiplient, les changements à vue retrouvent leur ancien attrait, attestant une prouesse technique tout en maintenant de la fluidité. Quatre changements à vue sont ainsi prévus dans *Le Prophète* (O, 1849). Lorsque des praticables sont construits cependant que le spectacle se poursuit dans une décoration plus petite[6], on descend du cintre les fermes de charpente et les planchers, avant de garnir les praticables de leur décoration. Les tapissiers entrent alors en action pour mettre en place les tapis, draperies, et « ustensiles » (c'est-à-dire accessoires). Le coup de sifflet du machiniste en chef indique le début et la fin de la manœuvre. Qu'un petit malin fasse partir un coup de sifflet dans la salle et le changement de décor sera effectué sans coup férir, au grand dam des artistes[7].

S'agitent aussi sur le plateau tous ceux qui installent le matériel pour l'éclairage – les lampistes (qui allument ou éteignent des quinquets par centaines[8]), les gaziers, puis les électriciens. Les artificiers entrent en jeu dès lors qu'il y a un incendie, un bûcher ou des flammes infernales à mettre en scène (comme dans *Le Prophète*, *Le Trouvère* ou *Don Juan*), lorsque les éléments se déchaînent (on réalise les éclairs et les jets de lave en pulvérisant sur une flamme une poudre de colophane ou de magnésium), ou lorsqu'on doit faire entendre des coups de feu (les pétards pouvant faire office de fusillade). Ces manipulations requérant des compétences qui ne sont pas celles des machinistes peuvent mobiliser beaucoup d'hommes, comme l'atteste un contrat passé avec la maison Ruggieri faisant état d'une équipe de 18 personnes pour les effets spéciaux du *Mage* (O, 1891) de Massenet.

S'activent encore les serruriers (les portes et les fenêtres doivent pouvoir s'ouvrir et se fermer), les fleuristes (venant garnir les jardins de fleurs artificielles), les garçons tapissiers, les sous-régisseurs avertissant les artistes du moment prochain de leur entrée en scène, les tailleurs et habilleuses rectifiant un point sur un costume, etc. Viennent enfin se mêler au personnel de service les familiers des artistes. Exagérant sans doute un peu, l'inspecteur du matériel Louis Gentil chiffre à 600 le nombre de personnes évoluant en coulisses[9].

Un métier risqué

Toute cette animation crée des tensions – et des risques. En 1804, lors de la préparation d'*Ossian*, le citoyen Boullet fait une chute mortelle depuis les cintres. Le directeur de l'Opéra prend la décision de fermer les générales au public[10]. Faut-il croire Albéric Second lorsqu'il affirme qu'à l'hôpital Beaujon « quatre lits [sont] constamment réservés aux gens de l'Opéra blessés durant le service du théâtre[11] » ? La dangerosité de la scène n'est pas seulement un thème littéraire. Lors de la création de *Robert le Diable*, trois incidents se produisirent : un portant chargé de lampes se brisa sur la scène, un rideau se détacha du cintre et tomba à quelques pas de la Taglioni et, au dénouement, voilà qu'au lieu de rester en scène Adolphe Nourrit se jette dans la trappe anglaise ! La presse abonde en récits de problèmes techniques ayant déclenché l'hilarité du public : c'est un projecteur vert qui s'attarde sur la poitrine de Mme Borghi-Mamo dans une scène fantastique de *La Magicienne* (O, 1858), une machinerie qui se met à grincer lorsqu'on hisse la toile représentant le Rhône charriant ses cadavres dans *Mireille* (TL, 1864), un feu céleste qui fuse des dessous au lieu de descendre des cintres dans *Mosè* (TI, 1822), la fumée du bateau à vapeur qui s'en va vers la salle au lieu de s'échapper vers les coulisses, étourdissant le public, dans *Le Voyage en Chine* (OC, 1865), etc. Le pacte de croyance qui fonde l'illusion théâtrale est très précaire, et tout au long du XIXe siècle, l'« envers du théâtre » sera source de curiosité, suscitant nombre de publications anecdotiques et savantes sur les décors et les trucs[12].

Parmi les risques figurent aussi celui de la déshumanisation et de la métamorphose, qui menacent une « race mixte, à moitié acteur, à moitié décor, tour à tour bête, héros, machine[13] » – autrement dit, les choristes et les figurants.

Choristes, comparses et figurants

Or ces anonymes de la musique et de la danse ont participé étroitement au renouvellement de la dramaturgie. Nestor Roqueplan résume avec brio : « Autrefois, les chœurs se plaçaient sur deux rangées, à droite et à gauche, et restaient immobiles, hommes et femmes, sans prendre aucune part à l'action qui se consommait dans ce cercle de momies chantantes. Les systèmes nouveaux de mise en scène ont donné à tout ce monde, du mouvement, des épées pour les tirer du fourreau, des poignards pour les brandir en l'air, des bras pour étrangler le premier sujet, dans l'occasion ; des jambes pour courir à la délivrance de Naples ou de la Suisse[14]. » Parmi les « choristes », on distingue alors les « choristes du chant » et les « choristes de la danse » – figurants appointés se désignant volontiers comme « artistes des ballets[15] » (cf. 6.2). Chaque groupe peut se voir renforcé par des « accessoires » recrutés par contrat annuel pour tenir des parties assez minces, ou par d'autres renforts spéciaux. C'est là qu'interviennent les comparses, « espèce[s] de machines à face humaine […] », de « muets à ressorts[16] », loués (c'est-à-dire recrutés) et rétribués au jour le jour selon les besoins de la mise en scène, et qui forment une masse hétérogène de « soldats » et de « marcheuses » – cette catégorie formée de grandes et belles femmes venant grossir les rangs des cortèges, dans de belles robes ou en costume de page obligeant à exhiber ses jambes, étant la plus basse dans la hiérarchie théâtrale[17]. Les figurants connaissant les mouvements à effectuer forment les « chefs de peloton[18] », mais pour être chefs, ils n'en constituent pas moins une

« plébécule[19] » dont on se moque volontiers. À cette liste, il convient d'ajouter les enfants, choristes empruntés aux maîtrises, mais aussi petits rats de l'école de danse, qui « figurent dans les *espaliers*, les *lointains*, les *vols*, les *apothéoses*, et autres situation où leur petitesse peut s'expliquer par la perspective[20] ». Dans *L'Enfant prodigue* (O, 1850) d'Auber, on sait par un détail des mémoires de Roger qu'il y avait des « petits nègres », qui furent « prêtés » par Roqueplan pour faire le service dans une fête turque organisée par le chanteur[21].

Il est difficile de recenser cette population instable, mais les projections de Boullet, qui envisageait « deux grandes *loges* pour habiller vingt *petits garçons* et vingt *petites filles* [...], deux grandes *loges* pour les *chœurs*, l'une pour vingt-quatre *hommes*, l'autre pour autant de *femmes* [...], deux grandes *loges* pour habiller cent cinquante *comparses*[22] », semblent en conformité avec d'autres témoignages. Sur l'ensemble de la période, le nombre de choristes du chant et du ballet, de même que celui des comparses journaliers, ne cesse de croître au fil du temps. Dans une plus faible mesure, il en va de même à l'Opéra-Comique, où le nombre des choristes passe de 30 à 47 entre 1802 et 1844, cependant qu'un petit corps de ballet est formé avec des élèves de l'Opéra, fixé à une douzaine de danseurs en 1853[23]. Par comparaison, le nombre des choristes au Théâtre-Italien, qui se maintient entre 20 et 30 entre 1815 et 1848[24], fait piètre figure. Au Nouvel Opéra, Garnier prévoit une loge de 20 places pour les marcheuses et une de 190 places pour les comparses. C'est dire l'importance de ces effectifs.

Promiscuité et conditions de travail extrêmement précaires induisent des problèmes sanitaires et sociaux, longtemps considérés comme inéluctables et aujourd'hui mieux documentés[25]. Du point de vue du travail de mise en scène, ces aspects ne sont pas négligeables non plus. Pour des raisons de « bienséance », on s'efforce en effet de ne pas mêler les choristes du chant et de la danse, au prétexte qu'ils ont des compétences et des goûts différents et que leurs emplois du temps concordent mal (les choristes sont requis souvent par le service du culte). Or s'ils ne répètent pas ensemble, ils « manœuvrent de concert sur la scène[26] ». On comprend dans ce contexte que les préoccupations des régisseurs se soient focalisées sur les entrées et les sorties, le chronométrage des mouvements, les places et les circulations des différents groupes. Quel que soit l'enjeu artistique – créer du pittoresque ou de la tension dramatique, réactiver l'Histoire ou sidérer le public –, choristes, divas et figurants auront à se côtoyer en scène, pour créer une forme d'unité dans un kaléidoscope de sons et de couleurs.

Se glisser dans la peau du personnage

Si la documentation abonde sur les décors, tout ce qui concerne l'anthropologie du costume est beaucoup plus difficile à débusquer[27]. Quelques heures avant la représentation a lieu la « mise en loge[28] », consistant à déposer dans l'armoire attitrée de chaque artiste tous ses effets de costume. Ce n'est pas une mince affaire, à l'Opéra : 432 costumes pour *Le Triomphe de Trajan* (1807),

322 pour *La Muette de Portici* (1828), 680 pour *Le Prophète* (1849), 535 pour *Don Carlos* (1867), 340 pour *Hamlet* (1868), 600 pour *Patrie!* (1886) de Paladilhe. Moins fastueux, l'Opéra-Comique n'en a pas moins présenté des ensembles de costumes d'une grande diversité, charmant le public par les sujets exotiques ou féeriques (*Le Cheval de bronze*, 1835 ; *L'Étoile du Nord*, 1854 ; *Lalla-Roukh*, 1862 ; *Lakmé*, 1883 ; *Cendrillon*, 1899).

Une fois revêtu – à l'aide d'habilleuses ou de tailleurs du théâtre, ou de domestiques personnels –, le costume doit être apprêté (par exemple avec de la râpure d'os ou de corne pour figurer la neige). Pour le « menu vestiaire » (plumes, fleurs, coiffures, gants, bijoux, chaussures), l'usage diffère selon la richesse du théâtre. Vient ensuite le coiffeur, figure attendue de tout récit de coulisses, tenant à la disposition des artistes un arsenal de perruques, chignons, boucles, barbes et moustaches, dont le rôle peut être décisif pour la crédibilité d'un spectacle. À l'entracte, le perruquier de l'Opéra, seul homme autorisé à entrer dans les loges collectives féminines, « n'[est] plus un perruquier ordinaire, c'[est] une machine à coiffer, de la force de douze coiffeurs[29] ».

Enfin, les maquillages sont de la responsabilité des artistes. On maquille le visage avec des fards à base de blanc de céruse (très toxique), mais encore d'autres parties du corps, en particulier dans les spectacles exotiques, quand les bas de filoselle et les gants de soie ne suffisent pas. À en croire Jules Moynet, qui fait le décompte des dépenses de maquillage dans *L'Africaine*, celui-ci est fourni par le théâtre. Ce n'est pas une petite dépense quand il y a du monde en scène, car « la coloration des nègres, chœurs et figurants, coûte 128 fr. 75 c. par soirée, ce qui fait 12 875 francs pour cent représentations[30] ». Mais

A. Lormier, « L'empereur Sigismond [à cheval]. 1ᵉʳ acte de *La Juive* », in *Album de l'Opéra*, n° 10, Paris : Challamel, 1835, F-Po, Estampes scènes Juive (10).

que dire des maquillages du *Roi Carotte* (TG, 1872), avec ses dizaines de personnages de racines et d'insectes! (Cf. cahier d'ill.)

De quelques animaux de scène

À ces tableaux en mouvement participent de vrais animaux. Dans *Le Triomphe de Trajan* (O, 1807), 13 chevaux étaient attelés au char impérial, montés ou conduits par les célèbres écuyers de la famille Franconi[31]. L'année suivante, les chevaux de l'Opéra exécutent une mémorable charge de cavalerie dans *Fernand Cortez* (O, 1808). En rapprochant opéra et spectacle équestre, la période impériale renvoyait à l'actualité militaire tout en réactivant une tradition remontant au spectacle de cour. Après l'Empire, l'Opéra persévéra dans cette voie, au risque d'outrepasser la vraisemblance. Voici que dans *La Muette de Portici* (O, 1828) le révolutionnaire Masaniello entre en triomphe dans sa cabane de pêcheur, chevauchant un magnifique cheval blanc. Plus sage, et sans prétendre égaler l'Opéra dans ce domaine, l'Opéra-Comique prit le risque d'introduire un équipage au dénouement de *La Fiancée* (OC, 1829) d'Auber. Mais c'est avec *La Juive* (O, 1835) que les débats sur les excès spectaculaires atteignent leur point culminant (cf. ill.). L'entrée en scène du roi Sigismond magnifiquement caparaçonné au premier acte et le banquet monté de l'acte III suscitent des réactions extrêmement contrastées. « Honneur, cent fois honneur aux fringants palefrois, aux coursiers agiles mais prudents, aux dociles haquenées! », s'écrie ironiquement Castil-Blaze, dont la chronique popularise la formule d'« opéra-Franconi[32] ». Immobile ou en mouvement, la cavalerie cuirassée reparaît dans *Le Lac des fées* (O, 1839), *Robert Bruce* (O, 1846), *Jérusalem* (O, 1847) – le chœur des croisés devant y chanter à cheval –, dans *L'Enfant prodigue* (O, 1850), *La Nonne sanglante* (O, 1854) et bien sûr dans *Tannhäuser* (O, 1861), où les écuyers étaient de surcroît accompagnés de piqueurs tenant une meute de chiens. Car d'autres animaux foulent parfois les planches de l'Opéra : il fallut dresser trois chèvres pour *Le Pardon de Ploërmel* (OC, 1859) de Meyerbeer – la scène d'orage où Dinorah, précédée de sa chèvre, franchit un ravin sur un pont dans la tempête, n'étant peut-être pas si aisée à mettre en place. Mais lorsque l'Opéra se décida enfin à mettre à l'affiche *La Walkyrie* (O, 1893), et bien que Charles Garnier ait prévu de belles écuries dans les premiers dessous et un ascenseur pouvant contenir douze chevaux[33], le metteur en scène Lapissida préféra, pour la fameuse chevauchée, installer les filles de Wotan sur des chevaux de bois dévalant sur un praticable derrière la scène. Cette innovation à la mode des attractions foraines n'eut pas un grand succès, malgré les gracieuses contorsions des figurantes, chevelures au vent[34]. Aussi, lorsqu'à l'aube du XXe siècle, Pedro Gailhard monta *Les Barbares* (O, 1901) de Saint-Saëns, ce furent quatre beaux bœufs – deux bruns et deux blancs – qui montèrent sur scène par le fameux ascenseur de Charles Garnier. Et ce furent eux les vraies stars, sinon du spectacle lui-même, du moins de la critique, qui se plut à relater leur arrivée au théâtre, à les dessiner ou les prendre en photo.

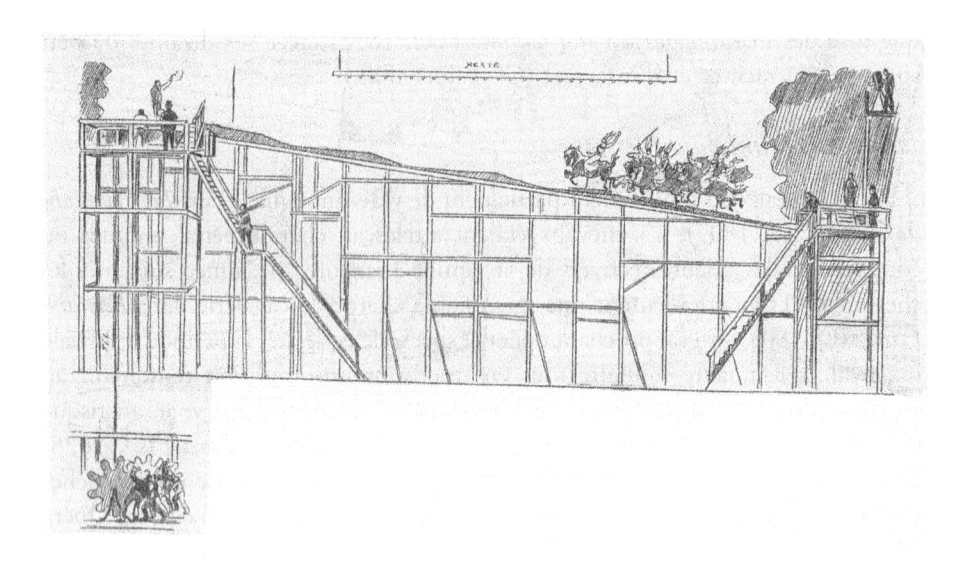

P. Destez, [Théâtre national de l'Opéra, *La Walkyrie*, chevauchée des Walkyries, machinerie des décors], estampe, 1893, (détail), F-Po, Estampes scènes Walkyrie (4).

Faire danser les corps et les matières

Si les foules ont l'apparence de la vie, c'est surtout grâce aux danseurs qui savent les mettre en mouvement (cf. 6.2). Depuis les *Lettres sur la danse* de Noverre (1760) et le développement du ballet-pantomime à partir du dernier tiers du XVIIIe siècle, l'idée que l'action dramatique puisse être portée non pas seulement par le langage et la musique, mais par le mouvement des interprètes, a fait son chemin dans le théâtre et l'opéra. Dans *La Muette de Portici*, qui ouvre la série des spectacles préparés au sein d'un « comité de mise en scène » et dont le personnage principal ne chante pas mais s'exprime par le geste, comme il est de mise dans le mélodrame et dans la pantomime (cf. 6.4), le régisseur Solomé et le chorégraphe Aumer s'étaient entendus pour renforcer l'énergie chorale, et mêler dans leurs mouvements de scène choristes, figurants et danseurs, comme ils avaient appris à le faire ensemble, sur le petit théâtre du Panorama-Dramatique au début des années 1820. Cette œuvre charnière permet ainsi de se représenter l'importance de l'hybridation générique qui s'opère dans l'opéra français grâce à la présence de la danse au sein de l'Opéra.

Trois ans plus tard, c'est encore dans le cadre d'un ballet que sera réalisée l'une des séquences les plus emblématiques de l'opéra français. Avec son défilé d'apparitions fantomatiques glissant sous les arcades d'un cloître à la lueur tremblante de la lune, le « Ballet des nonnes » de *Robert le Diable* (cf. 6.5) marque un autre jalon dans l'histoire de l'opéra, par l'interaction des éclairages, des décors et des mouvements dansés (cf. cahier d'ill.). Soudain, alors que sortaient de leurs tombeaux les nonnes damnées une à une, la matérialité impalpable du théâtre (l'espace, la lumière, et peut-être même le temps) semblait s'animer sous les yeux des spectateurs dans une suspension et une dilatation des sensations. Les peintres de l'Opéra s'étaient souvenus d'une technique mise au point là encore sur les boulevards, une dizaine d'années auparavant[35], lorsqu'on s'était mis à peindre et éclairer les toiles sur les deux faces afin de produire un effet vibratile, pour rendre perceptibles la vie atmosphérique, le passage du jour à la nuit, le cycle des saisons.

Dans un tout autre style, le « Bal masqué » de *Gustave III* (O, 1833) d'Auber, mis au point par Duponchel dans une débauche de lumières, de costumes d'Ancien Régime et de masques populaires, parvient à exacerber le grand spectacle opératique en brouillant les frontières entre la fiction et la réalité. (Cf. cahier d'ill.) Duponchel étant devenu « la boussole de la mode[36] », l'engouement pour ce divertissement fut immense. Des femmes de la haute société parisienne passèrent, avec la complicité du théâtre, du rôle de spectatrices à celui de figurantes, avant que des abonnés, déguisés en ours, ne s'y joignent un mardi gras. Par la magie de la danse, la mise en scène débordait du cadre de la fiction, dans un face-à-face spéculaire d'artistes et d'amateurs. « [E]t le public assista à une scène qui n'avait pas été promise par l'affiche, à une danse d'ours d'abonnés[37]. »

13.4 LES INTERPRÈTES EN JEU
Isabelle Moindrot (avec Céline Frigau Manning et Pierre Girod)

Quantité d'artistes et de personnels invisibles entrent en jeu dans le spectacle lyrique du XIXe siècle. Jetons maintenant la lumière sur ceux qu'applaudit le public. Décrire le jeu des chanteurs du passé est une véritable gageure, dont on ne peut relever le défi qu'en acceptant de considérer les limites de l'exercice. La notion d'« école française » est assez illusoire, en un siècle où les échanges s'intensifient et où bon nombre d'artistes sont formés à l'étranger ou construisent leur carrière en partie hors de France. La référence à la langue de jeu ne peut être un guide absolu, certains des plus grands interprètes français, comme Pauline Viardot, ayant chanté et joué dans plusieurs langues, parfois dans les mêmes rôles. Non moins périlleux serait d'enfermer le jeu à l'intérieur de modèles fondés sur la notion de genre (grand opéra, *opera buffa*, opéra-comique, opérette...), alors que certains artistes évoluent d'un théâtre à l'autre au cours de leur vie et que les usages, apparemment distincts, ne sont fixes et unifiés pour aucun d'entre eux, mais tendent au contraire à s'hybrider. La singularité de l'artiste, essentielle au théâtre, s'érige de surcroît en idéal dans un siècle marqué par la diffusion des images (cf. 20.6). Dès lors, si les traces ne manquent pas, qui peuvent donner une idée de la présence scénique des plus grands interprètes, les appréciations doivent toujours être rapportées à la sensibilité de l'époque et à l'instant unique de la rencontre entre l'artiste et le public (cf. chap. 12).

Aussi, plutôt qu'à des styles de jeu objectivables, tentons ici de rendre compte des configurations multiples où se lisent les habitudes des différents théâtres, les dispositions particulières des interprètes et les attentes du public.

Le jeu des chanteurs au Théâtre-Italien (C. Frigau Manning)

Nombre des artistes du Théâtre-Italien sont célébrés pour leurs talents d'acteurs autant que pour leurs voix. L'idéal même de l'acteur-chanteur du XIXe siècle repose sur un panthéon d'artistes dont d'importantes figures emblématiques – tels Manuel García, Luigi Lablache, Giuditta Pasta ou encore Maria Malibran – sont issues de l'institution. Et pourtant l'idée que l'on irait à l'Opéra pour le plaisir des yeux avant tout, au Théâtre-Italien pour le seul délice des oreilles, informe une partition récurrente dans les discours du temps, fondée sur des préjugés historiquement construits[1] et parfois reprise jusqu'à nos jours. Elle influence la façon même dont se trouve approché le jeu des chanteurs du Théâtre-Italien, avec une attention centrée sur la vocalité. Or ce *topos* relève moins de pratiques scéniques que d'un enjeu identitaire, puisqu'il s'agit d'affirmer un modèle français par opposition à un contre-modèle italien : d'une part, la tragédie serait française par excellence, et les Italiens seraient incapables de la jouer ; d'autre part, le chanteur italien ne saurait que chanter, et ne serait bon acteur que dans les pièces comiques. Ainsi, lors de la création de *Semiramide* (Venise, 1823) de Rossini aux Italiens en 1825, les comparaisons empruntées au registre populaire de la vie de quartiers et aux théâtres des boulevards dénotent la dégradation que les chanteurs italiens feraient subir au genre noble de la tragédie : le jeu des chanteurs du Théâtre-Italien rendrait les *opere serie* « plus bouffons que les *operas buffas* eux-mêmes » (*L'Opinion*, 10 déc. 1825). La peur, ancienne, que la musique italienne n'atteigne la majesté de l'Opéra se trouve ravivée par le fait que les chanteurs italiens, longtemps appelés « Bouffons », n'interprètent en France d'*opere serie* que depuis 1805.

S'ils menacent ainsi la spécialisation des registres et des pratiques scéniques, les chanteurs du Théâtre-Italien sont très appréciés pour leur jeu comique, à condition que celui-ci soit perçu à la fois comme italien et adapté aux usages de la scène française. Luigi Barilli, *primo buffo cantante*, est l'épigone de ces interprètes incarnant un comique « naturalisé », appréciés pour n'être pas excessifs dans leurs *lazzi*. Ces séquences corporelles à demi-improvisées ont beau être incontournables dans le genre, Barilli « ne se permet que les charges indispensables à ses rôles » (*Le Publiciste*, 9 oct. 1805), limitant un engagement physique trop centré sur les mouvements du corps et les grimaces. Luigi Lablache relève le même défi à la génération suivante : son embonpoint est à lui seul le point de jonction symbolique entre un comique « ébouriffant », aux dires de Gautier (*La Presse*, 9 janv. 1843), et un goût maîtrisé, comme dans le *Don Pasquale* de Donizetti (TI, 1843)[2].

Car le jeu au Théâtre-Italien, centré sur une dramaturgie du *grande attore*, s'inscrit dans une logique avant tout vedettariale : les spectateurs du Théâtre-

Italien ne se déplacent pas pour voir Desdemona ou Figaro, mais pour admirer la Pasta ou la Malibran en Desdemona, Lablache ou Tamburini en Figaro. Cette logique est renforcée par la stabilité du répertoire, dominé par la production rossinienne, et par les politiques de gouvernance du théâtre. En consacrant la plus grande part du budget aux salaires des chanteurs, les administrateurs du Théâtre-Italien n'investissent pas que dans leurs qualités vocales : ils tiennent à être informés par leurs agents sur les qualités actoriales des chanteurs pressentis pour un engagement[3].

Dans ce contexte, le jeu du chanteur est tributaire au Théâtre-Italien de choix et de styles de jeu personnels autant qu'il doit compter avec les *topoï* et traditions propres à la grille de réception française. Ainsi, Pasta s'inscrit dans une esthétique du geste juste, en phase avec l'idéal d'un acteur expert des passions, capable de sélectionner le geste le plus significatif qui culmine, au terme d'une séquence composée comme un morceau de bravoure, en une pose finale à valeur de tableau : pour mourir dans l'*Otello* (Naples, 1816), elle drape sa robe puis s'abandonne, condensant en un geste toute la signification du caractère de Desdemona – l'innocence et la pudeur jusqu'à la mort. Malibran renverse pour sa part des siècles de représentations des passions : elle associe la peur à la fuite et non plus à la paralysie, comme c'était le cas depuis la *Conférence* de Charles Le Brun, et se fait selon les soirs poignarder en des endroits divers, souvent à terre. Plutôt qu'elle ne compose son rôle, l'actrice se présente en improvisatrice s'affranchissant d'une tradition rhétorique privilégiant le haut du corps dans les genres élevés.

La hiérarchie des gestes et des acteurs détermine donc une dramaturgie des premiers rôles où les acteurs secondaires et les chœurs n'ont d'autre fonction que de mise en valeur. L'existence de plusieurs générations d'artistes du Théâtre-Italien reconnus pour leur jeu autant que pour leur chant infirme donc l'idée que le jeu compterait moins, aux Italiens, que le chant, et souligne leur contribution à l'autonomisation de l'art de l'acteur-chanteur à l'œuvre dans la première moitié du XIXe siècle[4].

Existe-t-il un jeu « français » ?

Alors que le spectaculaire scénique investit le plateau dès la période napoléonienne, agrandissant l'espace à des proportions écrasantes pour les silhouettes humaines, le style de jeu des chanteurs français garde l'empreinte d'un idéal de mesure, de naturel et de noblesse remontant à la période classique. De même, les chanteurs français seront vus comme des « tragédiens », au même titre que les comédiens du Théâtre-Français, y compris lorsque la partition leur demandera une grande virtuosité. Caroline Branchu, sublime interprète de Gluck, Cherubini ou Spontini, n'est-elle « considérée, avec mademoiselle Duchesnois, comme le modèle des tragédiennes françaises[5] » ?

Au Conservatoire, le geste et la physionomie sont enseignés dans des cours collectifs par des professeurs de déclamation[6], devant un miroir. Éloquence du geste, expressivité des bras et des mains, maintien du buste, élan et dynamique des mouvements, anticipation gestuelle de la parole, autant d'éléments qui, en reprenant les fondamentaux de la rhétorique[7], favorisent un jeu à proximité de la rampe et dessinent le corps comme un ensemble de signes. Si cette manière de jouer à l'avant-scène se maintient jusqu'au milieu du XXe siècle, codifiée par différents traités[8], elle se fige peu à peu en académisme, imposant des règles et un vocabulaire pour les moindres mouvements (poses, chutes, passades, mimiques, etc.).

Pour atteindre une qualité de jeu conforme à la hiérarchie dramatique, les chanteurs doivent en outre maîtriser toute une palette d'arts nobles – ce dont

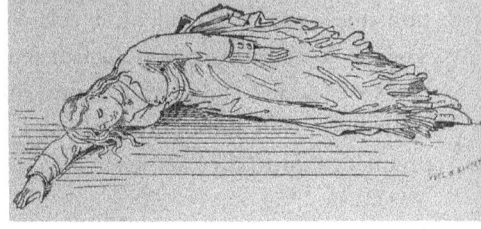

« Quand on est en scène avec un personnage et qu'on chante en s'adressant directement à lui, il faut se placer un peu en arrière de manière à éviter la position de profil à l'égard du public, c'est ce qui s'appelle chanter à l'épaule. »

J. Audubert, *L'Art du chant. Suivi d'un traité de maintien théâtral avec figures explicatives*, Paris : Brandus et Cie, 1876, p. 286-287.

« On ne saurait étudier avec trop de soin l'art de tor ber. Toute espèce de chute exécutée trop rapidement mauvaise ; elle surprend désagréablement le spectateur lui donne une sensation pénible.
L'acteur doit se laisser choir avec une certaine grâ de façon à ne pas laisser craindre qu'il ne se blesse. ⸱ tombait de toute sa hauteur sur le dos, il aurait be courber la tête en avant et présenter les omoplates, secousse n'en serait pas moins violente, et la tête porter En la supposant même exécutée avec adresse, une pare chute serait disgracieuse et par conséquent inadmissib La chute sur le côté est la plus usitée pour les homn comme pour les femmes. »

LE SPECTACLE LYRIQUE 733

on commence à se gausser dès le milieu du siècle : « Après la leçon d'équitation viendra la leçon d'escrime ; puis, la leçon de rhétorique française, la leçon de mathématiques, la leçon de prosodie, la leçon de déclamation, la leçon de pantomime, puis enfin la leçon de musique[9]. » De fait, dans les différents théâtres lyriques, on apprécie chez les chanteurs tout un ensemble de qualités, notamment corporelles et physiques. Car avec le romantisme, d'autres valeurs corporelles s'introduisent dans le jeu, qui mettent à mal l'ancien espace expressif, circonscrit à l'échelle de la tribune ou de la chaire. Signe des temps, l'enseignement de l'escrime est rétabli au Conservatoire sous la Restauration, engageant les chanteurs à la pratique sportive. Louis Gueymard et Eugène Massol sont réputés bons écuyers, Victor Capoul se montre excellent aux armes et Victor Maurel pratique la gymnastique et la boxe. Sans conduire à définir des emplois au sens strict du terme, les caractéristiques physiques des chanteurs façonnent les personnages, sinon les répertoires. L'élégante beauté d'Adolphe Nourrit renverse les codes de représentation du « Juif » et anoblit le rôle d'Eléazar dans *La Juive* (O, 1835). Une génération après lui, le charme de Jean-Baptiste Faure, saisi au vol par Édouard Manet (cf. 20.5), confère son aura aux rôles de barytons français. Une telle symbiose entre le personnage et le chanteur opère plus encore à l'Opéra-Comique, où la prestance de Jean Elleviou confère de sa vaillance au *Joseph* (OC, 1807) de Méhul, cependant que la haute stature

« Théâtre-Lyrique. *La Perle du Brésil* [de F. David], acte 3ᵉ, décoration de M. Chéret », ill. de presse, 1851. On discerne au centre de la scène des comparses de dos.

de Jean-Baptiste Chollet fait merveille dans les rôles de bandit séducteur de *Fra Diavolo* (OC, 1830) ou de *Zampa* (OC 1831).

Parallèlement, si l'imitation des beaux-arts reste un modèle du jeu, prendre la pose apparaît comme un archaïsme, voire un provincialisme[10]. Les attitudes sculpturales, le jeu à l'avant-scène et la recherche de l'attention du public, hérités de l'ancien canon, sont en effet ébranlés par l'influence croissante du mélodrame, qui offre plus de liberté aux chanteurs. Les situations appellent désormais l'action, le mouvement, le contact avec les partenaires. Il s'agit de jouer en tenant compte d'un espace agrandi, praticable, soumis à des variations d'éclairage. L'avant-scène n'est plus la seule aire de jeu désirable – les occasions se multiplient de jouer au centre du plateau, encerclés par des figurants, voire en fond de scène (cf. ill.). Des portes s'ouvrent, des foules se répandent, des bruits retentissent qui trahissent la présence inquiétante du monde hors de la scène. Si les excès de ce jeu qui rappelle le boulevard font les délices de la caricature, une intensité nouvelle, brûlante, semble investir les représentations. La jeune Cornélie Falcon, qui créa notamment les rôles de Rachel et de Valentine, incarne cette manière tout à la fois expansive et fragile. L'action dramatique trouve son chemin vers les méthodes de chant, comme chez Manuel Garcia, qui invite le chanteur à se projeter d'abord dans le texte par l'imagination[11].

Car le « vérisme romantique » conduit à faire du corps un instrument expressif en soi. Transformant la démarche, les attitudes, les postures, parfois jusque dans les coulisses, la conscience du rôle habite certains grands chanteurs, tel Louis-Henri Obin, basse profonde qui créa le rôle de Philippe II dans *Don Carlos* (O, 1867)[12]. Comme dans l'art de la pantomime qui fait courir les Parisiens au Théâtre des Funambules, le regard devient l'une des forces de ce jeu d'outre-langage. Ainsi, lorsque Roger, dans la scène de la cathédrale du *Prophète* (O, 1849), parvient à tenir un langage corporel double, par le geste et le regard : l'un à destination de la foule derrière lui, l'autre en direction de Fidès à ses pieds (cf. ill.). Cette approche physique du personnage s'adapte aux rôles de composition (travestis, vieillards, enfants), comme il apparaît chez Célestine Galli-Marié, capable d'une

J. Gauchard, « Théâtre de l'Opéra. – Reprise du *Prophète*, acte 4ᵉ, scène dernière, M. Roger et madame Viardot », estampe, [nov. 1849], F-Po, Estampes scenes Prophète (5).

poésie retenue dans *Fantasio* (OC, 1872) ou *Mignon* (OC, 1866), ou de gestes crus dans *Carmen* (OC, 1875). Dans le rôle de Vendredi de *Robinson Crusoé* (OC, 1867), le caricaturiste André Gill fait entrevoir un fond de tristesse dans le regard de la chanteuse que l'on grime en « sauvage » (cf. 18.6, ill.). Mais c'est peut-être dans les scènes d'ensemble – notamment dans les finales – que le jeu se renouvelle de la manière la plus visible. Les déplacements de groupe rythmés sur la musique ou, à l'inverse, les séquences où tous les interprètes, réunis dans un même geste, forment « tableau », ont fixé durablement l'image de l'opéra comme art de l'emphase, appelant la parodie par son manque de réalisme. L'importante diffusion d'images comme la scène de la « Bénédiction des poignards », jusque dans les dernières années du XIXᵉ siècle (cf. cahier d'ill.), invite à considérer ces moments comme des stases émotionnelles, des temps de communion entre la scène et le public. Une telle convergence des mouvements trouvera sa transposition dans la notion de « centre optique », avancée par Louis Becq de Fouquières dans son traité sur la mise en scène[13], comme résultante des mouvements du chanteur et siège de l'imagination du public.

Le jeu comique (P. Girod)

Les techniques du jeu comique apparaissent au XIXᵉ siècle comme une sous-catégorie du jeu théâtral classique. Lié à des genres et des emplois subalternes (Laÿs, Trial), qui sont le plus souvent en relation de porosité avec d'autres traditions[14], le vocabulaire gestuel drôle est progressivement abandonné à l'Opéra puis à l'Opéra-Comique, au profit des genres spécifiquement burlesques ou parodiques que sont l'opérette et l'opéra bouffe. Ainsi, certains gestes italiens en usage à la Foire se retrouvent encore dans des *lazzi* typiques de l'opéra-comique sous la Restauration et la monarchie de Juillet[15], où ils confèrent aux personnages devant amuser le public un caractère de drôlerie en léger décalage avec le jeu plus épuré des autres acteurs[16]. Plus tard, des gestes cabotins habituellement proscrits sur les planches des scènes lyriques viendront signer une intention de faire rire – témoins l'adresse au public « comme fait un chanteur qui vient de vaincre une difficulté vocale[17] » ou la gesticulation machinale des choristes des Folies-Dramatiques. Tout ce qui contrefait le tragédien (la grandiloquence outrée, des accents de déclamation au phrasé trop ronflant) ou rappelle la pantomime (l'intelligence avec la salle coupant l'acteur du plan sur lequel évolue le reste de la distribution, la convocation de l'imaginaire spatial pour anticiper une action) servira à attirer l'attention du public sur un jeu de scène qui, n'étant pas tout à fait juste dans la situation, trahit la bouffonnerie du rôle. L'interruption des couplets par des commentaires en aparté est aussi un aspect malléable de l'interprétation qui permet de briser la stricte alternance entre scènes parlées et morceaux chantés. Le passage fluide du parler au chanter n'est théorisé que tardivement par Yvette Guilbert[18], mais les ruptures sont omniprésentes dans le répertoire[19] d'artistes comme Pierre Levassor, avec des imitations de timbre ou des cris.

L'apprentissage se fait principalement par l'observation avide des représentations successives d'une œuvre au répertoire, et la marche précautionneuse dans les pas des chefs d'emplois, à une époque où la mise en scène est d'abord reproduite avec attention avant d'être potentiellement développée et graduellement personnalisée voire augmentée par les artistes les plus expérimentés. Nous avons parfois trace de cette opération de transmission, soit par les archives des rares institutions qui accueillent ce travail (classes de lecture à haute voix et de déclamation lyrique au Conservatoire[20]), soit par les artistes qui prennent la peine de publier leurs souvenirs (témoignages concernant les conseils donnés par des aînés avant les prises de rôle). La connaissance des habitudes de l'époque passe également par la consultation de l'iconographie[21] et des livrets de mise en scène, petit à petit intégrés aux partitions chant-piano par les compositeurs les plus attentifs au réglage de la pièce[22]. Une histoire du jeu comique plus détaillée s'attacherait à des interprètes comme Féréol, Hervé, Fugère pour les hommes, et Boulanger, Schneider, Ugalde pour les femmes.

Permanences et mutations du jeu à la fin du siècle

À la fin du siècle, le jeu scénique chanté est loin d'être unifié dans l'opéra français. Mais que ce soit dans la noble simplicité où s'illustre une grande tragédienne comme Rose Caron, créatrice de Brünnhilde dans *Sigurd* (La Monnaie, 1884 ; O, 1885) de Reyer et de Sieglinde dans *La Walkyrie* de Wagner à l'Opéra (1893), dans l'hiératisme sensuel des silhouettes d'Esclarmonde, Thaïs ou Phryné façonnées pour la belle Sybil Sanderson, dans le jeu souple d'une Emma Calvé, dont les mémoires[23] témoignent de sa fascination pour la grande actrice Eleonora Duse, dans la représentation naturaliste des « milieux », où excelle un Lucien Fugère, qui créera notamment le rôle du Père dans *Louise* (OC, 1900) de Charpentier, ou dans l'incarnation toute en fraîcheur de Mary Garden, future créatrice de Mélisande, qui débute au pied levé dans le rôle de Louise en 1900, le jeu opératique porte l'empreinte d'une époque qui reconnaît progressivement en la mise en scène un art aux multiples dimensions, engageant le corps du chanteur et les profondeurs de son psychisme, autant que les mouvements des foules et des décors.

Une prise de conscience collective se fait jour, qui irrigue lentement les milieux du chant, portée par un environnement de professionnels de la scène sensibles à la musique. Ainsi, Ciceri a d'abord ambitionné une carrière de violoniste avant qu'un accident ne le conduise à s'orienter vers la peinture, et le régisseur Louis Palianti, comme beaucoup de ses confrères, a commencé une carrière de chanteur avant de s'occuper de mise en scène et de devenir l'auteur de la plus grande collection de mises en scène du siècle (cf. 13.5). De même, un Léon Carvalho n'aurait pas insufflé une telle vie aux répétitions et aux mises en scène, sans la connaissance intime du chant.

En marge ou à l'intérieur de l'institution, les chanteurs ont trouvé leur chemin pour renouveler l'expression dramatique et transmettre leur art à de nouvelles générations. L'enseignement de François Delsarte[24] – l'oncle de Georges Bizet, connu pour ses interprétations de musique ancienne et des convictions spirituelles qu'on dirait aujourd'hui « alternatives » –, s'est perpétué de manière orale et a influencé, par sa recherche des lignes d'expression reliant la pensée intérieure à la présence corporelle, non seulement des professeurs de chant comme Alfred Girodet encore attachés à la pose et à l'attitude[25], mais les rénovateurs du théâtre Edward Gordon Craig et Constantin Stanislavski, ainsi que des danseurs comme Isadora Duncan, Ruth Saint-Denis ou Rudolph Laban, qui chercheront au contraire à s'en affranchir. Sans aller aussi loin dans la fusion de l'expression artistique, les conseils que Jean-Baptiste Faure prodigue aux jeunes chanteurs[26] s'appuient sur la technique vocale pour s'intéresser au personnage, au jeu avec les partenaires, à l'interaction entre le chanteur et le public. Ouvrant encore la perspective, Victor Maurel invite les chanteurs à observer la nature et le monde extérieur, pour les connecter à leurs propres sentiments individuels[27]. Fort de son autorité de star, il tente ainsi de poser les principes d'une « esthétique théâtrale nouvelle[28] », reliant entre elles toutes les particularités à l'œuvre au sein d'une représentation.

À travers la diversité des façons de jouer s'affirment ainsi, tout au long du siècle, des qualités irréductibles aux modèles de jeu *a priori* ou aux caractéristiques des différentes écoles nationales. Mais une spécificité unit tous ces artistes, qui peut expliquer l'impact qui fut le leur dans la constitution du mythe de l'opéra français du XIXe siècle : la théâtralité du jeu. Or qu'est-ce que la théâtralité, sinon la capacité d'embarquer vers d'autres mondes ? « Il n'y a pas de grand théâtre sans théâtralité dévorante[29] », écrivait Roland Barthes. De fait, le chanteur n'a plus le même statut au tournant des XIXe et XXe siècles. On ne lui demande pas seulement d'être l'interprète de l'auteur ; « on veut qu'il devienne un créateur à côté de *l'autre* créateur[30] », le compositeur.

13.5 Vie et imaginaire scéniques
Isabelle Moindrot (avec Léa Oberti)

En faisant entrer les conditions de la représentation dans l'étude des œuvres lyriques, l'historiographie théâtrale a fait apparaître, au-delà de l'instant emblématique de la création, l'épaisseur temporelle, matérielle et symbolique dans laquelle une œuvre prend place. Loin de cantonner celle-ci à des aspects matériels, l'approche spectaculaire a mis en évidence l'étroitesse des liens unissant la musique aux autres arts dans la gestation d'une œuvre lyrique et son inscription dans le répertoire des théâtres. Or dans la tradition lyrique française, fondée sur une esthétique sensualiste[1], le répertoire lyrique est constitué non seulement des œuvres[2], conçues dans l'abstraction d'un texte et d'une partition, mais de spectacles. Comment l'œuvre scénique parvient-elle à perdurer dans le temps malgré l'évolution des goûts, des arts et des techniques ? De la *mise à la scène*, formule habituelle de l'époque pour désigner la mise en répétition, à la *mise en scène*, qui se fixe en œuvre d'art, s'étend l'espace d'un travail collectif, éphémère, toujours à recommencer. Au fil des « remises » à la scène, des « reprises » du répertoire et des « remontages » d'une production, l'œuvre lyrique ne cesse de s'ajuster aux conditions particulières du moment, et se transforme lentement, au gré des interprétations et de l'accueil du public (cf. 13.6). Dès lors comment approcher ce temps long de la « vie des spectacles » ? Une première réponse réside dans les « livrets de mise en scène ». Dans le cadre de leurs missions, les souffleurs et les régisseurs ont longtemps consigné par écrit des indications sommaires pour faciliter le travail des reprises. À partir de la fin des années 1820, voilà que les régisseurs et les agences théâtrales se mettent à éditer des relevés de mise en scène, espérant par ces publications intéresser les salles de province ou de l'étranger[3]. Certains de ces textes sont déjà élaborés[4]. Ils apportent un complément très précieux aux collections de dessins de costumes destinées aux professionnels autant qu'aux amateurs[5], et vont bientôt devenir des outils indispensables à la diffusion des œuvres. Parmi leurs auteurs, Louis Palianti s'est forgé un statut tout à fait singulier.

Le livret de mise en scène et la collection de Palianti (L. Oberti)

Les auteurs des livrets de mise en scène sont principalement des régisseurs des théâtres de la capitale, dont les plus connus sont Louis-Antoine Veillard-Duverger, Hyacinthe Albertin de la Comédie-Française, Arsène, actif au Théâtre-Lyrique de 1854 à 1866, Jacques Solomé, présent à l'Opéra de 1827 à 1831, ou encore Louis Palianti, de l'Opéra-Comique, célèbre pour avoir réuni ses travaux en une collection de plus de 200 livrets. Après 1830, des indications proches de ce que l'on trouve dans les livrets de mise en scène sont publiées dans divers journaux (*Le Moniteur des théâtres, Le Gil Blas, Le Journal des comédiens, La Gazette des théâtres, La Revue du théâtre*)[6]. La mise en scène est ainsi rendue accessible à tous les lecteurs[7].

Né à Cadix en 1810, Louis Palianti suit ses parents en France à l'âge de sept ans et entame assez jeune une carrière lyrique. Il est engagé en qualité de seconde basse-taille à Nantes, Dijon puis Versailles où, en 1834, il se fait remarquer par des chanteurs de l'Opéra-Comique. En 1836, il rejoint la troupe de l'Opéra-Comique en tant que chanteur et régisseur[8]. Il n'occupe pas d'emploi précis, reste cantonné aux personnages secondaires, mais la presse le cite régulièrement : Fortunatus de *L'Ambassadrice* (OC, 1836) ou Gil Perez dans *Le Domino noir* (OC, 1837) d'Auber. Palianti devient l'une des figures emblématiques de la troupe (cf. 7.1) car il occupe en parallèle, comme cela se pratique alors fréquemment, la fonction de sous-régisseur (de 1836 à 1849), puis de régisseur, jusqu'à sa retraite en 1875, quelques mois avant sa mort. Outre ses fonctions de chanteur et de régisseur, Palianti est principalement

Collections de Mises en Scène rédigées et publiées par M. L. PALIANTI.   N°

ROBIN DES BOIS

OPÉRA EN TROIS ACTES — QUATRE TABLEAUX

Musique de WEBER

Arrangé pour la scène française par CASTIL-BLAZE

ACTE PREMIER.

COUP DE FEU avant le lever du Rideau. — Tony est censé avoir tiré et avoir manqué le but.

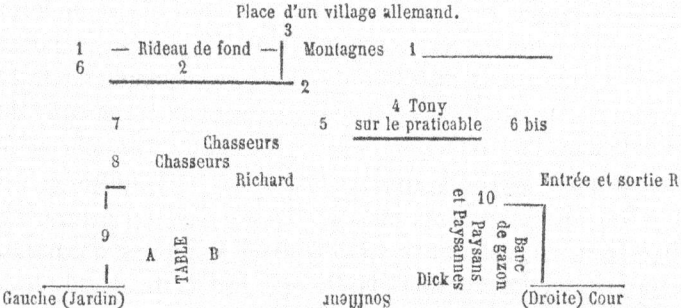

Place d'un village allemand.

```
                                    3
    1   — Rideau de fond —| Montagnes 1 _____
    6              2       |
                           | 2
                                  4 Tony
            7           5   sur le praticable   6 bis
                  Chasseurs
         8    Chasseurs
                     Richard                          Entrée et sortie R
                                        et 10
         9                              Paysans
              A   B                     Paysannes  de gazon  Banc
                  TABLE                              Dick
    Gauche (Jardin)        Souffleur             (Droite) Cour
```

— 2. Praticable de 1 mètre 20 cent., représentant un tertre au milieu duquel est un grand mât (3), au haut duquel est attachée une colombe. — 4. Plancher praticable, masqué par un rocher. De ce plancher, on monte sur le praticable 2, et on descend sur le théâtre par les marches 5 marquées par un rocher, et dans la coulisse cour par des marches, 6 bis, non vues du public. — Du côté jardin, on monte sur le praticable 2 par des marches également non vues du public. — 7. 8. Châssis de forêt. — 9. Porte d'un auberge. — 10. Châssis de découverte — forêt — A. B. Tabourets.

Quand le rideau lève, Tony, sa carabine à la main, descend du praticable 4, par les marches 5, et vient en scène gagner le n° 1. — Tout le monde rit.

Robin des Bois, du côté du jardin, par le praticable 2, vient se poser sur le praticable 4, tire sans viser sur la colombe, qui tombe ; puis, descendant les marches 5. — Il s'arrête un instant, regarde tous les chasseurs et finit par jeter une bourse à Dick.

Ces mouvements s'exécutent pendant le chœur, qui s'attaque après le coup de feu de Robin. Les chasseurs et les paysans se rapprochent de Dick en le montrant du doigt.

Après avoir jeté sa bourse à Dick, Robin s'éloigne, côté jardin, par 5, 4, 2 et 6. Il faut qu'il soit sorti avant la fin du chœur.

Les chœurs le regardent partir avec terreur.

Formez le chartron dès la disparition de Robin.

Trois musiciens : un tambour, une clarinette et un violon se placent sur le banc de gazon-cour.

L. Palianti, livret de mise en scène de *Robin des bois* de Weber, arrangé pour la scène française par Castil-Blaze, Paris : H. Brière, 1872, p. 1, F-PnTolbiac, 4-YF-114 (69).

connu pour son importante activité de publicateur. Cette activité, entreprise dès son séjour à Dijon avec la publication d'une feuille baptisée *L'Entracte*, se poursuit en 1852-1853 avec un *Almanach des spectacles*[9], puis avec les *Petites archives des théâtres de Paris*[10]. Toutefois, son œuvre principale est la « Collection de mises en scène de grands opéras et d'opéras-comiques représentés pour la première fois à Paris », dont la rédaction s'étale de 1837 à 1875[11]. Cet ensemble de 200 livrets est conservé de manière parcellaire à la Bibliothèque-musée de l'Opéra et à la Bibliothèque historique de la Ville de Paris. Il se présente sous la forme de fascicules d'abord édités individuellement dans la presse comme supplément à la *Revue et Gazette des théâtres*, puis publiés chez l'éditeur E. Brière. La collection est hétérogène dans son contenu (taille variable des livrets de six à trente pages, diversité des genres théâtraux parlés et chantés et des lieux de création, publication de mises en scène d'autres régisseurs). Elle est cependant unie dans sa forme. Les couvertures et pages de garde sont identiques. Le livret comprend une description du spectacle acte par acte, les aspects techniques et artistiques étant tour à tour abordés. En cela, Palianti se conforme à la pratique d'écriture de la scène en cours de systématisation dans les années 1830. Les brochures donnent parfois le texte de l'œuvre, contiennent des indications très détaillées sur l'action (entrées, sorties, mouvements des principaux personnages) ainsi que des éléments sur la distribution vocale et les emplois (cf. 2.5, 2.6), les décors, costumes, accessoires ou éclairage. La véritable originalité du travail de Palianti réside dans l'introduction de la « plantation » : un schéma du décor servant de repère pour décrire la mise en scène avec des chiffres et des lettres à l'aide d'une légende. Ce schéma est à lire en parallèle du texte rédigé.

En tant que praticien, Palianti apporte au livret une forme d'expertise qui se manifeste à travers une présentation plus aérée et lisible, un travail plus détaillé, une forme de distance prise avec le livret au profit de l'intérêt scénique et des spécificités de la partition. La caractérisation des personnages dépasse les éléments suggérés par le livret. Ce travail appliqué lui vaut une reconnaissance auprès des compositeurs et des auteurs. Scribe affiche un soutien appuyé au régisseur qui en fera un argument publicitaire en reproduisant au dos de chaque livret la lettre suivante, datée du 2 décembre 1849 : « Je pense que votre travail est fait avec tant de soins et d'intelligence, qu'il rend claire et évidente la pensée de l'auteur, qu'il peut tenir lieu de sa présence aux répétitions, qu'il doit aider grandement à la réussite des ouvrages dramatiques en province et à l'étranger, et que son utilité est incontestable. Ce qui serait à désirer maintenant, ce serait de vous voir étendre votre publication à un bien plus grand nombre de "mises en scène" ; elle devrait non seulement faire partie des bibliothèques de théâtre de la province, mais figurer dans les archives de nos théâtres nationaux. L'oubli des bonnes traditions serait désormais impossible [...]. » Meyerbeer supervise lui-même son livret du *Prophète* (O, 1849) et Verdi écrit à son librettiste Francesco Maria Piave à propos du livret de Palianti pour *Les Vêpres siciliennes* (O, 1855) : « Cette mise en scène doit rester[12]. »

La vie des spectacles

À ces outils essentiellement descriptifs et schématiques mis au point par des professionnels du spectacle, viendra s'adjoindre progressivement un autre type d'outil, utilisé d'abord à des fins promotionnelles, la photographie. À partir de 1887 il devient en effet possible de prendre des clichés à l'intérieur même des théâtres et la presse illustrée fera son miel de ces instants volés, générant un type d'image promis à un bel avenir[13] (cf. 20.6). De même que la photographie, les livrets de mise en scène, qui étaient écrits *a posteriori*, n'ont jamais empêché les spectacles de bouger, comme en témoignent les multiples couches d'annotations visibles sur les brochures ayant servi[14]. Un même processus de superposition et de réécriture est décelable dans le matériel scénique.

Celui-ci représente une valeur : il est donc entretenu, restauré ou mis en vente après autorisation ministérielle[15], et surtout réemployé. De nombreux décors sont fabriqués à partir de châssis anciens (cf. 13.2). Certains sont entièrement lavés et repeints, mais d'autres portent encore les traces de leur usage précédent (formes, type, style), et peuvent avoir été choisis précisément en fonction de celles-ci. Les décors de *Tamerlan* (O, 1802), dont l'action se déroule à Andrinople, sont élaborés avec du matériel tiré d'*Astyanax* (O, 1801), *Tarare* (O, 1787), *Panurge dans l'île des lanternes* (O, 1785), *La Caravane du Caire* (O, 1784) et *Alceste* (O, 1776). Une génération plus tard, pour *La Muette de Portici* (O, 1828) qui marque pourtant un jalon décisif vers les pratiques du grand opéra, seuls deux décors sont commandés à Ciceri, les autres étant des réemplois de *Clari, ou la Promesse de mariage* (O, 1820) et du *Triomphe de Trajan* (O, 1807). Vers 1830, une grande partie des décors disponibles dataient d'avant la Révolution, à l'Opéra comme à l'Opéra-Comique, qui avait racheté en 1808 une partie des décorations, costumes et accessoires de la salle Favart, et pratiquait aussi le réemploi[16]. Perdurant dans le temps, déjouant la mémoire, le matériel scénique se mue en palimpseste[17] : chaque décor peut apparaître comme l'hypertexte d'un autre, et chaque spectacle, devenu assemblage d'une multitude de surfaces et de traces, comme un « hyperspectacle ».

Il en va de même pour les costumes, dont le circuit d'entretien, de restauration et de réemploi est tout aussi encadré. Les costumes circulent de production en production, de premier rôle à choriste et de choriste à figurant, entiers ou par pièces détachées, et lorsqu'ils ne sont plus jugés assez frais, ils sont vendus. Commence alors une autre vie pour eux[18], selon qu'ils sont rachetés par d'autres théâtres ou des particuliers. C'est ainsi que l'auteur du livret d'*Esmeralda* (O, 1836), Victor Hugo, se plaint qu'on n'ait fait des frais que pour les costumes de truands et proteste devant l'aspect minable et défraîchi de la noblesse[19]. Situés à la charnière du passé et du présent, de l'inanimé et du vivant, ces costumes « de service » délivraient peut-être une certaine poésie, mais ils n'étaient pas toujours d'une propreté irréprochable. En 1868, dix danseuses sont mises à l'amende lors de la reprise de *La Juive* (O, 1835) pour avoir refusé de porter des bonnets datant de la création[20].

Avec le système du réemploi, les coûts de mise en scène étaient restés sinon modérés du moins maîtrisables, malgré quelques exceptions notables sous le Premier Empire. À partir des années 1830, pour des raisons de cohérence esthétique, un virage est pris qui impose de produire des décors et des costumes entièrement nouveaux pour chaque création. Le Théâtre-Italien, où perdure longtemps la pratique du réemploi – grand atout des décorateurs de la péninsule – soulève par là même la critique. L'Opéra-Comique, pour des raisons d'économie, s'efforce longtemps de restreindre les dépenses de décoration. Mais bientôt, recycler n'est plus dans l'air du temps. L'art et le prestige imposent l'original, le vierge, l'unique.

Ne pouvant toujours assumer les dépenses de nouvelles créations, les théâtres se reportent sur le répertoire. Dès lors que faire pour raviver l'intérêt sans changer les décors ni les costumes ? La presse et l'iconographie rendent compte des variantes significatives. En février 1852, lors de la reprise de *Guillaume Tell* (O, 1829), pour éviter que le chœur ne ressemble à un « conseil municipal », on nourrit le projet de rassembler 400 choristes. Le public dut se contenter du tiers, mais « quel ébranlement musical formidable » que ce peuple entassé lançant *Aux armes!* à l'auditoire, s'écrie Berlioz (*JD*, 3 fév. 1852)! Le souvenir de la révolution de 1848 était encore vibrant. Dans un autre registre, pour la reprise du *Prophète* (O, 1849) en 1869, on multiplie par quatre le nombre des enfants dans les chœurs, prenant soin de les disposer près de la rampe afin de charmer le public. De facto, s'instaure une autre perception de l'espace scénique. Pour cette reprise, l'Opéra avait encore embauché deux Anglais se produisant à l'Alcazar, qui introduisent dans le Ballet des Patineurs une sensualité inhabituelle. Dix ans plus tard, après avoir remonté au nouvel Opéra Garnier les ballets du répertoire romantique (en restant d'abord assez proche des originaux), Louis Mérante fait flotter sur *La Muette* un parfum de cabaret dans la reprise de 1879 : on s'extasie devant les marins napolitains (traditionnellement jambes et bras nus) joués par des figurantes en travesti, et la tarentelle s'enfièvre soudain comme un cancan.

Parfois les modifications ont des motifs plus graves, notamment après les accidents. On doit ainsi changer le dénouement de *La Muette*, lors de la reprise de 1863. La jeune ballerine Emma Livry ayant péri après que son costume eut pris feu lors d'une répétition, il n'aurait pas été supportable de voir Fenella s'élancer vers les flammes du Vésuve. On se contenta de la faire s'évanouir à l'avant-scène. Il n'est pas rare enfin que le matériel parte en fumée dans l'incendie des bâtiments, comme en 1838 (salle Favart I), 1861 (magasins de l'Opéra), 1873 (salle Le Peletier), 1887 (salle Favart II) et 1894 (magasins de l'Opéra). Se pose alors la question de savoir comment – et sous quel délai – reconstituer le matériel de scène. Parfois, on tente de s'ajuster à l'original : les décors du *Comte Ory* (O, 1828) sont reconstruits en 1880 d'après les plans d'origine, pour rester dans les proportions de la salle Le Peletier. Après la période faste des années 1830, on n'hésite plus à recomposer les décors avec des emprunts. La première de *Rigoletto* à l'Opéra en 1885 se fait sans décors nouveaux, mais avec des morceaux empruntés aux décors d'œuvres du répertoire (*Don Juan, Les Huguenots, Faust*) ou plus récentes (*Le Roi de Lahore, Henri VIII, Tabarin*). Après l'incendie de 1894, qui emporta une grande partie du matériel, les transformations effectuées sont plus nettes. Le vocabulaire scénique ne se modifie guère – ce sont toujours des toiles, des châssis et des praticables –, mais la comparaison des maquettes laisse apparaître une approche plus plastique de l'espace, des formes plus stylisées, des coloris plus intenses[21]. Autant de variations par lesquelles se manifestent sinon des ruptures dans l'interprétation dramatique, du moins une évolution sensible dans le langage scénique.

L'évolution de l'imaginaire scénique

Au-delà des formes et des matériaux, la mise en scène partage avec les arts de son temps ses codes et ses sujets. On retrouvera les lignes limpides et dépouillées du style néoclassique du début de siècle dans les décors d'architecture et les paysages des œuvres censées se dérouler dans l'Antiquité (*Olimpie*, O, 1819), le Moyen Âge romanesque du style troubadour[22], avec ses hommes couverts d'hermine (*Jean de Paris*, OC, 1812) et ses femmes coiffées d'un hennin (*Jeanne d'Arc, ou la Délivrance d'Orléans*, OC, 1821 ; *Charles VI*, O, 1843), ses champs de bataille (*Jérusalem*, O, 1847) et ses salons à la mode « gothique » (*La Dame blanche*, OC, 1825 ; *Le Comte Ory*, O, 1828). Mais l'exigence de couleur locale, qui investit la mise en scène à partir des années 1820, impose plus de vérité dans les décors et les costumes, invitant au voyage imaginaire au moyen d'un catalogue toujours plus vaste de contrées (cf. 17.3).

Grande pourvoyeuse de sujets, l'histoire investit la mise en scène jusqu'à la fin du siècle, selon des choix thématiques comparables aux préoccupations politiques et culturelles du moment[23] (cf. 16.3), mais aussi selon des modalités de structuration de l'espace qui empruntent à la grande peinture[24]. Sous la monarchie de Juillet, qui porte au pouvoir des historiens œuvrant à l'écriture d'un grand roman national, les édifices du passé servent d'arrière-plan au décor. Voici Chenonceau (*Les Huguenots*, O, 1836), Notre-Dame de Paris (*La Esmeralda*, O, 1836), le Louvre (*Le Pré aux clercs*, OC, 1832), la cathédrale de Saint-Denis (*Charles VI*, O, 1843). Contemporain de l'émergence de la notion de patrimoine, le sentiment de la disparition d'un monde se fait jour, sensible dans de nombreux décors. Vingt ans avant le célèbre vers de Baudelaire, un sentiment nostalgique se répand : « Le vieux Paris n'est plus. » Ainsi se serrent les masures de la misère contre la haute silhouette de Notre-Dame, majestueuse mais presque évanescente, dans le décor de *La Esmeralda*. Dans la reprise des *Huguenots* en 1875, c'est l'île de la Cité tout entière qui s'efface dans la nuit, entre la tour du Louvre et l'effrayante tour de Nesle remise à la mode par le drame d'Alexandre Dumas (*La Tour de Nesle*, TPSM, 1832). L'histoire mise en scène rencontre les problématiques de l'archéologie et lance l'imagination scénique vers d'autres territoires (cf. Introd.) : Italie (*Herculanum*, O, 1850), Perse (*Sémiramis*, entrée au répertoire de l'Opéra en 1860[25]), Assyrie (*Sardanapale*, TL, 1867). Tributaire d'un modèle pictural forgé par deux siècles de scénographie, l'image scénique sort revivifiée de cette confrontation avec l'histoire, qui lui offre des « lieux de mémoire » et des émotions partagées. Quoi d'étonnant si les décors sont jugés avec la même exigence historique que les grands tableaux destinés à perdurer dans le temps ?

La référence à Delacroix, récurrente dans les chroniques dramatiques, fait apparaître tout ce que l'opéra doit à la peinture (cf. 20.4). Mais les influences sont très riches de part et d'autre de cette période d'exceptionnelle floraison visuelle. Dans *Ossian ou les Bardes* (O, 1804), il s'agissait de s'inspirer d'un tableau de Girodet[26] ; plus explicite encore, dans *Le Naufrage de la Méduse* (TR, 1839) l'imitation du célèbre tableau de Géricault suspend la narration au profit de pratiques spectaculaires immersives et d'une échappée hors de la sphère de la représentation[27] (cf. 20.5). De même, les lacs noyés de brume (*Leicester ou le Château de Kenilworth*, OC, 1823 ; *La Dame blanche*, OC, 1825), les baies tranquilles (*Masaniello ou le Pêcheur napolitain*, OC, 1827), les vues de ports immenses ou de villes en ruine (*Herculanum*, O, 1859 ; *Les Troyens à Carthage*, TL, 1863), les forêts ombreuses, comme celle qui ouvre *Norma* au Théâtre-Italien (décor de D. Ferri[28], 1835) convoquent le souvenir des toiles de Nicolas Poussin, le Lorrain ou Hubert Robert, réactivent l'esthétique du sublime, ou à la manière des peintres de plein air ouvrent des brèches sur d'autres présences au monde.

La dramaturgie romantique a fait entrer le hors-scène dans l'imaginaire scénique[29], n'hésitant pas pour renforcer ces effets à créer à l'inverse des espaces entièrement fermés (*La Fiancée*, OC, 1829), véritables prouesses des machinistes. Faisant fusionner ces tendances, un décor comme celui d'Émile Chaperon pour la reprise de *Roméo et Juliette* (OC, 1873) n'hésite pas à présenter comme en une coupe géologique, la crypte souterraine où viendront mourir les amants de Vérone et la nature au-dessus, éternellement libre avec ses arbres, ses rochers, son ciel nocturne éclairé par la lune. Au-delà de la scène, invisible au regard mais perceptible par d'autres sens[30], l'espace de la fiction se prolonge, favorisant une multiplicité d'interprétations. Un objet emblématise cet entrelacement de la fiction, de la grande histoire et de la mise en scène. Selon la légende, une des cloches retentissant dans *Les Huguenots* (O, 1836) aurait été prélevée à la Révolution dans l'église Saint-Germain-l'Auxerrois, et aurait ainsi sonné sur la scène de la rue Le Peletier deux siècles et demi après avoir servi lors du massacre de la Saint-Barthélemy[31]. La mise en scène se fait poreuse au réel, dans une mise en abyme sans fin de la fiction. Dès lors, dès cette époque, tout devient porteur de signe dans une représentation. Les terres lointaines de l'exotisme théâtral – les Algériens du *Caïd* (OC, 1849) d'Ambroise Thomas[32], les Anglais de *Lakmé* (OC, 1880) de Léo Delibes[33] ? Miroir des tensions coloniales, que la mise en scène souligne par sa manière de présenter l'autre, comme une créature fantasmée, fabriquée ou observée[34] (cf. 17.5). Les prouesses techniques pour représenter le feu dans *Le Mage* de Massenet (O, 1891) ? Une évocation terrifiante de l'incendie de l'Opéra-Comique ou un coup d'œil intéressé sur les terres pétrolifères de la Perse lointaine[35].

Mais bientôt se font jour d'autres aspirations artistiques. À l'aube du XXe siècle, préparant la reprise de *Carmen* dans la nouvelle salle Favart (1898), Albert Carré se rend en Andalousie avec Charles Bianchini pour s'inspirer de l'atmosphère des lieux et inscrire l'histoire dans l'espace-temps imaginé par Mérimée. Puis, mettant en scène *Louise* de Charpentier (OC, 1900), il se rend à Montmartre comme Ciceri naguère à Naples, pour en ramener non seulement des images déjà ajustées aux conventions théâtrales, mais des objets du monde réel, arrachés à leur fonction sociale : « Les escaliers de Montmartre n'eurent plus de secrets pour Jusseaume et je me levai à 4 heures du matin pour m'en aller, avec Bianchini, surprendre au travail les chiffonniers de la Butte, auxquels nous achetions hottes et lanternes[36]. »

Enfin, du *Postillon de Lonjumeau* (OC, 1836) à *Manon* (OC, 1884), par la mise en scène d'œuvres évoquant l'opéra dans son histoire, le spectacle lyrique devient lui-même « milieu », objet d'étude et de fascination au même titre que les faubourgs de Paris ou l'Égypte des Pharaons.

Et comme si la scène-tableau devenait trop étroite, voilà qu'on investit d'autres lieux. Dans l'éphémère Eden-Théâtre de la rue Boudreau, la salle octogonale au balcon unique disposé en amphithéâtre et son vaste plateau égalant presque celui de l'Opéra Garnier, offriront en 1887 une nouvelle chance scénique à la dramaturgie wagnérienne. Sans être révolutionnaire, la représentation de *Lohengrin* y sera le point de départ d'un tour de France, grâce auquel s'est acclimatée la dramaturgie de Wagner en France, sur des critères cette fois esthétiques et non plus politiques (cf. 9.5, 13.6)[37]. Ainsi se fait jour le sentiment d'une historicité de la mise en scène, de sa place si particulière dans la société de son temps.

13.6 Le devenir des œuvres en province
Joann Élart, Mélanie Guérimand, Hervé Lacombe, Léa Oberti, Yannick Simon, Sabine Teulon-Lardic

Paris-province (H. Lacombe)

La faible qualité des représentations théâtrales en province est un lieu commun de la presse parisienne du XIXe siècle. La centralisation, qui conduit inexorablement les talents dans la capitale, mais aussi l'organisation des troupes expliquent cet état de fait. « Dans les théâtres de province, écrit James Rousseau en 1829, le personnel se renouvelle chaque année en totalité ou en partie. Les uns arrivent du Nord, les autres du Midi, et chacun d'eux a joué telle pièce de telle ou telle manière[1]. » Le travail est facilité par les livrets de mise en scène qui se généralisent, tandis que la mise en place du « spectacle du chant » est encadrée par le système des emplois qui gouvernent les troupes sur l'ensemble du territoire national (cf. 1.6, 2.6). L'opéra en province se trouve dans une situation paradoxale : il est lié au modèle parisien et doit se contenter de forces humaines, techniques et économiques souvent très inférieures à celles des théâtres de la capitale. La partition n'échappe pas à des aménagements, parfois anticipés par les auteurs ou les éditeurs. Si l'on en croit Reyer, à la fin du siècle le principe du respect du texte est de mieux en mieux accepté dans les salles parisiennes (les fausses traditions d'exécution exceptées) ; en revanche, en province, « on prend encore des libertés, des licences incroyables à l'égard du texte du compositeur » (*JD*, 29 mai 1892). Que devient un spectacle, dans son sens le plus large, après sa création ? C'est le transfert et le devenir des œuvres de Paris aux théâtres de France que nous voulons évoquer dans les lignes qui suivent. Nous proposerons tout d'abord une présentation de la circulation des œuvres et leur inscription aux répertoires locaux à partir de l'exemple de *La Dame blanche* (OC, 1825). Puis nous considérerons le livret de mise en scène comme outil de diffusion, avant de présenter cinq exemples concrets d'ouvrages montés en province. *Le Colporteur* (OC, 1827) d'Onslow pose la question de la distance culturelle et des divergences entre Paris et province avant même de parler de spectacle. *Les Dragons de Villars* (TG, 1856) à Montpellier est l'exemple inverse d'une œuvre qui trouve immédiatement son public local et les moyens adaptés à son exécution. Il est précédé de deux études sur l'arrivée du grand opéra : à Lyon, avec la première de *La Muette de Portici* (O, 1828) en 1828, et à Montpellier, avec la première des *Huguenots* (O, 1836) en 1840. Enfin, le cas des représentations de *Lohengrin* (Weimar, 1850) à travers la France permettra d'évoquer la diffusion des œuvres de Wagner à la fin du siècle.

La Dame blanche, un succès national (J. Élart)

La Dame blanche conquiert rapidement la France et le monde dans plus d'une dizaine de traductions. Cette réussite repose notamment sur la popularité d'un auteur ayant déjà obtenu de beaux succès en province. D'après une étude statistique portant sur la période 1823-1839, l'œuvre circule dans un réseau de théâtres implantés dans 157 villes françaises[2] ! Un échantillon autour de 1870 montre l'importance écrasante de cet ouvrage qui s'impose alors que l'on constate la disparition quasi définitive du reste du répertoire de Boieldieu. Entre 1866 et 1875, près de 90 % des représentations associées à Boieldieu relevées dans l'espace français – comprenant également les colonies (Algérie) et les départements d'outre-mer (Réunion, Martinique, Guadeloupe) – concernent

La Dame blanche (1487 sur un total de 1703 représentations)[3]. Durant cette décennie, *La Dame blanche* visite 175 villes, dont les dix premières sont Bordeaux, Rouen, Lyon, Le Havre, Nantes, Toulouse, Versailles, Marseille, Montpellier et Lille – Alger figure en douzième position. D'un point de vue économique, les droits d'auteur générés par ses représentations garantissent un certain confort matériel aux héritiers de Scribe et de Boieldieu, puisque chacun d'entre eux perçoit une rente annuelle d'environ 2 000 F. Boieldieu avait lui-même senti que cette œuvre allait lui survivre : « Mon succès paraît être un succès national qui fera, à ce que tout le monde me dit, époque dans l'histoire de la musique[4]. »

Le livret de mise en scène :
un outil pour la diffusion de l'opéra en province (L. Oberti)

La France du XIXe siècle est divisée en arrondissements théâtraux dans lesquels se répartissent sous le contrôle de l'État des troupes ambulantes et sédentaires dont les moyens tant artistiques qu'économiques demeurent très limités. Seules quelques villes (Bordeaux, Marseille, Lyon, Rouen) jouissent d'une troupe permanente. Paris s'impose aux théâtres de province comme modèle à imiter afin de garantir le succès et de correspondre à la mode et au goût dont la capitale est l'arbitre. Les troupes se trouvent confrontées aux désirs d'un public demandant un répertoire renouvelé (ce qui impose des temps de répétition très restreints) et relativement en accord avec l'actualité (le décalage entre création parisienne et première provinciale étant généralement de quelques mois).

La part grandissante des éléments visuels dans les productions, tant dramatiques que lyriques, conjuguée au besoin des théâtres de province d'être aidés dans la reproduction matérielle des spectacles, contribue au développement, autour de 1830, d'un outil spécifique (dont il existe de rares exemples avant 1800[5]) : le livret de mise en scène (cf. 13.5). Moins qu'un idéal figé, le livret de mise en scène se présente comme un outil de travail pour le directeur ou le régisseur chargé de monter l'œuvre en l'absence des auteurs. L'enjeu est d'abord commercial. La fidélité à l'égard de la création est un argument nécessaire pour remplir les salles. Les recettes de ventes des places devant s'équilibrer avec les dépenses, les livrets édités concernent majoritairement l'opéra-comique (cf. 7.1), plus accessible et moins onéreux à monter que le grand opéra. Le livret de mise en scène se révèle tout aussi nécessaire et vertueux dans le domaine artistique. Il sert de point de repère dans des troupes de province dont la composition se renouvelle au gré des saisons, permet un temps de répétition écourté et, aux auteurs, de faire l'économie de leur présence. Dans le cadre de l'émergence d'une réflexion sur la propriété intellectuelle, ce nouvel outil semble apporter des garanties quant à l'intégrité de l'œuvre. Les agences théâtrales et quelques éditeurs de musique comme Choudens assurent le lien entre Paris et la province. Créées par des hommes de théâtre, les agences, aussi appelées « bureaux » ou

« correspondants » des théâtres, ont un double rôle : 1° elles servent d'intermédiaire pour l'embauche des artistes en province ; 2° elles fournissent le matériel nécessaire pour monter l'ouvrage – textes, partitions et livret de mise en scène. Parmi les plus importantes, on compte la Correspondance générale des Théâtres, la Correspondance des Spectacles et le Café des Comédiens[6].

La destination provinciale des livrets de mise en scène est évidente : la conscience des réalités économiques des troupes de province y est lisible au travers des multiples suggestions d'adaptation. Ces suggestions concernent le domaine artistique (mention des emplois correspondant aux rôles, adaptation en fonction des effectifs, voire suppression des ballets). Elles sont encore plus développées pour la partie technique. Il est question d'astuces pour la réalisation de trucages ou d'effets, mais aussi de possibilités de réemploi de décors provenant de pièces montées précédemment. Le livret est par ailleurs complété par une abondante documentation (maquette des décors, dessins des costumes…) que l'agence peut louer. Il permet la propagation du modèle parisien sur le territoire national et, dans une moindre mesure, vers les théâtres de l'étranger. Il dépasse un statut patrimonial de conservation de l'œuvre, s'affirme comme un outil publicitaire et, plus encore, comme une aide pratique liée aux spécificités du spectacle vivant et aux nécessités de son adaptation aux contingences locales.

Réussir à Paris et tomber en province :
l'exemple du Colporteur *d'Onslow* (J. Élart)

Le deuxième opéra-comique de George Onslow était-il trop parisien[7] ? Sans être un très grand succès, *Le Colporteur* s'est maintenu à l'Opéra-Comique jusqu'en 1830 et a connu une large diffusion dans tout le quart Nord-Est de l'Europe où il a été traduit en trois langues. L'ouvrage est également monté en province, notamment en mars 1828 au Havre, à Rouen et à Nantes. Il tombe au Havre et plus rapidement encore à Rouen – dès la troisième représentation interrompue par le bruit éclatant des sifflets. Les premiers griefs formulés dans la critique visent la médiocrité du livret de Planard, mais également le genre du drame auquel se rattache cet opéra-comique. À cela s'ajoute le caractère savant d'une partition d'inspiration rossinienne dont l'orchestration est jugée fatigante à force d'être minutieuse et dont les accompagnements étouffent le chant. Le « ressenti » est ici directement la conséquence des moyens insuffisants engagés par la direction pour se doter d'effectifs correspondant au niveau d'exigence de la partition. Complexe et d'une longueur jugée excessive, cette dernière déstabilise un public de province encore peu préparé aux innovations du nouveau répertoire. D'un certain équilibre du parler et du chanter, et d'un format permettant la représentation de deux ou trois ouvrages par soirée, on passe à un genre lyrique accordant à la musique un poids plus imposant avec des proportions bousculant la programmation quotidienne. On s'oriente par là vers la révolution définitive qui se cristallise avec le grand opéra et les opéras italiens. À travers cet échec rouennais, la question soulevée paraît donc bien être celle de la part de plus en plus importante qu'occupe la musique dans l'opéra-comique – évolution difficilement acceptée par un public de province qui aborde encore l'opéra-comique comme un genre théâtral plutôt que comme un genre lyrique.

La Muette de Portici à *Lyon* (M. Guérimand)

La première de l'opéra d'Auber à Lyon a lieu le 22 décembre 1828, dix mois après la création parisienne. Elle est donnée par la troupe du Grand-Théâtre (installé dans une salle provisoire en bois et en briques entre 1827 et 1831, le temps que le théâtre soit rénové), avec pour les personnages principaux : Moreau-Sainti (Masaniello), Grignon (Pietro), Édouard (Alphonse), Chapelle (Selva), Mme Dangremont (Elvire) et Mlle Bénoni (Fenella). Si certains journaux encensent les chanteurs, d'autres soulignent que Mme Dangremont « manque de fraîcheur », que Moreau-Sainti (qui sera engagé six mois plus tard à l'Opéra-Comique) « n'a pas les moyens nécessaires pour chanter le grand opéra », ou encore que « Grignon joue et chante *Pietro* tout à fait sans façon » (*Le Précurseur*, 1er janv. 1829). Il faut préciser que le Grand-Théâtre possède encore une troupe unique pour jouer le répertoire lyrique, tous genres confondus (cf. 2.6, 14.3). La voix de certains des artistes est parfois plus adaptée aux personnages d'opéras-comiques qu'à ceux de *La Muette*, qui inaugure le nouveau genre du grand opéra. Les chœurs sont en revanche encensés par la critique : « C'est même en partie à ces derniers, hommes et femmes, qu'il faut attribuer la vogue soutenue et méritée de l'opéra nouveau », lit-on dans le *Journal du commerce* (31 déc. 1828). Le personnage de Fenella est également salué, tant pour son intérêt dramatique que pour la justesse de jeu de Mlle Bénoni (première mime, première et seconde danseuse). Ce rôle suscite par ailleurs des rivalités : l'ouvrage est suspendu après quatre représentations, car Mlle Lebreton (première danseuse) refuse de danser dans les ballets, déçue de ne pas avoir été chargée du personnage de Fenella qu'elle avait pourtant réclamé « de la manière la plus pressante en présence de tous ses camarades » (*Journal du commerce*, 12 et 13 janv. 1829). La cavatine de Masaniello « Ô Dieu ! toi qui m'as destiné ! » (IV, 2, n° 13) et le second air d'Elvire « Arbitre d'une vie » (IV, 6, n° 14) ont vraisemblablement été supprimés, probablement afin d'alléger un rôle ou de raccourcir la durée de l'ouvrage. Si l'on en croit la presse, l'exécution est remarquable autant que la mise en scène, malgré les conditions peu favorables du théâtre provisoire. Le spectacle paraît conforme à ce que demande Solomé dans son livret de mise en scène. Il est coordonné par M. Revelle (ou Revel) qui occupe depuis 1811 le poste de régisseur en chef au Grand-Théâtre, mais aussi les emplois de Trial, Laruette, Lesage ou encore de coryphée suivant les saisons. Aucun ajustement n'a été réalisé, pas même pour la scène de triomphe (IV, 9) où, conformément à la version parisienne, Masaniello monte un cheval blanc – une première pour la scène lyonnaise. La mise en espace des chœurs est également saisissante et inédite pour les artistes et le public du Grand-Théâtre. Les décors, comme fréquemment, sont des réemplois. Ils ont été rafraîchis sous le pinceau de M. Perlet « par des accessoires de fort bon goût » (*Le Précurseur*, 1er janv. 1829). Pour la scène finale du Vésuve en éruption, les Lyonnais ont pu apprécier « tout ce qui était possible dans une salle de bois qu'il ne faut pourtant pas incendier » : « La mer enflammée par les reflets du volcan, les ruisseaux de lave et la pluie de cendres. Ce dernier phénomène a presque été trop au naturel, il était temps que la fin vînt arrêter les éruptions d'une fumée épaisse qui serait devenue étouffante » (*Le Précurseur*, 25 déc. 1828). Lors de la reprise de l'ouvrage en 1830, de nouveaux décors sont réalisés : une vue de Naples et de son golfe ainsi qu'une peinture du Vésuve plus grande et plus réaliste. Les accessoires sont également refaits à neuf. À partir des années 1840, *La Muette* possède son propre décor dans les magasins du Grand-Théâtre. Dans la seconde moitié du siècle, l'ouvrage sera parfois joué sans le boléro de l'acte I ou complété d'un ballet. L'acte II pourra être donné en complément de soirée. Dans les années 1880, certains extraits – comme l'ouverture, le duo de Masaniello et Pietro, ou les chœurs – seront exécutés lors de concerts donnés par des sociétés chorales à la Scala Bouffe, avec le concours des artistes du Grand-Théâtre.

Les Huguenots *et* Les Dragons de Villars *à Montpellier* (S. Teulon-Lardic)

Lors de la création des *Huguenots* à Paris, le rôle de fort ténor est incarné par le Montpelliérain Adolphe Nourrit, qui en assume aussi la mise en scène. Représenté à Montpellier à partir du 5 février 1840, grâce à l'initiative zélée des artistes locaux réunis en société, l'œuvre de Meyerbeer va devenir l'un des grands opéras favoris de la cité languedocienne – citadelle protestante résistante. La presse locale témoigne d'une ambition scénique qui mobilise tout le personnel : « Celui du drame comme du vaudeville figurait dans les chœurs ou du moins faisait nombre, et cela, sous trois ou quatre costumes. Aussi, cette partie très importante pour tout grand opéra a-t-elle été parfaite » (*Courrier du Midi*, 6 fév. 1840). Des sources conservées aux Archives de l'Opéra-Comédie permettent d'évaluer plus précisément les représentations montpelliéraines : la partition, le matériel d'orchestre, le *Livre des décors* du Théâtre (*ca* 1888) contenant certains cyanotypes des décorateurs parisiens, Rubé et Chaperon (I, V), Lavastre et Despléchin (II), complétés par ceux du Montpelliérain A. Gairaud. La partition, éditée chez Schlesinger en 1836, comporte des ajouts manuscrits et des indications de coupure. Les moments-clés du drame y apparaissent *in extenso* : scène de l'orgie, septuor du duel, bénédiction des poignards, grand duo de Valentine et Raoul. La suppression de brèves sections de récitatif n'altère en rien le drame et la plupart des coupures plus importantes sont en fait prévues par Meyerbeer. Ainsi, celle du n° 5 : « Comme le 1er acte est long et que ce morceau n'offre pas beaucoup d'intérêt, on peut supprimer tout ce qui n'est pas nécessaire à l'action » (part. d'orch., p. 128) ; et celle du n° 7, air de Marguerite, « Ô beau pays de la Touraine » : « Cet air étant très long et difficile [...] on peut l'abréger des deux tiers en ne chantant que le premier mouvement en *sol* » (p. 223). Rien n'est systématique cependant ; ainsi la coupure préconisée lors de l'entrée de la cour (n° 11) n'est pas adoptée. Trois cas éclairent les difficultés présidant au transfert des *Huguenots* sur une scène de province, dont l'orchestre compte de 40 à 52 permanents et les chœurs de 22 à 34 artistes. Au final de l'acte III, le Cortège de noce (n° 21 chœur & ballet) doit défiler avec une importante musique de scène réunissant 23 instruments. Les raccordements, notés dans la partition de Montpellier, entre les parties de fosse et celles de l'harmonie sur scène, témoignent des ajustements rendus nécessaires pour préserver la musique du ballet avec un effectif instrumental réduit. Un souci analogue d'économie conduit à une réduction drastique du 1er tableau du dernier acte (la salle de bal de l'Hôtel de Nesle). Seule la section initiale du ballet (Allegro du n° 25) est conservée. En revanche, la suppression du quatuor *a cappella* au final de l'acte II (n°12A) tient vraisemblablement à des raisons artistiques, si l'on envisage sa difficulté d'exécution et la fatigue d'artistes de troupe qui doivent porter un répertoire annuel de 30 à 42 œuvres[8].

L'absence d'Aimé Maillard à la première locale, le 8 janvier 1860, des *Dragons de Villars*, ne va pas entacher la popularité de son opéra-comique, qui va être continûment à l'affiche des saisons de sa ville natale jusqu'à la Grande Guerre, parallèlement aux 377 représentations de la salle Favart. Les Languedociens apprécient en effet le mode divertissant sous lequel les dragonnades, exercées à l'encontre des protestants après la révocation de l'édit de Nantes, sont présentées, une manière de désamorcer les antagonismes religieux ayant marqué le territoire. Les Couplets de l'Ermite (n° 5) et la Chanson du dragon (n° 13) sont ici souvent bissés, et la Prière des fugitifs (n° 11), clé de voûte de l'acte II, est distinguée comme une page largement et savamment écrite, proche du grand opéra (*Le Furet*, 12 fév. 1860). En 1894, elle est encore un objet d'identification pour « la mâle harmonie et le chant large [qui] expriment bien le caractère énergique et la ferveur religieuse de ces habitants des Cévennes » (*La Lorgnette*, 5 janv. 1896). Les décors de la première production dus à Eugène Baudoin – « tout à fait en harmonie avec l'étroite vallée qui serpente dans la montagne d'un effet pittoresque » (*Le Furet*, 19 février 1860) – éveillent l'intérêt de spectateurs familiers des contreforts cévenols, tandis que ceux de la décennie 1880 accentuent le naturalisme du site sauvage (l'ermitage de Saint-Gratien à l'acte II). Le *Livre des décors*, consultable dans les archives du théâtre, contient un dessin par A. Gairaud dont la légende – « Ermitage *Dragons de Villars/Fra Diavolo* » – laisse entendre que ce même décor servait à la représentation des deux ouvrages. L'absence de coupures dans la partition d'orchestre éditée par

Brandus, Dufour et Cie (conservée dans les mêmes archives) dévoile que le potentiel de la troupe locale semble en adéquation avec le genre opéra-comique.

Les visages de Lohengrin à travers la France (Y. Simon)

Avant même son entrée au répertoire de l'Opéra le 16 septembre 1891 sous la conduite de Charles Lamoureux, *Lohengrin* avait connu de nombreuses représentations en France. La première à Paris, à l'Éden-Théâtre, à l'instigation du même Lamoureux, le 3 mai 1887, avait été suivie, entre février et juin 1891, d'une centaine, réparties dans sept villes (cf. 9.5)[9]. Ces neuf productions différentes permettent de brosser un tableau du wagnérisme français tel qu'il est donné à voir et à entendre à la fin du XIXe siècle. D'un théâtre à l'autre, les conditions ne sont certes pas les mêmes, les ressources disponibles et les moyens mis en œuvre n'étant pas comparables, mais elles convergent d'autant plus que les pratiques opératiques du siècle sont moins régies par la singularisation que par la reproduction d'un modèle. Dans le cas de cette production francophone de *Lohengrin*, la spécificité vient du fait que ce modèle ne provient pas de l'Opéra mais, dans un premier temps du théâtre de la Monnaie de Bruxelles puis, dans un second, d'une entreprise personnelle, celle de l'Éden-Théâtre.

Il faut attendre l'entrée au répertoire de l'Opéra pour voir apparaître une partition d'orchestre associée à un texte en français. Avant de pouvoir bénéficier de cette édition, les interprètes utilisent le conducteur allemand et la partition chant-piano contenant la traduction française du texte par Charles Nuitter. L'utilisation d'une version émanant directement du compositeur n'empêche pas un recours presque systématique à la pratique des coupures. Si Lamoureux s'y refuse en 1887 et pour les trois premières représentations de l'Opéra, il doit ensuite les accepter. À l'exception de Nantes, la pratique est généralisée dans les autres villes françaises sans qu'il soit permis d'en évaluer précisément l'ampleur. À Bruxelles en 1870, ce rabotage avait atteint trente minutes, soit presque un tiers du temps de la version initiale[10] !

Cette absence de respect de la partition contraste avec la recherche d'une imitation d'un modèle supposé original dans les domaines des décors et des costumes. Pour la dimension visuelle du spectacle, trois attitudes sont suivies ou combinées : le réemploi de décors conçus pour d'autres productions, l'achat de décors existants (en 1891, le théâtre de Toulouse achète à Lamoureux les décors de 1887), la création de décors et de costumes nouveaux. Le théâtre de Lyon par exemple fait réaliser des décors imités de la production de 1887. Cette dernière et celle de l'Opéra, dans la mesure où elles sont associées aux mêmes décorateurs, Jean-Baptiste Lavastre et Eugène Carpezat, et au même costumier, Charles Bianchini, sont pratiquement semblables[11]. Lamoureux, l'initiateur des deux versions, est à la recherche d'une « somptuosité sévère[12] » conforme aux idées de Wagner et d'une authenticité historique qui conduit le costumier à s'inspirer, entre autres, de la Tapisserie de Bayeux. L'imitation d'un modèle n'empêche pas, pour autant, la singularité et l'on pourra distinguer l'austérité de Paris du clinquant de Lyon, la vision guerrière du personnage de Lohengrin à l'Éden-Théâtre de celle plus angélique de l'Opéra que traduit l'absence de barbe postiche. (Une polémique éclata à ce sujet, Van Dyck refusant cette barbe donnant selon lui une dimension trop guerrière à son personnage!)

Faute de traces audio-visuelles, il est moins aisé d'évoquer les mises en scène mais il semble bien que celle de 1887 constitue une remise en cause des pratiques en vigueur dans les institutions parisiennes. L'accent est mis sur le mouvement des chœurs dont les membres sont sommés de participer à l'action plutôt que d'observer les principaux protagonistes. À l'inverse, il est demandé aux interprètes d'être plus statiques, moins grandiloquents que naturels, plus souvent en face de leur interlocuteur que sous les feux de la rampe. L'attitude d'Ortrude est particulièrement remarquée puisqu'elle est présente pendant tout le premier acte sans jamais intervenir et reste assise durant tout son duo avec Frédéric à l'acte II.

D'importants moyens humains sont mobilisés pour réaliser ces productions. À l'Opéra et dans les théâtres régionaux, les interprètes sont les membres de la troupe à quelques exceptions près. Une troupe *ex nihilo* est constituée pour l'Éden-Théâtre (dont nombre de chanteurs ont déjà participé à une production wagnérienne, en particulier à Bruxelles). Comme à l'Opéra, la distribution est doublée.

Notes de 13.1

1. Pour une vision d'ensemble sur l'histoire de l'orchestre d'opéra, voir A. di Profio, « The orchestra », in H. M. Greenwald, *The Oxford handbook of opera*, New York : OUP, 2014, p. 480-509. Plus spécifiquement pour l'Opéra, voir A. Terrier, *L'Orchestre de l'Opéra de Paris : de 1669 à nos jours*, Paris : La Martinière, 2003 ; D. Colas, « The Orchestras of the Paris Operas in the Nineteenth Century », in N. M. Jensen et F. Piperno éd., *The Opera Orchestra in 18th- and 19th-century Europe. Geography and Institutions*, Berlin : Berliner Wissenschafts-Verlag, 2008, p. 217-258.
2. N. Southon, *L'Émergence de la figure du chef d'orchestre et ses composantes socio-artistiques : François-Antoine Habeneck (1781-1849)*, thèse de doctorat, université de Tours, 2008.
3. E. Hervé, « La disposition des musiciens de l'orchestre de l'Opéra de Paris d'après Alexandre Choron et Adrien de Lafage », in *Orchestres aux XVIIIe et XIXe siècles, Musique, image, instrument*, 12, 2010.
4. H. Berlioz, *Le Chef d'orchestre, théorie de son art*, 2e éd., Paris, H. Lemoine, 1902, p. 31.
5. *Ibid.*, p. 11.
6. N. Wild, *Dict.*, p. 232 (TL), 340 (OC).
7. G. Streletski, *Contribution à l'histoire sociale de la musique en France : Hector Berlioz et Edme-Marie-Ernest Deldevez [...]*, Heilbronn : L. Galland, 2000.
8. M. Everist, « Rehersal Practices », in H. M. Greenwald, *The Oxford handbook of opera*, p. 419-441.

Notes de 13.2

1. R. Martin, *L'Émergence de la notion de mise en scène dans le paysage théâtral français (1789-1914)*, Paris : Classiques Garnier, 2013, p. 13-50.
2. P. Larousse, « Mise », *Grand Dictionnaire universel du XIXe siècle [...]*, t. 11, Paris : Administration du Grand dictionnaire universel, 1874, p. 330.
3. A. Andries, *Modernizing Spectacle : The Opéra in Napoleon's Paris (1799-1815)*, Ph. D., Yale University, 2018, p. 124-126.
4. S. de La Rochefoucauld à H. Duponchel, 14 avr. 1827, F-Po, Arch. de l'Opéra, 129.
5. M. Auclair, « Chefs machinistes et régisseurs de l'Opéra de Paris au XIXe siècle », *L'Envers du décor à la Comédie-Française et à l'Opéra de Paris au XIXe siècle*, Montreuil : Gourcuff Gradenigo, 2012.
6. O. Bara, *Le Théâtre de l'Opéra-Comique sous la Restauration [...]*, Hildesheim : G. Olms, 2001, p. 32-36.
7. O. Bara, « Les livrets de mise en scène, *commis voyageurs* de l'opéra-comique en province », in F. Naugrette et P. Taïeb éd., *Un siècle de spectacles à Rouen*, Publications numériques du CÉRÉdI, Actes de colloque n° 1, 2009, http://ceredi.labos.univ-rouen.fr/public/?les-livrets-de-mise-en-scene.html, consulté le 8 mai 2019.
8. Parisine II, « La Soirée parisienne. *La Muette de Portici* », *Le Gaulois*, 10 sept. 1879.
9. A. Vizentini, *Derrière la toile (foyers, coulisses et comédiens) [...]*, Paris : Achille Faure, 1868, p. 11.
10. G. Roger, *Le Carnet d'un ténor*, Paris : Paul Ollendorff, p. 190.

11. Cité in C. Frigau Manning, *Chanteurs en scène. L'Œil du spectateur au Théâtre-Italien (1815-1848)*, Paris : Honoré Champion, 2014, p. 203.
12. T. Thibaut, « Manuel du souffleur [...] », *Journal des Comédiens*, 20 déc. 1830, n° 252, p. 4.
13. N. Wild, *Décors et costumes du XIXe siècle*, t. 2, *Théâtres et décorateurs*, Paris : Bibliothèque nationale, 1993, p. 159.
14. C. Frigau Manning, *Chanteurs en scène*, p. 20, 205-206.
15. Voir A. Jacobshagen, « Oper als szenischer Text : Paliantis Inszenierungsanweisungen zu *Le Prophète* », in M. Brzoska, A. Jacob et N. Strohmann éd., *Giacomo Meyerbeers « Le Prophète ». Edition, Konzeption, Rezeption*, Hildesheim/New York : G. Olms, 2009, p. 181-212.
16. Ch. de Boigne, *Petits Mémoires de l'Opéra*, Paris : Librairie nouvelle, 1857, p. 12.
17. Ch. Bouvet, *Cornélie Falcon*, Paris : Félix Alcan, 1927, p. 131.
18. C. Frigau Manning, *Chanteurs en scène*, p. 206-207.
19. Un monsieur de l'orchestre, « Comment Offenbach fait répéter », *Fig.*, 25 janv. 1877, p. 3, in *M. Offenbach nous écrit*, J.-C. Yon éd., Arles : Actes Sud/Palazetto Bru Zane, 2019, p. 323-327.
20. J.-Ch. Branger, *Manon de Jules Massenet [...]*, Metz : Éd. Serpenoise, 1999, p. 75-84.
21. N. Guibert, « Les premières révolutions scéniques du XIXe siècle dans la splendeur de leurs draperies », in B. Daniels éd., *Le Décor de théâtre à l'époque romantique : catalogue raisonné des décors de la Comédie-Française, 1799-1848 [...]*, Paris : BnF, 2003, p. 12.
22. C. Join-Diéterle, « Les décorateurs : des dynasties d'artistes », in *L'Envers du décor à la Comédie-Française et à l'Opéra de Paris au XIXe siècle*, Moulins : Centre national du costume de scène, 2012, p. 41.
23. I. Berbain, *Du maître peintre décorateur de théâtre au scénographe : Émile Bertin (1878-1957), le dernier d'une tradition*, thèse de doctorat, EPHE, 2016, p. 189.
24. C. Join-Diéterle, *Les Décors de scène de l'Opéra de Paris à l'époque romantique*, Paris : Picard, 1988, p. 193.
25. N. Guibert, « Les premières révolutions scéniques du XIXe siècle », p. 16.
26. N. Wild, « La mise en scène à l'Opéra-Comique sous la Restauration », in H. Schneider et N. Wild éd., *Die Opéra Comique und ihr Einfluß auf das europäische Musiktheater im 19. Jahrhundert*, Hildesheim : G. Olms, 1997, p. 187-188.
27. N. Wild, *Décors et costumes du XIXe siècle*, t. 1, *À l'Opéra de Paris*, Paris : Bibliothèque nationale, 1987, p. 6.
28. C. Frigau Manning, *Chanteurs en scène*, p. 503-531.
29. G. Vitoux, *Le Théâtre de l'avenir, aménagement général, mise en scène, trucs, machinerie, etc.*, Paris : Schleicher frères et Cie, [1903 ?], p. 177.
30. G. Bapst, *Essai sur l'histoire du théâtre. La mise en scène, le décor, le costume, l'architecture, l'éclairage, l'hygiène*, Paris : Hachette, 1893, p. 580-596.
31. J. Lefèvre, *L'Électricité au théâtre*, Paris : Grelot, 1894.

Notes de 13.3

1. J. Moynet, *L'Envers du théâtre. Machines et décorations*, Paris : Hachette, 1873.
2. A. Pougin, « Machiniste en chef », *Dict.*, p. 489.

3. C. Join-Dieterle, *Les Décors de scène de l'Opéra de Paris à l'époque romantique*, Paris : Picard, 1988, p. 188.
4. C. Pierre, *Le Magasin de décors de l'Opéra, rue Richer, son histoire (1781-1894)*, Paris : Bibliothèque de la « Revue dramatique et musicale », 1894.
5. A. Segond, *Les Petits Mystères de l'Opéra*, Paris : Kugelmann-Bernard-Latte, p. 230.
6. J. Moynet, *L'Envers du théâtre*, p. 127.
7. C. Frigau Manning, *Chanteurs en scène*, p. 414.
8. [L. Gentil], *Les Cancans de l'Opéra [...] 1836-1848*, J.-L. Tamvaco éd., Paris : CNRS Éditions, 1998, t. 1, p. 348.
9. [L. Gentil], *Les Cancans de l'Opéra*, p. 346.
10. *Journal des dames et des modes*, 20 Messidor an 12 [9 juil. 1804], n° 58, p. 462.
11. A. Segond, *Les Petits Mystères de l'Opéra*, p. 237.
12. A. Vizentini, *Derrière la toile*, 1868 ; J. Moynet, *L'Envers du théâtre* ; G. Moynet, *Trucs et Décors*, Paris : À la librairie illustrée, 1893 ; G. Vitoux, *Le Théâtre de l'avenir*.
13. É. Arago, « Le figurant », *Les Français peints par eux-mêmes [...]*, t. 3, Paris : L. Curmer éd., 1841, p. 157.
14. N. Roqueplan, *Regain. La vie parisienne*, Paris : Librairie nouvelle, 1853, p. 76.
15. [L. Gentil], *Les Cancans de l'Opéra*, t. 1, p. 502.
16. [M. Alhoy, F.-A. Harel, A. Jal], « Comparse », *Dictionnaire théâtral [...]*, Paris : Barba, 1824, p. 81-82.
17. N. Roqueplan, *Regain*, p. 79.
18. Ch. Nuitter, *Le Nouvel Opéra*, Paris : Hachette, 1875, p. 186-187.
19. [M. Alhoy, F.-A. Harel, A. Jal], « Figurant, Figurante », *Dictionnaire théâtral*, p. 152.
20. Th. Gautier, « Le rat », *Les Français peints par eux-mêmes*, p. 249.
21. G. Roger, *Le Carnet d'un ténor*, p. 338.
22. C[en] Boullet, *Essai sur l'art de construire les théâtres*, p. 76-77.
23. N. Wild, *Dict.*, p. 340.
24. C. Frigau Manning, *Chanteurs en scène*, p. 494.
25. H. Marquié, « Le prestige de l'Opéra couvre tout. Les coulisses de la danse à l'Opéra Garnier, 1875-1914 », in L. Delaunay éd., *Les Coulisses théâtrales. Contribution à une histoire du hors scène*, *Revue d'Histoire du Théâtre*, 281, 2019/1, p. 73-86.
26. P. Larousse, « Choriste », *Grand dictionnaire universel du XIXe siècle*, t. 4, p. 191.
27. A. Verdier, O. Goetz, D. Doumergue éd., *Art et usages du costume de scène*, Paris : Lampsaque, 2007.
28. Ch. Nuitter, *Le Nouvel opéra*, p. 185.
29. A. Segond, *Les Petits Mystères de l'Opéra*, p. 213.
30. J. Moynet, *L'Envers du théâtre*, p. 285.
31. N. Wild, *Décors et costumes du XIXe siècle*, t. 1, p. 342.
32. Castil-Blaze, *L'Académie impériale de musique [...]*, vol. 2, Paris : Castil-Blaze, 1855, p. 245.
33. Ch. Garnier, *Le Nouvel Opéra de Paris*, t. 2, Paris : Ducher et Cie, p. 251.
34. G. Bapst, *Essai sur l'histoire du théâtre*, p. 594-595.
35. L. Daguerre, *Histoire et description des procédés du daguerréotype et du diorama*, 2e éd., Paris : Susse frères, 1839.
36. E. Delacroix à J.-B. Pierret, [27 juin 1825], in *Lettres de Eugène Delacroix (1815-1863)*, Ph. Burty éd., Paris : A. Quantin, 1878, p. 77.
37. Ch. de Boigne, *Petits mémoires de l'Opéra*, p. 73-74.

Notes de 13.4

1. A. Di Profio, « "...l'opéra italien n'est pas autre chose qu'un concert..." Aventures et mésaventures d'un topos critique », in M. Biget-Mainfroy et R. Schmusch éd., « *L'esprit français* » *und die Musik Europas : Entstehung, Einfluss und Grenzen einer ästhetischen Doktrin*, Hildesheim : G. Olms, 2006, p. 20-30.
2. *L'Artiste*, janv.-avr. 1844, p. 32.
3. Lettre non signée [L. V. X. Papillon de la Ferté ?] à Graziani, 1er août 1818, F-Po, AD 34, fol. 17-19.
4. C. Frigau Manning, *Chanteurs en scène*.
5. M. Alhoy, *Grande biographie dramatique [...]*, Paris : Chez les marchands de nouveautés, 1824, p. 64.
6. I. Balmori, « Voix et geste au XIXe siècle », p. 6, en ligne, http://www.bruzanemediabase.com, consulté le 5 mai 2019.
7. R. Campos et A. Poidevin, *La Scène lyrique autour de 1900*, Paris : L'Œil d'or, 2011, p. 153-192.
8. J. Audubert, *L'Art du chant. Suivi d'un traité de maintien théâtral avec figures explicatives*, Paris : Brandus et Cie, 1876 ; E. Delle Sedie, *Esthétique du Chant et de l'Art Lyrique*, Milan : Ricordi, 1885.
9. A. Segond, *Les Petits Mystères de l'Opéra*, p. 267.
10. « Théâtre d'Aix », *Journal des comédiens*, 23 déc. 1830.
11. M. Garcia fils, *École de García, Traité complet de l'art du chant en deux parties*, Paris : chez l'auteur, E. Troupenas et Cie, [1re partie, 1841, 2de partie 1847].
12. A. Vizentini, *Derrière la toile (foyers, coulisses et comédiens) [...]*, Paris : Achille Faure, 1868, p. 20.
13. L. Becq de Fouquières, *L'Art de la mise en scène*, Paris : G. Charpentier et Cie, 1884.
14. C. Frigau Manning, *Chanteurs en scène*, p. 160-164.
15. O. Bara, « The Company at the Heart of the Operatic Institution », in A. Fauser et M. Everist éd., *Music, Theater and Cultural Transfer : Paris, 1830-1914*, Chicago : UCP, 2009, p. 26.
16. Ch. Loriot, *La Pratique des interprètes de Berlioz et la construction du comique sur la scène lyrique au XIXe siècle*, thèse de doctorat, université de Paris-Sorbonne, 2013, p. 387-393.
17. H. Lefèbvre, *Le Petit Faust : mise en scène*, Paris : Heugel, [1870], p. 6.
18. Y. Guilbert, *L'Art de chanter une chanson*, Paris : Grasset, 1928, p. 36.
19. E. Déjazet, *Titi à la représentation de « Robert le Diable »*, Paris : Brandus, s.d. ; V. Parizot, *La Mère Michel aux Italiens*, Paris : Mayaud, 1845.
20. P. Girod, *Les Mutations du ténor romantique*, thèse de doctorat, université Rennes 2, 2015, p. 110-121.
21. R. Campos et A. Poidevin, *La Scène lyrique autour de 1900*, p. 211-213, 370.
22. J. Parisi, « Massenet, metteur en scène à l'Opéra-Comique ? », in J.-Ch. Branger et A. Terrier éd., *Massenet et l'Opéra-Comique*, Saint-Étienne : PUSE, 2015, p. 153-181.
23. E. Calvé, *Sous tous les ciels j'ai chanté. Souvenirs*, Paris : Plon, 1940.
24. E. Randi, *François Delsarte : la scène et l'archétype*, trad. C. Pelissier, Paris : L'Harmattan, 2016.
25. I. Balmori, « Voix et geste au XIXe siècle », p. 12.

26. J. Faure, *La Voix et le Chant. Traité pratique*, Paris : au Ménestrel, 1886.
27. V. Maurel, *Dix ans de carrière*, Paris : Imprimerie Paul Dupont, 1897, p. 30.
28. *Ibid.*, p. 9.
29. R. Barthes, « Le théâtre de Baudelaire » [1954], *Écrits sur le théâtre*, J.-L. Rivière éd., Paris : Seuil, 2002, p. 123.
30. L. Kerst, « Préface », in V. Maurel, *Dix ans de Carrière*, p. IV-V.

Notes de 13.5

1. C. Kintzler, *Jean-Philippe Rameau [...]*, Paris : Minerve, 1983.
2. M. Pouradier, *Esthétique du répertoire musical [...]*, Rennes : PUR, 2013.
3. O. Bara, « Les livrets de mise en scène, *commis voyageurs* de l'opéra-comique en province », in F. Naugrette et P. Taïeb éd., *Un siècle de spectacles à Rouen*, consulté le 8 mai 2019.
4. *Indications générales et observations pour la mise en scène de La Muette de Portici [...] par M. Solomé*, Paris : Duverger, 1828.
5. *Petite galerie dramatique, ou Recueil de différents costumes d'acteurs des théâtres de la capitale*, 16 vol., Paris : Martinet, [1796-1843] ; H. Lecomte, *Recueil des costumes de tous les ouvrages dramatiques représentés avec succès sur les grands théâtres de Paris*, Paris : Engelmann : Martinet : Bance : Decle, [1820-1830].
6. S. Robardey-Eppstein, « Les mises en scène sur papier-journal : espace interactionnel et publicité réciproque entre presse et monde théâtral (1828-1865) », in O. Bara et M.-È. Thérenty éd., *Presse et scène au XIXe siècle, relais médiatiques des phénomènes dramatiques*, *Médias 19*, en ligne, http://www.medias19.org/index.php?id=2973, consulté le 3 janv. 2018.
7. H. R. Cohen et M.-O. Gigou, *Cent ans de mise en scène lyrique en France (env. 1830-1930). Catalogue descriptif des livrets de mise en scène, des libretti annotés et des partitions annotées dans la Bibliothèque de l'Association de la régie théâtrale (Paris)*, New York : Pendragon Press, 1986.
8. F.-J. Fétis, *Biographie universelle des musiciens*, t. 2, Paris : Firmin-Didot, 1880.
9. L. Palianti, *Almanach des spectacles pour 1852 et 1853*, Paris : Brière, 1853.
10. L. Palianti, *Petites archives des théâtres de Paris* [1855-1865], Paris : Gosselin, 1865.
11. H. C. Wolff, « Die Regiebücher des Louis Palianti für die Pariser Oper, 1830-1870 », *Maske und Kothurn, Internationale Beiträge zur Theaterwissenschaft*, 26, 1980, p. 74-84.
12. F. Abbiati, *Giuseppe Verdi*, 4 vol., Milan : Ricardo, 1959, vol. 2, p. 316.
13. R. Campos et A. Poidevin, *La Scène lyrique autour de 1900*, p. 21-56.
14. M.-O. Gigou, « Conserver le spectaculaire, ou de l'utilité de la conservation des mises en scène », in O. Goetz, S. Humbert-Mougin et I. Moindrot, éd., *Le Spectaculaire dans les arts de la scène du Romantisme à la Belle Époque*, Paris : CNRS Éd., 2006, p. 47-52.
15. F-Pan, AJ[13] 185 et AJ[13] 567.
16. N. Wild, « La mise en scène à l'Opéra-Comique sous la Restauration », in H. Schneider et N. Wild éd., *Die Opéra Comique und ihr Einfluß auf das europäische Musiktheater im 19. Jahrhundert*, Hildesheim : G. Olms, 1997, p. 183-210.
17. G. Genette, *Palimpsestes. La littérature au second degré*, Paris : Seuil, 1992.

18. M. Charpy, « Formes et échelles du commerce d'occasion au XIXe siècle. L'exemple du vêtement à Paris », *Revue d'histoire du XIXe siècle*, 24, 2002, p. 125-150.
19. N. Wild, *Décors et costumes du XIXe siècle*, t. 1, *À l'Opéra de Paris*, Paris : Bibliothèque nationale, 1987, p. 110-111.
20. Rapport du régisseur de la danse E. Coralli, F-Pan, AJ^{13}477, cité in H. Marquié, « Le prestige de l'Opéra couvre tout », p. 83.
21. I. Moindrot, « Après la première, les reprises. Réflexions sur la mise en scène lyrique en France au XIXe siècle », in P. Frantz et M. Fazio éd., *La Fabrique du théâtre. Avant la mise en scène (1650-1880)*, Paris : Desjonquères, 2010, p. 408-424.
22. M.-A. Leroy-Maršálek, *La Réinvention du Moyen Âge sur les scènes lyriques parisiennes entre 1810 et 1830*, thèse de doctorat, université Rennes 2, 2017.
23. S.-A. Leterrier, *Le Mélomane et l'Historien*, Paris : Armand Colin, 2005, p. 56-57, 77-78, 105-108.
24. J. Maehder, « Historienmalerei und Grand opéra », in S. Döring et A. Jacobshagen éd., *Meyerbeer und das europäische Musiktheater*, Laaber : Laaber, p. 258-287.
25. H. Kopchick Spencer, « *Sémiramis* (1860) at the Paris Opéra in the Age of Romantic Archaeology », Paris, tosc@paris.2019, 28 juin 2019.
26. A. Andries, *Modernizing Spectacle*, p. 116, 147-148, 153.
27. S. Hibberd, « *Le Naufrage de la Méduse* and Operatic Spectacle in 1830s Paris », *19th-Century Music*, 36/3, Spring 2013, p. 248-263.
28. C. Frigau Manning, *Chanteurs en scène*, p. 384-406.
29. A. Ubersfeld, « Alexandre Dumas père et le drame bourgeois », [1984], in A. Ubersfeld, *Galions engloutis*, P. Frantz, I. Moindrot et F. Naugrette éd., Rennes : PUR, 2011, p. 131-144.
30. M. Girardi, « "Et vive la musique qui nous tombe du ciel!" L'espace sensible sur la scène du XIXe siècle », in H. Demoz, G. Ferrari, A. Reyna éd., *L'Espace « sensible » de la dramaturgie musicale*, Paris : L'Harmattan, 2018, p. 37-58.
31. Ch. Nuitter, *Le Nouvel Opéra*, p. 238.
32. A. Gregório, « *L'Arabe* » dans le théâtre français, du début de la conquête de l'Algérie jusqu'aux grandes expositions coloniales (1830-1931) », thèse de doctorat, université de Lyon II, 2016.
33. P. Girard, « L'Inde et les Anglais à l'Opéra-Comique. Qui sont les autres dans *Lakmé* ? », in N. Coutelet et I. Moindrot éd., *L'Altérité en spectacle 1789-1914*, Rennes : PUR, 2015, p. 125-140.
34. M. Auclair, « L'Autre observé et l'autre fabriqué. Décors et costumes exotiques à l'Opéra au XIXe siècle », in N. Coutelet et I. Moindrot éd., *L'Altérité en spectacle*, p. 257-273.
35. I. Moindrot, « Quelles natures sur les scènes d'opéra au XIXe siècle ? », *Le Son de l'Anthropocène : natures*, colloque organisé par N. Donin, I. Moindrot et F. Ribac, Ircam, 29-30 mai 2018, https://medias.ircam.fr/xbf4713.
36. A. Carré, *Souvenirs de théâtre*, R., Favart éd., Paris : Plon, 1950, p. 253-254.
37. Y. Simon, *Lohengrin. Un tour de France, 1887-1891*, Rennes : PUR, 2015.

Notes de 13.6

1. J. Rousseau, *Code théâtral, physiologie des théâtres*, Paris : J.-P. Roret, 1829, p. 78-79.
2. D'après [*Bordereaux et bulletins de la part d'auteur à Paris et dans les départements*], F-R. legs Sanson-Boieldieu, Ms. p 152^{15}. J. Élart, « La diffusion des opéras de Boieldieu en province (1823-1839) », in P. Taïeb éd., *Le Répertoire en question*, colloque à l'Opéra-Comique, 20-21 mai 2014 (actes non parus).
3. J. Élart, « Fortune et gloire de l'Opéra-Comique autour des œuvres de Boieldieu et de leur diffusion en France au XIXe siècle », in A. Dratwicki et A. Terrier éd., *L'Opéra Comique, trois cents ans de créations*, colloque à l'Opéra-Comique, 19-21 mars 2015 (actes non parus).
4. A. Boieldieu à son ami Fournier, in G. Héquet, *A. Boieldieu*, Paris : s.n., 1863, p. 97.
5. G. M. Bergman, « Les agences théâtrales et l'impression des mises en scène aux environs de 1800 », *Revue de la Société d'histoire du théâtre*, 30, 1956/2, p. 228-240.
6. *Ibid.*, p. 240.
7. J. Élart, « *Le Colporteur* à Rouen, ou l'autopsie d'un échec en province », in V. Niaux éd., *George Onslow [...]*, Lyon : Symétrie, 2010, p. 273-309.
8. S. Teulon-Lardie, « La collection Gilles : valoriser un siècle de programmation au théâtre de Montpellier », in S. Féron et P. Taïeb éd., *L'Historiographie des institutions lyriques françaises*, en ligne, consulté le 27 nov. 2017.
9. Y. Simon, *Lohengrin : un tour de France, 1887-1891*, Rennes : PUR, 2015 ; Y. Simon, « Le tour de France par Lohengrin (1891) », *Dezède*, en ligne (nov. 2013), dezede.org/dossiers/id/25/, consulté le 3 avr. 2018.
10. Y. Simon, « Contribution à l'étude des coupures à travers l'exemple de *Lohengrin*, entre Bruxelles et la France (1870-1908) », *Rdm*, 98/2, 2012, p. 405-420.
11. Deux autres décorateurs sont associés à la production de 1891, Amable et E. Gardy.
12. *Petit Bulletin*, programme de salle des Concerts Lamoureux du 20 mars 1887, p. 3.

Pauline Viardot (née Garcia, 1821-1910)

Mezzo-soprano, compositrice et pédagogue, Pauline Viardot mena une carrière brillante sur le plan international. Issue d'une famille de musiciens, elle étudia la musique et le chant avec son père, le ténor Manuel Garcia, et sa mère, la chanteuse María Joaquina Sitchès. Elle étudia aussi le piano avec Charles Meysenberg et Franz Liszt et la composition avec Anton Reicha. Après la mort de sa sœur, la célèbre mezzo-soprano Maria Malibran, Viardot s'est tournée définitivement vers le chant. Elle fit ses débuts à Londres en mai 1839, puis à Paris dans le rôle de Desdemona de l'*Otello* de Rossini au Théâtre-Italien le 8 octobre. Comme sa sœur aînée, aussi formée par son père, Viardot avait une voix puissante, une excellente déclamation et un grand registre allant des notes graves d'une contralto aux notes aiguës d'une soprano. Elle excella autant dans les œuvres du bel canto, les grands opéras français que dans les opéras classiques du XVIIIe siècle. Dès ses débuts, elle chanta sur les plus grandes scènes d'Europe, de Berlin à Saint-Pétersbourg et de Londres à Varsovie. Polyglotte et compositrice douée, Viardot composa des œuvres (chansons, opérettes, morceaux de piano) inspirées des différents styles nationaux. Très estimée par les grands compositeurs tels que Meyerbeer, Gounod, Berlioz et Saint-Saëns, elle collabora avec ces derniers dans la composition ou dans l'adaptation de ses rôles : notamment Fidès du *Prophète* (1849) de Meyerbeer, le rôle-titre de *Sapho* (1851) de Gounod, ainsi qu'Orphée dans la reprise d'*Orphée et Eurydice* de Gluck, adapté par Berlioz au Théâtre-Lyrique (1859). Viardot fut aussi une pédagogue recherchée. Sous son tutorat, se sont succédé plus de 300 grandes cantatrices et chanteurs amateurs. Elle fut la deuxième femme engagée au Conservatoire de Paris comme professeure de chant, de 1871 à 1875. Longtemps après sa retraite de la scène, elle resta une figure marquante dans les cercles musicaux et culturels. Elle utilisa son influence artistique pour soutenir de jeunes talents, tels Fauré dans les années 1870, Massenet (elle créa sa *Marie-Magdeleine* en 1873) et Saint-Saëns, dont elle chanta l'acte II de *Samson et Dalila* en privé en 1874. Elle tint un salon à Baden-Baden dans les années 1860, ainsi qu'à Paris après son retour en 1871, où elle composa et représenta ses opéras de salon, *Le Dernier Sorcier* (1867), *L'Ogre* (1868) et *Cendrillon* (1904). Elle reçut aussi nombre d'artistes dans sa villégiature à Bougival, près de Paris.

Kimberly White

Disdéri, *[Pauline Viardot dans Orphée et Eurydice de Gluck]*, photographie, Paris : Disdéri, [1859] (détail).

Chapitre 14
La vie lyrique en province et dans les colonies

14.1 L'ACTIVITÉ LYRIQUE DANS LES PROVINCES FRANÇAISES SOUS L'EMPIRE

Philippe Bourdin

Comme il a été vu précédemment (cf. 1.2, 4.1), le nombre des théâtres a été limité, en 1806, à deux dans les plus grandes villes (Lyon, Bordeaux, Marseille, Nantes et Turin) et à un seul dans quatorze autres. Le territoire, qui dépasse les frontières naturelles pour comprendre les annexions récentes, jusqu'à la Belgique et la Hollande au Nord, a été divisé en 1807 en 25 arrondissements théâtraux inégaux, dont demeurent encore exclus 21 départements (Haute-Garonne, Alpes-Maritimes, Escaut, Marengo, conquêtes italiennes) ; une révision aura lieu en 1813. À chaque arrondissement sa troupe sédentaire brevetée, et, selon les capacités et la spécialisation de celle-ci, selon l'entregent des directeurs de spectacle, des troupes ambulantes autorisées pour les agglomérations secondaires, non sans vives tractations avec les préfets ni sans abus de sous-traitants. Assidûment élaboré à Paris, que reste-t-il du modèle théâtral napoléonien dans une province élargie aux terres étrangères ?

La programmation lyrique sur le territoire national

Si l'enquête demeure encore très embryonnaire, les travaux de Cyril Triolaire sur le onzième arrondissement théâtral permettent d'apporter une première réponse[1]. Essentiellement rural (86,1 % de la population vit à la campagne et seulement cinq villes dépassent les 10 000 habitants), il bénéficie d'au moins 32 locaux prompts à accueillir les divertissements, dont 11 d'entre eux dans Clermont-Ferrand, les autres se répartissant entre 16 villes (5 dans le Cantal, 3 dans la Haute-Loire, 2 dans l'Aveyron, 1 en Lozère, les autres dans le Puy-de-Dôme). La variété des bâtiments est grande. Il existe certes des ouvrages spécifiquement destinés à l'art des muses, qui contribuent à l'embellissement urbain dans les cités les plus importantes. L'édifice le plus imposant est certainement le nouveau théâtre de Clermont-Ferrand inauguré le 15 août 1807, fort de 600 places. Celui de Riom, remanié entre l'an VIII et l'an XI compte 200 places, celui du Puy-en-Velay, construit en 1766, 500. Nombre d'églises, où se sont réunies sous la Révolution les assemblées électives, accueillent désormais les spectacles : couvents Notre Dame à Aurillac et des Sœurs de Saint-Joseph à Yssingeaux. À Mende, il faut se contenter d'une salle sommairement aménagée depuis l'an VI dans les locaux de l'école centrale puis, à partir de 1810, dans ceux, trop exigus, de la préfecture. À Pont-du-Château (Puy-de-Dôme) ou à Saint-Flour (Cantal), les hôtels de ville sont réquisitionnés. Outre la contrainte des salles, peu confortables, du prix des places (de 50 centimes à 2 F), les entreprises officielles, à la recherche d'un public fidèle et subissant les coûts de leurs déplacements, s'avèrent financièrement fragiles. Près d'une soirée sur trois est déficitaire à Clermont-Ferrand, cinq soirées sur treize à Riom. Le onzième arrondissement ne parvient pas à retenir longtemps des directeurs et des artistes, engagés à l'année pour des cachets très inégaux (de 600 à 4 400 F), rares à demeurer davantage et pour certains désertant avant terme, parfois poussés par des cachets en vain promis ou par des pétitions d'un public mécontent, parfois agité par des groupes constitués (anciens membres de l'Agence royale à Clermont en 1805). Ce qui n'empêche pas la présence de quelques gloires : Hus-Desforges, qui poursuivra sa carrière à Paris et en Russie (comme directeur de l'orchestre du Théâtre français de Saint-Pétersbourg) avant de rentrer en France pour de multiples tournées provinciales ; Jausserand, ancien interprète du Théâtre Feydeau. Ce contexte joue inévitablement lorsqu'il s'agit de monter un opéra : pauvreté des machines, faiblesse des orchestres, médiocrité des chanteurs et des ballets, acoustique défaillante s'ensuivent en effet.

Sur scène, à s'en tenir à Clermont et à Riom, dominent vaudevilles et comédies (56 % du répertoire), et à un degré moindre les œuvres lyriques (19 %) : pour 31 % des opéras, pour 15 % des *opere buffe*, pour 45 % des opéras-comiques. Ils conviennent mieux aux moyens humains et techniques, qui conduisent les programmations : 12 des 17 troupes brevetées qui s'arrêtent à Moulins sont spécialisées dans le lyrique, et l'opéra compte pour plus de 20 % du répertoire, contre moins de 5 % au Puy-en-Velay. Globalement, la fermeture aux expériences des salles secondaires parisiennes a pour corollaire l'abondance des pièces créées au XVIIIe siècle (plus de 70 %, dont un tiers datent de la Révolution) au détriment des nouveautés du Consulat et de l'Empire (moins de 21 % des affiches). La diversité de la programmation frappe : 271 pièces, 131 auteurs entre l'an VIII et 1815, au détriment des grands chefs-d'œuvre, comme il en sera fait reproche au préfet en l'an X[2]. Seuls quatre spectacles semblent relever évidemment du théâtre de propagande : en 1806, *La Colonne de Rosback*, vaudeville en un acte (TVaud., 1806), en 1815 *La Bataille des Pyramides*, « opéra mélodrame » (TPSM, 1803 ?), et une création locale, un divertissement allégorique chanté et dansé imaginé par le professeur d'histoire de l'École centrale du Puy-de-Dôme, Rabany-Beauregard, *Le Mariage de Mars et d'Astrée* (1801) − il osera un élogieux *Retour des lys* dès 1814... *La Fée Urgèle*, *Les Deux Chasseurs et la laitière* sont rapidement rangés au rayon des souvenirs ; *Adolphe et Clara*, *L'Opéra-Comique*, *Le Prisonnier*, créés à la fin du Directoire, sont les plus grands succès. Anseaume, Favart, Hoffman, Marsollier, et surtout Sedaine sont les librettistes, Berton, Boieldieu, Dalayrac, Della Maria, Gaveaux, Grétry, Nicolò, Méhul les compositeurs les plus goûtés. Dezède tient cependant encore l'affiche avec *Blaise et Babet* (Favart, 1783) et *Alexis et Justine* (Versailles, 1785), Champein avec sa *Mélomanie* (OC/CI, 1781), Kreutzer avec *Lodoïska* (Favart, 1791) et *Paul et Virginie* (Favart, 1791), et Monsigny avec *La Belle Arsène* (OC/CI, 1775) et *Le Déserteur* (OC/CI, 1769) − bien plus régulièrement programmé que son succès parisien, *Félix ou l'Enfant trouvé* (OC/CI, 1777). Il ne se passe pourtant pas longtemps avant qu'une œuvre qui a fait ses preuves dans la capitale ne soit produite en province : ainsi du *Calife de Bagdad* (Favart, 1800) de Boieldieu, programmé 25 fois par 15 troupes différentes dans les années qui suivent sa création parisienne. Il faut moins d'un an à Caen pour écouter *L'Irato* (Favart, 1801) ou le *Joseph* (OC, 1807) de Méhul, peu de mois pour entendre cette même œuvre à Marseille ou *La Vestale* (O, 1807) de Spontini à Nantes[3].

Si les modèles demeurent parisiens − exceptionnellement, des compositeurs font carrière en province : Franz Beck à Bordeaux, Luce-Varlet à Douai −, ils ne sont pas exempts de contestation. Le *Bulletin de Lyon* révèle en février 1803 combien publics et critiques du cru revendiquent une identité provinciale pour rejeter le *Michel-Ange* (OC, 1802) de Nicolò : « Si Paris a le privilège exclusif de faire des bons ouvrages, il partage quelquefois avec les provinces le malheur d'en créer de très mauvais [...]. En province, les pièces arrivent isolées ; la faveur les escorte à Paris, la vérité seule les suit dans les départements[4]. » Très variable d'un lieu à l'autre, le prix des places est meilleur marché que dans la capitale : en 1813, entre 1 et 3 F la place à Nantes, 190 F pour les hommes et 100 F pour les femmes qui désirent s'abonner à l'année à Lyon. Sans doute les spectacles souffrent-ils des limites des recrutements locaux : seuls 16 choristes à Lyon pour accompagner les chanteurs professionnels en 1811-1812, 10 à Nantes pour la saison 1813-1814, de simples amateurs[5]. Il est cependant des lieux urbains, riches de leur activité économique et de leur éventail social, mieux adaptés aux succès de l'opéra que le Massif central. Il représente par exemple 35 % de la programmation dijonnaise sous l'Empire[6]. Il est très présent dans un port comme La Rochelle, enrichi dans le commerce triangulaire et bénéficiant de la présence de garnisons militaires. En 1805, Saint-Romain, directeur du spectacle, y invite Mlle Rolandeau, artiste du Théâtre-Italien « avantageusement connue, et dont les talents ont été généralement applaudis, il y a cinq ans, sur le théâtre de Rochefort[7] », qui doit débuter dans *Le Marquis de Tulipano* (TM, 1806) de Paisiello et *Alexis ou l'Erreur d'un bon père* (Feydeau, 1798) de Dalayrac ; elle est *in extremis* empêchée par les obligations parisiennes des

Italiens. Deux ans plus tard, pour le premier trimestre 1807, le même entrepreneur propose de mettre à l'affiche un bouquet d'œuvres – dont on ne sait s'il les a toutes portées sur scène, cette liste nous informant d'abord sur la culture musicale de l'impétrant – réunissant des ouvrages donnés à l'Opéra-Comique (*L'Épreuve villageoise, Le Tableau parlant, Le Marquis de Tulipano, La Fausse Magie, Ma tante Aurore, Le Traité nul*) et des pièces mêlées de vaudevilles (*La Revanche forcée, Les Petites Marionnettes, Maître Adam ou le Menuisier de Nevers, La Colonne de Rosback, Le Vieux Chasseur, Agnès Sorel, Il ne faut pas condamner sans entendre, Le Rémouleur et la meunière*)[8]. En 1809, la troupe de La Rochelle, maintenant sous la direction de Cocatrix, qui propose aux autorités un catalogue de plusieurs centaines d'opéras en tous genres, compte huit chanteurs et six chanteuses, dont quatre viennent de Belgique et d'Allemagne, les autres de toute la France, quatre choristes recrutées à Paris ; le chef d'orchestre vient de Mayence[9]. Les opéras-comiques l'emportent dans les œuvres vocales données en tournée à Rochefort, Saintes ou Saint-Jean d'Angély (deux par soir, ou une accompagnée d'une cantate) : *Le Calife de Bagdad, Gulistan, La Mélomanie, Médée, Les Prétendus*, etc.[10]. Cocatrix admet ne pas disposer toujours de l'effectif idéal, et souffrir des bisbilles entre artistes : en 1815, « il y avait du brillant, mais beaucoup de disparate [...] les acteurs se jalousaient au lieu de se servir, et [...] les deux ou trois premiers sujets, très peu travailleurs, décourageaient ou retardaient les autres[11] ».

Il faut aussi compter avec la concurrence de plusieurs salles dans les villes d'importance, salles spécialisées en fonction du *Règlement pour les théâtres* de 1807. À Lyon, le Grand-Théâtre de la place des Terreaux, déficitaire ou faillitaire selon les années, malgré les aides préfectorales et municipales, doit se consacrer à la comédie, la tragédie, l'opéra et le ballet ; fort de son succès, celui des Variétés, place des Célestins, aux comédies de boulevard, à l'opéra-comique et aux mélodrames, à « quelques ballets » qui occasionneront autant de disputes avec ses concurrents. Contraint par ses tutelles à une programmation quasi quotidienne et à une grande variété (par exemple, entre avril et octobre 1811, il donne 77 opéras), le premier est obligé de diminuer son orchestre de 40 à 29 musiciens entre 1805 et 1812, tout en y introduisant un trombone et une harpe ; le second en emploie 26. Parmi les 11 à 15 chanteurs du Grand-Théâtre, certains se font une réputation locale : sous le Consulat, Mme Sainte-James dans les opéras de Boieldieu et Grétry, Mlle Rousselois, future pensionnaire de l'Opéra de Paris, dans ceux de Steibelt et Méhul. Cherubini, Gluck, Kreutzer, Lemoyne, Piccinni, Rousseau, Spontini ont également les honneurs de la scène en 1811, où la salle propose 21 opéras en trois ou quatre actes, 13 en deux actes, 32 en un[12].

Le théâtre lyrique français dans l'Europe de Napoléon

Il est cependant difficile de s'en tenir aux seuls départements français compris dans les frontières de 1800 : l'espace national ne cesse de s'agrandir ou de se rétrécir au fil des combats, et l'impérialisme culturel est un horizon d'attente pour Napoléon, grand amateur de théâtre, qu'il fréquente hebdomadairement autant que la vie militaire le lui permette – mais il sait entraîner des comédiens à sa suite –, correspondant avisé de Talma et ami de bien des dramaturges, amoureux enfin de la tragédie et de l'opéra italien. Il est trop féru d'histoire pour ne pas savoir combien de grands militaires qui l'ont précédé (comme le maréchal de Saxe) ont su user des arts de la scène pour affirmer la force de leurs déclinaisons françaises, susceptibles de faire oublier la rudesse de la soldatesque. Si les réseaux maçonniques ont participé de la diffusion des œuvres lyriques, les compétences et goûts des préfets et des agents locaux rendent cependant fragiles les tentatives d'organisation territoriale sur le modèle national : la création d'arrondissements théâtraux dévolus par privilège à un directeur unique, ayant en charge la programmation des théâtres principaux, la gestion des troupes secondaires et ambulantes ; la spécialisation des salles, dévolues à un genre unique. Les obstacles sont aussi ceux des langues et des idiomes, dont la France aurait pourtant dû avoir l'expérience après les éphémères tentatives révolutionnaires d'éradication des patois, sans compter les us et coutumes culturels « nationaux », qui ont construit une solide tradition musicale dans la péninsule italienne, l'Empire autrichien ou les États allemands, et pas seulement dans les villes de Cour[13].

Les jugements dépréciatifs des administrateurs français ne manquent pas à l'encontre des indéracinables habitudes italiennes. Ainsi des Toscans, réputés « toujours préférer de mauvaises farces en musique aux chefs-d'œuvre de la scène française et aux meilleures pièces de Goldoni » : à Florence, « en général, on ne représente guère que des pièces en musique, aux paroles desquelles on ne fait aucune attention, parce qu'on les considère plutôt comme un concert que comme une école où les mœurs doivent s'épurer. On donne deux opéras par saison[14] ». À Gênes, le Théâtre Saint-Augustin est l'écrin de l'art lyrique : *opere serie* de Noël au carnaval, *opere buffe* de Pâques à juin, répertoire français et italien partagé entre deux troupes éponymes l'été ; mais les guerres et la stagnation du commerce vident la salle et signent la mort lente de l'opéra. Toujours est-il qu'en 1812, sur un répertoire à l'affiche de 175 œuvres, on ne compte que quatre traductions, preuve d'une diffusion des plus résiduelles de la création française alors qu'on y célèbre Antonio Avelloni ou Gennaro Antonio Federico[15]. En janvier 1813, on y joue *Lodoïska* de Simon Mayr (Venise, 1796), variante de l'opéra-comique de Kreutzer (Favart, 1791), et surtout *La rosa bianca e la rosa rossa* (Gênes, 1813), repris de Gaveaux (OC, 1809) par Mayr, avec un succès incomparable, que ne retrouveront pas en décembre *Les*

Chérusques (CF, 1772), tragédie de Bauvin devenue l'opéra *I Cherusci* (Rome, 1808), de Mayr, et le ballet *Alceste* (O, 1786), qu'avait créé Auguste Vestris. Simon Mayr n'a cessé, année après année, d'emprunter au répertoire théâtral et musical français pour le transcrire en italien.

La traduction ou la transcription apparaissent comme les moyens les plus efficaces de faire entendre les auteurs français au-delà des Alpes. Zingarelli, dans la Rome de 1811, s'attelle ainsi à une *Bérénice*, ou reprend *Les Deux Journées* de Cherubini, créée en janvier au Théâtre Feydeau. Mais Gérando, qui accompagne Napoléon en Italie en 1805 et y reste comme administrateur de la Toscane puis des États romains, jusqu'à intégrer la consulte de Rome, reconnaît la prééminence culturelle de la Ville sainte, qui ne souffre guère d'intervention française : « Rome est destinée à être pour la musique italienne la première école de l'Empire. Il importe aux intérêts des arts, autant qu'aux intérêts de cette ville elle-même, de lui conserver ce privilège[16]. » Les nouveaux pouvoirs civils, sous la dépendance de la France, n'ont cependant pas les moyens de la papauté pour attirer les entrepreneurs d'*opere serie* et il semble que les ponctions sur la liste civile, promises par l'empereur, tardent à abonder un budget estimé à 60 000 F par an. La somme est seulement obtenue en 1812 : elle convaincra Rambaldi, de Parme, de contractualiser ses services pour représenter des *opere buffe* et des drames. Les *impresarii* jusqu'alors sollicités (Serghieri, Balochino, qui travaille à Venise et à Manza, Barbaja, de Naples, Ricci, de Milan, Rambaldi lui-même) avaient décliné les invitations qui leur avaient été lancées, faute d'assurances sur les subventions, la liberté de choix du répertoire ou les possibilités d'augmentation du prix des places. La municipalité avait donc dû s'appuyer sur des amateurs ou, moyennant de fortes subventions pour préserver les importantes représentations du temps des carnavals de 1810 à 1812, sur le duc Cesarini, qui écrivait lui-même des œuvres pour des chanteuses comme Mmes Sessi et Valsovani[17].

Mais c'est à Naples que le goût français, déjà porté par les Bourbons de Parme, est le mieux répandu, sans échapper toujours à l'hybridation. Les Napoléonides et les relais institutionnels de leur politique culturelle (le ministère de l'Intérieur, en particulier) y défendent un théâtre conçu comme instrument de diffusion de la morale publique et ferment du sentiment patriotique, à condition bien sûr de le maintenir sous les lois et la surveillance de l'État. Au nom de ces enjeux est réactivé l'ensemble du réseau des institutions musicales et théâtrales : les conservatoires sont réformés, les salles de spectacle secondaires rouvertes (le Fiorentini, le Nuovo, le San Ferdinando, le San Carlino) ; on tente d'intégrer au répertoire les genres français (tragédie lyrique, opéra-comique et vaudeville). Le San Carlo et le Teatro del Fondo deviennent les écrins choyés du nouveau pouvoir, qui s'y met en scène comme il en contrôle étroitement le répertoire, permettant au passage la découverte locale des œuvres de Mozart. Au San Carlo, Niccolini imagine entre 1807 et 1814 les décors et les machineries de 82 opéras. L'actualité politique et militaire s'introduit dans les toiles des fonds de scène (le passage du mont Saint-Bernard), les arguments des œuvres imposent la figure du pacificateur mais rappellent aussi la tutelle de Napoléon sur son frère ou sur Joachim Murat. L'importation culturelle n'est cependant pas brutale mais canalisée, laissant leur place aux traditions napolitaines. *La Vestale*, qui triomphe en 1807 à Paris, connaît ainsi un succès moins immédiat à Naples, quoique traduite en italien par Giovanni Schmidt, mais elle influence directement le compositeur du cru, Nicola Antonio Manfroce, pour son *Ecuba* (1812). De manière générale, les mélanges entre *opera seria* et *opera buffa*, les *opera semiseria* et les *drama eroicomico* – soit les pièces à sauvetage françaises et les opéras inspirés des comédies larmoyantes de même origine – semblent peu appréciés du public et de la critique, prompte à exciper d'un bon goût italien, une « italianité » dont Murat se fait du reste le défenseur[18].

D'autres territoires subissent une offensive en règle des Napoléonides, notamment les Provinces-Unies. Dans l'Amsterdam de 1811, ils s'emparent du Théâtre du Binnen Amstel, 500 places désormais réservées au spectacle français : une troupe de tragédie et surtout de comédie (24 acteurs), une troupe d'opéra (17 chanteurs et choristes), un orchestre (15 instrumentistes)[19]. « À Anvers comme à Gand [où] le goût de la littérature française n'est pas assez répandu pour que la haute comédie soit sentie », le représentant du gouvernement, le baron Pierre Joseph Pycke de Ten Aerde, ancien avocat, envisage de privilégier le lyrique – ce qui avait réussi à Trêves entre 1804 et 1806 : « La presque totalité de la population n'a pas l'oreille et l'esprit assez exercés pour sentir nos chefs-d'œuvre dramatiques, tandis qu'elle goûte la bonne musique pour laquelle on a ici une prédilection particulière. Beaucoup d'individus qui n'entendent pas la langue française viennent jouir d'un opéra comme d'un concert et les paroles sont pour ceux-ci la chose la plus indifférente[20]. » Les pertes essuyées par la troupe française brevetée du sieur Martin, spécialisée dans les comédies légères et les opéras-comiques en peu d'actes, demeurent en effet abyssales. Sommé de jouer dans des villes dépourvues de tout équipement décent, il a essentiellement le soutien du régiment en place à Flessingue, des Français de passage, mais jamais des Hollandais[21]...

La pénétration de l'opéra français dans l'Europe napoléonienne est donc bien maigre, et l'idée ressassée d'une domination linguistique ou d'un dressage moral par les arts de la scène est mère de beaucoup d'illusions. Trop dépendantes de la présence militaire française que, la plupart du temps, elles accompagnent, ces dernières se brisent sur les réalités économiques, la carte linguistique de l'Europe, la force des capitales culturelles et la préexistence, parfois brillante, d'opéras que l'on pourrait dire, par anachronisme, « nationaux » (allemand, italien, surtout), autant d'obstacles à la pénétration du français et à l'élévation de Paris au rang de capitale culturelle du monde. Certes, le *Fidelio* de Beethoven tire son livret d'un opéra-comique de Jean-Nicolas Bouilly (*Léonore, ou l'Amour conjugal*) ; certes, S. Mayr a donné des preuves multiples de sa connaissance de la création française. Mais, à l'heure du congrès de Vienne et du redécoupage de l'Europe politique et administrative, avec ses conséquences éventuelles sur les lieux et les circuits culturels, s'affirment de nouvelles capitales, de nouvelles concurrences, des manifestes politiques en musique, comme la cantate *Kampf und Sieg* de Weber (1815), avant *Der Freischütz* (1821). En cette nouvelle Europe, Rossini (cf. 11.5) construit sa carrière, faite d'abord d'itinérance d'un théâtre italien à l'autre, au gré des choix des impresarii, puis liée aux logiques du marché et des protections étatiques – celles-ci favorisées par la renommée internationale de plusieurs de ses œuvres. Dans une France ramenée à un périmètre qui signe sa défaite, seul demeure après 1815 le découpage en arrondissements théâtraux : le provincialisme désormais revendiqué est-il pour autant synonyme de l'immobilisme dans lequel quelques histoires académiques éprouvées ont voulu le contenir ?

14.2 L'année théâtrale

Patrick Taïeb

Le fonctionnement des théâtres, à Paris comme sur tout le territoire, est rythmé par la clôture pascale, héritée de l'ancien régime, jusque dans les années 1830-1840. La saison, ou – pour reprendre l'expression en vigueur – « l'année théâtrale », dure alors douze mois moins deux semaines. Au milieu du XIXe siècle, elle a changé partout pour se fixer de septembre-octobre à mai-juin. Trois facteurs combinés ont pesé en faveur de cette évolution : la sécularisation de la vie publique, le rythme naturel des saisons et le coût de production, élevé, de l'opéra.

La recherche d'un rythme saisonnier idéal

En 1832, le directeur du théâtre de Tournay (Hautes-Pyrénées) et basse comique, Thurbet, considérait que « la clôture du théâtre était une conséquence de la rigueur des principes religieux qui dominaient la société », mais que ce « rigorisme » n'existant plus, « il serait aujourd'hui ridicule de vouloir conserver cette vieille tradition » (*Gazette des théâtres*, 26 août 1832). Dès l'Empire, des voix s'étaient fait entendre pour réclamer cette décision politique de l'Empereur qui libérerait les directeurs et leur personnel de l'obligation de maintenir leur activité pendant les mois d'été (juillet et août), de beaucoup les moins avantageux et qui, dans les années 1820-1830, avait rendu courante la pratique de la « retenue du tiers d'été ». Elle consistait à priver la troupe d'un tiers de son salaire dans le but de conserver une marge d'investissement jusqu'en automne et de garantir la possibilité de prélever *a posteriori* sur le bénéfice final les moyens d'une restitution du tiers retenu. À mesure que la programmation intègre le grand opéra, d'une part, et une génération d'opéras-comiques au format hypertrophié, d'autre part, l'organisation de l'année est de plus en plus invoquée comme une cause des faillites de directeurs qui prennent l'habitude de diminuer l'offre de spectacles lyriques pendant l'été. À Rouen, la bascule s'observe en septembre 1841 par « l'ouverture de la saison théâtrale » (*Journal de Rouen*, 30 sept.) avec sept débuts dans les principaux rôles de *Robert le Diable*. Au cours des deux années suivantes, les débuts d'artistes sont répartis entre mai (pour les comédiens) et septembre (pour les danseurs et chanteurs), mais par la suite le début de l'année théâtrale s'impose à toute la troupe au mois de septembre. Plus tard dans le siècle, des municipalités expérimentent les « saisons d'été » en contractant pour deux à trois mois avec un nouveau directeur qui propose une programmation et une troupe différente. Le développement du théâtre de plein air, par exemple dans les arènes de Nîmes ou le Théâtre antique d'Orange, et du chemin de fer accélère la reconfiguration de l'année théâtrale.

Alors qu'en 1832 Thurbet proposait que fût instaurée une année théâtrale de dix mois (de septembre à juin), les cahiers des charges sous le Second Empire fixent celle-ci de préférence à sept ou huit mois. L'article 10 du *Cahier des charges* de Montpellier (1858), intitulé « Année théâtrale », stipule que « le directeur sera tenu de donner le spectacle pendant huit mois consécutifs, à partir du jour qui sera fixé par l'administration municipale » ; l'article 8 de celui de Strasbourg (1868) indique que « la durée obligatoire de l'année théâtrale est de sept mois, commençant le 29 septembre 1868 ». Il précise encore que « s'il convenait au directeur de jouer pendant la saison d'été, il devra en faire la déclaration au maire au plus tard le 1er avril » et que « à défaut de cette déclaration, le maire pourra autoriser une troupe étrangère à la ville à donner sur le théâtre une série de représentations sans que cette troupe puisse être tenue, vis-à-vis du directeur, à d'autre indemnité qu'à une somme fixe de 100 F par représentation, et à charge par le directeur de fournir gratuitement le personnel des employés du théâtre engagés à l'année ». En 1856, l'article 6 indiquait que le « directeur pourra donner aussi des représentations pendant quatre autres mois de l'année, mais sans concours ni subvention de la ville[1] ».

Les contrats de direction pouvaient porter sur une période d'un à trois ans, mais en pratique le renouvellement avait lieu souvent chaque année en raison des faillites nombreuses entre 1820 et 1870, et parce que beaucoup de municipalités privilégiaient le contrat d'un an. L'avis de vacance était publié en janvier ou février en vue d'un recrutement conclu en mai. Les directeurs envoyaient leur candidature aux mairies qui adressaient à chacun leurs conditions, voire un *cahier des charges* complet, et qui déclenchaient une enquête visant à établir la « solvabilité », la « moralité » et la « capacité » de chaque candidat. Les échanges épistolaires entre les municipalités et les préfectures servaient à recueillir des informations sur les états de service et des observations utiles à la délibération.

En 1858, le maire de Toulouse écrit à son confrère de Montpellier au sujet du candidat Floris Defresne qu'il « s'est fait connaître à Toulouse pour un homme intelligent, mais qui n'a eu pour but que de réaliser des bénéfices au moyen d'une économie sur le traitement des artistes[2] ». Il est engagé cependant, contre M. Jalabert, que le préfet de Police de Paris décrit comme « ayant de l'intelligence », « de l'activité » et une « bonne moralité », et contre Monsieur Maurice, directeur du théâtre de Douai, dont le maire affirme qu'il a « l'intelligence du métier » et la « loyauté », mais qu'il déprécie en concluant : « votre candidat n'est pas parfait, mais il s'en trouve beaucoup qui valent infiniment moins »[3]. Les directeurs entraient alors dans une période de fin de gestion de la ville de départ et de préparation de l'année suivante, et ils utilisaient les mois de mai à septembre pour recruter la « tête de troupe » à Paris ou par l'intermédiaire des agences. Les comédiens, danseurs et chanteurs assumant les premiers rôles étaient engagés par le directeur et changeaient avec lui. Le grand jeu des chaises musicales était clos théoriquement en septembre mais dans les faits il se poursuivait jusqu'en décembre, voire au-delà, en fonction du déroulement plus ou moins chaotique des *débuts*.

Les débuts

Les *rentrées* (première représentation d'un membre de la troupe de l'année précédente) et *débuts* (premières représentations d'un artiste nouveau) exercent une attractivité considérable pendant les premières semaines car leur déroulement conjugue trois dimensions de la vie publique : artistique, économique et politique.

L'année théâtrale commence en septembre par une annonce solennelle dans la presse et par la publication du « prospectus ». Rédigé par le directeur à l'intention du public, il sert à présenter la tarification, les choix artistiques éventuels – comme l'annonce d'une première locale, le dédoublement d'un emploi ou toute autre mesure artistique attractive – et, surtout, le *Tableau de la troupe*. Ce dernier consiste en une liste nominale du personnel, et en particulier des noms des hommes et des femmes qui vont tenir chacun un *emploi* dont la qualification est précisée à la suite de chaque nom (cf. 1.6). L'effectif varie d'un théâtre à l'autre en fonction du répertoire et du budget : à Nantes, en 1829, la troupe mixte comportait 40 artistes, dont 21 pour le théâtre et 19 pour l'opéra[4] ; à Rouen (voir tableau ci-dessous), où il y a deux salles, le tableau de troupe du Théâtre des Arts, dévolu à l'art lyrique, comporte 34 noms en 1862, répartis en 24 emplois chantants et 10 dansants (parmi lesquels 9 nouveaux, distingués dans le tableau par un *) ; l'effectif est identique à Montpellier en 1861, où il n'y a qu'un théâtre et où la troupe est mixte, mêlant 10 acteurs, 21 chanteurs et 3 danseurs[5]. Il s'agit là d'exemples de troupes stationnaires ; les troupes ambulantes couvrant le territoire d'un arrondissement ou circulant dans les petites villes sont plus généralement cantonnées à un répertoire moins ambitieux et spécialisé.

Troupe du Théâtre des Arts de Rouen
(*Journal de Rouen*, 3 sept. 1862)

GRAND OPÉRA, OPÉRA-COMIQUE, TRADUCTIONS, OPÉRETTES

MM.
DEDIEU*, premier ténor de grand-opéra et traductions.
ARNAUD*, premier ténor en tous genres.
FOREST*, second ténor léger et des premiers.
PARIS, second ténor (Coudère, Philippe, Moreau-Sainti).
EDMOND PARIS, troisième ténor (Massol), grand opéra au besoin.
FEILLINGER, première basse noble, grand-opéra et traductions.
ODEZENNE*, première basse d'opéra-comique, seconde du grand-opéra.
VALLETTE*, seconde basse en tous genres.
BAUX, des troisièmes et coryphées basses.
PROD'HOMME, Laruette en tous genres.
GEORGE, Trial, ténor comique.
HÉLIYES, troisièmes basses et coryphées.
BAYRET, coryphée ténor.

MM^{mes}
GALLI-MARIÉ, forte première chanteuse de grand opéra et traductions, rôles annexes dans l'opéra-comique.
IRÈNE LAMBERT, mezzo-soprano (Falcon de grand opéra).
ZÉLIA ÉRAMBERT, première chanteuse d'opéra-comique.
ALINE MULLER*, chanteuse légère de grand-opéra et opéra-comique.
ROBERT, première Dugazon, jeune chanteuse.
FAIGLE, seconde chanteuse.
GRASSAU, seconde et première Dugazon.
MARIE BOURGEOIS, duègne, mère Dugazon.
CERTAIN, grand coryphée.
ANNA MAURETTE, coryphée.
BENCHET et LEPERLE, utilités.

BALLETS ET DIVERTISSEMENTS

MM.
RUBY*, maître de ballet, premier danseur comique.
PAUL, premier danseur en tous genres.
VICTOR AUBERT*, second danseur en tous genres.
LAURENT, rôles mimes.

M^{es}
FANNY DELÉCHAUX*, première danseuse en tous genres.
MARIE FÉNOLIO, première danseuse, demi-caractères.
JEANNE STENEBRUGEN, seconde danseuse, première au besoin.
JULIA STENEBRUGEN, troisième danseuse.
BIANCA et LYDIA, troisièmes danseuses, coryphées.

Lors des débuts, chaque artiste est soumis au jugement du public dans trois rôles étalons, au cours de trois soirées dûment annoncées et autorisées par la municipalité. Durant la dernière soirée, le public prononce l'admission ou le rejet de l'artiste mis à l'épreuve. Une troupe de 34 artistes générant théoriquement 102 débuts, il était d'usage de grouper ceux-ci de manière à concentrer l'intérêt tout en permettant l'appréciation individuelle. La distribution du jour précise les noms des membres de la troupe accomplissant un premier, un deuxième ou un troisième début, ou encore une rentrée, tandis que le reste de la troupe joue sans faire l'objet d'un commentaire. Dans l'exemple de Rouen en 1862, la première quinzaine comporte sept soirées dont la première accomplit six premiers débuts et six rentrées. Cette année-là, plus de vingt soirées réparties sur huit semaines sont nécessaires pour accomplir les débuts des neuf artistes nouveaux distingués dans le prospectus. Comme le Théâtre français (théâtre parlé) organise ses débuts simultanément, la fréquence des épreuves et l'intérêt du public rouennais sont tels que les débats sur les artistes engagés par les deux scènes font l'objet de longs articles de presse tous les deux jours pendant plus de huit semaines. L'enjeu de ce rituel est simple et il devait paraître considérable : reçu, l'artiste occupe un emploi et assume les rôles relatifs à ce dernier jusqu'à la fin de l'exercice ; rejeté, il doit chercher ailleurs un emploi pour la saison, et le directeur trouver en urgence un remplaçant qui est soumis à son tour aux trois épreuves. Dans les troupes lyriques, les fortes chanteuses et forts ténors sont indispensables pour le grand opéra ; les ténors légers et chanteuses légères, indispensables dans tout le répertoire lyrique. Dans les troupes mixtes, les Dugazon et Trial sont les piliers des répertoires chantés et parlés, car les qualités d'acteurs des seconds rôles chantés sont mises à contribution dans les représentations théâtrales. Les cas sont fréquents où les rejets trop nombreux placent le directeur en situation de jeter l'éponge avant la fin de l'exercice. Il peut être remplacé par un autre quand ce n'est pas la troupe qui se constitue en société pour éviter la fermeture complète.

Depuis les années 1820, les débuts donnaient lieu à des scènes d'hystérie collective qui pouvaient transformer l'exercice du jugement public en un rituel d'une cruauté extrême. « Un étranger qui n'a jamais vu cérémonie de ce genre ne peut s'en faire une idée[6] », écrit le Rouennais Louis Malliot en 1863, avant de relater plusieurs faits ayant causé l'intervention de la police, des évanouissements ou des poursuites en justice. Les cas de trouble à l'ordre public et d'émeute ont parfois des conséquences dramatiques, comme celle de la mort de Mme Faugeras causée par un coup de sifflet lancé en pleine représentation des *Diamants de la couronne* à Caen en 1861[7]. Au point que l'usage du sifflet, contesté comme un acte individuel et, inversement, revendiqué avec force comme « un droit qu'à la porte on achète en entrant » (Boileau, *Art poétique*), fait l'objet d'une législation et de tentatives de contrôle, voire d'interdiction. Les troubles occasionnés chaque automne et sur tout le territoire convainquent le ministre de la Maison de l'Empereur, Achille Fould, de diligenter une vaste enquête nationale auprès de tous les préfets et de prendre un arrêté le 2 novembre 1858. Celui-ci déclencha une série de réponses (68 préfets sur 86)[8] dont il ne devait résulter aucune solution satisfaisante pour l'ensemble du système : doit-on exprimer son jugement par acclamation et sifflet, ou bien par un bulletin ? Le jugement doit-il intervenir pendant la représentation, à l'entracte ou en fin de la soirée ? Les votes de tous les spectateurs (abonnés / occasionnels ; loge ou parterre) sont-ils équivalents ? Une infinité de solutions ont été tentées : au Capitole, dans les années 1850, on pratique un temps la délibération par « une commission de 25 personnes prises parmi les abonnés à l'année. Les délibérations seront prises à l'issue de chaque troisième début d'un artiste. Les membres composant cet aréopage se réuniront au Capitole dans le cabinet de M. le maire et procéderont par le vote pour ou contre par des boules blanches ou des boules noires » (*Le Midi artistique*, 18 sept. 1856).

À la fin du siècle, le déroulement des débuts demeure un fait de société grandement incontrôlable – comme le bizutage en d'autres temps et dans d'autres contextes. La rubrique « Faits divers » du *Temps* relatait encore le 12 novembre 1883 des faits de troubles à l'ordre public : « Les journaux de Marseille apportent des détails sur les nouveaux incidents tumultueux du Grand-Théâtre. Ils se sont produits pendant la représentation des *Huguenots*, à l'occasion de l'audition du chanteur Menu, qui n'avait pas eu, une première fois déjà, les faveurs du public. / Cet artiste a été, dès son entrée en scène, l'objet de manifestations hostiles. Les sifflets ont éclaté de toutes parts, et le commissaire de police de service, désespérant de faire rétablir l'ordre, a dû faire baisser le rideau. Après quelques instants de gros tapage, la toile a pu être relevée et le spectacle a suivi son cours sans encombre. / La sortie du théâtre a été laborieuse. Les cris, les sifflets ont repris de plus belle sur la place, envahie par une foule considérable. Quelques personnes ont crié : "Au préfet !" et une colonne assez forte de manifestants s'est dirigée vers la préfecture, où elle a été reçue par une brigade de gendarmerie à cheval et de nombreuses escouades de gardiens de la paix. »

Une partie de l'enjeu des débuts réside dans leurs conséquences économiques considérables. Leur attractivité se lit dans les recettes journalières et elle pèse sur les abonnements contractés au cours des premières semaines de l'année théâtrale. Leur poids est cependant contradictoire car les oppositions, troubles et dissensions peuvent stimuler, exciter ou décourager. Des débuts accomplis trop vite contraignent à relancer l'intérêt par d'autres moyens, tels que la programmation des nouveautés, d'une première locale ou d'une tournée d'artistes parisiens, mais inversement la multiplication des rejets peut compromettre la programmation car elle ampute durablement la troupe d'un emploi essentiel à la production d'un genre. Ce fait est particulièrement sensible dans les villes disposant d'un seul théâtre où l'éventail des genres lyriques et dramatique ne permet pas l'engagement de « doubles » comme cela se pratique à Rouen, Toulouse, Lyon, Marseille ou Nantes. En octobre 1858, le directeur du théâtre de Nîmes communique avec le public par voie de presse (*La Gazette de Nîmes artiste*, 7 oct. 1858) et sa lettre éloquente est immédiatement reprise dans plusieurs journaux d'autres villes pour inciter à la retenue. Le mauvais déroulement des débuts peut être aussi le point de départ de conflits internes entre le directeur et la troupe ou entre lui et les autorités, jusqu'au point où il est contraint de démissionner. Les cas ne manquent pas où, comme à Montpellier en 1865-1866, la troupe finit la saison sans directeur. Enfin, moment privilégié de l'expression publique, les débuts sont une période d'affrontement des goûts débordant le jugement de l'artiste. À travers celui-ci s'exprime aussi un affrontement entre spectateurs favorables ou hostiles au mélodrame plutôt qu'à l'opéra-comique ; à l'opérette et au vaudeville plutôt qu'à la comédie et au grand opéra. L'origine parisienne de chaque genre, des théâtres impériaux ou des boulevards, porte sur les scènes des départements une guerre des classes, comme l'exprime si bien un journaliste caennais de *L'Ordre et la liberté*, le 19 novembre 1861 : « À défaut d'opéra-comique, nous avons du drame et du fracas, des coups de fusil qui tuent, au nom de la Providence vengeresse, ceux qui ont échappé à la justice humaine ; des coups de revolver qui excitent à la fois la terreur et l'horreur ; des chasses de tigres, des abatis de forêts vierges, des crimes hors ligne et des dévouements sublimes, le tout mêlé de lazzis dignes des tréteaux de la foire. Si cet amalgame n'est pas le beau, s'il n'a rien à démêler avec l'art, il est un public qui le goûte, qui l'applaudit, qui le demande chaque dimanche comme un délassement des travaux de la semaine. Le drame lui va sous toutes ses formes, sérieux ou bouffon, ou plutôt sérieux et bouffon à la fois. Ce public aime à être mis en gaîté, il est heureux quand il pleure de fou-rire. Les sociétés de morale feraient bien de prendre en considération ces dispositions populaires, et de tâcher d'inspirer leur zèle philanthropique aux constructeurs de ces drames dont la foule illettrée se montre toujours avide. Il y a là beaucoup à faire, sinon pour opérer beaucoup de bien, du moins pour empêcher beaucoup de mal. »

À travers les réponses à l'enquête ministérielle sur les débuts, s'expriment ici ou là l'affirmation d'une identité locale (cf. 12.3) – comme la sévérité légendaire du public rouennais ou le tempérament enflammé des spectateurs languedociens –, la discrimination sociale entre le public expert des abonnés et la plèbe remplissant le parterre les dimanches et jours chômés, ou, encore, des considérations qui sont inspirées par l'actualité électorale dans les cités où le scrutin a remplacé l'acclamation et le sifflet : « La seconde lacune [de la circulaire ministérielle], qui nous semble la plus importante, c'est le chiffre de majorité. Est-ce la moitié, plus une voix, ou les deux tiers des voix ? », lit-on dans le *Journal de Rouen* du 6 novembre 1862. Au début des années 1860, il semble que le débat sur les débuts et leur organisation ait servi à faire entendre plus généralement des avis sur la politique municipale, voire sur les modalités du suffrage universel, que sur les vocalises de la soprano. Il reste que, pour l'organisation des débuts, les cahiers des charges fixent de plus en plus souvent une durée maximale d'un à deux mois à partir du commencement de l'année théâtrale, que les directeurs ont le plus grand mal à respecter.

La programmation

La programmation est déterminée par plusieurs contraintes : le répertoire, le public (ou plutôt les publics), le rythme hebdomadaire et les ressources de la troupe.

Le répertoire varie en fonction du degré de spécialisation du théâtre. Au Grand Théâtre de Lyon à la fin des années 1830, une année consiste en plus de 140 soirées au cours desquelles sont programmés 24 opéras-comiques, 10 grands opéras, 2 traductions de l'italien, ainsi que 8 opéras italiens chantés en langue originale par une troupe de passage – le théâtre des Célestins accueille pour sa part le répertoire parlé. Cela représente 36 ouvrages lyriques joués par la troupe lyonnaise et pouvant être représentés d'une à dix fois. Le chiffre est équivalent à Rouen en 1838, où dans une situation comparable (deux théâtres spécialisés), on en dénombre 41 ; ainsi qu'à Toulouse où l'offre de spectacle est partagée entre le Théâtre des Variétés (théâtre parlé, principalement des vaudevilles) et le Capitole. Pendant l'année théâtrale 1862-1863, 31 ouvrages fournissent la programmation pour 117 soirées (15 opéras, 10 opéras-comiques et 5 opérettes). À Montpellier dans les années 1850, où la troupe est mixte, le nombre des ouvrages s'élève à 90 (20 grands opéras, 30 opéras-comiques, 2 opérettes, 24 comédies, 11 vaudevilles et 3 drames) et le théâtre ouvre plus de vingt jours par mois[9].

Plusieurs formats existent alors simultanément dans l'organisation de soirées qui peuvent durer de deux à cinq heures, et plusieurs facteurs, comme la veille d'un jour chômé, l'horaire en matinée ou le jour de la semaine, déterminent leur composition et leur longueur. Le choix des ouvrages varie en fonction des publics dont le placement dans la salle, la qualité d'abonné ou de visiteur occasionnel, comme le goût, sont socialement déterminés. Le vaudeville et le mélodrame, parfois assimilé aux drames de Hugo et Dumas, sont considérés par la presse locale comme deux genres destinés à détourner les classes laborieuses et la jeunesse – les « étudiants » – de délassements réputés moins sages, comme les cabarets et cafés. À l'inverse, l'opéra-comique et la comédie ont la préférence d'un public éduqué qui souscrit des abonnements. Le grand opéra et les traductions rassemblent généralement, mais ils sont chers et sont parfois l'objet de remarques dépréciatives par comparaison avec les deux genres précédents.

L'art de programmer impose par ailleurs une bonne gestion de la troupe. Si, au début du siècle, les chanteurs pouvaient jouer presque tous les soirs dans les opéras-comiques de Grétry, Dalayrac, Nicolò, Berton ou Della Maria, les ouvrages plus ambitieux d'Auber ou d'Halévy créés sous la monarchie de Juillet, joués en alternance avec le grand opéra, contraignent la programmation, comme le remarque un journaliste lyonnais (*Le Précurseur*, 3 mars 1830) : « Aujourd'hui l'opéra-comique est bien autrement fatiguant pour les

THÉATRE DE BORDEAUX

Tableau du personnel pour la saison 1881-1882.

MM. Ch. Pottier, directeur-gérant; Darrois, régisseur général; Mézeray, chef d'orchestre de grand opéra; Haring, chef d'orchestre d'opéra-comique; Aldazabal, chef d'orchestre du ballet; Dauzats, chef machiniste; Artus et Lauriol, peintres décorateurs : Bédouin, caissier contrôleur; Martin, régisseur de la scène, parlant au public; Dumet, régisseur des chœurs; Bareau, bibliothécaire; Deluzain, costumier; Tafforeau, inspecteur; Pontet, perruquier; Paul, coiffeur; Lacaze père artificier.

Artistes. — MM. Mérrit, fort ténor grand opéra et traductions; Moreau, second fort ténor de grand opéra; Vassort premier ténor léger opéra-comique et traductions; Noé Cadeau, deuxième ténor léger d'opéra-comique; Guillemot, baryton de grand opéra; Artières, baryton d'opéra-comique et grand opéra au besoin; Plain, première basse de grand opéra; Queulain, première basse d'opéra comique, deuxième de grand opéra; Laurent, deuxième basse d'opéra comique et première au besoin; Lacan, trial; Tournade, laruette; Lubert, des seconds et troisièmes ténors; Benjamin, troisième ténor; Marchand, troisième basse.

Mmes Laville Ferminet, première chanteuse falcon; Levasseur, première chanteuse légère d'opéra-comique et de traductions; Delcroix, première chanteuse légère de grand opéra; Linse, contralto; Deloncle première dugazon des Galli Marié; Dieudonné, duègne; Thémines, seconde dugazon.

Orchestre. — 52 musiciens, 45 choristes, Fanfare Wilhems (pour la scène), 40 exécutants.

Ballet. — M. Charansonney, maître de ballet, premier danseur; Mlle Carrère, première danseuse noble; Parmigiani, première danseuse demi-caractère. Mmes Duclaux, Kolemberg, Palmyre, Aldazabal, secondes danseuses.

M. Ruby, régisseur du ballet. — M. Blanchard, mime. — 16 dames du corps de ballet.

Détail de la troupe de Bordeaux publié dans l'*Officiel-artiste* (26 nov. 1881).

acteurs qu'il ne l'était lors des beaux jours de Feydeau. À cette époque, les mêmes acteurs pouvaient paraître tous les jours dans plusieurs pièces, sans éprouver un grand besoin de repos. Mais à présent, celui qui le soir a joué Masaniello [dans *La Muette de Portici* d'Auber] peut-il chanter le lendemain Georges de *La Dame blanche*? » Tandis que le nombre de soirées diminue, passant à Toulouse, de 245 en 1838-1839 à 117 en 1862-1863, et que les parts de chaque genre s'équilibrent, le répertoire se réduit.

Toutes ces différences et la fluctuation admise de la durée de la soirée entraînent une programmation variant d'un titre à trois, voire quatre, par soirée. Le grand opéra est souvent programmé seul, de même que les traductions d'opéras italiens de Donizetti (*Lucia*) et Verdi (*Le Trouvère*, *Rigoletto*), puis de Wagner à la toute fin du siècle, mais il arrive aussi qu'un grand opéra soit couplé avec un drame parlé ou un opéra-comique. Un opéra-comique est rarement programmé seul. À partir des années 1860, l'opérette occupe une place croissante car elle présente une facilité dans l'utilisation de la troupe en raison de sa proximité avec le théâtre et de sa simplicité d'exécution vocale.

La nouveauté

Une disposition courante des cahiers des charges apparaît dans les années 1850 concernant la « nouveauté ». Son objet est d'empêcher qu'une programmation s'enlise dans la reprise perpétuelle d'un trop petit nombre d'ouvrages. Une « nouveauté » est un ouvrage qui n'a pas encore été joué depuis le début de l'année. Il peut s'agir d'une reprise d'un ouvrage représenté au cours des années précédentes, ou bien d'une création locale. À Montpellier, en 1858, la municipalité introduit une clause précise à l'article 14 : « Le Directeur variera autant que possible son répertoire ; il jouera une nouveauté, au moins, chaque quinzaine[10]. » Entre le 26 septembre et le 30 octobre 1859, en l'espace de vingt soirées, l'on en compte cinq avec un ouvrage lyrique représenté seul (*La Favorite* [deux fois], *Le Songe d'une nuit d'été*, *Robert le Diable* et *La Juive*) ; cinq soirées avec deux ouvrages (mêlant lyrique et théâtre parlé) ; et cinq avec trois ouvrages. La programmation repose sur 30 ouvrages différents – ou 39 si l'on compte les ouvrages représentés deux fois. À partir de la première quinzaine de novembre, la majorité des ouvrages est reprise et enrichie de quatre titres « nouveaux ». Les titres étalons, servant à mettre les artistes à l'épreuve cèdent peu à peu la place. À mesure que l'année théâtrale avance et que le stock des ouvrages connus de la troupe est exploité, le directeur a de plus en plus de mal à programmer de la nouveauté. Il doit alors recourir à d'autres ressources pour maintenir l'attractivité.

En janvier 1860 commence une période où l'annonce de la mise en répétition de reprises locales tient le public en haleine. Elles ont lieu généralement à partir de février à raison d'une par mois. En 1859-1860, sont créés à Montpellier : *Les Dragons de Villars* (Maillart, 7 ou 8 février), *Les Charmeurs* (Poise, 16 mars), *Les Pantins de la violette* (Adam, 1er mai) et, fait glorieux de la saison, un opéra-comique « local », *Le Roman d'une veuve* (17 mai) d'Edmond Servel.

Ces derniers mois sont aussi traditionnellement ceux des bals et des concerts, puis des « artistes en représentation », c'est-à-dire de soirées pendant lesquelles un artiste parisien de renommée nationale vient en tournée.

14.3 L'activité lyrique à Lyon au XIXe siècle

Mélanie Guérimand

Sous l'Empire, Lyon fait partie des cités autorisées à posséder deux salles de spectacle (cf. 1.2, 14.1). Conformément à la législation, le Grand-Théâtre, première scène lyonnaise, se doit de représenter localement les chefs-d'œuvre donnés au Théâtre-Français, à l'Opéra et à l'Opéra-Comique, tandis que le Théâtre des Célestins – également appelé Théâtre des Variétés – prend en charge les répertoires des théâtres du Vaudeville, des Variétés, de la Porte-Saint-Martin, de la Gaîté et des Variétés étrangères[1]. Dès lors, les ouvrages ne sont plus joués par une troupe spécifique sur une scène définie, mais interprétés par des artistes polyvalents rassemblés en un même théâtre, engendrant ainsi une mixité des genres qui se succèdent à défaut de se mélanger. À ce titre, la direction doit engager une troupe capable d'interpréter l'intégralité de ce répertoire.

Façade du Grand-Théâtre construit par Jacques-Germain Soufflot en 1756 puis démoli en 1826, Bibliothèque municipale de Lyon, fonds Jules Sylvestre.

Les forces artistiques des théâtres lyonnais

À chaque début de saison (généralement au mois d'avril), le directeur reconstitue ou complète la troupe artistique des deux premières scènes lyonnaises dont il a la direction conjointe depuis 1811 (à quelques exceptions près). Pour ce faire, il engage des artistes venant d'autres scènes provinciales (Rouen, Marseille, Grenoble, etc.) ou n'ayant pas trouvé d'emploi dans les théâtres de la capitale, ce qui explique parfois le faible niveau d'une partie des sujets. Si le Grand-Théâtre propose un répertoire regroupant les trois premières scènes parisiennes, il semblerait que la direction n'engage que deux troupes complètes : une troupe de danseurs afin de représenter les ballets – que ce soit en tant qu'œuvres autonomes ou au sein des opéras – et une troupe de chanteurs afin de jouer le répertoire de l'Opéra et de l'Opéra-Comique. Reléguée au second plan dans les documents administratifs, la troupe en charge du théâtre parlé partage souvent une partie de ses seconds sujets avec celle du théâtre chanté. Seuls les premiers emplois semblent attribués à une troupe distincte.

Concernant les genres lyriques, le grand opéra et l'opéra-comique sont dans un premier temps joués par une troupe unique, imposant ainsi aux artistes lyonnais un répertoire deux fois plus riche que celui des chanteurs parisiens. Il semblerait néanmoins que l'avènement du grand opéra fasse évoluer la composition de la troupe. Aussi trouve-t-on dans les années 1830, en sus des chanteurs *en tous genres*, des chanteurs légers pour l'opéra-comique et des forts chanteurs ou encore des Falcon pour le grand opéra. La troupe d'opéra-comique est par ailleurs fréquemment amenée à créer les ouvrages rossiniens en français, qu'ils soient bouffes ou sérieux, et plus généralement les traductions françaises d'opéras italiens et allemands.

La composition du chœur évolue tout au long du XIXe siècle. De 22 en 1816, le nombre de choristes passe à 32 en 1830. Dans les années 1840, le chœur comporte près d'une quarantaine de chanteurs, pour atteindre la soixantaine à la fin du XIXe siècle. Quant à l'orchestre, engagé comme le chœur à la saison, il est constitué en moyenne de quarante instrumentistes permanents (6/6/2/4/2 à 8/8/4/5/5 pour les cordes, et à partir des années 1830, 2 fl., 2 htb, 2 cl., 2 bn, 4 cors, 2 cnt, 3 trb, 1 ophicléide, timb, 1 g.c., 1 triangle et 1 hp). Il est toutefois courant de faire appel à des musiciens supplémentaires – amateurs ou professionnels – afin de grossir les rangs, à l'exemple d'une représentation de *Jérusalem* (O, 1847) de Verdi le 6 novembre 1856, pour laquelle la direction a engagé des musiciens du 9e Dragon afin d'effectuer le cortège de l'armée des croisés à l'acte IV. Dans les dernières décennies du XIXe siècle, l'orchestre comprend une cinquantaine de musiciens permanents.

Aux Célestins, le vaudeville et le mélodrame sont donnés par une troupe unique (également en charge du reste du répertoire), accompagnée d'un orchestre et d'un chœur composés d'une vingtaine de musiciens chacun, ainsi que d'une petite troupe de danseurs. Notons l'engagement en 1877 d'un quatuor de chanteurs d'opérette pour la réouverture de la salle suite à un incendie (cette organisation ne semble toutefois pas être reconduite les autres années, le cahier des charges précisant que le directeur peut engager des artistes supplémentaires s'il souhaite représenter des opérettes). Enfin, il est d'usage de réunir les troupes des deux premières scènes dès lors qu'une pièce exigeant une puissance chorale plus importante est créée – à l'exemple des grandes fresques meyerbeeriennes. Il en est de même pour les représentations extraordinaires, comme ce fut le cas en novembre 1868, afin de rendre hommage à Rossini lors d'une reprise de *Guillaume Tell* (1re à Lyon, 1831).

Comme souvent en province, les artistes manifestant quelques talents quittent les bancs des théâtres locaux pour gagner ceux de la capitale et du Conservatoire (comme ce fut le cas pour Ponchard père, qui occupait un emploi de violoniste au Grand-Théâtre avant d'être chanteur à l'Opéra-Comique). Il faut dire que la formation musicale à Lyon est encore peu développée. Outre les cours particuliers, seulement deux écoles de musique ont été créées au cours du XIXᵉ siècle, l'école de musique de la rue Mulet[2] (1818-1823) et le conservatoire Rozet (1841-1859). Aucune n'a cependant été reconnue par l'État. Il faut attendre 1872 pour qu'un conservatoire pérenne ouvre ses portes dans la cité rhodanienne. Deux ans plus tard, le conservatoire de Lyon est reconnu par arrêté ministériel comme une succursale du Conservatoire de Paris. Dès lors, le directeur du Grand-Théâtre est vivement incité par la municipalité à engager des professeurs du conservatoire au sein de son orchestre – excepté au poste de chef –, garantissant ainsi la qualité des prestations. Il est par ailleurs dans l'obligation d'ouvrir une classe de danse pour les enfants au sein du Grand-Théâtre.

Devenir artiste permanent dans une grande ville de province comme celle de Lyon n'est pas chose facile. À chaque début de saison, une nouvelle troupe – parfois renouvelée seulement en partie – est engagée. Bien que le directeur ait lui-même choisi et recruté ses chanteurs, chacun d'entre eux doit se soumettre aux « trois débuts » (cf. 14.2). Au cours de ces trois soirées, l'artiste doit tenir des rôles différents dans plusieurs pièces du répertoire, afin que les spectateurs puissent juger sa prestation dans des œuvres qu'ils connaissent. L'administration a cependant fait plusieurs tentatives afin de restreindre les trois débuts, notamment en interdisant aux spectateurs de manifester leur opinion par des sifflements ou des applaudissements avant la fin de la troisième représentation d'un artiste (1844), en interdisant cette épreuve les dimanches et jours fériés (1856) ou encore en la restreignant aux artistes nouvellement engagés dans la troupe. Dans les dernières décennies du XIXᵉ siècle, le public vote *silencieusement* sur un bulletin imprimé en rayant les noms des artistes qu'il souhaite voir renvoyer. Les trois débuts sont supprimés par la municipalité en 1890, abrogeant ainsi un droit accordé au public depuis près d'un siècle. Le délégué municipal désigné par la mairie – en l'occurrence le chef d'orchestre – se réserve toutefois le droit de remplacer tout artiste « qui serait reconnu insuffisant[3] ».

Les genres lyriques dans les théâtres lyonnais

Le spectacle est annoncé par des affiches imprimées, placardées ou distribuées chez les particuliers amateurs de théâtre, ou encore par des entrefilets publiés dans la presse un à deux jours avant chaque représentation. La programmation se fait au fil de l'année théâtrale (avril à avril), le plus souvent sans pause estivale (les saisons allant de septembre-octobre à mai-juin apparaissent dans les années 1870, après la guerre franco-allemande). Il faut par conséquent imaginer un répertoire à la carte, construit en fonction des nouveautés parisiennes, des moyens financiers dont dispose l'administration lyonnaise, des capacités et du bon vouloir des chanteurs du Grand-Théâtre, et enfin des envies du public. Pour attirer un plus grand nombre de spectateurs, la direction compose son affiche selon trois critères : la diversité des genres réunis en une seule soirée, la programmation des nouveautés et la venue d'artistes en représentation. À cela s'ajoutent les reprises régulières des ouvrages appréciés des Lyonnais.

Entre 1807 et 1864, le système du privilège impose au Grand-Théâtre un répertoire extrêmement varié. Les programmes sont généralement construits autour de deux ou trois titres, empruntant au répertoire des trois scènes parisiennes. À l'exception de quelques dates, l'opéra – sous toutes ses formes – figure à l'affiche de chacune des représentations. Pour les soirées en diptyque, l'opéra-comique est souvent précédé d'une pièce de théâtre ou suivi d'un ballet. Les ouvrages de l'Opéra peuvent être considérés comme des genres doubles, faisant appel aux chanteurs et aux danseurs en plus de l'orchestre. Ils sont programmés en seconde partie de spectacle, précédés d'une pièce de théâtre. Les soirées en triptyque sont également organisées autour des ouvrages lyriques. La plupart des représentations sont construites sur le modèle suivant : une comédie (un à quatre actes), suivie d'un opéra (un à deux actes) ou d'un opéra-comique (un à trois actes), et enfin d'un ballet (un à deux actes). Il existe cependant quelques variantes : la comédie et l'opéra-comique peuvent être intervertis. Il arrive que l'affiche propose quatre titres différents, souvent en un acte chacun. La plupart du temps, ces représentations ont lieu le dimanche. Le spectacle est souvent composé de deux opéras-comiques et d'une comédie – dont l'ordre n'est pas fixe –, et enfin d'un ballet.

L'opéra-comique est programmé avec un savant équilibre entre l'ancien et le nouveau répertoire. Du côté ancien : *Le Déserteur* (1769) de Monsigny, *Richard Cœur de Lion* (1784) de Grétry, *Aline reine de Golconde* (1803) de Berton et *Adolphe et Clara* (1799) de Dalayrac ; du côté nouveau : *La Fiancée* (1829), *Fra Diavolo* (1830), *Le Domino noir* (1837), *La Part du diable* (1843) et *Haydée* (1847) d'Auber, *Le Maître de chapelle* (1821) de Paër, *Le Postillon de Lonjumeau* (1836), *Le Chalet* (1834) et *Le Roi d'Yvetot* (1842) d'Adam, ou encore *Le Pré aux clercs* (1832) et *Zampa* (1831) d'Herold. Le mélange des deux corpus au cours de la même soirée est extrêmement rare. Ils sont plutôt programmés en alternance. Souvent les ouvrages lyriques sont accompagnés d'un ballet, d'une comédie, et plus tardivement d'une opérette. *Le Petit Chaperon rouge* (1818), *Les Voitures versées* (1808) et surtout *La Dame blanche* (1825) de Boieldieu font le trait d'union entre les deux corpus. À partir des années 1830, la traduction d'opéras est également programmée, souvent à la place d'un opéra-comique. Les Lyonnais ont ainsi la chance de découvrir la traduction du *Barbier de Séville* de Rossini en 1821, mais aussi sa *Pie voleuse* en 1822, *Le Pirate* de Bellini en 1835, *Lucie de Lammermoor* de Donizetti en 1839 et *Don Pasquale* en 1843, ou encore, en 1825, *Robin des Bois*, adaptation libre du *Freischütz* de Weber par Castil-Blaze. Quant aux grands opéras de Meyerbeer et Halévy, ils sont généralement joués seuls : ils proposent un spectacle aussi riche que complet – incluant tous les artistes du Grand-Théâtre – et suffisamment long pour occuper la totalité de la soirée.

Le vaudeville est majoritairement donné aux Célestins, à l'exemple notamment des pièces de Scribe. Il arrive toutefois que certains vaudevilles soient joués au Grand-Théâtre, soit parce que la troupe de la seconde scène lyonnaise est ponctuellement abritée par la salle (regroupement des artistes des deux théâtres en société suite à une vacance de direction), soit parce que l'œuvre nécessite une logistique qui dépasse les moyens artistiques des Célestins. C'est notamment le cas du vaudeville-féerie *La Biche au bois ou le Royaume des fées* (TPSM, 1845) des frères Cogniard, avec une musique d'Auguste Pilati, qui est donné avec succès à l'automne 1846.

Avec l'abolition du privilège en 1864, la programmation du Grand-Théâtre s'enrichit en jouant, en plus des œuvres de l'Opéra et de l'Opéra-Comique, certaines pièces du Théâtre-Lyrique, des Folies dramatiques et par la suite du Théâtre national lyrique. L'organisation des genres au sein d'une soirée théâtrale reste toutefois en grande partie identique à celle instaurée sous le système du privilège, mais aussi en miroir de celle du Théâtre-Lyrique qui mélange l'ancien répertoire (Boieldieu, Grétry, Herold, etc.), les traductions (Rossini, Bellini, Donizetti, Verdi, Weber ou encore Wagner) et les opéras contemporains (Halévy, Bizet, Delibes, Gounod, Adam, Clapisson, Massé, Reyer, etc.). Au Grand-Théâtre, les ouvrages lyriques sont répartis en trois catégories : ceux qui tiennent l'affiche (seuls ou accompagnés), ceux qui la complètent et ceux qui peuvent faire les deux. Parmi les genres en tête d'affiche, le grand opéra – comme au temps du privilège – occupe souvent seul la soirée, avec *Robert le Diable*, *Les Huguenots*, *Le Prophète* de Meyerbeer. À ces ouvrages s'ajoutent *La Juive* et *La Reine de Chypre* d'Halévy ainsi que *Guillaume Tell* de Rossini et deux opéras-comiques d'Auber, *Le Domino noir* et *Haydée*. Nous retrouvons également en tête *Giralda ou la Nouvelle Psyché* d'Adam, *La Reine Topaze* de Massé ou encore les versions françaises de *Norma* de Bellini et du *Trouvère* de Verdi. Ces ouvrages sont accompagnés d'une à deux pièces en un ou deux actes. Cela peut être un ballet ou une comédie en un acte, mais aussi une opérette – à l'exemple de *Ba-ta-clan* et du *Violoneux* d'Offenbach –, un court opéra-comique (*Bonsoir Monsieur Pantalon !* de Grisard ; *Les Sabots de la marquise* de Boulanger ; *Le Toréador* d'Adam), ou encore un vaudeville en un acte. Des œuvres de l'ancien répertoire, comme *Les Rendez-vous bourgeois* de Nicolò et *Maison isolée* de Dalayrac, sont parfois redonnées afin de compléter les soirées. Enfin, certains ouvrages sont programmés autant en tête d'affiche qu'en complément de spectacle sous forme d'actes isolés. C'est le cas de *La Muette de Portici* d'Auber, de *La Fille du régiment* de Donizetti, du *Maître de chapelle* ou encore des ouvrages à débuts comme *La Dame blanche* et *Le Barbier de Séville* (donnés tout au long de l'année). Notons que l'air de la leçon de chant de Rosine (« *Di tanti palpiti* », dans la version de Castil-Blaze[4]) est couramment remplacé par des extraits d'autres œuvres afin de mettre en valeur les qualités vocales de l'interprète. Cela peut être un air des *Vêpres siciliennes* de Verdi, une version vocale des *Variations sur le carnaval de Venise* d'Arban ou encore une polonaise, « Charmant espoir », d'Adolphe Maton.

L'évolution de la programmation

Contrairement à Paris, Lyon ne possède pas de Théâtre-Italien pour faire représenter les opéras italiens ou allemands dans leur langue originale. Dans les premières décennies du XIXe siècle, les Lyonnais découvrent dans un premier temps la musique de Bellini, Donizetti et Rossini grâce à des intermèdes chantés par des artistes italiens au Grand-Théâtre, ou encore grâce à des extraits donnés lors de récitals dans des salles lyonnaises (salle de la Bourse au Palais Saint-Pierre – où Isabella Colbran se produit en 1806 –, salle de l'Hôtel du Nord, Salle de la Loterie, Cercle musical et Jardin d'Hiver). Entre 1805 et 1883, treize troupes italiennes et deux troupes allemandes (chanteurs et chef d'orchestre-impresario compris) se produisent au Grand-Théâtre[5] – si l'on excepte la représentation aux Célestins en 1805 de *La Serva Padrona* de Pergolèse par la troupe de l'Opéra-Buffa. D'une manière générale, chacune d'entre elles propose des ouvrages en langue originale, déjà connus des Lyonnais sous forme traduite.

Ainsi, on retrouve au répertoire des troupes italiennes *Norma*, *La Straniera*, *I Capuleti e i Montecchi*, *I Puritani*, *La Sonnambula* de Bellini, *Semiramis*, *Il Barbiere*, *La Cenerentola*, *Mosè in Egitto*, *Otello* de Rossini, ou encore à partir de 1840 *Lucia di Lammermoor*, *Linda di Chamounix*, *L'Elisir d'amore*, *Don Pasquale*, *Lucrezia Borgia* de Donizetti. Dans la seconde moitié du XIXe siècle, les ouvrages de Verdi arrivent à Lyon (cf. 9.2) : *Ernani* en 1851, *Nabucco* en 1853, *Il Trovatore* en 1865, *Rigoletto* et *Un ballo in maschera* en 1873 puis *La Traviata* en 1882. Concernant les troupes allemandes qui viennent au Grand-Théâtre en 1841 et 1846, elles proposent *Fidelio* de Beethoven, *Der Freischütz* de Weber, *Das Nachtlager von Granada* de Kreutzer, ou *Don Giovanni* et *Die Zauberflöte* de Mozart. Malgré cette diversification de l'offre théâtrale, le succès n'est pas toujours au rendez-vous. Les connaisseurs des versions originales sont peu nombreux et les adaptations françaises des ouvrages étrangers sont plus appréciées des spectateurs (l'interprétation des solistes étrangers étant jugée inférieure à celle des artistes lyonnais).

Les Lyonnais découvrent l'opérette en juillet-août 1857 lors de représentations de la troupe des Bouffes-Parisiens sous la direction d'Offenbach. À la tête de l'orchestre du Grand-Théâtre, le compositeur dirige *Ba-ta-clan*, *Les Deux Aveugles*, *La Rose de Saint-Flour*, *Le 66*, *Le Violoneux* et *Croquefer*. Les artistes sont applaudis mais l'accueil est mitigé, les spectateurs du Grand-Théâtre n'ayant pas l'habitude d'assister à ce genre de spectacle. Il en est de même lors de la seconde visite de la troupe des Bouffes en juillet-août 1860, qui interprète, sous la direction de Louis Varney, *Mesdames de la Halle*, *Une demoiselle en loterie* et *Orphée aux enfers* d'Offenbach. Mais c'est sans compter sur le public des autres théâtres lyonnais. En 1865, *La Belle Hélène* est donné avec succès aux Célestins, avec Hortense Schneider dans le rôle-titre. L'année suivante, la troupe des Bouffes se produit au second Théâtre des Variétés (situé cours Morand). L'opérette est régulièrement programmée aux Célestins (*La Chanson de Fortunio* et *Madame*

Favart d'Offenbach ; *Les Pommes d'or* et *Miss Helyett* d'Audran ; *Le Voyage de Suzette* de Vasseur), mais aussi au Théâtre Bellecour (*La Fille du tambour major* et *Orphée aux enfers*) et au Théâtre du Gymnase (salle qui abrite la troupe des Célestins entre 1834-1841 et 1871-1881). L'opérette ouvre donc la voie à une plus grande liberté de l'activité théâtrale. Dans les trois dernières décennies du siècle, l'opéra-comique, l'opérette et le vaudeville s'invitent sur les autres scènes lyonnaises. Ainsi, le Théâtre du Gymnase programme en 1873, pour une soirée au bénéfice d'un membre de la troupe, *L'Île de Tulipatan* d'Offenbach et le duo du *Chalet* d'Adam. Les Célestins reprennent des ouvrages d'Audran (*La Mascotte* en 1882), de Planquette (*Les Cloches de Corneville* en 1878) et de Bernicat (*François les bas bleus* en 1884). Enfin, le Théâtre Bellecour accueille dans les années 1880 une troupe italienne et propose à son public *Un ballo in maschera*, *Il Trovatore* de Verdi et *Norma* de Bellini. Il affiche également à son répertoire *Le Grand Mogol*, opéra-comique d'Audran.

Avec le système du privilège, on pourrait penser que la création artistique soit restreinte aux théâtres parisiens. Plusieurs créations nationales ont pourtant été réalisées à Lyon au cours du XIXe siècle. Sans compter les œuvres de circonstance, les petits ouvrages locaux en un acte (souvent le fruit des chefs d'orchestre en poste) et les traductions lyonnaises d'ouvrages étrangers, à l'exemple du *Pirate* (Milan, 1827) de Bellini joué en 1835 dans une version locale inédite de P. Crémont et E. Duprez[6]), quelques pièces ont toutefois vu le jour à Lyon avant d'être programmées sur d'autres scènes françaises. C'est le cas du *Giaour*, opéra en trois actes de Jules Bovéry – chef d'orchestre du Grand-Théâtre – créé le 3 avril 1837, sur la première scène lyonnaise, puis repris à La Haye et Amsterdam, et enfin donné au Théâtre des Arts de Rouen le 21 décembre 1840 (dans une version remaniée par l'auteur). Notons que Bovéry dirige à la même époque les théâtres de ces villes. Mais c'est avec *Marie-Thérèse*, grand opéra en quatre actes de Nicolas Louis, sur un livret d'Eugène Cormon et de Félix Dutertre de Véteuil, qu'un directeur de province commande pour la première fois un ouvrage original pour sa ville à des artistes parisiens – décors compris : « Voici une œuvre éclose sur notre propre sol, lit-on dans *Le Censeur* du 22 février 1847 ; ce n'est plus cette fois une fleur exotique venant d'Italie ou d'Allemagne, pas même un fruit qui mûrit dans cette serre chaude qui s'appelle Paris [...], voici un grand opéra écrit à Lyon et pour Lyon ; tandis que la plupart de ceux qui ont alimenté les répertoires passés et présents ont été écrits à Paris et pour Paris. » La carrière de cet opéra sera toutefois éphémère. Suite à la création lyonnaise du 19 février 1847 (suivie de trois représentations), l'opéra ne sera joué qu'au théâtre de Marseille en 1848. Dans leur *Dictionnaire lyrique*, Clément et Larousse ne manquent pas de souligner que cette « courageuse initiative » a été peu imitée en France : « De tous les produits de la civilisation, l'opéra décentralisera le dernier, à cause de la diversité des éléments qui constituent la représentation d'un grand ouvrage. Il faut, en outre, que l'art soit beaucoup plus répandu qu'il ne l'est actuellement dans la province pour que le goût public réclame des plaisirs de cette sorte et consente à en faire les frais[7]. » Il faut attendre la fin des années 1870 pour que de nouvelles créations voient le jour à Lyon, sous l'impulsion du chef d'orchestre du Grand-Théâtre Alexandre Luigini – avant qu'il ne rejoigne l'Opéra-Comique en 1897. *Étienne Marcel* de Saint-Saëns, qui ne sera donné à Paris qu'en 1884, au Théâtre du Château-d'eau, est créé avec succès le 8 février 1879 sur la première scène lyonnaise. « Pour rendre possible cet effort de décentralisation, explique *Le Ménestrel* du 26 octobre 1884, le ministre des beaux-arts avait accordé au Grand-Théâtre de Lyon un subside de 20 000 francs ; beaucoup de soins avaient été apportés par le directeur, M. Aimé Gros, un artiste fort intelligent, à la mise en scène et à la marche de l'ouvrage, la critique parisienne avait été invitée, et la représentation fut une véritable solennité. » Créé au Théâtre de la Monnaie en janvier 1884, *Sigurd* de Reyer est joué pour la première fois en France le 15 janvier 1885 au Grand-Théâtre. La presse locale ne manque pas de remercier le directeur « de tous les sacrifices qu'il a faits pour offrir au public lyonnais la primeur d'un opéra qui devait faire son entrée en France, en passant par Paris » (*L'Impérial*, 15 janv. 1885). Il en est de même pour *Gwendoline* (La Monnaie, 1885) de Chabrier et des *Maîtres chanteurs* (Munich, 1868) de Wagner, dont les premières françaises ont lieu au Grand-Théâtre respectivement en avril 1893 et en décembre 1896 (cf. cahier d'ill.), à la grande fierté des Lyonnais. Lorsque la direction du Grand-Théâtre décide de représenter – dans la lignée du Théâtre de la Monnaie – la Tétralogie en français avec Louise Janssen (wagnérienne aguerrie formée en Allemagne auprès d'Amalie Materna), Lyon s'inscrit alors définitivement dans un courant de décentralisation artistique qui va transformer la vie théâtrale provinciale au XXe siècle. Les quatre ouvrages sont donnés à Lyon entre le 5 et le 10 avril 1905, puis rejoués entre le 12 et le 17 avril (la première intégrale à Paris a lieu à l'Opéra en 1911).

Si l'activité lyrique à Lyon, à l'aube du XXe siècle, se concentre majoritairement sur le Grand-Théâtre, la pluralité des salles de spectacle semble permettre une spécialisation de chacune d'entre elles et ainsi l'engagement d'artistes adéquats. L'organisation de la troupe du Grand-Théâtre est modifiée, s'approchant de son fonctionnement actuel. À partir de la saison 1898-1899, les artistes peuvent être engagés « sans attribution ni désignation spéciale[8] », seulement pour une série de représentations (alors même que le chœur, le ballet et l'orchestre sont engagés à l'année). Dans les années 1890, pendant la saison d'été (de juin à août), l'orchestre se produit aux Concerts Bellecour. Des extraits d'opéras sont donnés, enchâssés entre des mouvements de symphonie ou des *soli* d'instrumentistes virtuoses.

14.4 Rouen

Joann Élart

L'histoire de la vie lyrique à Rouen au XIXe siècle se confond avec celle de son principal théâtre[1] et commence avec la construction d'une première salle inaugurée le 29 juin 1776[2]. Pouvant accueillir près de deux mille spectateurs, elle est détruite un siècle plus tard, le 25 avril 1876, dans un violent incendie. La première pierre du nouvel édifice est scellée le 12 décembre 1879 avant son inauguration le 30 septembre 1882 au son des premiers accords de l'ouverture de *La Dame blanche* (OC, 1825). La façade principale porte le nom de trois maîtres du répertoire lyrique ; de gauche à droite : Rossini, Boieldieu et Meyerbeer.

Lepère, « Rouen. – Inauguration du Théâtre des Arts. – La vue extérieure », dessin d'après le croquis de Jules Adeline, *Le Monde illustré*, 7 oct. 1882, p. 233 (détail).

Un métier difficile : directeur de théâtre en province

Près de cinquante entrepreneurs se succèdent à la direction du Théâtre des Arts au XIXe siècle, à commencer par l'infortuné Louis Michu, dont la brève et funeste carrière (1799-1801) illustre les difficultés des entrepreneurs de spectacle à rendre lucrative leur entreprise, dans un contexte où la concurrence avec les autres spectacles de la ville est préjudiciable à la bonne santé financière du théâtre. Pour autant, malgré quelques faillites retentissantes, la vie théâtrale et lyrique rouennaise connaît une activité ininterrompue tout au long du siècle. Sous la direction plus heureuse des trois premiers comédiens de la troupe en charge de la tragédie, du drame et de la comédie, Granger, Desroziers et Borme (1801-1812), le théâtre retrouve une santé financière avec Corréard (1812-1820), premier comique de la troupe et camarade de jeu de Granger. Cette période de stabilité est suivie d'une période très fortement perturbée jusqu'à la fin du siècle : les plus chanceux jouissent de leur concession durant deux ou trois saisons, mais pour les plus malheureux, pendant quelques mois seulement. Les artistes se constituent parfois en société pour suppléer à l'absence de directeur, notamment en 1848-1849 par suite de la révolution ou en 1891-1892 après le dépôt de bilan de Duriez. Les raisons de ces faillites à répétition sont nombreuses. Les contraintes imposées par les propriétaires, puis par la ville devenue propriétaire de son théâtre en 1873, comme la location, la réfection de la salle, les obligations du cahier des charges, ou encore le droit des pauvres et ses deux représentations annuelles au bénéfice des hôpitaux, asphyxient les entrepreneurs. L'entretien d'une troupe toujours plus dispendieuse n'arrange rien. L'augmentation des dépenses ne provient pas de nouveaux frais – à l'exception de la renaissance du corps de ballet en 1833 –, mais est proportionnelle au coût croissant 1° de la troupe (chanteurs et comédiens sont plus gourmands), 2° de l'orchestre (dont l'effectif passe de 25 musiciens en 1818 à 37 en 1833), 3° du chœur (qui passe de 18 à 28 chanteurs sur la même période). C'est le prix à payer pour jouer les œuvres de Rossini !

Des débuts aux tournées :
circulation des artistes entre Paris et la province

Les « débuts » rythment la vie théâtrale rouennaise tout au long du siècle (cf. 14.2). Des tentatives – avortées – de mieux les contrôler, voire de les supprimer, répondent aux nombreux problèmes d'ordre public auxquels est confrontée la municipalité. Ils commencent avec l'ouverture de la saison et se prolongent souvent pendant plusieurs mois – tous les jours, et parfois le dimanche –, jusqu'à constitution complète des troupes, à l'issue de la quinzaine de Pâques en avril-mai, puis après les vacances d'été à partir de septembre / octobre. Chaque chanteur, chaque comédien, qu'il appartienne ou non à l'une des troupes, doit passer trois épreuves pour être admis du public.

Les artistes en représentation à Rouen sont issus des différents théâtres de la capitale, rarement des théâtres de province et de l'étranger. Ils se produisent en moyenne une dizaine de fois sur une durée d'un mois dans des représentations aux tarifs plus élevés. Ce fonctionnement si caractéristique du système des théâtres français, qui autorisait notamment les artistes à emporter leurs costumes, se maintient tout au long du siècle, comme l'illustre le cas si glorieux de Célestine Galli-Marié : poursuivant ses débuts à Rouen en 1861-1862[3], elle est recrutée par Émile Perrin[4] à l'Opéra-Comique en 1862, et fait le voyage régulièrement à Rouen où elle incarne évidemment Carmen, notamment en 1884, 1885, 1887 et 1888. D'autres voyages accompagnent la création des ouvrages à Rouen : ceux des compositeurs. Ainsi, Henri-Montan Berton est applaudi en 1801 à la première de *Montano et Stéphanie* (Favart, 1799), Spontini en 1809 après celles de *Milton* (OC, 1804) et de *La Vestale* (O, 1807), Boieldieu en 1812 pour *Jean de Paris* (OC, 1812), en 1819 pour *Le Petit Chaperon rouge* (OC, 1818), en 1826 pour *La Dame blanche* et en 1829 pour *Les Deux Nuits* (OC, 1829). Plus tard, Ambroise Thomas est acclamé en 1884 à la première de *Françoise de Rimini* (O, 1882), Delibes (en 1887 pour *Lakmé* (OC, 1883), Massenet en 1888 pour *Le Cid* (O, 1885) et Anton Rubinstein quelques mois avant sa mort pour la création française de *Néron* en 1894.

Affiches, relâche et contrôle

L'affiche de la soirée du 1er janvier 1800 donne une idée significative de la programmation éclectique du Théâtre des Arts : *Le Malade imaginaire* (CF, 1673) de Molière et *Azémia* (OC, 1787) de Dalayrac se partagent l'affiche. Cette offre variée est semblable en tout point à celles des théâtres de province, du moins jusqu'à l'inauguration de la deuxième salle en 1882 qui se consacre presque exclusivement à l'art lyrique. Le dimanche 31 décembre 1899, l'affiche annonce en matinée *Le Prophète* (O, 1849) de Meyerbeer et en soirée la traduction de Castil-Blaze du *Barbier de Séville* (Odéon, 1824) de Rossini suivi des *Mousquetaires au couvent* (BP, 1880) de Varney.

Les directeurs puisent dans le répertoire des différents théâtres privilégiés de la capitale, qu'il soit parlé, mixte ou intégralement chanté : on y joue aussi bien la tragédie, la comédie, le drame, le vaudeville, l'opéra-comique et l'opérette que le grand opéra. Pour rendre compte de cette grande variété de spectacles, il suffit de parcourir les bilans d'activité, par exemple celui de 1812-1813, qui fait état de 874 ouvrages représentés dans l'année, dont 43 nouveautés et plus de 30 reprises. Dans cet ensemble, la part écrasante de l'opéra-comique (39 %) sur l'opéra (3 %) est proportionnelle à la représentation des autres genres, entre d'un côté la comédie (35 %) et de l'autre la tragédie (6 %) et le drame (3 %), sans oublier le vaudeville (14 %)[5]. D'autres formes de spectacles y sont accueillies ponctuellement, comme le ballet ou le concert, et s'y produisent régulièrement illusionnistes, ventriloques, acrobates, sauteurs de corde ou autres dompteurs d'animaux. Comme à Paris, après la levée de l'interdiction en 1800, Rouen succombe à la vogue immense des redoutes et bals parés ou masqués. Le bal se tient dans la grande salle transformée pour l'occasion.

L'affiche « ordinaire » est parfois bouleversée par le contexte politique qui impose les choix de programmations : par exemple, pour le séjour du Premier Consul à Rouen en 1802, le Théâtre donne *L'Anglais à Bordeaux*, une comédie faisant écho au récent traité de paix signé avec l'Angleterre. Pour la venue de l'Empereur et de l'Impératrice en 1810, une artiste du théâtre compose *L'Impromptu du cœur*, divertissement de circonstance en un acte, et de même, le séjour de l'Impératrice en 1813 fournit l'argument d'un vaudeville de circonstance, *Les Poètes en voyage*. Ces ouvrages éphémères s'intègrent dans une soirée spécialement conçue et calquée sur les goûts des personnalités politiques de passage. La programmation s'adapte ainsi aux changements de règne et à leur calendrier respectif.

Le contrôle du répertoire est placé sous l'autorité du préfet de Seine-Inférieure, qui s'en remet souvent aux décisions prises dans la capitale. En 1804, il choisit d'ajourner *Henri IV ou la Bataille d'Ivry* (OC, 1774) de Martini (dont la reprise est annoncée immédiatement après la déchéance de l'Empereur en 1814, à l'image de bien d'autres ouvrages comportant des allusions royalistes).

Une programmation lyrique à l'écoute de Paris

L'opéra-comique est assurément le genre le plus apprécié à Rouen (comme partout ailleurs), à tel point que le diapason de l'orchestre a longtemps été le même qu'à Feydeau. Le répertoire d'Ancien Régime reste populaire jusqu'au début de la monarchie de Juillet, à l'instar des œuvres de Monsigny qui ont fait la gloire des théâtres de France dans les années 1760-1770[6]. Par la suite, l'opéra-comique tiendra encore une place importante malgré l'engouement durable pour le grand opéra, ce que trahissent ces quelques relevés[7] : 361 représentations du *Maître de chapelle* (OC, 1821) de Paër entre 1823 et 1910 ; 350 de *La Dame blanche* entre 1826 et 1912 ; 392 du *Chalet* (OC, 1834) d'Adolphe Adam entre 1835 et 1911 ; 263 de *La Fille du régiment* (OC, 1840) de Donizetti entre 1843 et 1912. Le répertoire s'enrichit plus tard des *Contes d'Hoffmann* (OC, 1881) d'Offenbach en 1884, ou de *Lakmé* de Delibes en 1887. Tout au long du siècle, les ouvrages de Boieldieu sont naturellement très applaudis par ses compatriotes, à l'exception des deux premières productions du « Mozart rouennais », *La Fille coupable* (Rouen, 1793) et *Rosalie et Myrza* (Rouen, 1795).

Le grand opéra s'installe à Rouen avec la première locale le 28 février 1829 de *La Muette de Portici* (O, 1828) d'Auber, œuvre que les Trois Glorieuses chargeront d'une signification révolutionnaire[8]. Meyerbeer s'impose ensuite avec les succès de *Robert le Diable* (O, 1831), 293 représentations de 1832 à 1904, des *Huguenots* (O, 1836), 308 représentations de 1837 à 1911, et plus modestement de *L'Africaine* (O, 1865), 163 représentations de 1868 à 1911, ou du *Prophète*, 150 représentations de 1856 à 1909. Le record absolu est atteint par *La Juive* (O, 1835) d'Halévy, représenté à 430 reprises de 1835 à 1912, qui attire le public des départements voisins. Dans le même temps, les derniers feux rossiniens de *Guillaume Tell* (O, 1829) avec ses 250 représentations entre 1833 et 1910 ouvrent la voie au répertoire italien de Bellini et de Donizetti très en vogue à partir des années 1830 et 1840[9]. Obtenant un succès d'estime avec *La Somnambule* – 6 représentations en 1839 – ou *Les Puritains* – 14 représentations en 1840-1841 –, Bellini parvient à s'inscrire au répertoire rouennais avec *Norma*, donné à 32 reprises entre 1841 et 1861. Mais c'est assurément Donizetti qui reprend le flambeau de l'école italienne, avant de le transmettre à Verdi, avec son opéra français *La Favorite* (O, 1840) qui totalise 396 représentations de 1841 à 1910, ou *Lucie de Lammermoor* (Naples, 1835 ; TR, 1839), 236 représentations entre 1839 et 1905.

C'est une évidence, mais encore faut-il le rappeler : les ouvrages étrangers, en particulier italiens et allemands, sont toujours donnés en version française, sauf très exceptionnellement lors du séjour d'une troupe étrangère. C'est le cas de la compagnie italienne dirigée par Luigi Castoldi, froidement accueillie pendant la création rouennaise de *L'Elisir d'amore* de Donizetti en 1841. Plus heureuse, la troupe allemande d'Aix-la-Chapelle fait l'ouverture du Théâtre des Arts en mai 1841 une quinzaine de jours durant, en proposant à l'affiche quelques grands chefs-d'œuvre en version originale : *I Capuleti e i Montecchi* et *Norma* de Bellini, quelques extraits de *Fidelio* de Beethoven – ouvrage encore inédit à Rouen –, *Der Freischütz* de Weber (l'œuvre est déjà connue dans sa version française de 1825, *Robin des bois*). Très attendu, le *Don Giovanni* de Mozart est enfin dévoilé aux Rouennais en 1841 en italien, tout comme *Die Zauberflöte* l'est en allemand – ouvrage qui était tombé dans sa première adaptation sous le titre des *Mystères d'Isis* (1818) et qui allait échouer dans les deux traductions de Nuitter et Beaumont (1891) et de Durdilly (1900). Présente en 1864, 1865 et 1873, la troupe du Théâtre-Italien de Paris fait alterner les « classiques » que sont *Il Barbiere di Siviglia* ou *Lucia de Lammermoor* et les chefs-d'œuvre de Verdi, comme *Rigoletto* (Venise, 1851), *La Traviata* et *Il Trovatore*. Le maître italien n'est pas un inconnu à Rouen car ses ouvrages traduits en français ont déjà conquis un large public peu après leurs premières en français : *Le Trouvère* (O, 1857) en 1859, *Rigoletto* (Bruxelles, 1858) en 1861, ou *La Traviata* (TL, 1864) en 1864, et en attendant *Aïda* (TL, salle Ventadour, 1878) donné en 1884. Du côté italien, le siècle se referme enfin sur le chef-d'œuvre de Puccini dans la traduction de Paul Ferrier, *La Bohème* (1898), accueilli froidement et générant de faibles recettes.

Du côté de l'école française, la relève est assurée avec *Faust* (TL, 1859) de Gounod, qui rejoint le répertoire préféré des Rouennais – 297 représentations entre 1860 et 1912. La première a lieu le 11 avril 1860 en présence du compositeur que la ville revendique comme l'un des siens du fait de ses attaches familiales rouennaises. Pour sa part, Massenet assiste à la première d'*Hérodiade* (Bruxelles, 1881) le 12 décembre 1888. Peu avant, il était venu diriger en personne la première rouennaise de *Manon* (OC, 1884) le 28 février 1887, dont la réussite avait fait oublier le mauvais accueil de *Werther* (Vienne, 1892) créé le 9 novembre 1893 et de *Thaïs* (O, 1894) créé le 18 janvier 1899. En tout, les ouvrages de Massenet totalisent 281 représentations, dont plus de la moitié consacrée à *Manon*. *Carmen* (OC, 1875) de Bizet est créé le 8 janvier

1880 à Rouen dans un théâtre de transition entre la première salle détruite après l'incendie de 1876 et l'inauguration de la deuxième salle en 1882. Cet opéra-comique s'inscrit durablement dans le paysage rouennais – 217 fois entre 1883 et 1912 – et devient même l'ouvrage des grands moments de l'histoire de l'institution (inauguration de la troisième salle en 1962 et cinquantenaire en 2012). Quant aux *Pêcheurs de perles* (TL, 1863) et à *La Jolie Fille de Perth* (TL, 1867), les premières tardives en 1889 et 1887 se soldent par un échec (18 représentations en tout).

C'est à cette époque qu'est évoqué un projet de décentralisation théâtrale à Rouen, qui, s'il n'a pas abouti[10], vaut au Théâtre des Arts de donner la première représentation française de *Samson et Dalila* (Weimar, 1877, en allemand) de Saint-Saëns le 3 mars 1890[11]. Cette création marque l'arrivée officielle de cette œuvre en France en l'inscrivant définitivement dans le répertoire des théâtres. Le succès national sera ensuite proportionnel au succès local : jusqu'à la Première Guerre mondiale, le temple de Dagon devait s'écrouler pas moins de 110 fois sur la scène du Théâtre des Arts de Rouen. Ce n'était du moins pas une première rouennaise pour Saint-Saëns qui avait été célébré lors de l'arrivée en 1885 d'*Étienne Marcel* (Lyon, 1879)[12]. La réussite de *Samson et Dalila* doit beaucoup à la direction d'Henry Verdhurt qui vient du théâtre de la Monnaie de Bruxelles. L'échec sans lendemain à l'Eden-Théâtre de Paris en 1887 de *Lohengrin* est vite oublié à Rouen où ce premier Wagner rencontre un vif succès : il est représenté à 26 reprises en 1891, devant un public comprenant de nombreux mélomanes parisiens amenés par trains spéciaux de la capitale[13]. Ce premier coup de maître est suivi d'un second, la première française de *Siegfried* le 17 février 1900[14]. Le deuxième volet de la Tétralogie fait suite aux premières du *Vaisseau fantôme* le 12 février 1896 et de *Tannhäuser* le 22 janvier 1897, et précède celles de *La Walkyrie* le 19 décembre 1906, de *Tristan et Yseult* le 12 mars 1913.

Siegfried pourrait être considéré comme la dernière création française authentique du Théâtre des Arts, dont il est important de rappeler que le répertoire est constitué presque exclusivement de productions parisiennes. Outre les deux ouvrages de jeunesse de Boieldieu déjà évoqués et contemporains des *Deux Prisonniers* de Champein créé à Rouen en 1794, d'autres pièces ont été montées pour la première fois sur la scène de la capitale normande : c'est le cas en 1826 de *Pamrose ou l'Enlèvement* de Louis Walter qui récidive la même saison avec *Théodore*, en 1836 du *Mari de circonstance* d'Orlowski, en 1840 des *Catalans* d'Elwart ou en 1857 de *La Vendéenne* de Malliot. La première représentation en France de *La Bohémienne* en 1862 (traduction du célèbre opéra anglais de Michael Balfe, *The Bohemian Girl*, créé à Londres en 1843) paraît très au-dessus de ces premiers coups d'essai. C'est également le cas de *Salammbô* de Reyer en 1890, qui domine une multitude de créations dues à des auteurs de second plan, produisant toutefois une actualité dense pour une ville de province. Le chef d'orchestre Frédéric Le Rey écrit pour le Théâtre des Arts *Dans les nuages* en 1885, *Stenio* en 1887, *Éros* en 1888, *Ibycus* en 1893, *Hermann et Dorothée* en 1894 et *La Mégère apprivoisée* en 1896. De *Samson* à *Siegfried*, les tentatives sont nombreuses et plus ou moins heureuses, notamment en 1890 avec *Le Vénitien* d'Albert Cahen, en 1891 avec *Velléda* de Charles Lenepveu, en 1894 avec *Calendal* d'Henri Maréchal ou en 1899 avec *Jahel* d'Arthur Coquard.

Quant à l'opérette, elle est interdite jusqu'à la modification de l'article 15 du cahier des charges de 1890, bien qu'elle fût auparavant tolérée « hors saison », c'est-à-dire entre la clôture en avril/mai et la réouverture en octobre. Le premier directeur de la seconde salle, Pezzani, inaugure ainsi une programmation « off » le 30 avril 1883 avec *La Princesse des Canaries* (FD, 1883) de Charles Lecocq. Pour programmer les œuvres d'Offenbach ou de Lecocq, les directeurs ont par ailleurs su très tôt jouer sur l'ambiguïté des genres opéra-comique, opéra-bouffe et opérette, ambiguïté qui perdure dans le cahier des charges de 1890 où l'opérette n'est pas nommée clairement mais suggérée dans les « pièces assimilées » à l'opéra-comique. Entrée discrètement et vivement critiquée, elle sera exclue par le Conseil municipal en 1892-1893, mais à nouveau tolérée les saisons suivantes contre une diminution de la subvention municipale. Toujours est-il que l'opérette s'invite officiellement au Théâtre des Arts avec *La Fille de Madame Angot* (Bruxelles, 1872) de Lecocq le 4 décembre 1890 et *La Mascotte* (BP, 1880) d'Audran le 21 décembre 1890. Cette petite révolution fait débat : des pétitions de commerçants circulent demandant son interdiction le dimanche, des sanctions sont infligées par le public à coup de lancer de pelures d'oranges ou de boulettes de papier – pour l'unique représentation de *Cousin-Cousine* (FD, 1893) de Gaston Serpette.

Au cœur du réseau des théâtres de l'arrondissement de Seine-Inférieure, le Théâtre des Arts a au XIXe siècle la réputation d'un grand théâtre national, aux côtés notamment des théâtres de Bordeaux, Marseille, Lyon ou Lille. Si sa position géographique, peu éloignée de la capitale, est un avantage qui a pu contribuer à son développement, en attirant les plus grands talents parisiens, Rouen brille aussi de la réputation de ses deux grandes figures consacrées par l'histoire du théâtre, Corneille pour la tragédie et Boieldieu pour l'opéra-comique.

14.5 Du remède contre l'ennui à la politique du faste : l'opéra français dans les casinos

Martin Guerpin

La vie musicale et la programmation lyrique des casinos au XIXe siècle demeure une *terra incognita*. En donner un aperçu synthétique implique d'affronter trois difficultés. La première réside dans la quasi-absence de travaux systématiques consacré à ce sujet. En dépit de son charme presque exotique, et malgré les questions importantes qu'il soulève dans le domaine de l'histoire du concert, de l'histoire sociale des musiciens et des sociabilités musicales, les travaux fondateurs menés au début des années 1990 n'ont pas fait d'émules jusqu'à 2017[1]. Une deuxième difficulté réside dans l'éparpillement géographique des sources disponibles : les archives des casinos (souvent peu ou mal conservées à l'exception de celles des établissements de Vichy et de Trouville-sur-Mer), la presse balnéaire et thermale saisonnière qui se développe à partir des années 1850, la presse musicale, ou encore les archives des musiciens. La troisième concerne la définition administrative du « casino », qui se fait attendre jusqu'en 1959 : « un établissement comportant trois activités distinctes : le spectacle, la restauration et le jeu [d'argent], réunies sous une direction unique[2] ». Cette définition correspond au modèle du casino thermal popularisé au début du XVIIIe siècle par Richard Nash à Bath (se trouvent ainsi exclus des lieux de concert parisiens tels que les casinos Paganini, Cadet et de Paris). Elle s'oppose en revanche à l'acception originale du terme (« petite maison »), qui désigne à partir de la Renaissance des lieux de sociabilité privés aménagés par la notabilité italienne à l'écart des villes puis, au XVIIe siècle, les tripots vénitiens. Dans cet article, nous nous concentrerons sur les établissements publics intégrés à des complexes thermaux ou balnéaires qui combinent activités médicales, restauration, jeux d'argent et divertissements. La place de l'opéra dans les casinos est inséparable de l'histoire de ces établissements, et par conséquent du cadre réglementaire qui a permis leur émergence. Depuis 1781, l'exploitation publique des jeux d'argent est interdite en France, mais un décret impérial du 24 juin 1806 instaure une exception au bénéfice des « lieux où il existe des eaux minérales ». En dépit de l'abrogation théorique de cette exception en 1836, les jeux y restent tolérés. Ces lois et décrets ont façonné la géographie des casinos français et l'ont calquée sur celle de la villégiature balnéaire et thermale. C'est dans ce contexte, et plus largement dans celui de l'émergence d'une « civilisation des loisirs[3] », qu'il faut resituer l'histoire de la programmation lyrique des casinos au XIXe siècle, histoire internationale, dans la mesure où son répertoire et ses interprètes circulent dans des établissements étrangers.

Misère des répertoires lyriques dans les premiers casinos français (1806-1850)

Jusqu'au début des années 1850, le nombre restreint de casinos et, plus généralement, l'absence d'infrastructures permettant d'héberger des représentations lyriques expliquent la faible place de l'opéra dans les stations françaises. Centrées sur les activités médicales, celles-ci accordent peu de place aux divertissements. La minutieuse description des 78 principaux établissements thermaux français publiée en 1837 dans le *Guide des eaux minérales* ne fait aucune mention d'un casino. Tout au plus existe-t-il à Bagnoles, Cauterets, Forges-les-Eaux, Plombières, Saint-Gervais et Vichy, des « salons » plus ou moins rudimentaires où sont parfois donnés des bals et des concerts. Fait rare pour l'époque, l'établissement thermal de Saint-Gervais comprend une salle de spectacle privilégiant le théâtre[4]. La situation est comparable dans les stations balnéaires. Réciproquement, certains établissements qualifiés de casinos dès les années 1810 ne répondent pas à la définition de ce type d'établissement. Le premier qui fut fondé à Dieppe (1812) n'était qu'« une baraque de charpentier de navire[5] ». De même, le salon de Bagnoles n'est rien de plus qu'une chaumière abritant un piano. Dans ces conditions, entendre des œuvres lyriques dans des stations thermales et balnéaires françaises demeure une expérience rare. Une expérience partielle également puisque, faute de lieux et d'orchestres adéquats, l'opéra n'y est présent que sous la forme d'extraits arrangés pour chant et piano ou pour de petites formations instrumentales. Une expérience pourtant souhaitable puisqu'il s'agit de tromper l'*ennui* dont se plaignent de nombreux curistes de madame de Sévigné à Octave Mirbeau en passant par les personnages fictifs du *Mont-Oriol* de Maupassant et tous les anonymes évoquant leur désœuvrement dans des cartes postales. On comprend dès lors pourquoi le concert donné au salon du Grand Cercle de Vichy le 10 juillet 1838 est salué comme une rareté dans *La France musicale*. Entre autres réjouissances, le violoncelliste Georges Hainl, révélé par ses concerts en soliste avec la Société des concerts du Conservatoire en janvier de la même année, présente aux curistes sa *Fantaisie sur des motifs de Guillaume Tell*. Autre signe de la faible activité lyrique dans les stations françaises pendant les quatre premières décennies du siècle : on n'en trouve presque aucune trace dans la presse musicale qui chronique pourtant la vie musicale en province, tout particulièrement en été. 22 ans plus tard, la vie musicale de Vichy offre un tout autre visage. On y salue désormais « des concerts qui pourraient rivaliser avec les meilleurs qu'on donne à Paris » (*FM*, 2 sept. 1860). C'est que la station connaît un développement remarquable à partir de 1844, date à laquelle Isaac Strauss y débute. Figure majeure de la musique légère en France (cf. 19.3), il commence sa double carrière parisienne et casinotière à Aix-les-Bains, où il contribue à « remplir l'attente des étrangers et multiplier leurs jouissances et leurs plaisirs[6] ». À la tête des divertissements de Vichy, Strauss contribue à faire de cette ville médicale une station de villégiature aussi courue que mondaine. Sous sa baguette, elle résonne régulièrement de morceaux d'opéras lors de concerts et de bals donnés dans le Salon-Rotonde de l'établissement thermal. On y entend par exemple l'ouverture de *La Muette de Portici* d'Auber interprétée par un orchestre qu'il a fait passer de 6 à 15 musiciens. On y danse sur ses arrangements de quadrilles, valses et polkas tirés d'ouvrages lyriques au goût du jour ou passés dans la mémoire collective : le *Quadrille* de 1855 sur les thèmes de *La Muette*, ou celui de 1857 sur les motifs du *Financier et du savetier* d'Offenbach. Avant même l'apparition de théâtres de casinos dignes de ce nom, l'opéra français est donc présent dans les salons des établissements thermaux et balnéaires.

Le Second Empire fait monter l'opéra français sur les scènes des casinos

En mettant à la mode des stations où il séjourne (Biarritz, Dieppe, Évian, Luchon, Plombières, Vichy) et en favorisant les spéculations de promoteurs qui en créent de toutes pièces (comme le duc de Morny à Deauville de 1860 à 1864), Napoléon III contribue de manière décisive au succès des villes d'eaux françaises. La clientèle des stations thermales, qui triple entre 1850 et 1870[7], les fréquente désormais autant sinon plus pour la réputation de leur casino que pour les vertus curatives de leurs eaux. Les stations d'hiver, Nice en particulier, connaissent le même essor. Conséquence de cet engouement, de nombreux casinos voient le jour : Cabourg (1855), Houlgate (1859), Cannes (1863), Deauville et Hyères (1864) et Monaco (1865), pour n'en citer que quelques-uns. En 1865, *Le Monde illustré* évoque pas moins de 250 casinos « qui festonnent nos côtes[8] » ! Tous comptent une salle de bal, mais rares sont ceux qui possèdent un théâtre comme Dieppe (1857), Boulogne-sur-Mer (1863), Vichy (1865) et Bagnères-de-Bigorre (1868). On y donne au début des années 1860 les premières véritables saisons lyriques de casinos. À Dieppe sont ainsi représentés, du 6 juillet au 25 septembre 1866, les ouvrages suivants :

A. Adam, *Le Sourd* (OC, 1853)
E. Boulanger, *Les Sabots de la marquise* (OC, 1854)
L. Delibes, *Les Deux Vieilles Gardes* (BP, 1856)
É. Jonas, *Avant la noce* (BP, 1865)
V. Massé, *Les Noces de Jeannette* (OC, 1852)
A. Adam, *Les Pantins de Violette* (BP, 1856)
É. Montaubry, *Freluchette* (Folies-Nouvelles, 1856)
J. Offenbach, *Les Deux Aveugles* (BP, 1855)
J. Offenbach, *Le Violoneux* (BP, 1855)
J. Offenbach, *Une nuit blanche* (BP, 1855)
J. Offenbach, *La Rose de Saint-Flour* (BP, 1856)
J. Offenbach, *Tromb-Al-Ca-Zar* (BP, 1856)
J. Offenbach, *Lischen et Fritzchen* (Bad Ems, 1863)
F. Poise, *Bonsoir, voisin* (TL, 1853)
V. Robillard, *La Revanche de Fortunia* (Folies-Marigny, 1865)
A. Varney, *Le Moulin joli* (TG, 1849)

Ce répertoire, dominé par Offenbach, fait la part belle aux opérettes et aux petits opéras-comiques, tous récents et tous français. Divertir pour tromper l'ennui : ce motif explique sans aucun doute la prépondérance de l'opérette, tout comme celle d'ailleurs de la comédie et du vaudeville dans les programmes de théâtre. Encore faut-il tenir compte des conditions matérielles d'exécution : les dimensions réduites du théâtre, celles de l'orchestre des bains (une quinzaine de musiciens) et l'absence de choristes ne permettent pas l'exécution d'œuvres de grande envergure. Que l'opéra serve de divertissement au casino explique l'inattention du public, souvent blâmée dans la presse. En raison de son « manque d'éducation », la clientèle du casino préférerait les « grosses farces du Palais-Royal et des variétés », plutôt que les extraits d'opéras de Meyerbeer, Herold et Boieldieu données en première partie de ces pièces[9]. On comprend dès lors pourquoi le casino de Vichy n'a engagé qu'une troupe de comédie pour la saison 1866. Les deux représentations d'opéras-comiques qui y sont organisées ne sont dues qu'à l'invitation ponctuelle de célébrités capables d'attirer sous leur nom un public nombreux, comme la soprano belge Marie Cabel. Celle-ci interprète deux œuvres reprises à Paris la même année, dans lesquelles elle a connu un grand succès public : *L'Ambassadrice* d'Auber et *Galathée* de Victor Massé. La saison 1866 révèle quatre principes qui régissent la programmation lyrique des casinos : divertissement ; accessibilité ; air du temps ; vedettariat. Ces principes reprennent des modèles déjà éprouvés dans les villes d'eaux allemandes qui attirent la plus grande partie de l'élite européenne du milieu des années 1830 à la fin des années 1860. Dieppe et Vichy semblent en particulier s'inspirer des saisons musicales organisées à Bad Ems. De 1858 à 1867, Offenbach y passe une partie de l'été avec sa troupe des Bouffes-Parisiens. Il y fait jouer ses propres œuvres et en compose spécialement pour le petit théâtre du casino, comme *Bavard et Bavarde* (1862). En 1863, 12 de ses pièces ont été jouées 20 fois, durant 13 des 15 représentations données dans la station du Palatinat[10]. À côté du « modèle d'Ems », celui que définit Bade (Baden-Baden) à la même époque dépasse tout ce dont un curiste ou un baigneur peut alors rêver dans une station française. Bade est à Berlioz (qui s'y rend fréquemment) ce qu'Ems est à Offenbach. Elle adopte un modèle différent : résolument international et tourné vers le grand répertoire (cf. 15.1).

Si les représentations sont peu nombreuses dans les casinos hexagonaux au milieu des années 1860, l'opéra français y est toutefois très présent sous des formes alternatives plus diverses encore que dans la période précédente : représentations d'actes avec ou sans mise en scène ; airs séparés ; ouvertures ; morceaux de ballet ; mosaïques et fantaisies orchestrales ou instrumentales. Le 15 juin 1866, lors du concert inaugural de la saison au casino de Dieppe, la moitié des pièces interprétées provient d'œuvres lyriques composées par des valeurs sûres du répertoire : Auber, Herold et Meyerbeer. Le même jour, à Vichy, un tiers des œuvres jouées lors des deux concerts quotidiens donnés dans le parc du casino provient d'opéras français. Ces proportions sont également observables dans les programmes de concert de Bade donnés entre 1850 et 1867[11]. Dans les casinos plus modestes et moins aristocratiques, c'est uniquement sous ces formes alternatives que les clients peuvent entendre de l'opéra français. Celui-ci fait donc partie du quotidien musical des casinos français. Son omniprésence est également spatiale. Il résonne dans tous les espaces qui y sont réservés à la musique : les salles de spectacle et de concert, bien sûr, mais aussi les salles de bal et les terrasses des casinos, ainsi que les kiosques construits dans leurs parcs (cf. 19.3). Moins prestigieuses que les représentations intégrales, ces formes alternatives permettent aux directeurs artistiques de bénéficier à moindres frais de la popularité de certains ouvrages lyriques.

Une différence importante distingue les casinos allemands et français : alors que les premiers font preuve d'une grande ouverture internationale, leurs homologues français, encore peu fréquentés par la clientèle étrangère, privilégient un répertoire national. Ils contribuent, comme les opéras de province, à sa diffusion sur tout le territoire, mais ils permettent également de faire découvrir ce répertoire à un public qui ne peut se permettre de fréquenter les théâtres. En effet, les concerts donnés en extérieur à Dieppe et à Vichy sont gratuits et ouverts à la population locale. Quant au prix des représentations théâtrales lyriques (1 F pour les places les moins chères au théâtre de Dieppe en 1866), il est théoriquement abordable pour la classe ouvrière. La grille tarifaire des casinos les plus prestigieux, comme celui de Bade, sert en revanche d'instrument de sélection sociale. Les casinos jouent enfin un rôle clé dans les circulations des musiciens d'opéra. Comme en témoigne la présence de Cabel à Vichy, de Berlioz à Bade, d'Offenbach et de sa troupe à Ems, ces établissements font partie intégrante des circuits de tournées nationales et internationales dès les années 1860. Alors que le faste lyrique de Bade demeure inégalé dans les stations françaises, la situation s'inverse dans les décennies 1880 et 1890. Un temps ralenties par le conflit franco-prussien, les saisons des casinos français connaissent un regain spectaculaire dont l'opéra français est le premier bénéficiaire.

Fortune de l'opéra français dans les casinos :
le premier âge d'or des années 1880-1890

En raison de nouvelles recommandations médicales et de l'amélioration des infrastructures ferroviaires, la fin du XIXe siècle voit s'amplifier la vogue de la villégiature thermale et balnéaire lancée pendant le Second Empire. Le marasme des casinos en Angleterre et en Allemagne (où les jeux sont prohibés à partir de 1872) ne fait qu'accentuer cette tendance. La ruée vers l'eau et la concurrence féroce qu'elle instaure entre les stations françaises entraînent de nouveaux investissements. Ceux-ci sont guidés par un constat : désormais, la réputation d'une station dépend principalement de la qualité et de la quantité des distractions qu'elle propose. De cette nouvelle configuration découle une vague d'agrandissements ou de construction de casinos dotés de salles de spectacles. Elle fait émerger de nouveaux secteurs sur la carte des stations thermales françaises. La Côte d'Émeraude voit ainsi naître des casinos en chapelet à Paramé et Saint-Lunaire (1883), Dinard (1892), Saint-Servan (1893), Saint-Lunaire à nouveau (1896), Paramé (1898) et Saint-Malo (1899)[12]. Des salles de spectacles parfois aussi luxueuses et spectaculaires que celles des grandes métropoles françaises y sont construites comme celle du Casino de Vichy (1901), entièrement décorée dans le style Art Nouveau. Sa taille (1500 places) en fait la scène lyrique la plus importante de la saison d'été. Ce faste architectural et décoratif, dont on ne retrouve l'équivalent qu'au Théâtre du Casino de Monte-Carlo construit par Charles Garnier en 1879, va de pair avec le luxe de la programmation d'opéra. Pour attirer et retenir une clientèle aussi soucieuse de paraître que d'être, une véritable course aux armements lyriques s'engage ! Dès sa première saison en 1886, le Casino mauresque de Dieppe affiche des ambitions qui dépassent de loin celles des décennies précédentes. Au cours de 24 représentations, 13 ouvrages sont programmés représentant un spectre élargi du « genre léger », tant chronologiquement que stylistiquement :

- E. Audran, *La Mascotte* (BP, 1880)
- G. Bizet, *Carmen* (OC, 1875)
- F.-A. Boieldieu, *La Dame blanche* (OC, 1825)
- F. Halévy, *Les Mousquetaires de la Reine* (OC, 1846)
- Hervé, *Lili* (TV, 1882)
- Ch. Lecocq, *Le Cœur et la main* (TN, 1882)
- V. Massé, *Les Noces de Jeannette* (OC, 1853)
- J. Offenbach, *La Fille du Tambour-Major* (FD, 1879)
- R. Planquette, *Les Cloches de Corneville* (FD, 1877)
- G. Rossini, *Le Barbier de Séville* (Rome, 1816)
- F. von Suppé, *Boccace* (Vienne, 1879)
- A. Thomas, *Mignon* (OC, 1866)
- L. Varney, *Les Mousquetaires au couvent* (BP, 1880)

Mais la réussite d'une saison de casino ne réside pas uniquement dans le choix des œuvres. Encore faut-il pouvoir mettre en avant un effectif orchestral avantageux et des exécutants de première force. Les casinos en font un élément majeur de leur réputation. Les 60 musiciens de Dieppe et le prestige de leur directeur musical sont autant d'arguments publicitaires. C'est dans cette logique qu'Édouard Colonne est engagé à Dieppe (1876) pour l'établissement de jeux de la station (cf. cahier d'ill.) puis à Aix-les-Bains (1886-1892)[13]. Le choix du directeur musical permet de s'assurer de la présence des meilleurs musiciens. À Dieppe, en 1886, le recrutement d'Émile Pessard, prix de Rome 1866, permet au fermier du casino de bénéficier de son réseau : l'orchestre comprendra des musiciens des Concerts Lamoureux ainsi que des chanteurs de l'Opéra et de l'Opéra-Comique, tous en relâche estivale et en quête d'un complément de revenus. L'ostentation préside également aux choix de mise en scène, dès que les budgets le permettent. Au fil des années 1890, la course aux armements lyriques se généralise et s'accélère, au point que les saisons proposées par les casinos français deviennent un véritable « prolongement vers la mer [ou les sources thermales] du boulevard des Italiens[14] ». En 1902, date de l'inauguration officielle du théâtre du Grand Casino de Vichy, ces saisons atteignent un niveau de luxe inimaginable cinquante ans auparavant. Son répertoire rassemble 19 œuvres lyriques représentées tous les deux jours, en alternance avec des pièces de théâtre. À la différence des années 1850-1870, les casinos ne se limitent plus aux genres légers mais s'essaient au grand opéra (*Les Huguenots* et *Guillaume Tell* à Vichy, par exemple) ; mieux, ils intègrent les nouvelles esthétiques lyriques (*Sigurd, Werther, La Bohème*...). Le modèle inauguré à Bade semble donc faire florès dans les casinos français, même si la programmation y demeure majoritairement nationale. Quant aux rares ouvrages étrangers proposés au public, ils sont systématiquement donnés dans leur version française. Comme en 1866, le répertoire ancien n'a pas cours, le grand opéra excepté. Le privilège accordé aux œuvres ayant rencontré le plus grand succès à Paris explique une certaine standardisation des programmes : en 1902, la moitié des œuvres (7 sur 16) représentées à Trouville le sont aussi à Vichy. Des œuvres telles que *Carmen* ou *Faust* sont jouées dans des casinos chaque année pendant la décennie 1890, ce qui garantit aux ayants droits d'importantes *royalties*. Les casinos contribuent à la constitution d'un canon de l'opéra, à la popularisation d'un corpus au-delà des cercles de mélomanes avertis et à la transformation de certains ouvrages en véritables « tubes ».

Le Casino de Trouville vu de la plage pendant l'incendie de 1903 (à droite, le théâtre), carte postale, coll. particulière.

La redondance, voire le matraquage d'œuvres phares du canon lyrique français s'explique aussi par des raisons pragmatiques. Les orchestres de casino réunissant le temps d'une saison de trois mois des musiciens issus de différents orchestres, la prudence exige de leur proposer des œuvres qu'ils interprètent régulièrement à Paris ou dans les capitales régionales. C'est la raison pour laquelle les premières auditions sont si rares dans les théâtres de casino. Malgré cette précaution, critiques, chefs et compositeurs se plaignent régulièrement de la hâte avec laquelle les opéras sont montés. L'une des rares exceptions à ce tableau est celle de Monte-Carlo, qui possède la particularité d'être un théâtre de casino autant qu'un opéra d'État (cf. t. 3, 8.6). Au-delà de ces caractéristiques communes, les programmes de 1902 font apparaître une spécialisation, qui se double d'une hiérarchie des théâtres de casinos français. Celle-ci s'établit en fonction de la taille et du luxe de la salle, de la quantité d'œuvres lyriques représentées et du genre privilégié : à Vichy le prestige conféré par les grands ouvrages, à Trouville l'opéra-comique ; quant au casino de Cabourg, il s'adonne à l'opérette et reprend le « modèle d'Ems », comme celui de Dieppe en 1866. En 1902, ce dernier a changé de stratégie. Plutôt que de rivaliser avec Trouville et Vichy, il délaisse les représentations d'opéra pour donner la priorité à des types de concerts que l'on ne retrouve dans nul autre casino à l'époque : des festivals consacrés à des compositeurs contemporains et une série de concerts internationaux, chacun consacré à un pays. Comme de coutume depuis les années 1860, on rencontre dans ces concerts de nombreux extraits d'opéra français. Plutôt que le nombre, le genre et la réputation d'ouvrages représentées, c'est l'originalité, l'exigence et l'ouverture internationale des programmes des concerts qui distinguent le casino de Dieppe de ses homologues. En cela, la station normande retrouve le « modèle de Bade ». Cette stratégie de singularisation et de distinction, rendue nécessaire par la concurrence qui oppose les casinos français, se retrouve également à l'échelon local. En 1896, les deux casinos que compte Royan s'entendent pour proposer une programmation musicale complémentaire : au vieux casino la musique classique et l'opéra, au nouveau l'opérette.

Les quatre principes qui gouvernent la programmation lyrique (divertissement, accessibilité, air du temps, vedettariat) ont pour conséquence un certain conformisme[15]. L'histoire des opéras joués dans les casinos nous immerge donc dans la culture musicale quotidienne et moyenne de mélomanes plus ou moins avertis, aristocrates, grands ou petits bourgeois en villégiature. À ces principes, il faudrait ajouter celui de la diversité, lié à la nécessité de divertir. Dans les années 1880 et 1890, celle-ci n'est observable qu'à partir d'une comparaison entre casinos qui se spécialisent dans un genre plutôt que dans un autre. La première partie du XXe siècle verra s'accroître cette diversité en raison de l'augmentation du nombre d'œuvres étrangères représentées, mais aussi parce que les casinos n'auront de cesse d'exploiter la popularité du café-concert et de la revue de music-hall.

14.6 L'OPÉRA DANS L'EMPIRE COLONIAL FRANÇAIS

Jann Pasler

L'opéra se situe au centre de la culture coloniale, avec pour vocation de faire oublier « les ennuis du comptoir, le travail du bureau, la fatigue des armes », tout en offrant au public un divertissement où « l'esprit comme le corps trouve sa nourriture »[1]. Cependant, contrairement à ce qui se passe en France, peu de colons se sont tournés vers l'opéra pour « élever » la population. Dans les contrées lointaines de l'empire, le colon éprouve d'autres besoins. Comment conserver la mémoire de son pays, soulager la nostalgie, répondre au manque de femmes et de distractions ? Les colonisateurs, ironiquement, partagent avec les colonisés « la terrible difficulté de préserver quelque chose de leur propre mode de vie tout en trouvant les moyens d'agir dans de nouvelles relations de pouvoir[2] ». Aux côtés de l'architecture et de l'urbanisme, l'opéra vise à résoudre ce problème, tout en soulevant de nouveaux défis. La production lyrique dépend non seulement de réseaux complexes de pouvoirs et d'agences au sein de chaque ville coloniale, mais aussi de liens avec Paris, le reste de la France et l'empire. Comme dans le commerce, cette activité exige coopération et collaboration – dans une certaine mesure avec les élites autochtones – et entraîne une concurrence entre villes. Chaque partie de l'empire a une conception particulière du répertoire, de la vie théâtrale, des structures administratives et de leur direction. Si chaque lieu construit ainsi une identité propre, il participe dans le même temps d'une culture impériale commune et se trouve en permanence connecté au monde extérieur[3].

Perspectives sociales

Le type de gouvernement, militaire ou civil, d'une ville a une incidence sur le nombre et le type de Français qui y résident et, par conséquent, sur le public d'opéra. Pendant des années, la présence de nombreux soldats à Hanoi, à Saigon et plus tard à Tamatave conduit à élaborer des stratégies pour les attirer au théâtre (jusqu'à leur réserver 200 places à moitié prix !), en réfléchissant notamment à une programmation adaptée à leurs goûts. La mobilité fréquente des soldats, mais aussi des fonctionnaires français et des commerçants, a contribué au renouvellement du public : en Indochine, les colons fuient souvent la chaleur extrême et les maladies tropicales, tandis qu'en Afrique du Nord la relative proximité de la France permet de rentrer plus facilement chez soi.

Le fait d'aller à l'opéra encourage la sociabilité locale parmi des personnes d'origines, de classes et de professions diverses et donne à des non-Français, y compris des fonctionnaires autochtones, l'occasion de transgresser leurs différences par le sentiment et l'imagination. Lors de l'ouverture du Théâtre impérial d'Alger en 1853, les administrateurs cherchent à attirer « les simples travailleurs, les heureux du grand monde, l'employé, le marchand, le commis, le soldat[4] ». En 1871, lorsque les communards arrivent avec les personnes déplacées par la guerre d'Alsace et de Lorraine, triplant la présence française dans les villes algériennes, le contrôle de l'Algérie passe des militaires à l'administration civile. De nombreux arrivants s'installent dans les villes portuaires avec, à Oran, un grand nombre d'Espagnols et, à Constantine et Bône, de nombreux Italiens.

Après la nationalisation des Juifs (1870), vient celle des Espagnols, des Italiens et des Maltais (1889). Dans la mesure où ces diverses personnes partagent des pratiques musicales avec les Français, leur fréquentation de l'opéra contribue à la fusion raciale en Algérie et à la création d'une sorte de « nouvelle race méditerranéenne ». L'opéra peut aussi servir de prétexte à des querelles entre juifs, Arabes et chrétiens, l'antisémitisme étant à l'origine de protestations contre la place trop importante accordée aux ouvrages de Meyerbeer. En Tunisie, les Italiens, beaucoup plus nombreux que les colons français, possèdent leurs propres théâtres. En Indochine, on fait appel au théâtre pour gérer les différences raciales. En construisant sa première salle en 1874, le conseil municipal de Saigon note que, parce que les riches Chinois vivant à Cholon et les Annamites hauts fonctionnaires peuvent jouir du théâtre, la salle doit être aménagée de telle sorte qu'ils ne se sentent pas dévisagés et, réciproquement, que les Européens ne soient pas « gênés par le voisinage d'un Chinois, d'un Malabar ou d'un Annamite[5] ». Dans la nouvelle salle, inaugurée en 1900, il est prévu que les Asiatiques puissent s'asseoir à l'orchestre, mais pas dans les loges, réservées aux Européens. En revanche, sur les îles contrôlées par les Français, l'opéra attire un public racial mixte. Comme en Martinique, au Théâtre de l'île Maurice en 1860, les femmes de la haute société occupent les premières loges, les créoles et les « dames noires » dominent dans les secondes, avec au-dessus « une foule d'Indiens et de noirs »[6]. À Tananarive, les Malgaches, qui apprécient depuis longtemps la musique occidentale, forment une partie importante du public du théâtre dès son origine en 1899. Dans l'empire, l'opéra participe donc d'une dynamique complexe d'inclusion et d'exclusion et contribue à une nouvelle construction de ce que signifie « être français ».

Les théâtres

Rapidement, l'opéra est considéré comme un service public méritant des subventions. Les théâtres municipaux qui apparaissent dans les colonies ont des tailles et des budgets très variables. Comme en France, seuls quelques-uns peuvent se permettre de monter un grand opéra ; mais tous proposent de l'opéra-comique ou de l'opérette et donnent du théâtre parlé (comédies et vaudevilles) et parfois du ballet. Tous ces genres sont définis par les théâtres parisiens. Subventionnés par les gouvernements coloniaux locaux, les théâtres municipaux sont situés au centre des villes nouvelles – symbole fort de leur place dans la société –, à l'écart des anciens quartiers. Les architectures les plus marquantes reprennent des modèles européens : en Algérie (Alger, Constantine et Bône) la façade néoclassique, en Indochine le Petit Palais pour le théâtre de Saigon (1900) et le Palais Garnier pour l'Opéra de Hanoi (1911).

Peu après la prise d'Alger par les Français en 1830, le gouverneur général avait signé un décret pour construire un théâtre. En 1853, Alger érige un magnifique bâtiment sur le front de mer en s'inspirant des plans du Théâtre du Châtelet, permettant ainsi de monter le grand opéra et la grande féerie. Ce théâtre devient une forme importante du « commerce lyrique », favorisé par la proximité avec la France. À la fin des années 1860, la province d'Alger, y compris Blidah, est le onzième département français en termes de recettes théâtrales ! Dans les années 1890, les revenus annuels du théâtre d'Alger le placent au même niveau que les théâtres de grandes villes françaises comme Le Havre, Nice, Rouen et Toulouse. Dès 1868, le théâtre d'Oran aussi produit du grand opéra et de l'opérette ; il est suivi plus tard par le théâtre de Constantine. Leurs recettes dans les années 1880 les rendent comparables aux théâtres de Rennes et d'Aix-les-Bains. Dès 1886, Alger ouvre une seconde salle, le Théâtre des Nouveautés, connu pour ses opérettes. Dans les années 1890, Bône, Philippeville, Mostaganem et Mascara représentent des ouvrages lyriques. Certaines de leurs troupes donnent des spectacles dans des villes plus petites, comme Bougie, Sétif, Guelma, Souk-Ahras et Sidi-Bel-Abbès.

Lorsque la Tunisie devient protectorat français en 1881, la vie théâtrale des Italiens est déjà très animée grâce aux tournées de troupes. Deux théâtres d'opéras italiens ont été construits, Tapia en 1842 et Cohen en 1875, le dernier donnant la première audition à Tunis de *Faust*, suivi par *La Favorite* en italien[7]. Le Théâtre-Français ouvre ses portes en 1882 pour représenter de l'opérette et du drame. Les représentations subventionnées d'opéras-comiques et d'opérettes commencent en 1890. G.-J. Donchet, directeur artistique d'un casino en France, a convaincu la ville (en jouant notamment sur la concurrence avec Alger) de soutenir ce théâtre. Le conseil municipal de Tunis s'est montré favorable à ce projet, d'une part parce que l'opéra est un symbole de la ville et un genre attrayant pour les touristes, d'autre part parce qu'il espère que Donchet couvrira une partie de son budget avec les profits des jeux : en effet, le nouveau théâtre, construit entre 1892 et 1902, comprend un restaurant ainsi qu'un casino. La Tunisie dispose également de grands théâtres à Sousse et à Sfax, et de théâtres non subventionnés qui présentent eux aussi de l'opéra. Comme nombre de casinos de France (cf. 14.5), ceux d'Alger, de Constantine et de Tunis offrent de l'opérette à leur public.

Saigon a produit sa première œuvre lyrique, *Les Deux Aveugles* d'Offenbach, en 1864 (œuvre très populaire, qu'on pouvait aussi entendre au Chalet de Hong-Hoa le 7 octobre 1888 et ailleurs). Cependant, le financement de représentations régulières n'a commencé qu'en 1884. L'année suivante, le directeur du théâtre, Emmanuel Pontet, programme *La Mascotte* d'Audran ainsi que de la comédie et du vaudeville. De 1885 à 1900, les recettes de Saigon sont décuplées et deviennent comparables à celles de Tunis et de Trouville. Outre les théâtres militaires ici et ailleurs, la première troupe importante subventionnée à Hanoi est créée par MM. Caisso et de Greef, chanteur et ancien directeur de théâtre à Saigon et Batavia. Elle comprend 14 artistes venus de France et Batavia et donne des opérettes (1890-1893). Pour faire face aux dépenses considérables que cela entraîne, Hanoi partage le financement avec la ville portuaire de

Haiphong, une base navale, où la troupe se produit en alternance pendant six mois. Avant d'avoir leurs propres théâtres, Haiphong et Hanoi bénéficient de représentations lyriques dans des espaces alternatifs : le Grand Hôtel pour l'une, le Théâtre chinois pour l'autre.

On trouve d'autres théâtres subventionnés ailleurs dans l'empire français. Malgré des budgets très modestes, à partir de 1857, tous doivent payer des droits d'auteur. Le Théâtre de Saint-Pierre, en Martinique – le plus célèbre des huit théâtres des Caraïbes de 1786 jusqu'à sa destruction par un volcan en 1902 – a produit tous les genres d'opéra, de théâtre et de ballet jusqu'en 1890 au moins, mais avec des recettes annuelles très faibles (96 F en 1894). Dans les années 1860, on peut entendre sur l'île Maurice tous les genres, interprétés par des chanteurs venant de Paris à l'occasion de représentations soutenues par la municipalité. En 1884, le gouvernement de la Nouvelle-Calédonie consacre 10 000 dollars à la construction d'un théâtre à Nouméa (dont aucune trace des spectacles ne nous reste) ; dans les années 1890, la Guinée française dispose d'un théâtre à Cayenne. Le Théâtre de Saint-Denis, sur l'île de la Réunion, avait déjà dans les années 1860 des recettes annuelles importantes, semblables à celles de La Rochelle et de Mâcon. En 1900, ses recettes sont comparables à celles des casinos de Dijon et d'Alger. Deux ans après que Madagascar est devenue une colonie (en 1896), un théâtre est prévu à Tananarive. Avant son ouverture en 1899 avec une subvention gouvernementale destinée à l'opéra et à la comédie, les soldats ont pris en charge les frais pour la constitution d'une troupe. On peut encore entendre de l'opéra français dans les théâtres du Caire, d'Alexandrie, de Constantinople, de La Nouvelle-Orléans et de Montréal.

Structures administratives

Le contrôle des théâtres municipaux est local ; il se situe au carrefour d'importants réseaux administratifs et musicaux. Les théâtres coloniaux partagent beaucoup avec les théâtres français régionaux, avec lesquels ils sont en concurrence tant pour attirer les talents que pour acquérir une forme de prestige. Pour les superviser, les conseils municipaux nomment des commissions théâtrales. Alors que dans les colonies comme l'Algérie, celles-ci sont composées de Français, à Hanoi en 1902-1903 il y a quatre indigènes, et dans le protectorat tunisien les élites arabes forment la moitié de la commission, l'autre moitié réunissant Français, Italiens et Maltais. Leur tâche la plus importante consiste à rédiger le cahier des charges annuel (cf. 1.4), qui établit la subvention pour la saison d'opéra, habituellement de six mois, et ce que l'on attend du directeur. Le cahier prévoit le concours de recrutement pour ce poste. Le gagnant doit garantir le contrat avec un cautionnement et engager une agence parisienne réputée pour rassembler sa troupe. Les détails de ces contrats, qui font l'objet de nombreux débats, varient d'année en année et de ville en ville, mais certaines bases communes en assurent la cohérence à travers l'empire. Ces contrats abordent de nombreuses « clauses et conditions », dont la mise à disposition du théâtre, l'entretien des locaux, les décors, la bibliothèque musicale, etc. Ils précisent aussi le nombre et le type de chanteurs, des choristes et des musiciens d'orchestre qui, tous, doivent être recrutés en France. (À Saigon, les bois de l'orchestre peuvent être empruntés, avec sa permission, à la fanfare militaire locale.)

Il est attendu du directeur qu'il propose un répertoire, pouvant aller jusqu'à 50 titres, parmi lequel la commission théâtrale de la ville fera une sélection, qui sera transmise au gouverneur général pour approbation. On trouve cependant des cas particuliers. Ainsi, en 1887, le cahier des charges de Saigon énumère les œuvres qui doivent être exécutées ; en 1895, celui de Hanoi donne une liste d'œuvres par genre dans laquelle devra choisir le directeur. Les cahiers stipulent également le nombre d'œuvres nouvelles qui doivent être produites pour les abonnés, le nombre d'actes requis par représentation (souvent 3), le nombre de représentations autorisées pour une même œuvre lors d'une saison (souvent pas plus de 2), le nombre de « débuts » (cf. 14.2), et aussi le nombre de représentations sur abonnement et de concerts au profit des artistes. Le prix des billets et les frais pour les infractions commises par les artistes sont également indiqués. Durant la saison, aucune représentation de la troupe n'est permise à l'extérieur du théâtre municipal. Le directeur doit fournir les partitions, les livrets et les costumes, sauf s'ils ont été achetés par la ville. Les difficultés chroniques de gestion entraînent un important renouvellement du personnel et une instabilité constante des théâtres. Par exemple, si une chanteuse échoue lors de ses débuts, le directeur doit assumer les coûts liés au recrutement d'un remplaçant (venu de France) dans un délai de 45 jours. De 1885 à 1892, le directeur de Saigon est condamné à une amende pour toute représentation « jugée mauvaise », et trois ou quatre représentations considérées comme « insuffisantes » par les abonnés peuvent entraîner la résiliation du contrat par la ville, sans remboursement de la caution et des frais de voyage du directeur.

Direction, mobilité et réseaux

La production d'opéra nécessite de réunir un personnel important, représentant diverses fonctions : directeur, régisseur, costumier, chanteur, chef d'orchestre, instrumentiste, parfois danseur. Certains directeurs ont déjà fait carrière comme chanteurs ou comédiens, parfois localement. D'autres ont dirigé des théâtres municipaux ou des casinos en France. Seuls quelques personnes parviennent à rester à leur poste pendant plusieurs années, par exemple Donchet comme directeur à Tunis (1890-1901), Paul Maurel comme chef d'orchestre (1886-1887) et directeur (1893-1897) à Saigon, avant de devenir directeur à Hanoi (1901-1902), Fromont au Théâtre municipal d'Alger en 1876-1877, 1883-1887 et 1888-1889, et Gaston Coste en 1886-1887, 1896-1898 et 1902-1903. Après dix ans comme régisseur au Grand Théâtre de Lyon, M. Coulanges, né à Alger et connaissant bien les goûts et les aspirations du public local, revient sur sa terre natale pour diriger les Nouveautés en 1893, 1895-1896, et le Théâtre municipal en 1894-1895 et 1901. Ainsi se révèle tout un pan de l'activité lyrique française animée par une forte mobilité professionnelle entre les institutions d'une même ville et entre la France et ses colonies.

Étonnamment, beaucoup de femmes occupent ces postes de pouvoir, qui leur sont rarement confiés en France : à Alger, Mme Dacosta (1833) et Mme Curet (1853), suivies de Mme Duprat (1862-1863 ; 1865-1866) et Mme Leroux (1874) ; à Saigon, Mme Legros (1886), Mme Dorval (1887-1888) et Mme Achard (1888-1889) ; à Hanoi, Mme Debry (1893-1896). Certaines commencent comme chanteuses ou actrices ; quelques-unes succèdent à leur mari. Mme Rousseau, chanteuse légère, dirige les théâtres municipaux de Mostaganem en 1891, puis de Tlemcen et Bel-Abbès. Pour attirer le public de Tlemcen, au lieu d'offrir de l'opéra accompagné au piano, comme c'était la norme dans ces villes, elle engage un orchestre de 21 musiciens-légionnaires et amateurs locaux pour représenter *Carmen* en 1892. Le public est tellement impressionné qu'il demande « une forte subvention[8] » pour la récompenser. Elle y donne également la première de *Miss Helyett* (BP, 1890) d'Audran, une œuvre représentée un an auparavant à Alger, et remporte un vif succès en incarnant Violetta dans *Traviata* en mars 1893, avant de prendre la direction du théâtre à Oran (1893-1894). À Bône, en 1894, Mme Gemma, un contralto, monte avec une troupe de 55 membres et quatre régisseurs *L'Attaque du moulin*, *La Basoche*, *Cousin-Cousine* et d'autres œuvres récentes. Engagée par la ville de Hanoi, Mme Debry, grande coquette connue comme actrice à Saigon, se révèle être la directrice au succès le plus éclatant. Elle négocie le premier cahier des charges de Hanoi et reçoit des fonds pour une troupe de 26 membres. Au fil des saisons, le conseil municipal de Hanoi lui permet d'agrandir sa troupe et de l'enrichir d'un nouveau répertoire qui compte finalement 30 opérettes et opéra-comiques, 30 comédies et vaudevilles. Cette situation ne doit pas masquer certaines résistances machistes, comme en 1896 quand un critique s'oppose à elle et à deux autres femmes figurant parmi les dix candidats au poste : « Nous sommes radicalement hostile à une direction féminine. [...] Une femme n'aura jamais assez d'autorité[9]. »

Les chanteurs se déplacent constamment et leurs salaires varient beaucoup. La première troupe à se produire à Saigon (1882-1883) compte 7 membres principaux, dont la plupart ont déjà voyagé à travers le monde (en Russie, au Caire, à Cayenne, à Rio de Janeiro et aux États-Unis). Le directeur M. Daron a, lui, déjà travaillé à Paris et à New York. La troupe comprend aussi des musiciens locaux, certains de la musique militaire de Saigon. Le financement public oblige le directeur à bâtir sa troupe en France. En 1884-1885, Pontet réussit à faire venir 26 chanteurs (10 hommes, 7 femmes, et 9 choristes comprenant 3 hommes et 6 femmes), certains pouvant jouer plusieurs rôles dans des opérettes, des vaudevilles ou des comédies. Dès 1888-1889, le cahier des charges énumère les chanteurs requis par genre : 12 chanteurs pour l'opéra-comique et l'opérette, avec quelques rôles partagés, 8 acteurs, 6 comiques, et un père noble pour la comédie-vaudeville, soit 27 au total ; à Hanoi, jusqu'en 1906-1907 la troupe comptera 7 chanteuses, 8 chanteurs et 10 choristes. En Algérie, les forces musicales sont nettement plus importantes. En de rares occasions, Alger fait même venir des vedettes, comme Célestine Galli-Marié, qui chante *Carmen* et *Mignon* en 1889.

Le nombre de chefs d'orchestre, normalement recrutés à Paris, varie selon les troupes : 3 à Alger, 2 à Constantine, Tunis et Saigon, 1 dans les petits théâtres (ce n'est souvent qu'un « chef-pianiste »). Élevé à Alger, Gaston Coste, fils du directeur de l'opéra et harpiste, débute comme chef d'orchestre au théâtre de Toulon avant de retourner à Alger en 1886 (il y reste jusqu'en 1896) comme chef, puis directeur artistique au Théâtre municipal, alors dirigé par son père. Il travaille ensuite dans toute la France et inaugure l'orchestre du Casino de Tunis en 1902. Le violoncelliste Paul Frémaux s'est forgé une réputation de chef à Angers avant d'être engagé en 1894 au théâtre italien de Tunis (le Politeama), puis en 1897 au Théâtre municipal et aux casinos tunisiens (1895-1900). Autant de personnes, autant de parcours...

La taille des orchestres de théâtre (dont la grande majorité des musiciens viennent de Paris) varie beaucoup : 5 cordes et un pianiste à Saigon (1885) comme à Hanoï (1895) (avec des amateurs et des musiciens locaux), 15 instrumentistes à Philippeville (1893), de 38 (1874) à 50 (1900) au Théâtre municipal d'Alger – ce nombre étant supérieur à celui de Dijon et pratiquement égal à celui de Bordeaux. De plus en plus, les troupes incluent aussi des danseurs.

Répertoire

S'il est difficile de savoir dans quelles conditions les œuvres sont exécutées, en revanche, il est possible d'analyser les programmations. Le répertoire standard des scènes coloniales coïncide souvent avec les choix des chanteurs pour leurs débuts. À partir de 1874, on peut entendre à Alger Meyerbeer (*Les Huguenots, L'Africaine, Robert le Diable*), Verdi en français (*La Traviata, Rigoletto, Le Trouvère*) et Donizetti en français aussi (*La Favorite, Lucia, La Fille du régiment*), puis Gounod (*Faust* et *Mireille*) et Halévy (*La Juive*). En janvier 1893, un critique algérien se plaint qu'il a entendu *La Juive* 17 fois, *Les Huguenots* 13 et *Faust* 25. *Faust* devient, comme en métropole, l'un des piliers du répertoire. On l'entend aussi bien au Théâtre des Nouveautés d'Alger que dans les petites villes. Il sert souvent de spectacle d'ouverture et nombre de chanteurs le choisissent pour leurs débuts, comme à Bône (1894) et à Tunis (1896). Sa première à Saigon a lieu le 4 octobre 1885. Avec un dédain spirituel, Rosine, critique à Saigon, note qu'un des chanteurs « croyait jouer *Le Petit Faust* » avant de conclure qu'il « pourra faire une basse passable d'opéra-bouffe [...] dans les chœurs »[10].

En dehors d'Alger, l'opéra-comique et l'opérette dominent. Outre *La Mascotte*, chanté souvent pour des débuts, comme à Alger (1889-1891), à Bône (1895) ou à Hanoi (1896), *Carmen*, *Manon* et *Mignon* traversent l'empire. Offenbach aussi, avec sa *Vie parisienne*. *Miss Heylett*, *La Fille de Madame Angot*, *Les Cloches de Corneville* et *Les Mousquetaires au couvent* sont tout aussi populaires. Ces formes plus légères ne sont pas seulement moins chères à produire, elles répondent aussi au besoin local de charme, de gaieté et d'amusement, l'ennui étant considéré comme une cause de maladie ! De plus, ces genres « légers » offrent aux soldats résidents l'occasion de jeter un regard et une oreille sur les femmes françaises.

Parallèlement, de plus en plus de colons à travers l'empire se montrent avides de nouveautés, en partie pour suivre la mode parisienne. Tout comme à Nantes, où le cahier des charges de 1884 exige une nouvelle œuvre (grand opéra ou opéra-comique), Mme Legros promet en 1886 de monter des opérettes qui n'ont jamais été jouées à Saigon. La même année, le cahier de charges d'Alger demande de puiser parmi les créations parisiennes des dix dernières années. C'est ainsi que sont données les premières algériennes de *Manon* (OC, 1884) en 1888, du *Roi d'Ys* en 1890, de *La Basoche* (OC, 1890) la même année que sa première parisienne et de *L'Attaque du moulin* (OC, 1893) en 1894. Bône suit un peu plus tard avec *La Basoche* en 1894 et *L'Attaque du moulin* en 1895. En janvier 1892, soit dix mois avant sa première à l'Opéra de Paris, *Samson et Dalila* est monté au Théâtre municipal d'Alger pour 5 représentations. En 1894, ce même théâtre produit les premières mondiales de deux compositeurs locaux : le grand opéra *Meyel* d'Aristide Spinazzi (cor solo de l'orchestre) et le drame lyrique *Le Songe du berger* de Marius Lambert. En janvier 1901, Alger entre dans l'histoire en donnant la première représentation de *Louise* (OC, 1900) en dehors de Paris, avec l'aide de Jusseaume et de Charpentier. En Indochine, en 1894, le directeur Paul Maurel achète 12 nouvelles partitions pour la bibliothèque de Saigon – notamment *L'Attaque du moulin*, *La Basoche*, *Madame Chrysanthème* et *Cousin-Cousine*. En 1895, Mme Debry donne *Werther* et *Les 28 Jours de Clairette* à Hanoï, respectivement deux et trois ans seulement après leurs premières parisiennes. Lorsque Saigon ouvre son nouveau théâtre en 1900, c'est avec *La Navarraise* (Londres, 1894) de Massenet : « Succès énorme. Nos braves soldats, retour de campagne de Chine, ont ainsi pris contact avec un peu de la France[11]. » *La Vivandière* (OC, 1895) de Godard illustre la manière dont les colonies suivent le goût parisien. En 1896, l'œuvre est donnée à Alger, Tunis, Hanoi et 4 fois à Saigon.

Diffusion et réception

Comme nous le verrons (chap. 19), divers lieux autres que les théâtres contribuent à populariser l'opéra. Après la conquête d'un territoire, le kiosque à musique fait partie des premières « constructions coloniales ». Gratuits et ouverts à tous, les concerts d'orchestres militaires et d'harmonies qui s'y donnent incluent généralement des fantaisies d'opéras (cf. 19.3). Lorsque les premiers colons se réunissent pour jouer de la musique ensemble, ils choisissent souvent des airs simples tirés du répertoire lyrique, comme une chansonnette de *La Fille du Tambour major* d'Offenbach ou la romance de *Mignon*[12]. À Alger, des amateurs français commencent à jouer des opéras-comiques, des vaudevilles et des drames français dans le palais de Djenina, de 1830 à 1845, pendant que des troupes italiennes en tournée donnent de l'opéra belcantiste[13]. À Pondichéry, le répertoire de la fanfare militaire locale en 1896 ressemble à celui du Théâtre municipal d'Alger, allant de Meyerbeer, Gounod, Bizet, Verdi et Wagner à Audran, Offenbach et Lecocq. Dans la semaine qui précède la création locale de *Samson et Dalila*, le théâtre municipal d'Alger prépare le public en produisant d'autres opéras orientalistes : *Carmen*, *Le Voyage en Chine*, *L'Africaine*, *Aida*, *Lakmé* et *Le Grand Mogol*. L'orchestre du théâtre interprète de son côté *Le Désert* de Félicien David, celui de la Société des Beaux-Arts la *Suite Algérienne* de Saint-Saëns, tandis que la Musique du 1er Régiment de Zouaves exécute pendant des semaines une fantaisie sur *Samson* avant et après sa création. Les réactions aux ouvrages donnés dans l'espace colonial apportent parfois de nouvelles perspectives à la réception d'un opéra. Un critique observe par exemple que le public algérien, « imprégné des mœurs espagnoles », entend *Carmen* comme une œuvre orientale, avec ses « zingaras lascives qui ne sont que des héritières de l'Oulad Naïl »[14].

Au fur et à mesure que les colonies évoluent, les colons s'ouvrent à de nouveaux opéras. Alors que le public continue d'apprécier un répertoire convenu, l'opéra dans les années 1890, à l'image des nouvelles villes avec leurs trains et leurs boulevards bordés d'arbres, reflète une certaine idée du progrès français, des valeurs métropolitaines et cosmopolites. Bien que la culture lyrique soit, pour certains, une culture d'exclusion, pour d'autres, elle fournit au contraire un ensemble d'expériences partagées, et donc participe à la création d'un sentiment d'appartenance à une communauté. Les théâtres, les directeurs, les interprètes et le répertoire créent des réseaux nécessaires à l'enracinement de la présence française dans les colonies. Ils contribuent à leur manière à l'intégration nationale dans l'empire comme dans les provinces métropolitaines.

(Traduction Hervé Lacombe)

Notes de 14.1

1. C. Triolaire, « Contrôle social et arts du spectacle en province pendant le Consulat et l'Empire », *Annales historiques de la Révolution française*, n° 333, juil.-sept. 2003, p. 45-66 ; « Le théâtre dans le Puy-de-Dôme sous le Consulat et l'Empire », in Ph. Bourdin et G. Loubinoux éd., *Les Arts de la scène et la Révolution française*, Clermont-Ferrand : PUBP, 2004, p. 205-234.
2. AD, Puy-de-Dôme, T 210.
3. J. Mongrédien, *La Musique en France des Lumières au romantisme (1789-1830)*, Paris : Flammarion, 1986, p. 138-140.
4. *Bulletin de Lyon*, 30 pluviôse an XI (19 févr. 1803), cité in J. Mongrédien, *La Musique en France…*, p. 138.
5. J. Mongrédien, *La Musique en France…*, p. 141.
6. C. Tréhorel, *Le Théâtre à Dijon de 1789 à 1810*, mémoire de maîtrise, université de Bourgogne, 1999.
7. Lettre de Saint-Romain, 1er fructidor an XIII (19 août 1805), AD, Charente-Maritime, 4 T 18.
8. Répertoire d'opéras de Saint-Romain pour le 1er trimestre 1807, AD, Charente-Maritime, 4 T 18.
9. Tableau de la troupe de Cocatrix pour 1809, AD, Charente-Maritime, 4 T 18.
10. Programme des opéras pour les tournées de 1816, AD Charente-Maritime, 4 T 25.
11. Cocatrix au préfet du département, 27 mai 1816, AD Charente-Maritime, 4 T 26.
12. J. Mongrédien, *La Musique en France…*, p. 146-154.
13. R. Markovits, *Civiliser l'Europe. Politiques du théâtre français au XVIIIe siècle*, Paris : Fayard, 2014.
14. Le préfet de la Méditerranée (Toscane), depuis Livourne, au ministre de l'Intérieur, 6 janv. 1813, F-Pan, F^{17} 1299 C.
15. Répertoire des comédies italiennes qui ont été représentées aux théâtres de Gênes pendant l'année 1812, F-Pan, F^{17} 1299 C.
16. J.M. de Gérando à la consulte de Rome, [1811], F-Pan, F/17/1299 C.
17. Ph. Bourdin, « Les limites d'un impérialisme culturel : le théâtre français dans l'Europe de Napoléon », *Le Mouvement social*, 253, oct.-déc. 2015, p. 89-112.
18. M. Traversier, *Gouverner l'Opéra. Une histoire politique de la musique à Naples (1767-1815)*, Rome : École française de Rome, 2009.
19. F-Pan, F^{17} 1092.
20. Le préfet des Bouches-de-l'Escaut au ministre de l'Intérieur, 9 févr. 1812, F-Pan, F^{17} 1299 C.
21. Martin au ministre de l'Intérieur, nov. 1813-janv. 1814, F-Pan, F^{17} 1299 C.

Notes de 14.2

1. *Cahier des charges relatif à l'entreprise théâtrale de Montpellier*, Montpellier : Imprimerie de Gras, 1858 ; *Cahier des charges pour l'entreprise du Théâtre communal de la ville de Strasbourg, Année 1868-1869*, Strasbourg : 1868 ; *Cahiers des charges, clauses et conditions imposées au Directeur du théâtre de la ville de Strasbourg pour les années 1856-1857*, Strasbourg : Imprimerie de Veuve Berger-Levrault, 1856.
2. AM Montpellier, Correspondance, R2/8, 17A.

3. *Idem.*
4. A. Pougin, « Emplois (Les) au théâtre », in *Dict.*
5. AM, Montpellier, « Direction Delmary 1861-1862 », Collection Gilles, 9S (vol. 1).
6. A.-L. Malliot, *La Musique au théâtre*, Paris : Amyot, 1863, p. 317.
7. P. Taïeb, « Mortel début à Caen en 1861 : qui a tué madame Faugeras ? », in C. Giron-Panel, S. Serre et J.-C. Yon éd., *Les Scènes musicales et leurs publics en France (XVIIIe et XXIe siècles)*, Paris : Classiques Garnier, sous presse.
8. M. Gersin, « Les Spectacles à Lyon sous le Second Empire : stabilisation locale et débat national sur les "débuts" », in J.-C. Yon éd., *Les Spectacles sous le Second Empire*, Paris : Armand Colin, 2010, p. 290-316.
9. S. Langlois, *Les Opéras de Rossini, Bellini et Donizetti au Théâtre des Arts de Rouen à l'époque romantique [...]*, thèse de doctorat, université de Rouen, 2009 ; M. Guérimand, *Les Programmes du Grand-Théâtre de Lyon (1815-1848) : une identité en construction*, thèse de doctorat, université Lyon 2, 2014 ; AM, Montpellier, Série R2/8 ; M.-O. Jubert-Larzul, « Le théâtre à Toulouse au milieu du XIXe siècle », *Annales du Midi*, 109/217, 1997, p. 53-69.
10. *Cahier des charges relatif à l'entreprise théâtrale de Montpellier* (voir note 1).

Notes de 14.3

1. M. Gersin, *La Vie théâtrale lyonnaise d'un empire à l'autre : Grand-Théâtre et Célestins, le temps du privilège (1811-1864)*, thèse de doctorat, université Lumière Lyon 2, 2007.
2. E. Baux, *L'École de musique de la rue Mulet 1818-1823*, [Lyon, 1905].
3. Cahier des charges pour la saison 1891-1892, art. 41, p. 19, Lyon, AM, 88 WP 4.
4. M. Guérimand, « *Le Barbier de Séville* à Lyon : naissance d'un rossinisme local ? », in *Le Tragique et le moderne. Orages. Littérature et Culture 1760-1830*, 14, mars 2015, p. 213.
5. A. Sallès, *L'Opéra italien et allemand à Lyon au XIXe siècle (1805–1882)*, Paris : Fromont, 1906.
6. M. Guérimand, *Les Programmations du Grand-Théâtre de Lyon (1815-1848)*, p. 165-168.
7. F. Clément et P. Larousse, *Dictionnaire des opéras*, Paris : administration du Grand dictionnaire universel, 1881, p. 436.
8. Cahier des charges pour la saison 1898-1899, art. 26, p. 11, Lyon, AM, 88 WP 4.

Notes de 14.4

1. J.-É. Bouteiller, *Histoire complète et méthodique des théâtres de Rouen*, 4 t., Rouen : Giroux et Renaux, Métérie, 1860-1880 ; H. Geispitz, *Histoire du Théâtre des Arts de Rouen 1882-1913*, t. 1 (1882-1913, d'après le manuscrit de Charles Vauclin), Rouen : Lestringant, 1913 ; t. 2 (1913-1940), Rouen : Lecerf, 1951 ; R. Eude, *Petite histoire du Théâtre des Arts*, Rouen : Imro éditions, 1961 ; P. Leroy « La prestigieuse histoire et la gloire du Théâtre des Arts », *Théâtre des Arts. Rouen, décembre 1962*, sn, p. 7-29 ; J. Élart et Y. Simon éd., « Théâtre des Arts de Rouen des origines à nos jours », *Dezède*, en ligne, http://www.dezede.org/dossiers/id/21/", chronologie en cours de réalisation.

2. J. Élart, « D'un centenaire à l'autre : les hommages à Pierre Corneille à Rouen entre 1784 et 1884 », in J. Élart et Y. Simon éd., *Nouvelles perspectives sur les spectacles en province (XVIIIe-XIXe siècle)*, Rouen : PURH, 2018, p. 114-179.
3. P. Taïeb, « Les "débuts" à Rouen sous le Second Empire : l'exemple de Célestine Galli-Marié (1861-1862) », *in* J. Élart et Y. Simon, *Nouvelles perspectives…*, p. 63-79.
4. F. Guérin, *Émile Perrin, directeur de l'Opéra-Comique en 1862 [...]*, mémoire de master, université de Rouen Normandie, 2019.
5. J.-É. Bouteiller, *Histoire complète et méthodique*, t. 2, p. 394.
6. J. Élart, F. Guérin et P. Taïeb, « Parcours statistique de l'œuvre de Sedaine et Monsigny (1764-1862) : l'exemple de *Rose et Colas* », in J. Le Blanc, R. Legrand et M.-C. Schang éd., *Le Théâtre de Sedaine [...]*, Paris : Classiques Garnier (à paraître).
7. Tous les relevés ont été faits à partir de Ch. Vauclin, *Histoire du Théâtre-des-Arts [...]*, F-R, Ms. g 91^6.
8. J. Élart, « De *La Parisienne* à *La Varsovienne* : Casimir Delavigne à Rouen autour de la Révolution de 1830 », in S. Ledda et F. Naugrette éd., *Casimir Delavigne en son temps [...]*, Paris : Eurédit, 2012, p. 47-96.
9. S. Langlois, *Les Opéras de Rossini, Bellini et Donizetti*.
10. C. Rowden, « Decentralisation and Regeneration at the Théâtre des Arts, Rouen, 1889-1891 », *Rdm*, 94/1 2008, p. 139-180.
11. J. Élart, « La création française de *Samson et Dalila* à Rouen en 1890 », *Dezède*, 2013, en ligne, https://www.dezede.org/dossiers/id/1/", consulté le 16 fév. 2019.
12. J. Élart, « Saint-Saëns et Dalila à Rouen », *Sanson et Dalila. Avant-Scène Opéra*, 293, 2016, p. 61-65.
13. Y. Simon, « *Lohengrin* à Rouen (1891), *Dezède*, 2012, en ligne, https://www.dezede.org/dossiers/id/4/", consulté le 16 fév. 2019.
14. Y. Simon, « La création de *Siegfried* à Rouen en 1900 », *Dezède*, en ligne, https://www.dezede.org/dossiers/id/217/", consulté le 16 fév. 2019.

Notes de 14.5

1. J. Alviset, « Vichy : musique et thermalisme », *Monuments historiques*, 175, 1991, p. 92-96 ; M.-C. Mussat, « Musique et vie mondaine sur la Côte d'Émeraude dans le dernier quart du XIXe siècle », *Mémoires de la Société d'histoire et d'archéologie de Bretagne*, 71, 1994, p. 253-277 ; F. Lesure, « La villégiature lyrique ou la musique dans les casinos au XIXe siècle », in J. Gribenski éd, *D'un opéra l'autre. Hommage à Jean Mongrédien*, Paris : PUPS, 1996, p. 389-398 ; M. Guerpin, « L'âge d'or de la vie musicale dans les stations balnéaires et thermales. Pour une histoire de la musique dans les casinos (1860-1950) » et R. Campos, « Le "boulevard prolongé". Les casinos de la côte normande autour de 1910 », *Revue d'Histoire du Théâtre*, 275, 2017, p. 15-40 et p. 61-84, respectivement.
2. « Arrêté du 23 déc. 1959, portant règlementation des jeux dans les casinos », *JO. Lois et décrets*, 29 déc. 1959, p. 12490.
3. A. Corbin, *L'Avènement des loisirs (1850-1960)*, Paris : Aubier, 1998.
4. I. Bourdon, *Guide aux eaux minérales de la France, de l'Allemagne, de la Suisse et de l'Italie* [1re éd. 1834], Paris : Crochard et Cie, 1837.
5. A. Bouteiller, « Les transformations du casino de Dieppe », *Gazette des bains*, 26 juin 1886, p. 2.

6. C. Despine, *Bulletin des eaux d'Aix-en-Savoie*, Annecy : Aimé Burdet, 1836, p. 7.
7. A. Authier et P. Duvernois, *Patrimoine et traditions du thermalisme*, Toulouse : Privat, 1997, p. 87.
8. Neter, « Courrier de Paris », *Le Monde illustré*, 19 août 1865, p. 114.
9. Ch. de la Morlière, « Chronique », *Le Programme* [Vichy], 20 sept. 1866, p. 1.
10. J.-C. Yon, *Jacques Offenbach*, Paris : Gallimard, 2000, p. 271-298.
11. R. Schmusch, « Das französiche Repertoire in Baden-Baden », in M. Brzoska, H. Hofer et N. Strohmann éd., *Hector Berlioz. Ein Franzose in Deutschland*, Laaber : Laaber Verlag, 2005, p. 214.
12. M.-C. Mussat, « Musique et vie mondaine sur la Côte d'Émeraude », p. 254-260.
13. Th. Bonjour, « Musique et thermalisme : l'exemple d'Évian-les-Bains (1860-1892) », Mémoire d'histoire de la musique, 2e cycle supérieur, Paris, Cnsmdp, 2018, p. 19.
14. G. L., « Le Festival Widor », *Gazette des bains*, 7 août 1902, p. 3.
15. M. Guerpin, « L'âge d'or de la vie musicale dans les stations balnéaires et thermales », p. 27-34.

Notes de 14.6

1. T. Luxeuil, « Discours d'ouverture, épître envers le public », in *Théâtre impérial d'Alger*, Alger : Bourget, 1853.
2. F. Cooper, *Colonialism in Question : Theory, Knowledge, History*, Berkeley : UCP, 2005, p. 201.
3. Cet article repose sur une enquête de plusieurs années menées dans les archives à Hanoi, Saigon, Tunis, Aix-en-Provence (pour Alger) et Nantes.
4. T. Luxeuil, « Discours d'ouverture... ».
5. E. Leroy au directeur de l'Intérieur à Saigon, 11 fév. 1874, Saigon, Archives nationales II.
6. Isaurus, « Le théâtre de l'île Maurice », *L'Europe artiste*, 15 janv. 1860.
7. K. Amine et M. Carlson, *The Théâtres of Morocco, Algeria, and Tunisia*, New York : Palgrave Macmillan, 2012, p. 64.
8. « Chronique théâtrale : *Carmen* à grand orchestre », *Le Courrier de Tlemcen*, 16 déc. 1892.
9. A.L.V., « À propos du théâtre, » *L'Indochine française*, 10 mars 1896.
10. Rosine, « Chronique théâtrale », *Le Saigonnais*, 8 oct. 1885.
11. Sur la musique de Massenet en Afrique du Nord, voir J. Pasler, « The Making of a Franco-Mediterranean Culture : Massenet and His Students in Algeria and the Côte d'Azur », in S. Ciolfi éd., *Massenet and the Mediterranean World*, Bologna : Orpheus, 2015, p. 103-132 ; « Massenet en Tunisie française, italienne, et arabe », in N. Dufetel et V. Cotro éd., *Musique, Enjeu de société*, Rennes : PUR, 2016, p. 219-230.
12. Voir le programme de la soirée du 23 avr. 1891 à Poulo-Condore en Indochine (Château Musée de Dieppe, Fonds Saint-Saëns).
13. K. Amine et M. Carlson, *The Théâtres of Morocco, Algeria, and Tunisia*, p. 61.
14. « La saison théâtrale : *Carmen* », *Alger-Saison*, 2 mars 1889.

Caroline Miolan-Carvalho
(née Marie-Caroline Félix-Miolan, 1827-1895)

Soprano virtuose, grande créatrice des œuvres de Gounod, Caroline Carvalho mena une carrière de plus de trente ans sur trois scènes lyriques à Paris. Née à Marseille, elle étudia d'abord avec son père, le hautboïste François Félix-Miolan, et, en 1843, fut admise au Conservatoire de Paris dans la classe de Gilbert Duprez. Sa voix de soprano aigu, naturellement flexible mais néanmoins frêle, s'améliora grâce à la pédagogie de son professeur pour la renforcer et la préparer à des rôles nécessitant plus de puissance. Le ténor l'aida au début de sa carrière en lui offrant d'abord une tournée en province en 1848 et une prestation à son concert à bénéfice à l'Opéra en 1849. À ses débuts à l'Opéra-Comique en 1850 dans le rôle d'Henriette de *L'Ambassadrice* d'Auber, Félix-Miolan fut remarquée pour sa vocalisation étincelante. Entre 1850 et 1855, elle ne créa pas moins de sept rôles, notamment les rôles-titres de *Giralda* (1850) d'Adam, des *Noces de Jeannette* (1853) de Massé, ainsi que de Dora du *Nabab* (1853) d'Halévy. Cependant, la seconde période de sa carrière au Théâtre-Lyrique fut la plus productive. En 1853, elle épousa Léon Carvalho, baryton de second rang à l'Opéra-Comique. Ce dernier devint le directeur du Théâtre-Lyrique en 1856. Avec les Carvalho à sa tête – l'un comme directeur officiel et l'autre comme chanteuse principale –, le théâtre devint l'un des plus importants à Paris. On y présenta des œuvres nouvelles ainsi que des reprises d'opéras classiques de Mozart et Weber. Caroline Carvalho créa les rôles-titres de *La Reine Topaze* de Massé et de *La Fanchonnette* de Clapisson en 1856. Elle fit preuve d'une virtuosité exceptionnelle dans les variations du Carnaval de Venise de *La Reine Topaze* et s'illustra dans les opéras de Mozart (rôles de Chérubin, Zerline et Pamina). En 1859, elle débuta sa collaboration avec Gounod en créant Marguerite de *Faust*, suivi par Baucis de *Philémon et Baucis* (TL, 1860), Sylvie de *La Colombe* (Baden-Baden, 1860), le rôle-titre de *Mireille* (1864) et sa dernière création au Théâtre-Lyrique, Juliette, de *Roméo et Juliette* (1867). C'est dans ces derniers rôles que Carvalho fut admirée pour l'élégance de son style et de son phrasé. Engagée à l'Opéra en 1868, elle participa à la première de *Faust* sur cette scène en 1869. Ne créant plus de nouveaux rôles, elle interpréta le répertoire de grand opéra et se retira définitivement de la scène en 1885 lors d'une représentation à bénéfice où elle chanta pour la dernière fois Marguerite de *Faust*.

Kimberly White

Étienne Carjat, *Caroline Carvalho dans le rôle de Marguerite de « Faust » de Gounod*, photographie, 1867 ? (détail).

Chapitre 15
Aperçus sur l'opéra français dans le monde

15.1 Deux centres français à l'étranger : Bade et Bruxelles
Manuel Couvreur et Hervé Lacombe

Ces deux villes présentent, avec Saint-Pétersbourg (cf. 15.5), le cas exceptionnel d'une activité lyrique française organisée hors de France. Si le rôle du Théâtre de La Monnaie à la fin du XIXe siècle est bien identifié, notamment comme place wagnérienne et comme lieu de création pour les refusés des théâtres parisiens, celui de Bade l'est moins. Sous le Second Empire, la petite ville allemande devenue « capitale d'été de l'Europe » offre un asile à Berlioz et un cadre raffiné à des productions et à des créations françaises.

Bade au temps de Berlioz (H. Lacombe)

Station thermale réputée dès la fin du XVIIIe siècle, idéalement située et desservie par le chemin de fer, Bade (Baden-Baden) devient autour des années 1860 la principale ville de jeu de l'Europe. Elle est un maillon important dans l'histoire des casinos (cf. 14.5) et de la société des loisirs propre aux élites. La capitale du beau monde réunit luxe, culture et nature, et accorde une place importante à la musique[1]. Le Palais (ou Maison) de la Conversation, construit en 1824, puis décoré par Ciceri, puis embelli et agrandi en 1854[2], est le centre de l'animation culturelle et des divertissements. Il contient un restaurant, un café, une galerie pour les fumeurs, de vastes et brillants salons pour les jeux, bals et concerts, un cabinet de lecture.

Si l'on trouve ailleurs des exemples d'implantation d'un répertoire national hors de son pays d'origine (français à Saint-Pétersbourg, italien à Berlin), Bade offre seule un public cosmopolite : « À Bade, les artistes [...] ont un public qui est comme l'envoyé ou le délégué de toutes les nations du monde. Les artistes cosmopolites ont un auditoire cosmopolite. N'est-ce pas là la dernière expression du libre échange des arts[3] ? » En mai 1858, *L'Illustration de Bade* publie un tableau chronologique du nombre des « baigneurs » entre 1790 et 1856. On en comptabilise 1555 en 1800, 10 992 en 1830, 33 632 en 1850, 50 097 en 1857, dont une majorité d'Allemands (18 638) et de Français (14 908). Anglais, Russes, Américains du Nord, Hollandais, Suisses, Belges, Italiens, Polonais et Espagnols complètent le tableau. Les artistes sont à la fois des attractions et des éléments de ce public. « Bade, à l'égal de Paris, est devenu en quelque sorte le congrès universel de l'art musical qui y envoie ses plus nobles représentants. Où trouver ailleurs cette réunion de célébrités musicales de tous pays qui l'été dernier [1857] s'est donné rendez-vous dans la villa du monde civilisé ; où entend-on d'aussi admirables concerts dans lesquels journellement les princes de l'art reçoivent les suffrages des princes couronnés[4] ! » L'élite sociale fonde aussi une élite du goût qui donne le ton à l'Europe entière. « Le Théâtre Français, l'Opéra-Comique, le Théâtre-Lyrique sont ici. Les littérateurs, les artistes dont la France s'enorgueillit, sont ici. Les plus jolies femmes du faubourg Saint-Germain et Saint-Honoré sont ici[5]. » Il faut ajouter que la langue de la conversation est le français. Cet éclat et cette vogue sont le fruit d'un Français, Benazet père, homme riche et généreux, mécène à ses heures[6]. Ancien fermier général des jeux dans la capitale française, il est venu à Bade en 1838 pour ouvrir le premier casino allemand et organiser les divertissements propres à satisfaire l'élite la plus exigeante. À sa mort, en 1846, son fils, Édouard

Gustave Janet, « Palais de la conversation à Bade », *Le Monde illustré*, 7 août 1858, p. 85.

Benazet, prend la relève. Il s'est fait croupier comme son père et a su admirablement combiner le jeu avec ce que l'on peut appeler une politique culturelle. Il administre le casino de Bade (Palais de la Conversation) et dirige un Festival annuel. En 1853, il engage Berlioz et le fait venir régulièrement entre 1856 et 1863. L'auteur des *Troyens* trouve à Bade un prolongement à l'accueil qu'il rencontre à l'étranger depuis peu et qui contraste avec sa situation parisienne. Il le dit dans *À travers chants* : « Ce que je fais à Bade ?... J'y fais de la musique ; chose qui m'est absolument interdite à Paris, faute d'une bonne salle, faute d'argent pour y payer les répétitions, faute de temps pour les faire, faute de public, faute de tout[7]. » Toute la palette des genres semble représentée, et les pratiques et les formes de consommation musicale plutôt que de s'opposer se complètent : musique symphonique et musique chorale, musique de chambre et musique religieuse, bal et musique militaire, kiosque et théâtre, salon privé et halle pour concert-monstre. La ville tout entière, espaces publics et privés confondus, vit au rythme de la musique.

L'activité lyrique a commencé sous Benazet père, qui en fait un point fort de son projet : « L'ex-fermier des jeux de la ville de Paris [...] qui vient de transporter son industrie dans la ville de Bade, y fera jouer, pendant la saison des eaux, les opéras les plus en vogue à Paris, et a conclu, dit-on, un marché avec nos plus célèbres artistes pour un certain nombre de représentations » (*MU*, 13 mars 1838). Cette activité se développe grâce à Benazet fils. En août 1855 est créé un opéra-comique en un acte de Clapisson[8], *Les Amoureux de Perrette*, dans un nouvel espace du Palais de la Conversation : « Le public siège dans le magnifique salon Louis XIV et dans le boudoir blanc et bleu attenant. La scène, encadrée dans un riche cintre orné de cariatides, se prolonge dans le salon voisin. Le foyer et les loges des artistes sont aménagés dans les nouveaux salons de bals et de concerts[9]. » En 1856 (avant sa première à l'Opéra-Comique en novembre) est donnée une nouvelle création de Clapisson : *Le Sylphe*, qui aurait coûté 40 000 F à Benazet[10]. En 1862, un théâtre, conçu par Charles Couteau, architecte français, avec la collaboration du sculpteur Ludovic Durand, apporte un complément indispensable à la saison badoise. La salle est décorée par Cambon (le décorateur de l'Opéra). Symbole de l'union culturelle franco-allemande, l'inauguration en août est dédoublée. Le mercredi 6, la troupe allemande donne un ouvrage de Kreutzer ; le samedi 9, les Français créent *Béatrice et Bénédict* de Berlioz. Le répertoire se diversifie, des petits ouvrages en un acte tirant du côté de l'opéra de salon (cf. 10.4) à des œuvres plus exigeantes et de plus grandes dimensions.

Après le décès d'Édouard Benazet le 2 décembre 1867, Émile Dupressoir lui succède : « Les représentations théâtrales y auront moins d'importance, et on renonce aux pièces inédites. Par compensation, le nombre des concerts serait doublé. Une feuille quotidienne, servant de programme, remplacera *L'Illustration de Bade* qui est supprimée » (*RGMP*, 5 janv. 1868). Dès la fin de l'année 1864, on pouvait sentir des signes d'essoufflement : « Par une décision récente, l'opéra français ne fera plus partie des spectacles de Bade.

Les sacrifices que s'est imposés M. Benazet pour naturaliser, au-delà du Rhin, un genre si populaire en deçà auront eu du moins pour effet de mettre en lumière des œuvres parmi lesquelles se distinguent *La Colombe* de Gounod, *Béatrice et Bénédict* de Berlioz, *Érostrate* de Reyer, *Nahel* de Litolff. Toutes ces partitions vivront dans la mémoire de ceux qui les ont entendues à Bade, et il en sera de même des autres opéras signés de Victor Massé, Gevaert, Membrée, Boieldieu, Schwab, Vogel, Vivier, [Prosper] Pascal, Clapisson, Héquet, Rosenhain, Boulanger, Greive, Mme de Grandval, etc. » (*RGMP*, 20 nov. 1864). Le chroniqueur ajoute la liste impressionnante des noms qui devaient suivre : « Léo Delibes, G. Bizet, Th. Semet, Albert Grisar, E. Ortolan, Alfred Mutel, Auguste Lippmann, Félicien David, etc. » Le tableau ci-dessous récapitule les ouvrages français représentés à Bade.

Ouvrages lyriques représentés en français à Bade entre 1855 et 1864
(Les titres suivis d'un * sont des créations)

Palais de la Conversation

1855 A.-L. Clapisson, *Les Amoureux de Perrette*
1856 A.-L. Clapisson, *Le Sylphe**
1857 V. Massé, *Le Cousin de Marivaux**
     Salvator, *Suzanne*
1858 A. Boieldieu fils, *Le Moulin du roi**
     Ch.-L.-A. Vogel, *Le Nid de cigogne**
     Salvator, *L'Esprit du foyer*
1859 E. Boulanger, *Le Mariage de Léandre**
1860 Ch. Gounod, *La Colombe**
     Vivier, *La Comète de Charles Quint**
1861 F.-A. Gevaert, *Les Deux Amours**
     A.-E.-M. Grétry, *Le Tableau parlant*
     F. Poise, *Bonsoir Voisin*
     F. Schwab, *Les Amours de Sylvio**

Théâtre de Bade

1862 H. Berlioz, *Béatrice et Bénédict**
     G. B. Pergolèse, *La Servante Maîtresse*
     A. Adam, *Le Postillon de Lonjumeau*
     D.-F.-E. Auber, *Le Domino noir*
     E. Reyer, *Érostrate**
     F. Schwab, *Les Amours de Sylvio*
     G. Donizetti, *La Fille du régiment*
     G. Donizetti, *La Favorite* (acte IV)
     G. Greive, *La Neuvaine de la Chandeleur**

1863   A.-E.-M. Grétry, *L'Épreuve villageoise*
       A. Adam, *Le Chalet*
       F. Herold, *Le Pré-aux-Clercs*
       E. Membrée, *La Fille de l'orfèvre**
       F. Paër, *Le Maître de chapelle*
       G. Rossini, *Le Comte Ory*
       J. Rosenhain, *Volage et jaloux**
       H. Litolff, *Nahel*
       Ch.-W. Gluck, *Orphée*
       H. Berlioz, *Béatrice et Bénédict*
       E. Reyer, *Maître Wolfram*
1864   F.-A. Boieldieu, *La Dame blanche*
       A.-E.-M. Grétry, *Richard Cœur de Lion*
       G. Héquet, *De par le roi**
       E. Boulanger, *Les Sabots de la marquise*
       H. Reber, *Les Papillotes de M. Benoist*
       D.-F.-E. Auber, *Fra Diavolo*
       P.-A. Monsigny, *Le Déserteur*
       Nicolò, *Joconde*
       P. Pascal, *La Fleur de lotus**
       M.-F.-C. de Grandval, *La Comtesse Eva**
       J. Rosenhain, *Volage et jaloux*
       E. Reyer, *Maître Wolfram*

Doit être ajoutée à cet ensemble la série des représentations de la troupe allemande. En août 1863 est inaugurée une saison italienne avec *Lucia* de Donizetti, *Il Trovatore*, *Rigoletto* et *Un Ballo in maschera* de Verdi. Le vendredi 12 août 1864, la série des représentations lyriques françaises s'achève avec une représentation de *Fra Diavolo* d'Auber. Le lundi 15, la compagnie italienne fait une rentrée triomphale avec *Rigoletto* de Verdi.

On ne peut réduire l'activité musicale française de Bade à une simple délocalisation de la vie musicale parisienne. Certes, tous les virtuoses et auteurs de fantaisies ou autres variations sur des thèmes à la mode y jouent une musique de consommation courante, mais la place de premier plan qui est accordée à Berlioz et au répertoire qu'il défend tranche avec le vide de son activité et de sa reconnaissance parisiennes. En outre, la présence des musiciens allemands et une forte activité dans le domaine privé sont les moyens de diffusion d'une musique souvent plus exigeante, ou du moins tournée vers d'autres horizons esthétiques que ceux dessinés par les Français à la mode. On y croise Clara Schumann, Brahms, Liszt... Pauline Viardot s'installe avec sa famille à Bade, dans la vallée du Thiergarten, en 1863, et y demeurera jusqu'à la guerre[11]. Elle anime un salon, donne des cours, chante, compose et fait représenter dans un théâtre privé de petits ouvrages sur des livrets de Tourgueniev, notamment *Trop de femmes* (1867), *Le Dernier Sorcier* (1867) et *L'Ogre* (1868).

Il se produit à Bade un appel d'air en direction de la nouvelle école lyrique française et un renversement des valeurs : Félix Mornand peut affirmer en 1862 que « ce qui fait le succès assuré et constant de M. Berlioz en Allemagne est justement ce qui chez nous l'a retardé et entravé[12] ». Bade est devenu en quelques années une terre promise pour les compositeurs français. De la Villa Médicis, le jeune Prix de Rome Bizet en rêve. Il écrit à sa mère, le 22 janvier 1859 : « Je passerai par Bade avant de retourner à Paris, et je me charge d'arranger une petite affaire avec Benazet pour un opéra de salon. Quand cela ne rapporterait que trois ou quatre mille francs, ce serait toujours bon à prendre[13]. » En 1862, il se rend à Bade pour la création d'*Érostrate* de Reyer ; il est alors associé à cette « jeune école » dont se méfie la presse parisienne (cf. 10.2). Il travaille à un opéra-comique en un acte, *La Guzla de l'Émir*[14], qu'il espère voir représenter à Bade, mais le décès de Benazet puis la guerre vont mettre un point final à cette aventure de délocalisation française en terre germanique, qui se conclut avec Offenbach, habitué de Bad Ems (cf. 14.5). Avant la chute de l'Empire, le maître de l'opérette a le temps de venir à Bade avec la troupe des Bouffes-Parisiens[15] : « Au théâtre, c'est uniquement son répertoire qui fait prime : *La Chanson de Fortunio, Le Mariage aux lanternes, Les Bavards, L'Île de Tulipatan*, etc. » (*Mén.*, 25 juil. 1869). C'est là qu'il crée *La Princesse de Trébizonde*, le 31 juillet 1869.

L'opéra français à Bruxelles (M. Couvreur)

Lorsque s'ouvre le XIXe siècle, Bruxelles n'est plus que le chef-lieu du département de la Dyle, l'un des neuf départements issus des Pays-Bas autrichiens et de la principauté de Liège annexés par la République française en 1795. D'être devenu français ne troublait guère le public bruxellois, habitué à un répertoire quasi exclusivement français ou traduit en français. Durant la seconde moitié du XVIIIe siècle, en effet, l'influence française n'avait cessé de croître, phénomène certes général en Europe, mais qui a lieu de surprendre dans une ville qui, en 1780, ne comptait tout au plus que 15 % de francophones[16]. Avec ses 90 000 habitants – c'est-à-dire 10 fois moins que Londres et 6 fois moins que Paris –, il ne pouvait être question que l'offre de spectacle y fût aussi large. L'octroi accordé au Grand Théâtre de Bruxelles, depuis sa fondation en 1695, lui conférait un quasi-monopole sur les spectacles mais, en retour, imposait à la direction de pourvoir à leur diversité. Aussi la Monnaie disposait-elle, outre d'un orchestre, d'une triple troupe d'acteurs, de chanteurs et de danseurs, ce qui lui épargnait d'être confrontée aux divers privilèges qui, à Paris, entravaient le renouvellement des genres par leur hybridation. Au XIXe siècle, la centralisation de la direction des spectacles bruxellois perdura, même après qu'eurent été créés le Théâtre du Parc (1782) et le Théâtre des Galeries Saint-Hubert (1847). Ce n'est qu'en 1869 que la ville de Bruxelles confia la gestion de ses trois théâtres royaux à des directeurs différents et, pour éviter une concurrence qui eût été excessive, spécifia les genres de spectacles qu'ils seraient autorisés à y donner[17]. Néanmoins, sur la scène de la Monnaie – à l'inverse de la situation parisienne et à l'instar de villes de province françaises –, le voisinage entre troupes d'opéra-comique et de grand opéra se maintint.

En 1801, 25 actionnaires s'associèrent pour redresser l'institution dont ils confièrent la gestion au régisseur Joseph-Auguste Dubus, puis au comédien Gilles-Benoît Lecatte, *dit* Folleville. Que le premier fût bruxellois et le second français n'eut aucune influence sur leur politique artistique, tant en matière de constitution des troupes que du répertoire. En 1819, Dubus, sommé de défendre son action à la tête de l'institution, sut prouver qu'il avait « fait tous ses efforts pour attirer à Bruxelles les meilleurs artistes de France[18] ». Cela lui avait d'ailleurs valu, le 4 septembre 1817, d'être témoin au mariage de deux des plus illustres membres de sa troupe : Marceline Desbordes et Prosper Lanchantin, *dit* Valmore. Quant au répertoire, il fut exclusivement composé d'ouvrages créés, parfois tout récemment, par les théâtres parisiens. Pour ce qui est des rares opéras de compositeurs italiens ou allemands, tous avaient été déjà étrennés à Paris. Les seuls ouvrages lyriques à avoir été créés à Bruxelles suivent scrupuleusement les formes de l'opéra-comique français et sont le fait de musiciens locaux (Joseph Borremans, Charles Ots, Jean-Englebert Pauwels, Adrien-Joseph van Helmont). Une exception néanmoins. Le Bavarois Georg Jakob Strunz crée en 1809 à la Monnaie son opéra-comique *Bouffarelli ou le Prévôt de Milan*, avec assez de succès pour l'inciter à tenter l'aventure parisienne : en 1818, il fera jouer au Théâtre Feydeau *Les Courses de Newmarket*. Devenu directeur de la musique au Théâtre de la Renaissance, il écrira la musique de scène pour la création en 1838 de *Ruy Blas* de Victor Hugo et sera le mentor musical de Balzac.

Le répertoire était constitué d'ouvrages de compositeurs illustres tels Dalayrac, Gaveaux, Berton, Nicolò ou Boieldieu. Une place non négligeable y était dévolue à des compositeurs originaires des départements voisins, comme les Liégeois Nicolas-Joseph Chartrain, Antoine-Frédéric Gresnick, André-Ernest-Modeste Grétry et plus que tout autre le Givetois Étienne-Nicolas Méhul. Sans doute est-ce ce qui explique la reprise à Bruxelles d'œuvres qui avaient chuté à Paris, comme *Élisca ou l'Amour maternel* (Favart, 1799) de Grétry et *Ida ou l'Orpheline de Berlin* (OC, 1807). La reprise de ce dernier ouvrage se comprend quand on sait que Julie Candeille, auteure du livret comme de la partition, avait épousé un richissime carrossier bruxellois. La programmation paraît s'efforcer – sans y parvenir – d'offrir chaque année un nouvel ouvrage lyrique relevant du registre élevé. Sur les 125 opéras donnés, plus de 9 sur 10 sont des opéras-comiques – et très rares même sont ceux qui, comme les deux derniers cités, usent de la note pathétique[19]. L'offre répond ainsi à une dilection singulière pour le comique qui, depuis ses origines, constitue une spécificité de la Monnaie.

La chute de l'Empire après Waterloo et les nouveaux équilibres qui ont résulté du congrès de Vienne en 1815 firent basculer les anciens départements français dans l'escarcelle du Royaume-Uni des Pays-Bas et rendirent à Bruxelles le statut de capitale satellite qui avait été le sien sous les monarchies espagnole puis autrichienne. La cour y séjourne et le roi s'y construit une nouvelle résidence. En matière culturelle, comme du point de vue économique, Guillaume Ier des Pays-Bas favorise ses nouvelles provinces. Il incite la ville de Bruxelles à doter la Monnaie d'un nouveau bâtiment, inauguré en 1819. L'école de chant qu'avait fondée en 1813 le Bruxellois Jean-Baptiste Roucourt devient en 1826 l'École royale de musique. Bien que son directeur eût étudié au Conservatoire de Paris, les élèves qu'il forme à Bruxelles ont vocation à être engagés par les différents « théâtres français » des Pays-Bas[20].

Constitué comme par le passé, le répertoire se caractérise par une diversité destinée à plaire à un public toujours restreint. Si l'on prend l'année 1825, des 60 ouvrages lyriques qui ont pu être repérés, les trois quarts relèvent du registre comique. La légère progression des opéras pathétiques et tragiques s'explique sans doute par la présence de la cour. Ce retour de la monarchie déclenche une autre évolution curieuse : le répertoire, pour l'essentiel, se voit constitué d'œuvres antérieures ou postérieures à l'Empire, sans doute afin d'être assuré qu'une censure royale n'y trouverait rien à redire. Mal leur en prit ! C'est précisément *La Muette de Portici* (O, 1828) d'Auber qui allait déclencher, bien malgré lui, la Révolution belge de 1830[21]... Pareil choix eut pour conséquence le retour en force du répertoire ancien : avec tous deux 8 ouvrages montés en 1825, Grétry, mort depuis dix ans, marche d'égal à égal avec Boieldieu alors au sommet de sa gloire... Le public se lasse et les journalistes vitupèrent la direction de « M. Langle [qui] continue à faire des fouilles dans l'ancien répertoire de l'opéra-comique[22] ». Avec l'étoile montante d'Auber qui régnera quasi sans partage jusqu'à l'arrivée de Gounod, le répertoire français domine de manière toujours aussi écrasante, même si le public, pour sa part, n'était pas fâché qu'on lui fît quelques infidélités. Vif engouement pour *Le Barbier de Séville* de Rossini. Même enthousiasme pour Weber et son *Robin des bois* (adaptation de *Der Freischütz*), « opéra fameux en Allemagne, mais qui n'a obtenu dernièrement à Paris qu'un succès contesté », relève un journaliste en 1824[23].

La création du royaume de Belgique en 1830 conféra à Bruxelles le statut de capitale, mais ne changea rien aux principes de gestion de la Monnaie qui demeura une sorte de caisse de résonance, avec temps d'écho plus ou moins long, des scènes parisiennes. Cependant, la ville change : sa population croît fortement et bénéficie, comme le pays tout entier, d'un développement qui, à la fin du siècle, aura projeté la Belgique au second rang des puissances économiques mondiales, après le Royaume-Uni. Pour soutenir la création artistique nationale, la Belgique se dote d'un « prix de Rome », étendu à la musique en 1841. Mais les opéras « nationaux » – par ailleurs boudés par le public, et dès lors par les directeurs de la Monnaie – n'étanchaient pas la soif de nouveautés des spectateurs, n'en

APERÇUS SUR L'OPÉRA FRANÇAIS DANS LE MONDE   827

« *Gwendoline* [...] représenté au Théâtre de la Monnaie, à Bruxelles (dessin de M. G. Fraipont) », *Le Monde illustré*, 24 avr. 1886, p. 269 (détail). – De gauche à droite : Armel (Émile Engel), Incendie du bateau danois (3ᵉ tableau), Harald (Charles Berardi).

Être refusé par l'Opéra-Comique ou le Palais Garnier était-il pour autant gage de talent ? Et tout cela n'allait-il pas sans un certain snobisme ? Anatole France, dressant avec sa causticité coutumière l'inventaire du personnel indispensable à tout salon parisien à la mode, exige de la maîtresse des lieux qu'elle ait « un musicien qui, selon l'usage, a fait jouer un opéra d'abord à Bruxelles, puis à Paris : il y a cent ans, elle aurait eu un perroquet et un philosophe[30] ». La direction de la Monnaie, forte de cet engouement et sans scrupules, n'hésita pas à recevoir certains ouvrages, pourvu que leurs auteurs missent la main à la poche. Et c'est ainsi qu'en 1891 fut créé *Barberine*, opéra-comique du diplomate et futur préfet des Vosges Gabriel Ouvré de Saint-Quentin : « M. de Saint-Quentin ne sera jamais qu'un compositeur malhabile. Sa musique est d'une impersonnalité remarquable. [...] homme à pouvoir se payer la fantaisie d'une exécution à la Monnaie, alors que beaucoup de jeunes auteurs de talent attendent dans l'antichambre. Il est vrai que ceux-ci ne sont que musiciens et artistes[31]. » En réalité, l'aura conférée à la Monnaie par ses créations wagnériennes et françaises avait bel et bien rejailli sur les compositeurs belges qui, comme Émile Mathieu ou Jan Blockx, virent enfin leurs ouvrages montés avec un soin comparable et remporter parfois de véritables succès.

Les théâtres français sentirent le vent du boulet[32]. Significativement, devant l'immense succès remporté par *Sigurd* à Bruxelles, la direction de l'Opéra se déplaça. Eugène Ritt et Pedro Gailhard décidèrent non seulement de reprendre l'œuvre dès la saison suivante, mais emmenèrent dans leurs bagages presque toute la troupe de la Monnaie : Rose Caron, Léon Gresse et Rosa Bosman reprirent, à Garnier, et dans la même mise en scène, les rôles qu'ils avaient créés à Bruxelles. Le refus des œuvres par Paris n'explique pas tout. *Salammbô* aurait sans aucun doute pu être créé à Paris, mais c'est Reyer qui préféra Bruxelles, tout d'abord parce que la Monnaie était disposée à assumer le cachet que Caron réclamait pour créer ce rôle conçu pour elle, mais aussi parce que les auteurs semblent y avoir été moins contraints aux changements et aux coupures. Enfin, les efforts consentis par la Monnaie pour moderniser les machineries requises par les drames de Wagner profitaient aux œuvres de ses émules, comme ce fut le cas précisément pour *Sigurd* : « Si l'Opéra de Paris, montrant plus de flair musical que d'aveugle confiance en ses traditions vieillottes, avait seulement pris conseils des modestes machinistes de féeries [...], le palais de M. Garnier se serait gardé le mérite de l'œuvre de réparation à laquelle s'est vaillamment et glorieusement dévoué le théâtre de Bruxelles[33]. » Quelles que fussent leurs qualités parfois bien réelles, parfois moindres sans doute, ces créations lyriques françaises furent généralement bien reçues par le public bruxellois. Il est vrai que si tous ces ouvrages témoignaient d'une certaine modernité – ou plus justement de modernités fort diverses, allant du wagnérisme au naturalisme –, aucun ne remettait en cause l'essence même de l'opéra français, fondé depuis toujours sur la primauté d'un texte dramatique susceptible d'être évalué selon les critères traditionnels de respect historique, de progression dramatique ou de cohérence psychologique. Mais, en 1870, une évolution des attentes du public se faisait jour : « Il fut un temps, écrivait Fétis, où une certaine régularité de facture pouvait procurer à la musique d'un opéra ce qu'on appelait un succès d'estime. Le public a d'autres exigences. Il n'y a plus de succès d'estime. On veut qu'une œuvre musicale soit marquée d'une forte empreinte d'originalité[34]. »

Pour être désormais rompus aux drames de Wagner – même si jamais celui-ci n'a obtenu, auprès du grand public, le succès d'un Gounod – et pour avoir été initiés à la modernité française, les spectateurs bruxellois étaient-ils pour autant prêts à apprécier toutes les nouveautés ? Bruxelles qui, en cette fin de siècle, est en passe de devenir l'une des capitales culturelles de la modernité, va découvrir une béance entre les visées de ses élites et les aspirations du public. C'est, en 1892, la création de *Yolande*, drame en un acte d'Albéric Magnard qui la fit paraître au grand jour. Cette fois, le modèle wagnérien innervait l'ouvrage au plus profond (cf. 9.6) : le livret dû au compositeur ne s'inscrivait plus dans un temps historique, mais dans une temporalité mythique, faisant fi de toute velléité dramatique au profit d'une esthétique symboliste. La bataille qui s'ensuivit fut rude, qui opposa les esthètes modernistes emmenés par Octave Maus aux abonnés désarçonnés par « cet opéra algébrique, devant le côté impénétrable de la conception où la pensée se dérobe sans cesse[35] » : « La musique de M. Albéric Magnard a passé par dessus la tête du public pour aller plus sûrement frapper au cœur des artistes qu'elle a sincèrement émus. [...] Oh ! ce n'est pas seulement la musique qui a dérouté nos habitués des premières ; il y a aussi le poème. Jugez donc un drame sans la moindre intrigue, sans duo d'amour, sans cortège, sans ballet[36] ! » Les ouvrages lyriques de cette « nouvelle école française » – qui puisait, par l'entremise de la Schola cantorum, à l'enseignement du Liégeois César Franck – continuèrent à être programmés, contre vents et marées, par la direction de la Monnaie. Oscar Stoumon et Édouard

Calabresi avaient programmé Magnard, Maurice Kufferath et Guillaume Guidé programmèrent *Fervaal* (1897) de Vincent d'Indy, avant que ne vînt le tour d'Ernest Chausson ou de Pierre de Bréville. Le public bruxellois, sans doute parfois plus flatté que véritablement conquis, réserva un accueil bienveillant à des ouvrages qui attireraient aux premières bruxelloises les élites françaises et même européennes. C'est ainsi que la Monnaie parvint à s'affirmer comme l'une de ces maisons où non seulement l'on fait de l'opéra, mais où se fait l'opéra.

15.2 La situation paradoxale du répertoire français en Italie
Matthieu Cailliez

Le cas du livret italien et l'importation massive du théâtre français

Genre littéraire majeur en Italie au XVIIIe siècle avec des auteurs internationalement reconnus, tels que Métastase et Carlo Goldoni, le livret d'opéra perd progressivement ce statut au début du XIXe siècle. Avec l'avènement des opéras rossiniens dans les années 1810, le librettiste n'est plus considéré comme l'auteur principal de l'opéra dont la paternité est désormais attribuée de préférence au compositeur dans les comptes rendus de représentations lyriques publiés dans la presse transalpine[1]. Le compositeur italien prend de plus en plus souvent à sa charge les frais du livret qu'il met en musique et dont il possède dorénavant la propriété littéraire, tandis que le librettiste (à la différence de la situation française) ne bénéficie pas de droits d'auteur et se voit relégué à un rôle secondaire, voire subalterne sur le plan esthétique. Cette évolution de fond s'accompagne d'une différence considérable et croissante de revenus entre librettistes et compositeurs italiens qui est observée sous l'Empire par le compositeur français Auguste-Louis Blondeau[2] et reste encore d'actualité durant la longue carrière de Verdi[3]. La précarisation du statut du librettiste, souvent contraint de cumuler son activité avec un emploi de bureau, est liée en Italie à un déclin qualitatif de la production théâtrale qui est largement observé par les écrivains, dramaturges et compositeurs européens, notamment par Felice Romani, Giuseppe Mazzini, Gioachino Rossini, Vincenzo Bellini, Gaetano Donizetti, Ermanno Picchi, Giuseppe Verdi, Madame de Staël, Stendhal, Anton Reicha, Hector Berlioz, Ignaz Franz Castelli, Eduard Devrient, Franz Brendel, Ferdinand Hiller, Richard Wagner, etc., ainsi que par la recherche littéraire et musicologique contemporaine[4].

Afin de pallier le manque récurrent d'œuvres dramatiques italiennes originales et de satisfaire le besoin de divertissement du public italien se met en place à partir de 1790 un système d'importation massive d'œuvres françaises sous forme de traductions[5]. Ce système, que l'on retrouve dans de nombreux pays en Europe et outre-Atlantique, s'appuie sur l'hégémonie culturelle du théâtre français au XIXe siècle[6] et joue un rôle fondamental pour les librettistes italiens dont la production repose très régulièrement sur l'adaptation de sources françaises, en particulier de livrets d'opéras et d'opéras-comiques créés à Paris[7]. À titre d'exemples, pas moins de 300 opéras sont ainsi composés en Italie sur des sujets dérivés d'opéras-comiques avant 1840, dont la moitié à partir de 1815[8], et 40 % des 157 opéras de Rossini, Bellini, Donizetti, Verdi et Puccini créés entre 1810 et 1926 ont leurs livrets basés sur des sources françaises, loin devant les sources anglaises (10 %), italiennes (9 %) et germaniques (7 %)[9].

Considéré comme le plus important librettiste italien durant la période comprise entre la chute de Napoléon et le *Risorgimento*, Felice Romani est le seul auteur de sa génération dont le talent littéraire fait l'unanimité aux yeux de ses contemporains, à l'instar des compositeurs Mercadante, Donizetti, Bellini et Verdi. Il reconnaît ouvertement son admiration pour les pièces de Scribe dont il constate à plusieurs reprises le triomphe et l'immense popularité sur les scènes transalpines. Ses multiples traductions et adaptations réalisées à partir du répertoire théâtral parisien et de la littérature française de son temps témoignent en outre de l'ampleur du transfert culturel entre la France et l'Italie au niveau dramatique[10], sans que celui-ci s'accompagne dans le même sens d'un transfert comparable au niveau musical.

Une faible diffusion des partitions d'opéra-comique

La présence de compagnies théâtrales françaises, avec leur répertoire mixte de pièces en prose et d'œuvres musicales, fut continue en Italie à partir des années 1750 et est documentée pour les villes de Florence, Gênes, Milan, Modène, Monza, Naples, Parme, Turin, Venise et Vérone, Rome constituant une notable exception[11]. Elle se renforça dans les dernières décennies du XVIIIe siècle et connut son apogée durant la période napoléonienne, avant de disparaître après 1815 et le départ des troupes françaises (cf. 14.1). Le Teatro Arciducale de Monza entre 1778 et 1795[12], et le Teatro del Fondo de Naples entre 1807 et 1814[13] furent deux hauts lieux de diffusion de l'opéra-comique avant 1815.

Si l'on se concentre sur l'aspect proprement musical des œuvres originales, la diffusion de l'opéra français en Italie au XIXe siècle se limite principalement à la deuxième moitié du siècle et aux genres du grand opéra et de l'opérette, tandis que le genre de l'opéra-comique demeure plus ou moins inconnu du public transalpin[14]. Comme l'attestent la chronologie des représentations lyriques de 48 théâtres italiens répartis dans 37 villes de la péninsule, ainsi que les comptes rendus de la presse musicale italienne, française, allemande et autrichienne, la diffusion de l'opéra-comique en Italie est très faible dans la première moitié du XIXe siècle et se réduit essentiellement à deux ouvrages, *Zampa* (1831) d'Herold et *La Fille du régiment* (1840) de Donizetti. Quelques ouvrages, tous, sauf un, créés à l'Opéra-Comique, viennent compléter cette liste dans la deuxième moitié du siècle, à savoir *Fra Diavolo* (1830) d'Auber, *Le Pardon de Ploërmel*

Il Teatro illustrato, janv. 1887, page de titre. Sonzogno retient de la saison de carnaval 1886-1887 quatre ouvrages en langue italienne dont il est l'éditeur ou le diffuseur : *Carmen* et *Les Pêcheurs de perles* de Bizet, *Mignon* d'Ambroise Thomas, *Flora mirabilis* (créé au Teatro Carcano de Milan le 16 mai 1886) du compositeur grec Spiro Samara (1861-1917), ancien élève du Conservatoire de Paris.

(1859) de Meyerbeer, *Les Pêcheurs de perles* (TL, 1863 ; OC, 1893) et *Carmen* (1875) de Bizet, *Mignon* (1866) d'Ambroise Thomas et *Manon* (1884) de Massenet[15]. La plupart des théâtres italiens ne mettent en scène aucun opéra-comique entre 1800 et 1850, contre un ou deux ouvrages seulement dans les autres théâtres, alors que le genre français triomphe au même moment sur les scènes germaniques et dans une grande partie de l'Europe. À titre de comparaison, 23 opéras-comiques d'Auber sont traduits en allemand contre 5 seulement en italien et certains des plus grands succès de l'Opéra-Comique, tels que *La Dame blanche* (1825) de Boieldieu, *Le Pré aux clercs* (1832) d'Herold, *Le Chalet* (1834) d'Adam et *Le Domino noir* (1837) d'Auber, passent plus ou moins inaperçus de l'autre côté des Alpes. Lors de leurs séjours respectifs en Italie sous l'Empire et la Restauration, Blondeau, Herold et Stendhal observent que le genre « éminemment français » est tout simplement ignoré par le public italien : « Si nos poèmes d'opéra, témoigne Blondeau, sont mis à contribution pour alimenter le théâtre italien, ne craignez pas qu'il en soit de même de la musique. Plus patriotes, plus nationaux que nous, ils n'ouvrent point ainsi leur pays aux étrangers, ils ne leur sacrifient pas les droits, la considération, la place et jusqu'à l'existence de leurs concitoyens[16]. » Plusieurs dizaines d'opéras-comiques sont tout de même représentés dans la péninsule au XIXe siècle – Auber en compte 6, contre 5 pour Boieldieu, 4 pour Halévy, 2 pour Herold, Adam et Ambroise Thomas –, mais la plupart n'y font qu'une éphémère apparition et ne sont pour cette raison pas mentionnés ici. Les dialogues parlés des versions originales françaises, incompatibles avec la tradition transalpine (l'opéra dialectal napolitain est une exception), sont systématiquement remplacés par des récitatifs dans les traductions italiennes ; le genre comique français est davantage comparé au genre italien de l'*opera semiseria* qu'à celui de l'*opera buffa*. Le succès international de *Carmen* dans le dernier quart du XIXe siècle exerce une profonde et durable influence en Italie, aussi bien sur le public et la presse que sur les librettistes et les compositeurs. À l'origine de l'opéra réaliste avec son intrigue simple et directe mêlant passion et instinct, et son dénouement marqué par un crime passionnel, cet ouvrage est également considéré comme une source possible du vérisme. *Carmen* est aussi le symbole de la montée en puissance du répertoire français qui devient une source d'inquiétude et de débat dans la presse musicale transalpine[17].

La diffusion tardive du grand opéra et de l'opérette

Bien que les opéras *La Muette de Portici* (1828) d'Auber et *Guillaume Tell* (1829) de Rossini soient déjà mis en scène dans quelques villes italiennes au début des années 1830, le genre du grand opéra français ne commence véritablement à se faire connaître en Italie qu'au début des années 1840 avec les ouvrages de Meyerbeer, la *Gazzetta musicale di Milano* se faisant l'écho à plusieurs reprises des premières représentations de *Robert le Diable*[18] (1831) et des *Huguenots* (1836). Un décalage s'observe entre les centres septentrionaux (Turin, Milan, Venise, Gênes, Bologne, Reggio Emilia et Florence) et les théâtres du Sud (Rome, Naples, Palerme et Catane) dans lesquels la diffusion des opéras de Meyerbeer est plus tardive[19]. De manière générale, l'opéra français ne s'impose véritablement sur le sol italien qu'à partir des années 1860[20]. Le répertoire des principaux théâtres italiens ne compte en effet qu'un ou deux opéras français en moyenne entre 1800 et 1850, contre une douzaine ou une quinzaine entre 1850 et 1900, la palme revenant au Teatro Argentina de Rome avec 20 opéras, suivi par le Teatro della Pergola de Florence et le Teatro Carlo Felice de Gênes avec 17 opéras chacun[21]. Une autre preuve de ce tardif succès est la programmation régulière le 26 décembre, en ouverture de la saison, d'un opéra français sur les scènes italiennes à la fin du siècle. Sept opéras et deux opéras-comiques d'Halévy, Meyerbeer, Gounod, Bizet, Massenet, Reyer et Saint-Saëns sont ainsi donnés à tour de rôle à dix reprises en ouverture de la saison du Teatro alla Scala de Milan entre 1865 et 1895, soit une année sur trois en moyenne, et leurs partitions sont commercialisées par la maison d'édition Ricordi. Les opéras de Massenet connaissent un grand succès à la fin du XIXe siècle et au début du XXe siècle, prenant le relais des opéras de Meyerbeer. Comme les opéras-comiques, les grands opéras qui franchissent les Alpes sont presque toujours représentés en italien. Une fois traduits, les opéras-comiques et opéras français à succès sont repris dans les théâtres italiens de toute l'Europe, de Londres à Vienne et de Lisbonne à Saint-Pétersbourg, en passant par Madrid ou Berlin, voire Paris pour certains ouvrages. Souvent formées à Milan, centre névralgique de l'art lyrique italien dans la deuxième moitié du XIXe siècle avec une forte concentration de théâtres, d'éditeurs de musique et de périodiques musicaux, les troupes italiennes participent aussi à la diffusion de l'art lyrique français en traduction à travers leurs tournées à New York, Montréal, Mexico, Buenos Aires, Le Cap, etc.[22]. Par ailleurs, les opéras français mis en musique par des compositeurs italiens bénéficient tout au long du siècle d'une diffusion privilégiée en Italie. Si Rossini se préoccupe peu de cette tâche, Donizetti et Verdi se chargent eux-mêmes du travail souvent chronophage de traduction et d'adaptation pour les scènes italiennes de leurs propres ouvrages créés à Paris, ce qui facilite la reprise rapide de l'opéra-comique *La Fille du régiment* (OC, 1840), à l'affiche de plus de 70 théâtres répartis dans toute la péninsule avant 1850, mais aussi d'opéras tels que *La Favorite* (O, 1840), *Dom Sébastien* (O, 1843) et *Les Vêpres siciliennes* (O, 1855). Dans l'autre sens, ces deux compositeurs supervisent également avec soin la traduction et l'adaptation en français d'un grand nombre de leurs opéras italiens.

À la suite des premières représentations d'ouvrages d'Offenbach à Milan et à Naples à la fin des années 1860[23], le genre de l'opérette connaît de même une importante diffusion en Italie à la fin du XIXe siècle[24] sous l'impulsion de l'éditeur et publiciste milanais Edoardo Sonzogno, lequel domine avec son concurrent Giulio Ricordi le secteur de l'édition lyrique. Impresario du Teatro Santa Radegonda de Milan en 1875, du Teatro Costanzi de Rome entre 1882 et 1892, puis du Teatro alla Scala de Milan entre 1894 et 1897, Sonzogno contribue activement au succès des opérettes d'Offenbach, Hervé et Lecocq, ainsi que des opéras de Bizet, Thomas, Massenet, Delibes et Saint-Saëns, à travers la programmation francophile des théâtres placés sous sa direction, de multiples campagnes de presse dans le journal à grand tirage *Il Secolo* et les deux périodiques musicaux *Il Teatro illustrato* et *La Musica popolare* qu'il édite, l'organisation de tournées à l'étranger et la vente de partitions[25]. Cette diffusion est manifeste au Teatro Argentina de Rome avec la mise en scène de 23 opérettes françaises entre 1876 et 1886, à savoir 7 ouvrages de Lecocq, 7 d'Hervé, 5 d'Offenbach, 3 de Planquette et 1 de Maillart. Les opérettes les plus populaires dans ce théâtre sont *La Fille de Madame Angot* (FP de Bruxelles, 1872), *Le Petit Duc* (TR, 1878) et *Le Jour et la Nuit* (TN, 1881) de Lecocq, *Orphée aux enfers* (BP, 1858) et *La Belle Hélène* (TV, 1864) d'Offenbach, et *Les Cloches de Corneville* (FD, 1877) de Planquette, qui font toutes l'objet de reprises[26]. Nombreuses sont les villes italiennes dont les théâtres accueillent les représentations d'opérettes de Lecocq et d'Offenbach dans les années 1870 et 1880. C'est le cas notamment de Foggia, Mantoue, Messine, Milan, Naples, Plaisance, Ravenne, Recanati, Varèse et Vicence[27]. *La Fille de Madame Angot* est alors l'un des ouvrages français les plus populaires sur les scènes transalpines.

15.3 LE SUCCÈS DE L'OPÉRA FRANÇAIS EN TERRITOIRE GERMANIQUE
Matthieu Cailliez

Le cas du livret allemand et l'importation massive du théâtre français

Après avoir collaboré avec plusieurs compositeurs et regretté de ne pas avoir écrit un livret d'opéra pour Mozart, Goethe exprime à la fin de sa vie son désintérêt pour l'activité de librettiste[1], un sentiment partagé par nombre de ses confrères, si bien que l'opéra allemand est durablement affecté par une pénurie de livrets de qualité. La majorité des compositeurs lyriques, notamment Reichardt, Beethoven, Hoffmann, Spohr, Nicolai, Hiller et Wagner, se lamentent au sujet de cette carence dramatique, de même que de multiples critiques musicaux et professionnels du théâtre lyrique[2]. Dans la presse musicale allemande, le système avantageux des droits d'auteur dont bénéficient les librettistes français est régulièrement comparé à l'absence jugée préjudiciable d'un tel système outre-Rhin. Plusieurs concours sont organisés par voie de presse afin d'encourager la production allemande de comédies et de livrets, sans apporter les résultats escomptés. À l'image de Lortzing, Wagner et Cornelius, certains compositeurs allemands font le choix radical de se passer de librettistes et d'écrire leurs propres livrets, une pratique très rare en France et en Italie.

Créé à Munich trois semaines avant la création parisienne de *La Reine de Chypre* (O, 1841) d'Halévy basé sur le même livret, l'opéra allemand *Catarina Cornaro* (Munich, 1841) naît de la collaboration entre Saint-Georges et Franz Lachner. L'engagement onéreux d'un librettiste français par un compositeur allemand reste néanmoins un cas exceptionnel au XIXe siècle, largement critiqué dans la presse musicale germanique. Pour des raisons différentes, Wagner et Mendelssohn ne mettent finalement pas en musique de livret de Scribe. Seuls les compositeurs lyriques allemands faisant carrière à Paris, en particulier Meyerbeer, Flotow et Offenbach, collaborent longuement avec des librettistes français, mais pour écrire des opéras, opéras-comiques ou opérettes dans la langue de Molière, non dans celle de Goethe. Ces compositeurs jouent souvent un rôle actif dans la reprise de leurs ouvrages français sur les scènes du reste de l'Europe en général et de leur pays d'origine en particulier[3].

Afin de pallier le manque de bonnes comédies allemandes originales et de livrets de qualité se mettent en place des « fabriques de traduction » au sein desquelles l'importation de pièces théâtrales françaises connaît un développement exponentiel, conjointement à l'essor de l'édition. Les trois plus importantes maisons d'édition spécialisées dans la traduction et l'adaptation d'œuvres étrangères sont l'entreprise fondée par les frères Johann Friedrich et Friedrich Gottlob Franckh à Stuttgart en 1822, celle de Christian Ernst Kollmann à Leipzig et celle de Conrad Adolf Hartleben à Pest, Vienne et Leipzig, outre une vingtaine d'éditeurs installés à Aarau, Aix-la-Chapelle, Berlin, Bielefeld, Brunswick, Dresde, Francfort-sur-le-Main, Hambourg, Leipzig, Mannheim, Quedlinbourg, Stuttgart et Zwickau[4]. Tous genres confondus, le nombre total de traductions allemandes d'ouvrages littéraires et historiques français fait plus que doubler entre la Restauration et la monarchie de Juillet[5]. Comme dans le reste de l'Europe, le répertoire théâtral français est très largement représenté sur les scènes germaniques au XIXe siècle, en particulier à Berlin, où il n'est pas inhabituel que les drames, comédies, vaudevilles, opéras et opéras-comiques de Scribe soient à l'affiche de deux ou trois théâtres le même soir[6], ainsi qu'au Burgtheater de Vienne, le plus important théâtre des pays germanophones, dont le rôle de modèle est comparable à celui joué en France par la Comédie-Française[7]. Dans ce contexte, il n'est pas étonnant que le dramaturge et librettiste allemand August von Kotzebue, directeur du Burgtheater en 1798-1799, encourage en 1804 ses compatriotes à poursuivre la traduction d'opéras-comiques[8], que les livrets d'opéras mis en musique au milieu du siècle par certains compositeurs allemands, comme Lortzing et Flotow, soient en grande partie dérivés d'œuvres françaises, et que le dramaturge et librettiste viennois Ignaz Franz Castelli admette en 1861 dans ses mémoires que la plupart de ses 200 livrets et pièces de théâtre reposent sur l'arrangement de sources françaises[9].

La très grande diffusion de l'opéra-comique

Entre 1800 et 1850, la faible production d'opéras allemands et la maigre rémunération des librettistes et des compositeurs sont liées essentiellement à des raisons d'ordre structurel. Au début du XIXe siècle, on compte à peu près 80 théâtres en Allemagne assurant la représentation d'opéras, contre 120 à 140 théâtres un demi-siècle plus tard, répartis entre une quinzaine de théâtres de cour (*Hoftheater*) et une majorité de théâtres municipaux (*Stadttheater*). Si ce nombre de théâtres est remarquable à l'échelle européenne, il n'est pas suivi d'un nombre proportionnel de créations, étant donné que les théâtres allemands sont avant tout des théâtres de « répertoire », et non des théâtres de « saison » comme en Italie. À la différence des théâtres italiens, dont le statut implique autant que possible la création d'un nouvel opéra lors de chaque saison, les théâtres allemands sont libérés d'une telle contrainte et basent leur programmation sur la conservation d'un vaste fonds de partitions, de décors et de costumes. Quoique les *Hoftheater* soient largement subventionnés, seules des circonstances exceptionnelles, comme l'inauguration d'un nouveau théâtre lyrique, un mariage ou un anniversaire relatif à la famille régnante, suscitent la commande d'opéras allemands. Le goût de la cour et du public favorise la reprise prudente d'opéras français et italiens à succès, et d'anciens opéras allemands, l'accent étant mis davantage sur le luxe de la distribution vocale et de la mise en scène que sur le développement d'un répertoire national. Contrairement aux intendants des *Hoftheater*, les directeurs des *Stadttheater* ne bénéficient pas de subventions pour combler leurs éventuels déficits. Ils ne peuvent ainsi se permettre une programmation trop risquée et privilégient l'importation d'ouvrages français et italiens[10], les premiers sous la forme de partitions imprimées et les seconds sous la forme de partitions manuscrites, comme le montrent les archives et matériels d'exécution conservés à l'Opéra de Francfort[11]. La diffusion de l'opéra-comique en Allemagne est déjà considérable dans la seconde moitié du XVIIIe siècle et sous l'Empire, ce dont témoigne le répertoire des théâtres de cour et des troupes allemandes itinérantes[12]. Elle est en effet attestée dans pas moins de 58 villes germaniques entre 1780 et 1820[13]. Cette diffusion connaît ensuite une ampleur exceptionnelle entre 1825 et 1870 dont rendent compte non seulement des compositeurs allemands, comme Weber, Lortzing, Nicolai, Wagner et Richard Pohl, mais aussi les compositeurs français Herold et Adam[14]. Ce dernier fait ce constat : « Interrogez l'Allemagne, pays de la musique, comme l'Italie est celui des chanteurs ; demandez-lui ce qu'elle pense de nos compositeurs. Elle s'avouera notre inférieure ; elle vous dira qu'un opéra nouveau est un événement chez elle, et qu'un succès est encore plus rare ; que, si ses théâtres existent, c'est grâce à nos compositeurs. Elle vous nommera tous les opéras de Méhul, qu'elle a appréciés avant nous, dont les partitions, que nous ne comprenions pas toujours, excitaient l'enthousiasme chez elle ; elle vous citera tout le répertoire de Boieldieu, d'Auber, d'Herold, dont les ouvrages traduits, et non imités, comme on le fait si gauchement en Angleterre, sont exécutés sur tous les théâtres, et font toujours le plus grand effet[15]. »

Tandis que l'année 1825 coïncide avec la création à l'Opéra-Comique du *Maçon* d'Auber et de *La Dame blanche* de Boieldieu, deux ouvrages très populaires dans le monde germanique, l'année 1870 est marquée par la guerre franco-allemande qui provoque un renforcement des nationalismes musicaux des deux côtés de la frontière. À part l'installation à résidence d'une troupe française à Hambourg entre 1795 et 1805, et la tournée d'une troupe française dans la même ville au printemps 1843, les ouvrages français repris outre-Rhin tout au long du XIXe siècle sont systématiquement représentés en traduction allemande. En l'absence d'une législation internationale des droits d'auteur qui ne prendra forme qu'à la fin du siècle, on observe la multiplication de versions allemandes concurrentes d'un même opéra ou opéra-comique, et dénombre ainsi jusqu'à six traductions ou transformations différentes pour des ouvrages tels que *Le Maçon* (OC, 1825), *La Muette de Portici* (O, 1828) et *Gustave III* (O, 1833) d'Auber[16]. Ces traductions et arrangements sont réalisés par d'authentiques professionnels, rompus aux

D.-F.-E. Auber, *Fra Diavolo*, version allemande, cht-p., Mainz : Schott, [*ca* 1830]. Plusieurs maisons d'édition à Paris, Londres, Anvers et Mayence sont indiquées, ce qui illustre la diffusion internationale de l'œuvre.

nombreuses contraintes scéniques et musicales de l'industrie théâtrale[17]. Les opéras et opéras-comiques sont repris quelques années, voire quelques mois seulement après leur création parisienne dans les théâtres lyriques des grandes villes germaniques, comme Berlin, Francfort, Hambourg, Munich et Vienne, ainsi que dans les théâtres des petites villes desservies par des troupes itinérantes, à l'image des troupes allemandes de passage à Strasbourg entre 1813 et 1848, ou de la troupe d'August Pichler, active à Detmold, Pyrmont, Münster et Osnabrück entre 1825 et 1847[18]. Quel que soit le lieu de représentation, le répertoire français réunit généralement entre 10 et 40 % de l'ensemble des ouvrages représentés sur une même scène, et est constitué en moyenne à 80 % d'opéras-comiques[19]. Comme le montre l'exemple d'Adam à Berlin, au miroir de sa riche correspondance avec le publiciste Samuel Heinrich Spiker entre 1836 et 1850, les compositeurs français jouent parfois un rôle direct et de premier plan dans la diffusion de leurs propres ouvrages et de ceux de leurs confrères parisiens en Allemagne[20].

Sujet de nombreux articles dans la presse musicale allemande, Auber est de loin le compositeur français dont les ouvrages lyriques sont les plus représentés dans le monde germanique au XIXe siècle. Parmi les 20 compositeurs d'opéras-comiques et d'opéras français les plus populaires outre-Rhin, il est le seul à compter au moins 10 ouvrages mis en scène dans chacune des 6 villes suivantes : Berlin, Darmstadt, Dresde, Francfort-sur-le-Main, Munich et Vienne[21]. Le dépouillement du catalogue de ses œuvres[22] a permis de relever au total 177 éditions de livrets de 8 opéras et 348 éditions de livrets de 23 opéras-comiques dans la langue de Goethe, à comparer aux 278 éditions de livrets de ces 8 opéras dans dix langues européennes autres que le français (allemand compris) et aux 503 éditions de livrets des 23 opéras-comiques dans onze langues européennes[23]. 28 ouvrages lyriques d'Auber, à savoir 7 opéras et 21 opéras-comiques, sont mis en scène dans 9 théâtres viennois au XIXe siècle[24]. Le compositeur compte ainsi 1156 représentations de 24 de ses ouvrages (6 opéras et 18 opéras-comiques) pour la seule scène de l'Opéra de Vienne avant 1900, à comparer avec les 1833 représentations de 23 ouvrages de Rossini et les 1768 représentations de 26 ouvrages de Donizetti[25]. Auber compte également 570 représentations de 24 ouvrages à l'Opéra de Francfort avant 1880, contre 600 représentations de 18 ouvrages de Rossini, ce qui lui permet d'occuper la deuxième place des compositeurs les plus représentés sur cette scène après le cygne de Pesaro, mais devant Donizetti, Weber et Bellini[26].

Dans le genre de l'opéra-comique, les compositeurs les plus populaires sont, dans l'ordre chronologique de leurs dates de naissance, Cherubini, Dalayrac, Berton, Catel, Méhul, Nicolò, Herold, Boieldieu, Auber, Halévy, Meyerbeer, Donizetti, Adam et Thomas. Le goût du public allemand diffère parfois de celui du public parisien : les ouvrages de Cherubini sont plus populaires outre-Rhin qu'en France, *Fra Diavolo* (OC, 1830) et *Le Maçon* (OC, 1825) d'Auber y sont préférés au *Domino noir* (OC, 1837) du même compositeur, *Zampa* (OC, 1831) d'Herold obtient de plus grands succès que *Le Pré aux clercs* (OC, 1832), et *Le Postillon de Lonjumeau* (OC, 1836) d'Adam est préféré au *Chalet* (OC, 1834). L'édition en français de plusieurs centaines de livrets de mise en scène, entre autres par Louis Palianti (cf. 13.6), permet aux scènes allemandes de prendre pour modèle les représentations parisiennes[27].

Après Spontini au début du XIXe siècle, les compositeurs qui rencontrent le plus grand succès en Allemagne dans le genre du grand opéra sont Auber, Rossini, Meyerbeer, Halévy et Donizetti, avec des ouvrages (tous créés à l'Opéra) tels que *La Muette de Portici* (1828), *Guillaume Tell* (1829), *Robert le Diable* (1831), *Gustave III* (1833), *La Juive* (1835), *Les Huguenots* (1836), *La Favorite* (1840), *Les Martyrs* (1840), *Dom Sébastien* (1843) ou *Le Prophète* (1849). Dans la seconde moitié du siècle, les ouvrages de Gounod, Bizet et Massenet obtiennent également d'importants succès, tous genres confondus, sur les scènes germaniques, de même que les opérettes d'Offenbach, Hervé et Lecocq[28]. Premier ténor de l'Opéra-Comique dans les années 1840, puis de l'Opéra de Paris dans les années 1850, Gustave-Hippolyte Roger entreprend 12 tournées en Allemagne entre 1849 et 1868, donne plus de 600 représentations et concerts dans une cinquantaine de villes du monde germanique au sens large (il se rend aussi à Prague[29]), le plus souvent en allemand, et contribue ainsi très efficacement à la diffusion internationale de l'art lyrique français et de sa tradition interprétative qu'il enseignera ensuite au Conservatoire de Paris[30].

15.4 Espagne et Angleterre

Francesc Cortes et Rosalba Agresta

L'opéra français en Espagne (F. Cortès)

Jusqu'en 1800, seuls 6 % des ouvrages lyriques joués en Espagne étaient français, alors que l'opéra italien représentait 80 % du répertoire. En 1804, la proportion s'inversa[1]. La scène espagnole fut dominée par la traduction de drames français et l'adaptation d'opéras-comiques. La fin du XVIIIe siècle avait été une période de luttes autour de la réorganisation des théâtres, et de conflits entre compagnies italiennes et castillanes. Les polémiques concernant un nouveau modèle dramaturgique opposaient aux réformateurs les conservateurs attachés au « théâtre baroque ». En 1799, Charles IV promulgua un décret royal imposant la traduction en castillan de toutes les œuvres scéniques. Bien qu'elle favorisât les entreprises castillanes, cette mesure ne stimula pas la création en castillan. Les programmations des théâtres affichèrent des traductions et des arrangements de partitions françaises. En deux ans, 16 opéras de Dalayrac, 11 de Nicolò, 9 de Boieldieu et 9 de Della Maria, 8 de Gaveaux, 7 de Solié et autant de Méhul et Cherubini furent ainsi créés, la plupart avec la musique originale. Certaines adaptations se répandirent à travers la péninsule : *Adolfo et Clara* (Dalayrac, *Adophe et Clara*, Favart, 1799), *El Califa* (Boieldieu, *Le Calife de Bagdad*, Favart, 1800), *El aguador de París* (Cherubini, *Les Deux Journées*, Feydeau, 1800). Le théâtre Santa Creu de Barcelone refusa toutefois de se soumettre à l'ordre royal, arguant de l'enracinement de l'opéra italien dans la ville et des dommages économiques qu'une telle mesure ne manquerait pas de produire. Cependant, en 1802, à l'occasion de la visite de Charles IV à Barcelone, une compagnie française fut organisée. On entendit au début du siècle dans les théâtres de Cadix, de Valence, de Majorque et de Séville des ouvrages traduits que l'on appelait *zarzuelas de asunto francés* (zarzuelas françaises). La musique était pour l'essentiel celle des partitions originales, mais avec quelques nouveaux numéros correspondant au goût espagnol : des danses ou des airs proches de la *tonadilla* castillane. Adapté aux usages dramatiques locaux, l'opéra-comique fut reçu avec grand intérêt.

La période d'invasion napoléonienne de 1808 a été décrite comme une parenthèse culturelle, marquée par l'absence de vie musicale. Rien n'est plus éloigné de la réalité. Après les premiers instants de mai 1808, la nouvelle monarchie de Joseph Ier Bonaparte s'efforça d'ouvrir les théâtres en imposant une prétendue normalité et en essayant de profiter de la plate-forme propagandiste qu'ils offraient. L'ordre royal de Charles IV fut abrogé et la compagnie italienne opérant à Barcelone partit s'installer à Madrid. Le prix des billets fut abaissé dans le but d'attirer le public. L'instabilité politique et la difficulté de contrôler l'ensemble du territoire ne permit pas cependant la modernisation complète du pays et la mise en place d'un système théâtral analogue à celui de la France. Le *Diario de Barcelone* publia de nombreux articles en faveur des réformes françaises. L'invasion était même justifiée dans certaines pièces de théâtre ! Alors qu'à Séville, avant 1808, il était envisagé de détruire le théâtre, considéré comme centre d'agitation et de critique sociale, après l'invasion des armées napoléoniennes, la salle rouvrit (à partir de 1810) avec des œuvres de Nicolò, Dalayrac, Solié et Cimarosa traduites mais conservant la musique originale. Manuel García père choisit ce moment pour composer et créer une œuvre répondant à la mode française des « opéras à sauvetage », *El Preso por amor* (Madrid, 1803). En mai 1810, Napoléon publia le décret de séparation des provinces de Catalogne, d'Aragon, de Navarre et de Biscaye, administrées depuis la France. Pour donner de l'importance au théâtre de Barcelone, on produisit *La noche campestre*, « zarzuela française » adaptée de *Deux mots ou Une nuit dans la forêt* (OC, 1806) de Dalayrac. Le cas de Gérone (capitale de la province de Gérone) illustre les changements survenus dans une ville de dimensions modestes. La population augmenta soudainement avec les troupes et l'administration françaises. Diverses sources permettent de suivre l'activité de compagnies venues de Paris ou de Perpignan à partir de 1810. L'une d'elles, dirigée par Depoix, loua le théâtre de la ville en 1812 et y donna, d'après la *Gazette de Gironne*, 21 représentations d'opéras. Napoléon annexa la Catalogne à la France cette année-là. En mars 1813, *Lodoïska* (OC, 1802) de Cherubini fut représenté à Barcelone en castillan. Bien qu'elle demeurât en marge des événements politiques et qu'elle devînt le refuge de ceux qui fuyaient la guerre, l'île de Majorque manifesta elle aussi de l'intérêt pour le répertoire français. Le théâtre de Palma avait déjà créé des *zarzuelas de asunto francés* ; pendant la période de guerre (1808-1814), la programmation des œuvres de Boieldieu, Philidor et Dalayrac se poursuivit et fit salle comble, témoignant ainsi que ce répertoire n'intéressait pas seulement les « *afrancesados* ». Le public en effet comptait dans ses rangs les réfugiés venus à Palma pour échapper à la guerre. Cet intérêt pour l'opéra-comique s'explique en partie par le besoin de distraction et l'engouement pour un répertoire léger.

À la fin de la guerre, l'opéra italien reprit vigueur avec l'arrivée à Barcelone, en 1815, de *L'Italiana in Algeri*, chanté en italien. La ferveur pour Rossini devint telle qu'il fut sur le point d'être engagé au théâtre de Barcelone. Le théâtre français parvint cependant à se maintenir à l'affiche. Entre 1814 et 1839, des dizaines d'auteurs français arrivèrent dans les théâtres de Barcelone avec des comédies sentimentales et des mélodrames (tous parlés) traduits en castillan[2]. Sur un total de 474 titres français donnés durant cette période de 25 années, 263 sont tirés du répertoire lyrique, toujours traduits, auxquels il faut ajouter 242 ballets français. Plus tard, entre 1854 et 1864, Scribe allait devenir l'auteur dominant dans les théâtres de Madrid – le théâtre français étant synonyme de progressisme.

Pendant plus de vingt ans (1814-1839), l'accueil du répertoire français en Espagne se limita à l'aspect littéraire. Aucune partition d'Auber, Berton, Dalayrac, Herold, Kreutzer, Carafa, etc., ne fut jouée. Des compositeurs espagnols écrivaient sur des livrets français adaptés aux préceptes et habitudes théâtrales espagnols[3]. *Zampa* (OC, 1831) ne fut créé qu'en octobre 1839 au théâtre Montesión de Barcelone, chanté en italien. C'était le premier opéra français donné depuis 1814. Le déclin économique du pays et la situation politique, avec une guerre civile intermittente entre carlistes et élisabéthains, entre 1833 et 1876, composaient un contexte particulièrement défavorable. Les censeurs s'intéressaient peu aux livrets des auteurs italiens, parce qu'ils avaient déjà passé la censure de fer de Milan. Il en allait tout autrement pour les livrets français. Lorsqu'en 1839 Ventura de la Vega arrangea le livret de Scribe *Le Domino noir*, le censeur intervint, dénonça des personnages et des situations inappropriés et rejeta « les amours adultères[4] ». Cette traduction parut en castillan comme *Segunda dama duende*, pièce de théâtre parlé. La plupart des livrets et des pièces de théâtre français adaptés à la scène espagnole subirent d'importantes transformations. Ce sont ces traductions qui servirent de fondement littéraire et dramaturgique à la zarzuela romantique. Après 1849 – date du début de ce genre avec *Colegialas y soldados* de Rafael Hernando –, les livrets d'opéras-comiques français ont continué à être utilisés comme matériau de base des zarzuelas. C'est le cas de *Los diamantes de la corona* (1854), livret de Francisco Camprodón, musique originale de Francisco Asenjo Barbieri – arrangement des *Diamants de la couronne* (OC, 1841), livret de Scribe et Saint-Georges. La zarzuela de Barbieri contient un argument similaire à celui de l'opéra-comique français et le même nombre de numéros musicaux et de personnages.

En 1851, une modification législative favorisa l'arrivée des compagnies françaises en Espagne, à condition qu'elles ne prolongeassent pas leur activité au-delà de trois mois. C'est ainsi qu'un Théâtre Français s'organisa à Madrid entre 1852 et 1864, dirigé par un Français, M. Bernard (ses prix élevés toutefois le rendirent peu accessible). Son exemple encouragea Francisco Asenjo Barbieri à se rendre à Paris. Il découvrit les Bouffes-Parisiens d'Offenbach et revint avec une nouvelle partition de son cru, *Los dos ciegos* (1855), « *Entremés cómico-lírico en un acto y dos escenas* », sur un livret de Luis de Olona – adaptation du livret des *Deux Aveugles* (BP, 1855) écrit par Jules Moinaux pour Offenbach. En moins de dix ans, Offenbach et son genre bouffe inondèrent les théâtres espagnols de petits et moyens formats. À Barcelone, Josep Anselm Clavé composa une zarzuela bilingue en castillan et catalan, *L'aplec del Remei* (1858), où s'entendent déjà les échos de la « danse offenbachienne ». Dans les années 1850 et 1860 Clavé popularisa des fragments d'œuvres d'Herold et d'Adam dans les concerts de la société chorale Euterpe. La presse catalane ouvrit des chroniques consacrées aux nouveautés des « *bufos Parisienses* », reléguant l'opéra au second plan. Dans les années 1860, la place des opérettes dans le répertoire des théâtres espagnols augmenta encore. À l'occasion de la production au Teatro de la Zarzuela à Madrid de *Los dioses del Olimpo* (1864) (adaptation d'*Orphée aux enfers* par Mariano Pina, musique d'Offenbach), un membre de la chorale, Francisco Arderius, se rendit à Paris pour se familiariser avec le répertoire bouffe. À son retour, il créa la compagnie des Bufos Madrileños, établie au Teatro de Variedades de Madrid en 1866. De nombreuses adaptations d'Offenbach, Lecocq, Audran, Hervé, Varney, etc., y furent jouées entre 1866 et 1890 offrant la musique alors à la mode en France. La première de *La Grande-Duchesse de Gérolstein* (TV, 1867) à Madrid en 1868 illustre bien les difficultés habituelles qu'il fallait surmonter. Les Bufos d'Arderius durent se battre avec l'impresario de la Zarzuela Francisco Salas ; de son côté, la censure trouva la pièce érotique et dangereusement démocratique et l'interdit. Après la chute des Bourbons avec Isabelle II, en septembre 1868, la censure fut abolie. *La Grande-Duchesse* put être donné pour la première fois sur une scène madrilène et remporta un énorme succès. De nombreuses voix s'élevèrent contre l'invasion des opérettes et du genre bouffe qui provoqua une crise de la *zarzuela grande*. Le public, lui, remplissait toujours les salles. La popularité du genre français devint telle que les pastiches et les parodies apparurent rapidement, comme *La Chiva* de José Maria Pous à Madrid en 1870, parodie de *La Diva* (BP, 1869), l'année même où Offenbach dirigeait une traduction des *Brigands* (TV, 1869) au Teatro de la Zarzuela (*Los brigantes*).

Presque simultanément, les grands titres de Meyerbeer et d'Auber occupèrent les théâtres de Barcelone, Madrid, Cadix et Valence. Le premier grand opéra à arriver en Espagne fut *Robert le Diable*, représenté en italien en février 1851 au Liceo de Barcelone. Les opéras français arrivèrent tout d'abord avec beaucoup de retard par rapport à leur diffusion dans le reste de l'Europe. À partir des années 1870, après la création de *L'Africaine* (Madrid, 1865), ils furent fréquemment donnés, particulièrement *Les Huguenots* et *Robert le Diable*, mais presque toujours en italien. Pour la création de *L'Africaine*, les scénographes Charles Antoine Cambon et Félix Cagé furent engagés par la Société du Gran

Teatro del Liceu pour réaliser les décors et la scénographie. Les solos chantés par Julián Gayarre dans le rôle de Vasco firent fureur auprès du public. L'ouvrage remporta un tel succès que Fernández Caballero le cita dans sa brillante saynète *El dúo de la Africana* (1893). Certains théâtres firent appel aux interprètes parisiens pour donner le répertoire français, comme le ténor d'origine italienne Émile Naudin (créateur du rôle de Vasco de Gama dans *L'Africaine* en 1865). Célestine Galli-Marié vint jouer *Carmen* à Barcelone en 1881 ; auréolée de ses succès parisiens, Christine Nilson reçut des cachets très élevés au Teatro Real de Madrid en 1879-1880.

La presse considéra à partir du dernier quart de siècle l'opéra français comme le moyen de sortir de l'italianisme. Les compositeurs espagnols s'intéressèrent aussi au grand opéra, comme Bretón avec *Los amantes de Teruel* (Madrid, 1889), ou Pedrell avec son *Quasimodo* (Barcelone, 1875), inspiré de *Notre-Dame de Paris*, comme *La Esmeralda* (O, 1836) de Louise Bertin. Avant que le wagnérisme de la fin du siècle ne l'emporte, surtout à Barcelone, l'opéra français apporta un souffle nouveau dans la vie lyrique espagnole. L'interprétation du répertoire français bénéficia de la visite fréquente de compagnies françaises, surtout dans les dernières années du siècle, principalement au printemps et en été, chantant en français ou en italien. Le programme du printemps 1888 du Liceo, qui coïncida avec l'inauguration de l'Exposition universelle de Barcelone, est particulièrement éloquent quant à la place accordée au théâtre lyrique venu de l'autre côté des Pyrénées : on engagea le grand ténor Gayarre et le célèbre baryton Victor Maurel. La programmation comprenait 2 opéras de Wagner, 3 opéras italiens et 9 opéras français.

Vers 1840 on pouvait entendre dans des concerts à Barcelone les ouvertures d'Auber et de Méhul et celle de *Zampa* d'Herold. La Sociedad de Conciertos de Madrid, active depuis 1866, donna elle aussi des extraits d'opéras français : 25,56 % de son répertoire était composé d'ouvertures et de fragments tirés des ouvrages de Thomas, Flotow, Meyerbeer et Gounod[5]. Les titres les plus souvent repris au concert ne correspondaient pas nécessairement aux opéras les plus joués dans la Péninsule. Vers la fin de siècle, les extraits d'opéras de Meyerbeer et de Thomas augmentèrent en nombre. On les jugeait d'une fermeté de facture et d'un intérêt orchestral similaire aux pages wagnériennes ! Au tournant du XIXe au XXe siècle, le répertoire de concert s'élargit avec les ouvertures de *Fervaal* de d'Indy, de *Gwendoline* de Chabrier ou des *Barbares* de Saint-Saëns (bien que ces opéras fussent, sous leur forme scénique, quasi inconnus en Espagne).

Les ouvrages qui dominaient depuis 1861 par leur côté spectaculaire et l'attrait de leurs ballets cédèrent peu à peu la place à l'esthétique décadentiste de la fin du siècle. Le théâtre lyrique français réussit à survivre en se tenant à l'écart de la bataille entre les partisans de Wagner et ceux de Puccini, particulièrement forte à Barcelone. Jusqu'à l'arrivée de nouveaux répertoires, les parties les plus progressistes du public, ouvertement wagnériennes, jugèrent positivement l'opéra français. Signe de l'admiration pour l'école française, Massenet fut invité à

Barcelone pour l'inauguration du théâtre Lírico en 1881. Peu après, *Samson et Dalila*, *Werther* et *Louise* s'imposèrent dans les théâtres de la péninsule.

(Traduction Hervé Lacombe)

L'opéra français à Londres (R. Agresta)

En l'absence d'une tradition lyrique nationale, le théâtre d'opéra anglais a été dominé tout au long du XIXᵉ siècle par des ouvrages étrangers. Le King's Theatre (rebaptisé Her Majesty's Theatre en 1837 lors du couronnement de la reine Victoria) bénéficiait traditionnellement du monopole de l'opéra italien, dont les représentations étaient généralement suivies par des ballets inspirés de sujets français. Les deux autres théâtres avec patentes royales, Covent Garden et Drury Lane, donnaient des opéras anglais et des adaptations anglaises d'œuvres importées du continent. Presque la moitié des œuvres lyriques données sur la scène londonienne pendant les trente premières années du siècle étaient des opéras-comiques et des grands opéras[6]. En dépit d'une telle abondance, le public ne pouvait entendre que rarement ces œuvres dans leur version originale. *Les Huguenots* de Meyerbeer fut d'abord proposé au public londonien dans une version allemande par une troupe allemande qu'Alfred Bunn avait exceptionnellement engagée pour la saison 1842 à Covent Garden. Si la version en français, créée par la troupe de l'opéra de Bruxelles en tournée à Londres en 1845, suscita l'enthousiasme du public, l'œuvre ne s'imposa pas dans sa version originale et, dès 1848, elle fut produite à Covent Garden en italien. De même, *Carmen* fut créé à Londres d'abord en italien (1878), puis en traduction anglaise (1879) et enfin en français (1886)[7]. Cependant, les Londoniens purent occasionnellement entendre le répertoire d'outre-Manche en langue originale lors de courtes saisons consacrées à l'opéra-comique, comme celle donnée à St James's Theatre en 1854 par la troupe du Théâtre-Lyrique (*Le Bijou perdu* et *Le Postillon de Lonjumeau* d'Adolphe Adam, *La Promise* de Clapisson, *Le Domino noir* et *Les Diamants de la couronne*

Affiche pour une représentation des *Huguenots* en italien à Covent Garden, Victoria and Albert Museum, S.708-1995.

d'Auber[8]), ou encore celle donnée au Gaiety Theatre par la troupe de Coulon en 1875 (*La Dame blanche* de Boieldieu, *Le Domino noir* d'Auber, *Le Pré aux clercs* d'Herold, *Les Dragons de Villars* de Maillart)[9]. Si quelques opéras furent créés à Londres en langue originale pendant ces « French Seasons » (*Lakmé* fut créé le 6 juin 1885 au Gaiety Theatre en français), un grand nombre de pièces du répertoire français eurent leur première représentation à Londres dans une traduction italienne (*Benvenuto Cellini* en 1853, *Faust* en 1863, *Carmen* en 1878, *Le Roi de Lahore* en 1879, ou *Les Pêcheurs de perles* en 1887).

Cet usage de la traduction, alors systématique en Europe, soulève des questions sur la relation à l'original et sur la fidélité de l'adaptation. Cela est d'autant plus vrai pour le contexte anglais car, au-delà des modifications nécessaires pour adapter la partition musicale à la prosodie du texte traduit, les adaptations pouvaient faire preuve d'indépendance vis-à-vis de l'original et y apporter des changements substantiels. Aussi, le répertoire français importé à Londres était chanté, selon les contextes, en italien ou en anglais – le choix de la langue étant à l'époque un marqueur social, puisque l'anglais était alors associé à la classe populaire et l'italien à la classe cultivée et aristocratique[10]. La structure et parfois la nature même de l'œuvre étaient modifiées par l'ajout de numéros musicaux, par le raccourcissement voire la suppression d'actes, par des ajouts de personnages ou encore des modifications du livret et du déroulement de l'histoire. Cas inverse de l'Italie, où le dialogue parlé est prohibé du théâtre lyrique, les récitatifs sont remplacés par des dialogues : en effet, les patentes royales pour Covent Garden et Drury Lane demandaient (jusque vers le milieu du siècle) qu'il y ait du dialogue parlé dans les représentations ; seul le King's Theatre pouvait représenter des opéras entièrement mis en musique. (Notons qu'après le Theatre Regulation Act de 1843, tous les théâtres pouvaient demander une licence pour mettre en scène tout type de représentation théâtrale.) Ce travail d'adaptation, à relier à la convention anglaise du pasticcio et à la nécessité de conformer les œuvres aux conditions locales, trouve un exemple dans l'œuvre du compositeur et arrangeur prolifique Henry Rowley Bishop. Certaines de ses adaptations, comme celle de *Robert le Diable*, donnée à Drury Lane en 1832 sous le titre *The Demon, or the Mystic Branch*, sont très proches de l'original. Bien qu'il n'eût que la partition piano-chant comme source à sa disposition et qu'il fût donc obligé de réorchestrer l'œuvre, Bishop réutilisa presque toute la musique de Meyerbeer, la seule grande modification de sa version étant le remplacement des récitatifs par des dialogues parlés, qui étaient imposés par la licence de Drury Lane[11]. En revanche, dans *Hofer, the Tell of the Tyrol*, l'adaptation du *Guillaume Tell* réalisée en 1830 pour Drury Lane, Bishop et le librettiste James Robinson Planché firent preuve de beaucoup d'indépendance. Non seulement le personnage central fut remplacé, pour des raisons politiques, par un autre héros révolutionnaire, le Tyrolien Andreas Hofer, mais la partition fut modifiée d'une façon substantielle. Bien que Bishop n'introduisît aucun numéro de sa propre facture, il opéra plusieurs coupures et retravailla certaines parties instrumentales en les utilisant comme matériau mélodique sur lequel on pouvait recomposer librement une ligne de chant : la partie la plus célèbre de l'ouverture fut ainsi arrangée pour le solo « Strike for Tyrol and liberty » chantée par Lucia Vestris[12]. Une démarche analogue caractérise l'adaptation de *Gustave III* d'Auber par Thomas Cooke et Planché pour Drury Lane (*Gustavus the Third*, 1833). Puisque l'amour illicite du roi Gustave de Suède pour la femme du comte Ankastrom n'était pas acceptable pour la moralité britannique, Planché introduisit un nouveau personnage dans le rôle de l'amant, le colonel Lillienhorn. En suivant l'original, l'opéra s'achevait sur l'assassinat du roi, suspecté par Ankastrom d'avoir une relation avec sa femme, mais la moralité de la monarchie était ainsi préservée. De plus, la version anglaise dépolitisait l'histoire en faisant d'Ankastrom un ex-capitaine des gardes et non le Premier ministre du roi. Sur le plan musical, l'œuvre subit également des changements majeurs. Les cinq actes de la partition originale furent réduits à trois, le rôle du roi Gustave fut transformé en rôle parlé et ses airs confiés à Lillienhorn alors que quelques nouveaux airs furent composés pour Ankastrom[13]. *Gustavus the Third* eut un succès phénoménal : pendant sa première saison, il resta à l'affiche 101 soirées et fut joué 134 fois entre 1833 et 1835, chiffre qui en fait l'opéra le plus joué de tous les théâtres londoniens pendant la première moitié du siècle[14]. En dépit d'une telle réussite, le répertoire italien continuait à dominer de façon écrasante la production, surtout celle du Her Majesty's Theatre ; l'opéra italien constituait la référence esthétique et sociale et faisait ainsi ombre au répertoire français.

La véritable consécration de l'opéra français, et en particulier du grand opéra, sur la scène londonienne est inextricablement liée à la figure et à l'activité de Frederick Gye, le directeur de Covent Garden entre 1848 et 1878. Après avoir fait faillite suite à la libéralisation du système des licences (1843), Covent Garden changea d'orientation dans son répertoire en se constituant en Royal Italian Opera. En effet, en 1847, un différend entre l'administrateur de la compagnie du Her Majesty's Theatre, Benjamin Lumley, et le directeur musical, Michael Costa, poussa ce dernier ainsi que de nombreux chanteurs à abandonner la compagnie pour rejoindre la troupe de Covent Garden. Du fait de leur répertoire similaire, la compétition entre les deux théâtres était farouche car, ne bénéficiant d'aucun financement du gouvernement ou de la cour, ils ne pouvaient compter que sur les entrées payantes. Aussi, pour différencier son répertoire et rivaliser avec celui de Her Majesty's Theatre, le francophile Gye misa sur l'opéra français en le mettant au cœur de sa programmation[15]. Si, lors de sa fondation en 1847, le Royal Italian Opera s'était proposé de donner les plus célèbres opéras italiens et français, son répertoire se focalisait initialement sur les œuvres de Rossini, Donizetti et Bellini. Grâce à son vaste réseau d'imprésarios et d'éditeurs parisiens (Strakosch, Ullman, Carvalho, Brandus, Choudens et Escudier), Gye réussit à obtenir les droits de production de nombre d'opéras français. Pour la représentation des *Huguenots* (1848, sous le titre *Gli Ugonotti*), il négocia personnellement avec le compositeur et obtint qu'il supervise les changements et qu'il compose quelques morceaux de musique nouveaux. La présence de Meyerbeer et la richesse de la mise en scène garantirent le succès et la pièce s'établit comme l'une des œuvres phares du répertoire de Covent Garden, qui comprenait également les principaux opéras français de Donizetti et Rossini (*La Favorite, Les Martyrs, Guillaume Tell, Le Comte Ory*). C'est néanmoins Meyerbeer qui s'imposa comme l'auteur français le plus important au Royal Italian Opera jusqu'en 1878 – les relations personnelles que Gye entretenait avec le compositeur lui permirent de s'assurer les droits de tous ses grands opéras ainsi que de ses opéras-comiques, *L'Étoile du Nord* (1855) et *Le Pardon de Ploërmel* (1859), dans des versions spécifiquement adaptées à Covent Garden et supervisées par Meyerbeer. Certaines des œuvres produites par Gye essuyèrent un échec cuisant – notamment *Benvenuto Cellini*, que Berlioz retira de l'affiche après la première représentation (1853)[16] – tandis que d'autres s'établirent durablement dans la programmation de Covent Garden. Le cas du *Faust* de Gounod en est un exemple emblématique. Selon une pratique qui était alors courante, des extraits avaient pu être entendus en concert à Londres dès 1860 (Euphrosyne Parepa chanta des extraits de *Faust* lors d'un concert donné au Crystal Palace le 28 avril 1860[17]). L'œuvre fut initialement produite à Her Majesty's Theatre par Mapleson le 11 juin 1863 en présence du compositeur[18]. Gye, qui préparait sa propre version, conclut des accords fructueux avec Gounod et le Royal Italian Opera put produire son *Faust e Margherita* le 2 juillet 1863. Le succès fut tel que l'on redonna *Faust* chaque année à Covent Garden entre 1863 et 1911, et ce en dépit des pertes financières considérables que Gye subit suite au procès qu'il intenta contre Mapleson pour revendiquer les droits sur l'œuvre[19].

La présence de Meyerbeer et de Gounod à Londres influença l'accueil fait à leurs œuvres. Il en va de même pour Offenbach qui, lors de son deuxième séjour en Angleterre en 1857, y fit connaître sa musique en donnant une saison musicale à St James's Theatre avec sa troupe des Bouffes-Parisiens. Très appréciée par les Anglais, elle se produisit pendant un mois et demi au lieu des deux semaines initialement prévues[20]. À la suite du succès obtenu, de nombreux théâtres commencèrent à proposer la musique d'Offenbach et les pièces données par les Bouffes-Parisiens – *Les Deux Aveugles, Ba-ta-clan* et *La Rose de Saint-Flour* – furent représentées en version anglaise à Charing Cross Theatre, à la Gallery of Illustrations et à l'Alhambra[21]. Les productions d'*Orpheus in the Haymarket* (*Orphée aux enfers*, Theatre Royal in the Haymarket, 1865), de *Bluebeard Repaired* (*Barbe-bleue*, Olympic Theatre, 1866), d'*Helen, or Taken from the Greek* (*La Belle Hélène*, Adelphi Theatre, 1866) et de *The Grand Duchess* (*La Grande-Duchesse de Gérolstein*, Covent Garden, 1867) témoignent de la vogue des œuvres d'Offenbach, vogue couronnée par les interprétations d'Hortense Schneider à St James's Theatre (1868-1870)[22]. Pendant les années 1870, les opéras bouffes du compositeur trouvèrent une place stable dans le répertoire du Gaiety Theatre, aux côtés de *La Poupée de Nuremberg* d'Adam, *Betly* et *La Fille du régiment* de Donizetti, des œuvres d'Hervé et de Charles Lecocq[23]. Si la popularité d'Offenbach à Londres déclina considérablement dans la décennie suivante, ses œuvres eurent une grande influence sur le développement du théâtre musical anglais et les *comic operas* de Gilbert et Sullivan.

Dans le West End, la compétition farouche entre Covent Garden et Her Majesty's Theatre se poursuivit pendant la deuxième moitié du siècle et les managers des deux théâtres continuèrent de miser sur la présence de chanteurs célèbres (Adelina Patti et Emma Albani à Covent Garden, Thérèse Tietjens et Christine Nilsson à Her Majesty's Theatre) plutôt que sur le renouvellement du répertoire, devenu de plus en plus stagnant. Si la création de *Roméo et Juliette* (Covent Garden, 1867), celle de *Carmen* (Her Majesty's Theatre, 1878) et celle du *Roi de Lahore* (Covent Garden, 1879) confirment la vogue croissante du répertoire français, les saisons consacrées à Wagner à Her Majesty's Theatre et à Drury Lane en 1882 minèrent de fait la domination de l'opéra italien ou traduit en italien sur la scène musicale londonienne. Aussi, lorsque Gye produisit *Velléda* de Lenepveu en première mondiale (1882), l'œuvre échoua et *Hérodiade* de Massenet, initialement incluse dans le prospectus de la saison, ne fut pas donné[24]. La situation changea lorsque l'impresario Augustus Harris prit la direction de Covent Garden (1888-1896). Grâce au support de l'aristocratie britannique mais aussi à ses propres qualités personnelles, il réussit à restaurer le rayonnement de son théâtre, en prêtant attention non seulement au choix des chanteurs mais aussi à la mise en scène et aux standards d'exécution, qui s'améliorèrent notablement par rapport à la période précédente. Deux changements majeurs, survenus sous la direction de Harris, contribuèrent à l'implantation définitive du répertoire français outre-Manche. D'une part, Covent Garden commença à représenter les œuvres en langue originale – le premier pas dans cette voie étant *Roméo et Juliette* de Gounod produit en français en 1889. D'autre part, le répertoire du théâtre se focalisa de plus en plus sur l'opéra français : à côté des *Huguenots* et de *Faust*, dont la fortune était déjà bien établie, Covent Garden produisit *Philémon et Baucis* de Gounod (1891), *Le Rêve* (1891) et *L'Attaque du moulin* (1894) de Bruneau, *Djamileh* de Bizet (1893), *Werther* et *La Navarraise* de Massenet (1894).

15.5 Présence et influence du modèle lyrique français en Russie et en Scandinavie
Anastasiia Syreishchikova-Horn et Charlotta Wolff

L'opéra français en Russie (A. Syreishchikova-Horn)

L'accueil de l'opéra français en Russie au XIXᵉ siècle est marqué par un contexte culturel et social très particulier. D'une part, les deux pays sont impliqués dans des conflits militaires et politiques (la campagne napoléonienne et la guerre de Crimée) ; d'autre part, l'influence de la culture française en Russie joue un rôle essentiel tout au long du siècle. Cette influence se manifeste par une utilisation de la langue française dans la vie quotidienne de la haute société, par les quotidiens publiés en langue française, mais également par la présence d'artistes français (écrivains, peintres, architectes et éditeurs) à Saint-Pétersbourg et à Moscou. Les musiciens français, en revanche, sont moins présents en Russie, notamment par rapport à leurs collègues italiens ou allemands. Seuls quelques célèbres compositeurs et virtuoses français viennent en Russie pendant la première moitié du XIXᵉ siècle[1]. Il s'agit notamment de Boieldieu (1804-1811), Adam (1839-1840), Berlioz (1847, 1867-68), Saint-Saëns (1875), Debussy (1880), la chanteuse Pauline Viardot (1843-1846, 1853), le flûtiste Joseph Guillou (1831-1853), les violonistes Pierre Rode (1804-1808), Pierre Baillot (1805-1808) et Charles Philippe Lafont (1808-1815), et la violoncelliste Lise Barbier-Cristiani (1840-1848). Le théâtre français parlé et lyrique est représenté en Russie tout au long du XIXᵉ siècle par la troupe française au sein des Théâtres impériaux à Saint-Pétersbourg.

Les Théâtres impériaux possèdent en tout cinq troupes musico-théâtrales : une française, une italienne, une allemande, une russe et un ballet. La troupe française, qui existe auprès des Théâtres impériaux à partir de 1743, perdurera jusqu'en 1918, avec une interruption de seulement quelques années (de 1812 à 1819) sur ordre d'Alexandre Iᵉʳ après la campagne de Napoléon. Cette troupe, composée de nombreux comédiens et chanteurs français, occupe la salle du théâtre Mikhaïlovski à Saint-Pétersbourg, où elle présente divers

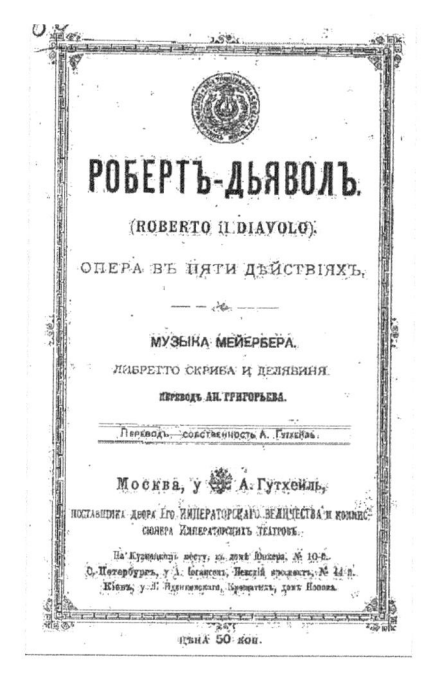

G. Meyerbeer, *Robert-Diavol (Roberto il Diavolo)*, livret trad. de l'italien en russe par A. Grigoriev, Moscou : Théâtres impériaux de Moscou, [1891], page de titre.

spectacles en langue française. Elle connaît une véritable floraison en Russie au début du XIXe siècle, sous la direction de Boieldieu. Invité par la famille impériale, le compositeur vient s'installer à Saint-Pétersbourg de 1804 à 1810. Il met en scène ses œuvres écrites en France et crée plusieurs ouvrages : *Aline reine de Golconde* (1804), *Abderkan* (1805), *La Jeune Femme colère* (1805), *Un tour de Soubrette* (1806), *Télémaque* (1806), *Amour et Mystère* (1807), *La Dame invisible* (1808), *Les Voitures versées* (1808), *Rien de trop* (1811). Grâce à Boieldieu, le public russe se familiarise également avec les opéras de Grétry, Méhul, Gaveaux, Dalayrac et Cherubini[2]. À cette époque, plusieurs chanteurs français brillent sur la scène russe, Mmes Philis-Andrieux et Philis-Bertin, Laure Cinti-Damoreau, Cornélie Falcon, Mainvielle, M. Dumouchel, etc. À partir des années 1820, l'attention du public russe se tourne du côté de l'opéra italien. La « fièvre pour l'italianisme[3] » monte dans les années 1840 grâce à une compagnie italienne en tournée à Saint-Pétersbourg. En fait partie le fameux trio constitué par Giovanni Rubini, Antonio Tamburini et Pauline Viardot. Cette dernière ne présente pas le répertoire français, mais plutôt des airs d'opéras italiens (Rossini, Bellini, Donizetti, Verdi). À partir des années 1820 également, au Théâtre Mikhaïlovski l'opéra-comique cède sa place aux vaudevilles français, très à la mode à l'époque. La troupe française n'a pas toujours un niveau musical suffisant pour les représentations d'opéra. Le répertoire français est alors joué par d'autres troupes pétersbourgeoises : l'italienne, la russe et l'allemande. Paradoxalement, en Russie impériale, où le public parle parfaitement français, les opéras français sont rarement présentés en langue originale. Parmi les représentations importantes des années 1820-1830[4], il faut citer les opéras d'Auber, tous chantés en russe : *Fra Diavolo* (1831), *La Fiancée* (1831), *Le Dieu et la Bayadère* (1835), *Le Maçon* (1835, en allemand) ; *Le Cheval de bronze* (1837), *Le Domino noir* (1838) ; de Spontini, en russe aussi : *La Vestale* (1814), *Fernand Cortez* (1820) ; d'Herold : *Zampa* (1833, en russe ; 1834, en russe et en allemand), *Le Pré aux clercs* (1834, en russe) ; d'Halévy : *La Juive* (1837, en allemand) ; de Boieldieu : *La Dame blanche* (1828, en russe) ; ou encore d'Adam : *Le Brasseur de Preston*, dédié à Nicolas Ier (1839, en russe ; 1840, en allemand).

En raison du monopole de la direction des Théâtres impériaux sur les représentations théâtrales et musicales à Saint-Pétersbourg et Moscou entre 1827 et 1881, chaque opéra doit être examiné par la censure, qui est particulièrement stricte sous le règne de Nicolas Ier (1825-1855). L'opéra français pose deux problèmes majeurs au pouvoir : « Le premier était lié au sujet des opéras, le second à la langue, en particulier le français, la langue de la Révolution, mais aussi la langue de l'aristocratie et de la culture [...][5]. » Les opéras présentés subissent donc des coupures et des modifications[6]. Par exemple, *La Muette de Portici* d'Auber, qui « avait mis le feu aux poudres de la révolution belge[7] » (cf. 15.1), est autorisé en 1834 en traduction allemande, sous réserve de modifications du livret : le titre est transformé en *Fenella* (nom de l'héroïne muette interprétée par une danseuse), le héros principal, Masaniello, est renommé Fiorillo, et quelques scènes sont coupées, ce qui fait disparaître toute allusion historique précise. Malgré ces modifications, l'opéra obtient un grand succès[8]. Il est donné en italien en 1847 avec le même livret, puis en russe en 1857 avec le livret original de Scribe, mais sous le titre *Les Bandits de Palerme*. De même, *Guillaume Tell* de Rossini, autre opéra considéré comme « révolutionnaire », subit d'importantes transformations. Le nouveau livret de Rafail Zotov est tiré d'une nouvelle de Walter Scott, *Anne of Geirstein*. Le héros est transformé en un certain Rudolf Donnergugel, l'action est transposée au milieu du XVe siècle et l'opéra finit par s'intituler *Charles le Téméraire* (*Karl Smely*). Il est donné à Saint-Pétersbourg, d'abord en russe (1838) – sans succès auprès du public, la salle étant à moitié vide le jour de première – puis en italien (1846)[9].

Au milieu du siècle Meyerbeer est sans doute le compositeur d'opéra français le plus joué en Russie. Par exemple, entre 1855 et 1881 on compte 296 représentations de ses œuvres par la troupe italienne (contre 144 de Gounod ou 55 d'Auber)[10]. Selon ces statistiques, Meyerbeer occupe la quatrième place dans le répertoire d'opéras italiens à Saint-Pétersbourg après Verdi (627 représentations), Donizetti et Rossini. *Robert le Diable* est présenté seulement quelques années après sa première française en 1831 : d'abord à Moscou en russe (1834), puis la même année à Saint-Pétersbourg en italien, et ensuite en 1837 en allemand (*Robert der Teufel*), et en 1848 en italien. Cet opéra passe la censure (seul le titre est réduit à *Robert*) et connaît un énorme succès. Durant plusieurs décennies, l'œuvre reste dans le répertoire de plusieurs troupes pétersbourgeoises[11] (entre 1834 et 1855 on compte 118 représentations par la troupe russe). Elle laisse une trace indélébile dans l'esprit des contemporains et devient un phénomène de société (elle figure souvent dans la littérature russe de l'époque[12]). Au fil des années, les Russes entendent d'autres œuvres de Meyerbeer. *Les Huguenots* est présenté en concert à Moscou en 1844 et mis en scène par la troupe italienne en 1850, avec la participation de Grisi, Mario et Tamburini, puis en russe en 1863 (le titre étant changé en *I Guelfi e i Ghibellini* et l'histoire transposée dans l'Italie médiévale). *Le Prophète*[13] est donné sous le titre *Giovanni di Leida* par la troupe italienne avec la participation de Viardot (1853), puis en russe sous le titre *Le Siège de Gand* (1869). D'autres premières de Meyerbeer sont données sur la scène italienne : *L'Étoile du Nord* (1856), *Le Pardon de Ploërmel* (1860, sous le titre de *Dinorah*) et *L'Africaine* (1866)[14]. Les opéras de Meyerbeer gagnent l'intérêt du public russe au moment d'un affrontement entre l'opéra italien, qui règne depuis plusieurs décennies à Saint-Pétersbourg, et l'opéra « national » russe, qui à partir des années 1850 attire l'attention de la société. Dans les années 1860, au Théâtre Mariinsky, le répertoire italien réunit 50 % des représentations, l'opéra russe 25 % et l'opéra français 25 %[15]. Le grand opéra français va néanmoins beaucoup influencer l'opéra russe (notamment Glinka, Rimski-Korsakov, Tchaïkovski, Moussorgski), par sa dramaturgie, ses formes, ses effets scéniques et son art de la scénographie. Dans les années 1840-1850, le grand décorateur Andreas Roller, installé à Saint-Pétersbourg, transforme les représentations d'opéra en spectacles grandioses et romantiques, selon le modèle du grand opéra.

Dans les années 1870-1880, une nouvelle étape s'ouvre pour l'opéra français en Russie, grâce à l'administrateur de l'opéra italien Albert Vizentini (ancien chef d'orchestre puis directeur du Théâtre de la Gaîté à Paris) arrivé en Russie en 1879 et au nouveau directeur des Théâtres Impériaux, Ivan Vsevolojski, qui veulent promouvoir les maîtres français. La première de *Carmen* de Bizet, en italien, avec des coupures (1878), n'a pas de succès ; mais grâce à une nouvelle présentation en russe (1885), l'opéra gagne progressivement les faveurs du public[16]. La représentation en 1878 de *Manon* de Massenet en langue russe (traduit de l'italien !) tient seulement cinq représentations et disparaît de l'affiche. La plupart des critiques sont peu favorables[17] et comparent l'œuvre à une opérette. Se dessine en toile de fond la défense du théâtre russe face à l'invasion de l'opéra étranger. Les œuvres marquantes d'une nouvelle esthétique française, notamment *Faust* de Gounod (1864, en italien ; 1869, en russe), *Samson et Dalila* de Saint-Saëns (1893, en français ; 1896, en russe), *Werther* de Massenet (1894, en français ; 1896, en russe) et *Lakmé* de Delibes (1884, en italien ; 1885, en russe), influencent considérablement les compositeurs russes, notamment Rimski-Korsakov et Tchaïkovski[18]. En revanche, les opéras de Berlioz, très apprécié en Russie après ses voyages en 1847 et 1867-1868, ne sont plus représentés (sauf *Les Troyens à Carthage* en 1899 à Moscou[19]).

Dans les années 1860 l'opérette remplace l'ancien vaudeville. Les premières représentations d'œuvres d'Offenbach en Russie ont lieu au théâtre Mikhaïlovski : *Orphée aux Enfers* (1859), *La Belle Hélène* (1868), *Barbe bleue* (1871), *La Périchole* (1869) et, sous le titre *Le Sabre de mon père*, *La Grande-Duchesse de Gérolstein* (1871). Ces quatre dernières opérettes figurent également dans le répertoire d'Hortense Schneider lors de ses tournées remarquées à Saint-Pétersbourg en 1871-1872[20]. L'opérette gagne très vite sa place sur diverses scènes russes : le Mikhaïlovski, le Théâtre Bouffe, le Mariinsky et l'Alexandrinski (avec des traductions en russe d'Ivan Krylov). *La Belle Hélène* bat les records avec 132 représentations entre 1868 et 1880. L'opérette est appréciée également en province, par exemple à Rostov et à Taganrog.

À la fin du XIXe siècle, après l'abolition du monopole des Théâtres impériaux en 1882, l'opéra russe connaît une floraison d'entreprises artistiques, notamment l'Opéra privé de Mamontov[21] (1885-1904), qui, bien qu'il défende le répertoire national, fait jouer nombre de chefs-d'œuvre de maîtres français (Gounod, Meyerbeer, Delibes, Bizet, Thomas, Auber, Halévy, Saint-Saëns). Ces représentations sont remarquables par leur qualité musicale, l'unité de leur dramaturgie scénique et les décors et costumes.

L'opéra français en Scandinavie (Ch. Wolff)

En Scandinavie, l'opéra demeure un domaine à moitié étranger que les publics locaux s'approprient par le biais de traductions, les œuvres étant encore jouées en langue vernaculaire. En tant qu'institution culturelle, l'opéra s'est implanté dans les capitales (Copenhague et Stockholm), mais aussi à Christiania (Oslo). À Copenhague, le Kongelige Teater, fondé en 1748, sert de maison d'opéra ; à Stockholm, l'Opéra fondé en 1773 reste longtemps une entreprise soumise aux caprices du pouvoir royal. À Christiania, le premier théâtre public ouvre en 1827. Dans les autres villes scandinaves, y compris en Finlande devenue russe en 1809, les représentations d'opéra dépendent largement des amateurs locaux, capables de chanter un rôle, et des troupes itinérantes.

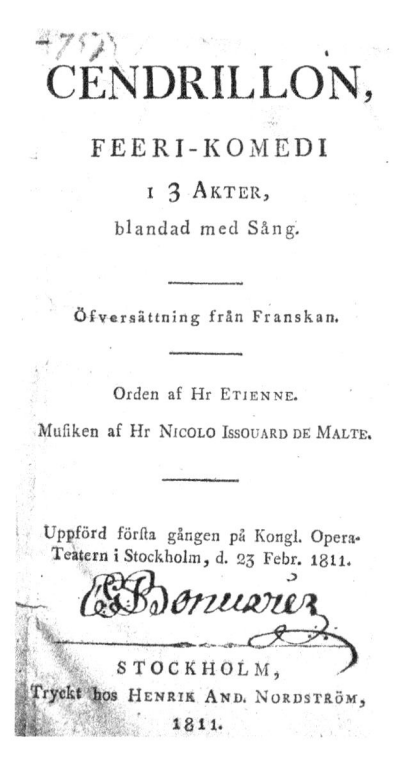

Jusqu'aux années 1860, le répertoire est fortement dominé par l'opéra-comique. À Copenhague, les Français représentent plus d'un tiers des compositeurs joués entre 1748 et 1889 (tous genres confondus) ; ils sont suivis de très près par les Danois, alors que les Allemands constituent à peine un quart et les Italiens moins de 10 %. En nombre d'œuvres, cette domination est encore plus frappante : à part Mozart et Rossini, les compositeurs étrangers ayant huit œuvres ou plus au répertoire sont tous français. Auber arrive en tête, avec quinze pièces données au total 661 fois, dont *La Muette de Portici* 178 fois, *Fra Diavolo* 100 fois et *Le Domino noir* 97 fois. Les onze pièces de Boieldieu qui sont jouées totalisent 375 représentations, dont 148 pour *La Dame blanche*. Suivent Grétry (14 pièces, 335 représentations), Dalayrac (13 pièces, 317 représentations) et Méhul (sept pièces, 291 représentations)[22]. Le goût pour l'opéra léger, facile à produire, perdure aussi à Christiania, dont le répertoire fait écho à celui de Copenhague[23]. À Stockholm aussi, l'opéra-comique domine très longtemps. Le *Richard Cœur de Lion* de Grétry reste très aimé (132 représentations entre 1791 et 1859), tout comme *Adolphe et Clara* de Dalayrac (81 représentations

Nicolò, *Cendrillon*, livret trad. en suédois, Stockholm : Tryckt hos Henrik And. Nordström, 1811, page de titre. (Bibliothèque municipale de Turku, collection ancienne, Svensk dramatik, photo Ch. Wolff.) Ce livret a appartenu à Karl Gustav Bonuvier, comédien suédois, qui dirigea de 1813 à 1827 un des premiers théâtres finlandais à Åbo. Sa troupe joua aussi régulièrement en province.

entre 1801 et 1857). Quelques années plus tard, Boieldieu remporte un beau succès avec *Le Calife de Bagdad* (146 représentations entre 1808 et 1863) et *La Dame blanche* (53 représentations entre 1827 et 1857). On joue aussi beaucoup Nicolò, particulièrement *Les Rendez-vous bourgeois* (122 fois, entre 1814 et 1862) et *Cendrillon* (83 fois, entre 1811 et 1838). Ce n'est qu'en 1812 qu'un opéra de Mozart (*La Flûte enchantée*) est donné en Suède. La tradition de l'opéra-comique est si forte que lorsque *Don Giovanni* est joué pour la première fois l'année suivante, les récitatifs sont remplacés par des dialogues[24]. À partir des années 1830, parallèlement à Rossini et à Weber, Auber et Adam remportent de grands succès (*Fra Diavolo* est donné 78 fois, *Le Chalet* 104 fois). Le grand opéra arrive en 1836 avec *La Muette de Portici* d'Auber, représentée 122 fois à Stockholm jusqu'en 1863. Viennent ensuite les opéras de Meyerbeer : *Robert le Diable* est donné plus de 120 fois et *Les Huguenots* reste longtemps au répertoire[25].

Même à l'époque du vérisme, les opéras d'Auber et de Meyerbeer continuent à être joués, et la musique française garde sa prééminence. Le *Faust* de Gounod est donné 19 fois en suédois pendant la saison 1862-1863. À Copenhague, il est joué plus de cent fois. *Roméo et Juliette*, dédié au roi de Suède, est donné en suédois dès 1868. En 1878, le public de Stockholm découvre *Carmen* de Bizet. Dans le même temps, les opérettes d'Offenbach sont montées par des troupes itinérantes, en Suède tout comme en Finlande (où une culture d'opéra en finnois prend forme à Helsinki à partir de 1870[26]). Le caractère français de l'opéra dans les pays scandinaves ne s'efface vraiment qu'après 1890. Parmi les pièces goûtées par les publics nordiques au tournant du XIXe au XXe siècle, on note *Manon* de Massenet et *Samson et Dalila* de Saint-Saëns. Le répertoire se diversifie toutefois, avec la montée de l'opéra allemand, le développement d'un opéra aux thèmes nationaux et la découverte de l'opéra russe[27].

15.6 L'opéra français aux États-Unis

Vincent Giroud

Deux modèles de diffusion culturelle

Aucun genre artistique ne marque mieux que l'opéra la différence fondamentale dans les modes de diffusion culturelle en Europe occidentale et aux États-Unis, et l'histoire de l'opéra français dans l'Amérique du XIXe siècle en est la preuve[1]. Presque inexistant avant la Déclaration d'indépendance, l'opéra, en tant que genre spécifique distinct notamment du *ballad opera*, s'est pourtant implanté assez rapidement dans la nouvelle nation, mais par des canaux qui n'ont rien à voir avec les conditions dans lesquelles il a fleuri en Allemagne, en Italie, ou en France. Dans cette histoire, la capitale, Washington, ne joue aucun rôle, le gouvernement fédéral étant notoirement hostile à l'utilisation de fonds publics pour soutenir les arts. Et il est frappant de constater que l'opéra ne se soit jamais implanté durablement dans une ville de l'importance de Boston, consciente et fière de sa tradition puritaine. La jeune république s'étant érigée en réaction contre les traditions aristocratiques de la vieille Europe, il allait falloir attendre l'éclosion d'une aristocratie d'un type nouveau, reposant sur la fortune financière, pour que se développe un mécénat privé. Dans ces conditions inhabituelles, on ne sera pas surpris de découvrir que la capitale de l'opéra français dans la plus grande partie du siècle est La Nouvelle-Orléans (à peine plus de 10 000 habitants au moment de la cession de la Louisiane par la France en 1803), avant que New York ne commence à lui disputer cette suprématie dans les années 1880.

Une autre remarque liminaire s'impose : l'opéra français tel qu'il s'est diffusé en Amérique n'offre pas un reflet exact de la production lyrique française. L'opéra-comique et, dans la seconde moitié du siècle, l'opérette, y prédominent par rapport au grand opéra. Cette tendance, liée naturellement au manque de moyens exigés par ce dernier, explique l'absence quasi complète de diffusion de la tragédie lyrique de la fin du XVIIIe siècle aux États-Unis. Il n'est même pas sûr que l'*Orphée* représenté à Charleston au printemps 1794 (et attribué alors à Paisiello) soit celui de Gluck, dont les opéras français n'ont guère été montés, surtout dans leur langue d'origine, avant le XXe siècle.

Une troisième constante à souligner, et qui concerne plus particulièrement le XIXe siècle, est le caractère polymorphe et plurilinguistique qui caractérise l'opéra français tel qu'il s'est diffusé en Amérique, et qui s'explique bien dans le contexte d'un pays se constituant à partir de traditions diverses et en diversification croissante : c'est ainsi qu'on a pu y entendre *La Juive* d'Halévy en français, en anglais, en italien, en allemand, en russe, et même en yiddish. On n'hésitera donc pas à faire remonter cette diffusion à *The Two Misers*, librement adapté par le compositeur britannique Charles Dibdin des *Deux Avares* de Grétry, et créé à Baltimore en 1783 (puis à Philadelphie en 1786 et à New York en 1787), ainsi qu'aux versions anglaises du *Déserteur* de Monsigny (due au même Dibdin) et de *Zémire et Azor* (revu par Francis Linley), montés à New York et à Philadelphie en 1787, ou même aux pantomimes tirées d'opéras-comiques donnés sur les premières scènes new-yorkaises, et qui reflètent la popularité outre-Atlantique du genre « éminemment français ».

Les premières françaises aux États-Unis

Si l'on excepte une parodie française de *La Serva padrona* donnée à Baltimore en juin 1790, c'est New York qui a connu la première saison d'opéra en langue française à la fin de la même année et au début de la suivante, sous l'impulsion d'un chanteur nommé Saint-Aivre. Inaugurée, au City Tavern, par *Le Tonnelier* d'Audinot, dans la version révisée par Gossec, elle s'est poursuivie avec *Le Devin du village* de Rousseau et *Les Deux Chasseurs et la Laitière* de Duni, et comportait également deux mélodrames : le *Pygmalion* de Rousseau et l'*Ariane* d'Edelmann. Deux ans plus tard, c'est Boston qui voit la création américaine en langue française du *Déserteur*. Toutefois, la première implantation marquante de l'opéra français en Amérique, en 1794-1796, a pour cadre plus inattendu Charleston (Caroline du Sud), alors l'une des cinq villes principales du pays. Une troupe « délogée » de Saint-Domingue par la révolution haïtienne s'y fait applaudir dans une vingtaine d'ouvrages, dont les Monsigny et Rousseau déjà cités, et d'autres de Grétry (5, dont *Zémire* et *La Caravane du Caire*), Baudron (la « scène lyrique » *Pyrame et Thisbé*), Blaise (*Annette et Lubin*), Champein (*La Mélomanie* et *Les Dettes*), Dalayrac (*Nina*), Dezède (*Blaise et Babet* et *Alexis et Justine*) et l'obscur Raymont (*Le Braconnier*), ainsi qu'un *pasticcio* adapté de *La Princesse de Babylone* de Voltaire avec musique tiré notamment du *Panurge dans l'île des lanternes* de Grétry et d'*Iphigénie en Tauride*. La même troupe se produit en tournée à Richmond et dans les villes de la côte Est, où sont créés, à Philadelphie, *Les Deux Petits Savoyards* de Dalayrac en 1796. Témoigne également de la popularité de Grétry la création de *Richard Cœur de Lion* (en langue anglaise) à Boston en 1796, puis à New York en 1800. À en croire John Dizikes, c'était une œuvre favorite de John Quincy Adams, sixième président des États-Unis.

C'est encore un Grétry (*Silvain*) qui est le premier opéra français monté à La Nouvelle-Orléans en 1796, au théâtre de la rue Saint-Pierre, où sont présentés en outre *Blaise et Babet* de Dezède la même année et *Renaud d'Ast* de Dalayrac trois ans plus tard, entre maintes autres créations dont on a parfois perdu la trace. Stimulée par la présence d'une haute société francophone (en partie originaire de Saint-Domingue), la diffusion de l'opéra français dans la capitale culturelle de la Louisiane se poursuit avec de nouvelles créations : *Les Visitandines* de Devienne et *Le Calife de Bagdad* de Boieldieu en 1805, *Le Jugement de Midas* de Grétry en 1806, *Ma tante Aurore* de Boieldieu et *Une folie* de Méhul en 1807, *Roméo et Juliette* de Steibelt en 1810. En 1818, un entrepreneur de naissance parisienne, au nom anglicisé de John Davis, prend la direction du Théâtre d'Orléans. Il va en faire, pendant plus de trois décennies, le centre de l'opéra français outre-Atlantique. C'est alors la seule troupe d'opéra permanente du pays, enrichie à partir de 1822 par des chanteurs et musiciens recrutés en France. Dès 1824, Davis l'emmène en tournée, d'abord à La Havane, puis, de 1827 à 1833, à New York, Philadelphie, Baltimore et Boston. C'est surtout à New York, au Park Theatre (situé dans Park Row, non loin de l'actuel City Hall), qu'est donné un riche répertoire, précédemment rodé en Louisiane, et qui révèle à la métropole, en même temps que quelques œuvres de l'ancienne génération (*Camille*, *Maison à vendre* et *Adolphe et Clara* de Dalayrac, *Les Deux Journées* de Cherubini, *Le Bouffe et le Tailleur* de Gaveaux, *Le Rossignol* de Lebrun, *Le Diable à quatre* de Solié), les grands noms de la nouvelle : Auber avant tout (8, dont *La Neige* et *Le Maçon*), Boieldieu (5, dont

La Dame blanche, dès 1827), Nicolò (6, dont *Cendrillon, Joconde* et *Jeannot et Colin*), Herold (*Marie, La Clochette, Zampa*), Rossini (*Le Comte Ory*, en 1833), mais aussi Berton (*Aline, reine de Golconde*) et Carafa (*Le Solitaire*) sans parler d'ouvrages aujourd'hui obscurs tels que *La Lettre de change* de Bochsa, *La Vieille* de Fétis et *Les Folies amoureuses, pasticcio* de Castil-Blaze, dont le *Robin des bois*, quelque infidèle qu'il puisse être à l'original, est, comme à Paris en 1824, la première présentation locale du *Freischütz*.

Le succès d'Auber

En fait, aucun compositeur d'opéra français n'a été mieux servi qu'Auber dans l'Amérique du XIXe siècle. En plus des neuf titres déjà cités, Loewenberg relève des représentations de *Fra Diavolo* (en français à New York en 1831, en anglais à New York et Philadelphie en 1833, en français à La Nouvelle-Orléans en 1836, à New York en 1858 en allemand puis en italien en 1864, à Chicago en 1865, etc.) ; du *Philtre* (en français, à New York, en 1833) ; de *Gustave III* (en anglais, à New York en 1834 et 1839, puis à Philadelphie en 1843) ; du *Dieu et la Bayadère* (à New York en 1836, dans l'adaptation anglaise de Fitzball et Bishop, *The Maid of Cashmere*) ; du *Cheval de bronze* (à La Nouvelle-Orléans en 1836 et en anglais à New York l'année suivante) ; de *L'Ambassadrice* (à La Nouvelle-Orléans en 1841 et à New York en 1843 – puis en anglais en 1851) ; des *Diamants de la couronne* (à La Nouvelle-Orléans en 1842, à New York en français en 1843 et en anglais en 1851, à Boston en anglais en 1854) ; du *Domino noir* (à La Nouvelle-Orléans en 1839 et à New York en 1843) ; d'*Actéon* (à Philadelphie en 1843) ; du *Lac des fées* (en anglais, à New York, en 1845) ; de *La Sirène* (en français à La Nouvelle-Orléans en 1845 et en anglais à New York en 1854) ; d'*Haydée* (à La Nouvelle-Orléans en 1849 et à New York trente ans plus tard) ; de *L'Enfant prodigue* (en 1851, dans la version anglaise de H. Laurent, *Azael the Prodigal*) ; et de *La Part du diable* (à New York, en anglais en 1852, en allemand en 1875) : soit un total de 23 ouvrages, record égalé par le seul Offenbach. Preuve supplémentaire de l'extraordinaire popularité d'Auber en Amérique, une troupe française présente *Les Diamants de la couronne* en 1854 à San Francisco, qui cinq ans plus tôt, avant le déclenchement de la ruée vers l'or, n'était encore qu'une minuscule bourgade.

Le grand opéra

Parallèlement à cet engouement pour l'opéra-comique, l'Amérique ne pouvait demeurer longtemps indifférente au succès international du grand opéra français. *La Vestale* de Spontini, créé à La Nouvelle-Orléans le 17 février 1828, y est présenté en octobre à Philadelphie par la même troupe. À New York, c'est *La Muette de Portici* qui est monté, d'abord en français, au Park Theatre, en août 1831, puis en anglais, sur la même scène, en novembre, dans la version londonienne de 1829, due à Thomas Cooke et Barham Livius. Le retentissement de l'œuvre est attesté par sa création à Saint Louis, toujours en anglais, dès 1837. On l'entendra de nouveau à New York en allemand en 1854 et en italien l'année suivante.

Les opéras français de Meyerbeer ne manquent pas de susciter l'intérêt du monde lyrique américain, mais les moyens qu'ils exigent leur interdisent une diffusion de la même ampleur. C'est New York qui a la primeur de *Robert le Diable*, en anglais, en 1834 ; l'œuvre est de nouveau montée en italien en 1841, en français en 1845, et en allemand en 1856. En 1840, elle est présentée à La Nouvelle-Orléans, où le dernier grand projet de John Davis a été d'y créer *Les Huguenots* : il le réalise en avril 1839, peu de temps avant sa mort. New York accueille l'ouvrage en 1845, en français, avant de le réentendre en italien en 1850, en allemand en 1866, et en anglais en 1869. C'est encore La Nouvelle-Orléans qui crée *Le Prophète*, dès 1850, *L'Étoile du Nord* en 1855, et *Dinorah* (titre alternatif du *Pardon de Ploërmel*) en 1861, avec une Adelina Patti de dix-huit ans ; en revanche, New York a la primeur de *L'Africaine*, dès décembre 1865 (en italien), alors que La Nouvelle-Orléans ne le monte qu'en décembre 1869.

Si *Guillaume Tell* doit attendre 1842 pour être créé dans la ville de Louisiane, New York en a entendu dès 1831 une version anglaise abrégée et le donne en français en 1845, en italien en 1855, et en allemand en 1866. C'est dans la langue originale que La Nouvelle-Orléans (en 1843) et New York (en 1845) découvrent *La Favorite*, qu'on entend encore à New York en anglais en 1847, avant que s'impose, à partir de 1855, la médiocre traduction italienne. Même le splendide *Dom Sébastien* est représenté en version originale à La Nouvelle-Orléans en 1875. (Ni *Les Vêpres siciliennes* ni *Don Carlos*, curieusement boudés par cette ville, n'auront malheureusement connu pareille chance.) *La Juive*, brièvement évoqué plus haut, est monté à La Nouvelle-Orléans en 1844 et à New York l'année suivante ; cette création relativement tardive coïncide presque avec celle de *La Reine de Chypre*, dans les deux villes, en 1845. Quant à *Charles VI*, présenté à La Nouvelle-Orléans en 1847, New York n'en entend que des extraits, en costume, deux ans plus tard.

La vogue de l'opéra-comique au milieu du siècle

Donizetti et Halévy nous ramènent à l'opéra-comique, car *La Fille du régiment* a été créé en français, d'abord à La Nouvelle-Orléans, puis à New York, en 1843, avant de poursuivre une carrière triomphale en Amérique (jusqu'à San Francisco, dès 1854) dans diverses versions anglaises ; et plusieurs des ouvrages écrits par Halévy pour la salle Favart ont fait carrière en Amérique : *L'Éclair* (La Nouvelle-Orléans, 1837 ; New York, 1843), *Les Mousquetaires de la reine* (La Nouvelle Orléans, 1846 ; New York, en français en 1866 et en anglais en

1883), *La Fée aux roses* (La Nouvelle-Orléans, 1851) et *Le Val d'Andorre* (en anglais à New York en 1851). Créé à La Nouvelle-Orléans en 1855, *Jaguarita l'Indienne* a servi de modèle à l'opéra de William Vincent Wallace, *The Desert Flower*, monté à New York en 1868. Plus populaire encore a été Adolphe Adam, avec *Le Chalet* (d'abord monté à New York en 1836 dans une adaptation assez infidèle, *The Swiss Cottage*, puis créé en français à La Nouvelle-Orléans en 1840 et repris dans cette langue à New York en 1843), *Le Postillon de Lonjumeau* (créé en anglais à New York en 1841 et à La Nouvelle-Orléans en 1845, puis repris en français à New York en 1843), *Le Brasseur de Preston* (en français à La Nouvelle-Orléans en 1842, en anglais à New York et à Philadelphie en 1846), *Si j'étais roi* (La Nouvelle Orléans, 1856, et, tardivement, New York, 1881), *Le Bijou perdu* (La Nouvelle Orléans, 1861), *Les Pantins de Violette* (New York, 1863), *Le Toréador* (New York, 1866), *Le Sourd* (New York, 1870) et *Giralda* (en anglais à Boston en 1885).

On n'en finirait pas d'énumérer les compositeurs qui ont bénéficié de l'engouement des Américains pour l'opéra-comique : Clapisson, dont *La Perruche* est monté quasi simultanément à New York et Philadelphie en 1843 ; Montfort, dont on représente *Polichinelle* à New York la même année ; Grisar, dont La Nouvelle-Orléans présente *Les Amours du diable* en 1858 ; Maillart, dont *Gastibelza* est donné dans la même ville dès 1848 (*Les Dragons de Villars* suivront en 1859, et à New York dix ans plus tard) ; Thomas, avec *Le Caïd* (La Nouvelle-Orléans, 1850 ; New York, 1852) puis *Le Songe d'une nuit d'été* (La Nouvelle-Orléans, 1851) ; Boisselot, dont New York monte *Ne touchez pas à la reine* en 1852 ; Paër, dont les New-Yorkais s'enthousiasment tardivement pour *Le Maître de chapelle* en 1852 ; Massé, tant avec *Galatée* (La Nouvelle-Orléans, 1858) qu'avec *Les Noces de Jeannette* (créé d'abord en anglais à New York en 1855) ; Bazin, dont New York monte *Maître Pathelin* en 1869 et *Le Voyage en Chine* en 1875 ; Poise enfin, avec *Bonsoir, voisin* (New York, 1870). Mais il faudrait également citer Eugène-Prosper Prévost, Parisien transplanté à New York puis à La Nouvelle-Orléans, et qui en 1843 a fait représenter son *Cosimo ou le Peintre badigeonneur* de 1835.

Cette vogue de l'opéra-comique français dans l'Amérique des années 1840-1870 n'est pas freinée, au contraire, par l'accroissement considérable de l'immigration germanique. Les New-Yorkais d'origine allemande passent d'un quart de la population en 1860, alors qu'elle atteint le million, à un tiers vingt ans plus tard, alors qu'elle a presque doublé. En 1846, puis en 1855, 1856 et 1863, ils organisent leurs propres saisons d'opéra à Niblo's Garden (grand théâtre de 3 000 places à l'angle de Broadway et Prince Street) et à l'Academy of Music de la 14e Rue, inaugurée en 1854 ; et en 1864 ils inaugurent eux-mêmes leur théâtre, le New York Stadt Theater, dans le Bowery. Or les Allemands, alors comme toujours, sont friands d'opéra français (cf. 15.3), et notamment d'opéra-comique, qu'ils préfèrent entendre en traduction. On monte donc en allemand à New York un choix d'opéras et d'opéras-comiques : *La Muette de Portici* (en 1854), *La Fille du régiment* et *Le Brasseur de Preston* (en 1855), *Robert le Diable* (en 1856), *Le Maçon* (en 1857), *Jean de Paris* et *Zampa* (1862), *Fra Diavolo* et, pour la première fois en Amérique, *Joseph* de Méhul (en 1863) ; viennent ensuite *La Juive* et *La Dame blanche* (en 1864), *Les Huguenots* et *Guillaume Tell* (en 1866), *Le Postillon de Lonjumeau* (en 1870), pour ne citer que les principaux titres.

L'opérette

Cette forte présence culturelle allemande n'est pas étrangère au triomphe new-yorkais des opéras-bouffes d'Offenbach, tant prisés dès l'origine en Allemagne et en Autriche. Des 23 titres cités par Loewenberg, il est frappant de constater que, si 16 ont été montés d'abord en français, 6 l'ont été d'abord en allemand (dont *Orphée aux enfers*), 14 ont été entendus dans les deux langues, et 2 (*Monsieur et madame Denis* et *Vert-Vert*) semblent n'avoir été représentés qu'en allemand ; à quoi il faut ajouter que 17 sont donnés en version anglaise, et qu'au moins deux (*Barbe-Bleue* et *La Périchole*) le sont en yiddisch. Pour preuve du succès d'Offenbach dans toute l'Amérique – succès que concrétise le fameux voyage du compositeur en 1876, durant lequel il dirige *La Vie parisienne* et *La Jolie Parfumeuse* – on peut signaler que le tout premier opéra monté à Salt Lake City, ville fondée par les Mormons en 1847, est, en 1869, *La Grande-Duchesse de Gérolstein*. *Les Contes d'Hoffmann*, en revanche, ne font qu'une première apparition modeste, en langue française, à New York en 1882.

Offenbach n'est pourtant pas le seul compositeur de ce qu'on n'appelle pas encore l'opérette à connaître la faveur des Américains : plusieurs ouvrages d'Hervé, tous les grands succès de Lecocq, les œuvres d'Audran, Planquette et Varney (né lui-même à La Nouvelle-Orléans, où son père était chef d'orchestre à l'Opéra français), et tous les premiers Messager y ont été de brillantes réussites, en français ou en traduction anglaise ou allemande.

Gounod

Rien n'illustre mieux ce plurilinguisme de l'opéra français en Amérique que la carrière du *Faust* de Gounod : monté d'abord à Philadelphie, en allemand, en novembre 1863, il l'est en italien à New York, une semaine plus tard, à l'Academy of Music, puis, en français, à La Nouvelle-Orléans, en 1866, et en anglais en 1868 à New York, où une troupe de La Nouvelle-Orléans le présente enfin en français en 1881. Lorsque le Metropolitan Opera ouvre ses portes le 22 octobre 1883, c'est avec *Faust*, en italien, avec Christine Nilsson en Marguerite. En 1886-1888, on entend l'œuvre en allemand avec Lilli Lehmann. En 1893 seulement, pour l'ouverture de la saison, elle est représentée en français, avec une distribution incomparable : Emma Eames, les frères de Reszké, et Jean Lassalle en Valentin.

Si *Faust*, à la fin du siècle, s'impose triomphalement au répertoire, au point de valoir au Met le surnom de « Faustspielhaus », les autres œuvres de Gounod connaissent des fortunes diverses. Annoncé mais non représenté à New York en 1864, *Mireille* est donné partiellement en italien à Philadelphie la même année (les deux premiers actes), créé en anglais (*Lover's Pilgrimage*) à Chicago en 1880, puis en italien à la Brooklyn Academy of Music en 1884 et enfin en français à La Nouvelle-Orléans le 29 décembre de la même année, mais disparaît peu à peu de l'affiche. *Philémon et Baucis* est monté au Met en 1893, pour les débuts de Plançon, en tandem avec *Cavalleria rusticana* (pour ceux de Calvé), mais cette création est sans lendemain. En revanche, *Roméo et Juliette*, donné en italien à l'Academy of Music en 1867, en français à La Nouvelle-Orléans en 1868, et de nouveau en anglais au Park Theatre de Brooklyn en 1881, avant d'être adopté par le Met : d'abord en tournée, en italien à Philadelphie en 1884 (avec Marcella Sembrich) et en français à Chicago puis à New York en 1891, avec Eames et les frères de Reszké. Cette distribution légendaire assure définitivement le succès de l'œuvre.

Les dernières décennies du siècle

Il est frappant de constater qu'après 1870, les chefs-d'œuvre canoniques de l'opéra français créés à New York l'ont tous été en traduction italienne. C'est le cas, en 1871, de *Mignon*, que le Met affiche également en italien en 1883 et jusqu'à la fin du siècle, avec des distributions aussi brillantes qu'exotiques. Et c'est le cas d'*Hamlet*, en 1872, et le Met commence par le donner dans cette même langue en 1883, avant de passer au français en 1892 (avec Lassalle dans le rôle-titre). *Manon*, créé à New York en italien en 1885, ne l'est en français qu'en 1894 à La Nouvelle-Orléans et à Chicago et au Met en 1895 pour les débuts de Sibyl Sanderson. Même *Lakmé* est entendu d'abord à New York en anglais en 1886, puis en italien en 1890, avant que le Met mette l'œuvre originale à l'affiche en 1892 (avec sa créatrice américaine de 1883, Marie Van Zandt, et Édouard de Reszké en Nilakantha). C'est en italien que *Les Pêcheurs de perles* fait tardivement ses débuts, à Philadelphie en 1893. Quant à *Carmen*, on le donne aussi en italien en 1878 à New York et à Philadelphie. La Nouvelle-Orléans le crée en français en 1881, tandis qu'on le reprend en anglais à l'Haverly's Fifth Avenue Theatre à New York. Le Met le présente en italien en tournée à Boston et à Saint Louis, puis en allemand pour les débuts de Lilli Lehmann en 1885 et de nouveau avec Minnie Hauk en 1891. Après un épisode trilingue en 1892 (Carmen germanophone de Marie Tavary, Micaëla francophone d'Eames, tout le reste en italien), Calvé, Eames, Jean de Reszké et Lassalle imposent l'œuvre en français en 1893 : jusqu'à la fin du siècle, l'infatigable Calvé sillonnera l'Amérique entière dans le rôle, qu'elle chante par exemple à Seattle en 1899.

L'ouverture du Met, créé par suite de la dissidence de richissimes new-yorkais mécontents de l'Academy of Music, marque une nouvelle étape dans l'opéra en Amérique, qui n'est pas sans conséquences (on vient d'en voir certaines) sur l'opéra français. La Nouvelle-Orléans ne disparaît pas du paysage lyrique, loin de là : on y crée en 1883 *Le Roi de Lahore*, en 1890 *Le Cid* et *Le Roi d'Ys*, en 1891 *Sigurd*, en 1892 *Hérodiade*, en 1893 *Esclarmonde* et *Samson et Dalila* (donné en concert à Carnegie Hall l'année précédente), et en 1900 *Salammbô*, tous ouvrages qui ne sont donnés au Met que plus tard (*Samson* en 1895, *Le Cid* en 1897) ou qui, comme *Hérodiade*, y font antichambre encore aujourd'hui. Partant à la conquête de l'Amérique entière grâce à ses tournées annuelles, aux distributions qui laissent bouche bée – à Saint Louis, en 1896, on peut entendre *Les Huguenots* avec Melba, Nordica, Sofia Scalchi, les frères de Reszké, Maurel et Plançon –, le Met fait découvrir l'opéra à toute une partie de l'Amérique qui le connaissait à peine : ainsi, dans la même ville du Missouri, une troupe française se produit en 1899, créant notamment *La Reine de Saba* de Gounod avec Caroline Fierens et Étienne Gibert. Mais, dans le même temps, le Met impose une certaine image de l'opéra, dominée par le *star system* (cf. 11.3), où les grandes belles voix priment sur l'expression dramatique.

Notes de 15.1

1. D. Cairns, *Hector Berlioz*, vol. 2, *Servitude et grandeur 1832-1869*, Paris : Fayard, 2002, p. 555 ; H. Lacombe, « Baden-Baden vu de Paris, ou Berlioz et ses compatriotes à Bade » ; R. Schmusch, « Das französiche Repertoire in Baden-Baden », in M. Brzoska, H. Hofer et N. Strohmann éd., *Hector Berlioz. Ein Franzose in Deutschland*, Laaber : Laaber Verlag, 2005.
2. Ch. Brainne, *Baigneuses et buveurs d'eau*, Paris : Librairie nouvelle, 1860, p. 89 ; A. Joanne, *Bade et la Forêt-Noire*, Paris : L. Hachette, p. 127.
3. Ch. Lallemand, « Bade », », *L'Illustration de Bade*, 9-11 août 1862, p. 76.
4. F. Schwab, « Saison musicale de 1857 », *L'Illustration de Bade*, 12 juin 1858, p. 23.
5. E. Duplan, « Petite chronique de Bade », *L'Illustration de Bade*, 18 août 1858, p. 90.
6. L. Véron, « Les maisons de jeu de Paris », *Le Pays*, 26 oct. 1853.
7. H. Berlioz, *À travers chants*, Paris : Gründ, 1971, p. 288
8. « Nouvelles diverses », *Mén.*, 2 sept. 1855.
9. Ch. Brainne, *Baigneuses et buveurs d'eau*, p. 112. Voir aussi « Le théâtre des nouveaux salons de Bade », *L'Illustration*, 10 oct. 1857, p. 247-248 ; superbe ill. p. 248-249.
10. Ch. Brainne, *Baigneuses et buveurs d'eau*, p. 93.
11. U. Lange-Brachmann et J. Draheim éd., *Pauline Viardot in Baden-Baden und Karlsruhe*, cat. d'exp., Baden-Baden : Nomos Verlagsgesellschaft, 1999 ; B. Kendall-Davies, *The life and work of Pauline Viardot Garcia*, vol. 1, *The years of fame, 1836-1863*, Amersham : Cambridge Scholars Press, 2004, p. 437-442 ; vol. 2, *The years of grace 1863-1910*, Amersham : Cambridge Scholars Press, 2012, chap. 3 à 8.
12. F. Mornand, « Courrier de Paris », *L'Illustration de Bade*, 11 juil. 1862.
13. G. Bizet à sa mère, 22 janv. 1859, *Lettres : impressions de Rome (1857-1860) ; la Commune (1871)*, Paris : Calmann-Lévy, 1908.
14. H. Lacombe, *Georges Bizet*, Paris : Fayard, 2001, p. 283-288.
15. J.-C. Yon, *Jacques Offenbach*, Paris : Gallimard, 2000, p. 383-385.
16. H. Liebrecht, *Histoire du théâtre français à Bruxelles au XVIIe et au XVIIIe siècle*, Bruxelles : Société des bibliophiles et iconophiles de Belgique, 1923 ; M. Couvreur éd., *Le Théâtre de la Monnaie au XVIIIe siècle*, Bruxelles : Cahiers du GRAM, 1996.
17. C. Vanderpelen-Diagre, *Le Théâtre royal du Parc [...]*, Bruxelles : Éditions de l'université de Bruxelles, 2008.
18. F. Faber, *Histoire du théâtre français en Belgique [...]*, Bruxelles-Paris : Olivier-Tresse, 1878-1880, t. 2, p. 166 *sq.* ; t. 3, p. 60.
19. J. Isnardon, *Le Théâtre de la Monnaie [...]*, Bruxelles : Schott, 1890, p. 157-160.
20. É. Mailly, *Les Origines du Conservatoire royal de musique de Bruxelles*, Bruxelles : Hayez, 1879, p. 31 *sq.*
21. C. Vanderpelen, « La révolution belge et *La Muette de Portici* », in *La Muette de Portici*, *L'Avant-scène opéra*, 265, 2011, p. 79-81.
22. « Pays-Bas », *Le Belge*, 3 nov. 1825, p. 3.
23. « L'Observateur des spectacles de Bruxelles », *Le Courrier des Pays-Bas*, 24 déc. 1824, p. 1.
24. [É. Fétis], « Chronique musicale », *L'Indépendance belge*, 14 oct. 1856, p. 1.
25. A. de Gers, *Théâtre royal de la Monnaie (1856-1926) [...]*, Bruxelles : Dykmans, 1926 ; R. Van der Hoeven, *La Monnaie au XIXe siècle [...]*, Bruxelles : Cahiers du GRAM, 2000.

26. [É. Fétis], « Chronique musicale », *L'Indépendance belge*, 21 nov. 1851, p. 1.
27. L. Halévy, « La Millième Représentation de *Carmen* », *Le Théâtre*, janv. 1905, p. 12.
28. M. Couvreur éd., *La Monnaie wagnérienne*, Bruxelles : Cahiers du GRAM, 1998.
29. M. Couvreur et R. Van der Hoeven éd., *La Monnaie symboliste*, Bruxelles : Cahiers du GRAM, 2003.
30. A. France, « Notre Cœur », *La Vie littéraire*, Paris : Lévy, 1899-1900, t. 4, p. 13.
31. F. L[abarre ?], *La Réforme*, 12 déc. 1891, p. 2.
32. Y. Simon, « *Lohengrin* ». *Un tour de France (1887-1891)*, Rennes : PUR, 2015.
33. C. T[ardieu ?], « Revue musicale », *L'Écho du parlement*, 9 janvier 1884, p. 1.
34. [É. Fétis], « Chronique musicale », *L'Indépendance belge*, 3 mai 1870, p. 1.
35. *Gazette de Charleroi*, 12 janv. 1893, p. 1.
36. F. L[abarre ?], *La Réforme*, 29 déc. 1892, p. 2.

Notes de 15.2

1. L. Zoppelli, « Intorno a Rossini : sondaggi sulla percezione della centralità del compositore », in P. Fabbri éd., *Gioachino Rossini 1792-1992. Il testo e la scena*, Pesaro : Fondazione Rossini, 1994, p. 13-24.
2. A.-L. Blondeau, *Voyage d'un musicien en Italie (1809-1812)*, J.-M. Fauquet éd., Liège : Mardaga, 1993, p. 56, 70.
3. F. Della Seta, « Le librettiste », in L. Bianconi et G. Pestelli éd., *Histoire de l'opéra italien*, Liège : Mardaga, 1992, vol. 4, p. 275-283 ; A. Jacobshagen, *Opera semiseria : Gattungskonvergenz und Kulturtransfer im Musiktheater*, Stuttgart : Franz Steiner, 2005, p. 43-54.
4. M. Cailliez, « 1.2. Le théâtre comique italien », in *La Diffusion du comique en Europe à travers les productions d'opere buffe, d'opéras-comiques et de komische Opern (France – Allemagne – Italie, 1800-1850)*, thèse de doctorat, universités de Paris-Sorbonne, Bonn et Florence, 2014, p. 59-90, en ligne, http://hss.ulb.uni-bonn.de/2016/4527/4527.htm.
5. G. S. Santangelo, C. Vinti, *Le traduzioni italiane del teatro comico francese dei secoli XVII e XVIII*, Rome : Edizioni di Storia e Letteratura, 1981.
6. J.-C. Yon éd., *Le Théâtre français à l'étranger au XIXe siècle [...]*, Paris : Nouveau Monde éditions, 2008. Pour l'Italie, voir *ibid.*, p. 107-200.
7. M. Marica, *L'opéra-comique in Italia : rappresentazioni, traduzioni e derivazioni (1770-1830)*, thèse de doctorat, Rome, Università degli Studi La Sapienza, 1998 ; S. Werr, *Musikalisches Drama und Boulevard. Französische Einflüsse auf die italienische Oper im 19. Jahrhundert*, Stuttgart et Weimar : Metzler, 2002 ; M. Everist, « A Transalpine Comedy. *L'elisir d'amore* and Cultural Transfer », in D. Colas, A. Di Profio éd., *D'une scène à l'autre : l'opéra italien en Europe*, Wavre : Mardaga, 2009, vol. 2, p. 296-298 ; C. Toscani, « Modelli drammaturgici francesi nelle opere di Mayr e Paër », in « *D'amore al dolce impero* ». *Studi sul teatro musicale italiano del primo Ottocento*, Lucques : Libreria Musicale Italiana, 2012, p. 23-39 ; A. Jacobshagen, *Opera semiseria*, p. 71-79.
8. M. Marica, *L'opéra-comique in Italia*, p. 125.
9. D. Pistone, *L'Opéra italien au XIXe siècle, de Rossini à Puccini*, Paris : Librairie Honoré Champion, 1986, p. 22 ; M. Jeuland-Meynaud, « L'Europe, pour quoi

faire ? dans les opéras de Verdi », in I. Mamczarz éd., *Les Innovations théâtrales et musicales italiennes en Europe aux XVIIIe et XIXe siècles*, Paris : PUF, 1991, p. 191-206.
10. N. Mangini, « Sui rapporti del teatro italiano col teatro francese nella prima metà dell'Ottocento », in I. Mamczarz éd., *Les Innovations théâtrales et musicales italiennes*, p. 221-236.
11. M. Marica, *L'opéra-comique in Italia*, p. 21-49 ; M. Marica, « Le rappresentazioni di *opéras-comiques* in Italia (1750-1820) », in M. Pospíšil, A. Jacobshagen, F. Claudon et M. Ottlová éd., *Le Rayonnement de l'opéra-comique en Europe au XIXe siècle*, Prague : KLP, 2003, p. 299-360.
12. F. Bascialli, *Opera comica e opéra-comique al Teatro Arciducale di Monza, 1778-1795*, Lucques : Libreria musicale italiana, 2002 ; E. Sala, « Réécritures italiennes de l'opéra-comique français : le cas du *Renaud d'Ast* », in H. Schneider, N. Wild éd., *Die Opéra comique und ihr Einfluß auf das europäische Musiktheater im 19. Jahrhundert*, Hildesheim : G. Olms, 1997, p. 363-383.
13. A. Jacobshagen, « Musik am französischen Theater in Neapel (1807-1814) », in M. Engelhardt éd., *Analecta Musicologica*, 37, Laaber : Laaber Verlag, 2005, p. 263-296 ; A. Jacobshagen, *Opera semiseria*, p. 79-84 ; V. De Gregorio Cirillo, « *I Comédiens français ordinaires du Roi* » : *gli spettacoli francesi al Teatro del Fondo nel periodo napoleonico*, Naples : Liguori Editore, 2007.
14. S. Werr, « Italien und die Opéra comique um die Mitte des 19. Jahrhunderts », in M. Pospíšil, A. Jacobshagen, F. Claudon et M. Ottlová éd., *Le Rayonnement de l'opéra-comique...*, p. 361-375.
15. M. Cailliez, *La Diffusion du comique en Europe*, p. 249-285.
16. A.-L. Blondeau, *Voyage d'un musicien en Italie*, p. 52 ; A. Pougin, *Herold. Biographie critique*, Paris : Henri Laurens, 1906, p. 24-25 ; Stendhal, *L'Âme et la Musique : Vie de Haydn, de Mozart et de Métastase. Vie de Rossini. Notes d'un dilettante*, S. Esquier éd., Paris : Stock, 1999, p. 242.
17. H. Lacombe, « La réception de l'œuvre dramatique de Bizet en Italie. Un exemple des rapports culturels France-Italie entre 1879 et 1890 », *Mélanges de l'École française de Rome* (MEFRIM), 1996/1, p. 171-201.
18. *Gazzetta musicale di Milano*, 20 nov. 1842, p. 202 ; 30 avr. 1843, p. 76 ; 26 mai 1844, p. 83-84.
19. F. Nicolodi, « Les grands opéras de Meyerbeer en Italie (1840-1890) », in H. Lacombe éd., *L'Opéra en France et en Italie (1791-1925) [...]*, Paris : Sfm, 2000, p. 87-115.
20. S. Werr, *Musikalisches Drama und Boulevard*, p. 91-93.
21. M. Cailliez, *La Diffusion du comique en Europe*, p. 281.
22. H. Lacombe, « La diffusion de l'opéra français à l'étranger [...] », in J.-C. Yon éd., *Le théâtre français à l'étranger au XIXe siècle...*, p. 143-161.
23. A. Loewenberg, *Annals of opera 1597-1940*, Genève : Societas Bibliographica, 1955, vol. 1, p. 934, 950, 970, 981, 989.
24. E. Oliva, *L'operetta parigina a Milano, Firenze e Napoli (1860-1890) : esordi, sistema produttivo e ricezione*, thèse de doctorat, Florence, Università degli Stradi di Firenze, 2019.
25. H. Lacombe, « La diffusion de l'opéra français à l'étranger », p. 146-151.
26. M. Rinaldi, *Due secoli di musica al Teatro Argentina*, Florence : Leo S. Olschki, 1978, vol. 3, p. 1500-1506.
27. M. Cailliez, *La Diffusion du comique en Europe*, p. 699-745.

Notes de 15.3

1. N. Miller, *Die ungeheure Gewalt der Musik. Goethe und seine Komponisten*, Munich : Carl Hanser, 2009 ; J. P. Eckermann, *Gespräche mit Goethe in den letzten Jahren seines Lebens*, Wiesbaden : Insel-Verlag, 1955, p. 119.
2. M. Cailliez, « 1.3. Le théâtre comique allemand », in *La Diffusion du comique en Europe à travers les productions d'opere buffe, d'opéras-comiques et de komische Opern (France-Allemagne-Italie, 1800-1850)*, thèse de doctorat, universités de Paris-Sorbonne, Bonn et Florence, 2014, p. 91-139, en ligne, http://hss.ulb.uni-bonn.de/2016/4527/4527.htm.
3. S. Henze-Döhring et S. Döhring, *Giacomo Meyerbeer [...]*, Munich : C. H. Beck, 2014, p. 154-170 ; J.-C. Yon, *Jacques Offenbach*.
4. N. Bachleitner, « „Übersetzungsfabriken". Das deutsche Übersetzungswesen in der ersten Hälfte des 19. Jahrhunderts », *Internationales Archiv für Sozialgeschichte der deutschen Literatur*, 14/1, 1989, p. 1-49.
5. B. Kortländer, « Traduire : "la plus noble des activités" ou "la plus abjecte des pratiques". Sur l'histoire des traductions du français en allemand dans la première moitié du XIXe siècle », in M. Espagne et M. Werner éd., *Philologiques. Tome III : qu'est-ce qu'une littérature nationale ? Approches pour une théorie interculturelle du champ littéraire*, Paris : Éditions de la Maison des sciences de l'homme, 1994, p. 121-145.
6. C. Schäffer et C. Hartmann, *Die Königliche Theater in Berlin [...] vom 5. December 1786 bis 31. December 1885*, Berlin : Berliner Verlags-Comtoir, 1886.
7. P. Baron, « Les représentations des pièces françaises au Volkstheater et au Burgtheater de Vienne vers 1900 », in J.-C. Yon éd., *Le Théâtre français à l'étranger au XIXe siècle [...]*, Paris : Nouveau Monde éditions, 2008, p. 381-395 ; A. Gier, « Le répertoire français au répertoire du Hofburgtheater viennois et dans *Reclams Universal-Bibliothek*, de 1850 à 1900 », in *ibid.*, p. 396-410.
8. A. von Kotzebue, *Erinnerungen aus Paris im Jahre 1804*, Carlsruhe, 1804, vol. 2, p. 183.
9. I. F. Castelli, *Memoiren meines Lebens* [1re éd. 1861], Munich : Winkler, 1969, p. 285.
10. B. Zegowitz, *Der Dichter und der Komponist. Studien zu Voraussetzungen und Realisationsformen der Librettoproduktion im deutschen Opernbetrieb der ersten Hälfte des 19. Jahrhunderts*, Wurtzbourg : Königshausen & Neumann, 2012.
11. R. Didion, « Le rappresentazioni di opere rossiniane a Francoforte nell'Ottocento : repertorio e materiali d'esecuzione », in P. Fabbri éd., *Gioachino Rossini. 1792-1992. Il Testo e la Scena*, Pesaro : Fondazione Rossini, 1994, p. 325-332.
12. R. Meyer, « Das französische Theater in Deutschland », in G. Sauder et J. Schlobach éd., *Aufklärungen*, vol. 1 : *Frankreich und Deutschland im 18. Jahrhundert*, Heidelberg : Universitätsverlag Winter, 1985, p. 145-166 ; B. A. Brown, « La diffusion et l'influence de l'opéra-comique en Europe au XVIIIe siècle », in Ph. Vendrix éd., *L'Opéra-comique en France au XVIIIe siècle*, Liège : Mardaga, 1992, p. 283-309.
13. H. Schneider, « Die deutschen Übersetzungen französischer Opern zwischen 1780 und 1820 : Verlauf und Probleme eines Transfer-Zyklus », in H.-J. Lüsebrink et R. Reichardt éd., *Kulturtransfer im Epochenumbruch, Frankreich-Deutschland 1770-1815*, Leipzig : Leipziger Universitätsverlag, 1997, p. 593-676.

14. M. Cailliez, « 2.3. La diffusion de l'opéra-comique en Allemagne », in *La Diffusion du comique en Europe*, p. 211-247.
15. A. Adam, *Souvenirs d'un musicien*, Paris : Michel Lévy Frères, 1857, p. 52-53.
16. H. Schneider, « Assimiler les emprunts. La germanisation d'opéras français en Allemagne au cours du XIXe siècle », in B. Banoun et J.-F. Candoni éd., *Le Monde germanique et l'opéra. Le livret en question*, Paris : Klincksieck, 2005, p. 317-362.
17. Tels que Louis Angely, Carl Blum, Ignaz Franz Castelli, Friederike Ellmenreich, Friedrich Melchior Gredy, Johann Christoph Grünbaum, Joseph Kupelwieser, Karl August von Lichtenstein, Karl August Ritter et Ignaz von Seyfried. M. Cailliez, *La Diffusion du comique en Europe*, p. 655-665.
18. J. Veit, « Das französische Repertoire der Schauspielgesellschaft August Pichlers zwischen 1825 und 1847 », in H. Schneider et N. Wild éd., *Die Opéra comique und ihr Einfluss auf das europäische Musiktheater im 19. Jahrhundert*, Hildesheim : G. Olms, 1997, p. 323-346.
19. A. Jacobshagen, « Konversationsoper und Opéra comique im europäischen Kontext », in I. Capelle éd., *Albert Lortzing und die Konservationsoper in der ersten Hälfte des 19. Jahrhunderts*, Munich : Allitera Verlag, 2004, p. 229-258 ; S. Goslich, *Die deutsche romantische Oper*, Tutzing : Hans Schneider, 1975, p. 121-126.
20. M. Cailliez, *La Diffusion du comique en Europe*, p. 683-690 ; S. Teulon-Lardic, « Adolphe Adam entrepreneur : allers et retours Paris-Berlin autour des *Hamadryaden* (1840) », in A. Dratwicki et A. Terrier éd., *Art lyrique et transferts culturels 1800-1850*, colloque de l'Opéra-Comique, avr. 2011, en ligne sur http://www.bruzanemediabase.com, consulté le 6 mars 2019.
21. M. Jahrmärker, « Die französische Oper im 19. Jahrhundert in München », in M. Pospíšil, A. Jacobshagen, F. Claudon et M. Ottlová éd., *Le Rayonnement de l'opéra-comique en Europe au XIXe siècle*, Prague : KLP, 2003, p. 165-199.
22. H. Schneider, *Chronologisch-thematisches Verzeichnis sämtlicher Werke von Daniel François Esprit Auber*, 2 vol., Hildelsheim : G. Olms, 1994.
23. M. Cailliez, « Gli *opéras-comiques* di Scribe et Auber, simboli dello "spirito francese" : la fortuna di un pregiudizio nell'Europa dell'Ottocento », in M. Landi éd., *La Double Séance. La musica sur la scène théâtrale et littéraire*, Florence : Firenze University Press, 2017, p. 171-190, en ligne, http://www.fupress.com/archivio/pdf/3554_13902.pdf, consulté le 6 mars 2019.
24. A. Bauer, *Opern und Operetten in Wien. Verzeichnis ihrer Erstaufführungen in der Zeit von 1629 bis zur Gegenwart*, Graz et Cologne : Hermann Böhlaus Nachf., 1955 ; C. Martin, « Schuberts Einlagenummern für Herolds *La clochette*. Zur Rezeption der Opéra comique in Wien », in M. Biget-Mainfroy et R. Schmusch éd., *« L'esprit français » und die Musik Europas [...]*, Hildesheim : G. Olms, 2007, p. 486-496.
25. F. Hadamowsky, *Die Wiener Hoftheater (Staatstheater) [...]*, vol. 2, *Die Wiener Hofoper (Staatsoper) : 1811-1974*, Vienne : Brüder Hollinek, 1975.
26. R. Didion, « Le rappresentazioni di opere rossiniane », p. 325.
27. A. Jacobshagen, « Die Inszenierung der Opéra comique im 19. Jahrhundert : Aubers *Fra Diavolo* in den Pariser Livrets de mise en scène », in M. Pospíšil, A. Jacobshagen, F. Claudon et M. Ottlová éd., *Le Rayonnement de l'opéra-comique en Europe au XIXe siècle*, p. 134.
28. A. Loewenberg, *Annals of opera 1597-1940*, Genève : Societas Bibliographica, 1955, vol. 1.

29. M. Pospišil, « Gustave-Hippolyte Roger à Prague en 1866 et en 1868 », *Rdm*, 101/2, 2015, p. 307-344.
30. G. Roger, *Le Carnet d'un ténor*, Paris : Paul Ollendorff, 1880.

Notes de 15.4

1. E. Casares, *La ópera en España [...]*, vol. 1, Madrid : ICCMU, 2018, p. 182.
2. J. M. Sala-Valladaura, *El teatro en Barcelona [...]*, Barcelona : editorial Milenio, 2000, p. 60.
3. F. Cortès, « L'adattamento di libretti italiani alle opere spagnole della prima metà dell'Ottocento [...] », *Rivista Italiana di Musicologia*, 43, 2010, p. 247-298.
4. Pinto, « Teatro », in *Nosotros, periódico satírico, político y literario*, 7 janv. 1839, p. 2.
5. R. Sobrino, « La formalització d'un model de concerts simfònics : Jesús de Monasterio i la Societat de Concerts de Barcelona », in F. Bonastre et M.D. Millet éd., *Catàleg del fons Ricart i Matas. I. Programes de Concerts públics de Barcelona. 1797-1900*, Barcelona : RACBASJ, 2007.
6. Ch. Fuhrmann, *Foreign Opera at the London Playhouses from Mozart to Bellini*, Cambridge : CUP, 2015, p. 146.
7. A. Loewenberg, *Annals of Opera 1597-1940*, London : John Calder, 1978, p. 1044.
8. *Daily News*, 25 mai 1854, p. 4 ; *The Morning Post*, 25 mai 1854, p. 1 ; *The Times*, 11 juil. 1854, p. 12.
9. *The Morning Post*, 17 mai 1875, p. 6 ; *The Standard*, 17 mai 1875, p. 3.
10. P. Degott, « L'opéra en version traduite : L'exception de la Grande-Bretagne », *Rdm*, 85/2, 1999, p. 333-350.
11. S. Hibberd, « Grand opera in Britain and the Americas », in D. Charlton éd., *The Cambridge Companion to Grand Opera*, Cambridge : CUP, p. 406-407.
12. Sur *Hofer, The Tell of the Tyrol*, voir C. Fuhrmann, *Foreign Opera...*, p. 134-140.
13. Sur *Gustavus the Third*, voir C. Fuhrmann, *Foreign Opera* p. 183-192 ; S. Hibberd, « Grand opera in Britain and the Americas », p. 408.
14. G. Dideriksen, « Mener Paris à Londres. L'utilisation du répertoire français par le Royal Italian Opera dans sa lutte pour la survie artistique », in H. Lacombe éd., *L'Opéra, à la croisée de l'histoire et de la musicologie, Histoire, économie et société*, 22/2, 2003, p. 221 ; C. Fuhrnamm, *Foreign Opera at the London Playhouses*, p. 183.
15. Sur Gye, voir G. Dideriksen, « Mener Paris à Londres » ; G. Dideriksen et M. Ringel, « Frederick Gye and "The Dreadful Business of Opera Management' », in S. Huebner éd., *National Traditions in Nineteenth-Century Opera, Volume I : Italy, France, England and the Americas*, [1re éd. 2010], Abingdon : Routledge, 2016, p. 135-162.
16. D. Cairns, *Hector Berlioz*, vol. 2, *Servitude et grandeur...*, p. 547-553.
17. *The Standard*, 27 avr. 1860, p. 1.
18. *The Examiner*, 13 juin 1863, p. 376.
19. G. Dideriksen et M. Ringel, « Frederick Gye and "The Dreadful Business of Opera Management" », p. 153.
20. J.-C. Yon, *Jacques Offenbach*, Paris : Gallimard, 2000, p. 192.
21. A. Lamb, *Offenbach in London, Chronologie der Aufführungen seit 1857*, in R. Franke éd., *Offenbach und die Schauplätze seines Musiktheaters*, Laaber : Laaber Verlag, 1999, p. 195-202.

22. A. Lamb, « How Offenbach Conquered London », *Opera*, 20, 1969, p. 932-928.
23. A. Lamb, « Gilbert and Sullivan and the Gaiety », *The Musical Times*, 112/1546, 1971, p. 1163.
24. P. Rodmell, *Opera in the British Isles, 1875-1918*, Farnham : Ashgate, 2013, p. 40.

Notes de 15.5

1. A. Lischke, « Russie », in J.-M. Fauquet. *Dict.*, p. 176.
2. Û. Keldyš, E. Levašëv et O. Levaëva éd., *Istoriâ russkoj muzyki* [*Histoire de la musique russe*], vol. 4, Moscou : Muzyka, 1986, p. 364-391 (chronologie des représentations).
3. A. Lischke, *Histoire de la musique russe, des origines à la Révolution*, Paris : Fayard, 2006, p. 269.
4. Û. Keldyš, E. Levašëv et O. Levaëva éd., *Istoriâ russkoj muzyki* [*Histoire de la musique russe*], vol. 5, p. 466-482 ; V. Zarubin, *Bol'šoj teatr : Pervye postanovki oper na russkoj scene 1825-1993* [Le théâtre Bolchoï : les premières représentations sur la scène russe], Moscou : Èllis Lak, 1994.
5. W. Zidarič, « Traduction/Adaptation des livrets d'opéra ; le rôle de la censure en Russie au XIXe et XXe siècles », in *La Traduction des livrets [...]*, Paris : PUPS, 2004, p. 495-504.
6. *Ibid*, p. 497.
7. *Ibid*, p. 496
8. S. Lešenko, « *Fenella* na scenah imperatorskih teatrov » [*Fenella* sur la scène des théâtres impériaux], in *Iskusstvo muzyki. Teoriâ i istoriâ*, 8, 2013.
9. M. Raku, « Reception of G. Rossini's Opera *Guglielmo Tell* in Russian and Soviet Musical Culture », *Advances in Social Science, Education and Humanities Research*, 284, 2018.
10. A. Wolf, *Hronika Peterburgskih teatrov s konca 1855 do načala 1881 goda* [Chronique des théâtres pétersbourgeois de la fin 1855 au début 1881], vol. 3, 1884, Saint-Pétersbourg : R. Golike, 1884, p. 147.
11. M. Raku, « *Robert-d'âvol* i ego priklûčeniâ v Rossii » [*Robert le Diable* et ses aventures en Russie], *Opernye študii*. Saint-Pétersbourg : Izdatel'stvo N.I. Novikova, 2019, p. 64-164.
12. M. Raku, « Prišestvie *Roberta-D'âvola* : opera Džakomo Mejerbera na stranicah russkoj literatury » [L'avènement de *Robert le Diable* : l'opéra de Meyerbeer dans la littérature russe], in *Novoe literaturnoe obozrenie*, 148, 2017.
13. E. Novoselova, « Russkoe èho *Proroka* : k probleme literaturnoj recepcii opery Dž. Mejerbera » [Écho russe du *Prophète* : la réception de l'opéra de G. Meyerbeer dans la littérature russe], in *Kul'tura i iskusstvo*, 1, 2018.
14. A. Gozenpund, *Kratkij opernyj slovar'* [Dictionnaire abrégé de l'opéra], Kiev : Muzyčna Ukraïna, 1989, p. 34.
15. Û. Keldyš, E. Levašëv et O. Levaëva éd., *Istoriâ russkoj muzyki* [*Histoire de la musique russe*], vol. 6, p. 254.
16. A. Vinogradova, « *Roždenie russkoj Karmen* » [La naissance de la *Carmen* russe], *Iskusstvo muzyki : teoriâ i istoriâ*, 4, 2012.
17. A. Vinogradova, « Prem'era na russkoj scene *Manon* Massne » [La première de *Manon* de Massenet sur la scène russe], in *Ibid*.

18. A. Issiyeva, « Dialogues of Cultures. French Musical Orientalism in Russia, "Artistic Truth", and Russian Musical Identity », *Revue musicale OICRM*, 3/1.
19. A. Syreishchikova-Horn, « La postérité de Berlioz en Russie et en Union soviétique », in *Berlioz 1869-2019 : 150 ans de passions*, Paris : Aedam Musicae, p. 123-138.
20. L. McReynolds, *Russia at Play : Leisure Activities at the End of the Tsarist Era*, Ithaca : Cornell University Press, 2003.
21. P. Melani, *L'Opéra privé de Moscou [...]*, Paris : Institut d'études slaves, 2012.
22. A. Aumont et E. Collin, *Det danske nationalteater 1748-1889*, København : J. Jørgensen & Co., vol. 2, 1898, p. 1-55.
23. Ø. Anker, *Christiania theaters repertoare 1827-99*, Oslo : Gyldendal Norsk Forlag, 1956.
24. M. Tegen et I. Lewenhaupt, « Teatrarna och deras musik », in L. Jonsson & M. Tegen éd., *Musiken i Sverige*, vol. 3, Stockholm : Fischer & Co., 1992, p. 131-132 ; F. A. Dahlgren, *Förteckning öfver svenska skådespel uppförda på Stockholms theatrar 1737-1863*, Stockholm : P. A. Nordstedt & Söner, 1866.
25. M. Tegen et I. Lewenhaupt, « Teatrarna och deras musik », p. 135, 144 ; F. A. Dahlgren, *Förteckning*....
26. M. Tegen et I. Lewenhaupt, « Teatrarna och deras musik », p. 144, 150 ; F. A. Dahlgren, *Förteckning*..., p. 204 ; A. Aumont et E. Collin, *Det danske nationalteater*..., p. 31 ; L. Aroheimo-Marvia *et al.*, *Suomen musiikin historia : esittävä säveltaide*, Helsinki ; WSOY, 2002, p. 351-352.
27. M. Tegen et I. Lewenhaupt, « Teatrarna och deras musik », p. 151.

Notes de 15.6

1. Cet article repose principalement sur les ouvrages suivants : W. G.B. Carson, *St Louis Goes to the Opera, 1837-1941*, [St Louis] ; The Missouri Historical Society, 1946 ; R. H. Cowden, éd., *Opera Companies of the World*, New York : Greenwood Press, 1992 ; J. Dizikes, *Opera in America : A Cultural History*, New Haven et Londres : Yale University Press, 1993 ; E.K. Kirk, « United States of America », *The New Grove Dictionary of Opera*, New York : Grove's Dictionaries of Music, 1992, vol. 3, p. 867-873 ; A. Loewenberg, *Annals of Opera, 1597-1940*, Totowa (New Jersey) : Rowman and Littlefield, 1978 ; J. Mattfeld, *A Hundred Years of Grand Opera in New York, 1825-1925 : A Record of Performances*, New York : The New York Public Library, 1927 ; MetOpera Database, Metropolitan Opera Archives (http://69.18.170.204/archives/frame.htm) ; O.G. Sonneck, *Early Opera in America*, New York : B. Blom, 1963.

TROISIÈME PARTIE

Imaginaire et réception

Chapitre 16
Thématiques constitutives

16.1 D'AMOUR L'ARDENTE FLAMME
Christine Rodriguez

L'amour et la musique se nourrissent l'un de l'autre, relevant tous deux de l'ineffable, un terme poétique désignant leur part commune de mystère, leur proximité avec l'indicible. De fait, le thème amoureux, aux origines du théâtre lyrique, est une constante de l'opéra français du XIXe siècle, subsumant les changements de régime, les genres et les styles. Il est en outre structurel car il n'est guère d'opéras où ne figure une intrigue amoureuse – *Joseph en Égypte* (O, 1807) de Méhul fait figure d'hapax. Et s'il est tiré d'un récit où l'amour est secondaire, le livret valorise systématiquement l'argument (*Ossian* de Le Sueur, O, 1804) – car vaste est la palette de la véhémence, faite de sentiments dysphoriques (peur, chagrin) et euphoriques (émerveillement, bonheur). Pour autant, dire l'amour, le chanter ou le confier à l'orchestre n'est pas tout à fait la même chose, ce que montre au fil du temps l'évolution lyrique d'un XIXe siècle de plus en plus « amoureux ».

La dramaturgie de l'amour

Pierre angulaire d'une dramaturgie héritée du théâtre classique et enrichie du mélodrame, le thème amoureux place ses constantes fictionnelles dans les trois phases du drame – exposition, péripéties et dénouement – qui ont codifié un schéma narratif stable. Il est toujours parlé d'amour dès les premières répliques ou scènes du livret, comme pour tirer au plus vite le fil rouge des sentiments, qui concerne invariablement des êtres jeunes, aux registres vocaux fixés en fonction d'un éthos. Le XIXe siècle rompant avec la confusion baroque entre voix et genre, c'est donc un ténor (haute-contre jusque vers 1830) qui aime une soprano – plus ou moins légère selon le genre –, leurs affects étant, jusqu'à l'invention du drame lyrique, formalisés en numéros – airs et ensembles.

Si l'énamoration tient souvent aux qualités naturelles du personnage (beauté, talent ou moralité), ces dernières ne sont jamais développées. Le même floutage est de rigueur dans le motif particulier du sauvetage, issu de la Révolution et fécondant les intrigues tout un siècle. Sauver et être sauvé suscite aussitôt gratitude et élection mutuelle : « Depuis l'instant où, dans mes bras, Je vous reçus toute tremblante, Votre image [...] s'attache à mes pas » (Donizetti, *La Fille du régiment*, OC, 1840). Les femmes sont ainsi sauvées de nombreux périls, toujours avant l'ouverture quand il s'agit de la rencontre, et dans des circonstances vagues : l'attaque d'une bête sauvage, une chute dans un précipice, un enlèvement, et assez fréquemment un viol plus ou moins explicite. L'agresseur peut être un seigneur libertin, des soldats, des brigands, des étudiants débauchés, un oppresseur ou un tyran (induisant un mariage forcé). Le hasard qui préside au sauvetage comme l'imprécision des qualités des héros dessinent un mythe de la rencontre « romanesque » à l'opéra, une inclination naturelle et libre qui échappe au contrôle. Mais qui s'inscrit presque toujours dans un projet de mariage, topos majeur révélant, outre le statut de la jeune fille, un désir d'accord entre le couple et la société. Annoncé tout aussi vite et généralement imminent, l'« hymen » est aussitôt contrarié (nœud de l'action) par des autorités qui posent des interdits et ordonnent un autre choix : la famille (le plus souvent un père, parfois un frère, rarement une mère) évoque le rang, la richesse, la respectabilité. L'État ou la loi (politique, religieuse ou d'un clan) arguent de l'appartenance à son camp, de l'honneur ou d'une règle. La société accueille donc mal le choix personnel et veut contrôler la logique des alliances, une toute-puissance culturelle combattant le sentiment naturel.

Mettant le couple à l'épreuve de la socialité, l'amour est un sujet idéal de conflits, qui s'articule aisément à d'autres thématiques, dédouble les plans individuel et collectif, et polarise auxiliaires et opposants (où se démarquent barytons et mezzo-sopranos). Échappant à la logique du clan, il est aussi le vecteur d'une affirmation de soi, poussant le personnage à s'élever contre le choix adverse, soit en le contournant malicieusement (genre comique), soit en transgressant gravement l'interdit posé par le père, la communauté ou les intérêts d'État (genres sérieux ou mixtes). Pour l'amour tout est possible : pénétrer dans un lieu interdit, se rebeller contre un chef politique, fuir la maison paternelle, enfreindre la loi ou un serment, tuer un rival. Le personnage jaloux, souvent issu du clan des autorités, est auteur d'agressions engendrant d'autres sauvetages. Car l'héroïne peut sauver son sauveur en retour : « Sur ces bords inconnus, son active tendresse Sauva deux fois mes jours » déclare Fernand sauvant lui-même deux fois Amazilly (Spontini, *Fernand Cortez*, O, 1809). Ces péripéties des actes médians, aux nombreuses combinaisons (avec un risque accru d'invraisemblance), visent à créer des situations dramatiques types dans lesquelles interviennent les affects. Sujet de quiproquos propice aux tensions, le secret est récurrent, dont la clé de voûte est le topos de l'identité (ou naissance) cachée (d'où les nombreux travestissements) et son corollaire, la reconnaissance (motifs très anciens et avatars du mélodrame – cf. 16.5). Comme si, l'interdit étant posé, une opacité mystérieuse le justifiait, liée à des événements passés ou honteux, déclenchant une dynamique qui doit lever l'obstacle au mariage ou au contraire le fixer à jamais. Dans l'opéra-comique traditionnel, « théâtre des familles (et) des entrevues de mariage[1] », le dénouement d'une intrigue amoureuse ne peut être qu'un mariage heureux (souvent double mariage), la poétique se faisant le miroir flatteur de la sociologie. En terminant *Manon Lescaut* (OC, 1856) par la mort de l'héroïne, conformément à l'œuvre de Prévost, Auber a dû revoir son final. En 1864, quand les institutions s'ouvrent au mélange des genres et des registres (cf. 1.2, 3.1), Gounod doit encore corriger *Mireille* pour s'assurer le succès avec un mariage. Évoluant vers le drame, l'opéra-comique donnera ensuite de grandes fins pathétiques (Bizet, Massenet) (cf. 21.5) sur le modèle de l'opéra « romantique » où l'amour cause inéluctablement la mort et de façon spectaculaire (Donizetti, Meyerbeer, Halévy) (cf. 16.2). Vers la fin du siècle, l'issue est plus ambivalente, à la fois positive et comprenant une perte ou un renoncement (Bruneau, Charpentier).

Une éternelle répétition

L'opéra va mettre massivement en scène ce schéma d'alliance contrariée avec péripéties obligées (révélant le rôle considérable du librettiste Scribe dans la première partie du siècle). D'abord dans l'opéra-comique sous le Consulat et l'Empire : Isauun veut épouser le soir même Zétulbé (mariage sans délai) délivrée des brigands (sauvetage) mais, déguisé pour faire sa cour (identité cachée), le calife doit persuader la mère (autorité opposante) et se fait alors reconnaître (*Le Calife de Bagdad*, Favart, 1800). Boieldieu réitère la séquence dans *Le Nouveau Seigneur de village* (OC, 1813). Les succès d'Auber sous la Restauration ou la monarchie de Juillet ont la même trame. Philippe ne peut plus épouser Sanchette (mariage contrarié) car sa sœur a eu un enfant né d'un viol dont elle ignore l'auteur (secret honteux, naissance cachée). Après quiproquos et enquête, la vérité éclate et le seigneur répare son crime : les deux mariages sont célébrés (*Léocadie*, OC, 1824). L'immense succès de *Haydée ou le secret* (OC, 1847) raconte les tribulations d'une mystérieuse prisonnière que son sauveur s'interdit d'épouser à cause d'un secret honteux. Le génie politique et amoureux de Haydée (qui se révèle reine) perce tous les mystères ; elle sauve son sauveur et deux mariages ont lieu. *Le Pré aux clercs* (OC, 1832) d'Herold place le thème chez les rois dans un conflit religieux ; jalousie et transgression font aboutir l'union. La tragédie lyrique et le grand opéra ne renouvellent pas la combinatoire narrative : Azéma va épouser Arzace (sauvetage et alliance) mais la reine Sémiramis le choisit comme époux (alliance contraire). Or ce dernier apprend qu'il est son fils et qu'elle a fait tuer son père (secret honteux). Voulant venger le crime, il tue sa mère par erreur (transgression) (Catel, *Sémiramis*, O, 1802). L'opéra accueille ainsi tous ses sujets politiques, historiques ou religieux. *Le Siège de Corinthe* (O, 1826) de Rossini raconte un amour doublement transgressif (dans le camp ennemi), un travestissement et le ralliement final de l'héroïne à son père et à sa patrie. Dans *Les Huguenots* (O, 1836) de Meyerbeer, Raoul est amoureux de Valentine qu'il a sauvée d'un viol. Leurs religions les opposent mais après quiproquos et transgressions, ils se marient avant d'être tués. Mêmes éléments pour *La Favorite* de Donizetti (O, 1840) et jusqu'au *Don Carlos* (O, 1867) de Verdi.

Dans la seconde moitié du siècle, quand les compositeurs vont revoir en profondeur la dramaturgie lyrique, le thème amoureux est alors au cœur de leur réforme mais ils conservent cette structure dont la pérennité a la force d'un mythe. Double sauvetage et identité cachée, jalousie et reconnaissance font l'action des *Pêcheurs de perles* (TL, 1863) de Bizet ou de *Mignon* (OC, 1866) d'A. Thomas, avec une fin heureuse sauf pour le public allemand fidèle au roman de Goethe. Gounod réserve un traitement particulier au thème du mariage. S'il revient aux fondamentaux avec *Mireille* (TL, 1864), pour *Sapho* (O, 1851), au contraire, qui est une parabole des deux amours, charnel et spirituel, point trace d'esprit bourgeois. En revanche, il hypertrophie le thème dans *Roméo et Juliette* (TL, 1867). Identité masquée, reconnaissance et secrets défient les autorités ; puis Juliette, jalouse de son honneur, propose elle-même à Roméo de l'épouser et, fait original, le mariage a lieu sur scène deux fois : secrètement d'abord (avec bagues et formules rituelles), officiellement ensuite comme simulacre. Sous la IIIe République, que ce soit pour des rois, des villageois ou des bohèmes, à Paris, en Inde ou dans un lieu légendaire, les livrets restent fidèles à ces buts et obstacles. En 1888 dans *Le Roi d'Ys* (OC) de Lalo, on trouve toujours un « heureux hymen » devant assurer la paix des peuples (double alliance) ; mais une sœur jalouse pousse un rival à ouvrir les écluses de la ville (transgression, trahison) avant de se jeter dans les flots ; un saint bienfaisant sauve le peuple. Massenet use strictement de tous ces ingrédients dans *Le Roi de Lahore* (O, 1877), et à la fin du siècle son Werther (Vienne, 1892 ; OC, 1893) se suicide à cause d'une union impossible (« Un autre son époux ! » fin de l'acte I). En plein naturalisme, le drame lyrique d'Alfred Bruneau, *L'Attaque du moulin* (OC, 1893), s'ouvre encore aux premiers mots par un projet de mariage ; un ennemi ordonne de fusiller le fiancé qui, par amour, a transgressé une règle militaire. Les fiancés sont sauvés par le sacrifice paternel. Enfin, à l'aube du XXe siècle, la première réplique de *Louise* (OC, 1900) de Charpentier annonce l'union de deux jeunes gens, contrariée par des parents tyranniques qui enferment leur fille ; Louise s'enfuit (transgression), libérée par son jeune amant.

Le lyrisme amoureux. Passion de la morale

Cette dramaturgie de l'amour a une fonction : inspirer la musique et la scène pour exprimer les passions. Pourtant, sous l'influence des idées humanistes de la Révolution, c'est plutôt la passion de la morale qui domine le premier tiers du siècle. L'amour a beau être posé en priorité comme une cheville dramatique indispensable, en réalité il sert de prétexte à l'édification vertueuse et donne vite le relais à des problématiques de société. *Les Deux Journées ou le Porteur d'eau* (Feydeau, 1800) de Cherubini ouvre le siècle sur l'entraide d'un magistrat et d'un porteur d'eau symbolisant l'union de l'aristocratie et du peuple. Peu de place pour l'amour dans cet opéra où cœur et bonheur riment avec bienfaiteur : un air de l'épouse (acte I) sur son abnégation (le librettiste Bouilly inspirera Beethoven pour *Fidelio*) et une déclaration du mari célébrant « l'hymen [...], la bienfaisance [...] et la fidélité », avant la conclusion du chœur : « le premier charme de la vie c'est de servir l'humanité ». Dans *Le Calife de Bagdad* (Favart, 1800), aucun air ni duo d'amour mais une bienfaisance de mélodrame où les mots de l'émotion, « rêve », « étourdie », étourdissent aussi le spectateur dans une honnête plaisanterie. Dans l'axiologie de l'opéra-comique de cette époque, l'amour est à la fois un stéréotype émotionnel et lexical (regard, soupirs, cœur, trouble) et un levier vertueux : il motive le héros pour restaurer un ordre moral là où il y avait injustice, méfaits et abus de pouvoir. Dans *Cendrillon* (OC, 1810) de Nicolò on s'interroge sur la sincérité du cœur (être aimé pour soi-même, se travestir pour éprouver l'autre), mais plutôt comme une fable philosophique sur les apparences. « Défendre le malheur est mon premier devoir » proclame Georges dans *La Dame blanche* (OC, 1825) de Boieldieu où confondre « les méchants » (mot-clé d'un manichéisme mélodramatique) est le socle d'un sentimentalisme de bon aloi. Les deux grands noms du genre, Scribe et Auber, illustrent cet « esprit français » (loin des passions italiennes) où l'amour fait le Bien dans une musique joyeuse et une dramaturgie facétieuse. Dans *Le Maçon* (OC, 1825), l'alliance entre un ouvrier et un jeune seigneur s'agrémente de l'ardeur galante de l'époux (Roger, I, 8), du défi de la jeune captive (Irma, II, 1) et de la tendresse du héros (Léon, II, 9) ; *Fra Diavolo* (OC, 1830), histoire d'un scélérat débusqué par d'honnêtes gens avec l'aide de Dieu et du roi, laisse à peine à Zerline un petit air d'amour (II, n° 10) et à Lorenzo une romance mélancolique (III, n° 14). Dans *Le Duc d'Olonne* (OC, 1847), tout l'enjeu est de déjouer le cynisme brutal d'un seigneur libertin et le charme de l'amour (le récit de Bianca) est presque une parenthèse. Le bonheur conjugal devient le symbole des alliances vertueuses, le principe des grands succès d'Adam : *Le Postillon de Lonjumeau* (OC, 1836) marie deux fois le même couple pour faire entretemps la satire d'une société aristocratique méprisante et du monde de l'opéra complice et faux. Le chant amuse comme un vaudeville (« mon petit mari-i, tu seras chéri-i ») avec des jeux de voix (enrhumées ou claires) et des prouesses vocales (le contre-*ré* du chanteur amoureux). *Le Chalet* (OC, 1834) traite d'une fille refusant de se marier pour rester libre. Les quiproquos en viennent à bout dans un cadre ludique mais qui pose des idées : la vulnérabilité d'une femme sans mari (risque de vol ou viol), la fonction solidaire du mariage dans une société brutale. L'on voit ici se dessiner le rôle de régulation sociale de l'opéra-comique dont l'intérêt n'est pas d'approfondir les passions. Dans un genre plus ambigu, *Faust* (TL, 1859) de Gounod reformule le thème matrimonial. Comme dans *Le Chalet*, le frère revient de guerre et veut marier sa sœur, mais il est trop tard, elle est déshonorée. Détruisant l'alliance sacrée, Mephistophélès a poussé Faust dans la chambre de Marguerite, ricanant quand elle cède, caricaturant le mariage d'une sérénade (« N'ouvre ta porte, ma belle, que la bague au doigt ! ») en écho à la vieille Marthe (« Tout n'est pas rose dans le mariage, mon ange… » III, 7). Marguerite devient telle la grisette perdue d'un roman réaliste, fille-mère séduite lorsque les hommes sont à la guerre et non plus là pour protéger les femmes (thème du *Comte Ory* de Rossini, O, 1828). D'une certaine manière, son malheur conforte un demi-siècle de promotion du mariage qui évite aux filles d'être tragiquement ostracisées (« Le ciel pour toi n'a plus d'aurore ! » lui lance le démon, IV, 2).

Dans les genres sérieux, les missions des héros sont plus solennelles (sauver sa patrie), le langage versifié est saturé de pathétisme tragique et la vocalité gagne en vaillance. Mais les valeurs héroïques ne sont pas toujours compatibles avec les passions. *Le Triomphe de Trajan* (O, 1807) de Le Sueur ne parle d'amour que pour tendre la situation et magnifier la clémence de l'empereur. Le mariage des conjurés, qui devaient mourir, exalte d'autant mieux les valeurs qu'il symbolise l'amour de l'humanité, un idéal de concorde universelle. Les opéras français de Rossini sont une variation sur les conflits de loyauté (aimer dans le parti du tyran) ; les airs de bravoure de ce maître de la vocalité chantent la « flamme coupable » dans un lexique racinien (fureur, joug, perfide) où l'amour est un étalon de l'honneur (*Guillaume Tell*, O, 1829). Dans *Moïse et Pharaon* (O, 1827), seule compte la grandeur du sujet biblique, qui ne souffre aucun abaissement : « Un devoir sacré m'enchaîne, Dieu s'oppose à notre amour » (I, 4). Mais certaines œuvres préfigurent une expression plus intime du sentiment. *La Vestale* de Spontini est peut-être le premier opéra du siècle où l'amour est central, certes pour défier le pouvoir (« Le salut des États ne dépend pas d'un crime » ose dire Lucinius) mais en occupant l'espace lyrique, pour dire l'amour (Lucinius, II, 3), déplorer son danger (la grande Vestale, I, 2), implorer de l'aide (Julia, II, 1) ou porter secours (Licinius, III, 1). La prière amoureuse de la vestale condamnée (« Ô des infortunés, déesse tutélaire », II, final) atteint le sublime malgré son verbe ampoulé. Le grand opéra hérite de ces impératifs tragiques mais avec le culte de l'effet sidérant, dans de vastes tableaux scéniques et un chant sensationnel. Dans *La Muette de Portici* (O, 1828) d'Auber, après un grand air à vocalises sur le bonheur de se marier (I, 2), la rivalité amoureuse se déplace vers la morale collective (protection mutuelle des forts et des faibles) puis politique (revanche des dominés) devenant l'enjeu d'un sacrifice individuel (suicide spectaculaire de la victime). Quant au triomphe hors norme de *Robert le Diable* (O, 1831) de Meyerbeer, l'amour y est une lutte du Bien contre le Mal (« N'aimer jamais rien, Tel est l'enfer », V, 2), avec des airs et duos d'un pathétisme grandiose. L'air d'Isabelle « Robert toi que j'aime » (IV, 2), répétant chaque mot dans des aigus dramatisés par l'orchestre, fait valoir le pouvoir de la voix suppliante sur un esprit égaré. Le faste stéréotypant n'a pas empêché qu'émergent de grandes scènes d'amour romantique. Dans *Les Huguenots*, une situation aussi simple qu'efficace magnifie l'air et le duo (acte IV) : cris et vocalises disent le déchirement de Valentine (« Je suis seule chez moi ») quand éclate soudain son aveu interdit (« je t'aime ») qui arrête net Raoul volant au secours de ses frères la nuit de la Saint-Barthélemy. Se déploie alors le long duo d'amour (« Tu l'as dit... ») dans l'instant presque irréel du massacre. *La Juive* d'Halévy (O, 1835), fameux pour ses excès de scène, a une intensité lyrique qui donne accès au chagrin des personnages (le trio de l'anathème, le sextuor des deux clans après la dénonciation de Rachel). Dans ce drame de l'identité cachée et abolie (Rachel est à la fois chrétienne et juive), l'amour (humain, divin, filial et paternel) transcende la haine absurde des deux camps. Certes, il ne faut pas moins que ces hauts instants de l'Histoire pour donner à l'amour tout son tragique mais l'amour donne aussi une humanité à l'Histoire cruelle.

La poésie du cœur

Entre ces deux voies du théâtre lyrique (l'amusement sage ou la sidération tragique) qui ont fini par oublier une certaine vérité de l'expression (reposée à chaque crise de l'opéra) et tarir la veine créatrice, émerge l'exigence de qualité d'un genre nouveau – l'opéra lyrique – disant bien, dans son qualificatif si paradoxal, le type de lacune des genres existants et la quête stylistique des compositeurs (cf. 3.1). Tendant vers le drame entièrement chanté, des voix plus lyriques qu'héroïques, il explore la palette inédite de l'intimité, dans des décors aux objets familiers, plus confidentiels. L'amour devient pour lui-même le grand sujet, comme une manière de négocier un romantisme musical « à la française ». On exalte sa dimension poétique mais aussi sensorielle, mettant fin à une longue tradition d'amour chaste et idéalisé, ineffable élément de l'âme. Héritant des courants romantique et réaliste à la fois, l'école française dans la seconde partie du siècle s'intéresse en effet au corps sensible : « Dans tous les opéras du répertoire français depuis Lulli il est question d'amour ; pas un seul d'entre eux ne nous en donne la sensation[2]. » Défenseur d'une « poésie d'opéra[3] », Berlioz, convaincu des rapports mimétiques de la musique aux émotions (voix et instruments), fait entendre un véritable chant d'amour dans la romance de *La Damnation de Faust* (1846) où, de sa voix rare de mezzo-soprano, Marguerite attend et pleure son abandon : « D'amour l'ardente flamme... » Son chant imite au plus près les mouvements et la tonalité des affects (sa tristesse sans fond comme ses souvenirs sensuels) et même le rythme du cœur qui s'emballe. Le pathétisme du cor anglais ajoute à l'atmosphère où le lugubre se mêle à l'élégie tendre. Dans cette introspection lyrique insolite, la nostalgie prend peu à peu de l'épaisseur, associant l'amour et les désirs, une thématique qui ne cessera plus de s'affirmer. Si Berlioz est précurseur, Gounod semble bien *le* maître du renouveau au milieu du siècle (cf. 3.1, 8.4). La dette envers lui est considérable : « Ce qu'il a dit, on ne l'avait pas dit encore, et, depuis, on n'a fait souvent que le répéter[4]. » Dans *Sapho* (O, 1851), imitant le parlé avec une élégance déclamatoire inhabituelle, la langue vocale rend un son original, avec sa ligne mélodique très articulée, même dans la véhémence. L'œuvre est à la fois hiératique et simple (cf. 8.1). Dans le long duo de la rivalité, un combat de titans au féminin tout en haines et cris, perfidie et noblesse s'affrontent telles deux allégories ; tandis que le trio des douleurs (« Ô douleur qui m'oppresse », fin de l'acte II) est le regard intérieur de personnages navrés par leur malheur. Le thème même de la poétesse et son grand air final « Ô ma lyre immortelle » sont l'emblème de cette *lyre* nouvelle que joue Sapho tel Orphée, pour enchanter l'opéra à venir. Soutenus par des timbres orchestraux recherchés, les mots ultimes devant le gouffre ont une poésie poignante : « Tu ne peux guérir Ma dernière blessure : Ma blessure est au cœur ». On a reproché à l'opéra français son manque de sublime mais Gounod, dans ce genre d'écriture, retrouve la hauteur des tragédies de Gluck. Dans *Faust*, le seul duo des héros développe la découverte de l'amour. Avec flûte et harpe le jeu d'effeuillage de la marguerite (« Il m'aime, Il m'aime... pas ») précède toute une conjugaison amoureuse : « Il t'aime, répond Faust, Comprends-tu ce mot sublime et doux ? Aimer ! » Mais il ne s'agit pas de dire uniquement le mot. Telle une ballade aux formes libres, la magie de l'aveu se déploie dans le temps musical avec sa poésie romantique (oiseau, vent, nature, ciel, feuille) et s'achève soudain dans l'effusion sensuelle d'un long cri. Avec les trois duos de *Roméo et Juliette* (TL, 1867) Gounod surpasse ce que l'expression amoureuse avait jusque-là formaté. Chaque couleur de l'amour y est abordée : le charme irrésistible d'une galanterie de jeunesse dans le madrigal (« Ange adorable », I, n° 4), la solennité de la promesse de mariage (II, n° 9) et le déchire-

Adrien Marie, « *Roméo et Juliette* à l'Opéra. La scène du balcon (Mme Patti, M. Jean de Reské », *Le Monde illustré*, 7 déc. 1888, p. 361. Entrée de l'œuvre de Gounod à l'Opéra le 28 nov. 1888.

ment de la séparation après la nuit de noces (« Non ce n'est pas le jour », IV, n° 14). Un nuancier si riche des harmonies du pathos est rare dans l'opéra français et n'a cessé en effet d'être imité. C'est la période des héroïnes éponymes, le moment où l'opéra, avec un peu de retard sur la littérature, tente une sorte de réalisme sentimental.

Le réalisme sentimental

Carmen (OC, 1875) de Bizet est une révolution non seulement parce que le rôle titre est un mezzo-soprano (dans *La Favorite* de Donizetti, Leonor ouvre la voie pour la Marguerite de Berlioz et la Sapho de Gounod), qui meurt à l'Opéra-Comique, mais aussi parce que la dimension charnelle de l'amour va encore plus loin et que la musique en tient compte. Avant le meurtre final, José propose une alliance avec la société (« Laisse-moi te sauver ! ») ; mais, dans *Carmen*, le bohémien symbolise la désorganisation sociale et amoureuse. La Habanera « L'amour est enfant de Bohème » (dont la source espagnole, la chanson « *El arreglito* » d'Yradier, désigne « La Promesse de mariage » !) explique la nature inconciliable de l'amour, tel un clin d'œil de la gitane au démon qui loge en chacun. En guise d'ouverture au drame qui va se jouer, avec chromatismes et rythme de danse exotique, la Habanera est une vraie leçon sur l'amour[5]. Et cette liberté qui défie toute stabilité s'incarne dans un corps scandaleux dont les numéros de chant ont fait la célébrité. Certes Carmen a une sorte de mari, un *rom* dans son clan de *Calés* mais elle le fait aussi bien éliminer. Les accordailles ne durent que ce que dure la loi imprévisible du cœur. En ce sens, *Carmen* fait éclater le mythe de l'amour, toutes ces alliances (familiales, sociales ou religieuses) dont l'opéra est obsédé ; et dans les opéras à venir, le lien est désormais établi entre éros, liberté et bonheur. Massenet exploitera cette voie sans réserve. Dans *Manon* (OC, 1884), la symbolique sexuelle de la voix féminine tient à une savante combinaison des possibilités du parler et du chanter. L'air enjôleur de Manon à Saint-Sulpice imite les fréquences sensuelles du timbre en mêlant les sauts d'octave à la séduction hypnotique des courbes mélodiques : « N'est-ce plus ma main... n'est-ce plus ma voix, n'est-ce plus Manon ? » (III, 2e tableau). *Esclarmonde* (OC, 1890) chante les sortilèges du désir dans un long duo (« chaque nuit, cher amant [...] j'irai me livrer aux étreintes de tes bras ! », acte II), la répétition du mot « hymen » représentant l'acte sexuel : « C'est l'heure de l'hyménée ! Hymen ! Hymen ! Hyménée ! Voici le divin moment ! C'est l'heure ! C'est l'heure ! » L'orchestre prend ensuite très longuement le relais pour suggérer musicalement ce qui se passe dans la chambre des amants. *Sapho* (OC, 1897) déroule une étrange scène de voyeurisme pervers lorsque Jean se repaît des lettres de ses rivaux. Paris y est la ville des dangers et plaisirs, comme dans *Louise* de Charpentier (OC, 1900), œuvre contemporaine de la psychanalyse naissante. Les obscénités de la jeune fille défient l'autorité quasi déviante d'une mère féroce et d'un père trop exclusif ; le duo des amants abandonne toute pudeur dans la dénotation : « Ô volupté ! La chair de l'amante a parlé ! Elle appelle son maître !... À toi tout mon être !... Ton cher corps me désire. Je veux du plaisir ! Ah ! » (III, 1).

Le vocabulaire de l'amour conserve pourtant ses clichés, la censure étant une des causes de la stéréotypie des livrets, d'où l'on bannit régulièrement les termes trop suggestifs. Une langue symbolique s'en dégage, au lexique d'autant plus obligé qu'il indique les interdits : « Nuit d'ivresse, extase, enchanteresse » sont les poncifs de l'exaltation (évidents dans *Les Pêcheurs de perles* de Bizet qui pourtant innove musicalement, TL, 1863) ; « charmes » connote le désir et le fameux « hyménée » se fait métaphore et euphémisme à la fois. Quant au mot « rêve » à l'immense fortune, fait-il de l'opéra un art onirique, compense-t-il le réalisme qui le gagne ou désigne-t-il un fantasme ? Le langage lyrique dit une tension entre les interdits du verbe, qui voilent le sens, et la musique, chargée de l'ineffable de l'âme ou de l'indicible des réalités charnelles. On pourrait ainsi entendre le livret et la partition de *Lakmé* (OC, 1883) de Delibes comme la synthèse de l'ancien et du nouveau. L'Anglais Gérard est un amoureux subjugué par la différence culturelle, comme la jeune hindoue par le pouvoir de mots dont elle n'a pas les codes. Mais une distanciation se créée à travers la parodie des clichés de l'amour et des imaginaires culturels, faisant de Lakmé (avec son suicide poétique rappelant *L'Africaine* de Meyerbeer) l'ultime représentante d'une lignée finissante. Pourtant, elle donne une couleur nouvelle aux mots d'amour tels qu'un siècle d'opéra n'a cessé de les utiliser, d'en chercher la magie et la traduction musicale. Tant d'œuvres passées hantent d'ailleurs ces opéras fin de siècle qui, s'entre-citant mutuellement, annoncent déjà un autre temps.

L'amour a un sésame – « je t'aime » – dramatiquement crié, décliné à l'envi, trivialement insistant, pudique ou plein d'esprit. Pour autant l'opéra serait-il un *ars amatoria* pour les Français ? En un siècle d'amour, il répète que les couples ont envie de se marier et qu'ils ont des difficultés à le faire dans une société hostile à la liberté individuelle. Si le mariage est la seule possibilité d'aimer (contrairement à ce que proposent les romans d'adultère), révélant sa dépendance à l'honneur, de la femme et de l'homme, n'est-il pas aussi la métaphore convenable de l'acte sexuel que la société entend également contrôler ? Dans cette entreprise matrimoniale de masse, il n'est pas étonnant que *Carmen* ait connu pareille fortune avec sa métaphore nouvelle du cœur gitan. De même qu'ont vu le jour les parodies d'Offenbach, poète désenchanté des *Contes d'Hoffmann* (OC, 1881) et brillant iconoclaste de l'institution sacrée du mariage : « Je suis [...] l'époux de la reine, poux de la reine... » (*La Belle Hélène*, TV, 1864). Longue variation sur la condition des femmes et sur la fonction du couple dont la dualité symbolise les conflits de l'existence, l'amour à l'opéra dit le choc des cultures commun à toutes les sociétés. Dans sa capacité à nourrir l'imaginaire et le rêve, il est un mythe de liberté et de concorde.

16.2 La mort à l'opéra

Sylvain Ledda

Du dénouement sensationnel de *La Muette de Portici* (O, 1828) – Fenella se précipite dans le Vésuve en fusion – à l'agonie de Werther enlacé par Charlotte dans le drame lyrique de Massenet (Vienne, 1892), les modalités de représentation de la mort épousent les grandes mutations des genres lyriques. Les sidérations oculaires de l'opéra romantique laissent ainsi graduellement place aux ambitions plus métaphysiques ou plus poétiques d'œuvres fin de siècle ; à cet égard, *Pelléas* constitue peut-être un « cas limite » de représentation de la mort, comme l'est la fin de Mélisande, « *pianissimo* et pour ainsi dire sur la pointe des pieds[1] » selon le mot de Jankélévitch ; une discrétion qui contraste avec la démesure et l'inventivité du XIXe siècle en termes de spectaculaire macabre. La variété des œuvres et des inspirations (littéraire, historique, légendaire, biblique, antique) entraîne des modalités très diverses de figuration de la mort : exécutions, autodafés, suicides, massacres collectifs, chute dans les enfers, crimes passionnels. Cette disparate trouve sa cohérence autour d'une nécessité dramaturgique : faire de la mort un *climax*, moment attendu du public qui admire la prouesse du jeu des chanteurs quand elle le dispute à la créativité musicale. Un tel dénominateur commun suppose de la part des compositeurs et des librettistes d'avoir la maîtrise de la mort scénique, de son expression musicale et de ses effets sur la salle. La musique, à travers des thèmes éloquents, doit tantôt exprimer la violence, le pathétique, l'inéluctable, tantôt traduire l'irreprésentable[2] : le trépas. Il s'agit donc de produire une sidération grâce à la pantomime des chanteurs qui interprètent la mort, qui intervient le plus souvent au dénouement. Ce moment de bravoure, souvent commenté par la critique, est programmé dans nombre d'opéras du XIXe siècle : le spectateur de la *Manon* de Massenet s'attend à vivre le trépas de la jeune héroïne ; le public de *Roméo et Juliette* de Gounod espère voir la mort des amants ; les lecteurs de *Carmen* de Mérimée savent bien que l'intrigue se résoudra dans le sang – à moins que les librettistes n'altèrent l'histoire originale – et Bizet soigne particulièrement cet épisode tragique et passionné. Chanter jusqu'au dernier souffle ou dans les affres de l'agonie n'est cependant pas l'unique manifestation de la mort dans les œuvres lyriques. Son inquiétante présence ne dépend pas nécessairement du sang et des cadavres. L'émergence de la mise en scène (cf. 13.2), le soin apporté aux décors, l'évolution des techniques d'éclairage sont également au service d'une esthétique funèbre (qu'elle soit vériste ou fantastique). Les décors, en particulier dans les opéras d'inspiration historique ou légendaire, créent souvent une atmosphère fuligineuse qui prépare la pantomime de mort. On observe ainsi souvent un effet de surenchère et de superposition : des lieux aux connotations funéraires, tombeaux et cimetières, accueillent les actions létales qui s'y déroulent : le dernier acte de *Roméo et Juliette* emblématise cette concaténation de l'espace et du geste.

Comment meurt-on dans l'opéra français du XIXe siècle et comment la mort scénique a-t-elle été pensée et représentée sur la scène lyrique ? Notons d'emblée que la mort n'est pas spécifique au XIXe siècle ; déjà en 1780 Grétry accumulait les trépas scéniques dans son *Andromaque*, mais la fin tragique est un point capital de la rénovation dramaturgique de l'opéra dans les premières décennies du XIXe siècle (cf. 4.2) qui va orienter toute l'esthétique du grand opéra (cf. chap. 6). Il en va de même dans l'opéra italien qui, en adaptant les drames romantiques français, ménage des dénouements terribles. La singularité de la mort « à la française » tient-elle au choix des sujets, à l'inventivité des compositeurs et des librettistes, aux conditions matérielles de représentation ainsi qu'aux lieux scéniques ? Sur ce dernier point, la mort n'a pas de frontière : elle est figurée aussi bien à l'Opéra qu'à l'Opéra-Comique (quoique par nature le genre associé à cette institution évite *a priori* sa monstration), aussi bien dans le grand opéra que dans les drames lyriques de la fin du XIXe siècle.

Émergence de principes funèbres[3]

Dans les années 1820 se multiplient les discours théoriques qui s'accordent sur la nécessité de rendre la scène plus expressive : face à la tradition tragique, modèle longtemps jugé indépassable, face au modèle du mélodrame à fin providentielle, de nouveaux modes de figuration de la mort se déploient. Il n'est plus temps d'aller trépasser en coulisses ni de recourir à la téichoscopie (les acteurs observent des événements ayant lieu au-delà de la scène) pour évoquer l'innommable et priver le public du plaisir des agonies. Avec le romantisme (tel qu'il apparaît en littérature, particulièrement dans le drame), la monstration de la mort devient un moment de jeu essentiel, qui résulte tout à la fois de choix esthétiques et d'intentions idéologiques en résonance avec leur temps. L'art lyrique enregistre ce phénomène. En 1829, Eugène de Ronteix, premier historien du romantisme, suggère que « [le romantisme consiste] à descendre un peu de cette hauteur où s'étaient guindés nos ancêtres ; à laisser un peu reposer les races augustes d'Œdipe et d'Agamemnon ; à permettre que nos chanteurs quittent de temps en temps le cothurne et le pallium pour le pantalon et la botte moderne, ce qui est bien plus avantageux pour ceux à qui la nature a donné plutôt une belle voix qu'une belle jambe[4] ». Or « la botte moderne » suppose aussi une mort moderne, autrement dit plus violente et plus animée. Dans *Racine et Shakespeare* (1823), Stendhal donne comme exemple de « tragédie moderne » *L'Assassinat d'Henri III au pont de Montereau*. Victor Hugo, lui, insiste, dans la Préface de *Cromwell* (1827), sur la couleur locale : « On commence à comprendre de nos jours que la localité exacte est un des premiers éléments de la réalité[5] » ; la formule désigne certes les décors, les costumes, mais plus généralement les spécificités du langage théâtral et les signes visuels inscrits dans le texte (didascalies et dialogues). La caractérisation (historique et géographique) et l'ancrage référentiel de l'action déterminent le type de mort représentée. L'imaginaire géographique des lieux de l'action influe sur les modalités de représentation de la mort : on ne meurt pas de la même manière dans l'Allemagne de *Werther* que dans l'Andalousie de *Carmen*.

Des nuances sont cependant sensibles entre genres dramatiques et genres lyriques. Les bienséances qui pèsent encore sur la production théâtrale au début de la Restauration touchent moins l'opéra qui montre déjà des morts avant le déferlement macabre du spectaculaire romantique. L'opéra échappe en effet à la tyrannie des convenances, dans la mesure où le genre lyrique se définit par le texte (le livret) mais aussi la partition et la démonstration. Les codes de la représentation lyrique se fondent sur une vision globale du spectacle : le merveilleux, le féerique ou le macabre se côtoient dans un univers aux frontières poreuses. Dans son *Journal*, Étienne-Jean Delécluze établit ainsi la parenté entre les pièces de Shakespeare jouées à Paris en 1827 et le spectaculaire lyrique. Il espère beaucoup de la scène des tombeaux, parce que son « horizon d'attente » est surdéterminé par l'adaptation de Zingarelli (*Giulietta e Romeo*), « l'opéra italien où Mme Pasta et M. Crescentini ont eu tant de succès […][6] ». La mort romantique doit beaucoup aux dénouements d'opéra qui la précèdent. Elle reprend notamment à son compte les effets d'étirement des *finale*, propres à l'art lyrique. Elle déploie ses morts d'une manière ostentatoire, voire emphatique. À l'opéra, le changement de paradigme ne porte donc pas seulement sur le choix de faire disparaître ou non les personnages en scène, mais sur les modalités de figuration du trépas, elles-mêmes liées aux sujets représentés. Or un phénomène se fait jour à la fin de la Restauration qui favorise le déploiement funèbre en scène : l'émergence d'œuvres à sujets historiques et la recherche du sensationnalisme. La violence de l'Histoire (cf. 4.3), la diffusion et l'adaptation scénique de la littérature étrangère (Scott, Shakespeare, Schiller), les pièces de théâtre d'actualité sous la Révolution française qui représentaient les meurtres politiques (Le Peletier de Saint-Fargeau et Marat en 1793…), le goût du gothique et du fantastique ne sont pas étrangers au rôle déterminant de la mort dans l'économie du spectacle.

Au seuil de 1830 se dessinent deux grandes tendances : une mort opératique inscrite dans une intrigue historique et spectaculaire (cf. 6.1) ; un macabre qui découle du fantastique (cf. 17.1).

Visions d'outre-tombe

La présence scénique du macabre est l'un des invariants esthétiques du monde surnaturel qui se déploie dans les théâtres durant les premières décennies du XIXe siècle. La vogue du gothique depuis la fin du XVIIIe siècle se répand sur les scènes lyriques dès le premier tiers du XIXe siècle et les trajets du fantastique sont connus : de la littérature (Radcliffe, Scott, etc.) à la scène théâtrale, et du (mélo)drame à l'opéra circulent des intrigues où dominent des fantaisies macabres, des fantasmagories morbides[7]. Défilés de fantômes et de spectres, apparitions en tous genres : plus qu'un simple usage, ces figures introduisent souvent une rupture anthropologique entre le passé et le présent : les morts qui reviennent disent leur vérité aux hommes du présent (c'est le principe et souvent le rôle du retour du mort au théâtre)[8]. C'est sur ce principe que se fonde *La Dame blanche* (OC, 1825) de Boieldieu (cf. 7.3), dont le succès pérenne illustre le goût de toute une époque et dévoile aussi un imaginaire collectif qui associe croyances populaires et jeu avec le macabre. Inspirée de deux romans de Scott, *La Dame Blanche* redonne vie aux brumes d'Écosse et aux légendes qui s'y rattachent (châteaux hantés, ruines). À l'image des ambivalences de cet opéra-comique à la fois léger et grave, la figuration de la mort est elle-même paradoxale, plus suggestive que démonstrative : un climat funèbre est constamment présent et plane sur l'intrigue la légende de la mystérieuse Dame blanche. C'est ici une mort d'atmosphère plus que d'action dont l'effet se dissout quand le spectateur et les personnages apprennent qu'il s'agit d'un faux fantôme. Ce modèle de représentation repose sur le motif bien connu du « mort qui revient », tel qu'il apparaît dans les légendes et les croyances populaires, ce dont témoigne le substrat anthropologique du *Revenant* (OC, 1833) de Gomis ou de *Robert le Diable* (O, 1831). Dans l'ouvrage de Gomis, et selon la critique de l'époque, l'innovation porte sur le traitement lyrique du personnage fantôme ; dans l'opéra fantastique, les effets sensationnels sont le plus souvent confiés à des chœurs infernaux, non à un revenant : « C'était hardi de faire chanter une apparition, car jusqu'ici les gestes mystérieux composaient toute la langue des fantômes ; les fantômes ont même si peu de goût pour le chant, y compris le chant du coq, qui les fait évanouir, que l'instinct de la peur nous fait chanter quand nous sentons par un certain frisson que les revenants approchent ; le spectre d'Hamlet ne chante pas ; mais M. Gomis a prêté à un revenant écossais un air qui est une des plus heureuses inspirations de son opéra » (*Revue de Paris*, t. 1, 1834, p. 126). Dans l'opéra de Meyerbeer, l'irruption scénique du macabre se produit dès le premier acte quand les personnages évoquent les origines troubles de Robert, fruit des amours d'une mortelle et d'un démon[9]. Valses infernales, chœurs sataniques, bacchanales des nonnes à l'acte III, tous les ingrédients de l'effroi plongent le spectateur dans un climat funèbre très animé. Les merveilles macabres de cette œuvre ont fasciné les contemporains au point de modéliser le régime de représentation de la mort : « les nonnes lugubres de *Robert le Diable* » (*Revue de Paris*, t. 23, 1843, p. 57) font depuis lors référence en termes d'inspiration fantastique à l'opéra. En 1858, dans *La Magicienne*, dernier opéra achevé d'Halévy, c'est le merveilleux qui est convoqué ; il revisite la légende de la fée Mélusine avec force sorciers, forêts profondes, philtres et fantômes. Si Mélusine connaît finalement une mort sublime dans les bras de Blanche, le pittoresque infernal a ravi les yeux des spectateurs.

Il ne suffit pas de convoquer tout le personnel gothique pour représenter la mort. Il faut offrir à ces apparitions un cadre idoine, construire visuellement un tableau d'effroi où puisse s'épanouir une poétique funèbre. C'est pourquoi la mort dans l'opéra du XIXe siècle est aussi affaire de décors. Tombeaux, cimetières plongés dans des crépuscules lunaires, ruines et caveaux sont légion. Cette prolifération de motifs macabres participe plus généralement d'un goût pour le style funéraire teinté de religiosité[10]. L'intérêt scénique pour les espaces mortifères est une constante du siècle, comme en témoigne *La Magicienne* ou l'*Hamlet* (O, 1868) d'Ambroise Thomas qui, à partir de la scène du cimetière de Shakespeare, imagine avec ses librettistes tout un acte. Les mêmes lieux communs circulent ainsi d'un opéra à l'autre, d'une décennie à l'autre. La critique est souvent partagée entre la magnificence du spectacle macabre et la prouesse musicale. Parfois les décors dominent. En 1831, on débat sur la partition et sur le livret de *Robert le Diable*, mais on est unanime sur les décors. Est particulièrement applaudi le second tableau de l'acte II, espace conçu pour la danse des nonnes : « Les galeries d'un cloître où se dressent plusieurs tombeaux, dont celui de sainte Rosalie. Sur ce dernier, la statue de la sainte, en habit religieux, tient à la main une branche verte de cyprès. » L'atmosphère macabre qui plane sur l'œuvre est en l'occurrence renforcée par l'utilisation de l'éclairage au gaz[11] (cf. 6.5, 13.2).

La scénographie de *La Nonne sanglante* (O, 1854) de Gounod organise un dénouement autour de la tombe de la nonne fatale. Quant aux décors du *Mage* (O, 1891) de Massenet, ils sont comme un résumé de situations qui ont rythmé le grand opéra au cours du siècle ; y figurent des souterrains (2e tableau), décor éminemment oppressant, et à l'acte V des ruines et des morts : « L'estrade est détruite ; les escaliers sont effondrés : seule, sous un arceau qui surplombe, la statue de la Djahi s'élève gigantesque et intacte devant l'autel incendié et fumant encore. Pêle-mêle dans les décombres, éclairés par les derniers reflets sinistres de l'incendie lointain, des cadavres épars gisent, parmi lesquels celui du roi et celui d'Amrou. À droite, plus en avant, adossé contre un tronçon de colonne, le corps de Varedha, inerte, raide, les yeux fixes[12]. »

Faut-il lire dans ce goût pérenne de l'opéra français pour les fantaisies macabres la nécessité de s'inscrire dans des préoccupations séculaires ? Certes, comme le note Timothée Picard, il n'y a « rien d'étonnant [...] à ce que l'époque ait produit le Fantôme, prince des marges s'il en est, pour allégoriser un tel spectaculaire[13] ». Mais on peut aussi interpréter les fantaisies macabres comme une chambre d'écho anthropologique, qui catalyse les angoisses collectives liées aux traumatismes post-révolutionnaires[14] (cf. 4.2, 16.3).

Histoire et sensationnalisme

Phénomène générationnel qui touche toutes les formes d'art, la représentation de l'Histoire devient l'un des sujets privilégiés de l'opéra à la fin de la Restauration (cf. Introd., 16.3). L'inspiration historique sur la scène lyrique entraîne immédiatement un nouveau régime de représentation de la mort, dans la mesure où les intrigues choisies mettent en scène des moments de crise. Tous les grands opéras historiques joués entre 1830 et 1860 comportent une scène de mort à grand spectacle. Sur ce point, *La Muette de Portici* est une œuvre matricielle (cf. 6.4). Elle offre au moins trois invariants autour de la mort qui circuleront dans les opéras historiques ultérieurs. Tout d'abord la mort est traitée de manière grandiose, voire extraordinaire. Elle occupe une place considérable au dénouement. Partant, elle nécessite des moyens techniques adaptés, la mise en scène s'appuyant sur une machinerie de plus en plus inventive. Enfin, la mort est souvent montrée comme un sacrifice individuel dans le cadre d'une oppression collective (religieuse, politique). Ces éléments dévoilent la portée idéologique du trépas dans l'opéra d'inspiration historique. Les morts de *La Muette de Portici* ont d'emblée été perçus comme les victimes propitiatoires d'un système politique inique. L'ultime pantomime de la « muette », Fenella, est perçu comme un sacrifice par la foule présente en scène : « En ce moment le Vésuve commence à jeter des tourbillons de flamme et de fumée, et Fenella parvenue au haut de la terrasse, contemple cet effrayant spectacle. Elle s'arrête, et détache son écharpe, la jette du côté d'Alphonse, lève les yeux au ciel et se précipite dans l'abîme[15]. » Et le chœur final d'espérer que ce sacrifice ne soit point vain. La mort est ici un puissant catalyseur d'émotions collectives : elle réalise matériellement ce que les airs avaient suggéré virtuellement : « Mieux vaut mourir que rester misérable ! / Pour un esclave est-il quelque danger ? / Tombe le joug qui nous accable / Et sous nos coups périsse l'étranger ! » (II, 2) Il n'est désormais point de grand succès dans l'opéra du XIXe siècle qui ne doive sa part à un dénouement aussi terrible que celui de *La Muette*, comme en témoignent également ceux des *Huguenots*, du *Prophète* ou de *La Juive*. Mais à la différence de *La Muette de Portici* qui ne présente pas de conflits dramatiques autour du sacré, *Les Huguenots*, *La Juive* et *Le Prophète* figurent la mort dans le cadre d'une oppression et de fanatismes religieux, doublée, sur le plan individuel, de dilemmes tragiques. Le spectaculaire du dénouement de *La Juive* ne réside pas seulement dans sa fin, mais tient à la *preparatio mortis* suggérée par la musique puis par les cortèges en scène : la mort fait son entrée avec la Marche funèbre qui accompagne la « Procession de pénitents bleus, gris, blancs et noirs, conduisant Éléazar et Rachel au supplice[16] » ; elle s'achève avec la mort de Rachel précipitée dans une cuve d'eau bouillante, suivie par Eléazar. Le caractère sidérant de ce dénouement dévoile toutes les ambiguïtés du grand opéra face à la mort. Loin de seulement dénoncer la violence des rapports entre communautés religieuses, *La Juive* montre le voyeurisme des masses qui assistent à l'exécution. L'embrasement et l'écroulement qui referment *Le Prophète*, emportant dans les flammes Jean de Leydes et maints convives, relèvent aussi de la mort à sensation (cf. 6.5). L'éventuel message politique ou religieux ne flamboie-t-il pas dans les flammes du dénouement ? Dans les deux cas, la mort scénique n'a pas pour seule fonction de frapper l'imaginaire du public – c'est encore l'autodafé qui constituera l'un des clous du *Don Carlos* de Verdi, à l'acte III (cf. 9.3). Sa signification doit être rattachée à l'idée d'oppression religieuse, germe de guerres civiles, l'une des grandes hantises des hommes du XIXe siècle.

Le spectre de la guerre civile plane sur *Les Huguenots*, dont le massacre de la Saint-Barthélemy sert de toile de fond et de moteur à l'intrigue. Cet opéra présente un cas exceptionnel de redoublement macabre et tragique (cf. 6.6). Les deux derniers tableaux montrent avec brio deux manières de restituer la mort dans le cadre d'un événement climatérique et collectif. Le deuxième tableau de l'acte V représente ainsi l'exécution de Protestants réfugiés dans une église. C'est l'amuïssement du chant qui suggère la mise à mort progressive des victimes ; ce ressort du « chant qui s'éteint », que reprendra Poulenc de façon saisissante au dénouement du *Dialogue des Carmélites*, produit une grande intensité dramatique. Dans le dernier tableau, c'est l'usage d'un quiproquo tragique qui parachève la dimension mortifère de l'opéra : le catholique Saint-Bris découvre que parmi les trois Protestants qu'il a ordonné d'exécuter se trouve sa propre fille, Valentine. Dans les deux cas, c'est le martyre qui sert de dénominateur commun à l'action.

Le caractère épique de la mort opératique est également restitué par la mise en scène des solennités grandioses qu'accompagne souvent une orchestration élargie : cortèges funèbres, processions, mouvements collectifs, déplacement de masses autour des victimes font partie des scènes à faire du grand opéra historique. Ces tableaux se situent souvent au dénouement et témoignent d'un processus collectif d'appropriation de la mort : pour que celle-ci soit inoubliable, il faut en faire un spectacle dans le spectacle, partagé par tous. En témoignent aussi les illustrations et les gravures qui circulent dans la presse et représentent bien souvent le dénouement avec ses tableaux impressionnants. Sans doute cette dynamique spectaculaire a-t-elle des résonances avec la fascination pour ce qui disparaît : le grand spectacle de la mort dans l'histoire. Selon Jankélévitch en effet, de tels tableaux produisent un temps suspendu qui magnifie la mort : « La grande fête funèbre avec ses cortèges solennels et ses pompes permet à l'instant de déborder de son instantanéité, de rayonner comme un soleil autour de sa pointe aiguë. Au lieu d'un instant imperceptible, il y a un glorieux instant[17]. » Ce constat soulève finalement une double question, musicale et dramaturgique, à laquelle l'opéra français du XIXe siècle a tenté de répondre : Meyerbeer avant Wagner a pensé le *tempo* de la mort dans son lien pictural à l'image de la fin, dans le rapport entre l'action létale et sa représentation scénique. Le temps très bref de la mort « en soi » est ainsi étiré grâce à des déploiements visuels, qui font de la mort « un glorieux instant », un instant qui dure et marque durablement les esprits.

Mort exquise, mort passionnée

De quel héritage macabre et spectaculaire l'opéra bénéficie-t-il après 1870 ? L'influence grandissante du wagnérisme, le retour à l'inspiration antique, l'inscription du réalisme dans l'opéra et l'opéra-comique, l'émergence de personnages d'origine modeste « héroïsés » par leur crime modifient l'esthétique et la signification de la mort scénique. Celle-ci n'est plus seulement un acte terrible, menaçant une collectivité, mais devient un objet de méditation métaphysique, le lieu d'une réflexion sur la condition sociale de l'individu au sein d'une société gagnée par l'industrialisation, dans une jeune République où les minorités font entendre leur voix (émergence du féminisme, revendications des masses ouvrières, développement de l'anarchisme, etc.). Si la scène lyrique tend à préférer aux grands sujets historiques les transpositions littéraires (*Hamlet* d'Ambroise Thomas, *Manon* et *Werther* de Massenet), les sujets légendaires et bibliques (*Samson et Dalila* de Saint-Saëns), voire exotiques (*Lakmé* de Delibes) charment encore par une représentation démonstrative de la mort. Le suicide propitiatoire de Lakmé comme l'écroulement final du temple dans l'opéra de Saint-Saëns pérennisent d'une part la veine pathétique du macabre, d'autre part la veine spectaculaire. Grand spectacle, sensations fortes, gestes sidérants, la mise en scène recherche toujours à produire le plus d'intensité possible autour de la mort. Or cette émotion portée à son comble n'est plus le seul apanage de l'opéra : avec un décalage chronologique, l'Opéra-Comique, au moment précisément où le genre qui lui était attaché

Affiche de *Carmen* pour la création de 1875 à l'Opéra-comique, lithographie de Prudent Leray, [Paris] : Choudens, 1875.

se réforme et disparaît, s'empare de tout un imaginaire directement issu du drame romantique, créant une confusion face à l'esthétique du grand opéra (cf. 21.5).

Emblématiques de la prégnance de la mort à l'Opéra-Comique sont les dénouements de *Carmen* et de *Werther*. En 1875, Bizet, Meilhac et Halévy se souviennent ainsi des dénouements romantiques quand ils transposent la nouvelle de Mérimée. Or les modalités de représentation de la mort ne sont pas les mêmes que dans la nouvelle[18] et sont finalement plus proches du drame romantique que de l'écriture au scalpel de Mérimée. *Carmen* emblématise certes la rencontre de l'amour et de la mort, lieu commun du romantisme des passions. Bizet et ses librettistes épousent les grands principes funèbres du crime romantique, adaptant le régime de représentation de la mort par rapport au modèle mériméen. Dans la nouvelle de Mérimée (publiée dans la *Revue des Deux Mondes* en 1845 puis en librairie en 1847 avec un chapitre supplémentaire se présentant comme un commentaire ethnographique des mœurs gitanes), la prophétie macabre est traitée sur le mode ironique de l'ellipse. Comme dans la version initiale de Mérimée, les librettistes de *Carmen* font de la mort le dénouement et le clou du spectacle, intégrant ainsi à l'opéra-comique l'un des principes majeurs de la dramaturgie romantique : terminer sur une fin sidérante et sanglante. La réussite esthétique de *Carmen* repose en partie sur la lisibilité/visibilité de la mort qui assimile le dernier combat de José et de Carmen à celui de l'arène : quand le geste final et fatal se produit, au moment où agonise l'héroïne, l'air de toréador se fait entendre, superposition de la mort et de la victoire qui accroît la dynamique tragique du crime (le sacrifice collectif suggéré par l'arène), tout en éclairant sa singularité – Carmen icône de la liberté après la Commune ?

Les œuvres créées à l'Opéra-Comique à la fin du siècle ne pérennisent pas seulement la violence des passions, elles explorent aussi les virtualités scéniques du *pathos* qu'on associe au romantisme doloriste. *Werther* de Massenet s'inscrit dans cette veine ; inspirée du roman de Goethe, dont le mythe s'est construit autour du suicide du héros, l'œuvre témoigne du dialogue entre théâtre romantique et scène lyrique, corroborant la thèse d'une périodisation longue du romantisme au théâtre[19]. À bien des égards, la fin empreinte de religiosité et d'émotion de *Werther* rappelle celle de *Chatterton* de Vigny, joué à la Comédie-Française en février 1835[20] : dans la mise en scène de Richard Eyre au Metropolitan Opera en 2014, la chambre modeste, la longue scène d'agonie rappellent le décor et le dénouement du drame de Vigny[21]. L'influence de l'esthétique du drame passe aussi par l'orchestre, Massenet employant le célèbre accord de Tristan (transposé d'une quarte), pour annoncer très tôt la fin tragique du héros de Goethe[22].

À la fin du siècle, la création n'est pas seulement *recréation* à partir d'archétypes hérités du romantisme. L'influence du symbolisme démagnétise la mort d'une violence tout uniment spectaculaire. Dans une tout autre veine, *Messidor* (O, 1897) d'Alfred Bruneau et de Zola est sans doute l'une des œuvres les plus intéressantes en termes de représentation de la mort, dans la mesure où librettiste et compositeur appliquent à l'œuvre les principes naturalistes. Le contexte polémique explique aussi l'importance de ce drame lyrique dans le paysage théâtral, l'année du triomphe de *Cyrano de Bergerac* de Rostand. Dans *Messidor*, la mort est ancrée dans une réalité sociologique (la misère) mais aussi ethnographique (les croyances rurales). Elle découle de conflits familiaux et économiques (misère, industrialisation) sur fond de légende associée à une collectivité (un village d'Ariège voué à une malédiction). Ces conflits se nouent autour d'une source aurifère détournée par l'entrepreneur Gaspard. Mathias, fauteur de troubles, venu de la ville avec des idées anarchistes, sème la discorde. Devenu le bouc émissaire de toute la collectivité, il est poussé au suicide. Si l'on trouve une dimension spectaculaire dans sa fin (« Il se jette du haut de la roche, dans un grand cri[23] »), les contemporains ont lu dans son dernier geste et dans ses derniers mots l'expression d'une forme de nihilisme : « À la mort des autres, à la mort de tout ! », clame-t-il en se jetant dans le vide. La mort n'est plus seulement un clou spectaculaire : en pleine affaire Dreyfus, cette fin orgueilleuse et provocante a choqué. Le crime et le suicide ne forment pas de dénouement mais ont des vertus cathartiques que confirme l'épilogue de *Messidor* : la source qui s'était tarie redevient généreuse, elle redonne l'espérance à toute la collectivité qui forme cortège, prie et bénit la terre redevenue fertile.

Quel bilan ? Au crépuscule du XIXe siècle, les modalités de figuration du trépas ne sont plus les mêmes ; l'influence du wagnérisme, l'inflexion de l'inspiration scénique font de la mort un lieu de réflexion morale et sociale en écho aux préoccupations de la Belle époque. Le meurtre passionnel entre gens de basse condition est l'une des nouveautés que propose Bizet en composant *Carmen*. Est également nouvelle la porosité des œuvres jouées à l'Opéra-Comique qui absorbent les effets du drame romantique. Cependant des invariants demeurent d'un genre lyrique à l'autre, d'une époque à l'autre. Qu'elle intervienne au dénouement, se manifeste dans des décors stéréotypés ou dans des types de personnages, la mort doit frapper la vue aussi bien que l'ouïe. Elle fédère autour d'elle des émotions collectives que le grand opéra magnifie en augmentant l'orchestre. Mourir dans l'opéra français du XIXe siècle suppose aussi de prendre en compte le corps des interprètes. Plus que jamais la mort fait admettre la puissante convention qui veut qu'un artiste puisse agoniser en chantant, jusqu'au dernier souffle – fût-ce au prix de la plus élémentaire des vraisemblances, l'omniprésence de la mort a contribué au succès des œuvres lyriques de premier plan, produisant les scènes les plus mémorables de l'opéra français du XIXe siècle. La mort dans l'opéra témoigne finalement d'un phénomène plus général de circulation des motifs entre les genres, d'un dialogue entre les émotions communes au théâtre et à l'opéra.

16.3 L'HISTOIRE SUR SCÈNE
Sarah Hibberd

Vue d'ensemble

La fascination pour l'histoire, si caractéristique de l'opéra français du XIXe siècle (cf. Introd.), participa de l'éveil plus général d'une conscience historique et d'un sentiment d'aliénation vis-à-vis du passé causé par la Révolution. Dans les années 1820, une certaine vision des événements de 1789 commença à émerger et à donner lieu à une diversité d'interprétations intimement liées à des souvenirs à la fois personnels et collectifs, et à un espoir en l'avenir. De manière générale, tandis que ceux qui se situaient à la droite de l'échiquier politique cherchèrent à se saisir du passé à la fois lointain et glorieux de l'Ancien Régime, ceux situés à sa gauche souhaitèrent établir une continuité entre la Révolution et la Restauration. Les deux bords politiques de cette nouvelle génération d'historiens reconnaissaient ainsi la nécessité de faire appel à l'imagination afin de créer un lien psychologique avec le passé. Walter Scott joua en cela un rôle essentiel. Ses penchants démocratiques et ses références à l'actualité dans ses romans furent une source d'inspiration pour les dramaturges et les librettistes ainsi que pour les historiens qui souhaitaient redonner vie au passé. Par ailleurs, depuis le début du siècle, des spectacles visuels sous la forme de fantasmagories, de panoramas et de dioramas avaient préparé et encouragé une expérience collective du passé. Dans les années 1830, les sociétés savantes d'histoire et les musées connurent également un véritable essor, proposant une célébration plus réfléchie d'un passé commun[1]. Dans les théâtres, de nouvelles œuvres faisaient voyager le public dans le passé et dans des lieux exotiques grâce à des intrigues palpitantes et des effets musicaux et visuels somptueux. L'Opéra tarda à s'adapter : les créations sous l'Empire s'appuyaient majoritairement sur des époques et des conventions classiques (cf. Introd., 4.2) et il fallut attendre la fin des années 1820 pour voir la naissance d'un nouveau type d'opéra, dynamique, puissant, mêlant l'art dramatique à l'expérience de la révolution : le grand opéra (cf. chap. 6), sur lequel nous concentrerons notre attention. En effet, si les sujets dits historiques se développèrent et marquèrent durablement les esprits avec ce nouveau genre – qui permettait par ses moyens techniques et humains et par sa recherche du spectaculaire de donner à voir des tableaux vivants du passé –, il importe de rappeler qu'ils apparurent aussi à l'Opéra-Comique, comme l'a montré Marie-Anne Le Roy-Maršálek, en étudiant la représentation du Moyen Âge sur les scènes lyriques parisiennes entre 1810 et 1830[2].

La Muette de Portici (O, 1828) met en scène l'histoire de la révolte de Naples contre le pouvoir espagnol, menée en 1647 par le pêcheur Masaniello désireux de venger sa sœur Fenella (cf. 6.4). Cet opéra mêle motivations politiques et personnelles ; il produit une impression de mouvement et de fuite en avant via la musique et la mise en scène. Une série de danses espagnoles lors du tableau des noces, acte I, évoque l'ambiance à la cour tandis qu'un « chœur du marché » permet de montrer l'énergie des pêcheurs et des jeunes femmes. De manière peut-être plus frappante encore, le duo de Masaniello et de son camarade Pietro, comme un cri de ralliement, déclenche l'insurrection : il fit penser aux chants révolutionnaires des années 1790 et inspira deux ans après la création à l'Opéra ceux entonnés sur les barricades à Paris lors de la révolution de juillet 1830. Ainsi apparaît clairement la relation de miroir que les thèmes historiques présentés sur scène entretinrent avec la société contemporaine. L'éruption du Vésuve qui conclut l'œuvre peut être interprétée comme le jugement divin s'abattant sur des révolutionnaires finalement vaincus, ou comme la représentation symbolique du peuple impuissant, réduit au silence. L'intrigue « inoffensive », du fait de son éloignement géographique et historique, et l'accent mis sur les dilemmes personnels des protagonistes ont permis d'éviter la censure, mais la mise en scène visuelle et sonore de la révolution s'est néanmoins révélée très éloquente. Pendant la monarchie de Juillet, la période s'étirant du XVIe au début du XVIIIe siècle demeura une source majeure d'inspiration historique à l'Opéra. Mais la Révolution n'était jamais très loin dans les esprits, de sorte que les préoccupations contemporaines étaient abordées aussi à travers son souvenir. Comme *La Muette* le démontre, les librettistes devaient faire preuve de prudence afin de ne pas tomber sous le coup de la censure. Leurs récits devaient s'adresser à un large éventail d'opinions politiques – les membres du public n'étant pas tous royalistes ! Si les contenus explicitement révolutionnaires étaient populaires à la fin des années 1820, les conflits religieux firent l'objet d'un engouement particulier de la part du public à partir du milieu des années 1830, à l'époque de Louis-Philippe, en apparence plus tolérant (*La Juive*, 1835 ; *Les Huguenots*, 1836). Au début des années 1840, les personnages de souverains tourmentés apparurent régulièrement sur scène : le roi éponyme de *Charles VI* (O, 1843) d'Halévy, par exemple, ou la reine Élisabeth Ire de *Marie Stuart* (O, 1844) de Niedermeyer. L'opéra à sujet historique, du fait de sa nature réaliste, tend à rejeter le fantastique, excepté en convoquant la sphère du merveilleux chrétien ou en construisant une affabulation (cf. 17.1). Les grands opéras ont continué à aborder des sujets politiques qui faisaient écho de manière frappante aux expériences du public parisien, mais qui étaient tenus à distance par le prisme historique. Sous Louis-Philippe, on disait que la politique étrangère manquait d'autorité et d'aventure. Par ailleurs, les premières tentatives de coup d'État du futur Napoléon III en 1836 et 1840 échouèrent. Ainsi, l'expédition malheureuse du roi du Portugal au Maroc en 1578 (Donizetti, *Dom Sébastien*, 1843) et les complots décrits dans *La Reine de Chypre* (Halévy, 1841) évoquaient le climat politique contemporain.

Les moyens matériels et humains exceptionnels de l'Opéra trouvèrent dans les grands événements historiques mis en scène par le nouveau genre un cadre à leur démesure (cf. 6.1) : chœur (environ 80 personnes), danseurs (environ

30 personnes) et grand orchestre (environ 100 personnes). La musique historique authentique n'était que rarement utilisée, et même lorsque c'était le cas, elle l'était généralement de manière vague ou anachronique (le but étant de créer une impression d'éloignement temporel en utilisant des airs, des danses ou des langages « archaïques » au vu des musiques contemporaines). L'utilisation d'univers sonores caractérisés rendaient compte de l'opposition ou de la spécificité des peuples – les compositeurs pouvant avoir recours à des styles militaires, religieux et exotiques, et à des danses régionales ou nationales (cf. 6.2). D'une certaine manière, l'ampleur des sujets historiques trouva à s'exprimer dans la richesse sonore de l'orchestre, du chœur et des solistes, dans l'art de créer des effets très impressionnants, parfois assourdissants, et dans l'élargissement de l'espace théâtral par des interventions en coulisses et l'évocation d'une multitude agissante ou de peuples à l'approche. Par exemple, dans *Gustave III* (O, 1833) d'Auber, la danse envahit toute l'œuvre, et le dénouement, à la suite du meurtre du roi survenu lors d'un bal masqué, présente un tableau où la scène de l'Opéra semble se multiplier : « Partout le désordre, la confusion : et dans les autres salles où la nouvelle n'est pas encore parvenue, le son lointain des instruments joyeux, tandis que sur le devant l'orchestre fait entendre un roulement lugubre et funèbre[3]. » Proto-cinématographiques dans leur ambition, ces opéras nécessitaient également l'utilisation d'une machinerie scénique innovante, de décors peints et d'effets d'éclairage (cf. 6.5, 13.5). Une grande énergie et des moyens financiers importants étaient nécessaires pour reproduire visuellement et avec justesse un lieu et une période historique donnés, à travers l'architecture, les paysages et les costumes. L'effet produit était saisissant et à certains moments bouleversant, aidant ainsi à faire tomber les barrières entre la fiction et l'expérience vécue, et à créer, comme chez Walter Scott, une communion psychologique avec le passé. Les scènes festives et les marches en grande pompe (notamment la procession dans *La Juive*, située lors du concile de Constance en 1414) étaient particulièrement appréciées et se révélaient d'excellents prétextes aux démonstrations spectaculaires. Un plaisantin déclara dans *Le Courrier français* du 27 février 1835 que l'Opéra était capable d'influencer l'équilibre politique de l'Europe avec ses armées ! Le contrôle étatique exercé jusqu'alors sur le monde de l'opéra perdit peu à peu de sa force dans les années 1850. L'Opéra se retrouva en concurrence directe avec d'autres institutions après que Napoléon III mit un terme en 1864 au système de privilèges établi par son oncle (cf. 1.2). Des œuvres ambitieuses furent jouées au sein des principales institutions lyriques, notamment à l'Opéra-Comique et au Théâtre-Lyrique (cf. chap. 8). Le répertoire varié du Théâtre-Lyrique comprenait quelques œuvres historiques : de la reprise de *Richard Cœur de Lion* (Favart, 1784) de Grétry en 1856 à la première française de *Rienzi* (Dresde, 1842) de Wagner en 1869. Ce dernier présentait la figure d'un consul romain dont les aventures ressemblaient à celles de Napoléon (un héros populiste contre lequel le peuple et l'église se sont finalement retournés, brûlant le Capitole dans lequel Rienzi et quelques adhérents sont restés).

Bien que le répertoire des grands opéras continuât à être joué à l'Opéra bien au-delà de 1900, la production d'opéras historiques connut un déclin marqué (cf. 21.4). En effet, avec le climat de « *realpolitik* » qui s'installa à la suite du Printemps des peuples de 1848 et l'expression d'un nationalisme virulent favorisé par la guerre franco-prussienne au début des années 1870, l'éclectisme du grand opéra et l'illusion qu'il entretenait d'une volonté d'agir semblaient de plus en plus naïfs et déplacés. Par ailleurs, l'infiltration de l'opéra français par les idées wagnériennes dans les dernières décennies du siècle contribua à modifier les sujets autant que l'esthétique lyriques (cf. 9.5, 9.6). Les thèmes de l'histoire moderne et de la guerre furent délaissés en faveur de récits bibliques, de mythes et de tragédies néo-classiques aux échos moins politiques – souvent associés à un imaginaire exotique : *Herculanum* (O, 1859) de David, *La Reine de Saba* (O, 1862) et *Polyeucte* (O, 1878) de Gounod et la reprise d'*Orphée* de Gluck au Théâtre-Lyrique en 1859. Si ces récits se déroulaient souvent dans le passé, ils puisaient leur inspiration bien plus fréquemment dans la littérature et la romance héroïque que dans l'histoire, tandis qu'une attention particulière était portée sur la création d'intrigues plus intimes et plus captivantes d'un point de vue psychologique, typiquement dans *Hamlet* (O, 1868) et *Françoise de Rimini* (O, 1882) d'Ambroise Thomas.

Passé et présent : la voix du peuple

Comme on l'a remarqué, « le grand opéra mit en scène la naissance de sa propre ère, par le recours à divers déguisements historiques[4] ». Bien souvent, cependant, il opposa la terreur moderne de la guerre, la tyrannie et le fanatisme aux souvenirs d'un passé idéalisé. Si *Guillaume Tell* (O. 1829) de Rossini évoque avec force les horreurs effroyables d'une guerre menée contre un oppresseur étranger, la prière chorale finale ouvre sur un monde d'espoir : « Et que ton règne recommence !/ Liberté, redescends des cieux ! » Elle est accompagnée d'un crescendo extraordinaire, qui débute avec deux harpes pour finir avec le *tutti*, alors que le soleil projette son éclat sur le paysage et les gens réunis. En 1829, cela semblait encourager le public à se souvenir des humiliations récentes de Waterloo et de l'occupation de Paris par des forces étrangères au prisme d'un passé idéalisé – offrant de la sorte un espoir face à un avenir incertain. Mais en juillet 1830, lorsque la France fut de nouveau en proie à la révolution, *Guillaume Tell* devint un symbole pour les révolutionnaires modernes. L'année suivante, cet opéra fut remanié en trois (au lieu de quatre) actes pour l'Opéra, avec un chœur final plus triomphant, se terminant sur « Victoire et liberté ! ». Tout comme *La Muette*, il allait être associé à différentes causes nationales tout au long du XIXe siècle.

Le chœur occupait une place centrale dans la manière dont l'auditoire était invité à se projeter au sein de l'œuvre qui se jouait. L'action historique était généralement limitée aux scènes d'insurrection, aux moments de décision collective et de fêtes. Les lieux de confrontation soulignaient la fragilité de la souffrance de l'individu lorsque celui-ci se retrouvait au centre d'événements d'une grande importance historique, sur lesquels il n'avait aucun contrôle. Ainsi, Guillaume Tell et le jeune héros Arnold apparaissent brièvement dans une série de chœurs festifs au début de l'acte I. Le premier chœur est suivi d'une douce barcarolle chantée par un pêcheur, qui provoque la colère de Tell s'insurgeant contre l'occupation autrichienne, et dans les deux chœurs suivants, on apprend l'amour coupable d'Arnold pour la princesse autrichienne Mathilde (ce qui explique sa réticence à combattre). De cette manière, les solistes sont mis en lumière et le lien entre drames personnel et politique est souligné. Lorsque les soldats autrichiens arrivent sur scène avec les villageois helvètes, la situation devient plus complexe : les solistes se rangent du côté de « leur » peuple, exprimant ici le conflit. Le chœur intensifie donc les enjeux. Mais ce n'est pas seulement la présence continuelle du chœur qui est révolutionnaire dans *Tell*, c'est le rôle, tant visuel que musical, qu'il y tient. Par convention, les chœurs se mettent en rang sur scène, à droite et à gauche[5] ; à la fin des années 1820, une nouvelle conception de la mise en scène donne « à tout ce monde, du mouvement, des épées pour les tirer du fourreau, des poignards pour les brandir en l'air, des bras pour étrangler le premier sujet, dans l'occasion ; des jambes pour courir à la délivrance de Naples ou de la Suisse[6] ». Dans *Guillaume Tell*, les chœurs trouvent une nouvelle manière de s'exprimer également par la musique : ils deviennent des participants actifs du drame, interagissant avec les solistes. Cela est manifeste lors de la scène du serment du Grütli à l'acte II : bien qu'ils ressentent encore le besoin d'être rassurés et menés, ils disposent d'une certaine indépendance. La musique est plus exigeante que celle des chœurs précédents, avec de grands sauts intervalliques et une interaction canonique. Une telle représentation du peuple comme force quasi autonome pouvait être choquante[7]. Anselm Gerhard a démontré comment les émotions incontrôlables de la foule dans *La Esmeralda* (O, 1836) de Louise Bertin et *Les Huguenots* (O, 1836) de Meyerbeer étaient ressenties dans le contexte de l'augmentation de la violence de la foule dans les rues de Paris après la révolution de 1830[8]. Les chœurs soulignèrent l'escalade de la violence en France durant la monarchie de Juillet. *Les Huguenots* s'achève ainsi par le massacre de protestants par des catholiques dans les rues du Paris du XVIe siècle lors de la Saint-Barthélemy. La scène pouvait évoquer à la fois l'époque de la Terreur et la peur grandissante de la violence urbaine au sein de la ville moderne[9]. Dans la scène d'ouverture de l'acte III, des Parisiens s'adonnant à leur promenade du dimanche sont interrompus par le rataplan guerrier de soldats huguenots ; le bruit des tambours est interrompu à son tour par les litanies de jeunes filles catholiques ; la tension monte, les voix se combinent (cf. 6.6). La fin de l'ouvrage (déjà commentée, cf. 3.6, 6.5), expose le massacre de la Saint-Barthélemy, évoquant à la fois la force inexorable de l'Histoire et l'impuissance des individus. On pourrait y voir l'impuissance du peuple français face à la violence révolutionnaire.

Durant la décennie suivante, la Révolution est également utilisée comme sous-texte d'un autre grand opéra portant sur le thème du conflit religieux : *Le Prophète* (O, 1849) de Meyerbeer (cf. 6.6). Cette fois, les nombreux chœurs, comme les protagonistes, sont engloutis dans un tableau final catastrophique, interprété par les critiques comme signalant la fin de l'idéalisme révolutionnaire. De nombreux critiques ont souligné le parallèle avec la brutalité de l'insurrection de juin 1848[10]. On observe ici la destruction de la relation entre un peuple qui a besoin d'être guidé dans la formulation de sa volonté collective, et un chef aux motivations purement égoïstes. Jean de Leyde entraîne l'assemblée réunie dans une chanson à boire ; lorsque l'armée impériale fait irruption dans la grande salle, il ordonne la fermeture des portes. Alors que la première explosion retentit, Jean confirme sa vengeance diabolique à ceux qui l'ont trahi – à présent piégés dans le palais avec le peuple, les soldats et lui-même. À la suite d'une explosion plus importante, les murs commencent à s'effondrer, et Jean – rejoint par sa mère, Fidès – transforme son hymne au plaisir en un chant de repentance ; avec sa mère, il entonne en joyeux martyrs : « Ah ! Viens divine flamme ». Leurs lignes vocales élégiaques, graduellement confiantes, offrent un contraste frappant avec l'ostinato du chœur divisé, qui décrit les flammes et se tourne vers l'enfer plutôt que vers le paradis. La confusion musicale reflète bien celle précisée dans les didascalies, alors que les gens tentent d'échapper à la destruction. Cette scène de terreur et de surprise mêlée d'épouvante libère l'émotion ressentie par les personnages présents sur scène ; elle encourage le public à contempler ce spectacle d'horreur totale et le pouvoir destructeur de forces supérieures plutôt qu'à s'attarder sur le destin individuel des personnages. De cette façon, *Le Prophète* s'appuie sur l'exemple d'opéras plus anciens – en particulier l'éruption qui a lieu à la fin de *La Muette* – pour fusionner l'exemple historique et l'expérience vécue via l'excès musical et scénique. Cette scène finale est visuellement construite sur le modèle de *Belshazzar's Feast* (1821) du peintre anglais John Martin, dans laquelle des silhouettes d'individus au premier plan se juxtaposent à un décor monumental : le festin somptueux du premier plan est inscrit dans une architecture grandiose aux allures de temple et l'on aperçoit dans le lointain deux gigantesques bâtisses se dressant dans le ciel, à la manière de deux tours de Babel – le tout étant plongé dans une obscurité déchirée par la lumière céleste. Cette esthétique sublime peut être appréhendée comme la transfiguration cathartique de l'expérience traumatique et de l'angoisse morale liée à la Révolution et à son héritage.

Moderniser l'histoire : la voix de l'individu

L'Africaine de Meyerbeer (cf. 6.6) se déroule à Lisbonne et sur une île dans l'océan Indien aux alentours de 1500. Elle raconte l'histoire du voyage entrepris par Vasco de Gama pour gagner l'Inde. Les problèmes du livret (souvent jugé comme l'un des plus faibles de Scribe) et les solutions qui ont été proposées pour y répondre permettent de comprendre comment et pourquoi les grands opéras historiques étaient de moins en moins à la mode. Plusieurs révisions ne parvinrent pas à rendre l'œuvre entièrement cohérente. L'ouvrage propose cependant un langage mélodique particulièrement riche. John Roberts a suggéré que ce lyrisme plus italien que dans les ouvrages précédents de Meyerbeer devait être appréhendé comme participant à la coloration générale choisie par le compositeur pour représenter un cadre à l'identité portugaise et une intrigue où le thème de l'amour est central[11]. En effet, contrairement aux librettos plus anciens de Scribe, les relations amoureuses sont plus finement travaillées, et Sélika, en particulier, est un personnage dramatique convaincant : on s'intéresse davantage à elle qu'à toute autre héroïne de grand opéra. Meyerbeer écrit ainsi à Scribe : c'est le « combat continuel entre l'impétuosité de son sang oriental et de son amour candide qui me fournira les couleurs musicales pour dessiner son caractère[12] ». En d'autres termes, l'équilibre entre le cadre historique et la psychologie individuelle avait été modifié pour mettre davantage l'accent sur cette dernière, peut-être sous l'influence des opéras italiens.

Comme nombre de ses compatriotes, Donizetti profita de la culture d'opéra éclectique et cosmopolite de Paris. Entre 1837 et 1840 il écrivit, ou adapta, des œuvres à coloration historique pour l'Opéra-Comique, le Théâtre de la Renaissance et l'Opéra (cf. 6.3). *La Favorite* (O, 1840) met en scène un triangle amoureux sur fond d'invasion mauresque en Espagne au XIVe siècle. Mais c'est *Don Carlos* (O, 1867) de Verdi (cf. 8.1, 9.3) qui explora véritablement la géopolitique de l'Europe moderne. Se déroulant dans la France et l'Espagne du XVIe siècle, avec l'avenir des Flandres et du Saint Empire romain germanique au cœur de l'intrigue, cet opéra met en scène le conflit entre l'Église et l'État à travers les dilemmes personnels des personnages principaux. Roger Parker et Carolyn Abbate ont décrit *Don Carlos* comme un grand opéra « à l'envers » : les individus, plutôt que les scènes historiques grandioses, en constituent le point de départ ; et l'expression individuelle menace continuellement de déborder sur l'expression publique[13]. C'est cette attention portée au développement psychologique – particulièrement du roi Philippe II et, dans une moindre mesure, d'Éboli – et son expression musicale efficace qui le font se démarquer des grands opéras de la monarchie de Juillet. Les œuvres de la seconde moitié du siècle (comme *Faust* et *Les Troyens*) eurent tendance à mettre les émotions des personnages principaux au premier plan.

Certains compositeurs continuèrent à établir des parallèles entre l'histoire moderne et les événements politiques récents ; d'autres se replièrent sur la tragédie néoclassique (cf. Introd.) et l'inspiration littéraire. C'est un passé très ancien, renouant avec l'Antiquité, qui fournit un cadre aux grands opéras de Gounod. *La Reine de Saba* (O, 1862) raconte l'histoire d'Adoniram, sculpteur et architecte personnel du roi Salomon, qui tente de s'enfuir avec la reine pour l'épouser, tandis que *Polyeucte* (O, 1878) s'appuie sur la tragédie de Corneille évoquant les martyrs chrétiens. Aucun de ces deux opéras ne rencontra de succès, et même les critiques les plus conservateurs convinrent que le style de Gounod s'était rigidifié avec *Polyeucte*, et que ses personnages manquaient d'épaisseur et de réalisme. Berlioz, pour sa part, s'inspira de Gluck plutôt que de Meyerbeer pour *Les Troyens* (2de partie, TL, 1863), abandonnant l'histoire, telle que les livrets de Scribe l'avaient montrée dans le cadre du grand opéra, pour l'Antiquité (cf. 8.5). Saint-Saëns considérait cependant que les personnages historiques étaient intrinsèquement plus intéressants que les personnages mythologiques. Les événements abordés dans son *Étienne Marcel* (Lyon, 1879) font suite à la défaite des Français à la bataille de Poitiers en 1356. Le héros – une sorte de réincarnation de Masaniello – finit par perdre le contrôle de la rébellion populaire qu'il avait lui-même instiguée. Avec ses scènes de chœur saisissantes, il est difficile d'ignorer les parallèles avec les événements de la Commune de Paris en 1871 ; en effet, le librettiste, Louis Gallet, et le compositeur ont en partie puisé leur inspiration dans la reconstruction de l'Hôtel de Ville de Paris.

Avec *Henri VIII* (O, 1883), Saint-Saëns s'éloigne davantage du modèle de Meyerbeer. Ainsi que l'écrit Thierry Santurenne, « la Troisième République cherche dans l'Histoire l'occasion d'appuyer une légitimité toute récente et encore mal affermie ». Évoquant *Henry VIII*, il fait ce constat : « Le genre quasi moribond du grand opéra présente alors l'intérêt d'offrir aux problèmes contemporains le reflet des temps passés, ce qui est précisément le cas dans cet ouvrage dans lequel on retrouve les préoccupations essentielles de l'idéologie républicaine telles qu'elles suscitent le débat dans l'opinion publique au début des années 1880, c'est-à-dire l'affirmation de la laïcité et, ce qui y est lié, le rétablissement du divorce »[14]. À un premier niveau de l'œuvre, l'attention est portée sur les ambitions politiques de Henry VIII et sur sa rupture avec l'autorité de l'Église catholique. À un deuxième niveau, c'est la tragédie personnelle vécue par Catherine d'Aragon ainsi que l'ascension d'Anne Boleyn qui motivent l'action : leur rivalité jalouse grandit dans une série de confrontations qui rappelle fortement les opéras de compositeurs italiens, tels que Donizetti et Verdi. Sur un plan concernant plus spécifiquement la création d'une couleur historique, l'opéra joue sur les dimensions visuelle et sonore. Le peintre Eugène Lacoste mène une enquête qui le conduit à Liverpool, au château d'Hampton Court, au château de Windsor, puis à la tour de Londres et au British Museum, mais encore, en France, au musée des instruments du Conservatoire de Paris[15]. Saint-Saëns puise dans des mélodies traditionnelles écossaises, irlandaises et anglaises et emprunte un air de William Byrd, créant ainsi une couleur locale quasi authentique.

C'est *Le Cid* (O, 1885) de Massenet, qui marque la fin de l'opéra historique construit sur le modèle du grand opéra des années 1820-1830. Il intègre tous les éléments essentiels du genre : des chœurs importants, de la danse, une forme de couleur locale, une cérémonie religieuse, une procession, une bataille, ainsi que de grandes scènes d'ensemble, des contrastes saisissants et des effets sur l'espace théâtral. En empruntant à diverses sources littéraires, les librettistes ont mis en lumière la romance héroïque au sein du récit historique. La place accordée aux scènes intimes creuse de fait l'écart entre la sphère politique et la sphère privée. Une approche plus naturelle de la prosodie et une transition plus fluide entre la déclamation et le cantabile (et entre la voix et l'orchestre) reflètent les émotions et la psychologie des personnages de manière plus efficace et nuancée. Dans « Pleurez, pleurez mes yeux », par exemple, Chimène fait part de ses émotions contradictoires dans un long duo d'adieu avec Rodrigue, accompagné d'une mélodie jouée par une clarinette. À la fin des années 1880, un style mélodique plus sensible, un vocabulaire harmonique plus riche, et une écriture orchestrale quasi symphonique ont apporté un univers sonore plus moderne qui a permis une transition entre des tableaux d'inspiration historique où le peuple est très présent, et des récits plus intimes s'inspirant de la littérature contemporaine[16]. Le grand opéra se rapprochait ainsi de l'esthétique lyrique que Gounod avait inaugurée dès les années 1850 (cf. 3.1, 8.1, 8.4, 21.4).

(Traduction Mélanie Cournil)

16.4 Représentation et fonction dramatique du religieux
Guillaume Bordry

Les opéras du XIXe siècle accordent une place importante à la représentation du religieux. Celle-ci ne concerne parfois qu'un moment du drame, tandis qu'elle habite en certains cas un opéra tout entier. Collective (scènes rituelles, mariages, cérémonies ou même synode) ou intime (héros ou héroïnes en prière), elle permet la mise en scène d'une parfaite concorde, ou bien celle d'un héros isolé et confronté à l'aveuglement ou à la violence de la foule. Participant du renouveau des sujets et de la sensibilité au début du siècle (cf. Introd.), elle active ainsi toute une série d'émotions et de lieux propres au romantisme. Sur scène, la religion est fonction du livret d'opéra et du sujet choisi ; à l'opéra, elle est aussi faite de sons et de dis-

X. Boisselot, *Mosquita la sorcière* (TL, 1851), morceaux détachés cht-p., Paris : J. Meissonnier, [1851], N° 4 Prière à la Vierge.

cours musicaux. Chorals, fugues, imitation du plain-chant, orgues et cloches sont autant d'éléments sonores qui forment le matériau de ces irruptions du sacré : irruptions, car ces sons et ces codes musicaux pour certains familiers gardent un caractère emprunté et identifiable, distinguant, plus ou moins nettement parfois, l'opéra de l'oratorio. En plus de ces emprunts sonores, notamment dans un temps où la musique de Palestrina fait l'objet d'une attention particulière, l'opéra met en place une forme d'écriture et d'orchestration particulières.

Prières

Dans le feuilleton (*JD*, 12 avr. 1840) qu'il consacre aux *Martyrs* (O, 1840) de Donizetti, Berlioz cite Boileau, qui affirme que « De la foi des chrétiens les mystères terribles/ D'ornements égayés ne sont point susceptibles ». Le futur auteur de *L'Enfance du Christ* (qui est un oratorio) met ainsi en doute la possibilité d'une adaptation des sujets religieux à l'opéra. Même si le genre de l'oratorio religieux connaît de très nombreux exemples au fil du siècle, la Bible, et notamment l'Ancien Testament, fournit de nombreux sujets d'opéra. Joseph, peint par Anne-Louis Girodet quinze ans plus tôt, est le héros de l'opéra de Méhul (OC, 1807), où il incarne la figure du pardon. Dans les scènes de prière, comme celle du cantique « Dieu d'Israël » (acte II), d'une grande simplicité dans la succession et la superposition des chœurs d'hommes et de femmes, Weber entend « la couleur et la vie patriarcale alliées à la pure candeur d'une religiosité ingénue[1] ». Cette « religiosité ingénue », portée par la simplicité harmonique d'un chœur à l'unisson en notes tenues sur un tempo lent, se retrouve par exemple dans le chœur *a capella* « Saints bienheureux » de *La Muette de Portici* (O, 1828) d'Auber. Le bref moment de paix de cette première partie du final de l'acte III contraste avec la virulence de la prise d'armes qui suit, simplement séparé d'un roulement de tambour : « Le sang impur de nos bourreaux / par torrents il faut le répandre ! » Ces moments de paix et d'harmonie, à la couleur musicale particulière, servent ainsi régulièrement, sur le plan dramatique comme sur le plan musical, de contrepoint aux scènes de discorde ou d'agitation, soutenues par de fortes différences de dynamique, de tempo et d'orchestration. C'est « l'hymne du matin » entonné par la grande vestale et reprise par le chœur, dans *La Vestale* (O, 1807) de Spontini ; c'est l'intimité du repas de la Pâque dans *La Juive* (O, 1835) d'Halévy : « Ô Dieu, Dieu de nos pères », avec l'intonation d'Éléazar et la réponse de Rachel et du chœur. Dans *Moïse* (O, 1827) de Rossini, la célèbre prière au dernier acte, juste avant le passage de la mer Rouge, est reprise par Aaron puis par le chœur : la bascule du mineur au majeur illustrant musicalement « le miracle » de la mer Rouge s'ouvrant devant les Hébreux avec, d'après Stendhal, un effet immédiat sur le public[2].

Malgré la méfiance qu'inspirent les « ornements égayés », la représentation du religieux est également l'occasion d'exposer sur scène la pompe, avec décors et riches costumes, par exemple dans le cadre solennel d'une procession : le

THÉMATIQUES CONSTITUTIVES 905

F. Halévy, *La Juive*, cht-p., Paris : Henry Lemoine, s.d., acte II, N° 8 Entracte, prière et cavatine, p. 141.

final de l'acte I de *l'Africaine* (O, 1865) de Meyerbeer s'ouvre sur l'entrée du cortège du grand inquisiteur et des évêques, en un Tempo maestoso sostenuto. Le troisième acte d'*Henry VIII* (O, 1883) de Saint-Saëns représente, comme le décrit Gounod, « la salle du synode, et s'ouvre par une marche procession-nelle d'un caractère majestueux qui accompagne le défilé de la cour et des juges » (*La Nouvelle Revue*, mars 1883). Le long crescendo *maestoso* de l'orchestre

Henri Toussaint (dessinateur) et Auguste Tilly (graveur), « Opéra : Henry VIII, par MM. Silvestre et Détroyat, [...] Le Divorce », *La République illustrée*, 17 mars 1883, p. 165 (détail).

a connu, comme de nombreuses autres scènes remarquables, des adaptations pour orgue ou pour piano qui ont accordé à ce numéro une vie indépendante de l'opéra, notamment dans le cadre religieux (cf. 19.3). Le faste et la solennité, qui permettent l'utilisation de tous les ressorts dont dispose alors l'Opéra de Paris, ne suffisent pas toujours à assurer la qualité du spectacle ; dans le feuilleton déjà cité, Berlioz raille *Les Martyrs*, qu'il qualifie de « *Credo* en quatre actes », où « le luxe de la mise en scène, celui des costumes, de brillants décors, la pompe des cérémonies antiques n'empêchent pas l'opéra nouveau d'être prodigieusement froid et ennuyeux ».

Aux côtés de ces grands tableaux collectifs, l'opéra brosse des portraits singuliers. Un moment attendu du grand opéra est la scène du héros, seul et en prière, qui, à l'aube d'un drame, expose ses inquiétudes et les émotions qui l'animent. Scène à faire pour le librettiste, la prière est également codifiée musicalement. L'air, ou la cavatine, sur un tempo lent, est l'occasion de mettre en valeur un instrument soliste, accompagnant le héros dans sa solitude. Dans *Le Siège de Corinthe* (O, 1826) de Rossini, la prière de Pamyra, « Juste ciel », est accompagnée à la harpe, avant d'être reprise par le chœur et l'orchestre. C'est le même instrument qui accompagne la « prière du matin » de Lakmé aux divinités Dourga, Siva et Ganeça, à l'acte I de l'opéra de Delibes (OC, 1883), célèbre pour son Air des clochettes, qui est, précisément, une Légende sacrée. Le chant orné imitant les clochettes crée un merveilleux exotique, comme les arabesques de la prière de Léïla à la fin de l'acte I des *Pêcheurs de perles* (TL, 1863) de Bizet, partition particulièrement riche en cérémonies religieuses et prières, caractéristiques, pour les spectateurs contemporains, des croyances d'une peuplade « primitive ». Berlioz a insisté sur l'importance des violoncelles, « excellents pour les chants d'un caractère religieux[3] ». « *Und ob die Wolke sie verhülle* », la prière d'Agathe à genoux devant l'autel, dans *Le Freischütz* (Berlin, 1821) – « en vain au ciel s'étend un voile », dans la version française de Berlioz et Émilien Pacini (O, 1841) – est accompagnée par un violoncelle solo : on retrouve celui-ci dans la prière de Guillaume Tell, « Sois immobile », qui s'adresse à son fils et invoque Dieu juste avant la scène de la pomme dans l'opéra de Rossini (O, 1829).

Comme le monologue de la tragédie, la prière est un moment de pause dans l'action dramatique ; une activation particulière de l'air ou de la cavatine par la confrontation du héros à la transcendance, rejouant le Christ au mont des Oliviers, dans une adresse formulée à Dieu, comme l'étrange moine près de la tombe de Charles Quint dans *Don Carlos* (O, 1867) de Verdi ; ou à un saint, comme Rodrigue à Saint-Jacques dans *Le Cid* (O, 1885) de Massenet. La prière du héros est souvent un moment de révélation, de conversion et de transfiguration, avec des effets musicaux qui soulignent le basculement du personnage dans le tragique : c'est Eléazar transfiguré dans la cabalette qui suit « Rachel quand du Seigneur » (« Dieu m'éclaire, fille chère », chanté « avec exaltation »). Dans *Les Huguenots* (O, 1836), Marcel bénit l'union de la catholique Valentine et de son maître protestant Raoul, dans le sombre trio accompagné d'une clarinette basse, conçu comme une profession de foi ; suit une « vision » où les trois personnages sont transfigurés, au son soudain des arpèges de clarinette et de harpes. La prière enclenche la marche du héros vers la mort, lui ouvre le ciel et transforme le personnage en martyr et héros tragique : « Mort je t'aime ! Terre adieu ! » (cf. 6.6).

Conflits

Les prières sont des moments de stase, et précisément utilisés à cet effet. La représentation du religieux est également énergie dramatique, en ce qu'elle est mise en scène de conflits, métaphysiques ou humains. Plusieurs opéras reposent sur l'opposition entre bien et mal, avec, notamment, des représentations effrayantes des forces obscures, qui rejoignent en bien des cas les tableaux fantastiques. *Robert le Diable* (O, 1831) de Meyerbeer (cf. 6.6) est une adaptation très libre de la légende médiévale du fils du diable, ajoutant des traits de Goethe (*Faust*) ou de romans gothiques (*Le Moine* de Matthew Lewis, *Bertram* de Charles Robert Maturin). Pour sa puissance scénique, c'est le mal qui retient l'attention et concentre les effets ; les deux tableaux de l'acte III sont une succession de chœurs infernaux, de danses orgiaques, avec la scène impressionnante de la résurrection, par le diabolique Bertram, des nonnes damnées. L'acte V de l'opéra se termine au pied de la cathédrale de Palerme, par un chœur religieux qui marque la victoire du bien. Toujours sur un livret de Scribe, on retrouvera chez Gounod une autre version inquiétante du fantôme de la nonne et du serment diabolique, dans *La Nonne sanglante* (O, 1854), spectre à qui le héros jure malgré lui fidélité. La scène de l'église de *Faust* (TL, 1859) est sans doute la mise en scène la plus célèbre du combat entre les deux forces antagonistes. Si on perçoit chez Gounod une forme de scission entre les genres et les écritures, et une intégration parfois complexe de l'élément religieux dans l'opéra, notamment dans *Polyeucte* (O, 1878), jugé proche de l'oratorio, cette scène du *Faust* est, « peut-être en partie à son insu[4] », la réussite de cette synthèse. À l'acte III, marqué par trois changements de décor successifs (la chambre de Marguerite, l'église, la rue), l'entrée de l'orgue plante le décor de l'église où a couru se réfugier Marguerite : la prière de l'héroïne est brutalement interrompue par Méphistophélès (« Non, tu ne prieras pas ») et le chœur des démons qu'il convoque, puis par un chœur religieux, à l'unisson, en notes tenues homorythmiques qui paraphrasent le *Dies irae* : « Hélas », chante Marguerite, « ce chant pieux est plus terrible encore »). L'effet de cette irruption du plain chant est, aux dires des spectateurs contemporains, plus efficace et plus frappante que celle qui soutient, vingt ans plus tard, la profession de foi du final de *Polyeucte*, « Je crois en un seul Dieu ».

L'absolutisme de ces conflits métaphysiques se double de conflits humains et d'oppositions entre groupes sociaux. L'opéra use du thème religieux pour les liens qu'il permet d'explorer avec le pouvoir terrestre et la violence. Les grands épisodes de conflits religieux constituent des sujets de livret récurrents. Mettant en scène la Saint-Barthélemy et les antagonismes entre catholiques et protestants, les actes successifs des *Huguenots* marquent une progressive exacerbation de leur opposition, après les éléments grotesques de l'acte I (l'air « Piff ! paff ! pouff ! » de Marcel au milieu de l'orgie et des brimades des soldats catholiques), puis les épisodes galants de l'acte II, dans les jardins de Chenonceau. Le conflit, devenu collectif, s'emballe au Pré aux clercs, entre étudiants catholiques et soldats protestants (« Les païens, au fagot ! » / « au diable tout bigot »), pour conduire, à l'acte V, au massacre, où les chants de prière des protestants, hors scène, sont interrompus par la mort, au son de la cloche de Saint-Germain-l'Auxerrois. La partition installe également une confrontation entre langages musicaux qui ne se fondent jamais, avec l'utilisation du choral « Seigneur rempart et seul soutien », emblème sonore des protestants et véritable personnage musical, qui résonne du début de l'ouverture jusqu'à la catastrophe finale (cf. 6.5). Le grand opéra reflète ainsi les conflits qui traversent la société française du XIXᵉ siècle. Comme chez Verdi, « la recherche d'un climat émotionnel laisse peu de place au débat d'idées complexe ou articulé mais donne une résonance affective très grande[5] » aux préoccupations du public. Les librettistes, Scribe au premier chef, jouent de l'attrait du public pour ces sujets délicats, comme d'autant d'interrogations sur le temps présent[6] (frictions des années 1830 entre juifs et catholiques, entre conservateurs et libéraux). Les œuvres s'inscrivent dans les débats et y font écho, suscitant elles-mêmes des controverses dans leur réception immédiate, sans pour autant afficher, à proprement parler, de point de vue, mais marquant régulièrement les désastres et les tragédies auxquels peut conduire la discorde. L'opéra binarise fortement les positions et les figures : c'est l'intransigeance d'Éléazar, dans *La Juive*, de Marcel dans *Les Huguenots*, ou du personnage de l'inquisiteur dans *Don Carlos*. Le lieu commun de l'anathème, malédiction et punition suprême prononcée par un camp contre un autre, est un exemple récurrent de ces polarisations, de l'« anathème à Gessler » lancé par Guillaume Tell, qui marque le caractère irréconciliable des relations entre Suisses et Autrichiens à la fin de l'acte III, à l'anathème qui vise Vasco de Gama à la fin du premier acte de *L'Africaine*, en passant par celui de Brogni (« Sur eux anathème, Dieu les a maudits ») à l'acte III de *La Juive*, ou par les quintes et les unissons de l'« anathème sur eux », du serment des poignards des *Huguenots*. Théophile Gautier a décrit les opéras de Meyerbeer comme autant d'interrogations successives sur la place de la religion dans la société[7] : « *Robert le Diable*, c'est le catholicisme avec ses superstitions, ses demi-jours mystérieux, ses tentations, ses longs cloîtres bleuâtres, ses démons et ses anges, toutes ses poésies fantastiques ; *Les Huguenots*, c'est l'esprit d'analyse, le fanatisme rationnel ; la lutte de l'idée contre la croyance, du devoir contre la passion, de la négation contre l'affirmation ; c'est l'histoire qui se substitue à la légende, la philosophie à la religion. *Le Prophète*, c'est l'hypothèse, l'utopie, la forme confuse encore des choses qui se sont pas, s'ébauchant dans une esquisse extravagante. Ces trois opéras composent une immense trilogie symbolique pleine de sens profonds et mystérieux : [...] la foi, l'examen, l'illuminisme. La foi correspond au passé, l'examen au présent, l'illuminisme à l'avenir » (*La Presse*, 23 avr. 1849). Garante de l'ordre du monde dans *Robert le Diable*, source de violence et de conflits dans *Les Huguenots*, la religion est corrompue et remise en question dans *Le Prophète*. Ce dernier opéra s'inscrit dans la série des grandes mises en scène d'aveuglement et de fanatisme collectif, déjà représenté dans *La Juive*, qui s'achève sur le martyre de Rachel (cf. 17.6), ou dans *Don Carlos*, avec l'autodafé de l'acte III (cf. 9.3). Le spectacle de la foule assoiffée de violence, manipulée par des personnages d'inquisiteurs ou par un clergé aveugle et dogmatique, figures pour une part empruntées à l'histoire (cf. 16.3), sont autant d'exaltations de la tolérance du présent, avec une récurrente idée, sous-jacente, de séparation de la religion et du pouvoir politique. Souvent, à côté de ces conflits manichéens, les opéras mettent en scène des figures, féminines, de concorde ou de réconciliation, comme Marguerite dans *Les Huguenots* ou Fidès dans *Le Prophète*[8].

Transgressions

Les emprunts à l'histoire permettent ainsi d'aborder de biais les thématiques du temps présent. Les opéras sont ainsi traversés par les interrogations politiques et sociales du siècle (cf. 16.3), par les fractures et des évolutions de la société française : emprise et perte d'influence de la religion catholique, montée de l'anticléricalisme et de la laïcité, analogie entre amour religieux et érotisme. Comme le dit Gautier, dans le feuilleton déjà cité à propos de Meyerbeer, chaque opéra « se rapporte exactement au sens historique de l'époque où il a été fait ou joué ». La représentation est ainsi l'occasion d'une mise en question. *Henry VIII* de Saint-Saëns, dont le héros rompt avec la papauté, aborde ainsi le sujet du divorce (cf. 16.3). Au fil du siècle se dessine, à grands traits, cette mise à distance progressive du religieux, qui n'échappe pas, à l'opérette notamment, au traitement humoristique et parodique. Le couvent est une cible régulière[9], traitée avec légèreté dans *Les Mousquetaires au couvent* de Louis Varney (BP, 1880), où l'amusante prière du final de l'acte I est bien éloignée des exemples cités plus tôt, voire de façon plus virulente dans *Mam'zelle Nitouche* (TV, 1883) d'Hervé, avec l'invocation parodique à la sainte patronne de l'héroïne, qui est évidemment sainte Nitouche :

Sainte Nitouche, ô ma patronne,
Ah ! Sauve-moi, chère madone !
Et je te promets qu'avant peu
Je deviendrai sage... s'il plaît à Dieu !

Est-ce cette mise à distance progressive du religieux qui retarda longtemps la création française et parisienne de *Samson et Dalila* de Saint-Saëns (Weimar, 1877 ; Rouen, 1890) ? Entre l'oratorio et l'opéra, faisant la part belle à l'écriture fuguée dans ce sujet biblique, l'ouvrage est pourtant frappant dans la représentation de la passion et de la volupté qu'il offre, notamment à travers la figure de l'héroïne[10]. En cette fin de siècle, le lien entre religion et volupté se retrouve régulièrement dans les opéras de Massenet, qui reflètent l'esprit laïc de la IIIe République[11]. Dans *Hérodiade* (la Monnaie, 1881), le duo d'amour entre Jean-Baptiste et Salomé est une prise de liberté sensible sur le récit de l'évangile, dont les pages sont « indignement travesties et profanées[12] ». Dans *Manon* (OC, 1884), l'abbé des Grieux n'inspire pas que des pensées célestes aux paroissiennes, qui se pâment après son homélie à l'acte III ; rompant avec l'introït lent de l'orgue, rideau baissé, surgit un chœur rapide et fugué :

> Quelle éloquence !
> L'admirable orateur !
> [...] Et dans sa voix quelle douceur !
> Quelle douceur, et quelle flamme !
> Comme en l'écoutant...
> La ferveur pénètre doucement jusqu'au fond de nos âmes !

On peut voir dans le principe même de l'écriture et de la composition de *Thaïs* (O, 1894), dont la méditation explore « la veine sensuelle de la musique religieuse[13] », l'exploration des frontières, poreuses, qui séparent érotisme et amour religieux.

La représentation du religieux constitue donc un élément essentiel du spectacle d'opéra, à la fois par les tableaux qu'elle permet de dresser, les scènes attendues qu'elle porte, les langages musicaux qui l'accompagnent. Elle offre de surcroît un élargissement de la palette expressive sur laquelle puisent librettistes et compositeurs et répond au goût du XIXe siècle pour la caractérisation stylistique ou la création de « couleurs locales[14] ». Élément dramatique, elle est au principe de conflits, de scènes de violence, et renvoie une image des évolutions de la société française et de la place que cette dernière accorde à la religion. Si l'opéra semble refléter le recul de la place du religieux dans l'espace public, il préserve, au fil du siècle, des scènes de piété simple, comme la prière de Vincent, « Anges du paradis », dans *Mireille* (TL, 1864), ou la lecture presque naïve de l'Évangile par Polyeucte, sur une seule note, accompagnée par un hautbois : « Jésus dans ce temps-là naquit à Bethléem » ; des scènes de dévotion populaire comme dans *Dinorah ou le Pardon de Ploërmel* (OC, 1859), où le chœur à la vierge, d'après Berlioz, « a bien le tour simple et pieux qu'on s'attend à trouver dans un cantique de paysans bretons ! » (*JD*, 10 avr. 1859) Berlioz décrit admirablement le retour de ce thème religieux, à la fin de l'opéra. Il marque le retour à la raison de Dinorah, comme la réminiscence d'un souvenir lointain, et suscite chez l'auditeur une « satisfaction douce, semblable à celle qui vient tout à coup inonder le cœur de la jeune fille » : comme un souvenir d'enfance, ou à laquelle cette religiosité est associée. On retrouvera des exemples proches chez Massenet, au tout début du XXᵉ siècle, dans *Griselidis* (OC, 1901) ou dans *Le Jongleur de Notre-Dame* (MC, 1900).

16.5 L'IMAGINAIRE MÉLODRAMATIQUE
Olivier Bara

Selon une définition restrictive, le mélodrame est une forme musicale où la parole déclamée par un récitant ou un acteur alterne avec la musique ou se superpose à elle ; inventé par Rousseau avec *Pygmalion* (Lyon, 1770), le mélodrame ainsi conçu, également appelé « mélologue » (*melos/logos*), est illustré par Benda (*Ariadne auf Naxos*, Gotha, 1775) ou Berlioz (*Lélio*, Paris, 1832)[1]. Plus largement, le mélodrame est un genre dramatique dont René-Charles Guilbert de Pixérécourt serait l'inventeur au tournant des XVIIIᵉ et XIXᵉ siècles. Théâtre parlé intégrant une musique de scène originale, le mélodrame se caractérise par le déploiement spectaculaire d'un langage dramatique non strictement verbal : décors, objets scéniques, costumes, mise en scène, pantomimes soutenues par l'éloquence de l'orchestre. La nouveauté du genre, à l'orée du XIXᵉ siècle, réside dans l'association étroite entre les différents modes expressifs conjugués. Toutefois, le « mélo » peut sortir du genre du mélodrame pour désigner par exemple, au XXᵉ siècle, un film : on joue sur les connotations de l'adjectif « mélodramatique » renvoyant tantôt à une thématique larmoyante associée à des personnages pathétiques (victimes confrontées à des figurations du Mal), tantôt à une esthétique fondée sur la quête de l'effet : des décharges émotionnelles sont produites chez un spectateur placé en état de sidération. Dans son ouvrage désormais classique, *L'Imagination mélodramatique*, Peter Brooks a analysé la manière dont le mode *mélodramatique* d'expression et de perception du monde a innervé l'écriture romanesque, y introduisant à la fois une écriture de l'excès et une « démocratisation de la morale et de ses signes[2] ». Concevant à son tour le mélodrame comme une matrice de formes, de langages et de thèmes, Sarah Hibberd, dans *Melodramatic Voices : Understanding Music Drama*[3], fonde son étude sur le constat d'une circulation large des langages mélodramatiques, de l'opéra jusqu'au cinéma en passant par plusieurs productions de la culture de masse. Le mélodrame n'est plus un genre, ni une forme ; il devient, pendant plus d'un siècle, l'aliment d'un imaginaire collectif.

Au commencement, le mélodrame

Le drame du XVIIIᵉ siècle, à travers les théories et les pratiques de Diderot, a mis en avant l'expressivité du corps dans un espace de représentation clos par le « quatrième mur », gage d'une illusion refondée et, partant, d'une forte participation émotionnelle du public. La circulation contagieuse des émotions dans la salle de spectacle naît de l'« esthétique du tableau[4] » où signes visuels et sonores convergent en vue de l'édification morale du spectateur, saisi par des moments dramatiques paroxystiques[5]. Pixerécourt est l'héritier de la révolution du drame lorsque, dans la période révolutionnaire, il conçoit une nouvelle articulation de l'action (*drama*) et de la musique (*melos*). Dans ses études fondatrices consacrées à la musique du mélodrame et à ses influences sur l'écriture opératique, Emilio Sala[6] a souligné la parenté étroite qui unit l'opéra-comique français et le mélodrame à ses origines. L'insertion de « mélodrames », en tant que déclamation ou pantomime avec orchestre, se généralise pendant les deux dernières décennies du XVIIIe siècle. À l'acmé de l'action dramatique, une scène dialoguée ou mimée voit sa charge sensible et symbolique décuplée par une musique instrumentale éloquente. Ainsi, lors de la scène finale d'attaque du château dans *Lodoïska* (Feydeau, 1791) de Cherubini, des bribes de dialogue parlé alternent avec la musique narrant les phases du combat. La pratique se poursuit dans l'opéra bien au-delà de la période révolutionnaire. Dans *Manon* (OC, 1884) de Massenet, où est explorée une grande diversité de formes d'expression vocale, les phrases parlées sur un fond orchestral font entendre des mélodrames « sur des tenues harmoniques de caractère neutre » ou « sur des harmonies qui ajoutent au sens des mots », « sur des phrases mélodiques neutres » ou « sur des motifs expressifs »[7] qui peuvent parfois démentir la neutralité des mots. Dans *La Fille de Tabarin* (OC, 1901) de Gabriel Pierné, un moment mélodramatique est offert au génie dramatique du baryton Lucien Fugère. À la scène 7 de l'acte III, Tabarin décide de se suicider car son identité de comédien empêche sa fille Diane d'épouser un aristocrate. Sa pantomime, minutieusement décrite sur le livret, est soutenue à l'orchestre par un Andante tranquillo espressivo de 28 mesures, avec solo de cor anglais, ponctué seulement par le « Allons ! » de Tabarin, noté « presque parlé » et *piano*[8]. Le modèle lyrique de la pantomime accompagnée par l'orchestre, à l'échelle d'un opéra entier cette fois, est offert par *La Muette de Portici* d'Auber (O, 1828) où l'héroïne s'exprime par une gestuelle que relaie la musique (cf. 6.4).

Les échanges transgénériques entre opéra et mélodrame s'observent au début du XIXe siècle : le livret de *Guillaume Tell* (Favart, 1791) de Grétry est d'abord conçu par Sedaine sous la forme d'un drame accompagné de musique avant de se faire opéra-comique. Inversement, c'est en transformant un livret d'opéra-comique que Pixerécourt aurait créé le mélodrame : « drame lyrique taillé sur le patron des pièces de Sedaine [...] *Victor ou l'Enfant de la Forêt*, le premier-né des mélodrames modernes, était un opéra reçu au Théâtre Favart et dont Solié avait composé la musique [...][9] ». La suppression des parties chantées aurait rendu possible la représentation de la pièce à l'Ambigu-Comique en 1798, même si le remaniement a été, en réalité, beaucoup plus profond[10]. Les succès des scènes mélodramatiques parisiennes fournissent enfin des sujets lyriques, au début du siècle : *Le Solitaire* (OC, 1822) de Michele Carafa puise dans le roman homonyme du vicomte d'Arlincourt (1821) médiatisé par des mélodrames tirés de la même œuvre et donnés aux théâtres de la Gaîté, de la Porte-Saint-Martin, de l'Ambigu-Comique[11]. *Le Château de Loch-Leven*, mélodrame de Pixerécourt d'après Walter Scott (1822), devient *Marie Stuart en Écosse* (OC, 1823) de Fétis ; *Le Château de Kenilworth* joué à la Porte-Saint-Martin en mars 1822 d'après le même Scott fournit le sujet de *Leicester* (OC, 1823) d'Auber. Le phénomène se tarit après 1830 lorsque l'opéra absorbe l'imaginaire et le langage mélodramatiques au point de renoncer aux emprunts directs des sujets.

Rhétorique de l'excès

Le spectacle oculaire et sonore du mélodrame, opéra pour le peuple, est « un théâtre de l'ordre[12] ». Le mélodrame a été souvent interprété en termes sociopolitiques comme un genre conservateur, voire réactionnaire : « La société est le bien absolu, et tout mal dont l'origine serait socio-politique est comme laminé entre le mal moral que secrète le méchant, et le mal naturel, celui des grandes catastrophes imprévisibles et inévitables[13]. » Il se caractérise par l'articulation entre moralisme et subversion grâce à « une esthétique prônant les vertus cardinales dans le comportement et les vertus de l'excès dans la forme[14] ». Les travaux les plus récents, dus à Roxane Martin[15], s'intéressent à cette forme et à la modernité du langage expressif du mélodrame, fondé sur une savante articulation des signes verbaux et non verbaux visant la création de *climax* émotionnels. La première substance mélodramatique absorbée par l'opéra est la dramaturgie de l'excès. Celle-ci se fonde sur une logique de surenchère menant à une catharsis non aristotélicienne : « On est dans l'imaginaire de la crise, c'est-à-dire d'un choc synonyme de déversement, et d'une catharsis pensée non pas comme épuration par l'ascèse, mais comme purgation du trop-plein par l'excès d'émotion[16]. » Les « techniques du mélodrame » intègrent « l'intensité par la recherche de la tension, la conflictualité par la recherche systématique du contraste, et enfin le mouvement par la priorité accordée à l'action »[17].

L'inspiration mélodramatique de l'opéra, en plein désenchantement romantique, lutte à la fois contre l'affaissement des énergies et contre la déflation du sens. Tel est l'effet produit, selon la représentation romanesque de Balzac, par le final de l'acte III de *Robert le Diable* (O, 1831) de Meyerbeer au moment où Bertram éveille les nonnes défuntes pour leur faire danser la bacchanale : « Je tressaille encore [...] aux quatre mesures de timbales qui m'ont atteint dans les entrailles et qui ouvrent cette courte, cette brusque introduction où le solo de trombone, les flûtes, le hautbois et la clarinette jettent dans l'âme une couleur fantastique. Cet andante en *ut* mineur fait pressentir le thème de l'invocation des âmes dans l'abbaye, et vous agrandit la scène par l'annonce d'une lutte toute spirituelle. J'ai frissonné[18]. » Une semblable expérience sensorielle, née du transfert dans le langage sonore et visuel moderne de l'ancienne hyperbole épique, est offerte aux spectateurs de l'Opéra-Comique. *L'Étoile du Nord* (OC, 1854) de Meyerbeer recourt à des instruments rares et à un jeu de spatialisation sonore. Dans l'ouverture, un second orchestre résonant sur le théâtre est formé de trois cornets à piston, deux petits saxhorns, deux trompettes à pistons, trois saxhorns, baryton, basse, contrebasse. Le deuxième final repose sur un effet saisissant de gradation sonore et dramatique. Une succession de plans sonores excite graduellement les sens des spectateurs jusqu'à la saturation obtenue par la reprise ensemble des segments entendus : serment, marche sacrée, pas redoublé et fanfare[19]. Dans le grand opéra, la partition peut modeler la perception spatiale : au final de l'acte I d'*Henry VIII* (O, 1883) de Saint-Saëns, le relief sonore génère un dé-triplement de l'espace tandis qu'une marche funèbre accompagne Buckingham à la mort sous les fenêtres du palais : s'articulent un *De profundis* hors-scène, les échanges entre personnages à la fenêtre ou à l'avant-scène. Du mélodrame provient cet « empilement vertical des signes de la représentation, principe essentiel de l'esthétique lyrique du XIXe siècle français, [qui] permet une intensification du *moment scénique*[20] ».

La logique de convergence peut céder la place à une rhétorique du contraste qui déplace vers la perception sensorielle la déchirure morale exposée sur scène. Dans le dernier final du *Pré aux clercs* (OC, 1832) d'Herold, le transport nocturne du corps de la victime du duel, sur la Seine, soutenu par le roulement sourd des timbales et l'unisson des altos et des violoncelles en *scordatura* (les altos baissant leur *ut* en *si* bécarre), contraste avec le rythme trépidant de la danse et de la liesse collective[21]. Une même rhétorique contrastive, sonore et visuelle, caractérise la fin des *Pêcheurs de perles* (TL, 1863) de Bizet, lorsque les deux amants, Nadir et Léïla, sauvés du bûcher, s'enfuient en chantant le thème du duo de l'acte I, « Oui c'est elle, c'est la déesse », marquant ainsi la résolution du conflit amoureux, tandis qu'un incendie détruit le camp des pêcheurs et que Zurga reste seul au milieu de la scène (final qui sera remanié après la mort de Bizet). Dans l'opéra français du second XIXe siècle, le contraste musical, gestuel et scénique exacerbe volontiers la tension entre le profane et le sacré, entre les appétits terrestres et l'appel divin, comme dans la scène de la cathédrale à l'acte IV de *Faust* (TL, 1859) de Gounod ou à la fin de *Thaïs* (O, 1894) de Massenet. L'influence du réalisme et du vérisme sur l'opéra fin de siècle accentue encore la rhétorique contrastive. Dans ce repertoire, les auteurs misent désormais sur la rapidité et la sécheresse des actions représentées : le dénouement de *La Navarraise* (OC, 1894) de Massenet, à la « partition sur-expressive[22] », oppose brutalement la sonnerie du tocsin dans le lointain et le rire fou d'Anita, le cadavre d'Araquil sur la scène et la petite vierge de plomb brandie par la Navarraise.

Motifs de la reconnaissance et de la vengeance

Selon une approche structuraliste, on a défini le mélodrame à partir d'une grammaire de thèmes et d'une syntaxe de situations : « Le thème de la persécution est le pivot de toute intrigue mélodramatique. La distribution manichéenne des personnages s'opère en fonction du traître qui personnifie cette persécution. Avant son arrivée, le monde donne le spectacle de l'harmonie ; après son châtiment, les malentendus se dissipent [...][23]. » Il faut apprécier la souplesse dans le maniement des motifs : persécution et vengeance, rébellion et soumission, enfermement et libération, perte identitaire et reconnaissance sont déclinés sur la scène lyrique durant tout le siècle. Un schéma fondamental mène des menaces pesant sur l'innocence à la chute de la victime puis à sa délivrance finale : l'action conduit de l'enlèvement à la claustration puis au sauvetage[24], avec punition du Méchant et réintégration des Bons. *Camille ou le Souterrain* (Favart, 1791) de Dalayrac, *Le Maçon* (OC, 1825) d'Auber jouent sur ce canevas élémentaire. Un autre schéma mène d'une perte d'identité au retour à soi et aux siens par une scène de reconnaissance, d'autant plus efficace qu'elle est brutale : la « voix du sang » retentit dans *Léocadie* (OC, 1826) d'Auber tandis qu'un simple chant rappelle le passé enfoui dans *La Dame blanche* (OC, 1825) de Boieldieu (cf. 7.3). La reconquête de la mémoire est encore mise en scène dans *L'Étoile du Nord* de Meyerbeer alors que l'héroïne du *Pardon de Ploërmel* (OC, 1859), du même compositeur, échappe à la folie. Signe de son caractère topique : l'instrument de la reconnaissance mélodramatique est cité dans le titre de *La Croix de Marie* (OC, 1852) d'André Maillart, sur un livret co-signé par Adolphe d'Ennery, maître du genre mélodramatique[25].

« L'intelligibilité du mélodrame suppose que l'action apparaisse clairement comme une transgression et la réaction comme la réparation complète de cette transgression. [...] La vengeance apparaît dès lors comme le moteur principal, si ce n'est de l'action, en tout cas du drame[26]. » Deux schémas de la vengeance nourrissent l'action lyrique au XIXe siècle. Le premier naît d'un acte d'oppression collective dirigé contre un groupe dont le héros ou l'héroïne se décrète vengeur singulier, transformant le cycle des vengeances en loi historique. Dans *La Juive* (O, 1835) d'Halévy, l'orfèvre juif Eléazar est précipité par la persécution religieuse et politique dans une logique de vengeance : il ne révèle l'identité de Rachel à son père biologique, le cardinal oppresseur des Juifs, qu'après la mort de celle-ci. Ce schéma « vengeur » dominé par le choc des communautés (religieuses, culturelles, politiques) est prédominant dans un siècle marqué par la constitution des nations modernes. Le second schéma est celui de l'offense personnelle et de la vengeance individuelle, dirigée contre un individu ou contre un groupe tout entier par un sujet vindicatif marqué par l'*hybris*. Le modèle « mélodramatique » romanesque en est offert par Dumas dans *Le Comte de Monte-Cristo*. Dans *Le Roi d'Ys* (OC, 1888) de Lalo, Margared se révolte contre la raison d'État qui amène son père, le roi, à lui faire épouser, au nom de la paix publique, l'ennemi du royaume, Karnac. Elle pactise avec ce dernier pour organiser une vengeance commune : ouvrir les vannes afin que les flots de la mer submergent la ville d'Ys. À l'acte II, l'éclatement de la rage de Margared (« J'ai trop lutté. Enfin, ma douleur éclate ! ») se traduit par un chant déclamatif tendu, en un arioso où aucune ligne mélodique ne s'impose. Dans une sorte de transposition du style haletant du mélodrame, l'air est caractérisé par les scansions de l'orchestre, dominé par une cellule rythmique répétée par les cuivres, qui hachent la parole[27].

Le mélodrame est « un exercice périlleux qui tend à la jouissance de l'instant-limite, où le sublime, à tout moment, risque de tomber dans l'outrance[28] ». L'écriture mélodramatique suppose une rupture dans le discours : une trouée se produit dans l'ordre connu ; surgit la démesure, terrifiante et sublime. Aussi le ridicule menace-t-il lorsque les mauvaises conditions techniques de la représentation rompent l'emportement émotionnel recherché. Le tableau des fantômes du Rhône à l'acte III de *Mireille* (TL, 1864) de Gounod, où le criminel est entraîné par les flots, aurait déclenché l'hilarité à la création : « Les poulies mal graissées du truc firent entendre des grincements ridicules qui dominaient la sonorité des instruments[29]. » La parodie du mélodrame est alors aisée et nourrit la *vis comica* d'un opéra. *Ma tante Aurore* (OC, 1803) de Boieldieu joue à démystifier l'univers romanesque et gothique où s'abreuve le mélodrame. Sous le Second Empire, Meilhac et Halévy misent volontiers sur le recyclage parodique de l'imaginaire mélodramatique. *Les Brigands* (TV, 1869) d'Offenbach fait revenir des figures de bandits de mélodrame qui avaient déjà hanté *Fra Diavolo* (OC, 1830), *Les Diamants de la couronne* (OC, 1841) ou *Marco Spada* (OC, 1852) d'Auber.

Éthique, ontologie, métaphysique

L'imaginaire mélodramatique se plaît à se figurer le sujet humain saisi dans ce qui est supposé le constituer *absolument*. Il s'attache au geste ou au mot susceptible de révéler l'essence d'un être rendu à sa vérité ontologique ou à l'univers éthique qu'il est chargé de (re)fonder : « L'attitude mélodramatique vise à réaffirmer péremptoirement un engagement, un sens et une valeur qui n'ont plus aucun caractère d'évidence s'ils ne sont supportés par la plénitude du geste[30]. » Dans le dernier final de *Samson et Dalila* (Weimar, 1877 ; Rouen, 1890) de Saint-Saëns, Samson, aveugle, les cheveux coupés, retrouve soudainement, par l'intervention du dieu d'Israël, la force de renverser les piliers du temple et d'écraser les Philistins avec lui : le geste vaut refondation de l'être avant la mort et manifestation d'une justice transcendante dans l'espace matériel de la scène. Dans *Don Carlos* (O, 1867) de Verdi, l'infant tente, face à l'empereur, d'affirmer spectaculairement une telle plénitude d'être en défendant les Flamands opprimés, au point de dégainer son épée face à Philippe II en une attitude de défi. Mélodramatique dans sa démesure, le geste condamne le personnage. Ce dernier ne peut être sauvé au dénouement que par une nouvelle manifestation mélodramatique, absente de la pièce-source de Schiller : du tombeau de Charles Quint sort un moine (l'empereur lui-même ?) qui entraîne le héros dans l'enceinte sacrée. La Providence se manifeste même dans les destinées historiquement scellées.

Héritier d'un théâtre religieux en un siècle de sécularisation de la société, l'imaginaire mélodramatique « exprime, et se fonde, sur l'anxiété apportée par l'effrayant monde nouveau dans lequel le cadre traditionnel de l'ordre moral ne joue plus son rôle nécessaire de lien social. Il met en scène le pouvoir de cette anxiété avec le triomphe apparent de la traîtrise, et le dissipe dans la victoire finale de la vertu. Il démontre encore et encore que les signes des forces éthiques peuvent être découverts et peuvent être rendus lisibles[31] ». Le spectacle privilégie alors la mise en scène d'un univers « habité par des forces éthiques cosmiques[32] ». Le déchaînement des forces de la nature se fait manifestation allégorique du désordre moral. L'orage, héritée des anciennes tragédies « à machines » (cf. t. 1, 1.4), constitue un clou dans *Marie* (OC, 1826) d'Herold ou dans *Le Pardon de Ploërmel*. Le cataclysme peut être de nature volcanique comme au dénouement de *La Muette de Portici*, où l'éruption du Vésuve est à la fois la manifestation, dans l'ordre de la nature, de la révolte populaire et sa punition.

À la fin du siècle, Victorien Sardou – qui va notamment inspirer le très francophile Puccini et écrire le livret des *Barbares* (O, 1901) de Saint-Saëns – déplace les données du mélodrame en effaçant sa portée métaphysique : le drame sardovien repose sur une évocation « de l'ordre de l'hallucination » ; « toujours concret », étranger au surnaturel, ce théâtre mise sur l'objet, « accumulateur d'affects et d'énergie » ainsi que sur le corps du comédien[33]. L'imaginaire mélodramatique s'en trouve refondé, plaçant résolument le sublime dans l'ordre des passions et de leurs manifestations physiques. Parallèlement, l'esthétique naturaliste transfère vers le *milieu* déterminant le jeu des forces agissant sur les êtres. Dans *Louise* (OC, 1900) de Charpentier, la ville de Paris est traitée comme un personnage à la fois protecteur et menaçant ; le monde urbain moderne, amoral, remplace les puissances invisibles qui fondaient auparavant l'*ordre* mélodramatique.

16.6 La légèreté en question

Julien Labia

Du manque du monde de l'œuvre à celui de l'œuvre de ce monde, qui en expliquerait le rire

Si connaître un monde consiste avant tout à en connaître les règles, écrire sur la légèreté est presque impossible. On trouve peu de traités réels bien qu'il y ait eu des commentateurs d'époque et une réception critique très abondante. Les catégories qui composent le comique, balayant le spectre de la légèreté au divertissement, du rire au sourire, seraient l'objet de débats presque infinis si on prenait au sérieux autant qu'il le mérite le problème du comique en général. Les études approfondies en ce domaine restent rares[1], même si beaucoup ont tenté de remédier à l'absence de la seconde partie de la *Poétique* d'Aristote, censée traiter du comique. Il faut souligner par ailleurs la lourde dimension pratique de ce qui fait rire, notamment dans la tradition liant des emplois et des chanteurs (cf. 2.6), comme les Anglais, du Milord de *Fra Diavolo* (OC, 1830) d'Auber au John Styx d'*Orphée aux Enfers* (BP, 1858) d'Offenbach. Le rire oppose donc au théoricien l'obstacle double des attentes (facilement déçues) et des moments attendus (au succès facile). Les créateurs eux-mêmes semblent s'y être perdus : les difficultés rencontrées par l'extraordinaire *Béatrice et Bénédict* (Bade, 1862) de Berlioz peuvent s'expliquer par le fait que le compositeur aurait écrit son opéra-comique sans prendre en compte les attentes du public du temps[2]. Cela révèle l'existence de lois du genre sûrement plus tacites qu'on ne l'imagine. La tradition normative française semble avoir toujours été contraignante, et on doit se garder de penser qu'il n'existait pas pour la légèreté des attentes très déterminées, issues d'une volonté de codification ou de calibrage forte malgré l'absence de traités proprement dits. Le chercheur comme l'amateur doit en la matière se résoudre à aspirer à retrouver un mouvement vivant d'attente (conservatrice par vocation) et de plaisir (novateur ou transgressif par fonction) qu'il faut se résoudre à ne jamais reconstituer ni retrouver tel qu'il fut. Le comique, qu'il soit lourd ou léger comme le rire peut être aérien ou gras, s'efface irrémédiablement. On ajoutera de nombreux cas très problématiques : la scène centrale de l'acte III du *Prophète* (O, 1849), dont le style délibérément *buffo* sert avant tout à appuyer l'ironie et *in fine* le pessimisme de Meyerbeer. On peut y rire, y sourire, peut-être même se divertir d'une vision du monde aussi sombre. Qui oserait pourtant dire qu'il y trouve de la légèreté ? Au tout début du siècle, Hegel pensait déjà voir dans la comédie un phénomène d'une importance philosophique comparable à son pendant tragique, sorte de « calvaire joyeux[3] ».

Il faut au chercheur comme à l'amateur admettre qu'il ne manque pas seulement le monde où le genre de la légèreté, l'opéra-comique, fleurit avant tout : il nous manque aussi une partie réelle des œuvres même qui lui appartenaient. On peine à les retrouver telles qu'elles furent, car une grande partie de ce qui les constitue fait défaut. Les plus grands succès d'Auber ne contiennent finalement pas tant de musique. Ils sont même incompréhensibles sans le dialogue parlé, l'action devenant obscure sinon absente, l'intrigue perdant de son comique propre. Il faudrait se demander ce que sont donc les œuvres de l'opéra-comique à proprement parler, puisqu'on ne saurait les réduire aux seules partitions. Du point de vue de ce qu'on appelle aujourd'hui l'ontologie de la musique – c'est-à-dire ce domaine du savoir où l'on tente d'établir *ce que c'est que d'être*[4] pour ces œuvres –, il faudrait leur ajouter toute une partie 1° qui n'est pas à proprement parler ou strictement musicale et 2° dont les traces font défaut, puisqu'il nous manque la manière dont les dialogues étaient joués et la manière dont la musique était chantée. On ajoutera également qu'il n'est pas certain que la manière dont ces œuvres étaient dites provoquerait encore notre rire : pour qu'il y ait ce décalage d'où naît le rire, il convient qu'un rapprochement avec le temps du spectateur contemporain soit possible. Les situations comiques demeurent en grande partie étrangères à la musique, et l'aspect le plus drôle n'est pas toujours (et parfois fort peu) celui qui passe par elle à proprement parler.

La piste des pratiques ou la remise en action

Par cette expression, nous entendons un peu de la formule célèbre de Nelson Goodman « l'art en action », soulignant la différence entre ce que sont les œuvres et ce qu'il faut pour qu'elles fonctionnent. On ne saurait négliger naturellement la piste sérieuse des reconstitutions des pratiques d'époque pour retrouver ces œuvres musicales du passé dont la pratique effective a disparu. En ce qui concerne le jeu d'acteur et tout particulièrement la partie sans musique de l'opéra-comique, le théâtre du XIXe siècle, pourtant si important par sa quantité et sa présence dans le quotidien de l'homme de ce temps, reste trop peu connu. Nous manquons également d'une pratique réelle, visuelle[5], active de ce type de théâtre : nous ne voyons pas et ne jouons plus ce répertoire courant duquel le théâtre lyrique devait se détacher, suivant une longue tradition française[6]. Des thématiques légères comme les relations entre bourgeoisie et aristocratie, la présence de brigands, d'étrangers en visite ou celle de petits métiers sur scène, s'éclaireraient en leur compagnie. Peut-être pourrions-nous mieux distinguer ainsi ce qui serait proprement original en ce genre de ce qui n'y serait que banalité ou ordinaire. Il est cependant probable qu'en plus de ce qui apparaîtrait drôle ou divertissant, ce qui de notre point de vue définirait le genre aurait pu être négligé, justement, par un théoricien de ce domaine immergé dans son époque. Mais on ne pourrait évaluer cette appartenance qu'une fois l'effet pleinement reconstitué, et nous en sommes très loin : dans un public entier se divertissant à *La Belle Hélène* d'Offenbach, combien de spectateurs contemporains sont-ils amusés parce qu'ils y reconnaissent les différentes parodies du *Guillaume Tell* de Rossini ? On peut penser qu'il existe un paradigme du répertoire comique, soit des règles et attentes spécifiques n'apparaissant pas nécessairement clairement aux agents qui agissent dans ce cadre. La juste compréhension de l'esprit de légèreté du XIXe siècle demanderait alors qu'on l'insère dans le contexte plus général d'une étude de la vie des théâtres. On ajoutera par ailleurs que l'opéra-comique en particulier, s'il fut apparenté à la farce, à la comédie, au vaudeville et à la parodie, s'éloigna souvent au fil de son évolution de la question du rire[7] et se rapprocha ainsi d'autres genres (cf. 3.1, 8.2).

Qu'est-ce qui pourrait nous assurer que le jeu dûment reconstitué des acteurs-chanteurs de l'opéra du XIXe siècle déclencherait notre rire, notre sourire ou diverses émotions ? Le cliché des musicographes sur la « vie » nécessaire à l'apparition du comique reste inséparable du problème de la vie actuelle, de la présence réelle de ce genre sur des planches qui vieillissent comme lui. On pourrait requalifier cet impératif sous l'angle ontologique, en ouvrant une perspective à la création plus qu'à la reconstitution : il faut que le répertoire comique soit vivant à notre époque pour exister réellement. En outre, nous devons nous demander comment être à la fois savant et comique, si l'on admet qu'être savant ne peut se résumer à user de clichés éculés. Les recettes du comique rossinien ont pu constituer un obstacle pour une nouvelle génération de compositeurs, incluant Wagner et Verdi, qui après un premier essai infructueux aspirèrent longtemps à réussir dans le genre léger[8]. Il serait peut-être pertinent de se détacher de l'idée d'une essence ou d'un savoir fixe en matière de comique, pour le penser en son indispensable évolution. L'opéra-comique, encore si mal connu, constitue sans doute la clé problématique du répertoire léger au XIXe siècle.

Du genre à l'esprit

Depuis son inspiration initiale (cf. t. 3, chap. 10), clairement italienne – le théâtre forain n'est pas sans y avoir laissé des traces –, l'opéra-comique a progressivement et parfois insensiblement évolué vers un registre plus sentimental. L'évolution des situations, de celles qui font rire à celles qui font sourire[9] (sans le côté sarcastique fréquemment associé aujourd'hui à cette expression), semble indéniable du XVIIIe siècle à la fin du XIXe siècle (cf. chap. 7, 8.2, 10.2). De la légèreté du rire, on serait ainsi passé à celle du sourire, comme on glisserait de la force de la sensation à la (relative) délicatesse du sentiment. On n'oubliera pas qu'il faut avec le développement de l'opéra-bouffe et de l'opérette prendre encore en compte ici, en plus des questions de pratiques réelles et de répartition des genres, celle de l'économie des théâtres. Ce sentimental léger invite à explorer le genre proprement français de « l'opéra lyrique » (cf. 1.6), qui accorde une place peut-être inédite dans l'art à cette manière légère d'être profond et à la douceur des sentiments, où dominent Ambroise Thomas, Gounod puis Massenet. On voit bien ainsi que la légèreté n'est pas plus réservée au genre comique que l'opéra-comique n'est défini par le rire : en parlant de lui à la première personne comme s'il était un actant de l'œuvre et non son résultant, il faudrait dire que c'est sans aucun doute un rire qui s'atténue et qui résiste à son effacement en se transformant. Il faudrait donc être attentif à la finesse de l'évolution plutôt qu'à la rigueur des définitions, comme si la légèreté devait aussi se théoriser légèrement. Brosser le portrait de l'être en évolution des genres légers reviendrait donc à faire la peinture en dégradés de subtiles variations tout en surface. Aux définitions problématiques du comique s'ajoute le mystère de cette forme de vie incernable qu'est une manière de rire ou de se divertir. Le rire adéquat ne sera jamais grossier puisque l'opéra-comique s'est écarté de la farce originelle et a évolué vers un genre destiné à un public bourgeois et familial qui veut désormais voir régner le bon ton, une forme d'esprit français, proche chez Auber (cf. 7.4) de celui de la conversation[10]. Céline Frigau-Manning souligne combien il était délicat d'acclimater des œuvres étrangères au type de comique attendu par le public parisien – pratique cependant courante lors du premier XIXe siècle. Pour réussir à Paris, il fallait aussi « intéresser l'esprit[11] ». Le rire ou le divertissement propre à l'opéra-comique du XIXe siècle serait alors le fruit d'un principe de distinction et de classe sociale.

Au XIXe siècle, on ne retrouvera guère ces classements efficaces chers à Marmontel : *haut, moyen, bas, de caractère* ou *de situation*[12]. Peu étudiés au XIXe siècle, le comique ou le rire apparaissent dans quelques écrits qui font date : Hugo théorise sur le grotesque et le sublime dans la Préface de *Cromwell* en 1827 ; le critique musical Paul Scudo publie une *Philosophie du rire* en 1840 et Baudelaire une première version de *De l'essence du rire* en 1855 ; Henri Bergson réunit des articles en un volume, *Le Rire. Essai sur la signification du comique*, qui paraît en 1900. Mais c'est davantage du rire propre à l'opérette ou à l'opéra-bouffe d'Offenbach qu'il est question. Il est indéniable qu'il paraissait plus important ou plus évident de s'y consacrer aux yeux de ces théoriciens. Cela semble indiquer, soit que le rire n'était pas, comme on a pu le voir, l'essentiel de l'opéra-comique, soit qu'il n'était plus suffisamment son exclusive pour lui être propre. Les travaux philosophiques du XIXe siècle demeurent d'une aide très modeste pour l'étude de l'opéra-comique, à cause de leur sérieux foncier et de leur peu d'intérêt pour le musical, sinon du fait de leurs réussites contrastées. Les analyses du grotesque ou de l'ironie n'éclairent guère quand la presse, lue de près, débat du genre plus qu'elle ne l'explique et s'intéresse à d'autres catégories, comme le léger ou le charmant.

L'évolution de l'équilibrage subtil entre sentiment et comique, puisqu'elle est sensible dans l'opéra-comique comme dans les autres genres lyriques du temps, n'y est donc pas le trait distinctif espéré. Elle semble pourtant préciser ce qu'on pourrait appeler l'« esprit de légèreté » du XIXe siècle, puisque l'alliage rêvé entre le divertissement et le sentiment naîtra de la chaleur propre à la douceur des sentiments. À l'exception de la place qu'occupent le parler et la chanson dans l'opéra-comique, il est difficile de dire qu'une forme musicale soit absolument propre à la légèreté. Toutes, même l'exotisme, se retrouvent dans des œuvres plus sérieuses. Ces catégories ne s'éclairent guère comparativement, puisqu'on considérait en Allemagne, au XIXe siècle, *Don Giovanni* (Prague, 1787) ou *Le Freischütz* (Berlin, 1821) comme des *Singspiele*, l'équivalent allemand de l'opéra-comique, alors qu'on les qualifiait, en France, de grands opéras[13]. Qui les confondrait en effet avec des œuvres comiques ? À la porosité des styles s'ajoute aussi la réelle fluidité des formes musicales : on trouve ainsi dans *Robert le Diable* (O, 1831) le numéro quasi obligé de la chanson à boire apportant de la légèreté, du contraste et de la variété, et non seulement du pittoresque – numéro qui servira de modèle à la chanson de Kleinzach dans *Les Contes d'Hoffmann* (OC, 1881) d'Offenbach, où l'on va du comique au sentimental. Dans *La Jolie Fille de Perth* (TL, 1867) de Bizet, l'air à boire traditionnellement fait pour divertir est chargé d'un pathétique exceptionnel. Au-delà de ces formes musicales, il semble indispensable de rappeler combien l'esprit français revendiqué par cette époque reste insaisissable. Valorisation presque contradictoire de l'imagination et de la cohérence, l'esprit désigne selon le *Dictionnaire de l'Académie* de 1798 « la facilité de l'imagination et de la conception ». Cet idéal très cartésien où la beauté est dans le jugement plus que dans l'objet conduit à raisonner en termes de réception : « entre les objets d'un sens, le plus agréable à l'esprit n'est pas celui qui est perçu avec le plus de facilité, ni celui qui est perçu avec le plus de difficulté. C'est celui dont la perception n'est pas assez facile pour combler l'inclination naturelle par laquelle les sens se portent vers leurs objets, et n'est pas assez difficile pour fatiguer le sens », écrit Descartes dans sa *Lettre à Mersenne* du 18 mars 1630. Il faudrait enfin sans doute donner à Nietzsche la parole, même s'il n'eut pas des arguments formels assez précis, et s'il faut pour associer à un philosophe profondément aristocratique l'idée française d'esprit être conscient de son évolution depuis le XVIIIe siècle, l'ayant fait passer de synonyme du sens commun à un « faire » ou « avoir » de l'esprit consistant à jouer ou traverser, justement, ce sens commun. Défenseur d'une dérision intelligente qu'il livra dans cette formule du *Gai savoir*, « je me ris de tout maître qui n'a su rire de lui-même », Nietzsche comprit le changement que Bizet instaurait en faisant éclater dans *Carmen* (OC, 1875) les problèmes de la création en son époque. La littérature critique explorant sa défense de Bizet reste pourtant trop marquée par un certain canon wagnérien. Debussy, dénonçant en 1903 « l'hystérie grandiloquente qui surmène les héros wagnériens[14] », se revendiquait encore d'un très problématique esprit de légèreté, définitivement de l'ordre du ton plutôt que du contenu. Mais on basculait avec lui dans une autre conception de la légèreté. Celle prévalant au XIXe siècle tenait à des traits littéraires et musicaux déjà en place sous l'Empire : il faut proposer une mélodie charmante mariée à une orchestration fine, articuler son efficacité dramatique au pittoresque des scènes et laisser converser aussi naturellement que possible les voix et parfois les instruments ; il faut encore trouver des accents de gaîté, jouer avec la mélancolie parfois et la tendresse toujours. Plus fondamentalement encore, l'esprit de légèreté qui souffle dans les partitions d'opéras-comiques jusque dans les années 1870 et même au-delà tient sur le plan musical à deux formes essentielles : la chanson et toutes ses ramifications, et la danse – non pas dansée (quoi qu'il arrive que l'on danse), mais comme principe d'écriture musicale (cf. 3.5).

L'esprit de légèreté dans l'Europe musicale : Hanslick lecteur de l'opéra-comique

Il se peut que l'opéra-comique français ne s'éclaire véritablement que par le comparatisme. Musicologue, philosophe, journaliste et critique musical, Eduard Hanslick ne cache pas son affection pour le genre français, défendant même face à Bayreuth un projet mort-né d'Opéra-Comique à Vienne[15]. Il sera ici notre guide. Ses arguments sont de plusieurs types, brossant un éventail paradoxalement lié à son approche théorique, allant du souci patrimonial à ses affinités paradoxales pour le ton particulier du genre. Dans son œuvre théorique majeure, *Du Beau dans la musique* (1854), il jugeait préférable à toutes les prétendues mises en musique d'un texte, le principe sain de l'opéra-comique juxtaposant texte parlé et airs chantés et laissant la mélodie dominer. Ses feuilletons abordent à plusieurs reprises, et assez différemment, le genre de l'opéra-comique. Hanslick relève qu'après avoir alimenté la moitié de l'Europe en mélodies riantes et gaîté musicale, les Italiens en sont réduits au dernier tiers du XIXe siècle à importer continument de l'Offenbach et du Lecocq[16]. C'est le soin apporté au répertoire léger qui distingue, avec l'Autriche, la France. Mais c'est surtout un problème patrimonial qui frappe face au dédain apparent de l'Italie pour sa propre culture musicale ; on l'oppose aux Allemands adeptes des éditions des corpus du passé et aux Français donnant aux plus belles rues des noms de compositeurs. Cette capacité du répertoire léger français à s'exporter jusqu'au cœur de ce pays reste une surprise pour Hanslick.

Si le meilleur des caractères nationaux français et italien s'exprime dans la légèreté, Hanslick leur oppose le faux pathos et l'expression triviale auxquels échappe difficilement le tragique qui a à présent les faveurs des Italiens. Parmi les grands compositeurs italiens, seuls Bellini et Verdi sont d'ailleurs, à leur désavantage selon l'auteur, totalement dépourvus d'humour (l'avis de Hanslick se renversera heureusement en faveur du Verdi de « quatre fois vingt ans », avec *Aïda* pour le tragique, et *Falstaff* pour le comique)[17]. On estime tant la musique comique de Cimarosa ou Paisiello, affirme Hanslick ; si peu, et en riant, leurs opéras sérieux... Il en irait de même pour Rossini et Donizetti, dont les œuvres sérieuses sont composées en style *buffo* : échanger les livrets suffirait à le prouver. Emboîtant le pas à Verdi, les compositeurs italiens n'ont cessé de se détourner du style comique, leur dernière réussite étant selon lui le *Don Pasquale* (TI, 1843) de Donizetti. En Italie, Hanslick voit plusieurs compagnies lyriques comiques, de qualité « décente, mais sans charme[18] ». Un trait marquant du genre léger « à l'international » s'y révèle : la conjonction constante entre la baisse de qualité des œuvres comiques nouvelles et celle des troupes dévolues à ce répertoire au fil du siècle. L'esprit de sérieux du temps semble indéniable malgré l'intérêt que le public porte, encore et toujours, au répertoire léger. Les œuvres françaises importées sont ainsi souvent jouées en Italie par des troupes « de troisième ordre[19] », mais comptent sur l'abondant public refusant de se priver de musique *buffa*. Hanslick estime qu'il faut vraiment qu'il y ait un fonds inépuisable de comique et de charme mélodique en ces œuvres pour que des exécutions moyennes voire franchement médiocres trouvent encore des amateurs. L'opposition entre deux compagnies donnant en Italie les opérettes d'Offenbach et de Lecocq, l'une en français à Rome et l'autre en italien, à Naples, lui semble révélatrice : les Italiens, meilleurs chanteurs et public à l'oreille plus sensible et plus réceptive, sont dépassés sous l'angle du jeu d'acteur. Une solide technique permet à la troupe française de faire son effet, malgré la faiblesse des voix : ces dames jouant *La Périchole* (TV, 1868) conservent de l'esprit et de la grâce, une lueur, de l'âme, une phosphorescence. Les Français, s'ils sont grâce à l'héritage de l'opéra-comique les acteurs les mieux formés et les plus délicats, sont aussi ceux qui tendent le plus à minauder. Donnant des indices sur le goût du temps pour le répertoire léger, Hanslick loue le naturel des acteurs italiens lors d'une comédie de Goldoni à laquelle il assiste à Florence : tout cela lui semble aussi vrai que nature. Le talent plastique des acteurs et la fidélité à la nature du comique se révèlent alors ses plus grandes qualités. En 1874, Hanslick note que l'opéra-comique italien récent s'adresse à un public strictement national, par son livret comme par sa musique. L'action des livrets de Scribe, qu'Hanslick louera toujours, est pour un tel public trop rapide et trop complexe. Il parle à son sujet de « naïveté », ce qui est de son propre aveu à la fois un éloge et un reproche[20]. Ni les Allemands ni les Français ne peuvent se satisfaire de ces livrets légers conçus pour qui se contente d'une « musique d'entretien » destinée à « entretenir des salons de femmes entretenues ». Si *Crespino e la Comare* (Venise, 1850) de Luigi et Federico Ricci a le courage d'être « hardiment drôle », ses auteurs sont mesurés à Rossini, « dernier grand compositeur *buffo* et même dernier véritable Italien », comme les Français le furent à partir du modèle d'Auber. Depuis cette œuvre déjà ancienne, la musique *buffa* semble s'être éteinte en Italie, attendant qu'un nouveau Rossini vienne la réveiller par « l'éclat de son rire céleste ». Le problème d'un genre défini par l'exemple semble en toute logique être celui du poids des aînés.

C'est d'un feuilleton d'Angleterre publié en 1886 que viennent les dernières précisions[21]. Malgré son peu d'affection pour les chanteurs et compositeurs britanniques, Hanslick apprécie le travail conjoint d'Arthur Sullivan et de son librettiste, William Schwenk Gilbert. Le répertoire léger est cette fois encore un remède pour Hanslick, antiwagnérien notoire[22], et une résistance contre la manière dont le nouvel « art total » a passé, en plus du Rhin, la Manche. Sullivan atteint le but du répertoire léger en ce XIXe siècle : être « une soirée entière à la fois mélodieux et amusant ». Reprenant un mot de Berlioz, le critique viennois voit dans les mauvais compositeurs d'œuvres légères pour la scène des troubadours qui, au lieu d'une guitare, portent un trombone en bandoulière : en écrivant des opérettes pour montrer qu'ils sont capables de composer des opéras, ils ne font qu'exhiber au contraire leur incapacité à écrire légèrement. À qui accuse Sullivan d'imiter l'Offenbach de *La Chanson de Fortunio* (BP, 1861) il faudrait seulement répondre qu'on montre plus de discernement en apprenant de lui qu'en le calomniant. Impossible évidemment d'apprendre l'esprit scintillant d'Offenbach, ni son art de composer des mélodies luxuriantes : mais on acquerra à son étude le soin des formes concises, la discrétion et la modération, le goût de parties aisées à chanter et, compliment suprême, l'art de l'orchestration modeste. Si l'on ne saurait attendre de la part de l'Anglais la vivacité bouillonnante et le charme piquant du Français, on loue en revanche, dans ses morceaux à plusieurs voix, la qualité de son savoir musical. C'est donc cette fois encore la conservation d'un certain héritage du passé qui marque ce répertoire léger, certes à présent opérette plus qu'opéra-comique. Les parties vocales d'une telle musique ne demandent pas selon l'Autrichien plus de virtuosité ni de souffle que les partitions d'Adam, Monsigny ou Grétry. En retour, on y loue aussi, contre la cible toujours sous-entendue du wagnérisme, la qualité d'un orchestre se subordonnant modestement au chant, sans renoncer à apporter aux moments opportuns une couleur plus vive ou d'avantage d'illustration. Les traits stylistiques de la musique légère comme celle de Sullivan, puisqu'ils constituent « un pas en arrière vers un style d'opérette plus ancien », sont justement « un pas dans la bonne direction ». Les œuvres légères récentes, en effet, « opéras à moitié faits » avec quelques couplets interpolés, entraînent avec la ruine du genre entier celle de toute sa simplicité chérie. Par ailleurs, rappelant sa fascination pour la double compétence de la troupe de l'Opéra-Comique, Hanslick souligne les qualités des interprètes du *Mikado* (Londres, 1885) : souplesse, rapidité et flexibilité dans les parties les plus gaies. On constate ici encore combien l'opéra-comique, ou le répertoire léger, demeure tributaire d'une compétence très spécifique propre aux acteurs-chanteurs : la bonne santé de la troupe serait la clé du succès de l'œuvre. À lire ces réflexions d'un critique en général inflexible, on voit combien chez ce lecteur (discret) de Nietzsche[23], la « santé » se fait le signe de quelque chose de plus important : une sorte de besoin presque corporel dont témoignerait l'accord, presque magique, entre tous ces accomplissements.

L'humour propre au XIXe siècle, en lequel Hegel voyait l'expression d'une passion de l'égalité[24], n'épargne visiblement aucun pays ni continent. Son rapport aux traditions locales est bien entendu modalisé par son objectif comique. À cette différence recherchée dans l'*ailleurs* et un certain exotisme au XIXe siècle font écho, paradoxalement, des musiques dont les louables qualités – constante hélas de tout ce qu'on peut lire sur le répertoire léger en ce siècle – ne sont ni l'originalité ni le génie. Au terme du parcours, voici donc l'essentielle vertu de cette musique : qu'elle complète naturellement et facilement les paroles et les situations, qu'elle soit toujours mélodieuse et vive, tout en gardant une certaine consistance. Au fil des ans, écrit le critique viennois, on ne cesse de se plaindre davantage de la « vulgarisation » et du fallacieux « élargissement » de la musique des opérettes via des emprunts contre-nature à la tragédie : *Heldentenors, prime donne* et instrumentation issue de l'opéra wagnérien. Plus cela se produit, plus nous apprécions les vertus modestes des « comédies en musique », y compris celles de ces qualités qui sont simplement négatives. Le répertoire léger s'affirme ici comme le dernier réduit de la modestie en matière de relation de la musique à un texte, soulignant, paradoxe apparent chez ce défenseur du répertoire purement musical qu'était Hanslick, que l'opéra reste avant tout du théâtre en musique. Nous le rappeler serait la plus grande vertu de l'opéra-comique. L'éloge de la légèreté se structure ainsi par le rejet du « sérieux » en général, surtout parce qu'il mène, avec cette grandiloquence qui nous tétanise, à l'uniforme voire au seul véritable impardonnable : l'ennui. Hanslick pourra brouiller définitivement les cartes de l'opéra-comique lorsqu'il écrira à la suite d'une représentation à Favart en 1875 : « La dénomination d'"opéra-comique" n'est désormais plus qu'une appellation traditionnelle et technique pour un *Singspiel* avec dialogue parlé. Quand on lève les yeux au-dessus de ce tableau final, l'assassinat de Carmen, et qu'on lit la devise "*Ridendo castigat mores*" [(La comédie) châtie les mœurs en riant], le contraste fait presque l'effet d'une secousse électrique. On atténuera à peine ce choc en pensant comme le bien-fondé de cette sentence est faible, et combien la musique n'a guère la force morale ni la mission de "corriger" quoi que ce soit[25]. »

Notes de 16.1

1. L. Halévy, « La millième représentation de *Carmen* », *Le Théâtre*, 145, janv. 1905, p. 5-14.
2. R. Hahn, « La musique au théâtre sous le Second Empire », *Conferencia*, 1er mars 1925, p. 287.
3. H. Lacombe, *Les Voies de l'opéra français au XIXe siècle*, Fayard, 1997, chap. 6.
4. C. Bellaigue, « L'Amour dans la musique », *Revue des Deux Mondes*, 3e période, t. 89, 1888, p. 340.
5. H. Lacombe et Ch. Rodriguez, *La Habanera de Carmen. Naissance d'un tube*, Paris : Fayard, 2014.

Notes de 16.2

1. V. Jankélévitch, *La Mort*, Paris : Flammarion, p. 229.
2. L. Guirlinguer, « La mort ou la représentation de l'irreprésentable », in B.-M. Garreau éd., *Les Représentations de la mort*, Rennes : PUR, 2002, p. 22.
3. Nous reprenons ici certains éléments de notre ouvrage, *Des feux dans l'ombre. La Représentation de la mort sur la scène romantique*, Paris : Honoré Champion, 2009.
4. E. de Ronteix, *Histoire du romantisme en France*, Paris : L. Dubreuil, 1829, p. 116.
5. V. Hugo, « Préface », in *Cromwell*, éd. A. Ubersfeld, *Œuvres complètes, critiques*, Paris : Robert Laffont, 2002, p. 19.
6. É.-J. Delécluze, *Journal (1824-1828) : La vie parisienne sous la Restauration*, R. Baschet éd., Paris : Grasset, 1948, p. 464-465.
7. S. Bernard-Griffiths et J. Sgard éd., *Mélodrame et romans noirs (1750-1890)*, Toulouse : Presses universitaires du Mirail, « Cribles », 2000.
8. F. Lavocat et F. Lecercle éd., *Dramaturgies de l'ombre*, Rennes : PUR, 2016.
9. N. Combaz, « Commentaire littéraire et musical », in *Robert le Diable*, *L'Avant-scène opéra*, 76, juin 1985, p. 32-69.
10. S. Ledda, « Une pierre petite, étroite… Notes sur les tombeaux dans la poésie de Lamartine », in A. Loiseleur et L. Zimmermann éd., *Lamartine ou la Vie lyrique*, Paris : Hermann, 2018, p. 141-154.
11. C. Join-Diéterle, « *Robert le Diable* : le premier opéra romantique », *Romantisme*, 28-29, 1980, p. 147-166.
12. J. Richepin, *Le Mage*, Paris : G. Hartmann, 1891.
13. T. Picard, *Sur les traces d'un fantôme. La civilisation de l'opéra*, Paris : Fayard, 2016, p. 708.
14. Voir D. Sangsue, *Fantômes, esprits et autres morts-vivants. Essai de pneumatologie littéraire*, Paris : José Corti, 2011.
15. E. Scribe, *La Muette de Portici*, V, 5, Paris : Bezou, 1829, p. 50.
16. E. Scribe, *La Juive*, V, 2, Paris : Tresse, 1850, p. 64.
17. V. Jankélévitch, *La Mort*, p. 61.
18. Ch. Rodriguez, *Les Passions du récit à l'opéra. Rhétorique de la transposition dans « Carmen », « Mireille », « Manon »*, Paris : Classiques Garnier, 2009.
19. F. Naugrette, « La périodisation du romantisme théâtral », in R. Martin et M. Nordera éd., *Les Arts de la scène à l'épreuve de l'histoire*, Paris : Honoré Champion, 2011.
20. S. Ledda, *Des feux dans l'ombre…*

21. S. Ledda, « *Chatterton* : harmonies poétiques et funèbres », *Bulletin de l'Association des Amis de Vigny*, 41, 2012 ; « Notes sur les émotions dans *Chatterton* », in S. Vanden Abeele-Marchal et S. Ledda éd., *Vigny : émotions et passions, Bulletin de l'Association des Amis d'Alfred de Vigny*, n^{lle} série, n° 2, Paris : Garnier, 2019.
22. M. Gilardi, « Werther, la palingénésie d'un héros bourgeois », in J.-Ch. Branger et A. Ramaut éd., *Opéra et religion sous la IIIe République*, Saint-Étienne : PUSE, 2006 ; C. Collard, « La réception du livret de *Werther* dans la presse », in J.-Ch. Branger et A. Rambaut éd., *Le Livret d'opéra au temps de Massenet*, Saint-Étienne : PUSE, p. 283 sq.
23. É. Zola, *Messidor*, IV, Paris : Charpentier, 1897, p. 63.

Notes de 16.3

1. S. Hibberd, *French Grand Opera and the Historical Imagination*, Cambridge : CUP, 2009.
2. M.-A. Le Roy-Maršálek, *La Réinvention du Moyen Âge sur les scènes lyriques parisiennes entre 1810 et 1830 [...]*, thèse, université Rennes 2, 2016, en ligne, https://tel.archives-ouvertes.fr/tel-01429152/document.
3. *Gustave III, ou le Bal masqué* [V, 6], p. 383, in *Théâtre complet de M. Eugène Scribe*, vol. 4, Paris : Aimé André, 1835. Cit. in S. Hibberd, « Auber's *Gustave III* », in A. Fauser et M. Everist éd., *Music, Theater and Cultural Transfer : Paris, 1830-1914*, Chicago : UCP, 2009, p. 157-75, 174.
4. H. Lacombe, « The "Machine" and the State », in D. Charlton éd., *The Cambridge Companion to Grand Opera*, p. 21-42, 39.
5. N. Roqueplan, *Les Coulisses de l'Opéra*, 1855, cité in A. Gerhard, *The Urbanization of Opera*, p. 38.
6. J. Vernières, « Les coulisses de l'Opéra », *Revue de Paris*, 31 juil. 1836, p. 316.
7. *Le Globe*, 8 août 1829 ; *JD*, 20 août 1829.
8. A. Gerhard, *The Urbanization of Opera*, p. 227.
9. *Ibid.*, p. 197-202.
10. Voir S. Hibberd, *French Grand Opera and the Historical Imagination*, p. 153-179.
11. J. Roberts, « Meyerbeer : *Le Prophète* and *L'Africaine* », in D. Charlton éd., *The Cambridge Companion to Grand Opera*, p. 208-32.
12. G. Meyerbeer à E. Scribe [1852], cité in *ibid.*, p. 227.
13. C. Abbate et R. Parker, *A History of Opera : The Last 400 Years*, Londres : Penguin, 2012, p. 286.
14. T. Santurenne, « Le *Henri VIII* de Saint-Saëns : entre affirmation idéologique et liberté théâtrale », *Revue LISA/LISA e-journal*, 9/2, 2011, en ligne, https://journals.openedition.org/lisa/4748, consulté le 13 fév. 2019.
15. N. Wild, « Eugène Lacoste et la création de *Henry VIII* à l'Opéra de paris en 1883 », in M.-C. Mussat, J. Mongrédien et J.-M. Nectoux éd., *Échos de France et d'Italie [...]*, Paris : Buchet/Chastel, 1997, p. 213-232.
16. C. Abbate et R. Parker, *A History of Opera*, p. 310-311.

Notes de 16.4

1. Cité in G. Condé, « Entre *Stratonice* et *Joseph* : la redécouverte d'*Uthal* », *Lélio*, 37, 2017, p. 13.
2. Stendhal, *Vie de Rossini* [1824], P. Brunel éd., Paris : Gallimard, 1992, p. 346.
3. H. Berlioz, *Traité d'orchestration et d'instrumentation modernes*, Paris : Lemoine, 1844, p. 49.
4. P. Prévost, « De l'église des Missions étrangères à la cathédrale de Faust », in *Le Théâtre lyrique en France au XIXe siècle*, Metz : Éd. Serpenoise, 1995, p. 141.
5. G. de Van, *Verdi. Un théâtre en musique*. Paris : Fayard, 1992, p. 184.
6. R. I. Letellier, *Religious themes in French Grand Opéra*, Anif : Mueller-Speiser, 2009, p. 48.
7. *Ibid.*, p. 11.
8. *Ibid.*, p. 11.
9. V. Giroud, « Couvents et monastères dans le théâtre lyrique français sous la Troisième République (1870-1914) », in A. Ramaut et J.-Ch. Branger éd., *Opéra et religion sous la IIIe République*, Saint-Étienne : PUSE, 2006, p. 109.
10. M.-G. Soret, « *Samson et Dalila* ou comment ébranler les colonnes du temple », in *ibid.*, p. 109.
11. C. Rowden, « L'homme saint chez Massenet : l'amour sacré et le sacre de l'amour », in *ibid.*, p. 283.
12. Lettre de Mgr Claverot, citée in A. Ramaut, « La création d'*Hérodiade* à Lyon », in *ibid.*, p. 156.
13. C. Rowden, « L'homme saint chez Massenet ».
14. Voir Klaus Wolfgang Niemöller, « Die kirchliche Szene », in H. Becker, *Die « Couleur locale » in der Oper des 19. Jahrhunderts*, Regensburg : G. Bosse, 1976, p. 341-363.

Notes de 16.5

1. J. Waeber, *En musique dans le texte. Le mélodrame de Rousseau à Schoenberg*, Paris : Van Dieren éditeur, 2005, p. 15.
2. P. Brooks, *L'Imagination mélodramatique. Balzac, Henry James, le mélodrame et le mode de l'excès*, [1re éd., 1976], trad. E. Saussier et M. Faten Sfar, Paris : Classiques Garnier, 2010, p. 57.
3. S. Hibberd, *Mélodramatic Voices : Understanding Music Drama*, Farnham, Surrey : Ashgate, 2011. Voir aussi B. Singer, *Melodrama and Modernity : Early Sensational Cinema and its Contexts*, New York : Columbia University Press, 2001.
4. P. Frantz, *L'Esthétique du tableau dans le théâtre du XVIIIe siècle*, Paris : PUF, 1998.
5. O. Bara, « Les nouvelles émotions suscitées par les arts de la scène », in A. Corbin, J.-J. Courtine et G. Vigarello éd., *Histoire des émotions*, t. 2, *Des Lumières à la fin du XIXe siècle*, Paris : Seuil, 2016, p. 352-373.
6. E. Sala, *L'opera senza canto. Il mélo romantico e l'invenzione della colonna sonora*, Venise : Marsilio, 1995.
7. G. Condé, « Commentaire musical et littéraire », in *Manon. L'Avant-scène opéra*, 123, sept. 1989, p. 46.

8. Voir O. Bara, « Victorien Sardou et l'opéra-comique », in I. Moindrot éd., *Victorien Sardou. Le théâtre et les arts*, Rennes : PUR, 2010, p. 167-182.
9. R.-C. Guilbert de Pixerécourt, « Le Mélodrame », in *Paris, ou le livre des cent-et-un*, Paris : Ladvocat, 1832, t. 6, p. 325. Cité par E. Sala, *L'opera senza canto*, p. 39-40.
10. S. Robardey-Eppstein, « Présentation de *Victor, ou l'enfant de la forêt* », in R.-C. Guilbert de Pixerécourt, *Mélodrames*, R. Martin éd., Paris : Classiques Garnier, 2013, p. 567-591.
11. O. Bara, *Dossier de presse parisienne du « Solitaire » de Carafa*, Weinsberg : Musik-Edition Lucie Galland, 2004.
12. P. Frantz, « Le théâtre sous l'Empire : entre deux révolutions », in J.-C. Bonnet éd., *L'Empire des Muses. Napoléon, les Arts et les Lettres*, Paris : Belin, 2004, p. 194.
13. A. Ubersfeld, « Les Bons et les Méchants », *Revues des Sciences humaines*, 162, 1976, p. 199.
14. J.-M. Thomasseau, *Mélodramatiques*, Saint-Denis : Presses universitaires de Vincennes, 2009, p. 24.
15. R. Martin, *L'Émergence de la notion de mise en scène dans le paysage théâtral français (1789-1914)*, Paris : Classiques Garnier, 2013.
16. F. Naugrette, « Morales de l'émotion forte : la catharsis dans le mélodrame et le drame romantiques », in J.-C. Darmon éd., *Littérature et thérapeutique des passions. La Catharsis en question*, Paris : Hermann, 2011, p. 131-150.
17. G. de Van, *Verdi un théâtre en musique*, p. 242-243.
18. H. de Balzac, *Gambara*, Paris : GF-Flammarion, 1981, p. 123-124.
19. O. Bara, « L'opéra-comique à grand spectacle sous le Second Empire. Une mise en cause du genre ? », in I. Moindrot, O. Goetz et S. Humbert-Mougin éd., *Le Spectaculaire dans les arts de la scène du Romantisme à la Belle Époque*, Paris : CNRS Éd., 2006, p. 70-77.
20. H. Lacombe, « La musique comme puissance de mise en scène dans le grand opéra », in *ibid.*, p. 172.
21. O. Bara, « Deux opéras pour un roman. *Chronique du règne de Charles X, Le Pré aux Clercs, Les Huguenots* », *Cahiers Mérimée*, 7, 2015, p. 61-75.
22. G. Condé, « Commentaire musical et littéraire », in *Sapho* et *La Navarraise*, *L'Avant-scène opéra*, 217, 2003, p. 78.
23. J.-M. Thomasseau, *Le Mélodrame*, Paris : PUF, 1984, p. 27. Voir aussi J. Pzybos, *L'Entreprise mélodramatique*, Paris : José Corti, 1987.
24. D. Charlton, « On Redefinition of Rescue Opera », in M. Boyd éd., *Music and the French Revolution*, Cambridge : CUP, 1992, p. 169-188.
25. H. Lacombe, *Les Voies de l'opéra français au XIXe siècle*, p. 112.
26. G. de Van, *Verdi un théâtre en musique*, p. 121.
27. H. Lacombe, *Les Voies de l'opéra français au XIXe siècle*, p. 171. Voir O. Bara, « Les voies/voix de la vengeance à l'opéra au XIXe siècle », in C. Bohnert et R. Borderie éd., *Poétiques de la vengeance. De la passion à l'action*, Paris : Classiques Garnier, 2013, p. 93-106.
28. J. Waeber, *En musique dans le texte*, p. 426.
29. *Annales politiques et littéraires*, 7 sept. 1913, cité in R. Legrand et N. Wild, *Regards sur l'opéra-comique [...]*, Paris : CNRS Éd., 2002, p. 152.
30. G. de Van, *Verdi un théâtre en musique*, p. 242.
31. P. Brooks, *L'Imagination mélodramatique*, p. 31.

32. P. Brooks, « Une esthétique de l'étonnement : le mélodrame », in *Poétique*, 19, sept. 1974, p. 598.
33. O. Goetz, « Le geste spectaculaire de Victorien Sardou », in G. Ducrey éd., *Victorien Sardou un siècle plus tard*, Strasbourg : Presses universitaires de Strasbourg, 2007, p. 337.

Notes de 16.6

1. J. Emelina, *Le Comique, essai d'interprétation générale*, Paris : SEDES, 1991 ; M. Corvin, *Lire la Comédie*, Paris : Dunod, 1994 ; A. Vaillant, *La Civilisation du rire*, Paris : CNRS Éd., 2016 ; A. Roubet et Ch. Loriot éd., *Humour et musique, Humoresques*, 32, automne 2010.
2. Ch. Loriot, *La Pratique des interprètes de Berlioz et la construction du comique sur la scène lyrique au 19ᵉ siècle*, thèse de doctorat, université Paris-Sorbonne, 2013, notamment p. 18 sq.
3. J. Labia, « L'esthétique du comique chez Hegel » (recension), in *Les Archives de philosophie*, 80/4, 2017, p. 13 sq.
4. N. Goodman, *Langages de l'art*, Paris : Fayard, 2011 ; R. Pouivet, *L'Ontologie de l'œuvre d'art*, Paris : Vrin, 2010 ; J. Levinson, *Essais de Philosophie de la musique [...]*, Paris : Vrin, 2015.
5. R. Wollheim, *L'Art et ses objets*, Paris : Aubier, 1994.
6. C. Kintzler, *Théâtre et opéra à l'âge classique [...]*, Paris : Fayard, 2004.
7. Ph. Vendrix, « L'opéra-comique sans rire », in H. Schneider et N. Wild, *Die Opéra comique und ihr Einfluss auf das europäisches Musiktheater im 19. Jahrhundert*, Hildesheim : G. Olms, p. 31-41.
8. J. Labia, « Du dos-à-dos au face-à-face : Verdi et Wagner selon Eduard Hanslick », in J.-F. Candoni, H. Lacombe, T. Picard et G. Sparacello éd., *Verdi et Wagner, 1813-2013, images croisées*, Rennes : PUR, 2018, p. 145-150.
9. Ch. Loriot, « Introduction », in Ch. Loriot éd., *Rire et sourire dans l'opéra-comique en France aux XVIIIᵉ et XIXᵉ siècles*, Lyon : Symétrie, 2015, p. 1.
10. Voir H. Lacombe, *Les Voies de l'opéra français*, Paris : Fayard, 1997, p. 289-298.
11. C. Frigau-Manning, « Le métaopéra italien comme moteur d'"acclimatation". Esprit, gaieté, satire sur la scène parisienne du premier 19ᵉ siècle », in C. Frigau-Manning éd., *La Scène en miroir : métathéâtres italiens (XVIᵉ-XXIᵉ siècles)*, Paris : Classiques Garnier, 2016, p. 146.
12. J.-F. Marmontel, *Poétique française*, t. 2, Liège : Bassompierre, 1777, chap. XV, « De la Comédie », p. 305.
13. Th. Betzwieser, *Sprechen und Singen. Ästhetik und Erscheinungsformen der Dialogoper*, Stuttgart/Weimar : J. B. Metzler, 2002, p. 519.
14. M. Biget, « L'Affirmation identitaire en France », in M. Biget-Mainfroy et R. Schmusch éd., *L'Esprit français*, Hildesheim : G. Olms, 2007, p. 712.
15. E. Hanslick, *Aus Meinem Leben*, VIII, 5, Berlin : Allgemeiner Verein für Deutsche Literatur, 1894, p. 293 sq.
16. E. Hanslick, *Musikalische Stationen. Die Moderne Oper 2*, « 3. Oper und Theater in Italien », Berlin : Allgemeiner Verein für Deutsche Literatur, 1880, p. 51.
17. J. Labia, « Du dos-à-dos au face-à-face ».
18. E. Hanslick, « 3. Oper und Theater in Italien », p. 69.

19. E. Hanslick, E., « 3. Oper und Theater in Italien », p. 51.
20. *Ibid.*, p. 71.
21. E. Hanslick, « D. Aus der Fremde, *Theater und Musikbriefe aus London* » [1886], in *Musikalisches Skizzenbuch. Die Moderne Oper 4. [...]*, p. 288 sq.
22. J. Labia, « Eduard Hanslick, le premier et le dernier antiwagnérien ? », in A. Corbellari et C. Imperiali éd., *Wagner et les philosophes*, Lausanne : l'Âge d'Homme, 2017, p. 97-124.
23. J. Labia, *Esthétique philosophique et jugement critique sur la musique : Eduard Hanslick, Franz Grillparzer, Guido Adler* (en préparation).
24. N. Hebing, *Hegels Ästhetik des Komischen*, Hambourg : Felix Meiner Verlag, 2015.
25. E. Hanslick, *Musikalische Stationen*, p. 143 sq. (trad. in J. Labia, *Esthétique philosophique...*).

Hortense Schneider (1833-1920)

Si Hortense-Catherine Schneider n'est pas chronologiquement la première diva de l'histoire de l'opérette, elle a malgré tout gagné ce statut par les triomphes qu'elle a remportés dans les années 1860. Fille d'un tailleur bordelais d'origine allemande, elle a d'abord joué à Agen de 1853 à 1855 avant de monter à Paris. Recommandée par l'acteur Berthelier, elle est engagée en août 1855 aux Bouffes-Parisiens qui viennent d'ouvrir. Elle y brille dans *Le Violoneux*, *Tromb-Al-Ca-Zar*, *Les Pantins de Violette*, *La Rose de Saint-Flour* mais, à l'automne 1856, elle passe aux Variétés puis au Palais-Royal où, en juillet 1860, elle remporte un grand succès en incarnant la célèbre danseuse de cancan Rigolboche dans *Les Mémoires de Mimi-Bamboche* de Grangé et Lambert-Thiboust. Entretenue par de riches protecteurs, dont le duc de Gramont-Caderousse qui se ruine pour elle, elle est également une figure du demi-monde.

Alors même que sa carrière semblait dans une impasse, Offenbach fait appel à elle pour *La Belle Hélène* qui, en décembre 1864 aux Variétés, la propulse au premier rang. « Mlle Schneider a sur toutes ses camarades qui demandent leur succès aux excentricités de la voix, du regard et du geste, une supériorité qui ne s'apprend point au théâtre : le charme. Elle est de celles qui risquent beaucoup en scène et auxquelles le public pardonne plus encore qu'elles n'osent », commente *Le Figaro*. *Barbe-Bleue* (1866), *La Grande-Duchesse de Gérolstein* (1867) et *La Périchole* (1868) – œuvre certes moins bien accueillie – confirment cette domination qui connaît son apogée pendant l'Exposition universelle de 1867. Du fait des souverains qu'elle y reçoit, sa loge aux Variétés est alors surnommée le « passage des princes » ! L'aristocratie anglaise l'acclame pendant ses tournées au St James's Theatre de Londres et Offenbach, Meilhac et Halévy lui permettent même d'interpréter son propre rôle dans *La Diva*. Créée en mars 1869 aux Bouffes-Parisiens, cette singulière mise en abyme séduit peu le public.

Après la guerre de 1870, Hortense Schneider participe encore à quelques créations mais, bien que Saint-Saëns ait pensé à elle pour *Samson et Dalila*, elle a la sagesse de se retirer des planches dès le milieu des années 1870, entretenant ainsi son mythe – telle au XXe siècle une Greta Garbo. Quand elle meurt en 1920, quelques semaines avant l'impératrice Eugénie, c'est comme si tout l'esprit d'une époque disparaissait à jamais.

Jean-Claude Yon

Eugène Disdéri, Hortense Schneider dans *La Grande-Duchesse de Gérolstein*, photographie, 1867.

Chapitre 17
Les formes lyriques de l'altérité et de l'ailleurs

17.1 UN AUTRE MONDE : SURNATUREL ET FANTASTIQUE
Guillaume Bordry

Tout au long du XIXe siècle les scènes françaises d'opéra donnent à voir des épisodes ou des scènes qui ouvrent la représentation vers un autre monde, surnaturel ou fantastique. Les féeries, les ballets d'action, les pantomimes sont déjà connus du spectateur ; ils recourent régulièrement au merveilleux, se réfèrent aux contes ou, plus largement, à un imaginaire populaire. Leur représentation se poursuivra tout au long de la période. Le ballet tient une place importante dans la représentation du surnaturel. L'emploi du terme fantastique apparaît et se spécialise avec le premier tiers du XIXe siècle, en littérature comme dans les autres arts. Deux figures reviennent régulièrement sous la plume des écrivains et des critiques pour marquer l'origine, supposée, du fantastique : Charles Nodier cite ainsi Goethe (pour le personnage de Faust) et surtout Hoffmann[1]. Dans l'écheveau des termes employés pour évoquer l'univers hoffmannien, avec féerique, merveilleux ou surnaturel, le terme « fantastique » semble s'imposer, par sa nouveauté, sans instaurer avec les autres de distinction sémantique stricte[2]. On entendra le fantastique comme une forme particulière de surnaturel, représenté à la fois en littérature par des références nouvelles (depuis les romans gothiques, le *Faust* de Goethe ou les textes d'Hoffmann) et plongeant le personnage, ou parfois le spectateur, dans un trouble particulier, du fait d'une expérience particulière, « la rencontre face à face avec l'incroyable[3] ». Adolphe Loève-Veimars fait précéder sa traduction des œuvres d'Hoffmann (1830) d'une très courte notice où il décrit l'écrivain : il « dessinait, il composait des vers, de la musique, dans une sorte de délire ; il aimait le vin, une place obscure au fond d'une taverne ; il se réjouissait de copier des figures étranges, de peindre un caractère brut et bizarre ; il craignait le diable, il aimait les revenants[4] ». Associé à une série de figures fantastiques, Hoffmann se tient au croisement du dessin (du décor ?), de la musique et de la poésie. Aux références littéraires vont se nouer des références musicales pour ce type particulier de surnaturel : avant *Robin des bois* (Odéon, 1824) de Castil-Blaze et son original allemand, *Le Freischütz* (Berlin, 1821) de Weber, *Don Giovanni* (Prague, 1787) est régulièrement représenté (cf. 5.2). Le modèle de la statue du commandeur exercera une influence sur *Zampa* (OC, 1831) d'Herold et sur les apparitions spectrales ou les scènes de pacte avec le démon du grand opéra. L'une des questions soulevées par le fantastique sur les scènes lyriques françaises est en effet celle de la « relation que le spectateur-auditeur est susceptible d'entretenir avec le fantastique représenté[5] ». Les personnages sont-ils des doubles du spectateur, confrontés, comme lui, à une scène inexplicable, ou bien le spectateur observe-t-il les personnages comme des objets en proie au fantastique, voire, en certains cas, comme des créatures fantastiques elles-mêmes ?

Parenthèses enchantées

L'autre monde est parfois un monde familier, fortement référencé, fonctionnant comme un système propre, avec ses règles particulières, admises par le spectateur, un « attirail reconnaissable[6] » qui n'appelle pas de clarification particulière. La vraisemblance est mise entre parenthèses par des emprunts aux mythes, aux légendes, aux contes ou aux superstitions, mais, dans l'espace de la représentation, ces éléments surnaturels n'ont pas besoin d'explication : ils s'appuient sur des références connues et conventionnelles, comme ces lieux où Nodier voit la persistance de liens entre l'humain et le surnaturel[7], rappelant le caractère collectif, partagé, du mythe, d'un certain monde surnaturel. Ce surnaturel ne plonge pas le personnage principal ni le spectateur dans une quelconque hésitation ou dans l'inquiétude. Les créatures fantastiques, fées ou sorcières, y sont la norme, dans le cadre rassurant de la fable. Ces autres mondes sont la matière même du spectacle. Particulièrement représentée au fil du siècle, la féerie se développe et se codifie. Son monde est celui des contes, lointainement hérité de Perrault, comme l'opéra-féerie *Cendrillon* (OC, 1810) de Nicolò. À la fin du XVIIIe siècle comme au début du XIXe, son caractère moral est essentiel, dans des intrigues où un « couple d'amants tourmenté par un génie maléfique », subit de nombreuses épreuves, « toujours accompagnées d'effets scéniques éblouissants »[8]. La première adaptation française de *La Flûte enchantée*, *Les Mystères d'Isis* (O, 1801), est assez proche de ce schéma d'intrigue. En pleine vague égyptienne, l'opéra met en scène la quête du héros face aux sortilèges de Zarastro. Le caractère merveilleux de l'original a été pour une part conservé. Si le livret est critiqué, c'est aussi que le spectacle et la musique l'emportent sur l'intérêt du texte : « Il ne faut ce jour-là porter au théâtre que des sens, et laisser son esprit à la porte » (*JD*, 22 août 1801). Lié au ballet d'action, à la pantomime et au conte, le spectacle est conçu comme un voyage vers l'ailleurs pour le spectateur. La féerie fait tout au long du siècle croître la place du spectaculaire, le dégage de toute intention morale héritée du conte, et « permet l'accès à l'autre monde, celui de l'imaginaire[9] ». Dans des exemples plus tardifs, Sardou et Offenbach empruntent à l'univers hoffmannien *Le Roi Carotte* (TG, 1872), tandis que Jules Verne inspire *Le Voyage dans la lune* (TG, 1875), représentant successivement la terre (de l'observatoire à la forge) et la lune (palais de verre et ombres errantes) et faisant apparaître curieux personnages et éléments (flocons de neige, éruption volcanique et clair de terre).

Parenthèse fantastique

Dès le début du XIXe siècle, le surnaturel s'enrichit d'emprunts à des littératures et des imaginaires nouveaux, comme dans *Ossian ou les Bardes* (O. 1804) de Le Sueur (cf. Introd., 4.2). Féeries, ballets, rêves forment le cadre de ces apparitions. Mais le surnaturel est parfois « fantastique », en ce qu'il implique un « trouble[10] », une irruption d'étrangeté. L'opéra donne régulièrement lieu à un fantastique « transitoire[11] » qui finalement s'explique par un retour au vraisemblable. À l'opéra-comique, librettistes et compositeurs ont recours, comme dans les féeries ou les pantomimes, à des personnages diaboliques (*Le Diable à l'école* de Boulanger, OC, 1842), aux lieux mystérieux (le château hanté du *Revenant* de Gomis, OC, 1833), aux superstitions et aux légendes (*Dinorah ou le Pardon de Ploërmel* de Meyerbeer, OC, 1859). Ces éléments contribuent à un fantastique naïf et mis à distance. Les scènes s'accompagnent parfois d'effets musicaux un peu convenus (pour une part, la reprise ou l'imitation des effets déjà utilisés dans le cadre du grand opéra) et d'emprunts aux genres populaires, comme les ballades ou chansons à refrain : ainsi dans la scène 5 du premier acte de *La Dame blanche* (cf. 7.3). Le fantastique est une épreuve, ponctuelle, pour le héros : la nature humaine du fantôme ferme la porte à toute interprétation surnaturelle. Le fantastique est ainsi tenu à distance par les codes des genres : le vraisemblable à l'opéra-comique, les règles de l'histoire et du réalisme à l'opéra conduisent régulièrement à résoudre les apparitions fantastiques. *Charles VI* (O, 1843) d'Halévy met en scène un épisode de l'histoire de France : l'apparition spectrale de « personnages fantastiques », « dans une lumière fantastique »[12] n'est qu'une fantasmagorie conçue par Isabeau de Bavière pour emporter la raison du héros.

Parenthèses ouvertes

Les exemples existent cependant où le surnaturel ne vient pas trouver d'explication, ni par le cadre générique (une scène de sommeil), ni par le retour du vraisemblable. Personnage et spectateur sont confrontés à l'étrange et à l'inexplicable, chacun dans sa solitude propre. Ce recours au fantastique est parfois perçu comme une facilité, un « ressort », la « proie des faiseurs de mélodrames[13] » suscitant la méfiance des critiques et des spectateurs, contemporains comme plus tardifs : c'est une frontière entre genres nobles et moins nobles qui se joue, entre opéra et boulevard. La scène de la gorge aux loups du *Freischütz* (*Robin des bois*) va tenir une place particulière de modèle fantastique à l'opéra, à la fois dramatique, visuel et sonore. Elle est décrite par Joseph d'Ortigue le 13 mai 1831 : « L'harmonie de l'orchestre tourne autour de l'unisson du chœur invisible des démons qui retentit comme une profonde clameur. [...] À l'appel des cors discordants et de la fanfare infernale, des divinités fantastiques apparaissent entourées de bleuâtres et livides lueurs. Oui, ce sont bien les couleurs que l'auteur des *Orientales* a broyées dans sa ronde du sabbat, et que Louis Boulanger [...] a reproduites dans les esquisses hardies de ce poétique tableau[14]. » Cette expérience complète mêle éléments sonores et visuels. D'Ortigue cite la « Ronde du sabbat » de Victor Hugo pour atténuer la bizarrerie de la curiosité musicale, et éclairer le lecteur par une référence littéraire. Comme l'apparition fantastique impressionne le personnage, le spectateur doit lui aussi être impressionné par la scène. Pour que la sidération opère, il ne doit pas comprendre la machinerie à l'œuvre, les effets utilisés par le musicien ou la mise en scène, et être, lui aussi, confronté à l'inexplicable, sur le plan sonore comme sur le plan visuel. Chez Weber, la musique de la scène de la Gorge aux loups se fonde sur de singuliers procédés à la fois harmoniques (enchaînements chromatiques descendants de septième diminuée) et

A. de Neuville, « Première représentation d'*Hamlet* (troisième acte). – Le spectre, Ophélie, Hamlet (décors de M. Despléchin) », *Le Monde illustré*, 14 mars 1868, p. 169 (détail).

orchestraux (trémolos de cordes), régulièrement repris et adaptés. L'orchestration de la résurrection des nonnes de *Robert le Diable* (O, 1831) utilise trombones et ophicléides, cuivres à clés et tam-tam. Au fil du siècle se codifie ainsi le son des apparitions spectrales et la voix des morts : quand Robert lit le testament de sa mère, sur des notes répétées ; chez Ambroise Thomas, où le spectre du feu roi s'adresse à Hamlet (O, 1868) en chantant sur une seule note, comme Hector dans *Les Troyens* (cf. 8.5), soutenu par toutes les cordes en sourdine, un ensemble de cors bouchés, et les timbales : « L'ombre d'Hector s'avance vers Énée d'un pas lent et solennel mesuré sur le rythme de l'orchestre[15]. » L'orchestration joue un rôle essentiel pour suggérer le surnaturel et l'étrange, et les passages mélodramatiques, entre le parler et le chanter, retranscrivent l'inquiétant[16]. Instruments de l'orchestre et chœur jouent un rôle dans la mise en espace ; sur la scène, en coulisse (le chœur bouche fermée de *La Nonne sanglante* [O, 1854]), ou dans des espaces incongrus : dans le trio de l'acte V de *Robert*, Meyerbeer note : « Les trompettes doivent être placées hors de l'orchestre ; leur son doit produire l'effet comme s'il venait de loin et de dessous terre. À Paris on les place dans le souterrain au-dessous du souffleur[17]. »

S'ajoutent nombre d'innovations spectaculaires (cf. chap. 13) qui contribuent à la surprise du spectateur, pris dans le fantastique. C'est l'esthétique du clou[18], à laquelle contribuent les décors de Ciceri, les machineries et les trappes qui font apparaître ou disparaître les personnages, et les nombreux effets d'éclairage : la lumière bleuâtre du gaz dans la résurrection des nonnes de *Robert le Diable* (cf. 6.5), l'utilisation des gélatines de couleur, du réflecteur pour verdir le visage de *La Magicienne* (O, 1858) d'Halévy. Paul Scudo décrit ainsi la scène fantastique du second acte de *La Nonne sanglante* de Gounod : « La lune [...] projette sur l'ensemble du tableau une couleur fantastique. Pendant ce court entracte, le musicien évoque les esprits invisibles, et [...] traduit les plaintes des âmes abandonnées se mêlant au souffle de la bise qui traverse ces ruines et en révèle les secrets. [...] Voici comment il nous est possible d'expliquer au lecteur cette page de musique fantastique. Qu'on s'imagine une harmonie triste et condensée, remplie de reflets et de modulations sinistres qui s'éparpillent en tous sens, comme des clartés bleuâtres et fugitives dans une nuit sombre[19]. » Utilisant deux fois l'adjectif « fantastique » pour restituer cette expérience singulière donnée au spectateur, Scudo cite ensuite *Le Freischütz* et *Robert le Diable*, là où d'Ortigue évoquait Hugo, pour un lecteur désormais familier de la scène fantastique d'opéra.

Fantastique incarné

Il existe enfin un « fantastique spécifique » de l'opéra dans les interactions entre visible et sonore, le dédoublement possible entre son et spectacle, entre visible et invisible qui viennent « écarteler l'homogénéité de la représentation[20] ».

Le compositeur et le librettiste peuvent jouer sur la multitude des signes et des langages pour aboutir à la création de discours divergents, ou à une différenciation entre ce que voit le spectateur et ce que voit le personnage principal, par exemple. Dans ces écarts créés entre les signes peut naître le fantastique. Cette expérience repose la question du lien entre le spectateur et le personnage : ce dernier est-il un double pour le spectateur, ou bien l'objet, fantastique, de son regard ? Dans l'*Iphigénie en Tauride* (O, 1779) de Gluck (un modèle pour Berlioz), au cœur du ballet des Euménides, Oreste voit passer l'ombre de Clytemnestre, spectre au milieu des furies. Cette apparition fantomatique, dans le contexte suspendu du ballet, est donnée à voir à la fois au protagoniste et au public. Dans la scène qui suit le ballet, apparaît Iphigénie : le spectateur la voit, mais Oreste, halluciné, ne la voit pas : il s'adresse à Clytemnestre. Le public est revenu à la réalité, tandis que le protagoniste est ailleurs. L'écart est créé ; Oreste devient lui-même objet de fascination en ce qu'il perçoit une réalité qui échappe aux regards. Le héros lui-même est lieu du fantastique. Ce type de dispositif est à l'œuvre à plusieurs reprises au fil du XIXe siècle. La mise en scène, ce qu'elle donne à voir et ce qu'elle cache, crée, selon les cas, entre spectateur et personnage, proximité ou distance. Le personnage, échappant à la raison, à l'explicable, ou bien voyant et *transfiguré*, devient objet fantastique pour le spectateur, sans nécessairement que la scène expose autre chose que le chanteur lui-même. C'est lui seul qui se charge de la « vocation oraculaire[21] » du fantastique. Un troisième espace est sollicité : le hors-scène, que Cassandre, à la fin du premier acte des *Troyens*, décrit pour le spectateur. Son évocation de l'entrée du cheval dans la ville glisse progressivement vers l'oracle. Ni le public, ni les Troyens eux-mêmes, aveuglés, ne perçoivent ce que voit Cassandre. Sans représentation scénique, sans spectacle, les prédictions de Cassandre sont soutenues par les effets d'orchestration (les bruits étranges, aux percussions, des armes athéniennes à l'intérieur du cheval). Plusieurs opéras donnent à voir le spectacle de personnages hallucinés ou voyants. Sans effet de mise en scène particulier, ils incarnent eux-mêmes le spectacle de ce qui échappe à l'explicable. Donizetti crée une Lucia (Naples, 1835) qui voit ou rêve seule son mariage, sous les yeux effrayés des autres personnages ; Halévy un Charles VI qui, dans la basilique de Saint-Denis (V, 3), voit s'ouvrir les tombeaux de tous les rois morts pour lui donner vengeance. Tous deux perçus comme appartenant à une réalité *autre*, comme des spectres : le livret évoque la « pâleur fantomatique » de Lucie, tandis que tous les personnages de *Charles VI* (O, 1843) évoquent ce dernier comme un fantôme de roi. Ils sont, sans machinerie, sans décor, le spectacle fantastique lui-même.

Parenthèses enchantées ou inquiétantes, parenthèses ouvertes sur l'inexplicable, personnages incarnant eux-mêmes cet inexplicable sont différentes voies de représentation du fantastique à l'opéra. Loève-Veimars décrivait Hoffmann comme mettant en scène les irruptions de fantastique ; il le voyait aussi comme une incarnation possible du personnage fantastique, « dont un fatal destin a nourri l'imagination par des maux inouïs[22] ». Pour Walter Scott, Hoffmann était « si près d'un état de folie qu'il tremblait devant les fantômes de ses ouvrages[23] ». C'est pourquoi *Les Contes d'Hoffmann* d'Offenbach (OC, 1881), qui prend l'écrivain compositeur pour personnage principal, semble une synthèse de ces différentes formes de fantastique. L'écrivain lui-même, en proie aux visions qui s'enchaînent au fil des actes, est le héros voyant, l'incarnation du fantastique, dont les visions sont également offertes au spectateur. Dans cet « opéra fantastique » (c'est ainsi que le compositeur désigne son adaptation de la pièce de Barbier et Carré, de trente ans antérieure), chaque acte fonctionne comme un conte et comme un cadre, fixant et enfermant le fantastique ; Hoffmann, qui crée l'unité de l'œuvre, échappe seul à l'explication et aux « parenthèses » rassurantes du rêve.

17.2 L'EXOTISME RÉGIONAL

Joël-Marie Fauquet

L'opéra, dans son acception générique la plus large, relève d'une poétique de la distance. Au XIXe siècle, cette poétique est façonnée par le voyage romantique, le tourisme naissant, le goût pour le pittoresque et l'invention de l'histoire. Elle conditionne les représentations mentales de l'espace géogra-

« Route de Pierrefitte à Cauterets, [...] dessins de M. Adrien Marie », *Le Monde illustré*, 24 déc. 1887, p. 413 (détail)

phique et politique. En effet, le sentiment de l'éloignement spatio-temporel, les particularismes régionaux préservés par la difficile accessibilité d'une partie du territoire avant la construction du réseau ferroviaire, offrent à l'imagination du citadin les éléments d'une culture du dépaysement. Les contraintes de la vie urbaine stimulent un désir d'évasion alors même que s'amorce la migration rurale vers les villes transformées par l'industrialisation. C'est donc grâce à une « prise de distance » autant qu'à l'anachronisme[1] – inhérent au genre de l'opéra – que celui-ci impose son actualité. Face à l'unification administrative de la nation menée selon une conception centraliste des pouvoirs, les régions entendent défendre leur identité culturelle. Avant 1870, Paris ne juge réussies les tentatives de décentralisation qu'autant qu'il reconnaît en elles l'influence du rôle civilisateur qu'il s'attribue. Le dernier tiers du siècle voit la capitale accepter la concurrence avec les théâtres lyriques des grandes villes. L'essor du régionalisme invite les musiciens à chanter dans leur arbre généalogique. Cela dit, la plupart de ceux qui s'attachent à exprimer l'« âme » de leur terroir reçoivent leur formation à Paris et aspirent à y obtenir le succès qui leur assurera une position sociale. Il s'agit de surprendre Paris avec une production assimilable de ce qui lui paraît étranger, sinon de le convaincre du bien-fondé de la revendication identitaire des provinces. À ceci près que le dépaysement n'est pas proportionnel à la distance franchie. Cependant, l'ailleurs mythique sur lequel s'ouvre le plus souvent le rideau de l'opéra, est celui de la France des confins, la Bretagne, l'Occitanie principalement. Pyrénées comprises, dans lesquelles prend place la « grande opérette », *Dix jours aux Pyrénées* (TG, 1887) de Louis Varney.

L'opéra, métaphore du déplacement

« Adieu, voyages lents, bruits lointains qu'on écoute[2] ». Pour Alfred de Vigny, fin musicien, écouter le paysage est l'acte primitif de la perception musicale. « La distance et le temps sont vaincus » ajoute-t-il. Ce constat concerne implicitement l'opéra en tant que produit signifiant de l'écart qui existe entre l'espace réel et l'espace mental. Le sentiment de perte que, devant la conquête de la vitesse, éprouvent le poète et ses contemporains n'est pas sans rapport avec l'idée que l'on se fait de l'exotisme. Le mot renvoie à ce qui est éloigné, étranger, peu connu, original par sa provenance. Exotisme exogène s'il est situé plus ou moins loin au delà des frontières ; endogène, s'il se manifeste en deçà. Le premier oppose l'Occident à un Orient fantasmé qui recourt au merveilleux et autorise la transgression. Le second reflète la variété configurative d'une aire ethno-géographique délimitée. La capitale, point de repère central, accueille cette diversité avec plus ou moins de recul. Ainsi, la couleur locale d'un ouvrage peut échapper à la critique parisienne, alors qu'elle est réelle pour les autochtones. À cet égard, l'exemple de *Mireille* (OC, 1864) de Gounod est probant[3].

À propos d'exotisme s'agissant de la France, faut-il parler de pays, de région, de province ? L'opéra suggère qu'aucun de ces termes ne peut se substituer tout à fait à l'autre. La nostalgie ressentie par Jean Gaussin, depuis Paris, pour sa Provence d'origine dans la *Sapho* (OC, 1897) de Massenet[4], identifie le *pays* au sol natal. Le climat fantasmagorique du *Pardon de Ploërmel* (OC, 1859) de Meyerbeer renvoie à la Bretagne en tant que *région* dite *naturelle*, déterminée par des caractères physiques (géologie, climat, végétation) et culturels (superstition, sorcellerie). L'Occitanie ariégeoise de *Messidor* (O, 1897) d'Alfred Bruneau évoque la *région* dite *géographique*, celle dont les marques d'un type d'activité productive s'ajoutent aux particularités de la région naturelle. Enfin, la Vendée de *La Vivandière* (Bruxelles, 1893 ; OC, 1895) de Benjamin Godard spécifie la *province* en tant que portion de territoire modelée par l'histoire, les coutumes et, éventuellement, par l'opposition au pouvoir central.

Le ballet, genre corrélatif de l'opéra, est plus lié que lui au merveilleux exotique. Qu'il soit incorporé ou non à l'action, il peut faire appel au folklore imaginaire – tarentelle de *La Muette de Portici* (O, 1828)[5] d'Auber – ou réel – « danses cévenoles » de *Xavière* (OC, 1895)[6] de Théodore Dubois.

Le processus de remémoration que déclenche l'éloignement géographique de l'action dansée ou chantée, actualise l'image de la province. La donnée exotique s'en trouve dédoublée. Ainsi, dans *L'Éclair* (OC, 1835) d'Halévy qui se passe aux États-Unis, Lionel est ramené vers le midi de la France par le souvenir d'un chant provençal qu'éveille son amour pour Henriette[7]. Le déplacement des personnages de la France vers un autre pays stimule également la représentation mnémonique. Sur le navire qui emmène Pierre et Yves vers Nagasaki (*Madame Chrysanthème*, TR, 1893) de Messager, la Bretagne surgit de la cantilène que fait entendre la voix du gabier[8]. Inversement, une épreuve mémorielle attend celui qui, longtemps exilé, effectue un retour à son lieu d'origine. Dans *Le Mas* (O, 1929), « pièce lyrique » de Joseph Canteloube, Jan, que la vie citadine a rendu oublieux de ses racines, retrouve son identité avec la musique traditionnelle de sa terre natale – la « Fête de la gerbe rousse » et les danses avec chœur[9] – et peut ainsi épouser Marie, demeurée fidèle à son sol.

Quelle que soit la distance dans laquelle il s'effectue, le déplacement, à l'opéra, crée un ailleurs virtuel où les réalités du présent se métamorphosent.

La persistance d'un topos provincial

L'opéra du XIXe siècle a pour cadre récurrent celui que lui offre le paysage rural : village, château, ferme, intérieur rustique, etc. Il n'est qu'à citer *La Fête du village voisin* (OC, 1816) de Boieldieu, *Les Noces de Jeannette* (OC, 1853) de Victor Massé, ou *La Mascotte* (BP, 1880) d'Edmond Audran pour s'en convaincre. Ce standard champêtre est transposable d'une région à l'autre, mais aussi d'une nation à l'autre comme le prouve *Le Nouveau Seigneur du village* (OC, 1813) de Boieldieu situé en Allemagne.

Berlioz (*JD*, 31 mai 1857), à propos de *La Clé des champs* (OC, 1857) de Louis Deffès, note la répétition, dans les livrets d'opéras-comiques, de clichés tels que : « Voilà des paysans la fête qui s'apprête ». À cette fête participent, avec le seigneur, des personnages d'origine terrienne ou issus de la petite bourgeoisie déjà présents pour la plupart dans l'opéra villageois du XVIIIe siècle : le berger, le pêcheur, la fermière, la servante, le soldat, le notaire, etc. Sans oublier le bailli toujours « représenté comme un sot » selon Berlioz.

Joués dans les théâtres lyriques de la capitale, les ouvrages « provinciaux » comblent la perte causée par une rupture sociale[10]. « Dès le Grand Siècle, un microcosme parisien développa ce thème d'une "province" définie négativement par un manque, un éloignement qui la marginalise irrémédiablement : type de représentation dont nous sommes les héritiers[11]. » Toutefois, la province est envisagée comme un refuge protecteur. Dans l'appartement parisien qu'il partage avec Manon, Des Grieux rêve à l'« humble retraite » qu'il voit « là-bas », « une maisonnette toute blanche au fond des bois »[12]. La nature salvatrice est l'horizon utopique de l'opéra, tout comme peut l'être un espace villageois sans localisation qui permet à une action de s'ouvrir à la transnationalité. Tel est le cas du *Voyage à Reims ou l'Hôtel du Lys d'or*, de Rossini (1825).

Le topos campagnard est aussi d'ordre langagier. La destination d'une œuvre lyrique étant presque toujours la scène parisienne, le français s'impose. L'idiome propre à telle ou telle culture régionale doit donc être transposé. Différents types d'oralité existent cependant dans le livret d'opéra-comique ou d'opérette où alternent le parler et le chanter. L'introduction de tournures idiomatiques locales ajoute à la typicité du sujet. Ainsi, dans *Le Mas*, Marie chante à l'acte I en occitan la chanson « *O bal ol found del bouès* ». Contrefaire l'expression locutive d'un dialecte – l'accent auvergnat ou alsacien – ajoute à la pièce un sel comique apprécié. Un parler paysan plus ou moins factice, attribué à des personnages populaires, relève l'écriture d'un livret et l'exotise. Ce registre de langage existe de longue date au théâtre. Le maintien des dialogues parlés de Molière dans *Le Médecin malgré lui* (TL, 1858) de Gounod n'est pas seulement la marque d'une fidélité au texte original. Il satisfait le goût du Paris moderne qui se divertit aux dépens de la province jugée arriérée. Qu'il soit de Normandie ou d'ailleurs, le parler rural que l'on appréciait dans *L'Épreuve villageoise* (Versailles, 1784) de Grétry est le même que l'on goûte un siècle plus tard dans *Les Cloches de Corneville* (FD, 1877) de Robert Planquette qui commence sur un marché avec « grande louée aux servantes, cochers et domestiques[13] ». La « montée » à Paris de provinciaux désireux d'acquérir un emploi en ville suggère que les idiomes importés de la province s'intègrent dans le processus d'exotisation du langage dramatique.

L'historicisation des sujets exotiques

Le déplacement d'ordre spatial n'est pas la seule condition de l'exotisme. L'anachronisme en est une autre, c'est-à-dire l'antériorité du fait par rapport au temps de sa représentation. À l'opéra comme au théâtre, le sujet d'une œuvre, s'il n'est contemporain, est fait du temps de l'histoire. La norme du grand opéra influe sur l'ensemble de la production lyrique, non sans introduire une féconde ambiguïté générique. Témoin *Jean de Nivelle* (OC, 1880), de Delibes, « opéra » qui se déroule dans la Bourgogne du XVe siècle. De façon paradoxale, la temporalité historique s'allie à la factualité locale, de la période gallo-romaine à la période contemporaine, et du nord au midi, pour faire vivre des personnages que le cadre provincial transforme en anti-héros. Ce double effet de distance concerne, entre autres, *L'Ombre*, de Flotow (OC, 1870), qui se passe en 1707 dans un hameau, sur la frontière de la Savoie, ou *Le Cœur du moulin* de Séverac (OC, 1909), qui bat aux « abords d'un village dans le Languedoc » à la fin du XVIIIe siècle. L'opéra regarde souvent en arrière et le folklore sert parfois à farder l'histoire. La Révolution, actualisée par son centenaire, offre au théâtre lyrique des situations qui exploitent les répercussions qu'elle a eues dans la province plus ou moins proche. Au sein de l'action, l'antagonisme des partis renforce la tension dialectique de la résistance : *Vendée !* (Lyon, 1897), de Pierné dont l'acte II est construit sur des thèmes populaires[14], en est un bon exemple.

De l'argument pittoresque à l'intention identitaire : la Bretagne

L'expression de l'exotisme dans l'opéra n'est pas que musicale. Dans la découverte de la Bretagne, les peintres précèdent les musiciens et se montrent plus qu'eux soucieux d'authenticité. Décors et costumes attestent une volonté de réalisme. Ceux du *Fanal* (O, 1849), sujet breton qui l'est si peu dans la partition d'Adam, sortent tout droit de la *Galerie armoricaine* (1844) d'Hippolyte Lalaisse[15]. *La Korrigane* (O, 1880), ballet de Charles-Marie Widor, sera l'objet de la même recherche d'appropriation graphique et coloriste.

En outre, la présence de la Bretagne dans l'opéra est, à l'instar de celle du Languedoc et de la Provence, soutenue par la production littéraire originale. Le *Barzaz Breiz* (1839), somme de textes et de chansons populaires rassemblés et adaptés par Théodore Hersart de la Villemarqué, s'inscrit dans le courant de la celtomanie née au XVIIIe siècle. Cet héritage attire les compositeurs par l'intermédiaire des conteurs et des folkloristes, la plupart bretonnants.

Aussi représentatif de la Bretagne qu'il soit aujourd'hui encore, *Le Roi d'Ys* (OC, 1888) de Lalo se situe « dans une Armorique du haut Moyen Âge, antérieure de plusieurs siècles à la Bretagne traditionnelle des costumes, des pardons et des cornemuseux[16] ». La force de cet opéra réside dans la manière avec laquelle s'opposent les deux caractères de la Bretagne poétique, l'un défini par les *Gwerziou*, « chants sombres, fantastiques, tragiques » remontant au XIe siècle, l'autre par les *Sonnious* tissés de « chants d'amour, douces élégies, illusions et désillusions, refrains de danse, jeux et rondes enfantines etc. »[17]. L'« opéra en sabots » s'intitule ou bien « paysannerie bretonne » (Charles Delioux, *Yvonne et Loïc*, Gymnase, 1851), ou bien « légende bretonne » (Offenbach, *Le Violoneux*, BP, 1855). Quant au *Pardon de Ploërmel* de Meyerbeer, Berlioz le qualifie d'« innocente, mais poétique petite bretonnerie » (*JD*, 10 avr. 1859).

La revalorisation littéraire du poème d'opéra effectuée par le symbolisme favorise le développement d'un exotisme légendaire que particularise le cycle arthurien[18]. Cette tendance s'inscrit dans une reconquête du tragique à l'opéra[19]. Merlin en est la figure héroïque. Il donne son nom à plusieurs ouvrages : *Merlin* (Vienne, 1886) de Károly Goldmark, *Merlin* (exécution avec piano en 1905) d'Albeniz, *Myrdhin*[20] (1899-1902 ; Nantes, 2015) de Paul Ladmirault, *Myrdhin* (Nantes, 1912) de Bourgault-Ducoudray. Il est présent de façon réelle ou allusive dans *Brocéliande* (Rouen, 1893) de Lucien Lambert, *Armor* (Prague, 1898 ; Lyon, 1905) de Lazzari, *Lancelot* (O, 1900) de Joncières, *Le Roi Arthus* (La Monnaie, 1903) de Chausson, pour ne citer que ces ouvrages dont les protagonistes ont « plus d'affinités avec les héros wagnériens qu'avec les héros bretons[21] ». De fait, plusieurs d'entre eux doivent à *Tristan et Isolde* (Munich, 1865) de Wagner quelque chose de cette mystérieuse topographie musicale qui fait que la Bretagne devient « le nulle part mental où tout se passe[22] ».

En quelque soixante ans, c'est-à-dire du *Fanal* d'Adam au *Pays* (Nancy, 1912 ; OC, 1913) de Ropartz, l'évolution de l'image de la Bretagne dans l'opéra suit la transformation esthétique de la dramaturgie, renouvelée par l'art wagnérien, telle qu'on l'observe dans le théâtre lyrique en général. Alors qu'Adam ne recherche pas l'osmose identitaire avec son sujet, Ropartz, pour qui le drame lyrique repose sur « une action intérieure ; peu de faits ; des sentiments ; peu de personnages, pas de spectacle[23] », vise à l'universel par l'assimilation de ce que la culture celtique a de plus spécifique.

Le *Pays*, si économe en effets de théâtre, contraste avec deux autres ouvrages marqués au coin du vérisme – *La Glu* –, du naturalisme – *La Lépreuse*. L'une et l'autre se déroulent en Bretagne mais à des époques différentes ; toutes deux ont des attaches avec le fonds littéraire populaire ; enfin chacune ouvre la porte à la maladie. *La Glu* (Nice, 1910), « drame musical populaire » de Gabriel Dupont, armorié par sa « chanson bretonne », se déroule dans la presqu'île du Croisic, à l'époque contemporaine ; *La Lépreuse* (OC, 1912), « tragédie légendaire » de Sylvio Lazzari, a pour cadre la Bretagne moyenâgeuse des pardons dont les accents marquent avec vigueur les lignes vocales et les couleurs de la partition. *La Glu* est un succès qui échappe à Paris et s'inscrit au crédit de la décentralisation lyrique. *La Lépreuse* au contraire suscite, au nom de la moralité, un scandale qui agite le milieu artistique et politique parisien de la

Belle Époque. Œuvre maudite, elle devra attendre douze ans sa création pour confirmer qu'elle est bien l'allégorie du Mal identifiée à la contagion[24].

Du côté de la Provence et de l'Occitanie...

« Le vrai paradis de la France / Le seul digne de ce nom / C'est le beau pays de Provence[25] » chante l'héroïne de *Gillette de Narbonne* (BP, 1882) d'Audran, cette Provence où Germont père conseille à Alfredo d'aller guérir de sa passion pour Violetta[26]. L'interculturalité qui caractérise la Provence depuis l'Antiquité ressort dans *Les Barbares* (O, 1901) de Saint-Saëns et la tragédie romano-languedocienne *Héliogabale* (Béziers, 1910) de Séverac. *Mirèio* (*Mireille*) (1859) et *Calendau* (*Calendal*) (1867), de Frédéric Mistral fondent la mythologie provençale moderne. Ces poèmes sont les fleurons du Félibrige, fondé en 1854, qui travaille à la conservation et au rayonnement de la langue d'oc. En 1863, Gounod s'empare du sujet de *Mireille*. L'opéra éponyme qu'il lui inspire (OC, 1864) devient l'allégorie de la Provence musicale, renforcée par *L'Arlésienne* (Vaud., 1872), musique de scène écrite par Bizet pour la pièce de Daudet, l'autre chantre provençal. Des deux partitions, animées l'une et l'autre par la farandole – danse populaire typique qui donnera son nom à un ballet de Théodore Dubois (O, 1883) –, la seconde est d'une veine folklorique plus authentique[27]. Bizet est tenté de musiquer *Calendal*, projet qui échoira finalement à Henri Maréchal (Rouen, 1894)[28].

La chanson provençale, qu'elle soit citée ou inventée, est le signe d'identification choisi par Aimé Maillart pour *Les Dragons de Villars* (TL, 1856), par Ferdinand Poise pour *Les Absents* (OC, 1864), par Audran pour *Gillette de Narbonne*[29], ouvrage centré sur le roi René, figure emblématique de la culture provençale comme Merlin l'est de la bretonne. Plusieurs opéras jalonnent la « cheminée » du roi René dans le siècle qui le montre en artiste : *Le Roi René ou la Provence au XVe siècle* (OC, 1824) d'Herold, *Belzébuth ou les Jeux du roi René* (Montpellier, 1841), mélodrame de Castil-Blaze, *Maguelonne et le roi René* (1911) drame lyrique d'Henri de Saussine.

L'héliotropisme occitan de l'opéra déborde la frontière : Stefano Pavesi fait jouer *Egilda di Provenza* (Venise, 1823) ; Luigi Mancinelli, *Isora di Provenza* (Bologne, 1884) ; Francesco Cilea (1866-1950) compose *L'Arlesiana* (Milan, 1897). La Provence irradie la présymboliste *Iolanta* (Saint-Pétersbourg, 1892) de Tchaïkovski, puis donne son nom à une comédie, *Provenza* (Bologne, 1913) d'Armando Mercuri. Vers l'ouest, le Pays basque accueille *Le Philtre* d'Auber (O, 1831), puis sa transposition en *Elisir d'amore* (Milan, 1832) par Donizetti ; *Les Pêcheurs de Saint-Jean* (OC, 1905), « scènes de la vie maritime », de Widor ; *Ramuntcho* (Odéon, 1908) musique de scène écrite par Pierné pour la pièce de Pierre Loti.

L'élément musical exotique

Un genre vocal, la romance, accompagne, s'il ne la précède, l'entrée de la province dans l'opéra. On y trouve, stylisées, des touches de couleur locale que décors et costumes peuvent suffire à obtenir sur la scène. L'exotisme musical est d'ordre intégratif quand il recourt à la citation, à l'assimilation totale ou à la parodie d'un matériau préexistant. Il est d'ordre symbolique quand il est lié à l'usage d'éléments instrumentaux, rythmiques ou motiviques (imitation de la cornemuse ou la vielle, par exemple) ou à des formes populaires (ronde, chanson dansée, ballade) attribuées à la ruralité archaïque. Enfin il est d'ordre illustratif quand il répond au caractère spécifique défini par une accentuation ou une instrumentation intentionnellement suggestive de l'essence culturelle du sujet : la couleur orchestrale de *Fervaal* (Bruxelles, 1897) de d'Indy, moins wagnérienne qu'on ne le prétend, ou celle de *Grisélidis* (OC, 1901) de Massenet, sont toutes deux, à leur manière, évocatrices d'une Occitanie transfigurée par sa lumière.

Dans la mesure où l'exotisme particularise une œuvre de telle sorte qu'il absorbe à divers degrés les caractères généraux du genre auquel se rattache cette œuvre, le rapport entre musique populaire et musique savante est un des aspects critiques de la composition musicale au tournant du siècle. Simplement cité ou appelé à soutenir la structure de tout ou partie de l'œuvre, le matériau folklorique diversifie le discours de telle sorte qu'il est vu comme un moyen de régénération du langage tonal[30].

La localisation d'une pièce implique que la musique contienne un élément typique qui satisfasse à un désir d'authentification : l'« air de cornemuse » du *Pardon de Ploërmel*[31], par exemple. À propos de *La Rose de Saint-Flour* (BP, 1856), Offenbach est loué d'avoir composé « un air de biniou qui ressemblait aux meilleures bourrées du Cantal » et de ce que cet air soit « aussi vrai que nature »[32]. En revanche, il est reproché à Camille Erlanger d'avoir ignoré « quelques-uns de ces chants, si faciles à trouver dans le *Barzaz Breiz* [...] et dans le recueil de M. de La Landelle[33] » pour remédier à la prétendue « absence de couleur » de *Kermaria* « idylle d'Armorique » (OC, 1897).

Certains compositeurs renoncent à l'emprunt littéral. Ils préfèrent inventer des mélodies au tour archaïque, de caractère monodique, que leurs inflexions modales rendent intemporelles. Chausson procède ainsi dans *Le Roi Arthus*, avec le chant du laboureur « Rion, le roi des îles[34] » qui se souvient de celui du berger dans *Tannhäuser*. En revanche, Vincent d'Indy prête à celui de *Fervaal* un « appel » qu'il a recueilli dans les montagnes ardéchoises[35]. Près d'un siècle plus tôt, l'appel du jeune pâtre dans *Le Petit Chaperon rouge* de Boieldieu (OC, 1818)[36], qui se passe aussi en Vivarais au début du XIe siècle, est joué au chalumeau. Pareille formule mélodico-instrumentale sert d'initiale pastorale à la partition de plusieurs ouvrages au long du siècle, qu'il s'agisse de *Mireille* de Gounod (ouverture), de *Sylvia* (O, 1876), ballet de Delibes, ou de *Grisélidis* de Massenet.

Cependant, l'authenticité exotique garantie par l'exactitude des références ethno-musicales est relative. En effet, si des airs de danse et des chansons renvoient à un terroir précis, d'autres, dont la localisation originelle est incertaine, deviennent emblématiques d'une aire ethno-géographique déterminée. Tel est le cas de la chanson de Magali que Frédéric Mistral recueille en 1845 et intègre dans *Mirèio* avec les paroles *O Magali ma tant amado*. La popularité du poème épique fait de cette chanson un chant provençal authentique[37]. Gounod l'adapte dans *Mireille* pour le duo de l'héroïne et de Vincent « inventé de toutes pièces sous le ciel de l'Île-de-France » et auquel « l'usage de la mesure à cinq temps [...] confère une singularité qui, sans être précisément ethnique, offre à l'oreille un dépaysement »[38]. Massenet en fait le symbole récurrent de la Provence dans *Sapho*. Avant eux Berlioz, dans *Les Troyens* (TL, 1863)[39], attribue à ce thème populaire une connotation plus largement méditerranéenne.

S'il préexiste au XIXᵉ siècle dans l'opéra, c'est au cours de ce siècle, prolongé jusqu'en 1914, que l'exotisme acquiert, en grande partie grâce au romantisme, la valeur d'un composant esthétique autonome. Toutefois la différenciation qu'il opère devient relative. Car Paris, qui s'efforce de s'identifier à la France en fixant avec l'opéra une image exotique des provinces, rejoint les chantres régionaux qui, de leur côté, affirment une identité en singularisant l'opéra à l'aide de particularismes musicaux.

17.3 Les territoires de l'exotisme

Ralph P. Locke

Lorsqu'on songe aux opéras français exotiques, on tend à se confiner à quelques œuvres seulement : *L'Africaine* de Meyerbeer, *Les Pêcheurs de perles* de Bizet, *Samson et Dalila* de Saint-Saëns, *Lakmé* de Delibes, *Thaïs* de Massenet, ou – le plus aimé de tous – *Carmen* de Bizet. En réalité, l'exotisme comme cadre (lieux, décors, costumes, etc.) ou plus généralement comme attitude vis-à-vis d'autres peuples est manifeste dans des dizaines d'œuvres lyriques françaises du XIXᵉ siècle, de compositeurs aussi différents que Verdi (l'air de style flamenco d'Eboli à l'acte II de *Don Carlos*) et Offenbach (les « Chinois » parfaitement ridicules dans *Ba-Ta-Clan*). Les descriptions d'opéras français exotiques, que ce soit dans la presse de l'époque ou dans les écrits musicologiques récents, se focalisent souvent sur la seule question du matériau musical caractéristique. Bien qu'on puisse continuer à poser cette question avec profit[1], ce chapitre et les deux suivants abordent le sujet de manière plus large, explorant les diverses manières dont la musique, le livret et la mise en scène de ces opéras reflètent les conceptions qu'on avait alors de ces terres et peuples lointains.

Comme aux siècles précédents en Italie et ailleurs, une partie de la production lyrique française du XIXe siècle se fondait sur des histoires se déroulant dans un pays ou un passé lointain, voire une époque légendaire. Cela pouvait aider à rendre l'intrigue plus acceptable – la plupart des spectateurs connaissant mal les événements spécifiques et les détails de la vie quotidienne de ces lieux et époques –, mais aussi à éviter les objections à l'encontre d'une critique sociale, politique ou religieuse contenue dans le livret. Le présent chapitre propose une lecture « géographique » de l'opéra français exotique du XIXe siècle. Les chapitres 17.4 et 17.5 continuent l'étude de cette question sous d'autres aspects.

L'Europe du Nord et du Sud

Portées par l'ossianisme (cf. Introd.), les légendes d'anciens guerriers écossais étaient très en vogue au début du siècle. La production particulièrement somptueuse d'*Ossian ou les Bardes* (O, 1804) de Le Sueur attira beaucoup l'attention (cf. 4.2), mais ne resta pas longtemps au répertoire. L'opéra en un acte de Méhul, *Uthal* (OC, 1806), fondé lui aussi sur les poèmes d'Ossian, souligne, avec une musique très éloquente, la noblesse d'esprit que les textes de Macpherson prêtaient aux anciens bardes et guerriers écossais. L'Angleterre et les pays germanophones étaient souvent traités comme des lieux quasi neutres, où toute sorte d'intrigue politique ou romantique pouvait se déployer. Malgré tout, de nombreux opéras-comiques offraient d'amusants portraits caricaturaux de lords et de ladies anglais, les présentant comme superficiels ou irascibles, tels Lady Pamela et son époux, Lord Cokbourg, dans *Fra Diavolo* (OC, 1830) d'Auber[2].

L'Italie et l'Espagne sont deux pays européens souvent choisis tout au long du siècle comme cadre des intrigues. Ces pays, que de nombreux Français pouvaient eux-mêmes visiter, avaient en outre une langue étroitement apparentée au français, qui pouvait donc être aisément « citée » de temps à autre dans le livret pour ajouter une touche de couleur locale[3]. L'Italie était parfois représentée comme un pays sans lois, avec des bandits de grand chemin attaquant les diligences, comme dans *Fra Diavolo* d'Auber, qui devint l'un des opéras-comiques les plus appréciés de tout le XIXe siècle à travers l'Europe. Dans *Les Vêpres siciliennes* (O, 1855) de Verdi, qui se passe à Palerme en 1282, Procida (baryton) correspond dans une certaine mesure à un stéréotype très répandu sur l'Italie du Sud : ses hommes sont obstinés et pugnaces. De nombreux éléments qui nous sont familiers aujourd'hui grâce à *Carmen* furent en fait utilisés dans des opéras-comiques antérieurs qui se passaient dans la péninsule Ibérique. *L'Esclave du Camoëns* (OC, 1843) de Flotow, donne au célèbre poète de la cour portugaise une esclave gitane, Griselda, qui danse dans la rue, comme le fera Carmen des décennies plus tard[4]. Du point de vue français, l'Espagne pouvait également être un pays marqué par un gouvernement autoritaire et des dirigeants religieux catholiques intolérants. Un inquisiteur

LES FORMES LYRIQUES DE L'ALTÉRITÉ ET DE L'AILLEURS 951

répressif ou du moins politiquement influent venu du Vatican apparaît dans quatre opéras qui se passent en Espagne : *Le Diable à Séville* (OC, 1831) de Gomis, *Le Guitarrero* (OC, 1841) d'Halévy, *La Part du diable* (OC, 1843) d'Auber et *Don Carlos* (O, 1867) de Verdi[5]. Le Grand Inquisiteur de Verdi est du reste l'un des personnages les plus effrayants à avoir jamais foulé la scène lyrique. Certaines intrigues situées en Espagne soulignaient aussi le stéréotype de l'homme espagnol hautain ou de mœurs légères[6].

Le continent américain et l'Afrique subsaharienne

On peut sans doute évoquer ensemble ici ces deux territoires que l'Europe explorait et colonisait depuis plusieurs siècles, et qui étaient de surcroît liés par le commerce des esclaves. *Fernand Cortez* (O, 1809) de Spontini traite de la conquête du Mexique par l'Espagne. Des décennies plus tard, *L'Africaine* (O, 1865) de Meyerbeer raconte une histoire un peu similaire, centrée sur l'explorateur portugais Vasco de Gama et ses voyages autour de la pointe méridionale de l'Afrique. Le Brésil focalise l'attention dans deux œuvres de ton léger. Dans *La Perle du Brésil* (ON, 1851) de Félicien David – dont la plupart des personnages sont portugais –, le principal rôle féminin est une Brésilienne, Zora. Son air « Charmant oiseau » est devenu l'un des solos français pour soprano colorature les plus renommés. Dans *La Vie parisienne* (TPR, 1866) d'Offenbach, l'un des principaux personnages est un Brésilien. Il

Personnages principaux de *L'Africaine*, dessins d'après les croquis des auteurs des costumes, in *Le Monde illustré*, 6 mai 1865, p. 277.

n'est pas jugé digne d'être nommé, et est présenté (ou du moins l'était dans la version originale) comme un métis – avec des cheveux noirs crépus – venu à Paris dépenser de l'argent et satisfaire ses goûts voraces[7]. Il semble significatif que cet hédoniste insouciant vienne d'un pays colonisé par une nation autre que la France (le Brésil a appartenu au Portugal jusqu'en 1825). Un tel choix évitait le risque de commentaires sur la politique et la conduite de citoyens français dans leurs propres colonies (en Algérie, en Cochinchine – ou même en Guyane). Il y eut relativement peu d'Africains subsahariens sur la scène lyrique en France (ou ailleurs) au XIXe siècle. Sélika, reine hindoue d'une île au large de la côte africaine, dans *L'Africaine* de Meyerbeer (cf. 17.5), est le personnage subsaharien le plus important dans l'opéra français. *Le Code noir* (OC, 1842) de Clapisson met en scène des personnages de couleur et se passe, exceptionnellement, dans un passé récent[8].

L'Asie de l'Est

Saint-Saëns relate que, lorsqu'il proposa à Camille Du Locle, directeur de l'Opéra-Comique, d'écrire un opéra qui se passait au Japon, « le Japon tout pur, mis à la scène, lui faisait peur ; [Du Locle] nous demanda de le mitiger[9] ». Le résultat fut *La Princesse jaune* (OC, 1872), œuvre en un acte qui se passe entièrement aux Pays-Bas : un peintre néerlandais fait le portrait d'une Japonaise, tombe amoureux d'« elle » (sous l'effet d'un breuvage hallucinogène), mais s'éveille peu à peu pour comprendre que c'est Léna qu'il aime vraiment, sa cousine, qui est aussi son assistante dévouée. L'Asie de l'Est était toutefois appréciée dans les formes plus extrêmes de divertissement, où le réalisme importait souvent peu. Deux œuvres d'Offenbach, *Ba-Ta-Clan* (BP, 1855) et *L'Île de Tulipatan* (BP, 1868), illustrent la tendance à utiliser les terres d'Asie de l'Est et du Sud-Est comme cadre dans lequel le commentaire sur la vie en Europe pouvait s'exprimer de manière amusante. *Ba-Ta-Clan* se passe en Chine. Les personnages ont des noms ridicules (Fé-ni-han, par exemple) et tout d'abord ne chantent que des syllabes absurdes. Ils finissent par s'avouer qu'ils sont des Français déguisés (tel ce fils de blanchisseuse vivant rue Mouffetard), et prennent, tous sauf un, le chemin du retour. *L'Île de Tulipatan* se moque des dirigeants pompeux (en l'occurrence, le roi Cacatois XXII de l'île) et des normes oppressantes de conduite masculine et féminine – on comprend dès les dix premières minutes qu'on pourrait trouver tout cela dans la France d'Offenbach. Dans *Madame Chrysanthème* (TR, 1893) de Messager, qui se passe au Japon, une figure coloniale masculine française, Pierre, joue un rôle important (cf. 17.5). L'opéra-comique d'Auber, *Le Cheval de bronze* (OC, 1835), recèle de nombreuses critiques mordantes des classes privilégiées en Chine. Les quatre épouses du mandarin vieillissant Tsing-Sing lui commandent si impitoyablement qu'il se fiance à une cinquième femme « pour commander à quelqu'un ». En outre, c'est un gouverneur irresponsable de sa province, apparaissant une fois par an, comme le regrette un paysan local, « pour toucher notre argent ou nous donner des coups de bâton ». Quant au puissant prince de la province, il reste sourd aux besoins de ses sujets : « Ne blâmer rien, / Trouver tout bien, / C'est le système / Que j'aime. »

L'Orient (du Maroc à l'Inde)

Dans le monde de l'opéra, la région exotique le plus souvent choisie – et qui produisit le plus d'œuvres restant aujourd'hui au répertoire international – est ce qu'on pourrait appeler le Proche et Moyen-Orient au sens le plus large. On considérait généralement que cet Orient s'étendait du Maroc jusqu'à l'Inde et Ceylan (l'actuel Sri Lanka). On faisait peu de distinctions entre l'Algérie et la Perse, par exemple. Dans l'imaginaire des artistes comme du public, cette vaste région était presque uniformément caractérisée par les caravanes, la religion musulmane (ou hindoue, pour les œuvres situées en Inde), les harems, un système de gouvernement extrêmement autoritaire, et quantité de luttes entre tribus et autres groupes ou individus assoiffés de pouvoir. Certaines de ces caractéristiques étaient héritées des opéras « turcs » du XVIIIe siècle qui se passaient dans la région – de Grétry, Gluck, Mozart ou Salieri, entre autres[10]. Au début du XIXe siècle, dans certains opéras fondés sur des histoires bibliques – et donc situées en Palestine ou en Égypte – bon nombre de ces traits manquaient encore. *Joseph* (OC, 1807) de Méhul ignore presque entièrement les Égyptiens de l'histoire pour se focaliser sur le remords des frères de Joseph de l'avoir vendu comme esclave en le déclarant mort à leur père. *Moïse* (O, 1827) de Rossini et *L'Enfant prodigue* (O, 1850) d'Auber sont de même centrés principalement sur les personnages hébreux, bien que *Moïse* comporte un rôle de premier plan pour le pharaon tyrannique et d'autres Égyptiens[11]. Certains personnages mineurs de *L'Enfant prodigue* étaient vêtus de costumes soigneusement modelés d'après des représentations trouvées sur d'anciens bas-reliefs égyptiens[12]. Dans tous ces opéras d'inspiration biblique, de même que dans les oratorios et opéras sacrés du siècle précédent, les Hébreux étaient sans doute vus comme des préfigurations des premiers chrétiens plutôt que comme des juifs modernes. Plus tard dans le siècle, les opéras comportant des personnages bibliques usaient avec délectation de la couleur locale, avec notamment d'exquises musiques sensuelles pour des troupes de ballerines vêtues de gazes. *Samson et Dalila* (Weimar, 1877 ; Rouen, 1890) dramatise fortement la tension entre les anciens Hébreux et les Philistins païens, qui, dans une certaine mesure, pouvaient représenter l'Orient de l'époque, comme le laisse penser une musique aux forts accents arabisants dans la bacchanale de l'acte III. *Hérodiade* de Massenet (La Monnaie, 1881 ; version déf., TG, 1903) met en scène des premiers chrétiens, dont saint Jean Baptiste et Salomé. Cette dernière est représentée comme une disciple dévouée de Jean, dont elle est éprise. Comme le Samson de Saint-Saëns, ces deux personnages bibliques se trouvent en conflit avec le monde païen. *Herculanum* de Félicien David (O, 1859), qui se passe près du Vésuve l'année fatidique de son éruption, en 79 après J.C., exotise, de différentes manières, les païens romains ainsi que les premiers chrétiens. *Thaïs* (O, 1894) de Massenet utilise la musique et la danse (de femmes), faisant ainsi des Égyptiens du IVe siècle des Orientaux contemporains.

Le monde légendaire des *Mille et Une Nuits* donna naissance à quelques ouvrages comiques ou semi-comiques dans lesquels les personnages sont presque tous « orientaux ». On notera en particulier *Le Calife de Bagdad* (Favart, 1800) de Boieldieu, *Ali-Baba ou les Quarante Voleurs* (O, 1833) de Cherubini, et *L'Étoile* (BP, 1877) de Chabrier. Le *Calife de Bagdad* comporte une scène – qui rappelle fortement bon nombre d'opéras du XVIIIe siècle avec un harem – dans laquelle des femmes de différents pays d'Europe rivalisent pour devenir la favorite du calife. On retrouve un peu la même ambiance de conte de fées dans le très mélodieux *Lalla-Roukh* (OC, 1862) de Félicien David, où une belle jeune fille du sous-continent indien se rend à Samarcande

Parys, « *Samson et Dalila* [à l'Opéra], 1er acte, Danse des prêtresses de Dagon », *Le Monde illustré*, 26 nov. 1892, p. 344.

(dans l'Ouzbékistan actuel) pour épouser, contre son gré, le roi du pays. De nombreux numéros musicaux louent la nature tandis que l'héroïne et sa suite parcourent la route de sa destinée, comme dans le chœur de l'acte I, « C'est ici le pays des roses ».

Deux opéras sérieux quasi historiques traitent des tensions politiques d'une population comprise comme orientale ou « autre ». *Les Bayadères* (O, 1810) de Catel relate la lutte entre le rajah de Benarès (Démaly, un nom inventé) et les insurgés marathes, sans doute au XVIe ou XVIIe siècle. Démaly est manifestement hindou (comme les Marathes), puisque sa cour a un chef brahmane et qu'il y a de nombreuses références à Vishnou, Dourga et autres dieux. L'opéra était apparemment censé faire l'éloge de Napoléon et traite donc le rajah comme une figure tout à fait admirable, dont l'unique erreur de jugement est attribuée aux piètres conseils de ses ministres. L'opéra se conclut par une scène dramatique centrée sur quelques caractéristiques très connues de la culture indienne traditionnelle : Laméa aime Démaly mais, vierge consacrée au temple, ne peut se joindre à lui. Usant d'un stratagème, Démaly parviendra à l'épouser. *Les Abencérages ou l'Étendard de Grenade* (O, 1813) de Cherubini est un peu similaire, en ce qu'il se fonde sur des récits historiques (si déformés soient-ils) évoquant la lutte entre deux groupes d'Arabes dans l'Espagne de la fin du XVe siècle – les Abencérages et les Zégris – et la tentative (couronnée de succès, du moins dans l'opéra) du premier de ces groupes de faire la paix avec les chrétiens. L'éventualité qu'un groupe de musulmans arabes puisse être pacifique et conciliant sera rarement envisagée dans l'opéra sérieux pendant le restant du siècle. *Le Siège de Corinthe* (O, 1826) de Rossini annonce ce qui sera une tendance plus typique du XIXe siècle en traitant une nation musulmane de façon complètement négative (cf. 17.5). Cette œuvre de Rossini est sa tentative la plus explicite d'exploiter l'actualité de l'époque à des fins théâtrales. L'intrigue relate le long siège de la ville grecque de Corinthe par les Turcs ottomans sous le règne du sultan Mehmed II dans les années 1450 ; c'est une évocation transparente des luttes contemporaines des Ottomans pour mater les insurgés dans la guerre d'indépendance grecque (1821-1829)[13].

Le Caïd (OC, 1849) d'Ambroise Thomas situe exceptionnellement son action dans une colonie française moderne. L'œuvre, qui remporta un grand succès en France et à l'étranger, dépeint les Algériens et les colons français comme également enclins aux excès s'agissant d'amour et d'argent. *Lakmé* (OC, 1883), qui se passe aux Indes sous domination britannique, est une œuvre essentiellement sérieuse. L'œuvre comporte des critiques ouvertes de la stupidité des officiers colonisateurs et des femmes qui les accompagnent (une gouvernante et deux filles adultes) au sein d'une société étrangère. L'Inde elle-même est présentée de manière extrêmement ambivalente, comme une société marquée par la douceur des femmes mais aussi par la brutalité des hommes.

(Traduction Dennis Collins)

17.4 Les formes de l'exotisme :
intrigues, personnages, styles musicaux

Ralph P. Locke

Intrigues exotiques et personnages typiques

Situer un opéra dans un lieu considéré comme exotique avait de multiples avantages pour le librettiste : cela contribuait à créer de la variété d'une œuvre à l'autre et aidait le public à accepter des comportements et des actions qui auraient pu paraître peu plausibles ou dérangeants. Un cadre exotique permettait aussi au spectateur de se conforter dans son « européanité » et lui donnait le sentiment rassurant qu'il n'était pas comme cet être étrange, effrayant ou cruel... Souvent, dans les opéras qui se passent en pays exotique, il n'y a qu'un seul personnage féminin, avec tout au plus une servante, au milieu d'un certain nombre d'hommes (et un chœur masculin ou mixte). Cette focalisation sur un personnage féminin unique est bien entendu typique de l'opéra du XIXe siècle en général (*La Traviata* de Verdi, par exemple). Comme dans les romans et les poèmes de l'époque, ce personnage central prenait souvent l'une de ces deux formes : la femme fragile (sensible, pure, et soumise ou pleine d'abnégation) ou la femme fatale (manipulatrice, séductrice et dangereuse). Ces archétypes revêtent une signification particulière lorsque la société dépeinte est au-delà de l'Europe, puisque cela permet facilement de mettre l'accent sur une autorité masculine oppressante qui anéantit la femme fragile ou sollicite la femme fatale à des fins maléfiques. L'un ou l'autre de ces archétypes féminins peut être particulièrement attirant pour un personnage masculin arrivant de l'extérieur – que ce soit d'un pays européen ou d'une communauté représentant l'Occident. (Ainsi, Samson, en tant qu'Hébreu, représente dans *Samson et Dalila* le futur monde chrétien, par opposition aux Philistins « orientaux ».) Une catégorie apparentée, combinant femme fragile et fatale, est la femme censée rester pure (en raison d'un vœu fait aux autorités religieuses masculines), mais qui s'égare. On trouve ce genre d'intrigue dans des opéras non exotiques de Spontini (*La Vestale*) et (en italien) de Bellini (*Norma*). Lorsqu'elle est transposée en Inde (ou à Ceylan), cette catégorie prend des résonances supplémentaires, par exemple dans *Les Bayadères* de Catel, *Le Dieu et la Bayadère* d'Auber, *Les Pêcheurs de perles* de Bizet, *Le Roi de Lahore* de Massenet ou *Lakmé* de Delibes. Deux opéras exotiques donnent à leur héroïne centrale un tour nouveau en la faisant passer de femme fatale à quelque chose de très différent. Carmen, après avoir réussi à anéantir la carrière de José, velléitaire soldat espagnol, passe par une phase de retrait et d'inquiétude (dans le trio des cartes à l'acte III) pour ensuite affirmer son désir d'indépendance, au prix de sa vie. Comme Carmen, la Thaïs de Massenet est une femme exotique qui aime divertir les foules et séduire les hommes ; mais elle adopte progressivement l'éthique d'abnégation du moine chrétien Athanaël, jusqu'à finir par mourir dans un couvent, entourée de religieuses et à peine capable de se rappeler son ancienne vie licencieuse[1]. Dans ces opéras exotiques, les femmes sont souvent explicitement associées à un certain nombre d'images de la nature, tels le printemps, les oiseaux, les insectes ou les ruisseaux. *Le Roi de Lahore*, *Lakmé* et *Madame Chrysanthème* comportent tous un duo pour l'héroïne et sa compagne (ou, dans *Le Roi de Lahore*, une mezzo-soprano dans un rôle travesti) centré sur les fleurs ou la beauté du soir. Ce lien avec les beautés du monde naturel met les personnages féminins en vif contraste avec les hommes locaux, qui – plus encore que dans les opéras non exotiques – tendent à être associés aux doctrines religieuses sévères et aux menées belliqueuses (cf. 17.5).

Ressources musicales particulières

La musique peut permettre d'évoquer le cadre géoculturel de différentes manières : par des éléments perçus comme typiques de la région ou du peuple, ou du moins étranges, grotesques ou imprévisibles ; ou par des éléments qui ne diffèrent pas du tout de ceux qui auraient été utilisés pour un opéra dont l'intrigue est située en France. Au cours du XIXe siècle, à travers l'Europe, les compositeurs employèrent de plus en plus la couleur locale (terme issu du latin *locus* et renvoyant à un lieu) : il s'agissait d'utiliser des styles considérés comme appropriés à un pays ou une région. La couleur locale pouvait également se comprendre en un sens plus large, englobant la musique qui évoquait une époque (la Renaissance, par exemple), des pratiques religieuses (chœurs de moines ou de religieuses), la guerre (fanfares au moment où une armée part au combat) ou des modes de vie (allusions sonores aux vagues ou à une tempête en mer, pour peindre la vie de marins ou de pêcheurs). On trouve de nombreux exemples de couleur locale ou d'identification sonore dans les opéras français du XIXe siècle qui se passent ailleurs qu'en France : éléments tyroliens (tels que le jodel) dans *Guillaume Tell* de Rossini, barcarolles dans *La Muette de Portici* d'Auber (bien que l'opéra soit situé à Naples plutôt qu'à Venise, la ville plus généralement associée à ce genre) et pour colorer le chant des Ceylanaises (*sic*) qui accueillent la prêtresse Leïla dans *Les Pêcheurs de perles*, rythme de saltarelle dans *Benvenuto Cellini* de Berlioz, choral luthérien dans *Les Huguenots* de Meyerbeer, boléro (trompeusement baptisé « sicilienne ») à l'acte V des *Vêpres siciliennes* de Verdi (l'opéra se passe dans la Sicile sous contrôle espagnol), musique dans un style tsigane imaginaire, ainsi que citation d'airs de virginal anglais dans *Henry VIII* de Saint-Saëns.

Certaines de ces œuvres utilisent des mélodies préexistantes associées à la région en question ; d'autres s'appuient plus librement sur des éléments stylistiques liés à un monde particulier. Certains éléments relèvent d'un figuralisme plus ordinaire, mais trouvent une connotation exotique du fait du contexte. Ainsi, la scène de l'oasis dans le désert (III, 1), que Massenet ajouta en révisant *Thaïs*, souligne ce que le spectateur voit avec une musique orchestrale qui évoque simplement les remous de l'eau. Les éléments les plus remarquables sont ceux utilisés dans les opéras exotiques (en France et ailleurs) précisément parce qu'ils étaient inhabituels, ou n'étaient employés qu'à des fins spéciales dans les compositions de l'époque. Certains d'entre eux n'étaient pas particulièrement frappants en soi, mais produisaient (et produisent toujours) un effet exotique par leur combinaison (tel rythme avec telles couleurs instrumentales, par exemple). Et, bien sûr, dans tous les cas l'intention exotique de la musique est évidente parce que les bizarreries stylistiques sont entendues dans un opéra où il est manifestement question d'un pays et d'un peuple exotiques.

Ces divers éléments stylistiques étaient souvent utilisés dans l'ouverture ou le prélude d'un acte, les airs solistes où un personnage se définit, et les grands ensembles, comme les chœurs cérémoniels ou les divertissements dansés. Ces trois types de numéro convenaient particulièrement bien pour établir un cadre exotique général dans lequel les divers personnages pouvaient agir sans avoir un traitement musical spécifique. Des moyens musicaux plus conventionnels pouvaient de même souligner et enrichir le message « exotisant », comme nous le verrons ci-dessous. Les éléments stylistiques censés être perçus comme exotiques étaient assez nombreux et variés[2] :

- Mélodies étroitement identifiées à une culture extra-européenne particulière. *Les Abencérages* de Cherubini et *Le Toréador* d'Auber se passent tous deux en Espagne et citent explicitement l'une des mélodies espagnoles les plus connues : *La folía* (« Les folies d'Espagne »). Deux numéros de *Carmen* sont fondés sur des pièces de compositeurs espagnols : la Habanera (librement inspirée d'une mélodie de Sebastián Iradier) et le prélude de l'acte IV (provenant en grande partie d'un air d'opéra de Manuel García père)[3]. Saint-Saëns, dans la célèbre Bacchanale de *Samson et Dalila*, utilise une mélodie apparemment égyptienne, dans le mode *hidjāz kār*, avec l'intervalle de seconde augmentée entre deux séries de hauteurs différentes (dans un article publié en 1912 Saint-Saëns avoua avoir reçu cette mélodie des mains de Joseph Vantini, un soldat qui, dans les années 1830, aurait joué un rôle important dans la conquête française de l'Algérie)[4]. Elle est accompagnée d'une figure rythmique ostinato – exemple relativement simple mais aussitôt reconnaissable de *wazn* ou *usul* moyen-oriental (formule rythmique structurelle répétée).
- Styles et formules rythmiques étroitement associés à une culture extra-européenne particulière. Le style exotique le plus reconnaissable, au début du XIXe siècle, était le style janissaire ou *alla turca*, qu'avaient popularisé *La Rencontre imprévue* (Vienne, 1764) de Gluck, *La Caravane du Caire* (Fontainebleau, 1783) de Grétry et plusieurs œuvres de Mozart. Boieldieu en tire un effet éloquent dans l'ouverture du *Calife de Bagdad*.
- Modes et échelles considérés comme hors norme en France à l'époque, telles l'échelle pentatonique et les autres gammes dites « défectives ». De tels modes et gammes donnent fortement le sentiment d'étrangeté, d'exotisme ou d'archaïsme. Dans le premier acte (ou prologue) d'*Ali-Baba*, Cherubini écrit une marche incorporant des éléments d'une mélodie chinoise qui était bien connue grâce à différentes versions publiées, notamment dans le *Dictionnaire* de Jean-Jacques Rousseau, où se manifestait déjà le goût pour les mélodies exotiques, ou caractéristiques, associées aux théories sur les « airs nationaux ». Beaucoup plus tard, le premier air pour le rôle-titre de *Madame Chrysanthème* se termine par une phrase cadentielle où manque le sixième degré.
- Musique dont la tonique est instable, provoquant un sentiment de bizarrerie, et pouvant s'intégrer à des tournures mélismatiques. On trouve précisément cette instabilité dans le mélisme initial de l'Air des clochettes de Lakmé. Le solo de flûte sans accompagnement à l'acte III (Divertissement B : « Mélodie hindoue variée ») du même opéra alterne de manière fascinante entre *ré* majeur et *ré* mineur (comme font les variations orchestrales qui suivent). L'acte III de *Madame Chrysanthème* de Messager commence par un chœur sacré introduit et interrompu par des unissons de l'orchestre qui utilisent deux gammes pentatoniques différentes en alternance.

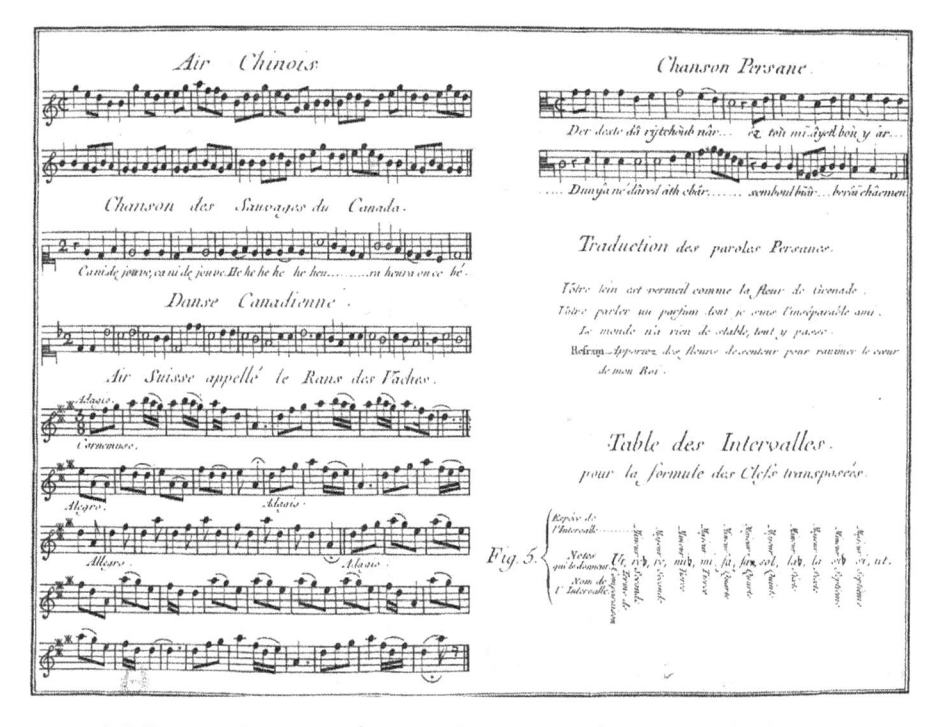

LES FORMES LYRIQUES DE L'ALTÉRITÉ ET DE L'AILLEURS 959

J.-J. Rousseau, *Dictionnaire de musique*, Paris : Vve Duchesne, 1768, Planche N.

- Mélodies faisant grand usage de la seconde augmentée. Cet intervalle est souligné à plusieurs reprises dans la mélodie égyptienne de la Bacchanale de *Samson*. Mais elle peut se trouver aussi dans des mélodies nouvellement composées, telle l'introduction de ce même numéro, confiée au hautbois. De même, le motif du « destin » de *Carmen*, en lente spirale descendante, comprend trois secondes augmentées de plus en plus graves, créant un climat des plus étranges avec le troisième degré à la fois majeur et mineur, qui suggère la nature intensément étrange du personnage-titre.
- Usage important du chromatisme mélodique. Le procédé peut facilement évoquer, en contexte, le mystère ou la sensualité. Par exemple la première phrase vocale dans le Ghazel chanté par le rôle-titre de *Djamileh* (OC, 1872) de Bizet ; la danse de l'almée dans ce même opéra ; la première mélodie vocale de la Habanera de Carmen ; et la phrase culminante dans la supplique ardente de Dalila à Samson à l'acte II (« Ah ! réponds à ma tendresse ! »).
- Textures dépouillées, tels qu'unissons ou octaves non harmonisés, quartes ou quintes parallèles, bourdons (pédales de tonique ou quinte à vide) ; et harmonies statiques (fondées sur un accord unique ou employant deux accords dans une oscillation plutôt lente). Les quintes à vide, par exemple, par leur sonorité « creuse » (sans tierce), évoquent le vaste vide du désert égyptien dans *Thaïs*.
- Formules rythmiques ou mélodiques caractéristiques répétées. Celles-ci peuvent provenir de danses du pays ou du groupe ethnique dépeint. Ainsi, le rythme de la Bacchanale de *Samson et Dalila* ou le rythme caractéristique de la Habanera de *Carmen*, dont le profil est rendu d'autant plus curieux par quelques triolets dans la ligne vocale. Les

formules peuvent aussi être plus ou moins inventées, mais néanmoins évoquer, par leur insistance, la simplicité supposée d'une culture non occidentale. On en trouve un exemple dans le rythme d'accompagnement de deux doubles croches et trois croches, répété sans fin, du Ghazel de Djamileh. Les critiques de l'époque voyaient souvent dans ces rythmes les éléments « orientaux » les plus frappants d'un opéra[5].

- Ornements rapides, sans doute destinés à être perçus comme une incrustation purement décorative – ou comme une gêne dissonante et énervante – plutôt que comme un élément intégré organiquement. Ce trait, peut-être un vestige du style *alla turca*, apparaît dans de nombreux numéros de ballets exotiques, tel le Terâna de *Lakmé* ou la danse en *ré* bémol majeur que Verdi ajouta au ballet de l'acte III de *Aida* pour la production tant attendue à l'Opéra de Paris en 1880.

- Airs et numéros chorals structurés comme des chants simples, laissant supposer que les personnages qui les chantent sont moins raffinés et cultivés que les citadins d'Europe, ou plutôt qu'ils appartiennent à une culture « naturelle ». La mélodie des bois au milieu du chœur initial des *Pêcheurs de perles* contribue ainsi à évoquer le cadre exotique (Ceylan)[6]. La Carmen de Bizet chante deux airs (presque des « chansons ») à l'acte I, qui la révèlent très différente de Micaëla et de Don José, dont le duo, structurellement plus complexe, aurait facilement pu être chanté par des personnages aristocratiques sur la scène de l'Opéra. Dans *Lalla-Roukh* de Félicien David, le ménestrel Noureddin offre un modeste chant strophique, utilisant ainsi la musique pour essayer d'éviter que l'héroïne ne reconnaisse qu'il est en fait le roi de Samarcande déguisé. Les personnages exotiques dans les opéras français du XIXe siècle sont également plus enclins à danser en chantant que les Européens, montrant ainsi qu'ils sont moins inhibés et plus « naturels », telles Carmen (dans la « Chanson bohème » qui commence l'acte II, notamment) et celle qu'on appelle « la charmeuse » à l'acte II de *Thaïs* de Massenet.

- Déclarations autoritaires utilisant une déclamation sur un ton monotone ou sans accompagnement, souvent dans un rythme rigide et indifférencié. Par exemple, le mot de passe répété, « Sésame, sésame, ouvre-toi », dans *Ali-Baba* de Cherubini ou les menaces effrayantes de Zurga à Leïla à l'acte I des *Pêcheurs de perles*.

- Rythmes rapides en valeurs de notes égales, comme pour évoquer un bavardage quasi mécanique ou une liste systématique. On trouve ce procédé à deux reprises à l'acte I de *Madame Chrysanthème* de Messager : quand le personnage-titre énumère ses nombreuses compétences, et quand Monsieur Kangourou offre des explications rapides à son amant français, Pierre. Ce procédé, issu des traditions comiques d'opéra (tel Figaro dans *Le Barbier de Séville* de Rossini) a tendance à faire du personnage exotique qui s'exprime ainsi une caricature.

- Écarts par rapport aux types de continuité conventionnels : phrases asymétriques, mouvement mélodique rhapsodique, pauses soudaines ou notes longues (ou rapides), répétitions délibérément excessives (de brefs fragments mélodiques, par exemple, utilisant quelques notes rapprochées, ou de rythmes d'accompagnement). Un exemple remarquable s'en trouve dans l'ouverture d'*Ali-Baba* de Cherubini : le triangle et le tambour ponctuent le discours musical de manière excentrique, indépendamment l'un de l'autre (plutôt qu'à l'unisson en tant qu'instruments d'une « musique turque »).

- Instruments de musique étrangers, ou instruments occidentaux utilisés de manière à paraître étrangers. Pour le compositeur, les bois sont des instruments particulièrement précieux à cet égard : flûte, hautbois ou (plus frappant, parce qu'il est rarement utilisé dans la musique occidentale) cor anglais, surtout lorsqu'il se voit confié un long solo de type arabesque ou une mélodie mélancolique en mode mineur. Les passages en gammes rapides aux cordes pizzicato imitent clairement un instrument comme l'oud dans les mesures introductives d'airs en solo de *Lalla-Roukh* (air de ténor à l'acte I) et *Djamileh* (le Ghazel du rôle-titre). La harpe et le célesta ensemble évoquent les instruments à cordes pincées du Japon – comme le *koto* ou le *shamisen* – dans un passage saisissant de *Madame Chrysanthème* de Messager (duo pour l'héroïne et sa sœur adoptive au début de l'acte IV). Les instruments à percussion sans hauteur fixe sont eux aussi précieux : triangle, gong, clochettes, tambourin et grosse caisse. Le tambour de basque est au premier plan, avec deux piccolos, dans le chœur qui ouvre l'acte II des *Pêcheurs de perles*.

- Mélismes vocaux flexibles, flottants, intemporels, comme dans l'introduction de Lakmé à son Air des clochettes (acte I) ; ou solos instrumentaux à la ligne flexible, comme l'introduction pour hautbois solo à la Bacchanale de *Samson et Dalila*. L'introduction de Lakmé donne le sentiment d'une étrange cérémonie rituelle, puisque Lakmé chante entièrement sur l'exclamation « Ah ! » et qu'on sait qu'elle est la fille d'un prêtre brahmane. Le Ghazel de Djamileh est dans un *ré* mineur aux inflexions modales et se termine par un mélisme sans paroles qui va timidement vers *ré* majeur et est marqué « douloureusement », mais – étant donné qu'elle chante pour le calife Haroun – exprime aussi une subtile invitation amoureuse.

- Vocalité particulière. Le principal rôle féminin peut ainsi être un mezzo-soprano (Carmen, Dalila), la chanteuse pouvant être invitée à utiliser des modes de production vocale inhabituels, tels qu'une sonorité « assombrie » et un vibrato marqué (qui tous deux peuvent se comprendre comme des indices d'une intensité passionnée ou d'un pouvoir de séduction). Les coloratures peuvent s'entendre comme une stylisation du mélisme oriental ou comme une forme d'enchantement qui rejoint le monde merveilleux des légendes et des croyances, comme dans *Les Pêcheurs de perles* et *Lakmé*. Elles peuvent éventuellement évoquer l'hypocrisie et l'insensibilité, comme à un moment de triomphe pour Dalila à l'acte III de *Samson*.

Bon nombre des moyens musicaux décrits ci-dessus peuvent n'avoir aucun lien avec une culture musicale extra-européenne. Néanmoins, quand ils sont entendus en conjonction avec le texte chanté et les décors, costumes et mouvements scéniques, ils créent un incontestable effet exotique. Ainsi dans le Pas d'esclaves nubiennes des *Troyens* de Berlioz, un petit chœur de femmes (quatre altos) chante, sur des syllabes sans signification, une mélodie en mode phrygien (mode très utilisé dans le flamenco, dans la musique hongroise dite tsigane et dans les musiques du Proche et Moyen-Orient), tandis qu'un joueur de darbouka assis (secondé par un tambour de basque dans l'orchestre) frappe sans cesse un rythme très simple[7]. Aucune harmonisation n'est ajoutée, si ce n'est un bourdon en quinte à vide (*mi-si*) aux altos et violoncelles. La moindre familiarité avec l'opéra et la musique savante occidentale suffit pour comprendre, simplement à l'audition, que chanteuses et instrumentistes représentent un peuple extra-européen. Les danseuses du Théâtre-Lyrique rendirent l'identification plus précise grâce à leur maquillage sombre, leurs costumes évoquant l'Afrique subsaharienne et une chorégraphie destinée à paraître quelque peu primitive[8].

Ressources stylistiques normales, servant à une intrigue et à des caractérisations exotiques

Il faut souligner qu'un opéra exotique reste un opéra ! En de nombreuses occasions, donc, les procédés en vigueur à l'époque et dans un genre donné (grand opéra ou opéra bouffe, par exemple) se retrouvent dans les ouvrages exotiques. Mais même un procédé parfaitement normal en général peut activement contribuer à la représentation d'un pays et d'un peuple exotiques, intensifiant la caractérisation des événements dramatiques. Quelques exemples suffiront à illustrer les possibilités :
- Le Lamento de Djamileh (« Sans doute, l'heure est prochaine ») comporte un prélude entendu deux fois (avant chacune des strophes) qui emploie une harmonie et un mouvement mélodique extrêmement chromatiques, semblant presque une citation du célèbre début de *Tristan* de Wagner (cf. 9.6). L'intense tristesse de la progression harmonique n'a bien sûr rien d'exotique ; pourtant, en interaction avec l'intrigue et le décor, elle approfondit notre inquiétude pour cette jeune femme du harem, qui a osé penser qu'elle pouvait conquérir le cœur de son maître, le calife Haroun. Le Lamento fait plusieurs incursions dans le mode phrygien (avec deuxième et troisième degrés abaissés), intensifiant le sentiment de malaise de Djamileh.
- Bizet demande à Carmen, dans le trio des cartes, de chanter son solo (« En vain pour éviter les réponses amères ») « simplement et très-également ». Cela produit un effet étrange, comme si Carmen répétait – de manière quasi impersonnelle – le message troublant qu'elle voit dans les cartes. Ce procédé purement musical, en tension avec la situation dramatique, révèle une autre facette de la nature « gitane » de Carmen : son fatalisme superstitieux[9].
- À la fin de l'acte I de *Thaïs* de Massenet, on trouve une progression conventionnelle bâtie autour d'une ample mélodie qui devient l'expression de la tentation charnelle exercée par une femme exotique. Le personnage-titre – une courtisane et actrice égyptienne – après avoir raillé le moine Athanaël, resté célibataire, lance une captivante mélodie dans un mètre équivalent à un 12/8 sur les mots « Rien n'est vrai que d'aimer, / tends les bras à l'amour ». L'amant de Thaïs, Nicias, un Grec superficiel, répète ensuite toute cette somptueuse phrase avec la foule d'Alexandrie. Athanaël, sur des phrases plus déclamatoires, se déclare résolu à sauver l'âme de Thaïs. Et celle-ci répond en se joignant à Nicias et à la foule dans un troisième énoncé, paroxystique, de cette « mélodie de la tentation ». Thaïs se prépare ensuite à mimer les gestes d'Aphrodite, laissant tomber ses vêtements, debout devant Athanaël. Lorsque le rideau tombe, le moine – incapable de rester et de résister – « fuit avec un geste d'horreur. »

On voit que les opéras qui se passent dans des pays considérés comme exotiques finissent souvent par évoquer des sentiments d'empathie plutôt qu'une distance émotionnelle. Peut-être Offenbach et ses librettistes avaient-ils quelque chose de semblable en tête en situant leur opéra *Les Brigands* – où il est question de bandits italiens – « sur la frontière même qui sépare l'Espagne et l'Italie ». Une telle frontière n'existe pas bien sûr, comme les commentaires railleurs de cet ouvrage l'ont souvent souligné. Pourtant, en un sens, il y a bien une espèce de « frontière » entre l'Espagne et l'Italie : la France. Et en ce sens, ces brigands des montagnes, malgré leurs noms italiens et tout le reste, pourraient bien être des Français à peine déguisés. La question « qui sommes-nous ? » sera abordée plus avant dans le chapitre suivant.

(Traduction Dennis Collins)

17.5 Exotisme et colonialisme

Ralph P. Locke

Silence lyrique sur l'impérialisme français

L'interaction de la vie lyrique française avec le colonialisme et l'impérialisme au XIXe siècle est une question complexe, qui n'a jamais été complètement étudiée (cf. 14.6). Notre propos se concentrera sur les échos dans les œuvres lyriques, aussi bien sérieuses que comiques, dont l'intrigue se déroule dans le monde colonial[1]. L'empire français d'outre-mer s'est développé très irrégulièrement. En 1763, la France avait cédé à la Grande-Bretagne ses vastes possessions au Canada, et en 1803 elle avait vendu la « Louisiane » – c'est-à-dire les terres situées le long du Mississippi dans les États-Unis naissants. Au cours du XIXe siècle, cependant, la France reprit résolument son action colonisatrice, conquérant l'Algérie (processus achevé en 1847), le Gabon en 1839 et la Cochinchine (partie méridionale du Vietnam moderne) en 1858. Le contact avec de lointaines régions fit peu à peu découvrir aux Français et aux autres Européens des cultures dont ils ne soupçonnaient pas ou peu l'existence et des produits « exotiques » – tissus et aliments, par exemple. Les estampes japonaises auxquels on eut accès une fois que le commodore Matthew C. Perry eut « ouvert » le Japon au commerce international dans les années 1850 influencèrent considérablement Manet et d'autres artistes. Les voyages devinrent également de plus en plus sûrs et confortables, si bien que des compositeurs comme Saint-Saëns passèrent des mois, voire des années (comme ce fut le cas pour Ernest Reyer) dans les villes d'Afrique du Nord sous contrôle européen.

Si étrange que cela paraisse, les opéras français du XIXe siècle dépeignent rarement les entreprises impériales et coloniales de la France. Certains opéras (et œuvres de genres apparentés) ré-imaginent bien les exploits de l'un ou l'autre des grands marins explorateurs européens : *Fernand Cortez* (O, 1809) de Spontini, *Christophe Colomb* (ode-symphonie créée en 1847) de Félicien David, ou *L'Africaine* (O, 1865) de Meyerbeer. Dans ces trois cas, le déplacement est temporel (c'est-à-dire que l'intrigue se déroule au moins deux cents ans plus tôt), mais aussi « national » : le pays dont la quête impériale est dépeinte n'est pas la France, mais l'Espagne ou le Portugal. Ce silence sur les aventures impériales de la France (par exemple dans les Amériques) se retrouve dans la presse : Karen Henson a lu grand nombre de comptes rendus sur les opéras français de la fin du XIXᵉ siècle se déroulant dans des pays exotiques sans y avoir trouvé la moindre « référence aux projets coloniaux et conquêtes de la France[2] ».

Néanmoins, certains parallèles entre des événements présentés sur la scène lyrique et les exploits impériaux de la France semblent évidents une fois relevés. Dans *Le Roi de Lahore* (O, 1877) de Massenet, par exemple, tous les personnages sont hindous, et leur territoire est apparemment attaqué sans raison par des troupes vaguement définies comme « mahométanes ». Le prêtre hindou Timour presse le roi Alim d'envoyer des brigades locales pour repousser le sultan Mahmoud et ses troupes, qui – « au nom de Mahomed, qu'ils nomment le Prophète » – incendient les villages et les champs en marchant sur la ville. Ailleurs, le livret décrit ce même sultan comme « barbare » et « redoutable », à la tête de bataillons « noirs » (c'est-à-dire à la peau plus sombre que les hindous). Le fait même que cet opéra évoque des hostilités entre hindous et musulmans est une nouveauté significative. En 1871, quelques années seulement avant que Massenet et son librettiste ne commencent à concevoir leur opéra, les troupes françaises en Algérie matèrent une révolte dans les régions montagneuses de Kabylie. En outre, l'Algérie était un pays dont les habitants étaient, sinon « noirs », du moins plus basanés (en moyenne) que la plupart des Français. Toute résistance violente de membres de la population musulmane était donc considérée comme une attaque contre la France elle-même.

L'intrigue paradigmatique des opéras orientaux et le rôle central de la femme

Le Roi de Lahore n'est pas unique : un certain nombre d'opéras français reflètent des préoccupations centrales de l'ère impérialiste, tout en étant situés dans un large éventail de pays et d'époques. Bon nombre d'opéras français qu'on pourrait qualifier d'exotiques ou d'orientalistes s'appuient sur une intrigue fortement paradigmatique. Le mot « orientaliste » est utilisé ici en un sens essentiellement neutre et descriptif, comme font les historiens de l'art pour les milliers de tableaux au sujet turc, arabe, persan, indien ou extrême-oriental de peintres tels qu'Ingres, Delacroix ou Gérôme. Mais cela ne signifie pas qu'il faille ignorer les sous-textes idéologiques. Cette intrigue paradigmatique est chargée de messages sur « eux », et surtout sur les manières dont « ils » diffèrent de « nous ». Dans une certaine mesure, on peut rejoindre Edward W. Said, qui appliquait ce même mot « orientaliste » aux tentatives occidentales de prendre le contrôle de terres étrangères et de les représenter (dans la presse, les livres d'histoire, la littérature, les arts plastiques, la musique, et ainsi de suite) de manières qui servent les intérêts de l'Occident.

L'intrigue typique d'opéra oriental peut se résumer ainsi : un jeune héros européen (ténor), tolérant, brave, éventuellement naïf ou égoïste, fait intrusion (au risque d'être déloyal envers son propre peuple et l'éthique colonialiste, à laquelle il est identifié) dans une mystérieuse peuplade colonisée à la peau brune ou (moins souvent) noire, représentée par des danseuses à l'allure irrésistible et par une soprano lyrique profondément affectueuse et sensible, encourant ainsi la colère d'un prêtre ou d'un chef de tribu brutal et intransigeant (basse ou parfois baryton) et son chœur de sauvages qui lui obéissent aveuglément. Cette description ne cherche pas à éviter ou à déguiser certains préjugés culturels de l'époque qui peuvent nous paraître aujourd'hui grossiers ou scandaleux, notamment s'agissant des questions de genre et de race (cf. 18.5, 21.3), mais, bien au contraire, les reflète fidèlement. L'intrigue conventionnelle d'opéra oriental fournit les éléments structurels de base pour des œuvres comme *L'Africaine* de Meyerbeer (qui se passe « sur une île [hindoue] dans l'océan Indien », au large des côtes africaines), *Samson et Dalila* de Saint-Saëns, *Lakmé* de Delibes, *Thaïs* de Massenet et (si l'on substitue les traits faciaux distinctifs à la couleur de peau) *Madame Chrysanthème* de Messager. Cette intrigue typique n'est pas un modèle rigide. Chacun des cinq opéras orientaux cités contient une combinaison unique d'éléments qui lui donne un profil et un ton propres, et lui permet ainsi d'avoir trouvé et conservé sa place au répertoire (à l'exception de *Madame Chrysanthème*, qui le mériterait tout autant !). Les héroïnes de *Lakmé*, *Thaïs* et *Madame Chrysanthème* sont des sopranos sensibles, à la voix qui plane dans l'aigu. Elles révèlent aussi quelques traits de la femme fragile (cf. 17.4). La Dalila de Saint-Saëns et la Sélika de Meyerbeer (reine d'un peuple hindou, dans *L'Africaine*) sont des mezzo-sopranos, en accord avec l'usage du XIXe siècle pour les femmes à la peau sombre. Ces deux personnages sont aussi (et ce n'est pas sans lien) des femmes plutôt redoutables, proches du stéréotype de la femme fatale. Les prêtresses philistines à l'acte I de *Samson et Dalila* se voient confier un hymne choral au printemps, tendre et coulant, ainsi qu'une danse délicate et voluptueuse. Ces femmes représentent ainsi une variété plus douce de la femme fatale, séduisant – par leur grâce subtile, et presque par inadvertance – les hommes hébreux (et donc proto-occidentaux, voire proto-chrétiens) sur scène, qui restent muets d'étonnement devant cette démonstration de raffinement auditif et visuel (cf. 6.2). Par contraste, Dalila, grâce à sa voix profonde, abaisse le héros avec ses ruses amoureuses. La caractérisation de Dalila est cependant enrichie par l'évidente attirance qu'elle ressent pour l'homme qu'elle essaie d'anéantir.

James Parakilas a retracé d'intéressants changements dans l'intrigue typique au cours du XIXe siècle et au-delà. Il note une évolution de ce qu'il appelle les opéras de l'« âge de la découverte » (*Fernand Cortez, L'Africaine*) vers des opéras qui traitent du thème du « soldat et de l'exotique » (dont un important exemple est situé en Espagne : *Carmen* – cf. 17.4)³. Les opéras de l'« âge de la découverte » permettent la naissance d'un amour réciproque entre l'homme occidental et la femme qu'il rencontre dans les terres nouvelles, surtout si cette femme est prête à embrasser la religion de l'Occidental. Les opéras sur le thème « le soldat et l'exotique », en revanche, sont fondés sur une incompatibilité inhérente entre le soldat occidental et la femme étrangère – incompatibilité dans une large mesure en harmonie avec le racisme croissant dans la pensée sociale de l'époque, comme en témoignent les écrits d'Ernest Renan ou d'Arthur de Gobineau.

Adrien Marie, « *Lakmé*, [...] Duo du 3ᵉ acte », *Le Monde illustré*, 28 avr. 1883, p. 265.

Des hommes puissants et rêveurs

Lorsqu'on se tourne vers les portraits d'hommes orientaux, on voit qu'ils renforcent les vieilles images masculines (autorité, esprit guerrier, etc.) en relation avec les héros d'opéras orientalistes identifiés à l'Occident, notamment Vasco de Gama, Samson, le rôle-titre de *Fernand Cortez* de Spontini, et – dans *Madame Chrysanthème* de Messager – Pierre, le marin français. Nadir, le ténor dans *Les Pêcheurs de perles* de Bizet, est comme eux en quête de la femme exotique. Mais, peut-être parce qu'il ne porte pas de connotations occidentales (étant simplement l'un des nombreux Ceylanais sur scène), il n'a pas non plus l'assurance des quatre héros précédents. Nadir est presque un homme fragile. Suivant les traces de sa bien-aimée, il est réduit à une quasi-stupeur par tout rappel de sa beauté physique et vocale. Sa nature orientale et son caractère rêveur sont pleinement dévoilés dans sa charmante romance de l'acte I, « Je crois entendre encore », qui joue de manière intéressante sur des modes non conventionnels (phrygien, par exemple) et se termine avec le ténor qui s'endort avant d'avoir fini sa ligne mélodique (achevée par un cor anglais).

Le plus souvent, qu'il s'agisse de grands opéras ou d'œuvres légères, les hommes orientaux sont les méchants, et leurs rôles conviennent bien à un autre interprète régulièrement présent sur la scène lyrique du XIXᵉ siècle : le baryton ou la basse doté d'une voix lugubre, d'une déclamation emphatique et d'un jeu scénique menaçant. À la différence des brutes dans les opéras qui se passent en Occident (tel Scarpia dans *Tosca* de Puccini), les Orientaux ne sont pas présentés comme des exceptions à un ordre social rationnel et bienveillant. Les héros d'opéras orientaux sont souvent obsédés par la guerre, le rituel religieux, les coutumes, ou la haine des étrangers et des intrus, comme dans le cas de Nourabad (*Les Pêcheurs de perles*), Timour (*Le Roi de Lahore*) et Nilakantha (*Lakmé*). Tous trois sont prêtres et ont de plus le pouvoir d'arrêter, de punir ou – dans le cas de Nilakantha, qui a l'intention de faire de l'Anglais Gérald sa victime – d'assassiner.

Rites, prêtres et foules

Le pouvoir coercitif de ces prêtres/dirigeants orientaux est approuvé ou tacitement accepté par le peuple. Si bien que les marques les plus saillantes d'une société orientale – celles qui sont perçues comme singulièrement représentatives de cette société – sont ses rituels et processions. De tels moments dans les œuvres de ce corpus portent souvent une charge presque inconnue dans les scènes analogues d'opéras situés en Occident : plaisir érotique ou (son quasi-opposé) violence éruptive et vengeresse. Un érotisme sensuel se mêle à un mystérieux cérémonial dans diverses danses d'opéras français exotiques, par exemple à l'acte I de *Samson et Dalila* et dans *Le Roi de Lahore*, dont une grande partie de l'acte III est colorée par l'usage mélodique d'un saxophone solo – instrument encore considéré comme neuf et assez bizarre pour donner une étrange lueur aux échanges rituels entre l'esprit du roi Alim récemment décédé et le dieu Indra. Le même mélange d'érotisme délicat et de cérémonial prédomine dans l'un des numéros les plus appréciés de tout le répertoire lyrique : le duo du temple, pour ténor et baryton, dans *Les Pêcheurs de perles*.

L'opéra français du XIXe siècle condamne souvent la religion orientale. Dans *L'Africaine* de Meyerbeer, le règne primitif et autoritaire des prêtres de Brahma est bien dépeint dans la célèbre Marche indienne au début de l'acte IV (peu après l'arrivée à terre de Vasco de Gama). La section initiale consiste uniquement en une mélodie en mode mineur énoncée à l'unisson par les cordes graves et les vents graves au-dessus des cymbales et de la grosse caisse. La mélodie est plus ou moins dans le style *alla turca*, avec une battue martelée, d'étranges trilles et, dans la deuxième phrase, deux notes répétées quatre fois de suite dans un rythme pointé anguleux, peignant clairement ces hindous insulaires à la peau brune comme des êtres non civilisés.

La rigidité et le pouvoir répressif de telle ou telle société orientale – qu'elle soit invoquée sérieusement, ou pour faire la satire d'arrangements politiques dans le monde européen – symbolise un manque de flexibilité et de développement spirituel – limitations « orientales » caractéristiques qu'on voit déjà, sous forme embryonnaire, dans certaines œuvres semi-comiques du XVIIIe siècle de

Grétry et de Mozart (ainsi Osmin dans *L'Enlèvement au sérail*). Diverses œuvres françaises de la fin du XIXᵉ siècle expriment la même idée avec plus d'emphase et de gravité. Dans *Samson et Dalila*, Abimélech se damne aux yeux du public non seulement par ses railleries à l'encontre du Dieu d'Israël et son recours impulsif au poignard contre celui qui a été choisi par Dieu (Samson), mais aussi par la gaucherie de ses lignes mélodiques, doublées de manière perçante par l'orchestre, sans aucune harmonisation.

Ces opéras et notre monde

Ces personnages masculins déplaisants avaient parfois aussi une signification moins littérale. Peut-être étaient-ils censés incarner des aspects centraux de l'Europe du XIXᵉ siècle, tels que les cruelles disparités de classe, ou la fréquente alliance entre autorité religieuse et ordre politique oppressif. Tous les spectateurs percevaient-ils un questionnement sur la France derrière ces peintures de l'Orient ? Du moins y a-t-il des cas où une critique des institutions occidentales était clairement voulue, notamment dans les ouvrages comiques de nature plus satirique. *L'Étoile* de Chabrier, créé aux Bouffes-Parisiens d'Offenbach, se passe dans un royaume oriental non nommé. Cela permettait aux librettistes et au compositeur de commenter impunément le gouvernement et les classes régnantes en France et dans d'autres pays occidentaux. Le roi Ouf Iᵉʳ erre dans la ville la nuit, déguisé. Mais alors que le calife des *Mille et Une Nuits* se déguise pour découvrir les désirs véritables de ses sujets, Ouf souhaite uniquement trouver un de ses sujets qu'il puisse exécuter en l'honneur de son propre anniversaire. Les choses deviennent progressivement plus effrayantes (mais aussi plus humoristiques) au fil des trois charmants actes de cet opéra. L'astrologue personnel du roi, Siroco, est une caricature frappante d'un conseiller religieux qui se prétend capable de savoir ce que Dieu désire (ou, ici, ce que présagent les étoiles), mais qui utilise cette « information » privilégiée pour protéger sa propre situation plutôt que pour le bien du royaume. L'ambassadeur d'un autre royaume (le prince Hérisson de Porc-épic) et son secrétaire (Tapioca) sont tout aussi indifférents au bien public. Il faudrait un spectateur à l'esprit très littéral pour ne pas voir, dans tous ces personnages, si humoristiques que soit leur nom, des parallèles avec la société dans laquelle il vit.

(Traduction Dennis Collins)

17.6 LA PRÉSENCE DES JUIFS DANS L'OPÉRA FRANÇAIS
Diana R. Hallman

Contextualisation

À la suite de la Révolution, qui a provoqué l'émancipation des Juifs, l'intégration progressive de la minorité juive dans la sphère publique a attiré une nouvelle attention sur les sujets juifs et leur caractérisation sur la scène, stimulant ainsi la participation croissante des compositeurs juifs au théâtre lyrique. Comme l'ont souligné l'historienne Julie Kalman et d'autres spécialistes, les Juifs en France « ont pris une place centrale dans les questions touchant la nationalité et la citoyenneté[1] », si l'on songe à leurs droits civiques et à l'évolution de leurs rôles et de leur statut dans la société catholique dominante. La « question juive » revêt un caractère éminemment politique à l'occasion de la création en 1808, par Napoléon Ier, du Consistoire central israélite de France, destiné à administrer le culte israélite sur le territoire national, et, sous Louis-Philippe, avec la loi du 8 février 1831 concernant le versement des traitements aux ministres du culte israélite. Ces sujets, touchant les stéréotypes juifs, les problèmes de la séparation ou de l'assimilation (souvent par la conversion) et de l'intolérance religieuse, ont également trouvé un écho dans le monde du théâtre et de la littérature. L'image de Shylock et d'autres stéréotypes juifs issus de textes majeurs tels que *Le Marchand de Venise* de Shakespeare et *Le Juif de Malte* de Christopher Marlowe, ont refait surface, par exemple dans *La Juive* (O, 1835) de Scribe et Halévy, renouant avec une représentation des Juifs inspirée des Lumières, à la fois victimes et fanatiques. Les portraits de la femme juive comme objet exotique de désir participent des courants orientalistes de la culture française qui touchent les domaines artistique et politique. Ils mêlent fascination, peur et esprit de domination vis-à-vis de l'Autre, qu'il soit juif ou arabe, comme l'a magistralement analysé Edward Said[2]. Les représentations orientalistes de belles femmes enturbannées qui apparaissent sur les toiles colorées de Delacroix et dans de nombreux ballets et divertissements lyriques ont également des liens avec la politique. Elles se rattachent indirectement à l'invasion et à la colonisation algériennes de 1830 et à des alliances destinées à établir un empire en Égypte et dans d'autres régions « orientales ». Des personnages juifs apparaissent dans des œuvres s'inscrivant dans la perspective orientaliste ou relevant de l'engouement pour le Moyen Âge – par exemple dans le *Génie du Christianisme* de Chateaubriand et *Notre-Dame de Paris* de Victor Hugo –, ou encore relevant de la mise en scène de sujets bibliques. Parfois, des éléments touchant à l'oppression des Juifs dans des contes médiévaux ont servi à créer un contraste entre la barbarie de l'« âge des ténèbres » et l'idéologie éclairée de la nation moderne[3].

Parmi les compositeurs juifs entrés dans la sphère théâtrale au XIXe siècle, les trois plus importants pour l'histoire de l'opéra français sont Fromental Halévy, Giacomo Meyerbeer et Jacques Offenbach. Parmi eux, seul Halévy a créé des opéras ouvertement centrés sur des sujets juifs : *La Juive*, *Le Juif errant* (O, 1852) et *Noé* (achevé par Bizet, créé à Karlsruhe en 1886). Meyerbeer a refusé le livret de *La Juive*, avant que Scribe ne l'offre à Halévy, mais il va travailler avec le même librettiste, à la fin des années 1850, sur un projet d'opéra biblique intitulé *Judith*. D'autres opéras de ces compositeurs contiennent vraisemblablement des éléments juifs dissimulés par un jeu de déplacements, d'allusions ou de « masquage » de personnages. Malgré leur succès, et probablement parfois à cause d'eux, tous ces compositeurs connaissent au cours de leur carrière des attaques antisémites et des jugements stéréotypés. Les opéras de Meyerbeer et Halévy sont ainsi critiqués pour leur éclectisme, leur manque d'originalité ou leur caractère contre-nature[4].

Les essais de Wagner du début des années 1850 et le *Cours de composition* de d'Indy (1902) contiennent des appréciations raciales qui ont laissé des traces dans l'historiographie du grand opéra français. Dans l'abject *Judaïsme en musique* (*Neue Zeitschrift für Musik*, 1850 ; Leipzig, 1869) Wagner se moque de Meyerbeer pour son expression triviale et jargonneuse, son recours aux catastrophes émotionnelles et la « tromperie » artistique qu'il exerce vis-à-vis d'un public ennuyé – autant de traits censés révéler sa judaïté. Dans *Opéra et drame* (1852), il condamne en outre le genre meyerbeerien comme une forme in-artistique construite sur des « effets sans causes ». Le texte de d'Indy, moins souvent cité, s'inscrit dans une conception bien particulière de l'histoire de la musique française. Il classe les années 1825 à 1867 dans la « Période judaïque » : « Presque tous les compositeurs qui l'illustrèrent, écrit-il, étaient israélites, au moins d'origine[5]. » En plus de Meyerbeer, Halévy et Offenbach, d'Indy inclut dans cette période des compositeurs qui ne sont pas généralement désignés comme Juifs : Auber, Herold, Adolphe Adam et Félicien David[6]. Il enrichit les vues wagnériennes de ses propres idées antisémites qui résonnent avec comme arrière-plan l'affaire Dreyfus, qui a divisé la France. Il affirme, par exemple, que dès que le succès public et l'argent sont devenus le but de l'art, les Juifs (« Sémites ») sont apparus et sont devenus légion au XIXe siècle[7]. Soulignant l'éclectisme juif, d'Indy cite la dénonciation de Wagner selon laquelle les Juifs ne font que « répéter et imiter », et conclut que l'« influence de cette invasion judaïque fut des plus néfastes pour le développement du drame musical »[8]. Les échos des diatribes de Wagner et d'Indy ont persisté, quelque peu obscurcis, dans l'histoire de la musique du XXe siècle, qui a pu reprendre, parfois, le vocabulaire des deux musiciens (par exemple, Donald Grout parle de « l'éclectisme confus » du grand opéra et de son « style gonflé d'effets sans causes »[9]) sans forcément lui associer une portée antisémite. Plus récemment, des études visant à réévaluer le grand opéra, de nouvelles éditions des œuvres de Meyerbeer et

Halévy, ainsi que des productions et des enregistrements de leurs partitions ont orienté le discours musicologique dans de nouvelles directions[10].

Les opéras de Fromental Halévy sur des sujets juifs

La Juive, premier grand opéra d'Halévy, est une histoire d'opposition socio-religieuse qui vise clairement à dépeindre les personnages juifs, Eléazar et Rachel, comme victimes du pouvoir institutionnel. Bien que leur identité religieuse et leur humanité soient au cœur de leur caractérisation musico-théâtrale, des éléments stéréotypés et orientalistes en constituent également la base. La première esquisse de Scribe utilise le titre La Belle Juive et développe l'archétype orientaliste dans des allusions poétiques évoquant la beauté aux yeux noirs de Rachel ou son déguisement en esclave dans le palais de Léopold[11]. En 1835, son costume comprenait un turban exotique et un drapé avec des touches de couleurs jaune-or. En associant la belle Rachel à son père Eléazar, un juif riche, avare et récalcitrant, détestant les chrétiens, Scribe révèle sa dette littéraire envers les couples père-fille du Marchand de Venise (Jessica et Shylock) de Shakespeare et d'Ivanhoé (Rebecca et Isaac) de Walter Scott[12]. Ces types, lorsqu'on les replace dans le contexte du concile de Constance – qui, au début du XVe siècle, a condamné au bûcher les réformateurs religieux Jean Hus et Jérôme de Prague –, se transforment en victimes symboliques du pouvoir intolérant de l'Église et de l'État. La substitution, par Scribe, des victimes réelles du concile par des juifs fictifs condamnés à mort pour la liaison interdite de Rachel avec un chrétien, rappelle des siècles de persécution juive pendant l'Inquisition. Son idée initiale de placer comme point culminant du drame un autodafé indique clairement sa détermination à mettre en scène une référence à l'Inquisition, même s'il l'a remplacée finalement par la mise à mort de Rachel (tout aussi horrible) dans une cuve de liquide bouillant – idée peut-être empruntée au Juif de Malte de Marlowe. La critique antiautoritaire de La Juive et l'inclusion d'un cardinal dans un rôle principal n'auraient probablement pas pu échapper à la censure de la Restauration, mais l'abandon de la censure théâtrale en France de 1831 à 1835 a permis une plus grande indulgence dans la présentation des sujets controversés sur scène. L'identité de Rachel est particulièrement ambiguë, confinant à une double personnalité : chrétienne de naissance (elle est la fille de Brogni avant qu'il ne devienne cardinal), elle a été sauvée d'une maison en feu, adoptée et élevée par Eléazar comme une Juive. Cette division identitaire conduit à un dénouement puissant : lorsque Brogni supplie le condamné Eléazar de révéler où se trouve son enfant biologique, le Juif désigne Rachel au moment où elle plonge vers la mort que le Cardinal lui-même (en tant que chef du concile) a ordonnée ! Bien que le profil de Rachel en tant que Juive domine, des indices de son attirance pour le christianisme apparaissent dans diverses sources. Scribe a ainsi imaginé des scènes finales avec une conversion de la Juive en chrétienne[13]. Les livrets imprimés et les premières partitions publiées conservent des éléments des « penchants » chrétiens de Rachel : non seulement elle tombe amoureuse d'un prince chrétien (bien que déguisé en peintre juif), mais elle répond avec sympathie à la bienveillance chrétienne de Brogni dans son aria de réconciliation « Si la rigueur » à l'acte I et rejoint le chœur des catholiques en chantant « Tant de bonté, tant de clémence ». À l'acte V, alors qu'elle attend son exécution, elle s'unit aux femmes chrétiennes dans une prière pour l'unité religieuse. L'ambiguïté judéo-chrétienne de Rachel, ou peut-être la tolérance religieuse, peut être considérée comme une métaphore de l'assimilation, reflétant un type de « conversion sociale » qui a été promu dans la France post-émancipation. Mais le choix final du martyre plutôt que de la conversion marque son identité juive pour nombre de publics. Hors de France, le côté chrétien de Rachel a été parfois exagéré, comme en Ukraine où le titre de l'opéra est devenu *La Fille du cardinal*[14]. La proximité du personnage d'Éléazar avec Shylock se signale au début du drame par les plaintes de la foule catholique à l'audition du son des enclumes (le Juif travaille le jour de la fête d'ouverture du concile). Cette facette du personnage crée parfois un contraste frappant avec sa dimension religieuse. Au début de l'acte II, plusieurs juifs sont réunis chez Éléazar pour fêter la Pâque et prient. Ils sont interrompus par l'arrivée d'Eudoxie venue commander un bijou : le pieux Éléazar se transforme alors en un être avide et satisfait de tromper une chrétienne (« Ces écus d'or que j'aime/ Chez moi vont revenir ! »). Avec la musique solennelle de la prière qu'Éléazar conduit, « Ô Dieu de nos pères, parmi nous descends ! », et la « cavatine » qui a été coupée dans la première production, « Dieu que ma voix tremblante/ S'élève jusqu'aux cieux ! », Halévy exprime la dévotion sincère du juif (que Scribe avait qualifié de rabbin dans les premières versions du livret) ; il révèle la profonde humanité et les émotions contradictoires du personnage dans l'aria de l'acte IV, « Rachel quand du Seigneur », où Éléazar se reproche le sort de sa fille bien-aimée et aspire à la sauver, tout en souhaitant qu'elle reste fidèle à la foi qu'elle a adoptée. Pour caractériser la judaïté d'Éléazar, Halévy utilise à ce moment une mélodie mélancolique juive confiée au duo de cor anglais qui introduit la première section de son aria[15]. Il crée également une « couleur judaïque » en ayant recours à des signifiants musicaux comme le psaume *a cappella* d'écriture responsoriale à l'acte II (cf. 16.4, ex. p. 905), ou les secondes augmentées (orientalisantes) dans la sérénade de Léopold déguisé en juif. Certaines actions dramatiques, intensifiées par la musique, dépeignent la résistance du Juif au contrôle qu'exercent les chrétiens. Il refuse ainsi de pardonner à Brogni (qui l'avait auparavant banni de Rome et avait envoyé son fils à la mort) et de se réconcilier avec les foules catholiques qui l'attaquent, ou d'échapper à sa propre mort par une conversion. Du fait de son attitude, Éléazar est accusé d'intolérance par ses détracteurs, qui le désignent comme « fanatique » – terme que le compositeur emploie lui-même dans des mémoires publiés à titre posthume[16]. L'utilisation de ce terme par Halévy laisse présager une certaine ambivalence à l'égard du personnage, mais elle suggère probablement un alignement sur les attitudes des juifs réformistes au sein de la France du XIXe siècle. Eric C. Hansen, parmi d'autres, avance qu'Halévy et sa famille « ont rompu tous les liens traditionnels avec les croyances et la culture hébraïque[17] ». Pourtant, la preuve de ses liens, au moins par intermittence, avec la vie et le culte juifs, ainsi que les idées réformistes que son père et son frère ont exprimées publiquement au sujet de l'acculturation et de l'assimilation des Juifs dans la société chrétienne, rendent vraisemblable l'existence d'une relation entre les vues d'Halévy et le message sociopolitique de *La Juive*. Par sa dévotion religieuse, le compositeur a pu honorer celle de son propre père, Élie, érudit talmudique, poète hébreu, cofondateur du journal juif *L'Israélite français* et membre influent du Consistoire, qui a donné des directives sur les célébrations juives traditionnelles dans le cadre d'un catéchisme destiné aux jeunes juifs[18]. Néanmoins, comme l'indique l'utilisation du terme « fanatique », Halévy probablement se méfiait du juif « séparatiste » ou « asiatique » dénigré par son frère Léon dans son histoire des juifs modernes[19]. Halévy se révèle donc être un juif réformiste dont la relation continue avec son héritage juif, bien qu'ambiguë, fluctuante et « questionnante », est attestée par ses arrangements de psaumes composés pour la synagogue, par des chants publiés dans des anthologies[20], par son rôle de président de la Commission du chant synagogal du Consistoire, par son mariage célébré selon la cérémonie juive traditionnelle, par son refus d'une conversion au christianisme et, selon nous, par la composition de *La Juive* et de deux autres opéras sur des sujets juifs.

Le deuxième de ces ouvrages, *Le Juif errant*, grand opéra en cinq actes créé à l'Opéra le 23 avril 1852, aborde un sujet très différent, celui de la légende chrétienne médiévale du juif Ahasvérus (Ashvérus), voué à une vie sans fin, errant pour contrarier le Christ (soit en le moquant, soit en le frappant, soit en refusant de lui donner un verre d'eau) alors qu'il portait sa croix au Calvaire. Des variantes de cette légende bien connue, qui sert d'allégorie aux très réelles expulsions forcées de populations juives de toute l'Europe, ont stimulé l'intérêt d'artistes français au cours des décennies précédentes. Il a été traité dans un mélodrame de Louis-Charles Caigniez, *Le Juif errant* (1812), dans le poème épique *Ahasvérus* (1833) d'Edgar Quinet, dans le drame fantastique en cinq actes *Le Juif errant* (1834) de Pierre-François Merville et Julien de Mallian, ainsi que dans le roman populaire (1844) et le drame (1849) portant le même titre d'Eugène Sue. L'adaptation d'Halévy et de ses librettistes, Scribe et Saint-Georges, qui mêle Occident et Orient, ainsi que des éléments historico-métaphysiques frôlant le fantastique[21], partage certains éléments avec ces œuvres. Sa représentation empathique du juif maudit comme un personnage sombre, noble et plein de remords, qui (avec ses descendants) est soumis à une persécution excessive, correspond à l'interprétation de Sue. Dans l'opéra, Ashvérus traverse Anvers, puis la Bulgarie, Thessalonique et Constantinople à l'époque des Croisades (vers 1190), dans des scènes remplies de personnages aux vêtements exotiques. Fidèle à l'iconographie traditionnelle, il apparaît avec une longue barbe et une canne à la main, souvent accompagné par des timbres orchestraux sombres et des sons d'orage. Il est pressé de poursuivre son périple sans fin par des fanfares et le motif récurrent, « Marche toujours », chanté par Théodora à l'acte I, puis par l'ange vengeur et des anges hors-scène aux actes IV et V. Bien qu'Ashvérus implore Dieu de le libérer, il est sommé d'avancer, même au moment du jugement dernier, dont les horreurs sont évoquées par des instruments cacophoniques, y compris les saxophones et les saxhorns, renforçant ainsi le décor conçu par Édouard Despléchin qui oppose l'entrée obscure des enfers aux cieux étincelants. Les critiques vont comparer l'atmosphère fantastique de l'acte V à la « couleur diabolique » de la scène des nonnes de *Robert le Diable*[22].

A. Sublet de Lenoncourt, *Quadrille sur le Juif errant de F. Halévy*, [Paris] : Paris, Brandus & Cie, [1852], page de titre illustrée par Victor Coindre (détail). – L'illustration reprend l'image type du juif errant avec longue barbe et canne à la main.

Dix ans après la première du *Juif errant*, Halévy lutte pour achever son dernier grand opéra, *Noé*, mais sa santé déclinante et sa mort le 17 mars 1862 interrompent ses efforts. Bien que le sujet ait été proposé par le directeur de l'Opéra Alphonse Royer dès juillet 1856, la collaboration du compositeur avec Saint-Georges n'a commencé que quelques années plus tard[23]. Le 23 janvier 1861, il écrit à son librettiste : « C'est superbe, très beau, très poétique et très musical ! Mais quel grand ouvrage, quelle riche et sublime couleur il faut trouver ! J'espère que j'en aurai la force et que le Dieu de mes Pères, qui est celui de la race que tu évoques si bien, viendra à mon secours et m'inspirera[24]. » Dans une autre lettre, écrite trois semaines avant sa mort, pour ramasser l'action au début de l'acte I, il demande à Saint-Georges de « commencer simplement et grandement par une noble mise en scène et la prière de Noé[25] ». La demande d'Halévy révèle son intention d'évoquer l'humanité et la sincérité d'un personnage juif, en l'occurrence un patriarche plutôt qu'un père fictionnalisé *(La Juive)* ou légendaire *(Le Juif errant)*.

Œuvres orientalistes et bibliques

Les représentations orientalistes et bibliques de Juifs, autres que Noé, sont apparues dans des genres théâtraux variés. *La Juive de Constantine* (TPSM, 1846), drame en cinq actes de Théophile Gautier et Noël Parfait, avec une musique d'Auguste Pilati, s'inspire de *La Juive* d'Halévy, mais avec des commentaires sociaux plus explicitement liés au contexte de la monarchie de Juillet. Situé à Constantine, en Algérie, durant les deux premières années de l'occupation française, le drame repose sur un couple père-fille : Nathan, « riche marchand juif », veuf, et Léa, « belle juive » connaissant « les antiques secrets des sciences de l'Orient ». Léa est aimée par un chrétien, Maurice d'Harvières, et par un Arabe, Ben Aïssa. À l'image de Shylock, Nathan apparaît comme un juif têtu que Maurice qualifie d'« homme impitoyable ». Son « attachement à des préjugés de caste et de croyance » contrarie le bonheur de sa fille avec un amant chrétien. Nathan a conscience de sa différence vis-à-vis des Juifs français assimilés, qui, selon lui, ont oublié « la loi du Talmud ».

Parmi les opéras aux références bibliques et aux personnages hébraïques orientalisés qui ont permis au public français de faire des visites imaginaires en Terre sainte, citons *Le Dernier Roi de Juda* de Georges Kastner, créé en version de concert au Conservatoire le 1er décembre 1844 (*Mén.*, 8 déc. 1844), *Le Roi David* (O, 1846) d'Auguste Mermet, créé avec Rosine Stoltz dans le rôle de David, et *La Reine de Saba* (O, 1862) de Gounod, adapté du *Voyage en Orient* de Nerval par Jules Barbier et Michel Carré. Des oratorios sur des sujets bibliques ont également fait leur apparition dans la France du XIXe siècle, dont *Moïse au Sinaï* (1846) et *L'Éden* (1848) de Félicien David. (Rappelons à ce sujet que *Samson et Dalila* de Saint-Saëns a d'abord été conçu comme un oratorio.) *La Reine de Saba* de Gounod déplace le spectateur à Jérusalem dans le temple du roi Salomon, qui accueille la reine de Saba en tenue exotique avec un riche cortège. L'acte II débute par des chœurs de Sabéennes et de Juives auxquels est enchaîné un ballet (n° 7) présentant leurs danses (l'une d'entre elles est une valse !). Enveloppée d'une couleur orientaliste, la reine peut être regardée selon l'archétype de « la belle juive ». Soliman lui-même le suggère, quand il la surnomme « Dalila ». La séduisante Dalila, version plus dangereuse de « la belle juive », apparaît des années plus tard dans *Samson et Dalila* (Weimar, 1877) de Saint-Saëns, parfois avec un mélange indistinct de signifiants juif et arabe, comme le suggère la musique de la bacchanale. *Samson et Dalila*, adapté du Livre des Juges, revient sur le thème de la persécution des Juifs quand, au début de l'opéra, les Hébreux prient pour se libérer des Philistins. L'archétype modifié de la belle juive préfigure la Salomé érotique de l'*Hérodiade* (La Monnaie, 1881) de Massenet.

Comme l'illustrent ces œuvres, la présence des Juifs dans l'opéra français du XIXe siècle reflète une combinaison d'éléments stéréotypés, mythiques, historiques et orientalistes, évoquant le passé et le présent de la France, en particulier la question de l'acceptation des Juifs comme citoyens français. À la fin du siècle, au cours de la IIIe République, les préoccupations concernant la différence des Juifs perdurent, les attitudes hors du théâtre devenant de plus en plus racialisées et durcies. En 1890, un écrivain des *Archives israélites* se plaint de la persécution, du dédain et de l'exclusion des Juifs[26], peu de temps avant l'explosion de l'affaire Dreyfus (1894-1906). Lorsque l'officier d'artillerie juif Alfred Dreyfus est accusé à tort, incarcéré et condamné pour trahison, l'affaire scandaleuse qui s'ensuit divise la société française : l'antisémitisme s'intensifie dans le discours public et les familles comme les amis (notamment Ludovic Halévy et Edgar Degas) se répartissent dans deux camps opposés, les dreyfusards et les antidreyfusards[27], réifiant en quelque sorte les antagonismes judéo-chrétiens décrits dans *La Juive*. De telles fractures sociales révèlent que, malgré la fascination persistante des sujets et des personnages juifs à l'opéra tout au long du siècle, et bien que les citoyens juifs (y compris les compositeurs juifs) soient devenus partie intégrante de la culture française, la « question juive » n'a pas été complètement résolue. À des degrés divers, le Juif représente toujours au sein d'une partie de la société française, ainsi que dans l'imaginaire théâtral du XIXe siècle, une altérité irréductible, orientale, souvent aliénée.

(Traduction Hervé Lacombe)

Notes de 17.1

1. Ch. Nodier, « Du Fantastique en littérature », *Revue de Paris*, nov. 1830.
2. M. Lafouge, « Pour une archéologie de l'opéra fantastique : le *dramma per musica* ou le règne du "phantastique" », in H. Lacombe et T. Picard, *Opéra et fantastique*, Rennes : PUR, 2011, p. 46.
3. J.-L. Backès, « L'opéra, la musique et l'au-delà », in *ibid.*, p. 19.
4. A. Loève-Veimars, [Préface], in E. T. A. Hoffmann, *Contes fantastiques*, Paris : Renduel, vol. 1, 1832, p. II.
5. H. Lacombe et T. Picard, « Introduction », in *Opéra et fantastique*, p. 16.
6. O. Bara, « Le fantastique à l'Opéra-Comique au XIXe siècle : une exception révélatrice ? » in *Opéra et fantastique*, p. 156.
7. Ch. Nodier, « Du Fantastique en littérature », p. 206.
8. R. Martin, « Quand le merveilleux saisit nos sens : spectaculaire et féeries en France (XVIIe-XIXe siècle) », *Sociétés & Représentations*, 31, 2011/1, p. 17-33.
9. R. Martin, « Quand le merveilleux saisit nos sens ».
10. Ch. Grivel, *Fantastique-fiction*, Paris : PUF, 1992, p. 29.
11. H. Lacombe, « Des usages régulateurs du fantastique dans l'opéra français », in *Opéra et fantastique*, p. 198.
12. C. Delavigne, *Charles VI*, in *Théâtre de Casimir Delavigne*, Paris : Didier, 1848, t. 4, p. 410, 477.
13. P. Scudo, *Critique et littérature musicales*, Paris : Hachette, 1859, p. 4.
14. J. d'Ortigue, *Le Balcon de l'opéra*, Paris : Renduel, 1833, p. 213.
15. H. Berlioz, *La Prise de Troie* [*Les Troyens*, 1re partie], Paris : Choudens, 1899, p. 190.
16. J.-F. Candoni, « Le fantastique dans l'opéra romantique allemand », in *Opéra et fantastique*, p. 91-105.
17. G. Meyerbeer, *Robert le Diable*, part. d'orch., Paris : Schlesinger, 1831, p. 849.
18. I. Moindrot, « La fabrique du fantastique sur la scène de l'Opéra de Paris au XIXe siècle : truquages, effets, techniques spectaculaires », in *Opéra et fantastique*, p. 207.
19. P. Scudo, *Critique et littérature musicales*, p. 11.
20. M. Massin, « Un fantastique propre à l'opéra : l'inquiétante étrangeté des changements », in *Opéra et fantastique*, p. 35
21. H. Lacombe et T. Picard, « Introduction », in *Opéra et fantastique*, p. 14.
22. A. Loève-Veimars, [Préface], *in* E. T. A. Hoffmann, *Contes fantastiques*, p. II.
23. W. Scott, « Notice », in *ibid.*, p. XIV.

Notes de 17.2

1. G. Didi-Huberman, *Devant le temps*, Paris : Éditions de Minuit, p. 31 et passim.
2. A. de Vigny, « La Maison du berger » (1844), vers 116. Vers suivant, 121.
3. G. Condé, « La Provence de Mireille de Gounod », in J.-Ch. Branger et S. Teulon-Lardic éd., *Provence et Languedoc à l'opéra en France au XIXe siècle [...]*, Saint-Étienne : PUSE, 2017, p. 69-84.
4. « Ah ! Qu'il est loin mon pays ! », J. Massenet, *Sapho*, cht-p., Paris : Heugel, 1897, p. 26.
5. D. F. E. Auber, *La Muette de Portici*, cht-p., Paris : Troupenas [1828], p. 440.

6. Th. Dubois, *Xavière*, cht-p., II, 5, Paris : Heugel, p. 115.
7. F. Halévy, *L'Éclair*, II, n° 7 duo Henriette-Lionel, cht-p., Paris : Lemoine, p. 116.
8. A. Messager, *Madame Chrysanthème*, prologue, cht-p., Paris : Choudens, 1893, p. 4.
9. J. Canteloube, *Le Mas*, II, 6, cht-p., Paris : Heugel, p. 155.
10. A. Corbin, « Paris-Province », in P. Nora éd., *Les Lieux de mémoire*, t. 3, Paris : Gallimard, 1997, p. 2851-2888.
11. J.-P. Chaline, « Parisianisme ou provincialisme culturel ? Les sociétés savantes et la capitale dans la France du XIXe siècle », in Ch. Charle et D. Roche éd., *Capitales culturelles, capitales symboliques. Paris et les expériences européennes*, Paris : Publications de la Sorbonne, 2002, p. 297.
12. J. Massenet, *Manon*, II, cht-p., [éd. révisée], Paris : Heugel, 1895, p. 171.
13. Clairville et C. Gabet, *Les Cloches de Corneville*, livret, Paris : A. Bathlot, C. Cordier, 1877, p. 1.
14. Entre autres l'air « Voici la Toussaint » localisé par Canteloube à La Roche-sur-Yon (voir *Anthologie des chants populaires français*, t. 3, Paris : Durand, 1951, p. 59).
15. *Galerie armoricaine, costumes et vues pittoresques de la Bretagne, dessinés d'après nature et lithographiés par Hippolyte Lalaisse*, Nantes : Charpentier, 1844-1851. Voir M.-C. Mussat, « La Bretagne dans l'art lyrique », in *La Bretagne à l'opéra*, Quimper : Musée départemental breton, 1994, p. 18.
16. P. Le Stum, « La Bretagne à l'Opéra : une découverte », in *La Bretagne à l'Opéra*, p. 7.
17. Cité par A. Le Braz, introduction, in F.-M. Luzel, *Chansons populaires de la Basse-Bretagne* t. 1, Paris : É. Bouillon, 1890, [p. 1].
18. R. Barber éd., *King Arthur in Music*, Cambridge : D.S. Brewer, 2002.
19. Ch. Corbier, « Des *Troyens* (1863) d'Hector Berlioz à *Salamine* (1929) de Maurice Emmanuel : le renouveau de la tragédie lyrique », in A. Dratwicki et A. Terrier éd., *L'Invention des genres lyriques français et leur redécouverte au XIXe siècle*, Lyon-Venise : Symétrie-Centre de Musique romantique française, 2010, p. 433-459.
20. Myrdhin est la forme galloise de Merlin.
21. M.-C. Mussat, « La Bretagne dans l'art lyrique », *La Bretagne à l'Opéra*, p. 22.
22. P. Besnier, « Rien n'aura lieu que le lieu », in *Musique et société : la vie musicale en province*, Rennes : PUR, 1982, p. 21.
23. Cité in M.-C. Mussat, « Le Pays », in *La Bretagne à l'opéra*, p. 82.
24. J. McQuinn, « The Medieval Leper Plagues Modern Paris : Sylvio Lazzari's *La Lépreuse* », *Nineteenth-Century Music Review*, 7/1, 2010, p. 45-80.
25. *Gillette de Narbonne*, cht-p., I, n° 2, Chœur et chanson provençale, Paris : Choudens, 1882, p. 18.
26. « Di Provenza il mar, il sol… », G. Verdi, *La Traviata* (Venise 1853 ; Paris, TI, 1856), acte II.
27. H. Lacombe, *Georges Bizet*, chap. XI, Paris : Fayard, 2000, p. 589-610.
28. Interim, « Calendal », *Le Monde artiste*, 30 déc. 1894, p. 718.
29. S. Teulon-Lardic, « La "chanson" provençale […] », in J.-Ch. Branger et S. Teulon-Lardic éd., *Provence et Languedoc à l'opéra…*, p. 265-288.
30. A. Hodeir, *La Musique depuis Debussy*, Paris : PUF, 1961, p. 10.
31. G. Meyerbeer, *Le Pardon de Ploërmel*, I, n° 2 bis, cht-p., Paris : Brandus & Dufour, [1859], p. 53.
32. A. de Lasalle, *Histoire des Bouffes-Parisiens*, Paris : A. Bourdillat, 1860, p. 46.

33. A. Pougin, « Semaine théâtrale », *Mén.*, 14 fév. 1897, p. 51.
34. E. Chausson, *Le Roi Arthus*, II, 1, cht-p., Paris : Choudens, 1900, p. 92.
35. V. d'Indy, *Fervaal*, II, cht-p., Paris : Durand, 1895, p. 159 et 162.
36. F.-A. Boieldieu, *Le Petit Chaperon rouge*, I, 1, n° 1, cht-p., Paris : Launer [*ca* 1840], p. 8.
37. F. Mistral, « Magali, Mélodie provençale populaire », in *Mirèio pouèmo prouvençau/Mireille poème provençal*, Paris : Charpentier ; Avignon, Roumanille, 1861, p. 500-501. La mélodie est transcrite à 6/8, en *sol* majeur, par François Séguin.
38. G. Condé, « La Provence de Mireille de Gounod », p. 79.
39. H. Berlioz, *Les Troyens*, IV, 1er tableau, n° 29, Pantomime, « Chasse royale et orage », part. d'orch., H. Macdonald éd., Kassel, Bärenreiter, 1969, vol. 4, p. 445, lettre D, mes. 30-40.

Notes de 17.3

1. R. P. Locke, « Spanish Local Color in Bizet's *Carmen* : Unexplored Borrowings and Transformations », in A. Fauser et M. Everist éd., *Music, Theater, and Cultural Transfer : Paris, 1830-1914*, Chicago : UCP, 2009, p. 316-360.
2. H. J. Macdonald, « Les Anglais », in *Beethoven's Century*, Rochester (New York) : URP, 2008, p. 194-195.
3. H. Lacombe, « The Writing of Exoticism in the Libretti of the Opéra-Comique, 1825-62 », *COJ*, 11, 1999, p. 135-158.
4. H. Lacombe, « L'Espagne à l'Opéra-Comique avant *Carmen*. Du *Guitarrero* d'Halévy (1841) à *Don César de Bazan* de Massenet (1872) », in F. Lesure éd., *Échanges musicaux franco-espagnols* XVIIe-XIXe *siècles*, Paris : Klincksieck, 2000, p. 161-193 ; Lacombe, « The Writing », p. 145.
5. H. Lacombe, « Sur le *Guitarrero* de Scribe et Halévy : Réflexions sur la dramaturgie lyrique française », in Gilles de Van éd., *Actes du colloque Halévy (16-18 nov. 2000)*, Heilbronn : Musik-Edition Lucie Galland, 2003, p. 72-87.
6. H. Lacombe, « The Writing », p. 143-145.
7. J. Blaszkiewicz, « Writing the City : The Cosmopolitan Realism of Offenbach's *La Vie parisienne* », Current Musicology 103, 2018, p. 67-96.
8. O. Bara, « Figures d'esclaves à l'opéra. Du *Code noir* à *L'Africaine* d'Eugène Scribe (1842-1865), les contradictions de l'imaginaire libéral », in S. Moussa éd., *Littérature et esclavage*, XVIIIe-XIXe *siècles*, Paris : Desjonquères, 2010, p. 110-123.
9. C. Saint-Saëns, *L'École buissonnière : Notes et souvenirs*, Paris : P. Lafitte, 1913, p. 58.
10. Th. Betzwieser, *Exotismus und « Türkenoper » in der französischen Musik des Ancien Régime*, Laaber 1993 ; R. Locke, *Music and the Exotic from the Renaissance to Mozart*, Cambridge : CUP, 2015, p. 287-326.
11. A. Gerhard, *The Urbanization of Opera : Music Theater in Paris in the Nineteenth Century*, trad. Mary Whittall, Chicago : UCP, 1998, p. 68-83 ; B. Walton, *Rossini in Restoration Paris*, Cambridge : CUP, 2009, p. 154-209.
12. N. Wild, *Décors et costumes du* XIXe *siècle*, Paris : Bibliothèque nationale, 1993, p. 328 ; K. Henson, « Exotisme et nationalités : *Aida* à l'Opéra de Paris », in H. Lacombe éd., *L'Opéra en France et en Italie (1791-1925)*, Paris : Sfm, 2000, p. 279 et planche 20.

13. B. Walton, *Rossini*, p. 108-153 ; W. Roberts, *Rossini and Post-Napoleonic Europe*, Rochester : URP, 2015, p. 184-185 ; L. Wolff, *Ottoman Power and Operatic Emotions on the European Stage from the Siege of Vienna to the Age of Napoleon*, Stanford : Stanford University Press, 2016, p. 305-360.

Notes de 17.4

1. L. A. Wright, « Profiles in Courage : Two French Opera Heroines », *Fu Jen Studies : Literature and Linguistics*, t. 30, 1997, p. 58-70.
2. Liste dans R. P. Locke, *Musical Exoticism : Images and Reflections*, Cambridge : CUP, 2009, p. 48-59.
3. H. Lacombe et Ch. Rodriguez, *La Habanera de Carmen : Naissance d'un tube*, Paris : Fayard, 2014 ; R. P. Locke, « Spanish Local Color in Bizet's *Carmen* : Unexplored Borrowings and Transformations », in A. Fauser et M. Everist (éd.), *Music, Theater, and Cultural Transfer : Paris, 1830-1914*, Chicago : University of Chicago Press, 2009, p. 316-360.
4. M.-G. Soret éd., *Camille Saint-Saëns : Écrits sur la musique et les musiciens 1870-1921*, Paris : Vrin, 2012, p. 796.
5. H. Lacombe, *Georges Bizet : « Les Pêcheurs de perles », Dossier de presse parisienne (1863)*, Heilbronn : Musik-Edition Lucie Galland, 1996, p. 36-39, 58 (certains de ces chroniqueurs prétendent que Bizet a excessivement emprunté à *Lalla-Roukh* de David, mais sans égaler le génie de David).
6. « L'air de danse indien que chante le hautbois [...] plein de naïveté et de bizarrerie », *Revue française*, 1er nov. 1863, cité in *ibid.*, p. 38.
7. Sur la « frange phrygienne » de l'Europe, voir P. Van der Merwe, *Roots of the Classical : The Popular Origins of Western Music*, Oxford : OUP, 2004, p. 46, 63-64, 102-103, 144-154, 159-164.
8. I. van Rij, *The Other Worlds of Hector Berlioz : Travels with the Orchestra*, Cambridge : CUP, 2015, p. 296-319.
9. Sur *Carmen*, voir aussi R. Locke, *Musical Exoticism*, p. 160-174.

Notes de 17.5

1. Le présent chapitre est librement fondé sur R. P. Locke, *Musical Exoticism : Images and Reflections*, Cambridge : CUP, p. 175-215 ; voir aussi R. P. Locke, « Constructing the Oriental "Other" : Saint-Saëns's *Samson et Dalila* », *COJ*, 3, 1991, p. 261-302.
2. K. Henson, *Of Men, Women, and Others : Exotic Opera in Late Nineteenth-Century France*. PhD., University of Oxford, 1999, p. 19.
3. J. Parakilas, « The Soldier and the Exotic : Operatic Variations on a Theme of Racial Encounter », 1re partie, *Opera Quarterly*, 10/2, 1994, p. 33-56.

Notes de 17.6

1. J. Kalman, *Orientalizing the Jew : Religion, Culture, and Imperialism in Nineteenth-Century France*, Bloomington, Indianapolis : Indiana University Press, 2017 ; P. E. Hyman, *The Jews of Modern France*, Berkeley : UCP, 1998.

2. E. W. Said, *L'Orientalisme : l'Orient créé par l'Occident*, [1re éd., 1979], trad. C. Malamoud, nlle éd., Paris : Éd. du Seuil, 1997.
3. D. R. Hallman, « The Distant Past as Mirror and Metaphor : Portraying the Medieval in French Grand Opera », in S. Meyer et K. Yri éd. *The Oxford Handbook of Music and Medievalism*, OUP, à paraître.
4. K. Murphy, « Berlioz, Meyerbeer, and the Place of Jewishness in Criticism », in P. Bloom éd., *Berlioz : Past, Present, Future*, Rochester, NY : URP, 2003 ; H. et G. Becker éd., *Giacomo Meyerbeer : A Life in Letters*, trad. M. Violette, Portland : Amadeus Press, 1989, p. 60.
5. V. d'Indy, *Cours de Composition musicale*, vol. 3, G. de Lioncourt éd., Paris : Durand et Cie, 1950, p. 103.
6. *Ibid.*, p. 104.
7. *Ibid.*, p. 104-105.
8. *Ibid.*, p. 105.
9. D. Grout, *A Short History of Opera*, New York : Columbia University Press, 1947, p. 312. Dans les éditions suivantes de son livre (1965, 1988 et 2004), le « style gonflé d'effets sans causes » réapparaît, mais « éclectisme luxuriant » remplace « éclectisme confus ».
10. Citons, chez Ricordi, *Giacomo Meyerbeer Werkausgabe* (1998-) ; une nouvelle édition de *La Juive* chez Lucie-Galland ; les mises en scène de *La Juive* de Günter Krämer pour le Wiener Staatsoper en 1999-2000 et de Pierre Audi pour l'Opéra de Paris en 2007.
11. E. Scribe, *Quelques idées des pièces* [1812-33], carnet ms, F-Pn, Ms. n.a.fr. 22584, vol. VIII, fol. 66r ; D. R. Hallman, *Opera, Liberalism, and Antisemitism in Nineteenth-Century France*, Cambridge : CUP, 2002, p. 213-222.
12. *Ibid.*, p. 234-247.
13. M. Ragussis, *Figures of Conversion : "The Jewish Question" and English National Identity*, Durham, NC : Duke University Press, 1995.
14. Marina Cherkashina-Gubarenko, "*La Juive* on Ukrainian Operatic Stages", in F. Claudon, G. de Van et K. Leich-Galland éd., *Actes du colloque : Fromental Halévy*, Paris, novembre 2000, Weinsberg : Musik-Edition Lucie Galland, 2003, p. 272.
15. A. Z. Idelsohn voit dans cette mélodie l'unique air juif authentique de l'opéra (*Jewish Music in its Historical Development*, New York : Henry Holt & Co., 1929, p. 473).
16. F. Halévy, *Derniers souvenirs et portraits*, Paris : Michel Lévy Frères, 1863, p. 168.
17. E. C. Hansen, *Ludovic Halévy : A Study of Frivolity and Fatalism in Nineteenth-Century France*, Lanham, MD : University Press of America, 1987, p. 3.
18. É. Halévy, *Instruction religieuse et morale à l'usage de la jeunesse israélite*, Paris : Chez l'auteur ; Metz : Chez Gerson-Lévy, 1820.
19. L. Halévy, *Résumé de l'histoire des juifs modernes*, Paris : Lecointe, 1828, p. 325-329.
20. Samuel Naumbourg éd., *Semiroth Israël : Chants religieux des israëlites*, Paris, Chez l'auteur, 1847 ; *Nouveau Recueil de chants religieux*, Paris, Chez l'auteur, 1866 ; *Recueil de chants*, Chez l'auteur, 1875.
21. B. Prioron-Pinelli, *Le Juif errant [...]*, Weinsberg : Musik-Edition Lucie Galland, 2005, vol. 1, p. 495-510.
22. *Ibid.*, p. 510.
23. K. Leich-Galland, « *Noé*, opéra posthume de F. Halévy, livret H. de Saint-Georges », in F. Claudon, G. de Van and K. Leich-Galland éd., *Actes du colloque Fromental*

Halévy, Paris, novembre 2000, Weinsberg : Musik-Edition Lucie Galland, 2003, p. 161.
24. F. Halévy à J. H. Vernoy de Saint-Georges, 23 janv. [1861], in F. Halévy, *Lettres*, M. Galland éd., Heilbronn : Musik-Edition Lucie Galland, 1999, p. 192.
25. *Ibid.*, p. 213.
26. *La Gerbe*, supplément aux *Archives israélites* (Paris : Au Bureau des Archives israélites, 1890), p. 6.
27. J. F. Fulcher, *French Cultural Politics and Music : From the Dreyfus Affair to the First World War*, New York, Oxford : OUP, 1999.

Célestine Galli-Marié (1837-1905)

Fille de Marié de L'Isle, chanteur à l'Opéra-Comique et à l'Opéra, à qui elle doit sa formation, elle crée un emploi dramatique original. Elle apprit la scène par imprégnation en assistant aux triomphes de Rosine Stoltz, dont Marié de L'Isle était le comparse dans *La Juive* d'Halévy, et de Pauline Viardot. Lorsqu'elle fait ses débuts à Strasbourg, Toulouse, Lisbonne puis Rouen entre 1858 et 1862, elle postule pour l'emploi de « forte chanteuse », c'est-à-dire de tragédienne et de contralto puissante. À Toulouse, elle s'essaie dans l'opéra-comique avec le rôle subtil de Rose Friquet des *Dragons de Villars* d'Aimé Maillard. Elle fait événement à Rouen où elle crée le rôle de Mab dans la version française de *The Bohemian Girl* de Balfe, au point que Berlioz songe à elle pour *Béatrice et Bénédict*. Elle y tient également les rôles d'Azucena (Verdi, *Le Trouvère*), de Léonor (Donizetti, *La Favorite*) et de Rose Friquet. Émile Perrin l'engage à l'Opéra-Comique où elle créera *Mignon* en 1866 et *Carmen* en 1875. Elle débute par le rôle de Zerline dans une reprise de *La Servante maîtresse* (Pergolèse) qu'Amédée Méreaux commente par des remarques prophétiques : « En l'entendant parler [dans *La Servante maîtresse*], on se prend à regretter qu'elle chante, on voudrait qu'elle ne fût que comédienne ; mais quand on l'entend chanter, on sent combien on aurait eu à regretter qu'elle ne fût pas cantatrice. C'est ce talent double et si parfaitement équilibré qui a séduit les Parisiens et qui assure à Mme Galli-Marié une place exceptionnelle dans le monde lyrique. [...] on ne craint pas de dire qu'elle est destinée à la création d'un emploi mixte sur la scène de l'Opéra-Comique, tel que peuvent seules en créer des organisations analogues à celles des Malibran et des Viardot » (*Journal de Rouen*, 1862).

De 1864 à 1878, elle ne reprend que deux rôles (Rose Friquet, et Uriel dans *Les Amours du diable*) et en crée dix-sept, parmi lesquels Khaled-Lara (*Lara*, 1864), Fadette (*La Petite Fadette*, 1869), Vendredi (*Robinson Crusoé*, 1868) ou Fantasio (*Fantasio*, 1872). Par-delà son originalité vocale, Galli-Marié se distingue par des profils de marginales, de proscrites ou de bohémiennes et par des rôles travestis ; elle incarne des figures féminines poétiques et originales. En devenant la *Carmen* de Bizet par son corps et ses poses tout autant que par sa voix, elle fascine ou dérange. C'est à elle que l'on doit l'existence de la Habanera. Insatisfaite de l'air d'entrée composé par Bizet, elle lui demanda de le remplacer par un air hispanisant.

Patrick Taïeb

Galli-Marié dans le rôle de Carmen photographiée par Félix Nadar (fonds privé). Photothèque Hachette

Chapitre 18
Médiations et interprétations

18.1 L'OPÉRA AU SEIN D'UN SYSTÈME MÉDIATIQUE
Emmanuel Reibel

Les relations entre presse et opéra ont longtemps été méjugées car le XIXe siècle a construit un discours d'opposition systématique entre ces deux univers. Le stéréotype consistant à opposer les artistes et les critiques, notamment, avait été allégorisé depuis le siècle précédent par l'opposition entre abeilles et frelons, reposant sur une série de dichotomies entre faire et dire, fécondité et stérilité, pouvoir efficient et faculté de nuisance ; celle-ci se cristallise tout particulièrement les grands jours de première à l'Opéra de Paris. Mais les deux univers sont bien moins antagonistes qu'il n'y paraît : presse et opéra entretiennent tour à tour des relations de connivence et de tension en raison des nouveaux enjeux de pouvoir qui les traversent alors. En effet, l'entrée dans l'ère industrielle a modifié radicalement la nature et le visage de la presse : aux journaux d'opinion du siècle des Lumières, lus par une poignée de lettrés et soumis à un régime de censure draconien, succède une foison de titres que la mécanisation des conditions de fabrication, l'abaissement du prix d'achat et la multiplication progressive du nombre de lecteurs transforment en puissants *medias* ayant le pouvoir de façonner et de diffuser l'information dans une temporalité accélérée. Au cours du XIXe siècle s'épanouit une véritable « civilisation du journal[1] » qui remodèle ainsi l'ensemble de la vie politique, culturelle et artistique. Comment le monde de l'opéra compose-t-il désormais avec cette institution incontournable ? Cette question se pose avec d'autant plus d'acuité que la presse est loin d'être une simple chambre d'écho de la vie lyrique : elle constitue une puissance *active* façonnant l'événement aux côtés de l'institution théâtrale. Pour arriver à saisir les ressorts de ce vaste réseau médiatico-théâtral préparant, construisant, vendant et commentant les spectacles, il faut commencer par présenter le cadre journalistique, d'une très grande diversité, et les modalités de présence de l'opéra dans la presse.

Panorama des organes de presse

Jamais les articles consacrés à l'actualité lyrique n'auront été plus nombreux qu'au XIXe siècle. La raison tient à la fois à l'incroyable prolifération des journaux et au statut occupé par le genre lyrique dans la culture de l'époque (cf. 21.2, 21.6). Dans l'esprit du temps, « l'Opéra est plus qu'un simple spectacle, c'est avant tout une gloire nationale ; et quand l'Opéra triomphe, ce ne sont pas seulement les auteurs de la pièce et tous les artistes qui triomphent, c'est un peu tous les Français[2] ». Mais la première scène lyrique française n'est pas la seule à faire régulièrement la une des journaux : un intérêt à la fois artistique et mondain pour le théâtre lyrique explique que les périodiques consacrent tous une place importante aux différents genres d'opéras. Les dossiers de presse existants livrent de ce point de vue des chiffres impressionnants : celui de *Don Carlos* (O, 1867) contient par exemple pas moins de 63 articles publiés dans 39 journaux[3]. Or la notoriété de Verdi n'explique pas tout : la même année, le jeune Massenet monte son premier opéra-comique, *La Grand'Tante* (OC, 1867), et l'on a dénombré de façon provisoire 40 articles parus dans 26 journaux lors de la création de ce modeste lever de rideau en un acte[4] !

On distinguera trois grands ensembles au sein de cette masse de périodiques parfois très volatiles. Le premier est celui de la presse généraliste (tableau 1), dominée par les grands quotidiens : le *Journal des débats*, dont le lectorat est composé par l'aristocratie libérale et la bourgeoisie juste-milieu, est rapidement concurrencé par de nombreux autres titres comme *Le Siècle* et *La Presse* qui inventent un journalisme d'information moderne au lectorat plus étendu. Les représentations d'opéras y sont généralement évoquées de façon hebdomadaire, dans la partie inférieure du journal où se loge le feuilleton ; l'espace y est abondant – *Le Constitutionnel* consacre pas moins de douze colonnes à la création de *Raymond ou le Secret de la Reine* (OC, 1851) d'Ambroise Thomas – et le propos mêle souvent les registres esthétique et politique. Le commentaire des livrets d'opéra devient en effet le refuge des prises de positions engagées durant les périodes où la censure se durcit. Aux chroniques hebdomadaires à date fixe se substituent progressivement, à partir des années 1860, des comptes rendus paraissant le lendemain des spectacles. Le recours à des plumes spécialisées tend à se généraliser tout au long du siècle – gage de qualité dans un univers fortement concurrentiel –, sans toutefois constituer un élément déterminant[5].

Liste chronologique
des principaux périodiques généralistes

Gazette de France (1631-1914)
Journal de Paris (1777-1827 ; 1833-1840)
Le Moniteur universel (1789-1870)

Journal des débats (et *Journal de l'Empire*) (1789-1944)
Le Constitutionnel (1819-1914)
Le Corsaire (1823-1858)
Le Globe (1824-1832)
Revue française (1828-1839)
Le Temps (1829-1842)
Le Cabinet de lecture (1829-1842)
Revue de Paris (1829-1845)
Revue des Deux Mondes (1829-1971)
L'Universel (1829-1830 ; 1862-1865)
Le National (1830-1851)
L'Artiste (1831-1904)
Le Rénovateur (1832-1835)
Le Charivari (1832-1937)
L'Univers (1833-1860)
La France (1834-1847 ; 1862-1937)
Le Siècle (1836-1932)
La Presse (1836-1952)
Le Pays (1849-1914)
L'Ordre (1849-1852)
L'Assemblée nationale (1848-1857)
Le Monde illustré (1857-1938)
L'Opinion nationale (1859-1914)
Le Courrier français (1864-1870)
La Liberté (1865-1940)
Le Figaro (1854-)
Le Soleil (1865-1867 ; 1873-1914)
Le Gaulois (1868-1929)
Le Soir (1869-1932)
Le Rappel (1869-1933)
L'Ordre de Paris (1871-1914)
Le XIXe siècle (1871-1921)
La République française (1871-1924)
L'Événement (1872-1966)
Le Petit Parisien (1876-1944)
La Lanterne (1877-1928)
Le Voltaire (1878-1930)
Le Signal (1879-1914)
Gil Blas (1879-1940)
L'Intransigeant (1880-1948)
Le Radical (1881-1931)
L'Écho de Paris (1884-1938)
Le Matin (1884-1944)
L'Éclair (1889-1926)
Le Jour 1890-1914
La Vérité (1893-1907)

À côté de ces grands quotidiens fleurissent d'une part des revues prestigieuses (*La Revue de Paris*, la *Revue des Deux Mondes*, la *Revue française*, *L'Artiste* ou *La Jeune France*), d'autre part les titres foisonnants de la petite presse : les revues satiriques écharpent le monde lyrique tout en organisant un formidable bruit médiatique, les journaux de mode et les journaux féminins comme *Le Bon Ton* s'intéressent à l'opéra en tant qu'événement social, d'autres généralistes comme *Le Figaro*, vedette de la presse légère sous le Second Empire, ou le *Petit Journal*, créé en 1863 et instaurant la presse populaire à bon marché, consacrent eux aussi de nombreux articles aux spectacles lyriques.

Le deuxième grand ensemble s'intéressant à l'opéra est constitué par la presse théâtrale. Après le *Journal des spectacles* et le *Courrier des spectacles* nés sous la Révolution et l'Empire, quantité de titres nouveaux apparaissent. Certains se consacrent à l'annonce et à la critique des spectacles parisiens, comme *Le Camp-volant*, rapidement devenu *Courrier des théâtres*, d'autres possèdent des visées littéraires, politiques ou satiriques plus larges mais jouent un rôle important dans les débats lyriques sous la Restauration (*Le Corsaire*, *L'Abeille*, *Le Miroir des spectacles*). Sous la monarchie de Juillet, parmi ces parutions très concurrentielles, *La Revue et gazette des théâtres* publie de longs articles tandis que les quatre pages de *L'Entracte*, principal organe publicitaire des salles parisiennes, détaillent l'ensemble des spectacles du jour et complètent le propos par différentes nouvelles, annonces et causeries. « Ces journaux quotidiens ou bihebdomadaires, explique Jean-Claude Yon, sont aux mains des éditeurs de théâtre qui, avec le droit de les vendre dans les salles, achètent également aux directeurs de théâtre le droit exclusif de vendre les textes des pièces et les livrets d'opéras – un commerce très rentable[6]. »

Le troisième ensemble, enfin, est formé par les périodiques musicaux ; apparus plus tardivement qu'en Allemagne ou en Angleterre, ceux-ci se sont implantés durablement en France à partir de la *Revue musicale* de François-Joseph Fétis (tableau 2). L'actualité lyrique fournit alors l'essentiel de leur matière aux revues généralistes, mais il arrive que des titres spécialisés comme *Le Moniteur des pianistes* ou *L'Orchestre* s'y intéressent également. Ces revues ne subissent pas le procès en incompétence qu'intentent parfois les musiciens aux autres journaux, mais elles sont régulièrement attaquées pour leur partialité : elles se trouvent en effet au cœur du système médiatico-théâtral en étant pour la plupart la propriété de grandes maisons d'édition. La plus lue sous la monarchie de Juillet, *La France musicale*, édite et défend la musique italienne ; les frères Escudier, ses propriétaires, acquièrent par exemple la propriété et l'exclusivité de publication des œuvres de Verdi pour la France en mai 1845 ; avant son rachat par Brandus, la *Gazette musicale* puis *Revue et Gazette musicale de Paris* est fondée par l'éditeur allemand Maurice Schlesinger ; outre le répertoire germanique en général, cette revue met à l'honneur les grands opéras français de Meyerbeer ou d'Halévy qu'elle contribue à faire vendre, de la même façon

DIMANCHE 15 JUILLET 1834.   DEUXIÈME ANNÉE. — N° 33.

Conditions de l'Abonnement ;

PARIS,

DIX FRANCS PAR AN;

LES DÉPARTEMENS : 2 FR. EN SUS ;

ET L'ÉTRANGER : 3 FR.

On ne s'abonne pas pour moins d'un an.

Toutes les lettres doivent être adressées franc de port au Directeur du Journal.

On s'abonne

A PARIS, AU BUREAU DU JOURNAL,
RUE D'HANOVRE, 21;

DANS LES DÉPARTEMENS,

A tous les Bureaux des Messageries royales ou générales de France ;

A BRUXELLES,

A la librairie moderne de M. Lépine, Montagne de la Cour, n. 2.

On peut aussi adresser le montant des abonnemens en un bon à vue sur la poste.

LE MÉNESTREL

Journal de Musique.

PARAISSANT TOUS LES DIMANCHES AVEC UNE ROMANCE INÉDITE DE MADAME PAULINE DUCHAMBGE, MM. ÉDOUARD BRUGUIÈRE, AUGUSTE PANSERON, AMÉDÉE DE BEAUPLAN, ADOLPHE ADAM, CH. PLANTADE, TH. LABARRE, MASINI, THÉNARD, JACQUES STRUNZ, ETC.

Opéra-Comique.

L'Angélus. — M. Couderc.

Encore un succès à constater à ce théâtre, qui s'est décidément emparé de la faveur publique. Voilà, de compte fait, trois opéras nouveaux, six reprises et huit débutans, depuis la régénération de Feydeau. Il est évident que l'administration actuelle a déployé plus d'activité en deux mois que ne l'avait fait l'ancienne dans l'espace d'un an. Le public serait ingrat s'il ne venait pas en foule indemniser les nouveaux directeurs des sacrifices qu'ils font pour lui plaire.

L'Angélus, dont la partition est due à M. Gide, un des auteurs du ballet de la Tentation, est un petit acte gracieux, orchestré avec talent, et renfermant de fort jolis morceaux. Sans sacrifier les ressources de l'instrumentation, le compositeur a sagement fait figurer la mélodie sur le premier plan; une musique trop chargée eût été incompatible avec l'œuvre du poète; car le libretto nous reporte aux temps des gentils ménestrels, les patrons de notre journal.

Le baron d'Evenos est jaloux de sa femme. Avant de partir pour la chasse il charge son chapelain de surveiller la baronne. Fra Calauson s'y engage et promet de sonner l'Angelus au moindre danger, pour avertir le seigneur châtelain. Arrive le comte Aimeri de Sarlat, déguisé en ménestrel. C'est son amour pour la jeune Azalaïs, pupille du baron d'Evenos, qui l'attire dans le château ; mais il ne peut pas se être reconnu par la baronne et le chapelain. Pour mettre la baronne dans ses intérêts, il cherche à lui persuader que c'est d'elle qu'il est épris. Fra Calauson, voyant le danger, sonne l'Angélus de toutes les forces de ses bras, et

le seigneur châtelain accourt pour surprendre et châtier le coupable. Mais la baronne détourne l'orage par sa présence d'esprit : elle proteste à son noble époux que c'est pour Azalaïs et non pour elle que soupire le comte Aimeri de Sarlat. Le baron n'en croit rien, et se venge en forçant le faux ménestrel à épouser immédiatement la jeune pupille.

On devine que les amans prennent leur bonheur en patience.

Parmi les morceaux de musique que le compositeur a adaptés au poème, il en est qui ont produit beaucoup d'effet et qu'on applaudit chaque soir. L'ouverture généralement bien écrite, renferme une introduction délicieuse accompagnée par les sons de la cloche de l'Angelus. Une ballade chantée par Mesd. Ponchard et Rifaut, et l'entrée du ménestrel, suivie d'un charmant quatuor, obtiennent d'unanimes suffrages. Ponchard chante son rôle d'une manière brillante. Et nous saisissons cette occasion pour amender une critique trop sévère dont cet estimable artiste a été l'objet dans ces derniers temps.

Soit qu'il y ait eu injustice de la part des journalistes, soit que Ponchard ait retrouvé quelques-unes de ses belles cordes, ce chanteur n'est pas si près de son déclin qu'on semblerait le croire. La manière dont il s'acquitte des rôles de Jean de Paris, de Julien Davenel dans la Dame Blanche, et du comte Roger dans le Chaperon Rouge, donne un éclatant démenti à la critique.

La reprise du Chaperon a obtenu un succès complet. Le frottement des temps n'a pas usé l'impression de ces délicieux motifs que tout le monde sait par cœur ; et le public a accueilli cette musique si suave avec un enthousiasme qui nous prouve que notre Boïeldieu n'a rien perdu de son empire.

Un jeune ténor, plein d'avenir, a débuté dans cet opéra. M. Couderc réunit à une méthode excellente une voix qui que *Le Ménestrel* sert à ses débuts de vitrine publicitaire aux éditions Heugel et *Le Monde musical* aux éditions Bernard Latte.

Liste chronologique
des principaux périodiques musicaux

Correspondance des amateurs musiciens (1802-1805)
Journal de Musique et des Théâtres de tous les pays (1804)
Les Tablettes de Polymnie (1810)
Revue musicale (1827-1835)
Le Ménestrel (1833-1940)
Gazette musicale (1834-1835)
Revue et Gazette musicale de Paris (1835-1880)
La France musicale (1837-1870)
Le Monde musical (1840-1848 ; 1861-1862 ; 1873-1785 ; 1889-1940)
Le Courrier musical (1841-1842)
La Chronique musicale (1850-1851 ; 1865-1870 ; 1873-1876)
L'Univers musical (1853-1868)
La Réforme musicale (1856-1870)
L'Art musical (1860-1870, 1872-1894)
La Semaine musicale (1865-1867)
La Revue du monde musical et dramatique (1878-1884)
La Renaissance musicale (1881-1883)
L'Année musicale (1886-1893)
L'Indépendance musicale et dramatique (1886-1905)
Revue internationale de musique (1898-1900)

La presse, rouage indispensable de la vie lyrique à l'ère industrielle

Cet ensemble polymorphe publie des contenus eux-mêmes extrêmement variés. On trouve en effet dans la presse aussi bien des éphémérides, des publicités, des potins, des illustrations ou des articles plus importants, qui peuvent eux-mêmes concerner, au-delà des œuvres, des questions aussi diverses que l'éclairage des salles, l'architecture des bâtiments, l'administration des théâtres, la politique des spectacles, la carrière des chanteurs ou l'histoire du genre lyrique. Parmi cet ensemble prolixe se dégagent deux types de contenus particulièrement stratégiques. Le premier est le compte rendu critique, à la teneur tout à la fois descriptive et évaluative ; relayant l'accueil du public, le tempérant parfois, ce genre d'article au format conséquent s'achève souvent par une sentence consacrant le succès ou l'échec des créations lyriques : il exerce un vrai pouvoir sur le destin des œuvres (le nombre de représentations n'étant jamais fixé à l'avance) comme sur celui des interprètes. Le second type de contenu est tout aussi décisif : il s'agit des nouvelles diverses entourant la production d'un spectacle, sous la forme de brèves, d'entrefilets ou d'articles plus ou moins développés. Les périodiques musicaux divulguent de nombreuses informations liées aux opéras de Paris, de province et de l'étranger. Dans la *Revue et Gazette musicale*, les « Nouvelles des théâtres lyriques » s'intéressent ainsi, semaine après semaine, à la vie courante du monde lyrique français. Appointements, recettes, engagements, répétitions, allées et venues des chanteurs, indispositions éventuelles, remplacements au pied levé, etc. : cette rubrique constitue un fascinant et foisonnant « fil d'actualité », bien avant l'ère du *tweet*.

Parmi ces nouvelles diverses, les articles d'annonce sont particulièrement importants : ils ont pour fonction d'alimenter les conversations, d'aiguiser la curiosité, de façonner ainsi une « pré-réception[7] » des œuvres ou, pour le dire autrement, de créer un horizon d'attente. Sous la Restauration, l'arrivée de Rossini en France, plusieurs fois anticipée, est ainsi précédée par une vaste campagne de presse destinée à « alimenter l'attente[8] » des Parisiens ; de la monarchie de Juillet au Second Empire, ce sont les opéras de Meyerbeer qui sont transformés en objets de désir, avant que la notoriété de Verdi soit à son tour exploitée à de semblables fins de préparation et de stimulation du public.

Au-delà même des revues musicales, des journaux satiriques ou de la petite presse, tous les types de périodiques bruissent en réalité d'anecdotes et d'indiscrétions dont raffole le lectorat : « la mort accidentelle d'une diva, comme la Malibran en 1836, le suicide d'un ténor vedette comme celui d'Adolphe Nourrit en 1839, la perte de sa voix par Cornélie Falcon lors de son retour désastreux en scène de mars 1840 ou l' "invention" de l'*ut* de poitrine par le ténor Gilbert Duprez », tous ces faits sont « transformés en événements par la presse, à force de chroniques, de cancans de coulisses et de rubriques indiscrètes »[9]. Ainsi, à l'image de certains titres très sonores (*Le Hanneton*, *L'Abeille*, *Le Grelot*, *Le Tintamarre*, *Le Charivari*, etc.), la presse organise un véritable tapage médiatique qui sert à faire vendre tout à la fois le journal et le spectacle lyrique.

À la différence du *buzz* moderne, son lointain descendant qui repose, lui, sur la viralité de l'information numérique, le *puff* constitue au XIXe siècle « le battage que l'on fait pour faire venir le public à l'opéra[10] » ; ce terme désigne plus largement le discours publicitaire, qui tend à contaminer toutes les rubriques des journaux et qui prend alors la forme d'un mélange de blague, d'esbroufe et de réclame. Meyerbeer réussit plus que quiconque à alimenter le *puff* : il sut organiser de somptueux dîners afin de s'attirer la faveur des journalistes, entretenir la machine médiatique, laisser fuiter progressivement d'incroyables informations sur *Le Prophète* (O, 1849) : on y retrouverait Pauline Viardot, on y entendrait de nouveaux instruments de Sax, on y découvrirait un ballet de patineurs, on y utiliserait l'électricité pour un lever de soleil inouï... De fait, pour assister à la création, l'assemblée nationale « désert[a] son vote sur une question brûlante[11] » ! Sans être un expert dans cet art très particulier, Donizetti avait lui aussi compris qu'un succès se préparait et se construisait dans la presse[12]. Mais les journaux déploient encore d'autres stratégies contribuant *in fine* à faire vendre les spectacles : ils suscitent des querelles esthétiques et entretiennent les polémiques (cf. 18.2) ; ils recourent à l'illustration, depuis les caricatures jusqu'aux lithographies puis aux photographies qui transforment alors décors et costumes en objets d'émerveillement (cf. 20.6) ; ils vantent enfin les nombreux produits dérivés de l'opéra que sont les partitions chant-piano, destinées à inonder les demeures bourgeoises, ou encore les fantaisies et paraphrases sur les airs d'opéras (cf. 19.1, 19.2).

Ainsi, par son formidable impact médiatique, la presse détient désormais la capacité d'agir sur le monde lyrique : non contente d'être une caisse de résonance amplifiant les succès ou les échecs, elle peut être partie prenante du destin des ouvrages – Berlioz en fit les frais dans la cabale médiatique déchaînée contre son *Benvenuto Cellini* (O, 1838) et Wagner fut de la même façon victime de la presse autant que du public lors du scandale de *Tannhäuser* (O, 1861) ; elle joue aussi un rôle d'aiguillon en réclamant avec insistance, par exemple, l'ouverture d'une troisième scène lyrique française à Paris (le Théâtre-Lyrique sera, de fait, créé en 1851), ou en incitant les institutions théâtrales à programmer davantage les jeunes Prix de Rome. Si les théâtres lyriques doivent, en fin de compte, ménager la presse (qui ose parfois menacer les interprètes, les compositeurs ou les directeurs de représailles s'ils ne s'abonnent pas aux journaux), ils peuvent à rebours exercer une pression sur les journalistes, en mettant sous condition les billets de faveur, le placement privilégié dans la salle ou l'accès aux loges, auxquels ils sont si attachés.

Le réseau médiatico-théâtral

Mais ces pressions réciproques masquent un ensemble de relations consanguines, car les mêmes acteurs passent aisément du monde lyrique au monde médiatique. Les carrières étant à l'époque souvent transversales, des réseaux communs unissent compositeurs, directeurs d'opéras, journalistes ou patrons de presse[13]. Lorsque le *Journal de l'Empire* fait appel à François-Benoît Hoffman pour le feuilleton en 1807, ce dernier est célèbre pour avoir été le librettiste de Dalayrac, de Méhul et de Cherubini. S'il fait pour sa part le choix d'abandonner l'écriture théâtrale pour se consacrer au feuilleton, de nombreux journalistes poursuivent parallèlement leur activité littéraire, à la manière d'Étienne de Jouy, librettiste de *La Vestale* (O, 1807) ou de *Guillaume Tell* (O, 1829) et rédacteur à la *Gazette de France*, mais aussi d'Hippolyte Lucas, l'adaptateur de Donizetti en langue française, qui mène une vraie carrière dramatique et signe le livret de douze opéras entre 1842 et 1874 tout en collaborant au *Siècle* et au *National*.

Les compositeurs-feuilletonnistes, pour leur part, tirent de leur double activité plusieurs bénéfices : ils peuvent trouver dans le journalisme un précieux gagne-pain, tirer ainsi parti de leur position dans la presse pour favoriser leur carrière musicale, ou encore ferrailler dans le débat esthétique, à la façon d'Henri-Montan Berton, compositeur institutionnel qui pourfendit le rossinisme dans son organe de presse *L'Abeille* au début de la Restauration ; on songe encore à Fétis, fondateur de la *Revue musicale* et auteur de six opéras-comiques entre 1820 et 1832, mais aussi à Adolphe Adam, Joseph Mainzer, Gustave Héquet, Théodore Labarre, Maurice Bourges, puis à Ernest Reyer, Victorin Joncières, Albert Vizentini, Camille Saint-Saëns, Alfred Bruneau et Paul Dukas. Dans une lettre à son père, Berlioz explique pour sa part que ses collaborations journalistiques constituent sa « machine de guerre[14] » pour arriver à l'Opéra ; il se trouva malgré tout le plus souvent en porte-à-faux avec cette institution dans laquelle il ne parvint jamais à s'imposer (cf. 3.1, 8.5).

Le réseau médiatico-théâtral comprend enfin de nombreux hommes de presse qui furent régulièrement aux commandes de théâtres lyriques. Louis Véron incarna mieux que quiconque la figure de l'industriel et de l'entrepreneur faisant prospérer ses affaires à l'Opéra comme dans la presse. Il prit la tête de l'Académie royale de musique en 1831 (cf. 6.1) après avoir abandonné une carrière scientifique pour une carrière industrielle et médiatique, marquée par ses collaborations à *La Quotidienne* et au *Messager des chambres* et par sa fondation de la fameuse *Revue de Paris* en 1829. Il sut comme nul autre tisser une toile de relations qui le conduisit à entremêler en permanence les espaces médiatiques et artistiques. Ses dîners, très célèbres[15], contribuèrent sans nul doute à favoriser l'endogamie de la presse et de l'opéra. En dehors de ce cas, l'Opéra fut également dirigé par les journalistes François-Adolphe Loève-Veimars, Édouard Monnais, Léon Pillet et Nestor Roqueplan, l'Opéra-Comique par Émile Perrin, et le Théâtre-Italien par les hommes de presse Louis Viardot et Léon Escudier.

Si le cumul de fonctions suscita à l'évidence un certain nombre de conflits d'intérêts, la volatilité des carrières d'un espace à l'autre favorisa régulièrement un certain mélange des genres. C'est ainsi que Roqueplan, alors directeur de l'Opéra de Paris, inquiet de ne point voir arriver le compte rendu du *Juif errant* (O, 1852) au *Constitutionnel*, livra à ce journal une lettre ouverte, extrêmement longue, en forme de critique musicale… que s'empressa de publier ledit journal, le 2 mai 1852. Une confusion des fonctions parfaitement assumée par l'intéressé. À rebours, la presse musicale déborde de ses prérogatives lorsqu'elle incite les chanteurs à passer par ses colonnes pour s'adresser aux directeurs de théâtres, à la façon de la *Revue et Gazette musicale* qui publie le 22 octobre 1871 de façon quasi hebdomadaire l'avis suivant : « La *gazette musicale* étant reçue par tous les directeurs de théâtre de la France et de l'étranger, nous rappelons aux artistes lyriques et dramatiques libres d'engagement, qu'ils auront tout avantage à le faire savoir par la voie du journal. Ils peuvent d'ailleurs se renseigner sur la situation des théâtres étrangers, au bureau de la *Gazette*, en y lisant les journaux de musique français, anglais, américains, belges italiens et allemands qui sont mis à leur disposition. »

La presse entend donc jouer un rôle actif dans la mise en relation des interprètes et des directeurs d'opéras, et dans certains journaux de province comme *L'Agent dramatique du midi* et *Le Midi artiste*, l'activité de journaliste vient même se confondre avec la profession d'agent dramatique[16]. Les carrières bicéphales et le brouillage des fonctions montrent ainsi combien presse et opéra constituent deux facettes d'une même médaille médiatico-théâtrale, tant les deux institutions sont devenues inséparables, voire endogames, au cours du XIXe siècle. Aussi ne peut-on plus lire la presse dramatique comme le seul reflet de l'activité lyrique : au temps où naît le capitalisme industriel et prospère la libéralisation marchande des produits culturels, elle constitue un acteur majeur de la vie lyrique et s'impose en instrument déterminant de l'économie des spectacles.

18.2 L'OPÉRA AU PRISME DE LA CRITIQUE MUSICALE

Emmanuel Reibel

Les nouvelles conditions de la critique musicale

La critique s'était épanouie au XVIIIe siècle à la faveur des grandes querelles qui avaient déchiré le monde lyrique : cristallisée autour de l'opposition entre opéra français et opéra italien, souvent doublée d'une querelle entre anciens et modernes, elle prenait surtout la forme de brochures, pamphlets, libelles et dissertations (cf. t.1, 8.4, 11.6, 19.3). Au XIXe siècle, c'est dans la presse, alors en pleine expansion, que la critique trouve un mode d'expression privilégié : l'opéra est toujours son objet de prédilection mais, on va le voir, ce nouveau cadre transforme la nature et les formes mêmes de la critique.

Si le champ de la critique était avant tout partagé par des lignes de fracture esthétiques – lullistes contre ramistes, gluckistes contre piccinistes, etc. – un nouveau front se constitue au XIXe siècle : il concerne la légitimité même du discours critique et oppose littérateurs et techniciens. Qui détient fondamentalement l'autorité du discours sur l'opéra ? Telle est la question qui agite les esprits, et qui s'institutionnalise lorsque apparaît le 7 décembre 1820 une nouvelle « Chronique musicale » dans le *Journal des débats*. Signée par le musicien, compositeur et arrangeur Castil-Blaze, celle-ci défend la nécessité d'un regard spécialisé sur les opéras. La polémique enfle dans les mois qui suivent, au sein même du *Journal des débats* où les littérateurs mènent une contre-offensive en revendiquant le droit des hommes de lettres à examiner les spectacles lyriques ; ces derniers s'estiment même les meilleurs juges en la matière, plus impartiaux et mieux armés pour évaluer les situations dramatiques, tandis que l'autre parti, auquel se rangeront rapidement Henri-Montan Berton puis Hector Berlioz, n'a de cesse de vitupérer l'incompétence des littérateurs ne livrant aucun jugement véritable mais de simples sensations. L'opposition entre dilettantes et spécialistes se prolongera tout au long du XIXe siècle, renforcée par l'implantation des revues musicales et par l'émergence de la figure déterminante du compositeur-critique.

Le discrédit longtemps jeté sur la critique du XIXe siècle est en partie lié à ce procès d'incompétence intenté à de nombreuses plumes qui se sont multipliées dans une presse en plein essor : c'est pour pallier ce défaut de spécialisation que François-Joseph Fétis élabore une méthode permettant de bien juger les opéras[1]. Mais au-delà du fait qu'il reste difficile de formaliser le jugement esthétique, l'exercice de la critique est également rendu délicat en raison des mutations de l'espace médiatique qui donnent à la réclame et à la publicité une place nouvelle. Un critique d'opéra doit alors idéalement ignorer les sollicitations des artistes, les pressions des théâtres, le tapage de la claque et les conversations du foyer, ne pas céder non plus aux attentes parfois triviales des lecteurs ou des directeurs de journaux. Les dérives suscitées par le journalisme industriel (plagiat, partialité, polémiques stériles, etc.[2]) explique qu'on assigne alors par réaction à l'activité critique des missions quasi utopiques : on entend aller à l'opéra comme on se rend au tribunal, en endossant « la robe noire, le rabat, la toque et l'impartialité d'un juge de première instance[3] », on se retire dans le foyer, au cours de la représentation, à la façon d'une « chambre du conseil où les juges se retirent pour se consulter, donner leur avis au fur et à mesure que l'affaire se plaide[4] », on cherche à énoncer de véritables verdicts. Les critiques tentent en tout cas d'agir sur l'art des interprètes, sur les choix des compositeurs, sur la politique des théâtres d'opéra : « Notre devoir est de rendre publiques, expliquent-ils, les erreurs ou les fautes que peuvent commettre, par caprice ou par aveuglement, les directions théâtrales[5]. »

Les formes du feuilleton lyrique

Au sein de ce contexte nouveau, le compte rendu critique d'une première représentation est un genre très réglé : après un incipit variable (sujet de l'opéra, polémique théâtrale, incident ou anecdote, etc.), le résumé de l'intrigue, farci de citations du livret parfois nombreuses, occupe la majeure partie de l'article. La musique est examinée dans un deuxième temps : quand le sort de cette dernière n'est pas expédié par le recours à quelques adjectifs convenus, on se livre à une énumération des moments marquants de la partition, acte par acte. L'exécution vocale et scénique suscite enfin des développements plus ou moins conséquents en fonction de la notoriété des interprètes ou de la nouveauté des décors. Au-delà de cette répartition, très significative quant à l'intérêt hiérarchiquement porté à chacune des composantes de l'œuvre lyrique, la critique d'opéra prend alors une forme sous-tendue par trois modèles d'écriture très caractéristiques.

Le premier consiste en un puissant cadre rhétorique hérité du siècle précédent : pour des raisons à la fois culturelles (liées à la formation intellectuelle des rédacteurs) et médiatiques (liées à la prédominance de la presse d'opinion sur la presse d'information), toute critique consiste au XIXe siècle en un *discours*, à défaut de se penser comme une analyse. Le rédacteur s'exprime souvent à la première personne, il n'hésite pas à interpeller directement le compositeur, les interprètes ou les directeurs de théâtres, il organise son propos selon les règles de l'art oratoire et pense ses articles comme des plaidoyers ou des réquisitoires (éloquence judiciaire), des éloges ou des blâmes (éloquence épidictique). Il fait régulièrement appel aux techniques éprouvées de l'art oratoire, à l'image d'Edmond Tarbé souhaitant « plaider les circonstances atténuantes » pour le *Don Carlos* (O, 1867) de Verdi, ou de Marie Escudier défendant *Les Troyens à Carthage* (TL, 1863) par la réfutation systématique des arguments du camp anti-berliozien[6].

Ce cadre rhétorique est contrebalancé par un modèle journalistique qui impose à la critique un ton simultanément moins impérieux et plus plaisant, afin de répondre aux attentes du lectorat, irréductible à la sphère des intellectuels ou des spécialistes. Aussi le résumé du livret prend-il souvent la forme d'une narration vivante destinée à divertir, quitte à ironiser sur les rebondissements de l'action ou à user de formules à l'emporte-pièce – à la fin de *Benvenuto Cellini* (O, 1838), par exemple, « Persée est fondu et le cardinal confondu » (*Le Charivari*, 12 sept. 1838). Les fantaisies de la presse satirique contaminent tous les journaux et le goût pour le bon mot s'étend au jugement critique : « Il sera beaucoup pardonné à M. Bizet pour avoir pêché deux ou trois perles musicales dans une eau si trouble », lit-on ainsi à propos des *Pêcheurs de perles* (TL, 1863) sous la plume de Paul de Saint-Victor (*La Presse*, 12 oct. 1863). Multiplication des anecdotes, goût pour les digressions et les portraits caricaturaux, jeux avec la sérialité propre au régime médiatique : autant de ressorts indispensables à la critique mariée au journalisme industriel.

Le dernier modèle d'écriture, poétique et imagé, correspond à une mission que la critique d'opéra perdra à l'ère de la reproduction sonore : avant l'existence de la radio et de l'enregistrement, la critique doit non seulement rendre compte des manifestations lyriques et les juger, mais, à défaut de pouvoir les faire entendre, tenter de transmettre l'émotion qu'elles suscitent. Aussi la critique s'attarde-t-elle sur les réactions physiques du public (frissons, larmes, spasmes, évanouissements) et développe-t-elle un registre très fleuri destiné à décrire l'effet de la musique sur l'auditoire : sur-adjectivations, métaphores, analogies artistiques prospèrent, à l'image du ballet fantastique de *Robert le Diable* (O, 1831), « mélange de râles d'agonisants et de ricanements d'insensés » (*Le Globe*, 27 nov. 1831), de l'acte IV de *L'Africaine* (O, 1865), « d'une couleur éclatante comme celle de Rubens, d'une énergie âpre comme celle de Michel-Ange » (*Le Théâtre*, 7 mai 1865), ou encore de la « voix si pénétrante de Mme Stolz » qui, dans *La Reine de Chypre* (O, 1841), « soupire comme une élégie désespérée de Young ou de Byron » (*RGMP*, 26 déc. 1841). Ce registre imagé sera caricaturé par la suite, bien à tort car il correspond aussi à une volonté délibérée d'endiguer l'emploi du vocabulaire technique : la critique se méfie du scalpel analytique pour ne pas désacraliser l'esprit de la musique ni désenchanter la magie de l'œuvre lyrique.

Les grands débats agitant la critique

C'est donc dans ces habits neufs, très caractéristiques du XIXe siècle, que la critique poursuit la tradition des querelles ayant façonné la vie lyrique française de longue date. La première et la plus violente est sans doute celle du rossinisme qui déferle sous la Restauration au moment où le Cygne de Pesaro arrive à Paris (cf. 5.6). Mettant aux prises les partisans et les opposants de ce dernier, cette « guerre des *dilettanti* » se caractérise par une bataille médiatique menée par Stendhal (pro-rossinien, dans le *Miroir des spectacles* et le *Journal de Paris*) et par Berton (anti rossinien, dans le journal *L'Abeille*). Les enjeux de la querelle sont multiples : à la fois politiques (Rossini est alors l'incarnation musicale du libéralisme, tantôt perçu comme un idéal, tantôt comme une forme d'anarchisme par le camp ultra-royaliste) ; esthétiques (l'usage novateur que Rossini fait de l'orchestre relance peu ou prou la querelle des anciens et des modernes) ; et nationaux (c'est à ce titre que Berlioz, ne jurant que par la tradition française de la tragédie lyrique, continuée par Gluck et Spontini, s'oppose à l'italianité de Rossini). Cette querelle se poursuit, larvée, à travers toute la décennie, Boieldieu étant parfois perçu comme un possible rempart à la rossinimania ambiante (cf. 7.3), avant que les tensions ne s'apaisent avec la « francisation » de Rossini au contact de l'Académie royale de musique. *Moïse* (O, 1827) et surtout *Guillaume Tell* (O, 1829) réconcilient les deux camps et participent à la canonisation implicite du genre du grand opéra (cf. 6.1, 6.3).

La période d'épanouissement du grand opéra, au cœur du siècle, ne fait pas naître de débats aussi vigoureux tant le nouveau genre s'impose comme une norme esthétique. Les points de crispation qui subsistent sont liés aux techniques de chant (la conquête de l'*ut* de poitrine par les ténors français), à l'importance grandissante de l'orchestre (dénoncée par tous les détracteurs de « l'école fantastique »), aux rivalités éditoriales (l'italianophile *France musicale* peine à ne pas éreinter les œuvres d'Halévy ou Meyerbeer publiées par la concurrence), ou aux questions politiques et religieuses (les journaux légitimistes condamnent par exemple l'image du catholicisme se dégageant des *Huguenots*, ou considèrent le livret du *Prophète* comme une apologie du socialisme). Berlioz, pour sa part, mène une croisade contre le matérialisme et l'industrialisme menaçant la musique à l'Opéra, mais son ironie mordante à l'égard du très prolixe Donizetti ou des parades équestres de *La Juive* (O, 1835), qualifiée d'« opéra à cheval », reste relativement isolée. Si le même Berlioz ne cesse de dénoncer la trop grande production d'opéras-comiques, le genre-roi de la seconde scène lyrique reste soutenu par la critique en tant qu'incarnation d'un style éminemment français (cf. 21.6) ; les polémiques affleurent lors de la reprise d'opéras-comiques anciens – la nouvelle orchestration des œuvres de Grétry ou de Monsigny par Adolphe Adam suscite la colère des puristes – mais on ferraille surtout pour l'établissement d'une nouvelle scène lyrique à Paris, à quoi répondra l'ouverture du Théâtre-Lyrique en 1851 (cf. 8.3).

Dans l'ensemble, c'est donc avec une relative homogénéité que la critique aborde le répertoire d'opéra au cœur du XIXe siècle, en faisant systématiquement reposer ses jugements sur trois critères implicites très emblématiques de l'horizon d'attente principal. Le premier est la nouveauté de l'invention musicale. L'évaluation repose toujours sur le principe de la mémoire comparative, qui réprouve les effets de réminiscence trop marqués, à l'image du duo de l'amitié, au deuxième acte de *Don Carlos* (O, 1867), qui déçoit par « manque d'invention » en raison du motif principal accusé d'être « d'un rythme un peu usé, et rappelant le fameux chœur de *Charles VI* "la France a horreur du servage"[7] ». Le deuxième critère de jugement concerne la variété de disposition : on attend alors d'un opéra, ou d'un opéra-comique, que l'enchaînement de ses principaux numéros satisfasse une exigence de contraste dramatique, et qu'à petite échelle également l'intérêt soit toujours soutenu par une recherche de diversité stylistique, susceptible de produire de « l'effet ». L'uniformité de ton est, à rebours, toujours fustigée. Le dernier critère concerne la vérité de l'expression : la critique attend de la musique non seulement qu'elle soit conforme à la situation dramatique mais qu'elle donne chair aux passions et qu'elle suscite une déclamation pour ainsi dire naturelle. Mais faut-il sacrifier tous les paramètres de la musique à ce critère de vérité dramatique ? Le débat surgit par exemple avec *La Nonne sanglante* (O, 1854) de Gounod ou *La Magicienne* (O, 1858) d'Halévy, à l'occasion desquelles Berlioz et d'autres estiment qu'il est incongru de faire chanter un spectre et qu'il vaut mieux renoncer à la mélodie, quitte à « inventer une langue », faite de « voix parlée, récitatif mesuré, froid, implacable[8] ». Rechercher la justesse de l'expression risque donc de mettre en péril la conception de la musique à laquelle certains restent attachés : la critique se scinde ici en un camp conservateur, considérant l'opéra comme un théâtre de la voix, et un camp progressiste, voyant dans le genre lyrique un vrai drame musical, à la façon des conceptions défendues par Wagner à la même période.

C'est justement Wagner – ou plutôt l'idée qu'on se fait de sa musique (cf. 9.6) – qui réveille la critique et relance de virulents débats. L'échec de *Tannhäuser* (O, 1861) contribue assurément à polariser les discours : craignant une contamination stylistique, on ne cesse alors de fustiger le « wagnérisme » latent de nombreuses partitions. Jusque-là, l'opéra français était perçu comme le garant d'un équilibre entre l'école italienne (au service de la « mélodie », et favorisant les voix) et l'école germanique (privilégiant l'« harmonie », c'est-à-dire la partie symphonique), mais aussi comme un juste milieu entre « l'absolutisme du public » (à la façon italienne) et « l'absolutisme de l'artiste »[9] (à la façon allemande) : l'école française – qui s'octroyait la primauté en matière d'intelligence scénique – était ainsi perçue comme une « école éclectique », ayant pris « aux Italiens la mélodie, aux Allemands la science harmonique et [ayant] fourni d'elle-même son entente de la scène[10] » (cf. 21.6). Or l'évolution du langage propre aux musiciens français est alors accusée de rompre ce juste équilibre, quand bien même ces compositeurs n'ont point été marqués par Wagner. *Don Carlos*, qu'une partie de la critique attendait avec impatience pour endiguer cette prétendue germanisation rampante, est soupçonné du même travers ; déçue de ne point y trouver l'antidote au poison wagnérien, une partie de la critique interpelle Verdi : « Gardez votre macaroni ; ne lui préférez pas la choucroute[11] » !

Le prisme nationaliste se renforce après la guerre de 1870. Le genre du grand opéra commence à s'essouffler (cf. 10.3, 21.3), et avec lui une forme de cosmopolitisme esthétique qui conduisait tout compositeur étranger à devenir « français » s'il acceptait de passer « l'épreuve de naturalisation », c'est-à-dire l'écriture d'un opéra en langue française selon une dramaturgie conciliant les esthétiques nationales. Si les opéras bouffes d'Offenbach avaient même réussi à incarner à eux seuls l'esprit du Second Empire, après le désastre de Sedan certains ne supportent plus de voir le tout-Paris sautiller à nouveau « sur les petites chansons qu'un Tudesque a imaginées à son aise[12] ». Une fracture apparaît alors entre les critiques adoptant une grille de lecture nationaliste et ceux qui entendent dissocier la musique des questions idéologiques. Mais après la tragédie politique, le fantasme d'une capitulation esthétique a le vent en poupe : « Nous voyons d'un côté comme une invasion de barbares, disons toute notre pensée, une invasion allemande se ruant sur notre école française et essayant de s'introniser en la détrônant. Elle vient d'en haut, elle vient d'en bas : d'en haut, parce qu'on [l']appelle la grande musique, le grand opéra : Richard Wagner la commande ; d'en bas, par la petite, par l'opérette, la parodie, la farce, la charge ; elle a pour chef et coryphée, Jacques Offenbach. [...] Si l'on n'y prenait pas garde, l'école française tout entière, celle qui nous a donné les plus belles œuvres de notre grand répertoire et celle qui a parmi ses fastes, ce genre essentiellement et éminemment français qu'on nomme l'opéra-comique, l'école française, disons-nous, y passerait[13]. »

Une partie de la critique continue durablement à fustiger le wagnérisme (prétendu ou réel) d'opéras français comme *Djamileh* (OC, 1872) et *Carmen* (OC, 1875) de Bizet, *La Princesse jaune* (OC, 1872) ou *Proserpine* (OC, 1887) de Saint-Saëns ; l'*Esclarmonde* (OC, 1889) de Massenet n'y échappe pas – « c'est le *Lohengrin* des femmes[14] ! » – et le *Sigurd* (La Monnaie, 1884) de Reyer est vu comme une « tétralogie du pauvre[15] ». La défense de Wagner vient des hommes de lettres et des revues littéraires, au premier rang desquelles *La Revue wagnérienne* (cf. 20.3), et des compositeurs comme Victorin Joncières qui sont nombreux à céder à la fascination esthétique, par-delà la défiance nationaliste (cf. 20.6). Si les journaux xénophobes comme *La Revanche* engagent le fer lors de la représentation de *Lohengrin* à l'Eden-Théâtre en 1887, le débat perd progressivement de sa virulence lorsque les drames wagnériens sont enfin joués à l'Opéra de Paris et qu'ils trouvent peu à peu leur public (cf. 9.5). Dans la dernière décennie du siècle, la critique cherche alors moins à pourfendre Wagner qu'à valoriser le répertoire national, et à prôner un wagnérisme à la française.

Au moment de la création du *Fervaal* (La Monnaie, 1897) de d'Indy, le débat s'est atténué mais Wagner reste le prisme privilégié par lequel on commente l'opéra français.

Dans des formes renouvelées et avec une incroyable prolixité, la critique n'a ainsi jamais cessé de reconfigurer, tout au long du siècle, l'éternel débat concernant la nature de l'opéra français, entre nationalisme et cosmopolitisme, affirmation d'identité et assimilation esthétique.

18.3 Message et trajectoire de sens

Olivier Bara

En 2007, un ouvrage collectif intitulé de façon quelque peu provocatrice *Opera and Society in Italy and France from Monteverdi to Bourdieu* évoque un « tournant musicologique » entamé dans les années 1980[1]. Ce dernier consiste à historiciser les approches et surtout à orienter l'interprétation, fortement contextualisée, vers des enjeux non strictement musicaux, touchant aux conditions matérielles, économiques et politiques de la création lyrique ou aux discours sociaux ou culturels véhiculés par les œuvres. Une approche « genrée » de l'opéra a auparavant été encouragée par l'ouvrage de Catherine Clément, *L'Opéra ou la Défaite des femmes*[2] (cf. 18.5), tandis que les écrits d'Edward Said[3] ont nourri plusieurs études critiques de l'orientalisme à l'opéra et de la représentation lyrique de l'altérité (cf. chap. 17). Les ouvrages de Jane Fulcher[4] ont ouvert la voie à des tentatives de reconstruction des systèmes de significations (*systems of meanings*) ou des schémas culturels (*cultural schemas*)[5] propres aux œuvres lyriques. L'ensemble de ces approches ont en commun de charger les œuvres d'un « message », du moins d'en soupçonner l'existence. Prises dans le mouvement général des *cultural studies* d'origine américaine, ces lectures idéologiques ou genrées des opéras présupposent souvent, à l'origine de l'œuvre, quelque intention, que celle-ci émane du pouvoir politique (les théâtres lyriques en France, une grande partie du XIXe siècle, dépendent de l'État) ou des créateurs eux-mêmes guidés par leur idéologie. La lecture sociale évolue quant à elle entre deux écueils : la fossilisation de l'œuvre, perçue comme l'accomplissement d'une volonté idéologique toute-puissante et ramenée à « un seul centre[6] », selon l'expression d'Althusser ; la mise en accusation de l'ouvrage, selon une lecture rétrospective de type « victimaire », accusant tel opéra d'oppresser – encore aujourd'hui – telle minorité. L'approche sociocritique de l'opéra trouve une pertinence lorsqu'elle tente de percevoir, dans le langage pluriel de l'œuvre saisie en contexte et au-delà, moins un message unificateur que des trajectoires de sens.

Message de l'œuvre ?

Le message de l'opéra est perçu comme une sorte d'encodage volontariste lorsqu'est surdéterminé le rôle joué par le pouvoir et l'État dans la création d'un ouvrage lyrique. Les travaux de Jane Fulcher ont eu le grand mérite d'attirer l'attention sur le lien continûment maintenu, au XIXe siècle, entre l'art lyrique et le pouvoir politique, par le biais du cahier des charges donné aux directeurs (cf. 1.4), de la subvention financière publique (cf. 11.2) ou de la censure préventive – mais au risque d'une surinterprétation ou d'une surdétermination (cf. 1.4). La tentation fut grande, pour les différents régimes, d'exploiter l'opéra comme vitrine de leur supposée grandeur, selon une exploitation plus ou moins propagandiste. Mais c'est surtout dans le cas des œuvres de circonstance que cette propagande est évidente : destinées à célébrer officiellement un événement public, elles permettent de refonder symboliquement les assises du pouvoir et de renforcer émotionnellement les liens politiques – du moins dans l'intention des commanditaires. Le Premier Empire utilise ainsi le premier théâtre lyrique français pour « exalter son épopée personnelle[7] » : « Vous ne devez mettre aucune pièce nouvelle à l'étude sans mon consentement », écrit Napoléon Ier à son surintendant des spectacles, le comte de Rémusat, le 8 février 1810[8] (cf. 4.1). On crée ainsi *Le Triomphe de Trajan* de Le Sueur (O, 1807) au moment où la France impériale fête le premier anniversaire de la victoire d'Iéna et le retour de l'Empereur de la campagne de Pologne. Durant la même année, la victoire napoléonienne sur la Prusse et la Russie est célébrée par des ouvrages au titre transparent en leur métaphore élémentaire : *L'Inauguration du temple de la victoire* de Le Sueur et Persuis (O, 1807) et le ballet-héroïque *Le Retour d'Ulysse* (O, 1807) de Persuis[9]. Sous l'Empire, l'opéra est tenté de déployer toute la pompe épique selon une logique de célébration, au détriment du resserrement tragique et des lois de la nécessité dramatique : « Le grand opéra a pour le moins autant de rapports avec l'épopée qu'avec la tragédie[10] » écrit le librettiste Étienne de Jouy dans l'avant-propos de *Fernand Cortez ou la Conquête du Mexique* (O, 1809) de Spontini, créé pour soutenir l'engagement de Napoléon en Espagne[11]. Sous la Restauration, la fête du roi (la Saint-Louis, le 24 août, la Saint-Charles, le 4 novembre) appelle des pièces de circonstance sur les scènes. L'œuvre est généralement choisie par les autorités politiques sur proposition du théâtre. L'Opéra-Comique soumet ainsi au jugement du préfet et du ministre de l'Intérieur, le 29 octobre 1827, une liste de six ouvrages « en le priant de vouloir bien choisir de préférence *Marie* [d'Herold, OC, 1826] et la première représentation du *Roi et le Batelier* [d'Halévy et Rifaut, OC, 1827] pour le jour du *gratis* à l'occasion de la fête de sa majesté[12] ». Ce dernier ouvrage développe l'anecdote historique du batelier, ancien ligueur rallié à son bon roi, chargé par Henri IV de ravitailler Paris assiégé. Le tableau final est censé générer une effusion collective dans la salle, gagnée par un unanimisme idéologique : « Les soldats et les paysans agitent leurs armes et leurs bouquets ; Claude et sa famille entourent le Roi qui, d'un air ému, leur montre dans le lointain les bateaux qui se dirigent vers Paris. Le tambour bat aux champs dans la coulisse, et tous se mettent en marche vers Paris, que le Roi leur désigne de son épée[13]. » De telles pratiques s'effacent au-delà de 1830 mais peuvent réapparaître au gré des nouveaux régimes qui se succèdent au cours du siècle. Ainsi en avril 1848, le gouvernement républicain offre des *gratis* au peuple de Paris : à l'Opéra-Théâtre de la Nation est donnée une reprise de *La Muette de Portici* d'Auber (O, 1828), œuvre alors investie d'un message révolutionnaire grâce aux chants patriotiques entonnés pendant la soirée : cette « représentation nationale [...] a vivement impressionné l'auditoire », note George Sand dans son journal *La Cause du Peuple* (16 avr. 1848). Sous le Second Empire, des dates anniversaires (le 15 août, jour de naissance de Napoléon-Bonaparte et jour de l'Assomption de la Vierge) mais aussi des événements comme la bataille de Solferino ou l'annexion de Nice et de la Savoie sont célébrés à l'Opéra par des cantates : *Victoire!* d'Ernest Reyer (1859), *L'Annexion* de Jules Cohen (1860) (cf. 8.1). Sous la IIIᵉ République, à partir de 1879, l'Opéra de Paris institue une représentation gratuite le 14 juillet : ponctué par le chant de *La Marseillaise* interprété par le chœur, le spectacle du *Cid* de Massenet (O, 1885) ou de *Sigurd* de Reyer (la Monnaie, 1884) prend une coloration héroïque, révolutionnaire et républicaine. Des représentations « populaires » ont lieu à partir de 1900 : donné gratuitement, *Patrie!* (O, 1886) d'Émile Paladilhe, représentant une tentative manquée de fondation républicaine dans la Flandre occupée par les Espagnols, prend une coloration idéologique en contexte d'autocélébration d'un régime en voie de consolidation. Toutefois, l'art déployé par les directeurs de l'Opéra pour contourner leur cahier des charges et résister à l'obligation faite, à partir de 1879, de multiplier de telles représentations[14] prouve que l'intention manifestée par le pouvoir en matière d'art ne se traduit pas nécessairement dans l'œuvre : « on ne peut faire comme si le politique devenait auteur et écrivait lui-même les grands opéras, ni comme si l'éventuelle image élaborée dans un sens politique particulier produisait immanquablement l'impact et les significations voulues[15] ». Les opéras sont des ouvrages complexes où la pluralité des signes déployés comme la diversité des agents « émetteurs », créateurs et interprètes, empêchent l'univocité du message.

Si message intentionnel il y a, est-il nécessairement reçu ? Deux réserves s'imposent. D'une part, même quand il s'agit d'œuvres de commande ou d'ouvrages exécutés par des artistes pensionnés ou serviles, cela ne constitue pas un gage de sincérité. Entre 1814 et 1815, les mêmes auteurs signent des œuvres célébrant tantôt le retour de l'empereur, tantôt celui des Bourbons[16]. D'autre part, le caractère officiel de la cérémonie, la récurrence des mêmes procédés et des mêmes symboles, recyclables d'un régime à l'autre, ne prédisposent pas le public à s'abandonner à l'exaltation béate. « Au bout de quinze jours on n'en parlera plus », note le journal *Le Corsaire* (3 juin 1825) à propos d'une des œuvres créées lors du sacre de Charles X. Parmi les ouvrages joués à cette occasion, seul *Il Viaggio a Reims* (TI, 1825) de Rossini est encore goûté aujourd'hui, par la qualité exceptionnelle de sa musique certes, mais aussi grâce à « son traitement ironique et distancié de la fête officielle, à sa stratégie dramatique d'évitement de l'événement[17] » : une petite compagnie de voyageurs désireux de rejoindre Reims pour le sacre reste désespérément confinée dans l'Auberge du Lys d'or...

L'œuvre lyrique peut également être nourrie par une intention morale, sociale ou politique, née de la culture des créateurs et de leur vision du monde parfois insciente. Le grand opéra français du XIXᵉ siècle est imprégné de la culture libérale de ses librettistes, héritiers des Lumières. Étienne de Jouy, dans le « Préambule historique » dont il accompagne le livret de *La Vestale* (O, 1807) suggère la résonance moderne que son intrigue romaine et antique peut prendre. Certes, dit-il, « on aurait grand tort de comparer aux religieuses chrétiennes les vestales de Rome » ; mais le librettiste laisse deviner sa philosophie voltairienne : « Il y avait un certain rapport secret entre les dogmes nouveaux du christianisme et le culte des vestales païennes. Cette singularité de vertus, cette abnégation des passions terrestres, que l'on porta bientôt jusqu'à la déraison et au délire, étaient les bases de l'institution des vestales [...] »[18]. L'ouvrage, avec son dénouement heureux où triomphent l'amour et la liberté contre l'ordre théologique, peut s'interpréter comme un drame « à sauvetage » influencé par les pièces jouées durant la décennie révolutionnaire (cf. t. 1, chap. 13). Jouy a d'ailleurs choisi pour sources des pièces de l'Ancien Régime (*Éricie ou la Vestale* de Dubois-Fontanelle, 1768 ; *Julie ou la Vestale*, pièce anonyme de 1786), qui trouvent une continuité dans les œuvres anticléricales de l'ère révolutionnaire comme *Les Rigueurs du cloître* d'Henri-Montan Berton (Favart, 1790). Jouy déplace toutefois dans l'empire romain le sujet des vœux forcés et du retour à la vie laïque d'une nonne cloîtrée, manière de tenir à distance le fondement libéral et anticlérical du livret : le Concordat, qui réconcilie la France révolutionnée avec l'Église, a été signé six ans plus tôt.

Sous la monarchie de Juillet, *La Juive* (O, 1835) d'Halévy et *Les Huguenots* (O, 1836) de Meyerbeer, représentant respectivement le concile de Constance en 1414 et le massacre de la Saint-Barthélemy en 1572, célèbrent la tolérance religieuse et le voltairianisme bourgeois inscrits au cœur de la politique louis-philipparde. Dans les deux cas sont mises en scène des minorités religieuses écrasées par le pouvoir de l'État ou de l'Église. Ces livrets de Scribe relèvent d'une philosophie libérale désireuse d'afficher, contre le régime des Bourbons renversé et selon une perspective anticléricale, les valeurs renouvelées de tolérance et d'universalisme dans les années qui suivent la révolution de juillet 1830. D'ailleurs, Scribe place en exergue de son livret du *Prophète* (O, 1849) une phrase de Voltaire extraite de l'*Essai sur les mœurs et l'esprit des nations* (1756) : « Le fanatisme n'avait point encore produit dans le monde une fureur pareille[19]. »

Dans les deux dernières décennies du XIXᵉ siècle, à la faveur du wagnérisme et du symbolisme (cf. 9.6, 20.3), le matériau mythologique tend à supplanter dans le grand opéra les sources historiques modernes. Dans ce contexte, le celtisme qui imprègne des opéras dérivés de la légende arthurienne et de sources médiévales comme *Fervaal* (La Monnaie, 1897) de d'Indy, *Lancelot* (O, 1900) de Joncières ou *Le Roi Arthus* (La Monnaie, 1903) de Chausson prend une coloration idéologique : le légendaire est conçu comme un fondement de la nation dont les racines celto-germaniques sont mises en lumière. L'opéra est alors pris dans un conflit autour des origines nationales supposées, au moment où la IIIᵉ République, née de la défaite de 1871, tend à exalter les sources grecques et latines de la culture française. À propos des *Barbares* (O, 1901) de Saint-Saëns, dans le contexte antigermanique d'après 1870, Stéphane Leteuré relève « une convergence idéologique des librettistes et des institutions républicaines » tant dans l'« accentuation de l'antagonisme entre Gallo-Romains et Barbares » que dans la valorisation de « l'effort sacrificiel des masses et des individus dans la défense de la patrie » : l'ouvrage « contribue à l'édification du mythe national érigé en synthèse pluriculturelle et en contre-modèle de la germanité »[20]. Dans un moment de tension entre crispation nationaliste et ouverture aux influences étrangères[21], les créateurs de l'opéra échappent difficilement aux enjeux idéologiques.

Trajectoires de sens

Par-delà quelque pouvoir étatique en mal de propagande, au-delà de l'imprégnation philosophique des créateurs pris dans un « air du temps », l'œuvre peut signifier moins par un discours explicite que par ses propres structures thématiques et formelles. La sociocritique, courant critique né dans les années 1970, refuse de déduire le sens de l'œuvre du contexte qui l'engendrerait, selon une lecture déterministe. Elle s'attache à ce que *dit* l'œuvre par ses formes, par ses modes de narration ou de dramatisation, par le langage de la fiction. Il ne s'agit pas de saisir une intention première d'où résulterait l'œuvre, pas plus qu'une détermination originelle : la démarche herméneutique consiste en une « lecture interne, *immanente* » visant « tout ce qui relève du sens et non de la signification (étant entendu que le sens est toujours mouvement et la signification, arrêt) »[22]. La sociocritique se distingue ainsi de la sociologie des arts ou de la littérature dans la mesure où elle étudie en littérature « non pas la politique hors du texte, mais le social dans le texte, ou encore le texte comme pratique sociale parce que pratique esthétique et partie prenante dans l'élaboration et le fonctionnement des imaginaires sociaux [...][23] ». Appliquée aux arts du spectacle, la sociocritique embrasse non plus seulement un texte (le livret d'un opéra), mais l'ensemble des signes concourant à la représentation scénique : « une sociocritique du théâtre devrait envisager une "sociosémiotique" croisant les méthodes et les disciplines, prenant en compte texte *et* représentation (mise en scène, jeu, scénographie, etc.)[24] ». Il s'agirait de comprendre le « sociothéâtral » dont le projet se définirait ainsi : « refuser une sociologie du théâtre attachée aux liens mécaniques entre contexte et texte (selon les théories du reflet) ou centrée sur des objets théâtraux explicitement sociaux, aux discours ouvertement idéologiques, rendre à leur force de symbolisation intrinsèque [...], à partir de leur dramaturgie propre et de leurs modes de représentation scénique originaux, des œuvres du répertoire trop souvent lues/vues dans leur aveuglant "esthétisme" [...][25] ».

La Dame blanche (OC, 1825) de Boieldieu se prête à pareille approche. On cherchera en vain dans le livret de Scribe quelque déclaration politiquement signifiante, qui serait d'ailleurs prise en charge par un personnage, lequel ne peut aucunement être conçu comme le porte-voix de l'auteur caché. Le sens de l'œuvre se loge au cœur de la fiction dramatique, dans le choix de l'espace représenté comme dans la valeur potentiellement métaphorique de l'intrigue comme de certains passages musicaux. L'idéologie se lit d'abord dans l'ancrage écossais de l'action si l'on considère qu'il existe « de fortes similitudes entre les infortunes des Bourbons de France et la destinée des Stuarts d'Écosse, souverains catholiques destitués à la fin du XVIIe siècle par la famille de Hanovre et en lutte pour reprendre le trône de leurs ancêtres[26] ». Ensuite, l'intrigue fondée sur la réappropriation du château de ses ancêtres par Julien d'Avenel, de retour dans son pays natal, transpose dans l'action dramatique un sujet d'actualité en 1825 : « L'exil des Jacobins et la confiscation de leurs biens au lendemain de la bataille de Culloden ne pouvaient manquer de rappeler au public les heures sombres de l'émigration des aristocrates français sous la Révolution. En poursuivant le parallélisme, le retour célébré dans la pièce symbolisait bien sûr la victoire du parti légitimiste, mené par le comte d'Artois[27]. » Le succès de l'œuvre sous la Restauration, dont elle se fait indirectement l'emblème, tient en partie à sa puissance de symbolisation du présent. La « ressouvenance » engagée par le héros par la grâce d'un thème musical écossais (cf. 7.3) dit l'esprit d'un temps marqué par la quête mémorielle et l'obsession du « retour ». Les emprunts de Scribe à la tradition du conte comme le recours aux formes à refrain dans la partition explorent aussi une pensée inquiète, hantée par la perte et travaillée par le désir de la reconquête, susceptible de *faire sens* au-delà de 1830 et de conférer à l'œuvre son universalité. Si l'on considère que *La Dame blanche* constitue une matrice pour l'opéra-comique français du XIXe siècle (cf. 21.5), on mesure ce que *dit* ce genre du rapport au temps, à l'histoire, à la mémoire.

En tant qu'herméneutique attachée au sens plus qu'à la signification, la sociocritique veut échapper aux discours réducteurs. Le danger perdure néanmoins. Il consiste à ne lire l'œuvre qu'à la lumière du social et d'un présent qui trouverait à s'y exprimer symboliquement. L'œuvre lyrique risque encore d'être chosifiée en ce produit d'une époque qu'elle est censée exprimer tout entière. Telle est la limite franchie par la « biographie sociale » d'Offenbach publiée en 1937 par Siegfried Kracauer. Contemporain des travaux de Walter

Benjamin, il préfigure l'approche sociocritique de l'art lyrique en abordant l'opérette comme « phénomène d'ordre social[28] ». Toutefois, en ne lisant les œuvres d'Offenbach qu'à la lumière d'une « société menant elle-même une existence d'opérette », d'une « dictature » détruisant toute vie publique, remplacée par « une existence mondaine qui reposait sur le vide », de « l'entrée de la France dans la vie économique universelle »[29], Kracauer finit par figer les œuvres du répertoire bouffe français en produits nécessaires de leur temps et par oublier l'efflorescence des formes dont l'éloquence transcende les enjeux socio-politiques immédiats pour nous toucher aujourd'hui. L'interprétation sociocritique du spectacle, sans importer dans l'œuvre étudiée la confirmation d'un *a priori* historique ou idéologique, doit toujours chercher les raisons de la survivance de celle-ci à son époque. De telles raisons sont de nature symbolique *et* esthétique.

18.4 Interprétation et réception
Olivier Bara

« Tous [les artistes] ont-ils eu la conscience de la portée intellectuelle et en quelque sorte sociale de leurs œuvres ? » se demande le critique Joseph d'Ortigue dans *La Quotidienne* le 20 avril 1834. Rappeler que l'œuvre échappe à son créateur est un truisme, surtout lorsqu'il s'agit d'une œuvre scénique. La qualité de « spectacle vivant » de l'opéra impose de prendre en compte, dans son approche herméneutique, les médiations qui, de la qualité de l'interprétation aux conditions de la réception, modifient la trajectoire du sens initialement dessinée et lui ouvrent de nouvelles voies. Celles-ci peuvent être potentiellement présentes dans l'ouvrage interprété, la représentation scénique se concevant alors comme une actualisation de l'œuvre née des choix opérés parmi plusieurs cheminements possibles. L'œuvre peut aussi être « dévoyée » lorsque l'interprète souhaite en recomposer ou en imposer la signification, au risque du figement ou du contresens. Dans tous les cas, de la création originelle aux reprises qui assurent sa vie et sa productivité symbolique, un ouvrage lyrique est pris dans un jeu de perpétuelles (re)compositions du sens.

Mais que perçoit le spectateur d'opéra des intentions des interprètes ? La représentation lyrique offre au public « différents plans sonores, visuels et linguistiques » et leur perception « s'exerce de manière particulière chez chaque individu » même si « dans le foisonnement des trajets autorisés par l'œuvre, certains sont privilégiés et explorés par le plus grand nombre »[1]. À cela s'ajoute la distance historique et culturelle qui sépare la création d'un opéra français du XIXe siècle et sa réception aujourd'hui. Dans l'écart creusé se perd la connaissance des codes, dramatiques, musicaux, vocaux, scénographiques, chez des spectateurs auxquels ces balises peuvent faire défaut, surtout lorsque l'ouvrage est redécouvert après une longue interruption de sa circulation et de sa transmission. La construction du sens par le public doit alors suivre des chemins de traverse dans lesquels le metteur en scène, le chef d'orchestre ou les chanteurs peuvent servir de guides : « S'il ne sait pas nécessairement autour de quoi s'est formé l'accord implicite fondateur d'un code, autrement dit s'il n'en comprend pas le contenu et s'il n'en saisit pas l'enjeu social, historique ou esthétique, il en pressent du moins l'existence, et probablement, consciemment ou non, une recherche de sens s'effectue[2]. »

L'interprétation

L'interprétation musicale et vocale constitue une première médiation où se joue le sens de l'œuvre. L'état de la partition jouée et chantée, intégralement ou partiellement, que l'on soit fidèle à la lettre ou attaché à l'esprit, constitue une décision fondatrice, la partition d'un spectacle entièrement chanté lui imprimant sa temporalité propre, durée et rythme. Amputé, déplacé, transposé, un numéro dramatico-musical agit sur l'ensemble de l'édifice symbolique. Dans *La Juive* (O, 1835) d'Halévy, le sens de l'œuvre dépend étroitement de la manière d'interpréter, en le tronquant ou non, le grand air d'Éléazar, à l'acte IV, « Rachel, quand du Seigneur ». La suppression du *tempo di mezzo* entre la section lente et la section rapide, l'effacement des cris de la foule haineuse résonant hors-scène « Au bûcher, les Juifs ! », empêche de comprendre le fanatisme du personnage prêt à sacrifier sa fille comme une réponse presque viscérale à l'oppression subie. Inversement, l'éviction de la cabalette « Dieu m'éclaire » (à cause de son extrême difficulté d'interprétation) efface la complexité du caractère représenté, ramené à sa composante sentimentale de père affligé. Les chanteurs constituent les premiers médiateurs d'un ouvrage lors de sa création, surtout en un siècle d'invention du vedettariat moderne comme le XIXe (cf. 11.3). Créateur du personnage d'Éléazar et ténor phare du grand opéra français à son origine, Adolphe Nourrit transfère à ses personnages l'idéalisme vibrant de ses propres engagements sociaux : le chanteur cultive à la ville la foi saint-simonienne en l'apostolat de l'artiste. Une confusion s'installe alors, en contexte romantique, entre personne et personnage : « Ce qu'il était à l'Opéra, il l'était en dehors de l'Opéra. [...] Quelques mois après la Révolution de Juillet, je me trouvais un soir à l'orchestre du Théâtre-Français, assis à côté de Nourrit. Tout à coup s'élève au milieu du parterre un assez grand bruit. Quelques spectateurs, qui l'avaient reconnu, se retournent de son côté, en l'applaudissant, et j'entends des voix s'écrier :... *La Marseillaise! la Marseillaise!* [...] Nourrit entend l'appel, monte sur la banquette, entonne l'hymne patriotique et en chante tous les couplets avec autant d'énergie et de puissance de voix que s'il eût été sur la scène[3] ! » La signification sociopolitique des héros interprétés par Nourrit à la scène, de Masaniello dans *La Muette de Portici* (O, 1828) d'Auber (cf. 6.4) ou d'Arnold dans *Guillaume Tell* (O, 1829) de Rossini (cf. 6.3), trouve un écho dans la fiction littéraire qui, en quelque sorte, en fait l'exégèse. Ainsi du ténor fictif Lélio sous la plume de George Sand, admiratrice et amie de Nourrit, dans le roman *La Dernière Aldini* (1837) : « Mon héroïsme était naïf et brûlant, comme le sont les religions à leur aurore. Je portais dans tout ce que je faisais, et principalement dans l'exercice de mon art, le sentiment de fierté railleuse et d'indépendance démocratique dont je m'inspirais chaque jour dans les clubs et dans les pamphlets clandestins[4]. » Succédant à Nourrit et reprenant ses principaux rôles, notamment Masaniello, Gilbert Duprez impose une autre perception du héros plébéien, moins idéaliste, plus inquiétant dans son alternance d'éclat et d'abattement, comme ramené à son extraction populaire. Théophile Gautier perçoit alors dans l'opéra de Scribe et Auber non plus un brûlot révolutionnaire mais une réflexion sur le danger de la conquête violente du pouvoir par le peuple : « [Duprez] a rendu à Masaniello, dont Nourrit avait fait un conspirateur de salon, un prince méconnu que l'on doit reconnaître à la fin de la pièce pour fils de roi, sa véritable couleur historique et locale. Mazaniello [*sic*], quel que soit le rôle qu'il ait joué, n'était après tout qu'un lazzarone ; une émeute le rendit maître de Naples, mais la tête lui tourna, et le vertige le prit quand il se vit tout à coup sur le plus haut sommet du pouvoir, car il n'était pas au niveau des événements qu'il avait provoqués » (*La Presse*, 2 oct. 1837).

Si la pratique de la mise en scène au XIXe siècle vise d'abord la convergence des signes et la production concertée des effets émotionnels[5], elle s'impose progressivement comme geste interprétatif, voire comme création seconde de l'œuvre et, partant, comme médiation majeure. Le traitement de l'opéra français du XIXe siècle par les metteurs en scène du second XXe siècle ou d'aujourd'hui peut chercher « à faire naître la certitude[6] » face à une œuvre du répertoire, connue et renforcée dans ses significations admises. La mise en scène peut au contraire « ressusciter un questionnement[7] » lorsque l'œuvre, au potentiel symbolique épuisé par sa circulation, est engagée dans des voies interprétatives neuves, parfois inouïes. La célèbre production de *Faust* (TL, 1859) de Gounod par Jorge Lavelli, à l'Opéra de Paris en 1975, efface l'ancrage médiéval de la fable pour suggérer un espace-temps contemporain de la création de l'opéra : les structures de métal et de verre de la scénographie convoquent l'architecture Second Empire ; l'on y projette le spectacle d'une inquiétante confusion des forces du bien et du mal par la ressemblance de Faust et de Méphisto, unis par leurs costumes. Le contexte des années 1970 pèse sur la représentation de l'armée dans cette production : le triomphalisme martial des chœurs de Gounod (« Gloire immortelle de nos aïeux ») s'inverse en piétinement sans conviction, fin de la guerre du Vietnam oblige. Autrement dit, l'époque originelle de la création est convoquée pour se faire surface de projection de questionnements contemporains de la mise en scène, le sens se reconfigurant à travers ces courts-circuits historiques. Un an avant, sur la même scène, Patrice Chéreau arrachait au contraire *Les Contes d'Hoffmann* (OC, 1881) au monde du Second Empire pour faire surgir E. T. A. Hoffmann de l'œuvre d'Offenbach et suggérer l'*inquiétante étrangeté* du fantastique allemand sous le merveilleux industriel de l'ère capitaliste.

L'œuvre lyrique, fût-elle un grand opéra historique d'esprit libéral, peut être ainsi dégagée du politique. Mettant en scène *Don Carlos* (O, 1867) de Verdi au théâtre du Châtelet en mars 1996, Luc Bondy ne se concentre pas sur les données de la fable historique, à fortes résonances politiques : l'opposition entre le libéralisme de Posa et de Rodrigue, engagés en faveur de la Flandre opprimée par l'Espagne, et la toute-puissance de l'Église et de l'Inquisition constituait un sujet brûlant à l'époque de la création, au moment où les États du Pape menaçaient la réunification italienne. Le metteur en scène choisit de traiter le grand opéra comme un drame passionnel : Posa n'est plus le « surhomme, révolutionnaire » du drame originel de Schiller, mais « détourne les actions menées de leur véritable motivation et sert toujours, comme par hasard, ses propres intérêts ». Il n'y a pas de « politique pure » dans *Don Carlos*, selon Luc Bondy : « Posa en fait un outil, l'œdipien infant ne l'enfourche que par dépit amoureux, le roi ne pleure sur son malheur conjugal que par échec politique »[8]. Bondy, écrit Christian Leblé au sortir de la représentation, « a balayé tout le décorum, mais pas pour faire le vide, pour y substituer une vision plus sèche ». Par exemple, « l'apparition des députés flamands au milieu de la procession de l'autodafé [...] n'est pas une cohorte militaire et serrée, mais un groupe éclaté, titubant, qui va s'écrouler pendant que Philippe II, imperturbable, annonce : "Qui sont ces hommes qui se prosternent à mes pieds ?" » Et sur les interprètes : « le grand talent de Luc Bondy est de jouer les physiques, les attitudes, au plus opportun, au plus troublant, de peser, d'accompagner le jeu des tensions et des détentes. C'est une fois que les oppositions entre Don Carlos et Philippe II, leurs errances, se sont étalées au grand jour qu'apparaît le Grand Inquisiteur dans l'œuvre. Aux antipodes d'une noblesse de commandeur, Luc Bondy en a fait un homme plié en deux, un animal appuyé sur deux cannes, capuchonné et répugnant comme un acarien sous le microscope »[9]. En cette fin de décennie 1990, *Don Carlos* dit le désenchantement idéologique, le cynisme, l'individualisme et la désespérance.

L'opéra français du XIXe siècle peut au contraire servir des combats actuels, de manière parfois exagérément soulignée. Mettant en scène *La Juive* d'Halévy à l'Opéra de Lyon en 2016, Olivier Py choisit d'une part de convoquer le traumatisme de la Shoah (forêt décharnée dans la nuit et le brouillard, amoncellement de chaussures sur le plateau, victimes marchant au supplice une valise à la main), d'autre part de stigmatiser la xénophobie des partis d'extrême droite (panneaux brandis appelant à mettre « dehors les étrangers »). Le désir de parler immédiatement au public, dans son contexte étroit de réception, amène de plus en plus de metteurs en scène, créateurs auto-proclamés[10], à réécrire – souvent avec le secours de dramaturges – les livrets. Ainsi de *Carmen* (OC, 1875) de Bizet mis en scène à l'Opéra de Florence en 2018 : refusant de représenter le meurtre d'une femme par un homme, Leo Muscato choisit de placer un revolver entre les mains de l'héroïne, qui abat Don José au dénouement. À contresens de l'œuvre entière, placée dès le deuxième thème de l'ouverture sous le signe de la fatalité tragique, plus tard révélée à Carmen par les cartes, la production florentine refuse de miser sur l'intelligence du spectateur. Elle semble même accorder un étrange pouvoir de contamination aux œuvres du passé, ici accusées de légitimer et d'encourager ce que notre époque nomme le « féminicide » (cf. 18.5).

Réception en contexte

Au-delà des *effets de sens* interprétatifs, produits par les médiateurs du spectacle, les conditions socio-historiques de la réception agissent sur le public et, partant, sur les œuvres, soumises aux aléas de leur création ou de leurs reprises. La réception collective, en coprésence avec les interprètes, de l'œuvre théâtrale ou lyrique modifie les conditions de la réception littéraire définies par Hans-Robert Jauss[11]. Si l'expérience artistique doit toujours se penser en termes de communication et de collaboration active, sur la base d'une reconnaissance préalable (dès lors que l'œuvre satisfait un « horizon d'attente »), la créativité symbolique du spectateur est intensifiée par le partage immédiat des sensations et des réactions émotives au sein de la salle de spectacle, parmi d'autres spectateurs porteurs d'un imaginaire social partagé.

Le contexte immédiat de création est souvent le premier médiateur du sens : il était difficile pour les spectateurs des années 1890 de recevoir *Samson et Dalila* (Weimar, 1877 ; O, 1892) de Saint-Saëns et sa charge érotique ou *Thaïs* (O, 1894) de Massenet, en s'abstrayant de l'environnement républicain et des tensions entre l'Église et l'État[12]. Des effets de rencontre entre un ouvrage donné, son interprétation et un moment – qui peut se réduire à une soirée particulière – sont également producteurs de sens. Un mode de réception politique peut ainsi s'imposer sous un régime répressif de contrôle de l'esprit public, lorsque la censure impose aux discours y compris artistiques des chemins détournés pour s'exprimer. Le début du XIXe siècle est ainsi caractérisé, dans les théâtres, par la manie des « applications », celles-ci consistant, pour le public, à rapporter telle situation jouée sur scène ou telle réplique à la situation politique immédiate – et à réagir bruyamment depuis la salle de spectacle. *La Vestale* (O, 1807) de Spontini se distingue des opéras de circonstance à forte résonance politique donnés à la même époque pour alimenter la légende impériale. La politique, pourtant, n'est pas totalement absente lors de sa première réception. Le soutien apporté par l'impératrice Joséphine, présente dans la salle de l'Opéra lors de la création, est remarqué. Le *Journal de l'Empire* (18 déc. 1807) va même jusqu'à imputer une partie du succès du nouvel opéra à l'Impératrice qui « a honoré de sa présence la première représentation ; elle s'y est rendue de bonne heure ; en ne dissimulant point l'intérêt qu'elle avait la bonté de prendre au succès, elle y a beaucoup contribué. La vue d'une princesse si justement chérie a répandu la joie et l'enthousiasme dans toute l'enceinte du théâtre ». En cette fin d'année 1807, la présence de Joséphine dans la salle de l'Opéra projette sur *La Vestale* un sens politique inattendu, au moment où la séparation imposée à son épouse par l'Empereur est en train de devenir publique (le divorce sera prononcé le 15 décembre 1809). Dans les « Notes anecdotiques » qu'il appose à son livret, Jouy rapporte la seule tentative de censure politique exercée, selon lui, sur son texte. Le public des deux premières représentations ayant applaudi le vers de la scène 3 de l'acte III, « Le salut des États ne dépend pas d'un crime », car il y voyait une application à la situation de Joséphine, le premier chambellan de l'Empereur aurait imposé un autre vers pour la troisième représentation, donnée en présence de Napoléon : « Rome, pour son salut, n'a pas besoin d'un crime ». Le librettiste ajoute : « Malheureusement l'Empereur, qui tenait le poème à la main, s'aperçut d'autant plus vite du changement, qu'il voulut se rendre compte des applaudissements mêlés de murmures qu'excitait le vers insignifiant qu'il venait d'entendre [...] »[13]. Les émotions du public sont ainsi intensifiées par le contexte social ou politique dans lequel un opéra est reçu : en 1807, Joséphine répudiée perçait sous Julia, vestale condamnée. Hors contexte immédiat, *La Vestale* se donne aujourd'hui à lire comme un « drame "psychologique" au sens moderne[14] » dans lequel la logique passionnelle finit par gagner face à la raison d'État. On est surtout saisi par l'affrontement armé du dernier acte, lorsque le Romain est prêt à déclencher une guerre civile pour empêcher que Julia soit enterrée vivante. L'ouvrage de Jouy et Spontini ouvre pour nous, rétrospectivement, la voie au grand opéra fondé sur « la dichotomie entre l'individu et la société caractéristique du XIXe siècle[15] ». L'exemple le plus connu, en ce XIXe siècle, de sens politique soudainement pris par un opéra à la faveur d'un contexte de représentation est celui de *La Muette de Portici*, déclencheur de la révolution belge le 25 août 1830. En faisant de son héroïne un personnage muet, Scribe avait *gazé* les contours saillants d'un sujet politiquement hardi, fondé sur la révolution napolitaine de 1647, mais les mots « patrie » et « liberté » chantés sur scène gardaient une potentialité symbolique prête à s'actualiser à la faveur d'un climat insurrectionnel.

Un mouvement populaire, un courant d'opinion ou une utopie collective peuvent ainsi s'emparer d'une œuvre après coup et en faire, moyennant une réinterprétation, une justification idéologique ou un objet de ralliement. Stéphane Leteuré a ainsi montré comment *Samson et Dalila* de Saint-Saëns, autour de 1900, a été salué par le mouvement sioniste français et les milieux juifs qui y perçurent « un encouragement à leur affirmation culturelle et musicale » : « Cette appropriation a posteriori de l'œuvre de Saint-Saëns est une réponse du sionisme au philosémitisme du compositeur[16]. » Le sens d'une œuvre rendue vivante par l'épreuve renouvelée de la scène et par la vie collective des peuples n'a jamais fini de se recomposer.

18.5 Autour de *Carmen* : lecture genrée de l'opéra français
Annegret Fauser

L'analyse féministe comme méthode critique s'est développée à la suite de la publication, en 1979, de *L'Opéra ou la Défaite des femmes* de Catherine Clément[1]. Élégamment écrit, ce livre attirait l'attention sur la défaite des protagonistes féminines dans le théâtre lyrique et sur le plaisir viscéral qu'engendre chez le spectateur la mort de nombreuses héroïnes – une mort chantée et scandant toute l'histoire de l'opéra. C'est la voix elle-même, selon Clément, qui consacrerait par sa propre beauté ce théâtre de cruauté où la femme est toujours l'autre et dont le malheur se situe au centre de l'intrigue musico-dramatique. La musique se fait la complice de cette mise à mort misogyne qu'elle anoblit et embellit. « Tuez-la », hurlaient en 2018 des spectateurs florentins, enragés par une mise en scène féministe qui présentait *Carmen* (OC, 1875) de Bizet avec un dénouement altéré dans lequel le personnage-titre, à son corps défendant, saisit le pistolet de la ceinture de Don José et l'abat au moment même où traditionnellement il la poignarde (cf. 18.4)[2]. Cette mise en scène présentait un dilemme esthétique autant que moral : comprenons-nous, suivant Nietzsche, la figure de Carmen par son altérité de bohémienne comme l'incarnation opératique par excellence d'un être libre et sauvage, prêt à mourir pour sauvegarder cette liberté, ou pouvons-nous la regarder selon une perspective féministe, mettant l'accent sur une altérité complexe tenant de sa classe sociale, de sa sexualité et de sa race, inscrite dans une représentation opératique de la romanichelle en tant qu'être à subjuguer, abject, harcelé et finalement assassiné par un homme obsédé[3] ? Victime de violence ou symbole d'un idéal philosophique, cette héroïne d'opéra récuse une interprétation simplifiée bien que son compositeur nous donne musicalement des clés d'interprétation de sa conception genrée du personnage : à la fin de l'opéra, Bizet lui enlève sa voix musicale. Celle qui nous a enchantés par ses chansons dès ses premières notes se trouve réduite à quelques phrases en récitatif qui aboutissent à un dernier cri : « Tiens ! » En revanche, grâce au meurtre de celle qu'il appelle démon, la voix lyrique de Don José est restaurée, avec cette phrase finale : « Ah ! Carmen ! ma Carmen adorée ! » Cette fin peut être interprétée comme le rétablissement de l'ordre social par la double mort musicale et théâtrale de Carmen.

Carmen reste au centre des lectures genrées de l'opéra français du XIXe siècle depuis la parution du livre de Clément il y a quarante ans, avec des interprétations évoluant non seulement à travers les contributions des musicologues qui centrent leurs enquêtes féministes sur la musique plutôt que sur le côté littéraire de l'opéra, mais aussi grâce à l'influence des théories *queer* et postcoloniales[4]. L'œuvre de Bizet est particulièrement riche pour les analyses de la construction des féminités (Carmen et Micaëla) et des masculinités (Don José et Escamillo). Elle permet aussi de réfléchir à l'intersection entre les identités sexuées et celles de race ou de classe ainsi qu'à leurs constructions socio-politiques – de l'époque de la création comme d'aujourd'hui. Une lecture genrée d'opéra, français ou autre, s'ancre ainsi dans une double perspective historique et contemporaine. Même le contexte institutionnel de l'opéra français se prête à une analyse genrée, l'habitus de l'Opéra-Comique différant substantiellement de celui de l'Opéra, par exemple. De plus, avec la tournure récente des recherches genrées à propos des interprètes, l'aspect performatif de l'opéra nous invite à réfléchir au processus de construction du « personnage vocal » et au pouvoir de la voix, surtout si c'est celle d'un être abject mais musicalement puissant[5].

Le féminin

La réflexion sur la construction des féminités représentées sur la scène opératique continue à former une partie fondamentale de l'approche genrée, d'autant plus que les constructions binaires masculin/féminin se solidifient au courant du XIXe siècle, figeant dans l'opéra les relations auparavant plus fluides entre genre, voix, interprète et rôle[6]. Ces constructions opératiques de la féminité se développent au croisement des conventions relatives au genre, des institutions, du contexte socio-politique et des conditions de création de chaque œuvre. De plus, en interprétant un opéra non seulement comme miroir artistique des préoccupations sociales mais aussi en tant qu'instrument de travail culturel – ce dernier point étant un des principes épistémologiques de la musicologie féministe –, il est nécessaire de situer l'analyse d'une œuvre dans ses contextes historiques de création et de réception. Un opéra tel que *La Muette de Portici* (O, 1828) d'Auber, créé à la fin du règne de Charles X, contient des personnages féminins bien différents de ceux, par exemple, d'une œuvre comme *Thaïs* (O, 1894) de Massenet, présentée en pleine IIIe République. Leurs rôles socio-culturels respectifs se distinguent sur des points importants quant à la représentation des caractères genrés.

Contrairement à l'Ancien Régime, où au moins les femmes de la haute noblesse possédaient des droits civiques substantiels, le XIXe siècle rend juridiquement déficiente toute la population féminine française par les lois du Code Napoléon (1804). Les femmes mariées, pour donner un exemple, rejoignaient les mineurs et les criminels parmi les Français privés de droits juridiques[7]. Dans un sens, le Code travestit les idéaux révolutionnaires égalitaires : devant la loi, toutes les Françaises désormais, de la plus humble à la plus privilégiée, sont impuissantes, sans droits, même sur leur personne. Il n'est pas surprenant que cette forme de discipline excessive ait rencontré des oppositions de la part des femmes, de George Sand à Juliette Adam, et provoqué des discussions publiques passionnées à travers le journalisme et la littérature. La cause des femmes a attiré non seulement des femmes, mais aussi des hommes, peut-être pas toujours cohérents mais souvent éloquents, tel Victor Hugo dans sa fameuse lettre à Léon Richer de 1872 attirant l'attention sur l'oppression de la femme en France[8]. Au XIXe siècle particulièrement, les constructions du rôle de la femme servent simultanément à renforcer l'idée intemporelle et impérative de la famille patriarcale (justifiant ainsi l'autorité masculine) et à développer une vue socio-politique plus émancipée de la femme[9].

Dans ce contexte de luttes intenses autour des définitions de la féminité, les arts offrent un laboratoire pour explorer la question du genre. Domaine artistique à bien des égards conservateur, du fait de son étroit rapport institutionnel avec l'État français, l'opéra est un lieu privilégié pour mettre en scène des intrigues qui exemplifient surtout les conséquences néfastes des défis lancés par certaines femmes aux normes sociales, même si un comportement féminin conforme à l'idéologie régnante ne se trouve pas toujours récompensé. Ainsi, à la fin de *Carmen*, Micaëla reste seule ; mais on peut aussi bien suggérer qu'elle a fait preuve d'autonomie et de courage, et que finalement elle ne se trouve pas attelée par le mariage à un homme enclin à la violence et au féminicide. Au premier abord, toutefois, cette dichotomie entre acquiescement et rejet par des protagonistes féminins d'une normalité patriarcale semble fondamentale dans les constructions binaires sexuées – soit entre le masculin et le féminin, soit, sur le plan moral, entre femmes « de bonne ou mauvaise vie ». Néanmoins, une lecture genrée de l'opéra comme « ensemble audiovisuel » montre que même les ouvrages apparemment les plus traditionnels mettent sur scène une gamme de féminités narratives et musicales où la mise à mort de l'intransigeante (de même que la célébration d'une femme vertueuse) ne s'avère pas aussi unidimensionnelle que l'on pourrait, ou voudrait, l'envisager sous un tel régime.

Carmen, par les caractères du personnage-titre et de son complément, Micaëla, peut offrir un exemple des opéras explorant cette dichotomie entre défaite scénique et domination de l'espace sonore. Quand *Carmen* est créé en 1875, Micaëla, au fond, ne représente qu'un caractère typique de l'Opéra-Comique, comme l'explique le librettiste Ludovic Halévy : une jeune fille innocente et douce[10]. Mais la musique de Bizet enrichit et complexifie ce rôle-cliché. Au premier acte, elle apparaît la première, jolie ingénue certes, mais qui parvient sans effort à marquer sa propre place en face d'un groupe de soldats. Plus tard dans cet acte, c'est elle qui donne voix musicalement à Don José quand celui-ci imite ses phrases lyriques – alors qu'il est resté muet face à Carmen. La manière dont Bizet et ses librettistes instrumentalisent une simple convention de duo en strophes parallèles est ingénieuse : ils mettent au premier plan non seulement Micaëla mais aussi la mère de Don José, un double ventriloqué par la jeune femme : « Tu vas, m'a-t-elle dit, t'en aller à la ville. » Les phrases musicales expansives et d'une tessiture élevée fusionnent la voix de Micaëla avec celle de la mère évoquée dans son récit. Au début de l'œuvre, donc, le pouvoir maternel est établi musicalement comme une force sociale majeure. Néanmoins – comme le révèle le déroulement de l'opéra – c'est un pouvoir féminin peut-être aussi corrosif que celui de Carmen puisque cette scène montre Don José sujet à une matriarchie plutôt que comme une incarnation de l'autorité masculine, prêt, qui plus est, à être séduit par une autre femme dominante en la personne de Carmen.

Si la musique accordée à Micaëla fait d'elle un personnage plus profond que les conventions du genre de l'opéra-comique, le développement musical attribué à Carmen au cours de l'opéra achève un processus similaire en la transformant en héroïne tragique, bien que le livret et les numéros musicaux des deux premiers actes – surtout la Habanera – la caractérisent comme une cigarière gitane[11]. Au fond, Carmen aussi est un stéréotype d'opéra-comique : une Bohémienne séductrice chantant et dansant pour le plaisir du public (sur scène et en salle) avec ses amies Frasquita et Mercédès. Mais lors du trio des cartes, quand elle découvre que son destin sera la mort, Bizet inscrit dans cet ensemble lui aussi standard une lamentation – presque entre parenthèses – dont il a écrit le texte et la musique[12]. Le pathos de cette interpolation crée une rupture avec la caractérisation musicale et verbale de Carmen dans le reste de l'opéra, mais ce moment lui confère une dignité habituellement associée à des rôles de grand opéra. Comment le lire selon une perspective genrée ? Ne peut-on suggérer qu'il représente simultanément la défaite de Carmen et son émancipation, parce qu'elle rejoint Micaëla et la mère de Don José dans les rangs des personnages dont l'expression musicale repousse les conventions de l'opéra-comique ? Le vrai danger des trois figures pour l'ordre patriarcal consiste en leur prise de pouvoir musical sexué. Leurs différences se révèlent réduites, du fait de la puissance de leur prise de voix[13]. Mais à la fin de l'opéra, toutes les trois se trouvent remises à leur place : mortes la mère trop dominante et la femme trop libre, abandonnée la jeune fille ventriloquant l'autorité maternelle. Ces simultanéités et contradictions musico-scéniques offrent un aperçu des représentations féminines dans l'opéra, l'ouvrage jouant avec les normes et les mettant sous tension. Quelques exemples du répertoire, puisés à différents moments du XIXe siècle, permettront de mieux percevoir la diversité des situations.

En 1828, la personne et la musique d'Elvire, princesse royale dans *La Muette de Portici*, renvoient à la tragédie lyrique et entrent en résonance avec la Restauration, tandis que Fenella, personnage bien plus moderne – non seulement par son association avec les révolutionnaires mais aussi par sa musique agitée –, reflète une féminité hors contrôle qui, à partir des années 1830, évoquera la condition hystérique si fortement genrée[14]. À l'époque du Second Empire, Hector Berlioz crée, dans son magnum opus *Les Troyens* (2de partie, TL, 1863), une série extraordinaire de personnages féminins dont le comportement offre une leçon de féminité digne et patriotique (avec Cassandre et Andromède) et de mise en garde morale (avec la reine de Carthage et ses excès émotionnels)[15]. Si ces personnages se situent dans l'horizon culturel d'une francité enracinée dans la latinité et la grande tradition classique, il faut insister sur un autre versant, beaucoup plus représenté et apprécié au XIXe siècle – Berlioz étant tout à fait à part dans le monde lyrique français (cf. 3.1, 8.5) : l'opéra exotique (cf. chap. 17), très prisé en France, permet de représenter une altérité féminine originale autant que de jouer avec la couleur locale. Avec l'expansion coloniale de la France et les migrations méditerranéennes, la représentation des personnages féminins exotiques évolue. Si Leïla, des *Pêcheurs de perles* (TL, 1863) de Bizet, pourrait être située ailleurs qu'à Ceylan (lieu de l'action choisi par les auteurs), les protagonistes de *Djamileh* (OC, 1872), *Samson et Dalila* (Weimar, 1877) ou *Thaïs* habitent un monde arabe de plus en plus spécifique sur le plan visuel autant que sur le plan sonore. Bien qu'Anatole France considérât, dans sa *Thaïs*, Alexandrie comme un Paris déguisé, la version opératique de Massenet évoque les sonorités égyptiennes que les Parisiens ont pu écouter dans la rue du Caire à l'Exposition universelle de 1889[16]. Par ailleurs, comme l'a montré Clair Rowden, dans les opéras de Massenet, les personnages féminins représentent tout à la fois une féminité ancrée dans l'idéologie sexuée de la IIIe République – surtout avec son obsession de la maternité comme devoir patriotique – et une critique d'une masculinité ignorante et tournée vers le passé, imbue du patriarcat de l'époque[17].

Le masculin

Les personnages masculins sont, tout autant que les représentations féminines, des constructions socio-politiques ; une lecture genrée permet de s'interroger sur leur fonction normative[18]. D'après Robert Walser, les masculinités musicales, constructions sociales définies par des actions autant que par les relations de pouvoir entre hommes et femmes, sont sans cesse reconfigurées[19]. Modelées sur un idéal de noblesse prérévolutionnaire d'une part et une culture militaire enchâssée dans le langage du Code Napoléon d'autre part, les prescriptions du comportement masculin au cours du XIXe siècle en France sont liées à une idéologie de virilité, d'honneur, et de pouvoir patriarcal[20]. Des variations dans les relations homo-sociales à l'intérieur de fraternités (fondées dans la confrérie révolutionnaire et militaire – autre héritage napoléonien) et l'homosexualité, identité sexuelle contestée, compliquent cette démarcation[21]. En mettant des personnages masculins sur la scène musicale, les compositeurs et librettistes contribuent à ces constructions genrées pour leur public, en offrant non seulement des modèles à suivre, mais aussi des figures abîmées ou corrompues pour servir de leçon de morale. Comme les rôles féminins, ces figures se trouvent étroitement liées aux contextes socio-politiques de leur création.

Suivre les représentations des personnages militaires dans l'opéra français – tel qu'un Georges Brown dans *La Dame blanche* (OC, 1825), un Énée dans *Les Troyens* ou un Vasco de Gama dans *L'Africaine* (O, 1865) de Meyerbeer – donne un axe à cet enchevêtrement entre représentation et milieu. En effet, de la Restauration au Second Empire, nombre de héros relèvent de cette masculinité moulée à la fois sur la noblesse et une prouesse guerrière, surtout dans les œuvres écrites pour l'Opéra. Rôles souvent de ténors héroïques, leur musique couvre des registres expressifs étendus. Énée peut aussi bien utiliser un idiome guerrier (acte I, « Du peuple et des soldats ») qu'une expression lyrique (acte IV, « Nuits d'ivresse »). Malgré son ravissement avec Didon, Énée se révèle digne de sa mission quand, après la guerre et le repos à Carthage, il poursuit l'idée de la création d'un nouvel empire. Mais comme nous l'a montré *Carmen*, il y aussi des leçons à tirer quand celui qui devrait être un soldat sans reproche possède une faiblesse morale inculquée par une mère dominante et confirmée par sa soumission à une séductrice adroite et exotique[22]. Micaëla comprend bien l'habileté de Carmen et l'impuissance de Don José quand elle chante, à l'acte III, « Je vais voir de près cette femme / dont les artifices maudits / ont fini par faire un infâme / de celui que j'aimais jadis ! » Le parallélisme rimé de « femme » et « infâme » crée une connexion, soulignée musicalement par Bizet qui met l'accent de la phrase sur ces deux mots. Ce façonnement de Don José comme un soldat sans honneur ni dignité quatre ans seulement après la défaite française contre la Prusse s'inscrit dans une obsession de la nouvelle République envers la restauration d'une masculinité humiliée – d'autant plus que celle de l'infortuné Napoléon III était considérée comme affaiblie par l'influence politique d'Eugénie, impératrice d'origine espagnole dont le professeur de chant était Sebastián Iradier, compositeur d'*El arreglito*, la « chanson havanaise » sur laquelle Bizet a modelé celle de Carmen[23].

Au premier abord, avec son hyper-masculinité de toréador et de coureur de jupons, Escamillo semble un meilleur modèle pour cette République à la recherche d'une masculinité inspirée des idées guerrières et aristocratiques, destinée à la nouvelle bourgeoisie[24]. Mais en dépit de sa prouesse dans l'arène et de ses conquêtes féminines, Escamillo révèle des failles ; non seulement il tombe lui aussi sous le charme de Carmen, bien qu'il reconnaisse que ses amours « ne durent pas six mois », mais de plus sa bravoure est mise au service de distractions qui n'ont pas d'utilité publique ou d'impact positif familial[25]. Néanmoins, par son registre vocal et par sa musique carrée, le rôle d'Escamillo correspond à une caractérisation genrée à l'intersection des conventions de théâtre et des conceptions vocales sexuées[26]. Si la voix de ténor, surtout lyrique, porte souvent le soupçon d'être efféminée, la voix de baryton, plus proche du registre parlé d'homme adulte, se range plus incontestablement dans une représentation genrée conventionnelle. Par exemple, quand Ambroise Thomas transposa le rôle-titre d'*Hamlet* (O, 1868), écrit initialement pour ténor, pour le baryton Jean-Baptiste Faure, la presse (et le public) réagit positivement à ce choix (en fait dû à des considérations pratiques) en avançant que le caractère philosophique de l'œuvre demandait une voix plus grave[27].

Une lecture genrée de l'opéra offre une approche riche, complexe et contrastée. Le concept de vocalité permet de dégager plusieurs axes d'analyse genrée. Une lecture, par exemple, de la vocalité du rôle de Carmen peut englober au premier abord une interprétation explicite des sonorités vocales dans la partition en faisant attention aux énonciations du caractère et à leur signification. Comme le montrent Hervé Lacombe et Christine Rodriguez, la Habanera de Carmen évoque par le timbre vocal et par sa forme de chanson dansante « une voix du corps[28] ». Une lecture genrée de ce rôle peut aussi indiquer une vocalité corporelle et singulière dans le sens de Cavarero. Maints chercheurs ont montré que la partition de *Carmen* contient des traces de la voix de Galli-Marié pour qui et avec qui Bizet a écrit ce rôle. Mais Galli-Marié n'est pas la seule interprète à avoir façonné le personnage de Carmen[29] ! La représentation de la femme véhiculée par ce personnage relève désormais de l'histoire du chant, des interprètes et de la mise en scène (cf. 18.4). Depuis la publication de l'étude de Catherine Clément il y a quarante ans, les pistes de recherches se sont multipliées. Qu'il s'agisse de la lecture d'un caractère tel que Samson dans l'opéra de Saint-Saëns ou d'une réflexion sur la religiosité du personnage féminin de *Grisélidis* (OC, 1901) de Massenet, les questions de la représentation sexuée font désormais partie de l'analyse historique et culturelle de l'opéra français du XIXe siècle[30].

18.6 Figures et significations du travesti
Annegret Fauser et Hervé Lacombe

En dehors de *Carmen*, le répertoire français est encore relativement peu sollicité par les études de genre ou les réflexions sur le travesti[1]. Nous voudrions aborder ici le travestissement à l'opéra par le biais d'un triple questionnement sur la vocalité, la dramaturgie, l'ambiguïté androgyne.

Vocalité et représentation genrée (A. Fauser)

Si c'est au XIXe siècle que l'opéra occidental développe une connexion plus étroite entre le corps biologique et les constructions des voix genrées, en France ce lien idéologique et performatif trouve des racines dans la tragédie en musique du XVIIe siècle. Le haute-contre français était une voix de ténor puissante et non point un soprano masculin : nuls castrats dans la tragédie en musique défiant vue et ouïe à la manière italienne, malgré les essais d'importation du cardinal Mazarin (cf. t. 1, 1.3) et leur présence continue à la Chapelle royale et aux Concerts spirituels[2]. Ainsi, quand Gluck présenta *Orfeo ed Euridice* (Vienne, 1762) à Paris en 1774 dans une version française remaniée, le rôle-titre, écrit pour le célèbre castrat contralto Gaetano Guadagni, dut être transposé une quinte plus bas pour le ténor Joseph Legros. Néanmoins, malgré le culte de la masculinité au XIXe siècle (surtout après 1870), le paysage sonore représentant des hommes offre un éventail très ouvert, particulièrement avec les rôles de travestis.

On peut aborder la vocalité comme une approche critique invitant à réfléchir sur la manière dont se construit une représentation genrée dans l'intersection entre voix et rôle, c'est-à-dire sur la dimension performative de l'expression vocale[3]. En effet, la vocalité permet de repenser la voix, avec son fond phénoménologique, par ses énonciations soigneusement construites à travers des conceptions sexuées ou ethniques. Nina Eidsheim souligne que ces énonciations ne représentent qu'un segment d'expressions possibles pour le corps du chanteur et son appareil vocal, et que les choix sonores des interprètes évoquent des signifiants souvent bien définis[4]. De plus, ces énonciations sont liées aux espaces culturels dans lesquels elles ont lieu, aux significations des voix et aux qualités sonores, mettant ainsi la vocalité dans une zone de tension entre corps et constructions sociales[5]. La conception de la vocalité genrée en relation à la voix en tant que phénomène physique sexué est actuellement débattue. D'une part, les idées de Judith Butler permettent de comprendre toute énonciation comme conditionnée par la performance du genre, une pratique itérative qui produit l'effet ainsi nommé. Mais cette forme de performance n'est point un jeu interprétatif (nos conceptions genrées sont basées sur une répétition forcée des normes sociales[6]). D'autre part, certains musicologues anglo-saxons s'inspirent des idées de la philosophe Adriana Cavarero, qui s'inscrit dans une tradition féministe italienne en adoptant la différence sexuelle comme principe fondamental. Pour elle, la voix féminine s'exprime dans une conception du chant comme une forme d'expression dont la jouissance a le pouvoir de déstabiliser le système masculin métaphysique et langagier[7].

Comme nous le rappelle Susan Rutherford, dans les discours sur l'opéra, le chanteur est considéré simultanément comme un interprète incarné et, plus abstraitement, comme une voix[8]. Les rôles de travestis révèlent jusqu'à quel point le corps sexué de l'interprète peut rester associé à l'imaginaire genré de la voix. Ceux écrits pour les opéras du XIXe siècle en France jouent, en effet, avec une caractérisation sexuée musicale qui n'efface pas la vocalité féminine du rôle de l'adolescent mâle – figure habituellement jouée par une cantatrice travestie jusque dans les années 1860, telle que Oscar dans *Gustave III* (O, 1833) d'Auber, Urbain dans *Les Huguenots* (O, 1836) de Meyerbeer, ou Siebel dans *Faust* (TL, 1859) de Gounod. Le jeu sur le « faire semblant » (une femme fait semblant d'être un jeune homme) met en scène la féminité performative de l'interprète, surtout quand le personnage se trouve en compagnie féminine, tel Urbain dans le jardin de la reine Marguerite entourée de femmes au bain[9]. Sur la scène opératique française du XIXe siècle, le travestissement féminin permet aux auteurs et aux cantatrices de jouer avec les constructions genrées de masculinité et de féminité, impliquant le public dans une complicité du regard. Vers la fin du siècle, les rôles en travesti lient davantage la masculinité à une certaine marginalité – soit à cause de l'âge du personnage, soit à cause de son ethnicité – et au jeu de la découverte sexuelle, comme dans le rôle de Lazuli dans *L'Étoile* (BP, 1877) de Chabrier. Sous l'argument de la découverte hétérosexuelle, la rencontre entre un jeune homme (joué en travesti) et une jeune femme apporte des échanges amoureux entre deux femmes, que ce soient le Prince charmant et Lucette dans *Cendrillon* (OC, 1899) de Massenet ou Gontran de Boismassif (soprano en travesti) et Hélène de la Cerisaie dans *Une éducation manquée* (Cercle international, 1879) de Chabrier.

Esquisse d'une dramaturgie du travesti à l'opéra-comique et dans l'opérette (H. Lacombe)

Les rôles qui viennent d'être cités relèvent d'un *travestissement fonctionnel* ; ils font partie intégrante de la construction musicale et de la caractérisation du personnage. Leur sens premier est donné par une convention *a priori* de la représentation théâtrale : telle interprète féminine endosse les habits et la fonction d'un rôle masculin *comme si* elle était une personne du sexe masculin, et le spectateur l'accepte, dans l'espace fictionnel de la représentation, en tant que personnage masculin – cela sur l'ensemble du spectacle. Un sens second (cette personne est en réalité une femme qui joue à être un homme) apporte son lot d'ambiguïtés qui confère au travesti une « saveur » toute particulière.

On trouve aussi un autre dispositif, où le changement de genre par le travestissement fait partie de la fable représentée. L'héroïne apparaît déguisée, poursuivant ou sauvant le héros. Ce *travestissement diégétique* – servant à rétablir l'ordre social comme dans *La Nuit des rois* de Shakespeare – est exposé sur scène en tant que tel, de même que son dévoilement, et joue un rôle dans la construction de l'intrigue, notamment au moment du dénouement. Le *Fidelio* de Beethoven présente l'un des cas les plus célèbres de ce genre de travestissement : Léonore, déguisée en homme, risque sa vie pour libérer son époux Florestan. Le livret est imité de *Léonore ou l'Amour conjugal*, de Jean-Nicolas Bouilly, opéra-comique de la période révolutionnaire mis en musique par Pierre Gaveaux (Feydeau, 1798). Au cours du XIXe siècle, il n'est pas rare de trouver dans le répertoire français ce type de rôle. Dans *Lara* d'Aimé Maillart (OC, 1864), une esclave amoureuse suit son maître sous un déguisement masculin ; dans *Mignon* (OC, 1866), la jeune Mignon se déguise en page pour suivre Wilhem qui vient de la libérer des Bohémiens…

Célestine Galli-Marié, la créatrice de ces deux rôles, s'est fait une spécialité du travesti, qu'il faut aussi lire comme un accomplissement du théâtre, de ses masques et de son jeu permanent avec la représentation, le costume et le maquillage[10], le vrai et le faux – un jeu qui peut devenir une leçon de morale, comme le montre exemplairement *Cendrillon* (OC, 1810) de Nicolò (cf. 16.1) : le ministre Alidor se déguise en mendiant, le prince en valet de chambre, tandis que Cendrillon se retrouve dans un château, splendidement vêtue et munie d'une rose magique qui lui permet de n'être point reconnue et de se comporter avec le maintien et les talents (l'habitus !) d'une princesse. Aucune « atteinte au genre » dans cet ouvrage, qui est une fable sur les apparences, sur les valeurs du cœur et de l'être indépendamment du paraître (« La plus élégante parure / C'est la bonté », III, 3). Dans *Lara*, l'air de Galli-Marié est, lui, marqué par l'irruption d'un genre dans l'autre : « Le grand événement de la soirée de *Lara*, rapporte Joseph d'Ortigue, a été la révélation de cette jeune artiste comme cantatrice, mais surtout comme actrice d'un talent dramatique hors ligne. On ne peut se figurer l'effet qu'elle a produit lorsque, sous le costume du page de Lara, une femme se dévoile, l'amour et la jalousie au cœur, et que le page Kaled fait place à l'esclave Zulnare » (*JD*, 30 mars 1864). Dans *Robinson Crusoé* (OC, 1867) d'Offenbach, le rôle du « sauvage » Vendredi est confié à la chanteuse, dont le visage est passé au brou de noix – le travesti pouvant apparaître comme une amplification de l'altérité. La seule année 1872, elle crée à l'Opéra-Comique le rôle-titre de *Fantasio* (18 janv.) d'Offenbach, celui de Zanetto dans *Le Passant* (24 avr.) de Paladilhe et celui de Lazarille dans *Don César de Bazan* (30 nov.) de Massenet. *Fantasio* présente le cas fascinant d'un dédoublement du travestissement, signe de l'incertitude existentielle du héros. Fonctionnel, quand il s'agit de représenter un jeune homme (l'étudiant Fantasio), le travestissement devient diégétique quand ce même jeune homme décide de prendre la place du bouffon, qui vient de mourir, en portant une perruque rousse et une fausse bosse. De surcroît, l'intrigue fait intervenir un cache-cache amoureux : le prince de Mantoue échange ses habits avec son aide de camp pour suivre sa fiancée.

André Gill, « Mme Galli-Marié (rôle de Vendredi, dans *Robinson Crusoé*) », grav. sur bois, *La Lune*, 1er déc. 1867.

Il faudrait situer le goût pour le travestissement, ses récurrences et ses fonctions dans une analyse plus large de la production théâtrale au XIXe siècle, chaque genre possédant ses traditions, ses règles, ses limites et ses audaces, mais aussi ses interprètes, qui peuvent jouer un rôle décisif pour animer et solliciter une production avec travesti. Observateur attentif de la vie théâtrale, Arthur Pougin relève en 1885 que « certaines comédiennes se sont montrées si alertes, si vives, si originales sous des habits d'homme, si désireuses d'ailleurs de remplir des rôles masculins, qui se prêtaient merveilleusement à la nature de leur talent, que les auteurs, se prêtant à leur fantaisie, se sont empressés d'écrire pour elles une foule de rôles travestis, qu'elles jouaient dans la perfection. Après Carline, l'actrice étincelante qui pendant tant d'années fit la joie et la gloire de la Comédie-Italienne, la plus fameuse de toutes ces comédiennes est assurément Virginie Déjazet, qui a créé plus de cent rôles de ce genre[11] ». Camille Khoury conclut son étude sur le travesti dans le théâtre du XIXe siècle : « Si le travesti n'est pas transgressif sur les scènes du théâtre académique, il permet de mettre en place des outils qui, sur des scènes plus populaires ou ultérieurement dans les théâtres, associeront travesti et contre-genre[12]. »

Si le théâtre en général – l'opéra en particulier – sous l'Ancien régime a pu présenter des hommes travestis en femmes (Pierre Jelyotte par exemple interpréta le rôle-titre dans *Platée* de Rameau en 1745), au XIXe siècle, la chose est devenue périlleuse. Pougin note : « Aujourd'hui, dans le répertoire moderne, on ne travestit plus guère un homme que lorsqu'on veut obtenir un effet grotesque et ridicule. Encore n'emploie-t-on ce moyen qu'avec la plus grande discrétion, le raffinement de notre goût le supportant malaisément[13]. » Il est accepté de voir une femme en homme mais l'inverse, qui déstabilise la structure sociale ordonnée autour de la figure masculine dominante, est insupportable. C'est l'opérette qui va s'emparer de cette représentation déstabilisante d'un personnage féminin par un homme. Dans *La Fine Fleur de l'Andalousie* aux Folies-Nouvelles en 1854, Hervé joue Don Alonso di Soifardos, frère de Dona Teresita de l'Andouillas, interprétée par l'énorme travesti Joseph Kelm (cf. 8.6, ill.). Dans ce répertoire, la voix de fausset se connote souvent de ridicule et trouve une nouvelle fonction, par exemple dans *Les Turcs* d'Hervé (cf. 8.6). Univers de la farce, du grotesque, de la fantaisie débridée, l'opérette peut jouer sur l'ambiguïté, la cocasserie ou la licence des situations causées par le travestissement. Dans ce monde sens dessus dessous, tout semble possible. Oreste dans *La Belle Hélène* (TV, 1864) est créé par Léa Silly – opportunité pour la cantatrice de dévoiler plus aisément ses jambes ? Dans *Jeanne qui pleure et Jean qui rit* (Ems, 1864 ; BP, 1865) d'Offenbach encore, Jeanne s'invente un frère, Jean, qu'elle joue en se travestissant, tandis que le fermier, Cabochon, se déguise en meunière. Dans *Mesdames de la Halle* (BP, 1858), des marchandes de légumes peu « féminines », Mlle Poiretapée, Mme Madou, Mme Beurrefondu, toutes trois interprétées par des hommes, sont courtisées par le tambour-major, alors que la jolie marchande de fruits, Ciboulette, l'est par un jeune gargotier interprété, lui, par une femme (Mlle Tautin) ! *L'Île de Tulipatan* (BP, 1868) intensifie ce jeu sur la représentation des deux sexes et sur les caractéristiques qui leur sont associées. Romboïdal, grand sénéchal de Cacatois XXII, souverain de l'île, se désole avec sa femme du peu de « grâce féminine » de sa fille Hermosa (jouée par un homme), alors que Cacatois déplore le manque de virilité de son fils, le prince Alexis (joué par une femme). Tout s'explique par une remise en place des constructions genrées : Hermosa est en réalité un homme et Alexis une femme... Si Offenbach et ses librettistes se sont montrés particulièrement habiles et ingénieux pour construire des œuvres intégrant des rôles travestis, il ne faut pas pour autant limiter à leur seule production ce jeu sur les apparences et sur le genre. Dans l'opérette, il s'agit d'une « scène à faire » et d'un ressort dramatique toujours efficace pour introduire du trouble, des situations scabreuses et des personnages ridicules. *Les Mousquetaires au couvent* (BP, 1880) de Louis Varney, appelé à devenir l'une des opérettes les plus célèbres du répertoire français, est basé sur *L'habit ne fait pas le moine* (Vaud., 1835), comédie-vaudeville en 3 actes d'Amable de Saint-Hilaire et Paul Duport. Dans l'opérette, Gontran et Brissac, mousquetaires amoureux respectivement de Marie et de Louise, deux pensionnaires des Ursulines, décident de se costumer en moines pour pénétrer dans leur couvent et les approcher. Ici le travesti n'inverse pas les genres mais tire sa force comique de la séparation des genres instituée par le couvent, et du principe selon lequel moines ou abbés sont des êtres asexués, ou « hors genre », si l'on ose l'expression. *Mam'zelle Nitouche* (TV, 1883) de Hervé, autre grand succès, repose sur ce même type d'opposition entre le monde féminin des religieuses et celui masculin des militaires, auxquels est ajouté le monde des apparences des comédiens. Dans cette opérette des identités masquées, Célestin, organiste le jour, devient le compositeur d'opérette Floridor la nuit ; Denise est tour à tour, selon les espaces traversés, pensionnaire au couvent des Hirondelles, actrice au théâtre de Pontarcy, ou soldat dans une caserne, comme pour signifier que l'habit et les conventions attachées à chaque « institution » nous façonnent et que l'on joue toujours un rôle. La même année, dans *Le Droit d'aînesse* de Chassaigne donné aux Nouveautés, Albert Brasseur (Arthur) se déguise en fille pour pénétrer dans un couvent et rencontre Marguerite Ugalde (Falka) en jeune cavalier…

Orphée androgyne (A. Fauser)

Une ambiguïté androgyne est possible aussi, quand une cantatrice apparaît en travesti, comme dans le cas de la reprise d'*Orphée et Eurydice* de Gluck dans une version, simplement intitulée *Orphée* (TL, 1859), due à la collaboration de Pauline Viardot et Berlioz, où la célèbre cantatrice interprète le personnage principal. Il y a une différence entre l'appropriation d'un rôle masculin par une cantatrice – surtout celui d'Orphée par Viardot – et ceux représentant des adolescents. Suivant une longue tradition d'interprétation de la figure d'Orphée comme androgyne ou *queer*, Wendy Bashant signale que, contrairement aux versions de Virgile et Ovide, l'opéra de Gluck commence après la mort d'Eurydice. Ainsi la distinction masculin/féminin n'est plus centrale pour le développement narratif. Dans cet opéra, la différence n'est pas sexuelle dans le sens biologique (permettant d'engendrer des enfants), mais existentielle, opposant les vivants et les morts (permettant d'engendrer le chant)[14]. Bashant maintient qu'avec cette révision ayant mis Viardot (et plus tard d'autres contraltos) dans le rôle du protagoniste, Orphée gagne une dimension nouvelle qui associe la féminité au pouvoir créateur[15]. De plus, écouter une voix féminine chanter son amour pour une autre femme ouvre la possibilité d'entendre ce chant comme l'expression du désir lesbien[16].

Pauline Viardot dans *Orphée* de Gluck, acte II, au Théâtre-Lyrique, gravure signée V. Foulquier et C. Maurand, *Le Monde illustré*, 26 nov. 1859, p. 344 (détail).

Pour d'autres commentateurs, la voix de contralto – combinée à un costume oscillant entre éléments féminins (tels les bras nus) et masculins (surtout l'épée dans son fourreau rouge) – est une marque d'androgynie, remettant en question la répartition sexuée binaire performative[17]. Découvrant Marietta Alboni dans *Le Prophète*, Théophile Gautier s'enthousiasme : « Tant de grâce et tant de force, tant de puissance et de légèreté ! une voix si féminine et en même temps si mâle ! Juliette et Roméo dans le même gosier ! » (*La Presse*, 13 mai 1850). La formulation la plus souvent citée, qui construit cette voix comme androgyne, est du même Gautier, dans le poème intitulé *Contralto*[18] :

> Que tu me plais, ô timbre étrange !
> Son double, homme et femme à la fois,
> Contralto, bizarre mélange,
> Hermaphrodite de la voix !
> C'est Roméo, c'est Juliette,
> Chantant avec un seul gosier ;
> Le pigeon rauque et la fauvette
> Perchés sur le même rosier ;

Plus loin dans le poème, Gautier fait allusion au personnage de Kaled, évoqué plus haut dans cet article, et présente l'idéal amoureux de l'être fusionnant maîtresse et ami :

Nature charmante et bizarre
Que Dieu d'un double attrait para,
Toi qui pourrais, comme Gulnare,
Être le Kaled d'un Lara,
Et dont la voix, dans sa caresse,
Réveillant le cœur endormi,
Mêle aux soupirs de la maîtresse
L'accent plus mâle de l'ami !

C'est ce poème que cite justement un journaliste pour qualifier la qualité particulière de la voix de Mme Engally, interprète dans la nouvelle version de *Psyché* d'Ambroise Thomas (OC, 1857 ; n^{lle} version, 1878). « Mme Engally, rapporte-t-il, possède une stature d'éphèbe, sinon un visage d'Eros classique, une chaleur communicative, le diable au corps, – excellent, cela, pour jouer l'Amour, – une flamme qui se dépense sans compter, un entrain que rien n'arrête, et une belle voix d'androgyne, au timbre à la fois éclatant et grave, énergique et tendre, strident et caressant, ce timbre qui ravissait Théophile Gautier[19]. »

Notes de 18.1

1. D. Kalifa, Ph. Régnier, M.-E. Thérenty et A. Vaillant éd., *La Civilisation du journal. Histoire culturelle et littéraire de la presse au XIXᵉ siècle (1800-1914)*, Paris : Nouveau monde éditions, 2011.
2. O. Comettant, « Théâtre impérial de l'Opéra. La Magicienne », *FM*, 21 mars 1858, p. 89.
3. H. Gartioux, *Don Carlos : dossier de presse parisienne (1867)*, Saarbrücken : L. Galland, 1997.
4. E. Reibel, « *La Grand'Tante* au miroir de la presse », in J.-Ch. Branger et A. Terrier éd., *Massenet et l'Opéra-Comique*, Saint-Étienne : PUSE, p. 29-43.
5. E. Reibel, *L'Écriture de la critique musicale au temps de Berlioz*, Paris : Champion, 2005 ; « Les critiques musicaux au XIXᵉ siècle : approche prosopographique et statistique », in G. Pinson et M.-E. Thérenty, *Les Journalistes : identités et modernités*, *Médias 19*, en ligne, http://www.medias19.org.index.php?id=23681, consulté le 8 nov. 2018.
6. J.-C. Yon, « La presse théâtrale », in *La Civilisation du journal…*, p. 379.
7. H. Lacombe, *Les Voies de l'opéra français au XIXᵉ siècle*, Paris : Fayard, 1997, p. 72.
8. A. Barbuscia, « Tapage médiatique autour de l'entrée de Rossini à Paris (1823) », in O. Bara, C. Cave et M.-E. Thérenty éd., *Presse et opéra aux XVIIIᵉ et XIXᵉ siècles […]*, *Médias 19*, en ligne, http://www.medias19.org.index.php?id=24131, consulté le 8 nov. 2018.
9. O. Bara, Ch. Cave, M.-E. Thérenty, « Presse et opéra aux XVIIIᵉ et XIXᵉ siècles, croisements, échanges et représentations », in *Presse et opéra aux XVIIIᵉ et XIXᵉ siècles*.
10. G. Bordry, « Modernité à vendre. Meyerbeer et l'art du *puff* », in A. Dratwicki et A. Terrier éd., *La Modernité française au temps de Berlioz*, en ligne, http://www.bruzanemediabase.com/, consulté le 8 nov. 2018.
11. F.-J. Fétis, « Le Prophète », *RGMP*, 22 avr. 1849, p. 121.
12. S. Rollet, « Un compositeur face à la presse parisienne : Gaetano Donizetti », in *Presse et opéra aux XVIIIᵉ et XIXᵉ siècles*.
13. E. Reibel, « Carrières entre presse et opéra au XIXᵉ siècle : du mélange des genres au conflit d'intérêts », in *Presse et opéra aux XVIIIᵉ et XIXᵉ siècles*.
14. H. Berlioz à son père, 8 mars 1837, *Correspondance générale*, t. 2, Paris : Flammarion, 1975, p. 336.
15. J. d'Arcay, *La Salle à manger du docteur Véron*, Paris : Alphonse Lemerre, 1868 ; E. de Mirecourt, *Le Docteur Louis Véron*, Paris : Gustave Havard, 1855 ; L. Véron, *Mémoires d'un bourgeois de Paris*, 3 t., Paris : Gabriel de Gonet, 1854.
16. P. Taïeb et B. Frouin, « Jean-Baptiste Léon Dupin, critique et agent dramatique », in *Presse et opéra aux XVIIIᵉ et XIXᵉ siècles…*

Notes de 18.2

1. F.-J. Fétis, *La Musique mise à la portée de tout le monde*, Paris : Alexandre Mesnier, 1830, dernière section.
2. E. Reibel, *L'Écriture de la critique musicale au temps de Berlioz*, Paris : Champion, 2005, p. 113 sq.
3. J. Maurel, « Un mot sur le scepticisme en musique », *FM*, 26 mai 1839, p. 309.

4. Éd. Monnais, « Le Foyer », *RGMP*, 21 juil. 1839, p. 249.
5. [M. ou L.] Escudier, *FM*, 26 juin 1842, p. 229.
6. Pour E. Tarbé, voir *Fig.*, 13 mars 1867 ; pour M. Escudier, *FM*, 8 nov. 1863.
7. J. Weber, « Critique musicale », *Le Temps*, 19 mars 1867, p. 140.
8. L. Kreutzer, « Feuilleton », *JD*, 24 oct. 1854.
9. « Les trois écoles », *FM*, 14 janv. 1838, p. 17.
10. Th. de Lajarte, « Une hérésie de critique musicale », *FM*, 29 janv. 1865, p. 31.
11. N. Roqueplan, « Théâtres », *Le Constitutionnel*, 18 mars 1867.
12. P. Lacome, « Bonjour, bon an. Passé – présent – avenir », *AM*, 4 janv. 1872, p. 3.
13. A. de Montgarde, « Les deux courants », *AM*, 22 fév. 1872, p. 57-58.
14. C. Bellaigue, *Revue des Deux Mondes*, 1er juin 1889, cité in Ch. Goubault, *La Critique musicale dans la presse française*, Genève : Slatkine, 1984, p. 219.
15. *Revue politique et littéraire*, 6 fév. 1889, cité in Ch. Goubault, *La Critique musicale...*, p. 220.

Notes de 18.3

1. V. Johnson, J.F. Fulcher et T. Ertman éd., *Opera and Society in Italy and France from Monteverdi to Bourdieu*, Cambridge : CUP, 2007.
2. C. Clément, *L'Opéra ou la défaite des femmes*, Paris : Grasset, 1979.
3. Voir notamment l'analyse d'*Aïda*, in E. Said, *Culture and Imperialism*, New York : Vintage, 1994 ; voir aussi C. Coste, « Verdi, Wagner, Said et les études postcoloniales », in J.-F. Candoni, H. Lacombe, T. Picard et G. Sparacello éd., *Verdi-Wagner : images croisées (1813-2013) [...]*, Rennes : PUR, 2018, p. 297-310.
4. J. F. Fulcher, *Le Grand Opéra en France : un art politique 1820-1870*, [1re éd. angl. 1987], trad. J.-P. Bardos, Paris : Belin, 1988 ; *French Cultural Politics and Music from the Dreyfus Affair to the First World War*, Oxford : OUP, 1999.
5. V. Johnson, J.F. Fulcher et T. Ertman éd., *Opera and Society...*, p. 16.
6. « Lorsque l'œuvre d'art possède un seul centre, elle tombe du discours esthétique dans le discours idéologique », L. Althusser, « Trois notes sur la théorie des discours », in *Écrits sur la psychanalyse, Freud et Lacan*, Paris : Stock/Imec, 1993, p. 132-133.
7. D. Chaillou, *Napoléon et l'Opéra [...]*, Paris : Fayard, 2004, p. 7.
8. Cité par D. Chaillou, *ibid.*, p. 17. Voir aussi R. Hillmer, *Die Napoleonische Theaterpolitik. Geschäfistheater in Paris, 1799-1815*, Köln : Böhlau, 1999.
9. M. Noiray, « Le nouveau visage de la musique française », in J.-C. Bonnet éd., *L'Empire des Muses. Napoléon, les Arts et les Lettres*, Paris : Belin, 2004, p. 199-227.
10. É. de Jouy, « Avant-propos », in *Fernand Cortez*, Paris : Roullet, 1809. Cité in O. Bara, « Le livret d'opéra sous l'Empire, entre tragédie et épopée, ou "l'épique en action" », in D. Altenburg, A. Jacobshagen, A. Langer, J. Maehder et S. Woyke éd., *Spontini und die Oper im Zeitalter Napoleons*, Sinzig : Studioverlag, 2015, p. 29.
11. J. Joly, « Spettacolo e ideologia nel *Fernand Cortez* del 1809 », in *Dagli Elisi all'inferno. Il melodramma tra Italia e Francia dal 1730 al 1850*, Firenze : La Nuova Italia, 1990, p. 202-226.
12. F-Po, Registres de l'Opéra-Comique, n° 138, registre de correspondance.
13. J.-H. Vernoy de Saint-Georges, *Le Roi et le Batelier*, Paris : Quoy, [1827], sc. 17.

14. L. Tonetti, « La démocratisation de l'Opéra de Paris sous la IIIe République », in O. Bara éd., *Théâtre et Peuple. De Louis-Sébastien Mercier à Firmin Gémier*, Paris : Classiques Garnier, 2017, p. 453-467.
15. H. Lacombe, « L'Opéra sous le Second Empire », in J.-C. Yon, *Les Spectacles sous le Second Empire*, Paris : Armand Colin, 2010, p. 169.
16. O. Bara, « 1814-1815 : construction dramatique des événements et modes théâtraux de symbolisation du présent », *RH19. Revue d'histoire du XIXe siècle*, 49, 2014/2, p. 109-122.
17. O. Bara, « Dramaturgies de la souveraineté : entrées royales et pièces de circonstance sous la Restauration », *in* C. et É. Perrin-Saminadayar éd., *Imaginaire et représentations des entrées royales au XIXe siècle : une sémiologie du pouvoir politique*, Saint-Étienne : PUSE, 2006, p. 60.
18. É. de Jouy, *La Vestale*, in *Œuvres complètes*, Paris : J. Didot l'aîné, 1823, t. 19, p. 2-3.
19. E. Scribe, *Le Prophète*, in *Théâtre*, Paris : Lévy, 1859, t. 15, p. 289.
20. S. Leteuré, *Camille Saint-Saëns et le politique de 1870 à 1921 […]*, Paris : Vrin, 2014, p. 105-106.
21. Ch. Charle, « Opera in France, 1870-1914 : Between nationalism and foreign imports », in *Opera and Society in Italy and France…*, p. 243-266.
22. P. Popovic, « La sociocritique. Définition, histoire, concepts, voies d'avenir », *Pratiques*, 151-152, déc. 2011, p. 14.
23. C. Duchet et I. Tournier, « Sociocritique » in B. Didier éd., *Dictionnaire universel des littératures*, Paris : PUF, vol. 3, 1994, p. 3571-3573.
24. O. Bara, « Lectures sociocritiques du théâtre. Présentation », *Études littéraires*, université Laval, 43/3, automne 2012, p. 9-10.
25. *Ibid.*, p. 10-11.
26. D. Colas, « Commentaire musical », in *La Dame blanche, L'Avant-scène opéra*, 176, mars-avr. 1997, p. 8.
27. *Ibid.*
28. S. Kracauer, *Jacques Offenbach ou le secret du Second Empire*, [1re éd. 1937], trad. L. Astruc, Paris : Klincksieck, 2018, p. 15, 17.
29. *Ibid.*, p. 199, 202.

Notes de 18.4

1. I. Moindrot, *La Représentation d'opéra. Poétique et dramaturgie*, Paris : PUF, 1993, p. 20.
2. *Ibid.*, p. 24.
3. E. Legouvé, *Soixante Ans de souvenirs*, Paris : Hetzel, 2e partie, 1887, p. 124.
4. G. Sand, *La Dernière Aldini*, in *Vies d'artistes*, M.-M. Fragonard éd., Paris : Omnibus, 1992, p. 171.
5. R. Martin, *L'Émergence de la notion de mise en scène dans le paysage théâtral français (1789-1914)*, Paris : Classiques Garnier, 2013.
6. I. Moindrot, *La Représentation d'opéra*, p. 34.
7. *Ibid.*
8. Propos de L. Bondy, repris in *Don Carlos*, programme de salle, Théâtre national de Lyon, saison 1996-1997 (la production y est donnée du 29 mars au 11 avril 1997), p. 20.

9. Ch. Leblé, « Critique », *Libération*, en ligne, 29 fév. 1996, https://www.liberation.fr/, consulté le 22 mars 2019.
10. C. Schiaretti, *Pour en finir avec les créateurs*, Neuilly : Atlande, 2014.
11. H.-R. Jauss, *Pour une esthétique de la réception*, [1re éd., 1972], trad. C. Maillard, Paris : Gallimard, 1990.
12. S. Huebner, *French Opera at the Fin de siècle [...]*, New York : OUP, 1999, p. 9.
13. É. de Jouy, *La Vestale*, in *Œuvres complètes*, Paris : J. Didot l'aîné, 1823, t. 19, p. 53.
14. C. Toscani, « *La Vestale* : una cornice classica per un conflitto borghese », *in* D. Altenburg, A. Jacobshagen, A. Langer, J. Maehder et S. Woyke éd., *Spontini und die Oper im Zeitalter Napoleons*, Sinzig : Studioverlag, 2015, p. 77.
15. M. Walter, « *La Vestale* de Gaspare Spontini ou les débuts de l'histoire de l'opéra au XIXe siècle », in P. Prévost éd., *Le Théâtre lyrique en France au XIXe siècle*, Metz : Éd. Serpenoise, 1995, p. 67.
16. S. Leteuré, *Camille Saint-Saëns et le politique de 1870 à 1921 [...]*, Paris : Vrin, 2014, p. 114-115.

Notes de 18.5

1. C. Clément, *L'Opéra, ou la Défaite des femmes*.
2. B. Latza Nadeau, « Bizarre Bizet : A #MeToo Carmen Doesn't Die, and the Audience Shouts "Kill Her !" », in *Daily Beast*, 20 jan. 2018, https://www.thedailybeast.com/bizarre-bizet-a-metoo-carmen-doesnt-die-and-the-audience-shouts-kill-her, consulté le 26 nov. 2018. Pour un bref extrait de la production, voir https://www.youtube.com/watch?v=AhxuiPsc46s.
3. S. McClary, *Georges Bizet : Carmen*, Cambridge : CUP, 1992, p. 29-43, p. 117-119.
4. M. A. Smart, « Introduction », in M.A. Smart éd., *Siren Songs : Representation of Gender and Sexuality in Opera*, Princeton : Princeton University Press, 2000, p. 3-16.
5. H. Hadlock, « Opera and Gender Studies », in N. Till éd., *The Cambridge Companion to Opera Studies*, Cambridge : CUP, 2012, p. 257-275 ; A. Wilson, « Gender », in H. Greenwald éd., *The Oxford Handbook of Opera*, New York : OUP, 2014, p. 774-794.
6. H. Hadlock, « The Career of Cherubino, or the Trouser Role Grows Up », in M. A. Smart éd., *Siren Songs*, p. 68.
7. Voir l'article 1124 du *Code civil français*, Paris : Imprimerie de la République, 1804.
8. V. Hugo à L. Richer, 8 juin 1872, https://www.deslettres.fr/lettre-de-victor-hugo-a-leon-richer-difficile-de-composer-bonheur-de-lhomme-souffrance-de-femme/, consulté le 2 déc. 2018.
9. K. Offen, *The Woman Question in France, 1400-1870*, Cambridge : CUP, 2017, p. 160.
10. H. Lacombe, *Georges Bizet*, Paris : Fayard, 2000, p. 622.
11. H. Lacombe et C. Rodriguez, *La Habanera de Carmen. Naissance d'un tube*, Paris : Fayard, 2014.
12. L. Wright, « A Musical Commentary », in N. Kenyon éd., *Georges Bizet « Carmen »*, *English National Opera Guides 13*, London : John Calder, 1982, p. 32 ; H. Lacombe, *Georges Bizet*, p. 643-644.

13. C. Abbate, « Opera, or the Envoicing of Women », in R. Solie éd., *Musicology and Difference. Gender and Sexuality in Music Scholarship*, Berkeley : UCP, 1993, p. 225-258.
14. S. Hibberd, « La Muette and Her Context », in D. Charlton éd., *The Cambridge Companion to Grand Opéra*, Cambridge : CUP, 2003, p. 149-167 ; M. A. Smart, « The Silencing of Lucia », in *COJ*, 4, 1992, p. 119-141.
15. A. Fauser, « Les Troyens », in J. Rushton éd., *Cambridge Berlioz Encyclopedia*, Cambridge : CUP, 2017, p. 337-344.
16. A. Fauser, *Musical Encounters at the 1889 Paris World's Fair*, Rochester : URP, 2005, p. 216-241.
17. C. Rowden, *Republican Morality and Catholic Tradition at the Opera. Massenet's Hérodiade and Thaïs*, Weinsberg : Musik-Edition Lucie Galland, 2004.
18. H. Hadlock, « Opera and Gender Studies », p. 270.
19. R. Walser (1993), cité in S. McClary, « Soprano Masculinities », in P. Purvis éd., *Masculinity in Opera. Gender, History, and New Musicology*, New York : Routledge, 2013, p. 46.
20. R. A. Nye, *Masculinity and Male Codes of Honor in Modern France*, Oxford et New York : OUP, 1992 ; M. J. Hughes, *Forging Napoleon's Grande Armée. Motivation, Military Culture, and Masculinity in the French Army, 1800-1808*, New York : New York University Press, 2012, p. 108-135.
21. B. J. Martin, *Napoleonic Friendship. Military Fraternity, Intimacy, and Sexuality in Nineteenth-Century France*, Durham : University of New Hampshire Press, 2011.
22. S. Huebner, « Carmen as *corrida de toros* », in *Journal of Musicological Research*, 13, 1993, p. 3-29.
23. K. Murphy, « Carmen. Couleur Locale or the Real Thing ? » in A. Fauser et M. Everist éd., *Music, Theater, and Cultural Transfer. Paris, 1830-1914*, Chicago : UCP, 2009, p. 298-299 ; H. Lacombe et C. Rodriguez, *La Habanera de Carmen*, p. 69-75.
24. R. A. Nye, *Masculinity and Male Codes of Honor*, p. 148-171.
25. J. Pasler, *La République, la musique et le citoyen (1871-1914)*, trad. J.-F. Hel Guedj, Paris : Gallimard, 2015.
26. M. A. Smart, « Roles, Reputations, Shadows. Singers at the Opéra, 1828-1849 », in D. Charlton éd., *The Cambridge Companion to Grand Opéra*, Cambridge : CUP, 2003, p. 108-128 ; O. Bara, « The Company at the Heart of the Operatic Institution. Chollet and the Changing Nature of Comic-Opera Role Types during the July Monarchy », in A. Fauser et M. Everist éd., *Music, Theater, and Cultural Transfer*, p. 11-28.
27. A. Fauser, « Hamlet », in S. Döhring éd., *Piper Enzyklopädie des Musiktheaters*, Munich et Zurich : Piper Verlag, 1997, vol. 6, p. 286-290.
28. H. Lacombe et C. Rodriguez, *La Habanera de Carmen*, p. 139-142.
29. S. Huebner, « La princesse paysanne du Midi », in A. Fauser et M. Everist éd., *Music, Theater, and Cultural Transfer*, p. 361-378 ; N. André, *Black Opera. History, Power, Engagement*, Urbana : University of Illinois Press, 2018, p. 120-132.
30. K. Kopelson, « Saint-Saëns's *Samson* », in P. Purvis éd., *Masculinity in Opera. Gender, History, and New Musicology*, New York : Routledge, 2013, p. 105-120 ; J. Walker, *Sounding the Ralliement : Republican Reconfigurations of Catholicism in the Music of Third-Republic Paris, 1880-1905*, PhD, University of North Carolina at Chapel Hill, 2019.

Notes de 18.6

1. Voir par exemple C. E. Blackmer et P. J. Smith éd., *En travesti : women, gender subversion, opera*, New York : Columbia University press, 1995.
2. P. Barbier, *La Maison des Italiens. Les castrats à Versailles*, Paris : Grasset, 1998.
3. L.C. Dunn et N.C. Jones, « Introduction », in L.C. Dunn et N.C. Jones éd., *Embodied Voices. Representing Female Vocality in Western Culture*, Cambridge : CUP, 1994, p. 2.
4. N. Eidsheim, « Synthesizing Race. Towards an Analysis of the Performativity of Vocal Timbre », in *Trans. Revista Transcultural de Música*, 13, 2009, en ligne, https://www.sibetrans.com/trans/article/57/synthesizing-race-towards-an-analysis-of-the-performativity-of-vocal-timbre, consulté le 2 janv. 2019.
5. M. Feldman, « The Interstitial Voice. An Opening », in *JAMS*, 68, 2015, p. 658.
6. J. Butler, *Bodies That Matter*, New York et Londres : Routledge, 2011, p. XII, 59-60.
7. R. Dohoney, « An Antidote to Metaphysics. Adriana Cavarero's Vocal Philosophy », in *Women and Music. A Journal of Gender and Culture*, 15, 2011, p. 72.
8. S. Rutherford, « Voices and Singers », in N. Till éd., *The Cambridge Companion to Opera Studies*, Cambridge : CUP, 2012, p. 117.
9. H. Hadlock, « The Career of Cherubino », p. 73.
10. H. Lacombe, « "Une affaire de la plus haute importance" : le costume et la pose chez la créatrice de Carmen », in A. Terrier éd., *L'Opéra-Comique et ses trésors*, cat. d'exp., Moulins : CNCS, 2015, p. 58-65.
11. A. Pougin, *Dict.*, p. 659.
12. C. Khoury, « Le travesti dans le théâtre du XIXe siècle : une distribution à contre-genre ? », *Agôn*, revue en ligne, 7, 2015, http://agon.ens-lyon.fr/index.php?id=3448, consulté le 10 mars 2019. Voir aussi J.-M. Leveratto, « Le sexe en scène : l'emploi de travesti féminin dans le théâtre français au XIXe siècle », in I. Moindrot et O. Goetz éd., *Le Spectaculaire dans les arts de la scène*, Paris : CNRS Éd., 2006, p. 271-279.
13. A. Pougin, *Dict.*, p. 660.
14. W. Bashant, « Singing in Greek Drag. Gluck, Berlioz, George Eliot », in C.E. Blackmer et P.J. Smith éd., *En Travesti*, p. 219.
15. *Ibid.*, p. 220.
16. *Ibid.*, p. 223-228.
17. B. Borchard, *Pauline Viardot Garcia. Fülle des Lebens*, Cologne : Böhlau Verlag, 2016, p. 200-202.
18. Poème de 1849, publié dans *Émaux et Camées* ; publication définitive, Paris : Charpentier, 1872.
19. Critique parue dans *L'Indépendance belge*, citée in *Mén.*, 2 juin 1878, p. 214.

Victor Maurel (1848-1923)

D'abord formé à la succursale de Marseille, dont il est originaire, Maurel rejoint le Conservatoire de Paris en 1866 pour y obtenir ses 1ers Prix l'année suivante, en même temps que le Toulousain Pierre Gailhard, lui aussi de cinq ans plus jeune que d'usage. Si son camarade fit une carrière parisienne jusqu'à diriger l'Opéra (1884-1907), Maurel, artiste très international, voulut innover. Sa tentative pour faire revivre le Théâtre-Italien place du Châtelet (à partir de novembre 1883) échoua au bout d'une année d'exploitation et sa femme dut ouvrir un cours de musique. Comme Gailhard, il enseigna finalement à New York.

Maurel a souvent interprété des partitions peu conformes à ses moyens vocaux, en leur apportant d'importants changements – ce qu'on appelait « pointer un rôle », de l'italien *spuntatura*. Il s'inscrivait fréquemment en rupture avec la tradition, si bien qu'il fallait faire savoir par voie de presse que ces modifications avaient été convenues avec les compositeurs. Gounod lui donna ainsi sa bénédiction pour créer un nouveau Méphistophélès dans *Faust* en 1880. Maurel chanta aussi *Werther* dans la version barytonale conçue par Massenet pour Battistini. Rien qu'à ces deux exemples opposés, on mesure l'empan extraordinaire de son répertoire. Le chanteur profita de ce qu'il ne pouvait pas suivre les habitudes d'interprétation vocale pour introduire un renouveau dans l'incarnation scénique des rôles, guidé en tout par son idée maîtresse de vraisemblance. Dans *Dix ans de carrière*, il détaille les corrections apportées à l'Opéra-Comique en 1896 au *Don Juan* de Mozart pour moderniser la dramaturgie (suppression du *lieto fine*) et faire passer la vérité « moderne » du personnage devant la lettre du livret. De même que Lucien Fugère, le Leporello de cette production, pensait surtout à Beaumarchais lorsqu'il jouait Bartholo du *Barbier de Séville* de Rossini, Maurel prenait ses repères dans la culture française (Musset, Dumas, Molière). Son travail est à l'opposé des idées défendues par Jean-Baptiste Faure. C'est précisément en se faisant comparer à Faure dans *Hamlet* pour sa rentrée à l'Opéra en 1879 que Maurel apparut à Verdi comme l'acteur à même de porter, par sa déclamation si peu embarrassée de convenances lyriques, le texte des rôles qu'il allait lui confier dans *Otello* (Milan, 1887) et *Falstaff* (Milan, 1893). Son enregistrement de « *Quand'ero paggio* » en 1907 pour Fonotipia illustre magistralement ses textes sur l'usage des couleurs vocales, dans un esprit très proche du legs théorique et phonographique de Fugère.

Pierre Girod

« Victor Maurel *ca* 1895 », photographie, Library of Congress, Washington D.C.

Chapitre 19
Le cœur de la vie musicale française

19.1 LES PRODUITS DÉRIVÉS :
UNE SECONDE VIE POUR LE RÉPERTOIRE LYRIQUE
Hervé Lacombe

Un produit dérivé repose sur l'exploitation commerciale de « la notoriété et [de] la popularité d'une œuvre intellectuelle, d'un événement, d'un individu ou d'une organisation[1] ». Il est habituel de l'associer au monde contemporain, qui a fait de l'art un marché planétaire et a su tirer d'un film (*Star Wars*), d'une bande-dessinée (*Tintin*), d'un tableau (*La Joconde*) une multitude d'objets à vendre – figurines, peluches, T-shirt, cartables, bonbons, jeux, etc.[2]. Nous voudrions, dans les trois articles qui suivent, reprendre et amplifier la thèse que nous avons proposée en 2001, à l'occasion d'un colloque consacré à l'histoire des industries culturelles en France[3], selon laquelle, bien avant l'ère des blockbusters, l'opéra est devenu le centre d'un marché spécifique en générant tout un ensemble de produits dérivés.

Le 22 décembre 1825, le *Moniteur universel* attire l'attention de ses lecteurs sur un « magasin d'étrennes » sis rue du Coq-Saint-Honoré, fréquenté par des femmes de la haute noblesse, riche de « nouveautés charmantes », dont les « parures *Marie Stuart* », les « boîtes de Spa », les « colliers *Robin des bois* » ou les « éventails gothiques à la *Dame blanche* ». L'essentiel n'est pas là cependant. Si l'on a, de temps à autre, fabriqué des objets rappelant un ouvrage à la mode, si par ailleurs l'évolution de la photographie, de l'affiche et de la presse illustrée a permis l'expansion d'une imagerie lyrique (cf. 20.6), c'est surtout dans le domaine de l'édition musicale que s'est développé un marché relevant d'une exploitation commerciale de l'opéra. Il faut mettre à part les livrets et les différentes partitions « extraites » de la partition générale (matériels de chœur et d'orchestre, parties séparées des solistes, partition pour la régie, etc.), qui se sont eux-mêmes multipliés au XIXe siècle du fait de la circulation des œuvres (cf. chap. 14 et 15). Le livret de mise en scène et l'iconographie destinée aux théâtres participent de l'enrichissement des modes de fixation et de diffusion de l'opéra. Tous ces documents constituent ce que l'on pourrait appeler des « produits de production », utiles, sinon nécessaires à la mise en forme du spectacle lyrique. Le « produit dérivé » tire sa substance de l'opéra tout en s'en détachant. Il est né sous l'Ancien régime (cf. t. 1, 18.4).

Le marché de l'édition musicale

Au XIXe siècle, un ouvrage lyrique est donc fréquemment l'occasion d'une exploitation économique mais aussi artistique qui dépasse sa production et sa délimitation comme œuvre (cf. 11.6). Il s'agit de diffuser cet ouvrage sous une forme autre que le spectacle dont il est l'accomplissement, et encore de tirer parti du prestige et de l'écho de sa création en suscitant la production de toute une gamme de partitions. Longtemps laissé dans l'ombre de l'histoire, ces objets méritent pourtant toute notre attention, en ce qu'ils témoignent d'usages propres au XIXe siècle et de l'extraordinaire emprise de l'opéra sur le monde musical français. Si aucun contemporain ne songe à nommer et à théoriser cette pratique, en revanche son caractère industriel est fréquemment relevé. Sur un ton critique et persifleur, Stendhal, s'interrogeant sur le « public, relativement aux Beaux-Arts », fait ce commentaire : « il serait contradictoire de demander une passion bien vive pour cet art [la musique] à un peuple qui passe sa vie en public, et qui se croit ennuyé et presque ridicule dès qu'il se trouve seul un instant. Ce n'est donc pas la faute de nos amateurs à ailes de pigeon s'ils n'aiment dans les grands morceaux de *Tancrède* et d'*Otello* que les délicieuses contredanses qu'une aimable industrie sait tirer pour les orchestres de Beaujon ou de Tivoli. [...] Le succès fou du *Barbier* ne vient pas tant de la voix délicieuse et légère de madame Fodor que des valses et contredanses dont il fournit nos orchestres. Après cinq ou six bals, on finit par comprendre le *Barbier* et trouver un vrai plaisir à Louvois[4]. » Fétis se montre très critique vis-à-vis des éditeurs obsédés par les bénéfices de leurs ventes au détriment de l'art. « Si l'on grave encore des partitions d'opéras, écrit-il, c'est pour avoir le droit de publier les contredanses qu'on en tire et les airs arrangés pour deux violons, deux flûtes ou deux flageolets » (*RM*, 18 fév. 1832). Ce commerce a cependant un revers vertueux : « Vivent ces petits recueils ! trois ou quatre quadrilles tirés d'un opéra indemnisent des pertes que fait l'éditeur sur la partition ou les parties séparées, lui procurent quelquefois des bénéfices considérables, et ne lui coûtent que le prix d'arrangement et de quelques planches. » En des termes pré-adorniens, Fétis condamne cependant le commerce qui affaiblit l'art : « Ce mal, je le répète, tire en partie son origine de la dépréciation de la musique comme marchandise, et celle-ci est la conséquence des remises faites au public et de leur augmentation progressive. »

Les éditeurs de musique (cf. 11.6) apparaissent bien comme la clef de voûte de cet univers musical organisé autour de l'astre lyrique. Ils sont probablement à considérer comme des pionniers dans l'histoire du marché culturel moderne, d'autant que ce commerce a débuté très tôt (cf. t. 1, 14.3). Le XIXe siècle voit sa systématisation et son amplification. La création d'une œuvre importante, du fait de la renommée de son auteur ou de l'écho de sa réception, déclenche une véritable stratégie éditoriale qui nécessite de prévoir la diffusion de l'œuvre sous divers formats et son exploitation dans diverses paraphrases ou fantaisies, sans attendre que tel ou tel compositeur s'y intéresse, afin de s'assurer d'une mainmise sur le marché et avec l'idée de répondre à tous les niveaux musicaux des amateurs-consommateurs, ce que Fétis énonce clairement dans un petit article consacré à « la musique pour le piano tiré de *Robert le Diable* » : « M. Maurice Schlesinger, éditeur de la belle partition de M. Meyerbeer, a voulu que les amateurs de tous les degrés de force eussent leur part dans les arrangements qu'on a faits de ses divers fragments, et dans les fantaisies, rondos et autres légères productions qu'elle a inspirés aux pianistes en vogue. M. Kalkbrenner s'est chargé du soin d'écrire pour les plus habiles, M. Jacques Herz a offert son tribut aux amateurs d'une force moyenne, M. [Adolphe] Adam a pris en considération ceux qui viennent immédiatement après, et M. Karr a taillé sa plume en faveur des plus faibles. Rien n'y manque ; il a du *Robert le Diable* pour toutes les exigences, pour tous les goûts » (*RM*, 11 fév. 1832). Peu après la création des *Huguenots* de Meyerbeer le 29 février 1836, Schlesinger, qui a acquis les droits exclusifs, publie une note dans la *Revue et Gazette musicale de Paris* du 27 mars, reprise dans *Le Ménestrel* du 3 avril : « La musique du nouveau chef-d'œuvre du célèbre auteur de *Robert le Diable* sera livrée au public à Paris, à Londres et à Leipzig, le 1er mai prochain. Tous les morceaux qui pourraient être publiés sur cet opéra avant cette époque seront poursuivis suivant toute la rigueur des lois par l'éditeur-propriétaire. Nous publions ce fait, afin d'éviter que les amateurs ne soient abusés par ceux qui voudraient sous différentes formes livrer au public avant cette époque, des morceaux de cet opéra. » Cette mise au point est liée à un problème de concurrence : « Notre annonce est surtout motivée par une publication portant le titre de *Fantaisie dramatique* sur le choral protestant chanté dans l'opéra des *Huguenots*, de Meyerbeer, composé par Henry Herz[5]. La guerre éditoriale a lieu sur un autre front : « M. Maurice Schlesinger ayant attaqué MM. Adam et Catelin, l'un pour avoir composé, l'autre pour avoir édité un caprice brillant pour piano, sur le *Choral protestant*, intercalé dans *Les Huguenots*, le tribunal vient de condamner M. Catelin à faire une légère modification au titre de son morceau édité. M. Adam a été renvoyé absous » (*Mén.*, 1er mai 1836). Deux semaines plus tard, un entrefilet (transmis par l'éditeur Catelin ?) annonce : « Le morceau arrangé par M. Adam, sur le choral des *Huguenots*, obtient beaucoup de succès. Déjà un millier d'exemplaires de cette production a été enlevé par le public » (*Mén.*, 15 mai 1836). Le commerce des produits dérivés vient heurter une législation de la propriété musicale en train de se constituer. « Est-ce contrefaire que de traduire et arranger [...] une composition musicale de domaine privé[6] ? » s'interroge l'avocat Augustin-Charles Renouard dans son *Traité des droits d'auteur* publié en 1838-1839. Il évoque un jugement du tribunal de la Seine, rendu le 30 mai 1827, ayant trait au *Siège de Corinthe*, dans lequel il est avancé « que si le motif d'une fantaisie et ceux de deux ou trois contredanses avaient été puisés dans la partition [...] de Rossini, il n'y aurait point là contrefaçon, mais simple plagiat non préjudiciable au cessionnaire qui n'avait publié ni fantaisie ni quadrilles motivés sur la même œuvre ». Renouard précise : « C'est là un jugement de fait qui n'engage pas la question de droit. » Si l'arrangeur est bien reconnu comme auteur à part entière, il doit cependant, à partir de 1855, s'assurer de l'autorisation de l'auteur de l'opéra ou de l'éditeur détenteur des droits, et cela quelle que soit la dimension de l'emprunt[7]. La décision fait suite à une affaire touchant Isaac Strauss, auteur de quadrilles sur *Le Pré aux clercs*[8].

La puissance d'action des éditeurs de musique se voit amplifiée par l'entrée de l'opéra dans l'ère de sa médiatisation (cf. 18.1). La presse contribue à faire du théâtre lyrique un objet d'actualité et de culture commune, mais aussi, pour sa partie spécialisée, à dynamiser le marché des produits dérivés dont elle rend compte, qu'elle évoque au détour de comptes rendus de concerts et présente dans des encarts publicitaires. En outre, comme le souligne Joël-Marie Fauquet (cf. 11.6), plusieurs éditeurs – Heugel, Schlesinger, les frères Escudier, etc. – accroissent leur action en s'offrant un périodique. Enfin, il n'est pas rare qu'un journal propose à ses abonnés un supplément musical dans lequel peuvent être recyclées des pièces tirées du répertoire lyrique. Avant que ne soit donnée une de ses œuvres sur une scène parisienne, Rossini bénéficia d'une forme de pré-réception par ce biais-là. « Dès 1813, constate Suzel Esquier, [...] le *Journal d'Euterpe* ou *Nouveau Journal de chant*, qui éditait chaque mois "deux Romances ou une scène et un Rondeau français [...] et un ou deux Morceaux Italiens choisis parmi les plus saillants du Théâtre Italien", publia la cavatine de *La Pietra del paragone*, "*Quel dirmi, Oh ! Dio, non t'amo*" (9e livraison). Cette première publication connut un succès suffisant pour justifier la publication d'autres extraits : on découvre dans les livraisons suivantes des extraits de *Demetrio e Polibio* [...], puis de *L'Italiana in Algeri* [...] et enfin, la cavatine de *Tancrède*, "*Tu che accendi Questo core*", qui allait faire les délices des réunions mondaines[9]. » Jann Pasler a étudié « les partitions publiées dans les journaux et les magazines français entre 1870 et les années 1920, dont les suppléments hebdomadaires et les albums annuels destinés aux abonnés[10] ». Elle montre comment ces partitions reflètent la diversité des goûts, participent d'un dessein républicain de culturation du plus grand nombre, tout en pouvant jouer un rôle de promotion d'un spectacle dont elles sont parfois extraites.

Comme pour l'opéra italien, l'histoire matérielle de l'opéra français évolue avec la montée en puissance de la structure éditoriale qui vise tout autant à vendre les partitions générées par l'exploitation d'une œuvre lyrique qu'à remplir une salle. Le succès d'un opéra ne se mesure plus seulement à l'aune du nombre de ses représentations et des recettes qu'il génère, de ses reprises et de sa diffusion en France et à l'étranger ; il peut être évalué par la quantité et la circulation de ses produits dérivés. À l'occasion d'une reprise de Werther à l'Opéra-Comique, Gabriel Fauré rappelle le succès de l'œuvre, « constamment jouée sur les théâtres de France et d'Europe, rencontrée couramment sur tous les pianos, et chantée par tous ceux et surtout par toutes celles qui chantent » (Figaro, 25 avr. 1903).

Plutôt que de critiquer l'industrie culturelle et la standardisation qui lui serait associée, nous préférons observer à travers ce phénomène la puissance esthétique et le potentiel créatif du théâtre lyrique, la valeur-opéra dans la société du XIXe siècle, enfin la manière dont se diffuse une culture lyrique nationale (cf. 21.6 et t. 1, Introd.).

Produits dérivés directs et indirects

Nous distinguerons deux types de produits dérivés : tandis que la matière musicale du *produit dérivé direct* est totalement et exclusivement empruntée à l'opéra, la matière musicale des *produits dérivés indirects* n'est qu'en partie issue de l'opéra, ou combine et recompose plusieurs éléments empruntés à l'opéra. La première catégorie est le fruit d'un travail technique systématique, la réduction (et éventuellement la transposition) ; la seconde relève davantage d'un travail d'élaboration, la composition. Dans ce cas, l'œuvre lyrique devient un *pré-texte* à un nouvel objet esthétique identifié à un nouveau compositeur.

Les produits dérivés directs se divisent en deux groupes : l'un réunit les partitions présentant l'œuvre intégrale (pour chant et piano, pour piano seul, pour piano à quatre mains) ; l'autre découpe l'opéra en pièces autonomes, couramment appelés « morceaux séparés ». L'œuvre-bloc que constitue l'opéra est abordé comme un assemblage de morceaux musicaux autonomes, de l'ouverture aux pièces de ballet, en passant par les airs et autres formes vocales. Ce second groupe de produits dérivés tient pour bonne part à la forme opératique dominante durant une bonne partie du XIXe siècle, l'opéra à numéros (les numéros étant entrecoupés de récitatifs dans l'opéra, ou de dialogues parlés dans les opéras-comiques et les opérettes). Un numéro se définit par sa thématique spécifique, son unité tonale et son schéma formel (aria da capo, rondeau, couplets, etc.). Il a sa propre unité et forme, à son échelle, un tout musical cohérent. La partition d'orchestre éditée, rare et extrêmement coûteuse, n'est pas un produit dérivé. Elle est assimilable à l'œuvre, du moins avant son déploiement sur scène et en dehors de son effectivité sonore. Elle peut cependant avoir un autre usage que la seule exécution, par exemple quand elle est consultée pour l'étude par un étudiant du Conservatoire. La réduction pour chant et piano, beaucoup plus abordable, peut avoir elle aussi un rôle important lors d'une production – elle est utile par exemple au répétiteur –, mais elle sert plus encore à diffuser l'ouvrage et remplace un médium qui n'existe pas (le disque) et qui permettrait de faire entendre l'œuvre. Excepté de rares personnes capables d'une lecture de la musique notée, la connaissance (l'écoute) d'un opéra n'est pas dissociée de la pratique (l'exécution). La réduction que Moscheles fait du *Fidelio* de Beethoven en 1814 est l'un des premiers exemples de chant et piano.

Les réductions « pour piano seul » présentent un cas très particulier de partitions donnant l'œuvre dans son intégralité, mais concentrée en un seul médium instrumental. Elles témoignent du statut exceptionnel du piano comme puissance assimilatrice de toute musique. L'éditeur Schonenberger lance par exemple au milieu du siècle un *Répertoire des morceaux d'ensemble exécutés par la Société des concerts du Conservatoire arrangés très soigneusement pour piano seul*. Pianiste hors pair, arrangeur et réducteur à la chaîne pour subvenir à ses besoins, Bizet a donné des versions pour piano seul de divers ouvrages de son mentor, Charles Gounod : des pièces chorales (*6 Chœurs [d'opéras] célèbres*, 1866), une mélodie religieuse (*Ave Maria*, 1865), une œuvre orchestrale (*Symphonie n° 2*, 1865) et un opéra (*Jeanne d'Arc*, 1873). Il a réalisé pour Heugel une exceptionnelle réduction du *Don Juan* de Mozart en 1866, portant la mention d'authenticité « transcription d'après la partition d'orchestre », et encore les réductions de *Mignon* (1867) et d'*Hamlet* (1868) d'Ambroise Thomas. Ce genre pianistique n'a rien d'anecdotique et semble plutôt avoir été un important canal de diffusion des œuvres. La grande maison d'édition italienne Ricordi crée ainsi une « Biblioteca musicale popolare » d'opéras réduits pour piano seul qui propose, à la fin du siècle, un large choix de titres correspondant vraisemblablement aux œuvres devenues des classiques par leur succès, parmi lesquels se trouvent les ouvrages de plusieurs compositeurs français : Auber (*Fra Diavolo* et *La Muette de Portici*), Bizet (*Carmen*), Gounod (*Faust*), Halévy

(*La Juive*), Herold (*Zampa*), Meyerbeer (ses six opéras français) et Thomas (*Mignon*)[11].

Sous le second Empire naît un nouveau type de produit, qui ne retient, à l'opposé de la partition pour piano seul, que la matière vocale d'un opéra. La publicité (reproduite ci-contre) parue le 23 mai 1869 dans la *RGMP* en donne un exemple.

Le titre de la collection, « Édition populaire d'opéras, d'opéras-comiques et d'opérettes », est significatif. Ce produit au format de poche vise un large public, désireux de connaître les œuvres installées au répertoire (et surtout leurs mélodies), tout en assurant plusieurs fonctions : copie des rôles pour les artistes, musique à chanter pour les sociétés chorales, livret pour le spectateur (le texte des répliques parlées de l'opéra-comique sont ainsi insérées dans la partition).

La liste des œuvres disponibles balaie tous les genres. Offre nouvelle des éditeurs, la partition pour chant seul s'inscrit dans les usages et crée de toute évidence une demande fructueuse. Elle sera toujours exploitée au début du XXe siècle et sa consommation sera suffisante pour que de nouveaux éditeurs, comme Francis Salabert, s'y intéressent. Relevons enfin que pour une somme inférieure au prix d'un numéro séparé traditionnel (3 F pour un opéra-comique, qui ne fait que trois actes tout au plus, et seulement 4 F pour un grand opéra, qui comporte 4 ou 5 actes), l'acquéreur dispose de toute la musique vocale de l'œuvre.

Perspectives sur l'esthétique du produit dérivé

L'industrie de l'édition joue un rôle primordial dans le façonnement des produits dérivés mais, pour saisir la raison d'être de ses produits, il faut prendre en considération le marché et ses structures qui s'organisent autour de l'opéra. L'un des facteurs essentiels de ce développement est la prodigieuse expansion de l'industrie et de la facture instrumentales[12]. Le piano semble tout pouvoir réaliser, par son ambitus, sa palette de nuances et d'attaques, le jeu de la pédale, sa capacité d'être à la fois mélodique et harmonique, d'imiter un orchestre ou les courbes du chant, l'ornementation et le legato des grands interprètes. Simple accompagnateur d'une romance, il peut aussi devenir autonome, comme Liszt le montre en inventant le récital. Instrument-roi, il devient nécessaire à toute maison un tant soit peu aisée. En 1845, Paris aurait compté soixante mille pianos[13] ! « Le piano est l'instrument universel, écrit Fiorentino en 1853. Il faut en prendre son parti. De la cave au grenier, chaque étage des maisons qu'on habite est orné d'un piano [...] Cet instrument [...] est devenu le complément indispensable de notre civilisation moderne et presque un besoin social » (*Le Constitutionnel*, 24 mai 1853). Le monde lyrique trouve dans cette culture du piano un écho formidable.

La transcription pour piano, qui permet de donner en un format concentré l'harmonie et la mélodie de tout opéra, joue dans la société du XIXe siècle, nous l'avons évoqué, le rôle qu'occupera le disque plus tard : elle permet de goûter à

Encart publicitaire, in *Mén.*, 30 avr. 1865, p. 176 (détail).

sa guise une œuvre, d'en réentendre des extraits ou d'en suivre le déroulement. Elle participe de cette profonde modification du rapport de l'amateur aux œuvres qui ne vivent plus dans le seul moment de l'événement théâtral mais entrent dans un temps itératif (cf. 12.3). L'œuvre vit désormais dans la mémoire sur laquelle reposent les produits dérivés. Écouter, c'est réentendre. Apprécier une mélodie, c'est retrouver le plaisir déjà éprouvé qui lui est associé. Chez certains compositeurs, l'arrangement se veut une photographie sonore de l'exécution plus encore que du texte. Ainsi Herz ajoute des ornements à certains airs qui proviennent probablement de l'exécution des chanteurs sur scène[14].

Si l'on se place du point de vue du compositeur, le produit dérivé de l'opéra présente trois intérêts. Le premier est économique, puisqu'il permet de s'intégrer dans un marché constitué et florissant et d'en tirer un gain lors du concert et en amont en monnayant son travail. « Le Grand Liszt m'a annoncé qu'il allait faire une paraphrase de la Mandragore [de *Jean de Nivelle*], écrit Delibes à son éditeur. Il pense que vous l'accueillerez avec plaisir. Il m'a dit assez sommairement qu'il désirait les mêmes conditions que pour son arrangement de la *Danse macabre* de St Saëns, chez Durand[15]. » Le deuxième intérêt est social, dans la mesure où, pour certaines carrières – celle de Liszt emblématiquement –, il participe d'une stratégie de reconnaissance. Le troisième est esthétique. Puiser dans un opéra les matériaux d'une composition instrumentale apporte des références musicales à l'intérieur d'une pièce nouvelle et crée une connivence avec les amateurs, auditeurs ou exécutants ; c'est, ce faisant, jouer sur le plaisir de réentendre ou celui de s'approprier un air connu en l'interprétant ; c'est aussi une manière efficace de relier une partition à des affects, des situations et une histoire, c'est-à-dire de l'investir d'une charge émotionnelle, dramatique et narrative. Czerny ne manque pas de relever, dans son *Art d'improviser*, l'intérêt qu'il y a à manipuler un matériau que l'on dirait aujourd'hui connoté : « Des motifs, dont les paroles sont généralement connues, peuvent grâce à l'adresse des rapprochements former un sens agréable ou ingénieux. L'apparition imprévue d'un thème nouveau réveille l'attention de l'auditeur. Les motifs se succèdent comme des images dans l'optique [...][16]. » Enfin, dans la perspective d'une poétique du « piano chantant », c'est une façon d'intégrer le modèle absolu du temps en matière expressive et ornementale. L'usage du cantabile italien dans le répertoire pianistique en est une trace[17] ; la fascination de Chopin pour l'art de Bellini en est l'une des plus admirables manifestations[18] ; la série de *L'Art du chant appliquée au piano* commencée par Thalberg, continuée par Czerny puis achevée par Bizet, en est l'un des modèles. Bizet réalise aussi en 1865-1866, pour le compte des éditions Heugel, *Le Pianiste chanteur*, ensemble de six volumes réunissant 150 pièces vocales.

19.2 La diversification des produits dérivés

Hervé Lacombe

Un répertoire protéiforme et proliférant

Les types de produits dérivés de l'opéra varient avec le goût musical, avec le développement de l'édition et de certaines pratiques, comme l'Orphéon, et selon les instruments et les formations à la mode. Par exemple, la vogue de la guitare au début du siècle entraîne la parution de nombreuses publications avec accompagnement pour cet instrument, jusqu'à des réductions de pages orchestrales, comme l'*Ouverture de Maison à vendre* (Favart, 1800) de Dalayrac arrangée pour guitare seule par Louis Ange Carpentras, publiée chez Janet et Cotelle en 1821. En 1835, la maison Meissonnier publie les *Souvenirs du dilettante* de Joseph Vimeux réunissant un « choix des plus jolis motifs étrangers et français arrangés pour la guitare ». On y trouve pêle-mêle, un air d'opéra, une romance, un pas de danse, etc. ; Rossini, Bellini, Donizetti, Herold ou Meyerbeer côtoient Loïsa Puget et Musard. Dans son *Premier pot-pourri pour le forte-piano* publié en 1798, Hyacinthe Jadin réunissait 15 airs, notamment de Kreutzer,

Gluck et Garat. La partition présente une suite de motifs empruntés et cousus entre eux avec plus ou moins d'adresse. Inventée à Paris au XVIIIe siècle, cette forme « devient un des vecteurs prioritaires de la diffusion d'extraits d'opéras dans toute l'Europe[1] ». Le genre aurait disparu dans les années 1830, suite à une évolution de la loi sur la propriété refusant à un auteur de puiser des motifs où bon lui semblait[2]. Durant le premier quart du siècle, la fantaisie est très appréciée[3] ; la mode de l'air et variations s'empare aussi des motifs tirés d'opéras[4] ; on compose des rondos, on invente des appellations, qui recouvrent parfois une particularité formelle : réminiscence, paraphrase, méditation, illustration, bouquet, mosaïque, sélection, etc. L'engouement pour le genre du duo réunissant piano et violon est porté par Schlesinger qui publie un *Grand duo sur les « Huguenots »* de Thalberg et Charles de Bériot, une *Fantaisie concertante sur « Les Huguenots »* de Vieutemps et Grégoir, un *Grand duo sur « Beatrice di Tenda »* par Thalberg et Panofka, un *Grand duo sur « Robert le Diable »* d'Édouard Wolff et Bériot, et encore, de Nicolas Louis, quatre grands duos « brillants et non difficiles » sur *La Favorite, La Reine de Chypre, Le Guitarero* et *Charles VI*. On trouve de tout, ou presque, des pièces pour instruments solistes aux ensembles instrumentaux les plus divers en passant par le quatuor à cordes[5] ou le duo piano et orgue[6]. Certains se font une spécialité d'arrangements inattendus pour le mélomane du XXIe siècle. Victor Bretonnière publie en 1861 un recueil, *Les Rayons d'Italie. Opéras célèbres*, destiné au cornet à pistons, instrument grâce auquel on peut avoir le plaisir de jouer seul, des réductions du *Don Juan* de Mozart ou d'*Un ballo in maschera* de Verdi ! Bretonnière produit des *Airs d'opéras arrangés pour violon seul*, réduit *Norma* pour deux violons, des *Airs de Lucie de Lamermoor* et des *Airs de Zampa* pour l'harmoni-flûte, *Le Déserteur* de Monsigny ou la Sérénade de *L'Amant jaloux* de Grétry pour flûte seule... Le répertoire de l'harmonium n'échappe pas à la règle. Aloys Klein écrit par exemple une *Fantaisie sur des motifs de Joseph, opéra de Méhul, pour harmonium* (1856), Alexandre Daussoigne-Méhul une *Soirée musicale divisée en six morceaux sur la Gazza ladra*, pour harmonium (1854)... Les grands instrumentistes, pour peu qu'ils soient aussi compositeurs, ne manquent pas d'exploiter le filon, comme le flûtiste Jean-Louis Tulou ou le célébrissime cornettiste Jean-Baptiste Arban[7].

L'ère du virtuose dynamise le produit dérivé, mais ce dernier ne meurt pas avec lui, tant s'en faut. Le développement du concert, sous tous ses formats, et le goût pour le programme éclectique, qui mêle musiques instrumentale et vocale, offrent un terrain privilégié aux morceaux séparés issus du répertoire lyrique et aux pièces plus libres inspirées de ce même répertoire. Comme l'a montré Patrick Taïeb, l'ouverture d'opéra s'impose dans les concerts au tournant du XVIIIe au XIXe siècle[8] et participe de la constitution d'un répertoire orchestral français. À l'autre bout du siècle, l'habitude de tirer des suites d'orchestre de musiques de scène ou de ballets vient à son tour élargir le domaine symphonique. À peine sorti de la première du *Cid* de Massenet à l'Opéra, Louis

Besson ne manque pas de relever que son « ballet fera la joie des habitués des concerts classiques » (*L'Événement*, 2 déc. 1885). Moins visibles, les parodies (par exemple du *Prophète*, de *Tannhäuser* et de *Carmen*[9]) viennent parfois élargir le cercle des produits dérivés (cf. 19.6).

Si pour certains compositeurs l'écriture de ces partitions correspond à leur carrière d'instrumentiste et, dans le cas de productions de peu d'exigence sur le plan esthétique, à une approche décomplexée du marché de l'art musical, pour d'autres, il s'agit d'un véritable pensum accepté par nécessité économique. Pour subvenir à ses besoins, Bizet doit œuvrer à des basses œuvres de transcription en tout genre qu'il refuse parfois de signer. En 1872, Gounod lui confie le soin de suivre la préparation d'une nouvelle production de *Roméo et Juliette* à l'Opéra-Comique (la première aura lieu le 20 janvier 1873). Dans une lettre à son éditeur Antoine de Choudens, Bizet nous montre comment l'opéra est véritablement dépecé :

« Caro, Voici nos Roméo. Je n'ai rien oublié.
1° (n° 1 de la partition) – Duo extrait – pour le morceau à voix seule – retrancher la 2ᵉ partie
2° (n° 1 de la partition) Air de Capulet
3° (n° 2) Reine Mab
4° n° 6 Entr'acte
5° id. Rêverie de Juliette (sur la musique de l'entr'acte) [...]
6° (n°ˢ 6 et 8) Des fragments de chœurs je vous ai fait un bon chœur d'orphéon que vous pourrez intituler Chœur des amis de Roméo – J'ai ajouté quelques vers [...]
7° (n° 7) Cavatine de Roméo
8° (n° 8 et 9) Duo – (Rien à extraire)
9° (n° 12) Couplets de Stephano accompagnement pareil aux 2 couplets.
10° (n° 14) Grand Duo – Vous pourriez peut-être extraire l'andante sous le titre de *Nocturne*. Voyez !... Ce sera l'affaire de deux coups de crayon sur le morceau détaché
11° (n° 15) Couplets de Capulet (accompagnement pareil aux deux couplets)
12° (n° 16) Air de Frère Laurent. On pourrait peut-être extraire le 9/8 en faisant deux strophes
13° (n° 17) Grand air de Juliette. On pourrait en extraire l'andante ?
14° Marche funèbre
15° (n° 19) Strophes de Capulet. J'ai ajouté deux vers pour la seconde strophe les 2 autres vers me servant de refrain
16° Le Sommeil de Juliette. Je n'ai pas allongé les 3 entr'actes comme j'en avais l'intention – il faut les laisser tels qu'ils sont. Si vous les trouvez trop courts pour les publier séparément, pourquoi ne les réunissez-vous pas sous le titre : *Les Entr'actes de Roméo*.
N° 1 Le Balcon de Juliette
N° 2 Marche funèbre
N° 3 Le Sommeil de Juliette ?...
J'ai simplifié les passages trop difficiles[10]. »

Si le grand opéra de par ses dimensions, sa riche palette expressive et la diversité de ses morceaux se prête particulièrement bien au commerce des produits dérivés, leur pratique touche tous les genres lyriques y compris l'opérette.

L'exemple de L'Africaine

L'Africaine nous servira d'exemple pour mesurer l'ampleur prise par ce marché. Attendu depuis des années, le dernier grand opéra de Meyerbeer bénéficie de toute la puissance éditoriale et médiatique du temps. Deux jours après la création posthume du 30 avril 1865, paraît dans *Le Ménestrel* une pleine page publicitaire détaillant une première série de produits dérivés (directs pour l'essentiel) dont nous ne donnons ci-contre qu'une partie.

Prenons le cas de l'air chanté au deuxième acte par Faure, « Fille des rois ». Originellement écrit pour baryton (n° 5 de la partition), le même air est arrangé pour ténor (n° 5 bis) et pour basse (n° 5 ter). Il ne correspond donc plus à la réalité lyrique du personnage et devient air à chanter pour voix d'homme. On notera l'importance attribuée au nom du créateur, dont le prestige joue une part non négligeable dans le succès des morceaux qui lui sont confiés. 23 morceaux sont transcrits pour piano seul, « aussi exactement que possible ». Ouverture, marches et numéros chorégraphiques existent dans des réductions pour piano à deux mains, pour quatre mains et, pour certains, en version simplifiée. Outre ces morceaux séparés, l'éditeur propose un chant et piano de divers formats et diverses qualités, une version avec traduction en italien et en allemand, un piano seul, une partition pour quatre mains. Sur la même page apparaissent encore quatre œuvres, relevant des produits dérivés indirects, dont la *Fantaisie de salon* de Ketterer et le *Bouquet de mélodies* de Cramer. Quatre ans après la création, la *Revue et Gazette musicale* du 23 mai 1869 consacre une pleine page aux produits dérivés de cet opéra (plus de 130 !) qui ont fleuri en suivant le flot des représentations. Leur variété témoigne de la volonté de traverser les couches de la société (des strates populaires au salon parisien), de la diversité des effectifs (du piano solo à l'orchestre militaire), de l'inventivité des formes et de l'adaptation de l'écriture à des exécutants aux aptitudes variées (de l'amateur au virtuose en passant par les instrumentistes apprentis). Ainsi se définit un marché complexe, résultant d'un réseau croisé de milieux, d'effectifs et de poétiques. Des pièces pour piano s'adressent à la pratique solitaire, à l'exécution en salon ou encore à la prestation en concert. Les musiques de danse visent les multiples formes de bal. Les arrangements pour violon, violoncelle, flûte, cornet à pistons, clarinette ou hautbois s'adressent aux amateurs et parfois aux professionnels désireux de briller en exploitant des motifs connus. Dans les quatre mains, on note encore une partition à usage pédagogique d'Alexandre Croisez *Duo enfantin*. Les arrangements ou fantaisies pour fanfare et harmonie, les numéros pour chœurs concernent les pratiques populaires.

Dans la production pour piano dérivée de *L'Africaine*, l'éventail qualitatif est large : de Cramer, Félix Godefroid ou Eugène Ketterer à Franz Liszt. Le cas du dénommé Cramer est tout à fait significatif. Son *Bouquet de mélodies* est l'agglomérat d'une dizaine de motifs de l'opéra, tous identifiés sur la partition, qui devient une sorte de *Digest* de l'œuvre lyrique. En fait, Cramer « est un pseudonyme adopté d'un commun accord par le commerce de musique de Paris, pour la publication d'une foule de morceaux de piano sans importance, transcriptions, "bouquets de mélodies", etc., tirés des opéras en vogue, et que leurs auteurs ne veulent point signer[11] ». Le musicographe auteur de ces lignes ajoute avec une pointe de fiel : « Il ne manque pas cependant, en France pas plus qu'ailleurs, de musiciens médiocres toujours prêts à mettre leur nom sur des publications de ce genre. Toutefois, il se publie chaque année, sous ce pseudonyme de Cramer, des centaines de morceaux dont il est impossible de connaître la provenance directe. » Nous sommes là au niveau le plus bas de l'invention, correspondant à une sorte de mécanisation ou de standardisation de la production. Ketterer marque une étape vers le mieux. C'est un pianiste qui produit presque à la chaîne des pièces pour briller dans les salons et les concerts et nourrir le consommateur de motifs plaisants habilement disposés. Sa partition est précisément intitulée *Fantaisie de salon*. L'invention musicale y est modeste. Henri Herz est plus ambitieux et sa *Grande fantaisie* révèle un authentique talent. Elle présente un déploiement spectaculaire de gestes pianistiques. Avec les *Illustrations de l'opéra L'Africaine* de Liszt (n° 1 O grand saint Dominique, n° 2 Marche indienne), on accède à un nouveau palier du domaine créatif. Entre les mains du géant du piano, la fantaisie est vivifiée et revêt un sens tout autre. Par l'éblouissante invention musicale, la richesse de son langage, le jeu de réécriture et d'interprétation du texte premier, il la place au rang des œuvres d'art abouties et, en renvoyant à l'opéra, l'associe à la musique à programme. Tandis que Ketterer sélectionne les éléments les plus conventionnels de la partition de Meyerbeer (motif martial et mélodie accompagnée par exemple) et les traite conventionnellement, Liszt transcende à proprement parler les idées empruntées pour en faire le point de départ d'une exploration éblouissante de la matière sonore. À l'inverse de celle de Cramer, la partition de Liszt s'adresse à une élite musicale ou du goût.

Enjeux lisztiens du produit dérivé

Dans sa grande période de concertiste, Liszt programme essentiellement des transcriptions ou arrangements d'opéras[12]. Il n'est en rien une figure isolée. Composer une pièce à partir d'un matériau emprunté à un opéra présente l'avantage d'aller au devant du goût du public et de bénéficier de la diffusion et de la publicité de cet opéra. Pour l'interprète, qui se confond souvent avec l'auteur de la fantaisie, il en va de même. Par ce biais, il associe son art et sa posture à l'aura extraordinaire des grands chanteurs. Comme l'a montré Bruno

Moysan[13], Liszt souhaite en effet aller à la rencontre du public, répondre à ses attentes tout en conservant sa signature inimitable, lier mondanité et divertissement, emprunt à d'autres compositeurs et expression de soi. La fantaisie, dans toutes ses formes, a servi la stratégie du musicien avide de succès comme lui-même a contribué à donner au genre ses lettres de noblesse. Par son dramatisme et son geste virtuose sidérant, elle a été pour lui un moyen d'éblouir et, ce faisant, en associant son nom au théâtre lyrique, voie royale de la réussite (au moins en France et en Italie), elle lui a apporté une forme de reconnaissance. Transcriptions minutieuses, souvent très inventives techniquement pour reproduire la texture orchestrale *(Isoldes Liebestod)*, ou œuvres d'imagination personnelle, ces pièces font montre d'une grande variété quant à leur contenu et à leur relation au texte premier qu'est l'opéra.

Liszt fait feu de tout bois. Il puise chez Mozart, Weber et Wagner, s'inspire des œuvres de Rossini, Bellini, Donizetti et Verdi, sans oublier le répertoire français :

Rossini	*Introduction et variations sur une marche du « Siège de Corinthe »*
	Ouverture de l'opéra « Guillaume Tell »
Donizetti	*Marche funèbre de « Dom Sébastien »*
Auber	*Grande fantaisie sur la tyrolienne de l'opéra « La Fiancée »*
	Tarantelle di bravura d'après la tarantelle de « La Muette de Portici »
	Stücke aus der Oper « La Muette de Portici »
Halévy	*Réminiscences de « La Juive »*
	Fantaisie sur des thèmes de l'opéra[-comique] « Guitarero »
Meyerbeer	*Réminiscences de « Robert le Diable »*
	Réminiscences des « Huguenots »
	Illustrations du « Prophète »
	Illustrations de l'opéra « L'Africaine »
Berlioz	*Ouverture des « Francs-juges »*
	Bénédiction et Serment, d'après *Benvenuto Cellini*
Gounod	*Valse de l'opéra « Faust »*
	Les Sabéennes, d'après *La Reine de Saba*
	Les Adieux, d'après *Roméo et Juliette*
Delibes	*La Mandragore. Ballade de l'opéra « Jean de Nivelle »*

Loin d'être de simples prestations virtuoses se bornant à épater la galerie, nombre des fantaisies et transcriptions de Liszt sont remarquables, certaines mêmes figurent parmi ses plus belles pages. *Le Prophète* lui inspire notamment l'un des chefs-d'œuvre du répertoire pour orgue du XIXe siècle, la *Fantaisie et Fugue sur le choral « Ad nos, ad salutarem undam »*.

19.3 L'opéra hors de l'Opéra

Hervé Lacombe

De l'intimité d'un salon familial aux grandes institutions symphoniques (cf. 19.4, 19.5) en passant par les salles des facteurs d'instruments (appelées « salons »), comme Herz ou Pleyel, et les divers espaces où peut résonner de la musique, l'opéra a droit de cité. Les produits dérivés prolifèrent à cette époque parce qu'ils disposent d'un nombre important de consommateurs, d'un réseau de lieux et d'une diversité de pratiques qui leur accordent une place de choix.

Du côté de l'église

L'opéra est si profondément ancré dans la culture du temps qu'on le retrouve même dans ce qui devrait paraître son opposé : le monde religieux. Grétry a ainsi les honneurs de l'église Saint-Roch avec une pièce datant des années 1820 dont le titre dit bien l'emprise de l'opéra sur le goût des contemporains : *Ouverture de l'opéra de Zemire et Azor. Arrangée pour l'orgue. Demandée par un Ecclésiastique habitué à l'Eglise de St Roch, pour la fête de son patron St Pierre*[1]. Il faut se souvenir aussi que, loin d'être inaccessible aux musiciens, l'église est au XIXe siècle un lieu de concert[2]. Chanteurs et chanteuses viennent y interpréter des pièces modelées parfois sur le schéma des airs d'opéra. Du fait de l'intégration de scènes religieuses à l'opéra (cf. Introd., 16.4), il se produit un jeu de miroirs troublant entre les deux mondes du théâtre et de l'église. En 1854, Charles Dancla publie *Gloire à Dieu et prière de La Muette de Portici*, « 2 morceaux d'église pour le violon avec accomp^t d'orgue ou de piano ». Certaines pièces composées pour l'opéra vont ainsi au devant sinon d'une exploitation religieuse du moins d'une réappropriation par les « instruments du religieux », comme le *O Salutaris, avec accompagnement d'orgue extrait de l'opéra « Patrie »* d'Émile Paladilhe (1888) par J. Mechelaere, ou les marches dont raffole le grand opéra, *Marche de la Muette de Portici* (1861), *Marche sainte extraite d'Hérodiade* (1882), *Marche du Synode, de Henry VIII* (1883), *Marche solennelle d'Hamlet* (1888)[3]. La construction d'orgues dans les théâtres et leur utilisation lors de scènes religieuses, dans *La Juive* ou *Faust* par exemple, amplifient ce va-et-vient entre les deux mondes[4]. De même, l'intérêt pour l'orgue d'appartement[5] suscite un répertoire, comme l'indique ce recueil paru chez Lebeau aîné en 1862 : *L'Orgue des Salons. Fantaisies transcriptions d'opéras anciens et modernes, morceaux originaux*.

Salons

La sociabilité de salon[6] (cf. 2.4) n'est pas limitée au grand monde, elle touche aussi la classe moyenne et nous intéresse ici en ce qu'elle est fréquemment liée à la musique, quand il s'agit de danser (s'il y a bal ou lors de soirées plus informelles), ou plus simplement quand le moment est venu d'écouter une romance ou une page de musique instrumentale dont le matériau est fréquemment dérivé de l'opéra. D'après Castil-Blaze (*JD*, 12 mars 1824), c'est au début des années 1820 que le répertoire des salons s'est enrichi de pièces extraites d'opéras, beaucoup plus exigeantes que les romances, chansons et nocturnes qui occupaient seuls auparavant les soirées. Si nombre de salons se concentrent sur les lettres, d'autres se vouent plus franchement à la musique[7], qui peut aussi intervenir lors de réunions familiales plus intimes, car elle fait partie de la formation d'une jeune fille[8]. Citons les salons de la comtesse Merlin, de la comtesse Apponyi et de la princesse Belgiojoso ou, plus tard, celui de Marguerite de Saint-Marceaux[9]. On entend chez la comtesse Merlin des amateurs éclairés et des gloires du chant ; elle-même prend des cours avec Manuel Garcia père, s'intéresse au lancement de la carrière de la Malibran... Les chanteurs et instrumentistes professionnels chantent et jouent à titre bénévole ou moyennant rémunération ; eux-mêmes peuvent faire salon. Mary Garden, créatrice de la Mélisande de Debussy, témoigne de cette pratique : « Mon cachet pour les salons est de 2000 francs et je chanterai le 28 mai, si l'Opéra ne m'affiche pas[10]. » Si certains moments sont improvisés, il va sans dire que, souvent, les artistes prévoient et même répètent leur intervention. En 1872, Caroline Carvalho s'adresse à Pauline Viardot pour régler une prestation : « La Princesse Orloff m'a dit que j'aurais le plaisir de rechanter chez elle avec vous le duo de Roméo. Comme je croyais monsieur Peruzzi encore à Paris j'avais dit à la Princesse que je lui écrirais et qu'il viendrait nous accompagner ce duo dont il savait vos changements[11]. » Peruzzi absent, la grande cantatrice se demande si Saint-Saëns accepterait de les accompagner.

Joël-Marie Fauquet établit une typologie[12] : salon aristocratique (prince de Chimay), institutionnel (ambassade d'Autriche), d'artiste (Isabey), littéraire (Alphonse Daudet), d'amateurs et de musiciens. Certains revêtent un prestige tout particulier, comme ceux du pianiste Pierre Zimmermann[13] et de Rossini. Auréolé d'une gloire à nulle autre pareille, le cygne de Pesaro reçoit à Paris et se montre accueillant vis-à-vis des jeunes compositeurs qui tiennent tous à être adoubés. Les salons de la IIIe République présentent un paysage extrêmement varié par rapport aux pratiques du début du siècle. À l'impact des régimes en place sur les usages et à l'évolution de la culture musicale, devrait être superposé une cartographie politique et sociale des salons. À la fin du siècle, certains salons, par goût réel ou par snobisme, l'un ne s'opposant pas forcément à l'autre, joueront un rôle important pour la diffusion de l'œuvre et de la pensée de Wagner[14].

Les morceaux séparés de tout opéra ont pour vocation première de nourrir l'activité musicale des salons. Dans les années 1820-1830, Castil-Blaze publie cinq recueils de morceaux sous le titre « Répertoire du chanteur français » : *Le Gluck des concerts*, *Le Piccinni des concerts*, *Le Sacchini des concerts*, *Le Grétry des concerts* et *Le Dalayrac des concerts*. Le sous-titre est précis : « recueil des airs, scènes, duos, trios, quatuors, chœurs des opéras français de cet illustre maître que l'on peut exécuter dans les salons, réduits avec accompagnement de piano et transposés quand la trop grande élévation du diapason l'a exigé ». Le choix de Castil-Blaze se fonde sur une culture lyrique encore prestigieuse mais qui s'effondre dans ces décennies au profit d'autres compositeurs. En 1874, les éditions Vieillot lancent *Les Échos du théâtre : répertoire choisi des airs, ariettes, romances, rondes et duos, extrait des meilleurs opéras, opéras-comiques, opérettes, vaudevilles etc.*

Ces pratiques sont devenues si habituelles dans la société française du XIXe siècle que, par un renversement de situation étonnant, l'opéra est conçu et écouté dans la perspective de donner des pièces pour le salon. La facture de l'opéra à numéros et des « morceaux à faire » peut devenir, à la fin du siècle, le signe d'un conservatisme coupable. Ainsi, Adolphe Jullien repère dans le trop conventionnel *Dante* (OC, 1890) de Benjamin Godard une romance « évidemment écrite en vue des salons » (*MU*, 19 mai 1890). La proximité de certains numéros d'opéra avec le répertoire très prisé de la romance permet cette circulation aisée d'un espace à l'autre. La bourgeoise Geneviève Bréton rapporte dans son journal une scène intime de sa jeunesse : « Vous allez partir déjà, dit Henri Regnault en venant s'accouder au canapé où j'étais immobile et attentive depuis deux heures. [...] Ne partez pas, dit-il avec une vivacité qui m'étonna, encore quelques jours, quelques heures, quelques instants. Et, se remettant au piano, il commença à chanter un air doux et charmant, lent et triste, l'adieu de Wilhelm Meister d'Ambroise Thomas : "Adieu Mignon, courage / Ne pleure pas" [...][15]. »

Nombre de particuliers donnent des moments musicaux qui se situent entre le concert et l'activité mondaine du salon ; on les désigne de divers noms, matinées, soirées, séances... Certains artistes savent entretenir et profiter de l'écho de leurs activités dans la presse pour nourrir leur renommée. Antoine Marmontel, professeur incontournable de piano au Conservatoire durant la seconde moitié du siècle, reçoit chez lui les plus grands pianistes de l'Europe mais aussi organise fréquemment des auditions de ses élèves. Ses « samedis » sont très prisés et ont les honneurs de comptes rendus fréquents dans les colonnes du *Ménestrel*. Le lundi 18 janvier 1864, il met à l'honneur Louis Diémer, qui joue un *Allegro de concert* de Weber, une *Berceuse* de sa composition, *La Fileuse* de Mendelssohn et, avec Pablo Sarasate, une *Fantaisie concertante* sur *La Juive* (voir *Mén.*, 24 janv. 1864). Bizet, un des élèves de Marmontel, se produit chez lui, avant de fréquenter assidument, quelques années plus tard, le salon de Marie Trélat, épouse du docteur Ulysse Trélat, ceux de la vicomtesse de Granval, elle-même compositrice, et de Mme Bertin[16]. Le réseau des salons a un double intérêt : il contribue à la circulation des produits dérivés ; il offre aux artistes des lieux où échanger, faire des galops d'essai pour les plus jeunes, trouver un soutien, rencontrer des personnes utiles à leurs projets, car les directeurs de théâtre, les librettistes, les interprètent, présents ici ou là, sont autant de personnalités à connaître pour un compositeur et avec lesquelles entretenir un commerce agréable, oscillant entre la sociabilité mondaine de bon aloi et la conversation professionnelle.

Bals et musique à danser

Le marché des produits dérivés correspond à plusieurs usages dont la musique à danser est l'un des plus importants. Au XIXe siècle, la danse est essentielle à l'opéra, comme nous l'avons constaté (cf. 3.5, 6.2) mais aussi dans la culture des différentes couches de la société. Elle continue à faire partie des pratiques de divertissement privées et publiques. C'est sous le Directoire que le bal public « prend véritablement son essor[17] », et sous la monarchie de Juillet que le bal de l'Opéra devient l'objet d'un engouement démesuré. Philippe Musard, compositeur et chef d'orchestre, particulièrement habile à arranger des airs d'opéra en quadrille, y règne en maître. C'est l'une des personnalités marquantes de la monarchie de Juillet, animateur de concerts-promenades et du carnaval à Paris puis directeur de ces fameux bals de l'Opéra jusqu'en 1854 qui passent alors aux mains d'Isaac Strauss. Compositeur prolifique, ce dernier témoigne par sa carrière et sa production de la circulation des produits dérivés sur le territoire national. Son activité à Paris – aux bals du Jardin d'hiver sur les Champs-Élysées, de l'Opéra et de la cour – se double d'une activité en province, particulièrement à Aix-les-Bains et à Vichy (cf. 14.5).

Deux cas se présentent : soit la page destinée au bal est déjà clairement identifiée comme morceau de danse dans l'opéra ; soit la musique dérivée de l'opéra est remaniée pour devenir un morceau à danser. Un chroniqueur relève, après avoir entendu *La Juive* (O, 1835) d'Halévy, que les airs de danse de l'acte III « sont écrits avec facilité » ; il enchaîne aussitôt : ils « serviront à varier les quadrilles de nos bals de l'hiver prochain » (*L'Artiste*, 1835, p. 131). Le style de certains musiciens, tout particulièrement à l'Opéra-Comique, se prête particulièrement bien

« Strauss, directeur des bals de l'Opéra », caricature, *Le Gaulois illustré*, 12 déc. 1858, p. 5.

à une adaptation en produits dérivés dansants, ce que formule un critique en évoquant la création des *Diamants de la couronne* (OC, 1841) d'Auber : « On y fait une consommation effrayante des mesures à 2/4, 6/8 et 3/4 qui prêtent merveilleusement à la contredanse, au galop, à la valse, au boléro, etc. M. Musard devra de nouveaux remerciements à la muse dansante de M. Auber » (*Mén.*, 14 mars 1841). Le style d'Auber accomplit l'idéal d'un art lyrique innervé par l'esprit de légèreté (cf. 16.6) et les formules dansantes (cf. 3.5). La chose est si frappante pour les oreilles du temps que Berlioz en fait un cas d'école pour analyser la propension de l'opéra-comique à se penser comme forme destinée à la vente de produits dérivés : « Il y a un nombre prodigieux de motifs de contredanse dans cette partition, dans l'Allegro de l'ouverture, dans les ballades, dans les duos, dans les morceaux d'ensemble, partout. La première reprise étant ainsi toute faite, il ne s'agira plus que d'en ajouter une seconde, et les quadrilles surgiront par douzaines. Évidemment c'est le but que s'est proposé M. Auber ; il a cru plaire davantage par là au public spécial de l'Opéra-Comique, et lui plaire d'autant plus que ces thèmes dansants seraient moins originaux. La durée du succès peut seul démontrer si ce but a été atteint. À raisonner ainsi, la question d'art se trouve tout-à-fait écartée ; il ne s'agit plus de savoir si l'auteur a mérité ou démérité de la musique, mais si son ouvrage a beaucoup rapporté au théâtre et lui rapportera longtemps » (*JD*, 12 mars 1841). Les questions touchant le (mauvais) goût du public, le genre (l'opéra-comique) et l'économie s'entremêlent. La danse est un élément capital de la vie en société et une page réussie en ce domaine est l'assurance d'une rente. Même non dansée, la pièce dansante emporte les esprits. En 1873, Reyer constate que la valse de *Roméo et Juliette* de Gounod (TL, 1867) « est, de tous les morceaux de la partition, celui qui s'est le plus chanté, qui s'est le plus vendu » (*JD*, 26 janv. 1873).

Kiosque, musique militaire et orphéon

Parmi les lieux insolites ou nouveaux, le kiosque à musique tient une place de choix. Sur la place publique, le cours ou la promenade, dans un jardin public ou un square, dans les quartiers militaires même, il « assure la permanence d'un style de vie[18] » jusque dans les colonies. En plus des musiques militaires, des sociétés musicales l'animent. Entre 1850 et 1914 ce sont pas moins de 4 000 kiosques qui sont construits en France, où, constate Marie-Claire Mussat, des sociétés musicales diffusent et popularisent une musique variée d'airs militaires et de danses, d'arrangements ou fantaisies sur des œuvres lyriques, ou, pour les plus aguerris des musiciens, des transcriptions de symphonies, de suites d'orchestre et d'ouvertures[19]. La liberté du plein air invite à un nouveau type d'appropriation et d'appréciation des airs d'opéra. Si le kiosque offre à une partie du public de découvrir sous une forme brève et accessible un succédané du « grand répertoire », pour d'autres il s'agit de goûter un air connu devenu rengaine et, pourquoi pas, de le fredonner. Particularité surprenante de ces lieux alternatifs, c'est par le biais des harmonies que la musique de Wagner s'infiltre dans la culture musicale française, « avec la marche et l'ouverture de *Tannhäuser*, le prélude de *Lohengrin*, les ouvertures de *Rienzi*, de *Siegfried* et du *Vaisseau fantôme*[20] ».

Les arrangements et fantaisies pour fanfares, harmonies et musiques militaires[21] permettent à l'opéra de bénéficier d'un réseau supplémentaire pour sa diffusion à Paris et en province (cf. 19.5). Le lien entre opéra et musique militaire est établi depuis longtemps. Patrick Péronnet cite la romance tirée du *Renaud d'Ast* (Favart, 1787) de Dalayrac, devenue au début du siècle un hymne impérial (« Veillons au salut de l'empire »), *La Victoire est à nous !* extrait de *La Caravane du Caire* (Fontainebleau, 1783) de Grétry, *Où peut-on être mieux qu'au sein de sa famille ?* de *Lucile* (OC, 1769), de Grétry toujours, ou encore une marche empruntée à *Fernand Cortez* (O, 1809) de Spontini[22]. Dans les décennies suivantes la transcription des airs à la mode se fait au détriment de la composition d'œuvres originales. Les musiques militaires n'ignorent rien ainsi de la vogue rossinienne. « Depuis 1819, se souvient Eugène de Mirecourt, [...] les Parisiens étaient fous de la musique de Rossini. De la loge du concierge à la mansarde, les pianos tapotaient ses partitions ; les chefs des musiques militaires les arrangeaient pour tous les ophicléides et les trombones de l'armée ; on les mettait en études, en valses, en quadrilles, et les Musard de la Restauration faisaient fortune[23]. » Le 2 février 1834, *Le Ménestrel* se satisfaisait des « immenses progrès » faits en France dans ce genre : « Nos troupes exécutent en marchant les morceaux les plus compliqués de nos opéras. » Vingt ans plus tard, le 23 novembre 1854, plagiant cet article, Albert Perrin, directeur de l'éphémère *Presse musicale*, fait ce constat : « Un régiment qui passe vous procure aujourd'hui, pour le moins, autant de jouissances musicales qu'un orchestre peuplé de virtuoses à tout crin. Ce ne sont plus les motifs mesquins, étriqués, dont se contentaient nos pères ; mais des fragments complets des partitions de nos grands maîtres, ces morceaux de haut style, greffés avec toute leur sève sur ce faisceau d'instruments à vent. Rossini, Meyerbeer, Weber, Herold, Halévy, Ad. Adam, Ambroise Thomas, Verdi, sont aussi populaires dans nos casernes que dans nos salons. » Selon Perrin cette révolution du répertoire est due au clarinettiste Frédéric Berr et à ses successeurs, Jean-Baptiste Mohr, Alexandre Fessy, Narcisse Bousquet, Hyacinthe Klosé, Engebert Brepsant. Dans la mouvance du mouvement orphéonique, naissent des sociétés musicales d'amateurs, qui perpétuent ce répertoire, avec leurs moyens souvent plus limités[24]. Sous l'impulsion de Gabriel Parès, la qualité des œuvres évolue et le pot-pourri, naguère très prisé, disparaît[25].

Comme la province, les colonies sont touchées par le phénomène. Marie-Claire Mussat cite l'orphéon d'Alger, créé dès 1860, et recense en 1910 « 29 harmonies dans le département d'Alger, 15 à Constantine, 9 à Oran, 9 à Tunis[26] ». À la fin du siècle, Jean Fructueux se dit satisfait du travail accompli par A. Couture, chef de musique militaire à Alger, qui donne des concerts, place du gouvernement. Couture, écrit le chroniqueur, « s'inquiète aussi de nous donner des fantaisies sur les opéras qui, au théâtre ont eu la faveur du public. Soyez certains qu'avant peu, il nous offrira une audition des principaux motifs du *Lohengrin*, comme l'an passé il nous a servi du *Sigurd* » (*Les Annales algériennes*, 17 avr. 1892). À Mascara, un journaliste admire l'art des légionnaires : « Depuis trois jours qu'ils sont nos hôtes, nos braves Légionnaires déversent sur les Mascaréens ébahis des flots d'harmonie, qui ne nous étaient pas coutumiers – notre vaillante Musique municipale ne nous gardera pas rancune de cette affirmation. [...] la Musique de la Légion fait merveille et nous rend de façon très brillante les pages les plus difficiles. Elle nous sort un peu de la banalité des Polkas, Pas redoublés, Fantaisies ressassés et autres rengaines [...]. L'harmonie étrange de Saint-Saëns, les savantes élucubrations de Wagner, le classicisme de Verdi n'ont point de secret pour nos Légionnaires et nous avons goûté la même perfection dans *Lohengrin* [et] *Sigurd*, que dans *Nabucco*, *Samson et Dalila* ou *La Marche macabre* » (*Le Progrès*, 21 mai 1898). Ce type d'ensemble joue le rôle d'un média transmetteur des grandes œuvres tout en participant de la perpétuation d'une culture musicale. Francisque Sarcey se souvient en 1887, à l'occasion d'une reprise de *La Sirène* d'Auber, du plaisir qu'il avait eu à en découvrir la musique dans sa jeunesse. « L'ouverture, ajoute-t-il, en est restée, classique, et toutes les musiques de régiment la jouent à l'envi, le dimanche, sur les places des villes » (*Les Annales politiques et littéraires*, 6 fév. 1887).

En 1836 est fondée la première société chorale orphéonique officielle à Paris qui va devenir « le porte-drapeau du mouvement du chant choral amateur en France[27] », dont l'apogée est atteint dans les années 1850-1860. Le répertoire contient des transcriptions de numéros tirés de l'opéra, ce qui n'a pas toujours été apprécié. « Certains puristes, se plaint Antoine Elwart dans son *Essai sur la composition chorale*, ont gémi de ce qu'ils appellent des profanations ; ils n'ont pas compris qu'en agissant ainsi nous n'avions qu'un but, celui de faire pénétrer dans les masses populaires orphéoniques le goût des belles œuvres, que la position de la plupart d'entre eux ne leur permet pas d'entendre, faute de pouvoir payer en entrant le droit de les applaudir dans nos dispendieux théâtres lyriques[28]. »

19.4 L'OPÉRA DANS LES CONCERTS SYMPHONIQUES PARISIENS
Yannick Simon

Première société de concerts publics à Paris, autorisée à exister seulement dans les interstices du calendrier de l'Opéra, le Concert spirituel avait été, entre 1725 et 1790[1], l'incarnation de la relation indéfectible entre opéra et concert (cf. t.1, 18.3). Tout en affirmant sa spécificité à travers la musique instrumentale qu'il promeut, le genre du concert va continuer à entretenir tout au long du XIXᵉ siècle des liens nourris avec l'opéra. L'évolution de ce phénomène sera appréhendée au travers du répertoire des quatre grandes sociétés de concerts parisiennes : la Société des concerts du Conservatoire (1828-1967), les Concerts Pasdeloup (fondés en 1861, interrompus entre 1887 et 1919), les Concerts Colonne (fondés en 1873) et les Concerts Lamoureux (fondés en 1881).

Dans la mesure où elle en constitue le cadre, l'histoire du concert public symphonique à Paris au XIXᵉ siècle doit être esquissée en prélude à cette étude[2]. La Révolution ayant mis fin au monopole du Concert spirituel, des concerts publics voient le jour au début du siècle en prenant des formes variées. Les séances de musique de chambre inaugurées par Pierre Baillot en 1814 sont l'une d'entre elles. Leurs programmes mettent à l'honneur les œuvres des classiques viennois. La fondation de la Société des concerts du Conservatoire en 1828 s'inscrit aussi dans ce mouvement de promotion du répertoire instrumental, avec l'objectif de faire connaître et apprécier plus spécifiquement les symphonies de Beethoven[3]. Pendant plus de trois décennies, la Société des concerts du Conservatoire domine le mouvement symphonique dans la capitale. À partir des années 1860, l'offre s'accroît, le public s'élargit et le répertoire se diversifie : tout d'abord grâce aux Concerts populaires de musique classique organisés par Jules Pasdeloup entre 1861 et 1887, puis aux Concerts du Châtelet d'Édouard Colonne à partir de 1873 et à la Société des nouveaux concerts fondée par Charles Lamoureux en 1881[4]. Signe que les deux univers ne sont pas séparés, la circulation des instrumentistes, des solistes, des compositeurs et des œuvres s'opère tout autant entre les quatre sociétés qu'entre ces dernières et les théâtres lyriques. De même, du point de vue du répertoire, si les orchestres symphoniques sont bien imprégnés du modèle du concert de musique de chambre, avec des éléments de programme plus souvent instrumentaux que chantés, la rupture avec l'opéra est encore loin d'être consommée.

Le répertoire courant

Dans un corpus réunissant 146 saisons et environ 10 000 éléments de programme, on peut évaluer à un quart la part des fragments symphoniques ou vocaux extraits d'opéras, à l'exception des ouvrages de Wagner que nous aborderons dans un second temps. Cette proportion, qui ne tient pas compte des variations et paraphrases basées sur le répertoire opératique – qui par ailleurs nourrissent nombre d'autres concerts, dont les récitals (cf. 19.1-3) –, confirme son poids considérable dans le paysage sonore du XIXᵉ siècle et la difficulté à lui trouver une alternative. C'est tout particulièrement vrai pour la Société des concerts du Conservatoire dont l'ambition initiale de promouvoir la musique instrumentale ne résiste pas aux nécessités d'une programmation tenant compte des attentes du public.

Les ouvertures d'opéra – un ensemble dont nous avons exclu, d'une part, les préludes et autres introductions et, d'autre part, les œuvres de Wagner – offrent une première illustration de la nature du lien entre les deux manifestations artistiques. Elle se caractérise par l'importance du modèle de la Société des concerts du Conservatoire, la confirmation du statut de pièces de concert à part entière, la déconnection avec le répertoire de l'Opéra et la place privilégiée dans le programme du concert. Entre 1828 et la fin du siècle, seules onze ouvertures connaissent plus de vingt reprises : sept données entre 22 et 45 fois mais surtout quatre entre 110 et 157. Ces dernières sont extraites d'*Oberon*, de *Fidelio* dans ses différentes versions, d'*Euryanthe* et du *Freischütz*. Leur succès est acquis dès les premières saisons de la Société des concerts du Conservatoire et ne se dément pas par la suite. Elles sont représentatives d'un style et d'une époque qui séduisent le public parisien des concerts symphoniques. Par le nombre de leurs reprises, par leur place privilégiée en début ou en fin de programme, par leur durée particulièrement bien adaptée à celle des concerts réunissant cinq ou six éléments de programme, ces ouvertures accèdent au rang de pièces de concert indépendantes que le titre auquel elles sont associées permet d'insérer dans la catégorie de la musique descriptive. L'autonomisation des ouvertures est renforcée par le fait que les opéras dont elles sont issues ne sont jamais donnés dans les institutions lyriques parisiennes à l'exception du *Freischütz* (177 représentations à l'Opéraventre 1828 et 1900)[5]. La même remarque vaut pour la plupart des autres ouvertures données plus de vingt fois par les sociétés de concerts sur la même période : *La Flûte enchantée*, *Benvenuto Cellini*, *Le Jeune Henri*, *Sémiramis*, *Le Roi d'Ys*. Seules les ouvertures de *Guillaume Tell* (809 représentations) et de *Sigurd* (168) font exception.

La nature du lien qui unit le répertoire vocal emprunté aux ouvrages lyriques non wagnériens et le concert ne diffère pas fondamentalement de celle que nous avons constatée pour les ouvertures. Cependant, là où ce genre était illustré par un ensemble hégémonique de quatre pièces, le domaine vocal est beaucoup plus varié, même si presque la moitié des éléments de programmes vocaux est issue d'opéras dus à seulement trois compositeurs : Weber, Mozart et Gluck. Le premier doit beaucoup plus son succès à des chœurs qu'à des airs ou des duos, tout particulièrement le « chœur des chasseurs » (*Euryanthe*) et le « chœur des génies » (*Oberon*). Le répertoire mozartien est plus étendu et englobe tous les grands opéras. Moins attendue pourrait être la place réservée aux opéras de Gluck. Non seulement les quatre sociétés ont recours à ses cinq principaux opéras mais, de plus, l'attrait qu'ils suscitent tend à s'amplifier au fil du siècle. Les Concerts Lamoureux élargissent le corpus en lui ajoutant deux extraits d'ouvrages moins connus – *Pâris et Hélène* et *Telamaco*. À nouveau, comme pour les ouvertures, le contraste est fort avec la programmation de l'Opéra : le concert symphonique puise dans le répertoire passif de l'Opéra où, entre 1828 et 1900, l'on donne plus souvent *La Juive* d'Halévy que l'ensemble des œuvres de Weber, Gluck et Mozart réunies. En dehors de ce trio, une soixantaine de compositeurs se partagent entre un et cinquante-quatre éléments de programme vocaux dans les concerts des quatre sociétés. La moitié d'entre eux sont français et sont représentés par des fragments issus d'ouvrages dramatiques plutôt que légers. Ceux qui sont dus à des compositeurs étrangers sont chantés dans des versions traduites en français sauf à de très rares exceptions. Mais alors que le répertoire de Weber, Mozart et Gluck était caractérisé par une assez grande homogénéité, l'examen de la liste complète des compositeurs sollicités montre que le modèle de la Société des concerts du Conservatoire est moins bien suivi par les autres sociétés, qui s'inscrivent dans une démarche différente, entre militantisme wagnérien et renouvellement du répertoire.

La cause wagnérienne

On ne peut qu'accorder une place singulière au corpus wagnérien dans les programmes des sociétés de concerts parisiennes. Il ne peut ni s'inscrire dans le répertoire courant ni être réduit à une participation, si importante soit-elle, au renouvellement des programmes. L'œuvre de Wagner est une cause que défendent avec conviction Pasdeloup et Lamoureux tout en entraînant plus ou moins dans leur sillage les deux autres sociétés. Entre 1861, année des trois représentations de *Tannhäuser* à l'Opéra et de la naissance des Concerts Pasdeloup, et la fin du siècle, le répertoire wagnérien est l'épine dorsale des programmes des sociétés de concerts (cf. 9.5). Par les centaines d'occasions d'entendre de la musique de Wagner dont ils sont à l'origine, par les contestations dont ils sont périodiquement le lieu, par les débats qu'ils suscitent dans la presse, les concerts dominicaux des sociétés parisiennes sont l'épicentre du wagnérisme en France à partir de 1861. Ils se substituent à l'Opéra qui voit ainsi sérieusement contesté son pouvoir de prescrire le goût musical. La même mésaventure arrive à la Société des concerts du Conservatoire qui reste à l'écart du mouvement wagnérien : seulement onze extraits puisés dans six opéras différents, aucune partie du *L'Anneau du Nibelung*, quelques chœurs mais peu de fragments solistes, un long boycott entre la guerre de 1870 et la mort de Wagner en 1883. Entre 1866 et la fin du siècle, l'institution symphonique n'inscrit le nom de Wagner qu'à 87 reprises sur ses programmes.

La cause wagnérienne est d'abord le fait des trois sociétés de concerts indépendantes dont 39 % des 1 681 concerts qu'elles donnent entre 1861 et 1900 comportent au moins un fragment d'œuvre de Wagner. À Pasdeloup revient l'initiative du mouvement dès la seconde saison de ses concerts populaires, peu après l'échec de *Tannhäuser* à l'Opéra en 1861. Le rapport compliqué de la France à Wagner détermine la fréquence de l'apparition de ses œuvres. Des extraits figurent dans 19 % des 593 concerts populaires. Ce chiffre est néanmoins sans commune mesure avec celui des Concerts Lamoureux dont 85 % des séances contiennent au moins un extrait d'une œuvre de Wagner ! À l'origine de la mise à la scène de *Lohengrin* à l'Éden-Théâtre en 1887, de l'entrée de ce même ouvrage au répertoire de l'Opéra en 1891 et de la création parisienne de *Tristan et Isolde* en 1899, Lamoureux est le grand triomphateur de la cause wagnérienne. Le jeu de va-et-vient entre la scène et l'estrade auquel il se livre en est le principal rouage et, en même temps, apporte une parfaite illustration du continuum réunissant les deux formes de manifestations artistiques. La même remarque vaut pour Pasdeloup qui dirige les représentations de *Rienzi* au Théâtre-Lyrique en 1869 et pour Colonne qui succède à Lamoureux dans la fosse d'orchestre de l'Opéra pour les représentations de *Lohengrin* en 1892. Même s'il est plus soucieux de défendre la production musicale française et ne se lance dans le mouvement qu'en 1880, Colonne lui apporte une contribution significative puisqu'il inscrit le nom de Wagner sur 25 % des programmes de ses concerts entre 1873 et 1900.

Tous les opéras de Wagner postérieurs aux trois œuvres de jeunesse sont proposés au public parisien, dans des proportions plus ou moins grandes, entre 1861 et 1900. À titre d'exemple, au cours de la saison 1889-1890, indépendamment des extraits symphoniques provenant de sept opéras différents, les spectateurs peuvent entendre des interprètes des rôles de Brünnhilde dans *Le Crépuscule des dieux*, Lohengrin (*Lohengrin*), Rienzi et Irène (*Rienzi*), Wolfram et Elisabeth (*Tannhäuser*), Isolde (*Tristan et Isolde*) et Wotan dans *La Walkyrie*. Familiarisés avec l'univers sonore, les auditeurs le sont aussi avec le temps wagnérien au travers de l'audition de scènes ou d'actes complets issus, toujours au cours de la saison 1889-1890, de quatre opéras : *L'Or du Rhin* (I, 1 à trois reprises par Colonne), *Les Maîtres chanteurs de Nuremberg* (III, 5 à deux reprises par la Société des concerts du Conservatoire), *La Walkyrie* (I, 1 et 3 à une reprise par Lamoureux) et *Siegfried* (II, 3 à deux reprises par Lamoureux). Si elles participent très activement à la promotion du répertoire wagnérien, les sociétés de concerts parisiennes contribuent plus encore à susciter le désir du public de l'entendre et surtout de le voir dans son intégralité. Elles rendent inéluctable le passage à la scène des ouvrages de Wagner dont le rayonnement en France leur doit beaucoup plus qu'à l'Opéra.

Le renouvellement des répertoires

L'entrée de Wagner au répertoire de l'Opéra en 1891 ne change pas fondamentalement la place des œuvres de ce compositeur dans les programmes des sociétés de concerts qui, par ailleurs, se montrent bien plus audacieuses que les théâtres lyriques en matière de renouvellement du répertoire. Wagner n'est pas une exception. Détaché des contraintes de la mise à la scène et des coûts de production qui sclérosent les institutions opératiques, le concert peut effectivement adopter des pratiques plus expérimentales, même si elles ne sont pas partagées par tous : les Concerts Colonne prisent peu les fragments vocaux tandis que la Société des concerts du Conservatoire reste arc-boutée sur la défense du patrimoine musical. Cette dernière société se montre néanmoins particulièrement active dans la première des quatre tendances qui se dessinent : l'historicité, l'élargissement géographique du répertoire, l'actualité opératique et la prescription.

L'impulsion donnée par la Société des concerts du Conservatoire dans le domaine de l'historicité (cf. 21.1) rejaillit sur les autres sociétés de manière inégale. Plus encore que Gluck, dont la place importante dans le répertoire courant a déjà été mentionnée, trois compositeurs de ce qui est considéré au XIXe siècle comme la musique ancienne sont particulièrement mis à l'honneur alors même qu'ils sont totalement ignorés par l'Opéra tout au long de la période : Lully, Rameau et Haendel. À ce dernier, sont empruntés quelques airs issus de sept opéras différents. Pour les autres, la démarche est tout autant musicologique que politique et nationaliste comme l'illustre le titre des concerts des 3 et 10 avril 1881 dirigés par Pasdeloup : « Programme historique : Lully (1672), Rameau (1739), Gluck (1777). Fondateurs de l'Opéra français ». Le programme comprend des extraits d'*Armide* de Lully, des *Fêtes d'Hébé* et de *Dardanus* de Rameau, et d'*Armide* de Gluck.

L'élargissement du répertoire ne se limite pas à la musique du passé et s'inscrit aussi dans l'espace. C'est ainsi que des noms de compositeurs russes apparaissent sur les programmes des concerts sans attendre le rapprochement diplomatique et la signature d'une alliance entre la France et la Russie en 1893. Entre 1865 et la fin du siècle, les quatre sociétés consacrent à des compositeurs russes environ 275 éléments de programme parmi lesquels figurent 64 extraits d'opéras[6]. Le premier, aux Concerts Pasdeloup en 1873, est issu de *La Vie pour le tsar* de Glinka. Il apparaît dans une décennie qui privilégie plutôt les ouvrages plus « occidentaux » d'Anton Rubinstein, tels que *Démon* et *Feramors*. Les années 1890 sont marquées par une plus grande diversité puisque des extraits d'opéras de tous les membres du groupe des Cinq sont interprétés. C'est aussi le cas d'autres compositeurs russes, notamment Dargomyjski et Tchaïkovski. Réel, l'élargissement géographique du répertoire des sociétés de concerts ne concerne néanmoins que la Russie. Il est la marque d'une russophilie qui anticipe et dépasse de beaucoup celle des théâtres lyriques au début du siècle suivant.

La programmation des sociétés de concerts n'est pourtant pas entièrement déconnectée de l'activité créatrice des théâtres lyriques. L'exemple le plus significatif est probablement le prélude de *Parsifal* exécuté le même jour par les Concerts Pasdeloup, Colonne et Lamoureux au cours du premier concert de la saison faisant suite à la création du dernier opéra de Wagner en 1882. Pour autant, les sociétés se font plus souvent l'écho du devenir des ouvrages français, qu'ils aient été mis à la scène dans une institution parisienne ou dans un théâtre lyrique français ou étranger. Dans ce cas, l'âge du répertoire peut varier de quelques semaines à quelques années. C'est ainsi que, une semaine après la création d'*Étienne Marcel* de Saint-Saëns à l'opéra de Lyon le 8 février 1879, Pasdeloup en dirige un extrait. Le 2 mars, c'est au tour de Colonne d'en inscrire un ballet sur ses programmes. Créé au théâtre de la Monnaie à Bruxelles le 25 février 1888, repris au théâtre du Château-d'Eau à Paris le 13 octobre de la même année, *Jocelyn*, de Benjamin Godard, est présenté au public des Concerts Colonne sous la forme de six extraits symphoniques le mois suivant. D'autres opéras français créés en dehors du territoire national font un passage par une société de concerts avant de connaître les honneurs d'une scène parisienne. C'est notamment le cas de *Noé* (Karlsruhe, 1885) d'Halévy, achevé par Bizet, de *Pedro de Zalamea* (Anvers, 1884) de Godard, de *Velléda* (Londres, 1882) de Charles Lenepveu (1840-1910), ou encore de *Mudarra* (Berlin, 1899) de Fernand Le Borne[7]. À l'évidence, les sociétés de concerts se posent en défenseurs des compositeurs français.

Plus encore, le concert se fait prescripteur en donnant à entendre des fragments d'ouvrages lyriques inédits. L'exemple le plus significatif est *Sigurd*, l'opéra de Reyer dont la première mise à la scène (Bruxelles, 1884) est précédée par une quinzaine d'extraits interprétés par toutes les sociétés à partir de 1873. D'autres ouvrages bénéficient de cette forme de promotion dans la capitale. Elle profite à Saint-Saëns pour *Samson et Dalila*, à Massenet pour *Hérodiade* et à Lalo pour *Le Roi d'Ys*. Des compositeurs moins réputés en tirent aussi avantage, à l'image de Sylvio Lazzari pour *Armor* (Lyon, 1905) et de Xavier Leroux pour *William Ratcliff* (Nice, 1906). Enfin, elle bénéficie à Berlioz dont *La Prise de Troie* est joué en entier par Pasdeloup le 7 décembre 1879, soit onze ans avant sa première mise à la scène à Karlsruhe en 1890 – seule la seconde partie des *Troyens* (*Les Troyens à Carthage*) avait été donnée au Théâtre-Lyrique en 1863 (cf. 8.5). En l'occurrence, il s'agit d'une création mondiale en version de concert. C'est aussi le cas de *Judith* de Charles-Édouard Lefebvre, créé le 5 janvier 1879 aux Concerts Pasdeloup, probablement jamais porté à la scène par la suite. À l'occasion, les créations en version de concert sont partielles comme pour *Briséïs* (Concerts Lamoureux, 1897), opéra inachevé de Chabrier, et *Circé* (Concerts Lamoureux, 1896) de Théodore Dubois.

Les fragments longs d'opéras interprétés au concert sont autant d'événements qui confirment l'idée d'un continuum entre les deux genres de manifestations artistiques. Du reste, ces exécutions d'opéras (qui refleurissent au début du XXIe siècle sous l'appellation « opéra en version concert ») ne sont pas sans ressemblance avec le genre lyrique le plus adapté au succès du concert, la symphonie dramatique, dont *La Damnation de Faust* de Berlioz est la principale illustration, qu'il convient de placer aux côtés de l'ode-symphonie, mêlant déclamation parlée et musique, genre créé par Félicien David. Face au répertoire de l'opéra, entre imitation et contre-programmation, le concert se pose en alternative à la représentation lyrique : débarrassé de la dimension visuelle du spectacle, il anticipe les retransmissions radiophoniques qui viendront le concurrencer au XXe siècle. Signe de la perte d'influence de l'opéra dans la culture musicale française, les programmes des concerts symphoniques abandonneront au cours du XXe siècle le répertoire lyrique (cf. t. 3, 9.1).

19.5 L'OPÉRA DANS LES CONCERTS EN PROVINCE
       Joann Élart et Yannick Simon

La place du répertoire lyrique dans le programme éclectique

Du point de vue de l'évolution historique, le XIXe siècle est longtemps marqué par la permanence du modèle hérité du XVIIIe siècle, celui du programme éclectique, en deux parties, qui alterne musique instrumentale et musique vocale. De fait, le programme de concert réserve un espace de production pour les chanteurs lyriques, qui apparaissent dans des romances, des œuvres sacrées, des airs de concert ou plus régulièrement après la Révolution, dans des morceaux chantés appartenant aux répertoires des théâtres lyriques. L'abolition des privilèges, puis leur rétablissement en 1807, ne change pas les pratiques en province. Jadis, les amateurs des départements s'affranchissaient déjà des privilèges dictés par l'Académie royale de musique et exploitaient sans contrainte son répertoire[1]. La situation est similaire à partir de 1800 : à Rouen par exemple, les concerts vocaux et instrumentaux organisés au Théâtre des Arts ou par les amateurs dans d'autres salles de la ville, en présence ou non d'un virtuose à la réputation nationale ou internationale, laissent une large place aux extraits d'opéra tirés du répertoire des institutions parisiennes. Avant 1850, ils se répartissent en trois catégories : les extraits pour solistes (de l'air au sextuor), les chœurs et les ouvertures.

Force est de constater que le choix des programmateurs, et en particulier celui des amateurs, se tourne plutôt vers la nouveauté, voire l'inédit. L'affiche des concerts rouennais délaisse un répertoire vieillissant pourtant toujours à l'affiche des théâtres, dans lequel les deux champions de l'opéra-comique, Grétry et Dalayrac, ont cédé leur place à la jeune génération. Ce corpus rouennais, protéiforme, rend compte par ailleurs de quelques tendances remarquables, dont la première, discrète, annonce une impulsion plus durable. La programmation entretient en effet un certain retour sur le passé, réunissant sur le même piédestal quelques figures classiques viennoises : Gluck, Salieri, Cimarosa, mais surtout Mozart dont les ouvrages sont encore absents du répertoire du Théâtre des Arts. Les organisateurs sont également très attachés à offrir à leur public quelques raretés dont ils ont la primeur : un duo de *Lina* (OC, 1807) et un trio du *Rocher de Leucade* (Favart, 1800) de Dalayrac, inconnus des Rouennais, sont préférés à ses œuvres les plus célèbres ; des airs du *Jeune Oncle* (OC, 1821) de Felice Blangini, d'*Aladin* (O, 1822) de Nicolò, du *Prince troubadour* (OC, 1813) de Méhul ou de *Jeanne d'Arc* (OC, 1821) de Carafa, jamais montés à Rouen, sont autant de curiosités qui relaient une actualité de nouveautés parisiennes. On s'attache par ailleurs à faire la promotion d'un répertoire original puisé dans les œuvres de Rossini, Weber ou Meyerbeer. Mais dans cette quête de l'exclusivité, d'autres grandes partitions sont réservées au concert et chantées dans la langue originale, à défaut d'être sous les feux de la rampe. C'est notamment le cas d'un air de *La Clemenza di Tito* (Prague, 1791) de Mozart et de quelques fragments d'œuvres de Rossini pas encore traduites en français.

Cet ensemble auquel s'ajoutent quelques chœurs est moins important que celui des ouvertures. Elles remplacent de plus en plus souvent les symphonies pour introduire les deux parties du concert[2], ou pour animer les intermèdes lyriques au Théâtre des Arts. Avec environ 150 exécutions relevées entre 1800 et 1850, ces pièces valorisent un passé proche. Elles attestent aussi l'abandon des classiques de l'opéra-comique. Comme pour les airs, les ouvertures soulignent un intérêt pour les classiques viennois : Gluck et son *Iphigénie en Aulide* (O, 1774) se maintient (7 exécutions), quand dans le même temps Mozart conquiert sa notoriété (12 exécutions) avec des pages d'orchestre parfaitement inédites tirées de *Don Giovanni* (Prague, 1787), *Die Zauberflöte* (Vienne, 1791) et *La Clemenza di Tito*. Les choix suivent également les tendances à la mode, en se tournant vers une dizaine d'ouvertures de Rossini avant que les ouvrages dont elles sont issues ne soient mis à l'étude au théâtre, quand elles ne sont pas tout simplement inédites. Weber est pareillement mis à l'honneur dans des proportions moindres avec l'ouverture du *Freischütz* (Berlin, 1821) dont le succès conduit à programmer celles d'*Euryanthe* (Vienne, 1823) et d'*Obéron* (Londres, 1826). Mais le compositeur le plus populaire est sans nul doute Méhul : une cinquantaine d'exécutions à lui seul, en particulier de la très populaire ouverture du *Jeune Henri* (Favart, 1797). Cette *folie* pour les ouvertures de Méhul n'est pas propre à Rouen et s'observe partout ailleurs, à Lille par exemple, où elles sont régulièrement programmées par la Société du Concert entre 1799 et 1816[3]. Le public lillois partage avec les Douaisiens et les Rouennais les mêmes goûts lyriques. Il entretient la même passion pour la découverte des œuvres de Rossini, de Weber ou de Boieldieu, en collant toujours à l'actualité parisienne – la Société des Amateurs de Lille choisit de présenter plusieurs fragments du *Freischütz* ou de *La Dame blanche* (OC, 1825) quelques mois seulement après leur création[4].

Des premiers concerts historiques aux sociétés philharmoniques

En 1842, les concerts historiques d'Amédée Méreaux dérogent à cette tradition du programme éclectique. Tout en opérant un retour sur le passé, ils expérimentent une nouvelle forme construite selon une approche chronologique, à forte dominante vocale, mais également pédagogique, tournée vers l'éducation musicale du public[5]. À la première des huit séances, le programme s'inscrit sur une période longue, de 1490 à 1760. Entre les fragments de psaumes de Marcello et d'oratorios de Haendel, le programme annonce l'air de Renaud « Plus j'observe ces lieux » tiré d'*Armide* de Lully et le chœur « Brisons tous nos fers » extrait de *Castor et Pollux* de Rameau, deux partitions oubliées des abonnés du Théâtre des Arts. Les séances suivantes proposent des extraits plus connus du public, rappelant notamment le souvenir des pionniers de l'opéra-comique et de l'opéra réformé, inscrivant dans le patrimoine quelques chefs-d'œuvre révolutionnaires, confirmant la vogue italienne et la mode du grand opéra.

Le développement des concerts en province dans la première moitié du XIXe siècle est limité par la difficulté d'entretenir durablement un orchestre symphonique en dehors des théâtres. C'est alors que se multiplient les sociétés philharmoniques à l'initiative des amateurs, dont le caractère original illustre l'urgence qu'il y avait à résoudre le problème de la formation des musiciens des départements[6]. Leur but est en effet de « stimuler le goût musical et former de nouveaux élèves et de bons chanteurs, obtenir des progrès par l'émulation réciproque des artistes et des amateurs[7] ». Les premières villes de province à initier ce mouvement sont La Rochelle (1815), Rennes (1819), Le Puy et Roubaix (1820), rejointes avant 1839 par une cinquantaine d'autres villes, dont Rouen en 1834 et Douai en 1836. À Rennes[8], le programme éclectique est roi. Les deux parties débutent comme partout par un mouvement de symphonie ou par une ouverture empruntée à un ouvrage lyrique. Elles se poursuivent avec des airs, des duos et des chœurs empruntés au répertoire lyrique. Peu importe finalement le cadre et la géographie de ces concerts, le choix des partitions, souvent interchangeables d'une ville à l'autre, reflète un phénomène d'uniformisation du goût musical en France : le concert au bénéfice des indigents en 1834 convoque à Rennes tout un lot d'extraits d'opéras, du *Muletier* (OC, 1823) d'Herold à *Otello* (Naples, 1816) de Rossini ; quelques concerts occasionnels dans la même ville en 1833 font leur lever de rideau avec les ouvertures de *Zampa* (OC, 1831) et de *Masaniello* (OC, 1827)[9] ; l'activité de la Société philharmonique à Rouen[10] repose sur une bibliothèque conservant une riche collection d'ouvertures d'opéra[11], tout en confirmant la place des révolutionnaires et des classiques viennois, ainsi que l'attrait pour les œuvres de Rossini, Weber et Meyerbeer. À Douai, la Société succède à une Société des Amateurs dont le répertoire se conforme très tôt au goût français[12]. Comme à Rouen, la vogue rossinienne s'impose dans les programmes de concerts à partir de 1822 avec plus de 50 airs chantés jusqu'en 1850, préparant un succès comparable pour les œuvres de Donizetti. Douai, comme partout, met à l'honneur le répertoire de l'Opéra-Comique, en suivant l'évolution progressive du genre de Dalayrac à Halévy. L'arrivée du grand opéra à la fin des années 1820 (précédé à partir de 1827 d'*Il Crociato in Egitto* de Meyerbeer) laisse une place à la musique vocale allemande dominée par Gluck, Mozart et Weber. À Lille, trois sociétés philharmoniques à l'activité discontinue parviennent difficilement à s'implanter dans une ville qui comporte déjà deux sociétés de concert[13]. L'affiche puise tout d'abord dans le répertoire attendu de Grétry, Paisiello, Piccinni ou Boieldieu, mais surtout dans celui de Cimarosa (*Il Matrimonio segreto*), des choix qui semblent refléter un certain conservatisme peu enclin au courant révolutionnaire. Dans un deuxième temps, la mode italienne l'emporte autour de Rossini et de Bellini, et s'enracine dans le paysage lillois comme en témoigne l'affiche des trois festivals du Nord au bénéfice des indigents et de la Société de charité maternelle (1829, 1838, 1851)[14] mêlant musiques italienne et allemande avec, pour le dernier, une approche historicisante (*Castor et Pollux*).

La propagation du répertoire lyrique dans les concerts d'élèves en province

Les élèves des écoles de musique se produisent dans des exercices publics précédant la distribution des prix ou coïncidant avec la fête de Sainte-Cécile, comme c'est le cas à Douai trois fois par an[15]. Ces concerts, où l'affluence est toujours très importante, commencent par une ouverture et se terminent par un chœur, tous deux appartenant au répertoire de l'Opéra-Comique : outre les pièces tirées des ouvrages de Berton et de Méhul, les exercices mettent régulièrement à l'honneur Boieldieu, en particulier *Le Calife de Bagdad* (Favart, 1800) et *La Dame blanche*. Parallèlement, ils font découvrir aux Douaisiens les plus belles pages du répertoire italien ou viennois – par exemple *Idomeneo* (Munich, 1781) et *Le Nozze di Figaro* (Vienne, 1786) – avant qu'elles ne soient données au théâtre. Au programme figurent également des extraits inédits donnés avant leur création parisienne, à l'instar du chœur des Chasseurs de *Robin des bois* (Odéon, 7 déc. 1824) essayé à Douai le 6 mars 1824, ou, événement plus exceptionnel encore, de plusieurs extraits de *Fidelio* arrangés pour la scène française par le Douaisien Joseph Tarlier et programmés en novembre 1826 avant la création française. L'état des connaissances est insuffisant pour esquisser une cartographie de la propagation du répertoire lyrique dans le cadre des exercices des élèves à travers la France, mais retenons le cas de Roubaix et des concerts organisés pour la distribution des prix entre 1859 et 1899. Ils soulignent la permanence d'un modèle de concert propre aux établissements d'enseignement musical[16]. L'ouverture et les chœurs viennent encore introduire et conclure une succession de solos d'élèves, puisant toujours dans les grands succès des théâtres lyriques.

La seconde moitié du siècle

Dans la seconde moitié du siècle, l'opéra s'inscrit désormais dans l'ensemble du paysage sonore, y compris l'espace public, puisque les arrangements d'œuvres lyriques constituent l'une des trois catégories du répertoire des harmonies et fanfares particulièrement actives sous la IIIe République. Aux transcriptions de fragments, les fantaisies pouvant reposer sur plusieurs extraits d'une même œuvre. Le grand opéra et l'opéra-comique sont l'un et l'autre sollicités. Même si la dimension éducative n'est pas absente de ces pratiques amateurs ou militaires, il s'agit moins de faire découvrir un nouveau répertoire que de jouer sur la popularité d'airs déjà connus. Les quatre mille kiosques à musique construits en France entre 1850 et 1914 sont l'un des vecteurs les plus efficaces de ce processus drainant un public plus éclectique que celui des concerts et représentations d'opéra (cf. 19.3).

Dans les concerts symphoniques des régions françaises, la place de l'opéra ne se démarque pas fondamentalement de la situation dans la capitale (cf. 19.4) même si des différences se font jour. Pour les discerner, faute d'un outil permettant d'appréhender toute l'activité symphonique en France dans l'ensemble du siècle, on s'appuiera sur quelques répertoires publiés, disponibles en ligne, ou sur des recherches personnelles – elles seront mentionnées au cas par cas. Ce corpus réunit presque un millier de concerts dont on essaiera de faire ressortir les grandes tendances. Cette collection de programmes indique d'abord que la place de l'opéra, en général, et celle des fragments chantés, en particulier, sont sensiblement moindres que dans la capitale. Alors qu'à Paris dans les quatre grandes sociétés de concerts entre 1828 et 1900 un quart des éléments de programme est d'origine opératique, la proportion dans les sociétés de concerts régionales est presque identique mais inclut les œuvres de Wagner. Le modèle des concerts populaires que Jules Pasdeloup répand dans les régions à partir de 1864 confirme cette double évolution : moins d'extraits d'opéra en général et de fragments vocaux en particulier[17]. Dans une ville à l'activité lyrique aussi dynamique que Lyon, il est frappant de constater que les fragments d'opéra occupent une place réduite dans les concerts populaires animés par Aimé Gros entre 1873 1877[18]. En outre, la tendance est à la décroissance : l'opéra ne représente plus que 17 % des éléments de programme des Concerts populaires du Havre entre 1892 et 1900[19].

Globalement, le répertoire courant des sociétés parisiennes irrigue aussi les régions françaises. Dans le domaine instrumental, les ouvertures de Weber et les différentes versions de l'introduction du *Fidelio* de Beethoven sont tout autant sollicitées même si, après 1870, elles font souvent place aux préludes de Wagner. Pour ce compositeur, comme pour de nombreux autres, les introductions symphoniques du premier acte sont de plus en plus souvent remplacées par des fragments symphoniques extraits d'autres actes : 58 ouvertures et 14 fragments symphoniques pour les Concerts Pasdeloup délocalisés, 38 et 38 pour la Société des concerts symphoniques de Montpellier entre 1892 et 1903[20], 14 et 22 au Havre. Les Concerts du conservatoire de Nancy sous la direction de Guy Ropartz semblent un contre-exemple[21]. Dans le domaine vocal, on peut relever le peu d'appétence pour les œuvres lyriques de deux compositeurs pourtant prisés des sociétés parisiennes : celles de Mozart et de Gluck que pratiquement seule l'Association artistique d'Angers diffuse entre 1877 et 1893[22]. Pasdeloup, au cours de ses concerts délocalisés entre 1864 et 1883, ne fait jamais appel aux opéras du premier – pas beaucoup plus, du reste, à sa musique instrumentale – et se contente des répétitions des deux airs les plus célèbres de Gluck – « J'ai perdu mon Eurydice » et « Divinité du Styx » respectivement extraits d'*Orphée et Eurydice* (O, 1774) et d'*Alceste* (O, 1776). On leur préfère des compositeurs français portés par l'actualité lyrique : Gounod, Massenet et Saint-Saëns.

Tout autant qu'à Paris, l'œuvre de Wagner est au centre de la programmation des sociétés de concerts des régions françaises. Moins d'un an après les trois représentations de *Tannhäuser* à l'Opéra de Paris en 1861 (cf. 9.5), la Société des concerts de Toulouse en interprète déjà un extrait ; quinze autres suivront jusqu'en 1877[23]. Paradoxalement, Pasdeloup évite d'en inscrire sur les programmes de ses concerts délocalisés – seulement 7 extraits en 44 concerts – alors qu'il en est l'un des principaux thuriféraires dans la capitale. Néanmoins, au total, 14,5 % des éléments de programmes opératiques du corpus étudié sont associés au nom de Wagner. La proportion atteint 40 % à Nancy et dépasse les 50 % au Havre. L'œuvre de Wagner fait tout autant l'objet d'un militantisme local, à l'image de celui de Jules Bordier et Louis de Romain à Angers, qu'elle répond au goût du public des concerts symphoniques français. Si certains sont signalés ici ou là, comme à Lyon en 1875 et à Angers en 1877, les incidents liés à l'interprétation des œuvres de Wagner sont des épiphénomènes.

La présence de Wagner dans les programmes de concerts anticipe le mouvement de renouvellement des répertoires dans la dernière décennie du siècle même si, dans les régions françaises, la diversification semble moins effective que dans la capitale. De fait, si notre corpus réunit 105 compositeurs, seuls 11 d'entre eux se partagent les deux tiers des éléments de programme entre 1853 et 1900 (par ordre décroissant) : Wagner, Weber, Massenet, Rossini, Gounod, Auber, Saint-Saëns, Mozart, Meyerbeer, Gluck et Beethoven. Le changement est néanmoins réel. C'est ainsi que les cinq compositeurs les plus souvent cités pour des fragments d'opéra dans les programmes de la Société philharmonique de Boulogne-sur-Mer entre 1853 et 1869 (Auber, Rossini, Halévy, Donizetti, Verdi et Adam) sont totalement absents des Concerts populaires du Havre entre 1892 et 1900[24]. Le renouvellement passe aussi par le répertoire patrimonial et il convient de remarquer que la toccata introductive de l'*Orfeo* de Monteverdi est donnée à Nancy à l'extrême fin du siècle au cours d'un concert intitulé « Histoire de l'ouverture » alors qu'elle ne l'a jamais été par les quatre principales sociétés de concerts parisiennes entre 1828 et 1900. En revanche, l'élargissement du répertoire semble moins s'inscrire dans l'espace : la plupart des compositeurs russes sont absents de notre corpus. Côté français, de nouveaux noms de compositeurs vivants apparaissent. Signe d'une plus grande diversité, les Français ne sont pas tous titulaires du Prix de Rome à l'image de d'Indy, Chabrier et Joncières. Quant à la dimension locale, elle semble peu participer à ce renouvellement. On peut néanmoins signaler la présence d'extraits d'opéra de l'Angevin Bordier et des voisins nantais Bourgault-Ducoudray et Toulmouche dans les programmes de l'Association artistique d'Angers. À Nancy, le chef de l'orchestre, Ropartz, y présente ses propres œuvres. En revanche, la Société des concerts symphoniques de Montpellier n'accorde pas cette faveur à Paladilhe, pourtant originaire de cette ville.

À la fin du siècle, même si c'est encore de manière limitée, s'amorce la réduction du répertoire opératique qui caractérise l'ensemble des programmes des sociétés de concert française au XXe siècle (cf. t. 3, 9.1).

19.6 L'OPÉRA AU SPECTACLE : PARODIE ET CULTURE LYRIQUE
Romain Piana

Loin d'être cantonné rue Le Peletier, au palais Garnier, à Favart ou dans une troisième salle lyrique, l'opéra rayonne indirectement sur de nombreuses scènes parisiennes au XIXe siècle. Les théâtres de genre, notamment, perpétuent la tradition de la parodie héritée du siècle précédent[1] (cf. t. 1, 10.3, 18.6), sur fond parfois encore d'une rivalité entre théâtres privilégiés et de concurrence avec la première scène subventionnée de France. De même que les succès théâtraux, les événements lyriques suscitent de nombreux détournements comiques, pour le simple plaisir du divertissement, souvent aussi avec une visée satirique. Au palmarès de ces parodies – parfois publiées – Wagner fait jeu égal avec Offenbach ; on se gausse du musicien de l'avenir comme on tâche d'enchérir sur la bouffonnerie du compositeur d'*Orphée aux Enfers*. Meyerbeer et Gounod ont aussi les honneurs de la parodie, tout comme *La Fille de Madame Angot* de Lecocq[2]. Les scènes secondaires profitent de l'engouement du public, mais aussi de la vogue médiatique qui amplifie, prolonge, voire fait l'événement spectaculaire, d'autant plus s'il comporte une aura de scandale (cf. 18.1). *Tannhäuser*, retentissant échec de l'année 1861, provoque une floraison de parodies moquant la démesure et la « cacophonie musicale[3] » de l'opéra wagnérien, en lui opposant une tradition française, voire en la pastichant de manière bouffonne, comme l'avait fait Offenbach dans *Le Carnaval des revues* (BP, 1860) après le concert donné par Wagner au Théâtre-Italien début 1860[4]. La revue, précisément, s'avère, avec la parodie – mais avec plus de régularité qu'elle – le genre théâtral qui accueille le plus volontiers l'actualité de l'opéra et des formes lyriques sur scène. Apparue au début du siècle, héritière du vaudeville anecdotique, elle s'impose à la fin des années 1830 comme un spectacle rituel de fin d'année dans les théâtres de genre, avant de se diffuser très largement au café-concert à partir des années 1880. Elle comporte obligatoirement des scènes, puis un acte entier consacrés à l'année théâtrale passée, qu'elle déploie sous des formes variées, de l'allusion à la parodie développée. Sorte de « sismographe » annuel de la production théâtrale, dont elle se plaît à évoquer les fours ou à magnifier les succès, la revue de fin d'année permet de suivre, quasi pas à pas, et à grands traits, l'histoire des théâtres lyriques parisiens. À travers ses parodies qui sont parfois de véritables critiques bouffonnes en action, elle en reflète également la réception dans divers publics, en écho à celle de la presse qui l'inspire bien souvent. Enfin, par le jeu des « timbres » qui est au cœur de sa poétique, puisque ses couplets et rondeaux, âme du genre, se chantent sur des airs connus, comme dans un vaudeville, la revue participe à la circulation de la culture lyrique, en en popularisant la musique ou en jouant, à l'inverse, sur sa popularité.

Une histoire anecdotique et critique

Les séquences d'une revue consacrées aux spectacles, regroupées dans « l'acte des théâtres » à la fin du Second Empire, font régulièrement référence à l'actualité de l'opéra, qu'elles personnifient un établissement ou un spectacle – grand opéra ou opéra italien, opéra-comique ou opérette à succès –, ou qu'elle se contentent d'y glisser une allusion dans un dialogue ou un couplet. Ainsi, dans la revue du Palais-Royal de 1847, l'Opéra, interprété par Augustine Scriwanek, paraît habillé en chevalier des Croisades tout droit sorti de *Jérusalem* (O, 1847) de Verdi, et se réjouit, sur un air de polka, de sa vogue retrouvée après trop de vicissitudes : « C'est par Verdi / Que mon théâtre a reverdi[5]. » Le même Verdi a les honneurs du prologue de la revue des Variétés de 1880, peu après le triomphe d'*Aida* à Garnier où le maestro, à la baguette, avait reçu un vibrant hommage des artistes, largement relayé par la presse. L'acteur Léonce, qui incarne le compositeur, se substitue au chef d'orchestre du théâtre, et, alors que six trompettes entonnent depuis les avant-scènes du troisième étage la fameuse marche de l'acte II, les musiciens

Albert Robida, « *Rataplan*, revue des Variétés », *La Caricature*, 18 déc. 1880, frontispice, détail.

l'inondent de couronnes en papier doré tandis qu'une lyre ornée de feuillages et de rubans descend des cintres, et qu'un petit feu d'artifice est tiré devant la boîte du souffleur[6]. Échecs retentissants, succès, triomphes évidemment, la revue les enregistre, telle une chronique théâtrale qui ne dédaigne pas non plus les anecdotes amusantes. Bosquin puis Villaret, malades, sont-ils remplacés coup sur coup au pied levé, dans la reprise de *La Juive* d'Halévy pour la grande ouverture du Palais Garnier, début 1875 ? Voilà que deux revues plaisantent les ténors enrhumés.

L'histoire des théâtres eux-mêmes est en bonne place, à commencer par les travaux et les agrandissements : le Grand Opéra à peine sorti de terre figure sous les traits d'un enfant – à qui le Théâtre-Lyrique donne un sucre d'orge – aux Variétés, en 1862. En 1875, la revue de printemps d'Offenbach *Les Hannetons*, aux Bouffes-Parisiens, consacre un tableau entier au fameux et monumental escalier du Palais Garnier. Le feuilleton de la reconstruction de l'Opéra-Comique, à la fin du siècle, fournit aussi quelques bons moments. Aux Variétés, fin 1892, un tableau situé place Favart met en scène des architectes se disputant pour savoir où poser la première pierre, qui selon les plans de la commission *ad hoc*, qui selon ceux du ministre – et finissent par la remporter[7]. Les changements de direction sont souvent notés, tout comme les rapports plus ou moins cordiaux entre les institutions. Quand l'Opéra-Comique et le Théâtre-Lyrique se retrouvent sous direction unique, en 1854, les deux établissements, personnifiés, paraissent bras-dessus bras-dessous aux Folies-Dramatiques et se tiennent la main au Luxembourg. Inversement, la concurrence de deux productions quasi concomitantes de *Don Juan* à Favart et à Garnier, en 1896, suggère aux chevronnés revuistes Monréal et Blondeau une hilarante scène de dispute, arbitrée par la musique de Mozart elle-même (*Paris sur scène*, Athénée-Comique, 1897).

Loin d'être simplement blaguée, l'actualité lyrique fait bien souvent l'objet d'un traitement satirique. Les débuts du *star-system* (cf. 11.3) inspirent volontiers les revues, qui trouvent notamment chez les ténors de plaisantes têtes de Turc. Moqués pour leur vanité et leurs exigences extravagantes, sans compter leurs cachets astronomiques, ils peuvent bien chanter, sur l'air de *La Dame blanche* de Boieldieu, « Ah ! quel plaisir d'être ténor !/ On captive la foule,/ En gagnant beaucoup d'or[8] ! ». De même, la vogue du Théâtre-Italien, où « tout est loué[9] » des compositeurs italiens – Rossini et Donizetti au premier chef –, attise la verve des vaudevillistes de la monarchie de Juillet. La triomphante Anna Bolena, sous les traits de Virginie Dejazet, entre sur la scène du Palais-Royal en chantant le début d'un air de l'œuvre éponyme de Donizetti (TI, 1831), et personne ne comprend rien à ce qu'elle dit (*Les Bouillons à domicile*, 1831). On conçoit que le bien français *Postillon de Lonjumeau* (OC, 1836) d'Adam ait davantage les faveurs du jeune Clairville à l'Ambigu dans sa revue *1836 dans la lune*. On y voit le Postillon lui-même, satisfait de son succès à l'Opéra-Comique, vanter la « divine harmonie » que « nous trouvons chez nous ».

Mais la cible principale de la revue est l'Opéra. D'abord raillé pour ses prétentions au monopole, il est régulièrement taxé d'orgueil et présenté comme profondément ennuyeux. À l'Ambigu, *Le Lac des fées* (O, 1839) d'Auber, personnifié par Mlle Héloïse, arrive traîné dans un coquillage, fait des pirouettes, et, quand on lui demande quel effet il fait sur les spectateurs, s'endort. La Critique, qui mène la revue des théâtres, commente : « Au Grand Opéra, le sommeil est de tradition[10]. » Pesant, il est également lourd, avec ses « opéras en cinq actes, qui finissent le lendemain matin[11] ». Outre la subvention qui est fréquemment reprochée à l'Académie de musique, ses dépenses de mise en scène reviennent comme un leitmotiv. À propos de *Richard en Palestine* (O, 1844) d'Adam, on s'amuse au Vaudeville de ce « Richard dans un théâtre subventionné » qui « a dépensé cent mille francs pour monter ses croisées [*sic*] » – argent, il va de soi, « jeté par les fenêtres »[12]. Face à l'élitisme hors de prix dont les petits théâtres font grief à la première scène de France, l'arrivée du Théâtre-Lyrique, dont les productions sont souvent accueillies favorablement dans les revues, change la donne ; elle s'accompagne d'une inflexion dans le discours sur l'opéra dans la deuxième moitié du siècle. Un couplet chanté dans le populaire théâtre des Délassements-Comiques, fin 1851, donne le ton :

> Pour le riche on fit l'Opéra
> Ventadour, l'Opéra-comique
> Et pour le peuple on créa
> Ce second théâtre lyrique.
> Des opéras multiplions
> La vogue et qu'elle soit suivie,
> Car, dans le temps où nous vivons,
> Il faut propager l'harmonie[13].

L'archipel de la parodie

Le commentaire le plus spectaculaire et le plus efficace de l'actualité lyrique est cependant la parodie. Sa présence et sa multiplication – comme spectacle autonome autant que comme séquence d'une revue – sont le signe du succès ou du « bruit » artistique ou médiatique d'une création ou d'une reprise. Ainsi l'*Othello* de Verdi à l'Opéra en 1894 est-il parodié dans les revues au théâtre – aux Folies-Dramatiques, aux Nouveautés sous la signature de Courteline –, au music-hall de l'Olympia, au concert du Bataclan dans la revue de Paulus, tandis que le Concert Européen donne une *Belle Othello*, parodie à grand spectacle. La revue, refuge du vaudeville chanté à la fin du siècle, assimile du reste progressivement le genre de la parodie ; elle peut lui réserver une longue séquence presque autonome ou tout aussi bien la concentrer dans une saynète percutante. Ainsi, fin 1868, aux Folies-Marigny, le dernier tableau de la revue de l'année est entièrement consacré à une parodie de *Chilpéric* (FD, 1868) d'Hervé. Une scène suffit en revanche à la charge des *Troyens* (TL, 1863) de Berlioz aux Variétés, en 1863.

Le traitement parodique obéit au principe traditionnel de la dégradation burlesque, qui peut passer par la dramaturgie comme par le discours musical, voire par les deux. La revue, à l'instar de la parodie autonome, est friande de très gros effets de décalage, quitte à se rapprocher de l'opéra-bouffe avec lequel elle entretient des liens naturels. On ne s'étonnera guère qu'après celle de Victor Massé (OC, 1852), la Galathée des Folies-Dramatiques veuille aller danser le cancan à Mabille, ni que Siegmund et Sieglinde aillent passer la soirée aux Folies Bergère, à la fin de leurs aventures dans *Ah ! la pau !... la pau !... la pau !...* (Théâtre Cluny, 1893). Un des procédés les plus efficaces consiste à utiliser pour les couplets des airs stylistiquement à l'opposé de leur modèle. Après les vaudevilles et les airs d'opéra-bouffe et d'opérette, les scies de café-concert remplissent parfaitement, à la fin du siècle, cet office. Lohengrin, à la Renaissance, en 1887, s'adresse à Elsa sur l'air boulangiste de *C'est ta poire !* (Jouy et Gerny, musique de Bourgès, 1886), tandis que dans l'*Othello* parodié par Monréal et Blondeau, dans leur revue des Folies-Dramatiques de 1894, c'est sur le timbre de *La Boiteuse* (Delormel et Garnier, musique de Gangolff, 1888) que Desdémone évoque sa première rencontre avec le beau More, qui lui répond sur celui de *Viens, ma Joséphine* (Salomon, 1892). Quant à Iago, qui danse le *Tha-ma-ra-boum di-hé* (Lémon et Sayers, 1892), il chante « Je n'sais pas pourquoi/ J'déteste tout le monde/ Je n'sais pas pourquoi/ J'inspire tant d'effroi[14] », détournant le grand air verdien tout en exhibant à la blague le ressort dramatique essentiel du livret de Boito, et, au-delà, de l'œuvre de Shakespeare. Si on se moque des ficelles des intrigues, on renchérit aussi sur les particularités stylistiques. L'innocente « historiette provençale » *La Promise* (TL, 1854), opéra-comique à succès de Clapisson – renommé pour l'occasion Glapissant[15] –, se perle ainsi d'expressions marseillaises aux Délassements-Comiques. Quant aux drames wagnériens, leur obscurité supposée prête à tous les sarcasmes. Dans la revue du Théâtre Cluny, en 1893, pendant que se déroule le très parodique abrégé de *La Walkyrie* (O, 1893), un conférencier se charge de « présenter quelques éclaircissements nécessaires » au public[16].

La mise en scène et ses clous n'échappent évidemment pas à ce jeu de reprise comique ou satirique, d'autant qu'elle permet de résumer une œuvre lyrique à une ou deux scènes. Ainsi *La Fée aux roses* (OC, 1849) se réduit pratiquement, au Vaudeville, au rajeunissement magique de Nérilha, traité en parodie de transformation féerique ; aux Folies-Dramatiques, la scène s'ouvre par l'entrée d'un balai qui danse tout seul, réduction du ballet des meubles qui constitue sans doute le clou de l'opéra-comique d'Halévy. Les effets spectaculaires du grand opéra sont prisés des parodistes. *Le Fossé des Tuileries*, revue de l'année 1831 aux Variétés, s'achève par une hilarante charge du tableau du cloître de *Robert le Diable* (O, 1831) de Meyerbeer, à laquelle ne manquent ni le tombeau, ni la résurrection des nonnes tentatrices, ni le ballet, conclu par un pas de schal dansé en duo par le comique Odry avec la jeune fille ressuscitée. En 1854, l'apparition de la Nonne sanglante (Gounod, O, 1854) avec sa lampe et son poignard – fût-ce un couteau de cuisine – inspire le Palais-Royal comme les Folies-Dramatiques. Décors, accessoires, lumière même, sont volontiers détournés. Dans la revue des Variétés, début 1892, Lohengrin arrive sur un petit canot tiré par un énorme cygne. La revue suivante, en parodiant la *Salammbô* (O, 1892) de Reyer, reproduit le clair de lune de l'acte II, en s'amusant du *zaimph* sacré qu'adorent les fidèles de Tanit, puis de l'immense tente de l'acte IV (1er tableau), que Mathô pousse devant lui, en modèle réduit, en la faisant glisser sur une costière[17].

La parodie se hausse parfois jusqu'à la critique esthétique, se gaussant par exemple des audaces de la « musique de l'avenir », ou, plus tard, des tentatives naturalistes du *Messidor* de Zola et Bruneau (*Ko-ko-ri-ko*, café-concert de la Scala, 1897). Aux Délassements-Comiques (*Voilà le plaisir*, 1851), on avait déjà démonté les ressorts du grand opéra scribien avec un pot-pourri d'airs de Rossini, Meyerbeer, Donizetti, Halévy, « dérangés » par Kriesel, le chef d'orchestre maison. La revue *Rothomago* (TPR, 1839) raillait pour sa part, dans la scène du *Brasseur de Preston* (Adam, OC, 1838) les procédés et l'orchestration de l'opéra-comique. Toujours au Palais-Royal, en 1854, le final acclamé de l'acte II de *L'Étoile du Nord* (OC, 1854) de Meyerbeer avec sa superposition de lignes mélodiques et sa spatialisation sonore, est salué par une imitation à quatre voix qui finissent par ne plus s'entendre[18]. La parodie se mêle ici à l'hommage.

Hommages, reprises, circulations

Bien souvent en effet les scènes consacrées aux œuvres lyriques relèvent moins de la satire que de la citation, sur un mode volontiers encomiastique. De l'imitation d'une chanteuse à la

ZULMA.
Air de *Lucie*.
Pour moi quel sort contraire,
Quoi lui-même, mon père,
Comme un coq en colère
Veut m'éloigner de mon bibi...
Boussole de ma vie,
Epoux chéri,
A toi le cœur (*bis*) de ton amie,
A toi tout ce que j'ai,
Bravant mon père et sa furie,
Je ne veux pas qu'on te donne ton congé.
(*On entend des fanfares.*)
DON PÈDRE, *entrant.*
Il revient !
ZULMA.
Qui, Lorentz ?
DON PÈDRE.
Et j'ai lu sur son front
Qu'il avait vengé son affront.
(*Les seigneurs entrent avec Lorentz.*)

Air de *Robert.*
CHŒUR.
Sonnez, clairons,
Honorez la bannière
Du grand guerrier qui guida nos pas.
Oui, c'est l'amour qui dans la carrière
A dirigé son pied et son bras.

LORENTZ.
Air de la *Favorite.*
Ange si pur que dans un songe
J'ai cru trouver pour mon bonheur !...
Ah ! ce n'est pas un vain mensonge
Et je suis digne de ton cœur.

A. Guénée et A. Delacour, *Voilà le plaisir, mesdames !*, revue en quatre actes et seize tableaux, Paris : Beck, 1852, acte IV, tableau 15, p. 35 (détail). Les répliques s'enchaînent sur les airs de *Lucia de Lammermoor* de Donizetti, *Robert le Diable* de Meyerbeer et *La Favorite* de Donizetti.

reprise d'un ou de plusieurs airs, du pastiche sérieux à la continuation, la revue célèbre les succès de l'opéra, de l'opérette et de l'opéra-comique. Elle en diffuse ainsi la musique, directement ou sous forme de timbres, en fait connaître ou reconnaître les personnages, les intrigues et les procédés. Très fréquemment, l'actualité lyrique est l'occasion de reprendre un air, généralement en en modifiant les paroles : on entendra ainsi un peu du *Postillon de Lonjumeau* au Palais-Royal, début 1837, de *L'Africaine* de Meyerbeer, puis de *La Belle Hélène* d'Offenbach dans la revue du Châtelet comme dans celle du petit théâtre du Luxembourg en 1865, de *Mireille* de Gounod – chantée par deux comédiens paraissant tout petits, l'Opéra-Comique ayant donné cette année-là une version condensée de l'œuvre – aux Variétés en 1889 ; sur le même théâtre, Alice Lavigne avait imité Adèle Isaac dans l'air de la poupée des *Contes d'Hoffmann* huit ans plus tôt... La liste pourrait s'allonger presque indéfiniment. La citation peut du reste s'élargir et devenir pot-pourri, voire hommage à une œuvre ou un genre. Le prologue de *Paris-Exposition*, aux Variétés, en 1889, s'inspire directement du *Petit Faust* d'Hervé (FD, 1869). Les Folies-Dramatiques, fin 1858, parodient, sur la musique de Mozart, les scènes de Chérubin dans *Les Noces de Figaro* représenté la même année au Théâtre-Lyrique. Clairville donne avec Busnach, au Château-d'Eau, fin 1873, une sorte de prolongement à *La Fille de Madame Angot*, dont il était le colibrettiste : Madame Angot, la « forte en gueule » – tel est le titre de la revue – en est la commère, et le deuxième tableau reproduit la séquence d'ouverture de l'opérette, dans le décor de la création parisienne. Les interprètes sont cette fois des enfants, qui reprennent en chœur les couplets d'Amaranthe...

Au milieu des ponts-neufs, des vaudevilles anciens et récents, des chansons anciennes et à la mode, des scies et des succès du café-concert, voici que l'on entend l'orage du *Barbier de Séville* (*Rothomago*, PR, 1839), que l'on chante sur l'air de *La Muette de Portici* (*La Revue de Paris*, Vaud., 1829), du *Domino noir* (*Les Iroquois, ou l'Ile merveilleuse*, Ambigu-Comique, 1839), de *Robert le Diable* (*Paris à tous les diables*, Vaud., 1844), de *Carmen* (*Paris-Exposition*, TV, 1889), et sur ceux d'Offenbach, et d'Hervé, et de Lecocq, et de Planquette... À la fin du siècle, au concert de la Scala, L'Opérette personnifiée présente aux spectateurs un florilège rétrospectif de ses succès marquants, avec des évocations et des airs de *La Fille de Madame Angot* de Lecocq, *Le Grand Mogol* d'Audran, *Les Cloches de Corneville* de Planquette et un petit défilé Offenbach enchaînant *Madame l'Archiduc*, *Les Brigands*, *La Vie parisienne*, et s'achevant sur *Orphée aux Enfers* dont le galop final clôt – comme dans tant de revues – le premier acte par un chahut. « Le public adore les entendre[19] », se justifie-t-elle. En reprenant sans cesse, dans l'immense catalogue de la mémoire musicale que sont ses timbres, les airs de l'opéra, tous genres confondus, la revue contribue à en faire partager la culture, et le plaisir, à un large public.

Notes de 19.1

1. B. Bathelot, « Produits dérivés », in *Encyclopédie illustrée du marketing*, en ligne, www.definitions-marketing.com, consulté le 24 avr. 2019.
2. Voir par exemple le site *La Vie du dérivé : toute l'actualité des produits dérivés et des goodies geek*, en ligne, https://lavieduderive.linfotoutcourt.com/, consulté le 18 avr. 2019 ; A. Boillat, « Du personnage à la figurine : les produits dérivés de *Star Wars* comme expansion d'un univers », *Décadrages/ Cinéma, à travers champs*, 8-9, 2006, p. 106-136.
3. H. Lacombe, « Opéra et produits dérivés. Le cas du théâtre lyrique français au XIXe siècle », in J. Marseille et P. Eveno éd., *Histoire des industries culturelles en France, XIXe-XXe siècles*, Paris : Institut d'histoire économique et sociale, 2002, p. 431-443.
4. Stendhal, *Vie de Rossini*, n^{lle} éd., in *Œuvres complètes*, t. 22-23, Genève : Edito-Service, 1968, p. 269-271.
5. Voir L. Schapper, *Henri Herz, magnat du piano : la vie musicale en France au XIXe siècle, 1815-1870*, Paris : Éd. de l'École des hautes études en sciences sociales, 2011, p. 126-130.
6. A.-Ch. Renouard, *Traité des droits d'auteur, dans la littérature, les sciences et les beaux-arts*, 2 vol., Paris : J. Renouard, 1838-1839, vol. 1, p. 68.
7. L. Schapper, *Henri Herz*, p. 129-130.
8. L. Schapper, « Opéra-comique et variations pianistiques en France sous la monarchie de Juillet », in L. Frassà éd., *The Opéra-Comique in the Eighteenth and Nineteenth Centuries*, Turnhout : Brepols, 2011, p. 336.
9. S. Esquier, « Créations et réception des opéras de Rossini en France de 1817 à 1829 », in S. Triaire et F. Brunet éd., *Aspects de la critique musicale au XIXe siècle*, Presses universitaires de la Méditerranée, § 3, en ligne, http://books.openedition.org/pulm/260, consulté le 27 avr. 2019.
10. J. Pasler, « De la "publicité déguisée" à la performativité du goût : partitions et suppléments musicaux dans la presse française à la Belle Époque », *Rdm*, 102/1, 2016, p. 4.
11. Voir R. Leydi, « Diffusion et vulgarisation », in L. Bianconi et G. Pestelli éd., *Histoire de l'opéra italien*, t. 6, *Théories et techniques, images et fantasmes*, trad. sous la dir. de J.-P. Pisetta, Liège : Mardaga, 1992, p. 423.
12. M. Haine, *Les Facteurs d'instruments de musique à Paris au XIXe siècle*, Bruxelles : Éd. de l'Université de Bruxelles, 1985.
13. D'après A. Loesser, *Men, Women and Pianos. A Social History*, New York : Simon and Schuster, 1954.
14. L. Schapper, *Henri Herz*, p. 138-140.
15. L. Delibes aux éditions Heugel, s.d., in *Collection Heugel. Autographes et manuscrits*, cat. de vente Ader, jeudi 26 mai 2011.
16. C. Czerny, *L'Art d'improviser mis à la portée des pianistes*, Paris : Schlesinger, [1829], p. 73.
17. S. Frakes, « Cantabile in French Methods for Piano 1797-1840 », in M. Sala éd., *Piano Culture in 19th Century Paris*, Turnhout : Brepols, 2016, p. 283-280.
18. J.-J. Eigeldinger, *L'Univers musical de Chopin*, Paris : Fayard, 2000, p. 105.

Notes de 19.2

1. J.-P. Bartoli et J. Roudet, *L'Essor du romantisme : la fantaisie pour clavier, de Carl Philipp Emanuel Bach à Franz Liszt*, [Paris] : Vrin, 2013, p. 118.
2. A. de Place, *Le Piano-forte à Paris*, p. 102.
3. *Ibid.*, p. 103 ; Ch. Suttoni, *Piano and opera : a study of the piano fantasies written on opera themes in the romantic era*, PhD, New York University, 1973.
4. D. Ehrhardt, *Catalogue des variations pour piano publiées à Paris : 1830-1850*, Paris : Univ. de Paris-Sorbonne, 1999.
5. H. Schneider, « L'arrangement d'opéras pour quatuor à cordes. Le cas de *Guillaume Tell* de Rossini », in J. Élart, E. Jardin et P. Taïeb éd., *Quatre siècles d'édition musicale. Mélanges offerts à Jean Gribenski*, Berne : Peter Lang, 2014.
6. Par exemple, F. Brisson, *Robert-le-Diable, opéra de Meyerbeer. Grand duo caractéristique pour piano et orgue*, Paris : G. Brandus et S. Dufour, [1859] ; L.-F.-A. Frêlon, *L'Orgue des salons. Fantaisie de concert sur La Part du diable, opéra de D. F. E. Auber, pour orgue et piano*, Paris : Brandus, [1860].
7. X. Canin, *Jean-Baptiste Arban, du cornet à la baguette [...]*, thèse de doctorat, université Paris 4, 2016.
8. P. Taïeb, *L'Ouverture d'opéra en France : de Monsigny à Méhul*, Paris : Sfm, 2007, p. 321-357.
9. G. Bordry, « Grand opéra, réclame et produits dérivés : *Le Prophète* de Meyerbeer et le nonciorama », in M. Everist éd., *Meyerbeer and Grand Opéra [...]*, Turnhout : Brepols, 2016, p. 177-178 ; C. Rowden, « Parodying opera in Paris : Tannhäuser on the popular stage, 1861 », in A. Kauppala, J. Hesselager et U.-B. Broman-Kananen éd., *Tracing Operatic and Theatrical Performances in the Long 19th Century*, Helsinki : Sibelius Academy, 2017 ; H. Lacombe, *Bizet*, Paris : Fayard, 2001, p. 679-682.
10. G. Bizet à A. de Choudens, [fin 1872-début 1873], in G. Bizet, *Correspondance*, Th. Bodin et H. Lacombe éd., à paraître.
11. « Cramer », in F.-J. Fétis, *Biographie universelle des musiciens...*, n[lle] éd. augm., A. Pougin éd., vol. 1, Paris : Firmin-Didot, 1878.
12. Ph. Autexier, « Musique sans frontière ? Le choix des programmes de Liszt pour ses concerts de la période virtuose », in S. Gut éd., *Actes du colloque international Franz Liszt, La Revue musicale*, 405-407, 1987, p. 297-305.
13. B. Moysan, *Liszt : virtuose subversif*, Lyon : Symétrie, 2009.

Notes de 19.3

1. Part. ms., [*ca* 1826], F-Pn, Rés-2487.
2. F. Gribenski, « "La musique attire aux Églises et les fait aimer". Contribution à l'étude des usages diversifiés du concert en France au XIXe siècle », *Rdm*, 105/1, 2019, p. 77-110.
3. *Marche de la Muette de Portici* d'Auber, pour orgue expressif à percussion par L. F. A. Frelon ; *Marche sainte extraite d'Hérodiade* de Massenet, transcrite pour orgue par Georges Lamothe ; *Marche du Synode, de Henry VIII* de Saint-Saëns, transcrite pour grand orgue par L. Boellmann ; *Marche solennelle d'Hamlet* d'Ambroise Thomas, transcrite pour grand orgue par Édouard Batiste.

4. C. J. Shuster, *Les Orgues de théâtre d'Aristide Cavaillé-Coll et leur répertoire*, *L'orgue*, 23, 1994.
5. Voir C. Shuster-Fournier, *Les Orgues Cavaillé-Coll au salon, au théâtre et au concert*, thèse de doctorat, université de Tours, 1991.
6. A. Martin-Fugier, *La Vie élégante [...]*, chap. 3 « Du monde et des salons », p. 119-162 ; A. Martin-Fugier, *Les Salons de la IIIe République : art, littérature, politique*, Paris : Perrin, 2003 ; M. Chimènes, *Mécènes et musiciens : du salon au concert à Paris sous la IIIe République*, [Paris] : Fayard, 2004.
7. A. Martin-Fugier, *La Vie élégante*, p. 414-427.
8. A. Rousselin, « Piano et pianistes », in J.-M. Bailbé, É. Bernard, H. R. Cohen et al., *La Musique en France à l'époque romantique : 1830-1870*, [Paris] : Flammarion, 1991, p. 128.
9. M. de Saint-Marceaux, *Journal, 1894-1927*, M. Chimènes éd., Paris : Fayard, 2007.
10. M. Garden à ?, s.d., cit. in *Lettres et manuscrits* autographes, cat. Ader Nordmann, Paris, 22 et 23 juin 2016.
11. C. Carvalho à P. Viardot, Paris, 7 juin 1872, in *Les Autographes*, Paris, cat. de vente n° 143, juin 2016, Th. Bodin expert.
12. J.-M. Fauquet, *Dict.*, art. « Salon », p. 116.
13. C. Himelfarb, « Un salon de la Nouvelle-Athènes en 1839-1840 : L'album musical inconnu de Juliette Zimmerman », *Rdm*, 87/1, 2001, p. 33-65.
14. M. Chimènes, *Mécènes et musiciens*, p. 431 sq.
15. G. Bréton, *Journal 1867-1871*, Paris : Ramsay, 1985, p. 25-26, entrée du 9 juin 1867, cit. in P. Girod, *Les Mutations du ténor romantique [...]*, thèse de doctorat, université Rennes 2, 2015.
16. H. Lacombe, *Georges Bizet*, Paris : Fayard, 2001, p. 413, 415, 460, 465.
17. E. Gasnault, « Bal public », in J.-M. Fauquet éd., *Dict.*, p. 84.
18. M.-C. Mussat-Lemoigne, *La Belle Époque des kiosques à musique*, Paris : Éditions du May, 1992, p. 138.
19. M.-C. Mussat, « Kiosque à musique et urbanisme [...] », in H. E. Bödeker, P. Veit et M. Werner éd., *Le Concert et son public [...]*, Paris : Éditions de la Maison des sciences de l'homme, 2002, p. 330.
20. M.-C. Mussat-Lemoigne, *La Belle Époque des kiosques à musique*, p. 126.
21. J. Cambon, *Les Trompettes de la République. Harmonies et fanfares en Anjou sous la Troisième République*, Rennes : PUR, 2011, p. 267-275 ; P. Peronnet, *Les Enfants d'Apollon. Les ensembles d'instruments à vent en France 1700 à 1914 [...]*, thèse de doctorat, université Paris 4, 2012 ; Th. Bouzard, *Les Usages musicaux dans l'armée française de 1815 à 1918*, thèse de doctorat, université d'Amiens, 2016.
22. P. Peronnet, *Les Enfants d'Apollon*.
23. E. de Mirecourt, *Rossini*, Paris : Havard, 1856, p. 77.
24. P. Peronnet, *Les Enfants d'Apollon*, p. 477, 563 (n. 1659) ; S.-A. Leterrier, « Musique populaire et musique savante au XIXe siècle. Du « peuple » au "public" », *Revue d'histoire du XIXe siècle*, en ligne, 19, 1999, consulté le 29 avr. 2019.
25. P. Peronnet, *Les Enfants d'Apollon*, p. 595.
26. M.-C. Mussat-Lemoigne, *La Belle Époque des kiosques à musique*, p. 139.
27. D. M. Di Grazia, « Orphéon », in J.-M. Fauquet, *Dict.*, p. 919.
28. A. Elwart (1808-1877), *Essai sur la composition chorale*, Paris : Léon Escudier, 1867, p. 26.

Notes de 19.4

1. C. Pierre, *Histoire du Concert spirituel (1725-1790)*, [1ʳᵉ éd. 1975], Paris : Sfm, 2000.
2. Voir É. Bernard, *Le Concert symphonique à Paris entre 1861 et 1914 : Pasdeloup, Colonne, Lamoureux*, 4 vol., thèse de doctorat (3ᵉ cycle), université de Paris I, 1976 ; F. Bronner, *Les Concerts symphoniques à Paris au temps de Berlioz*, Paris : Éditions Hermann, 2017 ; J.-M. Fauquet, *Les Sociétés de musique de chambre à Paris de la Restauration à 1870*, Paris : Aux amateurs de livres, 1986 ; J. Mongrédien, *La Musique en France des Lumières au Romantisme, 1789-1830*, Paris : Flammarion, 1986 ; W. Weber, *The Great Transformation of Musical Taste. Concert Programming from Haydn to Brahms*, New York : CUP, 2008.
3. D. K. Holoman, *The Société des Concerts du Conservatoire, 1828-1967*, Berkeley : UCP, 2004 ; D. K. Holoman, « The Société des Concerts du Conservatoire, 1828-1967 », University of California Davis, en ligne (2004), http://hector.ucdavis.edu/SdC/, consulté le 2 mai 2018.
4. J. Pasler, « Building a public for orchestral music. Les Concerts Colonne », in H. E. Bödecker, P. Veit et M. Werner éd., *Le Concert et son public. Mutations de la vie musicale en Europe de 1780 à 1914 (France, Allemagne, Angleterre)*, Paris : Éditions de la Maison des sciences de l'homme, 2002, p. 25-45 ; Y. Simon, *Jules Pasdeloup et les origines des Concerts populaires*, Lyon : Symétrie, 2011 ; Y. Simon, « Concerts Pasdeloup (1861-1887) », en ligne (fév. 2017), dezede.org/dossiers/id/249/, consulté le 2 mai 2018 ; Y. Simon, *Charles Lamoureux, chef d'orchestre et directeur musical au XIXᵉ siècle*, Arles/Paris : Actes Sud/Palazzetto Bru Zane, à paraître ; Y. Simon, « Concerts Lamoureux (1881-1899) », en ligne (déc. 2015), dezede.org/dossiers/id/215/, consulté le 2 mai 2018. Par la suite ces trois sociétés seront désignées par les expressions communément utilisées de Concerts Pasdeloup, Concerts Colonne et Concerts Lamoureux.
5. Pour ce nombre et les suivants, dans la limite de la fiabilité de cette base de données, voir *Chronopéra*, en ligne, chronopera.free.fr/, consulté le 2 mai 2018.
6. G. Cardineau, *L'Introduction de la musique russe en France à travers l'exemple des grandes sociétés de concerts parisiennes (1865-1909)*, mémoire de master, université de Rouen, 2014.
7. *Noé* est donné aux Concerts Pasdeloup le 23 avril 1886, tout comme *Pedro de Zalamea* le 6 avril 1884 et *Velléda* le 25 avril 1883 ; les extraits de *Mudarra* sont proposés au public des Concerts Lamoureux le 17 décembre 1899.

Notes de 19.5

1. J. Élart, « Les origines du concert public à Rouen à la fin de l'Ancien Régime », *Rdm*, 93/1, 2007, p. 53-73.
2. P. Taïeb, *L'Ouverture d'opéra en France de Monsigny à Méhul*, Paris : Sfm, 2007, p. 321-337.
3. G. Gosselin, *La Symphonie dans la cité. Lille au XIXᵉ siècle*, Paris : Vrin, 2011, p. 80.
4. *Ibid.*, p. 87-99.
5. « Concerts historiques », *in* Ch. Goubault, *La Vie musicale à Rouen de 1830 à 1914*, thèse de doctorat, Paris-Sorbonne, 1977, t. 1, p. 297-302 ; t. 2, p. 794-799.

6. F. Lesure, *Dictionnaire musical des villes de province*, Paris : Klincksieck, 1999, p. 27-33.
7. Statuts de la société de Strasbourg, cités in F. Lesure, *Dictionnaire*, p. 29.
8. M.-C. Le Moigne-Mussat, *Musique et société à Rennes aux XVIIIe et XIXe siècles*, Genève : Minkoff, 1988, p. 147-157.
9. *Ibid.*, p. 182.
10. Ch. Goubault, *La Vie musicale à Rouen*, t. 1, p. 337-341.
11. F-R, Inv. 10 « fonds Société philharmonique », in *Collections musicales*, t. 4, dactylogr.
12. G. Gosselin, *L'Âge d'or de la vie musicale à Douai. 1800-1850*, Liège : Mardaga, 1994, p. 67-91.
13. Voir G. Gosselin, *La Symphonie dans la cité*, p. 101-110.
14. *Ibid.*, p. 111-157.
15. G. Gosselin, *L'Âge d'or de la vie musicale à Douai*, p. 62-66.
16. É. Jardin, *Le Conservatoire et la ville. Les écoles de musique de Besançon, Caen, Rennes, Roubaix et Saint-Étienne au XIXe siècle*, thèse de doctorat, EHESS, 2006, p. 590-593, p. 626-634 ; « Annexe n° 24 – Répertoire des programmes des concerts donnés par les élèves du conservatoire de Roubaix à l'occasion de la distribution des prix de fin d'année (1859-1899) ».
17. Y. Simon, « Les voyages de Monsieur Pasdeloup (1864-1883) », en ligne (mai 2014), dezede.org/dossiers/id/46/, consulté le 16 juil. 2018 ; Y. Simon, « Les voyages de Monsieur Pasdeloup : Propagation d'un modèle et d'un répertoire symphonique », *Ad Parnassum. A Journal of Eighteenth – and Nineteenth-Century Instrumental Music*, 15/30, oct. 2017, p. 95-134.
18. A. Sallès, *Les Premiers essais de concerts populaires à Lyon, 1826-1877*, Paris : E. Fromont, 1919.
19. Y. Simon, « Les concerts populaires au Havre (1892-1913) », en ligne (mai 2014), dezede.org/dossiers/id/64/, consulté le 16 juil. 2018.
20. S. Teulon-Lardic, *Inventer le concert public à Montpellier : la Société des concerts symphoniques (1890-1903)*, Lyon : Symétrie, 2014.
21. M. Blanc, « Les Concerts du conservatoire de Nancy sous la direction de Ropartz (1894-1914) », en ligne (mars 2017), dezede.org/dossiers/id/254/, consulté le 16 juil. 2018.
22. Y. Simon, *L'Association artistique d'Angers (1877-1893) [...]*, Paris : Sfm, 2006.
23. Y. Simon, « Répertoire des Concerts populaires de la Société des concerts de Toulouse (1862-1877) », à paraître.
24. D. Tchorek, « La Société philharmonique de Boulogne-sur-Mer (1853-1869) », en ligne (fév. 2013), dezede.org/dossiers/id/9/, consulté le 16 juil. 2018.

Notes de 19.6

1. P. Beaucé, *Parodies d'opéra au siècle des Lumières [...]*, Rennes : PUR, 2013.
2. P. Aron et J. Espagnon, *Répertoire des pastiches et parodies littéraires des XIXe et XXe siècles*, Paris : PUPS, 2009, p. 23.
3. Clairville, A. Delacour et L. Thiboust, *Ya-Mein-Herr, cacophonie de l'avenir*, Paris : Michel Lévy frères, 1861 (Variétés, 6 avril 1861).

4. C. Rowden, « Parodying opera in Paris : *Tannhäuser* on the popular stage, 1861 », p. 44-45.
5. Dumanoir et Clairville, *Un banc d'huîtres*, Paris : Michel Lévy frère, 1848, p. 58.
6. E. Leterrier et A. Vanloo, A. Mortier, *Rataplan*, Paris : C. Lévy, 1881, premier tableau.
7. A. Millaud et C. Clairville, *Premier Paris*, ms. de la censure, 1892, F-Pan, F^{18} 814, acte II, 1er tableau.
8. Th. Cogniard et Clairville, *Eh ! allez donc Turlurette*, Paris : E. Dentu, 1873, p. 99.
9. E. de Rougemont, C. Dupeuty et E. Arago, *Paris dans la comète*, Paris : Marchant, 1836, p. 8.
10. Clairville, *Les Iroquois ou l'Île merveilleuse*, Paris : Mifliez, 1839, p. 8.
11. J.-F. Bayard et Dumanoir, *Les Guêpes*, Paris : Henriot, 1840.
12. Clairville, *Paris à tous les diables*, Paris : Beck, 1844.
13. A. Guénée et A. Delacour, *Voilà le plaisir, Mesdames !*, Paris : Beck, 1852, p. 33-34.
14. H. Blondeau et H. Monréal, *Tout Paris en revue*, Paris : Tresse et Stock, 1895, p. 139.
15. A. Guénée et Ch. Potier, *Voilà ce qui vient de paraître*, revue […] terminée par *La Promise de Montmartre*, parodie sauce provençale, Paris : Impr. de Vve Doney-Dupré, 1854, p. 15.
16. L. Gandillot et E. Hermil, *Ah ! la pau !... la pau !... la pau !...*, ms de la censure, 1893, F-Pan, F^{18} 1038, III, 12.
17. A. Millaud et C. Clairville, *Premier Paris*, III, 2,4.
18. Clairville, J. Cordier et A. Commerson, *Les Binettes contemporaines*, Paris : Beck, 1855, p. 26-27.
19. P.-L. Flers, *À nous les femmes !...*, ms de la censure, 1896, F-Pan, F^{18} 1445, I, 18.

Juliette Simon-Girard (1859-1959)

Née quelques mois après la création d'*Orphée aux Enfers*, Juliette Simon-Girard est associée aux dernières créations d'Offenbach dont elle a continué à interpréter le répertoire à la Belle Époque. C'est une enfant de la balle : sa mère, Caroline Girard, avait fait carrière comme soprano au Théâtre-Lyrique et à l'Opéra-Comique et son père, Joseph-Philippe Simon dit Locroy, était acteur, auteur dramatique et avait administré la Comédie-Française durant quelques mois en 1848. La « petite Girard », ainsi nommée à cause de sa mère, fait des études d'art dramatique au Conservatoire dont elle sort en 1876 avec un premier accessit de comédie. Mais c'est comme artiste lyrique qu'elle débute aux Folies-Dramatiques au début de l'année 1877 en créant le rôle de Carlinette dans *La Foire Saint-Laurent* d'Offenbach. Sa carrière est lancée, quelques mois plus tard, par le triomphe au même théâtre des *Cloches de Corneville* de Planquette. Les rôles-titres de *Madame Favart* (1878) et de *La Fille du tambour-major* (1879), les deux derniers succès d'Offenbach, confirment son statut de diva d'opérette. Dans cette dernière pièce, Juliette Simon-Girard est entourée par sa mère et par son mari (elle a épousé en mai 1879 le ténor Simon-Max) ; les critiques s'amusent de cette « interprétation de famille ».

Avec la disparition d'Offenbach, Juliette Simon-Girard perd son mentor, et ses collaborations avec Hervé, Varney et Lecocq sont moins heureuses, même si *Ali-Baba* de Lecocq obtient un certain succès à l'Alhambra de Bruxelles en 1887. Plus marquante est la reprise de *La Fille du tambour-major* à la Gaîté à l'occasion de l'Exposition universelle de 1889. Engagée aux Nouveautés, à la Renaissance, au Châtelet, aux Folies-Dramatiques, Mme Simon-Girard, qui s'est remariée en 1898 avec le comédien Félix Huguenet, participe encore à des créations (Vasseur, Roger, Pessard, Varney, Audran) mais s'illustre surtout par des reprises d'Offenbach et de Lecocq. À la fin de 1899, elle reprend ainsi aux Variétés le rôle-titre de *La Belle Hélène*. Elle n'y fait pas tout à fait oublier Hortense Schneider, Anna Judic et Jeanne Granier qui l'ont précédée dans ce rôle. Ayant enregistré en 1903 un extrait de *Madame Favart*, elle est la seule interprète d'Offenbach à avoir laissé une trace sonore d'un rôle créé par elle. Artiste dont la carrière n'a pas été à la hauteur de ses fulgurants débuts, Juliette Simon-Girard fut la dernière grande artiste des temps « héroïques » de l'opérette.

Jean-Claude Yon

Atelier Nadar, Juliette Simon-Girard dans *La Fille du tambour-major*, photographie, 1879 (détail).

Chapitre 20
L'opéra dans les arts et la littérature

20.1 L'OPÉRA, SUJET DE LA FICTION LITTÉRAIRE
Olivier Bara

« Cependant, les bougies de l'orchestre s'allumèrent ; le lustre descendit du plafond, versant, avec le rayonnement de ses facettes, une gaieté subite dans la salle ; puis les musiciens entrèrent les uns après les autres, et ce fut d'abord un long charivari de basses ronflant, de violons grinçant, de pistons trompettant, de flûtes et de flageolets qui piaulaient[1]. » La fascination exercée sur Emma Bovary par *Lucie de Lammermoor* (version française) vu à l'Opéra de Rouen, chez Flaubert, est emblématique du tropisme opératique du roman au XIXe siècle. Elle tend, par sa célébrité, à occulter une grande variété d'intégration de l'opéra comme sujet dans le roman : « Quelles que soient les formes romanesques faisant appel à la référence lyrique, les modes d'insertion de celle-ci varient autant que la valeur signifiante de son inclusion[2]. » De la simple référence ponctuelle au monde lyrique jusqu'au « roman d'opéra », des jeux de mise en abyme entre les fictions jusqu'au défi formel lancé à l'écriture par l'art du chant, littérature et opéra français se croisent de multiples manières au XIXe siècle. On ne fera ici que cerner certains de ces points de rencontre[3].

Opéra et partage de la mémoire

L'opéra s'inscrit dans une mémoire, celle de l'écrivain spectateur, dont l'écriture se fait le conservatoire. Un souvenir lyrique permet de dater un moment de l'existence, parfois décisif au point de constituer un début dans la vie. Stendhal, dans *Vie de Henry Brulard* (écrit en 1835-1836) place dans l'audition du *Traité nul* (Feydeau, 1797), opéra-comique de Gaveaux chanté par Mlle Kubly dont le jeune Beyle était amoureux, le commencement de sa vie affective et morale : « Là commença mon amour pour la musique qui a peut-être été ma passion la plus forte et la plus coûteuse, elle dure encore à cinquante-deux ans et plus vive que jamais[4]. » Peu importe la « pauvre petite voix faible » de la chanteuse et l'exécration de Beyle pour la « musique *médiocre* » : celle-ci peut plaire « comme *signe*, comme souvenir du bonheur de la jeunesse » autant que « *par elle-même* »[5]. La première sortie au théâtre, parfois à l'opéra, est un passage obligé du récit de soi[6]. Pour la future George Sand, la « comédie à La Châtre », donnée par des « chanteurs ambulants », ouvre un monde de « jolies, faciles, chantantes et gracieuses opérettes[7] », du *Diable à quatre* (titre de plusieurs opéras-comiques, sans autre précision de la part de Sand) à *Jeannot et Colin* (OC, 1814) de Nicolò, en passant par *Ma tante Aurore* (OC, 1803) de Boieldieu – titre qui fournit à la petite Aurore Dupin son surnom auprès de ses cousins : l'expérience lyrique reconstituée dans l'autobiographie se fait construction identitaire. Dans ses *Mémoires*, Berlioz élit la découverte de l'Opéra et des *Danaïdes* (O, 1784) de Salieri, de l'air d'Hypermnestre et de « la foudroyante bacchanale », comme épiphanie de son *être pour la musique* : « J'étais comme un jeune homme aux instincts navigateurs qui, n'ayant jamais vu que les nacelles des lacs de ses montagnes, se trouverait brusquement transporté sur un vaisseau à trois ponts en pleine mer[8]. »

Alors que l'opéra s'ouvre à un public élargi au cours de ce siècle d'invention de la démocratie moderne qu'est le XIXe, tandis qu'une culture lyrique se diffuse par les pratiques domestiques de la musique (cf. 19.3), un romancier peut miser sur une mémoire partagée et se contenter de citer un nom d'interprète ou l'*incipit* d'un air : il est sûr qu'aussitôt la couleur d'une voix, la chaleur d'un phrasé, une mélodie, un rythme surgiront de ses lignes. Dans *Le Père Goriot* (1835), il suffit à Vautrin de fredonner « J'ai longtemps parcouru le monde[9] » pour convoquer chez le lecteur contemporain de Balzac le souvenir théâtral et musical de *Joconde ou les Coureurs d'aventures* (OC, 1814) de Nicolò. L'allusion se fait le fondement de la connivence entretenue avec le sagace lecteur. Au chapitre 30 de la Ire partie du *Rouge et le Noir* (1830), l'« ombre blanche » et le « fantôme blanc »[10] aperçus par Julien Sorel entrant nuitamment chez Mme de Rênal pourraient être un souvenir de *La Dame blanche* (OC, 1825) de Scribe et Boieldieu : dans une scène nocturne de l'opéra-comique, le héros, Julien (!) d'Avenel a un rendez-vous nocturne avec le mystérieux fantôme.

La mention ponctuelle de titres ou de noms empruntés à l'univers lyrique fait alors office de chronotope[11] dans l'œuvre romanesque, assurant l'ancrage référentiel et symbolique de la fiction dans un lieu et un temps induits par l'opéra évoqué. Dans le même roman de Stendhal, la référence au *Comte Ory* de Rossini[12] (créé à l'Opéra en 1828, repris en 1830) contribue à faire du roman une « chronique de 1830 » selon son sous-titre. Une simple mention du *Postillon de Lonjumeau* (OC, 1836) dans *L'Éducation sentimentale* de Flaubert (1869) rappelle que le roman dissout par l'ironie les héritages de la monarchie de Juillet. Dans *Nana* de Zola (1880), *La Blonde Vénus* au chapitre I et *La Petite Duchesse* au chapitre IX renvoient de façon presque transparente à *La*

Belle Hélène (TV, 1864) et à *La Grande Duchesse de Gérolstein* (TV, 1867) d'Offenbach.

L'opéra, lieu et milieu signifiants

Au-delà de la simple mention, la sortie à l'Opéra constitue une véritable « scène à faire » dans le roman du XIXe siècle. Le théâtre découvre d'un coup une organisation sociale symbolisée par la structuration de l'espace offert aux yeux aptes à « décoder » les costumes et les comportements (cf. 12.3). De Balzac à Proust, en passant par Zola, l'opéra forme un espace ouvert à l'enquête sociologique du romancier : « Le théâtre et l'opéra sont à la fois des lieux concrets à la topographie soigneusement différenciée (avec scène, salle, loges, coulisses, machines) et des milieux (sociaux)[13]. » Un roman peut proposer une visite guidée du théâtre, comme aux chapitres 1 et 8 de *Monsieur le Ministre* de Jules Claretie (1881), avec sa description des loges, des coulisses, du foyer de l'Opéra de Paris, à la faveur de la promenade du personnage de ministre pendant un entracte. La narration invite volontiers le lecteur à suivre, pas à pas, la lente ascension vers la loge, en confondant sa perception avec celle du spectateur qui franchirait, dans son entrée au temple lyrique, toutes les étapes d'un rituel. Une telle progression du dehors, profane, au-dedans, sacré, est offerte par Maupassant dans *Fort comme la mort* (1889). Le chapitre VI de la deuxième partie s'ouvre sur sept courts paragraphes, relatant les sept étapes franchies par la foule des privilégiés. Tout commence par les formules dont retentit le boulevard : Anne Helsson et Montrosé, chanteurs vedettes dont les noms s'étalent sur les colonnes Morris. Au terme du parcours, la description renvoie la procession mondaine à sa nature théâtrale, spectacle avant le spectacle, imprégnant déjà ce dernier de sa fièvre et de son énergie : l'agitation de cette foule « semblait traverser la toile pour se répandre jusqu'aux décors[14] ». Aussi la description du spectacle de la foule des spectateurs l'emporte-t-elle souvent sur l'évocation du spectacle lyrique en lui-même, d'un moindre intérêt dans l'économie de la narration romanesque[15].

« Mon Dieu ! est-on heureux d'avoir une loge aux Italiens. » L'exclamation de Rastignac dans *Le Père Goriot* rappelle que l'identité sociale des personnages de roman s'élabore aussi dans la simple mention de ses lieux privilégiés de vie mondaine et de plaisir. Le Théâtre-Italien, particulièrement dans le roman balzacien, aimante les désirs de reconnaissance sociale des héros avides de frayer avec l'aristocratie parisienne et la grande bourgeoisie. Dans le roman du premier XIXe siècle, « les Italiens » l'emportent sur l'Opéra et surtout sur l'Opéra-Comique. La rareté de ses mentions s'explique : les romantiques assimilent l'opéra-comique français à la médiocrité bourgeoise, au demi-caractère et à la rationalité conçus comme étouffoirs de la passion comme de l'extase. Dans ses *Souvenirs d'égotisme*, écrits en 1832, Stendhal, dont les héros romanesques hantent plutôt les salles d'opéra italiennes, déclare sa haine à l'opéra-comique : « Quand la musique française était jointe à l'esprit français, l'*horreur* allait jusqu'à me faire faire des grimaces et me donner en spectacle. Mme Longueville me donna un jour sa loge au théâtre Feydeau [*i.e.* à l'Opéra-Comique]. Par bonheur, je n'y menai personne. Je m'enfuis au bout d'un quart d'heure, faisant des grimaces ridicules et faisant vœu de ne pas rentrer à Feydeau de deux ans : j'ai tenu ce serment[16]. » La littérature fin de siècle n'accorde guère plus de crédit à l'opéra-comique, comme le montre l'attitude de Folantin dans *À vau-l'eau* de Huysmans (1883) : invité à voir et entendre *Richard Cœur de Lion* (Favart, 1784) et *Le Pré aux clercs* (OC, 1832) à l'Opéra-Comique, le personnage préfère s'évader dans ses souvenirs. Dans *Chérie*, Edmond de Goncourt (1884) réécrit le célèbre chapitre de Madame Bovary à l'opéra, mais c'est au Théâtre-Italien, face à *Lucia di Lammermoor* en version originale, qu'il place son héroïne névrosée à qui la folle de Donizetti tend un miroir. La littérature du second XIXe siècle met plutôt en scène le clivage séparant wagnériens et antiwagnériens. Sous le Second Empire, l'amateur d'opéra prend le costume bien ajusté et les idées bornées du membre du Jockey-Club qui se déchaîne contre *Tannhäuser* (créé dans sa version française à l'Opéra en 1861) en particulier et s'oppose en général à toute entorse aux rituels de la soirée à l'Opéra de Paris. Dans *La Curée* de Zola (1871), le fringant Maxime, passif, oisif, se déride à peine aux accents canailles de *La Belle Hélène* chantée par sa belle-mère, dont il partage l'« horreur sainte pour les airs sérieux ». La musique allemande offre au dandy ennuyé le loisir d'un divertissement sans frais, propre à rassurer sa fausse conscience artistique de pseudo-esthète : « Il crut devoir aller siffler le *Tannhäuser* par conviction, et pour défendre les refrains égrillards de sa belle-mère[17]. »

L'opéra, comme le théâtre, est, plus qu'un lieu, un *milieu*, révélateur de pratiques sociales, d'où le romancier peut observer et décrypter les signes, costumes, gestes, paroles. L'opéra, avec ses loges, est ce lieu ambigu, mi-privé, mi-public où se nouent et de dénouent les intrigues, où se jouent les rencontres, où s'orchestrent les ruptures. Soumis aux regards d'autrui, le personnage romanesque acquiert une densité physique : il se voit doté d'un corps peut-être désirable. *Volupté* de Sainte-Beuve (1834), dont l'action est située sous le Consulat et l'Empire, fait exceptionnellement du Théâtre Feydeau (l'Opéra-Comique réunifié en 1801) le lieu périlleux où se réoriente une carrière amoureuse : le provincial Amaury, monté à Paris avec l'amour, tout platonique, de sa vie, la marquise de Couaën, tourne son attention vers Mme R. Le roman isole le petit groupe dans l'espace clos de la loge ; il offre au déchiffrement du lecteur les postures et les regards de chacun, spectacle intime placé en marge d'un spectacle lyrique dont il ne sera pas question : « J'accompagnai seul ces trois dames ; et dans la loge étroite, pendant les heures mélodieuses, que de palpitations voilées, que de nuances diverses, sympathiques ou rivales, durent éclore et se succéder en nos cœurs ! [...] La musique, les chants, le jeu du fond, le théâtre rempli, agité, l'éblouissement et le murmure, n'étaient là que pour faire écho à nos paroles, pour favoriser notre silence et encadrer notre rêverie[18]. » Moralement plus périlleux apparaît le bal de l'Opéra, autre *topos* du roman engagé dans le décryptage du monde social. Là, une société tapageuse et grimée est à elle-même son propre spectacle et s'offre le plaisir du demi-secret. Dans *Isidora* de George Sand (1845), le bal de l'Opéra est l'espace propice à la première apparition masquée de la vertueuse Julie dans les atours de la troublante courtisane Isidora, en « domino noir à nœuds roses ». Autour du héros-narrateur, Jacques Laurent, les signes du deuil et de la chute, de la déchirure et de la perte identitaires se multiplient : « L'aspect de cette salle immense, magnifiquement éclairée, les sons bruyants de l'orchestre, cette fourmilière noire qui se répandait comme de sombres flots, dans toutes les parties de l'édifice, en bas, en haut, autour de moi ; [...] cette cohue triste et agitée, tout cela me causa un instant de vertige et d'effroi. Je regardai ma compagne. Son œil noir et brillant à travers les trous de son masque, sa taille informe sous cet affreux domino qui fait d'une femme un moine, me firent véritablement peur, et je fus saisi d'un frisson involontaire. Je croyais être la proie d'un rêve, et j'attendais avec terreur quelque transformation plus hideuse encore, quelque bacchanale diabolique[19]. »

Le lieu même de la maison d'opéra, avec ses dédales de couloirs, ses coulisses, ses dessous de scène, ses loges et son foyer, s'offre à l'investigation romanesque et s'ouvre à l'imaginaire, réaliste ou fantastique, de l'espace. Gaston Leroux saisira toutes les virtualités romanesques et même fantastiques du Palais Garnier dans *Le Fantôme de l'Opéra* (1910)[20].

Les romans de l'opéra

« Vous voulez faire de l'actuel ; faites donc au moins des romans musicaux » : cette « réclame » de Pétrus Borel publiée dans *L'Artiste* en 1833 révèle la vogue dont jouit au temps du romantisme l'inscription d'un sujet musical dans la fiction romanesque. Maurice Schlesinger, directeur de la *Revue et Gazette musicale*, engage une équipe d'artistes prêts à marier littérature et musique : à côté de Jules de Saint-Félix et de Stephen de La Madelaine figurent les noms de Berlioz, Janin, Sand, Balzac[21]. Ainsi naissent les deux nouvelles musicales de Balzac, *Gambara* (1837) et *Massimilla Doni* (1837-1839), qui présentent une habile intrication du réel et du fictif dans le jeu des références musicales. *Gambara* établit un parallèle entre deux opéras : l'un est fictif, *Mahomet*, composé par l'imaginaire Gambara (également auteur des *Martyrs*, sifflé à la Fenice de Venise), l'autre réel, *Robert le Diable* de Meyerbeer (O, 1831). À cette confrontation entre un opéra imaginaire – et injouable, condamné au statut de chef-d'œuvre inconnu – et une œuvre à valeur référentielle répond le croisement entre artistes fictifs et interprètes réels. Dans *Massimilla Doni*, qui convoque le seul opéra italien, les personnages-chanteurs, le ténor Genovese et la Tinti, relèvent de la pure fiction. Mais Genovese est présenté comme « élève de Veluti » – Giovanni Battista Vellutti, dernier grand castrat de l'histoire de l'opéra. Clara Tinti semble un composé de Laure Cinti-Damoreau et de Giulia Grisi. On assiste, par le jeu de références musicales, à une projection sur la fiction d'un effet de réel, parallèle à l'entreprise de « fictionalisation » de la réalité référencée. L'œuvre littéraire accède ainsi à une parfaite autonomie, sans renoncer à éclairer la réalité sociale et esthétique par les éclairages du détour fictionnel.

Dans ce contexte éditorial, George Sand invente une forme inclassable où critique musicale et fiction romanesque fusionnent. Deux de ses œuvres originales accompagnent la création lyrique de son temps, s'en font l'écho tout en transfigurant l'expérience lyrique en création littéraire : la « Lettre à Meyerbeer » (11e des *Lettres d'un voyageur*) répond en 1836 à la création des *Huguenots* ; *Mouny Robin* (1841) transfigure la version française, réalisée par Berlioz, du *Freischütz* de Weber montée à l'Opéra la même année. Dans la première de ces œuvres, Sand met en scène sa visite de la cathédrale de Genève où retentissent des « chants imaginaires » pour convoquer, depuis le temple du calvinisme, le souvenir de l'opéra meyerbeerien et en mesurer ainsi l'authenticité musicale et religieuse : « Naturellement, ces chants imaginaires prirent dans mon cerveau la forme du beau cantique de l'opéra des *Huguenots* ; et tandis que je croyais entendre au-dehors les cris furieux et la fusillade serrée des catholiques, une grande figure passa devant mes yeux, une des plus grandes figures dramatiques, une des plus belles personnifications de l'idée religieuse qui aient été produites par les arts dans ce temps-ci, le Marcel de Meyerbeer[22]. » Dans *Mouny Robin*, assistant à l'Opéra de Paris à une représentation du *Freischütz*, le narrateur prend ses distances avec le rationalisme de son voisin français, désireux de tout expliquer « par amour du vrai », comme avec l'« amour du fabuleux » de son autre voisin, un Allemand livré aux fantaisies de son imagination. Le narrateur invite à aller retrouver en pleine nature, loin du plafond et des quinquets de l'Opéra, les sources vives de l'imaginaire fantastique : non pas dans les forêts de Bohême mais près de Nohant[23]. Car la culture populaire possède ses structures et ses thèmes invariants : la légende du chasseur Max trouve des avatars au cœur du Berry. Aussi glisse-t-on, à la faveur d'un commun imaginaire cynégétique, de l'opéra fantastique allemand à la légende berrichonne, de l'évocation d'une mise en scène d'opéra au récit des parties de chasse menées par un meunier peut-être possédé du démon.

Miroir de l'opéra

« Fiction dans la fiction, l'évocation d'une représentation théâtrale est propice à l'enchâssement d'effets de "mise en abyme" symboliques [...][24] » : la scène de théâtre dans le roman insère dans la fiction première une fiction seconde ; elle vient démultiplier les plans pour donner à voir une autre histoire, jouée sous les yeux des personnages. Le théâtre se fait lieu de l'exacerbation des passions par le spectacle, de leur révélation, parfois de leur exhaussement : « Les multiples "histoires" de cœur dont l'écheveau s'entrecroise partout dans le théâtre, et l'histoire qui déploie ses accents aux feux de la rampe se réverbèrent mutuellement, créant par leur interpénétration un *milieu* où l'affectif se hausse à l'esthétique, où la beauté se charge de la densité de la vie[25]. » La confrontation de la vie vécue et de la vie jouée et chantée sur scène renvoie aussi la première à sa médiocrité : le modèle bovaryen pèse sur la création littéraire de la fin du XIXe siècle. Dans *Fort comme la mort*, roman du vieillissement et du déclin contre lesquels lutte en vain le peintre Olivier Bertin, Maupassant orchestre, avant l'accident, l'agonie et la mort du personnage central, un vaste *finale* où se rassemblent une dernière fois les protagonistes et les thèmes du drame[26]. La sortie à l'Opéra de Paris donne l'occasion de regrouper une dernière fois les personnages dans une loge d'avant-scène, en particulier Bertin et la fille de son amante vieillissante, la jeune Annette promise au marquis de Farandal. Le spectacle n'est pas choisi par hasard. Il vient conférer aux affres du peintre déclinant et de l'amant vieillissant, en quête d'une jeunesse dérobée, une ultime résonance mythique et tragique : on assiste ce soir-là à une reprise du *Faust* de Gounod. Le héros de Goethe tend au spectateur sa propre image : « Il lui semblait que ce soir-là, il devenait lui-même un Faust. » Malgré « les paroles banales du livret » de Barbier et Carré, les mots chantés par le ténor viennent hanter sa mémoire : « Je veux un trésor qui les contient tous, / Je veux la jeunesse ». La convocation du type faustien révèle l'étroitesse des passions du personnage. La quête de Bertin n'est qu'un décalque décoloré des élans de Faust vers la possession de l'instant : « Les métaphores du théâtre pour parler [...] de la vie sociale en général renvoient à une conception volontiers pessimiste et ironique de la vie en société (tout y est paraître, fausseté, facticité, décor, imitation) fréquente chez Stendhal et Balzac [...] et dans le roman de mœurs de la deuxième moitié du siècle[27]. » L'opéra est ce miroir déformant où se mirent les petitesses et les faiblesses de l'ordinaire condition : dans le vaudeville de Feydeau *Chat en poche* (1888), Dufausset, que tous prennent pour un ténor, détruit le rêve de Pacarel de faire interpréter le nouveau *Faust* composé par sa fille.

La distance et le désir

« Vous allez juger de ma manière d'exprimer par des sons un grand fait que la poésie ne saurait rendre qu'imparfaitement par des mots », déclare Gambara au début de la nouvelle de Balzac[28]. Si ces paroles adressées aux personnages présents dans la scène romanesque imposent la supériorité de la musique dans l'accès au Sens, elles suggèrent aussi, pour les lecteurs, l'impasse dans laquelle s'engage le romancier Balzac, même aidé pour l'occasion du compositeur Joseph Strunz. La description littéraire de l'œuvre lyrique n'aboutit-elle pas à la mort du récit tandis que la chair vive de l'opéra se perd dans les mots ? Dans l'autre nouvelle musicale de Balzac, « l'analyse du *Moïse* de *Massimilla Doni* se diffuse dans des détails qui, certes, apportent des lumières, mais ne sont pas d'une première nécessité pour le bon déroulement de l'intrigue[29] ».

La référence musicale et vocale creuse au cœur de la langue écrite un désir : celui d'une communication autre, idéalement plus directe et sensuelle que le *logos*[30]. Un autre roman balzacien, *Modeste Mignon*, choisit comme expédient d'insérer la partition d'une romance pour voix et piano en *si* bémol majeur, reproduite dans le texte[31]. Cela revient à désigner plus nettement encore la distance qui sépare l'écrit de l'univers des sons et des images animées, en particulier de la voix fétichisée *in absentia* par le texte narratif ou poétique[32]. Dans l'œuvre nervalienne, la poursuite inlassable de la chanteuse d'opéra-comique Jenny Colon, transmuée en de multiples visages féminins, révèle l'essentielle « fugacité de la voix », « soumise au Temps », vouée « à la disparition dans l'Au-Delà ineffable[33] ». Ne demeure dans les mots que l'empreinte poétique laissée par les voix qui se sont tues, dans les « Stances à la Malibran » de Musset (1836) ou dans « Contralto » de Gautier (*Émaux et Camées*, 1852), écrit pour sa compagne, Ernesta Grisi : « Que tu me plais, ô timbre étrange[34] ! » Ou comment suggérer l'étrangeté pour combler la distance entre les arts.

20.2 Opéra et littérature : modèles croisés
Christine Rodriguez et François Lévy

La relation entre opéra et littérature (ou représentation lyrique et récit) ne se limite pas à constituer l'un en sujet pour l'autre. Elle opère plus profondément et dans un double mouvement d'imitation ou de transposition : le premier se nourrit fréquemment des histoires et des niveaux narratifs de la seconde pour produire un système pathétique destiné à exalter les passions ; inversement, comme le montrera l'analyse de trois romans de Balzac, Stendhal et George Sand, l'opéra peut animer l'imagination d'un auteur au point d'en devenir la force structurante.

Du roman à l'opéra : proposition théorique (Ch. Rodriguez)

L'emprunt aux récits : une constante immuable. Si l'on regarde le XIXe siècle dans son ensemble, il n'est pas de compositeur ni de librettiste qui ne puise un jour dans un récit. Depuis *Le Calife de Bagdad* (Favart, 1800) de Boieldieu, tiré des *Mille et Une Nuits*, jusqu'à *Cendrillon* (OC, 1899) de Massenet, adaptant Perrault, si ce sont des contes de fées qui ouvrent et ferment un siècle d'opéra français, tous les genres narratifs ont inspiré les auteurs d'opéras. Et même si nombre de livrets reprennent des œuvres théâtrales (plutôt en régime comique) – souvent inspirées elles-mêmes d'un récit – ou sont des histoires originales, l'emprunt au récit demeure une pratique stable d'invention. Certains compositeurs pourraient même être qualifiés de littéraires, tant l'adaptation est indissociable de leur démarche lyrique, tel Massenet pour la quasi-totalité de son œuvre.

L'importance de la littérature narrative dans l'invention des livrets d'opéra ne date pas du XIXe siècle. L'opéra a toujours transposé des récits. Cette pratique tire sa puissance générative et créatrice du fait qu'emprunter un sujet est un geste traditionnel dans la longue histoire des spectacles. Déjà la tragédie antique, modèle idéal de l'opéra naissant, transposait l'épopée homérique et les légendes grecques. C'est un fait remarquable : le phénomène transpositionnel est une constante absolue à travers le temps, et il suit invariablement le même sens, toujours du narratif vers le scénique. Dans l'ensemble des arts dramatiques (surtout en régime sérieux), le récit est la matrice de la création. À l'opéra, intriquant texte et musique, l'emprunt est d'autant plus naturel qu'il facilite la compréhension du livret quand celui-ci adapte une histoire déjà connue du public. Depuis les premières transpositions, le dogme du pathos et l'imitation des Anciens, issus de la Renaissance, font du texte littéraire une référence avérée. Dans ce contexte, la fonction de l'opéra n'est pas d'inventer des fables mais de rechercher un grand modèle pathétique. Il s'agit d'exprimer par la musique et le chant les valeurs d'un texte puisque c'est ce texte qui imite le mieux les affects.

Quatre sources narratives sont constantes dans la longue chaîne des transpositions : mythes ou légendes, Bible, Histoire, romans. Le XIXe siècle français montre une évolution sensible des livrets d'une source à une autre jusqu'à la présence croissante des romans dans la seconde moitié du siècle. En revanche, le début du siècle illustre bien les trois premiers types d'emprunt, la propagande de l'Empire s'appuyant sur des personnages grandioses (dieux, rois, héros) adaptés à des situations allégoriques flatteuses (cf. 4.1, 4.2). Les compositeurs attitrés de l'empereur sont tous assurés de triompher avec des fables mythologiques ou de grands héros de l'histoire gréco-romaine. Les contes de Voltaire fourniront des sujets plus exotiques : *Les Bayadères* (O, 1810) de Catel, ou *Le Prince de Catane* (OC, 1813) de Nicolò. Enfin, malgré l'interdiction de représenter les personnages religieux sur scène, l'imagerie catholique est prisée par la haute société de l'Empire qui y voit un repoussoir à l'anticléricalisme de la Révolution. Méhul donne *Joseph en Égypte* (OC, 1807) et Le Sueur *La Mort d'Adam* (O, 1809), en adaptant le thème à la gloire de Napoléon.

Notons que le roman français du début du XIXe siècle n'est pas représenté à l'opéra. Ni Chateaubriand, ni Mme de Staël, pas plus que Benjamin Constant, avec leurs éléments biographiques et leurs épanchements confidentiels, ne correspondent à l'idéologie ou aux formes du théâtre lyrique. En revanche, à une époque où l'histoire devient un genre littéraire, ses scénarios envahissent la scène lyrique (cf. Introd., 6.1, 16.3), tant par le roman historique (aussi bien via le drame romantique qui en est issu), alliant sentiment et grandeur, que par l'historiographie elle-même (qui est toujours du récit), couplée parfois avec la légende, comme dans le grand opéra français.

De la nouvelle au roman : la renaissance de l'opéra français. Le goût pour une esthétique de la démesure décline dans la seconde moitié du siècle. La théorie de la correspondance des arts envahit l'esthétique lyrique. On pense alors que l'opéra peut se renouveler sur les bases de la représentation littéraire, à savoir des destins de héros plus individuels, des conflits interpersonnels sur fond de peinture sociale et, sous l'influence de Wagner, se forge l'idée qu'on peut composer un opéra comme on écrit un récit. La littérature romanesque étend ses droits et son empire sur l'opéra, tandis que la convention, la tradition et la quête d'une identité musicale proprement française le disputent à l'innovation. Ce sont d'abord les formes courtes, de construction dramatique efficace, qui donnent un souffle neuf à un genre spécifiquement français et plus libre que le grand opéra : l'opéra-comique. Scribe puise dans Cervantes pour *Léocadie* (OC, 1824) et dans Mérimée pour *Haydée ou le Secret* (OC, 1847), tiré de *La Partie de trictrac*, comme Meilhac et Halévy pour *Carmen* (OC, 1875). Scribe adapte aussi une nouvelle de Balzac, *Maître Cornelius*, pour *Le Shérif* (OC, 1839) et une de Pouchkine pour *La Dame de pique* (OC, 1850). Massenet et ses librettistes tirent *La Navarraise* (Londres, 1894) d'une nouvelle de Claretie. Quant au conte, merveilleux, fantastique ou réaliste – qu'il soit des *Mille et Une Nuits*, de La Fontaine, Voltaire, Perrault, Hoffmann ou même de Flaubert –, il inspirera tout le siècle : *Les Deux Aveugles de Tolède* (OC, 1806), *Cendrillon* (OC, 1810), *Le Prince de Catane* (OC, 1813), *Aladin* (O, 1822), *Le Petit Chaperon rouge* (OC, 1818), *Le Muletier* (OC, 1823), *La Colombe* (Bade, 1860), *Philémon et Baucis* (TL, 1860), *La Statue* (TL, 1861), *Hérodiade* (La Monnaie, 1881), *Les Contes d'Hoffmann* (OC, 1881).

Le roman et l'opéra, tous deux genres majeurs en France pendant tout le siècle, ne se rencontrent donc pas systématiquement. Pourtant, la tragédie lyrique de l'Ancien Régime montrait déjà sa proximité avec le romanesque par la dérégulation, la fantaisie et l'invraisemblance (on trouve par exemple le roman grec d'Héliodore pour Desmarets, *L'Astrée* d'Honoré d'Urfé pour Colasse, le roman d'aventure pour Campra). Mais les nouvelles conceptions du roman au XIXe siècle sont en avance sur l'opéra, et il faudra bien attendre un siècle pour que les grands romanciers français soient mis en scène au cinéma, qui adaptera les chefs-d'œuvre de Hugo, Balzac, Stendhal, Flaubert, Tolstoï ou Dostoïevski. Même si Stendhal et Balzac sont spectateurs assidus des Italiens, leurs ouvrages n'intéressent pas l'opéra, plus apte à exprimer le sentiment qu'à débattre de conflits sociaux. La littérature est pourtant influente sur l'opéra (surtout chez les Italiens) ; les grandes figures de la culture européenne – Virgile, Shakespeare et Goethe – inspirent Berlioz (hélas sans succès), mais le rêve que les artistes rapprochent leurs compétences demeure paradoxal en France car le théâtre lyrique n'innove pas au même rythme que le roman.

Cependant, dans la seconde moitié du siècle, et particulièrement à partir de Gounod, un tournant s'opère. Une nouvelle école française prend son essor, plus nettement littéraire. Elle prône un chant plus nuancé et une sensibilité qui oblige à dépasser les clivages de genres : opéra lyrique, tragédie lyrique, opéra dialogué, opéra romanesque, comédie lyrique, drame lyrique, épisode lyrique... désignent autant d'œuvres en mutation, jouées aussi bien à l'Opéra qu'à l'Opéra-comique ou dans le nouveau Théâtre-Lyrique. Et c'est avec les méthodes de l'imagination romanesque (telle qu'elle évolue depuis le XVIIIe siècle) et dans un mélange des genres que se renouvelle la vérité expressive : des personnages plus proches de la réalité, des milieux nouveaux, des situations sociales réservées jusque-là aux genres comiques et une représentation intense des passions. L'intime, le poétique et le sentimental définissent des catégories esthétiques éloignées du sublime et de sa grandeur. Avec des fictions sérieuses adaptées à des formes d'opéra plus ou moins hybrides, les auteurs français et européens offrent à la musique un pathétisme contemporain :

Exemples d'écrivains inspirant des opéras dans la 2de moitié du XIXe siècle

G. de Nerval	Ch. Gounod, *La Reine de Saba* (O, 1862)
T. Moore	F. David, *Lalla-Roukh* (OC, 1862)
F. Mistral	Ch. Gounod, *Mireille* (TL, 1864)
J. W. Goethe	Ch. Gounod, *Faust* (TL, 1859)
	A. Thomas, *Mignon* (OC, 1866)
	J. Massenet, *Werther* (Vienne, 1892)
	E. Chabrier, *Briséis* (Concerts Lamoureux, 1897)
W. Scott	G. Bizet, *La Jolie Fille de Perth* (TL, 1867)
A. de Musset	G. Bizet, *Djamileh* (OC, 1872)
B. de Saint-Pierre	V. Massé, *Paul et Virginie* (TNL, 1876)
A. de Vigny	Ch. Gounod, *Cinq-Mars* (OC, 1877)
Dante	A. Thomas, *Françoise de Rimini* (O, 1882)
P. Loti	L. Delibes, *Lakmé* (OC, 1883)
	A. Messager, *Madame Chrysanthème* (TR, 1893)
Abbé Prévost	D.-F.-E. Auber, *Manon Lescaut* (OC, 1856)
	J. Massenet, *Manon* (OC, 1884)
roman médiéval	J. Massenet, *Esclarmonde* (OC, 1889)
G. Flaubert	E. Reyer, *Salammbô* (Bruxelles, 1890)
A. France	J. Massenet *Thaïs* (O, 1894)
A. Daudet	J. Massenet, *Sapho* (OC, 1897)
É. Zola	A. Bruneau, *Le Rêve* (OC, 1891)
	A. Bruneau, *L'Attaque du moulin* (OC, 1893)
	A. Bruneau, *Messidor* (O, 1897)

Quant à *Louise* (OC, 1900) de Charpentier qui ouvre le XXe siècle, si son livret n'est pas issu d'un récit, notons qu'il se définit comme un roman musical... Le *romanesque* est devenu une référence. Même si on a vu souvent un manque de grandeur dans cette esthétique musicale, elle a clairement donné le ton d'un nouveau lyrisme français.

Poétique de la transposition : le primat des passions[1]. Malgré sa remarquable et séculaire résistance, l'emprunt a mauvaise réputation à l'opéra. À cause des nombreuses déformations infligées au récit, il est en effet courant de décrier sans ménagement le livret qui en découle. Pourtant, le fait transpositionnel est si tenace qu'il mérite qu'on s'interroge sur chacun de ses deux pôles pour en comprendre l'enjeu : d'un côté la mission essentielle de l'opéra – exalter les passions – un rôle majeur attesté dans toute son évolution ; de l'autre, les différents niveaux narratifs qui organisent n'importe quel récit, à savoir son histoire, sa structure et son discours. Ainsi plusieurs niveaux de transposition se distinguent, sur lesquels librettistes et compositeurs élaborent un système pathétique. Bien sûr, chaque genre, œuvre, compositeur a ses spécificités et un modèle général est nécessairement un maillage large à nuancer.

Au niveau de l'histoire, les caractéristiques majeures d'une action transposant un récit sont la simplification, la stéréotypie et l'invraisemblance. Chacune concourt à créer un effet émotionnel. Tout récit se développe sur des répétitions narratives dont la réduction pour la scène est impérative et façonne un espace-temps particulier au monde lyrique, avec ellipses et indétermination (la rencontre des héros se fait souvent dans une temporalité affective sans précision). Des personnages conventionnels sont adaptés aux codes stricts de la vocalité (fixés sur une attitude éthique), les actions sont soumises à la censure (moins violentes, plus décentes), et des ruptures dans l'enchaînement logique favorisent une construction en grandes oppositions (dont *La Dame blanche* de Boieldieu est un modèle), souvent abrupte et peu soucieuse de l'évolution réelle des caractères et des situations. Un nouveau système de compréhension se met en place. La souplesse du narratif (qui permet de transporter mentalement un personnage dans n'importe quel lieu et dans la durée) fait place aux signes contraignants du visible, à une théâtralisation par le grossissement (un décor fortement symbolisant, une exagération hyperbolique). La dramatisation est donc une synthèse narrative, majoritairement orientée vers l'émergence prioritaire de l'intrigue sentimentale, dût-elle s'enchevêtrer à d'autres fils secondaires. Tout est conditionné au choix du bon sujet, car de son potentiel pathétique (au sens large de capacité émotionnelle) dépend l'adaptation.

Mais c'est au niveau des structures, communes au récit et au théâtre lyrique, que se trouve le socle le plus stable de la transposition. La quête des héros détermine des rapports de force et une trajectoire que l'opéra a intérêt à exhiber. Ce sont de grandes fonctions, comme la transgression ou le châtiment, qui organisent la dynamique dramatique. Elles ne sont en rien négociables car elles garantissent l'enjeu de la transposition, à savoir la montée en puissance des émotions. À partir d'un schéma solide, toutes les modifications sont secondaires et prennent sens à la manière de l'opéra. Un récit devient intéressant pour un livret si des sentiments universaux émanent d'une construction logique simple, perceptible en-deçà de l'enveloppe romanesque. L'opacité du sens à l'opéra se trouve compensée par un système de lecture clair car fortement polarisé.

L'analyse de la structure permet de poser à nouveau la question de la fidélité, qui ne doit pas s'évaluer au niveau de l'histoire (comme c'est pourtant l'usage), mais à partir d'un modèle sémiotique complet, de sa base abstraite jusqu'à ses effets rhétoriques. Une transposition dans l'univers lyrique est donc un acte paradoxal, où une logique de fond supporte les invraisemblances – comme dans le rêve et dans les passions.

Enfin, c'est par le discours qu'un lecteur entre dans une histoire, par une lecture affective, irradiant du sens et des émotions, qui préexiste au travail de transposition et motive le processus de création. Un texte talentueux est en effet le lieu d'une cristallisation, et non seulement un réservoir de thèmes et de ficelles. Quand une grande voix narrative a réussi à captiver son auditoire, le compositeur ne peut y être insensible, surtout dans la période de fraternité artistique que rêve le XIXe siècle. Une compétition rhétorique s'engage donc entre les voix du récit et les voix lyriques qui vont reprendre à leur compte les émotions. Lorsqu'on transpose, on chante le récit, on le *trans*vocalise. Et c'est souvent dans les scènes importantes (communes au récit et au théâtre) que se déploie le chant, dans ces grands instants de l'éloquence romanesque où se concentre et s'amplifie le pathos. Le support textuel est à la fois un garde-fou des excès de l'opéra (par son cadre sémantique) et un tremplin pour rendre le chant plus véhément. La littérature est donc une valeur sûre. Quand on la transpose, ce sont exactement les passions d'un texte qu'on en extrait. À l'opéra, par la musique ou dans l'organisation dramatique, tout converge vers la mise en œuvre dominante du sentiment où le texte original, même s'il perd beaucoup de sa logique primitive, gagne son titre de modèle absolu de tout art de la scène.

Le modèle lyrique dans le roman français des années 1830-1840
(F. Lévy)

Comment un écrivain romantique occupe-t-il ses soirées quand il séjourne à Paris ? Comme dit Stendhal à propos de Monsieur de Rênal cheminant dans les rues de Verrières, il y a cent à parier contre un qu'il va au théâtre et, plus précisément encore, à l'Opéra ou aux Italiens. Les mémoires, les journaux, les correspondances ou les textes autobiographiques de toutes sortes l'attestent : Dumas, Gautier, Sand, Balzac ou Stendhal passent leur vie à l'opéra[2]. Que cette fréquentation assidue des théâtres lyriques ait laissé des traces dans leurs œuvres romanesques ne fait guère de doute. Mais sous quelle forme ? Trois romans de Balzac, Stendhal et Sand semblent prouver que, par delà les allusions et les mentions les plus facilement repérables, l'opéra a nourri en profondeur l'imagination des romanciers et a constitué une véritable matrice de l'invention et de la construction romanesque. Il s'agit rarement de variations avouées sur un thème emprunté à l'opéra, comme c'est le cas par exemple dans le *Don*

Juan d'Hoffmann. Le plus souvent, les emprunts sont masqués, ou découverts au détour d'une dédicace, d'un titre, voire d'une réplique.

En dédiant son *Contrat de mariage* à Rossini, Balzac suggérait un voisinage au moins thématique avec le tout premier opéra du compositeur, *La Cambiale di matrimonio* (Venise, 1810). À y regarder de plus près, les liens concernent moins le sujet traité que la façon de dramatiser une enfilade de scènes romanesques à la manière d'un acte d'opéra rossinien[3]. Rien ne permet en effet d'affirmer que cette *farsa teatrale* de Rossini ait donné à Balzac l'idée d'écrire un roman sur un sujet voisin, d'autant que le romancier n'avait certainement pas vu cet opéra, qui n'avait jamais été donné à Paris. En revanche, c'est vraiment au moment où son amitié récente avec Rossini s'intensifie que Balzac commence à écrire *La Fleur des pois*, dont seul le deuxième chapitre s'intitule, lors de la parution en 1835, « Le contrat de mariage[4] ». C'est à l'occasion de sa réédition dans les œuvres complètes de 1842 que Balzac donne au roman son titre définitif et rédige la dédicace à Rossini. Le lien thématique est certes évident. Dans le livret de Gaetano Rossi, un père vend littéralement sa fille à un correspondant canadien qu'il n'a jamais vu. La vente se fait par lettre de change, et lorsque l'acheteur, prénommé Slook, arrive au début de la troisième scène dans un accoutrement comique, il est invité à observer la conformité de la « marchandise » avec les attentes qu'il avait formulées dans sa correspondance avec Tobia, le père de la jeune Fanni. Une histoire de mariage traitée sous l'angle de l'intérêt et de la transaction commerciale ne pouvait qu'intéresser Balzac. Dans *Le Contrat de mariage*, le comte Paul de Manerville, jeune aristocrate parisien, dandy à la mode, retourne sur ses terres bordelaises avec la ferme intention de se marier et de mener une vie paisible. Tombé amoureux de Natalie Evangelista, jeune femme très en vue dans la bonne société bordelaise, il demande sa main, sans savoir que sa future belle-mère, Mme Evangelista, a dilapidé toute la fortune de feu son mari et, partant, l'héritage de sa fille. La partie primitivement intitulée « Le contrat de mariage » est centrée sur l'âpre négociation entre les deux notaires, le premier (Solonet) essayant de faire triompher les intérêts de Mme Evangelista tandis que le second (Mathias) tente à toute force de prévenir la ruine de son client et de le sortir du traquenard dans lequel son désir, savamment attisé par Natalie, est sur le point de le faire tomber. Balzac était particulièrement fier d'avoir réussi à faire d'une conversation entre notaires l'élément central de son roman, à la lisière de l'épique et du comique, les deux personnages étant surnommés Achille et Nestor par le narrateur[5]. Pour dramatiser cette scène qui, dans la première version du roman, constitue la « Première journée » du deuxième chapitre, Balzac s'est très clairement inspiré de schémas d'action et d'agencements dramatiques propres à la dramaturgie musicale de l'*opera buffa* rossinien. La « première journée » est en effet organisée selon une succession de situations dramatiques comparables aux *situazioni* dont l'enchaînement structure un acte d'opéra italien[6]. Après une rapide *introduzione* d'un paragraphe dans laquelle le narrateur annonce que

Paul de Manerville a fait demander la main de Natalie Evangelista par l'intermédiaire de sa grand-tante, la baronne de Maulincour, le déroulement de l'action repose sur une suite de scènes à deux personnages suivie d'un long quintette – le cœur dramatique du chapitre – qui pourrait correspondre à un finale d'acte. La baronne de Maulincour prévient Paul que « la mère est une fine mouche » et qu'elle ne lui laissera « que ce qu'elle ne peut pas [lui] ôter »[7]. Dans cette première scène, la longue tirade de Mme Maulincour fait figure d'*aria*, dont les deux parties sont séparées par une courte intervention – Paul manifestant son étonnement. Suit naturellement une deuxième scène dans laquelle Paul, très inquiet, rend visite à sa future belle-mère pour lui annoncer qu'il entend faire intervenir son notaire dans la rédaction du contrat de mariage. Mme Evangelista fait mine de prendre la chose avec le plus grand détachement : « par une singulière interposition des deux rôles, Paul, innocent de tout blâme, tremblait, et Mme Evangelista paraissait calme en éprouvant d'horribles anxiétés » (p. 553-554). Cette scène est construite comme un *duetto*, au cours duquel ce qui est dit dans le dialogue compte beaucoup moins que les apartés révélant leurs réelles inquiétudes. Suivent deux autres duos, le premier entre Mme Evangelista et Solonet, son notaire, au cours duquel ils mettent en place une stratégie imparable pour « plumer » Paul, et le deuxième entre la mère et la fille, la première faisant comprendre à demi-mots à la seconde qu'il lui faudra adopter des « manières » propres à susciter le désir de son futur mari et à lui faire oublier « quelques difficultés pécuniaires » (p. 557-558). Cet enchaînement de duos prépare la grande scène à cinq qui a lieu le lendemain soir, à l'occasion d'un dîner chez Mme Evangelista devant aboutir à la rédaction du contrat. Véritable morceau de bravoure, cette longue scène évolue selon un crescendo dramatique qui peut rappeler le quintette de l'acte II du *Barbiere di Siviglia*. Le début, Adagio, est centré sur la présentation des notaires aux parties respectives, et donne à Balzac l'occasion de faire le portrait de « l'ancien et du nouveau notariat » (p. 559). Le vieux notaire Mathias, représentant la probité et le sérieux d'une génération issue de l'Ancien Régime, fait oublier sa physionomie ridicule, ses « gros pieds de goutteux » et un accoutrement démodé par la grâce de ses manières et par une « voix qui [gagne] les cœurs » (p. 560). Ces caractéristiques le situent du côté de la basse bouffe et bienveillante, comme le caissier Norton dans *La Cambiale di matrimonio*. À l'inverse, le jeune Solonet, « frisé, parfumé, botté comme un jeune premier du Vaudeville, vêtu comme un dandy », fait une entrée de ténor « au ton sémillant » : il « arrive en fredonnant, affecte un air léger, prétend que les affaires se font aussi bien en riant qu'en gardant son sérieux » (p. 561). Une ellipse narrative nous fait directement passer de cette introduction à l'après-dîner, où le quintette se sépare en deux groupes, un duo et un trio. Balzac insiste bien sur le fait qu'il s'agit d'une scène double : « scène d'amour » et « scène grave et sombre » (p. 562). Comme dans les quintettes vocaux de Rossini, le groupe se scinde en deux pour débattre en aparté. Et le lexique musical devient plus prégnant : lorsque Solonet propose à Mathias un marché inacceptable tant les différences de fortunes sont importantes, celui-ci lui rétorque : « Ta, ta, ta, ta, [...] je ne fais pas les affaires comme on chante une ariette. » Décidément, Solonet est davantage un personnage de vaudeville ou d'opéra-comique que d'*opera buffa*, ce que le terme « ariette » confirme. Très intense, le débat entre les deux notaires n'aboutit à aucune solution, et le quintette se reforme finalement avant de devenir quatuor, la jeune Natalie étant invitée à se retirer pour ne pas assister à ces débats prosaïques. La tension gagne cette fois l'ensemble des participants jusqu'à ce que Mme Evangelista s'écrie « Brisons là » : « Aucune onomatopée ne peut rendre la confusion et le désordre que le mot *Brisons* introduisit dans la conversation, il suffira de dire que ces quatre personnes si bien élevées parlèrent toutes ensemble » (p. 571). Ce commentaire du narrateur introduit un véritable *tutti* où chacun exprime en même temps ses émotions et affirme le bien-fondé de sa position. Cet ensemble dont l'intensité ne cesse d'augmenter et enfle comme un *crescendo* rossinien est interrompu par une exclamation de Solonet, dont le narrateur commente là encore la dimension quasi musicale : « Il est encore un moyen de tout concilier », dit Solonet, qui par cette phrase proférée d'un ton de fausset imposa le silence aux trois autres en attirant leurs regards et leur attention » (p. 571-572). L'utilisation du *falsetto* était typique des ténors rossiniens. Son intervention sert ici à interrompre le quatuor vocal avant que celui-ci ne reparte de plus belle, et toujours *crescendo* jusqu'à la fin de la scène. Le chapitre central de ce court roman, celui auquel Balzac tenait le plus, est donc structuré comme un acte d'*opera buffa*, avec une succession d'airs et de duos qui aboutit à un long finale à cinq au cours duquel les personnages « chantent » tantôt l'un après l'autre, tantôt tous ensemble, tantôt réunis au centre de la scène, tantôt séparés en deux groupes. Si aucun opéra ne sert spécifiquement et ostensiblement de référence ou de modèle à Balzac, on peut affirmer que c'est de la dramaturgie rossinienne, et notamment de la façon dont le compositeur fait progressivement enfler la tension dramatique au cours de l'acte, que le romancier s'inspire ici.

Si elle est ici repérable à l'échelle d'une longue séquence, l'influence de la dramaturgie lyrique sur l'écriture romanesque peut être beaucoup plus ponctuelle, allusive jusqu'à relever du clin d'œil, pour le *happy few*. C'est par exemple le cas dans *Le Rouge et le Noir* où, à plusieurs reprises, Stendhal s'appuie assez ouvertement sur le modèle lyrique des *Nozze di Figaro*. Le chapitre 6 du premier Livre est ainsi précédé d'une épigraphe qui engage le lecteur à fredonner intérieurement un air bien connu : « *Non so più cosa son, cosa faccio.* MOZART (Figaro) »[8]. Le roman miroir cède momentanément la place à un *pezzo chiuso* sentimental : au lieu du sévère précepteur « sale et mal vêtu » qu'elle s'imaginait, Madame de Rênal voit arriver « un jeune paysan, presque encore enfant, extrêmement pâle et qui venait de pleurer » (p. 74-75). La surprise est telle qu'elle a « d'abord l'idée que ce pouvait être une jeune fille déguisée, qui venait demander quelque grâce à M. le maire ». L'allusion est on ne peut plus claire :

dans cette scène, Julien est Cherubino dans les yeux de Mme de Rênal, et le travestissement, fût-il seulement imaginé, désamorce toutes ses craintes et la prédispose à l'*innamoramento*, comme la Comtesse chez Mozart et Beaumarchais. L'association de Julien à Cherubino est un motif récurrent à l'échelle du roman. Lorsqu'à la fin du premier Livre, Julien se trouve dans la chambre de Mme de Rênal, son mari secoue la porte « avec force » (p. 317) et lui demande en criant pourquoi elle s'est enfermée, comme le Comte au début du Finale de l'acte II des *Nozze di Figaro*. Comme Cherubino après son *duo* avec Susanna dans ce Finale, Julien enfermé dans la chambre décide de sauter par la fenêtre et de se sauver dans le jardin, et comme Susanna, Mme de Rênal a peur qu'il ne se tue en sautant. Enfin, M. de Rênal entre dans la chambre et l'inspecte, notamment le « cabinet » qui renvoie, là encore, au « *gabinetto chiuso* » dans lequel Cherubino et Susanna s'enferment successivement au cours du Finale. Si ce réseau de réminiscences permet à Stendhal de nourrir l'intrigue de situations dramatiques et de répliques empruntées à l'un de ses opéras préférés, il donne surtout corps à la complexité du personnage de Julien, tendu entre la révolte ambitieuse et une prédisposition à l'amour dont il ne mesure pas d'emblée toute l'importance. Chérubin n'est que l'une des multiples facettes du personnage, mais il le constitue bel et bien, et c'est en adoptant son rôle que Julien s'initie au bonheur.

La quête de soi du personnage à travers des modèles issus de l'opéra est absolument centrale dans un grand roman de George Sand, *Consuelo*, publié en feuilleton dans *La Revue indépendante* entre février 1842 et mars 1843. Le statut des modèles lyriques y est particulièrement complexe, car Sand ne s'est pas contentée de raconter le périple d'une cantatrice du XVIIIe siècle à travers l'Europe, elle en a fait une héroïne d'opéra. La première partie du roman se situe à Venise au début des années 1740. La jeune Consuelo, d'origine humble, est l'élève de Porpora et surclasse toutes ses rivales dont elle provoque involontairement la jalousie. Ses débuts sur scène sont fracassants et donnent l'occasion à Sand de faire la satire des coulisses, en s'inspirant du fameux traité satirique de Benedetto Marcello qui fait d'ailleurs une apparition en tant que personnage romanesque. *Consuelo* débute donc bien comme un roman sur le monde de l'opéra. Son personnage principal est une cantatrice qui a pour modèle Pauline Viardot, dédicataire de l'œuvre. Mais la deuxième partie fait basculer le lecteur dans un tout autre univers. Consuelo, déçue par la vie théâtrale vénitienne et ses intrigues, trahie par le jeune Anzoletto dont elle est amoureuse, se rend auprès de la famille de Rudolstadt, dans le Riesenbourg en Bohême, où son maître Porpora lui a trouvé une place de professeur de chant. À partir du moment où Consuelo cesse pour un temps d'être cantatrice, tout se passe comme si elle devenait l'héroïne d'une intrigue jalonnée d'allusions à deux univers lyriques du XVIIIe siècle : l'opéra-comique et l'*opera seria*[9]. Le nouveau décor nous fait basculer dans un univers gothique digne des romans d'Ann Radcliffe. À peine arrivée, Consuelo change de nom. Au chapitre 25, lorsque Amélie de Rudosltadt, dont elle doit assurer l'éducation musicale, lui demande son nom, la cantatrice répond : « J'ai un nom étranger, difficile à prononcer. L'excellent maître Porpora, en m'envoyant ici, m'a ordonné de prendre le sien, comme c'est l'usage des protecteurs et des maîtres envers leurs élèves privilégiés ; je partage désormais, avec le grand chanteur Huber (dit le Porporino), l'honneur de me nommer la Porporina ; mais par abréviation, vous m'appellerez, si vous voulez, tout simplement *Nina*[10]. » L'utilisation de l'italique souligne clairement l'allusion à l'un des plus célèbres livrets de Marsollier des Vivetières, mis en musique par Dalayrac, *Nina ou la Folle par amour* (Favart, 1786). Cet opéra avait connu un très grand succès et la Nina était restée dans l'imaginaire collectif des mélomanes le modèle de toutes les folles par amour venues peupler la scène lyrique durant le premier tiers du XIXe siècle. Dans le roman de Sand, l'allusion à Nina est problématique car elle contamine non seulement Consuelo, mais également le personnage de Zdenko, qualifié de « fou par amour » (p. 262), et Albert de Rudolstadt son maître, frère d'Amélie, et qui à ce stade du roman apparaît comme véritablement fou. Rappelons que dans l'opéra, la jeune fille a sombré dans la folie car elle a cru assister à l'assassinat par son rival de Germeuil, le jeune homme avec qui elle avait été élevée et à qui son père (également comte) l'avait promise avant de se dédire en faveur d'un meilleur parti. Consuelo se fait appeler Nina au moment où elle éprouve elle-même un fort chagrin d'amour pour Anzoletto. De plus, elle croira Albert mort jusqu'à son étonnant retour dans *La Comtesse de Rudolstadt*, la suite de *Consuelo*. En outre, les caractéristiques de la folie de Nina correspondent au délire d'Albert, qui est également amnésique et attend l'amour et la consolation, bientôt incarnés par Consuelo. De même, tout comme Nina, Albert est atteint de la maladie de la générosité : il dit « n'aimer que les victimes » et fait l'aumône « pour se soulager de sa richesse », en attendant qu'arrivent des temps meilleurs pour l'humanité. Sand déplace ainsi le personnage d'Albert du côté d'une représentation féminine, dans l'opéra de la fin du XVIIIe siècle, de l'errance sensible et de la folie par amour, dont l'archétype est Nina. Cette divagation est associée d'une part à la compassion du personnage fou pour les humbles, qui engendre elle-même la compassion de ceux qui assistent aux manifestations de la folie ; et d'autre part au motif de l'attente d'une consolation apportée *in fine* par une reconnaissance musicale : Nina ne reconnaît pas Germeuil en le voyant, mais en l'entendant chanter. De même, Albert reconnaît Consuelo en l'entendant pour la première fois chanter un air religieux de Palestrina. Il se met alors à genoux et donne au nom de l'héroïne toute sa signification : « O Consuelo, Consuelo ! Te voilà enfin trouvée » (p. 243). Comme Nina, Albert est donc fou par amour : amour de Consuelo, mais aussi amour de l'humanité. Si l'on s'en tient aux codes de l'opéra-comique de type sentimental qui s'est épanoui à la fin du XVIIIe siècle, la référence à *Nina*, empruntée au répertoire de Pauline Viardot, situe Albert du côté du féminin. Il en va tout autrement de Consuelo qui, elle aussi, est liée à un personnage d'opéra (l'Achille d'*Achille in Sciro* de Metastasio), mais chez lequel la virilité s'impatiente sous le masque du féminin.

Les trois cas que nous avons observés prouvent que l'opéra n'est pas uniquement convoqué, dans le roman des années 1830-1840, comme une référence culturelle d'arrière-plan, ou comme un espace d'urbanité où les personnages se rendent pour être vus, où le spectacle est moins sur scène que dans la salle. La culture lyrique des romanciers semble avoir joué un rôle déterminant dans la dramatisation des intrigues et dans la mise en place d'une théâtralité romanesque. Le jeu des mentions et des allusions participe pleinement à la construction des personnages, qui semblent évoluer dans le sillage de grands modèles par rapport auxquels ils doivent aussi se définir, voire se distinguer.

20.3 L'opéra wagnérien : un nouveau paradigme pour les écrivains théoriciens et les artistes français
Pierre-Henry Frangne

Le paradigme wagnérien

Jamais sans doute un artiste n'a projeté aussi fortement que Wagner son ombre, c'est-à-dire son influence, sur l'art de son temps et des temps qui suivirent[1]. Mais par ombre ou par influence, il ne faut pas simplement – et faussement – entendre l'idée d'un pouvoir d'inspiration et de transformation pesant sur ceux qui en recevraient passivement son efficace. Par influence, au contraire de ce que laisse entendre la métaphore de l'ombre, il faut comprendre ce mouvant tissage de réception et d'action de la part de ceux qui ne sont pas strictement influencés parce que, pour une bonne part, ils choisissent librement, lucidement et activement leur influence : ils ne sont donc pas l'effet inerte ou aveugle d'une cause toute-puissante puisqu'ils se font, bien plutôt, « la cause de la cause dont ils sont l'effet », comme l'écrit Alexandre Koyré. C'est la raison pour laquelle l'opéra wagnérien n'est pas seulement une ombre monumentale qui enveloppe les artistes français de la seconde moitié du XIXe siècle ; il est pour eux et par eux un *paradigme*, c'est-à-dire un modèle artistique exemplaire, analogiquement construit afin de penser et de faire leur œuvre dans leur champ propre et par leurs moyens spécifiques.

Ce paradigme est d'autant mieux construit et agissant que, chez Wagner comme chez les artistes symbolistes des années 1860-1900, il repose sur l'intrication tout à fait serrée des œuvres d'art, du discours critique et du discours théorique ou philosophique débordant de loin la seule question esthétique. Au sein de cette triple dimension, l'œuvre de Wagner devient un « wagnérisme », un ensemble de thèses, voire une doctrine. Et cet ensemble doctrinal est foncièrement l'objet de débats et de combats esthétiques et théoriques exacerbés par la guerre de 1870 et l'atmosphère de tensions diplomatiques et culturelles installée dans les rapports entre la France et l'Allemagne à la fin du XIXe siècle. Le lieu de constitution majeur du wagnérisme français est la *Revue wagnérienne*, créée par Édouard Dujardin et Houston Stewart Chamberlain en février 1885 et qui délivra mensuellement ses numéros jusqu'en janvier 1888[2]. Articles, chroniques, programmes, essais, traductions, rééditions, illustrations rassemblaient des travaux de Wagner lui-même mais aussi de Charles Baudelaire, Joris-Karl Huysmans, Stéphane Mallarmé, Catulle Mendès, Édouard Schuré, Paul Verlaine, Auguste de Villiers de l'Isle-Adam, Teodor de Wyzewa, Jacques-Émile Blanche, Henri Fantin-Latour, Odilon Redon, pour ne citer que les noms les plus connus.

On trouvera à l'intérieur et à l'extérieur de la revue, dans la critique comme dans les œuvres musicales, littéraires et picturales de la fin du XIXe siècle, non pas des thèses unifiées ou cohérentes comme dans un système – tant les interprétations du wagnérisme sont diverses, diffuses voire confuses –, mais des enjeux, des questions et des problèmes qui constituent le paradigme de l'opéra wagnérien conçu non pas tant comme une *forme* artistique ou théorique (une « forme moderne et populaire de l'art » comme dit la *Revue wagnérienne* en février 1885), mais comme une *force* : celle d'un étonnement au sens grec et philosophique du terme ; celle de la création dont cet étonnement est le principe ; celle d'un « singulier défi » qu'il faut vigoureusement relever, que l'on soit wagnérien (Baudelaire, Gautier père et fille, Villiers de l'Isle-Adam) ou antiwagnérien (Mallarmé, Debussy, Bloy). L'opéra wagnérien est un paradigme à trois titres s'enchâssant continûment les uns dans les autres : sur la musique et le drame musical, sur la nature des arts et leurs relations, sur les fonctions sociales et politiques de l'art.

Sur la musique et le drame musical

Le premier titre est celui du statut éminent de la musique que Rousseau au siècle des Lumières et que le romantisme allemand autour de 1800 (Hoffmann, Schlegel, Runge) avaient établi pour toute l'époque contemporaine jusqu'à nous : la musique est le modèle de tous les arts, il existe une *musicalité* de tous les arts et peut-être de toute chose, parce que la nature non figurative de l'œuvre sonore, parce que sa temporalité vibratoire enveloppant l'auditeur dans des significations mouvantes partagées avec les autres à l'intérieur de la cérémonie du concert ou du festival, confèrent à l'art musical une puissance souveraine d'expressivité. Cette puissance d'expressivité repose sur une capacité de décloisonnement et de mise en mouvement des choses, des arts, des facultés humaines et des significations qui permettent une exploration vivante, organique, génétique du monde intérieur de l'homme comme du monde, naturel et culturel, extérieur à lui. Le flux musical, orchestral, wagnérien, la tonalité mouvante sur laquelle il est enté, la mélodie continue qu'il engendre, « l'art de la transition » et du « profond silence sonore » comme le nomme Wagner lui-même en écrivant *Tristan* (lettre du 29 octobre 1859 à Mathilde Wesendonck) qui en est la condition de possibilité, la primauté de la matérialité du son et de la sensation, tout cela « exprime la vie débordante en ses passions les plus véhémentes » de l'œuvre opératique qui est moins une forme infiniment ouverte qu'une puissance sublime de métamorphoses par gradations et résonances. Ainsi, en amenant l'esthétique musicale du romantisme à son plus haut point de radicalité ou d'accomplissement, l'opéra wagnérien constitue le modèle d'une esthétique et d'une poétique de l'évocation que l'on trouve dans l'ensemble du symbolisme, chez Baudelaire, Mallarmé, Fantin-Latour (par exemple, *L'Évocation d'Erda dans Siegfried*, lithographie pour la *Revue wagnérienne* de mai 1885), ou Redon (par exemple *Brünnhilde* dans *Le Crépuscule des dieux*, lithographie pour la *Revue wagnérienne* d'août 1885). Dans la *Revue wagnérienne* toujours, Teodor de Wyzewa parle des peintres « symphonistes » que seraient Pierre Puvis de Chavannes et James Whistler[3]. Cette esthétique et cette poétique font reposer la contestation de la fonction mimétique de l'œuvre – on le verrait très facilement dans l'essai de Baudelaire *Richard Wagner et Tannhäuser à Paris* – sur le primat de « l'imagination », sur l'appel à la « rêverie » et au « vaporeux », sur le motif de « l'arabesque[4] » qui constituent une esthétique spiritualiste de la révélation ou de la manifestation d'origine néoplatonicienne. Cette esthétique de la manifestation épiphanique s'oppose à cette autre esthétique – d'origine aristotélicienne celle-là – de l'agencement ou de la composition à laquelle l'esthétique wagnérienne est également et problématiquement liée, comme la mesure à la démesure, l'harmonie à la mélodie, le fini à l'infini, le visible à l'invisible, l'amour à la mort, le son au silence.

O. Redon, *Brünnhilde*, lithographie, *Revue wagnérienne*, août 1885, p. 209.

Sur la nature des arts et leur relation

Le musicalisme wagnérien, abreuvé à la source schopenhauerienne, ainsi que le projet opératique supposant le travail de l'écriture poétique et celui de la représentation théâtrale, posent tous les deux le second et principal problème des rapports entre la musique et les autres arts. Ce problème est d'abord celui de la concurrence ou de la solidarité entre la musique et la poésie : quel est l'horizon commun de ces deux arts et, sur cet horizon, lequel l'emporte sur l'autre ? Comme la pratique artistique de Wagner est celle du drame musical dont le musicien a fait la théorie dans ses traités *L'Œuvre d'art de l'avenir* (*Das Kunstwerk der Zukunft*, 1850) et *Opéra et drame* (*Oper und Drama*, 1851), le problème est ensuite celui de « l'œuvre d'art totale » (*Gesamtkuntswerk*) qui entend fusionner en une grandiose synthèse tous les arts que sont la poésie, la peinture, la danse, l'architecture, le théâtre et la musique. La question est alors ici : quel est le principe de cette synthèse et quelles formes doit-elle prendre ? Conformément à la structure de son théâtre de Bayreuth où la fosse d'orchestre se trouve sous le plateau, Wagner voulait que la musique soit le principe de l'œuvre d'art totale. Il voulait que, du flux musical continu, sourde le spectacle théâtral avec son récit, ses personnages, ses situations et toutes ses significations. En 1885, dans *Richard Wagner, rêverie d'un poète français*[5], puis en 1892-1895 dans *Offices* et, en 1897, dans la préface au *Coup de dés*, Mallarmé se propose de répondre à ces deux questions. Car la musique propose bien à la poésie un « singulier défi » comme art du passage et de la suggestion en lequel l'aspect affectif de la sonorité se fond complètement dans l'aspect intellectuel de l'écriture. Comme l'opéra inclut le théâtre dans la musique, il réalise de surcroît l'ambition de produire un nouveau culte et la nouvelle présence ritualisée d'un spectacle collectif. « Le miracle de la musique, écrit Mallarmé, est cette pénétration, en réciprocité, du mythe et de la salle, par quoi se comble jusqu'à étinceler des arabesques et d'ors en traçant l'arrêt à la boîte sonore, l'espace vacant, face à la scène : absence d'aucun, où s'écarte l'assistance et que ne franchit le personnage. / L'orchestre flotte, remplit et l'action, en cours, ne s'isole étrangère et nous ne demeurons des témoins : mais, de chaque place, à travers les affres et l'éclat, tour à tour, sommes circulairement le héros – [...][6]. » La continuité temporelle qui suspend le temps, l'enveloppement des vibrations qui ne s'articulent pas comme les mots, le matériau musical enfin qui ne se trouve que dans la musique (contrairement au matériau linguistique – les mots – et pictural – lignes et couleurs – qui se trouve « naturellement »), ces trois éléments confèrent à la musique une dimension mythique. Ils brouillent le contenu nécessairement mystérieux de la musique et « comblent » aussi la double distance constitutive de la représentation : la distance spatiale qui sépare nettement (comme au théâtre, comme devant un tableau ou un texte) l'œuvre de son récepteur, et la distance temporelle qui nous sépare de notre origine. Au concert, l'auditeur n'est pas un « témoin » et il est incapable de dire où se trouve le foyer de l'œuvre ou l'œuvre elle-même : en soi, devant soi, autour de soi, dans sa partition, dans son exécution, dans la tête du compositeur ou celle du chef d'orchestre, dans le temps, dans l'éternité, etc. ? (Cette impuissance est comparable à celle de celui qui écoute le récit du mythe[7].) L'expérience musicale est celle d'une indécision fondamentale qui place l'auditeur dans *l'attitude esthétique même* : perception virginale ou originale du « flottant », de « l'infus », du « confus », de « l'ambiance », de la « Rêverie », bref d'une « déité costumée aux invisibles plis d'un tissu d'accords »[8]. Mais, selon Mallarmé, cette attitude esthétique manque cependant de maîtrise et de lucidité. Car la musique contient le danger, difficile à conjurer, d'une complète dilution des structures de l'œuvre et de la conscience de l'auditeur absorbée, hypnotisée ou fascinée. Il existe une sorte de *démesure* de la musique qui lui confère une très grande puissance certes, mais qui l'amène également à tellement volatiliser le sens, qu'elle le détruit, et qu'elle se transforme, comme le dira plus tard méchamment et bien moins élégamment Debussy, en « une espèce de mastic multicolore étendu presque uniformément et dans laquelle [on ne peut] distinguer le son d'un violon de celui d'un trombone[9] ». Ayant alors beaucoup de difficultés à se structurer par ses forces propres, la musique a recours subrepticement à « l'élément grossier » de la narration d'une « aventure ». Au contraire de ce qu'on aurait pu penser, l'opéra n'a pas pour seul principe la musique « génératrice de toute vitalité » dans la mesure où cette dernière se met à dessiner les « lignes » des personnages et des péripéties (on pense à l'usage du *leitmotiv*) et qu'elle a, en conséquence, besoin de « l'anecdote énorme et fruste » de la « Légende » : celle de l'or du Rhin et de l'anneau forgé par les Nibelungen. La musique n'est pas complètement « le vivifiant effluve » de l'œuvre qui se convertit en une machine arrangée et « disparate », par juxtaposition, « compromis » et « adjonction ». L'opéra ne produit ni une véritable synthèse des arts, ni une œuvre absolument poétique capable de livrer le « sens mystérieux des aspects de l'existence[10] » parce que la narration y joue encore un rôle si prépondérant que la musique doit s'y ajuster voire l'illustrer. En l'opéra, ce que la musique tentait d'abolir est revenu par l'intermédiaire de la légende qui n'est qu'un « cas de reportage énorme et supérieur[11] ». *L'opération mythique de la musique s'est alors transformée en le récit mythologique lui-même*, ce qui est pour Mallarmé une régression du point de vue artistique ainsi que du point de vue culturel et historique. La perversion par Wagner lui-même de sa propre découverte incite Mallarmé à reprendre l'opération musicale ainsi que l'opération synthétique de l'opéra : reprendre à la musique « son bien », c'est-à-dire l'opération musicale de vaporisation, mais en trouvant en elle le principe de sa propre maîtrise ; reprendre le projet opératique d'un art total qui contienne le principe immanent d'une synthèse des arts et non de leur montage. Or cette double reprise est rendue possible par la découverte que les poètes symbolistes ont déjà mise en pleine lumière dans leur « crise de vers » : *le vers et la prose poétique sont une musique incluse dans le verbe*. Cela permet à la poésie trois actions : celle de sursumer l'aspect éruptif de la musique sans se laisser submerger et abîmer par lui ; celle de conserver l'aspect synthétique de l'opéra en considérant le rythme comme le « nœud[12] » ultime et central qui permet aux arts de se penser comme ses modalités ou ses modulations ; celle enfin de fluidifier et de démultiplier la figuration commune aux mots, au théâtre et à la peinture.

Sur les fonctions sociales et politiques de l'art

Comme l'opéra – depuis ses origines italiennes, florentines et monteverdiennes – repose sur le projet de rester fidèle au modèle perdu de la tragédie antique grecque devant être retrouvé par d'autres moyens conformes à l'époque moderne, le troisième enjeu est enfin culturel, national, politique et historique. Il se manifeste dans les questions suivantes : l'opéra a-t-il une fonction sociale et laquelle ? L'opéra wagnérien qui fait usage de mythes est-il véritablement l'œuvre qu'attendent aujourd'hui l'homme germanique et, au-delà, l'homme européen et « l'Homme, puis son authentique séjour terrestre » comme dit à nouveau le poète français ? Car, depuis 1849, date de publication de *L'Art et la Révolution* (*Die Kunst und die Revolution*), Wagner considère que l'art n'est pas une activité désintéressée, autonome, autarcique. Au contraire, l'art doit ébranler l'ordre social établi afin de faire naître les conditions de son propre épanouissement et de celui de chaque individu. Pour ce faire, il convient, non de revenir à la *polis* grecque, mais de retrouver une fidélité perdue envers elle, envers son esprit par lequel l'unité et l'harmonie sociales reposent sur une congruence entre art, politique et pédagogie : l'opéra représenté au théâtre de Bayreuth – où la salle est un amphithéâtre sans les hiérarchies du théâtre à l'italienne et dans le souvenir d'Épidaure – est le lieu de la construction d'une culture (à la fois *Kultur*, c'est-à-dire civilisation et *Bildung*, c'est-à-dire édification et éducation), d'une *philia*, d'une amitié qui est le principe libre d'une communauté politique non aliénée parce qu'elle repose sur la belle, publique et ritualisée compréhension qu'elle a d'elle-même au sein d'une fondamentale égalité des citoyens. Ces derniers constituent véritablement un peuple parce qu'ils cessent de demeurer de stricts individus séparés les uns des autres comme des atomes. À l'image de la tragédie pour les Athéniens et tous les Grecs, l'opéra, qui est l'œuvre de toutes les œuvres et l'œuvre de l'avenir, opère si l'on peut dire pour la culture moderne cette tâche qui est la plus difficile et la plus nécessaire de toutes parce que l'époque moderne est matérialiste, athée, bourgeoise, industrielle et individualiste. Telle est « l'utopie » que livre l'opéra wagnérien aux peuples allemand d'abord, puis européens. Sa réception est cependant marquée par l'acquiescement, l'enthousiasme même, et la réticence si visibles dans la culture française qui nous occupe. Une fois encore, l'œuvre indissolublement poétique et théorique de Mallarmé, à la suite de l'œuvre critique de Baudelaire, nous en donne l'analyse la plus lucide et la plus pénétrante[13]. Cette analyse est déployée au profit de la littérature incluant dans ses lettres la musique et le théâtre ainsi que la totalité de l'opération opératique de synthèse vivante, à la fois artistique, mythologique et politique. Dans la somptueuse et mystérieuse prose mallarméenne, cela s'écrit : « Tout, la polyphonie magnifique instrumentale, le vivant geste ou les voix des personnages et de dieux, au surplus un excès apporté à la décoration matérielle, nous le considérons, dans le triomphe du génie, avec Wagner, éblouis par une telle cohésion, ou un art, qui aujourd'hui devient la poésie : or va-t-il se faire que le traditionnel écrivain de vers, celui qui s'en tient aux artifices humbles et sacrés de la parole, tente, selon la ressource unique subtilement élue, de rivaliser ! Oui, en tant qu'un opéra sans accompagnement ni chant, mais parlé ; maintenant le livre essaiera de suffire, pour entrouvrir la scène intérieure et en chuchoter les échos [...]. Le Poète, je reviens au motif, hors d'occasions prodigieuses comme un Wagner, éveille, par l'écrit, l'ordonnateur de fêtes en chacun ; ou, convoque-t-il le public, une authenticité de son intime munificence éclate avec charme[14]. » Le mythe – qu'il soit allemand ou grec ou de tout autre origine d'ailleurs – ne sied plus à la société moderne qui ne croit plus aux dieux : « Quoi ! le siècle ou notre pays, qui l'exalte, ont dissous par la pensée les Mythes, pour en refaire[15] ! », proteste Mallarmé. En conséquence, seule la « rêverie d'un poète français » à l'esprit « strictement imaginatif et abstrait, donc poétique » pouvait, en reprenant ce qu'il appelle « l'interne opération de Descartes », proposer un projet artistique plus universel que l'opéra wagnérien : une œuvre totale encore, mais « vierge de tout, lieu, temps et personne sus », un mythe sans récit mythologie, une religion de l'art sans croyance religieuse, une cérémonie sans culte. Tel sera le Livre et ses séances publiques de lecture dont Mallarmé se pensait, non le prêtre strictement, non le chef d'orchestre, mais le simple « opérateur » pour une communauté « gardienne de son mystère ! Le sien ! elle confronte son riche mutisme à l'orchestre, où gît la collective grandeur »[16]. Le Livre aurait exploré le seul « séjour terrestre » qu'on ne dépasse pas parce qu'il n'y a rien au-delà. Dans sa lecture intime ou publique, il aurait opéré les deux actes, spirituel et politique à la fois, de *religere* (relire) et de *religare* (relier) qui font toute religion depuis la définition qu'en a donnée la tradition latine de Cicéron et de Servius. Telle est la contre-utopie mallarméenne ; l'antiwagnérisme français comme la forme la plus acérée d'un profond wagnérisme traversé par cette conception spéculative de l'art, par cette tentation d'un art philosophique ou philosophant dont il n'est pas sûr que notre contemporanéité soit véritablement sortie.

20.4 Peindre les lieux, le public et les chanteurs du spectacle lyrique

Florence Gétreau

Nous nous intéresserons dans cet article et dans le suivant à l'imaginaire opératique tel que les peintres l'ont transcrit dans des créations picturales, mais aussi aux tableaux qui ont pu inspirer les auteurs d'opéra. Nous nous concentrerons sur les peintures de chevalet, excluant les décors peints des édifices consacrés à ces spectacles ainsi que les décors d'opéra (cf. chap. 13), et nous traiterons parfois de techniques et supports également pratiqués par les peintres (dessins, pastels, estampes originales), sachant que l'estampe d'illustration et de presse est abordée dans une autre contribution (cf. 20.6).

Lieux du spectacle

L'architecture des théâtres parisiens et de la plupart des grands théâtres de province est un sujet d'actualité permanent en raison des évolutions qu'ils connaissent et des drames successifs qui souvent amènent à leur reconstruction. Ce sont généralement les graveurs qui popularisent la nouveauté de leurs caractéristiques architecturales et scéniques car les peintres préfèrent se faire les chroniqueurs des soirées extraordinaires : inaugurations, bals, réceptions officielles. C'est ce qui explique sans doute que la peinture sur bois représentant *La Salle Le Peletier le jour de l'inauguration le 16 août 1821* (cf. cahier d'ill.) soit d'un artiste resté anonyme. Avec son cadrage à l'italienne, cette peinture décrit finement la configuration des loges d'avant-scène, le décor de leur paroi extérieure et celui du plafond. Cette vue panoramique se focalise aussi sur la représentation du tableau 1 de l'acte III des *Bayadères* (O, 1810) de Catel avec la chorégraphie de Pierre Gabriel Gardel, occasion de montrer l'imposant décor d'un palais oriental. Chroniqueur assidu de la société parisienne sous Louis-Philippe, dont il est le peintre officiel, Eugène Lami a peint *La Sortie de l'Opéra Le Peletier* en 1835, esquisse non achevée mais gravée en 1843. Elle conserve le souvenir du vestibule de cette même salle et celui de la grande enfilade servant de foyer et de salle de bal[1].

Tandis que la plupart des vues extérieures des théâtres d'opéra parisiens sont traitées par la gravure[2], l'Opéra Garnier a inspiré à plusieurs reprises les peintres, notamment par la monumentalité spectaculaire et inédite de son grand escalier. Louis Béroud le traite à partir du rez-de-chaussée[3]. L'élégante société qui y est disposée paraît bien maniérée et anecdotique. Victor Navlet choisit de nous le monter sur toute sa hauteur (cf. cahier d'ill.), voussures comprises, à partir du mur Ouest depuis le niveau du parterre, des salons et du grand foyer. Il en suggère les gigantesques proportions grâce aux visiteurs en train de le gravir.

Le bal masqué de l'Opéra est aussi un prétexte pour montrer cet espace symbolique du théâtre. Les graveurs en ont fait un sujet à la mode dont la presse était friande. En 1873 Édouard Manet dans son *Bal masqué à l'Opéra Le Peletier* (Washington, National Gallery of Art) où l'on reconnaît Emmanuel Chabrier, le collectionneur Hecht et même l'autoportrait du peintre, compose une frise d'une grande modernité tant par le focus osé sur le bas du déambulatoire à balustrade qui laisse voir les mollets des invités que par le contraste des fracs et hauts de forme noirs tranchant avec les jupons clairs et colorés des midinettes et de l'Arlequin. Ce tableau appartenait, avec plusieurs œuvres de Degas, au baryton Jean-Baptiste Faure. Henri Gervex joue quant à lui sur la monumentalité d'un balcon vu *da sotto* et dans sa hauteur pour accentuer la mise en scène de cette occasion frivole de séduction[4].

Auditeurs-spectateurs à l'opéra

Certains artistes nous permettent aussi d'appréhender le public. Ils peuvent focaliser notre regard au plus près de la loge, tantôt pour en montrer l'intérieur, tantôt pour l'observer de l'extérieur. Plus que les peintres, dans la première partie du siècle, ce sont les dessinateurs et les lithographes qui croquent de manière très juste le public des salles d'opéra. J.-J. Grandville, le célèbre caricaturiste nancéen, a ainsi observé le public de l'opéra et ses comportements. En 1828, il dessine à la plume, et sans la moindre outrance une douzaine de figures assises au premier balcon : les femmes y exhibent chapeaux et coiffures et les militaires leur uniforme[5].

Charles Ignace Isidore Gérard dit Granville (1803-1847), *Premières loges à l'Opéra*, 1828, dessin à la plume et encre brune, 9,9 x 20,1 cm, Nancy, musée des Beaux-Arts, Inv. 877.578. Photo © Nancy, musée des Beaux-Arts.

En 1847 il s'attache à cette même galerie, en montrant qu'on peut y converser ou exhiber son nouveau chapeau en plein spectacle[6]. Dans ses lithographies des *Différents publics de Paris* imprimées en 1854, Gustave Doré montre une planche intitulée « Opéra Italien » où le public des balcons est lui-même un spectacle offert aux regards de tous. Dans cette série, la planche « Opéra (la fosse aux lions) » décrit la loge « infernale », à l'avant-scène du rez-de-chaussée de la salle Le Peletier, où de jeunes hommes applaudissent de manière obséquieuse une danseuse étoile[7]. L'exhibition de cette assemblée agitée futilement nourrit aussi la chronique des gazetiers. Une génération plus tard, les peintres de la modernité vont reconsidérer ce sujet, sérieusement cette fois, en focalisant leur attention sur des couples cadrés sobrement, comme s'ils étaient vus à travers les jumelles des autres spectateurs : Eva Gonzalès, jeune peintre émancipée ayant appris le métier chez Manet, adopte la mise en tableau dans *Une loge aux Italiens* mais en fait un véritable manifeste (cf. cahier d'ill.) : cette œuvre fait l'objet d'un compte rendu critique par Marie Deraismes, la célèbre féministe parisienne[8]. Elle y développe l'idée que Gonzalès rompt avec les stéréotypes de la pratique artistique féminine et voit en elle une artiste indépendante, qui défend la beauté et l'élégance de sa figure féminine qui domine le tableau et qui invite à la profondeur des sentiments. L'article souligne avec une rare liberté l'approche naturaliste de la jeune artiste et son vrai modernisme. La loge est le lieu d'où l'on regarde vers la scène, mais aussi vers les balcons et les galeries. *La Première Sortie* tout en camaïeu de bleus ardoise peinte par Auguste Renoir en 1876 (Londres, National Gallery) montre une toute jeune fille chaperonnée par une jeune femme, découvrant le public sur deux rangs de loges. Jean-Louis Forain s'assoit quant à lui un rang derrière son sujet (Paris, Petit Palais, musée des Beaux-arts de la Ville de Paris), cadrant seulement le haut du buste et le profil presque perdu d'une femme chapeautée regardant fixement au loin, prête à pointer ses jumelles non pas sur la scène mais, une fois encore, sur le public. Il faut quitter la loge fermée et revenir au balcon pour trouver enfin des écouteurs attentifs et cessant de s'intéresser au seul jeu social. Grandville se révèle alors sincèrement réceptif à l'effet de la musique sur le public. Ses croquis sont d'une étonnante vérité saisie sur le vif et non recomposée pour faire rire. Il atteint une véritable virtuosité lorsqu'il croque le public compact du parterre de l'Opéra en 1847[9] : une trentaine d'hommes assis au coude à coude, vus à mi-buste, sans outrance de traits, de physionomies ou d'expression, regardent avec une étonnante et commune concentration la source sonore. Dans l'infinie variété des types, c'est presque une physiognomonie de l'écoute que nous propose ici ce dessinateur de génie.

Portraits de chanteurs et chanteuses

Selon le tempérament des interprètes, l'image qu'ils souhaitent donner d'eux-mêmes et qu'ils ont « composée » avec les peintres reflète leur psychologie profonde, leur statut social et les rôles qui ont fait leur notoriété. À la ville, le chanteur peut se présenter sans attribut, tel Luigi Lablache sous le pinceau de Henri-François Riesener (Rouen, musée des Beaux-Arts) portant un ample manteau au col de fourrure qui montre son aisance alors qu'il commence sa carrière au Théâtre-Italien. Le célèbre portrait de Pauline Viardot peint par Ary Scheffer en 1840 (cf. cahier d'ill.), par sa sobre élégance et la grâce de sa mise en page, révèle la profondeur et la simplicité de la chanteuse tout en adoucissant ses traits un peu ingrats.

Même « à la ville », voire dans l'intimité, ces vedettes choisissent la plupart du temps un vêtement très recherché symptomatique de leur train de vie, telle Adelina Patti en 1865 portraiturée par Franz Winterhalter avec la même ostentation que les suivantes de l'impératrice Eugénie (Leeds, Harewood House). Mais les chanteurs prennent souvent soin de laisser voir discrètement l'attribut de leur meilleur succès : Levasseur tient un feuillet où l'on lit Bertram, le rôle qu'il incarna dans Robert le Diable l'année où Marie-Ernestine Serret expose son portrait au Salon (1839, Paris, musée de la Musique) ; Marietta Alboni peinte par Alexis-Joseph Perignon en 1870, porte une sobre robe noire (Paris, musée Carnavalet). Accoudée à un piano droit orné de bronzes, elle tient la partition de La Petite Messe de Rossini qu'elle chanta plus de cinquante fois après la disparition du compositeur. Rose Caron est saisie en 1886 par Auguste Toulmouche dans un luxueux salon (Paris, musée Carnavalet). Elle porte une robe du soir et laisse voir sur le pupitre d'un piano à queue fermé et couvert d'un luxueux surtout la partition réduite de Sigurd dont elle créa le rôle à La Monnaie de Bruxelles en 1884 et à Paris en 1885. Mais offrir son portrait « À la scène » a l'avantage que le costume comme l'expression dramatique permettent d'incarner avec vivacité les grands rôles et de construire de manière durable et explicite leur mémoire dans l'imaginaire fervent du public. Le portrait de la Malibran en Desdémone par Henri Decaisne (cf. cahier d'ill.) exprime parfaitement le pathétique de son rôle : les yeux implorants tournés vers le ciel, la pâleur des carnations et de la robe symbolisant la pureté de ses sentiments et sa fidélité, la harpe ornée si symboliquement d'un Amour à la façon des instruments baroques et évocatrice du fameux air du Saule de l'Otello de Rossini, enfin le ciel lugubre et la grande tenture rouge gonflée par le souffle du drame qui s'annoncent, tout est fait pour perpétuer le tragique que Malibran sut incarner pour les dilettanti du Théâtre-Italien. George Sand l'exprima admirablement dans une lettre à Émile Regnault : « Le rideau tombé, l'illusion est détruite mais l'impression reste longtemps saignante. La voix déchirante de Malibran et le poignard d'Otello vous suivent longtemps après que vous ayez quitté le théâtre[10]. »

Courbet représente de manière bien plus triviale le ténor Louis Gueymard en 1857 dans le rôle-titre de Robert le Diable (cf. cahier d'ill.). C'est un portrait en action, cadré très près, le chanteur portant son fameux costume rouge écarlate dans la caverne où il joue avec deux serviteurs du diable alors que son père Bertram le regarde. Il chante l'air « L'or est une chimère » tout en levant haut son gobelet à dés.

Enfin Manet, lorsqu'il peint plus tard dans le siècle *Jean-Baptiste Faure dans « Hamlet » d'Ambroise Thomas* (cf. cahier d'ill.), semble avoir été fasciné par la présence scénique du chanteur comme le montre la diversité des attitudes des différentes versions de ce portrait. Alors que Faure vient de se retirer de la scène, Manet a besoin de quarante séances de pause dans l'hiver 1876-1877 et se plaint de la difficulté à peindre une figure isolée. Manet est ami de Faure qui possède depuis 1873 certaines de ses œuvres. Lorsqu'il réalise ce portrait – ou plutôt cette figure théâtrale – l'œuvre d'Ambroise Thomas (O, 1868) a triomphé, notamment grâce à l'incarnation du rôle-titre par Faure. Manet a probablement choisi la scène 3 de l'acte I, saisissant le moment où Hamlet tire son épée et jure de venger son père. Bien que le travail ait déplu au chanteur qui n'y trouva pas exprimée assez de noblesse susceptible d'emporter la conviction du public, nous sommes frappés aujourd'hui par la puissance dramatique de l'attitude et du sombre costume monochrome.

20.5 ÉVOQUER LE SPECTACLE

Florence Gétreau

Peinture d'histoire, peinture d'action et moments d'opéra

Dans la confrontation entre les sujets littéraires traités dans la peinture d'histoire et dans les œuvres de musique dramatique, une question prête souvent à débat : qui inspire qui ? L'opéra s'inspire-t-il de tableaux exposés au Salon, ou au contraire les œuvres picturales sont-elles le résultat d'expériences sonores et visuelles ayant frappé les peintres dès lors qu'ils sont spectateurs-auditeurs d'œuvres lyriques ? Par ailleurs ces œuvres visuelles sont-elles « de circonstance » et produites pour profiter du succès de ces spectacles ou sont-elles de pure création ? En dehors des décors architecturaux, les collaborations entre l'Opéra et les peintres du « grand genre » ont été rares. En effet, alors que le portraitiste Jean-Baptiste Isabey est le dernier peintre académique à diriger l'atelier des décors de l'Opéra, après sa disgrâce en 1812 cet atelier reste entre les mains de peintres-décorateurs qui font le succès du grand opéra de 1828 aux années 1870 mais qui en freinent le renouvellement, ce qui le coupera progressivement de l'évolution générale des arts.

En pleine vogue des poèmes d'Ossian (cf. Introd.), François Gérard reçoit en 1800 de Percier et Fontaine la commande d'un tableau pour décorer le Salon doré de Malmaison. Cet *Ossian qui évoque les fantômes au son de la harpe* (cf. cahier d'ill.) est terminé en 1801. Un critique du Salon indique : « Ce n'est pas une action ou un caractère d'Ossian que le peintre a saisi, comme les arts ont accoutumé de le faire, mais le système entier de la poésie, de la mythologie du barde calédonien [...][1]. *L'Apothéose des héros français morts pour la patrie pendant la guerre pour la liberté*, commandé en même temps à Anne-Louis Girodet, figure dans ce même salon de Malmaison. Œuvres capitales du romantisme naissant, ces deux tableaux, qui contribuèrent à fixer l'image de Napoléon comme conquérant grâce à des poèmes qui jouèrent le même rôle que les épopées d'Homère pour Alexandre, ou celles de l'*Énéide* de Virgile pour Auguste, furent bientôt suivis par le plafond commandé à Ingres en 1811 pour décorer la chambre de l'Empereur au palais de Monte Cavallo à Rome (*Le Songe d'Ossian*, 1813, Montauban, musée Ingres)[2]. Or tous ces tableaux ont pour écho direct les mises en scène de deux opéras contemporains : *Les Bardes* de Jean-François Le Sueur monté en 1804[3] et *Uthal* d'Étienne Méhul créé en mai 1806 (cf. 4.2).

De même, la *Corinne au cap Misène* de François Gérard (1819-1820, Lyon, musée des Beaux-Arts) inspira la mise en scène du dernier tableau d'*Il Viaggio a Reims* de Rossini, composé en 1825 pour le couronnement de Charles X. La poétesse Corinna, personnage central, fait clairement référence à la Corinne de madame de Staël, avec sa grande improvisation sur le thème de *Carlo X re di Francia*[4]. Le *Journal des débats* du 21 juin note : « Mme Pasta est Corinne elle-même, et pour mieux dire encore, c'est la Corinne embellie de M. Gérard. »

À l'inverse le peintre Alexandre Évariste Fragonard s'est-il souvenu de l'une des reprises de *Don Giovanni* à Paris en 1805 ou en 1827 ? Dans son grand tableau *Don Juan, Zerline et Donna Elvira* (*ca* 1830, Clermont-Ferrand, musée Bargoin)[5] et dans son esquisse *Don Juan et la statue du Commandeur* (*ca* 1830)[6] (cf. cahier d'ill.), il fait montre d'un art consommé et presque archéologique des costumes, utilise des contrastes lumineux et des mouvements propres à la scène sans pour autant chercher la pure restitution scénique puisqu'il emploie un format vertical. Il a en tout cas été dessinateur de costumes pour le ballet-féerie *Zémire et Azor* (O, 1824) et il connaissait bien le maintien sur scène des chanteurs, ce que l'on ressent devant ces deux tableaux[7].

Un cas exemplaire de convergence entre peintre et compositeur nous est par ailleurs donné par le thème de la mort du duc de Guise, traité par Paul Delaroche qui expose au Salon de peinture du Louvre en 1834, *L'Assassinat du duc de Guise* (cf. cahier d'ill.) et George Onslow qui crée *Guise ou les États de Blois* (OC, 1835).

Pierre Série a montré le succès fulgurant du tableau, en soulignant la transgression des genres et des formats, la réduction de la scène historique à des proportions minimalistes avec un cadre scénique très étroit comme refermé sur lui-même pour captiver le spectateur. Il signale que la critique a mis en garde cette réduction qui « peut devenir fatale au pathétique et à la grandeur de l'art[8] ». Miniaturisant l'histoire, estompant le caractère moral de son personnage, Delaroche fait dans le pittoresque, la couleur locale, le tableau d'intérieur et le costume historique remplace ici la draperie à l'antique. D'ailleurs Delaroche y excelle et a dessiné les décors de *La Tentation* (O, 1832) d'Halévy et les modèles des costumes pour *Les Huguenots* (O, 1836) de Meyerbeer. Comme chez Delaroche, le sujet choisi par Onslow semble inadapté au cadre de l'Opéra-Comique. Dans les deux cas est posée une problématique entre les genres : tragédie ou comédie pour l'œuvre musicale, peinture d'histoire ou tableau de genre pour l'œuvre visuelle.

Un cas extrême et presque aux limites du spectacle de boulevard avec ses « navaloramas », nous est aussi donné par la reprise du célèbre tableau de Théodore Géricault, *Le Naufrage de la Méduse* (1819, Paris, musée du Louvre). Dans l'opéra portant le même titre (TR, 1839) d'Auguste Pilati et Friedrich von Flotow, on peut voir à l'acte III sa « mise en action[9] ».

Bien loin des va-et-vient fréquents entre peinture académique et grand opéra, entre moments d'action dans le tableau et sur la scène, Pierre Sérié a aussi montré comment, de manière synchrone, Berlioz avec *Orphée et Eurydice* (TL, 1859) de Gluck et Gustave Moreau avec son tableau sur bois *Orphée* (1866, Paris, musée d'Orsay) ont manifesté, en réinvestissant ce sujet, une volonté commune de « retour à la grande manière, au grand goût, à la tradition véritable ». Berlioz défend le choix de Pauline Viardot. De son côté Moreau, « à travers le motif de la lyre et la figure d'Orphée, [mène] à son terme cette « dédramatisation » de la peinture d'histoire [...] : le théâtre raconte, la peinture évoque, les acteurs gesticulent, les héros moréens sont figés dans une rêveuse "immobilité contemplative" »[10]. L'inspiration fonctionne donc dans les deux sens, parfois même jusqu'à la convergence.

Sur la scène...

Lorsque les peintres veulent transcrire des moments d'opéra, comment tentent-ils de recréer l'illusion de la scène sur la toile ? Camille Roqueplan, qui fut l'un des premiers à s'inspirer des romans de Walter Scott, a représenté dans *Les Puritains d'Écosse* la salle d'armes de l'opéra de Bellini au moment du départ précipité d'Arturo[11]. Composée en diagonale, la scène tente de restituer l'effet de foule et la tension dramatique du troisième tableau de l'acte I avec une gestuelle expressive mais assez stéréotypée. En 1834 il expose au Salon *Valentine et Raoul* à la fenêtre de l'hôtel du comte de Nevers à Paris, le soir de la Saint-Barthélemy (cf. cahier d'ill.). Cette fois le tableau est monumental et transcrit le paroxysme de l'acte IV lorsque Raoul constate que le massacre a commencé et que Valentine tente de le retenir. Le plan très rapproché sur les deux protagonistes, l'éclairage en clair-obscur, la gestuelle grandiloquente sont faits pour provoquer l'effroi des visiteurs du Salon et évoquer le célèbre duo.

Gabriel Lepaulle est quant à lui beaucoup plus chroniqueur en restituant les moments phares de grandes œuvres du répertoire dans un esprit quelque peu « troubadour ». Il prend soin d'en faire des sortes de portraits de groupe. Il représente par exemple *Marie Taglioni et son frère Paul dans « La Sylphide »* en 1834[12] (on notera la précision documentaire avec laquelle il restitue le tutu de la danseuse et le costume d'Écossais de Paul Taglioni). En 1835, alors qu'il est sollicité pour fournir un des huit tableaux destinés à la tombola du bal de l'Opéra, il peint le trio édifiant de *Robert le Diable* (cf. 6.6) (V, 3) en saisissant les trois chanteurs sur scène (Levasseur dans le rôle de Beltram, Adolphe Nourrit en Robert et Cornélie Falcon en Alice) avec toutes les caractéristiques de leur rôle pour que les habitués de l'Opéra puissent les reconnaître (cf. cahier d'ill.)[13]. D'ailleurs c'est un admirateur de Nourrit qui acquiert le tableau pour le lui offrir, avant que la famille Nourrit ne le donne à l'Opéra.

Alors que Roqueplan et Lepaulle répondent opportunément à l'actualité avec des talents somme toute de second rang, Eugène Delacroix témoigne d'une véritable sensibilité musicale et d'une force créatrice qui va bien au-delà : il sollicite l'imaginaire du spectateur car il fait « souvent usage du hors cadre ou du hors champ » au lieu de s'en tenir comme Delaroche à « l'unité d'action, de lieu, voire de temps »[14].

Concernant les œuvres de Delacroix reliées à *Otello* de Rossini, un débat a partagé les chercheurs pour déterminer si les quatre moments qui représentent Desdémone sont inspirés par la tragédie de Shakespeare (que Delacroix a découverte à Londres en 1825) ou par l'opéra de Rossini (l'artiste assiste à la première au Théâtre-Italien le 5 juin 1821). Cette controverse vient du fait que Delacroix utilise l'orthographe anglaise d'Othello et pour le père de Desdémone le prénom Brabantio et non Elmiro qui est dans l'opéra, alors qu'une analyse fine des sujets qu'il a dessinés et peints montre qu'ils n'existent pour certains que dans l'opéra, notamment le passage avec l'air accompagné de harpe[15]. Le 1er avril 1853 après avoir entendu à nouveau *Otello* aux Italiens, il note dans son *Journal* : « Le souvenir de cette délicieuse musique me remplit d'aise et de douces pensées. Il ne me reste dans l'âme et dans la pensée que les impressions du sublime qui abonde dans cet ouvrage. [...] L'autre jour, Rivet vint me voir et, en regardant la petite *Desdémone aux pieds de son père*, il ne put s'empêcher de fredonner le *Se il padre m'abbandona*, et les larmes lui vinrent aux yeux. C'était notre beau temps[16]. » Cette « petite *Desdémone* » est celle qu'il peint en 1852 (Reims, musée des Beaux-Arts), alors que dès 1825 il a dessiné *Desdémone et Emilia* (Paris, musée du Louvre, RF 9221) et qu'en 1847 il peint *Othello rentrant dans la chambre de Desdémone* (dessin au musée du Louvre, RF 9528 ; peinture à la National Gallery d'Ottawa, n° 15700). Preuve de sa recherche presque obsessionnelle, il peint finalement *La Mort de Desdémone* en 1858 (coll. part., Suisse).

Un autre cas remarquable est celui d'Edgar Degas, qui a été fasciné par le travail des danseuses de l'Opéra pendant toute la durée de sa carrière. Dans le *Portrait de Mlle E[ugénie] F[iocre] : à propos du ballet de « la Source »* (1867-1868, New York, The Brooklyn Museum), il se focalise sur l'illusion de la représentation théâtrale pendant une pause au cours d'une répétition. Il en montre l'artifice en élargissant le champ, nous faisant partager l'expérience visuelle du spectateur dans la salle. Dans ses trois *Répétitions d'un ballet sur la scène*[17], il restitue ce que l'on voit à la jonction de la fosse d'orchestre et du bord de scène lorsqu'on est côté jardin et que l'on regarde vers la cour. Dans la version du musée d'Orsay, il souligne la courbe de la rampe et la diffusion lumineuse à travers les tutus ; dans les deux versions de New York[18], l'orchestre se laisse deviner grâce aux deux volutes de contrebasses. Degas revient régulièrement sur ce motif du ballet sur scène : en 1877 dans un monotype rehaussé de pastel (The Art Institute of Chicago), en 1884 avec le *Ballet vu d'une loge d'opéra* (Philadelphia Museum of Art), jusqu'en 1891 avec une *Danseuse de ballet* apparaissant derrière deux contrebasses (Hambourg, Kunsthalle). Sans compter ses innombrables études de danseuses dans le foyer, les coulisses ou leurs salles de répétition. À ce sujet récurrent, on peut ajouter aussi l'intérêt qu'il porte aux choristes en fond de scène, comme dans un dessin au pastel de 1877 appartenant au musée d'Orsay[19].

... et dans la fosse

Avant Degas, seul Honoré Daumier s'est intéressé aux musiciens dans la fosse avec une caricature lithographiée montrant *L'Orchestre pendant qu'on joue une tragédie* parue dans *Le Charivari* en 1852. En 1870, Degas initie une série de peintures[20]. Deux d'entre elles se focalisent plus particulièrement sur Désiré Dihau, un ami, bassoniste de l'Opéra[21], suggérant que le peintre est assis à droite de la fosse, au premier rang du parterre. Dihau est placé à gauche près des contrebasses, position confirmée par les plans d'orchestre du temps[22]. Dans la version plus aboutie du musée d'Orsay plusieurs musiciens de l'orchestre de l'Opéra sont identifiables (le violoncelliste Louis-Marie Pilet, le flûtiste Henry Altès, le contrebassiste Achille Gouffé) tandis que d'autres sont en fait des amis de Degas sans compétences musicales[23].

L'artiste développe ultérieurement son point de vue très novateur. Dans la version de Francfort-sur-le-Main[24], il donne une place presque équivalente à l'orchestre et à la scène (où les danseuses sont cette fois en pied et non plus « décapitées » et vues seulement jusqu'à la taille) et son cadrage très serré de face ne montre que le haut du dos des musiciens, comme si le peintre était assis parmi eux. Dans ces différentes versions, l'artiste donne à voir deux mondes contrastés et imperméables : celui de l'orchestre, sombre, masculin, aux visages réalistes et sans concession tandis que dans la lumière vibrante de la scène la légèreté des corps juvéniles et féminins suggère un monde éthéré. Degas poursuit cette recherche d'une grande modernité dans son *Ballet de « Robert le Diable »* en baissant toujours plus la ligne d'horizon que forme la rampe, et en mêlant les premiers rangs de spectateurs à l'orchestre. La version de New York[25] montre en effet un spectateur du premier rang regardant aux jumelles l'un des balcons. La version de 1876 conservée à Londres (cf. cahier d'ill.) devient horizontale, insiste sur la présence des quatre bassons, le pupitre du chef, les têtes masculines des auditeurs avec Albert Hecht aux jumelles placé cette fois à gauche[26], tandis que sur scène, les décors d'origine de Ciceri, la volubilité chatoyante et claire des nonnes montrent que cette mise en scène ressassée pendant plus de soixante ans conserve tout son pouvoir de fascination.

La traduction d'un art par l'autre

Au-delà de l'illusion de la scène et de la salle sur la toile, Henri Fantin-Latour tente, sa carrière durant, une « transcription du musical au visuel », comme il l'exprime à Camille Mauclair : « C'est dans la musique que nous pourrions nous reconnaître. Je l'adore, j'y songe sans cesse en peignant, j'en fais un peu, j'ai essayé en exprimer un peu de ce que je ressens dans mes lithos et mes petits tableaux sur Berlioz, sur Wagner. Mais cela, c'est de la traduction d'un art par l'autre[27]. » Dès 1864, dans *Tannhäuser sur la montagne de Vénus* (Los Angeles County Museum of Art), il traduit très librement ce que la musique de Wagner (qu'il a entendue au concert dès 1860) évoque déjà pour lui. « Tribut aux maîtres anciens [aux peintres vénitiens et à Watteau] et à Delacroix », l'œuvre exprime l'« allégorie de l'amour, la bacchanale et l'idylle arcadienne »[28]. La reprise qu'il en donne en 1886 (The Cleveland Museum of Art), après plusieurs versions dessinées et gravées, est plus laborieuse, moins solaire et passionnée. L'expérience bouleversante de Bayreuth en 1876 suscite chez lui une vision de *L'Or du Rhin, première scène* sous forme de lithographie et de pastel (Paris, musée d'Orsay) où il s'affranchit de la mise en scène de Josef Hoffman, retenant avant tout la dramaturgie lumineuse « saisissante de beauté, de puissance et de poésie[29] » qui emporte les Filles du Rhin. Il reprend ce même motif, sur toile cette fois, en 1888 (cf. cahier d'ill.). Dans sa quête pour « faire entendre le *Ring*[30] », Fantin produit une quarantaine d'œuvres sur ce thème selon de multiples versions entre 1876 et 1898, choisissant, comme le précise Michèle Barbe, « les épisodes [...] dans les premiers et/ou derniers actes des quatre opéras, premières et/ou dernières scènes de ces actes, ce qui correspond à des accents particulièrement forts de la dramaturgie[31] », par exemple le *Final de « La Walkyrie »* (1877, Montpellier, musée Fabre). Ces (trop nombreuses ?) variations reprises inlassablement pendant deux décennies manquent cependant parfois de force, comme le lui reproche Odilon Redon en 1882 : « De laborieuses et soucieuses recherches ont conduit cet artiste à des essais d'interprétation de la musique par la peinture, oubliant encore que nulle couleur ne peut traduire le monde musical qui est uniquement et seulement interne et sans nul appui dans la nature réelle[32]. »

20.6 L'imagerie lyrique

Stella Rollet

À l'instar de l'art qu'elle met en scène, l'imagerie lyrique connaît au XIXe siècle un âge d'or. Mais alors que les pratiques sociales et culturelles qui entourent l'opéra relèvent déjà, pour une bonne part, de la tradition, l'iconographie qui lui est associée est marquée par l'innovation. La découverte de divers procédés permet de diversifier les techniques et les supports et de multiplier les images en les reproduisant à volonté. Pour les arts visuels, le monde de la musique et plus généralement des spectacles offre une infinité d'objets à représenter : le théâtre dans toutes ses composantes (vue extérieure, salle, scène, coulisses, foyer...), la vie au sein de ces maisons d'opéra, de la préparation des ouvrages (répétitions, mise en scène, décorations, costumes...) aux représentations et soirées de gala (notamment le très couru bal de l'Opéra) et, évidemment, les nombreux acteurs qui y sont attachés (chanteurs et choristes, instrumentistes et chefs d'orchestre, compositeurs, directeurs, mais aussi décorateurs et machinistes, sans oublier critiques et public). Ces images, de quelque nature qu'elles soient, peuvent tendre vers plusieurs finalités, qui n'ont d'ailleurs pas nécessairement de caractère exclusif : parfois simples outils d'information et d'illustration, elles peuvent aussi constituer un moyen d'expression politique et, pour l'ensemble des acteurs gravitant de près ou de loin autour du théâtre lyrique, un outil promotionnel.

Développement de l'imagerie au XIXe siècle

Jusqu'au début du siècle, l'imagerie lyrique est très rare. Elle se cantonne à quelques estampes et à des illustrations qu'on ne trouve que dans le domaine de l'organologie et à des fins didactiques. Même la peinture a généralement une façon très stéréotypée de représenter la musique (symbolisée par la lyre par exemple) ou les compositeurs (inspirés et en extase)[1]. Quant à l'affiche, si le monde des spectacles y a très tôt recours, elle reste purement typographique. Pour éviter toute confusion, les placards émanant du pouvoir finissent par se réserver l'impression en noir sur fond blanc (loi Le Chapelier, 28 juillet 1791). Les théâtres parisiens, quant à eux, avaient déjà opté au cours du XVIIIe siècle pour une impression sur des papiers dont la couleur varie d'une salle à l'autre (jaune pour l'Opéra, rouge pour l'hôtel de Bourgogne, vert pour le théâtre de la rue Mazarine). Les innovations du XIXe siècle aboutissent non seulement à l'invention de nouvelles techniques mais aussi au perfectionnement de techniques préexistantes. Les progrès touchent les méthodes de gravure – principalement l'invention de la lithographie, introduite en France en 1816, puis sa version couleur, la chromolithographie, mise au point en 1837 – mais aussi les outils de reproduction – les presses à vapeur permettant d'augmenter le tirage tout en abaissant les coûts dès la fin des années 1830 puis, en 1866, de plus grandes presses offrant l'opportunité de réaliser des affiches de très grande dimension. Mais la plus grande nouveauté réside dans l'invention de procédés capables de saisir le réel de façon instantanée et sans intervention directe de l'homme, sinon pour déclencher un appareil : il s'agit du daguerréotype (1835) et de la photographie (1839).

Ces découvertes trouvent rapidement de nombreuses applications dans les arts du spectacle. La presse comme les maisons d'édition musicale s'emparent de la lithographie pour proposer portraits ou caricatures ou pour orner de gravures les frontispices de partitions. Plus tard, les revues comme *Musica* (créée en 1902) misent sur la photographie en usant de techniques de reproduction désormais efficaces. L'affiche, elle, grandit, se colore et devient omniprésente dans le paysage de la grande ville, surtout à partir des années 1860, accompagnant la croissance urbaine et bénéficiant de la loi de 1864 sur la liberté des théâtres. Rien qu'à Paris, 120 nouveaux lieux de spectacle ouvrent leurs portes entre 1864 et 1900 et ce secteur est un de ceux qui ont le plus recours à l'affiche publicitaire[2]. Par ailleurs, les mouvements artistiques d'avant-garde influencent, dans le dernier tiers du siècle surtout, l'ensemble des arts graphiques et l'imagerie lyrique n'échappe pas à la règle. Les frontispices et les affiches acquièrent ainsi une dimension esthétique qu'ils n'avaient pas auparavant et les limites entre art et information deviennent floues. L'Art nouveau ou le symbolisme, pour ne citer qu'eux, impriment avant tout leur marque aux affiches des cabarets et des cafés-concerts, sous le crayon d'un Toulouse-Lautrec ou d'un Théophile Alexandre Steinlen, puis gagnent les décors d'opéra et les illustrations de partitions. L'affichiste Eugène Grasset, par exemple, surtout connu pour ses liens avec Le Chat Noir, réalise en 1889 des décors très novateurs pour *Esclarmonde* de Massenet. Pour sa *Cendrillon*, le compositeur fait appel à Georges Bertrand pour une superbe affiche Art nouveau (cf. cahier d'ill.). L'art de l'affiche d'opéra devient l'art du choix de la scène emblématique ou saisissante. En 1875, celle de *Carmen*, de facture très classique, s'arrête néanmoins sur le moment le plus inattendu pour un opéra-comique, celui du meurtre final de l'héroïne.

Face à cette sollicitation visuelle inédite, la réglementation se précise. Dans la droite ligne des ordonnances du XVIIIe siècle, la Restauration instaure un timbrage obligatoire (1818). L'affichage est également soumis à autorisation jusqu'à ce que la IIIe République prenne le contrepied de cette logique répressive et opte pour la liberté (loi du 29 juillet 1881). Les spectacles, cependant, avaient bénéficié de mesures antérieures. Dès 1839, le préfet de police de Paris, Gabriel Delessert, autorise les entreprises de spectacle à apposer leurs annonces à l'extérieur des « colonnes moresques ». En 1868, le typographe Gabriel Morris obtient le monopole de l'affichage public des spectacles et 150 colonnes portant son nom fleurissent dans les rues de la capitale.

L'image pour informer et illustrer

L'imagerie adapte ses supports aux finalités recherchées. Ainsi, pour informer, l'affiche est privilégiée. Quant à l'image d'illustration, elle relève principalement des journaux illustrés et des partitions. L'affiche de spectacle fournit avant tout des informations pratiques : nature du spectacle, lieu, horaire, distribution. Elle est le « menu d'un festin, où l'on est toujours invité pourvu qu'on paye[3] ». L'affiche, pour attirer l'œil, se couvre de couleurs, d'abord appliquées à la main. Dans ce domaine, l'affiche de librairie est un genre fondateur. Les éditeurs de musique y ont recours comme ceux des autres secteurs de l'édition pour annoncer la publication d'une partition et de son livret. L'affiche, cependant, n'atteint son âge d'or que dans la seconde moitié du XIXe siècle, en particulier grâce à Jules Chéret. Considéré comme un pionnier de la lithographie en couleurs et comme le père de l'affiche artistique moderne et colorée, il consacre une part significative de son activité au théâtre, au sens large. Il réalise certes des affiches pour l'opéra – pour *Polyeucte* de Gounod en 1878 ou *Françoise de Rimini* d'Ambroise Thomas en 1882 – mais se consacre avant tout au café-concert et à l'opérette. Sa première affiche en couleurs réalisée en 1858 est d'ailleurs dédiée à *Orphée aux enfers* d'Offenbach (cf. cahier d'ill.).

Les journaux, qui connaissent au XIXe siècle un essor sans précédent, s'illustrent aussi. Certains titres s'en font même une spécialité, comme *L'Illustration*. Ce périodique propose, entre sa date de fondation en 1843 et 1899, plus de 3 350 gravures d'intérêt musical[4]. Contrairement, par exemple, au *Charivari*, elle n'a pas recours à la caricature et ne cherche pas la polémique. Ses lithographies ont avant tout pour vocation de donner à voir ou à connaître le spectacle lyrique ou ses acteurs. Ainsi lorsqu'elle rend compte d'une création à l'Opéra ou au Théâtre-Italien, la valeur de l'image associée à l'article réside dans l'actualité qu'elle évoque, que le sujet soit une scène de l'ouvrage, un interprète ou un compositeur. Les « galeries » ou « panthéons », dont le public est alors très friand, ont la même fonction informative et illustrative, même s'ils ne sont parfois pas dénués d'humour. Parmi eux, on trouve des séries – le *Panthéon charivarique* (1838-1842) de Benjamin Roubaud, la *Galerie de la Presse* (1839-1841) dirigée par Louis Huart et Charles Philipon, la *Galerie de la Gazette musicale* (1841-1844) commandée par Maurice Schlesinger à Nicolas Maurin ou encore le *Musée Dantan* (1838-1839) par Dantan Jeune – mais également des œuvres uniques telles que le *Panthéon musical* (1843) de Charles-Joseph Traviès, *Le Jardin de l'Harmonie* (*ca* 1871-1875) de Telory, ou le *Panthéon Nadar* (1854 et 1858), de l'auteur éponyme, dédié à toutes les gloires, y compris musicales, surtout dans la version de 1858.

Très rares jusqu'au début du XIXe siècle dans les partitions, ces illustrations apparaissent, dès les années 1820, sous la forme de petites vignettes décorant le haut de la première page d'une romance ou d'une variation. Elles occupent bientôt, avec le

Maison Martinet, d'après Dantan Jeune, « Musée Dantan – Rossini et Meyer-beer », lithographie, 1860. – Dantan a pour habitude de composer de petits rébus sur le socle de ses statuettes. Pour Rossini par exemple, on trouve le « rôt », et une portée avec un « si » en forme de « nid ».

titre, toute cette page. Ce frontispice, art dans lequel excellent Achille Devéria ou Célestin Nanteuil, « doit aider le spectateur à entrer dans l'œuvre[5] », ce qui explique qu'il varie parfois d'une édition à l'autre, afin de s'adapter au goût du temps. Il se retrouve sur les partitions d'opéra où il joue, depuis longtemps déjà, un rôle explicatif pour certains titres comme *La Caverne* (Feydeau, 1793) de Le Sueur.

L'image pour amuser ou dénoncer

Pour le dessinateur, les sujets qu'il aborde, le sens qu'il leur donne et la symbolique à laquelle il a recours sont autant de formes d'expression. Tributaire d'un certain nombre de conventions liées aux modes de représentation ou à la vision que ses contemporains ont du monde musical et de ses acteurs, il s'en prend, souvent par le biais de la caricature, aux musiciens dont les pratiques heurtent un certain conformisme ambiant. Le canon évoque, par exemple, la masse orchestrale employée par Berlioz que Grandville représente dans *Un concert à mitraille* publié dans *L'Illustration* en 1846. Rossini, « il signor Vacarmini », sait s'en amuser, notamment lorsqu'il compose un *Hymne à Napoléon III* (1867) avec « cloches, tambours et canons. Excusez du peu[6] ». La musique offre du reste à la caricature de nombreuses possibilités expressives et de nombreux ressorts comiques. Les gloires de l'art lyrique sont des cibles de choix qu'il s'agisse des compositeurs comme Rossini, croqué dans *La Lune* par André Gill, des interprètes comme Gilbert Duprez dessiné par Benjamin Roubaud, des directeurs comme

Louis-Désiré Véron modelé par Dantan, dont l'intérêt se porte aussi vers ces figures nouvelles que sont les chefs d'orchestre, en particulier François-Antoine Habeneck. Les spectateurs d'opéra sont également l'objet de nombreuses représentations aux motivations variées : de la simple évocation d'un moment clé de la vie mondaine à la satire des mœurs particulièrement codifiés dans les théâtres lyriques en passant par l'observation des différentes postures d'écoute.

La prédilection des caricaturistes pour de tels sujets s'affirme surtout lorsque la censure les contraint à renoncer à la diatribe politique, en particulier après la loi de 1835. On sait l'engagement d'Honoré Daumier ou de Philipon dans ce domaine et la tentation de contourner l'interdit, voire de défier l'autorité. D'autres, plus prudents et soucieux de neutralité politique, à l'image de Dantan, sont naturellement portés vers le monde des spectacles. L'attitude de ce dernier lui vaut d'ailleurs d'amères railleries lorsqu'il reçoit la Légion d'honneur : « Ce n'est pas pour les caricatures que vous avez faites qu'on vous a décoré, c'est pour celles que vous n'avez pas faites » (*Le Corsaire-Satan*, 6 juil. 1843). Outre la censure officielle se pose, principalement en matière d'affichage, la question de la décence. Certains affichistes choquent la bourgeoisie conservatrice et « bien-pensante » ; leurs publications « licencieuses » séduisent le public mais sont dénoncées par des associations influentes comme la Ligue pour le relèvement de la morale publique (1883) ou la Société de protestation contre la licence des rues (1894) du sénateur René Bérenger, surnommé le « Père la pudeur ». La loi de 1881 a aboli la censure mais un délit d'outrage aux bonnes mœurs – et l'arsenal répressif associé – subsiste.

Benjamin Roubaud, « Panthéon charivarique : Gilbert-Louis Duprez », lithographie, *Le Charivari*, 1838. Un quatrain accompagne l'image : « Duprez vous ouvre ici le gouffre d'où s'élance/ Un torrent d'harmonie à grands flots ruisselant./ La bouche en lui n'est pas ce qu'on eut fait immense, Si le crayon pouvait peindre aussi le talent. »

L'image pour promouvoir

Qu'il s'agisse des femmes dénudées des affiches ou des caricatures de musiciens, le souci premier des auteurs n'est pas de choquer ou de moquer mais bien d'assurer la promotion d'une œuvre lyrique ou d'un artiste. Les charges par exemple sont à la fois les indices et les agents de la reconnaissance sociale dont bénéficie la « vedette du jour ». Les artistes en sont bien conscients et chacun veut avoir la sienne. Quand, au début des années 1830, les statuettes de Dantan sont devenues une attraction attendue, Maria Malibran insiste pour faire partie de sa galerie de « portraits », alors même que le sculpteur répugnait à « croquer » une femme. On constate donc que les artistes participent ou veulent participer à la construction de leur image. Cela est d'autant plus vrai sous le Second Empire, toute publication de caricature devant désormais s'accompagner de l'autorisation expresse et préalable de la cible. De même, lorsque la photographie commence à supplanter la gravure et que les musiciens posent dans l'atelier de Nadar ou de ses concurrents – en particulier les studios familiaux fondés par Charles Reutlinger ou par Wilhelm Benque –, ils interviennent dans les choix artistiques et refusent les clichés qui ne les satisfont pas. Nadar photographie ainsi de nombreux compositeurs dont Rossini, Auber, Meyerbeer, Gounod ou Offenbach mais aussi des interprètes tels que Duprez, Rosine Stoltz, Enrico Tamberlick, Victor Capoul ou Adelina Patti, des clichés diffusés ensuite sur différents supports, notamment dans la presse ou sur des cartes postales.

Le monde des spectacles acquiert très tôt « l'intelligence de la publicité[7] », en particulier au travers des affiches, qui s'intègrent précocement à la stratégie commerciale des théâtres. Les frontispices de partitions adoptent ensuite des méthodes similaires pour répondre au même impératif : accrocher le regard. Pour cela, l'utilisation de la couleur est un atout majeur et la capacité à faire figurer harmonieusement toutes les informations pratiques que doivent comporter de tels documents est capitale. Il existe aussi une « diplomatie de l'affiche[8] » selon Édouard Monnais. Ne pas accorder à l'artiste la place et la taille de caractères qu'il estime mériter, c'est, pour le directeur, s'exposer à des tensions ou des indispositions soudaines ! L'emplacement de l'affiche est lui-même décisif. Avec l'essor industriel, les grandes firmes européennes exploitent aussi, à des fins mercantiles, le goût du public pour l'opéra,

Nadar, photographie de Jacques Offenbach, 1900.

la « réclame » ayant alors pour but de fidéliser le consommateur tout en lui vendant des produits sans rapport avec l'art lyrique. C'est notamment le cas de la collection chromolithographique de scènes d'opéras (cf. cahier d'ill.) ou celle des héros masculins de l'opéra proposée par Liebig avec de l'extrait de viande[9], ou de la « collection Félix Potin » lancée à la fin du siècle, par l'enseigne de distribution de l'épicier qui lui a donné son nom, pour accompagner des tablettes de chocolat ! Cette dernière collection propose des portraits photographiques de célébrités contemporaines, dont les grandes cantatrices du moment, Lucienne Bréval, Christine Nilsson, Adelina Patti, Sybil Sanderson, Marie Van Zandt. Le chocolat Guérin-Boutron inscrit Massenet et son *Werther* dans sa galerie des célébrités[10]. L'imagerie lyrique croise ainsi le marché des produits dérivés de l'opéra (cf. 19.1).

La promotion de l'opéra et de ses acteurs passe donc par différents nouveaux médias publicitaires, l'image étant souvent accompagnée d'un texte qui se veut éclairant et constitue « la voix de l'image[11] ». Mais la mise en valeur du musicien, de l'artiste, se fait aussi par le biais de moyens plus traditionnels, comme la peinture (cf. 20.4). Les portraits de fonction sont la norme et présentent souvent le compositeur de trois quarts, devant son clavier ou sa table de travail, mode de représentation que s'approprient d'ailleurs la lithographie et la photographie. Certaines œuvres sont aussi des hommages réservés aux « grands hommes », représentés dans leurs derniers moments comme Rossini sur son lit de mort par Gustave Doré, célébrés par l'allégorie comme Meyerbeer, en 1867, par Édouard Hamman, ou accueillis au *Parnasse musical* (Hamman, *ca* 1860).

Photographie de Marie Van Zandt dans *Lakmé* (collection de portraits photographiques de célébrités par les épiceries Félix Potin).

Au XIXe siècle, l'imagerie lyrique prend donc un essor sans précédent. Enthousiaste, Marcel Proust salue le règne de l'affiche : « Tous les matins, je courais jusqu'à la colonne Morris pour voir les spectacles qu'elle annonçait. Rien n'était plus désintéressé et plus heureux que les rêves offerts à mon imagination par chaque pièce annoncée[12]. » L'attrait pour les images va parfois jusqu'à l'excès. On parle notamment, à la fin du siècle, d'affichomanie, avec création de galeries spécialisées et de revues. Composante des pratiques culturelles du temps, l'image, en particulier la carte postale, favorise l'entrée de l'opéra dans la culture commune. Elle consacre la place nouvelle et accrue du chef d'orchestre, témoigne de l'admiration pour les musiciens tout en contribuant, par la caricature, à les désacraliser, et participe *in fine* au triomphe de l'art lyrique en même temps qu'à la concurrence croissante de loisirs alternatifs.

Notes de 20.1

1. G. Flaubert, *Madame Bovary. Mœurs de province*, G. Seginger éd., Paris : GF-Flammarion, 2018, p. 322.
2. Th. Santurenne, *L'Opéra des romanciers. L'art lyrique dans la nouvelle et le roman français (1850-1914)*, Paris : L'Harmattan, 2007, p. 30.
3. Ph. Berthier et K. Ringger éd., *Littérature et Opéra*, Presses universitaires de Grenoble, 1987 ; J.-P. Capdevielle et P.-E. Knabe éd., *Les Écrivains français et l'opéra*, Köln : dme-Verlag G. Mölich, 1986.
4. Stendhal, *Vie de Henry Brulard*, Paris : Gallimard, 1973, p. 239.
5. *Ibid.*, p. 367.
6. F. Naugrette, « Les premiers souvenirs de théâtre des romantiques », *Orages. Littérature et culture 1760-1830*, 4, mars 2005, p. 99-116.
7. G. Sand, *Histoire de ma vie*, Saint-Cyr-sur-Loire : Christian Pirot, 1999, t. 6, p. 117.
8. H. Berlioz, *Mémoires*, Paris : Flammarion, 1991, p. 58.
9. H. de Balzac, *Le Père Goriot*, Paris : Gallimard, 2000, p. 72.
10. Stendhal, *Le Rouge et le Noir*, A.-M. Meininger éd., Paris : Gallimard, 2000, p. 306.
11. Sur cette corrélation du temps et de l'espace mise en œuvre dans le chronotope, voir M. Bakhtine, *Esthétique et Théorie du roman*, [1re éd., 1924], Paris : Gallimard, 1978, p. 237.
12. Stendhal, *Le Rouge et le Noir*, p. 375.
13. P. Hamon et A. Viboud, *Dictionnaire thématique du roman de mœurs en France, 1814-1914*, [1re éd. 2003], Paris : Presses de la Sorbonne-Nouvelle, 2008, t. 2, p. 342.
14. G. de Maupassant, *Fort comme la mort*, Paris : Gallimard, 1983, p. 253-254.
15. *Opéra et romanesque*, *Romanesques*, hors-série, 2016, Paris : Classiques Garnier, 2017.
16. Stendhal, *Souvenirs d'égotisme*, Paris : Gallimard, 1983, p. 96.
17. E. Zola, *La Curée*, Paris : Le Livre de poche, 1979, p. 274.
18. C.-A. Sainte-Beuve, *Volupté*, Paris : GF-Flammarion, 1969, p. 187-188.
19. G. Sand, *Isidora*, Paris : édition Des femmes – Antoinette Fouque, 1990, p. 73.
20. T. Picard, *La Civilisation de l'opéra. Sur les traces d'un fantôme*, Paris : Fayard, 2016.
21. J.-M. Bailbé, *Le Roman et la musique en France sous la monarchie de Juillet*, Paris : Lettres modernes Minard, 1969.
22. G. Sand, *Lettres d'un voyageur*, Paris : GF-Flammarion, 1971, p. 298. Voir O. Bara, « L'opéra idéal selon la *Lettre à Meyerbeer*. Rêverie critique et utopie musicale », *Recherches & Travaux*, 70, 2007, p. 141-154.
23. G. Sand, *Mouny Robin*, O. Bara éd., in *Œuvres complètes, Fictions brèves*, t. 3, Paris : Champion, 2019.
24. P. Hamon et A. Viboud, *Dictionnaire thématique du roman de mœurs*, t. 2, p. 343.
25. P. Berthier, *Espaces stendhaliens*, Paris : PUF, 1997, p. 105.
26. G. de Maupassant, *Fort comme la mort*, p. 243-264.
27. P. Hamon, A. Viboud, *Dictionnaire thématique du roman de mœurs*, t. 2, p. 343.
28. H. de Balzac, *Gambara*, Paris : GF-Flammarion, 1981, p. 106.
29. F. Sabatier, *La Musique dans la prose française des Lumières à Marcel Proust*, Paris : Fayard, 2004, p. 193.
30. L. Tibi, *La Lyre désenchantée. L'instrument de musique et la voix humaine dans la littérature française du XIXe siècle*, Paris : Champion, 2003.

31. C. Planté, « *Modeste Mignon :* les lettres, la voix, le roman », *Année balzacienne*, 1999-I, p. 279-292.
32. J. Wagner éd., *La Voix dans la culture et la littérature françaises 1713-1875*, Clermont-Ferrand : PUBP, 2001.
33. Ph. Destruel, « La voix nervalienne », in J. Wagner éd., *La Voix dans la culture et la littérature françaises*, p. 237.
34. Th. Gautier, *Émaux et Camées*, Paris : Gallimard, « Poésie », 1981, p. 52.

Notes de 20.2

1. Ch. Rodriguez, *Les Passions du récit à l'opéra : rhétorique de la transposition dans « Carmen », « Mireille », « Manon »*, Paris : Classiques Garnier, 2009.
2. Th. Marix-Spire, *Les Romantiques et la musique : le cas George Sand*, Paris : Nouvelles Éditions latines, 1955 ; L. Guichard, *La Musique et les lettres au temps du romantisme*, Paris : PUF, 1955.
3. R. Fortassier, « Balzac et l'opéra », *Cahiers de l'Association internationale des études françaises*, 17, 1965, p. 25-36 ; L. Lascoux, « Balzac et Rossini : histoire d'une amitié », *L'Année balzacienne*, 6, 2005/1, p. 363-382.
4. H. Gauthier, « Notice », in H. de Balzac, *La Comédie humaine*, vol. 3, Paris : Gallimard, 1976, p. 1415-1426.
5. H. de Balzac, *Correspondance*, vol. 1, Paris : Gallimard, 2006, p. 1145.
6. M. Beghelli, « The dramaturgy of the operas », in E. Senici éd., *The Cambridge Companion to Rossini*, Cambridge : CUP, 2004, p. 85-103.
7. H. de Balzac, *Le Contrat de Mariage*, in *La Comédie humaine*, vol. 3, p. 552.
8. Stendhal, *Le Rouge et le Noir*, p. 74.
9. F. Lévy, « Allusions et médiations : aux sources de *Consuelo* », in *George Sand et les arts du XVIIIe siècle, Les Amis de George Sand*, 34, 2012, p. 101-119.
10. G. Sand, *Consuelo*, Paris : Gallimard, 2004, p. 182.

Notes de 20.3

1. T. Picard, *Wagner, une question européenne. Contribution à une étude du wagnérisme (1860-2004)*, Rennes : PUR, 2006 ; *L'Art total. Grandeur et misère d'une utopie (autour de Wagner)*, Rennes : PUR, 2006 ; *Dictionnaire encyclopédique Wagner*, Arles-Paris : Actes Sud, Cité de la musique, 2010.
2. *Revue wagnérienne*, 3 t., Genève : Slatkine Reprints, 1993.
3. *Revue wagnérienne*, mai 1886, t. 1, p. 100 sq.
4. Ch. Baudelaire, *Richard Wagner et Tannhäuser à Paris*, in *Curiosités esthétiques*, H. Lemaitre éd., Paris : Classiques Garnier, 1962. Pour chacune des expressions, p. 694, 696, 697, 703.
5. S. Mallarmé, *Richard Wagner. Rêverie d'un poète français*, in *Revue wagnérienne*, août 1885, t. 1, p. 195 sq. ; repris in *Divagations*, in *Œuvres complètes*, Paris : Gallimard, 2003, t. 2, p. 153 sq.
6. S. Mallarmé, *Catholicisme*, in *Œuvres complètes*, t. 2, p. 240.
7. C. Lévi-Strauss, *Le Cru et le cuit*, Paris : Plon, 1964, p. 22 sq.
8. S. Mallarmé, *Richard Wagner, rêverie d'un poète français*, t. 2, p. 156.
9. C. Debussy, *Monsieur Croche*, Paris : Gallimard, 1987, p. 49.

10. S. Mallarmé à L. d'Orfer, 27 juin 1884, in *Correspondance*, B. Marchal éd., Paris : Gallimard, 1995, p. 572.
11. S. Mallarmé, *Plaisir sacré*, in *Œuvres complètes*, t. 2, p. 236.
12. S. Mallarmé, *La Musique et les Lettres*, in *Œuvres complètes*, t. 2, p. 64.
13. Ph. Lacoue-Labarthe, *Musica ficta*, Paris : Christian Bourgois, 1991.
14. S. Mallarmé, « Planches et feuillets », *Divagations*, in *Œuvres complètes*, t. 2, p. 195, 197.
15. S. Mallarmé, *Richard Wagner*, in *Œuvres complètes*, t. 2, p. 157.
16. S. Mallarmé, *Plaisir sacré*, in *Œuvres complètes*, t. 2, p. 237.

Notes de 20.4

1. E. Lami, *La Sortie de l'Opéra*, 1835, huile sur toile, 71 x 111 cm, F-Po, Musée 1626.
2. N. Wild, *Dict.*, cahier d'ill., p. 260-276.
3. L. Beroud, *L'Escalier de l'Opéra*, 1877, huile sur toile, 65 x 54 cm, Paris, musée Carnavalet, P 2164.
4. H. Gervex, *Le Bal de l'Opéra*, 1886, huile sur toile, 85 x 63 cm, Paris : musée d'Orsay, RF MO P 2016/2.
5. *Grandville, dessins originaux*, cat. d'exp., Nancy : Musée des Beaux-Arts, 1986-1987, p. 78, n° 38.
6. J. J. Grandville, *Première galerie de l'opéra, à gauche la scène*, dessin à la plume et encre, 11,8 x 18,3 cm, Nancy, musée des Beaux-Arts, Inv. 877.577.
7. F-Pn, Estampes, DC-298 (V, 2)-PETIT FOL.
8. A. Boime, « Maria Deraismes and Eva Gonzalès : A Feminist Critique of *Une Loge au Théâtre des Italiens* », *Woman's Art Journal*, 15/2, automne 1994-hiver 1995, p. 31-37 ; M. Deraismes, « Une exposition particulière de l'École réaliste », *L'Avenir des femmes*, 5 juil. 1874.
9. J. J. Grandville, *Spectateurs au parterre à l'opéra*, dessin à la plume et encre, 9,2 x 11,8 cm, Nancy, musée des Beaux-Arts, Inv. 877.576.
10. Cit. in P. Barbier, *La Malibran [...]*, Paris : Pygmalion, 2005, p. 107.

Notes de 20.5

1. « Salon de 1801 », *Journal de la Décade*, coll. Deloynes, t. XXVI, n° 694, p. 648-652.
2. V. Pomarède, Notice 38, in *Ingres. 1780-1867*, cat. d'exp., Paris : Gallimard, Musée du Louvre, 2006, p. 170-173.
3. P. Plaud-Dilhuit, « Images de l'opéra fantastique au XIXe siècle », in H. Lacombe et T. Picard éd., *Opéra et fantastique*, Rennes : PUR, 2011, p. 328.
4. J. M. Bruson, Notices 65 et 66, in *Rossini à Paris*, cat. d'exp., Paris : musée Carnavalet, 1992, p. 72-74.
5. C. Camboulives, Notice 141, in *Don Juan*, cat. d'exp., Paris : Bibliothèque nationale, 1991, p. 202.
6. J. Foucard, Notice 58, in *De David à Delacroix*, p. 412-413 ; C. Camboulives, notice 142, in *Don Juan*, p. 203.
7. Voir P. Plaud-Dilhuit, « Images de l'opéra fantastique », p. 329.
8. P. Sérié, « D'un Duc de Guise à l'autre : Delaroche et Onslow en rupture avec les catégories génériques autour de 1835 », in V. Niaux éd., *Georges Onslow, un « romantique » entre France et Allemagne*, Lyon : Symétrie, 2010, p. 333-348.

9. Cité in S. Hibberd, « *Le Naufrage de la Méduse* and Operatic Spectacle in 1830s Paris », *19th-century music*, 36/3, 2013, p. 248-263.
10. P. Sérié, « Moreau/Berlioz : joutes de lyres autour d'Orphée, œil contre oreille », in A. Ramaut et P. Saby éd., *D'un « Orphée », l'autre : 1762-1859, métamorphose d'un mythe*, Saint-Étienne : PUSE, 2014, p. 271-287.
11. C. Roqueplan, *Les Puritains d'Écosse de Bellini* [sc. 1], 1835 ?, huile sur toile, 81,3 x 65 cm, Musée de la Vie romantique, MVR 2009-3.
12. F.-G. Lepaulle, *Marie Taglioni et son frère Paul dans « La Sylphide »*, 1834, huile sur toile, 128,5 x 96,5 cm, Paris, musée des Arts décoratifs, Inv. 34532.
13. F.-G. Lepaulle, *Robert le Diable (acte V, scène 3)*, 1835, huile sur toile, 78 x 94 cm, Paris, musée de l'Opéra. Inv. Musée 520. Voir P. Vidal, Notice 76 « Robert le Diable », in *Frédéric Chopin. La note bleue*, cat. d'exp., Paris : Musée de la Vie romantique, Paris-musées, 2010, p. 62. Une esquisse de petites dimensions appartenant aux collections du Conservatoire de Paris est aujourd'hui au musée de la Musique : *Robert le Diable (acte V, scène 3)*, 1835, huile sur toile, 24,3 x 32,4 cm, Paris, musée de la Musique, E. 995.6.23. Elle montre aussi Levasseur, Nourrit, Falcon.
14. S. Allard, « Delacroix, Delaroche et la place du spectateur », in *De la scène au tableau : David, Füssli, Klimt, Moreau, Lautrec, Degas, Vuillard...*, cat. d'exp., Paris : Skira Flammarion, 2009, p. 123-127.
15. T. Choon-Ying, « Envisioning a Romantic Tragedy : Delacroix's Dramatic Images of Othello », *Music in Art*, 41/1-2, 2016, p. 223-236.
16. E. Delacroix, *Journal*, M. Hannoosh éd., t. 1, Paris : José Corti, 2009, p. 628-629.
17. Voir M. Pantazzi, Notices 123-125, « Répétition d'un ballet sur la scène », in *Degas*, cat. d'exp., Paris : RMN, 1988, p. 225-230.
18. E. Degas, *Répétition d'un ballet sur la scène*, 1874 ?, peinture à l'essence sur toile, 54,3 x 73 cm, New York, Metropolitan Museum of Art, Inv. 29.160.26 ; *Répétition d'un ballet sur la scène*, 1874 ?, pastel sur bristol et toile, 53,3 x 72,3 cm, New York, Metropolitan Museum of Art, Inv. 29.100.39.
19. E. Degas, *Choristes*, dit aussi *Les Figurants*, 1877, dessin au pastel, 27 x 32 cm, Paris, musée d'Orsay – musée du Louvre. Voir M. Pantazzi, Notice 160, « *Choristes* dit aussi *Les Figurants* », in *Degas*, 1988, p. 270-271.
20. Voir J. Spitzer, « The view from the pit : representations of the orchestra in the 19th-century theater », *Musique-Images-Instruments*, 12, 2010, p. 113-130.
21. E. Degas, *Musiciens d'orchestre. Portrait de Désiré Dihau*, 1870, huile sur toile, San Francisco, Fine Arts Museums of San Francisco, De Young Museum, Mildred Anna Williams Collection.
22. E. Hervé, « La disposition des musiciens de l'orchestre de l'Opéra de Paris [...] », *Musique-Images-Instruments*, 12, 2010, p. 80-90.
23. H. Loyrette, Notice 97 « L'Orchestre de l'Opéra », in *Degas*, 1988, p. 161-162.
24. E. Degas, *Musiciens à l'orchestre*, 1870-1871, repris vers 1874-1876, huile sur toile, Francfort, Städtische Galerie, Städelmuseum. SG 237.
25. E. Degas, *Ballet de « Robert le Diable »*, 1871-72, huile sur toile, 66 x 54,3 cm, New York, Metropolitan Museum of Art. 29.100.552. Voir H. Loyrette, Notice 103, « Ballet de Robert le Diable », in *Degas*, p. 171-173.
26. M. Pantazzi, Notice 159, « Ballet de *Robert le Diable* », in *Degas*, 1988, p. 269-270.
27. C. Mauclair, *Servitude et grandeur littéraires*, Paris : Ollendorff, 1922, p. 157 ; cit. in J.-M. Nectoux, « "Le Dieu Richard Wagner irradiant un sacre". Réflexions sur

la notion d'art wagnérien », in *Richard Wagner. Visions d'artistes d'Auguste Renoir à Anselm Kiefer*, cat. d'exp., Paris : Somogy Éditions d'Art, 2005, p. 19-21.
28. D. Druick, Notice 50, in *Fantin-Latour*, cat. d'exp., Paris : RMN, 1982, p. 157-159 ; F. Gétreau, *Voir la musique*, Paris : Citadelles & Mazenod, p. 80-81.
29. L. Dalon, Notice 148, in *Fantin-Latour. À fleur de peau*, cat. d'exp., Paris : Réunion des musées nationaux, 2016, p. 212.
30. M. Barbe, « Images du *Ring* : une vision de Fantin-Latour », in *Richard Wagner*, p. 29-39.
31. *Ibid.*, p. 29.
32. O. Redon, *À soi-même*, Paris : José Corti, 1961, p. 157 ; cit. in J.-M. Nectoux, *Richard Wagner. Visions d'artistes*, p. 21.

Notes de 20.6

1. J.-M. Fauquet, *Imager la musique au XIXe siècle*, Paris : Klincksieck, 2013, p. 54, 171-173. Voir aussi F. Gétreau, *Voir la musique*.
2. M. Weiss et J.-H. Piettre, *L'Affiche d'opéra*, Paris : Musée-galerie de la SEITA, 1984 ; J.-C. Klein, *La Chanson à l'affiche. Histoire de la chanson française du café-concert à nos jours*, Paris : Éditions Du May, 1991 ; N. Wild, *Les Arts du spectacle en France : affiches illustrées, 1850-1950 : catalogue*, Paris : Bibliothèque nationale, 1976.
3. É. Monnais [P. Smith], *Esquisses d'une vie d'artiste*, Paris : Jules Labitte, 1844, t. 1, p. 300.
4. H. R. Cohen, *Les Gravures musicales dans* L'Illustration *1843-1899*, Québec : Presses de l'Université Laval, 1982, vol. 1, p. XXIV.
5. J.-M. Fauquet, *Imager la musique au XIXe siècle*, p. 113.
6. Annotation apposée par Rossini sur la première page de sa partition, citée *in* O. Commettant, *La Musique, les musiciens et les instruments de musique*, Paris : Michel Lévy frères, 1869, p. 58.
7. J.-C. Klein, *La Chanson à l'affiche*, p. 34.
8. E. Monnais [P. Smith], *Esquisses d'une vie d'artiste*, p. 300-303.
9. S. Rollet, « L'opéra inspire la réclame », *Histoire par l'image*, en ligne, <http://www.histoire-image.org/fr/comment/reply/6102>, consulté le 26 oct. 2018.
10. J.-M. Fauquet, *Dict.*, cahier d'ill.
11. J.-M. Fauquet, *Imager la musique au XIXe siècle*, p. 147.
12. M. Proust, *Du côté de chez Swann*, Paris : Grasset, 1913, p. 90.

Sibyl Sanderson (1864-1903)

La soprano américaine Sibyl Sanderson fut une des cantatrices les plus médiatisées de son époque. Elle a brillé sur les scènes lyriques à Paris pendant les années 1890 où des opéras ont été écrits spécialement pour elle afin de mettre en valeur ses qualités physiques et vocales. Née à Sacramento en Californie d'une famille fortunée, Sanderson s'exila à Paris afin de réaliser son rêve de devenir une artiste lyrique. En 1885, elle fut acceptée au Conservatoire de Paris ; elle compléta ses études avec Giovanni Sbriglia et Mathilde Marchesi. C'est une rencontre fortuite avec Jules Massenet lors d'une soirée qui lança définitivement sa carrière. Impressionné par sa voix d'une étendue de trois octaves et son caractère passionné, Massenet promit de l'aider pour ses débuts sur scène. Il adapta le rôle de Manon pour Sanderson, en ajoutant des ornements de colorature afin d'exploiter son aigu brillant. C'est sous le nom d'Ada Palmer qu'elle fit ses débuts à La Haye dans ce rôle en 1888. Selon Massenet, Sanderson fut une Manon idéale. Elle interpréta le rôle à Bruxelles en 1890, au Covent Garden et à la reprise à l'Opéra-Comique en 1891, ainsi qu'au Metropolitan Opera en 1895. Massenet écrivit aussi le rôle-titre d'*Esclarmonde* pour les débuts parisiens de Sanderson à l'Opéra-Comique en 1889. Grâce à la beauté plastique de la chanteuse, l'opéra fut un grand succès. Avec un point d'orgue « Eiffel » chanté sur un contre-*sol*, une attitude séduisante et un corps sculptural, la chanteuse ébahit et charma son public. Après ce grand succès, elle créa le rôle-titre de *Phryné* (1893) de Saint-Saëns. Elle quitta l'Opéra-Comique suite à une dispute contractuelle avec Léon Carvalho et accepta un contrat à l'Opéra. Sanderson y chanta lors de la première de *Thaïs* de Massenet. Ses rôles de Phryné et de Thaïs ont tiré profit de l'intérêt grandissant du public pour la Grèce antique ; des photographies de la cantatrice en costume hellénique seront utilisées sur des affiches du style Art nouveau. Lors de tournées aux États-Unis (1895), en Italie (1896) et à Saint-Pétersbourg (1897), Sanderson se produisit dans les opéras de Massenet, de Gounod et de Verdi. Accablée par des problèmes d'alcoolisme, elle décéda à l'âge de 39 ans. Malgré sa mort prématurée, la soprano photogénique marqua fortement la culture visuelle de l'opéra ainsi que l'esthétique de Massenet pendant cette période.

Kimberly White

Sibyl Sanderson en costume de scène dans *Thaïs*, photographie, 1894 (détail), F-Po, PH36 (11).

Épilogue

Chapitre 21

Histoire, discours et culture : perspectives sur le siècle

21.1 L'OPÉRA FRANÇAIS DANS L'HISTOIRE : ROMANTISME VS HISTORICITÉ

Hervé Lacombe et Emmanuel Reibel

Le goût pour l'histoire, que nous avons évoqué en introduction comme facteur déterminant du changement de l'esthétique lyrique des premières décennies du XIXe siècle, doit être à nouveau examiné mais selon d'autres perspectives : comme fondement d'un nouveau discours sur la musique et comme changement de paradigme pour le répertoire. Avant d'aborder ces questions, il convient de faire un point sur la manière dont le XIXe siècle s'est considéré lui-même. Nous procéderons en deux temps contrastés : le premier évalue la validité du terme « romantique », fréquemment convoqué au XXe siècle pour désigner le XIXe siècle ; le second s'attache à dépeindre la manière dont une conscience plus aiguë de sa propre position dans l'histoire émerge au cours du XIXe siècle.

L'idée d'opéra romantique français (E. Reibel)

Le XIXe siècle français eut-il un opéra romantique et, le cas échéant, que fut-il aux oreilles de ses contemporains ? Cette interrogation est plus complexe qu'il n'y paraît, car il faut se méfier des réponses essentialistes, fondées sur une définition stable ou intemporelle de l'opéra romantique. Aussi privilégiera-t-on l'approche historiciste : qu'est-ce qui fut *à cette époque* désigné, entendu ou commenté comme « opéra romantique » ?

Commençons par noter que du point de vue de la catégorisation générique, « opéra romantique » ne fut jamais une expression consacrée dans la France du XIXe siècle ; son équivalent germanique, *romantische Oper* (au double sens d'opéra « chevaleresque » et « germanique ») servit au contraire de sous-titre volontariste à la plupart des opéras allemands, depuis le *Faust* de Spohr jusqu'à *Lohengrin* de Wagner. S'il existe un « Air romantique » dans *Ossian ou les Bardes* (O, 1804) de Le Sueur, en France l'adjectif reste avant tout, dans le domaine musical, une catégorie de la réception. Il en va différemment de la littérature, qui a bien davantage théorisé le romantisme (Stendhal, *Racine et Shakespeare* en 1823 ; Desmarais, *Essai sur les classiques et les romantiques* en 1824 ; Hugo, préface de *Cromwell* en 1827, etc.) ; pourtant, le romantisme reste parallèlement une catégorie de la réception dans ce domaine aussi, puisque des écrivains comme Byron ou Leopardi, qui ne se sont jamais affirmés « romantiques », furent reconnus comme tels par la critique. Dès la fin du XVIIIe siècle, certaines pages de Grétry ou de Méhul sont qualifiées de « romantiques » par la critique. Le baron Grimm admire par exemple dans *Richard Cœur de Lion* « la tournure tout à la fois simple et romantique du chant[1] ». Le vocable renvoie alors tantôt au médiévalisme ou aux archaïsmes du style troubadour, tantôt à la faculté de la musique à mobiliser l'imagination des auditeurs[2]. Rapidement l'adjectif français s'enrichit d'un paradigme national (qui le rend, de ce côté-ci du Rhin, synonyme d'« étranger ») et d'un paradigme politique (qui lui fait prendre le sens de « libéral », de « réformateur », voire de « révolutionnaire »). Il est alors l'objet d'une vive bataille esthétique, au cours de laquelle ce sont les opéras italiens de Rossini qui sont entendus comme « romantiques » (dans ce double sens de « libéral » et d'« étranger »), contre l'école française « classique » incarnée par les œuvres de Sacchini, de Spontini ou de Berton. Dans son *Histoire du romantisme* parue en 1829, Toreinx considère ainsi que Gluck, Paisiello, Cimarosa et Mozart furent en leur temps « romantiques » (au sens de « novateurs », voire de « révolutionnaires »), avant que Rossini n'incarne l'idéal contemporain : « Véritable auteur romantique, écrit-il, Rossini a su reproduire dans sa musique les couleurs locales et historiques[3]. » Si Toreinx sacralise également Boieldieu comme « romantique », en raison de sa modernité musicale, l'auteur de *La Dame blanche* est simultanément entendu comme « classique », au titre qu'il réussit à livrer une œuvre française dont la qualité et le succès peuvent enfin être opposés à la déferlante rossinienne. Dans un tableau synoptique édité en 1838, Boieldieu est ainsi rangé dans l'« école classique » avec Herold et Onslow, tandis qu'Auber, Adam, Berlioz, Gomis, Monpou et Ambroise Thomas sont placés sous la bannière « romantique[4] ». Preuve en est que cette terminologie est plus une catégorie mouvante et ambivalente des discours critiques ou historiographiques qu'une réalité musicale homogène.

À la fin de la Restauration, le *Guillaume Tell* (O, 1829) de Rossini réussit néanmoins à mettre fin à cette nouvelle querelle des Anciens et des Modernes en réconciliant le camp des conservateurs, qui se mettent alors à reconnaître que le cygne de Pesaro est enfin parvenu à franciser son style, et celui des progressistes, qui estiment que la réforme lyrique tant attendue après la Révolution politique a trouvé son champion. Le genre du grand opéra, qui prospère désormais, ne cristallise plus autant de tensions ; il est appréhendé par la critique sous l'angle de l'équilibre entre les écoles nationales, plus que sous l'angle esthétique du classicisme ou du romantisme. Il intériorise sans doute de nombreuses caractéristiques de la dramaturgie romantique, telle qu'elle fut théorisée par Hugo dans la Préface de *Cromwell* (sens du drame, goût pour l'effet, influence du romanesque, tentation de la démesure, entrechoquement des styles), mais il incarne simultanément l'art officiel à un point qui l'empêche sans doute d'être alors qualifié de « romantique ».

L'adjectif reste donc assez rare : lorsque les *romantische Oper* germaniques sont joués en France – ils commencent à l'être dès l'éphémère aventure du Théâtre allemand en 1829 –, ils sont eux-mêmes souvent requalifiés d'« opéras fantastiques ». À l'exception de *Bibiana* de Pixis, bel et bien présenté comme un « opéra romantique en trois actes », *Robin des bois* (adaptation parisienne du *Freischütz*) devient un « opéra fantastique en trois actes » lors de la réédition de son livret en 1834, le *Faust* de Spohr est sous-titré « opéra fantastique » dans sa version marseillaise de 1837 et « opéra fantastique en cinq actes » dans sa publication chez Clérisseau en 1839 ; même *Obéron* et *Euryanthe* deviendront « opéras fantastiques » en 1844 et 1857. Au cœur du XIXe siècle, l'historiographie française est alors parfois amenée à définir un genre « romantico-fantastique » et à considérer, comme le fait François-Joseph Fétis, que « l'opéra romantique et fantastique a été créé tout entier dans *Don Giovanni* et *La Flûte enchantée*[5] ». L'identité de ce genre se caractériserait par son sujet fantasmagorique au sens large (le XIXe siècle ne définit pas le fantastique selon l'approche strictement narratologique qu'adoptera Tzvetan Todorov au siècle suivant[6]) et par les effets scéniques et la rhétorique musicale spécifique qui en découlent. Pour les Français, « l'opéra fantastique » renvoie alors assez largement à l'acculturation stylistique du romantisme germanique, comme le prouve une lignée féconde conduisant de *Robert le Diable* (O, 1831) aux *Contes d'Hoffmann* (OC, 1881) en passant par *Le Revenant* de Gomis (OC, 1833) ou *Zampa* d'Herold (OC, 1835).

Le caractère plurisémiotique de l'opéra rend néanmoins ambiguë toute caractérisation esthétique. Quand on parle du « romantisme » d'un opéra, évoque-t-on son sujet ou son traitement musical ? Les livrets de certains opéras-comiques peuvent être qualifiés de romantiques sans que leur musique s'impose comme telle de façon évidente. À rebours, la musique du *Benvenuto Cellini* (O, 1838) de Berlioz est entendue à sa création comme « fantastique » (elle suscite même un long article d'Henri Blaze intitulé « De l'école fantastique et de M. Berlioz » dans la *Revue des Deux Mondes* d'octobre 1838) alors même que le sujet ne contient aucun élément fantasmagorique. Mais la richesse de l'orchestration berliozienne, dans la scène de la fonte de la statue notamment, sonne aux oreilles des contemporains comme l'archétype même de cette école « romantico-fantastique ».

La rareté persistante de l'expression « opéra romantique » vient du fait que la musicographie oppose le plus souvent les différents types d'opéras selon un paradigme moins esthétique (classique ou romantique) que national (italien, allemand ou français). Certaines historiographies comme celle de Gustave Bertrand, *Les Nationalités musicales étudiées dans le drame lyrique* (1872), témoignent de l'exacerbation de ce prisme de lecture dans la seconde moitié du siècle, en raison des tensions politiques contemporaines. C'est paradoxalement le renforcement de ce paradigme idéologique, après la guerre franco-prussienne, qui va systématiser la référence au romantisme français. Soucieux de construire une histoire nationale du XIXe siècle, des hommes comme Henri Lavoix[7] puis Jules Combarieu érigeront Berlioz en héros de l'histoire de la musique française et en héraut du romantisme national. À la fin du XIXe siècle, Adolphe Jullien soulignait la nature littéraire de Berlioz et en faisait le point d'entrée du romantisme dans son imaginaire (un romantisme compris donc comme un mouvement en littérature) : « Berlioz, ne l'oublions pas, avait une rare ouverture d'esprit ; il était infiniment sensible aux beautés des œuvres littéraires, et c'est par là que le mouvement romantique, auquel il se rallia de prime saut, eut une si grande influence sur le développement de son génie » (*JD*, 26 nov. 1899). En 1919, Combarieu franchit le pas et constitua un romantisme musical à partir de la grande figure française : « Berlioz est le vrai créateur du mouvement romantique : le premier il alluma le flambeau ; les autres [Liszt et Wagner] l'ont reçu de sa main[8]. » À cette époque, il sera même opposé de façon privilégiée à Wagner, quitte à faire des *Troyens*, de façon certes très excessive, le pendant français de la Tétralogie. Le problème tient au fait qu'en raison de leur caractère d'exception, ou d'absolue singularité, les trois opéras de Berlioz sont inaptes à représenter le répertoire de leur temps. Mal aimés en France et moins joués que *La Damnation de Faust* (qui, elle, n'est pas originellement conçue pour la scène), ils ne peuvent devenir les modèles de « l'opéra romantique » français.

Il fallut donc attendre une période plus récente du XXe siècle pour que, par commodité de langage, l'expression « opéra romantique » en vienne à désigner la production d'une grande partie du XIXe siècle – le romantisme aura alors pris un sens moins esthétique qu'historique, renvoyant à une période plus qu'à un style. Ainsi dilué dans une large approche temporelle, l'opéra romantique peut aujourd'hui renvoyer de façon vague aux œuvres de Méhul comme à celles de Gounod. Mais des tensions persistent entre ceux qui estiment (qu'ils cultivent une approche très germanocentrée du romantisme ou qu'ils méconnaissent un répertoire partiellement tombé en désuétude) que l'opéra français n'est pas fondamentalement romantique, et les musicologues attachés à montrer ce qui fait la spécificité d'un opéra romantique français. Dans tous les cas, l'« opéra romantique » en question reste toujours une construction historiographique, avant d'être une propriété intrinsèque du répertoire considéré.

Historicité de l'opéra (H. Lacombe)

L'historicité, en tant que prise de conscience de sa propre situation historique et de l'inscription des choses, des faits, des hommes et de leurs productions dans l'histoire, n'a rien d'uniforme et de définitif. Les façons de vivre et de penser l'histoire, d'articuler le passé, le présent et le futur, ne cessent d'évoluer.

François-Joseph Fétis est sans conteste la personnalité la plus représentative de l'avènement d'une conscience historique dans le paysage musical francophone du XIXᵉ siècle[9]. Ses traités et ses articles, sa *Revue musicale*, sa *Biographie universelle des musiciens*, son *Histoire générale de la musique* tendent à poser le fait musical dans tous ses aspects comme phénomène culturel et historique. Outre ses nombreuses publications, les concerts historiques, dont il est avec quelques autres l'inventeur, contribuent au nouage entre opéra, histoire et répertoire[10]. Le premier de ses concerts a lieu le 8 avril 1832 dans la salle du Conservatoire ; il est associé à des discours explicatifs et est justement dédié à l'opéra, dont il retrace l'évolution depuis ses premières formes jusqu'à la période contemporaine, soit du *Ballet comique de la reine* (ballet de cour donné en 1581) à Rossini. L'exhumation des œuvres anciennes en France et plus largement en Europe va devenir une lame de fond aux conséquences considérables sur la vie musicale. La conscience historique touche l'opéra dans ses thèmes, son langage, son répertoire. Elle accompagne l'émergence de la double idée d'intégrité et d'authenticité de l'œuvre. Au XVIIIᵉ siècle, on avait repris des partitions avec une grande liberté (cf. t. 1, 14.5) et même inventé le genre du fragment (cf. t. 1, 8.3). Héritière de cette approche, la position de Castil-Blaze (cf., 5.1) qui, dans les premières décennies du XIXᵉ siècle, traduit très librement, aménage, réécrit, ajoute, retranche des pages entières d'un ouvrage, entre en conflit avec l'idée d'inviolabilité de l'œuvre, qui va finir par s'imposer au XXᵉ siècle. En outre, la musique ne se réduit plus aux œuvres contemporaines ; elle a un passé ; ce passé n'est plus un monde archaïque sans intérêt et voué au néant de l'oubli, mais un objet de curiosité puis d'étude et de connaissance qui s'intègre à l'histoire de la musique et qui, potentiellement, peut devenir un corpus à exhumer et apprécier. À l'Opéra, les premières décennies du siècle voient la liquidation du répertoire hérité du XVIIIᵉ siècle ou composé dans sa continuité (cf. 6.1). Malgré l'enlisement du grand opéra durant la seconde moitié du siècle, l'institution, qui peine à accepter Wagner, peine aussi à renouer avec les gloires anciennes. C'est, une fois encore, le Théâtre-Lyrique qui donne le ton (cf. 8.3). Sous le Second Empire, il offre aux Parisiens l'occasion de réentendre du Mozart et de redécouvrir deux partitions de Gluck : *Orphée* (18 nov. 1859), puis *Iphigénie en Tauride* (26 nov. 1868)[11] que l'éphémère Théâtre-Lyrique de la Renaissance reprendra en 1899. Dans la mouvance du succès d'*Orphée*, l'Opéra redonne *Alceste* le 21 octobre 1861 ; l'œuvre est jouée 33 fois jusqu'au 6 février 1867[12]. Ce n'est qu'un éclat momentané puisqu'il faudra attendre le 11 novembre 1900 pour réentendre du Gluck sur la grande scène nationale (reprise du 2ᵉ tableau de l'acte I d'*Alceste*), puis 1908 pour redécouvrir Rameau (*Hippolyte et Aricie*). Les grands ouvrages de Gluck, entièrement chantés, n'arrivent que très tardivement salle Favart : *Orphée* le 6 mars 1896, *Iphigénie en Tauride* le 18 juin 1900, *Alceste* le 30 mai 1904 et *Iphigénie en Aulide* le 18 décembre 1907. Gluck, absent du répertoire français une bonne partie du siècle, perdure cependant dans « l'imaginaire historiographique » français (cf. 21.2) et dans des

concerts (cf. 19.4), avec d'autres anciens que l'on exhume, par exemple lors de Concerts historiques initiés à l'Opéra en 1880[13].
Se pose dès lors la question de l'accès aux œuvres. Comme nous l'avons vu (cf. 11.6), Troupenas publie à partir de 1825 un « Répertoire des opéras français », où se mêlent Gluck, Piccinni, Sacchini, Kreutzer, Nicolò et Herold, Rossini et Auber. Veuve Launer publie dans les années 1840 une série d'opéras remontant jusqu'à Gluck et Grétry. Plus modestement, dans les années 1850, Jean-Baptiste Weckerlin conçoit les « Échos du temps passé » où, parmi de nombreuses chansons, trouvent place des pièces d'Adam de La Halle, Lully, Campra et Rameau. Dans les mêmes années, les éditions Brandus confient à Auguste Panseron et plusieurs autres professeurs du Conservatoire la direction d'une « Bibliothèque musicale ancienne et moderne » de 200 volumes, intitulée *Répertoire général du chanteur, du pianiste et de l'instrumentiste*, célébrée par Berlioz (*JD*, 29 mars 1856). Pour les auteurs et les commentateurs du temps, l'opéra contemporain est le fait des « modernes » ; celui des temps passés appartient aux anciens, que l'on désigne souvent comme « les classiques ». Aucun répertoire « romantique » ou « baroque » (cf. t. 1, 21.6) ! François Delsarte conçoit les « Archives du chant » ; Pauline Viardot réunit dans les années 1860 sous le titre « École classique du chant » une « collection de morceaux choisis dans les chefs-d'œuvre des plus grands maîtres classiques italiens, allemands et français, avec le style, l'accentuation, le phrasé et les nuances propres à l'interprétation traditionnelle de ces œuvres », soit 75 pièces du XVIIe au XIXe siècle où l'on trouve Lully, Haendel, Rameau, Gluck, Sacchini, Piccinni, Mozart, Grétry, Méhul. La préface des éditeurs est éclairante : « Nous sommes aujourd'hui témoins d'un fait qui doit réjouir les vrais amis de l'art musical : c'est le retour prononcé vers la *musique classique*, c'est-à-dire vers les œuvres de ces musiciens de génie, qui, dans le siècle dernier et les commencements de celui-ci, fixant à jamais les règles d'un art qu'ils devaient porter à son apogée, ont écrit tant de magnifiques ouvrages qu'on ne se lassera pas de redire et d'admirer. » Jacques-Léopold Heugel prend acte de ce « retour vers l'ancienne musique » (*Mén.*, 19 mai 1861, p. 195). En 1877, Charles Lecocq arrange pour chant-piano et fait paraître chez Legouix *Castor et Pollux* de Rameau. Un an plus tard, l'éditeur Théodore Michaelis lance, avec la publication du *Thésée* de Lully, les « chefs-d'œuvre de l'opéra français ». La grande aventure de la redécouverte de la musique ancienne – dont la délimitation est extrêmement floue – est bien entamée. Fanny Pelletan inaugure dans les années 1870 la publication des œuvres de Gluck, les éditions Durand celle de Rameau dans les années 1890, sous la direction de Saint-Saëns[14]. Parallèlement, l'École Niedermeyer puis la Schola Cantorum, où va régner d'Indy, instituent la musique ancienne comme fondement de la formation des musiciens et modèle pour l'art contemporain. Le programme décoratif de la 3e salle Favart, inaugurée en 1898, trahit cette volonté de s'inscrire dans l'histoire. Henri Gervex réalise deux peintures du grand foyer, *Le Ballet comique de la Reine* (déjà évoqué, ci-dessus) et *La Foire*

Saint-Laurent, où naît l'opéra-comique ; Édouard Toudouze imagine pour l'un des salons la représentation du *Jeu de Robin et Marion* d'Adam de La Halle au XIIIe siècle, ancêtre du genre. Cette nouvelle conscience historique et cette nouvelle culture musicale vont s'élargir, modifier le goût et, au siècle suivant, combinés à d'autres facteurs (dont la rupture des avant-gardes avec le public et le théâtre lyrique) faire basculer le répertoire courant du côté du passé.

Un va-et-vient s'instaure entre trois états du répertoire, considéré comme la somme de toutes les œuvres musicales : l'oublié, le connu, le nouveau. Le passé est un espace obscur qu'il convient désormais d'explorer ; le présent est à la fois le temps des habitudes, le moment de coexistence des pratiques et des corpus, le point d'observation des formes anciennes et le lieu de la création[15]. Pour nombre de musiciens, créer va dépendre du nouage paradoxal entre l'expression musicale contemporaine et les richesses nouvelles puisées dans les langages et les esthétiques des siècles passés, parfois fantasmés. Déjà la recherche d'une couleur historique avait conduit les compositeurs d'opéra à utiliser des éléments anciens ou susceptibles de « faire ancien » : danses des XVIe et XVIIe siècle, inflexions modales, choral luthérien... Le XVIIIe siècle devient à la mode, comme en témoigne la *Manon* de Massenet[16]. Le néoclassicisme du XXe siècle va renverser la situation. Ces éléments ne seront plus anecdotiques ou pittoresques mais deviendront des modèles structurants (cf. t .3, 5.6).

21.2 ÉCRITURES DE L'OPÉRA

Hervé Lacombe

L'intérêt pour la musique ancienne que nous venons d'évoquer trouve un écho dans la presse et s'accompagne d'une floraison de commentaires qui s'agrègent peu ou prou à la culture lyrique du XIXe siècle. Parvenu au terme de cet ouvrage, il importe d'éclairer le processus de mise en récit de l'opéra et de son histoire par le XIXe siècle lui-même. Si des écrits antérieurs ont commencé à penser la musique comme phénomène historique[1], c'est bien durant ce siècle que cette idée prend une ampleur insoupçonnée. De même qu'il est conditionné par les « idéologies » du siècle – qu'elles soient morales, religieuses et politiques, mais aussi genrées (cf. 18.5, 18.6) ou colonialistes (cf. 17.5) – l'opéra génère des discours qui imprègnent la culture du temps et participent d'un imaginaire lyrique.

Entre critique de presse et savoir historique

L'opéra est si profondément intégré à la culture française du XIXe siècle qu'aucun citadin ne semble pouvoir l'éviter. On en parle, on l'évoque, on le commente, on puise dans son imaginaire, on cherche à transmettre l'impression et l'émotion qu'il a pu produire. Une masse considérable d'écrits, destinés à des professionnels ou à des amateurs, s'est constituée, des plus techniques (les traités et les méthodes) aux plus littéraires (les romans et biographies), en passant par les dictionnaires, les histoires, les essais et bien sûr les périodiques de toutes sortes (cf. 18.2). Du fait de la prolifération de la presse et du développement de la musicographie au cours du XIXe siècle, toute œuvre musicale s'est trouvée plus que jamais associée à des discours pouvant la précéder, l'accompagner et lui survivre. Parallèlement, l'avènement de l'histoire comme discipline, une conscience plus aiguë du devenir de l'opéra et de la richesse de son passé, ont ouvert de nouvelles perspectives et se sont accompagnés de commentaires toujours plus nombreux. Les dictionnaires cherchent à définir les genres lyriques et recourent parfois à des arguments historiques[2] ; plusieurs auteurs tentent de rédiger une histoire de la musique, souvent majoritairement consacrée à l'étude de l'opéra ; certains se lancent même dans une histoire du théâtre lyrique[3]. À la fin du siècle, une science historique de la musique se pense et s'organise, comme en témoigne le premier congrès d'histoire de la musique tenu à Paris en 1900[4].

Les différents types d'écrits sur la musique n'ont rien d'étanche et leur porosité est même frappante. Elle tient à plusieurs raisons : 1° nombre d'auteurs s'expriment dans différents genres (Berlioz est critique au *Journal des débats*, théoricien du *Traité d'instrumentation*, librettiste pour certaines de ses œuvres, épistolier, homme de lettres publiant des mémoires, des nouvelles et des recueils d'articles) ; 2° nombre de critiques réunissent et publient leurs articles sous forme de livres ; 3° la presse elle-même varie beaucoup entre le début du XIXe siècle et sa fin, entre le journal généraliste, comme *Le Temps*, accordant une place à la musique, et la revue spécialisée entièrement consacrée à cet art, comme *Le Ménestrel*, entre le critique dilettante ignorant le solfège et le critique érudit, technicien, théoricien, parfois compositeur. La distinction entre activité critique et savoir historique n'a rien d'évident. Cela pour au moins deux raisons : premièrement, toute critique repose sur des connaissances ou des pseudo-connaissances (participant de ce que nous appellerons un imaginaire historiographique) et une conception, souvent implicite, de l'histoire ; deuxièmement, la presse présente un large éventail dans ses contenus et ne se limite pas au seul billet d'humeur ou au compte rendu d'un opéra ou d'un concert ; elle peut ainsi développer des articles de fond (esthétiques, historiques, biographiques) ; dans plusieurs cas, elle est un moyen par lequel se constitue le savoir musicologique naissant[5]. La conception moderne, liée à une science historique établie à partir d'une méthode reposant sur l'étude critique de sources et une contextualisation n'est pas encore parfaitement établie mais un « besoin d'histoire » se fait sentir.

En 1878, dans un article consacré à Lully et Rameau, Victor Wilder fait état du nouvel intérêt que suscite le répertoire ancien : « Dans l'histoire de la musique, il n'est guère d'étude plus intéressante que celle des origines de notre grand opéra français. Rien de plus curieux que d'assister en spectateur sympathique à la lente création, à l'éclosion laborieuse de ce grand drame musical, le drame par excellence. » Or, constate Wilder, cette histoire reste à écrire et les partitions anciennes sont rares et d'une lecture difficile : « Ceci suffit à faire comprendre comment beaucoup d'artistes instruits, une foule d'amateurs d'un esprit cultivé, possédant à fond les maîtres classiques et modernes, n'ont pourtant jamais lu deux mesures de Lully et ne connaissent guère de Rameau que les pièces de clavecin, recueillies dans la belle publication d'Amédée Méreaux ou dans le Trésor des pianistes, de Farrenc » (*Mén.*, 13 janv. 1878). On prend désormais conscience qu'il importe de constituer une culture musicale historienne et, pour ce faire, d'explorer les sources : la même année 1878 paraît le *Catalogue* de la bibliothèque musicale de l'Opéra[6]. Dans cette quête d'un passé perdu, la double question des origines et de l'identité s'entremêle à celle du récit historique. En 1873, *La Chronique musicale* propose à ses lecteurs plusieurs contributions sur « Les fondateurs de l'opéra français », sur Quinault ou encore sur « Les origines de l'Opéra-Comique ». Deux ans plus tard, Arthur Pougin fait paraître dans *Le Ménestrel* une série d'articles (« Les vrais créateurs de l'opéra français : Perrin et Cambert ») qui paraîtra en volume en 1881. Il publie aussi un *Rameau* en 1876, tandis que Charles Nuitter et Ernest Thoinan préparent un nouvel ouvrage, très documenté, sur *Les Origines de l'opéra français*, qui paraît en 1886. Peu après, Romain Rolland se lance dans une thèse qu'il soutient et qui paraît en 1895, *Histoire de l'opéra en Europe avant Lulli et Scarlatti : les origines du théâtre lyrique moderne*.

L'imaginaire historiographique : autour de Saint-Saëns, Rossini, Rousseau et Stendhal

Définissons l'imaginaire historiographique comme ensemble d'images, d'anecdotes, de faits, de formules littéraires, d'idées (vraies ou fausses) représentant ordinairement un personnage, une période, un courant, un style, une nation, et fréquemment utilisés dans les discours musicographiques. Images ou formules littéraires, faits prétendus avérés se répètent à l'envi, comme des lieux communs de l'histoire. Repris d'une chronique à une autre, d'un livre à l'autre, d'un maître à un élève, cet imaginaire constitue la trame d'une histoire acceptée comme vraie ou du moins à partir de laquelle est écouté puis commenté tout ouvrage lyrique. L'exemple le plus frappant de cet imaginaire est l'idée d'écoles nationales qui conditionne les écrits sur l'opéra, sa réception et la pensée des compositeurs qui ont intégré la division de l'Europe musicale en trois grandes identités, italienne, allemande et française. On oppose ainsi âme, profondeur, science allemands et esprit de société, légèreté, bon sens français[7]. Ces lieux communs ne sont pas que des fictions littéraires, ils reposent sur des éléments concrets tenant de la conception de la musique et du théâtre, de l'enseignement et des traditions propres à chaque pays. L'histoire de l'opéra français est pour beaucoup l'histoire d'un positionnement sans cesse réactualisé et débattu vis-à-vis des deux autres grandes écoles nationales (cf. 18.2) – notamment après 1870[8] – et d'un processus complexe de rejet, d'aménagement ou d'absorption de certaines de leurs caractéristiques, comme en témoignent les figures de Rossini et Weber (cf. chap. 5) ou de Verdi et Wagner (cf. chap. 9). Au tournant du XIXe au XXe siècle, Debussy n'aura de cesse de se situer dans cette géographie musicale et de combattre pour la musique française, telle qu'il la conçoit, selon ses connaissances, son propre imaginaire et ses visées.

Saint-Saëns donne un exemple de l'imaginaire historiographique dans une critique de 1873 qui commence par l'évocation de la querelle des gluckistes et des piccinnistes puis aborde le rossinisme. Durant son article, il passe des œuvres et des auteurs aux discours dont ils ont été l'objet : « Des critiques influents se chargèrent de prouver que le bon sens avait tort, que la roulade était la véritable expression de la tragédie lyrique, et que la musique italienne était la seule musique du monde. » La musique n'existe pas seulement comme musique mais aussi à travers et avec les discours qui l'accompagnent ; c'est-à-dire que le sens et l'appréciation des œuvres ne sont pas donnés ou immédiats mais constamment médiés, travaillés par les discours[9]. Saint-Saëns propose de rechercher la source et la marque d'autorité du discours pro-italien. Les critiques qui ont défendu et normalisé la musique rossinienne n'auraient peut-être pas réussi s'« ils n'avaient trouvé le chemin tout tracé par un écrivain d'une autorité immense ». On comprend que Saint-Saëns ne se place pas d'un point de vue historique, ou même esthétique, mais bien d'un point de vue historiographique : il veut montrer comment se sont mises en place dans la culture française certaines idées – qu'il estime discutables, voire fausses – touchant la musique italienne et la musique française, c'est-à-dire comment s'est écrite l'histoire de la musique. Dans la suite de son article, il identifie le grand « coupable » : Stendhal.

Nous insistions sur le fait que le discours sur la musique accompagne et oriente son appréciation. Or, les hommes de lettres maîtrisent l'écrit. Rousseau et Stendhal ont ainsi offert, chacun à leur époque, des références, un lexique et des idées à une horde de critiques. Au tournant du XVIIIe au XIXe siècle, la série musique de l'*Encyclopédie méthodique* est construite à partir de la citation et du commentaire du *Dictionnaire* de Rousseau[10]. Dans les premières décennies du XIXe siècle le grand auteur disparaît peu à peu comme référence. Et pourtant, dans son *Dictionnaire de musique moderne* Castil-Blaze reconnaît s'être inspiré de ses écrits. Les idées et les formules de Rousseau sont passées dans le langage commun : « Ces articles imprimés cent fois, lus et relus, insérés dans vingt ouvrages, sont trop généralement connus pour que l'on me soupçonne de vouloir m'en faire honneur. En les signant du nom de Rousseau, je me serais montré son correcteur ; j'aime mieux que l'on m'accuse d'être son plagiaire[11]. » Aveu étonnant. Le phénomène est quasi européen : Adriana Guarnieri Corazzol a insisté ainsi sur le rôle de Rousseau dans l'imaginaire italien et la construction de l'opposition entre le Nord et le Sud[12].

On assiste à un phénomène semblable avec Stendhal, auteur de romans mais aussi de livres consacrés à la musique et de chroniques pour la presse[13]. Prenant l'exact contrepied de Berlioz, il est de ces *dillettanti* qui voient dans l'art de Rossini un progrès dévaluant totalement la musique de Gluck[14]. Selon Saint-Saëns, le livre de Stendhal *Vies de Haydn, Mozart et Métastase* (publié en 1814, puis en 1817, 1854 et 1872) est à l'origine d'une méprise esthétique et d'un véritable cliché historiographique consacrant la musique italienne comme supérieure : « Ce livre a servi de bréviaire à tous les critiques de l'école rossinienne, et c'est de lui que sont sortis les détestables aphorismes que l'on *répète* encore tous les jours. L'étonnante frivolité qui en fait le fond est masquée par une apparence de critique sérieuse qui devait en imposer aux ignorants[15]. » Ainsi s'écrit l'histoire, nous dit Saint-Saëns, qui s'attache à dénoncer les poncifs empêchant la vérité historique d'advenir.

De Rameau à Debussy

Au cours du XIXe siècle, l'opéra français se constitue en objet historique, s'inscrit dans une narration, avec des héros et des chefs-d'œuvre, des dates et des anecdotes, des querelles et des débats. Il semble se tendre un miroir, observer ses pratiques et regarder derrière et devant lui, comme pour se saisir dans une totalité et, plus encore, dans un devenir où passé, présent et futur s'amalgament, s'enchaînent et se complètent. Pour comprendre les « idéologies lyriques » du siècle nous devons élargir l'empan de notre enquête et considérer un instant la figure de Gluck, sur laquelle se cristallise la réflexion sur l'évolution de l'opéra français, son identité et sa périodisation[16], et celle de Rameau, qui joue un rôle de plus en plus important dans la définition patrimoniale de la musique française[17].

Au XIXe siècle, sans doute sous l'influence du choc de la Révolution, on cherche le moment décisif qui marque un tournant dans l'histoire musicale récente. Gluck revient constamment sous la plume des musicographes. Au début des années 1820, il est pour Castil-Blaze le point de repère sur l'axe chronologique de l'histoire musicale de la nouvelle Europe, caractérisée par l'échange continuel, la circulation des musiciens et des œuvres[18]. Si Rameau est parfois jugé sévèrement[19], on assiste surtout au cours du siècle à sa revalorisation. La distance historique permet de rechercher les éléments de continuité plutôt que ceux de rupture et d'articuler Rameau et Gluck, au risque parfois de coups de force intellectuels. Ainsi de Félix Clément, qui veut intégrer Gluck au corpus national : « Gluck a été, par une sorte de phénomène assez rare, un compositeur français né en Allemagne, un Bohème Gallican, tandis que Piccinni est resté Italien, malgré les concessions faites au goût français[20]. » On voit comment la question de la suprématie de l'école lyrique française devient une idéologie qui tord la réalité pour pouvoir naturaliser une figure dominante de son histoire. Debussy va renverser brutalement la perspective. Gluck n'est pas français mais bien allemand ! Et si on oublie Rameau, regrette le compositeur de *Pelléas*, c'est que, en cette période de germanisme musical et de wagnérisme, on le juge trop français. Le 23 février 1903, il publiera dans le *Gil Blas* une « Lettre ouverte à Monsieur le Chevalier Gluck » à l'occasion d'une reprise d'*Iphigénie en Tauride* à l'Opéra-Comique. Il y dénonce son influence sur les compositeurs français (Spontini, Le Sueur, Méhul), sa manière qui contient « l'enfance des formules wagnériennes », sa prosodie qui dénature le français en « langue d'accentuation » alors que c'est une « langue nuancée », son souci de faire prédominer l'action sur la musique. La grande question historique n'est pas la disparition de Gluck mais bien celle de Rameau. Selon lui (*Gil Blas*, 2 fév. 1903), l'intervention de Marie-Antoinette pour faire jouer Gluck est comparable à celle de Mme de Metternich, elle aussi Autrichienne, pour que Wagner (le modèle à abattre) fasse représenter son *Tannhäuser* à Paris... Gluck et Rameau, oubliés une bonne partie du XIXe siècle, comme Meyerbeer et Auber l'ont été une grande partie du XXe siècle, vivent et meurent et renaissent dans les écrits musicographiques, dans les conceptions esthétiques et dans les salles. Seule une triple histoire des créations, du répertoire et des discours peut rendre compte de la vie lyrique et des pensées qui l'animent.

21.3 L'envers de l'histoire :
des femmes dans un monde d'hommes

Hervé Lacombe

Environné et accompagné de discours, l'opéra génère aussi son propre discours : les fables des livrets apportent une intrigue nécessaire à son existence et dans le même temps véhiculent des conceptions, des idées, un ordre des choses. C'est ainsi qu'il peut être observé comme l'expression d'une vision de « la femme », vision qui doit être complétée par l'étude de la place des femmes dans le monde du théâtre lyrique.

La femme dans la fiction lyrique

Théâtre des familles, théâtre de divertissement de bon ton, l'Opéra-Comique peut difficilement accueillir sur sa scène sans créer un mouvement d'indignation une femme comme Carmen renversant l'ordre établi, déjouant la domination masculine et acceptant comme unique loi la toute puissance de son désir (cf. 18.5). Il est remarquable que l'évolution de l'Opéra-Comique à la fin du siècle soit portée par des héroïnes passant au premier plan et souvent en rupture avec l'ordre établi, comme l'expression d'un refoulé social : en 1875 Carmen, en 1884 Manon, en 1886 Violetta (dans la version française de *La Traviata* empruntée au répertoire du Théâtre-Lyrique), en 1887 Proserpine de

Saint-Saëns, en 1900 Louise de Charpentier. Cette focalisation sur l'héroïne féminine avait été préparée par *Manon Lescaut* (OC, 1856), *Lalla-Roukh* (OC, 1862), *Mireille* (TL, 1864), *Mignon* (OC, 1866), ou encore la Marguerite du *Faust* (TL, 1859) de Gounod. Pour caractériser la seconde partie du XIXe siècle, Christophe Charle met en avant la libéralisation idéologique par rapport aux censures et la libération de l'inconscient, particulièrement visible dans l'opérette[1], qui rejoint, dans un autre registre, ce que l'on vient d'observer à l'Opéra-Comique. Mais la femme qui s'y montre, s'y dévoile et s'y travestit (cf. 18.6) n'est pas seulement une femme-objet offerte aux yeux des hommes consommateurs de sa voix et de ses charmes. Elle peut aussi mener la danse, faire la cabriole, afficher son autonomie et son désir (« j'aime les militaires » !). Sous le couvert de la grande farce imaginée par des hommes perce la question de la place et du pouvoir des femmes dans la société.

Selon Philippe-Joseph Salazar, l'opéra du XIXe siècle renvoie par son imaginaire sexuel et familial une image codifiée de la société du temps à partir d'un triple système dramatique, vocal et sexuel reposant sur le « fantasme bourgeois que les sexes sont à l'opéra ce qu'ils sont dans la réalité[2] ». Dans cet univers surdéterminé, le recours aux espaces exotiques (cf. 17.3-5) peut apparaître comme une échappée de la réalité ordinaire, l'occasion de la critiquer ou, comme nous l'indiquions en Introduction, le moyen d'en confirmer les valeurs en permettant de mettre en scène plus directement que dans une action située en France des situations et des personnages renvoyant à l'ordre genré, à la femme comme objet des hommes. La domination masculine se voit amplifiée par la supériorité de l'Occidental, dans *Lakmé* (OC, 1883) ou *Madame Chrysanthème* (TR, 1893) par exemple. Dans *Les Pêcheurs de perles* (TL, 1863) de Bizet, la société primitive des pêcheurs et ses croyances mettent à nu l'ordre patriarcal. Leïla est l'archétype de la femme désirée, belle, mystérieuse, inaccessible, déclenchant les passions, image (comme Lakmé) de la cantatrice et de son pouvoir captivant : elle doit réellement chanter et séduit effectivement hommes et femmes par sa voix enchanteresse. Objet de vénération, voix magique, visage voilé, corps interdit, elle est constamment encadrée par les hommes qui seuls agissent et lui accordent, ou lui retirent, une place dans la société des pêcheurs, selon qu'elle respecte ou pas le rôle qui lui a été assigné. Comme Leïla, les chanteuses qui brillent sur scène participent d'un monde impossible sans elles (le théâtre lyrique) dont elles sont même, au XIXe siècle, le centre ; elles imposent leur talent et leur charisme quelle que soit la fable qui, souvent, inscrit leur personnage dans un rôle socialement corseté et déterminé.

Il est cependant réducteur de cantonner l'analyse du rôle des femmes à l'opéra à la fiction lyrique – le plus souvent, qui plus est, limitée à une poignée de titres qui ne rendent absolument pas compte de la variété des intrigues – et de s'en tenir au constat de leur domination ou de leur « défaite[3] ». Hélène Seydoux a pu proposer une contre-lecture des femmes à l'opéra, qu'elle voit triomphantes, exaltées et magnifiées, rehaussées par des personnages masculins ne leur servant souvent que de faire-valoir⁴. Tout aussi limité que celui des tenants de la défaite des femmes, son corpus, abordant indifféremment tous les répertoires nationaux et sans prendre en considération les codes propres à chaque genre, ne permet pas mieux d'envisager la diversité des situations et la complexité du sujet. Ces thèses sont intéressantes mais simplificatrices ; les seuls opéras de Meyerbeer, par exemple, donnent à voir des situations et des figures contrastées⁵. Il importe aussi d'écouter les interprètes actuelles qui peuvent témoigner de ce que c'est que de faire vivre sur scène ces femmes de fiction. Nathalie Manfrino s'exprime à ce sujet : « Je trouve que le regard sur les personnages féminins des grands livrets d'opéra est souvent assez réducteur. On les perçoit comme des victimes, des femmes sacrifiées... Je les vois pour ma part comme des héroïnes qui ont fait progresser la condition féminine. C'est vrai que généralement, leur histoire finit mal, mais ce sont des femmes décidées, qui prennent leur destin en main, qui se donnent pleinement et se battent jusqu'au bout. Il ne faut pas s'arrêter au premier degré de l'histoire, mais s'intéresser plutôt à la puissance qui se dégage des personnages⁶. »

L'analyse du monde lyrique selon la place et le rôle des femmes devrait être menée sur trois plans : celui de la fiction lyrique (la représentation des femmes et la construction des genres dans les ouvrages – évoquée ici où là dans ce volume, particulièrement chap. 16 et 17), celui des personnes réelles, actrices de ce monde (compositrices, librettistes, chanteuses, danseuses, etc.), celui des discours (les constructions genrées et l'écho de l'activité lyrique féminine dans la presse, la musicographie et la musicologie). La question relève en effet aussi du domaine de la médiatisation, de la réception et de la mise en récit de l'opéra (cf. 21.2). Il faudrait encore situer activités et productions féminines dans un contexte socio-historique, au sens le plus large, réunissant droit et organisation sociale, morale et religion⁷, et l'articuler au domaine de l'imaginaire et des représentations, particulièrement dans les lettres, le théâtre et les arts. La tâche est gigantesque et délicate, car elle demanderait d'évacuer les *a priori* de tout ordre qui conditionnent l'approche de ce sujet et biaisent sa compréhension. Nous nous limiterons à dessiner quelques pistes et insisterons sur l'activité créatrice des femmes, point obscur de l'histoire de l'opéra.

Diva et victime : une situation paradoxale

On le sait, la musique fait partie de la formation d'une jeune fille bourgeoise. Son éducation musicale tient de l'agrément et des bonnes manières plus que de la construction d'un métier. La professionnalisation instituée par le Conservatoire ne concerne tout d'abord pour les femmes que très peu de classes (solfège, clavier, chant, art dramatique). Leur place dans le public, en revanche, est de premier ordre (cf. 12.3) et certaines trouvent dans l'espace domestique élargi du salon un lieu où briller et exercer une action de premier plan (19.3). En 1874, Arnold Mortier le reconnaît, mais sur le mode de la moquerie ; loin d'être inactives, elles se multiplient : « Quand je pense que ces dames ont leur soir de réception, qu'elles consacrent en outre une soirée par semaine à aller dans un théâtre quelconque voir la pièce nouvelle, je me demande comment elles s'y prennent pour aller au bal, au concert, aux thés dansants et autres fêtes grandes et petites organisées à leur intention[8]. » Pour les premières décennies du siècle, Charles de Rémusat donne l'exemple de Mme de La Briche, née Adélaïde Edmée Prévost, qui reçoit le grand monde tous les dimanches, sa famille et ses amis le jeudi, apprécie les gens de lettres et le spectacle, se rend deux fois par semaine à l'Opéra-Comique, où elle a un quart de loge, et dans d'autres théâtres, tout en trouvant le temps de fréquenter le monde en dehors de ses jours[9]. Quelques femmes chanteuses ou instrumentistes trouvent dans leur propre salon l'espace où se faire entendre. La musique donne voix : par nature, la musicienne s'oppose au « silence des filles[10] ». Les manifestations musicales des salons sont extraordinairement variées en quantité, en qualité et dans leurs configurations, qui vont au gré des modes, des artistes et des maîtresses de maison, jusqu'à devenir l'espace de création d'un genre particulier, l'opéra de salon (cf. 10.4).

Rien n'est moins univoque que la place des femmes au théâtre : soumises et aliénées à l'ordre masculin d'un certain point de vue, elles sont aussi, d'un autre point de vue et selon leur degré de reconnaissance, actrices de leur destin, sur scène et en coulisse. Loin d'être comme la poupée des *Contes d'Hoffmann* un pur instrument machiné par autrui, les grandes interprètes, Pauline Viardot, Caroline Miolan-Carvalho, Célestine Galli-Marié, parmi d'autres, ont su imposer leur art et leur personnalité. Il en va tout autrement pour les rôles secondaires de l'édifice lyrique : choristes et danseuses du corps de ballet sont écrasées par leurs conditions de travail et le manque de reconnaissance, et certaines aliénées à leurs « protecteurs » (cf. 6.2, 12.3).

Si nous avons utilisé les termes génériques de « chanteurs » et de « danseurs » pour désigner deux groupes professionnels réunissant hommes et femmes, il importe d'insister sur le fait qu'il s'agit là d'exceptions. Hors ces interprètes du chant et de la danse, hors le public, point de mixité. L'opéra est un monde d'hommes ou plutôt un monde conçu, réalisé et gouverné par les hommes. Directeurs, compositeurs, librettistes, décorateurs, chorégraphes, instrumentistes, chefs d'orchestre, mais aussi censeurs, critiques, administrateurs et politiques… presque exclusivement des hommes !

Créer en étant femme

En dehors de la prolifération des études de genre, féministes, *queer*, etc. (cf. 18.5) initié par le monde anglo-saxon, désormais bien identifiées en France grâce à la création en 2012 de l'Institut du genre, la question des femmes dans l'histoire, la société et les arts a enfin généré une multitude d'approches et d'études plus spécifiquement historiennes. La reconnaissance de leur existence dans le domaine de la création a dû abattre nombre d'oppositions ; elle est devenue indubitable, comme l'attestent les grandes entreprises de recensement telles que *Création au féminin*, *Le Dictionnaire universel des créatrices* et *La Littérature en « bas-bleus »*[11]. Les arts n'échappent pas à cette relecture de l'histoire[12] et la musique, plus modestement cependant, est abordée elle aussi selon cette optique en prenant en compte le rôle comme les productions des femmes et en s'interrogeant sur les discours[13]. Mais il reste beaucoup à faire. En outre, la reconnaissance des femmes dans le monde de l'opéra diffère considérablement selon que l'on parle des interprètes ou des créateurs (les personnes qui conçoivent les ouvrages) et selon que l'on se focalise sur le moment de la création ou sur la postérité des œuvres et des noms.

Le fait est bien connu, il faudra attendre 1904 pour qu'une femme, Hélène Fleury-Roy, soit lauréate du prix de Rome (elle obtient un second prix), 1913 pour qu'une femme, Lili Boulanger, remporte le premier prix[14] et 2005 pour qu'une femme, Édith Canat de Chizy, soit élue à l'Académie des Beaux-Arts. Le discours que le ministre de l'Instruction publique et des Beaux-arts, Joseph Chaumier, fait en 1904 au Conservatoire en dit long des résistances et du mur de préjugés qu'il fallut abattre pour obtenir le simple droit à concourir comme compositrice et ce, selon une égalité de principe, parmi les hommes : « Il y a deux ans, vous vous en souvenez, je décidai que les femmes seraient admises à prendre part au concours pour le prix de Rome. Cela fit quelque bruit et verser pas mal d'encre. La mesure, approuvée par les uns, fut considérée par d'autres comme une concession condamnable à des tendances nouvelles qui ne trouvaient pas grâce à leurs yeux. Ceux-ci s'en consolaient cependant, en pensant que la décision du ministre resterait à l'état de lettre morte, qu'aucune femme ne concourrait de longtemps, et que, tout au moins, d'inévitables échecs les guériraient vite de pareille ambition. Une élève du Conservatoire, Mlle Fleury, élève de M. Widor, n'a pas tardé a donner à ces prévisions dédaigneuses un éclatant démenti. Cette année même, elle a obtenu le second grand prix. J'applaudis des deux mains à ce beau succès qui dépasse la portée ordinaire, quelque grande qu'elle soit, de cette haute récompense. Ce n'est pas seulement un prix, en effet, que Mlle Fleury a obtenu, c'est la prise de possession qu'elle a effectuée, d'un domaine à l'écart duquel une tradition surannée voulait maintenir les femmes, c'est une conquête qu'elle a accomplie[15]. »

Comme le remarque Florence Launay, il convient de corriger « les représentations d'un XIXe siècle hostile aux activités créatrices féminines de haut niveau dans le domaine intellectuel et confinant les femmes aux rôles d'épouse et de mères[16] ». Certes la pression et la structure sociales tendent à cantonner la femme à une activité subalterne dans l'univers patriarcal du XIXe siècle, mais il y a des exceptions, davantage de souplesse qu'on pourrait l'imaginer, et la situation évolue. Nombre de signes témoignent d'un désir d'écriture et plus encore d'un « passage à l'acte » : en 2006, Florence Launay a recensé pour la période 1789-1914 un millier de femmes, souvent amatrices, étant parvenu à faire jouer, en privé ou en public, des partitions qu'elles avaient composées[17]. Il faudrait inscrire ces estimations dans une autre périodisation, qui prenne en compte l'idéologie d'Ancien Régime, la période révolutionnaire – moment exceptionnel de liberté[18] – et le changement considérable advenu avec le code civil sous Napoléon – à peu près concomitant donc du cadrage de l'activité lyrique opéré dans les années 1806-1807 (cf. 1.1, 1.4, 18.5). Même après un certain « bruit médiatique », les compositrices, sur lesquelles nous concentrerons notre attention, ont très souvent disparu de l'histoire de la musique. « Aucune tradition de réception de la création féminine ne prend le relais pour assurer à sa production une certaine pérennité[19] » constate justement Florence Launay. La place des femmes dans l'histoire de la musique relève de leur traitement par les discours de tout ordre qui produisent histoire et imaginaire historiographique (cf. 21.2). Conditionnée par les stéréotypes sociaux, la mémoire collective est ainsi trouée, jusqu'à l'amnésie et au déni, sous l'effet d'opérations, parfois inconscientes, tant elles sont intégrées à la culture du temps : infériorisation du féminin en soi, minoration du talent des femmes, dévalorisation de leur production, invisibilisation de leur action[20]. Donnons quelques exemples de cet envers de l'histoire masculine de l'opéra français.

Chorégraphes, librettistes et compositrices

La danse au XIXe siècle participe fortement de la construction d'une image idéalisée de la femme à travers des personnages éthérés à l'allure vaporeuse. Étoile du ballet sous la monarchie de Juillet, Marie Taglioni devient pédagogue et chorégraphe à l'Opéra grâce à un réseau professionnel mais, ainsi que le montre Vannina Olivesi, « son essai de reconversion, après la composition des ballets *Le Papillon* (1860) et *Zara* (1862), se heurte [...] à des normes de genre qui assignent les femmes à l'interprétation des œuvres et les excluent de l'accession à l'emploi de maître de ballet[21] ». Fanny Cerrito contribue souvent à la chorégraphie des ballets qu'elle interprète, comme *La Vivandière* (1844) de son mari Saint-Léon ; elle compose seule plusieurs chorégraphies, notamment *Gemma* (1854), dont le succès est oblitéré par des discours disqualifiants qui mettent en doute sa compétence de chorégraphe et la privent de sa qualité d'auteur[22]. Ajoutons que les premières maîtresses de ballet ne sont apparues qu'en 1879 à l'Opéra-Comique, avec Louise Marquet, et 1909 à l'Opéra, avec Louise Stichel. L'historiographie a longtemps occulté cette part de l'activité des femmes[23].

Les librettistes n'échappent pas à l'androcentrisme. Seules quelques femmes écrivent pour l'Opéra-Comique : Mme Villiers participe au livret de *Mademoiselle de Launay à la Bastille* (1813) ; Sophie Gay écrit *La Sérénade* (1818), *Le Maître de chapelle ou le souper imprévu* (1821) et *Le Chevalier de Canolle* (1836) ; Mme Lemaignan, *Éthelvina ou l'Exilé* (1827) avec Paul de Kock ; Mlle C. Duval, *Le Rêveur éveillé* (1848). Amélie Perronnet est l'auteure, sous le pseudonyme de Léon Bernoux, du livret de *La Cigale madrilène* (1889) ; Simone Arnaud, en collaboration avec Édouard Blau, de celui de *La Jacquerie* (1895). La très mélomane George Sand n'est pas parvenue à faire aboutir son projet d'adaptation de *La Mare au diable* avec Pauline Viardot[24]. Elle a pu voir en revanche la création de *La Petite Fadette* de Théodore Semet. Les mois précédant la première, le 11 septembre 1869, elle correspondit avec Adolphe de Leuven, codirecteur de l'Opéra-Comique, lut le livret écrit par Michel Carré d'après son roman et assista à une répétition au moins[25]. Deux de ses pièces, écrites avec Paul Meurice, inspirent par la suite des compositeurs : *Lauriane* (Marseille, 1883) d'Auguste Machado, tiré des *Beaux Messieurs du Bois-Doré*, et *Le Drac* (Karlsruhe, 1896) des frères Hillemacher.

On recense à l'Opéra-Comique sur tout le siècle une dizaine de partitions composées par des femmes (nous indiquons entre parenthèses les librettistes dans la liste ci-dessous) :

24 juin 1805	*La Méprise volontaire ou la Double Leçon*, 1a, Mlle Le Sénéchal de Kercado (A. Pineu-Duval)
19 mai 1807	*Ida ou l'Orphelin de Berlin*, 2a, Amélie-Julie Candeille (livret et musique)
27 mars 1813	*Les Deux Jaloux*, 1a, Sophie Gail (J.-B.-Ch. Vial)
16 déc. 1813	*Mademoiselle de Launay à la Bastille*, 1a, Sophie Gail (A. Creuzé de Lesser, J.-F. Roger et Mme Villiers),
11 juin 1814	*Angela ou l'Atelier de Jean Cousin*, 1a, Sophie Gail et F.-A. Boieldieu (G. Montcloux d'Épinay)
20 sept. 1814	*La Méprise*, 1a, Sophie Gail (A. Creuzé de Lesser)
2 avr. 1818	*La Sérénade*, 1a, Sophie Gail et Manuel Garcia (Sophie Gay)
10 mars 1827	*Le Loup-Garou*, 1a, Louise Bertin (livret d'E. Scribe et É.-J. Mazères)
8 juil. 1835	*Alda*, 1a, Pauline Thys (A. Bayard et P. Duport)
1er oct. 1836	*Le Mauvais Œil*, 1a, Loïsa Puget (E. Scribe et G. Lemoine)
13 mai 1868	*La Pénitente*, 1a, Clémence Valgrand, pseud. de Clémence de Grandval (H. Meilhac et W. Busnach)

Parmi ces ouvrages, *Les Deux Jaloux* ont remporté un vrai succès. L'analyse de toutes ces partitions[26] montre souvent des qualités musicales supérieures aux idées convenues et dépréciatives ayant trait aux « compositions de femmes ». Curieusement, les compositrices disparaissent de l'Opéra-Comique après 1868. À ces ouvrages de petites dimensions (neuf en un acte, un seul en deux), il faut ajouter de rares pièces composées par des femmes pour le Théâtre-Lyrique, le Théâtre-Italien, les salons (cf. 10.4) et les théâtres d'opérettes ; ajoutons *Le Saïs* (TR, 1881) de Marguerite Olagnier (livret et partition) et de rares créations en province et à l'étranger[27].

À l'Opéra, lieu ultime de reconnaissance et de consécration, trois compositrices parviennent à se faire jouer :

24 juil. 1800   *Praxitèle ou la Ceinture*, 1a, Jeanne-Hippolyte Devisme (J.-B.-G.-M. Milcent)
14 nov. 1836   *Esmeralda*, 4a, Louise Bertin (V. Hugo)
8 fév. 1895   *La Montagne noire*, 4a, Augusta Holmès (livret et musique)

Fille du directeur du *Journal des débats*, Louise Bertin a déjà composé *Guy Mannering* (1825) et *Fausto* (TI, 1831) quand elle écrit *Esmeralda* sur un livret que Hugo a tiré pour elle de son roman. Elle n'a rien d'une débutante, tout au plus est-elle confortée par Berlioz, qui relit amicalement sa partition. Hélas, outre le fait d'être femme et handicapée, elle est « la fille de ». Comme lors de la création de son *Fausto*, « tous les amours-propres blessés à mort par le *Journal des débats* [...] s'éveillèrent dans leurs sépulcres[28] » ! Enfin, Louise trouve sur son chemin les ennemis de Victor, loup rugissant du romantisme littéraire. *Esmeralda* n'est joué que six fois puis disparaît après une dernière représentation plus que tumultueuse. Des études récentes, diverses auditions et un enregistrement permettent d'affirmer qu'il s'agit d'un grand opéra de qualité possédant des pages remarquables[29].

Augusta Holmès écrit trois ouvrages, qui resteront lettres mortes, avant de parvenir à faire représenter un quatrième à l'Opéra, le 8 février 1895. Mais ce drame lyrique en 4 actes dont elle a écrit le livret disparaît après treize représentations, ne parvenant à résister « à une cabale antiwagnérienne et misogyne[30] ». La forme relève cependant davantage de l'opéra que du drame lyrique, comme le relève Victorin Joncières (*La Liberté*, 10 fév. 1895) qui, bien qu'il regrette un livret malhabile et des platitudes, déplore le sort qui lui est fait : « Il me paraîtrait injuste de traiter Mlle Holmès aussi durement que l'ont fait quelques-uns de mes confrères en critiques. »

21.4 L'Opéra et le délitement du système des genres

Hervé Lacombe

L'opéra français : une histoire de genres

Les vingt chapitres qui précèdent en témoignent : l'histoire de l'opéra français au XIXe siècle est pour beaucoup celle de ses genres. Cette histoire s'arrête dans les années 80-90 avec la dilution du système qui les a portés. Entre d'une part Gluck et le répertoire de la tragédie lyrique, qui disparaissent dans les premières décennies du XIXe siècle, et d'autre part Debussy, qui condamne ce même XIXe siècle, le théâtre lyrique français s'est en effet organisé dans un ensemble faisant système, – composé d'un cadre juridique et administratif, de troupes et d'emplois (cf. chap. 1), d'institutions et de genres (cf. 3.1), – relativement solide jusqu'au 6 janvier 1864, date du décret relatif à la liberté de l'industrie théâtrale. Les ouvertures d'autres théâtres lyriques à Paris, comme l'Odéon (cf. 5.1), ont été trop brèves pour remettre en cause ce système qui repose sur la pérennité de l'Opéra et de l'Opéra-Comique. Et malgré la loi de 1864, les dernières années du Second Empire n'ont pas été le moment d'une dérégulation complète. Le décret a surtout été profitable à l'expansion de l'opérette (cf. 8.6), nouvelle branche du système, tandis que l'Opéra et l'Opéra-Comique, subventionnés par l'État, réglementés par des cahiers des charges, liés à l'exploitation d'un répertoire spécifique et à une longue tradition, ont fait perdurer cahincaha le système établi plus d'une décennie encore. Le Théâtre-Lyrique a été en revanche durant les années 1850 et 1860 un laboratoire remarquable sur les trois plans du répertoire ancien, des traductions et de la création (cf. 3.1, 8.3). On mesure la prégnance de la « pensée générique » dans les esprits à la fin des années 1870 encore, alors que l'on débat pour savoir s'il faut rouvrir un Théâtre-Lyrique. Pour ses détracteurs, cette institution, n'étant caractérisée par aucun genre, peut disparaître ; pour ses défenseurs, elle doit être maintenue car elle a, au contraire, offert un asile au genre de « demi-caractère », différent des genres exploités à l'Opéra et à l'Opéra-Comique[1] !

L'histoire de l'opéra français des dernières décennies du XIXe siècle tient du délitement d'un système qui s'assouplit, s'élargit, subit la poussée de diverses forces de changement jusqu'à se modifier, se dissoudre et disparaître. Ces forces sont multiples et de divers ordres. Elles touchent l'esthétique et la poétique des livrets, le style, la forme et le langage musicaux, les événements politiques, l'attitude vis-à-vis du spectacle lyrique, la transformation de ses médiations et la modification de l'écoute. L'Opéra-Comique et l'Opéra souffrent du vieillissement de leur modèle générique, de l'usure d'un répertoire beaucoup joué et de moins en moins « contemporain ». En 1842, l'âge moyen des pièces données dans les deux institutions était de 5 ans pour l'Opéra, de 10 pour l'Opéra-Comique ; en 1879, il est de 29 ans à l'Opéra et 35 à l'Opéra-Comique[2].

Remarques sur l'évolution du goût musical

Une esthétique des plaisirs et de l'immédiateté gouverne la vie lyrique une grande partie du siècle ; le compositeur doit veiller à être perçu sans effort et doit donner au spectateur l'accroche des mélodies plaisantes. Le théâtre dit de répertoire joue sur le plaisir de réentendre une musique aimée, de revoir un spectacle, de retrouver des personnages et une intrigue connue, d'apprécier les interprètes reconnus ou d'en découvrir de nouveaux dans les mêmes œuvres. Une contexture trop délicate ou trop savante, une dramaturgie atypique sont un grand risque (Berlioz ne sera apprécié qu'une fois le public éduqué à une autre écoute et à de nouvelles esthétiques). Inversement, l'usure des répertoires, l'évolution des formes musico-dramatiques, l'apparition d'œuvres originales et l'assimilation progressive de nouvelles esthétiques transforment les attentes du public, quand bien même une partie des habitués souhaiterait préserver la tradition. En 1852, Pauline Viardot décrit l'obsolescence du Théâtre-Italien. Il est, écrit-elle à George Sand, « tellement déchu, vieilli aux yeux du public », qu'il risque de disparaître : « où sont les grands chanteurs, les lapins indispensables pour ce civet ? tout au plus trouverait-on encore quelques vieux chats », pour toujours jouer « le *Barbier*, *Norma*, *La Sonnambula*, les mêmes opéras qu'on ressasse depuis vingt ans »[3]. Vingt ans plus tard, Ernest Reyer confirme : « Avec son vieux répertoire usé jusqu'à la corde et qui ne se renouvellera pas de sitôt, le Théâtre-Italien a-t-il sa raison d'être, et dira-t-on qu'il est ce qu'il était jadis : une école de chant où venait professer, devant le public le plus aristocratique de l'univers, les plus grands chanteurs du monde ? Pourquoi donc donner 100 000 fr par an à ce théâtre démodé ? » (*JD*, 29 juin 1872). Dont acte. L'ère de la langue lyrique universelle portée par tous les théâtres-Italiens du monde (cf. 5.4) s'achève pour la France. L'Opéra-Comique va absorber (en français) la nouvelle école italienne des Mascagni, Puccini et Leoncavallo (cf. t. 3, 2.3), et l'Opéra faire ses choux gras d'une poignée d'œuvres de Verdi. L'italien demeure cependant un puissant moyen de diffusion : c'est dans une traduction italienne que de nombreuses partitions françaises sont exportées.

Les fermetures dans les années 1870 du Théâtre-Lyrique (cf. 8.3) et du Théâtre-Italien (cf. 9.1) ont plusieurs conséquences sur la vie lyrique parisienne : les foyers de production dans le registre sérieux se voient réduits, alors que dans le registre léger ils se sont multipliés (cf. 10.3) ; les œuvres étrangères n'ont plus d'espace « naturel » où être données dans leur forme originale ; les corpus laissés en jachère par cette double disparition peuvent éventuellement nourrir les programmations des deux institutions pérennes, l'Opéra et l'Opéra-Comique ; cette dernière accueillant de plus en plus d'ouvrages sérieux et de grandes dimensions (cf. 21.5). Sur cette toile de fond, la cause wagnérienne gagne du terrain. À la fin du siècle, le poids des deux figures dominantes des répertoires italien et germanique s'inverse. Entre la première de *Jérusalem* le 26 novembre 1847 et la première de *Lohengrin* le 16 septembre 1891, l'Opéra, indique Mathias Auclair, « est tout verdien[4] » : sept ouvrages (dont des créations) y sont donnés et comptabilisent 249 représentations sur 7 552, soit 3,3 % de la programmation, tandis que Wagner est inexistant avec ses trois représentations de *Tannhäuser*. À partir de 1891, la tendance s'inverse si bien qu'entre 1908 et 1914, Wagner représentera à lui seul plus du quart des spectacles donnés à Garnier[5].

La fin du grand opéra

L'hégémonie de Wagner à la fin du siècle s'est accompagnée d'un lent mais inexorable effacement du grand opéra dont les chiffres suivants, approximatifs, rendent compte[6] :

La Muette de Portici (1828), qui avait atteint sa 100e dès 1830, n'est donné que 34 fois au Palais Garnier, atteignant sa 489e et dernière en 1882.

Guillaume Tell (1829) fête sa 100e en 1834, sa 500e en 1868. 1899 marque un arrêt dans ses représentations mais la partition est reprise de temps à autre jusqu'en 1932.

Robert le Diable (1831) a un début fulgurant (100e en 1834, 500e en 1867) puis subit des éclipses avant de sombrer dans l'oubli après sa 751e en 1893.

La Juive (1835) est joué plus régulièrement mais disparaît après sa 545e, en 1893 aussi (l'œuvre fera une brève réapparition en 1933).

La Favorite (1840) est joué régulièrement : 100e en 1849, 500e en 1879, 663e en 1904 (repris 7 fois en 1917-1918).

Les Huguenots (1836) a la longévité la plus exceptionnelle : 100e en 1839, 500e en 1872, 1000e en 1903 ; il vivote dans les premières décennies du XXe siècle avant d'atteindre sa dernière en 1936.

Le Prophète (1849) célèbre sa 100e en 1851 et sa 500e en 1899. Il survit jusqu'en 1912.

L'Africaine (1865), qui comptabilise 100 représentations dès 1866, n'atteindra jamais la 500e. Il sombre dans l'oubli en 1902.

Dès le Second Empire, le grand opéra, qui perd ses créateurs (Scribe, Halévy, Meyerbeer et Auber), peine à trouver un nouveau souffle (cf. 8.1). Gounod s'y essaye à plusieurs reprises sans jamais parvenir à emporter la mise. Son seul succès à l'Opéra, il l'obtient en 1869 en aménageant son *Faust*, créé dix ans auparavant au Théâtre-Lyrique, dont l'inspiration répond à un programme bien éloigné des grands mouvements historiques et des passions exacerbées projetés sur scène par Halévy et Meyerbeer. Il revient encore au grand genre avec *Polyeucte* (O, 1878) puis *Le Tribut de Zamora* (O, 1881), comme pour confirmer cette impossible rencontre entre sa culture classique et sa religiosité d'une part, la dramaturgie et l'expression démesurée du grand opéra d'autre part. Le cas de son *Cinq-Mars* (OC, 1877)[7], d'après Vigny, manifeste le « trouble dans le genre » qui désormais va s'infiltrer dans l'édifice lyrique français. Les interventions parlées et les scènes légères le rattachent à l'opéra-comique tandis que l'intrigue sur fond historique, organisée en quatre actes et avec ballet, relève du grand opéra. À l'occasion d'une reprise en 1877, Gounod remplace les dialogues parlés et les mélodrames par des récitatifs, confirmant la bascule de l'Opéra-Comique dans une nouvelle ère. Événement mondain et succès public lors de sa création, l'œuvre est injustement tombée dans l'oubli, sans doute à cause d'un livret sans grande originalité, mais qui dans un nouveau contexte où les intrigues du grand opéra ont disparu des mémoires devrait intéresser et toucher.

À l'Opéra, les cahiers des charges se suivent et se répètent. Il faut attendre 1891 pour que leurs sempiternelles formules soient abandonnées (cf. 1.4). Il devient alors possible de porter sur scène « toutes les sortes de drames lyriques ou de ballets, [...] exception faite des genres réservés à l'Opéra-Comique » (cf. 10.1). En 1893, le directeur est enfin libre de monter « toutes les sortes de drames lyriques ou de ballets[8] ». Par son histoire, ses moyens, son imaginaire, sa tradition, son répertoire, son image et la demande obsessionnelle d'éclat et de prestige qui lui est faite – l'idée de luxe puis celle de splendeur (cf. 6.1) étant, cependant, progressivement abandonnées des cahiers des charges[9], – l'Opéra crée une forme de conditionnement mental. Typiquement, Olivier Halanzier, directeur de 1871 à 1879, se félicite, comme l'a fait valoir Katharine Ellis, d'avoir restauré « la pompe théâtrale, l'exécution de nos chefs-d'œuvre aussi complète que possible, et enfin le respect des traditions qui ont fait et qui font encore de l'Opéra, quoi qu'on en dise, le premier théâtre du monde[10] ». Ce conditionnement amène les auteurs à choisir des formules lyriques qui ne prennent pas la pleine mesure du changement d'époque et d'une nécessaire refondation de l'esthétique dramatique, ce dont Debussy va se faire le porte-parole implacable, après s'être lui-même fourvoyé en tentant d'écrire un *Rodrigue et Chimène* : « On dirait que la musique en entrant à l'Opéra y endosse un uniforme obligatoire comme celui d'un bagne ; elle y prend aussi les proportions faussement grandioses du monument » (*La Revue blanche*, 15 mai 1901).

Outre les œuvres de Gounod déjà évoquées, le grand opéra (que l'on peut aborder comme un genre en mutation ou comme un genre déclinant) tente de se survivre avec *La Coupe du roi de Thulé* (1873) de Diaz, *L'Esclave* (1874) de Membrée, *Jeanne d'Arc* (1876) de Mermet, *Le Roi de Lahore* (1877) de Massenet, *Françoise de Rimini* (1882) de Thomas, *Henry VIII* (1883) de Saint-Saëns, *Patrie* (1886) de Paladilhe, *Le Cid* (1885) et *Le Mage* (1891) de Massenet. D'autres créations, de Reyer particulièrement, visent à équilibrer drame lyrique et tradition française (cf. 9.6), tandis que Wagner s'impose enfin sur la première scène parisienne (cf. 9.5). En 1879, Saint-Saëns avoue vouloir « faire une suite de tableaux de l'histoire de France » (*Nouvelle revue*, oct.-nov. 1879) ; c'est à cette date tardive un indice de son entrée dans l'académisme. Son chef-d'œuvre, *Samson et Dalila*, ne sera accepté qu'en 1892, longtemps après son écriture. Opéra biblique en trois actes, il s'éloigne des livrets en quatre ou cinq actes de Scribe. On y décèle cependant encore l'empreinte du grand opéra : l'opposition structurelle entre deux groupes (Hébreux et Philistins), le recours à la danse, la fin mettant en scène une catastrophe spectaculaire (Samson en appelle à son dieu et parvient à ébranler les colonnes du temple qui s'écroule). La prégnance du modèle du grand opéra dans l'imaginaire lyrique est perceptible jusque dans des livrets et des partitions qui semblent vouloir s'en démarquer. Steven

Huebner a insisté sur le fait que les formules partagées par diverses œuvres ou dérivées d'un modèle ne sont pas toujours aisées à interpréter[11]. Il donne en exemple la splendide *Gwendoline* (La Monnaie, 1886 ; O, 1893) de Chabrier, où derrière la légende se dissimulent des éléments redevables au grand opéra. L'heure est au compromis des formes. « Il est très remarquable, indique Henry Fouquier dans sa chronique du *XIXe Siècle* (1er déc. 1885) consacrée au *Cid*, de voir que les musiciens encore jeunes qui arrivent à être joués sur notre première scène ont tous la même tendance, qui consiste à fusionner le système italien et le système allemand et à faire du drame lyrique français un compromis très raisonnable et très agréable, à égale distance de l'abus des formules italiennes et de l'ennui de la mélodie continue. » La composition opératique est pour Massenet un jeu, au sens noble du terme, avec l'horizon d'attente et la culture du spectateur – un jeu de références et de renvois, un jeu sur la réappropriation de modèles et la mise à distance de ces mêmes modèles. Avec *Le Cid*, il accepte les règles du grand genre tout en tentant de les aménager[12] et se rapproche de l'esthétique de « l'opéra lyrique » (cf. 3.1) et du *Hamlet* de Thomas (cf. 16.3). Si l'œuvre, grandiose et ambiguë, réussit à rencontrer le public (100e en 1900), en revanche, *Le Mage* est lui victime de la désuétude des codes du grand opéra face au drame lyrique (cf. 10.6). Quant à l'originale et séduisante *Thaïs* (O, 1894), il lui faudra plusieurs années pour trouver le succès.

La fin du siècle voit quelques transferts ou redondances entre l'Opéra et l'Opéra-Comique. *Le Cheval de bronze* d'Auber (OC, 1835), transformé en 1857 pour devenir un opéra-ballet, avait été le premier exemple d'un ouvrage représenté à l'Opéra-Comique puis absorbé, mais sous une nouvelle forme, par l'Opéra[13]. L'*Esclarmonde* (OC, 1889) de Massenet fait une apparition pour quelques représentations au Palais Garnier en 1923, comme *Grisélidis* (OC, 1901) en 1922. *Fervaal* (La Monnaie, 1897) passe à l'Opéra-Comique (1898) puis à l'Opéra (1912) sans parvenir à tenir l'affiche à l'un ou l'autre de ces théâtres. *Joseph* (OC, 1807) de Méhul est aménagé en 1899 pour pouvoir être représenté sur la grande scène. Deux titres de Gounod, issus du Théâtre-Lyrique, sont repris avec avantage par les deux institutions qui continuent à représenter, en France et à l'étranger, le théâtre lyrique français. Après *Faust* passé à l'Opéra en 1869, on le sait, c'est au tour de *Roméo et Juliette* (jouée depuis 1873 à l'Opéra-Comique) d'être interprété sur la grande scène, à partir de 1888, avec succès (100e en 1892). À l'Opéra, *Faust* atteint des sommets : 100e en 1871, 500e en 1887, 1000e en 1905[14]. Il va devenir la bête noire de l'intelligentsia attachée à dénoncer « l'opéra bourgeois » et, à travers lui, tout le XIXe siècle (cf. t. 3, 10.1).

Reprenons ce survol de l'activité de l'Opéra. Dans le deuxième quart du XIXe siècle, le nouveau genre qu'il défend, le grand opéra, s'érige en modèle pour l'Europe musicale[15]. Le Second Empire est une période charnière qui voit sa vigueur créatrice diminuer (cf. 8.1). Durant les premières décennies de la IIIe République, il se cantonne au rôle de suiveur. La liste des premières entre 1871 et 1899 (cf. 10.1) est éloquente : de nombreux titres de compositeurs français qui y sont donnés ont été créés ailleurs, dans une institution parisienne (l'Opéra-Comique ou le Théâtre-Lyrique), à Bruxelles ou à Bade, et d'autres titres sont des traductions d'ouvrages de compositeurs étrangers (Verdi et Wagner). Longtemps sourd à la grande réforme wagnérienne, l'Opéra n'est plus une force de proposition, comme il l'avait été au moment du plein éclat du grand opéra. On y donne, à la fin de l'année 1899, *La Prise de Troie* de Berlioz – première partie des *Troyens*, dont le compositeur n'était parvenu à faire représenter que la seconde, *Les Troyens à Carthage*, au Théâtre-Lyrique en 1863 (cf. 8.5). Sept ans plus tôt, en 1892, l'Opéra-Comique avait représenté *Les Troyens à Carthage*. L'arrivée tardive à Garnier du monument berliozien, tronquée de moitié, trahit parfaitement cette fin de siècle qui sonne la fin d'une suprématie et fait de l'Académie nationale de musique un théâtre tourné vers le passé.

Malgré les quelques exemples de transferts, malgré la diversification des genres donnés ici et là, une grande part des œuvres restent jusque dans les premières décennies du XXe siècle liées, définies même, par leur appartenance au répertoire de l'Opéra et de l'Opéra-Comique. Ainsi perdure une certaine identité des deux institutions. *Carmen*, que l'on n'hésite plus au XXIe siècle à donner sur la scène gigantesque de l'Opéra Bastille, n'a franchi les quelques centaines de mètres qui séparent la salle Favart du Palais Garnier qu'en 1959, troquant ses dialogues parlés contre des récitatifs[16]. En attendant ce signe ultime de la fin du système lyrique français, les pièces maîtresses de Gounod, Bizet, Massenet, Saint-Saëns, Delibes et quelques autres, plus nombre d'opérettes, se constituent en ouvrages de répertoire pour le premier XXe siècle, en France mais aussi à l'étranger[17].

21.5 L'OPÉRA-COMIQUE : MORT ET TRANSFIGURATION
Hervé Lacombe et Pierre Girod

L'ancien opéra-comique (H. Lacombe)

Créé en 1769, *Le Déserteur* de Monsigny est joué encore en 1825, puis repris irrégulièrement[1]. Créé lui aussi en 1769, *Le Tableau parlant* de Grétry connaît une éclipse entre 1839-1850 mais est redonné 93 fois entre 1851 et 1865. La fameuse *Serva padrona* (Naples, 1733) de Pergolèse, reprise (dans sa version française de 1754) en 1803, est remontée en 1862 dans une nouvelle orchestration de Gevaert[2] et comptabilise 125 représentations jusqu'en 1872. Si une grande partie de l'ancien répertoire disparaît dans les années 1830 et 1840, certaines partitions parviennent donc à se maintenir à l'affiche. Sabine Teulon-Lardic a étudié ce phénomène en se concentrant sur la période 1840-1887 et en observant un mouvement similaire, mais plus discret, au Théâtre-Lyrique et même à l'Athénée[3]. Une trentaine d'ouvrages « anciens », des *Deux Chasseurs et la laitière* (1763) de Duni à *Cendrillon* (1810) de Nicolò restent présents à l'affiche. Grétry, Dalayrac et Monsigny sont les mieux représentés. *Richard Cœur de Lion* vient en tête, avec 598 représentations à l'Opéra-Comique entre 1841 et 1893, et 302 au Théâtre-Lyrique. Suivent *Le Déserteur* et *L'Épreuve villageoise*. Il convient de mettre à part *Les Rendez-vous bourgeois* (1807) de Nicolò qui traverse tout le siècle, jusqu'à une reprise en 1899. C'est dire combien l'Opéra-Comique a su préserver des exemples de son passé plus ou mois proche et d'un art tout en finesse de la comédie en musique, malgré les évolutions importantes du style musical dans la seconde moitié du siècle. La qualité des pièces et le plaisant divertissement qu'elles proposent n'est pas pour rien dans cette pérennité. La fin du siècle s'accompagne cependant de l'évanouissement de ce passé aux couleurs fanées, bien que les partitions aient été la plupart du temps révisées et réorchestrées, notamment par Adolphe Adam (cf. 7.2, 7.6).

Les interprètes, soutien du répertoire (H. Lacombe)

La courbe des représentations de *La Dame blanche* (cf. 7.3) depuis sa création en 1825 jusqu'au début du XXe siècle permet de suivre la fortune puis l'infortune du genre[4]. Un peu plus de quinze ans après la création, la distribution est entièrement renouvelée[5]. C'est la triple question de la transmission, des traditions et de l'évolution de l'art du chant qui commence à se jouer. Un répertoire ne vit qu'à la condition de trouver des interprètes qui se passent le relais et s'imposent dans leur nouveau rôle. *Mignon* d'Ambroise Thomas s'est maintenu au répertoire grâce à sa créatrice, Galli-Marié, dont l'incarnation a fasciné le public du Second Empire. Avec son départ, l'œuvre a semblé perdre son âme. « Plusieurs cantatrices, indiquent *Les Annales du théâtre*, s'étaient essayées dans ce rôle, sans rendre à la partition la vogue que lui avait donnée sa créatrice[6]. » Puis vint une quasi inconnue, Mlle Van Zandt, qui chanta le rôle et lui imprima immédiatement son cachet personnel. L'œuvre retrouva « son succès d'antan, et plus de cent représentations presque consécutives s'ajoutèrent à la carrière déjà longue de cette partition ». On mesure l'importance accordée aux interprètes en lisant les *Annales du théâtre et de la musique*, qui, entre 1875 et 1916, soit durant 41 années, passent en revue la vie théâtrale parisienne. Une grande partie de leurs pages sont consacrées à l'évocation des débuts et des prises de rôle. La pérennité du répertoire de l'Opéra-Comique tient en partie au double système de la troupe et des emplois. Si l'évolution de l'esthétique lyrique et du langage musical rend désuet le genre dans son ancienne formule, son obsolescence tient aussi au changement de la vocalité et à la disparition de ses interprètes. Dans le dernier quart du XIXe siècle, le système des emplois (cf. 1.6, 2.6) se délite du fait de l'élargissement du répertoire à des œuvres fonctionnant sur d'autres principes, cependant que de nouvelles esthétiques lyriques prônent l'originalité et l'affranchissement des codes. En 1926, à l'occasion d'une reprise, devenue rarissime, de *La Dame blanche*, un critique avance que l'obligation faite aux jeunes ténors de s'affronter à des ouvrages comme celui-là « ramènerait bien vite l'art du chant vers les sources fraîches et saines dont il s'est si imprudemment écarté » (*Lyrica*, fév. 1926). Il est indispensable, martèle-t-il, « de ne pas perdre tout contact avec le style particulier de ces ouvrages ». C'est le contact avec ces ouvrages, déjà perdu au début du XXe siècle, comme l'est leur « éthos », qui rend leur exhumation si délicate au XXIe siècle.

Un exemple : les titulaires du rôle de Georges Brown (P. Girod)

Suivre les prises de rôles réussies ou ratées permet de mesurer l'évolution du goût et des chanteurs, puisque c'est chaque fois l'occasion de comparaisons. Justement, « le rôle de Georges Brown a été le cheval de bataille de tous les ténors qui, à l'Opéra-Comique, ont aspiré au premier rang » (*Mén.*, 21 fév. 1864). Le créateur de 1825, Louis Ponchard, sut conserver intacte son interprétation durant vingt-cinq ans, mais d'autres avaient commencé à altérer sa tradition. Dès 1847, dans son carnet intime, Gustave Roger avoue cabotiner : « Avec l'effet à pleine poitrine de la fin, je suis sûr du rappel et je ne m'en prive pas[7]. » Malgré cette évolution à la marge, le rôle demeure une référence pour la pureté du style, jusqu'à définir par extension l'école française aux oreilles du critique Jacques-Léopold Heugel (*Mén.*, 12 oct. 1862) : « C'est ce cachet de nationalité vocale qui m'a particulièrement captivé dans le talent du nouveau Georges Brown. M. Achard ne chante ni à l'italienne ni à l'allemande ; son organe ne s'alanguit pas en soupirs perdus, et s'écrase encore moins en cris étouffés ou stridents[. Il] possède une voix jeune, naturelle, égale et suffisamment timbrée. » C'est en nommant l'interprète, soit pour saluer une n-ième représentation dans laquelle on retrouve son talent supérieur (par exemple en 1851 quand Ponchard chante l'acte II lors de sa représentation de retraite), soit pour le citer comme référence à l'audition d'un nouveau venu, que les commentateurs nous informent des véritables titulaires du rôle. Edmond Clément est certes remarqué lors de sa prise de rôle en 1897, sans comparaison désobligeante avec ses prédécesseurs, mais c'est en lisant les comptes rendus de débuts postérieurs que l'on mesure l'excellence de sa prestation. Un dossier en ligne permet de consulter les sources et le tableau des résultats de notre enquête autour de ce rôle fameux, aujourd'hui pratiquement disparu[8]. En 1987, le Centre national d'action musicale publia le répertoire des *Artistes lyriques de France* : on recensait alors 2 Georges (dont un seul avait déjà chanté l'ouvrage) contre 10 Gérald, 12 Vincent et encore plus de Chevalier de la Force prêts à monter sur scène, respectivement dans *Lakmé, Mireille* et *Dialogues des Carmélites*, sur un simple coup de téléphone.

F. Lix, « Opéra-Comique. Couronnement du buste de Boieldieu, à l'occasion de la millième représentation de *La Dame blanche* », *Le Monde illustré*, 27 déc. 1862, p. 401.

Les grands succès de l'Opéra-Comique (H. Lacombe)

La Dame blanche est l'œuvre la plus jouée de tout le siècle. Sa millième, le 16 décembre 1862, fait date. C'est la première fois qu'un ouvrage comptabilise un tel nombre de représentations. L'empereur et l'impératrice sont dans la salle. Entre le premier et le deuxième acte, les artistes viennent sur scène, les choristes, dont certains portent des bannières arborant les titres des ouvrages du maître, entonnent le chœur d'Avenel, puis Léon Achard déclame des stances de Méry avant de couronner le buste de Boieldieu réalisé par Dantan du vivant du compositeur.

Le pouvoir d'attraction de l'œuvre s'affaiblit dans les années 1870-1880 et malgré une reprise digne de ce nom en 1879[9] la courbe descendante de ses représentations est inexorable. En octobre 1899, elle comptabilise néanmoins le chiffre record de 1643 représentations dans la même institution en 75 années[10]. Seuls douze ouvrages créés au XIXe siècle atteindront le chiffre pyramidal de mille représentations à l'Opéra-Comique :

	1re à l'Opéra-Comique	1000[e] à l'Opéra-Comique
La Dame blanche (Boieldieu)	10 déc. 1825	16 déc. 1862
Le Pré aux clercs (Herold)	15 déc. 1832	7 déc. 1871
Le Chalet (Adam)	25 sept. 1834	18 janv. 1873
Le Domino noir (Auber)	2 déc. 1837	3 avr. 1882

La Fille du régiment (Donizetti)	11 févr. 1840	2 janv. 1908
Les Noces de Jeannette (Massé)	4 févr. 1853	10 mai 1895
Mignon (Thomas)	17 nov. 1866	13 mai 1894
Carmen (Bizet)	3 mars 1875	23 déc. 1904
Lakmé (Delibes)	14 avr. 1883	13 mai 1931
Manon (Massenet)	19 janv. 1884	17 juin 1919
Werther (Massenet)	16 janv. 1893 (Vienne, 1892)	10 oct. 1938
Cavalleria rusticana (Mascagni)	19 janv. 1892 (Rome, 1890)	23 sept. 1943

Après des débuts difficiles[11], *Carmen* passe tous les records et fêtera sa 2000e le 29 juin 1930. Ces chiffres sont de bons indicateurs des œuvres-étalons du genre et du changement de goût qui s'opère au cours du siècle. Auber, Boieldieu, Herold et Adam ont donné le nouveau modèle du genre de l'opéra-comique ; ils dominent durant plusieurs décennies la scène de la salle Favart. Une première vague de renouveau monte en puissance autour d'Ambroise Thomas (accompagné au Théâtre-Lyrique par Gounod) alors qu'autour de Meyerbeer se développe un « grand opéra-comique » qui, cependant, n'obtiendra jamais le même succès. Une deuxième vague va mener au sommet la génération de Bizet, Massenet et Delibes. Alors que Delibes offre une réactualisation du paradigme lyrique dont *La Dame blanche* est l'incarnation, Bizet souhaite le remplacer. Il faudra une décennie pour que *Carmen* s'impose salle Favart après une reconnaissance internationale.

La fin de l'opéra-comique (H. Lacombe)

Durant tout le siècle, l'Opéra-Comique a, comme l'Opéra, représenté des pièces en langue française. Jusque dans les années 1870, il a aussi tenu sa fonction et sa réputation d'institution dévolue au « genre éminemment national » (cf. 21.6). À quelques exceptions près, les œuvres créées à l'étranger en ont été exclues et il faut attendre l'après 1870 pour que ses portes s'ouvrent très progressivement aux auteurs des deux grandes écoles nationales rivales (toujours traduits en français) : répertoire germanique « ancien » (*Les Noces de Figaro* en 1872, *La Flûte enchantée* en 1879, *Don Juan* en 1896) et « moderne » (*Le Vaisseau fantôme* en 1897 et *Hänsel et Gretel* en 1900) ; répertoire italien des auteurs reconnus (*Le Barbier de Séville* en 1884, *La Traviata* en 1886, *Falstaff* en 1894, *Don Pasquale* en 1896) et des véristes (*Cavalleria rusticana* en 1892, *La Bohème* en 1898, suivis par *Tosca* en 1903, *Madame Butterfly* en 1906 et *Paillasse* en 1910)[12]. L'arrivée et le succès public de l'école vériste (l'étiquette est discutable mais pratique) provoque une véritable crise parmi les compositeurs français qui éclatera en 1910[13]. En 1912, Debussy fera ce constat : « On ne joue plus du tout *La Dame blanche*, charmant opéra-comique, de vraie tradition française, à la faveur duquel se faisaient et se défaisaient tant de mariages et qui vaut bien les coups de tampon du vérisme italien[14]. »

Dans le dernier acte de *Carmen*, le dialogue parlé disparaît. Le théâtre de comédie de la place publique de l'acte I est remplacé par la grande fête joyeuse et mortelle de la corrida ; le duo doucereux réunissant Micaëla et Don José cède le pas au face-à-face meurtrier de Carmen et Don José préparé par l'Air des cartes. L'assassinat de l'héroïne par son amant désespéré et suppliant produit une véritable déchirure dans l'univers policé, aux sentiments médians, de l'opéra-comique. Cet ouvrage en quatre actes contient en soi l'histoire du genre, son dépassement et l'annonce d'une nouvelle esthétique. La pulsion tragique qui y éclate était en latence. L'évolution du genre vers des sujets plus sérieux était en germe chez Herold (cf. 7.5) : *L'Illusion* (1829) s'achève par un suicide, le personnage-titre de *Zampa* meurt (1831) et dans *Le Pré aux clercs* (1832) le corps de Comminge, tué lors d'un duel que l'on ne voit pas, est emporté sur une barque, recouvert d'un manteau. Auber continue cette série de morts avec *Haydée* en 1847 (Andrea tue Malipieri hors scène), *Marco Spada* en 1852 (Spada meurt en prononçant un pieux mensonge) et *Manon Lescaut* en 1856. Dans ce dernier ouvrage, la fin est remarquable en ce qu'elle montre comment le terrible de la mort peut être effacé. Les éléments tragiques et inconvenants du roman sont euphémisés par d'importantes modifications de l'histoire, par le style du compositeur (« La partition respire cette grâce et cette verve facile qui distinguent les plus délicieux ouvrages de M. Auber[15] »), par la moralisation de la trajectoire de Manon, qui meurt le regard tourné vers le ciel, enfin par la conclusion d'un bref chœur final, *piano*, en *do* majeur, qui impose une vision apaisée : « Dans un doux rêve Qu'amour achève, Son cœur s'élève Vers l'Éternel. » En 1874, Du Locle reprend la *Mireille* (TL, 1864) de Gounod qui comprend le tableau du Rhône avec un défilé de cadavres flottants et se conclut par la mort de l'héroïne mais transcendée par l'intervention d'une voix céleste. Pas de Dieu dans *Carmen*, mais le destin.

Tandis que les théâtres d'opérette cultivent l'usage du parler, l'Opéra-Comique l'abandonne. Nous l'avons constaté, dès le milieu du siècle, un courant d'affranchissement de la tradition a pris de l'ampleur. Compositeurs et librettistes ont donné de plus en plus d'importance aux morceaux de musique et limité la place des dialogues jusqu'à produire un « grand opéra-comique » (cf. 3.1, 8.2). Le drame s'est intensifié. L'avènement d'une nouvelle poétique lyrique autour de Gounod puis de Bizet et quelques autres, la montée du wagnérisme, la veine comique absorbée par l'opérette dans ses diverses formes, sont autant de facteurs qui vont conduire à l'écroulement du genre de l'opéra-comique dans le dernier quart du XIXe siècle. Messager et Hahn trouveront refuge pour plusieurs de leurs œuvres légères ou de demi-caractère en dehors de l'Opéra-Comique où l'esprit de légèreté cède le pas à l'esprit de sérieux (cf. t. 3, 5.2). À cela s'ajoute le désir d'autonomie de nombre de créateurs, qui acceptent de moins en moins d'être limités par un genre imposé. Le transfert de *Roméo et Juliette* (TL, 1867) de Gounod à l'Opéra-Comique le 20 janvier 1873 est la première tentative de présenter sur cette scène un ouvrage entièrement chanté (cf. 10.2). D'après Reyer (*JD*, 26 janv. 1873), la Société des auteurs s'y est tout d'abord opposée de même que la direction de l'Opéra, mais les directeurs de l'Opéra-Comique ont su faire valoir notamment la loi sur la liberté des théâtres. Pour beaucoup encore, le genre de l'opéra-comique devrait rester dans un équilibre entre la farce musicale des petits théâtres où fleurit l'opérette et le grandiose du grand opéra où le chant déploie tout son faste, où l'intrigue peut aller jusqu'au tragique et où le spectaculaire peut devenir le vecteur du drame. Rien n'y fait. Le mouvement est enclenché et vingt années plus tard, Albert Soubies et Charles Malherbe font ce constat : « Parmi les reprises, celle de *Roméo et Juliette* fut la plus importante, non seulement par son succès, mais par l'influence qu'elle exerça sur la nature des futurs ouvrages de la salle Favart. C'était en quelque sorte le premier opéra qu'on y admettait, c'est-à-dire la première partition sans *parlé*, et cette innovation allait insensiblement modifier les goûts du public, comme aussi le caractère des exécutions vocales[16]. » En 1884, la *Manon* de Massenet propose une solution mixte associant continuité orchestrale et interventions parlées (cf. 10.6). Mais les œuvres graves et sans parler vont se multiplier. *Le Roi d'Ys* (1888) de Lalo, écrit dans la forme traditionnelle de l'opéra, atteint sa 100ᵉ le 24 mai 1889. *La Jacquerie* (1895), du même compositeur, s'inspire du grand opéra meyerbeerien. Citons aussi *La Vivandière* (1895) de Benjamin Godard. Quand en 1879 Paladilhe donne sa *Suzanne*, un « vrai » opéra-comique, la presse peut s'en étonner[17]. Il en va de même en 1887 avec *Le Roi malgré lui* de Chabrier, et en 1890 avec *La Basoche* de Messager : « Nous ne sommes plus ici aux jours sombres du *Roi d'Ys*, de *Dante* [de Godard] et d'*Esclarmonde*, écrit Paul-Émile Chevalier, et *La Basoche* semble vouloir nous ramener au vrai genre de l'opéra-comique, vraiment un peu trop négligé depuis longtemps » (*Mén*, 1ᵉʳ juin 1890). Dans ses souvenirs, Albert Carré, librettiste de Messager pour l'occasion, décrira l'objectif visé : « rénover par un emprunt au vaudeville le vieil opéra-comique qui, concurrencé par la triomphante opérette, se mourait lentement[18] ». On l'a constaté (cf. 1.4, 10.2), les cahiers des charges ont beau chercher à contraindre encore et toujours l'Opéra-Comique à une alternance du parler et du chanter, Léon Carvalho (directeur de 1876 à 1887) obtient de la SACD au début des années 1880 le droit de donner des ouvrages entièrement chanté. Signe du dérèglement généralisé, durant son séjour place du Châtelet entre 1887 et 1898, l'Opéra-Comique produit, outre des créations et des traductions d'ouvrages étrangers (évoquées ci-dessus), des partitions provenant du répertoire du Théâtre-Lyrique (cf. 10.2) et de quelques autres salles[19] ; peu après, l'Opéra acceptera des ouvrages ayant recours à la déclamation parlée, comme le *Bacchus* (1909) de Massenet[20]. « L'opéra-comique est un genre à peu près mort en France, constate un chroniqueur en 1898 ; tous les ouvrages représentés ces dernières années place du Châtelet visaient à la grande tragédie lyrique » (*JD*, 4 janv. 1898). À l'occasion de la succession de

Carvalho, et avant l'inauguration très attendue de la 3e salle Favart, *Le Figaro* lance une enquête auprès de compositeurs sur les tendances que devrait suivre ce théâtre subventionné. Dix-sept réponses sont publiées entre le 15 janvier et le 4 février 1898. Nous ne reviendrons pas sur ces témoignages passionnants, dont Philippe Blay a produit une analyse détaillée[21], et nous contenterons de rappeler que bon nombre des questions posées étaient déjà d'actualité dans les années 1850 : faut-il célébrer les morts ou aider les vivants, contenter le public conservateur ou le public artiste, ouvrir plus largement les portes aux compositeurs étrangers où continuer à promouvoir un art français, se contenter de cette seconde salle officielle ou élargir l'offre pour les spectateurs et les débouchés pour les artistes en rouvrant un nouveau Théâtre-Lyrique ? Ce dernier avait été sous le Second Empire un lieu d'innovation ; sous la IIIe République, c'est l'Opéra-Comique qui joue ce rôle.

Nouvelles idéologies et nouveaux langages à l'Opéra-Comique (H. Lacombe)

En 1875, *Carmen* (encore !) concentre sur la scène lyrique l'émergence du réalisme, du peuple ouvrier, des passions « vulgaires » non canalisées : pas de grands personnages, pas d'histoire ancienne, pas de grands événements, pas de mise à distance mythologique, pas de paysans ou de villageois conventionnels non plus, ou d'univers bourgeois et policé, mais des contrebandiers, des cigarières et des soldats, la rue et le cirque, des tranches de vie saisies dans le quotidien. Signe double de ce changement d'esprit, l'amour n'y est en rien idéalisé (cf. 16.1) et la mort s'y dit et s'y montre (cf. 16.2). Le vérisme et le naturalisme lyriques trouvent ici leurs racines. *Louise* (OC, 1900) va entériner cette réforme idéologique autant que poétique que relèvera Raoul Chéron au sortir de la générale : « On parlait depuis longtemps partout de la hardiesse de la tentative. – Des ouvriers, ma chère, chantant l'opéra-comique ! – Il y a des chiffonniers, paraît-il ! – Et des sergents de ville... Bref, c'était la démocratisation de l'Opéra-Comique » (*Le Gaulois*, 3 fév. 1900).

Inversement, en composant *Lakmé* (OC, 1883), Delibes fait perdurer l'opéra à numéros et le merveilleux exotique – mais en effleurant au passage l'idéologie colonialiste. Le suicide de l'héroïne, ses éblouissements virtuoses, la défaite programmée du monde ancien de l'Inde face au monde moderne des Anglais, sont comme le signe d'un rêve, d'un temps et d'une poétique lyrique qui donnent leurs derniers feux. Avec *Manon*, Massenet parvient à maintenir encore un certain esprit de l'opéra-comique, – sens de la conversation en musique, atmosphère légère, joliesse de nombreux airs, délicatesse des sentiments, subtil nouage du parler et de l'orchestre. Cependant, l'inscription délibérée dans le XVIIIe siècle indique au spectateur que le genre est désormais inévitablement lié au passé. L'opéra-comique ne serait plus envisageable que comme le miroir d'un temps révolu, et sa sensibilité appréciable que comme une esthétique au second degré. Par la suite, Massenet explore de nouvelles voies (cf. 10.6). Les appellations et les sujets de la plupart de ses ouvrages donnés à l'Opéra-Comique témoignent de ce formidable renouvellement : « opéra romanesque » (*Esclarmonde*, 1889), « drame lyrique » (*Werther*, 1893), « épisode lyrique » (*La Navarraise*, 1895), « pièce lyrique » (*Sapho*, 1897), « conte de fées » (*Cendrillon*, 1899)... Le *Rêve* (1891) d'Alfred Bruneau, d'après le roman de Zola, suit le modèle wagnérien du drame lyrique avec un dialogue musical permanent inscrit dans une texture symphonique nourrie de leitmotive. Cependant, comme le constate Jean-Christophe Branger, « les ouvrages dramatiques de Bruneau et Zola portent aussi en eux les tensions et contradictions de la création lyrique du temps. Si leur conception générale atteste d'une volonté réformatrice indéniable et décelable dans les intitulés génériques, on y perçoit encore des traces plus ou moins affirmées du genre de l'opéra-comique [...][22]. » Avec *L'Attaque du moulin* (1893) et *L'Enfant-roi* (1905), le chantre du naturalisme musical cherche à créer une comédie lyrique, équivalent du drame lyrique wagnérien dans un registre plus léger. Autre point capital, le langage des œuvres de la fin du siècle, leur forme, leur harmonie et leur orchestration sont souvent si éloignés des partitions des années 1820 qu'ils les rendent comparativement ternes et pauvres. L'oreille n'a pas encore intégré la distance historique comme régulateur d'écoute. Outre le wagnérisme musical, il faut compter comme facteur de cette modification de l'esthétique sonore la prodigieuse inventivité des français en matière orchestrale et en coloration harmonique, que ce soit chez Massenet, d'Indy ou Chabrier. « Ravel m'a souvent dit, se souviendra Poulenc : "La première du *Roi malgré lui* a changé l'orientation de l'harmonie française." C'est exact car ces accords aux résonances jusqu'alors jamais entendues, ont servi de guide à Debussy et à Ravel[23]. »

Une enquête d'*Excelsior* en 1912 va entériner la disparition du genre que Boieldieu, Herold, Auber et d'autres ont fait rayonner : « Le genre français de l'opéra-comique renaitra-t-il et le faut-il souhaiter[24] ? »

21.6 UNE CULTURE LYRIQUE NATIONALE DANS UN ESPACE INTERNATIONAL

Hervé Lacombe

Une culture commune

Née sous l'Ancien régime (cf. t. 1, Introd.) la culture lyrique peut se comprendre comme répertoire partagé, comme imaginaire collectif (l'opéra nourrit et se nourrit des arts et de la littérature, cf. chap. 20) et comme reconnaissance et célébration de figures et de valeurs. Cette dernière dimension se lit dans la presse et dans la musicographie de plus en plus abondantes (cf. 18.2, 21.2) ; elle se manifeste dans des monuments et des commémorations. Au début du siècle, les obsèques de Grétry sont célébrées en grande pompe le lundi 27 septembre 1813 ; le mercredi 29, lors de la soirée à l'Opéra-Comique, tous les acteurs viennent sur scène en grand deuil près du buste de Grétry. Gavaudan déclame des vers, dont celui-ci : « Que ces lieux soient pour lui le temple de Mémoire[1]. » Près de deux siècles avant que Pierre Nora n'inventorie des lieux où s'est électivement incarnée la mémoire nationale, ces gestes et ces mots trahissent l'importance de l'institution lyrique dans la société française du XIXe siècle. Le centenaire de la naissance de Boieldieu en 1875 a lui aussi un caractère national. À Paris, au cours de la soirée organisée à l'Opéra-Comique, Galli-Marié, la créatrice de *Mignon* et de *Carmen*, récite une poésie de Louis Gallet. En 1891, c'est au tour du centenaire de la naissance de Meyerbeer, dont la gloire est toute française pour les commentateurs parisiens, d'être brillamment fêtée, à l'Opéra cette fois[2]. On peine à imaginer l'événement que fut sa disparition en 1864 et l'émotion éprouvée par les officiels, les célébrités et la foule venus assister au convoi accompagnant sa dépouille à la gare du Nord d'où elle allait être transportée en wagon jusqu'à Berlin[3]. La France du XIXe siècle aime à célébrer les succès de ses théâtres et à honorer ses gloires artistiques. On fête les anniversaires, on organise des dîners mais aussi des cérémonies particulièrement pour les millièmes (cf. 21.5), qui sont souvent l'occasion d'un bilan sur l'école française. Dans les théâtres, les noms des auteurs représentatifs de l'histoire du genre défilent sur des frises ou s'inscrivent dans des cartouches ; leurs bustes, de même que ceux de grands interprètes, ornent les bâtiments et les foyers. En 1846, Antoine Etex statufie Rossini de son vivant pour le vestibule de l'Opéra[4]. Les grands noms s'inscrivent dans l'éternité de la pierre sculptée, dans la ville ou dans les cimetières, souvent après une souscription. Ce sont, parmi une foule d'illustres, Halévy puis Offenbach au cimetière Montmartre ; Bizet, Auber ou Caroline Miolan-Carvalho au Père-Lachaise (où la 11e section réunit Bellini, Boieldieu, Cherubini, Le Sueur) ; Berlioz, enfin reconnu, en 1886, square Vintimille... Le roi des librettistes, Scribe, est lui aussi au Père-Lachaise ; on peut le voir encore à l'angle de la rue Saint-Denis et de la rue de la Reynie. En 1902, des monuments à la mémoire de Gounod et d'Ambroise Thomas sont installés parc Monceau.

Comme répertoire partagé, la culture lyrique se distille sur trois niveaux : par le biais des théâtres et des troupes en province, dont nous avons décrit le maillage et donné quelques exemples (chap. 14), par le concert (cf. 19.4, 19.5), les salons et d'autres lieux où peuvent résonner des morceaux extraits d'opéras (cf. 19.3, 19.6), par la diffusion des produits dérivés touchant un large éventail de couches sociales (cf. 19.1, 19.2). Certains airs d'Auber, d'Herold, d'Halévy, de Meyerbeer, etc., ont intégré le répertoire du vaudeville ou des chansons, comme on peut le constater en feuilletant *La Clé du caveau*[5]. Des salles parisiennes aux théâtres de province, de l'espace privé aux institutions publiques, du salon au concert, du bal au kiosque à musique, l'opéra ne cesse de traverser de nouveaux lieux et de se ramifier sous de nouvelles formes. Son influence, sa diffusion dans la société, son empreinte dans la vie et la pratique musicales du XIXe siècle dépassent largement le seul cadre des représentations scéniques. Objet d'adaptations de toutes sortes, source d'inspirations de nombreuses pièces instrumentales, il irrigue la vie musicale française et se trouve au centre d'un commerce d'envergure. Il est le cœur battant d'une culture et d'un marché. Fétis déplorait en 1832 cette entrée dans l'ère de l'industrie musicale : « Dans les salons, toujours l'envahissement de la musique dramatique, cette fois par la voie du commerce. On achète une grosse partition dans laquelle l'auteur a eu le soin de mettre un peu de tout ; on la pressure jusqu'à l'écorce et l'on en extrait des contredanses, des fantaisies, des préludes et mille autres jolies choses ; au surplus tout en sort : musique d'église, musique militaire, musique de concert » (*RM*, 18 août 1832). En ce sens, l'opéra est populaire. Avec la IIIe République, un quatrième niveau doit être évoqué, celui de l'éducation musicale dans les écoles[6], qui complète l'apprentissage privé ou dispensé dans les conservatoires, même si ce projet n'a guère donné de résultat[7]. (Relevons que Charles Hanriot place Auber, Halévy et Meyerbeer dans ses *Éléments de l'histoire et de la géographie de la France* publiés en 1868.) Léopold Dauphin publie chez Armand Colin en 1885 une *Petite anthologie des maîtres de la musique*, nettement dominée par l'école lyrique française, comprenant 71 morceaux de chant pour voix d'enfants, des notes historiques et des gravures représentant les compositeurs. La perpétuation en France d'une conception dix-neuviémiste de la musique innervée par l'opéra – mais dont le corpus de référence est désormais plus européen que français – transparaît lorsque paraît en 1910 la série de petites fantaisies pour la jeunesse écrites par Armand Bell sur des airs célèbres d'Herold, Méhul, Mozart, Rossini et Weber. La page de titre illustrée par Ernest Buval reproduit la façade du Palais Garnier devenue iconique d'une culture, d'un temps et d'un genre.

Laetitia Corbière le rappelle, « les catégorisations entre "musique populaire" et "musique classique", entre "musique commerciale" et "musique élitiste" ou, comme les nomment les Allemands, entre *Unterhaltungsmusik* (musique de divertissement) et *Ernstmusik* (musique savante), sont problématiques[8] ». Nous importe ici le phénomène qui fait d'un art apparemment élitiste (l'opéra) et souvent limité au centre producteur (la

Armand Bell, *L'Opéra de la jeunesse, fantaisies faciles pour le piano*, Paris : E. Weiller, [1910].

capitale) le noyau de pratiques, d'activités et de consommation musicales gagnant toute la France, jusque dans ses colonies, et touchant un public infiniment plus large et diversifié que les quelques milliers de spectateurs des théâtres parisiens.

L'identité lyrique française s'est constituée une bonne partie du siècle autour des deux genres du grand opéra et de l'opéra-comique. Le premier est associé à une politique de prestige qui remonte à Louis XIV (cf. t. 1, chap. 4 et 5) et que, du Premier Empire à la IIIe République, l'État a maintenu ; il s'est construit dans un face-à-face avec l'Histoire (cf. 4.3, 16.3). Le second est associé à un autre versant du Français, tel qu'il se définit souvent encore lui-même au XIXe siècle et tel qu'il est fréquemment considéré ou imaginé, caractérisé par l'esprit, la mesure et la légèreté (cf. 16.6). Genre le plus diffusé et le plus joué sur tout le territoire, l'opéra-comique est rapidement désigné comme « éminemment national », ce dont Berlioz se moquera – parce qu'il est trop proche pour lui de la chanson et du vaudeville (cf. 3.1). D'où vient cette formule abondamment utilisée ? Lorsqu'en 1824 un certain D. Ferdinand se propose de publier une série d'ouvrages sur les théâtres royaux, il choisit de commencer par l'Opéra-Comique, considérant « l'affection particulière dont ce genre, éminemment national, a été constamment l'objet[9] ». La formule devient un lieu commun. En 1861, à l'occasion d'une reprise du *Postillon de Lonjumeau*, Gaston de Saint-Valry fait un point éclairant : l'opéra-comique est un « genre éminemment national comme la chanson de Béranger, les articles du *Siècle* et les romans de Pigault-Lebrun » (*Le Pays*, 14 oct. 1861). Sa puissance tient à ce qu'il est « commun » et dès lors « plaît à tous ». Au moment de l'inauguration de la troisième salle Favart, Alfred Bruneau titre son article en première page du *Figaro* (7 déc. 1898) : « L'éminemment français » ! À partir du milieu du siècle, l'opérette a complété l'identité lyrique nationale en incarnant l'ivresse de la fête, l'esprit bouffe et ce que les Goncourt ont défini comme « le *sublime corrosif* de l'esprit français : la blague[10] ». Le succès du genre, plus foudroyant que tout autre, est lisible dans la millième d'*Orphée aux Enfers* le 19 octobre 1878, soit vingt ans seulement après sa création, « seuil symbolique, remarque Jean-Claude Yon, auquel *La Dame blanche* n'était parvenu qu'au terme de trente-sept années[11] » ; simultanément, sa difficile acceptation par l'« intelligentsia », malgré une meilleure reconnaissance de certains de ses auteurs (cf. 10.3), se perçoit en négatif dans l'absence de célébration de l'événement et dans le vide médiatique qui l'entoure. Les millièmes en 1885 de *La Mascotte* et en 1896 de *Miss Helyett* d'Audran ou encore, parmi d'autres, des *Cloches de Corneville* de Planquette en 1886[12] confirment ce double constat d'un triomphe public d'une part, d'un dédain des discours critiques et d'un silence historiographique d'autre part, constat qui entérine un clivage entre culture d'en haut et culture d'en bas[13] auquel avait échappé l'opéra-comique.

Tout morceau entendu sur scène change de nature quand il est repris au concert et dans les salons. La révolution technologique de l'enregistrement commencée à la fin du siècle va plus encore modifier l'écoute et le goût du public, le morcellement et la connaissance du répertoire, l'attente vis-à-vis des interprètes, tout en accroissant la marchandisation de l'opéra. Conservateur dans sa forme, *Le Tribut de Zamora* est l'occasion d'inaugurer une invention, bientôt appelée théâtrophone, qui va participer de la modification de l'écoute et de la relation entre le public et le spectacle (cf. t. 3, 1.4) : un dispositif téléphonique est installé pour que des personnes situées dans les magasins de l'Opéra, rue Richer, puissent suivre la représentation sans être dans la salle du Palais Garnier. Peu après, Jennius, dans *La Liberté* (14 juil. 1881), anticipe la création de la radio et l'ère de la consommation musicale de masse : « Un jour viendra où dans chaque appartement on aura un robinet musical communiquant avec le Conservatoire, l'Opéra, comme on a aujourd'hui l'eau et le gaz. »

Opéra français, cosmopolitisme et espace international

Nous avons rappelé le rôle joué par les écoles nationales dans la façon d'aborder la production lyrique au XIXe siècle (cf. 18.2, 21.2). Il importe cependant de faire valoir un mouvement d'idées inverse, qui prend en compte le local comme résultant ou s'inscrivant dans une situation globale excédant les frontières territoriales. Les évolutions locales – celle de l'opéra français notamment – peuvent être abordées comme des « configurations spécifiques inscrites dans toute une gamme de relations transnationales[14] ». Un rapport rédigé en 1871 pour l'Assemblée nationale rappelle que l'Opéra-Comique est à considérer comme le foyer de production d'ouvrages largement diffusés et destinés à lutter contre les productions étrangères[15]. Outre cette vison nationaliste et conquérante du répertoire français, il convient de prendre en considération les divers liens, échanges, emprunts, relations qui se sont tissés au cours du siècle.

Comme Verdi et Wagner se sont nourris de la culture et de l'opéra français – qu'ils ont parfois aussi rejeté –, les Français ne sont pas restés sourds aux musiques et aux cultures étrangères. La vie lyrique française bénéficie de transferts culturels féconds[16] ; la création s'y accomplit dans des jeux de différenciations, d'appropriations et de réactions aux autres expressions lyriques dites nationales. En outre, Paris est à la fois un champ culturel local très marqué par l'attachement à son image nationale et un espace cosmopolite où se croisent des personnes de nombreux pays, créant ainsi un réseau[17]. La vie lyrique en est le reflet à plusieurs niveaux : cosmopolitisme des interprètes et compositeurs (Pauline Viardot, Rossini et Meyerbeer par exemple), cosmopolitisme de l'offre (répertoires italien au Théâtre-Italien et germanique ici ou là, et même tentative de création d'un théâtre espagnol[18]), cosmopolitisme du grand opéra par son style, redevable à toutes les écoles, et par certains de ses auteurs[19], et aussi cosmopolitisme de son public, exemplairement lors des Expositions universelles – phénomène qu'Offenbach, Meilhac et Halévy ont photographié dans *La Vie parisienne* (PR, 1866)[20]. Le XIXe siècle est de surcroît marqué par l'internationalisation des carrières (celle d'Emma Calvé à la fin du siècle est proprement mondiale[21]) et du marché lyrique (cf. 11.5), dont la presse enregistre les transactions. En 1860 déjà, Xavier Aubryet, critique littéraire et musical, se réjouit de la reconfiguration internationale du monde lyrique, flagrante en Angleterre : « Une des merveilles de la musique du XIXe siècle n'est-ce pas de faire chanter à Londres, par des troupes mélangées d'artistes italiens, français, allemands, suédois et anglais, soit le répertoire italien, soit les traductions italiennes d'opéras allemands ou français, tels que le *Freischütz* et *Faust*, ou mieux encore : les traductions italiennes d'opéras composés en français par un Allemand, *Roberto il Diavolo*, ou *Gli Ugonotti*, par exemple[22]. » La prise en considération de ce marché se double d'une attention exacerbée portée à la place du répertoire national dans une Europe élargie. À l'extrême fin du siècle, la rubrique des « Nouvelles diverses » du *Ménestrel* bruit des échos multiples du succès de l'opéra français à l'étranger. En 1895, le rédacteur laisse entendre que sa montée en puissance vient contrecarrer l'ancienne hégémonie italienne (*Mén.*, 6 janv. 1895, p. 5). Le marché et la diffusion des opéras participent d'une conscience aiguisée du monde dans sa diversité et du rôle central que la France tient à exercer – ce que les expositions universelles ne cessent de montrer et de célébrer. Même s'il ne peut être mis sur un pied d'égalité avec la diffusion de l'opéra italien, l'art lyrique français est international, comme l'a montré notre sondage (cf. chap. 15), qui pourrait être complété par d'autres pays et d'autres villes. La formidable recension réalisée par Alfred Loewenberg des premières dans de nombreux théâtres du monde donne une idée de la circulation des opéras[23]. Christophe Charle a analysé la montée en puissance à l'échelle internationale de l'opéra français après 1830, porté par un système qui consolide la reconnaissance des auteurs (la SACD), longtemps sans équivalent dans nombre de pays, la puissance des institutions lyriques centralisées et celle de leur consécration médiatique (cf. 18.1). Cette dernière s'élargit à l'Europe car les « journaux parisiens, lus par l'élite européenne et par le milieu professionnel du théâtre », donnent « un large retentissement à toutes les œuvres présentées à Paris, qu'elles soient françaises ou étrangères »[24]. L'émergence dans la seconde moitié du siècle de nouvelles nations lyriques et « leur souci de défendre leurs productions a pour effet de ralentir ou de diminuer l'importation des œuvres venues du condominium franco-italien[25] ».

Le discours dominant sur l'histoire de l'opéra parmi les commentateurs français du XIXe siècle insiste sur la capacité de la France à offrir aux grands compositeurs étrangers le cadre où accomplir leur art en devenant français (cf. 21.2). « Tout le monde sait, rappelle Saint-Saëns en 1884, que Gluck, Spontini, Rossini, Meyerbeer, pour ne citer qu'eux, ont trouvé dans le goût français un guide sûr, qui les a conduits à la suprême expression de leur génie[26]. » Meyerbeer manifeste par sa carrière internationale et son style éclectique une réunion des formules lyriques nationales. À la fin du siècle, nous l'avons constaté (cf. 21.4), l'Opéra a perdu de sa superbe. *Aïda*, remarque Katharine Ellis, arrive sur la scène du Palais Garnier seulement après une tournée internationale. La fonction jusqu'alors attribuée à la première scène lyrique française consistant à valider, dans un cadre national, la nouveauté et à absorber le cosmopolitisme a cessé dès après le création de *Don Carlos* en 1867[27]. Pour l'historien de la culture, rappelle Christophe Charle (il compare Paris, Berlin, Londres et Vienne), les grandes capitales « mettent [...] en concurrence la diversité des formes de spectacle, des plus traditionnelles aux plus innovatrices. Pour l'historien comparatiste, elles sont, par définition, des villes internationales et à l'écoute de leurs rivales du même rang pour s'en inspirer et pratiquer l'importation et l'exportation de pièces, dont la balance est également révélatrice des hiérarchies et des légitimités culturelles entre pays[28] ».

Nombre de grandes figures internationales restent cependant très attachées à la culture française et à certaines de ses productions. Après avoir un temps utilisé le maître de l'opérette comme repoussoir, Richard Strauss fera cet aveu étonnant à Hofmannsthal : « Eh oui, je me sens la vocation de devenir l'Offenbach du XXe siècle[29]. » Figure dominante du théâtre lyrique français de la fin de notre période (cf. 10.5), Massenet va donner plusieurs premières à l'étranger, notamment à Bruxelles (cf. 15.1), mais aussi à Vienne, Londres et Monte-Carlo. Inscrire l'histoire de l'opéra français dans une histoire internationale, si ce n'est mondiale, permet de saisir le pouvoir d'attraction et la variabilité de son répertoire, la construction des valeurs lyriques, tout autant que le jeu des transferts et des influences réciproques entre les pays, touchant la musique, les livrets (pensons au succès considérable de Scribe à l'étranger) et les modèles littéraires : Ossian, Scott, Goethe, Shakespeare parmi d'autres ont eu une résonnance européenne. Verdi (cf. 9.3) et Wagner (cf. 9.4) ne peuvent être tout à fait compris sans l'analyse de leur relation à la culture française, au sens le plus général. Ce sera encore le cas avec Puccini, dont la production s'inscrit dans une tradition privilégiant des livrets écrits à partir de sources françaises (cf. 15.2) – *Le Villi* vient d'Alphonse Karr, *Edgar* de Musset, *Manon Lescaut* de l'abbé Prévost, *La Bohème* de Murger, *La Tosca* de Sardou, *Il Tabarro* de Didier Gold – et pour qui, comme pour toute la jeune génération italienne, Massenet est une source d'inspiration (cf. 10.5).

S'il y eut un « moment français » de l'histoire mondiale de l'opéra, c'est au XIXe siècle qu'il faut le chercher. Si l'opéra a jamais résonné sur l'entièreté de l'espace national et infiltré directement par ses représentations, ou indirectement par ses produits dérivés, une grande diversité de couches sociales, c'est au XIXe siècle que cela s'est réalisé. Si un imaginaire lyrique, tel que Timothée Picard le conçoit[30], a hanté notre civilisation, c'est, pour la France tout au moins, au XIXe siècle qu'il a vu son accomplissement.

Notes de 21.1

1. Baron Grimm, *Correspondance littéraire, philosophique et critique, adressée à un souverain d'Allemagne*, Paris : Longchamp, 1813, p. 76-77.
2. E. Reibel, *Comment la musique est devenue « romantique »*, *de Rousseau à Berlioz*, Paris : Fayard, 2013.
3. Toreinx [pseud. de Eugène Ronteix], *Histoire du romantisme en France*, Paris : L. Dureuil, 1829, chap. XIX, « Rossini », p. 405.
4. L. Dussieux, *L'Art considéré comme le symbole de l'État social, ou tableau historique et synoptique du développement des Beaux-Arts en France*, Paris : Auguste Durand, 1838, p. 81.
5. F.-J. Fétis, « Mozart », in *Biographie universelle des musiciens*, vol. 6, Bruxelles : Meline, Cans et Compagnie, 1839, p. 497.
6. T. Todorov, *Introduction à la littérature fantastique*, Paris : Le Seuil, 1970.
7. H. Lavoix, *Histoire de l'instrumentation, depuis le XVIe siècle jusqu'à nos jours*, Paris : Firmin-Didot, 1878 ; *Histoire de la musique*, Paris : A. Quantin, 1884 ; *La Musique française*, Paris : Ancienne Maison Quantin, 1891.
8. J. Combarieu, *Histoire de la musique des origines au début du XXe siècle*, t. 3, chap. 3, Paris : Armand Colin, 1919, p. 65.
9. R. Campos, *François-Joseph Fétis musicographe*, Genève : Droz, 2013 ; H. Lacombe, « Un nouveau mot pour une nouvelle discipline : enquête sur le terme "musicologie" et les modalités de son invention », *Rdm*, 104, 1-2, 2018, p. 23-25.
10. C. Erlanger, « L'archéologie musicale. Un vaste champ d'investigations pour les musiciens de la jeune génération », *Revue musicale*, juil. 1920 ; R. Wangermée, « Les premiers concerts historiques à Paris », in *Mélanges Ernest Closson*, Bruxelles : Société belge de Musicologie, 1948, p. 185-196 ; K. Ellis, *Interpreting the musical past : early music in nineteenth-century France*, New York : OUP, 2005, p. 22-41 ; W. Gibbons, *Building the operatic museum : eighteenth-century opera in fin-de-siècle Paris*, Rochester (N.Y.) : University of Rochester Press, 2013 ; J. Pasler, *La République, la musique et le citoyen : 1871-1914*, trad. J.-F. Hel Guedj, [Paris] : Gallimard, 2015, p. 293-296, 550-559.
11. T. J. Walsh, *Second Empire Opera. The Théâtre-Lyrique, Paris 1851-1870*, London : John Calder, 1981, p. 312, 321 ; Ch. W. Gluck, *Orphée et Eurydice*, version d'H. Berlioz, New edition of the complete works [of Berlioz] n°22a, J.-M. Fauquet éd., Kassel : Bärenreiter, 2005.
12. J.-M. Fauquet, « Berlioz and Gluck », in P. Bloom éd., *The Cambridge companion to Berlioz*, Cambridge : CUP, 2000, p. 197-210.
13. J. Pasler, *La République, la musique et le citoyen*, p. 293 sq.
14. Y. Gérard, « Saint-Saëns et l'édition monumentale des œuvres de Rameau (Durand, 1895-1924) », *Revue de la BnF*, 46/1, 2014, p. 10-19.
15. Sur l'idée de la confrontation du passé et du présent, voir par exemple W. Gibbons, « Music of the Future, Music of the Past : *Tannhäuser* and *Alceste* at the Paris Opéra », *19th-Century Music*, 33/3, Spring 2010, p. 232-246.
16. J.-Ch. Branger et V. Giroud éd., *Présence du XVIIIe siècle dans l'opéra français du XIXe siècle d'Adam à Massenet*, Saint-Étienne : PUSE, 2011.

Notes de 21.2

1. Ph. Vendrix, *Aux origines d'une discipline historique : la musique et son histoire en France aux XVIIe et XVIIIe siècles*, Genève : Droz, 1993.
2. H. Lacombe, « Définitions des genres lyriques dans les dictionnaires français du XIXe siècle », in P. Prévost éd., *Le Théâtre lyrique en France au XIXe siècle*, Metz : Éd. Serpenoise, 1995, p. 297-334.
3. Citons Castil-Blaze, *De l'Opéra en France* (1820), *L'Académie impériale de musique* (1855) et *Histoire de l'opéra-comique* (éd. posthume, 2012) ; G. Bertrand, *Les Nationalités musicales étudiées dans le drame lyrique* (1872) ; G. Chouquet, *Histoire de la musique dramatique en France* (1873).
4. H. Lacombe, « Conditions d'émergence et premières formes d'organisation de la musicologie française (1900-1914) », in Y. Balmer et H. Lacombe éd., *Un siècle de musicologie en France [...]*, vol. 1 *Structuration nationale et interactions internationales*, *Rdm*, 103/2, 2017, p. 25-70.
5. M. Duchesneau, M. Guerpin et M.-P. Leduc, « Musicologie et presse musicale en France (1889-1914) », in Y. Balmer et H. Lacombe éd., *Un siècle de musicologie en France*, p. 71-116.
6. Th. de Lajarte, *Bibliothèque musicale du Théâtre de l'Opéra : catalogue [...]*, 2 vol., Paris : Librairie des bibliophiles, 1878.
7. H. Lacombe, *Les Voies de l'opéra français au XIXe siècle*, Paris : Fayard, 1997, chap. 9.
8. Barbara L. Kelly éd., *French music, culture, and national identity, 1870-1939*, Rochester (N.Y.) : URP, 2008.
9. L. Botstein, « Listening through Reading : Musical Literacy and the Concert Audience », *19th-Century Music*, 16/2, 1992, p. 129-145.
10. N.-É. Framery, J. J. Momigny, P.-L. Ginguené, *Encyclopédie méthodique. Musique*, t. 1, Paris : Panckoucke, 1791 ; t. 2, Paris : Mme veuve Agasse, 1817. Voir E. Reibel éd., *Regards sur le « Dictionnaire de musique » de Rousseau : des Lumières au romantisme*, [Paris] : Vrin, 2016 ; B. Didier et E. Reibel éd., *La série « musique » de l'Encyclopédie méthodique (1791-1818)*, Paris : Honoré Champion, 2018.
11. Castil-Blaze, *Dictionnaire de musique moderne*, Paris : La lyre moderne, 1821 p. xiv.
12. A. Guarnieri Corazzol, « Verdi vs Wagner : mots et mythes de la réception dans la presse italienne (1840-1890) », in J.-F. Candoni, H. Lacombe, T. Picard et G. Sparacello éd., *Verdi- Wagner : images croisées (1813-2013)*, Rennes : PUR, 2018, p. 131-143.
13. Équipe littérature-musique, « Les *Notes d'un dilettante* de Stendhal ou du bon usage de la musicographie romantique », *Rdm*, 69/2, 1983, p. 187-208.
14. Stendhal, *Vie de Rossini*, V. Del Litto et E. Abravanel éd., Genève, 1968, p. 270.
15. C. Saint-Saëns, « Musique : harmonie et mélodie (I) », *La Renaissance littéraire et artistique*, 3 mai 1873 ; repris in *Écrits sur la musique et les musiciens, 1870-1921*, M.-G. Soret éd., [Paris] : Vrin, 2012, p. 100.
16. H. Lacombe, « "Le Michel-Ange de la musique" : l'image de Gluck dans les écrits français du XIXe siècle », in Th. Betzwieser, M. Calella et K. Pietschmann éd., *Christoph Willibald Gluck : Bilder Mythen Diskurse*, Wien : Hollitzer Verlag, 2018, p. 141-161.
17. J.-C. Vançon, *Le Temple de la Gloire. Visages et usages de Jean-Philippe Rameau en France entre 1764 et 1895*, thèse de doctorat, université Paris 4, 2009.

18. Castil-Blaze, *Dictionnaire de musique moderne*, Paris, 1821 ; 2ᵉ éd./ Paris, 1825, art. « École ».
19. Choron, « Sommaire de l'histoire de la musique », *Dictionnaire historique des musiciens*, t. 1, Paris : Vallade, 1810.
20. F. Clément, *Histoire de la musique [...]*, Paris : Hachette, 1883, p. 547.

Notes de 21.3

1. Ch. Charle, *Théâtres en capitales : naissance de la société du spectacle à Paris, Berlin, Londres et Vienne, 1860-1914*, Paris : A. Michel, 2008, p. 13.
2. Ph.-J. Salazar, *Idéologies de l'opéra*, Paris : PUF, 1980, p. 5.
3. C. Clément, *L'Opéra ou la Défaite des femmes*, Paris : B. Grasset, 1979.
4. H. Seydoux, *Les Femmes et l'opéra*, [Paris] : Ramsay, 2004.
5. A.-S. Metairie, *Les Représentations de la femme dans les quatre grands opéras de Giacomo Meyerbeer : reflets de l'histoire sociale et de l'itinéraire féminins*, thèse de doctorat, université de Tours, 2007.
6. Interview de N. Manfrino, 6 mars 2018, in *Programme Eve*, en ligne, https://www.eveprogramme.com/33040/nathalie-manfrino/, consulté le 1ᵉʳ sept. 2019.
7. Par exemple, F. Rochefort et M. Eleonora Sanna, *Normes religieuses et genre : mutations, résistances et reconfigurations, XIXᵉ-XXIᵉ siècle*, Paris : A. Colin, 2013 ; N. Vray, *Femmes, Églises et société : du XVIᵉ au XIXᵉ siècle*, Paris : Desclée de Brouwer, 2014.
8. A. Mortier, *Les Soirées parisiennes [de 1874] par un monsieur de l'orchestre*, Paris : Dentu, 1875, p. 86.
9. Ch. de Rémusat, *Mémoires de ma vie*, 5 vol., Paris : Plon, 1958-1967, vol. 1, p. 172, cité en partie in A. Martin-Fugier, *La Vie élégante*, p. 172.
10. C. Cosnier, *Le Silence des filles : de l'aiguille à la plume*, Paris : Fayard, 2001.
11. M. Camus éd., *Création au féminin*, Dijon : Éd. universitaires de Dijon, vol. 1, *Littérature*, 2006 ; vol. 2, *Arts visuels*, 2006 ; vol. 3, *Filiations*, 2007 ; vol. 4, *Les Humeurs de l'humour*, 2010 ; vol. 5, *Les Passeuses*, 2012 ; B. Didier, A. Fouque et M. Calle-Gruber éd., *Le Dictionnaire universel des créatrices*, 3 vol., Paris : Des femmes, 2013 ; A. Del Lungo et B. Louichon éd., *La Littérature en « bas-bleus »*, Paris : Éd. Classiques Garnier, t. 1, *Romancières sous la Restauration et la monarchie de Juillet (1815-1848)*, 2010 ; t. 2, *Romancières en France de 1848 à 1870*, 2013 ; t. 3, *Romancières en France de 1870 à 1914*, 2017.
12. N. Broude et M. D. Garrard éd., *Feminism and art history : questioning the Litany*, New York : Harper and Row, cop. 1982 ; L. Nochlin, *Femmes, art et pouvoir et autres essais*, trad. O. Bonis, Nîmes : J. Chambon, 1993 ; W. Chadwick, *Women, Art, And Society*, Londres : Thames & Hudson, 2002.
    M. Leclère éd., *Des femmes dans l'impressionnisme*, Paris : NANE éditions, 2016...
13. Dans le domaine français : F. Launay, *Les Compositrices en France au XIXᵉ siècle*, [Paris] : Fayard, 2006 ; C. Deutsch et C. Giron-Panel éd., *Pratiques musicales féminines : discours, normes, représentations*, Lyon : Symétrie, 2016 ; J. Letzter et R. Adelson, *Écrire l'opéra au féminin : compositrices et librettistes sous la Révolution française*, trad. H. Thébault, Lyon : Symétrie, 2017 ; M. Traversier et A. Ramaut éd., *La musique a-t-elle un genre ?*, Paris : Éditions de la Sorbonne, 2019.
14. A. Fauser, « *La Guerre en dentelles* : Women and the *Prix de Rome* in French Cultural Politics », *JAMS*, 51/1, 1998, p. 83-129.

15. « La distribution des prix au Conservatoire », *Mén.*, 7 août 1904, p. 251.
16. F. Launay, *Les Compositrices en France au XIXe siècle*, p. 9-10.
17. *Ibid.*, p. 11.
18. J. Letzter et R. Adelson, *Écrire l'opéra au féminin*.
19. F. Launay, *Les Compositrices en France au XIXe siècle*, p. 16.
20. M. Traversier et A. Ramaut, « Introduction », in M. Traversier et A. Ramaut éd., *La musique a-t-elle un genre ?*, p. 9-26 ; F. Launay, « [...] Les compositrices de musique vues par les musicographes dans la presse française du XIXe siècle », in *ibid.*, p. 225-235.
21. V. Olivesi, « Entre plaisir et censure, Marie Taglioni chorégraphe du Second Empire », in *Femmes, genre, histoire, Clio*, 46, 2017/2, revue en ligne, https://www.cairn.info/revue-clio-femmes-genre-histoire-2017-2.htm, consulté le 1er nov. 2019, p. 43-64.
22. M.-F. Bouchon, « Cerrito Fanny », in Ph. Le Moal éd., *Dictionnaire de la danse*, [Paris] : Larousse, 1999 ; V. Olivesi, « Fanny Cerrito chorégraphe », *Recherches en danse*, 3, 2015, en ligne (19 janv. 2015), consulté le 1er nov. 2019.
23. « Réflexion et points de vue croisés sur le métier de chorégraphe au féminin », présentation de la journée d'étude au CnsmdL, http://www.cnsmd-lyon.fr/fr-2/les-formations/femmes-choregraphes-choregraphes-femmes, consulté le 1er nov. 2019 ; H. Marquié, « Enquête en cours sur Madame Stichel (1856-ap. 1933) », *Recherches en danse*, 3, 2015, en ligne (19 janv. 2015), http://journals.openedition.org/danse/974, consulté le 9 nov. 2019 ; J.-Ch. Branger éd., *Musique et chorégraphie en France de Léo Delibes à Florent Schmitt*, Saint-Étienne : PUSE, 2010.
24. V. Bui, « *La Mare au diable* ou l'impossible opéra-comique », in C. Nesci et O. Bara éd., *Écriture, performance et théâtralité dans l'œuvre de Georges Sand*, [1re éd. 2014], Grenoble : UGA éditions, 2019.
25. G. Sand, *La Petite Fadette*, in *Œuvres complètes, Théâtre 2*, G. van Slyke et B. Gustafson éd., Paris : Honoré Champion, 2018.
26. F. Launay, *Les Compositrices en France au XIXe siècle*, p. 382-399.
27. *Ibid.*, p. 432-435 (*Le Saïs*), 435-441 (province), 441-442 (étranger).
28. H. W., « De la musique des femmes. Mlle Louise Bertin », *Revue des Deux Mondes*, t. 8, 1836, p. 611.
29. D. L. Boneau, *Louise Bertin and opera in Paris in the 1820s and 1830s*, PhD, University of Chicago, 1989 ; F. Launay, *Les Compositrices en France au XIXe siècle*, p. 414-420 ; L. Régnier et A. Laster, « La réception de *La Esmeralda* comme révélateur de sa modernité », en ligne, bruzanemediabase.com, consulté le 1er nov. 2019.
30. J.-M. Fauquet, « Holmès (Augusta) », in *Dict.*, p. 597. K. Henson, « In the House of Disillusion : Augusta Holmès and *La Montagne noire* », *COJ*, 9/3, nov., 1997, p. 233-262.
    F. Launay, *Les Compositrices en France au XIXe siècle*, p. 422-428.

Notes de 21.4

1. A. Pougin, *Question du théâtre lyrique, mémoire présenté à M. le ministre de l'Instruction publique et des beaux-arts, par la Société des compositeurs de musique*, Paris : Siège de la Société, 1879, p. 7. Voir aussi Herold, *Rapport fait le 18 janvier 1879*

au nom de la sous-commission [des Théâtres] chargée d'examiner la question dite du Théâtre lyrique, Paris : Impr. nationale, 1879.
2. W. Weber, « The Opéra and Opéra-Comique in the nineteenth century tracing the age of repertoire », in S. Chaouche, D. Herlin et S. Serre éd., *L'Opéra de Paris, la Comédie-Française et l'Opéra-Comique : approches comparées, 1669-2010*, Paris : École des chartes, 2012, p. 145-158.
3. P. Viardot à G. Sand, 1ᵉʳ août [1852], in *Catalogue de vente Alden*, 17 juin 2016, Th. Bodin expert.
4. M. Auclair, « Verdi, Wagner et l'Opéra de Paris (1847-2013) », in J.-F. Candoni, H. Lacombe, T. Picard et G. Sparacello éd., *Verdi-Wagner : images croisées (1813-2013) [...]*, Rennes : PUR, 2018, p. 182.
5. *Ibid.*, p. 184.
6. La comptabilité des représentations est très délicate (par exemple *Guillaume Tell* a souvent été donné amputé de plusieurs actes) et varie selon les sources. Le site en ligne *chronopera* (consulté le 1ᵉʳ mars 2019) comporte nombre d'erreurs. Voir S. Wolff, *L'Opéra au Palais Garnier : 1875-1962*, Paris : l'Entr'acte, 1962.
7. Ch. Gounod, *Cinq-Mars*, livre-CD, Venise : Palazzetto Bru Zane/Ediciones Singulares, 2016.
8. F. Patureau, *Le Palais Garnier dans la Société parisienne, 1875-1914*, p. 71.
9. K. Ellis, « Olivier Halanzier and the Operatic Museum in late Nineteenth-Century France », *Music & Letters*, 96/3, 2015, tableau 4.
10. O. Halanzier, *Exposé de ma gestion de l'Opéra : 1871-1875*, cité in K. Ellis, « Olivier Halanzier and the Operatic Museum », note 54.
11. S. Huebner, « After 1850 at the Paris Opéra : institution and repertory », in D. Charlton, *The Cambridge Companion to Grand Opera*, Cambridge : CUP, 2003, p. 298-299.
12. *Le Cid*, *L'Avant-scène opéra*, 161, 1994 ; S. Huebner, « After 1850 at the Paris Opéra », p. 291-298.
13. M. Everist, « The Music of Power : Parisian Opera and the Politics of Genre, 1806-1864 », *JAMS*, 67/3, 2014, p. 710.
14. S. Wolff, *L'Opéra au Palais Garnier : 1875-1962...*, p. 84-86.
15. J. Hesselager éd., *Grand opera outside Paris : opera on the move in nineteenth-century Europe*, Abingdon (G.B.) : Routledge, 2018.
16. H. Lacombe, *Bizet*, Paris : Fayard, 2000, p. 8, 750 (n. 8).
17. Ch. Charle, « La circulation des opéras... », Tableau 15, p. 28.

Notes de 21.5

1. En 1831, entre 1843-1849, 1853-1857, 1859-1860, 1878-1883.
2. D. Charlton et N. Wild, *Répertoire*, p. 405.
3. S. Teulon-Lardic, « Du lieu à la programmation : une remémoration concertée de l'ancien opéra-comique sur les scènes parisiennes (1840-1887) », in A. Terrier et A. Dratwicki éd., *L'Invention des genres lyriques français et leur redécouverte au 19ᵉ siècle*, Lyon : Symétrie-Palazzetto Bru Zane, 2010, p. 347-385.
4. J. Élart, « Boieldieu en France de la Révolution française à la Première Guerre mondiale [...] », in A. Dratwicki et A. Terrier éd., *Art lyrique et transferts culturels*, en ligne, http://www.bruzanemediabase.com/, 2017, consulté le 2 janv. 2018 ;

H. Lacombe, « La question du répertoire », in J.-C. Yon éd., *D'une salle Favart à l'autre : l'Opéra-Comique de 1887 à 1900*, à paraître.
5. A. Soubies et Ch. Malherbe, *Histoire de l'Opéra comique : la seconde salle Favart, 1840-1860*, Paris : E. Flammarion, 1892, p. 61.
6. E. Stoullig, *Les Annales du théâtre et de la musique*, 23ᵉ année (1897), Paris : Paul Ollendorff, 1898, p. 106.
7. G. Roger, *Le carnet d'un ténor*, Paris : Ollendorf, 1880, p. 14.
8. https://dezede.org/dossiers/georges-brown/.
9. C. Saint-Saëns, « Musique : l'Opéra-Comique et Mme Miolan-Carvalho », *Le Voltaire*, 21 nov. 1879.
10. [*Journal de régie de l'Opéra-Comique (4 septembre 1899 - 22 juin 1900)*], F-Po, Registres OC-44, p. 64.
11. H. Lacombe, *Georges Bizet*, Paris : Fayard, 2000, p. 665-674 ; L. Wright, « Une critique revisitée : l'accueil de *Carmen* à Paris en 1883 », in *Musique, esthétique et société au XIXᵉ siècle [...]*, D. Colas, F. Gétreau et M. Haine éd., Wavre : Mardaga, 2007, p. 187-197.
12. D. Charlton et N. Wild, *Répertoire*.
13. J.-Ch. Branger, « Les compositeurs français et l'opéra italien : la crise de 1910 », in J.-Ch. Branger et A. Ramaut éd., *Le Naturalisme sur la scène lyrique*, Saint-Étienne, PUSE, 2004, p. 315-342. Voir aussi Ch. Charle, « Opera in France, 1870–1900 : between nationalism and foreign imports », in V. Johnson, J. F. Fulcher et Th. Ertman éd., *Opera and Society in Italy and France from Monteverdi to Bourdieu*, Cambridge : CUP, 2007.
14. C. Debussy, « Du respect dans l'art », *SIM*, déc. 1912 ; repris in *Monsieur Croche et autres écrits*, p. 217.
15. Darthenay, « Théâtre impérial de l'Opéra-Comique », *Le Théâtre chez soi*, 20 mai 1856, p. 25.
16. A. Soubies et Ch. Malherbe, *Histoire de l'Opéra-Comique. La seconde salle Favart, 1860-1867*, Paris : E. Flammarion, 1893, p. 192.
17. J.-Ch. Branger, « Alfred Bruneau et l'opéra-comique : rejet, altération et transformation du genre "éminemment national" », in *L'Opéra-Comique à l'épreuve de la modernité (1850-1914)*, actes de colloque de l'opéra-Comique, en ligne, https://bru-zane.com/fr/#, consulté le 1ᵉʳ mars 2019.
18. A. Carré, *Souvenirs de théâtre*, Robert Favart éd., Paris : Plon, 1950.
19. En 1888, *Dimanche et lundi* (Athénée, 1872) de Deslandres et *Madame Turlupin* (Athénée, 1872) de Guiraud ; en 1890, *Dimitri* (TG, 1876) de Joncières ; en 1893, *Le Dîner de Pierrot* (Odéon, 1881) de Hess ; en 1894 *Paul et Virginie* (TL de la Gaîté, 1876) de Massé ; en 1895, *La Vivandière* (La Monnaie, 1893) de Godard, *La Jacquerie* (MC, 1895) de Lalo et Coquard ; en 1898, *Fervaal* (La Monnaie, 1897) de d'Indy.
20. J.-Ch. Branger, « Quand on déclame sur la scène de l'Opéra », in S. Chaouche, D. Herlin et S. Serre éd., *L'Opéra de Paris, la Comédie-Française et l'Opéra-Comique [...]*, Paris : École des Chartes, 2012, p. 175-183.
21. Ph. Blay, « "Un théâtre français tout à fait français" ou un débat fin-de-siècle sur l'Opéra-Comique », *Rdm*, 87/1, 2001, p. 107-144.
22. J.-Ch. Branger, « Alfred Bruneau et l'opéra-comique », p. 3-4.

23. F. Poulenc, *Emmanuel Chabrier*, Paris, Genève : la Palatine, 1961, p. 96 ; réed. in F. Poulenc, *J'écris ce qui me chante*, N. Southon éd., Paris : Fayard, 2011, p. 711.
24. J.-Ch. Branger, « Alfred Bruneau et l'opéra-comique », p. 12.

Notes de 21.6

1. *Journal des arts, des sciences et de la littérature*, 30 sept. 1813, p. 436-437, 439-440.
2. « Le centenaire de Meyerbeer à l'Opéra, le 14 novembre 1891. – M. Mounet-Sully lisant les vers de M. Jules Barbier [sur la scène de l'Opéra] », dessin d'Édouard Zier, gravé pour *Le Monde illustré*, 21 nov. 1891, p. 325.
3. J.-L. Heugel, « Cérémonie de la translation du corps de Meyerbeer », *Mén.*, 8 mai 1864, p. 178-179.
4. « Causeries musicales », *Mén.*, 13 juin 1846 ; « Chronique musicale », *L'Illustration*, 13 juin 1846, p. 240.
5. P. Capelle, *La Clé du caveau à l'usage des chansonniers français et étrangers [...]*, 4ᵉ éd., Paris : A. Cotelle, [1848].
6. J. Pasler, *La République, la musique et le citoyen*, p. 265-269.
7. Th. Zeldin, *Histoire des passions françaises 1848-1945*, t. 3, *Goût et corruption*, trad. C. Erhel et M. Causse, Paris : Éditions du Seuil, 1981, p. 156.
8. L. Corbière, *Du concert au show business. Le rôle des imprésarios dans le développement international du commerce musical, 1850-1930*, thèse de doctorat, université Lille 3, 2018, p. 30.
9. D. Ferdinand, *Le Petit Indicateur de l'Opéra-Comique pour l'année théâtrale de 1824 à 1825*, Paris : Vente, 1824.
10. E. et J. de Goncourt, *Journal*, [30 juin 1868], cité in J.-C. Yon, *Jacques Offenbach*, [Paris] : Gallimard, 2000, p. 613.
11. J.-C. Yon, *Jacques Offenbach*, p. 583.
12. *Orphée aux Enfers* (BP, 1858 ; 19 oct. 1878) ; *La Mascotte* (BP, 29 déc. 1880 ; 7 déc. 1885) ; *Miss Helyett* (BP, 12 nov. 1890 ; 1896) ; *Les Cloches de Corneville* (FD, 19 avr. 1877 ; 18 oct. 1886).
13. L. W. Levine, *Culture d'en haut, culture d'en bas : l'émergence des hiérarchies culturelles aux États-Unis*, trad. M. Woollven et O. Vanhée, Paris : La Découverte, 2010.
14. J. Heilbron, N. Guilhot et L. Jeanpierre, « Vers une histoire transnationale des sciences sociales », *Sociétés contemporaines*, 73/1, 2009, p. 123.
15. *Exposé de la situation du théâtre de l'Opéra-Comique [...]*, Paris : Typographie Morris père et fils, 1871, p. 4.
16. M. Espagne et M. Werner, « La construction d'une référence culturelle allemande en France. Genèse et histoire (1750-1914) », *Annales ESC*, 4, juil.-août 1987, p. 969-992 ; A. Fauser et M. Everist éd., *Music, theater, and cultural transfer : Paris, 1830-1914*, Chicago : UCP, 2009 ; A. Münzmay, *Musikdramaturgie und Kulturtransfer : eine gattungsübergreifende Studie zum Musiktheater Eugène Scribe in Paris und Stuttgart*, Schliengen : Edition Argus, 2010 ; E. Reibel, « Art lyrique et transferts culturels : réflexions méthodologiques », en ligne, http://www.bruzane-mediabase.com, consulté le 1ᵉʳ nov. 2019.
17. C. Magaldi, « Cosmopolitanism and Music in the Nineteenth Century », en ligne (fév. 2016), https://www.oxfordhandbooks.com/, consulté le 1ᵉʳ oct. 2019.

18. H. Lacombe, « L'Espagne à Paris au milieu du XIXe siècle (1847-1857) [...] », *Rdm*, 88/2, 2002, p. 389-431.
19. A. Gerhard, *The Urbanization of opera. Music theater in Paris in the Nineteenth Century*, trad. M. Whittall, Chicago : UCP, 1998, p. 388-408.
20. J. Blaszkiewicz, « Writing the City : The Cosmopolitan Realism of Offenbach's *La Vie parisienne* », *Current Musicology*, 103, 2018, p. 67-96.
21. E. Calvé, *Sous tous les ciels j'ai chanté*, Paris : Plon, 1940.
22. X. Aubryet, *Les jugements nouveaux [...]*, Paris : A. Bourdilliat, 1860, p. 3.
23. A. Loewenberg, *Annals of Opera, 1597-1940*, 3e éd., Londres : John Calder, 1978.
24. Ch. Charle, « La circulation des opéras en Europe au XIXe siècle », *Relations internationales*, 155, 2013/3, p. 16.
25. *Ibid.*, p. 20.
26. C. Saint-Saëns, « Causerie sur le passé, le présent et l'avenir de la musique », *Bulletin de l'Institut*, 25 oct. 1884, repris in *Écrits sur la musique et les musiciens, 1870-1921*, M.-G. Soret éd., [Paris] : Vrin, 2012, p. 338.
27. K. Ellis, « Olivier Halanzier and the Operatic Museum in late Nineteenth-Century France », *Music & Letters* 96/3, 2015, « Conclusions ».
28. Ch. Charle, *Théâtres en capitales : naissance de la société du spectacle à Paris, Berlin, Londres et Vienne, 1860-1914*, Paris : A. Michel, 2008, p. 12-13.
29. R. Strauss à H. von Hofmannsthal, 5 juin 1916, in R. Strauss et H. von Hofmannsthal, *Correspondance*, B. Banoun trad., Paris : Fayard, 1992, p. 320. Voir T. Picard, « Les opéras mythologiques de Richard Strauss : Un nœud de la modernité », in Séminaire « Modernités antiques », 2007, en ligne, http://www.fabula.org/atelier.php?Modernit%26eacute%3Bs_antiques, consulté le 1er mars 2019.
30. T. Picard, *La Civilisation de l'opéra : sur les traces d'un fantôme*, [Paris] : Fayard, 2016, p. 12.

Lucienne Bréval (née Berthe Schilling, 1869-1935)

Tragédienne lyrique de première classe, Lucienne Bréval mena une carrière qui s'échelonna sur presque trente ans. Elle interpréta les principaux rôles du grand opéra français et ceux des productions françaises de l'opéra wagnérien. D'origine suisse, Bréval étudia d'abord aux Conservatoires de Lausanne et de Genève, où elle obtint en 1887 un premier prix en piano. Au Conservatoire de Paris, elle étudia avec Victor Warot et Louis-Henri Obin et décrocha un deuxième prix en chant et un premier prix en opéra en 1890. Reconnue d'abord comme soprano falcon, Bréval fit ses débuts à l'Opéra de Paris en 1892 dans le rôle de Sélika de *L'Africaine* de Meyerbeer. Ce sera son incarnation de Brünnhilde dans la création française de *La Walkyrie* de Wagner en 1893 à l'Opéra qui amorcera véritablement sa carrière. Selon Henri de Curzon, Bréval avait tout pour réussir dans l'interprétation de la vierge guerrière : la beauté, une stature imposante, des gestes nobles, une voix expressive et veloutée, un grand registre et un timbre pénétrant. Toutes ces qualités furent toujours animées d'une passion audacieuse. Bréval chanta ensuite les rôles wagnériens de Vénus de *Tannhäuser* en 1895, Eva des *Maîtres chanteurs de Nuremberg* en 1897 et Kundry de *Parsifal* en 1914. Parfaitement accomplie dans le répertoire français, Bréval créa de nombreux rôles, tels Yamina de *La Montagne noire* (1895) d'Augusta Holmès, Séphora du *Fils de l'étoile* (1904) de Camille Erlanger ainsi qu'Ariane dans *Ariane* (1906) et dans *Bacchus* (1909) de Massenet. Elle participa également aux premières au Palais Garnier de *L'Étranger* (Vita, 1903) et de *Fervaal* (Guilhen, 1912) de Vincent d'Indy. Engagée à New York au Metropolitan Opera en 1900, Bréval fit ses débuts nord-américains dans *Le Cid* de Massenet. Elle chanta ensuite dans *Die Walküre* et lors de la première américaine de *Salammbô* de Reyer. Malgré son succès fulgurant à Paris, la cantatrice fut moins appréciée à l'étranger : son style vocal et sa gestuelle particulière bien ancrés dans la tradition française ont été perçus comme démodés. Sa carrière, hormis quelques prestations à Covent Garden en 1906 dans le rôle-titre d'*Armide* de Gluck, fut désormais cantonnée presqu'entièrement à Paris. Elle y chanta également sur la scène de l'Opéra-Comique des rôles du répertoire (*Carmen*), des créations (*Pénélope* de Fauré et Lady Macbeth de *Macbeth* d'Ernest Bloch en 1910) et des reprises (*Iphigénie en Aulide* de Gluck). Elle sera nommée chevalier de la Légion d'honneur en 1925.

Kimberly White

Lucienne Bréval dans *Le Fils de l'étoile* de Camille Erlanger, photographie, 1904 (détail).

Protocole

Afin d'alléger le texte, les dates de vie et de mort des protagonistes de cette histoire sont précisées dans l'index des personnes ; les œuvres sont identifiées par le nom du compositeur (l'index des œuvres donne les noms des librettistes).

La presse devenant un acteur capital de la vie lyrique au XIXe siècle, nous avons choisi, afin d'en montrer l'importance et de manifester sa présence, de donner les références aux périodiques cités sous forme abrégée dans le texte même, soit : (*Mén.*, 6 janv. 1895) pour (*Le Ménestrel*, 6 janvier 1895).

La confusion qui peut avoir lieu entre création absolue, comme disent les Italiens, et première dans un théâtre, nous a amené à faire suivre le plus systématiquement possible chaque titre d'opéra de l'année de sa création précédée du lieu (l'institution pour Paris, ou la ville pour la province et l'étranger) : *Zémire et Azor* (Fontainebleau, 1771), *Euryanthe* (Vienne, 1823), *Carmen* (OC, 1875).

L'orthographe des citations est modernisée.

Abréviations
Bibliothèques et fonds divers

Nous suivons autant que faire se peut le répertoire international des sources musicales (RISM) que nous avons aménagé cependant pour la Bibliothèque nationale de France (BnF) – il est inadapté aux changements survenus dans la répartition des départements et des sites :

Département de la Musique	F-Pn
Département des Manuscrits	F-Pnm
Bibliothèque-musée de l'Opéra	F-Po
Site Tolbiac	F-PnTolbiac

Pour les Archives nationales, nous utilisons le sigle habituel (F-Pan), pour les Archives départementales, AD suivi du nom du département, pour les Archives municipales, AM suivi du nom de la ville.

Abréviations des institutions théâtrales parisiennes

BP	Bouffes-Parisiens
CF	Comédie-Française
CI	Comédie-Italienne
Favart	Théâtre Favart abritant une troupe d'opéra-comique (28 avr. 1783-26 juil. 1801)
Feydeau	Théâtre Feydeau abritant une troupe d'opéra-comique (sept. 1792-16 avr. 1801)
FD	Folies-Dramatiques
FP	Fantaisies Parisiennes
FSG	Foire Saint-Germain
FSL	Foire Saint-Laurent
La Monnaie	Bruxelles, Théâtre de la Monnaie
MC	Opéra de Monte-Carlo
O	Opéra [de Paris], Académie royale/ impériale/ nationale de musique
OC	Opéra-Comique (à partir du 26 juil. 1801, date de la fusion des troupes Favart et Feydeau)
OC/CI	Réunion de la Comédie-Italienne et de l'Opéra-Comique de la Foire (FSG et FSL) occupant l'Hôtel de Bourgogne (3 fév. 1762- 4 avr. 1783)
ON	Opéra-National (1847-1852)
TC	Théâtre du Châtelet
TCE	Théâtre des Champs-Élysées
TG	Théâtre de la Gaîté
TI	Théâtre-Italien (1801-1878) [Opera Buffa (1801-1804), Théâtre de l'Impératrice (1804-1814)...]
TL	Théâtre-Lyrique
TM	Théâtre de Monsieur
TMont.	Théâtre Montansier
TN	Théâtre des Nouveautés
TNL	Théâtre National Lyrique, dit aussi Opéra National Lyrique (Théâtre de la Gaîté)
TPR	Théâtre du Palais-Royal
TPSM	Théâtre de la Porte Saint-Martin
TR	Théâtre de la Renaissance
TV	Théâtre des Variétés
Vaud.	Théâtre du Vaudeville

Livres et périodiques

AM	*L'Art musical*
AP1	*Archives parlementaires de 1787 à 1860 : recueil complet des débats législatifs et politiques des Chambres françaises*, 1re série, 1787 à 1799, Paris : Paul Dupont, puis CNRS éditions, 1867-2012.
AP2	*Archives Parlementaires : recueil complet des débats législatifs et politiques des Chambres françaises [...]*, 2e série, 1800-1860, Paris : Paul Dupont, 1862-1912.
D. Charlton et N. Wild, *Répertoire*	*Théâtre de l'Opéra-Comique Paris. Répertoire 1762-1972*, Sprimont : Mardaga, 2005.
COJ	*Cambridge Opera Journal*
A. Devriès et F. Lesure, *Dict.*, 2	*Dictionnaire des éditeurs de musique français*, vol. 1, *Des origines à environ 1820*, Genève : Minkoff, 1979 ; vol. 2, *De 1820 à 1914*, Genève : Minkoff, 1988.
J.-M. Fauquet, *Dict.*	J.-M. Fauquet éd., *Dictionnaire de la musique en France au XIXe siècle*, Paris : Fayard, 2003.
Fig.	*Le Figaro*
FM	*La France musicale*
JD	*Journal des débats*
JO	*Journal officiel de la République française* (1870-1880)
JOcd	*Journal Officiel de la République française. Débats parlementaires. Chambre des députés* (1881-1940).
JOcd-doc	*Journal officiel de la République française. Documents parlementaires. Chambre des députés : annexes aux procès-verbaux des séances* (1881-1940).
JOse	*Journal Officiel de la République française. Débats parlementaires. Sénat* (1881- 1940).
JOse-doc	*Journal officiel de la République française. Documents parlementaires. Sénat : annexes aux procès-verbaux des séances* (1881-1940).
Mén.	*Le Ménestrel*
MU	*Moniteur universel*
Rdm	*Revue de musicologie*
RGMP	*Revue et Gazette musicale de Paris*
RM	*Revue musicale*
S. Nicolle, *La Tribune et la Scène*	*La Tribune et la Scène. Les débats parlementaires sur le théâtre en France au XIXe siècle (1789-1914)*, thèse de doctorat, université de Paris-Saclay, 2015.
N. Wild, *Dict.*	*Dictionnaire des théâtres parisiens : 1807-1914*, n^{lle} éd., Lyon : Symétrie ; [Venise] : Palazzetto Bru Zane, 2012.
J.-C. Yon, *Une histoire du théâtre*	*Une histoire du théâtre à Paris. De la Révolution à la Grande Guerre*, Paris : Aubier, 2012

Éditeurs universitaires

Chicago : UCP	University of Chicago Press
CUP	Cambridge University Press
OUP	Oxford University Press
PUBP	Presses Universitaires Blaise-Pascal
PUF	Presses universitaires de France
PUPS	Presses de l'université de Paris-Sorbonne
PUR	Presses universitaires de France
PUSE	Presses universitaires de Saint-Étienne
UCP	University of California Press
UMI	University microfilms international

Divers

ca	circa
cat. d'exp.	Catalogue d'exposition
cht-p.	Partition chant et piano
F	franc(s)
part. d'orch.	Partition d'orchestre
SACEM	Société des auteurs, compositeurs et éditeurs de musique
SACD	Société des auteurs et compositeurs dramatiques

Liste des encadrés consacrés aux interprètes

Nicolas-Jean-Blaise Martin (1768-1837)	83
Caroline Branchu (1780-1850)	143
Nicolas-Prosper Levasseur (1791-1871)	204
Jean-Baptiste Chollet (1798-1892)	253
Laure Cinti-Damoreau (1801-1863)	302
Lise Noblet (1801-1852)	369
Marie Taglioni (1804-1884)	370
Adolphe Nourrit (1802-1839)	413
Gilbert Duprez (1806-1896)	477
Maria Malibran (née Garcia, 1808-1836)	533
Cornélie Falcon (1814-1897)	592
Rosine Stoltz (née Victoire Noël, 1815-1903)	647
Gustave Roger (1815-1879)	703
Pauline Viardot (née Garcia, 1821-1910)	761
Caroline Miolan-Carvalho (1827-1895)	816
Jean-Baptiste Faure	871
Hortense Schneider (1833-1920)	933
Célestine Galli-Marié (1837-1905)	983
Victor Maurel (1848-1923)	1032
Juliette Simon-Girard (1859-1959)	1079
Sibyl Sanderson (1864-1903)	1128
Lucienne Bréval (1869-1935)	1178

Index des noms

Abattucci, Charles (1791-1857) : 606
Accursi, Michele (1802?-1872 ap.) : 331
Achard, Amédée (1814-1875) : 421
Achard, Léon (1831-1905) : 438, 1158
Achard, Mme (?-?) : 808
Adam, Adolphe (1803-1856) : 12, 30-31, 55, 67, 90, 99, 101, 127, 149, 151, 166, 169, 179-183, 191, 217, 224, 233, 253, 267, 307, 374, 376-378, 380, 382-383, 387, 393, 396, 399-400, 402-406, 416, 419, 426, 428-429, 431, 435, 438, 443, 450, 463-464, 467, 545-546, 565-566, 576, 766, 779, 783-784, 786, 791, 797, 816, 820-821, 832, 836, 838, 842, 844, 848-850, 854, 859, 879, 925, 945-946, 970, 993, 997, 1035, 1052, 1065, 1068-1069, 1071, 1132, 1156, 1158-1159
Adam, Juliette (1836-1936) : 115, 1013
Adam, Louis (1758-1848) : 398
Adam de La Halle (1245/50-1288?) : 1136
Adams, John Quincy (1767-1848) : 856
Aderer, A. (?-?) : 711
Adorno, Theodor W. (1903-1969) : 20, 314

Agoult, Marie de Flavigny comtesse d' (1805-1876) : 684
Aguado, Alexandre Marie (1784-1842) : 52, 280, 288, 304, 600, 627
Aignan, Étienne (1773-1824) : 211
Alaffre, Benjamin (1803-18..) : 416
Alary, Jules (1814-1891) : 417, 464
Albani, Emma (1847-1930) : 119, 477, 848
Albeniz, Isaac (1860-1909) : 946
Albert, Alfred (1814?-1879) : 418, 718
Albert (chef de claque) : 681
Albertin, Hyacinthe (17??-1840) : 738
Alboise de Pujol, Édouard (1805-1864) : 101
Alboni, Marietta (1826-1894) : 339, 482, 1024, 1109
Alembert, Jean Le Rond d' (1717-1783) : 241
Aliprandi, Bernardo (1710-1792) : 209
Alissan de Chazet, René (1774-1844) : 258-259
Almaury de Maistre, baronne (?-?) : 825
Altès, Henry (1826-1895) : 1114
Amable (1846-1916) : 717
Ambrogi, Giuseppe (1780?-18??) : 283
Amigo, Maria Rosaria (18??-18??) : 283
Ancelot, Jacques-Arsène-François-Polycarpe (1794-1854) : 306

Anglemont, Édouard d' (1798-1876) : 259
Anicet-Bourgeois, Auguste (1806-1870) : 496
Anne, Théodore (1797-1869) : 307
Anseaume, Louis (1721-1784) : 765
Antigny, Blanche d' (1840-1874) : 465
Apponyi, Marie Thérèse de Nogarola, comtesse Apponyi (1790-1874) : 1048
Apponyi, Rudolf (1802-1853) : 689-690
Arago, Étienne (1802-1892) : 416
Aragon, Charles d' (1812-1848) : 606
Arban, Jean-Baptiste (1825-1889) : 784, 1042
Arderius, Francisco (1836-1887) : 842
Argout, Antoine, comte d' (1782-1858) : 37, 601
Arlincourt, Charles-Victor d' (1788-1856) : 380, 913
Armand, Mme, chanteuse (?-?) : 232
Armingaud, Jules (1820-1900) : 14
Arnaud, chanteur (?-?) : 773
Arnaud, Simone (1850-1901) : 1148
Arrighi, Jean-Marie (1751-1842) : 209
Arsène, régisseur : 738
Asselineau, Charles (1820-1874) : 349
Auber, Daniel-François-Esprit (1782-1871) : 12, 15, 17, 19, 23, 29, 67, 96, 98-99, 103, 148-149, 151, 154, 156, 159-160, 168-169, 178, 180-182, 184, 187, 222, 233, 237, 258, 302, 306, 308-309, 311, 317, 321, 324, 330, 333, 336-340, 347, 369, 373-374, 376, 378, 380-381, 389, 391, 393-399, 401-403, 405-406, 413, 415-416, 419, 425-426, 428, 431, 433, 443, 450, 460, 468, 499-500, 502, 526, 545-547, 561, 576, 592, 677, 690, 714, 725, 727, 729, 738, 749, 777-778, 783-784, 791, 796, 798, 816, 820-821, 824-825, 830, 832, 837-838, 841-843, 845-846, 850-854, 856-857, 871, 877, 879-880, 897, 904, 912-913, 915-916, 918-919, 921, 924, 943, 947, 950, 952-953, 956-958, 970, 1002, 1007, 1013, 1019, 1038, 1046, 1051, 1053, 1065, 1069, 1091, 1121, 1132, 1136, 1142, 1152, 1154, 1158-1160, 1163-1165
Aubert, Victor, danseur (?-?) : 773
Aubryet, Xavier (1827-1880) : 1168
Audinot, Nicolas-Médard (1732-1801) : 855
Audoin, Pierre-Jean (1764-1808) : 36
Audran, Edmond (1940-1901) : 100, 553-556, 559, 794, 800, 805, 808, 811, 842, 860, 943, 947, 1072, 1079, 1166
Auger, Hippolyte (1796-1881) : 95, 164, 339
Augier, Guillaume Victor Émile (1820-1889) : 63, 160, 416
Auletta, Ferdinando (17??-18??) : 283
Aumer, Jean-Louis [ou Jean-Pierre] (1774-1833) : 178, 316-317, 714, 728
Aumont, duc d' (?-?) : 373-374
Auriol, Henri (1880-1959) : 42
Avelloni, Francesco Antonio (1756-1837) : 767

Baggers, Marius (1855-1939) : 554
Bagier, Prosper (1811-1881) : 479, 481-482, 484-486
Baillot, Denis, librettiste (?-?) : 211, 257, 265
Baillot, Pierre (1771-1842) : 849
Balfe, Michael William (1808-1870) : 66, 427, 453, 647, 703, 793, 983
Balleyguier, Delphin (1829-1899) : 442
Balocchi, Giuseppe Luigi (1766-1832) : 166, 257, 306, 326, 328, 715
Balochino, Carlo (1770?-1850) : 768

INDEX DES NOMS

Balzac, Honoré de (1799-1850) : 293, 684, 702, 913, 1082-1083, 1085, 1087-1088, 1090, 1093-1094
Baour-Lormian, Pierre-Marie-François (1770-1854) : 211, 213
Barateau, critique (?-?) : 564-565
Barbaja, Domenico (1778-1841) : 623-625, 627, 768
Barbier, Auguste (1805-1882) : 156, 306, 452
Barbier, Frédéric (1829-1889) : 440, 568
Barbier, Jules (1825-1901) : 95, 99, 153, 157, 160, 164, 170, 268, 417, 420, 422-423, 427-428, 444, 447, 538-539, 545, 549-550, 975, 1087
Barbier-Cristiani, Lise (1827-1853) : 849
Barbieri, Francesco Asenjo (1823-1894) : 841-842
Barilli, Luigi (1764?-1824) : 209, 730
Barré, directeur de théâtre (?-?) : 95
Barroilhet, Paul (1810-1871) : 333
Barthes, Roland (1915-1980) : 737
Basset, Alexandre (1796-1870) : 52, 374
Bastiat, Frédéric (1801-1850) : 605
Batiste, chanteur (?-?) : 229-230, 232
Bataille, Charles (1822-1872) : 871
Battistini, Mattia (1856-1928) : 871, 1032
Batton, Désiré-Alexandre (1798-1855) : 399
Baudelaire, Charles (1821-1867) : 174, 391, 503, 507, 511, 743, 1100-1101, 1104
Baudon, Louis Adolphe [graveur de musique] (18..-1898) : 630
Baudouin, Eugène (1842-1893) : 115, 751
Baudron, Antoine-Laurent (1743-1834) : 856
Bauvin, Jean-Grégoire (?-?) : 768
Baux, chanteur (?-?) : 773

Bayard, Jean-François (1796-1863) : 95, 99, 416, 1148
Bayret, chanteur (?-?) : 773
Bazille, Auguste (1828-1891) : 426
Bazin, François (1816-1878) : 102, 128, 429, 859
Beaugrand, Léontine (1842-1925) : 611
Beaumarchais, Pierre Augustin Caron de (1732-1799) : 1032, 1097
Beaumont, Alfred, directeur de théâtre (?-?) : 426
Beaumont, Félix de (1794-1866) : 46, 792
Beaumont-Vassy, Édouard Ferdinand, vicomte de (1816-1875) : 561
Beauquier, Charles (1833-1916) : 115, 194, 392
Beck, Franz Ignaz (1723-1809) : 765
Becq de Fouquières, Louis (1831-1887) : 88, 735
Beethoven, Ludwig van (1770-1827) : 102, 150-151, 154, 189, 240, 265, 268-270, 273-277, 329, 353, 434, 443, 445, 451, 503, 509, 521, 769, 785, 792, 834, 879, 1020, 1038, 1054, 1064-1065
Belgiojoso, Cristina Trivulzio, princesse de (1808-1871) : 561, 1048
Bellemont, Mme, chanteuse (?-?) : 233
Bellini, Vincenzo (1801-1835) : 67, 284-290, 380, 416, 418, 434, 441, 479, 482, 492, 533, 625, 627, 636, 783-786, 791-792, 829-830, 838, 846, 850, 923, 956, 1041, 1046, 1062, 1112, 1164
Bellissen, Jacques de (1779-1869) : 561
Belloc-Giorgi, Teresa (1784-1855) : 209
Belval, Mlle, chanteuse (?-?) : 161
Bénazet, Édouard (1801?-1867) : 456, 567, 819, 822
Benazet, Jacques (?-1848), dit Benazet père : 818-819

Benchet, chanteuse (?-?) : 773
Benda, Jiři Antonin (1722-1795) : 911
Benelli, Giovanni Battista (1773-1857) : 282
Benjamin, Walter (1892-1940) : 1006
Benoist, François (1794-1878) : 180
Benoît, Frédéric (1805-1888) : 630-631, 636
Bénoni, Mlle, danseuse (?-?) : 749
Benque, Wilhelm (1843-1903) : 1121
Béranger, Pierre-Jean de (1780-1857) : 626, 1166
Bérard, Léon (1876-1960) : 49
Berbis, Henri-Jules de (1773-1852) : 616
Bérenger, René (1830-1915) : 1120
Bergerat, Émile (1845-1923) : 539
Bergson, Henri (1859-1941) : 921
Berio di Salsa (?-?) : 258-259
Bériot, Charles de (1802-1876) : 1042
Berlioz, Hector (1803-1869) : 12, 17, 19, 67, 100, 102-103, 107, 110-111, 113, 119-120, 143, 149-152, 156, 161-162, 165, 167-168, 170, 175, 177, 181, 186-189, 217, 225, 247, 258, 262, 266-267, 294, 306-308, 330-331, 346, 352, 356, 375-376, 382-383, 385, 393, 399, 403, 406, 420-421, 434-435, 439, 443, 446, 450-456, 464, 490, 499, 506, 509, 520, 522, 525, 539, 545, 552, 629, 632-634, 658, 670, 677, 688, 692, 708-709, 742, 761, 798-799, 817, 819-822, 829, 847, 849, 852, 881, 883, 902, 904, 906, 910-911, 918, 925, 940, 944, 946, 949, 957, 961, 983, 992-994, 997-998, 1015, 1023, 1046, 1051, 1059, 1069, 1082, 1085-1086, 1090, 1112, 1115, 1119, 1132-1134, 1136, 1138, 1141, 1149-1150, 1155, 1164, 1166
Bernadotte, Jean-Baptiste (1763-1844) : 62

Bernard, Éric, directeur de théâtre (?-?) : 373
Bernard, Paul (1827-1879) : 439, 565
Bernard, Pierre (1810-1876) : 47
Bernardin de Saint-Pierre, Jacques-Henri (1737-1814) : 1091
Bernheim, Adrien (1861-1914) : 679
Bernicat, Firmin (1842-1883) : 786
Béroud, Louis (1852-1930) : 1106
Berr, Frédéric (1794-1838) : 1052
Berry, Charles Ferdinand de Bourbon duc de (1778-1820) : 653
Berryer, Pierre Antoine (1790-1868) : 47, 115, 606
Berthélémy, Jean-Simon (1742 ou 1743?-1811) : 718
Berthelier, Jean-François (1830-1888) : 117, 933
Bertier, Louis, architecte (?-?) : 653
Bertin, Louise (1805-1877) : 20, 64, 100, 285, 306, 560, 843, 899, 1049, 1148-1149
Berton, Henri-Montan (1767-1844) : 28, 63, 103-104, 111-112, 143, 180, 213, 226, 233-235, 240, 246-247, 265, 291, 294, 306-308, 376, 378, 399, 403, 406, 574, 627, 765, 777, 783, 790, 823, 838, 841, 857, 992, 994, 997, 1003, 1063, 1132
Bertrand, Eugène (1834-1899) : 90, 541-542, 554
Bertrand, Georges (1849-1929) : 1117
Bertrand, Gustave (1834-1880) : 146, 155, 181, 614, 711, 1133
Besançon von Oyen, N. R. (?-?) : 132
Besson, Louis, critique (?-?) : 1043
Beulé, Charles-Ernest (1826-1874) : 47
Bianchini, Charles (1860-1905) : 543, 718, 745, 752
Bieito, Calixto (1963-) : 12
Bigottini, Émilie (1784-1858) : 369
Biletta, Emanuele (1825-1890) : 416

INDEX DES NOMS

Birch-Pfeiffer, Charlotte (1800-1868) : 416
Bis, Hippolyte Louis Florent (1789-1855) : 306, 329
Bishop, Henry Rowley (1786-1855) : 845
Bizet, Georges (1838-1875) : 16, 100, 105, 110, 126, 152, 160, 163, 168, 181, 184, 187-188, 191, 394, 420, 434, 439, 443, 450, 456-460, 463, 500, 520-521, 525, 546-547, 549, 551-552, 567, 570-571, 635-636, 658, 737, 784, 792, 800, 811, 820, 822, 826, 832-834, 839, 848, 852, 854, 877-878, 883-885, 893-894, 906, 914, 922, 947, 949, 956, 959-960, 962, 966, 970, 983, 996, 999, 1009, 1012, 1014-1018, 1038, 1041, 1043, 1049, 1059, 1091, 1143, 1155, 1159-1160, 1164
Blaise, Adolphe (17??-1772) : 856
Blanc, Edmond (1799-1850) : 49
Blanchard, Henri (1778-1858) : 181, 647
Blanche, Jacques-Émile (1861-1942) : 1100
Blandin, Victor (18??-18??) : 600
Blangini, Felice [Félix] (1781-1841) : 211, 399, 1060
Blasius, Matthieu-Frédéric (1758-1829) : 231, 272
Blau, Alfred (1827-1896) : 171, 525
Blau, Édouard (1836-1906) : 171, 524, 538-539, 1148
Blaze de Bury, Henri (1813-1888) : 258, 288, 340, 346
Blinder, Mme Henry (?-?) : 562
Bloch, Ernest (1880-1959) : 1178
Blockx, Jan (1851-1912) : 827
Blondeau, Auguste-Louis (1786-1863) : 103, 829, 832
Blondeau, Henri-Marie-Gabriel (1841-1925) : 1068, 1070
Bloy, Léon (1846-1917) : 1100

Bochsa, Charles (1789-1856) : 857
Boieldieu, Louis, dit Boieldieu fils (1815-1883) : 703, 820
Boieldieu, François-Adrien (1775-1834) : 15, 17, 94, 96, 103-104, 121, 126, 151, 156, 169, 181, 183, 231, 234-235, 239, 247-248, 306, 309, 372-374, 376, 378-380, 384-385, 387-389, 391-392, 396, 399, 402-406, 433-434, 545, 619, 632, 746, 765-766, 783-784, 788, 790-791, 793-794, 798, 800, 820-821, 823-824, 832, 837-840, 845, 849-850, 853, 856, 877, 879, 888, 915-916, 943, 948, 954, 958, 997, 1005, 1061-1063, 1068, 1082, 1088, 1092, 1132, 1148, 1158-1159, 1163-1164
Boigne, Charles de (?-?) : 611
Boileau, Nicolas (1636-1711) : 904
Boisard, Auguste (?-?) : 527
Boisselot, Xavier (1811-1893) : 435, 859
Boisset, Joseph-Antoine (1748-1813) : 46
Boito, Arrigo (1842-1918) : 539, 1070
Boleyn, Anne (1500?-1536) : 902
Bonaparte, Charles-Louis-Napoléon, voir Napoléon III
Bonaparte, Napoléon, voir Napoléon Ier
Bondy, Luc (1948-2015) : 1009
Bonel [ou Bonne], Charles (1785-18?) : 330
Bonnières, Robert de (1850-1905) : 175
Bonoldi, Claudio (1783-1846) : 283
Bordes, Charles (1863-1909) : 102
Bordier, Jules (1846-1896) : 1065
Bordogni, Giulio Marco (1789-1856) : 116, 118, 283, 326, 592
Borel, Pétrus (1809-1859) : 1085
Borghi-Mamo, Adélaïde (1826-1901) : 482, 724
Borme, comédien (?-?) : 789

Borremans, Joseph (1775-1858) : 823
Bosio, Angelina (1830-1859) : 481
Bosisio, Crispiniano (1807?-1858) : 292
Bosman, Rosa (1857-19??) : 827
Bosquin, Jules (1843-1909) : 1068
Boucheron, Maxime (1846-1896) : 555
Bouffardin, Eugénie (1803-?) : 283
Bouhy, Jacques (1848-1929) : 871
Bouilly, Jean-Nicolas (1763-1842) : 94, 235, 238, 248, 678, 769, 879, 1020
Boulanger, Mme, chanteuse, voir Hallignier
Boulanger, Ernest (1815-1900) : 417, 784, 797, 820-821
Boulanger, Georges, général (1837-1891) : 514
Boulanger, Lili (1893-1918) : 1146
Boulanger, Louis (1806-1867) : 718, 938
Boulard, Mme, chanteuse (?-?) : 132
Boullée, Étienne-Louis (1728-1799) : 657
Boullet, machiniste (?-?) : 721, 723, 725
Bourgault-Ducoudray, Louis-Albert (1840-1910) : 539, 946, 1065
Bourgeat, Fernand (1851-1932) : 582
Bourgeois, Léon (1851-1925) : 64
Bourgeois, Marie, chanteuse (?-?) : 773
Bourges, Maurice (1812-1881) : 993
Bourgès, Paul (1840-1901) : 1070
Bousquet, Georges (1818-1854) : 435
Bousquet, Narcisse (18?-1869) : 1052
Boutarel, Amédée (1855-1924) : 604
Bouvier, Jenny, chanteuse (?-?) : 232-233
Bovéry, Antoine-Nicolas-Joseph Bovy, dit Jules (1808-1868) : 786
Bovet, Marie-Anne de (1855-19??) : 448
Brahms, Johannes (1833-1899) : 821

Branchu, Caroline (1780-1850) : 143, 450, 731
Brandus, éditions : 633-634, 636, 752, 846, 988, 1136
Brasseur, Albert (1862-1932) : 557, 1023
Brasseur, Jules (1829-1890) : 90, 554, 557
Breitkopf & Härtel, éditeur : 637
Brémont, Léon (1852-1939) : 871
Brendel, Karl Franz (1811-1868) : 829
Brepsant, Engebert (?-?) : 1052
Brésil, Jules (1818-1899) : 538
Bretón, Tomas (1850-1923) : 843
Bretonnière, Victor (1811-1865) : 1042
Bréval, Lucienne (1869-1935) : 613, 1122, 1178
Bréville, Pierre de (1861-1949) : 829
Briand, Aristide (1862-1932) : 50
Briffaut, Charles (1781-1826) : 221
Brucker, Raymond (1800-1875) : 675
Bruneau, Alfred (1857-1934) : 89, 100, 172, 175-176, 527, 539, 542, 551, 572, 575, 848, 877-878, 893, 943, 993, 1071, 1091, 1163, 1166
Bruni, Antonio Bartolomeo (1757-1821) : 208
Brunswick, Léon-Lévy (1805-1859) : 164, 167, 382
Bülow, Hans von (1830-1894) : 452
Bunn, Alfred (1796-1860) : 844
Burani, Paul (1845-1901) : 555
Burgmüller, Friedrich (1806-1874) : 180
Busnach, William (1832-1907) : 556, 1072, 1148
Busser, Henri (1872-1973) : 459, 709
Buyat, Louis (1875-1963) : 599, 642
Byron, George Gordon, « Lord » (1788-1824) : 1132

INDEX DES NOMS

Cabel, Marie (1827-1885) : 160, 428, 432, 438, 798-799
Cagé, Félix, décorateur (?-?) : 842
Cahen, Albert (1846-1903) : 102, 794
Cahen, Gustave (1848-1928) : 618
Caigniez, Louis-Charles (1756-1842) : 973
Cain, Henri (1857-1937) : 583-584
Caisso, chanteur (18..-19..) : 805
Calabresi, Édouard-Fortuné (1824-1904) : 829
Calderon de la Barca, Pedro (1600-1681) : 98
Calvé, Emma (1858-1941) : 583, 613, 736, 861, 1167
Calzado, Toribio (17??-18??) : 52, 90, 281, 480, 482, 484, 489, 494
Cambon, Charles-Antoine (1802-1875) : 382, 717-718, 819, 842
Camerani, chanteur (?-?) : 229, 231
Camille, agent dramatique (?-?) : 376
Cammarano, Salvatore (1801-1852) : 258
Campra, André (1660-1744) : 1090, 1136
Camprodón, Francisco (1816-1870) : 841
Canat de Chizy, Édith (1950-) : 1146
Candeille, Julie (1767-1834) : 823, 1148
Candeille, Pierre (1744-1827) : 311
Canteloube, Joseph (1879-1957) : 943
Cantin, Louis (1822-1893) : 90, 554, 599-600
Capelle, Pierre (1775-1851) : 339
Capoul, Victor (1839-1924) : 733, 1121
Carafa, Michele (1787-1872) : 63, 98, 179, 259, 306, 331, 334, 376, 380-381, 399, 402, 416, 841, 857, 913, 1060
Carline, Mme (1758-1818) : 232, 1022

Caron, Rose Lucille (1857-1930) : 736, 827, 1109
Carpeaux, Jean-Baptiste (1827-1875) : 47
Carpentras, Louis-Ange (1786-1854) : 1041
Carpezat, Eugène (1833-1912) : 717, 752
Carré, Albert (1852-1938) : 46, 90-91, 156, 584, 680, 685, 715, 720, 745, 1161
Carré, Michel (1822-1872) : 94, 99, 101, 156, 164, 170, 187, 268, 417, 420, 422-423, 427-428, 444, 538-539
Carré, Michel (1865-1945) : 975, 1148
Carvalho, Léon Carvaille, dit (1825-1897) : 55, 61, 90, 92, 120, 122, 156, 436-442, 444-445, 455, 458-460, 545-546, 548-552, 581, 685-686, 715, 736, 816, 846
Casadesus, Robert (1878-1940) : 560
Casimir, Alphonsine-Marie-Virginie Dubois, dite Madame (1801-1888) : 121, 125, 376
Caspers, Henri (1825-1906) : 429, 440
Castelli, Ignaz Franz (1781-1862) : 258-259, 829, 835
Castil-Blaze, François-Henri-Joseph Blaze, dit (1784-1857) : 162, 169, 179, 181, 227, 232, 241, 258-260, 262, 266, 268, 273, 275, 293, 306, 308, 338, 384, 391, 727, 783-784, 790, 857, 936, 947, 994, 1048, 1135, 1140-1141
Castoldi, Luigi, directeur de troupe (?-?) : 792
Castro, Guilhem de (1569-1631) : 580
Catalani, Angelica (1780-1849) : 279-280
Catel, Charles-Simon (1773-1830) : 19, 94, 104, 180, 211, 214-215, 227, 261, 294, 383, 398, 634, 838, 877, 954, 956, 1089, 1106

Catelin, éditeur : 1035
Catherine d'Aragon (1495-1536) : 902
Catherine de Médicis (1519-1589) : 63
Cavarero, Adriana (1942-) : 1018
Cavé, Hygin-Auguste, dit Edmond Cavé (1796-1852) : 306
Cavos, Albert (1800-1863) : 660
Cerfbeer, Alphonse-Théodore (1791-1859) : 46
Cerrito, Fanny (1817-1909) : 1147
Certain, chanteuse (?-?) : 773
Cervantes, Miguel de (1547-1616) : 1090
Cesarini, Carlo Francesco (1666-1741) : 768
Chabrier, Emmanuel (1841-1894) : 12, 16-17, 109, 172-174, 181, 465, 509, 527, 539, 541, 546, 550, 552, 556, 560, 570, 629, 632, 787, 826, 843, 1019, 1059, 1065, 1091, 1107, 1154, 1161, 1163
Chalas, A., librettiste (?-?) : 259
Challemel-Lacour, Paul (1827-1896) : 507
Cham, Amédée de Noé, dit (1818-1879) : 671
Chamberlain, Houston Stewart (1855-1927) : 1100
Champein, Stanislas (1753-1830) : 234-235, 239, 765, 793, 856
Champfleury, Jules Husson, dit (1821-1889) : 511
Chapelle, chanteur (?-?) : 749
Chaperon, Émile (1868-1946) : 744
Chaperon, Philippe (1823-1906) : 418, 543, 717, 750
Chaptal, Jean-Antoine (1756-1832) : 208
Charles IV, roi d'Espagne (1748-1819) : 839-840
Charles X, roi de France (1757-1836) : 29, 306, 325, 330, 610, 1003, 1013, 1111
Charnacé, Guy de (1825-1909) : 508

Charpentier, Gustave (1860-1956) : 159, 175-176, 575, 632, 736, 745, 810, 877-878, 883, 917, 1091, 1143
Charpentier, Louis (1797-1867) : 651
Charton, Edouard (1807-1890) : 38
Charton-Demeur, Anne (1824-1892) : 454
Chartrain, Nicolas-Joseph (1740?-1793) : 823
Chasles, Philarète (1798-1873) : 312
Chassaigne, Francis (1847-1922) : 556, 559
Chateaubriand, François-René de (1768-1848) : 20, 223, 385, 969, 1089
Chaumier, Joseph (1849-1919) : 1146
Chausson, Ernest (1855-1899) : 171, 174-176, 509, 527, 575, 829, 946, 948, 1004
Chédeville, voir Morel de Chédeville
Chélard, H.-A.B. (1789-1861) : 306
Chénard, Simon (1758-1831) : 229, 231-232, 234
Chénier, Marie-Joseph de (1764-1811) : 36, 207
Chéreau, Patrice (1944-2013) : 1008
Chéret, Jules (1836-1932) : 1118
Chéron, Raoul, critique (?-?) : 1162
Cherubini, Luigi (1760-1842) : 14, 18, 94, 102-105, 111, 180, 190, 211, 213, 222, 227, 229, 235-236, 246, 306, 313, 340, 399, 401, 403, 405, 492, 574, 592, 731, 766, 768, 838-840, 850, 856, 879, 912, 954-955, 958, 960, 992, 1164
Chevalier, Paul-Émile (1861-1931) : 1161
Chézy, Helmina von (1783-1856) : 258
Chiari, Pietro (1712-1785) : 258
Chimay, François-Joseph-Philippe de Riquet, prince de (1771-1843) : 1048
Chivot, Henri (1830-1897) : 100, 466, 556

Choiseul, Claude-Antoine-Gabriel, duc de (1760-1838) : 305
Chollet, Jean-Baptiste (1798-1892) : 121, 125, 134, 253, 376, 379, 382, 734, 871
Chopin, Frédéric (1810-1847) : 188, 1041
Choron, Alexandre (1771-1834) : 105, 232, 647
Choudens, Antoine de (1825-1888) : 1043
Choudens, éditions : 629, 631-636, 747, 846
Ciceri, Pierre-Luc-Charles (1782-1868) : 335, 371, 374, 382, 714, 717-718, 736, 741, 745, 817, 939
Cilea, Francesco (1866-1950) : 575, 947
Cimarosa, Domenico (1749-1801) : 208-209, 247, 259, 283-284, 286-287, 292, 302, 923, 1060, 1062, 1132
Cinti-Damoreau, Laure (1801-1863) : 119, 122-123, 129, 131, 159, 162, 282-283, 302, 326-328, 330, 336, 376, 610, 850, 1085
Clairin, Georges (1843-1919) : 632
Clairville, Louis-François Nicolaïe, dit (1811-1879) : 93, 466, 1068, 1072
Clapisson, Antoine-Louis (1808-1866) : 333, 382, 396, 426, 428-429, 438, 450, 784, 816, 819-820, 844, 859, 1070
Claretie, Jules (1840-1913) : 466, 583, 1083, 1090
Clavé, Josep Anselm (1824-1874) : 842
Clemenceau, Georges (1841-1929) : 598
Clément, Catherine (1939-) : 1000, 1012, 1018
Clément, Edmond (1867-1928) : 565
Clément, Félix (1822-1885) : 1141
Cocatrix (17??-18??) : 766
Coën, Jacob (?-?) : 209

Cogniard, Hippolyte (1807-1882) : 90, 338, 784
Cogniard, Théodore (1806-1872) : 93, 338, 784
Cohen, Jules (1835-1901) : 430, 1002
Cohen, Léonce (18..-1901) : 467
Colasse, Pascal (1649-1709) : 1090
Colbran, Isabella (1785-1845) : 785
Collé, Charles (1709-1783) : 234
Colombier, éditions : 633
Colon, Jenny (1808-1842) : 1088
Colonne, Édouard (1838-1910) : 455, 509, 636, 677, 1054, 1057-1059
Combarieu, Jules (1859-1916) : 1134
Comettant, Oscar (1819-1898) : 677
Constant, Benjamin (1767-1830) : 1089
Cooke, Thomas (1782-1848) : 846, 858
Coquard, Arthur (1846-1910) : 794, 1175
Coralli, Jean (1779-1854) : 178, 418
Cormon, Pierre-Étienne Piestre, dit Eugène (1811-1903) : 417-418, 786
Corneille, Pierre (1606-1684) : 580, 794
Cornelius, Peter (1824-1874) : 834
Cornu, Francis (1794-1848) : 496
Corréard, Pierre (18??-18??) : 789
Corti, Alexandre (ca 1820-1856) : 281
Cortot, Alfred (1877-1962) : 509
Costa, Michaele (1808-1884) : 285, 846
Costallat, éditions : 637
Coste, Gaston, directeur de théâtre (?-?) : 807, 809
Costé, Jules (1828-1883) : 464
Couderc, Joseph-Antoine-Charles (1810-1875) : 428-429
Coudère, chanteur (?-?) : 773
Coulanges, directeur de théâtre (18..-19..) : 807
Courteline, Georges (1858-1929) : 1069

Cousin, Victor (1792-1867) : 316, 573
Cousset, Camille (1833-1895) : 48
Couture, A., Chef de musique au 1er Zouaves (?-?) : 1053
Couture, Thomas (1815-1879) : 420
Couÿba, Charles-Maurice (1866-1931) : 50
Craig, Edward Gordon (1872-1966) : 737
Cramer (personne fictive servant de pseudonyme à divers compositeurs) : 1044-1045
Crémieux, Hector (1828-1892) : 165, 466
Crémont, Pierre (1784-1846) : 258-259, 375, 786
Crescentini, Girolamo (1762-1846) : 210
Crétu, Mme, chanteuse (?-?) : 229, 232-233
Crivelli, Gaetano (1768-1836) : 209
Croisez, Alexandre (1814-1886) : 1044
Crosnier, François-Louis (1792-1867) : 374-375, 383, 417
Cruciati, chanteur (?-?) : 209
Cruvelli, Sophie (1826-1907) : 122, 155, 270, 482, 493, 513, 610, 613
Curet, Mme, directrice de théâtre (?-?) : 808
Curzon, Henri de (1861-1942) : 525, 1178
Cuvelier, Jean-Guillaume-Antoine (1766-1824) : 211
Czerny, Carl (1791-1857) : 1041

Da Ponte, Lorenzo (1791-1857) : 211, 257, 259, 264
Dabadie, Henry-Bernard (1797-1853) : 328, 330
Dabadie, Louise-Zulmé (1804-1877) : 328
Dacosta, Mme, directrice de théâtre (?-?) : 808

Dalayrac, Nicolas (1753-1809) : 15, 28, 62, 126-127, 213, 235-237, 239-240, 244-246, 378, 383, 389, 399, 403, 434, 438, 765, 777, 783-784, 790, 823, 838-841, 850, 853, 856, 915, 992, 1041, 1052, 1060, 1062, 1098, 1156
Dalis, chanteur (?-?) : 467, 469
Daly, César (1811-1894) : 658-659
Damcke, Berthold (1812-1875) : 634
Damoreau, Charles (1801-1888) : 122, 339
Dancla, Charles (1817-1907) : 1047
Dangremont [Dantremont], Mme, chanteuse (?-?) : 70, 749
Dantan, Jean-Pierre, dit Dantan ou Dantan Jeune (1800-1869) : 1118, 1120, 1158
Dante Alighieri (1265-1321) : 1091
Dargomyjski, Alexandre Serguéiévitch (1813-1869) : 1058
Daron, M., directeur de troupe (?-?) : 808
Dartois, Armand [en fait, Artois, Armand d'] (1788-1867) : 612
Daudet, Alphonse (1840-1875) : 947, 1048, 1091
Daumier, Honoré (1808-1879) : 1114, 1120
Dauphin, Léopold (1847-1925) : 1165
Daussoigne, Louis Joseph (1790-1875) : 378
Daussoigne-Méhul, Alexandre (1829-1896?) : 1042
Dautresme, Lucien (1826-1892) : 50, 440, 601
David, Félicien (1810-1876) : 14, 19, 152, 181, 187, 393, 416, 419, 429, 431, 438, 456, 458-459, 703, 811, 820, 898, 951, 954, 960, 963, 970, 975, 1059, 1091
David, Jean (1834-1885) : 46
David, ténor (?-?) : 283

INDEX DES NOMS

Davioud, Gabriel (1823-1881) : 658, 668
Davis, Colin (1927-2013) : 452, 455
Davis, John (1773-1839) : 856, 858
D'Azzia, Alessandro (17??-1834) : 256
De Grecis, Nicola (1773-1826?) : 209
De Hartog, Edouard (1829-1908) : 440
Déandréis, Élisée (1838-1911) : 615
Debret, François (1777-1850) : 654
Debry, Mme, directrice de théâtre (?-?) : 808, 810
Debussy, Claude (1862-1918) : 100, 106, 110, 127, 172, 174-176, 187, 509, 527, 572, 575, 584, 631, 634-635, 849, 922, 1048, 1100, 1103, 1140-1141, 1149, 1153, 1159, 1163
Decaisne, Henri (1799-1852) : 1109
Decombe, François-Ferdinand Decombe, dit Albert (1789-1865) : 369
Dedieu, chanteur (?-?) : 773
Deffès, Louis (1819-1900) : 944
Defresne, Floris, directeur de théâtre (?-?) : 772
Defresne, Maurice, Eugène Garay de Monglave, dit (1796-1878) : 259
Degas, Edgar (1834-1917) : 324, 976, 1107, 1113-1114
Dejazet, Virginie (1798-1875) : 434, 440, 462, 1022, 1068
Delacroix, Eugène (1798-1863) : 188, 489, 964, 969, 1113, 1115
Delaquerrière, José (1886-1978) : 565
Delaroche, Paul (1797-1856) : 718, 1111, 1113
Delaunay-Riquier, Edmond-Jules Riquier, dit (1826?-1899?) : 429
Delavigne, Casimir (1793-1843) : 307, 340
Delavigne, Germain (1790-1868) : 95, 306-307, 317, 340, 416
Deldevez, Edme-Marie-Ernest (1817-1897) : 180, 425, 710
Deléchaux, Fanny, danseuse (?-?) : 773
Delécluze, Étienne-Jean (1781-1863) : 887
Delessert, Gabriel (1786-1858) : 1117
Delestre-Poirson, Charles-Gaspard (1790-1859) : 306, 328
Delibes, Léo (1836-1891) : 16, 20, 157, 162, 180, 184-185, 425, 464-465, 509, 523, 526, 542, 546, 548-549, 551-552, 577, 635, 711, 745, 784, 790-791, 797, 820, 834, 852, 884, 892, 906, 945, 949, 956, 965, 1040, 1046, 1091, 1155, 1159, 1162, 1173
Deligne-Lauters, Pauline (1834-1908) : 438
Delioux, Charles (1825-1915) : 946
Della Maria, Domenico (1769-1800) : 127, 235, 237, 240, 247, 765, 777
Delle Sedie, Enrico (1822-1907) : 482
Delmas, Jean-François (1861-1933) : 613
Delna, Marie (1875-1932) : 115, 613
Deloffre, Adolphe (1817-1876) : 427
Delormel, Lucien (1847-1899) : 1070
Delsarte, François (1811-1871) : 737, 1136
Delvau, Alfred (1825-1867) : 384
Demarçay, Marc-Jean (1772-1839) : 618
Démeri, Joséphine (1800-1877?) : 131
Depoix, directeur de troupe (?-?) : 840
Deraismes, Marie [Maria] (1828-1894) : 1108
Dérivis, Henri-Étienne (1780-1856) : 327
Désaugiers, Marc-Antoine (1772-1827) : 266
Desbardes, Mme (chanteuse) : 229

Desbordes-Valmore, Marceline (1786-1859) : 117, 823
Desbrosses, Marie (1763-1856) : 229, 232-233
Descartes, René (1596-1650) : 922
Deschamps, Émile (1791-1871) : 258, 306
Deschamps, Jean-Marie (*ca* 1750-1826) : 216
Desjoyeaux, Noël (1861-1947) : 514
Desmarets, Henry (1661-1741) : 1090
Despaze, Joseph (1779-1814) : 214
Desperamont, chanteur (?-?) : 230
Desplechin, Édouard (1802-1871) : 717, 750, 938, 974
Desroches (17..-18..) : 718
Desroziers, comédien (?-?) : 789
Destranges, Étienne (1863-1915) : 514, 549
Détroyat, Léonce (1829-1898) : 538
Devéria, Achille (1800-1857) : 1119
Devienne, François (1759-1803) : 63, 235, 856
Devin-Duvivier, Jean Adolphe Hippolyte (1827-1909?) : 440
Devisme[s], Jeanne-Hippolyte (1765-1834?) : 1149
Devrient, Eduard (1801-1877) : 829
Devriès, Fidès (1851-1941) : 514
Dezède, Nicolas (1740?-1792) : 765, 856
Di Capua, Rinaldo (1705?-1780?) : 208
Diaz, Eugène-Émile Diaz de La Pena, dit Eugène (1837-1901) : 440, 538, 546, 551-552, 1153
Dibdin, Charles (1745-1814) : 855
Diderot, Denis (1713-1784) : 233, 241, 247
Diémer, Louis (1843-1919) : 1049
Diet, Edmond (1854-1924) : 559
Diéterle, Jules (1811-1889) : 717
Dietsch, Pierre Louis Philippe (1808-1865) : 271, 307, 418, 708

Dieulafoy, Joseph-Marie (1762-1823) : 221
Dihau, Désiré (1833-1909) : 1114
Diodati, Giuseppe Maria, librettiste (?-?) : 259
Dittersdorf, Karl Ditters von (1739-1799) : 272
Donchet, G.-J., directeur de casino (?-?) : 805, 807
Donizetti, Gaetano (1797-1848) : 11, 63, 67, 97, 99, 258, 260, 284-286, 288-290, 307-308, 320, 325, 331-333, 339, 374, 376, 378, 382, 402, 416, 418, 433-434, 441, 453, 456-457, 477, 479, 482, 492-493, 503, 544, 625, 627, 629, 631, 636, 647, 716, 730, 778, 783-785, 791-792, 809, 820-821, 829-830, 833, 838, 846, 848, 850-851, 858, 876-878, 883, 896, 901-902, 904, 923, 940, 947, 983, 991-992, 997, 1041, 1046, 1062, 1065, 1068, 1071, 1084, 1159
Donnet, Alexis (1782?-1867?) : 650, 653
Donzelli, Domenico (1790-1873) : 283, 326
Doré, Gustave (1832-1883) : 1108, 1122
Dormoy, Charles (17??-18??) : 277, 280
Dorus-Gras, Julie (1805-1896) : 122-123, 128, 302
Dorval, Marie (1798-1849) : 647, 808
Dostoïevski, Fiodor (1821-1881) : 1090
Douay, Georges (1840-1919) : 440
Doucet, Camille (1812-1895) : 32, 465
Dozainville (17..-1809) : 229, 232, 239
Draner (1833-1926) : 718
Du Locle, Camille (1832-1903) : 46, 170-171, 417, 487, 525, 538-539, 545-547, 952, 1160

Du Puynode, Gustave (1817-1898) : 605
Dubois-Fontanelle, Joseph-Gaspard (1727-1812) : 1003
Dubois, Théodore (1837-1924) : 102, 106, 943, 947, 1059
Dubosc, Henri (1862-19..) : 49
Dubus, Joseph-Auguste, régisseur (?-?) : 823
Duchâtel, Tanneguy (1803-1867) : 435, 601
Duchesnois, Joséphine (1777-1835) : 731
Ducis, Paul-Auguste (1789-18?) : 99, 373-374
Duesberg, Henri Joseph Maria, traducteur (?-?) : 505
Dugazon, Louise (1755-1821) : 126, 231-233, 239, 245
Dujardin, Édouard (1861-1949) : 174, 508-509, 519, 1100
Dukas, Paul (1865-1935) : 171, 177, 392-393, 509, 539, 542, 634, 993
Dumanoir, Philippe (1806-1865) : 417
Dumas, Alexandre (1802-1870) : 100, 425, 436, 509, 651, 685, 744, 777, 1032, 1093, 1166
Dumas, Alexandre, fils (1825-1895) : 59, 491, 675
Dumouchel, chanteur (?-?) : 850
Duncan, Isadora (1878-1927) : 19, 737
Duni, Egidio (1709-1775) : 434, 856, 1156
Duparc, Henri (1848-1933) : 102, 175, 509
Dupaty, Emmanuel (1775-1851) : 28, 94, 99, 235, 237, 245
Dupin, André-Marie (1783-1865) : 603
Dupin, Henri (1791-1887) : 281, 479
Duponchel, Charles (1804-1864) : 601

Duponchel, Henry (1794-1868) : 52, 92, 271, 304, 306, 310, 331, 358, 493, 503, 714, 718, 729
Dupont, Alexis (1796-1874) : 451, 477
Dupont, Gabriel (1878-1914) : 632, 826, 946
Duport, Jean-Louis (1749-1819) : 234, 692
Duport, Paul (1798-1866) : 1023, 1148
Duprat, Mme, directrice de théâtre (?-?) : 808
Duprato, Jules (1827-1892) : 417, 464
Dupressoir, Émile (?-?) : 819
Duprez, Caroline (1832-1875) : 120, 428
Duprez, Édouard (1804-1879) : 490, 538, 786, 825
Duprez, Gilbert (1806-1896) : 116, 118-120, 123, 128, 133-134, 158, 161, 163, 331, 336, 413, 451, 477, 612, 703, 816, 825, 991, 1008, 1119, 1121
Dupuy, Alphonsine (1838?-?) : 428
Duquesnel, Félix (1832-1915) : 608
Duquesnoy, chanteur (?-?) : 230
Durand, éditions : 630-632, 634, 1040, 1136
Durand, Émile (1830-1903) : 106, 112
Durand, Ludovic (1832-1905) : 819
Durand, Pierre, Eugène Guinot, dit (1805-1861) (?-?) : 674
Durand Schœnewerk, éditions : 637
Durdilly, Louis, éditeur (1848-1929) : 637, 792
Duret-Saint-Aubin, Cécile (1785-1862) : 231, 233
Duriez, directeur de théâtre (?-?) : 789
Duru, Alfred (1829-1889) : 100, 466, 556
Duse, Eleonora (1858-1924) : 736
Dutertre de Véteuil, Félix (1810?-1877) : 786

Duval, Alexandre, Alexandre Pineux Duval, dit (1767-1842) : 209, 232-233, 237, 245, 339, 539, 1148
Duval, C., Mlle, auteure (?-?) : 1147
Duval, Georges (1847-1919) : 556
Duval, Mlle, chanteuse (?-?) : 568
Duvernoy, Alphonse (1842-1907) : 539
Duvernoy, Charles-François (1796-1872) : 427
Duvert, Félix-Auguste (1795-1876) : 259
Duveyrier, *Voir* Mélesville

Eames, Emma (1865-1952) : 860-861
Edelmann, Jean-Frédéric (1749-1794) : 66, 856
Édouard, chanteur (?-?) : 749
Eidsheim, Nina Sun (1975-) : 1019
Elleviou, Pierre-Jean-Baptiste-François (1769-1842) : 127, 208, 229, 231-234, 238, 242-243, 245, 247, 679, 733
Ellmenreich, Johann Baptist (1770-1817) : 208, 272
Elssler, Fanny (1810-1884) : 316, 336, 369, 611
Elwart, Antoine (1808-1877) : 793, 1053
Emmanuel, Maurice (1862-1938) : 114
Engally, Mme, chanteuse (?-?) : 1025
Ennery, Adolphe d' (1811-1899) : 171, 538, 915
Érambert, Zelia, chanteuse (?-?) : 773
Erlanger, Camille (1863-1919) : 1170, 1178
Ernst, Alfred (1860-1898) : 515-516, 519, 539
Ernst II duc de Saxe-Cobourg-Gotha (1818-1893) : 424
Escudier, Léon (1821-1881) : 181, 281-282, 284, 294-295, 484-486, 489, 492, 635-636, 846, 993, 1036

Escudier, Marie (1819-1880) : 152, 181, 282, 295, 636, 996, 1036
Esménard, Joseph-Alphonse (1767-1811) : 211, 213
Etex, Antoine (1808-1888) : 1164
Étienne, Charles-Guillaume (1777-1845) : 50, 212, 218, 235, 240, 245, 248
Eugénie, impératrice (1826-1920) : 1109
Eyre, Richard (1943-) : 893

Faigle, chanteuse (?-?) : 773
Falcon, Cornélie (1814-1897) : 71, 119, 128, 592, 647, 734, 850, 991, 1113
Fallières, Armand (1841-1931) : 540
Fantin-Latour, Henri (1836-1904) : 1100-1101, 1115
Farinelli, Giuseppe (1769-1836) : 209
Farmian de Rozoi, Barnabé (1745?-1792) : 581
Farrenc, Aristide (1794-1865) : 1139
Fauconier, Benoît-Constant (1816-1898) : 431
Faugeras, Mme (?-?) : 774
Fauré, Gabriel (1845-1924) : 18, 761, 1037, 1178
Faure, Jean-Baptiste (1830-1914) : 116, 129, 133, 162, 489, 733, 737, 871, 1017, 1032, 1107, 1110
Faurie-Devienne, Joseph-Barnabé, directeur des douanes (?-?) : 104
Fauvre, Eugène, chanteur (?-?) : 568
Favart, Charles-Simon (1710-1792) : 765
Feautrier, Eugène (18??-1898) : 558
Federico, Gennaro Antonio (17??-1743?) : 767
Feillinger, chanteur (?-?) : 773
Félix-Miolan, François (18??-18??) : 816
Fellner, Ferdinand (1847-1916) : 658
Feltre, Alphonse de (1806-1850) : 424
Fénolio, Marie, danseuse (?-?) : 773

Féréol, Auguste, Louis Second, dit (1795-1870) : 125, 129, 736
Ferlotti, Santina (1805-1853) : 287
Fernández Caballero, Manuel (1835-1906) : 843
Ferraris, Amalia (1828-1904) : 316, 318
Ferri, Domenico (1795-1878) : 744
Ferrier, Paul (1843-1920) : 538, 792
Ferry, Jules (1832-1893) : 540
Fessy, Alexandre (1804-1856) : 1052
Festa, Francesca (1778-1835) : 209
Fétis, François-Joseph (1784-1871) : 40-41, 98, 105, 113, 377, 398, 401, 406, 419, 477, 490, 506-507, 511, 629, 636, 825, 828, 857, 913, 988, 993, 995, 1034-1035, 1133, 1135, 1165
Feuchère, Léon (1804-1857) : 717
Feuerbach, Ludwig (1804-1872) : 506
Feydeau, Georges (1862-1921) : 572, 1081, 1084, 1087
Fierens, Caroline (1867-1913) : 862
Fiocchi, Vincenzo (1767-1843) : 211, 213
Fioravanti, Valentino (1764-1837) : 209, 286
Fischbach, Gustave (1847-1897) : 510
Fischer, Mme, chanteuse (?-?) : 273
Fitzball, Edward (1793-1873) : 857
Flaubert, Gustave (1821-1880) : 18, 577, 1081-1082, 1090-1091
Fleuriot, chanteur (?-?) : 234
Fleury-Roy, Hélène, compositrice : 1146
Flon, Philippe (1861-19??) : 514
Florian, Jean-Pierre Claris de (1755-1794) : 451
Flotow, Friedrich Adolf Ferdinand von (1812-1883) : 67, 180, 271, 382, 431, 441, 835, 843, 945, 950, 1112
Folleville, Gilles-Benoît Lecatte, dit (1765-1840) : 823

Fontenelle, Bernard Le Bouyer de (1657-1757) : 211
Forain, Jean-Louis (1852-1931) : 324, 1108
Forest, chanteur (?-?) : 773
Formageat, copiste (?-?) : 375
Fort, Paul (1872-1960) : 174
Foucher, Paul (1810-1875) : 64, 307, 503
Fougeroux, librettiste (17..?-18..) : 306
Fould, Achille (1800-1867) : 54, 61, 153, 775
Fouquier, Henry (1838-1901) : 1154
Fourcaud, Louis de (1851-1914) : 516
Fournier, Alix (1864-1897) : 539
Foussier, Édouard (1824-1882) : 538
Fragonard, Alexandre (1780-1850) : 1111
Fraipont, Gustave (1849-1923) : 632
Framery, Nicolas-Étienne (1745-1810) : 215
France, Anatole (1844-1924) : 18, 100, 174, 827, 1016, 1091
Franchomme, René (1842-1860) : 104
Franck, César (1822-1890) : 102, 111, 634, 636, 828
Franck-Marie, Franco-Maria Pedorlini, dit (?-?) : 433
Franckh, Friedrich Gottlob (1802-1845) : 835
Franckh, Johann Friedrich (1795-1865) : 835
François Ier (1494-1547) : 63
Franconi (famille) : 727
Fraschini, Gaetano (1816-1887) : 482
Frédéric, M. (chef de claque) : 681
Frédot Duplantys, Raphaël de (17??-18??) : 304
Frémaux, Paul, violoncelliste (?-?) : 809
Frémiet, Emmanuel (1824-1910) : 718
Fresny, Georges de, critique (?-?) : 347
Fromont, directeur de théâtre (?-?) : 807

Frossard, baronne (1813-1884) : 689
Fructueux, Jean, critique (?-?) : 1052
Fugère, Lucien (1848-1935) : 736, 912, 1032
Fux, Johann Joseph (1660-1741) : 105

Gabrielli, Nicolò (1814-1891) : 180
Gabussi, Vincenzo (1800-1846) : 285
Gail, Sophie (1775-1819) : 1148
Gailhard, Pedro (1848-1918) : 43, 53, 540-542, 614, 682, 711, 727, 827, 1032
Gairaud, A., décorateur (?-?) : 750-751
Galabert, Edmond (?-?) : 105, 191, 521
Galis, Antoine-Jean (1792-1878) : 39
Galland, Antoine (1646-1715) : 382
Gallet, Louis (1835-1898) : 100, 164, 170-172, 174-175, 524, 538-539, 583, 631, 902, 1164
Galli, Filippo (1783-1853) : 283
Galli-Marié, Célestine (1840-1905) : 126, 152, 160, 168, 547, 549, 734, 773, 789, 809, 843, 983, 1018, 1020, 1145, 1156, 1164
Galoppe d'Onquaire, Cléon (1805-1867) : 565, 568
Gambetta, Léon (1838-1882) : 42
Gandonnière, Almire (1814-1863) : 454
Gangloff, Léopold-Hyacinthe (18??-1898) : 1070
Ganne, Louis (1862-1923) : 555
Garat, Pierre (1762-1823) : 134, 143, 1042
Garaudé, Albert Colombelle, dit (1821-1854) : 375
Garay de Monglave, Eugène (1796-1878) : 259
Garbo, Greta (1905-1990) : 933
García, Manuel (1775-1832) : 117, 209, 283, 285-287, 290, 292, 413, 533, 730, 734, 761, 840, 1048, 1148
García, Manuel fils (1805-1906) : 117

Gardel, Pierre-Gabriel (1758-1840) : 178, 182, 211, 214, 312, 692, 714, 1106
Garden, Mary (1874-1967) : 736, 1048
Gardiner, John Eliot (1943-) : 455
Garnier, Charles (1825-1898) : 33, 509, 537, 655, 675, 707, 725, 727, 800
Garnier, Eugène, comédien (?-?) : 537
Garnier, Léon (1856-1905) : 464
Gaugiran-Nanteuil, Pierre-Charles Gaugiran, dit (1775-1870) : 248
Gautier, Alphonse (1809-18??) : 426
Gautier, Eugène (1822-1878) : 101, 435, 438
Gautier, Théophile (1811-1872) : 17, 31, 99, 165, 174, 181, 315, 333, 336, 369, 381, 406, 509, 670, 682, 908, 975, 1008, 1024-1025, 1088, 1093, 1100
Gavaudan, Aglaé : 229-233, 245
Gavaudan, Jean-Baptiste-Sauveur (1772-1840) : 233, 376
Gavaudan, Rosette, chanteuse (?-?) : 232, 234
Gaveaux, Pierre (1760-1825) : 162, 180, 229, 231, 235, 239, 765, 767, 823, 839, 850, 856, 1020
Gaveaux-Sabatier, Émilie (1820-1896) : 562, 567-568
Gay, Sophie (1776-1852) : 1147-1148
Gayarre, Julián (1844-1890) : 843
Gedalge, André (1856-1926) : 102
Gemma, Mme, chanteuse (?-?) : 808
Generali, Pietro (1773-1832) : 286
Gentil, Louis (1782-1857) : 305
Gentil-Bernard, Pierre-Joseph Bernard, dit (1708-1775) : 211
Geoffroy, Étienne-Louis (1725-1810) : 392
George, chanteur (?-?) : 773
Gérando, Joseph Marie, baron de (1772-1842) : 768

INDEX DES NOMS

Gérard, François (1770-1837) : 714, 1110-1111
Géricault, Théodore (1791-1824) : 744, 1112
Gerke, chef d'orchestre : 274
Gerny, Ernest (18??-1915) : 1070
Gérôme, Jean-Léon (1824-1904) : 964
Gervex, Henri (1852-1929) : 1107, 1136
Gevaert, François-Auguste (1828-1908) : 253, 426-427, 429, 431-432, 440, 820
Gherardini, Giovanni (1778-1861) : 259
Gheusi, Pierre-Barthélemy (1865-1943) : 539
Gibert, Étienne (1859-1929) : 862
Gide, Casimir (1804-1868) : 180, 306, 318
Gilbert, William Schwenk (1836-1911) : 924
Gill, Louis-Alexandre Gosset de Guines, dit André (1840-1885) : 599, 614, 735, 1119
Gille, Philippe (1831-1901) : 174, 184, 466, 564
Ginestet, Prosper de (1794-1860) : 306
Girard, Caroline, chanteuse (?-?) : 1079
Girard, Narcisse (1797-1860) : 375, 418
Giraud, Pierre-François-Félix-Joseph (1764-1821) : 211
Girodet, Alfred, professeur de chant (?-?) : 737
Girodet, Anne-Louis (1767-1824) : 744, 904, 1111
Gisquet, Henri (1792-1866) : 612
Glinka, Michael (1804-1857) : 851, 1058
Gluck, Christoph Willibald (1714-1787) : 15, 66-67, 113, 143, 213, 234, 241, 308, 311, 327, 372, 400, 403, 406, 413, 419, 438, 450, 454, 525, 574, 631, 633-634, 711, 731, 766, 821, 855, 882, 898, 902, 940, 953, 958, 997, 1018, 1023, 1042, 1055-1056, 1058, 1060-1062, 1064-1065, 1112, 1132, 1135-1136, 1141, 1149, 1168, 1178
Gobert, Dominique François (1748-1819) : 209
Godard, Benjamin (1849-1895) : 546, 551-552, 826, 943, 1049, 1059, 1161
Godard d'Aucourt de Saint-Just, Claude (1768-1826) : 167, 232, 810, 1175
Godefroid, Félix (1818-1897) : 565, 1045
Goethe, Johann Wolfgang von (1749-1832) : 99, 152, 170, 172, 330, 337, 420, 428, 445, 451, 453, 509, 581, 834-835, 838, 878, 893, 907, 935, 1087, 1090-1091, 1169
Gold, Didier (18..-1931) : 1169
Goldmark, Károly (1830-1915) : 946
Goldoni, Carlo (1707-1793) : 829
Gomis, José Melchor (1791-1836) : 151, 888, 937, 951, 1132-1133
Goncourt, Edmond de (1822-1896) : 1084, 1166
Gondinet, Edmond (1828-1888) : 547
Gonthier-Allaire, Mme, chanteuse (?-?) : 232, 245
Gontier-Gavaudan, Mme, chanteuse (?-?) : 229, 233
Gosse, Nicolas (1787-1878) : 372
Gossec, François-Joseph (1734-1829) : 213, 241, 403, 626, 855
Got, E., librettiste : 416, 538
Gouffé, Achille (1804-1874) : 1114
Gouin, Louis (18..?-18..) : 116
Goujon, Julien (1854-1912) : 44, 49-50
Gounod, Charles (1818-1893) : 16, 19, 23, 35, 55, 58, 61, 67, 99-100, 103-104, 110, 114-116, 126, 152, 154, 157, 159, 161-162, 172, 176-177, 180, 184-187, 189, 191, 319, 416-417, 419-422, 425, 428, 434,

438-439, 442-449, 452, 456-460, 500, 509, 511, 520, 524-525, 527, 538-541, 543, 545-546, 548, 563, 566, 570, 630-631, 634-636, 658, 703, 708, 711, 761, 784, 792, 809, 811, 816, 820, 824-825, 828, 833, 839, 843, 847-848, 851-852, 854, 860-862, 871, 877-878, 880, 882-883, 885, 889, 898, 901, 903, 905, 907, 914, 916, 921, 939, 942, 944, 947, 949, 975, 998, 1008, 1019, 1032, 1038, 1043, 1046, 1051, 1064-1066, 1070, 1072, 1087, 1090-1091, 1118, 1121, 1128, 1134, 1143, 1152-1155, 1159-1160, 1164
Gourbillon, Joseph-Antoine de, auteur (?-?) : 258
Grandin, Gustave (1831-1901) : 42
Grandval, Clémence de (Clémence Valgrand) (1828-1907) : 820-821, 1049, 1148
Grandville, Jean-Jacques (1803-1847) : 1107-1108, 1119
Grangé, Eugène (1810-1887) : 933
Granger, Antoine (1744-1825) : 789
Granier, Jeanne (1852-1939) : 557, 1079
Grassau, chanteuse (?-?) : 773
Grasset, Eugène-Samuel (1845-1917) : 1117
Grasset, Jean-Jacques (1769?-1839) : 273, 282
Grassini, Giuseppina (1773-1850) : 210, 281
Graziani, Vincenzo (17??-18??) : 283, 326
Greef, de, chanteur (?-?) : 805
Grégoir, Jacques (1817-1876) : 1042
Greive, Guillaume (18..-1865) : 820
Gresnick, Antoine-Frédéric (1755-1799) : 823
Gresse, Léon (1848-1900) : 827
Grétry, André-Ernest-Modeste (1741-1813) : 15, 60, 62, 66, 121, 126, 151, 167, 187, 190, 194, 213-214, 234-235, 238, 240-246, 329, 372, 379, 394, 399-400, 403, 434, 438, 574, 581, 626, 632-633, 765-766, 777, 783-784, 820-821, 823-824, 850, 853, 855-856, 886, 897, 912, 925, 944, 953, 958, 968, 997, 1042, 1047-1048, 1052, 1060, 1062, 1132, 1136, 1155-1156, 1164
Grévin, Alfred (1827-1892) : 718
Grignon, chanteur (?-?) : 749
Grille, François-Joseph (1782-1853) : 650
Grimm, baron Melchior (1723-1807) : 241, 1132
Grimm, Jacob (1785-1863) et Wilhelm (1786-1859) : 240
Grisar, Albert (1808-1869) : 121, 396, 426-429, 431, 439, 450, 467, 562, 784, 820, 859
Grisi, Ernesta (1816-1895) : 1088
Grisi, Giulia (1811-1869) : 283, 288, 561, 851
Grognet, Alexandre-Maurice (1809-1895) : 118
Gros, Aimé (1839-1901) : 787, 1064
Gross, Adolf von (1845-1931) : 514-515
Grus, éditions : 631
Guadagni, Gaetano (1728-1792) : 1018
Gué, Julien-Michel (1789-1843) : 371, 374, 379, 718
Guerchy, Claude-Louis-François Régnier comte de (1715-1767) : 651
Gueymard, Louis (1822-1880) : 117, 733, 1109
Guidé, Guillaume (1859-1917) : 829
Guilbert, Yvette (1865-1944) : 735
Guillard, Nicolas-François (1752-1814) : 46, 211
Guillaume Ier des Pays-Bas (1772-1843) : 824
Guilliaume, Jules (1825-1900) : 507, 516

INDEX DES NOMS 1203

Guillou, Joseph (1787-1853) : 849
Guinot, Eugène (1805-1861) : 674
Guiraud, Alexandre (1788-1847) : 306
Guiraud, Ernest (1837-1892) : 108, 180, 520, 522, 539, 542, 546-548, 552, 564, 635, 711, 1175
Guizot, François (1787-1874) : 31, 58
Gunsbourg, Raoul (1859-1955) : 453
Gye, Frederick (1809-1878) : 846, 848
Gyrowetz, Adalbert (1763-1850) : 180, 259

Habeneck, François-Antoine (1781-1849) : 119, 266, 269-270, 451, 708-709, 1120
Hadot, librettiste (?-?) : 416
Haendel, Georg Friedrich (1685-1759) : 1058, 1061, 1136
Haentjens, Alfred (1824-1884) : 41
Hahn, Reynaldo (1874-1947) : 173, 184, 398, 573, 575, 634, 1160
Haibel, Johann Petrus Jakob (1762-1826) : 272
Hainl, Georges (1807-1873) : 418, 709, 796
Haitzinger, Anton (1796-1869) : 269, 273-277
Halanzier-Dufresnoy, Hyacinthe-Olivier-Henri (1819-1896) : 42, 537, 598, 1153, 1177
Halévy, Fromental (1799-1862) : 12, 15, 19-20, 55, 57, 67, 94, 96-99, 101, 103, 107, 119, 128-129, 149, 151, 159-160, 171, 178-179, 181, 184, 188-189, 222, 285-286, 306-308, 311-312, 318-319, 322, 324, 330, 333, 339-343, 345-347, 353, 379-382, 393, 396, 399, 402, 405-406, 413, 415-416, 419, 426-428, 434-435, 438-439, 451-452, 456, 459, 491, 493, 496, 500, 522, 524, 533, 574, 592, 630-631, 633, 635, 647, 694, 711, 777, 783-784, 791, 800, 809, 816, 825, 832-833, 835, 838, 850, 852, 855, 858, 877, 881, 888, 896, 904, 915, 937, 939-940, 943, 951, 969-975, 983, 988, 997-998, 1001, 1003, 1007, 1009, 1038, 1046, 1050, 1052, 1055, 1059, 1062, 1065, 1068, 1070-1071, 1111, 1152, 1164, 1167
Halévy, Léon (1802-1883) : 94, 353, 973
Halévy, Ludovic (1834-1908) : 94, 99, 164, 405, 466, 546, 556, 826, 893, 916, 933, 976, 1014, 1090
Halligner, Marie-Julie, dite Boulanger (1786-1850) : 126, 233, 376, 736
Hamman, Édouard-Jean-Conrad (1819-1888) : 1122
Hanriot, Charles (1818-18..) : 1165
Hansen, Joseph (1842-1907) : 542, 714
Hanslick, Eduard (1825-1904) : 97, 181, 336, 923-926
Harris, Augustus (1852-1896) : 848
Hartleben, Conrad Adolf (1778-1863) : 835
Hartmann, Georges (1843-1900) : 115-116, 184, 636-637
Haselmayer, directeur de troupe (?-?) : 271-272, 274
Haubert-Lesage, Mme, chanteuse (?-?) : 229
Hauk, Minnie (1851-1929) : 861
Haussmann, Georges-Eugène (1809-1891) : 34, 416, 658
Haydn, Joseph (1732-1809) : 167, 189, 223, 264, 703
Hecht, Albert (1842-1889) : 1114
Hegel, Georg Wilhelm Friedrich (1770-1831) : 918, 925
Heilbron, Marie (1851-1886) : 482
Heine, Heinrich (1797-1856) : 99, 314, 355
Heinefetter, Kathinka (1820-1858) : 119, 270

Heinefetter, Sabine (1809-1872) : 270
Héliodore d'Emèse (-02..?-03..?) : 1090
Héliyes, chanteur (?-?) : 773
Helmer, Hermann (1849-1919) : 658
Helmont, Adrien-Joseph van (1747-1830) : 823
Henrion, Paul (1819-1901) : 440
Henry VIII, roi d'Angleterre (1491-1547) : 902
Héquet, Gustave (1803-1865) : 433, 464, 820-821, 993
Hermann-Léon (1814-1858) : 119
Hernando, Rafael (1822-1888) : 841
Herold, Louis-Joseph-Ferdinand (1791-1833) : 12, 15, 17, 29, 98, 127, 151, 178-179, 181-182, 194, 233, 275, 282, 317, 340, 372-373, 375-376, 379-381, 391, 393, 396, 398-400, 402-403, 405, 526, 533, 545, 783-784, 798, 821, 830, 836-838, 841-843, 845, 850, 857, 877, 914, 917, 936, 947, 970, 1039, 1041, 1052, 1062, 1132-1133, 1136, 1158-1160, 1163-1164
Herpin, Victor (1846-1888) : 557
Hersart de la Villemarqué, Théodore (1815-1895) : 945
Hervé, Louis-Auguste-Florimond Ronger, dit (1825-1892) : 67, 90, 92, 99-100, 135, 153, 461-466, 468-470, 552, 554, 556-557, 559, 563, 736, 800, 817, 834, 839, 842, 848, 860, 909, 1022-1023, 1069, 1072, 1079
Herz, Henri (1803-1888) : 1040, 1045
Herz, Jacques-Simon (1794-1880) : 1035
Heugel, Henri (1844-1916) : 160
Heugel, Jacques Léopold (1815-1883) : 119, 548, 565, 629-632, 635-637, 703, 1036, 1038, 1041, 1136, 1157
Heugel et Cie, éditions : 635, 990
Heurtaux, chanteur (?-?) : 70

Heurtier, Jean-François (1739-1822) : 651, 653
Hignard, Aristide (1822-1898) : 434, 566
Hillemacher, Lucien (1860-1909) : 826, 1148
Hillemacher, Paul (1852-1933) : 826, 1148
Hiller, Ferdinand (1811-1885) : 829, 834
Hittorf, Jacques Ignace (1792-1867) : 651
Hix, Auguste (?-?) : 306
Hofer, Andreas (1767-1810) : 845
Hoffman, Josef (1831-1904) : 1115
Hoffmann, Ernst Theodor Amadeus (1776-1822) : 172, 211, 221, 235, 248, 268, 388, 506, 682, 834, 860, 935, 940-941, 1008, 1090, 1094, 1100
Hoffmann, François Benoît (1760-1828) : 389, 765, 992
Hofmannsthal, Hugo von (1874-1929) : 1169
Hölderlin, Friedrich (1770-1843) : 500
Holmès, Augusta (1847-1903) : 172, 175, 539, 542, 1149, 1178
Holtzem, Louis-Alphonse Edmond (1827-1897) : 119
Horeau, Hector (1801-1872) : 657
Hostein, Hippolyte (1814-1879) : 90, 465, 605
Huart, Louis (1813-1865) : 1118
Huber, F. X., auteur (?-?) : 259
Huet, Louis Auguste, chanteur (?-?) : 125, 373, 376
Hugo, Victor (1802-1885) : 15, 17, 40, 44, 57, 64-65, 68, 100, 173, 267, 289, 306, 312, 385, 503, 509, 741, 777, 823, 886, 921, 938-939, 969, 1013, 1090, 1132-1133, 1149
Huguenet, Félix (1858-1926) : 1079

Humanité, René Philastre (1794-18??) : 717
Hus-Desforges, Pierre-Louis (1773-1838) : 764
Huvé, Jean-Jacques (1742-1808) : 651
Huysmans, Charles-Marie-Georges, dit Joris-Karl (1848-1907) : 1084, 1100

Indy, Vincent d' (1851-1931) : 18, 173, 175-176, 509, 527, 632, 634, 829, 843, 948, 970, 1000, 1004, 1065, 1136, 1163, 1175, 1178
Ingres, Jean-Auguste-Dominique (1780-1867) : 964
Iradier, Sebastián (1809-1865) : 1017
Isaac, Adèle (1854-1915) : 118, 548, 1072
Isabelle II (1830-1904) : 842
Isabey, Jean-Baptiste (1764-1855) : 717, 1048
Isouard, *voir* Nicolò
Ivanoff, Nicola (1810-1880) : 283

Jacotot, Joseph (1770-1840) : 101
Jadin, Hyacinthe (1776-1800) : 1041
Jalabert (?-?) : 772
Jambon, Marcel (1848-1908) : 717
Janet et Cotelle, éditions : 1041
Janin, Jules (1804-1874) : 38
Jannin, Joseph, directeur de théâtre (?-?) : 280
Janssen, Louise (1863-1938) : 787
Jars, Antoine-Gabriel (1774-1857) : 38, 50
Jausserand, chanteur (?-?) : 229, 232-233, 764
Jawureck, Constance (1803-1858) : 328
Jelensperger, Daniel (?-?) : 102, 106
Jelyotte, Pierre (1713-1797) : 1022
Joinville, princesse de (?-?) : 562
Jolly, Alphonse (1810-1893) : 562

Joly, Anténor (18??-18??) : 45, 260, 482, 599
Jonas, Émile (1827-1905) : 464-465, 797
Joncières, Victorin (1839-1903) : 419, 434, 440, 524-525, 538, 545-546, 548-549, 551-552, 946, 993, 999, 1004, 1065, 1149, 1175
Joseph Ier Bonaparte (1768-1844) : 840
Jouvin, Benoît (1810-1886) : 399, 547, 562
Jouy, Étienne de (1764-1846) : 94, 163, 167, 211, 213, 218, 220, 222, 257, 306, 326, 328-329, 352, 992, 1001, 1003, 1011, 1070
Judic, Anna (1849-1911) : 557, 1079
Juliet, Antoine (1755-1825) : 229, 231, 234
Jullien, Adolphe (1803-1873) : 523-524, 527, 677, 1049, 1134
Jusseaume, Lucien (1851-1925) : 745, 810
Justamant, Henri (1815-1890) : 316, 319

Kalkbrenner, Christian (1755-1806) : 46, 211, 257, 265, 1035
Karr, Alphonse (1808-1890) : 1169
Kastner, Georges (1810-1867) : 975
Kelm, Joseph (1805-1882) : 1022
Kemble, Charles (1775-1854) : 266
Kératry, Auguste-Hilarion, comte de (1769-1859) : 46
Ketterer, Eugène (1831-1870) : 1044-1045
Kind, Johann Friedrich (1768-1843) : 258-259
Klein, Aloys (1824-1908) : 1042
Klosé, Hyacinthe (1808-1880) : 1052
Kock, Paul de (1793-1871) : 380, 1147
Koechlin, Charles (1867-1950) : 575
Kollmann, Christian Ernst (1792-1855) : 835
Koning, Victor (1842-1894) : 554

Kotzebue, August von (1761-1819) : 835
Krauss, Maria Gabriele (1842-1906) : 120, 270, 482, 542
Kreubé, Frédéric (1777-1846) : 231, 375
Kreutzer, Conradin (1780-1849) : 28, 178, 180, 211, 213, 224, 226, 259, 271, 274, 277, 477, 766, 785, 819, 841, 1041, 1136
Kreutzer, Rodolphe (1766-1831) : 23, 306, 709, 765, 767
Kriesel, chef d'orchestre (?-?) : 1071
Krylov, Ivan (1769-1844) : 852
Kubelik, Rafael (1914-1996) : 455
Kufferath, Maurice (1852-1919) : 829

La Fontaine, Jean de (1621-1695) : 240, 445, 1090
La Grange, Anne Caroline, dite Anna de (1825-1905) : 116
La Harpe, Jean-François de (1739-1803) : 35
Lasalle [ou La Salle], Albert de (1833-1886) : 564
Laban, Rudolf von (1879-1958) : 737
Labarre, Théodore (1805-1870) : 179, 375, 387, 416, 993
Labat, Jean-Baptiste (1802-1875) : 19
Labiche, Eugène (1815-1888) : 562
Lablache, Luigi (1794-1858) : 283, 288-289, 612, 730-731, 1109
Laborde, Jean-Benjamin de (1734-1794) : 111
Lacaze, prestidigitateur, organisateur de spectacles (?-?) : 651
Lachner, Franz (1803-1890) : 835
Lachnitz, Ludwig Wenzel (1746-1820) : 257, 264
Lacôme, Paul (1838-1920) : 556, 558-559
Lacoste, Eugène (1818-1907) : 543, 718

Lacretelle, Charles de (1766-1855) : 212
Lacroix, Jules (1809-1887) : 416
Ladmirault, Paul (1877-1944) : 946
La Fage, Adrien de (1801-1862) : 163
Lafeuillade, chanteur (?-?) : 413
Lafon, comédien (?-?) : 477
Lafont, Charles Philippe (1781-1839) : 849
Laget, Auguste (1821-1902) : 204, 675, 703
Lagoanère, Oscar de (1853-1918) : 554
Lahalle, P., auteur (?-?) : 164
Lainé, Louis (1767-1835) : 616
Lajarte, Théodore de (1826-1890) : 440
Lalo, Édouard (1823-1892) : 14, 109, 114, 171, 523-524, 542, 546, 550, 636, 878, 915, 945, 1059, 1161, 1175
Lalo, Pierre (1866-1943) : 552
Lamartine, Alphonse de (1790-1869) : 47, 606
Lambert, Irène, chanteuse (?-?) : 773
Lambert, Lucien (1858-1945) : 946
Lambert, Marius, compositeur (?-?) : 810
Lambert-Thiboust, Pierre Antoine Thiboust, dit (1827-1867) : 933
Lamennais, Félicité de (1782-1854) : 353
Lami, Eugène (1800-1890) : 718, 1106
Lamoureux, Charles (1834-1899) : 509, 513, 515, 677, 752, 1054-1057
Lanari, Alessandro (1787-1852) : 612, 624
Lange, Otto (1815-1879) : 182
Laparra, Raoul (1876-1943) : 175
Lapissida, Alexandre (1839-1907) : 715, 727
Larchey, Lorédan (1831-1902) : 384

La Rochefoucauld, Sosthène, vicomte de (1785-1864) : 29, 304, 309, 627
Larousse, Pierre (1817-1875) : 315
Lasalle, Albert de : 434
La Salle, Albert de, *voir* Lasalle
Lassalle, Jean (1847-1909) : 860-861
Latte, Bernard (1806?-1876) : 990
Launer, Veuve, éditions : 633
Laurent, Émile, directeur de théâtre (?-?) : 273, 280, 282
Lavastre, Jean-Antoine (1829-1883) : 717, 750, 752
Lavastre, Jean-Baptiste (1839-1891) : 418, 543
Lavelli, Jorge (1932-) : 1008
Lavignac, Albert (1846-1916) : 113-114, 509
Lavigne, Alice (1856-1909) : 1072
Lavoix, Henri (1846-1917) : 204, 1134
Lavoye, Louise (1823-1897) : 123, 302
Lazzari, Sylvio (1857-1944) : 946, 1059
Lazzarini, Gustavo (1765-?) : 946
Le Bailly, Antoine-François (1756-1832) : 211
Le Borne, Fernand (1862-1929) : 1059
Le Brun, Charles (1619-1690) : 731
Le Chapelier, Isaac (1754-1794) : 35
Le Corbellier, Charles (1821-1894) : 562
Le Peletier de Saint-Fargeau, Louis-Michel (1760-1793) : 887
Le Rey, Frédéric (1858-1942) : 793
Le Sueur, Jean-François (1760-1837) : 18, 23, 62-63, 102-104, 107, 143, 211, 213-214, 216-217, 223-224, 236, 294, 311, 388, 399, 451, 574, 875, 880, 937, 950, 1001, 1089, 1111, 1119, 1132, 1142, 1164
Le Tourneur, Pierre-Prime-Félicien (1737-1788) : 216
Leblicq, Charles-Théodore (1833-1875) : 440
Leblond, chef de claque (?-?) : 678, 680

Leborne, Aimé (1797-1866) : 111, 259
Lebreton, Mlle, danseuse (?-?) : 749
Lebrun, Louis-Sébastien (1764-1829) : 856
Leclerc, Michel Théodore (1777-1851) : 211
Leclère (?-?) : 676
Lecocq, Charles (1832-1918) : 99-100, 457, 463, 465-466, 552, 556-557, 559, 633, 794, 800, 811, 834, 839, 842, 848, 860, 923, 1066, 1072, 1079, 1136
Lecomte, Hippolyte (1781-1857) : 336, 718
Leduc, Alphonse (1804-1868) : 631
Leduc, éditions : 636
Lefébure-Wély, Louis (1817-1869) : 431
Lefebvre, Charles-Édouard (1843-1917) : 539, 1059
Lefebvre, Joseph, chef d'orchestre : 231
Lefèvre, Gustave (1831-1910) : 106
Lefèvre, Joseph, chef d'orchestre (17..-18..) : 375
Lefort, Jules (1822-1898) : 567-568
Legouix, Isidore (1834-1916) : 1136
Legouvé, Ernest (1807-1903) : 61
Legros, Joseph (1739-1793) : 1018
Legros, Mme, directrice de théâtre (?-?) : 808, 810
Lehmann, Lilli (1848-1929) : 860-861
Lehoc, Louis-Grégoire (1743-1810) : 211
Leibowitz, René (1913-1972) : 16
Lemaignan, Mme, librettiste (?-?) : 1147
Lemaire, Ferdinand (1832-1879) : 539
Lemaître, Jules (1854-1914) : 100, 461, 466
Lemétheyer, Frédéric, régisseur (?-?) : 374
Lemierre de Corvey, Jean-Frédéric (1771-1832) : 259
Lemoine, éditions : 630-631

Lemoine, Gustave (1802-1885) : 1148
Lemoine, Jean-Baptiste (1751-1796) : 66
Lémon, Fabrice Gabriel Lemoine, dit (1864-1934) : 1070
Lemonnier, Louis-Augustin (1793-1875) : 125, 376
Lemonnier, Mme, chanteuse (?-?) : 125
Lemoyne, Jean-Baptiste (1751-1796) : 766
Lenepveu, Charles-Ferdinand (1840-1910) : 546, 552, 794, 848, 1059
Lenoir, Maurice (1853-1940) : 632
Leoncavallo, Ruggero (1857-1919) : 575, 1151
Léonce, Édouard Théophile Nicole, dit (1823-1900) : 1067
Leopardi, Giacomo (1798-1837) : 1132
Léopold Ier, roi des Belges (1790-1865) : 826
Lepaulle, Gabriel (1804-1886) : 355, 1112-1113
Leperle, comédien-chanteur (?-?) : 773
Leray, Louis (1820-1879) : 632
Lerouge, Émile, maître de ballet (?-?) : 376
Leroux, Gaston (1868-1927) : 1085
Leroux, Mme, directrice de théâtre (?-?) : 808
Leroux, Xavier (1863-1919) : 64, 191, 575, 826, 1059
Leroy, François-Hippolyte (1815-1887) : 418
Lesage, chanteur (?-?) : 125, 229, 231-232, 234, 373, 749
Lesage, chanteuse (?-?) : 229
Lesfauris, Jean (1808-18..) : 470
Lesguillon, Jean-Pierre-François (1800-1873) : 259
Lesser, Auguste Creuzé de (1771-1839) : 1148
Leterrier, Eugène (1843-1884) : 556

Leuven, Adolphe de (1800-1884) : 55, 100, 164, 167, 382, 426-427, 545-546, 1148
Levasseur, Nicolas-Prosper (1791-1871) : 119, 123, 283, 310, 326, 328, 330, 592, 1109, 1113
Levassor, Pierre (1808-1870) : 735
Levraud, Léonce (1843-1938) : 44
Lévy, Michel (1821-1875) : 629
Lewis, Matthew (1775-1818) : 907
Liadières, Pierre (1792-1858) : 606
Limnander, Armand (1814-1892) : 101, 416
Lind, Jenny (1820-1887) : 131, 168
Linley, Francis (1771-1800) : 855
Lippmann, Auguste, compositeur (?-?) : 820
Liszt, Franz (1811-1886) : 14, 190, 306, 386, 390, 452-453, 509, 511, 761, 821, 1039-1040, 1045-1046, 1134
Litolff, Henry (1818-1891) : 820-821, 826
Livius, Barham (1787-1865) : 858
Livry, Emma (1842-1863) : 316, 370, 611
Lockroy, Édouard (1840-1913) : 42
Lockroy, Joseph-Philippe Simon, dit (1803-1891) : 171, 1079
Loève-Veimars, François-Adolphe (1799-1854) : 268, 935, 940, 993
Lomon, Charles (1852-1923) : 539
Longchamps, Charles de (1768-1832) : 169
Lorgeril, Charles de (1849-1897) : 47
Lormier, Paul (1813-1895) : 418, 718
Lorrain, Claude Gellée, dit le (1600-1682) : 744
Lortzing, Albert (1801-1851) : 181, 834-836
Loti, Pierre (1850-1923) : 947, 1091
Louis, Nicolas (1807 ou 8-1857) : 786, 1042
Louis, Victor (1731-1800) : 653, 657

Louis XIV, roi de France (1638-1715) : 602, 617
Louis XVIII, roi de France (1755-1824) : 653
Louis-Philippe Ier, roi des Français (1773-1850) : 561, 703, 896, 969, 1106
Louÿs, Pierre (1870-1925) : 18
Lovy, Jules (1801-1863) : 567, 676, 703
Lubbert, Émile (1794-1859) : 304, 310-311, 373
Lucas, Hippolyte (1807-1878) : 307, 416, 992
Luce-Varlet, Charles (1781-1853) : 765
Lüders, Mlle, chanteuse (?-?) : 272
Lugné-Poe, Aurélien-Marie Lugné, dit (1869-1940) : 174
Luigini, Alexandre (1850-1906) : 787
Lully, Jean-Baptiste (1632-1687) : 241, 323, 403, 406, 634, 708, 1058, 1061, 1136, 1138
Lumley, Benjamin (1811?-1875) : 281, 480, 482, 846
Luther, Martin (1483-1546) : 357

Mabille, Auguste (1815-18..) : 714
Machado, Auguste, compositeur (?-?) : 1148
Mackar, Félix (1837-1903) : 636
Mac-Mahon, Patrice, de, maréchal (1808-1893) : 537
Macready, William Charles (1793-1873) : 273
Madelaine, Étienne-Jean-Baptiste-Nicolas Madelaine, dit Stéphen de La (1801-1868) : 477, 1085
Maefile, librettiste (?-?) : 167
Maeterlinck, Maurice (1862-1949) : 172, 176, 826
Maggioni, Saverio Manfredo (181.?-187.?) : 270

Magnard, Albéric (1865-1914) : 172, 175-176, 509, 527, 632, 634, 828-829
Maillart, Aimé (1817-1871) : 171, 435, 438, 751, 834, 845, 859, 915, 947, 983, 1020
Maillot, Antoine-Louis (1812-1867) : 65
Mainvielle-Fodor, Joséphine (1789-1870) : 283, 287, 290, 850
Mainzer, Joseph (1801-1851) : 993
Malherbe, Charles (1853-1911) : 1161
Malibran, Maria (1808-1836) : 117, 276, 283, 286-288, 292, 469, 533, 610, 730-731, 761, 983, 991, 1048, 1088, 1109, 1121
Mallarmé, Stéphane (1842-1898) : 174, 1100-1104
Mallefille, Félicien (1813-1868) : 307
Mallian, Julien de (1805-1851) : 973
Malliot, Antoine-Louis (1812-1867) : 41, 774, 793
Mancinelli, Luigi (1848-1921) : 947
Manet, Édouard (1832-1883) : 733, 1107-1108, 1110
Manfroce, Nicola Antonio (1791-1813) : 769
Manry, Charles (1823-1866) : 568
Mapleson, James Henry (1830-1901) : 847
Maquet, Auguste (1813-1888) : 416, 425, 539
Maquet, éditions : 634
Maquet, Philippe (1850-1926) : 633
Marat, Jean-Paul (1743-1793) : 887
Marcelin, Émile Planat, dit (1825-1887) : 256
Marcello, Adèle d'Affry, dit (1836-1879) : 1061
Marcello, Benedetto Giacomo (1686-1739) : 1097
Marchesi, Mathilde (1821-1913) : 1128

Maréchal, Henri (1842-1924) : 108, 539, 546-547, 552, 794, 947
Maret, Henry (1837-1917) : 40
Marié de l'Isle, Claude Marie Mécène (1811-1879) : 131-132, 983
Marie-Antoinette, reine de France (1755-1793) : 1142
Mario, Giovanni Matteo di Candia, dit (1810-1883) : 117, 482, 851
Marliani, Marco Aurelio (1805-1849) : 180, 285, 307
Marlowe, Christopher (1564-1593) : 969, 971
Marmontel, Antoine (1816-1893) : 235, 240, 921, 1049
Marquet, Louise (1871-1953) : 1147
Mars, Antony (1860?-1915) : 555
Marsollier des Vivetières, Benoît Joseph (1750-1817) : 232, 235, 245, 765
Martignac, Jean-Baptiste Gaye de (1778-1832) : 616
Martin, Hugue, décorateur (?-?) : 418
Martin, Jean-Blaise (1768-1837) : 121, 127, 134, 373-374, 376, 379, 404
Martin, John (1789-1854) : 208, 229-234, 238, 245, 247, 253, 678, 900
Martin y Soler, Vicente (1754-1806) : 302
Martinelli, chanteur (?-?) : 209
Mascagni, Pietro (1863-1945) : 544, 575, 1151, 1159
Massé, Victor (1822-1884) : 99, 393, 417-419, 425-429, 431, 438, 784, 797-798, 800, 816, 820, 859, 943, 1070, 1091, 1159, 1175
Massenet, Jules (1842-1912) : 12, 16, 18, 20, 100, 106, 108, 115, 127, 155-156, 160, 171-172, 174, 177, 180, 184, 187-188, 191, 320, 379, 394, 509, 522, 525-526, 538-539, 541, 543, 546, 549, 551-552, 570, 572-578, 580-584, 592, 630, 632, 636, 712, 716, 720, 723, 745, 761, 790, 792, 810, 826, 832-834, 839, 843, 848, 852, 854, 871, 877-878, 883, 885, 889, 892-893, 902, 906, 910-912, 914, 921, 943, 948-949, 953, 956-957, 960, 962, 964-965, 976, 986, 999, 1002, 1010, 1013, 1016, 1018, 1020-1021, 1032, 1042, 1059, 1064-1065, 1088, 1090-1091, 1117, 1122, 1128, 1137, 1153-1155, 1159, 1161-1163, 1169, 1178
Masset, Jean-Jacques (1811-1903) : 119
Massol, Jean-Étienne Auguste Massol, dit Eugène (1802-1887) : 733
Materna, Amalie (1844-1918) : 787
Mathieu, Émile (1844-1932) : 827
Mathilde, princesse (1820-1904) : 116, 563
Mathiot, Charles (1864-19??) : 618
Mathis, décorateur (17..-18..) : 718
Maton, Adolphe, compositeur (18??-19??) : 784
Maturin, Charles Robert (1780-1824) : 907
Mauclair, Camille (1872-1945) : 1115
Maupassant, Guy de (1850-1893) : 572, 1083, 1087
Maurel, Paul, chef d'orchestre (?-?) : 807, 810, 862
Maurel, Victor (1848-1923) : 485, 733, 737, 843, 1032
Maurette, Anna, chanteuse (?-?) : 773
Mauri, Rosita (1856-1923) : 316, 321, 611
Maurin, Nicolas-Eustache (1799-1850) : 1118
Maus, Octave (1856-1919) : 828
Mayr, Johann Simon (1763-1845) : 286, 767-769
Mazarin, cardinal Jules (1602-1661) : 236, 1018
Mazères, Édouard-Joseph-Ennemond (1796-1866) : 1148

Mazilier, Joseph (1797-1868) : 316, 418, 714
Mazzini, Giuseppe (1805-1872) : 829
Méhul, Étienne-Nicolas (1763-1817) : 15, 18, 23, 103-105, 109, 112, 180, 182, 189-190, 208, 211, 213, 222, 224-226, 229, 234-236, 238, 246, 248, 294, 378, 382-383, 392, 398-399, 401, 403, 439, 455, 502, 539, 574, 581, 733, 765-766, 823, 836, 838-839, 843, 850, 853, 856, 860, 875, 904, 950, 953, 992, 1042, 1060-1061, 1063, 1089, 1111, 1132, 1134, 1136, 1142, 1154, 1165
Meilhac, Henri (1831-1879) : 95, 99, 164, 174, 466, 556, 893, 916, 933, 1090, 1148, 1167
Melba, Nellie (1861-1931) : 615, 862
Melchissédec, Pierre Léon (1843-1925) : 134
Mélesville, Anne-Honoré-Joseph Duveyrier, dit (1787-1865) : 165, 306, 416-417
Membrée, Edmond (1820-1882) : 416, 524, 538, 703, 820-821, 1153
Ménard-Dorian, Aline (1850-1929) : 115
Mendelssohn, Felix (1809-1847) : 96, 509, 835, 1049
Mendès, Catulle (1841-1909) : 155, 172-176, 539, 1100
Mengozzi, chanteur (?-?) : 232
Mérante, Louis (1828-1887) : 316, 542, 714
Mercadante, Saverio (1795-1870) : 285, 288, 302, 627, 830
Mercuri, Armando, auteur dramatique (?-?) : 947
Méreaux, Amédée (1802-1874) : 469, 983, 1061, 1139
Méric-Lalande, Henriette (1799-1867) : 283

Mérimée, Prosper (1803-1870) : 98, 172, 745, 885, 893, 1090
Méris, André (1860-1920) : 555
Merle, Jean-Toussaint (1782-1852) : 294, 308
Merlin, Maria de las Mercedes Santa Cruz y Cardenas de Jaruco, comtesse (1789-1852) : 115, 1048
Merlin de Douai, Philippe-Antoine (1754-1838) : 46
Mermet, Auguste (1810-1889) : 23, 307, 417, 524, 538, 975, 1153
Merville, Pierre-François Camus, dit (1781-1853) : 973
Méry, Joseph (1797-1866) : 416-417, 487, 538, 1158
Messager, André (1853-1929) : 12, 180, 509, 542, 551-552, 554, 556-557, 559, 636, 708-709, 943, 952, 958, 960-961, 965-966, 1091, 1160
Metastasio, Pietro (1698-1782) : 829, 1099
Metternich, Pauline (1836-1921) : 504, 1142
Meunier, Paul (1871-1922) : 44, 1148
Meyerbeer, Giacomo (1791-1864) : 12, 14, 17, 19-20, 30, 59, 63, 67, 96-97, 99-100, 114-116, 118-120, 127-128, 149-150, 155, 157, 160-161, 169-171, 177, 181, 186, 188, 190, 194, 222, 259, 271, 276, 286, 302, 306, 310-311, 316, 318-320, 331, 337, 339-340, 345, 347-348, 350-361, 381, 396, 402, 413, 415-417, 419, 421, 423, 426-432, 450, 452, 455-456, 459, 464, 491, 496-497, 500-503, 524-526, 533, 538, 543, 564, 573, 577, 592, 627, 630, 636, 647, 694, 703, 710, 716, 720, 727, 740, 750, 761, 783-784, 788, 790-791, 798, 804, 809, 811, 825, 832, 835, 838, 842-845, 847, 851-852, 854, 858, 871, 877-878, 880, 884, 888, 891, 899-900, 902, 905,

907-909, 913, 915, 918, 937, 939, 943, 946, 949, 951, 957, 964-965, 967, 970, 988, 991, 997, 1003, 1016, 1019, 1035, 1039, 1041, 1044-1046, 1052, 1060, 1062, 1065-1066, 1070-1072, 1085-1086, 1111, 1121-1122, 1142, 1144, 1152, 1159, 1164-1165, 1167-1168, 1172, 1176, 1178
Meynadier, Hippolyte (18??-18??) : 657
Meysenberg, Charles (1785-1828?) : 761
Michaëlis, Théodore, éditeur de musique (18?-18?) : 634
Micheau, Henri (1857-1916) : 554
Michelet, Jules (1798-1874) : 575
Michou, Casimir (1823-1901) : 48
Michu, Louis (1754-1802) : 233, 245, 788
Miel, E.-F.-A.-M. (1775-1842) : 259
Mikhaël, Éphraïm (1866-1890) : 539
Milcent, Jean-Baptiste-Gabriel-Marie de (1747-1833) : 211, 1149
Milhès, Isidore, compositeur (?-?) : 477
Millevoye, Lucien (1850-1918) : 44
Mily-Meyer, Émilie (1852-1927) : 557
Miolan-Carvalho, Marie-Caroline (1827-1895) : 92, 120, 122, 129, 161, 438, 446, 816, 1048, 1145, 1164
Mirecour, Charles-Achille Tranchant, dit (1806-1869) : 435, 599
Mirecourt, Eugène de (1812-1880) : 623, 1052
Missa, Edmond (1861-1910) : 559
Mistral, Frédéric (1830-1914) : 445-446, 947, 949, 1091
Mocker, Ernest (1811-1895) : 426-429
Mohr, Jean-Baptiste (1823-1891) : 1052
Moinaux, Jules (1815-1895) : 466, 842
Molière, Jean-Baptiste Poquelin, dit (1622-1673) : 790, 1032
Molinari, Gustave de (1819-1912) : 605
Moline de Saint-Yon, Alexandre (1786-1870) : 306
Mombelli, Ester (1794-1827 ap.) : 283, 326
Momigny, Jérôme-Joseph de (1762-1842) : 195
Monnais, Édouard (1798-1868) : 123, 262, 993, 1121
Monnier, Henri (1799-1877) : 87
Monpou, Hippolyte (1804-1841) : 101, 151, 382, 1132
Monréal, Hector-Joseph Rieunier, dit Hector (1839-1910) : 1068, 1070
Monsigny, Pierre-Alexandre (1729-1817) : 15, 127, 183, 213, 234-235, 241, 381, 383, 403, 434, 765, 783, 791, 821, 855-856, 925, 1042, 1155-1156
Montansier, Marguerite Brunet, dite Mademoiselle (1730-1820) : 208-209, 653
Montaubry, Achille-Félix (1826-1898) : 253
Montaubry, Jean-Baptiste Édouard (1824-1883) : 428
Montcloux d'Épinay, G. (17?-18?) : 1148
Monteverdi, Claudio (1567-1643) : 1065
Montfort, Alexandre (1803-1856) : 180, 859
Montigny, Louis Gabriel (17??-1846) : 689, 691
Montorgueil, Georges (1857-1933) : 539
Montuoro, Achille (1836-18??) : 440
Monval, Georges (1845-1910) : 601, 604
Mòny, Adolphe (1829-1909) : 568
Moore, Thomas (1779-1852) : 1091
Morandi, Rosa (1782-1824) : 287, 290
Moras, Théodore (?-?) : 42
Moreau, Gustave (1826-1898) : 232, 1112

Moreau, M., chanteur (?-?) : 229
Moreau, Mme, chanteuse (?-?) : 229
Moreau-Sainti, Théodore-Étienne (1799-1860) : 118, 125, 429, 565, 749, 773
Morel de Chédeville, Étienne (1751-1814) : 211, 213, 257, 264
More-Pradher, Félicité (1800-1876) : 125, 376
Morlacchi, Francesco (1784-1841) : 286
Mornand, Félix (1815-1867) : 822
Morny, Charles, duc de (1811-1865) : 565
Mortier, Arnold (1843-1885) : 674, 676, 689
Mosca, Giuseppe (1772-1839) : 209
Moscheles, Ignaz (1794-1870) : 1038
Mottl, Felix (1856-1911) : 455
Mourey, Gabriel (1865-1943) : 175
Moussorgski, Modest (1839-1881) : 851
Moynet, Jules (?-?) : 726
Mozart, Wolfgang Amadeus (1756-1791) : 11, 15, 23, 67, 151, 189, 209, 211, 247, 257-259, 263-265, 272-275, 284, 286, 302, 384, 400, 402, 419, 434, 438-439, 441, 451, 453, 455, 460, 533, 544, 592, 768, 785, 791-792, 816, 834, 853, 953, 958, 968, 1032, 1038, 1042, 1046, 1055-1056, 1060-1062, 1064-1065, 1068, 1072, 1097, 1132, 1135-1136, 1165
Muller, Aline, chanteuse (?-?) : 773
Müller, Wenzel (1759-1835) : 272
Murat, Joachim (1767-1815) : 769
Muret, Théodore (1808-1866) : 167
Murger, Henry (1822-1861) : 1169
Musard, Philippe (1792-1859) : 1041, 1050-1052
Musäus, Johann Karl August (1735-1787) : 338

Muscato, Leo, metteur en scène (19..-) : 1009
Musset, Alfred de (1810-1857) : 94, 100, 1032, 1088, 1091, 1169
Mutel, Alfred (1820-1892) : 820

Nadar, Félix Tournachon, dit (1820-1910) : 1118, 1121
Nadaud, Gustave (1820-1893) : 562-563, 565
Nanteuil, Célestin (1813-1873) : 1119
Napoléon Ier, empereur des Français (Napoléon Bonaparte) (1769-1821) : 20, 27-29, 32, 36, 57, 62-63, 116, 208-214, 216-217, 220, 223, 225-227, 238, 242, 650, 653, 767-769, 969, 1001, 1011
Napoléon III, empereur (Charles-Louis-Napoléon Bonaparte) (1808-1873) : 32-33, 39, 116, 415-416, 418, 424-425, 461, 504, 511-512, 797, 896-897, 1017
Napoléon, Joseph Ney, prince de la Moskowa (1803-1857) : 424
Narici, Louis (1858-1935) : 635
Nau, Dolorès Nau, dite Marie (1818-1891) : 121, 123, 339
Naudin, Emilio (1823-1890) : 481-482, 843
Navlet, Victor (1819-1886) : 1106
Nelson, John (1941-) : 455
Neri, Mme, chanteuse (?-?) : 209
Nerval, Gérard de (1808-1855) : 98, 101, 163, 165, 337, 372, 391, 394-395, 508, 511, 975, 1091
Niccolini, Giuseppe (1762-1842) : 768
Nicolai, Otto (1810-1849) : 834, 836
Nicolas Ier, empereur de Russie (1796-1855) : 850
Nicolas II, empereur de Russie (1868-1918) : 33
Nicolò (Isouard, Nicolas) (1773-1818) : 15, 178, 192-193, 208, 233-235, 239, 247-248, 378, 383,

388-389, 403, 433-434, 438, 678, 765, 777, 784, 821, 823, 838-840, 854, 857, 879, 936, 1060, 1082, 1089, 1136, 1156
Niedermeyer, Louis (1802-1861) : 285, 306-307, 321, 331, 416, 592, 647, 896
Nietzsche, Friedrich (1844-1900) : 922, 925
Nilsson, Christine (1843-1921) : 119, 122, 162, 843, 848, 860, 1122
Nissen-Saloman, Henriette (1819-1879) : 283
Noblet, Félicité, dit Madame Alexis (18??-1877) : 369
Noblet, Lise (1801-1852) : 316-317, 336, 369-370
Nodier, Charles (1780-1844) : 268, 935-936
Noël, Édouard (1848-1926) : 539
Nolau, François Joseph (1804-1883) : 418, 717
Nordica, Lillian (1857-1914) : 862
Noriac, Jules (1827-1882) : 466, 680-681
Nourrit, Adolphe (1802-1839) : 119, 123, 128, 327-328, 330, 336, 339, 413, 477, 592, 610, 647, 679, 724, 733, 750, 991, 1007-1008, 1113
Nourrit, Louis (1780-1831) : 155, 159-161, 168
Noverre, Jean Georges (1727-1810) : 728
Nozzari, Andrea (1775-1832) : 209
Nuitter, Charles (1828-1899) : 416-417, 466, 513-516, 518-519, 538-539, 629, 752, 792, 1139

Obin, Louis-Henri (1820-1895) : 734, 1178
Odezenne, chanteur (?-?) : 773
Odry, Jacques Charles (1781-1853) : 1070

Offenbach, Jacques (1819-1880) : 16-17, 63, 67, 87, 90, 92, 99-101, 118, 127, 153, 180-181, 187, 384, 404-405, 431-433, 457, 461-469, 509, 520, 546, 548, 552, 554, 556, 563, 599, 633, 635, 651, 676, 686-687, 716, 718, 784-786, 791, 794, 796-797, 799-800, 805, 810-811, 822, 833, 835, 839, 842, 847, 852, 854, 857, 860, 884, 916, 918-919, 921-925, 933, 937, 941, 946, 948-949, 951-952, 962, 968, 970, 1022, 1066, 1068, 1072, 1079, 1164, 1167
Ollivier, Émile (1825-1913) : 608
Olona, Luis de (1823-1863) : 842
Onslow, George (1784-1853) : 746, 748, 1111-1112, 1132
Oppelt, Gustave (1817-1888) : 825
Ordonneau, Maurice (1854-1916) : 555
Orfila, Mme (?-?) : 115, 565
Orlowski, Antoni (1811-1861) : 793
Orsini, Felice (1819-1858) : 33
Ortigue, Joseph d' (1802-1866) : 113, 294, 353, 525, 684, 938-939, 1006, 1021
Ortolan, Eugène (1824-1891) : 820
Osmoy, Charles d' (1827-1894) : 45
Othon Ier, roi de Grèce (1815-1867) : 44
Ots, Charles (1776-1845) : 823
Ovide (43 av. J.-C.-17) : 1023

Pacini, Antonio (1778-1866) : 258, 266, 290, 306-307, 416, 490-491, 538
Pacini, Émilien (1811-1898) : 262, 629, 906
Pacini, Giovanni (1796-1867) : 286, 335
Paër, Ferdinando (1771-1839) : 168, 209, 211, 223, 226, 286, 399, 401, 438, 492, 783, 791, 821, 859
Paganini, Niccolò (1782-1840) : 14

Paisiello, Giovanni (1740-1816) : 208-209, 247, 258, 286, 292, 372, 765, 855, 923, 1062, 1132
Paladilhe, Émile (1844-1926) : 541, 543, 546-548, 552, 726, 1002, 1021, 1047, 1065, 1153, 1161
Palat Dercy (17??-1803) : 216
Palestrina, Giovanni Pierluigi da Palestrina (1525-1594) : 904
Palianti, Louis (1810-1875) : 70, 374, 426-427, 736, 738, 740, 838
Panofka, Heinrich (1807-1887) : 1042
Panseron, Auguste (1795-1859) : 533, 1136
Papillon de la Ferté, Louis Victor Xavier (1784-1847) : 373
Paravey, Louis (1850-1915) : 545, 550-551
Parepa-Rosa, Euphrosyne (1836-1874) : 847
Parès, Gabriel (1862-1934) : 1052
Parfait, Noël (1813-1896) : 975
Paris, Edmond, chanteur (?-?) : 773
Pascal, Prosper (1823-1880) : 440, 820-821
Pasdeloup, Jules (1819-1887) : 436, 439, 455, 512, 522, 527, 677, 1054, 1056-1059, 1064-1065
Pasta, Giuditta (1797-1865) : 276, 283, 287, 289, 326, 533, 730-731, 1111
Pastre, Ulysse (1864-1930) : 40, 44
Patti, Adelina (1843-1919) : 116, 123, 162, 480, 482, 614, 848, 858, 1109, 1121-1122
Patusset, Alfred (1853-1924) : 557-558
Paul, danseur (?-?) : 773
Paul-Michu, Mlle, chanteuse (?-?) : 233
Paulus, Jean-Paul Habans, dit (1845-1908) : 1069
Paun, Hortenzy de, chanteuse (?-?) : 118
Pauwels, Jean-Englebert (1768-1804) : 823

Pavesi, Stefano (1779-1850) : 947
Payer, Hieronymus (1787-1845) : 259
Pedrell, Felip (1841-1922) : 843
Pellegrin, Pierre, directeur de théâtre (?-?) : 436, 438
Pellegrini, Felice (1774-1832) : 326, 592
Pelletan, Eugène (1813-1884) : 618
Pelletan, Fanny (1830-1876) : 633, 1136
Pergolèse, Jean-Baptiste (1710-1836) : 209, 241, 434, 785, 820, 983
Périer, Jean (1869-1954) : 557
Perignon, Alexis-Joseph (1806-1882) : 1109
Perlet, Pierre Étienne, dit Pétrus (1804-1843) : 750
Perrault, Charles (1628-1703) : 240, 1088, 1090
Perrin, Albert, rédacteur en chef (?-?) : 1052
Perrin, Émile (1814-1885) : 55, 90, 92-93, 96, 374, 376, 417, 419, 426, 431, 436, 438, 537, 545-547, 564-565, 601, 686, 715, 790, 983, 993
Perronnet, Léon (Amélie Bernoux) (18?-1903) : 1148
Persiani, Fanny Tacchinardi (1812-1867) : 561
Persiani, Giuseppe (1799?-1869) : 285, 331
Persuis, Louis-Luc Loiseau de (1769-1819) : 211, 213, 225, 311, 329, 1001
Pessard, Émile (1843-1917) : 538, 800, 1079
Peters, éditions : 637
Petipa, Lucien (1815-1898) : 316, 418, 422, 714
Pezzani, Camille (18??-?) : 794
Philastre, Humanité René (1794-18..) : 382, 717
Philidor, François-André Danican (1726-1795) : 634, 840

Philipon, Charles (1800-1862) : 1118, 1120
Philippe, chanteur (?-?) : 234, 773
Philippe II, roi d'Espagne (1527-1598) : 901
Philippe Auguste, roi de France (1165-1223) : 62
Phillis, Mlle, chanteuse (?-?) : 232-233
Piave, Francesco Maria (1810-1876) : 63, 740
Picard, Louis-Benoît (1769-1828) : 209, 211
Picchi, Ermanno (1811-1856) : 829
Piccini, Alexandre (1779-1850) : 66, 143, 178, 211, 307, 327, 400, 633
Piccinni, Niccolò (1728-1800) : 766, 1048, 1062, 1136, 1141
Pichler, August (1771-1856) : 837
Pierné, Gabriel (1863-1937) : 575, 912, 945, 947
Pigault-Lebrun, pseudonyme de Charles-Antoine-Guillaume Pigault de L'Épinoy (1753-1835) : 1166
Pilati, Auguste (1810-1877) : 784, 975, 1112
Pilet, Louis-Marie (1815-1877) : 1114
Pillet, Léon (1803-1868) : 304, 306, 332, 647, 993
Pina, Mariano (1840-1895) : 842
Pineu-Duval, Alexandre-Vincent, *voir* Duval, Alexandre
Pingenet cadette, Mlle, chanteuse (?-?) : 230
Pingenet l'aînée, Mlle, chanteuse (?-?) : 229, 234
Piron, Alexis (1689-1773) : 62
Pisaroni, Benedetta Rosmunda (1793-1872) : 283
Pischek, Johann Baptist (1814-1873) : 453
Pixerécourt, René Charles Guilbert de (1773-1844) : 373, 714, 911-912

Pixis, Johann Peter (1788-1874) : 271, 274, 1133
Planard, François Antoine Eugène de (1783-1853) : 94, 98, 164, 306, 380-381, 748
Planard, M., chef de claque (?-?) : 681
Planché, James Robinson (1796-1880) : 845-846
Plançon, Pol (1854-1914) : 861-862, 871
Planquette, Robert (1848-1903) : 100, 465, 553-556, 558-559, 786, 800, 834, 860, 944, 1072, 1079
Plantade, Charles-Henri (1764-1839) : 302
Pleyel, Ignace (1757-1831) : 264
Plunkett, Adeline (1824-1910) : 318
Pöck, Carl Joseph (1812-1869) : 277
Poe, Edgar (1809-1849) : 175
Pohl, Richard (1826-1896) : 836
Poirson, Charles-Gaspard (1790-1859) : 46
Poise, Jean-Alexandre Ferdinand (1828-1892) : 545, 562, 779, 797, 820, 859, 947
Poisot, Charles (1822-1904) : 562, 565-566
Poisson, T.-R., compositeur (?-?) : 259
Ponchard, Charles (1824-1891) : 428
Ponchard, Louis-Antoine-Éléonore (1787-1866) : 125, 134, 270, 375-376, 384, 781, 871, 1157
Poniatowski, prince Joseph Michel Xavier (1816-1873) : 61, 416, 424
Pontmartin, Armand de (1811-1890) : 384
Porro, Anne-Sophie (?-?) : 117
Porro, Pierre-Jean (1750-1831) : 117
Porto, Matteo (17??-18??) : 209, 283
Portogallo, Marco António (1762-1830) : 208
Potier, Henri (1816-1878) : 427

INDEX DES NOMS

Potier, Marie-Ambroise (1817-1870) : 123
Pouchkine, Alexandre (1799-1837) : 1090
Pougin, Arthur (1834-1921) : 68-70, 92, 125, 166, 179, 399, 546, 676, 705, 1021-1022, 1139
Poulenc, Francis (1899-1963) : 891, 1163
Pous, José Maria (1854-?) : 842
Poussin, Nicolas (1594-1665) : 744
Pradher, Mme, voir More-Pradher
Prévost, Antoine François, abbé (1697-1763) : 877, 1091, 1169
Prévost, Alexandre (18??-18??) : 327, 330
Prévost, Eugène-Prosper (1809-1872) : 859
Prévost, Ferdinand (1800-1879) : 327
Prévost, Zoé (1802-1861) : 376, 382
Prod'homme, Jean-Gabriel (1871-1956) : 508, 773
Profeti, Luigi (1795?-18??) : 283
Proudhon, Pierre-Joseph (1809-1865) : 506
Proust, Antonin (1832-1905) : 598
Proust, Marcel (1871-1922) : 572, 1083, 1122
Pubereaux, Charles-Louis, dit Sainte-Foy (1817-1877) : 428
Puccini, Giacomo (1858-1924) : 11, 575, 792, 830, 843, 917, 967, 1151, 1169
Puget, Loïsa (1810-1889) : 413, 1041, 1148
Puget, Paul (1848-1917) : 633
Pugno, Raoul (1852-1914) : 555
Puvis de Chavannes, Pierre (1824-1898) : 1101
Py, Olivier (1965-) : 12, 1009
Pyat, Félix (1810-1889) : 40, 49, 65
Pycke, Pierre Joseph, baron de Ten Aerde (1771-1820) : 769

Quinault, Philippe (1635-1688) : 323, 1139
Quinet, Edgar (1803-1875) : 973

Rabany-Beauregard, Antoine (1765-1843) : 765
Rabaud, Henri (1873-1949) : 509
Rachel, Félix Élisabeth (1821-1858) : 647
Racine, Jean (1639-1699) : 106, 308
Radcliffe, Ann (1764-1823) : 888, 1097
Raffanelli, Luigi (1752-1821) : 208
Ragani, César (1785-1862) : 52, 281, 480, 482, 489
Rambaldi, impresario (?-?) : 768
Rambures, Adalbert de (1811-1892) : 628
Rambuteau, comte Claude Philibert de (1781-1869) : 689
Rameau, Jean-Philippe (1683-1764) : 67, 211, 241, 403, 406, 634, 1022, 1058, 1061, 1135-1136, 1138, 1141
Rancé, de, librettiste (17..-18..) : 306
Raudot, Claude-Marie (1801-1879) : 41, 47
Ravel, Maurice (1875-1937) : 127, 550, 1163
Raymont, compositeur (?-?) : 856
Reber, Napoléon Henri (1807-1880) : 180, 428, 821
Recio, Marie (1814-1862) : 119
Rédarez [Saint-Rémy], Jules-Henry (1788-1873) : 71-72
Redon, Odilon (1840-1916) : 1100-1101, 1115
Regnault, Émile (1836-1897) : 1109
Regnault, Henri (1843-1871) : 1049
Reicha, Antoine (1770-1836) : 102-107, 113, 271, 320, 388, 761, 829
Reichardt, Johann Friedrich (1752-1814) : 834

Rémusat, Auguste-Laurent Rémusat, comte de (1762-1823) : 210-211
Rémy, Honoré, auteur dramatique (?-?) : 384
Renan, Ernest (1823-1892) : 575, 966
Renoir, Auguste (1841-1919) : 1108
Renouard, Augustin-Charles (1794-1878) : 1036
Reszké, Édouard de (1853-1917) : 861-862
Reszké, Jean de (1850-1925) : 614, 860-862
Réty, Charles (1824-1895) : 436, 439
Reutlinger, Charles ou Carl (1816-1888) : 1121
Revelle (Revel), régisseur (?-?) : 749
Revilly, Antoinette (1822-1899) : 428-429
Rey, Étienne (1832-1923) : 133
Reyer, Ernest (1823-1909) : 109, 113, 165, 171, 180, 191, 398, 420-421, 428, 434, 439, 525, 527, 538-539, 541, 545, 609, 611, 635-636, 678, 736, 746, 784, 787, 793, 820-822, 826-827, 833, 963, 993, 999, 1002, 1051, 1059, 1071, 1091, 1151, 1153, 1161, 1178
Ricci, Luigi (1805-1859) : 260, 768
Richard, Maurice (1832-1888) : 601, 608
Richardson, Samuel (1689-1761) : 166
Richault, Simon, éditeur : 634
Richepin, Jean (1849-1926) : 539
Richer, Léon (1824-1911) : 1013
Ricordi, Giulio (1840-1912) : 637, 833
Ries, Ferdinand (1784-1838) : 274
Riesener, Henri-François (1767-1828) : 1109
Rifaut, Louis-Victor-Étienne (1799-1838) : 99, 375, 477, 1001
Rigault, Mme, chanteuse (?-?) : 125
Rigaut, Eugénie Paillard, épouse Rigaut (1797-1883) : 376

Rimski-Korsakov, Nikolaï (1844-1908) : 851-852
Ritt, Eugène (1817-1898) : 43, 540, 614, 827
Rivet, Gustave (1848-1936) : 606
Roatis, Teobaldo, directeur de théâtre (?-?) : 209
Robert, chanteuse (?-?) : 773
Robert, Édouard (?-1840) : 52, 280, 282, 288
Robert, Émile, directeur de théâtre (?-?) : 275
Robert, Hubert (1733-1818) : 744
Robillard, Victor (1827-1893) : 797
Rochegrosse, Georges (1859-1938) : 632
Röckel, Joseph August (1783-1870) : 265, 268-269, 273-276
Roddaz, Camille de (1846-1896) : 711
Rode, Pierre (1774-1830) : 849
Rodel, chanteur (?-?) : 70
Roederer, Pierre-Louis (1754-1835) : 210
Roger, Gustave (1815-1879) : 129, 253, 376, 555, 558-559, 703, 715, 725, 734, 839, 871, 1079, 1157
Roger, Jean-François (1776-1842) : 1148
Roger, Victor (1853-1903) : 554
Rolandeau, Mlle, chanteuse (?-?) : 209, 765
Roll, Alfred (1846-1919) : 115
Rolland, Romain (1866-1944) : 509, 1139
Roller, Andreas (1805-1880) : 852
Romain, Louis de (1844-1912) : 514, 1065
Romani, Felice (1788-1865) : 259, 829-830
Ronconi, Giorgio (1810-1890) : 52, 281, 480, 482
Ronteix, Eugène (1804-1850) : 671

Ronzi de Begnis, Giuseppina (1800-1853) : 287
Ropartz, Guy (1864-1955) : 509, 946, 1064-1065
Roqueplan, Camille (1803-1855) : 147, 384, 1112-1113
Roqueplan, Nestor (1805-1870) : 52, 166, 304, 358, 417, 426, 493, 724-725, 993
Roques, Léon (1839-1923) : 631, 635
Rosenhain, Jakob (1813-1894) : 416, 820-821
Rossi, Marianna (18??-18??) : 259, 283
Rossini, Gioachino (1792-1868) : 14-15, 17, 19, 23, 29-30, 56, 62-63, 67, 91, 96-97, 112, 115-116, 148, 154, 160, 177, 190, 222, 257-259, 273, 276, 280, 283-290, 294, 302-304, 306-309, 321, 325-331, 334, 337, 347, 352-353, 380, 383, 386-387, 391, 394, 400, 404, 413, 416, 418, 434, 441, 443, 451-452, 456-457, 463, 465, 482, 492-493, 510, 533, 540, 544, 562, 565, 620-623, 625-627, 629, 633, 636, 647, 714, 716, 730, 761, 770, 781, 783-785, 788-790, 800, 821, 824, 829-830, 832, 838, 841, 846, 850-851, 853, 857, 878, 880, 898, 904, 906, 920, 923, 944, 953, 955, 957, 960, 991, 997, 1003, 1007, 1036, 1041, 1046, 1048, 1052, 1060-1062, 1065, 1068, 1071, 1082, 1094, 1109, 1111, 1113, 1119, 1121-1122, 1132, 1135-1136, 1140-1141, 1164-1165, 1167-1168
Rostand, Edmond (1868-1918) : 894
Roubaud, Benjamin (1811-1847) : 1118-1119
Roucourt, Jean-Baptiste (1780-1849) : 824
Rouget de Lisle, C. J. (1760-1838) : 306
Rougevin, Auguste (1792-1877) : 651

Rousseau, Auguste, auteur dramatique (?-?) : 259
Rousseau, Jean-Jacques (1712-1778) : 122, 213, 241, 403, 766, 856, 911, 958, 1100, 1140
Rousseau, Mme, chanteuse (?-?) : 808
Rousseau, Samuel (1853-1904) : 539, 632
Rousselois, Jeanne (1781-1865) : 66, 766
Royer, Alphonse (1803-1875) : 258, 260, 307, 493, 504, 629
Rubé, Auguste (1817-1899) : 418, 543, 717, 750
Rubini, Giovanni Battista (1794-1854) : 273, 283, 288-289, 703, 850
Rubinstein, Anton (1829-1894) : 790, 1058
Rubinstein, Ida (1885-1960) : 509
Ruby, danseur (?-?) : 773
Ruelle, Jules (1834-1892) : 577
Runge, Philipp Otto (1777-1810) : 1100
Ruolz, Henri de (1808-1887) : 306

Sabatier, *voir* Gaveaux-Sabatier
Sacchini, Antonio (1730-1786) : 214, 247, 307, 327, 633, 1132, 1136
Saint Huberty, Antoinette (1756-1812) : 66
Saint-Aivre, chanteur (?-?) : 855
Saint-Auban, Émile de (1858-1947) : 510
Saint-Aubin, Alexandrine (1793-1867) : 208, 229, 233
Saint-Aubin, Jeanne-Charlotte (1764-1850) : 208, 229, 232-234, 245
Saint-Aubin, M., chanteur (?-?) : 229, 232
Saint-Denis, Ruth (1879-1968) : 737
Sainte-Beuve, Charles Augustin (1804-1869) : 12, 1084

Sainte-Croix, Camille de (1859-1915) : 539
Sainte-Foy, Charles-Louis Pubereaux, dit (1817-1877) : 429
Sainte-James, Mme, chanteuse (?-?) : 766
Saint-Esteben, François-Xavier de (1797-1842) : 277
Saint-Étienne, Sylvain (1807-1880) : 441
Saint-Félix, Jules de (1806-1874) : 1085
Saint-Geniez, Léonce de (?-?) : 259
Saint-Georges, Jules-Henri Vernoy de (1799-1875) : 96, 98-99, 164, 167, 170-171, 184, 271, 307, 339-340, 346, 382, 405, 416, 427, 835, 841, 973-974
Saint-Germain, Gilles de Saint-Germain, dit (1833-1899) : 569
Saint-Hilaire, Amable de (1795-1865 ca) : 1023
Saint-Just, *voir* Godard d'Aucourt de Saint-Just, Claude
Saint-Léon, Arthur (1821-1870) : 418
Saint-Marceaux, Marguerite de (1850-1930) : 1048
Saint-Pol Roux, Pierre-Paul Roux, dit (1861-1940) : 175
Saint-Quentin, Gabriel Ouvré de (1846-1926) : 827
Saint-Romain, Antoine Hilaire Alexandre Laurioux, dit (1767-1833) : 85, 765
Saint-Saëns, Camille (1835-1921) : 12, 17-18, 23, 107, 113, 158, 162, 173, 175, 184-185, 187, 191, 421, 446, 448, 509, 512, 514-515, 519-520, 522, 525, 535, 538-541, 543, 546, 549, 551-552, 573, 632-636, 711, 727, 761, 787, 793, 811, 833-834, 843, 849, 852, 854, 892, 902, 905, 909-910, 914, 916-917, 933, 947, 949, 952-953, 957-958, 963, 965, 975, 993, 999, 1004, 1010-1011, 1018, 1040, 1048, 1053, 1058-1059, 1064-1065, 1128, 1136, 1139-1141, 1143, 1153, 1155, 1168, 1170-1171, 1177
Saint-Salvi, Charles (?-?) : 480
Saint-Simon, Claude-Henry de Rouvroy de (1760-1825) : 353
Saint-Valry, Gaston de (1828-1881) : 1166
Saint-Victor, Paul de (1827-1881) : 996
Salabert, Francis (1884-1946) : 1039
Salas, Francisco (1812-1875) : 842
Salieri, Antonio (1750-1825) : 62, 307, 400, 450, 953, 1060, 1082
Salomon, Hector (1838-1906) : 440, 635, 1070
Salvator, compositeur (?-?) : 567, 820
Salvayre, Gaston (1847-1916) : 539, 541, 546, 552, 712
Samuel, Fernand (1862-1914) : 90, 554
Sand, Amantine Aurore Lucile Dupin, dite George (1804-1876) : 100, 384, 567, 703, 1002, 1008, 1013, 1082, 1085-1086, 1088, 1093, 1097-1098, 1109, 1148, 1151
Sanderson, Sibyl (1865-1903) : 160, 580, 583, 613, 736, 861, 1122, 1128
Sangalli, Rita (1849-1909) : 611
Sarasate, Pablo (1844-1908) : 1049
Sarcey, Francisque (1827-1899) : 313, 670
Sardou, Victorien (1831-1908) : 101, 539, 917, 937, 1169
Sasse, Marie (1834-1907) : 489
Saur, Joseph-Henri de (17..-1848) : 259
Saussine, Henri de (1859-1940) : 947
Sautayra, Gustave (1804-1867) : 606
Sauvage, Thomas (1794-1877) : 258-259, 266, 271, 427

Sauzet, Paul-Jean (1800-1876) : 603
Savary, Edmond, compositeur (1834-?) : 440
Sax, Adolphe (1814-1894) : 107, 332, 346, 351
Say, Léon (1826-1896) : 604
Sayers, Henri J., compositeur (?-?) : 1070
Sayn-Wittgenstein, Carolyne von (1819-1887) : 453
Sbriglia, Giovanni (1832-1916) : 1128
Scalchi, Sofia (1850-1922) : 862
Scheffer, Ary (1795-1858) : 1109
Scheurer-Kestner, Auguste (1833-1899) : 115
Schiasetti, Adelaide (1800-18??) : 326
Schikaneder, Emanuel (1751-1812) : 257
Schiller, Friedrich von (1759-1805) : 114, 329, 493-494, 500, 887, 917, 1009
Schlegel, August Wilhelm von (1761-1845) : 1100
Schlesinger, Maurice (1798-1871) : 266, 277, 333, 346, 503, 505, 629-630, 635-636, 988, 1035-1036, 1042, 1085, 1118
Schmidt, Giovanni (1775-1839) : 769
Schmitt, Florent (1870-1958) : 575
Schneider, Hortense (1833-1922) : 465, 736, 785, 847, 852, 933, 1079
Schœlcher, Victor (1804-1893) : 382
Schonenberger, éditions : 1038
Schott, éditions : 637
Schröder-Devrient, Wilhelmine (1804-1860) : 269-270, 273-276
Schubert, Franz (1797-1828) : 413, 703
Schumann, August, entrepreneur (?-?) : 270, 277
Schumann, Clara (1819-1895) : 821
Schumann, Mme, chanteuse (?-?) : 277

Schumann, Robert (1810-1856) : 521
Schuré, Édouard (1841-1929) : 508, 1100
Schwab, François (1829-1882) : 820
Schwabe, Carlos (1866-1926) : 632
Scio-Messié, Julie-Angélique (1768-1807) : 208, 229, 232-233
Scott, Walter (1771-1832) : 98-99, 166, 380, 384-386, 451, 460, 851, 887-888, 895, 897, 913, 941, 971, 1091, 1112
Scribe, Eugène (1791-1861) : 37, 59, 63, 94-100, 149-150, 156, 160, 164-171, 179, 194, 217-218, 306-307, 309, 311-313, 317, 323, 325, 328-330, 332, 334, 337-340, 348, 352-353, 360, 380-381, 385-387, 390-391, 394, 398-399, 405, 413, 415-417, 426-427, 444, 452-453, 466, 487, 493, 497, 500-501, 601, 619, 629, 740, 747, 830, 835, 841, 851, 877, 879, 900, 902, 907-908, 924, 969-971, 973, 1003, 1005, 1008, 1011, 1082, 1090, 1148, 1152-1153, 1164, 1169, 1176
Scriwaneck, Augustine Céléstine (1823-1910?) : 1067
Scudo, Paul (1806-1864) : 490, 507, 921, 939
Séchan, Charles (1803-1874) : 717
Second, Albéric (1817-1887) : 432, 723
Sedaine, Michel Jean (1719-1797) : 235, 240, 242, 329, 765, 912
Segalen, Victor (1878-1919) : 175
Sembrich, Marcella (1858-1935) : 861
Semet, Théodore (1824-1888) : 1148
Semet, Théophile (1824-1888) : 440, 820
Senancour, Étienne de (1770?-1846) : 218
Serghieri, impresario (?-?) : 768
Serpette, Gaston (1846-1904) : 555-556, 558-559, 794

Serret, Marie-Ernestine (1812-1884) : 1109
Servel, Edmond (1829-1881) : 779
Sessi, Marianna (1776-1847) : 210, 768
Séverac, Déodat de (1872-1921) : 945, 947
Severini, Carlo (1793-1838) : 280, 288
Seveste, Jules (18..-1854) : 436, 438
Seveste, Pierre-Jacques (1773-1825) : 649
Seveste, Sébastien Seveste, dit Edmond (1799-1852) : 435-436, 438
Sewrin, Ch.-A.-Bassompierre, dit (1771-1853) : 258-259
Shakespeare, William (1564-1616) : 98-99, 170, 172, 308, 321, 340, 420, 422, 447, 451, 456, 887, 889, 969, 971, 1020, 1070, 1090, 1113, 1169
Silly, Léa, chanteuse (?-?) : 1022
Silvestre, Armand (1837-1901) : 538
Simon, Jules (1814-1896) : 47, 606
Simon-Girard, Juliette (1859-1954?) : 557, 1079
Singier, Alexandre, directeur de théâtre (?-?) : 373
Sitchès, María Joaquina (1780-1864) : 533, 761
Smith, Paul, Édouard Monnais, dit (1798-1868) : 507
Smithson, Harriet (1800-1854) : 273
Sografi, Simeone Antonio (1759-1818) : 210
Solera, Temistocle (1815-1878) : 258
Solié, Émile (?-?) : 234
Solié, Jean-Pierre (1755-1812) : 229, 231-232, 234-235, 240, 245, 839-840, 856, 912
Solié, Mlle, chanteuse (?-?) : 233
Solis, Antonio de (1610-1686) : 220
Solomé, Jacques (1779-1860) : 310, 374, 714-715, 728, 738, 749

Sontag, Henriette (1806-1854) : 131, 168, 270, 283, 286-287, 293, 386, 533
Sonzogno, Edoardo (1836-1920) : 833
Soubies, Albert (1846-1918) : 1161
Soulacroix, Gabriel (1853-1905) : 134
Soumet, Alexandre (1786-1845) : 166-167, 222, 306, 326
Soumis, Louis (1827-1885) : 426
Spiker, Samuel Heinrich (1786-1858) : 403, 838
Spinazzi, Aristide, compositeur (?-?) : 810
Spohr, Louis (1784-1859) : 274, 277, 834, 1131, 1133
Spontini, Gaspare (1774-1851) : 14, 18, 62, 94, 143, 209, 211, 213, 218-221, 223-225, 313, 347, 369, 450, 492, 502, 574, 592, 626, 709, 731, 765-766, 790, 838, 850, 857, 876, 880, 904, 951, 956, 963, 966, 997, 1001, 1010-1011, 1052, 1132, 1142, 1168
Staël, Germaine de Staël-Holstein, dite madame de (1766-1817) : 325, 508, 829, 1089, 1111
Stanislavski, Constantin (1863-1938) : 737
Staudigl, Joseph (1807-1861) : 278
Steenackers, François-Frédéric (1830-1911) : 42
Steibelt, Daniel (1765-1823) : 236, 766, 856
Steinlen, Théophile Alexandre (1859-1923) : 1117
Stendhal, Henri Beyle, dit (1783-1842) : 292, 294, 308, 330, 670, 684, 829, 832, 886, 904, 1034, 1081-1083, 1087-1088, 1090, 1093, 1096, 1132, 1140-1141
Stenebrugen, Jeanne, danseuse (?-?) : 773
Stenebrugen, Julia, danseuse (?-?) : 773
Sterbini, Cesare (1784-1831) : 259

Stichel, Louise (1856-1933) : 1147
Stirner, Max (1806-1856) : 506
Stoltz, Victoire Noël, dit Rosine (1815-1903) : 71, 119, 131, 332-333, 451, 454, 647, 975, 983, 996, 1121
Stoumon, Oscar (1835-1900) : 828
Strakosch, Maurice (1825-1887) : 485, 846
Strauss, Isaac (1806-1888) : 796, 1036, 1050
Strauss, Johann (1825-1899) : 90
Strauss, Richard (1864-1949) : 1169
Strepponi, Giuseppina (1815-1897) : 492
Strinasacchi, Teresa (1768-1831?) : 208-209
Strunz, Georg Jakob (1781-1852) : 375, 823
Stuart, Paul (1861-1914) : 34
Sue, Eugène (1804-1857) : 973
Sujol, Gustave-François Vitras, dit (1825-1890) : 122-123
Sullivan, Arthur (1842-1900) : 924-925
Sully, Mariette (1878-19??) : 557
Suppé, Franz von (1819-1895) : 800
Süssmayr, Franz Xaver (1766-1803) : 272
Sylvestre, Armand (1837-1901) : 539

Tacchinardi, Nicola (1772-1859) : 209
Taglioni, Filippo (1777-1871) : 208, 316, 337, 370, 714
Taglioni, Marie (1804-1884) : 316, 337, 369-370, 611, 1112, 1147
Taglioni, Paul (1808-1884) : 1112
Talazac, Jean-Alexandre (1851-1896) : 548-549
Tallandier, Jules 1863-1933) : 631
Talma, François-Joseph (1763-1826) : 767
Tamberlick, Enrico (1820-1889) : 482, 1121

Tamburini, Antonio (1800-1876) : 288, 731, 850-851
Tarbé, Edmond (1838-1900) : 996
Tarlier, Joseph (1797-1825) : 1063
Tavary, Marie (1856-1899?) : 861
Tchaïkovski, Piotr Ilyitch (1840-1893) : 575, 636, 851-852, 947, 1058
Telle, Wilhelm (1798-1862) : 273-274
Telory, Henry Emy, dit (1820-1874) : 1118
Terrasse, Claude (1867-1923) : 90, 552, 554
Texier, Edmond (1815-1887) : 93
Thalberg, Sigismund (1812-1871) : 1041-1042
Théaulon, Emmanuel (1787-1821) : 306, 379, 612
Thianni, Louis-Charles, chanteur (?-?) : 125
Thierry, Amédée (1797-1873) : 38
Thierry, Édouard (1813-1894) : 418
Thiers, Adolphe (1797-1877) : 76, 597, 612
Thillon, Anna (1817-1903) : 302
Thoinan, Ernest (1827-1894) : 1139
Thomas, Ambroise (1811-1896) : 12, 16, 67, 99, 101, 103, 112, 119, 126, 149, 152-153, 161, 180-181, 191, 307, 321, 383, 393, 417, 419-420, 422, 424, 426-429, 431, 435, 443, 538, 540, 545-546, 570, 572, 577, 635-637, 710, 745, 790, 800, 831-832, 834, 838, 843, 852, 859, 871, 878, 889, 892, 898, 921, 939, 955, 986, 1017, 1025, 1038, 1039, 1049, 1052, 1091, 1110, 1118, 1132, 1153-1154, 1156, 1159, 1164
Thurbet, chanteur et directeur de théâtre (?-?) : 770-771
Thüring de Ryss, Henri-Joseph (1765-?) : 211, 257, 265
Thurner, Auguste (18?-1893) : 391-394, 396

Thys, Pauline (1836-1909) : 562, 1148
Tietjens, Thérèse (1831-1877) : 848
Tilly, Nicolas-Auguste-Didier (?-?) : 125
Tilmant, Théophile (1799-1878) : 375, 427
Tirpenne, Jean-Louis (1801-1878) : 259
Todorov, Tzvetan (1939-2017) : 1133
Tolstoï, Léon (1828-1910) : 1090
Tottola, Andrea Leone (?-1831) : 257, 259
Toudouze, Édouard (1848-1907) : 1137
Toulmouche, Auguste (1829-1890) : 1109
Toulmouche, Frédéric-Michel (1850-1919) : 555, 1065
Toulouse-Lautrec, Henri de (1864-1901) : 1117
Tourgueniev, Ivan (1818-1883) : 443, 821
Traviès de Villers, Charles-Joseph (1804-1859) : 1118
Tréfeu, Étienne (1821-1903) : 466, 562, 564-565, 568
Trélat, Marie (1837?-1914) : 115, 1049
Trial, Antoine (1737-1795) : 127, 245
Trial, Armand-Emmanuel, fils (1772-1803) : 236
Trianon, Henry (1811-1896) : 416
Troupenas, Eugène (1798-1850) : 629, 633, 636, 1136
Tulou, Jean-Louis (1786-1805) : 1042

Ugalde, Delphine (1829-1910) : 117, 119, 428, 736
Ugalde, Marguerite (1862-1940) : 1023
Ullman, Bernard (1817?-1885) : 116, 846
Ungher, Carolina (1803-1877) : 283
Urfé, Honoré d' (1567-1625) : 1090

Vaccai [Vaccaj], Nicola (1790-1848) : 286, 289, 416
Vadé-Bibre, Adélaïde-Joséphine (1806-1865) : 429
Vaëz, Gustave Van Nieuwenhuysen, dit (1812-1862) : 258, 260, 307, 331, 493, 629, 825
Vaillant, Jean-Baptiste Philibert (1790-1872) : 608
Valentino, Henri (1785-1865) : 375
Vallette, chanteur (?-?) : 773
Valmore, François Prosper Lanchantin, dit (1792?-1881) : 823
Valsovani, Mme, chanteuse (?-?) : 768
Van Dyck, Ernest (1861-1923) : 514-515, 581, 753
Van Zandt, Marie (1858-1919) : 861, 1122, 1156
Vanloo, Albert (1846-1920) : 556
Vannois, A., librettiste (?-?) : 306
Varner, Antoine-François (1789-1854) : 95
Varney, Louis (1844-1908) : 90, 465, 554-556, 559, 785, 790, 800, 842, 860, 909, 942, 1023, 1079
Vasseur, Léon-Félix-Augustin-Joseph (1844-1917) : 555-556, 1079
Vatel, Auguste-Eugène (1805-1855) : 280-281, 479
Vaublanc, Vincent-Marie Viénot Vaublanc comte de (1756-1845) : 303
Vaucorbeil, Auguste-Emmanuel (1821-1884) : 431, 540
Vauthrot, Eugène (1825-1871) : 375, 426, 635
Vega, Ventura de la (1861-1932) : 841
Veillard-Duverger, Louis-Antoine (1800-1863) : 738
Veith, E., librettiste (?-?) : 259
Verconsin, Eugène (1823-1891) : 562, 566
Verdhurt, Henry (1843-1912) : 793

INDEX DES NOMS 1225

Verdi, Guiseppe (1813-1901) : 11, 14, 20, 44, 56, 59, 63, 67, 71, 97, 128, 147, 170, 177, 184, 220, 256, 258, 262, 284, 289, 295, 307, 318-319, 321-322, 330, 332, 338, 345, 416-418, 420, 423, 434, 439, 441, 456, 460, 479, 481-482, 485-487, 489-496, 498, 505, 510, 515, 520-522, 524, 538-540, 542, 544, 573-574, 577-578, 629, 635-636, 708, 740, 778, 781, 784-786, 792, 809, 811, 821, 829-830, 833, 850-851, 878, 891, 901-902, 906, 908, 916, 920, 923, 949-951, 956-957, 960, 983, 986, 988, 991, 996, 999, 1009, 1032, 1042, 1046, 1052-1053, 1065, 1067, 1069, 1128, 1140, 1151, 1155, 1167, 1169

Verger, Amédée (18??-18??) : 482, 484

Verlaine, Paul (1844-1896) : 173, 1100

Verne, Jules (1828-1905) : 101, 937

Véron, Louis-Désiré (1798-1867) : 30, 41, 50, 52, 91-93, 96, 119, 304-305, 307, 309-310, 314-315, 324, 337, 347, 352, 370, 592, 627, 993, 1120

Véronge de la Nux, Paul (1853-1928) : 539

Vestris, Auguste (1760-1842) : 211, 214, 370, 768

Vestris, Lucia (1797-1856) : 846

Veuve Launer, éditions : 1136

Vial, Jean-Baptiste-Charles (1771-1837) : 167, 1148

Viardot, Louis (1800-1883) : 52, 280, 993

Viardot, Pauline (1821-1910) : 100, 114, 117, 143, 160, 162, 283, 358, 421, 438, 444, 454, 560, 570, 633, 729, 761, 821, 849-851, 983, 991, 1023, 1048, 1097-1098, 1109, 1112, 1136, 1145, 1148, 1151, 1167

Victoria, reine de Grande-Bretagne et d'Irlande (1819-1901) : 33, 844

Vidal, Paul Antonin (1863-1931) : 539, 552

Viel, Edmond, critique (?-?) : 263, 396

Vieutemps, Henri (1820-1881) : 1042

Vigny, Alfred de (1797-1863) : 100, 175, 452, 893, 942, 1091, 1152

Villamni, Rosine Bediez Laborde, dite (1824-1907) : 115, 131-132

Villaret, Pierre-François (1830-1896) : 134, 1068

Villaume, Mlle, chanteuse (?-?) : 283

Villebichot, Auguste de (1825-1898) : 557

Villemessant, Hippolyte de (1810-1879) : 463, 686

Villey, Edmond (1848-1924) : 605

Villiers de l'Isle-Adam, Auguste de (1838-1889) : 682, 1100

Villiers, Mme, librettiste (?-?) : 1147-1148

Villon, François (1431-1463) : 42

Vimeux, Joseph (1803-1847) : 1041

Violet d'Épagny, Violet, Jean-Baptiste Bonaventure, dit (1787-1868) : 259

Viollet-le-Duc, Eugène-Emmanuel (1814-1879) : 164, 167

Virgile (70-19 av. J.-C.) : 453, 455, 1090, 1111

Vivien, Alexandre-François (1799-1854) : 37, 49, 611

Vivier, compositeur (?-?) : 820

Vizentini, Albert (1841-1906) : 524, 554, 715, 852, 993

Vogel, Adolphe (1808-1892) : 564, 820

Vogoridès, Aspasie (?-?) : 565

Vogt, A.-G. (?-?) : 259

Voltaire, François-Marie Arouet, dit (1694-1778) : 106, 111, 221, 1089-1090

Vsevolojski, Ivan (1835-1909) : 852

Wagner, Cosima (1837-1930) : 514
Wagner, Richard (1813-1883) : 11, 14, 16, 19, 67, 102, 112, 114, 173-175, 177, 181, 187, 217, 220, 242, 246, 260, 266, 271, 275, 311, 320, 322, 326, 334, 343-344, 346, 348, 350, 352, 361, 386, 406, 417, 420, 434, 439, 454-456, 479, 486, 490-491, 499-503, 505-516, 518-521, 523, 525-527, 539, 541, 544, 551, 571, 573-574, 576-578, 580, 629, 634-636, 694, 703, 708-709, 711, 736, 745-746, 752, 778, 784, 787, 793, 811, 826, 828-829, 834-836, 843, 848, 871, 891, 897, 920, 946, 962, 970, 992, 998-999, 1046, 1048, 1052-1058, 1064-1066, 1090, 1099-1100, 1102, 1104, 1115, 1131, 1134-1135, 1140, 1142, 1151-1153, 1155, 1167, 1169, 1178
Wailly, Léon de (1804-1863) : 306, 452
Walker, Mme, chanteuse (?-?) : 277
Wallace, William Vincent (1812-1865) : 859
Walter, Louis (1800-1838) : 793
Walter, ténor (?-?) : 272
Warot, Victor (1834-1906) : 1178
Weber, Aloysia (*ca* 1761-1839) : 272
Weber, Carl Maria von (1786-1826) : 30, 67, 151, 177, 182, 190, 258-259, 263, 265-268, 273-277, 306-307, 354, 379-380, 386, 389, 391, 400, 434, 438-439, 441, 451, 455, 506, 525, 770, 783-785, 792, 816, 824, 836, 838, 854, 936, 938, 1046, 1049, 1052, 1055-1056, 1060-1062, 1064-1065, 1086, 1140, 1165

Weber, Johannès (1818-1902) : 16, 115, 157-158, 187, 458
Weckerlin, Jean-Baptiste (1821-1910) : 440, 469, 560, 1136
Weigl, Joseph (1766-1846) : 258-259, 274
Wesendonck, Mathilde (1828-1902) : 1100
Whistler, James (1834-1903) : 1101
Widemann, Anna, chanteuse (?-?) : 120
Widor, Charles-Marie-Jean-Albert (1844-1937) : 945, 947
Wilder, Victor (1835-1892) : 513, 515-516, 519, 539, 1138
Willent-Bordogni, Joseph-Baptiste-Joseph (1809-1852) : 825
Winckelmann, Johann Joachim (1717-1768) : 219
Winter, Peter von (1754-1825) : 211, 259, 271, 274
Winterhalter, Franz (1805-1873) : 1109
Wolff, Édouard (1816-1880) : 1042
Wolff, Pius Alexander (1782-1828) : 259
Wormser, André (1851-1926) : 559, 711
Wyzewa, Théodore de (1862-1917) : 1100-1101

Z

Zimmermann, Pierre (1785-1853) : 1048
Zingarelli, Niccolò Antonio (1752-1837) : 210, 286, 289, 768, 887
Zola, Émile (1840-1902) : 100, 170, 172, 175-176, 527, 539, 542, 572, 893, 1071, 1082-1084, 1091, 1163
Zucchini, Giovanni (1812-1891) : 482
Zuchelli, Carlo (1793-1879) : 283, 326

Index des œuvres lyriques

À deux pas du bonheur ! (F. Godefroid) : 562, 565
Abderkan (Dégligny/F.-A. Boieldieu) : 850
Abel, *voir* La Mort d'Abel
Abencérages ou l'Étendard de Grenade, Les (É. de Jouy/L. Cherubini) : 211, 227, 313, 955, 958
Abîme de la Maladetta, L' (É. Duprez et G. Oppelt/G. Duprez) : 825
Absents, Les (A. Daudet/F. Poise) : 947
Abu Hassan (F. C. Hiemer/C. M. von Weber) : 438
Accord parfait, L' (C. Galoppe d'Onquaire/P. Bernard) : 565
Actéon (E. Scribe/D.-F.-E. Auber) : 181, 395-396, 857
Adele von Budov (P. A. Wolff/C. Kreutzer) : 259, 271
Adolphe et Clara ou les Deux Prisonniers (B.-J. Marsollier/N. Delayrac) : 235, 244-245, 378, 765, 783, 839, 853, 856
Adorable Belboul, L' (L. Gallet et P. Poirson/J. Massenet) : 577
Africaine, L' (E. Scribe/G. Meyerbeer [achevé par F.-J. Fétis]) : 20, 33, 92, 349-352, 354, 358-360, 417, 419, 421, 538, 592, 722, 726, 791, 809, 811, 842-843, 851, 858, 871, 884, 900, 905, 908, 949, 951-952, 964-965, 967, 996, 1016, 1044-1046, 1072, 1152, 1178
Aïda (A. Ghislanzoni/G. Verdi) : 322, 482, 485-487, 490-491, 577, 581, 636, 792, 811, 923, 960, 1067, 1168
Aïda (C. Du Locle, Ch. Nuitter [d'après A. Ghislanzoni]/G. Verdi) : 538, 540, 543
Aïeule, L' (J.-H. Vernoy de Saint-Georges/Boieldieu fils) : 703
Ajo nell'imbarrazzo, L' (J. Ferretti/ G. Donizetti) : 289
Aladin ou la Lampe merveilleuse (Ch.-G. Étienne/Nicolò) : 720, 1060, 1090
Alceste (R. Calzabigi [traduction en français de F.-L. Le Bland du Roullet]/Ch. W. Gluck) : 113, 143, 162, 213, 308, 419, 636, 741, 1064, 1135
Alcibiade solitaire (J.-G.-A. Cuvelier/ A. Piccini) : 211
Alda (A. Bayard, P. Duport/P. Thys) : 1148
Alexandre à Babylone (P.-M.-F. Baour-Lormian/J.-F. Le Sueur) : 46
Alexis et Justine (J.-M. Boutet de Monvel/N. Dezède) : 765, 856
Alexis ou l'Erreur d'un bon père (B.-J. Marsollier/N. Dalayrac) : 245, 765
Ali-Baba (A. Vanloo, W. Busnach/Ch. Lecocq) : 1079

Ali-Baba (E. Scribe, Mélesville/L. Cherubini) : 306, 369, 592, 954, 958, 960
Aline, reine de Golconde (J.-B.-Ch. Vial, E. de Favières/F.-A. Boieldieu) : 850
Aline, reine de Golconde (J.-B.-Ch. Vial, E. de Favières/H.-M. Berton) : 235, 241, 247, 378, 783
Amadis (J. Claretie/J. Massenet) : 572, 630
Amant jaloux, L' (Th. d'Hèle/A.-E.-M. Grétry) : 230, 242, 1042
Amazones ou la Fondation de Thèbes, Les (É. de Jouy/É.-N. Méhul) : 211
Ambassadrice, L' (J.-H. Vernoy de Saint-Georges, E. Scribe/D.-F.-E. Auber) : 99, 168, 302, 386, 395, 433, 738, 798, 816, 857
Ambroise (J.-M. Boutet de Monvel/ Dalayrac) : 235, 244
Ami de la maison, L' (J.-F. Marmontel/ A.-E.-M. Grétry) : 233, 242
Amour et Mystère (J. Pain/F.-A. Boieldieu) : 850
Amour médecin, L' (Ch. Monselet/ F. Poise) : 545
Amoureux de Catherine, Les (J. Barbier/Henri Maréchal) : 546-547
Amoureux de Perrette, Les (?/A.-L. Clapisson) : 819-820
Amours de Sylvio, Les (J. Barbier, M. Carré/F. Schwab) : 820
Amours du diable, Les (J.-H. Vernoy de Saint-Georges/A. Grisar) : 859, 983
Andromaque (L.-G. Pitra/A.-E.-M. Grétry) : 886
Angela ou l'Atelier de Jean Cousin (G. de Moncloux d'Épinay/S. Gail, F.-A. Boieldieu) : 1148
Anna Bolena (F. Romani/G. Donizetti) : 288-289, 331

Anneau du Nibelung, L' (Der Ring des Nibelungen) (R. Wagner) : 515, 1056, 1115
Annette et Lubin (?/A. Blaise) : 856
Antichambre ou les Valets entre eux, L' (E. Dupaty/N. Dalayrac) : 28
Aplec del Remei, L' (?/J. A. Clavé) : 842
Ariane (C. Mendès/J. Massenet) : 18, 632
Ariane dans l'isle de Naxos (P.-L. Moline/J.-F. Edelmann) : 66, 856
Ariane et Barbe-bleue (M. Maeterlinck/P. Dukas) : 177
Ariodant (F.-B. Hoffman/É.-N. Méhul) : 190, 246
Aristippe (F. Giraud, M. Th. Leclercq/R. Kreutzer) : 211
Arlesiana, L' (L. Marenco/F. Cilea) : 947
Armida (G. Schmidt/G. Rossini) : 328
Armide (Ph. Quinault/Ch. W. Gluck) : 113, 308, 311, 1178
Armide (Ph. Quinault/J.-B. Lully) : 1058, 1061
Armor (E. Jaubert/S. Lazzari) : 946, 1059
Arnill ou le Prisonnier américain (B.-J. Marsollier/N. Dalayrac) : 245
Ascanio (L. Gallet/C. Saint-Saëns) : 539, 541, 543
Asgill ou le Prisonnier de guerre (B.-J. Marsollier/N. Dalayrac) : 245
Astarté (M. de Gramont/X. Leroux) : 64
Astyanax (J.-l. Bedeno Dejaure/ R. Kreutzer) : 741
Attaque du moulin, L' (L. Gallet, É. Zola/A. Bruneau) : 100, 175-176, 527, 551, 808, 810, 848, 878, 1091, 1163
Attila (T. Solera, F.M. Piave/G. Verdi) : 290, 486, 495-496
Atys (Ph. Quinault/N. Piccinni) : 66
Au travers du mur (J. H. Vernoy de Saint-Georges/J. Poniatowski) : 424
Auberge d'Auray, L' (d'Épagny et C.-F.-J.-B. Moreau de Commagny/

M. Carafa et F. Herold) : 179, 399, 401
Auberge des Ardennes, L' (M. Carré, J. Verne/A. Hignard) : 101
Aubergistes de qualité, Les (É. de Jouy/Ch.-S. Catel) : 94
Avant la noce (E. Mestépès, P. Boisselot/É. Jonas) : 797
Aventure d'Arlequin, Une (L. Judicis/L. Hillemacher, P. Hillemacher) : 826
Aventurier, L' (J. H. Vernoy de Saint-Georges/J. Poniatowski) : 424
Azémia (A. Poisson/N. Dalayrac) : 790

Bacchante, La (A. Dumas père/E. Gautier) : 101
Bacchus (C. Mendès/J. Massenet) : 18, 572, 1161, 1178
Bain de Monsieur, Le (O. Pradels, G. Mancel/P. Lacôme) : 558
Barbares, Les (V. Sardou, P.-B. Gheusi/C. Saint-Saëns) : 18, 727, 843, 917, 947, 1004
Barbe-Bleue (L. Halévy, H. Meilhac/J. Offenbach) : 465, 847, 852, 860, 933
Barberine (P. Collin, Lavallée/G. de Saint-Quentin) : 827
Barbier de Séville ou la Précaution inutile, Le (Castil-Blaze [d'après C. Sterbini]/G. Rossini, arr. Castil-Blaze) : 259
Barbier de Séville, Le (Barbiere di Siviglia, Il) (G. Petrosellini/G. Paisiello) : 122, 259, 276, 284, 287, 290, 294, 325-326, 405, 441, 482, 533, 544, 552, 783-785, 790, 792, 800, 824, 960, 1032, 1034, 1072, 1095, 1151, 1159
Barcarolle, La (E. Scribe/D.-F.-E. Auber) : 395

Bardes, Les, voir Ossian
Barkouf (E. Scribe et H. Boisseaux/J. Offenbach) : 63, 464, 520
Basoche, La (A. Carré/A. Messager) : 808, 810, 1161
Ba-ta-clan (L. Halévy/J. Offenbach) : 462, 784-785, 847, 949, 952
Bataille d'amour (V. Sardou, K. Daclin/E. Vaucorbeil) : 101, 431
Bavard et Bavarde, voir Les Bavards
Bavards, Les (Ch. Nuitter/J. Offenbach) : 798, 822
Bayadères, Les (É. de Jouy/Ch.-S. Catel) : 19, 167, 211, 214-215, 227, 634, 954, 956, 1089, 1106
Beatrice di Tenda (F. Romani/V. Bellini) : 289, 1042
Béatrice et Bénédict (H. Berlioz) : 151, 454-456, 634, 819-821, 918, 983
Belisario (S. Cammarano/G. Donizetti) : 289
Belle Arsène, La (C.-S. Favart/P.-A. Monsigny) : 765
Belle au bois dormant, La (E. de Planard/M. Carafa) : 306
Belle Ferronnière, La [devenu Le Petit Souper après interdiction] (J.-B. Violet d'Epargny/V. Dourlen) : 63
Belle Hélène, La (H. Meilhac, L. Halévy/J. Offenbach) : 64, 100, 461, 465-466, 468, 785, 834, 847, 852, 884, 919, 933, 1022, 1072, 1079, 1083-1084
Beniowski ou les Exilés du Kamschatka (A. Pineu-Duval/F.-A. Boieldieu) : 379
Benvenuto Cellini (A. Barbier, A. de Vichy, L. de Wailly/H. Berlioz) : 150, 306, 451, 453, 708-709, 845, 847, 957, 992, 996, 1046, 1055, 1133
Bérénice (A. Magnard) : 632

Bérénice [Berenice, regina d'Armenia] (J. Ferretti, d'après A. Zeno/N.A. Zingarelli) : 768
Bergère châtelaine, La (E. de Planard/D.-F.-E. Auber) : 98
Betly [ou Betly] (H. Lucas/G. Donizetti, arr. d'A. Adam) : 416, 418
Bianca e Falliero (F. Romani/G. Rossini) : 327
Bibiana (L. Lax/J. P. Pixis) : 1133
Biche au bois ou le Royaume des fées, La (H. Cogniard, T. Cogniard/A. Pilati) : 784
Bijou perdu, Le (A. de Leuven, A. Pitaud de Forges, J.-H. Vernoy de Saint-Georges/A. Adam) : 438, 844, 859
Billet de loterie, Le (J.-F. Roger et A. Creuzé de Lesser/Nicolò) : 378
Blaise et Babet ou la Suite des trois fermiers (J.-M. Boutet de Monvel/N. Dezède) : 765, 856
Bœuf Apis, Le (Ph. Gille et E. Furpille/L. Delibes) : 464
Bohème, La (G. Giacosa et G. Illica, trad. P. Ferrier/G. Puccini) : 575, 792, 801, 1159, 1169
Bohémienne, La (J.-H. Vernoy de Saint-Georges/M. Balfe) : 793
Bonifazio de' Geremei (J. Poniatowski) : 424
Bonsoir, Monsieur Pantalon ! (Lockroy, Morvan/A. Grisard) : 181, 784
Bonsoir, voisin (A. de Beauplan, L.-L. Brunswick/F. Poise) : 545, 562, 797, 820, 859
Bouffarelli ou le Prévôt de Milan (anonyme (?)/G. J. Strunz) : 823
Bouffe et le Tailleur, Le (A. Gouffré, P. Villiers/P. Gaveaux) : 161, 856
Bouquetière, La (H. Lucas/A. Adam) : 307
Bourgeois de Reims, Le (J.-H. Vernoy de Saint-Georges/F.-J. Fétis) : 98

Bourse ou la vie, La (C. Galoppe d'Onquaire/Ch. Manry) : 568
Braconnier, Le (?/Raymont) : 856
Brasseur de Preston, Le (L.-L. Brunswick, A. de Leuven/A. Adam) : 181, 382, 404, 426, 431, 850, 859-860, 1071
Bravo, Il (A. Berretoni/M. A. Marliani) : 285
Bredouille (C. Galoppe d'Onquaire/P. Bernard) : 565
Brigands, Les (L. Halévy, H. Meilhac/J. Offenbach) : 100, 465, 469, 633, 842, 916, 963, 1072
Briséïs (C. Mendès, É. Mikhaël/E. Chabrier) : 172, 539, 1059, 1091
Brocéliande (A. Alexandre/L. Lambert) : 946
Burgonde, La (É. Bergerat, C. Sainte-Croix/P. Vidal) : 539

Cagliostro (E. Scribe, J.-H. Vernoy de Saint-Georges/A. Adam) : 127, 181
Caïd, Le (Th. Sauvage/A. Thomas) : 383, 428, 431, 745, 859, 871, 955
Calendal (P. Ferrier/H. Maréchal) : 794, 947
Calife de Bagdad, Le (C. Godard d'Aucourt de Saint-Just/F.-A. Boieldieu) : 167, 235, 237, 239, 248, 379, 765-766, 839, 854, 856, 877, 879, 954, 958, 1063, 1088
Calzolaro, Il (?/G. Paesiello) : 208
Cambiale di matrimonio, La (G. Rossi/G. Rossini) : 1094-1095
Camille ou le Souterrain (B.-J. Marsollier/N. Delayrac) : 127, 237, 244-245, 856, 915
Canard à trois becs, Le (J. Moineaux/É. Jonas) : 465
Cange (B. J. Marsollier/N. Dalayrac) : 245
Capulets et les Montaigus, Les (F. Romani/V. Bellini) : 289, 533, 785, 792

Caravane du Caire, La (Louis XVIII, É. Morel de Chédeville/A.-E.-M. Grétry) : 66, 240, 369, 741, 856, 958, 1052

Carillonneur de Bruges, Le (J.-H. Vernoy de Saint-Georges/A. Grisar) : 181

Carmélite, La (C. Mendès/R. Hahn) : 173

Carmen (H. Meilhac, L. Halévy/ G. Bizet) : 11, 20, 99, 114, 126, 154, 160, 163, 168, 170-171, 181, 188, 393-394, 459-460, 544, 546-547, 549, 552, 583, 632, 635, 735, 745, 792, 800-801, 808-811, 825, 832, 843-845, 848, 852, 854, 861, 883-885, 887, 893-894, 922, 949-950, 958-959, 961, 966, 983, 999, 1009, 1012, 1014, 1017-1018, 1038, 1043, 1072, 1090, 1117, 1142, 1155, 1159-1160, 1162, 1164, 1178

Carnaval de Venise, Le (Th. Sauvage/ A. Thomas) : 431

Carnet du diable, Le (P. Ferrier, E. Blum/G. Serpette) : 559

Casa del bosco, La (?/L. Niedermeyer) : 285

Castor et Pollux (Candeille) : 311

Castor et Pollux (P.-J. Bernard/J.-Ph. Rameau) : 1061, 1063, 1136

Castor et Pollux (P.-J. Bernard arr. par É. Morel de Chédeville/P. von Winter) : 211

Catalans, Les (E. Burat de Gurgy/ A. Elwart) : 793

Cavalleria rusticana (G. Menasci et G. Targioni-Tozzetti, trad. P. Milliet/P. Mascagni) : 544, 583, 861, 1159

Caverne, La (P. Dercy/J.-F. Le Sueur) : 216, 1119

Cécile et Julien ou le Siège de Lille (Joigny/A.-E. Trial) : 236

Cendrillon (C.-G. Étienne/Nicolò) : 233, 235, 240, 248, 389, 854, 857, 879, 936, 1020, 1090, 1156

Cendrillon (H. Cain/J. Massenet) : 156, 575, 584, 592, 720, 726, 1020, 1088, 1117, 1163

Cendrillon (P. Viardot) : 560, 570, 572

Cenerentola ossia La bontà in trionfo, La (J. Ferretti/G. Rossini) : 287, 325-326, 533, 785

Cent Vierges, Les (Clairville, H. Chivot et A. Duru/Ch. Lecoq) : 100

Cent-suisse, Le (P. Duport et É. Monnais/ J. N. Ney, prince de la Moskova) : 424

Chalet, Le (E. Scribe, Mélesville/ A. Adam) : 129, 182, 396, 400, 403-404, 566, 783, 786, 791, 821, 832, 838, 854, 859, 879-880, 1158

Chanson de Fortunio, La (L. Halévy, H. Crémieux/J. Offenbach) : 785, 822, 925

Chant de la cloche, Le (V. d'Indy) : 527

Chanteuse voilée, La (E. Scribe, A. de Leuven/V. Massé) : 428

Charles de France ou Amour et Gloire (A. Dartois, E. de Rancé, E. Théaulon/F.-A. Boieldieu, F. Herold) : 380, 399

Charles VI (C. Delavigne, G. Delavigne/ F. Halévy) : 57, 62, 165, 307, 319, 340-341, 343, 345, 647, 743, 858, 896, 937, 940, 998, 1042

Charmeurs, Les (A. de Leuven/ F. Poise) : 779

Château trompette, Le (E. Cormon et M. Carré/F.-A. Gevaert) : 253, 427, 429

Chatte merveilleuse, La (P. Dumanoir et A. d'Ennery/A. Grisar) : 439

Chérubin (H. Cain et F. de Croisset/ J. Massenet) : 572, 632

Cheval de bronze, Le (E. Scribe/D.-F.-E. Auber) : 258, 318, 333, 376,

382, 389, 394-395, 416, 419, 726, 850, 857, 952, 1154
Chevalier à la rose, Le (H. von Hofmannstahl/R. Strauss) : 584
Chevalier de Canolle, Le (S. Gay/ H. de Fontmichel) : 1147
Chevaliers de la table ronde, Les (H. Chivot, A. Duru/Hervé) : 100
Chevau-légers, Les (L. Péricaud, L. Delormel/R. Planquette) : 558
Chien du jardinier, Le (J. Lockroy, E. Cormon/A. Grisar) : 564
Chilpéric (P. Ferrier/Hervé) : 465, 1069
Chute de la maison Usher, La (E. A. Poe/C. Debussy) : 175
Cid, Le (É. Blau, A. d'Ennery, L. Gallet/J. Massenet) : 100, 320-321, 538, 541, 543, 571, 574, 580, 790, 862, 902, 906, 1002, 1042, 1153-1154, 1178
Cigale madrilène, La (L. Bernoux/ J. Perronnet) : 1148
Cimarosa (J.-N. Bouilly/Nicolò) : 678
Cinq-Mars (P. Poirson, L. Gallet/ Ch. Gounod) : 100, 445, 548, 1091, 1152
Circassienne, La (E. Scribe/D.-F.-A. Auber) : 397
Circé (J. Barbier, P. Barbier/T. Dubois) : 1059
Clari (P. Giannone/F. Halévy) : 285, 405, 533, 741
Clé des champs, La (H. Boisseaux/ L. Deffès) : 944
Clémence de Titus (La Clemenza di Tito) (C. Mazzolà/W. A. Mozart) : 265, 286, 1061
Cléopâtre (L. Payen et H. Cain/Massenet) : 18, 477, 572
Clerc de la Basoche, Le (E. Scribe/ F. Herold) : 399

Cloche du Rhin, La (G. Montorgueil, P.-B. Gheusi/M. Samuel-Rousseau) : 539, 632
Cloches de Corneville, Les (Clairville, C. Gabet/R. Planquette) : 465, 554, 786, 800, 810, 834, 944, 1072, 1079, 1166
Clochette ou le Diable page, La (E. Théaulon/F. Herold) : 181, 379-380, 399, 401, 857
Code noir, Le (E. Scribe/A.-L. Clapisson) : 382, 952
Cœur du moulin, Le (M. Magre/ D. de Séverac) : 945
Cœur et la Main, Le (A. Beaume, Ch. Nuitter/C. Lecocq) : 559, 800
Coin du feu, Le (É. Tréfeu/Ch. Poisot) : 562
Colegialas y soldados (M. Pina/R. Hernando) : 841
Colgard et Sullatin (J.-B. Faurie-Devienne/L. Cherubini) : 104
Colin-Maillard, Le (J. Verne, M. Carré/ A. Hignard) : 101, 122
Colombe, La (J. Barbier, M. Carré/ Ch. Gounod) : 445, 563-564, 703, 816, 820, 1090
Colporteur, Le (E. de Planard/G. Onslow) : 746, 748
Comédie à la campagne, La (F.-A. Duvert/D. Cimarosa, arr. Pierre Crémont) : 259
Comète de Charles Quint, La ([Clairville et Lambert-Thiboust ?]/E. L. Vivier) : 820
Compagnons de la marjolaine, Les (M. Carré, J. Verne/A. Hignard) : 101
Comte de Carmagnola, Le (E. Scribe/ A. Thomas) : 307
Comte Ory, Le (C.-G. Delestre-Poirson, E. Scribe/G. Rossini) : 148, 290, 302, 306, 309, 328-329, 400, 413, 540, 742-743, 821, 847, 857, 880, 1082

INDEX DES ŒUVRES LYRIQUES

Comtesse Eva, La (M. Carré/C. de Grandval) : 821
Concert à la cour, Le (E. Scribe, Mélesville/D.-F.-E. Auber) : 168, 376, 380, 394
Concert interrompu, Le (B.-J. Marsollier, E.-G.-F. de Favières/H.-M. Berton) : 231, 233-234, 247
Confidences, Les (A.-G. Jars/Nicolò) : 248
Contes d'Hoffmann, Les (J. Barbier/J. Offenbach) : 11, 99, 118, 127, 160, 181, 791, 922, 941, 1008, 1072, 1133, 1145, 1090
Cordelia (P. Wolff/C. Kreutzer) : 274
Così fan tutte ossia La scuola degli amanti (L. da Ponte/W. A. Mozart) : 56, 209, 247, 265, 286
Cosimo ou le Peintre badigeonneur (P. Duport, A. de Saint-Hilaire/E.-P. Prévost) : 859
Coupe du roi de Thulé, La (L. Gallet, É. Blau/E. Diaz (?)) : 191, 538, 1153
Cour du roi Pétaud, La (A. Jaime, Ph. Gille/L. Delibes) : 465
Courses de Newmarket, Les (É. de Jouy, J.-T. Merle/G. J. Strunz) : 823
Cousin de Marivaux, Le (L. Battu/V. Massé) : 820
Cousin-Cousine (M. Ordonneau, H. Kéroul/G. Serpette) : 794, 808, 810
Crépuscule des dieux, Le (Götterdämmerung) (R. Wagner) : 326, 359, 501, 513, 1057
Crescendo, Le (Sewrin/L. Cherubini) : 401
Crispino e la Comare (F. M. Piave/L. Ricci, F. Ricci) : 924
Croix de Marie, La (Lockroy, A. d'Ennery/A. Maillart) : 171, 915

Croquefer ou le Dernier des paladins (A. Jaime, É. Tréfeu/J. Offenbach) : 785

Dame blanche, La (E. Scribe/F.-A. Boieldieu) : 17, 103, 126, 156, 167, 169, 184, 348, 373, 376, 378-380, 383-386, 388-391, 433, 477, 633, 743-744, 746-747, 778, 783-784, 788, 790-791, 800, 821, 832, 837, 845, 850, 853-854, 857, 860, 879, 888, 915, 937, 1005, 1016, 1033, 1061, 1063, 1068, 1082, 1092, 1132, 1156-1159, 1166
Dame de Monsoreau, La (A. Maquet/G. Salvayre) : 539, 541
Dame de pique, La (E. Scribe/F. Halévy) : 149, 1090
Dame du lac, La (J.-B.-R.-B. Violet d'Epagny, E.-F.-A.-M. Miel, Th. Sauvage, A. Rousseau/G. Rossini, arr. J.-F. A. Lemierre de Corvey) : 259, 290
Dame du lac, La (La Donna del lago) (A. L. Tottola/G. Rossini) : 259, 287, 330-331, 386, 400
Dame invisible, La (?/F.-A. Boieldieu) : 850
Damnation de Faust, La (A. Gandonnière, H. Berlioz/H. Berlioz) : 150, 452, 632, 881, 1134
Danaïdes, Les (Bailli du Roullet, baron de Tschudi/A. Salieri) : 450, 1082
Dans les nuages (J. Rostaing et P. Mignard/F. Le Rey) : 794
Dante (E. Blau/B. Godard) : 551, 1049, 1161
Dardanus (Ch.-A. Le Clerc de La Bruère/J.-Ph. Rameau) : 1058
Das Nachtlager von Granada (K. J. Braun Freiherr von Braunthal/C. Kreutzer) : 277, 785
Das Neusonntagskind (J. Perinet/W. Müller) : 272

Das Rheingold, *voir* Or du Rhin, L'
Das rote Käppchen (K. D. von Dittersdorf) : 272
Das unterbrochene Opferfest (F. X. Huber/P. von Winter) : 259, 271, 274
David [parfois aussi *Le Roi David*] (A. Soumet and F. Mallefille/A. Mermet) : 307
De par le roi (Laurencin, F. Ancelot/G. Héquet) : 821
Défense d'amour, La (R. Wagner) : 260, 503
Déidamie (É. Noël/H. Maréchal) : 539
Déjanire (L. Gallet/C. Saint-Saëns) : 18, 175
Délire, Le (J.-A. de Révéroni Saint-Cyr/Berton) : 233, 247, 376
Démon de la nuit, Le (Bayard, E. Arago/J. Rosenhain) : 416
Démon, Le (A. N. Majkov, P. A. Viskovatov/A. G. Rubinstein) : 1058
Der Augenarzt (J. E. Veith/A. Gyrowetz) : 259
Der Fliegende Holländer, *voir* Vaisseau fantôme, Le
Der Freischütz (J. F. Kind/C. M. von Weber) : 30, 133, 177, 258-259, 262-263, 265-266, 268-269, 273-275, 277, 384, 391, 400, 439, 451, 770, 783, 785, 792, 824, 857
Der Ring des Nibelungen, *voir* Anneau du Nibelung, L'
Der Schweizer familie (I. F. Castelli/J. Weigl) : 259, 274
Der Spiegel von Arkadien (E. Schikaneder/F. X. Süssmayr) : 272
Der Tyroler Wastel (E. Schikaneder/J. Haibel) : 272
Dernier Roi de Juda, Le (M. Bourges/G. Kastner) : 975
Dernier Sorcier, Le (I. Tourgueniev/P. Viardot) : 821

Déserteur, Le (M.-J. Sedaine/P.-A. Monsigny) : 127, 383, 434, 765, 783, 821, 855-856, 1042, 1155-1156
Dettes, Les (N.-J. Forgeot/S. Champein) : 856
Deux Amours, Les (E. Cormon, A. Achard/F.-A. Gevaert) : 820
Deux Avares, Les (C.-G. Fenouillot de Falbaire/A.-E.-M. Grétry) : 855
Deux Aveugles de Tolède, Les (B.-J. Marsollier/É.-N. Méhul) : 1090
Deux Aveugles, Les (J. Moinaux/J. Offenbach) : 462, 785, 797, 805, 842, 847
Deux Chasseurs et la Laitière, Les (L. Anseaume/E. Duni) : 434, 765, 856, 1156
Deux Figaro ou le Sujet de comédie, Les (V. Tirpenne/M. Carafa, Arr. Aimé Leborne) : 259
Deux Foscari, Les (I Due Foscari) (F. M. Piave/G. Verdi) : 290, 486, 496
Deux Jaloux, Les (J.-B.-Ch. Vial/S. Gail) : 1148
Deux Journées ou le Porteur d'eau, Les (J.-N. Bouilly/L. Cherubini) : 94, 229, 234-236, 246, 768, 839, 856, 879
Deux mots ou Une nuit dans la forêt (B.-J. Marsollier/N. Dalayrac) : 840
Deux Mousquetaires, Les (J.-B.-Ch. Vial, J. Gensoul/H.-M. Berton) : 378
Deux Nuits, Les (J.-N. Bouilly, E. Scribe/F.-A. Boieldieu) : 94, 374, 376, 379-380, 790
Deux Petits Savoyards, Les (B.-J. Marsollier/N. Dalayrac) : 235, 244-245, 856
Deux Prisonniers, Les (J. Martin/S. Champein) : 793

Deux sous de charbon (J. Moinaux/ L. Delibes) : 464
Deux Vieilles Gardes, Les (F. de Villeneuve, H. Lemonier/L. Delibes) : 464, 797
Devin de village, Le (J.-J. Rousseau) : 856
Diable à l'école, Le (E. Scribe/E. Boulanger) : 937
Diable à quatre ou la Femme acariâtre, Le (M.-J. Sedaine [remanié par A. Creuzet de Lesser]/J.-P. Solié) : 240, 856, 1082
Diable à Séville, Le (H.-A. Cavé/ Gomis) : 951
Diable au moulin, Le (E. Cormon, M. Carré/F.-A. Gevaert) : 427, 431
Dialogue des Carmélites, Le (G. Bernanos/F. Poulenc) : 891, 1157
Diamants de la couronne, Les (J.-H. Vernoy de Saint-Georges, E. Scribe/ D.-F.-E. Auber) : 99, 181, 194, 395, 774, 841, 844, 857, 916, 1051
Didon (J.-F. Marmontel/N. Piccinni) : 66, 143
Die Entführung aus dem Serail, *voir* Enlèvement au sérail, L'
Die Fledermaus, *voir* Chauve-souris, La
Die Meistersinger von Nürnberg, *voir* Maîtres chanteurs de Nuremberg, Les
Die Räuberbraut (J. J. Reiff/F. Ries) : 274
Die Walküre, *voir* Walkyrie, La
Die Zauberflöte, *voir* Flûte enchantée, La
Dieu et la Bayadère, Le (E. Scribe/ D.-F.-E. Auber) : 178, 306, 317, 320, 337, 369-370, 850, 857, 956
Dilettante d'Avignon, Le (F.-B. Hoffman/F. Halévy) : 380, 405
Dimanche et lundi (H. Gillet/Deslandres) : 1175

Dimitri (H. de Bornier, A. Silvestre/ V. Joncières) : 524, 551, 1175
Dîner de Pierrot, Le (B. Millanvoye/ Ch. Hess) : 1175
Dinorah, *voir* Pardon de Ploërmel, Le
Diva, La (H. Meilhac, L. Halévy/ J. Offenbach) : 842, 933
Dix jours aux Pyrénées (P. Ferrier/ L. Varney) : 942
Djamileh (L. Gallet/G. Bizet) : 100, 522, 546-547, 959, 961, 999, 1016, 1091
Djelma (Ch. Lomon/Ch. Lefebvre) : 539
Docteur Magnus, Le (E. Cormon, M. Carré/E. Boulanger) : 417
Docteur miracle, Le (L. Battu, L. Halévy/G. Bizet) : 456-457
Docteur Ox (J. Verne/J. Offenbach) : 101
Docteur Vieuxtemps, Le (G. Nadaud) : 563
Dom Sébastien, roi de Portugal (E. Scribe/G. Donizetti) : 64, 307, 332, 647, 833, 839, 858, 896, 1046
Domino noir, Le (E. Scribe/D.-F.-E. Auber) : 180-182, 191, 302, 374, 376, 393, 396, 400, 433, 460, 738, 783-784, 820, 832, 838, 841, 844, 850, 853, 857, 1072, 1158
Don Carlos (J. Méry, C. du Locle/ G. Verdi) : 12, 59, 61, 80-81, 92, 128, 417, 422-424, 487, 489-491, 493-496, 498, 521, 635, 726, 734, 858, 871, 878, 891, 901, 906, 908-909, 916, 949, 951, 986, 996, 998-999, 1009, 1169
Don César de Bazan (A. d'Ennery et J.-G.-A. Chantepie/J. Massenet) : 547, 571, 576, 1021
Don Desiderio (C. Zaccagnini/ J. Poniatowski) : 424
Don Giovanni (L. da Ponte/W. A. Mozart) : 209, 257, 259, 265, 275,

286-287, 443, 445, 455, 460, 533, 723, 743, 785, 792, 854, 922, 936, 1111, 1133

Don Juan (Castil-Blaze [d'après L. Da Ponte]/W. A. Mozart, arr. Castil-Blaze) : 259, 384

Don Juan (E. Deschamps, H. B. de Bury/W. A. Mozart, arr. Castil-Blaze) : 258

Don Juan (H.-J. Thüring de Ryss, D. Baillot/W. A. Mozart, arr. C. Kalkbrenner) : 211, 257, 265

Don Juan (L. Durdilly, Ch. Gounod/ W. A. Mozart) : 189, 271, 369, 419, 421, 439, 537, 544, 592, 636, 1032, 1038, 1042, 1068, 1159

Don Pasquale (G. Ruffini/G. Donizetti) : 285, 288-289, 544, 730, 783, 785, 924, 1159

Don Procopio (C. Cambiaggio/ G. Bizet) : 457, 460

Don Quichotte (H. Cain/J. Massenet) : 572

Don Sanche ou le Château d'amour (E. Théaulon, Rancé/F. Liszt) : 306

Dot, La (Desfontaines/N. Dalayrac) : 244

Double Échelle, La (E. de Planard/ A. Thomas) : 383

Drac, Le (L. Gallet/L. et P. Hillemacher) : 1148

Dragonette (E. Mestépès, Jaime fils/ J. Offenbach) : 469

Dragons de Villars, Les (E. Cormon, Lockroy/A. Maillart) : 438, 549, 746, 750-751, 779, 845, 859, 947, 983

Drapier, Le (E. Scribe/F. Halévy) : 307

Droit d'aînesse, Le (E. Leterrier, A. Vanloo/F. Chassaigne) : 559, 1023

Droit du seigneur, Le (P. Burani, M. Boucheron/L. Vasseur) : 123

Duc d'Albe, Le (E. Scribe, C. Duveyrier/ G. Donizetti [achevé par M. Salvi]) : 332-333

Duc d'Olonne, Le (E. Scribe, X. Saintine/D.-F.-A. Auber) : 395, 879

Due Figaro ossia Il soggetto di una comedia, I (F. Romani/M. Carafa) : 259

Échelle de soie, L' (E. de Planard/ P. Gaveaux) : 94

Éclair, L' (E. de Planard, J.-H. Vernoy de Saint-Georges/F. Halévy) : 98, 129, 381, 405, 630, 858, 943

Ecuba (G. Schmidt/N.A. Manfroce) : 769

Edgar (F. Fontana/G. Puccini) : 1169

Egilda di Provenza (F. Romani/ S. Pavesi) : 947

Egmont (A. Wolff, A. Millaud/G. Salvayre) : 546

Élève de Presbourg, L' (J.-B.-C. Vial, T. Muret/Luce-Varlet) : 167

Elisabetta, regina d'Inghilterra (G. Schmidt/G. Rossini) : 287

Élisca ou l'Amour maternel (E. de Favières/A.-E.-M. Grétry) : 241, 823

Elisir d'amore, L' (F. Romani [d'après E. Scribe]/G. Donizetti) : 289, 339, 785, 792, 947

Eliza (R. Saint-Cyr/L. Cherubini) : 236

Emmeline ou la Famille suisse (Ch.-A.-B. Sewrin, R. Alissan de Chazet/J. Weigl) : 258-259

En prison (Th. Chaigneau et Ch. Boverat/E. Guiraud) : 564

Enfant prodigue, L' (E. Scribe/D.-F.-E. Auber) : 23, 110, 167-168, 318, 339, 382, 416, 419, 725, 727, 857, 953

Enfant-roi, L' (É. Zola/A. Bruneau) : 175, 1163

Enlèvement au sérail, L' (Die Entführung aus dem Serail) (G. Stefanie/

W. A. Mozart) : 264-265, 272, 274-275, 968
Épreuve villageoise, L' (P. Desforges/A.-E.-M. Grétry) : 242, 434, 766, 821, 944, 1156
Ernani (F. M. Piave/G. Verdi) : 256, 290, 486, 785
Ernani (G. Rossi/V. Gabussi) : 256, 285
Ernelinde (A.-A. Poinsinet/F.-A. Philidor) : 634
Éros (J. Goujon et A. Daniel/F. Le Rey) : 794
Erostrate (J. Méry, É. Pacini/E. Reyer) : 538, 820, 822
Esclarmonde (A. Blau, L. de Gramont/J. Massenet) : 160, 188, 191, 379, 526, 551, 571, 573, 580, 862, 883, 999, 1091, 1117, 1128, 1154, 1161, 1163
Esclave, L' (E. Got, É. Foussier/E. Membrée) : 538, 1153
Esclave du Camoens, L' (J. H. Vernoy de Saint-Georges/F. von Flotow) : 382, 950
Esmeralda, La : 20, 64, 100, 306, 741, 743, 843, 899, 1149
Esprit du foyer, L' (Lafontaine/Salvator) : 820
Estelle et Némorin (H.-C. Gerono/H. Berlioz) : 451
Éthelvina ou l'Exilé (Mme Lemaignan, P. de Kock/A. Batton) : 1147
Étienne Marcel (L. Gallet/C. Saint-Saëns) : 787, 793, 902, 1058
Étoile, L' (E. Leterrier, A. Vanloo/E. Chabrier) : 109, 427, 429, 431, 464-465, 954, 968, 1019
Étoile de Séville, L' (H. Lucas/M. Balfe) : 647
Étoile du Nord, L' (E. Scribe/G. Meyerbeer) : 59, 181, 427, 429, 431, 464, 577, 726, 847, 851, 858, 871, 914-915, 1071

Étranger, L' (V. d'Indy) : 175, 527, 1178
Euphrosine ou le Tyran corrigé [intitulé plus tard Euphrosine et Coradin] (F.-B. Hoffman/É.-N. Méhul) : 236, 246, 378
Euriante (Castil-Blaze/C. M. von Weber, arr. Castil-Blaze) : 258
Euryanthe (H. von Chézy/C. M. von Weber) : 258, 268, 275, 306, 438, 1055, 1061, 1133
Évangéline (L. de Gramont, G. Hartmann, A. Alexandre/X. Leroux) : 826
Événements imprévus, Les (Th. d'Hèle/A.-E.-M. Grétry) : 233, 242

Falstaff (A. Boito/G. Verdi) : 456, 544, 923, 1032
Falstaff (P. Solanges, [d'après A. Boito]/G. Verdi) : 1159
Fanal, Le (J.-H. Vernoy de Saint-Georges/A. Adam) : 416, 945-946
Fanchonnette, La (J.-H. Vernoy de Saint-Georges, A. de Leuven/A.-L. Clapisson) : 438, 816
Fantasio (P. de Musset, Ch. Nuitter, C. Du Locle, A. Dumas fils/J. Offenbach) : 735, 983, 1021
Fantasma, Il (F. Romani/G. Persiani) : 285
Farfadet (E. de Planard/A. Adam) : 404
Fausse Magie, La (J.-F. Marmontel/A.-E.-M. Grétry) : 242, 766
Faust (J. Barbier, M. Carré/Ch. Gounod) : 11, 99, 114, 126, 146, 152-154, 162, 177, 180, 189, 319, 417-423, 438, 444-446, 448, 500, 509, 524, 537, 541, 564, 570, 631, 634-636, 743, 792, 801, 805, 809, 816, 845, 847-848, 852, 854, 860-861, 880, 882, 901, 907, 914, 1008, 1019, 1032, 1038, 1046-1047,

1059, 1087, 1091, 1143, 1152, 1154, 1168
Faust (J. K. Bernard/Spohr) : 273-274, 1131, 1133
Fausto (?/L. Bertin) : 285, 1149
Favorite, La (E. Scribe, A. Royer, G. Vaëz/G. Donizetti) : 12, 64, 307-308, 320, 331-333, 369, 418, 477, 493, 503, 524, 537, 558, 647, 779, 792, 805, 809, 820, 833, 839, 847, 858, 878, 883, 901, 983, 1042, 1152
Fazzoletto, Il (Rattista/Manuel García) : 285
Fedora (A. Colautti/U. Giordano) : 101
Fée aux roses, La (J.-H. Vernoy de Saint Georges, E. Scribe/ F. Halévy) : 379, 859, 1070
Fée Urgèle ou Ce qui plaît aux dames, La (C.-S. Favart/E. Duni) : 765
Félix ou l'Enfant trouvé (M.-J. Sedaine/ P.-A. Monsigny) : 230, 235, 765
Feramors (J. Rodenberg/A. G. Rubinstein) : 1058
Fernand Cortez ou la Conquête du Mexique (É. de Jouy, J.-A. Esménard/G. Spontini) : 62, 94, 143, 211, 220, 225, 502, 727, 850, 876, 951, 963, 965, 1001, 1052
Fervaal (V. d'Indy) : 18, 175-176, 527, 632, 829, 843, 948, 1000, 1004, 1154, 1175, 1178
Fête du village voisin, La (Sewrin/F.-A. Boieldieu) : 943
Fiancée, La (E. Scribe/D.-F.-E. Auber) : 374, 395, 397, 401, 744, 783, 850, 1046
Fiancée de Corinthe, La (C. Du Locle/J. Duprato) : 417
Fiancée du roi de Garbe, La (E. Scribe, J.-H. Vernoy de Saint-Georges/ D.-F.-A. Auber) : 396, 431, 727

Fidèle berger, Le (E. Scribe, J.-H. Vernoy de Saint-Georges/A. Adam) : 404
Fidelio (J. von Sonnleithner et G. F. Treitschke/L. van Beethoven) : 265, 268-270, 273-275, 277, 443, 769, 785, 792, 879, 1020, 1038, 1055, 1063-1064
Fiesque (Ch. Beauquier/É. Lalo) : 114-115
Fille coupable, La (J.F.A. Boieldieu/ F.-A. Boieldieu) : 791
Fille de l'orfèvre, La (?/E. Membrée) : 821
Fille de Madame Angot, La (Clairville, P. Siraudin, V. Koning/C. Lecocq) : 465, 552, 633, 794, 810, 834, 1066, 1072
Fille de Tabarin, La (V. Sardou, P. Ferrier/G. Pierné) : 101, 912
Fille du régiment, La (J.-F.-A. Bayard, J.-H. Vernoy de Saint-Georges/G. Donizetti) : 99, 331, 374, 376, 378, 382, 402, 433, 784, 791, 809, 820, 830, 833, 848, 858, 860, 876, 1159
Fille du tambour major, La (H. Chivot, A. Duru/J. Offenbach) : 100, 786, 800, 811, 1079
Fils de l'étoile, Le (C. Mendès/ C. Erlanger) : 1178
Fils du brigadier, Le (E. Labiche, A. Delacour/V. Massé) : 428, 431
Fils du prince, Le (E. Scribe/A. de Feltre) : 424
Fine Fleur de l'Andalousie, La (Hervé) : 462, 1022
Fleur de lotus, La (J. Barbier/P. Pascal) : 821
Fleur-de-thé (H. Chivot, A. Duru/ Lecocq) : 100, 465
Flore et Zéphire (A. de Leuven, C. Deslys/Eugène Gautier) : 438

Flûte enchantée, La (Die Zauberflöte) (E. Schikaneder/W. A. Mozart) : 23, 257, 263-265, 273, 439, 441, 443, 544, 785, 792, 854, 936, 1055, 1061, 1133, 1159
Foire Saint-Laurent, La (H. Crémieux, A. de Saint Albin/J. Offenbach) : 1079
Folies amoureuses, Les (pasticcio de Castil-Blaze) : 857
Folle de Glaris, La (Th. Sauvage [d'après P. A. Wolff]/C. Kreutzer, arr. H. Payer]) : 259, 271
Forza del destino, La (F. M. Piave/ G. Verdi) : 485-486
Fra Diavolo ou l'Hôtellerie de Terracine (E. Scribe/D.-F.-E. Auber) : 125, 154, 167, 181-182, 374, 376, 378, 380-381, 394-395, 397, 400, 433, 734, 751, 783, 821, 830, 838, 850, 853-854, 857, 860, 879, 916, 918, 950, 1038
François Ier à Chambord (A.-P. Moline de Saint-Yon et G. Fougeroux/ P. Ginestet) : 306, 369-370
François les bas bleus (P. Burani, E. Dubreuil, E. Humbert/F. Bernicat [achevé par A. Messager]) : 786
François Villon (E. Got/E. Membrée) : 416
Françoise de Foix (J.-N. Bouilly/H.-M. Berton) : 63
Françoise de Rimini (J. Barbier, M. Carré/A. Thomas) : 156, 160, 538, 540, 790, 898, 1091, 1118, 1153
Francs-juges, Les (H. Ferrand/H. Berlioz) : 451
Frédégonde (L. Gallet/E. Guiraud [achevé par C. Saint-Saëns, P. Dukas]) : 539, 542
Freischütz, Le (É. Paccini, H. Berlioz/ C. M. von Weber, arr. Berlioz) : 19, 258, 263, 266-268, 273, 275, 279, 307, 441, 452, 906, 922, 936, 938-939, 1055, 1061, 1086, 1133, 1168
Fronde, La : 416

Galathée (J. Barbier, M. Carré/ V. Massé) : 427-428, 798, 859
Gastibelza ou le Fou de Tolède (E. Cormon, A d'Ennery/A. Maillart) : 435, 859
Gemma di Vergy (G. E. Bidera/ G. Donizetti) : 289
Geneviève de Brabant (A. Jaime et É. Tréfeu/J. Offenbach) : 465-466, 468, 470
George Dandin (Molière/Ch. Gounod) : 176
Gianni di Calais (D. Gilardoni/ G. Donizetti) : 289
Gibby la cornemuse (A. de Leuven, L.-L. Brunswick/A.-L. Clapisson) : 167
Gille ravisseur (Th. Sauvage/A. Grisar) : 426
Gillette de Narbonne (H. Chivot, A. Duru/E. Audran) : 559, 947
Ginevra di Scozia ossia Ariodante, La (G. Rossi/G. Mosca) : 209
Giovanna d'Arco (T.Solera/G. Verdi) : 486, 495-496
Giovanni da Procida (J. Poniatowski) : 424
Giralda ou la Nouvelle Psyché (E. Scribe/A. Adam) : 149, 404-405, 784, 816
Giulietta e Romeo (F. Romani/N. Vaccai) : 418, 887
Giulietta e Romeo (G. M. Foppa/ N. A. Zingarelli) : 289
Glu, La (J. Richepin et H. Cain/ G. Dupont) : 632, 946
Götterdämmerung, voir Crépuscule des dieux, Le
Grand Mogol, Le (H. Chivot, A. Duru/ E. Audran) : 786, 811, 1072

Grand'Tante, La (J. Adenis, C. Grand-vallet/J. Massenet) : 571, 576-577, 986
Grande-Duchesse de Gérolstein, La (L. Halévy, H. Meilhac/J. Offenbach) : 63, 465, 467-468, 842, 847, 852, 860, 933, 1083
Grisélidis (A. Silvestre, E. Morand/ J. Massenet) : 156, 572, 911, 948-949, 1018, 1154
Guercœur (A. Magnard) : 175
Guerillero, Le (Th. Anne/A. Thomas) : 307
Guido et Ginevra ou la Peste à Florence (E. Scribe/F. Halévy) : 189, 306, 322, 340-341, 343, 345-346
Guillaume Tell (É. de Jouy, H.-L.-F. Bis [assistés par A. Marrast, A. Crémieux]/G. Rossini) : 12, 63, 113, 158, 279, 290, 302, 306, 309-310, 320, 329-330, 334, 336, 352-354, 370, 413, 418, 425, 477, 495, 537, 627, 636, 717, 719, 742, 781, 784, 791, 796, 801, 832, 839, 845, 847, 851, 858, 860, 880, 898-899, 912, 920, 957, 992, 997, 1007, 1046, 1055, 1132, 1152
Guillaume Tell (M.-J. Sedaine/A.-E.-M. Grétry) : 60, 62, 242, 329
Guise ou les États de Blois (E. de Planard, J.-H. Vernoy de Saint-Georges/G. Onslow) : 1111
Guitarrero, Le (E. Scribe/F. Halévy) : 382, 951, 1042, 1046
Gulistan ou le Hulla de Samarcande (C.-G. Étienne, A. Poisson de La Chabeaussière/N. Dalayrac) : 235, 240, 244, 383, 766
Gulnare ou l'Esclave persane (B.-J. Marsollier/N. Dalayrac) : 231, 233, 239, 244
Gustave (Piron) : 62
Gustave III ou le Bal masqué (E. Scribe/ D.-F.-E. Auber) : 62, 305-306, 321, 330, 337-338, 369, 395, 592, 718, 729, 837, 839, 846, 857, 897, 1019
Guy Mannering (L. Bertin) : 560, 1149
Guzla de l'Émir, La (J. Barbier, M. Carré/ G. Bizet) : 822
Gwendoline (C. Mendès/E. Chabrier) : 109, 174, 527, 539, 541, 570, 629, 632, 787, 826, 843, 1154

Habanera, La (R. Laparra) : 175
Hamlet (M. Carré, J. Barbier/A. Thomas) : 12, 92, 99, 160, 321-322, 417, 419-423, 524, 537, 577, 635, 691, 726, 861, 871, 888-889, 892, 898, 1017, 1032, 1038, 1047, 1154
Hannetons, Les (E. Grangé, A. Millaud/ J. Offenbach) : 1068
Hänsel et Gretel (A. Wette, trad. C. Mendès/E. Humperdinck) : 1159
Haydée ou le Secret (E. Scribe/D.-F.-E. Auber) : 168, 181-182, 382, 386, 395-397, 401, 433, 783-784, 857, 877, 1090, 1160
Héléna (J.-N. Bouilly, R. Saint-Cyr/É.-N. Méhul) : 246
Hélène (C. Saint-Saëns) : 18, 175
Héliogabale (É. Sicard/D. de Séverac) : 947
Hellé (C. Du Locle, Ch. Nuitter/ A. Duvernoy) : 539
Henry VIII (L. Détroyat, A. Silvestre/ C. Saint-Saëns) : 158, 538, 540, 543, 691, 743, 902, 905, 909, 914, 957, 1047, 1153
Herculanum (J. Méry and T. Hadot/ F. David) : 19, 416, 419-420, 424, 744, 898, 954
Hermann et Dorothée (J. Goujon/ F. Le Rey) : 794
Hérodiade (G. Hartmann, P. Milliet, A. Zanardini/J. Massenet) : 571, 577-578, 580, 792, 826, 848,

INDEX DES ŒUVRES LYRIQUES

862, 871, 910, 953, 976, 1047, 1059, 1090
Heure espagnole, L' (Franc-Nohain/M. Ravel) : 127
Hippomène et Atalante (L.-G. Lehoc/A.-L. Piccini) : 211
Huguenots, Les (E. Scribe, É. Deschamps/G. Meyerbeer) : 20, 63, 120, 128, 150, 155, 158, 161, 163, 169-170, 190, 194, 279, 302, 306, 310, 313, 315-316, 320, 322, 324, 348-352, 354-359, 381, 402, 413, 418, 455, 495-497, 500-501, 537, 541, 592, 629-630, 633, 691, 716, 719, 743-744, 746, 750-751, 775, 784, 791, 801, 809, 832, 839, 842, 844, 846, 848, 851, 854, 858, 860, 862, 878, 881, 890-891, 896, 899, 906, 908-909, 957, 997, 1003, 1019, 1035, 1042, 1046, 1086, 1111, 1152

I Briganti (G. Crescini/S. Mercadante) : 285, 288
I Capuleti e i Montecchi, *voir* Capulet et les Montaigu, Les
I Cheruschi (G. Rossi/J.S. Mayr) : 768
I Due Foscari, *voir* Deux Foscari, Les
I Lombardi alla prima crociata (T. Solera/G. Verdi) : 258, 418, 482, 486-487, 490, 493, 495-497
I Puritani, *voir* Les Puritains
I Virtuosi ambulanti (G. L. Balocchi/V. Fioravanti) : 209
Ibycus (?/F. Le Rey) : 794
Ida ou l'Orpheline de Berlin (A.-J. Candeille) : 823, 1148
Idomeneo (G. Varesco/W. A. Mozart) : 1063
Il Barbiere di Siviglia, *voir* Barbier de Séville, Le
Il Crociato in Egitto (G. Rossi/G. Meyerbeer) : 354, 533, 1062

Il Matrimonio segreto (G. Bertati/D. Cimarosa) : 286-287, 1062
Il Mercato di Malmantile [La vanità delusa] (C. Goldoni, D. Cimarosa) : 209
Il Pirata (F. Romani/V. Bellini) : 289
Il Trovatore, *voir* Trouvère, Le
Il Turco in Italia, *voir* Turc en Italie, Le
Il Viaggio a Reims ossia L'Albergo del giglio d'oro, *voir* Voyage à Reims, Le
Ildegonda (P. Giannone/M. A. Marliani) : 285
Île de Tulipatan, L' (H. Chivot, A. Duru/J. Offenbach) : 100, 786, 822, 952, 1022
Île sonnante, L' (Ch. Collé/P.-A. Monsigny) : 234
Illusion, L' (J.-H. Vernoy de Saint-Georges, C. Ménissier/F. Herold) : 402, 1160
Impresario in angustie, L' (G. M. Diodati/D. Cimarosa) : 259
Impromptu de campagne, L' (É.-J.-B. Delrieu/Nicolò) : 208, 248
Inauguration du temple de la victoire, L' (P.-M.F. Baour-Lormian/L. L de Persuis et J.-F. Le Sueur) : 1001
Incertitude embarrassante, L' (Dumaniant/A. Leborne) : 111
Ines de Castro (Persiani) : 330
Inganno felice, L' (G. M. Foppa/G. Rossini) : 287
Intrigue aux fenêtres, L' (J.-N. Bouilly/Nicolò) : 192, 234, 239, 248
Iolanta (M. Tchaïkovski/P. I. Tchaïkovski) : 947
Iphigénie en Aulide (F.-L. Gand Le Bland du Roullet/Ch. W. Gluck) : 308, 1061, 1178
Iphighénie en Tauride (N.-F. Guillard/Ch. W. Gluck) : 66, 143, 308, 856, 940, 1135, 1142

Irato ou l'Emporté, L' (B.-J. Marsollier/É.-N. Méhul) : 208, 223, 238, 246, 378, 401, 765
Isora di Provenza (A. Zanardini/L. Mancinelli) : 947
Italienne à Alger, L' (L'Italiana in Algeri) (A. Anelli/G. Rossini) : 287, 290, 330, 841, 1036
Ivan IV (F.-H. Leroy, H. Trianon/ G. Bizet) : 420, 459-460
Ivanhoé (assemblage d'extraits d'opéras de Rossini par A. Pacini et G. Rossini) : 290
Iwan le Terrible (H. Leroy, H. Trianon/Ch. Gounod) : 445-446

Jacquerie, La (S. Arnaud, É. Blau/ É. Lalo) : 1148, 1161, 1175
Jaguarita l'Indienne (A. de Leuven, J.-H. Vernoy de Saint-Georges/ F. Halévy) : 438, 859
Jahel (Simone Arnaud, L. Gallet/ A. Coquard) : 794
Jean de Nivelle (Ph. Gille, E. Gondinet/L. Delibes) : 157-158, 548, 945, 1040, 1046
Jean de Paris (C. Godard d'Aucourt de Saint-Just/F.-A. Boieldieu) : 234, 249, 379, 743, 790, 860
Jeanne d'Arc (A. Mermet) : 116, 538, 743, 1038, 1060, 1153
Jeanne la Folle (E. Scribe/A.-L. Clapisson) : 333
Jeanne qui pleure et Jean qui rit (Ch. Nuitter and É. Tréfeu/J. Offenbach) : 1022
Jeannot et Colin (C.-G. Étienne/ Nicolò) : 193, 253, 378, 383, 388, 857, 1082
Jéliotte ou Un passe-temps de duchesse (É. Duprez/G. Duprez) : 703
Jenny Bell (E. Scribe/D.-F.-E. Auber) : 168, 397, 871

Jérusalem (A. Royer, G. Vaëz [d'après T. Solera]/G. Verdi) : 63, 258, 262, 307, 321, 418, 477, 486-487, 489-491, 493, 496-497, 727, 743, 781, 1067
Jérusalem délivrée, La (P.-M.-F. Baour-Lormian/L. L. de Persuis) : 211, 311
Jessonda (E. H. Gehe/L. Spohr) : 277
Jeu de Robin et Marion (Adam de La Halle) : 1137
Jeune aveugle, La (A. Chalas, E.-F. Garay de Monglave/A. Gyrowetz, arr. T.-R. Poisson) : 259
Jeune Femme colère, La (Ch.-G. Étienne, Claparède/F.-A. Boieldieu) : 850
Jeune Henri, Le (J.-N. Bouilly/É-N. Méhul) : 1055, 1061
Jeune Oncle, Le (H. Advenier de Fontenille/F. Blangini) : 1060
Jeune Prude ou les Femmes entre elles, La (E. Dupaty/N. Dalayrac) : 235, 244
Joaillier de Saint-James ou Lady Melvil, Le (J.-H. Vernoy de Saint-Georges, A. de Leuven/A. Grisar) : 429, 431
Jocelyn (V. Capoul, A. Sylvestre/ B. Godard) : 826, 1059
Joconde ou les Coureurs d'aventures (C.-G. Étienne/Nicolò) : 178-179, 192, 248, 378, 821, 857, 1082
Johanna (B.-J. Marsollier/É.-N. Méhul) : 246
Joli Gilles (Ch. Monselet/F. Poise) : 545
Jolie Fille de Perth, La (J.-H. Vernoy de Saint-Georges, J. Adenis/G. Bizet) : 99, 459-460, 635, 793, 922, 1091
Jolie Parfumeuse, La (E. Blum, H. Crémieux/J. Offenbach) : 860
Jongleur de Notre-Dame, Le (M. Léna/ J. Massenet) : 572, 911

INDEX DES ŒUVRES LYRIQUES 1243

José Maria (E. Cormon, H. Meilhac/ J. Cohen) : 430
Joseph en Égypte (A. Pineu-Duval/ É.-N. Méhul) : 23, 207, 213-214, 218, 221, 224, 246, 375, 378, 382, 392, 418, 424, 439, 502, 539, 733, 765, 860, 875, 953, 1042, 1089, 1133, 1135, 1146, 1154, 1170
Joséphine vendue par ses sœurs (P. Ferrier, F. Carré/V. Roger) : 558
Jota, La (R. Laparra) : 175
Joueur de flûte, Le (J. Moinaux/ Hervé) : 465
Joueur de viole, Le (R. Laparra) : 175
Jour et la nuit, Le (E. Leterrier, A. Vanloo/C. Lecocq) : 559, 834
Journée aux aventures, La (P. Capelle, L. Mézières-Miot/É.-N. Méhul) : 378
Judith (P. Collin/C.-É. Lefebvre) : 1059
Jugement de Midas, Le (T. d'Hèle/A.-E.-M. Grétry) : 856
Juif errant, Le (E. Scribe, J.-H. Vernoy de Saint-Georges/F. Halévy) : 99, 171, 340-341, 343, 345, 416, 419, 422, 970, 973-975, 993
Juive, La (E. Scribe/F. Halévy) : 12, 19-20, 63, 128, 158, 160, 168, 270, 279, 305-306, 310, 312-313, 316, 319, 330, 340-341, 343, 345-346, 352, 356, 363, 369, 405, 413, 418, 421, 495-496, 537, 542, 574, 592, 635, 647, 719, 727, 733, 742, 779, 784, 791, 809, 839, 850, 855, 858, 860, 881, 890-891, 896-897, 904, 908-909, 915, 969-971, 973, 975-976, 983, 997, 1003, 1007, 1009, 1039, 1046-1047, 1049-1050, 1055, 1068, 1152
Julien ou la Vie du poète (G. Charpentier) : 175

Kassya (H. Meilhac, Ph. Gille/ L. Delibes, J. Massenet) : 551
Kermaria (P.-B. Gheusi/C. Erlanger) : 948

L'Italiana in Algeri, voir Italienne à Alger, L'
L'Oca del Cairo, voir Oie du Caire, L'
La Clemenza di Tito, voir Clémence de Titus, La
La Donna del lago, voir Dame du lac, La
La Gazza ladra, voir Pie voleuse, La
La Pietra del paragone, voir Pierre de touche, La
La Serva padrona, voir Servante maîtresse, La
La Traviata [voir aussi Violetta] (F. Piave/G. Verdi) : 482, 486-487, 490, 494, 544, 549, 574, 583, 785, 792, 809, 956, 1142, 1159
Laboureur chinois, Le (J.-B.-D. Després, J.-M. Deschamps, É. Morel de Chédeville/H.-M. Berton, Ludwig Lachnith) : 211, 214
Lac des fées, Le (E. Scribe, Mélesville/D.-F.-E. Auber) : 167, 306, 321, 338-339, 369, 727, 857, 1069
Lakmé (Ph. Gille, E. Gondinet/ L. Delibes) : 20, 157-158, 160, 162, 180, 182, 184, 360, 387, 549, 551-552, 586, 711, 726, 745, 790-791, 811, 845, 852, 861, 884, 892, 949, 955-956, 960-961, 965, 967, 1091, 1143, 1157, 1159, 1162
Lalla-Roukh (M. Carré, H. Lucas/ F. David) : 152, 181, 187, 429, 431, 458, 726, 954, 960-961, 1091, 1143
Lancelot (L. Gallet, É. Blau/V. Joncières) : 524, 946, 1004
Lara (M. Carré, E. Cormon/A. Maillart) : 983, 1020-1021

Lauriane (A. Guiou et Jean-Jacques Magne/A. Machado) : 1148
Lazzarone, Le (J.-H. Vernoy de Saint-Georges/F. Halévy) : 307
Le Nozze di Figaro, *voir* Noces de Figaro, Les
Le roi l'a dit (E. Gondinet/L. Delibes) : 546-548
Le Villi (F. Fontana/G. Puccini) : 1169
Léhéman ou la Tour de Neustadt (B.-J. Marsollier/N. Dalayrac) : 240
Leicester (E. Scribe, Mélesville/D.-F.-A. Auber) : 376, 380, 744, 913
Léocadie (E. Scribe et Mélesville/D.-F.-E. Auber) : 380, 397, 877, 915, 1090
Lépreuse, La (H. Bataille/S. Lazzari) : 946
Lettre de cachet, La (?/A. Grisar) : 562
Lettre de change, La (E. de Planard/ C. Bochsa) : 857
Lina (R. Saint-Cyr/N. Dalayrac) : 1060
Linda di Chamounix (G. Rossi/G. Donizetti) : 289, 785
Lischen et Fritzchen (P. Boisselot/ J. Offenbach) : 797
Lodoïska (C.-F. Fillette/L. Cherubini) : 236, 840, 912
Lodoïska, La (F. Gonella/S. Mayr) : 767
Lodoïska ou les Tatares (J.-E. Dejaure/ R. Kreutzer) : 765
Lohengrin (Ch. Nuitter [d'après R. Wagner]/R. Wagner) : 515, 519, 539
Lohengrin (R. Wagner) : 16, 487, 500-501, 504, 507, 509, 511-516, 525, 541, 576, 746, 752, 793, 999, 1052-1053, 1056-1057, 1131, 1151
Loin du bruit (C. Galoppe d'Onquaire/ P. Bernard) : 565
Los amantes de Teruel (T. Bretón) : 843
Los diamantes de la corona (F. Camprodón/F. A. Barbieri) : 841

Los dos ciegos (L. de Olona/F. A. Barbieri) : 842
Louise (G. Charpentier) : 100, 114, 159, 175-176, 544, 632, 736, 745, 810, 844, 878, 883, 917, 1091, 1162
Louise Miller (B. Alaffre, É. Pacini [d'après S. Cammarano]/G. Verdi) : 416, 418
Loup-Garou, Le (E. Scribe, É.-J. Mazères/L. Bertin) : 1148
Lucia di Lammermoor (S. Cammarano/G. Donizetti) : 258, 288-289, 332, 477, 482, 778, 785, 792, 809, 821, 1084
Lucie de Lammermoor (A. Royer, G. Vaëz [d'après S. Cammarano]/G. Donizetti) : 56, 258, 260, 307, 331, 333, 418, 441, 629, 783, 792, 1042, 1081
Lucile (J.-F. Marmontel/A.-E.-M. Grétry) : 126, 233-234, 242, 1052
Lucrezia Borgia (F. Romani/G. Donizetti) : 289, 785
Ludovic (J.-H. Vernoy de Saint-Georges/F. Herold, F. Halévy) : 94, 99, 129, 399, 405
Luisa Miller (S. Cammarano/ G. Verdi) : 56, 290, 481, 486-487, 489
Lully et Quinault (Ch. Gaugiran-Nanteuil/Nicolò) : 248

Ma tante Aurore ou le Roman impromptu (C. de Longchamps/ F.-A. Boieldieu) : 169, 231, 235, 249, 379, 766, 856, 916, 1082
Ma tante dort, (H. Crémieux/H. Caspers) : 429
Macbeth (Ch. Nuitter, A. Beaumont [d'après F. M. Piave, A. Maffei]/G. Verdi) : 306
Macbeth (E. Fleg/E. Bloch) : 1178
Macbeth (F. M. Piave, A. Maffei/ G. Verdi) : 486-487, 490-491, 494, 496

Maçon, Le (E. Scribe, G. Delavigne/ D.-F.-E. Auber) : 181, 373, 376, 380, 394, 433, 837-838, 850, 856, 860, 879, 915
Madama Butterfly (G. Giacosa, L. Illica/G. Puccini) : 360
Madame Boniface (C. Clairville, E. Depré/P. Lacôme) : 559
Madame Butterfly (trad. P. Ferrier/ G. Puccini) : 1159
Madame Chrysanthème (G. Hartmann et A. Alexandre/A. Messager) : 810, 943, 952, 956, 958, 960-961, 965-966, 1091, 1143
Madame Favart (H. Chivot, A. Duru/ J. Offenbach) : 786, 1079
Madame l'Archiduc (H. Meilhac, A. Millaud/J. Offenbach) : 1072
Madame le Diable (H. Meilhac, A. Mortier, A. Millaud/G. Serpette) : 558
Madame Mascarille (J. Viard/ J. Bovéry) : 463
Madame Turlupin (E. Cormon, P. Milliet/E. Guiraud) : 1175
Mademoiselle de Launay à la Bastille (A. Creuzé de Lesser, J.-F. Roger, Mme Villiers/S. Gail) : 1147-1148
Maestro di musica, Il (A. Palomba/ P. Auletta) : 208
Mage, Le (J. Richepin/J. Massenet) : 539, 541, 571, 574, 580-581, 723-724, 745, 889, 1153-1154
Magicienne, La (J.-H. Vernoy de Saint-Georges/F. Halévy) : 99, 171, 340-341, 346, 416, 419, 422, 888-889, 939, 998
Maguelonne et le roi René (H. de Saussine) : 947
Maison à vendre (A. Pineu-Duval/ N. Dalayrac) : 127, 235, 239, 244-245, 856, 1041
Maison du docteur, La (H. Boisseaux/ G. Bizet) : 457

Maison isolée ou le Vieillard des Vosges, La (B.-J. Marsollier/N. Dalayrac) : 784
Maître chanteur, Le (H. Trianon/ A. Limnander) : 416
Maître de chapelle ou le Souper imprévu, Le (S. Gay/F. Paër) : 401, 438, 783-784, 791, 821, 859, 1147
Maître Palma (Ph. Gille, E. Furpille/ Mlle Rivay) : 564
Maître Pathelin (F. Langlé, A. de Leuven/F. Bazin) : 429, 859
Maître Wolfram (J. Méry, Th. Gautier/ E. Reyer) : 545, 821
Maîtres chanteurs de Nuremberg, Les (Die Meistersinger von Nürnberg) (R. Wagner) : 159, 326, 501, 509, 513, 515-516, 522, 539, 576, 787, 1057, 1178
Malek-Adel (C. Pepoli/M. Costa) : 285
Mamz'elle Nitouche (H. Meilhac, A. Millaud, E. Blum/Hervé) : 100, 556, 558-559, 909, 1023
Manon (H. Meilhac, P. Gille/J. Massenet) : 16, 114, 160, 174, 180, 393-394, 544, 549, 551-552, 571-574, 578, 581-584, 714, 745, 792, 810, 832, 852, 854, 861, 877, 883, 885, 892, 910, 912, 1091, 1128, 1137, 1159, 1161-1162, 1169
Manon Lescaut (E. Scribe/D.-F.-E. Auber) : 393, 395-396, 428, 877, 1091, 1143, 1160, 1169
Maometto II (C. Della Valle/G. Rossini) : 62, 222, 290, 326-327, 629
Marchese Tulipano ossia Il matrimonio inaspettato, Il (P. Chiari/G. Paisiello) : 258
Marco Spada (E. Scribe, G. Delavigne/D.-F.-E. Auber) : 167, 333, 395, 397, 428, 916, 1160
Margherita d'Anjou (F. Romani/G. Meyerbeer) : 259

Marguerite d'Anjou (Th. Sauvage/ G. Meyerbeer, arr. P. Crémon) : 259
Marguerite de Waldemar (Saint-Félix/G. Dugazon) : 62
Mari de circonstance, Le (E. de Planard/A. Orlowski) : 793
Maria di Rohan (S. Cammarano/ G. Donizetti) : 289
Mariage aux lanternes, Le (L. Battu et M. Carré/J. Offenbach) : 822
Mariage de Léandre, Le (C. Caraguel/ E. Boulanger) : 820
Marianne (B.-J. Marsollier/N. Dalayrac) : 245
Marie (E. de Planard/F. Herold) : 253, 373, 376, 380, 399, 401, 433, 857, 917, 1001
Marie Stuart (T. Anne/L. Niedermeyer) : 307, 321, 647, 896
Marie Stuart en Écosse (E. de Planard, J.-F. Roger/F.-J. Fétis) : 913
Marie-Thérèse (E. Cormon, F. Dutertre de Vétreuil/N. Louis) : 786
Marino Faliero (G. E. Bidera, A. Ruffini/ G. Donizetti) : 285, 288-289, 331
Maris garçons, Les (Ch. Gaugiran-Nanteuil/H.-M. Berton) : 247
Marquis de Carabas, Le (J. Viers-Lafforgue/R. Casadesus) : 560
Marquis de Tulipano ou le Mariage inattendu, Le (J.-A. Gourbillon/ G. Paisiello) : 258, 765-766
Marquise de Brinvilliers, La (E. Scribe, Castil-Blaze/D.-F.-E. Auber, H.-M. Berton, D.-A. Batton, F. Blangini, F.-A. Boieldieu, M. Carafa, L. Cherubini, F. Herold et F. Paër) : 179, 379, 399
Marquise des rues, La (P. Siraudin, G. Hirsch/Hervé) : 470
Martha ou le Marché à Richmond (Martha oder Der Markt zu Richmond) (F. W. Riese/F. von Flotow) : 441, 482, 524

Martha, oder Der markt zu Richmond, voir Martha ou le Marché à Richmond
Martyrs, Les (E. Scribe/G. Donizetti) : 63, 307, 331-332, 839, 847, 904, 906
Mas, Le (J. Canteloube) : 943-944
Masaniello ou le Pêcheur napolitain (Ch. Moreau de Commagny, A.-M. Lafortelle/M. E. Carafa) : 63, 376, 380-381, 402, 744, 1062
Mascotte, La (H. Chivot, A. Duru/ E. Audran) : 100, 553-554, 556, 786, 794, 800, 805, 810, 943, 1166
Mauvais Œil, Le (E. Scribe, G. Lemoine/ L. Puget) : 1148
Médecin malgré lui, Le (Molière/Ch. Gounod) : 116, 438, 444, 944
Médecin turc, Le (A. Gouffé, P. Villiers/Nicolò) : 248
Médecine sans médecin, La (E. Scribe, F. Herold) : 399, 401
Médée (F.-B. Hoffman/L. Cherubini) : 18, 236, 313, 766
Médée et Jason (J.-B.-G.-M. de Milcent/B. de Fontenelle) : 211
Mégère apprivoisée, La (É. Deshays/ F. Le Rey) : 794
Mélomanie, La (Grenier/S. Champein) : 230, 765-766, 856
Menzikoff et Fédor (J.-H.-F. La Martelière/S. Champein) : 240
Méprise, La (A. Creuzé de Lesser/ S. Gail) : 1148
Méprise volontaire ou la Double Leçon, La (A. Pineu-Duval/Mlle Le Sénéchal de Kercado) : 1148
Méprises par ressemblance, Les (J. Patrat/A.-E.-M. Grétry) : 121
Merlin (S. Lipiner/K. Goldmark) : 946
Mesdames de la Halle (A. Lapointe/ J. Offenbach) : 464, 785, 1022
Messidor (E. Zola/A. Bruneau) : 527, 539, 542, 893-894, 943, 1071, 1091
Meyel (M. Cardon/A. Spinazzi) : 810

Michel-Ange (É.-J.-B. Delrieu/ Nicolò) : 248, 765
Mignon (J. Barbier, M. Carré/A. Thomas) : 99, 126, 152-153, 160, 180-181, 393, 420, 428-429, 431, 548-550, 552, 636-637, 735, 800, 809-811, 832, 861, 878, 983, 1020, 1038-1039, 1088, 1091, 1143, 1156, 1159, 1164
Mikado or the Town of Titipu, *voir* Mikado ou la Ville de Titipu, Le
Mikado ou la Ville de Titipu, Le (W. S. Gilbert/A. Sullivan) : 925
Milton (É. de Jouy, M. Dieulafoy/ G. Spontini) : 94, 790
Mireille (J. Barbier, M. Barbier/ Ch. Gounod) : 152, 154, 157, 161, 184, 439, 445-448, 460, 545, 552, 724, 809, 816, 861, 877-878, 910, 916, 942, 947, 949, 1072, 1143, 1157, 1160
Miss Fauvette (J. Barbier, M. Carré/ V. Massé) : 564
Miss Hélyett (M. Boucheron/E. Audran) : 786, 808, 810, 1166
Moine, Le (G. Oppelt/J. Willent-Bordogni) : 825
Moïse et Pharaon ou le Passage de la mer Rouge (G. L. Balocchi, É. De Jouy [d'après A. L. Tottola]/ G. Rossini) : 23, 190, 222, 257, 290, 302, 306, 309, 312, 326-327, 329, 369, 400, 880, 953
Monsieur Des Chalumeaux (A. Creuzé de Lesser/P. Gaveaux) : 235, 239
Monsieur et Madame Denis (M. Delaporte, Laurencin/J. Offenbach) : 860
Montagne noire, La (A. Holmès) : 172, 175, 539, 542, 1149, 1178
Montano et Stéphanie (J.-É. Dejaure/H.-M. Berton) : 247, 790
Monténégrins, Les (J. A. du Pujol, G. de Nerval/A. Limnander) : 101

Mort d'Abel, La (F.-B. Hoffman/ R. Kreutzer) : 23, 211, 224
Mort d'Adam, La [et son apothéose] (N.-F. Guillard/J.-F. Le Sueur) : 23, 63, 211, 214, 217, 224, 1089
Mosè in Egitto (A. L. Tottola/G. Rossini) : 222, 257, 287, 290, 326, 354, 724, 785
Mosquita la sorcière (E. Scribe et G. Vaëz/X. Boisselot) : 435
Moulin du roi, Le (A. de Leuven/ A. Boieldieu fils) : 820
Moulin joli, Le (Clairville/A. Varney) : 797
Mousquetaires au couvent, Les (J. Prével, P. Ferrier/L. Varney) : 465, 554, 557, 790, 800, 810, 909, 1023
Mousquetaires de la reine (J.-H. Vernoy de Saint-Georges/F. Halévy) : 405, 428, 800, 858
Mudarra (L. Bonnemère, L. Tiercelin/ F. Le Borne) : 1059
Muette de Portici, La (G. Delavigne, E. Scribe/D.-F.-E. Auber) : 19, 30, 59, 61-62, 80, 166, 168, 178, 279, 302, 305-306, 308-309, 312, 316-317, 322, 324, 328, 333-336, 338, 347-348, 350, 352, 369-370, 374, 381, 394-395, 402, 418, 495, 500, 502, 537, 541, 718-719, 723, 726-728, 741-742, 746, 749-750, 778, 784, 791, 796, 824, 832, 837, 839, 850, 853-854, 857, 859, 880, 885, 890, 895, 900, 904, 912, 917, 943, 957, 1002, 1007, 1011, 1013, 1015, 1038, 1046-1047, 1072, 1152
Mule de Pedro, La (P. Dumanoir/ V. Massé) : 417
Muletier, Le (P. de Kock/F. Herold) : 181, 380, 399, 401, 1062, 1090
Myrdhin (L. Ladmirault, A. Fleury/ P. Ladmirault) : 946
Myrdhin (S. Arnaud/Bourgault-Ducoudray) : 946

Mystères d'Isis, Les (É. Morel de Chédeville/W. A. Mozart, arr. L. W. Lachnitz) : 23, 257-258, 263-265
Mystères d'Udolphe, Les (E. Scribe, G. Delavigne/A.-L. Clapisson) : 167

Nabab, Le (E. Scribe, J.-H. de Saint-Georges/F. Halévy) : 427, 816
Nabucco (T. Solera/G. Verdi) : 290, 486, 489, 495-496, 785, 1053
Nahel (E. Plouvier/H. Litolff) : 820-821
Naïs Micoulin (É. Zola/A. Bruneau) : 175
Naufrage de la Méduse, Le (A. Pilati/F. von Flotow) : 744, 1112
Navarraise, La (J. Claretie, H. Cain/J. Massenet) : 552, 571, 583-584, 630, 810, 848, 914, 1090, 1163
Ne touchez pas à la reine (E. Scribe, G. Vaëz/X. Boisselot) : 859
Neige ou le Nouvel Éginhard, La (E. Scribe, G. Delavigne/D.-F.-E. Auber) : 165, 169, 178, 376, 380, 394, 396, 856
Nephtali ou les Ammonites (É. Aignan/F. Blangini) : 211
Néron (J. Barbier/A. Rubinstein) : 790
Neuvaine de la Chandeleur, La (J. Lockroy/G. Greive) : 820
Nid de cigogne, Le (E. Cormon, M. Carré/Ch.-L.-A. Vogel) : 564, 820
Nina o sia La pazza per amore (G. Lorenzi/G. Paisiello) : 244, 856
Nina ou la Folle par amour (B.-J. Marsollier/N. Dalayrac) : 126, 1098
Niniche (A. Hennequin, A. Millaud, E. de Najac/Hervé) : 557
Ninon chez Madame de Sévigné (E. Dupaty/H.-M. Berton) : 234, 247

Noble Fiancée, La (R. Wagner) : 500
Noces de Figaro, Les (Castil-Blaze/W. A. Mozart, arr. Castil-Blaze) : 259, 438
Noces de Figaro, Les (Le Nozze di Figaro) (L. da Ponte/W. A. Mozart) : 209, 259, 264-265, 286, 441, 544, 636, 1063, 1072, 1096-1097, 1159
Noces de Jeannette, Les (J. Barbier, M. Carré/V. Massé) : 429, 797, 800, 816, 859, 943, 1159
Noé (A. de Saint-Georges/F. Halévy [achevé par G. Bizet]) : 340, 456, 970, 974, 1059
Nonne sanglante, La (E. Scribe, G. Delavigne/Ch. Gounod) : 416, 421-422, 444-445, 450, 452, 727, 889, 907, 939
Norma (F. Romani/V. Bellini) : 287-289, 533, 784-786, 792, 956, 1151
Norma (N. Lafont, É. Monnier [d'après F. Romani]/V. Bellini) : 744, 1042
Nouveau Seigneur de village, Le (A. Creuzé de Lesser, E.-G.-F. de Favières/F.-A. Boieldieu) : 249, 379, 877, 943

Oberon (J. R. Planché/C. M. von Weber) : 266, 268, 273-275, 438, 441, 1055, 1133
Œdipe à Colone (N.-F. Guillard/A. Sacchini) : 308
Œil crevé, L' (Hervé) : 465
Œnone (A.-F. Le Bailly/Ch. Kalkbrenner) : 211
Ogre, L' (I. Tourgueniev/P. Viardot) : 821
Olimpie (J.-M. Dieulafoy, C. Brifaut/G. Spontini) : 143, 221, 369, 743
Ombre, L' (J.-H. Vernoy de Saint-Georges/F. von Flotow) : 945

INDEX DES ŒUVRES LYRIQUES

Opéra-Comique, L' (E. Dupaty, J.-A. de Ségur) : 233, 235, 237, 765
Or du Rhin, L' (Das Rheingold) (R. Wagner) : 509, 515, 521, 539, 1057, 1115
Oreilles de Midas, Les (?/J. Boucher) : 568
Oreilles de Midas, Les (N. Desarbres, Ch. Nuitter/F. Barbier) : 568
Orfeo (A. Striggio/C. Monteverdi) : 1065
Orfeo ed Euridice (R. Calzabigi/Ch. W. Gluck) : 1018
Orfeo ed Euridice, *voir* Orphée et Eurydice
Oriflamme, L' (C.-G. Étienne, P.-M.-F. Baour-Lormian/H.-M. Berton, R. Kreutzer, É.-N. Méhul, F. Paër) : 211, 214, 226
Orphée aux enfers (H. Crémieux, L. Halévy/J. Offenbach) : 100, 180, 463-464, 468, 785-786, 834, 842, 847, 852, 860, 918, 1066, 1072, 1079
Orphée et Eurydice (Orfeo ed Euridice) (P.-L. Moline/Ch. W. Gluck) : 100, 113, 143, 308, 438, 574, 711, 821, 855, 898, 1023, 1064, 1112, 1135, 1166, 1176
Ossian ou les Bardes (P. Dercy, J.-M. Deschamps/J.-F. Lesueur) : 18, 211, 214, 216, 218, 224-225, 311, 722-723, 744, 875, 937, 950, 1111, 1131
Otello (A. Boito/G. Verdi) : 56, 694, 1032, 1034
Otello (F. M. Berio di Salsa/G. Rossini) : 258-259, 287, 292, 294, 443, 533, 731, 785, 1062, 1109, 1113
Othello (A. Royer, G. Vaëz [d'après F. M. Berio di Salsa]/G. Rossini) : 258-259, 290, 307, 418
Othello (C. Du Locle [d'après A. Boito]/G. Verdi) : 539, 1069-1070

Othello ou le More de Venise (Castil-Blaze/G. Rossini, arr. Castil-Blaze) : 330-331, 542
Ouragan, L' (É. Zola/A. Bruneau) : 527

P'tites Michu, Les (A. Vanloo, G. Duval/A. Messager) : 556-557, 559
Pagode, La (J.-H. Vernoy de Saint-Georges/Fauconier) : 431
Paillasse [I Pagliacci] (E. Crosti/R. Leoncavallo) : 1159
Pamrose ou l'Enlèvement (?/L. Walter) : 793
Pandore (Voltaire/A. Leborne) : 111
Panier fleuri, Le (A. de Leuven, L.-L. Brunswick/A. Thomas) : 167
Pantins de Violette, Les (L. Battu/A. Adam) : 404, 463-464, 467, 779, 797, 859, 933
Panurge dans l'île des lanternes (É. Morel de Chédeville/A.-E.-M Grétry) : 572, 574, 741, 856
Papillotes de M. Benoist, Les (J. Barbier, M. Carré/H. Reber) : 821
Pardon de Ploërmel, Le (Dinorah) (J. Barbier, M. Carré/G. Meyerbeer) : 99, 127-128, 181, 428-430, 432, 727, 830, 847, 851, 858, 910, 915, 917, 937, 943, 946, 948
Pâris et Hélène (R. de Calzabigi/Ch. W. Gluck) : 1055
Parisina (F. Romani/G. Donizetti) : 289
Parsifal (R. Wagner) : 61, 501, 510, 513, 519, 521, 523, 525, 1178
Part du diable, La (E. Scribe/D.-F.-E. Auber) : 167, 181, 395, 783, 857, 951
Passant, Le (F. Coppée/E. Paladilhe) : 546, 1021
Patrie ! (V. Sardou, L. Gallet/E. Paladilhe) : 539, 541, 543, 726, 1002, 1153

Paul et Virginie (E. de Favières/R. Kreutzer) : 178, 765, 1091, 1175
Paul et Virginie ou le Temple de la vertu (A. du Congé Dubreuil/J.-F. Le Sueur) : 236
Pauvre Femme, La (B.-J. Marsollier/N. Dalayrac) : 245
Pavillon des fleurs, Le (R.-Ch. G. de Pixérécourt/N. Dalayrac) : 378
Pays, Le (Ch. Le Goffic/G. Ropartz) : 946
Pêcheurs de perles, Les (E. Cormon, M. Carré/G. Bizet) : 439, 458, 460-461, 545, 552, 793, 832, 845, 861, 878, 884, 906, 914, 949, 956-957, 960-961, 966-967, 996, 1016, 1143
Pêcheurs de Saint-Jean, Les (H. Cain/Widor) : 947
Pedro de Zalamea (L. Détroyat, A. Sylvestre/B. Godard) : 1059
Pelléas et Mélisande (M. Maeterlinck/C. Debussy) : 16, 114, 127, 172, 176, 544, 551, 570, 572, 581, 630-631, 635, 885
Pénélope (R. Fauchois/G. Fauré) : 18, 1178
Pénitente, La (H. Meilhac, W. Busnach/C. de Grandval) : 1148
Périchole, La (L. Halévy, H. Meilhac/J. Offenbach) : 465, 852, 860, 924, 933
Perle du Brésil, La (G. de Lurieu, S. Saint-Étienne/F. David) : 438, 951
Perruche, La (H. Dupin, P. Dumanoir/A.-L. Clapisson) : 396, 859
Perruquier de la Régence, Le (E. de Planard, P. Duport/A. Thomas) : 383
Petit Chaperon rouge, Le (E. Théaulon de Lambert/F.-A. Boieldieu) : 253, 376, 379, 389, 783, 790, 948, 1090
Petit Duc, Le (H. Meilhac, L. Halévy/Ch. Lecocq) : 100, 465, 834

Petit Faust, Le (H. Crémieux, A. Jaime/Hervé) : 465, 468, 809, 1072
Petite Fadette, La (M. Carré/Th. Semet) : 983, 1148
Petite Femme de Loth, La (T. Bernard/C. Terrasse) : 554
Pharamond (F. Ancelot, A. Guiraud, A. Soumet/F.-A. Boieldieu, H.-M. Berton, R. Kreutzer) : 29, 306
Philémon et Baucis (J. Barbier, M. Carré/Ch. Gounod) : 445, 816, 848, 861, 1090
Philtre, Le (E. Scribe/D.-F.-E. Auber) : 148, 168, 302, 306, 339, 395, 690, 857, 947
Phryné (L. Augé de Lassus/C. Saint-Saëns) : 18, 1128
Picaros et Diégo (E. Dupaty/N. Dalayrac) : 245, 378
Piccolino (Ch. Nuitter/E. Guiraud) : 546-547
Pie voleuse, La (Castil-Blaze/G. Rossini, arr. Castil-Blaze) : 259, 290
Pie voleuse, La (Gazza ladra, La) (G. Gherardini/G. Rossini) : 259, 287, 294, 783, 1042
Pierre de Médicis (J.-H. Vernoy de Saint-Georges et E. Pacini/J. Poniatowski) : 61, 416, 424
Pierre de touche, La (La Pietra del paragone) (L. Romanelli/G. Rossini) : 287
Pimmalione (S. Vestris/L. Cherubini) : 210
Piquillo (A. Dumas père, G. de Nerval/H. Monpou) : 101
Pirate, Le (P. Crémont, É. Duprez [d'après F. Romani]/V. Bellini) : 783, 786
Pirro (G. de Gamerra/G. Paisiello) : 209
Planteur, Le (J.-H. Vernoy de Saint-Georges/H. Monpou) : 382
Platée (J. Autreau, A. J. Le Valois d'Orville/J.-Ph. Rameau) : 1022

Polichinelle (E. Scribe, C. Duveyrier/ A. Montfort) : 859
Poliuto (S. Cammarano/G. Donizetti) : 331
Polyeucte (J. Barbier, M. Carré/ Ch. Gounod) : 19, 443, 445, 538, 630, 898, 901-902, 907, 1118, 1152
Pommes d'or, Les (H. Chivot, A. Duru, H. Blondeau, H. Monréal/ E. Audran) : 786
Pommiers et le moulin, Les (N.-J. Forgeot/J.-B. Lemoine) : 66
Pont des Soupirs, Le (H. Crémieux, L. Halévy/J. Offenbach) : 466
Porcherons, Les (Th. Sauvage/A. Grisar) : 181, 427-428, 466
Portefaix, Le (E. Scribe/F. Herold) : 399
Portrait de Manon, Le (G. Boyer/J. Massenet) : 552, 582
Postillon de Lonjumeau, Le (L.-L. Brunswick, A. de Leuven/A. Adam) : 253, 374, 376, 378, 382, 403, 405, 426, 546, 745, 783, 820, 838, 844, 859-860, 879, 1068, 1072, 1082, 1166
Poupée de Nuremberg, La (A. de Leuven et A. de Beauplan/A. Adam) : 438, 848
Praxitèle ou la Ceinture (J.-B.-G.-M. Milcent/J.H. Devisme) : 1149
Pré aux clercs, Le (E. de Planard/F. Herold) : 98, 181, 372, 376, 380-381, 398-399, 401-402, 433, 743, 783, 821, 832, 838, 845, 850, 877, 908, 914, 1036, 1084, 1158, 1160
Preciosa (Th. Sauvage/C. M. von Weber, arr. P. Crémont) : 259, 277, 438
Premier jour de bonheur, Le (E. Cormon, A. Dennery/D.-F.-A. Auber) : 397
Prétendus, Les (M.-A.-J. Rochon de Chabannes/J.-B. Lemoyne) : 66, 766

Prince de Catane, Le (R.-R. Castel/ Nicolò) : 1089-1090
Prince troubadour, Le (Duval/É.-N. Méhul) : 1060
Princesse de Trébizonde, La (Ch. Nuitter, É. Tréfeu/J. Offenbach) : 822
Princesse jaune, La (L. Gallet/C. Saint-Saëns) : 546, 952, 999
Prise de Troie, La (H. Berlioz) : 539
Prison d'Édimbourg, La (E. Scribe, E. de Planard/M. Carafa) : 98
Prisonnier ou la Ressemblance, Le (A. Duval/D. Della Maria) : 127, 235-237, 240, 765
Prométhée (J. Lorrain, A. F. Herold/G. Fauré) : 18
Promise, La (A. de Leuven, L.-L. Brunswick/A.-L. Clapisson) : 396, 844, 1070
Prophète, Le (E. Scribe, E. Deschamps/ G. Meyerbeer) : 59, 114, 157, 170, 310, 313, 316, 319, 332, 346, 348-352, 354-355, 358-360, 416, 419, 497, 501, 524, 613, 647, 703, 715, 720, 723, 726, 734, 740, 742, 784, 790-791, 839, 851, 858, 869, 890-891, 900, 909, 918, 991, 997, 1003, 1024, 1043, 1046, 1152
Proserpine (L. Gallet/C. Saint-Saëns) : 184, 549-550, 999
Psyché (J. Barbier, M. Carré/A. Thomas) : 1025
Puritains, Les (Puritani, I) (C. Pepoli/ V. Bellini) : 285, 287-289, 785, 792, 1112
Pygmalion (J.-J. Rousseau/H. Coignet) : 856
Pyrame et Thisbé (A.-L. Baudron) : 856

Quasimodo (G. Barret/F. Pedrell) : 843
Quentin Durward (M. Carré, E. Cormon/F.-A. Gevaert) : 431-433

Ramollot et Juliette (H. Popp/E. Feautrier) : 558
Raoul sire de Créqui (J.-M. Boutet de Monvel/N. Dalayrac) : 237, 244
Raymond ou le Secret de la Reine (A de Leuven, J.-B. Rosier/A. Thomas) : 427, 986
Recruteurs, Les (A. de Jallais, A. Vulpian/A. Lefébure-Wély) : 431
Reine Berthe, La (J. Barbier/V. Joncières) : 538
Reine de Chypre, La (J.-H. Vernoy de Saint-Georges/F. Halévy) : 99, 194, 307-308, 320, 322, 340-341, 343, 345-346, 497, 500, 631, 635, 647, 784, 835, 858, 896, 996, 1042
Reine de Saba, La (J. Barbier, M. Carré/Ch. Gounod) : 23, 417, 421, 445, 862, 898, 901, 975, 1046, 1091
Reine d'un jour, La (E. Scribe, J.-H. Vernoy de Saint-Georges/A. Adam) : 99
Reine Topaze, La (L. Battu, Lockroy/ V. Massé) : 438, 784, 816
Renaud d'Ast (P.-Y. Barré, J.-B. Radet/N. Dalayrac) : 856, 1052
Rencontre imprévue ou les Pèlerins de la Mecque, La (L. Hurtout Dancourt/Ch. W. Gluck) : 958
Rendez-vous bourgeois, Les (F.-B. Hoffmann/N. Isouard) : 233-234, 239, 248, 378, 433, 784, 854, 1156
Renigeta, *voir* Lucrezia Borgia
Retour du mari, Le (L. Bourdereau/ Ch. Le Corbeiller) : 562
Revanche de Fortunia, La (H. Lefebvre/ V. Robillard) : 797
Rêve d'amour (E. Cormon, A. d'Ennery/ D.-F.-E. Auber) : 392, 428
Rêve, Le (L. Gallet/A. Bruneau) : 100, 175-176, 527, 551, 848, 1091, 1163
Revenant, Le (A. de Calvimont/J.-M. Gomis) : 888, 937, 1133
Rêveur éveillé, Le (Mlle C. Duval/A. Leprévost) : 1147
Ricciardo e Zoraide (F. Berio di Salsa/G. Rossini) : 287
Richard Cœur de Lion (M.-J. Sedaine/A.-E.-M. Grétry) : 167, 190, 235, 242, 244, 403, 438, 632, 783, 821, 853, 856, 897, 1084, 1132, 1156
Richard en Palestine (P. Foucher/ A. Adam) : 307, 1069
Rien de trop (J. Pain/F.-A. Boieldieu) : 249, 850
Rienzi, le dernier des tribuns (Rienzi, der Letzte der Tribunen) (R. Wagner) : 439, 500-501, 503, 508, 512, 516, 518-519, 521-522, 897, 1052, 1057
Rigoletto (F. M. Piave/G. Verdi) : 56, 63, 439, 441, 460, 482, 486-487, 489-491, 494, 538, 558, 743, 778, 785, 792, 809, 821
Rigueurs du cloître, Les (J. Fiévée/ H.-M. Berton) : 233, 247, 1003
Rip (H. Meilhac, P. Gille/R. Planquette) : 553
Rivoli (P. Burani/A. Wormser) : 559
Robert Bruce (A. Royer, G. Vaëz/ G. Rossini arr. L. Niedermeyer) : 307, 331, 418, 647, 727
Robert le Diable (E. Scribe, G. Delavigne/G. Meyerbeer) : 17, 19, 113, 118-119, 129, 155, 178, 276, 302, 305-307, 310, 315, 318, 320-321, 345, 347-350, 353-355, 359, 369-370, 381, 387, 418, 425, 454, 495-496, 502, 542, 558, 592, 636, 647, 689, 694, 718-720, 724, 728, 771, 779, 784, 791, 809, 832, 839, 842, 845, 851, 854, 858, 860, 880, 888-889, 907-909, 913, 922, 939, 974, 996, 1035, 1042,

1046, 1070, 1072, 1085, 1109, 1113-1114, 1133, 1152
Roberto Devereux ossia Il conte di Essex (S. Cammarano/G. Donizetti) : 289, 716
Robin des bois ou les Trois Balles (Castil-Blaze, Th. Sauvage/C. M. von Weber, arr. Castil-Blaze) : 30, 258-259, 262-263, 266-268, 384, 391, 783, 824, 857, 936, 938, 1033, 1063, 1133
Robinson Crusoé (E. Cormon, H. Crémieux/J. Offenbach) : 181, 431, 735, 983, 1021
Rocher de Leucade, Le (B.-J. Marsollier/N. Dalayrac) : 1060
Rodrigue et Chimène (C. Mendès/ C. Debussy) : 176, 1153
Roi Arthus, Le (E. Chausson) : 171, 175, 527, 946, 948, 1004
Roi d'Ys, Le (É. Blau/É. Lalo) : 115, 171, 190, 523, 550, 810, 862, 878, 915, 945, 1055, 1059, 1161
Roi d'Yvetot, Le (A. de Leuven, L.-L. Brunswick/A. Adam) : 167, 783
Roi carotte, Le (V. Sardou/J. Offenbach) : 727
Roi David, Le (A. Soumet, F. Mallefille/A. Mermet) : 167, 975
Roi de Lahore, Le (L. Gallet/J. Massenet) : 171, 538, 541, 571, 574-575, 577, 743, 845, 848, 862, 878, 956, 964, 967, 1153
Roi des Halles, Le (A. de Leuven, L.-L. Brunswick/A. Adam) : 253
Roi et le batelier, Le (J.-H. Vernoy de Saint-Georges/F. Halévy, V. Rifaut) : 99, 1001
Roi malgré lui, Le (É. de Najac et P. Burani/E. Chabrier) : 109, 181, 546, 550, 1161, 1163
Roi René ou la Provence au XVe siècle, Le (x/F. Herold) : 947
Roland à Roncevaux (A. Mermet) : 417

Roma (H. Cain/J. Massenet) : 18, 572
Roman d'Elvire, Le (A. Dumas, A. de Leuven/A. Thomas) : 101, 428
Roman d'une veuve, Le (Ch. Rochenat/E. Servel) : 779
Romeo e Giulietta (G. M. Foppa/N. A. Zingarelli) : 210
Roméo et Juliette (H. Berlioz) : 150
Roméo et Juliette (J. M. Boutet de Monvel/N. Dalayrac) : 236
Roméo et Juliette (J.-A. de Ségur/ D. Steibelt) : 236, 614, 816, 856
Roméo et Juliette (M. Carré, J. Barbier/Ch. Gounod) : 55, 99, 152, 177, 187, 420, 439, 445-448, 539, 541, 545, 744, 848, 854, 861, 878, 882, 885-886, 1043, 1046, 1051, 1154, 1160-1161
Roméo et Juliette [d'après *I Montecchi e i Capuleti* de V. Bellini et *Giulietta e Romeo* de Vaccai] (Ch. Nuitter/V. Bellini et N. Vaccaj) : 416
Rosalie et Myrza (J. F. A. Boieldieu/F.-A. Boieldieu) : 791
Rose blanche et la rose rouge, La (F. Romani/S. Mayr) : 767
Rose de Florence, La (J.-H. Vernoy de Saint-Georges/E. Biletta) : 416
Rose de Saint-Flour, La (M. Carré/ J. Offenbach) : 785, 797, 847, 933, 948
Rose et Colas (M.-J. Sedaine/P.-A. Monsigny) : 434
Rosières, Les (E. Théaulon/F. Herold) : 181, 380, 399
Rossignol, Le (C.G. Étienne/L.-S. Lebrun) : 856
Roussalkas, Les (E. Morvan/H. de Maistre) : 175, 825

Sabots de la marquise, Les (M. Carré, J. Barbier/E. Boulanger) : 784, 797, 821

Sacrifice interrompu, Le (J.-H. de Sauer, L. de Saint-Geniez/P. von Winter, arr. A.-G. Vogt, P. Crémont) : 259

Sainte Claire (Ch. Birch-Pfeiffer, trad. par G. Oppelt/SAR Ernst II) : 416, 424

Saint-Mégrin (E. Adenis, E. Dubreuil/ L. Hillemacher, P. Hillemacher) : 826

Saïs, Le (M. Olagnier) : 1148

Salammbô (C. du Locle/E. Reyer) : 170, 525, 539, 541, 613, 635, 793, 826-827, 862, 1071, 1091, 1178

Samson et Dalila (F. Lemaire/C. Saint-Saëns) : 23, 114, 191, 535, 539, 541, 632, 635, 793-794, 810-811, 844, 852, 854, 862, 892, 910, 916, 933, 949, 953, 956, 958-959, 961, 965, 967-968, 975, 1010-1011, 1016, 1053, 1059, 1153

Saphir, Le (M. Carré, A. de Leuven, T. Hadot/F. David) : 431

Sapho (E. Augier/Ch. Gounod) : 19, 58, 63, 114, 152, 160, 416, 421, 443-446, 540, 552, 572, 574, 583-584, 613, 878, 882-883

Sapho (H. Cain, A. Bernède/Massenet) : 943, 949, 1091, 1163

Sardanapale (H. Becque/V. Joncières) : 744

Sargines (J.-M. Boutet de Monvel/N. Dalayrac) : 62, 244

Secret, Le (F.-B. Hoffman/J.-P. Solié) : 235

Séjour militaire, Le (J.-N. Bouilly/D.-F.-A. Auber) : 392

Semiramide ou Sémiramis (G. Rossi/ G. Rossini) : 287, 331, 401, 533

Sémiramis (P. Desriaux/Ch.-S. Catel) : 214, 416, 418, 785, 877, 1055

Sérénade, La (S. Gay/S. Gail) : 167, 1147-1148

Serment ou les Faux-monnoyeurs, Le (E. Scribe, É.-J.-E. Mazères/D.-F.-E. Auber) : 167, 306, 339

Servante maîtresse, La (La Serva padrona) (G. A. Federico/G. B. Pergolesi) : 434, 785, 820, 855, 983, 1155

Shérif, Le (E. Scribe/F. Halévy) : 1090

Si j'étais roi (J. Brésil, A. d'Ennery/ A. Adam) : 181, 438, 859

Siège de Corinthe, Le (A. Soumet, G. L. Balocchi [d'après C. Della Valle]/G. Rossini) : 62, 166, 222, 290, 302, 306, 309, 312, 326-327, 347, 369, 629, 878, 906, 955, 1036, 1046

Siegfried (R. Wagner) : 793-794, 1052, 1057

Signor Pascarello, Il (A. de Leuven, L.-L. Brunswick/H. Potier) : 426

Sigurd (A. Blau, C. du Locle/ E. Reyer) : 171, 525, 538, 541, 736, 787, 801, 826-828, 862, 999, 1002, 1053, 1055, 1059, 1109

Silvain (J.-F. Marmontel/A.-E.-M. Grétry) : 856

Simon Boccanegra (F.M. Piave, G. Montanelli [révisé par A. Boito]/ G. Verdi) : 486

Sirène, La (E. Scribe/D.-F.-E. Auber) : 167, 382, 391, 396-397, 857, 1053

Soixante-six, Le (Laurencin, A. Pittaud de Forges/J. Offenbach) : 785

Solitaire, Le (E. de Planard/M. Carafa) : 98, 376, 380, 857, 913

Somnambule, La (La Sonnambula) (F. Romani/V. Bellini) : 179, 288, 533, 785, 792, 1151

Songe d'une nuit d'été, Le (A. de Leuven, J.-B. Rosier/A. Thomas) : 149, 779, 859

Songe du berger, Le (?/M. Lambert) : 810

INDEX DES ŒUVRES LYRIQUES 1255

Sonnambula, La, *voir* Somnambule, La
Sophocle (É. Moral/V. Fiocchi) : 211
Sourd ou l'Auberge pleine, Le (A. de Leuven, F. Langlé/A. Adam) : 181, 404, 429, 797, 859
Statue ou la Femme avare, La (F.-B. Hoffman/Nicolò) : 248
Statue, La (M. Carré, J. Barbier/E. Reyer) : 439, 1090
Stenio (L. Bricourt/F. Le Rey) : 794
Stradella (É. Deschamps, E. Pacini/L. Niedermeyer) : 306, 413, 592
Straniera, La (F. Romani/V. Bellini) : 289, 785
Stratonice (F.-B. Hoffman/É.-N. Méhul) : 229, 234, 246, 539
Surcouf (H. Chivot, A. Duru/R. Planquette) : 100, 556
Surprise de l'amour, La (Ch. Monselet/F. Poise) : 545
Suzanne (E. Cormon, J. Lockroy/É. Paladilhe) : 548, 1161
Suzanne (P. Mignart/M. Salvator) : 567, 820
Sylphe, Le (J.-H. Vernoy de Saint-Georges/A.-L. Clapisson) : 819-820
Symphonie, La (J.-H. Vernoy de Saint-Georges/A.-L. Clapisson) : 167

Tabarin (P. Ferrier/E. Pessard) : 538, 743
Tableau parlant, Le (L. Anseaume/A.-E.-M. Grétry) : 242-243, 766, 820, 1155
Tahïs (L. Garnier, L. Bataille/A. Patusset) : 558
Talisman, Le (A. d'Ennery, P. Burani/R. Planquette) : 559
Tamerlan (É. Morel de Chédeville/P. von Winter) : 741
Tancrède (E. d'Anglemont, J.-P.-F. Lesguillon/G. Rossini, arr. A. Leborne) : 259, 290, 1034, 1036

Tancrède (Tancredi) (G. Rossi, L. Lechi/G. Rossini) : 259, 287, 290, 533
Tancredi, *voir* Tancrède
Tannhäuser (Ch. Nuitter [d'après R. Wagner]/R. Wagner) : 417-418, 629
Tannhäuser und der Sängerkrieg auf Wartburg (R. Wagner) : 12, 16, 32, 421, 424, 454, 487, 501, 503-507, 509-512, 514, 516, 518-520, 526, 571, 703, 708, 727, 793, 948, 992, 998, 1043, 1052, 1056-1057, 1065-1066, 1084, 1115, 1142, 1151, 1170, 1178
Tarare (P.-A. Caron de Beaumarchais/A. Salieri) : 62
Telemaco ossia L'isola di Circe (M. Coltellini/C. W. von) : 1055
Télémaque (P. Dercy/J.-F. Le Sueur) : 216, 236, 850
Tempesta, La (E. Scribe [traduit par P. Giannone]/F. Halévy) : 405
Templiers, Les (J. Adenis, L. Bonnemère, A. Silvestre/H. Litolf) : 826
Tentation, La (E. Cavé, H. Duponchel, J. Coralli/F. Halévy, C. Gide) : 178, 306, 318, 369, 1111
Thaïs (L. Gallet/J. Massenet) : 16, 100, 160, 172, 174, 539, 541-542, 571, 583, 613, 792, 910, 914, 954, 957, 959-960, 962, 965, 1010, 1013, 1016, 1091, 1128, 1154
Thamara (L. Gallet/L.-A. Bourgault-Ducoudray) : 539
The Bohemian Girl (Alfred Bunn/M. Balfe) : 66, 983
The Desert Flower (A. Harris, Thomas J. Williams [d'après de J.-H. Vernoy de Saint-Georges, A. de Leuven]/W. V. Wallace) : 859
The Maid of Honour (E. Fitzball/M. Balfe) : 453
Théodore (?/L. Walter) : 793
Thérèse (J. Claretie/J. Massenet) : 572

Thésée (Lully) : 634, 1136
Timbre d'argent, Le (J. Barbier, M. Carré/C. Saint-Saëns) : 522
Tom Jones (A.-A.-H. Poinsinet/F.-A. D. Philidor) : 634
Tonelli, La (Th. Sauvage/A. Thomas) : 427, 871
Tonnelier, Le (N.-M. Audinot, F.-A. Quétant/F.-J. Gossec) : 855
Toréador ou l'Accord parfait, Le (Th. Sauvage/A. Adam) : 151, 160, 403-405, 784, 859, 958
Torvaldo e Dorliska (C. Sterbini/ G. Rossini) : 287
Tosca (V. Sardou/G. Puccini) : 101, 967, 1159, 1169
Traité nul, Le (B.-J. Marsollier/P. Gaveaux) : 766
Traviata, La (F. M. Piave/G. Verdi) : 59, 439, 441, 482, 486-487, 490, 544, 549, 574, 583, 785, 792, 809, 956, 1142, 1159
Treize, Les (E. Scribe, P. Duport/ F. Halévy) : 167
Tribut de Zamora, Le (A. d'Ennery, J. Brésil/Ch. Gounod) : 445, 524, 538, 540-541, 1152, 1167
Triomphe de Trajan, Le (J. Esmérard/ L. L. Persuis, J.-F. Le Sueur) : 62, 211, 213-214, 225, 725-727, 741, 880, 1001
Triomphe du mois de Mars ou le Berceau d'Achille, Le (E. Mercier Dupaty/R. Kreutzer) : 214
Tristan et Yseult (Tristan und Isolde) (R. Wagner) : 504, 507, 509, 513, 516, 519, 522, 576, 946, 962, 1057, 1100
Tristan und Isolde, voir Tristan et Yseult
Trois Baisers du diable, Les (E. Mestépès/J. Offenbach) : 464
Trois Nicolas, Les (E. Scribe, B. Lopez, G. de Lurieu/A.-L. Clapisson) : 429

Trois Souhaits, Les (J. Adenis/ F. Poise) : 545
Tromb-Al-Ca-Zar (Ch. Dupeuty et Bourget/J. Offenbach) : 797, 933
Trop de femmes (I. Tourgueniev/P. Viardot) : 821
Troqueurs, Les (J.-J. Vadé/A. Dauvergne) : 399
Trouvère, Le (É. Pacini [traduit d'après S. Cammarano, L. E. Bardare]/ G. Verdi) : 20, 263, 290, 416, 418, 421, 441, 482, 486-487, 489-491, 494-495, 629, 723, 778, 784-786, 792, 809, 821, 983
Troyens, Les (H. Berlioz) : 151-152, 156, 187, 308, 352, 393, 439, 451, 453-456, 474, 545, 633, 635, 901-902, 939-940, 949, 961, 996, 1015-1016, 1059, 1069, 1134, 1155
Troyens à Carthage, Les (H. Berlioz) : 19, 454, 552, 744, 852, 996
Turc en Italie, Le (Il Turco in Italia) (F. Romani/G. Rossini) : 287, 533
Turcs, Les (H. Crémieux, A. Jaime/ Hervé) : 465, 469, 1022

Un bal masqué (É. Duprez [d'après A. Somma]/G. Verdi) : 487, 490-491
Un ballo in maschera (A. Somma/ G. Verdi) : 330, 482, 486, 490, 785-786, 821, 1042
Un postillon en gage (J. Adenis/ J. Offenbach) : 463
Un tour de Soubrette (N. Gersin/F.-A. Boieldieu) : 850
Una cosa rara (L. da Ponte/Martin y Soler) : 302
Une aventure de Scaramouche (A. de Forges/L. Ricci) : 260
Une demoiselle en loterie, (H. Crémieux, A. Jaime/J. Offenbach) : 785
Une éducation manquée (A. Vanloo, E. Leterrier/E. Chabrier) : 109, 560, 1020

INDEX DES ŒUVRES LYRIQUES 1257

Une folie (J.-N. Bouilly/É.-N. Méhul) : 235, 238, 246, 378, 383
Une heure de mariage (Ch.-G. Étienne/N. Dalayrac) : 245
Une matinée de Catinat (B.-J. Marsollier/N. Dalayrac) : 245
Une nuit blanche (E. Plouvier/J. Offenbach) : 462
Uthal (J.-M. B. Bins de Saint Victor/É.-N. Méhul) : 18, 225, 246, 950, 1111

Vaisseau fantôme ou le Maudit des mers, Le (P. Foucher et H. Révoil/Dietsch) : 271, 307, 348, 503
Vaisseau fantôme, Le (Der Fliegende Holländer) (R. Wagner) : 271, 387, 503-504, 513, 544, 793, 1052, 1159
Val d'Andorre, Le (J.-H. Vernoy de Saint-Georges/F. Halévy) : 99, 381, 405, 439, 859
Valentine d'Aubigny (J. Barbier, M. Carré/F. Halévy) : 427
Valentine de Milan (J.-N. Bouilly/É.-N. Méhul, L. J. Daussoigne) : 378
Valet de chambre, Le (E. Scribe, Mélesville/M. Carafa) : 380
Vallée suisse, La (C.-A-B. Sewrin, R. Alissan de Chazet [d'après I. F. Castelli]/J. Weigl, arr. P. Crémont) : 258-259
Van Dyck (H. Delmotte/J. Willent-Bordogni) : 825
Velléda (A. Challamel, J. Chantepie/C. Lenepveu) : 794, 848, 1059
Vendée ! (Ch. Foleÿ et A. Brisson/G. Pierné) : 945
Vendéenne, La (F. Deschamps/A.-L. Malliot) : 793
Vendetta, La (L. Pillet, A. Vaunoix/H. de Ruolz) : 306
Vendôme en Espagne (Mennechet, A.-S. Empis/F. Herold, D.-F.-E. Auber) : 29, 399

Vénitien, Le (L. Gallet/A. Cahen) : 794
Vent-du-Soir (Ph. Gille/J. Offenbach) : 464
Vêpres siciliennes, Les (C. Duveyrier, E. Scribe/G. Verdi) : 97, 319, 332, 416, 423, 487, 489-491, 493-494, 496-498, 505, 711, 784, 833, 858, 950, 957
Véronique (A. Vanloo, G. Duval/A. Messager) : 554, 556-557
Vert-Vert (H. Meilhac, Ch. Nuitter/J. Offenbach) : 860
Vestale, La (É. de Jouy/G. Spontini) : 94, 143, 211, 213, 216, 218, 220, 224, 312, 458, 592, 765, 769, 790, 850, 857, 880, 904, 956, 992, 1003, 1010-1011
Vie parisienne, La (L. Halévy, H. Meilhac/J. Offenbach) : 64, 465, 469, 810, 860, 951, 1072
Vie pour le tsar, La (N. V. Kukol'nik, Y. F. Rozen, V. A. Zhukovsky, V. Sollogub/M. I. Glinka) : 1058
Vieille, La (E. Scribe, G. Delavigne/F.-J. Fétis) : 857
Vingt-huit jours de Clairette, Les (H. Raymond, A. Mars/V. Roger) : 554-555, 810
Violetta [adaptation fr. de La Traviata] (É. Duprez [d'après F. M. Piave]/G. Verdi : 487, 490-492, 494
Violoneux, Le (É. Chevalet, E. Mestépès/J. Offenbach) : 784-785, 797, 933, 946
Virginie (A.-F. Désaugiers/H.-M. Berton) : 307-308
Visitandines, Les (L.-B. Picard/F. Devienne) : 63, 235, 856
Vivandière, La : 552, 613, 810, 943, 1147, 1161, 1175

Voitures versées, Les (E. Dupaty/F.-A. Boieldieu) : 94, 121, 181, 378, 783, 850
Voix humaine, La (Mélesville/G. Alary) : 417
Volage et jaloux (Th. Sauvage/J. Rosenhain) : 821
Volière, La (G. Nadaud) : 562-563
Voyage à Reims, Le (Il Viaggio a Reims) (L. Balocchi/G. Rossini) : 29, 285, 290, 309, 325-326, 328, 944, 1003
Voyage autour de ma chambre, Le (X. Saintine, F. Duvert, A. de Lauzanne/A. Grisar) : 428
Voyage dans la Lune, Le (E. Leterrier, A. Vanloo, A. Mortier/J. Offenbach) : 101, 937
Voyage de Suzette, Le (H. Chivot et A. Duru/L. Vasseur) : 786
Voyage en Chine, Le (A. Delacour, E. Labiche/F. Bazin) : 128, 429, 724, 811, 859

Walkyrie, La (Die Walküre) (R. Wagner) : 16, 509, 513, 515-516, 539, 541, 694, 727, 736, 793, 1057, 1070, 1115, 1178
Wallace ou le Ménestrel écossais (J.-V. Fontanès de Saint-Marcelin/Ch.-S. Catel) : 383
Werther (É. Blau, P. Milliet et G. Hartmann/J. Massenet) : 16, 115, 127, 129, 184, 188, 191, 544, 551, 571-572, 581-582, 636, 792, 801, 810, 844, 848, 852, 878, 887, 892-893, 1032, 1037, 1091, 1122, 1159, 1163

William Ratcliff (L. de Gramont/X. Leroux) : 1059

Xacarilla, La (E. Scribe/M. A. Marliani) : 167, 307
Xavière (L. Gallet, V. Sardou, P. Ferrier/Th. Dubois) : 943

Yolande (A. Magnard) : 175-176, 527, 828
Yvonne (E. Scribe/A. Limnander) : 168
Yvonne et Loïc (M. Carré, Ch. Narrey/Ch. Deliou) : 946

Zaïre (É. Blau/P. Véronge de la Nux) : 539
Zampa ou la Fiancée de marbre (Mélesville/F. Herold) : 17, 127, 151, 180-182, 194, 376, 380-381, 393, 398-402, 433, 734, 783, 830, 838, 841, 843, 850, 857, 860, 936, 1039, 1042, 1062, 1133, 1160
Zanetta (E. Scribe, J.-H. Vernoy de Saint-Georges/D.-F.-E. Auber) : 382, 395
Zelmira (A. L. Tottola/G. Rossini) : 400, 625
Zémire et Azor (J.-F. Marmontel, A.-E.-M. Grétry) : 127, 235, 240, 242, 379, 855-856, 1111
Zerline ou la Corbeille d'oranges (E. Scribe/D.-F.-E. Auber) : 339, 416
Zoraïme et Zulnare (C. Godard d'Aucourt de Saint-Just/F.-A. Boieldieu) : 248

Table des matières

Liste des contributeurs 7

Introduction 11

PROLOGUE

Chapitre 1. DU POLITIQUE À L'ORGANISATION DU TERRITOIRE :
ENCADRER ET STRUCTURER L'OPÉRA 27
1.1 L'Opéra au fil des régimes 27
1.2 Liberté, privilège et centralisation 34
1.3 La question de l'Opéra au Parlement 42
1.4 Le cahier des charges 50
1.5 Censure et police des théâtres 57
1.6 Répertoire, troupes et emplois en province :
un système national 65

Chapitre 2. DU DIRECTEUR AU CHANTEUR :
LES PRINCIPAUX ACTEURS DE L'OPÉRA 27
2.1 Au cœur du monde lyrique, les directeurs 85
2.2 Les librettistes entre ombre et lumière 93
2.3 La formation du compositeur 101
2.4 Le métier de compositeur 108
2.5 La carrière de chanteur 116
2.6 Emplois et tessitures 124

Chapitre 3. DU LIVRET À LA PARTITION : COMPOSER UN OPÉRA 145
3.1 Les genres lyriques : un préalable à la création 145
3.2 L'écriture lyrique 153
3.3 La fabrique du livret 163

3.4 Les transformations du livret à la fin du siècle 172
3.5 Le modèle dansé 177
3.6 L'atelier de composition 183

Première partie

Créations et répertoire

Chapitre 4. Une période charnière : le Consulat
et l'Empire 207
    4.1 L'Opéra, le Théâtre-Italien
et la réorganisation politique des théâtres 207
    4.2 Les derniers feux de la tragédie lyrique 216
    4.3 De la scène au public : spectacle et actualité politique 222
    4.4 L'administration et la troupe de l'Opéra-Comique 228
    4.5 Composantes et tendances du répertoire
de l'Opéra-Comique 235
    4.6 Les maîtres de l'opéra-comique 241

Chapitre 5. Les mutations étrangères du goût français 255
    5.1 Traduire et adapter : l'opéra étranger en langue française 255
    5.2 Le répertoire germanique
dans les premières décennies du siècle 263
    5.3 La présence de troupes allemandes à Paris 270
    5.4 Le Théâtre-Italien (1815-1848) 278
    5.5 Le répertoire du Théâtre-Italien 284
    5.6 Le rossinisme et la fièvre des *dilettanti* 290

Chapitre 6. Splendeurs du grand opéra 303
    6.1 Un spectacle total : naissance et caractéristiques
du grand opéra 303
    6.2 Le divertissement dansé 316
    6.3 Rossini et Donizetti compositeurs français 325
    6.4 Auber et Halévy 333
    6.5 Dramaturgie du grand opéra meyerbeerien 347
    6.6 Un théâtre d'idées : la tétralogie de Meyerbeer 354

Chapitre 7. L'Opéra-Comique de la Restauration
à la IIe République 371
    7.1 L'institution 371
    7.2 L'évolution du répertoire 377
    7.3 L'événement *Dame blanche* 383

7.4 Auber et le devenir du genre « opéra-comique » 391
7.5 Herold 398
7.6 Adam et Halévy 402

Chapitre 8. TRADITION ET RENOUVEAU SOUS LE SECOND EMPIRE 415
8.1 L'Académie de musique sous la IIe République
et le Second Empire 415
8.2 L'Opéra-Comique sous le Second Empire 425
8.3 Le Théâtre-Lyrique 434
8.4 L'esthétique gounodienne 442
8.5 Berlioz et Bizet : deux auteurs pour la postérité 450
8.6 Un nouveau genre : l'opérette 461

Chapitre 9. ENTRE ITALIE ET ALLEMAGNE : LA FRANCE
AU TEMPS DE VERDI ET WAGNER 479
9.1 Le devenir du Théâtre-Italien (1848-1878) 479
9.2 Le répertoire verdien en France 486
9.3 La production française de Verdi 492
9.4 Wagner et le monde lyrique français 499
9.5 La découverte et la représentation des opéras de Wagner
par les Français 508
9.6 L'émergence du wagnérisme dans l'opéra français 519

Chapitre 10. ÉTAT DES LIEUX À LA FIN DU SIÈCLE 535
10.1 L'Opéra (1870-1899) 535
10.2 L'Opéra-Comique et la jeune école (1870-1897) 544
10.3 La prolifération du genre léger 552
10.4 Un demi-siècle d'opéra de salon 560
10.5 Jules Massenet : le maître de la IIIe République 570
10.6 Perpétuation et transformation
des genres lyriques chez Massenet 576

DEUXIÈME PARTIE
Production et diffusion

Chapitre 11. GESTION ET ÉCONOMIE DU SPECTACLE 595
11.1 La gestion des théâtres lyriques 595
11.2 Les subventions 601
11.3 Rétribution des artistes et naissance du star system 609
11.4 Une fiscalité théâtrale spécifique (redevances, impôt
et droits d'auteur) 615

11.5 La question du marché européen de l'art lyrique :
   autour du cas Rossini   621
11.6 L'édition des œuvres : un savoir-faire et un marché   628

Chapitre 12. SALLES ET PUBLICS   649
   12.1 Les théâtres parisiens   649
   12.2 Les théâtres en province   660
   12.3 Physionomie du public   668
   12.4 La claque : un public particulier   677
   12.5 Les publics de la capitale   682
   12.6 Écouter un spectacle lyrique au XIXe siècle   687

Chapitre 13. LE SPECTACLE LYRIQUE   705
   13.1 Des répétitions aux représentations   705
   13.2 Mettre en scène : une pratique collective   712
   13.3 L'activité sur le plateau et en coulisse   721
   13.4 Les interprètes en jeu   729
   13.5 Vie et imaginaire scéniques   737
   13.6 Le devenir des œuvres en province   745

Chapitre 14. LA VIE LYRIQUE EN PROVINCE
ET DANS LES COLONIES   763
   14.1 L'activité lyrique dans les provinces françaises sous l'Empire 763
   14.2 L'année théâtrale   770
   14.3 L'activité lyrique à Lyon au XIXe siècle   779
   14.4 Rouen   788
   14.5 Du remède contre l'ennui à la politique du faste :
       l'opéra français dans les casinos   794
   14.6 L'opéra dans l'empire colonial français   802

Chapitre 15. APERÇUS SUR L'OPÉRA FRANÇAIS DANS LE MONDE   817
   15.1 Deux centres français à l'étranger : Bade et Bruxelles   817
   15.2 La situation paradoxale du répertoire français en Italie   829
   15.3 Le succès de l'opéra français en territoire germanique   834
   15.4 Espagne et Angleterre   839
   15.5 Présence et influence du modèle lyrique français
       en Russie et en Scandinavie   849
   15.6 L'opéra français aux États-Unis   854

TROISIÈME PARTIE
Imaginaire et réception

Chapitre 16. THÉMATIQUES CONSTITUTIVES 875
16.1 D'amour l'ardente flamme 875
16.2 La mort à l'opéra 885
16.3 L'histoire sur scène 895
16.4 Représentation et fonction dramatique du religieux 903
16.5 L'imaginaire mélodramatique 911
16.6 La légèreté en question 918

Chapitre 17. LES FORMES LYRIQUES DE L'ALTÉRITÉ
ET DE L'AILLEURS 935
17.1 Un autre monde : surnaturel et fantastique 935
17.2 L'exotisme régional 941
17.3 Les territoires de l'exotisme 949
17.4 Les formes de l'exotisme : intrigues, personnages,
styles musicaux 955
17.5 Exotisme et colonialisme 963
17.6 La présence des Juifs dans l'opéra français 969

Chapitre 18. MÉDIATIONS ET INTERPRÉTATIONS 985
18.1 L'opéra au sein d'un système médiatique 985
18.2 L'opéra au prisme de la critique musicale 994
18.3 Message et trajectoire de sens 1000
18.4 Interprétation et réception 1006
18.5 Autour de *Carmen* : lecture genrée de l'opéra français 1012
18.6 Figures et significations du travesti 1018

Chapitre 19. LE CŒUR DE LA VIE MUSICALE FRANÇAISE 1033
19.1 Les produits dérivés : une seconde vie
pour le répertoire lyrique 1033
19.2 La diversification des produits dérivés 1041
19.3 L'opéra hors de l'Opéra 1047
19.4 L'opéra dans les concerts symphoniques parisiens 1053
19.5 L'opéra dans les concerts en province 1060
19.6 L'opéra au spectacle : parodie et culture lyrique 1066

Chapitre 20. L'OPÉRA DANS LES ARTS ET LA LITTÉRATURE 1081
20.1 L'opéra, sujet de la fiction littéraire 1081
20.2 Opéra et littérature : modèles croisés 1088
20.3 L'opéra wagnérien : un nouveau paradigme
pour les écrivains théoriciens et les artistes français 1099

20.4 Peindre les lieux, le public et les chanteurs
    du spectacle lyrique 1106
20.5 Évoquer le spectacle 1110
20.6 L'imagerie lyrique 1116

ÉPILOGUE

Chapitre 21. HISTOIRE, DISCOURS ET CULTURE :
PERSPECTIVES SUR LE SIÈCLE 1131
21.1 L'opéra français dans l'histoire : romantisme *vs* historicité 1131
21.2 Écritures de l'opéra 1137
21.3 L'envers de l'histoire : des femmes
    dans un monde d'hommes 1142
21.4 L'Opéra et le délitement du système des genres 1149
21.5 L'opéra-comique : mort et transfiguration 1155
21.6 Une culture lyrique nationale dans un espace international 1163

Protocole 1179
Liste des encadrés consacrés aux interprètes 1183
Index des noms 1185
Index des œuvres lyriques 1227

*Achevé d'imprimer en juillet 2022
sur les presses numériques de l'Imprimerie Maury S.A.S.
Z.I. des Ondes – 12100 Millau
pour les éditions Fayard
13 rue du Montparnasse, 75006 Paris*

Fayard s'engage pour
l'environnement en réduisant
l'empreinte carbone de ses livres.
Celle de cet exemplaire est de :
5,500 kg éq. CO_2
PAPIER À BASE DE   Rendez-vous sur
FIBRES CERTIFIÉES   www.fayard-durable.fr

87-6637-7/03

N° d'impression : G22/71457H

Imprimé en France